Zur Legitimation alternativer Annahmen der Finanzierungspolitik in der Unternehmensbewertung

Schriften zum Controlling, Finanz- und Risikomanagement

Herausgegeben von Andreas Brieden, Thomas Hartung, Bernhard Hirsch und Andreas Schüler

Band 12

Lothar Weiß

Zur Legitimation alternativer Annahmen der Finanzierungspolitik in der Unternehmensbewertung

PETER LANG

Bibliografische Information der Deutschen Nationalbibliothek
Die Deutsche Nationalbibliothek verzeichnet diese Publikation in der Deutschen Nationalbibliografie; detaillierte bibliografische Daten sind im Internet über http://dnb.d-nb.de abrufbar.

Zugl.: München, Univ., Diss., 2021

Gedruckt auf alterungsbeständigem,
säurefreiem Papier.

D 19
ISSN 1867-027X
ISBN 978-3-631-87523-0 (Print)
E-ISBN 978-3-631-87633-6 (E-Book)
E-ISBN 978-3-631-87634-3 (EPUB)
DOI 10.3726/b19619

PL Academic Research ist ein Imprint der Peter Lang GmbH.

Peter Lang – Berlin · Bern · Bruxelles · New York ·
Oxford · Warszawa · Wien

Diese Publikation wurde begutachtet.

www.peterlang.com

Inhaltsverzeichnis

Abbildungsverzeichnis

Abkürzungsverzeichnis

APV	Adjusted Present Value
BCG-Matrix	auch unter dem Begriff product portfolio matrix durch die Boston Consulting Group begründete Matrix mit den Koordinaten relativer Marktanteil und Marktwachstum
bzw.	Beziehungsweise
CAPM	Capital Asset Pricing Model
c. p.	Ceteris paribus
d. h.	das heißt
DCF	Discounted Cash Flow
DDM	Dividend Discount Model
Ebda.	Ebenda
EBIT	Earnings before Interest and Taxes
EBITDA	Earnings before Interests, Taxes, Depreciation and Amortisation
Fn.	Fußnote
GE	Geldeinheiten
ggü.	Gegenüber
i. d. F.	in der Fassung
i. d. R.	in der Regel
IDW	Institut der Wirtschaftsprüfer
IPO	Initial Public Offering (erstmaliger Börsengang eines Unternehmens)
LBO	Leveraged Buyout
m. a. W.	mit anderen Worten
m. E.	meines Erachtens
m. M. n.	meiner Meinung nach
MBO	Management-Buy-out

Mio.	Millionen
M-M	Modigliani/Miller
NDTS	Non-Debt-Tax-Shields
RIM	Residual Income Model
Rn.	Randnummer
SEO	Seasoned Equity Offering (Kapitalerhöhung eines börsennotierten Unternehmens)
sog.	Sogenannten
u. a.	unter anderem
u. U.	unter Umständen
USA	United States of America
USD	US-Dollar
v. a.	vor allem
V/P-Verhältnis	Verhältnis von fundamentalem Unternehmenswert zum Kurs
vgl.	Vergleiche
WACC	Weighted Average Cost of Capital
WP Handbuch	Wirtschaftsprüfer Handbuch
z. T.	zum Teil

Symbolverzeichnis

A_1	Erste erklärende Variable der Finanzierungsentscheidung (Determinante der Finanzierungsentscheidung)
A_2	Zweite erklärende Variable der Finanzierungsentscheidung (Determinante der Finanzierungsentscheidung)
a_t	Regressionskonstante
ABF_{EK}	Absoluter Bewertungsfehler bei der Annahme einer reinen Eigenfinanzierungspolitik

ABF_{FK*}	Absoluter Bewertungsfehler bei der Annahme einer spezifischen Finanzierungspolitik unter dem Einsatz von Fremdkapital
b_t	Regressionskoeffizient der ersten erklärenden Variablen
BV_t	Buchwert des Unternehmens zum Zeitpunkt t
c_t	Regressionskoeffizient der zweiten erklärenden Variablen
D_0	Fremdkapitalbestand zum Zeitpunkt 0
$D_{ges,t}$	Gesamtfremdkapitalbestand zum Zeitpunkt t
$D_{\min,t}$	Fremdkapitalgrundstock zum Zeitpunkt t
$D_{p,t}$	Passiv gesteuerte Fremdkapitalkomponente
$D_{res,t}$	Residuale Fremdkapitalschicht zum Zeitpunkt t
D_{s-1}	Fremdkapitalbestand in der Vorperiode
D_t	Fremdkapitalbestand zum Zeitpunkt t
d_t	Regressionskoeffizient der dritten erklärenden Variablen
$D_{wertabh}$	Fremdkapitalgrundstock unter wertabhängiger Steuerung
ΔD_t	Veränderung des Fremdkapitalbestandes zum Zeitpunkt t
e_t	Regressionskoeffizient der vierten erklärenden Variablen
E_t	Gewinn des Unternehmens zum Zeitpunkt t
$E[\ ]$	Erwartungswert
FCF_t	Free Cashflow zum Zeitpunkt t
FCF_u	Free Cashflow des unverschuldeten Unternehmens
$FCF_{u,t}$	Free Cashflow des unverschuldeten Unternehmens zum Zeitpunkt t
g	Wachstumsrate
i	Risikoloser Zinssatz
I_t	Zu zahlende Fremdkapitalzinsen zum Zeitpunkt t
k	Kapitalkostensatz des unverschuldeten Unternehmens
$k_{E,ME}$	Kosten des Eigenkapitals bei reiner Eigenfinanzierung nach Miles/Ezzell
$k_{F,HP}$	Kosten des Eigenkapitals bei Mischfinanzierung nach Miles/Ezzell

$k_{F,LV}$	Kosten des Eigenkapitals bei angestrebtem Zielverschuldungsgrad
$k_{s,ME}$	Kosten des Eigenkapitals bei Mischfinanzierung nach Miles/Ezzell zum Zeitpunkt s
k_t	Kapitalkostensatz des unverschuldeten Unternehmens zum Zeitpunkt t
L	(angestrebter) Zielverschuldungsgrad
$l_{a,t}$	(angestrebter) Zielverschuldungsgrad zum Zeitpunkt t der aktiv gesteuerten Fremdkapitalschicht
L_t	(angestrebter) Zielverschuldungsgrad zum Zeitpunkt t
n	Nutzungsdauer von n Jahren
n_u	Anzahl der in der Untersuchung betrachteten Unternehmen
$NW_{i,t}$	Nettovermögen des Unternehmens i zum Zeitpunkt t
$P_{i,t}$	Marktpreis des Unternehmens i zum Zeitpunkt t
$PR(\|)$	Bedingte Wahrscheinlichkeit
r_f	Fremdkapitalzinssatz
$r_{s,p}$	Fremdkapitalkostensatz der passiv gesteuerten Fremdkapitalschicht
$r_{t,n}$	Rendite zum Zeitpunkt t über einen Zeithorizont von n Perioden
t	Zeitpunkt
$V_{i,t}^{EK}$	Fundamentaler Unternehmenswert des unverschuldeten Unternehmens i zum Zeitpunkt t
$V_{i,t}^{EK,I}$	Fundamentaler Unternehmenswert in der Detailplanungsphase des unverschuldeten Unternehmens i zum Zeitpunkt t
$V_{i,t}^{EK,II}$	Fundamentaler Unternehmenswert in der Rentenphase des unverschuldeten Unternehmens i zum Zeitpunkt t
$V_{i,t}^{Fund}$	Fundamentaler Unternehmenswert des Unternehmens i zum Zeitpunkt t
$V_{i,t}^{Fund,B}$	Fundamentaler Unternehmenswert des Unternehmens i zum Zeitpunkt t auf Basis des alternativen Bewertungsverfahrens B

$V_{i,t}^{Fund,D}$	Fundamentaler Unternehmenswert des Unternehmens i zum Zeitpunkt t auf Basis des alternativen Bewertungsverfahrens C
$V_{i,t}^{Fund,Detail}$	Fundamentaler Unternehmenswert in der Detailplanungsphase des Unternehmens i zum Zeitpunkt t
$V_{i,t}^{Fund,Rente}$	Fundamentaler Unternehmenswert in der Rentenphase des Unternehmens i zum Zeitpunkt t
$V_{i,t}^{Fund,A}$	Fundamentaler Unternehmenswert des Unternehmens i zum Zeitpunkt t auf Basis des alternativen Bewertungsverfahrens A
$V_{i,t}^{TS}$	Wert des Beitrages der Fremdfinanzierung (Tax-Shield) zum Unternehmenswert des Unternehmens i zum Zeitpunkt t
$V_{i,t}^{TS,I}$	Wert des Beitrages der Fremdfinanzierung (Tax-Shield) zum Unternehmenswert in der Detailplanungsphase des Unternehmens i zum Zeitpunkt t
$V_{i,t}^{TS,II}$	Wert des Beitrages der Fremdfinanzierung (Tax-Shield) zum Unternehmenswert in der Rentenphase des Unternehmens i zum Zeitpunkt t
$V_{l,t}$	Unternehmenswert des verschuldeten Unternehmens zum Zeitpunkt t
V_t	Unternehmenswert zum Zeitpunkt t
$\frac{V_t}{P_t}$	Verhältnis von fundamentalem Unternehmenswert zum Zeitpunkt t zum Marktpreis des Unternehmens zum Zeitpunkt t
$\frac{V}{P}$	Verhältnis von fundamentalem Unternehmenswert zum Marktpreis des Unternehmens
V_{TS}	Wert des Tax-Shields
$V_{u,t}$	Unternehmenswert des unverschuldeten Unternehmens zum Zeitpunkt t
$WACC_{HP}$	Gewichteter Kapitalkostensatz nach Harris/Pringle (HP)
ε_t	Zufällige unbeobachtbare Störgröße
τ	Unternehmenssteuersatz

1. Einleitung

1.1. Vorüberlegungen und Problemstellung

Richtet man den Blick auf die im Rahmen der Unternehmensbewertung regelmäßig zu bewältigenden Aufgaben, so zeigen sich bereits bei oberflächlicher Betrachtung eine Reihe unterschiedlicher Fragestellungen, die es zu beantworten gilt.[1] Neben den eher „technischen“ Fragen der Gestalt und Anwendung alternativer Bewertungsverfahren[2] erfordern insbesondere Fragen zur Gestalt der zukünftigen Unternehmensentwicklung – kommt man zu Beginn der Bewertung nicht zu dem Schluss, dass eine Zerschlagung des Unternehmens ggü. einer Fortführung vorteilhaft ist – die Aufmerksamkeit der Unternehmensbewertungspraxis.

Für die in der Praxis bedeutsamen Discounted-Cash-Flow-Verfahren (DCF), sind so die Fragen zu Risiko, Höhe und Zeithorizont zukünftiger Zahlungsüberschüsse zu beantworten. Hinter der zentralen Frage der Höhe und des Risikos zukünftiger finanzieller Überschüsse als auch des zu veranschlagenden Zeithorizonts stehen, bei einer eingehenderen Betrachtung, wiederum eine Reihe von Einzelfragen, die es bei der Operationalisierung eines Bewertungsmodells zu beantworten gilt. Wie mit den nachfolgenden Überlegungen deutlich werden soll, hängt die Gestalt zukünftiger Zahlungsüberschüsse – neben der Frage des grundsätzlichen wirtschaftlichen Erfolgs eines Unternehmens – von einer Reihe zentraler Unternehmensentscheidungen ab. Fasst man einzelne Unternehmensentscheidungen zusammen, so gestalten Investitions-, Ausschüttungs- und Finanzierungsentscheidung unzweifelhaft neben der aktuellen auch die zukünftige Gestalt des durch ein Unternehmen generierbaren Zahlungsstroms. Damit sind diese Stellschrauben der Unternehmen unzweifelhaft in die Ermittlung eines Erwartungswertes zu der zukünftigen wirtschaftlichen Leistungsfähigkeit eines Unternehmens und der damit verbundenen zukünftigen Zahlungsüberschüsse zu berücksichtigen.[3]

---

1 Ein erster Überblick findet sich etwa in dem, die berufsständischen Grundsätze deutscher Wirtschaftsprüfer mit Blick auf die Fragestellungen der Unternehmensbewertung konkretisierenden, IDW S 1 i. d. F. 2008.

2 Im Folgenden sei vereinfachend darauf abgestellt, dass im Rahmen der Unternehmensbewertung auf DCF- oder Ertragswertverfahren abgestellt wird. Zeigt die Literatur doch, dass alternative Bewertungsansätze, die vordergründig die Beantwortung der im Folgenden kurz skizzierten Fragestellungen ersparen, nur vordergründig zu einer Vereinfachung der im Rahmen der Unternehmensbewertung zu beantwortenden Fragen führen. Vielmehr wohnt diesen alternativen Ansätzen die Gefahr inne, für die Bewertung bedeutsame Fragen zu übergehen. Vgl. dazu u. a. Schüler (2014) S. 1147–1148; 1158.

3 Wie insbesondere die grundlegenden Überlegungen des Kapitel I zeigen werden, fußt diese Vermutung auf einem festen durch die Unternehmensbewertungspraxis anerkannten Theoriegerüst.

Unproblematisch ist bereits die Frage der zukünftigen wirtschaftlichen Leistungsfähigkeit allein für sich genommen nicht, hängt die Beantwortung dieser Frage doch neben den genannten unternehmensinternen Stellschrauben doch auch von einer Reihe weiterer – u. a. unternehmensexterner – Faktoren, wie etwa der konjunkturellen Entwicklung, ab. Zur Schätzung dieses, ex ante – in Abhängigkeit vom Informationshorizont – nur bedingt prognostizierbaren zentralen Stellschraube der Unternehmensbewertung sind verschiedene Ansätze denkbar. Der IDW S 1 i. d. F. 2008, als berufsständischer Standard der deutschen Wirtschaftsprüfer zur Unternehmensbewertung, sieht zur Beantwortung dieser Frage etwa eine auf einer Vergangenheitsanalyse aufbauende Prognose zukünftiger finanzieller Überschüsse als einschlägig an, in die neben leistungs- und finanzwirtschaftliche Entwicklungen des Unternehmens auch erwartete Markt- und Umweltentwicklungen einfließen.[4] Diese Maßgabe stellt sicherlich für die meisten Bewertungsanlässe einen sachgerechten, wenn auch abstrakten – die Untiefen denkbarer Bewertungsanlässe bleiben zunächst vereinfachend ausgeblendet – Ausgangspunkt dar. Die Kunst des Bewertens ist es nun, dieses Abstraktum geeignet mit Leben zu füllen. Unzweifelhaft stellt die Ableitung einer in sich schlüssigen Prognose, die auch einer kritischen Überprüfung auf Basis der Unternehmens- und Marktentwicklung standhält, zeitgleich die zentralste wie auch herausforderndste Aufgabe der Unternehmensbewertung dar. Es erscheint vor dem Hintergrund der Bedeutung der Aufgabe nicht verwunderlich, dass es sich in der Bewertungspraxis etabliert hat, diese übergeordnete Frage in eine Reihe leichter zu beantwortender Einzelfragen zu zerlegen.[5] Ohne an dieser Stelle also die Aufgabe einer sachgerechten Ableitung der zukünftigen wirtschaftlichen Leistungsfähigkeit als Ganzes zu analysieren, werden in der Bewertungspraxis i. d. R. eine Reihe von Teilfragen beantwortet. Diese Teilfragen orientieren sich dabei regelmäßig an den – eingangs bereits kurz skizzierten – zentralen Entscheidungen der Unternehmen, d. h. Investitions-, Ausschüttungs- und Finanzierungsentscheidung. Diese im Rahmen der Bewertung zu beantwortenden Teilfragen decken – obwohl eng verknüpft – jede für sich genommen ein breites, in der Literatur eingehend diskutiertes Themenfeld ab.

Für die nachfolgende Betrachtung sei daher eine der Teilfragen herausgegriffen, die Frage der grundsätzlichen Bedeutung sowie Gestalt denkbarer Antworten auf die Frage der Abbildung zukünftiger Finanzierungsentscheidung in der Unternehmensbewertung. Wie bereits einleitend kurz angerissen wurde, ist mit der Frage nach der grundsätzlichen Gestalt der operativen Entwicklung die Frage nach der Gestalt der Finanzierungsentscheidungen eng verwoben. Beeinflusst die finanzielle Entwicklung der Unternehmen doch u. a. über das Gesamtrisiko die

---

4 Vgl. dazu IDW S 1 i. d. F. 2008 Tz.75.

5 Vergleichbar zum Einsatz „vereinfachender“ Bewertungsverfahren besteht hierbei jedoch die Gefahr, im Rahmen der Betrachtung der Teilfragen die Gesamtfrage bzw. das Zusammenwirken der einzelnen Antworten zu übersehen.

Höhe des sachgerechten Diskontierungssatzes und damit den Unternehmenswert maßgeblich mit. Dieses Verständnis wird dabei maßgeblich von der modernen Kapitalstrukturtheorie geprägt, die – dies wird u. a. Kapitel I dieser Arbeit verdeutlichen – auf die Arbeiten von Modigliani/Miller (1958) zurückgeht.[6] Insbesondere diese theoretischen Grundlagen prägten und prägen das aktuelle Verständnis der Bewertungspraxis und Forschung der Finanzierungsentscheidung der Unternehmen. Blickt man vor dem Hintergrund dieser Überlegungen auf die Gestalt der finanziellen Entwicklung des Unternehmens, so wird schnell deutlich, dass die Entwicklung der Kapitalstruktur und des Cashflows aus Finanzierungstätigkeit des Unternehmens im engen Verbund mit der operativen Leistungsfähigkeit sowie dem zukünftigen Investitionsvorhaben und Ausschüttungsverhalten der Unternehmen betrachtet werden muss.

Durch die wechselseitige Beziehung einzelner Entscheidungen – eine Veränderung der Finanzierungspolitik hat etwa Auswirkungen auf Investitionsvorhaben und mögliche Ausschüttungen, sowie damit indirekt auf die zukünftige operative Leistungsfähigkeit des Unternehmens, sowie vice versa – gestaltet sich die Ableitung einer Prognose – auch im Fall der Beantwortung von Teilfragen – regelmäßig als komplex und fallabhängig zu beantworten. Bedeutet die Veränderung einer Entscheidung des Unternehmens bzw. Stellschraube der Bewertung doch i. d. R. Wechselwirkungen mit allen weiteren Stellschrauben des Bewertungsmodells. Es erscheint vor dem Hintergrund der in der Unternehmenspraxis zu bewältigenden Komplexität daher nicht verwunderlich, dass sich in praxi Heuristiken bzw. feste Bewertungsannahmen etabliert haben und von zentraler Bedeutung für Bewertungspraktiker sind. Tragen diese Heuristiken doch in aller Regel zu einer Reduzierung eines Teils der bestehenden Komplexität bei der Bestimmung der zukünftigen Unternehmensentwicklung bei.[7] Grundlage für den Einsatz von Heuristiken ist jedoch ein genaues Verständnis der mit den Heuristiken vereinfachend getroffenen Annahmen sowie damit einhergehend ein Verständnis der mit dem Einsatz von Heuristiken verbundenen Auswirkungen. Letzteres bildet die Grundlage für die Beurteilung der Sachgerechtigkeit eines vereinfachenden Vorgehens sowie – will man eine weitere Objektivierung der Unternehmensbewertung ermöglichen – Grundlage für die Entwicklung eines Methodenbaukastens für die Bewertungspraxis.[8] Blickt man in die Literatur, so muss man feststellen, dass insbesondere hinsichtlich der Frage der Angemessenheit alternativer

6 Vgl. dazu ähnlich auch Barclay et al. (1997) S. 2–3.

7 Man kann an dieser Stelle einwerfen, dass Heuristiken die Praxis nur oberflächlich von der Aufgabe befreien, sich mit bestimmten Fragestellungen zu beschäftigen, und damit oftmals Stolpersteine für in sich geschlossene Bewertungsansätze bilden.

8 Der Begriff des Methodenbaukastens ist an Schüler (2015) angelehnt, wird hier jedoch primär als Baukasten alternativer Bewertungsannahmen verstanden und ist damit nur mittelbar auf die Bewertungstechnik ausgerichtet.

Finanzierungsannahmen die Diskussion zwischen zwei Polen schwankt, die sich weitgehend unversöhnlich gegenüberstehen.

In der nachfolgenden Arbeit stehen daher die Implikationen der mit Blick auf das zukünftige Finanzierungsverhalten der Unternehmen regelmäßig in der Unternehmensbewertungspraxis getroffenen Annahmen im Fokus. Ist die Frage des Finanzierungsverhaltens doch u. a. für die Höhe der zukünftig an die Kapitalgeber auskehrbaren Zahlungsüberschüsse, das Risiko und damit für den risikoäquivalenten Diskontierungssatz des Unternehmens, die Aufteilung des Unternehmenswertes auf die Kapitalgeber sowie den steuerlichen Wertbeitrag der Fremdfinanzierung von Bedeutung.[9] In der Literatur zur Unternehmensbewertung werden – eingebettet in alternative Bewertungsansätze – eine Reihe alternativer Finanzierungsannahmen – auch als Finanzierungspolitiken bezeichnet – z. T. kontrovers diskutiert. Blickt man in die Bewertungspraxis, so können, ausgehend von einer Vielfalt alternativer Finanzierungspolitiken, wohl nur zwei Annahmen – diese wurden im Vorfeld als die beiden Pole bezeichnet – für sich in Anspruch nehmen, eine nachhaltige Relevanz für die Bewertungspraxis zu besitzen: die autonome und die wertabhängige respektive atmende Finanzierungspolitik.[10]

Wie im Verlauf der folgenden Arbeit deutlich werden wird, stellen die autonome und die wertabhängige Finanzierungspolitik zwei theoretisch denkbare Extrempunkte des Finanzierungsverhaltens von Unternehmen dar. Will man die zu Beginn dieses Abschnitts skizzierte Maßgabe des IDW S1 erfüllen, so muss man mit der Wahl der Finanzierungspolitik die Frage beantworten können, inwieweit die ausgewählte Finanzierungspolitik für die zukünftige Unternehmensentwicklung als plausibel erachtet werden kann. Auch wenn diese Frage grundsätzlich immer vor dem Hintergrund des zu bewertenden Unternehmens zu beantworten ist, so zeigt ein erster Blick in die Literatur – dies wird Kapitel II dieser Arbeit nochmals eingehender machen – ein für einen unvoreingenommenen Betrachter zunächst überraschendes Ergebnis. Für beide in der Unternehmensbewertung – bewusst oder unbewusst – regelmäßig Anwendung findenden Finanzierungsannahmen finden sich in der Literatur eine Reihe von eingängigen Argumenten, die beide Finanzierungspolitiken zwar als denkbar, jedoch letztlich wenig praxisnah charakterisieren. Das regelmäßige Abstellen der Bewertungspraxis auf bewusst „künstliche“ Finanzierungsannahmen erscheint – blendet man die Vorüberlegungen zunächst aus – erstaunlich, übt die Gestalt der Finanzierungspolitik doch unmittelbar Einfluss auf die zukünftige Unternehmensentwicklung und damit das Bewertungsergebnis aus. Der Rechtfertigungsdruck für die i. d. R. lediglich binäre Entscheidung zwischen autonomer und wertabhängiger Finanzierungspolitik

---

9 Vgl. dazu u. a. Barclay et al. (1997) S. 2–3.

10 Der IDW Praxishinweis 2/2018 zur Unternehmensbewertung spricht etwa in Tz. 39 stellvertretend von diesen beiden Finanzierungspolitiken mit Blick auf die Bandbreite alternativer Finanzierungsannahmen. Vgl. dazu IDW Praxishinweis 2/2018: Berücksichtigung des Verschuldungsgrades bei der Bewertung von Unternehmen Tz. 39.

erscheint – wahrscheinlich aufgrund der Schwierigkeit, ein verlässliches Bild der Zukunft zeichnen zu können – jedoch vergleichsweise gering zu sein und sich für die Entscheidung der Bewertungspraxis in einem nicht unerheblichen Maß an der Praktikabilität des Bewertungsansatzes zu orientieren. Dies ist mit Blick auf die weiteren Stellschrauben der Bewertung durchaus verwunderlich, dürfte etwa die zukünftige Investitionspolitik i. d. R. mit einer konkreten Investitionsplanung des Unternehmens unterlegt sein und nicht im luftleeren Raum ohne verlässliches Fundament stehen, will man sich nicht den Vorwurf gefallen lassen, ausgehend von einem „gewünschten" Unternehmenswert ein Bewertungsmodell zu rekonstruieren. Ein vergleichbares Fundament ist – will man sich auch hier nicht dem Vorwurf der Beliebigkeit ausgesetzt sehen – daher grundsätzlich auch für die Modellierung der Finanzierungspolitik notwendig. Auf die Frage, warum in der Praxis ein vergleichbarer Maßstab i. d. R. nicht auch an die Finanzierungspolitik angelegt wird, mag man auf den ersten Blick versucht sein, eine Antwort in Anlehnung an die Überlegungen von Modigliani/Miller (1958) zu geben. Steht die Finanzierung im Kontrast zur Investitionspolitik vor dem Hintergrund der Überlegungen von Modigliani/Miller (1958) doch lediglich für die Aufteilung der Unternehmenscashflows auf die Kapitalgeber und beeinflusst die zentrale Frage nach der Höhe und des Risikos der zukünftigen Unternehmenscashflows nicht. Diese Dominanz etwa der Investitionspolitik ggü. der Finanzierungspolitik mag wirtschaftlich sicherlich begründet sein, wird sich der zukünftige Unternehmenserfolg doch nicht allein auf den in der Praxis erzielbaren Tax-Shields gründen können. Dennoch übersieht eine solche, allein auf den zukünftigen operativen Erfolg abzielende, Antwort den gestaltenden Charakter, den die Finanzierungspolitik für die zukünftige Entwicklung des Unternehmens hat. Zwingt eine entsprechende Annahme zum Finanzierungsverhalten des Unternehmens doch die, möglicherweise besser fundierten, zukünftigen Investitionsentscheidung der Unternehmen, in den Schatten der – eventuell nur oberflächlich betrachteten – Finanzierungsentscheidung zu treten,[11] bzw. führt eine nicht abgestimmte Finanzierungsannahme zu einem Ungleichgewicht zwischen den Stellschrauben der Unternehmensbewertung.

Vor diesem Hintergrund erscheint es – will man dem vereinfachenden Charakter der Annahmen zur Finanzierungspolitik Rechnung tragen – zumindest notwendig, eine Einschätzung zur Eignung bzw. Kompatibilität der alternativen Finanzierungspolitiken vorzunehmen. Dürfte doch auch hier – vergleichbar zu den Annahmen zu der zukünftigen Investitionsentscheidung – die Treffgenauigkeit der alternativen Annahme mit den Rahmenbedingungen, denen sich ein Unternehmen ausgesetzt sieht, schwanken.[12] Blickt man in die Literatur, so findet sich – wie

11 Damit können sich nicht unerhebliche Probleme bei der inneren Konsistenz des Bewertungsansatzes ergeben.

12 Blickt man erneut auf das eingängige Beispiel der Investitionsentscheidung, so dürfte die Investition aller verfügbaren finanziellen Mittel unter anderen Rahmenbedingungen näher an der Realität sein als der vollständige Verzicht auf Investitionen.

bereits kurz ausgeführt wurde – aktuell keine Einschätzung zur Eignung der alternativen Finanzierungspolitiken, die über eine grundsätzlich Beurteilung der Realitätsnähe der Annahmen zur Finanzierungspolitik hinausgeht. Dies stellt den Bewertungspraktiker derzeit vor die Aufgabe, die Eignung alternativer Finanzierungspolitiken unternehmensindividuell einer Plausibilitätsbeurteilung zu unterziehen. Damit verliert sich jedoch ein Teil des Reizes bestehender, pauschalierte Finanzierungsannahmen. Will man an einer i. d. R. vereinfachenden Anwendung alternativer Finanzierungspolitiken in der Unternehmenspraxis festhalten, d. h. die Frage des Finanzierungsverhaltens nur partiell unternehmensspezifisch beantworten, so muss letztlich ein Rahmenkatalog geschaffen werden, der für die Bewertungspraxis Anhaltspunkte für die Anwendbarkeit bzw. Sachgerechtigkeit alternativer Finanzierungspolitiken gibt.

Um die derzeit fragmentarische Grundlage für die Auswahl einer Finanzierungspolitik zu verbreitern, sei diese Arbeit der Aufgabe, erste Schritte auf dem Weg zur Identifikation der Treiber alternativer Finanzierungspolitiken zu beschreiten, gewidmet. Ausgangspunkt dieser Aufgabe stellt damit unzweifelhaft eine Synthese des aktuellen Standes der Forschung zu Kapitalstrukturtheorien und alternativen Finanzierungspolitiken dar. Die Frage nach dem Einfluss der Finanzierungsentscheidung auf den Unternehmenswert bzw. der Bedeutung der Finanzierungsentscheidung in der Unternehmenspraxis kann sowohl in der theoretischen als auch empirischen Literatur auf eine lange Tradition zurückblicken. Bedingt durch die lange Forschungstradition, kann die, für Fragen der Finanzierung, der Bestimmung adäquater Kapitalkosten und letztlich für die Unternehmensbewertung als Ganzes, zentrale Fragestellung – dies stellt an dieser Stelle keine stilistische Übertreibung dar – auf unzählige Veröffentlichungen, in der eine Reihe unterschiedlicher Einzelaspekte des Einflusses der Finanzierungs- bzw. Kapitalstrukturentscheidung auf den Unternehmenswert untersucht haben – zurückblicken.

Im Angesicht der Fülle von Arbeiten, die sich der Erforschung der Kapitalstrukturentscheidung verschrieben haben, ist man schon zu Beginn der Arbeit dem Zwang – will man nicht ein letztlich nicht endendes Lebenswerk verfassen – unterworfen, eine Eingrenzung bzw. genauer gesagt einen ersten Ausgangspunkt der nachfolgenden Überlegungen zu definieren. Zur Beantwortung dieser Frage sind, wie auch an anderer Stelle, eine Reihe alternativer Herangehensweisen denkbar. Man könnte einerseits versucht sein, den mäandernden Strom empirischer und theoretischer Arbeiten zur Kapitalstrukturtheorie bis an ihre Quelle zurückzuverfolgen, und dabei jedwede Flussbiegung und Untiefe kartographieren. Ein solcher, vollumfassender, Ansatz birgt – bei unzweifelhaften Vorteilen – durchaus auch die Gefahr, sich in dem Dickicht der Forschung zu verirren. Ein Weg zur „wahren" Quelle der Kapitalstrukturtheorie dürfte so durch eine Reihe von mit Zeitabstand zunehmenden Hindernissen – exemplarisch denke man an die Datenverfügbarkeit – verbaut sein. Man kann zudem die nicht unberechtigte Frage stellen, inwieweit eine Gesamtdarstellung historischer Überlegungen für eine aktuelle Bestandsaufnahme der Kapitalstrukturtheorie fruchtbringend ist. Diese Frage abschließend und trennscharf zu beantworten, dürfte gleichsam nur schwer möglich sein und regelmäßig mit einigem Abwägen verbunden sein.[13]

Einen in der Literatur verbreiteten Kompromiss stellt ein nur partieller Gang zum Ursprung der Forschung und die Wahl eines bedeutsamen Meilensteins als Ausgangspunkt der Überlegungen dar. Einen solch nachhaltigen Meilenstein im Verständnis der Finanzierungsentscheidung der Praxis stellt unzweifelhaft der Nachweis durch Modigliani/Miller (1958) dar, dass die Finanzierungsentscheidung unter den idealisierten Bedingungen eines vollkommenen Kapitalmarktes ohne Steuern nur die Aufteilung des Unternehmenswertes auf die Kapitalgeber festlegt und die Finanzierungsentscheidung damit keinen Einfluss auf die Höhe des Unternehmenswertes selbst nimmt. Wie das erste Kapitel dieser Arbeit genauer zeigen wird, bildet die Arbeit von Modigliani/Miller (1958) damit den Ausgangspunkt der modernen Kapitalstrukturtheorie und damit den Ausgangspunkt eines Großteils der Folgeüberlegungen der Forschung.[14] Über das bedeutsame und zugleich streitbare Postulat der Irrelevanz der Kapitalstruktur hinaus, war und ist für die nachfolgende Literatur zur Kapitalstrukturtheorie insbesondere bedeutsam, dass mit der Arbeit von Modigliani/Miller (1958) ein formales Grundgerüst zur Beurteilung des Einflusses der Kapitalstruktur auf den Unternehmenswert geschaffen wurde. Wie spätere Forschungsbemühungen gezeigt haben, formt das theoretische Gerüst der Arbeit von Modigliani/Miller (1958) damit ein durchaus belastbares Fundament einer eingehenderen und realitätsnäheren Betrachtung des Einflusses der Kapitalstruktur auf den Unternehmenswert und hat damit das moderne Verständnis der Bedeutung der Finanzierungsentscheidung.[15] Vor diesem Hintergrund ist es nicht weiter verwunderlich, dass die Entwicklung der modernen Kapitalstrukturtheorie untrennbar mit den Überlegungen der Arbeit von Modigliani/Miller (1958) verknüpft ist,[16] obwohl die Frage nach den Treibern der in der Praxis zu beobachtenden Kapitalstrukturen in der Literatur auf eine weitaus längere Tradition

---

13 Fordert doch die Bewertung, ob etwas fruchtbringend ist, letztlich doch die Durchsicht und die Bewertung der historischen Überlegungen auf, einen Schritt, den man sich durch eine Abkürzung eigentlich sparen wollte.

14 Vgl. dazu Chen (1978) S. 863. Wie Kapitel II zeigen wird, ist das Kapitalstrukturirrelevanz-Theorem von Modigliani/Miller (1958) als Ausgangspunkt zudem geeignet, erlaubt es doch die Bewegung von einem zunächst vollkommenen, aber letztlich praxisfernen Zustand in Richtung der Praxis.

15 Dieser Einschätzung stehen m. E. nicht die spätere scharfe Kritik der Literatur sowie die zu beobachtende Abkehr von den Überlegungen von Modigliani/Miller (1958) entgegen. Stellt das Ausgangsmodell bzw. dessen Erweiterungen doch auch noch heute den Referenzpunkt dar, an dem sich alternative Kapitalstrukturtheorien regelmäßig messen.

16 Vgl. dazu u. a. Schneider (2010) S. 9; Barclay et al. (1997) S. 3; Scott (1976) S. 33. Etwas pathetisch könnte man an dieser Stelle davon sprechen, dass die moderne Kapitalstrukturtheorie – wenigstens in bedeutenden Teilen – weiterhin durch den Geist von Modigliani/Miller (1958) beseelt ist.

zurückblicken kann.[17] Dem Großteil der Literatur folgend, beugt sich diese Arbeit damit auch dem Druck der schieren Masse an empirischen und theoretischen Überlegungen zu alternativen Kapitalstrukturtheorien und lässt damit Forschungsbemühungen, die vor der zentralen Arbeit von Modigliani/Miller (1958) liegen, im Folgenden weitgehend unbeachtet.[18]

Hat man die Frage nach dem Ausgangspunkt der zu beleuchtenden theoretischen Überlegungen beantwortet, kann der Blick auf die weitere Entwicklung der Kapitalstrukturtheorie gerichtet werden. Die, auf die Veröffentlichung der Arbeit von Modigliani/Miller (1958) folgenden Forschungsbemühungen, lassen sich vereinfachend in zwei grobe Strömungen aufteilen. In einem Teil der Literatur wurde, im Anschluss an den formalen Beweis der Kapitalstrukturirrelevanz, der das Kapitalstrukturirrelevanz-Theorem begleitende Annahmerahmen erfolgreich verbreitert und somit der Versuch unternommen, eine Aussage zur Bedeutung der Kapitalstruktur in einem weniger strengen und damit praxisnäheren Umfeld zu treffen. Ziel dieser Erweiterungen war und ist es, die in der Praxis beobachtbaren Finanzierungsentscheidungen verständlich zu machen und in Einklang mit einem theoretischen Grundgerüst zu bringen.

Wie der Abschnitt 2 des ersten Kapitels zeigen wird, waren die Überlegungen in der frühen Literatur zur Kapitalstrukturtheorie dabei zunächst von einer theoretischen bzw. formalen Erweiterung des sog. neoklassischen Modells von Modigliani/Miller (1958) dominiert. Eine erste zentrale Erweiterung des ursprünglichen Gerüsts wurde durch das Auflösen der Annahme einer Welt ohne Steuern von Modigliani/Miller (1961) selbst beigetragen. Das ursprüngliche Postulat der Irrelevanz der Ausgestaltung der Kapitalstruktur verkehrt sich in einer Welt mit einfacher Unternehmenssteuer zu einem Nachweis der Relevanz der Kapitalstruktur aus dem Blickwinkel der Kapitalgeber heraus.[19] Die Gestalt der realisierten Kapitalstruktur ist damit für den Unternehmenswert – und damit auch für die Unternehmensbewertung – von zentraler Bedeutung. Grund hierfür ist der Wechsel in eine Welt, in der die Finanzierungsquellen des Unternehmens steuerlich unterschiedlich behandelt werden. Über die Finanzierungsstrategie können Unternehmen bzw. Kapitalgeber letztlich den Anteil, der dem Fiskus an der wirtschaftlichen

---

17 Vgl. zum traditionellen Blick auf den Einfluss der Kapitalstruktur u. a. Schmidt/Terberger (1997) S. 245–252.

18 Wie sich in dem folgenden ersten Kapitel zeigen wird, stellt eine Ausnahme von diesem Vorgehen die Pecking-Order-Theorie dar. Die explizite Formulierung der Pecking-Order-Theorie durch Myers (1984) und Myers/Majluf (1984) erfolgte zwar erst einige Jahre nach Veröffentlichung der Arbeit von Modigliani/Miller (1958), doch wurzelt diese Theorie in Teilen in der mittlerweile überkommenen „klassischen" Kapitalstrukturtheorie.

19 Würde man den Staat als Anspruchssteller in die Betrachtung miteinbeziehen, hat auch im Fall eines einfachen Steuersystems die Frage der Finanzierung der Unternehmen letztlich nur Auswirkungen auf die Aufteilung des Unternehmenswertes. Vgl. dazu auch Barclay et al. (1997) S. 3.

Leistungsfähigkeit zukommt, vermindern. Aus diesem ersten Strang der Literatur sind zu einem frühen Zeitpunkt Arbeiten, die sich vorwiegend mit den Fragen der Bewertung des durch die Fremdfinanzierung induzierten Wertbeitrages, in einer Welt, in der die Zahlungen des Unternehmens nicht steuerfrei vereinnahmt werden können, entsprungen.[20] Diese Überlegungen haben letztlich die in der Unternehmensbewertungspraxis Anwendung findenden Bewertungsmodelle entscheidend mitgeprägt.

Wie sich insbesondere mit Kapitel II dieser Arbeit zeigt, wird hierbei die Frage nach den im Rahmen der Bewertung zu unterstellenden Annahmen zu den zukünftigen Finanzierungsentscheidungen erstmals konkret beantwortet. Die mit den Bewertungsansätzen vorformulierten, zumeist in sich stimmigen, Antwortmöglichkeiten der Literatur und der Bewertungspraxis auf die Frage des Finanzierungsverhaltens zeigen sich – wie bereits hervorgehoben wurde – vielfältig. Unscharf bleiben dabei – auch dies wird Kapitel II zeigen – die Voraussetzungen bzw. Rahmenbedingungen, unter denen diese abweichenden Annahmen zum Finanzierungsverhalten als praxisnah gelten können. Zwar finden sich zur Beantwortung dieser Frage erste Ansätze in der Literatur, der Schwerpunkt dieser Arbeiten liegt jedoch auf der Konsistenz der jeweiligen Bewertungsansätze. Mit diesem Strang der Literatur nur lose verbunden, hat sich, ausgehend von den, eher als formal zu bezeichnenden, frühen Arbeiten zur Kapitalstrukturtheorie, im Zeitverlauf ein dominanter Einfluss empirischer Arbeiten[21] – die Erklärungskraft bestehender Kapitalstrukturtheorien wird regelmäßig in empirischen Studien überprüft – für die Fortentwicklung der Kapitalstrukturtheorie herausgebildet.[22] Ziel dieses Strangs der Literatur – in der Folge auch unter dem Oberbegriff Determinantenstudien zusammengefasst – war und ist es, konkurrierende Hypothesen zum Finanzierungsverhalten der Unternehmen u. a. anhand alternativer Determinanten der Verschuldungspolitik empirisch zu überprüfen und im Idealfall eine treffende Erklärung für das Finanzierungsverhalten des Unternehmens aus den konkurrierenden Erklärungsansätzen der Literatur zu

20 Erste Bewertungsansätze lassen sich bereits aus der Arbeit von Modigliani/Miller (1961) ableiten.

21 Exemplarisch für die sich im Zeitverlauf verändernde Bedeutung der empirischen Forschung steht u. a. nachfolgendes Zitat von Frank/Goyal (2009): „We therefore consider the extent to which some aspects of the evidence pose problems for the theory. Using this information, we offer suggestions about directions in which the theories might be developed so they can be more empirically relevant." Frank/Goyal (2009) S. 4. Die Theorieentwicklung wird also insbesondere in der jüngeren Literatur durch die Ergebnisse der empirischen Forschung geprägt.

22 Auch in der Empirie dauern die Bemühungen, eine mit den Beobachtungen vereinbare Kapitalstrukturtheorie zu entwickeln, bereits Dekaden an. Vgl. Denis/McKeon (2012) S. 1897.

identifizieren bzw. bestehende theoretische Erklärungen an die Beobachtungen der Empirie anzupassen.[23]

Völlig unabhängig voneinander sind beide Fragestellungen der Forschung zum Finanzierungsverhalten – strebt man empirisch legitimierbare Annahmen zur Finanzierungspolitik in der Unternehmensbewertung an und erfreut sich nicht allein an dem theoretisch denkbaren Finanzierungsverhalten – dabei i. d. R. nicht. Dies wird deutlich, betrachtet man die Finanzierungsentscheidungen der Praxis auf Basis der Überlegungen der Arbeit von Modigliani/Miller (1961), also auf Grundlage des Nachweises, dass die Finanzierungsentscheidung im Fall eines einfachen Steuersystems für die Bewertung der Unternehmen relevant ist. Unternehmen, die keine (fast) ausschließliche Finanzierung mit Fremdkapital anstreben, erscheinen vor dem Hintergrund der von Modigliani/Miller (1961) vorgenommenen Erweiterung auf den ersten Blick nur schwer erklärbar. Geht man etwa in der Unternehmensbewertung von rational handelnden Kapitalgebern aus, so würde man – um eine korrekte Finanzierungspolitik zu unterstellen – zunächst wohl von einer fast ausschließlichen Fremdfinanzierung ausgehen.[24] Plausibel – dies wurde in der Literatur mehrfach herausgehoben – erscheint die Annahme einer reinen Fremdfinanzierung der Unternehmen in der Praxis – dies zeigen u. a. empirische Untersuchungen – hingegen nicht.[25] Somit müssen – dies ist der Ausgangspunkt der Erweiterung der Überlegungen von Modigliani/Miller (1961) – eine Reihe von Gründen bestehen, die einem ausschließlichen Abstellen auf eine Fremdkapitalfinanzierung entgegenstehen.

Wie mit Abschnitt 2 des Kapitels I deutlich werden wird, hat die empirische Forschung auf Basis der in der Praxis gemachten Beobachtungen zu einer Erweiterung und Weiterentwicklung der Kapitalstrukturtheorie geführt. Über das Verständnis der Finanzierungsentscheidung hinaus, haben sich mit der Fortentwicklung der Kapitalstrukturtheorie zugleich die Erwartungen mit Blick auf das zukünftige Finanzierungsverhalten der Unternehmen verändert. Diese veränderten Erwartungen fließen – abseits möglicher innerer Widersprüche von extremen Finanzierungsannahmen – unzweifelhaft auch in die Unternehmensbewertung mit ein.

Dieser kurze Exkurs zu Beginn der Arbeit steht stellvertretend für die in Kapitel I beleuchtete Fortentwicklung der frühen theoretischen Arbeiten als auch für

23 Insbesondere die Entwicklung „jüngerer" Kapitalstrukturtheorien wurde so maßgeblich durch die empirische Forschung geprägt. Dies wird mit den Überlegungen des Kapitels I deutlich werden.

24 Vgl. dazu ähnlich Barclay et al. (1997) S. 3–4. Wie bereits angedeutet und im weiteren Verlauf der Arbeit nochmals sichtbar werdend, entspricht dies jedoch letztlich dem Blickwinkel, der Grundlage des in der Unternehmensbewertungsliteratur eingenommenen Blickwinkels ist.

25 An dieser Stelle zeigt sich zugleich ein im weiteren Verlauf noch deutlicher werdendes Problem, ausgehend von einer zumeist retrospektiven Ausrichtung der Betrachtung zu einer geeigneten Zukunftsprognose zu gelangen.

die bis zum heutigen Zeitpunkt anhaltende empirisch getriebene Weiterentwicklung der Kapitalstrukturtheorie. Der Ausgangspunkt der modernen Kapitalstrukturtheorie, die Arbeiten von Modigliani/Miller, sowie die Entwicklung der in der Literatur im Zeitverlauf vorgebrachten konkurrierenden Kapitalstrukturtheorien stellen somit den Ausgangspunkt der weiteren Überlegungen des Kapitels I dar. Müssen sich die bestehenden alternativen Finanzierungspolitiken doch auch vor dem Hintergrund der identifizierten Treiber der Finanzierungsentscheidung der Kapitalstrukturforschung behaupten können.

Ein kurzer Exkurs zu den Ansätzen der empirischen Kapitalstrukturforschung – die diese Entwicklung maßgeblich geprägt haben – sowie eine knappe Zusammenfassung der Ergebnisse der Forschung erfolgen in Kapitel III. Hierbei wird zwischen dem Strang der empirischen Literatur differenziert, der unter dem Oberbegriff der Determinanten-Forschung zusammengefasst werden kann, und dem Strang der Literatur, der in der Folge unter dem Oberbegriff der Befragungsstudien zusammengefasst wird. Mit Blick auf den breiten Unterbau, den die Kapitalstrukturtheorie in der Literatur besitzt, enthält das in der Folge gezeichnete Bild – Gründe für ein solches Vorgehen wurden bereits skizziert – nicht alle denkbaren Farbnuancen, vielmehr liegt der Fokus auch hier auf der Darstellung der wichtigsten weiteren Meilensteine der Literatur zur Kapitalstrukturtheorie sowie deren Verbindung zu den alternativen Annahmen zum Finanzierungsverhalten der Unternehmen.

Der Abschnitt zur Evidenz der empirischen Forschung orientiert sich an bestehenden Arbeiten, die bereits einen Überblick über die Entwicklung der Kapitalstrukturtheorie geben. Als ein zentrales, insbesondere für die zentrale Fragestellung dieser Arbeit bedeutsames, Ergebnis der Forschung zur Kapitalstrukturtheorie ist dabei zu konstatieren, dass die Bedeutung, die dem Wertbeitrag der Fremdfinanzierung in der empirischen Forschung und in der Folge in der Kapitalstrukturtheorie zugemessen wird, im Zeitverlauf deutlich abgenommen hat. In der Literatur findet – mit dem Verweis auf die Ergebnisse empirischer Forschungsbemühungen – mittlerweile die Einschätzung Verbreitung, dass dem Wertbeitrag der Fremdfinanzierung für die Finanzierungsentscheidung der Unternehmen nur eine sekundäre Bedeutung einzuräumen ist.[26] Blickt man zurück, so scheint man damit – fokussiert man sich auf den Wertbeitrag der Fremdfinanzierung – erneut am Ausgangspunkt – der Kapitalstrukturirrelevanz nach Modigliani/Miller (1958) – der Forschungsanstrengungen zum Einfluss des Finanzierungsverhaltens der Unternehmen angelangt zu sein. Dies hat bedeutsame Auswirkungen für die Frage der Bedeutung alternativer Finanzierungspolitiken, kann man vor dem Hintergrund der empirischen Forschung doch argumentieren, dass die Frage nach der Gestalt der Finanzierungspolitik für die Unternehmensbewertungspraxis lediglich von zweitrangiger Bedeutung ist.

Auch wenn die empirische Literatur hinsichtlich des Wertbeitrages der Fremdfinanzierung in den letzten Jahren eine eindeutige Tendenz in diese Richtung

26 Vgl. DeAngelo/Roll (2015) S. 410; 412; Denis/McKeon (2012) S. 1923.

aufzuweisen erscheint, besteht aus theoretischer Sicht – die Abzugsfähigkeit der Zahlungen an die Fremdkapitalgeber ist in den meisten Steuersystemen bis zu einem gewissen Grad gegeben – an dem Wertbeitrag, der mit dem Einsatz von Fremdkapital verknüpft ist, unter einer Vielzahl bestehender Steuersysteme kein Zweifel. Mit Blick auf die in der Literatur zur Unternehmensbewertung diskutierten Finanzierungspolitiken kann festgehalten werden, dass insbesondere an der Relevanz einer dominanten Finanzierungspolitik[27] auf Grundlage der lediglich durchwachsenen empirischen Evidenz für eine gezielte Steuerung der Kapitalstruktur am Wertbeitrag der Fremdfinanzierung gezweifelt werden kann.[28] Neben diesem, für die Bedeutung der Finanzierungsentscheidung, durchaus grundsätzlichen Aspekt, ist auf Grundlage der empirischen Forschung zudem bis zum heutigen Tag unklar, welche Finanzierungsstrategien Unternehmen in der Praxis implementieren. Diese Unklarheit findet letztlich ungefiltert Niederschlag in der als offen zu bezeichnenden Frage nach der Eignung alternativer Finanzierungsstrategie im Rahmen einer Unternehmensbewertung. Myers (2001) fasst diese trotz intensiver Forschungsbemühungen fortbestehenden Unklarheiten prägnant zusammen: „Yet even 40 years after the Modigliani and Miller research, our understanding of these firms' financing choices is limited. We know much more about financing tactics – for example the tax-efficient design or timing of a specific security issue – than about financing strategy, for example the firm's choice of a target overall debt level."[29] Dieser fehlenden empirischen Klarheit setzt die Literatur zur Unternehmensbewertung – wie bereits hervorgehoben – die regelmäßig als eher pragmatisch zu bezeichnenden Annahmen zur Abbildung der Finanzierungspolitik entgegen.

Wie Kapitel II zeigen wird, dominieren in der Unternehmensbewertungspraxis sowohl die Annahme fester, d. h. absoluter, als auch an der Entwicklung des Unternehmenswertes orientierter quotaler Verschuldungsvorgaben. Beide Bewertungsprämissen stellen sich dem Bewerter dabei zunächst als eine Black-Box dar, die es im Rahmen der Prognose der zukünftigen Entwicklung des Unternehmens

---

27 Unter dem Begriff dominanter Finanzierungspolitiken werden an dieser Stelle Ansätze verstanden, die das Finanzierungsverhalten des Unternehmens nicht als Residuum aus Investitions- und Ausschüttungspolitik begreifen, sondern in der Finanzierungspolitik des Unternehmens eine vorrangige Unternehmensentscheidung sehen. Kapitel II wird zeigen, dass der Großteil der in der Literatur diskutierten Finanzierungspolitiken von der Dominanz der Finanzierungspolitik gegenüber Investitions- und Ausschüttungsentscheidung ausgehen. Es existieren jedoch drei maßgebliche Finanzierungpolitiken die – in der Übereinstimmung mit der jüngeren empirischen Evidenz – von einer residualen Finanzierungspolitik ausgehen.

28 DeAngelo/Roll (2015) sehen aufgrund der empirischen Relevanz der Ausschüttungs- und Investitionspolitik die Finanzierungsentscheidung wenigstens zeitweise als nachrangig an. Vgl. DeAngelo/Roll (2015) S. 411; ähnlich: Denis/McKeon (2012) S. 1900.

29 Myers (2001) S. 82.

zu konkretisieren gilt. Die Ergebnisse der empirischen Forschung scheinen den Schluss nahezulegen, dass die in der Unternehmensbewertungspraxis gebräuchlichen Finanzierungsannahmen ex ante nicht in jedem Fall eine gleich gute Abbildung der Realität ermöglichen, bestehen doch abhängig von den Rahmenbedingungen durchaus unterschiedliche Interessen der Unternehmen mit Blick auf die Gestalt und Strenge der Vorgaben zur Kapitalstruktur. Diese Frage wird in Kapitel III durch auf den Ergebnissen der empirischen Forschung aufbauende konzeptionelle Überlegungen nochmals eingehender betrachtet. Interessant erscheint es dabei, einen etwas anderen – durchaus direkteren – Blickwinkel auf die Bedeutung der Wahl der Finanzierungsannahme für die Unternehmensbewertung zu wählen als in der bestehenden empirischen Forschung bisher eingenommen. Dieser geänderte Blickwinkel stellt letztlich den Versuch dar, die ursprünglich weitgehend synchron laufende Entwicklung der Kapitalstrukturtheorien mit der insbesondere in der Literatur zur Unternehmensbewertung stattfindenden Diskussion zu den alternativen Finanzierungsannahmen wieder enger zu verknüpfen. Einen ersten Schritt auf diesem Weg stellt die Verknüpfung der Ergebnisse der empirischen Forschung mit den in der Literatur diskutierten Finanzierungspolitiken der Unternehmensbewertung dar.

Wie Kapitel III zeigen wird, ist dieser Weg mit einigen Hürden verbunden, zeigen sich die in der empirischen Forschung verwendeten Ansätze doch nicht frei von konzeptionellen wie auch praktischen Schwächen. Eine Einschätzung alternativer Finanzierungspolitiken vor dem Hintergrund der Ergebnisse der bisherigen Forschung kann vor dem Hintergrund bestehender Schwächen empirischer Untersuchungen daher nur von vorläufiger Natur sein. Eine Herausarbeitung alternativer Treiber der Finanzierungspolitik bedarf in einem zweiten Schritt daher einer eigenständigen empirischen Überprüfung. Wie Kapitel III zeigen wird, dürften die in der Kapitalstrukturforschung derzeit Anwendung findenden Ansätze kaum für eine solche Überprüfung geeignet sein. Zum Abschluss von Kapitel III sei in Rückgriff auf das in der sog. Horse-Race-Literatur Anwendung findende Methodengerüst ein eigenständiger Untersuchungsansatz vorgeschlagen. Der skizzierte Weg ist dabei jedoch mit einigen Hürden – insbesondere mit Blick auf eine Operationalisierung der Bewertungsmodelle – behaftet. Diesen Fragen sei sich am Ende von Kapitel III gewidmet, mit einem Ausblick auf den von der Forschung noch zu beschreitenden Weg zur verlässlichen Bestimmung der Treiber alternativer Finanzierungspolitiken.

1.2. Aufbau der Arbeit

Fasst man den Aufbau der nachfolgenden Arbeit zusammen, so gibt Kapitel I einen Überblick über die Evolution der Kapitalstrukturtheorie, ausgehend von dem Postulat der Kapitalstrukturirrelevanz von Modigliani/Miller (1958), während der Schwerpunkt des Kapitels II auf einer Darstellung der alternativen Annahmen der Finanzierungspolitik in der Bewertungspraxis liegt. In Kapitel III sei die empirische Evidenz zugunsten alternativer Kapitalstrukturtheorien kurz zusammengefasst, um sich im Nachgang der Verknüpfung von Kapitalstrukturtheorie und alternativen Finanzierungsannahmen der Unternehmensbewertung zu widmen. Kapitel III schließt mit der Motivation eines eigenständigen empirischen Forschungsansatzes zur Relevanz alternativer Finanzierungsannahmen in der Unternehmensbewertung.

Kapitel I – Zur Evolution der Kapitalstrukturtheorie

2. Zur Entwicklung der „klassischen“ Kapitalstrukturtheorie

Die nachfolgenden Abschnitte sollen einen Überblick über die frühen Entwicklungen der modernen Kapitalstrukturtheorie geben. Wie mit den Vorüberlegungen des Abschnitts 1 deutlich geworden ist, sieht man sich hierbei mit der Aufgabe konfrontiert, einen geeigneten Ausgangspunkt festzulegen, entscheidet man sich in der Folge, nur einen Ausschnitt der in der Literatur zu findenden theoretischen Überlegungen zu geben.[30] Wie bereits hervorgehoben wurde, steht einer ausführlicheren Betrachtung neben grundsätzlichen Praktikabilitätsüberlegungen insbesondere das Ziel entgegen, die durchaus anspruchsvolle Aufgabe eines Abrisses über die „klassischen“ Kapitalstrukturtheorien nicht durch ein Beschreiten allzu abseitig liegender Pfade zu vernebeln. In Abschnitt 1.1. wurde mit dem Kapitalstrukturirrelevanz-Theorem von Modigliani/Miller (1958) als Nukleus der modernen Kapitalstrukturtheorie ein geeigneter Ausgangspunkt für eine Betrachtung der Evolution der Kapitalstrukturtheorie bereits motiviert. Für die Motivation hinter der Wahl dieses Ausgangspunktes sei daher an dieser Stelle auf Abschnitt 1.1. verwiesen. Hat man sich Klarheit über den Ausgangspunkt verschafft, so muss man sich in einem zweiten Schritt Klarheit darüber verschaffen, welchen Weg man ausgehend von der Festlegung des Ausgangspunktes beschreitet. Bedeutende Wegweiser auf dem Weg der Evolution der Kapitalstrukturtheorie bilden dabei unzweifelhaft die in der Literatur zu beobachtende Entwicklung einer Reihe eigenständiger Kapitalstrukturtheorien, die im Großen und Ganzen die Struktur der nachfolgenden Abschnitte vorgeben. Wie sich in den nachfolgenden Abschnitten zeigen wird, sind die einzelnen Kapitalstrukturtheorien regelmäßig mit einem Strang von theoretischen Arbeiten verbunden, die – ohne den Anspruch der Vollständigkeit erfüllen zu können – in den einzelnen Abschnitten zu den alternativen Kapitalstrukturtheorien kurz näher beleuchtet werden. Die nachfolgenden Abschnitte folgen dabei – allein schon, um der Überschrift dieses Kapitels gerecht zu werden – einem vorwiegend chronologischen Betrachtungsansatz.[31] Ausgehend

---

30 Die Zuschreibung „kurz“ mag, im Angesicht der doch länglichen Ausführungen des ersten Kapitels, zunächst als eine maßlose Untertreibung erscheinen. Sichtet man die Literatur, die in den vergangenen Dekaden der Kapitalstrukturtheorie gewidmet wurde, so wird schnell deutlich, dass in der Folge nur ein kurzer, aber dennoch repräsentativer Ausschnitt der Literatur zur Kapitalstrukturtheorie betrachtet wurde.

31 Die chronologische Betrachtungsweise erfährt dabei letztlich Durchbrechungen, um in sich geschlossene Unterabschnitte zu gewährleisten. So wird etwa – der Arbeit von Chen/Kim (1979) folgend – die Entwicklung der Kapitalstrukturtheorie zweigeteilt – einerseits in die Fortentwicklung des Annahmegerüsts des Theorems der Kapitalstrukturirrelevanz, andererseits in die Annäherung der Kapitalstrukturtheorie

von dem durch Modigliani/Miller (1958) formulierten Theorem der Kapitalstrukturirrelevanz, wird in einem ersten Schritt dessen Erweiterung zur „klassischen“ und erweiterten Trade-Off-Theorie in der Folge beleuchtet. Daneben werden mit der Signalling-Theorie und der Neutral-Mutation-Hypothese weitere in der Literatur diskutierte „klassische“ Kapitalstrukturtheorien betrachtet. Der Abschnitt zu den „klassischen“ Kapitalstrukturtheorien endet mit der näheren Beleuchtung der Pecking-Order-Theorie, die sich in der späteren, insbesondere empirisch geprägten, Literatur[32] als der zentrale Gegenspieler der „klassischen“ Trade-Off-Theorie herauskristallisiert hat. Getrennt davon seien in dem auf Abschnitt 2 folgenden Abschnitt Kapitalstrukturtheorien unter der Zuschreibung „jüngere“ Kapitalstrukturtheorien betrachtet. Das Adjektiv „jünger“ weist dabei auf das wohl zentralste Kriterium für die Trennung der beiden Abschnitte hin. Neben dem Zeitpunkt der Formulierung der Kapitalstrukturtheorie spielt jedoch auch die zunehmende empirisch getriebene Weiterentwicklung der Kapitalstrukturtheorien eine bedeutsame Rolle. Trennscharf ist insbesondere dieses zweite Kriterium jedoch nicht, besitzt – dies wird mit Abschnitt 2.9. deutlich werden – doch insbesondere auch die zu den „klassischen“ Kapitalstrukturtheorien gerechnete Pecking-Order-Theorie ihren Ursprung u. a. in den empirischen Beobachtungen von Donaldson (1963). Eine Zweiteilung der Kapitalstrukturtheorien erscheint daher nur im Verbund der beiden Kriterien als sinnvoll.

2.1. Zum Theorem der Kapitalstrukturirrelevanz

Arbeiten, die sich näher mit der Bedeutung der Kapitalstrukturentscheidung befassen, stellen – mögliche Gründe für dieses Vorgehen wurden bereits in Abschnitt 1 hervorgehoben – regelmäßig auf das im Jahr 1958 von Modigliani/Miller postulierte Theorem der Kapitalstrukturirrelevanz ab.[33] Neben der bereits aus chronologischer Sicht durchaus sinnvollen Einordnung dieses Theorems am Beginn eines Überblicks über die Entwicklung der Kapitalstrukturtheorie,[34] ist diese Einordnung vor allem der grundlegenden Bedeutung des Postulates der Irrelevanz der Kapitalstruktur für die moderne Kapitalstrukturtheorie geschuldet.[35] Ausschlaggebend

---

an die Finanzierungsentscheidungen der Praxis – betrachtet. Vgl. dazu auch Chen/Kim (1979) S. 371.

32 Ein kurzer Exkurs zu den in Kapitel I – im Angesicht der Fülle empirischer Forschungsbemühungen – etwas vernachlässigten Forschungsbemühungen erfolgt in Kapitel III.

33 Hermanns (2007) bezeichnet sodass von Modigliani/Miller (1958) postulierte Kapitalstrukturirrelevanz-Theorem als „[...] Geburtsstunde der Corporate-Finance-Theorie [...]“. Vgl. dazu Hermanns (2007) S. 78, ähnlich dazu auch Denis (2012) S. 632.

34 Ein Abstellen auf rein chronologische Gesichtspunkte würde jedoch die Arbeit von Modigliani/Miller (1958) nicht an den Beginn setzen.

35 Vgl. u. a. Harris/Raviv (1991) S. 297, Barclay et al. (1997) S. 3, Schneider (2010) S. 9, Miller (1977) S. 261. Nicht zuletzt ist diese Einordnung auch durch die für einen

für die Bedeutung der Arbeit von Modigliani/Miller (1958) ist dabei nicht die Neuigkeit des gewählten Themenschwerpunkts selbst,[36] sondern vielmehr das durch die Arbeit geschaffene formale Grundgerüst, das im Kontrast zu den in der vorangehenden Literatur vorgenommenen Überlegungen eine Objektivierung – im Sinne einer Konzentration auf die wesentlichen Faktoren – der Kapitalstrukturentscheidung erlaubt hat.[37] So hat u. a. Denis (2012) rückblickend festgehalten: „Of course, the real value of the M-M article lies not in the empirical predictions that flow from its assumptions, but rather in its economic framework, which capital structure scholars have leaned on heavily over the years."[38] Erreicht wurde die mit der Arbeit von Modigliani/Miller (1958) einhergehende Objektivierung durch die Wahl eines restriktiven Annahmegerüsts: der Annahme eines vollkommenen Kapitalmarktes.[39]

Wie sich in den weiteren Abschnitten dieses Kapitels zeigen wird, bildet das formale Gerüst des Kapitalstrukturirrelevanz-Theorems den Ausgangspunkt für eine Reihe noch zu betrachtender Modellerweiterungen. Zunächst werden jedoch neben den zentralen Implikationen des Modells von Modigliani/Miller – eine kurze Betrachtung erfolgt nochmals in Kapitel II und III als Ausgangspunkt der Betrachtung alternativer Annahmen zur Finanzierungspolitik in der Unternehmensbewertung bzw. alternativer Determinanten der Kapitalstruktur – insbesondere die dem Modell zugrunde liegenden Annahmen skizziert. Dies erscheint bedeutsam, haben sich doch in der Folge des formalen Beweises der Kapitalstrukturirrelevanz auf einem vollkommenen Kapitalmarkt zahlreiche Arbeiten darangemacht, das mit Blick auf die Praxis als strikt zu bezeichnende Annahmegerüst der Arbeit von Modigliani/Miller (1958) zu hinterfragen und ggf. einer Erweiterung zu unterziehen.[40] Brander/Lewis (1986) fassen die Bedeutung der Arbeit von Modigliani/Miller (1958) daher für die weiteren Forschungsbemühungen prägnant zusammen, wenn sie festhalten: „A large part of the literature on financial structure can be

---

Wissenschaftler, der sich mit Kapitalstrukturforschung beschäftigt, etwas demotivierende Aussage dieses Artikels begründet. Vgl. Swoboda (1973) S. 28.

36 Bereits zu Beginn und Mitte der 1950er-Jahre beschäftigten sich eine Reihe von Arbeiten mit Kapitalkosten und den Auswirkungen der Kapitalstruktur. Vgl. dazu u. a. Durand (1952), Solomon (1955), Modigliani/Zeman (1952).

37 Vgl. Modigliani/Miller (1958) S. 262 und 264, Bodenhorn (1959) S. 480–481, Baumol/Malkiel (1967) S. 549–550; Miller (1977) S. 261; Miller (1988) S. 100; Schneider (2010) S. 11.

38 Denis (2012) S. 633. Eine ähnliche Einschätzung findet sich u. a. auch in Hall/Lerner (2010), die das Kapitalstrukturirrelevanz-Theorem als einen „useful starting point" bezeichnen. Vgl. dazu Hall/Lerner (2010) S. 614.

39 Vgl. dazu u. a. Bessler et al. (2011) S. 17.

40 Frühe Untersuchungen beschäftigen sich zunächst mit der Notwendigkeit des Annahmerahmens für den Nachweis der Kapitalstrukturirrelevanz, während in einem zweiten Schritt der Schwerpunkt zunehmend auf die Auswirkungen einer Durchbrechung des Annahmegerüsts gelegt wurde.

regarded as a response to Franco Modigliani and Merton Miller (1958) [...].“[41] Wie die folgenden Abschnitte zeigen werden, kann ein Teil der Prämissen aufgelöst werden, ohne die Stabilität des Nachweises der Kapitalstrukturirrelevanz zunächst zu gefährden.[42] Im Verlauf der späteren Abschnitte wird sich jedoch auch zeigen, dass die Annahme der Kapitalstrukturirrelevanz nicht für alle in der Literatur diskutierten Erweiterungen aufrechterhalten werden kann. Mit den in Abschnitt 2.2. beginnenden Ausführungen zeigt sich die in der Literatur mit zunehmendem Abstand zum Postulat der Kapitalstrukturirrelevanz zu beobachtende Emanzipation eigenständiger Kapitalstrukturtheorien auf Grundlage der Durchbrechung des ursprünglichen Annahmegerüstes des Theorems der Kapitalstrukturirrelevanz. Zunächst seien jedoch die ursprünglich von Modigliani/Miller (1958) angenommenen Prämissen des Kapitalstrukturirrelevanz-Theorems als Ausgangspunkt der nachfolgenden Überlegungen der Literatur kurz hervorgehoben.

2.1.1. Modellannahmen und Implikationen

Den Ausgangspunkt der Arbeit von Modigliani/Miller (1958) bildet die Frage nach der Höhe der Kapitalkosten in einer Welt, in der Unternehmen in mit Unsicherheit behaftete Projekte investieren können und werden. Den regelmäßigen Gegebenheiten der Praxis entsprechend, stehen Unternehmen zur Finanzierung eine Reihe alternativer Finanzierungsquellen zur Auswahl, die den Umfang der Kapitalkosten determinieren. Die alternativen Finanzierungsquellen – vereinfachend werden in der Arbeit von Modigliani/Miller (1958) lediglich zwei Klassen von Kapital, Eigen- und Fremdkapital, betrachtet[43] – unterscheiden sich dabei in der Ausgestaltung und Reichweite der Rechte an den erwirtschafteten Zahlungsströmen des Unternehmens sowie den jeweiligen mit der Kapitalbereitstellung verknüpften Pflichten, die sich auf die Renditeforderungen der Kapitalgeber niederschlagen.[44] Die Frage nach der Höhe der Kapitalkosten ist somit letztlich eine Frage nach den Finanzierungsquellen, die ein Unternehmen wählt.

Die auf den ersten Blick u. U. unspektakuläre wirkende Fragestellung der Arbeit von Modigliani/Miller (1958) ist, wie u. a. Stiglitz (1974) hervorgehoben hat, mit einer Reihe weiterer für Unternehmen zentraler Fragestellungen verknüpft – dies wird bei der Betrachtung der alternativen Finanzierungspolitiken in Kapitel II nochmals deutlich werden –, die durch das Unternehmen bzw. die Unternehmensleitung stimmig beantwortet werden müssen. Konkret bedeutet dies, dass sich die Finanzierungsentscheidung regelmäßig nicht allein auf die Frage der Höhe der Kapitalkosten reduzieren lässt, sondern eng mit der Investitions- und

41 Brander/Lewis (1986) S. 957.
42 Vgl. dazu u. a. Stiglitz (1969) S. 784.
43 Vgl. Modigliani/Miller (1958) S. 273; Schneider (2010) S. 9; Stiglitz (1974) S. 853.
44 Vgl. Modigliani/Miller (1958) S. 261.

Ausschüttungsentscheidung des Unternehmens verzahnt ist.[45] Will man die Finanzierungsentscheidung des Unternehmens näher betrachten, so muss man letztlich auch eine plausible Antwort auf die Fragen der Investitions- und Ausschüttungsentscheidung des Unternehmens geben können. Der Ansatz von Modigliani/Miller (1958) greift, ausgehend von einer Welt, in der Gewinne sicher prognostizierbar sind, als Referenzpunkt für die Investitions- und Finanzierungsentscheidung auf das – auch in einer mit Unsicherheit behafteten Welt gültige – Prinzip der Marktwertmaximierung zurück. Blickt man in die Literatur, so wurde auf Basis des Separationstheorems von Fisher eingängig gezeigt, dass das Prinzip der Marktwertmaximierung auch im Fall der Unsicherheit ein stabiles und insbesondere ein von den individuellen Präferenzen der Anteilseigner unabhängiges Oberziel darstellen kann, mit der eine Antwort auf die vorgenannten Fragen gegeben werden kann.[46] Übersetzt man das Prinzip der Marktwertmaximierung in eine konkrete Fragestellung an das Unternehmen – dies genau machen Modigliani/Miller (1958) –, so muss für jedes Projekt eines Unternehmens, unter der Prämisse der Marktwertmaximierung, die Frage der Umsetzung positiv beantwortet werden, sofern der Marktwert des Unternehmens unter dem gegebenen Finanzierungsplan erhöht werden kann.[47] Die Verknüpfung zwischen dem in der Literatur und Praxis heute wohl unzweifelhaft akzeptierten Investitionskriterium der Marktwertsteigerung und den Auswirkungen der Finanzierungspolitik auf die Vorteilhaftigkeit eines Investitionsprojektes war bis dahin in der Literatur noch nicht gänzlich hergestellt worden.[48] Mit dem Nachweis, dass unter bestimmten – in der Folge noch

---

45 Vgl. dazu u. a. Stiglitz (1974) S. 851. Wie sich zeigen wird, ist die Kausalität dabei nicht zwingend einseitiger Natur. In der Praxis bestehen vielmehr i. d. R. Wechselwirkungen zwischen Finanzierungs-, Investitions- und Ausschüttungsentscheidung.

46 Vgl. Modigliani/Miller (1958) S. 263–264; Bodenhorn (1959) S. 473; Brennan (1995) S. 11. Mit Blick auf die Fisher-Seperation hält Ross (1977) letztlich fest, dass Modigliani/Miller (1958) mit ihrer Arbeit lediglich eine Umformulierung der Aussagen der Fisher-Seperation vornehmen. Vgl. dazu Ross (1977) S. 26. Barton/Gordon (1987) halten mit Blick auf diese Annahme fest: „As with the perfect market assumption, the use of economic utility maximization (wealth maximization) as the unitary objective of firms and individuals allows for the development of ‚solvable' mathematical models of firm and investor behavior." Barton/Gordon (1987) S. 69.

47 Modigliani/Miller (1958) sprechen mit Blick auf die Durchführung des Investitionsprojektes vom folgenden Test: „Will the project, as financed, raise the market value of the firm's shares?". Vgl. Modigliani/Miller (1958) S. 264. Die in der Modellwelt von Modigliani/Miller (1958) unproblematische Trennung von Investitions- und Finanzierungsentscheidung kann mit der Erweiterung der Modellprämissen i. d. R. nicht ausgeblendet werden. Wie Dammon/Senbet (1988) festgehalten haben – dies werden die nachfolgenden Abschnitte bestätigen, „[...] it remains a common practice for financial economists to hold the firm's investment decision fixed when analyzing its financial decision". Dammon/Senbet (1988) S. 357.

48 Dies führte dazu, dass das Kriterium der Kapitalwertmaximierung zu diesem Zeitpunkt auch nur über beschränkte Aussagekraft verfügte. Vgl. dazu Modigliani/Miller

näher beleuchteten – Bedingungen die Finanzierungsentscheidung des Unternehmens lediglich die Struktur der Verteilung der Zahlungen des Unternehmens bestimmt, nicht jedoch den Unternehmenswert selbst, leiteten Modigliani/Miller (1958) ein in sich schlüssiges Gerüst einer Kapitalstrukturtheorie ab.[49] Myers (1989) spricht später eingängig auch von einem „[...] ‚no magic in leverage‘ proof for a taxless, frictionless world“.[50] Grundlage des von Modigliani/Miller (1958) abgeleiteten Modells bilden dabei einige gegenüber der Praxis abstrahierende Annahmen, die, aufgrund der Bedeutung für die auf die Arbeit von Modigliani/Miller (1958) folgende Entwicklung der Kapitalstrukturtheorie, in diesem Abschnitt kurz dargestellt werden.[51]

Finanzierungsquellen

Wie bereits zu Beginn dieses Abschnitts hervorgehoben, wird in der Arbeit von Modigliani/Miller (1958) vereinfachend angenommen, dass Unternehmen zur Finanzierung zukünftiger Investitionsprojekte lediglich Eigenkapital und Fremdkapitalanteile emittieren werden. Diese Zweiteilung der Kapitalklassen – dies wird u. a. im Kapitel zu den alternativen Finanzierungsannahmen in der Unternehmensbewertung nochmals deutlich – ist dabei mit der weiteren, die Rahmenbedingungen der Kapitalstrukturentscheidung vereinfachenden, Annahme verknüpft, dass Eigen- und Fremdkapitalgeber eine jeweils in sich geschlossene Klasse bilden. Unter einer geschlossenen Klasse wird an dieser Stelle dabei verstanden, dass sowohl die Gruppe der Eigen- als auch Fremdkapitalgeber für sich genommen über homogene Interessen und Erwartungen verfügen.[52] Diese Annahme wird u. a. durch die mit

(1958) S. 264; Schneider (2010) S. 9. Dieses Problem wird mit dem Nachweis der Irrelevanz der Kapitalstruktur gelöst, da von der Finanzierungsentscheidung des Unternehmens abstrahiert werden kann. Vgl. dazu Stiglitz (1974) S. 851; 852–853.

49 Vgl. dazu u. a. Schneider (2010) S. 9; Schall (1972) S. 928–929. Wie einleitend bereits festgehalten, werden die Überlegungen, die hinter diesem Nachweis stehen, in einem späteren Abschnitt aufgegriffen werden. Wie Sitglitz (1974) festhält, liegt die intuitive Interpretation des Nachweises der Kapitalstrukturirrelevanz darin, dass Investoren nicht an die Finanzierungsentscheidung des Unternehmens gebunden sind und diese rückgängig machen können. Vgl. dazu Stiglitz (1974) S. 859.

50 Myers (1990) S. 80.

51 Eine Zusammenfassung des Annahmegerüstes findet sich regelmäßig in der Literatur, wie u. a. in Schneider (2010) und Hermanns (2007). Solche „neueren“ Zusammenfassungen nehmen z. T. die erst in der Folge vorgenommene Glättung des Annahmegerüstes vorweg. Im Folgenden sei daher primär auf die in der Arbeit von Modigliani/Miller (1958) zu findenden Annahmen verwiesen. Vgl. dazu u. a. Hermanns (2007) S. 14–15.

52 Man kann in diesem Zusammenhang auch davon sprechen, dass Agency-Probleme, die möglicherweise innerhalb der alternativen Kapitalklassen bestehen, für das Modell von Modigliani/Miller (1958) ohne Bedeutung sind. Wie in den Überlegungen zur Agency-Theorie deutlich werden wird, erlaubt dies eine deutliche Vereinfachung der nachfolgenden Überlegungen.

Blick auf den Kapitalmarkt getroffene Annahme gedeckt. In der Praxis – dies werden die Erweiterungen der nachfolgenden Abschnitte deutlich machen – kann von der Homogenität dieser Kapitalklassen wohl in den wenigsten Fällen ausgegangen werden.

Kapitalmarkt

Eine der zentralsten Annahmen der Arbeit von Modigliani/Miller (1958) ist, dass sowohl die begebenen Eigen- als auch Fremdkapitalanteile auf einem vollkommenen Kapitalmarkt gehandelt werden. Die Annahme eines vollkommenen Kapitalmarktes schreibt dabei eine Reihe weiterer, im Folgenden näher betrachteter, Annahmen fest. Direkt mit der Annahme eines vollkommenen Kapitalmarktes verbunden ist, so die Annahme von Modigliani/Miller (1958), dass Marktteilnehmer – also nicht nur die betrachteten Unternehmen selbst – sich zu einem einheitlichen risikolosen Zinssatz verschulden als auch Guthabenbeträge am Kapitalmarkt anlegen können.[53]

Erwartungshorizont und Agency-Konflikte

Die Annahme eines vollkommenen Kapitalmarktes schlägt sich, wie bereits mit Blick auf die homogenen Erwartungen innerhalb der Kapitalklassen festgehalten, auf den Erwartungshorizont des Kapitalmarktes nieder. Alle Investoren besitzen bezüglich der durchschnittlichen künftigen Erträge die gleichen, homogenen, Erwartungen.[54] Mögliche Agency-Konflikte – ein Überblick findet sich in Abschnitt 2.4. –, die sich aus der unterschiedlichen Ausgestaltung der Rechte und Pflichten der im Modell von Modigliani/Miller (1958) betrachteten Kapitalklassen ergeben könnten, treten aufgrund dieser Annahme zunächst nicht auf. Es wird zudem vereinfachend unterstellt, dass sich das Management streng an den Interessen der Anleger orientiert.[55] Fasst man zusammen, sind die für die Praxis zu betrachtenden Agency-Probleme zwischen den Kapitalgebern sowie zwischen Unternehmenseignern und der Unternehmensleitung für die Modellwelt von Modigliani/Miller (1958) zunächst ohne Bedeutung.

Operative Leistungsfähigkeit

Blickt man nun auf die operative Leistungsfähigkeit des Unternehmens, so bleibt der operative Ertrag (vor Steuern) des Unternehmens durch die Wahl unterschiedlicher Kapitalklassen zur Finanzierung des Unternehmens im Modell von Modigliani/Miller (1958) unbeeinflusst.[56] Unternehmen generieren unabhängig von der

---

53 Vgl. Modigliani/Miller (1958) S. 268; Schneider (2010) S. 9; Stiglitz (1969) S. 785; Miller (1977) S. 261; Barnea et al (1981) S. 7. Die Kapitalklassen unterscheiden sich dabei durch die verschieden stark ausgeprägten Rechte an den Zahlungen des Unternehmens.

54 Vgl. Modigliani/Miller (1958) S. 266.

55 Vgl. Modigliani/Miller (1958) S. 266.

56 Vgl. Modigliani/Miller (1958) S. 268–269.

Finanzierungsentscheidung einen zeitlich unbegrenzten Zahlungsstrom, der in der Zukunft kein weiteres Wachstum erfährt.[57]

Risikoklassen

Investoren differenzieren – dies ist eine weitere vereinfachende Annahme des Modells von Modigliani/Miller (1958) – zwischen unterschiedlichen Risikoklassen, denen Unternehmen operativ zugeordnet werden können.[58] Unternehmen gleicher Risikoklasse weisen ein identisches operatives Risiko auf. Dies bedeutet konkret, dass die zu den einzelnen Risikoklassen zugeordneten Unternehmen einen vergleichbaren operativen Zahlungsstrom gleichen Risikos generieren.[59]

Arbitrageüberlegungen

Ausgehend von diesem knapp skizzierten Prämissenrahmen, zeigen Modigliani/Miller (1958), dass der Wert von Unternehmen innerhalb gleicher Risikoklasse, jedoch unterschiedlicher Finanzierungsstruktur – zur Finanzierung des Unternehmens wird im unterschiedlichen Umfang Eigen- und Fremdkapital eingesetzt –, identisch sein muss.[60] Den Zwang des Gleichklangs der Bewertung dieser, nur in der Finanzierungsentscheidung differierender Unternehmen, zeigen Modigliani/Miller (1958) dabei anhand der Überlegung, dass Arbitragegewinne bzw. risikolose Gewinne aus einer unterschiedlichen Bewertung der Unternehmen gleicher Risikoklasse auf einem vollkommenen Kapitalmarkt nicht möglich sein werden. Unter dem von Modigliani/Miller (1958) gesetzten Prämissenrahmen, der verschuldete oder unverschuldete Unternehmen der gleichen Risikoklasse höher bzw. niedriger bewertet, besteht die Möglichkeit, die Unternehmen auf der Ebene der Investoren zu verschulden bzw. zu entschulden, um die Finanzierungsentscheidung auf Unternehmensebene rückgängig zu machen und einen risikolosen Gewinn zu heben. Die notwendigen Arbitrageschritte haben Modigliani/Miller (1958) auf Basis einer Fallunterscheidung, d. h. einer Über- und Unterbewertung, aufgezeigt. Dieser eigentliche Arbitragebeweis sei an dieser Stelle als gegeben vorausgesetzt, um den Fokus zunächst auf dem Zusammenwirken der gesetzten Prämissen zu belassen. Denkbar ist zunächst, dass Kritiker des Arbitragebeweises von Modigliani/Miller (1958) zunächst – ohne die Arbitrageschritte selbst anzuzweifeln – die Fähigkeit

57 Vgl. Modigliani/Miller (1958) S. 265. Mit Blick auf den später gewählten Betrachtungswinkel der Unternehmensbewertung kann man an dieser Stelle auch davon sprechen, dass sich die betrachteten Unternehmen im Rentenfall befinden.

58 Grundlage der Zuordnung zu unterschiedlichen Risikoklassen bilden die mit Blick auf den Kapitalmarkt und die Erwartungen der Kapitalmarktteilnehmer getroffenen Annahmen.

59 Vgl. Modigliani/Miller (1958) S. 266.

60 Man kann an dieser Stelle etwas konkreter von einem operativ identischen Unternehmen ausgehen, das einerseits rein eigenfinanziert ist, andererseits die Möglichkeit einer teilweisen Fremdfinanzierung nutzt.

des Kapitalmarktes anzweifeln, Fehlbewertungen zu erkennen und zu heben. Dieser grundlegende Zweifel kann in der Folge in einzelne Teilfragen zerlegt werden.

Widmet man sich zunächst der Frage, ob und ggf. wann Marktteilnehmer eine Fehlbewertung antizipieren werden, so ist zur Beantwortung dieser Frage auf die Prämisse des vollkommenen Kapitalmarktes zu verweisen. Marktteilnehmer werden die Möglichkeit, Arbitragegewinne zu vereinnahmen, aufgrund des homogenen und im Durchschnitt korrekten Erwartungshorizonts unmittelbar antizipieren. Wie steht es nun mit der Fähigkeit der Kapitalmarktteilnehmer, bestehende Fehlbewertungen zu heben? Ohne auf die notwendigen Arbitrageschritte im Detail eingegangen zu sein, wurde der Kern der Arbitrageschritte bereits festgehalten: die Umkehrung der Finanzierungsentscheidung auf Unternehmensebene. Hält man an dem gewählten Abstraktionsniveau fest, so erfordert eine Rückgängigmachung der Finanzierungsentscheidung auf Unternehmensebene, dass Marktteilnehmer über die gleichen Konditionen verfügen wie die Unternehmen selbst. Die vorangehende Skizze des Prämissenrahmens hat gezeigt, dass diese Annahme durch Modigliani/Miller (1958) explizit getroffen wurde. Eine Fehlbewertung bei Unternehmen der gleichen Risikoklasse wird durch die Arbitragebemühungen der Marktteilnehmer eines vollkommenen Kapitalmarktes somit aufgrund des bestehenden Annahmerahmens restlos abgebaut.[61] Fasst man zusammen, so stellt der auf einem vollkommenen Kapitalmarkt wirkende Arbitrageprozess sicher, dass Investoren eine Unternehmensbewertung auf Basis der operativen Leistungsfähigkeit bzw. des durch die Investoren zu tragenden operativen Risikos vornehmen. Basis der Bewertung kann somit nicht die reine Verteilung der Zahlungen des Unternehmens auf die Kapitalgeber in Abhängigkeit von der gewählten Finanzierungsstruktur bilden.[62] Eine abweichende Bewertung zweier operativ identischer Unternehmen, die sich nur im Finanzierungsrisiko unterscheiden, ist unter den durch Modigliani/Miller (1958) gesetzten Prämissen damit nicht zeitstabil. An dieser Stelle wurde der für den Nachweis der Irrelevanz der Kapitalstruktur zentrale Arbitrageprozess, gegenüber der Darstellung der Prämissen des Kapitalstrukturirrelevanz-Theorems, vergleichsweise stiefmütterlich dargestellt. Dies soll an dieser Stelle jedoch nicht als ein indirekter Hinweis interpretiert werden, dass die Beschäftigung mit dem Adjustierungsprozess nicht lohnenswert ist. Dies ist nicht der Fall, dennoch soll der Arbitrageprozess an dieser Stelle nicht eingehender beleuchtet werden. Will man – dies ist die nicht unbescheidene Zielsetzung dieses Abschnittes – die Evolution der Kapitalstrukturtheorie nachzeichnen, so erscheint es mit Blick auf die in der Folge des Nachweises der Kapitalstruktur veröffentlichten Arbeiten sinnvoll, ausgehend von den Prämissen des Nachweises der Kapitalstrukturirrelevanz durch Modigliani/Miller (1958), die folgenden ersten Entwicklungsschritte

61 Transaktionskosten, die einen solchen Arbitrageprozess behindern könnten, bestehen in der Welt von Modigliani/Miller (1958) annahmegemäß gerade nicht.

62 Vgl. Modigliani/Miller (1958) S. 268–271; Schneider (2010) S. 9; Hermanns (2007) S. 16–17; Miller (1977) S. 262.

nachzuzeichnen. Wie bereits kurz gezeigt wurde, sind die Arbitrageüberlegungen bzw. das Kapitalstrukturirrelevanz-Theorem unter den gesetzten Prämissen stabil. Wie die folgenden Abschnitte zeigen werden, hat sich die nachfolgende Literatur daher aufgemacht, sich von dem strengen – mit Blick auf die Praxis wohl in aller Regel realitätsfernen – Annahmegerüst der Arbeit von Modigliani/Miller (1958) schrittweise zu lösen.

2.1.2. Frühe Kritik und Konsolidierung des Annahmegerüstes des Theorems der Kapitalstrukturirrelevanz

Mit dem Nachweis der Kapitalstrukturirrelevanz haben Modigliani/Miller (1958) ein für die Kapitalstrukturtheorie zentrales, wenn auch mit Blick auf die zu diesem Zeitpunkt bestehenden Vorstellungen zu Kapitalstrukturentscheidungen provozierendes Theorem entwickelt. Wie der vorangehende Abschnitt bereits kurz verdeutlicht hat, stützt sich das Theorem der Kapitalstrukturirrelevanz auf einen strikten, die Arbitrageüberlegungen stabilisierenden Annahmerahmen. Die starke Abstraktion der Annahmen des Kapitalstrukturirrelevanz-Theorems wurde insbesondere in der auf die Veröffentlichung der Arbeit von Modigliani/Miller (1958) folgenden wissenschaftlichen Diskussion kritisch beleuchtet.[63]

Diesem Abschnitt sei zum Ziel gesetzt, einen kurzen Überblick über diese Diskussion zu geben. Strukturiert man die in der frühen Literatur zu findende Diskussion, so fand in den ersten wissenschaftlichen Arbeiten insbesondere das hohe Abstraktionsniveau[64] als auch der fehlende Realitätsgehalt des Modells von Modigliani/Miller (1958) Kritik. Dies war der Ausgangspunkt, die Aussagekraft der von Modigliani/Miller (1958) vorgenommenen Überlegungen kritisch zu hinterfragen.[65] Neben der, von Modigliani/Miller (1958) selbst als durchaus kritisch erachteten, Annahme eines für alle Marktteilnehmer einheitlichen Verschuldungs- und Anlagezinssatzes,[66] wurde in der Literatur insbesondere die für den von Modigliani/Miller (1958) beschriebenen Arbitrageprozess notwendige Replizierbarkeit der Unternehmensentscheidungen auf Investorenebene durch die Kritiker des Theorems der Kapitalstrukturirrelevanz in Zweifel gezogen. Insbesondere wurde die Risikoposition, die ein Investor einnehmen muss, wenn er auf privater Ebene die Verschuldungspolitik des Unternehmens nachvollzieht, aufgrund der in der Praxis regelmäßig gegebenen beschränkten Haftung von Unternehmen als nicht

63 Vgl. dazu auch Hermanns (2007) S. 19; Schneider (2010) S. 11.

64 Die Einschätzung der hohen Abstraktheit wurde von Modigliani/Miller (1958) durchaus geteilt. Vgl. Modigliani/Miller (1958) S. 296.

65 Die Einordnung dieser Arbeiten orientiert sich an der Arbeit von Brewer/Michaelsen (1965) S. 516.Vgl. u. a. Durand (1959) S. 640–641, Schwartz (1959) S. 18, Lintner (1962) S. 264–266; Miller (1988) S. 100–101.

66 Vgl. Modigliani/Miller (1958) S. 274.

gleichwertig zu einer Verschuldung auf Unternehmensebene angesehen.[67] Die frühen Arbeiten zum Kapitalstrukturirrelevanz-Theorem spiegeln zumeist noch die Ablehnung der Vertreter der traditionellen These einer optimalen Kapitalstruktur wider,[68] so hält u. a. Durand (1959) fest, dass Modigliani/Miller (1958) „have not made significant progress, considering their avowed purpose of achieving an ‚operational definition of the cost of capital'."[69] Neben dieser vergleichsweise fundamentalen Kritik an dem für den Nachweis der Kapitalstrukturirrelevanz gesetzten Annahmerahmen und des damit unterstellten Arbitrageprozesses,[70] hat die Literatur im weiteren Verlauf – in Anerkenntnis der Leistung der Arbeit von Modigliani/Miller (1958)[71]–, die Relevanz bzw. Notwendigkeit der von Modigliani/Miller (1958) getroffenen Annahmen als auch die Vollständigkeit des vorgeschlagenen Annahmegerüsts eingehender überprüft. Mit der Überprüfung des ursprünglichen Annahmegerüsts ging in den ersten Jahren zunächst eine Verbreiterung des für die Gültigkeit des Theorems der Kapitalstrukturirrelevanz notwendigen Annahmerahmens einher.[72] Besondere Bedeutung kommt dabei u. a. der Arbeit von Robichek/Myers (1966) zu, die gezeigt haben, dass das Kapitalstrukturirrelevanz-Theorem auch unter einem bereinigten bzw. ergänzten Annahmegerüst sich als stabil erweist. Neben der Erweiterung des ursprünglichen Annahmerahmens um den Ausschluss einer mit steigendem Fremdkapitaleinsatz wachsenden Insolvenzwahrscheinlichkeit und damit ansteigenden Renditeforderung der Fremdkapitalgeber,[73] wurden die ursprünglichen Annahmen von Modigliani/Miller (1958) von Robichek/Myers (1966) um die Annahme der Unabhängigkeit der Investitionsstrategie von der gewählten Kapitalstruktur sowie Unabhängigkeit des aktuellen Unternehmenswertes von zukünftigen Finanzierungsmaßnahmen erweitert. Robichek/Myers

67 Vgl. u. a. Durand (1959) S. 646, Lintner (1962) S. 265; Bodenhorn (1959) S. 484–485; Solomon (1963) S. 276.

68 Dieser Oberbegriff für die vor der Veröffentlichung von Modigliani/Miller (1958) vorgenommenen Überlegungen findet sich u. a. in Schmidt/Terberger (1997) S. 245; Kim (1978) S. 45; Miller (1977) S. 262. Er ist nicht gleichwertig mit dem im Verlauf der Arbeit als traditionelles Kapitalstrukturoptimum bezeichneten Optimum der statischen Trade-Off-Theorie.

69 Vgl. dazu Durand (1959) S. 653.

70 Diese fundamentale Kritik kann letztlich als ein Rückzugsgefecht der Vertreter vorangehender Überlegungen zur Kapitalstruktur angesehen werden.

71 So sprechen Robichek/Myers (1966) bereits davon, dass theoretisch der Nachweis der Kapitalstrukturirrelevanz in der Literatur weitgehend akzeptiert ist. Vgl. dazu Robichek/Myers (1966) S. 4.

72 Ross (1977) hat dieses Vorgehen zur Erweiterung des Irrelevanz-Theorems von Modigliani/Miller (1958) wie folgt zusammengefasst. „One possible approach to the problem is to modify the Modigliani-Miller theory to take account of the structural features of the ‚real world'." Ross (1977) S. 24.

73 Diese Schwäche des ursprünglichen Annahmerahmens hat bereits Lintner (1962) kritisch angemerkt. Vgl. Lintner (1962) S. 265–266.

(1966) sehen zugleich die von Modigliani/Miller (1958) getroffenen Annahmen in Hinblick auf den Ausschluss von Wachstum und die Erfordernis homogener Investorenerwartungen für die Gültigkeit des Kapitalstrukturirrelevanz-Theorems als unerheblich an.[74]

In Ergänzung der Arbeit von Robichek/Myers (1966) zeigt Stiglitz (1969), dass die mit dem Einsatz von Fremdkapital induzierten Insolvenzrisiken nur unter bestimmten Bedingungen mit der von Modigliani/Miller (1958) hergeleiteten Kapitalstrukturirrelevanz vereinbar sind, da die Strategie des Unternehmens auf privater Ebene nur noch unvollkommen – und damit den Arbitrageprozess hemmend – nachvollzogen werden kann.[75] Stiglitz (1969) reduziert in seiner Arbeit das von Modigliani/Miller (1958) formulierte Annahmegerüst zur Gültigkeit des Theorems der Kapitalstrukturirrelevanz letztlich auf die Annahme eines einheitlichen Verschuldungszinssatzes für Investoren und Unternehmen sowie die Annahme des Ausschlusses von Insolvenzrisiken.[76] Chen/Kim (1979) halten mit Blick auf diese Arbeiten fest, dass die Finanzierungsentscheidung der Unternehmen unter Berücksichtigung der Möglichkeit eines Insolvenzrisikos wenigstens unter gewissen Rahmenbedingungen den Anschein erweckt, dass das von Modigliani/Miller (1958) postulierte Irrelevanz-Theorem der Kapitalstruktur verletzt wird.[77] Chen/Kim (1979) zeigen jedoch, dass die Abkehr von der Annahme risikofreien Fremdkapitals die Stabilität des Kapitalstrukturirrelevanz-Theorems nicht gefährden kann.[78]

Wie einleitend kurz festgehalten wurde, waren die in diesem Abschnitt kurz skizzierten frühen Arbeiten zur Kapitalstrukturtheorie darauf ausgerichtet, das mit der Arbeit von Modigliani/Miller (1958) vorgeschlagene Annahmegerüst zu überprüfen und auf die notwendigen Annahmen zur Beibehaltung des Ergebnisses der Irrelevanz der Kapitalstruktur zu reduzieren.[79] Dieser Strang der Literatur wurde, richtet man den Blick auf den Detaillierungsgrad, vergleichsweise stiefmütterlich behandelt. Dies ist letztlich mit dem – auch nach einer Verbreiterung der Basis – hohen Abstraktionsniveau des Kapitalstrukturirrelevanz-Theorems begründet. Auch wenn die Frage, unter welchen Bedingungen die Annahme des

74 Vgl. Robichek/Myers (1966) S. 12–13.

75 Vgl. Stiglitz (1969) S. 788–789. Eine andere Auffassung wird hingegen von Fama/Miller (1972) vertreten. Vgl. dazu Stapleton (1975) S. 377; Chen/Kim (1979) S. 371. Wie Kraus/Litzenberger (1973) hervorheben, existieren auf einem vollkommenen Kapitalmarkt wie von Modigliani/Miller (1958) keine Insolvenzkosten. Ein Übergang des Unternehmens von (Alt-)Eigenkapitalgebern zu (Alt-)Fremdkapitalgebern ist damit unproblematisch. Vgl. dazu Kraus/Litzenberger (1973) S. 911; ähnlich später auch Kim (1978) S. 51; Haugen/Senbet (1978) S. 384.

76 Vgl. Stiglitz (1969) S. 784. Ähnliche Vereinfachungen finden sich in der nachfolgenden Literatur wieder. Vgl. u. a. Kraus/Litzenberger (1973) S. 915.

77 Vgl. dazu Chen/Kim (1979) S. 371; ähnlich: dazu auch Baron (1975) S. 1251.

78 Vgl. dazu Chen/Kim (1979) S. 374.

79 Vgl. dazu auch Schneider (2010) S. 11.

Kapitalstrukturirrelevanz-Theorems aufrechterhalten werden kann, interessant erscheint,[80] so bewegt man sich weiterhin auf einem Niveau, das mit Blick auf die Praxis wohl kaum als besonders realitätsnah bezeichnet werden kann.[81] In der Praxis dürfte man regelmäßig mit Rahmenbedingungen konfrontiert werden, die von den in Abschnitt 2.1.1. skizzierten Bedingungen des Modells von Modigliani/Miller (1958) abweichen. Darüber können auch die in diesem Abschnitt beleuchteten Arbeiten zur Notwendigkeit der von Modigliani/Miller (1958) gemachten Annahmen nicht hinwegtäuschen. Bedeutsamer erscheint dagegen, welche Folgen mit einer Verletzung bzw. Verallgemeinerung des Annahmegerüsts des Theorems der Kapitalstrukturirrelevanz einhergehen. Im folgenden Abschnitt sei daher der dritte Strang der Literatur,[82] der sich mit der bereits von Modigliani/Miller (1958) geforderten Verallgemeinerung des ursprünglichen Annahmegerüstes[83] beschäftigt, näher betrachtet.

2.1.3. Schrittweise Annäherung des Annahmegerüstes an die Realität/Suche nach den Determinanten der Kapitalstruktur

Ausgangspunkt des dritten Stranges der Literatur war die Annäherung des wohl zu Recht als zu praxisfern empfundenen Annahmegerüstes des Theorems der Kapitalstrukturirrelevanz. Wie sich mit dem folgenden Abschnitt zeigen wird, kommt dieser Erweiterung eine zentrale Bedeutung in der Entwicklung einer der zentralen Kapitalstrukturtheorien zu, war der Weg zu der unter der Bezeichnung „statische" Trade-Off-Theorie zusammengefassten Kapitalstrukturtheorie doch durch eine schrittweise Annäherung der Annahmen des ursprünglichen Modells zur Kapitalstrukturirrelevanz an die Praxis gekennzeichnet.[84] Zunächst war das Ziel

---

80 Wie Schneider (2010) festgehalten hat, wird mit der Identifikation der Annahmen, die zu der Irrelevanz der Finanzierungsentscheidung des Unternehmens führen, der Ausgangspunkt für die Fragestellung festgelegt, unter welchen Bedingungen die Finanzierungsentscheidung relevant ist. Vgl. dazu Schneider (2010) S. 11.

81 Für die Forschung als auch die Unternehmensbewertung hätte ein Festhalten an dem Theorem der Kapitalstrukturirrelevanz den Vorteil, dass man sich nicht näher mit dem Einfluss der Kapitalstruktur befassen müsste. Vgl. dazu auch Schneider (2010) S. 11. Dies ist, wie ein kurzer Blick in die Literatur zeigt, jedoch nicht der Fall, der Einfluss der Kapitalstruktur ist sowohl für Bewertungsfragen als auch in der Forschung bis zum heutigen Tag als relevant zu erachten.

82 Miller (1988) und Chen/Kim (1979) sprechen, unter Ausblendung der Arbeiten, die das Kapitalstrukturirrelevanz-Theorem fundamental abgelehnt haben, lediglich von zwei zu unterscheidenden Forschungssträngen. Vgl. dazu Chen/Kim (1979) S. 371; Miller (1988) S. 100; ähnlich dazu auch: Schneider (2010) S. 11.

83 Vgl. Modigliani/Miller (1958) S. 296.

84 Ähnlich dazu auch Seehausen (2014) S. 38; Baker/Wurgler (2002) S. 25; Haugen/Senbet (1978) S. 383. Dieses Vorgehen kennzeichnet die im Folgenden beleuchteten „klassischen" Kapitalstrukturtheorien. Vgl. dazu u. a. Fama (2011) S. 8.

des im Folgenden kurz beleuchteten Stranges der Literatur jedoch, die Bedeutung der Finanzierungsentscheidung sowie die in der Praxis beobachtbaren Kapitalstrukturrealisationen durch das Einführen von Marktunvollkommenheiten, d. h. der Lockerung der ursprünglichen Annahme des vollkommenen Kapitalmarktes, wie etwa Barnea et al. (1981) später festgehalten haben, besser erklären zu können.[85] Eine erste zentrale Erweiterung des Prämissenrahmens mit dem Ziel, eine höhere Realitätsnähe der Überlegungen zum Einfluss der Finanzierungsentscheidung auf den Unternehmenswert zu erreichen, erfolgte, wie u. a. Schneider (2010) hervorgehoben hat, durch Modigliani/Miller bereits in der Arbeit von 1958 selbst.[86] In Erweiterung ihres ursprünglichen Annahmegerüstes haben Modigliani/Miller (1958) die Auswirkungen einer Trennung von der vereinfachenden Annahme einer Welt ohne Steuern und Einführung eines einfachen Steuersystems auf Unternehmensebene für das Theorem der Kapitalstrukturirrelevanz betrachtet. Unter einem einfachen Steuersystem wird hierbei ein zwischen den Finanzierungsquellen des Unternehmens unterscheidendes Steuersystem verstanden: Zahlungen an die Fremdkapitalgeber in Form von Zinsen sind von der Steuerbemessungsgrundlage des Unternehmens abziehbar, während Zahlungen an die Eigenkapitalgeber die Steuerlast des Unternehmens nicht mindern.[87]

Da Modigliani/Miller die ursprüngliche Modellerweiterung als nicht fehlerfrei empfunden haben,[88] soll im Folgenden lediglich kurz auf die von Modigliani/Miller (1963) veröffentlichte Korrektur zum Einfluss eines einfachen Steuersystems auf die Stabilität des Theorems der Kapitalstrukturirrelevanz eingegangen werden und der bereits 1958 erfolgende Zwischenschritt weitgehend ausgeblendet werden. Aufbauend auf das im ersten Abschnitt dieses Kapitels beschriebene Arbitragemodell, zeigen Modigliani/Miller (1963) unter der Annahme eines sicheren Steuervorteils, der sich aus einer in jedem Umweltzustand gegebenen Hebbarkeit des Steuervorteils der Fremdfinanzierung[89] als auch durch einen im Zeitverlauf

85 Vgl. dazu Barnea et al. (1981) S. 8; ähnlich bereits Chen (1978) S. 863. Jalilvand/Harris (1984) halten in etwa zeitgleich fest: „While such „perfect market“ analysis provides useful insights into the behavior of corporations, it has the disturbing feature of denying, by assumption, many of the features („imperfections“) of financial and economic activity that give rise to corporations in the first place.“ Jalilvand/Harris (1984) S. 128. ähnlich dazu auch Bessler et al. (2011) S. 17.

86 Vgl. dazu Schneider (2010) S. 11; Hermanns (2007) S. 19. Patterson (1985) und andere verweisen dagegen auf die, im Folgenden näher betrachtete, Korrektur der ursprünglichen Erweiterung, die Arbeit von 1963. Vgl. dazu Patterson (1985) S. 187.

87 Vgl. Modigliani/Miller (1958) S. 272–273; 293–296; Kraus/Litzenberger (1973) S. 911. Man wechselt, wie später deutlicher wird, somit in ein asymmetrisches Steuersystem, das zwischen den Finanzierungsquellen des Unternehmens differenziert.

88 Vgl. u. a. Modigliani/Miller (1963) S. 433; Miller (1988) S. 112; Hermanns (2007) S. 19.

89 Zahlungen an die Fremdkapitalgeber verringern die Gesamtsteuerlast des Unternehmens und verringern so den Anteil des Fiskus zugunsten der Eigenkapitalgeber. Etwas detaillierter dazu vgl. Schneider (2010) S. 11–12.

konstanten Steuersatz ableitet,[90] dass der Wert eines verschuldeten Unternehmens nicht mehr von der Finanzierungsentscheidung des Unternehmens zu trennen ist, wie noch unter den Bedingungen des Theorems der Kapitalstrukturirrelevanz. Der Gesamtwert des verschuldeten Unternehmens setzt sich nach der Erweiterung um ein einfaches Steuersystem aus dem Wert des unverschuldeten Unternehmens und dem Wert der mit dem Fremdkapitaleinsatz verbundenen Reduzierung der Steuerlast zusammen. Die Wahl der Kapitalstruktur ist unter Berücksichtigung eines einfachen Steuersystems m. a. W. für den Wert des Unternehmens von Bedeutung.[91] Eine der zentralen Kernaussagen des Irrelevanz-Theorems, dass Investitionsentscheidungen unabhängig von der Finanzierungsentscheidung getroffen werden können, wird somit wieder durchbrochen. Die Erweiterung von Modigliani/Miller (1963) unterscheidet sich von der ursprünglichen Überlegung, den mit Blick auf die Hebbarkeit des Steuervorteils als auch der Gestalt des gültigen Steuersystems getroffenen Annahmen. Bedeutsam für die Unternehmensbewertung, kann der Wertbeitrag der Fremdfinanzierung auf Basis der Annahmen von Modigliani/Miller (1963) als sicher angenommen werden und der Wertbeitrag der steuersenkenden Zahlungen an die Fremdkapitalgeber ist in der Folge mit dem sicheren bzw. risikolosen Fremdkapitalzinssatz abzuzinsen.[92]

Inwieweit die für ein solches Vorgehen notwendigen Annahmen als sachgerecht erachtet werden können und eine Übertragung in die Bewertungspraxis möglich ist, wurde und wird in der Literatur kritisch diskutiert. Wie die Abschnitte zu den alternativen Annahmen zur Finanzierungspolitik des Kapitels II zeigen werden, ist die Diskussion zur Frage, wie der Wertbeitrag der Fremdfinanzierung zu bewerten ist – dies ist implizit auch die Frage nach dem adäquaten Diskontierungsfaktor der die Fremdfinanzierung begleitenden Erhöhung des an die Eigenkapitalgeber ausschüttbaren Cashflows – und wie sich der Wertbeitrag der Fremdfinanzierung auf die Steuerung der Finanzierungspolitik auswirkt bzw. vice versa[93], in der Literatur auch über sechzig Jahre nach der Arbeit von Modigliani/Miller (1958) noch nicht abschließend beantwortet.

Diese für die Unternehmensbewertung bedeutsame Frage nach Gestalt und Risiko des Wertbeitrages der Finanzierungspolitik sei an dieser Stelle zugunsten der Interpretation der Bedeutung der Erweiterung des Kapitalstrukturirrelevanz-Theorems durch Modigliani/Miller (1963) für die Finanzierungsentscheidung des Unternehmens zunächst ausgeblendet und wird erst in Kapitel II in etwas detaillierterer Form aufgegriffen werden. Behält man den Fokus zunächst auf der Fortentwicklung

90 Vgl. Modigliani/Miller (1963) S. 435 und 438.

91 Vgl. Modigliani/Miller (1963) S. 436–437.

92 Vgl. Modigliani/Miller (1963) S. 438.

93 So weisen u. a. Jalilvand/Harris (1984) auf, dass aus der Einführung von Markunvollkommenheiten – insbesondere eines asymmetrischen Steuersystems – sich ein langfristiger Zielverschuldungsgrad ableiten lässt. Vgl. dazu Jalilvand/Harris (1984) S. 128. Dieser Aspekt wird in Kapitel II eingehender beleuchtet.

der Kapitalstrukturtheorie, so wurde die Kernaussage der Arbeit von Modigliani/Miller (1963) in der Literatur bereits früh so interpretiert, dass unter den von Modigliani/Miller (1963) gesetzten Prämissen, Unternehmen bei der Finanzierung des Unternehmens fast gänzlich auf Fremdkapital als Finanzierungsquelle abstellen sollten, um die Kapitalkosten des Unternehmens zu senken und damit den Unternehmensgesamtwert zu maximieren. M.a.W. erwartet man auf Basis von Modigliani/Miller (1963), dass Unternehmen in der Praxis einen Verschuldungsgrad von nahezu hundert Prozent aufweisen sollten.[94] Modigliani/Miller (1963) gehen in Abkehr zum ursprünglichen Nachweis der Kapitalstrukturirrelevanz nun davon aus, dass der Verschuldungsgrad und damit die Finanzierungspolitik des Unternehmens infolge der steuerlichen Bevorzugung des Einsatzes von Fremdkapital Einfluss auf den Unternehmenswert nimmt und die Finanzierungsentscheidung damit nicht vereinfachend ausgeblendet werden kann. Dies erscheint im Angesicht der Folgen der Erweiterung des Prämissenrahmens, der zum Nachweis des Kapitalstrukturirrelevanz-Theorems verwendet wurde, nicht weiter verwunderlich. Modigliani/Miller (1963) selbst scheuen sich jedoch davor, den von der nachfolgenden Literatur aus ihrem Modell gezogenen und mit Blick auf die Praxis schnell als wenig realistisch empfundenen Rückschluss[95] der fast ausschließlichen Fremdfinanzierung von Unternehmen letztlich mitzutragen.[96] Sie schlagen vielmehr – dies ist mit Blick auf die theoretischen Folgen der Erweiterung des Modells der Kapitalstrukturirrelevanz erstaunlich – einen leicht schwankenden Zielverschuldungsgrad vor, der sowohl den Einsatz von Fremd-, aber auch von Eigenkapital reflektiert.[97] Mit der abschließenden Aussage der Arbeit von 1963, dass neben der Maximierung des Steuervorteils der Fremdfinanzierung noch weitere Faktoren, wie etwa persönliche Steuern, die Kapitalstruktur beeinflussen können,[98] motivieren Modigliani/Miller (1963) die nähere Untersuchung der Determinanten der Finanzierungsentscheidung in praxi und zugleich – dies werden die nachfolgenden Abschnitte verdeutlichen – die weitere Loslösung von dem strengen Prämissenrahmen des ursprünglichen Kapitalstrukturirrelevanz-Modells von 1958.

Im Folgenden soll daher kurz näher auf Arbeiten eingegangen werden, die die Annahmen von Modigliani/Miller (1963) stückweise erweiterten und sich auf die Suche nach den Determinanten der Finanzierungsentscheidung der Unternehmen

---

94 Vgl. u. a. Solomon (1963) S. 279, Scott (1976) S. 33; Brennan/Schwartz (1978) S. 103; Baxter (1967) S. 395; Kraus/Litzenberger (1973) S. 915; Haugen/Senbet (1986) S. 6; Barclay et al. (1997) S. 3.

95 Berens/Cuny (1995) sprechen in diesem Zusammenhang eingängig davon, dass „[t]he ‚corner solution' implied by their model is very much at odds with empirical observations of firm behavior." Berens/Cuny (1995) S. 1186; ähnlich dazu auch: Scott (1973) S. 33; Brennan/Schwartz (1978) S. 103, Baker/Singleton/Veit (2011) S. 196.

96 Vgl. Modigliani/Miller (1963) S. 442; Scott (1976) S. 34.

97 Vgl. Modigliani/Miller (1963) S. 441.

98 Vgl. Modigliani/Miller (1963) S. 442–443; Schneider (2010) S. 12.

gemacht haben. Wie sich im folgenden Abschnitt zeigen wird, geht der Nachweis der Kapitalstrukturrelevanz von Modigliani/Miller (1963) infolge der weiteren Annäherung der gesetzten Prämissen an die Realität schließlich in der Formulierung der Trade-Off-Theorie auf. Fasst man die Grundzüge der Trade-Off-Theorie knapp zusammen, so wird unterstellt, dass Unternehmen bei der Finanzierungsentscheidung die Vor- und Nachteile des Einsatzes von Fremdkapital abwägen und auf Grundlage dieses Abwägungsprozesses einen wertoptimierenden Fremdkapitaleinsatz anstreben werden.[99] Die Schritte, die in der Literatur zur Formulierung der Trade-Off-Theorie gegangen wurden, seien im Folgenden kurz nachgezeichnet.

Baumol/Malkiel (1967)

Baumol/Malkiel (1967) haben unter der Annahme investorenspezifischer Indifferenzkurven, d. h., in Abkehr von der Annahme homogener Investoren treten Unterschiede in der Risikoneigung zwischen den Investoren auf,[100] die Auswirkung der Existenz von Transaktionskosten und Steuern auf die Hypothese der Kapitalstrukturirrelevanz untersucht. Baumol/Malkiel (1967) gelingt durch die Erweiterung des Modells von Modigliani/Miller (1958) um den Einfluss von Transaktionskosten, die bei einer Veränderung der Kapitalstruktur anfallen,[101] der Nachweis, dass ein – aus Sicht der Investoren – Verschuldungsoptimum des Unternehmens existiert. Das Verschuldungsoptimum ist unter den von Baumol/Malkiel (1967) gesetzten Prämissen darauf zurückzuführen, dass der für den Arbitrageprozess notwendige Nachbau der Finanzierungsentscheidung auf Unternehmensebene auf der Ebene der Investoren durch die Existenz von Transaktionskosten nur noch unvollkommen erfolgen kann. Der für den Beweis der Irrelevanz der Kapitalstruktur notwendige Arbitragemechanismus wird letztlich durch den Einfluss der Transaktionskosten gehemmt, die Finanzierungsentscheidung des Unternehmens wirkt sich unter diesen Bedingungen nunmehr auf den Unternehmenswert aus.[102] In einer Welt, in der die Finanzierungsentscheidung des Unternehmens durch die Marktteilnehmer nicht ohne Kosten verändert werden kann, stellt sich die Frage nach der Gestalt des Optimums, das ein Unternehmen im Interesse der Kapitalgeber anstreben sollte. Baumol/Malkiel (1967) stellen hierzu auf die unterschiedlichen Eigenschaften von Unternehmen und Investoren ab. Ausgehend von der Annahme, dass

99 Wie Graham (2001) mit Blick auf diese frühen Studien zur Trade-Off-Theorie festgehalten hat, verbirgt sich hinter der Trade-Off-Theorie die Überlegung, dass „[...] there are costs to using debt, and that these costs need to be balanced (or ‚traded off') against the tax benefits of debt". Graham (2001) S. 43.

100 Vgl. dazu Baumol/Malkiel (1967) S. 552–553.

101 Der Faktor der Transaktionskosten wird, das zeigen die nachfolgenden Überlegungen, an späterer Stelle erneut aufgegriffen werden. Eine zentrale Rolle spielt der Einfluss von Transaktionskosten etwa bei der Formulierung der dynamischen Trade-Off-Theorie.

102 Vgl. Baumol/Malkiel (1967) S. 553–554; Schneider (2010) S. 12.

Investoren auf persönlicher Ebene den Verschuldungsgrad aufgrund anfallender Transaktionskosten einfacher reduzieren als erhöhen können,[103] ist es – besonders unter der Annahme eines einfachen Unternehmenssteuersystems – für Unternehmen und Investoren vorteilhaft, dass sich Unternehmen – unter Berücksichtigung möglicherweise weiterer einschränkender Bedingungen – maximal verschulden.[104] Baumol/Malkiel (1967) kommen letztlich zu dem – mit Blick auf die Realität und das Modell von Modigliani/Miller (1963) – weitaus weniger eingängigen Schluss, dass Unternehmen bereits in einer Welt ohne Steuern, die jedoch durch Transaktionskosten geprägt ist, eine Finanzierungspolitik einschlagen sollten, die fast ausschließlich auf Fremdkapital zur Finanzierung des Unternehmens zurückgreift.[105]

Blickt man auf das eingangs formulierte Ziel, die Überlegungen von Modigliani/Miller (1958) auf eine realitätsnähere Basis zu stellen, die insbesondere kompatibel mit den Beobachtungen der Finanzierungspolitik in der Praxis ist, so bleibt festzuhalten, dass die Erweiterung von Baumol/Malkiel (1967) an dieser zentralen Forderung zunächst scheitert.[106] Diese Schwäche scheint der Grund dafür gewesen zu sein, weshalb Baumol/Malkiel (1967) in der Folge einschränkende Bedingungen – um dem realitätsfernen Schluss einer überwiegenden auf Fremdkapital abstellenden Finanzierungspolitik entgegenwirken zu können – in ihr Modell eingeführt haben. Unter einschränkenden Bedingungen verstehen Baumol/Malkiel (1967) einerseits eine „natürliche“ Obergrenze des von dem Unternehmen einsetzbaren Fremdkapitalbestandes, die durch die Weigerung der Fremdkapitalgeber, weiteres Fremdkapital zur Verfügung zu stellen, bestimmt wird.[107] Baumol/Malkiel (1967) folgern aus dieser Verschuldungsobergrenze, dass Unternehmen, um finanzielle Flexibilität dauerhaft zu erhalten, einen Verschuldungsgrad knapp unterhalb der durch die Fremdkapitalgeber vorgegebenen Verschuldungsobergrenze wählen werden.[108]

Wie Abschnitt 3.4.1.2. zeigen wird, begegnet uns diese grundsätzliche Überlegung erneut im Abschnitt zur dynamischen Trade-Off-Theorie.[109] Andererseits

103 Baumol/Malkiel (1967) argumentieren im Sinn der frühen Kritik an dem Kapitalstrukturirrelevanz-Theorem, dass der Verschuldungszinssatz der Investoren deutlich über dem Verschuldungszinssatz der Unternehmen liegt. Vgl. dazu Baumol/Malkiel (1967) S. 555–556.

104 Vgl. Baumol/Malkiel (1967) S. 561–562.

105 Treiber bilden hier jedoch die unterschiedlichen Interessen der Investoren sowie Unterschiede in dem Refinanzierungssatz von Unternehmern und Investoren.

106 Die Arbeit von Baumol/Malkiel (1967) liefert dennoch einen interessanten Einblick zum Einfluss eines unvollständigen Arbitragemodells, der in etwas anderer Form u. a. mit der dynamischen Trade-Off-Theorie neu aufgegriffen wird.

107 Vgl. dazu auch Kim (1978) S. 46.

108 Das ursprüngliche Problem wird an dieser Stelle letztlich vernebelt, indem man auf eine nicht näher definierte Verschuldungsgrenze abstellt. Wie diese Verschuldungsobergrenze definiert ist, wird dagegen wohlweislich ausgeblendet.

109 Zudem wird der Einfluss der Fremdkapitalgeber erneut eine Rolle für unsere Überlegungen zur inneren Plausibilität alternativer Finanzierungspolitiken spielen.

weisen Baumol/Malkiel (1967) auf das natürliche Interesse der angestellten Manager – im Fall einer Insolvenz ist der Arbeitsplatz des Managements bedroht – hin, den eingesetzten Fremdkapitalbestand dergestalt zu begrenzen, dass der Insolvenzfall mit Sicherheit ausgeschlossen werden kann.[110] Sowohl der Aspekt der durch die Fremdkapitalgeber vorgegebenen Verschuldungsobergrenze als auch die möglicherweise abweichenden Interessen einer angestellten Unternehmensleitung werden in der späteren Literatur zur Kapitalstrukturtheorie erneut aufgegriffen werden, dies wird mit den nachfolgenden Abschnitten deutlich werden. Eine abschließende Lösung der Eingangsfrage konnte die Erweiterung von Baumol/Malkiel (1967) damit letztlich nicht liefern, dennoch wurden bereits wichtige Überlegungen der nachfolgenden Literatur vorgezeichnet.

Baxter (1967)

Die von Modigliani/Miller (1958) postulierte Unabhängigkeit vom operativen Ertrag vor Steuern und der getroffenen Finanzierungsentscheidung[111] wurde hinsichtlich der im Fall eines Insolvenzeintritts regelmäßig anfallenden Kosten für die Übertragung von Entscheidungsrechten in der Arbeit von Baxter (1967) eingehender beleuchtet.[112] Baxter (1967) greift dabei den Einwand früherer Studien auf,[113] dass der durchschnittliche Kapitalkostensatz des Unternehmens in der Praxis mit steigendem Verschuldungsgrad regelmäßig einen Anstieg verzeichnen wird[114] und damit nicht – wie von Modigliani/Miller (1958) gezeigt – unabhängig von der Wahl der zur Finanzierung des Unternehmens eingesetzten Kapitalquellen ist.[115] Unter der Annahme direkter und indirekter Insolvenzkosten – wie sie in der Realität regelmäßig auftreten –[116]hält Baxter (1967) u. a. fest, dass anders als in der zunächst von Modigliani/Miller (1958) vorgeschlagenen Modellstruktur nicht von der Unabhängigkeit der Erträge der operativen Leistungserbringung von der realisierten Kapitalstruktur auszugehen ist. Drückt man dies etwas greifbarer aus, so

---

110 Vgl. Baumol/Malkiel (1967) S. 561–562.

111 Vgl. Modigliani/Miller (1958) S. 268–269.

112 Vgl. dazu auch Schneider (2010) S. 13.

113 Der vorangehende Abschnitt hat mit den Arbeiten von Robichek/Myers (1966) und Stiglitz (1969) zwei Studien aufgegriffen, die sich mit der Frage der Auswirkung einer drohenden Insolvenzgefahr näher beschäftigt haben.

114 Vgl. dazu Baxter (1967) S. 395.

115 Die Unabhängigkeit der Kapitalkosten des Unternehmens von der Wahl der Kapitalstruktur ist als Proposition I in die Literatur eingegangen. Vgl. dazu Modigliani/Miller (1958) S. 268–269.

116 Vgl. Baxter (1967) S. 398–399. Insolvenzkosten können auf eine Reihe von an dieser Stelle nicht im Detail beleuchteten Gründen zurückzuführen sein. In der empirischen Literatur ist so zu beobachten, dass Unternehmen bei drohender Insolvenz einen Teil des Anlagevermögens verkaufen müssen, um die Forderungen der Fremdkapitalgeber abzudecken, und sie bei diesen „fire sales" regelmäßig Abschläge hinnehmen müssen. Vgl. dazu u. a. Hennessy/Whited (2005) S. 1137.

unterscheidet sich, in einer Welt, in der die Übertragung der Entscheidungsrechte von (Alt-) Eigenkapitalgebern zu Fremdkapitalgebern mit Kosten verbunden ist, der Wert eines unverschuldeten Unternehmens unweigerlich von dem Wert eines operativ zunächst gänzlich gleichwertigen, jedoch insolvenzbedrohten Unternehmens.[117]

Die Existenz von Insolvenzkosten[118] hat somit einen direkten Einfluss auf die Funktion des mit der Arbeit von Modigliani/Miller (1958) unterstellten Arbitragemodells. Verschuldete und unverschuldete Unternehmen, mit abseits der Finanzierungsentscheidung vergleichbaren Eigenschaften, generieren aus Sicht der Investoren im Fall einer drohenden Insolvenz im Umfang und Risiko nicht mehr überleitbare Zahlungsströme. Der für den Nachweis der Irrelevanz der Finanzierungsentscheidung zentrale Arbitragemechanismus ist aufgrund der Auswirkungen der Insolvenzkosten auf den Unternehmenswert nicht mehr in der Lage, die Finanzierungsentscheidung auf Unternehmensebene umzukehren.[119] Unternehmenswert bzw. Kapitalkosten der Unternehmen sind – anders als im ursprünglichen Modell von Modigliani/Miller (1958) – aufgrund der Insolvenzkosten somit vom Verschuldungsgrad des Unternehmens abhängig und das Theorem der Kapitalstrukturirrelevanz bricht in sich zusammen.[120] Baxter (1967) vermutet – anders als die „klassischen“ Modelle vor der Formulierung des Theorems der Kapitalstrukturirrelevanz – keinen linearen Zusammenhang zwischen Verschuldungsgrad und Insolvenzwahrscheinlichkeit des Unternehmens. Vielmehr ist aus Sicht des Modells von Baxter (1967) davon auszugehen, dass ab einem bestimmten Verschuldungsgrad das Insolvenzrisiko und damit die Auswirkungen auf den Unternehmenswert

---

117 Hier ist besonders der Fall, in dem ein formaler Insolvenzeintritt zu verzeichnen ist, von Bedeutung. Vgl. Baxter (1967) S. 397. Baxter (1967) greift wie bereits Baumol/Malkiel (1967) auf die Vorstellung einer wirksamen Verschuldungsobergrenze – hier wird vereinfachend eine absolute Verschuldungsgrenze abgestellt – zurück. Vgl. ebda. Diese Vorstellung wird zu einem späteren Zeitpunkt nochmals in der Diskussion der verschiedenen Finanzierungsannahmen in der Unternehmensbewertung aufgegriffen werden.

118 Tinsley (1970) stellt bei seinen Überlegungen nur indirekt auf Insolvenzkosten als eine zentrale Determinante der Finanzierungsentscheidung ab. Tinsley (1970) vermutet vielmehr, dass der Zeitdruck beim Verkauf im Insolvenzfall sich mit einem Abschlag auf den erzielbaren Preis auswirkt. Vgl. Tinsley (1970) S. 40.

119 Stiglitz (1972) ergänzt diese Überlegungen um die explizite Betrachtung der Eigenschaften, die notwendig sind, um an der Annahme eines reibungslosen Arbitrageprozesses festhalten zu können. Vgl. dazu Stiglitz (1972) S. 463.

120 Vgl. Baxter (1967) S. 397, Tinsley (1970) S. 41. Eine ähnliche Annahme trifft auch Lintner (1967) S. 227. Wie Titman (1984) später festhält, waren Insolvenzkosten der erste mit dem Einsatz von Fremdkapital verbundene Kostenfaktor, den die Forschung als Gegenspieler des Wertbeitrages der Fremdfinanzierung und damit eines ausschließlichen Rückgriffs auf Fremdkapital identifiziert hat. Vgl. dazu Titman (1984) S. 137.

überproportional ansteigen werden.[121] Wie u. a. von Schneider (2010) hervorgehoben wurde, führt Baxter (1967) mit den Insolvenzkosten einen gewichtigen Gegenspieler zu dem in der Arbeit von Modigliani/Miller (1963) diskutierten Wertbeitrag der Fremdfinanzierung ein.[122] Klarheit über die konkreten Folgen der drohenden Insolvenzkosten für die Finanzierungsentscheidung herrscht dagegen auch im Nachgang auf die Arbeit von Baxter (1967) weiterhin nicht.

Smith (1970) und Smith (1972)

In Übereinstimmung mit den Ergebnissen von Baxter (1967) zeigt die Arbeit von Smith (1970), dass private Investoren unter dem Einfluss von Insolvenzkosten den Verschuldungsgrad des Unternehmens nicht entsprechend ihrer persönlichen Präferenz anpassen können. Die Kapitalstruktur bzw. die Finanzierungsentscheidung des Unternehmens ist somit auch in der Arbeit von Smith (1970) für die Anleger von Bedeutung, da eine Neutralisation der Finanzierungsentscheidung des Unternehmens auf Investorenebene erneut gehemmt ist.[123] In Erweiterung der Ausgangsveröffentlichung von 1970, zeigt Smith (1972), dass unter Berücksichtigung eines Insolvenzrisikos die Kapitalstruktur auch von der Investitionsentscheidung der Unternehmen abhängig ist.[124] Auch im Fall eines Auseinanderfallens von Verschuldungs- und Anlagezins gelingt der Arbeit von Smith (1972) der Nachweis, dass die Kapitalstruktur bzw. die Finanzierungsentscheidung des Unternehmens von Bedeutung ist.[125]

Stiglitz (1972)

Stiglitz (1972) greift die in der Literatur geführte Diskussion zur Bedeutung der Insolvenzkosten für die Stabilität des von Modigliani/Miller (1958) postulierten Kapitalstrukturirrelevanz-Theorems auf.[126] Stiglitz (1972) schlägt – im Gegensatz zu der zuvor betrachteten Arbeit von Baxter (1967) – jedoch einen indirekten Weg ein. So wählt Stiglitz (1972) nicht den direkten Weg über die mit einer Insolvenz verbundenen Kosten,[127] sondern nimmt an, dass die Annahme homogener Erwartungen – zwischen Unternehmen und Fremdkapitalgebern – des Theorems der Kapitalstrukturirrelevanz insbesondere mit Blick auf die Wahrscheinlichkeit eines

121 Vgl. Baxter (1967) S. 402. Dies entspricht – wie bereits hervorgehoben wurde – inhaltlich der von Baumol/Malkiel (1967) beschriebenen Verschuldungsobergrenze. Unklar bleibt dabei, wie diese Obergrenze in der Praxis definiert ist.

122 Vgl. dazu Schneider (2010) S. 13.

123 Vgl. Smith (1970) S. 456–457.

124 Vgl. Smith (1972) S. 71.

125 Vgl. Smith (1972) S. 72. Verwunderlich erscheint dies nicht, bedeutet dies doch letztlich ein erneutes Hemmnis der Neutralisation der Finanzierungsentscheidung auf Investorenebene.

126 Vgl. dazu Schneider (2010) S. 13.

127 Vgl. Stiglitz (1972) S. 464.

Eintritts einer Unternehmensinsolvenz nicht aufrechtzuerhalten ist.[128] Ausgehend von einer Welt, in der Unternehmen eine Lebensdauer von zwei Perioden besitzen,[129] Leerverkäufe nicht möglich sind[130] sowie das Investitionsniveau als unveränderlich angesehen werden kann, zeigt Stiglitz (1972), dass unter der Annahme heterogener Erwartungen von Fremd- und Eigenkapitalgebern hinsichtlich des Eintritts des Insolvenzfalles der Unternehmenswert vom Verschuldungsgrad des Unternehmens abhängig ist. Ausgehend von dieser Beobachtung, zeigt Stiglitz (1972) in einem weiteren Schritt, dass im Kontrast zu dem durch Modigliani/Miller (1958) geführten Nachweis der Kapitalstrukturirrelevanz nun die Annahme eines Verschuldungsoptimums naheliegt.[131] Bedeutsam an der Argumentation von Stiglitz (1972) erscheint, dass ein vergleichbares Ergebnis wie in der vorangehenden Arbeit von Baxter (1967) zur Bedeutung der Insolvenzkosten replizierbar ist, ohne unmittelbar auf die mit einer Unternehmensinsolvenz verbundenen Kosten abzustellen.[132] Durch das Auflösen der zu Beginn der Arbeit gesetzten Prämisse eines fest vorgegebenen Investitionsvolumens zeigt Stiglitz (1972) zudem, dass Investitions- und Finanzierungsentscheidung nunmehr nicht unabhängig voneinander zu treffen sind.[133]

Wie Kapitel II zeigt, wird das unter unvollkommenen Rahmenbedingungen bedeutsame Zusammenwirken von Finanzierungs- und Investitionspolitik in den Annahmen zur Finanzierungspolitik in der Unternehmensbewertung zumeist nur stiefmütterlich beachtet.[134] Als eine der ersten Arbeiten fasst die Arbeit von Stiglitz (1972) damit – wenigstens indirekt – mögliche Interessenkonflikte zwischen Fremd- und Eigenkapitalgeber[135] als auch mögliche Interessenkonflikte zwischen Management und Anteilseigner, die aus einer inhomogenen Informationsverteilung erwachsen, direkt ins Auge.[136] Eine Auflösung der von Modigliani/Miller

128 Vgl. Stiglitz (1972) S. 462; 464. Wie Stiglitz (1972) festhält, hat diese Ungleichheit der Erwartungen, Fremdkapitalgeber erwarten aufgrund der Insolvenzgefahr, effektiv eine niedrigere Verzinsung zu erhalten, als Unternehmen nominal zu leisten haben, zur Folge, dass Fremdkapital unterschiedlich bewertet wird. Vgl. ebda; ähnlich Bierman/Thomas (1972) S. 1363.

129 Für eine Erklärung der Besonderheiten dieses Modells gegenüber einem Unternehmensmodell, das mehrere Perioden umfasst Vgl. Stiglitz (1972) S. 459.

130 Vgl. Stiglitz (1972) S. 465. Für die Bedeutung der Annahme von Short-Selling für die Gültigkeit des Modigliani-Miller-Theorems vgl. Hellwig (1981) S. 164–165.

131 Vgl. Stiglitz (1972) S. 464–467, S. 480.

132 Dass Insolvenzkosten keine direkte Rolle spielen, ist aus Sicht von Stiglitz (1972) bedeutsam, kann doch mit Blick auf die Praxis argumentiert werden, dass nur ein kleiner Teil der Unternehmen tatsächlich den Weg über eine Insolvenz geht, um direkte Insolvenzkosten zu vermeiden. Vgl. dazu Stiglitz (1972) S. 480.

133 Vgl. Stiglitz (1972) S. 471.

134 Zumeist wird in der Bewertung vereinfachend von einer Dominanz der Finanzierungspolitik ausgegangen.

135 Vgl. Stiglitz (1972) S. 461–462; 480.

136 Vgl. Stiglitz (1972) S. 471–471.

(1958) gemachten Annahme des Interessengleichklangs zwischen Management und Anteilseigner erfolgt jedoch auch in der Arbeit von Stiglitz (1972) noch nicht. Diese Aufgabe wird der späteren Literatur, die sich diesem Aspekt im Detail widmen wird, überlassen.[137]

Zusammenfassende Überlegungen

Zusammenfassend lässt sich also festhalten, dass die Arbeiten, die die Annahmen von Modigliani/Miller (1958) rund eine Dekade nach der Veröffentlichung des Kapitalstrukturirrelevanz-Theorems kritisch betrachtet haben, sich vor allem zur Aufgabe gesetzt hatten, den Prämissenrahmen des Theorems der Kapitalstrukturrelevanz zu lockern, um so den Weg in Richtung eines praxisnäheren Kapitalstrukturmodells zu beschreiten. Die Bemühungen dieser frühen Arbeiten hatten dabei zum Großteil das Ergebnis, dass die eingeschlagene Finanzierungspolitik bzw. der zu beobachtende Verschuldungsgrad für den Unternehmenswert von Bedeutung ist und die Annahme der Irrelevanz der Finanzierungsentscheidung damit für die Praxis i. d. R. nicht länger aufrechterhalten werden kann.[138] Oder, um es mit den Worten von Scott (1976) zu sagen: „By weakening the assumptions required by Modigliani and Miller, a number of authors have been able to show that the total market value of the firm is affected by changes in its level of debt apart from the tax effect."[139] Neben dem Ergebnis, das die bereits vor der Veröffentlichung von Modigliani/Miller (1958) bestehenden Vermutung der Existenz eines optimalen Verschuldungsgrades gerechtfertigt erscheint,[140] ist dieses Ergebnis insbesondere auch für die von den Unternehmen zu treffenden Investitionsentscheidungen von Bedeutung. Bedeutet die Relevanz der Kapitalstruktur eines Unternehmens doch nichts anderes, als dass die Investitionsentscheidung nicht länger von der Finanzierungsentscheidung des Unternehmens losgelöst betrachtet werden kann. Investitions- und Finanzierungsentscheidung bilden vielmehr eine von der Unternehmensleitung gemeinsam zu beantwortende Frage. Welche Aspekte im Rahmen der Finanzierungsentscheidung zu beachten sind, wurde bereits in frühen Arbeiten skizziert, dies hat dieser Abschnitt kurz verdeutlicht. Eine eigenständige Theorie zur Finanzierungsentscheidung haben diese Arbeiten, die sich von Modigliani/Miller (1958) und Modigliani/Miller (1963) emanzipiert haben, jedoch nicht formuliert. Im folgenden Abschnitt wird näher auf die aus der Kritik bzw. Erweiterung von Modigliani/Miller (1958) entstandene statische Trade-Off-Theorie eingegangen, mit der sich das Kapitalstrukturirrelevanz-Theorem erstmals mit einer in sich geschlossenen Theorie der Finanzierungsentscheidung konfrontiert sah.

---

137 Diese Literatur wird in Abschnitt 2.4. dieser Arbeit näher beleuchtet.

138 Weitere hier nicht näher berücksichtigte Arbeiten, die die Auswirkung von Insolvenzrisiken auf die Gültigkeit des Modigliani-Miller-Theorems beleuchten, sind die Arbeiten von Baron (1974) und Baron (1976).

139 Scott (1976) S. 34.

140 Beispielsweise in Durand (1952) S. 228.

„The inclusion of bankruptcy costs, generally considered in conjunction with the tax deductability of interest payments, has led others to conclude that capital structure will affect the value of the firm. In this case, value-maximizing firms may choose optimal capital structures consisting of both debt and equity.“[141]

„Following on the famous irrelevance result of Modigliani and Miller (1958), most theories have sought to explain capital structure by introducing frictions omitted in the original Modigliani and Miller framework.“[142]

2.2. Der Weg zur statischen Trade-Off-Theorie[143]

Bierman/Thomas (1972)

Einer der ersten Versuche,[144] einen Nachweis eines optimalen Verschuldungsgrades aus dem Spannungsfeld zwischen Wertbeitrag eines partiellen Rückgriffs auf Fremdkapital und der mit dem Einsatz von Fremdkapitalinstrumenten steigenden Insolvenzgefahr zu entwickeln, wurde mit der Arbeit von Bierman/Thomas (1972) unternommen.[145] Als Ausgangspunkt wählen Bierman/Thomas (1972) erneut die bereits seit der Arbeit von Modigliani/Miller (1958) diskutierte Frage, ob durch eine Veränderung der Kapitalstruktur der Wert des Eigenkapitals positiv verändert werden kann.[146] Startpunkt ist dabei eine Situation, in der Aktionäre vor der Entscheidung stehen, durch die Ausgabe neuen Eigen- bzw. Fremdkapitals die Kapitalstruktur und damit Kapitalkosten bzw. die Rendite der bestehenden Kapitalgeber zu verändern.[147] Das Modell von Bierman/Thomas (1972) schließt dabei die Möglichkeit, die benötigten Mittel durch Innenfinanzierung einzuwerben, zunächst aus.[148] Ziel der Überlegungen der Arbeit von Bierman/Thomas (1972) ist es, den Unternehmenswert aus Sicht von risikoaversen (Alt-)Aktionären, also der Aktionäre, die

---

141 Castanias (1983) S. 1617.

142 Chirinko/Singha (2000) S .418.

143 Den Begriff der statischen Trade-Off-Theorie verwendet u. a. bereits Myers (1984). Vgl. dazu Myers (1984) S. 577.

144 Bereits Robichek/Myers (1966) bedienen sich jedoch der in der klassischen Trade-Off-Theorie zentralen Abwägung zwischen den Vor- und Nachteilen der Fremdfinanzierung. Vgl. dazu Robichek/Myers (1966) S. 20; Kraus/Litzenberger (1973) S. 912.

145 Vgl. dazu auch Theis (2010) S. 14.

146 Vgl. Bierman/Thomas (1972) S. 1365.

147 Beide Strategien sind, wie Bierman/Thomas festhalten, mit Nachteilen verbunden: Frisches Eigenkapital verwässert den Anteil bisheriger Fremdkapitalgeber, wohingegen Fremdkapitalinstrumente das Risiko der Eigenkapitalgeber erhöhen. Vgl. Bierman/Thomas (1972) S. 1361.

148 Das Unternehmen verfolgt eine dominante Ausschüttungspolitik, bei der alle freien Mittel an die Anteilseigner ausgekehrt werden; vgl. dazu Bierman/Thomas (1972) S. 1362.

maßgeblichen Einfluss auf die Unternehmensentscheidung nehmen können,[149] zu maximieren.[150] Ein erstes Ergebnis der Arbeit von Bierman/Thomas (1972) ist es, dass risikoaverse Eigenkapitalgeber aufgrund des mit der Fremdfinanzierung verbundenen Insolvenzrisikos den Einsatz von Fremdkapital auch unter Berücksichtigung einer geringeren Renditeforderung der Fremdkapitalgeber scheuen und bei einem geringen Zeitwert des Geldes eine ausschließliche Finanzierung mit frischen Eigenkapitalmitteln gegenüber einer anteiligen Fremdfinanzierung bevorzugen werden.[151] Dies ändert sich, nimmt das Risiko eines Ausfalls, die Risikoaversion der Eigenkapitalgeber oder aber die Kapitalkosten des Fremdkapitals ab.[152] Ein Teilergebnis der Arbeit von Bierman/Thomas (1972) ist, dass die optimale Finanzstruktur damit in Abhängigkeit zu den Kapitalkosten der alternativen Kapitalarten sowie den mit dem Einsatz von Fremdkapital verbundenen Insolvenzrisiken steht.[153] Eine direkte Berücksichtigung der mit dem Einsatz von Fremdkapital wohl regelmäßig verbundenen Steuervorteile erfolgt in der Arbeit von Bierman/Thomas (1972) dagegen nicht.

Kraus/Litzenberger (1973)

Dies ändert sich mit der Veröffentlichung der Arbeit von Kraus/Litzenberger (1973). In Erweiterung vorangegangener Arbeiten, betrachten Kraus/Litzenberger (1973) die Auswirkung der mit dem Einsatz von Fremdkapital verbundenen Steuervorteile und Insolvenzkosten auf den Unternehmenswert.[154] Wie bereits die Arbeit von Bierman/Thomas (1972) betrachten auch Kraus/Litzenberger (1973) die Finanzierungsentscheidung als ein Optimierungsproblem des Unternehmenswertes.[155] Ausgangspunkt der Betrachtung von Kraus/Litzenberger (1973) ist ein einperiodiges Unternehmensbewertungsmodell, in dem Unternehmen, zunächst unabhängig von der gewählten Kapitalstruktur, eine endliche Reihe unterschiedlicher Umweltzustände bzw. Gewinne vor Zinsen und Steuern erreichen können.[156] Unterschreitet der vom Unternehmen generierte Gewinn die vereinbarte Zins- und Tilgungslast, tritt der Zustand der Unternehmensinsolvenz ein. Gläubiger erhalten in diesem Fall den nach Abzug der Insolvenzkosten verbleibenden Gewinn des Unternehmens

149 An dieser Stelle sei ein Gleichklang der Interessen der Eigenkapitalgeber und des Managements des Unternehmens angenommen.

150 Vgl. Bierman/Thomas (1972) S. 1361–1362.

151 Vgl. dazu Bierman/Thomas (1972) S. 1368; 1369.

152 Vgl. dazu Bierman/Thomas (1972) S. 1370.

153 Vgl. Bierman/Thomas (1972) S. 1365–1366.

154 „The taxation of corporate profits and the existence of bankruptcy penalties are market imperfections that are central to a positive theory of the effect of capital structure valuation." Kraus/Litzenberger (1973) S. 911.

155 Vgl. dazu Kraus/Litzenberger (1973) S. 912; 915.

156 Es besteht dabei eine Vollausschüttungsprämisse ähnlich zu Bierman/Thomas (1972). Vgl. Kraus/Litzenberger (1973) S. 913.

ausgezahlt.[157] Gleichzeitig fließt in das Modell der durch die steuerliche Abziehbarkeit der Zinszahlungen gegebene Steuervorteil ein.[158] In Erweiterung der Annahmen der Arbeit von Modigliani/Miller (1963) um den Einfluss von Insolvenzkosten, zeigt die Arbeit von Kraus/Litzenberger (1973), dass unter dem bestehenden Annahmerahmen eine den Unternehmenswert maximierende bzw. optimale Kapitalstruktur existiert.[159] Dieses Ergebnis steht in Übereinstimmung mit der bereits vor der Arbeit von Modigliani/Miller (1958) bestehenden Annahme einer optimalen Kapitalstruktur.[160] Im Kontrast zu den Annahmen der vor der Veröffentlichung von Modigliani/Miller (1958) bestehenden Literatur zur optimalen Verschuldungspolitik, kann auf Basis der Überlegungen von Kraus/Litzenberger (1973) nicht von einer stetig linearen Abhängigkeit des Unternehmenswertes vom Verschuldungsgrad ausgegangen werden.[161] In der Praxis kann die Existenz von Insolvenzkosten so zu Sprüngen in der Entwicklung des Unternehmenswertes führen.[162] Kraus/Litzenberger (1973) schließen daraus, dass der vor der Arbeit von Modigliani/Miller (1958) diskutierte Zusammenhang zwischen Unternehmenswert und Verschuldungsgrad regelmäßig nicht gegeben sein wird.[163] Die durch Kraus/Litzenberger (1973) erfolgte Identifizierung eines Optimierungsproblems zwischen den Vorteilen und Kosten des Fremdkapitaleinsatzes ist und war ein Katalysator für die Entstehung weiterer Erweiterung des ursprünglichen Kapitalstrukturirrelevanz-Theorems hin zur statischen Trade-Off-Theorie.[164]

Lee/Baker (1977)

Eine Erweiterung erfährt die Arbeit von Kraus/Litzenberger (1973) durch Lee/Barker (1977). Unter expliziter Berücksichtigung der direkten und indirekten Kosten, die bei Vermeidung eines Insolvenzeintritts anfallen – Lee/Baker (1977) betrachten sowohl die direkten mit einer Restrukturierung der Kapitalstruktur in Zusammenhang stehenden Kosten als auch die mit dem Auslassen von Investitionsmöglichkeiten in Verbindung

157 Vgl. Kraus/Litzenberger (1973) S. 912. Aufgrund der Einperiodigkeit des Modells kommt es zu keiner Übertragung des Unternehmens auf die Fremdkapitalgeber.
158 Vgl. Kraus/Litzenberger (1973) S. 913. Es wird dabei ein fester Steuersatz unterstellt. Vgl. Kraus/Litzenberger (1973) S. 915.
159 Vgl. Kraus/Litzenberger (1973) S. 915.
160 Vgl. Lee/Barker (1977) S. 1453.
161 Die Überlegungen von Kraus/Litzenberger (1973) spiegeln insofern die Überlegungen wider, die bereits in Baxter (1967) zu finden waren.
162 Vgl. Kraus/Litzenberger (1973) S. 916; Schneider (2010) S. 13.
163 Vgl. Kraus/Litzenberger (1973) S. 917.
164 Neben der Verknüpfung der bis zu diesem Zeitpunkt losen Enden der Kapitalstruktur-Literatur zu einer Theorie waren Kraus/Litzenberger (1973) letztlich wohl auch namensgebend für den Strang dieser Theorie mit ihrer Aussage: „The optimization of the firm's financial structure involves a trade-off between the tax advantage of debt and bankruptcy penalties." Kraus/Litzenberger (1973) S. 915. Vgl. dazu auch. Hermanns (2007) S. 36 Fn. 156.

stehenden Opportunitätskosten –,[165] zeigen Lee/Barker (1977) mithilfe eines Portfolio-Ansatzes, dass – entgegen dem ursprünglichen Irrelevanz-Theorem – ein optimaler Verschuldungsgrad existiert. Übereinstimmend mit dem Ergebnis der Arbeit von Kraus/Litzenberger (1973), zeigen Lee/Barker (1977), dass eine optimale Kapitalstruktur aus der Abwägung der Vorteile und Nachteile des Fremdkapitaleinsatzes bestimmt werden kann und so lange weiteres Fremdkapital durch das Unternehmen begeben wird, bis der Wertbeitrag des zusätzlichen Fremdkapitaleinsatzes durch die mit dem Fremdkapitaleinsatz verbundenen Kosten aufgezehrt wird. Das Modell von Lee/Barker (1977) zeigt darüber hinaus, dass die Vernachlässigung des Effekts des durch den Einsatz von Fremdkapital induzierten Steuervorteils nur dann zur Irrelevanz der Kapitalstruktur führt, wenn auch die Wahrscheinlichkeit eines den Unternehmenswert vermindernden Eintrittes der Insolvenz ausgeschlossen ist.[166] Lee/Baker (1977) bestätigen damit das Ergebnis der vorangehenden Arbeit von Baxter (1967).

Baron (1975)

Mit der näheren Betrachtung des Risikos der durch Fremdkapitalkosten ausgelösten Steuervorteile untersucht Baron (1975) einen in der Arbeit von Kraus/Litzenberger (1973) noch unbeleuchtet gebliebenen Aspekt.[167] In einem zwei Perioden umfassenden Unternehmensmodell ohne generelle Transaktionskosten, in dem jedoch sowohl indirekte als auch direkte Insolvenzkosten berücksichtigt werden, hat bereits Baron (1973) gezeigt, dass die durch den Einsatz von Fremdkapital induzierten Steuervorteile im Fall eines Insolvenzrisikos nicht in allen Umweltzuständen gehoben werden können.[168] Basierend auf den Annahmen der Arbeit von 1973, entwickelt Baron (1975) ein Modell, das auf Basis einer einfachen Nutzenfunktion der Investoren[169] den Wertbeitrag des Fremdkapitaleinsatzes für den Fall, dass Teile des Fremdkapitals ausfallbedroht sind, näher betrachtet.[170] Wie die Arbeit von Baron (1975) gezeigt hat, nimmt die Erhöhung des Verschuldungsgrades in einer mit Risiko behafteten Welt aufgrund mehrerer Faktoren Einfluss auf den Unternehmenswert. Zum einen steigt mit einer wachsenden Verschuldung die Wahrscheinlichkeit, dass aufgrund von Insolvenz Steuervorteile nicht oder nur unvollständig gehoben werden können. Zum anderen erhöht sich durch jede Einheit zusätzlichen Fremdkapitals der Gesamtsteuervorteil, der zudem durch einen

165 Vgl. Lee/Barker (1977) S. 1454.
166 Vgl. Lee/Barker (1977) S. 1455–1458.
167 Vgl. Baron (1975) S. 1251.
168 Vgl. Baron (1975) S. 1252–1253.
169 Baron (1975) unterstellt, dass Investoren eine höhere Rendite einer niedrigeren Rendite immer vorziehen werden. Vgl. dazu Baron (1975) S. 1252.
170 Vgl. Baron (1975) S. 1262–1263. Wie bereits die frühen Arbeiten argumentiert Baron (1975), dass ein Nachvollziehen der Unternehmensentscheidungen auf Ebene der Investoren im Fall eines Ausfallrisikos nicht ohne Weiteres möglich ist. Vgl. dazu Baron (1975) S. 1257.

Anstieg des durch die Fremdkapitalgeber geforderten nominalen Zinssatzes mit dem Verschuldungsgrad verstärkt wird.[171] Aufgrund der annahmegemäß unterstellten Abziehbarkeit von Zinskosten auch im Falle einer Insolvenz[172] – im Kontrast zu einer im Fall der Insolvenz beschränkten steuerlichen Abziehbarkeit von Tilgungszahlungen bzw. Zins- und Tilgungszahlungen, wie beispielsweise in der Arbeit von Kraus/Litzenberger (1973) unterstellt –,[173] unterscheidet sich der hebbare Wertbeitrag der Fremdfinanzierung gegenüber den vorangehenden Modellen.

Baron (1975) unterstellt mit seiner Zins- und Tilgungspolitik durch die auch im Insolvenzfall gegebene Hebbarkeit der Fremdfinanzierung damit letztlich eine höhere Stabilität des Wertbeitrages der Fremdfinanzierung. Die Arbeit von Baron (1975) zeigt, dass nur im Fall risikoneutraler Investoren ein einheitlicher Bewertungsansatz für verschuldete Unternehmen besteht.[174] Der mit der Arbeit von Baron (1975) begründete Ansatz wird in der Folge in der Literatur auch als „interest-first“-Theorie bezeichnet. Im Gegensatz dazu steht die „principal-first“-Theorie, in der im Falle des Insolvenzeintritts Teilzahlungen an die Fremdkapitalgeber der Rückzahlung des ausstehenden Fremdkapitals – sprich Tilgungszahlungen – zugerechnet werden und daher die Steuerbemessungsgrundlage mit den Zahlungen an die Fremdkapitalgeber nicht vermindert wird. Die Annahme einer auch im Insolvenzfall bestehenden primären Hebbarkeit des Wertvorteils der Zahlungen an die Fremdkapitalgeber erscheint, in Abhängigkeit vom geltenden Steuersystem, eine sehr optimistische Annahme zu sein und dürfte damit für die Praxis damit nur für ausgewählte Fälle relevant sein. Talmor et al. (1985) sehen daher in der Arbeit von Turnbull (1979), die sie als eine der ersten Arbeiten identifizieren, die explizit der „principal-first“-Theorie folgt, den praxisnäheren Ansatz, die Zahlungen an die Fremdkapitalgeber zu kategorisieren.[175]

Turnbull (1979)

Die Arbeit von Turnbull (1979) zeigt u. a., dass sich unter Berücksichtigung von Insolvenzkosten der Unternehmenswert aus dem Wert des unverschuldeten Unternehmens, dem mit Risiko behafteten Barwert der Steuervorteile abzüglich des Barwerts für im Insolvenzfall anfallende Kosten zusammensetzt.[176] Ein interessantes Teilergebnis der Arbeit von Turnbull (1979) ist, dass der optimale – also der vom Unternehmen anzustrebende – Verschuldungsgrad eines Unternehmens unter dem von den Fremdkapitalgebern maximal bereitgestellten Verschuldungsniveau liegt,[177]

171 Vgl. Baron (1975) S. 1258–1259.
172 Vgl. Baron (1975) S. 1262–1263, Talmor et al. (1985) S. 194.
173 Vgl. Talmor et al. (1985) S. 191.
174 Vgl. dazu Baron (1975) S. 1262.
175 Vgl. Talmor et al. (1985) S. 194 und Turnbull (1979) S. 933–934.
176 Vgl. Turnbull (1979) S. 936.
177 Dieses Ergebnis gleicht der auf weniger formalem Weg erreichten Einschätzung der Arbeit von Baumol/Malkiel (1967).

da das Unternehmen durch den Insolvenzeintritt neben den anfallenden direkten Insolvenzkosten auch den Wertbeitrag des Steuervorteils der Fremdfinanzierung verliert.[178] Eine natürliche Obergrenze der Verschuldungspolitik des Unternehmens wird hier also nicht nur, wie in vorangehenden Arbeiten gemutmaßt, durch das Interesse der Fremdkapitalgeber, sondern auch durch die Überlegungen des Unternehmens zur Maximierung des Unternehmenswertes bestimmt.[179] Diese u. a. in der Arbeit von Turnbull (1979) deutlich werdenden Determinanten der Finanzierungspolitik werden bei der Betrachtung der alternativen Annahmen zur Finanzierungspolitik in der Unternehmensbewertung in Kapitel II dieser Arbeit nochmals aufgegriffen werden.[180]

Scott (1976)

Scott (1976) ergänzt die Literatur zur statischen Trade-Off-Theorie mit der Erweiterung der bis dahin betrachteten ein- oder zweiperiodigen Bewertungsmodelle auf einen mehrperiodigen Betrachtungshorizont.[181] Die Arbeit von Scott (1976) zeigt, dass in einem mehrperiodigen Modell, in der besicherte und unbesicherte Fremdkapitalinstrumente eingesetzt werden, unter Berücksichtigung des mit der Fremdfinanzierung verknüpften Insolvenzrisikos weiterhin das Ergebnis eines optimalen Verschuldungsgrades, wie durch die Ergebnisse der vorangehenden Literatur gezeigt, aufrechterhalten werden kann.[182] Mit Blick auf die Insolvenzgefahr verdeutlicht die Arbeit von Scott (1976), dass in einer Welt, in der durch Reorganisationsmaßnahmen der Eintritt einer Insolvenz vermieden werden kann, ein höherer Verschuldungsgrad optimal ist als in einer Welt, in der Unternehmen keine Gegenmaßnahmen gegen eine drohende Insolvenz treffen können.[183] Drückt man dies etwas allgemeiner aus, so zeigt die Arbeit von Scott (1976), dass der Verschuldungsgrad des Unternehmens auch davon abhängt, wie reibungslos ein möglicherweise notwendig werdendes Insolvenzverfahren durchgeführt werden kann.[184] Die Überlegung, inwieweit sich Unternehmen dem Eintritt bzw. den Konsequenzen einer Insolvenz entziehen können, spielt letztlich auch für die Betrachtung der Relevanz

---

178 Vgl. Turnbull (1979) S. 938; 939.

179 Das Erreichen einer optimalen Kapitalstruktur wird, wie Kim (1978) mit Verweis auf Myers/Pogue (1974) festhält, letztlich maßgeblich davon bestimmt, ob „the shareholders chicken out first“ oder ob „the lenders chicken out first“, also der Frage, ob die Fremdkapitalgeber bereit sind, eine dem Unternehmen optimale Fremdkapitalversorgung zur Verfügung zu stellen. Ist dies nicht der Fall, so erübrigt sich die Frage des Trade-Offs. Vgl. dazu Kim (1978) S. 46; Myers/Pogue (1974) S. 589.

180 Das Interesse des Unternehmens an einer wertmaximierenden Finanzierungspolitik wird in den nachfolgenden Abschnitten auch als „inneres“ Interesse des Unternehmens an einer bestimmten Finanzierungspolitik bezeichnet.

181 Vgl. Scott (1976) S. 35.

182 Vgl. Scott (1976) S. 42–44; Kim (1978) S. 46.

183 Vgl. Scott (1976) S. 48.

184 Vgl. dazu Scott (1976) S. 50.

alternativer Finanzierungspolitiken eine Rolle. Werden doch neben der Höhe auch der Umfang des Fremdkapitals und der Umfang der Steuerung des Fremdkapitals durch diesen Faktor bestimmt.

Kim (1978)

Kim (1978) baut auf das Argument eines Trade-Offs zwischen Wertbeitrag der Fremdfinanzierung und Insolvenzkosten auf und unternimmt einen Versuch, die vorangehenden Modelle der Literatur zu verbreitern. Die Arbeiten von Kraus/Litzenberger (1973) und Scott (1976) lehnt Kim (1978) etwa aufgrund der Komplexität bzw. der Vernachlässigung der am Kapitalmarkt herrschenden Risikoaversion der Marktteilnehmer als unzureichend ab.[185] Kim (1978) stellt, um die Nachteile vorangehender Modelle zu vermeiden, auf das CAPM zur Ermittlung der risikoäquivalenten Kapitalkosten ab. Wie die Arbeit von Kim (1978) zeigt, wird mit dem Abstellen auf das CAPM zur Abbildung der Kapitalkosten die i. d. R. in der Praxis bestehende Risikoaversion der Investoren – im Unterschied zur Arbeit von Scott (1976) – implizit berücksichtigt.[186] Die Arbeit von Kim (1978) differenziert für das in der Untersuchung zugrunde gelegte Modell darüber hinaus drei Arten an Insolvenzkosten: Unter der ersten Kostenart fasst Kim (1978) Kosten, die mit einer Liquidation von Anlagevermögen bzw. einer Reorganisation des Unternehmens verbunden sind – Kim (1978) bezeichnet diese Kosten in Anlehnung an die Literatur als indirekte Kosten der Insolvenz –, zusammen. Der zweiten Kostenart rechnet Kim (1978) administrative Kosten – ein „klassisches“ Beispiel der Literatur sind in diesem Zusammenhang Anwaltskosten –, die direkt mit einer Insolvenz des Unternehmens verbunden sind, zu. Als dritte Kostenart wird – in Anlehnung an die bereits von Baron (1975) vorgenommenen Überlegungen – der Verlust der steuermindernden Wirkung von Fremdkapital aufgrund des Eintritts des Insolvenztatbestandes betrachtet.[187] In einem einperiodigen Bewertungsmodell, in dem die Investitionsentscheidung unabhängig von der Finanzierungsentscheidung ist,[188] zeigt Kim (1978), dass die mit wachsendem Verschuldungsgrad zunehmenden Steuervorteile sowie die im Gegenzug anwachsende Insolvenzwahrscheinlichkeit[189] Unternehmen einen wertoptimalen Verschuldungsgrad anstreben lassen und nicht, wie das Ergebnis der Arbeit von Modigliani/Miller (1963) zunächst nahegelegt hat, eine reine Maximierung des eingesetzten Fremdkapitalvolumens folgt.[190]

185 Vgl. Kim (1978) S. 46.

186 Vgl. Kim (1978) S. 47 und S. 50. Turnbull (1979) sieht die Anwendbarkeit des CAPM in diesem Kontext als nicht gegeben an. Vgl. Turnbull (1979) S. 931.

187 Vgl. Kim (1978) S. 47–48.

188 Vgl. Kim (1978) S. 49. Diese Annahme ist, wie die Abschnitte zur Finanzierungspolitik in der Unternehmensbewertung zeigen wird, auch für einen Großteil der Finanzierungsannahmen der Unternehmensbewertung prägend.

189 Vgl. Kim (1978) S. 51–52; 55.

190 Vgl. Kim (1978) S. 55–56.

Die Frage nach der genauen Gestalt der Finanzierungsentscheidung wird – dies zeigt der nachfolgende Abschnitt zu den alternativen Annahmen der Finanzierungspolitik in der Unternehmensbewertung – uns im weiteren Verlauf dieser Arbeit weiter verfolgen.

Fasst man in groben Zügen zusammen, so bestätigt die Arbeit von Kim (1978) die bereits in vorangehenden Arbeiten formulierte Vermutung, dass der Fremdkapitaleinsatz eines Unternehmens deutlich unterhalb von 99,9 % liegt, da Fremdkapitalgeber ab einem gewissen Punkt die Kosten einer Insolvenz nicht mehr an die Eigenkapitalgeber über einen höheren geforderten Zinssatz überwälzen können und sich in der Folge weigern werden, weiteres Fremdkapital zur Verfügung zu stellen.[191] Ein vergleichbares Ergebnis hat Turnbull (1979) erhalten, ohne auf das CAPM zur Ermittlung der Kapitalkosten abzustellen.[192] Interessant erscheint auch mit Blick auf die weitere Entwicklung der Diskussion zur Bedeutung des Steuervorteils für die Finanzierungsentscheidung jene, die weitere Entwicklung vorwegnehmende, Anmerkung von Kim (1978), dass „[t]he results imply that the tax advantage of debt financing assumes much less importance in financial structure decisions than generally suggested".[193] Die Abnahme der Bedeutung des Wertbeitrages der Fremdfinanzierung in der Bestimmung des Finanzierungsverhaltens spiegelt sich in der in den nachfolgenden Abschnitten skizzierten Entwicklung konkurrierender Kapitalstrukturtheorien wider. Wie Kapitel III kurz zeigen wird, ist diese Entwicklung dabei insbesondere auch auf empirische Untersuchungen zurückzuführen.

Zwischenfazit

Zieht man an dieser Stelle ein kurzes Fazit zur Entwicklung der unter dem Überbegriff der statischen Trade-Off-Theorie zusammengefassten Fortentwicklungen der Literatur infolge der Veröffentlichung von Modigliani/Miller (1958) und Modigliani/Miller (1963), so kann festgehalten werden, dass die Kerneigenschaft dieses Stranges der Literatur die Suche nach einem Gegengewicht für den Wertbeitrag der Fremdfinanzierung ist, um das mit Blick auf die Praxis nicht haltbare Ergebnis der Arbeit von Modigliani/Miller (1963), einer ausschließlichen Fremdfinanzierung des Unternehmens, der in der Praxis zu beobachtenden Finanzierungspolitik annähern zu können. Als Gegengewicht des Wertbeitrages der Fremdfinanzierung hat dieser Strang der Literatur die mit einer Insolvenz verbundenen Kosten identifiziert und Modelle einer optimalen Kapitalstruktur entwickelt, die sich aus der Abwägung der Vor- und Nachteile der Fremdfinanzierung ergeben.[194] Wie u. a. Schneider

191 Vgl. Kim (1978) S. 53–54.

192 Vgl. Turnbull (1979) S. 936–938. Siehe dazu auch obigen Exkurs zur Arbeit von Turnbull (1979).

193 Kim (1978) S. 47.

194 Vgl. dazu Chen/Kim (1979) S. 374; Myers (1984) S. 577. Gleichwohl sich diese Determinante in der empirischen Literatur als wenig stabil gezeigt hat und daher zunehmenden Zweifeln ausgesetzt ist. Es sei an dieser Stelle auf die Überlegungen des Kapitels III verwiesen.

(2010) festhält, wird mit der Trade-Off-Theorie das Streben des Unternehmens nach einem wertmaximierenden Verschuldungsgrad klar bejaht.[195] Dies ist, wie in diesem Abschnitt bereits hervorgehoben wurde, auch für die Beurteilung der in der Unternehmensbewertung zu findenden Annahmen zur Finanzierungspolitik ein durchaus bedeutsames Ergebnis, können so die Finanzierungsannahmen mit Blick auf das Bestreben des Unternehmens, eine wertoptimale Finanzierungspolitik zu realisieren, beurteilt werden. Mitte der 1970er-Jahre herrschte, dies zeigt die Arbeit von Bradley et al. (1984), in der Literatur eine gewisse Einigkeit über die Erklärung des Finanzierungsverhaltens mit der Trade-Off-Theorie.[196] Wie bereits der Fokus nachfolgender Abschnitte auf weitere Kapitalstrukturtheorien zeigt, scheitert die statische Trade-Off-Theorie jedoch in der Praxis oftmals an dem selbst gesetzten Ziel, ein überzeugendes Bild der Praxis zeichnen zu können. Eine Rolle spielen dabei u. a. Transaktionskosten, die als ein Hemmnis für eine strenge Form einer Trade-Off-Theorie in der Praxis identifiziert wurden[197] und bereits in den frühen Arbeiten zur statischen Trade-Off-Theorie, wenn auch vorwiegend noch stiefmütterlich, betrachtet wurden. Eine bedeutsame Erweiterung mit Blick auf die Transaktionskosten erfolgt vergleichsweise spät und wird im Abschnitt 3.4.1. näher betrachtet werden.

2.3. Zur Erweiterung der statischen Trade-Off-Theorie

Mit der Formulierung der Trade-Off-Theorie waren in der Literatur, neben den in den vorangehenden Abschnitten beleuchteten Erweiterungen des Grundgerüstes der statischen Trade-Off-Theorie, auch erste Versuche der empirischen Verifizierung dieses Erklärungsansatzes der Finanzierungsentscheidung zu beobachten.[198] Ohne an dieser Stelle auf diesen Strang der Forschung näher einzugehen – ein kurzer Exkurs wird in Kapitel III unternommen –, muss sich eine Kapitalstrukturtheorie – soll sie als realitätsnah gelten – an dem Finanzierungsverhalten der Praxis messen lassen. Blickt man auf die empirische Evidenz zugunsten der statischen Trade-Off-Theorie, so kann in Anlehnung an die Arbeit von Schneider (2010) zusammenfassend festgehalten werden, dass die statische Trade-Off-Theorie im Rahmen empirischer Untersuchungen nur eingeschränkt überzeugen konnte.[199]

195 Vgl. dazu Schneider (2010) S. 14, ähnlich bereits Patterson (1985) S. 187; LaRocca et al. (2009) S. 804.

196 Vgl. dazu Bradley et al. (1984) S. 857.

197 Wie Schneider (2010) ausführt, wird für die statische Trade-Off-Theorie der Einfluss von Transaktionskosten zumeist vereinfachend ausgeblendet und erst im Rahmen der dynamischen Trade-Off-Theorie explizit betrachtet. Vgl. dazu Schneider (2010) S. 14 Fn. 22.

198 Die empirische Verifikation dient dabei auch dazu, die Frage zu beantworten, ob der Erklärungsansatz vollständig und die Entwicklung einer Theorie damit abgeschlossen ist.

199 Vgl. dazu Schneider (2010) S. 15.

Masulis (1983) hält in diesem Zusammenhang eingängig fest, dass „[n]o strong evidence of a relation between a firm's value and the size of its debt tax shield has been uncovered since the Miller-Modigliani study".[200] Dieses Ergebnis ist für einen theoretischen Erklärungsansatz zweifelsfrei unbefriedigend und hat in der Folge u. a. zu einer schrittweisen Erweiterung der statischen Trade-Off-Theorie geführt. Will man die Erweiterung der statischen Trade-Off -Theorie verstehen, so muss man an dieser Stelle einen kurzen Exkurs zu den Schwächen der statischen Trade-Off-Theorie im Rahmen empirischer Überprüfung sowie den Folgen dieser Schwächen unternehmen.[201]

Zu den Folgen der Schwäche der statischen Trade-Off-Theorie

Ein theoretischer Erklärungsansatz der Finanzierungsentscheidung muss – dies wurde bereits bei der Betrachtung der ersten zentralen Erweiterung des Kapitalstrukturirrelevanz-Theorems durch Modigliani/Miller (1963) deutlich – ein überprüfbares bzw. nachvollziehbares Bild der Unternehmenspraxis liefern. Wie das, diesen Abschnitt einleitende, Fazit von Schneider (2010) angedeutet hat, erscheint der in der Literatur mit der statischen Trade-Off-Theorie vorgebrachte Erklärungsansatz als zu wenig facettenreich, um die Finanzierungsentscheidung der Praxis sachgerecht beschreiben zu können. Scheitert ein bestehender Erklärungsansatz, die Praxis sachgerecht beschreiben zu können, so sind unterschiedliche Reaktionen auf dieses Scheitern denkbar. Im Nachgang an eine eingehendere Ursachenforschung zur Schwäche des gegebenen Erklärungsansatzes ist neben einer Erweiterung eines möglicherweise unvollständig gebliebenen Theoriegerüstes auch ein Verwerfen der bisherigen Überlegungen unter Formulierung eines eigenständigen Kapitalstrukturmodells denkbar. Wie der folgende Abschnitt kurz zeigen wird, hat die Schwäche der statischen Trade-Off-Theorie die Literatur beide Antworten geben lassen. Neben der Formulierung konkurrierender Kapitalstrukturtheorien ist so auch einer Erweiterung der Überlegungen der statischen Trade-Off-Theorie um weitere Einflussfaktoren zu beobachten. Direkte Folge der unzureichenden empirischen Durchschlagskraft war etwa, dass die noch junge statische Trade-Off-Theorie u. a. durch die von Miller (1977) erneut postulierte Irrelevanz der Kapitalstruktur als auch durch die Formulierung der Pecking-Order-Theorie unter Druck geraten ist.[202]

---

200 Masulis (1983) S. 107.

201 Es ist bereits an dieser Stelle anzumerken, dass aufgrund der Breite der empirischen Arbeiten hier und in der Folge lediglich ein kurzer Ausschnitt der empirischen Arbeiten gegeben werden kann. Ein vergleichbares Zugeständnis an die Fülle empirischer Arbeiten findet sich bereits in Harris/Raviv (1991). Vgl. dazu Harris/Raviv (1991) S. 297.

202 Vgl. DeAngelo/Masulis (1980) S. 3; Patterson (1985) S. 187; Bradley et al. (1984) S. 857. Dieser Vorschlag von Miller wird auch als „neutral mutation"-Hypothese bezeichnet. Vgl. dazu Myers (1984) S. 576.

Um diese inhaltlich eigenständigen Kapitalstrukturtheorien losgelöst von der weiteren Entwicklung der statischen Trade-Off- Theorie zu betrachten, seien – in teilweiser Durchbrechung des chronologischen Aufbaus dieses Kapitels – diese Theorien in Abschnitt 2.7. bzw. 2.9. gesondert betrachtet und im Folgenden zunächst ein Exkurs zu der empirischen Kritik an den Treibern der Finanzierungsentscheidungen in der statischen Trade-Off-Theorie unternommen. Am Ende jedes Abschnitts sei kurz – mit Verweis auf eine ausführlichere Betrachtung – auf mögliche Erweiterungen der statischen Trade-Off-Theorie eingegangen.

Von den Ergebnissen zur Kritik der frühen empirischen Forschung

Frühe empirische Arbeiten zur Finanzierungsentscheidung der Unternehmen haben sich zunächst vorwiegend mit dem Einfluss der Zugehörigkeit zu unterschiedlichen Industrien auf die Höhe des durch die Unternehmen eingesetzten Fremdkapitalniveaus beschäftigt. Scott/Martin (1975) haben in Bestätigung der Ergebnisse vorangehender Untersuchungen gezeigt, dass die Zugehörigkeit zu bestimmten Industrien einen zentralen Einfluss auf die Wahl der Kapitalstruktur aufweist.[203] Der Einfluss der Industrieklassifikation auf den Zielverschuldungsgrad zeigt sich auch noch in jüngeren empirischen Untersuchungen, wie etwa der Untersuchung von Bradley et al. (1984), als weitgehend stabil.[204] Einen unangreifbaren Nachweis des Strebens der Unternehmen nach einem wertoptimalen Zielverschuldungsgrad im Sinne der einfachen statischen Trade-Off-Theorie stellen diese frühen empirischen Untersuchungen jedoch nicht dar, bleiben die Gründe eines industriespezifischen Zielverschuldungsgrades doch auch in Kenntnis der Ergebnisse dieser Untersuchungen noch weitgehend verborgen. Bemerkenswert erscheint insbesondere, dass die Zielverschuldungsgrade weitgehend unbeeinflusst von Änderungen des herrschenden Steuersystems blieben.[205] Die empirisch beobachtbare Stabilität der Verschuldungsgrade hat dabei insbesondere mit Blick auf den Wertbeitrag der Fremdfinanzierung als zentrale Stellschraube der statischen Trade-Off-Theorie überrascht. Die Ursache für diese Schwäche kann einerseits in der Qualität der gewählten Untersuchungsansätze liegen. Wie Patterson (1985) eingeräumt hat, litten insbesondere die frühen empirischen Untersuchungen zur Bedeutung der Finanzierungsentscheidung des Unternehmens an einer Reihe von insbesondere ökonometrischen Schwächen.[206] Andererseits kann die Schwäche mit der Unvollständigkeit des Erklärungsansatzes begründet werden. Da die Erklärung der beobachtbaren Streuung der Zielverschuldungsgrade vordergründig vergleichbarer Unternehmen – wie Schneider (2010) zusammenfassend festgehalten hat

203 Vgl. dazu Scott/Martin (1975) S. 71; Schwartz/Aronson (1967) S. 17.
204 Vgl. dazu Bradley et al. (1984) S. 876.
205 Vgl. dazu u. a. Schneider (2010) S. 15.
206 Vgl. dazu Patterson (1985) S. 190–192. Darauf hat u. a. bereits auch Masulis (1983) hingewiesen. Vgl. dazu Masulis (1983) S. 107. Wie Kapitel III kurz zeigen wird, sehen sich auch aktuellere Forschungsansätze mit z. T. nur schwer überwindbaren Hürden konfrontiert.

– auf Basis des Standes der empirischen Forschung und der statischen Trade-Off-Theorie weitgehend verborgen blieb, darf rückblickend wohl von einer Mischung beider Aspekte ausgegangen werden.[207] Blickt man auf den zweiten Aspekt, so können Gründe für die Schwäche der „statischen" Trade-Off-Theorie u. a. in den zentralen Treibern der Finanzierungsentscheidung, dem Wertbeitrag der Finanzierungsentscheidung sowie den Insolvenzkosten, liegen.[208] Im Folgenden seien die Kritik der empirischen Forschung anhand ausgewählter Arbeiten kurz skizziert und damit die Überlegungen der nachfolgenden Abschnitte motiviert.

> „[...] some authors have expressed their skepticism about the premise that bankruptcy costs are the major determinant of corporate capital structure."[209]

Zur Kritik am Wertbeitrag der Fremdfinanzierung

Blickt man auf den, für die statische Trade-Off-Theorie zentralen, Wertbeitrag der Fremdfinanzierung, so zeigt sich bereits in der frühen empirischen Forschung eine überraschende Bandbreite in den Ergebnissen.[210] Während die Arbeiten von Masulis (1980) und Masulis (1983) den mit der statischen Trade-Off-Theorie vermuteten positiven Wertbeitrag der Fremdfinanzierung zunächst bestätigen,[211] beobachten Feldstein/Seligman (1981) und Patterson (1985) einen entgegengesetzten Rückgang des Unternehmenswertes mit zunehmendem Fremdkapitaleinsatz.[212] Die z. T. in Kontrast zu den Prognosen der „klassischen" Trade-Off-Theorie stehenden Ergebnisse der empirischen Forschung[213] bewegt Patterson (1985) dazu, die Vermutung auszusprechen, dass nicht das mit dem auf Basis der Ergebnis seiner Studie wenig überzeugende Argument der Maximierung des Unternehmenswertes beim Einsatz von Fremdkapitalinstrumenten im Vordergrund steht. Vielmehr vermutet Patterson

---

207 Vgl. dazu Schneider (2010) S. 15.

208 Die Abwägung der statischen Trade-Off-Theorie sowie die Angriffspunkte der Forschung der Literatur werden eingängig an der folgenden Überlegung von Chen/Kim (1979) deutlich: „The basic premises of this line of argument are that the bankruptcy costs are large enough to be economically significant and that the corporate tax savings from interest payments benefit the investors at the individual level." Chen/Kim (1979) S. 376.

209 Chen/Kim (1979) S. 376.

210 Wie ein kurzer Exkurs in Kapitel III zeigen wird, kann die Frage der Bedeutung des Wertbeitrages der Fremdfinanzierung auch vor dem aktuellen Forschungsstand als nicht final beantwortet angesehen werden.

211 Wie die nachfolgenden Abschnitte zeigen werden, führt Masulis (1983) einen Teil des Wertbeitrages der Fremdfinanzierung auf die Lösung von Agency-Problemen zurück.

212 Vgl. dazu Feldstein/Seligman (1981) S .818; Patterson (1985) S. 191.

213 An dieser Stelle kann man zwar darauf abstellen, dass der Wertnachteil durch einen überproportionalen Anstieg der Insolvenzgefahr induziert wird, letztlich überzeugend erscheint diese Interpretation jedoch nicht zu sein.

(1985), dass Unternehmen andere Ziele mit dem Fremdkapitaleinsatz verfolgen.[214] Die nachfolgende Literatur hat die Suche nach, von der „klassischen“ Trade-Off-Theorie, abweichenden Treibern der Finanzierungsentscheidung aufgegriffen und etwa die im Folgenden kurz betrachteten Non-Debt-Tax-Shields als Substitut des Wertbeitrages der Fremdfinanzierung identifiziert. Die fehlende empirische Überzeugungskraft der Fremdfinanzierung hat darüber hinaus die Formulierung der alternativen Pecking-Order-Theorie bestärkt.[215] Die grundlegende Frage, wie bedeutsam der Wertbeitrag der Fremdfinanzierung für die Gestalt der Kapitalstruktur ist, beschäftigt – dies zeigt ein kurzer Exkurs in Kapitel III – die empirische Forschung bis in jüngere Zeit.

Zum Einfluss von Non-Debt-Tax-Shields

Die thematisch an die Arbeit von DeAngelo/Masulis (1980)[216] anschließende Arbeit von Talmor et al. (1985) hat in einem einperiodigen Modell, in dem Investitionen als gegeben angenommen werden[217] und von einem vollkommenen Kapitalmarkt ausgegangen wird,[218] die Auswirkung des Insolvenzrisikos auf den Wertbeitrag des Steuervorteils sowie den aus Bewertungssicht letztlich relevanten Einfluss auf den Unternehmenswert untersucht. Neben den durch die statische Trade-Off-Theorie beschriebenen Wertbeitrag der Fremdfinanzierung werden auch spezielle firmenspezifische Steuervorteile – etwa durch die Gestalt der Abschreibungspolitik – im Rahmen von empirischen Untersuchungen berücksichtigt.

Wie sich im weiteren Verlauf der Arbeit zeigen wird, führt die Berücksichtigung dieser Steuervorteile dazu, dass die steuersenkende Wirkung des Einsatzes von Fremdkapital nicht mehr in jedem Fall gehoben werden kann.[219] In Abhängigkeit zum Verhältnis von finanzierungsbedingten Steuervorteilen zu finanzierungsunabhängigen Steuervorteilen,[220] untersucht die Arbeit von Talmor et al. (1985), welchen Wertbeitrag ein zusätzlicher Einsatz von Fremdkapitalinstrumenten besitzt. Für den

---

214 Patterson (1985) hält so wörtlich fest, dass „ [...] managers may choose to use debt to achieve other objectives.“ Patterson (1985) S. 202.

215 Wie die nachfolgenden Überlegungen zeigen werden, wird die Formulierung der Pecking-Order-Theorie zudem durch die Schwäche der Insolvenzkosten als Treiber der Finanzierungsentscheidung bestärkt. Wie Abschnitt 2.9. zeigen wird, spielen die Determinanten statischer Trade-Off-Theorie für die Pecking-Order-Theorie folgerichtig bestenfalls eine untergeordnete Rolle.

216 Die Arbeit von DeAngelo/Masulis (1980) wird in Abschnitt 2.7. nochmals eingehender beleuchtet werden und sei in diesem Abschnitt daher nicht näher betrachtet.

217 Vgl. Talmor et al. (1985) S. 193. Wie u. a. Patterson (1985) hervorhebt, ist diese Annahme in der Praxis nur in wenigen Fällen tatsächlich erfüllt. Vgl. dazu Patterson (1985) S. 190; Hite (1977) S. 198.

218 Vgl. Talmor et al. (1985) S. 195.

219 Vgl. Talmor et al. (1985) S. 192.

220 In der Literatur wird in diesem Zusammenhang auch von NDTS, d. h. von Non-Debt-Tax-Shields, gesprochen.

Fall, dass finanzierungsbedingte Steuervorteile finanzierungsunabhängige Steuervorteile übersteigen, zeigt die Arbeit von Talmor et al. (1985) zunächst, dass der positive Effekt eines größeres Tax-Shield den negativen Effekt eines höheren Insolvenzrisikos dominiert, der Grenznutzen zusätzlichen Fremdkapitals also letztlich positiv ist.[221] Die Arbeit von Talmor et al. (1985) weist für den Fall eines Überhangs finanzierungsunabhängiger Steuervorteile – der Wertbeitrag der ergänzenden Fremdfinanzierung kann nicht oder nur unvollständig gehoben werden – darauf hin, dass hier der Einsatz zusätzlichen Fremdkapitals redundant sein kann und wird. Ex ante kann aus Sicht der Arbeit von Talmor et al. (1985) damit keine abschließende Aussage zur Vorteilhaftigkeit des zusätzlichen Einsatzes von Fremdkapital – wie etwa in der statischen Trade-Off-Theorie – getroffen werden.[222] Vielmehr sind die Extrempunkte einer reinen Eigen- bzw. Fremdfinanzierung zur Maximierung des Unternehmenswertes auf Basis der Arbeit von Talmor et al. (1985) plausibel.[223] Auch wenn diese aus der Arbeit von Talmor et al. (1985) ableitbaren Extrempunkte mit Blick auf die Unternehmenspraxis wenig eingängig erscheinen, so wurde mit den Non-Debt-Tax-Shields doch ein zentraler Gegenspieler zu dem Wertbeitrag der Fremdfinanzierung der statischen Trade-Off-Theorie eingeführt.[224]

Wie die Überlegungen des Kapitels III zeigen werden, spielt die Frage, ob Unternehmen in der Praxis den Wertbeitrag tatsächlich heben können oder ob bedeutsame finanzierungsunabhängige Steuervorteile bestehen, für die Beurteilung der Gestalt des Finanzierungsverhaltens eine zentrale Rolle. Richtet man den Blick zurück auf die statische Trade-Off-Theorie, so erscheint ein ausschließliches Abstellen auf den Wertbeitrag der Fremdfinanzierung und die mit einem Einsatz von Fremdkapital verbundenen Insolvenzkosten der Komplexität der Praxis nicht gerecht zu werden. Dies zeigt auch der nachfolgende Blick auf den zweiten Treiber der Finanzierungsentscheidung im Rahmen der statischen Trade-Off-Theorie.

Zur Kritik an den Insolvenzkosten

Blickt man auf die empirischen Arbeiten der frühen 1980er-Jahre vor dem Hintergrund des zweiten Treibers der Finanzierungsentscheidung, den Insolvenzkosten, so findet sich auch an dieser Stelle lediglich eine gemischte empirische Evidenz zugunsten dieser Vermutung der statischen Trade-Off-Theorie. Während etwa die Arbeit von Long/Malitz (1985) im Einklang mit der statischen Trade-Off-Theorie zeigt, dass die Gestalt des Investitionsportfolios – die letztlich die Verwertbarkeit

221 Vgl. Talmor et al. (1985) S. 197–198.
222 Vgl. Talmor et al. (1985) S. 199.
223 Vgl. Talmor et al. (1985) S. 201.
224 Die Vorstellung, dass Non-Debt-Tax-Shields ein Substitut für den Einsatz von Fremdkapital darstellen, hat jedoch selbst früh Widerspruch erfahren. So haben Bradley et al. (1984) im Rahmen ihrer empirischen Untersuchung ein zu den Arbeiten von DeAngelo/Masulis (1980) und Talmor et al. (1985) gegenläufiges Ergebnis erhalten. Vgl. dazu Bradley et al. (1984) S. 876.

im Fall einer Unternehmensinsolvenz maßgeblich bestimmt – den Kerntreiber der Finanzierungsentscheidung darstellt,[225] finden die Arbeit von Masulis (1980) und Masulis (1983) keinen direkten Hinweis für den Einfluss der mit dem Einsatz des Fremdkapitals verbundenen Insolvenzkosten auf die Finanzierungsentscheidung.[226]

Auch im Modell von Brennan/Schwartz (1978) ist der Einfluss, den der Faktor Insolvenzkosten auf den optimalen Verschuldungsgrad ausübt – im Kontrast zur „klassischen“ Trade-Off-Theorie – eher von geringer Bedeutung.[227] Ohne an dieser Stelle eine detaillierte Betrachtung der empirischen Evidenz zugunsten der Insolvenzkosten vorzunehmen,[228] sei an dieser Stelle der Blick auf die Folgen der durchwachsenen empirischen Evidenz gerichtet. Insbesondere in der Literatur, die sich kritisch mit der statischen Trade-Off-Theorie auseinandergesetzt hat, wird die Bedeutung der Insolvenzkosten als Treiber der Finanzierungsentscheidung kritisch gesehen.[229] Neben der Formulierung der Pecking-Order-Theorie, die in Abschnitt 2.9. betrachtet werden wird, rückten die auf einem unvollkommenen Kapitalmarkt bestehenden Agency-Probleme sowie Transaktionskosten in den Fokus der Literatur.

Auswirkungen von Agency-Problemen auf die Finanzierungsentscheidung

Die Arbeit von Modigliani/Miller (1958) stellt, darauf haben die einleitenden Abschnitte hingewiesen, auf ein Annahmegerüst ab, in dem – wenigstens implizit – ein Gleichklang zwischen den Interessen der Kapitalgeber sowie den Interessen der Kapitalgeber und eines angestellten Managements besteht. Die bisher betrachteten Erweiterungen der statischen Trade-Off-Theorie haben an dieser Grundannahme unverändert festgehalten. Mit der in den Sechziger- und Siebzigerjahren des vorigen Jahrhunderts entwickelten Agency-Theorie[230] fand ein neuer Blickwinkel auf die Finanzierungsentscheidung Eingang in die Kapitalstrukturtheorie: die Betrachtung der Auswirkungen unterschiedlicher, z. T. gegenläufiger Interessen auf die Finanzierungsentscheidung der Unternehmen.[231] Wie die Agency-Theorie gezeigt hat, sind, den Blick auf die Finanzierungsentscheidung von Unternehmen gerichtet, eine Reihe von wertverzehrenden Interessenkonflikten denkbar, die durch eine geeignete Wahl der Kapitalstruktur minimiert werden können.[232] Ohne an dieser Stelle im Detail auf die bei der Finanzierungsentscheidung eines Unternehmens bestehenden Agency-Konflikte einzugehen – dies wird in Kapitel 2.4.

---

225 Vgl. dazu Long/Malitz (1985) S. 345.

226 Vgl. dazu Masulis (1980) S. 175; Masulis (1983) S. 125; Patterson (1985) S. 191.

227 Vgl. Brennan/Schwartz (1978) S. 111–112.

228 In Abschnitt 2.7.1.1. wird sich nochmals eingehender mit der Frage der Bedeutung der Insolvenzkosten im Rahmen der Finanzierungentscheidung beschäftigt.

229 Vgl. dazu u. a. Miller (1977) S. 262; Graham/Yang (2010) S. 2092–2093.

230 Vgl. dazu Eisenhardt (1989) S. 58.

231 Vgl. dazu Barnea et al. (1981) S. 8.

232 Vgl. dazu Barnea et al. (1981) S. 20–21.

nachgeholt werden –, steht dem Trade-Off aus Wertbeitrag der Fremdfinanzierung und Insolvenzkosten nach Auflösung der Annahme des Interessengleichklangs ein eigenständiges Optimierungsproblem zur Seite. Hervorzuheben an dieser Stelle ist, dass eine vorwiegende Betrachtung von Agency-Problemen zunächst nicht die Abkehr von der Vorstellung eines wertoptimalen Verschuldungsgrades erfordert. Erste empirische Unterstützung erfährt die Berücksichtigung von Agency-Problemen bei der Finanzierungsentscheidung zu Beginn der 1980er-Jahre. So rechnet etwa Masulis (1983) das auf den ersten Blick – wenigstens in Teilen – mit der statischen Trade-Off-Theorie im Einklang stehende Ergebnis eines positiven Wertbeitrags der Fremdfinanzierung in Teilen anderen Determinanten als den in der einfachen statischen Trade-Off-Theorie direkt betrachteten Entscheidungsfaktoren zu. Neben einem mit der Rekapitalisierung des Unternehmens verbundenen Informationseffekt[233] – dieser Aspekt sei in der Folge kurz betrachtet –, führt Masulis (1983) die beobachtbare Veränderung des Marktwertes des Unternehmens mit Veränderung der Kapitalstruktur auch auf einen teilweisen Werttransfer von unzureichend abgesichertem (Alt-) Fremdkapitalgeber auf die Eigenkapitalgeber zurück.[234] Beide Aspekte werden in der „klassischen" statischen Trade-Off-Theorie zunächst – dies hat der vorangehende Abschnitt gezeigt – nicht berücksichtigt und erst infolge der gemischten empirischen Evidenz in der Literatur aufgegriffen und teilweise in die Trade-Off-Theorie mit einbezogen.[235]

Die grundsätzliche Frage, inwieweit Unternehmen bzw. Eigenkapitalgeber bereit sind, die Interessen der Fremdkapitalgeber zu berücksichtigen, beschäftigt die Literatur auch mit Blick auf die alternativen Finanzierungsannahmen der Unternehmensbewertung. Kapitel II wird sich etwa mit der Frage der Plausibilität einer an den Interessen der Fremdkapitalgeber orientierten Finanzierungspolitik beschäftigen.

Zum Einfluss von Signalisierungseffekten

Wie mit dem vorangehenden Unterabschnitt bereits kurz angerissen wurde, spielen mit den Überlegungen der ersten empirischen Forschungsbemühungen zunehmende auch das mit der Finanzierungsentscheidung verbundenen Signal eine Rolle in der Erklärung der Finanzierungsentscheidung. Eng mit den Überlegungen der Agency-Theorie verbunden führt die Abkehr von der mit der statischen Trade-Off-Theorie verbundenen Vorstellung homogener Informationen dazu, dass der Finanzierungsentscheidung ein Signalcharakter zuwächst. So hat etwa die Arbeit von Smith (1986) hervorgehoben, dass unter der Annahme der Gültigkeit der statischen Trade-Off-Theorie aus den Entscheidungen der Unternehmen Eigen- oder Fremdkapital zu emittieren – entgegen der Beobachtungen der Praxis – keine

233 Vgl. dazu Masulis (1983) S. 115.

234 Vgl. dazu Masulis (1983) S. 116–117.

235 Ein Exkurs zu der Erweiterung der statischen Trade-Off-Theorie findet sich – wie bereits hervorgehoben – in Abschnitt 2.4.

Preisreaktionen resultieren sollten.[236] Im Rahmen der Signalling-Theorie wurde diese aus Sicht der statischen Trade-Off-Theorie neue Fragestellung aufgegriffen. Ein Exkurs zu den Überlegungen der Signalling-Theorie erfolgt in Abschnitt 2.5.

Einfluss von Transaktionskosten auf die Finanzierungsentscheidung

Als mögliche Erklärung der in der Praxis zu beobachtende Streuung von Zielverschuldungsgraden vergleichbarer Unternehmen kehrt die Arbeit von Myers (1984) erneut den Einfluss der – bereits von Baumol/Malkiel (1967) betrachteten – Transaktionskosten hervor. Transaktionskosten können, überwiegen die Kosten der Adjustierung der Kapitalstruktur den zu erwartenden Wertbeitrag, ein mögliches Hemmnis auf dem Weg zu einem wertoptimalen Zielverschuldungsgrad der statischen Trade-Off-Theorie darstellen.[237] Der Hinweis von Myers (1984), die Hintergründe für die in der Praxis zu beobachtende Abweichung vom optimalen Verschuldungsgrad der Trade-Off-Theorie sichtbar zu machen und sich über die Bedeutung von Transaktionskosten klar zu werden,[238] wurde sowohl in der empirischen Forschung als auch in den begleitenden Überlegungen aufgenommen. Insbesondere für die Formulierung der in Abschnitt 3.4.1. kurz näher beleuchteten dynamischen Trade-Off-Theorie ist der Einfluss von Transaktionskosten bedeutsam.

Diese in der Folge der Fortentwicklung der einfachen Trade-Off-Theorie in der Literatur eingeführten weiteren Determinanten der Finanzierungsentscheidung werden in den folgenden Abschnitten – insbesondere mit Blick auf die in der Literatur erfolgte Fundierung dieser Determinanten – näher beleuchtet werden. Die nachfolgenden Abschnitte fassen die in der Literatur infolge der Formulierung der einfachen statischen Finanzierungspolitik zu findende Diskussion und schließlich die Erweiterung der statischen Trade-Off-Theorie um weitere Faktoren neben Wertbeitrag der Fremdfinanzierung und Insolvenzkosten kurz zusammen. Zunächst seien dabei der Einfluss Agency-theoretischer Überlegungen und der Einfluss von Agency-Konflikten sowie die Signalling-Theorie näher beleuchtet. Im Anschluss sei mit der Neutral-Mutation-Hypothese von Miller (1977) ein eigenständiger Erklärungsansatz der in der Praxis zu beobachtenden Finanzierungsentscheidung betrachtet. Wie dieser Abschnitt zeigen wird, hat Miller (1977) u. a. die – dies wurde in den vorangehenden Abschnitten nicht betrachtet – Annahme des einfachen Steuersystems der statischen Trade-Off-Theorie um den Einfluss von Steuern auf Ebene der Investoren erweitert. Dieses Unterkapitel schließt mit einem Exkurs zur Pecking-Order-Theorie, die sich, empirisch getrieben, als zentraler Gegenspieler der statischen Trade-Off-Theorie etabliert hat. Den Treiber dieser Entwicklung stellten dabei unzweifelhaft die hier kurz diskutierten Schwächen der statischen Trade-Off-Theorie dar.

---

236 Vgl. dazu Smith (1986) S. 6.
237 Vgl. dazu Myers (1984) S. 577–578.
238 Vgl. dazu Myers (1984) S. 578–579.

2.4. Zum Einfluss von Agency-Konflikten auf die Finanzierungsentscheidung

Mit der Arbeit von Jensen/Meckling (1976) wurde die traditionelle Trade-Off-Theorie, in Abkehr zu den in den vorangehenden Abschnitten diskutierten Überlegungen der Literatur zur Stabilität der statischen Trade-Off-Theorie, um den in der Praxis auftretenden Zielkonflikt zwischen Maximierung des Unternehmenswertes und des Wertes des Eigenkapitals erweitert.[239] Dem in der Literatur auch als Agency-Perspektive – dies ist, wie u. a. Shleifer/Vishny (1997) festhalten, auf eine Trennung von Eigentum und Entscheidungsrechten zurückzuführen –[240] bezeichneten Blickwinkel auf die Finanzierungsentscheidung wurde und wird eine zentrale Bedeutung der Finanzierungsentscheidung des Unternehmens zugewiesen und soll daher in der Folge näher beleuchtet werden. Die Arbeit von Jensen/Meckling (1976) bildet – wie etwa Hermanns (2007) festgehalten hat – den Nukleus einer breiteren neoinstitutionalistischen Finanzierungstheorie, die sich in den folgenden Jahren als ein fester Bestandteil der Kapitalstrukturtheorie etabliert hat.[241] Brennan (1995) bezeichnet die Entwicklung der 1970er-Jahre, die u. a. durch die Arbeit von Jensen/Meckling (1976) geprägt wurde, rückblickend als eine Abkehr von der durch Modigliani/Miller (1958) und (1963) getroffenen Annahme eines homogenen Erwartungshorizontes der Investoren, der erlaubt hatte, sich allein auf den Werteffekt der Finanzierungsentscheidung im Sinne einer Aufteilung der Unternehmenscashflows auf die Kapitalgeber zu fokussieren, hin zu einer Welt, die durch heterogene Informationen der Marktakteure – der Fokus erschöpft sich damit nun nicht mehr allein auf die Kapitalgeber selbst[242] – geprägt war und ist. Bedeutsam an dieser Entwicklung ist, dass anders als im ursprünglichen Modell von Modigliani/Miller (1963) der operative Cashflow nicht länger unabhängig von der Finanzierungsentscheidung vorgegeben ist, sondern die Finanzierungsentscheidung – aufgrund divergierender Interessen und einer ungleichen Informationsverteilung – auch die Höhe des operativen Cashflows und damit den Unternehmenswert beeinflusst, der damit zu von einem exogenen zu einem endogenen Faktor wird.[243] Die Finanzierungsentscheidung lässt sich damit – anders als im ursprünglichen neoklassischen Modell von Modigliani/Miller – nicht länger auf eine bloße Aufteilung der vorgegebenen Unternehmenscashflows reduzieren, deren Umfang lediglich noch durch eine steuerreduzierende Wirkung des

---

239 Vgl. dazu u. a. Brennan (1995) S. 12; Harris/Raviv (1991) S. 300; Smith/Warner (1979) S. 121. Wie sich zeigen wird, führt dies zu Konflikten bei der Verteilung des Unternehmenswertes.

240 Vgl. Shleifer/Vishny (1997) S. 738; 740; Barnea et al. (1981) S. 8.

241 Vgl. dazu u. a. Hermanns (2007) S. 40–41; Lazar (2006) S. 10–12.

242 Vgl. dazu auch Kalay (1982) S. 211; Hermanns (2007) S. 42.

243 Vgl. dazu Hermanns (2007) S. 41.

Fremdkapitals in asymmetrischen Steuersystemen beeinflusst wird.[244] Durch die Abkehr von der Annahme homogener Erwartungen sind zwischen Management und Anteilseigner zudem nur unvollkommene Verträge möglich, die dazu führen, dass das Management nicht mehr allein ein bloßer Erfüllungsgehilfe der Interessen der Anteilseigner ist, sondern über Entscheidungsfreiheiten verfügt, die es dazu nutzt, eigene Interessen auch gegen die Eigenkapitalgeber durchzusetzen.[245] Fama (1980) illustriert die Änderung in der Sichtweise auf Unternehmen in der neoinstitutionalistischen Finanzierungstheorie wie folgt: „[...] the firm is viewed as a team whose members act from self-interest but realize that their destinies depend to some extent on the survival in its competition with other teams."[246] Hermanns (2007) spricht in Analogie zur Anmerkung von Fama (1980) in diesem Zusammenhang daher davon, dass mit den Arbeiten der neoinstitutionalistischen Finanzierungstheorie „[...] die Kooperation der Marktteilnehmer im Rahmen ihrer wirtschaftlichen Beziehung in den Mittelpunkt der Untersuchung"[247] rückt.

Ausgangspunkt dieser Weiterentwicklung der statischen Trade-Off-Theorie bildete, wie im vorangehenden Abschnitt bereits kurz angerissen, die in der Literatur als nicht bzw. nur unzureichend empfundene Erklärungskraft der infolge der Arbeit von Modigliani/Miller (1963) diskutierten statischen Trade-Off-Theorie. Jensen/Meckling (1976) kritisierten in ihrer Arbeit so insbesondere, dass die klassische Trade-Off-Theorie keine schlüssige Erklärung für die in der Praxis zu beobachtenden Kapitalstruktur US-amerikanischer Unternehmen geben konnte.[248] Die „klassische" Trade-Off-Theorie scheint – dies hat der vorangehende Abschnitt bereits festgehalten – insbesondere in Phasen, in denen Zahlungen an Fremdkapitalgeber aufgrund der Ausgestaltung des Steuersystems zu keiner Verminderung der Steuerlast führten – dies war in historischen Steuersystemen durchaus zu beobachten –, ein nicht mehr hinreichender Erklärungsansatz für die in der Praxis zu treffende Finanzierungsentscheidung zu sein. So sollten Unternehmen, hält man an der Prämisse fest, dass die statische Trade-Off-Theorie ein sachgerechtes Bild der Praxis zeichnet, in diesen Steuersystemen, aufgrund des Wegfalls des Wertbeitrags der Fremdfinanzierung unter gleichzeitiger Beibehaltung der mit dem Einsatz von Fremdkapital ansteigenden Insolvenzrisiken bzw. -kosten, keine Fremdkapitalinstrumente zur Finanzierung des Unternehmens in der Praxis einsetzen bzw.

244 Vgl. dazu Brennan (1995) S. 9–10. Brennan (1995) hält so mit Blick auf die frühe Kritik fest, dass „it is notable to the modem eye that none of these critics focused on the critical ceteris paribus assumption about the income stream to be allocated". Brennan (1995) S. 11.

245 Vgl. dazu Shleifer/Vishny (1997) S. 741; Fama (1980) S. 296; Barnea et al. (1981) S. 8.

246 Fama (1980) S. 289.

247 Vgl. dazu Hermanns (2007) S. 40.

248 Dies entspricht letztlich der im vorangehenden Abschnitt kurz skizzierten Kritik an der Farblosigkeit der statischen Trade-Off-Theorie in Erklärung der Finanzierungsentscheidung der Unternehmenspraxis.

Fremdkapital zurückführen. Den Nachteilen des Einsatzes von Fremdkapitalinstrumenten steht unter diesen Rahmenbedingungen kein adäquates Gegengewicht in Form einer Reduzierung der durch die Unternehmen bzw. deren Anteilseignern zu tragenden Steuerlast entgegen. Empirisch beobachtbar ist eine ausschließliche Eigenfinanzierung der Unternehmen auch im Fall eines nicht zwischen den Finanzierungsquellen diskriminierenden Steuersystems i. d. R. jedoch nicht.

Aus Sicht von Jensen/Meckling (1976) liegt, abstrahiert man von der konkreten Gestalt des Steuersystems etwas stärker, allein die Existenz verschiedener Kapitalarten, die in einem Großteil der in der Praxis gültigen Steuersysteme keine steuerlichen Abzugsfähigkeiten genießen – hierbei stehen insbesondere hybride Finanzinstrumente wie beispielsweise Vorzugsaktien im Fokus – die Vermutung nahe, dass die Finanzierungsentscheidung regelmäßig nicht allein durch die mit der statischen Trade-Off-Theorie beschriebene Abwägung zwischen Insolvenzkosten und Steuervorteilen des Fremdkapitaleinsatzes beschrieben wird.[249] Jensen/Meckling (1976) identifizieren, so neben der Abwägung der „klassischen" Trade-Off-Theorie, die mit einer Trennung zwischen Eigentum und Steuerung des Unternehmens regelmäßig auftretenden Agency-Kosten als einen zentralen Treiber für den Einsatz von Fremdkapital und damit der Finanzierungsentscheidung, die dazu führt, dass die in der Praxis zu beobachtenden Kapitalstruktur erklärt werden kann.[250] Um die Agency-theoretischen Überlegungen zu plausibilisieren, betrachten Jensen/Meckling (1976) die divergierenden Interessen der Anspruchsinhaber sowie die Effekte, die denkbare Interessenkonflikte auf den Unternehmenswert nehmen.[251] Jensen/Meckling (1976) haben dazu – dies hat sich auch in der späteren Literatur durchgesetzt –[252] eine Unterscheidung des Konflikts zwischen angestelltem Management und Anteilseignern sowie Eigen- und Fremdkapitalgebern näher betrachtet. An dieser Unterscheidung sei in dem nachfolgenden kurzen Exkurs zur Agency-Theorie festgehalten. Stellenweise wird in der Literatur – dieser Einschätzung wird sich im folgenden Abschnitt angeschlossen – auch die Signalling-Theorie den Agency-theoretischen Überlegungen zur Finanzierungsentscheidung zugerechnet.[253] Die Darstellung der Überlegungen der Signalling-Theorie erfolgt jedoch gesondert in Abschnitt 2.5.

---

249 Vgl. Jensen/Meckling (1976) S. 332–333; Hart/Moore (1995) S. 567–568. Brennan (1995) spricht in diesem Zusammenhang daher davon, dass Jensen/Meckling (1976) als eine der ersten Arbeiten die Existenz hybrider Finanzinstrumente motiviert hat. Vgl. dazu Brennan (1995) S. 14 ähnlich dazu auch Schneider (2010) S. 15; Hermanns (2007) S. 40.

250 Vgl. Jensen/Meckling (1976) S. 334.

251 Vgl. dazu auch Schneider (2010) S. 18. Agency-Konflikte führen – wie der nachfolgende Abschnitt zeigen wird – zu fehlerhaften, d. h. wertvernichtenden Unternehmensentscheidungen. Vgl. dazu auch Barnea et al. (1981) S. 8.

252 Vgl. dazu u. a. Harris/Raviv (1990) S. 302.

253 Vgl. dazu Barnea et al. (1981) S. 8.

2.4.1. Zum Konflikt zwischen Eigenkapitalgebern und Managern

In den nachfolgenden Unterabschnitten sei sich kurz den verschiedenen Aspekten der mit der Agency-Theorie beschriebenen Konflikte zwischen Eigenkapitalgebern und Managern gewidmet.

2.4.1.1. Übermäßiger Konsum am Arbeitsplatz

Die Arbeit von Jensen/Meckling (1976) hat in einem ersten Schritt gezeigt, dass eine – wenigstens teilweise – Trennung von Eigentum und Unternehmensführung regelmäßig mit einer Reihe von Interessenkonflikten zwischen den mit der Unternehmensführung betrauten „aktiven“ Anteilseignern und den „passiven“ Anteilseignern, die von der Unternehmensleitung ausgeschlossen sind, verbunden ist.[254] Neben dem Begriff des „aktiven“ Anteilseigners wird in der Folge, in Anlehnung an den in der Literatur gebräuchlichen Begriff, auch von Agenten gesprochen, während die von der Unternehmensleitung ausgeschlossenen „passiven“ Anteilseigner in der Folge auch als Prinzipale bezeichnet werden.[255] Die Arbeit von Jensen/Meckling (1976) bewegt sich damit von einer Welt, in der Eigentum und Entscheidungsrechte Hand in Hand gehen, die Maximierung des Unternehmenswertes als Ziel rationaler Investoren unproblematisch erscheint,[256] hin zu einer Welt, die durch unterschiedliche Interessen sowie ein unterschiedliches Informationsniveau der „aktiven“ und „passiven“ Anteilseigner gekennzeich-net ist. „Aktive“ Anteilseigner bzw. Agenten haben in der Modellwelt von Jensen/Meckling (1976) sowohl das Interesse als auch die Möglichkeit, eigene Interessen zu verfolgen und ihren Anteil am Unternehmenswert auf Kosten der „passiven“ Anteilseigner respektive Prinzipale zu maximieren. Für Agenten besteht so u. a. die Möglichkeit, neben der regulären Entlohnung auch nicht-monetäre/pekuniäre Anreize am Arbeitsplatz auf Kosten der Prinzipale in Anspruch zu nehmen.[257]

---

254 Jensen/Meckling (1976) betrachten in ihrem Beispiel dazu Anteilseigner, die ihren Anteil am Unternehmen ganz oder aber in Teilen verkaufen, jedoch weiterhin mit der Steuerung des Unternehmens betraut sind. Der „aktive“ Anteilseigner kann damit – dies dürfte für das Management in der Praxis regelmäßig zutreffen – nur über marginale Eigenkapitalanteile am Unternehmen verfügen. Die Arbeit von Jensen/Murphy (1990) bestätigt u. a. die Einschätzung, dass der Anteil, den Manager an Unternehmen halten, gering ausfällt. Vgl. dazu Jensen/Murphy (1990) S. 237; ähnlich bereits: Fama (1980) S. 289. Zugleich verfügen „aktive“ Anteilseigner – bzw. das Unternehmensmanagement – in der Praxis über weit mehr Entscheidungsrechte als „passive“ Manager. Vgl. dazu Wu/Wang (2005) S. 916–917.

255 Vgl. dazu Schneider (2010) S. 17; Hermanns (2007) S. 41; Harris/Raviv (1991) S. 300.

256 Vgl. dazu Jensen/Meckling (1976) S. 312; Hermanns (2007) S. 43.

257 Bleibt man in dem von Jensen/Meckling (1976) gewählten Beispiel, so hat der (Alt-) Eigentümer ein Interesse daran, einen Teil des in der Zukunft geringeren Cashflows – er besitzt nun keinen oder aber einen geringeren Anteil am Unternehmen – durch

Wie sich später auch mit Blick auf die Beziehung der Eigenkapitalgeber zu den Fremdkapitalgebern zeigen wird, besteht an dieser Stelle eine asymmetrische Beziehung zwischen den „aktiven“ und den „passiven“ Anteilseignern. Während die Steigerung des Unternehmenswertes in Abhängigkeit zum Anteil der „aktiven“ Anteilseigner zum Teil auch den „passiven“ Anteilseignern zufließt,[258] fließt der Nutzen nicht-monetärer Anreize den „aktiven“ Anteilseignern voll zu, ohne jedoch die vollen Kosten dieser nicht-monetären Anreize tragen zu müssen. In Abhängigkeit zu den gegebenen Anteilsverhältnissen, tragen die „passiven“ Anteilseigner Teile des nicht-monetären Konsums des Managements voll.[259] Schneider (2010) fasst diesen aus der Trennung von Eigentum und Unternehmensleitung resultierenden Fehlanreiz für das Management daher unter dem Oberbegriff des übermäßigen Konsums am Arbeitsplatz zusammen.[260] Der Konsum der Agenten auf Kosten des Unternehmens hat für den Prinzipal eine Reduzierung des Anteils am Unternehmenswert zu Folge, der nicht durch andere Vorteile aufgewogen wird. Die Arbeit von Jensen/Meckling (1976) zeigt, dass die „passiven“ Anteilseigner als rationale Investoren[261] ein solches Fehlverhalten der Agenten antizipieren werden und in der Folge nur noch bereit sind, einen um die Kosten des nicht-monetären Anreizes verringerten Kaufpreis für ihre Anteile am Unternehmen zu zahlen.[262] Diese durch Fehlverhalten des „aktiven“ Anteilseigners ausgelöste Reduzierung des Unternehmenswertes, die in der Literatur unter dem Begriff Agency-Kosten zusammengefasst wurde, kann durch die Anteilseigner durch eine aktive Überwachung des Verhaltens des Managements/„aktiver“ Anteilseigner reduziert werden. In der Literatur wird in diesem Zusammenhang auch vom Monitoring des

---

höheren Konsum auszugleichen. Vgl. Jensen/Meckling (1976) S. 317; Fama (1980) S. 295–296. Eine kurze Auflistung der nicht-monetären Anreize, wie etwa die Ausstattung des Büros oder aber die Anschaffung eines Geschäftsflugzeuges, findet sich u. a. in Jensen/Meckling (1976). Vgl. dazu Jensen/Meckling (1976) S. 312; Harris/Raviv (1991) S. 300; Shleifer/Vishny (1997) S. 742.

258 Der Aufwand der Unternehmenswertsteigerung verbleibt dagegen allein beim beauftragten Agenten.

259 Vgl. dazu Harris/Raviv (1991) S. 300. Es scheint daher nicht verwunderlich, dass der Anreiz, nicht-monetäre Anreize in Anspruch zu nehmen, mit dem zunehmenden Anteil der „aktiven“ Anteilseigner am Unternehmen abnimmt, da ein größerer Anteil der Kosten selbst getragen werden muss. Vgl. ebda.

260 Vgl. dazu Schneider (2010) S. 19. Hermanns (2007) wählt dagegen die etwas euphemistisch anmutende Umschreibung des Fehlverhaltens des Managements als „[...] konsumfreudiger Umgang des Managements mit Unternehmensressourcen“. Hermanns (2007) S. 43. In der englischsprachigen Literatur wird dagegen von „perquisites“ gesprochen. Vgl. dazu u. a. Hart/Moore (1995) S. 568; Shleifer/Vishny (1997) S. 742.

261 Wie u. a. Hermanns (2007) festhält, ist die Rationalität der einzelnen Akteure eine Voraussetzung der Agency-Theorie. Vgl. dazu Hermanns (2007) S. 41.

262 Vgl. Jensen/Meckling (1976) S. 318; Hermanns (2007) S. 44.

Agenten durch den Prinzipal gesprochen.[263] Die Überwachung des Managements erfolgt dabei i. d. R. nicht kostenlos. Im von Jensen/Meckling (1976) vorgestellten Modell werden die Kosten auch an dieser Stelle durch die rationalen Investoren des Unternehmens antizipiert und in den Marktpreis eingepreist. Gleichwertig zum Monitoring des Verhaltens des „aktiven“ Anteilseigners ist die Selbstverpflichtung, in der Literatur auch als Bonding bezeichnet,[264] des „aktiven“ Anteilseigners, im Interesse der weiteren Investoren zu handeln.[265] Trotz Monitoring bzw. Bonding kommt es im Modell von Jensen/Meckling (1976) zu einer Abweichung der optimalen Lösung im Falle einer Übereinstimmung von Unternehmensführung und Unternehmenseigentum, d. h. zu Agency-Kosten, die zu einer Reduzierung des Unternehmenswertes führen.[266] Wie im Vorfeld bereits kurz angemerkt wurde, steigt der Anreiz des Agenten für ein wertvernichtendes Fehlverhalten mit der Abnahme des Anteils der Agenten am Unternehmenswert, da der Prinzipal mit steigendem Anteil die Kosten des Konsums am Arbeitsplatz übernimmt. Der Einsatz von Fremdkapitalinstrumenten kann, abseits des Monitorings und Bondings, diese Fehlanreize einschränken, da der Anteil der „aktiven“ Anteilseigner am Unternehmenswert durch den Einsatz von Fremdkapital erhöht werden kann. Der Agent trägt somit einen höheren Anteil am Unternehmenswert, und die Neigung eines übermäßigen Konsums am Arbeitsplatz wird somit reduziert.[267] Der Konsum des Managements am Arbeitsplatz – folgt man der Einschätzung von Shleifer/Vishny (1997) – stellt eine aus Wertgesichtspunkten wohl vergleichsweise nachrangige Form des Fehlverhaltens des Managements gegenüber den Interessen der Anteilseigner dar.[268] Ergänzend zu dem Konsum nicht-monetärer Vorteile, besteht bereits für den Fall eines teilweisen Auseinanderfallens von Eigentum und Steuerung des Unternehmens, auch ein – dies wurde bereits zu Beginn dieses Abschnitts angesprochen – Anreiz, dass Agenten ein nicht optimales, d. h. für die Prinzipale

---

263 Wie Jensen/Meckling (1976) festhalten, nehmen die Kosten einer Überwachung mit der Abnahme des Anteils des „aktiven“ Anteilseigners zu, da mit der Abnahme des Anteils des Managements auch der bestehende Interessenkonflikt zunimmt. Vgl. dazu Jensen/Meckling (1976) S. 313; 321; Schneider (2010) S. 18; Hermanns (2007) S. 44.

264 Vgl. dazu erneut Schneider (2010) S. 18; Shleifer/Vishny (1997) S. 743.

265 Vgl. Jensen/Meckling (1976) S. 323–326.

266 Vgl. Jensen/Meckling (1976) S. 327. Wie bereits im vorangehenden Abschnitt festgehalten wurde, dürfte bei diesen Maßnahmen insbesondere die Informationsasymmetrie ausschlaggebend sein. Ein breiter Strang in der Literatur beschäftigt sich mit der Frage, wie unter diesen Bedingungen anreizoptimale Verträge mit dem Management abgeschlossen werden können. Vgl. dazu u. a. Shleifer/Vishny (1997) S. 744–745. Diese Arbeiten werden in der Folge vereinfachend ausgeblendet.

267 Vgl. dazu Harris/Raviv (1991) S. 300.

268 Vgl. Shleifer/Vishny (1997) S. 742.

letztlich wertvernichtendes Investitionsprogramm umsetzen werden.[269] Die Literatur hat die in der Arbeit von Jensen/Meckling (1976) zunächst noch vergleichsweise unkonkreten Auslöser möglicher Fehlanreize bzw. die Gestalt des möglichen Fehlverhaltens des Managements in der Folge weiter konkretisiert.

2.4.1.2. Empire Building/Überinvestitionsproblem

Aufbauend auf den Vorüberlegungen von Jensen/Meckling (1976) hat die Arbeit von Jensen (1986) auf das Interesse der „aktiven" Anteilseigner[270] hingewiesen, eine von der residualen Ausschüttungspolitik – wie sie mit der Arbeit von Modigliani/Miller (1963) implizit unterstellt wurde – abweichende Ausschüttungspolitik einzuschlagen. Von den Anteilseignern mit der Unternehmensleitung beauftragte Agenten haben einen Anreiz freie Mittel, die im Fall einer optimalen Investitions- und Ausschüttungspolitik an die Anteilseigner ausgekehrt werden sollten, im Unternehmen und somit in ihrem Machtbereich zu belassen. Die Einbehaltung freier Mittel ermöglicht es dem Management u. a., sich der Kontrolle des Kapitalmarktes, die im Fall des Einwerbens frischen Kapitals wirksam wird, wenigstens teilweise entziehen zu können. Diese Strategie sichert dem Management des Unternehmens einen größeren Entscheidungsspielraum und damit einhergehend eine größere Machtfülle gegenüber den „passiven" Anteilseignern.[271] In der Folge der aus Sicht der Anteilseigner verfehlten Ausschüttungspolitik, ist es dem Management so möglich eine Investitionspolitik umzusetzen, die allein darauf abzielt die Unternehmensgröße und damit die Entscheidungsfreiheit des Managements weiter zu stärken, die aus Wertgesichtspunkten jedoch für die Anteilseigner letztlich mit einer Verminderung des Unternehmenswertes verbunden ist.[272] Die Arbeit von Jensen (1986) weist darauf hin, dass die im Grenzfall wertvernichtende Wachstumspolitik des Unternehmens aufgrund der i. d. R. mit dem Unternehmenswachstum ansteigenden monetären und nicht-monetären Entlohnung – diese Beziehung wurde empirisch untermauert –[273] im Interesse des

269 Vgl. Jensen/Meckling (1976) S. 321–323; Wu/Wang (2005) S. 916. Der Anreiz, ein suboptimales Investitionsprogramm umzusetzen, besteht nicht, sofern keine Trennung zwischen Steuerung des Unternehmens und Eigentum besteht.

270 Jensen (1986) spricht anders als noch die Arbeit von Jensen/Meckling (1976) ausschließlich von beauftragten Managern, die keinen oder nur einen marginalen Anteil am Unternehmen besitzen. Auf diesen Ausdruck sei daher auch in der Folge zurückgegriffen.

271 Vgl. dazu Jensen (1986) S. 323; Hermanns (2007) S. 44; Shleifer/Vishny (1997) S. 746.

272 Diesen Aspekt greift u. a. die Arbeit von Stulz (1990) in der Folge auf. Vgl. dazu Stulz (1990) S. 4.

273 Jensen (1986) verweist in seiner Arbeit so auf den Beitrag von Murphy (1985), der einen positiven Zusammenhang zwischen Wachstum und Entlohnung des Managements beobachtet. Erste Hinweise, dass das Management i. d. R. eine Wachstumsstrategie verfolgt finden sich bereits in Baumol (1959). Vgl. dazu Jensen (1986) S. 323; Murphy (1985) S. 32; 40–41; Shleifer/Vishny (1989) S. 125.

Managements ist.[274] In der späteren Literatur wird dieses Bestreben des Managements den Machbereich auszuweiten auch unter dem Begriff „Empire Building“ zusammengefasst.[275] Die Kosten die mit einer verfehlten Investitionspolitik verbunden sind, dürften – folgt man erneut der Einschätzung von Shleifer/Vishny (1997) – deutlich über den Kosten liegen, die mit dem von Jensen/Meckling (1976) beschriebenen übermäßigen Konsum am Arbeitsplatz verbunden sind.[276] Jensen (1986) identifiziert den Einsatz von Fremdkapital als ein wirksames Instrument, die Bestrebungen angestellter Manager einen Zahlungsmittelüberhang aufzubauen bzw. eine letztlich wertvernichtende Investitionspolitik umzusetzen, zu unterbinden. Anders als die Selbstverpflichtung des Managements zu einer spezifischen Ausschüttungspolitik, zwingt der Einsatz von Fremdkapitalmitteln[277] angestellte Manager, langfristig Teile der freien Finanzmittel an die Fremdkapitalgeber auszukehren.[278] Durch die regelmäßigen Zins- und Tilgungszahlungen wird der Aufbau eines Überhangs an freien Mittel somit effektiv bekämpft und die Gefahr einer wertvernichtenden Investitionspolitik vermindert.[279] Die Arbeit von Jensen (1986) sieht in der Verhinderung der Fehlallokation freier Mittel bzw. der Verringerung der Agency-Kosten, die im Fall der Trennung von Unternehmenssteuerung und Eigentum andernfalls auftreten, einen Wertbeitrag des Einsatzes von Fremdkapitalinstrumenten, der abseits von dem von Modigliani/Miller (1963) identifizierten steuerlichen Wertbeitrag der Fremdfinanzierung besteht. Der Wertbeitrag des Einsatzes von Fremdkapital zur Verringerung der Agency-Kosten steht, analog zu den Überlegungen der statischen Trade-Off-Theorie, den mit dem Fremdkapitaleinsatz verbundenen Insolvenzkosten gegenüber. In einem geringeren Umfang als in der „klassischen“ statischen Trade-Off-Theorie, erkennt Jensen (1986) dabei auch die Bedeutung der in den vorangehenden Abschnitten diskutierten steuerlichen Wertbeiträge des Einsatzes von Fremdkapitalinstrumenten an.[280] Es existiert daher auch in der von Jensen (1986) betrachteten, um den Einfluss der Fremdfinanzierung auf die Agency-Kosten, erweiterten Trade-Off-Theorie ein optimaler

---

274 Vgl. dazu Jensen (1986) S. 323; Jensen/Murphy (1990) S. 252; Hermanns (2007) S. 45. Jensen (1986) hält in diesem Zusammenhang auch fest, dass die disziplinierende Wirkung des Marktes insbesondere bei „neuen“ Unternehmensaktivitäten weniger stark ausgeprägt ist und so dem Management mehr Verhandlungsspielraum lassen. Vgl. Jensen (1986) S. 323.

275 Vgl. dazu Hermanns (2007) S. 45; Harris/Raviv (1991) S. 300; Stein (2003) S. 121; Hart/Moore (1995) S. 568.

276 Vgl. dazu Shleifer/Vishny (1997) S. 742.

277 Der Einsatz von Fremdkapital stellt, wie Jensen (1986) festhält, damit spezielle Form des Bondings dar.

278 Vgl. dazu Hermanns (2007) S. 45.

279 Vgl. dazu Harris/Raviv (1991) S. 300.

280 Hierin liegt ein Unterschied zu der im Abschnitt 2.9. diskutierten Pecking-Order-Theorie in der dem Wertbeitrag der Fremdfinanzierung bestenfalls eine nachgeordnete Bedeutung zukommt.

Verschuldungsgrad des Unternehmens, der zu einer Maximierung des Unternehmenswertes führt.[281] Anders als der Wertbeitrag der Fremdfinanzierung der „klassischen" Trade-Off-Theorie, der lediglich von der Ausgestaltung des Steuersystems und einer positiven Steuerbemessungsgrundlage des Unternehmens abhängt, tritt die von Jensen (1986) beschriebene Verminderung der Agency-Kosten nur bei Unternehmen ein, die geringe Wachstumschancen aufweisen und zugleich hohe Cashflows generieren. In der Praxis werden solche Unternehmen in Anlehnung an die BCG-Matrix auch als sog. „cash cows" bezeichnet. Für profitable wachsende Unternehmen, also Unternehmen die freie Zahlungsmittel wertschaffend investieren können – in der BCG-Matrix werden solche Unternehmen entsprechend als Stars bezeichnet – führt der Einsatz von Fremdkapitalinstrumenten dagegen zu keine Verringerung bestehender Agency-Kosten, da eine Fehlallokation der freien Mittel in wertvernichtende Projekte in diesem Fall eher unwahrscheinlich ist.[282] In die Literatur ist das von Jensen (1986) erstmals beschriebenes Fehlverhalten des Managements unter Bezeichnung des Überinvestitionsproblem eingegangen. In der nachfolgenden Literatur wurden die Überlegungen von Jensen/Meckling (1976) und Jensen (1986) aufgegriffen und weiter ausgebaut, dies zeigen die folgenden Abschnitte. Die Arbeiten von Jensen/Meckling (1976) und Jensen (1986) haben dabei auch Arbeiten beeinflusst, die sich mit der Fälligkeitsstruktur des eingesetzten Fremdkapitals näher beschäftigt haben. Diese Literatur wird in der Folge jedoch nur peripher betrachtet.[283]

2.4.1.3. Über- und Unterinvestitionsproblem nach Stulz (1990)

Die Arbeit von Stulz (1990) greift den von Jensen/Meckling (1976) und Jensen (1986) beschriebenen Interessenkonflikt zwischen Management und den „passiven" Anteilseignern auf. Stulz (1990) stellt ein verfeinertes,[284] die Informationsasymmetrien zwischen wohlinformierten Managern und atomistischen Anteilseignern berücksichtigendes Modell vor. Atomistische Anteilseigner zeichnen sich gegenüber Anteilseignern mit höherem Unternehmensanteil dadurch aus, dass atomistische Anteilseigner im Vorfeld der Managemententscheidungen nur ein sehr vages Bild über die zukünftige Entwicklung des Unternehmens besitzen und damit Entscheidungen weitgehend widerstandslos akzeptieren müssen. Stärker noch als in der Arbeit von Jensen/Meckling (1976) und Jensen (1986) wird im Modell von Stulz

281 Vgl. dazu Jensen (1986) S. 324.

282 Vgl. Jensen (1986) S. 324; Harris/Raviv (1991) S. 301; 303; Hermanns (2007) S. 46. Damit wird jedoch auch deutlich, warum die Überlegungen von Jensen (1986) nicht auf den zentralen Treiber der „klassischen" Trade-Off- Theorie, den steuerlichen Wertbeitrag der Fremdfinanzierung, verzichten.

283 Eine Arbeit, die sowohl die Kapitalstruktur als auch die Fristigkeitsstruktur des eingesetzten Fremdkapitals näher betrachtet, ist die Arbeit von Hart/Moore (1995). Vgl. dazu Hart/Moore (1995) S. 568.

284 Vgl. dazu Stein (2003) S. 121.

(1990) damit unterstellt, dass Manager weitgehende Entscheidungsfreiheit genießen.[285] Anders als die Arbeit von Jensen (1986) nimmt Stulz (1990) zunächst eine Fallunterscheidung mit Blick auf die operative Leistungsfähigkeit des Unternehmens vor. Für den ersten Fall, die Unternehmen erwirtschaften ausreichend freie Cashflows im Rahmen ihrer regulären Unternehmenstätigkeit, haben Manager ein Interesse daran – im Sinne des von Jensen (1986) beschriebenen Überinvestitionsproblems –, einen Zahlungsmittelüberhang aufzubauen, um letztlich auch Investitionsprojekte mit negativem Wertbeitrag umsetzen zu können. Plausibilisiert wird dieses Fehlverhalten des Managements – in Analogie zur Arbeit von Jensen (1986) – mit dem Anreiz, die Unternehmensgröße und damit sowohl Machtbereich als auch Entlohnung des Managements auszuweiten. Dieses Fehlverhalten des Managements wird von rationalen Anteilseignern antizipiert und führt im Fall unzureichender freier Mittel dazu, dass die Anteilseigner nicht bereit sind, weiteres Kapital zur Projektfinanzierung zur Verfügung zu stellen. Diese Weigerung wird dabei auch Projekte mit positivem Wertbeitrag betreffen, da Stulz (1990) unterstellt, dass die Anteilseigner die Versprechungen des Managements eines positiven Unternehmenswachstums als nicht verlässlich erachten. Haben Unternehmensmanager doch Anreize das Signal positiven Unternehmenswachstums auch fälschlicherweise, also im Fall eines wertverzehrenden Wachstums, an die Anteilseigner zu senden.[286] Dem Überinvestitionsproblem in Phasen hoher Unternehmenscashflows steht m. a. W. das Problem gegenüber, dass in Phasen, in dem die durch die Unternehmen generierten Cashflows nicht ausreichen, um alle positiven Investitionsprojekte zu finanzieren, ein weiteres suboptimales Investitionsverhalten eingeschlagen wird. Dem Überinvestitionsproblem steht an dieser Stelle also ein Unterinvestitionsproblem, das sich jedoch von dem in der Folge noch zu betrachtenden Unterinvestitionsproblem von Myers (1977) unterscheidet, gegenüber. Der Einsatz von Fremdkapital hat in der Modellwelt von Stulz (1990) infolge des Über- und Unterinvestitionsproblems sowohl einen positiven als auch einen negativen Effekt auf den Unternehmenswert und damit das Vermögen der Investoren. Wie von Jensen (1986) beschrieben, verhindert die regelmäßige Auskehrung freier Mittel auch bei Stulz (1990), dass das Management in wertvernichtende Projekte investiert. Die Agency-Kosten der Trennung von Unternehmenssteuerung und Eigentum am Unternehmen werden damit verringert. Im Modell von Stulz (1990) findet dieser Wertbeitrag der Fremdfinanzierung ein Gegengewicht für den zweiten Fall. Über die Fremdfinanzierung wird dem Unternehmen im Fall einer

285 Vgl. dazu Stulz (1990) S. 3.

286 Vgl. dazu Stulz (1990) S. 4. Wie Harris/Raviv (1991) festhalten, haben Manager im Modell von Stulz (1990) in jedem Umweltzustand ein Interesse daran, die Investitionsauszahlungen zu maximieren. Hermanns (2007) spricht in diesem Zusammenhang daher auch von einer „aggressiven“ Investitionspolitik. Vgl. dazu Harris/Raviv (1991) S. 302; Hermanns (2007) S. 47–48.

Knappheit freier Mittel Liquidität entzogen, die anderenfalls für Investitionsprojekte mit positivem Wertbeitrag zur Verfügung stehen würden.[287]

Vergleichbar zu dem Modell von Jensen (1986), ergibt sich im Modell von Stulz (1990) damit eine optimale Kapitalstruktur durch das Abwägen der Vor- und Nachteile des Einsatzes von Fremdkapital. Ein Unterschied ergibt sich im Gegengewicht zur Reduzierung der Agency-Kosten, anders als im Modell von Jensen (1986) liegt der Nachteil des Einsatzes von Fremdkapital nicht in der direkten Gefahr einer wertreduzierenden Insolvenz, sondern im Ausschlagen von Projekten, die einen positiven Beitrag zum Unternehmenswert liefern.[288] Der Wertbeitrag der Fremdfinanzierung liegt damit auch im Modell von Stulz (1990) in einer Einengung des Spielraums, den die besser informierten Manager gegenüber den Anteilseignern besitzen, und somit einem Unterbinden wertverzehrenden Verhaltens des Managements.[289]

2.4.1.4. Liquidationsverschleppungsthese[290]

Eine etwas andere Fortentwicklung erfährt das von Jensen (1986) beschriebene Überinvestitionsproblem durch die Arbeit von Harris/Raviv (1990).[291] Auch Harris/Raviv (1990) halten – ähnlich zur vorangehenden Arbeit von Jensen/Meckling (1976) – an einer Modellwelt fest, die durch Informationsasymmetrien zwischen Investoren und angestellten Managern gekennzeichnet ist. Manager besitzen in diesem Umfeld m. a. W. Anreize, suboptimale Entscheidungen aus Sicht der Anteilseigner zu treffen.[292] Anders als die in den vorangehenden Abschnitten betrachteten Arbeiten, die sich näher mit den durch die Informationsasymmetrien zwischen Eigenkapitalgebern und Management ausgelösten Agency-Problemen beschäftigt haben, misst die Arbeit von Harris/Raviv (1990) dem Einsatz von Fremdkapitalinstrumenten nicht nur die Eigenschaft zu, die Manager im Sinne der Anteilseigner zu disziplinieren, sondern der Einsatz von Fremdkapital hat zugleich den Effekt, dass Informationsasymmetrien zwischen Management und Anteilseignern abgebaut werden. Mit anderen Worten besitzt Fremdkapital in dem von

---

287 Vgl. dazu Stulz (1990) S. 4; 23; Hermanns (2007) S. 49. Harris/Raviv (1991) sprechen in diesem Fall von der Gefahr, dass „debt payments may more than exhaust ‚free' cash, reducing the funds available for profitable investment". Harris/Raviv (1991) S. 302.

288 Vgl. dazu Harris/Raviv (1991) S. 303.

289 Vgl. dazu Stulz (1990) S. 23.

290 Dieser Oberbegriff findet sich in Hermanns (2007), Schneider (2010) wählt dagegen die Bezeichnung der wertvernichtenden Unternehmensfortführung für das von Harris/Raviv (1990) betrachtete Modell. Vgl. dazu Hermanns (2007) S. 49; Schneider (2010) S. 20.

291 Vgl. dazu Stein (2003) S. 121; Hermanns (2007) S. 49.

292 Vgl. dazu Harris/Raviv (1990) S. 321.

Harris/Raviv (1990) betrachteten Modell zugleich auch einen Informationscharakter.[293] In einer Welt, die sich durch eine asymmetrische Informationsverteilung zwischen Management und Anteilseignern auszeichnet, liegen den Anteilseignern i. d. R. nur unvollkommene Informationen vor, die nur eine unvollständige Grundlage für Entscheidungen zur Unternehmensführung bilden. Dies führt letztlich dazu, dass Manager Entscheidungen treffen können, die ihr eigenes Interesse und nicht das Interesse der Anteilseigner widerspiegeln.[294] Die Arbeit von Harris/Raviv (1990) geht davon aus, dass Manager sich in jedem Umweltzustand, d. h. auch in Umweltzuständen, in denen eine Liquidation des Unternehmens wirtschaftlich vorteilhaft ist, scheuen, das Unternehmen zu liquidieren und den Liquidationserlös an die Anteilseigner auszukehren. Nimmt man ein solches vermögensschädigendes Verhalten des Managements an, so sind Manager insbesondere in diesen Umweltzuständen nicht bereit, den Anteilseignern ein tatsächliches Bild der Unternehmenslage zu vermitteln.[295] Die Anteilseigner sind in einer Welt, die sich zunächst durch den ausschließlichen Einsatz von Eigenkapital auszeichnet, allein auf das, die Liquidationsentscheidung verzerrende Urteil der besser informierten Manager angewiesen. Diese Abhängigkeit der Anteilseigner von den vom Management bereitgestellten Informationen ändert sich, setzt das Unternehmen Fremdkapitalinstrumente zur Unternehmensfinanzierung ein.

Eigenkapitalgeber können im Modell von Harris/Raviv (1990) verlässliche Informationen über die Entwicklung der Leistungsfähigkeit des Unternehmens sowie Informationen über die tatsächliche Güte des Managements erst über die besser informierten Fremdkapitalgeber gewinnen.[296] Der Umfang und die Güte der Informationen, die durch den Einsatz von Fremdkapital gewonnen werden können, hängen dabei maßgeblich von der Ausgestaltung der eingesetzten Fremdkapitalinstrumente ab. Der Einsatz von Fremdkapital liefert über verschiedene Kanäle Einblicke in die tatsächliche Leistungsfähigkeit des Unternehmens. Allein, dass

---

293 Der Informationseffekt der Finanzierungsentscheidung wird dagegen in Abschnitt 2.4.3. betrachtet.

294 Vgl. dazu Shleifer/Vishny (1997) S. 741; 742.

295 Vgl. dazu Harris/Raviv (1990) S. 322; Hermanns (2007) S. 49. Harris/Raviv (1991) sprechen in diesem Zusammenhang daher davon, dass „[...] managers are assumed to want always to continue the firm's current operations even if liquidation of the firm is preferred by investors“. Harris/Raviv (1991) S. 302.

296 Betrachtet man den Beitrag von Harris/Raviv (1990) von diesem Gesichtspunkt aus, so wird an dieser Stelle insbesondere auf den Informationscharakter des Fremdkapitaleinsatzes abgestellt. Es besteht damit eine gewisse Verbindung des Modells von Harris/Raviv (1990) mit der zur noch zu betrachtenden Signalling-Theorie. Vgl. dazu auch Hermanns (2007) S. 49, Fn. 227. Nimmt man atomistische Anteilseigner an, so besteht an dieser Stelle auch das Problem, dass die Anteilseigner kaum Interesse an einer eingehenden Überwachung des Unternehmens haben (sog. Free-Rider-Problem). Vgl. dazu Shleifer/Vishny (1997) S. 741; Fama (1980) S. 293. ähnlich Berger et al. (1997) S. 1411.

das Unternehmen den Verpflichtungen gegenüber den Fremdkapitalgebern nachkommen kann – also regelmäßige Zins- und Tilgungszahlungen vornimmt –, ist im Modell von Harris/Raviv (1990) ein Signal an die Anteilseigner für die tatsächliche Leistungsfähigkeit des Unternehmens.[297] Der Einsatz von Fremdkapitalinstrumenten erweist sich im Modell von Harris/Raviv (1990) jedoch als besonders bedeutsam in dem Fall, in dem eine Entscheidung über die Fortführung oder aber Liquidation des Unternehmens getroffen werden muss. Fremdkapitalgeber nutzen in solchen Krisensituationen verschiedene Kanäle, um Informationen über die Leistungsfähigkeit des Unternehmens und damit die Fortführungsfähigkeit zu erlangen. Das Modell von Harris/Raviv (1990) stellt dabei u. a. auf die Auskunftspflichten des Managements gegenüber den Fremdkapitalgebern ab, sowie auf das Recht der Fremdkapitalgeber, einen Insolvenzeintritt des Unternehmens zu erzwingen. Wie Hermanns (2007) u. a. hervorheben, führt dieser Druck der Fremdkapitalgeber dazu, dass das Management mit den Fremdkapitalgebern kooperiert und Informationen über die tatsächliche Leistungsfähigkeit des Unternehmens preisgibt.[298] Auf Basis der über das Fremdkapital gewonnenen Informationen kann letztlich eine informierte Entscheidung über die Liquidation des Unternehmens getroffen werden. Im Modell von Harris/Raviv (1990) besteht – ähnlich zu dem Ergebnis der vorangehenden Arbeiten – ein optimaler Verschuldungsgrad, der sich aus dem Trade-Off des Informationscharakters des Einsatzes von Fremdkapital – Harris/Raviv (1991) sprechen in diesem Zusammenhang auch von dem Wertbeitrag einer verbesserten Insolvenzentscheidung –,[299] dem Wertbeitrag der Disziplinierung des Managements und der Gefahr eines mit Kosten verbundenen Insolvenzeintritts bzw. den im Vorfeld auftretenden Verhandlungskosten ergibt.[300]

2.4.1.5. Managerial Entrenchment

Unter dem Überbegriff des Managerial Entrenchments werden in der Literatur mögliche Maßnahmen des Managements zusammengefasst, den vertraglich oder aber organisatorisch auf die Manager ausgeübten Zwang, Entscheidungen im Interesse der Anteilseigner zu treffen, auszuhebeln.[301] Aus Sicht der Arbeit von

---

297 Vgl. dazu Hermanns (2007) S. 50.

298 Vgl. Harris/Raviv (1990) S. 323; Harris/Raviv (1991) S. 302; Hermanns (2007) S. 50.

299 Vgl. dazu Harris/Raviv (1991) S. 302–303. Das Modell von Harris/Raviv (1990) geht implizit davon aus, dass die Insolvenzentscheidung der Fremdkapitalgeber optimal ist. Vgl. ebda.

300 Vgl. dazu Harris/Raviv (1990) S. 321–323. Hermanns (2007) hebt so besonders hervor, dass insbesondere die Geltendmachung der Liquidationsentscheidung als auch die auftretenden Verhandlungskosten an dieser Stelle im Vordergrund stehen. Vgl. dazu Hermanns (2007) S. 50 Fn. 228.

301 Shleifer/Vishny (1989) sprechen in diesem Zusammenhang daher auch von „counter disciplinary forces". Vgl. dazu Shleifer/Vishny (1989) S. 123; 126; Berger et al. (1997) S. 1411; Fama (1980) S. 293–294.

Shleifer/Vishny (1997) stellt das Managerial Entrenchment die wohl bedeutendste Form des Konflikts zwischen Anteilseigner und Manager dar.[302] Ausgangspunkt der Überlegungen der Managerial-Entrenchment-Theorie bildet zunächst erneut der in den vorangehenden Abschnitten diskutierte Interessenkonflikt zwischen Anteilseignern und Managern. In der Literatur des Managerial Entrenchment haben Manager – analog zu den vorangehenden Überlegungen – sowohl den Anreiz als auch die Macht, Entscheidungen zu treffen, die dem Interesse der Anteilseigner an einer Maximierung des Unternehmenswertes entgegenlaufen. Den Ausgangspunkt bilden, auch für das u. a. von Shleifer/Vishny (1989) beschriebene Problem des Managerial Entrenchments, Informationsasymmetrien zwischen Management und Anteilseignern bzw. den von den Anteilseignern beauftragten Kontrollorganen.[303] Manager wählen auch unter der Managerial-Entrenchment-Theorie ein auf ihre Interessen zugeschnittenes Investitionsprogramm, das sich von einem optimalen Investitionsprogramm aus Investorensicht unterscheidet. Vergleicht man das Problem des Managerial Entrenchments mit den Überlegungen der vorangehenden Abschnitte – insbesondere dem Überinvestitionsproblem –, so erwachsen dem Management im Rahmen der Managerial-Entrenchment-Theorie aus der Realisation eines speziellen – möglicherweise wertvernichtenden – Investitionsprogrammes zunächst nur indirekt Wertvorteile.[304] Im Interesse des Managements steht im Sinne der Managerial-Entrenchment-Theorie damit, anders als im Fall des Überinvestitionsproblems und des von Jensen/Meckling (1976) beschriebenen übermäßigen Konsums am Arbeitsplatz, nur indirekt ein höherer Konsum, der sich mit einem spezifischen Investitionsprogramm realisieren lässt. Kern der Managerial-Entrenchment-Theorie ist vielmehr das Ziel des Managements, die erlangte Machtposition auch in Zukunft abzusichern und insbesondere das direkte Druckmittel der Anteilseigner, die Entlassung des Managers, außer Kraft zu setzen.[305] Um diese Ziel zu erreichen, werden die Manager, folgt man der Einschätzung der Arbeit von Shleifer/Vishny (1989), eine Investitionsstrategie so ausgestalten, dass der Erfolg des Investitionsprojektes maßgeblich von den Eigenschaften und Qualifikationen des bestehenden Managements abhängt. Im Fall einer vorzeitigen Ablösung des aktuellen Managements müssen die Anteilseigner aufgrund des spezifischen Investitionsprogramms mit Vermögenseinbußen rechnen, da die Vorteilhaftigkeit

302 Vgl. dazu Shleifer/Vishny (1997) S. 742–743.

303 Vgl. dazu Shleifer/Vishny (1989) S. 126.

304 Vgl. dazu Shleifer/Vishny (1989) S. 134; Lazar (2006) S. 98. Man könnte an dieser Stelle argumentieren, dass das Managerial Entrenchment lediglich einen neuen Aspekt zu dem von Jensen (1986) beschriebenen Überinvestitionsproblem hinzufügt. Dies ist jedoch nicht zwingend der Fall, da das Überinvestitionsproblem allein noch nicht dafür sorgt, dass das angestellte Management über ein Alleinstellungsmerkmal verfügt. Vgl. dazu Shleifer/Vishny (1989) S. 128. Daneben nennen Shleifer/Vishny (1989) weitere Möglichkeiten, sich den disziplinierenden Maßnahmen der Anteilseigner zu entziehen. Vgl. dazu Shleifer/Vishny (1989) S. 132–134; 137.

305 Vgl. Shleifer/Vishny (1989) S. 126; 137.

des bestehenden Investitionsprogramms nachhaltig von den Eigenschaften und der Qualifikation des Managements abhängt. Mit der Abhängigkeit des Unternehmenswertes von der Weiterbeschäftigung des bestehenden Managements wird die Verhandlungsposition der Manager gegenüber den Anteilseignern gestärkt.[306]

Unter diesen Bedingungen ist es dem Management letztlich möglich, gegenüber den Anteilseignern eine höhere monetäre als nicht-monetäre Entlohnung durchzusetzen und im Zeitablauf auch dauerhaft zu behaupten.[307] Wie Shleifer/Vishny (1989) festhalten, lässt sich das Interesse des Managements an einer auf die eigenen Fähigkeiten zugeschnittenen Investitionspolitik in zwei, die Anteilseigner schädigende, Auswirkungen aufspalten. Einerseits ist ähnlich zum zunächst betrachteten Überinvestitionsproblem die Investitionspolitik des Managements im Rahmen der Managerial-Entrenchment-Hypothese nicht zwingend wertmaximierend. Wie bereits hervorgehoben wurde, achten Manager bei Auswahl des Investitionsprogramms insbesondere darauf, dass der Grad des Managerial Entrenchments, also der Unabhängigkeit gegenüber den Kontrollmechanismen des Unternehmens, erhöht wird. Andererseits, darauf wurde auch bereits im Vorfeld hingewiesen, führt die Auswahl der Investitionsprojekte dazu, dass die Manager über eine größere Verhandlungsmacht verfügen und in der Folge mehr vom Unternehmenswert abschöpfen können als unter einer aus Sicht der Anteilseigner idealen Investitionspolitik.[308] Betrachtet man die Finanzierungsentscheidungen des Unternehmens näher, so ist an dieser Stelle die Frage zu beantworten, welche Auswirkung das Managerial Entrenchment auf die Finanzierungsentscheidung des Unternehmens hat. Anders als in den vorangehenden Abschnitten diskutiert – der Einsatz von Fremdkapitalinstrumenten diente in den Vorüberlegungen vorwiegend als ein Ersatz für die unvollkommene Vertragsausgestaltung zwischen Management und Anteilseignern –, argumentieren Berger et al. (1997), dass Manager, die sich bestehenden Kontrollmechanismen erfolgreich entziehen können, auch den Verschuldungsgrad des Unternehmens weitgehend frei wählen und in der Folge auch verändern können.[309] Zwiebel (1996) spricht in diesem Zusammenhang in Analogie dazu von „[...] leverage choices being in the domain of standard managerial decisions".[310] Folgt man dieser Einschätzung, so ist an dieser Stelle eine Unterscheidung zwischen den divergierenden Anreizen, die der Einsatz von Fremdkapitalinstrumenten auf das Management hat, vorzunehmen.

---

306 Wie Shleifer/Vishny (1989) anmerken, dürfte sich ein solches Investitionsprogramm dadurch auszeichnen, dass es nicht mehr komplett abgewickelt werden kann. Vgl. dazu Shleifer/Vishny (1989) S. 127; 128.

307 Vgl. Shleifer/Vishny (1989) S. 126; 128.

308 Vgl. Shleifer/Vishny (1989) S. 132.

309 Vgl. dazu Berger et al. (1997) S. 1411. ähnlich auch Garvey/Hanka (1999) S. 519.

310 Zwiebel (1996) S. 1198.

Zunächst haben Manager, die i. d. R. eine wenig diversifizierte Vermögensstruktur aufweisen,[311] einen Anreiz, ein, etwa aus der Sicht der erweiterten Trade-Off-Theorie suboptimales Fremdkapitalniveau – im Sinne eines zu geringen Verschuldungsumfanges – zu realisieren, um das Vermögensrisiko des Managements zu minimieren. Ein vergleichbarer Anreiz lässt sich für Manager, die im Sinne der Überlegungen von Jensen (1986) dem disziplinierenden Druck einer wenigstens teilweisen Fremdfinanzierung entgehen wollen, festhalten.[312] Die Arbeit von Berger et al. (1997) identifiziert daneben auch ein zu diesen Überlegungen gegenläufiges Interesse der Manager an einem über dem Optimum liegenden Verschuldungsgrad. In Anlehnung an Harris/Raviv (1988) argumentieren Berger et al. (1997), dass ein Verschuldungsgrad, der über das Optimum hinausgeht, u. a. einen wirksamen Schutz gegen drohende Unternehmensübernahmen darstellt und damit letztlich den Grad des Managerial Entrenchments erhöhen kann.[313] Die empirische Analyse der Arbeit von Berger et al. (1997) zeigt, dass – anders als in den vorangehenden Abschnitten zu dem Konflikt zwischen Management und Anteilseigner gemutmaßt – der Umfang des im Unternehmen eingesetzten Fremdkapitals maßgeblich vom Umfang des Managerial Entrenchments respektive des Agency-Konflikts getrieben wird und damit, wenigstens nicht primär, als ein Instrument zur Verminderung der bestehenden Agency-Probleme zu interpretieren ist.[314] Manager, die aus Sicht des Managerial Entrenchments „fest im Sattel sitzen", verfolgen so i. d. R. eine Politik eines verhaltenen Fremdkapitaleinsatzes, während aus Sicht der Managerial-Entrenchment-Theorie angeschlagene Manager den Verschuldungsumfang des Unternehmens erhöhen werden.[315]

Es ist an dieser Stelle daher nicht ganz eindeutig, ob der Einsatz von Fremdkapitalinstrumenten – wie in den vorangehenden Abschnitten beschrieben – ein Instrument ist, um die Agency-Kosten der Beziehung zwischen Manager und Anteilseigner zu vermindern, oder eher Ausdruck des Umfangs des Managerial Entrenchments und damit der Bedeutung des Agency-Problems ist. Im ersten Fall kann an der Annahme der erweiterten Trade-Off-Theorie, dass der Einsatz von Fremdkapital aufgrund einer Reduzierung der Fehlanreize des Managements mit einem Wertvorteil verbunden ist, weiterhin festgehalten werden. Diese Schlussfolgerung ist im zweiten Fall, also dem Fall, in dem das Management den Verschuldungsgrad des Unternehmens beispielsweise als Maßnahme gegen eine Übernahme bestimmt, weniger eindeutig, kann doch der Einsatz von Fremdkapitalinstrumenten auch als – möglicherweise wertvernichtende – Schutzmaßnahme des bestehenden Managements gegen die drohende Entlassung des Managements

311 Fama (1980) spricht davon, dass ein Großteil des Vermögens des Managers von dem Wert des Humankapitals abhängt. Vgl. dazu Fama (1980) S. 291–292.

312 Ähnlich hierzu auch Zwiebel (1996) S. 1198.

313 Vgl. dazu Berger et al. (1997) S. 1413–1414.

314 Vgl. dazu Berger et al. (1997) S. 1420–1421.

315 Vgl. dazu Berger et al. (1997) S. 1432–1433.

interpretiert werden.[316] Zwiebel (1996) hat an dieser Stelle einen Teil der bestehenden Unklarheit analytisch beantwortet. Das von Zwiebel (1996) entwickelte Modell zeigt, dass im Fall einer drohenden Unternehmensübernahme das Management durch den Einsatz von Fremdkapitalinstrumenten ein glaubwürdiges Signal an den Kapitalmarkt senden kann, dass das Management in den zukünftigen Perioden aufgrund der partiellen Fremdfinanzierung wertvernichtende Entscheidungen unterlassen wird.[317] Das Modell von Zwiebel (1996) stellt in Analogie zu den Vorüberlegungen auch im Rahmen der Managerial-Entrenchment-Theorie auf ein inneres Verschuldungsoptimum ab. So steht dem glaubwürdigen Signal an den Kapitalmarkt ab einer bestimmten Verschuldungsobergrenze die Gefahr gegenüber, dass sich Manager im Fall eines unabwendbaren Insolvenzeintritts nicht mehr durch den Einsatz von Fremdkapitalinstrumenten disziplinieren lassen und im Zeitraum vor der Insolvenz eine wertvernichtende Investitionspolitik einschlagen werden, die auch die bestehenden Fremdkapitalgeber schädigt.

Der nachfolgende Abschnitt wird zeigen, dass dieser Anreiz auch für den Fall besteht – darauf weist auch Zwiebel (1996) hin –, dass der Konflikt zwischen Anteilseignern und Managern ausgeblendet wird.[318] Der Einsatz von Fremdkapitalinstrumenten kann, folgt man dem Modell von Zwiebel (1996), damit auch vom Standpunkt der Managerial-Entrenchment-Theorie einen Beitrag zum Wert des Unternehmens im Sinne einer erweiterten Trade-Off-Theorie leisten. Der folgende Abschnitt widmet sich der, in der bisherigen Betrachtung weitgehend ausgeblendeten, Agency-Beziehung zwischen Eigen- und Fremdkapitalgeber. Wie das Modell von Zwiebel (1996) angedeutet hat, bestehen auch in dieser Beziehung Fehlanreize, bestehende Informationsasymmetrien für ein Gläubiger schädigendes Verhalten zu nutzen, die sich auf den Unternehmenswert bzw. die Finanzierungsentscheidung des Unternehmens niederschlagen können.

Blickt man an dieser Stelle – in Vorausschau auf Kapitel II und III – auf die Determinanten der in der Unternehmensbewertung betrachteten Finanzierungspolitiken, so zeigt sich ein gemischtes Bild. Während die ersten Unterabschnitte des Abschnittes 2.4.1. es durchaus plausibel erscheinen lassen, dass Unternehmen mit bedeutsamen Agency-Konflikten eine Finanzierungspolitik eingeschlagen, die eine strenge Überwachung des Managements sicherstellt,[319] lässt der Abschnitt zum Managerial Entrenchment Zweifel an dieser Annahme aufkommen.[320] Bedeutsam

316 Vgl. dazu Garvey/Hanka (1999) S. 520–521.

317 Vgl. dazu Zwiebel (1996) S. 1209. Hintergrund dieser Überlegung ist, dass die Übernahme des Unternehmens nur für den Fall hinreichend lukrativ ist, wenn durch den Austausch des aktuellen Managements ein Teil des Unternehmenswertes gehoben werden kann. Vgl. dazu Zwiebel (1996) S. 1198.

318 Vgl. dazu Zwiebel (1996) S. 1212.

319 Im Sinne der später beleuchteten alternativen Finanzierungspolitiken ist an dieser Stelle etwa eine wertabhängige Finanzierungspolitik denkbar.

320 Auch die im nachfolgenden Abschnitt einzuführenden Konflikte zwischen Eigen- und Fremdkapitalgebern stellen ein Hemmnis für einen Fremdkapitaleinsatz dar.

scheint es zum Ende dieses Abschnitts hervorzuheben, dass auch bei der Betrachtung von Agency-Konflikten zwischen Management und Kapitalgebern an der Vorstellung eines wertoptimalen Verschuldungsgrades festgehalten werden kann.

2.4.2. Zum Konflikt zwischen Eigen- und Fremdkapitalgebern

Versucht man, die Finanzierungsentscheidung des Unternehmens mit dem Einfluss der Agency-Kosten auf das Vermögen der Anteilseigner zu erklären, so kann man auf Basis der Überlegungen der vorangehenden Abschnitte eine einfache Strategie zur Vermeidung von Agency-Problemen ableiten. Einen Weg, um die Einheit von Unternehmenssteuerung und Eigentum und damit die Vermeidung von Agency-Problemen sicherstellen zu können, stellt – dies zeigt u. a. der Vorschlag von Jensen/Meckling (1976) – der Verkauf der Eigenkapitalanteile an das Management dar. Dieser Verkauf kann, setzt man limitierte freie Mittel des Managements voraus, in Form eines durch den Einsatz von Fremdkapital finanzierten MBO („Management-Buy-out“) erfolgen.[321] Die Beurteilung einer solchen Strategie dürfte, ähnlich zu der im Vorfeld beleuchteten statischen Trade-Off-Theorie oder aber der Erweiterung des Kapitalstrukturirrelevanz-Theorems, ausfallen. Erklärt eine solche, auf den Überlegungen des vorangehenden Abschnitts aufbauende Unternehmensstrategie, die in der Praxis zu beobachtende Situation doch nur unzureichend. Jensen/Meckling (1976) fassen die Zweifel an der Praxistauglichkeit dieser Strategie daher auch in folgender Frage zusammen: „Why don’t we observe large corporations individually owned with a tiny fraction of the capital supplied by the entrepreneur in return for 100 percent of the equity and the rest simply borrowed?“[322] Die geringe empirische Relevanz dieser Strategie, Agency-Kosten zu vermeiden, erklären Jensen/Meckling (1976) mit einem weiteren Agency-Konflikt. Dem Konflikt zwischen Eigen- und Fremdkapitalgebern, der letztlich dazu führt, dass die vorgeschlagene Strategie zur Vermeidung der Agency-Kosten nur unvollkommen umgesetzt werden kann. Ähnlich zu dem in den vorangehenden Abschnitten beschriebenen Konflikt zwischen „aktiven“ und „passiven“ Eigenkapitalgebern, bestehen, aufgrund der auch im Fall einer teilweisen Fremdfinanzierung erfolgenden Durchbrechung der Einheit von Eigentum und Entscheidungsmacht, letztlich auch Konflikte zwischen Eigen- und Fremdkapitalgebern. So hält Kalay (1982) exemplarisch fest, dass „[...] stockholders, who control the firm, are expected to choose investment and financial decisions that maximize their own wealth“.[323] Wie die folgenden Abschnitte zeigen werden, folgen unter dieser Annahme für den

---

321 Jensen/Meckling (1976) nehmen in ihrer Arbeit – um Agency-Konflikte zwischen den Eigenkapitalgebern zu vermeiden – so vereinfachend an, dass das Management mit einem großteils mit Fremdkapital finanzierten MBO die Anteile der bisher „passiven“ Anteilseigner übernimmt. Vgl. dazu Jensen/Meckling (1976) S. 333–334.

322 Jensen/Meckling (1976) S. 334.

323 Kalay (1982) S. 211.

Fall, dass die Fremdkapitalgeber die Handlung des Managements nicht voll übersehen können,[324] Fehlanreize für die Eigenkapitalgeber, die zu einer Übervorteilung bzw. einem Versuch der Übervorteilung der Fremdkapitalgeber führen. In der Literatur findet dabei eine Differenzierung zwischen verschiedenen Vermögensverschiebungsstrategien statt, die in den folgenden Abschnitten kurz dargestellt werden sollen.

2.4.2.1. Asset Substitution/Risk Incentive

Eigenkapitalgeber verfügen, ähnlich zu dem im Vorfeld näher betrachteten Konflikt zwischen Management und Anteilseignern, über den Anreiz, sich auf Kosten der Fremdkapitalgeber zu bereichern. Die Arbeit von Jensen/Meckling (1976) zeigt so, auf Basis des Optionspreismodells von Black/Scholes (1973),[325] dass Unternehmen – der Interessenkonflikt zwischen Management und Anteilseigner des vorangehenden Abschnittes bleibt hier vereinfachend ausgeblendet – im Sinne der Eigenkapitalgeber eine Strategie einschlagen werden, um den Wert des Eigenkapitals auf Kosten der Fremdkapitalgeber durch die Realisation risikoreicher Projekte zu maximieren.[326] Wie die folgenden Überlegungen zeigen werden, können durch diese Strategie die Fremdkapitalgeber entgegen ihren ursprünglichen Erwartungen und ihrer damit vereinbarten Risikokompensation gezwungen werden, mehr Risiko zu übernehmen.[327] Jensen/Meckling (1976) unterstellen in ihrem Modell vereinfachend, dass Unternehmen ex ante lediglich zwei alternative Projekttypen realisieren können. Die Projekte besitzen mit Blick auf die zukünftigen Auszahlungen den gleichen Erwartungswert, jedoch unterschiedliche Streuungsmaße.[328] Eine ideale Strategie der Eigenkapitalgeber unter diesen Prämissen ist es, den Fremdkapitalgebern zunächst die Umsetzung des risikoarmen Projektes zu signalisieren, um in der Folge das risikoreichere Projekt umzusetzen.[329] Diese Strategie ermöglicht es dem Eigenkapitalgeber, die Ansprüche der Fremdkapitalgeber zu verwässern und sich auf Kosten der Fremdkapitalgeber zu bereichern.

---

324 Vgl. u. a. Kalay (1982) S. 212.

325 Grundlage der Überlegung ist, dass Eigenkapitalanteile im Fall einer Fremdfinanzierung über die gleichen Eigenschaften verfügen wie Kaufoptionen auf den Unternehmenswert. Vgl. dazu auch Green/Talmor (1986) S. 391.

326 Vgl. Jensen/Meckling (1976) S. 334.

327 Letztlich wird – folgt man u. a. der Einschätzung von Fama (1980), dass sich Fremdkapitalgeber durch eine geringere Risikobereitschaft gegenüber den Eigenkapitalgebern auszeichnen – das ursprüngliche Verhältnis von Eigen- zu Fremdkapitalgebern verkehrt. Vgl. dazu Fama (1980) S. 290.

328 Wie Jensen/Meckling (1976) festhalten, ist das unsystematische Risiko der beiden Projekte unterschiedlich hoch.

329 Für die Illustration dieser Überlegungen an einem konkreten Beispiel sei an dieser Stelle u. a. auf Hermanns (2007) verwiesen. Vgl. dazu Hermanns (2007) S. 51–52.

Der Prozess der damit einhergehenden Vermögensverschiebung sei in der Folge kurz dargestellt. Fremdkapitalgeber werden aufgrund des falschen Signals der Eigenkapitalgeber unter der Annahme des risikoarmen Projektes fälschlicherweise mehr Fremdkapitalmittel zur Verfügung stellen bzw. eine geringere Verzinsung fordern als für den Fall des wahrheitsgetreuen Signals einer Investition in das risikoreichere Projekt. Das risikoreiche Projekt erhöht für Fremdkapitalgeber m. a. W. die Gefahr, dass – geht man vereinfachend von einer binomialen Zahlungsverteilung aus – ihre Forderungen gegen das Unternehmen in einem ungünstigen Umweltzustand nicht mehr gedeckt sind, während in einem positiven Umweltzustand lediglich die Eigenkapitalgeber voll von den höheren Zahlungen profitieren werden.[330] Hermanns (2007) spricht bei dieser Situation der Fremdkapitalgeber illustrierend davon, dass die Fremdkapitalgeber zwar das volle Risiko des Projektes tragen, aber von den „Gewinnchancen abgeschnitten sind".[331] Die unter falschen Prämissen geleistete Überzahlung der Fremdkapitalgeber nutzen die Eigenkapitalgeber also dazu, die Fremdkapitalgeber zu übervorteilen und Vermögen zu ihren Gunsten umzuverteilen.[332] Auf Basis der, analog zu übertragenden, Überlegungen der Optionspreisbewertung ist mit Blick auf den Wert der Eigenkapitalanteile also ein Anstieg mit der Schwankungsbreite der Cashflows des Projektes zu beobachten.[333] Vergleichbar mit dem Konflikt zwischen Management und Eigenkapitalgebern, werden rationale Fremdkapitalgeber ein mögliches zukünftiges Fehlverhalten der Eigenkapitalgeber bzw. des beauftragten Managements antizipieren und dies bei der Bereitstellung von Fremdkapitalmitteln berücksichtigen.[334] Wie Jensen/Meckling (1976) hervorgehoben haben, muss die Vermögensverschiebungsstrategie der Eigentümer mit Blick des Unternehmensgesamtwertes anders als in der vorangehenden Betrachtung nicht zwingend neutral sein. Einerseits kann man an dieser Stelle argumentieren, dass die Fehlanreize der Eigenkapitalgeber letztlich zu einer Unterversorgung des Unternehmens mit Kapital führen und vorteilhafte Investitionsprojekte nicht mehr realisiert werden können. Andererseits ist auch ein letztlich suboptimales Investitionsverhalten denkbar, für den Fall, in dem der durch die Investitionsstrategie verursachte Wertverlust durch die Verschiebung des Unternehmenswertes von Fremd- zu Eigenkapitalgebern überkompensiert wird.[335] In der Literatur wird dieses durch den Einsatz von Fremdkapital induzierte Fehlverhalten daher auch unter dem Überbegriff „asset substitution"- oder „risk incentive"-Problem zusammengefasst.[336] Ähnlich zum Fall des Konflikts zwischen

330 Die Zahlungsverteilung des risikoreicheren Projektes ist, erinnert man sich an die gesetzten Annahmen zurück, deutlich extremer.

331 Hermanns (2007) S. 52.

332 Vgl. dazu Jensen/Meckling (1976) S. 336; Green/Talmor (1986) S. 398.

333 Vgl. Jensen/Meckling (1976) S. 335–336; Green/Talmor (1986) S. 391; Smith/Warner (1979) S. 118, Fn. 3.

334 Vgl. Jensen/Meckling (1976) S. 335–336; Hermanns (2007) S. 73.

335 Vgl. Jensen/Meckling (1976) S. 337.

336 Vgl. dazu u. a. Green/Talmor (1986) S. 391; Hermanns (2007) S. 50.

Managern und Eigenkapitalgebern, argumentieren Jensen/Meckling (1976), dass durch Maßnahmen des Monitorings bzw. des Bondings Interessenkonflikte zwischen Eigen- und Fremdkapitalgebern gelöst werden können. Jensen/Meckling (1976) heben dabei insbesondere Covenants als eine Maßnahme zur Vermeidung eines Gläubiger schädigenden Verhaltens hervor. Es gilt – ähnlich zu den Überlegungen des vorangehenden Abschnittes – auch hier, dass in einem durch Informationsasymmetrien gekennzeichneten Umfeld der Abschluss bzw. die Umsetzung vollkommener Verträge i. d. R. nicht möglich ist bzw. mit hohen Kosten verbunden wäre. Jensen/Meckling (1976) halten an dieser Stelle daher eine unvollständige Überwachung durch die Fremdkapitalgeber, die durch einen Trade-Off der Kosten und des Wertbeitrages des Einsatzes von Covenants begründet wird, für plausibel.[337] Smith/Warner (1979) sprechen in diesem Zusammenhang auch davon, dass im Rahmen der Agency-Theorie – Smith/Warner (1979) sprechen selbst von der „Costly Contracting Hypothesis" – auch ein optimaler Umfang der vertraglichen Regelung des Verhältnisses von Eigen- zu Fremdkapitalgebern existiert.[338] Blickt man auf den im vorangehenden Abschnitt betrachteten Wertbeitrag des Einsatzes von Fremdkapital zur Vermeidung eines Konflikts zwischen den Anteilseignern und dem Management, so liegt der von Jensen/Meckling (1976) gezogene Schluss nahe, dass der Einsatz von Fremdkapital zur Vermeidung von Agency-Problemen zwischen Anteilseignern und Management, wie es auch die Beobachtungen der Praxis nahelegen, aufgrund der zwischen Eigen- und Fremdkapitalgebern erwachsenden Agency-Probleme damit letztlich im Umfang begrenzt ist. Jensen/Meckling (1976) leiten auf Basis dieser Überlegungen, in Analogie zur „klassischen" Trade-Off-Theorie, einen optimalen Verschuldungsgrad des Unternehmens ab.[339]

2.4.2.2. Claim Dilution

Neben dem Anreiz des Unternehmens, den Fremdkapitalgebern falsche Signale über das Risiko der tatsächlich umgesetzten Projekte zu senden, wird in der Literatur unter dem Obergriff Claim Dilution eine weitere Vermögensverschiebungsstrategie

---

337 Vgl. dazu Jensen/Meckling (1976) S. 338. Wie Jensen/Meckling (1976) hervorheben, ist es in praxi nicht unüblich, dass sich Fremdkapitalgeber ein bestimmtes Verhalten mit Blick auf Finanzierungs- und Ausschüttungsentscheidung zusichern lassen. Vgl. dazu Jensen/Meckling (1976) S. 338. Dieses Argument wird bei der Beurteilung der verschiedenen Finanzierungsannahmen in der Unternehmensbewertung in Kapitel II nochmals aufgegriffen.

338 Vgl. dazu Smith/Warner (1979) S. 121.

339 Vgl. Jensen/Meckling (1976) S. 349–350. In der Literatur herrschten zwischenzeitlich Zweifel darüber, ob zwischen Fremdkapitaleinsatz und Einfluss der Insolvenzkosten auf den Unternehmenswert ein linearer Zusammenhang besteht, der sich in einen optimalen Verschuldungsgrad übersetzen lässt. Green/Talmor (1986) haben diese Frage zugunsten der ursprünglichen Vermutung von Jensen/Meckling (1976) beantwortet. Vgl. dazu Green/Talmor (1986) S. 398.

der Eigenkapitalgeber diskutiert.[340] Unter dem Überbegriff der Claim Dilution werden dabei Vermögensverschiebungsstrategien zusammengefasst, die Auswirkungen auf die durch die Unternehmen getroffene Finanzierungs- und Ausschüttungsentscheidung haben.[341] Eigenkapitalgeber haben bei einer asymmetrischen Informationsverteilung den Anreiz, die Höhe der ausgekehrten Dividenden bzw. den Umfang des Rückkaufvolumens im Falle eines Aktienrückkaufs zu erhöhen. Die Erhöhung des Ausschüttungsvolumens wird dabei durch den zusätzlichen Einsatz von Fremdkapitalinstrumenten finanziert.[342] Kalay (1982) spricht mit Blick auf diese Strategie daher auch von fremdfinanzierten Dividendenzahlungen.[343] Anders als in der idealisierten Welt von Modigliani/Miller (1961) hat die Veränderung der Ausschüttungs- und Finanzierungspolitik Auswirkungen auf das Vermögen der Eigen- und der Fremdkapitalgeber des Unternehmens. Das höhere Ausschüttungsvolumen an die Eigenkapitalgeber bedeutet so, dass den Eigenkapitalgebern ein höherer Anteil am Unternehmenswert zufließt, als ihnen zunächst vertraglich zusteht. Betrachtet man die Situation der (Alt-)Fremdkapitalgeber, so wird deutlich, dass Vermögen von den Fremdkapitalgebern zu den Eigenkapitalgebern verschoben wird. Ergebnis einer wenigstens teilweise fremdfinanzierten Ausschüttungspolitik ist, dass die den (Alt-)Fremdkapitalgebern zustehende Haftungsmasse bereits vor dem Rückzahlungs- bzw. Liquidationszeitpunkt dem Unternehmen teilweise entzogen wird. Ein Teil der Haftungsmasse wird so an die Eigenkapitalgeber ausgekehrt und die (Alt-) Fremdkapitalgeber sehen sich im Liquidationszeitpunkt mit weiteren Anspruchsstellern an dem verbleibenden Unternehmenswert in Form von (Neu-) Fremdkapitalgebern konfrontiert. (Alt-) Fremdkapitalgeber, die eine solche Änderung der Ausschüttungspolitik nicht antizipieren, tragen somit zum Zeitpunkt der Liquidation des Unternehmens die Kosten des überhöhten Konsums der Eigenkapitalgeber, da sie ihre Ansprüche nicht mehr voll geltend machen können und eine Kompensation des höheren Risikos im Vorfeld nicht erfolgt ist. Ein Teil des Unternehmensgesamtwertes wird damit von den (Alt-) Fremdkapitalgebern zu den Eigenkapitalgebern verlagert.[344] Eigenkapitalgeber können die Fremdkapitalgeber damit auch über eine von den Fremdkapitalgebern zunächst nicht antizipierte Ausschüttungspolitik schädigen. Analog zur Diskussion im Abschnitt zur Asset Substitution, haben Fremdkapitalgeber einen Anreiz, sich durch diese

340 Vgl. dazu u. a. Smith/Warner (1979) S. 118.

341 Daneben wird in der Literatur eine Mischung von Claim Dilution und Asset Substitution diskutiert. Eigenkapitalgeber haben so den Anreiz, unter Erhöhung des Ausschüttungsumfangs die (Re-)Investitionspolitik des Unternehmens zu verringern. Vgl. dazu Smith/Warner (1979) S. 118; Kalay (1982) S. 112. Diese Sonderform sei in der Folge nicht eingehender beleuchtet.

342 Wie u. a. Smith/Warner (1979) festhalten, muss das eingeworbene Fremdkapital dabei gleichrangig oder aber vorrangig bedient werden. Vgl. dazu u. a. Smith/Warner (1979) S. 118.

343 Vgl. dazu Kalay (1982) S. 212.

344 Vgl. dazu Kalay (1982) S. 212; 223.

Form der Übervorteilung durch die Eigenkapitalgeber zu schützen. Smith/Warner (1979) halten in Übereinstimmung mit den Überlegungen des vorangehenden Abschnittes fest, dass der Konflikt zwischen Eigen- und Fremdkapitalgeber durch den Einsatz von Covenants, also einer vertraglichen Verpflichtung des Unternehmens bzw. der Eigenkapitalkapitalgeber, die Interessen der Fremdkapitalgeber zu wahren, vermindert werden kann.[345] Die Arbeit von Kayla (1982) zeigt, dass Fremdfinanzierungsverträge regelmäßig Klauseln enthalten, die eine Gläubiger schädigende Ausschüttungspolitik verhindern sollen.[346]

2.4.2.3. Unterinvestitionsproblem nach Myers (1977)

Myers (1977) greift mit seiner Arbeit – ähnlich zu Jensen/Meckling (1976) – die unzureichende Erklärungskraft bestehender Kapitalstrukturtheorien für die in der Praxis beobachtbaren Verschuldungsgrade auf.[347] Ausgehend von der von Jensen/Meckling (1976) begonnenen Diskussion zum Einfluss von Agency-Problemen auf die Finanzierungsentscheidung, rückt in der Arbeit von Myers (1977) die Auswirkung einer teilweisen Fremdfinanzierung des Unternehmens auf die Optimalität der getroffenen Investitionsentscheidungen in den Mittelpunkt.[348] Myers (1977) zeigt, dass Eigenkapitalgeber unter dem Eindruck einer teilweisen Fremdfinanzierung des Unternehmens nicht mehr in jedem Umweltzustand einen Anreiz besitzen, eine optimale, d. h. wertmaximierende Investitionspolitik umzusetzen. Den Auslöser dieses wertvernichtenden Verhaltens bildet, dies zeigt die Arbeit von Myers (1977), erneut ein Interessenkonflikt zwischen Eigen- und Fremdkapitalgebern.[349] Ausgehend von der Annahme eines vollkommenen Kapitalmarktes ohne Steuern und Insolvenzkosten,[350] zeichnet Myers (1977) die Investitionsentscheidungen rationaler Eigenkapitalgeber in Abhängigkeit zur realisierten Finanzierungsentscheidung des Unternehmens nach. Myers (1977) spaltet den Unternehmensgesamtwert dazu zunächst in den Wertbeitrag der in der Vergangenheit realisierten Projekte und den Wertbeitrag zukünftiger Projekte, den sog. Wachstumsoptionen,

---

345 Vgl. dazu Smith/Warner (1979) S. 121.

346 Vgl. dazu Kalay (1982) S. 214; 227.

347 Myers (1977) argumentiert, dass weder ein überwiegender Rückgriff auf Fremdkapitalinstrumente beobachtet werden kann, der im Einklang mit der Arbeit von Modigliani/Miller (1963) steht, noch, dass die weiteren Theorien eine erschöpfende Erklärung der Finanzierungspraxis liefern. Vgl. Myers (1977) S. 147–148; Hermanns (2007) S. 53.

348 Brennan (1995) spricht in diesem Zusammenhang davon, dass Myers (1977) den von Jensen/Meckling (1976) beschriebenen Konflikt zwischen Eigenkapitalgebern und Managern um den Konflikt zwischen Eigenkapitalgebern und Fremdkapitalgebern erweitert hat. Vgl. dazu Brennan (1995) S. 14.

349 Vgl. dazu u. a. Barnea et al. (1981) S. 8.

350 Vgl. Myers (1977) S. 150. Myers (1977) geht zudem davon aus, dass zwischen Eigenkapitalgebern und Management kein Interessenkonflikt besteht. Vgl. ebda.

auf.[351] Für ein ausschließlich eigenfinanziertes Unternehmen verdeutlicht Myers (1977), dass rationale Eigenkapitalgeber alle Investitionsprojekte mit einem positiven Wertbeitrag, d. h. der Wert des Investitionsprojektes übersteigt die von den Eigenkapitalgebern getragenen Investitionsauszahlungen, realisieren werden. Ungenutzte Wachstumsoptionen – im Fall der reinen Eigenfinanzierung sind dies ausschließlich wertvernichtende Projekte – verfallen und sind damit wertlos.[352] Myers (1977) verdeutlicht mit diesen Überlegungen, dass Unternehmen im Fall der reinen Eigenfinanzierung dauerhaft dem Primat der Maximierung des Unternehmenswertes folgen werden. Agency-Kosten fallen aufgrund der Einheit von Eigentum und Kontrolle bei dieser Finanzierungsstrategie damit auch im Modell von Myers (1977) im Fall einer reinen Eigenfinanzierung nicht an. Wechselt man von dem Fall einer reinen Eigenfinanzierung zu dem Fall eines teilweisen Rückgriffs auf Fremdkapital, so verliert das Primat einer wertmaximierenden Investitionsstrategie aufgrund der Aufteilung des Unternehmenswertes auf Eigen- und Fremdkapitalgeber seine uneingeschränkte Gültigkeit. Es können eine Reihe von Umweltzustände identifiziert werden – Myers (1977) betrachtet insbesondere den Fall, in dem das betrachtete Unternehmen akut insolvenzbedroht ist[353] –, in dem es aus Sicht der Eigenkapitalgeber rational sein kann, wertschaffende Wachstumsoptionen verfallen zu lassen.

Wie mit den folgenden Überlegungen deutlich werden soll, stellt sich im Fall einer teilweisen Fremdfinanzierung vor der Realisation eines Investitionsprojektes die ergänzende Frage, wer von einer Umsetzung wertschaffender Wachstumsoptionen primär profitiert.[354] Anders ausgedrückt, ist es an dieser Stelle notwendig – dies wurde bereits zu Beginn der Überlegungen zur Bedeutung der Agency-Theorie für die Finanzierungsentscheidung angemerkt –, eine Unterscheidung zwischen dem Ziel der Maximierung des Eigenkapitalwertes und der Maximierung des Unternehmenswertes vorzunehmen. Wie die Arbeit von Myers (1977) zeigt, spiegelt sich diese Differenzierung in der Unternehmensstrategie für den Fall einer teilweisen Fremdfinanzierung, betrachtet man zunächst den Zustand der drohenden Zahlungsunfähigkeit, in der regelmäßigen Suboptimalität der Investitionsentscheidungen der Unternehmen wider. Um den Anreiz für dieses suboptimale Verhalten

351 Vgl. Myers (1977) S. 149–150. Myers (1977) geht in seiner Arbeit vereinfachend davon aus, dass die betrachteten Modellunternehmen keine Investitionsprojekte realisiert haben. Vgl. ebda.

352 Ein Verkauf der Wachstumsoptionen ist im Modell von Myers (1977) vereinfachend ausgeschlossen. Vgl. Myers (1977) S. 150–151; zur Illustration dieses Vorgehens vgl. Hermanns (2007) S. 53–55. Unternehmen werden m. a. W. dem klassischen Investitionskriterium folgen.

353 Vgl. dazu Miglo (2011) S. 174.

354 Diese Frage kann natürlich auch im Fall der reinen Eigenfinanzierung gestellt werden. Besonders komplex ist die Antwort an dieser Stelle – betrachtet man ausschließlich die Interessen der Kapitalgeber – jedoch nicht. Wie gezeigt wurde, gilt an dieser Stelle das Primat der Wertmaximierung uneingeschränkt.

zu verdeutlichen, nimmt Myers (1977) zunächst eine Differenzierung mit Blick auf den Zeitpunkt, in dem die Investitionsentscheidung getroffen wird, vor. In einem ersten Schritt wird so der Fall betrachtet, in dem das eingesetzte Fremdkapital vor der Investitionsentscheidung zurückgezahlt werden muss. Unter der Annahme einer drohenden Unternehmensinsolvenz, d. h. die zukünftigen Zahlungen des Projektes reichen nicht aus, um das ausstehende Fremdkapital zurückzahlen zu können, werden die Eigenkapitalgeber bestehende Wachstumsoptionen zwar selbst nicht mehr realisieren, aufgrund des Zeitpunkts des Insolvenzeintritts geht die Möglichkeit, in die bestehenden Wachstumsoptionen zu investieren, jedoch an die Fremdkapitalgeber über.[355] Die Fremdkapitalgeber werden die Wachstumsoptionen realisieren, sofern der Wertbeitrag des Projekts die zu leistende Investitionsauszahlung übersteigt. An dieser Stelle ist die Investitionsentscheidung selbst damit letztlich unabhängig von der im Vorfeld realisierten Kapitalstruktur des Unternehmens, da wertschaffende Projekte entweder von den Eigen- oder aber Fremdkapitalgebern umgesetzt werden. Die Finanzierungsentscheidung beeinflusst unter den bisherigen Prämissen also lediglich die Frage, wem der Wertvorteil des Projektes letztlich rechtlich zusteht und nicht die, mit Blick auf den Unternehmenswert bedeutsamere, Frage ob, das Projekt überhaupt realisiert wird.[356] Diese Irrelevanz der Finanzierungsentscheidung für das Investitionsverhalten spiegelt, wie Myers (1977) festhält, die ursprüngliche Kernaussage des Kapitalstrukturirrelevanz-Theorems von Modigliani/Miller (1958) wider.[357]

Blickt man auf die diesen Abschnitt einleitende Frage, so kann in Analogie zum Fall der reinen Eigenfinanzierung festgehalten werden, dass Unternehmen – stellvertretend für die Kapitalgeber – die Investitionsentscheidung so treffen werden, dass der Wertbeitrag wertschaffender Wachstumsoptionen unabhängig von der Gestalt der Kapitalstruktur voll gehoben wird. Im zweiten Fall, der aus Sicht der Agency-Theorie interessanter erscheint,[358] werden die eingesetzten Fremdkapitalinstrumente erst nach der Investitionsentscheidung fällig. Die Investitionsentscheidung liegt damit vor dem Eintritt des Insolvenztatbestandes und damit vor dem Übergang der Entscheidungsrechte von den Eigen- auf die Fremdkapitalgeber. Wie sich mit den folgenden Überlegungen zeigt, müssten die (Alt-) Eigenkapitalgeber an dieser Stelle eine Investitionsentscheidung im Sinne der Fremdkapitalgeber treffen, soll an der Annahme des Primats der Maximierung des Unternehmenswertes festgehalten werden. Myers (1977) zeigt jedoch, dass die Eigenkapitalgeber in diesem Fall die Investitionsentscheidung regelmäßig so treffen werden, dass

355 Die Abtretung der Wachstumsoption wird i. d. R. über ein Insolvenzverfahren realisiert werden.

356 Im Sinne des Kapitalirrelevanz-Theorems nach Modigliani/Miller (1958) kann man an dieser Stelle auch davon sprechen, dass die Finanzierungsentscheidung letztlich nur die Aufteilung des Wertbeitrages auf die Kapitalgeber bestimmt.

357 Vgl. dazu Myers (1977) S. 153.

358 Vgl. dazu Myers (1977) S. 153.

sie gegen die Interessen der Fremdkapitalgeber gerichtet sind und das Primat der Maximierung des Unternehmenswertes verletzt. Die Eigenkapitalgeber schlagen an dieser Stelle m. a. W. eine Politik der Maximierung des Eigenkapitalwertes und nicht des Unternehmensgesamtwertes ein.[359] Anders als in dem zuvor betrachteten Fall wird der Gesamtwert des Unternehmens damit nicht maximiert und letztlich vorteilhafte Wachstumsoptionen verfallen ungenutzt. Warum es aus Sicht der Eigenkapitalgeber sinnvoll ist, wertschaffende Wachstumsoptionen verfallen zu lassen, zeigt sich, wenn man sich an dieser Stelle auf die zuvor hervorgehobene Frage fokussiert, wer von der Realisation der Wachstumsoption profitiert. Myers (1977) betrachtet – dies war die skizzierte Ausgangslage – einen Umweltzustand, in dem das eingesetzte Fremdkapital eines Unternehmens akut ausfallbedroht ist. Aus Sicht der Eigenkapitalgeber bedeutet dies, dass die Fremdkapitalgeber aufgrund der drohenden Zahlungsunfähigkeit das Unternehmen, d. h. die wertschaffenden Projekte, in naher Zukunft übernehmen können. In dieser für das Unternehmen prekären Lage ist es denkbar, dass positive Wachstumsoptionen existieren, die zwar aus Sicht der (Alt-) Eigenkapitalgeber ihre Kapitaleinlage nicht retten – aus Sicht der Eigenkapitalgeber ist es nicht sinnvoll, weiteres Kapital zur Verfügung zu stellen –, jedoch aber den Verlust der Fremdkapitalgeber wenigstens teilweise kompensieren. Eigenkapitalgeber, die eine Maximierung des Werts des Eigenkapitals bzw. in diesem Fall treffender eine Minimierung des zu tragenden Ausfalls anstreben, werden diese mit Blick auf den Unternehmensgesamtwert wertschaffenden Projekte nicht realisieren, da die bestehenden Fremdkapitalgeber ausschließlich von zukünftigen Wertzuwächsen des Unternehmens profitieren, während (Alt-) Eigenkapitalgeber mit ihrer Einlage ausschließlich einen Teil der Investitionsauszahlungen finanzieren müssen und nicht mehr vom zukünftigen Wertzuwachs profitieren. In der Literatur wird an dieser Stelle auch von einem sog. „debt overhang" gesprochen.[360]

Im Fall einer teilweisen Fremdfinanzierung kann es so auch in den von Myers (1977) beschriebenen Fällen zu einer asymmetrischen Aufteilung der Kosten und des Nutzens zwischen Eigen- und Fremdkapitalgebern aufgrund der unterschiedlichen Ausstattung der Finanzierungsquellen mit Entscheidungsrechten kommen. Eigenkapitalgeber werden an dieser Stelle an der Maximierung des Eigenkapitalwertes festhalten und eine Investitionsentscheidung nur treffen, sofern der Wertbeitrag des Investitionsprojektes die Investitionszahlungen sowie die Zahlungen an die Fremdkapitalgeber übersteigt, d. h., sofern die Eigenkapitalgeber tatsächlich von der Vorteilhaftigkeit der Wachstumsoptionen profitieren werden. Aus diesem Verhaltensmuster der Eigenkapitalgeber folgert Myers (1977), dass mit der Zunahme des Umfangs der Fremdfinanzierung auch die Wahrscheinlichkeit eines suboptimalen Investitionsverhaltens steigt und Eigenkapitalgeber eigentlich

359 Diese Unterscheidung ist auch für spätere Überlegungen bedeutsam, unterscheidet sich das zu erwartende Unternehmensverhalten doch deutlich.

360 Vgl. dazu Miglo (2011) S. 174.

wertschaffende Wachstumsoptionen nicht realisieren werden, da der Wertzuwachs vorwiegend den Fremdkapitalgebern zufließt. In der Literatur wird das wertschädigende Verhalten der Eigenkapitalgeber daher auch unter dem Überbegriff des Unterinvestitionsproblems diskutiert.[361] Aufgrund der Möglichkeit suboptimaler Investitionsentscheidung, folgt man den skizzierten Überlegungen von Myers (1977), liegt der Gesamtwert eines wenigstens teilweise fremdfinanzierten Unternehmens damit immer unterhalb des Wertes eines operativ identischen, jedoch ausschließlich mit Eigenkapital finanzierten Unternehmens. Der Wertunterschied nimmt dabei aufgrund des Unterinvestitionsproblems mit dem Umfang des zur Finanzierung eingesetzten Fremdkapitals zu. Ohne Friktionen in den perfekten Kapitalmarkt einzuführen – damit unterscheidet sich die Arbeit von Myers (1977) von den vorangehenden Überlegungen –, ist der Umfang des bereitgestellten Fremdkapitals, aufgrund der Trennung von Eigentum und Unternehmenssteuerung dem damit einhergehenden Anreiz der Eigenkapitalgeber wertschaffende Investitionsgelegenheiten auszulassen, begrenzt. Auch rationale Eigenkapitalgeber, die an einer Maximierung des Unternehmenswertes interessiert sind, werden auf Basis der Überlegungen von Myers (1977) keine Fremdkapitalinstrumente für den Fall profitabler Wachstumsoptionen ausgeben.[362] Myers (1977) beleuchtet in der Folge mehrere Ansätze, wie dem Problem der suboptimalen Investitionsentscheidung im Fall der Fremdfinanzierung begegnet werden kann.[363] Eigenkapitalgeber können sich im Sinne des, bereits in der Arbeit von Jensen/Meckling (1976) beschriebenen, Bondings vertraglich dazu verpflichten, Projekte mit positivem Wertbeitrag, ungeachtet der späteren Aufteilung der Zahlungen dieser Wachstumsoption auf die Kapitalgeber, anzunehmen. Wie Myers (1977) festhält, ist ein solcher vollkommener Vertrag in der Praxis nur bedingt realisierbar, bedarf der Vertrag doch, um letztlichen Bindungswirkung zu entfalten, eines messbaren Kriteriums, wann die vertraglichen Verpflichtungen erfüllt werden bzw. erfüllbar sind.[364] Dies impliziert jedoch, dass die Fremdkapitalgeber die Entscheidungen des Unternehmens wirksam überwachen und notfalls sanktionieren können. Diese Anforderung dürfte auf einem durch Informationsasymmetrien gekennzeichneten Kapitalmarkt regelmäßig nicht oder aber nur unter Inkaufnahme hoher Monitoring-Kosten zu erfüllen sein.[365] Die alternative Verpflichtung des Unternehmens, jede sich bietende

---

361 Vgl. dazu Hermanns (2007) S. 57.

362 Vgl. Myers (1977) S. 152–155.

363 Damit wird die Ähnlichkeit zu anderen Agency-theoretischen Überlegungen deutlich.

364 Das in den vorangehenden Abschnitten angesprochene Problem vollkommener Verträge wird an dieser Stelle in einem durch Informationsasymmetrien gekennzeichneten Umfeld erneut sichtbar.

365 Myers (1977) argumentiert in diesem Zusammenhang, dass Fremdkapitalgeber an dieser Stelle auf die Kooperation des Managements angewiesen sind, das, wenn es im Sinne der Anteilseigner handelt, Informationen über die tatsächliche Vorteilhaftigkeit der Wachstumsprojekte verschleiern wird. Vgl. dazu Myers (1977) S. 157.

Wachstumsoption zu nutzen, birgt demgegenüber die Gefahr, dass man von einem Unterinvestitions- zu einem Überinvestitionsproblem wechselt und letztlich auch Projekte mit negativen NPV von den Unternehmen umgesetzt werden. Die vertragliche Bindung des Unternehmens an ein optimales Investitionsprogramm ist m. a. W. – unabhängig von der genauen vertraglichen Ausgestaltung – mit Kosten verbunden. Myers (1977) schlägt an dieser Stelle daher einen Trade-Off zwischen Kosten und Nutzen der vertraglichen Bindung der Eigenkapitalgeber an eine optimale Investitionspolitik vor,[366] der auch für die in der Folge noch zu betrachtenden Alternativstrategien gilt.

Als weiteren möglichen Ansatz zur Vermeidung eines suboptimalen Investitionsverhaltens diskutiert Myers (1977) die Möglichkeit, die Konditionen der Finanzierungsverträge der Unternehmen im Fall eines, die Investitionspolitik verzerrenden, Interessenkonflikts neu zu verhandeln. Auch die regelmäßige Neuverhandlung der Finanzierungsverträge kann letztlich nicht kostenlos umgesetzt werden, da auch die Neuverhandlung der Finanzierungsverträge einen immanenten Anreiz für ein Fehlverhalten der Eigenkapitalgeber gegenüber den Fremdkapitalgebern birgt.[367] Eigenkapitalgeber bzw. das von den Eigenkapitalgebern beauftragte Management wird, stellt man auf eine solche Strategie zur Vermeidung des Interessenkonflikts ab, ein Interesse daran besitzen, die wirtschaftliche Situation des Unternehmens möglichst schlecht darzustellen, um über den Weg der Nachverhandlung die Fremdkapitalkosten und damit den Anteil der Fremdkapitalgeber am Unternehmenswert zu verringern. Damit muss auch bei dieser Strategie die Überwachung der Handlungen des Managements durch die Fremdkapitalgeber letztlich möglich sein. Eine denkbare Strategie, eine Neuverhandlung der Finanzierungsverträge in regelmäßigen Abständen festzuschreiben bzw. den Interessenkonflikt zu minimieren, stellt dabei die Finanzierung des Unternehmens über Fremdkapitalinstrumente mit kurzer Fristigkeit dar.[368] Auch eine Beschränkung der an die Eigenkapitalgeber ausschüttbaren Dividende wird von Myers (1977) als eine weitere Möglichkeit diskutiert, Unternehmen zur Durchführung lediglich einseitig wertschaffender Investitionsprojekte zu zwingen. Infolge der Begrenzung des Ausschüttungsverhaltens sind freie Mittel einzubehalten und die Eigenkapitalgeber werden dazu gezwungen, Reinvestitionen auf Unternehmensebene durchzuführen. Auch diese Strategie ist mit Einschränkungen verbunden, ergibt sich durch den Überhang freier Mittel

366 Vgl. Myers (1977) S. 156–157.

367 Eine von Myers (1977) nicht näher betrachtete Strategie könnte die Vereinbarung eines wertoptimalen Verschuldungsgrades darstellen, mit dem sichergestellt werden soll, dass das Unternehmen nicht in Situationen gelangt, in denen Eigenkapitalgeber ein Interesse an dem Verfall wertschaffender Investitionsprojekte besitzen. Eine solche Strategie wird in der Literatur der Unternehmensbewertung unter dem Schlagwort der wertabhängigen Finanzierungspolitik diskutiert. Zur Beurteilung einer solchen Finanzierungspolitik sei auf Kapitel II verwiesen.

368 Vgl. Myers (1977) S. 158–159.

so doch u. a. der Anreiz für ein wertschädigendes Verhalten des Managements, wie es von Jensen/Meckling (1976) beschrieben wurde.[369] Myers (1977) schließt aus der Unvollkommenheit der beschriebenen Strategien zur Vermeidung des Unterinvestitionsproblems,[370] dass es langfristig für die Eigenkapitalgeber von Vorteil sein kann, eine positive Reputation am Kapitalmarkt aufzubauen, um Agency-Kosten vermeiden zu können.[371] Diese Strategie zur Vermeidung eines Konflikts zwischen Eigen- und Fremdkapitalgebern wurde in der späteren Agency-theoretischen Literatur aufgegriffen und es wurde gezeigt, dass ein Abstellen auf die Reputation des Unternehmens als ein Signal der Zuverlässigkeit an die Kapitalgeber selbst nicht frei von Agency-Problemen ist. Ausgehend von einem Adverse-Selection-Problem, d. h., die Fremdkapitalgeber können die Güte der zu finanzierenden Unternehmen nicht oder nur unzureichend beurteilen,[372] zeigt etwa die Arbeit von Diamond (1989) einen von dem vergangenen Erfolg des Unternehmens abhängigen Effekt des Einsatzes von Fremdkapital auf die Investitionsentscheidung. Während junge Unternehmen ohne die Reputation, ein verlässlicher Schuldner zu sein, Fremdkapitalgeber werden hier eine Durchschnittsverzinsung für hohes und niedriges Unternehmensrisiko fordern, einen Anreiz für eine risikobehaftete Investitionsstrategie besitzen, werden von den Fremdkapitalgeber aufgrund der Historie als verlässlich eingestufte Unternehmen i. d. R. eine risikoarme Investitionsstrategie einschlagen, um die aufgebaute Reputation nicht zu gefährden.[373] Das Abstellen auf das Ziel eines Aufbaus einer Erfolgshistorie allein, stellt damit ein optimales Investitionsverhalten nicht ohne weiteres sicher.[374]

---

369 Vgl. Myers (1977) S. 159–160.

370 Der vorangehende Abschnitt gibt nur grob die Überlegungen von Myers (1977) wieder. So wurde u. a. die Möglichkeit, einen unabhängigen Dritten mit der Beilegung des Interessenkonflikts zwischen Eigen- und Fremdkapitalgeber zu beauftragen, nicht näher betrachtet. Myers (1977) zeigt, dass auch die Hinzuziehung eines Mediators mit Kosten verbunden ist. Vgl. dazu Myers (1977) S. 159.

371 Vgl. Myers (1977) S. 161. Den Blick auf das Unternehmensmanagement gerichtet, ähnlich dazu bereits Jensen/Meckling (1976). Vgl. Jensen/Meckling (1976) S. 351.

372 Dieses Problem wurde mit Blick auf die Auswirkungen auf die Funktionsweise des Marktes für Gebrauchtwagen erstmals von Akerlof (1970) beschrieben. Vgl. dazu Akerlof (1970) S. 489–490.

373 Vgl. dazu Diamond (1989) S. 830–831, 858–859; Hermanns (2007) S. 58–59; Harris/Raviv (1991) S. 304–305.

374 Hermanns (2007) verweist an dieser Stelle zudem auf die Arbeit von Hirshleifer/Thakor (1992), die gezeigt haben, dass Manager aufgrund des Reputationsstrebens des Managements eine risikoarme und aus Sicht der Anteilseigner eine wertvernichtende Investitionspolitik einschlagen werden. Die risikoarme Investitionsstrategie führt, folgt man der Argumentation von Hirshleifer/Thakor (1992), zu einer Verringerung der Agency-Probleme zwischen Eigen- und Fremdkapitalgebern. Vgl. dazu Hirshleifer/Thakor (1992) S. 465; Hermanns (2007) S. 59–60; Brennan (1995) S. 14. Die Details des Modells von Hirshleifer/Thakor (1992) seien in der Folge vereinfachend ausgeblendet.

Die Arbeit von Myers (1977) hat – wie die vorangehenden/weiteren Arbeiten zur Agency-Theorie – gezeigt, dass der Einsatz von Fremdkapital mit Kosten verbunden ist. Im Fokus der Arbeit von Myers (1977) stehen dabei die Kosten die durch das Ziel der Eigenkapitalgeber zur Maximierung des Eigenkapital- und nicht des Unternehmenswertes hervorgerufen werden. Wertschaffende Projekte werden durch die Eigenkapitalgeber so nicht realisiert, wenn die Fremdkapitalgeber überproportional von der Werthaltigkeit der Wachstumsoption profitieren. Rationale Fremdkapitalgeber werden – wie bereits von Jensen/Meckling (1976) beschrieben – dieses Fehlverhalten der Eigenkapitalgeber antizipieren und u. a. in den von ihnen geforderten Zinssatz einpreisen bzw. ein bestimmtes Verhalten des Unternehmens vertraglich festschreiben lassen. Ein Teil der Agency-Kosten muss damit von den Fremdkapitalgebern getragen werden.[375] Um Gegenmaßnahmen der Fremdkapitalgeber zu vermeiden, haben Eigenkapitalgeber einen Anreiz, sich u. a. durch Covenants den Zielen der Fremdkapitalgeber zu verpflichten.[376] Wie die Überlegungen von Myers (1977) zeigen, sind auch im Fall des Unterinvestitionsproblems Strategien, die die Interessen der Eigenkapitalgeber an die Interessen der Fremdkapitalgeber zu binden versuchen, mit Kosten verbunden.[377] Der Einsatz von Fremdkapital ist, anders als im Modell von Modigliani/Miller (1958), aufgrund auftretender Interessenkonflikte damit regelmäßig mit Kosten verbunden. In Übereinstimmung mit den vorangehenden Agency-theoretischen Überlegungen, legt die Arbeit von Myers (1977) nahe, dass ein optimaler Verschuldungsgrad auf Basis der Abwägung des Wertbeitrages und der Kosten des Einsatzes von Fremdkapital existiert. Anders als die „klassische" Trade-Off-Theorie stellt Myers (1977) bei Formulierung dieses Optimums nicht auf die bereits diskutierten Durchbrechungen eines vollkommenen Kapitalmarkt ab – fremdkapitalinduzierte Insolvenzkosten und Steuervorteile werden letztlich nicht betrachtet –, sondern allein auf den aus der Trennung von Eigentum und Steuerung ausgelösten Interessenkonflikt abgestellt.

2.4.2.4. Exkurs: Zur Relevanz einzelner Determinanten der Finanzierungsentscheidung aus Sicht der Agency-theoretischen Literatur

Die Überlegungen der vorangehenden Abschnitte zusammenfassend, sei sich in der Folge kurz der Frage der Bedeutung einzelner Determinanten der Kapitalstruktur sowie deren Zusammenwirken gewidmet. Wie bereits zu Beginn der Abschnitte

375 Vgl. dazu auch Barnea et al. (1981) S. 8–9.

376 Dieser Aspekt wird – dies wurde bereits in einem der vorangehenden Abschnitte festgehalten – nochmals bei den Überlegungen zu der Praxisrelevanz der Finanzierungsannahmen der Unternehmensbewertung aufgegriffen.

377 Strategien werden so lange umgesetzt, bis die verbundenen Kosten unterhalb der durch die suboptimale Investition induzierten Kosten liegen. Vgl. Myers (1977) S. 161–162.

zur Agency-theoretischen Literatur festgehalten, üben die in der „klassischen" Trade-Off-Theorie als zentrale Determinante der Verschuldungspolitik diskutierten Insolvenzkosten auch vor dem Hintergrund der Agency-theoretischen Überlegungen einen Einfluss auf die Finanzierungsentscheidung der Unternehmen aus. Die Insolvenzkosten werden von Jensen/Meckling (1976) dabei als eine Sonderform der Agency-Kosten interpretiert, die im Zusammenhang mit einer wertverzehrenden (Um-)Verteilung des Unternehmensvermögens im Insolvenzfall anfallen.[378] Jensen/Meckling (1976) messen, mit Blick auf die empirische Untersuchung von Warner (1975), den Insolvenzkosten dabei jedoch eine geringere Bedeutung als Determinante der Finanzierungsentscheidung des Unternehmens zu, als dies noch vor dem Hintergrund der statischen Trade-Off-Theorie unterstellt wurde.[379] Dies steht letztlich im Einklang mit der in Abschnitt 2.3. skizzierten Kritik der Literatur an der Überzeugungskraft der statischen Trade-Off-Theorie. Die Kosten der Nutzung von Fremdkapital liegen im Rahmen der Agency-theoretischen Überlegungen – folgt man den Überlegungen von Jensen/Meckling (1976) – vielmehr in den Opportunitätskosten einer suboptimalen Investitionspolitik, den Überwachungskosten sowie in zweiter Linie in den Kosten einer Insolvenz.[380] Der Einsatz von Fremdkapital wird, neben den bereits von Modigliani/Miller (1963) beschriebenen Steuervorteilen, insbesondere durch die Möglichkeit der Unternehmen, Investitionen durchzuführen, die das Kapital der Eigenkapitalgeber übersteigen, motiviert.[381] Daneben hat – dies haben die vorangehenden Abschnitte gezeigt – der Einsatz von Fremdkapital eine disziplinierende Wirkung auf abhängig beschäftigte Unternehmensmanager. Die optimale Kapitalstruktur ergibt sich – dies wird die nachfolgende Zusammenfassung des Abschnitts 2.4.3. eingehender würdigen – vor dem Hintergrund der Agency-theoretischen Überlegungen vorwiegend aus der Minimierung der mit der Bereitstellung von Fremdkapital verbundenen Agency-Kosten.[382] Die Treiber der statischen Trade-Off-Theorie, der steuerliche Wertbeitrag der Fremdfinanzierung sowie die Insolvenzkosten, treten demgegenüber als ergänzende Determinanten in den Hintergrund. Die Annahme eines wertoptimalen Verschuldungsgrades zeigt sich trotz dieser Verschiebung in der Gewichtung als weitgehend stabil.

2.4.3. Zur Bedeutung Agency-theoretischer Erklärungsansätze für die Theorie des optimalen Verschuldungsgrades

Mit der Betrachtung der Finanzierungsentscheidung aus Agency-theoretischer Sicht erfolgte u. a. durch die Arbeit von Jensen/Meckling (1976) eine Erweiterung

378 Vgl. Jensen/Meckling (1976) S. 340–341.
379 Vgl. Jensen/Meckling (1976) S. 341.
380 Vgl. Jensen/Meckling (1976) S. 342.
381 Vgl. Jensen/Meckling (1976) S. 342–343.
382 Vgl. Jensen/Meckling (1976) S. 345–346.

des neoklassischen Finanzierungsmodells um den Einfluss von Interessenkonflikten, die mit einer Trennung von Eigentum und Entscheidungsrechten einhergehen.[383] Abseits der in der „klassischen“ Trade-Off-Theorie betrachteten Abwägung des steuerlichen Vorteils der Fremdfinanzierung und der mit dem Einsatz von Fremdkapitalinstrumenten drohenden Gefahr einer Insolvenz, haben die in den vorangehenden Abschnitten zusammengefassten Überlegungen zu möglichen Agency-Problemen gezeigt, dass die Finanzierungsentscheidung im Kontrast zu dem von Modigliani/Miller (1958) postulierten Kapitalstrukturirrelevanz-Theorem regelmäßig auch aufgrund von am Kapitalmarkt bestehenden Agency-Konflikten von Bedeutung ist.[384] Wie u. a. Brennan (1995) festgehalten hat, treten in der Praxis Agency-Konflikte aufgrund der Unmöglichkeit, die Handlungen eines, die Entscheidungsrechte ausübenden, Agenten vertraglich so festzuschreiben, dass der Unternehmensgesamtwert maximiert wird, auf.[385] Die Literatur unterscheidet, dies haben die beiden vorangehenden Abschnitte gezeigt, dabei zwischen zwei maßgeblichen Formen von Agency-Konflikten, deren Ausmaß durch die Finanzierungsentscheidung des Unternehmens beeinflusst werden kann. Wie u. a. Jensen/Meckling (1976) hervorgehoben haben, besitzen Manager so einen Anreiz, aufgrund des begrenzten Anteils am Haftungskapital wertvernichtende Unternehmensstrategien umzusetzen, die es dem Management erlauben, sich auf Kosten der weiteren – die vorangehenden Abschnitte haben diese Anteilseigner mit der Zuschreibung „passiv“ belegt – Eigenkapitalgeber zu bereichern. Der Einsatz von Fremdkapitalinstrumenten ist in diesem Zusammenhang mit zwei positiven Effekten verbunden: einerseits verringert sich der Anteil des Managements am Unternehmenscashflow, andererseits sieht sich das Management mit dem Einsatz von Fremdkapital einer verstärkten Überwachung ausgesetzt.[386]

Der Einsatz von Fremdkapital bietet m. a. W. eine natürliche Hürde gegen die Anreize des Managements, wertschädigende Entscheidungen umzusetzen. Fremdkapital entzieht daneben – folgt man der Argumentation von Jensen (1986) – dem Management freie Mittel und damit die Grundlage für bestimmte wertschädigende Strategien. Fremdkapital hat damit auch auf diesem Weg eine disziplinierende Wirkung auf das Verhalten des Managements.[387] Dem Einsatz von Fremdkapitalinstrumenten wird in der Agency-theoretischen Literatur daher ein Wertbeitrag beigemessen, der in der Verringerung der Konflikte zwischen

---

383 Vgl. dazu u. a. Harris/Raviv (1991) S. 300.

384 Vgl. dazu u. a. Myers (2001) S. 81–82. Wie Frank/Goyal (2009) in diesem Zusammenhang hervorheben, fällt nicht allein die Abwägung von Steuervorteil und Insolvenzkosten unter den Oberbegriff der Trade-Off-Theorie. Vielmehr existieren eine Reihe von Trade-Off-Modellen, die auf den in diesem Kapitel beschriebenen Agency-Konflikten basieren. Vgl. dazu Frank/Goyal (2009) S. 4; 5–6.

385 Vgl. dazu Brennan (1995) S. 13–14.

386 Vgl. Jensen/Meckling (1976) S. 338.

387 Vgl. dazu u. a. Harris/Raviv (1991) S. 300.

Eigen- und Fremdkapitalgebern liegt. Wie die Agency-theoretische Literatur in einem zweiten Schritt gezeigt hat, wohnt dem Einsatz von Fremdkapital nicht nur ein Nutzen in Form der Verringerung des Agency-Konflikts zwischen Eigenkapitalgeber und Management inne, sondern auch die Gefahr, dass ein weiterer zentraler Agency-Konflikt den Unternehmenswert schmälert. Wie u. a. die Arbeit von Myers (1977) gezeigt hat, kann der Einsatz von Fremdkapitalinstrumenten eine wertvernichtende Investitionspolitik des Unternehmens auslösen. Haftungsbeschränkte Eigenkapitalgeber haben u. a. einen Anreiz, eine riskante Investitionsstrategie auf Kosten der Fremdkapitalgeber umzusetzen bzw. Investitionsprojekte, deren Wertbeitrag vorwiegend den Fremdkapitalgebern zufließt, nicht im Interesse der Fremdkapitalgeber zu realisieren. Rationale Fremdkapitalgeber werden diese Vermögensverschiebungsstrategie der Eigenkapitalgeber antizipieren und entsprechend einpreisen, sodass Eigenkapitalgeber letztlich den entstehenden Wertverlust zu tragen haben. Aus der Abwägung des Wertbeitrags und der Kosten einer teilweisen Fremdfinanzierung resultiert im Rahmen der Beleuchtung der Finanzierungsentscheidung aus Agency-theoretischer Sicht der zu Beginn dieses Abschnitts beschriebene optimale Verschuldungsgrad, ohne dabei die Überlegungen der „klassischen" Trade-Off-Theorie zu bemühen.[388] Gleichwohl ist die „klassische" Trade-Off-Theorie mit den Agency-theoretischen Überlegungen kompatibel. Allgemein kann man in Anlehnung an Myers (1984) also formulieren, dass in der Trade-Off-Theorie der Wertbeitrag und die Kosten der Fremdfinanzierung gegeneinander abgewogen werden, mit dem Resultat eines unternehmensspezifischen Verschuldungsoptimums.[389] Die Agency-theoretische Literatur leistet damit einen bedeutsamen Beitrag für das Verständnis der Finanzierungsentscheidung in der Praxis. Harris/Raviv (1991) halten daher fest, dass „[a]gency models have been among the most successful in generating interesting implications".[390]

Richtet man vor dem Hintergrund der Agency-theoretischen Überlegungen den Blick auf die in Kapitel II zu diskutierenden alternativen Finanzierungsannahmen, so kann das Festhalten an der Vorstellung eines wertoptimalen Verschuldungsgrades als ein erstes Indiz für die Bedeutsamkeit der Annahme einer wertabhängigen Finanzierungspolitik gewertet werden. Scheint die Annahme einer wertabhängigen Finanzierungspolitik vor dem Hintergrund bestehender Agency-Probleme nicht unwahrscheinlich, so haben die vorangehenden Abschnitte doch gezeigt, dass Fremdkapitalgeber ein Interesse daran besitzen, den Spielraum der Eigenkapitalgeber für wertvernichtende bzw. wertverschiebende Entscheidungen zu minimieren. Vor dem Hintergrund eines bestehenden Finanzierungsbedarfs ist es denkbar, dass Unternehmen ihre Finanzierungsentscheidungen wenigstens zum Teil dem Zwang bzw. den Interessen der Fremdkapitalgeber unterordnen.[391] Die

388 Vgl. dazu u. a. Harris/Raviv (1991) S. 301.
389 Vgl. dazu Myers (1984) S. 577.
390 Harris/Raviv (1991) S. 305.
391 Vgl. dazu Harris/Raviv (1991) S. 305.

Vorgabe einer festen Verschuldungsobergrenze scheint auf den ersten Blick durchaus geeignet, Zustände, in denen wertvernichtende Entscheidungen getroffen werden, zu vermeiden. Auch werden die Möglichkeiten der Realisation wertverschiebender Entscheidungen – wie das Einwerben eines Fremdkapitalüberhangs – minimiert. Andererseits wird mit einem Zielverschuldungsgrad auch eine feste Verschuldungsuntergrenze bestimmt, die den in Abschnitt 2.4.1. diskutierten Problemen entgegenwirken kann. Unzweifelhaft ist ein solches Vorgehen auch mit Hürden bzw. Kosten verbunden, die der Umsetzung einer solchen Finanzierungspolitik in der Praxis entgegenstehen. Denkbar wäre, dass Fremdkapitalgeber sich in der Praxis gegen ein wertschädigendes Verhalten der Eigenkapitalgeber durch den Einsatz von Covenants schützen werden. Der Frage der Praxisnähe einer solchen wertabhängigen Finanzierungspolitik sei sich näher in Kapitel II gewidmet.

Auslöser der in vorangehenden Abschnitten beleuchteten Agency-Konflikte war ein unvollkommener Kapitalmarkt mit zwischen Unternehmensinsidern und -outsidern bestehenden Informationsasymmetrien. Wie die vorangehenden Abschnitte gezeigt haben, sind unter Informationsasymmetrien wertvernichtende Entscheidungen des Unternehmens hinsichtlich Investitions- und Finanzierungsentscheidungen denkbar. Ein anderer Aspekt einer ungleichen Informationsverteilung zwischen Unternehmensinsidern und -outsidern ist in die Formulierung der Signalling-Theorie, die, wie u. a. Hermanns (2007) hervorhebt, eine Sonderform der Agency-Theorie darstellt, eingeflossen.[392] Während sich die vorangehenden Abschnitte näher mit den unmittelbaren Folgen der Finanzierungsentscheidung beschäftigt haben, liegt das Augenmerk der Betrachtung der Signalling-Theorie auf der Finanzierungsentscheidung selbst. Es wird so der Frage nachgegangen, welches Signal die Finanzierungsentscheidung auf einem Kapitalmarkt mit heterogenen Informationen besitzt. Um dies zu ergründen, sei die Signalling-Theorie im folgenden Abschnitt 2.5. kurz näher beleuchtet.

2.5. Zur Signalling-Theorie

Ausgangspunkt der in diesem Abschnitt zu diskutierenden Signalling-Theorie ist – wie im vorangehenden Abschnitt bereits kurz hervorgehoben – der unterschiedliche Informationshorizont, über den Marktteilnehmer in der Praxis regelmäßig verfügen.[393] Im Rahmen der Signalling-Theorie löst man sich m. a. W. – blickt man auf das ursprüngliche Annahmegerüst der Arbeit von Modigliani/Miller (1958) – von der Prämisse der homogenen Informationsverteilung, die, wenigstens implizit,

392 Vgl. dazu Hermanns (2007) S. 63.

393 Miglo (2016) spricht in diesem Zusammenhang davon, dass es geradezu natürlich ist, dass Verkäufer einen Informationsvorsprung vor Käufern besitzen; Myers/Majluf (1984) sprechen von einem „fact of life". Vgl. dazu Myers/Majluf (1984) S. 189; Miglo (2016) S. 45; ähnlich: Schneider (2010) S. 28.

auch der Diskussion zur statischen Trade-Off-Theorie zugrunde liegt.[394] In der Praxis dürfte der Informationshorizont der Unternehmensinsider, d. h. insbesondere Unternehmensmanager, mit Blick auf die Vorteilhaftigkeit zukünftiger Projekte bzw. zukünftiger Cashflows i. d. R. breiter sein als der Informationshorizont, über den ein interessierter Unternehmensoutsider, dieser Gruppe wird i. d. R. ein Großteil der Kapitalgeber zuzurechnen sein, verfügt.[395] Wie bereits die Überlegungen des vorangegangenen Abschnittes gezeigt haben, bietet eine asymmetrische Informationsverteilung Unternehmensinsidern[396] die Möglichkeit, schlecht informierte Unternehmensoutsider zu übervorteilen. Rationale Unternehmensoutsider werden dieses Fehlverhalten antizipieren und entsprechend einpreisen. Im Rahmen der Signalling-Theorie wird dabei eine etwas andere Perspektive hinsichtlich der Auswirkung dieser Informationsasymmetrien auf den Unternehmenswert und die Finanzierungsentscheidung der Unternehmen gewählt, als dies im Rahmen der Agency-theoretischen Betrachtung zukünftiger Investitions- und Finanzierungsentscheidungen der Fall war.

Mit der Signalling-Theorie steht vielmehr der Informationsgehalt der durch das Unternehmen gewählten Finanzierungsentscheidung im Mittelpunkt der Betrachtung. Die Arbeit von Akerlof (1970) hat gezeigt, dass im Extremfall proprietäre Informationen von Insidern einen Anreiz schaffen, falsche Signale an weniger informierte Marktteilnehmer zu senden, um einen höheren Marktpreis erzielen zu können. Ist eine Überprüfung der Signale nicht oder nur eingeschränkt möglich, können Märkte vollkommen zusammenbrechen, da es zu einer Negativauslese („Adverse Selection") – das verbleibende Marktangebot erfüllt die signalisierten Eigenschaft durchgehend nicht – kommt.[397] Dieser in der Literatur auch für andere Bereiche diskutierte Effekt wurde von Ross (1977) und Leland/Pyle (1977) erstmals für die Finanzierungsentscheidung aufgegriffen und es wurden zwei formale Modelle des Signalling-Effekts der Finanzierungsentscheidung entwickelt.[398] Die Wahl der Finanzierungsquelle der Unternehmen enthält – folgt man der Annahme der Signalling-Theorie – ein verlässliches Signal der Unternehmen an die Unternehmensoutsider, das unter bestimmten Bedingungen dazu geeignet ist,

394 Wie Brennan (1995) festhält, haben bereits Modigliani/Miller (1961) argumentiert, dass die Finanzierungsentscheidung ein Signal an den Kapitalmarkt enthält, ohne dies jedoch weiter zu formalisieren. Vgl. dazu Brennan (1995) S. 12.

395 Vgl. dazu u. a. Hermanns (2007) S. 65; Barnea et al. (1981) S. 9.

396 Wie Miglo (2016) festhält, haben Unternehmensinsider, zu denen i. d. R. das Management zählt, einen für Unternehmensoutsider i. d. R. nicht einholbaren Informationsvorsprung. Vgl. dazu Miglo (2016) S. 46–47; Miglo (2011) S. 175.

397 Das Zustandekommen dieses Extremfalls hat Akerlof (1970) anhand des Gebrauchtwagenmarktes illustriert. Darauf wurde bereits mit Blick auf die Arbeit von Diamond (1989) hingewiesen. Für eine kurze Zusammenfassung der Kernaussagen der Arbeit von Akerlof (1970) Vgl. dazu u. a. Hermanns (2007) S. 64, Fn. 283.

398 Vgl. Brennan (1995) S. 12; Harris/Raviv (1991) S. 306; Hermanns (2007) S. 66; Ross (1977) S. 27; Leland/Pyle (1977) S. 371–372.

bestehende Informationsasymmetrien glaubwürdig abzubauen.[399] Wie die folgenden Abschnitte zeigen, führt die Betrachtung des Signalisierungseffekts dazu, dass die Finanzierungsentscheidung – ohne die Erweiterungen des Annahmegerüsts der Trade-Off-Theorie vorzunehmen oder den Blickwinkel der im vorangehenden Abschnitt diskutierten Agency-theoretischen Überlegungen einzunehmen[400] – hinsichtlich der Marktbewertung des Unternehmens relevant sind.[401]

2.5.1. Zur Entwicklung der Signalling-Theorie

In den folgenden Abschnitten sei die Entwicklung der Signalling-Theorie anhand der Arbeiten von Ross (1977) und Leland/Pyle (1977) knapp zusammengefasst.

2.5.1.1. Zur Signalling-Theorie nach Ross (1977)

Die Arbeit von Ross (1977) greift die Kritik an dem durch Modigliani/Miller (1958) postulierten Kapitalstrukturirrelevanz-Theorem sowie der Erweiterung zur statischen Trade-Off-Theorie auf. Ross (1977) spricht mit Blick auf die Trade-Off-Theorie so von einer „[...] not [...] entirely satisfactory resolution of the matter [...]“.[402] Ross (1977) argumentiert – vergleichbar zur Arbeit von Jensen/Meckling (1976) – damit, dass der Steuereffekt in der Praxis wohl nicht ausreichen dürfte, um die mit dem Einsatz von Fremdkapital drohenden Insolvenzkosten aufzuwiegen.[403] Die Arbeit von Ross (1977) stellt, wie einleitend festgehalten, erstmals auf den Signalisierungseffekt als zentrale Determinante der Finanzierungsentscheidungen ab. Ausgangspunkt bildet dabei die Kritik an der impliziten Annahme der Kapitalstrukturirrelevanz-Theorie, dass Marktteilnehmer über vollkommene Informationen verfügen. Implizit wird damit etwa unterstellt, dass Marktteilnehmer zukünftige (unsichere) Zahlungen – unabhängig ihrer Stellung – mit Sicherheit prognostizieren können. Ross (1977) hält gegenüber dieser zentralen Annahme des Kapitalstrukturirrelevanz-Theorems fest, dass in der Praxis der Unternehmenswert auf Basis der, gegenüber der vollkommenen Erwartung i. d. R. abweichenden,

---

399 Vgl. dazu Masulis (1980) S. 147; Harris/Raviv (1991) S. 306; Hermanns (2007) S. 63–64; 65.

400 Eine Trennung der Signalling-Theorie von den Agency-theoretischen Überlegungen des vorangehenden Abschnitts ist letztlich nicht möglich. So listen etwa Barnea et al. (1981) die mit der Signalling-Theorie beschriebenen Probleme als ersten denkbaren Agency-Konflikt. Vgl. dazu Barnea et al. (1981) S. 8. Eine inhaltliche Trennung erleichtert an dieser Stelle jedoch das Verständnis beider Theoriestränge.

401 Vgl. dazu Schneider (2010) S. 22.

402 Ross (1977) S. 24.

403 Vgl. dazu Ross (1977) S. 24. Die Arbeit von Ross (1977) schließt damit neben den Überlegungen zur Agency-Theorie die auch in der empirischen Literatur zu erkennende Abkehr von dem Einfluss der Determinante des Wertvorteils der Fremdfinanzierung ein.

Markterwartung bestimmt wird.[404] Vergleichbar mit den Annahmen der Arbeit von Akerlof (1970),[405] geht Ross (1977) vereinfachend von einem Markt aus, auf dem lediglich zwei Unternehmensbeteiligungen, an Unternehmen A und B, gehandelt werden. In einer Welt mit vollkommenen Informationen, wie es für den Nachweis der Kapitalstrukturirrelevanz angenommen wurde, besteht keine Unsicherheit über die tatsächliche Qualität der am Markt befindlichen Unternehmensanteile. Das höhere zukünftige Auszahlungen generierende Unternehmen A wird unter dieser Prämisse – einer einfachen Barwertbeziehung folgend – am Kapitalmarkt höher bewertet werden als ein weniger leistungsfähiges Unternehmen B.[406] Löst man sich von der Annahme vollkommener Informationen – Marktteilnehmer können das profitablere Unternehmen A nicht von dem weniger profitablen Unternehmen B unterscheiden –, so zeigt die Arbeit von Ross (1977), dass sich Unternehmen A und B hinsichtlich der vom Markt vorgenommenen Bewertung nicht unterscheiden. Die Marktteilnehmer werden in diesem Fall lediglich bereit sein, einen mit der Wahrscheinlichkeit für das Vorliegen des Unternehmens A und B gewichteten, durchschnittlichen Unternehmenswert – es wird damit auch von einer durchschnittlichen Unternehmensqualität ausgegangen – für die Anteile der Unternehmen zu zahlen.[407] Folgt man den Überlegungen von Akerlof (1970), so kommt es an dieser Stelle zu einer Negativauslese. Mit Blick auf das von Ross (1977) gewählte Beispiel werden nur noch Eigentümer des Unternehmens B bereit sein, Unternehmensanteile zu einem überhöhten Marktpreis zu verkaufen, wohingegen sich das Unternehmen A, aufgrund der Unterbewertung vom Kapitalmarkt, zurückziehen wird.[408] Rationale Investoren werden diese Entwicklung in ihrer Investitionsentscheidung berücksichtigen, der Markt für Anteile an den Unternehmen A und B wird in der Folge zusammenbrechen.

Unter der Prämisse einer unvollkommenen Informationsverteilung kann es für Manager des Unternehmen A, die über vollständige Informationen zu den zukünftigen Erträgen des Unternehmens verfügen, sinnvoll sein, diese Informationen an die Investoren weiterzugeben, um den Kapitalmarkt vor einem Zusammenbruch

404 Ross (1977) spricht in diesem Zusammenhang von einem „[...] perceived stream of returns for the firm [...]“. Vgl. dazu Ross (1977) S. 25; Hermanns (2007) S. 66; Schneider (2010) S. 22.

405 Vgl. dazu Ross (1977) S. 27; Akerlof (1970) geht vereinfachend von zwei Ausprägungen der am Markt gehandelten Gebrauchtwagen aus. Vgl. dazu Akerlof (1970) S. 489.

406 Vgl. dazu Ross (1977) S. 25–26; Schneider (2010) S. 22–23; Barnea et al. (1981) S. 9. Ähnlich dazu auch Miglo (2011) S. 178–179.

407 Vgl. dazu u. a. Hermanns (2007) S. 66. Ross (1977) geht vereinfachend von risikoneutralen Marktteilnehmern aus. Vgl. Ross (1977) S. 26–27.

408 Hermanns (2007) geht im Kontrast dazu von einer Angebotsverknappung aus, die dazu führt, dass das leistungsfähigere Unternehmen A nicht ausreichend finanzielle Mittel zur Verfügung gestellt bekommt. Vgl. dazu Hermanns (2007) S. 66.

zu bewahren.[409] Das ertragsschwächere Unternehmen B hat in der Folge einen Anreiz, das Signal des ertragsstärkeren Unternehmens A nachzuahmen und die Marktteilnehmer so zu einer Überbewertung der Anteile des Unternehmens B zu verleiten.[410] Für den Fall, dass Signale an den Kapitalmarkt ohne Weiteres durch das „schlechtere" Unternehmen B imitiert werden können, verliert das Signal des Unternehmens A an Wert und ist nicht mehr zur Differenzierung der Unternehmen geeignet.[411] Barnea et al. (1981) bezeichnen – in Anlehnung an die Agency-Theorie – diese Fehlbewertung des Marktes, d. h. den Unterschied zwischen Marktbewertung und tatsächlichem Wert des Unternehmens, als Agency-Kosten der Signalling-Theorie.[412] Ross (1977) zeigt in Erweiterung des Ausgangsmodells, dass Manager, die über genaue Informationen zu den zukünftigen Erträgen der Unternehmen verfügen, für den Fall einer anteiligen Beteiligung am Unternehmenswert[413] einen Anreiz besitzen, verlässliche Signale an den Kapitalmarkt zu senden.[414] Manager des profitableren Unternehmens A haben so einen Anreiz, mehr Fremdkapital einzuwerben als die Manager des operativ schwächeren Unternehmens B. Manager des Unternehmens B, die, um ein falsches Signal an den Kapitalmarkt zu senden, Fremdkapital im Umfang des Unternehmens A aufnehmen, tragen im Falle der für Unternehmen B bei gleichem Fremdkapitalniveau wahrscheinlicheren Unternehmensinsolvenz anteilig die anfallende Insolvenzkosten.[415] Unter der Annahme wertmaximierender Manager, besteht für die Manager des Unternehmens A m. a. W. ein Anreiz, mit der Gestalt der Kapitalstruktur des Unternehmens ein verlässliches Signal über die tatsächliche Leistungsfähigkeit des Unternehmens zu senden. Ein Verzicht auf das Aussenden eines verlässlichen Signals führt zu einer Unterbewertung, die sich über das Entlohnungssystem bzw.

---

409 Vgl. Ross (1977) S. 25.

410 In der Literatur wird in diesem Zusammenhang in Anlehnung an die Arbeit von Ross (1977) auch vom „Moral Hazard" der Manager des Unternehmens B gesprochen. Vgl. dazu Ross (1977) S. 27; allgemeiner: Hermanns (2007) S. 64.

411 Vgl. Ross (1977) S. 27; Schneider (2010) S. 23.

412 Vgl. dazu Barnea et al. (1981) S. 9.

413 Insiderhandel wird im Modell von Ross (1977) vereinfachend ausgeschlossen, da Manager unter diesen Bedingungen einen Anreiz besitzen, falsche Signale an den Markt zu senden, um von der resultierenden Fehlbewertung zu profitieren. Vgl. dazu Ross (1977) S. 30–31.

414 Barclay/Smith (2005) halten das Interesse des Managements in der Signalling-Theorie wie folgt fest: „[...] corporate financing decisions are designed primarily to communicate managers' confidence in the firm's prospects [...]". Barclay/Smith (2005) S. 11.

415 Schneider (2010) spricht in diesem Zusammenhang allgemeiner davon, dass das Vergütungssystem sowohl den aktuellen wie auch den zukünftigen Unternehmenswert berücksichtigt. Miglo (2011) hält ergänzend fest, dass die Insolvenz des Unternehmens mit einem Reputationsverlust des Managers verbunden ist. Vgl. dazu Schneider (2010) S. 23; Miglo (2011) S. 179.

den gehaltenen Anteil auf das Vermögen des Managers auswirkt. Betrachtet man das Verhalten der Manager des ertragsschwächeren Unternehmens B, so besteht so lange kein Anreiz, ein falsches Signal zu senden, solange die Kosten dieses falschen Signals über dem Wertzuwachs durch die Fehlbewertung des Unternehmens stehen.[416] Unter der realitätsnäheren Annahme, dass Manager keine vollkommene Information über die zukünftige Entwicklung des Unternehmens besitzen, zeigt Ross (1977), dass ein aus Sicht des Managements wertoptimaler Verschuldungsgrad zur Signalisierung der tatsächlichen Leistungsfähigkeit des Unternehmens besteht.[417] Ross (1977) liefert mit seiner Arbeit ein Modell, das die Finanzierungsentscheidung der Unternehmen als Ergebnis einer Signalisierungsstrategie zum Abbau von Informationsasymmetrien zwischen Unternehmensinsidern und Unternehmensoutsidern und damit dem Abbau möglicher Fehlbewertungen des Unternehmens interpretiert.[418]

2.5.1.2. Zur Signalling-Theorie nach Leland/Pyle (1977)

Vergleichbar mit der Arbeit von Ross (1977), geht auch die Arbeit von Leland/Pyle (1977) davon aus, dass die Praxis – anders als die zuvor betrachtete Welt der statischen Trade-Off-Theorie – durch Informationsasymmetrien zwischen internen und externen Kapitalgebern gekennzeichnet ist.[419] Leland/Pyle (1977) argumentieren in Übereinstimmung zu den Überlegungen von Akerlof (1970) und Ross (1977), dass infolge der am Kapitalmarkt bestehenden Informationsasymmetrien für Unternehmensinsider ein Anreiz besteht, falsche Signale auszusenden und externe Kapitalgeber zu übervorteilen. Ist es Kapitalgebern nicht möglich, vorteilhafte und unvorteilhafte Projekte zu differenzieren, werden in der Arbeit von Leland/Pyle (1977) – in Analogie zu Ross (1977) – rationale Kapitalgeber diese Fehlsignale in ihre Erwartungen einpreisen und von einer durchschnittlichen Qualität der am Markt gehandelten Eigenkapitalanteile ausgehen.[420] Die Fehlbewertung der am Markt gehandelten Unternehmensanteile führt – Leland/Pyle (1977) sprechen diplomatisch von „[...] the potential supply of low quality projects may be very large [...]“[421] – zu dem bereits mit Blick auf die Arbeit von Ross (1977) beschriebenen Versagen des Kapitalmarktes. Vergleichbar zu den Überlegungen von Ross (1977), argumentieren Leland/Pyle (1977) in diesem Zusammenhang, dass

416 Vgl. dazu Ross (1977) S. 28–31; Hermanns (2007) S. 66–67; Schneider (2010) S. 23. Wie Ross (1977) festhält muss die Entlohnung des Managements letztlich einem Derivat auf den Unternehmenswert entsprechen und Fehlverhalten durch eine Verringerung der Entlohnung bestraft werden. Vgl. dazu Ross (1977) S. 32.

417 Vgl. dazu Ross (1977) S. 36.

418 Vgl. Ross (1977) S. 39.

419 Vgl. dazu Leland/Pyle (1977) S. 382.

420 Vgl. dazu Leland/Pyle (1977) S. 371; 383.

421 Leland/Pyle (1977) S. 371.

Unternehmensinsider ein Interesse besitzen, Kapitalgebern Informationen zur Vorteilhaftigkeit der angebotenen Unternehmensanteile zukommen zu lassen.[422]

Ausgehend von vergleichbaren Prämissen wie Ross (1977) – Unternehmen können externen Kapitalgebern Informationen weiterhin nicht verlässlich direkt mitteilen –[423], schlagen Leland/Pyle (1977) einen eigenständigen Weg zur Erklärung der Finanzierungsentscheidung des Unternehmens ein. Leland/Pyle (1977) entwickeln ein Signalisierungsmodell, das sich von dem Vorschlag von Ross (1977) deutlich unterscheidet. Unternehmensmanager[424] signalisieren die Vorteilhaftigkeit des Unternehmens bzw. zukünftiger Projekte über den von ihnen selbst gehaltenen Eigenkapitalanteil[425] und nicht – wie im Modell von Ross (1977) – über den Umfang, zu dem Fremdkapitalgeber am Unternehmen beteiligt werden.[426] Masulis (1980) spricht in diesem Zusammenhang daher davon, dass „[i]t is suggested that firms signal an increase in firm asset value by increasing leverage in Ross, and by decreasing leverage in Leland Pyle".[427] Leland/Pyle (1977) wählen – in Analogie zur Arbeit von Ross (1977) – die Auswirkung der Finanzierungsentscheidung auf das Vermögen des Managers als Startpunkt der Überlegungen. Neben einer Investition in ein Einzelunternehmen besteht im Modell von Leland/Pyle (1977) die Möglichkeit, freie Mittel in das Marktportfolio zu investieren. Rationale Unternehmensmanager werden versuchen, ihr Vermögen durch eine optimale Investitionsentscheidung, d. h. durch eine Aufteilung der freien Mittel zwischen einer Investition in Unternehmensanteile und das Marktportfolio, zu maximieren. Ausgehend von dem Ziel, das eingesetzte Vermögen zu maximieren, werden die Manager eine optimale Portfoliozusammensetzung bestimmen.[428] Der Anteil, den die Manager am Unternehmen halten, kann von externen Investoren im Gleichgewicht damit als ein verlässliches Signal der tatsächlichen Erwartungen des Managements bzw. für die Leistungsfähigkeit des Unternehmens interpretiert werden.[429] Marktteilnehmern interpretieren so einen steigenden Umfang der vom Management gehaltenen Mittel als ein positives Signal der zukünftigen Profitabilität des Unternehmens. Ein solch positives Signal an die externen Kapitalgeber führt in der

422 Vgl. dazu Leland/Pyle (1977) S. 371; 384.
423 Vgl. dazu Hermanns (2007) S. 68.
424 Leyland/Pyle (1977) sprechen an dieser Stelle etwas spezieller von Unternehmensgründern. Vgl. dazu Leland/Pyle (1977) S. 371.
425 Vgl. dazu Leland/Pyle (1977) S. 376; 384; Schneider (2010) S. 23.
426 Vgl. dazu u. a. Hermanns (2007) S. 67. Eine Aufnahme von Fremdkapitalmitteln führt im Modell von Leland/Pyle (1977) daher nur im Fall einer Veränderung des Anteils der Eigenkapitalgeber zu einer Veränderung der Marktbewertung. Vgl. dazu Leland/Pyle (1977) S. 382.
427 Masulis (1980) S. 147.
428 Vgl. dazu u. a. Schneider (2010) S. 24. Der Anteil des Unternehmens am Gesamtportfolio hängt dabei vom Wert des Unternehmens ab. Vgl. dazu Leland/Pyle (1977) S. 381.
429 Vgl. dazu Leland/Pyle (1977) S. 373–375; Hermanns (2007) S. 67.

Folge zu einem Anstieg der Verschuldungskapazität des Unternehmens. Analog dazu wird der Kapitalmarkt einen geringen Anteil der Unternehmensinsider am Unternehmen als ein negatives Signal auffassen, das die Verschuldungskapazität des Unternehmens senkt.[430] Anders als in dem von Modigliani/Miller (1958) postulierten Kapitalstrukturirrelevanz-Theorem, hat auch im Modell von Leland/Pyle (1977) die Finanzierungsentscheidung des Unternehmens aufgrund der in der Praxis üblichen ungleichen Informationsverteilung eine Signalfunktion für externe Kapitalgeber.[431] Es besteht damit auch im Modell von Leland/Pyle (1977) und vergleichbar zum Modell von Ross (1977) ein optimaler Verschuldungsgrad, der ein verlässliches Signal der Leistungsfähigkeit des Unternehmens an den Kapitalmarkt sendet.

2.5.2. Zur Bedeutung der Signalling-Theorie als Erklärungsansatz der Finanzierungsentscheidung in der Praxis

Blickt man auf die Bedeutung, die der Signalling-Theorie in der Literatur zugemessen wird, so zeigt sich ein gemischtes Bild. Der Kerninhalt der Signalling-Theorie, dass Finanzierungsmaßnahmen des Unternehmens die Wahrnehmung der Marktteilnehmer auf das Unternehmen verändern können und damit geeignet sind, Informationsasymmetrien abzubauen, erfährt so in der Literatur weitgehende Zustimmung. Hermanns (2007) hält, stellvertretend für die grundsätzliche Zustimmung in der Literatur, so fest: „Unbestritten ist, dass Maßnahmen zur Veränderung der Kapitalstruktur von Unternehmen in der Praxis zu Reaktionen führen."[432] Schwieriger, hieran knüpft auch die in der Literatur zu findende Kritik an, ist es jedoch, den Effekt der Signalisierungswirkung sowohl theoretisch als auch empirisch näher zu quantifizieren.[433] Fragt man m. a. W. nicht nur grundsätzlich danach, ob die Finanzierungsentscheidungen Auswirkungen auf den Unternehmenswert haben – also im Gegensatz zum Irrelevanz-Theorem relevant sind –, sondern danach, wie der Signalisierungseffekt die Kapitalstruktur in der Praxis formt, so stößt die Signalling-Theorie rasch an Grenzen. Brennan (1995) hält mit Blick auf die empirische Forschung daher fest, dass der Einsatz von Fremdkapitalinstrumenten im Sinne der Signalling-Theorie in empirischen Untersuchungen zwar eine Signalisierungswirkung entfaltet,[434] es in einem weiteren Schritt jedoch

430 Vgl. dazu Leland/Pyle (1977) S. 376; Hermanns (2007) S. 68.
431 Vgl. dazu Leland/Pyle (1977) S. 381.
432 Hermanns (2007) S. 69.
433 Vgl. dazu bereits Masulis (1980) S. 147.
434 Folgt man der Einschätzung von Miglo (2011), ist die empirische Evidenz zugunsten der Signalling-Theorie bestenfalls als gemischt zu betrachten. Vgl. dazu Miglo (2011) S. 180; ähnlich Barclay/Smith (2005) S. 14–15. Dies kann u. a. darauf zurückzuführen sein, dass der Informationsgehalt der Finanzierungsentscheidung bestenfalls indirekt gemessen werden kann. So halten u. a. Barclay/Smith (2005) fest, dass es

i. d. R. nicht möglich ist, die konkrete Finanzierungsentscheidung des Unternehmens, d. h. die konkrete Wahl der Finanzierungsinstrumente, zu erklären.[435] Die Aussagekraft der Signalisierungstheorie ist damit begrenzt und kann mit Blick auf das Ziel der Erklärung der Kapitalstruktur des Unternehmens als vergleichsweise kurzsichtig bezeichnet werden. Warum die Erklärungskraft der Signalling-Theorie mit Blick auf die Erklärung der realisierten Kapitalstruktur begrenzt ist, zeigt sich, blickt man auf die Überlegungen der Arbeiten von Ross (1977) und Leland/Pyle (1977) zurück. Sowohl im Modell von Ross (1977) als auch Leland/Pyle (1977), können Unternehmen mit der Finanzierungsentscheidung die wahre Qualität des Unternehmens gegenüber den Marktteilnehmern signalisieren. Notwendig ist ein solches Signal in beiden Modellen zunächst jedoch nur für den Fall, in dem das Unternehmen mit der Absicht an den Kapitalmarkt herantritt, externes Kapital zur Finanzierung neuer Investitionsprojekte einzuwerben. Löst man sich von dem konkreten Fall der Aufnahme externen Kapitals, verliert die Finanzierungsentscheidung – anders als aus Sicht der „klassischen“ oder aber erweiterten Trade-Off-Theorie – ihren Mehrwert bzw. Einfluss auf den Unternehmenswert.[436] Der wahre Unternehmenswert bzw. die tatsächliche Leistungsfähigkeit des Unternehmens ist den Kapitalgebern mit der Finanzierungsentscheidung bekannt und wird dementsprechend in der Marktbewertung berücksichtigt.[437] Die realisierte Kapitalstruktur zeichnet, legt man die m. E. nach wohl begründete Vermutung zugrunde, dass das Finanzierungsverhalten des Unternehmens nur einen Zeitpunkteffekt hat,[438] m. a. W. vor allem ein Bild der vergangenen Signalisierungsstrategie des

in der Praxis regelmäßig nicht messbar ist, ob das Management über Insider-Informationen verfügt. Vgl. dazu Barclay/Smith (2005) S. 9.

435 Vgl. dazu Brennan (1995) S. 13.

436 An dieser Stelle könnte man zwar darauf verweisen, dass ein dauerhaft hoher Fremdkapitalbestand auch in den Phasen, in denen das Unternehmen kein frisches Kapital benötigt, es erlaubt, zwischen leistungsstarken und leistungsschwachen Unternehmen zu differenzieren. Einen unmittelbaren Wertbeitrag bringt der „historische“ Verschuldungsgrad jedoch erst wieder mit dem Gang an den Kapitalmarkt.

437 Vgl. dazu Miglo (2011) S. 179.

438 Das Abstellen auf einen Zeitpunkteffekt erscheint – wie die Vorüberlegungen zeigen – durchaus begründbar zu sein. Man könnte an dieser Stelle so geneigt sein, eine Analogie zu einer Verkehrsampel zu ziehen. Die Finanzierungsentscheidung kann – unterstellt man einen dauerhaften Signalcharakter – wie ein Umschalten der Ampelphasen interpretiert werden. Das Umschalten auf eine Grünphase entspricht letztlich dem positiven Signal der Leistungsfähigkeit eines Unternehmens. Nach dem Umschalten bzw. in der Folge des Finanzierungssignals erinnert das Signal, dass sich die Lage nicht geändert hat. Fußgänger bzw. Investoren werden in der Folge ihr Verhalten nicht ändern und weiteres Kapital zur Verfügung stellen. Die Analogie zu den Ampelphasen ist jedoch aus mehreren Gründen unvollkommen. Einerseits sind Ampelphasen wohldefiniert, d. h., auf eine Grünphase folgt unweigerlich eine Rotphase. Soll das Finanzierungssignal werthaltig sein, muss es möglich sein, mehrere Grünphasen nacheinander signalisieren zu können. Stellt man nun

Unternehmens nach. Eine etwas andere Einschätzung dazu vertreten dagegen Barnea et al. (1981), die festhalten, dass sich der Signalisierungseffekt der Finanzierungsentscheidung nicht allein auf neue Projekte beschränkt, sondern auch bei fortlaufenden Projekten einen Informationswert besitzt.[439] Es fällt damit schwer, die Signalling-Theorie in die statische Trade-Off-Theorie zu integrieren,[440] die der Finanzierungsentscheidung eine dauerhafte Bedeutung zumisst.[441] Der Werteffekt der Signalwirkung der Finanzierungsentscheidung ist aufgrund der Flüchtigkeit damit empirisch nur schwer zu quantifizieren.[442] Die Signalling-Theorie ähnelt in den Auswirkungen auf die Finanzierungsentscheidung vielmehr dem von Miller (1977) zeitgleich (erneut) postulierte Theorem der Kapitalstrukturirrelevanz wie auch der weitaus später in der Literatur diskutierten Market-Timing-Theorie.[443] Die in der Literatur zu findende Diskussion gemeinsam mit den Arbeiten von Myers/Majluf (1984) zeigt zugleich die starken Querverbindungen, die von der Signalling-Theorie zur Pecking-Order- Theorie bestehen.[444] Kritiker der Signalling-Theorie halten neben der Begrenztheit der Aussagekraft zudem fest, dass die

---

darauf ab, dass sich Unternehmen regelmäßig schwankenden Rahmenbedingungen ausgesetzt sehen, die Einfluss auf den Unternehmenswert nehmen, besitzt ein historisches Signal – abseits von Reputationseffekten – m. E. nach in erster Linie einen Erinnerungswert. So dürfte das grüne Signal für später ankommende Fußgänger bedeutsamer sein als historische Finanzierungsentscheidungen des Unternehmens für später auf den Markt tretende Marktteilnehmer.

439 Vgl. dazu Barnea et al. (1981) S. 9. Dieser Einschätzung ist nicht unumwunden zuzustimmen. Zunächst geht man davon – dies dürfte der Praxis durchaus gerecht werden – aus, dass auch der Informationshorizont der Manager begrenzt ist, also nur ein unvollkommenes Signal an den Kapitalmarkt gesendet werden kann. Blendet man mögliche Reputationseffekte aus, kann man – diese Argumentation wird im Abschnitt zur atmenden Finanzierungspolitik nochmals aufgegriffen werden – nicht davon ausgehen, dass Unternehmen, dessen Zukunftsaussichten sich dramatisch verschlechtern, durch die Reduzierung des bereits eingeworbenen Fremdkapitals diese schlechten Nachrichten nach außen tragen.

440 Eine ähnliche Einschätzung vertritt Myers (1984) der festhält, dass Trade-Off-Theorie und Signalling-Theorie nur durch Elemente der Pecking-Order-Theorie vereinbar sind. Vgl. dazu Myers (1984) S. 587.

441 Dies bedeutet jedoch nicht, dass der Signalling-Theorie nicht selbst ein Trade-Off zugrunde liegt. Die Vorüberlegungen haben gerade das Gegenteil gezeigt.

442 Es scheint daher nicht verwunderlich, dass die empirische Forschung den Effekt, der aus der Finanzierungsentscheidung erwächst, mit „event studies" zu messen versucht. Vgl. dazu u. a. Brennan (1995) S. 12.

443 Man kann hier argumentieren, dass die später beleuchtete Market-Timing-Theorie die Überlegungen der Signalling-Theorie verkehrt, d. h., das Unternehmen reagiert in der Market-Timing-Theorie auf das Signal der Marktbewertung der Anteile am Unternehmenswert und nicht vice versa.

444 Vgl. dazu Brennan (1995) S. 12; Harris/Raviv (1991) S. 306; Barclay/Smith (2005) S. 8; Schneider (2010) S. 28.

Finanzierungsentscheidung nicht der alleinige Weg sein muss, um Signale der tatsächlichen Leistungsfähigkeit des Unternehmens an den Kapitalmarkt zu senden. So argumentiert u. a. Schneider (2010), dass die Finanzierungsentscheidung in den Modellen von Ross (1977) und Leland/Pyle (1977) auch als ein Platzhalter für die Signalwirkung der Ausschüttungs- und Investitionspolitik interpretiert wird, die in der Literatur ergänzend diskutiert werden.[445] Blickt man auf die Komplexität der Praxis, der Entscheidungsraum der Marktteilnehmer beschränkt sich i. d. R. nicht allein auf eine Entscheidung zwischen Unternehmen A und B, erscheint der Erklärungsansatz der Signalling-Theorie i. d. R. zu unterkomplex für die Praxis.[446] Die Reichweite der Signalling-Theorie für die Beschreibung der Finanzierungsentscheidung des Unternehmens ist damit beschränkt. Hermanns (2007) fasst so die mit Blick auf die Signalling-Theorie vorgetragene Kritik eingängig zusammen, dass „[...] der Beitrag zur Erklärung beobachtbarer Kapitalstrukturen hingegen [...] als marginal einzuschätzen [ist]“.[447]

2.6. Zur Integration Agency-theoretischer Überlegungen in die Trade-Off-Theorie

Ausgehend von der unzureichenden empirischen Erklärungskraft der statischen Trade-Off-Theorie, hat die Literatur, durch die Betrachtungen der mit einer teilweisen Fremdfinanzierung bestehenden Agency-Konflikte, die Überlegungen zu den Einflussfaktoren auf Finanzierungsentscheidungen des Unternehmens um einen zentralen Aspekt erweitert. Interessenkonflikte zwischen Eigenkapitalgeber und Management bzw. zwischen Eigenkapitalgeber und Fremdkapitalgeber führen – ohne dabei den für das Kapitalstrukturirrelevanz-Theorem gewählten Annahmerahmen zwingend zu verbreitern – zur Relevanz der Finanzierungsentscheidung der Unternehmen. Dies haben die Überlegungen der vorangehenden Abschnitte gezeigt. Wie sich die Finanzierungsentscheidung auf den Unternehmenswert auswirkt, hängt dabei von dem Blickwinkel ab, mit dem man auf die Finanzierungsentscheidung blickt. Arbeiten, die die Beziehung zwischen dem Management des Unternehmens und den Eigenkapitalgebern näher betrachten, stellen insbesondere auf die disziplinierende Wirkung einer teilweisen Finanzierung mit Fremdkapital auf das Verhalten eines oftmals nur marginal am

---

445 Vgl. dazu Schneider (2010) S. 25. Die Arbeit u. a. von Yoon/Starks (1995) gibt einen kurzen Überblick zur Agency-theoretischen Motivation der Dividendenpolitik als verlässliches Signal der Qualität des Unternehmens. Vgl. dazu Yoon/Stark (1995) S. 996–997.

446 Diese Anmerkung halten so u. a. Schneider (2010) und Hermanns (2007) übereinstimmend fest. Vgl. dazu Schneider (2010) S. 25; Hermanns (2007) S. 69.

447 Vgl. dazu Hermanns (2007) S. 69. Vergleichbar äußert sich Schneider (2010), der festhält, dass „[d]ie grundsätzliche Eignung der Signalisierungsmodelle zur Erklärung der Kapitalstruktur [...] überdies fraglich [ist]“. Schneider (2010) S. 25.

Unternehmen beteiligten Managements ab. Neben einer Überwachungsfunktion für die Entscheidungen des Managements, entzieht der Einsatz von Fremdkapital dem Unternehmen dauerhaft freie Mittel und schränkt somit die Möglichkeit der Unternehmensleitung ein, Entscheidungen gegen die Interessen der Eigenkapitalgeber zu treffen. Aus Agency-theoretischer Sicht erwächst den Unternehmen, über die steuermindernde Wirkung des Einsatzes von Fremdkapitalinstrumenten hinaus, durch die Verringerung wertvernichtender Agency-Konflikte bzw. als Substitut einer mit Kosten verbundenen Überwachung des Verhaltens des Managements ein positiver Wertbeitrag.

Verkürzt ausgedrückt, wächst auf Basis dieser Überlegungen die Disziplinierungswirkung, die auf das Management wirkt, mit dem Umfang des eingesetzten Fremdkapitalbestandes. Stellt man allein auf diesen Effekt ab, strebt man – vergleichbar mit der Arbeit von Modigliani/Miller (1963) – in Richtung einer Extremlösung, die sich durch den ausschließlichen Einsatz von Fremdkapital auszeichnet. Wie die Arbeiten, die sich näher mit den Interessenkonflikten zwischen Eigen- und Fremdkapitalgebern beschäftigten, gezeigt haben, wird die disziplinierende Wirkung des Einsatzes von Fremdkapital jedoch durch das Auslösen bzw. die Verstärkung des Konflikts zwischen Eigen- und Fremdkapitalgebern erkauft: Haftungsbeschränkte Eigenkapitalgeber besitzen sowohl den Anreiz als auch eine Reihe von Strategien, den Wert des Eigenkapitals, nicht jedoch den Wert des Unternehmens zu maximieren und somit die Fremdkapitalgeber letztlich zu entreichern. Entgegengesetzt zum Interessenkonflikt zwischen Management und Anteilseignern, wächst der Anreiz der Eigenkapitalgeber an einem für die Fremdkapitalgeber wertschädigendem Verhalten mit dem Umfang des zur Finanzierung des Unternehmens eingesetzten Fremdkapitals. Rationale Fremdkapitalgeber werden diese Agency-Kosten bereits im Vorfeld antizipieren und durch erhöhte Renditeforderungen bzw. durch eine entsprechende Vertragsgestaltung zu kompensieren suchen. Ein Großteil der Agency-Kosten verbleibt damit an dieser Stelle bei den Eigenkapitalgebern. Auf Basis der Überlegungen der Agency-Theorie lässt sich eine eigenständige, d. h. in sich geschlossene Trade-Off-Theorie, aus dem Wertbeitrag und den Kosten des Einsatzes von Fremdkapitalinstrumenten ableiten, ohne dabei auf den Aspekt der Insolvenzkosten bzw. der steuerreduzierenden Wirkung des Einsatzes von Fremdkapital der „klassischen" Trade-Off-Theorie abstellen zu müssen. Es kann dennoch, dies wird in Teilen der Agency-theoretischen Literatur gemacht, eine Brücke zur „klassischen" Trade-Off-Theorie gebaut werden, und sowohl die Überlegungen der statischen Trade-Off-Theorie als auch der Agency-theoretischen Überlegungen in einer einheitlichen Trade-Off-Überlegung betrachtet werden.[448] Schneider (2010) spricht mit Blick auf die um die Überlegungen zum Agency-Konflikt erweiterte Trade-Off-Theorie auch von der integrierten Trade-Off-Theorie.[449] Wie Schneider (2010) festhält, wird mit der Erweiterung der geschlossene modelltheoretische

448 Vgl. dazu Masulis (1980) S. 142–143.
449 Vgl. dazu bereits Berens/Cuny (1995) S. 1187.

Rahmen der statischen Trade-Off-Theorie verlassen. Die integrierte Trade-Off-Theorie ist in der Folge so auch nur noch in Teilaspekten empirisch überprüfbar.[450] Die Kompatibilität der Agency-theoretischen Überlagerungen und der statischen Trade-Off-Theorie ergeben sich – wie bereits festgehalten wurde – neben dem beiden Überlegungen gemeinsamen Trade-Off-Gedanken durch den nachhaltigen Effekt, den die Finanzierungsentscheidung auf den Unternehmenswert ausübt. Für die spätere Betrachtung der Finanzierungsannahmen in der Unternehmensbewertungspraxis ist bedeutsam, blendet man Transaktionskosten vereinfachend aus, dass Unternehmens hin zu einem wertoptimalen Verschuldungsgrad streben werden.[451] Blickt man – dies hat der vorangehende Abschnitt 2.5. gemacht – dagegen auf die Signalling-Theorie nach Ross (1977) bzw. Leland/Pyle (1977), so zeigt sich ein anderes Bild. Zwar nimmt auch die Signalling-Theorie Anleihe an Agency-theoretischen Überlegungen, unprofitable Unternehmen haben so einen Anreiz, die Signale der profitablen Unternehmen zu imitieren und damit uninformierte Marktteilnehmer zu übervorteilen.

Wie der vorangehende Abschnitt gezeigt hat, steht für die Signalling-Theorie jedoch dominierend der Versuch des Abbaus bestehender Informationsasymmetrien zwischen Unternehmensinsidern und Kapitalmarkt im Vordergrund. Die Finanzierungsentscheidung als Signal der tatsächlichen Unternehmensqualität kann im Rahmen der Signalling-Theorie dabei i. d. R. als einmaliger Effekt interpretiert werden.[452] Marktteilnehmer erkennen zum Zeitpunkt, zu dem das Unternehmen an den Kapitalmarkt herantritt, auf Basis der eingeschlagenen Finanzierungsstrategie den tatsächlichen Wert des Unternehmens. In der Folge ist es – im Kontrast zu den „klassischen“ Agency-theoretischen Überlegungen – dagegen fraglich, ob die Marktteilnehmer aus den dann in den Marktwert eingepreisten Informationen einen Mehrwert ziehen können. Die Finanzierungsentscheidung im Rahmen der Signalling-Theorie kann m. a. W. zwar auch als eine Form des Trade-Offs der Kosten des Signals und der Eindeutigkeit interpretiert werden. Kompatibel zu den vorangehenden, unter dem Überbegriff der integrierten Trade-Off-Theorie zusammengefassten Überlegungen, erscheint diese Abwägung jedoch nicht zu sein. Umfassen die zunächst betrachteten Trade-Off-Überlegungen doch einen

450 Vgl. dazu Schneider (2010) S. 21. Das Aufbrechen des starren Gerüsts der „klassischen“ Trade-Off-Theorie bedeutet dabei nicht zwingend einen Nachteil, kann doch die integrierte Trade-Off-Theorie nun auch empirisch getrieben – dies wurde in der Folge gemacht – erweitert werden. Diesen Aspekt scheint Schneider hervorzuheben, wenn er von der integrierten Trade-Off-Theorie als einem übergeordneten Denkmodell spricht. Vgl. ebda.

451 Vgl. dazu Myers (1984) S. 577.

452 Wie die vorangehenden Abschnitte gezeigt haben, findet sich in der Literatur auch die Einschätzung, dass die Kapitalstruktur ein dauerhaftes Signal aussendet. Auch wenn dieser Einschätzung auf den ersten Blick zuzustimmen ist, steht der Verlässlichkeit dieses Signals m. E. nach jedoch das sich regelmäßig ändernde Unternehmensumfeld entgegen.

zeitkontinuierlichen Prozess, während die Signalling-Theorie in erster Linie eine Reihe zeitdiskreter und letztlich auch in einem gewissen Maß unabhängige Entscheidungen aneinanderreiht.[453] Deutlich wird der Unterschied, blickt man auf die realisierten Verschuldungsgrade als Ergebnis der vergangenen Finanzierungsentscheidungen. Für die statische Trade-Off-Theorie und die Agency-theoretischen Überlegungen stellt der realisierte Verschuldungsgrad unabhängig vom Betrachtungszeitpunkt damit im Idealfall ein Optimum dar,[454] wohingegen der realisierte Verschuldungsgrad für die Signalling-Theorie primär das Ergebnis der vergangenen Signalisierungsentscheidung darstellt, der für die weitere Entwicklung des Unternehmens nicht zwingend optimal sein muss.[455] Richtet man den Blick auf die Beurteilung alternativer Finanzierungspolitiken in der Unternehmensbewertung, so entzieht sich die Signalling-Theorie aufgrund des Zeitpunkteffekts weitgehend greifbaren Kriterien. Für eine autonome Finanzierungspolitik würde sprechen, dass Unternehmen nach dem Aussenden eines einmaligen Signals an der realisierten Kapitalstruktur festhalten werden, während man zugunsten einer wertabhängigen Finanzierungspolitik ausführen kann, dass Kapitalgeber bemüht sind, ein gleichbleibendes Signal an den Kapitalmarkt zu senden. Trennscharf erscheinen solche Kriterien nicht zu sein, sodass die eher untergeordnete Rolle der Signalling-Theorie für die Überlegungen des Kapitels II nicht verwunderlich erscheint.

Der vorangehende Abschnitt hat festgehalten, dass die Signalling-Theorie damit eine stärkere Verbindung zu in der Folge betrachten Finanzierungsentscheidung aufweist als zur „klassischen" oder aber integrierten Trade-Off-Theorie. Wie u. a. der Blick auf die Kritik von Miller (1977) im nachfolgenden Abschnitt zeigen wird, hält Miller (1977) die realisierte Kapitalstruktur, in gewisser Weise vergleichbar zu den Überlegungen zur Signalling-Theorie, für ein Ergebnis vergangener heuristischer Finanzierungsentscheidungen, der i. d. R. keine weitere Aussagekraft innewohnt. In der Literatur hat sich mit Blick auf die Überlegungen von Miller (1977) daher auch der Begriff der „neutral mutations" eingebürgert.[456] Dieser Erklärungsansatz der Finanzierungsentscheidung wird im nachfolgenden Abschnitt 2.7. kurz näher beleuchtet werden. Ähnlichkeiten der Signalling-Theorie bestehen – wie bereits hervorgehoben wurde – auch mit Blick auf die Market-Timing-Theorie,

453 Nicht abgedeckt durch die Signalling-Theorie werden letztlich die zwischen den Finanzierungspunkten liegenden Zeitfenster. Können sich in diesen Zeiträumen doch die Gewichtung von Eigenkapital bzw. Fremdkapital aufgrund von Ausschüttungsentscheidungen bzw. einer Veränderung des wirtschaftlichen Erfolgs der Unternehmen verschieben.

454 Der später noch zu betrachtende Einfluss von Transaktionskosten, die eine Realisation einer optimalen Kapitalstruktur hemmen können, sei an dieser Stelle vereinfachend ausgeblendet.

455 Zugunsten der Signalling-Theorie könnte man an dieser Stelle mutmaßen, dass der Signalcharakter auch bei ggü. der statischen Trade-Off-Theorie gröberen Signalen erhalten bleibt.

456 Vgl. dazu etwa Schneider (2010) S. 16; Brennan (1995) S. 12; Hermanns (2007) S. 80.

dies wird in den Abschnitten zu den jüngeren Kapitalstrukturtheorien (Abschnitt 3.4.2.) deutlich. Die Signalling-Theorie stellt m. a. W. einen Ausgangspunkt dar, um die Finanzierungsentscheidung der Praxis abseits der integrierten Trade-Off-Theorie erklären zu können.

Kritik und Abkehr von den Überlegungen der Trade-Off-Theorie

2.7. Zur Rückkehr zum Theorem der Kapitalstruktur-Irrelevanz

Die im vorangehenden Abschnitt beleuchtete Erweiterung der statischen Trade-Off-Theorie um Agency-theoretische Aspekte stellte eine der denkbaren Antworten der Literatur auf die als ungenügend empfundene empirische Erklärungskraft der statischen Trade-Off-Theorie dar. Miller (1977) – dies wird dieser Abschnitt zeigen – wählte gegenüber den Agency-theoretischen Überlegungen eine radikalere Antwort auf die Frage, warum es der statischen Trade-Off-Theorie nur unzureichend gelungen ist, die in der Praxis zu beobachtenden Verschuldungsgrade zu erklären. Die Kritik von Miller (1977) greift dabei die Erklärungskraft der beiden zentralen Komponenten der klassischen Trade-Off-Theorie, d. h. die Bedeutung der Insolvenzkosten[457] und des mit der Fremdfinanzierung einhergehenden Steuervorteils, zugleich an.[458] Die Arbeit von Miller (1977) erweitert dazu in einem ersten Schritt die Rahmenbedingungen der Überlegungen der Trade-Off-Theorie um den Aspekt einer Steuerbelastung auf Ebene der Anteilseigner. Unter Annahme eines weiterhin asymmetrischen Steuersystems – Einkünfte aus Investitionen in Fremdkapital werden anders behandelt als Einkünfte aus einer Investition in Eigenkapitalanteile –, zeigt Miller (1977), dass sich ein Marktgleichgewicht einstellen wird, in dem die Finanzierungsentscheidung des Unternehmens zu keinem Wertbeitrag führt. Auf Basis dieses Ergebnisses postuliert Miller (1977) die Rückkehr zum Theorem der Kapitalstrukturirrelevanz. Wie der folgende Abschnitt zeigt, hat diese Schlussfolgerung Millers (1977) in der Folge nur verhaltene Unterstützung erfahren. Für die weitere Forschung bedeutsam war insbesondere der Hinweis auf das Glaubwürdigkeitsproblem, das die zentralen Argumente der Trade-Off-Theorie in der Praxis regelmäßig aufweisen. Die Kritik von Miller (1977) an den Annahmen der Trade-Off-Theorie trug einerseits zu einer Weiterentwicklung der Trade-Off-Theorie bei, andererseits zu einer in der Folge zu beobachtenden Abkehr von der Trade-Off-Theorie.

---

457 Zu einem kurzen Überblick über die Arbeiten, die Insolvenzkosten als zentralen Parameter der Trade-Off-Theorie eingeführt haben, vgl. Masulis (1980) S. 142.

458 Die in den vorangehenden Abschnitten beschriebenen Erweiterungen haben dagegen der Finanzierungsentscheidung ausgewählte Determinanten hinzugefügt.

2.7.1. Zur Neutral-Mutation-Hypothese nach Miller (1977)

In seiner 1977 veröffentlichten Rede, als Präsident der American Finance Association, kritisierte Miller die sich aus dem ursprünglichen Kapitalstrukturirrelevanz-Theorem in den Folgejahren abgeleitete Trade-Off-Theorie. Vergleichbar zu den im vorangehenden Abschnitt betrachteten Agency-theoretischen Überlegungen, nimmt Miller (1977) insbesondere Anstoß an der fehlenden Überzeugungskraft der klassischen Trade-Off-Theorie, die Finanzierungsentscheidungen der Praxis zu erklären. Im Fokus seiner Kritik stehen dabei die zentralen Komponenten der Trade-Off-Überlegung, der steuermindernde Effekt der Zahlungen an die Fremdkapitalgeber sowie die Bedeutung der Insolvenzkosten als das ausgleichende Gegengewicht. Den Blick auf die Befunde der empirischen Forschung zur Bedeutung von Insolvenzkosten gerichtet, hält Miller (1977) fest, dass Insolvenzkosten in der Praxis i. d. R. nicht ausreichen werden, um im Sinne der Trade-Off-Theorie den Wertbeitrag der Fremdfinanzierung ausgleichen zu können und so das Gleichgewicht eines optimalen Verschuldungsgrades herzustellen.[459] Die überraschend hohe Stabilität der in der Praxis bis in die 1950er-Jahre realisierten Verschuldungsgrade veranlasst Miller (1977) mit Blick auf die sich in diesem Zeitraum dramatisch verändernden steuerlichen Rahmenbedingungen zu der auch aus Sicht des Wertbeitrages der Fremdfinanzierung bedeutsamen Frage, inwieweit diese Entwicklung der Praxis mit der Trade-Off-Theorie in Einklang zu bringen ist. Wird die Finanzierungsentscheidung im Rahmen der Trade-Off-Theorie doch durch eine Abwägung der im Betrachtungszeitraum gewachsenen steuerlichen Wertbeiträge und der in der Praxis regelmäßig vernachlässigbaren Insolvenzkosten beschrieben.[460] Miller (1977) folgert aus dem, aus dem Blickwinkel der Trade-Off-Theorie, empirischen Widerspruch, dass sowohl die mit dem Einsatz von Fremdkapital verbundenen Insolvenzkosten als auch der Steuervorteil des Fremdkapitals im Rahmen der Trade-Off-Theorie überschätzt werden.[461] Infolge dieser Schwäche schlägt Miller (1977) eine Rückkehr zur Annahme der Kapitalstrukturirrelevanz auch in einer Welt vor, in der Zahlungen an Fremdkapitalgeber die Steuerlast der Unternehmen reduzieren.[462] Unter der – mit Blick auf das ursprüngliche Kapitalstrukturirrelevanz-Theorem ergänzenden – Annahme persönlicher Steuern auf Fremd- und Eigenkapital, zeigt Miller (1977), dass der, durch eine teilweise

---

459 Vgl. dazu Miller (1977) S. 262–263; Barton/Gordon (1987) S. 69. Zu einer Zusammenfassung der Überlegungen der Trade-Off-Theorie vgl. Masulis (1980) S. 142.

460 Myers (1977) argumentiert, dass unter der Prämisse der „klassischen" Trade-Off-Theorie mit einer deutlichen Veränderung der steuerlichen Rahmenbedingungen sich auch eine Veränderung des eingesetzten Fremdkapitals nach sich hätte ziehen müssen. Dieser Effekt war in der Praxis jedoch gerade nicht zu beobachten. Vgl. dazu Miller (1977) S. 264–265. Ähnlich dazu auch Abschnitt 2.3.

461 Vgl. dazu Miller (1977) S. 266.

462 Vgl. dazu Schneider (2010) S. 15. Für eine stichpunkartige Aufzählung der Annahmen des Modells von Miller (1977). vgl. Hermanns (2007) S. 26.

Fremdfinanzierung ausgelöste, Steuervorteil in Abhängigkeit zur Ausgestaltung des Einkommensteuersystems nicht mehr voll gehoben werden kann und sich ein Marktgleichgewicht einstellt in dem die Finanzierungsentscheidung des Unternehmens keinen Wertbeitrag besitzt.

Die Verbindung zu den Ergebnissen vorangehender Arbeiten verdeutlicht Miller (1977) auf Grundlage einer Fallunterscheidung, die unterschiedliche Ausgestaltungen des Steuersystems auf Investorenebene unterscheidet. Für den Fall, dass eine Besteuerung auf der Ebene der Investoren vereinfacht ausgeblendet wird bzw. das Einkommensteuersystem nicht zwischen den Zahlungen an die Eigen- bzw. Fremdkapitalgeber differenziert, ergibt sich der aus der Arbeit von Modigliani/Miller (1963) bekannte periodische Steuervorteil der Fremdfinanzierung. In dieser Fallkonstellation kann m. a. W. der Steuervorteil der Fremdfinanzierung auf Unternehmensebene voll gehoben werden und der Unternehmenswert durch eine fast gänzliche Finanzierung mit Fremdkapital maximiert werden. Wechselt man zu dem Fall eines asymmetrischen Steuersystems, in dem Zahlungen an die Eigen- und Fremdkapitalgeber einer ungleichen Steuerlast unterliegen, kann nicht länger davon ausgegangen werden, dass der Wertbeitrag der Fremdfinanzierung auf Unternehmensebene voll gehoben werden kann. Miller (1977) zeigt in einer – in der Folge mit Blick auf das sich einstellende Marktgleichgewicht näher betrachteten – Überlegung, dass im Fall einer höheren Einkommensteuerbelastung der Zahlungen an die Fremdkapitalgeber der ursprüngliche Wertbeitrag der Fremdfinanzierung nicht mehr in voller Höhe gehoben werden kann. Rationale Fremdkapitalgeber werden die höhere Steuerlast ihrer Einkünfte aus der Fremdkapitalbereitstellung antizipieren und durch die Forderung einer höhere Verzinsung vor Steuern zu kompensieren suchen.[463] Der im Modell von Modigliani/Miller (1963) – also einer Welt ohne Besteuerung auf der Ebene der Investoren – positive Wertbeitrag der Fremdfinanzierung, wie er auch im Rahmen der „klassischen“ bzw. integrierten Trade-Off-Theorie unterstellt wird, kann sich – folgt man der Argumentation von Miller (1977) – mit einer zunehmenden steuerlichen Ungleichbehandlung der Zahlungen an Eigen- und Fremdkapitalgeber durch den Anstieg der Renditeforderungen aufseiten der Fremdkapitalgeber in eine wertverzehrende Last verkehren.[464] Berücksichtigt man den gegenläufigen Effekt, den eine Besteuerung auf Ebene der Investoren für den Wertbeitrag der Fremdfinanzierung hat, so wird sich – setzt man weiterhin rationale Marktakteure voraus – ein Marktgleichgewicht einstellen, in dem die Finanzierungsentscheidung den Unternehmenswert letztlich nicht erhöhen kann. Unter der vereinfachenden Annahme, dass Zahlungen an die Eigenkapitalgeber nicht einkommensteuerpflichtig sind, Fremdkapital risikolos ist und keine mit dem Einsatz

463 Fremdkapitalgeber fordern m. a. W. eine attraktive Nachsteuerrendite. Zu einer etwas ausführlicheren Überlegung vgl. DeAngelo/Masulis (1980) S. 4.

464 Vgl. Miller (1977) S. 267; 268–269; Modigliani (1982) S. 256; Myers (1984) S. 579; Schneider (2010) S. 16.

von Fremdkapital in Verbindung stehenden Kosten existieren, illustriert Miller (1977) den Marktmechanismus, der sicherstellt, dass sich ein Gleichgewicht für das begebene Fremdkapital am Kapitalmarkt einstellt.[465]

Die grundlegenden Überlegungen Millers seien im Folgenden skizzenhaft nachgezeichnet. Unternehmen haben im Modell von Miller (1977) zunächst ein Interesse, Fremdkapitalinstrumente zu begeben, um in den Genuss der steuerreduzierenden Wirkung eines Einsatzes von Fremdkapital auf Unternehmensebene zu kommen. Auf einem Kapitalmarkt, in dem die Steuerlast der Marktteilnehmer heterogen ist, steigen im Modell von Miller (1977) in der Folge mit der Anzahl der ausgegebenen Fremdkapitaltitel die Renditeforderungen der Investoren.[466] Unternehmen werden unter diesen Voraussetzungen so lange Fremdkapitalinstrumente begeben, bis der Marktzins auf ein Niveau gestiegen ist, das den Steuervorteil auf Ebene des Unternehmens einpreist und damit vollständig aufzehrt. Die folgenden Überlegungen werden verdeutlichen, dass dieser Zustand stabil ist, sich m. a. W. ein Marktgleichgewicht gebildet hat. Unterhalb dieses Punktes besitzen Unternehmen einen Anreiz, weiteres Fremdkapital auszugeben, da der Fremdkapitalvorteil auf Unternehmensebene noch nicht völlig durch die Forderungen der Fremdkapitalgeber abgeschöpft wird. Oberhalb dieses Punktes hat der Einsatz weiteren Fremdkapitals einen negativen Effekt auf den Unternehmenswert, da der Steuervorteil auf Unternehmensebene unter dem Effekt der gestiegenen Renditeforderung der Fremdkapitalgeber liegt.[467] In der Literatur wird mit Blick auf das sich unter den gesetzten Prämissen einstellende Kapitalmarktgleichgewicht, in dem der Wertbeitrag der Fremdfinanzierung auf Unternehmensebene durch die Einkommensteuerbelastung der Fremdkapitalgeber aufgewogen wird, auch von einem Miller-Gleichgewicht gesprochen.[468] Aufgrund der unterschiedlichen Steuerbelastungen auf der Unternehmens- wie auch auf der Investorenebene, Miller (1977) unterstellt u. a. einen progressiven Einkommensteuertarif, ergibt sich auf Unternehmensebene selbst jedoch kein Optimum vergleichbar zum Optimum der statischen Trade-Off-Theorie. Es findet vielmehr – in Analogie zu den in der Literatur zu findenden Überlegungen zur Ausschüttungspolitik – [469] eine Segmentierung des Marktes statt. Unternehmen mit geringem Fremdkapitaleinsatz werden

465 Hermanns (2007) hält hierzu klärend fest, dass im Gleichgewicht alle Anleihen nach Abzug der Steuern die gleiche Rendite aufweisen müssen. Vgl. dazu Hermanns (2007) S. 27.

466 Dies ist darauf zurückzuführen, dass der Kapitalmarkt im Modell von Miller (1977) – dies zeigt sich auch an späterer Stelle – in Abhängigkeit zur Einkommensteuerbelastung der Investoren segmentiert ist. Ist ein Marktsegment ausgeschöpft, so muss das Unternehmen – die höheren Renditeforderungen der Investoren in Kauf nehmend – in ein neues Segment eintreten.

467 Vgl. dazu auch DeAngelo/Masulis (1980) S. 12; Myers (2001) S. 88.

468 Vgl. dazu Hermanns (2007) S. 27.

469 Vgl. Miller (1977) S. 270. Man spricht in diesem Zusammenhang in der Literatur auch von einem „Clientele Effect“. Vgl. dazu Saadi/Dutta (2009) S. 131–132.

im Modell von Miller (1977) auf das Marktsegment der Hochzinsanleihen abstellen, wohingegen Unternehmen mit hohem Fremdkapitaleinsatz auf das Marktsegment der Niedrigzinsanleihen abstellen werden.[470] Damit werden alle Marktsegmente gleichmäßig mit geeigneten Fremdkapitalinstrumenten bedient. Eine Veränderung der Finanzierungspolitik führt in dem Modell von Miller (1977) lediglich zu einer Veränderung des Anteilseignerkreises, die für den Unternehmenswert selbst jedoch keine Bedeutung im Sinne einer Verschiebung des Unternehmenswertes hat.[471] Miller (1977) hält mit Blick auf die Bedeutung der Veränderung des Anteilseignerkreises für die Marktbewertung daher fest: „But one clientele is as good as the other.“[472] Die Finanzierungsentscheidung selbst bezeichnet Miller (1977) in der Folge des Nachweises der Kapitalstrukturirrelevanz als eine, aufgrund der Komplexität der Praxis, zwangsweise nur heuristisch zu beantwortende Frage, die mit Theorien, die auf rationale, d. h. wertmaximierende Entscheider abstellen, nur unvollständig zu greifen ist.[473] Ein Verschuldungsoptimum wie beim Abstellen auf die klassische bzw. erweiterte Trade-Off-Theorie besteht auf Basis der von Miller (1977) vorgenommenen Überlegungen zur Kapitalstrukturirrelevanz somit nicht. Wie u. a. Barnea et al. (1981) festhalten, stellt die Finanzierungsentscheidung vielmehr „[...] an artifact of market equilibrium [...]“[474] dar, dass „[...] by itself does not provide evidence for the relevance of the corporate financial policies“.[475] Eine nähere Erforschung der Finanzierungsentscheidung erscheint auf Basis der Überlegungen Millers (1977) sowohl mit Blick auf die geringe Aussagekraft vergangener Finanzierungsentscheidungen als der begrenzten Aussagekraft für die Unternehmenspraxis daher nur bedingt zielführend.[476] Dennoch geht die Neutral-Mutation-Hypothese nach Miller (1977) – wenigstens implizit – in den jüngsten empirischen Forschungsansatz zur Bedeutung der Kapitalstrukturentscheidung mit ein.

Wie Kapitel III nochmals kurz zusammenfassen wird, stehen in den Untersuchungen zu sog. Speed of Adjustment-Modellen die empirisch beobachtbaren Anpassungsgeschwindigkeiten an einen möglicherweise vorgegebenen wertoptimalen Zielverschuldungsgrad im Zentrum des Interesses. Ex ante sind – betrachtet man die bisher eingeführten Kapitalstrukturtheorien – zunächst zwei mögliche Unternehmensreaktionen denkbar: Folgt das Unternehmen der statischen bzw. der erweiterten statischen Trade-Off-Theorie, so muss, den Blick

470 Talmor et al. (1985) zeigen unter Annahme eines konstanten Einkommensteuersatzes, dass Unternehmen nur Extrempunkte mit Blick auf die Finanzierungsentscheidung anstreben, d. h., entweder lediglich Eigen- oder aber Fremdkapitalinstrumente einsetzen werden. Vgl. dazu Talmor et al. (1985) S. 200.

471 Vgl. Miller (1977) S. 268–269; Masulis (1980) S. 141.

472 Miller (1977) S. 269.

473 Vgl. dazu Miller (1977) S. 273.

474 Barnea et al. (1981) S. 8.

475 Barnea et al. (1981) S. 8.

476 Vgl. dazu Myers (1984) S. 576; Schneider (2010) S. 16.

auf die Anpassungsgeschwindigkeit gerichtet, ein Bestreben der Unternehmen erkennbar sein, sich an einem wertoptimalen Verschuldungsgrad auszurichten. Den natürlichen Gegenpol dazu bildet zunächst die Neutral-Mutation-Hypothese nach Miller (1977).[477] Den Blick aus dieser Warte auf die Anpassungsgeschwindigkeit an ein Verschuldungsoptimum gerichtet, dürften die empirisch beobachtbaren Anpassungsbemühungen der Unternehmen weder zielgerichtet noch im Umfang besonders ambitioniert ausfallen. Wie DeAngelo/Roll (2015) festhalten, spricht im Angesicht der Konkurrenz durch erweiterte Trade-Off-Modelle[478] empirisch wenig für die Annahme des vollkommenen Desinteresses der Unternehmen an der Einhaltung eines wertoptimalen Verschuldungsgrades, wie es u. a. mit der Neutral-Mutation-Hypothese nach Miller (1977) beschrieben wird.[479] Dennoch liefert die Neutral-Mutation-Hypothese nach Miller (1977) einen in sich schlüssigen Erklärungssatz der in der Praxis gemischten Evidenz zugunsten des Wertbeitrages der Fremdfinanzierung und liefert damit einen Erklärungsansatz für Annahmen einer passiven Steuerung der Kapitalstruktur. Wagt man auch am Ende dieses Unterabschnitts einen kurzen Ausblick auf die in Kapitel II zu diskutierenden Annahmen alternativer Finanzierungspolitik, so findet sich mit der Neutral-Mutation-Hypothese nach Miller (1977) ein durchaus eingängiger Erklärungsansatz für ein passives Verhalten des Unternehmens abseits von explizit zu treffenden Finanzierungsentscheidungen.[480]

2.7.1.1. Zur Kritik an der Bedeutung der Insolvenzkosten durch Haugen/Senbet (1978)

Die Arbeit von Haugen/Senbet (1978) zeigt – im Ergebnis durchaus kompatibel mit der Kritik von Miller (1977) –, dass Insolvenzkosten auf effizienten Kapitalmärkten die Funktion eines Gegengewichts im Sinne der Trade-Off-Theorie wohl nur unvollständig ausfüllen können.[481] Anders als Miller (1977) stellen Haugen/

477 Die Hintergründe für die Passivität der Unternehmen können letztlich vielfältig sein. Hinter dem mit der Neutral-Mutation-Hypothese beschriebenen Desinteresse der Unternehmen an der Einhaltung eines statischen Zielverschuldungsgrades kann so u. a. die noch zu beschreibende Pecking-Order-Theorie stehen, die lediglich der Frage der Finanzierungsentscheidung Optimalität, nicht aber einem Verschuldungsoptimum zubilligt.

478 Unter erweiterten Trade-Off-Modellen werden an dieser Stelle Modelle verstanden, die entweder von zeitvariablen Zielverschuldungsgraden oder – dies ist im Fall der im Abschnitt 3.4. beschriebenen dynamischen Trade-Off-Theorie einschlägig – von wertoptimalen Verschuldungsspektren ausgeht.

479 Vgl. dazu DeAngelo/Roll (2015) S. 408; 410.

480 Problematisch ist in diesem Zusammenhang jedoch, dass die Passivität der Neutral-Mutation-Hypothese mit der Irrelevanz der Kapitalstruktur einhergeht, eine Annahme, die mit der autonomen Finanzierungspolitik explizit nicht getroffen wird.

481 Vgl. Haugen/Senbet (1978) S. 384. Haugen/Senbet (1978) sprechen so wörtlich davon, dass „[...] bankruptcy penalties related to capital structure decisions cannot be

Senbet (1978) in ihrer Argumentation dabei nicht auf die lediglich verhaltene empirische Evidenz zur Bedeutung der Insolvenzkosten ab. Haugen/Senbet (1978) wählen vielmehr einen theoretischen Argumentationsansatz, der die Rationalität der Marktteilnehmer in den Mittelpunkt stellt, um zu zeigen, dass Insolvenzkosten unter den mit der statischen Trade-Off-Theorie gesetzten Bedingungen nur einen vernachlässigbaren Einfluss auf die Finanzierungsentscheidung ausüben können. Für ihre Überlegungen nehmen Haugen/Senbet (1978) zunächst eine Trennung zwischen Insolvenzkosten, also Kosten, die bei einer Änderung der Besitzverhältnisse anfallen, und den Kosten, die im Fall einer Liquidation, d. h. der Zerschlagung des Unternehmens, von den Anteilseignern zu tragen sind, vor.[482] Wie die Ausführungen von Haugen/Senbet (1978) in der Folge zeigen, ist eine Unterscheidung zwischen beiden Kostenarten bedeutsam, stehen Insolvenzkosten doch unmittelbar mit der Finanzierungsentscheidung des Unternehmens in Verbindung – eine Nichterfüllung der von der Finanzierungsentscheidung abhängigen Zahlungsverpflichtungen führt unmittelbar zur Insolvenz des Unternehmens –, während die Frage, ob das Unternehmen als Ganzes fortgeführt werden oder zerschlagen werden sollte, regelmäßig unabhängig von der Finanzierungsentscheidung zu beantworten ist.[483] In der Folge kann man sich – akzeptiert man die von Haugen/Senbet (1978) vorgenommene Trennung –[484] allein auf die Kosten, die bei der Übertragung von Eigentums- und Entscheidungsrechten anfallenden Insolvenzkosten, fokussieren. Unter der Annahme rationaler Investoren und effizienter Märkte – eine Annahme, die in den bisherigen Betrachtungen wenigstens nicht explizit außer Kraft gesetzt wurde –,[485] zeigen Haugen/Senbet (1978), dass Insolvenzkosten – im Kontrast zu den Annahmen der Trade-Off-Theorie – von untergeordneter Bedeutung sind, da die Insolvenzkosten selbst einem Trade-Off-Prozess – dies soll in der Folge kurz illustriert werden – unterliegen.

Grundlage der Annahme vernachlässigbarer Insolvenzkosten ist, dass rationale Anteilseigner Wohlfahrtsverluste durch den Eintritt eines formalen

of sufficient magnitude to act as an offset to the tax subsidy and hence provide a reconciliation between the MM theorem and observed firm behavior“. Haugen/Senbet (1978) S. 384.

482 Vgl. Haugen/Senbet (1978) S. 384.

483 Vgl. dazu Haugen/Senbet (1978) S. 384–385; 390–391. Haugen/Senbet (1978) zeigen in so in ihrem Modell, dass die Liquidationskosten unabhängig von der Finanzierungsentscheidung des Unternehmens sind. Die Entscheidung, ob eine Liquidation des Unternehmens wertschaffend ist, treffen die Anteilseigner allein auf der Grundlage des Vergleichs von Liquidationserlös und Wert des Unternehmens bei Fortführung. Vgl. ebda.

484 Auch wenn in der Praxis eine Trennung wohl nicht in jedem Fall durchführbar sein dürfte, so sind die Ausführungen von Haugen/Senbet (1978) wenigstens auf theoretischer Ebene zu akzeptieren.

485 Haugen/Senbet (1978) zeigen, dass Arbeiten zur Trade-Off-Theorie diese Annahme wenigstens implizit verletzen.

Insolvenzverfahrens zu vermeiden oder aber in jedem Fall zu minimieren suchen werden. Aufgrund der Rationalität der Marktteilnehmer werden sich die von dem Unternehmen zu tragenden Insolvenzkosten auf ein Minimum aus den Kosten, die mit einer formalen Insolvenz und den Kosten, die mit der Vermeidung des Insolvenzeintritts einhergehen, bestimmen. Ausgehend von einer Welt, in der ein Unternehmen mit gesichertem und ungesichertem Fremdkapital finanziert ist, zeigen die Überlegungen von Haugen/Senbet (1978), dass im Fall einer drohenden Insolvenz sowohl die Eigen- als auch die Fremdkapitalgeber ein Interesse besitzen, die Positionen der anderen Kapitalgeber zu übernehmen, um eine kostenpflichtige Übertragung des Eigentums und der Kontrolle zu vermeiden. Preist der Kapitalmarkt die Kosten des drohenden Insolvenzverfahrens in die Bewertung der Eigen- und Fremdkapitalanteile ein, haben sowohl Eigen- als auch Fremdkapitalgeber einen Anreiz, die Anteile der Gegenpartie am Kapitalmarkt aufzukaufen, um somit einen formalen Insolvenzeintritt zu vermeiden. Mit der Übernahme der ausstehenden Eigen- bzw. Fremdkapitalanteile steigt – der Kapitalmarkt ist annahmegemäß effizient – die Marktbewertung des Unternehmens um die in der Ausgangslage antizipierten Insolvenzkosten, da eine kostenpflichtige Reorganisation, beispielweise durch langwierige Verhandlungen der Kapitalgeber, durch die Einheit von Eigen- und Fremdkapital nicht länger notwendig ist.[486] Etwas formaler ausgedrückt, identifiziert die Arbeit von Haugen/Senbet (1978) im Fall einer drohenden Insolvenz eine Arbitragegelegenheit, die durch die Beseitigung bestehender Agency-Konflikte von einem der Kapitalgeber oder aber einem außenstehenden Dritten gehoben werden kann.

Die Übernahme der Eigen- bzw. Fremdkapitalanteile am Kapitalmarkt kann im Modell von Haugen/Senbet (1978) in einem zweiten Schritt auch mit Transaktionskosten verbunden sein. Rationale Anteilseigner werden sich, betrachtet man ergänzend Transaktionskosten, für das Minimum der Kosten eines regulären Insolvenzverfahrens bzw. der mit der Übernahme der fremden Anteile verbundenen Transaktionskosten entscheiden.[487] Wie Haugen/Senbet (1978) festhalten, erscheint es damit unwahrscheinlich, dass die Insolvenzkosten – Haugen/Senbet (1978) stellen hierbei darauf ab, dass sich Transaktionskosten i. d. R. in einer vernachlässigbaren Größenordnung bewegen – ein bedeutendes Gegengewicht zu dem steuerlichen Wertbeitrag der Fremdfinanzierung einnehmen, wie es u. a. die Trade-Off-Theorie vorsieht.[488] Der in der Arbeit von Haugen/Senbet (1978)

486 Haugen/Senbet (1978) sprechen so von einem „[…] immediate increase in the value of their holdings as there will no longer be any meaningful dispute to be resolved through formal reorganization." Haugen/Senbet (1978) S. 386.

487 Masulis (1980) spricht in diesem Zusammenhang analog davon, dass „[…] costs of a debtholder takeover and voluntary firm recapitalization represent an alternative upper bound on bankruptcy costs (debtholders purchasing the firm's stock)." Masulis (1980) S. 142.

488 Vgl. Haugen/Senbet (1978) S. 385–387.

skizzierte Arbitrageprozess zeigt sich unter der Annahme rationaler Anleger und eines funktionierenden Kapitalmarktes als stabil. Überlegungen, die auf einen ausgleichenden Effekt der Insolvenzkosten abstellen, verletzen – folgt man der Argumentation von Haugen/Senbet (1978) – damit wenigstens implizit die Annahme der Rationalität bzw. der Wirksamkeit von Arbitrageprozessen.[489] Haugen/Senbet (1978) kritisieren hier in Anlehnung an Higgins/Schall (1975) und Van Horne (1977), dass die Befürworter der statischen Trade-Off-Theorie gegen diese Annahmen implizit verstoßen und damit – dem ursprünglichen Annahmegerüst widersprechend – die grundlegende Annahme der Markteffizienz verletzen.[490] Aus der im Fall rationaler Marktteilnehmer und eines effizienten Kapitalmarktes folgenden Nachrangigkeit der Insolvenzkosten schließen Haugen/Senbet (1978), dass die klassische Trade-Off-Theorie lediglich ein schiefes Bild der Finanzierungsentscheidung zeichnen kann. Trotz dieses Angriffs auf einen der zentralen Stützpfeiler der Trade-Off-Theorie halten sich Haugen/Senbet (1978) zurück – und damit anders als etwa Miller (1977) –, ein klares Plädoyer zugunsten einer Rückkehr zum Theorem der Kapitalstrukturirrelevanz zu formulieren.[491] Interessant erscheint für die weitere Entwicklung jedoch die Erkenntnis zu sein, dass der Faktor der Insolvenzkosten sowohl aus empirischer als auch theoretischer Sicht nicht zwangsläufig die Rolle ausfüllen muss bzw. kann, die den Insolvenzkosten durch die Trade-Off-Theorie zugewiesen wurde. Die Überlegungen von Haugen/Senbet (1978) bilden damit einen Mosaikstein für die ab Mitte der 1970er-Jahre in der Literatur formulierten Zweifel an der Überzeugungskraft der klassischen Trade-Off-Theorie und einen Ausgangspunkt für eine Fortentwicklung der Kapitalstrukturtheorie.

2.7.1.2. Zur Kritik an der Bedeutung des Steuervorteils der Fremdfinanzierung

Die Arbeit von Miller (1977) hat neben dem Beitrag der Insolvenzkosten auch den Wertbeitrag der Fremdfinanzierung als die zweite zentrale Stütze der Trade-Off-Theorie auf Basis der in der Praxis beobachtbaren Stabilität des Verschuldungsgrades angegriffen. In einem formalen Modell, das explizit ein Steuersystem auf der Ebene der Investoren berücksichtigt, hat Miller (1977) gezeigt, dass sich der steuerliche Effekt der Fremdfinanzierung in der Praxis verkehren kann. Anders als im Fall der Insolvenzkosten fehlt – in Ergänzung der Arbeit von Miller (1977) – ein formales Modell, das die Bedeutung des Wertbeitrages der Fremdfinanzierung grundsätzlich angreift. Vielmehr bietet eine Vielzahl von Steuersystemen die Möglichkeit, die Steuerbemessungsgrundlage um die Zahlungen an die

489 Vgl. Haugen/Senbet (1978) S. 388–389. Auch Agency-Überlegungen z. B. mit Blick auf das Verhalten des Managements spielen für die Wirksamkeit des Arbitrageprozesses keine Rolle Vgl. Haugen/Senbet (1978) S. 388.

490 Vgl. Haugen/Senbet (1978) S. 384.

491 Vgl. Haugen/Senbet (1978) S. 392.

Fremdkapitalgeber zu verkürzen. Damit ist der Grundstein der von Modigliani/Miller (1963) angestoßenen Diskussion zur Vorteilhaftigkeit des Einsatzes von Fremdkapital wohlbegründet. Formal bestehen – in Abhängigkeit zur konkreten Gestalt des Unternehmenssteuersystems – damit weniger Zweifel an dem grundsätzlichen Vorliegen eines Wertbeitrages der Fremdfinanzierung als vielmehr an der Bedeutung, den dieser Wertbeitrag für die Finanzierungsentscheidung letztlich einnimmt. Neben den durch Miller (1977) formulierten theoretischen Zweifeln, ob die Verkürzung der Steuerbemessungsgrundlage zu einer Steigerung des Unternehmenswertes führt, wird in der Literatur zumeist[492] die Frage nach der empirischen Hebbarkeit des Steuervorteils und damit erneut die Frage, ob die Vorteilhaftigkeit der Fremdfinanzierung genügt, um einen Effekt im Sinne der Trade-Off-Theorie auszulösen, gestellt.[493] Myers (1984) hält mit Blick auf die fehlende empirische Bestätigung der Dominanz der steuerlichen Abzugsfähigkeit für die Finanzierungsentscheidung fest: „ I know of no study clearly demonstrating that a firm's tax status has predictable, material effects on its debt policy."[494] Auch in den folgenden Dekaden blieb, wie u. a. Hermanns (2007) festgehalten hat, die Forschungstätigkeit bzw. die empirische Evidenz zugunsten des Arguments der steuerlichen Abzugsfähigkeit begrenzt.[495] Eine nähere Beleuchtung der empirischen Bedeutung des Wertbeitrages der Fremdfinanzierung erfolgt zugunsten eines späteren kurzen Überblicks in Kapitel III an dieser Stelle nicht. An dieser Stelle soll zunächst das Wissen genügen, dass der Wertbeitrag der Fremdfinanzierung als der zentrale Treiber der Finanzierungsentscheidung in der statischen Trade-Off-Theorie aufgrund einer eingeschränkten empirischen Evidenz der Kritik ausgesetzt ist.

2.7.2. Zur Bedeutung der Neutral-Mutation-Hypothese nach Miller (1977)

Die von Miller (1977) postulierte Rückkehr zum Theorem der Kapitalstrukturirrelevanz hat in der Literatur in der Folge nur gemischten Zuspruch erfahren. Einerseits liefert die von Miller (1977) formulierte Neutral-Mutation-Hypothese einen Erklärungsansatz für die in der Praxis beobachtbare Vielfalt realisierter Verschuldungsgrade, ohne die Rahmenbedingungen des Nachweises der Kapitalstrukturrelevanz nach Modigliani/Miller (1963) um Agency-Konflikte erweitern zu müssen.[496] Andererseits wurde das Ergebnis der Neutral-Mutation-Hypothese,

---

492 Eine Ausnahme hiervon stellen u. a. Talmor et al. (1985) dar, die eine Vermischung von Vermögens- und Einkommensteuern in der Literatur beklagen. Vgl. dazu Talmor et al. (1985) S. 192.

493 Myers (1984) spricht in diesem Zusammenhang von einer natürlichen Streitfrage der Literatur, wie wertvoll der Wertbeitrag der Fremdfinanzierung tatsächlich ist. Vgl. dazu Myers (1984) S. 577.

494 Vgl. dazu Myers (1984) S. 588.

495 Vgl. dazu Hermanns (2007) S. 30–31.

496 Vgl. dazu Myers (1984) S. 579.

einer letztlich Heuristiken unterworfenen Finanzierungsentscheidung, als zu streng empfunden. Wie u. a. Schneider (2010) festhält, war die Gegenliebe der Literatur für die Argumentation von Miller (1977) insbesondere aus dem Grund begrenzt, da eine Untersuchung der Finanzierungsentscheidung auf Basis der von Miller (1977) postulierten Neutral-Mutation-Hypothese insbesondere in Hinblick auf die in der Empirie gängige Vergangenheitsanalyse wenig aussagekräftig und letztlich auch wenig sinnhaft erscheint.[497] Myers (1984) spricht daher auch davon, dass „[...] taking neutral mutation as a strict null hypothesis makes the game of research too tough to play“.[498]

Die in der Literatur zu findende Kritik beschränkt sich jedoch nicht nur auf den Aspekt, dass die Neutral- Mutation-Hypothese in letzter Folge den gesamten Forschungsstrang infrage gestellt hat, sondern auch, dass Miller (1977) seine Arbeit auf ein mit Blick auf die Praxis letztlich zu unterkomplexes Gerüst aufgebaut hat. Insbesondere blendet die Arbeit von Miller (1977) mit der Rückkehr zum Theorem der Kapitalstrukturirrelevanz die in den vorangehenden Abschnitten näher beleuchteten Agency-Konflikte bzw. den Signalling-Effekt der Fremdfinanzierung aus, die – folgt man der Argumentation von Myers (1984) – regelmäßig sicherstellen, dass Investoren der Finanzierungsentscheidung des Unternehmens nicht indifferent gegenüberstehen. Die Unterkomplexität des Modells von Miller (1977) zeigt sich darüber hinaus in der Gestalt des betrachteten Unternehmenssteuersystems. Wie u. a. Myers (1984) festhält, geht Miller (1977) in seinem Modell vereinfachend von einem einheitlichen marginalen Unternehmenssteuersatz aus, eine Annahme, die in der Praxis regelmäßig nicht erfüllt sein wird.[499] Die in der Literatur zu findende Kritik an der Neutral-Mutation-Hypothese bedeutet jedoch nicht, dass die Überlegungen von Miller (1977) nicht ohne Auswirkungen auf die weitere Entwicklung der Forschung sowie der Entwicklung eigenständiger Theorien zur Finanzierungsentscheidung geblieben sind.[500]

Wie der folgende Abschnitt kurz zeigen wird, hat die Kritik von Miller (1977) einerseits, über die Arbeit von DeAngelo/Masulis (1980), zu einer Erweiterung der integrierten Trade-Off-Theorie um die Berücksichtigung in der Praxis bestehender Substitute für die steuermindernde Wirkung des eingesetzten Fremdkapitals geführt. Andererseits – dies werden die nachfolgenden Abschnitte zeigen – wurde u. a. mit der Arbeit von Miller (1977) das Glaubwürdigkeitsproblem der

---

497 Vgl. dazu Schneider (2010) S. 16. Hermanns (2007) spricht mit Blick auf die erneute Postulierung des Irrelevanz Theorems durch Miller (1977) von einer „extremen Sichtweise“. Vgl. dazu Hermanns (2007) S. 28.

498 Myers (1984) S. 576.

499 Vgl. dazu Myers (1984) S. 579.

500 Myers (1984) sieht so die Neutral-Mutation-Hypothese Millers (1977) als eine Warnung an die Wissenschaft an, die verdeutlicht, dass es in der Wissenschaft durchaus möglich ist, Modelle zu entwickeln, die Zufallserscheinungen einen ökonomischen Wert zuweisen. Vgl. dazu Myers (1984) S. 576–577.

Trade-Off-Theorie, das Finanzierungsverhalten der Praxis erklären zu können, deutlich. Dies hat – wie bereits Abschnitt 2.3. gezeigt hat – letztlich dazu geführt, dass die Literatur nicht mehr uneingeschränkt an der Trade-Off-Theorie festgehalten hat und in der Folge alternative Theorien der Finanzierungsentscheidung formuliert und diskutiert wurden.

2.8. Rückkehr und Erweiterung der Trade-Off-Theorie durch DeAngelo/Masulis (1980)

Die Arbeit von DeAngelo/Masulis (1980) unterzieht die Prämissen, die bei Miller (1977) zur Erneuerung des Postulats der Kapitalstrukturirrelevanz geführt haben, einer eingehenderen Betrachtung. Wie die Arbeit von DeAngelo/Masulis (1980) gezeigt hat, hängt die Stabilität der Überlegungen zur Neutral-Mutation-Hypothese von Miller (1977) maßgeblich von der konkreten Ausgestaltung des, den Überlegungen zugrunde gelegten, Unternehmenssteuersystems ab.[501] Miller (1977) legt – wie DeAngelo/Masulis (1980) hervorkehren – seinen in ein Marktgleichgewicht mündenden Überlegungen ein Steuersystem zugrunde, das die steuerliche Abzugsfähigkeit von Abschreibungen bzw. die Berücksichtigung von Verlustvorträgen nicht zulässt bzw. vereinfachend ausblendet.[502] Nimmt man von einem solchen einfachen Steuersystem Abstand, so zeigt sich das von Miller (1977) wiederholte Postulat der Kapitalstrukturirrelevanz als nicht stabil. Vielmehr existiert – ohne Insolvenzkosten als Gegengewicht des Steuervorteils in das Modell einzuführen – auch bei Betrachtung eines asymmetrischen Einkommensteuersystems für jedes Unternehmen ein optimaler Verschuldungsgrad.[503] Dieses Verschuldungsoptimum ist im Modell von DeAngelo/Masulis (1980) darauf zurückzuführen, dass die steuermindernde Wirkung und damit der Wertbeitrag des Einsatzes von Fremdkapital, im Fall steuerlich geltend zu machender Abschreibungen und Verlustvorträge, in der Praxis eine natürliche Begrenzung erfährt und nicht in jedem Fall voll gehoben werden kann.[504]

In dem von DeAngelo/Masulis (1980) betrachteten Modell bestehen m. a. W. Umweltzustände, in denen die steuerreduzierende Wirkung des

501 Vgl. DeAngelo/Masulis (1980) S. 4, Boquist/Moore (1984) S. 5; Schneider (2010) S. 16.

502 DeAngelo/Masulis (1980) halten dabei an einem Einkommensteuersystem fest, welches das Einkommen der Eigenkapitalgeber anders als das Einkommen der Fremdkapitalgeber besteuert. Vgl. dazu DeAngelo/Masulis (1980) S. 4–5.

503 Masulis (1980) spricht in diesem Zusammenhang davon, dass eine Besteuerung auf Ebene der Fremdkapitalgeber den Wertbeitrag der Fremdfinanzierung auf Unternehmensebene nicht vollkommen aufwiegen kann. Vgl. dazu Masulis (1980) S. 141.

504 Mit Blick auf die nachfolgende Betrachtung alternativer Finanzierungsannahmen in der Unternehmensbewertung hält Schneider (2010) in diesem Zusammenhang zusammenfassend fest, dass der „Steuervorteil der Fremdfinanzierung auf Unternehmensebene keineswegs als sicher gelten kann". Schneider (2010) S. 17.

eingesetzten Fremdkapitals aufgrund bestehender Abschreibungen bzw. Verlustvorträge – diese nicht der Fremdfinanzierung zuzurechnende Reduzierung der Steuerlast werden in der Literatur i. d. R. unter dem Oberbegriff der Non-Debt-Tax-Shields (NDTS) zusammengefasst – ungenutzt verfallen.[505] Das Modell von DeAngelo/Masulis (1980) berücksichtigt damit Situationen – die durchaus praxisrelevant sein dürften –,[506] in denen die Zahlungen an die Fremdkapitalgeber aufgrund von nicht mit der Fremdfinanzierung verbundenen Tatbeständen einer Reduzierung der Steuerlast redundant sind.[507] Mit der Zunahme des Umfangs des eingesetzten Fremdkapitals steigt damit die Wahrscheinlichkeit, dass die steuermindernde Wirkung des Einsatzes von Fremdkapitalinstrumenten nicht mehr gehoben werden kann. In der Literatur wird in diesem Zusammenhang daher auch davon gesprochen, dass Unternehmen ab einem bestimmten Fremdkapitalumfang „tax-exhausted“ sind.[508] Im Modell von DeAngelo/Masulis (1980) bildet sich ein Gleichgewicht aus dem mit dem Umfang der Fremdfinanzierung abnehmenden Wertbeitrag der Fremdfinanzierung und der konstanten steuerlichen Mehrbelastung der Fremdkapitalgeber, die sich in einer höheren Renditeforderung niederschlägt.[509] Auf Basis ihres Modells zeigen DeAngelo/Masulis (1980) zugleich, dass auch marginale Insolvenzkosten – wie u. a. durch Miller (1977) und Haugen/Senbet (1978) vermutet – einen bedeutsamen Einfluss auf das angestrebte Verschuldungsoptimum und damit die Finanzierungsentscheidung des Unternehmens nehmen.[510] Interessant erscheint der Nachweis der Arbeit von DeAngelo/Masulis (1980), dass das zu einer Irrelevanz der Finanzierungsentscheidung führende Kapitalmarktgleichgewicht von Miller (1977) nur im Fall eines vereinfachten – i. d. R. nicht mit der Praxis kompatiblen – Steuersystems stabil ist. Wechselt man in ein Steuersystem, in dem neben den Zahlungen an die Fremdkapitalgeber sowohl Verlustvorträge und Abschreibungen die Steuerbemessungsgrundlage verkürzen, existiert auch im Fall einer asymmetrischen steuerlichen Belastung der Zahlungen an die Kapitalgeber ein Verschuldungsoptimum.[511] Das Ergebnis der Arbeit von DeAngelo/Masulis (1980) ist damit kompatibel mit den Überlegungen der statischen Trade-Off-Theorie zur Existenz eines wertoptimalen Verschuldungsgrades.

Die Kritik von Miller (1977) hat über die Arbeit von DeAngelo/Masulis (1980) dazu geführt, dass die integrierte Trade-Off-Theorie um einen weiteren Faktor

---

505 Vgl. DeAngelo/Masulis (1980) S. 8; S. 17–18; Talmor et al. (1985) S. 192; Myers (1984) S. 579; Schneider (2010) S. 17.

506 Vgl. zu dieser Einschätzung auch Boquist/Moore (1984) S. 5.

507 Vgl. dazu ähnlich Hermanns (2007) S. 29.

508 Vgl. dazu u. a. Bessler et al. (2011) S. 27.

509 Vgl. DeAngelo/Masulis (1980) S. 9–13; Schneider (2010) S. 17. Hermanns (2007) spricht in diesem Zusammenhang auch von einer unternehmensspezifischen „Innenlösung“. Vgl. dazu Hermanns (2007) S. 29.

510 Vgl. dazu DeAngelo/Masulis (1980) S. 19–20.

511 Vgl. DeAngelo/Masulis (1980) S. 9–10; 26–27.

erweitert wurde. Schneider (2010) spricht in diesem Zusammenhang daher auch davon, dass mit der Arbeit von DeAngelo/Masulis (1980) mit den NDTS ein weiterer Faktor der Finanzierungsentscheidung theoretisch hergeleitet wurde.[512] Interessant erscheint dieser Faktor auch mit Blick auf die in Kapitel II zu betrachtenden alternativen Finanzierungspolitiken, plausibilisiert doch ein hoher Bestand an NDTS, dass Unternehmen sich mit Blick auf die Steuerung der Kapitalstruktur zunehmend passiv zeigen.

2.9. Zur Pecking-Order-Theorie nach Myers (1984) und Myers/Majluf (1984)

Sowohl die in den vorangehenden Abschnitten näher beleuchtete Erweiterung der klassischen Trade-Off-Theorie um den Einfluss von Agency-Konflikten, die Überlegungen zum Signalisierungseffekt der Finanzierungsentscheidung als auch die mit der Arbeit von Miller (1977) formulierte grundlegende Kritik haben die Grenzen des Erklärungsansatzes der Trade-Off-Theorie sichtbar werden lassen. Myers (1984) hält mit Blick auf die Praxisrelevanz der Erklärung der Trade-Off-Theorie daher fest: „[t]he evidence on exchanges hardly builds confidence in the static tradeoff theory as a description of financing behavior."[513] Auf Basis der in den vorangehenden Abschnitten beleuchteten theoretischen Angriffe auf das Grundgerüst als auch auf Grundlage der empirischen Schwächen der Trade-Off-Theorie plädiert Myers (1984) für einen grundlegenden Paradigmenwechsel bei der Formulierung einer die Finanzierungsentscheidung der Praxis beschreibenden Theorie.[514] Myers (1984) und Mayers/Majluf (1984) sprechen sich in der Folge mit der

512 Vgl. dazu Schneider (2010) S. 17. Das NDTS als ergänzende Determinante der der Trade-Off-Theorie verfügt ähnlich wie die weiteren Komponenten nur über eine gemischte empirische Evidenz. Boquist/Moore (1984) beobachten so einen zum NDTS-Argument von DeAngelo/Masulis (1980) gegenläufigen Effekt, während Bowen et al. (1982) das theoretische Überlegungen von DeAngelo/Masulis (1980) auch empirisch bestätigen können. Vgl. dazu Bowen et al. (1982) S. 19; Boquist/Moore (1984) S. 8–9.

513 Myers (1984) S. 587. Schneider (2010) spricht in diesem Zusammenhang davon, dass auch die die Trade-Off-Theorie auch nach den Erweiterungen der 1970er- und 1980er-Jahre keine belastbare und insbesondere allgemeingültige Erklärung des in der Praxis zu beobachtenden Finanzierungsverhaltens dargestellt hat. Vgl. dazu Schneider (2010) S. 26.

514 Myers (1984) spricht in diesem Zusammenhang von der taktischen Frage, ob weiterer Forschungsaufwand in die Erweiterung der Trade-Off-Theorie investiert oder aber mit der Pecking-Order-Theorie ein eigenständiger Ansatz entwickelt werden sollte. Myers (1984) beantwortet diese Frage – bekanntermaßen – zugunsten der Pecking-Order-Theorie. Vgl. Myers (1984) S. 589. Schneider (2010) bezeichnet die von Myers (1984) vorgeschlagene Pecking-Order-Theorie daher als einen „fundamentalen Gegenentwurf" zur Trade-Off-Theorie. Vgl. dazu Schneider (2010) S. 27.

Pecking-Order-Theorie – der deutsche Begriff „Hackordnungstheorie“ verdeutlicht den Paradigmenwechsel eingängig – für eine feste Rangfolge der zur Finanzierung der Unternehmen eingesetzten Kapitalquellen aus.[515] Wie Myers (1984) hervorhebt, wird dabei auf die bereits von Donaldson (1963) festgehaltene Beobachtung abgestellt, dass Unternehmen in der Praxis in einem ersten Schritt der Unternehmensfinanzierung vor allem auf die Möglichkeit einer Innenfinanzierung zurückgreifen. Nicht durch die Innenfinanzierung zu deckende Kapitalbedarfe führen – die Ausschüttungspolitik erfährt auch in der Pecking-Order-Theorie annahmegemäß keine Veränderung –,[516] dazu, dass Unternehmen an den Kapitalmarkt herantreten müssen, um die bestehende Finanzierungslücke zu decken. Hierbei besteht im Rahmen der Pecking-Order-Theorie erneut eine feste Reihenfolge der Kapitalquellen, auf die Unternehmen bei dem Gang an den Kapitalmarkt bevorzugt zurückgreifen.

Im Fall eines Rückgriffs auf externe Finanzierungsquellen – folgt man der Finanzierungsrangfolge der Pecking-Order-Theorie – werden bestehende Kapitalbedarfe der Unternehmen zunächst durch die Begabe von Fremdkapitalinstrumenten gedeckt. Kann das Unternehmen kein weiteres Fremdkapital mehr einwerben – Myers (1984) spricht hier etwas abstrakt davon, dass die „debt capacity“ des Unternehmens ausgeschöpft ist –,[517] werden zunächst hybride Finanzierungsinstrumente und schließlich als Ultima Ratio – Myers (1984) spricht in diesem Zusammenhang von „last resort“ – Eigenkapitalinstrumente zur Finanzierung der Unternehmen emittiert.[518] Myers/Majluf (1984) fassen die mit der Pecking-Order-Theorie beschriebene Rangfolgeentscheidung bei der Ausgabe von Eigen- und Fremdkapitalanteilen mit folgender fester Daumenregel zusammen: „[...] better to issue safe securities than risky ones“.[519] Die mit der Pecking-Order-Theorie beschriebene Rangfolge alternativer Finanzierungsquellen fußt – wie bereits festgehalten wurde – zunächst auf dem Ergebnis der empirischen Beobachtung von Donaldson (1963) der in der Praxis beobachtbaren und damit augenscheinlich dominierenden Finanzierungsentscheidungen. Myers (1984) bzw. Myers/Majluf (1984) versuchen, diese zunächst rein empirisch begründete bzw. begründbare

---

515 Kadapakkam et al. (1998) sprechen so von einer „financing hierarchy“. Kadapakkam et al. (1998) S. 295. Vgl. dazu ähnlich auch Myers (1984) S. 581; Myers/Majluf (1984) S. 219; Hermanns (2007) S. 69.

516 Diese Annahme der Pecking-Order-Theorie baut dabei auf die von Lintner (1956) beobachtete Stabilität der Dividendenzahlungen der Unternehmen auf, die in der weiteren empirischen Forschung durchaus nachhaltige Bestätigung erfahren hat. Vgl. dazu Powell (2009) S. 366; 373; Myers (1984) S. 581.

517 Vgl. dazu Myers (1984) S. 585. Wie in den späteren Ausführungen Myers (1984) deutlich wird, versteht Myers (1984) unter der Ausschöpfung der Verschuldungskapazität letztlich – vergleichbar zu den Überlegungen der „klassischen“ Trade-Off-Theorie – den wachsenden Insolvenzdruck. Vgl. dazu Myers (1984) S. 589; Myers (2001) S. 92.

518 Vgl. dazu Myers (1984) S. 581; ähnlich Miglo (2016) S. 51; Harris/Raviv (1991) S. 306.

519 Myers/Majluf (1984) S. 20; 219. Ähnlich Myers (2001) S. 92–93.

Rangfolgeentscheidung alternativer Finanzierungsinstrumente in einem zweiten Schritt durch ein „nachgeschobenes" theoretisches Modell – hier zeigt sich ein deutlicher konzeptioneller Unterschied zu der im Vorfeld diskutierten Trade-Off-Theorie – zu plausibilisieren.[520]

Wie der folgende Abschnitt zeigen wird, stützt sich das theoretische Fundament der Pecking-Order-Theorie auf eine Reihe von Annahmen, die bereits aus den Überlegungen des Abschnitts 2.5. zur Signalling-Theorie bekannt sind. Für die Pecking-Order-Theorie zentral sind dabei die in der Praxis – also abseits der Annahme vollkommener Kapitalmärkte – regelmäßig eintretenden Informationsungleichgewichte zwischen besser informierten Unternehmensinsidern und den wohl regelmäßig schlechter informierten externen Kapitalgebern.[521] Die durch Myers (1984) gegenüber der „klassischen" Trade-Off-Theorie vollzogene Durchbrechung der Annahme eines homogenen Informationshorizonts spiegelt sich – dies wird mit dem nachfolgenden Abschnitt noch deutlich werden – damit in mehreren, für die Bedeutung und Gestalt der Finanzierungsentscheidung zentralen Aspekten wider. Die weitere Entwicklung alternativer Kapitalstrukturtheorien dominierend, erfolgt mit der Pecking-Order-Theorie eine Abkehr von der – in den vorangehenden Abschnitten kurz skizzierten – Entwicklung eigenständiger Kapitalstrukturtheorie, ausgehend von dem festen theoretischen Fundament des durch Modigliani/Miller (1958) postulierten Irrelevanz-Theorems. Anders als in der Weiterentwicklung der Trade-Off-Theorie, als Ergebnis einer empirisch getriebenen Fortentwicklung des abstrakten Modells zum Nachweis der Kapitalstrukturirrelevanz, wird im Rahmen der Pecking-Order-Theorie ein durch die empirische Forschung augenscheinlich begründetes Finanzierungsverhalten nachträglich mit einem theoretischen Fundament untermauert.[522] Anders ausgedrückt, besteht für die Trade-Off-Theorie ein theoretisches Grundgerüst, das dem in der Praxis beobachtbaren Finanzierungsverhalten angepasst wurde, wohingegen für die Pecking-Order-Theorie zu Beginn das empirisch zu beobachtende Finanzierungsverhalten stand, das in einem zweiten Schritt durch ein theoretisches Gerüst gestützt wird.[523]

520 Myers/Majluf (1984) sprechen – diesem Zusammenhang wenig verwunderlich – davon, dass die Pecking-Order-Theorie das empirische Rennen anführt. Vgl. dazu Myers/Majluf (1984) S. 189.

521 Vgl. dazu Miglo (2011) S. 175; Myers (1989) S. 85–86; Harris/Raviv (1991) S. 306. Myers (1989) sieht diese mit der Pecking-Order-Theorie unterstellte Vermutung durch die empirisch zu beobachtende Veränderung des Marktpreises infolge der Ankündigung von Kapitalmaßnahmen bestätigt. Vgl. ebda.

522 Diese Entwicklung zeigt sich besonders in den in Abschnitt 3 beschriebenen jüngeren Kapitalstrukturtheorien.

523 Die Abkehr von dem Ziel, ein in sich geschlossenes theoretisches Modell zu betrachten, und die Hinwendung zu einem empirisch getriebenen Vorgehen beschreibt Myers (1984) wie folgt: „Well, the story may be moderate and plausible, but that does not make it right. We have to ask whether it explains firms' financing behavior.

Ex ante ist zu vermuten, dass ein solches geändertes Vorgehen Auswirkungen auf die empirische Überzeugungskraft einer Kapitalstrukturtheorie nimmt.

Erstaunlich ist – in Ausblick auf die Überlegungen des Kapitels III – jedoch, dass sich die Vermutung einer höheren Überzeugungskraft in der Praxis nur eingeschränkt bewahrheitet hat. Für die im zweiten Kapitel zusammengefassten Überlegungen zu den Finanzierungsannahmen der Unternehmensbewertung zentral ist die mit der Pecking-Order-Theorie letztlich Verbreitung findende Abkehr[524] von der Annahme, dass Unternehmen mit der Finanzierungsentscheidung einen dauerhaft wertoptimalen Verschuldungsgrad im Sinne der Trade-Off-Theorie anstreben. Vielmehr – dies wird mit der nachfolgenden Betrachtung der Herleitung der Pecking-Order-Theorie deutlich – ist der in der Praxis zu beobachtende Verschuldungsgrad die Folge eines auf den Finanzierungszeitpunkt ausgerichteten kurzfristigen Optimierungsprozesses, der zu keinem zeitbeständigen Verschuldungsoptimum führt, sondern lediglich Ausdruck der vergangenen zeitpunktoptimalen Finanzierungsentscheidungen des Unternehmens ist.[525] Schneider (2010) spricht in diesem Zusammenhang daher folgerichtig davon, dass auf Basis der Finanzierungsentscheidung der Pecking-Order-Theorie kein Urteil möglich ist, ob die in der Praxis realisierten Verschuldungsgrade ein wertoptimales Optimum im Sinne der Trade-Off-Theorie abbilden.[526] Diesem Urteil ist zuzustimmen, richtet man – dies stellt eine zentrale Aufgabe etwa im Rahmen der Unternehmensbewertung dar – den Blick auf die zukünftige Entwicklung der Unternehmen. Richtet man den Blick dagegen in die Vergangenheit, kann dem realisierten Verschuldungsgrad – es findet im Rahmen der Pecking-Order-Theorie eine Abwägung der Vorteilhaftigkeit alternativer Finanzierungsquellen statt – unter den individuellen Finanzierungsbeschränkungen des Unternehmens auch im Fall der Pecking-Order-Theorie zunächst eine gewisse Vergangenheits- bzw. Zeitpunktoptimalität nicht abgesprochen werden. Die unterschiedliche Einschätzung bezüglich der Vergangenheits- bzw. Zukunftsoptimalität ist hier u. a. darauf zurückzuführen, dass mit der Formulierung der

---

If it does, fine. If it does not, then we need a better theory before offering advice to managers." Myers (1984) S. 589.

524 Wie bereits festgehalten, wird der Grundstein dieser auch in jüngeren Kapitalstrukturtheorien dominierenden Eigenschaft bereits in der – eng mit den Überlegungen zur Pecking-Order-Theorie verbundenen – Signalling-Theorie gelegt. Siehe dazu Abschnitt 2.5.

525 Myers (1984) spricht daher davon, dass in der Praxis beobachtbare Verschuldungsgrade „[...] reflect the cumulative requirement for external financing – a requirement cumulated over an extended period." Myers (1984) S. 589. Vgl. dazu ähnlich Hermanns (2007) S. 70; Schneider (2010) S. 28; Bessler et al. (2011) S. 18.

526 Vgl. dazu Schneider (2010) S. 31. Ähnlich dazu bereits Baker/Wurgler (2002), die etwas differenzierter festhalten: „In the Pecking order Theory described by Myers (1984) there is no optimal capital structure. To be more precise, if there is an optimum, the cost of deviating from it is insignificant in comparison to the cost of raising external finance." Baker/Wurgler (2002) S. 26.

Pecking-Order-Theorie die Bedeutung der klassischen[527] – insbesondere auch für die Unternehmensbewertung zentralen – Determinanten der Finanzierungsentscheidung, die durch die Fremdfinanzierung induzierten Steuervorteile und Insolvenzkosten, zugunsten der auf Informationsasymmetrien abstellenden Faktoren der Signalling-Theorie abgenommen hat.[528] In dem folgenden Abschnitt sei sich zunächst dem theoretischen Grundgerüst/Fundament, mit dem die empirischen Beobachtungen von Donaldson (1963) versehen wurden, gewidmet.

2.9.1. Zur theoretischen Fundierung der Pecking-Order-Theorie durch Myers/Majluf (1984)

Ausgangspunkt des Modells von Myers/Majluf (1984) bildet die Investitionsentscheidung eines bereits am Kapitalmarkt etablierten Unternehmens. Im Kontrast zu den Überlegungen der Signalling-Theorie von Ross (1977) und Leland/Pyle (1977), die von der Situation eines Unternehmensgründers ausgehen, werden im Modell von Myers/Majluf (1984) Unternehmen betrachtet, die in der Vergangenheit bereits erfolgreich Kapital eingeworben und investiert haben.[529] Geht man, in Anlehnung an das Modell von Myers/Majluf (1984), von einem 3-Phasen-Modell der zukünftigen Unternehmensentwicklung aus,[530] so setzt sich der Unternehmenswert zum Zeitpunkt t = -1 – dem Zeitpunkt vor der Investitions- bzw. Finanzierungsentscheidung – auf einem funktionierenden Kapitalmarkt aus dem erwarteten Wertbeitrag der bereits realisierten und dem Potenzial der zukünftigen Projekte des Unternehmens zusammen. Die Erwartungen des Managements und des Kapitalmarktes mit Blick auf die zukünftige Unternehmensentwicklung decken sich zum Zeitpunkt t = -1 zunächst annahmegemäß. Zu diesem Zeitpunkt liegt m. a. W. letztlich eine symmetrische Informationsverteilung zwischen Kapitalmarkt und Unternehmensführung vor.[531] Der Informationsgleichklang zerbricht,

527 Man könnte an dieser Stelle etwas deutlicher zwischen den zukunfts- und gegenwartsbezogenen Determinanten der Kapitalstruktur sprechen.

528 Myers/Majluf (1984) weisen auf die Verbindung der theoretischen Fundierung der Pecking-Order-Theorie und den Überlegungen von Akerlof (1970) hin. Vgl. dazu Myers/Majluf (1984) S. 196, S. 209; ähnlich Myers (2001) S. 82.

529 Vgl. dazu Myers/Majluf (1984) S. 197–198; Myers (2001) S. 91. Die Frage nach dem Ausgangspunkt, die – dies zeigt sich auch im weiteren Verlauf des Kapitels – für die Kapitalstrukturentscheidung durchaus als zentral aufgefasst werden kann, wird damit an dieser Stelle vereinfachend ausgeblendet. Ein solch pragmatisches Vorgehen ist dabei durchaus mit Problemen behaftet, zeigt sich doch – dies wird zu einem späteren Zeitpunkt Teil der Kritik an der Pecking-Order-Theorie sein –, dass insbesondere im Fall der Erstfinanzierung des Unternehmens die Pecking-Order-Theorie nicht zu gelten scheint.

530 Vgl. dazu auch Schneider (2010) S. 28; Hermanns (2007) S. 72.

531 In diesem für die Überlegungen von Modigliani/Miller (1958) relevanten Umfeld spielen die im folgenden Abschnitt beschriebenen Probleme keine Rolle. Vgl.

wechselt man in die Folgeperiode t = 0. Die Manager des Unternehmens erhalten gemäß dem Modell von Myers/Majluf (1984) Informationen über die wahre Qualität der realisierten bzw. der zukünftigen Investitionsprojekte des Unternehmens.[532] Der Kapitalmarkt kann hingegen erst zum Zeitpunkt der tatsächlichen Realisation des Wertbeitrages, d. h. im Zeitpunkt t = 1, den Wert der Investitionsprojekte und damit den tatsächlichen Wert des Unternehmens erkennen. Zum Zeitpunkt t = 0 besteht, anders als in der Vorperiode, somit eine Informationsschiefe zwischen Kapitalmarkt und Unternehmensmanagement über den tatsächlichen Wert, der dem Unternehmen zugemessen werden muss.[533] Die Entscheidung, ob das Investitionsprogramm durchgeführt wird, muss jedoch in der Periode t = 0 getroffen werden.[534] Im Kontrast zu der in einem vorangehenden Abschnitt betrachteten Signalling-Theorie – in der eine vergleichbare Problemstellung betrachtet wurde – , liegt der Schwerpunkt der Arbeit von Myers/Majluf (1984) nur sekundär auf der Frage, inwieweit bestehende Informationsasymmetrien zwischen Management und Kapitalmarkt glaubwürdig überwunden werden können,[535] als vielmehr auf der Frage, welche Auswirkungen die asymmetrische Informationsverteilung auf die Investitionsentscheidung des Unternehmens hat.[536]

Wie Myers/Majluf (1984) zeigen, hängt die Investitionsentscheidung des Unternehmens im Fall asymmetrisch verteilter Informationen maßgeblich von der Beantwortung der Frage ab, ob in t = 0 externes Kapital zur Realisierung des Investitionsprogrammes eingeworben werden muss. Gegenüber dem Fall eines vollkommenen Kapitalmarktes mit homogener Informationsverteilung, reduziert sich

---

dazu – den Blick bereits auf die dynamische Pecking-Order- Theorie gerichtet – auch Baker/Wurgler (2002) S. 1.

532 Diese Annahme scheint durchaus praxisnah zu sein, zeigt sich den Managern doch durch Frühindikatoren wie etwa die Anzahl an Bestellungen schon früher der tatsächliche Erfolg des Unternehmens. Man löst sich mit dieser Annahme jedoch von der Vorstellung, dass Informationen ohne Verzögerung in den Marktpreis einfließen. Dies erscheint bedeutsam, dominiert diese „klassische“ Annahme zur Kapitalmarkteffizienz doch u. a. auch die Vorstellung im Rahmen der Trade-Off-Theorie. Vgl. dazu u. a. auch Baker/Wurgler (2002) S. 25.

533 Etwas präziser könnte man an dieser Stelle davon sprechen, dass sich die Erwartungen mit Blick auf die zukünftigen Zahlungen des Unternehmens in t = 0 nicht mehr decken.

534 Vgl. dazu Myers/Majluf (1984) S. 190–191.

535 Myers/Majluf (1984) sprechen in diesem Zusammenhang auch davon, dass diese zentrale Frage der Signalisierungstheorie vereinfachend ausgeblendet wird. Vgl. dazu Myers/Majluf (1984) S. 189. Implizit, dies zeigen u. a. die Überlegungen von Miglo (2016), besteht das Signalisierungsproblem auch im Rahmen der Pecking-Order-Theorie fort. Vgl. dazu Miglo (2016) S. 50–51.

536 Das der Pecking-Order-Theoriezugrunde liegende Modell unterscheidet sich damit von der Trade-Off-Theorie, in der die Investitionsentscheidung – vor der Erweiterung um Agency-theoretische Konflikte – annahmegemäß als gegeben angenommen wird.

die Investitionsentscheidung somit nicht mehr allein auf die Frage, ob mit dem Investitionsprojekt ein positiver Wertbeitrag erzielt werden kann,[537] sondern hängt nun maßgeblich auch von der die Investition letztlich ermöglichenden Finanzierungsentscheidung ab.[538] Kann das Projekt aus eigener Kraft, d. h. ausschließlich mit Mitteln des Unternehmens, finanziert werden – ein Gang an den Kapitalmarkt ist m. a. W. nicht erforderlich –, so haben bestehende Informationsasymmetrien – Agency-Konflikte werden im Modell von Myers/Majluf (1984) vereinfachend ausgeblendet – keine Auswirkung auf die Vorteilhaftigkeit der durch das Unternehmen getroffenen Investitionsentscheidung.[539] Dem „klassischen" Investitionskriterium folgend, sind Projekte mit positivem Wertbeitrag durch das Unternehmen zu realisieren. Es kommt in der Folge einer solchen Investitionsentscheidung im Sinne der Kapitalgeber also zu einer Maximierung des Unternehmenswertes.[540] Ein solches wertmaximierendes Verhalten des Unternehmens kann nicht ohne Weiteres vorausgesetzt werden, reichen die internen Mittel des Unternehmens – Myers/Majluf (1984) sprechen in diesem Zusammenhang auch vom „financial slack" des Unternehmens – nicht aus, um ein wertoptimales Investitionsprogramm umzusetzen.[541]

Myers/Majluf (1984) zeigen dies exemplarisch anhand eines Unternehmens, das zur Finanzierung des Investitionsprogramms Eigenkapital am Kapitalmarkt einwirbt. Ausgangspunkt der Betrachtung ist zunächst ein einfaches Beispiel, in dem in t = 1, also dem Zeitpunkt der Projektrealisation, zwei Umweltzustände – ein positiver und ein negativer Umweltzustand – mit gleicher Wahrscheinlichkeit eintreten können. Rationale Marktteilnehmer werden – diese Überlegung ist bereits aus dem Abschnitt zur Signalling-Theorie bekannt – sowohl den Eintritt des

537 Verfügt der Kapitalmarkt über die gleichen Informationen wie die Unternehmensmanager, so sind die Eigenkapitalanteile des Unternehmens zum Zeitpunkt der Investition fair bepreist. Wie u. a. Miglo (2016) hervorhebt, bestehen an dieser Stelle keine Unterschiede zwischen einer Außen- bzw. Innenfinanzierung der Investitionsprojekte. Vgl. dazu Miglo (2016) S. 48–49.

538 Wie die vorangehenden Überlegungen zur Trade-Off-Theorie gezeigt haben, decken sich an dieser Stelle – wenn auch nur kurz – die Ergebnisse von „klassischer" Trade-Off-Theorie und Pecking-Order-Theorie.

539 Wie sich mit den weiteren Überlegungen zeigen wird, ist dies darauf zurückzuführen, dass die Fehlbewertung des Kapitalmarktes keine Auswirkung auf die Entscheidung des Managements hat.

540 Vgl. dazu Myers/Majluf (1984) S. 187–188.

541 Kritisch mit der Möglichkeit, „financial slack" als eine Finanzierungsquelle zu nutzen, setzen sich u. a. Lucas/McDonald (1990) auseinander. Lucas/McDonald (1990) führen neben steuerlichen Beweggründen u. a. auch die Gefahr an, dass das Finanzpolster im Rahmen einer Unternehmensinsolvenz aus Sicht der Eigenkapitalgeber unnötigerweise aufgezehrt würde. Vgl. dazu Lucas/McDonald (1990) S. 1037. Gegen ein solches Vorgehen sprechen zudem die Überlegungen aus Abschnitt 2.4.1., Manager könnten das Finanzpolster wertvernichtend zum persönlichen Konsum einsetzen.

positiven als auch des negativen Umweltzustandes in den Marktpreis des Unternehmens bzw. den Eigenkapitalanteilen des Unternehmens einpreisen.[542] In t = 0 erfährt das Unternehmensmanagement – wie bereits festgehalten wurde –, welcher Umweltzustand in t = 1 tatsächlich eintreten wird. Für die Finanzierungs- und Investitionsentscheidung ist – dies zeigen die Folgeüberlegungen – dieser Informationsvorsprung des Managements gegenüber dem Kapitalmarkt zentral. Für den Fall eines positiven Umweltzustandes in t = 1 werden im Interesse der Altaktionäre handelnde Manager,[543] aufgrund des erforderlich werdenden Gangs an den Kapitalmarkt, nicht alle Investitionsprojekte mit positivem Wertbeitrag realisieren. Das klassische Investitionskriterium wird m. a. W. im Fall einer notwendig werdenden Ausgabe von Eigenkapitalanteilen somit z. T. außer Kraft gesetzt. Die ökonomischen Beweggründe eines solchen Verhaltens werden deutlich, betrachtet man die Voraussetzungen, unter denen Unternehmen Eigenkapitalanteile begeben müssen. In t = 0 hält der Kapitalmarkt – ohne das proprietäre Wissen der Manager zu besitzen – beide Umweltzustände für gleich wahrscheinlich und ist in der Folge nur bereit, einen, beide Umweltzustände einpreisenden, durchschnittlichen Marktpreis für die begebenen Eigenkapitalanteile zu bezahlen.[544] Aus Sicht des, über den zukünftigen positiven Umweltzustand bereits informierten, Managements werden die zu begebenden Eigenkapitalanteile des Unternehmens letztlich durch den Kapitalmarkt unterbewertet.[545] Grundlage dieser Annahme ist, dass das Management bereits in t = 0 über den Eintritt eines positiven Umweltzustandes in t = 1 informiert ist, während externe Kapitalgeber den wahren Wert des Unternehmens

542 Vgl. dazu Myers/Majluf (1984) S. 192; Hermanns (2007) S. 73; Schneider (2010) S. 29. Im Sinne der Signalling-Theorie ist die Ausgabe von Eigenkapital zunächst kein verlässliches Signal, da – betrachtet man hier nicht nur zwei Umweltzustände, sondern zwei verschiedene Unternehmen – das Unternehmen mit den negativen Zukunftsaussichten ohne Weiteres das Signal des guten Unternehmens nachahmen kann. Rationale Investoren werden einpreisen, dass sie mit einer Wahrscheinlichkeit von 50 % in das schlechte Unternehmen investieren. Vgl. dazu Miglo (2016) S. 50; 52. In der Folge führt dies jedoch dazu, dass Unternehmen mit positiven Zukunftsaussichten keine Fremdkapitalinstrumente ausgeben werden. Vgl. dazu Harris/Raviv (1991) S. 307.

543 Dies ist, wie Myers/Majluf (1984) hervorheben, eine zentrale Annahme für die Gültigkeit der nachfolgenden Überlegungen. Vgl. dazu Myers/Majluf (1984) S. 188; Hermanns (2007) S. 72; Schneider (2010) S. 29. Die Überlegungen von Myers/Majluf (1984) setzen zudem voraus, dass die Altaktionäre sich in der Zukunft passiv verhalten. Vgl. dazu Myers/Majluf (1984) S. 195. Der Grund für diese weitere Annahme wird an einer späteren Stelle deutlich.

544 Lucas/McDonald (1990) sprechen in diesem Zusammenhang auch davon, dass die Marktbewertung eines Unternehmens „[...] will be a weighted average of the values of the various types of firms.“ Lucas/McDonald (1990) S. 1026.

545 Die Manager kennen annahmegemäß den tatsächlichen Wert der Unternehmensanteile. Vgl. dazu Myers (1984) S. 583; Myers (2001) S. 91.

erst zu einem späteren Zeitpunkt korrekt einschätzen können. Die Ausgabe frischen Eigenkapitals, das anteilig an den zukünftigen Cashflows beteiligt wird, entreichert aufgrund der Unterbewertung der Eigenkapitalanteile – die Ansprüche an den Cashflows der realisierten Investitionsprojekte des Unternehmens werden entsprechend dem überproportionalen Anteil der neuen Eigenkapitalgeber verwässert –[546] bestehende Altaktionäre.[547]

Myers (1984) kehrt mit Blick auf den Gang des Unternehmens an den Kapitalmarkt damit einen in den bisherigen Betrachtungen vernachlässigten Kostenfaktor der Begabe externen Kapitals hervor: „There is also a possible cost: the firm may have to sell the securities for less than they are really worth."[548] Ob ein Investitionsprojekt unter den Prämissen von Myers/Majluf (1984) durchgeführt wird, hängt neben der grundsätzlichen Frage der Vorteilhaftigkeit in einem zweiten Schritt nun also auch davon ab, ob der Anteil der Altaktionäre an dem mit der Kapitalerhöhung finanzierten Investitionsprojekt den mit der Fehlbewertung der Eigenkapitalanteile einhergehenden Wertverlust ausgleichen kann.[549]

Wie Myers/Majluf (1984) zeigen, ist die Investitionsentscheidung des Unternehmens im Fall eines Gangs an den Kapitalmarkt somit auch von dem Verhältnis des Wertbeitrages bestehender zu zukünftigen Investitionsprojekten des Unternehmens abhängig.[550] Wiegt der Wertbeitrag der zu realisierenden Investitionsprojekte den Wertverlust der Altaktionäre nicht oder nur unvollständig auf, wird das Unternehmen keine Eigenkapitalanteile ausgeben und die eigentlich wertschaffende Wachstumsoption ungenutzt verfallen lassen. Infolge der unzureichenden Kapitalausstattung kommt es m. a. W. zu einem Unterinvestitionsproblem.[551]

546 Anstatt von einer Unterbewertung der Eigenkapitalanteile zu sprechen, kann man in diesem Zusammenhang auch davon sprechen, dass die Käufer junger Aktien einen zu hohen Anteil am zukünftigen Unternehmenserfolg fordern. Diese Sichtweise nimmt u. a. Miglo (2016) ein. Vgl. dazu Miglo (2016) S. 49; Harris/Raviv (1991) S. 306.

547 Für das von Myers/Majluf (1984) gewählte Beispiel vgl. Myers/Majluf (1984) S. 193. Wie Kadapakkam et al. (1998) mit Blick auf die Kapitalkosten festhalten, müssen Unternehmen „[...] pay some ‚premium' for outside financing, even if managers do plan value-enhancing investments in the interest of shareholders". Kadapakkam et al. (1998) S. 295.

548 Myers (1984) S. 583.

549 Vgl. dazu Myers (2001) S. 91. In der Literatur bestehen Erweiterungen des Modells von Myers/Majluf (1984), die zeigen, dass im Fall der Beschränkung der Informationsasymmetrie auf die umzusetzenden Investitionsprojekte auch ein Überinvestitionsproblem denkbar ist. Vgl. dazu u. a. Harris/Raviv (1991) S. 308–390.

550 Vgl. dazu Myers/Majluf (1984) S. 193–194; 198–199; 207; Schneider (2010) S. 30; Hermanns (2007) S. 75. An dieser Stelle wird deutlich, warum das Modell von Myers/Majluf (1984) nicht von dem Fall einer Unternehmensgründung vergleichbar zu den Modellen der Signalling-Theorie ausgegangen ist.

551 Vgl. dazu Harris/Raviv (1991) S. 306. Die Finanzierungsentscheidung ist somit auch im Modell von Myers/Majluf (1984) wertrelevant, da sie direkte Auswirkungen auf die Investitionsentscheidung des Unternehmens besitzt.

An dieser Stelle kann eine Parallele der Arbeit von Myers/Majluf (1984) zu den bereits kurz beleuchteten Überlegungen von Akerlof (1970) gezogen werden.[552] Der Kapitalmarkt geht, aufgrund der dargestellten Informationsasymmetrien, auch im Modell von Myers/Majluf (1984) von einer durchschnittlichen Qualität der zu emittierenden Eigenkapitalanteile aus. Dies gilt fälschlicherweise auch dann, wenn Unternehmen in der kommenden Periode mit Sicherheit den guten Umweltzustand erreichen werden. Infolge dieses Verhaltens des Kapitalmarktes werden durch den Kapitalmarkt unterbewertete Unternehmen die Begabe von Eigenkapitalanteilen scheuen. In Analogie zu den Überlegungen von Akerlof (1970), besteht für den Fall der Überbewertung der Eigenkapitalanteile – das Unternehmen wird in $t = 1$ mit Sicherheit den schlechten Umweltzustand realisieren – im Gegenzug dazu ein Interesse des Managements, diese Fehlbewertung des Kapitalmarktes zugunsten der Altaktionäre auszunutzen und frisches Eigenkapital zu emittieren. Aufgrund der in diesem Fall vorliegenden Überbewertung – die Marktteilnehmer gehen aufgrund herrschender Informationsasymmetrien von zwei gleich wahrscheinlichen Umweltzuständen aus – erfolgt eine Vermögensverschiebung von den neuen Aktionären hin zu den Altaktionären.[553]

Rationale Marktteilnehmer werden diese Finanzierungs- und Investitionsstrategie des Managements antizipieren und die Begabe von Eigenkapitalinstrumenten in $t = 0$ als ein verlässliches Signal für das Eintreten des schlechten Umweltzustandes interpretieren, mit der Folge, dass der Marktpreis des Unternehmens in $t = 0$ fällt.[554] Miglo (2016) spricht in diesem Zusammenhang daher auch davon, dass im Rahmen der Pecking-Order-Theorie Eigenkapital die Funktion der „Lemon“ – zieht man die Verbindung zu den Überlegungen von Akerlof (1970) – zukommt, da nur Unternehmen mit negativen Zukunftsaussichten Eigenkapitalinstrumente ausgeben werden.[555] Die Stabilität der vorangehenden modelltheoretischen Überlegungen der Arbeit von Myers/Majluf (1984) hängt maßgeblich davon ab, dass sich Altaktionäre passiv verhalten und nicht an der Kapitalerhöhung teilnehmen. Gilt diese von Myers/Majluf (1984) in ihrem Modell unterstellte Beschränkung nicht, kann das durch die asymmetrische Informationsverteilung zwischen Kapitalmarkt und Unternehmen ausgelöste Unterinvestitionsproblem vermieden werden. Kommt es doch zu keiner Vermögensverschiebung im Fall der Bereitstellung

552 Dies machen u. a. Korajczyk et al. (1990). Vgl. dazu Korajczyk et al. (1990) S. 261.

553 Vgl. dazu u. a. Myers (1984) S. 583; Hermanns (2007) S. 74.

554 Vgl. dazu Myers/Majluf (1984) S. 195; 203–205; Myers (1984) S. 583; Bayless/Chaplinsky (1996) S. 255. Myers (1989) fasst die vorangehenden Überlegungen plastisch zusammen. „Would you ever buy equity if debt were an alternative? If you do, the issuer is guaranteed to win and you to lose. Thus you will refuse equity and only accept debt.“ Myers (1989) S. 87.

555 Die Finanzierungsentscheidung des Unternehmens ist damit letztlich ein Signal dafür, dass der Kapitalmarkt die Anteile des Unternehmens bisher überbewertet hat. Vgl. dazu Myers (2001) S. 92; Miglo (2016) S. 53; Korajczyk et al. (1990) S. 261.

frischen Eigenkapitals durch die Altaktionäre.[556] Gilt hingegen die einschränkende Annahme der Passivität der Altaktionäre, kann die suboptimale Investitionsentscheidung des Unternehmens – Projekte mit positivem Wertbeitrag werden nicht durchgeführt – nur durch eine ausreichende Ausstattung des Unternehmens mit freien Mitteln durchbrochen werden.[557]

Grundsätzlich denkbar ist mit Blick auf die Überlegungen zur Signalling-Theorie zudem auch, dass bestehende Informationsasymmetrien sowie damit einhergehende Interessenkonflikte durch ein geeignetes Signal des Unternehmens über die Vorteilhaftigkeit bestehender Investitionsprojekte abgebaut werden können. Myers/Majluf (1984) wenden gegen einen solchen Ansatz jedoch ein, dass Unternehmen, um ein glaubwürdiges Signal senden zu können, eine Fülle an Informationen preisgeben müssten,[558] die in der Folge durch Wettbewerber aufgegriffen werden könnten.[559] Ein Signal des Unternehmens kann – folgt man der Einschätzung von Myers/Majluf (1984) – damit durchaus mit signifikanten Kosten für das Signal selbst bzw. dessen Verarbeitung durch die Marktteilnehmer verbunden sein.[560] Folgt man diesem Argument, kann mit einem glaubwürdigen Signal lediglich eine Verlagerung der Kosten der Kapitalbegabe erreichet werden, nicht jedoch, dass Kosten bei der Begabe von Eigenkapitalinstrumenten entstehen. In der Unternehmenspraxis besteht mit der Möglichkeit, Fremdkapital zur Finanzierung vorteilhafter Investitionsprojekte einzuwerben, eine Alternative zur Begabe von Eigenkapitalanteilen. Mit der Erweiterung des Ausgangsmodells um die Möglichkeit, risikobehaftetes Fremdkapital zu emittieren,[561] gelingt Myers/Majluf (1984) auf Basis der Ergebnisse der Optionspreistheorie der Nachweis, dass Unternehmen unter den gesetzten Prämissen die Ausgabe risikobehafteten Fremdkapitals

---

556 Etwas allgemeiner kann man an dieser Stelle davon sprechen, dass die hemmende Wirkung bestehender Informationsungleichgewichte maßgeblich von dem Ausmaß der Marktreaktion auf das Signal der Überbewertung abhängt. Liegt der Unternehmenswert infolge der Marktreaktion noch über dem inneren, d. h. tatsächlichen, Wert des Unternehmens, sind mit der Begabe von Eigenkapitalanteilen letztlich keine Kosten verbunden. Vgl. zu dieser Argumentation u. a. Bayless/Chaplinsky (1996) S. 256.

557 Vgl. dazu Myers/Majluf (1984) S. 194–195; Schneider (2010) S. 30. Dieser Vorschlag ist, dies haben die Überlegungen zu den Agency-theoretischen Ansätzen gezeigt, in der Praxis nicht unproblematisch.

558 Die Finanzierungsentscheidung allein – dies zeigen die Überlegungen von Miglo (2016) – stellt ein ausreichend verlässliches Signal dar. Vgl. dazu Miglo (2016) S. 52.

559 Den Wettbewerbern ist es damit u. U. möglich, den Druck auf das Unternehmen zu erhöhen. Damit steigt letztlich die Gefahr, dass das Investitionsprojekt an Wert verliert.

560 Vgl. dazu Myers/Majluf (1984) S. 195–196.

561 Risikoloses Fremdkapital führt vergleichbar zu einem Bestand an freien Mitteln dazu, dass wertschaffende Investitionsprojekte durchgeführt werden. Vgl. dazu Myers (1984) S. 584.

gegenüber einer Emission von Eigenkapitalanteilen regelmäßig vorziehen werden. Grundsätzlich können mit Blick auf die Ausgabe von Fremdkapitalinstrumenten vergleichbare Überlegungen vorgenommen werden wie im bereits beleuchteten Fall der Emission von Eigenkapitalinstrumenten.

Ohne die Vorüberlegung zum bekannten Interessenkonflikt an dieser Stelle nochmals nachzuzeichnen, werden auch mögliche Fremdkapitalgeber die Handlungsalternativen der Eigenkapitalgeber antizipieren. In die durch die Fremdkapitalgeber in $t = 0$ geforderte Risikoprämie fließt somit der Eintritt des positiven als auch negativen – die Fremdkapitalgeber tragen unerwartet einen Teil des Unternehmensrisikos – Umweltzustandes zu gleichen Teilen ein. Die Vorteilhaftigkeit des Einsatzes von Fremdkapital gegenüber dem Einsatz von frischem Eigenkapital ist im Modell von Myers/Majluf (1984) letztlich darauf zurückzuführen, dass der mit der Forderung der Fremdkapitalgeber einhergehende Vermögenstransfer geringer ausfällt als im Fall einer Emission junger Aktien.[562] Richtet man den Blick auf die Realisation ausstehender Investitionsprojekte, steigt mit dem Einsatz von Fremdkapital gegenüber dem Einsatz von frischen Eigenkapital m. a. W. die Wahrscheinlichkeit, dass wertschaffende Projekte durchgeführt werden und der Gesamtunternehmenswert gesteigert wird.[563]

Auf Basis der vorangehenden Überlegungen lässt sich die – bereits im einleitenden Abschnitt – beschriebene Hackordnung der alternativen Quellen der Unternehmensfinanzierung auch theoretisch plausibilisieren. Fasst man knapp zusammen, so werden Manager – aufgrund der Gefahr, wertschaffende Investitionsprojekte nicht oder nur gegen das Interesse der Altaktionäre realisieren zu können – zunächst den Versuch unternehmen, wertschaffende Investitionsprojekte durch interne Mittel zu finanzieren. Sind interne Mittel zur Finanzierung zukünftiger Investitionsprojekte nicht im ausreichenden Umfang vorhanden, ziehen Unternehmen die Ausgabe von Fremdkapitalinstrumenten der Möglichkeit einer Aktienemission im Fall positiver Wachstumsaussichten stets vor. Der mit einer Außenfinanzierungsmaßnahme einhergehende Wertverlust kann letztlich durch diese feste Rangfolge alternativer Finanzierungsquellen minimiert werden. Eigenkapitalinstrumente stellen – wie Myers/Majluf (1984) festgehalten haben – den letzten Ausweg zur Finanzierung vorteilhafter Investitionsprojekte dar. Myers (1984) fasst die Quintessenz der zur Pecking-Order-Theorie führenden Überlegungen in einer einfachen Entscheidungsregel zusammen: „Issue debt when investors

562 Da Fremdkapital weniger stark auf Schwankungen des Unternehmenswertes reagiert – die Forderungen der Fremdkapitalgeber werden vorrangig bedient –, sind die Auswirkungen des ungerechtfertigten Anstiegs der Risikoprämie begrenzt. Bestehende Informationsasymmetrien fallen damit weniger stark ins Gewicht. Vgl. dazu Myers (1984) S. 584–585; Myers (1989) S. 86; Myers (2001) S. 92; Miglo (2016) S. 51.

563 Vgl. dazu Myers/Majluf (1984) S. 207–208; Schneider (2010) S. 30.

undervalue the firm, and equity, or some other risky security, when they overvalue it."[564]

Gegenüberstellung der Finanzierungsentscheidung von Pecking-Order-Theorie und Trade-Off-Theorie

Die Entscheidungsregel von Myers (1984) zeigt – dies wurde bereits im einleitenden Abschnitt hervorgehoben –, dass der in der Praxis realisierte Verschuldungsgrad aus dem Blickwinkel der Pecking-Order-Theorie zwar einen Werteinfluss aufweist, aber kein Optimum im Sinne der Trade-Off-Theorie unterstellt wird.[565] Die Grundlage dieses Prämissenwechsels in der Beurteilung der Finanzierungsentscheidung ist letztlich in der abweichenden theoretischen Begründung der Pecking-Order-Theorie angelegt. Wie in den vorangehenden Abschnitten gezeigt wurde, verfolgen Unternehmen im Fall der Trade-Off-Theorie eine Finanzierungsstrategie, die als ein Ergebnis der Abwägung der steuerlichen Vorteile der Fremdfinanzierung und der mit der Fremdfinanzierung verbundenen Kosten aus sich heraus zu einem wertoptimalen Unternehmenswert führt. Unternehmen werden in der Folge versuchen, diesen Zielverschuldungsgrad durch geeignete Finanzierungsentscheidungen zu erreichen. Man kann dabei Besonderheiten der Trade-Off-Theorie ggü. der Pecking-Order-Theorie herausarbeiten. Blick man auf die Überlegungen der Trade-Off-Theorie zurück, so erlaubt der Einsatz von Fremdkapital über den Wertbeitrag der Fremdfinanzierung die Maximierung des Unternehmenswertes. Der Blick des Unternehmens umfasst über den Wertbeitrag der Fremdfinanzierung letztlich auch die Entwicklung zukünftiger Perioden. Die Pecking-Order-Theorie weist den Auswirkungen der Finanzierungsentscheidung dagegen eine sekundäre Bedeutung zu.[566] Im Rahmen der Pecking-Order-Theorie ergibt sich die Finanzierungsentscheidung daher als ein Residuum einer dominanten Investitions- und Ausschüttungsstrategie.[567] Bedeutung gewinnt die Finanzierungsentscheidung erst in dem Fall, in dem das Unternehmen externes Kapital zur Finanzierung vorteilhafter Projekte am Kapitalmarkt einwerben muss. Die asymmetrische Informationsverteilung erfordert dabei, die Aufnahme externen Kapitals möglichst reibungslos zu gestalten. Es erfolgt somit auch im Rahmen der Pecking-Order-Theorie m. a. W. ein Optimierungsversuch, wenn auch unter

564 Vgl. Myers (1984) S. 585.

565 Myers (2001) hält so mit Blick auf den Kontrast zwischen Trade-Off- und Pecking-Order-Theorie fest, „[...] in the pecking order they don't have a target [...]". Myers (2001) S. 93; ähnlich auch Baker/Wurgler (2002) S. 26.

566 Dies spiegelt sich letztlich auch darin, dass der Wertbeitrag der Fremdfinanzierung sowie der Insolvenzkosten für die Finanzierungsentscheidung letztlich nur eine untergeordnete Bedeutung besitzen. Vgl. Myers (1989) S. 85.

567 Vgl. dazu auch Myers (1989) S. 82; Myers (2001) S. 93–94. Eine Einschätzung, für die u. a. von DeAngelo/Roll (2015) Sympathie geäußert wird. Vgl. dazu DeAngelo/Roll (2015) S. 411.

anderen Vorzeichen.[568] Finanzierungsentscheidungen sind in Abhängigkeit zu dem Umfang der Investitionsgelegenheit und der freien Mittel sowie dem Grad der am Kapitalmarkt herrschenden Informationsasymmetrie[569] somit i. d. R. situationsabhängig – weitgehend losgelöst von der vergangenen und insbesondere zukünftigen Entwicklung – zu treffen.[570]

Analog zu den Überlegungen zur Signalling-Theorie weist der Effekt, den die Finanzierungsentscheidung auf den Unternehmenswert besitzt, bestenfalls kurzfristigen Charakter auf. Dies lässt sich anhand einer kurzen Fallunterscheidung illustrieren. Betrachtet man den Fall, dass ein Investitionsprojekt durch den Einsatz externen Kapitals finanziert wird, so führt die Beantwortung der Frage der Finanzierung zunächst nur zu einer Verschiebung des Anteils zwischen den Anteilseignern. Ein dauerhaft identifizierbarer Effekt auf den Gesamtunternehmenswert selbst besteht an dieser Stelle jedoch nicht. Für den Fall, in dem das Unternehmen aufgrund eines notwendig werdenden Gangs an den Kapitalmarkt sich dazu entschließt, ein vorteilhaftes Investitionsprojekt nicht durchzuführen, weicht das Unternehmen zwar vom Wertoptimum ab, das sich jedoch weder im Unternehmenswert selbst – die Vorteilhaftigkeit der Projekte ist gerade die proprietäre Information der Manager und dem Kapitalmarkt unbekannt – noch in den realisierten Verschuldungsgraden ablesen lässt. Wie Myers (2001) festhält, ergibt sich der Verschuldungsgrad im Rahmen der Pecking-Order-Theorie somit als Ergebnis der vergangenen Finanzierungserfordernisse des Unternehmens.[571] Barclay et al. (1995) sprechen in Einklang mit diesen Überlegungen davon, dass die Kapitalstruktur „[...] simply reflects the accumulation of their past financing requirements, and that debt ratios change largely in response to imbalances between internally-generated cash flows and investment opportunities“.[572] Durch die im Sinne der Trade-Off-Theorie fehlende Optimalitätsbedingung fehlt der Finanzierungsentscheidung in der Pecking-Order-Theorie somit letztlich auch der Zukunftsbezug. Die Bedeutung der realisierten Verschuldungsgrade liegt also näher an der von Miller (1977) vorgeschlagenen „neutral mutation“-Hypothese – die von Miller (1977) nicht näher spezifizierten Heuristiken beschränken sich im Rahmen der Pecking-Order-Theorie auf eine feste Rangfolge alternativer Finanzierungsinstrumente – als einem Verschuldungsoptimum, wie es mit der Trade-Off-Theorie beschrieben

568 Eine optimale Finanzierungsentscheidung minimiert im besten Fall den Wertverlust, schafft jedoch selbst keinen Mehrwert.

569 In der Literatur wird so darauf hingewiesen, dass der Grad der Informationsasymmetrie u. a. infolge der Veröffentlichung des Geschäftsberichtes abnimmt. Vgl. dazu u. a. Harris/Raviv (1991) S. 308.

570 Letztlich gibt es – vergleichbar zu der später formulierten Market-Timing-Theorie – im Rahmen der Pecking-Order-Theorie auch einen Einfluss der Marktbewertung auf die Finanzierungsentscheidung.

571 Vgl. dazu Myers (2001) S. 93; Hermanns (2007) S. 76.

572 Barclay et al. (1995) S. 222.

wird. Schwierigkeiten bereitet dieses starre Gerüst der Pecking-Order-Theorie u. a. dann, will oder muss man Aussagen zur Erstkapitalausstattung eines Unternehmens treffen.[573] Im folgenden Abschnitt sei daher ein kurzer Exkurs zur Bedeutung der Pecking-Order-Theorie unternommen.

2.9.2. Zur Bedeutung der Pecking-Order-Theorie

Pecking-Order-Theorie und Trade-Off-Theorie stellen gemeinsam ohne Zweifel die prominentesten Vertreter der in der Literatur diskutierten Erklärungsansätze für die in der Praxis zu beobachtenden Finanzierungsentscheidungen dar.[574] Die Wirkungskraft des Erklärungsansatzes der Pecking-Order-Theorie ist ohne Zweifel darauf zurückzuführen, dass es mit der Pecking-Order-Theorie gelang, eine Reihe von Finanzierungsentscheidungen der Praxis zu erklären, die durch die Trade-Off-Theorie nicht oder aber nur unvollständig abgedeckt werden konnten bzw. die den Prognosen der Trade-Off-Theorie deutlich zuwidergelaufen sind. Wie in den vorangehenden Abschnitten bereits festgehalten wurde, ist eine an einem Verschuldungsoptimum ausgerichtete Finanzierungspolitik – wie sie mit der Trade-Off-Theorie wenigstens implizit unterstellt wird – in der Praxis i. d. R. nur in durchbrochener Form zu beobachten. Insbesondere – darauf weist u. a. Myers (1989) hin – steht die in der Praxis gemachte Beobachtung, dass profitable Unternehmen geringere Verschuldungsgrade aufweisen als unterdurchschnittlich profitable Unternehmen auf den ersten Blick im deutlichen Kontrast zu den Überlegungen der Trade-Off-Theorie. Haben doch gerade profitable Unternehmen auf den ersten Blick einen Anreiz, verstärkt auf Fremdkapitalinstrumente zurückzugreifen, um die Steuerlast des Unternehmens zu senken.[575] Die Pecking-Order-Theorie liefert einen Erklärungsansatz für dieses Paradoxon der Trade-Off-Theorie. Geht man davon aus – dies genau macht die Pecking-Order-Theorie –, dass die Ausschüttungs- als auch die Investitionspolitik des Unternehmens determiniert sind, ist es vor dem Hintergrund der fixierten Entscheidungsregeln der Pecking-Order-Theorie wenig verwunderlich, dass Unternehmen mit geringerer Profitabilität häufiger an den Kapitalmarkt herantreten müssen, um profitable

573 Auch die Beurteilung alternativer Finanzierungspolitiken im Rahmen der Unternehmensbewertung ist vor dem Hintergrund der Pecking-Order-Theorie nur bedingt möglich.

574 Vgl. dazu Schneider (2010) S. 31.

575 Vgl. dazu Myers (1989) S. 83–84. Myers (1989) verweist zwar darauf, dass Transaktionskosten dazu führen können, dass Unternehmen von einem Verschuldungsoptimum abweichen. Die erweiterte Trade-Off-Theorie deckt diesen Fall jedoch nicht ab, da Transaktionskosten ausgeblendet werden. Vgl. ebda. Im Abschnitt 3.4.1. wird deutlich werden, dass dieser Widerspruch zur Trade-Off-Theorie erst mit dem Wechsel zur dynamischen Trade-Off-Theorie aufgelöst werden kann. An dieser Stelle sei zudem auf die Überlegungen des Kapitels III zum Einfluss der Profitabilität auf die Finanzierungsentscheidung verwiesen.

Investitionsprojekte zu finanzieren. Unter der durch die Pecking-Order-Theorie festgelegten Rangfolge alternativer Finanzierungsinstrumente erscheint es geradezu zwangsläufig, dass Unternehmen geringer Profitabilität einen höheren Verschuldungsgrad aufweisen als Unternehmen, die einen Großteil der realisierten Investitionsprojekte aus eigener Kraft – also ohne einen Gang an den Kapitalmarkt – finanzieren können.[576] Die Pecking-Order-Theorie liefert ergänzend zur Erklärung dieses zentralen Paradoxons der Trade-Off-Theorie einen eingängigen Erklärungsansatz für die in der Praxis regelmäßig infolge einer Ankündigung von Kapitalmaßnahmen zu beobachtenden Veränderungen der Marktbewertung sowie die in der Praxis regelmäßig verhaltene Inanspruchnahme des Instruments der Kapitalerhöhung.[577] Verwunderlich ist die mit Blick auf die genannten Phänomene bestehende Erklärungskraft der Pecking-Order-Theorie letztlich jedoch nicht, wurde die Ableitung Pecking-Order-Theorie doch gerade mit dem Ziel formuliert, die teilweise nur verhaltene empirische Erklärungskraft der Trade-Off-Theorie zu überwinden und eine durch die Empirie gedeckte Finanzierungsstrategie zu formulieren. Dies scheint aus verschiedenen, in der Folge kurz betrachteten, Gründen jedoch nur unvollständig gelungen zu sein. Myers (1989) fasst die Zweifel an der Erklärungskraft der Pecking-Order-Theorie für die in der Praxis getroffenen Finanzierungsentscheidungen daher wie folgt zusammen: „In practice, the pecking order theory cannot be wholly right.“[578] Übersetzt man diese durch Myers (1989) zusammengefassten Zweifel, so gelingt es der Pecking-Order-Theorie nicht, dies ist für einen empirisch motivierten Ansatz, der sich die Erklärung der Finanzierungsentscheidungen der Praxis als Ziel gesetzt hat, besonders bedeutsam,[579] einen ganzheitlichen Erklärungsansatz der in der Praxis zu beobachtenden Finanzierungsentscheidungen zu geben.

Schwächen der Pecking-Order-Theorie können insbesondere an nachfolgenden Punkten festgemacht werden. In der Praxis ist es – entgegen den festen Finanzierungsregeln der Pecking-Order-Theorie – so durchaus zu beobachten, dass Unternehmen Eigenkapital emittieren, ohne zuvor die Möglichkeit der Finanzierung durch die Ausgabe von Fremdkapitalbeständen voll ausgeschöpft zu haben.[580] Letztlich steht auch die in der empirischen Literatur gemachte Beobachtung, dass

576 Vgl. dazu u. a. Myers (1989) S. 85.

577 Vgl. dazu Myers (1989) S. 85–86; Hermanns (2007) S. 76–77; Schneider (2010) S. 31. Letztlich zeigen sich hier die Verbindungen zu der in Abschnitt 2.5. beleuchteten Signalling-Theorie deutlich.

578 Vgl. dazu Myers (1989) S. 87.

579 Wie bereits zu Beginn dieses Abschnitts hervorgehoben, ist die Schwäche der Pecking-Order-Theorie, die Finanzierungsentscheidungen der Praxis zu erklären, vor dem Hintergrund der Modellentwicklung überraschend.

580 Vgl. dazu Myers (1989) S. 87; Harris/Raviv (1991) S. 309; Schneider (2010) S. 32. Myers (1989) weist in diesem Zusammenhang jedoch darauf hin, dass die Pecking-Order-Theorie einen Erklärungsansatz dafür liefert, warum in der Praxis oftmals eine Kapitalerhöhung aus Gesellschaftsmitteln zu beobachten ist. Vgl. ebda.

insbesondere für reife Unternehmen eine Übereinstimmung des Finanzierungsverhaltens mit der Finanzierungsrangfolge der Pecking-Order-Theorie zu beobachten ist, im Widerspruch mit den Überlegungen der Pecking-Order-Theorie. Insbesondere junge Wachstumsunternehmen greifen so regelmäßig auf Eigenkapitalinstrumente zur Finanzierung des Unternehmens zurück, obwohl der für die Finanzierungsrangfolge der Pecking-Order-Theorie bedeutsame Umfang der Informationsasymmetrie zwischen Managern und Marktteilnehmern bei jungen Wachstumsunternehmen deutlich höher liegen dürfte als im Fall reifer und bereits am Kapitalmarkt eingeführter Unternehmen.[581] Um dieses Paradoxon der Pecking-Order-Theorie zu erklären, finden sich in der Literatur zwar durchaus Ansätze, wichtige Determinanten der Trade-Off-Theorie zur Erklärung der Finanzierungsentscheidung einzubeziehen, ohne jedoch eine tatsächliche Anpassung der für die Pecking-Order-Theorie zentralen Hackordnung zu erreichen.[582] Verwunderlich erscheint dies letztlich nicht zu sein, würde die Folge eines solchen Versuchs doch die Durchbrechung der geradlinigen – dies dürfte nicht unwesentlich zur Akzeptanz der Pecking-Order-Theorie beigetragen haben – Finanzierungsregeln der Pecking-Order-Theorie bedeuten. In der jüngeren Literatur findet sich daher die Vermutung, dass im Rahmen der Überprüfung der Wirksamkeit der Pecking-Order-Theorie zwischen der Begabe von Kapital durch Privatplatzierungen – hier zeigen sich die Überlegungen der Pecking-Order-Theorie als nicht stabil – und der Begabe von Kapital durch öffentliche Emission unterschieden werden müsse.[583] Eine solche Fallunterscheidung kann jedoch nicht darüber hinwegtäuschen, dass die Pecking-Order-Theorie auch mit einer solchen Fallunterscheidung an Erklärungskraft einbüßt.

Neben der gemischten empirischen Evidenz der Pecking-Order-Theorie, kann auch das Annahmegerüst – vergleichbar zur Trade-Off-Theorie – stellenweise als zu eng empfunden werden. In der Literatur stehen dabei insbesondere zwei für die Pecking-Order-Theorie zentrale Annahmen im Zentrum der Kritik. Die Annahme, dass Manager Entscheidungen streng im Sinne der Altaktionäre treffen, erscheint mit Blick auf die u. a. im Abschnitt 2.4. zu den Agency-Konflikten skizzierten Überlegungen letztlich nur eingeschränkt überzeugend.[584] Unter den Prämissen der Pecking-Order-Theorie ist es z. T. jedoch notwendig, dass Manager – eine

---

581 Vgl. dazu Hermanns (2007) S. 77. Erklärend kann an dieser Stelle argumentiert werden, dass insbesondere reife Unternehmen im Fall der Realisierung eines Investitionsprojektes mit negativem Wertbeitrag einen dauerhaften Reputationsschaden fürchten müssen.

582 So argumentieren u. a. Lucas/McDonald (1990), dass der Druck restriktiver Covenants bzw. Insolvenzkosten zu einer Durchbrechung der starren Finanzierungsrangfolge der Pecking-Order-Theorie führen könnte. Vgl. dazu Lucas/McDonald (1990) S. 1036; ähnlich auch: Korajczyk et al. (1990) S. 269.

583 Vgl. dazu exemplarisch etwa Gomes/Philips (2012) S. 622.

584 Vgl. dazu auch Wu/Wang (2005) S. 916.

entsprechende Investitions- und Ausschüttungspolitik vorausgesetzt – im Extremfall Entscheidungen auch gegen ihre Eigeninteressen – unterstellt man eine in der Praxis durchaus zu beobachtende Entlohnung der Manager in Abhängigkeit zur Entwicklung des Unternehmenswertes – umsetzen müssen und werden.[585] Diese Annahme erscheint in einer Welt, in der Manager regelmäßig monetäre Anreize besitzen, ihren Informationsvorsprung gegen die Interessen der Eigenkapitalgeber einzusetzen, als eine zu restriktive Annahme der Pecking-Order-Theorie. Unterstellt man zudem – diese Annahme trifft das Modell von Myers/Majluf (1984) ja explizit –, dass die Anteilseigner erst zum Zeitpunkt der Realisation der Projekte einen Eindruck über die tatsächliche Werthaltigkeit der Investitionsprojekte erhalten, erscheint der alleinige Fokus der Manager auf die Interessen der Altaktionäre als zunehmend künstlich. Auch die, vor allem der Stabilität des theoretischen Modells geschuldete Annahme, dass Altaktionäre nicht an einer Kapitalerhöhung teilnehmen werden bzw. von einer Kapitalerhöhung ausgeschlossen bleiben, wirkt im Angesicht der empirischen Evidenz weitgehend künstlich.[586]

Wie der vorangehende Abschnitt festgehalten hat, handelt es sich bei beiden Annahmen um zentrale Stützen der Pecking-Order-Theorie, die wesentlich dazu beitragen, dass die mit der Pecking-Order-Theorie beschriebene Rangfolge alternativer Finanzierungsinstrumente stabil ist. Somit sieht sich auch die Pecking-Order-Theorie der Herausforderung ausgesetzt, bestehende empirische Beobachtungen mit der bestehenden festen Finanzierungsreihenfolge nur unvollständig erklären zu können. In der Literatur existieren eine Reihe von Erweiterungen des Ausgangsmodells von Myers/Majluf (1984), die zeigen, dass die feste Finanzierungsrangfolge der Pecking-Order-Theorie nicht stabil sein muss. Brennan/Kraus (1987), die sich u. a. von dem restriktiven Ausschluss der Altaktionäre von einer Kapitalerhöhung lösen, gelingt der Nachweis, dass Unternehmen, die zugleich Eigenkapitalinstrumente emittieren und ausstehendes Fremdkapital zurückführen, ein positives Signal an den Kapitalmarkt senden können. Anders als im Modell von Myers/Majluf (1984) vermutet, führt die Ausgabe von Eigenkapitalinstrumenten im Modell von Brennan/Kraus (1987) damit nicht mehr zwangsläufig zu dem von Myers/Majluf (1984) beschriebenen Unterinvestitionsproblem. Die im Rahmen der Pecking-Order-Theorie vorgeschlagene feste Rangfolge alternativer Finanzierungsinstrumente ist infolge dieser Erweiterung jedoch nicht mehr stabil.[587] Die Modellerweiterungen von Constantinidis/Grundy (1989) und Noe (1988) bestätigen

585 Mit einer Existenzgefährdung – neue Investitionsprojekte werden aufgrund einer Finanzierungslücke generell abgelehnt – ist im Rahmen der Pecking-Order-Theorie dagegen nicht zu rechnen. Steigt mit der Abnahme des Wertes realisierter Projekte – nimmt man an, dass bestehende Projekte sukzessive ausschleichen – die Wahrscheinlichkeit, dass vorteilhafte Projekte auch bei einem Gang an den Kapitalmarkt realisiert werden.

586 Vgl. zu dieser Kritik auch kurz Hermanns (2007) S. 77.

587 Vgl. dazu Harris/Raviv (1991) S. 309; Brennan/Kraus (1987) S. 1226–1227; 1241–1242.

die Zweifel an der mit der Pecking-Order-Theorie unterstellten situationsunabhängigen Rangfolge alternativer Finanzierungsinstrumente.[588] Das Signal einer Überbewertung des Unternehmens durch die Ausgabe von Eigenkapitalinstrumenten hängt damit maßgeblich von der Gültigkeit der Prämissen des Modells von Myers/Majluf (1984) ab. Vergleichbar zur Trade-Off-Theorie bestehen somit auch mit Blick auf die Pecking-Order-Theorie theoretisch als auch empirisch begründbare Zweifel. Henessy/Whited (2005) sehen die Rangfolge alternativer Finanzierungsinstrumente der Pecking-Order-Theorie daher eher als heuristisch denn theoretisch oder empirisch motiviert an.[589] Ein Teil der in diesem Abschnitt skizzierten Schwächen wurde mit der Entwicklung der auf den Überlegungen der Pecking-Order-Theorie fußenden Theorie des Market-Timings (Abschnitt 3.4.2.) adressiert. In den bisherigen Überlegungen wurde die in die Pecking-Order-Theorie implizit einfließende Verschuldungsobergrenze, ab der Unternehmen auf eine Finanzierung durch die Begabe von Eigenkapital abstellen, als gegeben angenommen.[590] Die Pecking-Order-Theorie bleibt – widmet man diesem Aspekt nähere Aufmerksamkeit – letztlich die Erklärung schuldig, zu welchem Zeitpunkt die Verschuldungsobergrenze letztlich erreicht ist. Die einfachste und pragmatischste Antwort auf diese – i. d. R. wohl nur unternehmensspezifisch zu beantwortende –[591] Frage, ist wohl der Zeitpunkt, zu dem sich keine Fremdkapitalgeber mehr finden, die dem Unternehmen Kapital zur Verfügung stellen. Eine solche Annahme dürfte – losgelöst von der Betrachtung eines spezifischen Unternehmens – die Finanzierungsobergrenze weit in Richtung einer Randlösung schieben. Alternativ könnte man auf einen Abwägungsprozess zwischen dem Wertbeitrag und den Kosten einer Fremdfinanzierung abstellen. Ein solcher Ansatz ähnelt damit jedoch letztlich der zunächst betrachteten Trade-Off-Theorie,[592] ob die Pecking-Order-Theorie damit noch eigenständig arbeiten kann, darf somit bezweifelt werden.

Auch mit Blick auf die Eigenschaft, zukünftige Finanzierungsentscheidungen zu prognostizieren, zeigt sich somit erneut der fast gänzliche Fokus der Pecking-Order-Theorie auf die Zeitpunkte der Finanzierungsentscheidung. Konkrete Aussagen zu zukünftigen Finanzierungsentscheidungen sind – abseits der grundsätzlichen

---

588 Vgl. dazu Harris/Raviv (1991) S. 310–311. In der Literatur findet sich so die Vermutung, dass die mit der Pecking-Order-Theorie beschriebene Rangfolge nur für Unternehmen gültig ist, die keine oder nur im geringen Umfang Wachstumsprojekte realisieren. Vgl. dazu Wu/Yeung (2012) S. 3428.

589 Wörtlich sprechen Hennessy/Whited (2005) von „rules of thumb", die der Pecking-Order-Theorie zugrunde liegen. Vgl. dazu Hennessy/Whited (2005) S. 1136.

590 Eine ähnliche Argumentation kann auch mit Blick auf das im Folgenden nicht näher beleuchte Innenfinanzierungsvolumen eingeschlagen werden.

591 Damit relativiert sich die zunächst konstatierte Geradlinigkeit der Pecking-Order-Theorie ein Stück weit.

592 An dieser Stelle ist es dabei nicht unbedingt notwendig, die in den vorangehenden Abschnitten betrachteten Determinanten der Finanzierungsentscheidung näher zu betrachten.

Finanzierungsrangfolge – damit nur eingeschränkt möglich.[593] Dieser Zeitpunktbezug der Pecking-Order-Theorie führt nicht dazu, dass die Aufgabe der Einschätzung alternativer Finanzierungsannahmen der Unternehmensbewertung vor dem Hintergrund der Pecking-Order-Theorie erleichtert wird. Sind in Kenntnis der Investition- und Ausschüttungspolitik des Unternehmens auf den ersten Blick neben einer autonomen grundsätzlich auch eine wertabhängige Finanzierungspolitik denkbar. Ohne an dieser Stelle auf die genau zu erfüllenden Prämissen näher einzugehen, so erscheint vor dem Hintergrund der Pecking-Order-Theorie jedoch insbesondere eine wertabhängige Finanzierungspolitik als eine Standardannahme wenig plausibel. Erfordert doch das Festhalten an einem Zielverschuldungsgrad, wie die nachfolgende kurze Fallunterscheidung zeigt, doch das teilweise Durchbrechen der mit der Pecking-Order-Theorie beschriebenen Finanzierungsrangfolge. Blickt man zunächst auf den Fall einer ggf. „unerwartet“ positiven Unternehmensentwicklung, so fordert die Politik des Festhaltens an einem Zielverschuldungsgrad – auch gänzlich unabhängig von einem konkreten Finanzierungsbedarf – mit dem Anstieg des Wertes des Eigenkapitals eine ausgleichende Begabe von Fremdkapital. Dies erscheint in einer Situation, in der die Innenfinanzierungskraft der Unternehmen besonders ausgeprägt ist, vor dem Hintergrund der Überlegungen der Pecking-Order-Theorie wenig plausibel.[594] Ähnlich dürfte es im Fall eines ggf. „unerwarteten“ Rückgangs des Unternehmenswertes in einem ersten Schritt nicht zwingend zu einer Einwerbung von Eigenkapital kommen.[595] Plausibler erscheint dagegen die Annahme einer autonomen Finanzierungspolitik, werden wohl insbesondere Unternehmen mit hoher Innenfinanzierungskraft einen bestehenden Fremdkapitalgrundstock nicht erweitern noch zurückführen.

Für die in Kapitel II vorzunehmende Plausibilitätsprüfung alternativer Finanzierungspolitiken zeigt sich bereits mit diesen Überlegungen der eher holzschnittartige Charakter von Erklärungen auf Basis der Pecking-Order Theorie. Trotz der im vorangehenden Abschnitt skizzierten Schwächen nimmt die Pecking-Order-Theorie – dies zeigt das nachfolgende Zwischenfazit zu den klassischen Finanzierungstheorien – aufgrund der Eingängigkeit der Überlegungen weiterhin eine zentrale Rolle in der Literatur zur Finanzierungstheorie ein.

593 Letztlich muss für eine konkrete Prognose der Finanzierungsentscheidung neben der Kenntnis des Innenfinanzierungsvolumens auch eine Einschätzung zu dem am Kapitalmarkt einwerbbaren Eigen- und Fremdkapital vorliegen.

594 Zudem ist anzuführen, dass Unternehmen – abseits eines konkreten Finanzierungsinteresses – vor dem Hintergrund der Pecking-Order-Theorie einen Gang an den Kapitalmarkt scheuen werden.

595 In Summe erscheint dieser zweite Fall trotzdem besser im Einklang mit der Pecking-Order-Theorie zu bringen zu sein. Kann man doch zugunsten eines Einwerbens von Eigenkapital mit einer, in der skizzierten Situation, geringen Eigenfinanzierungskraft sowie sich einer weiteren Fremdfinanzierung verschließendem Fremdkapitalgeber argumentieren.

„In the end, none of these theories is completely satisfactory. However, the exercise of trying to apply them forces us to take the firm's point of view and to think critically about the factors that may govern actual decisions."[596]

2.10. Zwischenfazit zu den klassischen Finanzierungstheorien

Mit der Pecking-Order- und der Trade-Off-Theorie wurden in den vorangehenden Abschnitten zwei alternative Ansätze betrachtet, die die in der Praxis beobachtbaren Finanzierungsentscheidungen zu plausibilisieren suchen. Wie der erste Abschnitt kurz nachgezeichnet hat, lässt sich die statische Trade-Off-Theorie mit ihren Erweiterungen auf das von Modigliani/Miller (1958) postulierte Kapitalstrukturirrelevanz-Theorem zurückführen. Aufgrund des in der Praxis nicht haltbaren Ergebnisses des Kapitalstrukturirrelevanz-Theorems – der Irrelevanz der Finanzierungsentscheidung – wurde das Annahmegerüst des Kapitalstrukturirrelevanz-Theorems in der Folge stückweise um, in der Praxis vorkommende, Marktunvollkommenheiten erweitert. Wie die Literatur gezeigt hat, führt die Erweiterung der Annahme eines vollkommenen Kapitalmarktes – die dem Kapitalstrukturirrelevanz-Theorem zugrunde liegt – dazu, dass die Finanzierungsentscheidung nicht länger irrelevant ist, sondern den Wert des Unternehmens beeinflusst. Im Rahmen der Trade-Off-Theorie stellt sich in der Folge ein wertoptimaler Verschuldungsgrad ein. Ausgehend von der ersten Erweiterung des Kapitalstrukturirrelevanz-Theorems um die Wirkung einer einfachen Unternehmenssteuer wurde gezeigt, dass ein Verschuldungsoptimum aus der Abwägung der mit der Fremdfinanzierung einhergehenden steuerlichen Vorteile und der mit der Fremdfinanzierung einhergehende Gefahr einer wertverzehrenden Insolvenz bestimmt werden kann. Empirisch getrieben – die „klassische" Trade-Off-Theorie konnte die Finanzierungsentscheidung der Praxis nur unvollkommen erklären – formierte sich in der Folge Kritik an der Tragfähigkeit des ursprünglichen Trade-Off Gedankens. Insbesondere stellte sich der Einfluss der Insolvenzkosten in der empirischen Literatur als lediglich von nachgeordneter Natur dar, mit der Folge das Unternehmen in der Praxis zu der, bereits mit der Arbeit von Modigliani/Miller (1963) zu vermutenden, Extremlösung einer fast ausschließlichen Fremdfinanzierung tendieren sollten. Ein solches Verhalten ist und war in der Praxis jedoch nicht zu beobachten. Die Literatur hat die Finanzierungsentscheidung in der Folge um eine Agency-theoretischer Sichtweise, d. h. auf Basis der Interessenkonflikte zwischen den Kapitalgebern und dem Management und den Interessenkonflikten zwischen den Kapitalgebern, erweitert. Das Ergebnis der „klassischen" Trade-Off-Theorie, dass sich Unternehmen an einem wertoptimalen Verschuldungsgrad orientieren bleibt auch bei Erweiterung der „klassischen"

596 Myers (1990) S. 81.

Trade-Off-Theorie um Agency-theoretische Überlegungen stabil. Bedeutsam hierbei ist, dass sich ein wertoptimaler Verschuldungsgrad auch abseits des „klassischen" Trade-Off-Gedanken zu Steuervorteil und Insolvenzkosten einstellt.[597] Für die im nachfolgenden Kapitel betrachteten Annahmen zur Finanzierungspolitik in der Unternehmensbewertung ist die mit der Trade-Off-Theorie verbundene Annahme eines wertoptimalen Verschuldungsgrades zentral, kann unter dieser Prämisse doch eine aktive Steuerung der Finanzierungsentscheidung und damit eine mechanisch getriebene Entwicklung des Verschuldungsumfanges angenommen werden. Wie das Kapitel zur Finanzierungspolitik in der Unternehmensbewertung zeigt, spiegelt sich diese Überlegung auch in den klassischen Annahmen der Unternehmensbewertung, der autonomen und wertabhängigen Finanzierungspolitik, wider.[598] Alternativ zur Trade-Off-Theorie wird – wie eingangs festgehalten wurde – in der Literatur der Finanzierungstheorie auch der Pecking-Order-Theorie eine zentrale Bedeutung für die Erklärung des Finanzierungsverhalten der Unternehmen zugemessen. Wie der vorangehende Abschnitt 2.9. festgehalten hat, liegt dem Wechsel vom Blickwinkel der Trade-Off-Theorie hin zum Betrachtungspunkt der Pecking-Order-Theorie ein grundsätzlicher Paradigmenwechsel zugrunde. Aus der empirisch getriebenen Kritik an der Stabilität der Trade-Off-Theorie hat sich in der Literatur die Forderung entwickelt das in der Praxis zu beobachtende Finanzierungsverhalten durch einen empirisch robusteren Ansatz zu erklären. Ausgehend von den durch die Trade-Off-Theorie nur unzulänglich erklärten Finanzierungsentscheidungen entwickeln Myers/Majluf (1984) einen, auf einer asymmetrischen Informationsverteilung aufbauenden Erklärungsansatz.[599] Die Finanzierungsentscheidung nimmt im Modell von Myers/Majluf (1984) für die Marktteilnehmer einen Informationscharakter ein, der für die schlechter informierten Marktteilnehmer ein Hinweis auf die tatsächliche Leistungsfähigkeit des Unternehmens darstellt. Myers/Majluf (1984) zeigen dies anhand eines Modells, in dem die Manager als Unternehmensinsider den wahren Wert des Unternehmens kennen. Unter der Annahme eines die Interessen der Altaktionäre vertretenden Managements lässt sich zeigen, dass Unternehmen Eigenkapitalinstrumente nur im Fall einer Überbewertung der Eigenkapitalanteile begeben werden. Marktteilnehmer schließen aus der Ausgabe von Eigenkapitalanteilen, dass die Eigenkapitalanteile des Unternehmens überbewertet sind. In der Folge werden sie daher nicht bereit sein Eigenkapital zu den von dem

597 Vgl. zu diesen zusammenfasssenden Überlegungen auch Hermanns (2007) S. 78.

598 Im Sinne der klassischen Trade-Off-Theorie dürfte hierbei insbesondere eine Überlegung auf Basis der steuermindernden Wirkung des Einsatzes von Fremdkapital bedeutsam sein.

599 Die Pecking-Order-Theorie kann damit als eine Sonderform der Signalling-Theorie angesehen werden. Dies führt – das werden die folgenden Ausführungen kurz zusammenfassen – dazu, dass die Finanzierungsentscheidung der Unternehmen nur beschränkt erklärbar ist.

Unternehmen angebotenen Konditionen aufzunehmen.[600] Können Unternehmen ausschließlich Eigenkapitalinstrumente emittieren, kann dies dazu führen, dass vorteilhafter Projekte nicht durchgeführt werden, ein Unterinvestitionsproblem entsteht. Die Finanzierungsentscheidung erfolgt im Rahmen der Pecking-Order-Theorie neben den allgemeinen Transaktionskosten damit nicht kostenlos. Verkürzt man die Argumentation der Pecking-Order-Theorie an dieser Stelle so wird auf Basis der mit der Finanzierungsentscheidung verbundenen Kosten eine feste Rangfolge bestehender Finanzierungsinstrumente formuliert. Im Kontrast zur Trade-Off-Theorie ist der in der Praxis realisierte Verschuldungsgrad im Rahmen der Pecking-Order-Theorie das Ergebnis vergangener Finanzierungsentscheidungen, die sich regelmäßig als Residuum der Investitions- und Ausschüttungsentscheidung des Unternehmens ergeben und nicht das Ergebnis einer an einer an einem Verschuldungsoptimum ausgerichteten Finanzierungspolitik sind.[601] Dies ist auch für die im Rahmen der Unternehmensbewertung zu treffenden Finanzierungsannahme bedeutsam. Die Annahme eines wertoptimalen Verschuldungsgrades ist, folgt man den Überlegungen der Pecking-Order-Theorie nicht länger gedeckt.[602] Mit der dividendenabhängigen Finanzierungspolitik existieren im Rahmen der Unternehmensbewertung zwar Annahmen, die der Bewertung der Finanzierungsentscheidung durch die Pecking-Order-Theorie folgen und die Finanzierungspolitik als ein Residuum der Investition- und Ausschüttungspolitik modellieren. Eine klare Finanzierungsrangfolge im Sinne der Pecking-Order-Theorie muss sich hierbei jedoch nicht zwingend einstellen. Eine Umsetzung der Pecking-Order-Theorie im Rahmen der Unternehmensbewertung erscheint insbesondere mit Blick auf die Planung vergleichswiese schwierig, hängt die Finanzierungsentscheidung neben Interdependenzen mit der Investitions- und Ausschüttungspolitik doch von einer Reihe von externen Faktoren ab, die den Rahmen der Prognose der zukünftigen Unternehmensentwicklung regelmäßig – wie

600 Der Fokus liegt hier auf den Unternehmen mit wertschaffenden Investitionsprojekten zu einer eingehenderen Darstellung der Finanzierungsentscheidung unter den Annahmen der Pecking-Order-Theorie vgl. Abschnitt 2.9.1.

601 Frank/Goyal (2008) zitieren mit Blick auf die Bedeutung des Zielverschuldungsgrades im Rahmen der Pecking-Order-Theorie die Beobachtung von Stiglitz (1973), dass der Verschuldungsgrad des Unternehmens der „[...] fortuitous outcome of the profit and investment history of the firm [...]“ ist. Stiglitz (1973) S. 32; Vgl. dazu auch Frank/Goyal (2008) S. 147.

602 Damit scheinen die klassischen Finanzierungsannahmen der Unternehmensbewertung, die autonome und die wertabhängige Finanzierungspolitik, ungeeignet eine an der Pecking-Order-Theorie orientierte Finanzierungspolitik umzusetzen. Gegen die Umsetzung einer an der Pecking-Order-Theorie orientierten autonomen Finanzierungspolitik spricht so u. a., dass im Rahmen der Pecking-Order-Theorie die Finanzierungsentscheidung ein Residuum darstellt, das unvereinbar mit der Annahme einer deterministischen Planung zukünftiger Fremdkapitalbestände zu sein scheint.

sich kurz zeigen soll – sprengen dürften. Wie der vorangehende Abschnitt hervorgehoben hat, hängt die Finanzierungsentscheidung im Rahmen der Pecking-Order-Theorie so u. a. auch vom Grad der zum Zeitpunkt der Finanzierungsentscheidung bestehenden Informationsasymmetrie ab. Dies dürfte im Rahmen der Unternehmensbewertung regelmäßig ein nur schwer zu modellierender Einflussparameter sein, setzt man damit doch damit Informationen voraus die bestenfalls durch die Bewertung selbst ermittelt werden können.[603] Aufgrund der letztlich nur unzureichenden Greifbarkeit des Finanzierungsprozesses im Rahmen der Pecking-Order-Theorie, ist dieser theoretische Ansatz in der Praxis der Unternehmensbewertung wohl nur von eingeschränkter Bedeutung.

Die Pecking-Order-Theorie nimmt daher im nachfolgenden Kapitel nur eine die Überlegungen vorwiegend begleitende Rolle ein. Ähnliches gilt für die in den nachfolgenden Abschnitten beleuchteten jüngeren Kapitalstrukturtheorien die, anders als die Trade-Off-Theorie, die Finanzierungsentscheidung nicht mehr zwingend als das Ergebnis eines längerfristigen Optimierungsprozesses, sondern im Sinne der Signalling, Pecking-Order-Theorie oder Neutral-Mutation-Hypothese vor allem als das Ergebnis vorangehender Finanzierungsentscheidungen begreifen. Die geänderte Sichtweise ist dabei u. a. auf den, mit der Pecking-Order begründeten Paradigmenwechsel in der Entwicklung neuer Kapitalstrukturtheorien zurückzuführen. Wie u. a. Hermanns (2007) hervorgehoben hat, basiert die Entwicklung der im nachfolgenden Abschnitt betrachteten Kapitalstrukturtheorien vorwiegend auf einem induktiven, d. h. durch die Ergebnisse der empirischen Forschung getriebenen, Ansatz.[604] Die Eignung solcher Theorien für die Bewertungspraxis erscheint – vergleichbar mit der Eignung der Pecking-Order-Theorie – begrenzt. Entsprechend knapp wird die Relevanz dieser Kapitalstrukturtheorien für die in der Unternehmensbewertung betrachteten Finanzierungspolitiken in den nachfolgenden Abschnitten betrachtet werden.

603 So kann man zur Ermittlung des Umfangs bestehender Informationsasymmetrien auf einen Abgleich zwischen fundamentalem und Marktwert abstellen. Fraglich ist an dieser Stelle, warum man eine aufwendige Bewertung durchführen sollte, wenn zukünftige Marktpreise – dies ist der zweite benötigte Parameter – im konkreten Bewertungsfall bereits vorliegen.

604 Vgl. dazu Hermanns (2007) S. 84.

3. Zu den jüngeren Kapitalstrukturtheorien

Die Entwicklung weiterer Kapitalstrukturtheorien – die in Anlehnung an Hermanns (2007) unter dem Sammelbegriff neuere bzw. jüngere Kapitalstrukturtheorien zusammengefasst werden sollen – fußt auf der gemischten empirischen Erklärungskraft, die sowohl die erweiterte Trade-Off-Theorie als auch die konkurrierende Pecking-Order-Theorie in der Folge in empirischen Untersuchungen gezeigt haben.[605] Wie der vorangehende Abschnitt bereits festgehalten hat, zeichnen sich die neueren Kapitalstrukturtheorien vor allem dadurch aus, dass die Grundlage der Entwicklung dieser Theorien in den empirischen Beobachtungen zum Finanzierungsverhalten der Unternehmen in der Praxis liegt. M.a.W. hat sich das bereits mit der Pecking-Order-Theorie beobachtete induktive Vorgehen zur Ableitung alternativer Finanzierungstheorien in der Literatur weitgehend durchgesetzt. Wie in den nachfolgenden Abschnitten deutlich wird, lässt sich die Entwicklung der Kapitalstrukturtheorie jedoch weiterhin – ähnlich zu dem in den vorangehenden Abschnitten eingeschlagenen Vorgehen – auf Grundlage der einzelnen Schritte, die zur Erweiterung des, die Theorie begleitenden, Annahmegerüsts vorgenommen wurden, zusammenfassen. Hierbei kann – diesem Ansatz wird in der Folge nur ansatzweise gefolgt – auch ein Bezug zu den Überlegungen der traditionellen Kapitalstrukturtheorien hergestellt werden.

Die nachfolgenden Abschnitte behandeln, neben der Erweiterung der Trade-Off-Theorie – Myers (1984) hat die im vorangehenden Abschnitt betrachtete Trade-Off-Theorie auf Grundlage des mit dieser Theorie i. d. R. unterstellten zeitstabilen Verschuldungsoptimums auch als statische Trade-Off-Theorie bezeichnet –[606] um den hemmenden Effekt von Transaktionskosten zu einer dynamischen Trade-Off-Theorie[607] mit der Market-Timing-Theorie auch eine denkbare Erweiterung der „klassischen" Pecking-Order-Theorie, die nunmehr eine unterschiedliche Reihung der alternativen Finanzierungsquellen im Zeitverlauf zulässt.[608] Wie u. a. bereits durch die Arbeit von Hermanns (2007) festgehalten wurde, zeichnen sich die jüngeren Bemühungen, eine überzeugende Erklärung der Kapitalstrukturentscheidungen zu entwickeln, neben dem weitgehend induktiven Vorgehen

---

605 Vgl. dazu Hermanns (2007) S. 82.

606 Vgl. dazu Myers (1984) S. 577.

607 Myers (1984) vermutet bereits, dass Transaktionskosten in der Praxis zu einer Abweichung zwischen realisiertem Verschuldungsgrad und dem optimalen Verschuldungsgrad der erweiterten Trade-Off-Theorie führen können, unterlässt es aber jedoch, sich näher mit dieser Fragestellung zu beschäftigen. Vgl. dazu Myers (1984) S. 578.

608 Vgl. dazu Hermanns (2007) S. 84.

auch durch einen stärkeren interdisziplinären Charakter des Erklärungsversuchs der Finanzierungsentscheidung aus. Dies zeigt sich u. a. in den in der Literatur unter dem Überbegriff der produkt- und marktspezifischen Kapitalstrukturtheorie zusammengefassten Modellen zur Erklärung der Finanzierungsentscheidung. Diese Modelle sollen – auch aufgrund der zeitlichen Nähe zur Entwicklung der Pecking-Order-Theorie – in einem ersten Schritt näher beleuchtet werden.[609] Wie die Überlegungen zur dynamischen Trade-Off-Theorie zeigen werden, ist es durch die Überlagerung unterschiedlicher Einflussfaktoren auch denkbar, dass Unternehmen von den klaren Zielen „klassischer" Kapitalstrukturtheorien abweichen werden.

3.1. Zur Entwicklung produkt- und marktspezifischer Kapitalstrukturtheorien

Mitte der 1980er-Jahre wurden mit den produkt- und marktspezifischen Kapitalstrukturtheorien neue Erklärungsansätze für die in der Praxis zu beobachtenden Finanzierungsentscheidungen entwickelt. Ähnlich zu der von Myers/Majluf (1984) nahezu zeitgleich postulierten Pecking-Order-Theorie versuchen die produkt- und marktspezifischen Kapitalstrukturtheorien, die lediglich eingeschränkte Erklärungskraft der erweiterten Trade-Off-Theorie durch einen veränderten Blickwinkel auf die Finanzierungsentscheidung zu überwinden. Wie Schneider (2010) hervorgehoben hat, ist das Ziel der produkt- bzw. marktspezifischen Ansätze – im Kontrast zur Pecking-Order-Theorie – dabei jedoch nicht, das Grundgerüst der Trade-Off-Theorie vollständig zu durchbrechen und einen eigenständigen, von der Trade-Off-Theorie losgelösten, Erklärungsansatz zu formulieren. Wie die folgenden Abschnitte verdeutlichen werden, kann die erweiterte Trade-Off-Theorie um die in der Praxis regelmäßig bestehenden Wechselwirkungen zwischen Finanzierungsentscheidung und Produktions- und Absatzentscheidung ergänzt und somit verbreitert werden.[610]

In den folgenden Abschnitten wird in Anlehnung an die von Hermanns (2007) vorgenommene Einteilung in die zwei grundlegenden Forschungsstränge der produkt- und marktspezifischen Kapitalstrukturtheorie unterschieden. In einem ersten Unterabschnitt wird die, auf die Arbeit von Titman (1984) zurückgehende, Erweiterung der mit der Kapitalstrukturtheorie betrachteten Agency-Konflikte um die in der bisherigen Betrachtung ausgeblendeten Interessenkonflikte zwischen Stakeholdern und dem Unternehmen näher beleuchtet. Wie mit der Arbeit von Titman (1984) deutlich wird, beschränkt sich in einer Welt, in der Agency-Konflikte zwischen den Stakeholdern und Unternehmen betrachtet werden, die Insolvenzkosten nicht allein auf die, den bisherigen Überlegungen zugrunde gelegten,

---

609 Vgl. dazu Hermanns (2007) S. 83. ähnlich dazu auch: La Rocca (2011) S. 50.
610 Vgl. dazu Schneider (2010) S. 32–33.

direkten Insolvenzkosten, sondern es existieren u. a. durch Kundenreaktionen auch eine Reihe indirekte Insolvenzkosten, die maßgeblichen Einfluss auf den Unternehmenswert nehmen können. Mit der Finanzierungsentscheidung kann – folgt man dem Modell von Titman (1984) – letztlich ein verlässliches Signal über die zukünftige Qualität bzw. Zuverlässigkeit des Unternehmens an die Stakeholder ausgesendet werden. Dieses Signal führt – vergleichbar zu den Überlegungen der Signalling-Theorie – über die Minimierung der indirekten Insolvenzkosten letztlich zu einem wertoptimalen Unternehmenswert.

Der zweite Unterabschnitt betrachtet die, auf die Arbeit von Brander/Lewis (1986) zurückgehende Erweiterung bestehender Kapitalstrukturtheorien um den Einfluss der Wechselwirkungen zwischen Finanzierungs- und Produktionsentscheidung näher. Vergleichbar zu den vorangehenden Überlegungen von Titman (1984), besitzt die Finanzierungsentscheidung im Modell von Brander/Lewis (1984) einen Signalisierungscharakter. Im Unterschied zu den Überlegungen von Titman (1984) ist das Signal im Modell von Brander/Lewis (1984) nicht länger auf Kunden und Lieferanten gerichtet, sondern an die direkten Wettbewerber des Unternehmens. Über die Finanzierungsentscheidung kann das Unternehmen an die Wettbewerber so ein glaubhaftes Signal über die zukünftige Produktionsstrategie senden, die bei den Wettbewerbern zu einer entsprechenden Mengenanpassung führt.[611] Im abschließenden Abschnitt werden die Kernüberlegungen beider Modelle auch mit Blick auf die in der Unternehmensbewertungspraxis geläufigen Annahmen kurz zusammengefasst.

3.1.1. Zur Konkretisierung der indirekten Insolvenzkosten durch Titman (1984)

Die Arbeit von Titman (1984) greift die sowohl der Formulierung der Neutral-Mutation-Hypothese als auch der Pecking-Order-Theorie zugrunde gelegte Kritik an den Insolvenzkosten als zentraler Determinante der Finanzierungsentscheidung auf. Ausgehend von der Arbeit von Haugen/Senbet (1978), die – dies wurde in Abschnitt 2.7.1. gezeigt – eine formale Begründung für den begrenzten Einfluss der Insolvenzkosten auf die Finanzierungsentscheidung in der empirischen Forschung geliefert hat, entwickelt Titman (1984) eine breitere – auch die indirekten Kosten einer Insolvenz berücksichtigende – Definition. Titman (1984) löst sich in der Folge von der mit der Arbeit von Haugen/Senbet (1978) unterstellten Trennung zwischen Finanzierungs- und Liquidationsentscheidung und kehrt – unter einem verbreiterten Prämissenrahmen – zu einer mit der „klassischen" Trade-Off-Theorie kompatiblen Modellwelt zurück. Die Arbeit von Titman (1984) hält mit Blick auf das Ergebnis der Betrachtung der Rolle der Insolvenzkosten daher auch fest: „The role of bankruptcy in this theory can be viewed within the concept of more traditional theories of capital structure which assume that bankruptcy is costly."[612] Wie

611 Vgl. dazu Hermanns (2007) S. 85–86.
612 Titman (1984) S. 149.

Titman (1984) deutlich macht, hängt das Ergebnis der Arbeit von Haugen/Senbet (1978) – die Nachrangigkeit der Insolvenzkosten als Determinante der Finanzierungsentscheidung – von einer Reihe vereinfachender Annahmen ab, die sich mit Blick auf die Praxis als weitgehend abstrakt und damit wenig realistisch erweisen. Titman (1984) kritisiert insbesondere zwei zentrale Annahmen, die Haugen/Senbet (1978) im Rahmen des Nachweises der Nachrangigkeit der Insolvenzkosten treffen: Neben der Annahme, dass sich Eigen- und Fremdkapitalgeber weitgehend kostenlos über Zeitpunkt und Notwendigkeit einer Unternehmensliquidation verständigen können, hält Titman (1984) auch die alleinige Fokussierung des Modells von Haugen/Senbet (1978) auf die Interessen der Kapitalgeber mit der Praxis nicht ohne Weiteres vereinbar.[613] Den Blick auf die Annahme eines weitgehenden Interessengleichklanges zwischen den unterschiedlichen Kapitalgebern gerichtet, hält Titman (1984) fest: „Stockholders have a stronger preference for continuing to operate the firm since they have the lowest priority claim to the liquidation proceeds, and bondholders tend to prefer liquidation since they have the highest priority claim to the liquidation proceeds."[614] Eigenkapitalgeber werden sich aufgrund der Nachrangigkeit ihrer Ansprüche gegenüber den Ansprüchen der Fremdkapitalgeber m. a. W. also regelmäßig scheuen, das Unternehmen vorzeitig zu liquidieren, während Fremdkapitalgeber ein Interesse daran besitzen, durch eine Zerschlagung bestehende Forderungen gegen das Unternehmen vorzeitig und damit auch vollständig zu befriedigen.[615]

Die Kritik Titmans (1984) erscheint mit Blick auf die in Abschnitt 2.4.2. näher beleuchteten Agency-Konflikte zwischen den Kapitalgebern ein gerechtfertigter Einwand gegen die von Haugen/Senbet (1978) getroffene Annahme eines Interessengleichklangs zu sein, hat dieser vorangehende Abschnitt doch eingängig die entgegenlaufenden Interessen der Kapitalgeber im Vorfeld einer drohenden Insolvenz gezeigt.[616] Zentral für das von Titman (1984) entwickelte Modell ist jedoch die Abkehr von der ausschließlichen Fokussierung auf den Interessenkonflikt zwischen Eigen- und Fremdkapitalgeber in der Arbeit von Haugen/Senbet (1978). Die Konflikte, die zwischen Unternehmen und Stakeholdern – diese umfassen insbesondere Kunden, Lieferanten und Arbeitnehmer – auftreten, werden im Modell von Haugen/Senbet (1978) letztlich vereinfachend ausgeblendet. Anders als im Modell von Haugen/Senbet (1978) vermutet, sind die Finanzierungs- und Liquidationsentscheidung – betrachtet man explizit die Agency-Beziehungen des Unternehmens zu den Stakeholdern – über die Absatz- und Beschaffungsmärkte eng miteinander verwoben.[617] Um dies zu zeigen, betrachtet Titman (1984) exemplarisch die

613 Vgl. dazu Titman (1984) S. 138.
614 Titman (1984) S. 144.
615 Vgl. dazu Titman (1984) S. 145.
616 Der Arbeit von Titman (1984) folgend, werden diese Agency-Konflikte in der Folge vereinfachend ausgeblendet. Vgl. dazu Titman (1984) S. 149.
617 Vgl. Titman (1984) S. 140; Schneider (2010) S. 33.

zwischen Unternehmen und Kunden bestehenden Agency-Beziehungen eingehender.[618] Unter der Prämisse, dass Unternehmen über mehrere Perioden einsetzbare Produkte – Titman (1984) wählt das Beispiel von Produktionsmaschinen – herstellen, zeigt Titman (1984), dass Kunden infolge der Liquidation des Unternehmens erhebliche Vermögensverluste erleiden können. So können aus der Liquidation des Unternehmens – geht man von der nicht unplausiblen Annahme aus, dass die von dem Unternehmen produzierten und abgesetzten Güter für einen reibungslosen Betrieb in der Zukunft beispielsweise auf Ersatzteile angewiesen sind – i. d. R. eine erschwerte Ersatzteilversorgung und damit einhergehend höhere Kosten für den (Weiter-) betrieb der Maschine durch den Kunden folgen. Rationale Kunden[619] werden diese drohenden Mehrkosten durch einen möglichen Insolvenzeintritt antizipieren und ihrer Konsumentscheidung zugrunde legen. Folgt man der Annahme von Titman (1984), dass die betrachteten Unternehmen über keinerlei Marktmacht verfügen, also lediglich Preisnehmer sind, wirkt sich die von den Kunden antizipierte Insolvenzgefahr über geringere Verkaufspreise oder einen Einbruch der Verkaufszahlen negativ auf den Unternehmenswert und damit das Vermögen der Kapitalgeber aus.[620] Rationale Kunden werden sich infolge der drohenden Liquidation des Unternehmens so entweder zugunsten eines anderen Lieferanten entscheiden oder aber nur bereit sein, die Produkte des Unternehmens für einen gegenüber konkurrierenden Produkten reduzierten Marktpreis, die Reduktion des Marktpreises entspricht dabei dem zukünftigen Mehraufwand, abzunehmen.[621] Die Antizipation der aus Sicht der Stakeholder wertvernichtenden Liquidationsentscheidung schlägt sich – folgt man der Argumentation von Titman (1984) weiter – somit letztlich auf den Unternehmenswert und damit das Vermögen der Kapitalgeber des Unternehmens nieder.[622]

An dieser Stelle können die Vorüberlegungen – in Analogie zu der im Vorfeld betrachteten Argumentation klassischer Agency-theoretische Ansätze – etwas allgemeiner zusammengefasst werden. Eine aus Sicht der Kapitalgeber wertmaximierende Liquidationspolitik kann im Modell von Titman (1984) letztlich zu einer

---

618 Agency-Konflikte des Unternehmens gegenüber Lieferanten und Arbeitnehmern als weiteren Stakeholdern werden dagegen im Modell von Titman (1984) – mit dem Verweis auf ein vergleichbares Vorgehen – vereinfachend ausgeblendet. Vgl. dazu Titman (1984) S. 140. Ähnliche Überlegungen können jedoch, wie u. a. La Rocca (2011) verdeutlicht, auch mit Blick auf die Interessen der Lieferanten und Arbeitnehmer getroffen werden. Lieferanten werden so beispielsweise höhere Vorauszahlungen des Unternehmens fordern, während Arbeitnehmer nur gegen ein höheres Arbeitsentgelt bereit sein werden, für das Unternehmen zu arbeiten. Vgl. dazu La Rocca (2011) S. 48; Swoboda (1994) S. 235.

619 Diese Annahme ist bereits aus den Agency-theoretischen Überlegungen der vorangehenden Abschnitte bekannt. Vgl. dazu auch Schneider (2010) S. 33.

620 Vgl. dazu u. a. Harris/Raviv (1991) S. 318.

621 Vgl. dazu Titman (1984) S. 140–141.

622 Vgl. dazu Titman (1984) S. 138–139; Schneider (2010) S. 33.

Vermögensverschiebung zwischen Stakeholdern und Unternehmen führen, da Unternehmen im Insolvenzfall einen Teil der zugesicherten und von den Kunden bezahlten Leistungen infolge der Liquidation nicht mehr erbringen können. Dieses vermögensschädigende Verhalten von Unternehmen werden die Stakeholder entsprechend in ihren Entscheidungen einpreisen. Eine suboptimale Liquidationsentscheidung wird in der Folge von einer Reihe von Agency-Kosten begleitet, die einen Teil des Unternehmenswertes aufzehren. Aus Sicht der Kapitalgeber kann es daher vorteilhaft sein, den Stakeholdern glaubwürdig zu signalisieren, dass das Unternehmen in der Zukunft eine optimale, Brennan (1995) spricht in diesem Zusammenhang konkreter von einer sozial optimalen,[623] Liquidationsentscheidung umsetzen wird, die auch den Interessen der Stakeholder gerecht wird. Ein solches Versprechen ist – dies zeigen die Überlegungen von Titman (1984) – jedoch nicht ohne Weiteres zeitstabil, da rationale Unternehmen sich nach der Kaufentscheidung der Kunden nicht länger an das ursprüngliche Versprechen gebunden fühlen werden. Das Unternehmen wird – ohne die Interessen der Stakeholder zu berücksichtigen – somit liquidiert, sobald der Unternehmensgesamtwert unterhalb des Liquidationswertes liegt.[624] Die wertmaximierende Liquidationspolitik vor und nach Absatz der Produkte unterscheidet sich somit regelmäßig für die Unternehmen. Will man den Wertverlust durch den Interessenkonflikt zwischen Kunden und Unternehmen entgegenwirken, so ist es auch an dieser Stelle erforderlich, dass Unternehmen ihren Kunden eine für alle Stakeholder vorteilhafte Liquidationspolitik glaubhaft versichern können.

Eine solche Überlegung ist bereits aus dem vorangehenden Abschnitt zu den „klassischen" Agency-theoretischen Überlegungen bekannt. Das Modell von Titman (1984) betrachtet zwei mögliche Strategien, wie ein Unternehmen verlässlich eine optimale Liquidationspolitik versichern kann. Einerseits ist es denkbar, den Kunden für jeden Umweltzustand eine optimale Liquidationspolitik vertraglich zuzusichern. Wie Titman (1984) festhält, erscheint dieses Vorgehen in der Praxis aus mehreren Gesichtspunkten als wenig praktikabel. Erfordert ein solches Vorgehen doch den Abschluss komplexer Verträge zwischen Eigen- und Fremdkapitalgebern wie auch Kunden, in der die zukünftigen Rahmenbedingungen voll antizipiert werden müssten.[625] Andererseits zeigt das Modell von Titman (1984), dass Unternehmen über die Finanzierungspolitik den Kunden eine optimale Liquidationspolitik in den folgenden Perioden glaubhaft zusichern können.[626] Die Kapitalstruktur

623 Vgl. dazu Brennan (1995) S. 15. Wie Hermanns (2007) festhält, wird im Modell von Titman (1984) damit eine Liquidationsentscheidung nur durchgeführt, wenn der Vorteil der Liquidation des Unternehmens die Nachteile auch auf Ebene der Stakeholder aufwiegt. Vgl. dazu Hermanns (2007) S. 87.

624 Vgl. dazu Titman (1984) S. 139; 142–143.

625 Vgl. dazu Titman (1984) S. 143–144; 147; Harris/Raviv (1991) S. 318: Hermanns (2007) S. 88.

626 Vgl. dazu Titman (1984) S. 148.

des Unternehmens ist dabei so zu wählen, dass das Unternehmen nur liquidiert wird, wenn es aus Sicht aller Stakeholder nicht mehr fortführungswürdig ist. Wie die Überlegungen von Titman (1984) nahelegen, ist es dazu notwendig, dass die Verschuldungsgrade so gewählt werden, dass die Fremdkapitalgeber in diesen Zuständen darüber entscheiden, ob das Unternehmen liquidiert oder fortgeführt wird. Wie einleitend festgehalten wurde, werden sich Fremdkapitalgeber immer zugunsten der Zerschlagung des Unternehmens entscheiden.[627] Der Verschuldungsgrad muss m. a. W. im Modell von Titman (1984) so gewählt werden, dass Liquidation- und Insolvenzzeitpunkt zusammenfallen. Die Finanzierungsentscheidung besitzt gegenüber den Stakeholdern in diesem Fall einen Signaleffekt und für das Unternehmen selbst einen natürlichen Disziplinierungseffekt.[628] Schneider (2010) spricht in Anlehnung an Titman (1984) so auch von einem glaubhaften Bonding-Mechanismus, der mit der Finanzierungsentscheidung für Unternehmen besteht.[629]

Aus der Arbeit von Titman (1984) folgen zwei, mit Blick auf die Finanzierungsentscheidung, zentrale Ergebnisse. Einerseits stärkt die Arbeit von Titman (1984) – wie bereits einleitend festgehalten – über die Betrachtung des Konflikts zwischen Unternehmen und Stakeholdern die Insolvenzkosten als eine zentrale Determinante der Finanzierungsentscheidung. Die u. a. mit den Überlegungen der Pecking-Order-Theorie kritisierte klassische Abwägung zwischen Wertbeitrag der Fremdfinanzierung und steigender Gefahr einer Insolvenz wird durch das Modell von Titman (1984) somit wenigstens indirekt gestärkt. Andererseits liefern die Überlegungen von Titman (1984) abseits der Überlegungen der „klassischen" Trade-Off-Theorie eine Begründung dafür, dass Unternehmen versucht sein werden, eine auf ein Verschuldungsoptimum abzielende Finanzierungspolitik umzusetzen. Auslöser dieser an einem Verschuldungsoptimum orientierten Politik ist ein Konflikt zwischen Unternehmen und Stakeholdern, der eine glaubhafte Versicherung einer optimalen Liquidationspolitik durch die Finanzierungspolitik erforderlich macht. Dieses Verschuldungsoptimum ist – dies wird in einer späteren Überlegung nochmals bedeutsam werden – neben der Entwicklung der realisierten Investitionsprojekte auch von äußeren Rahmenbedingungen abhängig. Maksimovic/Titman (1991) zeigen in Erweiterung des Modells von Titman (1984), dass auf einem Markt, auf dem Konsumenten die Qualität der angebotenen Produkte nur unzureichend unterscheiden können, auch die Hersteller standardisierter Produkte über die Finanzierungsentscheidung ein Signal der Qualität der Produkte an

627 Vgl. dazu Titman (1984) S. 145–146; Harris/Raviv (1991) S. 318.

628 Im Kontrast zu der im vorangehenden Abschnitt betrachteten Signalling-Theorie besitzt die Kapitalstruktur in dem von Titman (1984) formulierten Modell jedoch einen dauerhaften Effekt auf die Kapitalstruktur.

629 Vgl. dazu Titman (1984) S. 148; Schneider (2010) S. 33; ähnlich auch: Harris/Raviv (1991) S. 318. Brander/Lewis (1986) sprechen analog von einem „[...] commitment by a producer to stay in the market [...]". Brander/Lewis (1986) S. 958.

die Konsumenten senden können.[630] Ohne auf die Details des zugrunde liegenden Modells näher einzugehen,[631] führt ein hoher Verschuldungsgrad im Modell von Maksimovic/Titman (1991) letztlich dazu, dass Unternehmen aufgrund der immanenten Insolvenzgefahr positive Reputationseffekte nicht mehr heben können und sich dazu entscheiden werden, Produkte geringer Qualität zu produzieren.[632] Rationale Kunden werden die Finanzierungsentscheidung des Unternehmens somit auch an dieser Stelle als ein verlässliches Signal interpretieren, das zu einer Veränderung der Konsumentscheidung führen kann. Die mit der Erweiterung der „klassischen" Agency-Überlegungen eingeführten Aspekte erscheinen auch mit Blick auf die im Rahmen der Unternehmensbewertung zu unterstellende Finanzierungspolitik interessant. Liefert der auf den Unternehmen liegende Wettbewerbsdruck auf Basis der vorangehenden Überlegungen doch den Anreiz, eine wertoptimale Verschuldungspolitik einzuschlagen. Geht man nicht von einem Gleichgewichtszustand aus, so werden bereits wechselnde Rahmenbedingungen regelmäßige Anpassungen an dem optimalen Liquidationspunkt und somit der realisierten Kapitalstruktur erfordern. Die Annahme eines zeitkonstanten Fremdkapitaleinsatzes scheint demgegenüber nur im Fall von Randlösungen als plausibel.

3.1.2. Zur Verbindung von Kapitalstruktur und Wettbewerbsstrategie nach Brander/Lewis (1986)

Die Arbeit von Brander/Lewis (1986) zeigt, dass in der Praxis – dies wurden in den bisherigen betrachteten Kapitalstrukturtheorien ausgeblendet – eine systematische Verbindung von Finanzierungs- und Produktionsentscheidung des Unternehmens besteht.[633] Für den formalen Nachweis dieses Zusammenhangs greifen Brander/Lewis (1986) auf ein Modell, das seinen Ausgangspunkt in dem Mengenwettbewerb eines Cournot-Duopols findet, zurück. Unter der Annahme eines vorgegebenen Investitionsvolumens müssen beide Unternehmen – die Unternehmen werden annahmegemäß bis auf die Antwort auf die nachfolgenden Fragen als identisch angesehen – zunächst die Frage nach der Finanzierung und darauffolgend die Frage nach dem konkreten Produktionsvolumen beantworten. Im Grundfall des Modells wird davon ausgegangen, dass bei Eintritt eines positiven Umweltzustandes der marginale Wertbeitrag abgesetzter Produkte positiv ist, d. h., Unternehmen

630 Vgl. dazu Maksimovic/Titman (1991) S. 193–194; Harris/Raviv (1991) S. 318; Hermanns (2007) S. 89.

631 Die Finanzierungsentscheidung basiert im Modell von Maksimovic/Titman (1991) weitgehend auf der Entscheidung des Managements, ob das Unternehmen in der Zukunft einen Reputationseffekt aufbauen soll bzw. an diesem Ziel festhalten soll. Dies scheint eine in der Unternehmensbewertung in der Folge nur unzureichend greifbare Entscheidung zu sein.

632 Vgl. dazu Maksimovic/Titman (1991) S. 195; Hermanns (2007) S. 92.

633 Vgl. dazu Brander/Lewis (1986) S. 956; Harris/Raviv (1991) S. 316.

werden in guten Umweltzuständen mehr Produkte produzieren und absetzen als in schlechten Umweltzuständen.[634] Brander/Lewis (1986) gehen in ihren Überlegungen jedoch davon aus, dass sowohl die Finanzierungs- als auch die Produktionsentscheidung in Unkenntnis der tatsächlichen zukünftigen wirtschaftlichen Rahmenbedingungen getroffen werden.[635]

Bedeutsam für die folgenden Überlegungen ist, dass das Modell von Brander/Lewis (1986) von haftungsbeschränkten Eigenkapitalgebern ausgeht. Unter Ausblendung von Agency-Konflikten zwischen Eigenkapitalgebern und Managern – Brander/Lewis (1986) bezeichnen dies als Standardannahme –[636] kann in der Folge gezeigt werden, dass die Produktionsentscheidung der Unternehmen eine Maximierung des Wertes der Eigenkapitalgeber und nicht des Gesamtunternehmenswertes zur Folge hat.[637] Auf Basis des von Schneider (2010) als „Limited-Liability-Effekt"[638] bezeichneten Agency-Konflikts zwischen Eigen- und Fremdkapitalgeber kann – zunächst unabhängig von der Produktionsentscheidung des zweiten Unternehmens – gezeigt werden, dass eine teilweise Fremdfinanzierung zu einer Erhöhung des durch das Unternehmen gewählten Produktionsvolumens führt. Den Ausgangspunkt dieser Überlegung bildet – vergleichbar zu der Argumentation hinter dem von Jensen/Meckling (1976) beschriebenen Überinvestitionsproblem – die ungleiche Verteilung der Cashflows und des Risikos des Unternehmens auf Eigen- und Fremdkapitalgeber. Eigenkapitalgeber eines verschuldeten Unternehmens erhalten regelmäßig nur das Residuum aus den durch das Unternehmen generierten Cashflows und den Zahlungen an die Fremdkapitalgeber. Dies bedeutet m. a. W. jedoch, dass die Eigenkapitalgeber in schlechten Umweltzuständen – die Fremdkapitalgeber übernehmen im Insolvenzfall die vollständige Kontrolle über das Unternehmen – keine Zahlungen des Unternehmens mehr erhalten, aber auch keine Zahlungen über das eingezahlte Eigenkapital mehr leisten müssen. In guten Umweltzuständen steht den Eigenkapitalgebern dagegen der Zahlungsüberhang der Unternehmen voll zu. Mit Zunahme des zur Finanzierung des Unternehmens eingesetzten Fremdkapitals steigt die Zahl der Umweltzustände, in denen Unternehmen keine oder aber nur noch geringe Zahlungsflüsse aus der Investition in das Unternehmen erwarten können. Eigenkapitalgeber haben – in Analogie zu dem von Jensen/Meckling (1976) beschriebenen Überinvestitionsproblem – mit zunehmendem Fremdkapitaleinsatz damit ein Interesse, die Streuung der durch das Unternehmen erwirtschafteten Cashflows zu vergrößern. Grund für diese, das Risiko des Unternehmens erhöhende Strategie, ist, dass der Nutzen aufgrund der Haftungsbeschränkung der Eigenkapitalgeber, nicht jedoch das volle Risiko durch

634 Vgl. dazu u. a. Harris/Raviv (1991) S. 316.

635 Vgl. dazu Brander/Lewis (1986) S. 958–959.

636 Vgl. dazu Brander/Lewis (1986) S. 960. Vor dem Hintergrund der Überlegungen des Abschnitts 2.4. erscheint das „Beiseitewischen" dieser Konflikte fraglich.

637 Dieser Effekt ist ähnlich bereits aus den Überlegungen des Abschnitts 2.4.2. bekannt.

638 Schneider (2010) S. 34.

die Eigenkapitalgeber getragen wird.[639] Mit Blick auf die Strategie der Eigenkapitalgeber ziehen Brander/Lewis (1986) an dieser Stelle die anschauliche Analogie zu einer Sportmannschaft, die gegen einen Rückstand ankämpft, heran. „A football team that is behind late in the game will take chances that it would not normally take. The reasoning is that bad realizations are irrelevant, for the worst the team can do is lose, and it will do that anyway if it does not take chances. The more the team is behind, the more aggressive it will become."[640] Überträgt man diese Einschätzung auf die in einem zweiten Schritt zu treffende Produktionsentscheidung, so bedeutet dies, dass Unternehmen unter den von Brander/Lewis (1986) gesetzten Prämissen diese entsprechend aggressiv ausgestalten werden. Das Optimum eines teilweise fremdfinanzierten Unternehmens liegt damit immer oberhalb des Optimums, das ein risikoneutrales Unternehmen bei reiner Eigenfinanzierung wählen wird.[641]

Die bisherigen Überlegungen haben sich auf die Folgen des zwischen Eigen- und Fremdkapitalgeber bestehenden Agency-Konflikts für die Produktionsentscheidung beschränkt und damit eine konkrete Form des im Abschnitt 2.4. beleuchteten Überinvestitionsproblems betrachtet. Die Wechselwirkungen, die zwischen Finanzierungs- und Produktionsentscheidung in einem Cournot-Duopol bestehen, wurden in den bisherigen Überlegungen dagegen vereinfachend ausgeblendet. Im Nachfolgenden seien daher die Auswirkungen dieser aggressiven Produktionsentscheidung auf die Finanzierungsentscheidungen kurz beleuchtet. Brander/Lewis (1986) zeigen – unter Berücksichtigung des Interesses der Unternehmen, eine Produktionsentscheidung oberhalb des Optimums zu treffen –, dass Unternehmen mit der Finanzierungsentscheidung ein Signal über die spätere Ausbringungsmenge an die direkten Konkurrenten senden.[642] Brander/Lewis (1986) sprechen mit Blick auf die Gestalt der Finanzierungspolitik davon, dass „[a] particular debt structure for the industry is a commitment to a particular output structure".[643] In einem Cournot-Duopol wird der direkte Konkurrent des Unternehmens anhand der Finanzierungsentscheidung die zukünftige Produktionsstrategie des Unternehmens ablesen und das eigene Produktionsvolumen entsprechend anpassen. Verfolgt das Unternehmen eine aggressive Fremdfinanzierungsstrategie, so wird sich der direkte Konkurrent aufgrund der zu erwartenden aggressiven Produktionspolitik dazu entscheiden, ein Produktionsprogramm mit geringem Produktionsvolumen umzusetzen. Den Wertbeitrag, den das Unternehmen mit der aggressiven Produktions- und Fremdfinanzierungspolitik aus der verhaltenen Produktionsstrategie des Unternehmens realisiert, bezeichnen Brander/Lewis (1986)

639 Vgl. dazu Brander/Lewis (1986) S. 963; Hermanns (2007) S. 94; Harris/Raviv (1991) S. 316.
640 Brander/Lewis (1986) S. 961.
641 Brander/Lewis (1986) S. 962–963; 968–969; Hermanns (2007) S. 95.
642 Vgl. dazu Brander/Lewis (1986) S. 964; 968; Schneider (2010) S. 34.
643 Brander/Lewis (1986) S. 966–967.

auch als strategischen Effekt der Fremdfinanzierung. Diesem strategischen Effekt steht dabei eine Verschärfung des Agency-Konflikts zwischen Eigen- und Fremdkapitalnehmer gegenüber.[644]

Wie Brander/Lewis (1986) festhalten, folgt aus der Betrachtung der Wechselwirkungen zwischen Finanzierungs- und Produktionsentscheidung – auch ohne die „klassischen" Determinanten der Finanzierungspolitik explizit zu betrachten – ein Gleichgewichtszustand. Das Modell von Brander/Lewis (1986) zeigt, dass zwischen Finanzierungs- und Produktionsentscheidung ein systematischer Zusammenhang besteht, der durch die klassischen Finanzierungstheorien vereinfachend regelmäßig ausgeblendet wird.[645] Interessant ist an dieser Stelle jedoch, dass der durch das Modell von Brander/Lewis (1986) beschriebene Gleichgewichtszustand kein Optimum im Sinne der Trade-Off-Theorie bedeutet.[646] Greifen beide Unternehmen auf Fremdkapitalinstrumente zur Finanzierung zurück, besteht aufgrund des „Limited-Liability-Effektes" ein Angebotsüberhang.[647] Durch eine Kooperation könnten beide Unternehmen – im Kontrast zu der von Brander/Lewis (1986) beschriebenen Wettbewerbsstrategie – letztlich eine wertmaximierende Unternehmensstrategie umsetzen.[648] Es erscheint vor dem Hintergrund der Überlegungen von Brander/Lewis (1986) daher schwierig, direkte Folgen aus der Produktionsentscheidung für die Steuerung der Kapitalstruktur im Sinne der Überlegungen des Kapitel II abzuleiten.[649]

3.1.3. Zur Bedeutung der produkt- und marktspezifischen Kapitalstrukturtheorien

Die vorangehenden Abschnitte haben mit den Modellen von Titman (1984) und Brander/Lewis (1986) zwei Vertreter der produkt- bzw. marktspezifischen Kapitalstrukturtheorien näher beleuchtet. Beide Modelle ergänzen die Überlegungen der erweiterten Trade-Off-Theorie um die Wechselwirkungen zwischen

---

644 Vgl. dazu Brander/Lewis (1986) S. 967.

645 Vgl. dazu Hermanns (2007) S. 96; Schneider (2010) S. 34.

646 Dies ist letztlich darauf zurückzuführen, dass sich die im Modell von Brander/Lewis (1986) betrachteten Unternehmen nicht kooperativ verhalten.

647 Beide Unternehmen haben aufgrund der teilweisen Fremdfinanzierung einen Anreiz, eine aggressive Produktionspolitik umzusetzen.

648 Vgl. dazu Brander/Lewis (1986) S. 968. Diese Annahme wird u. a. durch Maksimovic (1988) durchbrochen. Wie Hermanns (2007) zusammenfasst, hat im – in der Folge nicht näher betrachteten – Modell von Maksimovic (1988) die gewählte Kapitalstruktur Einfluss auf den Kooperationswillen der Unternehmen. Vgl. dazu Hermanns (2007) S. 97.

649 Auf den ersten Blick könnte man vermuten, dass sich – unterstellt man ein symmetrisches Modell – eine aggressive Produktionspolitik auch auf eine aggressive Finanzierungspolitik überträgt. Eine solche Einschätzung lässt jedoch die Frage der Intensität der Steuerung der Kapitalstruktur völlig außer Betracht.

Finanzierungsentscheidung und Produktionsstrategie der Unternehmen bzw. den betrachteten Absatzmärkten. Im Kontrast zu der in Abschnitt 2.9. betrachteten Pecking-Order-Theorie besteht unter den produkt- und marktspezifischen Kapitalstrukturtheorien weiterhin ein Verschuldungsoptimum. Es ist dabei sinnvoll – dies wurde in den vorangehenden Abschnitten gemacht –, das Modell von Titman (1984) getrennt von der Arbeit von Brander/Lewis (1986) zu betrachten. Die Arbeit von Titman (1984) stärkt – wie bereits festgehalten wurde – über die Betrachtung des regelmäßig zwischen Unternehmen und Stakeholdern bestehenden Agency-Konflikts die Insolvenzkosten als eine zentrale Determinante der Finanzierungsentscheidung. Die Insolvenzkosten beschränken sich im Modell von Titman (1984) nicht mehr allein auf die direkt mit einer Insolvenz verbundenen Kosten,[650] sondern es werden auch indirekte Insolvenzkosten berücksichtigt, die auf einen Agency-Konflikt zwischen Unternehmen und Stakeholder zurückzuführen sind. Agency-Kosten entstehen im Modell von Titman (1984) aufgrund der Gefahr, dass Unternehmen mit dem Oberziel der Maximierung des Wertes der Eigenkapitalgeber eine suboptimale Liquidationsentscheidung umsetzen werden, die letztlich Kunden, Lieferanten und Mitarbeiter schädigt. Durch die Finanzierungsentscheidung des Unternehmens kann im Modell von Titman (1984) sichergestellt werden, dass fortführungswürdige Unternehmen – hierbei sind die Interessen der Kunden zu berücksichtigen – nicht liquidiert und die anfallenden Agency-Kosten minimiert werden.

Zwei aus dem Modell von Titman (1984) zu ziehende Ergebnisse sind dabei besonders bedeutsam. Einerseits existiert im Modell von Titman (1984) auch abseits des in der erweiterten Trade-Off-Theorie betrachteten Wertbeitrages der Fremdfinanzierung ein Verschuldungsoptimum, das zu einer Maximierung des Unternehmenswertes führt. Auf der anderen Seite zeigen die Überlegungen von Titman (1984), dass die Produktions- und Finanzierungsentscheidung nicht losgelöst voneinander betrachtet werden können, da regelmäßig Wechselwirkungen zwischen beiden Entscheidungen bestehen. Die Überlegungen von Titman (1984) motivieren so den, in der Folge in der empirischen Forschung regelmäßig näher beleuchteten, Industrieeffekt. Auf Basis des Modells von Titman (1984) ist zu erwarten, dass der durch die Theorie beschriebene Agency-Konflikt insbesondere bei spezialisierten Produkten bzw. Produkten mit langer Nutzungsdauer stärker ausgeprägt sein wird als bei standardisierten Produkten bzw. Produkten mit kurzer Nutzungsdauer.[651] In der Literatur wird auf Basis der Überlegungen von Titman (1984) daher gefolgert, dass Unternehmen mit einem Produktportfolio aus dauerhaften und spezialisierten

650 Darunter fallen Kosten, die direkt mit der Reorganisation des Unternehmens verbunden sind, wie beispielsweise Anwalts- und Gerichtskosten. Vgl. zu einer kurzen Definition Weiss (1990) S. 288–289.

651 Sowohl mit zunehmender Nutzungsdauer als auch mit zunehmender Spezialisierung der Produkte steigt die Abhängigkeit der Kunden von dem Fortbestand der Unternehmen.

Produkten einen geringeren Verschuldungsgrad aufweisen müssen als Unternehmen, die standardisierte Verbrauchsgüter kurzer Lebensdauer herstellen.[652] Maksimovic/Titman (1991) haben die Überlegungen von Titman (1984) erweitert und gezeigt, dass die Finanzierungsentscheidung als ein Signal der Produktqualität interpretiert werden kann.

Interessant erscheint es an dieser Stelle, kurz der Frage nachzugehen, welche Aussagekraft das Modell für die Finanzierungsannahme in der Unternehmensbewertung hat. Blickt man allein auf das Modell von Titman (1984), so wird zunächst die mit der Trade-Off-Theorie einhergehende Vermutung eines wertoptimalen Verschuldungsgrades für den Fall, dass das Unternehmen kontinuierlich Produkte absetzten möchte,[653] bestätigt. Das Modell von Titman (1984) spricht so durchaus für die klassischen Finanzierungsannahmen in der Unternehmensbewertung, der autonomen und der wertabhängigen Finanzierungspolitik. Will man – dieses Problem wird uns im nachfolgenden Kapitel II nochmals kurz beschäftigen – eine solche an einem Verschuldungsoptimum orientierte Finanzierungspolitik konkretisieren, so stößt man auf Basis des von Titman (1984) vorgeschlagenen Erklärungsansatzes m. E. nach rasch auf eine Reihe bedeutender Hindernisse, die – wenn überhaupt – in der Praxis nur unzureichend überwunden werden dürften.

Wie die vorangehenden Überlegungen gezeigt haben, ist es im Modell von Titman (1984) erforderlich, dass der Verschuldungsgrad des Unternehmens so austariert wird, dass Unternehmen in fortführungswürdigen Zuständen unter der Kontrolle der Eigenkapitalgeber bleiben und damit fortgeführt werden. In allen anderen Zuständen müssen dagegen die Fremdkapitalgeber die Unternehmensleitung übernehmen und das Unternehmen wird in der Folge zerschlagen. Im Angesicht der Tatsache, dass die zukünftige Unternehmensentwicklung eine bestenfalls ungefähr zu prognostizierende Größe ist, dürfte das Verschuldungsoptimum ungleich schwieriger zu bestimmen sein. Ist der korrekte (Zeit)punkt einer Übernahme des Unternehmens durch die Fremdkapitalgeber doch regelmäßig in einem dynamischen, d. h. sich fortentwickelnden, Umfeld zu bestimmen. Verlässt man das statische Umfeld, so verändert sich u. a. mit der Veränderung des Produktionsprogramms auch der jeweils als optimal angesehene Verschuldungsgrad. Ausgeblendet wurde in den bisherigen Überlegungen zudem, dass die im Modell von Titman (1984) bedeutsame Reaktion der Kunden in praxi regelmäßig nur schwer zu fassen sein dürfte. Ohne diese an dieser Stelle noch offenen Forschungsfragen vollständig zu skizzieren, erscheint die Bestimmung eines Verschuldungsoptimums auf Grundlage des Modells von Titman (1984) in der Praxis nur schwer

---

652 Vgl. dazu Titman (1984) S. 149–150; Harris/Raviv (1991) S. 318; La Rocca (2011) S. 48; Hermanns (2007) S. 88.

653 Tritt das Unternehmen dagegen nur an wenigen diskreten Zeitpunkten an den Absatzmarkt heran, spiegelt der Verschuldungsgrad – ähnlich zu der mit Blick auf die auf die Signalling-Theorie eingeschlagenen Argumentation – lediglich historische Entscheidungen wider.

möglich zu sein. Das Modell von Titman (1984) dürfte daher zunächst nur einen groben Anhaltspunkt dafür liefern, wie stark sich Unternehmen an das Ziel eines Verschuldungsoptimums gebunden fühlen. Unternehmen mit einem wenig spezifischen Produktangebot[654] dürften so ein geringeres Interesse an der Einhaltung eines Verschuldungsoptimums aufweisen als Unternehmen, die Produkte anbieten, die auf die Kundenbedürfnisse maßgeschneidert werden. Eine vergleichbare Argumentation kann hinsichtlich der Nutzungsdauer der abgesetzten Produkte eingeschlagen werden.

Ein vergleichbares Bild zeigt sich auch mit Blick auf das Modell von Brander/Lewis (1986). Das Modell von Brander/Lewis (1986) betrachtet mit dem Einfluss der Finanzierungsentscheidung des Unternehmens auf die Produktionsentscheidung und mittelbar auf den Wettbewerbsdruck auf den Absatzmärkten einen weiteren – in den bisherigen Überlegungen zur Kapitalmarkttheorie ausgeblendeten – Aspekt der Finanzierungsentscheidung. Der Effekt einer anteiligen Fremdfinanzierung des Unternehmens wird im Modell von Brander/Lewis (1986) in zwei Effekte zerlegt. Betrachtet man zunächst das Unternehmen losgelöst von der konkreten Wettbewerbssituation, so führt die teilweise Fremdfinanzierung des Unternehmens regelmäßig zu einer Erhöhung der Ausbringungsmenge des Unternehmens. Um diesen Effekt zu begründen, kann letztlich die Argumentation des von Jensen/Meckling (1976) beschriebenen Überinvestitionsproblems (Abschnitt 2.4.2.) aufgegriffen werden. Haftungsbeschränkte Eigenkapitalgeber haben als Empfänger des Residuums aus operativem Unternehmenscashflow und Zahlungen an die Fremdkapitalgeber mit zunehmendem Verschuldungsgrad ein Interesse an einer zunehmenden Spreizung des durch das Unternehmen generierten Cashflows. Die Folgen dieses letztlich Gläubiger schädigenden Verhaltens – die Fremdkapitalgeber werden zugunsten der Fremdkapitalgeber entreichert –, das von Jensen/Meckling (1976) für die Investitionspolitik beschrieben wurde, kann – dies zeigen Brander/Lewis (1986) – ohne Weiteres auch auf die Produktionspolitik übertragen werden. Verschuldete Unternehmen werden daher eine Ausbringungsmenge wählen, die über dem Optimum eines unverschuldeten Unternehmens liegt. Dies führt dazu, löst man sich von der Betrachtung der Produktionsentscheidung eines Einzelunternehmens, dass die Finanzierungsentscheidung als ein verlässliches Signal der zukünftigen Produktionsstrategie interpretiert werden kann. Stehen die Unternehmen in einem Mengenwettbewerb – das Modell von Brander/Lewis (1986) betrachtet ein Cournot-Duopol –, führt das Signal einer aggressiven Produktionspolitik über die Finanzierungsentscheidung des Unternehmens dazu, dass Konkurrenten die von ihnen produzierte Menge reduzieren werden.

Im Modell von Brander/Lewis (1986) stellt sich in der Folge ein Gleichgewicht ein, das sich aus dem Wertvorteil des höheren Absatzvolumens und dem

654 Frei von einem gewissen Entscheidungsfreiraum dürfte die Einordnung der durch die Unternehmen angebotenen Produkte als spezifisch bzw. unspezifisch in praxi jedoch nicht sein.

Nachteil der aus dem wachsenden Agency-Konflikt zwischen Eigen- und Fremdkapitalgebern ergibt. Im Kontrast zu dem Verschuldungsoptimum der erweiterten Trade-Off-Theorie, stellt sich im Modell von Brander/Lewis (1986) aber kein zwingend wertoptimaler Verschuldungsgrad ein, sondern eine Lösung, die durch eine Kooperation der Wettbewerber verbessert werden könnte. Es erscheint jedoch grundsätzlich denkbar, dieses nur zweitbeste Verschuldungsoptimum durch eine der „klassischen" Finanzierungsannahmen in der Unternehmensbewertung abzubilden. Will man das Modell von Brander/Lewis (1986) konkretisieren, dürfte man sich jedoch schwer zu lösenden Herausforderungen ausgesetzt sehen, vergleichbar zum Fall der Konkretisierung des Modells von Titman (1984). Blickt man auf das Modell von Brander/Lewis (1986), muss die in der Praxis i. d. R. wohl nur schwer antizipierbare Reaktion der Wettbewerber berücksichtigt werden. Für die Arbeit von Brander/Lewis (1986) ist es zudem – im Vergleich zum Modell von Titman (1984) – ungleich schwieriger, eine grobe Schlussfolgerung abzuleiten. Wie Schneider (2010) festhält, ist es in der Praxis regelmäßig nur schwer möglich, die etwa von Harris/Raviv (1991) aus dem Modell von Brander/Lewis (1986) abgeleitete Variable der Kompetitivität des Absatzmarktes konkret zu bestimmen.[655]

Insgesamt erscheint die Reichweite der produkt- und marktspezifischen Kapitalstrukturtheorien beschränkt, stoßen sie in der Praxis doch rasch an nur schwer überwindbare Hürden. Schneider (2010) kritisiert zudem, dass die produkt- und marktspezifischen Kapitalstrukturtheorien zu keiner ganzheitlichen Kapitalstrukturtheorie geführt haben.[656] Dieses Urteil erscheint etwas zu harsch, haben sich doch sowohl das Modell von Titman (1984) als auch Brander/Lewis (1986) – dies wurde einleitend festgehalten – doch als Ergänzung der erweiterten Trade-Off-Theorie gesehen. Hermanns (2007) weist – mit Blick auf die vorangehenden konzeptionellen Überlegungen wenig überraschend – darauf hin, dass die produkt- und marktspezifischen Kapitalstrukturtheorien empirisch nur verhaltene Unterstützung erhalten.[657]

3.2. Zum Einfluss strategischer Unternehmensziele auf die Finanzierungsentscheidung

Im Angesicht der geringen empirischen Erklärungskraft bestehender Kapitalstrukturtheorien regten Barton/Gordon (1987) einen Perspektivwechsel der Forschung an. Die geringe Erklärungskraft bestehender Kapitalstrukturtheorien führen Barton/Gordon (1987) darauf zurück, dass der traditionelle Blick auf die Finanzierungsentscheidung zu abstrakt ist. Barton/Gordon (1987) gestehen den traditionellen Kapitalstrukturtheorien zwar zu, einen Beitrag zum allgemeinen ökonomischen Verständnis der Bedeutung der Finanzierungsentscheidung

655 Vgl. dazu Schneider (2010) S. 34–35.
656 Vgl. dazu Schneider (2010) S. 35.
657 Vgl. dazu Hermanns (2007) S. 102.

geliefert zu haben, heben jedoch die Schwäche bestehender Ansätze hervor, die Finanzierungsentscheidungen auf Unternehmensebene erklären zu können.[658] Diese Schwäche führen Barton/Gordon (1987) insbesondere auf das i. d. R. stark vereinfachte Annahmegerüst der traditionellen Kapitalstrukturtheorien zurück, das lediglich eine holzschnittartige Beschreibung der in der Praxis bestehenden Zusammenhänge ermöglicht.[659] Barton/Gordon (1987) fassen ihre Kritik an der traditionellen, theoriegebundenen Vorgehensweise wie folgt zusammen: „In short, the finance paradigm has not allowed exploration of behavior beyond what is allowed by mathematical modeling."[660]

Zur Überwindung der Schwächen der traditionellen Kapitalstrukturtheorien schlagen Barton/Gordon (1987) vor, die Finanzierungsentscheidung als einen Bestandteil der langfristigen Unternehmensstrategie und damit der Entscheidung des Top-Managements näher zu beleuchten.[661] Wie Schneider (2010) festhält, unterscheidet sich der von Barton/Gordon(1987) eingeschlagene Weg zur Begründung der strategische Management-Theorie dabei deutlich von dem theoriegeleiteten Vorgehen, das u. a. in den vorangehenden Abschnitten zur Trade-Off-Theorie skizziert wurde.[662] Mit der Arbeit von Barton/Gordon (1987) zeigt sich damit deutlich der – dies wurde zu Beginn dieses Kapitels festgehalten – induktive Charakter neuerer Kapitalstrukturtheorien. Die Entwicklung der strategische Management-Theorie geht in der Folge von der – vorwiegend durch die empirische Forschung motivierten – Arbeitshypothese aus, dass in der Managemententscheidung der zentrale Treiber der Finanzierungsstruktur eines Unternehmens liegt.[663] Barton/Gordon (1987) greifen mit dem Kern der strategische Management-Theorie – die Abhängigkeit der Finanzierungsentscheidung von der Unternehmensleitung – die bereits von Donaldson (1961) gemachte Beobachtung auf, dass die Frage der Finanzierungsstrategie letztlich durch das Top-Management des Unternehmens bestimmt wird,[664] sowie die Forderung Carletons (1978) nach der Einbettung einzelner Finanzierungsentscheidungen in die übergeordnete Unternehmensstrategie.[665] Mit der Fokussierung auf das Unternehmensmanagement als

---

658 Vgl. dazu Barton/Gordon (1987) S. 67; Hermanns (2007) S. 143.

659 Als kritische Annahme wird – dies haben bereits die vorangehenden Abschnitte gezeigt – die Annahme eines vollkommenen Kapitalmarktes aufgefasst. Vgl. dazu Barton/Gordon (1987) S. 69; Schneider (2010) S. 36.

660 Barton/Gordon (1987) S. 69.

661 Vgl. dazu Barton/Gordon (1987) S. 68; La Rocca (2011) S. 42.

662 Schneider (2010) spricht mit Blick auf die strategische Management-Theorie auch von der ersten Kapitalstrukturtheorie ohne modelltheoretische Begründung. Vgl. dazu Schneider (2010) S. 37. Ob und inwieweit dies nicht bereits von der Pecking-Order-Theorie vorweggenommen wurde, soll an dieser Stelle nicht näher diskutiert werden.

663 Vgl. dazu Schneider (2010) S. 38.

664 Vgl. dazu Donaldson (1961) S. 87; Barton/Gordon (1987) S. 70.

665 Vgl. dazu Carleton (1978) S. 7.

einen zentralen Treiber der Finanzierungsentscheidung, löst sich die strategische Management-Theorie[666] – ähnlich zu den im vorangehenden Abschnitt betrachteten produkt- und marktspezifischen Kapitalstrukturtheorien – von der ausschließlichen Betrachtung der ökonomischen Ziele der Eigen- und Fremdkapitalgeber.[667] Barton/Gordon (1987) sprechen in diesem Zusammenhang davon, dass die Unternehmensmanager über die Erreichung ökonomischer Ziele hinaus in der Praxis auch ihrer Verantwortung gegenüber den Stakeholdern und der Gesellschaft als Ganzes gerecht werden müssen.

Die Ziele des Managements dürften sich in der Praxis damit deutlich komplexer gestalten, als dies durch die Einhaltung bestimmter Finanzierungsregeln beschrieben wird. Folgt man der Argumentation von Barton/Gordon (1987), so stellt sich die Finanzierungsentscheidung des Unternehmens letztlich als eine vielschichtige Fragestellung dar, die der Entscheidungsfreiheit des Managements unterworfen ist und damit nur unvollständig aus der, in den klassischen Kapitalstrukturtheorien, dominanten Sichtweise des Kapitalmarktes erklärt werden kann.[668] Hermanns (2007) spricht in diesem Zusammenhang davon, dass Barton/Gordon (1987) die Finanzierungsentscheidung des Unternehmens als ein „[...] komplexes Zusammenspiel von exogenen und endogenen Faktoren [...]"[669] begreifen, das die Finanzierungsentscheidung des Unternehmens determiniert.[670] Um den vielfältigen Aspekten der Finanzierungsentscheidung gerecht zu werden, leiten Barton/Gordon (1987) aus empirischen Beobachtungen sowie den Überlegungen finanzwissenschaftlicher, verhaltenstheoretischer und der strategischen Literatur die fünf zentralen Arbeitshypothesen der strategische Management-Theorie ab. In Anlehnung an Barton/Gordon (1987) und Schneider (2010), ergeben sich folgende fünf Kernthesen der strategischen Management-Theorie:

1. Die Risikoneigung des Managements beeinflusst die Finanzierungspolitik des Unternehmens.
2. Die langfristigen, durch das Management formulierten, Geschäftsziele schlagen sich in der Finanzierungspolitik des Unternehmens nieder.
3. Das Management deckt den Kapitalbedarf des Unternehmens bevorzugt durch Innenfinanzierung ab. Muss das Unternehmen auf das Instrument der

666 Die Subsumierung der Überlegungen von Barton/Gordon (1987) unter den Oberbegriff der strategischen Management-Theorie findet sich u. a. in Schneider (2010).
667 Erinnert man sich an Abschnitt 2. zurück, so wurden insbesondere die Überlegungen der Trade-Off-Theorie als auch, in einem etwas geringeren Umfang, die der Pecking-Order-Theorie von dieser Vorstellung dominiert.
668 Barton/Gordon (1987) S. 70.
669 Hermanns (2007) S. 143.
670 Blickt man auf die weiteren Ausführungen von Barton/Gordon (1987), so wird deutlich, dass insbesondere endogene Faktoren die Finanzierungsentscheidung dominieren.

Außenfinanzierung zurückgreifen, wird die Ausgabe von Fremdkapitalinstrumenten gegenüber der Ausgabe von Eigenkapitalinstrumenten bevorzugt.
4. Die Risikoneigung des Managements sowie die Rahmenbedingungen, unter denen das Unternehmen Fremdkapitalinstrumente begibt, beeinflussen den Umfang und die Konditionen, zu denen Fremdkapitalgeber bereit sein werden, dem Unternehmen Kapital zur Verfügung zu stellen.
5. Der Einfluss der Rahmenbedingungen beeinflusst die Finanzierungsentscheidung indirekt durch die Einschränkung bzw. Erweiterung des Handlungsspielraums des Unternehmens.[671]

Betrachtet man die Arbeitshypothesen näher, so wird deutlich, dass sich die ersten drei Thesen auf die Vorstellungen und das Verhalten des Managements fokussieren, während mit These vier und fünf die Rahmenbedingungen der Finanzierungsentscheidung und deren Einfluss auf die Managemententscheidung näher betrachtet wird. Im Folgenden soll die hinter den fünf Arbeitshypothesen stehende Motivation kurz näher betrachtet werden. Mit der ersten These greifen Barton/Gordon (1987) das – in Kapitel III nochmals kurz beleuchtete – Ergebnis der Befragungsstudie von Stonehill et al. (1975) auf, dass die Finanzierungsentscheidung des Unternehmens maßgeblich auch durch die Bereitschaft des Managements, Risiko zu tragen, beeinflusst wird. Hermanns (2007) bezeichnet das Risiko der Finanzierungspolitik in der Folge daher auch als eine zentrale Determinante der Finanzierungsentscheidung des Unternehmens.[672] Die zweite Arbeitshypothese der strategischen Management-Theorie betont das enge Verhältnis, das zwischen Finanzierungsentscheidung – an dieser Stelle scheint die Forderung von Carleton (1978) berücksichtigt zu werden – und übergeordneter Unternehmensstrategie in der Praxis besteht. Wie Barton/Gordon (1987) festhalten, muss die Finanzierungsentscheidung damit im Einklang mit der, nicht nur auf finanzielle Ziele ausgerichteten, Strategie des Managements stehen.[673] Die dritte Arbeitshypothese der strategischen Management-Theorie greift den aus der Pecking-Order-Theorie

671 Vgl. dazu Barton/Gordon (1987) S. 71–72; Schneider (2010) S. 36; Barton/Gordon (1988) S. 624.

672 Vgl. dazu Hermanns (2007) S. 143. Mit Blick auf die Bewertung der in der Unternehmensbewertung diskutierten alternativen Finanzierungsannahmen erscheint dieses abstrakte Kriterium zwar durchaus bedeutsam, doch ist eine Konkretisierung mit Hürden verbunden. Wie Kapitel II zeigen wird, finden sich in der Literatur zwar Einschätzungen zum Risiko einzelner Finanzierungsannahmen, gleichwohl ist vor einer allzu naiven Anwendung dieses Kriteriums zu warnen. Wird unter den alternativen Finanzierungsannahmen doch ein breites Spektrum unterschiedlich risikoreicher Finanzierungsstrategien zusammengefasst. So ist etwa unter dem Begriff der autonomen Finanzierungspolitik sowohl die Realisation eines hohen wie auch niedrigen Verschuldungsumfanges denkbar, dem unzweifelhaft ein unterschiedliches Risiko zukommt.

673 Vgl. dazu Barton/Gordon (1987) S. 71.

bekannten Gedanken einer festen Rangfolge der zur Finanzierung des Unternehmens einsetzbaren Fremdkapitalinstrumente auf. Barton/Gordon (1987) argumentieren in Analogie zu den Überlegungen der Pecking-Order-Theorie damit, dass sich Manager in der Praxis scheuen werden, einen Teil der Flexibilität und damit der Kontrolle über das Unternehmen über die Finanzierungsentscheidung aufzugeben. Hermanns (2007) bezeichnet auf Basis dieser Überlegung den Faktor Kontrolle als zweite zentrale Einflussgröße der strategischen Management-Theorie.[674] Wie bereits festgehalten, folgt mit der vierten Arbeitshypothese der strategischen Management-Theorie eine Berücksichtigung des Einflusses externer Faktoren auf die Finanzierungsentscheidung des Unternehmens. Fremdkapitalgeber haben – dies haben u. a. die Überlegungen zur Agency-Theorie gezeigt – die Möglichkeit, das Verhalten der Manager bzw. die konkrete Situation, in der das Unternehmen an den Kapitalmarkt herantritt, zu antizipieren, und werden dies in der Folge bei der Bereitstellung externer Kapitalmittel einpreisen. Diese externen Faktoren nehmen, wie etwa die Reaktion der Fremdkapitalgeber auf die Rahmenbedingungen der Kapitalaufnahme, im Rahmen der strategischen Management-Theorie über die Begrenzung des Entscheidungsspielraums der Manager nur indirekt Einfluss auf die Finanzierungsentscheidung.[675]

Fasst man zusammen, so besteht mit der strategischen Management-Theorie nach Barton/Gordon (1987) ein Erklärungsansatz, der – anders als die bestehenden Kapitalstrukturtheorien – die Finanzierungsentscheidung der Unternehmen primär als ein Ergebnis der Entscheidung des Top-Managements sieht. Externe Faktoren beeinflussen im Modell von Barton/Gordon (1987) lediglich den Entscheidungsspielraum des Managements.[676] Die von Barton/Gordon (1987) vorgeschlagenen Arbeitshypothesen sind – dies haben die Vorüberlegungen gezeigt – entweder durch die empirische Forschung motiviert oder durch den Versuch, die bestehende Kapitalstrukturtheorie um strategische Aspekte zu erweitern. Wie die folgenden Überlegungen kurz zeigen sollen, ist die strategische Management-Theorie mit einer Reihe von Schwächen behaftet, die dazu geführt haben, dass die strategische Management-Theorie in der Folge nur verhaltene Beachtung in der Literatur erfahren hat. Zunächst – dies halten bereits Barton/Gordon (1987) selbst fest – entzieht sich die strategische Management-Theorie – wenigstens zum Teil – einer direkten empirischen Überprüfung. Es dürfte sich in der Praxis regelmäßig als schwierig erweisen, die Ziele bzw. die Risikoneigung des Top-Managements exakt zu bestimmen, um die Arbeitshypothese 1 – die für die strategische Management-Theorie zentral ist – direkt überprüfen zu können.[677] Bedeutsamer als dieser – wenigstens

674 Vgl. dazu Hermanns (2007) S. 143–144.
675 Vgl. dazu Barton/Gordon (1987) S. 72.
676 Vgl. dazu Barton/Gordon (1987) S. 73.
677 Vgl. dazu Barton/Gordon (1987) S. 73; Barton/Gordon (1988) S. 624.

approximativ überwindbare –[678] Einwand dürfte jedoch sein, dass es der strategischen Management-Theorie letztlich nicht gelingt, ein geschlossenes Modell zur Finanzierungsentscheidung des Unternehmens zu liefern.[679] So wird – dies ist wohl auf die primär empirische Motivation der strategischen Management-Theorie zurückzuführen – aus den fünf Arbeitshypothesen der strategischen Management-Theorie zunächst nicht eindeutig ersichtlich, welche Finanzierungsentscheidungen ein Unternehmen in der Praxis treffen wird, sind die Eigenschaften des Managements als dem zentraler Treiber der Finanzierungsentscheidung doch zunächst nicht näher spezifiziert.[680] Diese Unwägbarkeit führt letztlich dazu – dies ist für die nachfolgende Überlegung zu den Finanzierungsentscheidungen in der Unternehmensbewertung relevant –, dass zunächst sowohl eine an einem Zielverschuldungsgrad ausgerichtete Finanzierungspolitik als auch eine Finanzierungspolitik, die – im Sinne der Pecking-Order-Theorie – ein Residuum der Investitions- und Ausschüttungspolitik ist, denkbar ist. Für die Orientierung an einem Zielverschuldungsgrad spricht u. a., dass das Management das Finanzierungsrisiko des Unternehmens auf ein bestimmtes vordefiniertes Niveau begrenzen will.

Unklar erscheint in diesem Zusammenhang die Bedeutung des steuerlich induzierten Wertbeitrages der Fremdfinanzierung im Rahmen der strategischen Management-Theorie. Schneider (2010) hält mit Blick auf die empirische Untersuchung von Barton/Gordon (1988) nicht zu Unrecht fest, dass der Steuervorteil im Rahmen der strategischen Management-Theorie keine Rolle spielt.[681] Man kann an dieser Stelle jedoch auch darauf abstellen, dass die Maximierung des Unternehmenswertes unzweifelhaft ein Teil des mit Arbeitshypothese 2 beschriebenen Zielgerüsts ist. Für eine Finanzierungspolitik, die den Signalisierungscharakter der Finanzierungsentscheidung berücksichtigt – also einen eher kurzfristigen Optimierungsprozess betrachtet – spricht die dritte Arbeitshypothese, die direkt mit der Pecking-Order-Theorie verbunden ist. Wie Schneider (2010) festhält, zeigt sich diese Zweideutigkeit der strategischen Management-Theorie auch in den empirischen Untersuchungen von Barton/Gordon (1988).[682] Interessant erscheint dabei, dass Barton/Gordon (1988) insbesondere einen Hinweis auf die Gültigkeit des bereits durch die Pecking-Order-Theorie beschriebenen Zusammenhangs zwischen Finanzierungsentscheidung und Profitabilität des Unternehmens finden,

678 Barton/Gordon (1988) nutzen die Diversifikation des Unternehmens als eine Approximation der Risikopräferenz des Top-Managements. Vgl. dazu Barton/Gordon (1988) S. 624.

679 Vgl. dazu Schneider (2010) S. 38.

680 Zwar halten Barton/Gordon (1988) fest, dass die strategische Management-Theorie es ermöglicht, den Einfluss der Eigenschaften des Managements auf die Finanzierungsentscheidung des Unternehmens zu berücksichtigen, ohne jedoch eine theoretische oder aber empirische Konkretisierung vorzunehmen. Vgl. dazu Barton/Gordon (1988) S. 630.

681 Vgl. dazu Schneider (2010) S. 37.

682 Vgl. dazu Schneider (2010) S. 37.

wohingegen die Evidenz zugunsten des Einflusses der Diversifikationsentscheidung des Unternehmens als Approximation der Risikoeinstellung des Managements vergleichsweise verhalten ausfällt.[683]

Fasst man zusammen, so zeigt sich die strategische Management-Theorie sowohl empirisch als auch inhaltlich als wenig substanziell.[684] Um Aussagen über die Finanzierungsentscheidung in der Unternehmensbewertung zu treffen, erscheint die strategische Management-Theorie daher wenig geeignet. Für die folgenden Überlegungen werden daher die Implikationen der strategischen Management-Theorie vereinfachend ausgeblendet.

3.3. Zur erweiterten Trade-Off-Theorie und der Bedeutung des Wertbeitrages der Fremdfinanzierung

Mit den vorangehenden Abschnitten wurde deutlich, dass mit der Fortentwicklung der Forschung der Wertbeitrag der Fremdfinanzierung nunmehr einen Faktor unter vielen darstellt, der die Finanzierungspolitik des Unternehmens bestimmt. Mit der Hervorhebung weiterer Faktoren in der Literatur wird unklar, welchen Beitrag die steuerliche Vorteilhaftigkeit der Fremdfinanzierung bei der Bestimmung der Kapitalstruktur tatsächlich leistet.[685] Diese für die Beurteilung alternativer Kapitalstrukturtheorie als auch die alternativen Finanzierungsannahmen bedeutsame Frage ist letztlich nur gestützt durch die empirische Forschung zu klären. In Kapitel III wird daher ein kurzer Exkurs zu ausgewählten empirischen Arbeiten unternommen, die sich mit dieser Frage eingehender beschäftigt haben. Das Ergebnis dieses Exkurses vorwegnehmend, darf wohl ohne Weiteres festgehalten, dass in der Literatur noch kein Konsens zur Bedeutung des Wertbeitrages des Fremdkapitals erzielt werden konnte.[686] Mit Blick auf die im folgenden Abschnitt 3.4. betrachtete Entwicklung dynamischer Kapitalstrukturtheorien erscheint interessant zu sein, dass bei der Fortentwicklung der „klassischen" Kapitalstrukturtheorien weniger die Einführung neuer Faktoren – etwa als Gegenspieler des Wertbeitrages der Fremdfinanzierung – der Finanzierungsentscheidungen im Fokus gestanden zu sein scheint als vielmehr das Einführen von Hemmnissen in die zuvor betrachteten „klassischen" Kapitalstrukturtheorien.

---

683 Vgl. dazu Barton/Gordon (1988) S. 630.

684 Vgl. dazu auch Schneider (2010) S. 38.

685 Vgl. Graham (2000) S. 1901.

686 Vgl. dazu u. a. Ju et al. (2005) S. 260. An dieser Stelle ist jedoch festzuhalten, dass sich auch in der jüngeren empirischen Forschung die Einschätzung durchzusetzen scheint, dass der Wertbeitrag der Fremdfinanzierung letztlich nur ein Faktor unter vielen darstellt, der die Finanzierungsentscheidung der Unternehmen beeinflusst. So zeigt die Arbeit von Ju et al. (2005) etwa, dass mit einer Schwankung um einen wertoptimalen Zielverschuldungsgrad von rund 5 % eine Veränderung des Unternehmenswertes unter 0,5 % verbunden ist. Vgl. dazu Ju et al. (2005) S. 261.

3.4. Zu der Entwicklung der dynamischen Kapitalstrukturtheorien

Der in der Literatur gängigen Einteilung folgend, umfassen die kommenden Abschnitte einen Überblick über die in der Literatur unter dem Überbegriff der dynamischen Kapitalstrukturtheorie subsumierten Erklärungsansätze. Die dynamischen Ansätze zeichnen sich durch eine Abkehr von der Betrachtung einzelner diskreter Zeitpunkte der klassischen statischen Kapitalstrukturtheorien hin zu einer Zeitraumbetrachtung aus. Der Ausgangspunkt der Entwicklung dynamischer Kapitalstrukturtheorien lag – vergleichbar zu der in den vorangehenden Abschnitten betrachteten Entwicklung der zeitpunktfokussierten statischen Kapitalstrukturtheorien – erneut in der verhaltenen Erklärungskraft der bisher in der Literatur diskutierten Kapitalstrukturtheorien. Sowohl die erweiterte statische Trade-Off-Theorie als auch die Pecking-Order-Theorie haben sich im Rahmen der empirischen Untersuchungen des Finanzierungsverhaltens als nicht frei von Widersprüchen gezeigt und konnten bzw. können damit die Finanzierungsentscheidungen der Praxis somit bestenfalls in Teilen erklären.[687]

Die statischen Kapitalstrukturtheorien als unvollständige Erklärungsansätze

Die statische Trade-Off-Theorie wird – dies heben u. a. Hennessy/Whited (2005) hervor – in der Literatur insbesondere aufgrund des in der Empirie zu beobachtenden negativen Zusammenhangs zwischen Profitabilität und Verschuldungsgrad – die statische Trade-Off-Theorie unterstellt hingegen eine wachsende Bedeutung des Tax-Shields und damit einen positiven Zusammenhang zwischen Verschuldungsgrad und Profitabilität – als wenig praxisnah abgelehnt.[688] Ein vergleichbares gemischtes Urteil findet sich in der Literatur auch hinsichtlich der konkurrierenden Pecking-Order-Theorie. In der Kritik steht bei der Pecking-Order-Theorie neben der vergleichsweise holzschnittartigen Abbildung der Finanzierungsentscheidung – vergleichbar zur erweiterten Trade-Off-Theorie – auch die unzureichende Erklärungskraft der in der Praxis zu beobachtenden Finanzierungsentscheidungen. Leary/Roberts (2010) halten mit Blick auf die Pecking-Order-Theorie entsprechend ernüchtert fest: „[...] the pecking order – be it a strict or liberal interpretation – struggles to identify many observed financing decisions not only it disregards as second-order factors that are important for financing decisions, but also because pecking order behavior appears to be driven more by incentive conflicts, as opposed to information asymmetry."[689] Blickt man auf die

687 Ähnliches gilt für die in Abschnitt 3.1. und 3.2. betrachteten Erweiterungen des Blickwinkels „klassischer" Kapitalstrukturtheorien.

688 Vgl. dazu Hennessy/Whited (2005) S. 1129–1130. Ähnlich bereits Myers (1989) S. 84.

689 Leary/Roberts (2010) S. 333–334. So zeigt u. a. die Arbeit von Baker/Wurgler (2002), dass eine höhere Profitabilität von Unternehmen im Sinne der Pecking-Order-Theorie zu einem Anstieg der Gewinnrücklagen führt. Vgl. dazu Baker/Wurgler (2002) S. 9.

Überlegungen der vorangehenden Abschnitte zurück, so erscheint es nicht verwunderlich, dass die statische Trade-Off-Theorie und die Pecking-Order-Theorie als in ihrer Entwicklung und Beschreibung der Finanzierungsentscheidung gegensätzliche Erklärungsansätze eine unterschiedliche Weiterentwicklung erfahren haben. Die Entwicklung dynamischer Kapitalstrukturtheorien setzt an einer – in der bisherigen Betrachtung weitgehend ausgeblendeten – Schwäche der erweiterten Trade-Off-Theorie und Pecking-Order-Theorie an. Beiden Erklärungsansätzen gemeinsam ist ein vergleichsweise starrer Rahmen – dies soll in der Folge kurz deutlich gemacht werden –, der die Grundlage für die Finanzierungsentscheidung in der Praxis bildet. Blickt man zunächst auf die erweiterte Trade-Off-Theorie, so kann – dies wurde im vorangehenden Abschnitt getan – aus dem beschriebenen Grundgerüst ohne Weiteres gefolgert werden, dass Unternehmen sich im Rahmen der Finanzierungsentscheidung an einem wertoptimalen Verschuldungsgrad – der sich im Fall der einfachen statischen Trade-Off-Theorie aus einem Trade-Off des Wertbeitrages und der Kosten der Fremdfinanzierung ergibt – orientieren werden.

Der Aussagehorizont dieses Ergebnisses beschränkt sich – trotz der bisher skizzierten Erweiterungen bleibt der Einperiodenhorizont von Modigliani/Miller (1958) erhalten – zunächst auf eine einzelne Periode. Eine Möglichkeit, den Aussagehorizont für einen Mehrperiodenfall – dies dürfte der Standardfall der Praxis sein – zu erweitern, besteht in der Annahme, dass das periodenoptimale Ziel der Finanzierungsentscheidung periodenunabhängig fortgeschrieben werden kann.[690] Ein Fortschreiben dieses, in Kapitel II im Rahmen der Beurteilung der wertabhängigen Finanzierungspolitik nochmals beleuchtete, Finanzierungszieles bedeutet jedoch, dass die Politik eines wertoptimalen Verschuldungsgrades dauerhaft die weiteren Entscheidungen des Unternehmens dominieren muss. Im Falle eines äußeren Schocks – dies wird in der empirischen Literatur u. a. durch die Schätzung der Anpassungsgeschwindigkeit an ein bestehendes Verschuldungsoptimum näher untersucht –[691] werden Unternehmen unter der Annahme der Gültigkeit der erweiterten Trade-Off-Theorie ohne Verzögerung versuchen, sich durch Finanzierungsmaßnahmen dem angestrebten Verschuldungsoptimum des Unternehmens erneut zu nähern. Die empirische Evidenz dieses für die erweiterte Trade-Off-Theorie kennzeichnenden Verhaltens erfährt in der Literatur – wie bereits hervorgehoben wurde – bestenfalls gemischte Unterstützung.[692] Man kann in der empirischen Schwäche erneut ein Indiz der Unvollkommenheit der Trade-Off-Theorie sehen und die Theorie verwerfen.

690 Alternativ kann man an dieser Stelle auch von im Zeitverlauf schwankenden optimalen Zielverschuldungsgraden ausgehen.

691 Dieser empirische Untersuchungsansatz wird in Abschnitt 5.2. des Kapitels III nochmals kurz näher beleuchtet werden.

692 Vgl. dazu u. a. Myers (1990) S. 83; Graham/Leary (2011) S. 319. Diese Überlegungen werden auch in Abschnitt 4.3.2. aufgegriffen werden.

Alternativ zu diesem radikalen Vorgehen, kann an dieser Stelle versucht werden, die in der Praxis zu beobachtenden Abweichungen vom Verschuldungsoptimum der statischen Trade-Off-Theorie zu begründen. Dieser zweite Weg wird regelmäßig mit der Erweiterung zur dynamischen Trade-Off-Theorie eingeschlagen. Die Bedeutung der Pecking-Order-Theorie ist dagegen maßgeblich von der Treffgenauigkeit der beschriebenen Finanzierungsrangfolge abhängig. In der Literatur wurden eine Reihe von Umweltzuständen identifiziert, in denen ein Festhalten an dem starren Entscheidungsgerüst der Pecking-Order-Theorie unwahrscheinlich erscheint. Erweiterungen der Pecking-Order-Theorie versuchen daher, Abweichungen vom starren Finanzierungsgerüst theoretisch zu plausibilisieren. Wie die Folgeüberlegungen zeigen werden, finden sich in der Literatur insbesondere zwei bedeutsame Erweiterungen der „klassischen" Pecking-Order-Theorie, die letztlich zu einer Flexibilisierung des starren Finanzierungsgerüsts führen.

Zur Erweiterung der statischen Trade-Off-Theorie

Wie Abschnitt 3.4.1. zeigen wird, können zwei Ansätze in der Literatur zur dynamischen Trade-Off-Theorie unterschieden werden, die Schwankungen eines realisierten Verschuldungsgrades um ein statisches Verschuldungsoptimum erklären können. Einerseits werden Abweichungen im Bestreben der Unternehmen, einen wertoptimalen Verschuldungsgrad zu realisieren, auf „äußere" Hemmnisse zurückgeführt, andererseits können Abweichungen durch eine „innere" Motivation, die Ausdruck einer bewussten Strategie der Unternehmen ist, begründet werden.[693] Wird der „äußere" Grund für ein Abweichen von einem wertoptimalen Verschuldungsoptimum in der Literatur vorwiegend mit dem Einfluss von Transaktionskosten auf die Finanzierungsentscheidung erklärt, so werden die „inneren" Anreize einer zeitweisen Abweichung von einem statischen Verschuldungsoptimum – die Unternehmen weichen auf den ersten Blick bewusst von einer wertmaximierenden Finanzierungspolitik – auf die Wechselwirkungen zwischen unterschiedlichen Unternehmenszielen zurückgeführt. Wie Abschnitt 3.4.1. deutlich machen wird, ist der Einfluss dieser Faktoren zeitpunktabhängig. Der Trade-Off-Prozess wird m. a. W. – im Kontrast zur statischen Trade-Off-Theorie – nicht dauerhaft durch den Abwägungsprozess zwischen Insolvenzkosten und Wertbeitrag der Fremdfinanzierung dominiert, vielmehr nehmen neben diesem zeitstabilen Prozess weitere – in ihrer Bedeutung schwankende – Faktoren Einfluss auf die Gewichtung der Trade-Off-Überlegungen. Titman/Tsyplakov (2007) sprechen mit Blick auf die Finanzierungsentscheidung im Rahmen der dynamischen Trade-Off-Theorie daher auch davon, dass der wertoptimale Verschuldungsgrad zwar weiterhin durch „[...]

693 Im nachfolgenden Kapitel II zu den alternativen Annahmen zur Finanzierungspolitik in der Unternehmensbewertung wird dies unter dem, zu den „äußeren" Gründen komplementären, Oberbegriff der „inneren" Gründe einer Finanzierungsstrategie zusammengefasst.

various tradeoffs between the costs and benefits of debt financing […]“[694] bestimmt wird, jedoch die Abwägungsentscheidung der Unternehmen im Gegensatz zur statischen Trade-Off-Theorie regelmäßig nicht konstant sein wird.[695]

Zur Erweiterung der Pecking-Order-Theorie

Vergleichbare Überlegungen können auch mit Blick auf die Pecking-Order-Theorie vorgenommen werden. Wie im Abschnitt zur statischen Pecking-Order-Theorie bereits festgehalten wurde, scheint – den Blick auf die Praxis gerichtet – die feste Hackordnung zwischen den verschiedenen Finanzierungsquellen, wie von der Pecking-Order-Theorie unterstellt, eine zu starre Annahme zu sein. Wie die empirische Literatur deutlich hat werden lassen, können in der Praxis Umweltzustände bzw. Unternehmenstypen identifiziert werden, für die eine Durchbrechung der starren Rangfolge alternativer Finanzierungsquellen zu beobachten ist. Die statische Pecking-Order-Theorie dürfte vor dem Hintergrund dieser Beobachtungen die Finanzierungsentscheidungen somit regelmäßig lediglich unvollständig abbilden können. Mit der Theorie des Market-Timing und der erweiterten Pecking-Order-Theorie finden sich in der Literatur zwei bedeutende Versuche, die Pecking-Order-Theorie an die Finanzierungsentscheidungen der Praxis anzunähern.

Mit der Intertia- und der Persistenz-Theorie werden in der Folge noch zwei weitere Erklärungsansätze beleuchtet, die im weiteren Sinne der dynamischen Kapitalstrukturtheorie zuzuordnen sind.

3.4.1. Zur dynamischen Trade-Off-Theorie

Wie im einleitenden Abschnitt dieses Unterkapitels hervorgehoben wurde, bildete auch für die Entwicklung der dynamischen Trade-Off-Theorie die lediglich gemischte empirische Erklärungskraft der statischen Trade-Off-Theorie den Treiber der Fortentwicklung des theoretischen Fundaments.[696] Wie die folgenden Überlegungen verdeutlichen sollen, können – erweitert man die Rahmenbedingungen der statischen Trade-Off-Theorie – eine Reihe von Ursachen identifiziert werden, die ein Abweichen vom zeitkonstanten Verschuldungsoptimum der statischen Trade-Off-Theorie – wenigstens für begrenzte Zeiträume – plausibilisieren können. Vergleichbar zu dem Vorgehen der vorangegangenen Abschnitte, geht die Fortentwicklung des theoretischen Erklärungsansatzes dabei mit einer Erweiterung des ursprünglichen Annahmegerüsts einher. Im Kontrast zu den in den vorangehenden Abschnitten näher betrachteten statischen Kapitalstrukturtheorien, rückt – neben

694 Titman/Tsyplakov (2007) S. 404.

695 Vgl. dazu Titman/Tsyplakov (2007) S. 404.

696 In der jüngeren Literatur wird insbesondere darauf verwiesen, dass die empirisch beobachtbare Annäherung eines Unternehmens an den optimalen Zielverschuldungsgrad der statischen Trade-Off-Theorie nur mit geringer Geschwindigkeit erfolgt. Vgl. dazu u. a. Strebulaev (2007) S. 1747; 1749.

weiteren Faktoren – der der Finanzierungsentscheidung der Unternehmen implizit zugrunde liegende Zeithorizont in den Mittelpunkt des Interesses.[697] Mit den in den vorangehenden Abschnitten näher beleuchteten statischen Kapitalstrukturtheorien wurden Erklärungsansätze beleuchtet, die – wenigstens implizit – i. d. R. lediglich einen einperiodigen Betrachtungshorizont als Grundlage für die Finanzierungsentscheidung umfasst haben.[698]

Zum Zeithorizont der Finanzierungsentscheidung

Man kann an dieser Stelle die grundsätzliche Frage nach der Tauglichkeit der Begrenzung des Zeithorizonts aufwerfen. Setzt man sich kritische mit der Frage auseinander, welcher Zeithorizont für eine Finanzierungsentscheidung bedeutsam sein dürfte, so kann festgehalten werden, dass ein vereinfachtes Abstellen auf einen einperiodigen Zeithorizont aufgrund einer Reihe von, in der Folge kurz zu beleuchtender, Faktoren i. d. R. nicht praxisnah sein dürfte. Zunächst – darauf weisen u. a. Frank/Goyal (2011) hin – verfügen Unternehmen in der Praxis zwar regelmäßig über eine endliche, sich jedoch in einem überwiegenden Teil der Fälle über mehrere Perioden spannende wirtschaftliche Lebensdauer.[699] Die Annahme eines einperiodigen Betrachtungshorizonts für die Finanzierungsentscheidung erscheint vor dem Hintergrund der wohl regelmäßig zu treffenden Prämisse der Fortführungswürdigkeit des Unternehmens über einen Zeitraum von mehreren Perioden damit bestenfalls widersprüchlich und sowohl für theoretische Überlegungen als insbesondere auch im Rahmen der Unternehmensbewertung wenig konsistent bzw. überzeugend. Dies dürfte – überträgt man die Überlegungen der statischen Kapitalstrukturtheorien uneingeschränkt in die Unternehmensbewertung – jedoch eine zwangsläufig implizit zu treffende Annahme sein. Unter der Annahme der Fortführungswürdigkeit des Unternehmens erscheint es daher notwendig, dass Unternehmen die zukünftige Markt- und Unternehmensentwicklung auch im Rahmen der Finanzierungsentscheidung antizipieren werden und sich nicht auf einen einperiodigen Entscheidungshorizont bei der Finanzierungsentscheidung beschränken.

Diese Vorstellung muss in der Folge in das theoretische Fundament der Finanzierungsentscheidung einfließen. Hennessy/Whited (2005) sprechen in diesem Zusammenhang daher davon, dass „[t]he firm is forward-looking making current investment and financing decisions in anticipation of future financing needs“.[700] Etwas anders ausgedrückt, bedarf es i. d. R. einer gewichtigen Begründung, warum Unternehmen im Rahmen der Finanzierungsentscheidung die zukünftige

697 Die weiteren Faktoren spielen – das wurde bereits festgehalten – hierbei eine unterstützende Rolle.

698 Mauer/Triantis (1994) sprechen in diesem Zusammenhang davon, dass „[...] investment and financing decisions are made are made at a single point in time and are irreversible.“ Mauer/Triantis (1994) S. 1253.

699 Vgl. Frank/Goyal (2008) S. 145.

700 Hennessy/Whited (2005) S. 1130.

Entwicklung des Unternehmens nur bruchstückhaft berücksichtigen sollten.[701] In den vorangehenden Abschnitten wurden – etwa mit den auf den Signalisierungseffekt der Finanzierungsentscheidung aufbauenden Kapitalstrukturtheorien – bereits Erklärungsansätze betrachtet, die Folgereaktionen des Marktes auf die Finanzierungsentscheidung explizit berücksichtigt und somit das strenge Gerüst der Einperiodigkeit mit Blick auf die Finanzierungsentscheidung wenigstens in Teilen durchbrochen haben.[702] Vollständig erfolgt die Durchbrechung der Annahme der Einperiodigkeit mit den Überlegungen der Signalling-Theorie jedoch nicht, betrachtet man doch implizit – dies wurde u. a. bei der Beurteilung der Annahme des optimalen Verschuldungsgrades aus Sicht der Signalling-Theorie getan – die Finanzierungsentscheidung als eine Reihe aufeinanderfolgender, in ihrem jeweiligen Zeithorizont jedoch begrenzter Einzelentscheidungen.[703] Ein letztlich analoges Vorgehen führt letztlich direkt zu der im vorangehenden Abschnitt kritisierten Schlussfolgerung der statischen Trade-Off-Theorie, dass Unternehmen einem zeitpunktoptimalen Verschuldungsoptimum dauerhaft folgen werden.[704]

Schwächen der „naiven" Fortschreibung statischer Kapitalstrukturtheorien

Eine Reihung von Kapitalstrukturentscheidungen mit einperiodigem Betrachtungshorizont stellt, neben dem weiterhin bestehenden grundsätzlichen Konflikt zwischen einperiodigem Entscheidungshorizont der Finanzierungsentscheidung und langfristiger Fortführungsperspektive, eine Reihe von – aus Sicht der Praxis – nicht unproblematischen Anforderungen an die Rahmenbedingungen der Finanzierungsentscheidung. Der sich einstellende Konflikt zwischen einperiodigen

701 Dies dürfte einerseits dann der Fall sein, wenn konkrete Zweifel an der Fortführungswürdigkeit des Unternehmens vorliegen und andererseits für den Fall plausibel erscheinen, wenn der „Nebel der Unsicherheit" so dicht ist, dass die zukünftige operative Entwicklung des Unternehmens nur schemenhaft zu erkennen ist. Man könnte an dieser Stelle kritisch anmerken, dass solche Umstände regelmäßig nicht der Vorstellung entsprechen dürften, die man der Vermutung einer optimalen Finanzierungsentscheidung zugrunde legt.

702 Das Argument der Ein- bzw. Mehrperiodigkeit des Erklärungsmodells der Finanzierungsentscheidung, wie es u. a. Frank/Goyal (2008) zur Unterscheidung der alternativen Erklärungsansätze verwendet haben, erscheint damit auf den ersten Blick nicht völlig trennscharf zu sein. Vgl. dazu Frank/Goyal (2008) S. 137–138. Auf den zweiten Blick zeigt sich jedoch, dass auch die Theorien, die auf dem Signalisierungseffekt der Finanzierungsentscheidung aufbauen, lediglich einen Effekt auf die Betrachtungsperiode berücksichtigen.

703 Diese Anmerkung ist nicht allein auf die Signalling-Theorie beschränkt, sondern ist im Falle einer Ausweitung des Zeithorizonts auch für die Finanzierungsentscheidungen der weiteren statischen Kapitalstrukturtheorien gültig.

704 Wenn auch in einem geringeren Ausmaß als in der Trade-Off-Theorie, so haben auch Unternehmen im Fall der Pecking-Order-Theorie regelmäßig zeitpunktoptimale Finanzierungsentscheidungen zum Ziel.

Finanzierungsentscheidungen und langfristigen Unternehmenszielen, soll in der Folge anhand eines kurzen Exkurses greifbar gemacht werden. Setzt man die Prämissen eines vollkommenen Kapitalmarktes – dies wurde in dem, die Forschung zur Finanzierungsentscheidung der Unternehmen formal einleitenden, Modell von Modigliani/Miller (1958) unzweifelhaft getan –, so erscheint eine Aufspaltung der Finanzierungsentscheidung in eine Reihe von zeitlich begrenzten Einzelentscheidungen zunächst weitgehend unproblematisch. Die Finanzierungsentscheidung kann unter den gesetzten Prämissen in den Folgeperioden ohne Weiteres an die veränderten Rahmenbedingungen, unter denen Unternehmen zukünftig operieren müssen, ohne Kosten angepasst werden.[705] Wie die in den vorangehenden Abschnitten betrachteten Erweiterungen der Rahmenbedingungen der Finanzierungsentscheidung bereits deutlich haben werden lassen, kann eine Anpassung der Kapitalstruktur in den Folgeperioden durch eine Reihe externer als auch interner Faktoren gehemmt sein. Erinnert man sich an dieser Stelle erneut an die Überlegungen der Signalling-Theorie zurück, so steht dem Einwerben frischen Eigenkapitals eine vermeidbare Fehlbewertung des tatsächlichen Unternehmenswertes durch die Marktteilnehmer entgegen. Eine Anpassung der Kapitalstruktur kann – allgemeiner gesprochen – in den zukünftigen Perioden für das Unternehmen mit Kosten verbunden sein, die zum Zeitpunkt, in dem die Finanzierungsentscheidung getroffen wird, bereits zu antizipieren sind.[706] Die Finanzierungspolitik kann aufgrund bestehender Hemmnisse nunmehr auch mit den weiteren Unternehmenszielen, etwa der Ausschüttungs- und Investitionspolitik, kollidieren. Der Wechsel von einer statischen hin zu einer dynamischen Betrachtung der Finanzierungsentscheidung erfordert neben der Berücksichtigung möglicher Konsistenzprobleme – Entscheidungen des Unternehmens mit ein- und mehrperiodigem Horizont werden wenig überzeugend miteinander verknüpft – damit regelmäßig auch die Berücksichtigung eines veränderten – mit Blick auf die Rahmenbedingungen der Praxis letztlich erweiterten – Annahmegerüsts. Frank/Goyal (2011) sprechen in diesem Zusammenhang daher auch davon, dass mit dem Wechsel von statischen hin zu dynamischen Erklärungsansätzen der Finanzierungsentscheidung eine Reihe von Faktoren in den Vordergrund rücken, die im Rahmen der einperiodigen Erklärungsansätze zumeist vereinfachend ausgeblendet werden.[707] Im Folgenden seien zwei zentrale Faktoren der Konvergenz zu einem dynamischen Verschuldungsspektrum näher betrachtet.

Treiber der dynamischen Pecking-Order-Theorie

Für die Konvergenz hin zu einem dynamischen Verschuldungsoptimum sind zwei – in der Folge näher zu beleuchtende – Aspekte der Finanzierungsentscheidung

705 Dies impliziert jedoch einen im Zeitablauf schwankenden Verschuldungsgrad.
706 Fraglich erscheint, ob die skizzierte Reihung von einperiodigen Finanzierungsentscheidungen dem gerecht werden kann.
707 Eine ähnliche Argumentation findet sich auch in Graham/Leary (2011). Vgl. dazu Graham/Leary (2011) S. 310.

hervorzuheben. Von besonderer Bedeutung sind einerseits die Wechselwirkungen zwischen Investitions-, Finanzierungs- und Ausschüttungspolitik der Unternehmen, in die die Erwartungen der Unternehmensleitung zur zukünftigen Unternehmensentwicklung einfließen. Zu berücksichtigen hierbei ist, dass sich die Dynamik in der Praxis nicht allein auf die Finanzierungspolitik beschränken wird. Mauer/Triantis (1994) halten etwa mit Blick auf die Investitions- und Finanzierungsentscheidung aus Sicht der dynamischen Trade-Off-Theorie fest, dass „[...] the firm has the flexibility to dynamically manage both decisions over time".[708] Die – im Vergleich zu statischen Trade-Off-Modellen – gesamtheitliche Betrachtung der Finanzierungsentscheidung im Rahmen der dynamischen Trade-Off-Theorie fassen Graham/Leary (2011) unter dem Oberbegriff „endogenous investment models"[709] zusammen. Neben den Wechselwirkungen zwischen den Unternehmenspolitiken ist auch der mit dem strikten Annahmegerüst der statischen Trade-Off-Theorie[710] vereinfachend ausgeblendete Einfluss von Transaktionskosten für das Zustandekommen eines statischen Verschuldungsoptimums von zentraler Bedeutung. Wechselt man in eine Welt, in der die Finanzierungsentscheidungen der Unternehmen mit Kosten verbunden sind, stellt eine an einem statischen Verschuldungsoptimum ausgerichtete Finanzierungspolitik – aufgrund der regelmäßig notwendig werdenden Adjustierungsschritte – nicht mehr zwangsläufig eine wertoptimierende Unternehmensstrategie dar.[711] Graham/Leary (2011) bezeichnen diesen, auf den hemmenden Einfluss der Transaktionskosten abstellenden, Erklärungsansatz der Finanzierungsentscheidung im Rahmen der dynamischen Trade-Off-Theorie auch als „costly adjustment models".[712]

Illustrierung der Treiber eines dynamischen Verschuldungsoptimums

Zur Illustrierung dieser zunächst abstrakt gehaltenen Vorüberlegungen sei in der Folge auf ein eingängiges Beispiel der Arbeit von Frank/Goyal (2011) abgestellt. Betrachtet sei der Fall eines Unternehmens, das derzeit mehr Zahlungsmittel generiert, als – setzt man die Realisation einer vorteilhaften Investitionspolitik durch das Unternehmen als gegeben voraus – aktuell auf Unternehmensebene investiert werden kann. Das Unternehmen steht m. a. W. vor der Frage, ob freie Mittel thesauriert werden sollen – mit der Folge des Aufbaus eines Zahlungs-

---

708 Mauer/Triantis (1994) S. 1254.

709 Vgl. dazu Graham/Leary (2011) S. 335. Diese Beschreibung erscheint – betrachtet man den nachfolgenden Abschnitt – vergleichsweise eng, haben neben der Investitionsentscheidung auch andere Faktoren Einfluss auf die Finanzierungsentscheidung des Unternehmens.

710 Für eine Darstellung des grundlegenden Annahmegerüst der Arbeit von Modigliani/Miller (1958) sowie den folgenden Erweiterungen sei auf die Abschnitte 2.1.1. bis 2.1.3. verwiesen.

711 Auf die Bedeutung der Transaktionskosten als Treiber der Finanzierungsentscheidung hat bereits Myers (1984) hingewiesen. Vgl. dazu Myers (1984) S. 577.

712 Vgl. dazu Graham/Leary (2011) S. 335.

mittelüberhangs –[713] oder ob die freien Mittel des Unternehmens an die Anteilseigner ausgeschüttet werden sollen.[714] Stellt man darauf ab, dass – dies macht ein Großteil der Finanzierungsannahmen der Unternehmensbewertung – die Ausschüttungsentscheidung ein Residuum der Investitions- und Finanzierungspolitik darstellt, so folgen aus einer statischen bzw. dynamischen Betrachtung[715] i. d. R. zwei unterschiedliche Handlungsempfehlungen an das Unternehmen. Blickt man zunächst auf die in den vorangehenden Abschnitten näher beleuchteten statischen Kapitalstrukturtheorien, so kann – betrachtet man an dieser Stelle vereinfachend ausschließlich die klassische Trade-Off-Theorie – argumentiert werden, dass freie Mittel sofort auszukehren sind, da sich das Unternehmen für den Fall des Aufbaus eines Zahlungsmittelüberhangs vom optimalen periodenspezifischen Verschuldungsgrad entfernt.[716] Besteht im Fall einer Einbehaltung der überschüssigen Liquidität doch die Gefahr, dass sich eine suboptimale und letztlich wertvernichtende Kapitalstruktur einstellt. Im Rahmen dieser Argumentation kann u. a. auf die Überlegungen der Agency-Theorie (Abschnitt 2.4.), an dieser Stelle sei exemplarisch auf sich einstellende Überinvestitionsprobleme verwiesen, abgestellt werden.[717] Wechselt man, sei es aufgrund einer ganzheitlichen Betrachtung der Finanzierungsentscheidung oder aufgrund der Berücksichtigung von Transaktionskosten, zu einer dynamischen Betrachtung der Finanzierungsentscheidung, so kann die nur Teilaspekte berücksichtigende statische Betrachtung nicht mehr durchgängig überzeugen. Im Rahmen der dynamischen Trade-Off-Theorie müssen – dies wurde bereits festgehalten – antizipierbare Entwicklungen der Folgeperioden in die Entscheidung einfließen. Sieht die Planung des Unternehmens in Periode t = 2 etwa größere Investitionsauszahlungen vor, die nicht ohne Weiteres durch Maßnahmen der Innenfinanzierung zum Zeitpunkt der Investitionsauszahlung gedeckt werden können, erscheint es u. a. aus Sicht der Signalisierungswirkung der Finanzierungsentscheidung – Frank/Goyal (2011) führen an dieser Stelle ähnlich wirkende steuerliche Überlegungen an – wenig überzeugend, dass Unternehmen

---

713 Eine solche Entscheidung dürfte das Unternehmensmanagement wohl im Falle einer Beachtung der Entscheidungsregeln der Pecking-Order-Theorie treffen.

714 Wie Hennessy/Whited (2005) festhalten, steht an dieser Stelle damit nicht die Finanzierungs-, sondern die Ausschüttungsentscheidung des Unternehmens im Mittelpunkt. Das Einwerben weiteren Fremdkapitals führt an dieser Stelle damit lediglich dazu, dass das an die Eigenkapitalgeber ausschüttbare Volumen anwächst. Dieser Effekt ist für die Interpretation empirischer Beobachtungen von zentraler Bedeutung. Vgl. dazu Hennessy/Whited (2005) S. 1130.

715 An dieser Stelle könnte man auch von einem (wiederholt) einperiodigen bzw. mehrperiodigen Betrachtungshorizont der Finanzierungsentscheidung sprechen.

716 Dies steht letztlich auch im Einklang mit der Überlegung, dass rationale Unternehmen Liquidität ausschütten werden, die im Fall einer Einbehaltung keinen positiven Wertbeitrag erzielen.

717 Man ist – dies sei an dieser Stelle hervorgehoben – jedoch nicht auf die Agency-theoretische Betrachtung der Kapitalstruktur beschränkt.

der Handlungsanweisung der statischen Kapitalstrukturtheorie folgen und vorhandene freie Mittel in den Perioden t = 0 und t = 1 ausschütten werden, um in den vorangehenden Perioden ein periodenspezifisches Verschuldungsoptimum einzuhalten. Bedeutet die Realisierung des statischen Verschuldungsoptimums doch, dass Unternehmen zum Zeitpunkt der Realisation der Investitionsentscheidung zwangsläufig an den Kapitalmarkt herantreten müssen. Dies kann, wie u. a. die Überlegungen der Signalling-Theorie gezeigt haben, mit einem negativen Werteffekt verbunden sein. Die Alternative dazu ist – ggf. unter Verletzung der Investitionspolitik –, das vorteilhafte Investitionsvorhaben nicht zu realisieren. Im Sinne einer dynamischen, d. h. längerfristig ausgerichteten, Betrachtung der Finanzierungsentscheidung, erscheint es an dieser Stelle daher durchaus plausibel, dass sich Unternehmen bewusst für ein kurzfristiges Abweichen vom Verschuldungsoptimum der statischen Trade-Off-Theorie entscheiden werden, um etwa im Angesicht einer langfristig festgelegten Investitionspolitik auf mittlere Sicht eine Optimierung des Verschuldungsoptimums umsetzen zu können.[718] Wie der folgende Abschnitt verdeutlichen wird, bestehen dabei nicht nur zwischen Investitions-, Finanzierungs- und Ausschüttungsentscheidungen Wechselwirkungen im Fall eines mehrperiodigen Entscheidungshorizonts, die zu einer Abkehr von dem einperiodigen Verschuldungsoptimum der statischen Trade-Off-Theorie führen.

In den folgenden Abschnitten werden die wesentlichen Treiber der Entwicklung der dynamischen Trade-Off-Theorie sowie die Auswirkungen dieser Treiber auf die Stabilität eines statischen Verschuldungsoptimums näher betrachtet. Der Beitrag der dynamischen Trade-Off-Theorie – dies soll mit den folgenden Überlegungen deutlich werden – zur Erklärung der Finanzierungsentscheidungen der Praxis ist vor dem Hintergrund mehrerer Aspekte als bedeutsam zu erachten. Die dynamische Trade-Off-Theorie verspricht auch aus empirischer Sicht, aufgrund der Abkehr von der Annahme eines für jede Periode gültigen Verschuldungsoptimums hin zu einer optimalen Verschuldungsbandbreite, die in der Praxis zu beobachtenden Finanzierungsentscheidungen besser erklären zu können. Die dynamische Trade-Off-Theorie liefert so einen Erklärungsansatz dafür, warum sich Unternehmen in der Praxis – blickt man auf die Finanzierungsentscheidung – möglicherweise mit einer Kompromisslösung zufriedengeben. Wagt man an dieser Stelle einen Ausblick auf die im nachfolgenden Kapitel näher beleuchteten Annahmen zur Finanzierungspolitik in der Unternehmensbewertung, so erscheint die dynamische Trade-Off-Theorie als ein gewichtiger Vertreter der dynamischen Kapitalstrukturtheorien insbesondere für die Motivation der in Kapitel II als „gemischte" Finanzierungspolitiken bezeichneten Annahmen zur Finanzierungspolitik in der Unternehmensbewertung bedeutsam. Ist mit dem dynamischen Verschuldungsspektrum der dynamischen Trade-Off-Theorie letztlich doch ein zeitweises

718 Vgl. Frank/Goyal (2008) S. 145. Eine auf den ersten Blick mit der „klassischen" Pecking-Order-Theorie im Einklang stehende Entscheidung zeigt bei Erweiterung des Annahmegerüsts somit durchaus Schnittmengen mit der Trade-Off-Theorie.

Abweichen von einem periodenspezifischen optimalen Verschuldungsgrad sowie der damit verbundenen Untätigkeit der Unternehmen plausibilisierbar. Wie Kapitel III zeigt, wohnt der Annahme einer „gemischten“ Finanzierungspolitik eine solche Vorstellung des Finanzierungsverhaltens natürlicherweise inne.[719] In den folgenden Unterabschnitten wird, nach der groben Einteilung der dynamischen Trade-Off-Theorie von Graham/Leary (2011), in Modelle, die die Finanzierungsentscheidung vor dem Hintergrund bestehender Wechselwirkungen zu alternativen Unternehmenspolitiken betrachten bzw. in Modelle, die die Finanzierungsentscheidung des Unternehmens vor dem Hintergrund anfallender Adjustierungskosten beleuchten, ein kurzer Überblick über die Entwicklung der dynamischen Trade-Off-Theorie gegeben werden. Die folgenden Abschnitte schließen mit einem kurzen Fazit zur Bedeutung der dynamischen Trade-Off-Theorie für die Erklärung der Finanzierungsentscheidung in der Praxis sowie einem kurzen Ausblick zur Bedeutung der dynamischen Trade-Off-Theorie für die in der Unternehmensbewertungspraxis verwendeten Annahmen zur Finanzierungspolitik.

3.4.1.1. Zu den Wechselwirkungen zwischen übergeordneter Unternehmensstrategie und statischer Trade-Off-Theorie

In der statischen Trade-Off-Theorie ist – fasst man an dieser Stelle die Vorüberlegungen der vorangegangenen Abschnitte grob zusammen – die Finanzierungsentscheidung des Unternehmens Ergebnis eines einmaligen bzw. wiederholt ablaufenden Optimierungsprozesses.[720] Wie der einleitende Abschnitt verdeutlicht hat, werden im Rahmen des mit der statischen Trade-Off-Theorie beschriebenen Optimierungsprozesses die, in der Praxis relevanten, Wechselwirkungen zwischen der Finanzierungs-, Investitions- und Ausschüttungsentscheidung der Unternehmen vereinfachend ausgeblendet. Den Blick auf die Verbindung zwischen Investitions- und Finanzierungsentscheidung gerichtet, hat u. a. die Arbeit von Dudley (2007) hervorgehoben, dass mit dem Optimierungsprozess der statischen Trade-Off-Theorie implizit eine weitgehende Unabhängigkeit zwischen Investitions- und Finanzierungsentscheidungen des Unternehmens unterstellt wird.[721] Für die Finanzierungsentscheidung der Unternehmen wird vereinfachend davon ausgegangen – diese Annahme folgt letztlich aus dem, ursprünglich im

719 Gleichwohl – dies wird Kapitel II zeigen – erscheinen die Annahmen der Finanzierungspolitik meist als zu holzschnittartig, um direkt von der dynamischen Trade-Off-Theorie ableitbar zu sein.

720 Vgl. dazu u. a. Hennessy/Whited (2005) S. 1137. Der Wertbeitrag der Fremdfinanzierung steht den Kosten eines Fremdkapitaleinsatzes gegenüber.

721 Eine Annahme die, auch in den Modellen, die zur Ableitung einer dynamischen Trade-Off-Theorie auf die Bedeutung der Transaktionskosten abstellen, i. d. R. aufrechterhalten wird. Vgl. dazu Dudley (2007) S. 4. Diese Wechselwirkungen zwischen Investitions- und Finanzierungsentscheidung betrachten in einem erweiterten Modell auch Titman/Tsyplakov (2007) S. 402.

Modell von Modigliani/Miller (1958) gewählten, Annahmegerüst –[722], dass optimale Investitionsentscheidungen des Unternehmens unveränderlich festgelegt werden können bzw. unabhängig von bestehenden oder zukünftigen Finanzierungsentscheidungen getroffen werden.[723] In der Praxis dürfte diese, der statischen Trade-Off-Theorie zugrunde liegende Annahme, wohl nur in wenigen Ausnahmefällen in der notwendigen Strenge über einen Zeitraum von mehreren Perioden aufrechtzuerhalten sein, lässt sich in der Praxis im Zeitverlauf doch in aller Regel keine einseitige Bindungswirkung von Investitions- bzw. Finanzierungsentscheidungen beobachten.[724] Jalilvand/Harris (1984) halten mit Blick auf die in der Praxis auftretenden Marktunvollkommenheiten so fest, dass „[...] market imperfections may cause substantial economic interactions among firms decisions, in addition to those imposed by the firm's basic source and uses of funds constraints. [...] For example, there may be important interactions between corporate financing and investment decisions".[725] Hennessy/Whited (2005) verweisen mit Blick auf die Gestalt des Optimierungsprozesses der statischen Trade-Off-Theorie explizit darauf, dass mit der wiederholten Anwendung des Abwägungsprozesses der statischen Trade-Off-Theorie der letztlich für die Praxis wohl wenig überzeugende Standpunkt vertreten wird, dass Unternehmen die Finanzierungsentscheidung wiederholt zum Zeitpunkt $t = 0$, also zum Zeitpunkt der ursprünglichen Unternehmensgründung, vornehmen müssten, um die mit der wiederholten Anwendung des Optimierungsprozesses der statischen Trade-Off-Theorie unterstellte Trennung der Investitions- und Finanzierungsentscheidung dauerhaft rechtfertigen zu können.

Eine wiederholte Anwendung der Entscheidungsprozesse der statischen Trade-Off-Theorie erfordert m. a. W., dass sowohl die vergangenen Entwicklungsschritte des Unternehmens als auch die zukünftigen Entwicklungsmöglichkeiten im Rahmen der Finanzierungsentscheidung ausgeblendet werden. Ein solches Verhalten dürfte in aller Regel bereits gegen das intuitive Verständnis verstoßen, das man bei einer oberflächlichen Betrachtung der Finanzierungsentscheidung des Unternehmens entwickelt. Stellt die Finanzierungsentscheidung doch wohl in den seltensten Fällen eine allein auf die Optimierung der Kapitalstruktur beschränkte

---

722 Vgl. dazu u. a. Mauer/Triantis (1994) S. 1253; LaRocca (2011) S. 51.

723 Mauer/Triantis (1994) sprechen in diesem Zusammenhang daher auch davon, dass „[...] these models [examining the investment-financing linkage] have only endogenized either the investment or the financing decision". Vgl. dazu Mauer/Triantis (1994) S. 1254.

724 Wechselwirkungen zwischen Investitions- und Finanzierungspolitik werden jedoch – darauf hat bereits der einleitende Abschnitt hingewiesen – bei einer wiederholten Anwendung des Optimierungsprozesses der statischen Trade-Off-Theorie zwangsläufig ausgeblendet.

725 Vgl. Jalilvand/Harris (1984) S. 128.

Entscheidungskomponente des Unternehmens dar.[726] In der Praxis dürfte es in aller Regel wohl nur in begründeten Ausnahmefällen möglich sein, die vergangene Unternehmensentwicklung so zu behandeln, als sei sie gänzlich ungeschehen.[727] Erscheint der Wunsch nach einem Ausblenden der Vergangenheit aus Sicht des Unternehmens möglicherweise durchaus nachvollziehbar oder sogar wünschenswert,[728] so ist es mit Blick auf den zukünftigen Unternehmenserfolg sicherlich jedoch regelmäßig töricht, Erwartungen der zukünftigen Unternehmensentwicklung – abseits der natürlich gegebenen Grenze der Prognosefähigkeit – bewusst im Rahmen der Finanzierungsentscheidung ausblenden zu wollen und anstelle der tatsächlichen Erwartungen – dies unterstellt letztlich die Annahme der wiederholten Anwendung der statischen Trade-Off-Theorie – lediglich einen einperiodigen Erwartungs- und Entscheidungshorizont im Rahmen der Finanzierungsentscheidung zu unterstellen. Das zukünftige Potenzial des Unternehmens würde durch ein solches Vorgehen letztlich verfälscht bzw. unvollständig in der Finanzierungsentscheidung abgebildet werden. Ein Ausblenden möglicher Wechselwirkungen zwischen Investitions- und Finanzierungsentscheidung sowie die damit einhergehende Beschränkung auf eine einperiodige Betrachtungsweise – darauf wurde bereits hingewiesen – begründet jedoch letztlich die mit der statischen Trade-Off-Theorie einhergehende Annahme eines statischen wertmaximierenden Verschuldungsoptimums. Dies wird in Kapitel II, das sich näher mit den Annahmen alternativer Finanzierungspolitik in der Unternehmensbewertung beschäftigt, deutlich werden.

Es erscheint für die Praxis – löst man sich von der Annahme eines einperiodigen Betrachtungshorizontes – vielmehr wahrscheinlich, dass sowohl vergangene Finanzierungsentscheidungen Einfluss auf zukünftige Investitionsentscheidungen – der bestehende Verschuldungsumfang determiniert etwa die Zahlungen,

726 Dieser mit Blick auf die Unternehmenspraxis eingeschränkte Blickwinkel der statischen Trade-Off-Theorie erscheint in Anbetracht der Entwicklung aus dem Kapitalstrukturirrelevanz-Theorem von Modigliani/Miller (1958) jedoch nicht weiter verwunderlich.

727 Eine Restrukturierung von Unternehmen dürfte zwar dazu führen, dass Unternehmen wenigstens teilweise von Verpflichtungen der Vergangenheit befreit werden können. Dies dürfte zunächst jedoch nur den rechtlichen Aspekt umfassen. Es kann – dieser Frage wird in der Folge nicht weiter nachgegangen werden – jedoch gemutmaßt werden, dass eine Restrukturierung und die Loslösung von historischen Verpflichtungen aus Investorensicht wenigstens über einen begrenzten Zeitraum weiterhin in Erinnerung bleiben dürften.

728 Das Verständnis für ein solches Vorgehen bedeutet an dieser Stelle jedoch nicht, dass ein solches Vorgehen als besonders plausibel eingeschätzt wird. Dem Unternehmen stehen bei einem direkten oder über einen Finanzintermediär indirekten Gang an den Kapitalmarkt mit den Kapitalgebern so Marktteilnehmer gegenüber, die immer auch an den vergangenen Erfolgen bzw. der vergangenen Zuverlässigkeit des Unternehmens interessiert sein werden.

die an Fremdkapitalgeber geleistet werden müssen und damit auch den Umfang an freien Mittel, der den Unternehmen für Investitionsauszahlungen in Zukunft zur Verfügung stehen[729] – als auch zukünftige Investitionsentscheidungen Einfluss auf gegenwärtige Finanzierungsentscheidungen – Unternehmen werden die einschränkende Wirkung vorgenommener Finanzierungsentscheidungen auf den zukünftigen Entscheidungsspielraum vorab antizipieren – nehmen werden.[730] Löst man sich von dieser für die Praxis wenig überzeugenden Annahme, so beschreibt die wiederholte Anwendung der Überlegungen der statischen Kapitalstrukturtheorie die in der Praxis auftretenden Fragestellungen nur unvollständig. Dies gilt in der Folge auch für den aus der statischen Trade-Off-Theorie ableitbaren Sonderfall eines in seiner Optimalität zeitkonstanten Zielverschuldungsgrades. In der Literatur wurde die mit der statischen Trade-Off-Theorie verbundene vereinfachte Abbildung der Finanzierungsentscheidung ab Mitte/Ende der 1980er-Jahre daher zunehmend kritisch diskutiert. Ein erster, unter dem Oberbegriff der dynamischen Trade-Off-Theorie zusammengefasster Strang der Literatur, hat sich mit den Auswirkungen der Wechselwirkungen zwischen Investitions- und Finanzierungsentscheidungen – allgemeiner kann man an dieser Stelle auch von den Wechselwirkungen zwischen den alternativen Unternehmenspolitiken sprechen – auf die Finanzierungsentscheidung und insbesondere die Stabilität des unter der statischen Trade-Off-Theorie dominierenden wertoptimalen Zielverschuldungsgrades befasst. Diesem Strang der Literatur ist es gelungen – ohne auf den im folgenden Abschnitt näher beleuchteten Einfluss der Transaktionskosten zurückzugreifen – zu zeigen, dass aufgrund von Wechselwirkungen zwischen den alternativen Unternehmenszielen der Investitions- und Finanzierungsentscheidung es zu einer Abkehr vom Verschuldungsoptimum der statischen Trade-Off-Theorie und einer Hinwendung zu einer optimalen Verschuldungsbandbreite kommen kann.

Im Folgenden soll – ohne im Detail auf die in den jeweiligen Arbeiten verwendeten Modellansätze einzugehen –[731] ein kurzer Überblick über die Entwicklung

729 Wie u. a. DeAngelo et al. (2011) festhalten, beschränkt der Einsatz von Fremdkapital zudem die Möglichkeit des Unternehmens, in der Zukunft Fremdkapital zu vergleichbaren Konditionen einzuwerben, m. a. W. also die Fremdkapitalkapazität. Vgl. dazu DeAngelo et al. (2011) S. 258.

730 Vgl. dazu Frank/Goyal (2008) S. 148. La Rocca (2011) hebt in diesem Zusammenhang etwas konkreter hervor, dass das Beziehungsgeflecht, das zwischen Managern, Eigenkapitalgebern und Fremdkapitalgebern besteht, Einfluss auf die Investitionsentscheidung des Unternehmens nimmt. Die bereits betrachteten Agency-Konflikte können so zu einer Verzerrung der Unternehmensstrategie führen. Vgl. dazu La Rocca (2011) S. 43.

731 Ein detaillierter Exkurs würde an dieser Stelle den Rahmen der Arbeit sprengen, sodass sich in der Folge auf die bedeutsame Kernbotschaft der in der Folge beleuchteten Arbeiten fokussiert wird. Der interessierte Leser muss bei einem tiefer gehenden Interesse an dem durch die Arbeiten eingeschlagenen Vorgehen an dieser Stelle auf die genannten Arbeiten selbst verwiesen werden.

dieses Literaturstrangs gegeben werden. In der Folge der Abkehr von der Prämisse einer von der Finanzierungsentscheidung losgelösten Investitionsentscheidung hat die Literatur einen wertoptimalen Verschuldungskorridor auf Basis der Wechselwirkungen zwischen den Entscheidungen des Unternehmens abgeleitet. Mit der Arbeit von Brennan/Schwartz (1984) erfolgte in der Literatur eine erste Loslösung von der bis dahin dominierenden Annahme unabhängig voneinander zu treffender bzw. treffbarer Entscheidungen zur Investitions- und Finanzierungspolitik. Mit der Erweiterung der Überlegungen der statischen Trade-Off-Theorie durch Brennan/Schwartz (1984) wurde u. a. deutlich, dass die Finanzierungsentscheidung neben der Profitabilität des Unternehmens – und damit des tatsächlichen Erfolgs des durchgeführten Investitionsprogramms – auch maßgeblich von den in den vergangenen Perioden realisierten Verschuldungsgraden – damit den vergangenen Finanzierungsentscheidungen – abhängt. Die Annahme einer vom Vergangenheitserfolg des Unternehmens losgelösten Finanzierungsentscheidung, wie sie im Fall des Abstellens auf die statische Trade-Off-Theorie unterstellt wird, gerät mit der Arbeit von Brennan/Schwartz (1984) nun auch theoretisch fundiert ins Wanken.[732] Brennan/Schwartz (1984) haben mit ihren Überlegungen letztlich einen ersten Erklärungsansatz für die Beobachtung der empirischen Forschung geliefert, die plausibilisieren konnte, warum oberflächlich – betrachtet wird lediglich die aktuelle Unternehmenssituation – vergleichbare Unternehmen in der Praxis unterschiedliche Verschuldungsgrade bzw. voneinander abweichende Finanzierungsstrategien aufweisen. Diese Beobachtung kann – folgt man den Überlegungen von Brennan/Schwartz (1984) und berücksichtigt Wechselwirkungen zwischen Investitions- und Finanzierungspolitik – so u. a. auf den unterschiedlichen wirtschaftlichen Erfolg der, auf den ersten Blick vergleichbaren Unternehmen, in der Vergangenheit zurückzuführen sein.[733] Die Arbeit von Brennan/Schwartz (1984) bildete in der Folge den Ausgangspunkt für eine Reihe weiterer Überlegungen zur dynamischen Trade-Off-Theorie, die die verhaltene empirische Evidenz für ein statisches Verschuldungsoptimum mit dem Vorliegen eines durch die Wechselwirkungen zwischen Investitions- und Finanzierungspolitik induzierten Verschuldungskorridors zu erklären suchen.

Mauer/Triantis (1994) haben die Frage nach den Auswirkungen der Wechselwirkungen zwischen Investitions- und Finanzierungsentscheidung so auf das langfristige Finanzierungsverhalten des Unternehmens – die Überlegungen von Brennan/Schwatz (1984) aufgreifend – erneut näher beleuchtet.[734] In der Arbeit von Mauer/Triantis (1994) wird dazu vereinfachend auf ein Einproduktunternehmen abgestellt, das auf die stochastischen Schwankungen des Marktpreises des abgesetzten Produktes mit einer Veränderung des Produktionsvolumens reagieren

732 In den bisherigen Überlegungen hat dagegen ein zunächst eher intuitiv motivierter Ansatz dominiert.

733 Vgl. dazu Brennan/Schwartz (1984) S. 605.

734 Vgl. dazu Mauer/Triantis (1994) S. 1255; Graham/Leary (2011) S. 336.

kann.[735] Eine Veränderung der Ausbringungsmenge – der Extrempunkt stellt eine zeitweise Stilllegung des Geschäftsbetriebs dar – ist jedoch mit Adjustierungskosten[736] verbunden. Das Unternehmen verfügt im Modell von Mauer/Triantis (1994) über eine vergleichbare Flexibilität mit Blick auf die Finanzierungsentscheidung. Unternehmen können m. a. W. die Fremdkapitalquote bzw. den Verschuldungsgrad – auch an dieser Stelle lösen Veränderungen Adjustierungskosten aus –[737] in den Folgeperioden an die tatsächliche wirtschaftliche Situation anpassen.[738] Im Rahmen des gesetzten Prämissenrahmens gelingt es Mauer/Triantis (1994), die enge Verbindung, die regelmäßig zwischen Produktions- und Finanzierungsentscheidung der Unternehmen besteht, hervorzukehren. Den in den bisherigen Überlegungen entwickeltem Verständnis der Beziehung zwischen Produktions- und Finanzierungsentscheidung folgend, führt die Produktionsflexibilität des Unternehmens – exemplarisch betrachten Mauer/Triantis (1994) die Möglichkeit des Unternehmens, den Produktionsumfang im Fall eines Preisverfalls der abzusetzenden Produkte zu verringern – zu einer Ausweitung der Fremdkapitalkapazität. Zurückzuführen ist die Ausdehnung der Fremdkapitalkapazität letztlich drauf, dass mit der Option, den Geschäftsbetrieb wenigstens zeitweise einzustellen, der Einfluss negativer Umweltzustände, d. h. in Umweltzustände, in denen das Unternehmen aufgrund des niedrigen Absatzpreises nicht profitabel ist, zurückgedrängt werden kann. Unternehmen werden sich bei Eintreten dieser Umweltzustände dazu entscheiden, die anfallenden Adjustierungskosten zu tragen und den Geschäftsbetrieb zeitweise stillzulegen. Im Fall einer zeitweisen Stilllegung des Unternehmens sind die Verluste bei Fortführung des Geschäftsbetriebs nicht durch das Unternehmen zu tragen.

---

735 Das Unternehmen agiert dabei als Preisnehmer auf dem Markt, die durch das Unternehmen getroffene Produktionsentscheidung reagiert somit lediglich auf die am Markt stattfindende Preisentwicklung, ohne diese selbst wesentlich zu beeinflussen.

736 Man kann die notwendigen Adjustierungskosten, wie sie beispielsweise im Fall der Wiederaufnahme der Produktion anfallen, dabei als eine Sonderform erneut anfallender Investitionsauszahlungen interpretieren. Im Modell von Mauer/Triantis (1994) wird vereinfachend nur der Fall der Produktion und der zeitweisen Einstellung der Produktion betrachtet. Vgl. dazu Mauer/Triantis (1994) S. 1256.

737 Ein Aspekt, dessen Auswirkungen auf die Gestalt der Finanzierungsentscheidung im folgenden Abschnitt nochmals eingehender beleuchtet wird. Die Arbeit von Mauer/Triantis (1994) vereint auf diesem Wege letztlich die beiden Ansätze, die zur Ableitung einer dynamischen Trade-Off-Theorie geführt haben.

738 Vgl. dazu Mauer/Triantis (1994) S. 1254. Neben der weitgehenden Ausblendung von Wechselwirkungen zwischen Investitions- und Finanzierungspolitik wird mit einer naiven Fortschreibung der statischen Trade-Off-Theorie zudem i. d. R. der Effekt einer Veränderung der wirtschaftlichen Rahmenbedingungen, in denen Unternehmen operieren müssen, auf die Finanzierungsentscheidung ausgeblendet. Vgl. dazu Titman/Tsyplakov (2007) S. 402.

Fasst man zusammen, so sind bei Bestehen einer Adjustierungsoption die Kosten des Unternehmens im Fall eines Eintritts unvorteilhafter Umweltzustände in Höhe der Adjustierungskosten gedeckelt. Dies hat zunächst einen positiven Effekt auf den Unternehmenswert und somit auf die Haftungsgrundlage des Unternehmens gegenüber den Fremdkapitalgebern. Die Begrenzung des durch das Unternehmen zu tragenden Verlustes hat in einem zweiten Schritt eine Abnahme der Schwankungsbreite des Unternehmenscashflows zur Folge. Das Unternehmensrisiko nimmt also gegenüber dem Fall, in dem keine Anpassungsmöglichkeit besteht, ab. Beide Effekte haben direkten Einfluss auf die Wahrscheinlichkeit eines Insolvenzeintritts und beeinflussen somit den Umfang, zu dem Unternehmen in der Lage sind, Fremdkapitalinstrumente einzuwerben und zu bedienen.[739] Die Flexibilität des Unternehmens, die in Hinblick auf die Ausbringungsmenge besteht, bildet – wie Mauer/Triantis (1994) festhalten – jedoch auch zu einem gewissen Grad ein Substitut für die notwendig Adjustierung der durch das Unternehmen gewählten Kapitalstruktur.[740] In Übereinstimmung mit der analytisch gewonnen Einschätzung, besitzt die operative Ausrichtung des Unternehmens im Modell von Mauer/Triantis (1994) letztlich auch Einfluss auf die Gestalt der durch das Unternehmen zu treffenden Finanzierungsentscheidung.

In einem zweiten Schritt betrachten Mauer/Triantis (1994), ob sich auch – dies wurde bereits im Vorfeld gemutmaßt – ein gegenläufiger Effekt, d. h. ein Effekt der Finanzierungsentscheidung auf die operative Ausrichtung des Unternehmens, beobachten lässt. Dazu wird die Frage näher beleuchtet, ob verschuldete Unternehmen eine niedrigere Preisschwelle bei der Entscheidung über einen Markteintritt besitzen als vergleichbare unverschuldete Unternehmen. Für eine solche Vermutung spricht prima facie die auf Basis der Vorüberlegungen plausible Vermutung, dass verschuldete Unternehmen bei einem frühen Produktionseintritt wenigstens teilweise – und damit den niedrigen Kaufpreis kompensierend – bereits einen Teil der durch die getroffene Finanzierungsentscheidung induzierten Tax-Shields heben können. Die Arbeit von Mauer/Triantis (1994) zeigt, dass – entgegen dieser Erwartung – bestenfalls ein unmaßgeblicher Einfluss der Finanzierungsentscheidung des Unternehmens auf die operativen Produktionsentscheidungen besteht.[741] Mauer/Triantis (1994) führen dies darauf zurück, dass im Kontrast zu einer statischen Investitionsentscheidung, die sich durch eine einmalige Entscheidung auszeichnet, in einem dynamischen Umfeld der Wertbeitrag des Tax-Shields im Fall eines verzögerten Produktionsbeginns lediglich in einzelnen Perioden durch einen verzögerten Markteintritt betroffen ist. Der periodische Wertbeitrag des Tax-Shields

739 Vgl. dazu Mauer/Triantis (1994) S. 1254; 1261–1262; 1264. Wie Mauer/Triantis (1994) später festhalten, nimmt mit zunehmender operativer Flexibilität die zulässige Finanzierungsbandbreite des Unternehmens ab. Vgl. Mauer/Triantis (1994) S. 1266–1267.

740 Vgl. dazu Mauer/Triantis (1994) S. 1263.

741 Vgl. dazu Mauer/Triantis (1994) S. 1263.

erscheint Mauer/Triantis (1994) i. d. R. jedoch als zu gering, um die Produktionsentscheidung des Unternehmens verändern zu können.[742] In Übereinstimmung mit dem im Rahmen der statischen Trade-Off-Theorie gängigen Vorgehen schlagen Mauer/Triantis (1994) daher vor, den Einfluss der Finanzierungsentscheidung auf die Investitionsentscheidung vereinfachend auszublenden.[743]

Die Arbeit von Mauer/Triantis (1994) bestätigt in der Gesamtschau weitgehend die im Vorfeld getroffenen Überlegungen zur dynamischen Trade-Off-Theorie. Hennessy/Whited (2005) zeigen – die Überlegungen von Mauer/Triantis (1994) aufgreifend – mit einem dynamischen Modell der Investitions- und Finanzierungsentscheidung, dass Unternehmen unter den geänderten Prämissen pfadabhängige Finanzierungsentscheidungen treffen werden, ohne dass ein übergeordneter optimaler Verschuldungsgrad vergleichbar zu den Überlegungen der statischen Trade-Off-Theorie existiert.[744] Die Arbeit von DeAngelo et al. (2011) zeigt unter Berücksichtigung der Wechselwirkungen zwischen Finanzierungs- und Investitionsentscheidung, dass Unternehmen in der Praxis einen Anreiz besitzen können, von dem ex ante bestimmten optimalen Verschuldungsgrad aufgrund der Realisation wertschaffender Investitionsprojekte – wenigstens zeitweise – abzuweichen.[745] Auch an dieser Stelle erscheint der optimale Verschuldungskorridor der dynamischen Trade-Off-Theorie die, gegenüber dem festen Verschuldungsoptimum der statischen Trade-Off-Theorie, praxisnähere Annahme zu sein. Unter Beachtung der in der Praxis wohl regelmäßig bedeutsamen Wechselwirkung zwischen Investitions- und Finanzierungspolitik, erweist sich die Annahme eines zeitkonstanten Verschuldungsoptimums, wie es sich aus der statischen Trade-Off-Theorie ableiten lässt, damit als in aller Regel realitätsfern.

Unter der Auflösung der Prämisse voneinander unabhängiger Finanzierungs- und Investitionsentscheidungen erscheint es vielmehr plausibel, dass Unternehmen eine Finanzierungsstrategie einschlagen werden, die sich durch flexible Verschuldungsgrenzen auszeichnet und nicht auf einen zeitkonstanten Zielverschuldungsgrad reduziert ist. Dieses Fazit der sich näher mit den Wechselwirkungen zwischen Investitions- und Finanzierungsentscheidung beschäftigenden Literatur, gleicht im Ergebnis dem zweiten – in der Folge kurz näher zu betrachtenden – Strang der Literatur zur dynamischen Trade-Off-Theorie.[746] Über einen eigenständigen

742 Mauer/Triantis (1994) argumentieren in diesem Zusammenhang auch damit, dass der mit dem Verzicht auf das Tax-Shield einhergehende Verlust, durch den Wert der Option zu warten, teilweise ausgeglichen wird. Die Einschätzung von Mauer/Triantis (1994) erscheint mit Blick auf die Ergebnisse der späteren empirischen Forschung durchaus gerechtfertigt zu sein. Vgl. dazu u. a. Ju et al. (2005) S. 261.

743 Vgl. dazu Mauer/Triantis (1994) S. 1269–1270.

744 Vgl. dazu Hennessy/Whited (2005) S. 1146; 1161; Frank/Goyal (2008) S. 149.

745 Vgl. dazu DeAngelo et al. (2011) S. 258.

746 Wie LaRocca (2011) in Anlehnung an Oviatt (1988) festhält, kann eine Integration der Finanzierungsentscheidung in die weitere Unternehmensstrategie auch über die Beachtung des Einflusses der Transaktionskosten erfolgen. Vgl. dazu LaRocca (2011) S. 42. Man kann an dieser Stelle die Feststellung der Zweiteilung der Literatur zur

Weg gelangen die Arbeiten, die sich mit dem Einfluss von Transaktionskosten auf die Finanzierungsentscheidung beschäftigt haben, zu einem vergleichbaren Ergebnis. Wie mit dem nachfolgenden Abschnitt deutlich werden wird, bleibt bei dieser alternativen Herangehensweise die im Vorfeld aufgelöste Annahme der Unabhängigkeit von Investitions- und Finanzierungsentscheidung der statischen Trade-Off-Theorie zunächst unberührt. Bedeutsam sind hier die in den bisherigen Überlegungen durch die gesetzten Prämissen weitgehend ausgeblendeten Kosten, die im Fall einer Adjustierung der Kapitalstruktur durch das Unternehmen zu tragen sind. Über diesen zweiten, in den bisherigen Überlegungen unbeschrittenen Weg, gelingt es, die Annahme eines optimalen Verschuldungskorridors zu bestätigen. In Vorgriff auf den nachfolgenden Abschnitt kann somit festgehalten werden, dass das Ergebnis eines wertoptimalen Verschuldungskorridors mit Blick auf die Erweiterung des Prämissenrahmens eine gewisse Stabilität aufweist.

3.4.1.2. Zum Einfluss von Transaktionskosten auf die Stabilität des Verschuldungsoptimums der statischen Trade-Off-Theorie

Der folgende Abschnitt legt den Fokus – in Ergänzung der Herleitung des dynamischen Kapitalstrukturoptimums des vorangehenden Abschnitts – auf Literaturbeiträge, die, ausgehend von der hemmenden Wirkung von Transaktionskosten auf die Stabilität des erreichbaren Kapitalstrukturoptimums, eine konzeptionelle Grundlage für die Abkehr von der Vorstellung eines wertoptimalen zeitkonstanten Zielverschuldungsgrades hin zu einem optimalen Zielverschuldungskorridor gelegt haben. Im Kontrast zu den im vorangehenden Abschnitt beleuchteten Arbeiten, bleiben in dem in der Folge näher beleuchteten Strang der Literatur die Auswirkungen von Wechselwirkungen zwischen konkurrierenden Unternehmenszielen auf die Finanzierungspolitik – der Tradition der statischen Trade-Off-Theorie folgend – ausgeblendet.[747] Auch unter diesem, zum vorangehenden Abschnitt, abweichenden Prämissenrahmen zeigt sich ein dynamisches Verschuldungsoptimum als ökonomisch überzeugend.[748] Die Replizierbarkeit des Ergebnisses eines dynamischen Verschuldungsoptimums über einen von den Vorüberlegungen zunächst unabhängigen Ansatz, ist für die Beurteilung der Stabilität der dynamischen Trade-Off-Theorie – eine erste Einschätzung wurde gegen Ende des vorangehenden Abschnittes bereits gegeben – bedeutsam, und es kann an dieser Stelle – durchaus berechtigt – von

dynamischen Trade-Off-Theorie, wie sie an dieser Stelle vorgenommen wird, daher durchaus kritisch hinterfragen.

747 Im Folgenden wird m. a. W. an der in der statischen Trade-Off-Theorie unterstellten Unabhängigkeit der Entscheidungen zur Investitions- und Finanzierungspolitik festgehalten.

748 Vgl. dazu ähnlich u. a. Graham/Leary (2011) S. 335.

einem stabilen Fundament für die Annahme eines optimalen Verschuldungskorridors gesprochen werden.[749]

Zum Einfluss von Transaktionskosten auf das Verschuldungsoptimum der statischen Trade-Off-Theorie

Wie zu Beginn des Abschnitts 3.4. bereits hervorgehoben wurde, liegt der dynamischen Trade-Off-Theorie die Beobachtung zugrunde, dass in der Praxis eine Veränderung der Gewichtung von Eigen- und Fremdkapital – entgegen den die bisherigen Überlegungen dominierenden Annahmen – regelmäßig mit wertverzehrenden Adjustierungskosten verbunden ist. Diese, mit Blick auf die Praxis nicht unüblichen,[750] Kosten der Anpassung der Kapitalstruktur sind Herzstück und Ausgangspunkt der in der Folge näher betrachten Herleitung dynamischer Finanzierungsentscheidungen. Dem Wertbeitrag der Fremdfinanzierung stehen – abseits der mit der statischen Trade-Off-Theorie bereits eingeführten Insolvenzkosten – damit weitere Kosten eines Einsatzes von Fremdkapital gegenüber. Unternehmen müssen m. a. W. im Rahmen ihrer Finanzierungsentscheidung nunmehr die Kosten einer Anpassung der Kapitalstruktur berücksichtigen und den Kosten einer suboptimalen Kapitalstruktur gegenüberstellen. Rationale Unternehmen werden eine Anpassung der Kapitalstruktur nur in den Fällen vornehmen, in denen die Kosten einer Abweichung von einem Verschuldungsoptimum die Kosten der Anpassung übersteigen werden. Fasst man die der dynamischen Trade-Off-Theorie zugrunde gelegten Überlegungen knapp zusammen, so führen die Kosten einer Adjustierung der Kapitalstruktur über eine Verringerung der Frequenz der ökonomisch sinnvollen Kapitalstrukturanpassungen letztlich dazu, dass Unternehmen das ideale Verschuldungsoptimum der statischen Trade-Off-Theorie in der Praxis regelmäßig verfehlen werden. Man kann aus dem Betrachtungswinkel der statischen Trade-Off-Theorie daher auch davon sprechen, dass unter dem Eindruck wertverzehrender Transaktionskosten ggü. dem Optimum der statischen Trade-Off-Theorie nur noch eine zweitbeste Lösung erreicht werden kann.[751]

Unternehmen nehmen – blickt man auf die nachlassende Adjustierungsfrequenz – im Angesicht der mit Kosten verbundenen Anpassung der Kapitalstruktur somit letztlich Zeitabschnitte in Kauf, in der die durch das Unternehmen realisierte Kapitalstruktur vom angestrebten Kapitalstrukturoptimum mehr oder minder deutlich abweicht.[752] Wie praxisnah ist nun dieses Ergebnis der dynamischen Trade-Off-Theorie? Auch an dieser Stelle kann diese Frage der Praxisnähe in eine Frage der

749 Wie die Literatur später gezeigt hat, ergänzen sich beide Erklärungsansätze der dynamischen Trade-Off-Theorie. Vgl. dazu Strebulaev (2007) S. 1752.

750 Der Frage nach der Gestalt und Bedeutung dieser Kosten sei im weiteren Verlauf dieses Abschnitts kurz nachgegangen.

751 Vgl. zu dieser Argumentation bereits Fischer et al. (1989) S. 24.

752 Schwankungsgrenzen wurden u. a. von Fischer et al. (1989) definiert, die im Folgenden näher beleuchtet werden sollen.

Praxisnähe der Modellerweiterungen übersetzt werden. Nähert man sich der in der Literatur vorgenommen Erweiterung des Annahmegerüsts vonseiten der Beurteilung der Praxisnähe, so ist zunächst die Frage nach der praktischen Notwendigkeit einer Erweiterung des Annahmegerüsts zu stellen. Man kann die grundsätzliche Frage aufwerfen, inwieweit eine regelmäßige Anpassung der Kapitalstruktur an ein wertoptimales Verschuldungsoptimum in der Praxis überhaupt erforderlich sein wird. Hält man eine regelmäßige Adjustierung der Kapitalstruktur in der Praxis für erforderlich, so ist in einem zweiten Schritt der Frage nachzugehen, inwieweit sich Unternehmen in der Praxis bedeutsamen Adjustierungskosten der Kapitalstruktur, die ein Hemmnis für den Adjustierungsprozess darstellen, ausgesetzt sehen. Ergänzend kann der Frage nachgegangen werden, ob sich Unternehmen anfallenden Adjustierungskosten der Kapitalstruktur entziehen können.

Zur Notwendigkeit regelmäßiger Anpassungen der Kapitalstruktur

Widmet man sich zunächst der ersten Frage, so kann gegen die vorgenommene Erweiterung – durchaus berechtigt – zunächst eingewendet werden, dass die Literatur mit Blick auf die genaue Gestalt einer wertoptimalen Kapitalstruktur bis heute bemerkenswert vage geblieben ist bzw. sich die Antworten überraschend vielstimmig zeigen. Man könnte so darauf verweisen, dass Überlegungen zur Stabilität eines nicht näher bestimmbaren optimalen Verschuldungsgrades übereilt erscheinen, geht man doch scheinbar den zweiten Schritt vor dem ersten.[753] An dieser Stelle kann man jedoch durchaus die Auffassung vertreten, dass Überlegungen zur Stabilität – ungeachtet der genauen Kenntnis der Gestalt des Verschuldungsoptimums – einen wertvollen Beitrag für das Verständnis von Finanzierungsentscheidungen leisten können. Dazu soll die – für die Kapitalstrukturtheorie zentrale – Frage, wie ein Unternehmen ein Verschuldungsoptimum zunächst realisieren kann und durch welche Faktoren bzw. welche Prozesse dieses Verschuldungsoptimum bestimmt wird,[754] zunächst vereinfachend ausgeblendet werden. Nimmt man an dieser Stelle die Annahme, dass ein wertoptimales Verschuldungsoptimum erreichbar ist und erreicht werden sollte – dies scheint auf Basis der vorangehenden Überlegungen durchaus begründet –, als gegeben an, so erfordert die dauerhafte Optimalität eines realisierten Verschuldungsoptimums letztlich, dass entweder die Parameter des Prozesses, der das Verschuldungsoptimum determiniert, im Zeitverlauf unveränderlich sind, oder aber – den Blick vom Unternehmen nach außen gerichtet – sich die Rahmenbedingungen, unter denen Unternehmen operieren, in Zukunft zeitstabil sein werden. Diese Prämissen sind letztlich gleichbedeutend damit, dass sowohl die Unternehmenseigenschaften als

753 Wie sich im Verlauf dieses Abschnitts zeigen wird, wird die dynamische Trade-Off-Theorie letztlich auf Basis dieses unvollständigen Fundaments in der Literatur kritisiert.

754 Will man eine tragfähige Antwort auf die Frage nach der Gestalt der Finanzierungspolitik geben, dürfte man gefordert sein, auch diese Frage befriedigend zu beantworten.

auch die Bedingungen, unter denen Unternehmen an den Markt herantreten, entweder in Zukunft zeitstabil bleiben oder aber ein Gleichlauf zwischen den zukünftigen Veränderungen besteht, der dazu führt, dass realisierte Verschuldungsgrade auch in Zukunft ein zeitkonstantes Optimum darstellen.[755] Praxistauglich erscheint eine solche Idealisierung des Unternehmens bzw. der Rahmenbedingungen, unter denen ein Unternehmen operiert – abseits des durchaus vorhandenen Reizes als Ausgangspunkt theoretischer Überlegungen – i. d. R. jedoch nicht zu sein.[756]

Blick man zunächst auf die Annahme zeitkonstanter Rahmenbedingungen, so erscheint es wohl für die meisten Fälle der Praxis nur eingeschränkt überzeugend, annahmegemäß von einer Welt auszugehen, in der die Rahmenbedingungen, unter denen Unternehmen an einen Markt herantreten, unveränderlich sind, bzw. davon auszugehen, dass Veränderungen in den Rahmenbedingungen sich vollkommen synchron in Veränderungen im Unternehmen übersetzen.[757] Den Blick auf die Praxis gerichtet, ist regelmäßig vielmehr davon auszugehen, dass die Rahmenbedingungen, unter denen Unternehmen operieren, laufend mehr oder weniger starken Veränderungen unterworfen sind. Die Stärke erfolgreicher Unternehmen liegt gerade darin – setzt man eine dauerhafte Fortführungsperspektive voraus –, sich diesen wechselnden Rahmenbedingungen laufend in optimaler Art und Weise anzupassen bzw. sich unter diesen Bedingungen fortzuentwickeln.[758]

Geht man von einem zeitkonstanten Verschuldungsoptimum aus – wie es die bisherigen Überlegungen zur statischen Trade-Off-Theorie nahegelegt haben –, so ist es aus der laufenden Veränderung der Rahmenbedingungen heraus zwangsläufig erforderlich, dass Unternehmen Anpassungen an dem zu Beginn einer Betrachtungsperiode realisierten Kapitalstrukturoptimum vornehmen müssen. So halten u. a. Bessler et al. (2011) zur Klarstellung der Bindungswirkung des Optimums der „klassischen" Trade-Off-Theorie fest: „[...] there is no room for the firm ever to be anywhere but at this optimum."[759] Im Zeitverlauf veränderliche äußere

---

755 Diese Überlegungen unterstellen, dass der Prozess zur Bestimmung des Kapitalstrukturoptimums selbst keinen Veränderungen unterworfen ist. Dies kann man beispielsweise aufgrund sich im Zeitverlauf verändernder steuerlicher Rahmenbedingungen anzweifeln. In der Folge sei der Aspekt eines zeitvariablen Trade-Off-Prozesses zur Bestimmung der optimalen Kapitalstruktur jedoch vereinfachend ausgeblendet.

756 Eine Ausnahme hiervon bildet die in der Unternehmensbewertung Verwendung findende Annahme eines eingeschwungenen Zustands für die Rentenphase. Eine solche Annahme stellt jedoch wohl nur selten und dann nur in begründeten Fällen den Ausgangspunkt der Unternehmensbewertung dar.

757 In einem späteren Abschnitt wird auf Basis dieser Überlegung der etwas provokante Einwand formuliert werden, warum Unternehmen auf die unter verschiedenen Rahmenbedingungen gestellte Frage nach einer wertoptimalen Kapitalstruktur immer die gleiche Antwort geben sollten.

758 Vgl. dazu auch Jalilvand/Harris (1984) S. 128.

759 Vgl. Bessler et al. (2011) S. 19. Man kann an dieser Stelle relativ unproblematisch ein einfaches Praxisbeispiel konstruieren, in dem sich ein Unternehmen nicht durch die

Einflüsse – man muss an dieser Stelle nicht auf den Extremfall einer radikalen Veränderung bzw. eines äußeren Schocks abstellen – dürften so regelmäßig zu einer Abweichung zwischen dem wertoptimalen Zielverschuldungsgrad und dem tatsächlich durch das Unternehmen realisierten Verschuldungsgrad führen, sofern zwischenzeitlich keine Adjustierungsschritte vorgenommen wurden.[760] Anpassungen des Verschuldungsgrades in Richtung des Verschuldungsoptimums erscheinen damit aufgrund der regelmäßigen Veränderung der Rahmenbedingungen, unter der Prämisse, dass Unternehmen dem Ziel eines wertoptimalen Verschuldungsgrades folgen, auch regelmäßig erforderlich.[761] Strebulaev (2007) fasst dies Vorüberlegungen vergleichbar zusammen: „In a dynamic economy with frictions the leverage of most firms, most of the time, is likely to deviate from the ‚optimal leverage', as prescribed by models of optimal financial policy [...]."[762]

Blickt man in einem zweiten Schritt auf die – hier kann in der Folge vereinfachend auch von inneren Veränderungen gesprochen werden – Stabilität des optimalen Zielverschuldungsgrades selbst, kann – ohne die Frage der Gestalt des optimalen Verschuldungsgrades, die u. a. Ausgangspunkt einer Reihe empirischer Untersuchungen ist, an dieser Stelle befriedigend beantworten zu können – nur in einem wohl praxisfernen Idealzustand – wie gezeigt wurde, muss angenommen werden, dass sowohl das Unternehmen selbst und damit eng verknüpft die äußeren Rahmenbedingungen keine Veränderung erfahren – von einem dauerhaften d. h. zeitstabilen Verschuldungsoptimum ausgegangen werden. Aus Unternehmenssicht dürfte in der Praxis somit regelmäßig eine Anpassung des realisierten Verschuldungsgrades an ein – an dieser Stelle vereinfachend nicht näher spezifiziertes – im Zeitverlauf jedoch wohl veränderliches Verschuldungsoptimum erforderlich

---

Wahl einer geeigneten Ausschüttungspolitik einer Veränderung der Kapitalstruktur entziehen kann. Wirtschaftete das Unternehmen erfolgreich, so muss – sollten die gesetzlichen Bestimmungen zum Umfang der Kapitalrücklage des Unternehmens noch nicht vollständig erfüllt sein – ein Teil des erwirtschafteten Jahresüberschusses in die gesetzliche Rücklage eingestellt werden. Dies führt – eine Veränderung der weiteren Rahmenbedingungen sei vereinfachend ausgeblendet – rein mechanisch zu einem Anstieg des im Unternehmen eingesetzten Eigenkapitals und damit zu einem Rückgang des unternehmensspezifischen Verschuldungsgrades. Ist es aus Unternehmenssicht – dies wird mit der statischen Trade-Off-Theorie letztlich unterstellt – erforderlich, an einem Verschuldungsoptimum festzuhalten, so muss an dieser Stelle Fremdkapital also eingeworben werden, um den Eigenkapitalanstieg ausgleichen zu können.

760 Der Umstand, dass Unternehmen infolge einer Schwankung des Unternehmenswertes Anpassungen an der Kapitalstruktur vornehmen müssen, dominiert das Ziel eines wertoptimalen und zeitkonstanten Verschuldungsgrades; dies wurde in der Literatur u. a. von Schneider (2010) illustriert. Vgl. dazu Schneider (2010) S. 43.

761 Im Kapitel zur Finanzierungspolitik wird dieser äußere Druck des Unternehmens mit einer leicht veränderten Konnotation nochmals aufgegriffen.

762 Vgl. dazu Strebulaev (2007) S. 1748; ähnlich dazu bereits Myers (1984) S. 578.

sein.[763] Will man an dieser Stelle an den Zweifeln an der Notwendigkeit der Erweiterung der statischen Trade-Off-Theorie auch auf Basis dieser Vorüberlegungen festhalten, so wird man an dieser Stelle wohl u. a. einwerfen, dass in der Praxis regelmäßige Anpassungen der Kapitalstruktur in Richtung eines Verschuldungsoptimums zwar unvermeidlich erscheinen, die mit den Anpassungsschritten anfallenden Transaktionskosten jedoch i. d. R. nur über einen marginalen Einfluss auf die Finanzierungsentscheidung des Unternehmens verfügen werden.[764]

Zum Einfluss der Transaktionskosten im Adjustierungsprozess

Ohne an dieser Stelle auf die betriebswirtschaftliche Forschung zum Umfang und Einfluss von Transaktionskosten im Detail eingehen zu können, zeigt bereits ein kurzer Exkurs in diesen Strang der betriebswirtschaftlichen Forschung eingängig, dass der Einfluss der Transaktionskosten in der Praxis in einem Großteil der Fälle nicht unbedeutend ist und eine Argumentation über einen marginalen Einfluss der Transaktionskosten somit nur eingeschränkt aufrechterhalten werden kann. Lee et al. (1996) haben im Rahmen einer empirischen Untersuchung zur Bedeutung von Transaktionskosten so u. a. gezeigt, dass die direkten Kosten einer Eigenkapitalbegabe (IPO) bei rund 11,0 % des Marktwerts des zu begebenden Eigenkapitalvolumens im Untersuchungszeitraum liegen. Für den Fall, dass Unternehmen bereits über börsennotierte Eigenkapitalanteile verfügen, sinken die direkten Kosten einer Emission weiterer Eigenkapitaltitel (SEO) zwar, liegen jedoch mit rund 7,1 % des zu begebenden Kapitalvolumens wohl regelmäßig über der Grenze, die als unwesentlich zu bezeichnen ist.[765] Die direkten Kosten der Emission von Fremdkapitalinstrumenten schätzen Lee et al. (1996) auf Basis der ausgewerteten Stichprobe dagegen mit rund 2,2 % des Marktwertes des ausgegebenen Fremdkapitalvolumens als deutlich geringer ein.[766] In der Literatur wird mit Blick auf den Umfang der Transaktionskosten u. a. die Unternehmensgröße als ein zentraler Einflussfaktor des Umfangs

763 Fischer et al. (1989) halten so mit Blick auf die statischen Kapitalstrukturtheorien daher bereits zu Beginn der im weiteren Verlauf dieses Abschnitts beleuchteten Arbeit fest: „A LIMITATION OF CURRENT single-period capital structure models is that they ignore the firm's optimal restructuring choices to fluctuations in asset values over time." Vgl. Fischer et al. (1989) S. 19.

764 Eine solche Argumentation findet sich u. a. in Denis (2012). Vgl. dazu Denis (2012) S. 638.

765 Vgl. dazu Lee et al. (1996) S. 73. Altinkilic/Hansen (2000) zeigen, dass die Kosten einer SEO in Abhängigkeit zu dem begebenen Eigenkapitalvolumen zwischen 6,32 % und 4,37 % des begebenen Eigenkapitalvolumens schwanken. Vgl. dazu Altinkilic/Hansen (2000) S. 192. Zu beachten ist dabei, dass neben den direkten Kosten regelmäßig noch indirekte Kosten der Kapitalbegabe anfallen. Vgl. dazu u. a. Lee et al. (1996) S. 68.

766 Vgl. dazu Lee et al. (1996) S. 73. Die Kosten liegen damit – in Bestätigung der Überlegungen zur Pecking-Order-Theorie – unterhalb der Kosten der Begabe von Eigenkapitalinstrumenten. Man könnte an dieser Stelle allein auf Basis der Transaktionskosten davon ausgehen, dass die Reaktion von Unternehmen bei

der Transaktionskosten identifiziert. So zeigt u. a. die Arbeit von Altinkilic/Hansen (2000), dass die Unternehmensgröße als ein Indikator der Schuldnerqualität den Umfang der variablen Transaktionskosten bei der Begabe von Kapitalinstrumenten bestimmt. Der Umfang und somit der Einfluss der variablen Transaktionskosten auf die Finanzierungsentscheidung nimmt so mit wachsender Unternehmensgröße ab.[767] Eine mit Blick auf die Bedeutung von Transaktionskosten in der Praxis mit der Arbeit von Lee et al. (1996) vergleichbare Schätzung der mit der Begabe von Finanzinstrumenten verknüpften Kosten findet sich u. a. auch in der aktuelleren Arbeit von Hennessy/Whited (2007).[768] Décamps et al. (2011) halten daher mit Blick auf die Bedeutung von Transaktionskosten für die Begabe von externen Kapitalinstrumenten so im Angesicht der empirischen Evidenz wenig überraschend fest: „Overall these studies support the view that the costs of external financing are quite high."[769] Klammert man eine detaillierte Analyse der Determinanten, die den Umfang der Transaktionskosten bestimmen, an dieser Stelle zunächst vereinfachend aus, kann allein auf Basis eines oberflächlichen Einwands der nachrangigen Bedeutung der Transaktionskosten für die Finanzierungsentscheidung des Unternehmens die Erweiterung der statischen Trade-Off-Theorie hin zu einem dynamischen Verschuldungsoptimum nicht für eine reine akademische Spielerei erklärt werden. Es erscheint daher empirisch wohlbegründet, der Frage nachzugehen, welche Folgen eine Abkehr von dem bisherigen Prämissenrahmen, worin Anpassungen der Kapitalstruktur ohne die Verursachung von Kosten erfolgen können, für die Gestalt des in der Praxis realisierten Kapitalstrukturoptimums hat.

Zu den Folgen bedeutsamer Transaktionskosten

Die Bedeutung des Ausblendens von Transaktionskosten für die Stabilität des im Vorfeld beschriebenen statischen Verschuldungsoptimums wurde, wie u. a. Schneider (2010) hervorgehoben hat, in der Literatur zur Kapitalstrukturtheorie bereits vergleichsweise früh aufgegriffen.[770] Die von Modigliani/Miller (1958) im Rahmen des Nachweises der Kapitalstrukturirrelevanz explizit getroffene – und für die in den vorangehenden Abschnitten beleuchteten Erweiterungen der Kapitalstrukturtheorie i. d. R. aufrechterhaltene –[771] Annahme, dass Veränderungen

---

Unterschreiten des Verschuldungsoptimums anders ausfällt als beim Überschreiten des Verschuldungsoptimums.

767 Vgl. Altinkiliç/Hansen (2000) S. 197, 213–214.

768 Vgl. dazu Hennessy/Whited (2007) S. 1706.

769 Décamps et al. (2011) S. 1509.

770 Wie Schneider (2010) festhält, betrachtet die Literatur diesen Aspekt bereits vor dem Abschluss der Entwicklung der „klassischen" Trade-Off-Theorie. Vgl. dazu Schneider (2010) S. 39.

771 Myers (1984) hält mit Blick auf die Bedeutung des Faktors der Transaktionskosten so fest: „But there is nothing in the usual static trade-off stories suggesting that adjustment costs are a first-order concern – in fact they are rarely mentioned." Vgl. dazu Myers (1984) S. 578. ähnlich dazu auch: Jalilvand/Harris (1984) S. 128.

der Kapitalstruktur ohne Kosten – die Literatur spricht in diesem Zusammenhang alternativ auch vom Ausblenden der anfallenden Transaktions- bzw. Adjustierungskosten – möglich sind,[772] wurde so u. a. bereits in der Arbeit von Lev (1969) kritisch beleuchtet. In einer frühen empirischen Studie zum Anpassungsprozess von Finanzkennzahlen an unternehmensindividuelle Zielvorgaben weist Lev (1969) so darauf hin – damit den Kern der späteren Überlegungen zur dynamischen Trade-Off-Theorie bereits skizierend –, dass der Anpassungsprozess an ein durch das Unternehmen vorgegebenes Optimum in der Praxis i. d. R. durch technologische als auch institutionelle Einschränkungen gehemmt sein wird. Die Anpassung ausgewählter Finanzkennzahlen an die unternehmensindividuellen Zielvorgaben bleibt somit regelmäßig unvollkommen.[773] Diese zunächst weitgehend abstrakt gehaltene Einschätzung des durch die Unternehmen eingeschlagenen Anpassungsprozesses konkretisiert Lev (1969) an späterer Stelle weiter. Unternehmen haben – folgt man der spezifischeren Einschätzung Levs (1969) – im Rahmen des Adjustierungsprozesses in Richtung des Optimums anfallende Adjustierungskosten den Kosten gegenüberzustellen, die im Fall eines Abweichens von der, durch innere oder äußere Faktoren bestimmten, Zielgröße – im Fall der Kapitalstrukturtheorie stellt dies nach der gängigen Einschätzung der Zielverschuldungsgrad dar – durch das Unternehmen zu tragen sind.[774] Jalilvand/Harris (1984) halten später in Erweiterung der bereits durch Lev (1969) vorweggenommenen Überlegungen fest, dass „[...] market imperfections such as adjustment costs or constraints may lead firms not to adjust completely to those long run targets in every time period but instead to a pattern of partial adjustment".[775]

Zu dem, die bisherigen Überlegungen dominierenden „klassischen" Trade-Off-Prozess tritt somit – wie bereits zu Beginn dieses Abschnitts angedeutet – eine weiterer Trade-Off-Überlegung hinzu, die – überträgt man die Überlegungen von Lev (1969) auf die Finanzierungspolitik des Unternehmens – letztlich zu einer

772 Dies zeigt sich eingängig an dem von Miller später zu Erklärung der Überlegungen der gemeinsamen Veröffentlichung mit Modigliani verwendeten Pizza-Gleichnis Eine Veränderung der Kapitalstruktur hat in der Welt von Modigliani/Miller (1958) nur eine andere Verteilung der Pizza auf die Eigen- und Fremdkapitalgeber zur Folge. Vgl. dazu u. a. Schüler (2016) S. 269; ähnlich dazu auch: Barclay et al. (1997) S. 3. Betrachtet man diese Aufteilung mit Blick auf mögliche Transaktionskosten, so fallen in der Welt von Modigliani/Miller (1958) bei der Aufteilung der Pizza keine Abschnitte an. In der Praxis – mögen einem die Verluste mit Blick auf die Aufteilung der Pizza noch so gering erscheinen – dürfte diese Annahme regelmäßig nicht erfüllt sein.

773 Vgl. dazu Lev (1969) S. 292.

774 Vgl. dazu Lev (1969) S. 296; Schneider (2010) S. 39. Für die im Rahmen des Kapitels II vorzunehmenden Überlegungen zu den Finanzierungspolitiken durchaus von Interesse, werden das Optimum sowie die anfallenden Kosten in der Arbeit von Lev (1969) insbesondere durch die Fremdkapitalgeber bestimmt. Vgl. dazu ebda.

775 Jalilvand/Harris (1984) S. 128.

Abkehr von der Politik eines dauerhaft wertoptimalen Verschuldungsoptimums der statischen Trade-Off-Theorie führt. Man kann an dieser Stelle zusammenfassend – in Anlehnung an die vorangehenden Abschnitte – erneut davon sprechen, dass die bisherigen Überlegungen zur Finanzierungspolitik durch eine weitgehende Idealisierung des unterstellten Rahmengerüsts geprägt waren. Unter dem engen Annahmerahmen der „klassischen" Trade-Off-Theorie vereinfachte sich die Finanzierungsentscheidung des Unternehmens zu dem bekannten Trade-Off-Prozess zwischen dem Wertbeitrag der Fremdfinanzierung und den die Fremdfinanzierung begleitenden Insolvenzkosten. Erweitert man nun den Prämissenrahmen um den in der Praxis regelmäßig gegebenen Einfluss der Transaktionskosten auf die Finanzierungsentscheidung, so wächst der aus den Vorüberlegungen bekannte Trade-Off-Prozess um eine Abwägung zwischen den Kosten, die im Fall einer Abweichung vom Verschuldungsoptimum anfallen, und den Kosten, die bei einer Adjustierung des Verschuldungsgrades anfallen, an. Diese grundlegende Überlegung zu dem möglicherweise unvollkommenen Adjustierungsprozesses fand erstmals mit der Arbeit von Lev/Pekelman (1975) explizit Eingang in die Literatur der Kapitalstrukturtheorie.[776] Wie Lev/Pekelman (1975) hervorgehoben haben, ist der Nachweis eines optimalen Zielverschuldungsgrades – dieser Nachweis erscheint im Lichte der Literatur zur „klassischen" Trade-Off-Theorie unzweifelhaft gegeben – untrennbar mit der Frage nach der Gestalt der optimalen Adjustierungspolitik im Fall einer Verfehlung des wertoptimalen Verschuldungsoptimums verknüpft. Es muss m. a. W. daher die Frage beantwortet werden, wie Unternehmen auf „äußere" Schocks bzw. Veränderungen der Rahmenbedingungen, die zu einer Verzerrung zwischen Zielverschuldungsgrad und realisiertem Verschuldungsgrad führen, in der Praxis reagieren werden.[777] Auf einem vollkommenen Kapitalmarkt, d. h., Transaktionskosten fallen annahmegemäß nicht an, ist die Frage nach der Gestalt der optimalen Adjustierungspolitik weitgehend unproblematisch zu beantworten. Den Kosten, die im Fall einer Abweichung vom Zielverschuldungsgrad auftreten, stehen keine Kosten der Anpassung der Kapitalstruktur gegenüber. Unter der Prämisse eines vollkommenen Kapitalmarktes werden Unternehmen ohne zeitliche Verzögerung den realisierten Verschuldungsgrad an den angestrebten Zielverschuldungsgrad des Unternehmens anpassen.[778]

---

776 Vgl. dazu Schneider (2010) S. 39.

777 In der Literatur wird zumeist von „äußeren" Schocks ausgegangen. Vgl. dazu u. a. Strebulaev (2007) S. 1747. Eine vergleichbare Überlegung kann auch mit Blick auf „innere" Schocks vorgenommen werden. Wie der Abschnitt zur empirischen Überprüfung der Kapitalstrukturtheorie zeigen wird, schlägt sich dies sowohl in der Suche der Determinanten der Kapitalstruktur als auch in den Partial-Adjustment-Modellen nieder, die die Anpassungsgeschwindigkeit an ein Optimum nach einem äußeren Schock messen.

778 Ähnlich dazu bereits Ang (1976) S. 561; Jalilvand/Harris (1984) S. 129; Leary/Roberts (2005) S. 2575–2576; Hermanns (2007) S. 117.

Diese Vorstellung einer reibungslosen Adjustierungspolitik – dies haben die vorangehenden Abschnitte wenigstens implizit gezeigt – dominiert die bisherige Vorstellung einer optimalen Finanzierungspolitik. Löst man sich von der Annahme, dass die Adjustierung der realisierten Kapitalstruktur ohne weitere Kosten erfolgt, ist die Frage nach der optimalen Gestalt des Anpassungsprozesses dagegen weniger klar zu beantworten. So hat Ang (1976) bereits früh auf einen besonderen Aspekt der Wirkung der Transaktionskosten auf den Adjustierungsprozess hingewiesen. Unter dem Einfluss von Transaktionskosten ist es so nicht nur denkbar, dass Unternehmen eine zeitweise Abweichung von einem Verschuldungsoptimum hinnehmen, vielmehr können Transaktionskoten auch eine überschießende Anpassung des Verschuldungsgrades induzieren.[779] Die Auswirkungen des Einflusses von Transaktionskosten beschränken sich somit nicht nur auf die Frequenz, mit der Anpassungen an der Kapitalstruktur vorgenommen werden, sondern umfassen auch den Umfang, in dem Anpassungen an der Kapitalstruktur durch Unternehmen vorgenommen werden.

In Anlehnung an die Überlegungen von Lev (1969) halten Lev/Pekelman (1975) mit Blick auf eine optimale Adjustierungspolitik daher zunächst fest, dass Unternehmen eine Adjustierungspolitik einschlagen sollten, bei der die mit einer Abweichung von einem Verschuldungsoptimum verbundenen Kosten und die Kosten der Adjustierung minimiert werden sollten.[780] Für die Finanzierungspolitik hat dies zur Folge – dies hat Strebulaev (2007) später illustrierend festgehalten –, dass Unternehmen unter dem Eindruck wertverzehrender Transaktionskosten den Pfad der optimalen Finanzierungspolitik nicht vollständig verlassen, jedoch durch die nur noch in unregelmäßigen Abständen erfolgenden Anpassungen der Kapitalstruktur auch abseits des Hauptweges unterwegs sein werden.[781]

Auf Basis eines geschlossenen Modells haben sich u. a. Fischer et al. (1989) eingehender mit der hemmenden Wirkung der Transaktionskosten auf den im Rahmen der statischen Trade-Off-Theorie unterstellten kontinuierlichen Anpassungsprozess beschäftigt. In einem kurzen Exkurs wird diese für die dynamische Trade-Off-Theorie zentrale Arbeit daher in der Folge kurz näher beleuchtet werden. Vorweggenommen seien an dieser Stelle bereits die direkten Folgen, die sich aus einem durch Transaktionskosten gehemmten Adjustierungsprozesses ableiten lassen. Unternehmen werden, hält man an der in diesem Abschnitt getroffenen und durch die Vorüberlegungen bestätigten Prämisse von im Zeitverlauf veränderlichen Rahmenbedingungen fest, das Optimum der statischen Trade-Off-Theorie aufgrund einer unvollständigen Adjustierungspolitik wenigstens periodenweise verfehlen. Aus Sicht der Unternehmensbewertung erscheint die Annahme eines dauerhaften Verschuldungsoptimums – in Vorwegnahme der Überlegungen des nachfolgenden Kapitels – damit in aller Regel nur eingeschränkt praxistauglich.

---

779 Vgl. dazu Ang (1976) S. 562.
780 Vgl. dazu Lev/Pekelman (1975) S. 75.
781 Vgl. dazu Strebulaev (2007) S. 1749.

Vor dem Hintergrund, dass die Literatur bereits vergleichsweise früh die Bedeutung der Transaktionskosten für die Stabilität der statischen Trade-Off-Theorie erkannt hat, erscheint es – wenigstens aus heutiger Sicht – verwunderlich, dass dieser Aspekt erst ab Mitte der 1980er-Jahre u. a. mit der Rede von Myers als Präsident der American Finance Association[782] eine prominente Rolle in der Forschung zur Kapitalstruktur eingenommen hat. Die explizite Betrachtung des Einflusses von Transaktionskosten auf die Gestalt des Anpassungsprozesses an einen Zielverschuldungsgrad rückte so erst[783] mit der im Folgenden kurz beleuchteten Arbeit von Fischer et al. (1989) prominent in den Fokus der betriebswirtschaftlichen Forschung.[784]

Zur Gestalt des Adjustierungsprozesses der Trade-Off-Theorie unter dem Einfluss von Transaktionskosten

Zum Modell der dynamischen Finanzierungsentscheidung nach Fischer et al. (1989)

Fischer et al. (1989) haben den der statischen Trade-Off-Theorie zugrunde liegenden Optimierungsprozess – der steuerlich induzierte Wertbeitrag der Fremdfinanzierung wird dem, mit dem Einsatz von Fremdkapital ansteigenden, Insolvenzrisiko gegenübergestellt – um die verzerrende Wirkung von in der Praxis regelmäßig auftretenden Transaktions- bzw. Adjustierungskosten – in einem zeitkontinuierlichen Modell –[785]erweitert. Unter der verzerrenden Wirkung der Transaktionskosten werden hierbei zeitlich begrenzte Schwankungen des realisierten Verschuldungsgrades des Unternehmens um den durch die statische Trade-Off-Theorie vorgegebenen wertoptimalen Verschuldungsgrad verstanden. Fischer et al. (1989) haben mit ihrer Arbeit u. a. gezeigt, dass das zeitkonstante Verschuldungsoptimum der statischen Trade-Off-Theorie unter dem Einfluss von Transaktionskosten zu einem

782 Vgl. dazu u. a. Strebulaev (2007) S. 1748. Myers (1984) greift mit Blick auf die bis dahin gemachten empirischen Beobachtungen die Überlegung auf, dass Transaktionskosten zu einer Abweichung des realisierten Verschuldungsgrades vom angestrebten Optimum führen können. Vgl. dazu Myers (1984) S. 578.

783 In der Forschung lassen sich im Vorfeld bereits Studien beobachten, die sich näher mit dem Anpassungsprozess an ein unternehmensspezifisches Optimum beschäftigen. Zumeist liegt der Fokus dabei jedoch auch auf weiteren Effekten, die neben den Transaktionskosten bestehen. So betrachten Jalilvand/Harris (1984) im Sinne des vorangehenden Abschnittes auch den Effekt einer Wechselwirkung zwischen Finanzierungs- und Ausschüttungsentscheidung sowie Aspekte die später unter im Abschnitt zum Market-Timing näher betrachtet werden. Vgl. dazu u. a. Jalilvand/Harris (1984) S. 128; 129.

784 Fischer et al. (1989) heben so hervor, dass vor dem Hintergrund der Überlegungen von Myers (1984), die von ihnen getroffenen Überlegungen zum Adjustierungsprozess noch bedeutsamer erscheinen. Vgl. dazu Fischer et al. (1989) S. 19.

785 Dies bedeutet, dass die Kapitalstruktur nicht an ausgewählten diskreten Zeitpunkten an das Optimum angepasst werden kann, sondern eine Anpassung kontinuierlich im Zeitablauf vorgenommen werden muss. Vgl. dazu Fischer et al. (1989) S. 20.

wertoptimalen Verschuldungsspektrum konvergiert und somit auf einem alternativen Weg die Überlegungen aus Abschnitt 3.4.1.1. bestätigt.[786] Greift man an dieser Stelle bereits die Implikationen für die empirische Forschung des mit der Arbeit von Fischer et al. (1989) einhergehenden Prämissenwechsels auf, so erlaubt die Erweiterung des Trade-Off-Modells um den Einfluss von Transaktionskosten – anders als auf Basis der klassischen statischen Trade-Off-Theorie –, im Zeitverlauf voneinander abweichende Kapitalstrukturen operativ vergleichbarer Unternehmen zu plausibilisieren sowie – darauf basierend – eine eingängige Erklärung für den in der Empirie beobachtbaren negativen Einfluss der Profitabilität auf den Verschuldungsgrad des Unternehmens zu liefern. Wie Strebulaev (2007) hervorgehoben hat, kann die Nichtvergleichbarkeit des Finanzierungsverhaltens operativ identischer Unternehmen u. a. darauf zurückgeführt werden, dass sich untersuchte Unternehmen regelmäßig an unterschiedlichen Punkten ihres Refinanzierungszyklus – d. h. unterschiedlich weit von ihrem Kapitalstrukturoptimum entfernt –[787] befinden können. Berücksichtigt man diesen Umstand, so erscheinen die empirischen Beobachtungen wenig überraschend, dass operativ vergleichbare Unternehmen, die sich an unterschiedlichen Punkten im Zielverschuldungskorridor befinden, auch unterschiedlich auf äußere Schocks reagieren werden.[788]

Auf Basis dieser allgemein gehaltenen Vorüberlegung ist es zudem möglich, die in der Empirie gemachte, im Widerspruch zur Trade-Off-Theorie stehende Beobachtung eines negativen Einflusses der Profitabilität auf den Verschuldungsgrad mit dem theoretischen Erklärungsgerüst in Einklang zu bringen. Akzeptiert ein Unternehmen unter dem Eindruck wertverzehrender Transaktionskosten eine Schwankung um den Zielverschuldungsgrad, so kommt es i. d. R. mit dem Anstieg der Unternehmensprofitabilität auch zu einem Anstieg des Unternehmenswertes. Unternimmt – dies kann, wie die folgenden Überlegungen zeigen werden, im Rahmen der dynamischen Trade-Off-Theorie phasenweise der Fall sein – das Unternehmen keine Adjustierungsmaßnahmen, so schmilzt in der Folge der Verschuldungsgrad des Unternehmens mechanisch ab. Die in der Empirie beobachtbare negative Verbindung zwischen Profitabilität und Verschuldungsgrad ist so zu

---

786 DeAngelo/Roll (2015) schlagen für die Praxis dagegen den Begriff Verschuldungsdecke (target „ceiling") vor, da nur die Verschuldungsobergrenzen in der Praxis eine Bindungswirkung zu entfalten scheinen. Vgl. dazu DeAngelo/Roll (2015) S. 410. Diese Beobachtung der empirischen Forschung wird nochmals im Kapitel II dieser Arbeit aufgegriffen werden.

787 Wie sich im Folgenden nochmals zeigen wird, stellt dies im Rahmen der dynamischen Trade-Off-Theorie eher die Regel denn die Ausnahme dar.

788 Vgl. dazu Strebulaev (2007) S. 1748; 1760. Dass Unternehmen letztlich unterschiedliche Ausgangspunkte bei der Refinanzierungsentscheidung besitzen, ist dabei auf die Folgen vergangener Finanzierungsentscheidungen sowie unternehmensindividueller Schocks zurückzuführen. Vgl. ebda.

plausibilisieren, ohne die Annahmen der dynamischen Trade-Off-Theorie etwa im Sinne der Pecking-Order-Theorie verlassen zu müssen.[789]

Die Erweiterung hin zur dynamischen Trade-Off-Theorie leistet damit einen bedeutsamen Beitrag, die gemischte empirische Evidenz der klassischen Trade-Off-Theorie zu erklären, ohne sich dabei von dem zentralen Merkmal der statischen Trade-Off-Theorie – einer wertoptimierenden Verschuldungsquote – abwenden zu müssen.[790] Investitions- und Finanzierungsentscheidung werden, wie im vorangehenden Abschnitt bereits hervorgehoben – der Tradition der „klassischen" Literatur zur statischen Trade-Off-Theorie folgend –, in der Arbeit von Fischer et al. (1989) weiterhin als voneinander losgelöste bzw. loslösbare Entscheidungen betrachtet. Dies bedeutet letztlich: Werden für das ausschließlich mit Eigenkapital finanzierte Unternehmen Investitionen in Höhe der zu bildenden Gewinnrücklagen getätigt, führt der Gang an den Kapitalmarkt eines – im Sinne des Beweises der Irrelevanz der Finanzierungsentscheidung – operativ identischen, jedoch fremdfinanzierten Unternehmens, in der Modellwelt von Fischer et al. (1989) nur zu einer Veränderung der zur Finanzierung eingesetzten Kapitalschichten, nicht jedoch zu einer Veränderung des umgesetzten bzw. umsetzbaren Investitionsprogramms.[791]

Analog zu dem für die „klassischen" Trade-Off-Theorie geführten Beweis, setzt sich der Wert des verschuldeten Unternehmens somit auch unter dem geänderten Prämissenrahmen aus dem Wert des unverschuldeten Unternehmens – also letztlich der operativen Leistungsfähigkeit des Unternehmens – und des steuerlichen Wertbeitrages der eingesetzten Fremdkapitals zusammen.[792] Fischer et al. (1989) heben an dieser Stelle nochmals hervor, dass sich der Wertbeitrag des Einsatzes von Fremdkapital bereits im Wert des unverschuldeten Unternehmens fast vollständig niederschlagen muss, schließt man – dies gilt für funktionierende Kapitalmärkte regelmäßig – Arbitragemöglichkeiten annahmegemäß aus.[793] Wertunterschiede zwischen unverschuldeten und verschuldeten Unternehmen ergeben sich letztlich nur in Höhe des Barwertes der Transaktionskosten, die im Fall der Transformation des unverschuldeten Unternehmens in ein operativ identisches,

789 Vgl. dazu Strebulaev (2007) S. 1750.

790 Vgl. Fischer et al. (1989) S. 19–20.

791 Wie der vorangehende Abschnitt gezeigt hat, ist dies wohl regelmäßig nur eine die Realität unvollkommen wiedergebende Prämisse.

792 Vgl. Fischer et al. (1989) S. 21. Fischer et al. (1989) halten in diesem Zusammenhang in Verweis auf Kane et al. (1984) fest, dass sich der Wert der verschuldeten und unverschuldeten Unternehmen nur in Höhe der bei einer Anpassung der Kapitalstruktur anfallenden Adjustierungskosten unterscheidet. Vgl. ebda.

793 Dies ist letztlich auf den von Modigliani/Miller (1958) beschriebenen Arbitrageprozess zurückzuführen. Rationale Investoren werden in das unverschuldete Unternehmen investieren, um den Wertbeitrag der Fremdfinanzierung zu heben. Über den Marktmechanismus gleichen sich der Marktpreis der operativ identischen Unternehmen an.

jedoch fremdfinanziertes Unternehmen anfallen.[794] Ergänzend zu der aus den Vorüberlegungen bekannten Betrachtung einer einfachen Unternehmenssteuer, wird in dem von Fischer et al. (1989) betrachteten Modell eine Steuer auf die an die Fremdkapitalgeber geleisteten Zinszahlungen betrachtet. Steuern, die auf Investorenebene auf die an die Eigenkapitalgeber geleisteten Ausschüttungen anfallen, werden in dem von Fischer et al. (1989) skizzierten Modell dagegen vereinfachend ausgeblendet.[795]

Ausgehend von diesem erweiterten Annahmerahmen, leiten Fischer et al. (1989) einen wertoptimalen Verschuldungsrahmen ab, der sich durch eine feste Verschuldungsober- wie auch -untergrenze auszeichnet. Kommt es zu einer Über- oder Unterschreitung dieser festen Grenzpunkte des Verschuldungsrahmens, greifen Unternehmen aktiv in die Kapitalstruktur des Unternehmens ein und erhöhen bzw. senken den realisierten Verschuldungsgrad durch eine entsprechende Aufnahme von Eigen- bzw. Fremdkapitalinstrumenten bzw. den Abbau eines Teils der Aktiva, um ausstehendes Fremdkapital zurückzahlen zu können.[796] Anders als unter den Rahmenbedingungen der „klassischen" Trade-Off-Theorie, erfolgt dagegen kein aktiver Eingriff des Unternehmens in die Kapitalstruktur zwischen diesen festen Grenzpunkten.[797] Wie Strebulaev (2007) hervorhebt, unterscheidet sich das Verhalten des Unternehmens an den Grenzen des optimalen Verschuldungsrahmens damit deutlich von den, innerhalb des Verschuldungskorridors, getroffenen Maßnahmen.[798]

Ohne an dieser Stelle die Verschuldungsgrenzen allgemeingültig näher zu spezifizieren, lassen sich anhand von zunächst weitgehend allgemein gehaltenen Überlegungen sowohl die Motivation hinter einer festen Ober- als auch Untergrenze des Kapitalstrukturrahmens, wie mit der Arbeit von Fischer et al. (1989) vorgeschlagen, eingängig veranschaulichen.[799] Blickt man zunächst auf die Verschuldungsuntergrenze, so besteht eine natürliche Untergrenze des Kapitalstrukturrahmens durch die mit dem Abschmelzen des Fremdkapitalanteils zunehmend suboptimale Ausnutzung des Potenzials der steuerlichen Abziehbarkeit von Zahlungen an die

794 Vgl. Fischer et al. (1989) S. 21; 25.

795 Vgl. Fischer et al. (1989) S. 22. Fischer et al. (1989) weisen darauf hin, dass in dem von ihnen abgebildeten Steuersystem der auf die Zahlungen des Unternehmens zu leistende Steuersatz der Investoren unterhalb des Unternehmenssteuersatzes liegen muss, um den Einsatz von Fremdkapital zu rechtfertigen. Vgl. Fischer et al. (1989) S. 23

796 Vgl. dazu u. a. Strebulaev (2007) S. 1749.

797 Ähnlich dazu auch Graham/Harvey (2001) S. 215; Schneider (2010) S. 44.

798 Vgl. dazu Strebulaev (2007) S. 1750. ähnlich dazu auch: Titman/Tsyplakov (2007) S. 429.

799 Fischer et al. (1989) stellen bei ihren Überlegungen auf den inversen Verschuldungsgrad ab, dies soll – ohne die Kernaussagen der Arbeit von Fischer et al. (1989) zu verzerren – in der Folge vereinfachend durchbrochen werden und vereinfachend auf den Verschuldungsgrad abgestellt werden.

Fremdkapitalgeber. Definitionsgemäß übersteigt der Anteil nicht gehobener steuerlicher Wertbeiträge unterhalb der Verschuldungsuntergrenze die im Fall einer Anpassung der Kapitalstruktur anfallenden Transaktions- bzw. Adjustierungskosten. Unternehmen haben bei Erreichen der Untergrenze ein wirtschaftliches Interesse, den Fremdkapitalanteil in Richtung des Verschuldungsoptimums anzuheben, da die mit der Optimierung des Verschuldungsgrades einhergehende Steigerung des Unternehmenswertes anfallende Transaktionskosten übersteigt.[800] Eine natürliche Obergrenze des Verschuldungsspektrums, an dem Unternehmen Fremdkapital zurückführen werden bzw. zusätzliches Eigenkapital als Haftungsmasse einwerben werden, wird – den Überlegungen der „klassischen" Trade-Off-Theorie folgend – durch den mit einem Anstieg des Fremdkapitals steigenden Druck eines Insolvenzeintritts festgelegt.[801]

Im Modell von Fischer et al. (1989) bewegt sich der Verschuldungsgrad aufgrund dieser Überlegungen streng in dem durch Ober- und Untergrenze festgelegten optimalen Verschuldungskorridor. Innerhalb des wertoptimalen Verschuldungskorridors werden keine Adjustierungen der Kapitalstruktur vorgenommen.[802] Strebulaev (2007) hält mit Blick auf die dynamische Kapitalstrukturtheorie daher wenig überraschend fest: „If firms adjust their leverage only periodically, *most firms most of the time will be optimally off their optimal leverage at a refinancing point.*"[803] Fischer et al. (1989) haben diese zunächst abstrakt gehaltenen Überlegungen zu den Treibern eines optimalen Verschuldungsspektrums in einem späteren Abschnitt ihrer Arbeit konkretisiert. Mit einem Fallbeispiel zeigen Fischer et al. (1989), dass die Bandbreite des optimalen Verschuldungskorridors eines Unternehmens mit einem optimalen Verschuldungsoptimum von 0,62 und Unter- bzw. Obergrenze von 0,29 bzw. 1,75 durchaus breit gespreizt sein kann, unterstellt man proportionale Transaktionskosten i.H.v. 1 % des begebenen Fremdkapitalvolumen.[804] Fischer et al. (1989) sehen darin – dies wurde zu Beginn dieses Abschnitts

800 Vor einem Erreichen dieser Untergrenze ist es jedoch nicht vorteilhaft, den Verschuldungsgrad anzupassen, da Transaktionskosten in diesem Fall vorzeitig zu tragen wären. Vgl. dazu Fischer et al. (1989) S. 29.

801 Fischer et al. (1989) argumentieren an dieser Stelle, dass eine Rekapitalisierung entweder durch die bestehenden Eigenkapitalgeber oder aber im Falle einer Insolvenz durch die dann eintretenden Fremdkapitalgeber durchgeführt wird. Wie Fischer et al. (1989) festhalten, hängt die Gestalt der Rekapitalisierungspolitik maßgeblich von den rechtlichen Rahmen wie etwa Emissionsbedingungen oder aber Covenants ab. Vgl. dazu Fischer et al. (1989) S. 23–24.

802 Vgl. Fischer et al. (1989) S. 23. Fischer et al. (1989) sprechen daher auch von einer „ ‚region of no recapitalization' ". Vgl. dazu Fischer et al. (1989) S. 24; ähnlich dazu auch: Titman/Tsyplakov (2007) S. 411.

803 Strebulaev (2007) S. 1760. Wie Strebulaev (2007) an späterer Stelle festhält, ist die Passivität des Unternehmens innerhalb des Zielverschuldungskorridors letztlich wertoptimal. Vgl. dazu Strebulaev (2007) S. 1762.

804 Vgl. dazu auch Schneider (2010) S. 44.

bereits hervorgehoben – einen Erklärungsansatz für die i. d. R. verhaltene Evidenz zugunsten eines starren Verschuldungsoptimums in der empirischen Literatur.[805]

Wie die Arbeit von Fischer et al. (1989) im Rahmen einer Sensitivitätsanalyse zeigt, stellen neben den jeweils gültigen Steuersätzen das Risiko des Unternehmens sowie die geltenden Kapitalisierungszinssätze und die Höhe der Insolvenzkosten zentrale Einflussparameter der Gestalt des optimalen Verschuldungskorridors und damit auch der Gestalt der Refinanzierungspolitik dar. Diese sollen mit den folgenden, an die Arbeit von Fischer et al. (1989) angelehnten, Überlegungen kurz illustriert werden. Mit einem Anstieg des Unternehmenssteuersatzes bzw. des durch die Fremdkapitalgeber geforderten Zinssatzes steigt die steuersenkende Wirkung des Fremdkapitals. Dies hat neben einem Anstieg des statischen Verschuldungsoptimums zur Folge, dass sich der Verschuldungskorridor des Unternehmens ceteris paribus verengt. Wie Fischer et al (1989) festhalten, übersteigt bei einem Anstieg der genannten Parameter der Wertbeitrag des Fremdkapitals bereits zu einem früheren Zeitpunkt die bei einer Adjustierung der Kapitalstruktur anfallenden Transaktionskosten.[806] Eine aktivere Steuerung des Verschuldungsumfanges bzw. der Kapitalstruktur gewinnt in der Folge an Attraktivität. Man kann in diesem Zusammenhang auch davon sprechen, dass mit einem Anstieg des Unternehmenssteuersatzes bzw. der durch die Fremdkapitalgeber geforderten Verzinsung die obere und untere Grenze des Verschuldungskorridors näher zusammenrücken und die Realisation eines optimalen Verschuldungsgrades an Gewicht gewinnt. Steigt dagegen das Risiko des Unternehmens – gemessen als Varianz der Unternehmenscashflows – an, sinkt das statische Verschuldungsoptimum und der Zielverschuldungskorridor der dynamischen Trade-Off-Theorie weitet sich. Auch diese Verschiebung der Rekapitalisierungsgrenzen kann ökonomisch einleuchtend plausibilisiert werden. Mit einem Anstieg des operativen Risikos wächst auch die Wahrscheinlichkeit an, dass Unternehmen aktiv steuernd in die Entwicklung des Verschuldungsgrades eingreifen müssen, um einen Verschuldungsgrad innerhalb der optimalen Bandbreite halten zu können. Ein enger Verschuldungskorridor erscheint mit einem Anstieg des Unternehmensrisikos zunehmend unattraktiv zu werden, da häufige Eingriffe in die Kapitalstruktur zu einer zunehmenden Aufzehrung des Wertbeitrages der Fremdfinanzierung durch anfallende Adjustierungskosten führen. Nimmt die Frequenz der notwendigen Anpassungen und damit der Umfang der Adjustierungskosten zu, sinkt so ceteris paribus der hebbare Wertbeitrag der Fremdfinanzierung.

Fischer et al. (1989) halten an dieser Stelle fest, dass hierbei jedoch auch ein gegenläufiger – zunächst wenig plausibler – Nebeneffekt zu beobachten ist. Steigt mit einem Anstieg des operativen Risikos des Unternehmens in der Folge doch regelmäßig auch die durch die Fremdkapitalgeber geforderte Verzinsung des

805 Vgl. dazu Fischer et al. (1989) S. 29–30.

806 Die Transaktionskosten bleiben annahmegemäß von der Veränderung der Parameter unberührt.

bereitgestellten Kapitals und damit letztlich auch die Attraktivität des Einsatzes von Fremdkapitalinstrumenten, der Adjustierungs- und Insolvenzkosten wenigstens z. T. aufwiegen kann. Mit Blick auf die Auswirkungen eines Anstiegs der mit einem Einsatz von Fremdkapital verbundenen Insolvenzkosten, ist dagegen eine Fallunterscheidung vorzunehmen. Geht man zunächst von geringen bis mittlerem Umfang der Insolvenzkosten aus, so führt ein Anstieg der Insolvenzkosten dazu, dass die Attraktivität des Einsatzes von Fremdkapital abnimmt. Dies übersetzt sich in eine Abnahme des optimalen Verschuldungsgrades und einer zunehmenden Spreizung zwischen oberer und unterer Grenze des optimalen Verschuldungskorridors.[807] Liegen bedeutsame Insolvenzkosten vor, wird – dies haben Fischer et al. (1989) an anderer Stelle gezeigt – es notwendig, den Verschuldungsumfang von den Insolvenzkosten durch die Wahl eines geeigneten Verschuldungsoptimums und die Emission risikolosen Fremdkapitals vollständig zu entkoppeln. Der Verschuldungskorridor ist in diesem Fall enger zu wählen als im Fall niedriger Insolvenzkosten.[808] Ist die Begabe risikofreien Fremdkapitals nicht möglich, nimmt die Spreizung zwischen Unter- und Obergrenze des optimalen Verschuldungskorridors auch in diesem Fall monoton mit dem Umfang der Insolvenzkosten zu.[809]

Interessant erscheinen an dieser Stelle auch die Überlegungen von Fischer et al. (1989) mit Blick auf eine Schwankung der anfallenden Adjustierungskosten.[810] Intuitiv einleuchtend, nimmt die optimale Verschuldungsbandbreite mit dem Umfang der Adjustierungskosten zu. Lässt sich die zunehmende Spreizung zwischen Ober- und Untergrenze des Verschuldungskorridors erneut ökonomisch plausibilisieren. Mit einem Anstieg der Adjustierungskosten wird es erst zu einem späteren Zeitpunkt vorteilhaft, aktiv in die Kapitalstruktur einzugreifen, da in einem immer breiteren Bereich des Verschuldungsspektrums der Wertbeitrag der Adjustierung die Kosten einer Anpassung in Richtung des optimalen Verschuldungsgrades nicht übersteigt.[811] Fischer et al. (1989) finden einen Großteil

807 Die Frage der Bedeutung der Insolvenzkosten ist letztlich auch mit der Frage nach dem Zeitpunkt und der Gestalt des Insolvenzprozesses verbunden. Dieser Aspekt sei in der Folge vereinfachend ausgeblendet.

808 Dies wird letztlich dadurch erreicht, dass ein Verschuldungsniveau gewählt wird, auf dem Fremdkapital letztlich ausfallsicher ist.

809 Vgl. zu den vorangehenden Überlegungen Fischer et al. (1989) S. 30–33.

810 Wie Fischer et al. (1989) anmerken, erscheint dies insbesondere für die in der Literatur mit Blick auf die Transaktionskosten diskutierten ‚economies of scales' bedeutsam.

811 Vgl. dazu Fischer et al. (1989) S. 33. Fischer et al. (1989) weisen an dieser Stelle darauf hin, dass die Bedeutung von Transaktionskosten – dies hat auch ein vorangehender Exkurs gezeigt – abhängig von der Unternehmensgröße sein kann. Die Unternehmensgröße nimmt somit über den Umfang der Transaktionskosten einen direkten Einfluss auf das Adjustierungsverhalten des Unternehmens. Unter der Prämisse, dass kleinere Unternehmen höhere Adjustierungskosten zu tragen haben, leiten

dieser theoretischen Überlegungen im Rahmen einer empirischen Untersuchung bestätigt.[812]

Akzeptiert man also die grundsätzlichen Vorstellungen eines wertoptimalen Zielverschuldungskorridors und der zentralen Einflussparameter, wie sie etwa durch das Modell von Fischer et al. (1989) nahegelegt werden, ist in einem zweiten Schritt die Frage nach der Gestalt des Adjustierungsprozesses, der bei Erreichen der Grenzen des skizzierten Verschuldungskorridors einsetzt, zu beantworten. Im Fall der statischen Trade-Off-Theorie – dies wurde bereits hervorgehoben – kann die Frage nach der Gestalt des Adjustierungsprozesses ohne Umschweife direkt beantwortet werden. Weicht der realisierte Verschuldungsgrad des Unternehmens vom Zielverschuldungsgrad ab, erfolgt die Adjustierung der Kapitalstruktur sowohl zeitpunktgleich als auch vollständig, da hemmende Adjustierungskosten, die einem solchen Prozess entgegenstehen – aufgrund des gewählten Prämissenrahmens –, annahmegemäß nicht bestehen. Wechselt man infolge der Erweiterung um den Einfluss von Transaktionskosten zu den von Fischer et al. (1989) skizzierten Adjustierungsgrenzen, so ist die Frage nach der Gestalt des Adjustierungsprozesses weniger eindeutig zu beantworten, liegt in diesem Fall der Ausgangspunkt einer Adjustierung – der obere bzw. untere Eckpunkt des Zielverschuldungskorridors – abseits des optimalen Zielverschuldungsgrades der „klassischen" Trade-Off-Theorie. Fraglich erscheint an dieser Stelle insbesondere der Umfang, in der eine Adjustierung im Rahmen der dynamischen Trade-Off-Theorie erfolgt.

Fischer et al. (1989) haben zur Beantwortung der Frage nach der Gestalt des Anpassungsprozesses an einen optimalen Verschuldungskorridor vereinfachend zwei mögliche Ausprägungen unterschieden. Unter der Prämisse, dass die Höhe der Transaktionskosten proportional von dem Umfang der Veränderung des Fremdkapitalbestandes abhängt, erscheint die kontinuierliche Anpassung der Kapitalstruktur in kleinen Schritten eine denkbare Variante, da bei einer vollständigen Anpassung der Kapitalstruktur hin zum Verschuldungsoptimum vermeidbare Transaktionskosten anfallen, die einen Teil des Anstiegs des Unternehmenswertes aufzehren würden. Der Verschuldungsgrad bewegt sich somit – äußere Schocks seien vereinfachend ausgeblendet – jeweils entlang der Rekapitalisierungsgrenzen, d. h. der Ober- oder Untergrenze des optimalen Zielverschuldungskorridors. Hängen die Transaktionskosten dagegen vom Umfang des neu begebenen Fremdkapitals ab, so erwarten Fischer et al. (1989) im Gegensatz zur statischen Trade-Off-Theorie keine kontinuierlichen und im Umfang inkrementellen Anpassungen des Verschuldungsgrades, sondern größere, in unregelmäßigen Abständen erfolgende Adjustierungen der Kapitalstruktur. Fischer et al. (1989) sprechen in diesem Zusammenhang daher auch von einer „klumpenförmigen" Anpassung der Kapitalstruktur in Richtung des wertoptimalen Zielverschuldungsgrades. Diese zweite

---

Fischer et al. (1989) eine trägere Adjustierungspolitik der Kapitalstruktur und vice versa ab. Vgl. dazu ebda.

812 Vgl. dazu Fischer et al. (1989) S. 37.

Ausprägung der Anpassung erachten Fischer et al. (1989) dabei als den für die Praxis plausibleren Fall.[813] Vor einer Kapitalstrukturanpassung entspricht der Wert des zu rekapitalisierenden, d. h. die Ober- oder Untergrenze des Verschuldungskorridors durchbrechenden, Unternehmens, dem Wert eines optimal verschuldeten Unternehmens, abzüglich der im Rahmen der Adjustierung anfallenden Transaktionskosten.[814]

Zum Modell der dynamischen Finanzierungsentscheidung nach Strebulaev (2007)

Aufbauend auf den Vorüberlegungen der Arbeiten von Fischer et al. (1989) bzw. Goldstein et al. (2001),[815]hat Strebulaev (2007) ein erweitertes dynamisches Finanzierungsmodell vorgestellt, um damit die Finanzierungsentscheidungen der Praxis nachzeichnen zu können. Ohne an dieser Stelle auf die formale Gestalt der mathematischen Modellierung näher einzugehen, legt Strebulaev (2007) bei der Modellierung seines dynamischen Trade-Off-Modells die im Folgenden kurz skizzierten zentralen Prämissen zugrunde. Der Unternehmenswert hängt im Fall der ausschließlichen Eigenkapitalfinanzierung des Unternehmens zunächst – dies bildete bereits die Grundlage bei Modigliani/Miller (1958) – von der Fähigkeit des Unternehmens ab, in der Zukunft Zahlungsströme an die Kapitalgeber ausschütten zu können.[816] Wechselt man in eine Welt, in der neben Eigenkapital auch Fremdkapital zur Finanzierung des Unternehmens eingesetzt wird, ergeben sich auch im Modell von Strebulaev (2007) die, aus dem Abschnitt zu den Agency-Überlegungen, bekannten Interessenkonflikte zwischen Eigen- und Fremdkapitalgebern.[817] Zentrales Ziel der Eigenkapitalgeber bleibt die Maximierung des Unternehmenswertes bzw. im Fall einer teilweisen Fremdfinanzierung die Maximierung des Wertes des eingesetzten Eigenkapitals. Fremdkapitalgeber werden die zukünftigen – möglicherweise wertverzehrenden – Entscheidungen der Eigenkapitalgeber im Modell von Strebulaev (2007) jedoch im Vorfeld antizipieren und entsprechend

---

813 Vgl. Fischer et al. (1989) S. 24.

814 Vgl. Fischer et al. (1989) S. 25–26.

815 Goldstein et al. (2001) haben u. a. durch die explizite Berücksichtigung der Optionen, das Fremdkapitalvolumen in der Zukunft zu erhöhen, das dynamische Finanzierungsmodell fortentwickelt. Vgl. dazu Goldstein et al. (2001) S. 485–486. Diese Arbeit wird zugunsten des Exkurses zur Arbeit von Strebulaev (2007) an dieser Stelle nicht näher dargestellt, der Leser sei bei Interesse auf die entsprechende Primärquelle verwiesen.

816 Vgl. dazu Strebulaev (2007) S. 1752. Strebulaev (2007) hält dabei weiterhin an der zentralen Annahme der vorangehenden Arbeiten fest, dass Finanzierungs- und Investitionsentscheidung losgelöst voneinander betrachtet werden können. Für die Entwicklung des zukünftigen Unternehmenscashflows wird unterstellt, dass der Auszahlungsbetrag an die Kapitalgeber einer geometrischen brownschen Bewegung folgt. Vgl. ebda.

817 Strebulaev (2007) spricht mit Blick auf diese Agency-Konflikte von der „[...] fundamental driving force [...]“ des Modells. Strebulaev (2007) S. 1753.

in die Bewertung der Fremdkapitalinstrumente einfließen lassen. Mit Blick auf das eingesetzte Fremdkapital unterstellt Strebulaev (2007) vereinfachend, dass Anleihen mit einem gleichbleibenden Nominalzins ausgestattet sind und lediglich vonseiten des Unternehmens bzw. der Eigenkapitalgeber jederzeit abgelöst bzw. erhöht werden können.[818] Ähnlich zu den Überlegungen der Arbeit von Fischer et al. (1989), nehmen auch bei Strebulaev (2007) Unternehmen aufgrund des Einflusses von Transaktionskosten nur noch in unregelmäßigen Abständen Anpassungen an der Kapitalstruktur des Unternehmens vor. Abhängig sind die vorzunehmenden Adjustierungen dabei – wie bereits bei Fischer et al. (1989) – u. a. von der operativen Entwicklung des Unternehmens, also der Frage, wann und insbesondere welcher Refinanzierungspunkt des Unternehmens im Zeitverlauf erreicht wird.

Strebulaev (2007) unterscheidet in seiner Modellierung der zukünftigen Finanzierungsentscheidungen drei denkbare Entwicklungsszenarien des Unternehmens. Für den Fall einer zukünftigen positiven ökonomischen Entwicklung – der ausschüttbare Cashflow des Unternehmens wächst in den kommenden Perioden deutlich an –, erreicht das Unternehmen einen oberen Refinanzierungspunkt, an dem es ökonomisch sinnvoll ist – dies haben bereits die Überlegungen von Fischer et al. (1989) gezeigt –, weiteres Fremdkapital einzuwerben, um die steuerliche Vorteilhaftigkeit einer Fremdfinanzierung voll heben zu können. In Anlehnung an den Betrachtungswinkel der Vorüberlegungen kann man hier erneut davon sprechen, dass es bei Erreichen der Finanzierungsuntergrenze[819] ökonomisch sinnvoll ist, weiteres Fremdkapital einzuwerben, um den Wertbeitrag der Fremdfinanzierung heben zu können. Im Falle einer anhaltenden negativen ökonomischen Entwicklung – der ausschüttbare Cashflow sinkt in den kommenden Perioden – wird – auch hier soll an dem Blickwinkel der Vorüberlegungen festgehalten werden – früher oder später die Verschuldungsobergrenze erreicht,[820] bei der Unternehmen gefordert sind, aktiv in die realisierte Kapitalstruktur einzugreifen. Aufbauend auf den Ergebnissen der empirischen Forschung, nimmt Strebulaev (2007) im Rahmen des vorgestellten Modells an, dass das Erreichen der Verschuldungsobergrenze i. d. R. ein Zeichen einer akuten Liquiditätskrise ist. Dies bedeutet m. a. W., dass die zu diesem Zeitpunkt erwirtschafteten Cashflows nicht die gegenwärtigen Verpflichtungen des Unternehmens gegenüber den Gläubigern abdecken. Eine Überschuldung des Unternehmens, d. h., die Vermögenswerte des Unternehmens decken die Verpflichtungen des Unternehmens gegenüber den Fremdkapitalgebern nicht mehr ab, liegt zunächst nicht vor.[821] Folgt man dieser Einschätzung, so ist es im Fall des erstmaligen Erreichens der Verschuldungsobergrenze ökonomisch sinnvoll, dass

818 Vgl. dazu Strebulaev (2007) S. 1753.

819 Strebulaev (2007) spricht in diesem Zusammenhang selbst von einer oberen Finanzierungsgrenze. Vgl. dazu Strebulaev (2007) S. 1753.

820 Strebulaev (2007) selbst spricht in diesem Zusammengang von einem unteren Refinanzierungspunkt. Vgl. ebda.

821 Vgl. Strebulaev (2007) S. 1754.

Unternehmen einen Teil des bestehenden Vermögens liquidieren werden, um die akute Liquiditätskrise überwinden zu können. Der Verkauf eines Teils des Unternehmensvermögens ist im Modell von Strebulaev (2007) jedoch für Unternehmen in einer Liquiditätskrise mit Kosten verbunden. Im Kontrast zu einem „gesunden" Unternehmen erfolgt ein Verkauf in einer Liquiditätskrise so zumeist unter Zeitdruck. Ein Verkauf an einem Refinanzierungspunkt bedeutet m. a. W. letztlich einen Verzehr eines Teils des Unternehmensvermögens.[822] Infolge der umgesetzten Restrukturierungsmaßnahme unterscheidet Strebulaev (2007) zwei mögliche Fälle: In Fall I kehrt das Unternehmen auf den Wachstumspfad zurück, die akute Liquiditätskrise ist durch den Verkauf eines Teiles des Vermögens überwunden. In Fall II bedeutet der Verkauf eines Teils des Anlagevermögens dagegen nur eine temporäre Entschärfung der prekären Unternehmenslage, das Unternehmen erholt sich wirtschaftlich nicht so weit, dass die ausstehenden Verpflichtungen vollständig gedeckt werden können. Das Unternehmen geht in der Folge – sollten weitere Restrukturierungsmaßnahmen wie die Begabe frischen Eigenkapitals nicht greifen – in die Insolvenz, d. h., die Entscheidungsrechte werden auf die Fremdkapitalgeber übertragen.[823] Strebulaev (2007) zeigt auf Basis dieses Modells in einer ersten Analyse, dass in Übereinstimmung mit den Überlegungen der „klassischen" Trade-Off-Theorie ein höheres Unternehmensrisiko sowie die Zunahme des Umfangs der Insolvenzkosten bzw. Restrukturierungskosten den Wertbeitrag der Fremdfinanzierung und somit den optimalen Verschuldungsgrad abschmelzen lassen.[824] Der Anstieg des Verschuldungszinssatzes führt im Modell von Strebulaev (2007) – im Kontrast zu vorangehenden Arbeiten – dazu, dass die Attraktivität des Einsatzes von Fremdkapital und damit das Verschuldungsoptimum abnimmt. Interessant erscheint, dass die Arbeit von Strebulaev (2007) keinen linearen, sondern einen u-förmigen Zusammenhang zwischen optimalem Verschuldungsgrad und Transaktionskosten beobachtet. Strebulaev (2007) erklärt diese Beobachtung mit einem in der Praxis stattfindenden Trade-Off zwischen der Anpassungshäufigkeit der Kapitalstruktur und des eingeworbenen Verschuldungsumfangs. Unternehmen mit niedrigen Transaktionskosten können und werden – dies haben bereits die Überlegungen zu Beginn dieses Abschnitts gezeigt – einen Verschuldungsgrad nahe am Verschuldungsoptimum realisieren. Mit einem Anwachsen der

822 Vgl. dazu Strebulaev (2007) S. 1755.

823 Dieser Prozess erfolgt regelmäßig in der Praxis nicht ohne Reibungsverluste. Vgl. dazu Strebulaev (2007) S. 1755.

824 Wie Strebulaev (2007) an späterer Stelle festhält, führt die zunehmende Bedeutung von Insolvenzkosten dazu, dass die Refinanzierungspunkte näher zusammenrücken. Für das Unternehmensrisiko ist – entgegen der Erwartung – im Modell von Strebulaev (2007) ein gegenläufiger Effekt zu beobachten. Strebulaev (2007) führt dies darauf zurück, dass das zunehmende Unternehmensrisiko die Kosten einer Refinanzierung erhöhen und damit die Befolgung eines engen Zielkapitalkorridors als unattraktiv werden lässt. Vgl. dazu Strebulaev (2007) S. 1759.

Transaktionskosten gegenüber dem Ausgangsfall werden regelmäßige Anpassungen der Kapitalstruktur ökonomisch zunehmend unattraktiv, da der Wertbeitrag der Annäherung an das Verschuldungsoptimum durch die anfallenden Transaktionskosten aufgezehrt wird. In der Folge des Anstiegs der Transaktionskosten nimmt folglich die Spreizung zwischen den Refinanzierungspunkten zu. Geht man davon aus, dass Unternehmen den zu realisierenden Verschuldungsgrad im Ausgangspunkt so wählen werden, dass dieser mittig zwischen den Refinanzierungspunkten liegt – eine Adjustierung der Kapitalstruktur soll möglichst vermieden werden –[825], wächst mit einer zunehmenden Spreizung der Verschuldungsgrenzen auch der durch die Unternehmen zu realisierende Verschuldungsgrad an.

Man kann an dieser Stelle durchaus davon sprechen, dass aus Unternehmenssicht eine aktive Steuerung des Verschuldungsumfangs deutlich unattraktiver wird.[826] Mit einem wachsenden Einfluss der Transaktionskosten auf die Finanzierungsentscheidung nimmt zugleich jedoch auch die Attraktivität des Einsatzes von Fremdkapitalinstrumenten ab, da der Wertbeitrag der Fremdfinanzierung durch notwendige, aber letztlich wertverzehrende, Adjustierungsmaßnahmen der Kapitalstruktur zunehmend aufgebraucht wird. Es erscheint daher plausibel, dass mit einem deutlichen Anstieg der Adjustierungskosten Fremdkapital in der Folge zunehmend durch den Einsatz von Eigenkapital substituiert wird, um Unternehmen von der zunehmenden Last regelmäßiger Adjustierungen zu befreien. Der Verschuldungsumfang und damit die Abhängigkeit des Unternehmens vom Umfang der Transaktionskosten sinkt in der Folge.[827] Die Arbeit von Strebulaev (2007) untersucht in einem zweiten Schritt, ob auf Basis des theoretischen Modells einer dynamischen Finanzierungsentscheidung die Ergebnisse bzw. die Ausgangsbeobachtungen der empirischen Forschung nachgezeichnet werden können und wie stabil die empirische Evidenz vor dem Hintergrund simulierter Daten ist.[828] Strebulaev (2007) gelingt dabei zunächst die Bestätigung der im Vorfeld bereits geäußerten Vermutung, dass Unternehmen aufgrund eines unterschiedlichen Ausgangspunktes im Refinanzierungszyklus – der realisierte Verschuldungsgrad des Unternehmens ist unterschiedlich weit von den unternehmensindividuellen Refinanzierungspunkten entfernt – infolge eines externen Schocks unterschiedliche Maßnahmen zur Anpassung der Kapitalstruktur treffen werden. Vor diesem

825 Zudem ist davon auszugehen, dass die Refinanzierungspunkte symmetrisch um das angestrebte Kapitalstrukturoptimum liegen.

826 Dieser Aspekt scheint daher auch für unsere späteren Überlegungen zur Relevanz ausgewählter Annahmen der Finanzierungspolitik in der Unternehmensbewertung als bedeutsam.

827 Vgl. dazu Strebulaev (2007) S. 1758–1759.

828 Vgl. dazu Strebulaev (2007) S. 1760–1761. Wie Strebulaev (2007) festhält, reicht in einem dynamischen Umfeld der reine Vergleich statischer Gleichgewichtszustände nicht aus, um Aussagen über den Einfluss einzelner Parameter treffen zu können. Vgl. dazu Strebulaev (2007) S. 1761.

Hintergrund warnt Strebulaev (2007), die regelmäßig an den Refinanzierungspunkten empirisch zu beobachtenden Unternehmensreaktionen allzu schnell zu verallgemeinern. Ein bedeutsames Beispiel für eine solche vorschnelle Ableitung eines kausalen Zusammenhangs stellt für Strebulaev (2007) die, aufgrund der unterschiedlichen Erwartungen von Trade-Off- und Pecking-Order-Theorie, regelmäßig näher beleuchtete Beziehung zwischen Profitabilität des Unternehmens und realisiertem Verschuldungsgrad dar.

Wie die zentralen Überlegungen der klassischen Trade-Off-Theorie gezeigt haben, wird die Trade-Off-Theorie von der Vorstellung geleitet, dass mit steigender Profitabilität des Unternehmens der optimale Verschuldungsgrad anwächst, da infolge des Anstiegs der Profitabilität sowohl die Tragfähigkeit für weiteres Fremdkapital als auch der steuerliche Wertbeitrag der Fremdfinanzierung anwachsen.[829] Dem gegenüber stehen die konkurrierenden Überlegungen der Pecking-Order-Theorie. Wie mit Abschnitt 2.9. deutlich wurde, wird im Rahmen der Pecking-Order-Theorie vermutet, dass sich der Anstieg der Profitabilität zunächst positiv auf die Innenfinanzierungskraft des Unternehmens auswirkt. Infolge der festen Hackordnung alternativer Finanzierungsquellen in der Pecking-Order-Theorie führt ein Anwachsen der Profitabilität schließlich zu einem Rückgang des Fremdkapitaleinsatzes. Die in der Literatur durchaus häufige empirische Beobachtung eines negativen Einflusses der Profitabilität auf den Verschuldungsgrad wird daher regelmäßig als ein bedeutsamer Beweis gegen die klassische Trade-Off-Theorie gewertet.[830] Auf Grundlage der mit dem dynamischen Finanzierungsmodell simulierten Daten zeigt Strebulaev (2007) jedoch, dass die in der Empirie beobachtbare negative Beziehung zwischen Profitabilität und Verschuldungsgrad auch unter Verwendung eines dynamischen Trade-Off-Modells weitgehend repliziert werden kann. Wie Strebulaev (2007) deutlich macht, erscheint dieser in der Empirie beobachtbare Effekt auch vor der dynamischen Trade-Off-Theorie wenig verwunderlich, ist ein Anstieg der Profitabilität des Unternehmenswertes doch regelmäßig gleichbedeutend mit einem Anstieg des Unternehmenswertes. Hält man sich die gängigen Definitionen des Verschuldungsgrades vor Augen, so führt ein Anstieg des Unternehmenswertes ceteris paribus zu einem Rückgang des Verschuldungsgrades des Unternehmens. Ein Rückgang des Verschuldungsgrades erfolgt demnach – hält man die weiteren Faktoren konstant – zunächst schon aus rein mechanischen Gründen. Aus Sicht der klassischen Trade-Off-Theorie ist an dieser Stelle daher nur die Frage zu beantworten, warum Unternehmen infolge des Profitabilitätsanstiegs keine aktiven Maßnahmen ergreifen, um den Verschuldungsgrad auf das Ausgangsniveau – d. h. den wertoptimalen Verschuldungsgrad – anzuheben.

Mit der Erweiterung der statischen Trade-Off-Theorie zur dynamischen Trade-Off-Theorie kann auf diese Frage eine einleuchtende Antwort gegeben werden, dies hat dieser Abschnitt verdeutlicht. Unternehmen werden nur an der

829 Vgl. dazu Strebulaev (2007) S. 1769.
830 Vgl. dazu Strebulaev (2007) S. 1770.

Verschuldungsuntergrenze des wertoptimalen Verschuldungskorridors einen aktiven Eingriff vornehmen, um den Verschuldungsumfang anzupassen. Eine klare Ablehnung der klassischen Trade-Off-Theorie aufgrund der empirisch beobachtbaren negativen Koeffizienten der Profitabilität erscheint vor diesem Hintergrund daher voreilig.[831] Einen weiteren Anhaltspunkt für die Plausibilität dieser These findet Strebulaev (2007) in der Nachzeichnung der Ergebnisse der Arbeit von Welch (2004). Unternehmen verhalten sich – legt man das dynamische Trade-Off-Modell von Strebulaev (2007) zugrunde – insbesondere über kurze Zeithorizonte mit Blick auf rein mechanische Veränderungen der Kapitalstruktur weitgehend passiv.[832] Die Arbeit von Strebulaev (2007) weist – neben der Stärkung der Überlegungen der dynamischen Trade-Off-Theorie – somit auch auf Schwächen bestehender empirischer Untersuchungsmethoden hin. Wie mit der Arbeit von Strebulaev (2007) veranschaulicht wurde, führt die Schwäche bestehender empirischer Ansätze letztlich dazu, dass eine explizit auf einem dynamischem Trade-Off-Modell getroffene Finanzierungsentscheidung nicht als solche identifiziert werden kann.[833]

Zum Modell der dynamischen Finanzierungsentscheidung nach Tsyplakov/Titman (2007)

Einen zu der Arbeit von Strebulaev (2007) vergleichbaren Weg zur Untersuchung der Finanzierungsentscheidung der Praxis sowie der Überprüfung bestehender empirischer Forschungsergebnisse haben Tsyplakov/Titman (2007) eingeschlagen.[834] Auch Tsyplakov/Titman (2007) versuchen, auf Grundlage einer Simulation von Finanzierungsentscheidungen auf Basis eines dynamischen Trade-Off-Modells die Ergebnisse der empirischen Forschung nachzuzeichnen. Unterschiede zur Arbeit von Strebulaev (2007) bestehen dabei in der Gestalt des der Simulation zugrunde gelegten dynamischen Finanzierungmodells als auch der vornehmlichen Fokussierung der Arbeit von Tsyplakov/Titman (2007) auf die Anpassungsgeschwindigkeit an ein Kapitalstrukturoptimum. Richtet man den Blick zunächst kurz auf die Gestalt des dynamischen Finanzierungsmodells, so berücksichtigen Tsyplakov/Titman (2007) gegenüber Strebulaev (2007) u. a. die Auswirkungen des regelmäßig zwischen Eigen- und Fremdkapitalgebern schwelenden Agency-Konflikts als auch die Möglichkeit des Unternehmens, auf Marktpreisschwankungen durch eine Anpassung der Investitionspolitik zu reagieren.[835]

---

831 Vgl. dazu Strebulaev (2007) S. 1772–1774.

832 Vgl. dazu Strebulaev (2007) S. 1775.

833 Vgl. dazu Strebulaev (2007) S. 1779; 1784. Die Schwächen bestehender empirischer Untersuchungsansätze werden nochmals kurz in Kapitel III näher beleuchtet werden.

834 Vgl. dazu Titman/Tsyplakov (2007) S. 404.

835 Unterschiede bestehen, neben der bereits angesprochenen Berücksichtigung von Agency-Konflikten, u. a. auch in der expliziten Berücksichtigung der einzuschlagenden Investitionspolitik. Titman/Tsyplakov (2007) modellieren ihr Modell unter Berücksichtigung der u. a. im Abschnitt 2.4. dargestellten – aus Sicht der

Ohne an dieser Stelle näher auf den formalen Ansatz des dynamischen Finanzierungsmodells von Tsyplakov/Titman (2007) als auch die Simulation näher einzugehen, sollen in der Folge knapp die Kerneigenschaften des dynamischen Finanzierungsmodells von Tsyplakov/Titman (2007) hervorgehoben werden. Legt man den Fokus auf die Kernaussagen des dynamischen Trade-Off-Modells von Tsyplakov/Titman (2007), so scheint – auch für die Überlegungen des Kapitels II zur Plausibilität alternativer Finanzierungsannahmen in der Unternehmensbewertung – insbesondere die Beobachtung bedeutsam, dass die Wahl der Kapitalstruktur u. a. durch die Umsatzrentabilität des Unternehmens entscheidend beeinflusst wird. Unternehmen mit hoher Umsatzrentabilität – die Umsatzerlöse des Unternehmens liegen deutlich über den Gestehungskosten – tendieren im Modell von Tsyplakov/Titman (2007) dazu, die geringe Hebelwirkung der gegebenen Kostenstruktur – Tsyplakov/Titman (2007) sprechen in diesem Zusammenhang auch von einem geringen Umfang des „operative leverage“ – durch einen verstärkten Einsatz von Fremdkapital, d. h. financial leverage, auszugleichen.[836] Tsyplakov/Titman (2007) stellen in der Folge auf eine vergleichbare Erklärung zur Plausibilisierung des negativen Einflusses der Abschreibungsquote auf die Höhe des realisierten Verschuldungsgrades ab. Die Abschreibungsquote wird als Indikator des Umfangs der Fixkosten des Unternehmens und damit als Kennzahl des Umfangs des „operative leverage“ interpretiert. Folgt man dieser Einschätzung so erscheint, der negative Einfluss der Abschreibungsquote auf den Verschuldungsumfang wenig überraschend. Als sattelfest kann man diese Argumentation – blendet man zunächst aus, dass ein dynamisches Modell der Finanzierungsentscheidung betrachtet wird – in Kenntnis der Überlegungen des vorangehenden Abschnitts jedoch nicht bezeichnen. Im Sinne der Argumentation der Pecking-Order-Theorie könnte man an dieser Stelle etwa vermuten, dass die Abschreibungsquote ein Indikator des verfügbaren Innenfinanzierungsvolumens ist – Abschreibungen stellen letztlich nur einen kalkulatorischen periodischen Wertverzehr und keine Auszahlung dar –, der eine Finanzierung mit Fremdkapital, aufgrund der festen Hackordnung alternativer Finanzierungsinstrumente, mit wachsender Abschreibungsquote überflüssig werden lässt. Alternativ – erinnert man sich an Abschnitt 2.8. zurück – kann man an dieser Stelle durchaus in Betracht ziehen, dass die Abschreibungsquote ein Indikator für vorhandene Non-Debt-Tax-Shields (NDTS) darstellt. Der Wertbeitrag der

---

Fremdkapitalgeber wertvernichtenden – Investitionsstrategien des Unternehmens sowie der Möglichkeit des Unternehmens, auf Marktpreisschwankungen mit einer Drosselung der Investitionspolitik zu reagieren. Vgl. dazu Titman/Tsyplakov (2007) S. 402, 406, 412.

836 Man darf hier natürlich im Sinn der klassischen Argumentation vermuten, dass der Anstieg des eingesetzten Fremdkapitals letztlich auch auf die breiteren Schultern des Unternehmens zurückzuführen ist, auf denen in der Folge mehr Fremdkapital lasten kann, und dem wirtschaftlichen Interesse des Unternehmens, die steuermindernde Wirkung des Fremdkapitaleinsatzes weiter auszunutzen.

Fremdfinanzierung kann unter dem Eindruck von NDTS folglich nicht vollständig gehoben werden. Eine konkrete Antwort kann an dieser Stelle daher nur gegeben werden, da – im Kontrast zu den traditionellen empirischen Untersuchungen – das Modell für die Finanzierungsentscheidung bekannt ist.[837]

Für spätere Überlegungen interessant erscheint auch die von Tsyplakov/Titman (2007) mit Blick auf den Einfluss der Insolvenzkosten auf die Finanzierungsentscheidung vorgenommene Fallunterscheidung. Für den Fall, dass Unternehmen dem Oberziel einer Maximierung des Unternehmenswertes folgen – Agency-Konflikte werden vereinfachend ausgeblendet –, spielen Insolvenzkosten, in Kenntnis der Überlegungen des Abschnitts 2 letztlich wenig verwunderlich, nur eine untergeordnete Rolle für die Finanzierungsentscheidung. Infolge eines Rückgangs des Unternehmenswertes werden diese Unternehmen den Umfang des begebenen Fremdkapitals anpassen und somit Insolvenztatbestände weitgehend vermeiden. Unternehmer, die den Wert des Eigenkapitals zu maximieren suchen, haben – dies hat Abschnitt 2.4. bereits gezeigt – demgegenüber nicht zwangsläufig ein Interesse daran, im Fall eines Rückgangs des Unternehmenswertes das eingesetzte Fremdkapital anzupassen. Wie Tsyplakov/Titman (2007) zeigen, wird der Verschuldungsgrad für diese Unternehmen vom Umfang und der Bedeutung anfallender Insolvenzkosten nachhaltig beeinflusst. Niedrige Refinanzierungskosten für Fremdkapital führen im Modell von Tsyplakov/Titman (2007) dazu, dass Unternehmen zunächst ein niedriges Verschuldungsniveau wählen werden, da spätere Adjustierungen unproblematisch sind.[838]

Auf Basis der simulierten Daten können Tsyplakov/Titman (2007) das zentrale Ergebnis der empirischen Forschung zum Grad der in der Praxis zu beobachtenden Anpassungsgeschwindigkeit an den wertoptimalen Zielverschuldungsgrad weitgehend bestätigen. Unternehmen nähern sich im Schnitt – wie Tsyplakov/Titman (2007) festhalten, sind u. a. Unterschiede zwischen unterschiedlichen Unternehmenstypen festzumachen – vergleichsweise zaghaft an das Verschuldungsoptimum an.[839] Ein klare Ablehnung der dynamischen Trade-Off-Theorie kann daher auch auf Basis der in Kapitel III noch kurz näher zu betrachtenden „partial adjustment"-Modelle nicht vorgenommen werden.[840] Die dynamische Trade-Off-Theorie skizziert – blickt man auf die Überlegungen dieses Abschnittes zurück – somit einen Weg, die verhaltene empirische Überzeugungskraft der „klassischen" Trade-Off-Theorie in einem Großteil der Forschung erklären zu können. Im folgenden Abschnitt wird – bevor wir uns weiter der Evolution der Kapitalstrukturtheorie

837 Inwieweit dieses Ergebnis Allgemeingültigkeit erlangen kann, bleibt dagegen fraglich.

838 Vgl. dazu Titman/Tsyplakov (2007) S. 427–442.

839 Die durchschnittliche Anpassungsgeschwindigkeit an den Zielverschuldungsgrad wird dabei auf rund 7,1 % geschätzt. Vgl. Titman/Tsyplakov (2007) S. 433; 442.

840 Ein vergleichbares Resümee ziehen auch DeAngelo/Ross (2015) auf Basis ihrer empirischen Untersuchung. Vgl. dazu DeAngelo/Roll (2015) S. 410.

widmen – kurz näher auf die Reaktion der Literatur auf die Einführung der dynamischen Trade-Off-Theorie eingegangen.

3.4.1.3. Fazit zur dynamischen Trade-Off-Theorie

Mit der Arbeit von Fischer et al. (1989) gelingt auf Basis eines formalen Modelles erstmals der Nachweis, dass bereits durch geringfügige Transaktionskosten eine Abkehr von dem durch die statische Trade-Off-Theorie beschriebenen wertoptimalen Verschuldungsgrad und einer Hinwendung zum wertoptimalen Verschuldungskorridor der dynamischen Trade-Off-Theorie ökonomisch notwendig wird.[841] Ausgangspunkt der Fortentwicklung der statischen Trade-Off-Theorie war – wie schon für die in den vorangehenden Abschnitten dargestellten Erweiterungen – vor allem die bis dahin wenig überzeugende empirische Überzeugungskraft der „klassischen" statischen Trade-Off-Theorie. Mit der Berücksichtigung des Einflusses von Transaktionskosten auf die Finanzierungsentscheidung wird auf Grundlage wirtschaftlicher Überlegungen sichtbar, dass rationale Unternehmen nicht mehr in jedem Umweltzustand den realisierten Verschuldungsgrad an das Kapitalstrukturoptimum der statischen Trade-Off-Theorie anpassen werden. Unternehmen werden unter dem Eindruck einer wertverzehrenden Anpassung der Kapitalstruktur sich m. a. W. an einer – aus Sicht der statischen Trade-Off-Theorie – bestenfalls zweitbesten Finanzierungsentscheidung orientieren. Die Gestalt der zu realisierenden Kapitalstruktur innerhalb des durch die dynamische Trade-Off-Theorie beschriebenen Verschuldungsspektrums rückt damit aus dem Fokus des Theoriegerüsts.

Vor diesem Hintergrund verwundert die Anmerkung der Arbeit von Schneider (2010) nicht, dass mit dem Wechsel zur dynamischen Trade-Off-Theorie die Klarheit der Aussagen zur Gestalt der Finanzierungspolitik abnimmt und in der Folge die Unsicherheit mit Blick auf die Finanzierungsentscheidungen der Unternehmen anwächst.[842] Dies wird deutlich, richtet man den Blick auf die Gestalt der idealen Rekapitalisierungspolitik in dem von Fischer et al. (1989) skizzierten Umfeld. Aus einem dynamischen Verschuldungsoptimum folgt zunächst, dass Unternehmen Phasen einer begrenzten Über- oder Unterschreitung des Zielverschuldungsgrades akzeptieren werden, ohne durch gezielte Adjustierungsschritte Einfluss auf die Kapitalstruktur zu nehmen.[843] Das wertoptimale Verschuldungsoptimum

---

841 Vgl. Fischer et al. (1989) S. 30–32; Strebulaev (2007) S. 1749.

842 Vgl. dazu Schneider (2010) S. 45; 46. Wie Schneider (2010) nicht zu Unrecht anmerkt, verwischt mit der durch die dynamische Trade-Off-Theorie abgedeckten Finanzierungsbandbreite auch die Aussagekraft der Theorie. Pointiert ausgedrückt, deckt die dynamische Trade-Off-Theorie inhaltlich zwar viele Konstellationen ab, ohne dabei jedoch eine prägnante Aussage über das konkrete Finanzierungsverhalten treffen zu können. Der Erklärungscharakter geht so auf Kosten der etwa für die Unternehmensbewertung bedeutsamen Prognosefähigkeit. Vgl. ebda.

843 Vgl. dazu u. a. Graham/Leary (2011) S. 335.

der statischen Trade-Off-Theorie wird unter dem Einfluss von Transaktionskosten somit eher zufällig erreicht, die Regel werden dagegen im Zeitverlauf unterschiedlich starke Abweichungen des Unternehmens vom Zielverschuldungsgrad darstellen.[844] Unter dieser zweitbesten Kapitalstrukturpolitik spreizt sich der wertoptimale Verschuldungsgrad somit zu einer optimalen Verschuldungsbandbreite auf. Empirische Untersuchungen, die auf Stichtagsbetrachtungen der realisierten Kapitalstruktur abstellen,[845] sind zur Untersuchung einer zwischen den Grenzen des Verschuldungskorridors schwingenden Kapitalstruktur somit nur eingeschränkt geeignet.[846] Konkrete Aussagen sind im Rahmen der dynamischen Trade-Off-Theorie dagegen nur bei einem Erreichen der Verschuldungsgrenzen möglich. An den Verschuldungsgrenzen werden Unternehmen – die Art der Anpassung hängt von der Gestalt der Transaktionskosten ab – durch konkrete Finanzierungsmaßnahmen aktiv in die Kapitalstruktur eingreifen. Die dynamische Trade-Off-Theorie erklärt damit die Spreizung des Verschuldungsoptimums der statischen Trade-Off-Theorie in Verschuldungsgrenzen sowie den blinden Fleck, der zwischen diesen Grenzen liegt.

Wie Schneider (2010) richtigerweise hervorgehoben hat, begründet die dynamische Trade-Off-Theorie nach Fischer et al. (1989) letztlich keinen eigenständigen Erklärungsansatz, sondern stellt „[...] die folgerichtige Erweiterung der statischen Trade-Off-Theorie“[847] um den Einfluss von Transaktionskosten dar. Blickt man auf die Folgen der dynamischen Trade-Off-Theorie für die in der Unternehmensbewertung zu treffenden Annahmen zur Finanzierungspolitik,[848] so erscheinen die Implikationen der dynamischen Trade-Off-Theorie durchaus bedeutsam. Kann unter Verweis auf die Überlegungen der dynamischen Trade-Off-Theorie doch an der Annahme eines zeitinvarianten wertoptimalen Verschuldungsgrades begründet gezweifelt werden. Unter dem Eindruck der dynamischen Trade-Off-Theorie erscheint es vielmehr zielführend, im Rahmen der Unternehmensbewertung sowohl Verschuldungsunter- als auch -obergrenzen zu bestimmen und auf Basis der erwarteten Unternehmensentwicklung das Finanzierungsverhalten des Unternehmens abzuleiten. Ein pragmatischer – einer empirischen Überprüfung harrender – Ansatz könnte, in Abhängigkeit von der erwarteten Unternehmensentwicklung, daher sein, eine Bewertung auf Basis des in Zukunft greifenden Grenzwertes der Finanzierungsentscheidung vorzunehmen.[849] Unzweifelhaft basiert auch ein pragmatisches Vorgehen für die Unternehmensbewertung auf einem Verständnis der

844 Vgl. dazu Schneider (2010) S. 45.

845 Vgl. Fischer et al. (1989) S. 35.

846 Vgl. Fischer et al. (1989) S. 30; Strebulaev (2007) S. 1749.

847 Schneider (2010) S. 44.

848 Die in der Unternehmensbewertung getroffenen Annahmen werden eingehender in Kapitel II dieser Arbeit beleuchtet werden.

849 Neben einem Simulationsansatz wäre auch eine vereinfachende Sonderform der in Kapitel II diskutierten „gemischten“ Finanzierungspolitiken denkbar.

Gestalt der Finanzierungspolitik mit optimalem Verschuldungsgrad und in einem dynamischen Umfeld der Verschuldungsgrenzen. Insofern müssen auch bei einem Abstellen auf die dynamische Trade-Off-Theorie weiterhin die Überlegungen der statischen Trade-Off-Theorie in die Prognose des Finanzierungsverhaltens einfließen lassen. Geringere Ansprüche an eine objektivierte Unternehmensbewertung werden mit dem Übergang zur dynamischen Trade-Off-Theorie damit keinesfalls gestellt.

Vor dem Hintergrund dieses wachsenden Anforderungen merkt Schneider (2010) kritisch an, dass über die Schwächen der statischen Trade-Off-Theorie auch die dynamische Trade-Off-Theorie reale Finanzierungsentscheidungen nur unzureichend erklären kann.[850] Auch wenn man die dynamische Trade-Off-Theorie von diesem Vorwurf nicht völlig freisprechen kann, so kann man meiner Überzeugung nach der Trade-Off-Theorie jedoch nicht absprechen, einen erhellenden Beitrag für das grundsätzliche Verständnis von Finanzierungsentscheidungen geleistet zu haben. So kann auf Grundlage des Annahmegerüsts von Modigliani/Miller (1958) und Modigliani/Miller (1961) über den Wertbeitrag der Fremdfinanzierung eine konkrete Vorstellung zum Einfluss der Finanzierungsentscheidung auf den Unternehmenswert entwickelt werden. Für die Praxis mag die relative Praxisferne der Annahmen an dieser Stelle zunächst ein Problem darstellen, der Bedeutung der Überlegungen von Modigliani/Miller (1958) tut dies jedoch keinen Abbruch. Nähert man sich durch die Anpassung des Annahmerahmens stückweise der Realität – wie mit den Abschnitten 2.1. bis 2.6. zur Evolution der statischen Trade-Off-Theorie deutlich wurde –, erscheint es wenig verwunderlich, dass die Aussage mit Blick auf die zu treffenden Finanzierungsentscheidungen an Klarheit verliert. Gegen die Trade-Off-Theorie spricht diese mit der Erweiterung einhergehende Unschärfe m. E. jedoch nicht. Strebulaev (2007) weist in diesem Zusammenhang so darauf hin, dass das Trade-Off-Argument – letztlich auch in Kontrast zu den konkurrierenden Erklärungsansätzen der Kapitalstruktur – sich vollkommen kompatibel mit der Sicht der Finanzierungsentscheidung als einen dynamischen Prozess zeigt.[851]

Die empirische Evidenz für einen optimalen Zielkapitalkorridor, wie von Fischer et al. (1989) vorgeschlagen, bleibt in der Folge jedoch gemischt. So haben Graham/Harvey (1989) mit Blick auf die empirische Überzeugungskraft der dynamischen Trade-Off-Theorie zum damaligen Zeitpunkt festgehalten, dass: „[...] the support

850 Schneider kritisiert, dass insbesondere der Bezugspunkt der statischen bzw. dynamischen Trade-Off-Theorie – das Kapitalstrukturoptimum – in der Praxis „[...] grundsätzlich unbeobachtbar ist und dies im Übrigen auch immer bleiben wird [...]". Schneider (2010) S. 46.

851 Vgl. dazu Strebulaev (2007) S. 1749. Wie die nachfolgenden Abschnitte zeigen werden, bestehen auch dynamische Erweiterungen der Pecking-Order-Theorie. Das theoretische Fundament dieser dynamischen Pecking-Order-Theorien bleibt jedoch ungleich enger als im Fall der Erweiterungen der Trade-Off-Theorie.

for the transaction cost hypothesis is weak."[852] Eine spätere von Graham/Harvey (2001) durchgeführte Befragungsstudie zeigt jedoch, dass 37 % der befragten Finanzvorstände angeben, einen flexiblen Zielverschuldungskorridor zu verfolgen. Weitere 34 % der befragten Finanzvorstände geben an, einem fixen Verschuldungsgrad bzw. einem festen Verschuldungskorridor zu folgen.[853] Dies scheint – blendet man die weitere empirische Forschung an dieser Stelle zunächst aus – ein bedeutender Beweis der Praxisrelevanz der Implikationen der dynamischen Trade-Off-Theorie für die Steuerung der Finanzierungsentscheidungen zu sein. Diese Einschätzung findet auch Widerklang in den Ergebnissen der jüngeren empirischen Forschung. Leary/Roberts (2005) finden so die dynamische Finanzierungsentscheidung nach Fischer et al. (1989) durch die bestehende empirische Evidenz bestätigt.[854] Auch Strebulaev (2007) hält als Ergebnis seiner Arbeit u. a. fest: „[...] the data are more consistent with the dynamic trade-off theory than is traditionally thought [...]".[855] Kritisch äußert sich dagegen u. a. Welch (2004), der festhält, dass im Rahmen der dynamischen Trade-Off-Theorie die Bedeutung der Transaktionskosten für die Finanzierungsentscheidung überschätzt und zudem nur unzureichend abgebildet wird. Empirisch sieht Welch (2004) das mit der dynamischen Trade-Off-Theorie vermutete Einhalten eines optimalen Verschuldungsspektrums als nicht belegbar an.[856] Welch (2004) setzt der dynamischen Trade-Off-Theorie daher einen eigenen Erklärungsansatz entgegen, der in Abschnitt 3.4.4. kurz näher betrachtet werden soll. Man kann an dieser Stelle dennoch berechtigt davon sprechen, dass durch die Dynamisierung des Trade-Off-Gedankens die Trade-Off-Theorie revitalisiert wurde. Zur Beurteilung alternativer Finanzierungsannahmen in der Unternehmensbewertung bilden die erweiterte statische Trade-Off-Theorie wie auch die dynamische Trade-Off-Theorie damit natürliche Ausgangspunkte der Überlegungen.

> „[...] because the dynamics of financing decisions have such a profound influence on the empirical properties of the cross section, competing theories of capital structure – beyond the dynamic trade-off theory – ought to be developed in fully dynamic form."[857]

852 Graham/Harvey (2001) S. 215.
853 Vgl. dazu Graham/Harvey (2001) S. 211; Titman/Tsyplakov (2007) S. 401.
854 Vgl. dazu Leary/Roberts (2005) S. 2577.
855 Strebulaev (2007) S. 1749.
856 Welch (2004) gibt so u. a. zu bedenken, dass Transaktionskosten in der Praxis stark mit den Unternehmenseigenschaften schwanken, dieses Merkmal jedoch bei der Trade-Off-Theorie – dies haben die Vorüberlegungen gezeigt – vereinfachend ausgeblendet wird. Vgl. dazu Welch (2004) S. 123–124.
857 Strebulaev (2007) S. 1784.

Zur Erweiterung der weiteren Kapitalstrukturtheorien

Im Einklang mit der Forderung Strebulaevs (2007) finden sich in der jüngeren Literatur eine Reihe von Fortentwickelungen der „klassischen" Kapitalstrukturtheorien. Wie die nachfolgenden Abschnitte zeigen werden, zeichnen sich dieses Arbeiten – vergleichbar zu der Erweiterung der dynamischen Trade-Off-Theorie – dadurch aus, dass das strenge Gerüst der in den vorangehenden Abschnitten betrachteten „klassischen" Kapitalstrukturtheorien zunehmend durchbrochen wird. Jüngere Kapitalstrukturtheorien zeichnen sich m. a. W. regelmäßig durch die Modellierung einer größeren Flexibilität im Rahmen der Finanzierungsentscheidung gegenüber den „klassischen" Kapitalstrukturtheorien aus, mit der direkten Folge, dass empirische Paradoxa der „klassischen" Kapitalstrukturtheorien erklärt werden können.[858] Wie die kurz skizzierte Kritik Schneiders (2010) zu Ende dieses Abschnittes verdeutlicht hat, ist die höhere Flexibilität jüngerer Kapitalstrukturtheorien jedoch auch mit Kosten verbunden. So kann durchaus berechtigt die Kehrseite der höheren Flexibilität kritisiert werden, die zunehmende Beliebigkeit der gegebenen Erklärungsansätze. Fasst man diese Kritik spitz zusammen, so könnte man davon sprechen, dass Kapitalstrukturtheorien, die alle empirischen Beobachtungen erklären können, letztlich wohl wenig zum übergeordneten Verständnis der Kapitalstrukturentscheidungen beitragen können. Dies hat letztlich auch Auswirkungen auf die Aufgabe, die Finanzierungsentscheidung etwa im Rahmen der Unternehmensbewertung konkret zu prognostizieren, lassen moderne Kapitalstrukturtheorien doch einen zunehmenden Spielraum der Finanzierungsentscheidung zu.

3.4.2. Zur Theorie des Market-Timings

In den folgenden Abschnitten soll mit der Theorie des Market-Timings eine weitere in der Literatur diskutierte Kapitalstrukturtheorie eingeführt werden. Blickt man auf die Bedeutung der in den bisherigen Abschnitten diskutierten alternativen Kapitalstrukturtheorien, so zählt die Theorie des Market-Timings, gemeinsam mit Trade-Off-Theorie und Pecking-Order-Theorie – die zu den „klassischen" Kapitalstrukturtheorien zu rechnen sind – als auch der „modernen" dynamische Trade-Off-Theorie, zu den theoretischen Erklärungsansätzen der Finanzierungsentscheidung, die in der Literatur die meiste Beachtung gefunden haben. Wie der nachfolgende Abschnitt verdeutlichen wird, ist die Verbindung, die zwischen der in Abschnitt 2.9. beleuchteten Pecking-Order-Theorie und der Theorie des Market-Timings besteht, eng. Der Blick auf die Entwicklung der Literatur zeigt eine schrittweise Emanzipation der Theorie des Market-Timings von den Grundüberlegungen der Pecking-Order-Theorie. Der abschließende Schritt der Emanzipation der Theorie des Market-Timings von der Pecking-Order-Theorie wird mit der Arbeit von

858 Dieser Effekt erscheint letztlich wenig verwunderlich, wurden bzw. werden diese Erweiterungen bestehender Kapitalstrukturtheorien doch mit dem expliziten Ziel der Erklärung empirischer Widersprüche formuliert.

Baker/Wurgler (2002) vollzogen.[859] Diese für die Entwicklung der Market-Timing-Theorie bedeutsame Arbeit sei daher in einem zweiten Schritt näher beleuchtet. Zum Ende des Abschnitts zur Theorie des Market-Timings soll ein knapper Ausblick auf die Resonanz, die die Theorie des Market-Timings in der empirischen Forschung gefunden hat, gegeben werden.

3.4.2.1. Von der Pecking-Order-Theorie zur „windows of opportunity"-Literatur

Unternimmt man zu Beginn des Abschnitts zur Theorie des Market-Timings einen kurzen Exkurs zu den vorgelagerten Überlegungen der Literatur, so wird schnell sichtbar, dass der bereits mit der Pecking-Order-Theorie erfolgte Prämissenwechsel gegenüber der Trade-Off-Theorie in der Theorie des Market-Timings Fortsetzung gefunden hat.[860] Deutlich werden die Unterschiede der Theorie des Market-Timings zur „klassischen" Trade-Off-Theorie, blickt man erneut auf das in Abschnitt 2.1. durch einen Exkurs zur Arbeit von Modigliani/Miller (1958) beschriebene theoretische Fundament der „klassischen" Trade-Off-Theorie. Wie die in Abschnitt 2 skizzierte Entwicklung verdeutlicht hat, wurde die Trade-Off-Theorie, ausgehend von dem unter engen Rahmenbedingungen abgeleiteten Theorem der Kapitalstrukturirrelevanz, durch eine schrittweise Annäherung an die Praxis entwickelt. Die Entstehung der Market-Timing-Theorie gründet demgegenüber – dies wird mit diesem Abschnitt sichtbar – allein auf empirischen Wurzeln, die erst in einem zweiten Schritt mit einem theoretischen Unterbau versehen wurden. Ausgangspunkt der Market-Timing-Theorie bildeten – an dieser Stelle darf man sich an die Entwicklung der Pecking-Order-Theorie erinnert fühlen – die gemischten Ergebnisse der empirischer Forschungsansätze ab Mitte der 1980er-Jahre, die es sich zur Aufgabe gemacht hatten, die Überzeugungskraft der in Abschnitt 2.9. beschriebenen informationsbasierten Kapitalstrukturtheorien näher zu beleuchten.[861] Ein

859 Die Literatur hat, darauf geht auch die nachfolgende Fußnote nochmals ein, die Frage, ob Marktkonditionen die Wahl zwischen Eigen- und Fremdkapital beeinflussen, bereits deutlich vor der Arbeit von Baker/Wurgler (2002) aufgeworfen. Vgl. dazu u. a. Jalilvand/Harris (1984) S. 128–129; Homaifar et al. (1994) S. 3.

860 Streng genommen, finden sich schon vor der Formulierung der Pecking-Order-Theorie in der Literatur Hinweise, dass die Marktbewertung bei der Finanzierungsentscheidung des Unternehmens eine zentrale Rolle spielt. Vgl. dazu u. a. Choe et al. (1993) S. 4. So hält bereits Taggart (1977) fest: „A major conclusion is that movements in the market values of long-term debt and equity are important determinants of corporate security issues." Taggart (1977) S. 1467.

861 Ähnlich dazu schon Hermanns (2007) S. 115.

Schwerpunkt dieser empirischen Arbeiten lag auf der Beobachtung der Marktbewegungen im Umfeld von Eigenkapitalemissionen.[862]

Fasst man die Ergebnisse dieses Strangs der empirischen Forschung grob zusammen, so sticht insbesondere die Beobachtung hervor, dass im Umfeld von Eigenkapitalemissionen augenscheinlich stabile Marktreaktionen – im Sinne von festen Mustern – zu beobachten sind.[863] Lucas/Roberts (1990) haben die Ergebnisse dieser frühen empirischen Arbeiten prägnant zusammengefasst: „[...] researches find an abnormal return on the order of 30 percent in the 500 days preceding the [equity] issues, but with substantial variation in the price history across firms. Equity issues appear to follow market rises. There is a significant price drop at issues announcement of about 3 % for industrial issues."[864] Eine bedeutsame Beobachtung der empirische Forschung gegen Ende der 1980er-Jahre war m. a. W. also der Nachweis, dass im Vorfeld der Begabe von Eigenkapital in der Praxis regelmäßig über einen längeren Zeitraum andauernde Überrenditen zu beobachten waren, die sich mit der Ankündigung der Begabe von frischem Eigenkapital z. T. wieder umkehrten.[865] Betrachtet man diese empirischen Beobachtungen aus Sicht der in den vorangehenden Abschnitten vorgestellten Kapitalstrukturtheorien, so kann an dieser Stelle zunächst wohl berechtigt festgehalten werden, dass der Versuch einer Plausibilisierung dieser empirischen Beobachtungen auf Basis der Überlegungen der Trade-Off-Theorie wohl nicht geradlinig verlaufen dürfte, geht man im Rahmen der Trade-Off-Theorie mit Blick auf die Überrenditen doch prima facie von einem Anstieg des Fremdkapitalvolumens – die Tragfähigkeit als auch die wirtschaftliche Vorteilhaftigkeit eingesetzten Fremdkapitals wächst infolge eines Zeitabschnittes mit konstanten Überrenditen an – aus.[866] Der Weg, die kurz skizzierten empirischen Beobachtungen auf Basis der Trade-Off-Theorie durch weitergehende Überlegungen zu plausibilisieren, wird an dieser Stelle daher nicht weiter beschritten. Alternativ zu diesem ersten Versuch, die empirischen Beobachtungen in Einklang

---

862 Ziel dieser Beobachtungen war es u. a. zu beantworten, ob der in Abschnitt 2.9. beschriebene Signalisierungscharakter im Fall der Begabe von Eigenkapitalanteilen besteht.

863 Vgl. dazu u. a. Lucas/McDonald (1990) S. 1019; Ritter (1991) S. 3–4.

864 Lucas/McDonald (1990) S. 1019–1020. Ähnlich dazu auch Affleck-Graves et al. (1996) S. 25. Wie Lucas/McDonald (1990) zeigen, ist der mit dem Rückgang der Marktkapitalisierung letztlich einhergehende Wohlfahrtsverlust letztlich davon abhängig, inwieweit wertschaffende Projekte infolge der noch näher zu beschreibenden Informationsasymmetrien abgelehnt werden. Vgl. dazu Lucas/McDonald (1990) S. 1035.

865 Vgl. dazu Ritter (1991) S. 5. Wie Lucas/McDonald (1990) festhalten, hängt der Umfang der Marktreaktion dabei vom Grad der Informationsasymmetrie sowie dem Umfang vorangehender Preisreaktionen ab. Vgl. dazu Lucas/McDonald (1990) S. 1027.

866 Eine eingehendere Analyse der empirischen Beobachtungen auf Basis der Trade-Off-Theorie würde an dieser Stelle letztlich ein höheres Informationsniveau voraussetzen.

mit der Trade-Off-Theorie zu bringen, kann – diesen Weg hat die Literatur an dieser Stelle beschritten – ein alternativer Erklärungsansatz als Ausgangspunkt der Erklärung der empirischen Evidenz gewählt werden. Wechselt man – aufgrund der Schwierigkeiten der Trade-Off-Theorie – zu einem Erklärungsversuch auf Basis der Überlegungen der Pecking-Order-Theorie, so erscheinen die eingangs skizzierten Beobachtungen der empirischen Forschung zunächst wenig überraschend. Deutlich wird dies, ruft man sich zunächst den Ausgangspunkt der in Abschnitt 2.9. eingeführten Überlegungen zur Pecking-Order-Theorie an dieser Stelle nochmals kurz in Erinnerung. Grundlage der mit der Pecking-Order-Theorie beschriebenen Rangfolge alternativer Finanzierungsinstrumente stellte das in der Praxis regelmäßig vorliegende unterschiedliche Informationsniveau von (Alt-) Eigenkapitalgebern bzw. Unternehmern und Investoren dar.[867] Die Auswirkungen bestehender Informationsunterschiede zeigen sich u. a. in der nachlassenden Unterscheidungskraft des Kapitalmarktes zwischen guten und schlechten Investitionsprojekten Eigenkapital begebender Unternehmen. Dieses zwischen Unternehmen und Kapitalmarkt bestehende Informationsungleichgewicht spiegelt sich in Form von Durchschnittsbewertungen, d. h., eine positive wie auch negative Unternehmensentwicklung wird von den Investoren als gleich wahrscheinlich erachtet, der zu begebenden Eigenkapitalanteile wider. Wie mit Abschnitt 2.9. deutlich wurde, führt eine ungleiche Informationsverteilung zwischen Unternehmen und Investoren im Ergebnis letztlich zu einer dauerhaften Fehlbewertung des Wertbeitrages zukünftiger Projekte am Kapitalmarkt. Der positive Wertbeitrag von werthaltigen Investitionsgelegenheiten wird infolge dieser Fehlbewertung unterschätzt, während der mit unvorteilhaften Projekten einhergehende Wertverzehr durch den Kapitalmarkt unterschätzt wird.[868]

Wie die Überlegungen von Myers/Majluf (1984) gezeigt haben, verfügen unter diesen Rahmenbedingungen nur noch Unternehmen einen Anreiz, Eigenkapital am Kapitalmarkt einzuwerben, deren Eigenkapitalanteile überbewertet sind. Setzt man an dieser Stelle auf den Vorüberlegungen zur Pecking-Order-Theorie auf, so kann die Begabe von Eigenkapitalanteilen als ein verlässliches Signal einer Überbewertung interpretiert werden, die eine Kurskorrektur durch den Kapitalmarkt notwendig werden lässt.[869] Die in der Praxis infolge der Ankündigung der Begabe von Eigenkapitalanteilen zu beobachtenden Kurskorrekturen stehen – folgt man

867 Besonders zu betonen ist – wie bereits in Abschnitt 2.9. geschehen –, dass man sich mit der Pecking-Order-Theorie aber insbesondere mit der dynamischen Pecking-Order-Theorie von der Vorstellung eines effizienten Kapitalmarktes löst. Wie u. a. Baker/Wurgler (2002) hervorheben, geht man vielmehr von segmentierten bzw. informationsineffizienten Kapitalmärkten aus. Vgl. dazu Baker/Wurgler (2002) S. 1.

868 Bei wertverzehrenden Projekten wird durch den Kapitalmarkt aufgrund der Durchschnittsbewertung fälschlicherweise ein moderater Wertzuwachs unterstellt.

869 Vgl. dazu Krasker (1986) S. 93; Korajczyk et al. (1990) S. 261; Lucas/McDonald (1990) S. 1022–1023.

den Vorüberlegungen – somit im Einklang mit dem Gerüst der Pecking-Order-Theorie. Eine Einschränkung dieser, auf den Überlegungen von Myers/Majluf (1984) aufbauenden Argumentation liegt jedoch regelmäßig in dem relativ strikten Rahmen, den die Pecking-Order-Theorie für die Finanzierungsentscheidung vorsieht. Will man die Eignung der Pecking-Order-Theorie zur Erklärung der empirischen Beobachtungen vollständig würdigen, so muss man in einem zweiten Schritt m. a. W. der Frage nachgehen, ob die empirischen Beobachtungen die Vorgaben der strengen Finanzierungsrangfolge der Pecking-Order-Theorie erfüllen. Kehrt man zu den eingangs kurz zusammengefassten Beobachtungen der empirischen Forschung zurück, wird deutlich, dass die Pecking-Order-Theorie – wie bereits die „klassische" Trade-Off-Theorie – Schwierigkeiten hat, die empirische Evidenz vollständig zu erklären.

Wie die vorangehenden Überlegungen gezeigt haben, kann mit der Pecking-Order-Theorie die Begabe von Eigenkapitalinstrumenten bestenfalls für den Fall überbewerteter Unternehmen plausibilisiert werden.[870] Für unterbewertete Unternehmen – hält man an der Annahme eines im Interesse der Altaktionäre handelnden Managements fest – besteht dagegen zunächst kein Anreiz, Eigenkapitalinstrumente zu begeben, da der Wertverlust der Unterbewertung durch die bestehenden Aktionäre getragen werden müsste. Mit der Pecking-Order-Theorie ist somit nur eine einseitige Plausibilisierung der Eigenkapitalbegabe durch Unternehmen möglich. Man kann bzw. muss an dieser Stelle hinterfragen, inwieweit eine solche doch vergleichsweise strikte Einschätzung durch die Beobachtungen der Praxis gedeckt ist.[871] Wie das einführende Zitat von Lucas/McDonald (1990) bereits deutlich hat werden lassen, weisen Unternehmen vor der Begabe von Eigenkapitalinstrumenten i. d. R. eine „[...] substantial variation [...]" mit Blick auf die vorangehenden Kursentwicklungen der Eigenkapitalanteile auf.[872] Diese – zunächst noch etwas unkonkrete – Beobachtung spricht auf den ersten Blick gegen die mit den Überlegungen von Myers/Majluf (1984) letztlich verknüpfbare Vermutung, dass Eigenkapital begebende Unternehmen zwangsläufig nur aus der Position einer Überbewertung Eigenkapitalinstrumente begeben werden. In der Literatur zur Pecking-Order-Theorie findet sich als Erklärungsansatz für in der Praxis zu beobachtenden – von der Theorie „abweichenden" – Eigenkapitalemissionen

---

870 Letztlich scheitert dies daran, dass der Kapitalmarkt dieses einseitige Interesse überbewerteter Unternehmen erkennen und entsprechend einpreisen wird. Die Begabe von Eigenkapitalanteilen bleibt also auch für überbewertete Unternehmen vergleichsweise unattraktiv gegenüber alternativen Finanzierungsquellen.

871 Lassen sich doch auch für am Kapitalmarkt unterbewertete Unternehmen Notwendigkeiten – wie etwa eine drohende Insolvenz – finden, die es notwendig erscheinen lassen, frisches Eigenkapital zu begeben.

872 Korajczyk et al. (1990) zeigen so u. a., dass rund 18 % der Unternehmen gegenüber dem Markttrend einen Rückgang des Marktwertes vor der Begabe von Eigenkapitalinstrumenten aufweisen. Vgl. dazu: Korajczyk et al. (1990) S. 286.

unterbewerteter Unternehmen oftmals der etwas abstrakt formulierte Hinweis, dass die Begabe von Eigenkapital auch als ein Zeichen dafür interpretiert werden kann, dass die unternehmensindividuelle Verschuldungsobergrenze erreicht wurde.[873] Wie u. a. die Arbeit von Korajczyk et al. (1990) gezeigt hat, ist – entgegen der mit der „klassischen" Pecking-Order-Theorie verknüpfbaren Erwartung – die Begabe von Eigenkapitalinstrumenten nicht in jedem Fall mit dem bereits erfolgten Ausschöpfen der Verschuldungskapazität des Unternehmens erklärbar. Im Vorfeld der Begabe frischen Eigenkapitals ist in der Praxis so oftmals – der aus Sicht der Pecking-Order-Theorie paradoxe – Rückgang des Verschuldungsgrades zu beobachten.[874] Diese Beobachtung spricht auf den ersten Blick somit klar gegen die in der Literatur zu findende These der Ausschöpfung der Verschuldungskapazität, die die Unternehmen schließlich zu der Begabe von Eigenkapitalanteilen treibt.

Das bestehende theoretische Gerüst der Pecking-Order-Theorie reicht an dieser Stelle daher nicht aus, um die empirischen Beobachtungen vollständig mit einem theoretischen Fundament untermauern zu können. Die Arbeit von Lucas/McDonald (1990) hat die grundsätzlichen Überlegungen der Pecking-Order-Theorie in einem ersten Schritt daher um die Annahme, dass sich die Marktbepreisung des Eigenkapitals mittelfristig – der Informationshorizont der externen Investoren gleicht sich schrittweise an das Informationsniveau des Unternehmens an – dem tatsächlichen Unternehmenswert annähern wird, ergänzt. Unternehmen besitzen vor dem Hintergrund der schrittweisen Antizipation des wahren Unternehmenswertes durch den Kapitalmarkt die Möglichkeit, die Begabe von Eigenkapital vorzuziehen – dies bedeutet letztlich, bestehende Überbewertungen auszunutzen – bzw. so lange aufzuschieben, bis der Kapitalmarkt den tatsächlichen Wert des Unternehmens vollständig antizipiert hat.[875] Auf Basis der mit der Arbeit von Lucas/McDonald (1990)

---

873 Wie in Abschnitt 2.9. bereits hervorgehoben wurde, hat Myers (1984) mit Blick auf die Eigenkapitalfinanzierung so von einem „last resort" gesprochen, das von Unternehmen erst genutzt wird, wenn alle anderen Finanzierungsquellen des Unternehmens versiegt sind. Vgl. dazu Myers (1984) S. 581; Bayless/Chaplinsky (1996) S. 267. Unklar bleibt dagegen die konkrete Bestimmung der Verschuldungsobergrenze auf Basis der Überlegungen der Pecking-Order-Theorie.

874 Korajczyk et al. (1990) sprechen mit Blick auf diese Beobachtung daher davon, dass „[t]his seems to be inconsistent with a story in which the firm is issuing equity because its debt levels have become too high [...]". Vgl. Korajczyk et al. (1990) S. 269. Bedeutsam bei der Beobachtung Korajczyk et al. (1990) erscheint, dass die Beobachtung unabhängig davon ist, ob eine buch- oder marktwertbasierte Definition des Verschuldungsgrades zugrunde gelegt wird. Gleichzeitig beobachten Korajczyk et al. (1990) einen Rückgang der liquiden Mittel sowie einen Anstieg der Verschuldungsquote infolge der Eigenkapitalbegabe. Beide Beobachtungen liefern weitere Gründe, die gegen die Erreichung der Verschuldungsobergrenze sprechen. Vgl. ebda.

875 Lucas/McDonald (1990) sprechen in diesem Zusammenhang etwas unspezifisch davon, dass Projekte langfristigen Charakter aufweisen und „[...] waiting is not too costly [...]". Lucas/McDonald (1990) S. 1020.

erfolgten Erweiterungen der Prämissen der Finanzierungsentscheidung bleibt der Anreiz überbewerteter Unternehmen, frisches Eigenkapital möglichst rasch, d. h. vor einem Abschmelzen der Überbewertung im Zeitverlauf, einzuwerben, aus ökonomischer Sicht weiterhin einleuchtend. Im Fall einer Unterbewertung des Unternehmens wird ein, im Interesse der (Alt-)aktionäre handelndes, Unternehmen dagegen versuchen, die Begabe von Eigenkapitalinstrumenten so lange hinauszuzögern, bis der Kapitalmarkt eine vollständige Korrektur der bestehenden Fehlbewertung vorgenommen hat.[876] Unternehmen weisen infolge des skizzierten Verhaltens im Vorfeld der Begabe von Eigenkapitalinstrumenten somit im Einklang mit den Beobachtungen der empirischen Forschung regelmäßig eine positive Entwicklung der realisierten Eigenkapitalrenditen auf. Eine Überbewertung des Unternehmens muss – im Kontrast zu den auf der Arbeit von Myers/Majluf (1984) basierenden Vorüberlegungen – im Fall einer Begabe von Eigenkapital hingegen nicht zwingend bestehen.[877] Mit dieser Erweiterung deckt sich das modellbasierte Finanzierungsverhalten also letztlich mit der eingangs kurz zusammengefassten Beobachtung früher empirischer Arbeiten, dass eine Historie von Überrenditen im Vorfeld der Eigenkapitalbegabe zu beobachten ist. Insbesondere jedoch deckt sich eine solche erweiterte Unternehmensstrategie auch mit dem empirisch beobachtbaren Trend,[878] dass Unternehmen in Phasen allgemeinen Marktwachstums verstärkt zur Begabe von Eigenkapitalinstrumenten neigen.[879] Diese Beobachtung, die sich u. a. in der Arbeit von Lucas/McDonald (1990) findet, verfügt, wie Choe et al. (1993) hervorgehoben haben, über eine gewisse Stabilität in der empirischen Literatur.[880] Abstrahiert man an dieser Stelle von den Forschungsergebnissen einzelner Studien, so erscheint an der Abhängigkeit der Wahrscheinlichkeit der Begabe von Eigenkapitalinstrumenten von Markttrends bedeutsam, dass solche Trends nur unzureichend mit den, der Pecking-Order-Theorie zugrunde liegenden, Überlegungen von Myers/Majluf (1984) erklärt werden können. Wie bereits in Abschnitt

---

876 Wie Lucas/McDonald (1990) zeigen, hängt die Bereitschaft guter Unternehmen, zu warten, maßgeblich von dem Grad der Informationsasymmetrie sowie der Langfristigkeit der zu verschiebenden Investitionsprojekte ab. Vgl. dazu Lucas/McDonald (1990) S. 1029.

877 Vgl. dazu Korajczyk et al. (1990) S. 261; 267; Lucas/McDonald (1990) S. 1028. Zusammenfassend werden auf Basis der erfolgten Erweiterung sowohl überbewertete als auch korrekt bewertete Unternehmen Eigenkapital begeben.

878 Vgl. dazu u. a. Korajczyk et al. (1990) S. 263.

879 Vgl. dazu Lucas/McDonald (1990) S. 1029. Ein früher Erklärungsansatz von Asquith/Mullins (1986), dass der Umfang des Anstiegs des Marktpreises im Vorfeld einer Eigenkapitalemission ein Indikator für den Umfang des Abbaus asymmetrischer Informationen ist, hat sich nicht als stabil erweisen. Vgl. dazu Korajczyk et al. (1990) S. 262; Asquith/Mullins (1986) S. 40.

880 Wie Choe et al. (1993) festhalten, finden sich u. a. bereits in Hickman (1953) als auch Moore (1980) die empirische Beobachtung, dass die Begabe von Eigenkapitalinstrumenten regelmäßig dem Wirtschaftszyklus folgt. Vgl. dazu Choe et al. (1993) S. 4.

2.9. festgehalten wurde, wird mit der Pecking-Order-Theorie ein festes, d. h. vom Grundsatz her zeitunabhängiges, Finanzierungsgerüst beschrieben.[881] Choe et al. (1993) sprechen in diesem Zusammenhang daher richtigerweise davon, dass die Überlegungen von Myers/Majluf (1984) primär auf „[...] cross sectional predictions [...]"[882] abstellen, der Einfluss von Zeiteffekten auf die Finanzierungsentscheidung jedoch im Rahmen der „klassischen" Pecking-Order-Theorie weitgehend außer Acht gelassen wird.[883]

Die Erweiterung des bestehenden informationsbasierten Ansatzes um eine Erklärung des in der Empirie beobachtbaren Zeiteffektes bildet somit den Ausgangspunkt der weiteren Überlegungen der Literatur. Die Arbeit von Choe et al. (1993) hat neben weiteren Arbeiten gezeigt, dass das Ausmaß der auf eine Eigenkapitalemission folgenden Reaktionen des Kapitalmarktes insbesondere von der Marktlage abhängt, zu der das Unternehmen Eigenkapitalanteile begibt.[884] Choe et al. (1993) zeigen so, dass in einem positiven ökonomischen Umfeld die Marktreaktion – die Begabe von Eigenkapital wird weiterhin als ein Zeichen der Überbewertung aufgefasst – i. d. R. geringer ausfällt als im Fall einer angespannten Marksituation, wie beispielsweise im Fall eines allgemeinen Konjunkturabschwungs.[885] Den Einfluss der allgemeinen Marktlage auf die Finanzierungsentscheidung des Unternehmens begründen Choe et al. (1993) durch zwei in der Folge kurz beleuchtete Aspekte. Unter positiven ökonomischen Rahmenbedingungen ist – folgt man der Argumentation von Choe et al. (1993) – regelmäßig davon auszugehen, dass bestehende als auch zukünftige Projekte über eine höhere Profitabilität verfügen als im Fall einer Konjunktureintrübung. Blickt man auf die zu Beginn dieses Abschnitts wiederholte Argumentation der Arbeit von Myers/Majluf (1984) zurück, so kann man an dieser Stelle vereinfachend auch davon sprechen, dass der Abstand zwischen Unternehmen mit positiven und negativen Projekten im Falle eines Konjunkturaufschwunges abnimmt, da es aufgrund der positiven wirtschaftlichen Lage zu einer allgemeinen Verschiebung zugunsten der „guten" Investitionsprojekte kommt.[886] Blickt man auf die mit der Begabe von Eigenkapitalinstrumenten verknüpfte Signalwirkung, so verliert in einem positiven ökonomischen Umfeld das mit der Begabe von Eigenkapitalbeständen verknüpfte Signal der Überbewertung an Bedeutungskraft, da der Anteil „schlechter" Unternehmen, die

881 Vgl. dazu u. a. Ibbotson/Ritter (1995) S. 1007.

882 Choe et al. (1993) S. 4.

883 An dieser Stelle deckt sich die Vorstellung der Pecking-Order-Theorie also mit der Vorstellung der „klassischen" Trade-Off-Theorie, die als Einperiodenmodell Zeiteffekte außer Acht gelassen hat.

884 Vgl. dazu Choe et al. (1993) S. 16.

885 Vgl. dazu Choe et al. (1993) S. 30. ähnlich: Bayless/Chaplinsky (1996) S. 276.

886 Man könnte an dieser Stelle auch von einem Anstieg der Wahrscheinlichkeit sprechen, mit der positive Umweltzustände in den kommenden Perioden eintreten werden und neue Eigenkapitalgeber am Erfolg des Unternehmens partizipieren können.

Eigenkapital begeben, schwindet.[887] Choe et al. (1993) sprechen in diesem Zusammenhang daher auch davon, dass die Unsicherheit über den wahren Charakter des Unternehmens in einem positiven Marktumfeld abnimmt.[888]

Man kann – dies haben u. a. Bayless/Caplinsky (1996) getan – in diesem Zusammenhang aus dem Blickwinkel der Investoren heraus auch davon sprechen, dass in einem positiven Marktumfeld die Wahrscheinlichkeit, dass die Begabe von Eigenkapital, durch die die Überbewertung des Unternehmens durch den Kapitalmarkt getrieben ist, abnimmt.[889] Umgekehrt dürften im Fall einer bestenfalls „verhaltenen" Marktlage sowohl „gute" als auch „schlechte" Unternehmen die Begabe von Eigenkapital scheuen. So findet sich bereits bei Taggart (1977) die Vermutung: „If the stock market is unusually depressed, bond issues may be temporarily substituted for stock issues [...]".[890] Widerklang finden diese zunächst noch rein abstrakten Einschätzungen u. a. in der empirischen Beobachtung der Arbeit von Affleck-Graves et al. (1996), dass in sog. „Hot-Issue"-Phasen frisch begebenes Eigenkapital in der Tendenz eher unterbewertet ist, währen in „Cold-Issue"-Phasen Eigenkapitalanteile in der Tendenz eine Überbewertung aufweisen.[891] Affleck-Graves et al. (1996) fassen das Ergebnis ihre Beobachtung daher wie folgt zusammen: „This suggest that in hot markets the probability of an overpriced IPO is extremely small."[892]

887 Wie Choe et al. (1993) ausführen, besitzt das Signal der Eigenkapitalbegabe in einem Umfeld, in dem ein Großteil der Unternehmen Eigenkapital zur Realisierung wertschaffender Projekte begeben werden, nur noch einen geringen Differenzierungscharakter. Vgl. dazu Choe et al. (1993) S. 10.

888 In einem Wirtschaftsabschwung wächst hingegen die Unsicherheit über den tatsächlichen Wert des Unternehmens und der Spreizung zwischen guten und schlechten Unternehmen. Choe et al. (1993) messen die Unsicherheit im Rahmen eines empirischen Untersuchungsansatzes u. a. durch die Marktvolatilität. Vgl. dazu Choe et al. (1993) S. 11; 18. Ähnlich – wenn auch weniger eindeutig – dazu auch Bayless/Chaplinsky (1996) S. 264.

889 Vgl. dazu Bayless/Chaplinsky (1996) S. 254.

890 Taggart (1977) S. 1471.

891 Vgl. dazu Affleck-Graves et al. (1996) S. 26. Eine vergleichbare Beobachtung findet sich bereits schon in Choe et al. (1993) S. 4. Wie Bayless/Chaplinsky (1996) festhalten ist die Differenzierung zwischen den unterschiedlichen Phasen des Kapitalmarktes durchaus mit Problemen behaftet. Insbesondere können Effekte wie sinkende Risikoaufschläge oder Herdeneffekte bedeutsam sein, die jedoch ex ante nur unzureichend identifiziert werden können. Vgl. dazu Bayless/Chaplinsky (1996) S. 258.

892 Affleck-Graves et al. (1996) S. 39. Bayless/Chaplinsky (1996) bestätigen diese Beobachtung von Affleck-Graves et al. (1996) für Zweitplatzierungen. Vgl. dazu Bayless/Chaplinsky (1996) S. 264. Loughran/Ritter (1995) beobachten hingegen, dass im Fall einer antizyklischen Begabe von Eigenkapitalanteilen der zu beobachtende Renditerückgang weniger stark ausgeprägt ist als im Fall der zyklischen Eigenkapitalbegabe. Vgl. dazu Loughran/Ritter (1995) S. 24. Eine Erklärung für diese Beobachtung liefern u. a. Bayless/Chaplinsky (1996). Bayless/Chaplinsky (1996) halten in ihrer Untersuchung so fest, dass Unternehmen mit einem wertschaffenden Investitionsportfolio in „Cold-Issue"-Phasen über weitaus weniger „financial slack" verfügen als

Dies hat – wie u. a. Bayless/Chaplinsky (1996) fast zeitgleich empirisch bestätigt haben – Auswirkungen für den Umfang, in dem asymmetrische Informationen für die Finanzierungsentscheidung von Bedeutung sind.[893]

Wechselt man an dieser Stelle erneut die Perspektive und betrachtet die Finanzierungsentscheidung nicht länger aus Investoren-, sondern aus Unternehmenssicht, so kann man überzeugend – dies haben u. a. Choe et al. (1993) gemacht – argumentieren, dass Unternehmen mit Zunahme des Umfangs des Portfolios wertschaffender Investitionsprojekte sowie des jeweiligen Grads der Vorteilhaftigkeit einzelner Investitionsgelegenheiten die mit einer Eigenkapitalbegabe verbundenen Kosten zunehmend vernachlässigen werden.[894] Greift man die eingangs wiederholten Überlegungen von Myers/Majluf (1984) erneut auf, so darf in Abhängigkeit zur tatsächlichen Werthaltigkeit der realisierbaren Investitionsprojekte vermutet werden, dass der Wertverlust der (Alt-) Aktionäre durch eine – ggf. mit der Verbesserung der Marktlage abnehmende – Fehlbepreisung der begebenen Eigenkapitalanteile durch die wachsende Vorteilhaftigkeit der zu realisierenden Investitionsprojekte letztlich überkompensiert werden kann. Auch an dieser Stelle verliert sich mit der Verbesserung der Marktlage somit die hemmende Wirkung, die der Begabe von Eigenkapitalanteilen im Rahmen der Pecking-Order-Theorie zugeschrieben wird.[895]

Eine zu den vorangehenden Überlegungen letztlich vergleichbare Argumentation findet sich in der Arbeit von Ritter (1991). Ritter (1991) spricht – in Vorwegnahme der späteren Überlegungen zur Theorie des Market-Timings – davon, dass Unternehmen nur in sog. „windows of opportunity" frisches Eigenkapital begeben werden. Unter „windows of opportunity" versteht Ritter (1991) dabei Zeitpunkte, in denen die Kosten der Begabe von Eigenkapitalanteilen – sei es beispielsweise aufgrund der Überbewertung des Unternehmens durch den Kapitalmarkt oder die allgemeine Marktlage – minimiert werden.[896] Die Untersuchung von Choe et al. (1993) hat – im Einklang mit den Ergebnissen von Korajczyk et al. (1990) und Lucas/McDonald (1990) – die Vermutung, dass die Frage, ob Eigen- oder Fremdkapital zur Finanzierung des Unternehmens begeben wird, i. d. R. phasenabhängig

---

in „Hot-Issue"-Phasen. Eine Begabe von Eigenkapital kann in „Cold-Issue"-Phasen vielmehr als ein Signal eines wertschaffenden Investitionsprogramms als das einer Überbewertung aufgefasst werden. Vgl. dazu Bayless/Chaplinsky (1996) S. 269.

893 Vgl. dazu Bayless/Chaplinsky (1996) S. 271.

894 Denkbar sind – dies heben Choe et al. (1993) hervor –, sollten Industrien über profitablere Investitionsprojekte verfügen, etwa branchenspezifische Effekte bei der Begabe von Eigenkapital. Vgl. dazu Choe et al. (1993) S. 9–10. Dieser Effekt wird u. a. von Ritter (1991) beobachtet. Vgl. dazu Ritter (1991) S. 17–18.

895 Diese Einschätzung deckt sich dabei durchaus mit den empirischen Beobachtungen von Bayless/Chaplinsky (1996). Bayless/Chaplinsky (1996) schließen jedoch mit der Warnung, dass „[...] equity issue remains costly even during the most favorable markets". Bayless/Chaplinsky (1996) S. 272.

896 Vgl. dazu Ritter (1991) S. 23–24.

etwa mit Blick auf die aktuelle Marktlage zu beantworten ist, bestätigt. Ein direkter Beleg des bisher eher indirekt geführten Nachweises der Bedeutung der Marktbewertung findet sich in der – später nochmals kurz betrachteten –[897] Befragungsstudie von Graham/Harvey (2001). Graham/Harvey (2001) finden insbesondere für große Unternehmen die Einschätzung, dass Unternehmen durch phasenabhängige Finanzierungsentscheidungen Fehlbewertungen des Kapitalmarktes auszunutzen suchen, bestätigt.[898]

Zwischenfazit

Mit den in diesem Abschnitt näher beleuchteten Arbeiten erfolgte in der Literatur eine grundlegende Erweiterung der mit der „klassischen" Pecking-Order-Theorie verknüpften Vorstellungen. Mehrere Neuerungen erscheinen dabei bemerkenswert und sind als Ausgangspunkt für die Entwicklung der Market-Timing-Theorie bedeutsam und sollen daher in der Folge kurz hervorgehoben werden. Zur Erklärung der empirischen Beobachtungen – an dieser Stelle zeigt sich erneut die bereits in einem vorangehenden Abschnitt beschriebene treibende Rolle der empirischen Forschung für die Fortentwicklung der Kapitalstrukturtheorie – erfolgt mit der „windows of opportunity"-Literatur eine erste Loslösung von der starren Rangfolge alternativer Finanzierungsquellen, wie sie mit der „klassischen" Pecking-Order-Theorie festgeschrieben wurde. Die Frage, ob Unternehmen Eigenkapital begeben, kann, ausgehend von der Erweiterung von Lucas/McDonald (1990), letztlich nicht länger pauschal mit Blick auf die mit der Pecking-Order-Theorie vorgegebene Rangfolge beantwortet werden.

Vielmehr ist, in Abhängigkeit zur allgemeinen Marktlage und der Marktbewertung der Eigenkapitalanteile, eine Fallunterscheidung vorzunehmen. Überbewertete Unternehmen werden i. d. R. ohne Verzögerung Eigenkapital am Kapitalmarkt begeben, während unterbewertete Unternehmen eine notwendige Begabe von Eigenkapitalinstrumenten so lange herauszögern werden, bis die Unterbewertung durch den Kapitalmarkt erkannt und korrigiert wurde. Ein „optimistischer" Kapitalmarkt[899] führt dazu, dass die Wahrscheinlichkeit, Eigenkapitalanteile zu begeben, gegenüber dem Fall eines „pessimistischen" Kapitalmarktes deutlich ansteigt. Grundlage dieser Beobachtung ist, dass die Auswirkungen einer Eigenkapitalemission auf den Marktpreis und damit die Kosten einer ungleichen Verteilung der Informationen mit dem Optimismus des Kapitalmarktes abnehmen. Gegen die These einer von der Marktbewertung abhängigen Finanzierungsentscheidung könnte man einwenden, dass die in der Praxis im Vorfeld einer Eigenkapitalbegabe beobachtbaren Überrenditen letztlich auf die Antizipation zukünftiger

897 Vgl. dazu Abschnitt 5.3.7.

898 Vgl. dazu Graham/Harvey (2001) S. 216; 223; Baker/Wurgler (2002) S. 2.

899 Unter dem Oberbegriff „Optimismus" ist in diesem Fall keine Fehlbepreisung durch den Kapitalmarkt zu verstehen, vielmehr soll damit ausgedrückt werden, dass Marktteilnehmer die positive zukünftige Marktentwicklung korrekt antizipiert haben.

wertschaffender Projekte durch den Kapitalmarkt zurückzuführen sind.[900] Korajczyk et al. (1990) haben – um den Effekt der Antizipation von Wachstumschancen auf den Börsenkurs quantifizieren zu können – die Preisentwicklung im Vorfeld von Erstplatzierungen mit der im Vorfeld von Zweitplatzierungen – das Unternehmen wirbt in diesem Fall kein „frisches“ Eigenkapital ein –[901] beobachtbaren Preisentwicklung verglichen. Im Einklang mit den informationsbasierten Erklärungsansätzen beobachten Korajczyk et al. (1990) einen Anstieg des Marktpreises im Vorfeld eines Verkaufs von Unternehmensanteilen, der auf den ersten Blick schematisch unabhängig davon ist, ob eine Erst- oder Zweiplatzierung betrachtet wird.[902]

Es erscheint daher plausibel, aus dieser Beobachtung zu schließen, dass der einer Eigenkapitalemission vorangehende Anstieg des Börsenkurses nicht auf die Antizipation der zukünftigen Wachstumsprojekte zurückzuführen ist, dürfte die Zweitplatzierung von Eigenkapitalanteilen doch regelmäßig – Unternehmen erhalten kein frisches Kapital – von der Realisierung neuer Projekte unabhängig sein. Einfluss auf die am Kapitalmarkt beobachtbare Preisreaktion nimmt im Sinne informationsbasierter Erklärungsansätze auch der Umfang der zu begebenden Eigenkapitalanteile. Die Abhängigkeit der Marktreaktion vom Umfang der Eigenkapitalbegabe erscheint einleuchtend, geht man – wohl zu Recht – davon aus, dass der wirtschaftliche Anreiz für eine Eigenkapitalbegabe mit dem Umfang des zu begebenden Kapitals, etwa aufgrund von Skaleneffekten, ansteigt.[903] In der Literatur werden diese frühen Arbeiten, die sich mit der Stabilität der mit der Pecking-Order-Theorie beschriebenen Rangfolge beschäftigt haben, auch unter

900 Implizit wird damit unterstellt, dass das mit der Pecking-Order-Theorie adressierte Problem bestehender Informationsasymmetrien letztlich am Kapitalmarkt nicht existent ist.

901 Die bisherigen Überlegungen werden auf den Informationsschiefstand zwischen besser informierten Altaktionären, die ihre Anteile am Kapitalmarkt verkaufen, und den regelmäßig schlechter informierten Anlegern übertragen.

902 Wie Korajczyk et al. (1990) festhalten, ist der Preisanstieg im Falle von Erstplatzierungen etwas stärker ausgeprägt als im Falle einer Zweitplatzierung. Vgl. dazu Korajczyk et al. (1990) S. 267. Ähnlich dazu auch Loughran/Ritter (1995) S. 23.

903 Vgl. dazu Korajczyk et al. (1990) S. 274; Ritter (1991) S. 19. Ein erstes theoretisches Modell, das diese Beziehung vorhersagt, wurde von Krasker (1986) betrachtet. Vgl. dazu Krasker (1986) S. 102. Der Effekt von Transaktionskosten – wie sie u. a. im Rahmen der dynamischen Trade-Off-Theorie näher betrachtet werden –, spielt in der empirischen Untersuchung von Korajczyk et al. (1990) dagegen nur eine untergeordnete Rolle. Vgl. dazu Korajczyk et al. (1990) ebda. Folgt man der Argumentation von Korajczyk et al. (1990), spielt der Preisrückgang als ein Kostenfaktor nur eine untergeordnete Rolle, da der Marktwert des Unternehmens lediglich zu dem „inneren“ Wert des Unternehmens zurückkehrt. Vgl. dazu Korajczyk et al. (1990) S. 275.

dem Oberbegriff der „windows of opportunity"-Literatur zusammengefasst.[904] Wie Ibbotson/Ritter (1995) zusammenfassend festgehalten haben, kann die mit der „windows of opportunity"-Literatur beschriebene flexiblere Rangfolge alternativer Finanzierungsquellen als eine nunmehr dynamische Version der „klassischen" Pecking-Order-Theorie interpretiert werden.[905] Der Wechsel von einer statischen zu einer dynamischen Form der Pecking-Order-Theorie ist mit der Auflösung der festen Rangfolge alternativer Finanzierungsinstrumente durch eine Orientierung der Finanzierungsentscheidung an der Bewertung des Kapitalmarktes verbunden.

Zwar gelingt es, mit den skizzierten Erweiterungen bisher mit der Pecking-Order-Theorie nicht im Einklang stehende empirische Beobachtungen mit den Grundgedanken informationsbasierter Überlegungen zu vereinen, die Erweiterung ist jedoch auch im Fall der dynamischen Version der Pecking-Order-Theorie mit „Kosten" hinsichtlich der Klarheit der ableitbaren Aussagen verbunden. Die klaren Entscheidungsregeln der „klassischen" Pecking-Order-Theorie weichen so einem weicheren und damit auch unklareren Entscheidungsgerüst für die Finanzierungsentscheidung der Unternehmen. Die Finanzierungsentscheidung verdeckt so nun der mit der Erweiterung neu aufgezogene Nebel der Frage der Angemessenheit der Marktbewertung bzw. der Frage nach dem „richtigen" Zeitpunkt, zu dem Finanzierungsmaßnahmen – will man eine Maximierung des Unternehmenswertes erreichen – zu ergreifen sind. Dass der Zeitpunkt der Eigenkapitalbegabe nicht unerheblich ist, haben u. a. Bayless/Chaplinsky (1996) mit einer ersten Schätzung der Kosten, die mit einem unpassenden Zeitpunkt der Begabe von Eigenkapitalanteilen verbunden sind, gezeigt. Der Wert des Eigenkapitals der in der Arbeit von Bayless/Chaplinsky (1996) betrachteten Unternehmen würden sich durchschnittlich um etwa 15,8 Mio. USD aufgrund eines falschen „Timings" vermindern.[906] So klar eine rückblickende Betrachtung der Optimalität des Finanzierungszeitpunktes sein mag, so unklar dürfte die Antwort bei einer prospektiven Betrachtung der Finanzierungsentscheidung ausfallen. Hängt die Frage, ob der Zeitpunkt einer Entscheidung optimal ist, doch maßgeblich von der unbekannten zukünftigen Entwicklung ab.[907] Kritisch ist auch an dieser Stelle anzumerken, dass sich auf Basis

---

904 Vgl. dazu u. a. Ibbotson/Ritter (1995) S. 1007; Hermanns (2007) S. 115. Bessler et al. (2011) fassen diesen Strang der Literatur dagegen lediglich als eine erweiterte Pecking-Order-Theorie auf. Vgl. dazu Bessler et al. (2011) S. 20.

905 Vgl. dazu Ibbotson/Ritter (1995) S. 1007.

906 Vgl. dazu Bayless/Chaplinsky (1996) S. 273. Die Arbeit von Bayless/Chaplinsky (1996) kann und soll aufgrund des Fokus der Arbeit und der durchaus pragmatischen Herangehensweise hier nur als erster Indikator der Bedeutung des Timing Aspekts angesehen werden. Es wird an dieser Stelle so u. a. ausgeblendet, dass durchaus Wechselwirkungen zwischen Finanzierungs- und Investitionsentscheidung bestehen.

907 Blickt man auf die in Kapitel II zu betrachtende Frage der Angemessenheit alternativer Finanzierungspolitiken in der Unternehmensbewertung, so sieht man sich an dieser Stelle mit der Aufgabe konfrontiert um die Frage der optimalen

der dynamischen Form der Pecking-Order-Theorie keine Aussage über die Gestalt und die langfristige Wertoptimalität der realisierten Kapitalstruktur zu treffen ist. Verwunderlich erscheint diese Schwäche allerdings nicht, besteht hier doch eine Schwäche der „traditionellen" Pecking-Order-Theorie fort. An dieser Stelle kann man daher kritisch hinterfragen, ob die im Vorfeld skizzierten Überlegungen schwer genug wiegen, um eine eigenständige Kapitalstrukturtheorie zu begründen.[908] Mit dieser Frage beschäftigt sich der nachfolgende, auf der Arbeit von Baker/Wurgler (2002) aufbauende, Abschnitt näher. Zieht man an dieser Stelle ein Zwischenfazit, so erscheint die ernüchterte Aussage Korajczyk et al. (1990), dass „[m]ost fundamentally, we still do not understand how firms choose the method of finance"[909], vor dieser neuen Hürde für das Verständnis der Finanzierungsentscheidung damit wenig überraschend.

Von der „windows of opportunity"-Literatur zur Theorie des Market-Timings

Die wiederkehrenden Beobachtungen der empirischen Forschung eines Einflusses der Marktlage auf die Wahl der Finanzierungsquelle der Unternehmen stellte die „klassische" Pecking-Order-Theorie vor eine Herausforderung. Wird die Finanzierungsentscheidung vor dem Hintergrund dieser Beobachtung doch – entgegen der Vorstellung der Pecking-Order-Theorie – nicht durch eine feste Hackordnung als vielmehr durch eine eher lose und zeitinstabile Rangfolge alternativer Finanzierungsquellen dominiert. Dieses Paradoxon der Pecking-Order-Theorie wurde im Rahmen der „windows of opportunity"-Literatur aufgegriffen und die Treiber einer marktorientierten Finanzierungsentscheidung hervorgekehrt. Eine klare Emanzipation von der „klassischen" Pecking-Order-Theorie erfolgte jedoch erst mit der Arbeit von Baker/Wurgler (2002), die unter dem neuen Überbegriff des „Market-Timings" einer dynamischen Variante der Pecking-Order-Theorie erneute Aufmerksamkeit verschafft haben und sich insbesondere der im vorangehenden Abschnitt ausgeblendeten Frage gewidmet haben, ob der Versuch, Fehlbewertungen des Kapitalmarktes auszunutzen, einen dauerhaften Einfluss auf die realisierte Kapitalstruktur der Unternehmen ausübt. Diese Frage wird in der, für die Market-Timing-Theorie namensgebenden, Arbeit von Baker/Wurgler (2002) aufgegriffen. Dies soll im nachfolgenden Abschnitt kurz skizziert werden.

Finanzierungspolitik zu beantworten eine Einschätzung der Sachgerechtigkeit der Marktbewertung vornehmen zu müssen. Letzteres bedarf jedoch der Schätzung eines fundamentalen Unternehmenswertes der über eine geeignete Finanzierungsannahme gerade abgebildet werden sollte. In der Praxis erschein es schwierig diesen Zirkelschluss zu überwinden.

908 Kritiker der dynamischen Variante der Pecking-Order-Theorie könnten einwerfen, dass die in diesem Abschnitt beschriebenen empirischen Effekte letztlich sekundärer Natur und damit für die übergeordnete Finanzierungspolitik von untergeordneter Bedeutung sind.

909 Korajczyk et al. (1990) S. 275.

3.4.2.2. Zur Formulierung der Theorie des Market-Timings durch Baker/ Wurgler (2002)

Vorüberlegungen

Ausgehend von der breiten empirischen Evidenz der „windows of opportunity"-Literatur,[910] die den Schluss nahegelegt hat, dass die Antwort auf die Frage, ob Unternehmen Eigen- oder Fremdkapitalanteile begeben werden, maßgeblich durch die Bewertung des Kapitalmarktes getrieben wird, entwickeln Baker/Wurgler (2002) unter dem Überbegriff des Market-Timings einen, insbesondere die Überlegungen der „windows of opportunity"-Literatur zusammenfassenden,[911] alternativen Erklärungsansatz zu den traditionellen Kapitalstrukturtheorien. Setzt man an dieser Stelle – ausgehend von der im vorangehenden Abschnitt kurz zusammengefassten empirischen Evidenz – voraus, dass das Handeln von Unternehmen durch den Versuch, die Zeitpunkte für die Begabe von Kapitalanteilen bzw. die Finanzierungsquellen so zu wählen, dass Fehlbewertungen des Kapitalmarktes ausgenutzt werden, bestimmt wird, so muss in einem zweiten Schritt der Frage nachgegangen werden – dies wurde in den bisherigen Überlegungen ausgeblendet –, ob die Marktbewertung des Unternehmens einen dauerhaften Einfluss auf die Gestalt der Kapitalstruktur ausübt.

An dieser Stelle ist mit anderen Worten also die Frage zu beantworten, ob aus der in der „windows of opportunity"-Literatur zu beobachtenden Strategie des Market-Timings lediglich ein „Störrauschen" für die „klassischen" Kapitalstrukturtheorien erwächst oder aber eine eigenständige Kapitalstrukturtheorie entwickelt werden muss, um die Effekte des Market-Timings erklären zu können. Diese Frage kann abschließend nur auf Basis der empirischen Forschung beantwortet werden, kann einer Determinante, die einen dauerhaften Einfluss auf die Gestalt der Kapitalstruktur ausübt, wohl nur schwerlich eine zentrale Bedeutung für die

---

910 Baker/Wurgler (2002) unterscheiden dabei vier alternative Untersuchungsansätze, die einen maßgeblichen Einfluss der Marktbewertung auf die Finanzierungsentscheidung nahelegen: 1. Arbeiten, die gezeigt haben, dass Unternehmen eine Eigenkapitalbegabe der Begabe von Fremdkapital vorziehen, wenn die Marktbewertung im Vergleich zum Buchwert und den historischen Marktwerten hoch ist. 2. Arbeiten, die den Fokus auf die Entwicklung der langfristigen Eigenkapitalrendite legen und deren Evidenz den Schluss nahelegt, dass der Versuch des Market- Timings tatsächlich erfolgreich ist. 3. Studien, die die Prognosequalität mit Blick auf spätere Realisationen betrachtet haben, zeigen, dass Investoren zum Zeitpunkt der Eigenkapitalbegabe zu optimistisch sind. 4. Befragungsstudien, die verdeutlichen, dass Manager bei der Beantwortung der Frage nach der Finanzierungsquelle des Unternehmens insbesondere die gegenwärtige Marktbewertung einfließen lassen. Vgl. dazu Baker/Wurgler (2002) S. 1–2.

911 Wie sich im Verlauf dieses Abschnittes zeigen wird, liefern Baker/Wurgler (2002) noch einen zweiten von den Überlegungen der „windows of opportunity"-Literatur losgelösten Erklärungsansatz.

Finanzierungsentscheidungen des Unternehmens abgesprochen werden. Ernst zu nehmende Kapitalstrukturtheorien müssen infolge der empirischen Beobachtung in der Lage sein, einen solchen dauerhaften Effekt theoretisch untermauern zu können. Gelingt es den „klassischen" Kapitalstrukturtheorien nicht, eine nachhaltige Erklärung zu geben, bedarf es eines eigenständig arbeitenden Theorieansatzes. Die Agenda für die folgenden Überlegungen ist durch die aufgeworfenen Fragestellungen damit weitgehend vorgegeben. In einem ersten Schritt ist somit zu überprüfen, ob die mit der „windows of opportunity"-Literatur beschriebenen Effekte einen dauerhaften Einfluss auf die Kapitalstruktur nehmen, um in einem zweiten Schritt die Hinlänglichkeit bestehender Erklärungsansätze mit Blick auf den in der Empirie zu beobachtenden Timing-Effekt zu beleuchten.[912]

Zur Stabilität des Market-Timings

Blickt man an dieser Stelle erneut auf die empirische Evidenz der im vorangehenden Abschnitt beschriebenen „windows of opportunity"-Literatur, ist ex ante neben einem kurzfristigen – rein mechanischen – Effekt des Market-Timings, der letztlich keinen dauerhaften Einfluss auf die Kapitalstruktur ausüben kann, auch ein stabiler, d. h. dauerhafter Effekt des Market-Timings und damit der Marktbewertung auf die Gestalt der Kapitalstruktur denkbar. Für den lediglich kurzfristigen Einfluss einer an der Marktbewertung des Unternehmens orientierten Finanzierungspolitik spricht u. a. eine übergeordnete, z. B. an einem wertoptimalen Verschuldungsgrad ausgerichtete Finanzierungsstrategie, wie sie etwa mit der statischen Trade-Off-Theorie beschrieben wurde.[913] Für diesen Fall wäre etwa denkbar, dass die im Rahmen der „klassischen" Trade-Off-Theorie dominante Abwägung zwischen Insolvenzkosten und Wertbeitrag der Fremdfinanzierung[914] kurzfristig hinter eine an der Bewertung des Kapitalmarktes ausgerichtete Optimierungsbemühung – wie von der „windows of opportunity"-Literatur beschrieben – zurücktritt, der traditionelle Trade-Off-Prozess jedoch über lange Frist den kurzfristigen Einfluss der Marktbewertung dominiert.[915] Richtet man den Blick

912 Diese Agenda spiegelt den Aufbau der Arbeit von Baker/Wurgler (2002) wider, an der die folgenden Überlegungen angelehnt sind.

913 Baker/Wurgler (2002) selbst sprechen in diesem Zusammenhang etwas allgemeiner von „normative capital structure theory". Erst in einem späteren Abschnitt wird deutlich, dass sie unter der „normative capital structure theory" vor allem die Trade-Off-Theorie verstehen. Vgl. dazu Baker/Wurgler (2002) S. 3; 12; 17. Wagt man an dieser Stelle bereits einen Ausblick in das folgende Kapitel II, so dürfte dies insbesondere im Fall einer wirksamen wertabhängigen Finanzierungspolitik gegeben sein.

914 Denkbar ist an dieser Stelle natürlich auch die Dominanz einer komplexeren Finanzierungspolitik, wie etwa der erweiterten statischen Trade-Off-Theorie.

915 Baker/Wurgler (2002) sprechen etwas allgemeiner davon, dass „[m]arket timing could be just a local opportunism whose effect is quickly rebalanced away". Baker/Wurgler (2002) S. 12.

auf die der Pecking-Order-Theorie zugrunde gelegten Überlegungen, so ist – die Pecking-Order-Theorie beschreibt, wie in Abschnitt 2.9. festgehalten wurde, nur einen kurzfristig ausgerichteten Optimierungsprozess – von einer dauerhaften Auswirkung des Versuchs, die Finanzierungsentscheidung an der Bewertung des Kapitalmarktes auszurichten auszugehen. Wie in Abschnitt 2.9. hervorgehoben wurde, besteht auf Basis der Überlegungen der Pecking-Order-Theorie regelmäßig kein Anreiz zu einem übergeordneten, d. h. langfristig dominanten, Verschuldungsoptimum zurückzukehren. Der Fokus der Pecking-Order-Theorie liegt vielmehr auf einer kleinteiligen, auf die aktuelle Finanzierungsentscheidung bzw. Periode beschränkten, Optimierung der Kapitalstruktur.[916] Die Frage nach der Beständigkeit der Auswirkungen des Versuchs, Fehlbewertungen des Kapitalmarktes bei der Begabe von Kapitalanteilen auszunutzen, auf die realisierten Kapitalstrukturen ist – dies wurde bereits hervorgehoben – ein zentrales Indiz für die Beurteilung der Vollständigkeit bestehender Kapitalstrukturtheorien.[917]

Im Angesicht der Vorüberlegungen wenig überraschend, bildet den Ausgangspunkt der Untersuchung von Baker/Wurgler (2002) die Frage, ob die Beobachtung vorangehender empirischer Arbeiten, dass das Verhältnis von Marktwert zu Buchwert des Unternehmens eine signifikante Determinante der realisierten Kapitalstruktur darstellt, zeitstabil ist. Die Fokussierung auf das Marktwert-Buchwert-Verhältnis scheint aufgrund der nachrangigen Bedeutung, die diesem Verhältnis im Rahmen der Trade-Off-Theorie eingeräumt wird – das Verhältnis beschreibt im Rahmen der Trade-Off-Theorie u. a. den Umfang bestehender Investitionsgelegenheiten –, sowie der durch die Pecking-Order-Theorie festgelegten starren Rangfolge alternativer Finanzierungsinstrumente, zunächst überraschend.[918] Dies ändert sich, geht man in Anlehnung an die Beobachtungen der „windows of opportunity"-Literatur davon aus, dass das Verhältnis von Marktwert zu Buchwert den Grad der Fehlbewertung des Unternehmens durch den Kapitalmarkt abbildet. Übersteigt der Marktwert des Unternehmens den Buchwert deutlich, kann dies als ein Indikator für eine Überbewertung – erinnert man sich an die Überlegungen des vorangehenden Abschnitts zurück, waren die Informationsasymmetrien zwischen Unternehmen und Kapitalmarkt regelmäßig der Auslöser von Fehlbewertungen – interpretiert werden, wohingegen ein unter dem Buchwert liegender Marktwert – folgt man dieser Argumentation konsequent – auf eine Unterbewertung durch den Kapitalmarkt hindeutet.[919]

916 Baker/Wurgler (2002) halten in diesem Zusammenhang fest, dass die historische Bewertung des Unternehmens zu einer bestimmenden Determinante der Kapitalstrukturtheorie wird. Vgl. dazu Baker/Wurgler (2002) S. 12.

917 Vgl. Baker/Wurgler (2002) S. 3; Hovakimian (2006) S. 222.

918 Vgl. Baker/Wurgler (2002) S. 3; 7.

919 Die unterschiedlichen Interpretationen des Marktwert-Buchwert-Verhältnisses sind nicht verwunderlich, gehen die alternativen Finanzierungstheorien doch von unterschiedlichen Rahmenbedingungen aus. Dass im Rahmen der Trade-Off-Theorie nicht auf das Marktwert-Buchwert-Verhältnis als Indikator einer Fehlbewertung

Wie der vorangehende Abschnitt gezeigt hat, dürfte der Umfang der Überbewertung maßgeblich das Interesse des Unternehmens, bestehende Fehlbewertungen durch die Begabe von Eigenkapitalanteilen auszunutzen, beeinflussen. Auf Basis der Überlegungen des vorangehenden Abschnitts kann man daher von einem negativen Einfluss des Marktwert-Buchwert-Verhältnisses auf den Verschuldungsgrad des Unternehmens ausgehen. Um die Stabilität des Einflusses des Verhältnisses von Marktwert zu Buchwert auf die Finanzierungsentscheidungen zu beleuchten, betrachten Baker/Wurgler (2002) die Evolution des Verschuldungsgrades ausgehend von der IPO der Stichprobenunternehmen.[920] Eine erste Durchsicht der Entwicklung der Verschuldungsgrade zeigt dabei ein – u. a. auch in Hinblick auf die Erwartungen der Pecking-Order-Theorie – durchaus interessantes Ergebnis. Die betrachteten Stichprobenunternehmen finanzieren im Mittel rund 50 % der realisierten Neuinvestitionen durch die Begabe von Fremdkapitalanteilen, rund 35 % durch die Begabe von Eigenkapitalanteilen und lediglich rund 15% aus bestehenden Gewinnrücklagen.[921] Der Umfang, in dem Unternehmen auf Maßnahmen der Innenfinanzierung zurückgreifen, erscheint – wenigstens auf den ersten Blick – für die mit der Pecking-Order-Theorie formulierten Erwartungen vergleichsweise gering.[922] Die Arbeit von Baker/Wurgler (2002) zeigt in Übereinstimmung mit den vorangehenden Überlegungen zum Market-Timing, dass ein hohes Marktwert-Buchwert-Verhältnis regelmäßig zu einem Abschmelzen des zugehörigen Verschuldungsgrades führt.[923] Der mehrschichtigen Bedeutung des Marktwert-Buchwert-Verhältnisses geschuldet – der Rückgang des Verschuldungsgrades kann, im Sinne der Pecking-Order-Theorie, auch über den Umweg einer gestiegenen Profitabilität und eines Anstiegs der Innenfinanzierungskraft bedingt sein –,[924] spalten Baker/Wurgler (2002) die Veränderungen der betrachteten Verschuldungsgrade nach den Beiträgen der einzelnen Finanzierungsquellen

---

abgestellt wird, liegt letztlich daran, dass die Annahme der Markteffizienz aufrechterhalten wird.

920 Vgl. Baker/Wurgler (2002) S. 4.

921 Vgl. Baker/Wurgler (2002) S. 7.

922 Eine abschließende Aussage zur Plausibilität der Pecking-Order-Theorie kann an dieser Stelle freilich nicht getroffen werden, bleibt doch u. a. das verfügbare Innenfinanzierungsvolumen im Dunklen.

923 Darüber hinaus bestätigen sich die in vorangehenden Studien gemachten Beobachtungen, dass die Greifbarkeit des Unternehmensvermögens und die Unternehmensgröße eine positive Auswirkung auf den Verschuldungsgrad besitzen, wohingegen die Profitabilität den Verschuldungsgrad verringert. Leary/Roberts (2005) können die Beobachtung der Arbeit von Baker/Wurgler (2002), dass die Wahrscheinlichkeit der Begabe von Eigenkapitalanteilen vom Marktwert-Buchwert-Verhältnis abhängt, dagegen nicht bestätigen. Vgl. dazu Leary/Roberts (2005) S. 2583.

924 Vgl. Baker/Wurgler (2002) S. 8.

auf.[925] Anhand dieser Zerlegung gelingt es der Arbeit von Baker/Wurgler (2002), den Nachweis zu führen, dass das Marktwert-Buchwert-Verhältnis – in Übereinstimmung mit den Überlegungen zum Market-Timing – die Wahrscheinlichkeit der Begabe frischen Eigenkapitals beeinflusst und damit die Entwicklung des Verschuldungsgrades nachhaltig bestimmt.[926]

Die Arbeit von Baker/Wurgler (2002) zeigt – auf Basis mehrerer empirischer Tests –, dass der Einfluss des wertgewichteten historischen Marktwert-Buchwert-Verhältnisses und somit die Bedeutung historischer Marktbewertungen mit zunehmendem Unternehmensalter eine maßgebliche Determinante des durch die Unternehmen realisierten Verschuldungsgrades wird.[927] Auf einen ersten Blick spricht dies – dies haben die einleitenden Überlegungen bereits deutlich gemacht – gegen eine über einen längeren Zeithorizont erfolgende Ausrichtung der Finanzierungsentscheidung von Unternehmen an einem – etwa durch die Überlegungen der Trade-Off-Theorie bestimmten – wertoptimalen Verschuldungsgrad.[928] Der Frage, wie das Ergebnis der empirischen Untersuchung von Baker/Wurgler (2002) vor dem Hintergrund bestehender Kapitalstrukturtheorien zu interpretieren ist, sei sich in dem nachfolgenden Abschnitt näher gewidmet.

Zur Interpretation der empirischen Ergebnisse vor dem Hintergrund der „klassischen“ Kapitalstrukturtheorien und Formulierung der Theorie des Market-Timings

Betrachtet man vor dem Hintergrund des Ergebnisses der empirischen Untersuchung von Baker/Wurgler (2002) – die Marktbewertung übt einen langfristigen und bedeutenden Einfluss auf den Verschuldungsgrad aus – die Erwartungen der „klassischen“ Kapitalstrukturtheorien, so zeigt sich, dass die „klassischen“ Kapitalstrukturtheorien die Beobachtung eines marktwertorientierten Finanzierungsverhaltens nicht oder nur eingeschränkt erklären können. Wie Baker/Wurgler (2002)

925 Baker/Wurgler (2002) betrachten die Beiträge der Finanzierung durch die Begabe von Eigenkapital bzw. Fremdkapital und die Finanzierung durch Thesaurierung nun getrennt voneinander.

926 Baker/Wurgler (2002) halten so fest: “The clear result is that the market-to-book affects leverage through net equity issues.“ Baker/Wurgler (2002) S. 9. Die Profitabilität bestimmt – in Übereinstimmung mit den Überlegungen der Pecking-Order-Theorie – den Grad, in dem Gewinnrücklagen zur Innenfinanzierung herangezogen werden können. Vgl. ebda.

927 Vgl. Baker/Wurgler (2002) S. 13; 17. So halten Baker/Wurgler (2002) fest: „As Firms age, the cross section of leverage is more and more explained by past financing opportunities [...]“. Baker/Wurgler (2002) S. 15. Dieses Ergebnis zeigt sich robust auch gegenüber anderen Spezifikationen der Kontrollvariablen. Vgl. dazu Baker/Wurgler (2002) S. 20. Baker/Wurgler (2002) zeigen so u. a., dass das historische Marktwert-Buchwert-Verhältnis (t = -10) noch über 73 % der ursprünglichen Erklärungskraft verfügt. Vgl. Baker/Wurgler (2002) S. 23. Diese Beobachtung erscheint bedeutsam, ist eine Erklärung dieser Beobachtung auf Basis der dynamischen Variante der Trade-Off-Theorie doch nur schwer erklärbar.

928 Vgl. dazu Baker/Wurgler (2002) S. 17.

richtigerweise hervorgehoben haben, steht das Hinnehmen und viel stärker noch das Festhalten an einer vorwiegend auf der Fehlbepreisung des Kapitalmarktes aufsetzenden Finanzierungsstrategie im klaren Kontrast zu den Kernüberlegungen der Trade-Off-Theorie. Können kurzfristige Abweichungen von einem wertoptimalen Verschuldungsoptimum durch einen Wechsel von der statischen zur dynamischen Trade-Off-Theorie durchaus noch plausibilisiert werden, so stößt auch die dynamische Variante der Trade-Off-Theorie durch den langfristig messbaren Einfluss der Marktbewertung auf den Verschuldungsgrad an die Grenzen ihrer Erklärungskraft. Die Schwäche der „klassischen" Trade-Off-Theorie kann an dieser Stelle also letztlich auch nicht durch den Wechsel zur dynamischen Trade-Off-Theorie geheilt werden. Für die Bedeutung des mit der Trade-Off-Theorie beschriebenen Optimierungsprozesses wenig schmeichelhaft, halten Baker/Wurgler (2002) so fest, dass entweder unrealistisch große Transaktionskosten angenommen werden müssten, um den Einfluss historischer Marktbewertungen auf die Kapitalstruktur des Unternehmens erklären zu können, oder aber ein Abweichen vom Verschuldungsoptimum der Trade-Off-Theorie nur mit geringen Kosten verbunden ist.[929]

Beide Aspekte implizieren letztlich, dass man mit der Trade-Off-Theorie Faktoren als Haupttreiber der Finanzierungsentscheidung betrachtet hat, die in der Praxis im besten Fall eine zweitrangige Bedeutung einnehmen. Verwunderlich erscheint diese Blöße der Trade-Off-Theorie in Kenntnis der vorangehenden Abschnitte jedoch nicht. Geht man doch – im Kontrast zu den auf die Pecking-Order-Theorie folgenden Entwicklungen – von einem informationseffizienten Kapitalmarkt aus, auf dem ein Auseinanderfallen von innerem Wert und Marktwert letztlich keine Rolle spielt und somit auch nicht durch das Theoriegerüst erklärt werden muss. Diese Erklärung für die Schwäche der Trade-Off-Theorie kann und soll an dieser Stelle nicht darüber hinwegtäuschen, dass die Trade-Off-Theorie die Praxis in diesem Punkt nur ungenügend zu beschreiben scheint. Vergleichbar mit der Trade-Off-Theorie liefert auch die Pecking-Order-Theorie nur einen unzureichenden Erklärungsansatz der empirischen Beobachtungen der Arbeit von Baker/Wurgler (2002). Im Rahmen der Pecking-Order-Theorie wird – entgegen der empirischen Evidenz – von einer positiven Beziehung zwischen dem Marktwert-Buchwert-Verhältnis – wie bereits festgehalten wurde, wird dies im Rahmen der Pecking-Order-Theorie als ein Indikator der Investitionsmöglichkeiten interpretiert – und dem Verschuldungsgrad ausgegangen.[930] Diese Annahme kann jedoch im Angesicht der von Baker/Wurgler (2002) gelieferten empirischen Evidenz nicht aufrechterhalten werden, und damit gerät letztlich auch die mit der Pecking-Order-Theorie verknüpfte strenge Hackordnung alternativer Finanzierungsquellen ins Wanken.

Aus der mangelnden Erklärungskraft traditioneller Kapitalstrukturtheorien heraus leiten Baker/Wurgler (2002) den Schluss ab, dass die in der Praxis realisierten Kapitalstrukturen das Ergebnis eines kontinuierlichen Versuchs der Unternehmen,

929 Vgl. Baker/Wurgler (2002) S. 25–26.
930 Vgl. Baker/Wurgler (2002) S. 26.

Fehlbewertungen des Kapitalmarktes auszunutzen, sind.[931] Diesen auf Basis empirischer Evidenz nachgewiesenen prägenden Einfluss der Marktbewertung für das Finanzierungsverhalten fassen Baker/Wurgler (2002) unter dem Oberbegriff der Market-Timing-Theorie in einem eigenständigen Erklärungsansatz zusammen. Wie bereits im vorangehenden Abschnitt festgehalten wurde, beschreibt die Market-Timing-Theorie einen Wechsel von der starren Hackordnung der Pecking-Order-Theorie hin zu einem durch die Marktbewertung beeinflussten „flexibleren" Gerüst alternativer Finanzierungsquellen, das Unternehmen der Finanzierungsentscheidung zugrunde legen. Frank/Goyal (2008) fassen das mit der Theorie des Market-Timings verbundene Finanzierungsverhalten prägnant zusammen: „The basic idea is that managers look at current conditions in both debt and equity markets. If they need financing, they use whichever market currently looks more favorable. If neither market looks favorable, they may defer issuances. Alternatively, if current conditions look unusually favorable, funds may be raised even if the firm has no need to funds currently."[932] Baker/Wurgler (2002) unterscheiden interessanterweise dabei zwei mögliche Auslöser für ein primär an der Marktbewertung ausgerichtetes Finanzierungsverhalten: einerseits die mit dem vorangehenden Abschnitt motivierte, auf die Überlegung von Mayers/Majluf (1984) abstellende dynamische Pecking-Order-Theorie, andererseits einen eher auf verhaltensökonomischen Überlegungen abstellenden alternativen Erklärungsansatz. Da der erste Erklärungsansatz bereits im vorangehenden Abschnitt zur Evolution der „windows of opportunity"-Literatur näher beleuchtet wurde, soll an dieser Stelle ein kurzer Exkurs zu dem alternativen Erklärungsansatz für die Theorie des Market-Timings genommen werden.

Zur verhaltensökonomischen Erklärung der Theorie des Market-Timings

Im Kontrast zu den in der „windows of opportunity"-Literatur identifizierten asymmetrischen Informationen als Treiber der am Kapitalmarkt orientierten Kapitalbegabe, stellt der zweite Erklärungsansatz auf die zeitweise Irrationalität der Investoren bzw. der Manager des Unternehmens ab.[933] Manager folgen dem möglicherweise irrationalen Trugschluss bei ihrer Finanzierungsentscheidung, Marktineffizienzen (Falschbepreisungen) ausnutzen zu können, um die Kapitalstruktur zu optimieren. Ein möglicher Indikator für diese Optimierungsbemühungen könnte dabei erneut das Marktwert-Buchwert-Verhältnis darstellen. Basierend auf der Annahme, dass kein optimaler Verschuldungsgrad besteht, schlagen sich die Optimierungsbemühungen dauerhaft auf die realisierten Verschuldungsgrade nieder. Ein vordergründiger Vorteil dieses Erklärungsansatzes ist, dass man sich scheinbar

931 Baker/Wurgler (2002) halten so wörtlich fest: „The Theory is simply that capital structure evolves as the cumulative outcome of past attempts to time the equity market." Baker/Wurgler (2002) S. 27.

932 Frank/Goyal (2009) S. 6–7.

933 Vgl. dazu auch Drobetz et al. (2006) S. 274–274.

von der mit der Pecking-Order-Theorie eingeführten Annahme eines wenigstens zeitweise ineffizienten Kapitalmarktes lösen kann. So heben Baker/Wurgler (2002) explizit hervor, dass: „[i]t is important to keep in mind that this second version of market timing does not require that the market actually be inefficient. [...] The critical assumption is simply that managers believe that they can time the market."[934]

Überzeugen kann dieser zweite Erklärungsansatz aus mehreren – in der Folge kurz skizzierten – Gründen m. E. nach jedoch nicht. Blickt man zunächst auf die mit den jeweiligen Finanzierungsquellen verknüpften Kosten, so erscheint es schwierig – blendet man den Einfluss asymmetrischer Informationen bewusst aus –[935] das mit der Theorie des Market-Timings beschriebene Finanzierungsverhalten zu plausibilisieren. Ist die Begabe von Eigenkapitalinstrumenten – betrachtet man wie Baker/Wurgler (2002) nicht noch weitere Einflussfaktoren wie Agency-Kosten – doch nur mit den Kosten verbunden, die aus einem Verzicht auf den Wertbeitrag des Tax-Shields herrühren.[936] Der Einsatz von Fremdkapital ist wiederum lediglich mit den bereits in Abschnitt 2.2. eingeführten Insolvenzkosten verbunden.[937] Auf einem effizienten Kapitalmarkt werden rationale Unternehmen somit eine Finanzierungsentscheidung auf Basis der Trade-Off-Theorie treffen.[938] Um die Konsistenz dieses zweiten Erklärungsansatzes aufrechtzuerhalten, wurde eine solche Finanzierungspolitik jedoch explizit abgelehnt. Dies ist denkbar, handeln die Unternehmen mit dem Versuch, unter den gewählten Prämissen eine marktorientierte Verschuldungspolitik umzusetzen – dies legt die Argumentation Baker/Wurgler (2002) ja nahe –, irrational. Dies öffnet m. E. jedoch eine neue Flanke in der Argumentation von Baker/Wurgler (2002). Kann man doch an dieser Stelle hinterfragen, warum ein grundsätzlich informationseffizienter Kapitalmarkt ein irrationales, in einem Wertverzehr mündendes Verhalten dauerhaft akzeptieren sollte.[939] Letztlich muss man, will man nicht verhaltensökonomische Erklärungsansätze

934 Baker/Wurgler (2002) S. 28. Eine gegenläufige Einschätzung findet sich dagegen in Homaifar et al. (1994), die mit Blick auf die Möglichkeit des Market-Timings festhalten, dass „[i]t would not be consistent with the spirit of the efficient market hypothesis". Homaifar et al. (1994) S. 3.

935 Dies Annahme treffen Baker/Wurgler (2002) mit Blick auf die von ihnen vermutete Eigenständigkeit dieses zweiten Erklärungsansatzes bewusst.

936 Wie Baker/Wurgler (2002) hervorheben, erwächst auf effizienten Kapitalmärkten den Unternehmen kein Gewinn aus einem marktwertabhängigen Finanzierungsverhalten. Vgl. dazu Baker/Wurgler (2002) S. 28–29.

937 Auch an der Bedeutung der Insolvenzkosten kann man vor dem Hintergrund der Annahme einer symmetrischen Informationsverteilung zweifeln.

938 Unterstellt man dagegen marginale Insolvenzkosten, wird man zum Ergebnis der Arbeit von Modigliani/Miller (1961) zurückkehren.

939 Der Strategie, Fehlbewertungen des Marktes aufzuspüren, sollte unter den getroffenen Annahmen ein begrenzter Erfolg innewohnen.

auch mit Blick auf den Kapitalmarkt[940] bemühen,[941] wohl zu dem dieses Verhalten erklärenden Einfluss asymmetrischer Informationen zurückkehren. Damit ist man jedoch wieder bei dem ersten, im vorangehenden Abschnitt näher beleuchteten Erklärungsansatz gelandet.

Den zweiten Erklärungsansatz kann m. E. nach auch der Verweis auf die empirische Evidenz in Umfragestudien – Managern geben vor Maßnahmen des Market-Timings umzusetzen – nicht heilen. Zunächst unabhängig von der Überzeugungskraft des jeweiligen Erklärungsansatzes, ist beiden Erklärungsversuchen gemein, dass die Abweichung von einem optimalen Verschuldungsgrad, sofern ein Optimum überhaupt besteht, nicht oder nur mit geringen Kosten verbunden ist.[942] Man kann an dieser Stelle bereits die Frage aufwerfen, welche Aussagen sich aus der Theorie des Market-Timings letztlich für das langfristige Finanzierungsverhalten, wie es regelmäßig für die Unternehmensbewertung bedeutsam ist, ableiten lassen.

Wagt man an dieser Stelle bereits einen Ausblick zu der im nachfolgenden Kapitel näher beleuchteten Frage, muss ernüchtert festgehalten werden, dass die Theorie des Market-Timings retrospektiv einen eingängigen Erklärungsansatz des in der Praxis beobachtbaren Finanzierungsverhalten liefern kann, das prospektiv durch die Theorie gezeichnete Bild jedoch verschwommen bleibt. Wie gegen Ende des vorangehenden Abschnitts bereits hervorgehoben wurde, fließt mit der Marktbewertung der Kapitalinstrumente eine weitere Größe in die Betrachtung mit ein, die – den Blick in die Zukunft gerichtet – eine Prognose des zukünftigen Finanzierungsverhaltens des Unternehmens unzweifelhaft erschwert. Dürfte eine Prognose der zukünftigen Marktentwicklung doch ähnlich schwer sein wie eine Prognose der Unternehmensentwicklung selbst.[943] Blickt man über diese für die Frage der Gestalt der Finanzierungspolitik durchaus zentrale Frage hinweg, kann – anders

940 Baker/Wurgler (2006) führen in einer späteren Arbeiten Maßgrößen für die Stimmung der Investoren ein, die u. a. Einfluss auf den Grad der Fehlbewertung nehmen. Vgl. dazu Baker/Wurgler (2006) S. 1645–1646.

941 Ohne diesen Strang der Literatur an dieser Stelle in irgendeiner Form die Bedeutung bzw. Berechtigung absprechen zu wollen noch zu können, erscheint ein allzu rasches Abstellen auf ein irrationales Verhalten der Marktteilnehmer zwar als eine Möglichkeit, offene Flanken in der Argumentation zu schließen und empirische Beobachtungen zu untermauern, die jedoch mit Kosten verbunden ist. An dieser Stelle ist so zu hinterfragen, welcher Mehrwert aus einer verhaltensökonomischen Betrachtung für das Verständnis der Finanzierungsentscheidung erwächst. Diese Frage ist – ohne den Weg an dieser Stelle zu beschreiten – letztlich nur schwierig zu beantworten. Es darf jedoch vermutet werden, dass ein nur oberflächlicher Exkurs dem Verständnis nicht zuträglich sein dürfte.

942 Vgl. Baker/Wurgler (2002) S. 27–28.

943 Für die Beantwortung der Frage der Gestalt der Finanzierungsentscheidung auf Basis der Theorie des Market- Timings dürften jedoch regelmäßig beide Fragen – wenigstens implizit – zu beantworten sein.

noch als auf Basis der Pecking-Order-Theorie – keine klare Handlungsstrategie abgeleitet werden. So ist auf Basis der bisherigen Überlegungen völlig unklar, ab welchem Umfang der Überbewertung die Begabe von Eigenkapitalanteilen der Begabe von Fremdkapitalanteilen vorgezogen wird. Der Exkurs des vorangehenden Abschnitts zur Arbeit von Lucas/McDonald (1990) hat zudem gezeigt, dass Unternehmen die Begabe von Kapitalinstrumenten mit Blick auf die zukünftigen Marktentwicklungen durchaus verzögern können. Die Prognose muss an dieser Stelle daher nicht nur den Zeitraum bis zu einer möglichen Kapitalbegabe abdecken, sondern letztlich auch die Folgeentwicklungen antizipieren. Eine Aufgabe, die in der Praxis wohl nicht ohne Weiteres auch durch einen kundigen Bewerter zu lösen sein dürfte. Beurteilt man in Kenntnis dieser Probleme die Praktikabilität der Theorie des Market-Timings, so dürfte das Urteil, dass die Theorie zwar retrospektiv interessante Einblicke gewährt, als Ausgangspunkt einer prospektiven Betrachtung jedoch zu wenig konkret zu sein scheint, wenig überraschend.[944] Der Einschätzung Baker/Wurgler (2002), dass die Theorie des Market-Timings „[..] a simple and realistic explanation for the results is that capital structure is the cumulative outcome of attempts to time the equity market"[945] kann daher immer noch – den Blick auf die Zukunft gerichtet – die gegen Ende des vorangehenden Abschnitts zitierte ernüchterte Aussage von Korajczyk et al. (1990) entgegengehalten werden, dass „[m]ost fundamentally, we still do not understand how firms choose the method of finance".[946]

3.4.2.3. Fazit zur Theorie des Market-Timings

Baker/Wurgler (2002) postulieren, getrieben durch die Evidenz der empirischen Forschung, eine von den bisher betrachteten Erklärungsansätzen emanzipierte Kapitalstrukturtheorie. Motiviert durch die Antworten von Managern in Befragungsstudien und gestützt auf eine eigene empirische Untersuchung, schlagen Baker/Wurgler (2002) eine Kapitalstrukturtheorie vor, die darauf abstellt, dass der Umfang der Fehlbewertungen des Unternehmens durch den Kapitalmarkt einen Haupttreiber der Finanzierungsentscheidung der Praxis darstellt. Diese Kapitalmarktorientierung führt – analog zur Pecking-Order-Theorie – in letzter Konsequenz zur Abkehr von der Vorstellung eines, das Finanzierungsverhalten des

944 Man könnte an dieser Stelle durchaus kritisch einwerfen, dass insbesondere im Fall der jüngeren Kapitalstrukturtheorien der immer stärkere werdende Fokus auf die Erklärbarkeit der Empirie übergewichtet wird und dazu führt, dass das Ziel des Erlangens eines Verständnisses zukünftiger Unternehmensentscheidungen damit zunehmend aus dem Fokus gerät. Denn was nutzt der beste retrospektive Erklärungsansatz, wenn man nicht zugleich auch eine belastbare Prognose formulieren kann.

945 Baker/Wurgler (2002) S. 3; vgl. dazu auch: Hovakimian (2006) S. 222.

946 Korajczyk et al. (1990) S. 275.

Unternehmens dominierenden, wertoptimalen Zielverschuldungsgrades.[947] Wie der vorangehende Abschnitt verdeutlicht hat, kann eine solche Strategie durch zwei alternative Erklärungsansätze motiviert sein. Der erste Erklärungsansatz stellt, in Erweiterung der Überlegungen der Pecking-Order Theorie, auf eine mit der Marktbewertung des Unternehmens schwankende Finanzierungsrangfolge ab, während der zweite Erklärungsansatz – um die Annahme der Markteffizienz aufrechtzuerhalten – auf die – in aller Regel wohl irrationale – Vorstellung des Managements abzielt, Fehlbewertungen des Kapitalmarktes bei der Begabe von Kapitalanteilen ausnutzen zu können.

Wie der erste Unterabschnitt verdeutlicht hat, erscheint das Durchbrechen des starren Gerüstes der Pecking-Order-Theorie[948] – blickt man auf die eingangs skizzierte Evidenz früher empirischer Arbeiten – eine durchaus eingängige Erweiterung der Pecking-Order-Theorie zu sein. Dem ersten Erklärungsansatz der Theorie des Market-Timings kann somit theoretischer Reiz und empirische Überzeugungskraft nicht abgesprochen werden. Ob der zweite Erklärungsansatz hingegen eigenständig arbeitet, kann – dies hat der vorangehende Abschnitt verdeutlicht – durchaus bergründet in Zweifel gezogen werden. Wendet man den Blick von dem – unterschiedlich belastbaren – theoretischen Fundament der Theorie des Market-Timings hin zum Verständniszuwachs, der mit der Formulierung dieser neuen Kapitalstrukturtheorie verknüpft ist, so zeigen sich auch bei dieser Betrachtung Licht und Schatten zugleich. Einerseits gelingt es mit der Theorie des Market-Timings, die mit den bisherigen Kapitalstrukturtheorien nur unvollständig erklärbaren Finanzierungsentscheidungen der Praxis zu plausibilisieren, andererseits scheint der Erkenntnisgewinn, der aus der Theorie des Market-Timings insbesondere mit Blick auf die Gestalt der zukünftigen Finanzierungsentscheidungen des Unternehmens erwächst, als eher gering.[949] Wird doch die Frage nach der Gestalt der zukünftigen Kapitalstruktur – wie bereits im einleitenden Abschnitt festgehalten – durch die Frage nach der künftigen Marktbewertung des Unternehmens verdeckt.

Aus der engen Verbindung von Finanzierungsentscheidung und Marktbewertung dürfte in der Praxis insoweit ein Paradoxon erwachsen, als dass im Rahmen der Unternehmensbewertung zunächst die Frage des zukünftigen Abstands von „innerem" und am Markt beobachtbaren Unternehmenswert beantwortet werden muss, um in einem zweiten Schritt eine Vorstellung der Gestalt der zukünftigen Kapitalstruktur erlangen zu können, die schließlich in das fundamentale

---

947 Vgl. dazu Hovakimian (2006) S. 233.

948 Mit dieser Durchbrechung verliert sich auch die Bedeutung der im Rahmen der „klassischen" Pecking-Order-Theorie nur unzureichend spezifizierten Verschuldungsgrenzen.

949 So ist wohl auch die Kritik der Arbeit von Frank/Goyal (2009) aufzufassen, dass „[...] by itself market timing does not make any predictions for many patterns in the data that are accounted for by the trade-off theory". Frank/Goyal (2009) S. 5.

Bewertungsmodell einfließen kann.[950] Die folgende Bewertung selbst verkommt damit jedoch zu einer Fingerübung, die vor allem dazu geeignet ist, die Bewertungsprämissen nochmals deutlich hervorzukehren, muss der „innere" Wert des Unternehmens doch schon zu Beginn der Bewertung bekannt sein, will man eine Einschätzung über das zukünftige Finanzierungsverhalten vornehmen.[951] Neben diesen bisher eher theoretisch motivierten Überlegungen ist – dies ist das erklärte Ziel der jüngeren Kapitalstrukturtheorien – die Erklärungskraft der Theorie des Market-Timings für das in der Praxis zu beobachtende Finanzierungsverhalten von zentraler Bedeutung.[952]

Unternimmt man an dieser Stelle daher einen kurzen Exkurs zur empirischen Evidenz zugunsten der Theorie des Market-Timings, so setzt sich der vielschichtige Eindruck der Theorie des Market-Timings fort. In der empirischen Forschung finden sich eine Reihe von Arbeiten, die die für die Theorie des Market-Timings zentrale Beobachtung der Arbeit von Baker/Wurgler (2002), des nachhaltigen Einflusses des Marktwert-Buchwert-Verhältnisses auf den realisierten Verschuldungsgrad, eingehender betrachtet haben. Blickt man auf die empirische Evidenz zugunsten dieser Beziehung, so lassen sich in der Literatur zwei zentrale Kritikpunkte an der Schlussfolgerung der Arbeit von Baker/Wurgler (2002) und damit der Theorie des Market-Timings identifizieren.[953] Einerseits wird der Schluss, dass die empirisch beobachtbare Beziehung zwischen Marktwert-Buchwert-Verhältnis und Verschuldungsgrad Ausdruck der Bemühungen des Unternehmens ist, Fehlbewertungen des Kapitalmarktes in die Finanzierungsentscheidung einfließen zu

950 Unterstützer der Theorie des Market-Timings könnten an dieser Stelle einwerfen, dass die Probleme einer wertoptimalen Steuerung der Kapitalstruktur ähnlich gelagert sind. Einem solchen Einwand kann nicht gänzlich widersprochen werden, dennoch dürfte der für die Theorie des Market-Timings bedeutsame Unterschiedsbetrag zwischen Markt- und Fundamentalwert in der Praxis deutlich schwerer zu umgehen sein als mit einem wertoptimalen Zielverschuldungsgrad. Hier hat die Praxis mit dem WACC-Ansatz durchaus wirksame Bewertungsansätze entwickelt, um mit diesem Problem umzugehen.

951 Dieses Interdependenzproblem mag u. U. iterativ zu lösen sein. Es dürfte bei einem großen Delta zwischen dem „inneren" Wert des Unternehmens und dem Wert des Unternehmens am Kapitalmarkt zudem ein Problem aus der Fehlbewertung erwachsen. Stellen doch viele in der Unternehmensbewertung eingesetzte Modelle auf die Effizienz des Kapitalmarktes ab, die unter gewissen Bedingungen nicht mehr aufrechtzuerhalten sein dürfte.

952 Hängt doch – dies wurde bereits hervorgehoben – letztlich die Notwendigkeit einer eigenständigen Kapitalstrukturtheorie davon ab.

953 So hält Hovakimian (2006) fest: „This paper does not question Baker and Wurgler's (2002) empirical results, but instead develops new evidence that allows the re-evaluation of their conclusions about firm behavior and capital structure policy." Hovakimian (2006) S. 222. Bei dieser Kritik steht somit weniger die empirische Evidenz als solches im Vordergrund des Interesses.

lassen – dies ist das zentrale Element der Theorie des Market-Timings –, in Zweifel gezogen. Andererseits wird die z. T. als zu undifferenziert empfundene Betrachtung der Fristigkeit des Effekts des Marktwert-Buchwert-Verhältnisses auf den Verschuldungsgrad in der Literatur kritisch beleuchtet.[954]

Widmet man sich zunächst der Frage, ob das Marktwert-Buchwert-Verhältnis ein geeigneter Indikator der Fehlbewertung des Kapitalmarktes und damit eine Determinante des Market-Timings ist, so ist die Evidenz der Literatur an dieser Stelle als gemischt zu bezeichnen. Hovakimian (2006) hält mit Blick auf den nachhaltigen negativen Einfluss des Marktwert-Buchwert-Verhältnisses auf den Verschuldungsgrad so fest, dass – im Sinne der Interpretation der Trade-Off-Theorie – das Marktwert-Buchwert-Verhältnis eher als ein Indikator der Wachstumschancen den Unternehmens erscheint als ein Indikator der Fehlbepreisung durch den Kapitalmarkt, wie es mit der Theorie des Market-Timings nahegelegt wird.[955] In einem direkten Vergleich der Erklärungskraft von dynamischer Trade-Off-Theorie, Pecking-Order-Theorie und Theorie des Market-Timings bestätigen Flannery/Rangan (2006) diesen ersten Eindruck der Arbeit von Hovakimian (2006). Die Erklärungskraft der Theorie des Market-Timings bleibt in der Betrachtung von Flannery/Rangan (2006) deutlich hinter der Erklärungskraft des dynamischen Trade-Off-Modells zurück.[956] Eine vergleichbare Einschätzung findet sich auch in der Arbeit von Leary/Roberts (2005). Auch Leary/Roberts (2005) halten fest, dass die empirische Evidenz der Arbeit von Baker/Wurgler (2002) eher für eine, durch Transaktionskosten gehemmte, Politik eines wertoptimalen Verschuldungsgrades spricht – wie sie etwa durch die dynamische Trade-Off-Theorie beschrieben wird – als für eine an den Überlegungen der Theorie des Market-Timings angelehnte Finanzierungspolitik.[957] Alti (2006) folgert aus diesen Beobachtungen und einer eigenständigen empirischen Untersuchung, dass der Einfluss der Marktbewertung für die Finanzierungsentscheidung lediglich von kurzfristiger Natur ist und als Teilaspekt des Finanzierungsverhaltens in einer langfristigen, an der Trade-Off-Theorie ausgerichteten Finanzierungsstrategie aufgeht.[958] Dieser Einschätzung widersprechen u. a. die Arbeiten von Huang/Ritter (2009) und Lewis/

954 Diese Kritikpunkte der Literatur erscheinen im Angesicht des einleitenden Abschnitts nicht überraschend, wurde doch festgehalten, dass beide Aspekte für die Frage, ob ein eigenständiges Theoriegebäude formuliert werden muss, bedeutsam sind.

955 Vgl. dazu Hovakimian (2006) S. 230–231; 235.

956 Vgl. dazu Flannery/Rangan (2006) S. 491.

957 Vgl. dazu Leary/Roberts (2005) S. 2592; 2613–2614. Eine ähnliche Einschätzung findet sich auch in Liu (2009) und Frank/Goyal (2008). Vgl. dazu Liu (2009) S. 611; Frank/Goyal (2008) S. 188. Etwas abstrakter als in den vorangehenden Arbeiten findet sich auch in der Arbeit von Cai/Zhang (2011) keine unterstützende Evidenz für die Theorie des Market-Timings. Vgl. dazu Cai/Zhang (2011) S. 392.

958 Vgl. dazu Alti (2006) S. 1684. Aus Sicht der Annahme der Dominanz einer an einem wertoptimalen Zielverschuldungsgrad ausgerichteten Finanzierungspolitik sorgt

Tan (2016).[959] Huang/Ritter (2009) zeigen, dass die Marktrisikoprämie als Indikator des Marktumfeldes bzw. der Eigenkapitalkosten – im Sinne der Theorie des Market-Timings – eine zentrale Determinante der Entscheidung zwischen Eigen- und Fremdkapitalfinanzierung ist.[960] Lewis/Tan (2016) weisen auf Basis des Prognosefehlers von Analystenprognosen nach, dass der Prognosefehler und damit der Überoptimismus der Analysten für Eigenkapital begebende Unternehmen[961] – im Sinne der Theorie des Market-Timings – stärker ausgeprägt ist als für Unternehmen, die sich für eine Begabe von Fremdkapitalanteilen entscheiden.[962]

Blickt man auf die Beständigkeit des Effekts des Market-Timings, so zeigt sich erneut ein lediglich gemischtes Bild. Differenziert nach der Begabe von Eigen- und Fremdkapitalanteilen, zeigt die Arbeit von Hovakimian (2006), dass die empirische Evidenz mit Blick auf die Begabe von Eigenkapitalanteilen zwar für die Theorie des Market-Timings spricht, der Effekt auf die realisierte Kapitalstruktur zeigt sich jedoch – in Kontrast zur Beobachtung von Baker/Wurgler (2002) – als nicht zeitbeständig. Die Entscheidung, Fremdkapitalanteile zu begeben, scheint dagegen einen nachhaltigen Einfluss auf die realisierte Kapitalstruktur auszuüben, aber nicht durch die Überlegungen der Market-Timing-Theorie – also durch eine Unterbewertung – getrieben zu sein.[963] Huang/Ritter (2009) bestätigen dagegen die Beobachtung von Baker/Wurgler (2002), dass der Versuch der Unternehmen, Fehlbewertungen im Sinne des Market-Timings auszunutzen, einen langfristigen Einfluss auf die Gestalt der Kapitalstruktur ausübt.[964] Frank/Goyal (2008) haben auf Basis der sich zum Teil widersprechenden Einschätzungen der Literatur daher ein knappes Zwischenfazit gezogen:„[...] it is not surprising that the durability of the market impact is also best regarded as an open issue."[965] Dieses Zwischenfazit erscheint bemerkenswert, ruft man sich die Überlegungen aus Abschnitt 3.4.2.2. in Erinnerung. Wie in Anlehnung an den Aufbau der Arbeit von Baker/Wurgler

---

die Strategie, die Finanzierungsentscheidung kurzfristig an der Marktbewertung auszurichten, somit – dies wurde bereits festgehalten – für ein Störrauschen.

959 Evidenz zugunsten der Theorie des Market-Timings findet sich daneben noch in dem etwas direkteren Untersuchungsansatz von Elliott et al. (2007). Vgl. dazu Elliott et al. (2007) S. 127.

960 Vgl. dazu Huang/Ritter (2009) S. 255.

961 Der Überoptimismus der Analystenschätzungen stellt an dieser Stelle einen Indikator für die Fehlbewertung des Kapitalmarktes dar.

962 Vgl. dazu Lewis/Tan (2016) S. 601.

963 Vgl. dazu Hovakimian (2006) S. 232. Zu einem mit Blick auf die Bindungswirkung vergleichbaren Ergebnis gelangte bereits Welch (2004). Vgl. dazu Welch (2004) S. 116.

964 Vgl. dazu Huang/Ritter (2009) S. 267.

965 Frank/Goyal (2008) S. 188. Dieses mittlerweile vor einer Dekade gezogene Urteil kann nach m. E. weiterhin so gefällt werden, zieht man die jüngeren Entwicklungen der Literatur – die durch ein Nachlassen des Forschungsinteresses mit Blick auf die beiden Fragestellungen gekennzeichnet sind – in das Urteil mit ein.

(2002) festgehalten wurde, hängt die Frage, ob es einer eigenständigen Theorie des Market-Timings bedarf, maßgeblich von der Frage ab, ob eine solche marktwertabhängige Strategie am Kapitalmarkt beobachtbar ist und ob diese Strategie einen dauerhaften Einfluss auf die Kapitalstruktur des Unternehmens ausübt. Blickt man auf die gemischte empirische Evidenz, die sich in der Literatur zu diesen zentralen Fragen findet, kann – trotz der vorhandenen Akzeptanz dieses Erklärungsansatzes in der Literatur – die Frage, ob die Erklärung eines scheinbar am Marktwert orientierten Finanzierungsverhaltens tatsächlich einer eigenständigen Theorie bedarf, als noch nicht abschließend geklärt angesehen werden.[966]

Fasst man zusammen, so zeigt sich ein gemischtes Bild zugunsten der Theorie des Market-Timings. Das Ziel einer höheren Erklärungskraft, die man mit der Theorie des Market-Timings für eine Reihe empirischer Beobachtungen gewinnt, geht auf Kosten des Verständnisses der Finanzierungsentscheidung, insbesondere des zukünftigen Finanzierungsverhaltens. Blickt man auf die gemischte empirische Evidenz erscheint zudem fraglich, ob dieses Ziel mit der Theorie des Market-Timings überhaupt erreicht werden kann. In einem abschließenden Schritt soll in einem kurzen Exkurs der Frage kritisch nachgegangen werden, wie überzeugend die monokausale Theorie des Market-Timings im Gesamtkontext wirkt. Erscheint doch eine Theorie, die allein darauf abstellt, dass rationale Unternehmen, die Fehlbewertungen, die aus der ungleichen Verteilung von Informationen erwachsen, ausnutzen,[967] regelmäßig zu eindimensional, um der Komplexität der Praxis gerecht zu werden.[968] Etwas spitz könnte man an dieser Stelle daher die Frage stellen, welchem weiteren Unternehmenszweck ein der Market-Timing-Theorie folgendes Unternehmen noch ernsthaft gerecht werden soll bzw. kann. Schlagen Unternehmen doch mit einer Finanzierungspolitik, die das – mit Unwägbarkeiten behaftete – Ziel verfolgt, aus der Fehlbewertung des Kapitalmarkts Kapital zu schlagen, eine wohl kräftezehrende Kapitalstrukturpolitik ein. Wie viel Energie und Aufmerksamkeit kann unter einer solchen kräftebindenden Finanzierungspolitik also noch der – in der Praxis wohl regelmäßig relevanteren[969] – Investitions-, Produkt- und Preispolitik gewidmet werden?[970] Ein Unterstützer der Theorie des Market-Timings mag hier – nicht unbegründet – einwerfen, dass eine solche

966 Frank/Goyal (2008) halten analog fest: „The need for a completely new market timing theory as a competitor for the conventional theories is, as yet, not established." Frank/Goyal (2008) S. 188.

967 Blickt man auf den zweiten – auf verhaltensökonomischen Überlegungen basierenden – Erklärungsstrang, so müsste man hier etwas anders formulieren „dass rationale Unternehmen die Fehlbewertungen irrationaler Marktteilnehmer ausnutzen".

968 Eine vergleichbare Einschätzung findet sich – wie bereits hervorgehoben – bereits bei Frank/Goyal (2008). Vgl. dazu Frank/Goyal (2008) S. 5.

969 Geht man nicht davon aus, dass die in aller Regel von der Literatur betrachteten Industrieunternehmen sich nebenbei als Finanzintermediär betätigen.

970 Formuliert man diese Frage etwas schärfer, so kann man die Frage aufwerfen, wovon ein Unternehmen im Falle einer kapitalmarktabhängigen Finanzierungspolitik

Kritik wohlfeil sei, da auch eine wertabhängige Finanzierungspolitik als durchaus kräftebindend aufgefasst werden kann, ohne mit dem Wertbeitrag der Fremdfinanzierung einen deutlichen Mehrwert zu schaffen. Dieser Einwand erscheint nicht ungerechtfertigt, spielt doch die Investitionspolitik auch für den Großteil der im Vorfeld betrachteten Kapitalstrukturtheorien keine explizite Rolle. Diese soll durch die etwas spitz vorgetragenen Kritik an der Theorie des Market-Timings auch gar nicht verdeckt werden, vielmehr soll deutlich werden, dass die Theorie des Market-Timings gegenüber der vergleichsweise einfach gestrickten Pecking-Order-Theorie eine deutlich aufwendigere Finanzierungsstrategie darstellt, die sich allein – und damit im Kontrast zur Trade-Off-Theorie – auf einen treibenden Faktor zu verlassen scheint.[971] Man hat somit die Einfachheit der Pecking-Order-Theorie verlassen, ohne aber die Flexibilität bzw. Offenheit – im Sinne der Kompatibilität mit einer Reihe von Überlegungen – der Trade-Off-Theorie erreicht zu haben. Die Theorie des Market-Timings kann somit m. E. nach nur einen Teilschritt auf dem wohl noch steinigen Weg darstellen, eine Kapitalstrukturtheorie zu entwickeln, die alle Faktoren, die die Finanzierungsentscheidung determinieren, entsprechend würdigt.[972] Bleibt doch auch die Aussagekraft – mit Blick auf die in Kapitel II zu betrachtenden alternativen Finanzierungsannahmen der Unternehmensbewertung – aufgrund der bereits skizzierten Gründe begrenzt.

3.4.3. Zur erweiterten Pecking-Order-Theorie

Neben der Theorie des Market-Timings findet sich in der Literatur ein weiterer Ansatz, die Pecking-Order-Theorie auf ein breiteres, das Finanzierungsverhalten der Praxis besser erklärendes, Fundament zu stellen. Die an dieser Stelle – wenig spezifisch – unter dem Überbegriff der erweiterten Pecking-Order-Theorie zusammengefasste Verallgemeinerung der „klassischen" Pecking-Order-Theorie zielt, im Kontrast zur Theorie des Market-Timings, nur indirekt auf die mit der Marktbewertung schwankende Vorteilhaftigkeit der alternativeren Finanzierungsquellen des Unternehmens ab. Wie der folgende Abschnitt verdeutlicht, wird zur Verallgemeinerung der Pecking-Order-Theorie vielmehr auf eine von den Unternehmenseigenschaften abhängige Reihung der alternativen Finanzierungsquellen – daraus ergibt sich in der Folge eine flexible Finanzierungsrangfolge – abgestellt. An die vergleichsweise geringe Resonanz angepasst, die diese Erweiterung in der Literatur gefunden hat, seien in der Folge die Kernüberlegungen der erweiterten

eigentlich „leben" soll, um provokant nachzuschieben: „Doch nicht von der Fehlbewertung des Kapitalmarktes allein?".

971 An dieser Stelle kann man sich wohl darüber streiten, ob nun eine an der Trade-Off-Theorie orientierte wertabhängige Kapitalstrukturpolitik oder aber eine an der Theorie des Market-Timings ausgerichtet Finanzierungspolitik aufwendiger erscheint.

972 Eine andere Einschätzung hingegen vertritt Hermanns (2007). Vgl. dazu Hermanns (2007) S. 142.

Pecking-Order-Theorie sowie die Auswirkungen auf die Finanzierungsentscheidungen der Unternehmen knapp skizziert.

3.4.3.1. Zu den Kernprämissen und Implikationen der erweiterten Pecking-Order-Theorie

Den Ausgangspunkt der Bemühungen, die „klassische" Pecking-Order-Theorie zu erweitern, bildete auch für die erweiterte Pecking-Order-Theorie die Bestrebung, die lediglich durchwachsene empirische Evidenz der Literatur zugunsten der „klassischen" Pecking-Order-Theorie zu überwinden und ein breiteres – empirisch überzeugenderes – theoretisches Fundament zu entwickeln.[973] Die mit der „klassischen" Pecking-Order-Theorie beschriebene strikte Rangfolge alternativer Finanzierungsquellen – und damit auch das auf Informationsasymmetrien basierende Theoriegerüst – wird in der Praxis insbesondere durch die regelmäßig zu beobachtende Begabe von Eigenkapitalanteilen durch Wachstumsunternehmen durchbrochen. Ein solches Finanzierungsverhalten junger Wachstumsunternehmen steht im Widerspruch zu den Überlegungen des Abschnitts 2.9.1. zur „klassischen" Pecking-Order-Theorie und der mit Theorie festgelegten Finanzierungsrangfolge. Deutlich wird dies u. a. mit den Anmerkungen von Wu/Yeung (2012) und Wu/Wang (2005), dass „[...] many firms often issue new equity even under severe information asymmetries"[974], „[...] such firms should face serious asymmetric information problems in issuing new equity and hence have high equity issuance cost".[975]

Um diesen evidenten Widerspruch der Praxis zu den Überlegungen der „klassischen" Pecking-Order-Theorie erklären zu können, schlagen die Vertreter einer erweiterten Pecking-Order-Theorie eine Zweiteilung der mit der Pecking-Order-Theorie beschriebenen Rangfolge alternativer Finanzierungsquellen vor. Wu/Wang (2005) greifen als Grundlage für ihre Überlegungen zunächst auf die bereits bei Stulz (1990) zu findende Annahme zurück, dass die Finanzierungsentscheidungen der Unternehmen in der Praxis u. a. durch die Minimierung der in Abschnitt 2.4. beschriebenen Kosten aus Über- und Unterinvestition getrieben sind. Um zu verstehen, was diese zunächst abstrakt wirkende Annahme für die Finanzierungsentscheidungen der Unternehmen konkret bedeutet, ist es notwendig, den Einfluss der Finanzierungsentscheidung auf die zwischen Unternehmen und Investoren bestehenden Agency-Probleme besser zu verstehen. Das folgende an die Argumentation von Wu/Wang (2005) angelehnte Beispiel soll in aller Kürze die Wechselwirkungen

---

973 In der empirischen Literatur finden sich eine Reihe von Bemühungen – dies wird Kapitel III nochmals kurz verdeutlichen –, dies zu durchbrechen, mit bisher jedoch lediglich durchwachsenem Erfolg.

974 Wu/Yeung (2012) S. 3428. Ähnlich dazu schon Wu/Wang (2005) S. 918.

975 Wu/Wang (2005) S. 918. Wie Denis (2012) in Anlehnung an Strebulaev/Yang (2013) festhält, setzt ein Teil der Unternehmen sogar gar kein oder nur im geringen Umfang Fremdkapital ein. Vgl. dazu Denis (2012) S. 635.

zwischen der Wahl der Finanzierungsquelle und den Umfang bestehender Über- und Unterinvestitionsprobleme illustrieren. Wie das Beispiel zeigen wird, werden die Auswirkungen einer Finanzierungsentscheidung auf bestehende Agency-Probleme i. d. R. zweigeteilt sein, d. h., Über- als auch Unterinvestitionsproblem werden auf unterschiedliche Weise durch die Wahl der Finanzierungsquelle beeinflusst werden.

Blickt man zunächst auf die Auswirkungen für den Fall der Begabe zusätzlicher Fremdkapitalanteile auf das bestehende Überinvestitionsproblem, so haben die Überlegungen des Abschnitts 2.4. gezeigt, dass Überinvestitionsprobleme durch die disziplinierende Wirkung des Einsatzes von Fremdkapital – freie Mittel werden dem Unternehmen durch regelmäßige Zahlungen an die Fremdkapitalgeber entzogen – abgeschwächt werden können. Der positive Effekt, den ein verstärkter Einsatz von Fremdkapital auf das Überinvestitionsproblem ausübt, ist jedoch zugleich auch mit Kosten verbunden, und es wird mit einem verstärkten Fremdkapitaleinsatz auch ein Anreiz dafür geschaffen, wertschaffende Investitionsprojekte nicht oder nur unvollkommen zu realisieren.[976] Durch einen stärkeren Fremdkapitaleinsatz im Rahmen der Unternehmensfinanzierung werden m. a. W. bestehende Unterinvestitionsprobleme verstärkt bzw. durch den erstmaligen Einsatz von Fremdkapitalinstrumenten sogar erst neu geschaffen.[977] Auf Basis dieser gegenläufigen Effekte des Einsatzes von Fremdkapitalinstrumenten kann letztlich die Existenz eines wertoptimalen – die mit der Finanzierungsentscheidung verbundenen Kosten minimierenden – Verschuldungsgrades abgeleitet werden, der aus einer Abwägung der mit den alternativen Finanzierungsquellen verbundenen Effekte auf das Über- als auch das Unterinvestitionsproblem resultiert.[978] Wie der nachfolgende Abschnitt zeigen wird, gründet auch die Herleitung der erweiterten Pecking-Order-Theorie auf einer Abwägung der Vor- und Nachteile der Finanzierungsentscheidung. Die erweiterte Pecking-Order-Theorie mündet dabei jedoch nicht in der Formulierung eines Verschuldungsoptimums, sondern hält, der „klassischen" Pecking-Order-Theorie folgend, an der Vorstellung einer Hackordnung alternativer Finanzierungsquellen fest.

Zur Herleitung der erweiterten Pecking-Order-Theorie

Den Ausgangspunkt der erweiterten Pecking-Order-Theorie stellt, wie bereits im Fall der „klassischen" Pecking-Order-Theorie, ein Unternehmensumfeld dar, in dem die Unternehmensleitung über ein höheres Informationsniveau als die von

---

976 Wie die Überlegungen des Abschnitts 2.4.1.3. gezeigt haben, beschränkt sich der Anreiz der Eigenkapitalgeber, wertschaffende Investitionsprojekte zu realisieren, deren Wertbeitrag überwiegend den Fremdkapitalgebern zufließen wird, auf ein Minimum.

977 Zu einem vergleichbaren Ergebnis kommt man, spielt man diese Überlegung mit umgekehrten Vorzeichen durch, d. h., geht man zunächst von der Warte des Unterinvestitionsproblems und einer verstärkten Eigenkapitalfinanzierung aus.

978 Vgl. dazu Wu/Wang (2005) S. 918–919.

der Geschäftsführung regelmäßig ausgeschlossenen Kapitalgeber bzw. der Kapitalmarkt als Ganzes verfügt. Vergleichbar zu den in Abschnitt 2.9.1. skizzierten Überlegungen der Arbeit von Myers/Majluf (1984), stellt auch die Arbeit von Wu/Wang (2005) vereinfachend auf ein Dreiphasen-Modell als Grundlage für die Überlegungen zu den Wechselwirkungen zwischen bestehenden Informationsasymmetrien und den zu treffenden Finanzierungsentscheidungen ab.[979] Der von Wu/Wang (2005) gewählte Prämissenrahmen greift in Grundzügen dabei auf die Prämissen der Arbeit von Myers/Majluf (1984) zurück.[980] In einem, in der Folge kurz näher zu betrachtenden, Punkt weichen die Annahmen der Arbeit von Wu/Wang (2005) jedoch von dem durch Myers/Majluf (1984) gesetzten Prämissenrahmen ab. Wurde mit der „klassischen" Pecking-Order-Theorie noch die Annahme getroffen, dass rationaler Manager – neben der Maximierung des nicht-monetären individuellen Nutzens – auf die Maximierung des Marktwertes der Eigenkapitalanteile bestehender Anteilseigner abzielen,[981] treffen Wu/Wang (2005) an diesem Punkt eine deutlich restriktivere Annahme. Die Arbeit von Wu/Wang (2005) stellt so darauf ab, dass Manager mit ihren Finanzierungsentscheidungen die Maximierung des Marktwertes der Eigenkapitalanteile der Unternehmensinsider, d. h. der „internen" – und damit besser informierten – Kapitalgeber im Auge haben. Die Interessen weniger gut informierter „externer" (Alt-) Eigenkapitalgeber bleiben – im Kontrast zur „klassischen" Pecking-Order-Theorie – in den Entscheidungen des Unternehmensmanagements weitgehend unberücksichtigt.[982]

Ohne an dieser Stelle das den Überlegungen von Wu/Wang (2005) zugrunde gelegte Dreiphasenmodell im Detail aufzugreifen, führt die Fokussierung des Unternehmens auf die Maximierung des Marktwertes der Anteile der „internen" Kapitalgeber dazu, dass sich der Kapitalmarkt neben dem aus der „klassischen" Pecking-Order-Theorie bekannten Unterinvestitionsproblem nun auch mit einem Überinvestitionsproblem konfrontiert sieht.[983] Dies hat – wie Wu/Wang (2005) zeigen – Auswirkungen auf die in der Praxis zu erwartende Kapitalmarktreaktion infolge einer Ankündigung der Begabe von „frischen" Eigenkapitalanteilen. Während in dem durch Myers/Majluf (1984) beschriebenen Dreiphasenmodell aus der Ankündigung einer Kapitalerhöhung relativ klar eine Überbewertung des Unternehmens und somit des bestehenden Investitionsportfolios abgeleitet werden

979 Insider erkennen – vergleichbar zu den Überlegungen von Myers/Majluf (1984) – zu einem früheren Zeitpunkt die „wahre" Qualität realisierbarer Investitionsprojekte. Vgl. dazu Wu/Wang (2005) S. 922.

980 Vgl. dazu Wu/Wang (2005) S. 921. Es sei daher an dieser Stelle auf Abschnitt 2.9.1. verwiesen.

981 Mit der für die Pecking-Order-Theorie bekannten Folge, dass die Begabe von Eigenkapital als ein Signal der Überbewertung interpretiert werden kann.

982 Vgl. dazu Wu/Wang (2005) S. 921. Diese restriktivere Annahme ist durchaus ökonomisch einleuchtend, können sich die Manager doch dem Urteil der schlechter informierten externen Kapitalgeber besser entziehen.

983 Vgl. dazu Wu/Wang (2005) S. 923–924.

kann, ist das, aus der Begabe von Eigenkapitalanteilen erwachsende, Signal infolge der durch Wu/Wang (2005) vorgenommenen Erweiterung weniger eindeutig als ein Zeichen einer bestehenden Überbewertung zu interpretieren. Wu/Wang (2005) heben in diesem Zusammenhang daher hervor, dass die Begabe von Eigenkapitalanteilen – unter der vorgenommenen Erweiterung – nunmehr auch positive Signale über bestehende Investitionsprojekte als auch zukünftige Investitionsprojekte der Unternehmen an den Kapitalmarkt aussenden kann.[984] Im Kontrast zum ursprünglichen Modell von Myers/Majluf (1984), kann die Ankündigung einer Eigenkapitalerhöhung damit auch mit einem Anstieg des Marktwertes infolge der Begabe von Eigenkapitalanteile des Unternehmens verbunden sein.[985] Eine positive Kapitalmarktreaktion steht jedoch im Widerspruch zu den in Abschnitt 2.9.1. eingeführten Überlegungen von Myers/Majluf (1984) und erscheint an dieser Stelle somit zunächst erklärungsbedürftig.

Um die Gründe für die mit Blick auf die Erwartung der „klassischen" Pecking-Order-Theorie abweichende Kapitalmarktreaktion zu plausibilisieren, sei in der Folge auf den intuitiven, späteren Erklärungsansatz von Wu/Yeung (2012) abgestellt. Folgt man dem Beispiel von Wu/Yeung (2012), können zum Zeitpunkt der Finanzierungsentscheidung vereinfachend zwei denkbare Extrempunkte unterschieden werden, in denen sich Unternehmen befinden können. Unternehmen, die über ein bestehendes Investitionsportfolio hinaus nur über vergleichsweise geringe Wachstumschancen verfügen (Typ I), stehen Unternehmen mit ausgeprägten Wachstumschancen, die das bestehende Investitionsportfolio dominieren, (Typ II) gegenüber. Wie die Überlegungen von Wu/Yeung (2012) zeigen, fällt die Kapitalmarktreaktion und in der Folge auch die Finanzierungsentscheidung bestehender (Alt-)Eigenkapitalgeber in Abhängigkeit zum jeweiligen Unternehmenstyp unterschiedlich aus. Anteilseigner des Unternehmenstyps I werden – im Fall einer Unterbewertung – die Begabe von Eigenkapitalanteilen regelmäßig scheuen, da die mit einer Eigenkapitalbegabe einhergehende Entreicherung der Alteigenkapitalgeber – der Kapitalmarkt stellt wie bereits Abschnitt 2.9.1. verdeutlicht hat, pragmatisch auf Durchschnittsbewertungen aus positiver wie auch negativer Unternehmensentwicklung ab – i. d. R. durch die zukünftigen Investitionsprojekte nicht oder nur unzureichend kompensiert wird. Für überbewertete Unternehmen des Typs I gilt diese Hemmschwelle dagegen nicht. Die Begabe von Eigenkapitalanteilen kann im Fall des Unternehmenstyps I somit ein untrügliches Zeichen der Überbewertung der Eigenkapital begebenden Unternehmen interpretiert werden.

Die Überlegungen der „klassischen" Pecking-Order-Theorie zeigen sich somit für die Unternehmen von Typ I als stabil. Ohne an dieser Stelle auf weitere Details einzugehen, kann für den Unternehmenstyp I an der festen Finanzierungsrangfolge der Pecking-Order-Theorie damit unverändert festgehalten werden. Die Tendenz von Unternehmen des Typs I, verstärkt auf Fremdkapital als Finanzierungsquelle

984 Vgl. dazu Wu/Wang (2005) S. 925–926.
985 Vgl. dazu Wu/Wang (2005) S. 924.

abzustellen, entspricht letztlich der intuitiv einleuchtenden engen Verbindung greifbarer Unternehmenswerte[986] und der Wahrscheinlichkeit einer Fremdfinanzierung. Parsons/Titman (2008) halten diesen Zusammenhang illustrierend fest, dass „[...] assets in place are better candidates for debt finance, a shift toward more assets in place is likely to increase a firm's target debt ratio".[987] Der für die Unternehmen des Typs I beschriebene verwässernde Effekt im Fall einer Begabe von Eigenkapitalanteilen spielt für die Unternehmen des Typs II – wie die nachfolgenden Überlegungen verdeutlichen sollen – dagegen lediglich eine nachrangige Rolle im Rahmen der Finanzierungsentscheidung. Geht man zunächst wie im Fall des Unternehmenstyps I davon aus, dass der Kapitalmarkt zwischen „guten" und „schlechten" Unternehmen nicht oder nur unzureichend unterscheiden kann und in der Folge auf eine Durchschnittsbewertung abstellt, so wirkt sich auch an dieser Stelle die Begabe von Eigenkapitalanteilen zunächst unvorteilhaft auf das Vermögen der (Alt-)Eigenkapitalgeber aus. Da die Wachstumschancen der Unternehmen des Typs II den Umfang bestehender Projekte definitionsgemäß dominieren, kann an dieser Stelle ohne Weiteres argumentiert werden, dass die mit der Eigenkapitalbegabe einhergehende Verwässerung der Eigenkapitalanteile und damit des Vermögens der Altaktionäre durch den Wertbeitrag der zu realisierenden Investitionsprojekte regelmäßig überkompensiert wird.[988] Folgt man dieser Einschätzung, verlieren auch „gute" Unternehmen im Falle einer Fehlbewertung durch den Kapitalmarkt nicht völlig den Anreiz, Eigenkapitalanteile zu begeben. Wu/Yeung (2012) halten in diesem Zusammenhang eingängig fest: „[...] firms with undervalued growth opportunities may be willing to accept a smaller share of the NPV of new investments, because the issuer would otherwise have ended up with nothing (by skipping the new projects)."[989] Auf Basis dieser Argumentation verliert sich jedoch auch der eindeutige Signalcharakter der Ankündigung der Begabe von Eigenkapitalanteilen wie noch im Fall der Unternehmen vom Typ I. Im Kontrast zu den Unternehmen des Typs I kommt es für die Unternehmen von Typ II damit zu keiner Negativauslese Eigenkapital begebender Unternehmen.[990] Eine Umkehrung des negativen Effekts der Eigenkapitalbegabe sowie eine damit verbundene Durchbrechung der festen Finanzierungsrangfolge der Pecking-Order-Theorie erscheinen an dieser Stelle daher als nicht unwahrscheinlich.[991] Mit der durch die

986 Dies steht in Kontrast zu Wachstumsunternehmen, bei denen ein Großteil des Unternehmenswertes nur unvollständig greifbar sein wird.

987 Parsons/Titman (2008) S. 29. Ähnlich dazu schon Myers (1977) S. 150.

988 Die Fehlbewertung der Qualität bestehender Investitionsprojekte spielt aufgrund des geringen Beitrags dieser Projekte zum Gesamtunternehmenswert nur eine untergeordnete Rolle.

989 Wu/Yeung (2012) S. 3429.

990 Konkret bedeutet dies, dass auch Unternehmen mit wertschaffenden Investitionsprojekten den Gang an den Kapitalmarkt wagen werden.

991 Vgl. dazu Wu/Yeung (2012) S. 3429.

Arbeit von Wu/Wang (2005) und Wu/Yeung (2012) vorgeschlagenen Zweiteilung der Hackordnung alternativer Finanzierungsquellen in Abhängigkeit zum Unternehmenstyp, gelingt es – im Kontrast zur „klassischen" Pecking-Order-Theorie – somit, die in der Praxis zu beobachtende Begabe von Eigenkapitalanteilen durch Wachstumsunternehmen zu plausibilisieren und in ein eigenständiges Theoriegerüst einzubetten.

Zur geänderten Hackordnung der erweiterten Pecking-Order-Theorie

Die vorangehenden Überlegungen haben mögliche Auslöser für die Schwäche der „klassischen" Pecking-Order-Theorie, die Finanzierungsentscheidungen von Wachstumsunternehmen in der Praxis zu plausibilisieren, hervorgekehrt. Unter dem Eindruck, dass Unternehmenscharakteristika die Kapitalmarktreaktion und damit die Finanzierungsentscheidung des Unternehmens maßgeblich bestimmen, muss die feste Rangfolge alternativer Finanzierungsquellen der „klassischen" Pecking-Order-Theorie nunmehr einer differenzierteren Betrachtung weichen. In Verallgemeinerung der Treiber der Finanzierungsentscheidung des vorangehenden Beispiels unterscheiden Wu/Yeung (2012) zwischen zwei Ausprägungen der am Kapitalmarkt bestehenden Informationsasymmetrien.

Dominiert am Kapitalmarkt die Unsicherheit über den tatsächlichen Wert der umgesetzten Investitionsprojekte, so gelten die in Abschnitt 2.9.1. dargestellten Überlegungen der „klassischen" Pecking-Order-Theorie mit der Folge, dass Unternehmen zunächst versuchen werden, alle Innenfinanzierungsquellen auszuschöpfen, um dann in einem zweiten Schritt auf Fremdkapital als präferierte Finanzierungsquelle des Unternehmens abzustellen. Eigenkapital bildet somit – der Rangfolge der „klassischen" Pecking-Order-Theorie folgend – letztlich nur die Ultima Ratio der Unternehmensfinanzierung. Dominiert am Kapitalmarkt dagegen die Unsicherheit über zukünftige Investitionsprojekte, so fällt die Reaktion des Kapitalmarktes auf die Ankündigung einer Fremdkapitalbegabe deutlich weniger klar aus. Eine direkte Folge einer Zunahme der Wachstumschancen ist, dass die Kosten einer Begabe von Eigenkapitalanteilen fallen oder sogar umkehren und in bestimmten Fällen ein Aufschlag auf begebene Eigenkapitalanteile zu beobachten ist. Die Begabe von Eigenkapitalanteilen kann in diesem Fall daher nicht nur eine adäquate Alternative zur Begabe von Fremdkapitalanteilen sein, sondern die Begabe von Fremdkapitalanteilen im Extremfall sogar dominieren.[992] Inwieweit die Reihung der „klassischen" Pecking-Order-Theorie geändert werden muss, bleibt an dieser Stelle doch weitgehend ungeklärt, ist es unter der erweiterten Pecking-Order-Theorie doch sowohl denkbar, dass die Begabe von Eigenkapital einer Finanzierung mit Fremdkapital vorgezogen wird, die Unternehmen gegenüber der Wahl der Finanzierungsquelle indifferent sind, als auch, dass die Rangfolge der Finanzierungsquellen der „klassischen" Pecking-Order-Theorie Bestand hat. Welche Gestalt die Finanzierungsrangfolge letztlich annimmt, dürfte im Wesentlichen

---

992 Vgl. dazu Wu/Wang (2005) S. 942.

davon abhängen, welche der im Vorfeld beschriebenen Ausprägungen der Informationsasymmetrie den Kapitalmarkt letztlich dominiert.[993] An dieser Stelle kann in Unkenntnis der jeweils unternehmensspezifisch zu beantwortenden Frage die zunächst nur wenig konkrete Vermutung formuliert werden, dass der Einsatz von Eigenkapital mit zunehmendem Grad, in dem die Unsicherheit über zukünftige Projekte herrscht, dominieren wird, jedoch im Fall, in dem die Unsicherheit über bestehende Projekte dominiert, der Einsatz von Fremdkapital vorgezogen wird. Eine solche Reihung erscheint einleuchtend, lässt sich in der Praxis doch insbesondere im Fall junger Wachstumsunternehmen die Dominanz von Eigenkapital als Finanzierungsquelle nicht absprechen.

3.4.3.2. Fazit zur erweiterten Pecking-Order-Theorie

Will man an dieser Stelle ein kurzes Fazit zu der von Wu/Wang (2005) vorgeschlagenen Erweiterung der Pecking-Order-Theorie ziehen, so ist festzuhalten, dass mit der erweiterten Pecking-Order-Theorie die auf die asymmetrische Informationsverteilung abstellenden Erklärungsansätze der Finanzierungsentscheidung auf ein breiteres Fundament gestellt wurden. Insbesondere gelingt es mit der erweiterten Pecking-Order-Theorie, das mit Blick auf junge Wachstumsunternehmen bestehende Paradoxon – die Dominanz der Eigenkapitalfinanzierung – der „klassischen" Pecking-Order-Theorie aufzulösen. Die Verbreiterung des Fundaments der Pecking-Order-Theorie ist – wie auch die in den vorangehenden Abschnitten beleuchteten Erweiterungen – auch mit Kosten verbunden, wird doch eine Loslösung von dem klaren Finanzierungsgerüst der „klassischen" Pecking-Order-Theorie notwendig. Für die Beantwortung der Frage, welche Finanzierungsquelle aus Sicht des Unternehmens mit den geringsten Kosten verbunden ist, muss – stellt man auf die erweiterte Pecking-Order-Theorie ab – nun ergänzend die Frage beantwortet werden, ob für das betrachtete Unternehmen die Informationsasymmetrien mit Blick auf bestehende oder aber zukünftige Investitionsprojekte überwiegen. Für die beispielhaft betrachteten Extrempunkte dürfte eine solche Einschätzung noch weitgehend unproblematisch vorzunehmen sein. Entfernt man sich von diesen Extrempunkten, so erscheint zunächst zu Beginn noch ein pragmatisches Abstellen auf die Extremfälle denkbar, um eine klare Antwort auf die Gestalt der Finanzierungsentscheidung finden zu können. Mit zunehmender Entfernung zu den Extrempunkten dürfte ein solch pragmatisches Vorgehen an die Grenzen stoßen und zunehmend fehleranfälliger werden, nähert man sich doch schrittweise dem Punkt, in dem Unternehmen indifferent zwischen

993 Diese Einschätzung scheinen auch Wu/Yeung (2012) zu teilen, wenn sie festhalten: „The extent of information asymmetries may vary over time, but the dominance of a particular type of asymmetric information for a particular firm is likely to persist. If so, the firm's financing behavior and hence capital structure can be persistent." Wu/Yeung (2012) S. 3429.

den alternativen Finanzierungsquellen sind. Die erweiterte Pecking-Order-Theorie macht an diesem Punkt letztlich keine konkrete Vorgabe mehr zur der Rangfolge der externen Finanzierungsquellen.[994] Dieses Problem tritt wohlgemerkt zu den bestehenden Problemen der „klassischen" Pecking-Order-Theorie hinzu, war doch für den Fall, dass Unternehmen das Fremdfinanzierungsvolumen ausgereizt haben, bereits im Fall der „klassischen" Pecking-Order-Theorie ein Rückgriff auf eine Finanzierung mit Eigenkapital durchaus denkbar. War es anders ausgedrückt bereits für die „klassische" Pecking-Order-Theorie schwierig, von außen den Punkt zu bestimmen, an dem die Fremdkapitalquelle versiegen würde, so tritt zu diesem Problem im Fall der erweiterten Pecking-Order-Theorie noch die Frage nach dem Umfang und dem Bezugspunkt der bestehenden Informationsasymmetrien hinzu, um eine wohlbegründete Finanzierungsentscheidung treffen zu können. Eine solche Frage dürfte in aller Regel nur pragmatisch zu beantworten sein. Wu/Yeung (2012) stellen so zur Approximation der Wachstumschancen und dem Grad der Informationsasymmetrie vereinfachend auf das Markt-/Buchwertverhältnis ab.[995] Dies erscheint einleuchtend, trennt man sich – wie beispielsweise in der im vorangehenden Abschnitt beschriebenen Theorie des Market-Timings – allerdings von der Annahme, dass die Marktbepreisung Ausdruck einer rationalen Bewertung der gegenwärtigen Leistungsfähigkeit und zukünftigen Wachstumschancen ist, scheint es schwierig, zwischen den unterschiedlichen Auslösern bestehender Informationsasymmetrien zu differenzieren und eine konkrete Antwort auf die Rangfolge alternativer Finanzierungsquellen zu geben.[996]

Unklar ist in diesem Zusammenhang auch, ab welchem Punkt ein Unternehmen indifferent zwischen den alternativen Finanzierungsquellen ist. Auch diese Frage wird im Rahmen der erweiterten Pecking-Order-Theorie nicht global beantwortet werden können. Dafür spricht, dass die erweiterte Pecking-Order-Theorie wie schon die „klassische" Pecking-Order-Theorie den Einfluss des Wertbeitrages der Fremdfinanzierung außer Acht lässt. Zieht man diesen Aspekt in die Überlegungen mit ein, so dürften durch den Wertbetrag der Fremdfinanzierung unternehmensindividuelle Indifferenzpunkte entstehen. Man kann letztlich mit der unterschiedlichen Hebbarkeit des Wertbeitrages der Fremdfinanzierung ein weiteres Argument für eine Zweiteilung der bestehenden Finanzierungsrangfolge einführen.[997]

---

994 Wie sich zeigen wird, ist insbesondere unklar, wann dieser Punkt der Indifferenz zwischen den alternativen Finanzierungsquellen im Rahmen der erweiterten Pecking-Order-Theorie erreicht wird.

995 Vgl. dazu Wu/Yeung (2012) S. 3430.

996 Vgl. dazu auch Wu/Yeung (2012) S. 3432–3433.

997 Man könnte an dieser Stelle kritisch einwerfen, dass diese Frage letztlich über den Insolvenzdruck von dem realisierten Verschuldungsgrad abhängt. Wie bereits hervorgehoben, trifft man an dieser Stelle jedoch auf eine generelle Schwäche der Pecking-Order-Theorie, die lediglich auf die Gegenwart fokussierte Betrachtung der Optimalität der Finanzierungsentscheidung. Eine ganzheitliche, d. h. auch rückblickende Betrachtung wie im Fall der Trade-Off-Theorie unterbleibt daher auch

Fasst man an dieser Stelle kurz zusammen, so nimmt also auch mit der erweiterten Pecking-Order-Theorie die Eindeutigkeit bzw. Geradlinigkeit des Erklärungsansatzes zugunsten einer höheren Erklärungskraft empirischer Beobachtungen ab. Man kann an dieser Stelle somit erneut die wachsende Beliebigkeit der verstärkt an den empirischen Beobachtungen ausgerichteten jungen Kapitalstrukturtheorien kritisieren. Durch die zunehmende Flexibilität des theoretischen Gerüsts gelingt es zwar, die empirische Basis zu verbreitern, gleichzeitig führt die zunehmende Beliebigkeit jedoch dazu, dass die – im nachfolgenden Kapitel nochmals eingehender beleuchtete – Frage nach der zukünftigen Entwicklung der Kapitalstruktur m. E. nach nur noch eingeschränkt beantwortet werden kann.[998] Blickt man an dieser Stelle abschließend auf die Resonanz, die die erweiterte Pecking-Order-Theorie in der Literatur gefunden hat, so erscheint es – insbesondere mit Blick auf die rückblickende Erklärungskraft, die diese Kapitalstrukturtheorie entfaltet – verwunderlich, dass die Reaktion der Literatur auf die Erweiterung der „klassischen" Pecking-Order-Theorie vergleichsweise verhalten ausgefallen ist, bietet die erweiterte Pecking-Order-Theorie doch alternative Erklärungsansätze für die Theorie des Market-Timings als auch der im weiteren Verlauf dieser Arbeit noch näher betrachteten Persistenz-Theorie. Wie Wu/Wang (2005) hervorheben, muss man – in Kenntnis der Überlegungen der erweiterten Pecking-Order-Theorie – aus den empirischen Beobachtungen der Arbeit von Baker/Wurgler (2002) nicht zwingend den Schluss ziehen, dass Unternehmen Finanzierungsentscheidungen in Abhängigkeit zu den Fehlbewertungen des Kapitalmarktes treffen. Hält man an der Annahme eines effizienten Kapitalmarktes fest, kann – dies haben die vorangehenden Überlegungen verdeutlicht – die positive Marktlage zum Zeitpunkt der Eigenkapitalbegabe so auch als das Ergebnis der positiven Marktreaktion infolge der Antizipation der Begabe von Eigenkapitalinstrumenten interpretiert werden.[999] Mit Blick auf die von Lemmon et al. (2008) festgehaltene Persistenz der Kapitalstruktur zeigen Wu/Yeung (2012), dass weniger das ursprüngliche Verschuldungsniveau als vielmehr der für die erweiterte Pecking-Order-Theorie zentrale Unternehmenstyp zeitkonstant ist und das Finanzierungsverhalten der Unternehmen nachhaltig

---

im Fall der erweiterten Pecking-Order-Theorie. Die Arbeit von Wu/Yeung (2012) zeigt, dass wenigstens für den Unternehmenstyp I der Einfluss von Überlegungen der Trade-Off-Theorie auf die Finanzierungsentscheidung beobachtbar sind. Vgl. dazu Wu/Yeung (2012) S. 3441.

998 Man könnte an dieser Stelle kritisch nach dem Erkenntnisgewinn einer Kapitalstrukturtheorie fragen, der es nur rückblickend gelingt, Finanzierungsentscheidungen zu plausibilisieren, die aber mit Blick auf die zukünftige Entwicklung überraschend vage bleibt.

999 Vgl. dazu Wu/Wang (2005) S. 942. Wu/Yeung (2012) sehen in diesem Zusammenhang den auf der erweiterten Pecking-Order-Theorie fußenden Erklärungsansatz als empirisch bestätigt an. Vgl. dazu Wu/Yeung (2012) S. 3431.

beeinflusst.[1000] Die erweiterte Pecking-Order-Theorie liefert damit neben den bekannteren „jüngeren" Kapitalstrukturtheorien einen durchaus vielversprechenden Erklärungsversuch des Finanzierungsverhaltens der Praxis.

Ohne Schwächen ist dieser Ansatz – insbesondere mit Blick auf die zwangsläufig vergleichsweise vage bleibenden Formulierungen der Zukunftserwartungen – jedoch nicht. Ungeklärt bleibt daneben zudem die bereits für die „klassische" Pecking-Order-Theorie aufgeworfene Frage nach der Gestalt bzw. den Determinanten der in die Rangfolgeüberlegungen einfließenden Verschuldungsgrenzen. Richtet man den Blick zum Ende dieses Abschnitts auf die Kapitel II zu diskutierenden alternativen Finanzierungsannahmen der Unternehmensbewertung, so zeigen sich die bereits skizzierten Schwächen, eine Prognose auf Basis der erweiterten Pecking-Order-Theorie abzuleiten. Bedeutsame Aspekte für die Unternehmensbewertung sind auch unter der erweiterten Pecking-Order-Theorie zunächst lediglich die Einschätzung, dass die Realisierung wertoptimale Verschuldungsgrade in aller Regel unwahrscheinlich erscheinen, und die – aus Sicht der Praxis wohl wenig neue Erkenntnis –, dass Wachstumsunternehmen auf eine Finanzierung mit Eigenkapital abstellen werden.

In der Literatur finden sich neben der Theorie des Market-Timings und der erweiterten Pecking-Order-Theorie noch zwei weitere, den jüngeren Kapitalstrukturtheorien zurechenbare Erklärungsansätze. Diese beiden Erklärungsansätze sollen in der Folge kurz näher beleuchtet werden. Im Vergleich zu den Vorüberlegungen werden diese beiden Kapitalstrukturtheorien vergleichsweise stiefmütterlich behandelt. Zurückzuführen ist dies u. a. auf das vergleichsweise geringe Interesse, das diesen Kapitalstrukturtheorien in der Praxis entgegengebracht wird. Der chronologischen Entwicklung dieser Kapitalstrukturtheorien folgend, sei zunächst die Inertia-Theorie und in einem zweiten Schritt die Persistenz-Theorie näher betrachtet.

3.4.4. Zur Inertia-Theorie

Die Formulierung der Inertia-Theorie ist, wie bereits die dynamische Trade-Off-Theorie und die Theorie des Market-Timings, auf die Bemühung der Literatur zurückzuführen, ein theoretisches Fundament für die Beobachtungen empirischer Forschung zu entwickeln.[1001] Die Formulierung der Inertia-Theorie selbst geht dabei auf eine empirische Untersuchung von Welch (2004) zurück, die den Einfluss

---

1000 Vgl. dazu Wu/Yeung (2012) S. 3432. Wie Wu/Yeung (2012) festhalten, unterscheidet sich in Abhängigkeit vom Unternehmenstyp auch die Investitionspolitik der Unternehmen. Vgl. dazu Wu/Yeung (2012) S. 3435.

1001 Würdigt man die einzelnen Theorien, so erscheint die Vielfalt der aus der Empirie erwachsenden Kapitalstrukturen durchaus bemerkenswert. Wie dieser Abschnitt verdeutlichen wird, unterscheiden sich die mit der Inertia- Theorie verknüpften Folgerungen deutlich von den Überlegungen der vorangehenden Abschnitte.

und die Richtung von bewussten Finanzierungsmaßnahmen des Unternehmens auf den Verschuldungsgrad eingehender betrachtet hat. Im Vergleich zu den vorangehenden jüngeren Kapitalstrukturtheorien erscheint die Resonanz, die diese Theorie in der Literatur gefunden hat, vergleichsweise gering. Der Fokus der folgenden Abschnitte liegt zunächst auf der Arbeit von Welch (2004) selbst, um in einem abschließenden Fazit einen kurzen Ausblick auf die Bedeutung und empirische Resonanz der Inertia-Theorie zu nehmen.

3.4.4.1. Zur Herleitung der Inertia-Theorie durch Welch (2004)

Die Arbeit von Welch (2004) beleuchtet, wie in dem einleitenden Abschnitt bereits festgehalten wurde, im Schwerpunkt die Frage nach der Gestalt und Wirkungsrichtung der in der Praxis beobachtbaren Finanzierungsmaßnahmen. Insbesondere wird in der Untersuchung der Frage nachgegangen, ob diese Finanzierungsmaßnahmen in Einklang mit den Überlegungen der in der Literatur diskutierten alternativen Kapitalstrukturtheorien stehen. Welch (2004) trennt in einem ersten Schritt passive bzw. mechanische Veränderungen der Kapitalstruktur bzw. des Verschuldungsgrades – wie sie etwa durch Schwankungen des Marktwertes des Unternehmens entstehen –[1002] von den aktiven Veränderungen der Kapitalstruktur, die durch konkrete Finanzierungsmaßnahmen der betrachteten Unternehmen ausgelöst werden. Wie Welch (2004) mit dieser Zerlegung zeigt, sind sowohl mechanische als auch aktive Veränderungen der Kapitalstruktur für die Entwicklung der Verschuldungsstruktur der Unternehmen im Zeitverlauf bedeutsam. Veränderungen des Verschuldungsgrades, die durch den Marktpreis, d. h. durch rein mechanische Veränderungen induziert wurden, zeichnen sich in der Untersuchung von Welch (2004) für rund 40 % der Schwankungen des Verschuldungsgrades verantwortlich, während rund 60 % der Schwankungen des Verschuldungsgrades auf aktive Kapitalmaßnahmen der Unternehmen zurückgeführt werden können.[1003] Es kann – dies macht die Arbeit von Welch (2004) – an dieser Stelle die Frage nach der konkreten Gestalt der aktiven Finanzierungsmaßnahmen aufgeworfen werden. Da der Reiz einer solchen Betrachtung insbesondere auch in einem Abgleich der empirisch beobachtbaren Kapitalstrukturentscheidungen mit den, auf Basis der alternativen Kapitalstrukturtheorien geformten, Erwartungen liegt, sei an dieser Stelle ein die alternativen Erwartungen verdeutlichender Exkurs eingeschoben.

1002 Chang/Dasgupta (2009) sprechen in diesem Zusammenhang daher auch von „equity shocks". Vgl. dazu Chang/Dasgupta (2009) S. 1788. Implizit enthält dieser Betrachtungswinkel dabei durchaus eine Einschätzung der Kapitalmarkteffizienz. Um dies zu vermeiden, wird sich in der Folge an den – mit Blick auf die Kapitalmarkteffizienz – etwas neutraleren Überlegungen von Welch (2004) orientiert.

1003 Vgl. dazu Welch (2004) S. 106; Graham/Leary (2011) S. 332.

Vorüberlegungen

Blendet man an dieser Stelle zunächst die durchaus interessante Frage nach dem Treiber der Veränderung des Marktwertes selbst und damit den Auslösern einer mechanischen Verschiebung des Verschuldungsgrades aus,[1004] können – in Rückblick auf die in den vorangehenden Abschnitten zusammengefassten Kapitalstrukturtheorien – feste Erwartungen hinsichtlich der durch die Unternehmen zu treffenden Finanzierungsmaßnahmen formuliert werden. Man muss – will man eine trennscharfe Einordnung vornehmen – zwischen zwei Formen der Finanzierungsmaßnahmen unterscheiden.[1005] Auf der einen Seite stehen klassischerweise Finanzierungsmaßnahmen, die sich schlicht aus dem Finanzierungsbedarf des Unternehmens beispielsweise für Investitionsprojekte ergeben. Unternehmen müssen auf diese Finanzierungsentscheidungen unzweifelhaft eine passende Antwort geben, wollen sie langfristig am Markt bestehen. Auf der anderen Seite stehen Finanzierungsmaßnahmen, deren eigentlicher Zweck in der Gestaltung der Kapitalstruktur liegt und nicht auf die Deckung des Finanzierungsbedarfs des Unternehmens selbst abzielt. Hierunter fallen etwa die Umschichtung von Kapitalschichten, aber auch Maßnahmen, die Unternehmen zum Ausgleich von mechanischen Verschiebungen der Kapitalstruktur ergreifen. Wie sich in diesem Abschnitt zeigen wird, ist die Notwendigkeit solcher Maßnahmen in Abhängigkeit zur jeweiligen Kapitalstrukturtheorie zu beantworten.[1006] Blickt man zunächst auf die zu erwartende Gestalt von Finanzierungsentscheidungen, die aus einem Kapitalbedarf des Unternehmens erwachsen – man kann diese Finanzierungsentscheidungen in Anlehnung an die Überlegung von Welch (2004) auch als aktive Finanzierungsentscheidung bezeichnen –, so kann auf Basis der statischen und dynamischen Trade-Off-Theorie in Kenntnis der vorangehenden Abschnitte die Erwartung formuliert werden, dass Unternehmen – bei gegebenem Finanzierungsbedarf – die Finanzierungsquellen dergestalt wählen werden, dass das Unternehmen sich entweder überhaupt nicht vom realisierten Verschuldungsoptimum fortbewegt – dies gilt im Fall der statischen Trade-Off-Theorie – oder aber – im Fall der dynamischen Trade-Off-Theorie – trotz der Finanzierungsmaßnahmen innerhalb des wertoptimalen unternehmensspezifischen Verschuldungsspektrums verbleibt.

Vorgaben des Verhältnisses von Eigen- zu Fremdkapital ergeben sich im Rahmen der Trade-Off-Theorie aus einem sich regelmäßig einstellenden wertoptimalen Zielverschuldungsgrad. Wechselt man zu der, auf einer asymmetrischen

---

1004 Diese Vereinfachung kann durchaus als problematisch angesehen werden, kann doch die Vermutung nicht von der Hand gewiesen werden, dass die Verbindung von Marktwert und Kapitalstruktur sich nicht allein auf einen mechanischen Effekt beschränkt.

1005 Diese Trennung entspricht letztlich der von Welch (2004) beschriebenen Aufspaltung in mechanische und aktive Kapitalstruktureffekte.

1006 Diese Fragestellung deckt letztlich bereits Probleme etablierter Kapitalstrukturtheorien auf.

Informationsverteilung fußenden, Pecking-Order-Theorie, so kann, wie auch bei der, die Bewertung des Kapitalmarktes in die Finanzierungsentscheidung berücksichtigenden, Theorie des Market-Timings eine – mit Blick auf die zukünftige Kapitalstruktur – wenig klare Aussage zur Entwicklung des Verschuldungsgrades abgeleitet werden.[1007] Stellt man auf die Pecking-Order-Theorie ab, so reduzieren sich die aus dem Theoriegerüst ableitbaren Erwartungen darauf, dass Unternehmen – den Finanzierungsbedarf der Unternehmen als gegeben voraussetzend – zukünftige Finanzierungsentscheidungen der strengen Hackordnung zwischen den alternativen Finanzierungsquellen unterwerfen werden. Konkret bedeutet dies also, dass Innenfinanzierungsquellen den Quellen der Außenfinanzierung stets vorgezogen werden und auch die Begabe von Fremdkapitalanteilen der Begabe von Eigenkapitalanteilen stets vorgezogen wird.[1008]

Wie bereits gezeigt wurde, zerbricht diese strenge Rangfolge alternativer Finanzierungsquellen, wechselt man zur Theorie des Market-Timings. Eine Erwartung über die Entwicklung des zukünftigen Verschuldungsgrades kann – den Finanzierungsbedarf der Unternehmen erneut als gegeben vorausgesetzt – letztlich nur in Kenntnis der Bewertung des Kapitalmarktes gebildet werden. In Abhängigkeit zur Fehlbewertung des Kapitalmarktes ist jeweils die aus Sicht des Unternehmens „günstigste" Finanzierungsquelle zu wählen. Der zukünftige Verschuldungsgrad schwankt somit sowohl mit dem Finanzierungsbedarf als auch der Marktbewertung der Unternehmen. Die bisherige Betrachtung hat allein auf die zu erwartende Reaktion des Unternehmens infolge eines aus der Geschäftstätigkeit erwachsenen Kapitalbedarfs abgestellt. Welche Reaktionen sind infolge einer mechanischen, d. h. durch die Veränderung der Marktbewertung induzierten, Verschiebung des Verschuldungsgrades zu erwarten? Wie bereits hervorgehoben wurde, sind in Abhängigkeit zu den alternativen Kapitalstrukturtheorien unterschiedliche Reaktionen denkbar. Geht man zunächst erneut von einer statischen Trade-Off-Theorie aus, so ist als eine erste Reaktion auf Marktschwankungen zunächst davon auszugehen, dass Unternehmen Finanzierungsentscheidungen umsetzen werden, um zu dem bestehenden wertoptimalen Verschuldungsgrad zurückkehren zu können.[1009] Wechselt man von der statischen Trade-Off-Theorie zur dynamischen Trade-Off-Theorie, so kann eine dem Grundsatz nach vergleichbare Vorstellung

1007 Dies ist nicht verwunderlich, besteht doch für beide Kapitalstrukturtheorien – dies haben die vorangehenden Abschnitte gezeigt – kein zeitstabiles Verschuldungsoptimum.

1008 Was dies für die Tendenz der Entwicklung des Verschuldungsgrades bedeutet, bleibt abseits einer genaueren Kenntnis des Unternehmens und dem Umfang des Investitionsvolumens zunächst unklar.

1009 An dieser Stelle kann man jedoch auch argumentieren, dass sich mit der Veränderung der Marktbewertung auch das Optimum der Trade-Off-Theorie verschoben hat, eine Rückkehr zum „alten" Verschuldungsoptimum daher nicht zielführend ist.

des zukünftigen Finanzierungsverhaltens abgeleitet werden. Einschränkungen ergeben sich – wie Abschnitt 3.4.1. gezeigt hat – aus dem hemmenden Einfluss von Transaktionskosten auf die Finanzierungsentscheidungen der Unternehmen. Über- oder unterschreitet das Unternehmen die Verschuldungsgrenzen des optimalen Verschuldungsspektrums der dynamischen Trade-Off-Theorie aufgrund eines mechanischen Effekts, so ist auch vor dem Hintergrund der dynamischen Trade-Off-Theorie mit einem aktiven Eingriff des Unternehmens in die Kapitalstruktur zu rechnen. Bleibt die Schwankung dagegen in Rahmen der Verschuldungsgrenzen, so verhält sich das Unternehmen dagegen zunächst passiv.[1010]

Wechselt man von den Überlegungen der Trade-Off-Theorie zu den Überlegungen der Pecking-Order-Theorie bzw. der Theorie des Market-Timings, so ist mit Blick auf das den beiden Theorien fremde längerfristige Verschuldungsoptimum festzuhalten, dass Unternehmen sowohl auf Basis der Pecking-Order-Theorie als auch der Theorie des Market-Timings keine Anpassungen der Kapitalstruktur infolge eines rein mechanischen Effekts vornehmen werden.[1011] Überzeugend wirkt die einseitige Fokussierung beider Theorien auf Fragen der Kapitalbegabe an dieser Stelle nicht, erscheint die Sprachlosigkeit mit Blick auf die, in der Praxis sicherlich durch den Druck einer drohenden Insolvenz, gegebene Notwendigkeit, Kapital umzuschichten, in einer Reihe von Fällen als wenig praxisnah.[1012] Hat man eine grobe Vorstellung des zukünftigen Finanzierungsverhaltens des Unternehmens unter den – im Vorfeld betrachteten – alternativen Kapitalstrukturtheorien entwickelt, kann man sich in einem weiteren Schritt der Gestalt der Finanzierungsmaßnahmen in der Praxis widmen, um der Frage nachzugehen, inwieweit die in der Praxis beobachtbaren Finanzierungsmuster den theoretischen Erwartungen entsprechen.[1013]

1010 Ähnlich zur statischen Trade-Off-Theorie kann man auch an dieser Stelle argumentieren, dass sich mit einer Veränderung der Marktbewertung möglicherweise auch die optimalen Verschuldungsgrenzen verschieben.

1011 Ähnliches gilt auch für die an dieser Stelle nicht näher betrachtete erweiterte Pecking-Order-Theorie.

1012 Insbesondere ist es schwierig, aus den Überlegungen beider Theorien eine Umschichtung von Fremd- zu Eigenkapital zu plausibilisieren. Für die Pecking-Order-Theorie bedeutet dies letztlich die Durchbrechung der starren Hackordnung, während die Theorie des Market-Timings damit zu kämpfen haben dürfte, dass in einer solchen Situation die Begabe von Eigenkapitalanteilen besonders unattraktiv sein dürfte.

1013 Welch (2004) hält mit Blick auf den Kern seines Untersuchungsansatzes etwas allgemeiner fest: „My paper investigates whether actual debt ratios by and large behave as though firms readjust to their previous debt ratios (targeting a largely static target) or whether they permit their debt ratios to fluctuate with stock prices." Welch (2004) S. 107.

Zur Überprüfung beobachtbarer Finanzierungsannahmen durch Welch (2004)

Bevor man sich eingehender mit der im vorangehenden Abschnitt beschriebenen Fragestellung befasst, kann man zunächst die Frage aufgreifen, ob die skizzierten Fragestellungen für die Praxis relevant sind oder aber eher einen hauptsächlich akademischen Reiz besitzen. Mit Blick auf die erste Fragestellung, die Reaktion der Unternehmen auf einen auftretenden Kapitalbedarf betreffend, dürfte die Praxisrelevanz unzweifelhaft als gegeben akzeptiert werden. Weniger eindeutig dürfte sich dagegen die Einschätzung mit Blick auf die zweite Fragestellung – die auf die Reaktionen auf mechanische Veränderungen abgezielt hat – erweisen.[1014] Für die Untersuchungsstichprobe zeigt Welch (2004) – auf Basis deskriptiver Statistiken –, dass die durch die Unternehmen über den Betrachtungszeitraum erzielten durchschnittlichen Aktienrenditen in Höhe von 8,8 % nach Dividendenzahlungen im Schnitt in einen 7,0-prozentigen Anstieg der jeweiligen Marktkapitalisierung münden. Diese vorläufige Beobachtung erscheint insbesondere vor dem Hintergrund der Überlegungen der Pecking-Order-Theorie als eingängig, legt eine solche Beobachtung doch indirekt nahe, dass Unternehmen – im Sinne der Pecking-Order-Theorie – einen nicht unerheblichen Teil der erwirtschafteten Gewinne einbehalten.[1015] Die rein „mechanisch" getriebene Veränderung des Verschuldungsgrades zwingt – blickt man auf unsere Vorüberlegungen – Kapitalstrukturtheorien mit statischem, d. h. zeitstabilem, Verschuldungsgrad also letztlich dazu, auch abseits eines konkreten Finanzierungsbedarfs Maßnahmen zu ergreifen, um den unternehmensspezifischen Verschuldungsgrad zu stabilisieren.[1016] Man kann sich somit der zweiten Frage zu den Reaktionen auf mechanische Veränderungen der Kapitalstruktur nicht mit dem Verweis auf die Nachrangigkeit dieses Problems entziehen. Blickt man auf die aktiven Finanzierungsmaßnahmen der Unternehmen im Betrachtungszeitraum der Untersuchung selbst, so zeigt sich, dass Unternehmen im Schnitt Fremdkapitalanteile in Höhe von 3,7 % des Nettofremdkapitals und Eigenkapitalanteile in Höhe von 2,4 % des Nettoeigenkapitals im Untersuchungszeitraum begeben haben.[1017]

Zwei konkrete Beobachtungen der Arbeit von Welch (2004) zu den bisher eher oberflächlich betrachteten Finanzierungsmaßnahmen erscheinen mit Blick auf die

1014 Könnte man doch u. a. darauf verweisen, dass Unternehmen in der Praxis Zielverschuldungsgrade auf Basis von Buchwerten marktwertbasierten Entsprechungen vorziehen würden. Die Fragestellung würde mit diesem Hinweis sofort an Bedeutung einbüßen.

1015 Wie bereits festgehalten wurde, stellt dies eine lediglich erste und damit vorläufige Einschätzung dar.

1016 Dieses Problem wird uns im nachfolgenden Kapitel im Rahmen der Betrachtung der Annahme einer wertabhängigen Finanzierungspolitik nochmals beschäftigen.

1017 Vgl. dazu Welch (2004) S. 109. Die Finanzierungsquoten legen eine Finanzierungsrangfolge auf Basis der Pecking-Order-Theorie nahe. Belastbar ist diese Einschätzung in Unkenntnis des absoluten Eigen- und Fremdkapitalbestandes sowie des Finanzierungsspielraums des Unternehmens jedoch nicht.

im Vorfeld formulierten Erwartungen als besonders bedeutsam. Einerseits scheuen sich Unternehmen „[...] contrary to a common academic perception that issuing activity is rare [...]“[1018] nicht, aktive Finanzierungsmaßnahmen vorzunehmen. Ohne diese Aussage selbst weiter zu konkretisieren, dürfte Welch (2004) mit diesem Einwurf in erster Linie die dynamische Trade-Off-Theorie abgezielt haben, die – dies wurde bereits in den vorangehenden Abschnitten verdeutlicht – unterstellt, dass der Einfluss von Transaktionskosten eine sofortige Anpassung der Kapitalstruktur an einen Zielverschuldungsgrad hemmt.[1019] Andererseits – auch dies ist für den folgenden Abgleich zwischen der Gestalt der Finanzierungsmaßnahmen der Praxis und den im Vorfeld formulierten Erwartungen von Bedeutung – erscheinen die durch die Unternehmen vorgenommenen aktiven Finanzierungsmaßnahmen dem Umfang nach groß genug „[...] to counteract a good part of the capital structure effects of stock returns“.[1020] Auch diese Beobachtung spricht auf den ersten Blick letztlich gegen die Argumentation der dynamischen Trade-Off-Theorie, dass Maßnahmen, die gegen eine Verschiebung des realisierten Verschuldungsgrades gerichtet sind, durch den Einfluss von Transaktionskosten gehemmt nur halbherzig durchgeführt werden.

Neben diesen, für die nachfolgenden Überlegungen bedeutsamen Beobachtungen, hält Welch (2004) eine verhaltene Tendenz fest, dass Unternehmen infolge eines Rückgangs der Marktbewertung – rein mechanisch kommt es zu einem Anstieg des Verschuldungsgrades – verstärkt Fremdkapitalanteile begeben, während Unternehmen, deren Marktbewertung ansteigt, sich verstärkt durch die Begabe von Eigenkapitalanteilen finanzieren werden. Die durch die Unternehmen vorgenommenen Finanzierungsmaßnahmen führen – entgegen der mit der Trade-Off-Theorie verknüpften Vermutung – somit nicht dazu, dass sich die Unternehmen an ein zeitkonstantes Zielverschuldungsoptimum annähern.[1021] Die vage empirische Tendenz spricht vielmehr für eine, die Überlegungen der Theorie des Market-Timings dominierende, kapitalmarktabhängige Finanzierungspolitik.[1022] Wie Welch (2004) festhält, bleiben die, in der Praxis auf mechanische

1018 Welch (2004) S. 111.

1019 Im geringeren Maß kann man diese Anmerkung auch auf die Pecking-Order-Theorie beziehen. Ein klarer Widerspruch zur Pecking-Order-Theorie ergibt sich letztlich aber nur bei einem Durchbrechen der vorgegebenen Hackordnung.

1020 Welch (2004) S. 111.

1021 Vgl. dazu Welch (2004) S. 111.

1022 Ob an dieser Stelle tatsächlich Überlegungen des Market-Timings relevant sind, kann u. a. auf Basis der Beobachtung, dass Unternehmen ihren vorangehenden Finanzierungsentscheidungen weitgehend treu bleiben, d. h. Unternehmen mit niedrigem Verschuldungsgrad vorwiegend Eigenkapitalanteile begeben werden, während Unternehmen mit hohem Verschuldungsgrad weiterhin Fremdkapitalanteile begeben, bezweifelt werden. Vgl. dazu Welch (2004) S. 113.

Veränderungen der Kapitalstruktur zurückzuführenden Unternehmensreaktionen insgesamt vergleichsweise verhalten.[1023] Dies hat letztlich zur Folge, dass die Spreizung zwischen dem Verschuldungsgrad erfolgreicher Unternehmen – die rein mechanisch einen Rückgang des Verschuldungsgrades erfahren – und dem Verschuldungsgrad weniger erfolgreicher Unternehmen im Zeitverlauf zunimmt.[1024] Argumentiert man nicht damit, dass sich der Verschuldungsgrad mit der Leistungsfähigkeit des Unternehmens verschiebt, so spricht auch diese Beobachtung gegen die Vermutung eines wertoptimalen Zielverschuldungsgrades.[1025] Welch (2004) hält daher fest: „Any snapshot of actual debt ratios in the economy therefore reflects differences in historical stock returns."[1026] Dieser erste, auf Basis deskriptiver Analysen gewonnene, Eindruck bestätigt sich auf Basis der von Welch (2004) durchgeführten Regressionsanalysen. Die Arbeit von Welch (2004) zeigt so durch eine erste Regressionsanalyse, dass es – entgegen den mit der Trade-Off-Theorie verknüpften Erwartungen – nicht gelingt, einen Nachweis für Finanzierungsmaßnahmen zu erbringen, die darauf abzielen, zum Ausgangsverschuldungsgrad zurückzukehren. Die realisierten Verschuldungsgrade schwanken vielmehr – weitgehend ungelenkt durch Finanzierungsmaßnahmen des Unternehmens – mit den erzielten Eigenkapitalrenditen der Unternehmen.[1027] Lässt man in der Regressionsanalyse einen zeitkonstanten Zielverschuldungsgrad zu, zeigt sich, dass Unternehmen – im Sinne der dynamischen Interpretation der Trade-Off-Theorie – bestrebt sind, einen wertoptimalen Zielverschuldungskorridor einzuhalten.[1028]

1023 Welch (2004) hält so fest: „In sum, in cross section, when compared to their direct influence on equity growth, even large stock returns trigger only modest corporate activity." Welch (2004) S. 111.

1024 Vgl. dazu Welch (2004) S. 113.

1025 Man kann an dieser Stelle auf das optimale Verschuldungsspektrum der dynamischen Trade-Off-Theorie verweisen, um diese Entwicklung zu plausibilisieren. Aber auch in diesem Fall müsste man bei Erreichen der Verschuldungsobergrenze aktive Eingriffe des Unternehmens beobachten können.

1026 Welch (2004) S. 113.

1027 Vgl. dazu Welch (2004) S. 114. Eine spätere Analyse zeigt, dass die Veränderung der Kapitalstruktur über einen Zeitraum von einer Periode fast ausschließlich durch die Entwicklung der Unternehmensrendite getrieben ist. Vgl. dazu Welch (2004) S. 115. Man kann – dies wird an späterer Stelle noch ausführlicher geschehen – zugunsten der Trade-Off-Theorie einwerfen, dass der Ausgangsverschuldungsgrad keinen Maßstab für den wertoptimalen Verschuldungsgrad des Unternehmens darstellen muss.

1028 Welch (2004) spricht etwas allgemeiner von einer „[...] tendency of firms to prevent debt ratios from wandering too far away from a constant [...]". Welch (2004) S. 114. Wie Welch (2004) später festhält, gestalten sich die Bemühungen des Unternehmens auch über einen Zeitraum von fünf Jahren als relativ verhalten. Vgl. dazu Welch (2004) S. 115.

Vergleichbar zur deskriptiven Analyse wird deutlich, dass Verschuldungsgrade, abgesehen von eher stiefmütterlichen Adjustierungsbestrebungen, weitgehend mit der Eigenkapitalrendite des Unternehmens schwanken und nicht auf einen Zielverschuldungsgrad ausgerichtet scheinen.[1029] Den Blick auf die in der Praxis beobachtbaren aktiven Finanzierungsmaßnahmen gerichtet, hält Welch (2004) daher fest: „Firms are not inactive: they just do not choose to counteract their stock returns."[1030] Diese Feststellung scheint ein schwerer Schlag insbesondere gegen die Vorstellung der Trade-Off-Theorie eines wertoptimalen Verschuldungsgrades bzw. wertoptimalen Verschuldungsspektrums zu sein. Der Frage, inwieweit die Beobachtungen von Welch (2004) dazu geeignet sind, die „klassische" Trade-Off-Theorie tatsächlich zu entkräften, sei im nachfolgenden Unterabschnitt nachgegangen. Eine abschließende Untersuchung des Einflusses traditioneller Kapitalstrukturdeterminanten[1031] bleibt hingegen weitgehend ergebnislos. Welch (2004) hält etwas konsterniert fest: „Most corporate issuing motives remain unexplained."[1032]

Zur Interpretation der empirischen Ergebnisse

Auf den ersten Blick wirken die Ergebnisse der empirischen Untersuchung von Welch (2004) ernüchternd, kann doch – wie dieser Abschnitt verdeutlichen soll – für keine der im Vorfeld betrachteten Kapitalstrukturtheorien ein überzeugendes Bild gezeichnet werden.[1033] Am stärksten betroffen von der durchwachsenen empirischen Evidenz scheint dabei jedoch die Trade-Off-Theorie zu sein, wird mit dem empirisch genährten Zweifel an der Rolle des wertoptimalen Verschuldungsgrades für die Finanzierungsentscheidung doch die Axt an das Hauptmerkmal der Trade-Off-Theorie angelegt. Wie die Vorüberlegungen gezeigt haben, erwartete man – ausgehend von der Trade-Off-Theorie – die Dominanz eines Zielverschuldungsgrades, die sich u. a. in den Finanzierungsmaßnahmen der Unternehmen widerspiegelt. Diese Erwartung wird durch die von Welch (2004) gemachten empirischen Beobachtungen nicht erfüllt. Die Frage, ob die Trade-Off-Theorie auf Basis der Beobachtung von Welch (2004) abgelehnt werden muss, ist jedoch m. E. nach differenziert zu beantworten. Der Rückblick auf die im vorangehenden Abschnitt zusammengefassten Ergebnisse hat gezeigt, dass Welch (2004) eine zentrale Fragestellung der Trade-Off-Theorie – die Frage nach der Gestalt des wertoptimalen Verschuldungsgrades – vergleichsweise pragmatisch löst. Zur Approximation des wertoptimalen Verschuldungsgrades wird vereinfachend auf den realisierten

1029 Vgl. dazu Welch (2004) S. 114.
1030 Welch (2004) S. 115; 122.
1031 Was unter dem Überbegriff traditioneller Kapitalstrukturdeterminanten zu verstehen ist, wird im Kapitel III näher beleuchtet werden. Interessierte Leser werden an dieser Stelle auf den entsprechenden Abschnitt 5.6.1. verwiesen.
1032 Welch (2004) S. 121.
1033 Wie sich zeigen wird, sind die Probleme der einzelnen Kapitalstrukturtheorien dabei ungleich gelagert.

Verschuldungsgrad der Vorperiode abgestellt. Ein Apologet der Trade-Off-Theorie kann an dieser Stelle nicht unbegründet einwerfen, dass es nicht verwunderlich ist, dass die Wahl einer letztlich unvollkommenen Approximation des wertoptimalen Verschuldungsgrades zu einem aus Sicht der Trade-Off-Theorie verhaltenen Ergebnis führt.[1034] Man kann diese Kritik in der etwas spitzen Frage zusammenfassen, warum und wie viel Unternehmen denn Energie aufwenden sollten, um einen bereits ex ante unvollkommenen Zielverschuldungsgrad zu realisieren. Man wird diese Frage in aller Regel nur unzureichend mit einer Aufzählung bedeutungsschwerer Gründe beantworten können, die dafürsprechen, der Finanzierungspolitik die weiteren Unternehmensziele unterzuordnen. Vielmehr erscheint es plausibel, dass Unternehmen wenig Aufwand betreiben werden, um einem unvollkommenen Ziel zu folgen.

Der Einwand einer unvollkommenen Abbildung des wertoptimalen Verschuldungsgrades durch die Arbeit von Welch (2004) hat jedoch zwei im Folgenden zu beleuchtende Schwachpunkte. Der erste Schwachpunkt zeigt sich, führt man dieses Argument ausgehend von der Warte der statischen Version der Trade-Off-Theorie aus. Anders als bei der dynamischen Trade-Off-Theorie – dies wurde infolge des Abschnitts 2.2. deutlich – geht man im Rahmen der statischen Trade-Off-Theorie davon aus, dass Unternehmen zu jedem Zeitpunkt das unternehmensspezifische Verschuldungsoptimum realisieren werden.[1035] Die Kritik, dass historische Verschuldungsgrade nur einen unvollkommenen Schätzer der tatsächlichen Verschuldungsgrade darstellen, greift damit regelmäßig zu kurz, unterstellt man mit einer solchen Kritik doch auch, dass der wertoptimale Verschuldungsgrad der statischen Trade-Off-Theorie durch die Unternehmen nicht erreicht wird, und bringt so das Theoriegerüst an anderer Stelle ins Wanken. Diese Argumentation führt ausgehend von der statischen Trade-Off-Theorie also letztlich zu einem Paradoxon. Einen Ausweg aus dieser argumentativen Sackgasse bietet, will man die Überlegungen der statischen Trade-Off-Theorie nicht verlassen, die Abkehr von der in den bisherigen Überlegungen dominierenden Annahme zeitkonstanter Zielverschuldungsgrade. Für den Fall – darauf weist Welch (2004) hin –, dass der wertoptimale Zielverschuldungsgrad mit der Marktbewertung der Unternehmen schwankt, d. h. der Fall zeitvariabler Zielverschuldungsgrade eintritt, ergibt sich

1034 Man kann sich der Diskussion vordergründig entziehen, stellt man darauf ab, dass die betrachteten mechanischen Veränderungen der Kapitalstruktur auf zeitinstabile „Schocks" zurückzuführen sind. Vgl. dazu auch Strebulaev (2007) S. 1777; Flannery/Rangan (2006) S. 471. Dies würde das Problem des Kapitalstrukturoptimums jedoch nur zu der nicht weniger problematischen Frage der Rationalität der Marktbewertung verlagern.

1035 Im Fall auftretender Abweichungen sind unverzüglich Anpassungsschritte vorzunehmen. Vgl. dazu auch Ang (1976) S. 561. Analog dazu halten LaRocca et al. (2009) fest, dass „[i]n the presence of a deviation from the equilibrium level, firms will rebalance their capital structures towards the target level. In a static framework, this adjustment occurs instantaneously". Vgl. dazu LaRocca et al. (2009) S. 804.

im Einklang mit den empirischen Beobachtungen letztlich kein Anreiz, Finanzierungsmaßnahmen umzusetzen, die auf eine Rückkehr zu einem überkommenen statischen Verschuldungsoptimum abzielen.

Wie der folgende, an die Überlegungen von Welch (2004) angelehnte, Exkurs verdeutlichen soll, ist eine solche Erklärung jedoch nicht ohne Pferdefuß. Zunächst muss der Frage nachgegangen werden, welche Auslöser zeitvariabler Zielverschuldungsgrade in der Praxis bestehen. Man kann – ohne diese Frage letztlich im Detail beantworten zu müssen – zwei alternative Erklärungsansätze betrachten. Einerseits ist es denkbar, dass der wertoptimale Zielverschuldungsgrad – wie bereits festgehalten – im Zeitverlauf mit dem Unternehmenswert schwankt, andererseits kann es, geht man weiterhin von einem statischen Zielverschuldungsgrad aus, kurzfristig vorteilhaft sein, von dem Ziel eines wertoptimalen Zielverschuldungsgrades abzuweichen. Fokussiert man sich zunächst auf den zweiten Erklärungsansatz, kann unter der Annahme, dass das Wachstum des Marktwertes weitgehend auf zukünftige – zum Betrachtungszeitpunkt noch nicht greifbare und damit belastbare – Investitionsprojekte zurückzuführen ist, die Abkehr von einer laufenden Adjustierungspolitik plausibilisiert werden. Unternehmen sind unter dieser Prämisse nicht in der Lage – die Investitionsprojekte generieren noch keine Zahlungsströme –, den Wertbeitrag, der aus dem Einsatz zusätzlichen Fremdkapitals erwächst, zu heben. Welch (2004) weist, diese Argumentation im Blick, darauf hin, dass sich in der empirischen Literatur eine Reihe von Hinweisen dafür finden, dass Unternehmen bestehende Verschuldungskapazitäten in der Praxis nur unzureichend nutzen. Auch abseits der auf den Wertbeitrag zukünftiger Investitionen ausgerichteten Argumentation, wird das Verschuldungsoptimum somit nur unzureichend ausgenutzt. Welch (2004) leitet daraus ab, dass Unternehmen in Kenntnis der zukünftigen, aber noch nicht belastbaren Investitionsprojekte den Verschuldungsgrad erhöhen können, ohne das Insolvenzrisiko des Unternehmens maßgeblich zu beeinflussen.[1036] Auch wenn eine solche Argumentation in sich schlüssig erscheint, kann man doch einwenden, dass ein Erhöhen des Verschuldungsumfanges in der Praxis so lange ins Leere laufen wird, solange die steuerliche Abzugsfähigkeit der Zahlungen an die Fremdkapitalgeber nicht gegeben ist. Sieht das Steuersystem beispielsweise Zinsschranken vor, entfaltet eine Erhöhung des Verschuldungsumfanges bei zunächst gleichbleibender Leistungsfähigkeit des Unternehmens unmittelbar noch keine steuermindernde Wirkung für das Unternehmen, unzweifelhaft ändert sich – abseits der Frage, ob tatsächlich Auswirkungen auf das Insolvenzrisiko zu erwarten sind – die Aufteilung der Zahlungen des Unternehmens und damit das Risiko der Eigenkapitalgeber. Ungeachtet der noch zu klärenden Frage des mit Blick auf den Wertbeitrag der Fremdfinanzierung vergleichsweise geringen Fremdkapitaleinsatzes, erscheint eine verzögerte Anpassung an ein wertoptimales Verschuldungsoptimum daher nicht unplausibel, stellt

1036 Vgl. dazu Welch (2004) S. 122–123.

man darauf ab, dass Marktwertschwankungen auf die Antizipation von realisierten bzw. zu realisierenden Investitionsprojekte zurückzuführen sind.

Da sich die mit der statischen Trade-Off-Theorie verknüpfte Einschätzungen bereits an anderer Stelle als zu eng erwiesen haben, soll an dieser Stelle kein ausufernder Verteidigungsversuch zugunsten der „statischen" Trade-Off-Theorie unternommen werden. Interessanter erscheint vielmehr, die empirische Evidenz aus Sicht der dynamischen Trade-Off-Theorie zu betrachten. Erinnert man sich an die in Abschnitt 3.4.1.2. vorgenommen Überlegungen zurück, so wurde unter der Annahme, dass Unternehmen durch den Einfluss von Transaktionskosten in der Anpassung in Richtung eines wertoptimalen Verschuldungsgrades gehemmt sind, ein wertoptimales Verschuldungsspektrum motiviert. Die hat sich in unsere in einem vorangehenden Abschnitt formulierte Erwartung einer, im Vergleich zur statischen Trade-Off-Theorie, verhalteneren, jedoch aktiven Steuerung des Verschuldungsgrades übersetzt. Wechselt man zu den Rahmenbedingungen der dynamischen Trade-Off-Theorie, so erscheint die Kritik an der pragmatischen Approximation des wertoptimalen Verschuldungsgrades von Welch (2004) wirksam. Unternehmen werden Anpassungen an der Kapitalstruktur nur im Fall einer Überschreitung der Verschuldungsgrenzen durchführen. Die Gestalt und das Ausmaß der zu beobachtenden Adjustierungen hängen damit davon ab, inwieweit der historische Verschuldungsgrad von den Verschuldungsgrenzen entfernt ist. Über den Abstand zwischen Verschuldungsoptimum und Zielverschuldungsgrad trifft die Untersuchung von Welch (2004) jedoch keine Aussagen.[1037] Ob das empirisch beobachtbare Finanzierungsverhalten der Unternehmen daher im Einklang oder im Kontrast zu den im Vorfeld formulierten Erwartungen steht, bleibt damit letztlich schleierhaft, fehlt doch letztlich ein bedeutsamer Aspekt für eine abschließende Beurteilung. Wie Welch (2004) gezeigt hat, ist der Weg die empirischen Beobachtungen auf Basis der dynamischen Trade-Off-Theorie zu erklären, mit einer Reihe von Problemen behaftet. Den Blick auf die Annahmen der dynamischen Trade-Off-Theorie gerichtet kann man – dies macht Welch (2004) – grundsätzlichen Zweifel an der hemmenden Wirkung der in der Praxis beobachtbare Transaktionskosten formulieren.[1038]

Wie der kurze Exkurs in Abschnitt 3.4.1.2. gezeigt hat, lassen sich in der Empirie durchaus bedeutsame Transaktionskosten beobachten, inwieweit diese Transaktionskosten geeignet sind, den Adjustierungsprozess in der von Welch (2004) beobachteten Form zu hemmen, dürfte jedoch eine durch die empirische Forschung noch nicht zufriedenstellend beantwortete Frage sein. Bedeutsam erscheint, dass Welch (2004) in seiner Kritik insbesondere auf das Ungleichgewicht der durch die

---

1037 In Kenntnis des Abschnitts 3.4.1.2. und der Überlegungen aus den nachfolgenden Kapiteln, könnte man an dieser Stelle argumentieren, dass Unternehmen unter dem Eindruck von Transaktionskosten im Zeitverlauf Verschuldungsgrade an der Ober- oder Untergrenze des wertoptimalen Verschuldungsspektrum realisieren werden.

1038 Vgl. dazu Welch (2004) S. 123–124.

Unternehmen zu tragenden Transaktionskosten abstellt, die im Rahmen der dynamischen Trade-Off-Theorie nur unzureichend berücksichtigt werden. Dieser Einwand erscheint plausibel, dürfte doch für den Umfang der Transaktionskosten sowohl die Unternehmensgröße als auch die Frage, ob Eigen- oder Fremdkapitalschichten angepasst werden müssen, bedeutsam sein. Welch (2004) zeigt – entgegen dieser Einschätzung – jedoch, dass sowohl Unternehmensgröße als auch Adjustierungsrichtung keinen Einfluss auf die Anpassungsgeschwindigkeit des Unternehmens an ein Verschuldungsoptimum nehmen.[1039] Ausreichend scheinen die gemachten Beobachtungen jedoch nicht zu sein, um die dynamische Trade-Off-Theorie zu verwerfen. Man kann dazu letztlich eine vergleichbare Argumentation wie mit Blick auf die statische Trade-Off-Theorie einschlagen. Der Untersuchung von Welch (2004) fehlen letztlich geeignete Approximationen der i. d. R. wohl mit der Unternehmensgröße und der Adjustierungsrichtung schwankenden Verschuldungsgrenzen.

An dieser Stelle kann man also zur eingangs geäußerten Kritik an der Untersuchung von Welch (2004) zurückkehren. Die hier eingeschlagene Argumentation ist jedoch mit einem zweiten – in der bisherigen Argumentation unterschlagenen – Schwachpunkt behaftet. Ein Abstellen auf die unzureichende Abbildung des wertoptimalen Verschuldungsgrades bzw. des wertoptimalen Verschuldungsspektrums wirft letztlich die Frage nach der tatsächlichen Gestalt dieser Referenzpunkte der Trade-Off-Theorie auf. Diese bereits im Abschnitt 3.4.1.3. beleuchtete Fragestellung ist auf Basis des derzeitigen Standes der Forschung m. E. nach nur unzureichend, d. h. bestenfalls pragmatisch zu beantworten. Man steht an dieser Stelle so vor dem Dilemma, sich zwar der verhaltenen empirischen Evidenz empirischer Studien entziehen zu können, jedoch zugleich implizit eine zentrale Schwäche der erweiterten Trade-Off-Theorie offen zugeben zu müssen,[1040] die weitgehende Unfähigkeit, den wertoptimalen Verschuldungsgrad konkretisieren zu können.[1041] Stellt man bei der Betrachtung der Ergebnisse der Arbeit von Welch (2004) auf die Pecking-Order-Theorie oder die Theorie des Market-Timings ab, so erscheinen die Beobachtungen von Welch (2004) zunächst weniger ernüchternd als im Fall der Trade-Off-Theorie. Wie die Vorüberlegungen nochmals verdeutlicht haben, existieren sowohl im Fall der Pecking-Order-Theorie als auch im Fall der Theorie des Market-Timings lediglich

1039 Vgl. dazu Welch (2004) S. 123–124.

1040 Für den Fall der einfachen, d. h. nur auf den Wertbeitrag der Fremdfinanzierung und die Insolvenzkosten abstellenden, Trade-Off-Theorie könnte man die Ermittlung des Optimums u. U. als unproblematisch erachten. Ohne diese Einschätzung selbst stützen zu müssen, dürfte die Bestimmung eines wertoptimalen Verschuldungsgrades im Fall einer Ausweitung des Optimierungsproblems – dies ist im Fall der erweiterten Trade-Off-Theorie gegeben – deutlich anwachsen.

1041 Die Schwierigkeit, den Zielverschuldungsgrad geeignet abzubilden, stellt ein wohlbekanntes Problem der empirischen Forschung dar. Eine erste Beschreibung dieser Fragestellung befindet sich bereits bei Ang (1976). Vgl. dazu Ang (1976) S. 555.

temporäre Finanzierungsoptima, die keine dauerhafte Bindungswirkung für die zukünftigen Finanzierungsentscheidungen entfalten.[1042] Auch mit Blick auf marktwertinduzierte Veränderungen des Verschuldungsgrades lassen sich aufgrund der Fokussierung beider Theorien auf den Fall des Einwerbens zusätzlichen Kapitals keine klaren Erwartungen – abseits eines Festhaltens am Status quo – formulieren.

Der Ansatz, Finanzierungsmaßnahmen auf Basis dieser beiden Theorien erklären zu wollen, die lediglich eine Veränderung der Finanzierungsschichten zum Ziel haben, erscheint aufgrund des wohl begrenzten Erkenntnisgewinns nicht zielführend.[1043] Die beobachtete Untätigkeit der Unternehmen mit Blick auf die Einhaltung eines Zielverschuldungsgrades kann vor dem Hintergrund der Theorievielfalt damit nicht als ein Indikator für die Richtigkeit von Pecking-Order- bzw. Market-Timing-Theorie interpretiert werden, sprechen doch auch die grundsätzlich beobachtbaren Finanzierungsaktivitäten der Unternehmen – auch wenn sie nicht in der mit der Trade-Off-Theorie verknüpften Art und Weise erfolgten – gegen die mit der Pecking-Order-Theorie respektive Market-Timing-Theorie verbundene Vorstellung der Passivität. Welch (2004) hält mit Blick auf diese Theorien daher auch fest: „[...] they can explain inertia better than lack of readjustment, although firms are very active in real life, instead".[1044]

Schlussfolgerung

Fasst man zusammen, so wirkt die empirische Evidenz zugunsten der bestehenden Kapitalstrukturtheorien auf Basis der Untersuchung von Welch (2004) verhalten. Die Trade-Off-Theorie kann mit Blick auf die bestenfalls vorsichtige Annäherung der Unternehmen an ein vorgegebenes Zielverschuldungsoptimum nicht überzeugen. Von dieser augenscheinlichen Schwäche der Trade-Off-Theorie können jedoch weder die Pecking-Order-Theorie noch die Theorie des Market-Timings profitieren. Beiden Kapitalstrukturtheorien fehlt letztlich eine klare Erwartungshaltung mit Blick auf die Reaktionen auf eine mechanisch getriebene Veränderung der durch das Unternehmen realisierten Verschuldungsgrade. Mit Blick auf bestehende Kapitalstrukturtheorien bleibt das Ergebnis der Untersuchung von Welch (2004) damit ernüchternd. Als Kernergebnis seiner Arbeit sieht Welch (2004) daher die Identifizierung des Einflusses vergangener Renditen als Determinante der Entwicklung der Kapitalstruktur, die mit der Warnung verknüpft ist, dass Teile der traditionellen Kapitalstrukturdeterminanten oftmals nur als Platzhalter der Marktentwicklung Bedeutung erlangt haben.[1045] Eine eigenständige Kapitalstrukturtheorie postuliert

1042 Ein im Zeitverlauf gleichbleibendes Verschuldungsoptimum dürfte bei beiden Theorien nur unter vergleichsweise künstlichen Rahmenbedingungen denkbar sein.

1043 Unternehmen werden wohl vor dem Hintergrund von Theorien auf Basis der Pecking-Order-Theorie keine Anpassungen an der Kapitalstruktur aufgrund vorangehender Schocks vornehmen.

1044 Welch (2004) S. 124.

1045 Vgl. dazu Welch (2004) S. 126; Leary/Roberts (2005) S. 2575.

Welch (2004) – wenigstens explizit – damit nicht. Erst in der nachfolgenden Literatur wurden die Beobachtungen und Überlegungen der Arbeit von Welch (2004) als eine eigenständige Theorie zur Beschreibung der Inaktivität der Unternehmen unter dem Überbegriff der Inertia-Theorie zusammengefasst.[1046] Die Resonanz, die die Inertia-Theorie letztlich in der Literatur gefunden hat, sowie die grundlegende Frage, ob mit der Arbeit von Welch (2004) tatsächlich eine eigenständige Theorie begründet wurde, soll in dem nachfolgenden Abschnitt kurz beleuchtet werden.

3.4.4.2. Kritische Würdigung der Inertia-Theorie

Wie zum Ende des vorangehenden Abschnitts bereits festgehalten, sieht ein Teil der Literatur in den mit der Untersuchung von Welch (2004) deutlich gewordenen Zweifeln an der Erklärungskraft bestehender Kapitalstrukturtheorien den Ausgangspunkt einer eigenständigen Kapitalstrukturtheorie. Diese Schlussfolgerung erscheint m. E. nach etwas gewagt, hat der kurze Überblick über die Arbeit von Welch (2004) doch vor allem eine Beschreibung der Unzulänglichkeit bestehender Theorien auf Basis des unzureichenden Adjustierungsverhaltens des Unternehmens gezeigt. Das alleinige Festhalten dieser – aus der Sicht bestehender Kapitalstrukturtheorien – empirischen Auffälligkeiten begründet – so wertvoll diese Beobachtungen auch sein mögen – jedoch für sich alleine noch keinen eigenständigen Erklärungsansatz der Finanzierungsentscheidungen in der Praxis.[1047] Geht der Untersuchung von Welch (2004) – unterstellt man den Wunsch, eine eigene Kapitaltheorie zu begründen – doch letztlich ein eigenständiges theoretisches Gerüst ab, um die beobachtbare Passivität der Unternehmen plausibilisieren zu können. Welch (2004) hält vielmehr – dies wurde mit den vorangehenden Abschnitten deutlich – überrascht fest, dass die Motive der Finanzierungsentscheidungen der Unternehmen weitgehend im Dunklen verborgen bleiben.[1048] Selbst Licht ins Dunkle bringt das Festhalten dieser Auffälligkeit jedoch nicht.

Auch die Literaturquellen, die in den Beobachtungen von Welch (2004) eine eigenständige Theorie begründet sehen, bleiben bei der Beschreibung des Theoriegerüsts überraschend vage. So halten Leary/Roberts (2005) wenig konkret fest: „The inertia theory put forth by Welch (2004) argues that despite fairly active net issuing activity, firms fail to rebalance their capital structure in response to shocks to market value of their equity, similar to the implication of market timing."[1049] Über eine Beschreibung der empirischen Beobachtungen hinaus, bleiben auch Leary/Roberts (2005) – abgesehen von dem Hinweis auf die scheinbar ergebnisgleiche Theorie des

1046 Vgl. dazu u. a. Schneider (2010) S. 52; Leary/Roberts (2005) S. 2587.

1047 In der Literatur scheint diese Einschätzung der Arbeit von Welch (2004) letztlich auch vorherrschend.

1048 Vgl. dazu Welch (2004) S. 121; Leary/Roberts (2005) S. 2575–2578.

1049 Leary/Roberts (2005) S. 2587. Ähnlich unkonkret bleibt auch die Beschreibung der Inertia-Theorie durch Schneider (2010). Vgl. dazu Schneider (2010) S. 52.

Market-Timings – eine inhaltliche Beschreibung der Inertia-Theorie schuldig.[1050] Man kann hier – sicherlich nicht ganz unberechtigt – einwerfen, dass es eines eigenständigen Theoriegerüsts an dieser Stelle gar nicht zwingend bedarf, hat man doch ein weitgehendes Desinteresse des Unternehmens an der Optimierung der Kapitalstruktur festgestellt. Hinter einem solchen Einwand dürfte letztlich die Vermutung stehen, dass die Finanzierungsentscheidung letztlich nur Mittel zum Zweck darstellt und nicht – wie mit den vorangehenden Kapitalstrukturtheorien möglicherweise vermittelt – der Unternehmenszweck selbst ist. Besonders überzeugend erscheint dies, nicht nur mit Blick auf eine Fülle theoretischer Alternativen, die davon ausgehen, dass verschiedene Wege der Unternehmensfinanzierung zu unterschiedlichen Ergebnissen führen, jedoch nicht zu sein. Unterscheiden sich die alternativen Kapitalarten bzw. Kapitalgeber doch u. a. sowohl im übernommenen Risiko, der steuerlichen Behandlung, den verbrieften Rechten als auch den Gestaltungsmöglichkeiten. Die Frage, welche Kapitalform zur Finanzierung des Unternehmens eingesetzt wird, ist daher abseits der konkreten theoretischen Fundierung[1051] weder für bestehende Kapitalgeber, die „jungen" Kapitalgeber noch das Unternehmen völlig uninteressant. Diese Faktoren allein mit dem Verweis auf die in der Praxis zu beobachtende Trägheit der Unternehmen beiseitezuwischen, ohne nach einer Begründung für diese Beobachtung zu suchen, erscheint daher als wenig zielführend.

Eine eingängige Erklärung, warum Unternehmen der Gestalt der Kapitalstruktur auch unter den angeführten Faktoren indifferent gegenüberstehen können, hat bereits Miller (1977) gegeben, wie Abschnitt 2.7.1. gezeigt hat. Miller (1977) hat für den Fall eines in Teilbereiche segmentierten Kapitalmarktes gezeigt, dass sich für jeden Verschuldungsbereich Marktteilnehmer finden werden, die bereit sind, auf Basis des gegebenen Risiko-Rendite-Trade-Offs in das Unternehmen zu investieren. Die Wahl des Verschuldungsgrades ist aus Sicht der Unternehmen irrelevant, bedeutet eine Veränderung des Verschuldungsgrades doch lediglich nur ein Wechseln des Marktsegments. Stellt man indirekt auf diese Überlegungen Millers (1977) ab, wird unter der Inertia-Theorie letztlich die bereits deutlich ältere Neutral-Mutation-Hypothese erneut aufgegriffen. Ein eigenständiger Erklärungsansatz der in der Praxis zu beobachtenden Trägheit wird mit der Inertia-Theorie dann jedoch nicht beschrieben. Auf den ersten Blick mag die inhaltliche Leere der Inertia-Theorie überraschend wirken, blickt man auf die empirische Evidenz, die für die Inertia-Theorie spricht, so relativiert sich dieser erste Eindruck. Wie etwa Schneider (2010) festhält, sind die Ergebnisse von Welch (2004) auch aus empirischer Sicht nicht unumstritten.[1052] Leary/Roberts (2005) und Strebulaev (2007) zeigen so u. a., dass

1050 Worin die weiteren Unterschiede bzw. Verbindungen beider Theorien liegen – abseits des Fehlens eines Zielverschuldungsgrades –, bleiben Leary/Roberts (2005) jedoch schuldig.

1051 Die vorangehenden Abschnitte haben gezeigt, dass diese Aspekte in die alternativen Kapitalstrukturtheorien einfließen.

1052 Vgl. dazu Schneider (2010) S. 55.

die durch Welch (2004) gemachten Beobachtungen – wie bereits die Ergebnisse der Theorie des Market-Timings – im Einklang mit den Überlegungen der dynamischen Trade-Off-Theorie stehen und damit nicht zwingend eines eigenständigen Theoriegerüsts zur Plausibilisierung bedürfen.[1053] Auch Lemmon et al. (2008) können in einer – im folgenden Abschnitt näher beleuchteten – empirischen Untersuchung der Kapitalmaßnahmen der Unternehmen die Beobachtung der Arbeit von Welch (2004) nicht bestätigen.

Auf Basis der gemischten empirischen Evidenz sowie der letztlich nur in Ansätzen bestehenden Theoriehülle, wird vorgeschlagen, in der Inertia-Theorie keinen eigenständigen Erklärungsansatz der Finanzierungsentscheidungen der Praxis zu sehen, bis die Literatur die Treiber hinter der beobachteten Passivität der Unternehmen weiter konkretisiert hat. Diese kritische Einordnung der Inertia-Theorie bedeutet jedoch nicht, dass die aus der Betrachtung des passiven Finanzierungsverhaltens hervorgehende Literatur keinen Mehrwert für das Verständnis der Kapitalstrukturentscheidungen geschaffen hätte. Vielmehr hat die Arbeit von Welch (2004) wohlbegründet auf die Schwächen bestehender Kapitalstrukturen hingewiesen, die Passivität der Unternehmen mit Blick auf einen wertoptimalen Verschuldungsgrad infolge von Marktschwankungen erklären zu können. Die Frage, wie Unternehmen auf mechanische Veränderungen des Verschuldungsgrades reagieren, wird auch im nachfolgenden Kapitel zu den alternativen Finanzierungspolitiken in der Unternehmensbewertung eine zentrale Rolle, u. a. für die Beurteilung der Praxisnähe der wertabhängigen Finanzierungspolitik, spielen. Auch für die im dritten Kapitel noch kurz zu beleuchtende empirische Literatur, die sich näher mit der Adjustierungsgeschwindigkeit auseinandersetzt, wirkt die Arbeit von Welch (2004) wie ein Katalysator.

In einem, den Überblick über die alternativen Kapitalstrukturtheorien, abschließenden Abschnitt wird sich mit der Persistenz-Theorie einer weiteren, empirisch motivierten Kapitalstrukturtheorie gewidmet.[1054] Wie der folgende Abschnitt verdeutlichen wird, stehen sowohl das Ergebnis der empirischen Untersuchung als auch die daran anknüpfenden Überlegungen von Lemmon et al. (2008) in einem deutlichen Kontrast zu den Überlegungen der Inertia-Theorie.

3.4.5. Zur Persistenz-Theorie

Auch die letzte der in dieser Arbeit näher betrachteten „jungen" Kapitalstrukturtheorien basiert auf einem zunächst rein empirisch begründeten Fundament. Lemmon et al. (2008) zeigen auf Basis einer empirischen Untersuchung der Evolution

1053 Vgl. dazu Leary/Roberts (2005) S. 2592; 2613–2614; Strebulaev (2007) S. 1750; 1775. Auch Flannery/Rangan (2006) können in einer eigenen empirischen Untersuchung die Ergebnisse der Arbeit von Welch (2004) nicht bestätigen. Vgl. dazu Flannery/Rangan (2006) S. 496.

1054 Vgl. dazu auch Schneider (2010) S. 56.

der Kapitalstruktur, dass trotz der grundsätzlich zu beobachtenden Konvergenz der betrachteten Verschuldungsgrade im Zeitverlauf sich die unternehmensspezifische Gestalt der Verschuldungsgrade auch über mehrere Perioden als überraschend stabil erweisen hat. Im Widerspruch zu der im Vorfeld betrachteten Arbeit von Welch (2004) zeigen Lemmon et al. (2008) damit implizit, dass aktive Finanzierungsmaßnahmen, die auf die Einhaltung eines zeitstabilen Zielverschuldungsgrades abzielen, in der Praxis vorgenommen werden.[1055] Vergleichbar mit dem Aufbau des vorangehenden Abschnitts, wird zunächst näher auf die die Persistenz-Theorie begründende Arbeit von Lemmon et al. (2008) eingegangen, um in einem abschließenden Abschnitt einen kurzen Ausblick auf die Resonanz dieser Kapitalstrukturtheorie in der Literatur zu geben und den Beitrag der Arbeit von Lemmon et al. (2008) zum Verständnis der Finanzierungsentscheidung der Praxis knapp zu würdigen.

3.4.5.1. Zur Herleitung der Persistenz-Theorie durch Lemmon et al. (2008)

Den Ausgangspunkt der Arbeit von Lemmon et al. (2008) stellt – vergleichbar mit der im vorangehenden Abschnitt betrachteten Arbeit von Welch (2004) – eine eingehende Betrachtung der in der Praxis zu beobachtenden Veränderung der Kapitalstruktur im Zeitverlauf dar. Analog zu den Vorüberlegungen des vorangehenden Abschnitts, können auch an dieser Stelle in einem ersten Schritt zunächst konkrete Erwartungen mit Blick auf die Entwicklung des Verschuldungsgrades – ausgehend von den traditionellen Kapitalstrukturtheorien – formuliert werden. Blendet man die neu hinzugekommene Inertia-Theorie zunächst aus, so bleibt die grundsätzliche Erwartungshaltung von der Untersuchungsmethodik und Stichprobenauswahl unberührt. Mit Verweis auf die Überlegungen in Abschnitt 3.4.4.1. wird an dieser Stelle daher auf einen sich lediglich wiederholenden Exkurs verzichtet. Im Rahmen der Betrachtung der Forschungsergebnisse der Arbeit von Lemmon et al. (2008) wird auf diese Vorüberlegungen zurückgegriffen werden. Unbeantwortet ist an dieser Stelle die Frage geblieben, welche Entwicklung der Kapitalstruktur aus der im vorangehenden Abschnitt eingeführten Inertia-Theorie abgeleitet werden kann. Blickt man auf die Erklärungskraft der Inertia-Theorie zurück, so erscheinen an dieser Stelle ausführliche Überlegungen zum Bedeutungsinhalt der Inertia-Theorie weitgehend fruchtlos, wurde mit der Arbeit von Welch (2004) doch eine weitgehende Passivität der Unternehmen mit Blick auf zielgerichtete Finanzierungsentscheidungen festgehalten. Die Inertia-Theorie scheint wenigstens auf einen ersten Blick im Einklang mit einem Großteil der denkbaren Entwicklungen der Kapitalstruktur zu sein. Einzige Ausnahme bilden zielgerichtete Finanzierungsmaßnahmen des Unternehmens – ein eingängiges Beispiel ist hier eine an einem Zielverschuldungsgrad orientierte Kapitalstrukturpolitik –, die nicht mit der Inertia-Theorie abgedeckt

---

1055 Vgl. dazu Lemmon et al. (2008) S. 1577

werden können.[1056] In Kenntnis der Vorüberlegungen aus Abschnitt 3.4.4.1., seien im folgenden Abschnitt die Ergebnisse der Arbeit von Lemmon et al. (2008) näher betrachtet.

Zur Untersuchung der Kapitalstrukturentwicklung durch Lemmon et al. (2008)

Wie der folgende Abschnitt verdeutlichen wird, unterscheiden sich sowohl die Untersuchungsmethodik als auch das Ergebnis der Untersuchung der Arbeit von Lemmon et al. (2008) deutlich von der im vorangehenden Abschnitt betrachteten Arbeit von Welch (2004). Den Ausgangspunkt der Untersuchung der Entwicklung der Kapitalstruktur bildet im Rahmen der Arbeit von Lemmon et al. (2008) die Unterteilung der in der Untersuchung betrachteten Unternehmen – in Abhängigkeit zum realisierten Verschuldungsgrad – in vier gleich große Portfolios. Auf Grundlage dieser Aufteilung der Stichprobenunternehmen wird zwischen Unternehmen mit sehr hohem, hohem, mittlerem und niedrigem Verschuldungsgrad differenziert. Ausgehend von dieser Zerlegung zu Beginn des Untersuchungszeitraums, betrachten Lemmon et al. (2008) die jährliche Entwicklung der durchschnittlichen Verschuldungsgrade der vier Verschuldungsgruppen auf Basis des durchschnittlichen Verschuldungsgrades.[1057] Ruft man sich die Vorüberlegungen in Erinnerung, so können mit Blick auf die alternativen Kapitalstrukturtheorien ex ante z. T. abweichende Erwartungen mit Blick auf die Entwicklung der Kapitalstruktur formuliert werden. Im Folgenden seien mögliche Ergebnisse dieser Überlegungen – wie sich zeigen wird, bleiben diese Überlegungen weitgehend holzschnittartig – in Anlehnung an Abschnitt 3.4.4.1. skizziert. Betrachtet man zunächst die beiden Extrempunkte, d. h. Unternehmen mit sehr hohem und niedrigem Verschuldungsgrad, so erscheint – folgt man den grundlegenden Überlegungen der Trade-Off-Theorie – für Unternehmen mit hohem Verschuldungsgrad aufgrund des Drucks latenter Insolvenzgefahren eine Reduzierung des Verschuldungsumfangs im Zeitverlauf als plausibel. Unternehmen mit geringen Verschuldungsgraden dürften dagegen einen Anreiz besitzen, den Verschuldungsumfang im Zeitverlauf zu erhöhen, um das Verschuldungspotenzial des Unternehmens und somit die Wertbeiträge der Fremdfinanzierung voll heben zu können.[1058] Für die in den bisherigen Überlegungen vernachlässigten Verschuldungsumfänge, dürfte – die Unternehmen nehmen jeweils weniger stark exponierte Verschuldungspositionen ein – der Anreiz, Anpassungen

1056 Wie zum Ende des vorangehenden Abschnitts bereits hervorgehoben wurde, leidet die Inertia-Theorie daran, dass lediglich ein grobes Theoriegerüst besteht. Diese Schwäche schlägt sich auch an dieser Stelle nieder, sodass nur eine vergleichsweise vage Erwartung mit Blick auf die zukünftige Entwicklung des Zielverschuldungsgrades formuliert werden kann.

1057 Vgl. dazu Lemmon et al. (2008) S. 1579–1580. Wie Lemmon et al, (2008) festhalten, umfasst der Betrachtungszeitraum dabei im Minimum zwanzig Jahre. Vgl. ebda.

1058 Diese Einschätzung unterstellt vereinfachend eine Annäherung der Unternehmenseigenschaften über den Untersuchungszeitraum.

am bestehenden Verschuldungsumfang vorzunehmen, im Kontrast zu den betrachteten Verschuldungsniveaus weniger stark ausfallen.[1059]

Ohne an dieser Stelle näher auf mögliche Treiber divergierender Verschuldungsgrade eingegangen zu sein,[1060] kann die Vermutung einer leichten Konvergenz der Verschuldungsgrade der unterschiedlichen Verschuldungsniveaus festgehalten werden. Weitaus weniger deutliche Erwartungen mit Blick auf die Entwicklung der Verschuldungsgrade lassen sich auf Basis der Pecking-Order-Theorie, der Theorie des Market-Timings sowie der Inertia-Theorie ableiten. Auf Basis der starren Rangfolge der Pecking-Order-Theorie kann – wenigstens eingeschränkt – ein Anstieg des Verschuldungsumfanges bei Unternehmen mit geringem Fremdkapitaleinsatz vermutet werden. Eine Reduzierung des Verschuldungsumfanges für hoch verschuldete Unternehmen – wie vor dem Hintergrund der Trade-Off-Theorie – lässt sich auf Basis der Pecking-Order-Theorie nicht ohne Weiteres plausibilisieren, steht einer Reduzierung des Verschuldungsumfanges doch die feste Hackordnung alternativer Finanzierungsquellen der Pecking-Order-Theorie i. d. R. entgegen.[1061]

Noch unkonkreter bleiben die auf Basis der Theorie des Market-Timings als auch der Inertia-Theorie formulierbaren Erwartungen. Im Kontrast zu den „klassischen" Kapitalstrukturtheorien reichen die gegebenen Informationen an dieser Stelle nicht aus, um konkrete Erwartungen zu formulieren. Blickt man an dieser Stelle auf die empirische Evidenz, so zeigen Lemmon et al. (2008) auf Basis des eingangs skizzierten Portfolioansatzes, dass die ursprüngliche deutliche Spreizung zwischen den Verschuldungsgraden zwischen den Unternehmen mit sehr hoher und niedriger Verschuldung sich nach zwanzig Jahren von 52 % auf 16 % reduziert.[1062] Auf den ersten Blick deckt sich dieses Ergebnis somit mit den im Vorfeld skizzierten Erwartungen der Trade-Off-Theorie. Bedeutsam erscheint an dieser Stelle jedoch die bisher unbeantwortete Frage nach den konkreten Treibern

1059 Die Anpassungsrichtung hängt auch in diesen Fällen davon ab, ob sich das Unternehmen oberhalb oder unterhalb des Verschuldungsoptimums bewegt.

1060 Die bisherigen Überlegungen stellen implizit auf ein global gültiges Verschuldungsoptimum ab. Die Frage, ob Treiber eines unternehmensindividuellen Verschuldungsgrades existieren, wird an dieser Stelle somit nicht gestellt. Wie die Vorüberlegungen bereits gezeigt haben, ist die Annahme eines globalen Verschuldungsoptimums in der Praxis als eine eher künstliche Annahme zu bezeichnen. Für die nachfolgenden Überlegungen erscheint es jedoch pragmatisch, zunächst von dieser Vereinfachung auszugehen.

1061 Die Argumentation unterschlägt an dieser Stelle vereinfachend den Einfluss, den Veränderungen des Innenfinanzierungsvolumens auf die Kapitalstruktur nehmen. Insgesamt erscheint es jedoch wenig überraschend, dass Lemmon et al. (2008) mit Blick auf die später skizzierten empirischen Beobachtungen eine weitgehende Unvereinbarkeit der Pecking-Order-Theorie mit der empirischen Evidenz ausmacht. Vgl. dazu Lemmon et al. (2008) S. 1598.

1062 Dieses Ergebnis bleibt auch unter der Berücksichtigung der traditionellen Kapitalstrukturdeterminanten weitgehend stabil. Vgl. dazu Lemmon et al. (2008) S. 1584.

der Konvergenz der Verschuldungsgrade sowie eine nach Verschuldungsgruppen getrennte Analyse der Evolution der Kapitalstruktur zu sein, konnte doch mit der Pecking-Order-Theorie nur eine einseitige Anpassung der Kapitalstruktur motiviert werden. Blickt man zunächst auf letzteren Aspekt, so hat die Untersuchung von Lemmon et al. (2008) gezeigt, dass die Konvergenz der Verschuldungsgrade – im Einklang mit der auf Basis der Trade-Off-Theorie zu erwartenden beidseitigen Konvergenz – sowohl auf einen Anstieg des durchschnittlichen Verschuldungsgrades der Unternehmen mit geringer Verschuldung von 3 % auf 19 % als auch auf den Rückgang des durchschnittlichen Verschuldungsgrades der hochverschuldeten Unternehmen von 55 % auf 35 % zurückzuführen ist.

An den durch Lemmon et al. (2008) in diesem Zusammenhang gemachten Beobachtungen erscheint zudem bedeutsam, dass eine Konvergenz der Verschuldungsgrade insbesondere in den ersten Jahren des i. d. R. zwanzigjährigen Betrachtungszeitraumes zu beobachten ist und es über den Betrachtungszeitraum zu keiner vollkommenen Angleichung kommt.[1063] Blickt man zunächst auf die Beobachtung der im Zeitverlauf abnehmenden Konvergenz in Richtung eines globalen Zielverschuldungsgrades, so bietet diese Beobachtung Anlass für eine Reihe – hier nur skizzierter – konkurrierender Interpretationsmöglichkeiten. Eingängig erscheint insbesondere die Vermutung, dass der Druck auf die Unternehmen, einen wertoptimalen Zielverschuldungsgrad zu erreichen, mit dem Unter- bzw. Überschreiten einer gewissen Verschuldungsschwelle deutlich abnimmt. Dies würde insbesondere im Einklang mit der Annahme eines wertoptimalen Verschuldungsspektrums stehen, wie es u. a. durch die dynamische Trade-Off-Theorie beschrieben wird.[1064] Blickt man auf den zweiten Aspekt – die Prävalenz unternehmensspezifischer Verschuldungsoptima –, so erscheint diese Beobachtung in Kenntnis der empirischen Forschung wenig überraschend, steht doch – dieser Aspekt wurde bisher vereinfachend ausgeblendet – die Tragfähigkeit des eingesetzten Fremdkapitals in Abhängigkeit zu der sich i. d. R. unterscheidenden wirtschaftlichen Leistungsfähigkeit der Unternehmen.[1065] Der Grobkörnigkeit dieses Zwischenergebnisses geschuldet, kann eine solche Einschätzung lediglich als vorläufig angesehen werden. Auf eine eingehendere Diskussion dieser Fragestellung wird daher an dieser Stelle verzichtet. Lemmon et al. (2008) halten – ohne auf die Hintergründe einzugehen – als

---

1063 Vgl. dazu Lemmon et al. (2008) S. 1581. Etwas deutlicher sprechen Wu/Yeung (2012) von „[...] persistently distinct leverage ratios [...]". Wu/Yeung (2012) S. 3427.

1064 Gleichwohl hat diese Einschätzung einen Pferdefuß, erklärt sie doch nicht, warum Unternehmen sich zunächst so weit ab von einem optimalen Verschuldungsspektrum befinden. Daneben – dies wäre insbesondere ernüchternd für die Determinantenforschung – würden Unternehmen ungeachtet der unternehmensspezifischen Einflussfaktoren zwar keine identischen, jedoch über weitgehend vergleichbare Zielverschuldungsgrade verfügen. Man kann hier einwerfen, dass dieses Phänomen u. U. auf die Spezifikation der betrachteten Unternehmensstichprobe zurückzuführen ist.

1065 Vgl. zur Treffgenauigkeit dieser Einschätzung auch Lemmon et al. (2008) S. 1582.

ein Zwischenergebnis ihrer Betrachtung fest, dass Verschuldungsgrade auf Basis der empirischen Beobachtungen sowohl über eine „flüchtige" als auch eine dauerhafte Kapitalstrukturkomponente verfügen. Während der Abbau des zeitinstabilen, flüchtigen Anteils der Kapitalstruktur zu der in der Praxis zu beobachtenden Konvergenz der Zielkapitalstrukturen führt, verhindert die beständige bzw. langfristige Kapitalstrukturkomponente eine vollständige Konvergenz der Kapitalstrukturen im Zeitverlauf.[1066] Ein solcher Erklärungsansatz erscheint mit Blick auf die sich in der Praxis regelmäßig unterscheidenden Fristigkeiten eingesetzter Finanzierungsquellen als eingängig. Geht man davon aus, dass die Fristigkeit der Finanzierungsinstrumente letztlich die Bindungswirkung der realisierten Kapitalstruktur bestimmt – dies erscheint nicht unplausibel, erfordert eine frühzeitige Ablösung doch in aller Regel kostspielige Verhandlungen zwischen den Vertragspartnern[1067] –, können unterschiedliche Finanzierungsschichten der Unternehmen unterschiedlich leicht abgelöst und umgeschichtet werden. Dieser auch für die Unternehmensbewertung interessante Aspekt wird im nachfolgenden Kapitel II mit den gemischten Finanzierungspolitiken nochmals aufgegriffen werden.

So eingängig dieser Ansatz auch scheinen mag, so unvollkommen bleibt doch die Erklärung der empirischen Evidenz. Ungeklärt bleibt an dieser Stelle so u. a. die Frage, warum die Mischung von kurzfristigen und langfristigen Komponenten des Verschuldungsgrades zwischen den in der Untersuchung betrachteten Unternehmen so unterschiedlich ausfällt.[1068] Unzureichend scheint dieser Ansatz zudem auch mit Blick auf die Erläuterung der in der Untersuchung zu beobachtenden Bewegung der Unternehmen mit niedrigem Verschuldungsgrad hin zu einem Verschuldungsoptimum. Folgt man der – sicherlich breite Akzeptanz findenden – Einschätzung, dass Eigenkapital i. d. R. unbefristet zur Verfügung steht, so dürften die Unternehmen mit niedrigem Verschuldungsgrad zwangsläufig nur im geringen Umfang über kurzfristige Kapitalstrukturkomponenten verfügen. Der Anstieg des Verschuldungsgrades über den Betrachtungszeitraum, muss damit – entgegen diesem Erklärungsansatz – letztlich über den Aufbau – im Vergleich zu den bestehenden Eigenkapitalschichten – kurzfristiger Kapitalstrukturkomponenten erfolgen.[1069] Blickt man auf die dauerhaften Unterschiede der Unternehmensverschuldung, so kann man an dieser Stelle erneut die Auffassung vertreten, dass die

1066 Vgl. dazu Lemmon et al. (2008) S. 1581.

1067 Dieses Argumentationsmuster wird im nachfolgenden Kapitel mit Blick auf die autonome Finanzierungspolitik nochmals Anwendung finden. Man kann die Feststellung von Lemmon et al. (2008) zu den unveränderlichen Kapitalstrukturkomponenten daher als ein vorläufiges Indiz einer autonomen Finanzierungspolitik interpretieren.

1068 Vgl. zu dieser Frage auch Wu/Yeung (2012) S. 3427.

1069 Im Sinne der Pecking-Order-Theorie müssen diese Unternehmen – geht man nicht von einer Eigenkapitalherabsetzung aus – somit zukünftiges Wachstum weitgehend durch den Einsatz von Fremdkapital finanzieren.

strukturellen Unterschiede in den beobachtenden Verschuldungsgraden der Praxis auf unterschiedliche Unternehmenseigenschaften zurückzuführen sind.

Lemmon et al. (2008) haben, dieser Vermutung folgend, untersucht, inwieweit sich divergierende Unternehmenseigenschaften für die Spreizung der Verschuldungsgrade des Unternehmens verantwortlich zeichnen. Für die traditionelle Kapitalstrukturdeterminanten-Forschung ernüchternd, zeigt die Arbeit von Lemmon et al. (2008), dass die im Vorfeld skizzierten Ergebnisse auch nach Berücksichtigung des Einflusses traditioneller Kapitalstrukturdeterminanten[1070] weitgehend stabil bleiben.[1071] Dieses Ergebnis erscheint überraschend, kann man – dies machen Lemmon et al. (2008) – doch daraus folgern, dass die mit den traditionellen Kapitalstrukturdeterminanten betrachteten divergierenden Unternehmenscharakteristika doch vergleichswiese wenig zum Verständnis der Veränderung der Kapitalstruktur – gegenüber zeitstabilen Determinanten – beitragen.[1072] Um die Stabilität dieses Ergebnisses zu überprüfen, untersuchen Lemmon et al. (2008) mit einer Regressionsanalyse die Abhängigkeit der zukünftigen Verschuldungsgrade von den Ausgangsverschuldungsgraden zum Zeitpunkt der Portfoliobildung unter Berücksichtigung der traditionellen Kapitalstrukturdeterminanten. Es zeigt sich, dass die historischen Verschuldungsgrade im Vergleich zu den traditionellen Kapitalstrukturdeterminanten einen weitaus bedeutsameren Teil der zukünftigen Veränderung der Kapitalstruktur erklären können.[1073] Dieses mit Blick auf die Determinantenforschung überraschende Ergebnis legt zwei Folgerungen nahe:[1074] Einerseits wird mit diesem Ergebnis der bereits durch die Voruntersuchungen gewonnene Eindruck gefestigt, dass mit den traditionellen Kapitalstrukturdeterminanten nur ein kleiner Teil der relevanten Treiber der Veränderung der Kapitalstruktur abgebildet wird.[1075] Andererseits kann ein solches Ergebnis als ein Widerspruch zu dem

---

1070 Was unter diesem allgemeinen Oberbegriff genau zu verstehen ist, wird in einem späteren Abschnitt näher beleuchtet.

1071 Lemmon et al. (2008) halten so fest: „Thus even after removing all observable heterogeneity associated with traditional determinants of capital structure, leverage differences still remain highly persistent." Lemmon et al. (2008) S. 1584.

1072 Vgl. dazu Lemmon et al. (2008) S. 1584.

1073 Vgl. dazu Lemmon et al. (2008) S. 1586; Hanousek/Shamshur (2011) merken an, dass dieses Ergebnis der Arbeit von Lemmon et al. (2008) u. a. auf die Stabilität der US-Wirtschaft im Betrachtungszeitraum zurückzuführen ist. In einer eigenen Untersuchung zeigen Hanousek/Shamshur (2011), dass ein vergleichbares Ergebnis auch für osteuropäische Länder zu beobachten ist. Vgl. dazu Hanousek/Shamshur (2011) S. 1360; 1367.

1074 Lemmon et al. (2008) sprechen daher auch davon, dass die Ergebnisse ihrer Arbeit „[...] paint a somewhat dim picture of existing empirical models of capital structure". Lemmon et al. (2008) S. 1605.

1075 Zugleich wird die Vermutung bekräftigt, dass ein Abstellen auf eine zeitstabile Determinante die Erklärungskraft zukünftiger Veränderungen deutlich erhöhen kann. Vgl. dazu Lemmon et al. (2008) S. 1588; Parsons/Titman (2008) S. 25.

im vorangehenden Abschnitt näher beleuchteten Ergebnis der Arbeit von Welch (2004), der weitgehenden Passivität des Unternehmens mit Blick auf eine Zielkapitalstruktur, interpretiert werden. Lemmon et al. (2008) beleuchten in der Folge daher die Frage eingehender, ob die in der Praxis zu beobachtende Konvergenz der Verschuldungsgrade auf mechanische Effekte oder aber eine bewusste Orientierung der Unternehmen an einem Zielverschuldungsgrad zurückzuführen ist.

Im Einklang mit der in die Trade-Off-Theorie Eingang findenden Vorstellung, dass der Insolvenzdruck mit steigendem Verschuldungsumfang anwächst und negative Effekte der Fremdfinanzierung eine zunehmend dominante Wirkung entfalten, zeigen Lemmon et al. (2008), dass die Wahrscheinlichkeit für das Einwerben zusätzlichen Fremdkapitales mit dem Verschuldungsumfang abnimmt.[1076] Diese Beobachtung steht somit auch im Einklang mit der eingangs geäußerten Vermutung, dass ein Anreiz für Unternehmen mit geringem Verschuldungsgrad besteht, durch den Einsatz weiteren Fremdkapitals den Wertbeitrag der Fremdfinanzierung voll zu heben, hochverschuldete Unternehmen hingegen den Verschuldungsumfang aufgrund des steigenden Insolvenzdrucks zu verringern suchen. Diese Beobachtung kann in letzter Konsequenz als Ausdruck einer an einem Zielverschuldungsgrad orientierten Verschuldungspolitik interpretiert werden. Gegen eine solche Schlussfolgerung spricht allerdings die von Lemmon et al. (2008) gemachte Beobachtung, dass Unternehmen mit geringem Verschuldungsgrad zugleich auch mit einer höheren Wahrscheinlichkeit junges Eigenkapital emittieren werden als Unternehmen mit hohem Verschuldungsgrad.[1077]

Schlussfolgerung

In Summe sehen Lemmon et al. (2008) durch die empirische Evidenz zur Konvergenz der Verschuldungsgrade im Zeitverlauf die Annahme bestätigt, dass in der Praxis aktive Kapitalstrukturmaßnahmen zur Einhaltung eines Verschuldungsoptimums vorgenommen werden. Zusammenfassend halten Lemmon et al. (2008) mit Blick auf die empirischen Beobachtungen daher fest: „Overall, our results illustrate that firms' financial policies are at least partially geared toward maintaining their leverage ratios relatively close to their long-run mean values, suggesting that managers are concerned with their leverage ratios."[1078] Das Ergebnis von Lemmon et al. (2008)

1076 Vgl. dazu Lemmon et al. (2008) S. 1596. Die Untersuchung von Hanousek/Shamshur (2011) zeigt darüber hinaus, dass mit wachsendem Unternehmensalter zunehmend auf Innenfinanzierungsquellen abgestellt wird. Vgl. dazu Hanousek/Shamshur (2011) S. 1369.

1077 Lemmon et al. (2008) S. 1598. In Übereinstimmung mit den Überlegungen der Trade-Off-Theorie halten Lemmon et al. (2008) zugleich fest, dass das begebene Eigenkapitalvolumen im Fall hochverschuldeter Unternehmen deutlich über den durch die anderen Unternehmen begebenen Eigenkapitalinstrumenten liegt. Vgl. ebda.

1078 Lemmon et al. (2008) S. 1598.

widerspricht damit sowohl den Überlegungen zu zeitvariablen Zielverschuldungsgraden, wie sie u. a. im Abschnitt zur Inertia-Theorie diskutiert wurden, als auch der aus der Inertia-Theorie ableitbaren Vorstellung von mit Blick auf die Entwicklung der Kapitalstruktur passiven Unternehmen. Gegen die Annahme zeitvariabler Zielverschuldungsgrade spricht neben der nachrangigen Bedeutung unternehmenscharakteristischer Kapitalstrukturdeterminanten insbesondere die Beobachtung, dass der langfristige durchschnittliche Verschuldungsgrad letztlich den besten Indikator des Zielverschuldungsgrades des Unternehmens darstellt.[1079] Diese Beobachtung scheint damit durchaus kompatibel mit der der „klassischen“ Trade-Off-Theorie zurechenbaren Vorstellung zeitkonstanter Verschuldungsgrade.[1080] Der Nachweis einer Orientierung an einem – festen oder aber variablen – Zielverschuldungsgrad wiederspricht jedoch deutlich der mit der Inertia-Theorie einhergehenden Vorstellung einer weitreichenden Passivität der Unternehmen mit Blick auf die Finanzierungsentscheidung. Stimmig erscheint aus dieser Sicht auch die Feststellung der Arbeit von Lemmon et al. (2008), dass sich die Unterschiede zwischen den Verschuldungsgraden der in der Untersuchung betrachteten Unternehmen als dauerhaft erweisen. Ungeklärt bleibt an dieser Stelle jedoch die Frage, welche Treiber hinter diesen dauerhaften Unterschieden stehen, haben die klassischen Kapitalstrukturdeterminanten in der Untersuchung von Lemmon et al. (2008) doch nur einen geringen Erklärungsbeitrag geleistet.[1081] Blickt man auf die in Abschnitt 2.4. in die Kapitalstrukturentscheidung eingeführten Agency-Konflikte, so erscheint in diesem Zusammenhang auch bedeutsam, dass die Börsennotierung – i. d. R. geht man hier von einem deutlichen Abbau bestehender Informationsasymmetrien aus – nicht zu einer deutlichen Verschiebung der realisierten Verschuldungsgrade führt.[1082] Lemmon et al. (2008) halten mit Blick auf die Treiber der dauerhaften Verschuldungsunterschiede daher fest: „[...] these factors appear to be largely unaffected by the changes in capital market access, distribution of control, and information environment [...]“.[1083]

Fasst man zusammen, so dominiert der Eindruck, dass sich realisierte Verschuldungsgrade in der Praxis über lange Zeiträume als zeitstabil erweisen.[1084] Blickt man

---

1079 Vgl. dazu Lemmon et al. (2008) S. 1601; Parsons/Titman (2008) S. 24; DeAngelo/Roll (2015) S. 373.

1080 Wie bereits in Abschnitt 2.2. hervorgehoben, umfasst die „klassische“ Trade-Off-Theorie jedoch nur einen Betrachtungshorizont von einer Periode. Die Annahme eines zeitinvarianten Zielverschuldungsgrad muss – dehnt man den Betrachtungshorizont aus – nicht zwingend im Einklang mit der „klassischen“ Trade-Off-Theorie stehen.

1081 Lemmon et al. (2008) haben so mit Blick auf die Veränderung festgehalten: „[...] much of this variation is unaccounted for by existing empirical specifications.“ Lemmon et al. (2008) S. 1605.

1082 Vgl. dazu Lemmon et al. (2008) S. 1602–1603.

1083 Lemmon et al. (2008) S. 1605. Ein ähnliches Ergebnis findet sich auch in Hanousek/Shamshur (2011). Vgl. dazu Hanousek/Shamshur (2011) S. 1370.

1084 Vgl. dazu Lemmon et al. (2008) S. 1605; Hanousek/Shamshur (2011) S. 1360.

auf die im nachfolgenden Kapitel näher betrachteten Finanzierungspolitiken, so liefert die Arbeit von Lemmon et al. (2008) damit durchaus Anhaltspunkte für eine an einem festen Zielverschuldungsgrad orientierte wertabhängige Finanzierungspolitik.[1085] Die offene Frage, welche Finanzierungspolitik sich für die Praxis als geeignet erweist, kann die Arbeit von Lemmon et al. (2008) damit jedoch nicht klären. Die Arbeit stellt vielmehr einen weiteren Mosaikstein auf dem Weg zu einem vollständigen Verständnis der Finanzierungsentscheidung der Unternehmen dar.

Der nachfolgende Abschnitt widmet sich, neben der Frage, inwieweit das zentrale Ergebnis der Untersuchung der Arbeit von Lemmon et al. (2008) in der Literatur Unterstützung gefunden hat, insbesondere kritisch der Frage, ob mit der Arbeit von Lemmon et al. (2008) eine eigenständige Kapitalstrukturtheorie begründet wurde.

3.4.5.2. Kritische Würdigung der Persistenz-Theorie

Widmet man sich in einem ersten Schritt der bedeutsamen Frage, ob mit der Arbeit von Lemmon et al. (2008) eine eigenständige Kapitalstrukturtheorie begründet wurde, so muss – vergleichbar mit den Überlegungen im Abschnitt zur Inertia-Theorie – eine abwägende Antwort gegeben werden. Wie der vorangehende Abschnitt gezeigt hat, legt die empirische Untersuchung von Lemmon et al. (2008) den Schluss nahe, dass sich Unternehmen in der Praxis an einem langfristigen Zielverschuldungsoptimum zu orientieren scheinen. Wie die kritische Beleuchtung der Inertia-Theorie bereits deutlich gemacht hat, begründet das Festhalten empirischer Auffälligkeit allein noch keine eigenständige Kapitalstrukturtheorie, wird nicht zugleich auch ein geeigneter Erklärungsansatz angeboten, der die empirischen Beobachtungen auf ein stabiles theoretisches Fundament stellt. Wie der vorangehende Abschnitt gezeigt hat, bleibt – sucht man nach einem Erklärungsansatz der Kapitalstrukturpersistenz – die Arbeit von Lemmon et al. (2008) überraschend zurückhaltend. Zwar findet sich u. a. mit der Aufspaltung der realisierten Verschuldungsgrade in eine langfristige und eine kurzfristige Komponente durchaus ein interessanter Erklärungsansatz, der jedoch nicht die notwendige Erklärungstiefe eines arbeitenden Ansatzes erreicht. So wird auf die in diesem Zusammenhang zentrale Frage, warum Unternehmen unterschiedliche Gewichtungen von lang- und kurzfristigen Komponenten realisieren, in der Folge nicht näher eingegangen. Im Dunklen bleiben auch die Treiber, die hinter der beobachteten schrittweisen Konvergenz der Kapitalstruktur stehen, sowie die damit verbundene Frage, warum die Angleichung der realisierten Verschuldungsgrade im Zeitverlauf zunehmend ins Stocken gerät und sich die Verschuldungsgrade der betrachteten Unternehmen somit auch nach der Konvergenzphase

1085 Wie der Abschnitt gezeigt hat, lassen sich mit den beständigen und flüchtigen Komponenten der Kapitalstruktur jedoch auch Indizien für eine autonome wie auch für gemischte Finanzierungspolitiken identifizieren.

deutlich unterscheiden.[1086] Man kann – dies wurde im vorangehenden Abschnitt getan – zur Erklärung der mit der Arbeit von Lemmon et al. (2008) aufgeworfenen Fragen auf die statische bzw. dynamische Variante der Trade-Off-Theorie abstellen. Völlige Deckungsgleichheit zwischen den auf Basis der Trade-Off-Theorie ableitbaren Erwartungen und der empirischen Evidenz kann jedoch letztlich nicht erzielt werden. Daneben findet sich in der Literatur – wie Abschnitt 3.4.3.2. gezeigt hat – mit der erweiterten Pecking-Order-Theorie ein weiterer Erklärungsansatz für die von Lemmon et al. (2008) beobachtete Persistenz der Kapitalstruktur. Die Stabilität der Kapitalstruktur wird im Fall der erweiterten Pecking-Order-Theorie durch die Beständigkeit des Wachstums- bzw. Investitionstyps erklärt, der über den Umfang und die Gestalt bestehender Informationsasymmetrien die Finanzierungsentscheidungen der Unternehmen dauerhaft bestimmen.

Die Persistenz-Theorie bietet, sieht man von dem Rückgriff auf bestehende Erklärungsansätze ab, letztlich keinen selbstständig arbeitenden Erklärungsansatz. Man muss an dieser Stelle somit festhalten, dass mit der Arbeit von Lemmon et al. (2008) mehr Fragen für das Verständnis der Finanzierungsentscheidung aufgeworfen als beantwortet werden. Dies stellt m. E. nach ein zentrales Argument gegen die These, dass Lemmon et al. (2008) eine eigenständige Kapitalstrukturtheorie begründet haben, dar. Das Fehlen eines eigenständigen Theoriegerüsts bedeutet auch an dieser Stelle nicht, dass die Arbeit von Lemmon et al. (2008) keine Impulse für die Weiterentwicklung der Literatur setzen konnte. Die Beobachtungen von Lemmon et al. (2008) haben – wie bereits die Arbeit von Welch (2004) – den Fokus der Literatur erneut auf die u. a. für die Trade-Off-Theorie zentrale Frage gerichtet, ob in der Praxis eine Orientierung an einem zeitstabilen Zielverschuldungsgrad zu beobachten ist und wie stark die Bindungswirkung dieses Zielverschuldungsgrades ausfällt. In der Folge haben sich in der Literatur so u. a. die – in Kapitel III nochmals kurz beleuchteten – Partial-Adjustment-Modelle etabliert.

Blickt man abschließend auf die Resonanz, die die Arbeit von Lemmon et al. (2008) in der Literatur gefunden hat, so muss auch an dieser Stelle ein gemischtes Fazit gezogen werden. Wie bereits festgehalten wurde, liefern Wu/Yeung (2012) und Wu/Wang (2005) mit der erweiterten Pecking-Order-Theorie einen Ansatz, der die Beobachtungen von Lemmon et al. (2008) auf Basis der auf Informationsasymmetrien aufbauenden Argumentation der Pecking-Order-Theorie stützt. Gestützt wird die Beobachtung zeitstabiler Verschuldungsgrade

1086 Parsons/Titman (2008) führen die lediglich partielle Konvergenz der Verschuldungsgrade respektive die Erklärungskraft historischer Verschuldungsgrade in der Untersuchung von Lemmon et al. (2008) darauf zurück, dass firmenspezifische Determinanten der Kapitalstruktur in der traditionellen Determinantenforschung unberücksichtigt bleiben. Parsons/Titman (2008) schlagen als mögliche unternehmensspezifische Determinanten u. a. die Unternehmenskultur, den Konkurrenzdruck sowie die Präferenzen des Managements vor. Vgl. dazu Parsons/Titman (2008) S. 25.

auch in der Arbeit von Frank/Goyal (2008). Frank/Goyal (2008) halten mit Blick auf die Entwicklung der Verschuldungsgrade über den Zeitraum von 1900 bis 2002 fest: „While leverage fluctuates during 1900–2001. It stays within rather narrow bounds. It is remarkable how similar leverage ratios are to each other in year 1900 and in year 2002."[1087] Einheitlich ist das Urteil der Literatur zu den Beobachtungen von Lemmon et al. (2008) jedoch auch an dieser Stelle nicht. So weisen u. a. Flannery/Hankins (2013) auf die möglichen ökonometrischen Probleme der Arbeit von Lemmon et al. (2008) hin, die möglicherweise zu der Beobachtung weitgehend stabiler Zielverschuldungsgrade geführt haben.[1088] Neben diesem grundsätzlichen Zweifel an der Belastbarkeit der Ergebnisse der Arbeit von Lemmon et al. (2008) finden sich weitere, auf konkrete Schlussfolgerungen abzielende Zweifel in der Literatur. So haben u. a. Feld et al. (2013) Schwierigkeiten, die Beobachtung von Lemmon et al. (2008), dass zeitkonstante Kapitalstrukturdeterminanten Treiber dauerhafter Kapitalstrukturunterschiede sind, mit einer eigenen Untersuchung zu replizieren.[1089]

Bedeutsam erscheint insbesondere die Untersuchung von DeAngelo/Roll (2015) zur Stabilität realisierter Verschuldungsgrade. DeAngelo/Roll (2015) beobachten im Kontrast zur Arbeit von Lemmon et al. (2008) eine im Zeitverlauf zunehmende Divergenz der durch die Unternehmen realisierten Verschuldungsgrade und halten daher fest: „Leverage cross-sections more than a few years apart differ markedly, with differences growing – not reverting or stabilizing – until there is almost no similarity with earlier cross-sections."[1090] DeAngelo/Roll (2015) zeigen im Einklang mit dieser Einschätzung, dass Unternehmen im Zeitverlauf deutlich divergierende Verschuldungsumfänge realisieren, d. h. im Sinne der Untersuchung von Lemmon et al. (2008) im Zeitverlauf zwischen den alternativen Verschuldungsgruppen hin und her wechseln.[1091] Im Angesicht dieser empirischen Beobachtungen erscheint es daher wenig verwunderlich, dass DeAngelo/Roll (2015) zeitkonstante Zielverschuldungsgrade, wie sie mit der „klassischen" Trade-Off-Theorie beschrieben wurden, für wenig plausibel erachten. Für ein völliges Desinteresse der Unternehmen an der Entwicklung der realisierten Kapitalstrukturen – wie u. a. im Rahmen der Neutral-Mutation-Hypothese einschlägig – spricht diese Einschätzung jedoch nicht.[1092] DeAngelo/Roll (2015) sprechen sich vielmehr für zeitvariable Verschuldungsgrade oder aber wertoptimale Verschuldungskorridore im Sinne

---

1087 Frank/Goyal (2008) S. 156.

1088 Flannery/Hankins (2013) S. 2.

1089 Vgl. dazu Feld et al. (2013) S. 2855.

1090 DeAngelo/Roll (2015) S. 408.

1091 Insbesondere die Fremdkapitalquoten, die 0,5 übersteigen, weisen nur eine sehr begrenzte Persistenz auf. Als über kurze Zeiträume stabil zeigen sich dagegen Phasen, in denen Unternehmen nur in geringem Umfang Fremdkapital einsetzen.

1092 In diesem Zusammenhang kann auch nur begrenzt zugunsten der „klassischen" Pecking-Order-Theorie argumentiert werden.

der dynamischen Trade-Off-Theorie als Abbild der Finanzierungspraxis aus.[1093] Dies bedeutet letztlich, dass Unternehmen entweder breite Schwankungen der realisierten Verschuldungsgrade um einen zeitkonstanten Zielverschuldungsgrad zulassen oder aber zeitvariable Zielverschuldungsgrade, die im Zeitverlauf stark schwanken, realisieren werden.[1094] Ein solcher Schluss steht damit in direkter Konkurrenz zu der Folgerung der Arbeit von Lemmon et al. (2008), dass sich Verschuldungsgrade über lange Zeiträume als zeitstabil erweisen und Abweichungen von diesen Zielverschuldungsgraden auf temporäre Effekte zurückzuführen sind. Die Persistenz-Theorie nach Lemmon et al. (2008) steht damit letztlich auch mit Blick auf die Stabilität der empirischen Evidenz auf einem nur teilweise gut ausgebauten Fundament.

Fasst man zusammen, so liefert die Arbeit von Lemmon et al. (2008) weder einen eigenständig arbeitenden Erklärungsansatz der empirischen Beobachtungen noch zeigen sich die empirischen Beobachtungen der Arbeit von Lemmon et al. (2008) in der Literatur als unumstritten.[1095] In Wiederholung des Fazits des Abschnitts zur Inertia-Theorie ist auch an dieser Stelle letztlich festzuhalten, dass die Persistenz-Theorie zunächst einer Ergänzung des fragmentarischen Theoriegerüsts bedarf, um als eigenständiger Erklärungsansatz des Finanzierungsverhaltens der Praxis wahrgenommen werden zu können. In den Überlegungen des Kapitels II zu den alternativen Finanzierungsannahmen sei die Persistenz-Theorie daher nicht als ein eigenständiger Erklärungsansatz berücksichtigt.[1096]

3.5. Zwischenfazit zu den jüngeren Kapitalstrukturtheorien

Getrieben durch die verhaltene empirische Evidenz zugunsten der „klassischen" Kapitalstrukturtheorien, hat die Literatur eine Reihe „junger" Kapitalstrukturtheorien zur Erklärung des Finanzierungsverhaltens in der Praxis entwickelt. Wie mit den vorangehenden Abschnitten deutlich wurde, können dabei zwei grundsätzliche

---

1093 Vgl. dazu DeAngelo/Roll (2015) S. 408. Interessant – darauf wurde bereits im Abschnitt 2.7.1. hingewiesen – ist, dass DeAngelo/Roll (2015) keinen Hinweis auf eine Indifferenz gegenüber der Finanzierungsentscheidung beobachten. Vgl. ebda.

1094 DeAngelo/Roll (2015) sprechen so von „[...] little or no emphasis on staying near a particular debt-to-equity mix [...]". DeAngelo/Roll (2015) S. 412.

1095 Das Kriterium der empirischen Stabilität der Beobachtungen kann – durchaus berechtigt – als ein unzulängliches Merkmal zur Beurteilung einer Kapitalstrukturtheorie kritisiert werden, hat sich doch keine der bisher betrachteten Kapitalstrukturtheorien als uneingeschränkt überzeugend gezeigt. Diese Kritik ist nicht von der Hand zu weisen, dem ist jedoch zu entgegnen, dass insbesondere für empirisch begründete Kapitalstrukturtheorien ein stabiles empirisches Fundament unumgänglich erscheint.

1096 Gleichwohl werden die empirischen Beobachtungen der Arbeit von Lemmon et al. (2008) nicht gänzlich ausgeblendet werden.

Stränge der Entwicklung unterschieden werden. Auf der einen Seite steht die Fortentwicklung der im Abschnitt 2. näher beleuchteten „klassischen" Kapitalstrukturtheorien, während mit der Inertia- und Persistenz-Theorie auf den ersten Blick zwei eigenständige Kapitalstrukturtheorien zur Erklärung des in der Praxis zu beobachtenden Finanzierungsverhaltens formuliert wurden. Beiden Strängen ist dabei gemein, dass die Gestalt des Theoriegerüsts zunehmend durch die Beobachtungen der empirischen Forschung zum Finanzierungsverhalten der Praxis dominiert wird. Dies stellt – wie bereits festgehalten wurde – einen Paradigmenwechsel insbesondere gegenüber dem Vorgehen zur Herleitung der „klassischen" Trade-Off-Theorie dar.[1097] Stand bei der Formulierung der Trade-Off-Theorie zunächst die Vollständigkeit eines in der ersten Linie abstrakten Theoriegebäudes im Vordergrund, das erst in einem zweiten Schritt dem Finanzierungsverhalten der Praxis gerecht werden musste, so bildet für die „jüngeren" Kapitalstrukturtheorien die Plausibilisierung der empirisch zu beobachtenden Abweichungen vom festen Zielverschuldungsgrad[1098] den Ausgangs- wie auch Zielpunkt der weiteren Forschungsbemühungen. Wie der folgende Abschnitt verdeutlichen soll, erwächst aus dem primären Abstellen auf die Erklärung der empirischen Beobachtungen durchaus ein Problem für das Verständnis der konkreten Finanzierungsentscheidungen der Unternehmen, wie es u. a. im Rahmen der Prognose zukünftiger Finanzierungsentscheidungen notwendig ist. Dies hat – das wird in Kapitel II deutlich werden – Auswirkungen auf die Gestalt der in der Unternehmensbewertung näher betrachteten Finanzierungspolitiken. Blickt man zunächst auf den ersten Strang der Literatur, die Annäherung bestehender Kapitalstrukturtheorien an das Finanzierungsverhalten der Praxis, so können mit der dynamischen Trade-Off-Theorie, der Theorie des Market-Timings und der erweiterten Pecking-Order-Theorie drei eigenständige Ansätze zur Erklärung des Finanzierungsverhaltens der Unternehmen in der Praxis unterschieden werden. Die dynamische Trade-Off-Theorie greift im Grundsatz auf die Überlegungen der „klassischen" bzw. der erweiterten Trade-Off-Theorie zurück. Wie Abschnitt 3.4.1. gezeigt hat, lassen sich zwei, in sich geschlossene,[1099] Herleitungen eines dynamischen Verschuldungsoptimums unterscheiden. Neben einem Erklärungsansatz, der darauf abstellt, dass die Finanzierungsentscheidungen im Angesicht umzusetzender Investitionsprogramme sowie bestehender Ausschüttungsverpflichtungen keine absolute Dominanz erlangen kann,[1100] wie dies für die Umsetzung einer an der „klassischen" Trade-Off-Theorie

1097 Eine Ausnahme stellt – dies wurde bereits betont – die Pecking-Order-Theorie dar, die auf ihren Ursprung in den empirischen Beobachtungen von Donaldson (1963) gefunden hat. Vgl. dazu Abschnitt 2.9.

1098 Alternative Kapitalstrukturtheorien kehren letztlich dem, von Fama/French (2012) als Kernprämisse bezeichneten, festen Zielverschuldungsgrad der „klassischen" Trade-Off-Theorie den Rücken. Vgl. Fama/French (2012) S. 60.

1099 Dies bedeutet nicht, dass eine Durchmischung der beiden alternativen Erklärungsansätze nicht denkbar oder möglich ist.

1100 Vgl. dazu DeAngelo/Roll (2015) S. 411.

ausgerichteten Finanzierungspolitik erforderlich wäre, steht ein Erklärungsansatz, der auf die hemmende Wirkung von Transaktionskosten abstellt. Ungeachtet des konkret gewählten Weges, geht das wertoptimale Verschuldungsoptimum der „klassischen" Trade-Off-Theorie in beiden Fällen in ein wertoptimales Verschuldungsspektrum über. Für die durch die Unternehmen umgesetzten Finanzierungsmaßnahmen bedeutet dies, dass Unternehmen nur noch bei Überschreiten der Verschuldungsober- bzw. Verschuldungsuntergrenzen aktiv in die Steuerung der Kapitalstruktur eingreifen. Unternehmen werden damit – wie die empirische Evidenz vermuten lässt – in einem breiten Verschuldungsspektrum Veränderungen der Kapitalstruktur weitgehend passiv hinnehmen. Blickt man auf die in der empirischen Forschung zu beobachtende Passivität der Unternehmen vor dem Hintergrund einer Einhaltung eines statischen Verschuldungsoptimums, so hilft die Formulierung der dynamischen Trade-Off-Theorie unzweifelhaft, das empirische Fundament der Trade-Off-Überlegungen zu verstärken.

Wie in den vorangehenden Abschnitten bereits hervorgehoben wurde, ist die Verbreiterung des empirischen Fundaments jedoch auch mit einer Reihe von Kosten verbunden. Kosten, die sich insbesondere in Hinblick auf die Aussagekraft der Trade-Off-Theorie zeigen, wie das nachfolgende Beispiel verdeutlichen soll. Unproblematisch erscheint es zunächst, klare Erwartungen hinsichtlich der zukünftigen Finanzierungsentscheidungen der Unternehmen an den Grenzpunkten des wertoptimalen Verschuldungsspektrums sowie bei Verschuldungsgraden außerhalb der Grenzen des wertoptimalen Verschuldungsspektrums zu formulieren. Unternehmen werden – wie in der „klassischen" Trade-Off-Theorie – aktiv Finanzierungsmaßnahmen ergreifen, um zu der nächstgelegenen Verschuldungsgrenze zurückzukehren. Welche Aussagen lassen sich jedoch mit Blick auf Verschuldungsgrade innerhalb des wertoptimalen Verschuldungsspektrums treffen? Verschuldungsgrade innerhalb des wertoptimalen Verschuldungsspektrums liegen – wie die nachfolgenden Überlegungen zeigen werden – in einem toten Winkel der dynamischen Trade-Off-Theorie. Hinsichtlich eines äußeren Schocks bzw. mechanischer Veränderungen der Kapitalstruktur kann in Kenntnis der Überlegungen der dynamischen Trade-Off-Theorie zwar festgehalten werden, dass Unternehmen so lange keine aktiven Maßnahmen ergreifen werden, solange die gegebenen Finanzierungsschwellen nicht überschritten werden, wie Unternehmen jedoch im Fall eines Kapitalbedarfs reagieren werden, wird durch die dynamische Trade-Off-Theorie selbst nicht eindeutig abgedeckt. Es ist zwar denkbar, dass Unternehmen Finanzierungsmaßnahmen im Einklang mit der Einhaltung eines optimalen Verschuldungsspektrums bzw. optimalen Verschuldungsgrades ergreifen, zwingend erscheint ein solches Verhalten für den Fall, dass die gegebenen Verschuldungsgrenzen nicht überschritten werden, jedoch nicht.[1101] Eine

1101 Auch wenn man in der Praxis wohl darauf abstellen wird, dass sich die Unternehmen bei diesen Finanzierungsentscheidungen an dem wertoptimalen Verschuldungsoptimum der statischen Trade-Off-Theorie orientieren werden, so ist

klare Prognose zukünftiger Finanzierungsentscheidungen – wie es u. a. im Rahmen der Unternehmensbewertung notwendig wird – wird mit einem Wechsel zu den Überlegungen der dynamischen Trade-Off-Theorie damit zunehmend schwierig, fließen doch – im Kontrast zur „klassischen" Trade-Off-Theorie – eine Reihe weiterer Faktoren in die Finanzierungsentscheidung mit ein. Selbst bei einem Vorliegen aller bedeutsamen Parameter der Finanzierungsentscheidung wird der realisierte Verschuldungsgrad innerhalb eines wertoptimalen Verschuldungsoptimums schwanken und der tatsächlich zu realisierende Verschuldungsumfang im Nebel der Ungewissheit verbleiben. Die dynamische Trade-Off-Theorie kann sich aufgrund des blinden Flecks im Theoriegerüst und der zunehmenden Komplexität dem in der Literatur zu findenden Vorwurf einer gewissen Beliebigkeit damit nicht völlig entziehen.

Einem vergleichbaren Problem sehen sich jedoch auch die in Abschnitt 3.4.2. und Abschnitt 3.4.3. diskutierten Erweiterungen der „klassischen" Pecking-Order-Theorie ausgesetzt. Richtet man den Blick zunächst auf die in Abschnitt 3.4.2. eingeführte Theorie des Market-Timings, so wird deutlich, dass die mit der Arbeit von Baker/Wurgler (2002) formulierte Vermutung, dass die (Fehl-)Bewertung des Kapitalmarktes eine zentrale Determinante der Finanzierungsentscheidung ist, spätestens dann mit einem Pferdefuß behaftet ist, sieht man sich mit der Aufgabe konfrontiert, eine klare Erwartung mit Blick auf zukünftige Finanzierungsentscheidungen zu formulieren. Zwar gelingt es mit dem Abstellen auf den Einfluss der Marktbewertung zunächst noch, die – mit Blick auf die Ergebnisse der empirischen Forschung – als zu strikt empfundene Finanzierungsrangfolge zu durchbrechen, man tauscht im Gegenzug jedoch das klare Finanzierungsgerüst der Pecking-Order-Theorie gegen die beliebigere Rangfolge alternativer Finanzierungsquellen im Rahmen der Theorie des Market-Timings. Blickt man an dieser Stelle erneut auf die Frage, welche Entscheidung ein Unternehmen im Angesicht eines konkreten Finanzierungsbedarfs treffen wird, so hängt die Antwort auf diese Frage maßgeblich von dem zukünftigen Abstand der Marktbewertung des Unternehmens vom „inneren" Wert des Unternehmens ab. Dies führt – darauf wurde bereits hingewiesen – zu einem Interdependenzproblem im Rahmen der Unternehmensbewertung, muss man doch zunächst die Frage nach zukünftigem „inneren" und Marktwert beantworten, will man eine, die zukünftigen Finanzierungsentscheidungen des Unternehmens antizipierende, Bewertung durchführen. Lässt man die in der Praxis wohl nur unvollkommen zu beantwortende Frage nach der Gestalt der möglicherweise irrationalen zukünftigen Marktbewertung außen vor,[1102] so muss man für die Theorie des Market-Timings also letztlich zunächst

---

an dieser Stelle nicht gänzlich auszuschließen, dass Unternehmen innerhalb des wertoptimalen Verschuldungsspektrums auf die Überlegungen der Pecking-Order-Theorie abstellen werden.

1102 Die Antwort beschränkt sich dabei i. d. R. nicht allein auf die Marktbewertung der Folgeperiode. Die Komplexität der zu gebenden Antwort dürfte damit deutlich

eine Antwort auf eine Frage geben, die man mit der Annahme zum Finanzierungsverhalten gerade zu beantworten sucht. Eine überzeugende Hilfestellung bei der Beantwortung der Frage nach der Struktur des zukünftigen Finanzierungsverhaltens liefert die Theorie des Market-Timings damit nicht. Man kann an dieser Stelle daher nicht unberechtigt die, durch die Fokussierung der Unternehmen auf die Bewertung der alternativen Finanzierungsquellen durch den Kapitalmarkt, verstärkte Kurzsichtigkeit der Theorie des Market-Timings kritisieren, die zu einer zunehmenden Unschärfe des zukünftigen Finanzierungsverhaltens führt.

Der Vorwurf der Beliebigkeit trifft in einer Ex-ante-Betrachtung die Theorie des Market-Timings damit ähnlich stark wie die dynamische Trade-Off-Theorie. Ein Vorwurf, dem sich auch die Wu/Wang (2005) vorgestellte Erweiterung der „klassischen" Pecking-Order-Theorie nicht vollständig entziehen kann. Wie Abschnitt 3.4.3. gezeigt hat, stellen Wu/Wang (2005) bei der Formulierung der erweiterten Pecking-Order-Theorie auf eine Zweiteilung bestehender Informationsasymmetrien mit Blick auf bestehende und zukünftige Investitionsprojekte ab. In Abhängigkeit davon, ob Informationsasymmetrien mit Blick auf bestehende oder aber zukünftige Investitionsprojekte dominieren, lassen sich im Rahmen der erweiterten Pecking-Order-Theorie zwei, in sich geschlossene, Finanzierungsrangfolgen unterscheiden. Mit der Zweiteilung der Finanzierungsrangfolge gelingt es, die empirische Beobachtung, dass insbesondere junge Unternehmen auf die Begabe von Eigenkapitalanteilen zur Finanzierung zukünftiger Investitionsprojekte abstellen, nun auch mit der erweiterten Pecking-Order-Theorie theoretisch zu plausibilisieren. Wie bereits für die im Vorfeld betrachteten Kapitalstrukturtheorien führt die Zweiteilung der Hackordnung zwischen den alternativen Finanzierungsquellen jedoch dazu, dass die Klarheit zukünftiger Finanzierungsentscheidungen gegenüber der „klassischen" Pecking-Order-Theorie verwischt. Sieht man sich der Aufgabe ausgesetzt, die zukünftigen Finanzierungsentscheidungen unter der Annahme der erweiterten Pecking-Order-Theorie zu modellieren, so muss im Vorfeld – im Kontrast zur „klassischen" Pecking-Order-Theorie – zunächst die Frage nach dem Umfang herrschender bzw. zukünftiger Informationsasymmetrien beantwortet werden. Diese Aufgabe dürfte in praxi ähnlich schwierig zu beantworten sein wie die Frage der Angemessenheit der Marktbewertung im Rahmen der Theorie des Market- Timings. Eine pragmatische Herangehensweise zur Lösung dieses Problems könnte in einem Abstellen auf das Unternehmensalter bzw. das Verhältnis von bestehenden Investitionsprojekten zu den im Prognosezeitraum vorzunehmenden Investitionsprojekten als Approximation bestehender Informationsasymmetrien liegen. Für junge Unternehmen bzw. Unternehmen mit hohem Investitionsvolumen bzw. dem entsprechenden Gegenpart bietet ein solcher Ansatz einen Weg, das Ausmaß und Verhältnis bestehender Informationsasymmetrien approximativ einzufangen und die Anforderung der erweiterten Pecking-Order-Theorie somit

anwachsen, hängen die zukünftigen Marktbewertungen doch nicht unmaßgeblich vom Erfolg der zwischenzeitlich realisierten Investitionsprojekte ab.

hinreichend zu erfüllen. Ein solches pragmatisches Vorgehen dürfte jedoch an seine Grenzen stoßen, nähern sich die betrachteten Unternehmen einem Gleichgewicht aus bestehenden und zukünftigen Investitionsprojekten an.[1103]

Im weitesten Sinne vergleichbar mit der Argumentation zur dynamischen Trade-Off-Theorie, weist die erweiterte Pecking-Order-Theorie mit Blick auf die Nahtstelle zwischen den Unternehmenstypen der unterschiedlichen Finanzierungsrangfolgen – neben der ungeklärten Frage der Praxis, wann dieser Punkt erreicht ist – einen blinden Fleck auf.[1104] Blickt man an dieser Stelle erneut auf die Aufgabe, das zukünftige Finanzierungsverhalten beispielsweise im Rahmen einer Unternehmensbewertung modellieren zu müssen, so bietet auch die erweiterte Pecking-Order-Theorie nur eine unvollständige Ausgangsgrundlage einer Prognose. Zwar gelingt mit der Zweiteilung der die Finanzierungsrangfolge beschreibenden Hackordnung in Abhängigkeit zum Umfang und zur Form bestehender Informationsasymmetrien die Erklärung der empirischen nicht zu leugnenden Beobachtung, dass insbesondere junge Unternehmen zur Finanzierung von Wachstumschancen auf Eigenkapital zurückgreifen, zugleich verliert sich jedoch die Eindeutigkeit der „klassischen" Pecking-Order-Theorie. Insbesondere an der Nahtstelle zwischen den beiden in sich geschlossenen Finanzierungsrangfolgen bleibt die Gestalt der Finanzierungsentscheidungen im Rahmen der erweiterten Pecking-Order-Theorie im Vagen. Somit kann sich auch die erweiterte Pecking-Order-Theorie nicht vollständig dem bereits im Vorfeld formulierten Vorwurf entziehen, dass die höhere Erklärungskraft empirischer Beobachtungen auf Kosten der Eindeutigkeit der ableitbaren Erwartungen mit Blick auf das zukünftige Finanzierungsverhalten geht.[1105]

Am deutlichsten wird die Schwäche der „jüngeren" Kapitalstrukturtheorien, betrachtet man die Inertia- und die Persistenz-Theorie, die in dem vorangehenden Abschnitt als – wenigstens oberflächlich – eigenständige Kapitalstrukturtheorien eingeführt wurden. Beiden Theorien ist gemeinsam, dass das angebotene Theoriegerüst letztlich unvollständig bleibt bzw. selbstständig nicht in der Lage ist, die Finanzierungsentscheidungen der Praxis bzw. die aufgedeckten Besonderheiten der Finanzierungsentscheidungen zu erklären. Wie in den Abschnitten 3.4.4.2. und

---

1103 Dieser Argumentation unterliegt die Vorstellung, dass der Umfang bestehender Informationsasymmetrien sich proportional zum Umfang bestehender Investitionsprojekte verhält. Ob eine solche Einschätzung letztlich treffgenau ist, muss an dieser Stelle jedoch letztlich offenbleiben.

1104 Man könnte an der Nahtstelle eine Irrelevanz der Finanzierungsquellen vermuten. Dies würde die Frage nach der konkreten Gestalt zukünftiger Finanzierungsentscheidungen jedoch auch nicht vereinfachen.

1105 Mit Blick auf die (erweiterte) Pecking-Order-Theorie kann man in diesem Zusammenhang einwerfen, dass die Gestalt der zukünftigen Finanzierungsentscheidung aufgrund der lediglich begrenzten Optimalität der Finanzierungsentscheidung – der Wertbeitrag spielt für die Finanzierungsentscheidung eine nachrangige Rolle – von nachrangiger Bedeutung ist.

3.4.5.2. deutlich wurde, bestehen mit Blick auf diese beiden Kapitalstrukturtheorien daher berechtigte Zweifel, ob mit den empirischen Beobachtungen von Welch (2004) und Lemmon et al. (2008) auf Basis des derzeitigen Entwicklungsstandes eigenständige Kapitalstrukturtheorien formuliert wurden. Blickt man – ohne die vorausgehende Frage abschließend beantworten zu können – auf die Aufgabe, die zukünftigen Finanzierungsentscheidungen eines Unternehmens aus der Warte beider Kapitalstrukturtheorien modellieren zu müssen, so zeigt sich, dass – im Angesicht der vorgebrachten Kritik wenig verwunderlich – die Grundgerüste beider Theorien zu schwach erscheinen, um eine eigenständige Aussage zum Finanzierungsverhalten treffen zu können. Unter der Inertia-Theorie sind letztlich alle Finanzierungsentscheidungen denkbar, die nicht auf die Einhaltung eines wertoptimalen Verschuldungsgrades abzielen. Die im Vorfeld mit Blick auf die Finanzierungspolitik der Inertia-Theorie vorgenommene negative Abgrenzung zu einer, an einem wertoptimalen Verschuldungsgrad orientierten, Finanzierungspolitik lässt letztlich eine Vielzahl von Finanzierungsmaßnahmen offen. Konkrete Aussagen zu zukünftigen Finanzierungsentscheidungen lassen sich aufgrund des losen Gerüsts der Inertia-Theorie damit nur begrenzt ableiten.

Blickt man auf die Persistenz-Theorie, so erscheint es auf Basis der empirischen Evidenz der Arbeit von Lemmon et al. (2008) zur Beständigkeit realisierter Verschuldungsgrade nicht unwahrscheinlich, auf ein statisches Verschuldungsoptimum abzustellen. Lässt man die für die Praxis durchaus interessante Frage der Modellierung dieses Verschuldungsoptimums zunächst außer Acht, so kann an dieser Stelle gezweifelt werden, ob die Persistenz-Theorie damit eigenständig arbeitet. Ist doch – die haben die vorangehenden Abschnitte gezeigt – sowohl den statischen als auch dynamischen Trade-Off-Theorien die Orientierung an einem wertoptimalen Verschuldungsoptimum zu eigen. Inwieweit sich der im Rahmen der Persistenz-Theorie zu realisierende Verschuldungsgrad von dem wertoptimalen Verschuldungsgrad der Trade-Off-Theorie unterscheidet, kann auf Basis der bisherigen Überlegungen zur Persistenz-Theorie nur gemutmaßt werden.[1106] Eine klare bzw. eigenständige Erwartung mit Blick auf die zukünftigen Finanzierungsentscheidungen lässt sich damit auch auf Basis der Persistenz-Theorie nicht ableiten. War man auf Basis des Rüstzeugs der erweiterten „klassischen“ Kapitalstrukturtheorien bisher nur in der Lage, eine vage Vorstellung des zukünftigen Finanzierungsverhaltens zu entwickeln, so zeigt sich das Gerüst der Inertia- und Persistenz-Theorie nicht in der Lage, eigenständige Erwartungen mit Blick auf das zukünftige Finanzierungsverhalten zu modellieren.

Fasst man zusammen, so kann festgehalten werden, dass die höhere Erklärungskraft „jüngerer“ Kapitalstrukturtheorien zwar die Erklärung der realisierten Finanzierungsentscheidungen erleichtert. Die gestiegene Erklärungskraft der „jüngeren“ Kapitalstrukturtheorien im Sinne einer Ex-post-Betrachtung der

1106 Unklar bleiben hierbei auch die Gestalt des Konvergenzprozesses bzw. die Fristigkeit und der Umfang des abschmelzenden Fremdkapitals.

Finanzierungsentscheidung geht jedoch i. d. R. auf Kosten des Ex-ante-Verständnisses der Treiber der Finanzierungsentscheidung. Sind doch eine Reihe von Determinanten der Finanzierungsentscheidung im Rahmen der „jungen" Kapitalstrukturtheorie – man denke u. a. an die Ausprägung der Marktbewertung, den Grad der Informationsasymmetrie – doch erst im Rückblick unzweifelhaft bestimmbar, während eine auf die Zukunft gerichtete Suche nach einer geeigneten Approximation dieser Determinanten die Formulierung konkreter Erwartungen mit Blick auf das Finanzierungsverhalten des Unternehmens vernebeln dürfte. Überraschend ist diese Entwicklung in Kenntnis der vorangehenden Überlegungen jedoch keineswegs. Haben die Abschnitte zur Trade-Off-Theorie doch eine Abnahme der Bedeutung des Verschuldungsoptimums und des Wertbeitrages der Fremdfinanzierung mit den Modellerweiterungen gezeigt, die auch die Notwendigkeit einer punktgenauen Prognose des zukünftigen Finanzierungsverhaltens in den Hintergrund rücken lässt. Mit den Abschnitten zur Pecking-Order-Theorie wurde deutlich, dass die Annahme langfristiger Verschuldungsoptima nicht durch das Theoriegerüst der (erweiterten) Pecking-Order-Theorie gestützt wird. Eine Prognose des zukünftigen Finanzierungsverhaltens erscheint vor diesem Hintergrund daher eher wie eine Fingerspielerei. Ein zweiter Schwachpunkt der „jüngeren" Kapitalstrukturtheorien dürfte in der gestiegenen Komplexität der Finanzierungsentscheidung zu finden sein. Deutlich wird dies u. a. an den in der dynamischen Trade-Off-Theorie hinzutretenden Determinanten als auch in der Zweiteilung der Finanzierungsrangfolge im Rahmen der erweiterten Pecking-Order-Theorie. Angesichts der Schwäche, auf Basis bestehender Kapitalstrukturtheorien konkrete Erwartungen der Finanzierungsentscheidungen zu formulieren, erscheint es mit Blick auf die in Kapitel II näher betrachteten Finanzierungspolitiken der Unternehmensbewertungspraxis wenig verwunderlich, dass das Finanzierungsverhalten der Unternehmen für die Unternehmensbewertung vergleichsweise holzschnittartig abgebildet wird und nur lose mit den in diesem Kapitel näher betrachteten Kapitalstrukturtheorien verbunden ist. Die Überlegungen dieses Kapitels seien – bevor die angesprochenen Finanzierungspolitiken näher beleuchtet werden – im folgenden Abschnitt kurz zusammengefasst.

„Which theories shall we take seriously?"[1107]

3.6. Zusammenfassende Betrachtung der alternativen Kapitalstrukturtheorien

Ausgehend von dem Nachweis der Kapitalstrukturirrelevanz, hat dieses Kapitel den Bogen zu einer Reihe alternativer Kapitalstrukturtheorien gespannt, in denen sich die Finanzierungsentscheidung mehr oder weniger stark auf den Wert des Unternehmens und das Interesse des Unternehmens niederschlägt. Wie das

1107 Frank/Goyal (2009) S. 1.

diesen Abschnitt einleitende Zitat von Frank/Goyal (2009) deutlich macht, stellt sich infolge eines Überblicks über die Evolution der Kapitalstrukturtheorie spätestens zum Ende die bedeutsame Frage danach, welche Einschätzung zur Gestalt der Finanzierungsentscheidungen sich mit Blick auf die Praxis letztlich als treffgenau erweist. So bedeutsam die Antwort auf diese Frage für das Verständnis der Entscheidungen der Unternehmen auch ist, so vielschichtig stellt sich auch die Antwort auf diese Frage dar. Ohne auf die Merkmale der in den vorangehenden Abschnitten dargestellten Kapitalstrukturtheorien nochmals im Detail einzugehen, wird sowohl mit Blick auf die zu realisierende Unternehmensverschuldung als auch mit Blick auf die Bedeutung, die die Finanzierungsentscheidungen einnimmt, durch die alternativen Kapitalstrukturtheorien ein breites Feld von z. T. völlig konträr zueinander verlaufender Einschätzung beschrieben. Die Vielstimmigkeit der Literatur, die mit den vorangehenden Abschnitten nur kurz zusammengefasst wurde,[1108] macht m. E. nach deutlich, wie weit man, über sechzig Jahre nach der Veröffentlichung des Kapitalstrukturtheorems durch Modigliani/Miller (1958), von einem Konsens hinsichtlich der Gestalt und der Bedeutung der Finanzierungsentscheidung entfernt ist. Man kann an dieser Stelle – durchaus berechtigt – einwerfen, dass die zentrale Frage nach der Überzeugungskraft der alternativen Kapitalstrukturtheorien letztlich nur durch die empirische Forschung beantwortet werden kann. Sosehr der mit dieser Anmerkung implizit verbundenen Forderung nach einer empirischen Bewährung der alternativen Kapitalstrukturtheorien zuzustimmen ist, so schwer ist es zugleich, diese Forderung in der Praxis mit Leben zu erfüllen.[1109] Ist die Entwicklung alternativer Kapitalstrukturtheorien doch bereits seit der Formulierung der Pecking-Order-Theorie, spätestens jedoch mit den „jüngeren“ Kapitalstrukturtheorien, vorwiegend durch die Ergebnisse der empirischen Forschung getrieben. Die Vielfalt alternativer Kapitalstrukturtheorien ist somit auch ein Ausdruck der Vielschichtigkeit und partiellen Divergenz der Ergebnisse der empirischen Forschungsbemühungen.[1110]

Will man sich einer Antwort auf die einleitende Frage nähern, kann man – dies wird auch die nachfolgenden Überlegungen zu den alternativen Finanzierungspolitiken, die in der Unternehmensbewertungspraxis dominieren – damit nicht allein auf die Ergebnisse der empirischen Forschung abstellen. Vielmehr gilt es, ein die

1108 Wie bereits hervorgehoben wurde, ist es schwierig, die Forschungsbemühungen über den gesamten, in dieser Arbeit abgedeckten Zeitraum, vollständig zu erfassen. Die Gewichtung alternativer Kapitalstrukturtheorien mag daher gegenüber vergleichbaren Arbeiten abweichen. Einfluss auf das an dieser Stelle zu ziehende Fazit nimmt dies jedoch nicht.

1109 Dies liegt – wie Kapitel III zeigen wird – dabei auch in den Hürden der empirischen Forschung selbst begründet.

1110 Diesen Umstand antizipierend, wird in dieser Arbeit – abgesehen von einem kurzen Exkurs in Kapitel III – auf eine ausführliche Darstellung der empirischen Forschungsbemühungen verzichtet.

Antwort auf diese Frage unterstützendes Vorgehen einzuschlagen, das sich unter Hervorkehrung der Prämissen einer spezifischen Kapitalstrukturpolitik pragmatisch auf die Beurteilung dieser Annahmen sowie der Schlüssigkeit des Erklärungsansatzes stützt. Dahinter steht implizit die Beobachtung der vorangehenden Abschnitte, dass die beschriebenen Kapitalstrukturtheorien auf Basis der empirischen Evidenz zwar nicht uneingeschränkte Gültigkeit beanspruchen können,[1111] für abgegrenzte Bereiche sich jedoch durchaus empirische Unterstützung findet. Von dieser partiell gegebenen empirischen Unterstützung auf eine, auf Teilbereiche begrenzte, Gültigkeit der Kapitalstrukturtheorien zu schließen, erscheint daher wenig verwegen.[1112] Eine vergleichbare Einschätzung zu der u. U. auf Teilbereiche begrenzten Gültigkeit findet sich u. a. bereits in Myers (2003). Myers (2003) hält so fest: „There is no universal theory of capital structure, and no reason to expect one. There are useful *conditional* theories, however. The theories differ in their relative emphasis on the factors that could affect the choice between debt and equity."[1113]

Eine differenzierte Betrachtung der alternativen Kapitalstrukturtheorien bzw. der Finanzierungspolitiken kann damit letztlich eine Alternative zu der bisher erfolglosen Suche nach einem vollkommenen empirischen Beweis für eine ausgewählte Kapitalstrukturtheorie sein. Ein erster Schritt hin zu einer differenzierten Betrachtung der alternativen Kapitalstrukturtheorie kann so u. a. auf Basis der Frage nach der Dominanz der Finanzierungsentscheidung gegenüber den begleitenden Investitions- und Ausschüttungsentscheidungen eines Unternehmens vorgenommen werden. Wie der Blick auf die „klassische" Trade-Off-Theorie deutlich gemacht hat, erfordert eine Orientierung an einem wertoptimalen Zielverschuldungsgrad, dass Investitions- und Ausschüttungsentscheidung gegenüber der Finanzierungsentscheidung eines Unternehmens in letzter Konsequenz eine nachrangige Rolle einnehmen müssen, dürfte ein wertoptimaler Zielverschuldungsgrad im Beisein von Finanzierungsrestriktionen[1114] i. d. R. nur haltbar sein, wenn Unternehmen in letzter Konsequenz auch Investitionsprojekte zurückstellen können bzw. Änderungen am Ausschüttungsvolumen vornehmen können.

1111 So hält u. a. Denis (2012) fest, dass die Kapitalstrukturtheorien „[...] do a remarkably poor job of explaining observed capital structures and the marginal financing decisions of corporations". Denis (2012) S. 632.

1112 Man muss an dieser Stelle gar nicht so weit gehen – wie das nachfolgende Zitat von Myers (2003) –, und sich von der Annahme einer universalen Kapitalstrukturtheorie trennen. Es genügt an dieser Stelle bereits, darauf abzustellen, dass unter gewissen Rahmenbedingungen einzelne der durch die alternativen Kapitalstrukturtheorien beschriebenen Mechanismen in Teilbereichen dominieren.

1113 Myers (2003) S. 217. Ähnlich dazu auch: Denis (2012) S. 636. Graham/Leary (2011) halten dazu übereinstimmend fest „[...] there likely is not any one-size-fits-all capital structure theory". Graham/Leary (2011) S. 311.

1114 Denis (2012) stellt so darauf ab, dass die Finanzierungsentscheidung letztlich durch den „[...] intertemporal access to capital [...]" determiniert wird. Vgl. dazu Denis (2012) S. 632.

Wie die Forschungsbemühungen zu Investitions- und Ausschüttungsverhalten regelmäßig deutlich machen, erscheint die uneingeschränkte Dominanz der Kapitalstrukturentscheidung gegenüber den weiteren Unternehmenszielen nicht unproblematisch. In der jüngeren Literatur finden sich so zunehmend Stimmen, die im Angesicht der in der Praxis bestehenden Investitions-, Ausschüttungs- und Finanzierungserfordernisse, denen Unternehmen regelmäßig gegenüberstehen, an der Dominanz einzelner Entscheidungen des Unternehmens zweifeln. DeAngelo/Roll (2015) halten mit Blick auf die sich möglicherweise widerstrebenden Zielesetzungen so fest:„ Simply put, this system is overdetermined, and all four statements cannot be descriptive. Something has to give."[1115] Diese Vorstellung widerspricht deutlich dem in den vorangehenden Abschnitten der „klassischen" Trade-Off-Theorie zugesprochenen Finanzierungsverhalten.

Um die Dominanz der Finanzierungspolitik ggü. weiteren Unternehmensentscheidungen zu plausibilisieren, muss man sich auch auf die Suche nach außerhalb des Unternehmens liegenden Argumenten machen, die für eine Dominanz der Finanzierungsentscheidungen sprechen. Diese äußeren Gründe – darauf wird insbesondere im folgenden Kapitel abgestellt werden – können das Unternehmen zwingen – wenigstens zeitweise –, die Finanzierungsentscheidung den weiteren Unternehmenszielen überzuordnen.[1116] Unproblematisch ist das von DeAngelo/Roll (2015) geforderte Zugeständnis an die Praxis dagegen bei einem Wechsel zu einer dynamischen Variante der Trade-Off-Theorie. Wie Abschnitt 3.4.1.1. deutlich gemacht hat, konvergiert das Verschuldungsoptimum der „klassischen" Trade-Off-Theorie unter dem Druck der Investitions- und Ausschüttungsentscheidung zu dem mit der dynamischen Trade-Off-Theorie betrachteten wertoptimalen Verschuldungsspektrum. Unabhängig von der Frage, ob Finanzierungsentscheidungen über Investitions- und Ausschüttungsentscheidung dominieren, sind auch die auf den Überlegungen der Pecking-Order-Theorie aufbauenden Kapitalstrukturtheorien. So ist aus Sicht der Pecking-Order-Theorie der Einwand von DeAngelo/Ross (2015) weitgehend unproblematisch, da in der Vorstellung der Pecking-Order-Theorie kein dauerhaftes wertoptimales Verschuldungsoptimum existiert. Die Pecking-Order-Theorie sowie die daran anknüpfenden „jüngeren" Kapitalstrukturtheorien eignen sich damit, die Finanzierungsentscheidung nach Festlegung der Investitions- und Ausschüttungsentscheidung zu beantworten. Ob die Frage nach der Dominanz der Finanzierungspolitik gegenüber den weiteren Unternehmenszielen global zu beantworten ist, hängt letztlich auch von dem Fortschritt der empirischen Forschungsbemühungen zur Stabilität der Investitions- und

1115 Vgl. dazu DeAngelo/Roll (2015) S. 411. Eine ähnliche Einschätzung befindet sich bereits in Denis (2012). Vgl. dazu Denis (2012) S. 641.

1116 Ein eingängiges Beispiel dürfte ein Unternehmen sein, das den Eintritt in ein Insolvenzverfahren zu vermeiden sucht. Investitions- und ggf. Ausschüttungsentscheidungen dürften in einer solchen Situation regelmäßig in den Hintergrund rücken.

Ausschüttungsentscheidungen der Unternehmen ab. Die Beantwortung der Frage nach der Dominanz der Finanzierungspolitik kann dennoch – ungeachtet der noch zu erbringenden empirischen Forschungsleistung – einen ersten Anhaltspunkt für die Überzeugungskraft einer Finanzierungsannahme darstellen.

Neben dieser noch vergleichsweise allgemeinen Betrachtung der Prämissen alternativer Kapitalstrukturpolitiken ist es auch denkbar, die Überzeugungskraft einzelner Kapitalstrukturtheorien an spezifischen Unternehmenseigenschaften festzumachen. Ein solches Vorgehen wird regelmäßig in der empirischen Determinantenforschung eingeschlagen. Ohne an dieser Stelle eine abschließende Analyse durchzuführen,[1117] kann die Gestalt eines solches Vorgehens u. a. mit Blick auf die Theorie des Market-Timings kurz illustriert werden. Es dürfte ohne Weiteres eingängig sein, dass die Treffgenauigkeit der Theorie des Market-Timings maßgeblich von der Kapitalmarktorientierung eines Unternehmens abhängt. Unternehmen, die keine Kapitalmarktnotierung aufweisen, werden i. d. R. nicht oder nur begrenzt in der Lage sein, Fehlbewertungen in Hinblick auf die alternativen Finanzierungsquellen des Unternehmens auszunutzen.[1118] Wie dieses kurze Beispiel verdeutlichen sollte, können gewisse Unternehmenseigenschaften zentral für die Treffgenauigkeit bestimmter Kapitalstrukturtheorien und damit der dahinterstehenden Überlegungen zur Gestalt der Finanzierungsentscheidungen sein. Der Frage nach den möglichen Determinanten der Kapitalstrukturpolitik wird sich nochmals im Kapitel III dieser Arbeit gewidmet.

Wie das Zwischenfazit zu den „jungen" Kapitalstrukturtheorien gezeigt hat, stellen die alternativen Kapitalstrukturtheorien nicht allein die empirische Forschung vor eine Herausforderung, die es noch zu meistern gilt, sondern auch Bewertungspraktiker, die gehofft haben, aus den alternativen Kapitalstrukturtheorien, wenn schon keine Anleitung, so wenigstens doch ein Gerüst für die Prognose des zukünftigen Finanzierungsverhaltens der Unternehmen zu erhalten. Stehen Bewertungspraktiker doch regelmäßig vor der Herausforderung, die Prognose der zukünftigen Leistungsfähigkeit eines Unternehmens mit einer treffgenauen Finanzierungspolitik zu verbinden. Neben dem bereits beschriebenen Spannungsfeld unterschiedlicher, z. T. gegensätzlich ausgerichteter Kapitalstrukturtheorien, stellt insbesondere die Ausrichtung bestehender Kapitalstrukturtheorien auf die Erklärung vergangener Kapitalstrukturentscheidungen ein Problem für eine nach vorne gerichtete Prognose zukünftigen Finanzierungsverhaltens dar. Es scheint letztlich wenig verwunderlich, dass sich für die Unternehmenspraxis ein pragmatisches

---

1117 In Kapitel III wird ein solches Vorgehen für die im nachfolgenden Kapitel diskutierten Finanzierungspolitiken eingeschlagen werden.

1118 Vgl. dazu u. a. Schneider (2010) S. 145. Man kann an dieser Stelle natürlich darauf verweisen, dass die Vorteilhaftigkeit alternativer Finanzierungsquellen auch außerhalb des direkten Einflusses der Börsennotierung gewissen Schwankungen unterworfen sein kann. Für dieses illustrierende Beispiel sei dieser Frage jedoch nicht weiter nachgegangen

Vorgehen zur Modellierung zukünftiger Finanzierungsentscheidungen eingebürgert hat. Die Verbindung zu den in diesem Abschnitt dargestellten Kapitalstrukturtheorien – dies ist, wie das nachfolgende Kapitel zeigen wird, auch evolutionär begründet – kann letztlich nur als lose bezeichnet werden. Ein Großteil der in der Unternehmensbewertungspraxis Verwendung findenden Kapitalstrukturpolitiken stellt insbesondere – dies wird mit dem nachfolgenden Kapitel deutlich werden – auf Überlegungen ab, die insbesondere für den aus der „klassischen" Trade-Off-Theorie erwachsenden Strang alternativer Kapitalstrukturtheorien von Bedeutung sind. Wie Kapitel II verdeutlichen wird, existieren eine Reihe von Gründen, warum die Dominanz der Trade-Off-Überlegungen wenig überraschend ist.[1119] Einerseits hat die Entwicklung der in der Unternehmensbewertungspraxis Verwendung findenden Finanzierungspolitiken mit dem Nachweis der Kapitalstrukturrelevanz und der damit in den Fokus rückenden Suche nach einem wertoptimalen Zielverschuldungsgrad eingesetzt. Andererseits – auch dies ist mit dem zurückliegenden Kapitel deutlich geworden – spielt der für die Unternehmensbewertung zentrale Wertbeitrag der Fremdfinanzierung im Rahmen der zur Trade-Off-Theorie konkurrierenden Kapitalstrukturtheorien eine lediglich untergeordnete Rolle.[1120] Diese Entwicklung ist – wie die Fortentwicklung alternativer Kapitalstrukturtheorien selbst – durch die lediglich verhaltene empirische Evidenz zugunsten der Bedeutung des Wertbeitrages der Fremdfinanzierung im Rahmen der Finanzierungsentscheidung zurückzuführen. Diesem Punkt wird im Kapitel III in einem kurzen Exkurs nochmals explizit nachgegangen werden.

Das nachfolgende Kapitel fokussiert sich zunächst auf eine Darstellung der für die Unternehmensbewertungspraxis hergeleiteten Finanzierungspolitiken. Dabei stehen neben einer kurzen Darstellung des Bewertungsgerüsts insbesondere die in diesem Abschnitt motivierte schrittweise Überprüfung der Überzeugungskraft der einzelnen Finanzierungsannahmen im Vordergrund. Wie sich zeigen wird, müssen sich die alternativen Finanzierungspolitiken letztlich inhaltlich auch den mit den alternativen Kapitalstrukturtheorien beschriebenen Treibern der Finanzierungsentscheidung stellen können.[1121] In Kapitel III schließt sich eine, an die empirische Kapitaldeterminanten-Forschung angelehnte Überlegung zu den Treibern alternativer Finanzierungspolitiken an. Die Arbeit endet in Kapitel III mit der Motivation eines zu den „klassischen" empirischen Untersuchungsansätzen alternativen Vorgehens zur Überprüfung der alternativen Finanzierungsannahmen der Unternehmensbewertung.

1119 Eine Basis dieser Argumentation bilden dabei die bereits zu Ende von Abschnitt 3.5. skizzierten Gründe der Nachrangigkeit von Zukunftsprognosen für die zur Trade-Off-Theorie alternativen Erklärungsansätze der Finanzierungsentscheidung.

1120 Vgl. dazu Denis (2012) S. 635–636.

1121 Wie sich zeigen wird, gelingt diese Integration der Überlegungen alternativer Kapitalstrukturtheorien nur im Falle einer Abkehr von den beiden Gegenpolen der Finanzierungspolitik in der Unternehmensbewertung.

Kapitel II – Zur Abbildung der Finanzierungsentscheidung in der Unternehmensbewertung

4. Zu den alternativen Annahmen der Finanzierungspolitik in der Unternehmensbewertung

Der nachfolgende Abschnitt soll einen kurzen Überblick über die Breite gängiger Annahmen zur Finanzierungspolitik geben, wie sie sich in der Literatur und der Praxis der Unternehmensbewertung etabliert haben. Die gesonderte Betrachtung der in der Unternehmensbewertungspraxis etablierten Finanzierungsannahmen erscheint dabei aus mehreren Gründen erforderlich. Zunächst hebt dieses Kapital nochmals hervor, dass nach einem anfänglichen Gleichklang[1122] der Evolution der Kapitalstrukturpolitiktheorie – wie sie im vorangehenden Kapitel beschrieben wurde – und den gängigen Annahmen zur Finanzierungspolitik in der Unternehmensbewertung, die Entwicklung beider Forschungsschwerpunkte durch eine unterschiedliche Schwerpunktsetzung geprägt war.[1123] Die unterschiedliche Schwerpunktsetzung hat m. E. nach zu einer weitgehenden Abkopplung beider Forschungsschwerpunkte voneinander geführt, da sowohl in der Kapitalstrukturtheorie als auch in der Unternehmensbewertung große Teile der Entwicklungen im jeweils anderen Forschungsschwerpunkt vernachlässigt wurden.[1124] Damit erscheinen die bestehenden Ergebnisse aus Untersuchungen zur Bestimmung der Determinanten der Kapitalstrukturpolitik, neben den generellen, noch kurz

---

1122 Unter Gleichklang wird hier insbesondere die weitgehende Deckungsgleichheit des zugrunde liegenden Annahmerahmens verstanden.

1123 Während die in Kapitel I näher betrachteten Kapitalstrukturtheorien auf die Erklärung der in der Praxis zu beobachtenden Finanzierungsentscheidungen abzielen, liegt der Schwerpunkt der in diesem Kapitel betrachteten alternativen Finanzierungsannahmen auf der Formulierung praxisnaher, jedoch zugleich pragmatischer Bewertungsansätze.

1124 Ein Beispiel hierfür ist der in der Unternehmensbewertung regelmäßig durch das Annahmegerüst implizierte Ausschluss des Ausfallrisikos, der im Gegensatz dazu mit Formulierung der Trade-Off-Theorie für die Kapitalstrukturtheorie eine zentrale Rolle spielt. Vgl. Diedrich/Dierkes (2015) S. 74; 84; Lobe/Essler (2008) S. 55; Modigliani/Miller (1963) S. 435 Fn. 5. Daneben tritt der Steuereffekt, den Lobe (2006) in Anlehnung an Modigliani (2001) als Effekt erster Ordnung für die Annahmen der Finanzierungspolitik bezeichnet, in der Betrachtung alternativer Kapitalstrukturtheorien in den Hintergrund. Vgl. Lobe (2006) S. 129. Die Bedeutung, die dem Wertbeitrag der Fremdfinanzierung in der empirischen Literatur beigemessen wird, schwankt – wie Kapitel III zeigen wird – deutlich. Hite (1977) hält so beispielsweise fest, dass der Wertbeitrag der Fremdfinanzierung über dem Wertbeitrag liegt, der sich aus dem Modell von Modigliani/Miller (1958) ableiten lässt. Vgl. dazu Hite (1977) S. 191.

zu diskutierenden, Kritikpunkten an einem solchen Untersuchungsansatz, auf den ersten Blick nur teilwiese auf die Annahmen zur Finanzpolitik, wie sie in der Unternehmensbewertungspraxis Anwendung finden, übertragbar.[1125] Dies wird in der Folge zum Anlass genommen, den besonders in der Unternehmensbewertung zentralen Werteffekt der Fremdfinanzierung näher im Rahmen der Untersuchung alternativer Finanzierungspolitiken zu betrachten.[1126]

Die Unvollkommenheit bestehender Forschungsbemühungen zur Bedeutung der alternativen Finanzierungsannahmen erfordert die Entwicklung eines eigenständigen, auf den Wertbeitrag der Fremdfinanzierung abstellenden, Untersuchungsansatzes, der im nachfolgenden Kapitel III kurz skizziert werden soll. Im Vorfeld des noch zu skizzierenden Ansatzes ist es jedoch notwendig, sich in einem ersten Schritt mit den Eigenschaften bzw. Implikationen der alternativ diskutierten Finanzierungspolitiken näher zu befassen. Dabei ist es neben einer kurzen Darstellung der in der Literatur diskutierten alternativen Annahmen zu den Finanzierungspolitiken notwendig, die im Rahmen der alternativen Finanzierungsannahmen gesetzten Prämissen näher zu beleuchten. Dies ist u. a. erforderlich, um sich an die Fragestellung der Arbeit, der allgemeinen bzw. spezifischen Validität der konkurrierenden Annahmen zur Finanzierungspolitik, annähern zu können. Wie im Verlauf dieses Abschnitts deutlich wird, geht die herrschende Meinung – im Einklang zu den Überlegungen des ersten Kapitels – nicht davon aus, dass eine einzelne Annahme zur Finanzierungspolitik phasenunabhängig die konkurrierenden Finanzierungspolitiken dominiert.[1127] Den, in einem späteren Abschnitt noch

---

1125 Der Sprung von der Formulierung einer Kapitalstrukturtheorie zu der Formulierung einer Finanzierungspolitik – dies wird dieses Kapitel zeigen – ist nicht zu vernachlässigen, deckt sich eine praxisnahe Finanzierungspolitik doch nicht zwingend eins zu eins mit den Maßgaben der Kapitalstrukturpolitik. Zudem überlagern sich ggü. den theoretischen Überlegungen in der Praxis regelmäßig eine Reihe von Effekten. Neben der Überlagerung von Investitions- und Finanzierungsentscheidung, wie in Kapitel I bereits skizziert wurde, überlagern sich in der Praxis weitere Aspekte. So weisen etwa An/Peterson (1986) daraufhin, dass sich mit dem Konzept des optimalen Verschuldungsgrades und dem Konzept der Fremdkapitalkapazität zwei eng verbundene, aber dennoch nicht deckungsgleiche Konzepte existieren. Vgl. dazu An/Peterson (1986) S. 51; 53. Dies führt dazu, dass – dies werden die nachfolgenden Abschnitte zeigen – man wohl regelmäßig mit Blick auf die Praxistauglichkeit oder aber die Praxisnähe einer Finanzierungspolitik Abstriche machen muss.

1126 Wie u. a. Holthausen/Zmijewski (2012) festgehalten haben, beeinflusst die Annahme zur Finanzierungspolitik sowohl das Risiko als auch die Höhe und den Zeitpunkt der Vereinnahmung des steuerlichen Vorteils und damit insgesamt den Wertbeitrag der Fremdfinanzierung. Vgl. dazu Holthausen/Zmijewski (2012) S. 62.

1127 Im Einklang mit den Überlegungen des Kapitel I erscheint es plausibel, dass die Eignung der alternativen Finanzierungsannahmen mit den Unternehmenseigenschaften schwankt.

zu entwickelnden, denkbaren Untersuchungsansatz alternativer Finanzierungspolitiken vorwegnehmend, sind, in Analogie zur Determinanten-Forschung der Kapitalstrukturtheorie, damit geeignete Determinanten der alternativen Finanzierungspolitiken aus der Literatur abzuleiten.[1128] Ein Unterfangen, das, auch aufgrund der m. E. an dieser Stelle noch durch die Forschung relativ unbestellten Fragestellung,[1129] durchaus mit einigen Schwierigkeiten und Stolperfallen behaftet ist.

Einen ersten Anhaltspunkt für eine Einordnung der in der Literatur diskutierten Finanzierungspolitiken bieten die in der Literatur durchaus zu findenden Plausibilitätsüberlegungen zu den alternativen Annahmen zur Finanzierungspolitik. Wie die folgenden Abschnitte zeigen werden, lassen sich durchaus Gründe – es wird in der Folge zwischen „inneren" und äußeren" Gründen sowie Überlegungen zur Praktikabilität unterschieden – identifizieren, die für die Einhaltung einer spezifischen Finanzierungspolitik sprechen können.[1130] Die folgenden Abschnitte orientieren sich im Aufbau erneut in erster Linie an der chronologischen Abfolge der in die Literatur zur Unternehmensbewertung eingebrachten Finanzierungspolitiken und in zweiter Linie an dem u. a. in Lobe (2006) eingeschlagenen Vorgehen einer schrittweise Annäherung an die Realität und damit an die Problemstellung der Praxisrelevanz alternativer Annahmen der Finanzierungspolitik.[1131] In der Darstellungstiefe bleibt der folgende Abschnitt dabei hinter den als Referenzpunkt heranziehbaren Arbeiten von Lobe (2006) und Kruschwitz/Löffler (2006) zurück. So werden sowohl die theoretische Herleitung sowie Fragen der Verträglichkeit alternativer Finanzierungspolitiken mit alternativen Planungsdoktrinen und die damit verbundene Frage der Eignung unterschiedlicher Bewertungsansätze, also die Bewertungsmechanik selbst, in diesem Kapitel nur peripher gestreift. Mit Blick auf die Kompatibilität alternativer Finanzierungspolitiken mit den in der Literatur und Praxis gängigen Bewertungsansätzen wird letztlich der Einschätzung von Kruschwitz/Löffler (2003) gefolgt, dass die Überführbarkeit einzelner Bewertungsansätze ineinander zwar von theoretischem Interesse ist, für die praktische Anwendung, wie für den im nachfolgenden Kapitel skizzierten empirischen Untersuchungsansatz, zwar von Interesse, jedoch letztlich von nachrangiger Bedeutung

1128 Diese Frage wird in Kapitel III dieser Arbeit nochmals aufgegriffen werden.

1129 So ist in eher theoretisch orientierten Arbeiten zur Darstellung alternativer Finanzierungspolitiken durchaus eine Scheu zu beobachten, klare Hinweise auf die ggf. zustandsabhängige Eignung bzw. die Plausibilität der unterstellten Finanzierungspolitiken zu geben. Vgl. beispielsweise Kruschwitz/Löffler (2006) S. 50–51.

1130 Dies Gründe müssen dabei nicht immer deckungsgleich mit den im Kapitel I diskutierten alternativen Treibern der Kapitalstrukturtheorie sein.

1131 Vgl. Lobe (2006) S. 121. Wie sich in der Folge zeigt, ergibt sich aufgrund dieser Zielsetzung i. d. R. kein Konflikt, da ähnlich zu dem in Kapitel I skizzierten Vorgehen beide Entwicklungen i. d. R. Hand in Hand gehen.

ist.[1132] Die Frage zur Überführbarkeit der Bewertungsansätze wurde zudem bereits mehrfach – wenn auch nicht immer ganz eindeutig – von der Literatur beantwortet. Der Schwerpunkt der Betrachtung liegt – dies wurde bereits angedeutet – in einer ersten Einordnung der Plausibilität bzw. Zustandsabhängigkeit alternativer Finanzierungspolitiken. Den Ausgangspunkt der Betrachtung bildet – wie bereits in Kapitel I – die von Modigliani/Miller (1958) postulierte Irrelevanz der Finanzierungsstruktur als Nukleus der modernen Kapitalstrukturtheorien sowie der alternativen Annahmen zur Finanzierungspolitik in der Unternehmensbewertungspraxis.[1133]

4.1. Rückblick auf das Postulat der Irrelevanz der Finanzierungspolitik

Wie bereits für die Entwicklung der modernen Kapitalstrukturtheorie – dies hat das erste Kapitel gezeigt – bildet die Arbeit von Modigliani/Miller (1958) auch den Ausgangspunkt für die Entwicklung alternativer, in der Unternehmensbewertung eingesetzter, Annahmen zur Finanzierungspolitik.[1134] Unter stark idealisierten Bedingungen, insbesondere unter Ausblendung eines zwischen Eigen- und Fremdfinanzierung diskriminierenden Steuerregimes,[1135] zeigen Modigliani/Miller (1958) auf Basis eines Arbitragebeweises, dass die Wahl der Unternehmensfinanzierung für den Fall einer ewigen Rente – das betrachtete Unternehmen befindet sich m. a. W. in einem Gleichgewichtszustand – keinen Einfluss auf den Wert eines Unternehmens ausübt.[1136] Dass die Gültigkeit des von Modigliani/Miller (1958) geführten Arbitragebeweises und damit auch die Irrelevanz der von den

1132 Vgl. Ballwieser/Hachmeister (2013) S. 205; Kruschwitz/Löffler (2003) S. 732. Richter (1998) vertritt so die Einschätzung, dass alternative Finanzierungspolitiken stets mit dem APV-Ansatz bewertet werden sollen, da die Bindung der Annahmen zur Finanzierungspolitik an einen Bewertungsansatz „unschön" ist. Vgl. Richter (1998) S. 379; 381.

1133 Mit diesem Rückblick werden insbesondere die Rahmenbedingungen, unter denen die alternativen Finanzierungsannahmen der Unternehmensbewertungspraxis operieren, im Anschluss an die Erweiterungen des Kapitels I nochmals sichtbar.

1134 Vgl. Lobe/Essler (2008) S. 57; Grinblatt/Titman (2002) S. 501.

1135 Wie u. a. Diedrich/Dierkes (2015) anmerken, ist es für den Nachweis der Irrelevanz der Finanzierungspolitik so nicht notwendig, eine Unternehmenssteuer generell auszublenden. Vgl. Diedrich/Dierkes (2015) S. 76; Modigliani (1982) S. 255. Für die weiteren für den Nachweis der Irrelevanz der Finanzierungspolitik getroffenen Annahmen vgl. neben Kapitel I auch: Lobe (2006) S. 124 Fn. 468; Wallmeier (1999) S. 1475.

1136 Modigliani/Miller (1958) bezeichnen diesen Zusammenhang als Proposition I. Vgl. Modigliani/Miller (1958) S. 268; Strong/Appleyard (1992) S. 3. Einen kurzen Überblick über das Arbitrageargument gibt u. a. Diedrich/Dierkes (2015). Vgl. Diedrich/Dierkes (2015) S. 78–79.

Unternehmen getroffenen Finanzierungsentscheidungen von dem Spezialfall der ewigen Rente auch auf zeitlich begrenzte Bewertungsansätze übertragbar sind, wurde in der auf die Arbeit von Modigliani/Miller (1958) folgenden Literatur gezeigt.[1137]

Die für die nachfolgenden Überlegungen zentrale Frage nach der Gestalt der in der Unternehmensbewertung zu berücksichtigenden Finanzierungspolitik ist auf Basis des ersten Schritts der Arbeit von Modigliani/Miller (1958) zunächst nicht wertrelevant, da die Finanzierungsentscheidung nur die Aufteilung des Unternehmenscashflows und damit die Aufteilung des Unternehmenswertes auf die Kapitalgeber determiniert.[1138] Losgelöst von der für die nachfolgenden Überlegungen letztlich bedeutsamen Höhe des Wertbeitrages der Fremdfinanzierung, schlägt sich die Gestalt der Finanzierungspolitik auf die jeweils für die Diskontierung zukünftiger Zahlungen relevanten Kapitalkostensätze nieder.[1139] An dieser Stelle soll die Frage nach der Gestalt des Bewertungsansatzes nicht weiter vertieft werden, spielt diese Frage doch im Angesicht der Irrelevanz der Finanzierungspolitik zunächst nur eine untergeordnete Rolle. Wie Modigliani/Miller (1958) in ihrer Arbeit jedoch hervorheben, basiert die Irrelevanz der Finanzierungspolitik auf dem strengen – in Kapitel I skizzierten – Annahmegerüst des verwendeten Arbitragebeweises.[1140] Mit ihren Anmerkung zur Plausibilität des verwendeten Annahmegerüsts verknüpfen Modigliani/Miller (1958) die Forderung, die Strenge des verwendeten Annahmegerüsts mithilfe weiterer Forschungsanstrengungen in der Zukunft zu durchbrechen und das Modell somit stückweise an die Realität anzunähern.[1141] Miller (1988) hebt deshalb später hervor, dass neben dem Ergebnis der Irrelevanz der Finanzierungsentscheidung insbesondere die damit hervorgekehrte Frage, welche Faktoren dieses Ergebnis durchbrechen, und die Frage nach der Gestalt der Finanzierungsentscheidung in den Mittelpunkt zu stellen, ein zentrales Ergebnis der ursprünglichen Arbeit von Modigliani/Miller (1958) war.[1142] Die insbesondere in der späteren Literatur empirisch getriebene Annäherung des Annahmegerüsts von Modigliani/Miller (1958) an die Realität war bereits Gegenstand des vorangehenden Kapitels

1137 Vgl. dazu u. a. Bar-Yousef (1977) S. 212–214; Lobe (2006) S. 125.

1138 Diese zentrale Aussage der Irrelevanz der Finanzierungspolitik wurde von Miller zu Illustrationszwecken im bekannten Pizza-Gleichnis zusammengefasst. Vgl. dazu u. a. Schüler (2016) S. 269.

1139 So ist der Kapitalkostensatz bei Annahme einer autonomen Finanzierung stochastisch, der Kapitalkostensatz bei der Annahme einer atmenden Finanzierungspolitik hingegen deterministisch vorgegeben. Vgl. u. a. Diedrich/Dierkes (2015) S. 81; Inselbag/Kaufold (1997) S. 117.

1140 Dass die Frage der Finanzierung aufgrund zunächst ausgeblendeter Aspekte von Relevanz ist, schließen Modigliani/Miller (1958) gar nicht aus. Sie verweisen vielmehr auf einige Argumente, die im Rahmen der Pecking-Order-Theorie erneut aufgegriffen werden. Vgl. Modigliani/Miller (1958) S. 292.

1141 Vgl. Modigliani/Miller (1958) S. 296.

1142 Vgl. Miller (1988) S. 100.

I und soll an dieser Stelle mit Verweis auf dieses Ausführungen nicht wiederholt werden.

In diesem zweiten Kapitel soll vielmehr näher auf die bereits mit dem Beitrag von Modigliani/Miller (1958) zugrunde gelegten, eher formal geprägten Entwicklungen der alternativen Bewertungsansätze der Unternehmensbewertung eingegangen werden.[1143] Neben der Formulierung eines Ausgangspunktes für die Betrachtung alternativer Finanzierungspolitiken bzw. Kapitalstrukturtheorien wurde mit der Arbeit von Modigliani/Miller (1958) der Grundstein für die heute in der Bewertungspraxis geläufigen DCF-Varianten gelegt. Lewellen et al. (1977) als auch Lobe (2006) weisen so darauf hin, dass der Grundstein der – erst in folgenden Arbeiten explizit so benannten – Bewertungsansätze, wie etwa APV-Ansatz, WACC-Ansatz und Equity-Ansatz, bereits in den Proposition I–III von Modigliani/Miller (1958) gelegt wurden.[1144] Darüber hinaus, schließt man sich der Einschätzung von Lobe (2006) an, findet sich, etwas verdeckt durch die dominierende Aussage der Irrelevanz der Finanzierungsentscheidung, bereits eine Finanzierungspolitik, die implizit die Annahme umfasst, dass die Fremdkapitalquote in der Zukunft konstant gehalten wird. In einem nachfolgenden Abschnitt wird diese Eigenschaft als zentrales Charakteristikum einer wertabhängigen bzw. atmenden Finanzierungspolitik identifiziert und näher beleuchtet werden.[1145]

4.2. Zur Relevanz der Finanzierungspolitik

In den folgenden Abschnitten wird die Annahme, dass im Rahmen der Steuergesetzgebung nicht zwischen den alternativen Finanzierungsquellen, d. h. zwischen Eigen- und Fremdkapital, unterschieden wird[1146] bzw. dass keine Unternehmenssteuer existiert, aufgelöst. Mit dieser Annäherung an die Realität wird schnell deutlich, dass die von Modigliani/Miller (1958) abgeleitete Irrelevanz der Finanzierungspolitik nicht mehr aufrechterhalten werden kann. Vielmehr stellt sich, geht man nun davon aus, dass Zinszahlungen die steuerliche Bemessungsgrundlage und damit die Steuerlast vermindern, ein Wertvorteil der Fremdfinanzierung ein. Für ein zufällig ausgewähltes Unternehmen[1147] lässt sich die Höhe der Veränderung der an die Kapitalgeber ausschüttbaren periodischen Zahlungen bei Wechsel von

1143 Wie im Verlauf des Abschnittes deutlich wird, besteht zwischen den empirischen und theoretischen Entwicklungen zunächst ein Gleichlauf.

1144 Vgl. Lewellen et al. (1977) S. 110; Lobe (2006) S. 125. Diedrich/Dierkes (2015) zeigen darüber hinaus, wie der Total-Cashflow-Ansatz im Fall der Kapitalstrukturirrelevanz arbeitet. Vgl. Diedrich/Dierkes (2015) S. 77.

1145 Vgl. Lobe (2006) S. 126. Modigliani/Miller (1958) S. 227.

1146 Vgl. dazu u. a. Watrin/Stöver (2011) S. 61.

1147 I. d. R. wird an dieser Stelle einem verschuldeten Unternehmen ein operativ identisches Unternehmen gegenübergestellt. Die Annahme, dass es sich um ein und dasselbe Unternehmen handelt, erfüllt diese Annahme ebenso.

einer Politik reiner Eigenfinanzierung hin zu einer Politik der Mischfinanzierung unter Kenntnis der Zinsbelastung und des Steuersatzes relativ einfach beziffern:[1148]

$$\tau_c \cdot \tilde{I}_t \text{ bzw. } \tau_c \cdot r_f \cdot \tilde{D}_t \tag{4.1}$$

Der steuerliche Vorteil der Fremdfinanzierung ergibt sich so aus dem geltenden Unternehmenssteuersatz und der periodischen Zinslast, d. h. dem Betrag, um den die Steuerlast durch die teilweise Finanzierung des Unternehmens reduziert bzw. der an die Kapitalgeber ausschüttbare Cashflow erhöht wird.[1149] Fraglich bleibt, welchen Wertbeitrag dieser i. d. R. den Eigenkapitalgebern zufließende[1150] zusätzliche Zahlungsstrom besitzt. Der Wertbeitrag der Fremdfinanzierung hängt dabei neben der Höhe der Steuerentlastung maßgeblich vom Risiko der durch die Fremdfinanzierung induzierten Zahlungen ab. Geht man vereinfachend davon aus, dass Steuersatz und Fremdkapitalkosten deterministisch sind, d. h. als exogen vorgegeben angenommen werden können,[1151] wird die Höhe und das Risiko des sich aus der Fremdfinanzierung ergebenden Wertvorteils maßgeblich von den Eigenschaften und der Veränderung des Fremdkapitalbestandes, d. h. der Finanzierungspolitik der Unternehmen, bestimmt.[1152] Damit rückt die, unter dem ursprünglichen Annahmegerüst von Modigliani/Miller (1958) irrelevante, Finanzierungspolitik in das Zentrum des Interesses. Die Frage der Gestalt der Finanzierungspolitik ist damit wertrelevant, denn ist das Risiko des Wertvorteils der Fremdfinanzierung durch die Annahmen zur Finanzierungspolitik bestimmt, ist – unter den gesetzten Prämissen – zugleich auch der adäquate Diskontierungssatz der periodischen Zahlungen festgelegt.[1153]

Um den Wertbeitrag der Fremdfinanzierung bestimmen zu können, haben sich, der Einschätzung von Kruschwitz/Löffler (2006) folgend, alternative Annahmen zur Finanzierungspolitik in der Literatur entwickelt. Die alternativen Finanzierungspolitiken zeichnen sich dabei durch explizite Annahmen mit Blick auf die

---

1148 Vgl. Kruschwitz/Löffler (2006) S. 46. Sowohl der Steuersatz als auch die Zinszahlungen werden in diesem Zusammenhang als gegeben vorausgesetzt.

1149 Zahlungen an die Fremdkapitalgeber sind regelmäßig von der Steuerbemessungsgrundlage abziehbar. Vgl. u. a. Ruback (1986) S. 326; Clubb/Doran (1995) S. 693; Löffler (2002) S. 298; Inselbag/Kaufold (1997) S. 117.

1150 Vgl. u. a. Löffler (2002) S. 298. U.a. Kruschwitz/Löffler (2006) zeigen, dass im Falle einer Zahlungsunfähigkeit des Unternehmens es denkbar ist, dass ein Teil des Steuervorteils den Fremdkapitalgebern zufließt.

1151 Diese vereinfachende Annahme wird regelmäßig in der Literatur getroffen. Vgl. Kruschwitz/Löffler (2003) S. 731. Ob diese Annahme gerechtfertigt ist, wird in späteren Abschnitten noch hinterfragt werden.

1152 Vgl. dazu auch Lewellen/Emery (1986) S. 415.

1153 Arbeitet man andererseits mit einem vorgegebenen Diskontierungssatz, hat man damit implizit Annahmen mit Blick auf die zugrunde gelegte Finanzierungspolitik getroffen. Vgl. u. a. Taggart (1991) S. 18.

Entwicklung und das Risiko der die operative Entwicklung des Unternehmens begleitenden Fremdkapitalbestände und damit des Steuervorteils sowie des damit einschlägigen Diskontierungssatzes aus.[1154] Der als adäquat angesehene Diskontierungssatz schwankt mit der Annahme zur Finanzierungspolitik dabei i. d. R. zwischen dem risikolosen Zinssatz und dem das operative Risiko des Unternehmens widerspiegelnden Diskontierungssatz.[1155] Die Vorgabe alternativer Finanzierungspolitiken wird in der Literatur vor diesem Hintergrund als ein zentrales Element der Unternehmensbewertung angesehen. Kruschwitz/Löffler (2003) sprechen daher auch davon, dass „[w]er sich bei der Unternehmensbewertung nicht von vornherein auf eine bestimmte Finanzierungspolitik festlegt, kann nicht korrekt bewerten".[1156] Kritiker der DCF-Verfahren sehen demgegenüber in der Vorgabe einer bestimmten Finanzierungspolitik – wenig schmeichelhaft – einen Taschenspielertrick, der dem Bewerter die Möglichkeit eröffnet, ein späteres Bewertungsergebnis vorwegzunehmen.[1157] Dieser Einschätzung kann mit Blick auf den vorangehenden Nachweis der Kapitalstrukturrelevanz von Modigliani/Miller (1961) nicht gefolgt werden. Gleichwohl kann dieser harschen Kritik an den alternativen Annahmen zur Finanzierungspolitik eine bestimmte Fundierung nicht abgesprochen werden.

Wie die nachfolgenden Abschnitte zeigen werden, stellen die in der Praxis diskutierten Finanzierungspolitiken – vor dem Hintergrund der in Kapitel I diskutierten alternativen Kapitalstrukturtheorien – wohl i. d. R. nur ein vergleichsweise grobes und zudem regelmäßig idealisiertes Gerüst der durch die Unternehmen operationalisierbaren Finanzierungsstrategien dar.[1158] Es erscheint zwar grundsätzlich möglich, eine mit Blick auf die gesetzten Rahmenbedingungen vergleichsweise flexible Finanzierungsstrategie zu unterstellen – i. d. R. wird sich die Finanzierungsannahme des Unternehmens dabei zwischen den beiden Polen der zu Beginn betrachteten autonomen und wertabhängigen Finanzierungspolitik bewegen –, jedoch muss hierbei die Einschränkung gemacht werden, dass diese flexiblen Finanzierungsannahmen in praxi auch geeignet mit Leben gefüllt werden müssen. Wie sich in den kommenden Abschnitten zeigen wird, liefern hier

---

1154 Vgl. neben Kruschwitz/Löffler (2006) S. 46–47 auch Ballwieser/Hachmeister (2013) S. 159; Kruschwitz/Löffler (2003) S. 731; Clubb/Doran (1995) S. 681; Taggart (1991) S. 9; Ezzell/Miles (1983) S. 25; Matschke/Brösel (2013) sprechen in diesem Zusammenhang auch von einer „idealtypischen Finanzierungsstrategie". Vgl. Matschke/Brösel (2013) S. 706.

1155 Vgl. u. a. Lewellen et al. (1977) S. 113. Modigliani (1988) schließt mit Blick auf die Möglichkeit, dass der Wertvorteil der Fremdfinanzierung ein höheres Risiko als das operative trägt, nicht aus, dass die Obergrenze für den Diskontierungssatz sich nicht als stabil erweist. Vgl. Modigliani (1988) S. 152. Aufgrund der Annahme zeitstabiler Steuersysteme sei diese Konstellation in der Folge vereinfachend ausgeschlossen. Vgl. dazu u. a. Kruschwitz/Löffler (2001) S. 105.

1156 Kruschwitz/Löffler (2003) S. 731.

1157 Vgl. u. a. Matschke/Brösel (2013) S. 729.

1158 Vgl. dazu u. a. Wallmeier (1999) S. 1474–1475.

wenigstens vordergründig die als Klassiker zu bezeichnende autonome und wertabhängige Finanzierungspolitik eine unprätentiöse Bewertungsannahme. Komplexere Annahmen zur Finanzierungspolitik erscheinen zwar eher geeignet, ein realitätsnahes Abbild der Praxis zu schaffen, sind dabei doch im Gegenzug mit einer größeren Anzahl an Fallstricken behaftet. In einem nächsten Schritt wird auf die in der Literatur zu findenden Annahmen in Hinblick auf die Entwicklung und das Risiko des in der Bewertung zu berücksichtigenden Fremdkapitalbestandes näher eingegangen. Die Finanzierungspolitik steht dabei nicht nur auf Basis des, in Abhängigkeit zur unterstellten Finanzierungspolitik, unterschiedlichen Risikos und damit Wertbeitrages der Fremdfinanzierung auf dem Prüfstand, vielmehr spielen insbesondere Plausibilitätsüberlegungen eine Rolle.[1159] Insbesondere sollen im Rahmen der Überlegungen zur Plausibilität die Treiber hinter der Wahl einer speziellen Finanzierungsstrategie identifiziert werden. Dies erscheint eine durchaus interessante Aufgabe zu sein, die in der Regel in der Literatur zumeist nur peripher behandelt wird.[1160] Aus der Gesamtheit möglicher Finanzierungspolitiken werden in der Folge ausgewählte Finanzierungspolitiken näher beleuchtet. Die Auswahl orientiert sich dabei an der Diskussion in vorangehenden Arbeiten zu alternativen Finanzierungspolitiken. Unzweifelhafte Schwerpunkte des folgenden Abschnitts bilden dabei die autonome und die wertabhängige Finanzierungspolitik, die nicht nur regelmäßig Gegenstand der Diskussion in der Literatur sind,[1161] sondern auch den Ausgangspunkt für weitere Formen möglicher Finanzierungsstrategien darstellen.

1159 Ein interessantes Beispiel liefern Kruschwitz/Löffler (2006) zu dieser Anmerkung. Sie überprüfen, ob für den Fall einer möglichen Insolvenz des Unternehmens der Bewertungsansatz anzupassen ist. Unter der Annahme rationaler Investoren und homogener Erwartungen zeigen sie, dass sich die Möglichkeit einer Insolvenz weniger auf den Bewertungsansatz als vielmehr auf die Notwendigkeit, eine plausible Finanzierungspolitik zu unterstellen, niederschlägt. Vgl. dazu Kruschwitz/Löffler (2006) S. 55–56.

1160 Ein Beispiel hierfür wird u. a. in Inselbag/Kaufold (1997) für den Widerstreit zwischen Befürwortern einer wertabhängigen bzw. einer autonomen Finanzierungspolitik gegeben, der sich in aller Regel auf pragmatische Gesichtspunkte fokussiert. Vgl. dazu Inselbag/Kaufold (1997) S. 114.

1161 Vgl. u. a. Wallmeier (1999) S. 1474. Die nähere Beleuchtung der autonomen und wertabhängigen Finanzierungspolitik ist auch von besonderem Interesse, da diese Finanzierungspolitiken „i. a. gänzlich unterschiedlich“ sind. Lobe (2006) S. 162.

4.3. Zu den „klassischen" Finanzierungsannahmen in der Unternehmensbewertung

4.3.1. Zur autonomen Finanzierungspolitik

Einen Eckpfeiler[1162], und damit i. d. R. Gegenstand jeder Diskussion alternativer Finanzierungspolitiken,[1163] stellt die Annahme einer autonomen Finanzierungspolitik dar. Die Zuschreibung, ein Eckpfeiler der Diskussion alternativer Finanzierungspolitiken zu sein, scheint auf Basis mindestens zweier Gesichtspunkte gerechtfertigt zu sein. Zunächst, betrachtet man primär den zeitlichen Aspekt der Entwicklung alternativer Finanzierungspolitiken, steht die Annahme einer autonomen Finanzierungspolitik am Beginn der Entwicklung einer Reihe von in der Folge noch näher zu beleuchtenden alternativen Annahmen zur Finanzierungspolitik. In die Literatur eingeführt wurde die autonome Finanzierungspolitik mit der Arbeit von Modigliani/Miller (1963). In der Korrektur ihrer ursprünglichen Arbeit von 1958 gehen Modigliani/Miller (1963) von einem im Zeitverlauf unveränderlichen Fremdkapitalbestand aus.[1164]

Richter/Drukarczyk (2001) sprechen in diesem Zusammenhang auch davon, „[...] dass das Fremdkapitalvolumen unabhängig von den zukünftigen Umweltzuständen bereits in t = 0 fixiert wird"[1165]. Unter dieser und den ergänzenden Annahmen, dass die steuerliche Abzugsfähigkeit der Kosten der Fremdfinanzierung zustandsunabhängig gegeben ist, d. h., der sich aus der Fremdfinanzierung ergebende zusätzliche Cashflow sicher vereinnahmt werden kann,[1166] lassen sich die Zahlungen eines verschuldeten Unternehmens in zwei Bestandteilen aufteilen: in einen unsicheren Zahlungsstrom aus der operativen Tätigkeit des Unternehmens

---

1162 Richter/Drukarczyk (2001) sowie Drukarczyk/Honold (1999) bezeichnen die autonome Finanzierungspolitik auch als einen Eckpunkt möglicher Finanzierungspolitiken. Schwetzler/Darijtschuk (2000) reduzieren die Diskussion alternativer Finanzierungspolitiken folgerichtig auf die Diskussion der autonomen und wertabhängigen Finanzierungspolitik. Vgl. Richter/Drukarczyk (2001) S. 635; Drukarczyk/Honold (1999) S. 337; Schwetzler/Darijtschuk (2000) S. 118.

1163 Vgl. Kruschwitz/Löffler (2006) S. 50; Drukarczyk/Schüler (2016) S. 170.

1164 Vgl. Modigliani/Miller (1963) S. 436; Miles/Ezzell (1985) S. 1485. Modigliani/Miller (1963) betrachten dabei wie in ihrem ursprünglichen Artikel den Spezialfall der ewigen Rente. Vgl. Modigliani/Miller (1963) S. 440; Strong/Appleyard (1992) S. 12.

1165 Richter/Drukarczyk (2001) S. 630. Ähnlich dazu u. a. auch Inselbag/Kaufold (1997) S. 117. Kritisch zu dieser Annahme äußert sich u. a. Miller (1988), der festhält: „That assumption never sits well [...]". Miller (1988) S. 115.

1166 Die Annahme eines sicheren steuerlichen Vorteils der Fremdfinanzierung kann in zwei Teilannahmen zerlegt werden: Einerseits muss die steuerlindernde Wirkung des Fremdkapitals ggf. durch Verlustvortrag bzw. Verlustrücktrag nutzbar sein und der Steuersatz muss im Zeitverlauf konstant sein. Vgl. Modigliani/Miller (1963) S. 435 Fn. 5; Modigliani (1982) S. 152; Drukarczyk/Schüler (2016) S. 162; Kruschwitz/Löffler (2001) S. 105.

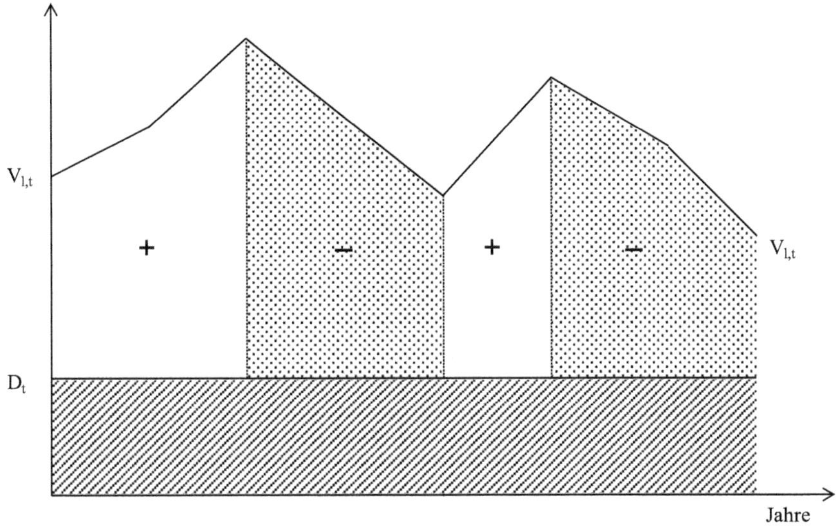

Abbildung 1: Autonome Finanzierungspolitik mit zeitkonstantem Fremdkapitalgrundstock

und einen sicheren Zahlungsstrom, der durch die in jedem Fall gegebene steuerliche Abzugsfähigkeit der Zahlungen an die Fremdkapitalgeber ausgelöst wird. Mit der, im Rahmen einer autonomen Finanzierungspolitik, annahmegemäß vorliegenden Unabhängigkeit der Höhe des Wertbeitrages der Fremdfinanzierung vom eintretenden Umweltzustand, sind das Risiko und damit der adäquate Diskontierungssatz des Steuervorteils bereits festgelegt. Der periodische Steuervorteil ist folglich mit dem risikolosen Zinssatz zu diskontieren, um den Wertbeitrag der periodischen Steuerentlastung zu bestimmen.[1167] Gegenüber der von Modigliani/Miller (1958) ursprünglich unterstellten Finanzierungspolitik fällt der Wertbeitrag der Fremdfinanzierung daher größer aus, da der Steuervorteil unter den gesetzten Annahmen risikolos vereinnahmt werden kann.[1168] Modigliani/Miller (1963) weisen die Vorteilhaftigkeit des im Falle einer autonomen Finanzierungspolitik risikolos zufließenden Wertbeitrages der Fremdfinanzierung gegenüber einer reinen Finanzierung mit Eigenkapital erneut auf Basis eines Arbitragebeweises nach.[1169]

1167 Vgl. Modigliani/Miller (1963) S. 436; Modigliani (1982) S. 255.

1168 Vgl. Modigliani/Miller (1963) S. 438; Diedrich/Dierkes (2015) S. 74. Wie zum Ende des Abschnitts zur Irrelevanz der Finanzierungspolitik kurz beschrieben, unterstellen Modigliani/Miller nicht, dass der Wertbeitrag der Fremdfinanzierung risikolos ist.

1169 Vgl. Modigliani/Miller (1963) S. 435–437; Diedrich/Dierkes (2015) S. 87–88.

Es kann weiterhin gezeigt werden, dass der durch die Finanzierungspolitik induzierte Wertvorteil sich auch auf die Höhe der Kapitalkostensätze des verschuldeten Unternehmens niederschlägt.[1170] Durch die Annahme, dass der durch die Fremdfinanzierung ausgelöste steuerliche Vorteil risikolos vereinnahmt werden kann, bildet die autonome Politik mit Blick auf den Wertbeitrag des durch die Planung vorgegebenen Fremdkapitalniveaus einen Maximalpunkt gegenüber alternativen – in der Folge zu betrachtenden – Fremdfinanzierungspolitiken.[1171]

Auch auf Basis dieser zweiten, am Wertbeitrag orientierten Sichtweise, erscheint die eingangs gewählte Bezeichnung der autonomen Finanzierungspolitik als ein Eckpfeiler der alternativen Finanzierungspolitiken gerechtfertigt. In der Literatur versteht man dabei unter einer autonomen Finanzierungspolitik nicht nur den, in der Arbeit vom Modigliani/Miller (1963) betrachteten, Spezialfall eines in der Zukunft als unveränderlich angenommenen Fremdkapitalbestandes, sondern allgemeiner eine durch die Planung vorgegebene deterministische Veränderung des Fremdkapitalbestandes. Anders formuliert, versteht man unter einer autonomen Finanzierungspolitik, dass im Zeitpunkt der Planung Tilgungspläne bzw. die zukünftige Aufnahme zusätzlichen Fremdkapitals bereits festgelegt sind,[1172] d. h., es besteht keine Unsicherheit mehr mit Blick auf die zukünftigen Fremdkapitalbestände.[1173] Bedeutsam hierbei ist, dass unter der klassischen Form der autonomen Finanzierungspolitik auch die steuerliche Abzugsfähigkeit der Zahlungen an die Fremdkapitalgeber als in jedem Zustand gegeben angenommen werden kann und

---

1170 Gegenüber dem Fall einer reinen Eigenfinanzierung steigt der zu erwirtschaftende Eigenkapitalkostensatz weniger stark mit der Zunahme der Fremdfinanzierung an, auch der durchschnittliche Kapitalkostensatz fällt mit zunehmendem Grad der Fremdfinanzierung. Vgl. Modigliani/Miller (1963) S. 439; Diedrich/Dierkes (2015) S. 89.

1171 Vgl. Diedrich/Dierkes (2015) S. 105; Drukarczyk/Honold (1999) S. 339; Clubb/Doran (1995) S. 682. Den Bezugspunkt stellt wie hervorgehoben ein vergleichbares Fremdkapitalniveau dar. In Abhängigkeit zur konkreten Ausgestaltung der Finanzierungspolitik ist es andernfalls durchaus denkbar, dass beispielsweise eine atmende Finanzierungspolitik von höheren Fremdkapitalbeständen ausgeht und damit höhere Wertbeiträge liefert.

1172 Dies wird in der Literatur klassischerweise als ein Beispiel einer autonomen Finanzierungspolitik aufgeführt. Vgl. dazu u. a. Inselbag/Kaufold (1997) S. 116.

1173 Wie Lobe (2006) näher ausführt, versteht man unter deterministischen Änderungen des Fremdkapitalbestandes, die zum Planungszeitpunkt festgelegt wurden und in der Folge unabhängig gegenüber den zukünftigen Umweltzuständen sind. Der Finanzierungsplan entspricht Myers (1974) folgend dem zum Bewertungszeitpunkt optimalen Vorgehen, man unterstellt zudem, dass das Unternehmen in der Zukunft nicht mehr aktiv in die Finanzierungspolitik eingreift. Vgl. dazu u. a. Kruschwitz/Löffler (2006) S. 61; Lobe (2006) S. 127 Fn. 479; Diedrich/Dierkes (2015) S. 75; Kruschwitz/Löffler (2001) S. 108; Lewellen/Emery (1986) S. 416; 417; Myers (1974) S. 2.

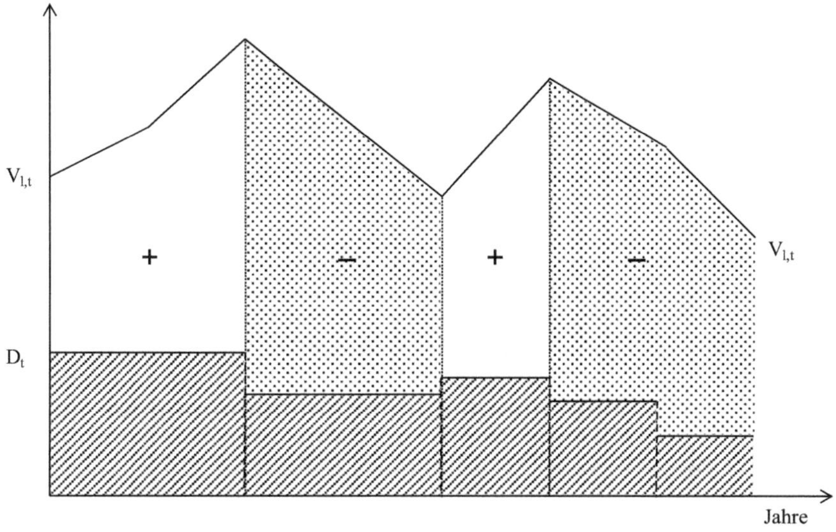

Abbildung 2: Autonome Finanzierungspolitik mit deterministischen Anpassungen an die Entwicklung des Unternehmenswertes

der Steuersatz des Unternehmens somit als unveränderlich angenommen wird.[1174] In der Literatur findet sich daher neben der Bezeichnung autonome Finanzierungspolitik auch der Begriff der deterministischen Finanzierungspolitik.[1175]

Die bisher nur verbal beschriebenen Eigenschaften des Wertbeitrages einer autonomen Finanzierungspolitik lassen sich für eine F-Politik in der folgenden Bewertungsgleichung formal zusammenfassen: [1176]

1174 Grundlage für diese Annahme ist eine hinreichend große Steuerbemessungsgrundlage und die sichere Bedienung der Verbindlichkeiten. Beide Ursachen für die Unsicherheit zukünftiger Wertbeiträge der Fremdfinanzierung werden regelmäßig ausgeschlossen. Vgl. Drukarczyk/Honold (1999) S. 337; 345; Diedrich/Dierkes (2015) S. 74; 91; Kruschwitz/Löffler (2001) S. 105; Castedello et al. (2004) S. 371. Diese weiteren Annahmen sind bedeutsam, werden sie doch von den Kritikern der autonomen Finanzierungspolitik zum Anlass genommen, die Annahme der Risikolosigkeit der autonomen Finanzierungspolitik zu kritisieren.

1175 Vgl. Drukarczyk/Schüler (2016) S. 162.

1176 In Anlehnung an Kruschwitz/Löffler (2006) S. 61. In einer etwas allgemeineren Form findet sich die Formel auch in Diedrich/Dierkes (2015) und Strong/Appleyard (1992). Vgl. Diedrich/Dierkes (2015) S. 87; Strong/Appleyard (1992) S. 3; Taggart (1991) S. 10. Matschke/Brösel (2013) spalten den APV-Ansatz bereits in zwei

$$\tilde{V}_{l,t} = \tilde{V}_{u,t} + \sum_{s=t+1}^{T} \frac{\tau_c \cdot r_f \cdot D_{s-1}}{(1+r_f)^{s-t}} \text{ mit } V_{u,t} = \sum_{t=1}^{n} \frac{FCF_U}{(1+k)^t} \quad (4.2)$$

Die Bewertungsgleichung, die wie beschrieben eine Zerlegung zwischen dem Wertbeitrag aus der operativen Geschäftstätigkeit des Unternehmens und dem Wertbeitrag der Fremdfinanzierung vornimmt,[1177] hat unter der Bezeichnung APV-Ansatz Eingang in die Literatur gefunden. Appleyard/Dobbs (1997) und Lobe (2006) zeigen u. a., dass eine autonome Finanzierungspolitik nicht zwangsläufig auf die Planung mit festen Fremdkapitalbeständen beschränkt ist, sondern auch mit alternativen Planungsdoktrinen vereinbar ist.[1178] Ob eine Unterscheidung alternativer Planungsdoktrinen für die Praxis bedeutsam ist, wurde in der Literatur u. a. von Kruschwitz/Löffler (2003) angezweifelt.[1179] Ohne die Bedeutung der Unterscheidung alternativer Planungsdoktrinen an dieser Stelle infrage stellen zu wollen, wird die Vielfalt alternativer Planungsdoktrinen in der Folge vereinfachend ausgeblendet. Bedeutsam erscheint es jedoch an dieser Stelle, nochmals darauf zu verweisen, dass besonders im Lichte dieser Arbeiten es schwierig erscheint, aus den bestehenden Ergebnissen der empirischen Forschung Anhaltspunkte für die Dominanz einer Finanzierungspolitik ableiten zu wollen.[1180] Vereinfachend wird vielmehr der dominierenden Einschätzung gefolgt, dass die absolute Höhe der Bestände des in der Zukunft eingesetzten Fremdkapitals zum Bewertungszeitpunkt bereits festlegt ist.[1181] Ähnliches gilt für die Frage, ob die autonome Finanzierungspolitik auch mit einem anderen Bewertungsansatz als dem APV-Ansatz sachgerecht bewertet werden kann.[1182] Wie zu Beginn dieses Kapitels bereits kurz

---

Phasen auf und berechnen den Wert des EK in einem Schritt. Vgl. Matschke/Brösel (2013) S. 721; allgemeiner Ezzell/Miles (1983) S. 27.

1177 Das Konzept des APV-Ansatzes beruht dabei auf dem Konzept der Wertadditivität. Vgl. Drukarczyk/Schüler (2016) S. 171; Ballwieser/Hachmeister (2013) S. 142; Wallmeier (1999) S. 1474; Strong/Appleyard (1992) S. 4; Taggart (1991) S. 9; Ruback (1986) S. 324; Lewellen et al. (1977) S. 109; 112.

1178 Vgl. Lobe (2006) S. 127–142; Appleyard/Dobbs (1997) S. 486.

1179 So vertreten u. a. Kruschwitz/Löffler (2003) den Standpunkt, dass einem solchen Vorgehen zwar theoretisches Interesse innewohnt, in der Praxis jedoch nicht bedeutsam sein dürfte. Vgl. Kruschwitz/Löffler (2003) S. 732.

1180 Vor dem Hintergrund der Kompatibilität alternativer Finanzierungspolitiken mit alternativen Planungsdoktrinen lässt sich beispielsweise hinterfragen, ob die Vorgabe eines festen Verschuldungsgrades durch das Management als eindeutiges Zeichen einer wertabhängigen Finanzierungspolitik gewertet werden kann.

1181 Der Klassifikation von Lobe (2006) folgend, wird also eine F-Planungsdoktrin verfolgt. Ein Blick in die Literatur zeigt, dass dies eine durchaus gängige Annahme ist. Vgl. dazu Drukarczyk/Schüler (2016) S. 162; Diedrich/Dierkes (2015) S. 75; Lobe (2006) S. 201; Appleyard/Dobbs (1997) S. 481; Ezzell/Miles (1983) S. 25; Kruschwitz/Löffler (2003) S. 731; Schwetzler/Darijtschuk (2000) S. 118.

1182 Vgl. dazu u. a. Dierkes et al. (2009) S. 278.

angedeutet, wird diese Frage in der Folge nicht weiter vertieft. Es wird vielmehr der in der Literatur weitverbreiteten Einschätzung gefolgt, dass die Berücksichtigung einer autonomen Finanzierungspolitik weitgehend problemlos durch den APV-Ansatz erfolgen kann, eine Anwendung alternativer Bewertungsansätze hingegen mit Schwierigkeiten verbunden ist.[1183]

Bedeutsamer erscheint es, an dieser Stelle zu hinterfragen, wie eine autonome Finanzierungspolitik mit bereits zum Bewertungszeitpunkt eindeutig determinierten Fremdkapitalbeständen in der Bewertungspraxis als auch im Rahmen einer empirischen Untersuchung praktikabel ausgestaltet werden muss. Mit dieser Fragestellung eng verknüpft ist zudem die Frage, als wie plausibel sich die Annahme einer autonomen Finanzierungspolitik in der Praxis darstellt. Auch für eine Annäherung an eine Antwort auf diese Frage[1184] ist es regelmäßig erforderlich, die mit einer autonomen Finanzierungspolitik verknüpften Implikationen, u. a. in Abhängigkeit zum Lebenszyklus des Unternehmens, differenziert zu betrachten. Die Annäherung an die Eigenschaften einer autonomen Finanzierungspolitik, die Frage der Plausibilität sowie die beide Punkte vereinende Frage der Abbildung einer autonomen Finanzierungspolitik im Rahmen einer empirischen Untersuchung wird im Folgenden näher beleuchtet. Dieser für die autonome Finanzierungspolitik stellvertretend vorzunehmende Exkurs hebt nochmals die bereits in Kapitel I hervorgehobene Einseitigkeit der in der Literatur zur Unternehmensbewertung zu findenden Diskussion der Finanzierungsentscheidungen hervor, dass große Teile der in der Diskussion zur Kapitalstrukturtheorie vorgebrachten Argumente keine explizite Berücksichtigung gefunden haben. So ist mit der Festlegung, dass ein Unternehmen einer autonomen Finanzierungspolitik folgt, zunächst noch unklar, wie die Fremdkapitalbestände in einem konkreten Bewertungsfall auszugestalten sind bzw. welche Finanzierungsentscheidung ein Unternehmen in den Folgeperioden trifft.[1185] Mit der Annahme, dass ein Unternehmen einer autonomen

1183 Vgl. dazu Castedello et al. (2004) S. 369; Inselbag/Kaufold (1997) S. 114. Zur Eignung des WACC-Ansatzes zur Bewertung einer autonomen Finanzierungspolitik vgl. u. a. Drukarczyk/Schüler (2016) S. 198–199; Matschke/Brösel (2013) S. 723; Kruschwitz/Löffler (2003) S. 731; Kruschwitz/Löffler (1999b) S. 83; Drukarczyk/Honold (1999) S. 345; 348. Zur generellen Schwierigkeit, alternative Finanzierungspolitiken mit alternativen Bewertungsansätzen umzusetzen, und der Eignung alternativer Ansätze vgl. auch Taggart (1991) S. 15–17.

1184 Zur Beantwortung dieser Frage wird an dieser Stelle auf die in der Literatur zu findende Einschätzung zur autonomen Finanzierungspolitik zurückgegriffen. Die Mehrzahl der Arbeiten stellt hier Plausibilitätsüberlegungen an, die lediglich als vorläufige Einschätzung der alternativen Finanzierungspolitiken angesehen werden.

1185 Diese Schwierigkeit der in der Literatur zur Unternehmensbewertung verbreiteten Annahmen zur Finanzierungspolitik hält bereits Turnbull (1979) mit Blick auf den von Myers (1974) veröffentlichten APV-Ansatz fest. So hält Turnbull (1979) kritisch fest: „[...] though the usefulness of Myer’s result is limited due to the necessity

Finanzierungspolitik folgt, wird zunächst lediglich eine Aussage mit Blick auf das Risiko der zukünftigen Fremdkapitalbestände getroffen.[1186]

Wie bereits ausgeführt wurde, sind die zukünftigen Fremdkapitalbestände mit einer autonomen Finanzierungspolitik per Annahme bereits zum Bewertungsstichtag, etwa durch vertragliche Vereinbarungen,[1187] sicher festgelegt und damit im Rahmen einer Bewertung als uneingeschränkt bekannt vorauszusetzen.[1188] Im Kontrast zu der noch zu betrachtenden wertabhängigen Finanzierungspolitik ist eine autonome Finanzierungspolitik, wenigstens dem ersten Anschein nach, von der zukünftigen Entwicklung des Unternehmens bzw. des Unternehmenswertes unabhängig.[1189] Mit Blick auf die tatsächliche Höhe der zukünftigen Fremdkapitalbestände ist die autonome Finanzierungspolitik i. d. R. jedoch ein unbestimmter Begriff, der durch den Bewertenden, kann er nicht auf bestehende Planungen zurückgreifen, noch mit Leben zu füllen ist.[1190] An dieser Stelle ist leider anzumerken, dass dieser Aspekt in der Unternehmensbewertungsliteratur oftmals zu Unrecht entweder übergangen wird[1191] oder, wie sich zeigt, durch unvollkommene pragmatische Annahmen verdeckt wird. Eine autonome Finanzierungspolitik kann so zwischen einem im Zeitverlauf unveränderlichen Fremdkapitalbestand und der „[...] beliebigen Vorgabe des Fremdkapitalbestandes für die einzelnen Perioden [...]“[1192] schwanken.

---

of making ad-hoc assumptions about the appropriate functional form of the debt capacity constraint.“ Turnbull (1979) S. 938.

1186 Ruback (1986) spricht in diesem Zusammenhang davon, dass der APV-Ansatz unvollständig ist, da keine Aussagen über die zukünftigen Fremdkapitalbestände gemacht werden. Vgl. Ruback (1986) S. 324.

1187 Matschke/Brösel (2013) S. 706; Drukarczyk/Honold (1999) S. 337.

1188 Vgl. Kruschwitz/Löffler (2001) S. 106; Kruschwitz/Löffler (2003) S. 731. Kruschwitz/Löffler (2001) sprechen davon, dass „der Fremdkapitalbestand [...] bereits im Zeitpunkt 0 feststehen“ muss. Vgl. ebda.

1189 Vgl. u. a. Wallmeier (1999) S. 1474.

1190 Vgl. dazu u. a. auch Appleyard/Dobbs (1997) S. 482. Appleyard/Dobbs (1997) sehen in den im Rahmen der autonomen Finanzierungspolitik bestehenden Freiheitsgraden auch einen zentralen Unterschied zu einer atmenden Finanzierungspolitik. Wie sich im Abschnitt zur autonomen Finanzierungspolitik zeigt, trifft diese Einschätzung nur oberflächlich zu.

1191 Im Fall der autonomen Finanzierungspolitik wird so oftmals lediglich darauf verwiesen, dass die zum Bewertungszeitpunkt bekannt sind. Die Gründe, warum ein Unternehmen eine solche Finanzierungspolitik einschlagen sollte bzw. kann, bleiben dagegen in der Regel unbeleuchtet. Stellvertretend vgl. dazu Kruschwitz/Löffler (2001) S. 108; 112. Sowohl in diesem Abschnitt als auch im Abschnitt zur wertabhängigen Finanzierungspolitik soll sich daher dieser bedeutsamen Frage näher gewidmet werden.

1192 So Ballwieser/Hachmeister (2013) S. 159. Ähnlich, wenn auch weniger pointiert, spricht Lobe (2006) von einer Politik, bei der „[...] die künftigen Fremdkapitalbestände per heute schon mit Gewissheit planbar sind“. Vgl. Lobe (2006) S. 205.

Wie sind also die Fremdkapitalbestände einer autonomen Finanzierungspolitik konkret zu bestimmen? Eine theoretische Herleitung der durch eine autonome Finanzierungspolitik induzierten zukünftigen Fremdkapitalbestände ist mit der aufgezeigten Bandbreite zukünftiger Fremdkapitalbestände i. d. R. nicht möglich.[1193] Der Beantwortung dieser Frage gilt es, sich i. d. R. vielmehr pragmatisch zu nähern.[1194] An dieser Stelle ist, in einem kurzen Exkurs, ein Teil der Überlegungen des folgenden Kapitels zur Bestimmung der bewertungsrelevanten Parameter mit Blick auf die Entwicklung des zukünftigen Fremdkapitalbestandes vorwegzunehmen.[1195] Am einfachsten ist die Frage der Gestalt der Unternehmensplanung zu beantworten, wenn sie dem Grunde nach einen überwiegend rhetorischen Charakter besitzt. Das ist dann der Fall, wenn man, wie kurz dargestellt, auf unternehmensinterne Planungen zurückgreifen kann. Man kann an dieser Stelle dann, anders als in der Kapitalstrukturtheorie,[1196] den Planungsprozess des Unternehmens als Black-Box annehmen und sich lediglich um die Implementierung der Finanzierungspolitik kümmern. Schließt man zunächst die Möglichkeit eines Rückgriffs auf unternehmensinterne Planungen bzw. veröffentlichte Vereinbarungen mit den Fremdkapitalgebern zu zukünftigen Tilgungen und Fremdkapitalaufnahmen aus,[1197] müssen zur Bestimmung der Fremdkapitalbestände andere Wege eingeschlagen werden. Diese Wege werden dabei – dies verdeutlichen insbesondere die

1193 Vgl. Matschke/Brösel (2013) S. 729. Man könnte an dieser Stelle darauf verweisen, dass man für dieses Unterfangen auf das zentrale Element der Ausfallfreiheit abstellen sollte.

1194 An dieser Stelle könnte spitzfindig angemerkt werden, dass man sich die Aufgabe der Bestimmung zukünftiger Fremdkapitalbestände einer autonomen Finanzierungspolitik ohne Kenntnis konkreter vertraglicher Vereinbarungen sparen könnte, da man im Ergebnis unsichere Schätzungen erhält, die ja der Prämisse einer mit Blick auf die Fremdkapitalbestände sicheren Finanzierungspolitik widersprechen. Ein ähnliches Problem ergibt sich bei einer wertabhängigen Finanzierungspolitik bei der Bestimmung des Verschuldungsgrades.

1195 Die folgenden Überlegungen orientieren sich dabei durchaus an den Empfehlungen der Praxis. Im Vordergrund steht, wie auch im nachfolgenden Kapitel, jedoch die Notwendigkeit, ein für eine empirische Untersuchung praktikables Vorgehen abzuleiten.

1196 Barton/Gordon (1987) kritisieren, dass die traditionellen Überlegungen zur Finanzierungsentscheidung des Unternehmens sich letztlich scheuen, den Planungsprozess zu konkretisieren. Barton/Gordon (1987) S. 69. Dieses Problem wird uns an späterer Stelle nochmals beschäftigen.

1197 Die Annahmen, dass unternehmensinterne Planungsdaten i. d. R. im Rahmen einer empirischen Untersuchung nicht verfügbar sind, erscheint auch mit Blick auf die bestehenden empirischen Untersuchungen zur Güte alternativer Bewertungsverfahren plausibel. Lediglich die Untersuchung von Kaplan/Ruback (1995) kann dabei auf Planungsdaten zurückgreifen. Der für die Praxis u. U. relevante Fall des Rückgriffs auf bestehende Planungsdaten wie etwa bestehende Tilgungsvereinbarungen wird daher in der Folge nicht näher beleuchtet.

in der Literatur zu findenden Unkenrufe –[1198] in der Regel pragmatische Ansätze sein. An dieser Stelle könnte man versucht sein, eine zu Ausschüttungs- und Investitionspolitik kompatible Finanzierungspolitik zu planen. Eine solche Politik, blendet man die Schwierigkeit aus, das zukünftige Ausschüttungsverhalten konkret zu bestimmen, steht jedoch im Kontrast zur Definition der autonomen Finanzierungspolitik. Lobe/Essler (2008) heben etwa hervor, dass eine autonome Finanzierungspolitik aufgrund der getroffenen Annahmen nicht das abhängige Ergebnis der Ausschüttungs- und Investitionspolitik sein kann.[1199] Es gilt daher, alternative Wege zur Bestimmung der Fremdkapitalbestände zu beschreiten, die den zukünftigen Fremdkapitalbestand exogen vorgeben. Damit ergeben sich für eine externe Bewertung folgende grundsätzlichen Möglichkeiten, um die unter einer autonomen Finanzierungspolitik zukünftig bestehenden Fremdkapitalbestände zu ermitteln: Vergangenheitsfortschreibung, Rückgriff auf Analystenschätzungen sowie im Fall einer rückblickenden Betrachtung den Rückgriff auf Realisationen.[1200]

Exkurs zu den Planungsannahmen im Rahmen von empirischen Untersuchungen

In der folgenden Diskussion wird aus diesen alternativen Herangehensweisen lediglich die Vergangenheitsfortschreibung als geeignete Methode, Schätzungen des zukünftigen Fremdkapitalbestandes zu erhalten, kurz herausgegriffen. Damit unterscheidet sich der für die Planung zukünftiger Fremdkapitalbestände eingeschlagene Weg von dem im nachfolgenden Kapitel III vorgeschlagenen Weg für einen empirischen Untersuchungsansatz. Diese Diskrepanz bedarf an dieser Stelle einer kurzen Erläuterung. Während für im Rahmen einer empirischen Untersuchung zu bestimmende Parameter unterschiedlicher Bewertungsansätze eine möglichst unverzerrte Schätzung abgeleitet werden soll, dahinter steht die Überlegung, dass Verzerrungen des Bewertungsergebnisses, die auf diese Parameter zurückgeführt sind, möglichst vernachlässigbar sein sollen, wird für die Finanzierungspolitik bzw. die Entwicklung des Fremdkapitalbestandes ein von diesem Standpunkt abweichender Blickwinkel gewählt. Für die Prognose des zukünftigen Fremdkapitalbestandes sollen nur Möglichkeiten betrachtet werden, die im Rahmen einer externen Bewertung regelmäßig zur Verfügung stehen.[1201] Der Rückgriff auf Realisation scheidet damit

1198 Schneider (2010) hält so wenig ermunternd fest, dass die optimale Kapitalstruktur eines Unternehmens nicht beobachtbar ist „[..] und dies im Übrigen auch immer bleiben wird [...]". Schneider (2010) S. 46.

1199 Ist doch mit der Abhängigkeit der Finanzierungsentscheidung von der vorgelagerten Investitions- und Ausschüttungsentscheidung die Risikolosigkeit der zukünftigen Fremdkapitalbestände infrage zu stellen.

1200 Die alternativen Herangehensweisen zur Ableitung zukünftiger Planwerte werden in Kapitel III kurz angerissen.

1201 Wie in den folgenden Abschnitten zum empirischen Untersuchungsansatz nochmals hervorgehoben, sind die Planbarkeit und die Güte der Annahmen zur Finanzierungspolitik von zentraler Bedeutung.

als Anknüpfungspunkt der Planung der zukünftigen Fremdkapitalbestände aus, da sie zum Bewertungszeitpunkt i. d. R. nicht verfügbar sind.[1202]

Die Verwendung von Analystenschätzungen als Ausgangspunkt der Planungen erscheint damit als eine plausible Alternative, da mit Analystenschätzungen regelmäßig auch Schätzungen der zukünftigen Fremdkapitalbestände vorliegen dürften. Nichtsdestotrotz ist auch die Verwendung von Analystenprognosen als Grundlage der Planung zukünftiger Fremdkapitalbestände i. d. R. nur eingeschränkt verfügbar und letztlich auch nur bedingt geeignet. Wichtigstes Argument gegen den generellen Einsatz von Analystenprognosen als Grundlage zukünftiger Planung stellt dabei die in der Praxis zu beobachtende systematische Verzerrung der Analystenprognosen dar. Die Beobachtung einer systematischen Verzerrung der Analystenprognosen findet in der empirischen Forschung breite Unterstützung.[1203] Neben den, mit Blick auf die empirische Forschung berechtigten, Zweifeln an der Güte einer auf Analystenprognosen abstellenden Planung der Fremdkapitalbestände sind Analystenprognosen in ihrer Anwendbarkeit regelmäßig beschränkt. Die Beschränkung zeigt sich dabei u. a. in zwei grundsätzlichen Punkten. Einerseits ist eine breite Auswahl an Analystenschätzungen regelmäßig nur für einen begrenzten Kreis börsennotierter Unternehmen verfügbar, andererseits verfügen Analystenschätzungen i. d. R. nur über einen begrenzten Informationshorizont. Die erste Einschränkung sorgt dafür, dass der Weg, eine Prognose anhand von Analystenprognosen abzuleiten, für nicht börsennotierte Unternehmen nicht beschritten werden kann.[1204] Eine damit erforderlich werdende Beschränkung der Stichprobe empirischer Untersuchungen auf börsennotierte Unternehmen erscheint mit Blick auf den in der empirischen Forschung regelmäßig aus anderen Gründen erfolgenden Rückgriff auf börsennotierte Unternehmen eine vergleichsweise nachrangige Einschränkung.[1205] Das Argument des begrenzten Informationshorizonts der

---

1202 Eine Ausnahme von dieser Aussage könnten wiederum empirische Untersuchungen darstellen, die retrospektiv bestehende Zusammenhänge beleuchten. Denkbar wäre ein solches Vorgehen beispielsweise bei der näheren Betrachtung impliziter Kapitalkosten.

1203 Bereits frühere empirische Untersuchungen zur Güte von Analystenprognosen, wie etwa Brown et al. (1987); Fried/Givoly (1982) und Stickel (1992), stellen so u. a. fest, dass die Prognosen von Analysten in aller Regel zu optimistisch ausfallen. Vgl. dazu Brown et al. (1987) S. 70; Fried/Givoly (1982) S. 92; Stickel (1992) S. 1820. Die Arbeiten von Mühlhäuser (2013) und Bradshaw et al. (2012) bezeichnen diese Beobachtung früher empirischen Untersuchung als in der Forschung weitgehend akzeptiert. Vgl. dazu Mühlhäuser (2013) S. 23; Bradshaw et al. (2012) S. 953.

1204 An dieser Stelle kann auch argumentiert werden, dass es für börsennotierte Unternehmen, die etwas abseits des Fokus der Analysten stehen, auch schwierig werden kann, geeignete Schätzungen abzuleiten, da die Abdeckung durch Analysten nur lückenhaft ist.

1205 So bedürfen empirische Untersuchungen zur Güte alternativer Bewertungsannahmen eines Referenzpunkts für die zu vergleichenden Bewertungsannahmen. Ein Rückgriff auf börsennotierte Unternehmen stellt dabei regelmäßig sicher, dass

Analystenprognosen gilt demgegenüber uneingeschränkt. Man kann dabei zwei für eine empirische Untersuchung relevante Unteraspekte des übergeordneten Arguments des begrenzten Informationshorizonts hervorheben. Einerseits schlägt sich die Begrenzung des Informationshorizonts regelmäßig in einer begrenzten Informationstiefe, i.S. der Güte der aus den Analystenschätzungen ablesbaren Informationen, andererseits in einer begrenzten Informationsbreite, i.S. des durch die Analystenschätzungen abgedeckten Zeithorizonts, nieder. Die Verwendung von Analystenprognosen ist darüber hinaus mit einer Reihe weiterer Detailprobleme verknüpft, die jedoch an dieser Stelle nicht weiter diskutiert werden sollen. Die Einschätzung, dass sich Analystenschätzungen als Grundlage einer Konkretisierung der autonomen Finanzierungspolitik i. d. R. als ungeeignet erweisen, wirkt auch ungeachtet dieser Detailprobleme bereits wohlbegründet.

Für die Planung zukünftiger Fremdkapitalbestände unter der Annahme einer autonomen Finanzierungspolitik, dies gilt jedoch auch für die alternativen Finanzierungspolitiken, im Rahmen einer umfassenden empirischen Untersuchung erscheint damit allein die Vergangenheitsfortschreibung von Interesse. Wie dieser Abschnitt zeigen wird, lassen sich auch im Rahmen der Vergangenheitsfortschreibung unterschiedliche Standpunkte mit Blick auf die Entwicklung der Fremdkapitalbestände einnehmen. Die Gestaltungsfreiheit im Rahmen der Vergangenheitsfortschreibung macht es dabei notwendig, Konsistenz- wie auch Plausibilitätsüberlegungen als ein Kriterium einer Konkretisierung der Vergangenheitsfortschreibung heranzuziehen.[1206] Da eine globale Beurteilung der Plausibilität in den wenigsten Fällen sachgerecht erscheint, soll an dieser Stelle zunächst, dem in der Unternehmensbewertung üblichen Vorgehen folgend, eine Aufspaltung des Planungszeitraums in unterschiedliche Unternehmensphasen vorgenommen werden. Die Trennung in unterschiedliche Unternehmensphasen ist dabei aus mehreren Blickwinkeln heraus sinnvoll. Zum einen besteht für die unterschiedlichen Unternehmensphasen zumeist ein unterschiedlich großer Spielraum bei der technischen Ausgestaltung möglicher Finanzierungsannahmen, zum anderen ist eine Aufteilung auch aus Sicht der Beurteilung der Plausibilität der Planungsannahmen notwendig.[1207]

---

ein geeigneter Referenzpunkt in Form des Marktpreises vorhanden ist. Es sind natürlich Untersuchungsansätze denkbar, die nicht auf eine Betrachtung börsennotierter Unternehmen beschränkt sind, damit ist die Kritik der einschränkenden Wirkung von Analystenprognosen nicht von der Hand zu weisen. Vgl. dazu beispielsweise das Vorgehen in Kaplan/Ruback (1995).

1206 Vgl. dazu Kuhner/Maltry (2006) S. 98.

1207 Die Aufteilung in Detailplanungs- und Rentenphase nimmt die in der Folge noch zu betrachtende Aufteilung der Rahmenbedingungen der Bewertung in Zustände der Planungssicherheit und Unsicherheit grob vorweg. Kruschwitz et al. (2007) illustrieren die dahinterliegende Annahme wie folgt: „Jeder weiß, dass der Nebel immer dichter wird, je weiter man sich mit der Prognose von Cashflows oder der Geschäftspolitik des Unternehmens in die Zukunft wagt." Vgl. Kruschwitz

Für die Aufteilung des Lebenszyklus des Unternehmens in Teilplanungsphasen werden in der Literatur unterschiedliche Herangehensweisen diskutiert. An dieser Stelle sei vereinfachend eine Zweiteilung des Lebenszyklus des Unternehmens vorgenommen und damit auf das in der Unternehmensbewertung gängige Zweiphasen-Modell abgestellt. Für die Detailplanungsphase, d. h. die Phase I des Zweiphasen-Modells, lassen sich mit Blick auf eine autonome Finanzierungspolitik zwei grundsätzliche Annahmen mit Blick auf die Entwicklung der Fremdkapitalbestände treffen. Zunächst kann, wie bereits beschrieben, als einfachste Variante der Vergangenheitsfortschreibung unterstellt werden, dass der zum Bewertungszeitpunkt bestehende Fremdkapitalbestand in der Zukunft unverändert fortbesteht.[1208] Man überträgt damit die von Modigliani/Miller (1963) für den Rentenfall vorgeschlagene autonome Finanzierungspolitik auch auf die gesamte Detailplanungsphase.[1209] Dieses Vorgehen ist, geht man zunächst lediglich von der „technischen" Realisierbarkeit einer solchen Annahme aus, im Rahmen des APV-Ansatzes problemlos umsetzbar. Kuhner/Maltry (2006) sprechen mit Blick auf die „naive" Vergangenheitsfortschreibung daher auch von dem „[...] Ausgangspunkt einer jeden prognosebasierten Unternehmensbewertung".[1210] Im Kontrast zur operativen Entwicklung des Unternehmens in Detailplanungsphase I, das im ersten Teil des APV-Ansatzes berücksichtigt wird, befindet sich das Unternehmen aufgrund des in der Zukunft unveränderlichen Fremdkapitalbestandes aus Finanzierungssicht bereits in der Rentenphase. Für die Finanzierungspolitik und damit die Berechnung des Wertbeitrages der Fremdfinanzierung wird damit implizit eine Detailplanungsphase von null Perioden unterstellt.[1211]

Spätestens an dieser Stelle ist die Frage zu beantworten, wie plausibel eine solche Annahme in der Gesamtbetrachtung erscheint, bzw. mit Blick auf die begleitenden Rahmenbedingungen, wie stimmig die Annahme erscheint. Stellt man zunächst auf die Argumente, die für eine solche Planungspolitik sprechen, ab, kann beispielsweise aufgeführt werden, dass es aus Sicht des Unternehmens

---

et al. (2007) S. 427; ähnlich dazu auch Lütkeschümer (2012) S. 89; Dierkes/Gröger (2012) S. 33.

1208 Diese Form der Vergangenheitsfortschreibung wird in der Literatur auch unter dem Oberbegriff der Trägheitsprojektion zusammengefasst. Vgl. dazu Kuhner/Maltry (2006) S. 98; Ballwieser (1983) S. 83.

1209 Lewellen/Emery (1986) sprechen daher bei diesem Spezialfall der autonomen Finanzierungspolitik auch von einer Modigliani/Miller-Politik. Vgl. Lewellen/Emery (1986) S. 417. Dieser Begriff wird in der Literatur jedoch mehrdeutig verwendet und findet auch bei einer wertabhängigen Finanzierungspolitik Anwendung.

1210 Kuhner/Maltry (2006) S. 98 in Anlehnung an Ballwieser (1987) S. 83–86.

1211 Mit einer solchen Annahme wird implizit unterstellt, dass in Zukunft zu realisierende Investitionsprojekte durch Thesaurierung oder aber die Begabe von Eigenkapital finanziert werden. Auswirkungen auf den Wertbeitrag der Fremdfinanzierung hat dies jedoch nicht.

aus ökonomischen Gründen nicht sinnvoll bzw. möglich ist, weiteres Fremdkapital in der Zukunft aufzunehmen. Anders formuliert, steht hinter dieser Annahme die Vermutung, dass Unternehmen schon zu Beginn der Detailplanungsphase ein Optimum des Wertbeitrages der Fremdfinanzierung erreicht haben, das aus „inneren“ bzw. „äußeren“ Gründen nicht mehr gesteigert werden kann. Der Verzicht auf zusätzliches Fremdkapital kann beispielsweise durch das Argument, dass der Wertbeitrag eines zusätzlichen Fremdkapitaleinsatzes nicht gehoben werden kann, da die Steuerbelastung reduzierende Tatbestände bereits hinreichend ausgeschöpft wurden,[1212] bzw. dass ein Unternehmen kein zusätzliches Fremdkapital mehr einsetzen kann, getragen sein.[1213] Das erste Argument stellt dabei einen „inneren“, das heißt einen durch die Unternehmenseigenschaften induzierten Grund dar.[1214] Die mangelnde Tragfähigkeit zusätzlichen Fremdkapitals kann demgegenüber sowohl durch „innere“ als auch „äußere“ Gründe, d. h. nicht durch das Unternehmen selbst determinierte Gründe, untermauert sein. So kann eine Erhöhung des Bestandes an Fremdkapital aufgrund der operativen Schwäche, eines überproportionalen Anstiegs der Finanzierungskosten bzw. am Widerstand bestehender Fremdkapitalgeber scheitern.[1215] Rationale Unternehmen werden im Angesicht der ersten

---

1212 Denkbar wäre an dieser Stelle beispielsweise eine durch die Steuergesetzgebung induzierte Kappung der abziehbaren Fremdkapitalzinsen, wie sie beispielsweise seit 2008 mit der Zinsschranke in die deutsche Steuergesetzgebung eingeführt wurde. Daneben kann auch die Verfügbarkeit von hohen NDTS, wie in Teilen der Kapitalstrukturtheorie gemutmaßt, dazu beitragen, dass eine zusätzliche Verschuldung keinen zusätzlichen Wertbeitrag liefert. Eine autonome Finanzierungspolitik unterstellt so eine Verschuldung, in dem die steuermindernde Wirkung der Fremdfinanzierung sicher einsetzbar ist. Vgl. Matschke/Brösel (2013) S. 707; Richter (1998) S. 380.

1213 Dies ist nicht nur im Fall einer drohenden Überschuldung des Unternehmens einschlägig, sondern auch für den Fall, dass sich das Unternehmen in einer Rentenphase befindet. Also für den Fall, wenn die Annahme der ewigen Rente nicht nur mit Blick auf die Finanzierungspolitik im Sinn der klassischen Konsistenzbeurteilung erfüllt ist.

1214 In Anlehnung an die Arbeit Welch (2004) kann man an dieser Stelle auch von einer „proactive managerial choice“ sprechen, die die Gestalt der Finanzierungspolitik festlegt. Vgl. dazu Welch (2004) S. 125–126.

1215 Unterstellt man homogene Erwartungen, was regelmäßig der Fall ist, antizipieren Fremdkapitalgeber das durch die zusätzliche Fremdfinanzierung ausgelöste Ausfallrisiko und sperren sich durch höhere Verzinsungsforderungen oder aber durch eine Begrenzung der Verschuldung gegen Übervorteilungen. In der empirischen Forschung finden sich zudem Indizien dafür, dass Unternehmen in der Praxis in der Umsetzung der Finanzierungsentscheidungen gehemmt sein können. Vgl. dazu u. a. Hanousek/Shamshur (2011) S. 1372. Hanousek/Shamshur (2011) halten daher fest: “Owners of unconstrained firms make capital structure decisions that are optimal and stimulate firms’ growth and prosperity, while owners of constrained firms are restricted in their choice by such external forces as credit constraints.“ Hanousek/Shamshur (2011) S. 1374.

beiden Aspekte wohl auf den Einsatz weiteren Fremdkapitals verzichten, da die Kosten weiteren Fremdkapitals über dem Wertbeitrag liegen. Daneben besitzen Fremdkapitalgeber ein Interesse – dies hat u. a. Abschnitt 2.4.2. gezeigt –, den Verschuldungsumfang der Unternehmen zu begrenzen. Ein Mittel der Fremdkapitalgeber, sich gegen zusätzliches Fremdkapital zu wehren, stellen dabei u. a. Covenants dar.[1216] Es ist so u. a. denkbar, dass bestehende Fremdfinanzierungsverträge mit absoluten Verschuldungsgrenzen ausgestattet sind, die das Unternehmen nicht überschreiten darf, und somit die Handlungsfreiheit der Unternehmen eingeschränkt ist.[1217] Im Abschnitt zur wertabhängigen Finanzierungspolitik wird der Widerstand der Fremdkapitalgeber gegen eine für sie nachteilige Finanzierungspolitik als zentrales Merkmal der wertabhängigen Finanzierungspolitik identifiziert. Diese Zuordnung folgt dabei teilweise aus theoretisch motivierten Überlegungen teilweise aus einem pragmatischen Vorgehen heraus. Wie der Abschnitt zur wertabhängigen Finanzierungspolitik verdeutlichen wird, hängt einer wertabhängigen Finanzierungspolitik explizit das Etikett einer fremdkapitalgeberorientierten Finanzierungspolitik an, andererseits erscheint es aus Sicht der Fremdkapitalgeber sinnvoll, pragmatische Verschuldungsobergrenzen in Form von Verschuldungsgraden und nicht in absoluten Größen vorzugeben.[1218] Dies bedeutet jedoch nicht, dass nicht auch eine autonome Finanzierungspolitik Ausdruck des Einflusses der Fremdkapitalgeber sein kann. Diese nicht abschließende noch sich gegenseitig

---

1216 Auf die Bedeutung von Covenants weisen bereits Myers (1984) und Brennan/Schwartz (1984) hin. So halten u. a. Brennan/Schwartz (1984) fest: „To protect themselves against expropriation, bondholders insist on certain provisions in the bond indenture which limits the range of investment and financing policies open to management." Brennan/Schwartz (1984) S. 601. Ähnlich dazu auch Myers (1984) S. 580.

1217 Vgl. Smith/Warner (1979) S. 136; Lewellen/Emery (1986) S. 415. Wie u. a. Tsyplakov/Titman (2007) festhalten, wird in der Praxis i. d. R. wohl ein Mittelweg zwischen einer strengen Maximierung des Eigenkapitalwertes unter Vernachlässigung der Interessen der Fremdkapitalgeber und einer strengen Bindung des Unternehmens an die Interessen der Fremdkapitalgeber über Covenants eingeschlagen werden. Vgl. dazu Tsyplakov/Titman (2007) S. 406.

1218 Zugunsten einer an absoluten Größen orientierten Verschuldungsvorgabe könnte man argumentieren, dass die Einhaltung dieser Grenze einfacher zu überwachen ist. Damit erschöpfen sich jedoch schon die Argumente, die zugunsten einer von den Fremdkapitalgebern induzierten autonomen Finanzierungspolitik angeführt werden können. Insgesamt dürfte sich die Wahl einer absoluten Verschuldungsgrenze nachteilig auf die Fremdkapitalgeber auswirken. So entfaltet die absolute Verschuldungsvorgabe keine Schutzwirkung im Fall eines Rückgangs des Unternehmenswertes, wohingegen die Fremdkapitalgeber im Fall eines Anstiegs des Unternehmenswertes regelmäßig kein Interesse daran besitzen dürften, den Handlungsspielraum des Unternehmens einzuengen. Die Vorgabe einer absoluten Verschuldungsgrenze erweist sich so als weitgehend ins Leere greifend.

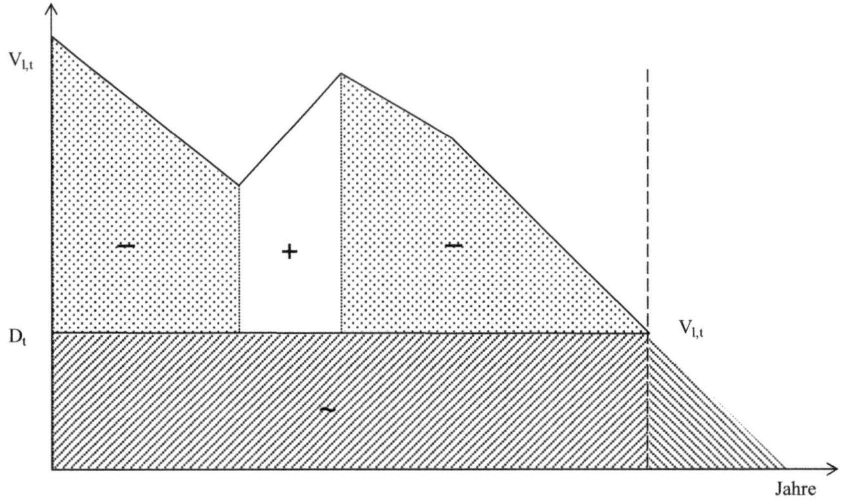

Abbildung 3: *Durchbrechung einer autonomen Finanzierungspolitik für den Fall eines starken Rückgang des Unternehmenswertes*

ausschließende Aufzählung[1219] möglicher Gründe für ein Festhalten an einem konstanten Fremdkapitalbestand, wie sie eine „naive" autonome Finanzierungspolitik bereits zu Beginn der Detailplanungsphase nahelegt, dürfte regelmäßig nur eingeschränkt belastbar sein. Die Argumente, die für diese Form der autonomen Finanzierungspolitik in der Detailplanungsphase aufgeführt wurden, können so durch gewichtigere Argumente entkräftet werden.[1220] Dies gilt insbesondere dann, wenn man wie an dieser Stelle davon ausgeht, dass Unternehmen sich operativ nicht in einem Gleichgewichts- oder Beharrungszustand befinden, d. h., der Rentenfall ist für die Bewertung zunächst nicht einschlägig und die Detailplanungsphase muss daher explizit geplant werden.

Die Annahme eines unveränderbaren Fremdkapitalbestandes erscheint in diesem Kontext damit mehr als nur künstlich. Die Annahme eines konstanten Fremdkapitalbestandes schließt so zunächst, für ein i. d. R. operativ noch wachsendes Unternehmen, eine Finanzierungsquelle per Annahme aus.

1219 Plausibel erscheint in der Praxis i. d. R. vielmehr ein sich gegenseitiges Bedingen „innerer" und „äußerer" Gründe.

1220 Drukarczyk/Honold (1999) sehen eine „naive" autonome Finanzierungspolitik daher nur in der Nähe zum Rentenfall gerechtfertigt. Vgl. Drukarczyk/Honold (1999) S. 344.

Dieser Ausschluss muss, um letztlich zulässig und plausibel zu sein, durch „äußere“ und „innere“ Indizien angezeigt sein, um nicht den Eindruck einer willkürlichen Annahme zu erwecken. Dass die Annahme eines unveränderlichen Fremdkapitalbestandes zumeist unbegründet ist, zeigt sich, wenn man die zuvor für die Konstanz der zukünftigen Fremdkapitalbestände aufgeführten Argumente nochmals eingehender betrachtet. Die auf den ersten Blick einleuchtende Argumentation, dass bereits zu Beginn der Detailplanungsphase ein ökonomisches Optimum des Fremdkapitalbestandes aufgrund der Begrenzung der Abzugsfähigkeit der Zahlungen an die Fremdkapitalgeber durch das herrschende Steuerregime bzw. durch in ausreichender Höhe bestehende NDTS erreicht ist,[1221] verliert für ein operativ wachsendes Unternehmen i. d. R. an Relevanz. So zeichnet sich ein operativ wachsendes Unternehmen regelmäßig gerade dadurch aus, dass die Zuflüsse aus dem Geschäftsbetrieb anwachsen. Mit einem Anstieg der Zuflüsse aus der operativen Tätigkeit eines Unternehmens steigen neben der Verschuldungskapazität regelmäßig auch die Steuerbemessungsgrundlage und damit die von der Steuerbemessungsgrundlage abziehbaren Zahlungen an die Fremdkapitalgeber. Fremdkapitalgeber, die das Unternehmen regelmäßig überwachen,[1222] werden eine solche Entwicklung antizipieren und die Verschuldungsvorgaben anpassen, geht man davon aus, dass die Fremdkapitalgeber kein Interesse daran haben, den Spielraum des Unternehmens anlasslos einzuschränken.[1223] Die Argumente für einen unveränderlichen Fremdkapitalbestand wirken so in der Detailplanungsphase – insbesondere vor dem Hintergrund der Treiber der Finanzierungsentscheidung der Trade-Off-Theorie – nur wenig belastbar.[1224]

1221 Kurzfristig könnte in diesem Zusammenhang auch mit der Existenz von Verlustvorträgen in ausreichender Höhe argumentiert werden. Es besteht im Falle einer negativen Steuerbemessungsgrundlage die Gefahr, dass die Annahme sicherer steuerlicher Vorteile ins Wanken kommen kann, d. h., man sich außerhalb des Annahmerahmens der autonomen Finanzierungspolitik begibt. Drukarczyk/Honold (1999) schlagen an dieser Stelle eine hybride Finanzierungsstrategie vor, in der zwischen sicheren und unsicheren Bestandteilen getrennt wird. Vgl. dazu Drukarczyk/Honold (1999) S .337; 345–346.

1222 Dies ist bei der Annahme vorgegebener Verschuldungsvorgaben keine verwegene Annahme für den Fall, dass die Gläubiger ein Interesse an der Einhaltung der Vorgaben haben. So unterstellen u. a. Fischer et al. (1989) diese Annahme für die Herleitung eines dynamischen Verschuldungsoptimums. Vgl. dazu Fischer et al. (1989) S. 27.

1223 An dieser Stelle ist darauf zu verweisen, dass die Finanzierung eines Unternehmens ein wiederholtes Spiel darstellt, in dem es auch aus Gläubiger-Sicht nicht vorteilhaft sein kann, den Schuldner zu übervorteilen. Vgl. Roberts/Sufi (2009) S. 1683. Ähnlich dazu schon Smith/Warner (1979) S. 137. Dieses Argument wird für die wertabhängige Finanzierungspolitik erneut aufgegriffen.

1224 Auch vor dem Hintergrund der Überlegungen der Pecking-Order-Theorie bzw. der Theorie des Market Timings kann der generelle Ausschluss von weiterem

Die Argumentationskette zugunsten einer solchen Politik bricht in der Detailplanungsphase damit relativ schnell unter der Last der selbst auferlegten Künstlichkeit zusammen. Eine autonome Finanzierungspolitik mit von Beginn an unveränderlichem Fremdkapitalbestand wird in der Folge daher auch als „naive" Operationalisierung einer autonomen Finanzierungsstrategie bezeichnet.[1225] Wie an dieser Stelle nicht näher ausgeführt wird,[1226] kann die Annahme eines sicheren unveränderbaren Fremdkapitalbestandes jedoch in Kombination mit einer atmenden Finanzierungspolitik eine durchaus gerechtfertigte Annahme für die Detailplanungsphase darstellen. In der Literatur wird eine solche Finanzierungspolitik auch als „hybride" oder „gemischte" Finanzierungsstrategie bezeichnet. Wendet man sich an dieser Stelle erneut der „naiven" Interpretation der autonomen Finanzierungspolitik zu, kann zugunsten dieser Annahme aufgeführt werden, dass sie sowohl hinsichtlich Planung als auch der Umsetzung wenig komplex ist.[1227] Dies macht die „naive" Ausprägung der autonomen Finanzierungspolitik für eine empirische Überprüfung im Sinne von Praktikabilitätsüberlegungen attraktiv. Ungeklärt bleibt bei der Annahme einer autonomen Finanzierungspolitik noch, welcher Referenzpunkt, d. h. welcher Fremdkapitalbestand, die Grundlage einer solchen autonomen Finanzierungspolitik bildet.

Man kann an dieser Stelle verschiedene Vorgehensweisen einschlagen, um diesen durch die Annahme der autonomen Finanzierungspolitik noch nicht konkretisierten Punkt zu beantworten. Für den hier betrachteten Fall, dass man nicht auf eine interne Planung der Unternehmen zurückgreifen kann, wird es regelmäßig erforderlich sein, die internen Planungen durch ein eigenes Planungsmodell nachzuvollziehen. Die Diskussion, wie ein solches Vorgehen ausgestaltet werden kann, sei jedoch an dieser Stelle vereinfachend ausgeblendet.[1228] Vereinfacht kann man auf das die Bewertung umgebende Annahmegerüst zurückgreifen, das feste Annahmen mit Blick auf die am Kapitalmarkt herrschenden Erwartungen

---

Fremdkapital als Finanzierungsquelle nicht eingängig begründet werden, erinnert man sich an die Überlegungen des Kapitels I zurück.

1225 Die Annahme einer „naiven" autonomen Finanzierungspolitik wurde in den grundlegenden Arbeiten zur Finanzierungspolitik geprägt. Vgl. dazu u. a. Clubb/Doran (1995) S. 681. Kruschwitz et al. (2011) sprechen analog dazu von einer „[...] sehr speziellen Variante autonomer Finanzierungspolitik [...]". Vgl. Kruschwitz et al. (2011) S. 673. Meitner/Streitferdt (2012) greifen diese Bezeichnung für die „naive" Form der autonomen Finanzierungspolitik in der Folge auf. Vgl. Meitner/Streitferdt (2012) S. 1038.

1226 In einem späteren Abschnitt wird diese Ausprägung der Finanzierungspolitik als gemischte Politik bezeichnet. Eine nähere Betrachtung der Plausibilität dieser Finanzierungsannahme erfolgt dort.

1227 Vgl. Drukarczyk/Honold (1999) S. 344.

1228 Für den Fall zeitveränderlicher deterministischer Fremdkapitalbestände werden diese Ansatzpunkte erneut aufgegriffen.

der Investoren trifft.[1229] An dieser Stelle könnte man beispielsweise der Annahme I von Drukarczyk/Honold (1999) folgen und annehmen, dass der Markt nur über einen begrenzten Prognosehorizont verfügt. Konkretisiert man die Annahme eines begrenzten Prognosehorizonts, könnte man auf eine vereinfachte Fortschreibung des aktuellen Fremdkapitalbestandes abstellen. Diese Annahme ist, wie Drukarczyk/Honold (1999) hervorheben, dabei durch eine gewisse Informationsschiefe gekennzeichnet, wenn man zugleich annimmt, dass der Markt die operative Entwicklung des Unternehmens uneingeschränkt antizipieren kann. Möchte man diese Informationsschiefe z. T. korrigieren, muss man eine Annahme treffen, die dem finanzierungsseitigen Informationshorizont eine vergleichbare Reichweite einräumt, Drukarczyk/Honold (1999) bezeichnen dies als Annahme II. Konkret bedeutet dies, dass der Markt die zukünftige Finanzierungspolitik antizipiert und sich, wie es Drukarczyk/Honold (1999) bezeichnen, als „weitsichtig“ erweist. Unter „Weitsichtigkeit“ wird hier verstanden, dass der auf den in der Rentenphase sich einpendelnden Fremdkapitalbestand als konstantem Verschuldungsumfang abgestellt wird.[1230] Beide Annahmen stellen denkbare Alternativen der pragmatischen Ausgestaltung einer „naiven“ autonomen Finanzierungspolitik dar.[1231] Die autonome Finanzierungspolitik ist in ihrer Ausgestaltung jedoch nicht auf die Annahme des Falls gleichbleibender Fremdkapitalbestände beschränkt.

Behält man den Fokus an dieser Stelle weiter auf der Diskussion „reiner“ autonomer Finanzierungspolitiken, erscheint es für die Detailplanungsphase aufgrund obiger Diskussion plausibler, der Einschätzung von Ballwieser/Hachmeister (2013) zu folgen und eine „beliebige“ Veränderung der Fremdkapitalbestände als mögliche Ausprägungsform einer autonomen Finanzierungspolitik zu sehen.[1232] Wie ist

---

1229 Die Verwendung von Erwartungen der Marktteilnehmer zur Abbildung der zukünftigen Finanzierungspolitik des Unternehmens, wie u. a. in Drukarczyk/Honold (1999) bei der Berechnung der geforderten Eigenkapitalrendite bei Fremdfinanzierung, erscheint zunächst wenig mit der Orientierung an der Unternehmensplanung der Ansätze I und II gemein zu haben. Welchen Ausgangspunkt man wählt, scheint unter der Annahme eines effizienten Kapitalmarktes, auf dem Investoren die Planungen des Unternehmens antizipieren, nachrangig, da beide Sichtweisen letztlich miteinander verschmelzen. Vgl. Drukarczyk/Honold (1999) S. 344.

1230 Vgl. Drukarczyk/Honold (1999) S. 344. An dieser Stelle könnte man geneigt sein, die Frage, ob die Annahme II nun frei von einer Informationsschiefe ist, zu diskutieren.

1231 Drukarczyk/Honold (1999) betrachten darüber hinaus mit Annahme III den Fall einer perfekten Voraussicht zukünftiger Entwicklungen durch den Markt. Annahme III wurde zu Beginn dieses Abschnitts bereits ausgeblendet, stellt sich hier gerade nicht die Frage nach der Gestalt der Finanzierungspolitik.

1232 Drukarczyk/Honold (1999) sprechen vielleicht etwas passender davon, dass sich das Fremdkapital „emanzipiert“ verhält. Vgl. Drukarczyk/Honold (1999) S. 343 Diese Umschreibung kann, wie in der Folge zu zeigen ist, nicht darüber

„beliebig" vor dem Hintergrund zu den Vorüberlegungen zu den Merkmalen einer autonomen Finanzierungspolitik zu verstehen? In der Unternehmensbewertung kann das Wort „beliebig", im Kontrast zum normalen Sprachgebrauch, regelmäßig nicht stellvertretend für das Wort unbegründet stehen. Man steht daher vor der Herausforderung, eine „beliebige" Veränderung des Fremdkapitalbestandes wohl begründen zu müssen.[1233] Anders ausgedrückt, muss man sich, bevor vor die Frage, wie der Planungsprozess bei sich verändernden Fremdkapitalbeständen auszusehen hat, beantwortet werden kann, über die Eigenschaften einer autonomen Finanzierungspolitik im Klaren sein. Orientierung bietet das u. a. von Lobe (2006) hervorgehobene Merkmal einer autonomen Finanzierungspolitik: die Annahme, dass die Veränderungen der Fremdkapitalbestände bereits zum Bewertungszeitpunkt als sicher angenommen werden können.[1234] Auf Basis dieser Eigenschaft erscheint die Umschreibung einer autonomen Finanzierungspolitik als Politik der vorgegebenen Veränderung zukünftiger Fremdkapitalbestände geeignet, den Kern einer autonomen Finanzierungspolitik zu beschreiben. Folgt man dieser Umschreibung, ist in einem zweiten Schritt die Frage, die über jeder Finanzierungsannahme wie ein Damoklesschwert hängt, nach der Plausibilität einer solchen Finanzierungsannahme zu beantworten. Neben der grundsätzlichen Frage nach der inneren Stringenz der Annahme zur Finanzierungspolitik gilt es in einem zweiten Schritt, die eher praxisbezogene Frage nach der Anwendbarkeit der Finanzierungspolitik zu beantworten. Die Beantwortung beider Fragen ist miteinander verwoben, da die Antwort auf die Frage der Plausibilität Rückschlüsse auf die Anwendbarkeit zulässt und vice versa. Bevor die Frage der Plausibilität einer solchen praxisnäheren Annahme einer autonomen Finanzierungspolitik näher betrachtet wird, soll an dieser Stelle zunächst näher auf die, auf den ersten Blick, leichter zu klärende Frage der technischen Umsetzbarkeit – d. h. die Frage der Abbildbarkeit der autonomen Finanzierungspolitik in der Praxis – eingegangen werden.

4.3.1.1. Zur Anwendbarkeit und Plausibilität der Annahme einer autonomen Finanzierungspolitik

Für die folgenden konzeptionellen Überlegungen zu der Plausibilität einer praxisnäheren Ausgestaltung der Annahme einer autonomen Finanzierungspolitik

---

hinwegtäuschen, dass die Annahme der autonomen Finanzierungspolitik kein konkretes Finanzierungsvergalten spezifiziert.

1233 Diese Einschätzung findet sich u. a. bereits in Ezzell/Miles (1983): „[...] there are a number of ways to formulate a debt transaction plan that will produce known levels of future debt [...]." Vgl. Ezzell/Miles (1983) S. 25.

1234 Vgl. u. a. Lobe (2006) S. 205; Clubb/Doran (1995) S. 682. Richter (1998) definiert die autonome Finanzierungspolitik daneben auch mit Blick auf die Unabhängigkeit der Finanzierungspolitik vom Unternehmenswert. Vgl. dazu Richter (1998) S. 379; 380.

sei – wie bereits skizziert – eine Zweiteilung dieser Fragestellung vorgenommen. Zunächst sei der eher technischen Frage nachgegangen, wie die Annahme einer autonomen Finanzierungspolitik in der Praxis mit Leben gefüllt werden kann, um in einem zweiten Schritt der Frage nachzugehen, welche Anforderungen durch die Annahme einer autonomen Finanzierungspolitik an das Unternehmen bzw. das Unternehmensumfeld gestellt werden und ob diese Annahme damit frei von inhaltlichen Widersprüchen ist. Gegen ein solches zweistufige Vorgehen kann eingewendet werden, dass man damit den zweiten Schritt vor dem ersten Schritt geht. Diesem Einwand ist im Grunde nach zuzustimmen, wird man sich der Frage, wie man eine Annahme mit Leben ausfüllt, wohl nicht widmen, hält man die Annahme für inhaltlich unbegründet. Wie die nachfolgenden Überlegungen zeigen werden, zeigen sich – unterstellt man eine autonome Finanzierungspolitik ungesehen als sachgerecht – deutliche Hürden bei einer Operationalisierung einer solchen Politik, die letztlich in die Plausibilitätsüberlegungen einfließen müssen. Blickt man zunächst auf die zweite Fragestellung, so besteht – wenigstens theoretisch – die Gefahr, diese Aspekte nicht in die Überlegungen zur Plausibilität einzubeziehen.

Zur Anwendbarkeit der Finanzierungsannahme in der Praxis

Betrachtet man die Anwendbarkeit einer Annahme zur Finanzierungspolitik, so sind im Vorfeld zwei verschiedene Ausgangspunkte einer Unternehmensbewertung zu differenzieren. Einerseits kann als Ausgangspunkt der Betrachtung von dem Blickwinkel eines Unternehmensinsiders, andererseits von dem Betrachtungspunkt eines externen Betrachters ausgegangen werden. In Abhängigkeit von der Ausgangsposition des Bewerters schwankt das als bekannt vorauszusetzende Informationsniveau des Bewerters und damit die Eignung alternativer Finanzierungsannahmen. Der Blickwinkel eines Unternehmensinsiders wurde bereits an anderer Stelle vereinfachend ausgeschlossen und soll auch an dieser Stelle nicht näher behandelt werden, kann damit doch die Frage der Gestalt des zukünftigen Finanzierungsverhaltens als weitgehend beantwortet gelten. Wie kann also ein externer Betrachter eine Finanzierungspolitik, die sich durch die Vorgabe sicherer Fremdkapitalbestände auszeichnet,[1235] im Rahmen einer Bewertung sachgerecht antizipieren. Der Bewerter muss damit letztlich, wie bereits kurz angedeutet wurde, die unternehmensinterne Planung bzw. das zukünftige Verhalten des Unternehmens geeignet replizieren können.[1236]

1235 Dies ist, wie bereits festgehalten wurde, das zentrale Merkmal einer autonomen Finanzierungspolitik.

1236 Für die folgenden Überlegungen sei vereinfachend darauf abgestellt, dass Unternehmen im Fall einer autonomen Finanzierungspolitik den Fremdkapitaleinsatz unter Vorgabe absoluter Verschuldungsvorgaben planen. Wie ein kurzer Exkurs im Abschnitt 4.3.2. zeigt, ist eine solche Annahme keine zwingende Voraussetzung für eine autonome Finanzierungspolitik, dürfte aber die i. d. R. geradlinigste Herangehensweise darstellen.

Exkurs: Zur Approximation einer autonomen Finanzierungspolitik

Dazu ist es zunächst notwendig, den etwas schwammigen Begriff der Eignung bzw. des Geeignet-Seins zu konkretisieren. Unter Eignung sei für die folgenden Überlegungen weitgehend die Definition des Begriffs Anwendbarkeit von Lütkeschümer (2012) verstanden.[1237] Voraussetzung für die Bestimmung der zukünftigen Fremdkapitalbestände durch einen externen Bewerter ist damit zunächst, dass ein theoretisch wohlfundiertes Modell zur Bestimmung zukünftiger Fremdkapitalbestände zur Verfügung steht. Wie sich in den folgenden Abschnitten zeigen wird, ist diese zentrale Frage in der Praxis regelmäßig nur unzureichend, d. h. bestenfalls approximativ, zu beantworten. Hat man in einem ersten Schritt die Frage nach einem geeigneten Prognosemodell beantwortet, muss man sich in einem zweiten Schritt der Frage widmen, ob das Modell geeignet mit Leben gefüllt werden kann. Diese zweite Frage ist damit die Frage nach der Ableitbarkeit der in das Prognosemodell einfließenden Parameter.[1238] Folgt man den Ausführungen von Lütkeschümer (2012), so ist in einem dritten Schritt zu überprüfen, ob das Prognoseergebnis intersubjektiv ist, also von sachkundigen Dritten ohne Weiteres nachvollzogen werden kann. Als Unterpunkte des Oberbegriffs der Anwendbarkeit können der Aspekt der Verlässlichkeit als auch der Aspekt der Angemessenheit des Aufwandes näher betrachtet werden. Wie die Arbeit von Lütkeschümer (2012) gezeigt hat, kann unter dem Begriff der Verlässlichkeit sowohl die Treffgenauigkeit der Prognose als auch die Nachvollziehbarkeit bzw. Nachprüfbarkeit durch Dritte verstanden werden. Unter dem Begriff der Angemessenheit versteht Lütkeschümer (2012) eine Abwägung zwischen Aufwand und Nutzen eines Prognosemodells. Insbesondere dieses Kriterium enthält einen nicht von der Hand zu weisenden subjektiven Charakter.[1239]

Für die folgenden Überlegungen soll das von Lütkeschümer (2012) entwickelte Gerüst als ein grober Anhaltspunkt für die Beurteilung der Anwendbarkeit alternativer Finanzierungsannahmen herangezogen werden. In einem ersten Schritt ist sich daher zunächst der Frage nach einem sachgerechten Modell zur Bestimmung zukünftiger Fremdkapitalbestände zu widmen. An dieser Stelle wird vereinfachend auf die in der empirischen Literatur zu findende Fortschreibung der historischen Fremdkapitalbestände unter Zuhilfenahme eines mechanischen Prognosemodells abgestellt.[1240] Ein Vorgehen, das, wie ein Blick in die Literatur zeigt, aufgrund mehrerer Aspekte nicht unumstritten ist.[1241] Für empirische

---

1237 Vgl. Lütkeschümer (2012) S. 21.

1238 Vgl. Lütkeschümer (2012) S. 22.

1239 Vgl. Lütkeschümer (2012) S. 22–23.

1240 Alternativ dazu könnte man in Analogie zum Vorgehen zur Bestimmung der Eigenkapitalkosten auch auf Analystenschätzungen bzw. Expertenbefragungen abstellen. Vgl. u. a. Lütkeschümer (2012) S. 32.

1241 Probleme und Kritik an mechanischen Prognosemodellen seien an dieser Stelle nicht Gegenstand einer näheren Betrachtung. Es soll jedoch darauf hingewiesen werden, dass das Kriterium des Zukunftsbezuges i. d. R. verletzt sein wird.

Untersuchungen erscheint das Abstellen auf mechanische Prognosemodelle, als zu mindestens einer Näherungslösung, geeignet, um das Finanzierungsverhalten des Unternehmens wenigstens grob nachbilden zu können. Ein Problem stellt dabei der zunächst unbeschränkte Spielraum bei der Ausgestaltung des mechanischen Prognosemodells dar, der i. d. R. zu einer Verletzung der intersubjektiven Nachprüfbarkeit führen dürfte. Man kann an dieser Stelle versucht sein, die in Kapitel I diskutierten alternativen Kapitalstrukturtheorien als Grundlage für eine Konkretisierung der Bewertungsmodelle heranzuziehen. Bedeutsam dabei ist, dass, wie bereits an einem früheren Punkt angedeutet, erneut das Problem auftritt, dass die Kapitalstrukturtheorie wie auch die konzeptionellen Überlegungen zur autonomen Finanzierungspolitik keine eindeutige Richtschnur zur Bestimmung der zukünftigen Fremdkapitalbestände liefern können.[1242]

Es hilft auf Basis des aktuellen Standes der Forschung m. E. nach an dieser Stelle deshalb nur, auf ein heuristisches Vorgehen zur Lösung der Fragestellung, mit welchen Fremdkapitalbeständen in Zukunft zu rechnen ist, zurückzugreifen. Die grundlegende Frage, wie ein Prognosemodell zu gestalten ist, kann dabei in zwei speziellere Fragestellungen heruntergebrochen werden. Zunächst ist die Frage zu klären, wie ein mechanisches Prognosemodell zur Bestimmung zukünftiger bewertungsrelevanter Parameter aussehen könnte, i.S. der Frage nach der technischen Umsetzung eines solchen Prognosemodells. Als zweites, aus der Antwort auf die erste Fragestellung hervorgehendes Problem, ist zu klären, wie das Modell zur Bestimmung zukünftiger Fremdkapitalbestände inhaltlich konkret ausgestaltet werden muss, um eine von den Unternehmen eingeschlagene autonome Finanzierungspolitik korrekt nachzubilden. Es sind vor dem Hintergrund der zweiten Fragestellung m. a. W. die zur Bestimmung zukünftiger Fremdkapitalbestände bedeutsamen Einflussgrößen zu ermitteln und in einem zweiten Schritt dann Parameter für den konkreten Bewertungsfall abzuleiten.

Die erste Frage nach dem technischen Vorgehen zur Prognose zukünftiger Parameter kann vor dem Hintergrund der empirischen Literatur zur Bestimmung impliziter Kapitalkosten, aber auch von Arbeiten, die unterschiedliche Bewertungsverfahren vergleichen, versucht werden zu beantworten. Stellvertretend sei an dieser Stelle auf ein Regressionsmodell, wie es u. a. auch in Heinrichs et al. (2013) Verwendung findet,[1243] verwiesen. Die Arbeit von Heinrichs et al. (2013) greift zur Bestimmung der in ihren Bewertungsmodellen verwendeten Parameter, insbesondere zur Bestimmung zukünftiger Erträge, auf eine rollierende Querschnittsregression auf Basis der Vergangenheitsdaten der letzten zehn Jahre zurück.[1244] Die

1242 Dies wird nochmals mit den nachfolgenden Überlegungen bzw. in Kapitel III deutlich werden.

1243 Der in Heinrichs et al. (2013) verwendete Ansatz findet zuvor schon in den Arbeiten Hou et al. (2012) sowie in Lee et al. (2010) Anwendung.

1244 Vgl. Heinrichs et al. (2013) S. 55. Ein vergleichbares Vorgehen wird in Hou et al. (2012) und Lee et al. (2010) eingeschlagenen. Vgl. Lee et al. (2010) S. 11; Hou et al. (2012) S. 507.

abhängige Variable, in dem von Heinrichs et al. (2013) betrachteten Fall die zukünftigen Erträge, werden für die Schätzung der Regressionskoeffizienten über einen Prognosehorizont von fünf Jahren variiert.[1245] In einem zweiten Schritt werden, auf Basis der ermittelten Regressionskoeffizienten und der zum Betrachtungszeitpunkt vorliegenden unabhängigen Variablen, Schätzungen der zukünftigen Erträge mit einem Prognosehorizont von bis zu fünf Jahren vorgenommen.[1246] Voraussetzung für ein solches Vorgehen ist, dass der durch das Regressionsmodell beschriebene Zusammenhang sowie die geschätzten Regressionskoeffizienten im Zeitverlauf stabil sind, d. h. das Prognosemodell die Finanzierungsentscheidungen des Unternehmens nachhaltig beschreiben kann. Diese Annahme, die regelmäßig eine Voraussetzung für die Anwendung mechanischer Prognosemodells ist, wird in der Literatur durchaus kritisch hinterfragt. Für das u. a. in Heinrichs et al. (2013) verwendete mechanische Prognosemodell haben etwa Hou et al. (2012) nachgewiesen, dass diese in der Literatur geäußerten Befürchtungen mit Blick auf die Instabilität der Unternehmensprozesse nicht gerechtfertigt erscheinen. Das mechanische Prognosemodell zeigt sich, wenigstens gegenüber der alternativen Verwendung von Analystenschätzungen zur Abbildung der zukünftigen Unternehmensentscheidungen, als überlegen.[1247] Zudem kann den mit dem mechanischen Prognosemodell von Heinrichs et al. (2013) beschriebenen Zusammenhängen bzw. identifizierten Einflussfaktoren aufgrund der wiederholten Anwendung dieses Modells in der Literatur bereits eine gewisse Stabilität zugesprochen werden.[1248] Für die Bestimmung der zukünftigen Fremdkapitalbestände, die für diese Arbeit im Mittelpunkt stehen, hat sich demgegenüber keine vergleichbare Tradition etabliert.

Damit ist die Frage, wie das mechanische Prognosemodell zur Bestimmung zukünftiger Fremdkapitalbestände ausgestaltet werden muss – mit Blick auf die in Kapitel I skizzierte Breite alternativer Kapitalstrukturtheorien –, an dieser Stelle noch als offen zu bezeichnen. Auch die alternativen Finanzierungspolitiken der Unternehmensbewertung – dies werden die weiteren Überlegungen zeigen – bieten abseits der „naiven" Auslegung lediglich einen ersten Ansatzpunkt für eine Konkretisierung. Die u. a. von Barton/Gordon (1987) vorgetragene Kritik, dass die „klassischen" Finanzierungstheorien bestenfalls ein grobes Gerüst für das Verständnis der Finanzierungsentscheidung bieten, ist damit weiterhin zutreffend.[1249]

1245 Vgl. Heinrichs et al. (2013) S. 52; 56. Auch in: Lee et al. (2010) S. 11; Hou et al. (2012) S. 507.

1246 Vgl. Heinrichs et al. (2013) S. 2; 56–57; Hou et al. (2012) S. 507; Lee et al. (2010) S. 12.

1247 Vgl. u. a. Hou et al. (2012) S. 513; Lee et al. (2010) S. 11.

1248 Vgl. Heinrichs et al. (2013) S. 52; Hou et al. (2012) S. 506–507.

1249 Barton/Gordon (1987) sprechen so davon, dass „[a]s a result, both scholars and practitioners are left with little more than checklists of possible things to consider when trying to understand the basic capital structure decision, along with some speculation about how important the factors may be [...]". Barton/Gordon (1987) S. 68.

Ein Weg, der zu Beantwortung dieser Frage eingeschlagen werden kann, beginnt mit der erneuten Betrachtung der Literatur, die sich intensiv mit den Determinanten des Verschuldungsgrades bzw. der Fremdkapitalquote beschäftigt hat. Dieses Vorgehen bietet einerseits den Reiz, dass bereits auf theoretische Überlegungen zum Einfluss der Determinanten auf den Verschuldungsgrad zurückgegriffen werden kann, die u. a. zur Plausibilitätsprüfung der Schätzungen der Koeffizienten herangezogen werden können.[1250] Andererseits wurde der Weg der empirischen Überprüfung des Einflusses ausgewählter Determinanten bereits mehrfach beschritten.[1251] Mit der Breite der Definitionen der zugrunde liegenden Variablen sowie der Vielfalt der in der Literatur identifizierbaren Variablen, die nachhaltigen Einfluss auf die Unternehmensverschuldung ausüben, ist das Problem, ein geeignetes Prognosemodell zu spezifizieren, jedoch nicht einfach zu lösen.[1252] Das Vorgehen zur Prognose der zukünftigen Fremdkapitalbestände dürfte damit, wie zuvor beschrieben, in der Praxis nur durch ein heuristisches Vorgehen zu lösen sein. Die konkrete Gestalt des, der Schätzung der zukünftigen Fremdkapitalbestände zugrunde zu legenden, Modells dürfte im Allgemeinen damit von den Einschätzungen und der Fähigkeit des Bewerters abhängen.[1253] Die Spezifizierung und Überprüfung verschiedener Ausprägungen eines mechanischen Prognosemodells zur Prognose zukünftiger Fremdkapitalbestände, wie es an dieser Stelle notwendig wäre, würde den Umfang dieser Arbeit sprengen. An dieser Stelle wird daher auf die, durchaus interessante und in der Zukunft zu klärende, Frage der möglichen Spezifizierung eines solchen Prognosemodells nicht näher eingegangen.[1254]

Gleichwohl ist mit diesem kurzen Exkurs deutlich geworden – stellt man nicht auf vollkommene Informationen ab –, dass die Aufgabe, zukünftige Verschuldungsgrade durch ein mechanisches Regressionsmodell zu spezifizieren, mit einer Reihe von Fallstricken verbunden ist, die in der Praxis wohl pragmatisch zu lösen sind. Dies setzt einen solchen Ansatz jedoch der Gefahr aus, dass die zu Beginn dieses Exkurses skizzierten Qualitätsstandards nicht eingehalten werden können.

Über die Fragestellung, wie ein mechanisches Prognosemodell konkret auszugestalten ist, hinaus erscheint es an dieser Stelle sinnvoll – in Übergang zu den Plausibilitätsüberlegungen –, der Frage der Kompatibilität des Einsatzes eines mechanischen Prognosemodells mit den Annahmen einer autonomen

1250 Dieses Argument blendet die zuvor beschriebene Mehrdeutigkeit mancher Kapitalstrukturdeterminanten großzügig aus.

1251 Diese Eigenschaft ist, wie gezeigt, dabei nicht nur Vorteil, sondern auch Hypothek zugleich.

1252 Dies wird auch anhand der Überlegungen des Kapitels III deutlich werden.

1253 Dies kollidiert jedoch mit der zu Beginn dieses Abschnitts gemachten Maßgabe eines intersubjektiven Vorgehens.

1254 Ob ein solches Vorgehen letztlich das Kriterium der Angemessenheit erfüllt, sei an dieser Stelle vereinfachend ausgeblendet.

Finanzierungspolitik nochmals kurz Platz einzuräumen.[1255] Anknüpfungspunkt zur Beurteilung der Kompatibilität bildet dabei das in Abschnitt 4.3.1. hervorgehobene Kriterium, dass sich eine autonome Finanzierungspolitik durch zum Bewertungszeitpunkt sichere zukünftige Fremdkapitalbestände auszeichnet. Kann diese Eigenschaft nun mit der Verwendung eines mechanischen Prognosemodells gewährleistet werden? Für eine solche Vermutung spricht zunächst einmal der Umstand, dass die Prognose zukünftiger Fremdkapitalbestände auf zum Betrachtungszeitpunkt bekannten Eigenschaften des Unternehmens aufbaut. Aus dieser Perspektive wird auf den ersten Blick also keine Unsicherheit in die zukünftigen Fremdkapitalbestände eingebracht.[1256] Eine solche Einschätzung beruht auf der wohl bestenfalls teilweise zutreffenden Annahme, dass zukünftige Finanzierungsentscheidungen durch die Unternehmenshistorie bestimmt werden. Ohne an dieser Stelle auf alle sichtbaren Schwächen einer solchen Annahme einzugehen, ergibt sich ein erstes Problem aus der wohl regelmäßig bestehenden Unvollständigkeit des mechanischen Prognosemodells. Entgegen der getroffenen Annahme werden die Prognosemodelle der Praxis – etwa aufgrund des unvollständigen Theoriegerüsts – regelmäßig nur annähernd vollständig und die vermuteten Zusammenhänge auch nur annähernd zeitstabil sein. Die aus einem mechanischen Prognosemodell ableitbaren zukünftigen Finanzierungsentscheidungen werden die grundlegende Annahme einer deterministischen Veränderung der Kapitalstruktur also mehr oder weniger stark verletzen. Damit lässt sich mit dem mechanischen Prognosemodell letztlich lediglich eine „pseudo"-autonome Finanzierungspolitik, d. h. die tatsächlichen Finanzierungsentscheidungen des Unternehmens werden regelmäßig nur unvollkommen abgebildet, ableiten. Streng genommen, kann m. E. nach mit der Verletzung der Annahme eines vollkommenen Prognosemodells auch die Annahme einer autonomen Finanzierungspolitik im Rahmen der Unternehmensbewertung nicht weiter aufrechterhalten werden,[1257] dürfte es einem externen Bewerter doch schwerfallen, die Annahme einer autonomen Finanzierungspolitik sachgerecht mit Leben zu füllen.[1258]

An diesem Punkt könnte man damit bereits ein kurzes Fazit über die fehlende Praktikabilität der Annahme einer autonomen Finanzierungspolitik ziehen, dies

---

1255 Anders ausgedrückt, könnte man an dieser Stelle fragen, ob ein mechanisches Prognosemodell tatsächlich eine autonome Finanzierungspolitik generiert oder das Ergebnis nur eine pseudo-autonome Finanzierungspolitik darstellt.

1256 Im Kontrast beispielsweise zu einer atmenden Finanzierungspolitik, die den zukünftigen Fremdkapitalbestand an die unsichere Größe des zukünftigen Unternehmenswert anknüpft.

1257 Fraglich hierbei ist natürlich, inwieweit dieser Umstand gravierende Auswirkungen auf das Bewertungsergebnis hat, und bedürfte empirischen Überprüfung.

1258 Für einen unternehmensinternen Bewerter kann dagegen gemutmaßt werden, dass mit Kenntnis der vertraglichen Vereinbarungen und der genauen Laufzeiten ein erster Anhaltspunkt für die Ausgestaltung einer autonomen Finanzierungspolitik besteht.

soll an dieser Stelle jedoch noch kurz zurückgestellt werden. Zuvor soll noch kurz die Frage betrachtet werden, wie eine autonome Finanzierungspolitik in der zweiten Phase, d. h. der Rentenphase, modelliert werden muss. Die Antwort hierauf findet sich bereits in den Ausführungen zur „naiven“ autonomen Finanzierungspolitik. Für die Rentenphase ist ein unveränderbarer, zum Bewertungszeitpunkt bereits bekannter Fremdkapitalbestand zu unterstellen.[1259] Die zunächst gegen eine solche Finanzierungspolitik in der Detailplanungsphase aufgeführten Gründe scheinen in der Rentenphase weit weniger durchschlagskräftig, d. h., es erscheint damit durchaus denkbar, dass ein Unternehmen, das sich operativ im Gleichgewichtszustand befindet, auch über einen Fremdkapitalbestand verfügt, der einen eingeschwungenen Zustand erreicht hat.[1260] Diese Annahme wird in der Literatur jedoch nur stellenweise als belastbar angesehen. Im Rahmen der Überlegungen zur Plausibilität der Annahme einer autonomen Finanzierungspolitik wird hierauf näher eingegangen. Als besonders problematisch erweist sich aber auch an dieser Stelle erneut die Aufgabe, eine geeignete Schätzung der Höhe des in der Rentenphase zu unterstellenden Fremdkapitalbestandes zu ermitteln. Hält man an der Annahme fest, dass der Rückgriff auf interne Planungen bzw. die Vereinbarung mit den Fremdkapitalgebern nicht möglich ist, bietet sich, abgesehen von einer Fortschreibung im Sinne der „naiven“ autonomen Finanzierungspolitik, erneut die Möglichkeit, eine an das mechanische Prognosemodell anknüpfende Schätzung des zukünftigen Fremdkapitalbestandes vorzunehmen. Letztlich ist, blendet man die hierbei auftretenden „technischen“ Hürden aus, an dieser Stelle in einem zweiten Schritt erneut zu hinterfragen, ob die mit einer autonomen Finanzierungspolitik verbundenen Annahmen mit der Praxis vereinbar sind.

Zur Plausibilität der Annahme einer autonomen Finanzierungspolitik

Zur Beurteilung der Plausibilität der Annahme der autonomen Finanzierungspolitik wird zunächst eine übergeordnete Perspektive eingenommen. Wie bereits angedeutet wurde, ist es im Rahmen der Plausibilitätsbeurteilung notwendig und sinnvoll, zwischen Detailplanungsphase und der Rentenphase zu differenzieren, dies soll im Anschluss an die allgemeinen Überlegungen in einem zweiten Schritt geschehen. Blickt man in einem ersten Schritt auf die Überlegungen der Literatur, so zeigt sich, dass das Spektrum der gegenüber der Annahme einer autonomen Finanzierungspolitik vertretenen Einschätzungen breit ist. Das Spektrum reicht dabei von der fast vollständigen Bejahung der Praxisrelevanz dieser Finanzierungsannahme, wie sie beispielsweise Kruschwitz/Löffler (2006) äußern,[1261] und

1259 Man folgt letztlich damit der Annahme II von Drukarczyk/Honold (1999).

1260 Als Argument für einen Gleichgewichtszustand könnte erneut auf die Vermutung zurückgegriffen werden, dass im Gleichgewichtszustand ein aus Sicht der steuerreduzierenden Wirkung des Fremdkapitals optimales Niveau erreicht wurde.

1261 „We suppose, however, that autonomous financing is pretty close to reality.“ Vgl. Kruschwitz/Löffler (2006) S. 61. Grundsätzlich zustimmend äußern sich auch Drukarczyk/Honold (1999) gegenüber einer wertabhängigen Finanzierungspolitik.

einer Reihe kritischer Anmerkungen, die erhebliche Zweifel an der – wenigstens dauerhaften – Dominanz einer autonomen Finanzierungspolitik in praxi nahelegen. So zweifeln beispielsweise Diedrich/Dierkes (2015) die Realitätsnähe einer autonomen Finanzierungspolitik mit Blick auf die definitionsgemäß zustandsunabhängigen Fremdkapitalbestände als „wenig glaubhaft"[1262] an. Ein guter Überblick über die Breite der unterschiedlichen Einschätzungen und Stellungnahmen in der Literatur findet sich u. a. in der Arbeit von Lobe/Essler (2008).[1263]

Auf eine detaillierte Darstellung alternativer Fundstellen sei mit Verweis auf diese Übersicht daher an dieser Stelle verzichtet. Es erscheint an dieser Stelle vielmehr bedeutsam, die Überlegungen, die hinter einer Ablehnung bzw. Zustimmung zu der Annahme einer autonomen Finanzierungspolitik stehen, hervorzukehren. Dieser Aspekt wird in der Literatur stellenweise vernachlässigt[1264] und soll daher in der Folge eingehender beleuchtet werden. Im Zentrum der Frage, ob sich die Annahme einer autonomen Finanzierungspolitik nahe an der Realität bewegt, steht regelmäßig das zentrale Merkmal dieser Finanzierungspolitik: Die nach dem Bewertungs- bzw. Planungszeitpunkt eintretenden Veränderungen in den Rahmenbedingungen haben keine Auswirkung auf zukünftige Finanzierungsentscheidungen und damit den zukünftigen Fremdkapitalbestand. Mit der Zustandsunabhängigkeit wird letztlich die Unveränderlichkeit der geplanten Fremdkapitalbestände in der Zukunft festgelegt. Dies bedeutet jedoch, dass das Management des Unternehmens nach einer einmaligen Festlegung zukünftiger Fremdkapitalbestände zukünftig nicht mehr steuernd in die Finanzierungsentscheidungen eingreift, um die Finanzierung an ggf. veränderte operative Rahmenbedingungen anzupassen.[1265] Kritiker der

---

Vgl. Drukarczyk/Honold (1999) S. 347. Eher indirekt zustimmend äußern sich Inselbag/Kaufold (1997) mit folgender Vermutung: „Many firms agree to financing contracts that specify debt service payments and outstanding future debt levels over the life of the contract, as opposed to adhering to a target capital structure by fixing the firm's debt as a constant proportion of firm value." Inselbag/Kaufold (1997) S. 116. Inselbag/Kaufold (1997) haben dabei insbesondere den Fall einer mit Fremdkapital finanzierten Unternehmensübernahmen (LBO) vor Augen.

1262 Vgl. Diedrich/Dierkes (2015) S. 105. So u. a. auch Lewellen/Emery (1986) S. 423; Appleyard/Dobbs (1997) S. 493. Interessanterweise lehnt auch Modigliani (1988) die Annahme einer autonomen Finanzierungspolitik, auch mit Blick auf eine mögliche Veränderung des Steuersystems, als mit der Realität unvereinbar i. d. R. ab. Vgl. Modigliani (1988) S. 152.

1263 Vgl. Lobe/Essler (2008) S. 62–66.

1264 So bezeichnen beispielsweise Strong/Appleyard (1992) die atmende Finanzierungspolitik gegenüber einer autonomen Finanzierungspolitik zwar als plausibler, die genauen Beweggründe für diese Einschätzung werden jedoch nicht näher erläutert. Vgl. Strong/Appleyard (1992) S. 19.

1265 Die englischsprachige Literatur bezeichnet die autonome Finanzierungspolitik daher auch als „passive debt management policy", also als passive Fremdfinanzierungspolitik. Vgl. u. a. Strong/Appleyard (1992) S. 12; Appleyard/Dobbs (1997) S. 481.

Annahme einer autonomen Finanzierungspolitik erachten die mit dieser Art der Finanzierung vorgenommene Trennung zwischen der i. d. R. unsicheren zukünftigen operativen Unternehmensentwicklung und der davon losgelösten als sicher bestimmbar angenommenen Finanzierungsseite als unzulässig. Anders ausgedrückt, wird in Teilen der Literatur daran gezweifelt, dass die in Zukunft eintretenden operativen Entwicklungen keinen Einfluss auf die Verschuldungspolitik ausüben und das Unternehmen unverändert an einen in den Vorperioden erstellten Finanzierungsplan festhalten kann und auch wird.[1266]

Die Loslösung der Finanzierungspolitik von der operativen Unternehmensentwicklung kann aufgrund mehrerer Aspekte als unzulässig abgelehnt werden. Als die Kritik dominierend erweist sich dabei regelmäßig die u. a. von Taggart (1991) geäußerte Vermutung, dass die operative Unsicherheit letztlich auch die realisierbaren Finanzierungsentscheidungen bestimmt und somit die Grundannahme der autonomen Finanzierungspolitik zustandsunabhängiger Fremdkapitalbestände zwangsläufig verletzt wird.[1267] Kritiker der Annahme sicherer zukünftiger Fremdkapitalbeständen weisen so darauf hin, dass das Merkmal der Passivität einer autonomen Finanzierungspolitik unter bestimmten Rahmenbedingungen zu Widersprüchen im ursprünglichen Annahmegerüst führen kann. In ausgewählten Umweltzuständen dürfte etwa die Annahme der Ausfallfreiheit des eingesetzten Fremdkapitals mit der Annahme eines zustandsunabhängigen Fremdkapitalniveaus kollidieren.[1268] Stehen Unternehmen doch im Fall eines unerwarteten Einbruchs der wirtschaftlichen Leistungsfähigkeit vor der Frage, ob die Gefahr einer Insolvenz des Unternehmens durch eine Veränderung der Kapitalstruktur umgangen werden kann. Eine autonome Finanzierungspolitik stellt, im Kontrast zu einer atmenden bzw. wertabhängigen Finanzierungspolitik, so nicht per se sicher, dass durch die Ausgestaltung der Fremdkapitalbestände in jedem Fall die Annahme der Ausfallfreiheit gewährleistet ist.[1269]

Die Plausibilität einer autonomen Finanzierungspolitik hängt mit anderen Worten u. a. davon ab, wie das passive Verhalten des Unternehmens sowie die annahmegemäß bestehende Gewissheit mit Blick auf zukünftige Fremdkapitalbestände stimmig plausibilisiert bzw. in der Bewertung abgebildet werden kann. Ergänzend

---

1266 Vgl. u. a. Diedrich/Dierkes (2015) S. 105; Richter (1998) S. 380; Lewellen/Emery (1986) S. 423; Miles/Ezzell (1985) S. 1488; Ezzell/Miles (1983) S. 30; 31; Miles/Ezzell (1980) S. 719–720; 729.

1267 Vgl. Taggart (1991) S. 10.

1268 Vgl. Lobe/Essler (2008) S. 67; Lobe (2006) S. 203; Schwetzler/Darijtschuk (2000) S. 122; Appleyard/Dobbs (1997) S. 492.

1269 An dieser Stelle lässt sich zwar argumentieren, dass eine autonome Finanzierungspolitik so gestaltet werden kann, dass die Ausfallfreiheit mit gutem Gewissen angenommen werden kann. Aufgrund der Definition der autonomen Finanzierungspolitik gilt dies jedoch nur mit Blick auf die am Bewertungsstichtag vorherrschenden Erwartungen und nicht mit Blick auf die zukünftigen unsicheren Entwicklungen.

ist als weiterer Aspekt zu hinterfragen, inwieweit die getroffene Finanzierungsannahme letztlich kompatibel mit den im Rahmen der Modigliani/Miller Modellwelt gesetzten Prämissen ist, d. h. die Frage, ob die autonome Finanzierungspolitik mit sich selbst im Widerspruch steht. Wie lässt sich also die mit einer autonomen Finanzierungspolitik einhergehende Passivität des Unternehmens mit Blick auf die Fremdfinanzierung des Unternehmens nun erklären? Für die Einschätzung der Plausibilität einer solchen Annahme ist es an dieser Stelle hilfreich, zwischen verschiedenen Verhaltensmustern als auch zwischen verschiedenen Unternehmensphasen unter Berücksichtigung der herrschenden Rahmenbedingungen zu differenzieren.

Widmet man sich in einem ersten Schritt der Betrachtung der Begleitumstände einer Bewertung, können unterschiedliche Grade der Unsicherheit über die zukünftige Unternehmensentwicklung unterschieden werden.[1270] Zunächst sei vereinfachend angenommen, dass lediglich zwei Ausprägungen mit Blick auf die zukünftige Unternehmensentwicklung bestehen: Sicherheit und Unsicherheit.[1271] Für den Fall, dass keine Unsicherheit mit Blick auf die zukünftige Unternehmensentwicklung besteht, ist die Frage nach der Plausibilität der autonomen Finanzierungspolitik einfach zu beantworten. Die Zugrundelegung einer anderen Finanzierungspolitik im Rahmen der Bewertung als der autonomen Finanzierungspolitik erscheint im Fall der Sicherheit zumindest begründungsbedürftig. Die Folgerung, dass im Fall der Sicherheit allein die autonome Finanzierungspolitik zur Disposition steht, basiert letztlich auf den Überlegungen, die Kritiker im Fall der Unsicherheit gegen eine autonome Finanzierungspolitik in Stellung bringen. Es erscheint im Falle der Sicherheit einerseits nicht angezeigt, bei uneingeschränkter Kenntnis der operativen Unternehmensentwicklung von einer Finanzierungspolitik auszugehen, die diese Planungssicherheit künstlich ausblendet. Insbesondere müsste eine solche Finanzierungspolitik auch arbiträr gestaltet sein, um eine Aktivität des Managements in der Zukunft zu erzwingen.[1272] Mit anderen Worten kann

1270 Der Aspekt der Unsicherheit und die dafür beobachtbaren Indizien spielen dabei im weiteren Verlauf der Beurteilung der autonomen Finanzierungspolitik eine gewichtige Rolle.

1271 Die Darstellung orientiert sich dabei an der von Carlsen (2008) vorgenommenen Einteilung in verschiedene Grade der Unsicherheit. Die Gewissheit der Investoren über die zukünftige Unternehmensentwicklung kann im theoretischen Modellen zwischen der vollständigen Sicherheit über die zukünftige Entwicklung – wie etwa in der Arbeit von Miller/Modigliani (1961) – und der vollkommenen Unsicherheit über die zukünftige Entwicklung, wie u. a. etwa durch Schneider (1992) beschrieben, schwanken. Vgl. dazu Carlsen (2008) S. 36–37; Schneider (1992) S. 445–446; Miller/Modigliani (1961) S. 412.

1272 So würde u. a. die in der Folge diskutierte wertorientierte Finanzierungspolitik mit der Vorgabe fester Kapitalquoten im Fall der Sicherheit gleichbedeutend mit einer autonomen Finanzierungspolitik sein bzw. gegen eine autonome Finanzierungspolitik konvergieren. Dies würde sich u. a. darin zeigen, dass sich der Kapitalkostensatz des unverschuldeten Unternehmens an die risikolosen Kapitalkosten

die Passivität des Managements im Falle der autonomen Finanzierungspolitik damit erklärt werden, dass ein späteres Eingreifen in den Finanzierungsprozess im Fall der Sicherheit schlichtweg nicht erforderlich ist, da sich die Erwartungen in der Zukunft als gerechtfertigt erweisen.[1273] Ob tatsächlich eine Begrenzung der zukünftigen Handlungsfreiheit des Managements besteht, die eine Reaktion auf veränderte Rahmenbedingungen unterbindet, ist im Fall einer durch Sicherheit geprägten Umgebung unerheblich. Praxisrelevant erscheint eine solche Situation, in der absolute Sicherheit über die zukünftige Unternehmensentwicklung herrscht, jedoch nicht.[1274]

Wendet man sich daher den Fall der Unsicherheit zu,[1275] kann man in einem ersten Schritt zunächst vereinfacht von dem entgegengesetzten Extremfall, d. h. von vollkommener Ungewissheit über die zukünftige Unternehmensentwicklung, ausgehen. Die Annahme einer autonomen Finanzierungspolitik, d. h. die Annahme sicherer Fremdkapitalbestände und eines sicheren Wertbeitrages der Fremdfinanzierung, wirkt für den Fall, dass die vollständige zukünftige Unternehmensentwicklung fast gänzlich unsicher ist, wenig überzeugend. Im Kontrast zum Fall der Planungssicherheit ist so – den Blick auf die Finanzierungspolitik gerichtet – ex ante weder bekannt, ob das Unternehmen seinen Zahlungsverpflichtungen jederzeit nachkommen kann, noch, ob das Unternehmen den Steuervorteil in Zukunft mit Sicherheit heben kann. Die für den Fall der Sicherheit skizzierte Konvergenz der wertabhängigen Finanzierungspolitiken zur autonomen Finanzierungspolitik dürfte sich nun umkehren. Unter absoluter Unsicherheit erscheint es daher plausibel, dass auch eine Finanzierungspolitik fester Fremdkapitalbestände nur mit unsicheren Wertbeiträgen verbunden ist. Wie bereits die Annahme einer Bewertung unter Sicherheit so dürfte auch die Annahme der absoluten Unsicherheit mit Blick auf zukünftige Unternehmensentwicklungen eher aus theoretischer Sicht bedeutsam sein.

Die vorstehenden, eher theoretisch motivierten, Überlegungen können jedoch zum Anlass genommen werden, ein facettenreicheres Bild einer durch Unsicherheit

---

annähern würde. Der Unterschied zwischen Fremd- und Eigenkapital verwischt im Fall der Sicherheit. Vgl. Schmidt/Terberger (1997) S. 121. Das Unternehmen müsste so mit Zwang eine andere als die autonome Finanzierungspolitik verfolgen.

1273 Vgl. für diesen Aspekt u. a. auch Lewellen/Emery (1986) S. 417. Eine Ausnahme würde eine zunächst fehlerhafte Planung zukünftiger Fremdkapitalbestände darstellen, die jedoch an dieser Stelle ausgeblendet werden soll.

1274 Vgl. dazu u. a. auch Carlsen (2008) S. 93. Wie Richter (1998) festhält, wird in der Regel unterstellt, dass sich „die Erwartungen bezüglich der zukünftigen Zahlungsüberschüsse im Zeitverlauf ändern können“. Richter (1998) S. 380.

1275 Wie sich spätestens bei der Betrachtung der wertabhängigen Finanzierungspolitik zeigt, bildet ein Umfeld der Unsicherheit regelmäßig den Rahmen, in dem alternative Finanzierungspolitiken zu vergleichen sind. Ein Beispiel hierfür ist u. a. Löffler (2002) S. 298.

geprägten Welt zu betrachten. Mit anderen Worten ist es an dieser Stelle sinnvoll, sich von der bipolaren Sichtweise zu trennen und verschiedene Nuancierungen der Unsicherheit zuzulassen. Ein solches Vorgehen kommt damit den regelmäßig in der Realität vorzufindenden Bedingungen näher, in der, in Abhängigkeit zu den Unternehmenseigenschaften, unterschiedliche Grade der Verlässlichkeit der Schätzungen und damit der Länge der möglichen Prognosehorizonte unterschieden werden können. Konkret bedeutet dies, dass sich die Planungssicherheit über die Entwicklung der zukünftigen Fremdkapitalbestände zwischen einem Planungszeitraum von einer Periode[1276] und im Idealfall über den gesamten Planungszeitraum, d. h. über das gesamte ökonomische Leben eines Unternehmens erstrecken kann. Mit der Annäherung an die obere Grenze des möglichen Planungshorizonts nähert man sich dem Fall einer vollständigen autonomen Finanzierungspolitik an.

Wie dieser erste Zwischenschritt zeigen sollte, hängt die Güte der Annahme der autonomen Finanzierungspolitik letztlich vom vorherrschenden Grad der Unsicherheit über die zukünftige Unternehmensentwicklung ab. Teile der Literatur nähern sich daher der Frage der Treffgenauigkeit der Annahme der Finanzierungspolitik über die Abgrenzung verschiedener Stufen der Planungssicherheit an.[1277] Auf Basis des ersten Zwischenschritts können in einem ersten Schritt zunächst laufzeitunabhängig Kriterien für die Plausibilität der autonomen Finanzierungspolitik entwickelt werden. Diese Kriterien übersetzen sich implizit in die Frage, wie nahe die Planungen des Unternehmens einer Planung unter Sicherheit kommen und an welchen Parametern ein sicheres Umfeld festgemacht werden kann.[1278] Diesem Vorgehen folgt m. E. nach u. a. die Vermutung von Lobe (2006), dass eine autonome Finanzierungspolitik besonders für Unternehmen und Branchen, die sich als beständig erweisen, d. h. mit den Worten von Lobe (2006) in einem „reifen“ Umfeld agieren,[1279] geeignet ist. In diesem ersten Schritt zur Bestimmung der Determinanten der Finanzierungspolitik wird versucht, die Unsicherheit der Finanzierungsseite an der Gesamtunsicherheit über die zukünftige operative Entwicklung festzumachen. Ein Nachteil dieses Ansatzes ist die zwangsläufige Grobheit, die mit einem solchen Vorgehen verbunden ist. Die Grobheit wird deutlich, wenn man das Vorgehen, das zu einer Entscheidung über die Plausibilität der autonomen Finanzierungspolitik führen soll, näher betrachtet. Der Ansatz erfordert so einen

---

1276 Folgt man der Darstellung von Miles/Ezzell (1980), gilt dies gerade für eine wertorientierte Finanzierungspolitik.

1277 Eine Differenzierung verschiedener Phasen der Planungsunsicherheit zeigt sich späterhin auch in der Trennung zwischen Detail- und Rentenphase, die hier zunächst ausgeblendet wird. Vgl. dazu auch Lobe/Essler (2008) S. 67.

1278 Unter Sicherheit wird an dieser Stelle ein Umfeld verstanden, in dem es den Bewerter aufgrund der verfügbaren Informationen möglich ist, eine verlässliche Schätzung der zukünftigen Entwicklung des Unternehmens vorzunehmen.

1279 Vgl. Lobe (2006) S. 209; Lobe/Essler (2008) S. 66. Zur Bedeutung der Branchenzugehörigkeit vgl. auch Lewellen et al. (1977) S. 120.

Referenzpunkt, an dem die Entscheidung über die herrschende Unsicherheit festgemacht werden muss, d. h., es ist ein gewisser Grad an operativer Unsicherheit zu definieren, der für die Annahme einer autonomen Finanzierungspolitik als noch akzeptabel angesehen werden kann. Dieser Referenzpunkt wird bei einer globalen, d. h. laufzeitunabhängigen, Plausibilitätsentscheidung vergleichsweise vage sein. Das Kriterium eines „reifen“ Marktes scheint so insgesamt zu vage, um eine Entscheidung für oder gegen die Annahme einer autonomen Finanzierungspolitik zu treffen. Stellt man stellvertretend auf die Branchenzugehörigkeit als Kriterium der Marktreife und damit der Planungssicherheit ab, zeichnet sich relativ schnell ab, dass das Kriterium als alleiniges Kriterium der Plausibilitätsbeurteilung schnell an seine Grenzen stößt. Zum einen kann man argumentieren, dass die Branchenzugehörigkeit allein das Merkmal der Planungssicherheit nur ungenügend abdeckt,[1280] zum anderen kann man darauf verweisen, dass die Branchenzugehörigkeit kein unverrückbares Merkmal der Planungssicherheit darstellen muss.[1281] Eine vordergründige Analyse der Plausibilität der autonomen Finanzierungspolitik würde die Betrachtung an diesem Punkt abbrechen. Ein solches Vorgehen greift jedoch i. d. R. zu kurz.

In einem zweiten Schritt ist es daher erforderlich, für den Fall der Unsicherheit über die zukünftigen Unternehmensentwicklungen, die Implikationen einer autonomen Finanzierungspolitik nochmals näher zu betrachten. Wechselt man also in ein Bewertungsumfeld, in dem Sicherheit bzw. annähernde Sicherheit über zukünftige Unternehmensentwicklungen, beispielsweise durch begleitende Marktgegebenheiten, nicht mehr als gegeben angenommen werden kann, schlägt der Versuch fehl, den Planungsansatz einer autonomen Finanzierungspolitik damit zu motivieren, dass eine vergleichbare atmende Politik zu einer der autonomen Politik konvergiert und bei einem vergleichbaren Planungsansatz zu wertmäßig identischen Ergebnissen führt. Man muss in einem unsicheren Umfeld daher, wie im einleitenden Abschnitt angedeutet, die Annahme der Passivität des Managements bei der Annahme einer autonomen Finanzierungspolitik jedes Mal neu und unternehmensspezifisch begründen. Im Unterschied zu einer Situation, in der Sicherheit über zukünftige Entwicklungen herrscht, ist die zukünftige Passivität des Unternehmens kein zwangsläufig plausibles Verhaltensmuster mehr. Dies kann leicht verdeutlicht werden, geht man von einem Unternehmen aus, das zum Bewertungszeitpunkt optimale Fremdkapitalbestände festgelegt hat. Die Optimalität wird dabei anhand der zum Bewertungszeitpunkt vorherrschenden Erwartungen festgemacht.[1282] Lässt man Unsicherheit über die zukünftige Unternehmensentwicklung

1280 Die Finanzierungsentscheidungen eines Start-ups werden sich regelmäßig von denen eines etablierten Unternehmens unterscheiden, auch wenn die Unternehmen der gleichen Branche zuzurechnen sind.

1281 Lobe/Essler (2008) verweisen so u. a. auf die Branchenzugehörigkeit als ein Kriterium zur Unterscheidung alternativer Finanzierungspolitiken.

1282 Die mit Blick auf die Prognose interessante Frage der Optimalität, die uns bereits kurz beschäftigt hat, bleibt an dieser Stelle vereinfachend ausgeblendet.

zu, kann es als gegeben erachtet werden, dass die ursprüngliche Planung nicht alle wertrelevanten Informationen enthält und sich die tatsächliche Entwicklung im Zeitverlauf des Unternehmens ggü. der ursprünglichen Planung konkretisiert. Dies wird jedoch im Rahmen einer autonomen Finanzierungspolitik negiert, es wird vielmehr angenommen, dass an der ursprünglichen Planung festgehalten wird.[1283] Unter sich verändernden Rahmenbedingungen kann jedoch zu einem späteren Zeitpunkt nicht mehr zwingend auf die Optimalität der ursprünglichen Planung abgestellt werden, um die Finanzierungspolitik zu motivieren. Es ist vor dem Hintergrund der Planungsannahme einer autonomen Finanzierungspolitik zu plausibilisieren, warum das Management an den ursprünglichen Planungen auch im Angesicht einer zunehmenden Suboptimalität festhalten sollte.

An dieser Stelle scheint es zunächst angezeigt, zwischen zwei möglichen Auslösern einer zukünftigen Passivität zu differenzieren. Einerseits kann die Passivität des Managements als Ausdruck einer durch das Unternehmen selbst gewählten Finanzierungsdisziplin gesehen werden, andererseits als ein durch die äußeren Gegebenheiten erzwungenes Verhalten gewertet werden. Beide möglichen Verhaltensmuster sind dabei negativ voneinander abgrenzbar.[1284] Unter der selbst auferlegten Finanzierungsdisziplin wird das bewusste Festhalten an der ursprünglichen Finanzierungsplanung trotz Kenntnis der Veränderung der ursprünglichen Entscheidungsgrundlage verstanden. Die Entscheidungs- und Handlungsfreiheit des Managements ist in diesem Fall nicht von äußeren Zwängen eingeschränkt und entspricht damit dem freien Bekenntnis der Unternehmensführung zu einer passiv bleibenden Finanzierungspolitik. Ob ein derartiges Verhalten „wider besseres Wissen“, das sich vornehmlich an der Planerfüllung orientiert,[1285] einerseits ein Optimum darstellt, andererseits über längere Zeiträume stabil ist, kann zu Recht angezweifelt werden. Bereits Myers (1974) hat erste Zweifel an dem mit einer autonomen Finanzierungspolitik verbundenen fatalistischen Festhalten an den durch die Planung fixierten Fremdkapitalbeständen geäußert.[1286] Der Grad der Schärfe, in dem diese Kritik geäußert wird, hängt dabei maßgeblich von der betrachteten Planungsphase ab, diese Differenzierung wird daher in einem weiteren Schritt

---

1283 Vgl. dazu auch Clubb/Doran (1995) S. 682.

1284 Die Überlegungen zu den alternativen Finanzierungspolitiken einleitend, wurde bereits von „äußeren“ und „inneren“ Gründen für eine Finanzierungspolitik gesprochen.

1285 Die autonome Finanzierungspolitik erweckt damit in gewisser Weise den Eindruck, einer anderen Wirtschaftsordnung als einer markwirtschaftlich orientierten entlehnt zu sein. Dieser Eindruck beschränkt sich jedoch nicht auf eine autonome Finanzierungspolitik allein.

1286 Vgl. Myers (1974) S. 2. Zugunsten einer autonomen Finanzierungspolitik führt Myers (1974) jedoch aus, dass auch andere Finanzierungspolitiken einen statischen Charakter besitzen. Vgl. ebenda. Im Abschnitt zur wertabhängigen Finanzierungspolitik wird deutlich, dass diese Politik nur vordergründig über einen dynamischen Charakter verfügt.

betrachtet werden. Für ein periodenunabhängiges Festhalten an geplanten Fremdkapitalbeständen spricht, außer einer möglicherweise bekannten Starrköpfigkeit der Unternehmensleitung,[1287] im Falle der Unsicherheit aus wirtschaftlichen Gesichtspunkten zunächst wenig. Für die Praxis scheint daher der zweite Erklärungsansatz der Passivität, der davon ausgeht, dass die Hände der Unternehmensleitung aufgrund äußerer Umstände gebunden sind, interessanter. Das passive Verhalten des Unternehmens im Fall der autonomen Finanzierungspolitik wird in diesem Fall durch externe Faktoren bedingt. Das Unternehmen verhält sich im Kontrast zum ersten Erklärungsansatz also gezwungenermaßen passiv. Unter diesen Bedingungen erscheint eine autonome Finanzierungspolitik auf den ersten Blick durchaus eingängig.

An dieser Stelle ist neben der Frage der Stabilität eines solchen Zustandes die Frage nach den möglichen Rahmenbedingungen für eine solche Einschränkung der Handlungsfreiheit zu beantworten. Welche Umstände führen also dazu, dass ein Eingreifen des Managements in der Zukunft ausgeschlossen werden kann und als wie stabil erweisen sich die Fesseln, die den Entscheidungsspielraum des Unternehmens in der Zukunft einengen. Zugunsten einer autonomen Finanzierungspolitik wurde in der Vergangenheit die vertragliche Fixierung der zukünftigen Fremdkapitalbestände durch das Unternehmen aufgeführt.[1288] Die Passivität des Managements wird dabei dadurch gewährleistet, dass eine Abkehr von bestehenden Verträgen u. U. auf erheblichen Widerstand bei den Fremdkapitalgebern stoßen kann und Verträge in der Folge nur durch Strafzahlungen gelöst werden können.[1289] Man kehrt an dieser Stelle letztlich die aus Kapitel I bekannte Schlussfolgerung von Myers (1984), dass nur im Fall einer kostenlosen Adjustierung der Kapitalstruktur des Unternehmens eine wertabhängige Finanzierungspolitik mit einem vorbestimmten Zielverschuldungsgrad eine praxisnahe Abbildung der eingeschlagenen Finanzierungsstrategie ist,[1290] um. Myers (1984) hat so darauf hingewiesen, dass

---

1287 Dieses nicht ganz ernste Argument für eine gewillkürte Finanzierungspolitik lässt sich mit Verweis auf die rechtlichen und ökonomischen Grenzen, an die eine solche Unternehmensführung stoßen wird, leicht entkräften.

1288 Kruschwitz/Löffler (2001) sprechen in diesem Zusammenhang davon, dass die Manager des Unternehmens „[...] präzise Pläne für die Kreditaufnahme und -rückzahlung des Unternehmens besitzen [...]“. Vgl. Kruschwitz/Löffler (2001) S. 108. Eine ähnliche Argumentation findet sich in Castedello et al. (2004) S. 370.

1289 Kruschwitz/Löffler (1999) vermuten mit Blick auf die autonome Finanzierungspolitik in diesem Zusammenhang, dass Unternehmen mit den Fremdkapitalgebern kein Sonderkündigungsrecht vereinbaren und daher dem ursprünglichen Tilgungsplan folgen müssen. Vgl. Kruschwitz/Löffler (1999) S. 8.

1290 Vgl. dazu u. a. Myers (1984) S. 577. Die Realität dürfte so regelmäßig die z. T. in der Literatur gesetzten vereinfachenden Annahmen einer reibungslosen Anpassung der Fremdkapitalbestände verletzen. Vgl. u. a. Drukarczyk/Honold (1999) S. 334; Leary/Roberts (2005) S. 2597. Wie Miller (1988) anmerkt, könnte es im Sinne der Optionstheorie aber auch möglich sein, dass Eigenkapitalgeber kein

Unternehmen in der Praxis i. d. R. wohl nicht umhinkönnen, eine wenigstens zeitweise Abweichung vom Zielverschuldungsgrad zu akzeptieren.[1291] Konkretisiert man die im Fall einer frühzeitigen Ablösung anfallenden Transaktionskosten, so dürften zunächst Transaktionskosten in Form von Verhandlungskosten anfallen, die wenigstens zum Teil durch das Unternehmen zu tragen sind. Die Bedeutung der mit der Veränderung der Kapitalstruktur einhergehenden Transaktionskosten wurde daher in der Literatur, wie in Kapitel I hervorgehoben, als eine Ursache für das Abweichen der Kapitalstruktur von einem möglichen Zielverschuldungsgrad des Unternehmens identifiziert.[1292] Besonders ausgeprägt scheint das Problem der die Handlungsfreiheit einschränkenden Transaktionskosten dabei in dem Fall zu sein, in dem Unternehmen über begrenzte Verhandlungsmacht und über einen eingeschränkten finanziellen Spielraum verfügen, den Verhandlungspartnern monetär entgegenzukommen.[1293] Für Unternehmen, die einer Restrukturierung unterzogen werden, zeigt die Arbeit von Gilson (1997), dass es einem Großteil der betrachteten Unternehmen nicht gelingt, näher an ihren optimalen Verschuldungsgrad zu rücken, vielmehr bleiben die eingesetzten Fremdkapitalbestände weitgehend konstant.[1294] Wie stabil die Fremdkapitalbestände bzw. wie wehrhaft die Fremdkapitalgeber letztlich sind, hängt von der konkreten Ausgestaltung der Finanzierungsverträge ab. Ohne die Kenntnis der konkreten Vertragsgestaltung

---

Interesse daran haben, die Fremdkapitalbestände neu zu verhandeln. Vgl. Miller (1988) S. 113.

1291 Vgl. Myers (1984) S. 577–578; Dierkes/Schäfer (2017) S. 365. Myers (1984) hält in diesem Zusammenhang jedoch fest, dass der Anreiz, von einem vorbestimmten Zielverschuldungsgrad abzuweichen, i. d. R. nicht von symmetrischer Natur ist. Insbesondere den Fall, dass Unternehmen den angestrebten Zielverschuldungsgrad unterschreiten, sieht Myers (1984) mit Blick auf die anfallenden Transaktionskosten als wenig problematisch. Vgl. Myers (1984) S. 585–586.

1292 Im Abschnitt zur wertabhängigen Finanzierungspolitik, bei dem die Orientierung an einem Zielverschuldungsgrad eine gewisse Bedeutung besitzt, wird die Frage der Transaktionskosten nochmals aufgegriffen. Transaktionskosten werden im weiteren Verlauf als gegeben angenommen, d. h., ob Transaktionskosten beispielsweise durch Informationsasymmetrie ausgelöst werden, soll nicht weiter betrachtet werden. Vgl. dazu u. a. Barnea et al. (1980) S. 1224.

1293 Unter beschränktem finanziellen Spielraum wird dabei die begrenzte Fähigkeit des Unternehmens verstanden, Schulden aufgrund der operativen Leistungskraft bzw. durch das Einwerben zusätzlichen Eigenkapitals zurückzuführen.

1294 Gilson (1997) bezeichnet daher den Verschuldungsgrad des Unternehmens auch als „sticky“. Gilson (1997) spricht in diesem Zusammenhang von einem stabilen Verschuldungsgrad, der i. d. R. Ausdruck einer wertabhängigen Politik ist. Ob dies letztlich die Finanzierungspolitik ist, die Gilson (1997) für einschlägig hält, wenn er u. a. den Widerwillen institutioneller Anteilseigner beschreibt, Zugeständnisse in Form einer Reduzierung der Fremdkapitalbestand zu machen, kann bezweifelt werden. Vgl. Gilson (1997) S. 165; 168–169; 189.

lässt sich die Frage der Stabilität der Finanzierungsentscheidung[1295] damit bestenfalls approximativ beantworten. Unter dem Eindruck der empirischen Indizien lässt sich daher nur vermuten, dass die Verhandlungsmacht des Unternehmens einen zentralen Einfluss auf die Vertragsgestaltung und damit auf die Stabilität des Fremdkapitalbestandes haben dürfte. Insbesondere insolvenzbedrohte Unternehmen dürften trotz der ggf. gegenläufigen Interessen des Unternehmens den Verschuldungsumfang nicht oder nur in einem eingeschränkten Umfang verändern können. Auch Marktfriktionen dürften dazu beitragen, dass Anpassungen an den bestehenden Fremdkapitalbeständen nur in unregelmäßigen Abständen oder im Extremfall gar nicht vorgenommen werden dürften.[1296] Mit Blick auf die vorangehenden Überlegungen kann auch der Frage nachgegangen werden, ob eine autonome Finanzierungspolitik zu einem Zeitpunkt, zu dem die Verhandlungsmacht des Unternehmens nachhaltig eingeschränkt ist,[1297] einschlägig ist. Diese Einschätzung kann mit Blick auf die mit einer autonomen Finanzierungspolitik verbundene Annahme der Ausfallfreiheit der Fremdkapitalbestände in Zweifel gezogen werden. Die Untersuchung von Gilson (1997) verdeutlicht so u. a., dass auch nach einer Restrukturierung des Unternehmens die Annahme der Ausfallfreiheit noch regelmäßig verletzt wird.[1298] Die Frage, ob eine autonome Finanzierungspolitik unter der konkreten Bedrohung der Insolvenz unmöglich wird, wurde daher u. a. von Kruschwitz/Löffler (2006) verneint.[1299] Gleichwohl ist anzumerken, dass eine solche Fallkonstellation erhebliche Anforderungen an die Ausgestaltung der autonomen Finanzierungspolitik darstellt.[1300]

Die Schwierigkeit, die Frage einer sachgerechten Abbildung der autonomen Finanzierungspolitik zu beantworten, wird an dieser Stelle erneut deutlich. Neben der Schwierigkeit, die Erwartungen und das Verhalten der Fremdkapitalgeber im Rahmen der Planung zu berücksichtigen, ist der Zeitraum, in dem der steuerliche Vorteil der Fremdfinanzierung zustandsunabhängig und damit risikolos vereinnahmt werden kann – besonders im Fall einer Beschränkung der Handlungsfreiheit der Unternehmen –, wohl deutlich begrenzt. Letztlich erscheint damit auch die Anwendbarkeit der Annahme einer autonomen Finanzierungspolitik in einem solchen Umfeld als äußerst

1295 An dieser Stelle könnte man etwas plastischer auch von einem Finanzierungskorsett sprechen, das die Entscheidungsfreiheit der Unternehmen einengt.

1296 Diese Argumentation wird im Abschnitt zur wertabhängigen Finanzierungspolitik nochmals aufgegriffen.

1297 Eine besondere Situation stellt dabei sicherlich der Fall dar, wenn das Unternehmen konkret durch eine Insolvenz bedroht ist.

1298 Vgl. Gilson (1997) S. 167.

1299 Vgl. Kruschwitz/Löffler (2006) S. 61.

1300 Mit den Worten von Kruschwitz/Löffler (2006) „The difficulties of taking the risks of default into consideration lie much more in that the financial policies that are relevant for the firm must be formulated with more deliberation.“ Vgl. Kruschwitz/Löffler (2006) S. 56.

beschränkt.[1301] Ob ein Unternehmen im Fall der finanziellen Anspannung tatsächlich die Anforderungen einer klassischen autonomen Finanzierungspolitik, d. h. einer Finanzierungspolitik, bei der der Wertvorteil der Fremdfinanzierung risikolos vereinnahmt werden kann, erfüllt, kann in Zweifel gezogen werden. Blendet man den Sonderfall von Unternehmen in finanziell angespannten Situationen aus, so erscheint es grundsätzlich plausibel, dass ein Unternehmen im Fall relevanter Transaktionskosten eine Anpassung der Finanzierungspolitik scheut und versucht ist, in der Zukunft an der ursprünglichen Planung festzuhalten.[1302] Die Frage der Eignung der Annahme der autonomen Finanzierungspolitik ist letztlich auch die Frage danach, als wie zeitstabil sich die Planungen in der Zukunft erweisen.

Zum Zeithorizont der Annahme einer autonomen Finanzierungspolitik

Lobe/Essler (2008) sprechen in diesem Zusammenhang auch davon, ob die Finanzierungspolitik eher kurz- oder langfristig ausgerichtet ist. Bis dato wurde die Frage, ob die Annahme einer autonomen Finanzierungspolitik mit zunehmender Entfernung zum Planungszeitpunkt an Güte verliert, also die Frage nach der Fristigkeit der Annahmen zur Finanzierungspolitik, ausgeblendet. Die Frage nach der Eignung der Finanzierungspolitiken in den verschiedenen Planungsphasen ist jedoch eine berechtigte Frage und wurde in der Literatur deshalb auch wiederholt diskutiert.[1303] Unterscheidet man vereinfachend zwischen Detail- und Rentenphase, wird der autonomen Finanzierungspolitik in der Literatur für die Detailplanungsphase eine gewisse Praxisrelevanz zugesprochen. So sehen u. a. Lobe (2006) und Lobe/Essler (2008) in der autonomen Finanzierungspolitik eine geeignete Annahme für die Detailplanungsphase, die Literatur schreibt der autonomen Finanzierungspolitik damit eine eher kurzfristige Ausrichtung zu.[1304] Die eher kurzfristige Ausrichtung der autonomen Finanzierungspolitik wird mit den zuvor beschriebenen Argumenten der Prognosesicherheit sowie der damit einhergehenden vertraglichen Festlegung der Veränderung der zukünftigen Fremdkapitalbestände u. a. durch bestehende Tilgungspläne begründet.[1305]

1301 Es ist wohl anzunehmen, dass Fremdkapitalgeber, die eine Insolvenz antizipieren, sich auch gegen eine Verschuldung durch Verschuldungsobergrenzen zu schützen versuchen werden. Effektive Obergrenzen implizieren aber unter Unsicherheit alles andere als eine autonome Finanzierungspolitik. Die beschränkte operative Leistungsfähigkeit limitiert zudem den Umfang, in dem der durch die Fremdfinanzierung induzierte Vorteil durch das Unternehmen gehoben werden kann.

1302 Eine durch die Transaktionskosten induzierte Passivität des Unternehmens erfordert letztlich, um nicht rasch in den Fall zu gelangen, in dem eine Fortführung der Unternehmen gefährdet ist, dass die eintretenden Veränderungen überschaubar sind.

1303 Vgl. Lobe/Essler (2008) S. 66; Lobe (2006) S. 210–211.

1304 Vgl. Lobe/Essler (2008) S. 69; Kruschwitz et al. (2007) S. 427.

1305 Vgl. Drukarczyk/Honold (1999) S. 337; Kruschwitz et al. (2007) S. 427; Lewellen/Emery (1986) S. 416.

Wendet man sich dem ersten Aspekt zu, geht die Literatur davon aus, dass die Fähigkeit, die zukünftige Entwicklung des Unternehmens zu prognostizieren, mit zunehmendem Abstand von dem Planungszeitpunkt abnimmt. Mit anderen Worten hat eine Ausdehnung des Planungshorizontes regelmäßig zur Folge, dass die zukünftige Entwicklung nur noch approximativ geplant werden kann.[1306] Schließt man sich dieser Sichtweise an, besteht in der Rentenphase der höchste Grad der Unsicherheit.[1307] Es verwundert daher nicht, dass die Kritik an der Annahme einer autonomen Finanzierungspolitik für die Rentenphase besonders hart ausfällt. Exemplarisch kann an dieser Stelle auf die Kritik von Lobe (2006), die in Lobe/Essler (2008) wiederholt wird, an den Einwand der Unterstützer einer autonomen Finanzierungsannahme in der Rentenphase, dass letztlich die Planungsannahmen und nicht die Realisation ausschlaggebend für die Gültigkeit der zu verwendenden Finanzierungspolitik sind, verwiesen werden. Lobe (2006) und Lobe/Essler (2008) wenden gegen diesen Standpunk ein, dass für die Gültigkeit einer Finanzierungsannahme nicht der Wunsch Vater des Gedankens sein kann, d. h., der Realitätsgehalt einer Finanzierungspolitik nicht anhand der theoretischen Möglichkeit, sondern letztlich an der Realisierbarkeit einer solchen Politik festgemacht werden muss.[1308] Dieser Einwand ist unzweifelhaft gerechtfertigt, trifft – dies werden die nachfolgenden Abschnitte zeigen – jedoch auch auf alternative Finanzierungsannahmen zu. Die Illustration, warum die Annahme einer autonomen Finanzierungspolitik in der Rentenphase auszuschließen ist, erscheint demgegenüber etwas einseitig gegenüber der Annahme einer autonomen Finanzierungspolitik. Zwar lässt sich durchaus mit Recht daran zweifeln, dass sich das Management an lange zurückliegende Planungen der Fremdkapitalbestände gebunden fühlt,[1309] es lässt sich jedoch an dieser Stelle einwenden, dass sich dieses Argument in ähnlicher Form auch auf die Annahmen zur operativen Entwicklung in der ewigen Rente ausdehnen lässt.[1310]

1306 Vgl. Lobe (2006) S. 209; Kruschwitz et al. (2007) S. 427.

1307 Schwetzler/Darijtschuk (2000) untermauern diese Einschätzung formal. Für den Fall, dass der zukünftige Cashflow einem Martingal folgt, kann in der Rentenphase kein sicherer Fremdkapitalbestand unterstellt werden. Vgl. Schwetzler/Darijtschuk (2000) S. 121.

1308 Eine ähnliche Überlegung findet sich in Schwetzler/Darijtschuk (2000), die an dieser Stelle zudem den Prozess, der eine autonome Finanzierungspolitik an die Marktteilnehmer kommuniziert, kritisch hinterfragen. Vgl. Schwetzler/Darijtschuk (2000) S. 124.

1309 Lobe (2006) verweist hierfür konkret auf die wohl eingeschränkte Aussagekraft der Planungspolitik von Daimler in den 1970er-Jahren des letzten Jahrhunderts für aktuelle Bewertungsfragen. Vgl. Lobe (2006) S. 210.

1310 Vgl. Lobe/Essler (2008) S. 67. Um an das Beispiel von Lobe (2006) anzuknüpfen, könnte man die Aussage ergänzen. Wer geht heute noch davon aus, dass Daimler den gleichen operativen Cashflow wie in den 1970er- Jahren erzielt, d. h. weiterhin die Fahrzeuge der 1970er-Jahre mit den Produktionstechnologien der 1970er-Jahre für die Kunden der 1970er-Jahre produziert.

Teilt man das u. a. von Lobe (2006) und Lobe/Essler (2008) angeführte Argument, muss man m. E. nach entweder das Konzept der ewigen Rente als Ganzes ablehnen oder aber die in der Rentenphase verwendeten Planungen als unpassend verwerfen. Eine solche fundamentale Kritik am Konzept der ewigen Rente erscheint jedoch nicht die Zielsetzung der vorgetragenen Kritik zu sein. Wie bereits im Rahmen der Überlegungen zur „naiven" autonomen Finanzierungspolitik ausgeführt, erscheint es zunächst nicht verquer, anzunehmen, dass Unternehmen, die sich operativ in einem Gleichgewichtszustand befinden, auch vonseiten der Finanzierung einem eingeschwungenen Zustand unterliegen. Diese Feststellung scheint auch mit Blick auf die Kritiker einer autonomen Finanzierungspolitik zunächst unproblematisch. Fraglich ist an dieser Stelle lediglich der Aspekt, ob zukünftige Fremdkapitalbestände als sicher oder aber unsicher angenommen werden müssen. Die Arbeit von Lobe (2006) sieht so bei einer Ausdehnung der Annahme einer autonomen Finanzierungspolitik auf die Rentenphase die einer Bewertung zugrunde zu legende Annahme rationaler Erwartungen verletzt.[1311] Diese Einschätzung hat den Reiz, dass die autonome Finanzierungspolitik mit Verweis auf die in unbestimmter Zukunft eintretende Verletzung der Annahme abgelehnt werden kann. Fraglich ist jedoch, wie bedeutsam sich diese Verletzung zum Bewertungszeitpunkt darstellt, d. h., wie stark die Annahme einer autonomen Finanzierungspolitik das Bewertungsergebnis verletzt. Das Argument von Lobe (2006) sagt so nichts darüber aus, wie lange eine autonome Finanzierungspolitik eine hinreichend gute Beschreibung der Realität ist.[1312] Zugunsten einer autonomen Finanzierungspolitik in der Rentenphase ließe sich daher argumentieren, dass über einen hinreichend langen Zeitraum auch in der Rentenphase eine autonome Finanzierungspolitik einschlägig ist.[1313]

Dieser Weg soll an dieser Stelle nicht beschritten werden,[1314] so zeigt u. a. auch ein Blick auf das zweite Argument für eine autonome Finanzierungspolitik, dass mit zunehmendem Abstand zum Planungszeitpunkt die Bindungswirkung der geplanten Fremdkapitalbestände i. d. R. abnehmen wird. Geht man davon aus, dass

---

1311 „Der Grundsatz *rationaler Erwartungen* sollte auch bei Festlegung der Finanzierungspolitik nicht über Bord geworfen werden. Der Bewerter kann sich heute schon sicher sein, dass eine solche [autonome] Politik nicht unendlich gefahren werden kann. Dann sollte er diesen Umstand auch berücksichtigen, wenn das Ergebnis als rational angesehen werden soll." Vgl. Lobe (2006) S. 210. Auch empirisch finden sich keine Hinweise dafür, dass Unternehmen unbefristete Fremdkapitalinstrumente emittieren. Vgl. Holthausen/Zmijewski (2012) S. 63.

1312 Lobe (2006) stellt bei seiner Beurteilung lediglich darauf ab, dass die Annahme der autonomen Finanzierungspolitik in der Zukunft irgendwann verletzt sein wird.

1313 Drukarczyk/Honold zeigen, dass im Fall der ewigen Rente das Problem des Bewertungsansatzes nachrangig ist. Vgl. Drukarczyk/Honold (1999) S. 335.

1314 In Vorgriff auf einen späteren Abschnitt erscheint als Kompromiss zwischen beiden Positionen vielmehr eine gemischte Finanzierungspolitik als für die Rentenphase einschlägig.

das begebene Fremdkapital i. d. R. mit einer Fristigkeit ausgestattet ist,[1315] nehmen die Beständigkeit der Fremdkapitalbestände sowie die mit einer Veränderung der Fremdkapitalbestände verbundenen Transaktionskosten mit Abstand zum Planungszeitpunkt ab.[1316] Anders ausgedrückt, dürfte sich das durch die ursprüngliche Planung vorgegebene Handlungsgerüst, d. h. die Einengung des Entscheidungsspielraums des Unternehmens in zukünftigen Perioden, nur als eingeschränkt zeitstabil erweisen.[1317] Auch auf Basis dieses Aspektes scheint die Einschätzung von Lobe (2006) und Lobe/Essler (2008), dass die autonome Finanzierungspolitik vorwiegend für die Detailplanungsphase geeignet ist, zutreffend. Wie lange sich die Annahme einer autonomen Finanzierungspolitik als stabil erweist, dürfte dabei auch vom Marktumfeld und der Unternehmensbranche abhängen.[1318]

4.3.1.2. Fazit zur autonomen Finanzierungspolitik

Fasst man die Überlegungen zur autonomen Finanzierungspolitik knapp zusammen, so scheinen Kritiker einer autonomen Finanzierungspolitik regelmäßig darauf abzustellen, dass eine autonome Finanzierungspolitik Ausdruck eines, durch das Unternehmen selbst gewählten, im Zeitverlauf zunehmend unplausiblen, passiven Verhaltens darstellt. Stellvertretend kann für diesen Betrachtungspunkt an dieser Stelle auf die Einschätzung von Castedello et al. (2004) verwiesen werden, dass „[i]m Rahmen der Unternehmensplanung [...] das zinspflichtige Fremdkapital eine autonome Plangröße dar[stellt]. Eine Bindung dieser Größe an den Unternehmensgesamtwert ist in der Praxis unüblich, die wertorientierte Finanzierungspolitik mithin ohne Bedeutung."[1319] Ein Festhalten der Unternehmen an einer ursprünglichen Planung bzw. die darauf aufbauende Argumentation wirkt

---

1315 Anleihen mit einer unbegrenzten Laufzeit, sog. perpetual bonds oder ewige Anleihen, spielen in der Praxis nur eine untergeordnete Rolle. Ob eine Politik revolvierender Kredite, wie sie Lewellen et al. (1977) für äquivalent halten, einer ewigen Anleihe in der Praxis gleichkommt, kann mit Blick auf das i. d. R. zeitvariable Zinsniveau angezweifelt werden. Vgl. Lewellen et al. (1977) S. 117.

1316 So läuft ein Teil der Verträge ohne Zahlungen für die Auflösung der Verträge aus, die Fremdkapitalgeber werden bemüht sein, bei der Neuverhandlung der Verträge den Eigenkapitalgebern entgegenzukommen. Im Allgemeinen dürften die Kosten einer Restrukturierung mit abnehmender Fristigkeit auch sinken.

1317 Es ließe sich natürlich vermuten, dass trotz begrenzter Laufzeit der Fremdkapitalinstrumente das Unternehmen bei Auslaufen einzelner Fremdkapitalinstrumente auf identische Instrumente zurückgreift. Auch bei Annahme dieses etwas künstlichen Falls dürfte es unwahrscheinlich sein, dass das Unternehmen u. a. aufgrund des veränderten Marktumfeldes vergleichbare Konditionen erhält wie zum Planungszeitpunkt.

1318 Lässt sich doch nur vor dem Hintergrund eines stabilen Unternehmensumfeldes ein Festhalten an einer ursprünglichen Unternehmensplanung plausibilisieren.

1319 Castedello et al. (2004) S. 370.

jedoch mit zunehmender Entfernung zum Planungszeitpunkt unplausibel und kann nur für den künstlichen Fall der Planungssicherheit als unproblematisch angesehen werden. Es ist daher nicht verwunderlich, dass Kritiker der autonomen Finanzierungspolitik zu dem Schluss kommen, dass die Annahme einer autonomen Finanzierungspolitik in der Praxis relativ realitätsfremd erscheint. Das vordergründige Abstellen der Kritik an der autonomen Finanzierungspolitik auf den Fall der Sicherheit bzw. der freiwilligen Selbstbindung des Unternehmens an die Planungen greift jedoch zu kurz. Unterstützer einer autonomen Finanzierungspolitik weisen darauf hin, dass äußere Umstände maßgeblich für die Passivität des Unternehmens verantwortlich sein können und somit eine autonome Finanzierungspolitik erzwingen.[1320] Um ein vollständiges Bild der autonomen Finanzierungspolitik zu erhalten, ist anzumerken, dass die Stabilität dieser äußeren Gründe im Zeitverlauf wohl abnimmt.[1321] Die Eignung der Annahme der autonomen Finanzierungspolitik ist damit auch zeitabhängig. Es ist zur Beurteilung der generellen Plausibilität der Annahme der Finanzierungspolitik daher sinnvoll, einen nach Fristigkeit differenzierten Betrachtungspunkt zu wählen. Dazu ist auf die zuvor vorgenommene Zweiteilung in Detailplanungs- und Rentenphase zurückzugreifen.[1322] Die zunächst auf Ebene der Gesamtbetrachtung angeführten Argumente lassen sich erneut auch auf Ebene der Detailplanungs- und der Rentenphase betrachten. Folgt man diesem Vorgehen, kann man sich der in der Literatur zu findenden Einschätzung, dass die autonome Finanzierungspolitik im Rahmen der Detailplanungsphase durchaus plausibel erscheint, anschließen.[1323] Für die Rentenphase hingegen erscheint es ungleich schwieriger, die Annahme der autonomen Finanzierungspolitik aufrechtzuerhalten.

Neben den in der Literatur geäußerten Zweifeln an der Plausibilität der autonomen Finanzierungspolitik in der Rentenphase erweist sich die Aufgabe der Planung der zukünftigen mit der autonomen Finanzierungspolitik konformen Fremdkapitalbestände, insbesondere für externe Bewerter, als problematisch. Ein Problem, das in weniger stark ausgeprägter Form auch in der Detailplanungsphase zutrifft. Die Planung, also die Vorgabe, die autonome Finanzierungspolitik annahmekonform mit Leben zu erfüllen, stellt damit eine zentrale Herausforderung und damit auch einen zentralen Angriffspunkt auf die autonome Finanzierungspolitik

---

1320 Drukarczyk/Schüler (2016) wählen so eine MBO, in dem die Fremdkapitalgeber die Tilgungsbedingungen von außen vorgeben, als ein Beispiel für eine autonome Finanzierungspolitik. Vgl. Drukarczyk/Schüler (2016) S. 164.

1321 So weisen u. a. Richter/Drukarczyk (2001) bereits darauf hin, dass die Verträge mit den Fremdkapitalgebern i. d. R. nur endliche Zeiträume abdecken, eine unbegrenzte Fortschreibung der Fremdkapitalbestände damit unglaubwürdig erscheint. Vgl. dazu Richter/Drukarczyk (2001) S. 635.

1322 Dies entspricht auch dem Vorgehen, wie es sich auch in der Literatur etabliert hat. Vgl. Lobe/Essler (2008) S. 66–73.

1323 Vgl. Lobe (2006) S. 211.

dar. Der Rückgriff auf eine „naive" Finanzierungspolitik dürfte so rasch der berechtigten Kritik an einem solchen Vorgehen zum Opfer fallen, eine realitätsnähere Ausgestaltung der autonomen Finanzierungspolitik stößt dagegen bei der Umsetzung auf eine Reihe praktischer Probleme. Die Umsetzung einer anderen als der „naiven" autonomen Finanzierungspolitik ist damit in der Praxis, sieht man von einem Rückgriff auf unternehmensinterne Planungen ab, erschwert. Als Ausdruck der sich an der schwierigen Operationalisierbarkeit der autonomen Finanzierungspolitik entzündenden Kritik kann die Einschätzung von Matschke/Brösel (2013) gewertet werden. Sie vertreten den auch an anderen Stellen in der Literatur zu findenden Standpunkt, dass einer autonomen Finanzierungspolitik das grundsätzliche theoretische Fundament fehlt. Dieser Sichtweise kann man mit Blick auf die fehlende Bestimmungsgleichung zukünftiger autonomer Fremdkapitalbestände eine gewisse Berechtigung nicht absprechen.[1324] Die Kritik von Matschke/Brösel beschränkt sich gleichwohl nicht allein auf die autonome Finanzierungspolitik als solches, sondern auch auf die in der Folge diskutierten Annahmen zur Finanzierungspolitik. Matschke/Brösel (2013) vertreten so den Standpunkt, dass allen Annahmen zur Finanzierungspolitik das theoretische Fundament fehlt und die Annahmen der einzelnen Finanzierungspolitiken letztlich willkürlich gesetzt werden.[1325] Dieser Standpunkt, der u. a. auch mit Blick auf die Ergebnisse zur Bestimmung der Determinanten der Kapitalstrukturpolitik nicht völlig von der Hand zu weisen ist, wird im Folgenden nicht näher beleuchtet. Die Frage der Finanzierungspolitik erscheint, mit Blick auf den von Modigliani/Miller geführten Nachweis der Wertrelevanz der Finanzierungspolitik, als zu bedeutsam, um sie unter dem Schlagwort willkürlich einzuordnen. Im Folgenden liegt der Fokus daher auf den zur Annahme der autonomen Finanzierungspolitik alternativen Finanzierungsannahmen.

4.3.2. Zur wertabhängigen Finanzierungspolitik

Der zweite Abschnitt der Diskussion alternativer Annahmen zur Finanzierungspolitik widmet sich dem in der Literatur als wertabhängige Finanzierungspolitik bezeichneten Finanzierungsverhalten des Unternehmens.[1326] Die wertabhängige

---

1324 Von Bedeutung erscheint an dieser Stelle weniger, dass die Literatur dieser Frage nicht nachgegangen ist, als vielmehr der Umstand, dass eine Ableitung einer solchen Bestimmungsgleichung eher heuristisch als theoretisch getrieben sein dürfte. Vgl. dazu auch den kurzen Exkurs in Abschnitt 4.3.1.1.

1325 Vgl. Matschke/Brösel (2013) S. 706.

1326 Lewellen et al. (1977) sprechen von einem „value-based leverage plan". Vgl. Lewellen et al. (1977) S. 117. In Teilen der Literatur wird daher auch von einer wertorientierten Finanzierung gesprochen. Der Begriff wertabhängige Finanzierungspolitik erscheint jedoch die geeignetere Übersetzung zu sein des vom Unternehmenswert abhängigen Finanzierungsverhaltens zu sein. Der Begriff der wertorientierten Finanzierungspolitik legt dagegen die Vermutung nahe – wohl aufgrund der

Finanzierungspolitik stellt dabei wie die autonome Finanzierungspolitik einen Eckpfeiler jeder Diskussion alternativer Finanzierungspolitiken dar. Das Prädikat des Eckpfeilers[1327] kann der wertabhängigen Finanzierungspolitik dabei aus vergleichbaren Gründen wie der autonomen Finanzierungspolitik zugesprochen werden.[1328] Zunächst stellt die wertorientierte Finanzierungspolitik, wählt man wie zu Beginn des Abschnitts zur autonomen Finanzierungspolitik den Ansatz einer chronologischen Einordnung, eine bereits zu Beginn der Forschung zur Relevanz des Finanzierungsverhaltens diskutierte Finanzierungspolitik dar. Streng genommen, stellt die wertabhängige Finanzierungspolitik dabei die erste Finanzierungspolitik dar, die in der Literatur eingehend diskutiert wurde. So stellt die von Modigliani/Miller (1958) veröffentlichte Arbeit zum Nachweis der Irrelevanz der Finanzierungspolitik implizit auf eine wertabhängige Finanzierungspolitik als Finanzierungsstrategie des Unternehmens ab. Erst in der Korrektur, der Beweis zur Gültigkeit ihrer Ergebnisse bei wertabhängiger Finanzierungspolitik war zunächst unvollständig geblieben, wandten sich Modigliani/Miller (1963) der im vorangehenden Abschnitt besprochenen autonomen Finanzierungspolitik zu.[1329] Der formale Beweis, wie eine wertabhängige Finanzierungspolitik korrekt zu bewerten ist, blieb damit zunächst unvollständig und wurde erst durch die Arbeit von Miles/Ezzell (1980) vervollständigt.[1330]

Nähe zum Begriff der wertorientierten Steuerung –, dass die Politik dem Ziel einer Unternehmenswertmaximierung folgt. Diese Interpretation erscheint mit Blick auf die Praxis und die Empirie jedoch regelmäßig nicht bestätigt zu werden. Setzt dies doch voraus, dass die Unternehmen in jeder Periode eine wertoptimale Finanzierungspolitik folgen kann, eine empirisch m. E. nach nur unzureichend bestätigte Annahme, und dass das mit einer wertabhängigen Finanzierungspolitik verbundene Verhalten zu einer Unternehmenswertmaximierung führt. Die nachfolgenden Abschnitte werden diesen Aspekt näher betrachten.

1327 Richter/Drukarczyk (2001) sprechen so auch in Bezug auf die wertabhängige Finanzierungspolitik von einem Eckpfeiler möglicher Finanzierungsstrategien. Vgl. Richter/Drukarczyk (2001) S. 635; ähnlich: Diedrich/Dierkes (2015) S. 74.

1328 Die folgende Darstellung reduziert die möglichen Argumente zugunsten dieser Zuschreibung erneut auf zwei Gesichtspunkte.

1329 Vgl. Lobe/Essler (2008) S. 56; Modigliani/Miller (1963) S. 434. Lobe/Essler (2008) weisen dabei auch auf die veränderte Einschätzung der Finanzierungspolitiken durch Modigliani (1988) hin. In seiner 1988 veröffentlichten Arbeit schlägt sich Modigliani auf die Seite der wertabhängigen Finanzierungspolitik, dies bedeutet zugleich eine Abkehr von der zusammen mit Miller 1963 veröffentlichten Korrektur. Vgl. Modigliani (1988) S. 153.

1330 Vgl. Lobe/Essler (2008) S. 57; Watrin/Stöver (2011) S. 60. Aufgrund der langen Zeit unvollständigen Nachweises, wie eine wertabhängige Finanzierungspolitik korrekt zu bewerten ist, kann im Rahmen der chronologischen Reihung die wertabhängige Finanzierungspolitik hinter der autonomen Finanzierungspolitik eingeordnet werden.

Wie nach einem kurzen Exkurs zu den möglichen Ausgestaltungsformen der wertabhängigen Finanzierungspolitik gezeigt wird, liegt der Wertbeitrag der Fremdfinanzierung im Falle einer wertabhängigen Finanzierungspolitik unterhalb des Wertbeitrages, der für den Fall der Gültigkeit einer vergleichbaren autonomen Finanzierungspolitik zu erwarten ist.[1331] Neben der chronologisch motivierten Zuschreibung des Prädikats Eckpfeiler erscheint diese Einschätzung daher auch bei Betrachtung des durch die Fremdfinanzierung, im Falle einer wertabhängigen Finanzierungspolitik, induzierten Wertbeitrages gerechtfertigt. Der Wertbeitrag der Fremdfinanzierung im Fall einer wertabhängigen Finanzierungspolitik verkörpert damit zumeist[1332] den Kontrapunkt zur autonomen Finanzierungspolitik, d. h., der unter einer wertabhängigen Finanzierungspolitik ermittelte Wertbeitrag stellt ein mögliches Minimum der Vorteilhaftigkeit der Fremdfinanzierung dar.[1333] Bevor näher auf die Frage der Bewertung des Wertbeitrages der Fremdfinanzierung für den Fall einer wertabhängigen Finanzierungspolitik eingegangen wird, soll zunächst die Frage geklärt werden, welches Finanzierungsverhalten des Unternehmens unter der Annahme einer wertabhängigen Finanzierungspolitik in der Zukunft zu erwarten ist. Bedeutsam sind hierbei die Rahmenbedingungen, unter denen ein durch die wertabhängige Finanzierungspolitik induziertes Verhalten einen zur autonomen Finanzierungspolitik eindeutig abgegrenzten Ansatz darstellt. Von einer wertabhängigen Finanzierungspolitik spricht man i. d. R. dann, wenn das Unternehmen im Rahmen seiner Finanzierungspolitik der Vorgabe eines konstanten oder deterministisch veränderlichen Verschuldungsgrades folgt,[1334]

1331 Vgl. u. a. Modigliani (1988) S. 152. Wie sich zeigen wird, geht die Abweichung zwischen autonomer und wertabhängiger Finanzierungspolitik auf zwei Aspekte zurück. So unterscheiden sich die Finanzierungspolitiken neben dem unterschiedlichen Risiko i. d. R. auch durch unterschiedliche Planungsansätze.

1332 Dies gilt insbesondere dann, wenn die Annahmen der Ausfallfreiheit und eines stabilen Steuersystems aufrechterhalten werden. In Teilen der Literatur wird argumentiert, dass diese Annahmen praxisfern sind und ein höherer Zinssatz als der das operative Risiko widerspiegelnde Zins zur Diskontierung des Wertbeitrages der Fremdfinanzierung adäquat ist. Die Risikounterschiede zwischen autonomer und wertabhängiger Finanzierungspolitik verschwimmen damit weitgehend. Vgl. dazu Modigliani (1988) S. 153.

1333 Dies gilt für den Fall vergleichbarer Planungspolitiken, betrachtet man zugleich verschiedene Planungsvorgaben, kann die Differenz zwischen den Finanzierungspolitiken größer ausfallen. Vgl. Drukarczyk/Schüler (2016) S. 207; Drukarczyk/Honold (1999) S. 338; 342; Clubb/Doran (1995) S. 682.

1334 Dies spiegelt sich in der Aussage von Richter/Drukarczyk (2001), dass im Fall einer wertabhängigen Finanzierungspolitik nicht Fremdkapitalbestände „sondern der auf den Unternehmensgesamtwert bezogene Verschuldungsgrad“ festgelegt wird. Richter/Drukarczyk (2001) S. 633. Vgl. dazu u. a. auch Kruschwitz/Löffler (2003) S. 731; Clubb/Doran (1995) S. 682. In der Folge sei zunächst vereinfachend auf den Fall eines festen Verschuldungsgrades abgestellt. Eine etwas andere Auffassung

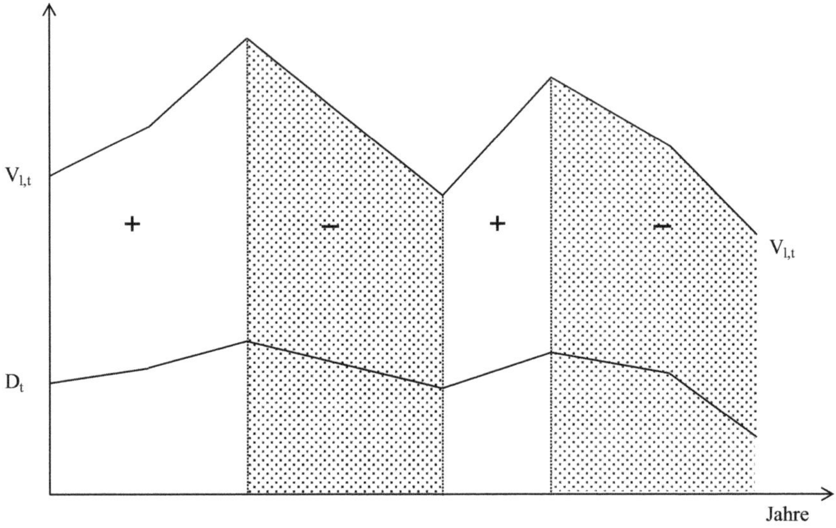

Abbildung 4: *Wertabhängige Finanzierungspolitik mit zeitkonstantem Zielverschuldungsgrad.*
In Anlehnung an Drukarczyk/Schüler (2016) S. 162.

der die zukünftigen Fremdkapitalbestände an die zukünftigen Unternehmenswerte andockt.[1335] Mit Blick auf die genaue Definition des zukünftigen Unternehmenswerts besteht an dieser Stelle zunächst noch ein gewisser Spielraum, der mit einer konkreten Annahme einzuengen ist. Die Literatur diskutiert verschiedene mit einer wertabhängigen Politik vereinbarte Referenzpunkte, die bedeutsamsten seien in der Folge kurz skizziert.

Die weiteste Verbreitung findet in der Literatur unzweifelhaft die Annahme, dass der Verschuldungsgrad einer wertabhängigen Finanzierungspolitik an den Gesamtwert des verschuldeten Unternehmens anknüpft. Denkbar wäre daneben auch die Annahme, dass eine wertabhängige Finanzierungspolitik am Marktwert des rein eigenfinanzierten Unternehmens anknüpft.

Ein Spezialfall der wertabhängigen Finanzierungspolitik stellt die Orientierung der zukünftigen Finanzierungspolitik nicht an Markt-, sondern an Buchwerten dar. Die Diskussion der Fragestellung, welcher Referenzpunkt für eine

---

spiegelt sich in Meitner/Streitferdt (2012) wider. Vgl. dazu Meitner/Streitferdt (2012) S. 1042.

1335 Vgl. u. a. Wallmeier (1999) S. 1474. In der Literatur wird in diesem Zusammenhang auch von einer L-Planungsdoktrin gesprochen.

fehlerfreie Abbildung der Praxis zu wählen ist, erfordert dem Grunde nach eine gesonderte Untersuchung. Im Folgenden wird vereinfachend auf eine am verschuldeten Unternehmensgesamtwert ausgerichtete Finanzierungspolitik als repräsentative Form einer wertabhängigen Politik abgestellt.[1336] Hat man die Frage der Orientierung der Finanzierungspolitik pragmatisch beantwortet, ist es auch in Vorbereitung einer Plausibilitätseinschätzung sinnvoll, in einem zweiten Schritt die Rahmenbedingungen, unter denen eine wertabhängige Finanzierungspolitik umgesetzt wird, näher zu betrachten. Im Kontrast zur autonomen Finanzierungspolitik steht, ohne Kenntnisse der Rahmenbedingungen der Bewertung, zunächst noch nicht eindeutig fest, welche Auswirkung eine wertabhängige Politik auf die Höhe und das Risiko der zukünftigen Fremdkapitalbestände hat. An dieser Stelle ist es daher sinnvoll, zunächst zwischen zwei grundsätzlichen Zuständen, die den Rahmen, in dem eine Bewertung vorgenommen wird, zu differenzieren. An dieser Stelle wird erneut der Grad der Sicherheit über die zukünftigen Entwicklungen als dominierendes Bewertungsmerkmal herangezogen. In Anlehnung an das Vorgehen im Abschnitt zur autonomen Finanzierungspolitik[1337] wird damit erneut die Unterscheidung zwischen einer Bewertung bei Unsicherheit und Sicherheit über die zukünftigen Entwicklungen als Ausgangspunkt der Betrachtung herangezogen. Es zeigt sich an dieser Stelle erneut, dass die wertorientierte Finanzierungspolitik nur im Fall der Unsicherheit einen eigenständigen, d. h. von der autonomen Finanzierungspolitik klar abgrenzbaren, Charakter besitzt. Die folgende Darstellung soll diese Überlegungen kurz plausibilisieren. Den Ausgangspunkt der Betrachtung bildet zunächst der Fall, in dem Sicherheit über die zukünftigen Unternehmensentwicklungen herrscht und die zukünftigen Cashflows zeitkonstant sind, d. h., es wird zunächst eine Fallkonstellation vergleichbar zur ewigen Rente betrachtet.

1336 Dies stellt, wie bereits ausgeführt, die klassische Betrachtungsweise der wertabhängigen Finanzierungspolitik dar, denkbar wäre jedoch auch, dass der Fremdkapitalbestand an eine andere Größe als den Marktwert des Unternehmens gekoppelt ist. In einem späteren Abschnitt wird kurz eine Orientierung der Finanzierung an bilanziellen Größen betrachtet, die unter einer wertabhängigen Finanzierungspolitik subsumiert werden könnten. Vgl. dazu Drukarczyk/Honold (1999) S. 337; im Allgemeinen: u. a. Miles/Ezzell (1983) S. 25; Diedrich/Dierkes (2015) S. 74; 91; Kruschwitz/Löffler (2006) S. 65; Lobe (2006) S. 142–143; Schwetzler/Darijtschuk (2000) S. 118; Drukarczyk/Schüler (2016) S. 204.

1337 Interessant ist hierbei auch der Zeitpunkt, an dem diese Betrachtung eingeschlagen werden muss. Während bei der autonomen Finanzierungspolitik dieser Blickwinkel erst gewählt wurde, um die Plausibilität der mit der autonomen Finanzierungspolitik einhergehenden Passivität zu beurteilen, ist dieser Schritt bei einer atmenden Finanzierungspolitik bereits zu einem früheren Zeitpunkt erforderlich. Der Schritt ist so bereits notwendig, um einen Eindruck der Ausgestaltung einer wertorientierten Finanzierungspolitik zu erhalten.

Exkurs: Der Charakter einer wertabhängigen Finanzierungspolitik unter Sicherheit

Es kann unter diesen Prämissen gezeigt werden, dass eine Politik, die sich durch die Vorgabe fester Verschuldungsgrade auszeichnet, im Falle zeitkonstanter Cashflows zu einer autonomen Finanzierungspolitik mit einem zeitlich unveränderlichen Fremdkapitalbestand konvergiert.[1338] Im Abschnitt zur autonomen Finanzierungspolitik wurde diese Form der Finanzierungspolitik als „naive" Interpretation der autonomen Finanzierungspolitik bezeichnet. Im Kontrast zum vorangehenden Abschnitt wird diese Ausprägung der autonomen Finanzierungspolitik in diesem Fall lediglich über den Umweg konstanter Verschuldungsgrade beschrieben, anstelle der zuvor betrachteten direkten Vorgabe des absoluten Verschuldungsumfanges. Die praktische Relevanz einer solchen Finanzierungspolitik wird unter den gesetzten Rahmenbedingungen in der Literatur regelmäßig kritisch beurteilt.[1339] Wechselt man unter Aufrechterhaltung der Prämisse der Sicherheit in den Zustand, in dem, bei weiterhin fest vorgegebenen Verschuldungsgrad die Cashflows in Zukunft deterministisch schwanken, bewegt man sich weiterhin im Rahmen einer autonomen Finanzierungspolitik und nicht, wie der erste Anschein nahelegen könnte, im Rahmen einer eigenständigen wertabhängigen Finanzierungspolitik.[1340] Im Unterschied zum Fall der ewigen Rente variieren bei dieser Ausprägung der Politik fester Verschuldungsgrade die Fremdkapitalbestände deterministisch mit den zukünftigen Unternehmenswerten.[1341] Da die Schwankung der zukünftigen Unternehmenswerte unter den gesetzten Prämissen deterministisch ist,[1342] besteht unter den gegebenen Rahmenbedingungen jedoch auch Sicherheit über die zukünftigen Veränderungen der Fremdkapitalbestände.[1343]

1338 Vgl. Lewellen et al. (1977) S. 115–116. Drukarczyk/Honold (1999) sprechen in Anlehnung an Miles/Ezzell (1980) davon, dass der Fall der ewigen Rente eine wertabhängige Finanzierungspolitik „verdunkelt". Vgl. Drukarczyk/Honold (1999) S. 338; Miles/Ezzell (1980) S. 728. Im vorangehenden Abschnitt zur autonomen Finanzierungspolitik wurde dieser Effekt bereits kurz beleuchtet.

1339 Die Praxisrelevanz einer solchen Konstellation vergleichen Drukarczyk/Honold (1999) plastisch mit dem Ungeheuer von Loch Ness „oft zitiert, noch nie gesehen". Vgl. Drukarczyk/Honold (1999) S. 335.

1340 Verändert hat sich hier primär die der Finanzierungspolitik zugrunde gelegte Planungsdoktrin. Man ist von einer F-Planungsdoktrin zu einer L-Planungsdoktrin gewechselt.

1341 Die zukünftigen Fremdkapitalbestände sind hier an den sicheren Unternehmenswert gebunden und damit selbst zum Planungszeitpunkt sicher.

1342 Anders ausgedrückt, besteht unter diesen Bedingungen kein Unterschied zwischen den ursprünglichen Erwartungen und den späteren Realisationen. Wie bei den Plausibilitätsüberlegungen zur autonomen Finanzierungspolitik beschrieben, besteht an dieser Stelle deshalb auch kein Grund des Managements, in die zukünftige Planung einzugreifen.

1343 Man könnte an dieser Stelle auch analog zu der oftmals im Fall der Unsicherheit eingeschlagenen Argumentation davon sprechen, dass die zukünftigen Fremdkapitalbestände über eine feste Quote an den sicheren zukünftigen Unternehmenswert gebunden sind und daher selbst sicher sind.

Die Vorgabe fester Verschuldungsgrade konkretisiert an dieser Stelle damit lediglich eine Ausprägung der autonomen Finanzierungspolitik. Im Fall, in dem Sicherheit über die zukünftige Unternehmensentwicklung herrscht, ist die autonome Finanzierungspolitik, wie schon der vorangehende Abschnitt hervorgehoben hat, dominierend.[1344] Der Orientierung an einem festen Verschuldungsgrad kann an diesem Punkt zugutegehalten werden, dass die zunächst konturlose autonome Finanzierungspolitik durch die Vorgabe beispielsweise konstanter Verschuldungsgrade konkretisiert wird.[1345] Bedeutsam wird die Unterscheidung zwischen autonomer und wertabhängiger Finanzierungspolitik damit erst für den Fall, in dem Unsicherheit über die zukünftigen Unternehmensentwicklungen in Verbindung mit zeitveränderlichen Cashflows herrscht.[1346]

Exkurs: Der Charakter einer wertabhängigen Finanzierungspolitik im Fall der Unsicherheit

Im Kontrast zu dem zuvor betrachteten Fall der Sicherheit dürfte die Unsicherheit über die zukünftige Entwicklung regelmäßig der Situation entsprechen, der man sich im Rahmen einer Bewertung ausgesetzt sieht.[1347] Hält man unter diesen Rahmenbedingungen an einer Politik der festen bzw. deterministischen Verschuldungsgrade fest, folgt man nun einer von der autonomen Finanzierungspolitik emanzipierten Finanzierungspolitik. Die zukünftigen Fremdkapitalbestände verändern sich in diesem Umfeld im Zeitverlauf mit den zeitveränderlichen Unternehmenswerten.[1348] Konkret bedeutet ein Festhalten an einem festen Verschuldungsgrad, dass im Falle eines Anstiegs des Unternehmenswertes eine Erhöhung des Bestandes an eingesetztem Fremdkapital notwendig wird, um das durch die Vorgaben eines festen Verschuldungsgrades geforderte Finanzierungsverhalten zu erfüllen. Für den Fall eines zukünftigen Rückgangs des Unternehmenswertes muss bei Einhaltung der Vorgabe fester Verschuldungsgrade der Fremdkapitalbestand mit dem Unternehmenswert in Zukunft dagegen sinken.[1349] Diese Eigenschaft einer wertabhängigen

1344 Vgl. dazu auch Miles/Ezzell (1980) S. 721. Erklärbar ist die Dominanz der autonomen Finanzierungspolitik bei Sicherheit auch dadurch, dass in der Zukunft keine Planungsabweichungen auftreten, die ein Handeln des Unternehmens erfordern.

1345 Erinnert man sich an den Abschnitt zur autonomen Finanzierungspolitik und die Schwierigkeit der Konkretisierung des Finanzierungsverhaltens zurück, wird deutlich, dass diese Eigenschaft durchaus wertvoll sein kann.

1346 An dieser Stelle wurde zu Beginn der Diskussion der wertabhängigen Finanzierungspolitik oftmals Kritik an der Verwendung des WACC-Ansatzes laut. Vgl. Miles/Ezzell (1980) S. 720.

1347 Andernfalls wäre der Wert des Eigenkapitals mit Sicherheit bestimmbar und würde regelmäßig im Kontrast zu den getroffenen Modellannahmen stehen. Vgl. dazu auch Kruschwitz/Löffler (2001) S. 109.

1348 Vgl. u. a. Drukarczyk/Honold (1999) S. 340; Clubb/Doran (1995) S. 682.

1349 Vgl. Drukarczyk/Schüler (2016) S. 205 Miles/Ezzell (1980) sprechen nüchtern davon, dass Unternehmen Finanztransaktionen durchführen, um den Verschuldungsgrad konstant zu halten. Vgl. Miles/Ezzell (1980) S. 722.

Finanzierungspolitik der festen Verschuldungsgrade ist dabei durchaus bedeutsam, da die mit der Veränderung des Unternehmenswertes einhergehenden Schwankungen der Fremdkapitalbestände als Anlass genommen werden können, die Plausibilität eines solchen Verhaltens kritisch zu hinterfragen.[1350]

Die Kritik an der Plausibilität der wertabhängigen Finanzierungspolitik wird zunächst ausgeblendet und erst in einem späteren Abschnitt aufgegriffen. Zugunsten einer wertabhängigen Finanzierungspolitik sei an dieser Stelle darauf verweisen, dass, insbesondere im Kontrast zu einer autonomen Finanzierungspolitik, die zukünftige Entwicklung der, den Unternehmenswert maßgeblich beeinflussenden, Investitionsentscheidungen nicht mehr großteils unverknüpft neben den Finanzierungsentscheidungen steht.[1351] In der Literatur wird, diesen Aspekt illustrierend, daher auch davon gesprochen, dass die Fremdkapitalbestände mit dem Unternehmenswert atmen.[1352] Im Kontrast zum Fall der Sicherheit über die zukünftige Unternehmensentwicklung und damit über die Unternehmenswerte, hängen die zukünftigen Fremdkapitalbestände nun von einer stochastischen, d. h. zum Planungszeitpunkt unsicheren Referenzgröße ab. Die Unsicherheit über den zukünftigen Wert des Unternehmens überträgt sich in der Folge auch auf Umfang sowie zeitliche Struktur der Wertbeiträge der Fremdfinanzierung, d. h., die Unsicherheit löst sich bei einer wertabhängigen Finanzierungspolitik erst mit Bekanntwerden des Referenzpunktes, i. d. R. des Unternehmensgesamtwertes und der damit einhergehenden Veränderung des Fremdkapitalbestandes, auf.[1353] Die zentrale Eigenschaft einer wertabhängigen Finanzierungspolitik, die Veränderung der Fremdkapitalbestände mit dem Unternehmenswert, hat damit Auswirkungen auf das Risiko der durch die Fremdfinanzierung induzierten Steuervorteile. Ein später näher betrachteter Nebenaspekt des Festhaltens an einem konstanten Verschuldungsgrad ist dabei, dass das von den Fremdkapitalgebern übernommene Unternehmensrisiko auch in der Zukunft nicht zu Ungunsten der Fremdkapitalgeber verschoben werden kann, sondern auch im Falle der Veränderung des Unternehmenswertes konstant gehalten wird. Ob das mit einer wertabhängigen Finanzierungspolitik induzierte Verhalten des Unternehmens im Interesse der Fremdkapitalgeber als mit der Realität vereinbar erachtet werden

1350 An dieser Stelle lassen sich mehrere Aspekte differenzieren: Einerseits kann und wird die Umsetzbarkeit einer solchen Politik in der Praxis hinterfragt werden, andererseits die Sinnhaftigkeit einer solchen Politik. Auf beide Aspekte wird in der Folge näher eingegangen.

1351 Vgl. Miles/Ezzell (1980) S. 721; Lobe/Essler (2008) S. 61.

1352 Vgl. u. a. Kruschwitz/Löffler (2006) S. 66.

1353 Drukarczyk/Honold (1999) sprechen in diesem Zusammenhang zur Unterscheidung von anderen Faktoren, die unsichere Wertbeiträge der Fremdfinanzierung auslösen können, auch von der „debt level uncertainty“. Vgl. Drukarczyk/Honold (1999) S. 334; 346; ähnlich: Modigliani (1988) S. 152; Myers (1974) S. 22; Miles/Ezzell (1980) S. 721; Diedrich/Dierkes (2015) S. 75–76; 91; Kruschwitz/Löffler (2006) S. 66; Drukarczyk/Schüler (2016) S. 204.

kann,[1354] wird, wie bereits ausgeführt, an einem späteren Punkt diskutiert werden. An dieser Stelle sei jedoch bereits angemerkt, dass ein solches Verhalten i. d. R. nur dann plausibel erscheint, wenn die Fremdkapitalgeber entsprechenden Einfluss auf die Unternehmenspolitik ausüben können.

Zunächst soll jedoch die Frage, welchen Wertbeitrag eine wertabhängige Finanzierungspolitik zum Unternehmenswert beiträgt, beantwortet werden. Von zentraler Bedeutung ist hierbei die Frage, wie die mit der Koppelung der Unternehmensverschuldung an den Unternehmenswert eingebrachte Unsicherheit im Rahmen einer Bewertung zu berücksichtigen ist. Im Kontrast zu einer autonomen Finanzierungspolitik kann der Steuervorteil der Fremdfinanzierung aufgrund des Schwankens der Fremdkapitalbestände mit dem unsicheren Unternehmenswert nicht mehr durchgängig mit dem risikolosen Zinssatz diskontiert werden.[1355] Die Frage, welchen Umfang die Unsicherheit bei einer wertabhängigen Finanzierungspolitik einnimmt, also insbesondere die Frage, welcher Diskontierungssatz für den Fall einer wertabhängigen Finanzierung einschlägig ist, wurde erst durch die Arbeit von Miles/Ezzell (1980) eindeutig beantwortet.[1356]

Zur Bewertung der wertabhängigen Finanzierungspolitik und alternativer Planungsdoktrinen

In einem kurzen Exkurs soll an dieser Stelle daher auf die Beweisführung von Miles/Ezzell (1980) eingegangen werden. Um die Frage beantworten zu können, welcher Diskontierungssatz für den Wertbeitrag der Fremdfinanzierung einschlägig ist bzw. welches Risiko der durch das Fremdkapital induzierte Wertbeitrag trägt, haben Miles/Ezzell (1980) auf den Ansatz der Rückwärtsinduktion zurückgegriffen.[1357] Den Ausgangspunkt des Beweises bildet der Betrachtungszeitpunkt, in dem ein Unternehmen mit begrenzter Lebensdauer genau noch eine volle Periode existiert.[1358] Ausgehend von dieser zunächst „einperiodigen"

1354 An dieser Stelle kann man argumentieren, dass eine Finanzierungspolitik im Interesse der Fremdkapitalgeber wenigstens implizit auch den Interessen der Unternehmen gerecht wird. Kosten, die im Zusammenhang mit einer Neuverhandlung der Konditionen des Fremdkapitals stehen, sind zumeist nicht zu vernachlässigen und i. d. R. auch durch die Unternehmen zu tragen. Vgl. dazu u. a. Norden et al. (2016) S. 25.

1355 Vgl. Drukarczyk/Schüler (2016) S. 205; Richter (1998) S. 382. Kruschwitz/Löffler (2001) folgend, kann man davon sprechen, dass die Verwendung des risikolosen Zinssatzes für die Diskontierung des Wertbeitrages der Fremdfinanzierung „unangemessen" wird, sobald Unsicherheit über die Entwicklung des Fremdkapitalvolumens zum Bewertungszeitpunkt herrscht. Vgl. Kruschwitz/Löffler (2001) S. 106.

1356 Vgl. Kruschwitz/Löffler (2006) S. 66; Kruschwitz/Löffler (2001) S. 109; Diedrich/Dierkes (2015) S. 93; Miles/Ezzell (1980) S. 721.

1357 In der Literatur wird in diesem Zusammenhang auch von einem Roll-Back-Verfahren gesprochen. Vgl. Drukarczyk/Schüler (2016) S. 205.

1358 Vgl. Miles/Ezzell (1980) S. 724–725; Drukarczyk/Honold (1999) S. 337.

Unternehmung, zeigen Miles/Ezzell (1980) mit einer stückweisen Ausweitung des Betrachtungshorizonts, dass die gewichteten Kapitalkosten des WACC-Ansatzes für „mehrperiodige" Unternehmen mit konstantem Verschuldungsgrad und einer wertabhängigen Finanzierungspolitik den geeigneten Diskontierungssatz darstellen.[1359] Implizit zeigt die Arbeit von Miles/Ezzell (1980) durch die eingeschlagene Beweisführung, dass der Wertbeitrag der Fremdfinanzierung bis zum Zeitpunkt der Realisierung des, durch den Verschuldungsgrad vorgegeben, Fremdkapitalbestandes das operative Unternehmensrisiko trägt.[1360] Wählt man die Sichtweise des APV-Ansatzes, wie sie u. a. von Ezzell/Miles (1983) oder Drukarczyk/Honold (1999) eingeschlagen wurde, d. h., betrachtet man den operativen Cashflow und den Cashflow des Tax-Shields sowie die adäquaten Diskontierungssätze getrennt voneinander, tritt der Unterschied zur autonomen Finanzierungspolitik deutlicher als im WACC-Ansatz hervor.[1361] Der Wertbeitrag der Fremdfinanzierung ist bei Miles/Ezzell (1980), in Abhängigkeit zum Realisierungszeitpunkt der Fremdkapitalstruktur, mit risikolosen Zinssatz sowie dem Eigenkapitalkostensatz bei Eigenfinanzierung zu diskontieren:[1362]

$$\frac{1}{(1+i)\cdot(1+k^{E,ME})^{t-1}} \tag{4.3}$$

Die[1363] Diskontierung mit dem risikolosen Zinssatz trägt dabei dem Umstand Rechnung, dass die durch die Finanzierungspolitik geforderten Fremdkapitalbestände jeweils am Ende der Vorperiode realisiert werden und sich mit der Anpassung des Fremdkapitalbestandes die Unsicherheit über die zukünftige Zinsbelastung und die damit verbundene Höhe des Steuervorteils auflöst.[1364] In den vorangehenden Perioden ist der zukünftige Fremdkapitalbestand und damit der Steuervorteil aufgrund der Bindung an den zukünftigen Unternehmenswert dagegen unsicher. Diese Unsicherheit entspricht aufgrund der Bindung an den Unternehmenswert dabei exakt der Unsicherheit über die zukünftigen operativen Erfolge des Unternehmens. Der Gleichlauf des Finanzierungsverhaltens mit der operativen Entwicklung und damit des operativen Risikos spiegelt sich in der Verwendung des

1359 Vgl. Miles/Ezzell (1980) S. 726–727; Drukarczyk/Honold (1999) S. 338; Wallmeier (1999) S. 1476.

1360 Vgl. dazu u. a. Inselbag/Kaufold (1997) S. 119.

1361 Die Vorteilhaftigkeit der Fremdfinanzierung wird im WACC-Ansatz etwas verdeckt im gewichteten Kapitalkostensatz berücksichtigt. Vgl. u. a. Wallmeier (1999) S. 1474.

1362 Vgl. Ezzell/Miles (1983) S. 30; Drukarczyk/Honold (1999) S. 337; Diedrich/Dierkes (2015) S. 95.

1363 Vgl. Drukarczyk/Honold (1999) S. 339

1364 Vgl. Kruschwitz/Löffler (2006) S. 65–66; Diedrich/Dierkes (2015) S. 93; Miles/Ezzell (1985) S. 1486.

Eigenkapitalkostensatzes bei Eigenfinanzierung als geeignetem Diskontierungssatz für den Steuervorteil der Fremdfinanzierung wider.[1365]

Sicherheit über die zukünftigen Fremdkapitalbestände herrscht im Kontrast zu einer autonomen Finanzierungspolitik nur über einen begrenzten Zeitraum nach der Realisation der Finanzierungspolitik, d. h. im Falle der Unsicherheit über die zukünftigen Entwicklungen regelmäßig nur über eine Periode. Damit liegt der Wertbeitrag, den eine zusätzliche Geldeinheit Fremdkapital im Falle einer wertabhängigen Finanzierungspolitik liefert, unterhalb des Wertbeitrages im Fall einer autonomen Finanzierungspolitik.[1366] Ob die Differenzierung zwischen der Phase der Sicherheit und den Phasen der Unsicherheit mit zunehmendem Abstand zum Bewertungszeitpunkt,[1367] d. h. mit Ausdehnung der Detailplanungsphase und Zunahme der Phasen der Unsicherheit, bedeutsam ist, wurde in der Literatur hinterfragt. Die Überlegung, den Bewertungsansatz durch das Ausblenden der Phase der Sicherheit zu vereinfachen, geht dabei auf die Arbeit von Harris/Pringle (1985) zurück. Vereinfachend unterstellen Harris/Pringle (1985) in ihrem Bewertungsansatz, dass im Kontrast zum Ansatz von Miles/Ezzell (1980) in allen Phasen Unsicherheit über die zukünftigen Fremdkapitalbestände herrscht.[1368] Für den Fall, dass das Unternehmen nur an diskreten Zeitpunkten, d. h. in wohldefinierten Abständen, Anpassungen an die Fremdkapitalbestände vornimmt,[1369] resultiert aus der Vereinfachung von Harris/Pringle (1985) ein Bewertungsfehler in Form einer Unterbewertung. Dieser Bewertungsfehler, der mit der Annahme durchgehend unsicherer Fremdkapitalbestände einhergeht, gilt dem Umfang nach in der Literatur als weitgehend vernachlässigbar.[1370] Dieser Einschätzung kann sich auch

1365 Vgl. Ezzell/Miles (1983) S. 31; Miles/Ezzell (1985) S. 1487. Wie Holthausen/Zmijewski (2012) an dieser Stelle ergänzen, hängt die Fähigkeit des Unternehmens, in der Zukunft weiteres Fremdkapital aufzunehmen bzw. sich zu refinanzieren, primär von der zukünftigen operativen Leistungsfähigkeit des Unternehmens ab und nur zu einem geringen Teil von dem Risiko des bestehenden Fremdkapitals. Vgl. Holthausen/Zmijewski (2012) S. 63.

1366 Vgl. dazu u. a. Miles/Ezzell (1985) S. 1489.

1367 Bei Ausdehnung der Detailplanungsphase nehmen Phasen, in denen aus Bewertungssicht Sicherheit über den zukünftigen Fremdkapitalbestand herrscht, einen vergleichsweise geringen Raum ein.

1368 Vgl. Drukarczyk/Schüler (2016) S. 217.

1369 Ob der von Harris/Pringle (1985) zudem in diesem Zusammenhang angedachte Zustand einer kontinuierlichen Anpassung der Fremdkapitalbestände einschlägig ist, darf mit Blick auf die Praxis und die empirische Forschung bezweifelt werden. Vgl. dazu Harris/Pringle (1985) S. 240; 242; Diedrich/Dierkes (2015) S. 99. Die Gegenannahme, dass Fremdkapitalbestände über den Zeitraum eines Jahres als unveränderlich angenommen werden können, darf jedoch genauso angezweifelt werden. Vgl. dazu Richter (1998) S. 382.

1370 Vgl. Drukarczyk/Schüler (2016) S. 207; 208; Drukarczyk/Honold (1999) S. 338; Richter (1998) S. 382; Harris/Pringle (1985) S. 241.

für empirische Untersuchungen alternativer Finanzierungspolitiken angeschlossen werden. Auch die Frage, ob eine abhängige Finanzierungspolitik durch den APV- oder aber den WACC-Ansatz bewertet werden soll, kann relativ pragmatisch beantwortet werden. Einen geradlinigen Ansatz zur Abbildung einer wertabhängigen Finanzierungspolitik stellt so der gewichtete Kapitalkostensatz in der Anpassung nach Harris/Pringle (1985) dar:[1371]

$$WACC_{HP} = k - \tau_C \cdot i \cdot L \text{ bzw. } WACC_{HP} = k_{F,HP}(1-L) + i(1-\tau_C)L \quad (4.4)$$

Die Bewertung einer wertabhängigen Finanzierungspolitik auf Basis des WACC-Ansatzes[1372] dürfte einer Bewertung mithilfe des APV-Ansatzes i. d. R. vorgezogen werden.[1373] Hinter dieser Entscheidung zugunsten des WACC-Ansatzes steht die, im Rahmen der autonomen Finanzierungspolitik vergleichbar getroffene Überlegung, dass der anzuwendende Bewertungsansatz eine Bewertung ohne Hindernisse, mit anderen Worten eine möglichst schnörkellose Bewertung, ermöglichen sollte.[1374]

Die nachfolgenden Überlegungen fassen die hinter der Wahl des WACC-Ansatzes stehenden Überlegungen zusammen. Eng mit der Frage nach der Eignung des Bewertungsansatzes ist auch im Rahmen einer wertabhängigen Finanzierungspolitik die Frage der Planungsdoktrin verbunden. Welche Planungsdoktrin kann also für die wertabhängige Finanzierungspolitik als dominierend wahrgenommen werden? Für den Fall der autonomen Finanzierungspolitik wurde vereinfachend vermutet, dass eine F-Planungsdoktrin, d. h., die zukünftigen Fremdkapitalbestände sind durch vertragliche Fixierungen in der Zukunft bereits fest vorgegeben, dominiert.[1375] Der APV-Ansatz hat sich im Kontext einer autonomen Finanzierungspolitik

1371 In Anlehnung an Drukarczyk/Schüler (2016) S. 207.

1372 Unter dem WACC-Ansatz wird an dieser Stelle der auf den Free Cashflow abstellende Bewertungsansatz verstanden und nicht der in der Literatur stellenweise als Total-Cashflow-Ansatz bezeichnete Bewertungsansatz. Zu einer Diskussion der beiden Ansätze vgl. u. a. Nantell/Carlson (1975) S. 1345. Der WACC-Ansatz unterstellt letztlich, dass das durch Unternehmen eingesetzte Kapital ein Zwitter aus Eigen- und Fremdkapital ist. Vgl. zu diesem Gedanken auch Myers (1990) S. 81.

1373 Dies entspricht der Einschätzung in der Literatur. In Analogie zum APV-Ansatz und der autonomen Finanzierungspolitik, sprechen Kruschwitz/Löffler (2003) davon, dass der WACC-Ansatz „an die wertorientierte Finanzierungspolitik gebunden" ist. Kruschwitz/Löffler (2003) S. 731, dazu auch Löffler (2002) S. 296. Gleichwohl ist auch eine Bewertung mit dem APV-Ansatz denkbar. Vgl. Richter (1998) S. 382–383.

1374 Vgl. dazu Inselbag/Kaufold (1997) S. 114.

1375 Diese Einschätzung dominiert auch in der Literatur. Vgl. Schwetzler/Darijtschuk (1999a) S. 2. Diese Annahme schließt jedoch nicht aus, dass Varianten der L-Planungsdoktrin im Rahmen einer autonomen Finanzierung zur Planung eingesetzt werden, auf die grundsätzliche Vereinbarkeit wurde bereits hingewiesen. Vgl. auch Lobe/Essler (2008) S. 57–59; Lobe (2006) S. 127.

dabei als der Bewertungsansatz erwiesen, der ein solches Finanzierungsverhalten ohne Umwege abbildet.[1376] Eine ähnliche Einschätzung soll, trotz des Ausblendens eines Teils der Komplexität, auch für die wertabhängige Finanzierungspolitik getroffen werden. Zu Beginn des Abschnittes zur wertabhängigen Finanzierungspolitik wurde bereits vereinfachend angenommen, dass sich eine wertabhängige Finanzierungspolitik durch die Vorgabe fester Fremdkapitalquoten auszeichnet. In der Literatur wurde an verschiedenen Stellen gezeigt, dass sich eine wertabhängige Finanzierungspolitik auch in Form anderer Planungsdoktrinen als der sog. L-Planungsdoktrin umsetzen lässt. Mit der Dominanz alternativer Planungsdoktrinen wurde in der Literatur u. a. die Kompatibilität der wertabhängigen Finanzierungspolitik mit dem APV-Ansatz sowie der damit einhergehenden stellenweisen Vorteilhaftigkeit des APV-Ansatzes nachgewiesen.[1377] Im Abschnitt zur autonomen Finanzierungspolitik wurde bereits darauf verwiesen, dass die Relevanz solcher Ansätze mit Blick auf den mit einer anderen Planungsdoktrin vermeidbaren „Umweg“[1378] durchaus kritisch hinterfragt werden kann.

Im Folgenden wird daher weiterhin an der vereinfachenden Annahme festgehalten, dass die sog. L-Finanzierungsdoktrin im Rahmen einer wertabhängigen Finanzierungspolitik als dominierend angesehen werden kann. Diese Annahme mag ein Teil der Vielfalt möglicher Planungsansätze, denen das Unternehmen bei Ausgestaltung einer wertabhängigen Finanzierungspolitik folgen kann, ausschließen und vorwiegend pragmatischen Überlegungen geschuldet sein. Zugleich lässt sich jedoch auch feststellen, dass die Annahme den Erwartungen eines Großteils der Literatur an die Ausprägung einer wertabhängigen Finanzierungspolitik entspricht.[1379] Ergänzend kann man an dieser Stelle auch vermuten, dass die Frage, ob der in der Bewertung unterstellte Planungsansatz fehlerhaft ist und nur indirekt von der Wahl der betrachteten Finanzierungsdoktrin abhängt. Durch die Überführbarkeit ausgewählter Planungsdoktrinen ineinander erscheint die Frage nach der Planungsdoktrin so nur von sekundärer Natur zu sein. Wie der folgende Abschnitt hervorheben wird, ist neben der grundsätzlichen Frage der Finanzierungspolitik die Frage, welche Zielsetzungen sich in der Finanzierungspolitik der Unternehmen widerspiegeln, bewertungsrelevant. Hierbei ist weniger die Form der Zielsetzung, d. h. absolute oder relative Vorgaben von Bedeutung, sondern der Prozesse, die die Finanzierungspolitik bestimmen. Im Fall der wertabhängigen Finanzierungspolitik

1376 Vgl. Lobe (2006) S. 131–133; Kruschwitz/Löffler (2003) S. 731.

1377 Vgl. u. a. Lobe (2006) S. 147–148.

1378 Kruschwitz/Löffler (2003) bezeichnen es als wenig plausibel, aus Bewertungssicht einen vermeidbaren Umweg gehen zu wollen. Vgl. Kruschwitz/Löffler (2003) S. 732.

1379 Vgl. Lobe/Essler (2008) S. 59; Kruschwitz/Löffler (2003) S. 731–732. Zudem steht das Ergebnis nicht in Kontrast zu dem Ergebnis empirischer Studien, die auf Basis der Aussage des Managements folgern, dass die Unternehmen Verschuldungsgradvorgaben folgen.

und der vorwiegend zu betrachtenden L-Planungsdoktrin ist damit die Frage nach dem Prozess, der die Höhe der zukünftigen Fremdkapitalquote bestimmt, zu beantworten. Hier verspricht die L-Planungsdoktrin, einen geradlinigen Ansatz darzustellen. Ein Abstellen auf eine L-Planungsdoktrin erscheint an dieser Stelle gegenüber der Alternative z. B. einer E[F]-Planungsdoktrin aussagekräftiger, da die zukünftige Unternehmenspolitik bzw. Unternehmensreaktionen im Falle sich verändernder Unternehmenswerte deutlicher hervortritt. Eine E[F]-Planungsdoktrin besitzt diese Eigenschaft demgegenüber nicht und erscheint an dieser Stelle nur über die Fähigkeit zu verfügen, die in der L-Planungsdoktrin zugrunde gelegten Unternehmensreaktionen nachvollziehen zu können.[1380] Hat man die Frage der dominierenden Planungsdoktrin beantwortet, liegt in der Folge die Antwort auf die Frage nach dem in diesem Fall geeigneten Bewertungsansatz deutlich näher. In der Literatur wird die Eigenschaft einer unkomplizierten Bewertung im Falle der Vorgabe fester Fremdkapitalbestände, d. h. einer L-Planungsdoktrin, zumeist dem WACC-Ansatz zugeschrieben.[1381]

Zur Konkretisierung der Planungsannahmen der wertabhängigen Finanzierungspolitik

Wie bereits angedeutet, lässt sich die Frage der Finanzierungspolitik regelmäßig nicht allein auf die Frage der Auswahl eines geeigneten Bewertungsansatzes und damit verbunden einer geeigneten Planungsdoktrin reduzieren. Weitaus bedeutsamer erscheint die, bisher ausgeblendete, Frage, wie die Finanzierungspolitik, beispielsweise im Fall einer L-Finanzierungsdoktrin, mit Leben gefüllt werden kann. Auf den ersten Blick erscheint diese Aufgabe – im Gegensatz zu der Aufgabe im Rahmen der autonomen Finanzierungspolitik – ein relativ einfach und plausibel zu lösendes Problem zu sein. Diese erste Einschätzung erweist sich m. E. nach jedoch i. d. R. als etwas voreilig, legt man an beide alternativen Finanzierungspolitiken vergleichbare Kriterien an. In beiden Fällen stellt sich die Frage nach den Prozessen, die Verschuldungsbestände bzw. Verschuldungsquoten bestimmen.

1380 Die E[F]-Planungsdoktrin vollzieht im Fall eines konstanten Verschuldungsgrades die in einer L-Planungsdoktrin ersichtlichen Reaktionen nur nach. So wird wenigstens das Beispiel von Lobe (2006) zur E[F]-Planungsdoktrin aufgefasst. Vgl. Lobe (2006) S. 149–150. Eine ähnliche Wertung scheinen Kruschwitz/Löffler (2003) mit ihrer Aussage, „[...] wenn ein Investor zukünftig sichere Fremdkapitalquoten unterstellt, warum sollte er dann fingieren, dass es sie nicht kennt, sondern stattdessen Zugang zu den unsicheren erwarteten Fremdkapitalmengen besitzt, um sie in eine APV-Formel einzusetzen?“, vorzunehmen. Vgl. Kruschwitz/Löffler (2003) S. 732.

1381 Vgl. u. a. Lewellen et al. (1977) S. 120; Inselbag/Kaufold (1989) S. 88; Kruschwitz/Löffler (2003) S. 731; Drukarczyk/Schüler (2016) S. 213. Dies dürfte auch der in der Bewertungspraxis dominierende Ansatz sein, so halten u. a. Inselbag/Kaufold (1997) fest, dass der WACC-Ansatz wohl der Favorit unter Praktikern ist. Vgl. dazu Inselbag/Kaufold (1997) S. 114.

Vergleichbar mit der Diskussion in Abschnitt 4.3.1. zur autonomen Finanzierungspolitik werden zu Beginn des Abschnitts zur Abbildung des zukünftigen Finanzierungsverhaltens des Unternehmens erneut zwei Zustände der Planungsunsicherheit voneinander unterscheiden. Begrüßenswert, aber in der Regel wenig realistisch, dürfte der Fall sein, in dem die Frage der Ausgestaltung der Finanzierungspolitik durch den Rückgriff auf unternehmensinterne Planungen, z. B. aufgrund eindeutiger Verlautbarungen des Unternehmens,[1382] relativ problemlos beantwortbar ist. Der Fall der Kenntnis der Unternehmensplanung wird daher auch im Fall einer wertabhängigen Finanzierungspolitik als Ausgangspunkt für die Abbildung der Finanzierungspolitik ausgeblendet.[1383] Im zweiten, für einen externen Bewerter regelmäßig bedeutenderen Fall,[1384] dürfte im Rahmen der Bewertung nur eine relativ oberflächliche Vorstellung über das zukünftige Finanzierungsverhalten des Unternehmens vorliegen, die es zu konkretisieren gilt.[1385] Dabei dürfte die Fragestellung, wie die zukünftigen Planungsvorgaben eines Unternehmens abzubilden sind, auch im Fall einer wertabhängigen Finanzierungspolitik regelmäßig nur eine pragmatische Antwort zu finden sein. Das Instrumentarium, das zur Konkretisierung der Finanzierungspolitik bzw. zur Approximation des Finanzierungsverhaltens des Unternehmens herangezogen werden kann, ähnelt daher dem zur Verfügung stehenden Instrumentarium im Fall der autonomen Finanzierungspolitik.

In einem ersten Schritt könnte, in Analogie zum Fall der autonomen Finanzierungspolitik, erneut der Versuch unternommen werden, die Finanzierungspolitik auf die vom Unternehmen eingeschlagene Ausschüttungs- und Investitionspolitik abzustimmen. Im Unterschied zu einer autonomen Finanzierungspolitik scheitert dieses Vorhaben bei einer wertabhängigen Finanzierungspolitik nicht bereits an dem definitionsgemäß bestehenden Widerspruch eines solchen Vorhabens. Gleichwohl dürfte ein solches Ansinnen auch im Fall der wertabhängigen

1382 In der Realität finden sich durchaus solche Angaben, inwieweit diese Verlautbarungen ein unverrückbares Finanzierungsziel darstellen, darf jedoch bezweifelt werden. Auch kann der Zweifel, ob die Vorgabe einer festen Fremdkapitalquote der Ausdruck einer wertabhängigen Finanzierungspolitik ist, an dieser Stelle erneut eingebracht werden.

1383 Der Zustand der Sicherheit muss nicht allein auf die Voraussicht der Unternehmen beschränkt sein, eine ähnliche Überlegung kann so auch mit Blick auf das Risiko des Fremdkapitals getroffen werden, dies zeigen u. a. Holthausen/Zmijewski (2012). Sie argumentieren so mit Blick auf die Höhe des Fremdkapitals, dass ein im Vergleich zum Unternehmensgesamtwert vernachlässigbarer Fremdkapitalbestand das Unternehmen vor keine Refinanzierungsprobleme stellt, das im Rahmen der wertabhängigen Finanzierungspolitik vermutete operative Risiko damit vernachlässigbar ist. Vgl. dazu Holthausen/Zmijewski (2012) S. 63.

1384 Dieser Fall kann auch als einschlägig für die nachfolgende empirische Untersuchung gesehen werden.

1385 Vgl. dazu auch Richter (1998) S. 379.

Finanzierungspolitik nur geringfügig zur Konkretisierung der zukünftigen Finanzierungspolitik beitragen.[1386] Zur Approximation des zukünftigen Finanzierungsverhaltens des Unternehmens kann erneut auf Analystenprognosen bzw. die Vergangenheit als Ausgangspunkt der Zukunftserwartungen abgestellt werden. Die Verwendung von Analystenprognosen als Ausgangspunkt für die Abbildung des zukünftigen Finanzierungsverhaltens wurde bereits für den Fall einer autonomen Finanzierungspolitik als weitgehend ungeeignet ausgeschlossen. Da die Defizite dieses Ansatzes weitgehend unabhängig von der betrachteten Finanzierungspolitik sind,[1387] ist dieser Weg auch im Rahmen der Abbildung einer wertabhängigen Finanzierungspolitik i. d. R. nicht beschreitbar. Als mögliche Herangehensweise, das zukünftige Finanzierungsverhalten des Unternehmens abzubilden, verbleibt damit, wie im Fall der autonomen Finanzierungspolitik, lediglich die Möglichkeit, auf die Vergangenheitsfortschreibung zurückzugreifen. Hierbei lassen sich erneut verschiedene Standpunkte[1388] mit Blick auf die zukünftige Entwicklung der Fremdkapitalbestände einnehmen, deren Eignung in der Folge durch Plausibilitätsüberlegungen zu überprüfen ist.

An dieser Stelle bietet es sich daher erneut an, eine Aufspaltung der zukünftigen Unternehmensentwicklung in verschiedene Planungsphasen vorzunehmen. Die im vorangehenden Abschnitt gewählte Aufteilung der Planungsphasen in eine Detail- und eine Rentenphase wird damit auch vor dem Hintergrund einer wertabhängigen Finanzierungspolitik beibehalten. Für die Detailplanungsphase können auch vor dem Hintergrund einer wertabhängigen Finanzierungspolitik zwei alternative Standpunkte zur Entwicklung der zukünftigen Fremdkapitalbestände gewählt werden. In Analogie zur autonomen Finanzierungspolitik kann man in einem ersten Schritt annehmen, dass das Unternehmen an dem eingeschlagenen, d. h. derzeit beobachtbaren, Finanzierungsverhalten auch in der Zukunft unverändert festhält.[1389] Vergleichbar mit dem Fall der autonomen Finanzierungspolitik, dehnt man damit

1386 So zeigen u. a. Lobe/Essler (2008), dass nur gegenüber der Investitionspolitik eine Abhängigkeit besteht, nicht jedoch gegenüber der Ausschüttungspolitik. Vgl. Lobe/Essler (2008) S. 61 Die Analyse erlaubt so zwar einen Einblick in das Risiko einer wertabhängigen Finanzierungspolitik über die Investitionspolitik und die Höhe des angestrebten Zielverschuldungsgrades, kann aber auch bei dieser analytischen Herangehensweise weiterhin nur wenig aussagen.

1387 Gründe, die dafürsprechen, dass die eingeschlagene Finanzierungspolitik für den Einsatz von Analystenprognosen von Bedeutung ist, könnten in der Präferenz von bestimmten Bewertungsansätzen durch die Analysten liegen.

1388 Man kann an dieser Stelle einerseits zwischen der Komplexität der Planungsansätze sowie andererseits zwischen dem durch den Planungsansatz den Investoren zugestandenem Informationshorizont differenzieren.

1389 Auch wenn man einem solchen Ansatz eine gewisse Trivialität wohl nicht absprechen kann, so ergeben sich auch bei diesem Ansatz eine Reihe von Detailfragen, die es zu beantworten gilt. So ist etwa die grundsätzliche Frage zu beantworten, wie der aktuelle Verschuldungsgrad zu messen ist.

den, auch für die Rentenphase zu diskutierenden Fall einer konstanten Fremdkapitalquote, auf die Detailplanungsphase aus. Ob dies eine plausible Annahme darstellt, lässt sich erneut mit Blick auf die technische Realisierbarkeit sowie die Plausibilität einer solchen Annahme beantworten. Zieht man zunächst das Kriterium der technischen Realisierbarkeit zurate, ist die Annahme eines konstanten Fremdkapitalbestandes regelmäßig weitgehend problemlos mit dem WACC-Ansatz umsetzbar. Aus technischer Sicht dürften damit in aller Regel die vorzubringenden Gründe gegen eine solche Finanzierungsannahme nur von begrenzter Bedeutung sein.

Zur ökonomischen Plausibilität des mit einer wertabhängigen Finanzierungspolitik induzierten Finanzierungsverhaltens

Richtet man den Blick auf die ökonomische Plausibilität der Annahme einer konstanten Fremdkapitalquote, so zeigt sich in der Detailplanungsphase i. d. R. ein deutlich differenzierteres Bild. Das Festhalten an der im Planungszeitpunkt erreichten Fremdkapitalquote impliziert an dieser Stelle, dass bereits zu Beginn der Detailplanungsphase der Zustand eines dauerhaften Finanzierungsoptimums oder aber der einer festen, d. h. vom Unternehmen unveränderlichen, Obergrenze erreicht wurde. An dieser Stelle kann man daher erneut eine Unterscheidung zwischen „inneren“ und „äußeren“ Gründen vornehmen, die das Unternehmen auch in Zukunft an die „historischen“ Verschuldungsgrade binden. Die Herangehensweise zur Begründung einer wertorientierten Finanzierungspolitik mit festen Verschuldungsgrad ähnelt somit dem Vorgehen zur Plausibilisierung der „naiven“ autonomen Finanzierungspolitik.[1390] Fraglich ist an dieser Stelle insbesondere, ob sich eine „klassische“ wertabhängige Finanzierungspolitik gegenüber Kritik stabiler erweist als ihr autonomes Pendant. Widmet man sich zunächst den „inneren“ Gründen, die für die Annahme eines Gleichgewichtszustandes in der Finanzierungspolitik des Unternehmens sprechen, kann erneut das Argument der Optimalität zugunsten der eingeschlagenen Finanzierungspolitik bemüht werden. So lässt sich auch hier u. a. argumentieren, dass der beobachtbare Fremdkapitalanteil den ökonomisch sinnvoll einsetzbaren Verschuldungsumfang im Sinne der Trade-Off-Theorie erreicht hat und dieses Optimum damit auch den Maßstab für zukünftige Finanzierungsentscheidungen bilden kann.[1391] Allgemeiner gesprochen, wird man an dieser Stelle regelmäßig nach einer theoretischen Fundierung der Finanzierungsannahme suchen. Bemüht man das Argument der Optimalität, wird man in einem weiteren Schritt regelmäßig gefordert sein, die durchaus interessante Frage zu beantworten, welche Faktoren dieses Optimum nun konkret bestimmen. Blendet

1390 Ein analoges Vorgehen ist bedeutsam, will man Kriterien für die Plausibilität der Annahme der autonomen bzw. der wertabhängigen Finanzierungspolitik hervorheben.

1391 So hält Liu (2009) u. a. fest: „Traditional trade-Off theory argues that a firm has a target leverage ratio and the firm issues, retires, and repurchases debt or equity to keep its leverage at the target level.“ Liu (2009) S. 602.

man die Beantwortung dieser Frage zunächst aus,[1392] folgt aus der Annahme einer optimalen Finanzierungspolitik zunächst ganz allgemein, dass zukünftige Veränderungen, d. h. in diesem Fall ein Abweichen vom vorgegebenen Verschuldungsgrad, aus Sicht des Unternehmens suboptimal sind. Das Unternehmen hat damit ein, in Abhängigkeit zur Bedeutung der Finanzierungspolitik unterschiedlich stark ausgeprägtes, Interesse daran, zum Verschuldungsoptimum zurückzukehren. Die Frage, wie stark die Bindungswirkung eines optimalen Verschuldungsgrades ist, hängt davon ab, auf welche Eigenschaften der Finanzierungspolitik sowie die Zuschreibung der Optimalität abzielt.

An dieser Stelle kommt man daher nicht umhin, kurz den Optimalitätsbegriff zu konkretisieren. Als optimal wird an dieser Stelle und im weiteren Verlauf der Arbeit ausschließlich eine wertoptimale d. h. unternehmenswertmaximierende Finanzierungspolitik verstanden.[1393] Das Unternehmen kann daher in der Zukunft an den zum Planungszeitpunkt beobachtbaren Verschuldungsgrad aus ökonomischen Gründen gebunden sein, da im Falle eines Abweichens von der optimalen Finanzierungsstrategie mit einem Rückgang des Unternehmenswertes zu rechnen ist, der Unternehmenswert würde damit zunächst ohne plausible Begründung nicht maximiert werden. Dem auf die ökonomische Bindungswirkung abzielenden Argument kann, wie die Ausführungen zur Rentenphase nahelegen, für sich allein genommen durchaus eine gewisse Stabilität zugesprochen werden.[1394] Es erscheint jedoch auch für die wertabhängige Finanzierungspolitik fraglich, ob dieses Argument zu Beginn der Detailplanungsphase über genügend Durchschlagskraft verfügt, um unter sich regelmäßig verändernden Rahmenbedingungen nachhaltig überzeugen zu können.[1395] An der Stabilität und damit der Überzeugungskraft dieses „inneren“

1392 Hinweise auf die möglichen Einflussfaktoren finden sich in der empirischen Literatur zu den Determinanten der Kapitalstruktur. Interessant ist an dieser Stelle auch, dass der Erklärungsansatz über eine optimale Kapitalstruktur eher der Trade-Off-Theorie entspricht. Vgl. dazu auch Kapitel I.

1393 Die nähere Definition der Optimalität ist bewusst vage gewählt, da in Abhängigkeit zur betrachteten Kapitalstrukturtheorie andere Aspekte wertoptimal sind. Denkt man an dieser Stelle an die, aus diesem Blickwinkel, sicherlich dominante Trade-Off-Theorie, stellt der gewählte Verschuldungsgrad das Optimum aus Wertbeitrag der Fremdfinanzierung und Insolvenzkosten dar. Eine ähnliche Diskussion lässt sich jedoch auch führen, betrachtet man Agency-Problem als treibenden Faktor der Kapitalstruktur. Vgl. dazu u. a. Mello/Parsons (1992) S. 1888.

1394 Bereits an dieser Stelle ist darauf hinzuweisen, dass auch in der Rentenphase Argumente gegen die Annahme eines uneingeschränkt wirkenden Optimums angeführt werden können.

1395 Erste Zweifel an den durch die „klassische“ wertabhängige Finanzierungspolitik vorgegebenen Antworten haben bereits Clubb/Doran (1995) mit der Betrachtung einer unvollkommenen wertabhängigen Finanzierungspolitik geäußert. Zugunsten ihrer Finanzierungsannahme und im Kontrast zur „klassischen“ Annahme, führen Clubb/Doran (1995) so aus: „[...] the company can draw up a debt schedule

Arguments für zeitstabile Verschuldungsgrade kann, wie die folgenden Ausführungen zeigen, erheblich gezweifelt werden. Der Beginn der Detailplanungsphase fällt, wie bereits im Fall der „naiven" autonomen Finanzierungspolitik argumentiert wurde, definitionsgemäß in eine Phase, in dem die zukünftige Unternehmensentwicklung gerade nicht vereinfacht durch einen Gleichgewichtszustand beschrieben werden kann, d. h., das Unternehmen durchläuft aus operativer Sicht in der Detailplanungsphase regelmäßig grundlegende und damit bewertungsrelevante Veränderungen. Geht man von dem Fall einer positiven operativen Entwicklung des Unternehmens aus, so setzt diese Annahme voraus,[1396] dass die das operative Wachstum regelmäßig begleitenden Finanzierungsfragen beantwortet werden. Konkret bedeutet dies, dass im Fall der Ausweitung der Kapazitäten klar beantwortet werden muss, ob das Unternehmen auf Ausschüttungen verzichtet oder auf externe Finanzierungsquellen zurückgreift, um das operative Wachstum zu ermöglichen. Im Rahmen der Detailplanungsphase erscheint es zudem notwendig, dass auch Finanzierungsfragen, die beispielsweise auf plötzliche Planabweichungen zurückgehen, kurzfristig und eindeutig beantwortet werden können. Als Anforderung an die Finanzierungspolitik kann man so die Eindeutigkeit wie die Schlüssigkeit der gegebenen Antwort näher beleuchten. Auf sich allein gestellt, wirkt diese Forderung an die „klassische" wertabhängige Finanzierungspolitik im Kontrast zu einer „naiven" autonomen Finanzierungspolitik mit dem Verweis auf die, mit der operativen Entwicklung des Unternehmens einhergehende Veränderung der Fremdkapitalbestände, zunächst unproblematisch und die Annahme einer wertabhängigen Finanzierungspolitik daher nicht weiter kritisierbar.[1397]

Das Argument, dass im Rahmen einer wertabhängigen Finanzierungspolitik auf die operative Entwicklung durch das Atmen mit dem Unternehmenswert eingegangen wird, geht jedoch im Kern an den Forderungen bzw. an der äußerbaren Kritik an der Annahme fester Verschuldungsgrade vorbei. Hinterfragbar ist an dieser Stelle, anders als im Fall der autonomen Finanzierungspolitik, nicht das u. U. unreflektierte Festhalten an einmal fixierten Fremdkapitalbeständen, sondern die Fixierung des Verschuldungsumfanges zu Beginn des Planungshorizonts. Anders ausgedrückt, ist an dieser Stelle zu hinterfragen, warum die Antwort auf die sich wiederholt stellende Finanzierungsfrage in der Zukunft immer gleich lauten muss. Die Frage nach der Stabilität des Verschuldungsgrades ist so vielmehr die Frage danach, ob sich das annahmegemäß zum Bewertungszeitpunkt bestehende

but now can alter the schedule every n years based on the actual value rather than the expected value of the firm." Clubb/Doran (1995) S. 683.

1396 Gleiches gilt für den Fall, dass das Unternehmen beispielsweise in einer Phase der Transformation, wenigstens zeitweise, einem Schrumpfungsprozess unterliegt.

1397 Insbesondere scheint es an dieser Stelle im Kontrast zum Fall der autonomen Finanzierungspolitik verzichtbar, eine ähnlich strenge Annahme mit Blick auf die Antizipierbarkeit der zukünftigen Entwicklung treffen zu müssen, um die wertabhängige Finanzierungspolitik zu plausibilisieren.

Optimum in der Detailplanungsphase auch in der Zukunft als stabil erweist. Da die tatsächlichen Entscheidungsprozesse des Unternehmens zur Finanzierungspolitik auch im Fall einer wertabhängigen Finanzierungspolitik nicht direkt beobachtbar sind, muss die Plausibilität bzw. Optimalität des Finanzierungsverhaltens auch hier anhand äußerer Kriterien beurteilt werden. Hilfreich erscheint es an dieser Stelle daher, auf Ergebnisse der empirischen Forschung abzustellen, um die Annahme eines konstanten Verschuldungsgrades in der Detailplanungsphase plausibilisieren zu können. Aus der in Kapitel III kurz zusammengefassten Breite empirischer Ergebnisse seien an dieser Stelle kurz die übergeordneten Ergebnisse der empirischen Forschung zur Relevanz alternativer Determinanten der Kapitalstruktur herausgegriffen.[1398] Folgt man dem in den Arbeiten zur Kapitalstruktur eingeschlagenen Ansatz, die Fremdkapitalquote durch ausgewählte Unternehmensparameter erklären zu wollen, zeigt sich, dass die Annahme zeitkonstanter Fremdkapitalquoten in der Detailplanungsphase i. d. R. wohl nicht aufrechterhalten werden kann.[1399] Ein Großteil der in der Kapitalstrukturdeterminanten-Forschung für die Finanzierungsentscheidung als maßgeblich identifizierten Unternehmensparameter zeichnet sich gerade dadurch aus, in der Detailplanungsphase veränderlich zu sein.[1400] Dies hat Auswirkungen für die Stabilität des Verschuldungsgrades. Die Ergebnisse der empirischen Determinanten-Forschung lassen sich m. E. nach, ohne sie zu überdehnen, so interpretieren, dass es i. d. R. wenig plausibel erscheint, davon auszugehen, dass in der Detailplanungsphase ein konstanter optimaler Verschuldungsgrad angenommen werden kann, lässt man zugleich sich verändernde Unternehmensparameter zu. Dies deckt sich letztlich auch mit den Überlegungen des Kapitels I, dass der wertoptimale Verschuldungsgrad unter der Annahme der Trade-Off-Theorie nur unter praxisfernen Annahmen zeitkonstant sein wird.

Die klassische Interpretation einer wertabhängigen Finanzierungspolitik ist daher – bei ausschließlicher Betrachtung der „inneren“ Gründe für einen konstanten Verschuldungsgrad – letztlich ebenso wenig belastbar wie die Annahme konstanter Fremdkapitalbestände im Fall einer autonomen Finanzierungspolitik. Der wertabhängigen Finanzierungspolitik ist an dieser Stelle ggf. der Umstand

---

1398 Der Blick in die empirische Forschung stellt einen der möglichen Wege dar, die zuvor ausgeblendete Frage der Determinanten der Kapitalstruktur zu beantworten.

1399 DeAngelo/Roll (2015) halten so u. a. fest: „The evaporation of commonalities between cross-sections contradicts theories that predict that firms remain close to stationary (or near-stationary) target leverage ratios. This regularity does substantially narrow the set of stationary target theories that are empirically credible.“ Vgl. dazu DeAngelo/Roll (2015) S. 409. Diese Vermutung erscheint dabei auch unter Berücksichtigung der Schwächen dieses Strangs der empirischen Forschung gerechtfertigt.

1400 Diese Einschätzung gilt so u. a. für die Größe, das Wachstum des Unternehmens wie auch die Verfügbarkeit von NDTS. Auf die Diskussion des Einflusses einzelner Determinanten sei an dieser Stelle verzichtet.

zugutezuhalten, dass das Merkmal einer autonomen Finanzierungspolitik, zukünftige Planabweichungen passiv hinzunehmen, zum Teil durchbrochen wird.[1401] Kritisch erscheint jedoch, dass man mit einem Festhalten an einem festen Verschuldungsgrad unterstellt, dass das Unternehmen auf zukünftige Planabweichungen mit einem inhaltlich unveränderbaren Finanzierungsverhalten reagiert.[1402] Sowohl mit Blick auf die Veränderung der in der Empirie betrachteten Einflussfaktoren der Kapitalstruktur als auch aus intuitiver Sicht plausibler erscheint die Annahme, dass Unternehmen im Fall eine Veränderung der Rahmenbedingungen auch aus Finanzierungssicht eine angepasste Antwort auf die veränderten Bedingungen geben werden.[1403] Hält man dennoch an der Annahme eines konstanten Verschuldungsgrades fest, so ist an dieser Stelle zu hinterfragen, ob ggf. „äußere" Bedingungen in der Detailplanungsphase existieren, die dazu führen, dass die getroffene Finanzierungsannahme stabilisiert wird. Unter „äußeren" Gründen werden erneut Faktoren verstanden, die außerhalb des Machtbereichs des Unternehmens liegen und zu einer Begrenzung bzw. der Einhaltung eines festen Verschuldungsgrades führen.[1404] Maßgabe ist auch hier, dass diese Faktoren sowohl in der Zielsetzung als auch in der Bindungswirkung geeignet sind, die Annahme fester Verschuldungsgrade zu stabilisieren und sich ggf. auch gegen das wertoptimale, d. h. „interne" Kriterium durchsetzen können.[1405]

Die Frage, wer ergänzend zu den Eigenkapitalgebern ein Interesse an einem bestimmten Finanzierungsverhalten des Unternehmens hat, kann zunächst erneut mit dem Verweis auf die Interessen der Fremdkapitalgeber beantwortet werden. An dieser Stelle kann die zuvor gemachte Beobachtung aufgegriffen werden, dass

1401 Ob die wertabhängige Finanzierungspolitik mit Blick auf das notwendige Verhalten des Unternehmensmanagements tatsächlich ein realistischeres Bild zeichnet, soll in einem späteren Abschnitt diskutiert werden.

1402 Man kann daher auch im Fall einer wertabhängigen Finanzierungspolitik argumentieren, dass das Unternehmen suboptimalen Entscheidungsregeln folgt.

1403 Ein Extremfall zeigt sich sicherlich, überträgt man die Überlegungen der „naiven" wertabhängigen Finanzierungspolitik auf ein Unternehmen, das insolvenzbedroht ist. Ein Festhalten an einem Zielverschuldungsgrad aus besseren Zeiten führt bei einem Einbruch des Unternehmenswertes zwar zu einer Rückführung von Fremdkapital, aber wohl nicht in dem Umfang, wie es ein aktuell wohl niedriger Zielverschuldungsgrad erfordern würde.

1404 Die in der Folge betrachteten „äußeren" Faktoren zielen direkt auf eine wertabhängige Finanzierungspolitik ab. Definiert man die „äußeren" Gründe breiter, kann man auch den Aspekt der direkten und indirekten Insolvenzkosten als Bestimmungsfaktoren für eine Begrenzung des Einsatzes von Fremdkapital betrachten. Vgl. dazu u. a. Pulvino (1998) S. 941. Diese Faktoren erweisen sich jedoch als weniger trennscharf, da man auch einer autonomen Finanzierungspolitik nicht absprechen kann, durch diese Faktoren getrieben zu sein.

1405 Dies gilt insbesondere dann, wenn „innere" und „äußere" Faktoren ein anderes Verhaltensmuster des Unternehmens nahelegen.

eine wertabhängige Finanzierungspolitik aus Sicht der Fremdkapitalgeber eine Garantie dafür darstellt, dass das zu Beginn des Planungszeitraums durch die Fremdkapitalgeber übernommene Risiko auch für den Fall von zunächst unvorhergesehenen Ereignissen konstant gehalten wird. In Anlehnung an Drukarczyk/Honold (1999) kann man daher mit Blick auf die wertabhängige Finanzierungspolitik auch von einer Finanzierungspolitik im Interesse der Gläubiger sprechen.[1406] Eine Finanzierungspolitik des Unternehmens bzw. der Eigenkapitalgeber im Interesse der Fremdkapitalgeber stellt, wie ein Blick auf die umfangreiche Literatur zu Agency-Problemen zwischen Eigen- und Fremdkapitalgeber zeigt, keine Selbstverständlichkeit dar, die ohne Hinterfragen als Standardfall akzeptiert werden sollte.[1407] Ein Grund der Eigenkapitalgeber, eine Finanzierungspolitik im Interesse der Gläubiger umzusetzen, dürfte zunächst daran festgemacht werden können, dass Unternehmen mit Fortführungsperspektive regelmäßig ein Interesse daran haben dürften, die Forderungen der Fremdkapitalgeber möglichst geräuschlos zu befriedigen.[1408] Ein Finanzierungsverhalten, das die Interessen der Fremdkapitalgeber berücksichtigt, dürfte somit, in Erweiterung der „inneren" Gründe, die für eine wertabhängige Finanzierungspolitik sprechen, in einer Vielzahl von Umweltzuständen durchaus im Interesse der Eigenkapitalgeber sein.[1409]

Fraglich bleibt dennoch, ob dieser Aspekt über genügend Bindungswirkung verfügt, um das Finanzierungsverhalten des Unternehmens dauerhaft zu dominieren. Diese Frage dürfte insbesondere in Fällen, in denen die Fremdkapitalgeber auf das Wohlwollen der Eigenkapitalgeber angewiesen sind, verneint werden.[1410]

1406 Vgl. Drukarczyk/Honold (1999) S. 337. Die Einschätzung, dass Zielverschuldungsgrade Ausdruck eines an den Interessen der Fremdkapitalgeber orientierten Unternehmensverhaltens sind, findet sich bereits in Myers (1977). Vgl. dazu Myers (1977) S. 165–166.

1407 Die theoretische wie auch empirische Forschung beschäftigt sich so regelmäßig mit dem Interesse der Eigenkapitalgeber, Entscheidungen zu treffen, die negative Auswirkungen des Vermögens der Fremdkapitalgeber haben. Eine dominierende Rolle nimmt dabei das von Myers (1977) identifizierte Problem des „underinvestments" ein. Vgl. dazu Abschnitt 2.4.; Myers (1977) S. 155; Mello/Parson (1992) S. 1888; Choe et al. (1993) S. 6–7; Graham (2000) S. 1909.

1408 Es dürfte so für ein Unternehmen mit dem Ruf, Gläubigerinteressen zu wahren, ungleich leichter fallen, sich zu refinanzieren, als einem als unzuverlässig geltenden Pendant. Insbesondere für langfristig orientierte Unternehmen dürfte ein Interesse gegeben sein, die Erwartungen der Gläubiger zu erfüllen. Myers (1977) fasst diese Politik unter der Überschrift „Honesty is the best policy" zusammen. Vgl. Myers (1977) S. 161. Dieses Argument wird zum Ende der Diskussion der Bindungswirkung von Covenants nochmals aufgegriffen.

1409 Dies dürfte insbesondere im Fall der Fortführungswürdigkeit der Unternehmen zu unterstellen sein.

1410 Vermögensverschiebungsstrategien sind aus Sicht der Eigenkapitalgeber insbesondere dann von Interesse, wenn die gesetzte Fortführungsprämisse bedroht ist. Vgl. neben den Überlegungen des Kapitels I dazu auch Drukarczyk (1993) S. 305–311.

Fremdkapitalgeber werden so regelmäßig ein Interesse daran haben, sich nicht allein auf das Entgegenkommen des Unternehmens verlassen zu müssen, sondern sich auch aktiv[1411] gegen eine mögliche Übervorteilung durch die Eigenkapitalgeber zu schützen.[1412] Fremdkapitalgeber verfügen dabei über verschiedene Instrumente, um sich gegen eine Vermögensverschiebung zur Wehr setzen zu können. Neben der Option, sich mithilfe von Sachsicherheiten gegenüber zukünftigen Unternehmensentscheidungen weitgehend zu immunisieren,[1413] besteht für Fremdkapitalgeber die Möglichkeit, sich ein bestimmtes Verhalten des Unternehmens durch kreditvertragliche Negativklauseln, sog. Covenants, zusichern zu lassen.[1414] Insbesondere der Schutzmechanismus, den die Vereinbarung von Covenants entfaltet, ist als „äußeres“ Kriterium für die Stabilisierung der Annahme einer wertabhängigen Finanzierungspolitik von Bedeutung.

Exkurs: Zum Einfluss von Covenants auf die Plausibilität einer wertabhängigen Finanzierungspolitik

Effektive Covenants zielen im Kern darauf ab, den zukünftigen Handlungsspielraum des Unternehmens einzuschränken bzw. ein bestimmtes Verhalten des Unternehmens sicherzustellen.[1415] Myers (1977) beschreibt die Implikation und das Verhalten des Unternehmens daher wie folgt: „They freely choose to accept constraints today which rule out behavior which seems rational tomorrow.“[1416] Ein Festhalten an festen Verschuldungsgraden, das nur unzureichend über „innere“

1411 In der Literatur wird zudem der „passive“ Schutz durch Risikoaufschläge näher betrachtet. Vgl. dazu u. a. Choe et al. (1993) S. 7. Diese passiven Maßnahmen nehmen nur indirekt Einfluss auf die Finanzierungspolitik der Unternehmen und seien in der Folge daher weitgehend ausgeblendet.

1412 Einen ersten Hinweis auf die Vorteilhaftigkeit eines mit dem Unternehmenswert abnehmenden Fremdkapitalbestandes aus Sicht der Fremdkapitalgeber hat u. a. Myers (1977) geliefert. Vgl. dazu Myers (1977) S. 171. Dies ist insbesondere dann der Fall, wenn erste Zweifel an der Vertrauenswürdigkeit des Schuldners wachsen. Rauh/Sufi (2010) zeigen so, dass der Einsatz von Covenants mit der Abnahme der Kreditqualität rasch anwächst. Vgl. Rauh/Sufi (2010) S. 4270.

1413 Vgl. u. a. Smith/Warner (1979) S. 127–128. Die Einräumung von Sachsicherheiten beschränkt den Handlungsspielraum des Unternehmens i. d. R. nur in begrenztem Umfang, insbesondere die Motivation eines bestimmten Finanzierungsverhaltens erscheint daher verwegen. Der Einfluss von Sachsicherheiten wird in der Folge daher nicht näher betrachtet.

1414 Vgl. u. a. Christensen et al. (2016) S. 398; 410. Um nicht als Papiertiger zu enden, steht den Gläubigern im Falle der Vertragsverletzung ein breites Spektrum möglicher Sanktionen zur Verfügung. Zur allgemeinen Definition von Covenants Vgl. u. a. Drukarczyk (1993) S. 328–342.

1415 Vgl. dazu Scott (1977) S. 2.

1416 Vgl. Myers (1977) S. 161–162. Das Festhalten an einer festen Verschuldungsquote muss daher nicht zwingend auf ein „inneres“ Optimum zurückzuführen sein, um als praxisnah gelten zu können.

Gründe motiviert werden kann, könnte so auch durch feste, von den Fremdkapitalgebern vorgegebene Verhaltensregeln plausibilisiert werden.[1417] Die Ausgestaltung sowie die Bindungswirkung kreditvertraglicher Vereinbarungen sollen im folgenden Abschnitt näher beleuchtet werden. Die Ausgestaltung der kreditvertraglichen Vereinbarungen und damit die Einschränkung des Handlungsspielraums des Unternehmens können verschiedene Aspekte umfassen, die Ausgestaltung unterliegt der Freiheit der Vertragsparteien. Wie der vertragliche Spielraum auszugestalten ist, dürfte dabei von mehreren Faktoren abhängen. Neben den Möglichkeiten der Fremdkapitalnehmer, die Gläubiger zu übervorteilen, können bereits bestehende kreditvertragliche Vereinbarungen, aber auch die Verhandlungsmacht der Vertragsparteien großen Einfluss auf die konkrete Ausgestaltung der Vertragsbedingungen ausüben.[1418] Die Frage, wie Covenants im Einzelfall konkret auszugestalten sind, scheint aufgrund der regelmäßig heterogenen Einflussfaktoren nicht allgemein beantwortbar zu sein. Da eine detaillierte Antwort aus Sicht der vorrangigen Frage, inwieweit kreditvertragliche Vereinbarungen einen Einfluss auf die Finanzierungspolitik ausüben, zunächst nebensächlich erscheint, steht in der Folge die konkrete Ausgestaltung der kreditvertraglichen Vereinbarungen daher nicht im Mittelpunkt der Betrachtung.[1419] Es sei daher in einem ersten Schritt vereinfachend angenommen, dass Fremdkapitalgeber grundsätzlich ein Interesse daran haben, die Verschuldungspolitik des Unternehmens zu begrenzen, und dazu spezifische Zielverschuldungsgrade vorgeben. Die Überwachung dieser mit den Eigenkapitalgebern vereinbarten Zielvorgaben durch die Fremdkapitalgeber wird zunächst als gegeben angenommen.

Unter den gesetzten Annahmen soll sich im Folgenden näher mit der Frage beschäftigt werden, ob Covenants als ein „äußerer" Grund dazu beitragen können, eine wertabhängige Finanzierungspolitik mit unveränderlichen Fremdkapitalquoten zu stabilisieren. Ergänzend sei die Durchschlagskraft dieses Arguments näher beleuchtet. Grundannahme sei daher zunächst, dass die bestehenden Finanzierungsverträge des Unternehmens mit entsprechenden, d. h. die Verschuldung des Unternehmens tatsächlich begrenzenden, Covenants ausgestattet sind. Für die Plausibilität dieser Annahme spricht, dass der Einsatz von Covenants in der

1417 Eine solche Argumentation ist in der Literatur zur Praxistauglichkeit alternativer Finanzierungsannahmen durchaus verbreitet. Vgl. dazu u. a. Inselbag/Kaufold (1997) S. 116; Dierkes/Schäfer (2017) S. 366.

1418 Ein pragmatischer Ansatz könnte sein, auf den zum Vertragsabschluss bestehenden Verschuldungsgrad abzustellen. Dies entspricht an dieser Stelle unserer Interpretation einer „klassischen" wertabhängigen Finanzierungspolitik. Motivieren könnte man den pragmatischen Ansatz mit der Vermutung, dass die Fremdkapitalgeber insbesondere ein Interesse daran besitzen, dass sich die gegenwärtige Position in Zukunft nicht verschlechtert.

1419 Einen guten Überblick über divergierende Interessen und mögliche Ansatzpunkte für Covenants geben bereits Smith/Warner (1979). Vgl. Smith/Warner (1979) S. 118–119; 124–125.

Literatur regelmäßig als ein effektives Instrument zur Einschränkung der Finanzierungsfreiheit des Unternehmens diskutiert wird. Empirische Untersuchungen bestätigen u. a. die Wirksamkeit kreditvertraglicher Vereinbarungen zur Einschränkungen der Finanzierungsverhaltens des Unternehmens.[1420] Hat man die Frage der Verbreitung sowie Wirksamkeit durch empirisch fundierte Annahmen geklärt, erscheint es von Interesse, der Frage nachzugehen, welches Verhalten des Unternehmens im Falle einer wirksamen Verschuldungsobergrenze als optimal angesehen werden kann.[1421] Unter den die Handlungsfreiheit des Unternehmens beschränkenden Bedingungen erscheint es plausibel, anzunehmen, dass Unternehmen weiterhin versucht sein werden, eine wertmaximierende, d. h. optimale Finanzierungspolitik umzusetzen.[1422] An dieser Stelle ist noch fraglich, ob diese wertmaximierende Strategie mit dem Verhalten im Fall einer wertabhängigen Finanzierungspolitik übereinstimmt. Konkret bedeutet dies, dass das Finanzierungsverhalten einer wertabhängigen Finanzierungspolitik mit dem Verhalten des Unternehmens bei der Vereinbarung wirksamer Verschuldungsobergrenzen verglichen werden muss.

Findet also auch bei der Vereinbarung von Covenants eine Ausreizung des Finanzierungsspielraums statt, wie für eine wertabhängige Finanzierungspolitik im Fall eines Anstiegs des Unternehmenswertes einschlägig ist, und wird bei Rückgang des Unternehmenswertes eine Rückführung des Fremdkapitalüberhanges auch bei wirksamen Covenants notwendig? Diese Eigenschaften einer wertabhängigen Finanzierungspolitik sind auch im Fall wirksamer Covenants eingängig, wie die folgende Fallunterscheidung zeigen soll. Die volle Ausreizung des Finanzierungsspielraumes ist aus Sicht des Unternehmenswertes immer dann sinnvoll, wenn der durch den Covenant vorgegebene Verschuldungsgrad knapp unterhalb des optimalen Verschuldungsgrades des Unternehmens liegt.[1423] Eine Erhöhung

1420 Vgl. Dichev/Skinner (2002) S. 1092; Mello/Parsons (1992) S. 1887. Dass es nach einer Verletzung von Covenants stellenweise zu deutlichen Eingriffen der Fremdkapitalgeber in die Finanzierungspolitik der Unternehmen kommen kann, zeigen u. a. Roberts/Sufi (2009). Vgl. dazu Roberts/Sufi (2009) S. 1690. Auswirkungen auf die Investitionspolitik werden in Chava/Roberts (2008) näher betrachtet. Vgl. dazu Chava/Roberts (2008) S. 2087.

1421 Wenig plausibel erscheint an dieser Stelle die Annahme, dass Fremdkapitalgeber symmetrische Finanzierungsvorgaben treffen und zugleich eine Verschuldungsuntergrenze vorgeben.

1422 Diese Annahme unterstellt, dass die Überlegungen der Trade-Off-Theorie für die Praxis einschlägig sind. Wie Kapitel I gezeigt hat, wird dieser Annahme in der Literatur jedoch nicht uneingeschränkt gefolgt.

1423 Dass diese Annahme in der Regel erfüllt sein wird, erscheint mit Blick auf das Interesse der Fremdkapitalgeber an einer konservativen Verschuldungspolitik, d. h. zusätzliche Anspruchsteller an das Haftungskapital des Unternehmens stoßen auf Ablehnung, gerechtfertigt. Ähnlich ist auch die Empfehlung von Smith (1993) und Gârleanu/Zwiebel (2009) an die Fremdkapitalgeber zu interpretieren, die vertraglich vereinbarten Bedingungen an den aktuellen Werten auszurichten. Vgl.

der Fremdkapitalbestände im Fall eines Anstiegs des Unternehmenswertes ist damit auch für den Fall vertraglich definierter Verschuldungsobergrenzen ein wertschaffendes Verhalten. Wie werden Unternehmen im Fall eines Rückgangs des Unternehmenswertes reagieren? Wie die in der Folge noch beleuchteten Einschätzungen der Literatur zeigen, dürfte die Rückführung bestehenden Fremdkapitals im Fall eines Unternehmenswertrückgangs – prima facie – regelmäßig kein Ziel erster Ordnung der Eigenkapitalgeber sein. Dies ändert sich für den Fall, in dem Fremdkapitalgeber Covenants mit einer Verschuldungsobergrenze durchgesetzt haben. Fremdkapitalgeber sind unter diesen Bedingungen über die Unternehmensentwicklung hinreichend informiert und verfügen regelmäßig über ein entsprechendes Sanktionsinstrumentarium, um Unternehmensentscheidungen in ihrem Interesse zu beeinflussen. Zugleich impliziert die Ausnutzung des Verschuldungsspielraums im Fall des Anstiegs des Unternehmenswertes, dass bei einem folgenden Rückgang des Unternehmenswertes Teile des Fremdkapitals durch das Unternehmen aktiv zurückgeführt werden müssen, um die vertraglich vereinbarte Verschuldungsobergrenze nicht zu verletzen. Eine Reduzierung des Fremdkapitalbestandes erfordert neben einem entsprechenden Sanktionsinstrumentarium zudem, dass die Fremdkapitalgeber den Einsatz dieser Sanktionen aus Sicht der Unternehmen auch plausibel erscheinen lassen. Anders ausgedrückt, muss das Interesse der Fremdkapitalgeber an einer stabilen wertabhängigen Finanzierungspolitik auch durchgesetzt werden. Ein Blick in die Empirie bestätigt zunächst die Vermutung, dass sich Fremdkapitalgeber bei Verletzung der vertraglichen Vereinbarungen i. d. R. einen umfangreichen Katalog möglicher Sanktionen zusichern lassen. Neben einem Anstieg der administrativen Kosten durch eine Ausweitung der durch das Unternehmen zu leistenden Berichtspflichten[1424] kann ein Eingriff der Gläubiger regelmäßig auch mit nachteiligen Auswirkungen auf die durch das Unternehmen durchführbare Investitionspolitik verbunden sein.[1425] Auf Basis der empirisch nachweisbaren Spannbreite möglicher Sanktionen, kann man mit dem augenscheinlichen Interesse der Unternehmen bzw. der Eigenkapitalgeber an der Einhaltung des vertraglich vereinbarten Verschuldungsgrades argumentieren, um sich somit den wertvernichtenden Sanktionsmöglichkeiten der Fremdkapitalgeber entziehen zu können. Es verwundert daher nicht, dass sich in der empirischen

---

Smith (1993) S. 301–302; Dichev/Skinner (2002) S. 1095–1096; Gârleanu/Zwiebel (2009) S. 752.

1424 In der Literatur werden dabei mehrere Aspekte aufgeführt, die dazu führen, dass die erweiterten Berichtspflichten zusätzliche Kosten verursachen. Vgl. Dichev/Skinner (2002) S. 1096.

1425 Eine Reduzierung der Investitionsauszahlungen bei Verletzung der Covenants wird regelmäßig in der empirischen Literatur beobachtet. So zeigen u. a. Chava/Roberts (2008), dass die Investitionsauszahlungen um 13 % gegenüber dem Zeitpunkt vor der Verletzung der Covenants zurückgehen. Vgl. Chava/Roberts (2008) S. 2106; auch: Smith (1993) S. 299.

Forschung ein solches, zunächst nur analytisch-deduktiv sinnvolles, Verhalten der Fremdkapitalnehmer durchaus mit dem in der Praxis beobachtbaren Vorgehen deckt. Dichev/Skinner (2002) bestätigen so u. a. die Vermutung, dass Unternehmen einerseits bemüht sind, die von den Fremdkapitalgebern gemachten Vorgaben einzuhalten, andererseits jedoch ein Interesse daran besteht, den verbleibenden Handlungsspielraum auszureizen. Dies zeigt sich u. a. in der Beobachtung, dass die mit Covenants vereinbarten Vorgaben regelmäßig nur knapp durch die Schuldner eingehalten werden.[1426]

An dieser Stelle kann aufgrund der beobachtbaren Bandbreite kreditvertraglicher Vereinbarungen hinterfragt werden, ob der Verschuldungsgrad bzw. die Fremdkapitalquote ein für die Formulierung von Covenants bedeutsamer Anknüpfungspunkt ist. Die zunächst vereinfachend ausgeblendete Frage, worauf Covenants konkret abzielen, ist an dieser Stelle daher nochmals kurz aufzugreifen. Zugunsten einer wertabhängigen Finanzierungspolitik mit festen Verschuldungsgrad kann darauf verwiesen werden, dass die Höhe der Verschuldungsquote trotz der möglichen Kennzahlenbreite bei der Formulierung von Covenants ein bedeutsames Kriterium darstellt.[1427] Dies zeigt, wenngleich auch etwas indirekt, bereits die Befragung von Fremdkapitalgebern und -nehmern durch Gopalakrishnan/Parkash (1995). Sowohl Fremdkapitalgeber wie auch die sich verschuldenden Unternehmen sehen so in der Begrenzung des vereinbarten Verschuldungsgrades die wahrscheinlichste Ursache für eine zukünftige Verletzung der geschlossenen kreditvertraglichen Vereinbarungen.[1428] Dieses Ergebnis zeigt, neben der zentralen Bedeutung des Verschuldungsgrades im Rahmen kreditvertraglicher Vereinbarungen, zugleich jedoch auch die Schwäche der vorangehenden Argumentation auf. Die bisherigen Ausführungen legen nahe, dass es aufgrund kreditvertraglicher Vereinbarungen und des vorhandenen Drohpotenzials zu einer strikten Einhaltung des vorbestimmten Verschuldungsgrades kommt und damit wenigstens indirekt zu einem Finanzierungsverhalten, das sich mit den Finanzierungsentscheidungen einer wertabhängigen Finanzierungspolitik weitgehend deckt. Diese Folgerung steht jedoch im Kontrast zur Einschätzung der Gläubiger und Schuldner, die eine Vertragsverletzung mit Blick auf die vereinbarte Verschuldungsobergrenze als durchaus plausibel erachten. Die bisherige Diskussion stellte damit zugunsten einer

1426 Vgl. Dichev/Skinner (2002) S. 1110; 1121.

1427 Vgl. Dichev/Skinner (2002) S. 1101; anders: Sufi (2009) S. 1077. An dieser Stelle ungeklärt geblieben ist die Frage, wie der Verschuldungsgrad vertraglich definiert ist. Eine Definition auf Basis von Buchwerten erscheint nicht unplausibel. Daneben erscheint auch eine eher implizite Vorgabe der Finanzierungspolitik, d. h., es wird ein anderer Maßstab als die Fremdkapitalquote gewählt, nicht unwahrscheinlich. Vgl. dazu auch Smith/Warner (1979) S. 136.

1428 Vgl. Gopalakrishnan/Parkash (1995) S. 18. Diese Arbeit von Gopalakrishnan/Parkash (1995) bestätigt damit das Ergebnis vorangehender Studien. Vgl. dazu Sufi (2009) S. 1078.

wertabhängigen Finanzierungspolitik mit festen Verschuldungsgraden etwas einseitig auf die verbindliche Wirkung von Covenants ab. Die tatsächliche Bindungswirkung vertraglicher Verschuldungsgrenzen scheint in der Praxis regelmäßig weitaus weniger streng, als in der bisherigen Diskussion idealisiert angenommen wurde. Dichev/Skinner (2002) weisen so u. a. darauf hin, dass es aus Sicht der Fremdkapitalgeber durchaus vorteilhaft sein kann, Verletzungen der Covenants in einem gewissen Umfang zuzulassen.[1429] Die Argumentation von Dichev/Skinner (2002) spiegelt dabei letztlich die empirische Evidenz wider, dass die Verletzung der vereinbarten Covenants in einem Großteil der Fälle keine umfangreichen Sanktionen der Fremdkapitalgeber nach sich zieht.[1430] Das Ausmaß der Reaktion der Fremdkapitalgeber hängt dabei i. d. R. auch von den Ursachen für der Verletzung der vertraglich vereinbarten Steuerungsgrößen ab, d. h., die Reaktion der Fremdkapitalgeber dürfte bei der Finanzierung profitablen Wachstums regelmäßig anders ausfallen als im Fall einer sich abzeichnenden Abnahme der Kreditwürdigkeit des Unternehmens.[1431]

Es ist also letztlich von Interesse, wie viel Freiraum die Fremdkapitalgeber dem Unternehmen bei der Gestaltung der Finanzierungspolitik einräumen. In der Folge

---

1429 Dichev/Skinner (2002) sehen Fremdkapitalgeber dabei vor einem Abwägungsprozess zwischen Kosten und Nutzen einer Einschränkung der Handlungsfreiheit des Unternehmens. Vgl. Dichev/Skinner (2002) S. 1096–1097. Dichev/Skinner (2002) drücken diese Einschätzung recht plastisch aus, dies soll dem Leser nicht vorenthalten werden: „From the lenders' standpoint, it pays not to ‚pull the trigger' and call the bond to early." Vgl. Dichev/Skinner (2002) S. 1096.

1430 So zeigen Gopalakrishnan/Parkash (1995), dass in einem Großteil der Fälle neben einer „waiver fee" mit keinen weiteren Sanktionen zu rechnen ist. Vgl. Gopalakrishnan/Parkash (1995) S. 20. Ein Ergebnis, das u. a. von Roberts/Sufi (2009) bestätigt wird. In 63 % der Fälle der durch die Untersuchung betrachteten Verletzungen verzichten die Fremdkapitalgeber auf Sanktionen, die über eine „waiver fee" hinausgehen. Vgl. Roberts/Sufi (2009) S. 1688. Auch die Beobachtung von Denis/Wang (2014), dass eine Abschwächung der vereinbarten Covenants üblicher als eine Verschärfung erscheint, ist ein Ergebnis, das zugunsten dieser Einschätzung interpretiert werden kann. Denis/Wang (2014) S. 365. Sufi (2009) bestätigt dieses Ergebnis, zeigt aber auch, dass die Verletzung der kreditvertraglichen Vereinbarung mit einer deutlichen Einschränkung der finanziellen Flexibilität des Unternehmens einhergeht. Vgl. Sufi (2009) S. 1059; 1078.

1431 Vgl. Dichev/Skinner (2002) S. 1098; Denis/Wang (2014) S. 349. In der Literatur wird beispielsweise argumentiert, dass eine Bestrafung der Fremdkapitalnehmer aufgrund wertschaffender Investitionsmöglichkeiten des Unternehmens zumeist nicht im Interesse der Fremdkapitalgeber ist. Vgl. Roberts/Sufi (2009) S. 1683. Auch die Verfügbarkeit alternativer Finanzierungsquellen wurde in der Literatur als eine Ursache für die Nachsichtigkeit der Fremdkapitalgeber identifiziert. In der neueren Literatur werden zudem die Eigenschaften der Fremdkapitalgeber als treibende Faktoren der Strenge der kreditvertraglichen Vereinbarungen betrachtet. Vgl. dazu u. a. Murfin (2012).

wird die unter dem Oberbegriff Covenants diskutierte Bindungswirkung kreditvertraglicher Vereinbarungen unter dem etwas allgemeiner gefassten Begriff der Strenge der Fremdkapitalgeber zusammengefasst. In der Vergangenheit wurde das Ausmaß der Strenge der Reaktion der Fremdkapitalgeber und damit verbunden das Interesse des Unternehmens, Sanktionen zu vermeiden, in empirischen Untersuchungen vereinfachend u. a. an der Höhe des Verschuldungsgrades des betrachteten Unternehmens festgemacht. Der Umfang der Reaktion der Fremdkapitalgeber auf Vertragsverletzungen ist für den späteren Vergleich alternativer Finanzierungspolitiken von Interesse, spricht eine harsche Reaktion der Fremdkapitalgeber auf die Verletzung der vertraglichen Verschuldungsgrenzen, wie dargestellt wurde, doch dafür, dass eine Politik fester Verschuldungsquoten plausibel erscheint.[1432] Möglichkeiten, die Strenge der Reaktion der Fremdkapitalgeber auf Verletzungen der vorgegebenen Finanzierungspolitik zu approximieren, werden daher in einem späteren Abschnitt erneut aufgegriffen.[1433] Im Kontrast zu den „inneren“ Gründen, die für die Einhaltung einer Finanzierungspolitik sprechen, dürften „äußere“ Gründe für ein bestimmtes Finanzierungsverhalten regelmäßig nur über eine begrenzte Halbwertszeit verfügen.[1434] Bisher ist die Frage, als wie zeitstabil sich die Vorgaben der Verschuldungsgrenzen durch die Fremdkapitalgeber erweisen, weitgehend unbeleuchtet geblieben. Analytisch ist diese Frage nicht einfach zu beantworten, da, verabschiedet man sich von der Vorstellung, dass das Fremdkapital eines Unternehmens einen homogenen Block darstellt,[1435] stets die eingehendere Analyse und Differenzierung bestehender Fremdkapitalinstrumente von Bedeutung ist, um eine Aussage mit Blick auf die Stabilität der Verschuldungsvorgaben treffen zu können.

Berücksichtigt man, dass sich Fremdkapital u. a. nach Art des Gläubiger, der Fristigkeit und der Besicherung in unterschiedliche Gruppen einteilen lässt, ergibt sich ein differenzierteres Bild der teilweise divergierenden Interessen der

1432 Dies spiegelt die im Rahmen des Abschnitts zur autonomen Finanzierungspolitik getroffene Annahme wider, dass eine Politik fester Verschuldungsgrenzen regelmäßig durch die praktikablere Vorgabe von Verschuldungsquoten bestimmt wird.

1433 Es genügt dabei, auf den strengsten der in Abhängigkeit zur Fremdkapitalgeberstruktur vielfältigen Covenants zurückzugreifen, da im Falle der Verletzung dieses Covenants durch eine Cross-Default-Provision auch die Verletzung der weniger strengen Covenants ausgelöst wird. Vgl. Dichev/Skinner (2002) S. 1095; Zhang (2009) S. 11.

1434 Unveränderliche Verschuldungsgrenzen würden zwar über einen gewissen Charme mit Blick auf die fraglos einfachere Handhabung verfügen, sinnvoll erscheint ein solches Vorgehen jedoch nicht.

1435 Auch in der empirischen Forschung wird zumeist vereinfachend unterstellt, dass die Interessen der Fremdkapitalgeber homogen sind, darauf haben u. a. Barclay/Smith (1999) hingewiesen. Dass diese Annahme i. d. R. nicht gerechtfertigt ist, haben sie dabei an einigen Beispielen gezeigt. Vgl. dazu Barclay/Smith (1999) S. 14–15.

Fremdkapitalgeber.[1436] Reduziert man die Frage der Stabilität des Fremdkapitals auf eine Frage der Fristigkeit der vertraglichen Vorgaben,[1437] ist an dieser Stelle zunächst zu klären, wie Fremdkapital mit unterschiedlicher Fristigkeit besichert ist und wie stark die Überwachungsleistung der Fremdkapitalgeber in Abhängigkeit zur Fristigkeit ausfällt. Diese Fragen sind insbesondere dann bedeutsam, wenn man eine Rangfolge möglicherweise divergierender Zielvorstellungen bilden muss[1438] oder wie an dieser Stelle eine Aussage über die Bindungsdauer der Verschuldungsvorgaben treffen will. Entgegen der möglicherweise zunächst intuitiv plausibel erscheinenden Gegenannahme,[1439] verweisen empirische Studien darauf, dass der Schutz durch Covenants für Fremdkapitalbestände mit kurz- und mittelfristiger Laufzeit deutlich ausgeprägter erscheint als für langfristiges Fremdkapital.[1440] Unterscheidet man nur zwischen kurz- und mittelfristigem sowie langfristigem Fremdkapital erscheint es, allein auf Basis der Fristigkeit,[1441] plausibel, dass es in wohldefinierten Abständen zu einer Änderung der vertraglich vereinbarten Anpassung der Verschuldungsvorgaben kommt. Unter wohldefinierten Abständen wird an dieser Stelle ein Zeitraum von 3 bis 5 Jahren verstanden, in dem Fremdkapital

1436 Die Abkehr von der Betrachtung des Fremdkapitals als einem homogenen Block ist dabei in der jüngeren Forschung zur Kapitalstruktur zu beobachten. Vgl. u. a. Rauh/Sufi (2010) S. 42–43. Diese Differenzierung ist u. a. auch deshalb bedeutsam, weil auch die Reaktion auf die Verletzung von Covenants unterschiedlich ausfällt. Vgl. dazu Rauh/Sufi (2010) S. 4271–4272.

1437 Vereinfachend wird davon ausgegangen, dass vertraglich vereinbarte Verschuldungsgrenzen nicht angepasst werden. Für kurz- und mittelfristig laufende Anleihen erscheint dies eine vertretbare Annahme zu sein.

1438 In der Regel werden Fremdkapitalinstrumente, die nachrangig befriedigt werden, über strengere Verschuldungsvorgaben verfügen. Man könnte an dieser Stelle auch argumentieren, dass diese Fremdkapitalgeber über ein höheres Interesse an der Einhaltung der Verschuldungsvorgaben verfügen, d. h. diese Verschuldungsvorgaben daher auch über eine verbindliche Bindungswirkung verfügen. Es lässt sich jedoch auch argumentieren, dass die Fremdkapitalgeber mit besonders strengen Verschuldungsgrenzen im Angesicht der höheren Verschuldungsgrenzen der anderen Gläubiger zunächst passiv auf Verletzungen reagieren. Unabhängig davon, ob die Frage der Rangfolgeentscheidung als geklärt angesehen werden kann, ist die Frage, als wie zeitstabil sich die Verschuldungsvorgaben erweisen, weiterhin unbeantwortet.

1439 Verweist man an dieser Stelle darauf, dass langfristige Fremdfinanzierungen auch mit stärkeren Schutzmechanismen, wie Sachsicherheiten, abgesichert werden können, erscheint das Ergebnis empirischer Untersuchungen weniger überraschend.

1440 Vgl. Billett et al. (2007) S. 727. In der Tendenz eine ähnliche Beobachtung machen Rauh/Sufi (2010). Vgl. Rauh/Sufi (2010) S. 4244 und Denis/Wang (2014) S. 352.

1441 Andere Gründe für eine Anpassung der Verschuldungsvorgaben könnten mit der Verletzung der bestehenden Vorgaben begründbar sein.

mittlerer Laufzeit[1442] durch frisches Fremdkapital abgelöst wird.[1443] Da die Detailplanungsphase regelmäßig Zeiträume zwischen 3 und 5 Jahren umfasst,[1444] könnte man zugunsten der Annahme einer wertabhängigen Finanzierungspolitik versucht sein, zu argumentieren, dass Covenants ein hinreichendes Argument für einen stabilen Verschuldungsgrad in der Detailplanungsphase darstellen. Dies würde Covenants als einen „äußeren" Grund für die Stabilität des Verschuldungsgrades und die Disziplinierung der Fremdkapitalnehmer jedoch letztlich in einem zu wohlwollenden Licht darstellen.

Tatsächlich ist mit Blick auf die stabilisierende Wirkung von Covenants ein gemischtes Resümee zu ziehen. Die Vereinbarung von Covenants mit festen Verschuldungsgrenzen erscheint zwar in der Praxis üblich,[1445] die Sanktionierung und damit das Interesse der Fremdkapitalnehmer, die Verschuldungsvorgaben exakt einzuhalten, wirkt mit Blick auf die empirische Evidenz demgegenüber situationsabhängig. Man kann jedoch auch in den Fällen, in denen Fremdkapitalgeber die Verletzung der Covenants großzügiger handhaben, davon ausgehen, dass die vertraglich vereinbarten Bedingungen einen Ankerpunkt der Finanzierungspolitik darstellen. Hierbei ist letztlich der Einschätzung von Roberts/Sufi (2009) zu folgen, dass der Prozess der Fremdfinanzierung einem sich wiederholenden Spiel entspricht, das die Attraktivität eine Übervorteilung der Fremdkapitalgeber durch die Notwendigkeit der zukünftigen Refinanzierung wenigstens im Fall der Fortführungsperspektive unattraktiv werden lässt.[1446] Die vertragliche Fixierung des Verschuldungsgrades erweist sich damit als ein ungefährer, d. h. flexibler, Rahmen, der von einem Unternehmen bei den Finanzierungsentscheidungen zu berücksichtigen ist. Dies steht im Kontrast zu dem annahmegemäß starren Rahmen, der für eine wertabhängige Finanzierungspolitik zu vermuten ist.[1447] Die Annahme, dass die mit den Covenants vereinbarten Verschuldungsgrenzen in der Zukunft keinen Anpassungen mehr unterliegen, erscheint mit Blick auf die jüngere empirische Forschung

1442 Dahinter steht die Annahme, dass der Einsatz von Covenants für lediglich kurzfristig bereitgestelltes Fremdkapital dagegen an Bedeutung verliert. Diese Annahme dürfte sich als fehlerhaft erweisen, wenn man revolvierende Kredite zur kurzfristigen Finanzierung betrachtet.

1443 Die Ablösung bestehenden Fremdkapitals verläuft im Fall einer wertabhängigen Finanzierungspolitik in aller Regel jedoch kontinuierlich, es ist daher fraglich, ob eine statische Sichtweise, wie sie an dieser Stelle gewählt wurde, damit letztlich geeignet ist.

1444 Vgl. u. a. Diedrich/Dierkes (2015) S. 227.

1445 Vgl. Chava/Roberts (2008) S. 2086.

1446 Vgl. Roberts/Sufi (2009) S. 1683; ähnlich bereits Myers (1977) S. 161.

1447 Diese Folgerung entspricht letztlich auch der in der Literatur zu findenden Einschätzung, dass Unternehmen keine Zielkapitalstruktur, sondern vielmehr einen Zielbereich der optimalen Verschuldung definieren, d. h., ein Eingriff des Unternehmens erfolgt erst, wenn der Zielkorridor verlassen wird. Vgl. u. a. DeAngelo/Roll (2015) S. 399.

nur eingeschränkt verteidigbar zu sein. Denis/Wang (2014) zeigen so u. a., dass die Konditionen von rund 60 % der betrachteten Covenants noch vor Laufzeitende des Finanzierungsvertrages angepasst werden.[1448] Die Finanzierungspolitik ist zudem in dem betrachteten Fall konstanter Fremdkapitalquoten in der Detailplanungsphase nicht mehr das Ergebnis eines „inneren" Optimums, das Festhalten an einem konstanten Verschuldungsgrad stellt vielmehr eine durch die Fremdkapitalgeber erzwungene Finanzierungspolitik dar. Die Annahme der wertabhängigen Finanzierungspolitik mit konstanter Fremdkapitalquote kann so in der Detailplanungsphase nur durch „äußere" Kräfte wie die Existenz von Covenants leidlich stabilisiert werden, wertoptimal ist sie in den meisten Fällen jedoch nicht (mehr).[1449] Argumentativ muss also weit ausgeholt werden, um ein verhaltenes Plädoyer zugunsten der wertabhängigen Politik mit stabilen Verschuldungsgraden abgeben zu können. Dieses eher verhaltene Plädoyer zugunsten einer wertabhängigen Finanzierungspolitik mit festen Verschuldungsgraden verfestigt sich, gleicht man das analytisch sinnvolle Vorgehen mit den Ergebnissen der empirischen Forschung ab.

Zu den Implikationen und der Plausibilität der Annahme eines zeitkonstanten Zielverschuldungsgrades

Auch dort zeigt sich eine bestenfalls durchwachsene empirische Evidenz zugunsten der Annahme, dass der Verschuldungsgrad ein stabiler Anker der Finanzierungspolitik der Unternehmen ist. DeAngelo/Roll (2015) vertreten, als Repräsentant der jüngeren Kapitalstrukturforschung, den Standpunkt, dass die vorhandene empirische Evidenz weitgehend der Annahme zeitstabiler Verschuldungsgrade widerspricht.[1450] Diese Einschätzung geht u. a. auf die Beobachtung, dass die Erklärungskraft vergangener Verschuldungsgrade über einen Zeitraum von 5 bis 10 Jahren fast vollständig verschwindet, zurück.[1451] Ausnahmen von der die Empirie dominierenden Beobachtung zeitvariabler Verschuldungsgrade stellen Unternehmen mit geringen

1448 Vgl. Denis/Wang (2014) S. 352. Die Anpassung erfolgt dabei bereits nach gut 1,5 Jahren und damit deutlich früher als die eigentliche Laufzeit der Fremdkapitalbestände. Vgl. ebenda.

1449 Die Möglichkeit, dass eine wertabhängige Finanzierungspolitik mit Blick auf den Unternehmenswert nicht das Optimum ausreizt, stellt noch keinen hinreichenden Grund dar, die wertabhängige Finanzierungspolitik abzulehnen. Diese Möglichkeit durchtrennt jedoch die geradezu natürlich wirkende Verbindung der wertabhängigen Finanzierungspolitik zu den Überlegungen der Trade-Off-Theorie.

1450 Vgl. DeAngelo/Roll (2015) S. 381; 409.

1451 Vgl. DeAngelo/Roll (2015) S. 393; 408. Die empirische Untersuchung von DeAngelo/Roll (2015) hebt in einem weiteren Schritt hervor, dass die Veränderungen des Verschuldungsgrades am besten durch ein Modell mit zeitveränderlichen Verschuldungsgraden approximiert werden. Vgl. ebenda S. 409. Die Abhängigkeit der Güte der Annahme eines zeitkonstanten Verschuldungsgrades von der Länge der Detailplanungsphase wird durch die Untersuchung von DeAngelo/Roll (2015) nochmals deutlich. Es sei an dieser Stelle darauf hingewiesen, dass die Ergebnisse

Verschuldungsgraden dar, die temporär über feste Verschuldungsgrade zu verfügen scheinen.[1452] Verfechter der Annahmen zeitkonstanter Verschuldungsgrade könnten an dieser Stelle gegen diese Beobachtung wenigstens einwenden, dass die Notwendigkeit einer Vereinbarung von Covenants gerade Ausdruck einer Welt ist, in der Verträge aufgrund von Informationsasymmetrien und unvollständigen Informationen über die zukünftige Entwicklung letztlich unvollständig bleiben. Dieses Argument erscheint jedoch nur teilweise überzeugend, besteht doch grundsätzlich die Möglichkeit einer Nachverhandlung über die Vertragsdauer.[1453] Die sich mit den Ergebnissen der empirischen Forschung verfestigende Einschätzung, dass die Annahme einer wertabhängigen Politik in der Detailplanungsphase i. d. R. nicht aufrechterhalten werden kann, bestätigt sich, betrachtet man einen bisher aus der Diskussion ausgeklammerten „äußeren" Aspekt näher. Die Frage der Plausibilität einer zur Finanzierungspolitik getroffenen Annahme ist, neben der Frage, ob ein spezielles Finanzierungsverhalten aus Unternehmenssicht wohlbegründet erscheint, auch immer eine Frage der Umsetzbarkeit des aus der Annahme zur Finanzierungspolitik ableitbaren Finanzierungsverhaltens.[1454]

Exkurs: Zur Umsetzbarkeit der Annahme eines zeitkonstanten Zielverschuldungsgrades

Im Fall einer wertabhängigen Finanzierungspolitik ist so zu hinterfragen, ob die mit dem Schwanken des Unternehmenswertes regelmäßig notwendigen Anpassungen der Fremdkapitalbestände[1455] in der Praxis jederzeit uneingeschränkt geleistet werden können. Wie der nachfolgende Überblick zeigen soll, stehen die im Rahmen einer wertabhängigen Finanzierungspolitik regelmäßig notwendigen Adjustierungen der Fremdkapitalbestände z. T. im Kontrast zu dem in empirischen Untersuchungen zu beobachtenden Finanzierungsverhalten von Unternehmen. Die Annahme einer wertabhängigen Finanzierungspolitik steht damit nicht nur allein aufgrund der gemischten Indizien für die Bedeutung einer solchen Finanzierungsannahme in der Praxis auf tönernen Füßen.[1456] Der Aspekt der Umsetzbarkeit einer wertabhängigen Finanzierungspolitik wurde aus der näheren Diskussion der Vorteilhaftigkeit der Annahme fester Verschuldungsgrade in der Detailplanungsphase

---

der Untersuchung letztlich nicht gegen die Annahme einer stabilisierenden Wirkung von Covenants sprechen.

1452 Vgl. DeAngelo/Roll (2015) S. 379–381.

1453 Christensen et al. (2016) verweisen auf diesen Umstand mit Blick auf die damit notwendige Neuverhandlung der Covenants. Vgl. Christensen et al. (2016) S. 399; 416. Die Möglichkeit, Verschuldungsgrenzen neu zu verhandeln, ist dabei den Unterstützern eines zeitkonstanten Verschuldungsoptimums entgegenzuhalten.

1454 Im Rahmen der autonomen Finanzierungspolitik war dies die Frage, ob die zukünftige Passivität des Managements plausibilisiert werden kann.

1455 Schwetzler/Darijtschuk (1999a) sprechen mit Blick auf die wertabhängige Finanzierungspolitik auch von der Notwendigkeit der laufenden Anpassungen der Fremdkapitalbestände. Schwetzler/Darijtschuk (1999a) S. 2.

1456 Vgl. u. a. Leary/Roberts (2005) S. 2575.

herausgelöst, da diese Frage auch für alternative Ausprägungen einer wertabhängigen Finanzierungspolitik von Bedeutung ist. Bedeutsam wird die Frage der Umsetzbarkeit einer wertabhängigen Finanzierungspolitik insbesondere dann, wenn man sich, wie in der Folge, von der Vorstellung eines idealen Kapitalmarktes löst.

In einem ersten Schritt ist es sinnvoll, den abstrakten Oberbegriff der Umsetzbarkeit einer Finanzierungspolitik in verschiedene Teilaspekte zu zerlegen. An dieser Stelle wird dazu erneut vereinfachend auf eine Fallunterscheidung abgestellt. Im konkreten Fall sollen die notwendigen Voraussetzungen zur Ablösung bzw. Aufnahme von Fremdkapital näher beleuchtet werden. Stellt man zunächst auf den Fall eines Rückgangs des Unternehmenswertes ab, so ist es, wie bereits gezeigt wurde, im Rahmen einer wertabhängigen Finanzierungspolitik definitionsgemäß notwendig, Teile des Fremdkapitals zurückzuführen. An dieser Stelle kann man in Anlehnung an die vorangehenden Abschnitte zwischen der „inneren" und der „äußeren" Fähigkeit eines Unternehmens unterscheiden, einen Fremdkapitalüberhang abzubauen. Unter der „äußeren" Fähigkeit eines Unternehmens wird an dieser Stelle insbesondere die Zustimmung der betroffenen Fremdkapitalgeber zu einer Rückführung des Fremdkapitals verstanden. Das Unternehmen ist nur für den Fall unabhängig von der Zustimmung der Fremdkapitalgeber, wenn die ursprünglich vereinbarten Tilgungspläne erfüllt werden oder die notwendige Veränderung der Kapitalstruktur mit dem Auslaufen entsprechender Finanzierungsverträge zusammenfällt. Diese Eigenschaft wird implizit bei der Annahme einer autonomen Finanzierungspolitik unterstellt, für eine mit dem Unternehmenswert schwankende Finanzierungspolitik werden diese Eigenschaften i. d. R. nicht erfüllt sein, dürfte im Rahmen einer wertabhängigen Finanzierungspolitik eine vorzeitige Ablösung von Fremdkapital doch eher die Regel denn die Ausnahme darstellen. Eine vorzeitige Beendigung eines Kreditvertrages macht das Unternehmen damit regelmäßig von der Zustimmung der betroffenen Fremdkapitalgeber abhängig.[1457] Insbesondere für die Detailplanungsphase wurde im Vorfeld argumentiert, dass die Ablösung von Fremdkapital insbesondere im Interesse und auf Druck der Fremdkapitalgeber erfolgen wird. Die grundsätzliche Zustimmung der Fremdkapitalgeber zu einem Teilabbau der bestehenden Fremdkapitalbestände kann daher an dieser Stelle vorausgesetzt werden.[1458]

1457 Die Finanzierungsverträge zeichnen sich regelmäßig durch gegenseitige Verpflichtungen aus, darunter fällt auch die Laufzeit einer Kapitalüberlassung. Veränderung solcher zentralen Eigenschaften dürften, sofern nicht bereits vertraglich geregelt, nur im gegenseitigen Einverständnis erfolgen.

1458 Implizit wird bei dieser Vermutung darauf abgestellt, dass ein Festhalten an einem realisierten Verschuldungsniveau eine Verschiebung des Risikos zuungunsten der Fremdkapitalgeber auslöst.

Von Interesse sind an dieser Stelle daher vielmehr der Prozess und die Konditionen, zu denen eine Ablösung von Fremdkapitalschichten – trennt man sich an dieser Stelle erneut von der Vorstellung, dass das begebene Fremdkapital in sich homogen ist – möglich ist. Die Zustimmung des von der Veränderung des Fremdkapitals betroffenen Teils der Gläubiger wird vor allem von dem aus der vorzeitigen Ablösung resultierenden Verlust bzw. dessen Ausgleich durch das Unternehmen abhängen.[1459] Die vorzeitige Ablösung von Teilen des Fremdkapitals wird in der Praxis damit regelmäßig Verhandlungen zwischen Unternehmen und Fremdkapitalgeber erfordern, die in aller Regel nicht vollständig reibungslos ablaufen dürften.[1460] Sieht man von einem möglichen Beharren der Fremdkapitalgeber auf den Konditionen der bestehenden Verträge ab, so müssen Unternehmen über die „innere“ Fähigkeit verfügen, bestehende Fremdkapitalüberhänge zurückführen. Diese Annahme zeigt sich als besonders kritisch, zeichnet sich ein Rückgang des Unternehmenswertes doch gerade dadurch aus, dass die zukünftigen operativen Cashflows und damit auch das Innenfinanzierungspotenzial des Unternehmens rückläufig sind.[1461] Ist das Unternehmen zu einer Rückführung des Fremdkapitals verpflichtet, wird es an dieser Stelle entweder notwendig, einen Teil des Unternehmensvermögens zu veräußern oder aber frisches Eigenkapital zu begeben, um den bestehenden Fremdkapitalüberhang zurückführen bzw. genügend Haftungskapital zur Verfügung zu stellen. Die Literatur zeigt für die erste Alternative, dass der Verkauf eines Teils des Anlagevermögens insbesondere im Fall einer vorangehenden finanziellen Anspannung mit erheblichen Transaktionskosten und Abschlägen auf den inneren Wert des Vermögens verbunden ist.[1462] Auch die zweite Alternative, die Ausgabe frischen Eigenkapitals, ist in der Praxis regelmäßig nicht ohne erhebliche Kosten für das Unternehmen durchführbar.[1463] Eine wertabhängige Finanzierungspolitik ist, im Kontrast zu einer autonomen Finanzierungspolitik, vor dem Hintergrund der Orientierung an den Interessen der Fremdkapitalgeber durch regelmäßig anfallende Transaktionskosten gekennzeichnet.

1459 Der aus der Ablösung resultierende Verlust dürfte sich regelmäßig nicht allein aus der möglichen Schlechterstellung gegenüber den anderen Gläubigern bestimmen, sondern auch von den wirtschaftlichen Rahmenbedingungen abhängen.

1460 Selbst für den realistischen Fall, dass eine frühzeitige Ablösung vertraglich geregelt wurde, dürften die Verhandlungen zwischen Unternehmen und Fremdkapitalgebern nicht völlig reibungslos sein.

1461 Der Realitätsgehalt dieses Aspekts einer wertabhängigen Finanzierungspolitik wird in der Literatur besonders häufig angezweifelt.

1462 Vgl. dazu u. a. Pulvino (1998) S. 953; Strebulaev (2007) S. 1755 sowie Abschnitt 3.4.1.

1463 Vgl. dazu u. a. Eckbo et al. (2008) S. 261–296. Bedeutsam dürfte an dieser Stelle auch der Signaleffekt sein, den eine Rekapitalisierung an den Kapitalmarkt aussendet. Denkt man an die Überlegungen zur Market-Timing-Theorie zurück, werden sich Unternehmen in wenig vorteilhaften Marktsituationen i. d. R. scheuen, Eigenkapital zu begeben. Vgl. dazu Abschnitt 3.4.2.

Wendet man sich in einem zweiten Schritt dem Fall eines Anstiegs des Unternehmenswertes und damit der Erhöhung der bestehenden Fremdkapitalbestände zu, ergibt sich ein vergleichbares Bild. Auch an dieser Stelle kann erneut die Frage nach der „inneren“ und „äußeren“ Fähigkeit des Unternehmens gestellt werden, eine solche Finanzierungspolitik umzusetzen. Neben der Zustimmung der bestehenden Fremdkapitalgeber muss als weiterer notwendiger „äußerer“ Aspekt die Möglichkeit bestehen, zusätzliches Fremdkapital am Kapitalmarkt aufzunehmen. Die Frage der Zustimmung der bestehenden Fremdkapitalgeber zu einer Erhöhung der Fremdkapitalbestände dürfte, im Fall eines Anstiegs des Unternehmenswertes und sofern das frische Fremdkapital nicht vorrangig besichert wird, i. d. R. weitgehend unproblematisch sein.[1464] Wendet man sich den Kosten zu, die durch die Aufnahme neuen Fremdkapitals verursacht werden, ist auch der Prozess der Fremdkapitalaufnahme regelmäßig mit Transaktionskosten verbunden.[1465]

Wie der nachfolgende Abschnitt zeigt, sind mit Blick auf den zweiten „äußeren“ Aspekt zudem Marktphasen zu beobachten, in denen eine Aufnahme zusätzlichen Fremdkapitals nicht oder nur erschwert möglich ist. Wendet man sich in einem zweiten Schritt der „inneren“ Fähigkeit zu, ist die Frage zu beleuchten, wie das im Rahmen der wertabhängigen Finanzierungspolitik eingeworbene Fremdkapital auf Unternehmensebene eingesetzt wird. Im Kontrast zu der durch die Macht der Fremdkapitalgeber plausibilisierbaren Rückführung von Fremdkapitalüberhängen, erfolgt die Aufnahme zusätzlichen Fremdkapitals primär im Interesse des Unternehmens. Die Verwendungsmöglichkeiten des eingeworbenen Fremdkapitals auf Unternehmensebene dürften dabei maßgeblich von der Optimalität des umgesetzten bzw. umsetzbaren Investitionsprogramms des Unternehmens abhängen. An dieser Stelle kann die Frage gestellt werden, ob bei einer wertabhängigen Finanzierungspolitik der Finanzierungsaspekt oder aber ein aus Finanzierungssicht eher „kosmetischer“ Aspekt, d. h. die Optimierung der Kapitalstruktur, im Vordergrund steht.[1466] Für den Fall, dass die Bedeutung des Finanzierungsnotwendigkeit überwiegt, ist die Verwendung des aufgenommenen Fremdkapitals weitgehend geklärt, neue Investitionsvorhaben werden anteilig durch frisches Fremdkapital

---

1464 Auch an dieser Stelle kann erneut auf den Charakter der Finanzierung als wiederholtes, zweiseitiges Spiel verwiesen werden. Rationale Fremdkapitalgeber sollten so nur wenig Interesse daran haben, dem Unternehmen unnötigerweise Steine in den Weg zu legen.

1465 Die Nachrangigkeit zusätzlichen Fremdkapitals dürfte zudem die Kosten der Fremdfinanzierung verteuern.

1466 Die wertabhängige Finanzierungspolitik kann durch die Unabhängigkeit der Finanzierungspolitik so letztlich auch implizieren, dass die Finanzierungsfrage bzw. die Optimierung der Unternehmensfinanzierung erst im Nachgang an die Frage der optimalen Investitionspolitik geklärt wird.

finanziert.[1467] Im Rahmen einer wertabhängigen Finanzierungspolitik wird, infolge von Veränderungen des Unternehmenswertes, die nicht primär auf die Investitionstätigkeit der Unternehmen zurückzuführen sind, der Fall einer vorwiegenden Optimierung der Kapitalstruktur einschlägig sein. Neben einer Rückführung von Eigenkapitalüberhängen ist auch hier zunächst die Finanzierung weiterer Investitionsvorhaben denkbar.[1468] Die Entscheidung, ob freie Mittel durch eine Kapitalherabsetzung ausgeschüttet oder investiert werden sollten, dürfte auch hier maßgeblich von der Optimalität der umgesetzten Investitionspolitik abhängen. Die Strategie, freie Mittel in vorteilhafte Investitionsvorhaben zu investieren, dürfte, eine optimale Investitionspolitik ist bereits implementiert, in der Realität damit nur noch im begrenzten Umfang wertschaffend sein.

Für die damit über kurz oder lang in den Mittelpunkt rückende Entscheidung, einen Teil des aufgenommenen Fremdkapitals zur Herabsetzung des Eigenkapitals einzusetzen, spielen erneut die mit dieser Strategie verbundenen Transaktionskosten eine zentrale Rolle.[1469] Die Frage der Transaktionskosten dürfte insbesondere für den Fall, in dem Unternehmen infolge der Kapitalherabsetzung zeitnah mit einer Eigenkapitalerhöhung rechnen müssen, besonders bedeutsam sein.[1470] An der Problemlosigkeit der im Rahmen der wertabhängigen Finanzierungspolitik notwendigen Teilschritte zur Ablösung bzw. Aufnahme von Fremdkapital kann mit Blick auf die Praxis durchaus gezweifelt werden. In der Folge wird die Diskussion der Durchführbarkeit einer wertabhängigen Finanzierungspolitik vereinfachend an die Bedeutung der mit einer Veränderung der Kapitalstruktur einhergehenden

1467 Alternativ ist auch eine begrenzte Rückführung des Eigenkapitals denkbar, die durch die Einwerbung von Fremdkapital gedeckt wird. Darauf wird in der Folge näher eingegangen werden.

1468 Losgelöst von der Frage der Neuinvestitionen sind, wenigstens theoretisch, auch Konstellationen denkbar, in denen eine Unternehmenswertsteigerung nicht mit einer expliziten Investition verbunden ist. Denkbar wären neben unternehmensinternen Ereignissen, wie u. a. Programmen zur Effizienzsteigerung, auch unternehmensexterne Faktoren, wie die positive Entwicklung der Marktbedingungen, die es erlauben, höhere Marktpreise zu erzielen.

1469 Im Kontrast zu den Überlegungen zur autonomen Finanzierungspolitik, bei der die Transaktionskosten eine hemmende Wirkung auf die Finanzierungspolitik ausgeübt haben, wird in der Idealform der wertabhängigen Finanzierungspolitik den Transaktionskosten zumeist nur eine nachgeordnete Bedeutung zugedacht. So ist wenigstens die Vermutung von Kruschwitz/Löffler (1998) zu interpretieren, dass im Rahmen einer wertabhängigen Finanzierungspolitik die Möglichkeit von Sondertilgungen in Abhängigkeit zur tatsächlichen Unternehmensentwicklung fest vereinbart wurde. Vgl. dazu Kruschwitz/Löffler (1998) S. 10.

1470 Eine wertabhängige Finanzierungspolitik erscheint für vergleichsweise unsichere Unternehmen, d. h. für Unternehmen, die starken Schwankungen unterliegen, aus Gläubigersicht relativ plausibel. An dieser Stelle ist jedoch auch anzumerken, dass für diese Unternehmen eine wertabhängige Finanzierungspolitik relativ kostspielig sein dürfte.

Transaktionskosten angelehnt. Der Umfang und die Höhe der anfallenden Transaktionskosten werden regelmäßig sowohl durch die Unternehmenseigenschaften als auch durch wechselnde Kapitalmarktbedingungen bestimmt. Die folgende Betrachtung knüpft in einem ersten Schritt zunächst an den zweiten Aspekt an. Ausgangspunkt der Diskussion ist zunächst ein Marktumfeld, in dem Finanzierungsmaßnahmen des Unternehmens entweder gar nicht oder nur eingeschränkt durchführbar sind.[1471] Ein Beispiel der jüngeren Vergangenheit für die temporären Schwierigkeiten, denen Unternehmen z. T. ausgesetzt sind und in denen insbesondere Finanzierungsmaßnahmen nicht reibungslos durchgeführt werden können, stellt der Beginn der Finanzkrise im Jahr 2007 dar. Mit dem Zusammenbruch des Marktes für Fremdkapital war es Unternehmen zu diesem Zeitpunkt nahezu unmöglich, zusätzliches Fremdkapital einzuwerben bzw. auslaufende Kredite zu ersetzen.[1472] Wie u. a. Almeida et al. (2011) hervorgehoben haben, war zu Beginn der Finanzkrise allen voran der Rückgang des Fremdkapitalangebots durch Finanzinstitutionen für den Zusammenbruch des Fremdkapitalmarktes am Beginn der Finanzkrise verantwortlich.[1473] Der Grund für den beobachtbaren Rückgang des angebotenen Fremdkapitals lag dabei nicht primär in der Antizipation einer sich verschlechternden wirtschaftlichen Situation der Unternehmens durch die potenziellen Fremdkapitalgeber, wie es mit einer wertabhängigen Finanzierungspolitik vereinbar wäre, sondern war vielmehr auf unternehmensfremde Faktoren, im konkreten Fall auf die hohen Verluste der Finanzintermediäre im Derivatehandel, zurückzuführen.[1474] Unternehmen, die sich zu Beginn der Finanzkrise refinanzieren mussten, standen damit vor dem Problem, auslaufendes Fremdkapital nicht mehr in gleicher Form ersetzen zu können.[1475]

Die zu Beginn der Finanzkrise aufgetretenen Marktfriktionen bieten daher einen optimalen Ausgangspunkt, um einen ersten Eindruck über die Stabilität

1471 Mit dem Ausgangspunkt eines „schwierigen" Marktumfeldes für Kapitalmaßnahmen wird sich der Frage der Bedeutung und der Auswirkungen von Transaktionskosten relativ abstrakt angenähert. Vereinfacht kann darauf abgestellt werden, dass ein „schwieriges" Marktumfeld nur eine Umschreibung für einen Kapitalmarkt mit hohen Transaktionskosten ist, die eine Rekapitalisierung des Unternehmens nahezu gänzlich verhindern.

1472 Interessant an dieser Stelle erscheint auch der Aspekt, dass die im vorangehenden Schritt betrachtete Ausgestaltung und Bindungswirkung der Covenants in der Folge der Finanzkrise deutlich strikter gehandhabt wurden. Vgl. dazu Murfin (2012) S. 1565.

1473 Ein Rückgang aufseiten der Nachfrage, wie es u. a. bei der Dominanz einer wertabhängigen Politik im Falle eines Konjunkturrückganges zu erwarten wäre, wird für das Krisenjahr 2007 dagegen ausgeschlossen. Vgl. Almeida et al. (2011) S. 4.

1474 Vgl. ebenda.

1475 Vgl. dazu Jonas (2009) S. 542. Dieser Wegfall einer Finanzierungsquelle hat zugleich Auswirkungen darauf, ob der angestrebte Zielverschuldungsgrad eingehalten werden kann.

und den Stellenwert einer wertabhängigen Finanzierungspolitik zu gewinnen. In Abhängigkeit zur Bedeutung der Finanzierungspolitik in der Hierarchie der Unternehmensziele, sind verschiedene Reaktionen auf den Zusammenbruch des Marktes für Fremdkapital denkbar. Dominiert die Zielvorgabe einer wertabhängigen Finanzierungspolitik, sind Kapitalmaßnahmen weitgehend unabhängig vom herrschenden Marktumfeld durchzuführen, d. h. das Unternehmen wird weiterhin versuchen, notwendige Anpassungen des Verschuldungsgrades vorzunehmen.[1476] Wie sieht jedoch die optimale Reaktion eines Unternehmens für den Fall aus, wenn vonseiten des Kapitalmarktes eine Anpassung der Fremdkapitalbestände nicht möglich ist? Zur Beantwortung dieser Frage könnte man zunächst auf die Definition der wertabhängigen Finanzierungspolitik verweisen. Wie in Abschnitt 4.3. kurz ausgeführt wurde, beschreibt eine wertabhängige Finanzierungspolitik die Beziehung zwischen Unternehmenswert und Fremdkapitalbeständen regelmäßig nur einseitig, d. h., es wird ausschließlich eine Reaktion der Finanzierungsseite auf die Veränderung des Unternehmenswertes beschrieben und nicht umgekehrt.[1477]

Der folgende Exkurs zeigt, dass dieser Einschätzung nicht allein auf Basis der Definition der wertabhängigen Finanzierungspolitik gefolgt werden muss, vielmehr stellt die einseitige Bindungswirkung der wertabhängigen Finanzierungspolitik in einem Großteil der Fälle doch den aus wirtschaftlichen Gesichtspunkten einzig plausibilisierbaren Weg dar. Kehrt man zum Ausgangsfall einer Verknappung der Fremdkapitalbestände zurück und stellt man zunächst auf eine beidseitige Wirkungsrichtung der wertabhängigen Finanzierungspolitik ab, so würde aus Ermangelung anderer Alternativen die ökonomisch kuriose Situation eintreten, dass der Unternehmenswert an den gesunkenen Fremdkapitalbestand „angepasst“ werden müsste.[1478] Konkret bedeutet dies, dass ein Unternehmen, das sich aufgrund der Fremdkapitalknappheit nicht refinanzieren kann, wertschaffende Investitionen nicht mehr durchführen dürfte bzw. im Extremfall bestehende Projekte vorzeitig abbrechen müsste.[1479] Die nun suboptimale Investitionspolitik führt in der Folge zu einem Absinken des Unternehmenswertes und damit zur erneuten Annäherung des Unternehmens an den mit der Finanzierungspolitik vorgegebenen Zielverschuldungsgrad. An dieser Stelle ist dieser Anpassungsprozess jedoch

1476 Die wirtschaftliche Eintrübung ist, wie bereits betont, im betrachteten Fall nur ein Effekt zweiter Ordnung, d. h., ein Gleichlauf der wertabhängigen Finanzierungspolitik und des Marktes ist nicht eindeutig angezeigt.

1477 Wie im Falle eines von außen bedingten Wegfalls eines Teils des Fremdkapitals zu reagieren ist, ist damit durch die wertabhängige Finanzierungspolitik nicht vorgegeben.

1478 Kurios ist die Situation dadurch, dass die wertabhängige Finanzierungspolitik nicht nachfragt, ob möglicherweise alternative Finanzierungsmöglichkeiten bestehen, die es erlauben, die Rückführung des Fremdkapitals zu kompensieren.

1479 Dies ist zweifelsfrei eine Strategie, die neben dem Verlust des Wertbeitrags der abgebrochenen Projekte wohl auch mit erheblichen weiteren Zusatzkosten verbunden wäre.

nicht mehr durch eine aktive Anpassung der Finanzierungspolitik, sondern eine Veränderung der Investitionspolitik des Unternehmens getrieben.[1480] Ist neben den Verwerfungen auf dem Markt für externes Kapital auch das interne Finanzierungspotenzial des Unternehmens begrenzt, erscheint eine Anpassung der Investitionspolitik, d. h. der Verzicht bzw. die Verschiebung wertschaffender Projekte, dagegen erklärbar. Unterstellt man jedoch, dass ein Teil der Investitionen in wertschaffende Projekte auch durch interne Mittel geleistet werden könnte, wirkt der bewusste Investitionsverzicht des Unternehmens ökonomisch wenig nachvollziehbar.

Eine solche zweiseitige „wertabhängige" Politik dürfte vielmehr an dem regelmäßig übergeordneten Interesse der Eigenkapitalgeber an einer Maximierung des Unternehmenswertes scheitern.[1481] Sinnvoll wäre ein solches Verhalten höchstens für den Fall, in dem der Wertbeitrag der Fremdfinanzierung maßgeblich über die Vorteilhaftigkeit der umgesetzten Investitionsprojekte entscheiden würde.[1482] Da der Wertbeitrag der Fremdfinanzierung maßgeblich auch von der zukünftigen Profitabilität des Unternehmens abhängt, dürfte diese Überlegung für das Gesamtunternehmen i. d. R. nur eine eher theoretische Bedeutung besitzen.[1483] Die einseitige Beziehung zwischen Investitions- und Finanzierungspolitik zeigt sich auch für den Fall stabil, wenn von der Gültigkeit der Annahme einer wertoptimalen Finanzierungspolitik ausgegangen werden kann.[1484] Dominiert das Interesse des Unternehmens an einer Maximierung des operativen Unternehmenswertes bzw. der Erhaltung der Zukunftsfähigkeit des Unternehmens, so muss an dieser Stelle in aller Regel der Versuch unternommen werden, den Wegfall eines Teils des Fremdkapitals – soweit möglich – durch den Einsatz von Maßnahmen der Innenfinanzierung zu kompensieren.[1485] Das Festhalten des Unternehmens an der

1480 An dieser Stelle zeigt sich bereits die Verletzung der Definition der wertabhängigen Finanzierungspolitik, die Finanzierungsmaßnahmen regelmäßig im Licht eines optimalen Investitionsprogramms betrachtet.

1481 Dass in der Praxis regelmäßig trotzdem eine Verschiebung von Investitionsprojekten zu beobachten ist – vgl. dazu u. a. Jonas (2009) S. 541 –, dürfte daher nicht der Optimierung der Finanzierungspolitik geschuldet sein.

1482 Für einzelne Investitionen kann diese Annahme durchaus vertretbar sein. Der Versuch, diese Annahme auf das gesamte Unternehmen auszudehnen, dürfte regelmäßig in Konflikt mit der Realität stehen.

1483 Alternativ kann man argumentieren, dass der Wertbeitrag der Fremdfinanzierung auch technisch gesehen einen nur nachrangigen Effekt besitzt, da sich das Unternehmen durch eine Reduzierung des Unternehmenswertes zwar näher an einem optimalen Verschuldungsgrad bewegt, der Wertbeitrag der Fremdfinanzierung jedoch dadurch i. d. R. auch sinken wird.

1484 Das klassische Beispiel einer solchen Finanzierungspolitik stellt die Trade-Off-Theorie dar.

1485 Da durch die Marktverwerfung möglicherweise auch der Markt für externes Eigenkapital betroffen ist, wird an dieser Stelle die Möglichkeit, zusätzliches Eigenkapital einwerben zu können, vereinfachend ausgeblendet.

vor dem Zusammenbruch des Kapitalmarktes bestehenden wertoptimalen Investitionspolitik bedeutet jedoch zugleich auch, dass sich das Unternehmen weiter von dem, im Rahmen der Planung der wertabhängigen Finanzierungspolitik, zunächst angestrebten Verschuldungsoptimum wegbewegt.[1486] Der Blick in die Praxis bestätigt dieses zunächst rein analytisch motivierte Verhalten. Almeida et al. (2011) haben so gezeigt, dass Unternehmen, die einem solchen Angebotsschock für Fremdkapital ausgesetzt sind, den Rückgang des verfügbaren Fremdkapitals zum Großteil durch Maßnahmen wie den Abbau liquider Mittel und die Reduzierung von Aktienrückkäufen zu kompensieren suchen.[1487] Hinweise für eine zweiseitige Bindungswirkung einer wertabhängigen Finanzierungspolitik finden sich dagegen nicht. Aufgrund der Maßnahmen, die zur Ausschöpfung des Innenfinanzierungspotenzials getroffen wurden, beobachten Almeida et al. (2011), dass sich die Investitionsauszahlungen nur um etwa 12,5 % gegenüber dem Niveau, das im Vorfeld der Kapitalmarktverwerfung vorherrschte, veränderten.[1488]

Die Finanzierungspolitik erweist sich auf den ersten Blick somit in der Praxis als weitaus weniger stabil, als dies in aller Regel mit der Annahme einer wertabhängigen Finanzierungspolitik abgebildet wird. Aufgrund der „einseitigen“ Bindungswirkung der wertabhängigen Finanzierungspolitik scheinen der Fall einer deutlichen Veränderung der Marktbewertung des Unternehmens, d. h. ein Schock auf dem Markt für Eigenkapital, und die zu beobachtende Unternehmensreaktion für die Beurteilung der Stabilität der wertabhängigen Finanzierungspolitik bedeutsamer zu sein.[1489] In der Folge eines „externen“, d. h. durch die Veränderung der

1486 Ein solches Verhalten zeugt davon, dass vonseiten des Unternehmens nur ein sekundäres Interesse daran besteht, den Zielverschuldungsgrad einzuhalten. Für den Fall eines Absinkens des Verschuldungsgrades verzichtet das Unternehmen so doch auf einen Teil der werterhöhenden Steuervorteile. Vgl. dazu auch Fischer et al. (1989) S. 23. DeAngelo/Roll (2015) bestätigen zunächst mit ihrer Untersuchung, dass der Verschuldungsgrad entgegen der mit einer wertabhängigen Finanzierungspolitik regelmäßig getroffenen Annahme starken Schwankungen unterliegt. So ist insbesondere in den investitionsfreudigen Nachkriegsjahren eine deutliche Veränderung der Verschuldungsgrade zu beobachten. Das Ergebnis von DeAngelo/Roll (2015) bestätigt damit das Ergebnis von vorangehenden Arbeiten wie u. a. Denis/McKeon (2012), die zeigen, dass der Anstieg des Fremdkapitalniveaus auf Investitionsauszahlungen zurückzuführen ist. Vgl. DeAngelo/Roll (2015) S. 381; 410; Denis/McKeon (2012) S. 1906.

1487 Dieser Aspekt kann grundsätzlich auch für eine autonome Finanzierungspolitik sprechen. So hält u. a. Richter (1998) fest, dass für den Fall eines Festhaltens an einem Verschuldungsplan es notwendig sein kann, dass das Unternehmen die operative Entwicklung durch eine Veränderung der Ausschüttungspolitik kompensiert. Vgl. dazu Richter (1998) S. 380.

1488 Vgl. Almeida et al. (2011) S. 49–50.

1489 Jonas (2009) hat unter anderem darauf verwiesen, dass sich zu Beginn der Finanzmarktkrise, d. h. in den Jahren 2007–2008, mitunter eine Halbierung des Marktwertes des Unternehmens zu beobachten war und damit des Verschuldungsgrades

Marktbewertung induzierten, Anstiegs des Eigenkapitalwertes sind erneut zwei grundsätzliche Reaktionen des Unternehmens denkbar. Einerseits die im Fall einer dominanten wertabhängigen Finanzierungspolitik notwendig werdende zeitnahe Angleichung des Verschuldungsumfangs an die veränderte Marktbewertung, um den angestrebten Zielverschuldungsgrad einhalten zu können. Andererseits ist es, bei Nachrangigkeit der Zielvorgaben der Finanzierungspolitik, denkbar, dass Unternehmen eine Abweichung vom angestrebten Verschuldungsgrad zunächst passiv hinnehmen und auf ein aktives Eingreifen, d. h. insbesondere auf Kapitalmaßnahmen zur Adjustierung des Verschuldungsgrades, verzichten.[1490] Die Passivität des Unternehmens führt dabei zu einer dauerhaften Abweichung zwischen dem in der ursprünglichen Planung festgelegten, im Idealfall wertoptimalen, Verschuldungsgrad und des in der Praxis aufgrund der Passivität realisierten Verschuldungsgrades.[1491] Zwischen diesen Extrempunkten unternehmerischen Handelns besteht daneben die Möglichkeit, dass Unternehmen zwar aktiv in die Finanzierungspolitik eingreifen, aber damit ein anderes Ziel verfolgen als das einer expliziten Stabilisierung des realisierten Verschuldungsgrades. Diesen Betrachtungspunkt legen u. a. Arbeiten nahe, die in der Finanzierungspolitik des Unternehmens einen Versuch der Optimierung der Kapitalstruktur sehen, die nicht in das von der Trade-Off-Theorie angenommene feste Gerüst der Vorteilhaftigkeit eingebettet ist. Ein prominentes Beispiel für eine Optimierung in einem Umfeld, in der die Vorteilhaftigkeit der Finanzierungsinstrumente nicht zeitstabil ist, stellt exemplarisch die Market-Timing-Theorie dar.[1492] Welch (2004) zeigt für die von ihm betrachtete Stichprobe „externer" Veränderungen des Eigenkapitalwertes, dass Unternehmen im Gegensatz zu der Implikation einer wertabhängigen Finanzierungspolitik Schwankungen des Verschuldungsgrades, die mit der Veränderung des Werts des Eigenkapitals einhergehen, weitgehend passiv hinnehmen. Insbesondere ergreifen die betrachteten Unternehmen nur sporadisch Maßnahmen zur aktiven Veränderung der Kapitalstruktur.[1493] Auf einen ersten Blick steht die

---

des Unternehmens. Vgl. Jonas (2009) S. 545, ähnlich: Grabowski (2009) S. 36. In der Folge sei exemplarisch der entgegengesetzte Fall eines plötzlichen Anstiegs des Unternehmenswertes betrachtet.

1490 Eine dritte, von Richter (1998) vorgeschlagene Alternative liegt in der Antizipation der Entwicklung des Marktwertes durch das Unternehmen und der damit einhergehenden Akzeptanz eines zeitweise höheren Verschuldungsgrades. Vgl. dazu Richter (1998) S. 380 Fn. 8.

1491 Vgl. u. a. Welch (2004) S. 108; DeAngelo/Roll (2015) S. 393, Chang/Dasgupta (2009) S. 1786; Frank/Goyal (2009) S. 10. Eine Rückkehr des Unternehmens zu den ursprünglichen Planungen ist im Fall der Passivität des Unternehmens höchstens dem Zufall geschuldet.

1492 Vgl. u. a. Baker/Wurgler (2002) S. 2 sowie Abschnitt 3.4.2.

1493 Vgl. Welch (2004) S. 114. Die Untersuchungsergebnisse von Welch (2004) stehen im Kontrast zu den klassischen Kapitalstrukturtheorien und den Implikationen einer wertabhängigen Finanzierungspolitik.

beobachtbare Passivität der Unternehmen damit klar im Kontrast zu einer wertabhängigen Finanzierungspolitik. Unter bestimmten Voraussetzungen ist die Passivität der Unternehmen, die Veränderung des Unternehmenswertes erweist sich z. B. als nicht zeitstabil,[1494] jedoch mit der Annahme einer wertabhängigen Finanzierungspolitik vereinbar.[1495]

Der kurze Exkurs zur Bindungswirkung der wertabhängigen Finanzierungspolitik im Falle „externer" Schocks verdeutlicht in einem ersten Schritt, dass ein Unterschreiten des optimalen Verschuldungsgrades im Falle eines Marktversagens wenigstens für kurze Frist durchaus mit den wirtschaftlichen Interessen des Unternehmens vereinbar ist.[1496] Dieser „erste" Eindruck ist jedoch noch nicht hinreichend, um der wertabhängigen Finanzierungspolitik die Relevanz für die Praxis gänzlich absprechen zu können. Es lässt sich jedoch bereits hier die Vermutung aussprechen, dass ein vom Unternehmen angestrebter Zielverschuldungsgrad im Fall von Marktfriktionen nur ein nachrangiges Ziel der Unternehmenspolitik darstellen kann. Diese vorläufige Einschätzung findet Bestätigung, rückt man die Veränderung des Marktwertes und die in der Praxis beobachtbaren Reaktionen in den Fokus. Anstelle eines aktiven Eingriffs des Unternehmens zugunsten einer Zielkapitalstruktur, wie es bei einer wertabhängigen Finanzierungspolitik zu erwarten wäre, ist i. d. R. ein weitgehend passives Verhalten des Unternehmens zu beobachten.[1497] Die Antwort auf die Frage, warum Unternehmen im Fall eines Anstiegs des Unternehmenswertes auf eine Adjustierung der Veränderung des Verschuldungsgrades verzichten, wiegt gegenüber dem Fall einer Verknappung des verfügbaren Fremdkapitals schwerer, da die zentrale Erwartung einer

---

1494 Letztlich ist die Frage der Zeitstabilität bei einer strengen Interpretation der wertabhängigen Finanzierungspolitik nicht von Belang. Man begibt sich mit dieser Argumentation schon schrittweise in ein Umfeld der dynamischen Kapitalstrukturtheorie, in dem Anpassungen beispielsweise aufgrund von Transaktionskosten zeitverzögert bzw. unvollständig erfolgen.

1495 Leary/Roberts (2005) und Strebulaev (2007) sehen so in der von Welch (2004) gemachten Beobachtung einen Hinweis auf die Bedeutung der Adjustierungskosten. Vgl. Leary/Roberts (2005) S. 2592; Strebulaev (2007) S. 1774.

1496 Faulkender et al. (2012) bestätigen die Vermutung, dass Marktbedingungen bedeutsame Faktoren dafür sind, ob Unternehmen eine Anpassung der Verschuldungsgrade vornehmen. Sie argumentieren dabei, dass die Marktbedingungen signifikanten Einfluss auf die in der Folge betrachteten Transaktionskosten haben. Vgl. Faulkender et al. (2012) S. 634.

1497 In der Literatur findet sich vielmehr die gegenteilige Auffassung, dass ein Anstieg des Marktwertes des Eigenkapitals mit einer Ausgabe weiteren Eigenkapitals und damit einer weiteren Verwässerung des Zielverschuldungsgrades verbunden ist. Myers (1984) hält in diesem Zusammenhang daher fest: „This fact is embarrassing to static tradeoff advocates. If firm value rises, the debt-to-value ratio falls, and firms ought to issue debt, not equity, to rebalance their capital structures." Myers (1984) S. 586.

wertabhängigen Finanzierungspolitik, die Anpassung der Fremdkapitalbestände mit dem Unternehmenswert, letztlich nicht erfüllt wird. Die empirische Evidenz widerspricht damit weitgehend der Annahme einer Finanzierungspolitik mit konstanten Fremdkapitalquoten bzw. der Annahme einer aktiven Annäherung des Unternehmens an eine Politik fester Zielverschuldungsgrade, wie sie auch in anderen Ausprägungen einer wertabhängigen Finanzierungspolitik beobachtbar sein müssten. Insoweit bestätigt die Empirie den durch die vorangehenden Überlegungen gewonnenen Eindruck, dass „innere" Gründe für eine wertabhängige Finanzierungspolitik – wenigstens für die Detailplanungsphase – nur von untergeordneter Bedeutung sind. An dieser Stelle kann erneut argumentiert werden, dass dieses Fazit zur wertabhängigen Finanzierungspolitik nur vorläufiger Natur sein kann und die Passivität der Unternehmen u. a. der Kurzfristigkeit der Abweichung des Unternehmenswertes geschuldet ist.[1498] Mit Blick auf das in einem ersten Schritt betrachtete temporäre Versagen des Kapitalmarktes könnte man auch geneigt sein, darauf zu verweisen, dass Marktfriktionen glücklicherweise nur in unregelmäßigen Abständen auftreten und die Annahme der Dominanz der Bindungswirkung einer wertabhängigen Finanzierungspolitik i. d. R. unter „normalen" Umständen nicht bedroht ist. Ob diese Argumentation stichhaltig ist, zeigt sich, wenn man den Sonderfall eines nicht oder nur eingeschränkt funktionierenden Kapitalmarktes verlässt. Auch für den Fall, in dem keine Marktverwerfung im Sinne einer Verknappung des verfügbaren Fremdkapitals oder deutlicher Veränderung der Eigenkapitalwerte vorliegt, erweist sich die Annahme der dominierenden Wirkung einer wertabhängigen Finanzierungspolitik auf die Entscheidungen der Unternehmen als angreifbar.

Die empirische Literatur hat neben der Passivität des Unternehmens im Fall einer deutlichen Veränderung des Eigenkapitalwertes, wie sie im Vorfeld besprochen wurde, gezeigt, dass Unternehmen auch im Fall eines uneingeschränkt funktionierenden Kapitalmarktes bei der Durchführung vorteilhafter Investitionen[1499] eine deutliche Verzerrung des theoretisch optimalen Verschuldungsgrades in Kauf nehmen.[1500] Die Arbeit von Denis/McKeon (2012) zeigt so u. a., dass Unternehmen, unabhängig von den in der Folge näher zu betrachtenden Transaktionskosten, Investitionsauszahlungen großteils durch die Aufnahme von Fremdkapital finanzieren und damit bewusst eine Abweichung vom Verschuldungsoptimum zulassen.

1498 Strebulaev (2007) untermauert mit dem von ihm entwickelten Modell diese Sichtweise. Vgl. Strebulaev (2007) S. 1750.

1499 Denis/McKeon (2012) bezeichnen die durch die Investitionen ausgelöste Veränderung des Fremdkapitalbestandes als eine bewusste Wegbewegung vom Zielverschuldungsgrad. Vgl. Denis/McKeon (2012) S. 1925.

1500 Faulkender et al. (2012) weisen demgegenüber bei der Überprüfung der Anpassungsgeschwindigkeit nach, dass eine hohe Marktbewertung zu einem Anstieg der Anpassungsgeschwindigkeit an einen Zielverschuldungsgrad führt. Vgl. Faulkender et al. (2012) S. 644.

Auch in den auf die Investitionsauszahlung folgenden Perioden ist nur eine langsame Annäherung zurück zum theoretisch optimalen Zielverschuldungsgrad des Unternehmens zu beobachten.[1501] Dieses Ergebnis der Untersuchung von Denis/McKeon (2012) hat sich in der Vergangenheit als ein relativ stabiler Befund der empirischen Forschung erwiesen.[1502] Die Einhaltung eines optimalen Zielverschuldungsgrades erweist sich damit, für den Fall, dass diese Annahmen den adäquaten Planungsansatz eines Unternehmens darstellen, auch bei einem funktionierenden Kapitalmarkt lediglich als ein Ziel zweiter Ordnung, dessen Erfüllung nicht nur der optimalen Investitionspolitik nachgeordnet ist, sondern regelmäßig auch in der Folge nur eine beschränkte Bindungswirkung aufweist.[1503] Das von Unternehmen nicht nur im Fall von Marktfriktionen eingeschlagene Verhalten wird in der Literatur daher als ein deutlicher Hinweis dafür gewertet, dass Unternehmen weniger einer Politik fester Verschuldungsgrade, sondern einer deutlich flexibleren Politik eines optimalen Verschuldungsspektrums folgen.[1504] Diese Vermutung steht damit insbesondere im Kontrast zur Annahme zeitkonstanter optimaler Verschuldungsgrade, wie sie im Rahmen der Annahme einer „klassischen“ wertorientierten Politik regelmäßig getroffen wird. Die Orientierung an einem Verschuldungsspektrum hat daneben aber auch Auswirkungen für die in der Folge noch zu betrachtende Annahme einer wertabhängigen Finanzierungspolitik mit zeitvariablen deterministischen Verschuldungsgraden. Dabei ist selbst die Vermutung, dass Unternehmen einer Finanzierungspolitik eines optimalen Verschuldungsspektrums folgen, aufgrund der unterschiedlich starken Bindungswirkung der Verschuldungsober- und der Verschuldungsuntergrenze in der Literatur nicht unumstritten. Unter der unterschiedlichen Bindungswirkung wird in diesem Zusammenhang erneut eine

---

1501 Vgl. Denis/McKeon (2012) S. 1916; 1923. Interessant dabei ist, dass die Annäherung an das Verschuldungsoptimum nicht das Ergebnis einer aktiven Unternehmenspolitik ist, sondern Ergebnis der Entwicklung der zukünftigen Cashflows und der Investitionsmöglichkeiten. Vgl. Denis/McKeon (2012) S. 1926. Die Beobachtung von Denis/McKeon (2012) stellt dabei keine einmalige, sondern eine in der empirischen Forschung wiederholt gemachte Beobachtung dar. Vgl. dazu u. a. Leary/Roberts (2005) S. 2575–2576.

1502 Vgl. dazu u. a. Faulkender et al. (2012) S. 632. Gleichwohl geht ein Großteil der empirischen Arbeiten unverändert davon aus, dass Unternehmen ein Verschuldungsoptimum anstreben. Vgl. Korteweg (2010) S. 2168; Faulkender et al. (2012) S. 632; anders: Welch (2004) unentschieden: Hovakimian (2004) S. 1056.

1503 Diese Einschätzung vertritt u. a. Richter (1998) S. 388. Für eine wertabhängige Finanzierungspolitik kommt erschwerend für die Detailplanungsphase hinzu, dass die Annahme der Optimalität zumeist durch die Planungsannahmen nicht erfüllt werden kann.

1504 Die in der Folge zu betrachtenden Transaktionskosten können als weiterer Anhaltspunkt für die Existenz eines optimalen Verschuldungsspektrums gewertet werden. Vgl. u. a. Fischer et al. (1989) S. 20; 23; ähnlich DeAngelo/Roll (2015) S. 409.

unterschiedlich starke Ausprägung der „inneren" und „äußeren" Gründe verstanden. In der empirischen Literatur finden sich so insbesondere Hinweise für eine wirksame Obergrenze der Unternehmensverschuldung, weniger deutlich zeigen sich die empirischen Hinweise für die Wirksamkeit möglicher Untergrenzen der Verschuldung.[1505] Die „inneren" Anreize, die für eine wertabhängige Finanzierungspolitik sprechen, scheinen damit im Vergleich insbesondere zu den „äußeren" Faktoren unterentwickelt zu sein. Die empirisch motivierten Zweifel der Literatur, dass Unternehmen in der Folge eines Anstiegs des Unternehmenswertes zusätzliches Fremdkapital einwerben werden, scheinen daher gerechtfertigt zu sein. DeAngelo/Roll (2015) sprechen sich daher für den die Asymmetrie des Finanzierungsverhaltens betonenden Begriff der flexiblen Verschuldungsobergrenze, „flexible target ceiling", aus.[1506] Die Frage, warum die Unternehmensfinanzierung lediglich ein Ziel zweiter Ordnung für Unternehmen darstellt, wird in der Literatur regelmäßig durch zwei miteinander verbundene Aspekte beantwortet.

Exkurs: Zur Bedeutung des Wertbeitrages der Fremdfinanzierung

Einerseits liegt es nahe, zu argumentieren, dass der Wertbeitrag, den die Fremdfinanzierung zum Unternehmensgesamtwert beiträgt, aus Sicht des Unternehmens nur von untergeordneter Bedeutung ist. Dieser Aspekt entspricht der zuvor geäußerten Vermutung unterentwickelter „innerer" Gründe für eine wertabhängige Finanzierungspolitik. Andererseits können auch bisher weitgehend ausgeblendete „äußere" Gründe identifiziert werden, die für ein Abweichen vom optimalen Verschuldungsgrad verantwortlich sind. Es liegt nahe, die zu Beginn motivierten und für den Spezialfall eines Marktversagens betrachteten Transaktionskosten, die bei Aufrechterhaltung eines optimalen Verschuldungsgrades regelmäßig anfallen, als einen Hauptgrund für die verhaltene empirische Evidenz einer Finanzierungspolitik optimaler Verschuldungsgrade zu identifizieren.[1507] Sowohl der Aspekt des

1505 Korteweg (2010) zeigt in Übereinstimmung mit dieser Beobachtung, dass der Nutzen einer Anpassung der Kapitalstruktur für Unternehmen mit einer Verschuldung oberhalb des Optimums höher ist als für Unternehmen mit einer Verschuldung unterhalb des Optimums. Bedeutendster Grund hierfür ist, dass die leicht überschuldeten Unternehmen einen Anreiz haben, Insolvenzkosten zu vermeiden. Vgl. dazu Korteweg (2010) S. 2163–2165.

1506 Vgl. DeAngelo/Roll (2015) S. 410; ähnlich: Faulkender et al. (2012) S. 636. Die Ergebnisse von Leary/Roberts (2005), dass hohe Verschuldungsgrade aus Sicht des Unternehmens bedeutsamer sind, sowie die unterschiedlichen Adjustierungsgeschwindigkeiten, die Faulkender et al. (2012) schätzen, können als Hinweis für eine unwirksame Untergrenze interpretiert werden. Leary/Roberts (2005) sehen dies jedoch als Ausdruck einer dynamischen Finanzierungspolitik. Vgl. Leary/Roberts (2005) S. 2577; Faulkender et al. (2012) S. 637; 643.

1507 Vgl. u. a. Leary/Roberts (2005) S. 2578; Myers (1984) S. 578. DeAngelo/Roll (2015) führen die Einschätzung, dass die Frage der Finanzierung des Unternehmens eine Frage zweiter Ordnung ist, letztlich auf die von Modigliani/Miller (1958) nachgewiesene Kapitalstrukturrelevanz zurück. Vgl. DeAngelo/Roll (2015) S. 410.

untergeordneten Wertbeitrags der Fremdfinanzierung als auch die Bedeutung der Transaktionskosten wurden in der Literatur bereits als Grund für die Zweitrangigkeit der Finanzierungspolitik näher betrachtet.[1508] Die Bedeutung bzw. der Umfang des Beitrages der Fremdfinanzierung zum Unternehmensgesamtwert wurde so u. a. durch die Arbeiten von Graham (2000) und Korteweg (2010) untersucht. Sowohl Graham (2000) als auch Korteweg (2010) zeigen, dass der Wertbeitrag der Fremdfinanzierung durchaus einen bedeutsamen Anteil am Gesamtunternehmenswert einnehmen kann.[1509] Die grundsätzliche Bedeutung des Wertbeitrages der Fremdfinanzierung für den Unternehmenswert und damit die „innere" Motivation für das Festhalten an einer optimalen Finanzierungspolitik soll an dieser Stelle daher nicht weiter hinterfragt werden. Es ist zunächst nicht unplausibel, anzunehmen, dass die Bedeutung des Wertbeitrages der Fremdfinanzierung sich von Unternehmen zu Unternehmen unterscheidet. Der Umfang, in dem die Fremdfinanzierung zum Unternehmensgesamtwert beiträgt, könnte somit als Anhaltspunkt für die Bedeutung einer optimalen Finanzierungspolitik und damit des Interesses des Unternehmens an der Einhaltung einer wertabhängigen Finanzierungspolitik gewertet werden. Im Abschnitt zur Ableitung der Determinanten der Finanzierungspolitik wird sich daher kurz mit der Frage der Bedeutung des Wertbeitrages der Fremdfinanzierung gewidmet werden.[1510] Ungeachtet des unbestritten bestehenden Wertbeitrages der Fremdfinanzierung, bleibt im Angesicht der Existenz von Transaktionskosten dennoch fraglich, ob aus Unternehmenssicht bei regelmäßig mit der Veränderung der Kapitalstruktur anfallenden Transaktionskosten ausreichend Anreiz besteht, den Handlungsvorgaben einer wertabhängigen Finanzierungspolitik uneingeschränkt zu folgen. Anders ausgedrückt, ist zu hinterfragen, ob der zusätzliche Wertbeitrag der Fremdfinanzierung ausreicht, um die im Rahmen einer wertabhängigen Finanzierungspolitik regelmäßig anfallenden Transaktionskosten auszugleichen.[1511] Neben der Höhe des Wertbeitrages der Fremdfinanzierung ist daher in einem zweiten Schritt der Einflussfaktor Transaktionskosten näher zu beleuchten.

Exkurs: Zum Einfluss von Transaktionskosten auf die Stabilität einer wertabhängigen Finanzierungspolitik

Der Umfang der zur Aufrechterhaltung einer Finanzierungspolitik mit konstanten Verschuldungsgraden anfallenden Transaktionskosten wird, abseits des bis dato

---

1508 Vgl. dazu auch Kapitel I.

1509 Graham (2000) stellt in seiner Untersuchung fest, dass der Wertvorteil der Fremdfinanzierung rund 7 % des Gesamtunternehmenswertes ausmachen kann. Der Wertbeitrag der Fremdfinanzierung fällt mit rund 5,5 % bei Korteweg (2010) etwas geringer aus, erscheint aber weiterhin bedeutsam. Vgl. Graham (2000) S. 1920; Korteweg (2010) S. 2153.

1510 Dieser Aspekt wird nochmals kurz in Abschnitt 5.6.1.6. des Kapitels III aufgegriffen.

1511 Man kann an dieser Stelle insbesondere darauf hinweisen, dass ein Abweichen von der optimalen Finanzierungspolitik nicht automatisch dazu führt, dass der Wertvorteil der Fremdfinanzierung vollständig verloren geht.

betrachteten Extrempunktes eines vollkommenen Marktversagens, in der Literatur als ein hinreichender Grund dafür diskutiert, dass Unternehmen von einem optimalen Finanzierungsverhalten wenigstens temporär abweichen.[1512] Die Frage, ob die mit einer Veränderung der Kapitalstruktur verbundenen Transaktionskosten einen bedeutenden Grund für die schwache empirische Evidenz einer statischen Finanzierungspolitik darstellen, wurde erstmals in der Literatur zur dynamischen Trade-Off-Theorie näher diskutiert.[1513] Wie ein Unternehmen auf eine Veränderung der Kapitalstruktur unter der Wirkung von Transaktionskosten reagieren sollte, hängt dabei maßgeblich von der konkreten Gestalt ab, die Transaktionskosten in der Praxis annehmen. Leary/Roberts (2005) unterscheiden, mit Blick auf die Diskussion in der Literatur, drei mögliche Ausprägungsformen, die Transaktionskosten annehmen können, und damit drei unterschiedliche Verhaltensmuster, die aus analytisch-deduktiver Sicht für das Unternehmen bei einer Veränderung der Kapitalstruktur ideal sind.

Die folgende Darstellung orientiert sich weitgehend an der Darstellung in Leary/Roberts (2005), ergänzt um den Aspekt der Auswirkung, den unterschiedliche Ausprägungen der Transaktionskosten auf die Stabilität der wertabhängigen Finanzierungspolitik haben. In einem ersten Schritt wird zunächst der Fall fixer Transaktionskosten betrachtet. Unter fixen Transaktionskosten werden an dieser Stelle Kosten verstanden, die bei einer Ablösung bzw. Aufnahme von Fremdkapital unabhängig von der Höhe der Kapitalmaßnahme zu tragen sind.[1514] Für den Fall fixer Transaktionskosten ist mit einem Finanzierungsverhalten des Unternehmens zu rechnen, das sich, im Kontrast zu einer wertabhängigen Finanzierungspolitik, weniger durch kontinuierliche, sondern eher durch inkrementelle Anpassungen der Fremdkapitalbestände auszeichnet. Die Finanzierungsentscheidungen der Unternehmen werden im Falle bedeutsamer fixer Transaktionskosten durch sporadische bzw. klumpige Anpassungen der Kapitalstruktur geprägt sein. Unter der Prämisse fixer Transaktionskosten erscheint es in Übereinstimmung mit der Annahme einer wertabhängigen Finanzierungspolitik jedoch plausibel, dass im Fall einer Anpassung der Kapitalstruktur eine vollständige Anpassung in Richtung des optimalen Verschuldungsgrades vorgenommen wird.[1515] Zugunsten der Annahme eines konstanten Verschuldungsgrades, der regelmäßig im Rahmen der

1512 Vgl. u. a. Korteweg (2010) S. 2138; Strebulaev (2007) S. 1749. Leary/Roberts (2005) gehen so weit, das kontinuierliche Anpassungsverhalten, wie es u. a. mit einer wertabhängigen Finanzierungspolitik unterstellt wird, allein auf die Vernachlässigung der Transaktionskosten zurückzuführen. Vgl. Leary/Roberts (2005) S. 2578.

1513 Die Arbeit von Fischer et al. (1989) hat diesen Aspekt als eine der ersten Arbeiten näher betrachtet. Vgl. dazu Abschnitt 3.4.1.

1514 Beispiele für fixe Transaktionskosten stellen u. a. die regelmäßig anfallenden Kosten bei der Verhandlung der Fremdkapitalkonditionen dar.

1515 Vgl. Fischer et al. (1989) S. 24; Leary/Roberts (2005) S. 2578–2579. Diese von Fischer et al. (1989) formulierte Erwartung wird in der empirischen Literatur u. a. von Leary/Roberts (2005) bestätigt. Vgl. Leary/Roberts (2005) S. 2576–2577.

wertabhängigen Finanzierungspolitik unterstellt wird, kann an dieser Stelle argumentiert werden, dass die mit der Finanzierungspolitik getroffenen Annahmen im Fall fixer Transaktionskosten wenigstens im Durchschnitt erfüllt sein dürften.[1516] Die Annahme eines konstanten Verschuldungsgrades ist, wie die folgenden Ausführungen zeigen, weitaus weniger stabil, wenn Transaktionskosten proportional zum notwendigen Rekapitalisierungsumfang anfallen. Konkret bedeutet diese Annahme, dass mit steigendem Anpassungsbedarf der Kapitalstruktur auch die durch das Unternehmen zu tragenden Transaktionskosten deutlich ansteigen werden.

Unter diesen, auch als variable Transaktionskosten, bezeichneten Anpassungskosten zeigt sich i. d. R. ein anderes Finanzierungsverhalten des Unternehmens als vorteilhaft als im Fall fixer Transaktionskosten. Das Unternehmen hat so unter der Annahme variabler Transaktionskosten nicht mehr den Anreiz, durch eine aktive Veränderung der Kapitalstruktur zum, unter idealen Bedingungen angestrebten, Verschuldungsoptimum zurückzukehren. Das Unternehmen wird vielmehr eine Politik einschlagen, die zwischen zu tragenden Transaktionskosten sowie entgangenem Wertbeitrag der Fremdfinanzierung eine Abwägung trifft.[1517] Die Annahme variabler Transaktionskosten hat damit auch direkte Auswirkungen auf die Bindungswirkung bzw. Realitätsnähe der Annahme der wertabhängigen Finanzierungspolitik, insbesondere für den Fall des klassischen Abstellens auf einen konstanten Verschuldungsgrad. In Abhängigkeit zur Schwankungstendenz der operativen Entwicklung des Unternehmens,[1518] erscheint bei Vorliegen variabler Transaktionskosten vielmehr ein Abstellen auf eine Ober- und Untergrenze und damit auf eine Verschuldungszone in Übereinstimmung mit der empirischen Evidenz plausibel.[1519] Die Annahme eines deterministischen Verschuldungsoptimums, wie es regelmäßig bei einer wertabhängigen Finanzierungspolitik unterstellt wird, erweist sich unter diesen Bedingungen als analytisch-deduktiv wenig plausibel. Die Planung einer solchen durch wertoptimale Verschuldungszonen bestimmten Finanzierungspolitik dürfte jedoch ungleich schwerer zu realisieren sein, da man neben einem Verschuldungsoptimum eine optimale Schwankungszone definieren muss, die maßgeblich durch den Umfang der unternehmensexternen und unter

1516 Wie die Finanzierungspolitik letztlich aussieht, hängt neben der Breite der Verschuldungszone auch davon ab, wie stark der Verschuldungsgrad schwankt.

1517 Vgl. Leary/Roberts (2005) S. 2579–2580. Dies schließt nicht aus, dass das Unternehmen durch externe Schocks zum Verschuldungsoptimum zurückkehrt.

1518 Hierunter werden an dieser Stelle das Wachstum bzw. der Rückgang des zukünftigen Unternehmenswertes verstanden.

1519 Aufgrund der von DeAngelo/Roll (2015) beobachteten schwachen empirischen Evidenz für die Existenz einer Untergrenze dürfte die Ableitung empirisch fundierter Ober- und Untergrenzen nur bedingt möglich sein.

Umständen auch zeitvariablen Transaktionskosten bestimmt wird.[1520] In Übereinstimmung mit den Implikationen einer wertabhängigen Finanzierungspolitik ist es im Fall proportionaler Transaktionskosten durchaus plausibel, dass Unternehmen periodische Anpassungen an der Kapitalstruktur vornehmen. Im Umfang bleiben die vorzunehmenden Anpassungen jedoch hinter den im Rahmen einer wertabhängigen Finanzierungspolitik notwendigen Anpassungen im Fall vernachlässigbarer Transaktionskosten zurück.[1521]

In der Literatur wird ergänzend zu den im Vorfeld betrachteten Transaktionskosten eine weitere mögliche Ausprägung der Transaktionskosten betrachtet, die eine Mischung aus den bis dato betrachteten Ausprägungen der Transaktionskosten darstellt. Bei einer Veränderung der Kapitalstruktur muss das Unternehmen nun sowohl fixe als auch variable Transaktionskosten tragen. Vergleichbar zum Fall fixer Transaktionskosten ist für den Fall „gemischter" Transaktionskosten davon auszugehen, dass Unternehmen nur in unregelmäßigen Abständen Anpassungen in Richtung eines optimalen Verschuldungsgrades vornehmen. Im Kontrast zum Fall fixer Adjustierungskosten fallen diese Anpassungen nun jedoch deutlich geringfügiger aus, d. h., das Verschuldungsoptimum wird bei „gemischten" Transaktionskosten regelmäßig nicht mehr erreicht.[1522] Das Unternehmen orientiert sich, durch den Einfluss der variablen Transaktionskosten, nun vielmehr an einer Ober- und Untergrenze der Verschuldungspolitik, die von dem theoretischen Verschuldungsoptimum abweicht. Gegenüber dem Fall ausschließlich variabler Transaktionskosten dürften die Abstände, die zwischen einem aktiven Eingreifen des Unternehmens liegen, aufgrund der fixen Komponente der Transaktionskosten nochmals zunehmen. Die „gemischten" Transaktionskosten führen demnach in einem besonderen Maße dazu, dass die von den Unternehmen tatsächlich realisierten Verschuldungsumfänge von den durch die Kapitalstrukturtheorie angezeigten und mit der Finanzierungspolitik regelmäßig abgebildeten Verschuldungsumfänge abweichen werden.

Fasst man den Einfluss der Transaktionskosten auf die Finanzierungspolitik zusammen, so ist allen drei Ausprägungen der Transaktionskosten gemeinsam, dass eine Reaktion des Unternehmens auf eine Veränderung der Kapitalstruktur, anders als bei Annahme einer wertabhängigen Finanzierungspolitik unterstellt,

---

1520 Pragmatisch könnte man das Problem durch ein Abstellen auf die Verschuldungsuntergrenze als einer konservativen Schätzung des Wertvorteils der Fremdfinanzierung lösen.

1521 Die unter variablen Transaktionskosten sinnvolle Finanzierungspolitik unterscheidet sich dennoch deutlich von der klassischen wertabhängigen Finanzierungspolitik. Zum einen erfolgen Anpassungen der Kapitalstruktur unter diesen Prämissen nur einseitig, zum anderen sind, solange sich das Unternehmen in der optimalen Verschuldungszone befindet, keine Anpassungen an der Kapitalstruktur erforderlich.

1522 Vgl. Leary/Roberts (2005) S. 2580.

nicht umgehend erfolgen wird. Anpassungen der Kapitalstruktur erfolgen auf einem unvollkommenen Kapitalmarkt mit Transaktionskosten daher regelmäßig mit zeitlicher Verzögerung. Die Frage, welchen Umfang die Anpassungen annehmen, ist nur mit Blick auf die Ausprägungsform der Transaktionskosten zu beantworten. Für den Fall, dass wenigstens teilweise proportionale Transaktionskosten anfallen, kehrt das Unternehmen nicht mehr auf das Niveau des Verschuldungsoptimums zurück, das bei einer theoriegestützten wertabhängigen Finanzierungspolitik unterstellt wird.[1523] Die Frage, mit welcher Form der Transaktionskosten in der Praxis zu rechnen ist, soll an dieser Stelle nicht im Detail diskutiert werden. Blickt man in die empirische Literatur, so zeigt sich, dass die Annahme einer „gemischten“ Form der Transaktionskosten eine gewisse Unterstützung findet.[1524] Die Annahme einer wertabhängigen Finanzierungspolitik mit konstanten Verschuldungsgraden kann, wie gezeigt wurde, auf Basis dieser Beobachtung infrage gestellt werden. Allgemeiner kann man formulieren, dass die Frage, ob der Annahme einer wertabhängigen Finanzierungspolitik uneingeschränkt gefolgt werden kann, letztlich auch eine Frage nach Umfang und Bedeutung der anfallenden Transaktionskosten ist.[1525] Liegen, wenigstens teilweise, proportionale Transaktionskosten vor, gilt es zu beachten, dass die in einem vorangehenden Abschnitt eingeschlagene Argumentation, dass die beobachtbare Finanzierungspolitik Ausdruck eines Optimums möglicher Entscheidungen zur Finanzierungspolitik ist, durch die variablen Transaktionskosten verzerrt wird.[1526] Die damit ableitbare Einschätzung, dass die in der Praxis beobachtbaren Verschuldungsgrade deutlich von dem theoretischen Verschuldungsoptimum abweichen, findet in der empirischen Forschung breite Unterstützung.[1527] Damit gilt festzuhalten, dass eine wertabhängige Finanzierungspolitik letztlich nur in einem Umfeld mit niedrigen bzw. vernachlässigbaren Transaktionskosten reibungslos funktioniert.[1528] Nur, wenn eine Anpassung der Kapitalstruktur

---

1523 Vgl. Leary/Roberts (2005) S. 2580.

1524 Vgl. dazu u. a. Faulkender et al. (2012) S. 639.

1525 Dieser Einschätzung folgen u. a. Leary/Roberts (2005). Vgl. Leary/Roberts (2005) S. 2584. An dieser Stelle ist der Vollständigkeit halber darauf hinzuweisen, dass diese Beziehung in der Literatur nicht uneingeschränkt unterstützt wird. Welch (2004) weist so einerseits darauf hin, dass Transaktionskosten i. d. R. als vernachlässigbar angenommen werden können, andererseits die Unterschiede in der Höhe der Transaktionskosten nicht vollständig erklären können, warum ein zu einer wertabhängigen Finanzierungspolitik gegenteiliges Verhalten eingeschlagen wird. Vgl. Welch (2004) S. 123–124.

1526 Der beobachtete Verschuldungsgrad stellt auch bei variablen Transaktionskosten ein Optimum dar, dieses Optimum wird jedoch in aller Regel deutlich vom Optimum ohne Transaktionskosten abweichen.

1527 Vgl. dazu u. a. Korteweg (2010) S. 2139; Pinegar/Wilbricht (1989) S. 89.

1528 Dieses Merkmal einer wertabhängigen Finanzierungspolitik eröffnet die Frage danach, welche Faktoren die Höhe der Transaktionskosten beeinflussen. Faulkender et al. (2012) vermuten, dass die Frage der Transaktionskosten u. a. durch die operative Leistungsfähigkeit des Unternehmens bestimmt wird. Korteweg

weitgehend ohne zusätzliche Kosten erfolgt, kann das Unternehmen ungehindert auf eine ungewollte Veränderung der Kapitalstruktur reagieren. Damit bildet die wertabhängige Finanzierungspolitik erneut einen Kontrapunkt zur Annahme einer autonomen Finanzierungspolitik. So wurde im vorangehenden Abschnitt zur autonomen Finanzierungspolitik die Passivität des Managements u. a. durch die Einschränkung der Handlungsfreiheit, die durch Transaktionskosten hervorgerufen wurde, geklärt. Der Eindruck, dass es im Angesicht hoher Transaktionskosten durchaus ökonomisch sinnvoll sein kann, auf eine Adjustierung des Fremdkapitalbestandes zu verzichten und an der bisherigen Finanzierungspolitik festzuhalten, bestätigt sich an dieser Stelle der Betrachtung der Praxisnähe einer Annahme zur wertabhängigen Finanzierungspolitik nochmals.[1529]

Fasst man abschließend zusammen, so zeigt der Abschnitt zur Durchführbarkeit einer wertabhängigen Finanzierungspolitik, dass diese Finanzierungspolitik bei Veränderung des Unternehmenswertes ex definitione eine Anpassung der Kapitalstruktur erfordert. Unter den Bedingungen der Praxis erscheint es plausibel anzunehmen, dass sich Unternehmen stetig weiterentwickeln und der Unternehmenswert i. d. R. nicht zeitkonstant bleibt. Mit der Wirksamkeit der wertabhängigen Finanzierungspolitik werden damit auch die im Unternehmen eingesetzten Fremdkapitalbestände stetigen Veränderungen unterworfen sein.[1530] Die Plausibilität einer Finanzierungspolitik fester Verschuldungsgrade wurde in diesem Abschnitt vereinfachend an der Motivation sowie der Möglichkeit, einer wertabhängigen Finanzierungspolitik zu folgen, festgemacht. Im Rahmen der Analyse der Motivation einer wertabhängigen Finanzierungspolitik wurde zwischen „inneren" und „äußeren" Gründe für ein solches Finanzierungsverhalten unterschieden. Es hat sich dabei gezeigt, dass sowohl an der Stabilität der „inneren" wie auch „äußeren" Gründe für eine wertabhängige Finanzierungspolitik mit stabilen Verschuldungsgraden gezweifelt werden kann. Insbesondere die Vorgabe zeitkonstanter Verschuldungsgrade ist dabei zu strikt, um analytisch deduktiv begründet werden zu können. Zugleich ergeben sich auf Basis der empirischen Forschung Zweifel daran, dass Unternehmen einer solchen Finanzierungspolitik folgen. Die mangelnde empirische Evidenz für eine wertabhängige Finanzierungspolitik kann neben der unzureichenden theoretischen Motivation für ein solches

---

(2010) äußert demgegenüber die Vermutung, dass die Unternehmensgröße einen Einfluss auf die Transaktionskosten und damit auf die Anpassungsgeschwindigkeit besitzen. Vgl. Faulkender et al. (2012) S. 633; Korteweg (2010) S. 2138. Diese Frage wird im Abschnitt zu den Determinanten der Finanzierungspolitik näher beleuchtet.

1529 Kennzeichen einer autonomen Finanzierungspolitik war notabene die periodische Veränderung der Verschuldungsgrade.

1530 Dies gilt auch für den Fall, wenn das Unternehmen selbst in seiner Funktion und Aufbau keinen Veränderungen unterworfen ist, sondern sich lediglich das Marktumfeld ändert, auf dem das Unternehmen agiert.

Vorgehen auch auf die unzureichende Umsetzbarkeit einer solchen Finanzierungspolitik zurückzuführen sein. In einem zweiten Schritt wurde daher die Praktikabilität einer wertabhängigen Finanzierungspolitik näher betrachtet. Dabei wurde gezeigt, dass ein Großteil der Instrumente, die einem Unternehmen zur Veränderung der Kapitalstruktur, d. h. zu einem aktiven Eingriff, zur Verfügung steht, mit z. T. umfangreichen Transaktionskosten verbunden ist. Um die Abhängigkeit einer wertabhängigen Finanzierungspolitik vom Umfang und der Ausprägung der Transaktionskosten zu zeigen, wurden in der Folge verschiedene Ausprägungen dieser Marktunvollkommenheit unterschieden. Ausgangspunkt der Betrachtung der Durchführbarkeit war der in der Praxis i. d. R. wohl nur sporadisch auftretende Fall, in dem ein Versagen des Kapitalmarktes der aktiven Veränderung der Kapitalstruktur durch das Unternehmen entgegensteht. Das Marktversagen kann dabei vereinfachend als eine spezielle Ausprägung der Transaktionskosten interpretiert werden. Bewegt man sich ein Stückweit in Richtung eines vollkommenen Kapitalmarktes zurück, so wurde gezeigt, dass die Durchführbarkeit einer wertabhängigen Finanzierungspolitik auch in dem, in der Praxis bedeutsameren, Fall weitgehend reibungsloser Kapitalmärkte durch auftretende Transaktionskosten deutlich gehemmt sein dürfte. Diese zunächst rein analytisch motivierte Einschätzung deckt sich mit den Ergebnissen der empirischen Forschung, in der sich nur wenig Evidenz für eine Finanzierungspolitik zeitkonstanter Verschuldungsgrade findet. Die Argumente, die für eine wertabhängige Finanzierungspolitik mit konstantem Verschuldungsgrad in der Detailplanungsphase aufgeführt werden können, erscheinen damit insgesamt nur in einem verhaltenen Umfang überzeugend. Die Annahme einer wertabhängigen Finanzierungspolitik mit festen Verschuldungsgraden wirkt damit für die Detailplanungsphase in einem Großteil der Fälle relativ künstlich. Diese Einschätzung deckt sich mit der Kritik, die in vorangehenden Arbeiten zu finden ist.[1531] Der vorangehende Abschnitt hat dabei einen Versuch dargestellt, die hinter diesen Überlegungen stehenden Überlegungen aufzudecken.

Eine etwas andere Einschätzung zur Eignung der Annahme einer wertabhängigen Finanzierungspolitik findet sich in der Literatur mit Blick auf die nicht mehr im Detail zu planende Rentenphase.[1532] In einem zweiten Schritt soll daher nochmals

---

1531 In der Literatur finden sich jedoch auch Vertreter, die ein Abstellen auf eine wertabhängige Finanzierungspolitik in der Detailplanungsphase als plausibel ansehen. Vgl. dazu auch Lobe/Essler (2008) S. 63. Kruschwitz/Löffler (2001) sprechen sich auch für die Verwendung einer wertabhängigen Finanzierungspolitik in der Detailplanungsphase aus. Bei ihnen ist jedoch unklar, ob die Empfehlung auf eine „klassische“ wertabhängige Finanzierungspolitik oder aber eine Finanzierungspolitik mit zeitvariablen Verschuldungsgraden abzielt, wie sie in der Folge betrachtet werden soll. Vgl. Kruschwitz/Löffler (2001) S. 111.

1532 Lobe/Essler (2008) sehen so die wertabhängige Finanzierungspolitik als geeignete Annahme für die Endwertphase, in der Detailplanungsphase scheinen ihnen die Implikationen der wertabhängigen Finanzierungspolitik als zu rigide. Vgl. Lobe/

kurz auf die Eignung der Annahme einer wertabhängigen Finanzierungspolitik mit konstanten Verschuldungsgraden in der Rentenphase eingegangen werden.

4.3.2.1. Zur wertabhängigen Finanzierungspolitik in der Rentenphase

Die Ausführungen zur Plausibilität der wertabhängigen Finanzierungspolitik in der Rentenphase gestalten sich im Vergleich zum vorangehenden Abschnitt relativ knapp. Dies dürfte hauptsächlich darauf zurückzuführen sein, dass die im vorangehenden Abschnitt abgeleiteten Kriterien zur Plausibilitätsbeurteilung auch vor dem Hintergrund der Rentenphase erneut aufgegriffen werden können. Betrachtet man daher die zuvor motivierten Kriterien mit Blick auf die spezielle Situation Rentenphase genauer, so zeigt sich ein ggü. der Überlegungen zur Detailplanungsphase leicht verändertes Bild, das letztlich auch auf die Einschätzung der Plausibilität der wertabhängigen Finanzierungspolitik in der Rentenphase durchschlägt. Die in der Literatur zu findende Einschätzung zur wertabhängigen Finanzierungspolitik in der Rentenphase ist damit durch eine veränderte Gewichtung und Stringenz der Argumentation plausibilisierbar.

Zu den „inneren" Gründen einer wertabhängigen Finanzierungspolitik in der Rentenphase

Greift man zunächst die „inneren" Gründe für eine wertabhängige Finanzierungspolitik auf, zeigt sich, dass die vorzubringenden Argumente über eine höhere Stabilität und damit höhere Durchschlagskraft mit zunehmendem Planungshorizont verfügen. Als dominierender „innerer" Grund für eine wertabhängige Finanzierungspolitik wurde im vorangehenden Abschnitt die Optimalität der Kapitalstruktur im Sinne der „klassischen" Trade-Off-Theorie motiviert. An dieser Begründung einer wertabhängigen Finanzierungspolitik mit konstanten Verschuldungsgrad kann auch in der Rentenphase festgehalten werden. Vergegenwärtigt man sich nochmals die Diskussion zur Stabilität bzw. Durchschlagskraft dieser „inneren" Gründe, so zeigt sich, dass in der Rentenphase insbesondere die gegen eine solche Finanzierungsannahme vorzubringenden Einwände deutlich an Schärfe verlieren, dies soll im Folgenden gezeigt werden. Blendet man die mit der Frage der Rentenphase verbundenen Aufgabe den genauen Zeitpunkt des Übergangs in die Rentenphase aus[1533] und akzeptiert damit die Annahmen des Gleichgewichtszustandes weitgehend ungefragt, verändern sich die Fragen, die im Rahmen der Plausibilitätsprüfung gestellt werden können bzw. die passenden Antworten. Vergegenwärtigt man sich die im vorangehenden Abschnitt vorgetragenen Kritik, so

---

Essler (2008) S. 67–68. Diese Einschätzung deckt sich damit mit den vorangehenden Ausführungen.

1533 Zu diesen Fragen treffen sowohl Drukarczyk/Schüler (2016) als auch Diedrich/Dierkes (2015) kurze Aussagen. Vgl. Drukarczyk/Schüler (2016) S. 127; Diedrich/Dierkes (2015) S. 227.

wurde für die Detailplanungsphase argumentiert, dass sich die Finanzierungsfrage für das Unternehmen zwar wiederholt stellt, aufgrund der zugleich stattfindenden operativen Entwicklung jedoch i. d. R. unter nunmehr divergierenden Rahmenbedingungen.

Die Annahme einer unter veränderten Bedingungen wenigstens dem Grunde nach gleichbleibenden Finanzierungspolitik kann, m. E. nach wohlfundiert, angezweifelt werden. Der vorangehende Abschnitt hat dies bereits mit der etwas provokanten Frage, warum die Antwort auf die sich wiederholt stellende Finanzierungsfrage in der Zukunft unter sich verändernden Bedingungen immer gleich lauten muss, zusammengefasst. Bewegt man sich in einem Gleichgewichtszustand, ist diese Eigenschaft einer wertabhängigen Finanzierungspolitik mit konstanten Verschuldungsgraden jedoch unproblematisch, da in diesem Zusammenhang ja die Antwort annahmegemäß immer gleich lauten muss. Anders als die Detailplanungsphase zeichnet sich die Rentenphase gerade dadurch aus, dass die Unternehmen mit dem Übergang in die Rentenphase in einen Gleichgewichtszustand übertreten.[1534] In Anlehnung an die etwas provokante Fragestellung des vorangehenden Abschnitts kann man jetzt davon sprechen, dass die Antwort auf die Frage, welche Finanzierungspolitik für ein Unternehmen im Beharrungszustand optimal ist, immer gleich lautet. Die Annahme eines konstanten Verschuldungsgrades als Ausdruck einer wertoptimalen Finanzierungspolitik in der Rentenphase scheint plausibel und auf Basis der Argumentation des vorangehenden Abschnitts nur noch bedingt angreifbar. Vielmehr kann man an dieser Stelle argumentieren, dass ein Unternehmen, das unter gleichbleibenden Bedingungen ständig wechselnde Antworten gibt, aus Sicht der „klassischen“ Trade-Off-Theorie einer erratischen und letztlich wertvernichtenden Finanzierungspolitik folgt. „Innere“ Gründe werden das Unternehmen auf den Pfad der Tugend, d. h. in Richtung einer wertabhängigen Finanzierungspolitik, zurückleiten. Unter alternativen Kapitalstrukturtheorien kann ein, auf den ersten Blick erratisches, Finanzierungsverhalten jedoch auch in der Rentenphase plausibilisierbar sein,[1535] diese Kapitalstrukturtheorien stehen aufgrund der Überlegungen des Abschnitts 3.6. jedoch nicht im Zentrum der Überlegungen zur Relevanz alternativer Finanzierungspolitiken und sollen daher im Folgenden nicht näher betrachtet werden. An dieser Stelle kann damit ein erstes

1534 In der Literatur wird daher auch von einem „sog. Gleichgewichts- oder Beharrungszustand“ gesprochen. Drukarczyk/Schüler (2016) S. 138; WP Handbuch 2014, Band II, Abschnitt A, Tz. 236; S. 74

1535 Aus Sicht u. a. der Pecking-Order-Theorie bzw. der Theorie des Market-Timings lässt sich ein solches Finanzierungsverhalten rechtfertigen und wäre damit auch mit der Annahme der Wertoptimalität der Finanzierungspolitik vereinbar. Vereinbar mit der Annahme eines konstanten Verschuldungsgrades sind beide Kapitalstrukturtheorien jedoch i. d. R. nicht. Eine Ausnahme stellt der Fall dar, in dem neben dem Unternehmen auch der Markt sich im Gleichgewicht befindet. Inwieweit die Annahme des Unternehmens- und Marktgleichgewichts voneinander unabhängig sind, soll hier nicht weiter beleuchtet werden. Vgl. dazu auch Kapitel I.

Fazit gezogen werden. Die „inneren" Beweggründe für eine wertabhängige Finanzierungspolitik gewinnen in der Rentenphase deutlich an Stabilität, die sich in einer höheren Plausibilität der Annahme einer wertabhängigen Finanzierungspolitik mit konstanten Verschuldungsgraden niederschlägt. Die empirisch noch unzureichend beantwortete Fragestellung, wie sich ein solches Optimum ausgestaltet bzw. welche Unternehmensfaktoren ein Finanzierungsoptimum maßgeblich beeinflussen,[1536] bleibt jedoch auch in der Rentenphase weiterhin unbeantwortet.

Zu den „äußeren" Gründen einer wertabhängigen Finanzierungspolitik in der Rentenphase

Blickt man in einem zweiten Schritt auf die zuvor betrachteten „äußeren" Gründe für eine wertabhängige Finanzierungspolitik, so zeigt sich ein uneinheitlicheres Bild. Dieses uneinheitliche Bild liegt vor allem darin begründet, dass man mit Blick auf die Stabilität der „äußeren" Gründe zwei unterschiedliche Standpunkte einnehmen kann. Einerseits kann man an dieser Stelle argumentieren, dass die Halbwertszeit und damit die Bindungswirkung der „äußeren" Gründe regelmäßig beschränkt sind. Damit greift man die Argumentation des vorangehenden Abschnitts nochmals auf und mutmaßt wenigstens indirekt, dass die Stabilität und damit die Bindungswirkung der „äußeren" Gründe im Zeitverlauf abnehmen.[1537] Andererseits kann den „äußeren" Gründen mit Blick auf den in der Rentenphase herrschenden Gleichgewichtzustand auch eine gewisse Stabilität zugesprochen werden, stellt man darauf ab, dass sich auch mit Blick auf die „äußeren" Gründe ein Gleichgewicht einstellen wird.[1538] Welcher dieser Sichtweisen letztlich eine gewisse Dominanz zugesprochen werden kann, ist wohl auch an dieser Stelle nicht abschließend zu klären.

Im folgenden Abschnitt sollen dennoch kurz das mögliche Argumentationsschema skizziert und die beiden Betrachtungspunkte motiviert werden. Greift man zunächst die Argumentation des vorangehenden Abschnitts auf, so hat sich bereits dort gezeigt, dass die Bindungswirkung kreditvertraglicher Vereinbarungen regelmäßig auf wohldefinierte Zeiträume beschränkt ist. Allen voran spiegelt sich diese Einschätzung in der empirischen Forschung wider, die u. a. gezeigt hat, dass Covenants regelmäßig auf kurz- bis mittelfristig laufende Finanzierungsverträge beschränkt sind. Dieses Ergebnis entspricht damit letztlich auch dem analytisch

---

1536 Daneben sind auch Wechselwirkungen zwischen den einzelnen Determinanten der Finanzierungspolitik zu beachten. Erste Ansätze, eine optimale Finanzierungspolitik abzuleiten, wie u. a. in Wiggins (1990) zeigen, einen Teil der Komplexität des Problems. Vgl. dazu u. a. Wiggins (1990) S. 384.

1537 In der Rentenphase kann man damit letztlich nicht auf konkrete „äußere" Gründe abstellen.

1538 Dies erscheint etwa mit Blick auf die in Covenants festgelegten Verschuldungsobergrenzen nicht unwahrscheinlich, wie die nachfolgenden Überlegungen zeigen werden.

plausibilisierbaren Vorgehen der Fremdkapitalgeber, wie die nachfolgenden Überlegungen zeigen sollen. Geht man zunächst, dies dürfte in theoretischen Überlegungen wie auch in der Praxis regelmäßig der Fall sein,[1539] davon aus, dass die Planungsgenauigkeit von Eigen- wie auch Fremdkapitalgebern mit der Zunahme des Planungshorizonts abnimmt, so scheint es plausibel, dass die Vorgaben, die Fremdkapitalgeber den Eigenkapitalgebern machen, sich auf Zeiträume beschränken, über die eine konkrete Einschätzung getroffen werden kann. Folgt man dieser Argumentation, sind Vorgaben, die sich auf weitreichende Zeiträume beziehen, konkret die annahmegemäß unendliche Rentenphase, von einer verhaltenen Überzeugungskraft. Man könnte an dieser Stelle also hinterfragen, warum Fremdkapitalgeber auch für Zeiträume, die zum Bewertungszeitpunkt nur grob abschätzbar sind, konkrete Zielverschuldungsgrade vorgeben sollten. Ein solches Verhalten dürfte in der Praxis i. d. R. wenig zielführend sein, da andere Instrumente einen besseren Schutz der Fremdkapitalgeber vor Übervorteilung sicherstellen können.[1540]

Die folgenden analytischen Überlegungen sollen kurz zeigen, warum die Festschreibung des Verschuldungsgrades sich aufgrund mindestens zweier Aspekte als impraktikabel erweisen kann. Einerseits besteht die Gefahr, dass der Handlungsspielraum der Eigenkapitalgeber bereits in den Perioden vor der Rentenphase weitgehend eingeengt wird,[1541] ohne den Fremdkapitalgebern in der Rentenphase eine wirksame Absicherung zu gewährleisten.[1542] Andererseits sind die Nebenabreden des Finanzierungsvertrages, insbesondere die kreditvertraglichen Negativklauseln, regelmäßig im Zeitverlauf nachverhandelbar. Die Möglichkeit, zuvor getroffene Vereinbarungen nachträglich an die geänderten Rahmenbedingungen anzupassen, ist dabei sowohl im Interesse der Eigenkapitalgeber wie auch der Fremdkapitalgeber, dies hat der vorangehende Abschnitt bereits gezeigt. Im Kontrast zur im Rahmen der wertabhängigen Finanzierungspolitik regelmäßig zu treffenden Annahme besteht deshalb gerade nicht die Notwendigkeit, die Finanzierungspolitik des Unternehmens bereits beim Vertragsabschluss für alle zukünftigen Perioden einzuengen. Betrachtet man das mit einer wertabhängigen Finanzierungspolitik verknüpfte Absicherungsverhalten der Fremdkapitalgeber in Gänze, so ist ein solches Verhalten der Fremdkapitalgeber im besten Fall als impraktikabel und im

---

1539 Vgl. dazu auch Diedrich/Dierkes (2015) S. 226–227.

1540 Im vorangehenden Abschnitt wurden so u. a. Kreditsicherheiten als Möglichkeit der Absicherung über längere Zeiträume motiviert.

1541 An dieser Stelle sei sich an die Aussage des vorangehenden Abschnitts erinnert, dass die Finanzierung eines Unternehmens einem wiederholten Spiel entspricht. Diese Einschätzung gilt auch an dieser Stelle, es scheint fraglich, ob sich Eigenkapitalgeber einen solchen „Übergriff“ der Fremdkapitalgeber auf die Entscheidungsfreiheit dauerhaft bieten lassen. Es scheint eher unplausibel, dass die Eigenkapitalgeber gewillt sind, sich dauerhaft an solche Fremdkapitalgeber zu binden.

1542 Diese Vermutung gilt insbesondere dann, wenn man an der zuvor getroffenen Annahme einer unvollkommenen Voraussicht der Marktteilnehmer festhält.

schlechtesten Fall als Schuldner schädigend zu bezeichnen, ohne dass die Ansprüche der Fremdkapitalgeber eine geeignete Absicherung erfahren. Bestätigung findet diese zunächst rein analytisch motivierte Vermutung in den Ergebnissen der empirischen Forschung. Der vorangehende Abschnitt hat so bereits gezeigt, dass Covenants regelmäßig auf kurz- bis mittelfristig laufende Fremdkapitalinstrumente beschränkt sind. Folgt man dieser Argumentation, so liegt der Schluss nahe, dass die „äußeren" Gründe mit Zunahme des Planungshorizonts an Bindungskraft verlieren. Etwas salopp könnte man in diesem Zusammenhang auch davon sprechen, dass mit zunehmendem Zeithorizont alle vertraglichen Begrenzungen verhandelbar erscheinen. Langfristig wirkende Covenants werden daher in aller Regel nur unzureichend Drohpotenzial gegenüber den Eigenkapitalgebern aufbauen.

In der Diskussion bisher weitgehend ausgeblendet war die Frage, inwieweit eine Absicherung der Fremdfinanzierung in der Rentenphase notwendig wird. Greift man diesen Aspekt kurz auf, so zeigt sich, dass die Absicherungsbemühungen der Fremdkapitalgeber in der Praxis wohl begrenzt sein dürften. Dies liegt in erster Linie in dem eher „theoretischen" Konzept[1543] der ewigen Rente. In der Praxis ist eine zeitlich unbegrenzte Bereitstellung von Fremdkapital zwar generell denkbar, eine bedeutende Rolle für die Unternehmensfinanzierung spielen solche Finanzierungsinstrumente dennoch regelmäßig nicht. Die Fristigkeit der Fremdfinanzierungsinstrumente ist damit in der Regel beschränkt. Dies führt dazu, dass die vorangehende Diskussion zur Wirksamkeit der Covenants in der Rentenphase eher einen theoretischen Reiz aufweist. Für die Praxis dürfte die langfristige Bindung der Eigenkapitalgeber an einen zuvor determinierten Verschuldungsgrad aufgrund der regelmäßigen Neuverhandlung der Konditionen der Fremdkapitalbestände jedoch von untergeordneter Bedeutung sein. Aus der Schwäche, den Verschuldungsgrad über längere Zeiträume festzuschreiben bzw. dem in der Regel verhaltenen Interesse an einer solchen Vorgabe, kann gefolgert werden, dass die „äußeren" Gründe in der Rentenphase nicht stabil genug sind, um eine Finanzierungspolitik mit festen Verschuldungsgraden zu plausibilisieren, vielmehr schwindet die Bindungswirkung im Zeitverlauf. Diese Einschätzung muss man nicht zwingend teilen, wie zu Beginn dieses Unterabschnitts bereits betont wurde. Im Folgenden soll nun kurz auf die hinter dieser Einschätzung stehenden Gründe näher eingegangen werden.

Wie bereits kurz ausgeführt, geht die Annahme der ewigen Rente mit der Annahme einher, dass sich das Unternehmen in einem Gleichgewichts- bzw. Beharrungszustand befindet. Die Annahme des Gleichgewichtszustandes des

---

1543 Bei der Annahme der ewigen Rente handelt es sich i. d. R. um einen in der Praxis anzutreffenden Ansatz, um die nicht mehr im Detail zu beobachtende zukünftige Unternehmensentwicklung abbilden zu können. Um keine Fehlbewertung zu erhalten, ist es dabei aus theoretischer Sicht notwendig, dass das Unternehmen sich in einem Gleichgewichtszustand befindet. In der Praxis wird dies eher selten zu beobachten sein, daher werden an dieser Stelle Anführungszeichen verwendet.

Unternehmens in der Rentenphase zeichnet sich zweifelsfrei in den durch die Unternehmensbewertung i. d. R. betrachteten Zeiträumen durch eine gewisse Künstlichkeit aus, die durchaus kritisch hinterfragt werden kann.[1544] Dieses Argument haben wir im Vorfeld aufgegriffen, um das Interesse der Fremdkapitalgeber an einer langfristig wirkenden Absicherung in Zweifel zu ziehen. In toto hat die vorangehende Argumentation vorwiegend auf die verhaltene Praxisrelevanz einer langfristigen Beschränkung des Finanzierungsspielraums durch die Fremdkapitalgeber abgezielt. Das zweite Argument wählt dagegen einen eher theoretischen bzw. letztlich pragmatischen Blickwinkel auf die möglicherweise durch die Fremdkapitalgeber induzierte Finanzierungspolitik. Akzeptiert man die Annahme, dass Unternehmen einen Gleichgewichtszustand erreichen, ist es inhaltlich kein großer Schritt mehr, auch zugunsten eines Beharrungszustandes mit Blick auf die von den Fremdkapitalgebern getroffenen Maßnahmen zu argumentieren. Es erscheint vor dem Hintergrund eines Gleichgewichtszustandes plausibel, dass Fremdkapitalgeber in einem durch Stabilität geprägten Umfeld zeitstabile Vorgaben mit Blick auf die kreditvertraglichen Vereinbarungen treffen. In Anlehnung an die Ausführungen im Rahmen der Überlegungen zu den „inneren“ Gründen für eine wertabhängige Finanzierungspolitik, könnte man auch davon sprechen, dass die gleichbleibende Antwort der Fremdkapitalgeber auf die Frage der konkreten Ausgestaltung kreditvertraglicher Vereinbarungen in einem gleichbleibenden Umfeld nicht unplausibel erscheint.[1545] Es spielt in einem solchen Umfeld auch keine Rolle, dass die Verbindlichkeiten des Unternehmens i. d. R. zeitlich limitiert sind. Unter der Annahme eines Gleichgewichtszustands bedeutet dies konkret, dass auflaufendes Fremdkapital durch das Unternehmen ersetzt wird. Eine Veränderung der Konditionen, zu denen Fremdkapital aufgenommen werden kann, erscheint unter den gesetzten Rahmenbedingungen als mindestens begründungsbedürftig.[1546] Unangreifbar ist diese Annahme gleichbleibender Forderungen der Fremdkapitalgeber, wie auch die zugrunde liegende Annahme des Beharrungszustandes, jedoch nicht. In der Praxisanwendung ist die uneingeschränkte Abbildung der Realität

1544 Die Annahme eines Gleichgewichtszustandes als Stellvertreter einer nicht mehr im Detail planbaren Unternehmensentwicklung ist nicht frei von einer gewissen logischen Inkonsequenz. Vgl. u. a. WP Handbuch 2014, Band II, Abschnitt A, Tz. 234; S. 73.

1545 Unklar ist an dieser Stelle lediglich, ob die Vorgabe einer Verschuldungsquote diese gleichbleibende Antwort ist. Dies soll, wie in den vorangehenden Abschnitten vereinfacht dargestellt, zugunsten der wertabhängigen Finanzierungspolitik angenommen werden.

1546 Hält man an der Einschätzung einer zeitlich begrenzten Bindungswirkung von vertraglichen Vereinbarungen fest, kann man hier auch auf eine regelmäßige Ablösung bestehender Vereinbarungen durch gleichlautende Vereinbarungen abstellen. Hintergrund dieser Überlegung ist, dass sich die Informationen bzw. Interessen der Fremdkapitalgeber aufgrund des Gleichgewichtzustandes nicht mehr verändern.

i. d. R. jedoch nicht das primäre Ziel des Übergangs von der Detailplanungs- in die Rentenphase. Es geht bei diesem Schritt vielmehr darum, den im Detail nur noch schemenhaft zu erkennenden Fortführungswert für die Bewertung greifbar zu machen.[1547] Dies wird u. a. an der im WP Handbuch zu findenden Argumentation zugunsten eines Abstellens auf die Rentenphase deutlich. Dort wird mit Blick auf die in der Praxis beobachtbaren ständigen Veränderungen von Unternehmen und Marktumfeld zugunsten eines unter diesen Bedingungen lediglich approximativ korrekten Abstellens auf einen Gleichgewichtszustand argumentiert, dass „zumindest pauschalisierte Annahmen [...] auch über den (Detail-) Planungshorizont hinaus notwendig sind“[1548], da auch das Ausblenden der nur noch grob bestimmbaren Wertbeiträge außerhalb der Detailplanungsphase keine korrekte Lösung darstellen kann. Es wird mit anderen Worten akzeptiert, dass mit einem Abstellen auf die Rentenphase nur ein unvollkommenes Bild des zukünftigen Unternehmenserfolges gezeichnet werden kann.

Eine analoge Einschätzung lässt sich allgemein zur Plausibilität der wertabhängigen Finanzierungspolitik in der Rentenphase bzw. an dieser Stelle für die „äußeren“ Gründe treffen. Zwar mag die Annahme eines Gleichgewichtszustandes und damit fester, durch die Fremdkapitalgeber induzierter, Fremdkapitalquoten mit Blick auf die Praxis künstlich erscheinen, dies bedeutet jedoch nicht, dass diese Annahme nicht doch eine praktikable Lösung für das unter normalen Umständen nicht beobachtbare Finanzierungsverhalten des Unternehmens darstellt. Mit anderen Worten könnte man zugunsten der wertabhängigen Finanzierungspolitik mit konstanten Verschuldungsgraden argumentieren, dass das Festhalten an konstanten Verschuldungsgraden ein geeigneter Stellvertreter für eine aus Sicht der Fremdkapitalgeber optimale Finanzierungspolitik darstellen könnte.[1549]

Abhängig vom gewählten Standpunkt, kann zugunsten der Stabilität der „äußeren“ Gründe für eine wertabhängige Finanzierungspolitik ein unterschiedliches Bild gezeichnet werden. Setzt man den Schwerpunkt auf eine weitgehend vollkommene Abbildung der Realität, erscheint es unplausibel, dass Fremdkapitalgeber ein Interesse an einer Politik fester Verschuldungsgrade über lange Zeit aufrechterhalten. Akzeptiert man hingegen, dass die Realität nur unvollständig abgebildet werden kann, könnte das vereinfachte Abstellen auf feste Verschuldungsgrade eine geeignete Approximation der Fremdkapitalgeberinteressen darstellen. Eine ähnliche Überlegung lässt sich auch mit Blick auf die wertabhängige Finanzierungspolitik mit konstanten Verschuldungsgraden als Ganzes treffen. Welchen Standpunkt

1547 In der Literatur findet sich in diesem Zusammenhang die Argumentation, dass die detaillierte Planungsrechnung mit wachsender Ungewissheit zugunsten der Rentenphase abgebrochen werden soll. Vgl. stellvertretend Diedrich/Dierkes (2015) S. 227.

1548 WP Handbuch 2014, Band II, Abschnitt A, Tz. 234; S. 73.

1549 Leider beschränkt sich diese Argumentation nicht allein auf die Annahme einer wertabhängigen Finanzierungspolitik.

man dabei mit Blick auf die „äußeren“ Gründe vertritt, dürfte dabei weitgehend nebensächlich sein. In der Rentenphase dominant dürften allen voran die „inneren“ Gründe für eine wertabhängige Finanzierungspolitik sein.

Zwischenfazit

Im Kontrast zur Detailplanungsphase kann der Argumentation zugunsten eines konstanten Optimums an dieser Stelle nicht ein Umfeld entgegengehalten werden, das sich durch eine ständige Weiterentwicklung auszeichnet. Vor dem Hintergrund eines Gleichgewichtszustandes erscheint eine Optimierung der Kapitalstruktur, d. h. ein vollständiges Heben des Wertbeitrages der Fremdfinanzierung, durchaus plausibel. Die „inneren“ Gründe einer wertoptimalen Finanzierungsstruktur erscheinen vor dem Hintergrund des vermuteten Gleichgewichtszustandes damit gestärkt zu werden. Wendet man sich in einem zweiten Schritt der Bedeutung der „äußeren“ Gründe zu, so kann man zunächst argumentieren, dass die „äußeren“ Gründe mit zunehmender Entfernung vom Bewertungszeitpunkt an Bindungswirkung verlieren. Nimmt man einen pragmatischeren Standpunkt ein und akzeptiert die Annahme des Beharrungszustandes, kann aber auch die durch die „inneren“ Gründe vorgegebene Tendenz der Stabilisierung der wertabhängigen Finanzierungspolitik als bestätigt gesehen werden. Aus analytisch-deduktiver Sicht erscheint das Abstellen auf eine wertabhängige Finanzierungspolitik mit konstanten Verschuldungsgraden daher in der Rentenphase eine durchaus zu plausibilisierende, wenn auch vereinfachte, Abbildung der Realität. Unbeantwortet bleibt jedoch auch an dieser Stelle die Frage, die die mangelnde empirische Evidenz für eine Politik optimaler Verschuldungsgrade aufwirft. Wie der vorhergehende Abschnitt gezeigt hat, ist die Praxis regelmäßig durch eine Reihe von Marktunvollkommenheiten gekennzeichnet, die einer Finanzierungspolitik wertoptimaler Verschuldungsgrade entgegenstehen können. Damit ist auch die wertabhängige Finanzierungspolitik in der Rentenphase nicht vollständig immun gegen Kritik, die auf der verhaltenen empirischen Evidenz einer solchen Finanzierungspolitik beruht. Gegen diese Einwände kann erneut ins Feld geführt werden, dass die Annahme einer wertabhängigen Finanzierungspolitik mit konstanten Verschuldungsgraden lediglich stellvertretend für die von den Unternehmen angestrebte, womöglich unvollkommene Finanzierungspolitik steht.[1550] Das Argument des geeigneten Stellvertreters der tatsächlichen Finanzierungspolitik scheint dabei in der Rentenphase leichter zu verteidigen, als dies noch in der Detailplanungsphase möglich war. Dass der Annahme eines konstanten Verschuldungsgrades,

1550 In Anlehnung an die im vorangehenden Abschnitt dargestellten unterschiedlichen Ausprägungen der mit der Änderung der Kapitalstruktur verbundenen Transaktionskosten, könnte die Finanzierungspolitik in der Rentenphase auch den Einfluss der Transaktionskosten berücksichtigen. Man könnte der Argumentation unvollkommener Kapitalmärkte also auch durch die Modellierung der zweitbesten Lösung entgegenkommen.

verknüpft mit einer wertabhängigen Finanzierungspolitik in der Literatur die Eignung zugesprochen wird, das zukünftige Verhalten des Unternehmens sachgerecht abzubilden, hängt dabei wohl auch mit dem geänderten, in Teilen weniger strengen Anforderungsgerüst zusammen, das in der Rentenphase an die Finanzierungspolitik gestellt wird.

4.3.2.2. Zur Beurteilung der Plausibilität der wertabhängigen Finanzierungspolitik durch die Literatur

An dieser Stelle soll, vergleichbar zum Abschnitt zur autonomen Finanzierungspolitik, erneut näher auf die Plausibilität einer atmenden Finanzierungspolitik eingegangen werden. Zunächst wird auf die Annahme der wertabhängigen Finanzierungspolitik als solches, d. h. ohne einen konkreten Zeithorizont vorzugeben, eingegangen, um in einem zweiten Schritt die Eignung getrennt nach Detailplanungs- und Rentenphase nochmals eingehender zu betrachten.[1551] Betrachtet man zunächst die Annahme einer wertabhängigen Finanzierungspolitik in ihrer Gesamtheit, zeigt sich vergleichbar zur autonomen Finanzierungspolitik ein lediglich gemischtes Bild der Unterstützung in der Literatur. Zuspruch erfährt die wertabhängige Finanzierungspolitik so u. a. durch Modigliani (1988) und Clubb/Doran (1995). Im direkten Vergleich zu einer autonomen Finanzierungspolitik halten sowohl Modigliani (1988) als auch Clubb/Doran (1995) eine Finanzierungspolitik fester Verschuldungsgrade, d. h. eine „naive" Form der wertabhängigen Finanzierungspolitik, in der Praxis plausibler als die „klassische" autonome Finanzierungspolitik.[1552] In Lewellen/Emery (1986) findet sich ein ähnlich wohlwollendes Urteil zur Güte der „klassischen" wertabhängigen Finanzierungspolitik.[1553] Die Arbeit von Lewellen et al. (1977) hebt mit dem Hinweis, dass

---

1551 Eine tabellarische Gegenüberstellung wie u. a. in Lobe/Essler (2008) unterbleibt, mit Verweis auf diese Arbeit, an dieser Stelle.

1552 Die Hinwendung zu einer wertabhängigen Finanzierungspolitik erfolgt jedoch nicht uneingeschränkt. Modigliani (1982) hält es so für plausibel, dass der steuerliche Vorteil der Fremdfinanzierung einem größeren Risiko als dem operativen ausgesetzt ist. Vgl. Modigliani (1988) S. 152–153; ähnlich: Harris/Pringle (1985) S. 240. Clubb/Doran (1995) beschäftigen sich mit einer unvollkommenen Form einer wertabhängigen Finanzierungspolitik. Vgl. Clubb/Doran (1995) S. 682. Auch bei Miller (1988) kann nur unter Vorbehalt eine leichte Sympathie zugunsten der wertabhängigen Finanzierungspolitik herausgelesen werden. Miller (1988) stellt im Rahmen seiner Argumentation dabei auf die Größe des durch die Fremdfinanzierung induzierten Wertvorteils ab. Der bei wertabhängiger Finanzierungspolitik geringer ausfallende Wertvorteil erscheint Miller (1988) plausibler. Diese Einschätzung spiegelt u. U. jedoch auch nur die insgesamt veränderte Einschätzung von Miller (1988) wider. Vgl. Miller (1988) S. 112.

1553 Vgl. Lewellen/Emery (1986) S. 423. Die Bezeichnung „klassisch" stellt in diesem Zusammenhang eine Umschreibung einer einfachen bzw. naiven Implementierung der autonomen bzw. der wertabhängigen Finanzierungspolitik dar.

die Finanzierungspolitik die Markterwartungen widerspiegeln müsse, zunächst das grundsätzliche Problem bei der Beurteilung alternativer Finanzierungspolitiken hervor,[1554] um sich in der Folge für eine wertabhängige Finanzierungspolitik mit festen Verschuldungsgrad auszusprechen. Die Einschätzung der Arbeit von Lewellen et al. (1977) basiert interessanterweise dabei auf der Vermutung, dass eine Mehrzahl der Unternehmen eine solche Finanzierungspolitik in der Praxis implementieren wird, und nicht auf der „inneren“ theoretischen Stringenz dieser Finanzierungsannahme.[1555] Unklar bleibt – dies wird auch Kapitel III verdeutlichen – hierbei jedoch das empirische Fundament dieser Einschätzung. Einen deutlich kritischeren Standpunkt gegenüber der wertabhängigen Finanzierungspolitik vertritt dagegen die Arbeit von Myers (1974). Die Kritik von Myers (1974) zielt dabei auf die noch näher zu betrachtende kontinuierliche Bindung des Verschuldungsumfangs an die Entwicklung des Unternehmenswertes.[1556] Ähnliche Zweifel an der Praktikabilität und damit an der Relevanz der wertabhängigen Finanzierungspolitik äußern u. a. Lütkeschümer (2012) und Drukarczyk/Schüler (2016).[1557] Weniger scharf, wenn gleichwohl nur bedingt überzeugt, halten Drukarczyk/Honold (1999) eine wertabhängige Finanzierungspolitik für „zumindest vorstellbar“.[1558] Uneindeutig positionieren sich bei dieser Frage erneut Inselbag/Kaufold (1997), sie sprechen mit Blick auf die wertabhängige Finanzierungspolitik zwar davon, dass viele Unternehmen einem Zielverschuldungsgrad folgen werden,[1559] ein klares Urteil vermeiden Inselbag/Kaufold (1997) aber.[1560]

1554 Wie bereits festgehalten, ist dies eine Fragestellung, die auch für den weiteren Verlauf dieser Arbeit von Interesse ist.

1555 „For most enterprises, certainly, a well-defines policy in those terms *will* exist [...]“. Vgl. Lewellen et al. (1977) S. 125.

1556 „There are a number of reasons why firms do not immediately adjust the value of bonds outstanding to every change in project or firm value.“ Vgl. Myers (1974) S. 22. Eine genauere Darlegung dieser Gründe bleibt Myers (1974) jedoch schuldig. Neben der strengsten Form einer kontinuierlichen Anpassung der Fremdkapitalbestände wird in der Praxis vorwiegend eine Anpassung auf jährlicher Basis betrachtet. Vgl. dazu Lütkeschümer (2012) S. 89.

1557 Vgl. Lütkeschümer (2012) S. 89–90; Castedello et al. (2004) S. 370; Drukarczyk/Schüler (2016) S. 206; Essler et al. (2007) S. 138. Castedello et al. (2004) entscheiden sich in einer später noch näher zu beleuchtenden Argumentation zugunsten einer wertabhängigen Finanzierungspolitik. Dies erscheint jedoch eher pragmatischen Überlegungen und weniger der Überzeugung geschuldet, dass sich die Fremdfinanzierung des Unternehmens an der Entwicklung des Unternehmenswertes orientiert.

1558 Vgl. Drukarczyk/Honold (1999) S. 337. Drukarczyk/Honold (1999) bevorzugen letztlich eine autonome Finanzierungspolitik gegenüber einer wertabhängigen Finanzierungspolitik. Vgl. Drukarczyk/Honold (1999) S. 347.

1559 Ein ähnliches Urteil haben Inselbag/Kaufold (1997) auch in Hinblick auf die autonome Finanzierungspolitik gefällt.

1560 Vgl. dazu Inselbag/Kaufold (1997) S. 119. In Fn. 16 sprechen sie mit Blick auf die autonome und wertabhängige Finanzierungspolitik folglich auch von zwei

Betrachtet man die Gründe, die zu einer Ablehnung bzw. Befürwortung einer atmenden Finanzierungspolitik in der Literatur führen, wird deutlich, dass die zentrale Eigenschaft der wertabhängigen Finanzierungspolitik, die Veränderung zukünftiger Fremdkapitalbestände mit dem Unternehmenswert, regelmäßig im Zentrum der Plausibilitätsüberlegungen steht. Die wertorientierte Finanzierungspolitik stellt in ihrer „klassischen" Ausprägung wie schon die autonome Finanzierungspolitik eine statische Finanzierungspolitik dar.[1561] Wie sich auch mit Blick auf eine Erweiterung der „klassischen" Finanzierungspolitik zeigen wird, schränkt diese Eigenschaft die auf den ersten Blick im Rahmen der wertabhängigen Finanzierungspolitik vermutete Flexibilität des Unternehmens stark ein. Die Kritik an der wertabhängigen Finanzierungspolitik greift daher zumeist auch das starre Korsett, das die wertorientierte Politik dem Handeln des Unternehmens überwirft, an. Im Kontrast zur Passivität der autonomen Finanzierungspolitik erzwingt die wertorientierte Finanzierungspolitik für ein sich entwickelndes Unternehmen eine laufende Veränderung des eingesetzten Fremdkapitals. Mit Blick auf das Bild einer mit dem Unternehmenswert atmenden Finanzierungsstruktur könnte man kritisch anmerken, dass, während der Prozess des Atmens aus biologischer Sicht i. d. R. ein typisches Merkmal gesunder Organismen ist, es fraglich erscheinen kann, dass eine strenge atmende Finanzierungspolitik als typisches Merkmal eines lebenden Unternehmens gewertet werden kann.[1562] Kritiker einer wertorientierte Finanzierungspolitik sehen insbesondere die Verringerung der Fremdkapitalbestände in Zeiten eines Rückgangs des Unternehmenswertes, d. h. in Zeiten, in denen die zukünftige Leistungsfähigkeit des Unternehmens zurückgeht,[1563] als ein besonders kritisches Merkmal der wertabhängigen Finanzierungspolitik an.[1564]

Dieser Kritik ist zuzustimmen, stellt sich an dieser Stelle neben der Frage der technischen Umsetzbarkeit die damit eng verbundene Frage der Plausibilität eines solchen Verhaltens. Insbesondere wird hierbei das durch die wertorientierte Finanzierungspolitik unterstellte altruistische Verhalten der Eigenkapitalgeber angezweifelt. In der Tat sind an dieser Stelle Zweifel angebracht, warum die Eigenkapitalgeber ihre Interessen ohne Weiteres denen der Fremdkapitalgeber unterordnen und die Rückführung des Fremdkapitals im Falle eines

---

plausiblen Finanzierungsstrategien. Vgl. dazu Inselbag/Kaufold (1997) S. 121 Fn. 16.

1561 Myers (1974) S. 2.

1562 Mit der unterstellten Gleichmäßigkeit fühlt man sich vielmehr an eine künstliche Zwangsbeatmung des Unternehmens erinnert.

1563 Vgl. dazu u. a. Richter (1998) S. 390; Lütkeschümer (2012) S. 89.

1564 Kehrt man an dieser Stelle zu dem Bild des atmenden Unternehmens zurück, kann man – mit Blick auf den vorangehenden kritischen Einwurf – anmerken, dass es nicht verwunderlich erscheint, dass einem „kranken" Unternehmen das Atmen zunehmend schwerfällt.

Rückgangs des Wertes des Unternehmens priorisieren sollten.[1565] Es wird von Kritikern einer wertabhängigen Finanzierungspolitik daher darauf verwiesen, dass sich ein solches, den Interessen der Fremdkapitalgebern entgegenkommendes Verhalten in der Praxis regelmäßig nicht beobachten lässt. Dieser Einschätzung ist wohl zuzustimmen, zeigt sich in der empirischen Forschung z. T. doch ein zu den Implikationen der wertabhängigen Finanzierungspolitik gegenteiliges Verhalten der Unternehmen.[1566] Die Arbeit von Denis/McKeon (2012) hat in diesem Zusammenhang gezeigt, dass Unternehmen i. d. R. dazu tendieren, negative Cashflows durch eine zusätzliche Fremdfinanzierung auszugleichen und dabei – entgegen der Annahmen der wertabhängigen Finanzierungspolitik – eine weitere Abweichung von ihrem optimalen Verschuldungsgrad in Kauf nehmen werden.[1567] Die Arbeit von Hanousek/Shamshur (2011) zeigt darüber hinaus, dass Unternehmen unter der Last finanzieller Restriktionen i. d. R. nicht in der Lage sind, zeitnah Kapitalstrukturmaßnahmen in Richtung eines wertoptimalen Zielverschuldungsgrades umzusetzen.[1568]

In den nachfolgenden Abschnitten sollen die in diesem Abschnitt aufgeführten Kritikpunkte an der wertabhängigen Finanzierungspolitik, auf Basis des bereits im vorangehenden Abschnitt betrachteten Rahmens, nochmals beleuchtet werden. Neben der Überzeugungskraft bzw. Plausibilität der „klassischen“ wertabhängigen Finanzierungspolitik sei in der Folge auch die Praktikabilität, also die Fähigkeit eines Praktikers, die wertabhängige Finanzierungspolitik mit Leben zu füllen, näher betrachtet. Die wertabhängige Finanzierungspolitik vermittelt durch die laufenden Anpassungen der Fremdkapitalbestände an den Unternehmenswert gegenüber der autonomen Finanzierungspolitik einen insgesamt dynamischeren Eindruck. Ob dieses oberflächliche Merkmal einer höheren Agilität auch als ein

1565 Vgl. Drukarczyk/Honold (1999) S. 337. Kritisch könnte man hier anmerken, dass ein Unternehmen mit atmender Finanzierungspolitik durch die Fremdkapitalgeber zwangsbeatmet wird bis zum letzten Atemzug. Das zunächst u. U. wohlwollende Bild des wertoptimierenden Verschuldungsoptimums verkehrt sich hier jedoch. Das Unternehmen folgt letztlich so lange einer wertabhängigen Finanzierungspolitik, bis es seinen letzten Cashflow zugunsten der Fremdkapitalgeber ausgehaucht hat.

1566 Mit Abschnitt 2.4.2. des Kapitels I wurde jedoch gezeigt, dass auch im Fall auseinanderfallender Interessen von Eigen- und Fremdkapitalgebern sich ein wertoptimales Verschuldungsoptimum einstellt.

1567 Vgl. Denis/McKeon (2012) S. 1918; 1925. Betrachtet man die Arbeit von Denis/McKeon (2012) näher, sind zwei Beobachtungen mit Blick auf die Annahme einer wertabhängigen Finanzierungspolitik bedeutsam. Einerseits zeigt sich, dass sich die Unternehmen unterhalb der absoluten Verschuldungsobergrenze bewegen und andererseits auf den im Falle einer Dominanz des Verschuldungsoptimums notwendigen Rückgriff auf Eigenkapital verzichtet wird. Vgl. ebda.

1568 Vgl. dazu Hanousek/Shamshur (2011) S. 1372.

verdeckter Hinweis auf die Praxisrelevanz einer wertabhängigen Finanzierungspolitik gewertet werden kann, erscheint jedoch fraglich.[1569]

4.3.2.3. Fazit zur „statischen" wertabhängigen Finanzierungspolitik

Fasst man die vorangehenden Überlegungen zu einer wertabhängigen Finanzierungspolitik mit einem festen bzw. statischen Verschuldungsgrad zusammen, lässt sich zunächst zugunsten einer solchen Annahme zur Finanzierungspolitik festhalten, dass sowohl „innere" wie auch „äußere" Gründe angeführt werden können, die dafürsprechen, dass sich Unternehmen an einer wertabhängigen Finanzierungspolitik orientieren werden. In einem zweiten Schritt gilt es, die Stabilität dieser Argumente im Zeitablauf näher zu betrachten. Nimmt man eine Beurteilung der Stabilität der für eine wertabhängige Finanzierungspolitik anführbaren Gründe vor, so zeigt sich, dass – im Vergleich mit Abschnitt 4.3.1. – eine Zweiteilung zwischen Detailplanungs- und Rentenphase vorgenommen werden muss. Zeigen sich, in Übereinstimmung mit der Einschätzung in der Literatur, die Argumente zugunsten der Annahme einer wertabhängigen Finanzierungspolitik in der Rentenphase doch weitaus stabiler als in der Detailplanungsphase. Für diese Einschätzung dürfte in erster Linie ausschlaggebend sein, dass in der Rentenphase die Vermutung, dass die wertabhängige Finanzierungspolitik Ausdruck einer wertoptimalen Finanzierungsstrategie ist, weniger angreifbar scheint. In einem Gleichgewichts- bzw. Beharrungszustand, der ein Merkmal der Rahmenbedingungen der Rentenphase darstellt, erscheint ein zeitstabiles Optimum, wie es eine wertabhängige Finanzierungspolitik mit konstanten Verschuldungsgraden unterstellt, eine plausible und insbesondere gangbare Annahme zu sein. Wie bereits ausgeführt wurde, ist diese Einschätzung durchaus von der höheren Kompromissbereitschaft abhängig, die man in der Praxis wohl mit Blick auf den Fortführungswert bereit ist zu zeigen.[1570] Gegenüber der konkurrierenden autonomen Finanzierungspolitik erscheint es im Angesicht der wohl i. d. R. begrenzten Sichtweite eines Unternehmensbewerters und der zunehmenden Unschärfe der Planung zudem intuitiv eingängiger, von einem unsicheren Wertbeitrag der Fremdfinanzierung auszugehen. Für die Detailplanungsphase wirkt das mit der Vorgabe fester Verschuldungsgrade einhergehende Finanzierungskorsett dagegen regelmäßig zu eng, um den Anforderungen

1569 Der verdeckte Verweis von Ezzell/Miles (1983) auf den Aspekt, dass die wertabhängige Finanzierungspolitik durch die Berücksichtigung zukünftiger Fremdkapitalwerte ein höheres Informationsniveau besitzt, scheint eine solche Überlegung Ausdruck zu verleihen. Vgl. Ezzell/Miles (1983) S. 31.

1570 So führt bereits Ballwieser (1987) zur Forderung langfristige Planungen im Rahmen der Unternehmensbewertung aus, dass diese Forderung „[...] keineswegs [mit] eine sehr detaillierte periodenweise Angabe [...]" gleichzusetzen ist. Ballwieser (1987) S. 25. Im langfristigen Prognosehorizont geht es also vielmehr darum, einen Trend bzw. eine grundsätzliche Verhaltensweise des Unternehmens abzubilden.

an eine wertoptimale Finanzierungspolitik tatsächlich gerecht zu werden. Diese Einschätzung findet in der Literatur breite Zustimmung.[1571] Es reicht an dieser Stelle im Kontrast zur Rentenphase auch nicht mehr aus, sich darauf zu berufen, dass das zukünftige Finanzierungsverhalten des Unternehmens wenigstens in der Tendenz geeignet abgebildet wird. Die Annahme einer wertabhängigen Finanzierungspolitik mit zeitstabilen Verschuldungsgraden wirkt damit in aller Regel über die gesamte Detailplanungsphase als künstlich und man wird sich wohl den Vorwurf gefallen lassen müssen, sich allzu pragmatisch der Frage nach der Gestalt des zukünftigen Finanzierungsverhaltens entzogen zu haben.

Insgesamt lässt sich also festhalten, dass eine wertabhängige Finanzierungspolitik sowohl durch die Interessen der Eigenkapitalgeber als auch der Fremdkapitalgeber wohlbegründet sein kann. Die Annahme unveränderlicher Zielverschuldungsgrade birgt aber auch eine gewisse Künstlichkeit, die insbesondere in der Detailplanungsphase hervortritt.[1572] Die in der Literatur zu findende Kritik an der wertabhängigen Finanzierungspolitik mit konstanten Verschuldungsgraden scheint daher wohlbegründet. Wählt man einen eher pragmatischen Blickwinkel auf die Annahme einer wertabhängigen Finanzierungspolitik mit konstanten Verschuldungsgraden, so ist abschließend festzuhalten, dass man die Annahme insbesondere für die Rentenphase als geeignete Vereinfachung der Realität betrachten kann. Man folgt damit der von Schwetzler/Darijtschuk (2000) geäußerten Einschätzung, dass die wertabhängige Finanzierungspolitik allen voran eine „Bewertungskonvention im Sinne einer „vereinfachenden Finanzierungsstrategie"[1573] darstellt und weniger ein genaues Abbild der Realität. Die Zustimmung zu dieser Aussage bedeutet jedoch nicht, dass der Bewerter gänzlich davon befreit ist, sich Gedanken zu machen, unter welchen Rahmenbedingungen die wertabhängige Finanzierungspolitik eine vertretbare Bewertungskonvention darstellt.[1574]

Die vorangehenden analytisch-deduktiven Überlegungen haben hierzu einen Grundstein gelegt, der in einem nachfolgenden Abschnitt zu den Determinanten der Finanzierungspolitik nochmals aufgegriffen wird. Zunächst soll jedoch eine allgemeinere Ausprägung der wertabhängigen Finanzierungspolitik näher betrachtet werden, eine wertabhängige Finanzierungspolitik mit zeitvariablen

1571 Kruschwitz/Löffler (2001) fassen dies wie folgt zusammen: „In der Literatur wird hierauf immer deutlich hingewiesen, und man findet oft genug die kaum zu bestreitende Anmerkung, dass konstante Fremdkapitalquoten bei der Unternehmensbewertung zumeist nicht vorausgesetzt werden können." Vgl. Kruschwitz/Löffler (2001) S. 110. Im Ton noch deutlich schärfer Löffler (1998) S. 2.

1572 Kruschwitz et al. (2011) sprechen in diesem Zusammenhang auch von einer „[...] ‚abwegigen' Spezialform der wertorientierten Finanzierungspolitik". Vgl. Kruschwitz et al. (2011) S. 675.

1573 Vgl. Schwetzler/Darijtschuk (2000) S. 119.

1574 Vgl. dazu bereits Kruschwitz/Löffler (2001) S. 107.

Verschuldungsgraden.[1575] Diese Ausprägung der wertabhängigen Finanzierungspolitik erscheint vielversprechend, wird doch bei einer solchen Finanzierungspolitik die Strenge einer Finanzierungspolitik konstanter Verschuldungsgrade insbesondere für die Detailplanungsphase durchbrochen. Diese Form der wertabhängigen Finanzierungspolitik bietet damit die Möglichkeit, die Annahme einer an den Verschuldungsgraden ausgerichteten Politik auch für die Detailplanungsphase zu motivieren.

4.3.2.4. Zur wertabhängigen Finanzierungspolitik mit zeitvariablen Verschuldungsgraden/Zur „dynamischen" wertabhängigen Finanzierungspolitik

Neben der im vorangehenden Abschnitt diskutierten „klassischen" wertabhängigen Finanzierungspolitik, die sich durch einen zeitkonstanten Zielverschuldungsgrad ausgezeichnet hat, wurde in der Literatur ein allgemeinerer Ansatz zur Bewertung zeitvariabler Verschuldungsgrade entwickelt.[1576] Wie der folgende Abschnitt zeigen soll, kann durch die Abkehr von der Annahme einer Politik zeitkonstanter Zielverschuldungsgrade ein Großteil der in den vorangehenden Abschnitten diskutierten Kritik an der wertabhängigen Finanzierungspolitik entkräftet werden. Insbesondere für die Verwendung der Annahme einer wertabhängigen Finanzierungspolitik in der Detailplanungsphase wirkt das Abstellen auf veränderliche Verschuldungsgrade daher vielversprechend. An dieser Stelle ist jedoch bereits die Warnung auszusprechen, dass die Hinwendung zu einer wertabhängigen Finanzierungspolitik mit zeitvariablen Verschuldungsgraden die zentralen Schwächen der wertabhängigen Finanzierungspolitik m. E. nach nur vordergründig heilen kann. Die zentralen Vorgaben einer wertabhängigen Finanzierungspolitik wirken auch bei der Annahme zeitveränderlicher Verschuldungsgrade weiterhin strikt und nur auf Kosten der Praxisnähe dieser Annahme begründbar. Konkret bedeutet dies, dass mit dem Abstellen auf zeitvariable Verschuldungsgrade das mit der Unternehmensbewertung eng verknüpfte Prognoseproblem bei der Abbildung des zukünftigen Finanzierungsverhaltens des Unternehmens deutlicher hervortritt. Durch die Annahme zeitvariabler Verschuldungsgrade findet m. a. W. eine Verlagerung von den Plausibilitätsproblemen der wertabhängigen Finanzierungspolitik

---

1575 Kruschwitz/Löffler (2003) bezeichnen die in der Literatur zu findende Vermutung, dass eine wertabhängige Finanzierungspolitik ausschließlich durch zeitkonstante Verschuldungsgrade gekennzeichnet ist, als falsch. Vgl. dazu Kruschwitz/Löffler (2003) S. 732.

1576 Wie im weiteren Verlauf nochmals hervorgehoben wird, ist es im Fall einer wertabhängigen Finanzierungspolitik notwendig, dass die Veränderung des Zielverschuldungsgrades im Zeitverlauf bekannt ist. Eine Unterscheidung zu einer autonomen Finanzierungspolitik, die sich i. d. R. auch durch einen schwankenden, jedoch unsicheren Zielverschuldungsgrad auszeichnet, wäre ansonsten von außen nicht erkennbar. Vgl. dazu auch Richter (1998) S. 380.

hin zum Prognoseproblem der Unternehmensbewertung statt.[1577] Ob durch das Abstellen auf die Annahme zeitvariabler Verschuldungsgrade die Annahme einer wertabhängigen Finanzierungspolitik stabilisiert werden kann, ist daher im folgenden Abschnitt kritisch zu beleuchten. Die möglichen Praktikabilitätsprobleme der Annahme einer wertabhängigen Finanzierungspolitik mit zeitvariablen Verschuldungsgraden zunächst ignorierend, steht zunächst die Frage, wie eine solche Finanzierungspolitik im Rahmen einer Bewertung abzubilden ist, im Vordergrund.

Zur Bewertung einer wertabhängigen Finanzierungspolitik mit zeitvariablen Verschuldungsgraden

Die Arbeit von Löffler (1998) hat in Erweiterung und Komplettierung des Beweises von Miles/Ezzell (1980) gezeigt, dass eine wertabhängige Finanzierungspolitik nicht allein auf die „klassische“ wertabhängige Politik mit konstanten Verschuldungsgraden beschränkt ist. Vielmehr ist mit der Erweiterung des Beweises von Miles/Ezzell (1980) auch eine flexiblere Gestalt der wertabhängigen Finanzierungspolitik denkbar, die sich durch im Zeitverlauf veränderliche Zielverschuldungsgrade auszeichnet. Zur Bewertung dieser allgemeineren Ausprägung der wertabhängigen Finanzierungspolitik kann, in großen Teilen, auf das zur Bewertung zeitkonstanter Verschuldungsgrade bekannte Instrumentarium zurückgegriffen werden. Voraussetzung für eine Bewertung ist, dass die zukünftigen Verschuldungsgrade bzw. deren Veränderungen, hier ähnelt diese Ausprägung der wertabhängigen Finanzierungspolitik dem zuvor betrachteten „klassischen“ Spezialfall, bereits zum Bewertungszeitpunkt uneingeschränkt bekannt sind.[1578] Löffler (1998) greift daher auf den, in Abschnitt 4.3.2. näher beschriebenen, Ansatz von Miles/Ezzell (1980) zurück und leitet den adäquaten Diskontierungssatz einer wertabhängigen Finanzierungspolitik mit zeitvariablen Verschuldungsgraden unter Verwendung einer Rückwärtsinduktion bzw. eines Roll-Back-Verfahrens ab.[1579] Unter den bis auf die Ausprägung der Finanzierungspolitik unveränderten Rahmenbedingungen zeigt sich, dass die gewichteten Kapitalkosten in Form der sog. Lehrbuchformel erneut den adäquaten Diskontierungssatz der zukünftigen Auszahlungen des Unternehmens abbilden.[1580] Aufgrund der Veränderung der optimalen Zielverschuldung des Unternehmens im Zeitablauf sind im Rahmen der Bewertung, im Kontrast zur „klassischen“ Finanzierungspolitik,

---

1577 Ein ähnlicher Effekt war bereits bei der Annäherung der „naiven“ autonomen Finanzierungspolitik an die Praxis zu beobachten.

1578 Vgl. Löffler (1998) S. 4; Kruschwitz/Löffler (1998) S. 6; Kruschwitz et al. (2011) S. 675. Diese Eigenschaft einer wertabhängigen Finanzierungspolitik wird in der Folge nochmals näher beleuchtet.

1579 Vgl. ebda. Da das Vorgehen weitgehend analog zum Beweis im Fall der „klassischen“ wertabhängigen Finanzierungspolitik ist, wird auf eine detaillierte Darstellung verzichtet und auf den vorangehenden Abschnitt bzw. die Arbeit von Löffler (1998) verwiesen.

1580 Vgl. Löffler (1998) S. 6; Kruschwitz/Löffler (2001) S. 110.

nun in der Regel periodenvariable Kapitalkosten anzusetzen.[1581] In Anlehnung an die in den vorangehenden Abschnitten gewählte Darstellung ergibt sich damit folgender periodenspezifischer Diskontierungssatz:[1582]

$$\mathrm{WACC}_{LV,t} = (1 - \mathrm{L}_t) \cdot \mathrm{k}_{F,LV} + (1 - \tau_C) \cdot \mathrm{L}_t \cdot r_d \tag{4.5}$$

Als positive Nachricht kann man zunächst festhalten, dass die wertabhängige Finanzierungspolitik nicht auf die „klassische" Annahme zeitkonstanter Zielverschuldungsgrade beschränkt ist. Die Literatur hat vielmehr gezeigt, dass auch der allgemeinere Fall zeitvariabler Verschuldungsgrade vergleichsweise unproblematisch bewertbar ist.[1583] Ein dabei nicht zu unterschätzender Vorteil ist, dass auf den eingängigen Ansatz, den das bekannte Grundkonzept des WACC-Ansatzes bietet, auch im Fall einer Generalisierung der Annahme zur wertabhängigen Finanzierungspolitik zurückgegriffen werden kann.[1584] Auf einen ersten Blick erscheint die Verallgemeinerung der wertabhängigen Finanzierungspolitik daher sowohl aus Plausibilitätsgesichtspunkten vielversprechend als auch in der Praxis relativ unproblematisch umsetzbar. Der von Löffler (1998) abgeleitete Bewertungsansatz ermöglicht so beispielsweise, dass die Annahme einer wertabhängigen Finanzierungspolitik aufrechterhalten werden kann, ohne zugleich auf die als zu rigide empfundene Ausprägung einer wertabhängigen Finanzierungspolitik mit konstanten Verschuldungsgraden abstellen zu müssen.[1585]

Zur Plausibilität der Annahme einer wertabhängigen Finanzierungspolitik mit zeitvariablen Verschuldungsgraden

Wie bereits zu Beginn des Abschnitts angemerkt, bietet sich eine solche Annahme für die Detailplanungsphase an, da ein Großteil der in den vorangehenden Abschnitten vorgebrachten Kritik an der Annahme einer wertabhängigen Finanzierungspolitik entkräftet werden kann. Diese Aussage bedarf einer kurzen Begründung, die in den folgenden analytischen Überlegungen erbracht werden soll. Wie bereits

1581 Für den Fall, dass sich die geforderte Verzinsung des Eigen- und des Fremdkapitals im Zeitverlauf verändert, kann auch unter der Annahme einer „klassischen" wertabhängigen Finanzierungspolitik nicht von zeitkonstanten Kapitalkosten ausgegangen werden. Dieser Fall ist an dieser Stelle vereinfachend ausgeblendet.

1582 Die Darstellung folgt Löffler (1998) unter einer an die Arbeit angepassten Notation. Vgl. Löffler (1998) S. 6.

1583 Aus rein mechanischer Sicht stellt sich die Bewertung lediglich durch die nun im Regelfall periodenspezifischen Kapitalkosten komplexer als der Ausgangsfall der „klassischen" wertabhängigen Finanzierungspolitik dar.

1584 Die Argumentation folgt an dieser Stelle Kruschwitz/Löffler (2001), die im WACC-Ansatz einen ökonomisch leicht nachvollziehbaren auf breite Akzeptanz stoßenden Ansatz zur Ableitung des risikoäquivalenten Diskontierungssatzes sehen. Vgl. Kruschwitz/Löffler (2001) S. 111.

1585 Dieser Auffassung sind so u. a. Kruschwitz/Löffler (2001) S. 110.

im Rahmen der Überlegungen zur Plausibilität der „klassischen“ wertabhängigen Finanzierungspolitik wird für diese Überlegungen nochmals kurz auf das bewährte Beurteilungsschema aus „inneren“ und „äußeren“ Gründen für die Einhaltung eines bestimmten Finanzierungsverhaltens zurückgegriffen. Als „innerer“ Grund sei an dieser Stelle erneut das Interesse des Unternehmens an der Einhaltung der vorgegebenen Finanzierungspolitik verstanden. Die vorangehenden Abschnitte haben dazu allen voran auf die Wertoptimalität der Finanzierungspolitik als Ausdruck des „inneren“ Antriebs für ein spezifisches Finanzierungsverhalten abgestellt. Wie sich in diesem Abschnitt zeigen wird, wirkt die Abkehr von der Annahme zeitkonstanter Zielverschuldungsgrade insbesondere auf diesen Aspekt stabilisierend. Erinnert man sich an die im Abschnitt zur „klassischen“ wertabhängigen Finanzierungspolitik aufgeführte Kritik zurück, so zielten die dort geäußerten Einwände insbesondere darauf ab, dass die Annahme eines konstanten Verschuldungsgrades unter den sich regelmäßig verändernden ökonomischen Rahmenbedingungen der Detailplanungsphase i. d. R. nicht aufrechterhalten werden kann, ohne zugleich die Annahme der Optimalität einer solchen Finanzierungspolitik infrage stellen zu müssen. Die Zweifel an der Realitätstreue der Annahme zeitkonstanter Verschuldungsgrade wurde dabei mit der etwas spitzen Frage zusammengefasst, warum Unternehmen auf die sich wiederholt stellende Finanzierungsfrage unter sich verändernden Rahmenbedingungen eine immer gleichlautende Antwort geben sollten. Mit der Annahme einer wertabhängigen Finanzierungspolitik mit veränderlichen Zielverschuldungsgraden, wird im Kontrast zur „klassischen“ wertabhängigen Finanzierungspolitik, nicht länger gegen die ökonomische Intuition verstoßen, dass eine Veränderung der ökonomischen Rahmenbedingungen eine Veränderung des Finanzierungsverhaltens des Unternehmens induzieren muss.[1586] Anders ausgedrückt, kommt die Annahme einer Finanzierungspolitik mit zeitveränderlichen Zielverschuldungsgraden nun dem Bauchgefühl entgegen, dass Unternehmen auf die sich wiederholt stellende Finanzierungsfrage zu jedem Zeitpunkt periodenadäquate Antworten geben müssen. Diese zunächst rein auf die ökonomische Intuition abzielende Argumentation lässt sich darüber hinaus mit Blick auf die Ergebnisse der empirischen Forschung untermauern. Argumentiert man daher etwas technischer, so kann man an dieser Stelle darauf abstellen, dass die aus der Kapitalstrukturforschung ggf. ableitbaren Bestimmungsgleichungen der zukünftigen Unternehmensverschuldung regelmäßig zu Prognosen führen dürften, die der Annahme zeitveränderlicher Verschuldungsgrade näherkommen als der etwas künstlich wirkenden Annahme eines zeitkonstanten Verschuldungsgrades. Dies hat sich bereits in den Ausführungen in Kapitel I zu den alternativen Kapitalstrukturtheorien gezeigt. Dem kritischen Leser dürfte aufgefallen sein,

1586 Eine solche Vorstellung beruht insbesondere auf den Überlegungen zu den alternativen Kapitalstrukturtheorien des Kapitels I. Insbesondere die Trade-Off-Theorie, aber auch die Theorie des Market-Timings unterstellen flexible Antworten der Unternehmen.

dass in der vorangehenden Formulierung Zweifel an der tatsächlichen Güte des Ansatzes, die Plausibilitätsprobleme der wertabhängigen Finanzierungspolitik über die Annahme zeitvariabler Verschuldungsgrade zu lösen, mitschwingen. Dass diese implizit geäußerten Zweifel gerechtfertigt erscheinen, zeigt sich, wenn die Annahme zeitvariabler Verschuldungsgrade konkretisiert werden soll.

Zunächst soll jedoch an dieser Stelle festgehalten werden, dass die Frage, warum ein Unternehmen einer wertabhängigen Finanzierungspolitik freiwillig folgen sollte, aus analytisch-deduktiver Sicht möglicherweise als beantwortet angesehen werden kann. In Analogie zu den vorangehenden Abschnitten kann argumentiert werden, dass eine wertabhängige Finanzierungspolitik ein aus Sicht des Unternehmens wertoptimales Verhalten darstellt. Kritik, die auf die Praxisnähe dieser Annahme abzielt, perlt im Fall der Annahme zeitvariabler Zielverschuldungsgrade auf den ersten Blick ab.[1587] Mit dem Abstellen auf eine wertabhängige Finanzierungspolitik mit zeitvariablen Verschuldungsgraden entsteht jedoch zeitgleich ein neues Problem. Die nun allgemeiner gefasste Annahme zur wertabhängigen Finanzierungspolitik ähnelt in gewisser Weise der eingangs betrachteten autonomen Finanzierungspolitik. So haben die bisherigen Ausführungen bis zu diesem Punkt nur geklärt, welches Risiko der Wertbeitrag der Fremdfinanzierung unter einer einfachen Unternehmenssteuer trägt, und bestätigt, dass Unternehmen über ein „inneres" Interesse verfügen, einer solchen Finanzierungspolitik in der Zukunft zu folgen.

Exkurs: Zur konkreten Gestalt einer wertabhängigen Finanzierungspolitik mit zeitvariablen Verschuldungsgraden

Ungeklärt ist jedoch nun die konkrete Ausgestaltung der wertabhängigen Finanzierungspolitik, damit ist die Frage, wie das Unternehmen auf zukünftige Finanzierungsfragen konkret reagiert und wie sich diese Antwort im Zeitverlauf verändert, noch unbeantwortet. Die zunächst unspezifische Antwort der Annahme einer wertabhängigen Finanzierungspolitik mit zeitvariablen Verschuldungsgraden steht damit im Kontrast zur einfachen, wenn auch nur bedingt eingängigen Antwort, die mit der „klassischen" wertabhängigen Finanzierungspolitik gegeben wird. Die wertabhängige Finanzierungspolitik mit zeitvariablen Verschuldungsgraden stellt damit vergleichbar zur autonomen Finanzierungspolitik mit zeitvariablen Verschuldungsstufen zunächst nur ein Rahmenkonzept der Bewertung dar, das in einem zweiten Schritt unternehmensspezifisch konkretisiert werden muss. Mit anderen Worten stellt sich an dieser Stelle die Frage, wie die Annahme zeitvariabler Verschuldungsgrade in der Praxis mit Leben gefüllt werden kann. Wie die vorangehenden Überlegungen nahegelegt haben, erscheint diese Frage auf einen ersten Blick unproblematisch zu beantworten, da „außer" der Annahme, dass die

---

1587 In Kenntnis des Kapitels I lassen sich an dieser Stelle Zweifel formulieren. In der Folge sei jedoch zunächst an der Vorstellung der Dominanz wertoptimaler Verschuldungsgrade in der Praxis festgehalten.

Veränderungen der Finanzierungspolitik zum Bewertungszeitpunkt bekannt sind, mit der wertabhängigen Finanzierungspolitik unter der Prämisse zeitvariabler Verschuldungsgrade gerade keine Einschränkungen über die genaue Ausgestaltung der Finanzierungspolitik einhergehen. Alternativ kann man in Rückgriff auf Löffler (1998) auch davon sprechen, dass das Annahmegerüst einer wertabhängigen Finanzierungspolitik mit zeitvariablen Verschuldungsgraden im Vergleich zur Annahme zeitstabiler Verschuldungsgrade, die etwa in der Arbeit von Miles/Ezzell (1980) getroffen wurde, sich als weitaus weniger streng darstellt.[1588]

An dieser Stelle deshalb anzunehmen, dass die Frage nach den zukünftigen Zielverschuldungsgraden des Unternehmens relativ einfach und pragmatisch zu beantworten wäre, dürfte sich jedoch rasch als ein Trugschluss herausstellen. Insbesondere darf man an dieser Stelle nicht vereinfachend ausblenden, dass über die Annahme, dass die zukünftigen Zielverschuldungsgrade zum Bewertungszeitpunkt bekannt und unveränderlich festgelegt sind,[1589] hinaus eine zweite Annahme mit Blick auf die Optimalität des Finanzierungsverhaltens getroffen wurde. Der aus Plausibilitätsgründen bemühten Argumentation, dass eine wertabhängige Finanzierungspolitik mit zeitvariablen Verschuldungsgraden ein Optimum darstellt, gilt es damit, durch geeignete Bewertungsannahmen gerecht zu werden. Eine Annahme zeitvariabler Zielverschuldungsgrade, die von diesen „inneren" Interessen des Unternehmens losgelöst sind, dies scheint insbesondere bei Adhoc-Annahmen naheliegend,[1590] stellen die Annahme der Wertoptimalität infrage und damit letztlich auch das Interesse des Unternehmens an der Einhaltung dieser wertabhängigen Finanzierungspolitik. Anders ausgedrückt, stellt die Annahme der Zeitvariabilität der Zielverschuldungsgrade aus Plausibilitätsgesichtspunkten gerade keinen reinen Selbstzweck dar, sondern kann nur als Ausdruck eines optimalen Finanzierungsverhaltens des Unternehmens gewertet werden. Zwei dominante Teilaspekte gilt es, bei der Abbildung des zukünftigen Finanzierungsverhaltens des Unternehmens zu beachten, die letztlich auch darüber entscheiden, ob das Urteil über die höhere Plausibilität einer wertabhängigen Finanzierungspolitik in der Detailplanungsphase gerechtfertigt ist. Insbesondere die Frage, ob sich die „inneren" Anreize des Unternehmens im Rahmen einer wertabhängigen Finanzierungspolitik sachgerecht niederschlagen bzw. ob sich die im Rahmen einer wertabhängigen Finanzierungspolitik einnehmbaren Positionen mit den Interessen des Unternehmens decken, dürften für die Beurteilung der Praxisnähe einer wertabhängigen Finanzierungspolitik dominant sein. Die Güte der Annahme einer wertabhängigen Finanzierungspolitik mit zeitvariablen Verschuldungsgraden hängt m. a. W. davon ab, inwieweit es in der Praxis gelingt, durch die konkrete

1588 Vgl. dazu Löffler (1998) S. 8.
1589 Vgl. dazu auch Kruschwitz/Löffler (1998) S. 7.
1590 In den folgenden Ausführungen wird diese Aussage anhand eines kurzen Beispiels eines pragmatischen Planungsansatzes verdeutlicht werden.

Ausgestaltung der Finanzierungspolitik den grundlegenden Anforderungen einer solchen Finanzierungspolitik gerecht zu werden.

An dieser Stelle ist es daher notwendig, die Möglichkeiten, die zur Schätzung der zukünftigen Finanzierungspolitik zur Verfügung stehen, näher zu beleuchten. Damit ist an dieser Stelle nochmals ein Teil des Weges zu beschreiten, der bereits im Abschnitt zur autonomen Finanzierungspolitik und kurz im Rahmen der „klassischen" Finanzierungspolitik eingeschlagen wurde. Wie zuvor kurz ausgeführt, deckt die Frage der konkreten Ausgestaltung der zukünftigen Finanzierungspolitik einen Teilaspekt des in der Unternehmensbewertung auftretenden Prognoseproblems ab. Die folgenden Überlegungen stellen daher zugleich einen kurzen Exkurs zu den Fragestellungen des Prognoseproblems dar. Wie kann die Frage des zukünftigen Finanzierungsverhaltens des Unternehmens nun konkret beantwortet werden, ohne die Annahme der Wertoptimalität der Finanzierungspolitik zu verletzen? Blickt man auf die Fülle der denkbaren Verfahren zur Ableitung möglicher Zukunftsentwicklungen zurück,[1591] gilt es in einem ersten Schritt, eine Einschränkung der in der Folge zu betrachtenden Ansätze vorzunehmen. Zunächst kann an dieser Stelle in aller Regel unterschieden werden, zu welchem Zweck eine Prognose erstellt werden muss. An dieser Stelle ist etwa zu unterscheiden, ob die Prognose im Rahmen einer empirischen Untersuchung oder aber für einen konkreten Bewertungsfall in der Bewertungspraxis benötigt wird. Schließt man an dieser Stelle erneut aus, dass ein Zugriff auf unternehmensinterne Planungen besteht bzw. Unternehmen entsprechende Verlautbarungen über die zukünftige Finanzierungspolitik veröffentlicht, so ist in der Unternehmensbewertung regelmäßig eine eigene Einschätzung der zukünftigen Finanzierungspraxis zu entwickeln.

Einen verbreiteten Ausgangspunkt der Praxis, um die Frage der zukünftigen Entwicklung des Unternehmens beantworten zu können, bildet das Instrument der Vergangenheitsfortschreibung ggf. mit dem Zwischenschritt einer Bereinigung der vergangenen Ergebnisse. Ziel der Vergangenheitsanalyse ist es, Erkenntnisse über Werttreiber wie auch fundamentale Zusammenhänge zu gewinnen, mit Blick auf die Finanzierungspolitik sind an dieser Stelle insbesondere die Determinanten einer unternehmensspezifischen Kapitalstruktur zu identifizieren. In einem zweiten Schritt gilt es dann, die zukünftigen Unternehmensentwicklungen auf Basis der im Rahmen der Vergangenheitsanalyse beobachtbaren Beziehungen fortzuschreiben.[1592] Wie die folgenden Ausführungen zeigen sollen, ist der Weg, zu einer Prognose über die zukünftigen Zielverschuldungsgrade einer wertabhängigen Finanzierungspolitik zu gelangen, steinig und im Detail selten eindeutig erkennbar. Die zuvor skizzierten Teilschritte einer Vergangenheitsfortschreibung erweisen sich bei näherer Betrachtung jeweils für sich genommen als nicht unproblematisch.

1591 In Abschnitt 4.3.1.1. wurden vereinfachend drei mögliche Ansätze zur Approximation des zukünftigen Finanzierungsverhaltens betrachtet.

1592 Voraussetzung hierfür ist, dass die in der Vergangenheit beobachtbaren Beziehungen stabil und in die Zukunft übertragbar sind.

Ausgangspunkt der Vergangenheitsanalyse bilden i. d. R. die aktuellen bzw. vergangenen Verträge, die das Unternehmen zur Finanzierung seiner Aktivitäten eingegangen ist. Neben der grundsätzlichen Frage, ob für diese Analyse Ausgangsdaten in ausreichender Fülle und Qualität zur Verfügung stehen, muss in einem weiteren Schritt regelmäßig geprüft werden, ob eine Bereinigung der Vergangenheitsdaten um einmalige bzw. nicht mehr repräsentative Datenpunkte notwendig ist.[1593] Geht man an dieser Stelle vereinfachend davon aus, dass die erste Frage, also die Frage nach der Datenverfügbarkeit unproblematisch ist,[1594] zeigt sich, dass die Notwendigkeit der Adjustierung der Vergangenheitsdaten regelmäßig einen gewissen Spielraum für unterschiedliche Anpassungen lässt.[1595]

Konkret bedeutet dies, dass vor einer Bereinigung der Vergangenheitsdaten zunächst der Begriff der Repräsentativität der Datengrundlage näher zu spezifizieren ist. Mit Blick auf das einzelne Unternehmen dürfte dieser Begriff jedoch immer etwas unscharf blieben, hängt die Konkretisierung des Begriffs der Repräsentativität doch neben dem Umfang, in dem die Vergangenheit bekannt ist, auch von den Vorstellungen ab, die mit Blick auf die zukünftige Entwicklung vorherrschen. Für den hier unternommenen kurzen Exkurs soll es zunächst genügen, festzuhalten, dass der erste Schritt der Vergangenheitsanalyse weitaus weniger eindeutig ist, wie es dem ersten Anschein nach u. U. vermittelt werden könnte. Eine elegante Möglichkeit, die Probleme des ersten Schrittes zu umschiffen, könnte in einem Abstellen auf die Ergebnisse der empirischen Forschung zu den Determinanten der Kapitalstruktur liegen. Dieses Vorgehen wird daher als möglicher Ausgangspunkt für den zweiten Schritt, die Vergangenheitsfortschreibung, in der Folge aufgegriffen werden. Die detailliertere Diskussion der Frage der Notwendigkeit wie auch nach dem konkreten Vorgehen zur Adjustierung der Vergangenheitsdaten kann daher möglicherweise zugunsten der zweiten Frage, also der Frage nach dem zu wählenden Prognoseverfahren, ausgeblendet werden. Widmet man sich daher der Frage nach einem geeigneten Vorgehen zur Ableitung des zukünftigen Finanzierungsverhaltens, so könnte ein erster pragmatischer Ansatz u. a. darin liegen, auf die bestehenden Finanzierungs- und Tilgungspläne abzustellen und unter der einfachen Prämisse, dass auslaufende Finanzierungsverträge zu vergleichbaren Konditionen erneuert werden, das zukünftige Finanzierungsverhalten

---

1593 Für den Fall der Finanzierung ist u. a. denkbar, dass in der Vergangenheit Unternehmenssparten veräußert wurden. Die Vergangenheitsdaten müssten daher um den Anteil des Fremdkapitals, das der verkauften Sparte zuzurechnen ist, bereinigt werden.

1594 Implizit sei damit unterstellt, dass die im Rahmen der Rechnungslegung veröffentlichten Informationen zur Finanzierungspolitik ausreichen. Ob diese Annahme in der Realität in jedem Fall gerechtfertigt ist, erscheint bei einem Blick in die Praxis jedoch fraglich.

1595 Wie in der Literatur bereits ausgeführt wurde, ist dies nicht notwendigerweise als eine Schwäche zu sehen, macht dieser Umstand einen fachkundigen Unternehmensbewerter doch erst notwendig.

zu prognostizieren. Ein solches Vorgehen wirkt zugegebenermaßen naiv, da die Ergebnisse der vorangehenden Abschnitte zunächst ausgeblendet bleiben. Ein Abstellen auf das i. d. R. als pragmatisch zu bezeichnende Vorgehen bietet jedoch die Möglichkeit, die zuvor getroffene Einschätzung zur Eignung pragmatischer Prognoseansätze relativ unproblematisch zu illustrieren. Man kann daher an dieser Stelle bereits vorwegnehmen, dass die Einschätzung, dass ein pragmatischer Ansatz in aller Regel gegen die zuvor formulierten Bedingungen an eine wertoptimale Finanzierungspolitik verstößt, gerechtfertigt ist.

Gegen den vorgeschlagenen pragmatischen Ansatz zur Schätzung des zukünftigen Finanzierungsverhaltens lassen sich mehrere Einwände formulieren: Einerseits ergeben sich bei einem Abstellen auf den vereinfachten Prognoseansatz Kompatibilitätszweifel, andererseits werden die zunächst mit der Annahme zeitkonstanter Verschuldungsgrade als ausgeräumt angenommenen Plausibilitätszweifel erneut bedeutsam.[1596] Zunächst sollen die Zweifel, die an der Kompatibilität des Planungsansatzes zur Annahme einer wertabhängigen Finanzierungspolitik geäußert werden können, näher spezifiziert werden. Mit Blick auf die Ausrichtung an den festgeschriebenen zukünftigen Fremdkapitalbeständen lässt sich festhalten, dass der gewählte Ansatz dem ersten Anschein nach wie ein Planungsansatz für eine autonome Finanzierungspolitik wirkt. Auf Basis dieses Eindrucks könnte man daher vermuten, dass der pragmatische Planungsansatz zur Konkretisierung der Annahme einer wertabhängigen Finanzierungspolitik ungeeignet ist.[1597] Eine erste Möglichkeit, den Anschein einer an den Fremdkapitalbeständen ausgerichteten deterministischen Planungspolitik wenigstens optisch zu verwischen, könnte in der Umwandlung der zukünftigen Fremdkapitalbestände in zukünftige Verschuldungsgrade liegen. In der Praxis ist ein solches Vorgehen aufgrund mehrerer Aspekte nicht zu empfehlen. Einerseits dürfte eine Umwandlung i. d. R. nicht ohne Weiteres technisch umsetzbar sein,[1598] andererseits ist vor einer Umwandlung zu warnen, wenn der Zweck der Umwandlung nicht in einer besseren Handhabbarkeit

---

1596 Bereits im Abschnitt zur autonomen Finanzierungspolitik finden sich eine Reihe kritischer Anmerkungen, die an dieser Stelle gegen ein solches Vorgehen einzuwenden wären.

1597 Sollte die zukünftige Entwicklung der Fremdkapitalbestände von der Unternehmensentwicklung abhängen, könnte man sich entgegen dem ersten Anschein tatsächlich im Rahmen der wertabhängigen Finanzierungspolitik bewegen. Mit der Annahme zustandsabhängiger Fremdkapitalbestände begibt man sich jedoch auch außerhalb des Rahmens, der normalerweise mit deterministischen Verschuldungsgraden einhergeht.

1598 Insbesondere setzt die Bestimmung der zukünftigen Verschuldungsgrade ausgehend von den Fremdkapitalbeständen voraus, dass der zukünftige Marktwert bereits bekannt ist. Der Rückgriff auf eine Schätzung des Marktwertes führt dazu, dass der zukünftige Verschuldungsgrad nicht mehr deterministisch ist. Es wurde bereits darauf verwiesen, dass Kruschwitz/Löffler (2003) ein solches Vorgehen als letztlich inkompatibel kritisieren. Kruschwitz/Löffler (2003) S. 732.

der Ergebnisse der Planung liegt, sondern ein möglicherweise unpassender Planungsansatz bewusst oder unbewusst lediglich mit der Umwandlung verschleiert würde. Die Schwierigkeiten, die darauf zurückzuführen sind, dass ein solcher Planungsansatz dem ersten Anschein nach lediglich für eine autonome Finanzierungspolitik geeignet erscheint, dürfte, sofern das Unternehmen einer wertabhängigen Finanzierungspolitik folgt, jedoch auch unabhängig von einer Umwandlung der zukünftigen Fremdkapitalbestände in zukünftige Zielverschuldungsgrade i. d. R. lösbar sein.[1599]

Insgesamt stellt eine Orientierung an den in der Vergangenheit beobachtbaren Fremdkapitalbeständen aus Sicht der Kompatibilität des Planungsansatzes jedoch auch dann sicherlich keinen Königsweg für die Konkretisierung der wertorientierten Finanzierungspolitik dar. Deutlich schwerwiegender als die Zweifel an der Kompatibilität dieses einfachen Planungsansatzes dürfte jedoch die mit einem Abstellen auf dieses pragmatische Vorgehen einhergehende erneute Relevanz der Zweifel an der Plausibilität der Annahme einer wertabhängigen Finanzierungspolitik wiegen. Ein Festhalten an bzw. ein Fortschreiben der bestehenden Verbindlichkeiten, in der im Prognoseansatz pragmatisch unterstellten Art und Weise, dürfte so in den seltensten Fällen der zuvor formulierten Anforderung an die Optimalität der wertabhängigen Finanzierungspolitik gerecht werden. Vielmehr wird sich an dieser Stelle i. d. R. die zuvor geäußerte Vermutung bewahrheiten, dass in einem durch wechselnde Rahmenbedingungen geprägten Umfeld die Annahme eines gleichbleibenden Finanzierungsverhaltens in den meisten Fällen künstlich wirkt. Insbesondere für den an dieser Stelle gewählten pragmatischen Prognoseansatz wirken die möglicherweise zu formulierenden Zweifel an der Optimalität des Planungsansatzes und damit der wertabhängigen Finanzierungspolitik ohne nähere Analyse als weitgehend zutreffend.

Für pragmatische Prognoseansätze kann damit erneut in allgemeiner Form festgehalten werden, dass ein pragmatischer Prognoseansatz zur Konkretisierung der wertabhängigen Finanzierungspolitik regelmäßig mit einer Verletzung des Optimalitätskriteriums einhergehen dürfte. Anders ausgedrückt, dürften Unternehmen, wenigstens mit Blick auf die im Rahmen einer wertabhängigen Finanzierungspolitik vermuteten ureigensten Interessen, wenig Anreiz verspüren, einer solchen Finanzierungspolitik zu folgen. Darüber hinaus ist bei einem pragmatischen Planungsansatz ggf. zu überprüfen, ob eine in Wahrheit autonome Finanzierungspolitik lediglich in das Kleid einer wertabhängigen Finanzierungspolitik verpackt wurde. Diese Vermutung ist beispielsweise beim kurz betrachteten pragmatischen Planungsansatz zunächst nicht ohne Weiteres von der Hand zu weisen. Wie kann an dieser Stelle also sichergestellt werden, dass die Annahme einer wertoptimalen Finanzierungspolitik durch die Konkretisierung der Finanzierungspolitik nicht etwa durch Zweifel an der Kompatibilität bzw. der Plausibilität des

1599 In der Literatur wurde so u. a. gezeigt, dass die wertabhängige Finanzierungspolitik auch mit anderen Planungsdoktrinen als einer L-Planungsdoktrin vereinbar ist.

Planungsansatzes konterkariert wird? Ein augenscheinlicher Ansatz, die zukünftigen Zielverschuldungsquoten einer wertabhängigen Finanzierungspolitik unter Einhaltung der Annahme der Wertoptimalität bestimmen zu können, dürfte, wie bereits kurz angesprochen, in einem auf den Ergebnissen der empirischen Forschung zu den Determinanten der Kapitalstruktur aufbauenden Vorgehen liegen. In Hinblick auf die möglicherweise gegen die Kompatibilität des Planungsansatzes vorzubringenden Zweifel lässt sich festhalten, dass ein auf die Ergebnisse der empirischen Forschung aufbauendes Vorgehen wenigstens auf Basis des ersten Anscheins nach in der Lage ist, Zweifel an der Kompatibilität des Planungsansatzes auszuräumen. Wie in Kapitel I kurz diskutiert, ist der Ausgangspunkt der empirischen Forschung zu den Kapitalstrukturdeterminanten i. d. R. ein Maß des Verschuldungsgrades,[1600] das ggf. leicht abgewandelt auch in den für die Bewertung der wertabhängigen Finanzierungspolitik üblichen WACC-Ansatz einfließt. Ein Rückgriff auf die Ergebnisse der empirischen Forschung führt also in aller Regel dazu, dass zukünftige Zielverschuldungsgrade ohne Umweg prognostiziert werden können.

Mit Blick auf die Plausibilität dieses Planungsansatzes ist festzuhalten, dass mit einem Abstellen auf die in der empirischen Forschung identifizierten Zusammenhänge verschiedene Aspekte der Wertoptimalität der Finanzierungspolitik regelmäßig berücksichtigt werden sollten. Ein kurzer Überblick über die Evolution der Kapitalstrukturforschung wurde in Kapitel I vermittelt.[1601] Anders, als nach diesen durchwegs vorteilhaften Einschätzungen zur Güte des, auf den Ergebnissen der empirischen Forschung aufbauenden, Prognoseansatzes vielleicht vermutet, ist ein solcher Ansatz nicht frei von Schwächen. Insbesondere dürfte die Praktikabilität dieses auf den ersten Blick vielversprechend wirkenden Planungsansatzes weitgehend limitiert sein. Wie bereits kurz ausgeführt, scheint ein Rückgriff auf die Ergebnisse der empirischen Forschung zur Relevanz alternativer Kapitalstrukturdeterminanten den Vorteil zu besitzen, dass eine detaillierte Vergangenheitsanalyse mit Blick auf die Möglichkeit, auf die bestehenden empirischen Befunde zurückgreifen zu können, verzichtbar erscheint. Dieser Vorteil eines theoretisch fundierten Planungsansatzes ist jedoch von bestimmten Voraussetzungen abhängig, die in der Folge näher betrachtet werden. Implizit setzt die Annahme der Redundanz einer gesonderten Vergangenheitsanalyse voraus, dass die empirischen Untersuchungen in ihren Ergebnissen eindeutig sind und klare Anhaltspunkte dafür liefern, welche Faktoren die Kapitalstruktur eines Unternehmens beeinflussen. Kapitel I hat jedoch gezeigt, dass angesichts der unterschiedlichen Kapitalstrukturtheorien hierfür bereits das theoretische Grundgerüst fehlt.

1600 Vgl. dazu auch Schneider (2010) S. 63.

1601 Auch hier hat Kapitel I gezeigt, dass der Ursprung der empirischen Forschung in der Untersuchung der Wertoptimalität der Finanzierungspolitik des Unternehmens liegt.

Wie Kapitel III zeigen wird, kann die empirische Forschung dieses Kriterium gerade nicht erfüllen, da sich die Ergebnisse durch eine Vielstimmigkeit auszeichnen, die es nahezu un-möglich macht, eine eindeutige Melodie herauszuhören bzw. eindeutige Zusammenhänge zu identifizieren.[1602] Insbesondere der Umfang sowie die Definition bedeutsamer Kapitalstrukturdeterminanten als auch die Wirkungsrichtung möglicherweise bedeutsamer Determinanten erscheinen mit Blick auf die Ergebnisse der empirischen Forschung nicht eindeutig bestimmbar.[1603] Fraglich erscheint daher, ob der vordergründige Vorteil eines Abstellens auf die Ergebnisse der empirischen Forschung in der Praxis tatsächlich ausgespielt werden kann oder eine eingehendere unternehmensspezifische Analyse nicht doch unverzichtbar ist.[1604] Der vordergründige Vorteil sollte des Weiteren auch nicht darüber hinwegtäuschen, dass auch weitere, für die Fortschreibung der zukünftigen Finanzierungspolitik bedeutsame, Fragestellungen größtenteils einer Beantwortung harren. Neben der Frage, wie beispielsweise die zukünftigen ökonomischen Rahmenbedingungen zu prognostizieren sind,[1605] ist insbesondere die Frage der konkreten Ausgestaltung des Prognosemodells noch zu beantworten. Die empirische Forschung liefert lediglich Teilantworten, deren Gehalt mit Blick auf die Vielstimmigkeit der Ergebnisse nicht ohne Weiteres erkennbar ist. Die Fragen, die bei dem Versuch einer Konkretisierung eines solchen Planungsansatzes zu beantworten sind, sollen daher an dieser Stelle nicht im Detail diskutiert werden. Die vorangehenden Abschnitte haben bereits gezeigt, dass bei der Suche nach einer theoretisch klaren Antwort ein steiniger und mit Blick auf das Erreichen des Ziels insbesondere unsicherer Weg beschritten werden muss. Eine Lösung der Frage, wie die zukünftigen optimalen Verschuldungsgrade zu prognostizieren sind, dürfte damit auch bei einem Rückgriff auf die Ergebnisse der empirischen Forschung regelmäßig einen eher pragmatischen denn einen rein theoretisch fundierten Charakter besitzen. Es erscheint daher fraglich, ob unter diesen Rahmenbedingungen eine Schätzung der zukünftigen Zielverschuldungsgrade möglich ist, die der zuvor formulierten Optimalitätsbedingung nahekommen.

In Analogie zu dem Fazit, das im Rahmen des Abschnitts zur Ausgestaltung der autonomen Finanzierungspolitik gezogen werden musste, ist auch an dieser

1602 An dieser Stelle kann es daher notwendig sein, dass eine Vergangenheitsanalyse in Analogie zu der empirischen Forschung auf den zu betrachtenden Daten durchgeführt werden muss.

1603 Ausgeblendet wurde zudem die in der Praxis wohl bestenfalls approximativ zu lösende Aufgabe, die zukünftigen Determinanten der Kapitalstruktur zu bestimmen.

1604 Die unbesehene Übertragung vergangener Zusammenhänge in die Zukunft erscheint jedoch fraglich.

1605 Wie u. a. Popp (2012) ausführt, ist das Unternehmen „immer Teil eines übergeordneten Ganzen [...] deren Offenheit durch ein Netz an Transaktionsbedingungen mit der Umwelt bedingt ist“. Damit sind bewertungsrelevante Aspekte der Umwelt in die Bewertung einzubeziehen. Popp (2012) S. 187–188.

Stelle festzuhalten, dass die Frage, wie eine wertabhängige Finanzierungspolitik zu konkretisieren ist, derzeit noch einer eindeutigen und verlässlichen Beantwortung harrt. Kapitel III wird zeigen, dass die Frage, welche Faktoren die Finanzierungspolitik des Unternehmens determinieren, das Ziel zahlreicher empirischer Untersuchungen war und ist. An dieser Stelle einen Appell an die Wissenschaft zu senden, sich eingehend mit dieser Fragestellung zu beschäftigen, erscheint daher verfehlt, vielmehr bleibt zu hoffen, dass sich die bestehenden Bemühungen der Forschung in der Zukunft als fruchtbar erweisen und es damit möglich wird, die Gestalt alternativer Finanzierungspolitiken zu konkretisieren.

Zieht man an dieser Stelle ein kurzes Zwischenfazit, so ist festzustellen, dass die Annahme zeitvariabler Verschuldungsgrade auf einen ersten Blick geeignet erscheint, Zweifel an der Plausibilität der wertabhängigen Finanzierungspolitik auszuräumen. Konkret bedeutet dies, dass die Annahme zeitvariabler Verschuldungsgrade die Frage nach dem „inneren" Antrieb für eine wertabhängige Finanzierungspolitik auf einen ersten Blick besser beantworten kann als die „klassische" Annahme konstanter Verschuldungsgrade. Die bisherigen Ausführungen haben jedoch gezeigt, dass dieses mit Blick auf die „inneren" Anreize für eine wertabhängige Finanzierungspolitik gefällte Urteil, möglicherweise etwas voreilig gezogen wurde. Mit anderen Worten geht die gestiegene theoretische Überzeugungskraft der wertabhängigen Finanzierungspolitik nicht ohne Kosten einher, der Bewerter sieht sich vielmehr mit dem Abstellen auf eine wertabhängige Finanzierungspolitik mit dem Problem der nun noch notwendigen Konkretisierung der Finanzierungsannahme konfrontiert.[1606] Dieses Problem ist in der Praxis nur schwer lösbar, möchte man die Vorteile der Annahme zeitvariabler Verschuldungsgrade nicht bereits zu Beginn ad absurdum führen. Man könnte an dieser Stelle daher auch davon sprechen, dass die Annahme zeitvariabler Verschuldungsgrade zwar zunächst den theoretischen Ansprüchen an die Finanzierungspolitik gerecht werden kann, ohne aber im weiteren Verlauf eine praktikable Antwort für die Praxis der Unternehmensbewertung liefern zu können. Diese Einschränkung in der Praktikabilität der Annahme einer wertabhängigen Finanzierungspolitik mit zeitvariablen Verschuldungsgraden wurde bereits zu Beginn des Abschnittes festgehalten.

Der tatsächliche Mehrwert, den die Verwendung zeitvariabler Verschuldungsgrade gegenüber der „klassischen" Annahme zeitkonstanter Verschuldungsgrade aufweist, hängt davon ab, inwieweit es gelingt, geeignete Prognosen der zukünftigen Finanzierungspolitik in der Praxis ableiten zu können. Da diese Frage vor dem Hintergrund der im Rahmen der Prognose sehr wahrscheinlich auftretenden Probleme nicht ad hoc beantwortet werden kann, erscheint die vordergründige Vorteilhaftigkeit der Annahme zeitvariabler Verschuldungsgrade in einem anderen Licht. Der Mehrwert der, in mehreren Aspekten deutlich komplexeren, Annahme

---

1606 Verwunderlich erscheint dies im Angesicht des in Abschnitt 3.6. gezogenen Fazits zur Erklärungskraft alternativer Kapitalstrukturtheorien jedoch nicht zu sein.

zeitvariabler Verschuldungsgrade wird letztlich infrage gestellt.[1607] Dies kann als eine etwas verdeckte Empfehlung einer wertabhängigen Finanzierungspolitik mit der „klassischen“ Annahme zeitkonstanter Verschuldungsgrade aufgefasst werden. Die Argumentation würde damit weitgehend der Botschaft des Sprichwortes: „Lieber den Spatz in der Hand als die Taube auf dem Dach“ folgen. Ein solches Hinnehmen der Probleme der „klassischen“ wertabhängigen Finanzierungspolitik erscheint jedoch nicht unkritisch. Zugunsten der wertabhängigen Finanzierungspolitik mit zeitvariablen Verschuldungsgraden kann man an dieser Stelle einwerfen, dass man eine Finanzierungspolitik, die möglicherweise nur in unvollkommener Form abbildbar ist, nicht zugunsten einer Finanzierungspolitik, die zwar relativ problemlos abbildbar erscheint,[1608] jedoch in einem Großteil der Fälle unpassend wirkt, verwerfen sollte. So kann der Annahme zeitvariabler Verschuldungsgrade unzweifelhaft zugutegehalten werden, dass die, bei Annahme einer „klassischen“ wertabhängigen Finanzierungspolitik, unzulässigerweise verdeckte Komplexität der Finanzierungsentscheidung deutlich hervorgehoben wird. In Anlehnung an die zitierte Sentenz kann man sich an dieser Stelle daher fragen, warum man sich mit einem Spatz zufriedengeben sollte, den man in der Praxis gar nicht in der Hand hält. Dieser Einschätzung ist dem Grunde nach zuzustimmen, man kann jedoch entgegenhalten, dass es an dieser Stelle fraglich ist, ob der deutliche Mehraufwand sich in treffgenaueren Bewertungsergebnissen niederschlägt. Hält man am verwendeten Bild fest, so kann man an dieser Stelle die plastische Frage stellen, ob es nicht sicherer ist, am Boden zu bleiben, anstatt waghalsige Manöver zu unternehmen, um ein weit entferntes Ziel zu erreichen, im Angesicht der Gefahr, möglicherweise tief zu fallen. Wie dieser Konflikt zu bewerten ist, hängt neben der ungeklärten Frage des Vorgehens zur Schätzung der zukünftigen Verschuldungsgrade auch davon ab, als wie tragfähig sich das Konzept der wertabhängigen Finanzierungspolitik mit zeitvariablen Verschuldungsgraden darstellt. Hierunter wird an dieser Stelle verstanden, inwieweit es mit der Annahme einer wertabhängigen Finanzierungspolitik mit zeitvariablen Verschuldungsgraden gelingt, die weiteren konzeptionellen Schwächen der „klassischen“ Ausprägung auszuräumen.

1607 Das Informationserfordernis bzw. die Probleme im Rahmen der Unternehmensbewertung gleichen in weiten Teilen damit den Problemen einer autonomen Finanzierungspolitik.

1608 Ob dieses Urteil gerechtfertigt ist, scheint fragwürdig. Auch die „klassische“ Annahme zur wertabhängigen Finanzierungspolitik erfordert in aller Regel, dass entweder „innere“ oder „äußere“ Gründe dem Unternehmen ein bestimmtes Finanzierungsverhalten auferlegen. Wie bereits kurz diskutiert wurde, ist damit auch die „klassische“ wertabhängige Finanzierungspolitik nicht frei von den beschriebenen Problemen. Eine Bevorzugung der „klassischen“ wertabhängigen Finanzierungspolitik lässt daher vermuten, dass verschiedene Maßstäbe an beide Ausprägungen der Finanzierungspolitik angelegt werden.

Exkurs: Zum Informationshorizont einer wertabhängigen Finanzierungspolitik mit zeitvariablen Verschuldungsgraden

Wie die vorangehenden Ausführungen eingehend gezeigt haben, gelingt es mit einer wertabhängigen Finanzierungspolitik mit zeitvariablen Verschuldungsgraden zunächst, das starre und damit unplausibel wirkende Gerüst der Annahme eines zeitkonstanten Verschuldungsoptimums zu durchbrechen, die Praktikabilität der flexibleren Annahme und der damit verbundene Mehrwert bleiben jedoch unklar. Die Annahme zeitkonstanter Verschuldungsgrade ist jedoch nicht das einzige Plausibilitätsproblem der „klassischen" Form der wertabhängigen Finanzierungspolitik. Wie u. a. Löffler (1998) festgehalten hat,[1609] wird mit der Annahme zeitvariabler Verschuldungsgrade unterstellt, dass die Entwicklung der zukünftigen Verschuldungsgrade zum Bewertungszeitpunkt wohlbekannt ist.[1610] Wie bereits dargestellt, ist die Kenntnis des zukünftigen Finanzierungsverhaltens des Unternehmens damit eine Voraussetzung für die Bewertung einer wertabhängigen Finanzierungspolitik mit zeitvariablen Verschuldungsgraden. Wie die folgenden Überlegungen zeigen sollen, wird damit implizit eine asymmetrische Informationsverteilung mit Blick auf die Kenntnis der zukünftigen Unternehmensentwicklung angenommen. Vergegenwärtigt man sich die Voraussetzungen, die zur Kenntnis des zukünftigen Finanzierungsverhaltens erforderlich sind, exemplarisch sei an dieser Stelle lediglich auf die Kenntnis der grundlegenden Unternehmensprozesse wie auch der zukünftigen wirtschaftlichen Entwicklung abgestellt, um eine wertoptimale Antwort auf die zukünftige Frage der Finanzierung kennen zu können, erscheinen die zu treffenden Annahmen weitreichend. So ist das zur Planung der zukünftigen Verschuldungspolitik erforderliche Wissen in seiner Gesamtheit alles andere als profan zu bezeichnen. Spätestens an diesem Punkt ist daher zu hinterfragen, warum eine konkrete Antwort mit Blick auf das Finanzierungsverhalten des Unternehmens möglich sein sollte in einer Umgebung,[1611] in der die weitere zukünftige Unternehmensentwicklung zum gleichen Zeitpunkt bestenfalls nur schemenhaft erkennbar ist. Zugunsten der wertabhängigen Finanzierungspolitik wurde an einem früheren Punkt zudem ausgeführt, dass im Kontrast zur autonomen Finanzierungspolitik durch die Annahme von Zielverschuldungsgraden nicht der Fehler gemacht wurde, im Fall der Unsicherheit auf eine, künstlich wirkende, Kenntnis der Entwicklung der zukünftigen Fremdkapitalbestände abzustellen. Die Eindeutigkeit, mit der diese Aussage getätigt wurde, muss in der Folge korrigiert werden. An diesem Punkt erscheint es vielmehr naheliegend, der Annahme einer wertabhängigen Finanzierungspolitik mindestens die gleiche logische Inkonsistenz zuzusprechen, wie sie der Annahme einer autonomen Finanzierungspolitik i. d. R. zugeschrieben wird. Der logische

1609 Vgl. Löffler (1998) S. 4.

1610 Vgl. dazu auch Richter (1998) S. 381.

1611 Wie bereits gezeigt wurde, verfügt die wertabhängige Finanzierungspolitik nur im Fall der Unsicherheit über einen eigenständigen Charakter.

Bruch, dem die Annahme einer wertabhängigen Finanzierungspolitik unterliegt, wird deutlich, formuliert man die in Bezug auf die wertabhängige Finanzierungspolitik äußerbaren Zweifel etwas um. Es erscheint mit Blick auf die Annahme der wertabhängigen Finanzierungspolitik inkonsistent, anzunehmen, dass die Antwort auf die Frage der optimalen Finanzierungspolitik eindeutig bekannt ist, obgleich lediglich eine vage Vermutung über die Prämissen herrscht, unter denen sich die Frage der Finanzierung in der Zukunft überhaupt stellt.[1612] Anders ausgedrückt, erscheint es unplausibel, dass die Frage der wertoptimalen Finanzierungspolitik in Unkenntnis der zukünftigen Unternehmensentwicklung und damit des zukünftigen Unternehmenswertes beantwortet werden kann. Die Annahme einer zum Bewertungszeitpunkt unsicheren zukünftigen Unternehmensentwicklung ist jedoch erforderlich, möchte man nicht den Spezialfall einer Bewertung unter Sicherheit betrachten, die zu einer Konvergenz alternativer Finanzierungspolitiken führt. Die Annahme, die mit Blick auf den verfügbaren Informationsumfang getroffen wurde, beinhaltet damit in gewisser Weise einen logischen Widerspruch.

Betrachtet man in einem zweiten Schritt die Aussage, die in Hinblick auf den Vergleich von autonomer und wertabhängiger Finanzierungspolitik getätigt wurde, so ist an dieser Stelle festzuhalten, dass eine stimmige wertabhängige Finanzierungspolitik letztlich höhere Voraussetzungen an das Informationsniveau der wertabhängigen Finanzierungspolitik stellt als die in der Literatur deshalb vielfach kritisierte autonome Finanzierungspolitik. Lässt sich eine autonome Finanzierungspolitik im Fall der Unsicherheit zunächst auf einer ähnlichen Grundlage wie die wertabhängige Finanzierungspolitik kritisieren, es wird ein vergleichbares Informationsungleichgewicht unterstellt, erscheinen die Annahmen, die für die Ausgestaltung der autonomen Finanzierungspolitik zu treffen sind, vergleichsweise moderat. Im Rahmen der Konkretisierung einer autonomen Finanzierungspolitik wird, wie im Abschnitt 4.3.1.1. gezeigt wurde, aus Plausibilitätsgesichtspunkten regelmäßig unterstellt, dass die zukünftige Finanzierungspolitik durch die bestehenden langfristigen Vertragsbeziehungen bereits für die Zukunft festgeschrieben ist. Fokussiert man sich zunächst allein auf die „inneren“ Gründe, die für die Annahme einer wertabhängigen Finanzierungspolitik sprechen, so haben die vorangehenden Ausführungen gezeigt, dass für die wertabhängige Finanzierungspolitik regelmäßig auf das Argument der Wertoptimalität abzustellen ist. Die Annahme der Wertoptimalität stellt, im Kontrast zu der für die autonome Finanzierungspolitik zu treffenden Annahme, damit eine deutlich weitreichendere Anforderung an die Ausgestaltung der Finanzierungspolitik und damit an den vorauszusetzenden Informationshorizont des Bewerters. Die im Rahmen der wertabhängigen Finanzierungspolitik zu treffende Annahme kontrastiert

1612 Eine wertabhängige Finanzierungspolitik, die Ausdruck des eher „zufälligen“ Finanzierungsverhaltens des Unternehmens ist, ficht dies natürlich nicht an. Fraglich erscheint unter einer solchen Prämisse jedoch, ob eine solche Finanzierungspolitik zum Bewertungszeitpunkt prognostizierbar wäre.

damit die Annahme eines unsicheren Bewertungsumfeldes deutlich stärker, als dies m. E. nach im Fall der autonomen Finanzierungspolitik der Fall ist. Letzthin erscheint es bei Kenntnis dieses logischen Bruches nicht verwunderlich, dass eine Konkretisierung der wertabhängigen Finanzierungspolitik in der Praxis regelmäßig nur unvollkommen möglich sein dürfte.

Blickt man auf die Plausibilität der wertabhängigen Finanzierungspolitik aus dieser Perspektive, so ist festzuhalten, dass der der wertabhängigen Finanzierungspolitik inhärente logische Bruch nicht durch das Abstellen auf eine wertabhängige Finanzierungspolitik mit zeitvariablen Verschuldungsgraden gelöst werden kann. Dieses Grundproblem der wertabhängigen Finanzierungspolitik setzt sich, wie bereits bei der „klassischen" Annahme zur wertabhängigen Finanzierungspolitik, mit Blick auf die angenommene Persistenz der ursprünglichen Planung fort. Die Annahme, dass Unternehmen auf künftige Abweichungen der Erwartungen von der ursprünglichen Planung nicht mit einem veränderten Finanzierungsverhalten reagieren, erscheint fragwürdig.[1613] Wenn auch im Kontrast zur „klassischen" Finanzierungspolitik weniger augenscheinlich, so wirkt auch die Annahme zeitvariabler Verschuldungsgrade diesem Schwachpunkt einer wertabhängigen Finanzierungspolitik nur unzureichend entgegen. Konkret erscheint es auch unter der Prämisse einer wertabhängigen Finanzierungspolitik mit zeitvariablen Verschuldungsgraden fraglich, warum das Unternehmen an den zum Bewertungszeitpunkt festgelegten Antworten auch in der Zukunft festhalten sollte, insbesondere unter dem Eindruck einer sich im Zeitverlauf verändernden Optimalität. Letztlich unterscheidet sich die wertabhängige Finanzierungspolitik damit nur mit Blick auf das antizipierte Risiko des Wertbeitrages der Fremdfinanzierung von der Annahme einer autonomen Finanzierungspolitik, deren Inflexibilität zu Recht kritisiert wurde. Es gilt also, festzuhalten, dass allein auf Basis des bisher betrachteten „inneren" Anreizes das mit einer wertabhängigen Finanzierungspolitik verbundene Finanzierungsverhalten nicht ausreichend motiviert werden kann. An dieser Stelle ist daher der Zeitpunkt gekommen, den Fokus zu erweitern und erneut „äußere" Gründe als möglichen Stabilitätsanker der wertabhängigen Finanzierungspolitik zu betrachten.

Zu den „äußeren" Gründen einer wertabhängigen Finanzierungspolitik mit zeitvariablen Verschuldungsgraden

Unter den „äußeren" Gründen für eine wertabhängige Finanzierungspolitik wird an dieser Stelle erneut das mögliche Interesse der Fremdkapitalgeber an der Einhaltung des durch eine wertabhängige Finanzierungspolitik induzierten Verhaltens

1613 Zur Konkretisierung dieser Anmerkung könnte man beispielsweise auf ein Unternehmen abstellen, das in Periode 1 der Detailplanungsphase neue Informationen über die zukünftige Entwicklung des Unternehmens erhält. Es erscheint unplausibel, dass ein solches Unternehmen an der ursprünglichen Planung festhalten sollte bzw. dass die ursprüngliche Planung angesichts des geänderten Informationshorizonts weiterhin optimal sein sollte.

verstanden. In Analogie zum Abschnitt zur „klassischen" wertabhängigen Finanzierungspolitik können an dieser Stelle u. a. Covenants als mögliches Instrument zur Bindung der Eigenkapitalgeber an die Interessen der Fremdkapitalgeber motiviert werden. Da die Argumentation in weiten Teilen nicht von der Argumentation, die im Abschnitt zur „klassischen" wertabhängigen Finanzierungspolitik vorgebracht wurde, abweicht, sei an dieser Stelle auf eine nochmalige Motivation der Interessen der Fremdkapitalgeber als Argument für eine wertabhängige Finanzierungspolitik verzichtet. Interessant erscheint an dieser Stelle nur, wie sich die Stabilität dieses Arguments für eine wertabhängige Finanzierungspolitik im Angesicht der allgemeineren und damit breiteren Definition der wertabhängigen Finanzierungspolitik verändert. Auch zu Beginn der Betrachtung der „äußeren" Gründe für eine wertabhängige Finanzierungspolitik mit zeitvariablen Verschuldungsgraden kann festgehalten werden, dass die allgemeinere Definition dazu führt, dass die Argumentation zugunsten der Annahme einer wertabhängigen Finanzierungspolitik zunächst stabilisiert wirkt. Es ist jedoch auch für die „äußeren" Gründe bereits zu Beginn der Überlegungen einschränkend festzuhalten, dass die gesteigerte Plausibilität der wertabhängigen Finanzierungspolitik bei Annahme zeitvariabler Verschuldungsgrade auch an dieser Stelle mit Kosten verbunden ist. Der Abschnitt zur „klassischen" Ausprägung der wertabhängigen Finanzierungspolitik hat beschrieben, warum es aus Sicht der Fremdkapitalgeber sinnvoll ist, sich durch die Eigenkapitalgeber ein bestimmtes zukünftiges Verhalten zusichern zu lassen bzw. warum es für Eigenkapitalgeber notwendig bzw. vorteilhaft sein kann, auf diesen Wunsch der Fremdkapitalgeber einzugehen. Als ein wirksames und in der Praxis verbreitetes Instrument, die Interessen der Fremdkapitalgeber vertraglich festzuschreiben, wurden im vorangehenden Abschnitt insbesondere kreditvertragliche Negativklauseln, sog. Covenants, identifiziert. Auf Basis von analytisch-deduktiven Überlegungen hat der vorangehende Abschnitt gezeigt, dass Covenants ein Verhaltensmuster des Unternehmens induzieren können, das sich weitgehend mit dem Finanzierungsverhalten bei Annahme einer wertabhängigen Finanzierungspolitik deckt. Im Rahmen der Überprüfung der Stabilität dieser auf den Interessen der Fremdkapitalgeber aufbauenden Argumentation, hat sich jedoch gezeigt, dass Fremdkapitalgeber weit weniger strikt auf Verletzungen der Covenants reagieren, als dies aus Sicht einer wertabhängigen Finanzierungspolitik mit zeitkonstantem Verschuldungsgrad notwendig wäre, um die getroffene Finanzierungsannahme nachhaltig stabilisieren zu können. Die empirisch beobachtbaren, vergleichsweise großzügig wirkenden Reaktionen der Fremdkapitalgeber auf Verletzungen der Vereinbarungen können dabei auf eine Reihe von Beweggründen zurückgeführt werden. Der vergangene Abschnitt hat als zentrale Ursache für die durchwachsene Bindungswirkung kreditvertraglicher Vereinbarungen die begrenzte Halbwertszeit dieser Vereinbarungen identifiziert.

Die Gründe, die zu einer Begrenzung der Halbwertszeit führen, sind vielfältig, der Aspekt wird daher in der Folge nochmals aufgegriffen und im Kontext der Annahme zeitvariabler Verschuldungsgrade betrachtet. Allen voran dürfte die Begrenzung der Bindungswirkung darauf zurückzuführen sein, dass die

Fremdkapitalgeber nur über einen begrenzten Informationshorizont verfügen, d. h., die zukünftige Unternehmensentwicklung ist für die Fremdkapitalgeber, wie für alle Marktteilnehmer, ex ante nicht vollkommen antizipierbar. Dieser Aspekt wird erneut bedeutsam für den Fall, dass wir die Plausibilität der Annahme zeitvariabler Verschuldungsgrade aus Sicht der „äußeren" Gründe beurteilen wollen. Durch den annahmegemäß begrenzten Informationshorizont wird in der Folge ein pragmatisches Vorgehen notwendig, um die Entwicklung des durch die Fremdkapitalgeber übernommenen Risikos zu überwachen. Praktikabel erscheint es aus Sicht der Fremdkapitalgeber zunächst, eine feste Verschuldungsvorgabe zu treffen,[1614] um im Fall einer Verletzung der ursprünglichen Vereinbarung entscheiden zu können, ob und zu welchen Konditionen man bereit ist, das höhere Risiko zu akzeptieren. Erinnert man sich an die Argumentation des vorangehenden Abschnittes zurück, so wurde an dieser Stelle argumentiert, dass die Finanzierung des Unternehmens ein wiederholtes Spiel darstellt, es wird in der Regel also nicht im Interesse der Fremdkapitalgeber sein, den Unternehmen unnötigerweise Steine in den Weg zu legen. Anders ausgedrückt, dürften im Fall einer moderaten Verletzung der Verschuldungsvorgaben auch nur moderate Reaktionen der Fremdkapitalgeber die Folge sein. Dieser Aspekt wird bei der Beurteilung der Annahme zeitvariabler Verschuldungsgrade nochmals aufgegriffen.

Geht man von einem begrenzten Informationshorizont der Fremdkapitalgeber aus, so erscheint eine moderate Anpassung der Zielverschuldungsgrade im Zeitverlauf plausibel und mit der empirischen Evidenz des vorangehenden Abschnittes vereinbar. Auslöser dürfte i. d. R. die Verletzung der ursprünglich vereinbarten Verschuldungsvorgaben durch das Unternehmen sein. Die Annahme zeitvariabler Verschuldungsgrade scheint damit im Einklang mit den Interessen und dem Vorgehen, das Fremdkapitalgeber unter der Prämisse eines begrenzten Informationshorizonts einschlagen, deckungsgleich. Ein etwas anderer Ansatz wurde zur Stabilisierung der Annahme eines zeitstabilen Verschuldungsgrades im vorangehenden Abschnitt gewählt. Im vorangehenden Abschnitt wurde darauf abgestellt, dass, anders als u. U. zunächst vermutet, vor allem kurz- und mittelfristige Anleihen in der Praxis mithilfe von kreditvertraglichen Vereinbarungen abgesichert werden. Wählt man einen Ansatz, der vordergründig auf die Fristigkeit der Fremdkapitalinstrumente abzielt,[1615] so erscheint es plausibel, dass die vereinbarten Zielverschuldungsgrade durch die Fremdkapitalgeber zum Zeitpunkt, an dem bestehende Verbindlichkeiten abgelöst und durch frische Fremdkapitalinstrumente ersetzt werden, an die aktuelle bzw. antizipierte zukünftige Situation angepasst werden. Die gegenteilige

1614 Plausibel erscheint an dieser Stelle, wie bereits argumentiert, eine Verschuldungsvorgabe zu sein, die dafür sorgt, dass das ursprünglich übernommene Risiko in Zukunft nicht überstiegen wird.

1615 Auch an dieser Stelle könnte man argumentieren, dass die Fristigkeit der Fremdkapitalinstrumente lediglich das Unvermögen der Fremdkapitalgeber, weiter in die Zukunft zu blicken, verdeckt.

Vermutung zeitkonstanter Zielverschuldungsgrade hält regelmäßig weder dem Vergleich mit empirischen Beobachtungen stand noch der Annahme rational handelnder Fremdkapitalgeber.[1616] In Abhängigkeit davon, wie häufig Fremdkapitalgeber Anpassungen an den Verschuldungsvorgaben vornehmen bzw. wie häufig Fremdkapitalkontrakte auslaufen und erneuert werden, steht die Annahme einer wertabhängigen Finanzierungspolitik mit zeitkonstanten Verschuldungsgraden in einem mehr oder weniger starken Kontrast zur Realität. Problemlos mit der begrenzten Voraussicht der Fremdkapitalgeber bzw. der laufenden Anpassung der Verschuldungsvorgaben vereinbar ist dagegen die Annahme einer wertabhängigen Finanzierungspolitik mit zeitvariablen Verschuldungsgraden. Wie bereits ausgeführt, würde, sollte man die Überlegungen zur Stabilität der „äußeren“ Gründe für die Annahme einer wertabhängigen Finanzierungspolitik an dieser Stelle abbrechen wollen, die Plausibilität der Annahme einer wertabhängigen Finanzierungspolitik durch die Annahme zeitvariabler Verschuldungsgrade gestärkt.

Im Folgenden wird jedoch gezeigt, dass damit ein deutlich zu optimistisches Bild der wertabhängigen Finanzierungspolitik gezeichnet würde. So lassen sich ähnlich zur Argumentation bei der Betrachtung der „inneren“ Gründe auch an dieser Stelle sowohl Einwände gegen die Praktikabilität als auch gegen die Plausibilität der Argumentation und damit der Stringenz der Finanzierungsannahme vorbringen. Der allgemeinen Formulierung der wertabhängigen Finanzierungspolitik sind damit die vergleichbaren Probleme gemein wie der allgemeinen Formulierung der autonomen Finanzierungspolitik. Betrachtet man die zwei grundsätzlichen Probleme der allgemeinen Formulierung der wertabhängigen Finanzierungspolitik näher, wird der Gleichlauf der grundlegenden Probleme deutlich. Richtet man zunächst den Blick auf die Praktikabilität der erweiterten Finanzierungsannahme, so ist festzuhalten, dass mit der Annahme zeitvariabler Verschuldungsgrade ein theoretisch begründbarer und auch empirisch belastbarer „äußerer“ Grund für die Einhaltung einer wertabhängigen Finanzierungspolitik vorliegt. In der Unternehmensbewertungspraxis dürfte es einer solchen Finanzierungsannahme jedoch regelmäßig an der notwendigen Durchschlagskraft fehlen. Dieses Urteil zur Praktikabilität der Annahme zeitvariabler Verschuldungsgrade bedarf einer näheren Begründung. Dazu kann erneut der Pfad der Argumentation, der bereits bei Betrachtung der wertabhängigen Finanzierungspolitik aus Sicht der „inneren“ Gründe eingeschlagen wurde, beschritten werden.

Aus Praktikabilitätsgesichtspunkten bedeutsam erscheint, dass sich, vergleichbar zum Fall des Arguments der Wertoptimalität der Finanzierungspolitik, auch an dieser Stelle kein empirisch eindeutig fundierbares Modell ableiten lässt, aus dem die Interessen der Fremdkapitalgeber und damit die zukünftigen Vereinbarungen

---

1616 Lediglich für den Fall, dass Fremdkapitalgeber die zukünftige Entwicklung des Unternehmens vollkommen voraussehen könnten, ergibt sich die Notwendigkeit einer Anpassung nicht.

mit Blick auf die Zielverschuldungsquoten zweifelsfrei zu bestimmen sind.[1617] Im vorangehenden Abschnitt zur „klassischen“ wertabhängigen Finanzierungspolitik wurde die Frage, wie die Interessen der Fremdkapitalgeber abzubilden sind, mit Blick auf die Heterogenität der Einflussfaktoren vereinfachend ausgeblendet. Diesem Vorgehen muss auch an dieser Stelle gefolgt werden, da der Versuch, ein Modell zur Bestimmung der Fremdkapitalinteressen abzuleiten, nicht sehr fruchtbringend wirkt. Dass an dieser Stelle nicht die Anstrengung unternommen wird, ein Modell zur Bestimmung der Fremdkapitalgeberinteressen abzuleiten, hat neben der m. E. nach unklaren Ausgangslage noch weitere Gründe. Insbesondere ist, auch für den Fall, dass die Verschuldungsvorgaben, die im Interesse der Fremdkapitalgeber sind, zweifelsfrei ableitbar sind, noch nicht sichergestellt, ob und wie sich diese Interessen in den kreditvertraglichen Vereinbarungen niederschlagen. Zunächst kann man, dies hat der vorangehende Abschnitt bereits gemacht, hinterfragen, inwieweit sich die Fremdkapitalgeber in den Vertragsverhandlungen durchsetzen. Pragmatisch kann man zunächst davon ausgehen, dass ein an der Einwerbung von Fremdkapital interessiertes Unternehmen auf die Forderungen der Fremdkapitalgeber eingeht, d. h. die ableitbaren Wünsche der Fremdkapitalgeber voll durchsetzbar sind. Dieser Idealfall aus Sicht der Fremdkapitalgeber dürfte jedoch mit Blick auf die regelmäßig bestehenden Finanzierungsalternativen in praxi relativ künstlich sein.[1618]

Blickt man über die Frage, wie die Interessen der Fremdkapitalgeber in den Verhandlungen mit den Eigenkapitalgebern möglicherweise abgeschliffen werden, hinweg, so ergibt sich in einem nächsten Schritt die Frage danach, wie zeitstabil diese vertraglichen Bedingungen tatsächlich sind. Es wurde im Vorfeld bereits kurz begründet, warum es aus Sicht der Fremdkapitalgeber sinnvoll erscheint, dass die kreditvertraglichen Vereinbarungen in wohldefinierten Abständen an die vorherrschenden Rahmenbedingungen angepasst werden sollten. Ungeklärt ist bis dato jedoch geblieben, wie eine optimale Aktualisierung der kreditvertraglichen Vereinbarungen aus Sicht der Fremdkapitalgeber konkret aussieht bzw. wie der Zeitpunkt einer Aktualisierung abgeleitet werden kann. Auch in diesem Kontext ist es

---

1617 Insbesondere ist die empirische Forschung, die auf eine Bestimmung der Konditionen kreditvertraglicher Vereinbarungen fokussiert ist, weitaus weniger stark ausgeprägt als die empirische Forschung zur Kapitalstruktur. Wie bereits im vorangehenden Abschnitt angemerkt, sind jedoch pragmatische Ansätze durchaus denkbar.

1618 In Anlehnung an die Pecking-Order-Theorie könnte man an dieser Stelle argumentieren, dass die Eigenkapitalgeber notfalls über die Möglichkeit verfügen, auf teureres Fremdkapital zurückzugreifen. Wie man kritisch anmerken kann, ist hierbei sicherlich auch der Zeitaspekt von Bedeutung, d. h. die Frage, wie schnell sich das Unternehmen refinanzieren kann. Mit Blick auf die sich wiederholende Finanzierungsaufgabe dürfte es jedoch auch langfristig im Interesse der Fremdkapitalgeber sein, den Eigenkapitalgebern nicht einseitig unannehmbare Konditionen zu diktieren.

zunächst denkbar, analytisch-deduktive Kriterien abzuleiten, um die Zeitpunkte, an denen eine Aktualisierung der kreditvertraglichen Vereinbarungen vorgenommen werden sollte, näher zu spezifizieren. So dürfte in der Praxis sicherlich der relevanteste Auslöser einer Anpassung, wie bereits in Abschnitt 4.3.2.2. angemerkt, eine vorausgehende Verletzung mindestens eines Kriteriums der vereinbarten kreditvertraglichen Vereinbarungen darstellen. So einleuchtend sich dieser Grund für eine Anpassung zunächst darstellt, so wenig hilfreich ist dieses Kriterium zunächst, um die Notwendigkeit einer Anpassung der kreditvertraglichen Vereinbarungen im konkreten Fall vorherzusagen. Als wie wahrscheinlich sich eine Verletzung darstellt, dürfte einerseits davon abhängen, wie streng die ursprünglichen Verschuldungsvorgaben sind,[1619] und andererseits davon, wie sich die zukünftige Entwicklung des Unternehmens darstellt. Auch an dieser Stelle dürfte das durch die empirische Forschung bereitgestellte Fundament nicht ausreichend tragfähig sein, um eine Anpassung der kreditvertraglichen Vereinbarungen prognostizieren zu können.[1620] Im Rahmen der Prognose dürfte zudem regelmäßig ein Plausibilitätsproblem auftreten, auf das im weiteren Verlauf nochmals eingegangen wird. Damit gilt festzuhalten, dass auch zur Beantwortung dieser Fragestellung allen voran ein pragmatisches Vorgehen denkbar wäre, um einen Anhaltspunkt zur Anpassungshäufigkeit der kreditvertraglichen Vereinbarungen zu erlangen.

Exkurs: Zur Modellierung der Reaktionen der Fremdkapitalgeber auf eine Vertragsverletzung

Wie der folgende Exkurs nochmals kurz hervorhebt, gehen pragmatische Ansätze auch an dieser Stelle regelmäßig mit der Gefahr einher, dass komplexe Zusammenhänge zu stark vereinfacht werden, sodass die Bewertungsannahme selbst infrage gestellt wird. Ausgangspunkt des pragmatischen Ansatzes bildet an dieser Stelle das Interesse der Fremdkapitalgeber, das von den Fremdkapitalgebern zu übernehmende Risiko zu begrenzen.[1621] Blendet man aus, dass es auch aus Sicht der Fremdkapitalgeber sinnvoll ist, zukünftiges und nicht historisches Risiko zu berücksichtigen,[1622] liefert dieses pragmatische Vorgehen wenigstens bis zu einer zukünftigen Verletzung der Verschuldungsvorgabe einen auf den ersten Blick tragbaren Anhaltspunkt. Spätestens mit der Verletzung einer Verschuldungsvorgabe dürfte dieser Ansatz jedoch zu kurz greifen. Im Fall der Verletzung der Verschuldungsvorgabe sieht man sich mit zwei Fragestellungen konfrontiert. Der Frage,

1619 Hierbei ist auch zu berücksichtigen, inwieweit die Verschuldungsvorgaben die zukünftige Entwicklung antizipiert haben.

1620 An dieser Stelle erscheint, im Kontrast zu den „inneren" Gründen, ein kurzer Appell an die Forschung gerechtfertigt.

1621 Das Risiko der Fremdkapitalgeber soll insbesondere das zum Zeitpunkt des Abschlusses übernommene Risiko nicht übersteigen.

1622 Die Fremdkapitalgeber müssen in der Praxis also in der Lage sein, geeignete Zukunftserwartungen zu formen.

wie Fremdkapitalgeber auf die Verletzung reagieren werden und zu welchem Zeitpunkt mit einer Verletzung zu rechnen ist. Bei beiden Fragen wird der pragmatische Lösungsansatz wohl an seine Grenzen stoßen. Die erste Frage ist, aufgrund der bereits im Ausgangspunkt unklaren Entscheidungsprozesse der Fremdkapitalgeber, auch zu einem späteren Zeitpunkt i. d. R. wohl nur unvollständig beantwortbar. Ein erneutes pragmatisches Vorgehen, man könnte beispielsweise von großzügigen Fremdkapitalgebern ausgehen, die sich zu jedem Zeitpunkt an dem bestehenden Verschuldungsniveau orientieren, dürfte sich als nicht tragfähig erweisen. Zunächst – dies haben die Überlegungen zur Stabilität der „inneren" Gründe für eine wertabhängige Finanzierungspolitik bereits gezeigt – ist eine Prognose der zukünftigen Zielverschuldung nicht ohne Weiteres machbar. Es erscheint daher fraglich, ob die i. d. R. schlechter informierten Fremdkapitalgeber eine genaue Vorstellung der zukünftigen Unternehmensverschuldung besitzen. Zudem – dies wiegt schwerer – würde durch eine solche unreflektierte Annahme letztlich auch der eigentliche Zweck kreditvertraglicher Vereinbarungen konterkariert, da ohne äußeren Zwang in jedem Fall eine Finanzierungspolitik im Interesse der Eigenkapitalgeber umgesetzt werden würde.

Mit Blick auf die Modellierung der Interessen der Fremdkapitalgeber bleibt damit festzuhalten, dass ein theoretisch und empirisch fundierter Ansatz zum Verhalten der Fremdkapitalgeber derzeit in weiter Ferne erscheint. Vor allzu pragmatischen Lösungsansätzen ist, wie das kurze Beispiel gezeigt hat, auch an dieser Stelle zu warnen, möchte man nicht den Mehrwert der komplexeren Finanzierungsannahme durch unbedachte Überlegungen zunichtemachen. Widmet man sich der zweiten Frage, also der Frage nach dem Zeitpunkt, in dem mit einer Anpassung der Verschuldungsvorgaben durch die Fremdkapitalgeber zu rechnen ist, so hat der vorangehende Abschnitt mit dem Abstellen auf die Fristigkeit der Fremdfinanzierungsverträge bereits ein pragmatisches Vorgehen vorgezeichnet. Der Ansatz, auf die Fristigkeit der Fremdkapitalinstrumente abzustellen, wirkt mit Blick auf die getroffene Annahme zeitvariabler Verschuldungsgrade jedoch ein Stück weit unplausibel. So wurde im vorangehenden Abschnitt auf Basis des Abstellens auf die Fristigkeit der Fremdkapitalinstrumente gerade argumentiert, dass die Annahme eines zeitkonstanten Verschuldungsgrades für eine mittlere Laufzeit von 3–5 Jahren eine gute Näherung der Realität darstellen könnte. Mit Blick auf die übliche Länge der Detailplanungsphase bleibt also festzuhalten, dass, beschränkt man sich auf die „äußeren" Gründe für eine wertabhängige Finanzierungspolitik, auf Basis des skizzierten pragmatischen Ansatzes regelmäßig nur mit einer Anpassung der Verschuldungsvorgaben gegen Ende der Detailplanungsphase zu rechnen ist. Dieser augenscheinliche Widerspruch zu der Annahme einer laufenden Anpassung des Zielverschuldungsgrades führt jedoch nicht dazu, dass die Annahme einer wertabhängigen Finanzierungspolitik mit zeitvariablem Verschuldungsgrad verworfen werden muss. Vielmehr schließt der Fall einer periodischen Anpassung des Zielverschuldungsgrades den zunächst betrachteten Spezialfall zeitkonstanter Verschuldungsgrade mit ein.[1623]

Die Frage, ob die Annahme zeitvariabler Verschuldungsgrade in einen deutlich anderen Unternehmenswert mündet als die gröbere Annahme eines zeitkonstanten Verschuldungsgrades, wird an dieser Stelle dagegen schon aufgeworfen. In Analogie zu den Ausführungen zu der Überzeugungskraft der „inneren“ Gründe wird sich in der Folge näher mit der Frage der Plausibilität des „äußeren“ Grundes für eine wertabhängige Finanzierungspolitik auseinandergesetzt. In einem ersten Schritt sei erneut das Informationsniveau, das zur Bestimmung der Verschuldungsvorgabe als auch des Zeitpunkts, an dem eine Anpassung der kreditvertraglichen Vereinbarungen notwendig ist, näher betrachtet werden. Auch an dieser Stelle ist festzuhalten, dass die Annahme einer wertabhängigen Finanzierungspolitik regelmäßig mit einem logischen Bruch, d. h. der Verletzung des zunächst getroffenen Annahmegerüsts, einhergeht. An dieser Stelle kann erneut argumentiert werden, dass die Kenntnis der zukünftigen Entwicklung der Rahmenbedingungen der Kreditfinanzierung sowie der Zeitpunkte, zu denen diese Annahmen angepasst werden, in einem Umfeld, in dem ansonsten Unsicherheit über die zukünftige Unternehmensentwicklung herrscht, nicht einleuchtend erscheinen. Eine solche Annahme dürfte in der Praxis insbesondere durch den regelmäßig begrenzten Informationshorizont der Marktteilnehmer konterkariert werden. Insbesondere darf bezweifelt werden, dass die zukünftige Verletzung der kreditvertraglichen Vereinbarungen anhand eines Modells prognostiziert werden kann, in einer Welt, in der es selbst den Vertragspartnern regelmäßig an dieser Voraussicht mangelt. So dürften neben der grundsätzlichen Frage nach der Ausgestaltung des Prognosemodells auch die notwendigen Input-Parameter in der Praxis bestenfalls nur approximativ ableitbar sein.

Exkurs: Einfluss der heterogenen Interessen der Fremdkapitalgeber auf die Finanzierungsentscheidung

Vereinfachend wurde in den bisherigen Überlegungen, wie im vorangehenden Abschnitt, zunächst darauf abgestellt, dass Unternehmen lediglich über eine Fremdkapitalklasse verfügen bzw. dass die Interessen der Fremdkapitalgeber auch über verschiedene Fremdkapitalklassen hinweg homogen ausgeprägt sind. Wie bereits im Fall der „klassischen“ wertabhängigen Finanzierungspolitik angemerkt, ist diese Idealannahme in der Praxis regelmäßig nicht erfüllt. Neben einem Interessengleichklang zeichnen sich verschiedene Fremdkapitalinstrumente i. d. R. auch durch teilweise gegenteilige Interessen aus. Aus dieser Heterogenität der Interessen der Fremdkapitalgeber erwachsen in der Folge zwei zentrale Schwierigkeiten für das Verständnis der Finanzierungsentscheidung, die es in der Folge zu adressieren gilt. Einerseits müssen die bis zu diesem Zeitpunkt als Einzelfragen

1623 Der Fall einer unregelmäßigen Anpassung des Zielverschuldungsgrades wird in der Folge in einem gesonderten Abschnitt aufgegriffen.

betrachteten Fragen nach dem Interesse der Fremdkapitalgeber letztlich zunächst für jedes Fremdkapitalinstrument gesondert beantwortet werden,[1624] andererseits ergibt sich mit der Differenzierung in verschiedene Fremdkapitalinstrumente möglicherweise ein Vielklang der Interessen der Fremdkapitalgeber, die es in pragmatischer Form zusammenzufassen gilt. Mit Blick auf den ersten Aspekt lässt sich zunächst festhalten, dass die Anforderung an das Informationsniveau der Bewertung gegenüber den zuvor skizzierten Einzelfragen deutlich ansteigt, da für jedes Fremdkapitalinstrument eine gesonderte Antwort gesucht werden muss und ggf. bestehende Wechselwirkungen zu berücksichtigen sind. Inwieweit es einem externen Unternehmensbewerter überhaupt möglich ist, einen Einblick in die für die Beantwortung der Frage notwendigen Vertragsdetails der einzelnen Fremdkapitalinstrumente zu erlangen, scheint mit Blick auf die Praxis fraglich. Blendet man dieses grundlegende Problem einer differenzierten Betrachtung zunächst großzügig aus, so ist in einem nächsten Schritt die Frage zu beantworten, wie die möglicherweise divergierenden Zielvorgaben der Fremdkapitalgeber in einer einheitlichen Zielgröße zusammenzufassen sind. Der vorangehende Abschnitt hat hierzu erneut einen pragmatischen Lösungsansatz für das Problem divergierender Verschuldungsvorgaben vorgeschlagen. Der Empfehlung, auf die strengste Ausprägung der kreditvertraglichen Vereinbarung abzustellen, kann mit Verweis auf i. d. R. bestehende Cross-Default-Provisions auch im Rahmen der Annahme einer wertabhängigen Finanzierungspolitik mit zeitvariablen Verschuldungsgraden gefolgt werden. Ein Nachteil dieses pragmatischen Ansatzes könnte jedoch darin liegen, dass die unterschiedlichen Halbwertszeiten der bestehenden kreditvertraglichen Vereinbarungen vereinfachend außer Acht gelassen werden. Es ist so nicht auszuschließen, dass mit dem Abschmelzen der Restlaufzeit des zugrunde liegenden Finanzierungsvertrages der Wille der Fremdkapitalgeber sinkt, eine Verletzung der vorgegebenen Finanzierungspolitik zu sanktionieren.[1625] Mittelbar dürfte damit auch das Interesse des Unternehmens an der Einhaltung der vereinbarten Finanzierungsvorgabe sinken und damit nicht zwingend die strengste Finanzierungsvorgabe relevant werden. Eine theoretisch unangreifbare Antwort auf die Frage, wie die unterschiedlichen Interessen der Fremdkapitalgeber abzubilden sind, dürfte damit deutlich schwieriger abzuleiten sein, als es die pragmatische Lösung zunächst nahelegt. Spätestens an dieser Stelle ist daher erneut die bereits aufgeworfene Frage zu stellen, ob die komplexere Annahme zeitvariabler

1624 An dieser Stelle könnte man argumentieren, dass es ausreicht, sich auf die ungesicherten Fremdkapitalinstrumente mittlerer Laufzeit zu fokussieren, um die mögliche Bandbreite der zu betrachtenden Fremdkapitalinstrumente einzuschränken.

1625 Ist die Restlaufzeit überschaubar und die Erfüllung der vertraglichen Verpflichtungen plausibel, könnten die Fremdkapitalgeber auf eine Nachverhandlung verzichten. Mit Blick auf eine zukünftige Finanzierungsrunde könnten die Fremdkapitalgeber es aber auch vermeiden wollen, den Eigenkapitalgebern Steine in den Weg zu legen.

Verschuldungsgrade einen Mehrwert gegenüber der „klassischen" Annahme liefern kann.

Auch auf Basis der „äußeren" Gründe kann damit lediglich ein gemischtes Resümee zugunsten der Annahme zeitvariabler Verschuldungsgrade gezogen werden. An dieser Stelle sind erneut zwei Effekte zu beobachten, einerseits deckt sich die Annahme zeitvariabler Verschuldungsgrade mit dem aus der Empirie zu ziehenden Schluss, dass sich die „äußeren" Gründe für eine wertabhängige Finanzierungspolitik nur über begrenzte Zeiträume als stabil erweisen. Andererseits stellt sich mit dem Wechsel hin zu einer Finanzierungspolitik mit zeitvariablen Verschuldungsgraden erneut die Frage danach, wie die Entwicklung der vermuteten Einflussfaktoren in der Zukunft prognostiziert werden kann. Das an dieser Stelle erneut in den Fokus tretende Prognoseproblem ist aufgrund der Heterogenität der eingesetzten Fremdkapitalinstrumente und der auf Basis der empirischen Forschung nur grob erkennbaren Entscheidungsprozesse der Fremdkapitalgeber auch für die „äußeren" Treiber einer wertabhängigen Finanzierungspolitik nur unvollkommen zu beantworten. Insbesondere die Schwierigkeit, die „äußeren" Anreize für eine wertabhängige Finanzierungspolitik mit Leben zu füllen, lässt daran zweifeln, dass die Annahme zeitvariabler Verschuldungsgrade in der Praxis einen Mehrwert generieren kann. Zudem dürfte im Fall einer Anpassung der Verschuldungsvorgaben in einem Großteil der Fälle nicht zu erwarten sein, dass die Finanzierungsvorgaben durch die Fremdkapitalgeber eine umfassende Abänderung erfahren.[1626] Der Ansatz, zeitkonstante Verschuldungsgrade für die wertabhängige Finanzierungspolitik zu unterstellen, könnte – aufgrund der im Vorfeld skizzierten Probleme – daher mit Blick auf die „äußeren" Gründe einer wertabhängigen Finanzierungspolitik eine vertretbare Annahme darstellen. Zugunsten der allgemeineren Ausprägung der wertabhängigen Finanzierungspolitik ist auch an dieser Stelle festzuhalten, dass die Annahme einer zeitveränderlichen Kapitalstruktur die tatsächliche Komplexität der Beziehung zwischen Eigen- und Fremdkapitalgeber korrekterweise hervorhebt, insbesondere gegenüber der Annahme zeitkonstanter Verschuldungsgrade, die das Interesse der Fremdkapitalgeber, zeitadäquate Verschuldungsvorgaben zu machen, unzulässigerweise verdeckt.

Fasst man zusammen, so wirkt die Annahme zeitvariabler Verschuldungsgrade auch aus Sicht der „äußeren" Gründe für eine wertabhängige Finanzierungspolitik zunächst stabilisierend. Bei einer eingehenderen Betrachtung zeigt sich jedoch auch

---

1626 So dürften deutlich großzügigere Verschuldungsvorgaben regelmäßig gegen das Interesse der Fremdkapitalgeber verstoßen, die zum Vertragsabschluss akzeptierte Risikoposition nicht zu verschlechtern. Eine deutliche Verschärfung der Verschuldungsvorgabe dürfte hingegen i. d. R. zu einer zeitnahen erneuten Verletzung der kreditvertraglichen Vereinbarungen führen. Dies erscheint unplausibel, da dem Fremdkapitalgeber, wollte er das Unternehmen sanktionieren, deutlich schärfere Maßnahmen als eine Neuverhandlung der Verschuldungsvorgaben zur Verfügung stehen.

hier, dass die auf Basis der „äußeren" Gründe zunächst gewachsene Passgenauigkeit der Finanzierungsannahmen mit einer Reihe von Kosten verbunden ist. So muss, um die Passgenauigkeit der Finanzierungsannahme sicherzustellen, in einem zweiten Schritt die Annahme geeignet mit Leben gefüllt werden. Dies gelingt aufgrund der empirisch nur unzureichend geklärten Frage nach der Zusammensetzung als auch der Zeitstabilität der Vorgaben der Fremdkapitalgeber bzw. der Interessen der Unternehmen in praxi wohl nur unvollkommen. Die Praktikabilität und wirkliche Überlegenheit der zunächst eingängiger wirkenden Bewertungsannahme ist daher auch auf Basis der „äußeren" Gründe kritisch zu beurteilen.[1627]

Exkurs: Zur empirischen Fundierung der Annahme zeitvariabler Verschuldungsgrade

Abschließend soll erneut ein kurzer Exkurs zur empirischen Fundierung der Annahme zeitvariabler Verschuldungsgrade vorgenommen werden. Auch an dieser Stelle werden zunächst die Ausführungen des vorangehenden Abschnittes zur „klassischen" wertabhängigen Finanzierungspolitik aufgegriffen. Um Redundanzen weitgehend zu vermeiden, sollen an dieser Stelle lediglich die zentralen Ergebnisse des vorangehenden Abschnitts im Licht der Annahme zeitvariabler Verschuldungsgrade betrachtet werden. Wie der vorangehende Abschnitt gezeigt hat, wird insbesondere in der neueren empirischen Forschung die Auffassung vertreten, dass Unternehmen eher einer Politik zeitvariabler Zielverschuldungsgrade bzw. zeitvariabler Verschuldungszonen als einer Politik zeitkonstanter Verschuldungsgrade folgen.[1628] Die empirische Evidenz deckt sich damit mit den vorangehenden analytisch-deduktiven Überlegungen zu der Plausibilität einer wertabhängigen Finanzierungspolitik mit zeitvariablen Verschuldungsgraden. Die zuvor geäußerte Vermutung, dass die allgemeinere Finanzierungsannahme mit Blick auf die Empirie eine wohl passgenauere Antwort liefern kann, bestätigt sich damit. An dieser Stelle erscheint es interessant, die Gründe für die empirisch motivierte Argumentation zugunsten von zeitabhängigen Verschuldungsgraden vor dem Hintergrund der Annahme einer wertabhängigen Finanzierungspolitik mit zeitvariablen Verschuldungsgraden nochmals zu betrachten. Die Frage, warum Unternehmen von der Politik eines zeitoptimalen Verschuldungsgrades abweichen und einer Politik zeitvariabler Verschuldungsgrade bzw. Verschuldungszonen folgen, kann auf eine Reihe von unterschiedlichen Ursachen zurückzuführen sein. Einen bereits im Vorfeld ausführlich gewürdigten Grund stellt die Abhängigkeit des Optimalitätskriteriums von den i. d. R. zeitvariablen Rahmenbedingungen dar. Neben der plausiblen Zeitabhängigkeit des Optimalitätskriteriums, die im Folgenden nicht nochmals beleuchtet wird, wurde mit dem Faktor Transaktionskosten im vergangenen Abschnitt ein weiterer empirisch bedeutsamer Grund identifiziert,

1627 Unklar bleibt darüber hinaus, wie die mit einer wertabhängigen Finanzierungspolitik einhergehende Informationsasymmetrie plausibilisiert werden kann.

1628 Prominente Vertreter dieser These stellen DeAngelo/Roll (2015) dar, auf die bereits im vorangehenden Abschnitt verwiesen wurde. Vgl. DeAngelo/Roll (2015) S. 409.

warum Unternehmen möglicherweise zeitvariablen Zielverschuldungsgraden folgen. Erinnert man sich an den vergangenen Abschnitt zurück, so wurde zunächst ausgehend von einem Marktversagen respektive dem Fall bedeutsamer Transaktionskosten argumentiert, dass eine wertabhängige Finanzierungspolitik unter diesen Prämissen völlig zusammenbrechen kann. In einem zweiten Schritt wurde die Auswirkung des in der Praxis i. d. R. plausibleren Falls moderater Transaktionskosten auf den Zielverschuldungsgrad betrachtet. Unter dieser, auch für die folgenden Überlegungen, relevanten Annahme kann vermutet werden, dass die auf Basis der empirischen Forschung als vergleichsweise unterentwickelt zu bezeichnenden „inneren“ Anreize zur Einhaltung einer wertabhängigen Finanzierungspolitik z. T. auch auf die mit einer Veränderung der Kapitalstruktur verbundenen Transaktionskosten zurückzuführen sind. Unternehmen haben m. a. W. einen Anreiz, von den optimalen Verschuldungsvorgaben unter dem Eindruck von Transaktionskosten – wenigstens über begrenzte Zeiträume – abzuweichen. Bei nur noch unregelmäßig stattfindenden Eingriffen der Eigenkapitalgeber zur Steuerung der Zielkapitalstruktur ergibt sich damit regelmäßig ein Umfeld, das i. d. R. durch zeitvariable Verschuldungsgrade gekennzeichnet ist.

In Anlehnung an Leary/Roberts (2005) hat der vorangehende Abschnitt verschiedene Ausprägungen von Transaktionskosten und deren Einfluss auf die Anpassungshäufigkeit bzw. die Anpassungsumfänge der Fremdkapitalbestände betrachtet. In der Folge sei dieser Aspekt vor dem Hintergrund einer wertabhängigen Finanzierungspolitik mit zeitvariablen Verschuldungsgraden nochmals kurz aufgegriffen. Für den Fall fixer Transaktionskosten wurde ausgeführt, dass die im Idealfall kontinuierliche Anpassung der Fremdkapitalbestände an ein vorgegebenes Verschuldungsoptimum durchbrochen wird und das Unternehmen nur noch zu diskreten Zeitpunkten Anpassungen an der Verschuldungspolitik vornimmt. Für die Entwicklung des Verschuldungsgrades selbst bedeutet dies, dass der Verschuldungsgrad damit von seinem vorbestimmten Optimum abweicht und im Zeitverlauf schwankt.[1629] Auf den ersten Blick spricht dieser Aspekt unzweifelhaft für die Annahme eines zeitvariablen Verschuldungsgrades in der Unternehmensbewertung. Mit Blick auf die Argumentation des vorangehenden Abschnitts ist jedoch auch hier fraglich, inwieweit die feinere Annahme zeitvariabler Verschuldungsgrade mit einem deutlichen Mehrwert verbunden ist. So hat der vorangehende Abschnitt darauf abgestellt, dass bei fixen Transaktionskosten das Finanzierungsoptimum im Schnitt erfüllt und damit mit der Annahme eines zeitkonstanten Verschuldungsgrades vereinbar ist.[1630]

Wechselt man in ein Umfeld, in dem die Transaktionskosten proportional zum Anpassungsumfang anfallen, so zeigt sich ein anderes Finanzierungsverhalten

1629 Der Überlegung liegt die Annahme zugrunde, dass das Unternehmen in der Detailplanungsphase eine operative Entwicklung erfährt.

1630 Letztlich ist dies auch davon abhängig, wie eng die Verschuldungsober- und -untergrenze um das Verschuldungsoptimum gewählt ist.

des Unternehmens als optimal. In Abhängigkeit zur zugrunde liegenden Unternehmensentwicklung richtet sich die Finanzierungspolitik des Unternehmens entweder an der Ober- oder Untergrenze einer optimalen Verschuldungszone aus. Bewegt sich das Unternehmen innerhalb dieser Verschuldungszone, greift das Unternehmen nicht steuernd in die Finanzierungspolitik ein. Auch an dieser Stelle spricht daher vieles für die Annahme einer wertabhängigen Finanzierungspolitik mit zeitvariablen Verschuldungsgraden. Die Prognose, an welcher Stelle sich das Unternehmen in der optimalen Verschuldungszone befindet, ist dabei jedoch alles andere als trivial, da die ungeklärte Frage des Optimums durch den Aspekt möglicherweise unerwarteter Schwankungen ergänzt wird. Auch in der komplexesten Ausprägung der Transaktionskosten, einer Kombination von fixen und variablen Transaktionskosten, erscheint es im Fall eines übergeordneten Fremdkapitaloptimums plausibel, anzunehmen, dass die durch das Unternehmen realisierten Verschuldungsgrade mit der Annahme einer wertabhängigen Finanzierungspolitik mit zeitvariablen Verschuldungsgraden im Einklang stehen. Die bisherigen Überlegungen haben an den vorangehenden Abschnitt angeknüpft und damit gezeigt, dass auch in einer Welt, in der zunächst von einem periodenkonstanten Verschuldungsoptimum ausgegangen wird, Transaktionskosten dazu führen können, dass das Unternehmen in der Praxis einer wertabhängigen Finanzierungspolitik mit zeitvariablen Verschuldungsgraden folgt. Im Kontrast dazu hat sich dieser Abschnitt der Arbeit zu Beginn mit einer wertabhängigen Finanzierungspolitik beschäftigt, die sowohl aus „inneren" wie auch „äußeren" Gründen von der Prämisse zeitvariabler Verschuldungsgrade ausgegangen ist.

An dieser Stelle ist daher zu hinterfragen, welchen Einfluss Transaktionskosten auf die Annahme zeitvariabler Verschuldungsgrade ausüben. Auch hier ist festzuhalten, dass die bestehende Tendenz zugunsten der Annahme einer wertabhängigen Finanzierungspolitik mit zeitvariablen Verschuldungsgraden wohl nicht durch das Vorliegen von Transaktionskosten verändert wird. Bedeutsamer erscheint dagegen der Umstand, dass mit dem Vorliegen von Transaktionskosten das Problem, eine geeignete Schätzung der zukünftigen Zielverschuldungsgrade abzuleiten, nochmals deutlich verschärft wird.[1631] Sollte die herausfordernde Aufgabe gelingen, eine Schätzung der optimalen Verschuldungsgrade ableiten zu können, so steht noch nicht fest, dass das Unternehmen diesen theoretisch anzustrebenden Verschuldungsgraden tatsächlich in der geplanten Art und Weise folgt. Es gilt unter diesen Prämissen zu beachten, dass die Vorteile der Fremdfinanzierung aufgrund der anfallenden Transaktionskosten nicht vollständig gehoben werden können, zugleich zeigen sich jedoch die „äußeren" Gründe für eine wertabhängige Finanzierungspolitik als stabil. Unter diesen Rahmenbedingungen dürfte sich, wie in der Literatur beschrieben, eine eher einseitige Bindungswirkung der

1631 Unklar bleibt an dieser Stelle auch, inwieweit eine mit Unsicherheit behaftete Prognose im Einklang mit der Annahme sicherer Zielverschuldungsgrade der wertabhängigen Finanzierungspolitik steht.

Finanzierungspolitik ergeben. Die tatsächliche Ausprägung der Finanzierungspolitik hängt damit auch von der tatsächlichen Form der Transaktionskosten ab. Wie die Finanzierungspolitik sich im Fall von mit einer Veränderung der Kapitalstruktur verbundenen Transaktionskosten tatsächlich ausgestaltet, soll an dieser Stelle nicht weiter vertieft werden, da bereits unter weniger komplexen Rahmenbedingungen es schwierig ist, eine sachgerechte Antwort zu finden.

Der kurze Exkurs hat gezeigt, dass sich die im analytischen Teil gewonnene Einschätzung einer höheren Verträglichkeit der Annahme zeitvariabler Verschuldungsgrade mit Blick der empirischen Forschung bestätigen lässt. Mit dem Faktor der Transaktionskosten wurde die Verträglichkeit eines weiteren Aspekts mit der Annahme einer wertabhängigen Finanzierungspolitik mit zeitvariablen Verschuldungsgraden betrachtet. Auch hier zeigt sich, dass die Annahme zeitvariabler Verschuldungsgrade wenigstens aus theoretischer Sicht überzeugen kann. Gleichwohl zeigt sich in diesem Kontext erneut, dass die Aufgabe, die Annahme zeitvariabler Verschuldungsgrade geeignet mit Leben zu füllen, deutlich komplexer wird, da eine Vielzahl von Einzelfragen sowie deren Wechselwirkung beantwortet werden muss. Besonders schwer wiegt hierbei, dass die Antwort auf eine Vielzahl dieser Fragen derzeit noch im Unklaren liegt. Ob und wie diese Fragestellungen zu beantworten sind, wird hoffentlich in der Zukunft deutlicher werden. Die Unklarheit darüber, wie die Annahme einer wertabhängigen Finanzierungspolitik mit zeitvariablen Verschuldungsgraden mit Leben gefüllt werden kann, dürfte maßgeblich dafür verantwortlich sein, dass diese Annahme in der Literatur und in der Praxis regelmäßig nur verhaltene Resonanz findet. Diesem indirekten Urteil über die Annahme einer wertabhängigen Finanzierungspolitik mit zeitvariablen Verschuldungsgraden ist sich in der Folge anzuschließen. Aus heutiger Sicht dominiert m. E. nach der Eindruck, dass die Annahme zeitvariabler Verschuldungsgrade die Gefahr birgt, sich in der Frage der Planung der zukünftigen Zielverschuldungsgrade zu verlieren, ohne dabei davon ausgehen zu können, dass die Bemühungen durch eine höhere Prognosegüte der Bewertung gekrönt sind. Ein abschließendes Urteil über die Güte der Prognoseannahme ist dies jedoch nicht. Dennoch wird in der Folge auf die weitere Betrachtung der allgemeineren Ausprägung der wertabhängigen Finanzierungspolitik an dieser Stelle verzichtet.

4.3.2.5. Fazit zur wertabhängigen Finanzierungspolitik

In den vorangehenden Abschnitten wurden mit der „klassischen" wertabhängigen Finanzierungspolitik und der allgemeiner formulierten wertabhängigen Finanzierungspolitik zwei in der Literatur diskutierte Annahmen zur wertabhängigen Finanzierungspolitik näher beleuchtet. Wie bereits für die autonome Finanzierungspolitik geschehen, soll am Ende dieses Abschnittes ein kurzes Fazit zur Plausibilität dieses Ansatzes gezogen werden. Vergleichbar zur autonomen Finanzierungspolitik zielt die Kritik an der wertabhängigen Finanzierungspolitik auf die Realitätsferne der Finanzierungsannahme ab. Im Fokus der Kritik in der Literatur steht die mit einer wertabhängigen Finanzierungspolitik regelmäßig verbundene aktive Steuerung der Fremdkapitalbestände der Unternehmen. Wie gezeigt wurde, können im Rahmen analytisch-deduktiver Überlegungen eine Reihe von Zweifeln sowohl an der Möglichkeit einer wertabhängigen Finanzierungspolitik als auch an der ökonomischen Sinnhaftigkeit einer periodischen Adjustierung der Fremdkapitalbestände an einen vorgegebenen Zielverschuldungsgrad geäußert werden. Wenig plausibel erscheint so die Bindung des im Unternehmen eingesetzten Fremdkapitalvolumens an den Wert des verschuldeten Gesamtunternehmens.[1632] Anders, als die teilweise harsche Kritik an der wertabhängigen Finanzierungspolitik nahelegt, kann an dieser Stelle die Annahme einer wertabhängigen Finanzierungspolitik nicht als gänzlich ungeeignet verworfen werden. Die vergangenen Abschnitte haben gezeigt, warum es aus Sicht des Unternehmens durchaus vorteilhaft sein kann, die Kapitalstruktur durch regelmäßige Eingriffe zu steuern. Neben dem Aspekt der Wertoptimalität, der das Interesse der Eigenkapitalgeber an der Steuerung der Finanzierungspolitik widerspiegelt, wurden auch die Interessen der Fremdkapitalgeber als ein Grund für die Einhaltung eines festen Zielverschuldungsgrades motiviert. Wie schon bei der autonomen Finanzierungspolitik, so lässt sich auch für die wertabhängige Finanzierungspolitik ein Rückgang der Stabilität dieser Argumente im Zeitverlauf feststellen. Zur Beurteilung der Plausibilität der wertabhängigen Finanzierungspolitik ist es daher auch an dieser Stelle sinnvoll, eine Zweiteilung in Detailplanungs- und Rentenphase vorzunehmen. In der Detailplanungsphase kann zugunsten einer höheren Stabilität dieser Finanzierungsannahme insbesondere die – wenigstens auf den ersten Blick – höhere Flexibilität der Unternehmen angeführt werden. Anders als in der „klassischen" autonomen Finanzierungspolitik, gesteht man Unternehmen damit zu, sich von einem festen Verschuldungsumfang lösen zu können. Übersehen darf man hierbei jedoch nicht, dass auch im Fall der wertabhängigen Finanzierungspolitik diese Flexibilität – in Abhängigkeit zur konkret betrachteten Ausprägung – stark limitiert ist. Zudem hat man sich die Frage zu stellen – dies wurde in den vorangehenden Abschnitten gemacht – inwieweit man davon ausgehen kann, dass Unternehmen diese Flexibilität in jedem Umweltzustand nutzen werden. Wie die vorangehenden Abschnitte gezeigt haben, bestehen unzweifelhaft Rahmenbedingungen, in denen Unternehmen kein Interesse besitzen eine Anpassung an der Kapitalstruktur vorzunehmen. Solche Rahmenbedingung negiert man – wenigstens im Fall einer naiven Abbildung der wertabhängigen Finanzierungspolitik – jedoch mit der festen Bindung der Finanzierungsentscheidung an den Unternehmenswert. Den Begriff der atmenden Finanzierungspolitik vor Augen, existieren m. a. W. Umweltzuständen an denen Unternehmen unter der Prämisse einer

1632 Vgl. dazu Richter/Drukarczyk (2001) S. 635. So hält bereits Myers (1984) – den Blick auf die „klassische" Trade-Off-Theorie gerichtet – fest, dass in der Praxis ein wertorientiertes Finanzierungsverhalten i. d. R. nicht zu beobachten ist. Vgl. dazu Myers (1984) S. 586.

wertabhängigen Finanzierungspolitik zwangsbeatmet werden. Blickt man auf den Rentenfall, so kann auch hier die für die Detailplanungsphase vorgebrachten Vorzüge- bzw. Nachteile dem Grunde nach wiederholt werden. Im Rentenfall, kann man der wertabhängigen Finanzierungspolitik jedoch zudem vorwerfen, dass die implizit angenommene Flexibilität der wertabhängigen Finanzierungspolitik im Widerspruch zu dem gleichzeitig angenommenen Beharrungszustand steht. Inwieweit die, hier nochmals kurz skizzierten, Eigenschaften der wertabhängigen Finanzierungspolitik positiv bzw. negativ hervortreten, dürfte jedoch insbesondere von den Rahmenbedingungen der Bewertung, d. h. vor allem der prognostizierten operativen Entwicklung des betrachteten Unternehmens, abhängen. Der – von einem konkreten Bewertungsfall losgelöste – deutliche Mehrwert einer wertabhängigen Finanzierungspolitik dürfte letztlich darin liegen, dass man sich von der i. d. R. als unwahrscheinlich zu bezeichnenden Annahme der Sicherheit der zukünftigen Wertbeiträge der Fremdfinanzierung wegbewegt und wenigstens die operative Unsicherheit der zukünftigen Unternehmensentwicklung in die Bewertung einfließen lässt.[1633] Darüber hinwegtäuschen, dass man auch mit einer wertabhängigen Finanzierungspolitik ein ähnlich schiefes Informationsniveau wie für die autonome Finanzierungspolitik unterstellt, kann dies jedoch nicht. Eine realitätstreue Abbildung der Praxis stellt eine wertabhängige Finanzierungspolitik damit wohl in aller Regel nicht dar, vielmehr überwiegt die zu Beginn dieses Abschnittes skizzierte Einschätzung eines denkbaren Eckpunkts alternativer Finanzierungspolitiken.

4.3.3. Fazit zu den „klassischen“ Finanzierungspolitiken

In den vorangehenden Abschnitten wurden verschiedene Ausprägungen der „klassischen“ Finanzierungspolitiken näher betrachtet. Wie gezeigt wurde, beschreiben die autonome Finanzierungspolitik und die wertabhängige Finanzierungspolitik zwei Eckpunkte eines möglichen Finanzierungsverhaltens,[1634] das Unternehmen in der Praxis einschlagen können. In den Abschnitten zur Plausibilität der Finanzierungsannahmen wurden neben den „inneren“ Treibern eines solchen Finanzierungsverhaltens auch die „äußeren“ Gründe näher betrachtet, den klassischen Annahmen zur Finanzierungspolitik in der Praxis zu folgen. Blickt man zusammenfassend auf die Diskussion, die sich zur Treffgenauigkeit der „klassischen“ autonomen und der „klassischen“ wertabhängigen Finanzierungspolitik in der Literatur findet, so lässt sich – dies haben die beiden vorangehenden Abschnitte gezeigt – in der Literatur kein eindeutiges Votum zugunsten einer der beiden „klassischen“ Finanzierungspolitiken finden. Diese wenig eindeutige Linie der Literatur erscheint, in Kenntnis der vorangehenden Argumentation, nicht weiter verwunderlich, können doch für die Bindungswirkung der

1633 Ähnlich Richter/Drukarczyk (2001) S. 635.
1634 Vgl. dazu u. a. Watrin/Stöver (2011) S. 60.

alternativen „klassischen" Finanzierungsprämissen durchaus eingängige Argumente aufgeführt werden. Die vorangehenden Abschnitte haben auch gezeigt, dass beiden Finanzierungsannahmen eine, auf das strenge Annahmegerüst und das Festhalten an festen Verschuldungsgraden bzw. -beständen zurückzuführende, Künstlichkeit innewohnt, die mit Recht in der Literatur als wenig praxisnah kritisiert wird. Dem Urteil von Richter (1998), dass sowohl die autonome als auch die wertabhängige Finanzierungspolitik „so in der Realität kaum umgesetzt werden dürften",[1635] kann man sich auf Basis der Plausibilitätsüberlegungen daher uneingeschränkt anschließen.[1636] Wie die nachfolgenden Abschnitte zeigen, wurde in der Literatur diese Künstlichkeit der „klassischen" Finanzierungspolitiken zum Anlass genommen, die Anwendungsbreite bzw. die Praxistauglichkeit der „klassischen" Finanzierungsannahmen durch eine Veränderung des Annahmegerüsts bzw. einer Mischung der „klassischen" Finanzierungspolitiken zu erweitern.[1637] Wie in den folgenden Abschnitten zu den gemischten Finanzierungspolitiken auch verdeutlicht wird, wohnt den „klassischen" Finanzierungspolitiken in ihrer Schlichtheit ein gewisser Reiz inne, der sich insbesondere bei der Notwendigkeit, die Finanzierungsannahmen für den Bewertungsfall zu konkretisieren, zeigt. Dies entspricht letztlich der in der Literatur vertretenen Einschätzung, dass in der Unternehmensbewertung die Notwendigkeit der Komplexitätsreduktion in einem Spannungsfeld zwischen Sachgerechtigkeit und Anwendbarkeit steht.[1638] Ohne die grundsätzliche Notwendigkeit „feinerer" und damit realitätsnäherer Finanzierungsannahmen an dieser Stelle infrage stellen zu wollen, bieten sich die, im Vorfeld u. a. als holzschnittartig bezeichneten, Eigenschaften der „klassischen" Finanzierungspolitiken so durchaus als pragmatische Ausgangspunkte der Unternehmensbewertung an.[1639] Welche der beiden „klassischen" Finanzierungspolitiken die Realität besser beschreiben kann, ist damit jedoch noch nicht abschließend beantwortet. Aus der kontroversen, jedoch nicht zugunsten der „klassischen" Finanzierungspolitiken abgeschlossenen Diskussion an dieser Stelle die Notwendigkeit einer Bauchentscheidung des Bewerters zu folgern, ist sicherlich nicht sachgerecht, lässt sich doch aus den vorangehenden Überlegungen ein grobes Gerüst für die Einschätzung der

---

1635 Vgl. Richter (1998) S. 379.

1636 Richter (1998) spricht im Zusammenhang mit den „klassischen" Finanzierungspolitiken auch nicht von den denkbaren Eckpunkten der Annahmen zur Finanzierungspolitik, sondern spricht folgerichtig von Extrempositionen, die mit den „klassischen" Annahmen eingenommen werden. Vgl. Richter (1998) S. 382.

1637 Durch die Mischung der „klassischen" Finanzierungspolitiken kann ein Teil der Strenge und damit der Künstlichkeit durchbrochen werden, dies zeigen die nachfolgenden Abschnitte.

1638 Vgl. u. a. Ballwieser (1987) S. 1–2.

1639 An dieser Stelle kann erneut auf die Bedeutung der Trägheitsprojektion als Ausgangspunkt für die Unternehmensbewertung hingewiesen werden. Vgl. dazu Kuhner/Maltry (2006) S. 98.

Treffgenauigkeit alternativer Finanzierungspolitiken ableiten. Hat man, dies sei hier vereinfachend unterstellt, keine nähere Kenntnis der Rahmenbedingungen der Bewertung bzw. des zukünftigen Finanzierungsverhaltens des Unternehmens, erscheint es in Kenntnis der vorangehenden Überlegungen vertretbar, zunächst – trotz unterschiedlicher Annahmen zur Steuerung der Fremdfinanzierung des Unternehmens –[1640] von der Gleichberechtigung der Annahme eines zum Bewertungszeitpunkt sicheren bzw. mit dem Unternehmenswert schwankenden Fremdkapitalbestandes auszugehen.[1641] Die an dieser Stelle konstatierte „Gleichberechtigung" der autonomen und wertabhängigen Finanzierungspolitik steht im Kontrast zu den in der Literatur durchaus zu findenden klaren Urteilen zur Praxisrelevanz der konkurrierenden Finanzierungspolitiken. Dieses insbesondere mit Blick auf die Praxis durchaus wünschenswerte Bekenntnis zugunsten einer Finanzierungspolitik ist für sich selbst genommen alles andere als kritikwürdig. Die klare Bewertung der Praxisrelevanz der alternativen Finanzierungspolitiken steht jedoch im Kontrast zu dem zuvor gezogenen zurückhaltenden Zwischenfazit, das die Plausibilität der alternativen Finanzierungspolitiken maßgeblich durch die Rahmenbedingungen der Bewertung determiniert sieht.

In einem kurzen Exkurs soll daher die Stabilität eines Teiles der in der Literatur zu findenden Argumentation zugunsten bestimmter Ausprägungen der Finanzierungspolitik beleuchtet werden. Wie der Exkurs zeigen soll, basiert das scheinbar klare Urteil zugunsten bestimmter Ausprägungen der Finanzierungspolitik auf einer Argumentation, die m. E. sozusagen das Pferd von hinten aufzäumt. Hierunter ist letztlich eine Diskussion zu verstehen, die das gewünschte Ergebnis bereits bei der Abwägung der Argumente fest im Auge hat und damit letztlich nicht unvoreingenommen an die Fragestellung herangeht. Illustrierend könnte man in diesem Zusammenhang auch davon sprechen, dass nur Argumente gegen und nicht für den Angeklagten in der Diskussion näher betrachtet werden. Ein solches Vorgehen erscheint mit Blick auf die regelmäßig auftretenden Schwierigkeiten zwar verständlich, ist jedoch nur eingeschränkt geeignet, den Widerstreit zwischen der Annahme einer autonomen und einer wertabhängigen Finanzierungspolitik zu lösen. Um das beschriebene Problem zu verdeutlichen, seien zwei m. E. nach in der Literatur etwas einseitig verwendete Argumente zugunsten der wertabhängigen Finanzierungspolitik in der Folge stellvertretend näher beleuchtet. Zunächst sei das in der Literatur durchaus geläufige Argument näher beleuchtet, dass die wertabhängige

1640 Lewellen/Emery (1986) sprechen in diesem Zusammenhang davon, dass die „klassischen" Finanzierungspolitiken „[...] reflect fundamentally different characterizations of corporate debt-management policy". Vgl. Lewellen/Emery (1986) S. 217.

1641 Gegen eine solche Argumentation lässt sich natürlich einwenden, dass das vorläufige Gerüst durchaus erste Anhaltspunkte für eine Beurteilung der Realitätsnähe der Finanzierungspolitiken enthält.

Finanzierungspolitik im Kontrast zur autonomen Finanzierungspolitik eine flexiblere und letztlich praxisnähere Finanzierungsannahme darstellt.[1642] So legt die mit der wertabhängigen Finanzierungspolitik auf die Frage nach der Entwicklung der Fremdkapitalbestände gegebene Antwort, im Gegensatz zur „naiven“ Interpretation der autonomen Finanzierungspolitik, lediglich den Umfang des Fremdkapitalbestandes im Verhältnis zum Unternehmensgesamtwert fest, während die autonome Finanzierungspolitik feste Fremdkapitalstufen vorgibt. In der Zukunft wird unter beiden Finanzierungspolitiken annahmegemäß auf die Antworten zum Planungszeitpunkt zurückgegriffen. Für die autonome Finanzierungspolitik bedeutet dies eine Realisierung der ggf. periodenspezifischen Fremdkapitalstufen, während im Rahmen der wertabhängigen Finanzierungspolitik periodenspezifisch der einschlägige Fremdkapitalbestand in Abhängigkeit zum Unternehmenswert ermittelt wird. Zugunsten einer wertabhängigen Finanzierungspolitik lässt sich so durchaus anführen, dass hinter der Annahme einer wertabhängigen Politik die – wohl berechtige – Vermutung steht, dass die Unternehmen aktiv auf eine zukünftige Schwankung des Unternehmenswertes und damit u. U. auch der ursprünglichen Planungsannahmen reagieren werden.

Ein dazu deutlich abweichendes Verhalten wird dagegen mit der Annahme einer autonomen Finanzierungspolitik vorgezeichnet. Es wird implizit von einem gezwungenen, wenn nicht gar fatalistischen Festhalten an dem ursprünglichen Finanzierungsplan mit dieser Finanzierungsannahme ausgegangen.[1643] In der Literatur findet sich daher die auf den ersten Blick plausible Einschätzung, dass die wertabhängige Finanzierungspolitik Ausdruck einer die Flexibilität des Managements bzw. Unternehmens berücksichtigenden Finanzierungspolitik ist, gegenüber einer wenig realitätsnahen autonomen Finanzierungspolitik.[1644] Um ein korrektes Bild einer wertabhängigen Finanzierungspolitik zu zeichnen, ist jedoch an dieser Stelle hervorzuheben, dass auch unter der Annahme einer wertabhängigen Finanzierungspolitik das Unternehmen eine Antwort auf eine zukünftige Abweichung gibt, die bereits in der Planungsphase, d. h. ohne konkrete Kenntnis der zukünftigen Planabweichung,[1645] abgeleitet wurde.[1646]

1642 Exemplarisch für diese Sichtweise vgl. Lewellen/Emery (1986) S. 417; Dierkes/Schäfer (2017) S. 365.

1643 Geht man davon aus, dass der Tilgungsplan zum Planungszeitpunkt festgelegt wurde, kann mit Verweis auf mögliche Strafzahlungen bzw. Transaktionskosten ein Festhalten an der ursprünglichen Planung durchaus gerechtfertigt sein.

1644 Vgl. dazu exemplarisch Richter (1998) S. 382.

1645 Diese Annahme ist notwendig, andernfalls würde man sich im Fall der Sicherheit bewegen, in dem die wertabhängige Finanzierungspolitik keinen eigenständigen Charakter besitzt.

1646 An dieser Stelle kann also eingewandt werden, dass die wertabhängige Finanzierungspolitik – in Analogie zur autonomen Finanzierungspolitik – auf den Erwartungen zum Bewertungszeitpunkt basiert.

Die vorangehenden Abschnitte haben gezeigt, dass ein solches Verhalten nur plausibel erscheint, wenn die Entscheidungsfreiheit des Unternehmens durch „äußere“ Rahmenbedingungen wie Covenants nachhaltig eingeschränkt wurde.[1647] In der Regel dürfte die in der Unternehmensplanung unterstellte Fremdkapitalquote zum Zeitpunkt der Planabweichung nicht mehr der auf den ersten Blick vermuteten optimalen Antwort des Unternehmens entsprechen. Anders ausgedrückt, schmilzt der Mehrwert, der zunächst mit der Annahme einer wertabhängigen Finanzierungspolitik vermutet wurde, gegenüber einer autonomen Finanzierungspolitik ab, nimmt man dem Management mit der wertabhängigen Finanzierungspolitik doch auch unter einer wertabhängigen Finanzierungspolitik einen Teil der Flexibilität. Insbesondere das Recht, fallabhängig und zeitpunktbezogen Finanzierungsentscheidungen zu treffen.[1648] Dies ist – erinnert man sich an die dynamischen Kapitalstrukturtheorien des Kapitels I – eine nachhaltige Einschränkung. Ob das Festhalten an einem unveränderlichen Fremdkapitalbestand über einen langen Zeitraum damit plausibel ist, kann in Kenntnis der alternativen Kapitalstrukturtheorien bezweifelt werden. Dies jedoch in ein Argument für die Annahme eines zeitkonstanten Verschuldungsgrades verkehren zu wollen, erscheint letztlich nicht überzeugend, kann man der Annahme der wertabhängigen Finanzierungspolitik zwar keinen deckungsgleichen, jedoch aber einen durchaus ähnlichen Vorwurf machen.

Die vorangehenden Überlegungen illustrierend, kann an dieser Stelle exemplarisch auf die Argumentation, die Lobe (2006) und Lobe/Essler (2008) gegen die Annahme einer autonomen Finanzierungspolitik angeführt haben, zurückgegriffen werden. Wie sich zeigen wird, kann das vorgebrachte Beispiel ohne Weiteres auch für eine wertabhängige Finanzierungspolitik adaptiert werden. Lobe (2006) greift für die Argumentation gegen eine autonome Finanzierungspolitik in der Rentenphase exemplarisch auf die Entwicklung der Daimler AG zurück. Lobe (2006) verweist u. a. darauf, dass mit Blick auf die Entwicklung der Daimler AG in den vergangenen Jahren unzweifelhaft deutlich wird, dass die Aussagekraft der autonomen Finanzierungspolitik langfristig an die Grenzen stößt. Lobe (2006) verweist so darauf, dass wohl niemand ernsthaft der Annahme Glauben schenken wird, dass die Planungen der 1970er-Jahre auch für ein aktuelles Bewertungsvorhaben Gültigkeit besitzen. Eine Vermutung, die man jedoch unzweifelhaft mit der Annahme einer „naiven“ autonomen Finanzierungspolitik in den 1970er-Jahren unterstellt hätte. Sollte man der durchaus eingängigen Kritik an der autonomen Finanzierungspolitik nicht folgen wollen, wirft Lobe (2006) mit Blick auf die zwischenzeitliche Verschmelzung mit Chrysler zudem die etwas provokante, jedoch

---

1647 Eine vergleichbare Argumentation kann auch zur Plausibilisierung einer autonomen Finanzierungspolitik angeführt werden.

1648 Kann man doch an dieser Stelle argumentieren, dass auch eine autonome Finanzierungspolitik abseits der „naiven“ Trägheitsprojektion die Fremdkapitalbestände einer wertabhängigen Finanzierungspolitik nachzeichnen könnte.

berechtigte Frage ein, ob die Planungen von Daimler oder Chrysler mit Blick auf die zukünftigen Fremdkapitalbestände infolge der Verschmelzung nun dominant seien.[1649] Dieses Beispiel könnte, bezieht man die inzwischen erfolgte Trennung beider Unternehmen in die Betrachtung ein, leicht um einen weiteren Aspekt ergänzt werden, um die Künstlichkeit der Annahme einer autonomen Finanzierungspolitik zu untermauern. Darauf sei in der Folge verzichtet, da bereits der von Lobe (2006) abgebildete Fall ein wertvolles Beispiel für die Begrenztheit der „klassischen" autonomen Finanzierungspolitik gibt und deren im Zeitverlauf zunehmende Künstlichkeit untermauert. Das von Lobe (2006) gewählte Beispiel ist jedoch auch aus einem anderen Blickwinkel wertvoll, da man anhand dieses Beispiels – ohne großen Aufwand betreiben zu müssen – auch die Begrenztheit der Annahme einer „klassischen" wertabhängigen Finanzierungspolitik vergleichsweise einfach zeigen kann. Ein verständiger Bewerter dürfte so auch, belässt man den Fokus auf den Planungen der 1970er-Jahre, den historischen optimalen Verschuldungsgrad nicht unbesehen im Rahmen einer Bewertung für die zukünftige Entwicklung übernehmen, nimmt er zum heutigen Zeitpunkt eine Bewertung der Daimler AG vor.[1650] Auch an dieser Stelle dürften sowohl die Strukturbrüche, denen Daimler im Zeitverlauf ausgesetzt war, wie auch die Veränderungen der Rahmenbedingungen regelmäßig zu groß sein, um die historischen Planungen auf die Zukunft zu übertragen.[1651] Ohne die Argumentation übermäßig in die Länge ziehen zu wollen, erweist sich auch die wertabhängige Finanzierungspolitik alles andere als immun gegenüber der von Lobe (2006) eingeschlagenen Argumentation. Allein auf Basis der Betrachtung

---

1649 Man könnte an dieser Stelle süffisant anmerken, dass diese Frage für den Fall, dass die autonome Finanzierungspolitik eine geeignete Approximation der Realität ist, eigentlich nicht bedeutsam ist, da sowohl Daimler als auch Chrysler die kurzfristige Verbindung in ihren Planungen hätten antizipieren müssen. Davon ist – unterstellt man keinen unbegrenzten Informationshorizont – nicht auszugehen, sonst hätte auch die spätere Trennung beider Unternehmen in die Planung einfließen müssen.

1650 Wie u. a. Essler et al. (2005) und Essler et al. (2004) festhalten, wird in der „klassischen" wertabhängigen Finanzierungspolitik der anzustrebende Zielverschuldungsgrad regelmäßig exogen vorgegeben und ist eine deterministische Größe und keine Zufallsvariable. Vgl. dazu Essler et al. (2005) S. 595; Essler et al. (2004) S. 137.

1651 Auch hier könnte provokant die Frage danach gestellt werden, wie sich der optimale Verschuldungsgrad mit der Fusion von Daimler und Chrysler verändert hat und welche Unternehmensplanung wohl einschlägig war. Ohne diese Frage im Detail beantworten zu wollen, dürfte auch an dieser Stelle klar sein, dass die Finanzierungsannahmen – auch aufgrund der völlig unterschiedlichen Rahmenbedingungen – nicht deckungsgleich sein dürften. Sowohl technische, organisatorische Veränderungen als auch ein Wandel der steuerlichen Rahmenbedingungen sind in diesem Zusammenhang wohl zu nennen.

der Stabilität der Finanzierungspolitiken wird man also die Annahme einer autonomen Finanzierungspolitik nicht aus dem Sattel stoßen können, will man nicht zugleich auch die wertabhängige Finanzierungspolitik aushebeln.[1652]

Neben dem Argument der Flexibilität findet sich in der Literatur i. d. R. ein weiteres Argument, das gegen die Annahme einer autonomen Finanzierungspolitik angeführt wird. Ziel der Kritik ist dabei nicht länger die Stabilität der Planung, sondern das Umfeld,[1653] das dazu führt, dass der Wertbeitrag der Fremdfinanzierung für die autonome Finanzierungspolitik als quasi risikolos angenommen werden kann. Dieses gegen die autonome Finanzierungspolitik vorgebrachte Argument erweist sich dabei jedoch, ähnlich wie die vorangehende Argumentation, in abgewandelter Form als ebenso wirksam, um die Annahme einer wertabhängigen Finanzierungspolitik in Zweifel ziehen zu können. Diese Einschätzung sollen die nachfolgenden Überlegungen kurz verdeutlichen. Geht man zu den Rahmenbedingungen zurück, die der Annahme der autonomen Finanzierungspolitik zugrunde liegen, so hat der Abschnitt zur autonomen Finanzierungspolitik gezeigt, dass die Annahme der Risikolosigkeit des Wertbeitrages der Fremdfinanzierung auf der Prämisse beruht, dass die den Wert des Beitrags der Fremdfinanzierung bestimmenden Faktoren in der Zukunft unzweifelhaft, d. h. ohne Risiko, bestimmbar sind. Konkret bedeutet dies, dass neben einem sicheren Fremdkapitalbestand auch die Fremdkapitalkosten sowie der unternehmensspezifische Steuersatz mit Sicherheit bestimmbar sind und der Wertbeitrag der Fremdfinanzierung in den zukünftigen Perioden mit Sicherheit in der Zukunft gehoben werden kann.[1654]

Dieses Annahmenbündel führt letztlich dazu, dass die Risikolosigkeit des Wertbeitrages der Fremdfinanzierung ein in sich geschlossenes Argument darstellt. Beurteilt man die Realitätsnähe der autonomen Finanzierungspolitik, kann neben dem Aspekt eines sicheren, d. h. bereits zum Planungszeitpunkt determinierten, Fremdkapitalbestandes auch die Annahme eines sicheren Unternehmenssteuersatzes und eines unveränderlichen Fremdkapitalkostensatzes infrage gestellt werden, will man die Künstlichkeit der autonomen Finanzierungspolitik zeigen.[1655] Betrachtet man beide Aspekte näher, so lässt sich mit einem Blick in die Praxis wohl unzweifelhaft konstatieren, dass die im Rahmen der autonomen Finanzierungspolitik unterstellte Risikolosigkeit der Parameter wohl eher die Ausnahme als die Regel darstellt. Blickt man exemplarisch auf den

---

1652 Man könnte wenigstens mit Blick auf einen kurzen Zeithorizont unter gewissen Prämissen auch von einer höheren Stabilität der autonomen Finanzierungspolitik ausgehen.

1653 Ein erster Hinweis auf diesen Aspekt findet sich u. a. in Lewellen/Emery (1986). Vgl. dazu Lewellen/Emery (1986) S. 417.

1654 Vgl. dazu Abschnitt 4.3.1.; Lütkeschümer (2012) S. 74; Castedello et al. (2004) S. 271.

1655 In Abhängigkeit der Gestalt der autonomen Finanzierungspolitik kann auch argumentiert werden, dass Umweltzustände denkbar sind, in denen der Wertbeitrag der Fremdfinanzierung nicht mehr gehoben werden kann.

Unternehmenssteuersatz, so konnte allein für Deutschland in den letzten Jahren eine gewisse Variabilität in der Besteuerung des Unternehmens und damit des effektiven Unternehmenssteuersatzes beobachtet werden. Mit der Begrenzung der Höhe der abziehbaren Fremdfinanzierungskosten wurde im deutschen Steuersystem zudem eine Regelung implementiert, die die Sicherheit der Abzugsfähigkeit des Zinsaufwandes des Unternehmens infrage stellt.[1656] Die Sicherheit des Wertbeitrages der Fremdfinanzierung kann so u. a. auch mit Blick auf die regelmäßig bestehende Unsicherheit in Bezug auf die Höhe der Fremdkapitalkosten und der Ausgestaltung des Steuersystems erfolgreich angezweifelt werden. Arbeiten, die die autonome Finanzierungspolitik als eine ungeeignete, da zu künstliche, Approximation der Realität ablehnen, stellen daher regelmäßig auf diese Aspekte ab.[1657] Der an diesem Punkt u. a. von Castedello et al. (2004) geäußerten kritischen Einschätzung, dass das mit der autonomen Finanzierungspolitik verbundene „Annahmenbündel" allen voran pragmatischer Natur ist, um vergleichsweise unproblematisch einen geeigneten Diskontierungssatz abzuleiten,[1658] ist an dieser Stelle letztlich uneingeschränkt zuzustimmen. Problematisch erscheint m. E. nach an dieser Stelle jedoch der Versuch, aus dieser unzweifelhaften Schwäche der autonomen Finanzierungspolitik ein Argument für die „klassische" wertabhängige Finanzierungspolitik ableiten zu wollen. Wird doch auch bei der Annahme der wertabhängigen Finanzierungspolitik außer auf die deterministische Entwicklung der Fremdkapitalbestände regelmäßig auch auf das kritisierte „Annahmenbündel" aus sicherem Unternehmenssteuersatz und sicheren Fremdkapitalkosten abgestellt.[1659] Dies ist auch an dieser Stelle notwendig, da sonst „[e]ine theoretisch fundierte Bestimmung des Risikos ist kaum durchführbar [ist], da sowohl unternehmensspezifische systematische Risiken, wie unvorhersehbare Schwankungen des verzinslichen Fremdkapitals, als auch makroökonomische Risiken, wie die Entwicklung des deutschen Steuersystems und die Entwicklung des allgemeinen Zinsniveaus, explizit berücksichtigt werden müssten".[1660] Trennt man sich von dem als künstlich empfundenen Annahmenbündel, kann man aufgrund der multiplikativen Verknüpfung der Determinanten des Tax-Shields jedoch regelmäßig auch nicht länger davon ausgehen, dass sich das, im Fall der Bindung des Fremdkapitalbestandes an den Unternehmenswert, für eine wertabhängige Finanzierungspolitik charakteristische operative Risiko durchsetzt. Das tatsächliche Risiko hängt in diesem Fall sowohl vom Risiko der weiteren Determinanten als auch der Beziehung der Risiken zueinander ab. Wie Lütkeschümer (2012) festhält, kann

1656 Vgl. dazu u. a. Lütkeschümer (2012) S. 71.

1657 Vgl. dazu u. a. Lütkeschümer (2012) S. 76; Castedello et al. (2004) S. 271.

1658 Vgl. Castedello et al (2004) S. 271.

1659 Lewellen et al. (1977) halten so mit Blick auf ihre Untersuchung u. a. fest dass, „[...] such stipulations are less compromising than is often the case. They apply equally to both sides of the comparison [...]". Lewellen et al. (1977) S. 111.

1660 Castedello et al. (2004) S. 271.

damit „[d]ie Unsicherheit eines einzelnen Parameters [...] nicht als Unter- oder Obergrenze angesehen werden“.[1661]

Auch mit Blick auf die wertabhängige Finanzierungspolitik ist damit festzuhalten, dass die Annahme, dass der Wertbeitrag der Fremdfinanzierung das operative Risiko des Unternehmens trägt, letztlich auf das pragmatisches Annahmenbündel zurückzuführen ist. Welches Risiko der steuerliche Vorteil bei Abkehr von diesem Annahmenbündel trägt, bleibt dagegen ungewiss.[1662] Ein klares Urteil für die wertabhängige Finanzierungspolitik und damit gegen die autonome Finanzierungspolitik erscheint an dieser Stelle – wie bereits in der vorangehenden Betrachtung – damit nicht zulässig zu sein. Das vorangehende Zwischenfazit, dass in Unkenntnis der konkreten Rahmenbedingungen der Bewertung die beiden „klassischen“ Finanzierungsannahmen zunächst als gleichwertig zu behandeln sind, erscheint damit durch diesen kurzen Exkurs zur Stabilität der in der Literatur vorgebrachten Diskussion bestätigt zu werden. Der Blick auf die erweiterte autonome wie auch wertabhängige Finanzierungspolitik hat gezeigt, dass eine Reihe der im Vorfeld skizzierten Probleme der „naiven“ Ausprägungen dieser Finanzierungspolitiken durch weniger strikte Annahmen zum zukünftigen Finanzierungsverhalten vordergründig entkräftet werden kann. Eine solche Einschätzung hat sich insbesondere aus zwei Gründen als voreilig erwiesen. Zunächst führt eine Abkehr von der Annahme zeitkonstanter Verschuldungsvorgaben nicht dazu, dass die skizzierten Schwächen der „klassischen“ Finanzierungspolitiken gelöst sind. Geht man doch weiterhin davon aus, dass „historische“ Antworten zur Gestalt der Finanzierungsentscheidung auch in zukünftigen Perioden die Entscheidungen des Unternehmens prägen werden. Neben diesem grundsätzlichen Problem tritt – dies haben die Vorüberlegungen gezeigt – die Frage der Bestimmbarkeit der zukünftigen Finanzierungsentscheidungen prägnant in den Vordergrund. Löst man sich von dem Fall, in dem die zukünftigen Finanzierungsentscheidungen aufgrund der Unternehmensplanung als bekannt vorausgesetzt werden können,[1663] muss letztlich eine Einschätzung zum zukünftigen Finanzierungsverhalten abgleitet werden. Ohne an dieser Stelle auf bereits skizzierte Möglichkeiten zur Ableitung zukünftiger Finanzierungsentscheidung nochmals einzugehen, haben die Ausführungen des Kapitels I gezeigt, dass die Vorstellungen, die in der Literatur zu den Treibern der Finanzierungsentscheidung entwickelt wurden, sich z. T. deutlich unterscheiden.

Auf Basis des aktuellen Standes der Forschung – dies scheint auch für die weiteren Finanzierungspolitiken bedeutsam – erscheint es schwierig, ein letztlich allgemein akzeptiertes Gerüst der Stellschrauben der Finanzierungsentscheidung

1661 Vgl. Lütkeschümer (2012) S. 70.

1662 Vgl. Castedello et al. (2004) S. 271.

1663 Die Frage, ob eine wertabhängige oder autonome Finanzierungspolitik eingeschlagen wird, kann letztlich eindeutig anhand der Unternehmensplanung beantwortet werden.

abzuleiten. Die Aufgabe der Prognose des zukünftigen Finanzierungsverhaltens von Unternehmen – abseits des Falls, in dem auf konkrete Unternehmensplanungen abgestellt werden kann – erscheint daher fast unmöglich. Vor diesem Hintergrund kann eine Einschätzung zu den alternativen Finanzierungspolitiken bestenfalls eine vorläufige sein, kann man doch Fallbeispiele konstruieren – darauf sei in der Folge verzichtet –, die verdeutlichen, dass eine schlecht geplante, auf den ersten Blick jedoch praxisnahe Finanzierungspolitik durch eine realitätsfernere Finanzierungsannahme dominiert werden kann. Man kann in Ermangelung eines stabilen Theoriegerüsts versuchen, ob und inwiefern sich die Determinanten der Finanzierungspolitik ableiten lassen und inwiefern diese Determinanten geeignet sind, um das Einsatzspektrum der alternativen Finanzierungsannahmen zu trennen. Diese Aufgabe soll in Kapitel III nochmals näher beleuchtet werden. Interessant hierbei erscheint insbesondere eine nähere Beleuchtung der „klassischen" Finanzierungsannahmen, bilden die diskutierten Finanzierungspolitiken doch die Eckpfeiler denkbarer Finanzierungspolitiken. Lewellen/Emery (1986) sprechen mit Blick auf diese „klassischen" Finanzierungspolitiken daher von einem „ ‚boundary' case"[1664] für die Bewertungspraxis.

Aufgrund der Enge des Annahmegerüsts und der z. T. kontraintuitiven Handlungsvorgaben „klassischer" Finanzierungspolitiken erscheint es zugleich erforderlich, sich auf die Suche nach etwas realitätsnäheren Finanzierungspolitiken zu machen. Wurde mit diesem Abschnitt doch deutlich, dass die „klassischen" Finanzierungspolitiken bestenfalls eine Approximation der tatsächlichen Finanzierungsstrategie des Unternehmens sind, die insbesondere durch die Eingängigkeit des Bewertungsansatzes getrieben sind.[1665] Die Literatur hat diesen Weg u. a. mit der näheren Betrachtung gemischter bzw. hybrider Finanzierungspolitiken beschritten. Im Folgenden soll mit den gemischten Finanzierungspolitiken, im Vergleich zu den „klassischen" Finanzierungsannahmen, eine Reihe etwas flexiblerer Finanzierungspolitiken näher betrachtet werden. Mit der wertabhängigen Finanzierungspolitik mit dynamischem Verschuldungsgrad sowie mit einer „erweiterten" autonomen Finanzierungspolitik wurden bereits zwei mögliche Erweiterungen der „klassischen" Finanzierungspolitiken betrachtet, die mit den gemischten Finanzierungspolitiken auch kombiniert werden können. Abschließend wird mit den Finanzierungspolitiken, die sich am Cashflow bzw. an den Buchwerten des Unternehmens orientieren, ein kurzer Exkurs zu den weiteren Finanzierungspolitiken unternommen. Einen Schwerpunkt dieser Arbeit stellen diese Finanzierungspolitiken jedoch nicht dar.

1664 Vgl. Lewellen/Emery (1986) S. 419.

1665 Vgl. Dazu Dierkes/Gröger (2012) S. 334. Richter/Drukarczyk (2001) schieben daher in die Anmerkung, dass sowohl die Annahme einer wertabhängigen als auch autonomen Finanzierungspolitik Grenzfälle darstellen, nicht zu Unrecht den Zusatz „– vermutlich unrealistische –" ein. Richter/Drukarczyk (2001) S. 637.

4.4. Gemischte Finanzierungspolitiken[1666]

Im Vorfeld wurden mit der autonomen und wertabhängigen Finanzierungspolitik mit zeitkonstanten und zeitvariablen Verschuldungsgraden bereits zwei Ausprägungen der wertabhängigen und der autonomen Finanzierungspolitik betrachtet. Wie die vorangehenden Abschnitte gezeigt haben, kann sowohl die Praktikabilität als auch die Plausibilität der wertabhängigen Finanzierungspolitik wie auch der autonomen Finanzierungspolitik in den bisher betrachteten Ausprägungen kritisiert werden. So wurde die wertabhängige Finanzierungspolitik mit zeitkonstanten Verschuldungsgraden vor allem aufgrund der schwer mit der Praxis in Einklang zu bringenden Strenge, die allgemeinere Form der wertabhängigen Finanzierungspolitik aufgrund der in der Praxis wohl nur unzureichend zu konkretisierenden Unbestimmtheit als wenig plausibel bzw. wenig praktikabel kritisiert. Ein vergleichbares Bild hat sich auch mit Blick auf die denkbaren Ausprägungen der autonomen Finanzierungspolitik gezeigt. Die „klassische" Annahme eines unveränderlichen Fremdkapitalbestandes ist so i. d. R. zu rigide, um kompatibel mit der Unternehmenspraxis zu erscheinen, wohingegen die allgemeinere Ausprägung der autonomen Finanzierungspolitik wiederum in einem Großteil der Fälle wohl nur unzureichend konkretisiert werden kann. Das abschließende Resümee, das zur autonomen Finanzierungspolitik gezogen wurde, ähnelt damit dem Urteil, das mit Blick auf die wertabhängige Finanzierungspolitik gefällt wurde. Bestätigung finden diese, zunächst auf analytischen Überlegungen beruhenden, Einschätzungen der klassischen Finanzierungspolitiken in der gemischten empirischen Evidenz zugunsten des mit den „klassischen" Finanzierungspolitiken zu unterstellenden Finanzierungsverhaltens.

Wie die Abschnitte 4.3.1. und 4.3.2. gezeigt haben, ist sowohl für die autonome als auch die wertabhängige Finanzierungspolitik die Beweiskraft der empirischen Literatur, die für eine strenge Befolgung des mit den Finanzierungspolitiken unterstellten Verhaltens sprechen, lediglich als verhalten zu bezeichnen. Es ist somit wohl der Einschätzung der Arbeit von Lewellen/Emery (1986) zu folgen, dass beide Ausprägungen der klassischen Finanzierungspolitiken lediglich einen groben Rahmen für die in der Praxis tatsächlich relevanten Unternehmenspolitiken vorgeben.[1667] Akzeptiert man die Einschätzung, dass sich die Finanzierungspolitiken der Unternehmen regelmäßig in einem von autonomer und wertabhängiger Finanzierungspolitik vorgegebenen Rahmen bewegen, die durch die Finanzierungspolitiken

1666 An dieser Stelle könnte man mit Blick auf das z. T. gegensätzliche Finanzierungsverhalten der Unternehmen im Rahmen der gemischten Finanzierungspolitiken auch von hybriden Finanzierungspolitiken sprechen.

1667 Lewellen/Emery (1986) sprechen in diesem Zusammenhang daher auch von „ ‚boudary' cases", die sowohl die autonome als auch die wertabhängige Finanzierungsannahme vorgibt. Vgl. Lewellen/Emery (1986) S. 419 ähnlich Dierkes/Schäfer (2017) S. 366.

beschriebenen Grenzen jedoch i. d. R. nicht beschritten werden,[1668] muss man in einem zweiten Schritt die konkrete Ausgestaltung der Finanzierungspolitik klären. In der Literatur finden sich dazu verschiedene Antworten, die in der Folge kurz näher betrachtet werden. Lewellen/Emery (1986) folgend, ist allen in der Literatur zu findenden Vorschlägen die Annahme gemeinsam, dass weder die autonome noch die wertabhängige Finanzierungspolitik durch die Unternehmen in einer strengen Form verfolgt werden. Vielmehr wird davon ausgegangen, dass sowohl Aspekte der autonomen als auch der wertabhängigen Finanzierungspolitik für die Finanzierungsentscheidungen der Unternehmen relevant sind. Mit diesem Merkmal erschöpfen sich jedoch bereits die Gemeinsamkeiten der unterschiedlichen Vorschläge zur Ausgestaltung realitätsnäherer Finanzierungsannahmen. Unterschiede zeigen sich so u. a. in der Dominanz der Merkmale der autonomen bzw. der wertabhängigen Finanzierungspolitik und der Art und Weise, wie die autonome und wertabhängige Finanzierungspolitik vermischt sind. Mit Blick auf die Dominanz alternativer Finanzierungsannahmen kann festgehalten werden, dass in Abhängigkeit zur Einschätzung der Plausibilität der „klassischen" Finanzierungspolitiken die gemischten Formen mehr oder weniger stark an einer der beiden Finanzierungspolitiken ausgerichtet werden.

Wie der nachfolgende Abschnitt zeigt, muss diese Ausrichtung dabei nicht zwingend zeitkonstant sein. Richtet man den Blick auf die Art und Weise, wie die autonome und wertabhängige Finanzierungspolitik vermischt werden, können zwei Ausprägungen in der Literatur beobachtet werden. Einerseits wird eine sequenzielle Vermischung der Finanzierungspolitiken diskutiert, d. h., auf eine Phase mit wertabhängiger Finanzierungspolitik folgt eine Phase mit autonomer Finanzierungspolitik. Andererseits finden sich Formen der gemischten Finanzierungspolitik bei den Unternehmen, die einer Finanzierungspolitik mit autonomen und wertabhängigen Bestandteilen parallel folgen, d. h., Unternehmen steuern das verwendete Fremdkapital zeitgleich nach verschiedenen Maßgaben. Die nachfolgenden Abschnitte greifen ausgewählte gemischte Finanzierungspolitiken auf und beleuchten in Rückgriff auf das Grundgerüst der vorangehenden Abschnitte die Plausibilität als auch die Praktikabilität der in der Literatur diskutierten Vorschläge.

1668 Wie in der Folge nochmals kurz angesprochen wird, muss an dieser Stelle nicht zwingend auf eine Durchmischung der autonomen und wertabhängigen Finanzierungspolitik abgestellt werden. Da dies jedoch der in der Literatur dominierende Ansatz ist, werden in der Folge insbesondere die Kombinationen aus autonomer und wertabhängiger Finanzierungspolitik als gemischte Finanzierungspolitiken bezeichnet.

4.4.1. Zur partiell wertabhängigen Finanzierungspolitik

Im nachfolgenden Abschnitt soll die von Clubb/Doran (1995) vorgeschlagene partiell wertabhängige Finanzierungspolitik näher beleuchtet werden. Clubb/Doran (1995) haben sich aufgrund der in der Praxis regelmäßig durchwachsenen empirischen Evidenz der „klassischen" Finanzierungspolitiken dem Urteil von Lewellen/Emery (1986) angeschlossen und daraus die Notwendigkeit der Formulierung einer stärker an der Realität angelehnten Finanzierungspolitik abgeleitet.[1669] Folgt man dieser Einschätzung, ist in einem ersten Schritt die Frage zu beantworten, wie eine realitätsnähere Finanzierungspolitik konkret auszugestalten ist.[1670] Clubb/Doran (1995) haben diese Frage mit Blick auf die Plausibilität der in der Literatur diskutierten „klassischen" Finanzierungspolitiken bzw. deren Implikationen für das zukünftige Verhalten des Unternehmens vergleichsweise pragmatisch beantwortet. Ausgehend von den durch die „klassischen" Finanzierungspolitiken vorgegebenen Eckpfeilern, sehen Clubb/Doran (1995) insbesondere das charakteristischste Merkmal der wertabhängigen Finanzierungspolitik, d. h. die regelmäßige Ausrichtung der Fremdkapitalbestände an den zukünftigen Unternehmenswerten, als ein glaubhaftes Merkmal unternehmerischen Handelns. Diese Eigenschaft der wertabhängigen Finanzierungspolitik soll daher auf eine realitätsnähere Form der Finanzierungspolitik übertragen werden.[1671] Die mit einer wertabhängigen Finanzierungspolitik i. d. R. verbundene Annahme einer stetigen Anpassung der Fremdkapitalbestände lehnen Clubb/Doran (1995) dagegen mit Blick auf die gemischte Evidenz eines solchen Vorgehens als für die Praxis zu weitreichend ab. Wählt man die „klassische" autonome Finanzierungspolitik als Ausgangspunkt, so halten Clubb/Doran (1995) die mit einer autonomen Finanzierungspolitik i. d. R. einhergehende Passivität über weite Strecken der Unternehmensentwicklung für wenig überzeugend. Ausgehend von dieser Einschätzung der Merkmale der „klassischen" Finanzierungspolitiken, streben Clubb/Doran (1995) die Ableitung einer

---

1669 Vgl. Clubb/Doran (1995) S. 683; 690.

1670 An dieser Stelle könnte man zunächst die bestehende empirische Evidenz sichten, um in einem zweiten Schritt ein in der Praxis verbreitetes Finanzierungsverhalten nachbilden zu können. Dies ist, wie Kapitel III zeigen wird, ein nur unter Schwierigkeiten zu beschreitender Ansatz.

1671 Clubb/Doran (1995) sprechen in diesem Zusammenhang von einer „[...] more realistic active management policy of maintaining a constant market value leverage through time". Clubb/Doran (1995) S. 682. Diese Einschätzung ist jedoch nicht gänzlich stringent, sprechen Clubb/Doran (1995) auf der gleichen Seite davon, dass „envisioning firms as continually monitoring their borrowing positions and tailoring their debt levels to those supportable to updated earnings expectations therefore seems a more appealing perspective". Wie die vorangehenden Abschnitte gezeigt haben, überdehnt diese Annahme jedoch die wertabhängige Finanzierungspolitik, die, wie dargestellt, auf zukünftige Finanzierungsfragen lediglich altbekannte Antworten liefert.

realitätsnäheren Finanzierungspolitik an, die die realitätsnahen Eigenschaften der „klassischen“ Finanzierungsannahmen in sich vereinigt und zugleich die charakteristischen Schwächen der „klassischen“ Finanzierungspolitiken überwinden kann.[1672]

Wie in der Folge deutlicher wird, schlagen Clubb/Doran (1995) eine eigenständige Form der Finanzierungspolitik vor, die aus einer Mischung der Elemente der „klassischen“ wertabhängigen und der „klassischen“ autonomen Finanzierungspolitik besteht. Wie die späteren Abschnitte noch zeigen werden, ist der Vorschlag von Clubb/Doran (1995) einer Reihe von Vorschlägen zuzurechnen, die unter dem Oberbegriff der gemischten Finanzierungspolitiken zusammengefasst werden können. Wie die nachfolgenden Abschnitte zeigen werden, unterscheiden sich die in der Literatur diskutierten Vorschläge sowohl in der Art und Weise der Kombination von wertabhängiger und autonomer Finanzierungspolitik als auch darin, wie nahe der Vorschlag den ursprünglichen „klassischen“ Finanzierungspolitiken kommt. Wie mit Blick auf die Beurteilung der Merkmale der „klassischen“ Finanzierungspolitiken bereits deutlich wurde, präferieren Clubb/Doran (1995) die Annahme einer wertabhängigen Finanzierungspolitik gegenüber der Annahme einer autonomen Finanzierungspolitik. Diese Präferenz zugunsten der wertabhängigen Finanzierungspolitik schlägt sich in der Ausgestaltung des Vorschlags von Clubb/Doran (1995) für eine realitätsnähere Form der Finanzierungspolitik nieder. In Anlehnung an die von Clubb/Doran (1995) gewählte Bezeichnung wird diese, der wertabhängigen Finanzierungspolitik entlehnte, Form der Finanzierungspolitik in der Folge als partiell wertabhängige Finanzierungspolitik bezeichnet.

Wie die folgenden Ausführungen jedoch auch zeigen werden, muss die von Clubb/Doran (1995) angestrebte starke Orientierung an der wertabhängigen Finanzierungspolitik in der Bewertungspraxis nicht aufrechterhalten werden. An dieser Stelle wäre es daher auch denkbar, sich zugunsten eines anderen Oberbegriffs für diese Ausprägung der Finanzierungspolitik zu entscheiden.[1673] Lobe (2006) hingegen hält an der Zuordnung der von Clubb/Doran (1995) vorgeschlagene Form

1672 Vgl. Clubb/Doran (1995) S. 681–682. Eine vergleichbare Argumentation schlagen Dierkes/Schäfer (2017) zur Motivation einer gemischten Finanzierungspolitik vor. Vgl. Dierkes/Schäfer (2017) S. 364; 366.

1673 Clubb/Doran (1995) bezeichnen diese Form der Finanzierungspolitik sowohl als partiell wertabhängige Finanzierungspolitik („partially active“ debt management policy) als auch zeitverzögerte wertabhängige Finanzierungspolitik („lagged“ debt management policy). Vgl. Clubb/Doran (1995) S. 682–683. Das Abstellen auf den Begriff der wertabhängigen Finanzierungspolitik spiegelt die Präferenz von Clubb/Doran (1995) für die Merkmale der wertabhängigen Finanzierungspolitik wider. Eine ähnliche Bezeichnung für diese Form der Finanzierungspolitik wählen auch Dierkes/Schäfer (2017). Vgl. Dierkes/Schäfer (2017) S. 366. Wie sich im weiteren Verlauf zeigen wird, ist die vorgeschlagene Finanzierungspolitik jedoch so flexibel, dass man auch von einer partiell autonomen Finanzierungspolitik sprechen könnte.

der Finanzierungspolitik zur wertabhängigen Finanzierungpolitik fest, wählt jedoch einen Oberbegriff, der stärker auf die technische Ausgestaltung der partiell wertabhängigen Finanzierungspolitik abzielt. Lobe (2006) bezeichnet die partielle Finanzierungspolitik so als wertabhängige Finanzierungspolitik mit time lag.[1674] Insbesondere zur Unterscheidung alternativer Ausprägungen gemischter Finanzierungspolitiken bietet sich diese Bezeichnung an. In diesem Abschnitt wird jedoch zunächst an dem etwas griffigeren[1675] Begriff der partiell wertabhängigen Finanzierungspolitik festgehalten. Mit der Kritik an der als wenig überzeugend empfundenen laufenden Anpassung der Kapitalstruktur im Rahmen der „klassischen" wertabhängigen Finanzierungspolitik bei gleichzeitigem Festhalten an der Annahme einer aktiven Steuerung der Kapitalstruktur durch das Unternehmen, ist die grobe Gestalt der angestrebten Form der Finanzierungspolitik bereits skizziert worden. Den Ausgangspunkt der partiell wertabhängigen Finanzierungspolitik bildet damit die „klassische" wertabhängige Finanzierungspolitik, die durch eine geeignete Annahme zu ergänzen ist, um den Regelfall einer laufenden Anpassung der Kapitalstruktur an einen Zielverschuldungsgrad durchbrechen zu können.

Clubb/Doran (1995) stellen dazu auf die Annahme ab, dass im Kontrast zur „klassischen" wertabhängigen Finanzierungspolitik die Anpassungen der Kapitalstruktur nicht stetig,[1676] sondern in wohldefinierten Abständen, d. h. mit zeitlichen Unterbrechungen, vorgenommen werden.[1677] Neben der grundsätzlichen Orientierung an einem Zielverschuldungsgrad, hier ähnelt die partiell wertabhängige Finanzierungspolitik der „klassischen" wertabhängigen Finanzierungspolitik, existieren damit Phasen, in denen die strenge Form der wertabhängigen Finanzierungspolitik durchbrochen wird und ggf. notwendige Anpassungen an der Kapitalstruktur unterbleiben.[1678]

Das grundsätzliche Ziel, eine weniger strikte Form der wertabhängigen Finanzierungspolitik zu formulieren, wird durch die Annahme von Unterbrechungen der Anpassungsbemühungen des Unternehmens unzweifelhaft erreicht. Will man

---

1674 Vgl. Lobe (2006) S. 172. Lobe (2006) greift damit den gegen Ende des Artikels von Clubb/Doran (1995) verwendeten Oberbegriff für eine partiell wertabhängige Finanzierungspolitik auf. Vgl. Clubb/Doran (1995) S. 691.

1675 Der Begriff der partiell wertabhängigen Finanzierungspolitik stellt stärker auf die Durchbrechung des durch die wertabhängige Finanzierungspolitik vorgegebenen Gerüsts ab.

1676 Im Sinne der in der Praxis geläufigen Form der Finanzierungspolitik von Miles/ Ezzell (1983) seien unter dem Begriff laufende Anpassungen an dieser Stelle diskrete Anpassungen in einem jährlichen Rhythmus verstanden.

1677 Vgl. Clubb/Doran (1995) S. 682–683.

1678 Grundsätzlich ist an dieser Stelle auch denkbar, dass Anpassungen der Kapitalstruktur nicht notwendig sind, da sich die Erwartungen im Zeitablauf erfüllen. Dies dürfte vor allem im Fall der Sicherheit einschlägig sein. Dieser Fall wird in der Folge aufgrund der weniger bedeutsamen Unterscheidung alternativer Finanzierungspolitiken jedoch nicht näher betrachtet werden.

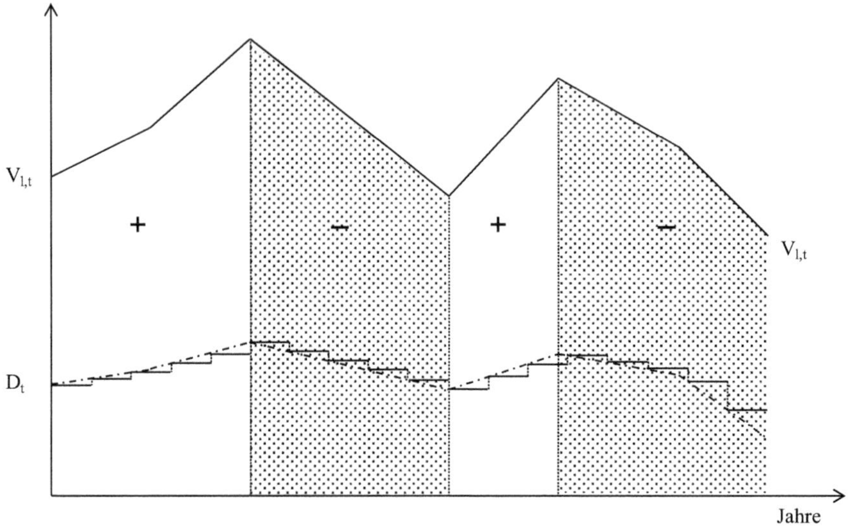

Abbildung 5: *Partiell wertabhängige Finanzierungspolitik mit gleichmäßiger Anpassung an ein Verschuldungsoptimum*

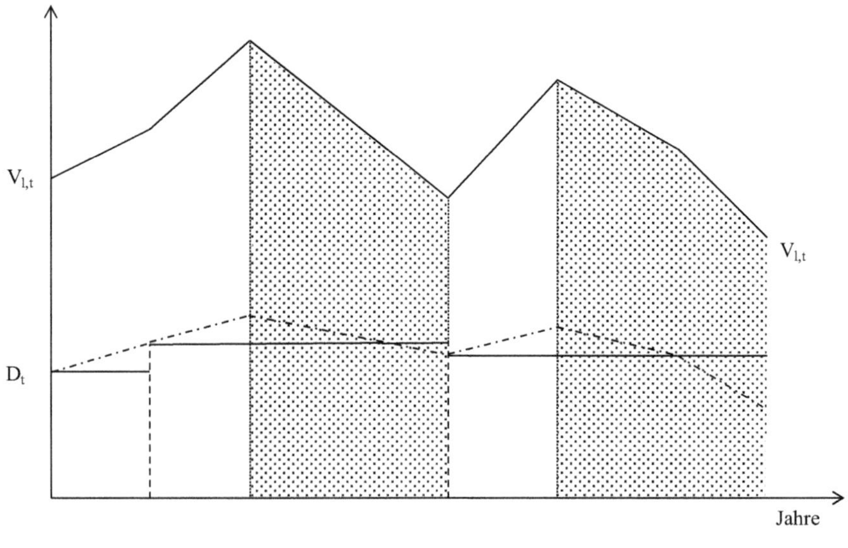

Abbildung 6: *Partiell wertabhängige Finanzierungspolitik mit unregelmäßiger Anpassung an ein Verschuldungsoptimum*

die alternativ zueinander diskutierten Vorschläge gemischter Finanzierungspolitiken voneinander unterscheiden, ist es notwendig, die bisher vergleichsweise grobe Gestalt der partiell wertabhängigen Finanzierungspolitik weiter zu konkretisieren. Die nähere Beschreibung der von Clubb/Doran (1995) vorgeschlagenen Finanzierungspolitik ist darüber hinaus für die Beantwortung der Frage nach der Eignung bestehender Bewertungsansätze und später zur Beurteilung der Plausibilität des mit der partiell wertabhängigen Finanzierungspolitik verbundenen Verhaltens notwendig.

Bis zu diesem Punkt wurde, um dem Ziel einer stärkeren Praxisorientierung zu genügen, lediglich die Annahme getroffen, dass Unternehmen nicht durchgehend den Vorgaben einer wertabhängigen Finanzierungspolitik folgen. Weitgehend vernachlässigt wurde dagegen bisher die Frage,[1679] welches Finanzierungsverhalten das Unternehmen in den Zwischenphasen, d. h. in den Zeiträumen der Durchbrechung der wertabhängigen Finanzierungspolitik, einschlägt und welche Konsequenzen dies für die Kombination aus autonomer und wertabhängiger Finanzierungspolitik hat. Die Antwort der partiell wertabhängigen Finanzierungspolitik auf diese Frage gilt es in der Folge daher, näher zu beleuchten. Der Vorschlag von Clubb/Doran (1995) enthält die Annahme, dass sich Unternehmen in den Zwischenphasen passiv verhalten, d. h., die zunächst durch eine wertabhängige Finanzierungspolitik bestimmte Kapitalstruktur wird kurzfristig nicht durch gezielte Eingriffe des Unternehmens aktiv verändert. Wie in der Folge verdeutlicht werden soll, erfolgt mit der Annahme der zeitweisen Passivität des Unternehmens ein Wechsel von einer reinen Form der wertabhängigen Finanzierungspolitik hin zu einer reinen Form der autonomen Finanzierungspolitik.[1680] Basierend auf den Vorüberlegungen, wird in der Folge die genauere Gestalt der partiell wertabhängigen Finanzierungspolitik skizziert. In einem zweiten Schritt wird kurz plausibilisiert, warum ein Wechsel zwischen den Eckpunkten der Finanzierungspolitik unter dem gegebenen Annahmegerüst folgerichtig erscheint. Ob die in der Folge eingeschlagene Argumentation aus analytischer Sicht tatsächlich tragfähig ist, wird erst in einem späteren Abschnitt näher beleuchtet.

Widmet man sich in einem ersten Schritt zunächst der Frage nach der genauen Gestalt der partiell wertabhängigen Finanzierungspolitik, so kann auf Basis der Vorüberlegungen festgehalten werden, dass Unternehmen im Rahmen der partiell wertabhängigen Finanzierungspolitik in wohldefinierten Abständen Anpassungen

---

1679 Sieht man von der Anmerkung ab, dass die partiell wertabhängige Finanzierungspolitik als ein Vertreter gemischter Finanzierungspolitiken sowohl Merkmale der autonomen als auch der wertabhängigen Finanzierungspolitik aufweist.

1680 Das Abstellen auf die autonome Finanzierungspolitik erfolgt dabei weitgehend indirekt, durch die Annahme, dass der Wertbeitrag der Fremdfinanzierung in den Zwischenphasen mit den Fremdkapitalkosten zu diskontieren ist. Vgl. dazu Clubb/Doran (1995) S. 684.

an den Fremdkapitalbeständen bzw. Tilgungsplänen vornehmen.[1681] In der Folge wird in diesem Zusammenhang auch von dem Zeitpunkt der Revision der Kapitalstruktur gesprochen. Umfang und konkrete Ausgestaltung der Anpassungen der Kapitalstruktur erfolgen dabei in Analogie zur „klassischen" Form der wertabhängigen Finanzierungspolitik. Konkret bedeutet dies also, dass Fremdkapitalbestände bzw. die Tilgungspläne der zukünftigen Perioden, bis zu einer erneuten Anpassung, an dem zum Zeitpunkt der Revision gültigen optimalen Zielverschuldungsgrad[1682] ausgerichtet werden. Als Referenzpunkt für die Höhe der zukünftigen Fremdkapitalbestände dienen die zum Zeitpunkt der Revision bestehenden Erwartungen mit Blick auf die Entwicklung des zukünftigen Unternehmenswertes.[1683] Im Unterschied zur „klassischen" wertabhängigen Finanzierungspolitik wird im Rahmen der partiell wertabhängigen Finanzierungspolitik der in der Regel laufend notwendige Anpassungsprozess in den auf die Revision folgenden Perioden durchbrochen.[1684] Konkret bedeutet dies, dass an den zum Zeitpunkt der Revision herrschenden Zukunftserwartungen sowie optimalen Verschuldungsgraden, wenigstens in der auf die Revision folgenden Periode, festgehalten wird. Dieses Festhalten des Unternehmens an den zum Zeitpunkt der Revision herrschenden Erwartungen induziert in den Zwischenphasen streckenweise eine autonome Finanzierungspolitik.[1685] Formuliert man etwas greifbarer, so sind durch die zukünftige Passivität des Unternehmens die zukünftigen Veränderungen der Fremdkapitalbestände der Zwischenphasen bereits zum Revisionszeitpunkt vorbestimmt. Implizit geht man damit davon aus, dass die zukünftige Fremdkapitalaufnahme bzw. -rückzahlung auf Basis der vorherrschenden Erwartungen mit den Fremdkapitalgebern bereits fest vereinbart wurde. Änderungen an diesem Finanzierungsgerüst unterbleiben in den folgenden Perioden annahmegemäß.

Fasst man zusammen, so sind zum Zeitpunkt der Revision die Fremdkapitalbestände der kommenden Perioden fixiert und damit nicht mit Unsicherheit

---

1681 Die Zeitpunkte, zu denen Unternehmen Anpassungen an der Kapitalstruktur vornehmen, sei in der Folge Gegenstand einer eingehenderen Betrachtung und an dieser Stelle als vorgegeben angenommen.

1682 Vereinfachend sei hier zunächst lediglich auf die Erweiterung der klassischen wertabhängigen Finanzierungspolitik abgestellt, ein kurzer Ausblick auf die Erweiterung der generalisierten Finanzierungsannahme erfolgt zu einem späteren Zeitpunkt.

1683 Vgl. Clubb/Doran (1995) S. 683.

1684 Der Fall, in dem Sicherheit über die zukünftige Unternehmensentwicklung herrscht, sei in den folgenden Überlegungen vereinfachend ausgeblendet. Damit ist davon auszugehen, dass sich die zum Bewertungszeitpunkt bestehenden Erwartungen von später gebildeten Erwartungen unterscheiden und damit eine Revision der Finanzierungspolitik fakultativ ist.

1685 Es wird damit letztlich der von Myers (1974) und Ashton/Atkins (1978) formulierten Ausgestaltungsvariante der autonomen Finanzierungspolitik gefolgt. Vgl. Clubb/Doran (1995) S. 681–682; Myers (1974) S. 2; Ashton/Atkins (1978) S. 1447.

behaftet.[1686] Diese Eigenschaft wurde in einem vorangehenden Abschnitt als das bestimmende Merkmal einer autonomen Finanzierungspolitik identifiziert. Die im Rahmen der partiell wertabhängigen Finanzierungspolitik getroffene Annahme eines Übergangs von wertabhängiger Finanzierungspolitik hin zur autonomen Finanzierungspolitik erscheint unter der Annahme einer zeitweisen Passivität des Unternehmens folgerichtig. Die Stabilität der Annahme des Wechsels hin zu einer autonomen Finanzierungspolitik wird insbesondere dann deutlich, plädiert man an dieser Stelle zugunsten eines Übergangs von „klassischer" wertabhängiger Finanzierungspolitik hin zu einer alternativen Form der aktiven Finanzierungspolitik. Wie sich zeigen wird, tritt bei einer solchen Konstellation, anders als beim Vorschlag der zeitweisen Passivität von Clubb/Doran (1995), ein innerer Konflikt unverkennbar hervor. Deutlicher als bei der Annahme einer zeitweisen Passivität ist man so gefordert, zu erklären, warum Unternehmen zwischen verschiedenen Ausprägungen aktiver Finanzierungspolitiken hin und her wechseln sollten. Unterstellt man mit dem Wechsel hin zu einer anderen Finanzierungspolitik doch, dass das Unternehmen sowohl in der Lage ist, an einer aktiven Gestaltung der Kapitalstruktur festzuhalten, als auch, dass diese Form der Finanzierungspolitik optimal ist.[1687] Mit der Entscheidung, zeitweise von dem vorbestimmten Zielverschuldungsgrad abzuweichen, wird ein Teil der Argumentation zugunsten einer wertabhängigen Steuerung der Fremdkapitalbestände infrage gestellt. Implizit signalisiert der Wechsel zu einer anderen Form der aktiven Finanzierungspolitik, dass die Orientierung des Unternehmens an einem festen Zielverschuldungsgrad nicht durchgängig ein zwingend optimales Finanzierungsverhalten darstellen muss. Neben dem Zielverschuldungsgrad existieren stattdessen zeitweise dominantere Verschuldungsvorgaben, die den Zielverschuldungsgrad zu diesen Zeitpunkten zu einem Ziel zweiter Ordnung verkümmern lassen. Die für die „klassische" wertabhängige Finanzierungspolitik angeführte Annahme, dass der Zielverschuldungsgrad Ausdruck eines wertoptimalen Verhaltens des Unternehmens ist, wird in den Zwischenperioden damit offenkundig verletzt.

Die vorangehenden Abschnitte insbesondere zu den dynamischen Kapitalstrukturtheorien haben gezeigt, dass die Abnahme der Bindungswirkung eines als zeitkonstant angenommenen Zielverschuldungsgrades durchaus als mit den Ergebnissen der empirischen Forschung vereinbar akzeptiert werden kann. Auf den ersten Blick wirkt ein Wechsel zu einer an anderen Kriterien ausgerichteten Finanzierungspolitik damit nicht unplausibel. Im Lichte der im Rahmen der partiell wertabhängigen Finanzierungspolitik zu unterstellenden Rückkehr des Unternehmens

---

1686 Die partiell wertabhängige Finanzierungspolitik unterscheidet sich damit von der „klassischen" wertabhängigen Finanzierungspolitik, bei der die zukünftigen Zahlungsströme mit Unsicherheit behaftet sind. Vgl. dazu u. a. Richter (1998) S. 380.

1687 Diese Argumentation schließt nicht aus, dass auch „äußere" Gründe den Übergang zu einer alternativen Ausgestaltung der aktiven Finanzierungspolitik erzwingen können.

zu der am Zielverschuldungsgrad orientierten wertabhängigen Finanzierungspolitik, wirkt die Annahme eines zeitweisen Wechsels zu einer anderen Form der aktiven Steuerung der Kapitalstruktur dagegen fragwürdig.[1688] Insbesondere scheint die den Wechsel motivierende Argumentation zugunsten einer abnehmenden Bindungskraft des Zielverschuldungsgrades damit weitgehend unbegründet.[1689] Diese logische Ungereimtheit könnte man versuchen zu umgehen, indem man nicht eine „klassische" wertabhängige Finanzierungspolitik, sondern eine Finanzierungspolitik mit zeitvariablen Zielverschuldungsgraden unterstellt. Folgt man dieser Argumentation, ist man jedoch erneut gefordert, zu erklären, warum die nun zeitvariablen Zielverschuldungsgrade zeitweise nicht mehr das Oberziel des Unternehmens darstellen.[1690] Ein Konflikt bei der Mischung alternativer aktiver Ausprägungen der Finanzierungspolitik dürfte damit i. d. R. nicht zu vermeiden sein.[1691] Die Annahme einer zeitweisen Passivität scheint demgegenüber vergleichsweise einfach zu akzeptieren, da ein solches Verhalten auf den ersten Blick argumentativ wohlbegründbar erscheint, ohne einen inneren Konflikt der Argumentation auszulösen. So lässt sich, wie bereits bei der Betrachtung der autonomen Finanzierungspolitik, mutmaßen, dass Passivität des Unternehmens in den Zwischenphasen durch äußere Faktoren erzwungen wird. Sobald diese „äußeren" Faktoren wegfallen, steht einer Rückkehr des Unternehmens zu einer optimalen Kapitalstruktur und dem Zielverschuldungsgrad argumentativ nichts mehr im Weg. Hat man die Fragen nach der Gestalt und der oberflächlichen Plausibilität des im Fall einer partiell wertabhängigen Finanzierungspolitik einschlägigen Verhaltens beantwortet, muss man sich in einem weiteren Schritt der Frage widmen, wie die Annahme einer partiell wertabhängigen Finanzierungspolitik in eine Bewertungsgleichung einzubetten ist.

Exkurs: Zur Bewertung der partiell wertabhängigen Finanzierungspolitik

Zunächst kann die Eignung der in den vorangehenden Abschnitten betrachteten Bewertungsansätze näher beleuchtet werden. Mit Blick auf den von Miles/Ezzell (1983) für den Fall der „klassischen" wertabhängigen Finanzierungspolitik vorgeschlagenen Bewertungsansatz ist festzuhalten, dass mit dem Durchbrechen des strengen Gerüsts der wertabhängigen Finanzierungspolitik der „klassische"

1688 Wie die Überlegungen zur Plausibilität der partiellen wertabhängigen Finanzierungspolitik zeigen werden, ist auch der Wechsel zu einer autonomen Finanzierungspolitik nicht frei von diesem Plausibilitätsproblem.

1689 Für die Praxis mag es zwar in bestimmten Fällen nicht auszuschließen sein, dass der ursprüngliche Zielverschuldungsgrad nach einer Unterbrechung erneut relevant wird, plausibel erscheint diese Annahme jedoch nicht.

1690 Unterstellt man kurzfristige Beharrungszustände als wenig praxisnah.

1691 Dies gilt insbesondere für den von Clubb/Doran (1995) unterstellten Wechsel von einer rein wertabhängigen hin zu einer rein autonomen Finanzierungspolitik. Für weniger strenge Formen der Finanzierungspolitik ist dieses Argument nur bedingt aufrechtzuerhalten.

periodenkonstante WACC-Ansatz nicht unbesehen für den Fall einer partiell wertabhängigen Finanzierungspolitik angewendet werden kann. Aufgrund der zeitlichen Begrenzung der Phasen der autonomen Finanzierungspolitik ist auch der „klassische" Bewertungsansatz der autonomen Finanzierungspolitik nicht ohne Weiteres anwendbar. Dies ist nicht verwunderlich, wurde doch bereits hervorgehoben,[1692] dass sowohl die autonomen als auch die wertabhängige Finanzierungspolitik die Eckpunkte einer partiell wertabhängigen Finanzierungspolitik beschreiben. Damit kann zunächst festgehalten werden, dass die Eignung und das Aussehen des Bewertungsansatzes, insbesondere von der Gestalt der partiell wertabhängigen Finanzierungspolitik, also dem Umfang der Elemente der wertabhängigen und autonomen Finanzierungspolitik, abhängen. Aus Illustrationsgründen bietet es sich zunächst an, die bisher vernachlässigte Frage nach den Zeitpunkten bzw. der Länge der einzelnen Phasen der Finanzierungspolitiken mit einer pragmatischen Annahme zu konkretisieren.[1693] Clubb/Doran (1995) folgend, soll die Frage nach den Zeitpunkten bzw. der Länge der wechselnden Finanzierungsphasen mit der Ad-hoc-Annahme, dass Unternehmen lediglich jede zweite Periode aktiv Anpassungen an der Finanzierungspolitik vornehmen, beantwortet werden.[1694] Auf Basis des gewählten Prämissenrahmens können durch Rückgriff auf den APV-Ansatz und das Roll-Back-Verfahren bzw. die Rückwärtsinduktion die adäquaten Diskontierungssätze für die zukünftigen Wertbeiträge der Fremdfinanzierung abgeleitet werden. Im Kontrast zum Fall der „klassischen" autonomen bzw. wertabhängigen Finanzierungspolitik trägt der Wertbeitrag der Fremdfinanzierung im Zeitverlauf unterschiedliches Risiko. Die für den Wertbeitrag der Fremdfinanzierung einschlägigen Diskontierungssätze können damit nicht zeitstabil sein. Wie die Arbeit von Clubb/Doran (1995) gezeigt hat, ist im Vorfeld einer Revision der Kapitalstruktur der Kapitalkostensatz des unverschuldeten Unternehmens für die Diskontierung der später, ggf. auch unter einer autonomen Finanzierungspolitik, vereinnahmten Wertbeiträge der Fremdfinanzierung einschlägig. Anders formuliert, ist der Wertbeitrag der Fremdfinanzierung, außer zu den Zeitpunkten, in denen die zukünftigen Fremdkapitalbestände sicher sind, d. h. in den Zwischenphasen der

---

1692 Im weiteren Verlauf dieses Abschnittes wird dieser Aspekt kurz näher beleuchtet.

1693 Da, wie Clubb/Doran (1995) in ihrer Arbeit zeigen, die Länge der Zwischenphasen frei variiert werden kann, ist die konkrete Beantwortung für die Ableitung des Bewertungsansatzes für die Ableitung der Bewertungsgleichung zunächst von sekundärer Natur. Eine Konkretisierung bietet dennoch den Vorteil, dass eine klare Vorstellung der partiell wertabhängigen Finanzierungspolitik im Angesicht der großen Schwankungsbreite dieser Form der Finanzierungspolitik gewonnen werden kann.

1694 Vgl. Clubb/Doran (1995) S. 684. Damit bewegt sich die partiell wertabhängige Finanzierungspolitik relativ nahe an der „klassischen" wertabhängigen Finanzierungspolitik. Wie bereits angedeutet, ist die partiell wertabhängige Finanzierungspolitik jedoch nicht auf diese Ad-hoc-Annahme beschränkt. Dies haben Clubb/Doran (1995) im Nachgang gezeigt.

autonomen Finanzierungspolitik, mit dem Kapitalkostensatz des unverschuldeten Unternehmens zu diskontieren.[1695] Dieses Ergebnis ist einleuchtend, hängen zukünftige Fremdkapitalbestände im Rahmen der partiell wertabhängigen Finanzierungspolitik doch von dem zum Revisionszeitpunkt vorherrschenden und zum Bewertungszeitpunkt regelmäßig unsicheren Unternehmenswert ab, auch wenn in der Folge der Revision zeitweise Sicherheit über die zukünftige Entwicklung der Fremdkapitalbestände herrscht.

Wie der Abschnitt zur „klassischen" wertabhängigen Finanzierungspolitik bereits kurz verdeutlicht hat, trägt der Wertbeitrag der Fremdfinanzierung durch die Bindung an den zum Bewertungszeitpunkt unsicheren Unternehmenswert das Unternehmensrisiko. Dieser Zusammenhang ist auch bei Annahme einer partiell wertabhängigen Finanzierungspolitik, d. h. der Durchbrechung der strengen Struktur der „klassischen" wertabhängigen Finanzierungspolitik, weiterhin gültig. Zur Diskontierung des Wertbeitrages der Fremdfinanzierung in den Zwischenphasen, d. h. den Phasen der autonomen Finanzierungspolitik, schlagen Clubb/Doran (1995) den Fremdkapitalkostensatz als adäquaten Diskontierungssatz vor. Diese Annahme erscheint mit Blick auf die Ausführungen im Abschnitt zur autonomen Finanzierungspolitik bekannt und aufgrund der zeitweisen Unveränderbarkeit der Fremdkapitalbestände, wenigstens technisch, wohlbegründet.[1696] Auf die Darstellung des von Clubb/Doran (1995) geführten Beweises wird an dieser Stelle aufgrund des Einklangs der Ergebnisse mit den Vorüberlegungen der vorangehenden Abschnitte verzichtet.

Fasst man an dieser Stelle zusammen, so kann festgehalten werden, dass die Ähnlichkeit zur Annahme einer wertabhängigen Finanzierungspolitik nicht überraschen kann, unterstellt man für die partiell wertabhängige Finanzierungspolitik i. d. R. doch nur kurze Zeiträume, in denen das Verhalten einer autonomen Finanzierungspolitik einschlägig ist.[1697] Die Durchbrechung der wertabhängigen Finanzierungspolitik durch kurze Phasen passiven Verhaltens kann daher nicht das gesamte Aussehen der wertabhängigen Finanzierungspolitik verfremden, die Kerneigenschaften der wertabhängigen Finanzierungspolitik bleiben weiterhin dominant erhalten. Hat man die Frage nach den einschlägigen Diskontierungssätzen für die verschiedenen Phasen der partiell wertabhängigen Finanzierungspolitik beantwortet, steht mit dem APV-Ansatz ein aus den vorangehenden Abschnitten bekanntes Instrument zur Bewertung der partiell wertabhängigen

---

1695 Zur genauen Ableitung dieses Zusammenhanges sei an dieser Stelle auf Clubb/Doran (1995) verwiesen. Vgl. Clubb/Doran (1995) S. 685.

1696 Für den Fall, dass das Fremdkapital kein Finanzierungsrisiko trägt, gleicht der Diskontierungssatz dem risikolosen Kapitalkostensatz.

1697 Nur so ist die Schlussfolgerung von Clubb/Doran (1995) zu verstehen, die festhalten, dass der „klassische" WACC-Ansatz zu einer vergleichsweisen fehlerfreien Bewertung der partiell wertabhängigen Finanzierungspolitik führt. Vgl. Clubb/Doran (1995) S. 692.

Finanzierungspolitik zur Verfügung.[1698] Clubb/Doran (1995) haben ausgehend vom Fall einer einperiodigen Zwischenphase eine allgemeine Bewertungsgleichung für die partiell wertabhängige Finanzierungspolitik abgeleitet.[1699] Wie Lobe (2006) festgehalten hat, ist die Bewertung der partiell wertabhängigen Finanzierungspolitik unter Annahme einer E[F]/F-Planungsdoktrin und unter Rückgriff auf den APV-Ansatz weitgehend unproblematisch durchführbar. Das zur Bewertung einer partiell wertabhängigen Finanzierungspolitik einzuschlagende Vorgehen ist bei Kenntnis der „klassischen" Finanzierungspolitiken ohne Weiteres einleuchtend.[1700] Aus technischer Sicht ist die partiell wertabhängige Finanzierungspolitik mit dem in der Unternehmensbewertungspraxis wohlbekannten Instrumentarium damit weitgehend unproblematisch zu bewerten.

Die Annahme einer partiell wertabhängigen Finanzierungspolitik erscheint, setzt man die zeitweise Durchbrechung der wertabhängigen Finanzierungspolitik als angezeigt voraus, damit als eine in sich schlüssige und aus technischer Sicht weitgehend problemlose Finanzierungsannahme. Ob der Vorschlag von Clubb/Doran (1995) eine nähere Beschreibung der Unternehmensrealität liefern kann, wurde bis zu diesem Punkt weitgehend ausgeblendet. In dem zweiten Unterabschnitt gilt es daher, der Frage nachzugehen, ob das mit der Annahme einer partiell wertabhängigen Finanzierungspolitik verknüpfte Verhalten des Unternehmens plausibel erscheint und unter welchen Rahmenbedingungen ein solches Verhalten für das Unternehmen angezeigt ist. M.a.W. ist in der Folge der Frage nachzugehen, warum ein Unternehmen zwischen autonomer bzw. wertabhängiger Steuerung der Fremdkapitalbestände wechseln sollte. In einem kurzen Exkurs soll zuvor jedoch noch verdeutlicht werden, dass die partiell wertabhängige Finanzierungspolitik nicht auf die von Clubb/Doran (1995) vorgeschlagene Form einer weitgehend wertabhängigen Finanzierungspolitik beschränkt ist.

1698 Anders, als Clubb/Doran (1995) ausgeführt haben, ist auch der WACC-Ansatz zur Bewertung dieser Form der wertabhängigen Finanzierungspolitik grundsätzlich denkbar. Vgl. dazu Clubb/Doran (1995) S. 686; Lobe (2006) S. 175. Wie Lobe (2006) ausführt, ist jedoch auch bei einem zeitkonstanten Verschuldungsgrad von einem nun zeitvariablen gewichteten Kapitalkostensatz auszugehen. Vgl. Lobe (2006) S. 176.

1699 Vgl. dazu Clubb/Doran (1995) S. 686. Auf eine nähere Darstellung dieser Bewertungsgleichung wird in der Folge verzichtet, da die partiell wertabhängige Finanzierungspolitik in der empirischen Untersuchung nicht weiter beleuchtet wird. Die Gründe hierfür werden im Rahmen einer eingehenden Plausibilitätsbeurteilung verdeutlicht.

1700 Vgl. Lobe (2006) S. 172. Ein etwas anderes Bild zeigt sich bei der von Clubb/Doran (1995) vorgeschlagenen E[L]/L-Planungsdoktrin, die Lobe (2006) folgend, weniger eingängig erscheint. Die Einschätzung von Lobe (2006) widerspricht damit den ursprünglichen Ausführungen von Clubb/Doran (1995). Vgl. Lobe (2006) S. 173; Clubb/Doran (1995) S. 692.

Exkurs: Zur Gestaltungsfreiheit im Rahmen der partiell wertabhängigen Finanzierungspolitik

Ausgehend von der bisher diskutierten Form der wertabhängigen Finanzierungspolitik, kann gezeigt werden, dass mit dem Ausdehnen der Phase der Passivität, d. h. der Phase, in der die eingeschlagene Finanzierungspolitik keiner Revision unterworfen wird, der Einfluss der wertabhängigen Finanzierungspolitik schwindet und die partiell wertabhängige Finanzierungspolitik im zunehmenden Umfang durch die Eigenschaften der autonomen Finanzierungspolitik dominiert wird.[1701] Für den besonderen Fall, dass das Unternehmen gänzlich auf Anpassungen der Kapitalstruktur verzichtet, konvergiert die partiell wertabhängig Finanzierungspolitik schließlich vollständig zur „klassischen" Form der autonomen Finanzierungspolitik. Lobe (2006) hat daher festgehalten, dass sowohl die „klassische" autonome Finanzierungspolitik als auch die „klassische" wertabhängige Finanzierungspolitik[1702] Eckpunkte des möglichen Spektrums der von Clubb/Doran (1995) vorgeschlagenen partiell wertabhängigen Finanzierungspolitik sind. Erreichbar sind diese Eckpunkte jeweils durch eine geeignete Wahl der Adjustierungszeitpunkte der Kapitalstruktur bzw. des Zeitraums, in dem sich das Unternehmen mit Blick auf die Kapitalstruktur passiv verhält.[1703] Die Konvergenz der, durch die Annahme einer einperiodigen Pause, zunächst überwiegend wertabhängigen Finanzierungspolitik in Richtung der autonomen Finanzierungspolitik bei Ausdehnung der Phasen der Passivität ist ohne Weiteres eingängig. In Analogie zum Fall einer nur kurzzeitigen Durchbrechung der wertabhängigen Finanzierungspolitik kann an dieser Stelle argumentiert werden, dass die Dominanz des passiven Verhaltens einer autonomen Finanzierungspolitik nicht durch vereinzelte, an der wertabhängigen Finanzierungspolitik orientierte, Anpassungen der Kapitalstruktur vollständig durchbrochen wird. Den Beweis, der hinter dieser eingängigen Intuition steht, haben erneut Clubb/Doran (1995) geliefert.[1704] Lobe (2006) hat die Verbindung der partiellen Finanzierungspolitik mit der Annahme einer autonomen bzw. wertabhängigen Finanzierungspolitik anschaulich illustriert.[1705]

1701 In Abhängigkeit zur Ausgestaltung der partiell wertabhängigen Finanzierungspolitik könnte daher an dieser Stelle auch zu Recht von einer partiell autonomen Finanzierungspolitik gesprochen werden.

1702 Das Unternehmen gönnt sich im Kontrast zur ursprünglichen Annahme keine Pause mehr bei der Anpassung der Kapitalstruktur an einen Zielverschuldungsgrad.

1703 Vgl. dazu Lobe (2006) S. 173. An dieser Stelle ist hervorzuheben, dass im Rahmen einer Bewertung diese Fragen überzeugend beantwortet werden müssen. Wie sich zeigen wird, ist dieses Unterfangen in der Praxis nicht ohne Weiteres zu beantworten.

1704 Zur Plausibilisierung einer solchen Politik könnte man auf die unregelmäßige Ablösung und Neuverhandlung von Fremdkapitalschichten abstellen, die zu einer Durchbrechung der autonomen Finanzierungspolitik führen.

1705 Vgl. Clubb/Doran (1995) S. 687; Lobe (2006) S. 172–173.

Mit dem Nachweis, dass die von Clubb/Doran (1995) vorgeschlagene partiell wertabhängige Finanzierungspolitik über chamäleonhafte Züge verfügt, d. h., neben der Gestalt einer wertabhängigen Finanzierungspolitik auch die Form einer autonomen Finanzierungspolitik angenommen werden kann, rückt die Frage der konkreten Ausgestaltung der partiell wertabhängigen Finanzierungspolitik noch deutlicher in den Vordergrund. Diese Frage wurde wie die damit verbundene Frage der Plausibilität einer solchen Finanzierungsannahme bisher großzügig ausgeblendet. Beide Fragen sind dabei nicht gänzlich unabhängig voneinander zu beantworten, muss mit der Frage der Plausibilität der Annahme einer partiell wertabhängigen Finanzierungspolitik doch auch die Frage nach der betrachteten Ausprägung dieser Finanzierungspolitik geklärt sein. Um entscheiden zu können, welche Ausprägung der partiell wertabhängigen Finanzierungspolitik in der Praxis näher zu betrachten ist, muss wiederum die Frage der Plausibilität der verschiedenen Ausprägungen der partiell wertabhängigen Finanzierungspolitik geklärt werden. Indirekt ist mit dieser Frage letztlich auch zu klären, ob der für diesen Abschnitt verwendete Oberbegriff der partiell wertabhängigen Finanzierungspolitik überhaupt den Kern der zu betrachtenden Finanzierungspolitik beschreibt, oder ob mit Blick auf die Praxis vielmehr von einer partiell autonomen Finanzierungspolitik gesprochen werden sollte.[1706] Neben der Ableitung plausibler Anhaltspunkte für die nachvollziehbare Annahme einer partiell wertabhängigen Finanzierungspolitik ist es in einem weiteren Schritt damit notwendig, zu überprüfen, ob abseits der bisher verwendeten Ad-hoc-Annahmen Hinweise für die konkrete Ausgestaltung der partiell wertabhängigen Finanzierung abgeleitet werden können. Bedeutsam für die Gestalt der partiell wertabhängigen Finanzierungspolitik ist dabei insbesondere die Frage nach der Länge der Zwischenphasen, in denen das Unternehmen an den ursprünglichen Planungen festhält. Wie bereits kurz ausgeführt wurde, ist es nicht ganz eindeutig, ob die Frage der Plausibilität oder der konkreten Gestalt der partiell wertabhängigen Finanzierungspolitik zuerst beantwortet werden kann bzw. muss. An dieser Stelle soll zunächst der Versuch unternommen werden, eine allgemeine Einschätzung der Plausibilität der partiell wertabhängigen Finanzierungspolitik anhand der charakteristischen Merkmale der zeitweisen Passivität bzw. der zwischenzeitlichen Aktivität des Unternehmens zu gewinnen. Vorläufig soll die Frage nach der konkreten Ausprägung der partiell wertabhängigen Finanzierungspolitik daher zunächst weiterhin in Rückgriff auf die Ad-hoc-Annahme von Clubb/Doran (1995) beantwortet werden.

Erste Plausibilitätsüberlegungen zur partiell wertabhängigen Finanzierungspolitik

Vor dem Hintergrund der von Clubb/Doran (1995) getroffenen Einschätzungen ist damit insbesondere das zwischen den beiden Extrempunkten der autonomen

---

1706 Die von Clubb/Doran (1995) vorgeschlagene Sonderform der wertabhängigen Finanzierungspolitik stellt letztlich – dies haben die Vorüberlegungen gezeigt – nur eine mögliche Form der partiell wertabhängigen Finanzierungspolitik dar.

und wertabhängigen Finanzierungspolitik liegende Finanzierungsverhalten des Unternehmens für die Praxis der Unternehmensbewertung bedeutsam. Unterstellt man eine partiell wertabhängige Finanzierungspolitik, findet ein Wechsel zwischen autonomer und wertabhängiger Finanzierungspolitik zu wohldefinierten Zeitpunkten in der Zukunft statt. Man kann an dieser Stelle sogar noch etwas spezifischer sein, haben die Überlegungen zu Beginn dieses Abschnitts gezeigt, dass Clubb/Doran (1995) eine partiell wertabhängige Finanzierungspolitik präferieren, die sich in der Nähe zur „klassischen" wertabhängigen Finanzierungspolitik bewegt. Der Zeitraum, in dem sich das Unternehmen passiv verhält, nimmt damit nur einen jeweils auf eine Periode begrenzten Zeitraum in der Detailplanungsphase ein. Kennzeichnend für das betrachtete Unternehmen ist damit weiterhin eine aktive Steuerung der Kapitalstruktur.

Unter diesen Prämissen soll sich zunächst der etwas allgemeineren Frage nach der Plausibilität der Finanzierungsannahme gewidmet werden. Ein besonderes Augenmerk gilt dabei der Motivation, die hinter dem Wechsel von einer rein wertabhängigen Finanzierungspolitik hin zu einer rein autonomen Finanzierungspolitik steht. Mit der als gemischt zu bezeichnenden Überzeugungskraft der autonomen bzw. wertabhängigen Finanzierungspolitik wurde im Vorfeld bereits die grundlegende Motivation für eine Erweiterung der „klassischen" Finanzierungsannahmen geliefert. Die Schwäche der bestehenden Finanzierungsannahmen allein stellt jedoch noch kein hinreichendes Argument für die Gestalt der partiell wertabhängigen Finanzierungspolitik dar. Ohne nähere Begründung wohnt diesen alternativen Finanzierungsannahmen zunächst der Makel der Willkür inne. Dies gilt insbesondere auch für den Vorschlag von Clubb/Doran (1995), die auf den ersten Blick zugunsten einer Kombination zweier, in ihrer Standardform, begrenzt plausibler Finanzierungspolitiken votieren.[1707] Ein Kritiker könnte so an dieser Stelle einwerfen, dass die Kombination zweier, vor allem theoretisch interessanter, aber realitätsferner, Finanzierungspolitiken noch keine überzeugende Annahme zur Finanzierungspolitik in der Praxis liefern muss. Will man sich von dem, an dieser Stelle nicht unbegründeten, Vorwurf, weitgehend willkürlich auf eine Ad-hoc-Annahme abzustellen, befreien, muss die Motivation für eine Durchbrechung der wertabhängigen Finanzierungspolitik offengelegt werden. Zur Überprüfung der Plausibilität der Annahme einer partiell wertabhängigen Finanzierungspolitik sei erneut auf das aus den vorangehenden Abschnitten bekannte Gerüst zur Prüfung der Plausibilität abgestellt.

Zunächst sollen daher erneut die „inneren" Gründe, d. h. das Interesse des Unternehmens an der Einhaltung einer partiell wertabhängigen

1707 Wie sich spätestens mit den weiteren Abschnitten zeigen wird, konkurriert der Vorschlag von Clubb/Doran (1995) mit zahlreichen alternativen Vorschlägen zur Finanzierungspolitik. Stellt man allein auf das Argument der Schwäche der „klassischen" Finanzierungspolitiken ab, so wären alle diese Vorschläge gleichmäßig geeignet.

Finanzierungspolitik betrachtet werden, um im Anschluss die „äußeren" Gründe, die für ein solches Finanzierungsverhalten sprechen, näher zu beleuchten. Mit der autonomen und der wertabhängigen Finanzierungspolitik wurden im Vorfeld bereits die beiden Eckpunkte bzw. Zwischenstationen der partiell wertabhängigen Finanzierungspolitik diskutiert. Zwar werden in der Folge die beiden Eckpunkte der Finanzierungspolitik nicht nochmals im Detail aufgegriffen, gleichwohl können aufgrund der Struktur der partiell wertabhängigen Finanzierungspolitik die zugunsten einer vermischten Finanzierungspolitik vorzubringenden Gründe sowohl den Überlegungen zur wertabhängigen als auch zur autonomen Finanzierungspolitik entlehnt werden. Zunächst sei, wie angesprochen, der Einschätzung von Clubb/Doran (1995) gefolgt, dass Unternehmen im Rahmen der wertabhängigen Finanzierungspolitik über weite Teile einer streng wertabhängigen Finanzierungspolitik folgen. Die partiell wertabhängige Finanzierungspolitik zeichnet sich damit über weite Teile durch eine Orientierung der Fremdkapitalbestände an einem festen und zum Zeitpunkt der Bewertung vorbestimmten Zielverschuldungsgrad aus. Die „inneren" Gründe, die zugunsten dieses Merkmals einer partiell wertabhängigen Finanzierungspolitik angeführt werden können, ähneln damit der aus dem Abschnitt zur „klassischen" wertabhängigen Finanzierungspolitik bekannten Argumentation. So kann an dieser Stelle erneut vermutet werden, dass allen voran die Wertoptimalität des anzustrebenden Zielverschuldungsgrades, d. h., der Wertbeitrag der Fremdfinanzierung wird bei Erreichen des Zielverschuldungsgrades maximiert, zentraler Anreiz für eine aktive Veränderung der Kapitalstruktur ist. Die weitere Argumentation ähnelt weitgehend der im Rahmen der „klassischen" wertabhängigen Finanzierungspolitik eingeschlagenen Argumentation und soll daher in der Folge nicht weiter vertieft werden. Festhalten kann man an dieser Stelle, dass die Argumentation zugunsten einer aktiven Anpassung der Kapitalstruktur aufgrund des argumentativen Gleichklangs mit vergleichbaren Schwächen behaftet sein wird, wie sie im Fall der Annahme einer „klassischen" wertabhängigen Finanzierungspolitik deutlich geworden sind.[1708] Die Frage, warum ein Unternehmen seine Kapitalstruktur aktiv gestalten soll, kann also vergleichbar zur wertabhängigen Finanzierungspolitik beantwortet werden. Für die Beantwortung der Frage der Plausibilität der Finanzierungsannahme insgesamt weitaus bedeutsamer ist jedoch die Frage, wie vor dem Hintergrund dieser Argumentation ein Wechsel von der „klassischen" wertabhängigen Finanzierungspolitik hin zu einer „klassischen" autonomen Finanzierungspolitik motiviert werden kann.

1708 Darunter fällt an dieser Stelle insbesondere das Festhalten an einem zeitstabilen Zielverschuldungsgrad. Diese regelmäßig künstlich wirkende Annahme wird in der Grundform der partiell wertabhängigen Finanzierungspolitik i. d. R. nicht verändert.

Die „inneren" Gründe zugunsten einer partiell wertabhängigen Finanzierungspolitik

Im Angesicht der zeitweisen Durchbrechung der „klassischen" wertabhängigen Finanzierungspolitik kann, behält man die „inneren" Gründe für die Orientierung an einer partiell wertabhängigen Finanzierungspolitik im Auge, zunächst gemutmaßt werden, dass die ökonomischen Anreize für die Einhaltung einer an einem Zielverschuldungsgrad orientierten Finanzierungspolitik verhaltener ausgeprägt sind, als mit der „klassischen" wertabhängigen Finanzierungspolitik unterstellt wurde. Andernfalls würden Unternehmen mit der im Rahmen einer partiell wertabhängigen Finanzierungspolitik nur unregelmäßig erfolgenden Adjustierung der Fremdkapitalbestände mehr oder weniger bewusst das Risiko[1709] eingehen, von dem vorgezeichneten Verschuldungsoptimum und damit einer wertmaximierenden Finanzierungspolitik abzuweichen.[1710] Diese Eigenschaft der partiell wertabhängigen Finanzierungspolitik wirkt mit Blick auf die „inneren" Gründe, die für eine Orientierung an einem Verschuldungsoptimum sprechen, erklärungsbedürftig. An dieser Stelle ist es daher notwendig, die Hintergründe für ein verhaltenes bzw. wechselndes ökonomisches Interesse an der Einhaltung eines Zielverschuldungsgrades zu motivieren. Im Ausgangspunkt der folgenden Betrachtung soll zunächst an der Annahme der Optimalität des vorgegebenen Zielverschuldungsgrades festgehalten werden.

Wie mit Beginn dieses Unterabschnitts angedeutet, wird mit der Annahme einer zeitweisen Passivität des Unternehmens, wenigstens für Wachstumsphasen, unterstellt, dass sich Unternehmen trotz Kenntnis einer wertmaximierenden Finanzierungsstrategie bewusst für ein passives und damit letztlich wertvernichtendes Verhalten entscheiden. Möchte man das Verhalten des Unternehmens für den Fall der Wertoptimalität des Zielverschuldungsgrades illustrieren, so fühlt man sich an einen Bergsteiger erinnert, der bewusst eine umständlichere, wenn nicht gar gefährlichere Route wählt, um am Ende seinen Irrtum zu erkennen und bestenfalls auf den ursprünglich beschrittenen Weg zurückzukehren. Wie mit den nachfolgenden Überlegungen deutlich werden soll, dürften rational handelnde Unternehmen ein solches Finanzierungsverhalten daher nicht ohne „äußeren" Zwang an den Tag legen.[1711] Fällt dieser „äußere" Zwang zu einem späteren Zeitpunkt weg, wird ein rational handelndes Unternehmen in Anerkenntnis der Suboptimalität der zeitweisen Passivität zu einer aktiven Steuerung der Kapitalstruktur zurückkehren. Unter der Annahme der Optimalität der Zielverschuldungsvorgabe ist das mit der

1709 Dieses Risiko dürfte, wie im Rahmen der „klassischen" wertabhängigen Finanzierungspolitik bereits ausgeführt, insbesondere für Phasen des Unternehmenswachstums besonders einschlägig sein.

1710 Der Fall eines unregelmäßigen Informationsflusses, d. h. einer nur unregelmäßig erfolgenden Anpassung der Erwartungen des Managements des Unternehmens, sei an dieser Stelle als wenig überzeugend ausgeblendet.

1711 Ob tatsächlich Gründe für den an dieser Stelle abstrakt gehaltenen „äußeren" Zwang gefunden werden können, wird in einem späteren Abschnitt näher betrachtet.

partiell wertabhängigen Finanzierungspolitik implizierte Vorgehen damit regelmäßig nicht Ausdruck des Interesses des Unternehmens. Dies zeigt sich, widmet man sich der Frage, welchen Antrieb Unternehmen besitzen, um von dem zunächst als optimal angenommenen Pfad einer wertabhängigen Finanzierungspolitik abzuweichen. Greift man auf die Metapher des Bergsteigers zurück, ist damit an dieser Stelle zu fragen, warum Unternehmen freiwillig von der scheinbar optimalen Route abweichen sollten. Das verhaltene Interesse des Unternehmens an der Einhaltung einer Zielkapitalstrukturvorgabe bzw. der Umweg über die autonome Finanzierungspolitik kann versucht werden, durch verschiedene Aspekte zu begründen.

Wertbeitrag der Fremdfinanzierung

In einem ersten Schritt liegt es zunächst nahe, die Bedeutung des Wertbeitrages der Fremdfinanzierung für den Gesamtunternehmenswert und damit das Interesse des Unternehmens an einer aktiven Steuerung der Kapitalstruktur infrage zu stellen. Mit Blick auf die bereits im Vorfeld dargestellte gemischte empirische Evidenz für den Einfluss des Wertbeitrages der Fremdfinanzierung kann dieser Argumentation eine gewisse Attraktivität zunächst nicht abgesprochen werden. Das Unternehmen hätte unter dieser Annahme ein vernachlässigbares Interesse, die Finanzierungspolitik durch eine gezielte Steuerung zu beeinflussen, die tatsächliche Gestalt der Kapitalstruktur wäre im Sinne des Modigliani-Miller-Theorems weitgehend unbedeutend. Überzeugen kann eine solche Argumentation – will man das Verhalten einer partiell wertabhängigen Finanzierungspolitik plausibilisieren – jedoch auf keinen Fall. Hat sich doch gegenüber dem Fall der „klassischen" wertabhängigen bzw. autonomen Finanzierungspolitik der Prämissenrahmen nicht verändert, man betrachtet weiterhin den Fall, in dem die Prämissen von Modigliani/Miller (1958) durch eine einfache Unternehmenssteuer erweitert werden. Wie bereits zu Beginn der Betrachtung alternativer Finanzierungsprämissen dargestellt, ist unter dieser Annahme die Gestalt der Finanzierungspolitik gerade nicht mehr irrelevant. An dieser Stelle könnte man daher versucht sein, zu argumentieren, dass die Frage der Gestalt der Finanzierungspolitik zwar über einen Werteinfluss verfügt, jedoch gegenüber den weiteren Unternehmenszielen von nachrangiger Bedeutung ist. Dieses Argument ist – kennt man die konkurrierenden Unternehmensziele nicht im Detail – zunächst nicht völlig von der Hand zu weisen. Mit Blick auf die charakteristische Gestalt der partiell wertabhängigen Finanzierungspolitik wirkt jedoch auch das Argument einer wirtschaftlichen Vernachlässigbarkeit des Wertbeitrages der Fremdfinanzierung wenig überzeugend. Zwar vermittelt die partiell wertabhängige Finanzierungspolitik durch den phasenweise passiven Charakter den Eindruck, dass Unternehmen der Finanzierungspolitik nur eine nachrangige Bedeutung zumessen.[1712] Lobe (2006) spricht mit Blick auf die zeitweise Passivität

1712 Wie beispielsweise im Abschnitt zu den Befragungsstudien deutlich wurde, kann diese Annahme empirisch nicht ganz einfach von der Hand gewiesen werden. Vgl. exemplarisch dazu u. a. Drobetz et al. (2006) S. 262.

des Unternehmens illustrierend davon, dass sich Unternehmen in den Phasen zwischen der Anpassung der Kapitalstruktur eine „Verschnaufpause" von den i. d. R. notwendigen Adjustierungsschritten der wertabhängigen Finanzierungspolitik gönnen. Diese „Verschnaufpause" darf jedoch nicht darüber hinwegtäuschen, dass Unternehmen mit der autonomen Finanzierungspolitik und der wertabhängigen Finanzierungspolitik zwei ggü. alternativen Unternehmenszielen dominante Formen möglicher Finanzierungspolitiken verfolgen.[1713]

Sowohl in den Phasen der Passivität wie auch in den Phasen der Aktivität verfolgen Unternehmen damit gerade keine Finanzierungspolitiken, die im Einklang mit der Vermutung einer weitgehenden Vernachlässigbarkeit des Wertbeitrages der Fremdfinanzierung stehen. Ungeklärt bleibt mit diesem Argument zudem, warum Unternehmen nach Phasen der Passivität in den Folgeperioden zu einer aktiven Steuerung der Kapitalstruktur zurückkehren bzw. wechseln. Eine naive Kombination beider Finanzierungspolitiken kann sich letztlich dem Vorwurf einer gewissen Willkür bei der Kombination der Finanzierungspolitiken entziehen. Das Argument, dass ein Wechsel zwischen verschiedenen Ausprägungen der Finanzierungspolitik auf eine wenigstens zeitweise nachrangige Bedeutung der Finanzierungspolitik zurückzuführen ist, erscheint zur Plausibilisierung der Annahme einer wertabhängigen Finanzierungspolitik nur begrenzt geeignet. Es wirkt – ohne weitere Plausibilisierung – m. a. W. wenig überzeugend, die Vermutung einer grundsätzlichen Vernachlässigbarkeit des Wertbeitrages der Fremdfinanzierung zu vertreten, aber zugleich davon auszugehen, dass zukünftige Finanzierungsentscheidungen – wenigstens zeitweise – über eine wertabhängige Finanzierungskomponente verfügen.[1714] Will man einen nachfolgenden logischen Widerspruch in der Finanzierungsannahme vermeiden, so muss man versuchen, die zeitweise Passivität der Unternehmen durch eine geeignete Argumentation zu plausibilisieren. Vergleichbar zur Argumentation im Rahmen der Beurteilung der Plausibilität der autonomen Finanzierungspolitik, kann zur Plausibilisierung eine zeitweise Passivität zunächst gemutmaßt werden, dass der Wertbeitrag der Fremdfinanzierung zwar grundsätzlich von Bedeutung ist, jedoch durch die Unternehmen nicht in jedem Umweltzustand vollständig gehoben werden kann.[1715]

Wie sich zeigen wird, bedient sich auch diese Argumentation eines zweischneidigen Schwertes, wird doch damit letztlich unterstellt, dass über den Zielverschuldungsgrad der effektiv hebbare Wertbeitrag des Fremdkapitals nur unvollkommen

1713 Dies zeigt sich u. a. darin, dass sowohl bei autonomer als auch wertabhängiger Finanzierungspolitik die möglicherweise im Zielsystem der Unternehmen in Konkurrenz stehende Ausschüttungspolitik gegenüber der Finanzierungspolitik nachrangig ist. Vgl. dazu u. a. Lobe/Essler (2008) S. 61.

1714 Ein solches Argument besitzt letztlich nur im Fall einer einseitigen Bindungswirkung der oberen Verschuldungsgrenze eine gewisse Überzeugungskraft.

1715 Gründe hierfür können, wie bereits ausgeführt, u. a. im Bestehen ausreichender NDTS oder aber in der steuerlich begrenzten Abzugsfähigkeit der Zinszahlungen liegen.

abgebildet wird und damit letztlich kein Optimum im Sinne der vorangehenden Argumentation darstellt.[1716] Eine solche Argumentation zielt implizit darauf ab, dass die beispielsweise im Steuerrecht existierende Beschränkung der Abzugsfähigkeit der an die Fremdkapitalgeber zu leistenden Zahlungen nicht oder nur unzureichend berücksichtigt wird. Im Kern wird mit dieser Einschätzung zwar die zuvor geäußerte Vermutung einer verhaltenen Bindungswirkung des Zielverschuldungsgrades bestätigt, im Lichte einer solchen Argumentation erscheint es jedoch unwahrscheinlich, dass Unternehmen sich überhaupt an diesem unvollkommenen Maß der Optimalität orientieren sollten. Weitaus unwahrscheinlicher erscheint es jedoch, sowohl im Angesicht der Vermutung einer abnehmenden Bindungswirkung als auch mit Blick auf die mögliche Unvollkommenheit des Zielverschuldungsgrades, dass Unternehmen nach einer Phase der Passivität zu diesem augenscheinlich suboptimalen Zielverschuldungsgrad zurückkehren sollten.[1717] Eingängiger erscheint dagegen, dass die Anpassung an einen wertoptimalen Verschuldungsgrad wenigstens zeitweise durch äußere Gründe gehemmt ist.

Optimalität des zeitstabilen Zielverschuldungsgrades

In den bisherigen Überlegungen wurde die Optimalität des Zielverschuldungsgrades implizit als gegeben vorausgesetzt. Es liegt daher nahe, zur Plausibilisierung der partiell wertabhängigen Finanzierungspolitik in einem zweiten Schritt die dauerhafte Optimalität des zunächst als zeitkonstant angenommenen, Zielverschuldungsgrades der wertabhängigen Finanzierungspolitik infrage zu stellen. Auf den ersten Blick kommt der Wechsel von wertabhängiger Finanzierungspolitik zu autonomer Finanzierungspolitik, d. h. dem Charakteristikum der partiell wertabhängigen Finanzierungspolitik, nur unregelmäßige Anpassung der Fremdkapitalbestände vorzunehmen, der für die „klassische" wertabhängige Finanzierungspolitik geäußerten Vermutung nahe, dass die Annahme einer dauerhaften Orientierung des Unternehmens an einem unveränderlichen Zielverschuldungsgrad wenigstens in der Detailplanungsphase nicht zeitstabil sein kann. Das gelockerte Gerüst der partiell wertabhängigen Finanzierungspolitik könnte vor dem Hintergrund dieser Überlegungen einem wirklichkeitstreueren Abbild der Realität entsprechen. Ob das mit der Annahme einer partiell wertabhängigen Finanzierungspolitik induzierte Verhalten tatsächlich im Einklang mit dieser Argumentation steht und ob sich die von Clubb/Doran (1995) geäußerten Erwartungen mit

1716 Letztlich ist hier die Frage zu beantworten, inwieweit die tatsächliche Hebbarkeit des Wertbeitrages der Fremdfinanzierung in den wertoptimalen Verschuldungsgrad einfließt.

1717 Dies gilt insbesondere, da im Rahmen der partiell wertabhängigen Finanzierungspolitik unterstellt wird, dass erneut eine strenge Form der wertabhängigen Finanzierungspolitik unterstellt wird. Der Aufbau der partiell wertabhängigen Finanzierungspolitik ist, wie bereits angemerkt, damit nur vordergründig großzügig.

Blick auf die höhere Praxistauglichkeit der partiell wertabhängigen Finanzierungspolitik bestätigen, soll in der Folge kurz kritisch betrachtet werden.

Die Kritik an der Annahme der durchgängigen Optimalität eines unveränderlichen Zielverschuldungsgrades wurde in den vorangehenden Abschnitten vor allem mit Blick auf die, in aller Regel zum Bewertungszeitpunkt, nicht vollständig antizipierbare zukünftige Entwicklung des Unternehmens begründet. Es scheint auf Basis dieser Vermutung daher zunächst nicht unplausibel, anzunehmen, dass der zum Bewertungszeitpunkt festgelegte optimale Zielverschuldungsgrad im Zeitverlauf für Unternehmen an Attraktivität und damit an Bindungskraft verliert und sich in einem verhaltenen Interesse des Unternehmens an der Einhaltung der Finanzierungspolitik niederschlägt. Unbegründet ist diese Vermutung nicht, das hat der kurze Überblick über die Ergebnisse der empirischen Forschung im Abschnitt 4.3.2. gezeigt. Auf die Metapher zu Beginn dieses Abschnitts zurückgreifend, könnte man an dieser Stelle ausführen, dass die zunächst geradlinigste Route zum Gipfel im Angesicht z. B. veränderter Wetterdaten an Optimalität einbüßt, und der kundige Bergsteiger daher gefordert ist, eine alternative Route zu wählen, um einen sicheren Aufstieg gewährleisten zu können. Oberflächlich erscheint es daher zunächst plausibel, die verhaltene Bindungswirkung des Zielverschuldungsgrades durch einen Übergang zu einer anderen Finanzierungspolitik abzubilden bzw. die Möglichkeit eines später optimalen Weges damit explizit in der Bewertung zu berücksichtigen. Es gilt an dieser Stelle jedoch zu beachten, dass die Wahl eines anderen Weges, d. h. hier der Wechsel zu einer anderen Form der Finanzierungspolitik, i. d. R. keinen Selbstzweck darstellen kann, sondern einzuschlagen ist, um das übergeordnete Ziel der Maximierung des Unternehmenswertes zu erreichen. Mit Blick auf die partiell wertabhängige Finanzierungspolitik ist an dieser Stelle daher zu hinterfragen, ob ein Umweg über die autonome Finanzierungspolitik aus Sicht der „inneren" Gründe, d. h. aus Sicht des Ziels der Unternehmenswertmaximierung, plausibel erscheint.

Wie der folgende Exkurs zeigen wird, wirkt der im Rahmen der partiell wertabhängigen Finanzierungspolitik vorgeschlagene Weg über die autonome Finanzierungspolitik allein auf Basis der „inneren" Gründe wenig überzeugend, da das angestrebte Ziel der Maximierung des Unternehmenswertes unter der Prämisse des Arguments in aller Regel verfehlt wird. Für die folgenden Überlegungen sei an der Betrachtung der Grundform der partiell wertabhängigen Finanzierungspolitik weiterhin festgehalten.[1718] Wie bereits angemerkt, wird in der von Clubb/Doran (1995) vorgeschlagenen Grundform der partiell wertabhängigen Finanzierungspolitik, vergleichbar zur „klassischen" wertabhängigen Finanzierungspolitik, von einem zeitkonstanten Zielverschuldungsgrad ausgegangen, an dem die Finanzierungspolitik des Unternehmens mit Unterbrechungen über weite Teile

1718 Wie sich zeigen wird, lässt sich ein Teil der nachfolgenden Kritik durch eine allgemeinere Formulierung der partiell wertabhängigen Finanzierungspolitik entkräften.

des Unternehmenslebens ausgerichtet wird. Bereits an dieser Stelle dürfte deutlich werden, dass ein Teil der für die „klassische" wertabhängige Finanzierungspolitik diskutierten Probleme nicht gelöst werden kann, da an der kritischen Annahme eines zeitstabilen Verschuldungsgrades über weite Strecken der zukünftigen Unternehmensentwicklung festgehalten wird. Wie sich zeigen wird, ist das mit der Annahme einer partiell wertabhängigen Finanzierungspolitik implizierte Verhalten des Unternehmens auf Basis der „inneren" Gründe vielmehr weitaus schwieriger zu motivieren als noch im Fall der Annahme einer „klassischen" wertabhängigen Finanzierungspolitik. Für die partiell wertabhängige Finanzierungspolitik muss so plausibilisiert werden, warum Unternehmen nach einer Zwischenphase der Passivität erneut auf den zeitkonstanten Zielverschuldungsgrad als Referenzpunkt für eine wertoptimale Finanzierungspolitik abstellen. Das mit einer partiell wertabhängigen Finanzierungspolitik verbundene Verhalten des Unternehmens erweckt damit den Eindruck eines zwischenzeitlichen Fehlverhaltens des Managements als eines an der Maximierung des Unternehmenswertes orientierten Vorgehens.

Zunächst soll sich der Frage, ob die Annahme der Wertoptimalität der Finanzierungspolitik durch die zeitweise Passivität der partiell wertabhängigen Finanzierungspolitik verletzt ist, gewidmet werden. Die Annahme der Wertoptimalität einer partiell wertabhängigen Finanzierungspolitik kann – auf den ersten Blick –[1719] in den Revisionszeitpunkten, in denen Unternehmen einer wertabhängigen Finanzierungspolitik folgen, als erfüllt angenommen werden. Interessant erscheint es an dieser Stelle, zu hinterfragen, unter welchen Bedingungen die zum Revisionszeitpunkt bestehende Wertoptimalität in den zukünftigen Perioden der Passivität nicht verletzt wird. An dieser Stelle kann zunächst erneut die Vermutung geäußert werden, dass eine zukünftige Adjustierung der Fremdkapitalbestände mit keinem Mehrwert für das Unternehmen verbunden ist.[1720] Wie bereits gezeigt wurde, erscheint eine solche Annahme im gewählten Annahmegerüst nur eingeschränkt als stimmig. Hält man daher an der generellen Relevanz des Wertbeitrages des Fremdkapitals fest, können für die Entbehrlichkeit einer aktiven Veränderung der Kapitalstruktur an dieser Stelle zwei Aspekte verantwortlich gemacht werden. Zunächst kann vermutet werden, dass eine Anpassung der Kapitalstruktur in den zukünftigen Perioden überhaupt nicht erforderlich ist. Implizit beinhaltet diese Vermutung die Vorstellung, dass der Unternehmenswert gegenüber dem Revisionszeitpunkt in der Zukunft keine Veränderung erfahren bzw. das Unternehmen und der Kapitalmarkt lediglich in wohldefinierten Abständen Informationen

1719 Unter der Annahme eines zeitstabilen Zielverschuldungsgrades wird hierbei jedoch unterstellt, dass Unternehmen letztlich unter sich verändernden Rahmenbedingungen immer die gleiche Antwort geben können. Dies erscheint, wie Abschnitt 4.3.2.2. gezeigt hat, eine weitgehend künstliche Annahme.

1720 Eine vergleichbare Argumentation wurde im Rahmen der Beurteilung der Plausibilität der autonomen Finanzierungspolitik eingeschlagen.

über die zukünftige Entwicklung des Unternehmens erhält.[1721] Diese Argumentation beinhaltet jedoch zwei Schwachstellen, die, jeweils für sich genommen, die vorangehende Motivation, einer partiell wertabhängigen Finanzierungspolitik zu folgen, konterkarieren. Folgt man der Annahme, dass zukünftige Anpassungen an einen Zielverschuldungsgrad im Zeitverlauf nicht notwendig sind, so widerspricht man, wenigstens teilweise, der Argumentation des Abschnitts 4.3.2.2., dass sich zeitkonstante Zielverschuldungsgrade in der Detailplanungsphase i. d. R. als nicht zeitstabil erweisen werden.[1722] Unter der Annahme zeitstabiler Erwartungen bzw. Rahmenbedingungen ist es dagegen nicht notwendig, sich von der „klassischen" wertabhängigen Finanzierungspolitik abzuwenden und einer partiell wertabhängigen Finanzierungspolitik zu folgen. Deutlicher wird der Wegfall der Notwendigkeit, auf eine partiell wertabhängige Finanzierungspolitik abzustellen, betrachtet man den zweiten Schwachpunkt der eingeschlagenen Argumentation genauer. Die vorangehende Argumentation zielt darauf ab, dass bereits zum Bewertungszeitpunkt Klarheit über die zukünftige Unternehmensentwicklung herrscht, um Anpassungen an der Kapitalstruktur an wohldefinierten Zeitpunkten plausibilisieren zu können. Diese Annahme impliziert jedoch, dass die Bewertung in einem Umfeld der Sicherheit – die Entwicklung des Unternehmenswertes ist bekannt – vorgenommen wird. Wie im Abschnitt zur autonomen Finanzierungspolitik bereits gezeigt, verliert damit nicht nur die Annahme eines Wechsels zu einer alternativen Finanzierungspolitik an Überzeugungskraft, sondern auch die alternativ zur autonomen Finanzierungspolitik diskutierten Finanzierungsannahmen ihre Eigenständigkeit. Mit anderen Worten stellt die partiell wertabhängige Finanzierungspolitik unter der die Passivität des Unternehmens plausibilisierenden Annahme der Gewissheit über die zukünftige Unternehmensentwicklung keine eigenständige Finanzierungsannahme mehr dar, sondern verkümmert bestenfalls zu einem speziellen Planungsansatz. Zusammenfassend kann festgehalten werden, dass die Passivität des Unternehmens nur unter strikten Rahmenbedingungen mit dem Aspekt der Wertoptimalität, d. h. des „inneren" Antriebs für ein bestimmtes Finanzierungsverhalten, vereinbar ist. Diese Rahmenbedingungen führen jedoch dazu, dass die partiell wertabhängige Finanzierungspolitik ihren eigenständigen Charakter verliert. In allen anderen Fällen wirkt der Wechsel von einer wertabhängigen

---

1721 Man könnte an dieser Stelle grundsätzlich auch eine Veränderung des Prämissenrahmens in Betracht ziehen. In der Folge wird die Rückkehr zu dem von Modigliani/Miller (1958) betrachteten Fall einer Welt ohne Unternehmenssteuer jedoch aus den oben angeführten Gründen ausgeblendet.

1722 Grundsätzlich ist es im Fall der Annahme konstanter Erwartungen denkbar, dass der Zielverschuldungsgrad im Zeitverlauf deterministische Veränderungen erfährt. Dies hat der Abschnitt zur wertabhängigen Finanzierungspolitik gezeigt. Unterstellt man die Gültigkeit der in Kapitel I beleuchteten erweiterten Trade-Off-Theorie, so werden wechselnde Rahmenbedingungen regelmäßig zu zeitabhängigen wertoptimalen Verschuldungsgraden führen.

Finanzierungspolitik zu einer autonomen Finanzierungspolitik vor dem Hintergrund der „inneren" Gründe wenig überzeugend, da sich der erste Eindruck eines bewussten Abweichens von einer optimalen Finanzierungspolitik verfestigt.[1723]

Zusammenfassend kann daher festgehalten werden, dass ein Wechsel von einer wertabhängigen Finanzierungspolitik hin zu einer autonomen Finanzierungspolitik, allein auf Basis der „inneren" Beweggründe für ein solches Verhalten, wenig überzeugend wirkt. Wurde mit Blick auf die „klassische" wertabhängige Finanzierungspolitik im vorangehenden Abschnitt die spitze Frage gestellt, warum ein Unternehmen auf die sich wiederholt stellende Frage der Finanzierung auch unter veränderten Rahmenbedingungen eine identische Antwort geben sollte, kann diese Frage für die partiell wertabhängige Finanzierungspolitik um einen weiteren Aspekt ergänzt werden. Ergänzend ist so für die partiell wertabhängige Finanzierungspolitik zu hinterfragen, warum sich Unternehmen mit Blick auf die Frage der Finanzierung zeitweise taub stellen sollten, um zu einem späteren Zeitpunkt eine Antwort zu geben, die bereits im Vorfeld wohlbekannt war, um sich dann im Zeitpunkt der Antwort gegen den Vorwurf der Überkommenheit wehren zu müssen. Ein solches Vorgehen erscheint, richtet man den Blick zunächst allein auf die ökonomischen Interessen der Unternehmen, wenig rational. Greift man an dieser Stelle das Bild des Bergsteigers erneut auf, so erinnert ein Unternehmen, das einer partiell wertabhängigen Finanzierungspolitik folgt, einem Bergsteiger, der sich kurz in der Landschaft orientiert, um eine optimale Route zu erkennen, um sich im Anschluss ein Tuch vor die Augen zu binden. Ist ein Teil der Strecke mit traumwandlerischer Sicherheit zurückgelegt, legt der Bergsteiger das Tuch zur erneuten Orientierung kurzfristig ab. Ob ein rationaler Bergsteiger bzw. ein rationales Unternehmen ein solches Vorgehen wählen sollte, darf m. E. nach mit Recht angezweifelt werden.

Die von Clubb/Doran (1995) vorgeschlagene Grundform der partiell wertabhängigen Finanzierungspolitik belässt es jedoch nicht bei dieser künstlich wirkenden Annahme, die bereits an dieser Stelle den Eindruck eines gefährlichen Kunststückes vermittelt. Durch die Annahme, dass in der Grundform der partiell wertabhängigen Finanzierungspolitik an einem stabilen Zielverschuldungsgrad festgehalten wird, wirkt die partiell wertabhängige Finanzierungspolitik noch

1723 Ein bedeutsamer Aspekt, der Wechsel zurück zur wertabhängigen Finanzierungspolitik wurde an dieser Stelle bis dato nicht diskutiert, erscheint in seiner Überzeugungskraft aber nicht minder problematisch. So kann man an dieser Stelle geneigt sein zu argumentieren, dass ein Unternehmen infolge der wachsenden Unsicherheit kurzzeitig nicht mehr klar genug sehen kann, wie die zukünftige Unternehmenspolitik konkret auszugestalten ist, um einer wertabhängigen Finanzierungspolitik durchgängig zu folgen. Eine solche auf die unterschiedlichen Informationsbedürfnisse der alternativen Finanzierungspolitiken abstellende Argumentation erscheint im Angesicht der regelmäßig vergleichbaren Informationserfordernisse als nicht sachgerecht.

weitaus unwirklicher. Kehrt man zur Metapher des Bergsteigers zurück, so ist die Annahme eines festen Verschuldungsgrades vergleichbar mit einem Bergsteiger, der sich nicht an dem noch zu erklimmenden Gelände und den Gegebenheiten orientiert, sondern an den in immer größerer Entfernung liegenden Planungen am Fuß des Berges. Die gesetzten Annahmen erscheinen damit noch gewagter, haben die zurückgelegte Strecke und die vergangenen Planungen doch i. d. R. nur begrenzten Einfluss auf den Zustand des noch zu beschreitenden Weges.

Man kann diesen metaphorischen Eindruck der „inneren" Plausibilität der partiell wertabhängigen Finanzierungspolitik etwas allgemeiner zusammenfassen. In den vorangehenden Abschnitten wurde mehrfach argumentiert, dass mit zunehmendem Zeitabstand die Prognosegüte in einem Großteil der Fälle abnimmt und Vorhersagen der zukünftigen Entwicklung damit zwangsläufig einen zunehmend groben Charakter besitzen. Insbesondere im Rahmen der autonomen Finanzierungspolitik wurde dieses Argument gegen eine unbegrenzte Ausdehnung der Planung mit absoluten Fremdkapitalbeständen angeführt. Wie bereits dargestellt, finden sich in der Literatur daher insbesondere im Fall der Rentenphase Empfehlungen zugunsten der Annahmen einer wertabhängigen Finanzierungspolitik, die sich an einem etwas flexibleren Zielverschuldungsgrad als überschlägigem Planungspunkt orientiert. Diese Argumentation, die zunächst intuitiv einleuchtend erscheint, wird bei Annahme einer partiell wertabhängigen Finanzierungspolitik jedoch mehrfach durchbrochen. Hier folgen Phasen der autonomen Finanzierungspolitik auf Phasen der wertabhängigen Finanzierungspolitik. Folgt man der Argumentation zur Verwendung der wertabhängigen Finanzierungspolitik in der Rentenphase, wird im Rahmen der partiell wertabhängigen Finanzierungspolitik implizit unterstellt, dass zunächst nur eine vergleichsweise überschlägige Planung auf Basis des Zielverschuldungsgrades möglich ist. Es scheint daher wenig überzeugend, in einem zweiten Schritt zu unterstellen, dass die folgenden Perioden durch eine autonome Finanzierungspolitik geprägt sind, in der die Fremdkapitalbestände mit Sicherheit festgelegt sind.[1724] Auch wenn die im Rahmen einer partiell wertabhängigen Finanzierungspolitik unterstellte Sicherheit lediglich eine bedingte Sicherheit ist, so erscheint die mit einem Wechsel von wertabhängiger zu autonomer Finanzierungspolitik getroffene Annahme weitreichend.

Der Wechsel zwischen verschiedenen Ausprägungen der Finanzierungspolitik ist daher auch mit Blick auf den implizit erforderlichen wechselnden Informationshorizont des Bewerters bzw. die unterschiedliche Verlässlichkeit der Planungen nicht gänzlich eingängig.[1725] Richtet man den Blick auf den „inneren" Antrieb, den ein

---

1724 Insbesondere die genaue Kenntnis der Phasen der Passivität scheint im Widerspruch zu der „pauschal" erfolgenden Planung der Finanzierungspolitik zu stehen.

1725 Der Abschnitt zur wertabhängigen Finanzierungspolitik hat zwar den Unterschied in den Informationserfordernissen zwischen autonomer und wertabhängiger Finanzierungspolitik bereits etwas relativiert, gänzlich plausibel erscheint die unterstellte Rückkehr zu einer begrenzt perfekten Voraussicht im Rahmen der

Unternehmen für die Einhaltung einer bestimmten Finanzierungspolitik verspürt, dürfte regelmäßig das Oberziel der Maximierung des Unternehmenswertes für das Verhalten der Unternehmen bestimmend sein. Die vorangehenden Überlegungen haben jedoch gezeigt, dass die Annahme einer Maximierung des Unternehmenswertes im Rahmen der partiell wertabhängigen Finanzierungspolitik für das Erste verworfen werden kann,[1726] da eine Kombination aus autonomer und wertabhängiger Finanzierungspolitik in der von Clubb/Doran (1995) vorgeschlagenen Form diese Bedingung regelmäßig nicht erfüllen dürfte. Richtet man den Blick allein auf die „inneren" Gründe, wirkt die Kombination aus autonomer und wertabhängiger Finanzierungspolitik damit wenig plausibel. Aus Sicht des Arguments der Wertoptimalität kann an dieser Stelle also nicht nur die Stabilität des Zielverschuldungsgrades, sondern auch die zeitweise Passivität des Unternehmens wohlbegründet hinterfragt werden. Den Blick auf die „klassische" autonome und „klassische" wertabhängige Finanzierungspolitik gerichtet, könnte man an dieser Stelle vor dem Hintergrund der auftretenden Probleme zusammenfassend festhalten, dass es so scheint, als ob der Vorschlag von Clubb/Doran (1995) die Nachteile beider Finanzierungspolitiken zusammengefasst hat. Ein abschließendes Urteil zur partiell wertabhängigen Finanzierungspolitik kann jedoch an dieser Stelle noch nicht gezogen werden. Sucht man das mit der Annahme einer partiell wertabhängigen Finanzierungspolitik verbundene Verhalten von Unternehmen zu plausibilisieren, muss man in einem zweiten Schritt daher auch die „äußeren" Beweggründe für einen Wechsel zwischen autonomer und wertabhängiger Finanzierungspolitik näher beleuchten.

Zu den Interessen des Unternehmensmanagements

Einen zwischen den „inneren" und „äußeren" Gründen einzuordnenden Treiber der Finanzierungsentscheidung stellen die in den bisherigen Überlegungen vereinfacht ausgeblendeten Interessen des Unternehmensmanagements dar. Will man die mit der partiell wertabhängigen Finanzierungspolitik vermutete zeitweise Passivität des Unternehmens plausibilisieren, so kann man in Kenntnis der Überlegungen des Abschnitts 2.4.1. darauf abstellen, dass die in der Praxis regelmäßig auftretenden Konflikte zwischen angestellten Unternehmensmanagern und Eigenkapitalgebern zu einer wohl unvollständigen Umsetzung einer wertabhängigen

---

partiell wertabhängigen Finanzierungspolitik auch eingedenk dieser Argumentation dennoch nicht.

1726 An dieser Stelle kann man eine Argumentation mit Blick auf die Höhe des Wertbeitrages der Fremdfinanzierung führen. Aufgrund der zeitweisen Risikolosigkeit des Wertbeitrages der Fremdfinanzierung im Rahmen einer partiell wertabhängigen Finanzierungspolitik könnte man argumentieren, dass diese Form des Finanzierungsverhaltens gegenüber einer „klassischen" wertabhängigen Finanzierungspolitik überlegen ist. Wie bereits an anderer Stelle ausgeführt, erscheint mir eine solche Argumentation nicht zulässig zu sein. Über einen etwas anderen Weg wird jedoch zu dieser Form der Finanzierungspolitik zurückgekehrt werden.

Finanzierungspolitik führen können. Wie die Überlegungen des Kapitels I gezeigt haben, besitzen die i. d. R. schlechter diversifizierten Unternehmensmanager einen Anreiz, weitgehend risikoarme Entscheidungen zu treffen. Diese ggü. den Eigenkapitalgebern ausgeprägtere Risikoaversion dürfte sich auch auf die Gestalt der Finanzierungsentscheidungen des Unternehmens niederschlagen. Man darf damit wohl vermuten, dass das Unternehmensmanagement eine ggü. den Interessen der Eigenkapitalgeber weniger offensive Finanzierungspolitik einschlagen wird. Um dies zu illustrieren, kann auch an dieser Stelle – vergleichbar zu dem bereits skizzierten Interessenkonflikt zwischen Eigenkapital- und Fremdkapitalgebern – eine Fallunterscheidung vorgenommen werden. Ohne an dieser Stelle diese Fallunterscheidung im Detail vorzunehmen, kann man aufgrund der stärkeren Risikoaversion des Managements darauf abstellen, dass Unternehmen den wertoptimalen Zielverschuldungsgrad nicht ausreizen werden. Für den Fall eines Anstiegs des Unternehmenswertes kann man – im Sinne der partiell wertabhängigen Finanzierungspolitik – darauf abstellen, dass Unternehmen an dem in den Vorperioden realisierten Verschuldungsumfang festhalten werden. Letztlich kann auch der in diesem Abschnitt eingeschlagene Blickwinkel die partiell wertabhängige Finanzierungspolitik nur unvollständig plausibilisieren. Einerseits kann das mit der partiell wertabhängigen Finanzierungspolitik vermutete zeitweise passive Verharren bei einem realisierten Verschuldungsumfang nur einseitig motiviert werden. Im Fall eines Rückgangs des Unternehmenswertes wird das risikoscheuere Unternehmensmanagement versuchen, den Fremdkapitalüberhang ohne Verzögerung zurückzuführen. Andererseits ist auch an dieser Stelle unklar, wann und wieso ein Unternehmen nach einer kurzen Phase der Passivität wieder zu einer wertoptimalen Verschuldungspolitik zurückkehren wird. Vergleichbar zu den weiteren Überlegungen dieses Abschnitts, erscheint es vielmehr als einleuchtend, dass Unternehmen unter dem verzerrenden Einfluss der Interessen des Unternehmensmanagements dauerhaft ein von der wertabhängigen Finanzierungspolitik abweichendes Finanzierungsverhalten einschlagen sollten.

Zu den „äußeren“ Gründen einer wertabhängigen Finanzierungspolitik

Auch an dieser Stelle kann erneut auf die aus der Diskussion der „klassischen“ autonomen bzw. wertabhängigen Finanzierungspolitik bekannten Aspekte zurückgegriffen werden. Ausgangspunkt der folgenden Plausibilitätsüberlegung sei erneut der Zeitpunkt der Revision der Kapitalstruktur in Richtung eines vorgegebenen Zielverschuldungsgrades. Das Unternehmen zeigt, wie bereits dargestellt, zu diesem Zeitpunkt ein Verhalten, das dem eines Unternehmens bei Annahme einer „klassischen“ wertabhängigen Finanzierungspolitik gleichkommt. Der Abschnitt zur wertabhängigen Finanzierungspolitik hat an dieser Stelle insbesondere auf die Interessen der Fremdkapitalgeber als „äußeren“ Grund für die Einhaltung eines vorbestimmten Verschuldungsgrades abgestellt. Der Zielverschuldungsgrad ist, anders als in der Argumentation zu den „inneren“ Gründen, damit nicht länger Ausdruck eines wertoptimierenden Verhaltens des Unternehmens, sondern Ausdruck des Einflusses der Fremdkapitalgeber, die sich gegen eine mögliche

Übervorteilung durch die Eigenkapitalgeber zu schützen versuchen. Dieser Aspekt ist bedeutsam, erscheint aus diesem Betrachtungswinkel heraus doch eine aus Sicht des Unternehmens zunächst suboptimal wirkende Finanzierungspolitik verteidigbar.[1727] Der Abschnitt zur „klassischen" wertabhängigen Finanzierungspolitik hat dabei insbesondere auf Covenants als ein zentrales Instrument der Fremdkapitalgeber, die zukünftige Finanzierungspolitik des Unternehmens zu beeinflussen, abgestellt. In der Folge soll dieses Argument nochmals aufgegriffen werden. Interessant erscheint es auch hier, der Frage nachzugehen, inwieweit die kreditvertraglichen Verhaltensvorgaben im Einklang mit der Annahme einer partiell wertabhängigen Finanzierungspolitik stehen. Zunächst kann, ohne eine eingehendere Begründung liefern zu müssen, auf die Ergebnisse der vorangehenden Abschnitte abgestellt werden. Wie in den Abschnitten zur autonomen und wertabhängigen Finanzierungspolitik kurz ausgeführt, dürfte sich das Interesse der Fremdkapitalgeber regelmäßig in der Vorgabe eines Zielverschuldungsgrades für das Unternehmen niederschlagen und nicht in der Vorgabe einer absoluten Verschuldungsobergrenze.[1728] Darüber hinaus hat der Abschnitt zur wertabhängigen Finanzierungspolitik gezeigt, dass die kreditvertragliche Bindung des Unternehmens an eine Verschuldungsobergrenze ein Verhalten des Unternehmens optimal erscheinen lässt, das über weite Strecken im Einklang mit dem Verhalten bei Annahme einer wertabhängigen Finanzierungspolitik steht.[1729] Blickt man in Kenntnis dieser Aspekte erneut auf den Ausgangspunkt der Betrachtung, d. h. den Zeitpunkt der Revision der Kapitalstruktur, so kann ohne Weiteres gemutmaßt werden, dass das mit einer partiell wertabhängigen Finanzierungspolitik vermutete Verhalten durch kreditvertragliche Vereinbarungen mit den Fremdkapitalgebern ausgelöst wird. Diese Vermutung erscheint an dieser Stelle auch nicht weiter verwunderlich, dominieren in dieser Phase der partiell wertabhängigen Finanzierungspolitik doch die Eigenschaften einer „klassischen" wertabhängigen Finanzierungspolitik. Interessanter ist daher auch an dieser Stelle die Frage, inwieweit der im Rahmen einer partiell wertabhängigen Finanzierungspolitik einschlägige Wechsel zu einer autonomen Finanzierungspolitik im Einklang mit den Interessen der Fremdkapitalgeber steht. Richtet man den Blick auf die, auf die

1727 Dass die Annahme der Wertoptimalität mit Blick auf die Grundform der partiell wertabhängigen Finanzierungspolitik abgelehnt werden kann, hat der vorangehende Abschnitt anhand mehrerer Überlegungen gezeigt.

1728 Insbesondere im Abschnitt zur autonomen Finanzierungspolitik wurde ausgeführt, warum die Vorgabe eines absoluten Fremdkapitalbestandes für das Ziel der Fremdkapitalgeber, das übernommene Finanzierungsrisiko nach oben hin zu begrenzen, weitgehend ungeeignet ist. Daneben dürften mit dem Abstellen auf eine fixe Verschuldungsgrenze regelmäßige Neuverhandlungen notwendig sein, die mit nicht zu vernachlässigenden Transaktionskosten verbunden sind. Vgl. dazu Scott (1977) S. 2.

1729 Auf eine nochmalige Darstellung der relevanten Überlegungen sei mit einem Verweis auf Abschnitt 4.3.2.2. an dieser Stelle verzichtet.

Revision der Kapitalstruktur, folgende Zwischenphase, so zeigt sich ein weniger klares Bild zugunsten der Annahme einer partiell wertabhängigen Finanzierungspolitik. Das Unternehmen hält, wie bereits erläutert, in den Zwischenphasen der partiell wertabhängigen Finanzierungspolitik an den zum Zeitpunkt der Revision vorgenommenen Planungen fest. Mit anderen Worten wird die tatsächliche operative Entwicklung des Unternehmens in der Entwicklung der Kapitalstruktur in den Folgeperioden ausgeblendet. Die angenommene Passivität des Unternehmens kommt damit letztlich der Annahme einer phasenweisen autonomen Finanzierungspolitik gleich, dies wurde bereits gezeigt.

Ungeklärt ist an dieser Stelle jedoch, inwieweit diese phasenweise Passivität des Unternehmens mit den Interessen der Fremdkapitalgeber im Einklang steht. Zur Klärung dieser Frage erscheint es erneut sinnvoll, eine Fallunterscheidung vorzunehmen. Der mit Blick auf die Interessen der Fremdkapitalgeber wohl unproblematischste Fall liegt vor, wenn die zukünftige Unternehmensentwicklung den zum Revisionszeitpunkt bestehenden Erwartungen des Unternehmens bzw. der Fremdkapitalgeber entspricht. Die für die partiell wertabhängige Finanzierungspolitik charakteristische Passivität des Unternehmens in den Zwischenphasen stellt – verändert sich die Unternehmenslage nicht – keine Verletzung der Interessen der Fremdkapitalgeber dar. Wie in einem vorangehenden Abschnitt bereits angemerkt, ist in diesem Fall letztlich keine Reaktion des Unternehmens notwendig. Diese spezielle Konstellation dürfte für ein operativ wachsendes Unternehmen jedoch eher die Ausnahme denn die Regel darstellen.[1730] Man kommt damit nicht umhin, den in der Praxis wohl bedeutsameren Fall einer zum Zeitpunkt der Planung noch unerwarteten Entwicklung des Unternehmens zu betrachten. An dieser Stelle kann zwischen zwei Ausprägungen der unerwarteten operativen Entwicklung des Unternehmens unterschieden werden. Einerseits kann das Unternehmen in der Prognosephase eine unerwartet positive operative Entwicklung durchlaufen, andererseits kann eine in der ursprünglichen Planung nicht antizipierte Verschlechterung der operativen Leistungsfähigkeit eintreten. In Abhängigkeit zur tatsächlichen Entwicklung des Unternehmens in den Zwischenphasen, widerspricht das Festhalten des Unternehmens an der ursprünglichen Finanzplanung der Forderung der Fremdkapitalgeber nach einem konstant bleibenden Risikoniveau des Fremdkapitals. Für den Fall, dass Unternehmen in den Zwischenphasen der partiell wertabhängigen Finanzierungspolitik eine unerwartete positive Entwicklung erfahren, erscheint die zeitweise Passivität des Unternehmens

1730 Wie die Überlegungen zur „inneren" Motivation der partiell wertabhängigen Finanzierungspolitik gezeigt haben, ist in diesem speziellen Fall jedoch die Eigenständigkeit der partiell wertabhängigen Finanzierungspolitik bedroht. Man würde unter dem Überbegriff der partiell wertabhängigen Finanzierungspolitik ein Finanzierungsverhalten betrachten, das letztlich dem einer autonomen Finanzierungspolitik entspricht und sich gegebenenfalls nur in der Planungsdoktrin unterscheidet.

aus Sicht der Fremdkapitalgeber weitgehend unkritisch. Mit dem Anstieg des aus der unternehmerischen Tätigkeit zufließenden Cashflows,[1731] dürfte in aller Regel die Haftungsmasse ansteigen bzw. das Risiko für einen Ausfall des Fremdkapitals gegenüber der ursprünglichen Planung absinken.[1732] Es wurde bereits in einem vorangehenden Abschnitt argumentiert, dass die Fremdkapitalgeber i. d. R. nur ein einseitiges Interesse an der Bindungswirkung des Zielverschuldungsgrades besitzen dürften. Anders formuliert, müssten es die Fremdkapitalgeber an dieser Stelle regelmäßig zulassen, dass Unternehmen das eingesetzte Fremdkapital aufgrund des gestiegenen Unternehmenswertes erhöhen.[1733]

Blickt man nochmals auf das „innere" Kriterium der Wertoptimalität, so zeigt sich auch an dieser Stelle, dass das mit einer partiell wertabhängigen Finanzierungspolitik unterstellte Finanzierungsverhalten von den Eigenkapitalgebern nicht eingeschlagen werden sollte, da der durch die Fremdkapitalgeber vorgegebene Finanzierungsspielraum nicht vollständig ausgereizt wird. Der bei der Betrachtung der „inneren" Gründe beobachtbare innere Widerspruch einer partiell wertabhängigen Finanzierungspolitik tritt an dieser Stelle daher nochmals hervor, soll jedoch im weiteren Verlauf nicht erneut im Detail aufgegriffen werden. Bis zu dieser Stelle war die Annahme einer partiell wertabhängigen Finanzierungspolitik zwar nicht gänzlich überzeugend, die Annahme stand jedoch nicht im direkten Kontrast zum Argument einer wirksamen kreditvertraglichen Bindung der Unternehmen an eine Verschuldungsobergrenze. Dies ändert sich, betrachtet man den Fall einer unerwarteten Verschlechterung der operativen Entwicklung des Unternehmens. Die „klassische" wertabhängige Finanzierungspolitik sieht in diesem Fall die Rückführung eines Teils des, aus Risikogesichtspunkten bestehenden, Fremdkapitalüberhangs vor, um den Interessen der Fremdkapitalgeber – eine Risikoverschiebung zu ihren Ungunsten – zu vermeiden, gerecht zu werden. Diese Rückführung unterbleibt jedoch für die Annahme einer partiell wertabhängigen Finanzierungspolitik, befindet sich das Unternehmen nicht rein zufällig in einem Zeitpunkt, an dem die Kapitalstruktur einer Anpassung unterzogen wird. Das Interesse der Fremdkapitalgeber an einer Begrenzung des zu tragenden Risikos wird damit insbesondere dann, wenn die kreditvertraglichen Vereinbarungen eine Schutzwirkung entfalten sollten – also im Fall einer unerwarteten Verschlechterung der Unternehmenssituation – im Fall der

---

1731 An dieser Stelle wird der Grund für diese Abweichung vereinfachend nicht näher beleuchtet. Auch die Frage, ob für die unerwartete operative Entwicklung eine Anschubfinanzierung notwendig ist, wird an dieser Stelle vereinfachend ausgeblendet.

1732 Indirekt wird diese Vermutung durch die Beobachtung von Sufi (2009), dass Unternehmen mit hohen Cashflows über höhere Kreditlinien verfügen und zugleich ein niedrigeres Risiko für die Verletzung der Covenants aufweisen, gedeckt. Vgl. dazu Sufi (2009) S. 1082.

1733 Hier greift erneut die Argumentation, dass die Fremdkapitalgeber weder ein gerechtfertigtes Interesse besitzen noch es aus ihrer Sicht zielführend erscheinen kann, den Unternehmen unberechtigterweise Steine in den Weg zu legen.

partiell wertabhängigen Finanzierungspolitik regelmäßig verletzt. Die Annahme der partiell wertabhängigen Finanzierungspolitik wirkt damit erneut unvollkommen, wird weder dem Interesse der Fremdkapitalgeber noch der Unternehmen durch das wechselnde Finanzierungsverhalten voll entsprochen.

In der Folge soll kurz näher beleuchtet werden, wie die Verletzung der Fremdkapitalgeberinteressen plausibilisiert werden kann. Implizit wird im Rahmen der partiell wertabhängigen Finanzierungspolitik unterstellt, dass die Fremdkapitalgeber zumindest eine zeitweise Verletzung der kreditvertraglichen Vereinbarungen akzeptieren werden. Diese Eigenschaft einer partiell wertabhängigen Finanzierungspolitik kontrastiert damit unweigerlich die auf eine strenge Bindungswirkung der kreditvertraglichen Vereinbarungen und eine umfassende Sanktionierung einer Vertragsverletzung abstellende Argumentation der „klassischen" wertabhängigen Finanzierungspolitik. Im Abschnitt zur „klassischen" wertabhängigen Finanzierungspolitik wurde jedoch bereits festgehalten, dass die Annahme einer zeitweisen Verletzung der kreditvertraglichen Vereinbarungen bzw. eine gewisse Nachsicht der Fremdkapitalgeber durchaus im Einklang mit den Ergebnissen der empirischen Forschung stehen kann. Wie durchschlagskräftig dieser Erklärungsversuch für eine zeitweise Passivität letztlich ist, dürfte jedoch maßgeblich von der konkreten Ausgestaltung der partiell wertabhängigen Finanzierungspolitik abhängen. So könnte die von Clubb/Doran (1995) vorgeschlagene Ausprägung einer an der „klassischen" wertabhängigen Finanzierungspolitik ausgerichteten Form durchaus mit der Grundannahme einer von den Fremdkapitalgebern vorgegebenen und über weite Strecken wirksamen Verschuldungsobergrenze vereinbar sein. Eine in Richtung der autonomen Finanzierungspolitik strebende partiell wertabhängige Finanzierungspolitik lässt dagegen wenig Spielraum für eine auf die Interessen der Fremdkapitalgeber abzielende Argumentation. Bei einer solchen Ausprägung der partiell wertabhängigen Finanzierungspolitik müsste man vielmehr davon ausgehen, dass sich die Vorgaben der Fremdkapitalgeber über weite Strecken der partiell wertabhängigen Finanzierungspolitik als wirkungslos erweisen. Akzeptiert man, auf Grundlage der Ergebnisse der empirischen Forschung, zunächst die Annahme, dass Fremdkapitalgeber eine kurzfristige Abweichung von den vereinbarten Zielverschuldungsgraden zulassen bzw. lediglich nachsichtig sanktionieren,[1734] gilt es, in einem zweiten Schritt zu hinterfragen, wie Unternehmen diesen hinzugewonnenen Spielraum ausnutzen sollten bzw. können. Im Abschnitt zur „klassischen" wertabhängigen Finanzierungspolitik wurde argumentiert, dass im Kontrast zu einer durch das Unternehmen selbst gewählten Verschuldungsgrenze, der durch die Fremdkapitalgeber vorgegebene Zielverschuldungsgrad regelmäßig unterhalb des für das Unternehmen wertoptimalen Punktes liegen wird.[1735] Unter dieser

1734 Dies dürfte, wie bereits angedeutet, aus Sicht der Fremdkapitalgeber nur in einem begrenzten Umfang und bei zeitlicher Limitierung dieser Verletzung akzeptabel sein.

1735 Diese Annahme kann m. E. nach auch für die folgenden Überlegungen wohlbegründet aufrechterhalten werden.

Prämisse erscheint es zunächst nicht unplausibel, anzunehmen, dass Unternehmen durch das Festhalten an den durch die ursprüngliche Planung festgelegten Fremdkapitalbeständen versuchen werden, den Wertbeitrag des Fremdkapitals wenigstens kurzfristig zu maximieren.[1736] Die Maximierung des Wertbeitrages der Fremdfinanzierung geht jedoch mit der Kenntnis einher, dass dieser Effekt nur temporärer Natur sein kann. In den folgenden Perioden muss sich das Unternehmen bemühen, dem im Zielverschuldungsgrad festgeschriebenen Anspruch der Fremdkapitalgeber erneut zu entsprechen, soll die Gefahr umfassender Sanktionen vermieden werden. Gegen ein solches Verhalten des Unternehmen ließe sich an dieser Stelle anführen, dass es aus Sicht des Unternehmens im Angesicht der u. U. in den Folgeperioden drohenden erheblichen Anpassung der Kapitalstruktur sinnvoll sein kann, einer Politik eher inkrementeller Anpassungen der Kapitalstruktur zu folgen, als zu einem späteren Zeitpunkt mit einer umfangreichen Restrukturierung ein Signal der Schwäche an den Kapitalmarkt zu senden.[1737] Sehr stabil wirkt dieses Argument gegen einen Übergang von einer aktiven hin zu einer passiven Finanzierungspolitik an dieser Stelle jedoch nicht, zeigt sich in der Folge doch, dass die Fremdkapitalgeber nur geringfügige Verletzungen der Zielkapitalstruktur tolerieren dürften. Bedeutsamer erscheinen vielmehr die in diesem Umfeld wenig überzeugend wirkenden Eigenschaften einer nun vollkommen autonomen Finanzierungspolitik. In einer Welt, die sich weder durch eine durch das Unternehmen selbst noch durch die Fremdkapitalgeber vollständig antizipierbare zukünftige Unternehmensentwicklung auszeichnet, erscheint die Annahme einer bedingten Festschreibbarkeit der zukünftigen Fremdkapitalbestände vergleichsweise weitreichend. Unterstellt man mit dieser Annahme doch, dass sowohl der Grad der zukünftigen Veränderungen als auch das Wohlwollen der Fremdkapitalgeber als gegeben angenommen werden können.

Vor dem Hintergrund einer abnehmenden Leistungsfähigkeit des Unternehmens kann zuletzt auch gemutmaßt werden, dass ein Festhalten an der ursprünglichen Planung zur Maximierung des Unternehmenswertes wenig überzeugen kann, da man sich der Gefahr aussetzt, dass der ursprüngliche Wertvorteil der Fremdfinanzierung unter den veränderten Rahmenbedingungen nicht mehr

---

1736 Hinter dieser Überlegung steht die Annahme, dass sich der tatsächliche Verschuldungsgrad des Unternehmens zwischen dem tatsächlich optimalen Verschuldungsgrad und der Vereinbarung mit den Fremdkapitalgebern bewegt.

1737 Man würde an dieser Stelle also auf die Signalling-Theorie abstellen und vermuten, dass eine umfangreichere Restrukturierung der Kapitalstruktur als ein negatives Signal an den Kapitalmarkt verstanden werden kann. Zugleich dürfte mit dem Umfang der Veränderung der Kapitalstruktur auch das Risiko steigen, dass das Unternehmen diesen Umbau nicht leisten kann und damit insolvenzbedroht ist. Man könnte an dieser Stelle jedoch auch das Argument der Transaktionskosten bemühen, die u. U. dazu führen können, dass Anpassungen an der Kapitalstruktur einen vergleichsweise klumpigen Charakter aufweisen. Dieses Argument wird in der Folge noch eingehender beleuchtet werden.

voll gehoben werden kann.[1738] Dieses Argument kann jedoch erneut vor dem Hintergrund der vorangehenden Argumentation, also vor dem Hintergrund einer sowohl zeitlichen als auch im Umfang begrenzten Abweichung von den Zielvorgaben, entkräftet werden. Zudem könnte an dieser Stelle erneut darauf verwiesen werden, dass die ursprünglichen Vorgaben der Fremdkapitalgeber i. d. R. vergleichsweise konservativ sein dürften, der Wertvorteil der Fremdfinanzierung damit auch bei einer unerwarteten Verschlechterung der operativen Leistungsfähigkeit des Unternehmens gehoben werden kann. Die Vermutung, dass auch im Fall eines Rückgangs des theoretischen Verschuldungsoptimums es für das Unternehmen vorteilhaft sein kann, an der ursprünglichen Planung festzuhalten, erscheint unter diesen engen Prämissen damit vertretbar.[1739] Die im Rahmen einer partiell wertabhängigen Finanzierungspolitik auftretenden Abweichungen von der vertraglich vereinbarten Verschuldungsobergrenze sind damit von temporärem bzw. unmaßgeblichem Charakter. Diese Schlussfolgerung steht damit erneut im Einklang mit dem verhaltenen Interesse der Fremdkapitalgeber, den bestehenden Sanktionskatalog voll auszuschöpfen.[1740] Damit wurde gezeigt, dass es durchaus möglich ist, eine in sich schlüssige Argumentation zugunsten eines Übergangs von wertabhängiger zu autonomer Finanzierungspolitik abzuleiten.

Hat man die Frage der Plausibilität eines Wechsels von einer wertabhängigen zu einer autonomen Finanzierungspolitik geklärt, ist es in einem weiteren Schritt notwendig, der Frage der Plausibilität der Rückkehr zu einer wertabhängigen Finanzierungspolitik nachzugehen. Hält man an dem Argument der bindenden Wirkung der kreditvertraglichen Vereinbarungen fest und hat man akzeptiert, dass Fremdkapitalgeber eine kurzfristige Verletzung des vereinbarten Zielverschuldungsgrades wenigstens kurzfristig dulden, so ist die Rückkehr zur strengen Form der wertabhängigen Finanzierungspolitik ein vergleichsweise kleiner Schritt. Als Auslöser für eine Rückkehr zu einer aktiven Steuerung der Kapitalstruktur kann so auf die im Zeitverlauf steigende Wahrscheinlichkeit für ein Überschreiten der Schwelle, an der Fremdkapitalgeber die Verletzung der Kapitalstrukturvorgabe tatsächlich sanktionieren, abgestellt werden. Wie bereits argumentiert, dürften die Fremdkapitalgeber eine Verletzung des vereinbarten Zielverschuldungsgrades nur über einen begrenzten Zeithorizont und

1738 Dezent wurde im Vorfeld bereits auf das, mit dem Grad der Abweichung steigende, Insolvenzrisiko hingewiesen. Dieser Hinweis ist auch mit Blick auf die eingeschlagene Argumentation aufrechtzuerhalten.

1739 Zu beachten ist hierbei jedoch erneut, dass hier bestenfalls ein zweitbestes Optimum angestrebt werden kann.

1740 Im Sinne von Myers (1977) könnte man an dieser Stelle argumentieren, dass die Bindung des Unternehmens an einen Zielverschuldungsgrad mit erheblichen Kosten verbunden sein kann und nicht in jedem Fall durchführbar ist. Vgl. dazu Myers (1977) S. 156.

auch in einem begrenzten Umfang tolerieren.[1741] Rationale Unternehmen werden die drohende Gefahr einer Sanktionierung antizipieren und zum gegebenen Zeitpunkt zum vertraglich vereinbarten Zielverschuldungsgrad zurückkehren, um einen kostspieligen Konflikt mit den Fremdkapitalgebern zu vermeiden.[1742] Die im Rahmen der Grundform der partiell wertabhängigen Finanzierungspolitik unterstellte Rückkehr zu einem als zeitstabil angenommenen Zielverschuldungsgrad wirkt jedoch auch vor dem Hintergrund dieser Überlegungen erklärungsbedürftig. Hält man weiterhin an der Annahme eines sich entwickelnden Unternehmens fest, erscheint es sowohl aus Sicht des Unternehmens aber auch der Fremdkapitalgeber nur begrenzt rational, dauerhaft auf eine zeitstabile Verschuldungsobergrenze abzustellen. Für den Fall einer vergleichsweise konservativen Vorgabe des Verschuldungsgrades, die zwar möglicherweise keiner Anpassung im Fall einer sich verschlechternden wirtschaftlichen Situation bedürfte, würden die Fremdkapitalgeber dem Unternehmen in allen anderen Fällen weitgehend unbegründet eine suboptimale Finanzierungspolitik aufzwingen. Diese Annahme erscheint damit zunächst allein im Angesicht einer gewissen Konkurrenz zwischen den Fremdkapitalgebern nicht überzeugend. Zudem dürfte sich auch der Vorteil einer dauerhaften konservativen Verschuldungsvorgabe für die Fremdkapitalgeber in Grenzen halten,[1743] befreit doch auch eine konservative Vorgabe des Verschuldungsgrades die Fremdkapitalgeber nicht von der Aufgabe, den vorgegebenen Zielverschuldungsgrad zu überwachen und ggf. an die geänderte Situation des Unternehmens anpassen zu müssen.[1744] Überzeugender erscheint dagegen die Annahme, dass die Verschuldungsobergrenze zu Vertragsabschluss jeweils an der tatsächlichen wirtschaftlichen Leistungsfähigkeit des Unternehmens ausgerichtet wird.[1745] Unter dieser Annahme erscheint es zwangsläufig, vorauszusetzen, dass die Verschuldungsobergrenze spätestens zum Zeitpunkt der Refinanzierung an die wirtschaftliche Lage des Unternehmens angepasst wird. In diesem Zusammenhang hat der Abschnitt zur wertabhängigen Finanzierungspolitik gezeigt, dass allen voran

1741 Andernfalls würden die kreditvertraglichen Vereinbarungen keine Bindungswirkung entfalten.

1742 Dass Fremdkapitalgeber über weitreichende Maßnahmen zur Sanktionierung verfügen, hat der Abschnitt zur „klassischen" wertabhängigen Finanzierungspolitik gezeigt und soll hier nicht mehr näher beleuchtet werden.

1743 Die an dieser Stelle eingeschlagene Argumentation bedeutet jedoch nicht, dass Eigenkapital- und Fremdkapitalgeber über die gleiche optimale Verschuldungsgrenze verfügen. Die Annahme, dass Fremdkapitalgeber eine Verschuldungsgrenze unterhalb des Optimums der Eigenkapitalgeber bevorzugen, kann m. E. nach auch bei dieser Argumentation aufrechterhalten werden.

1744 Diese Annahme würde jedoch erklären, warum Fremdkapitalgeber vergleichsweise verhalten auf eine Verletzung des Zielverschuldungsgrades reagieren.

1745 Während für die Zielsetzung des Unternehmens allen voran der Zukunftsbezug bei Bestimmung des Zielverschuldungsgrades eine Rolle spielen dürfte, steht damit bei den Fremdkapitalgebern auch eine historische Komponente im Vordergrund, der Wunsch, die eigene Situation nicht zu verschlechtern.

kurz- bis mittelfristig gebundenes Fremdkapital mit Hilfe kreditvertraglicher Vereinbarungen besichert ist. Unter dieser Prämisse wird, in einem Zeitraum von 3–5 Jahren, regelmäßig eine Refinanzierung der Fremdkapitalbestände und damit eine Anpassung der kreditvertraglichen Vereinbarungen notwendig. Dieser Zeitraum dürfte ungefähr dem Zeitraum entsprechen, der im Fall einer, an der „klassischen“ wertabhängigen Finanzierungspolitik orientierten, partiell wertabhängigen Finanzierungspolitik für die Länge der Zwischenperiode – d. h. dem Zeitraum zwischen der Revision der Kapitalstruktur – einschlägig ist.[1746]

Es scheint an dieser Stelle so, als ließe sich der Wechsel zwischen einer zeitweisen Passivität und der zeitweisen aktiven Steuerung der Kapitalstruktur durch den Einfluss der Fremdkapitalgeber auf die Finanzierungspolitik des Unternehmens motivieren. Jedoch leidet auch diese Argumentation an nicht zu übersehenden Schwachstellen. Wie kurz näher erläutert wurde, kann insbesondere hinterfragt werden, warum ein Unternehmen in der passiven Zwischenphase im Angesicht der unzweifelhaft bestehenden Unsicherheit über die zukünftige Unternehmensentwicklung, wenn auch nur partiell, einer autonomen Finanzierungspolitik folgen kann. Des Weiteren lässt sich vor dem Hintergrund der eingeschlagenen Argumentation daran zweifeln, dass die kreditvertraglichen Vereinbarungen tatsächlich eine bindende Wirkung für die Finanzierungspolitik der Unternehmen entfalten können. So versteckt sich hinter der Annahme, dass Zeiträume von 3–5 Jahren für die Zwischenphasen der partiell wertabhängigen Finanzierungspolitik einschlägig sind, implizit die Vermutung, dass die Anforderungen der Fremdkapitalgeber lediglich zum Revisionszeitpunkt eine bindende Wirkung für die Unternehmen aufweisen. Unterstellt man zugleich, dass die Verschuldungsobergrenze jeweils an der zum Revisionszeitpunkt wirtschaftlichen Leistungsfähigkeit der Unternehmen ausgerichtet wird, entfalten die kreditvertraglichen Vereinbarungen letztlich zu keinem Zeitpunkt eine offenkundige Bindungswirkung für die Unternehmen. Ob die in diesem Fall eher als abstrakt zu bezeichnende Bindungswirkung der kreditvertraglichen Vereinbarung zu einem mit der Annahme der partiell wertabhängigen Finanzierungspolitik kompatiblen Verhalten führt, kann angezweifelt werden. Vielmehr wirkt es so, als würde eine willkürliche Finanzierungsannahme hinter einer wohlklingenden Legende versteckt werden. Um diese augenscheinliche Schwäche der Argumentation zu heilen, wurde darauf abgestellt, dass im Rahmen einer solchen Finanzierungspolitik nur geringfügige Verletzungen der kreditvertraglichen Vereinbarungen zulässig sind, will man die ursprüngliche Argumentation zugunsten der Bedeutung kreditvertraglicher Vereinbarungen nicht ad absurdum führen. Vordergründig wird mit dieser Annahme der innere Widerspruch der partiell wertabhängigen Finanzierungspolitik abgemildert. Vor dem Hintergrund dieser Annahme ist jedoch fraglich, ob die partiell

1746 Wie bereits dargestellt, haben sich Clubb/Doran (1995) für eine partiell wertabhängige Finanzierungspolitik ausgesprochen, die sich stark an einer „klassischen“ wertabhängigen Finanzierungspolitik orientiert.

wertabhängige Finanzierungspolitik damit über einen erkennbar eigenständigen Charakter verfügt. Unter Eigenständigkeit sei an dieser Stelle verstanden, dass sich der Wertbeitrag der Fremdfinanzierung im Fall einer partiell wertabhängigen Finanzierungspolitik maßgeblich von dem Wertbeitrag im Fall einer „klassischen" wertabhängigen Finanzierungspolitik unterscheidet. Die Frage der Unterscheidbarkeit der partiellen wertabhängigen Finanzierungspolitik unter der Annahme vernachlässigbarer Unterschiede zur „klassischen" wertabhängigen Finanzierungspolitik sei zunächst zurückgestellt.[1747]

Zunächst soll weiterhin der Frage der Plausibilität der Annahme der partiell wertabhängigen Finanzierungspolitik nachgegangen werden. Die bisherige Argumentation hat gezeigt, dass die Plausibilität der Annahme der partiell wertabhängigen Finanzierungspolitik davon abhängt, dass das Unternehmen zwar die Vorgaben der Fremdkapitalgeber bewusst verletzt, diese Verletzung jedoch so versteckt erfolgt bzw. so unmaßgeblich ist, dass dieses Fehlverhalten durch die Fremdkapitalgeber nicht sanktioniert wird. Auf Basis dieser Argumentation ist die Annahme einer partiell wertabhängigen Finanzierungspolitik regelmäßig nur unter engen Rahmenbedingungen einschlägig. Es soll in der Folge daher überprüft werden, ob die Annahme einer partiell wertabhängigen Finanzierungspolitik auch für weniger strikte Rahmenbedingungen plausibilisiert werden kann. Zielte die bisherige Argumentation primär auf den, i. d. R. wohl vergleichsweise geringen zusätzlichen, Wertbeitrag der Fremdfinanzierung ab, so soll in der Folge die Passivität der Unternehmen in den Zwischenphasen der partiell wertabhängigen Finanzierungspolitik mit einem alternativen Argument motiviert werden. Dazu sei auf das im Rahmen der autonomen Finanzierungspolitik für die Passivität der Unternehmen bemühte Argument der hemmenden Wirkung der mit einer Anpassung der Kapitalstruktur einhergehenden Transaktionskosten abgestellt.

Zum Einfluss von Transaktionskosten auf die partiell wertabhängige Finanzierungspolitik

Der Begriff der Transaktionskosten fasst auch an dieser Stelle die Friktionen, die im Rahmen der Umsetzung einer speziellen Finanzierungspolitik auftreten können, zusammen.[1748] Da der Aspekt der Transaktionskosten insbesondere für die Frage der Umsetzbarkeit einer wertabhängigen Finanzierungspolitik von Bedeutung ist,

---

1747 An dieser Stelle reift das Wissen, dass die Unterschiede in der Praxis vernachlässigbar sein dürften, doch noch nicht von der Notwendigkeit, die partiell wertabhängige Finanzierungspolitik näher zu beleuchten. Sind Unterschiede, wenn sie systematischer Natur sind, doch im Rahmen der Bewertung zu berücksichtigen.

1748 Die Bedeutung bzw. der Umfang der Transaktionskosten wird i. d. R. dabei auch von den zuvor gesondert betrachteten Eigenschaften und Interessen der Eigen- und Fremdkapitalgeber abhängen. Das Interesse der Anspruchsinhaber tritt jedoch im Fall der Transaktionskosten nicht mehr eindeutig hervor. Etwas unscharf könnte man so unter dem Oberbegriff der Transaktionskosten so u. U. auch die Frage der kreditvertraglichen Vereinbarungen subsumieren.

erscheint es in diesem Zusammenhang notwendig, neben einem Festhalten an der Beleuchtung der „äußeren“ Gründe für eine partiell wertabhängige Finanzierungspolitik auch die Wirkungskraft der „inneren“ Gründe vor dem Hintergrund der womöglich verzerrenden Wirkung von Transaktionskosten nochmals aufzugreifen. Wie bereits bei Betrachtung der autonomen Finanzierungspolitik gezeigt wurde, können die bei einer Veränderung der Kapitalstruktur zu tragenden Transaktionskosten auf verschiedene Auslöser zurückgeführt werden. Im Rahmen der Diskussion der „klassischen“ autonomen Finanzierungspolitik wurde zunächst auf einen Konflikt zwischen Eigen- und Fremdkapitalgeber abgestellt. Es wurde gemutmaßt, dass der im Fall einer wertabhängigen Finanzierungspolitik regelmäßig notwendige Abbau von Fremdkapitalüberhängen oder auch die Aufnahme zusätzlichen Fremdkapitals in der Praxis nicht ohne Reibungen abläuft. Fremdkapitalgeber könnten so u. a. darauf dringen, eine Kompensation für die vorzeitige Ablösung des vertraglich eigentlich länger gebundenen Fremdkapitals zu erhalten. Unter dem Eindruck der im Fall einer Anpassung zu tragenden Transaktionskosten wurde deshalb zugunsten einer gewissen Stabilität bzw. Trägheit der bestehenden Fremdkapitalbestände argumentiert.[1749] Hält man an dieser Argumentation fest, so können Transaktionskosten letztlich dazu führen, dass Unternehmen von einer im Kern wertabhängigen Finanzierungpolitik zu einer weitgehend autonomen Finanzierungspolitik wechseln, wie dies mit der partiell wertabhängigen Finanzierungspolitik beschrieben werden kann. Mit Blick auf das zu Beginn dieses Abschnitts betrachtete „innere“ Interesse der Unternehmen, einem Zielverschuldungsgrad zur Maximierung des Unternehmenswertes zu folgen, kann die zeitweise Passivität des Unternehmens damit auf den ersten Blick plausibilisiert werden. Das primäre Ziel der Maximierung des Marktwertes des Unternehmens wird vor dem Hintergrund anfallender Transaktionskosten möglicherweise auch durch eine zeitweise Passivität des Unternehmens erreicht. Übersteigen beispielsweise die Kosten einer Adjustierung der Kapitalstruktur den Wertbeitrag der Optimierung der Kapitalstruktur, ist es für ein Unternehmen vorteilhafter, von der „klassischen“ wertabhängigen Finanzierungspolitik abzuweichen, als ihr starr zu folgen. Dies haben bereits die Überlegungen des Kapitels I zur dynamischen Trade-Off-Theorie gezeigt. Verallgemeinert man diesen Gedankengang, so hängt die Gestalt einer wertmaximierenden Finanzierungspolitik sowohl von dem inkrementellen Wertbeitrag der Optimierung der Kapitalstruktur als auch von Umfang und Ausprägung der Transaktionskosten ab. Eine strenge wertabhängige Finanzierungspolitik ist im Angesicht dieses Abwägungsprozesses daher nicht mehr zwingend angezeigt.[1750] Blickt

1749 Auch der gegenteilige Fall, also die Aufnahme zusätzlichen Fremdkapitals, wird regelmäßig mit Transaktionskosten verbunden sein.

1750 Vgl. u. a. Fischer et al. (1989) S. 20. Insbesondere die Frage nach dem inkrementellen Wertbeitrag der Fremdfinanzierung, aber auch die Frage nach der genauen Ausprägung der Transaktionskosten ist i. d. R. nicht ad hoc zu beantworten. Der Informationsgehalt einer detaillierten Fallunterscheidung erscheint an dieser

man exemplarisch auf den Fall fixer Transaktionskosten und eine eher geringfügig ausfallende Abweichung des Unternehmens vom Zielverschuldungsgrad, so dürfte der zusätzliche Wertbeitrag der Fremdfinanzierung bei Optimierung der Kapitalstruktur regelmäßig unterhalb der anfallenden Transaktionskosten liegen. Die zeitweise Passivität des Unternehmens kann mit Blick auf die letztlich wertvernichtende Adjustierung der Kapitalstruktur damit wohlbegründet sein.[1751]

Dieses, wenigstens aus analytisch-deduktiver Sicht, plausibel erscheinende Zwischenergebnis, deckt sich dabei auch mit den, in der Literatur zur dynamischen Trade-Off-Theorie zu findenden, Überlegungen zur tatsächlichen Form einer wertoptimierenden Finanzierungspolitik unter dem Einfluss von Adjustierungskosten.[1752] So hat u. a. die Arbeit von Fischer et al. (1989), in Übereinstimmung mit der Vorüberlegung zur Bedeutung der Höhe des Tax-Shields für die Form der Finanzierungspolitik, gezeigt, dass Unternehmen mit einem geringeren effektiven Steuersatz[1753] eine höhere Schwankungsbreite des realisierten Verschuldungsgrades aufweisen. Die Höhe der Schwankungsbreite des Zielverschuldungsgrades kann dabei als Signal für ein geringes Interesse des Unternehmens für eine Politik eines zeitstabilen Zielverschuldungsgrades, d. h. eine „klassische" wertabhängige Finanzierungspolitik bzw. für die Nachrangigkeit des Wertbeitrags der Fremdfinanzierung interpretiert werden.[1754] Die Nachrangigkeit des Wertbeitrags der Fremdfinanzierung dürfte sich damit – über eine Ausdehnung der Phasen der Passivität – in eine Annäherung an eine zunehmend passive, d. h. autonome, Finanzierungspolitik niederschlagen. Vor dem Hintergrund der Adjustierungskosten der Kapitalstruktur erscheint die vorangehende Ablehnung der Annahme der partiell wertabhängigen Finanzierungspolitik mit Blick auf die „inneren" Gründe des Unternehmens etwas übereilt getroffen zu sein. Die zeitweise Vernachlässigung des Optimalitätskriteriums im Rahmen der partiell wertabhängigen Finanzierungspolitik kann so mit der, die Adjustierung der Kapitalstruktur hemmenden, Wirkung der Transaktionskosten plausibilisiert werden. Hervorzuheben ist, dass insbesondere der Fall fixer Transaktionskosten der Annahme einer partiell wertabhängigen Finanzierungspolitik entsprechen dürfte. Ob die Argumentationskette vor dem Hintergrund variabler oder auch gemischter Transaktionskosten im gleichen Maße einleuchtend ist, darf hingegen bezweifelt werden.

Stelle daher begrenzt. Es sei daher in der Folge lediglich der naheliegende Fall fixer Transaktionskosten kurz betrachtet.

1751 Wie der Abschnitt zur wertabhängigen Finanzierungspolitik bereits gezeigt hat, führt die Annahme fixer Transaktionskosten zu unregelmäßigen Anpassungen an den Zielverschuldungsgrad. In der Folge sei vereinfachend auf diesen für die partiell wertabhängige Finanzierungspolitik besonders kompatiblen Fall abgestellt.

1752 So findet sich bereits in Myers (1984) die Überlegung, dass Transaktionskosten zu einer Abweichung zwischen Zielverschuldungsgrad und tatsächlicher Realisation führen. Vgl. Myers (1984) S. 578.

1753 Der effektive Steuersatz kann hier als eine, möglicherweise unvollkommene, Approximation für die Höhe des Wertbeitrages der Fremdfinanzierung angesehen werden.

1754 Vgl. Fischer et al. (1989) S. 39.

Damit ist auch an dieser Stelle festzuhalten, dass der im Rahmen einer partiell wertabhängigen Finanzierungspolitik beschriebene Wechsel zwischen den zwei Eckpunkten der Finanzierungspolitik auch abseits des weiterhin strengen Annahmegerüstes vergleichsweise künstlich wirkt. So erscheint es fraglich, ob die im Rahmen der dynamischen Trade-Off-Theorie zu vermutende Finanzierungspolitik bzw. die in der empirischen Literatur beobachtbaren Entwicklungen der Kapitalstruktur tatsächlich im Einklang mit der Annahme einer partiell wertabhängigen Finanzierungspolitik steht. Zwar deckt sich die Annahme einer autonomen Finanzierungspolitik in den Zwischenphasen mit den in der Empirie zu beobachtenden Schwankungen der Kapitalstruktur,[1755] per se setzt die empirisch beobachtbare Schwankung des Zielverschuldungsgrades jedoch nicht voraus, dass sich das Unternehmen in den Zwischenphasen streng passiv verhalten muss. Mit Blick auf die Praxis erscheint es vielmehr plausibel, dass das Unternehmen, wenn auch nicht in dem für die „klassische" wertabhängige Finanzierungspolitik notwendigen Umfang, weiterhin Maßnahmen ergreift, die die Kapitalstruktur aktiv verändern. Eine gewisse Künstlichkeit spiegelt sich darüber hinaus in den in der Grundform der partiell wertabhängigen Finanzierungspolitik annahmegemäß festen Abständen, in denen ein Wechsel von wertabhängiger zu autonomer Finanzierungspolitik und zurück stattfindet. Mit Blick auf die auf den Einfluss der Transaktionskosten abzielende Argumentation erscheint das Abstellen auf feste Zeitintervalle weitgehend willkürlich gewählt, sofern man nicht nachweisen kann, dass die Höhe der Transaktionskosten im Zeitverlauf festen Schwankungszyklen unterliegt.[1756] An dieser Stelle darf gemutmaßt werden, dass ein solcher Nachweis in der Praxis i. d. R. nicht gelingen wird.[1757] Clubb/Doran (1995) haben, wohl in Bewusstsein der Künstlichkeit der ursprünglich betrachteten Grundform der partiell wertabhängigen Finanzierungspolitik, darauf verwiesen, dass ein Abstellen auf feste Zeiträume zwischen den Anpassungen für die Annahme einer partiell wertabhängigen Finanzierungspolitik nicht notwendig ist.[1758] Mit dieser besser mit dem Argument der Transaktionskosten in Einklang zu bringenden Annahme tritt jedoch die Frage nach der Ableitung der konkreten Länge der passiven Zwischenphase in den Vordergrund. Skizziert

---

1755 Die operative Veränderung des Unternehmens ist an dieser Stelle unverändert als gegeben vorausgesetzt. Auf eine nähere Darstellung der empirischen Evidenz für die Schwankung des Zielverschuldungsgrades wird an dieser Stelle mit Verweis auf den Abschnitt zur „klassischen" wertabhängigen Finanzierungspolitik verzichtet.

1756 Ebenfalls möglich, wenn auch gleichfalls unplausibel, erscheint die Annahme einer gleichmäßigen Schwankung des Unternehmenswertes.

1757 So erscheint die Gegenannahme periodenkonstanter Transaktionskosten in einem Großteil der Zeiträume plausibler. Eine Ausnahme stellt sicherlich der, in der Folge nochmals aufgegriffene, Fall eines Versagens des Kapitalmarktes dar. Ob dieser Sonderfall in einem gleichbleibenden Zyklus auftritt, darf jedoch bezweifelt werden.

1758 Vgl. Clubb/Doran (1995) S. 691.

man die Voraussetzungen zur Beantwortung dieser nun für den zu betrachtenden Zeitraum unterschiedlich zu beantwortenden Frage kurz, so dürfte die Bestimmung der konkreten Länge der Phasen der Passivität maßgeblich von der tatsächlichen Entwicklung des Unternehmens und der Tragfähigkeit der ursprünglichen Planung abhängen. Sind beide Faktoren zur Bestimmung des Zeitraums der Passivität jedoch bekannt, könnte man die etwas ketzerische Frage stellen, warum das Unternehmen bzw. der Bewerter nicht von Beginn an eine tragfähige Finanzierungspolitik unterstellt hat, sondern eine, in diesem Kontext vergleichsweise künstlich wirkende, partiell wertabhängige Finanzierungspolitik bevorzugt.

Fasst man an dieser Stelle zusammen, so kann man mit Blick auf die „inneren" Gründe für eine partiell wertabhängige Finanzierungspolitik zunächst festhalten, dass vor dem Hintergrund regelmäßig anfallender Transaktionskosten eine partiell wertabhängige Finanzierungspolitik mit dem übergeordneten Unternehmensziel der Maximierung des Marktwertes des Unternehmens durchaus vereinbar erscheint.[1759] Die Annahme einer partiell wertabhängigen Finanzierungspolitik kann damit auch im Angesicht einer allgemeineren Formulierung des Annahmegerüstes plausibilisiert werden. Der strenge Wechsel zwischen autonomer und wertabhängiger Finanzierungspolitik wirkt jedoch auch vor dem Hintergrund anfallender Adjustierungskosten weiterhin vergleichsweise künstlich. In einem zweiten Schritt ist sich der Frage zu widmen, welche Auswirkungen der Faktor der Transaktionskosten auf die „äußeren" Gründe für eine partiell wertabhängige Finanzierungspolitik hat. Zunächst sei an der Betrachtung des Widerstands der Fremdkapitalgeber gegen eine frühzeitige Rückführung des Fremdkapitals als einem zentralen Auslöser für die Transaktionskosten festgehalten. Mit Blick auf die kreditvertraglichen Vereinbarungen darf gemutmaßt werden, dass der Widerstand der Fremdkapitalgeber gegen die Rückführung eines bestehenden Fremdkapitalüberhangs regelmäßig verhalten ausfallen dürfte, unterstellt man nicht gleichzeitig auch eine stückweise Irrationalität der Fremdkapitalgeber.[1760]

Exkurs: Einfluss eines Marktversagens auf die Stabilität einer partiell wertabhängigen Finanzierungspolitik

Interessanter erscheint dagegen aus Sicht der „äußeren" Gründe der im Rahmen der Betrachtung der „klassischen" wertabhängigen Finanzierungspolitik kurz beleuchtete Fall eines zeitweisen Versagens des Kapitalmarktes, d. h. des Verlusts

1759 Interessanterweise halten Clubb/Doran (1995) die partiell wertabhängige Finanzierungspolitik in diesem Kontext für ungeeignet. Vgl. Clubb/Doran (1995) S. 693 Fn. 4.

1760 Die Argumentation fußt je gerade darauf, dass die Finanzierungspolitik durch die Interessen der Fremdkapitalgeber geprägt ist. Differenziert man verschiedene Fremdkapitalklassen, zeigen sich die Interessen der Fremdkapitalgeber u. U. weniger homogen und Teile des Fremdkapitals könnten tatsächlich Widerstand leisten.

der Möglichkeit, zusätzliches Fremdkapital einzuwerben. Will man die Auswirkungen dieses Marktversagens auf die Finanzierungspolitik des Unternehmens betrachten, so muss auch an dieser Stelle eine kurze Fallunterscheidung vorgenommen werden. Für den Fall einer unerwartet positiven operativen Entwicklung kann das Unternehmen aufgrund des Versagens des Kapitalmarktes kein zusätzliches Fremdkapital aufnehmen. Geht man an dieser Stelle vereinfachend davon aus, dass das Unternehmen lediglich das Ziel einer Optimierung der Kapitalstruktur verfolgt,[1761] so muss das Unternehmen an dieser Stelle gezwungenermaßen an der bisherigen Planung zur Kapitalstruktur und damit einer damit suboptimalen Lösung festhalten, dies wurde bereits im Abschnitt zur „klassischen" wertabhängigen Finanzierungspolitik gezeigt.[1762] Richtet man den Blick auf das Interesse der Fremdkapitalgeber, so ist auch an dieser Stelle festzuhalten, dass eine positive Abweichung der operativen Unternehmensentwicklung von den ursprünglichen Erwartungen aus Sicht der Fremdkapitalgeber i. d. R. unschädlich ist, sofern das Unternehmen an der ursprünglichen Finanzplanung festhält und kein Risiko auf die Fremdkapitalgeber verlagert. Letzteres kann im Fall eines Versagens des Marktes für Fremdkapital, d. h. die Aufnahme zusätzlichen Fremdkapitals ist weitgehend unmöglich, vergleichsweise unproblematisch vorausgesetzt werden. Für die Beurteilung der Stabilität der Bindungswirkung kreditvertraglicher Vereinbarungen ist dieser Fall daher von nachrangigem Interesse. Bedeutsamer erscheint demgegenüber der Fall einer unerwarteten Verschlechterung der operativen Leistungsfähigkeit des Unternehmens, der für den Fall des Vorliegens von Marktverwerfungen i. d. R. auch plausibler erscheint.[1763] Das verhaltene Interesse des Marktes bzw. die beschränkte Fähigkeit des Unternehmens, in einer solchen Situation weiteres Fremdkapital zur Verfügung zu stellen bzw. bestehende

---

1761 Mit anderen Worten muss das operative Wachstum nicht nachträglich mit Fremdkapital finanziert werden.

1762 An dieser Stelle ließe sich die bereits für den spezielleren Fall des Widerstandes der Fremdkapitalgeber geäußerte Einschätzung der Plausibilität einer partiell wertabhängigen Finanzierungspolitik mit Blick auf die „inneren" Gründe wiederholen. Eine detaillierte Darstellung der diesem Schluss zugrunde gelegten Überlegungen unterbleibt jedoch an dieser Stelle. Zwei Anmerkungen sind jedoch auch bei der verkürzten Betrachtung notwendigerweise zu formulieren. Zunächst wirkt auch hier der periodische Wechsel zwischen autonomer und wertabhängiger Finanzierungspolitik weitgehend künstlich. Geht man mehr ins Detail, muss man sich fragen lassen, warum man in einer Phase des Marktversagens, die i. d. R. auch mit wirtschaftlichen Verwerfungen einhergeht, auf eine autonome Finanzierungspolitik abstellt. Jonas (2009) spricht mit Blick auf das Verhalten von Unternehmen in Krisenzeiten sinngemäß davon, dass Unternehmen gezwungen werden, auf Sicht zu fahren und sich im Nebel der Unsicherheit zurechtzufinden, eine Situation, die man also regelmäßig nicht mit einer autonomen Finanzierungspolitik verbinden dürfte. Vgl. dazu auch Jonas (2009) S. 541; 546; auch Grabowski (2009) S. 36.

1763 Vgl. dazu auch Jonas (2009) S. 541.

Fremdkapitalverbindlichkeiten zu refinanzieren, dürfte sich auch auf das Verhalten bzw. die Interessen der bestehenden Fremdkapitalgeber niederschlagen.

Blickt man erneut auf die im Jahr 2007 beginnende weltweite Finanzkrise, so wurde in der Literatur festgehalten, dass der Rückgang der Bereitschaft des Marktes, Fremdkapital zur Verfügung zu stellen, wenigstens in Teilen auf eine zunehmende Verunsicherung des Marktes über die tatsächliche Qualität der Fremdkapitalnehmer zurückzuführen war.[1764] Wie u. a. deHaas/van Hooren (2010) festgehalten haben, hat sich diese Unsicherheit über die Qualität der Fremdkapitalnehmer auch auf die Strenge der Überwachung bestehender Fremdkapitalverbindlichkeiten niedergeschlagen.[1765] Fremdkapitalgeber, sofern sie sich nicht ein direktes Interesse daran besessen haben, bestehende Finanzierungsverträge zu beenden,[1766] sind in der Folge der Kreditkrise von einer vergleichsweise großzügigen Überwachung des ausgereichten Kapitals zu einer strengeren und engeren Überwachung des Fremdkapitals übergegangen. Die Arbeit von deHaas/van Hooren (2010) spricht in diesem Zusammenhang illustrierend von einem Weckruf, der von den insbesondere durch Banken realisierten Verlusten im Herbst 2007 ausgegangen war.[1767] Geht man von einem deutlich „kritischeren" Umfeld im Umfeld eines Marktversagens aus, so dürfte auch der Bereich, in dem eine auf das Wohlwollen der Fremdkapitalgeber abstellende Argumentation als praxisnah gelten kann, schrumpfen. Zwar besitzen Unternehmen in einem solchen Umfeld durchaus den Anreiz, auch aus Ermangelung an Finanzierungsalternativen an der ursprünglichen Finanzplanung auch im Fall einer unerwarteten Entwicklung festzuhalten, es scheint jedoch fraglich, ob die durch die Krise sensibilisierten Fremdkapitalgeber eine solche Finanzierungspolitik ohne Weiteres akzeptieren werden. In einem „kritischen" Umfeld erscheint daher vielmehr eine die Interessen der Fremdkapitalgeber in den Vordergrund stellende Finanzierungspolitik angezeigt. Mit anderen Worten erscheint es im Fall signifikanter Marktverwerfungen, allein mit Blick auf die Veränderung der Fremdkapitalbestände,[1768] eher plausibel, dass eine autonome bzw. partiell wertabhängige Finanzierungspolitik in Richtung einer

---

1764 Vgl. dazu u. a. deHaas/van Horen (2010) S. 1.

1765 Eine strengere Überwachung bestehender Fremdkapitalverbindlichkeiten ist im Angesicht des zu diesem Zeitpunkt zu beobachtenden Zusammenbruchs des Sekundärmarktes für Fremdkapital durchaus rational, da Gläubigern die Möglichkeit genommen wurde, risikoreicheres Fremdkapital weiterzuveräußern. Vgl. deHaas/van Horen (2010) S. 1–2.

1766 Jonas (2009) schlägt so den Rückzug der Fremdkapitalgeber als eine mögliche Handlungsalternative für den Fall der Schuldenkrise vor. Vgl. Jonas (2009) S. 545.

1767 Vgl. dazu u. a. deHaas/van Horen (2010) S. 1–2.

1768 Die Frage, ob der Wertvorteil der Fremdfinanzierung im Fall von Verwerfungen am Kapitalmarkt mit Sicherheit gehoben werden könne, sei an dieser Stelle vereinfachend ausgeklammert. Es erscheint jedoch nicht unplausibel, dass sich die Verwerfungen auf der Finanzierungsseite auch auf die operative Entwicklung des Unternehmens niederschlagen werden.

„klassischen" wertabhängigen Finanzierungspolitik konvergiert, als dass in diesen Phasen autonome Finanzierungspolitik dominiert. Löst man sich von dem Sonderfall eines gänzlichen Marktversagens, ist es weniger offenkundig, inwieweit die regelmäßig zu berücksichtigenden Transaktionskosten die Bindungswirkung der kreditvertraglichen Vereinbarungen beeinflussen.

Wie sich in der Folge zeigen wird, ist an dieser Stelle zunächst der Frage nachzugehen, welche Faktoren die Höhe und den Umfang der Transaktionskosten bestimmen, um im Anschluss eine eingehendere analytisch-deduktive Überlegung durchführen zu können. Dies kann und wird in der Folge jedoch nicht geleistet werden, vielmehr werden in diesem Zusammenhang zwei mögliche Aspekte einer breiteren Diskussion stellvertretend näher beleuchtet. Hält man an dieser Stelle zunächst an der nicht unplausibel erscheinenden Vermutung fest, dass Transaktionskosten wenigstens zu einem gewissen Teil der Unsicherheit über die wahre Qualität der Fremdkapitalnehmer geschuldet sind, ist der Schritt zur Annahme, dass der Umfang der Transaktionskosten implizit auch eine Aussage über die Stärke der Überwachung des Fremdkapitals trifft, nicht mehr groß. Wie für den Extremfall eines Marktversagens gezeigt wurde, implizieren höhere Transaktionskosten damit eine höhere Bindungswirkung kreditvertraglicher Vereinbarungen und damit eines Zielverschuldungsgrades. Dieses Ergebnis erscheint etwas kontraintuitiv, wurde doch auch im Abschnitt zur autonomen Finanzierungspolitik gemutmaßt, dass Transaktionskosten eine hemmende Wirkung auf die Anpassungshäufigkeit der Kapitalstruktur ausüben dürften.

Nimmt man von dem Argument, dass die Höhe und die Form der Transaktionskosten maßgeblich durch den Faktor der Unsicherheit bestimmt werden, Abstand und stellt man vereinfachend darauf ab, dass die Höhe der Transaktionskosten fest vorgegeben ist, so ergibt sich ein mit den Überlegungen zur autonomen Finanzierungspolitik vergleichbares Bild. Es darf so in einem Umfeld, in dem die Verhandlung bzw. die Neuverhandlung von Fremdkapital mit z. T. bedeutsamen Kosten verbunden ist, gemutmaßt werden, dass die Marktakteure dazu neigen werden, an bestehenden Verträgen festzuhalten. Auf den ersten Blick spricht diese Argumentation damit erneut eher für eine autonome Finanzierungspolitik. Man kann und muss jedoch zugunsten einer wertabhängigen bzw. partiell wertabhängigen Finanzierungspolitik darauf hinweisen, dass ein Festhalten an einen vorbestimmten Fremdkapitalbestand jedoch auch bedeuten muss, dass die ursprünglichen kreditvertraglichen Vereinbarungen zwischen Eigen- und Fremdkapitalgeber eingehalten werden. Mit anderen Worten muss, gibt der Finanzierungsvertrag eine feste Verschuldungsobergrenze vor, die vereinbarte Verschuldungsgrenze im Zeitverlauf durch das Unternehmen auch eingehalten werden. Zwar ist den Transaktionskosten eine hemmende bzw. aufschiebende Wirkung nicht abzusprechen, gänzlich aufheben dürften Transaktionskosten die kreditvertragliche Bindung der Unternehmen an einen Zielverschuldungsgrad jedoch nicht. Letzteres erscheint abseits des zunächst betrachteten Spezialfalles eines teilweisen Versagens des Marktes für Fremdkapital der in der Praxis i. d. R. relevantere Fall zu sein. Auch an dieser Stelle ist daher festzuhalten, dass der Faktor der Transaktionskosten die Argumentation zugunsten einer partiell wertabhängigen Finanzierungspolitik stützen kann. Mit Blick auf die Bindungswirkung der kreditvertraglichen Vereinbarungen ist jedoch festzuhalten, dass die Transaktionskosten an dieser Stelle nur die zunächst vergleichsweise künstlich wirkende Annahme der Großzügigkeit der Fremdkapitalgeber plausibilisieren kann. Die im Vorfeld getroffene Einschätzung, dass der Spielraum für eine zeitweise passive Finanzierungspolitik unter dem Eindruck kreditvertraglicher Vereinbarungen sowohl im Umfang als auch Zeithorizont vergleichsweise eng ist, dürfte dagegen vom Einfluss der Transaktionskosten weitgehend unberührt bleiben. An dieser Stelle gelingt es damit nicht, die auf der Bindungswirkung der kreditvertraglichen Vereinbarungen beruhende Argumentation zugunsten der partiell wertabhängigen Finanzierungspolitik zu verallgemeinern.

4.4.1.1. Fazit zur Plausibilität der partiell wertabhängigen Finanzierungspolitik

An dieser Stelle soll auf Grundlage der vorangehenden Überlegungen ein kurzes Resümee zur Plausibilität der partiell wertabhängigen Finanzierungspolitik gezogen werden. Der Vorschlag von Clubb/Doran (1995) stellt die erste Ausprägung einer Reihe denkbarer Mischungen von wertabhängiger und autonomer Finanzierungspolitik dar, die in den folgenden Abschnitten um weitere Ausprägungen gemischter Finanzierungspolitik ergänzt werden. Charakteristisch für die partiell wertabhängige Finanzierungspolitik ist dabei, dass Unternehmen von einer rein wertabhängigen Finanzierungspolitik zu einer rein autonomen Finanzierungspolitik wechseln. Das Merkmal einer gemischten Finanzierungspolitik wird damit, im Kontrast zu den alternativen Vorschlägen für eine wertabhängige Finanzierungspolitik, nur im Zeitablauf erreicht. Eine zeitgleiche Mischung von Merkmalen der autonomen und wertabhängigen Finanzierungspolitik findet dagegen nicht statt. Lobe (2006) spricht illustrierend daher von „Verschnaufpausen", die sich Unternehmen von einer aktiven, d. h. wertabhängigen, Finanzierungspolitik im Rahmen der partiell wertabhängigen Finanzierungspolitik gönnen.[1769] Der vorangehende Abschnitt hat sich der Frage gewidmet, wie diese „Verschnaufpausen" in der Praxis plausibilisiert werden können. Orientiert man sich an den Kriterien, die in den vorangehenden Abschnitten zur Beurteilung der „klassischen" Finanzierungspolitiken herangezogen wurden, so zeigt sich ein wenig überzeugendes Bild zugunsten der Annahme einer partiell wertabhängigen Finanzierungspolitik. Legt man den Fokus der Betrachtung auf die Maximierung des Wertbeitrages der Fremdfinanzierung, so kann die zeitweise Passivität des Unternehmens in einem Großteil der Fälle – unterlässt man die Hinzuziehung externer Faktoren – nicht überzeugen. Vor dem Hintergrund der Annahme einer wertoptimalen Finanzierungspolitik könnte man

1769 Vgl. Lobe (2006) S. 172.

mit Blick auf das durch die partielle Finanzierungspolitik induzierte Verhalten daher auch etwas provokant davon sprechen, dass sich das Unternehmen auf dem zum Planungszeitpunkt herrschenden Eindruck der Optimalität der Kapitalstruktur ausruht und sich in den Zwischenphasen treiben lässt. In dieser kritischen Anmerkung schwingt bereits ein vorläufiges Urteil über die Plausibilität der partiell wertabhängigen Finanzierungspolitik mit. Da zunächst allein die „inneren" Anreize von Unternehmen betrachtet wurden, erscheint ein abschließendes Urteil über die partiell wertabhängige Finanzierungspolitik an dieser Stelle verfrüht. In einem zweiten Schritt wurden daher auch mögliche „äußere" Gründe für eine partiell wertabhängige Finanzierungspolitik näher betrachtet. Die zugunsten einer partiell wertabhängigen Finanzierungspolitik anführbare Argumentation erweist sich jedoch auch mit Blick auf die „äußeren" Gründe als vergleichsweise instabil. Sieht man die Vermutung, dass kreditvertragliche Vereinbarungen einen Auslöser für eine aktive Steuerung der Finanzierungspolitik darstellen, als gerechtfertigt an, so ist wenigstens an den Revisionszeitpunkten die Annahme einer partiell wertabhängigen Finanzierungspolitik konzeptionell gestützt. Fremdkapitalgeber besitzen grundsätzlich ein Interesse an einer aktiven Steuerung des Risikos der Fremdkapitalbestände und lassen sich durch die Fremdkapitalnehmer die Einhaltung eines vorbestimmten Zielverschuldungsgrades zusichern. Im Kontrast zu der in der „klassischen" wertabhängigen Finanzierungspolitik mitschwingenden Vermutung zeigen sich die Fremdkapitalgeber bei der Umsetzung dieser Vorgabe dagegen vergleichsweise großzügig. Sieht man von wenigen Sonderfällen ab, so zeigen sich die Fremdkapitalgeber derart zuvorkommend, dass ein Übergang zu einer passiven Finanzierungspolitik nicht unwahrscheinlich erscheint. Eine solche Argumentation wirkt nur in einem begrenzten Umfang überzeugend, bleiben doch eine Reihe von Fragen – insbesondere der binäre Charakter der partiell wertabhängigen Finanzierungspolitik – unbeantwortet.

In einem dritten Schritt wurde ergänzend der bis zu diesem Punkt vernachlässigte Aspekt der Adjustierungs- bzw. Transaktionskosten zur Plausibilisierung des mit der partiell wertabhängigen Finanzierungspolitik vermuteten Finanzierungsverhaltens berücksichtigt. Vor dem Hintergrund regelmäßig anfallender Transaktionskosten gewinnt der Wechsel zwischen wertabhängiger und autonomer Finanzierungspolitik zwar an Plausibilität, überzeugend dürfte der scharfe Übergang zwischen den Finanzierungspolitiken in der Praxis jedoch regelmäßig nicht sein. Dem Vorschlag von Clubb/Doran (1995) wohnt damit auch nach eingehenderer Betrachtung wohl in erster Linie ein vor allem theoretischer Reiz inne. Als Hauptverdienst der Arbeit von Clubb/Doran (1995) ist es daher anzusehen, durch die Kombination der beiden „klassischen" Finanzierungspolitiken die Formulierung einer praxisrelevanteren Finanzierungspolitik voranzutreiben. Die tatsächliche Anwendungsmöglichkeit der partiell wertabhängigen Finanzierungspolitik dürfte in der Praxis jedoch bestenfalls auf wenige Spezialfälle begrenzt sein, in denen das Unternehmen mit Billigung der Fremdkapitalgeber einer solchen

Finanzierungspolitik folgt.[1770] Zu einem anderen Urteil kommt Lobe (2006), der festhält, dass der partiell wertabhängigen Finanzierungspolitik zugutezuhalten ist, dass empirisch beobachtbare „Trägheitsmomente" mit der partiell wertabhängigen Finanzierungspolitik abgebildet werden können.[1771] Dieser „Mehrwert" einer partiell wertabhängigen Finanzierungspolitik soll an dieser Stelle gar nicht in Abrede gestellt werden, m. E. nach überwiegen jedoch die inhaltlichen Widersprüche, die mit der Annahme einer wertabhängigen Finanzierungspolitik einhergehen. Neben der an dieser Stelle betrachteten gemischten Plausibilität der Annahme zeigt sich dies insbesondere in einer eingeschränkten Plausibilität dieser Annahme.

Neben diesen grundsätzlichen Problemen der partiell wertabhängigen Finanzierungspolitik wurde im vorangehenden Abschnitt u. a. auch das wiederholte Abstellen auf einen zeitkonstanten Zielverschuldungsgrad sowie die Periodizität des Wechsels von wertabhängiger und autonomer Finanzierungspolitik kritisiert. Wie Clubb/Doran (1995) bereits in ihrer Arbeit angemerkt haben, ist die partiell wertabhängige Finanzierungspolitik nicht auf die im vorangehenden Abschnitt diskutierte Grundform beschränkt. Es besteht vielmehr die Möglichkeit, auch wechselnde Zielverschuldungsgrade im Rahmen der partiell wertabhängigen Finanzierungspolitik zu berücksichtigen.[1772] Mit anderen Worten kann also auch eine erweiterte autonome Finanzierungspolitik mit einer wertabhängigen Finanzierungspolitik mit zeitvariablen Verschuldungsgraden kombiniert werden. Diese Erweiterung des Grundgerüsts der wertabhängigen Finanzierungspolitik trägt unzweifelhaft zu einer höheren Praxisrelevanz der Annahme einer partiell wertabhängigen Finanzierungspolitik bei[1773] und entkräftet damit einen Teil der vorgebrachten Kritik an dieser Annahme. Zwei grundsätzliche Problempunkte der erweiterten Form der partiell wertabhängigen Finanzierungspolitik sind jedoch auch nach einer Erweiterung weiterhin festzuhalten. Zunächst bleibt das Grundproblem eines i. d. R. willkürlich wirkenden Wechsels zwischen autonomer und wertabhängiger Finanzierungspolitik auch bei dieser praxisnäheren Form erhalten.[1774] Ergänzend bleibt zudem festzuhalten, dass die höhere Praxisrelevanz wie

---

1770 Optimal ist eine solche Finanzierungspolitik für das Unternehmen jedoch nur bei Vorliegen entsprechend hoher Transaktionskosten im Vergleich zum Wertbeitrag der Fremdfinanzierung. Für die Fremdkapitalgeber besitzt die zweitweise Passivität dagegen prima facie nur einen Vorteil im Fall eines Verzichts auf eine Erhöhung des Fremdkapitaleinsatzes.

1771 Vgl. Lobe (2006) S. 177.

1772 Vgl. Clubb/Doran (1995) S. 687; 690–691; ähnlich: Lobe (2006) S. 172; 175.

1773 Ähnlich: vgl. Clubb/Doran (1995) S. 690.

1774 Ein Problem stellt zudem der im Rahmen der Diskussion der partiell wertabhängigen Finanzierungspolitik bisher nicht näher betrachtete Aspekt der Heterogenität der Fremdkapitalgeber dar. Trennt man sich von der Annahme, dass lediglich die Interessen eines Fremdkapitalgebers bzw. mehrerer gleichlautender Interessen zu berücksichtigen sind, erscheint die Annahme einer partiell wertabhängigen Finanzierungspolitik weitaus implausibler.

bereits im Fall der wertabhängigen Finanzierungspolitik mit dynamischem Zielverschuldungsgrad auf Kosten der Anwendbarkeit dieser Finanzierungspolitik gehen wird. Im nachfolgenden Abschnitt wird kurz gezeigt, dass die Anwendbarkeit der partiell wertabhängigen Finanzierungspolitik bereits für den zuvor diskutierten Grundfall wenig ausgeprägt erscheint. Auf eine detaillierte Darstellung der erweiterten Form der partiell wertabhängigen Finanzierungspolitik wird in der Folge jedoch verzichtet.

4.4.1.2. Zur Anwendbarkeit der partiell wertabhängigen Finanzierungspolitik

Wie in den vorangehenden Abschnitten bereits hervorgehoben wurde, ist es neben einer Betrachtung der Stringenz der Annahmen zur Finanzierungspolitik auch notwendig, die Anwendbarkeit der Finanzierungsannahme näher zu beleuchten. Für die Annahme einer partiell wertabhängigen Finanzierungspolitik erscheint dies eine vergleichsweise einfache Aufgabe zu sein, wurden mit der autonomen und wertabhängigen Finanzierungspolitik bereits die Komponenten der partiell wertabhängigen Finanzierungspolitik näher betrachtet. An dieser Stelle verbleibt, nach einem kurzen Rückblick auf die Überlegungen der vorangehenden Abschnitte, damit die Aufgabe, näher auf die besonderen Erfordernisse einer partiell wertabhängigen Finanzierungspolitik einzugehen. Wählt man erneut den Zeitpunkt der Revision als Ausgangspunkt der Betrachtung der partiell wertabhängigen Finanzierungspolitik, so gilt es, erneut der Frage nachzugehen, wie der durch das Unternehmen anzustrebende Zielverschuldungsgrad durch einen unternehmensexternen Bewerter bestimmt werden kann. Wie der Abschnitt zur wertabhängigen Finanzierungspolitik bereits skizziert hat, sind hierfür unterschiedliche Vorgehensweisen denkbar. Beurteilt man die verschiedenen Ansätze nach ihrer Sachgerechtigkeit, so ist auch an dieser Stelle festzuhalten, dass der Rückgriff auf Analystenschätzungen i. d. R. nicht gangbar ist, da das Prognoseproblem lediglich unter Akzeptanz eines suboptimalen Ergebnisses an eine andere Stelle verlagert wird. Greift man die alternative Möglichkeit eines Rückgriffs auf eine Form der Vergangenheitsfortschreibung auf, so besteht auch für die partiell wertabhängige Finanzierungspolitik ein Spannungsfeld zwischen Praktikabilität und Verlässlichkeit der Schätzung der Zielkapitalstruktur.

Ob ein Bewerter frei zwischen den beiden Ausprägungen einer möglichen Schätzung entscheiden kann, darf einerseits im Angesicht der theoretischen Unschärfe und andererseits mit Blick auf die Schwierigkeit, zukunftsorientierte Parameter für die Prognose abzuleiten, stark bezweifelt werden. Die Schwierigkeit, eine geeignete Schätzung eines optimalen Zielverschuldungsgrades zu erlangen, dürfte damit auch im Fall einer partiell wertabhängigen Finanzierungspolitik voll durchschlagen und ein eher pragmatisches Vorgehen in der Praxis damit überwiegen. Auch für die in den Zwischenphasen dominante autonome Finanzierungspolitik gilt es, erneut die Frage des Planungsmodells und der geeigneten Parameterbestimmung zu beantworten. Die partiell wertabhängige Finanzierungspolitik ist also auch hier nicht von den Problemen, die autonome Finanzierungspolitik zu konkretisieren, befreit. Blickt man auf den Übergang von wertabhängiger Finanzierungspolitik zur autonomen Finanzierungspolitik, zeigen sich vielmehr eine Reihe von weiteren Problemen, die es im Rahmen einer partiell wertabhängigen Finanzierungspolitik zu beantworten gilt. In dem überwiegenden Teil der vorangehenden Überlegungen wurde vereinfachend darauf abgestellt, dass Unternehmen im Fall einer autonomen Finanzierungspolitik einer F-Planungsdoktrin folgen, wohingegen im Fall einer wertabhängigen Finanzierungspolitik eine L-Planungsdoktrin einschlägig ist. Lobe/Essler (2008) haben darauf verwiesen, dass ein Übergang zwischen alternativen Planungsdoktrinen möglicherweise mit einer wenig plausiblen Entwicklung der Fremdkapitalbestände verbunden ist. Um ein „schwarzes Loch"[1775] – d. h. einen unerklärten Sprung in der Höhe der Fremdkapitalbestände – zu vermeiden, fordern Lobe/Essler (2008) für den Fall einer Mischung alternativer Planungsdoktrinen eine Plausibilitätsprüfung. Im Fall der „klassischen" wertabhängigen bzw. „klassischen" autonomen Finanzierungspolitik erscheint eine solche Plausibilitätsprüfung dagegen verzichtbar.[1776] Die vorangehenden Abschnitte haben gezeigt, dass sowohl autonome als auch wertabhängige Finanzierungspolitik mit alternativen Finanzierungsdoktrinen vereinbar sind. Ein Wechsel zwischen alternativen Finanzierungspolitiken muss daher nicht einen Wechsel zwischen alternativen Planungsdoktrinen implizieren. Die Frage des Übergangs alternativer Finanzierungspolitiken erscheint mit Blick auf die Entwicklung der Fremdkapitalbestände damit grundsätzlich lösbar und soll daher nicht eingehender betrachtet werden.[1777] Bedeutsamer erscheint dagegen, die bereits im Vorfeld kurz beleuchtete Frage nach den Zeitpunkten einer aktiven Kapitalstrukturanpassung bzw. nach der Länge der passiven Zwischenphasen. Entfernt man sich von den zunächst getroffenen Ad-hoc-Annahmen, dürfte diese Frage in der Praxis nicht ohne Weiteres zu beantworten sein. Neben dem Fehlen eines profunden theoretischen Unterbaus dürfte es so regelmäßig schwierig sein, die in das Modell der optimalen Länge der Passivität einfließenden Parameter zu bestimmen, darauf wurde in einem vorangehenden Abschnitt bereits hingewiesen.[1778]

Fasst man zusammen, so leidet die partiell wertabhängige Finanzierungspolitik zu den Zeitpunkten der Anpassung der Kapitalstruktur an den Problemen der

1775 Lobe/Essler (2008) S. 70.

1776 Vgl. Lobe/Essler (2008) S. 70. Indirekt bedeutet dies also, dass auch die unterschiedlichen Planungsmethoden kompatibel sein müssen.

1777 Vgl. dazu Clubb/Doran (1995) S. 687. Wie Lobe (2006) festgehalten hat, stellen Clubb/Doran (1995) für die partiell wertabhängige Finanzierungspolitik auf eine E[L]/L-Planungsdoktrin ab. Vgl. Lobe (2006) S. 173. Das Problem einer Mischung zweier unterschiedlicher Planungsdoktrinen ergibt sich damit daher nicht.

1778 So erscheint es durchaus plausibel, dass neben der Höhe der Transaktionskosten auch die erwartete zukünftige Entwicklung des Unternehmens in ein noch zu schaffendes Prognosemodell einfließt. In diesem Fall würde man auch an dieser Stelle vor einem Interdependenzproblem stehen.

„klassischen" wertabhängigen Finanzierungspolitik. In den Zwischenphasen der Passivität werden die Schwierigkeiten der wertabhängigen Finanzierungspolitik durch die Probleme der Konkretisierung einer autonomen Finanzierungspolitik überlagert. Betrachtet man die partiell wertabhängige Finanzierungspolitik allein auf Grundlage des Kriteriums der Anwendbarkeit, so ist festzuhalten, dass sich kein Vorteil gegenüber den klassischen Finanzierungspolitiken ergibt. Es ist vielmehr festzuhalten, dass man sich im Rahmen der Konkretisierung der partiell wertabhängigen Finanzierungspolitik regelmäßig mit einer Kombination aus den Problemen beider Finanzierungspolitiken konfrontiert sieht. Mit der Frage nach der Länge bzw. den Zeitpunkten der verschiedenen Finanzierungsphasen sowie der Plausibilität der Planungen sieht man sich zudem mit einem weiteren, für die partiell wertabhängige Finanzierungspolitik gesondert zu beantwortenden, Aspekt konfrontiert. Die Anwendbarkeit einer partiell wertabhängigen Finanzierungspolitik dürfte damit regelmäßig hinter der Anwendbarkeit der „klassischen" Finanzierungspolitiken zurückbleiben. Für sich allein genommen, spricht diese wohlbegründete Vermutung noch nicht dagegen, einen möglicherweise steinigeren Weg einzuschlagen, wenn dieser Weg zu einem besseren, d. h. praxisnäheren Ergebnis führt. Clubb/Doran (1995) haben jedoch anhand eines kurzen Beispiels gezeigt, dass der Unterschied zwischen einer partiell wertabhängigen Finanzierungspolitik und einer „klassischen" wertabhängigen Finanzierungspolitik vergleichsweise gering ausfällt.[1779] Dies erscheint nicht weiter verwunderlich, fällt die Pause zwischen zwei Anpassungen der Kapitalstruktur in der von Clubb/Doran (1995) vorgeschlagenen Form doch i. d. R. vergleichsweise gering aus.[1780] Berücksichtigt man zudem die vergleichsweise vage Begründung für die lediglich binäre Entscheidung zugunsten der autonomen oder wertabhängigen Finanzierungspolitik, erscheint es wenig fruchtbringend, sich mit der Annahme einer partiell wertabhängigen Finanzierungspolitik in der Folge näher zu beschäftigen. Aufgrund der bemüht wirkenden Argumentation zugunsten der partiell wertabhängigen Finanzierungspolitik als auch der verhaltenen Praktikabilität dieser Finanzierungsannahme, sei diese Form der Finanzierungspolitik in der Folge nicht näher betrachtet.[1781]

1779 Vgl. Clubb/Doran (1995) S. 691; 692.

1780 Ist die Annahme einer partiell wertabhängigen Finanzierungspolitik auf die Detailplanungsphase beschränkt und ist ein Wechsel zur „klassischen" wertabhängigen Finanzierungspolitik für die Phase der ewigen Rente vorgesehen, wird der Grund für eine vergleichseiwese verhaltene Bedeutung der partiell wertabhängigen Finanzierungspolitik deutlich.

1781 Zu einer vergleichbaren Einschätzung einer zwischen passivem Festhalten und aktiver Steuerung der Fremdkapitalbestände wechselnden Finanzierungspolitik kommen Kruschwitz/Löffler (2001). Vgl. dazu Kruschwitz/Löffler (2001) S. 116 Fn. 9; Kruschwitz/Löffler (1999) S. 7 Fn. 8.

4.4.2. Zur segmentiert gemischten Finanzierungspolitik

Eine alternative Form der Mischung von autonomer und wertabhängiger Finanzierungspolitik schlägt Richter (1998) vor. An den für die von Clubb/Doran (1995) vorgeschlagene Finanzierungspolitik gewählten Oberbegriff der partiell wertabhängigen Finanzierungspolitik angelehnt, sei der Vorschlag von Richter (1998) unter dem Oberbegriff segmentiert wertabhängige Finanzierungspolitik zusammengefasst.[1782] Von der partiell wertabhängigen Finanzierungspolitik unterscheidet sich die segmentiert gemischte Finanzierungspolitik in der Art, wie Unternehmen eingesetzte Fremdkapitalbestände steuern werden. Der vorangehende Abschnitt hat gezeigt, dass im Rahmen der partiell wertabhängigen Finanzierungspolitik ein Wechsel zwischen einer aktiven und passiven Steuerung der Fremdkapitalbestände im Zeitverlauf unterstellt wird. Der Wechsel betrifft dabei das im Unternehmen eingesetzte Fremdkapitalvolumen in Gänze und beschränkt sich nicht nur auf ausgewählte Fremdkapitalschichten. Mit dem vorangehenden Abschnitt wurde deutlich, dass der mit der partiell wertabhängigen Finanzierungspolitik unterstellte Wechsel zwischen gegensätzlichem Finanzierungsverhalten vergleichsweise holzschnittartig wirkt und damit als praxisnahe Annahme der Finanzierungspolitik regelmäßig nur bedingt überzeugen kann.[1783]

Im Rahmen der segmentiert gemischten Finanzierungspolitik wird im Gegensatz zur partiell wertabhängigen Finanzierungspolitik unterstellt, dass Unternehmen unter dieser Annahme zum Bewertungsstichtag neben einer autonomen Finanzierungspolitik auch einer wertabhängigen Finanzierungspolitik folgen werden. Eine Trennung der Finanzierungspolitiken erfolgt hierbei damit nicht im Zeitablauf, sondern innerhalb der im Unternehmen eingesetzten Fremdkapitalbestände. Etwas anders formuliert, lassen sich die im Unternehmen eingesetzten Fremdkapitalinstrumente im Fall einer segmentiert wertabhängigen Finanzierungspolitik in verschieden gesteuerte Fremdkapitalschichten zerlegen. Vereinfachend wird bei der Aufteilung der Fremdkapitalinstrumente in zwei Formen des eingesetzten Fremdkapitals unterschieden. Ein Teil des Fremdkapitals wird aktiv durch das Unternehmen überwacht und gesteuert, der andere Teil unterliegt demgegenüber einer weitgehend passiven Überwachung, d. h., in zukünftigen Perioden wird an der zum Bewertungsstichtag bestehenden Planung festgehalten.[1784]

1782 Der Grund für die Wahl dieses Oberbegriffs wird bei der Betrachtung der Eigenschaften dieser Form der Finanzierungspolitik deutlicher. Wie bereits im vorangehenden Abschnitt hervorgehoben, könnte man auch von einer segmentiert autonomen Finanzierungspolitik sprechen. Lobe (2006) wählt dagegen den wenig aussagekräftigen Oberbegriff der gemischten Finanzierungspolitik. Vgl. dazu Lobe (2006) S. 177.

1783 Der vorangehende Abschnitt hat dieser Finanzierungsannahme damit vor allem einen theoretischen Reiz eingeräumt.

1784 Geht man nicht davon aus, dass Unternehmen Fremdkapitalinstrumente mit unendlicher Laufzeit begeben, so umfasst die passive Steuerung auch Maßnahmen zur Refinanzierung auslaufender Fremdkapitalbestände.

Visualisiert man die unterschiedliche Steuerung der Fremdkapitalbestände anhand eines Zeitstrahls, so erfolgt bei der partiell wertabhängigen Finanzierungspolitik eine vollkommene Trennung der unterschiedlichen Fremdkapitalschichten im Zeitverlauf – dies soll in der Folge vereinfachend als vertikale Trennung bezeichnet werden – zwischen aktiver und passiver Finanzierungspolitik.

Im Fall der segmentiert wertabhängigen Finanzierungspolitik hat man dagegen auf eine Trennung alternativer Finanzierungspolitiken im Zeitablauf abgestellt. Will man diese Form der Steuerung der Fremdkapitalbestände illustrieren, so muss die vorangehende Betrachtung um eine horizontale Achse ergänzen, um eine Differenzierung der Steuerungspolitik nach den Fremdkapitalbeständen zuzulassen. Damit wird deutlich, dass im Rahmen der segmentiert wertabhängigen Finanzierungspolitik eine nachhaltige horizontale Trennung der alternativen Finanzierungspolitiken erfolgt. Diese Form der Trennung der Finanzierungspolitiken sei daher in der Folge als horizontale Trennung bezeichnet. Eine Besonderheit der segmentiert gemischten Finanzierungspolitik ist, dass die mit dieser Finanzierungsannahme unterstellte Teilung in unterschiedliche Finanzierungsschichten im Zeitverlauf stabil ist, d. h., Fremdkapitalinstrumente bleiben dem zum Planungszeitpunkt bestimmten Segment fest zugeordnet.

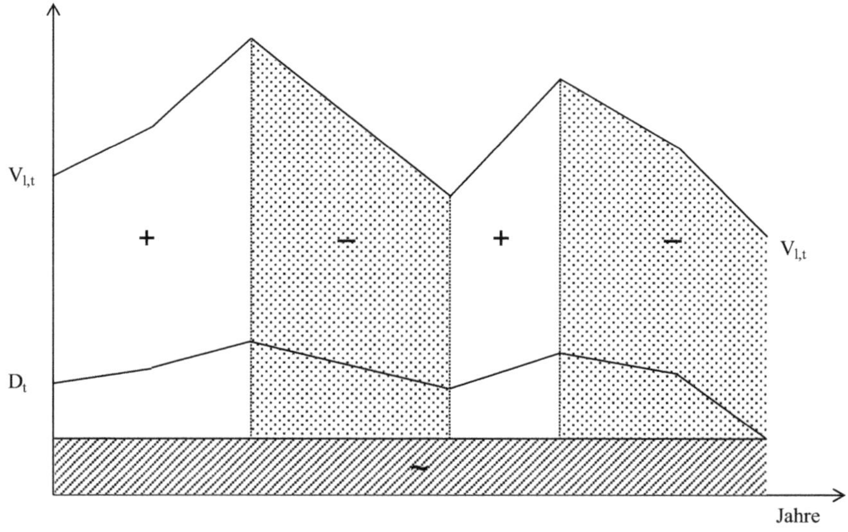

Abbildung 7: *Segmentiert wertabhängige Finanzierungspolitik mit autonom gesteuertem Fremdkapitalgrundstock*

Exkurs: Zur Bewertung der segmentiert gemischten Finanzierungspolitik

Richter (1998) hat für die von ihm propagierte segmentiert wertabhängige Finanzierungspolitik eine Bewertungsmethodik vorgeschlagen, die auf einem verallgemeinerten APV-Ansatz basiert. Dazu wird, wie für den APV-Ansatz üblich,[1785] zwischen Zahlungsströmen aus operativer Tätigkeit eines unverschuldeten Unternehmens und den periodischen Zahlungsströmen differenziert, die auf die steuerliche Abzugsfähigkeit der Zahlungen an die Fremdkapitalgeber zurückzuführen sind. Im Kontrast zu einer „klassischen" autonomen oder wertabhängigen Finanzierungspolitik wird bei einer segmentiert wertabhängigen Finanzierungspolitik das eingesetzte Fremdkapital jedoch nicht länger als eine homogene Einheit betrachtet,[1786] sondern zwischen zwei grundsätzlichen Formen des eingesetzten Fremdkapitals unterschieden. Aufgrund der unterschiedlichen Steuerung der eingesetzten Fremdkapitalinstrumente unterliegen die, der Fremdfinanzierung zurechenbaren, Zuflüsse aus der Reduzierung der Steuerlast einem unterschiedlichen Risiko.

Im Rahmen der segmentiert wertabhängigen Finanzierungspolitik wird es damit notwendig, den Wertbeitrag der Fremdfinanzierung gemäß der unterschiedlichen Steuerung des Fremdkapitals in Komponenten zu zerlegen. Richter (1998) teilt den im Unternehmen eingesetzten Fremdkapitalbestand in ein „Mindest-Fremdkapitalvolumen" und einen, kurzfristig zu bestimmenden, wertabhängigen Fremdfinanzierungsbedarf auf.[1787] Annahmegemäß sind die dem „Mindest-Fremdkapitalvolumen" zurechenbaren Zahlungsströme an die Fremdkapitalgeber in ihrer Höhe bereits zum Planungszeitpunkt als bekannt vorauszusetzen. Der Wertbeitrag der Fremdfinanzierung kann damit in den kommenden Perioden unter den aus den vorangehenden

---

1785 Die von Drukarczyk/Schüler (2016) unter dem Leitsatz „Zerlege und bewerte!" allgemein zusammengefasste Eigenschaft des APV-Ansatzes bestätigt sich damit auch bei einer segmentiert wertabhängigen Finanzierungspolitik. Vgl. Drukarczyk/Schüler (2016) S. 171.

1786 Dass dies ein wichtiger Schritt in Richtung einer realitätsnäheren Darstellung der Finanzierungspolitik ist, haben die vorangehenden Abschnitte gezeigt. Sowohl im Rahmen der autonomen als auch der wertabhängigen Finanzierungspolitik wird implizit unterstellt, dass die Gestalt des Fremdkapitals als auch die Interessen verschiedener Fremdkapitalgeber homogen sind. Diese Annahme ist i. d. R. wenig überzeugend und muss daher für eine praxisrelevantere Finanzierungsannahme aufgelöst werden. Dies ist bis zu diesem Punkt nicht geschehen, da auch die Annahme einer partiell wertabhängigen Finanzierungspolitik nach Clubb/Doran (1995) an dieser künstlichen Annahme festgehalten hat.

1787 Eine solche Überlegung findet sich bereits bei Lewellen/Emery (1986) S. 423. Ob die Fristigkeit der eingesetzten Fremdkapitalbestände zugleich eine Aussage über die Sicherheit der zukünftigen Zahlungen erlaubt, wird im folgenden Abschnitt näher beleuchtet.

Abschnitten bekannten Prämissen als sicher bewertet werden.[1788] Der kurzfristige Fremdfinanzierungsbedarf hängt demgegenüber von der tatsächlichen Entwicklung des Unternehmens bzw. des Unternehmenswertes ab. Diesen Zahlungen an die Fremdkapitalgeber haftet somit die Unsicherheit über die zukünftige operative Unternehmensentwicklung an. Der Konvention von Richter (1998) folgend, ist der dem „Mindest-Fremdkapitalvolumen" zuzurechnende Zahlungsstrom wie im Fall der „klassischen" autonomen Finanzierungspolitik mit dem risikolosen Zinssatz zu bewerten, wohingegen der dem kurzfristigen Fremdkapitalbedarf zurechenbare Wertbeitrag der Zahlungen an die Fremdkapitalgeber mit den Eigenkapitalkosten bei reiner Eigenfinanzierung zu diskontieren ist. Diese Konvention ist nicht weiter überraschend, entspricht dieses Vorgehen doch dem im Rahmen der klassischen wertabhängigen Finanzierungspolitik einschlägigen Ansatz.[1789] Mit Blick auf den APV-Ansatz ergibt sich damit folgender, an die Darstellung von Richter (1998) angelehnte, Bewertungsansatz für eine segmentiert wertabhängige Finanzierungspolitik:[1790]

$$
\begin{aligned}
V_0 = {} & \sum_{t=1}^{T} E[FCF_u]\cdot(1+k)^{-t} + \sum_{t=1}^{T} i\cdot\tau_C\cdot D_{t-1}^{\min}\cdot(1+i)^{-t} + \\
& \sum_{t=1}^{T} i\cdot\tau_C\cdot E[D_{t-1}^{\mathrm{Res}}]\cdot\frac{(1+k)^{-t+1}}{(1+i)} \\
& E[D_t^{ges}] = D_t^{\min} + E[D_t^{\mathrm{Res}}] = \mathrm{L}_t\cdot V_t
\end{aligned} \tag{4.6}
$$

Die Form des erweiterten APV-Ansatzes ist eingängig, zeigen sich in der Bewertungsgleichung doch die unterschiedliche Steuerung der Fremdkapitalbestände und die unterschiedlichen Risiken der Teilzahlungsströme ganz deutlich. Lobe (2006) hat gezeigt, dass die Bewertung einer segmentiert wertabhängigen Finanzierungspolitik nicht allein auf den von Richter (1998) vorgeschlagenen erweiterten APV-Ansatz beschränkt ist, sondern auch eine Bewertung auf Basis eines erweiterten WACC-Ansatzes denkbar ist. Für den Fall einer segmentiert wertabhängigen Finanzierungspolitik zeigt die Arbeit von Lobe (2006), dass sich der erweiterte WACC-Ansatz aus einer, dem Bewertungsfall angepassten,[1791]

1788 An der grundlegenden Annahme der Ausfallfreiheit des Fremdkapitals, eines stabilen Steuersatzes sowie der Realisierbarkeit des Wertbeitrages der Fremdfinanzierung wird an dieser Stelle festgehalten.

1789 Vgl. dazu Richter (1998) S. 381–382. Richter (1998) weist darauf hin, dass der vorgeschlagene Bewertungsansatz in Analogie zu Miles/Ezzell (1980) von der Sicherheit des kurzfristigen Fremdfinanzierungsbedarfs in der ersten Periode ausgeht. Vgl. ebda. Fn. 19. Die Vereinfachung von Harris/Pringle (1985) wird damit nicht berücksichtigt.

1790 Richter (1999) korrigiert diese Formel infolge der Kritik von Kruschwitz/Löffler (1999b). Vgl. dazu Richter (1999) S. 84.

1791 Die konkrete Mischung hängt davon ab, welches Gewicht die Fremdkapitalbestände einnehmen, die einer passiven bzw. aktiven Steuerung der Finanzierungspolitik unterliegen.

Mischung der gewichteten Kapitalkosten bei Annahme einer rein autonomen bzw. rein wertabhängigen Finanzierungspolitik ergibt.[1792] Auf die Darstellung dieses zum APV-Ansatz alternativen Bewertungsansatzes sei an dieser Stelle vereinfachend verzichtet.[1793] Es erscheint hier vielmehr der Hinweis ausreichend, dass eine Bewertung der segmentiert wertabhängigen Finanzierungspolitik mit den Instrumenten des gängigen Bewertungsbaukastens bei Kenntnis der erforderlichen Parameter weitgehend problemlos möglich ist. Interessanter erscheint an dieser Stelle daher die Praxisrelevanz der von Richter (1998) vorgeschlagenen Finanzierungspolitik. Neben grundsätzlichen Fragen zur Plausibilität dieser Finanzierungsannahme ist u. a. auch der Frage nachzugehen, wie die bewertungsrelevanten Parameter zu konkretisieren sind. Wie der vorangehende Abschnitt zur partiell wertabhängigen Finanzierungspolitik eingehend gezeigt hat, können die grundsätzlichen Argumente für eine aktive bzw. passive Steuerung der im Unternehmen eingesetzten Fremdkapitalbestände auch im Fall der Annahme einer gemischten Finanzierungspolitik bemüht werden. Dies gilt grundsätzlich auch für den Fall eines Wechsels von einer horizontalen Trennung der beiden „klassischen“ Eckpunkte des in der Literatur diskutierten Finanzierungsverhaltens zu einer vertikalen Differenzierung der Steuerung des eingesetzten Fremdkapitals. In Rückgriff auf den Aufbau der vorangehenden Abschnitte wird für die segmentiert gemischte Finanzierungspolitik neben der Plausibilität der Finanzierungsannahme auch die Praktikabilität der Finanzierungsannahme beleuchtet, um in der Folge ein kurzes Fazit zur Praxisrelevanz der segmentiert wertabhängigen Finanzierungspolitik ziehen zu können.

4.4.2.1. Zur Plausibilität der segmentiert wertabhängigen Finanzierungspolitik

Legt man zur Beurteilung der segmentiert wertabhängigen Finanzierungspolitik erneut die aus den vorangehenden Abschnitten bekannte Argumentation zugrunde, so wird vergleichsweise schnell erkennbar, dass insbesondere die Dualität der passiven und aktiven Steuerung des eingesetzten Fremdkapitals im Rahmen der segmentiert gemischten Finanzierungspolitik plausibilisiert werden muss. Geht man bei den Überlegungen zur Plausibilität der segmentiert wertabhängigen Finanzierungspolitik von dem aus den vorangehenden Abschnitten bekannten

---

1792 Vgl. dazu Lobe (2006) S. 178. Das Ergebnis von Lobe (2006) erscheint nicht weiter verwunderlich, berücksichtigt man, dass der hier betrachtete Gesamtzahlungsstrom mit dem wertgewichteten Diskontierungssatz der Teilzahlungsströme diskontiert werden muss. Dies hat die Arbeit von Schüler (2015) auch für andere Fälle eingängig gezeigt. Vgl. dazu Schüler (2015) S. 474–475.

1793 Dies enthält jedoch ausdrücklich keine Wertung der alternativen Bewertungsmethoden. Dem APV-Ansatz wohnt im Kontrast zum WACC-Ansatz zwar der Reiz der Offensichtlichkeit der Bewertungsannahmen inne, der grundsätzlichen Einschätzung von Kruschwitz/Löffler (1999b), dass beide Methoden ihre Berechtigung haben, ist jedoch zu folgen. Vgl. dazu Kruschwitz/Löffler (1999b) S. 83.

Ausgangspunkt der „inneren" Motivation einer spezifischen Finanzierungspolitik aus, so erscheint es zunächst verwunderlich, wie ein Unternehmen durch das Abstellen auf zwei gegensätzliche Verhaltensformen das Oberziel einer Maximierung des Unternehmenswertes erreichen kann.[1794] Auch an dieser Stelle können verschiedene Wege eingeschlagen werden, um die mit der Finanzierungsannahme implizierten Verhaltensregeln einer segmentiert wertabhängigen Finanzierungspolitik motivieren zu können. Ausgangspunkt der Plausibilitätsüberlegungen kann so erneut die nähere Betrachtung der Rahmenbedingungen, in der eine Bewertung bzw. Planung durchzuführen ist, sein. Wie im Abschnitt zur autonomen Finanzierungspolitik gezeigt wurde, konvergiert die wertabhängige Finanzierungspolitik im Fall der Sicherheit über die zukünftige Unternehmensentwicklung zu einer speziellen Ausprägung einer autonomen Finanzierungspolitik.[1795] Mit der segmentiert wertabhängigen Finanzierungspolitik kann im Spezialfall der Planungssicherheit so u. a. unterstellt werden, dass Unternehmen sowohl einer quotalen als auch einer absoluten Planungsstrategie folgen. Wertrelevant ist diese Unterscheidung in einem Umfeld der Sicherheit jedoch in aller Regel nicht, d. h., das Bewertungsergebnis bleibt von einer Aufspaltung in unterschiedliche Steuerungspolitiken in aller Regel unberührt.[1796] Für die Praxis der Unternehmensbewertung dürfte dieser spezielle Fall daher eher von einem theoretischen als von einem praktischen Interesse sein.

Mit dem Übergang in den praxisrelevanteren Fall, d. h. in eine Welt, in der die zukünftige Unternehmensentwicklung nicht mehr ohne Weiteres als sicher bzw. bekannt vorausgesetzt werden kann, gewinnt auch das Bewertungsergebnis unter der Annahme einer segmentiert wertabhängigen Finanzierungspolitik an Eigenständigkeit. Mit dem Übergang in den Fall der Unsicherheit schwindet so die zunächst unterstellte Fähigkeit der Unternehmen, zukünftige Entwicklungen voll

1794 Befindet man sich nicht im Spezialfall einer Bewertung unter Sicherheit, so wird die „klassische" wertabhängige Finanzierungspolitik regelmäßig ein anderes Finanzierungsverhalten hervorrufen als die autonome Finanzierungspolitik. Dass die zwei, womöglich entgegengesetzten, Maßnahmen den Unternehmenswert steigern, darf ohne nähere Begründung bezweifelt werden. Auch die Vermutung, dass Fremdkapitalgeber zwei unterschiedliche Finanzierungspolitiken fordern bzw. akzeptieren, erscheint begründungsbedürftig. Das aus den vorangehenden Abschnitten bekannte Vorgehen, die „inneren" und „äußeren" Gründe für eine segmentiert wertabhängige Finanzierungspolitik getrennt zu betrachten, dürfte die Motivation hinter einer segmentiert wertabhängigen Finanzierungspolitik nicht erklären können. Auf eine explizite Würdigung dieser Aspekte wird daher im weiteren Verlauf damit weitgehend verzichtet.

1795 Die Fremdkapitalbestände sind zwar quotal an den Unternehmenswert gebunden, dieser ist in dem Spezialfall der Sicherheit eine sichere Größe.

1796 Da eine Zuordnung einer absoluten als auch quotalen Planung zu den alternativen Finanzierungspolitiken nicht grundsätzlich fixiert ist, muss sich die Konstellation zweier alternativer Planungsdoktrinen jedoch nicht zwangsläufig ergeben.

zu antizipieren und darauf aufbauend eine adäquate Finanzierungsstrategie bereits zum Bewertungsstichtag für die zukünftigen Perioden festschreiben zu können. Diese grundsätzliche Überlegung ist bereits aus den vorangehenden Abschnitten wohlbekannt. Der Vorschlag der segmentiert wertabhängigen Finanzierungspolitik ist jedoch mit Blick auf die Gestalt der Unsicherheit implizit mit einer anderen Annahme ausgestaltet, als sie mit den bisher beleuchteten Finanzierungsannahmen betrachtet wurde. In der Praxis dürfte so regelmäßig davon auszugehen sein, dass die Prognosefähigkeit des Unternehmens im Zeitverlauf abnimmt, d. h., dass die Prognose für das erste Planjahr deutlich näher an der tatsächlichen Realisation liegen dürfte als die Schätzung für das letzte in der Bewertung zu betrachtende Planjahr.[1797] Insbesondere – dies wird auch an anderer Stelle nochmals betont werden – kann in diesem Zusammenhang wohl zu Recht vermutet werden, dass die Bindungswirkung der vertraglichen Vereinbarungen im Zeitverlauf abnimmt.[1798] Wie die folgenden Überlegungen verdeutlichen sollen, weicht die segmentiert wertabhängige Finanzierungspolitik von dieser als „klassisch" zu bezeichnenden Vermutung deutlich ab. Zwar verfügen Unternehmen – und damit auch der Bewerter – in einem durch Unsicherheit geprägten Umfeld auch bei Annahme einer segmentiert wertabhängigen Finanzierungspolitik nicht mehr über eine perfekte Voraussicht, die zukünftige Unternehmensentwicklung kann so nur in groben Zügen prognostiziert werden,[1799] die unterstellte Unsicherheit nimmt jedoch eine spezielle Form an. Im Rahmen der segmentiert wertabhängigen Finanzierungspolitik wird aufgrund der herrschenden Planungsunsicherheit so, im Kontrast zur möglicherweise geläufigeren Einschätzung, die Annahme getroffen, dass Unternehmen für einen festen Umfang des eingesetzten Fremdkapitals eine konkrete und zugleich verlässliche Annahme mit Blick auf die zukünftige Entwicklung der Fremdkapitalbestände treffen können.[1800]

Neben diesem letztlich verlässlich bestimmbaren Fremdkapitalanteil setzt das Unternehmen noch eine zweite Form des Fremdkapitals ein. Diese zweite Fremdkapitalschicht zeichnet sich dadurch aus, dass nur eine vergleichsweise grobkörnige Prognose über die zukünftige Entwicklung der Fremdkapitalbestände getroffen werden kann. Vereinfachend kann gemutmaßt werden, dass die bestehende

---

1797 Wie in einem vorangehenden Abschnitt bereits angemerkt, sprechen Kruschwitz et al. (2007) hier illustrierend vom Nebel der Unsicherheit, der sich über die Prognosegüte legt. Lütkeschümer (2012) illustriert diese Vermutung anhand einer kurzen Überlegung. Vgl. Kruschwitz et al. (2007) S. 427; Lütkeschümer (2012) S. 75.

1798 Vgl. dazu u. a. Dierkes/Schäfer (2017) S. 366.

1799 Kruschwitz/Löffler (1999) sprechen mit Blick auf die wertabhängige Finanzierungspolitik daher davon, dass der Tilgungsplan zum Bewertungsstichtag nicht exakt festgelegt werden kann. Vgl. dazu Kruschwitz/Löffler (1999) S. 10.

1800 Kruschwitz/Löffler (1999b) kritisieren dagegen, dass Richter (1998) keine klare Prämisse über die Bewegung der Fremdkapitalbestände formuliert, die Wahl der Diskontierungsfaktoren weitgehend ad hoc erscheint. Vgl. Kruschwitz/Löffler (1999b) S. 84.

Unsicherheit durch die quotale Bindung des kurzfristigen Fremdkapitalbedarfs an die Entwicklung des Unternehmenswertes sachgerecht abgebildet werden kann.[1801] Anders ausgedrückt, folgt im Rahmen einer segmentiert wertabhängigen Finanzierungspolitik ein Teil des eingesetzten Fremdkapitalvolumens einer „klassischen“ autonomen Finanzierungspolitik, während der zweite Teil einer wertabhängigen Finanzierungspolitik unterworfen ist. Die segmentiert wertabhängige Finanzierungspolitik unterstellt, wie bereits angedeutet, dass das Verhältnis zwischen kurzfristig zu bestimmendem Fremdkapitalbedarf und dem sicher zu bestimmenden Fremdkapitalvolumen im Zeitverlauf konstant ist.[1802] Dies erscheint eine kritische Annahme in Bezug auf die Entwicklung der Unsicherheit im Zeitverlauf zu sein. Im Kontrast zu der zuvor getroffenen intuitiven Einschätzung nimmt die Ungewissheit über die tatsächliche Entwicklung des Unternehmens und damit des Fremdkapitals mit wachsendem Abstand zum Bewertungsstichtag nicht zu, vielmehr lässt sich die mit Blick auf Planjahr 1 bestehende Unsicherheit über die zukünftige Entwicklung letztlich auch auf die nachfolgenden Planungsperioden unverändert übertragen. Eine zu dieser Vorüberlegung äquivalente Vorstellung ist wohl hinter den Ausführungen von Richter (1998) zu vermuten, dass ein Teil des Barwerts der Steuervorteile aufgrund eines „Mindest-Fremdfinanzierungsvolumens“ als sicher anzunehmen ist, wohingegen der steuerliche Wertvorteil des kurzfristigen Finanzierungsbedarfs das Unternehmensrisiko trägt.[1803] Unter der Prämisse, dass Unternehmen nur für Segmente des eingesetzten Fremdkapitals ihre eindeutige Voraussicht einbüßen, d. h. die Formulierung hinreichend belastbarer Erwartungswerte in Teilen weiterhin grundsätzlich möglich ist, erscheint die Annahme einer segmentiert wertabhängigen Finanzierungspolitik damit eine in sich stimmige Annahme zur Finanzierungspolitik zu sein. Fraglich ist jedoch, ob das Annahmegerüst, unter dem eine segmentiert wertabhängige Finanzierungspolitik einschlägig ist, als praxisnah gelten kann. Insbesondere erklärungsbedürftig wirkt bei dieser Finanzierungsannahme die Tatsache, dass der Schleier der Unsicherheit im Zeitverlauf nicht dichter wird, sondern mit der segmentiert wertabhängigen Finanzierungspolitik vielmehr ein gleichbleibendes und nach Fremdkapitalinstrumenten zu trennendes Unsicherheitsniveau unterstellt wird. In der Folge ist daher die Frage näher zu beleuchten, wie die, mit der segmentiert wertabhängigen Finanzierungspolitik unterstellte, gespaltene Weitsicht des Unternehmens plausibilisiert

1801 Das in der Folge mit dem Begriff des kurzfristigen Fremdkapitalbedarfs zu bezeichnende Fremdkapitalvolumen folgt damit einer wertabhängigen Finanzierungspolitik. Diese Eigenschaft der segmentiert wertabhängigen Finanzierungspolitik wird jedoch erst in der Klarstellung von Richter (1999) eindeutig. Vgl. dazu Richter (1999) S. 84 Fn. 4.

1802 Dies entspricht wenigstens dem auch von Lobe (2006) zunächst betrachteten Grundfall, an dem in den folgenden Überlegungen vereinfachend festgehalten werden soll. Vgl. dazu Lobe (2006) S. 178.

1803 Vgl. dazu Richter (1998) S. 382.

werden kann und als wie stabil sich diese Argumente mit Blick auf die Praxis erweisen. An dieser Stelle ist es notwendig, die von Richter (1998) vorgebrachte Argumentation, die hinter der Annahme eines „Mindest-Fremdfinanzierungsvolumens" und der Annahme eines unsicheren Finanzierungsbedarfs steht, eingehender zu betrachten.

Zu „Mindest-Fremdfinanzierungsvolumen" und unsicherem Finanzierungsbedarf der segmentiert wertabhängigen Finanzierungspolitik

Für das „Mindest-Fremdfinanzierungsvolumen" müssen sowohl die Höhe des eingesetzten Fremdkapitals als auch die Zahlungen an die Fremdkapitalgeber zum Bewertungszeitpunkt verlässlich bestimmbar sein. Zudem muss in den zukünftigen Perioden die Steuerbemessungsgrundlage mit Sicherheit durch die Zahlungen an die Fremdkapitalgeber gemindert werden, der Steuervorteil also mit Sicherheit den Unternehmen zufließen. Demgegenüber steht der zweite Teil des eingesetzten Fremdkapitals, dessen Höhe und damit letztlich auch das Risiko des periodischen Steuervorteils von der Entwicklung des Wertes des betrachteten Unternehmens abhängen. Fraglich ist an dieser Stelle, an welchen Faktoren die mit der segmentiert wertabhängigen Finanzierungspolitik vorgeschlagene Zweiteilung der Finanzierungspolitik festgemacht werden kann.[1804] Wie sich im Verlauf dieses Abschnitts zeigen wird, kann die mit der segmentiert wertabhängigen Finanzierungspolitik verbundene Zweiteilung an verschiedenen Faktoren festgemacht werden. Der Idee von Richter (1998) einer zweigeteilten Steuerung der Fremdkapitalbestände liegt jedoch unzweifelhaft die Vorstellung zugrunde, dass allen voran die Fristigkeit des eingesetzten Fremdkapitals Auswirkungen auf die Ausprägung der Finanzierungspolitik hat. So spricht Richter (1998) exemplarisch davon, dass das „Mindest-Fremdfinanzierungsvolumen" durch langfristige Kredite „abgesichert" wird.[1805] Damit wird das bereits im Abschnitt zur „klassischen" autonomen Finanzierungspolitik aufgeführte Argument zur Bindungswirkung bestehender Finanzierungsverträge auch für diese Form der Finanzierungspolitik erneut aufgegriffen. Sowohl Fremdkapitalgeber als auch Fremdkapitalnehmer dürfte in einer Welt, in der die Veränderung der Kapitalstruktur mit Kosten verbunden ist, ein grundsätzliches Interesse an der Einhaltung der ursprünglichen Finanzierungsverträge nicht abgesprochen

1804 Wie sich insbesondere mit Blick auf die noch zu betrachtende gemischte Finanzierungspolitik nach Dierkes/Schäfer (2017) zeigen wird, unterstellt die segmentiert wertabhängige Finanzierungspolitik an dieser Stelle eine weitgehende Unabhängigkeit der alternativen Finanzierungsschichten voneinander.

1805 Vgl. Richter (1998) S. 382; Richter (1999) S. 84. Auch wenn diese Argumentation auf den ersten Blick wenig komplex wirkt, verlagert man den Fokus damit von der Frage nach der Form der Finanzierungspolitik hin zur Frage nach der Gestalt der Fälligkeitsstruktur des Fremdkapitals. Die nachfolgenden Überlegungen zeigen, dass die Frage nach einer passenden Fälligkeitsstruktur deutlich komplexer ist, als u. U. im ersten Blick zu vermuten.

werden können.[1806] Nimmt man eine Einteilung des eingesetzten Fremdkapitalvolumens in kurz- bzw. mittel- bis langfristiges Fremdkapital vor,[1807] so kann man sich auf den Standpunkt stellen, dass kurzfristige Fremdkapitalinstrumente zu einer wertabhängigen Finanzierungspolitik führen, wohingegen für mittel- und langfristige Fremdkapitalbestände eine autonome Finanzierungspolitik einschlägig ist.[1808] Hinter dieser Überlegung steht die Annahme, dass kurzfristiges Fremdkapital in regelmäßigen Abständen, insbesondere innerhalb des Detailplanungszeitraums, getilgt werden kann bzw. muss. Geht man davon aus, dass Unternehmen über eine Fortführungsperspektive verfügen, d. h. vorteilhafte Investitionsprojekte auch in Zukunft durchgeführt werden, wird zurückzuführendes Fremdkapital regelmäßig durch frische Fremdkapitalinstrumente zu ersetzen sein. Das Unternehmen ist zu diesen Refinanzierungszeitpunkten regelmäßig, entfernt man sich von den Prämissen eines vollkommenen Kapitalmarktes, einem sog. Liquiditäts- bzw. Refinanzierungsrisiko ausgesetzt.[1809] In einem Großteil der Fälle erscheint die hier ergänzend getroffene Annahme, dass sich die Konditionen der Refinanzierung an der zum Zeitpunkt der Refinanzierung herrschenden Unternehmenslage ausrichten, wenig angreifbar zu sein.[1810] Die Vermutung, dass kurzfristige Fremdkapitalinstrumente – die aufgrund ihrer beschränkten Laufzeit regelmäßig refinanziert werden müssen – mit einer wertabhängigen Finanzierungspolitik verknüpft sind, erscheint an dieser Stelle nicht unplausibel.[1811]

1806 Dies haben bereits die vorangehenden Abschnitte zur „klassischen" autonomen und wertabhängigen Finanzierungspolitik gezeigt.

1807 Für die Praxis ist es erforderlich, die Begriffe des kurz- bzw. mittelfristigen Fremdkapitalbestandes zu konkretisieren, diese Frage sei zunächst ausgeblendet.

1808 Als Beispiel für die zustandsabhängige Fremdkapitalkomponente führt Richter (1999) beispielhaft eine „variable Kreditlinie" auf. Vgl. Richter (1999) S. 84.

1809 Der Aspekt des Liquiditätsrisikos wird in der Folge nochmals aufgegriffen werden. Lewellen et al. (1977) sehen diese Fragestellung, sofern ein Fremdkapitalinstrument gleicher Fristigkeit emittiert wird, dagegen als vernachlässigbar an. Vgl. Lewellen et al. (1977) S. 117.

1810 Vgl. dazu Diamond (1991) S. 709; 713; Myers (1977) S. 159. Für langfristiges Fremdkapital postuliert Diamond (1991) dagegen einen Gleichlauf zwischen den Zahlungen des Investitionsvorhabens und der Verbindlichkeit. Vgl. ebda.

1811 Diamond/He (2014) sprechen in diesem Zusammenhang auch von der disziplinierenden Wirkung von kurzfristigem Fremdkapital, denn „short-term lenders do not sit idly while a borrower misbehaves". Diamond/He (2014) S. 723. Diese Argumentation wurde bereits bei Betrachtung der wertabhängigen Finanzierungspolitik bemüht. Moyen (2007) zeigt, in Übereinstimmung mit dieser ersten Einschätzung, dass Unternehmen, die sich mit kurzfristigem Fremdkapital finanzieren, Fremdkapital im Fall eines Einbruchs der Profitabilität zurückführen und im Fall eines Anstieges der Profitabilität zusätzliches Fremdkapital aufnehmen. Vgl. Moyen (2007) S. 457; Diamond/He (2014) S. 723–724. Diese Unternehmen folgen damit den Vorgaben einer „klassischen" wertabhängigen Finanzierungspolitik.

Für langfristiges Fremdkapital unterbleibt in dieser Gedankenwelt dagegen die Refinanzierung und damit die periodische Anpassung an die tatsächliche Entwicklung des Unternehmens.[1812] Unternehmen wie auch Fremdkapitalgeber halten somit dauerhaft an den ursprünglichen vertraglichen Vereinbarungen fest.[1813] Dies dürfte – blickt man u. a. auf den Einfluss der Transaktionskosten – unter normalen Bedingungen regelmäßig im Interesse der Vertragsparteien sein. Das Abstellen auf einen regelmäßigen Gang zum Kapitalmarkt allein, geht man nicht von dem Sonderfall einjähriger Fremdkapitalinstrumente aus, dürfte für sich allein genommen jedoch nicht ausreichen, um die Annahme einer „klassischen" wertabhängigen Finanzierungspolitik für kurzfristige Fremdkapitalinstrumente nachhaltig zu plausibilisieren. Eine wertabhängige Steuerung des eingesetzten Fremdkapitals muss letztlich auch für die kurzfristigen Fremdkapitalinstrumente sinnvoll und möglich sein. Geht man beispielsweise davon aus, dass Unternehmen kurzfristige Fremdkapitalinstrumente vorwiegend dazu einsetzen, kurzfristige Finanzierungslücken zu füllen[1814], und zugleich darauf abstellen, dass kurzfristige Fremdkapitalquellen diese Form der Flexibilität ermöglichen – auch dies scheint eine durchaus einleuchtende Annahme zu sein –, erscheint die Annahme einer wertabhängigen Steuerung der kurzfristigen Fremdkapitalbestände durchaus einleuchtend. Auch die Annahme, dass eine autonome Finanzierungspolitik für mittel- bis langfristiges Fremdkapital angezeigt ist, erscheint auf Basis vergleichbarer Überlegungen eingängig zu sein. Die von Richter (1998) angedachte Zweiteilung der Steuerung der Fremdkapitalbestände nach Fristigkeit erscheint mit Blick auf die Eigenschaften der autonomen und wertabhängigen Finanzierungspolitik damit durchaus plausibel zu sein.[1815] Zufrieden geben kann man sich mit diesem bis zu diesem Punkt vergleichsweise oberflächlichen Plausibilisierungsversuch jedoch noch nicht.[1816] Wie

1812 Eine Neuverhandlung der Fremdkapitalinstrumente ist beispielsweise nicht erforderlich, wird dem in der Literatur zu findenden Vorschlag der Laufzeitäquivalenz gefolgt. Vgl. dazu u. a. Myers (1977) S. 171; Barnea et al. (1980) S. 1224. Ob diese Argumentation tatsächlich stabil ist, zeigt sich im Nachgang.

1813 Für das Festhalten an den ursprünglichen Planungen können verschiedene Aspekte verantwortlich sein. Einerseits, dies dürfte der Idealfall sein, bestätigen sich die ursprünglichen Planungen, andererseits können Transaktionskosten Unternehmen an die ursprüngliche Planung binden.

1814 Diamond (1991) spricht mit Blick auf den Einsatz kurzfristigen Fremdkapitals daher auch von der Funktion des „bridge financing". Vgl. Diamond (1991) S. 710; ähnlich dazu auch: Lewellen/Emery (1986) S. 423.

1815 Im Abschnitt zur inkrementell wertabhängigen Finanzierungspolitik wird neben der Aufteilung der Fremdkapitalbestände nach Fristigkeit eine weitere Aufspaltung der eingesetzten Fremdkapitalbestände betrachtet.

1816 Dies zeigt sich allein an der vergleichsweise oberflächlichen Einteilung in kurzbzw. mittel- und langfristige Fremdkapitalinstrumente, die es spätestens im Abschnitt zur Plausibilität zu konkretisieren gilt.

stabil diese bisherige Argumentation letztlich ist, hängt von einer Reihe weiterer, in der Folge näher zu betrachtender Faktoren ab.

Zur Stabilität des „Mindest-Fremdfinanzierungsvolumens"

Legt man den Fokus zunächst auf das „Mindest-Fremdfinanzierungsvolumen", also den Fremdkapitalbestand, der auf Basis der bisherigen Argumentation einer autonomen Finanzierungspolitik folgt, so gilt es, die im Vorfeld bereits eingehend diskutierten Merkmale einer solchen Politik näher zu beleuchten. Neben der Planbarkeit der Entwicklung des zukünftigen Fremdkapitalbestandes hängt die autonome Finanzierungspolitik auch von der Stabilität der ursprünglichen Planungen sowie der tatsächlichen Hebbarkeit des Steuervorteils ab.[1817] Betrachtet man die Planbarkeit der zukünftigen Fremdkapitalbestände, so dürfte im Fall eines Abstellens auf langfristige Fremdkapitalinstrumente zunächst eine gewisse Planungssicherheit mit Blick auf die zukünftige Entwicklung des eingesetzten Fremdkapitalvolumens gegeben sein, die bei einem Abstellen auf kurzfristige Fremdkapitalinstrumente im gleichen Maße regelmäßig nicht besteht. Mit Blick auf die Anforderungen der autonomen bzw. wertabhängigen Finanzierungspolitik soll die Planbarkeit der zukünftigen Fremdkapitalbestände für langfristige Fremdkapitalinstrumente im Sinn der Argumentation von Richter (1998) zunächst als gegeben angenommen werden, wohingegen für kurzfristige Fremdkapitalbestände regelmäßig eine gewisse Unsicherheit über die tatsächliche Entwicklung zu unterstellen ist, die maßgeblich auch von der Entwicklung des Unternehmenswertes abhängt.

In einem zweiten Schritt gilt es, sich der für die übergeordnete Frage der Plausibilität der Finanzierungspolitik nicht weniger wichtigen Frage der Stabilität der ursprünglichen Planungen und damit der Zweiteilung der segmentiert wertabhängigen Finanzierungspolitik zu widmen. Die Stabilität des mit der segmentiert wertabhängigen Finanzierungspolitik unterstellten Finanzierungsverhaltens hängt allen voran von Umfang bzw. Ausprägung der Unsicherheit über die zukünftige Unternehmensentwicklung ab,[1818] auf diesen Punkt wurde bereits im Vorfeld kurz

1817 Wie bereits dargestellt, hängen die unterschiedlichen Kriterien voneinander ab. Eine Zerlegung verfügt damit immer über eine gewisse Künstlichkeit.

1818 Eine reine Absichtserklärung der Vertragsparteien zur langfristigen Bereitstellung von Kapital reicht i. d. R. nicht aus, um eine autonome Finanzierungspolitik als gegeben anzunehmen. Man kann an dieser Stelle zwar argumentieren, dass Finanzierungsverträge regelmäßig durchaus eine Bindungswirkung auf die Vertragsparteien entfalten, diese wird in der Praxis jedoch sowohl durch Sonderkündigungsrechte als auch unerwartete Entwicklungen regelmäßig gestört werden. Man kann also an dieser Stelle argumentieren, dass Sicherheit letztlich vertraglich nicht festgeschrieben werden kann. So wendet beispielsweise Morris (1976) im Sinne der „klassischen" Sichtweise zur Entwicklung der Unsicherheit ein, dass langfristiges Fremdkapital aufgrund der Unsicherheit darüber, wie das Fremdkapital in der Zukunft zurückgezahlt werden soll, i. d. R. ein höheres Risiko trägt. Vgl. Morris (1976) S. 29.

hingewiesen. Dabei ist deutlich geworden, dass die Annahme einer segmentiert wertabhängigen Finanzierungspolitik es erforderlich macht, dass wenigstens für Teile des Fremdkapitals nicht nur eine verlässliche, sondern letztlich eine sichere Aussage über die zukünftige Unternehmensentwicklung getroffen werden muss. Richter (1998) hat diesen Teil des Fremdkapitals unter dem Begriff des „Mindest-Fremdfinanzierungsvolumens" zusammengefasst. Mit der Fristigkeit der Fremdkapitalinstrumente wurde ein auf den ersten Blick einleuchtendes Merkmal für eine unterschiedliche Steuerung der Fremdkapitalbestände und damit ein Indiz für alternative Finanzierungspolitiken betrachtet. An dieser Stelle ist damit zunächst zu hinterfragen, ob die Fristigkeit der eingesetzten Fremdkapitalinstrumente auch ein Indikator für die Sicherheit des mit der Fremdfinanzierung verbundenen Steuervorteils sein kann, wie es die Argumentation von Richter (1998) zur segmentiert wertabhängigen Finanzierungspolitik nahelegt.[1819] Zur Überprüfung der vorgelagerten Überlegungen erscheint an dieser Stelle ein kurzer Exkurs zur Literatur, die sich näher mit den Determinanten der Fristigkeitsstruktur des Fremdkapitals beschäftigt, erforderlich. Aufgrund der Komplexität der die Fristigkeit des eingesetzten Fremdkapitals bestimmenden Entscheidungen[1820] sowie des Umfangs der zu dieser Fragestellung veröffentlichten Literatur ist der Exkurs in Umfang und Detaillierungsgrad jedoch auf wenige, eher grundsätzliche Überlegungen beschränkt.[1821]

Exkurs: Zu den Determinanten der Fristigkeit des eingesetzten Fremdkapitals

Nähert man sich der Frage nach den Einflussfaktoren der Fristigkeit des eingesetzten Kapitals an, so findet man in der Literatur eine Reihe konkurrierender Hypothesen, die einen Erklärungsansatz für die Finanzierungsentscheidung des Unternehmens liefern. In der Folge werden die in der Literatur geläufigen Hypothesen zur Fristigkeitsstruktur des Fremdkapitals aufgegriffen und mit Blick auf die im Rahmen der segmentiert wertabhängigen Finanzierungspolitik vorgeschlagene Zweiteilung der Finanzierungspolitik nach Fristigkeit näher betrachtet. Wie sich in der Folge zeigen wird, unterscheiden sich die Hypothesen dabei durchaus mit Blick auf die an dieser Stelle bedeutsame Frage, ob die Fristigkeit des eingesetzten Kapitals zugleich als ein Signal für Zuverlässigkeit der ursprünglichen

1819 In der Vorstellung von Richter (1998) ist die Fristigkeit des eingesetzten Fremdkapitals mit dem Risiko des operativen Cashflows verbunden. Wie u. a. Guedes/Opler (1996) zeigen, findet diese Vorstellung in der Literatur einigen Widerhall. Vgl. dazu Guedes/Opler (1996) S. 1809.

1820 So zeigt bereits Diamond (1991), dass die Entscheidung der Fristigkeit des Fremdkapitals durch eine Reihe unterschiedlicher Aspekte determiniert wird.

1821 Insbesondere steht die Stabilität der Argumentation von Richter (1998) im Vordergrund. Ob eine eingehendere Beleuchtung dieses Aspekts insgesamt zielführend ist, kann mit Blick auf die Einschätzung von Choi et al. (2016), dass die Steuerung der Fristigkeit der Fremdkapitalbestände in der Literatur bisher nur oberflächlich verstanden wird, bezweifelt werden. Vgl. dazu Choi et al. (2016) S. 1.

Planungen gewertet werden kann. Eine der ersten Arbeiten, die sich u. a. näher mit der Frage der Wertrelevanz sowie den Determinanten der Fristigkeit des eingesetzten Fremdkapitals beschäftigt hat, war die Arbeit von Myers (1977). In einem Umfeld, in dem die zukünftige Unternehmensentwicklung mit Unsicherheit behaftet ist,[1822] zeigt Myers (1977), dass der Einsatz von in diesem Umfeld mit Risiko behafteten Fremdkapital[1823] zu einer suboptimalen Investitionspolitik des Unternehmens führen kann.[1824] Dieses wertvernichtende Verhalten der Unternehmen ist unter dem Begriff des Unterinvestitionsproblems bzw. als „debt overhang" in die Literatur eingegangen und wurde bereits in Kapitel I kurz beleuchtet. Zur Vermeidung des Unterinvestitionsproblems finden sich eine Reihe von Vorschlägen. Interessant erscheint an dieser Stelle insbesondere die Empfehlung Myers (1977) zu sein, insbesondere im Fall der Finanzierung von Wachstumsunternehmen auf kurzfristiges Fremdkapital abzustellen.[1825] Sieht man in dem Anteil der Wachstumsoptionen, über die das Unternehmen verfügt, zugleich auch eine Approximation der Unsicherheit über die zukünftige Entwicklung, so kann vor dem Hintergrund der Argumentation von Myers (1977) an dem Vorschlag von Richter (1998), eine Zweiteilung der eingesetzten Fremdkapitalbestände vorzunehmen, durchaus begründet festgehalten werden. Zum Bewertungsstichtag weitgehend unsichere Investitionsprojekte sind mit kurzfristigem Fremdkapital zu finanzieren,[1826] wohingegen bestehendes Anlagevermögen mit langfristigem Fremdkapital finanziert

1822 Im Rahmen der Betrachtung von Myers (1977) hängt die Unsicherheit maßgeblich von der Entscheidung des Unternehmens ab, zukünftige Wachstumsprojekte zu realisieren. Vgl. Myers (1977) S. 150; 155.

1823 Vgl. Myers (1977) S. 152.

1824 Vgl. Myers (1977) S. 154; 155; 165; Barnea et al. (1980) S. 1224; Barclay/Smith (1995) S. 610; Diamond/He (2014) S. 719. Unternehmen führen dabei wertschaffende Investitionen nicht durch, da Fremdkapitalgeber zuvorderst von dieser Investition profitieren würden. Vgl. dazu Diamond/He (2014) S. 724.

1825 Vgl. Myers (1977) S. 158–159; 170; Stohs/Mauer (1996) S. 282; Barclay/Smith (1995) S. 610–611. Barnea et al. (1980) zeigen, dass das Abstellen auf kurzfristiges Fremdkapital auch bei einer Reihe weiterer Agency-Probleme Abhilfe schafft. Vgl. Barnea et al. (1980) S. 1224; 1233; Guedes/Opler (1996) S. 1812. Idee hinter dieser Überlegung ist, dass Fremdkapital vor einer Investitionsentscheidung getilgt wird, sodass vergleichbar zu einem rein eigenfinanzierten Unternehmen unverzerrte Investitionsentscheidungen getroffen werden können. Dies haben u. a. Diamond/He (2014) klargestellt. Vgl. dazu Diamond/He (2014) S. 719; Flannery (1986) S. 20. Guedes/Opler (1996) weisen darauf hin, dass daneben in der Literatur die Liquiditätsrisiko-Hypothese besteht, die davon ausgeht, dass Unternehmen mit risikoreichen Investitionsoptionen auf langfristiges Fremdkapital abstellen, um das Risiko einer vorzeitigen Finanzierungslücke und damit die Gefahr der Insolvenz zu vermeiden. Vgl. Guedes/Opler (1996) S. 1812.

1826 Diese Einschätzung widerspricht der Einschätzung der erweiterten Pecking-Order-Theorie in Abschnitt 3.4.3.

werden kann.[1827] Ob das kurzfristige Fremdkapital zurückgeführt werden kann, hängt insbesondere vom Erfolg der Wachstumsoption und damit des Unternehmenswertes ab. Man kann an dieser Stelle jedoch auch darauf abstellen, dass im Fall positiver Wachstumschancen, d. h., das Risiko des eingesetzten Fremdkapitals nimmt aufgrund der positiven Unternehmensentwicklung in Zukunft ab,[1828] kurzfristiges Fremdkapital nicht das volle Unternehmensrisiko trägt und die mit dem Einsatz kurzfristigen Fremdkapitals vermutete wertabhängige Finanzierungspolitik damit in ihrer Risikoeinschätzung wenigstens stellenweise nicht zutrifft. Kurzfristiges Fremdkapital kann damit – entgegen der im Rahmen der wertabhängigen Finanzierungspolitik einschlägigen Vermutung – auch als ein Hinweis für eine abnehmende Risikoübernahme der Fremdkapitalgeber interpretiert werden, da Fremdkapital durch die Kurzfristigkeit von der tatsächlichen Entwicklung des Unternehmenswertes weitgehend losgekoppelt wird.[1829]

Auf den ersten Blick könnte kurzfristiges Fremdkapital aufgrund der nur noch losen Verbindung mit dem Unternehmensrisiko aus Risikogesichtspunkten ggf. auch einer autonomen Finanzierungspolitik unterordenbar sein. Diamond/He (2014) weisen darauf hin, dass die Argumentation von Myers (1977), dass ein Einsatz kurzfristigen Fremdkapitals das Unterinvestitionsproblem vermindert, nur unter bestimmten Rahmenbedingungen stichhaltig ist. Zeigt die Arbeit von Diamond/He (2014) doch, dass Konstellationen existieren können, in denen kurzfristiges Fremdkapital sogar zu einer Verschärfung des von Myers (1977) beschriebenen Unterinvestitionsproblems beiträgt.[1830] Damit wird an dieser Stelle deutlich, dass das Unterinvestitionsproblem nicht zwingend durch das Abstellen auf kurzfristiges Fremdkapital gelöst werden kann und die vorangehende Argumentation zur Aufspaltung des Fremdkapitalbestandes nach Risiko nicht uneingeschränkt tragfähig ist. Ob der Einsatz kurzfristigen Fremdkapitals damit den beschriebenen Rückschluss auf das Risiko des Tax-Shields erlaubt, kann mit Blick auf die ambivalenten Eigenschaften kurzfristigen Fremdkapitals daher bezweifelt werden. Ein ähnlich gemischtes Bild liefern auch die Teile der Literatur, die in der Fälligkeitsstruktur des Fremdkapitals ein Signal des Unternehmens an den Kapitalmarkt sehen, um bestehende Informationsasymmetrien zwischen Unternehmensinsidern und den

1827 Die Annahme, dass die zukünftige Leistungsfähigkeit bestehenden Anlagevermögens besser eingeschätzt werden kann als die zukünftigen Auszahlungen heutiger bzw. zukünftiger Investitionen, erscheint nicht verwegen, basiert der Wertverlust aus der Fremdfinanzierung in der Argumentation von Myers (1977) doch darauf, dass die tatsächliche Unternehmensentwicklung nicht antizipiert werden kann.

1828 Vgl. u. a. Servaes/Tufano (2006) S. 19–20.

1829 Diamond/He (2014) halten so u. a. mithilfe des Scholes-Merton-Modells fest, dass der Wert der Fremdkapitalinstrumente mit kurzer Laufzeit weniger stark von der Entwicklung des zugrunde liegenden Unternehmenswertes abhängt. Vgl. Diamond/He (2014) S. 720. Diese Anmerkung findet sich bereits in ähnlicher Form in Barclay/Smith (1995). Vgl. Barclay/Smith (1995) S. 613.

1830 Vgl. Diamond/He (2014) S. 721; 750.

Fremdkapitalgebern zu überwinden.[1831] Dieser u. a. auf die Arbeit von Flannery (1986) zurückgehende Strang der Literatur geht davon aus, dass im Fall ungleicher Informationen zwischen Eigen- und Fremdkapitalgeber langfristiges Fremdkapital zu vergleichsweise unvorteilhaften Konditionen an Unternehmen mit positiven Zukunftserwartungen ausgereicht wird, wohingegen die Konditionen für Unternehmen mit verhaltenen Zukunftserwartungen nicht das tatsächliche Risiko des Unternehmens widerspiegeln.[1832] Für Unternehmen mit Wachstumspotenzial kann unter diesen Prämissen gezeigt werden, dass eine Finanzierung des Unternehmens mit kurzfristigem Fremdkapital gegenüber einer Finanzierung mit langfristigen Fremdkapitalbeständen vorteilhaft ist. In erster Linie ist die Vorteilhaftigkeit einer Finanzierung mit kurzfristigem Fremdkapital darauf zurückzuführen, dass Unternehmen mit negativen Zukunftsaussichten eine solche Finanzierungsstrategie, aufgrund der mit diesem Verhalten verbundenen Refinanzierungskosten bzw. -risiken, nicht oder nur unvollkommen nachahmen können. Der Einsatz kurzfristigen Fremdkapitals ist damit als ein verlässliches Signal über eine positive zukünftige Unternehmensentwicklung an den Kapitalmarkt zu interpretieren.[1833]

Ausgehend von diesem Erklärungsansatz der Fristigkeitsstruktur, erscheint die von Richter (1998) vorgeschlagene Zweiteilung der Finanzierungspolitik anhand der Laufzeit des eingesetzten Fremdkapitals nur eingeschränkt überzeugend, kann langfristiges Fremdkapital an dieser Stelle doch als Signal für eine eher unvorteilhafte zukünftige Unternehmensentwicklung interpretiert werden. Insbesondere die Annahme, dass die, dem langfristigen Fremdkapital zurechenbaren, Steuervorteile risikolos vereinnahmt werden können,[1834] also letztlich die Annahme einer „klassischen" autonomen Finanzierungspolitik, erscheint im Lichte dieser Argumentation angreifbar.[1835] Diamond (1991) erweitert die vorangehenden Überlegungen um eine nähere Betrachtung des Aspekts des insbesondere bei Abstellen

1831 Die Annahme eines homogenen Informationshorizontes, wie sie im Vorfeld getroffen wurde, wird damit durchbrochen. Vgl. dazu Flannery (1986) S. 19.

1832 Grund für diese Vermutung ist, dass Fremdkapitalgeber im Fall von Informationsasymmetrien nicht zwischen guten und schlechten Unternehmen unterscheiden können, sodass die Renditeforderung das durchschnittliche Risiko widerspiegelt. Unternehmen mit geringem Risiko müssen so einen nicht gerechtfertigten Risikoaufschlag tragen, während Unternehmen mit hohem Risiko von der Unsicherheit profitieren. Vgl. dazu Flannery (1986) S. 21; 35.

1833 Flannery (1986) zeigt dies mithilfe einer Fallunterscheidung. Vgl. Flannery (1986) S. 28–31; Barclay/Smith (1995) S. 613; Guedes/Opler (1996) S. 1814–1815.

1834 In Analogie zu der vorangehenden Argumentation kann an dieser Stelle auch darauf abgestellt werden, dass Fremdkapital mit kurzer Laufzeit weniger Risiko trägt, als dies im Rahmen einer segmentiert wertabhängigen Finanzierungspolitik durch das Abstellen auf eine wertabhängige Finanzierungspolitik vermutet wird.

1835 An dieser Stelle kann man so erneut einwerfen, dass die zukünftige Entwicklung durch die Vertragsparteien nicht festgeschrieben werden kann.

auf eine kurzfristige Finanzierungsstrategie bestehenden Liquiditätsrisikos.[1836] Die Überlegungen von Diamond (1991) zeigen, dass in Kontrast zur Überlegung von Flannery (1986) eine nicht-monotone Beziehung zwischen der Qualität des Unternehmens bzw. der Zukunftsaussichten und Fristigkeit des eingesetzten Fremdkapitals besteht.[1837] Unter Berücksichtigung des Liquiditätsrisikos können sowohl gute Unternehmen, d. h. Unternehmen mit positiven Zukunftserwartungen bzw. positivem Unternehmensrating, als auch „schlechte“ Unternehmen auf eine Finanzierung mit kurzfristigem Fremdkapital zurückgreifen.[1838] Während Unternehmen mit negativen Zukunftsaussichten ein solches Finanzierungsverhalten gezwungenermaßen einschlagen, da Fremdkapitalinstrumente mit langer Laufzeit von diesen „schlechten“ Unternehmen nicht eingeworben werden können,[1839] haben „gute“ Unternehmen einen Anreiz, eine in ihrer Fristigkeit flexiblere Fremdkapitalstruktur anzustreben. Der Anreiz liegt dabei in einem zukünftigen Absinken der Finanzierungskosten für den Fall, dass Fremdkapitalgeber die zu erwartende positive Unternehmensentwicklung erst zum Refinanzierungszeitpunkt antizipieren können bzw. aufgrund des Drucks konkurrierender Fremdkapitalgeber zum Refinanzierungszeitpunkt berücksichtigen müssen.[1840] Im Modell von Diamond (1991) gibt es damit zwei Typen kurzfristigen Fremdkapitals, quasi ausfallsicheres und ausfallbedrohtes kurzfristiges Fremdkapital.[1841] Diamond (1991) selbst, wie auch Stohs/Mauer (1996), weisen darauf hin, dass das der Argumentation zugrunde gelegte Modell auf der Annahme eines konstanten Fremdkapitalbestandes aufbaut. Lässt

1836 Vgl. Diamond (1991) S. 711; Servaes/Tufano (2006) S. 19; Guedes/Opler (1996) S. 1811. Liquiditätsrisiken treten auf, wenn die Laufzeitäquivalenz des Fremdkapitals durchbrochen wird. Zu einer allgemeineren Definition des Liquiditäts- bzw. Refinanzierungsrisikos vgl. u. a. Diamond (1991) S. 710; Norden et al. (2016) S. 25.

1837 Vgl. Stohs/Mauer (1996) S. 284; Diamond (1991) S. 731.

1838 Vgl. Diamond (1991) S. 709; 727. Lediglich „mittlere“ Unternehmen haben unter den von Diamond (1991) gewählten Prämissen einen Anreiz, auf langfristiges Fremdkapital zurückzugreifen. Vgl. ebda.

1839 Vgl. u. a. Barclay/Smith (1995) S. 613; Guedes/Opler (1996) S. 1811. Wie unter dem Oberbegriff der „Laufzeitäquivalenz“ in der Folge noch mal kurz diskutiert, haben Unternehmen mit negativen Zukunftserwartungen an dieser Stelle eigentlich einen Anreiz, Zins- und Refinanzierungsrisiko durch langfristiges Fremdkapital weitgehend auszuschließen. Vgl. dazu Goyal/Wang (2013) S. 790. In der Literatur wird insbesondere für Unternehmen, deren Fremdkapital durch Banken bereitgestellt wird, eine Beschränkung der Fähigkeit, langfristiges Fremdkapital einzuwerben, vermutet. Vgl. dazu Norden et al. (2016) S. 29.

1840 Vgl. Diamond (1991) S. 726; 727; Goyal/Wang (2013) S. 789. Dieser Aspekt könnte letztlich auch einen weiteren „inneren“ Grund für eine wertabhängige Finanzierungspolitik aus Sicht des Unternehmens darstellen. Der entsprechende Abschnitt hat diesen Aspekt hingegen ausgeblendet. Den Einfluss einer kurzfristigen Finanzierungpolitik auf das Risiko des Unternehmens findet sich vor dem Hintergrund einer ähnlichen Überlegung bereits in Morris (1976) S. 31–32.

1841 Vgl. Barclay/Smith (1995) S. 613.

man einen Anstieg der Verschuldung des Unternehmens zu, so sollten insbesondere stark verschuldete Unternehmen auf langfristiges Fremdkapital als primäre Finanzierungsquelle abstellen.[1842] In dem von Diamond (1991) vorgeschlagenen Modell haben nur „mittlere“ Unternehmen – also Unternehmen, die weder allzu negative bzw. positive Entwicklungen erwarten –[1843] einen Anreiz, auf langfristiges Fremdkapital als Finanzierungsquelle zurückzugreifen.[1844]

Betrachtet man die segmentiert wertabhängige Finanzierungspolitik ausgehend von der Argumentation von Diamond (1991), so kann man sich in den Zweifeln an der strikten Zuordnung der Finanzierungsinstrumente nach Fristigkeit zur wertabhängigen oder autonomen Finanzierungspolitik bestätigt sehen. Insbesondere erscheint die Annahme, dass der Steuervorteil der Fremdfinanzierung bei der Wahl langfristiger Fremdkapitalinstrumente als sicher angenommen werden kann, wohingegen der Steuervorteil kurzfristigen Fremdkapitals dem Unternehmensrisiko ausgesetzt ist, nur bedingt mit der Argumentation der Arbeit von Diamond (1991) vereinbar. Als gänzlich widerlegt gelten kann die Annahme einer segmentiert wertabhängigen Finanzierungspolitik sowie eine Trennung der Fremdkapitalbestände nach Fristigkeit jedoch auch an dieser Stelle nicht. Um Liquiditätsrisiken, wie sie in der Betrachtung von Diamond (1991) eine zentrale Rolle gespielt haben, zu vermeiden, wird in der Literatur die Äquivalenz zwischen der wirtschaftlichen Nutzungsdauer des zu finanzierenden Anlagevermögens und der Laufzeit des eingesetzten Fremdkapitals diskutiert.[1845] Sowohl das Liquiditätsrisiko wie auch das Risiko von sich im Zeitverlauf verändernden Fremdkapitalkosten können so durch die Laufzeitäquivalenz der Finanzierung mit dem zu finanzierenden Anlagevermögen minimiert werden. Der Laufzeitabgleich erweckt damit vordergründig den Anschein, eine risikominimierende Finanzierungsstrategie darzustellen.[1846]

Blickt man auf die segmentiert wertabhängige Finanzierungspolitik, so kann eine Zweiteilung der Steuerung der in Unternehmen eingesetzten Fremdkapitalbestände mit Blick auf den Aspekt der Laufzeitäquivalenz auch an dieser Stelle nicht vereinfachend abgeleitet werden. Insbesondere der Schluss, dass Zahlungen, die langfristigen Fremdkapitalinstrumenten zuzurechnen sind, als sicher angenommen

1842 Vgl. Stohs/Mauer (1996) S. 284; Diamond (1991) S. 731.

1843 Man könnte an dieser Stelle vereinfachend auch von Unternehmen sprechen, die sich in einem operativen Gleichgewicht befinden. Dieser Betrachtungspunkt erscheint mit Blick auf die Argumentation zur Konvergenz der alternativen Finanzierungspolitiken im Fall der Sicherheit von Interesse.

1844 Vgl. Diamond (1991) S. 710.

1845 Vgl. u. a. Morris (1976) S. 29; Myers (1977) S. 171; Barnea et al. (1980) S. 1224. U.U. etwas zu einseitig wird diese Überlegung dabei i. d. R. auf die vorangehenden Überlegungen von Myers (1977) zurückgeführt. Vgl. beispielsweise Barclay/Smith (1995) S. 611; Guedes/Opler (1996) S. 1812–1813.

1846 Morris (1976) zeigt jedoch, dass unter gewissen Rahmenbedingungen ein Abgleich der Laufzeiten nicht zwingend zu einer Minimierung des Gesamtrisikos führen muss. Vgl. dazu Morris (1976) S. 36.

werden können, während die Zahlungsströme der kurzfristigen Fremdkapitalinstrumenten das Unternehmensrisiko tragen, dürfte i. d. R. nicht ohne Weiteres plausibilisiert werden können.[1847] Auch an dieser Stelle muss man den Aspekt der Fristigkeit der Fremdkapitalbestände noch um eine Aussage zur Sicherheit des eingesetzten Fremdkapitals sowie des steuerlichen Vorteils ergänzen. Man kann für die Annahme, dass das „Mindest-Fremdfinanzierungsvolumen" sicher ist, nicht allein darauf abstellen, dass das finanzierte Anlagevermögen langfristig im Unternehmen gebunden und damit das Fremdkapital in der Planung antizipierbar ist. Vielmehr muss der aus dem Anlagevermögen resultierende Zahlungsstrom auch über ein im Vorfeld antizipierbares Risiko verfügen, um eine Aussage über die Sicherheit der Zinszahlungen treffen zu können. Um diese ergänzende Forderung in der Unternehmensbewertungspraxis zu realisieren, wäre es an dieser Stelle denkbar, dass eine Zerlegung des Unternehmens in Teilsegmente in Abhängigkeit zum spezifischen Risiko bzw. dessen Planbarkeit vorgenommen wird. In Abhängigkeit zum operativen Risiko der entsprechenden Segmente könnte dann eine Zuordnung des Fremdkapitals im Sinne der segmentiert wertabhängigen Finanzierungspolitik vorgenommen werden.[1848] Ob ein solches Vorgehen in der Praxis ohne Weiteres möglich ist bzw. sich als praktikabel erweist, darf insbesondere für komplexe Bewertungsfälle jedoch bezweifelt werden.

Alternativ zur Segmentierung des Unternehmens ist in diesem Zusammenhang auch die Ableitung eines konservativen Grundfalles denkbar, der von den betrachteten Unternehmen mit Sicherheit zu erreichen ist und dem entsprechend sicheres Fremdkapital zugeordnet werden kann.[1849] Diesem Grundfall der Unternehmensentwicklung könnten verschiedene Szenarien der Unternehmensentwicklung gegenübergestellt werden, die neben einer anderen operativen Entwicklung auch eine Veränderung der eingesetzten Fremdkapitalbestände berücksichtigen. Für die Bewertung alternativen Szenarien sind dann sowohl die sicheren Fremdkapitalbestände des Grundfalles wie auch die zusätzlichen unsicheren Fremdkapitalüberhänge der Szenarien zu berücksichtigen.[1850] Mit einem solchen Vorgehen nimmt man jedoch nicht nur eine Segmentierung der Finanzierungspolitik vor, sondern segmentiert auch an dieser Stelle das Unternehmen als Ganzes in einen

---

1847 Der bereits mehrfach bemühte Einwurf, dass Verträge zunächst eine Absichtserklärung der Vertragsparteien darstellen und nicht die zukünftige Entwicklung festschreiben, gilt auch hier.

1848 Analog dazu könnte man eine Einteilung in Bestands- und Wachstumsbereiche vornehmen, um Fremdkapital entsprechend der segmentiert wertabhängigen Finanzierungspolitik aufspalten zu können.

1849 Vereinfachend könnte man an dieser Stelle von einem Worst-Case-Szenario sprechen.

1850 Statt von einer Angleichung der Laufzeit könnte man in diesem Zusammenhang allgemeiner von einem Cashflow Matching sprechen, das neben der Dimension der Laufzeitäquivalenz auch die Risikoäquivalenz umfasst.

risikobehafteten und einen risikolosen Teil.[1851] Mit einem solchen Vorgehen entfernt man sich jedoch von der von Richter (1998) vorgeschlagenen Trennung der Finanzierungspolitiken auf Grundlage der Fristigkeitsstruktur der eingesetzten Fremdkapitalinstrumente.[1852] Kehrt man zu der Argumentation von Richter (1998) zurück, dass die Fristigkeit des Fremdkapitals die Form der Finanzierungspolitik determiniert, so erscheint es notwendig, den von Diamond (1991) hervorgehobenen Faktor des Liquiditätsrisikos nochmals aufzugreifen.

In der jüngeren Literatur ist neben der Abstimmung der Laufzeit des Anlagevermögens mit den begleitenden Fremdfinanzierungsinstrumenten ein weiterer Aspekt zur Minimierung des Liquiditätsrisikos in den Fokus der Forschung gerückt. In der Praxis lässt sich die Bestrebung einer breiten Streuung der Refinanzierungszeitpunkte beobachten, um so nur Teile des eingesetzten Fremdkapitals unmittelbar dem Liquiditätsrisiko auszusetzen.[1853] In der Literatur wird in diesem Zusammenhang auch von der Granularität des eingesetzten Fremdkapitals gesprochen.[1854] Die Arbeit von Norden et al. (2016) zeigt u. a., dass Unternehmen durch eine höhere Granularität sowohl die Wahrscheinlichkeit für eine erfolgreiche Refinanzierung erhöhen als auch die Kosten des eingesetzten Fremdkapitals durch eine Streuung der Refinanzierungszeitpunkte senken können.[1855] Die Fristigkeitsentscheidung ist, betrachtet man zusätzlich den Aspekt der Granularität, damit nicht nur ein Mittel, um eine optimale Investitionspolitik zu ermöglichen bzw. Informationsasymmetrien zwischen den Kapitalgebergruppen abzubauen, sondern auch eine Maßnahme, um das Refinanzierungsrisiko der Unternehmen zu minimieren. Die Betrachtung der Granularität des eingesetzten Fremdkapitals fügt damit dem vorangehenden Exkurs zu den Determinanten der Fristigkeit des Fremdkapitals einen weiteren, bisher vernachlässigten, Aspekt hinzu. Die Entscheidung über die Fristigkeit des Fremdkapitals kann aus diesem Blickwinkel heraus jedoch nicht mehr zwingend als ein Signal über die zukünftige Entwicklung des Unternehmens gewertet werden, sondern vielmehr als ein Merkmal einer das Liquiditätsrisiko minimierenden Strategie. Auch unter diesem Aspekt erscheint die von Richter (1998) vorgeschlagene Zweiteilung des Fremdkapitalvolumens in einen wertabhängig wie auch autonom gesteuerten Fremdkapitalbestand nicht gestützt

1851 Diese operative Aufspaltung muss, betrachtet man vereinfachend den APV-Ansatz, auch Auswirkungen auf den Eigenkapitalkostensatz des Unternehmens haben.

1852 Wie eine segmentiert wertabhängige Finanzierungspolitik allgemeiner zu motivieren ist, sei zunächst zugunsten der Frage der Stabilität des Arguments der Fristigkeit zurückgestellt.

1853 Vgl. u. a. Graham/Harvey (2001) S. 229; Choi et al. (2016) S. 1. Mit steigender Konzentration auf wenige Refinanzierungszeitpunkte steigt i. d. R. das Risiko, dass sich Unternehmen nicht mehr refinanzieren können. Vgl. dazu u. a. Gopalan et al. (2014) S. 834.

1854 Vgl. dazu Norden et al. (2016) S. 25–26;

1855 Vgl. dazu Norden et al. (2016) S. 29–30.

zu werden.[1856] Ist die Finanzierungsstruktur des Unternehmens vergleichsweise klumpig, so deutet der Einsatz langfristigen Fremdkapitals, im Kontrast zur im Rahmen einer segmentiert wertabhängigen Finanzierungspolitik angenommenen Sicherheit einer autonomen Finanzierungspolitik, auf ein hohes Refinanzierungsrisiko und damit eine nicht unerhebliche Unsicherheit mit Blick auf die zukünftige Zahlungsfähigkeit des Unternehmens hin.[1857]

Mit dem Überinvestitionsproblem bzw. der Free-Cashflow-Hypothese kann ein weiterer Unsicherheitsfaktor der Praxis und damit ein weiterer Aspekt des Einsatzes von Fremdkapital den bisherigen Überlegungen hinzugefügt werden. Jensen (1986) hat u. a. darauf hingewiesen, dass der Einsatz von Fremdkapital sicherstellt, dass die Unternehmensführung einen möglicherweise bestehenden Überhang an freien Mitteln an die Anteilseigner auskehrt und nicht für wertvernichtende Investitionen im Unternehmen zurückbehält.[1858] Fremdkapital kann, folgt man dieser Einschätzung, als ein probates Mittel gesehen werden, das Management zu disziplinieren und eine Interessenkongruenz mit den Eigenkapitalgebern sicherzustellen. Die Gefahr einer suboptimalen Investitionspolitik des Unternehmens bzw. eines schädigenden Verhaltens des Managements ist besonders stark im Fall hoher Cashflows bei zugleich verhaltenen Wachstumschancen des Unternehmens ausgeprägt.[1859] Mello/Miranda (2009) bestätigen diese Hypothese mit dem Nachweis, dass langfristiges Fremdkapital u. a. zu einem nachhaltigen Abbau des Überhangs des Bestandes freier Zahlungsmittel führt.[1860] Der Einsatz von langfristigem Fremdkapital kann an dieser Stelle einerseits als ein Signal für ausgeprägte Agency-Probleme zwischen Management und Unternehmensführung interpretiert werden.[1861]

1856 Folgt man dem Beispiel von Norden et al. (2016), bei dem davon ausgegangen wird, dass Unternehmen die Fristigkeit des Fremdkapitals frei bestimmen können. Vgl. dazu Norden et al. (2016) S. 27–28.

1857 Theoretisch kann man auch an dieser Stelle einwerfen, dass mit zunehmender Fristigkeit des Fremdkapitals dieses Refinanzierungsproblem aus dem Fokus der Bewertung geschoben werden kann und daher nur von nachrangiger Bedeutung ist.

1858 Vgl. dazu Jensen (1986) S. 324; Stulz (1990) S. 4. Damit wird der Gegenfall zu dem zuvor betrachteten Unterinvestitionsproblem näher beleuchtet.

1859 Vgl. dazu Jensen (1986) S. 324. Wie Jensen (1986) ausführt, sind daneben Unternehmen von dem Überinvestitionsproblem betroffen, die einen Schrumpfungsprozess erwarten. Vgl. ebda. Unter diesen Rahmenbedingungen erscheint es nicht unplausibel, davon auszugehen, dass der Einsatz von Fremdkapital unter diesen Bedingungen weitgehend risikolos erfolgt.

1860 Vgl. dazu u. a. Mello/Miranda (2009) S. 328; 334.

1861 Der Einfluss auf das Risikoniveau des eingesetzten Fremdkapitals ist in diesem Fall nicht ganz eindeutig, man kann jedoch vermuten, dass auch in diesem Fall die Beziehung zu den Fremdkapitalgebern durch ein Agency-Problem geprägt ist. In diesem Fall kann langfristiges Fremdkapital jedoch unter gewissen Rahmenbedingungen als Anreiz gesehen werden, durch eine riskante Investitionsstrategie zusätzliches Risiko auf die Fremdkapitalgeber zu verlagern. Vgl. dazu u. a. Servaes/

Andererseits kann der Einsatz langfristigen Fremdkapitals als ein indirektes Zeichen für ein Unternehmen mit hohen Cashflows und geringen Wachstumschancen und damit als Signal für ein Umfeld geringer Unsicherheit über die zukünftige Entwicklung gewertet werden. Trifft die zweite Einschätzung zu, so erscheint es unter diesen Rahmenbedingungen durchaus plausibel, das langfristige Fremdkapital, dem Vorschlag von Richter (1998) folgend, mit der Annahme einer autonomen Finanzierungspolitik zu verknüpfen.[1862] Eine eindeutige Zuordnung der Finanzierungspolitik nach Fristigkeit der Fremdfinanzierungsinstrumente erscheint jedoch auch auf Basis des Überinvestitionsproblems nur bedingt möglich.

Neben den bisher betrachteten Einflussfaktoren auf die Fristigkeit des im Unternehmen eingesetzten Fremdkapitals spielen die Höhe des Steuervorteils, der Umfang der Insolvenz- sowie Transaktionskosten und die Volatilität des Unternehmenswertes eine bedeutende Rolle, dies hat u. a. das Modell von Kane et al. (1985) gezeigt.[1863] Das Modell von Kane et al. (1985) hält dabei folgende Zusammenhänge zwischen diesen Determinanten und der Fristigkeit des Fremdkapitals fest: Mit dem Anstieg des Umfangs der mit der Fremdfinanzierung verbundenen Transaktionskosten ist mit einer Ausweitung der optimalen Fristigkeit des Fremdkapitals zu rechnen, Gleiches gilt für die Abnahme der Schwankungsbreite des Unternehmenswertes, wohingegen mit einem Anstieg des Wertbeitrages der Fremdfinanzierung die Abnahme der optimalen Fristigkeit des eingesetzten Fremdkapitals verbunden ist. Die Ausdehnung der Fristigkeit der eingesetzten Fremdkapitalinstrumente mit dem Anstieg der Höhe der Transaktionskosten ist, wie u. a. Stohs/Mauer (1996) festhalten, primär darauf zurückzuführen, dass anfallende Transaktionskosten auf die längere Laufzeit des Unternehmens verteilt werden können. Diese Verteilung der Transaktionskosten ist letztlich notwendig, um den positiven Wertbeitrag der Fremdfinanzierung erhalten zu können. Eine vergleichbare Argumentation lässt sich auch für den Fall eines abnehmenden Wertvorteils der Fremdfinanzierung einschlagen, auch hier gilt es, unter der Annahme konstanter Transaktionskosten den Rückgang des Wertbeitrages der Fremdfinanzierung in geeigneter Form auszugleichen. Im Fall eines Absinkens des Wertbeitrages der Fremdfinanzierung ist c. p. die Fristigkeit des eingesetzten Fremdkapitals auszudehnen, um die Effekte des Rückgangs des Steuervorteils durch eine breitere Streuung der Transaktionskosten kompensieren zu können.[1864] Das Absinken der Schwankungsbreite des Unternehmenswertes ermöglicht es den Unternehmen dagegen, langfristiges

Tufano (2006) S. 20. Unter dieser Prämisse können langfristiges Fremdkapital und damit der Wertvorteil der Fremdfinanzierung nicht als sicher angenommen werden.

1862 Ob kurzfristiges Fremdkapital bei diesem Annahmegerüst dem Unternehmensrisiko ausgesetzt ist, kann jedoch bezweifelt werden.

1863 Vgl. Stohs/Mauer (1996) S. 285.

1864 Kane et al. (1985) argumentieren in diesem Zusammenhang auch auf Basis der Insolvenzwahrscheinlichkeit. Vgl. dazu Kane et al. (1985) S. 489.

Fremdkapital ohne die unmittelbare Gefahr einer Insolvenz bzw. Notwendigkeit einer Restrukturierung im Unternehmen einzusetzen.[1865] Die durch das Modell von Kane et al. (1985) aufgezeigten Zusammenhänge erscheinen intuitiv eingängig, fraglich erscheint jedoch an dieser Stelle erneut, welcher Rückschluss auf das von Richter (1998) vorgeschlagene Kriterium der Fristigkeit zur Trennung der Finanzierungspolitiken gezogen werden kann. Die Hervorhebung des Einflusses der Höhe des Wertbeitrages der Fremdfinanzierung auf die Fristigkeitsentscheidung weist darauf hin, dass eine wechselseitige Beziehung zwischen dem Wertbeitrag der Fremdfinanzierung und der Fristigkeit des eingesetzten Fremdkapitals besteht. Anders ausgedrückt, sieht man sich an dieser Stelle daher einem Endogenitätsproblem ausgesetzt.

Brick/Ravid (1985) weisen in diesem Zusammenhang auf einen weiteren in der bisherigen Betrachtung vernachlässigten Aspekt hin. Für den Fall, dass man sich von der Annahme einer flachen Zinsstrukturkurve löst, hängt die Höhe des Wertbeitrages der Fremdfinanzierung über die laufzeitabhängigen Zinssätze auch von der Fristigkeitsstruktur des Fremdkapitals ab. Im Fall einer normalen bzw. steigenden Zinsstrukturkurve sollte daher, um die Steuerlast des Unternehmens zu minimieren, auf langfristige Fremdkapitalinstrumente abgestellt werden. Für den in der Praxis in der Vergangenheit regelmäßig deutlich selteneren Fall einer inversen bzw. fallenden Zinsstrukturkurve ist dagegen auf kurzfristiges Fremdkapital abzustellen, um den Steuervorteil und damit den Unternehmenswert zu maximieren.[1866] Ob ein einseitiges Abstellen auf die Fristigkeit als Determinante der Finanzierungspolitik und damit der Höhe des Wertbeitrages der Fremdfinanzierung, wie es Richter (1998) vorschlägt, in der Gesamtschau zulässig ist, darf daher aufgrund mehrerer Faktoren bezweifelt werden.[1867] Die Bedeutung der Schwankungsbreite des Unternehmenswertes als Determinante der Fristigkeit des eingesetzten Fremdkapitals bestätigt zunächst die mit der Annahme von Richter (1998) u. a. verbundene Vermutung, dass langfristiges Fremdkapital einem geringeren Risiko ausgesetzt ist als kurzfristiges Fremdkapital.[1868] Die Annahme einer autonomen Finanzierungspolitik für das „Mindest-Fremdfinanzierungsvolumen" erscheint aus diesem Blickwinkel zulässig zu sein.

1865 Vgl. dazu Kane et al. (1985) S. 489; 494; Stohs/Mauer (1996) S. 285–286.

1866 Vgl. dazu Brick/Ravid (1985) S. 1435; Barclay/Smith (1995) S. 614; Stohs/Mauer (1996) S. 286; Guedes/Opler (1996) S. 1814.

1867 Der von Guedes/Opler (1996) ergänzend betrachtete Einfluss der Volatilität des Verschuldungszinssatzes auf die Wahl der Fristigkeit des Fremdkapitals, wie ihn u. a. Mauer/Lewellen (1987) und Emery et al. (1988) vermuten, sei an dieser Stelle vereinfachend ausgeblendet. Vgl. dazu Guedes/Opler (1996) S. 1813.

1868 Der obige Einwurf, dass neben der Fristigkeit auch ein verlässlicher Hinweis auf das Risiko des langfristigen Fremdkapitals getroffen werden muss, bleibt jedoch weiterhin gültig.

An dieser Stelle auch von Interesse ist der Einfluss der Transaktionskosten auf die Fristigkeit des Fremdkapitals und damit auf die Stabilität der Argumentation von Richter (1998). Dieser Aspekt wird vergleichbar zu den vorangehenden Abschnitten nochmals gesondert aufgegriffen und wird daher an dieser Stelle nicht eingehender beleuchtet. Barclay/Smith (1995) betrachten mit der Unternehmensgröße eine weitere mögliche Determinante der Fristigkeitsstruktur des Fremdkapitals. Die Argumentation von Barclay/Smith (1995) greift indirekt auf den Aspekt der Transaktionskosten als Determinante der Fristigkeitsstruktur zurück. Geht man von der Annahme aus, dass die Ausgabe öffentlich platzierten Fremdkapitals mit signifikanten Fixkosten verbunden ist,[1869] so dürften insbesondere große Unternehmen mit umfangreichem Finanzierungsbedarf von Skaleneffekten profitieren, während kleine Unternehmen eher auf kurzfristiges, von Banken bereitgestelltes Fremdkapital zurückgreifen werden bzw. müssen.[1870] Im Rahmen der Argumentation von Barclay/Smith (1995) erfolgt die Trennung in lang- und kurzfristiges Fremdkapital damit nicht auf Basis der im Rahmen der segmentiert wertabhängigen Finanzierungspolitik vermuteten Zweiteilung des Unternehmensrisikos, sondern auf Grundlage der Höhe der mit der Finanzierung verbundenen Transaktionskosten.

Fasst man an dieser Stelle die Überlegungen zur Stabilität der Fristigkeit als Determinante der Finanzierungspolitik zusammen, so zeigt sich mit Blick auf die alternativen Hypothesen zur Fristigkeitsstruktur des Fremdkapitals ein wenig einheitliches Bild. Der Annahme von Richter (1998), die Finanzierungspolitik anhand der Fristigkeit des eingesetzten Fremdkapitals teilen zu können, ist zwar ein gewisser Reiz nicht abzusprechen – eine Plausibilisierung auf Basis ausgewählter Theorie ist so durchaus denkbar –, zwingend erscheint der vermutete Zusammenhang mit Blick auf die Vielfalt und die Heterogenität der alternativen Hypothesen jedoch nicht zu sein. Die Vielfalt unterschiedlicher Vermutungen zu den Determinanten der Fristigkeitsstruktur allein kann allerdings nur einen ersten Hinweis darauf liefern, dass die Beziehungen zwischen Fristigkeit und Finanzierungspolitik komplexer sind, als mit der segmentiert wertabhängigen Finanzierungspolitik vermutet. In einem weiteren Schritt könnte man daher versucht sein, auf Basis empirischer Untersuchungen aus den alternativen Hypothesen eine in der Praxis dominante Hypothese zur Fristigkeitsstruktur auszuwählen und der Annahme von Richter (1998) gegenüberzustellen.[1871] Der Blick in die empirische Forschung zeigt jedoch, dass auch aus empirischer Sicht kein klares Bild zugunsten einer der dargestellten Hypothese gezeichnet werden kann. Vielmehr ist auch aus empirischer Sicht einer

1869 Diese Annahme scheint mit Blick auf die empirische Literatur eine durchaus berechtigte Annahme zu sein.

1870 Vgl. dazu Barclay/Smith (1995) S. 612.

1871 Dies ist auch bedeutsam, hat der vorangehende Abschnitt doch gezeigt, dass die Plausibilität der segmentiert wertabhängigen Finanzierungspolitik u. a. von der Hypothese zur Fristigkeitsstruktur des Fremdkapitals abhängt.

Vielzahl der zuvor betrachteten Hypothesen eine gewisse Relevanz für die Praxis nicht abzusprechen. Insbesondere die Hypothese, die die Wahl der Fristigkeitsstruktur auf eine Informationsasymmetrie zwischen Eigen- und Fremdkapitalgebern zurückführt, findet in der Literatur einige Unterstützung. Goyal/Wang (2013) beobachten so, dass sich die Zukunftsaussichten von Unternehmen, die kurzfristiges Fremdkapital emittieren, deutlich verbessern, wohingegen die Emittenten langfristigen Fremdkapitals einen Anstieg des Insolvenzrisikos erfahren.[1872] Auch für die Einschätzung von Myers (1977), dass Unternehmen mit stärkeren Wachstumsaussichten verstärkt auf kurzfristiges Fremdkapital zurückgreifen, findet in der empirischen Literatur eine gewisse Unterstützung.[1873] Dass Größeneffekte bei der Wahl der Form des Fremdkapitals und der Frage der Fristigkeit eine Rolle spielen, zeigen dagegen u. a. Carey et al. (1993).[1874] Stohs/Mauer (1996) sehen hingegen den, in der Literatur zur Minimierung des Risikos vorgeschlagenen, Laufzeitabgleich zwischen Anlagevermögen und des zur Finanzierung verwendeten Fremdkapitals durch empirische Beobachtungen bestätigt.[1875] Guedes/Opler (1996), die die Fristigkeit des inkrementellen Fremdkapitals betrachten, sehen in ihrer Untersuchung hingegen in Grundzügen die Vermutung der Arbeit von Diamond (1991) bestätigt. Während Unternehmen mit schlechtem Unternehmensrating Fremdkapital mittlerer Laufzeit einwerben, langfristiges Fremdkapital steht diesen Unternehmen nicht zur Verfügung, setzen Unternehmen mit gutem Unternehmensrating sowohl lang- wie auch kurzfristiges Fremdkapital zur Finanzierung des Unternehmens ein.[1876] Darüber hinaus beobachten Guedes/Opler (1996), dass Unternehmen, im Kontrast zur Argumentation von Brick/Ravid (1985), im Fall einer normalen Zinsstrukturkurve auf kurzfristige Fremdkapitalinstrumente zurückgreifen.[1877] Die Gestalt der Zinsstrukturkurve erscheint damit, unabhängig von dem ursprünglich vermuteten Zusammenhang, auch einen systematischen Einfluss auf die Finanzierungsentscheidung der Unternehmen zu haben.

Neben diesen „klassischen" Determinanten der Fristigkeitsstruktur des eingesetzten Fremdkapitals wurde in der jüngeren Literatur der Einfluss des rechtlichen

---

1872 Vgl. Goyal/Wang (2013) S. 813. Ein ähnliches Ergebnis zugunsten der Hypothesen von Flannery (1986) und Diamond (1991) finden Stohs/Mauer (1996) S. 309. Das Ergebnis der Untersuchung von Barclay/Smith (1995) und Guedes/Opler (1996) stützt die Hypothese dagegen nur eingeschränkt. Barclay/Smith (1995) S. 629; Guedes/Opler (1996) S. 1831.

1873 Vgl. u. a. Norden et al. (2016) S. 28; Guedes/Opler (1996) S. 1825; Barclay/Smith (1995) S. 629. Weniger eindeutig zeigt sich dieser Zusammenhang dagegen in Stohs/Mauer (1996) S. 309.

1874 Vgl. Carey et al. (1993) S. 78–79; ähnlich: Barclay/Smith (1995) S. 629.

1875 Vgl. Stohs/Mauer (1996) S. 309–310.

1876 Vgl. dazu Guedes/Opler (1996) S. 1810–1811; 1831.

1877 Guedes/Opler (1996) sprechen in diesem Zusammenhang davon, dass „market participants naively attempt to ‚ride' the yield curve". Vgl. Guedes/Opler (1996) S. 1831.

und institutionellen Umfelds auf die Finanzierungsentscheidung und insbesondere die Fristigkeitsentscheidung betrachtet. So zeigen u. a. Fan et al. (2012), dass die Entscheidung über die Fristigkeitsstruktur des Fremdkapitals wenigstens in Teilen von diesen, in der bisherigen Diskussion vernachlässigten, „äußeren" Faktoren abhängt.[1878] Aus Vereinfachungsgründen seien die Faktoren des rechtlichen und institutionellen Umfelds jedoch auch in der Folge weiterhin vereinfachend ausgeblendet.[1879]

Diese bruchstückhafte Auswahl empirischer Arbeiten und Ergebnisse zu den Determinanten der Fristigkeitsstruktur des Fremdkapitals soll an dieser Stelle genügen, um zu zeigen, dass der zweite Schritt der Identifizierung einer dominanten Hypothese zur Fristigkeitsstruktur des eingesetzten Fremdkapitals bestenfalls vergleichsweise oberflächlich gelingen dürfte. Festzuhalten bleibt an dieser Stelle damit, dass in der Literatur eine Reihe alternativer Hypothesen zur Erklärung der Fristigkeitsstruktur des eingesetzten Fremdkapitals existieren, die zunächst auch als Ausgangspunkt der Plausibilitätsbeurteilung der segmentiert wertabhängigen Finanzierungspolitik herangezogen werden können. Die Hypothesen unterscheiden sich jedoch z. T. deutlich in der Auswahl der Determinanten als auch in der zugeschriebenen Wirkrichtung, die diese Determinanten auf die Fristigkeitsentscheidung nehmen. Damit wird ein etwas diffuses Bild der Fristigkeitsentscheidung des eingesetzten Fremdkapitals gezeichnet. Der Versuch, Klarheit durch einen Rückgriff auf die empirische Literatur zu schaffen, scheitert, wie der kurze Exkurs zu den Ergebnissen der empirischen Forschung gezeigt hat, i. d. R. an der Vielschichtigkeit der empirischen Evidenz zugunsten der alternativen Hypothesen.

Trotz oder gerade aufgrund dieses etwas unklaren Bildes ist festzuhalten, dass die Teilung der Finanzierungspolitik nach Fristigkeit der Fremdkapitalbestände, wie es Richter (1998) vorschlägt, nur begrenzt von den alternativen Hypothesen zur Fristigkeit des Fremdkapitals getragen wird. Beschränkt man die Argumentation zugunsten einer segmentiert wertabhängigen Finanzierungspolitik allein auf den Aspekt der Fristigkeit, so erscheint die Argumentation von Richter (1998) in ihrer notwendigen Strenge und Trennschärfe weitgehend künstlich und die Annahme einer segmentiert wertabhängigen Finanzierungspolitik damit bestenfalls eine v. a. theoretisch ansprechende Spielerei denn ein Abbild der Unternehmenspraxis zu sein. Zu diesem verhaltenen Urteil mit Blick auf die Annahme einer segmentiert wertabhängigen Finanzierungspolitik können und müssen zwei einschränkende Anmerkungen gemacht werden: Die Gegenüberstellung der Hypothesen zur Fristigkeit des Fremdkapitals und den Eigenschaften einer segmentiert wertabhängigen Finanzierungspolitik kann auf Basis der, auf indirekten Merkmalen aufbauenden, Argumentationskette als wenig stabil und damit wenig überzeugend

1878 Vgl. Fan et al. (2012) S. 47.

1879 Beschränkt man sich im Rahmen einer empirischen Studie auf die Betrachtung eines einzelnen Landes, erscheint es zulässig, aufgrund der weitgehend vergleichbaren Rahmenbedingungen diesen Aspekt auszublenden.

kritisiert werden.[1880] Diesem Urteil kann man insofern zustimmen, als dass man die Annahme einer segmentiert wertabhängigen Finanzierungspolitik an dieser Stelle nicht als ein rein theoretisches Konstrukt ablehnen kann. Der Weg, die segmentiert wertabhängige Finanzierungspolitik mit dem Argument der Fristigkeit zu plausibilisieren und gleichzeitig einen Anhaltspunkt für die Praxis zu liefern, erscheint jedoch mit Blick auf die vorangehenden Überlegungen weitgehend versperrt. Die Unvollkommenheit der bisherigen Überlegungen bildet den Anknüpfungspunkt der zweiten Anmerkung zum vorläufigen Fazit zur segmentiert wertabhängigen Finanzierungspolitik. Die Überlegungen zur Aufspaltung des Fremdkapitals nach Risiko des zugrunde liegenden Anlagevermögens haben gezeigt, dass alternative Ansätze zur Plausibilisierung der partiell wertabhängigen Finanzierungspolitik neben dem Aspekt der Fristigkeit eingeschlagen werden können. In der Folge seien daher zwei weitere Ausgangspunkte zur Plausibilisierung einer segmentiert wertabhängigen Finanzierungspolitik kurz aufgegriffen.

Zur weiteren Plausibilisierung der segmentiert wertabhängigen Finanzierungspolitik

Zunächst kann zur Plausibilisierung der segmentiert wertabhängigen Finanzierungspolitik erneut auf die bereits kurz betrachtete Aufspaltung der zukünftigen operativen Unternehmensentwicklung in einen konservativen Basisfall und verschiedene, risikobehaftete, Szenarien abgestellt werden. Vergleichbar zum Vorschlag, die Finanzierungspolitiken anhand der Fristigkeit der Fremdkapitalinstrumente aufzuspalten, geht diese Empfehlung auf Richter (1998) zurück. Richter (1998) schlägt u. a. vor, das Fremdfinanzierungsvolumen, das mit Sicherheit auch zukünftig im Unternehmen eingesetzt wird, durch Rückgriff auf Finanzsimulationen und alternative Szenarien zur operativen Entwicklung des Unternehmens zu ermitteln.[1881] Wie in einem nachfolgenden Abschnitt kurz näher beleuchtet wird, bleibt dieser Vorschlag Richters für eine Anwendung in der Praxis vergleichsweise unkonkret. Ob und wie dieses Vorgehen in der Praxis mit Leben zu füllen ist, sei in den folgenden Überlegungen zur Stringenz der Annahme einer partiell wertabhängigen Finanzierungspolitik zunächst ausgeblendet. Der Argumentation zur Aufteilung der zukünftigen Unternehmensentwicklung in einen risikolosen und risikobehafteten Bestandteil wohnt, wie im Vorfeld bereits kurz gezeigt wurde, mit Blick auf die Plausibilisierung der segmentiert wertabhängigen Finanzierungspolitik ein gewisser Reiz inne. Ergänzt man den zuvor betrachteten Aspekt der Laufzeitäquivalenz der Fremdkapitalinstrumente um die Argumentation, dass Unternehmen mit dem zu finanzierenden Anlagevermögen über ausreichend

1880 So wurde mit Blick auf die Argumentation der „Signalling“-Theorie aus dem Einsatz kurzfristigen Fremdkapitals gefolgert, dass kurzfristiges Fremdkapital mit positiven Wachstumschancen verbunden ist und damit ein geringes Risiko trägt. Ob dieser Rückschluss auf die Eigenschaften der Finanzierungspolitik tragfähig ist, kann durchaus bezweifelt werden.

1881 Vgl. dazu Richter (1998) S. 382.

verwertbare Haftungsmasse verfügen, so lässt sich die Annahme eines quasi ausfallsicheren Teilbestandes des Fremdkapitals zunächst weitgehend problemlos plausibilisieren.[1882] Um die mit der autonomen Finanzierungspolitik angenommene Risikolosigkeit des Wertbeitrages der Fremdfinanzierung unterstellen zu können, muss das Unternehmen darüber hinaus einen zustandsunabhängigen operativen Mindest-Cashflow generieren.[1883] Diese Forderung dürfte zum Bewertungszeitpunkt für prosperierende Unternehmen sowie für die im Normalfall betrachteten Prognosezeiträume regelmäßig wenigstens für einen Teil des eingesetzten Fremdkapitals erfüllbar sein.[1884]

Eine Zweiteilung in ein „Mindest-Fremdkapitalvolumen" und einen unsicheren Fremdkapitalrest scheint damit ein grundsätzlich eingängiger Vorschlag für die Plausibilisierung der segmentiert wertabhängigen Finanzierungspolitik zu sein. Dennoch ergeben sich auch bei einem Abstellen auf diesen Argumentationsansatz, wenigstens auf den zweiten Blick, eine Reihe nicht zu vernachlässigender Schwierigkeiten. Zunächst kann hinterfragt werden, inwieweit die Dualität der Finanzierungspolitik im Rahmen des nunmehr eingeschlagenen Betrachtungswinkels gerechtfertigt sein kann. Zielte die Argumentation zur Trennung der Finanzierungspolitik nach Fristigkeit des Fremdkapitals darauf ab, dass kurzfristiges Fremdkapital mehr oder weniger rein mechanisch die Eigenschaften einer wertabhängigen Finanzierungspolitik aufweisen muss – kurzfristige Fremdkapitalinstrumente sind in wohl definierten Abständen zu den Marktkonditionen und in Abhängigkeit zur tatsächlichen Unternehmensentwicklung zu refinanzieren –, wird an dieser Stelle eine Trennung des eingesetzten Fremdkapitalbestandes auf Grundlage eines risikolosen Grundfalls und risikobehafteter Szenarien empfohlen. Mit der Abkehr vom quasi risikolosen Grundfall und der Hinwendung zu den risikobehafteten Szenarien ist jedoch auch das im Unternehmen eingesetzte Fremdkapital, das als risikolos angesehen wurde, durch einen Ausfall des risikobehafteten Fremdkapitals bedroht, dies sollen die folgenden Überlegungen zeigen. Offensichtlich ist, dass ein Teil des Fremdkapitals – um exakt zu sein, der Teil, der der unsicheren und damit risikobehafteten Entwicklung zuzurechnen ist – bereits rein definitionsgemäß mit dem operativen Risiko der Unternehmen behaftet ist. Welche Auswirkungen hat das risikobehaftete Fremdkapital jedoch auf das Risiko des zunächst als sicher angenommenen „Mindest-Fremdkapitalvolumens"?

1882 Um die Haftungsmasse vor dem Zugriff Dritter zu schützen, kann das Fremdkapital beispielsweise besichert sein.

1883 Dieser Aspekt wurde im Vorfeld mit Blick auf die Segmentierung des Unternehmens nach Risiko bereits kurz betrachtet.

1884 Die Argumentation zielt hier vorwiegend auf ein Bauchgefühl ab. Ein Blick in die Literatur zeigt jedoch, dass Unternehmen in Krisenzeiten den Einbruch des operativen Cashflows wenigstens zum Teil durch den Abbau des Umlaufvermögens kompensieren. Vgl. dazu u. a. Gentry et al. (1985) S. 48.

An dieser Stelle muss letztlich hinterfragt werden, ob unter diesen veränderten Rahmenbedingungen das „Mindest-Fremdkapitalvolumen“ bzw. die damit verbundenen Zahlungen an die Fremdkapitalgeber weiterhin als quasi risikolos angesehen werden können. Ist an dieser Stelle doch der Einwand denkbar, dass sich das Risiko des risikobehafteten und im Extremfall auch ausfallbedrohten Teils des Fremdkapitals auf die zunächst als sicher angenommenen Wertbeiträge der Fremdfinanzierung überträgt. So dürfte es aus Sicht des Risikos des Tax-Shields zunächst unerheblich sein, ob das „Mindest-Fremdkapitalvolumen“ selbst oder aber ein von der Planung als „unsicher“ identifiziertes Fremdkapitalinstrument in der Zukunft notleidend wird und damit ggf. die Insolvenz des Unternehmens bzw. die Neuverhandlung der Konditionen auch nicht unmittelbar betroffener Fremdkapitalbestände auslöst. Im Fall einer drohenden Zahlungsunfähigkeit des Unternehmens dürfte die Gefahr, den Wertvorteil der Fremdfinanzierung nicht mehr vollständig heben zu können, sowohl für den zunächst als sicher angenommenen Anteil als auch für den unsicheren Anteil, unmittelbar ansteigen. Man kann an dieser Stelle natürlich darauf abstellen, dass der fortführungsfähige Teil des Unternehmens im Falle rationaler Investoren nur in einem bedingten Umfang ausfallbedroht ist[1885] – dies dürfte an dieser Stelle der dem risikolosen Grundfall zurechenbare Teil des Unternehmens sowie des Fremdkapitals sein – und die dem fortführungswürdigen Unternehmensteil zurechenbaren Zahlungen an die Fremdkapitalgeber damit die Unternehmenssteuerlast, wie mit der Annahme einer autonomen Finanzierungspolitik vermutet, mit Sicherheit absenken. Zwingend scheint diese Annahme auf einem regelmäßig nur unvollkommenen Kapitalmarkt jedoch nicht erfüllt zu sein.[1886] Setzt man, wie es u. a. Miller (1977) getan hat,[1887] Informationsasymmetrien voraus oder geht man von bedeutsamen Insolvenzkosten aus,[1888] so erscheint es wahrscheinlich, dass der Wertvorteil des Fremdkapitals nicht oder

1885 Man kann beispielsweise vermuten, dass die Fremdkapitalgeber den fortführungswürdigen Teil des Unternehmens von den, dann alten, Eigenkapitalgebern übernehmen und weiterführen werden. Auch eine Zerschlagung des Unternehmens und ein Verkauf von Teilsegmenten wären an dieser Stelle denkbar.

1886 Einwerfen kann man an dieser Stelle – dies wurde beispielsweise bereits im Abschnitt zur „klassischen“ autonomen Finanzierungspolitik gemacht –, dass sich bestimmte Fremdkapitalgeber Vorrangigkeit oder auch Kreditsicherheiten einräumen lassen und sich somit gegen ein Durchschlagen der Insolvenzrisiken absichern.

1887 Vgl. dazu den entsprechenden Abschnitt zur Fristigkeitsstruktur des Fremdkapitals.

1888 Die Frage nach der Höhe der Insolvenzkosten wird in der Literatur nicht immer ganz eindeutig beantwortet. Es erscheint jedoch zulässig, anzunehmen, dass wenigstens der Großteil des Tax-Shields des Fremdkapitals durch die Insolvenzkosten „aufgefressen“ wird. Vgl. zur Bedeutung der Insolvenzkosten u. a. die Arbeiten von Weiss (1990); Gruber/Warner (1977).

aber nur in einem deutlich geringeren Umfang gehoben werden kann, als dies in der ursprünglichen Planung angedacht wurde.[1889]

Die Dualität der Finanzierungspolitik, wie sie im Rahmen der segmentiert wertabhängigen Finanzierungspolitik vermutet wird, erscheint damit mit einem gewissen inneren Widerspruch behaftet zu sein. Diese Argumentation wird bekräftigt, blickt man an dieser Stelle erneut auf das, bereits an einem vorangehenden Punkt kritisierte, Abstellen auf ein festes Verhältnis zwischen antizipierbarer und unsicherer Unternehmensentwicklung im Rahmen der segmentiert wertabhängigen Finanzierungspolitik. Es wurde bereits darauf hingewiesen, dass diese Annahme in der Realität wohl in einem Großteil der Fälle nur mit einer letztlich unbefriedigenden Begründung aufrechterhalten werden kann. Realistischer erscheint vielmehr die in der Literatur verbreitete Annahme, dass die Unsicherheit über die zukünftige Entwicklung mit zunehmendem Abstand zum Bewertungszeitpunkt wächst und die Annahme der segmentiert wertabhängigen Finanzierungspolitik schließlich in eine atmende Finanzierungspolitik konvergiert.[1890]

Fasst man an dieser Stelle die Überlegungen zum zweiten Kritikpunkt an der segmentiert wertabhängigen Finanzierungspolitik kurz zusammen, so kann festgehalten werden, dass die Annahme einer Aufspaltung in einen risikolosen und einen risikobehafteten Fremdkapitalanteil einen inneren Widerspruch darstellen kann.[1891] Der Versuch, die segmentiert wertabhängige Finanzierungspolitik auf Grundlage einer zeitkonstanten Teilung des Unternehmens in risikobehaftete und risikolose Bestandteile zu motivieren, erscheint, wie bereits die auf der Fristigkeit

1889 Man kann an dieser Stelle darauf abstellen, dass sowohl Insolvenzkosten wie auch Informationsasymmetrien im Rahmen der Bestimmung des risikolosen Grundfalls berücksichtigt werden müssen. Eine solche Forderung erscheint mit Blick auf die in der Praxis wohl regelmäßig auftretenden Schwierigkeiten in der Bestimmung dieser Faktoren jedoch weitreichend.

1890 Mit der inkrementell wertabhängigen Finanzierungspolitik wird in der Folge eine Finanzierungspolitik betrachtet, die diese Vermutung entsprechend widerspiegelt.

1891 Letztlich verbirgt sich hierin auch ein Konflikt in der Erwartungshaltung des Bewerters, können für einen Teil des Unternehmens mit Sicherheit erfüllbare Erwartungen formuliert werden, wohingegen für den zweiten Teil des Unternehmens nur vergleichsweise vage Vermutungen geäußert werden können. Hält man zudem an einem konstanten Verhältnis von autonom und wertabhängig gesteuertem Fremdkapital fest, so bedeutet dies beispielsweise im Fall eines zukünftigen Anstiegs des Unternehmenswertes, dass diese Entwicklung für die autonom gesteuerten Fremdkapitalbestände bereits zum Bewertungszeitpunkt antizipiert werden muss. Gleiches gilt auch für den Fall eines abnehmenden Unternehmenswertes, das abnehmende Fremdkapitalvolumen der wertabhängigen Finanzierungspolitik muss bereits durch die autonome Finanzierungspolitik vorweggenommen sein. Mit anderen Worten erscheint es wenig plausibel, von zwei unterschiedlichen Finanzierungspolitiken auszugehen, wenn man die alternativen Finanzierungspolitiken durch ein konstantes Verhältnis eng aneinanderbindet.

des Fremdkapitals beruhende Argumentation, damit nur in einem begrenzten Umfang für die Praxis überzeugend. Auf Basis der bisherigen Überlegungen kann sich die Annahme einer segmentiert wertabhängigen Finanzierungspolitik gegen den Vorwurf der Künstlichkeit der Finanzierungsannahme nur bedingt erwehren. In einem den Abschnitt zur Plausibilität der segmentiert wertabhängigen Finanzierungspolitik abschließenden Schritt soll ein weiterer möglicher Ansatzpunkt, die segmentiert wertabhängige Finanzierungspolitik zu plausibilisieren, beleuchtet werden.

Zu den „inneren“ und „äußeren“ Gründen einer segmentiert wertabhängigen Finanzierungspolitik

Dazu sei erneut auf den aus den vorangehenden Abschnitten bekannten Ansatz zur Plausibilisierung der Annahme zur Finanzierungspolitik zurückgegriffen. Es wurde richtigerweise bereits darauf hingewiesen, dass diese Argumentationskette für sich allein genommen i. d. R. daran scheitern wird, eine „gemischte“ Finanzierungspolitik unzweifelhaft plausibilisieren zu können. Dieses Merkmal „gemischter“ Finanzierungspolitiken ist bereits im vorangehenden Abschnitt zur partiell wertabhängigen Finanzierungspolitik deutlich geworden und bestätigt sich, wie die nachfolgenden Überlegungen kurz zeigen werden, auch für die segmentiert wertabhängige Finanzierungspolitik. Blickt man zunächst auf die „äußeren“ Gründe für eine segmentiert wertabhängige Finanzierungspolitik, so kann man zwar darauf abstellen, dass unterschiedliche Fremdkapitalgeber bzw. die unterschiedlichen Fremdkapitalinstrumente einen Einfluss auf die Gestalt des Finanzierungsverhaltens der Unternehmen besitzen, gänzlich überzeugen kann dieser Erklärungsansatz jedoch nicht. Dies haben die Ausführungen zur Fristigkeit des eingesetzten Fremdkapitals wie auch die Argumentation zur Aufspaltung des Unternehmens in einen sicheren Basisfall und unsichere Szenarien bereits gezeigt.[1892] Stellt man hingegen allein auf die Vorteilhaftigkeit der segmentiert wertabhängigen Finanzierungspolitik aus Sicht des Unternehmens ab, also bemüht die „inneren“ Gründe für eine Finanzierungspolitik, so lässt sich auch bei dieser Betrachtungsweise die Zweiteilung in eine aktive und passive Finanzierungspolitik ohne weitere Annahmen nicht plausibilisieren.[1893]

Die vorangehenden Abschnitte haben bereits gezeigt, dass zunächst nur bedingt überzeugende Annahmen zur Finanzierungspolitik durch die Berücksichtigung der bei der Veränderung der Kapitalstruktur regelmäßig anfallenden Transaktionskosten auf ein breiteres Fundament gestellt werden konnten. Der

---

1892 Man hätte diese zweite Diskussion auch verstärkt aus Sicht der Fremdkapitalgeber führen und besichertes und unbesichertes Fremdkapital explizit unterscheiden können.

1893 Man kann hier erneut das Argument der Fristigkeit und damit verbunden das Interesse des Unternehmens, den Wertbeitrag der Fremdfinanzierung zu maximieren, bemühen, besonders stichhaltig dürfte eine solche Argumentation im Angesicht der Vorüberlegungen dennoch nicht sein.

Einfluss der Transaktionskosten auf die Plausibilität des mit der segmentiert wertabhängigen Finanzierungspolitik verbundenen Finanzierungsverhaltens sei in der Folge daher kurz näher betrachtet. Denkt man an den vorangehenden Abschnitt zurück, so wurde für die partiell wertabhängige Finanzierungspolitik vereinfachend darauf abgestellt, dass unter der Annahme fixer Transaktionskosten ein für diese Finanzierungsannahme typischer Wechsel zwischen autonomer und wertabhängiger Finanzierungspolitik induziert werden kann. Im Rahmen der segmentiert wertabhängigen Finanzierungspolitik wird dagegen von einer Dualität der autonomen und der wertabhängigen Finanzierungspolitik ausgegangen. Ruft man sich die Eigenschaften einer segmentiert wertabhängigen Finanzierungspolitik nochmals in Erinnerung, so folgt ein Teil des eingesetzten Fremdkapitals einer wertabhängigen Finanzierungspolitik, das Fremdkapitals ist damit periodischen Anpassungen an die Entwicklung des Unternehmenswertes unterworfen, wohingegen der zweite Teil des eingesetzten Fremdkapitals einer autonomen Finanzierungspolitik folgt und damit im Zeitverlauf unabhängig von der tatsächlichen Unternehmensentwicklung ist. Damit wird ein Teil des Fremdkapitals periodisch angepasst, während der zweite Teil im einfachsten Fall unverändert bleibt. Ein solches Finanzierungsverhalten des Unternehmens, das sich durch eine laufende, wenn auch unvollkommene Anpassung der Kapitalstruktur auszeichnet, steht letztlich im Kontrast zu der klumpigen Anpassung der Kapitalstruktur, wie sie im Fall fixer Transaktionskosten einschlägig wäre. Insofern erscheint die Annahme einer segmentiert wertabhängigen Finanzierungspolitik nicht vereinbar mit der Annahme fixer Transaktionskosten wie sie bei der partiell wertabhängigen Finanzierungspolitik unterstellt wurde. Erinnert man sich an dieser Stelle an den Überblick über verschiedene Ausprägungen der Transaktionskosten im Abschnitt zur wertabhängigen Finanzierungspolitik zurück, so wurde dort insbesondere für den Fall variabler Transaktionskosten argumentiert, dass eine laufende, aber letztlich unvollkommene Anpassung an einen vorgegebenen Zielverschuldungsgrad induziert wird.[1894]

Mit anderen Worten ist auch unter der Annahme variabler Transaktionskosten mit einer laufenden kleinteiligen, aber letztlich unvollkommenen, Anpassung der Kapitalstruktur zu rechnen. Auf den ersten Blick erscheint eine segmentiert wertabhängige Finanzierungspolitik damit in einem Umfeld einschlägig zu sein, in dem die Adjustierung der Kapitalstruktur mit variablen Transaktionskosten, d. h. von dem Umfang der Anpassung abhängigen Transaktionskosten, verbunden ist. Eine solche Schlussfolgerung erscheint jedoch etwas voreilig, wird dabei doch ein Teil der tatsächlichen Komplexität der Finanzierungsentscheidung ausgeblendet. Im Fall variabler Transaktionskosten hängt die Finanzierungsentscheidung des Unternehmens neben der zukünftigen Entwicklung des Unternehmenswertes auch von der Ober- und Untergrenze der nun einschlägigen Verschuldungszone ab. Praktikabel erscheint an dieser Stelle erneut, für den risikolosen Grundfall eine sichere

1894 Vgl. dazu erneut Leary/Roberts (2005) S. 2579–2580.

Basis-Finanzierung zu unterstellen und die Szenarien durch quotal mit dem Unternehmenswert verknüpfte Finanzierungsspitzen abzubilden. Es erscheint jedoch fraglich, ob die Untergrenze der Finanzierungszone mit dem im Rahmen der segmentiert wertabhängigen Finanzierungspolitik unterstellten „Mindest-Fremdfinanzierungsvolumen“ deckungsgleich ist und der wertabhängige Teil des eingesetzten Fremdkapitals durch den Zwischenraum zwischen Verschuldungsunter- und Verschuldungsobergrenze abgebildet wird. Für eine solche Argumentation spricht zwar zunächst, dass die Verschuldungsuntergrenze garantiert, dass bei positivem Fortführungswert ein Mindest-Fremdkapitalbestand im Unternehmen eingesetzt wird. Geht man zunächst von einer quotalen Planung aus, ist jedoch nur unter sehr restriktiven Bedingungen sichergestellt, dass sich der sichere Fremdkapitalbestand im Zeitverlauf nicht oder nur deterministisch verändert. Geht man von dem eingängigeren Fall einer absoluten Fremdkapitalvorgabe mit anteiliger quotaler Bindung an den Unternehmenswert aus, folgt das Unternehmen in der Gesamtschau weder einer F- noch einer L-Planungsdoktrin.

Auch wenn das Problem einer gemischten Planungsdoktrin zunächst für die Anwendung in der Praxis unangenehm erscheint, eine unüberwindbare Hürde würde ein solches Finanzierungsverhalten für die Bewertungspraxis jedoch nicht sein. Bedeutsamer ist vielmehr, dass im Fall variabler Transaktionskosten, wie dies im Abschnitt zur wertabhängigen Finanzierungspolitik bereits gezeigt wurde, die Umsetzung einer wertabhängigen Finanzierungspolitik regelmäßig in ihrer Bindungskraft gehemmt ist. Dies trifft auch dann zu, wenn lediglich ein Teil des eingesetzten Fremdkapitals einer wertabhängigen Steuerung unterworfen ist. Stellt man vereinfachend darauf ab, dass das zeitinstabile Fremdkapital, das zwischen Verschuldungsober- und Verschuldungsuntergrenze schwankt, einer wertabhängigen Finanzierungspolitik folgt, so verkennt man, dass aufgrund der anfallenden Transaktionskosten gerade in diesem Zwischenbereich ein passives Verhalten des Unternehmens einschlägig ist. Mit anderen Worten wird mit dem Bereich zwischen Verschuldungsober- und Verschuldungsuntergrenze gerade ein Zwischenraum beschrieben, in dem die Abwägung zwischen den Kosten einer suboptimalen Kapitalstruktur und den Kosten einer Adjustierung der Kapitalstruktur zuungunsten einer aktiven Steuerung der Kapitalstruktur ausfällt. Geht man von einer Zweiteilung der Fremdkapitalbestände und in diesem Zusammenhang der zugehörigen Finanzierungspolitik aus, führt das Vorliegen variabler Transaktionskosten i. d. R. gerade nicht dazu, dass die Annahme einer segmentiert wertabhängigen Finanzierungspolitik bestärkt wird, sondern dass die Umsetzung des wertabhängigen Teils der Finanzierungspolitik nur eingeschränkt möglich ist.

Variable Transaktionskosten führen also dazu, dass ein Unternehmen nur noch im begrenzten Umfang Anpassungen an der Kapitalstruktur vornimmt, sich insbesondere scheut, eine strenge wertabhängige Finanzierungspolitik zu verfolgen. Insbesondere in dem Bereich zwischen Verschuldungsober- und Verschuldungsuntergrenze wird sich das Unternehmen, entgegen der zuvor geäußerten Vermutung, daher passiv verhalten.[1895] Dies bedeutet jedoch, dass auch unter der Annahme variabler Transaktionskosten nicht zwingend eine genuin segmentiert wertabhängige Finanzierungspolitik impliziert sein muss. Damit trägt eine Argumentation auf Basis des Aspekts der Transaktionskosten nur vordergründig zu einer Plausibilisierung der segmentiert wertabhängigen Finanzierungspolitik bei. Infolge einer unvollständigen Umsetzung einer „klassischen" wertabhängigen Finanzierungspolitik können unter der Annahme variabler Transaktionskosten so kleinteilige und unvollständige Anpassungen der Kapitalstruktur einschlägig sein. Oberflächlich kann das in diesem Fall einschlägige Finanzierungsverhalten der Unternehmen einer segmentiert wertabhängigen Finanzierungspolitik ähneln, deutlich sollte hier jedoch auch sein, dass ein Wechsel hin zur segmentiert wertabhängigen Finanzierungspolitik auch aufgrund einer oberflächlichen Ähnlichkeit nicht zulässig ist. Einer eingehenderen Belastungsprobe hält damit auch dieser Versuch, die segmentiert wertabhängige Finanzierungspolitik zu plausibilisieren, nicht stand.

Kurzzusammenfassung der vorangehenden Überlegungen

Die Annahme einer segmentiert wertabhängigen Finanzierungspolitik dürfte damit i. d. R. auch mit dem Vorwurf einer gewissen Künstlichkeit der zugrunde liegenden Finanzierungsannahme zu kämpfen haben, haben die Überlegungen dieses Abschnitts doch eine Reihe von Fragen aufgeworfen, die durch die Annahme einer segmentiert wertabhängigen Finanzierungspolitik nur eingeschränkt beantwortet werden können. Einerseits kann allein auf Basis der Fristigkeit des Fremdkapitals eine Einteilung in einen sicheren und unsicheren Fremdkapitalbestandteil nicht ausreichend fundiert werden, andererseits ist fraglich, inwieweit die Existenz risikobehafteten Fremdkapitals nicht auch ein Risiko für den in der ursprünglichen Planung als sicher angenommenen Fremdkapitalbestand darstellt. Eine zeitstabile Trennung dieser beiden Extrempunkte denkbarer Finanzierungspolitiken wirkt in der von der segmentiert wertabhängigen Finanzierungspolitik vorgenommenen Schärfe insgesamt wenig überzeugend. Mit den Transaktionskosten wurde abschließend ein weiterer Faktor betrachtet, der Unternehmen zu einer segmentiert wertabhängigen Finanzierungspolitik zwingen könnte. Befriedigend ist jedoch auch dieses Argument in aller Regel nicht. Transaktionskosten können zwar ein mit der Annahme der segmentiert wertabhängigen Finanzierungspolitik in der Gestalt ähnliches Finanzierungsverhalten nahelegen, dass eine solche Finanzierungspolitik aus dem Vorliegen variabler Transaktionskosten gefolgert werden kann, bedeutet dies jedoch noch nicht. Es ist damit festzuhalten, dass die Annahme einer segmentiert wertabhängigen Finanzierungspolitik mit einigen Plausibilitätsschwierigkeiten zu kämpfen hat. Ob die segmentiert wertabhängige Finanzierungspolitik in ihrer betrachteten Grundform damit einen Beitrag leisten

---

1895 Schwankungen sind in den beleuchteten Grenzen daher zufälliger Natur und sind etwa durch eine Verschiebung im Unternehmenswert induziert.

kann,[1896] zu einer realitätsnahen Unternehmensbewertung zu gelangen, darf daher bezweifelt werden. Interessanterweise hat Richter (1998) dieses Urteil mit der Anmerkung, dass die Antwort auf die bisher ungelöste Frage nach der konkreten Form der Finanzierungspolitik nicht zwischen einer einfachen Mischung aus autonomer und wertabhängiger Finanzierungspolitik liegen kann, wenigstens zum Teil in seiner Arbeit bereits vorweggenommen.[1897] Der Beitrag des Vorschlags einer segmentiert wertabhängigen Finanzierungspolitik ist damit insbesondere darin zu sehen, dass von der die vorangehenden Finanzierungspolitiken dominierenden Annahme eines homogenen Fremdkapitalbestandes Abstand genommen wird. Im folgenden Abschnitt wird sich in Anlehnung an die vorangehenden Abschnitte noch kurz der Frage der Umsetzbarkeit der segmentiert wertabhängigen Finanzierungspolitik gewidmet. Mit Blick auf den vorwiegend theoretischen Reiz dieser Finanzierungsannahme wird die Frage der Praktikabilität dieses Ansatzes in der Folge vergleichsweise knapp beleuchtet werden.

4.4.2.2. Zur Anwendbarkeit der segmentiert wertabhängigen Finanzierungspolitik

Betrachtet man die Fragen, die man im Fall eines Abstellens auf die Annahme einer segmentiert wertabhängigen Finanzierungspolitik beantworten muss, so wird deutlich, dass die Schwierigkeit, die segmentiert wertabhängige Finanzierungspolitik auf ein theoretisch gefestigtes Fundament zu stellen, auch Auswirkungen auf die Praktikabilität dieser Finanzierungsannahme hat. So ist es für die Konkretisierung der Annahme einer segmentiert wertabhängigen Finanzierungspolitik nicht nur notwendig, eine, auf den ersten Blick,[1898] vermeintlich einfache Aussage über die Entwicklung des im Unternehmen eingesetzten Fremdkapitalbestandes zu treffen, vielmehr gilt es, in einem vorgelagerten Schritt die Heterogenität der Steuerung des eingesetzten Fremdkapitals zu berücksichtigen. Neben der Frage,

1896 Wie u. a. Lobe (2006) bereits angedeutet hat, ist es für die segmentiert wertabhängige Finanzierungspolitik denkbar, Abstand von der Annahme eines zeitkonstanten Verhältnisses von autonomer und atmender Finanzierungspolitik zu nehmen. Vgl. Lobe (2006) S. 178. Ein Teil der im vorangehenden Abschnitt vorgebrachten Kritik an der segmentiert wertabhängigen Finanzierungspolitik kann damit entkräftet werden. Ob die segmentiert wertabhängige Finanzierungspolitik damit für die Praxis geeigneter erscheint, darf jedoch bezweifelt werden. Der Gewinn an Plausibilität wird auch an dieser Stelle i. d. R. auf Kosten der Anwendbarkeit der segmentiert wertabhängigen Finanzierungspolitik in der Praxis gehen.

1897 Mit Verweis auf Brealey/Myers spricht Richter (1998) davon, dass die Wahrheit „[...] nicht zwingend – [...] – ‚somewhere in between' " liegt, sondern „von den Finanzierungsprämissen ab[hängt]". Vgl. Richter (1998) S. 380.

1898 Die Überlegungen der vorangehenden Abschnitte haben gezeigt, dass bereits die Beantwortung dieser Frage regelmäßig nicht als profan bezeichnet werden kann.

wie die Unternehmen das eingesetzte Fremdkapital steuern, gilt es, sich damit auch Gedanken über die Form der Segmentierung der in die Bewertung einzubeziehenden Finanzierungsinstrumente zu machen. Wie bereits dargestellt, wird im Rahmen der Annahme der segmentiert wertabhängigen Finanzierungspolitik vereinfachend auf die zwei „klassischen“ Ausprägungen der Finanzierungspolitik abgestellt. Gegenüber den „klassischen“ Finanzierungspolitiken sind damit zugleich das Fremdkapitalvolumen, das der autonomen Finanzierungspolitik zuzurechnen ist, als auch die Fremdkapitalinstrumente, die in ihrer Steuerung einer wertabhängigen Finanzierungspolitik folgen, zu bestimmen. Ein Nebenaspekt, der mit der Zweiteilung der Steuerung des Fremdkapitalvolumens an dieser Stelle in den Vordergrund tritt, ist die Frage nach dem Verhältnis, das der autonom gesteuerte Fremdkapitalbestand zum wertabhängig gesteuerten Fremdkapitalbestand einnimmt. Hat man die Frage der Aufteilung des eingesetzten Fremdkapitals in einen passiv bzw. aktiv gesteuerten Teil beantwortet, gilt es in einem zweiten Schritt, diese alternativen Finanzierungspolitiken zu konkretisieren. Im Vergleich zu den im Vorfeld näher betrachteten Finanzierungspolitiken sind in der Folge also zeitgleich zwei alternative Finanzierungspolitiken zu konkretisieren. Bereits an dieser Stelle zeigt sich, dass die Flexibilität der segmentiert wertabhängigen Finanzierungspolitik gegenüber den „klassischen“ Finanzierungsannahmen zwar höher ist, unzweifelhaft jedoch zugleich auch höhere Anforderungen im Rahmen der Konkretisierung der Finanzierungspolitik an den Bewertungspraktiker gestellt werden. Der Schwerpunkt der nachfolgenden Überlegungen liegt zunächst auf dem ersten Schritt, d. h. der Aufspaltung des eingesetzten Fremdkapitalbestandes in einen aktiv und einen passiv gesteuerten Bestandteil. Abschließend sei kurz näher auf die Probleme der gleichzeitigen Konkretisierung der beiden „klassischen“ Finanzierungspolitiken eingegangen, grundlegende Schwierigkeiten sind hierbei bereits aus den vorangehenden Abschnitten bekannt.

Zur Aufspaltung in autonome und wertabhängige Finanzierungsschichten

Der vorangehende Abschnitt hat mit der Aufspaltung der Fremdkapitalbestände nach Fristigkeit bzw. nach Risiko des eingesetzten Fremdkapitals bereits die Plausibilität zweier möglicher Ansatzpunkte kritisch betrachtet, die segmentiert wertabhängige Finanzierungspolitik mit Leben zu füllen. Lässt man die bestenfalls gemischte theoretische Fundierung eines solchen Ansatzes zunächst außer Acht, so dürften sich auch bei der praktischen Umsetzung eines solchen Vorgehens in der Praxis einige Schwierigkeiten ergeben, die in der Folge kurz skizziert werden sollen. Möchte man auf Basis der Fristigkeitsstruktur des eingesetzten Fremdkapitals eine Aufspaltung in autonom bzw. wertabhängig gesteuertes Fremdkapital vornehmen, so gilt es zunächst, die Frage zu beantworten, welche Fristigkeitsstruktur des Fremdkapitals mit der Annahme einer autonomen bzw. wertabhängigen Finanzierungspolitik harmoniert. In diesem Zusammenhang kann sich auch kurz der Frage gewidmet werden, ob eine Klassifizierung des eingesetzten Fremdkapitals auf Basis der Gesamtlaufzeit des eingesetzten Fremdfinanzierungsinstruments zum Bewertungsstichtag bzw. auf Basis der periodenspezifischen Restlaufzeiten vorgenommen werden soll. Die Folgeüberlegungen werden zeigen, dass ein solches Vorgehen mit einigen Tücken behaftet ist, die aus heutiger Sicht lediglich pragmatisch zu lösen sein dürften.

Widmet man sich zunächst der ersten Frage, so kann i. d. R. zunächst die in der Rechnungslegung geläufige Einteilung in kurz-, mittel- und langfristiges Fremdkapital,[1899] wie sie bereits im vorangehenden Abschnitt vorgeschlagen wurde, ein für die Bewertungspraxis gangbares Konzept zur Klassifizierung des eingesetzten Fremdkapitals darstellen. Unbeantwortet ist an dieser Stelle jedoch die bedeutsame Frage, wie die Einteilung in kurz-, mittel- und langfristiges Fremdkapital in die autonome bzw. wertabhängige Finanzierungspolitik übersetzt werden kann. Diese zweite Frage dürfte regelmäßig nur weitgehend pragmatisch anhand der vertraglichen Festschreibung der Konditionen des eingesetzten Fremdkapitals beantwortet werden können. Für kurzfristige Fremdkapital, d. h. Fremdkapitalinstrumente mit einer Laufzeit ≤ 1 Jahr, kann zunächst relativ unproblematisch eine wertabhängige Finanzierungspolitik angenommen werden. Betrachtet man beispielsweise eine Detailplanungsphase über einen Zeitraum von fünf Jahren, so besteht nur zum Bewertungszeitpunkt Sicherheit über die Zahlungen in Planjahr 1, mit Blick auf die Folgejahre, also die Planjahre 2–5, besteht jedoch eine gewisse Unsicherheit über die Höhe und die Konditionen der Refinanzierung.[1900] Dass sich zum Zeitpunkt der Refinanzierung die Konditionen bzw. der Umfang des eingesetzten Fremdkapitals an der Situation des Unternehmens orientieren, scheint unter der Prämisse rationaler Fremdkapitalgeber einleuchtend.[1901] Kritisch ist an dieser Stelle jedoch anzumerken, dass beispielsweise im Fall eines in der Zukunft expandierenden Unternehmens bei dem gewählten Vorgehen der durch das Unternehmen wohl wenig erstrebenswerte Zustand eintritt, dass zukünftiges Wachstum vorwiegend durch kurzfristiges Fremdkapital finanziert wird.[1902] Vergleichsweise

1899 Folgt man der gängigen Klassifizierung, so sind Fremdkapitalinstrumente mit einer Laufzeit unter einem Jahr dem kurzfristigen Fremdkapital zuzurechnen, mittelfristiges Fremdkapital umfasst Fremdkapitalinstrumente mit einer Laufzeit von 1 bis 5 Jahren, wohingegen langfristiges Fremdkapital eine Laufzeit größer als 5 Jahre umfasst. Wie Wöhe et al. (2013) hervorheben, ist diese gängige Einteilung zwar an Konventionen und rechtliche Vorschriften gebunden, jedoch nicht gänzlich in Stein gemeißelt. Vgl. dazu Wöhe et al. (2013) S. 219.

1900 Letztlich folgt man an dieser Stelle der Vereinfachung von Harris/Pringle (1985) für einjährige Fremdkapitalbestände, die Risikolosigkeit des Tax-Shields des Planjahres 1 auszublenden. Der damit einhergehende Fehler wird in der Literatur zumeist als zu vernachlässigend eingeschätzt.

1901 Eine wenigstens teilweise Wertabhängigkeit des eingesetzten Fremdkapitals, wie im Rahmen einer wertabhängigen Finanzierungspolitik unterstellt, erscheint damit nicht gänzlich von der Hand zu weisen.

1902 Lässt man die Möglichkeit außer Acht, dass das Unternehmen frisches Kapital außerhalb der Refinanzierungspunkte einwirbt, zeigt sich das langfristig gebundene Fremdkapital bei Annahme einer autonomen Finanzierungspolitik vergleichswiese unflexibel. Dies werden die nachfolgenden Überlegungen illustrieren.

unproblematisch scheint dagegen die Zuordnung langfristigen Fremdkapitals, d. h. von Fremdkapitalinstrumenten mit einer Laufzeit von über 5 Jahren, zur autonomen Finanzierungspolitik. Legt man beispielsweise den Fokus allein auf die Detailplanungsphase, so sind über diesen Zeitraum Zins- sowie Tilgungszahlungen regelmäßig fest vereinbart und damit zum Bewertungszeitpunkt wohlbekannt. Die Voraussetzung für die Annahme einer autonomen Finanzierungspolitik kann damit vorläufig als erfüllt angesehen werden.[1903] Ob das Fremdkapital mittlerer Fristigkeit der autonomen oder aber wertabhängigen Finanzierungspolitik zuzuordnen ist, kann dagegen weniger klar beantwortet werden. Für die Zuordnung zur autonomen Finanzierungspolitik spricht, dass der Fremdkapitalbestand sowie die Zinszahlungen i. d. R. – eine Ausnahme bilden Fremdkapitalinstrumente mit einer Laufzeit von zwei Jahren für die hier betrachtete Detailplanungsphase – für weite Teile der Detailplanungsphase determiniert sind. Für die Zuordnung der Fremdkapitalinstrumente mittlerer Laufzeit zur wertabhängigen Finanzierungspolitik spricht dagegen, dass diese Fremdkapitalinstrumente, setzt man eine Refinanzierung voraus,[1904] in ihrem Umfang sowie den Finanzierungskonditionen zum Bewertungszeitpunkt teilweise als unsicher angesehen werden können.[1905] Pragmatisch könnte man an dieser Stelle, auch in Abhängigkeit zur Länge der Detailplanungsphase,[1906] darauf abstellen, dass mittelfristige Fremdkapitalinstrumente mit einer Laufzeit bis zu zwei Jahren der wertabhängigen Finanzierungspolitik zugeordnet werden, wohingegen für längerfristige Fremdkapitalinstrumente der autonome Charakter wohl überwiegen dürfte.

Eine letztlich unverrückbare Zuordnung der Fremdkapitalbestände zur autonomen und wertabhängigen Finanzierungspolitik stellt das vorgeschlagene pragmatische Vorgehen jedoch nicht dar. Unberücksichtigt bleibt u. a., dass Fremdkapitalinstrumente u. a. möglicherweise durch vereinbarte Sonderkündigungsrechte der Vertragsparteien den Unternehmen deutlich kürzer zur Verfügung stehen, als dies die ursprünglichen Vertragsbedingungen bzw. Laufzeiten der Fremdkapitalinstrumente nahegelegen.[1907] Stellt man, trotz der im vorangehenden

---

1903 Ist das langfristige Fremdkapital, anders, als hier unterstellt, variabel verzinslich, so kann mit Blick auf die Unsicherheit der Zinszahlungen ein weniger überzeugendes Bild gezeichnet werden.

1904 In welcher Form sich das Unternehmen finanziert, also, ob eine quotale Bindung an den Unternehmenswert oder aber eine Fortschreibung des bestehenden Fremdkapitalbestandes erfolgt, ist letztlich zur Beantwortung der nachfolgenden Fragen von Bedeutung. Diese Frage selbst dürfte jedoch regelmäßig für einen externen Bewerter nur durch Annahmen zu beantworten sein.

1905 Die Unsicherheit ist hierbei letztlich punktueller Natur, d. h., zum Refinanzierungszeitpunkt besteht Unsicherheit über die zukünftigen Konditionen.

1906 An der Annahme einer Detailplanungsphase von fünf Jahren sei auch an dieser Stelle weiter festgehalten.

1907 Auch die Möglichkeit zeitvariabler Verschuldungszinssätze wurde im Einklang mit dem üblichen Prämissenrahmen vereinfachend ausgeblendet.

Abschnitt beschriebenen Probleme, auf eine Trennung der Finanzierungspolitik nach Fristigkeit der eingesetzten Fremdkapitalinstrumente ab, so ist zu beachten, dass die Annahme eines konstanten Verhältnisses zwischen den durch eine autonome Finanzierungspolitik gesteuerten Fremdkapitalbeständen und den einer wertabhängigen Finanzierungspolitik folgenden Fremdkapitalbeständen i. d. R. im Zeitverlauf nicht gewährleistet werden kann. Dies lässt sich anhand eines kurzen Beispiels illustrieren: Geht man von obiger Empfehlung, das eingesetzte Fremdkapital in kurz-, mittel- und langfristiges Fremdkapital anhand der Laufzeit der Fremdkapitalinstrumente einzuteilen, aus, so wird für ein Unternehmen, das vereinfachend nur zwei Fremdkapitalinstrumente einsetzt – ein einjähriges und ein vierjähriges Darlehen –, die zum Refinanzierungszeitpunkt durch vergleichbare Fremdkapitalinstrumente ersetzt werden, deutlich, dass das Verhältnis von autonom zu wertabhängig gesteuertem Fremdkapital im Zeitverlauf wohl nicht konstant sein kann. Im Jahr null, dem Ausgangspunkt der Bewertung, setzt das Unternehmen nach dem abgeleiteten Schema sowohl ein kurz- wie auch ein mittelfristiges Fremdkapitalinstrument zur Finanzierung ein. Folgt man dem Vorschlag, kurzfristiges Fremdkapital einer wertabhängigen Finanzierungspolitik zuzuordnen, während mittel- und langfristiges Fremdkapital mit Laufzeiten über zwei Jahren als einer autonomen Finanzierungspolitik folgend angenommen wird, liegt im Jahr null sowie in den Folgejahren eine Zweiteilung in eine wertabhängige und eine autonome Finanzierungspolitik vor. Vereinfachend sei in der Folge dabei angenommen, dass sich die alternativen Fremdkapitalbestände in ihrem Umfang entsprechen. Wie verändert sich diese Zuordnung, blickt man vom Bewertungszeitpunkt auf die zukünftige Entwicklung? An dieser Stelle sind zwei Vorgehensweisen denkbar, einerseits – dies ist entspricht der bisher betrachteten Variante – ist es denkbar, an der ursprünglichen Zuordnung am Bewertungszeitpunkt festzuhalten, also davon auszugehen, dass das mittelfristige Darlehen ohne Risiko ersetzt werden kann.[1908] Diese Annahme vernachlässigt jedoch das i. d. R. in der Praxis bestehende Refinanzierungsrisiko und die ggf. bestehende Unsicherheit über die Höhe des eingesetzten Fremdkapitals.[1909] Alternativ könnte man, um das Refinanzierungsrisiko explizit zu berücksichtigen, auf die Restlaufzeit als Kriterium der Zuordnung der Fremdkapitalinstrumente zu den alternativen Finanzierungspolitiken abstellen. Bei diesem Vorgehen ändert sich, nähert man sich dem Refinanzierungszeitpunkt – im gewählten Beispiel ist dies Planjahr 3 – des mittelfristigen

1908 Man könnte an dieser Stelle jedoch auch darauf abstellen, dass das Risiko der Refinanzierung – die Unsicherheit betrifft punktuell nur einzelne Perioden – ausgeblendet werden kann. Ein solches Vorgehen ist unzweifelhaft mit einer deutlichen Komplexitätsreduktion verbunden.

1909 Eine Ausnahme wäre denkbar für den Fall, wenn das Unternehmen die Option besitzen würde, die Laufzeit zu verlängern, und mit Sicherheit von einer Ausübung dieser Option ausgegangen werden könnte.

Fremdkapitals an, die Zuordnung der Fremdkapitalinstrumente zu den Finanzierungspolitiken.[1910] In Planjahr 3 verfügt das Beispielunternehmen, unabhängig von der zu diesem Zeitpunkt geplanten oder tatsächlichen Unternehmensentwicklung, nur noch über Fremdkapitalinstrumente mit einer Restlaufzeit von einem Jahr. Hält man unverändert an dem für die Fristigkeit entwickelten Kriterienkatalog als Maßstab für die Ausprägung der Finanzierungspolitik fest, so setzt das Unternehmen im Planjahr 3 lediglich Fremdkapital ein, das aufgrund der begrenzten Fristigkeit und der bald erfolgenden Refinanzierung nach der ursprünglichen Definition einer wertabhängigen Finanzierungspolitik folgt. Diese Zuordnung ändert sich erst in der Folge der Refinanzierung des langfristigen Fremdkapitalinstruments am Ende von Planjahr 4 wieder.[1911] Unplausibel erscheint es auch an dieser Stelle nicht, einen Bruch in der Bindungswirkung der autonomen Finanzierungannahme zu vermuten,[1912] gilt doch auch hier, dass sich das Unternehmen zum Refinanzierungszeitpunkt den herrschenden Rahmenbedingungen, also letztlich auch der tatsächlichen Entwicklung des Unternehmenswertes, stellen muss.[1913] Die Annahme eines konstanten Verhältnisses zwischen den alternativen Finanzierungspolitiken dürfte, für den Fall einer laufenden Überprüfung der Zuordnung auf Basis der Restlaufzeit, regelmäßig nur unter vergleichsweise restriktiven Bedingungen denkbar sein.

Wie die folgenden Überlegungen zeigen, ist dieses alternative Vorgehen in der Praxis mit einer Reihe von Schwächen verbunden. Einerseits sieht sich ein Bewerter in der Bewertungspraxis regelmäßig mit einer Vielzahl von Fremdkapitalinstrumenten unterschiedlicher Fristigkeit konfrontiert, die es zu identifizieren gilt.[1914] Daneben lässt sich rasch zeigen, dass ein auf die Restlaufzeit abzielendes Vorgehen i. d. R. das tatsächliche Risiko des eingesetzten Fremdkapitals nur verzerrt abbilden kann. Blickt man erneut auf das einfache Beispiel, so sind im Falle des vierjährigen Darlehens aus Sicht des Bewertungszeitpunktes und unter der Annahme eines festen Verschuldungszinssatzes der Fremdkapitalbestand und somit auch die jährlichen Zinszahlungen über einen Zeitraum von genau vier Jahren als sicher anzunehmen.[1915] Die Verwendung von Restlaufzeiten als ein Referenzpunkt der

---

1910 Da das einjährige Darlehen in jeder Periode durch ein gleichlaufendes Darlehen ersetzt wird, ändert sich die zum Bewertungszeitpunkt gewählte Zuordnung nicht. Das einjährige Darlehen muss daher in der Folge nicht näher betrachtet werden.

1911 Die Unsicherheit wird sich etwas zeitversetzt auf den Wertbeitrag der Fremdfinanzierung niederschlagen.

1912 An dieser Stelle könnte man sich daher an die partiell wertabhängige Finanzierungspolitik erinnert fühlen.

1913 Man könnte an dieser Stelle auch davon sprechen, dass die Wünsche des Unternehmens auf die Marktgegebenheiten treffen, die letztlich darüber entscheiden, ob das Unternehmen seine Planung umsetzen kann.

1914 Ob eine jahresgenaue Differenzierung des eingesetzten Fremdkapitals als externer Bewerter ohne Weiteres möglich ist, kann so an dieser Stelle angezweifelt werden.

1915 Unternehmensspezifische Risikofaktoren seien an dieser Stelle weiterhin vereinfachend ausgeblendet.

Klassifizierung des Fremdkapitals führt dazu, dass der in der Bewertung als sicher zu unterstellende Zeitraum letztlich um eine Periode verkürzt wird. Das einmalige Abstellen auf die Gesamtlaufzeit zum Zeitpunkt der Bewertung als alternative Herangehensweise birgt diesen Fehler nicht. Unproblematisch ist jedoch auch dieser Lösungsansatz nicht. Hält man an dem zum Bewertungszeitpunkt bestehenden Verhältnis zwischen kurz- und langfristigem Fremdkapital fest, so unterschlägt man im Rahmen der Bewertung die zum Refinanzierungszeitpunkt bestehende Unsicherheit.[1916] Mit Blick auf das kurze Beispiel bedeutet dies, dass in Planjahr 4 die regelmäßig bestehende Unsicherheit über die Konditionen der Refinanzierung fälschlicherweise ausgeblendet wird. Ob der mit dieser Vereinfachung einhergehende Fehler unerheblich ist, hängt letztlich auch davon ab, inwieweit die begleitende Annahme eines risikolosen Grundfalles gerechtfertigt ist. Blickt man auf das kurze Beispiel, so muss in Jahr 4 – dem Zeitpunkt der Refinanzierung – es hinreichend wahrscheinlich sein, dass das Unternehmen in der Zukunft Cashflows in ausreichender Höhe generiert, um die Annahme risikolosen Fremdkapitalbestandes auch in Zukunft gewährleisten zu können. Ob dieser Aspekt letztlich für die Annahme einer autonomen Finanzierungspolitik ausreicht, kann mit Blick auf die Überlegungen zur Plausibilität der segmentiert wertabhängigen Finanzierungspolitik bezweifelt werden, muss das Beispielunternehmen zu diesem Zeitpunkt doch auch das kurzfristige Darlehen refinanzieren. Will man nicht den Fall wenigstens zeitweiser Liquiditätsschwierigkeiten im Detail betrachten müssen, muss letztlich wohl auch für das kurzfristige Fremdkapitalinstrument die Annahme getroffen werden, dass eine Refinanzierung weitgehend problemlos möglich ist.

Für den Grundfall der segmentiert wertabhängigen Finanzierungspolitik bietet das Abstellen auf die Fristigkeit des Fremdkapitals damit, in Bestätigung der Vorüberlegungen, auch aus Praktikabilitätsgesichtspunkten letztlich nur ein oberflächliches Merkmal, um eine segmentiert wertabhängige Finanzierungspolitik zu konkretisieren. Ein etwas feineres Vorgehen erscheint mit Blick auf den Vorschlag von Richter (1998) mit dem Rückgriff auf Simulationen zur Bestimmung des sicheren „Mindest"-Fremdkapitalbestandes denkbar. Bereits im vorangehenden Abschnitt wurde darauf hingewiesen, dass der Vorschlag Richters (1998) vergleichsweise unspezifisch ist. Für die Umsetzung dieses Vorschlages erscheint es zunächst notwendig, die mögliche operative Entwicklung in Abhängigkeit der einschlägigen Werttreiber des Unternehmenserfolges abzubilden, um in einem zweiten Schritt eine verlässliche Aussage über den tragfähigen „Mindest"-Fremdkapitalbestand treffen zu können. Unproblematisch scheint bereits der erste Schritt dieser Aufgabe jedoch nicht zu sein. Aufgrund der nicht zu unterschätzenden Komplexität eines solchen Ansatzes – erste Schwierigkeiten der Konkretisierung der „klassischen" Finanzierungspolitiken wurden bereits in den Abschnitten 4.3.1.

1916 Eine solche Unsicherheit betrachtet u. a. Lobe (2006) im Rahmen der inkrementell wertabhängigen Finanzierungspolitik. Vgl. dazu Lobe (2006) S. 181.

und 4.3.2. deutlich – wird in der Folge auf eine nähere Betrachtung dieses Vorschlages verzichtet.

Hat man mit dem Abstellen auf die Fristigkeit des Fremdkapitals einen pragmatischen Ansatz für die Segmentierung des eingesetzten Fremdkapitals gewählt, so gilt es in einem zweiten Schritt, die beiden „klassischen" Finanzierungspolitiken zu konkretisieren. An dieser Stelle sieht man sich auch bei Annahme einer segmentiert wertabhängigen Finanzierungspolitik erneut mit den grundsätzlichen Problemen der vorangehenden Abschnitte – allen voran den Abschnitten zur autonomen und wertabhängigen Finanzierungspolitik – konfrontiert. Auf eine eingehende Darstellung im Rahmen dieser Aufgabe auftretender Fragen bzw. der in der Praxis denkbaren Antworten sei mit Verweis auf diese Abschnitte in der Folge daher verzichtet. Es kann an dieser Stelle jedoch festgehalten werden, dass man für die wertabhängige Finanzierungspolitik nicht mehr nur mit der Aufgabe konfrontiert ist, einen wertoptimalen Fremdkapitalbestand oder ein Verschuldungsoptimum zu bestimmen, sondern beide Fragen letztlich gleichzeitig beantworten muss. Inwieweit die Bestimmung dieser Parameter gleichzeitig möglich ist oder eine optimale Kapitalstrukturentscheidung in einem zweiten Schritt in einen autonomen und wertabhängigen Finanzierungsanteil zerlegt werden muss,[1917] ist an dieser Stelle unklar. Unzweifelhaft ist jedoch, dass durch die Dualität der segmentiert wertabhängigen Finanzierungspolitik die Aufgabe des Bewerters, die Finanzierungsannahme zu konkretisieren, nicht vereinfacht werden dürfte. Etwas flapsig könnte man an dieser Stelle abschließend festhalten, dass die Unternehmensbewertung mit der Annahme einer segmentiert wertabhängigen Finanzierungspolitik nicht nur von einer höheren Flexibilität der Kombination aus wertabhängiger und autonomer Finanzierungspolitik profitieren kann, sondern sich auf der anderen Seite auch einer Kombination der Probleme beider Finanzierungspolitiken ausgesetzt sieht.

4.4.2.3. Fazit zur segmentiert wertabhängigen Finanzierungspolitik

Mit der segmentiert wertabhängigen Finanzierungspolitik wird eine Finanzierungspolitik beschrieben, die zeitgleich sowohl eine autonome wie auch wertabhängige Steuerung der im Unternehmen eingesetzten Fremdkapitalbestände umfasst. Wie die Überlegungen zur Plausibilität der segmentiert wertabhängigen Finanzierungspolitik gezeigt haben, kann eine solche Finanzierungspolitik regelmäßig nur eingeschränkt als eine Finanzierungspolitik motiviert werden, die – wie die „klassischen" Finanzierungspolitiken – das Interesse der Fremdkapitalgeber bzw. das Interesse der Eigenkapitalgeber unverzerrt widerspiegelt. Bereits Abschnitt 4.4.1. hat gezeigt, dass die in den Abschnitten zu den „klassischen"

1917 Dies dürfte insbesondere dann der Fall sein, wenn Transaktionskosten eine sofortige Anpassung wenigstens eines Teils des Fremdkapitals an den Unternehmenswert behindern.

Finanzierungspolitiken eingeschlagene Argumentation zugunsten eines bestimmten Finanzierungsverhaltens regelmäßig nicht mehr ausreicht, um gemischte Finanzierungspolitik zu motivieren. Vielmehr dürften an dieser Stelle vor allem äußere Faktoren wie etwa der Einfluss von Transaktionskosten dazu führen, dass Unternehmen einer möglicherweise angestrebten reinen Form der wertabhängigen Finanzierungspolitik nicht mehr ohne Weiteres folgen können und ein Teil des eingesetzten Fremdkapitals damit lediglich passiv gesteuert wird.[1918] Neben der unzureichend geklärten Frage der Plausibilität der segmentiert wertabhängigen Finanzierungspolitik ergeben sich auch mit Blick auf die Umsetzbarkeit dieser Finanzierungsannahme einige Zweifel. Mit der Aufspaltung des Fremdkapitals in alternative Finanzierungspolitiken nach Fristigkeit wurde ein pragmatischer Ansatz, diese Finanzierungsannahme mit Leben zu füllen, eingehender betrachtet. Neben einer nicht zweifelsfrei geklärten theoretischen Fundierung dieses Kriteriums zur Klassifizierung des eingesetzten Fremdkapitals erweist sich eine Aufspaltung nach Fristigkeit in der Praxis mit einigen Schwächen behaftet. Auch die von Richter (1998) vorgeschlagene Aufspaltung des Fremdkapitals in einen quasi risikolosen Bestandteil, der zu jedem Umweltzustand eingesetzt wird, und einen risikobehafteten Bestandteil durch eine Finanzsimulation dürfte sich aufgrund der rasch ansteigenden Komplexität dieses Ansatzes, wenigstens für großzahlige empirische Untersuchungen, als wenig praktikabel erweisen. Für einzelne Bewertungsfälle ist dagegen noch zu klären, ob der zu tragende Mehraufwand sich tatsächlich in einem treffgenaueren Bewertungsergebnis niederschlägt. Vergleichbar mit dem in Hinblick auf die partiell wertabhängige Finanzierungspolitik festgehaltenen Zwischenfazit ist auch mit Blick auf die segmentiert wertabhängige Finanzierungspolitik der primär theoretische Reiz einer solchen Finanzierungspolitik hervorzuheben. Neben einer Reihe von Hürden, diese Finanzierungspolitik in der Praxis mit Leben zu füllen, erscheint die über den Zeitverlauf bekannte Aufteilung des eingesetzten Fremdkapitals in aktiv und passiv gesteuertes Fremdkapital als für die Praxis zu strikt. Auf Basis dieser Vorüberlegungen sei die segmentiert wertabhängige Finanzierungspolitik für die späteren Überlegungen nicht eingehender betrachtet.

4.4.3. Zur inkrementell wertabhängigen Finanzierungspolitik

Eine weitere Form einer gemischten Finanzierungspolitik stellt die von Lobe (2006) bzw. Lobe/Essler (2008) als inkrementell wertabhängige Finanzierungspolitik bezeichnete Kombination aus den „klassischen“ Finanzierungsprämissen der autonomen und der wertabhängigen Finanzierungspolitik dar.[1919] Wie dieser

1918 Ob eine unvollkommene wertabhängige Finanzierungspolitik dazu führt, dass ein Teil des Fremdkapitalbestandes einer autonomen Finanzierungspolitik folgt, kann jedoch durchaus begründet angezweifelt werden.

1919 Vgl. Lobe (2006) S. 179; Lobe/Essler (2008) S. 59.

Abschnitt zeigen wird, können unter dem Begriff der inkrementell wertabhängigen Finanzierungspolitik zwei verschiedene Ausprägungen einer Mischung der „klassischen" Finanzierungspolitiken verstanden werden. In Abhängigkeit zu dem in der Bewertungsgleichung gewählten Blickwinkel wird mit der inkrementell wertabhängigen Finanzierungspolitik entweder der Anwendungsbereich der Annahmen der segmentiert wertabhängigen Finanzierungspolitik durch einen veränderten Blick auf die Entwicklung des Verhältnisses von autonomer und wertabhängiger Finanzierungspolitik erweitert oder aber eine allgemeinere Form einer erweiterten autonomen Finanzierungspolitik betrachtet. Beide Annahmen zur Finanzierungspolitik erscheinen in sich wohlbegründet und eine Einordnung unter den Begriff der inkrementell wertabhängigen Finanzierungspolitik eingängig. Vordergründig steigt für beide in der Literatur zu findende Interpretationen der inkrementell wertabhängigen Finanzierungspolitik die Praxisnähe durch eine Kombination aus autonomer und wertabhängiger Finanzierungspolitik. Wie die nachfolgenden Überlegungen verdeutlichen werden, besteht jedoch auch an dieser Stelle ein aus den vorangehenden Abschnitten bereits bekannter Konflikt zwischen der Realitätsnähe der Finanzierungsannahme und dem mit der Finanzierungsannahme zu erfüllenden Anforderungsgerüst. Wie sich bereits gezeigt hat, sinkt mit steigenden Anforderungen i. d. R. auch die Umsetzbarkeit der Finanzierungsannahme in der Praxis.

Zur Konkretisierung der inkrementell wertabhängigen Finanzierungspolitik

Wie mit Beginn dieses Abschnitts bereits kurz ausgeführt, muss für die in der Literatur unter dem Begriff der inkrementell wertabhängigen Finanzierungspolitik zu findenden Finanzierungsannahmen zunächst klargestellt werden, was unter dem Begriff inkrementell mit Blick auf die Eigenschaft der Finanzierungspolitik zu verstehen ist. Die Beantwortung dieser zunächst bestehenden Unschärfe ist insbesondere bedeutsam für die Frage, in welcher Form sich die in der Praxis regelmäßig bestehende Prognoseunsicherheit auf die zukünftige Entwicklung der Finanzierungsentscheidungen der Unternehmen niederschlägt und in der Folge die Gestalt des Bewertungsansatzes beeinflusst. Wie die alternativen Vorschläge zur inkrementell wertabhängigen Finanzierungspolitik aus Sicht der Praxis letztlich zu bewerten sind, sei zunächst ausgeblendet und erst im folgenden Abschnitt näher beleuchtet.[1920] Zunächst soll sich dem Inhalt des Vorschlags

1920 Unabhängig davon, wie die Frage nach dem zukünftigen Risiko des eingesetzten Fremdkapitals konkret beantwortet wird, bestehen im Fall eines in den zukünftigen Perioden erwarteten Rückgangs des eingesetzten Fremdkapitals in der Detailplanungsphase Zweifel an der Stabilität beider Vorschläge zur inkrementell wertabhängigen Finanzierungspolitik. An dieser Stelle kann man etwa einwerfen, dass diese Eigenschaft nicht verwunderlich erscheint, betrachtet man doch explizit eine inkrementell wertabhängige Finanzierungspolitik. Ein Rückgang des eingesetzten Fremdkapitals erscheint damit also schon rein definitorisch bei dieser Form der Finanzierungspolitik ausgeschlossen. Eine Finanzierungspolitik, die jedoch eine zukünftige Verminderung des eingesetzten Fremdkapitals von

einer inkrementell wertabhängigen Finanzierungspolitik langsam genähert und für beide in der Literatur diskutierten Ausprägungen der inkrementell wertabhängigen Finanzierungspolitik ein möglicher Bewertungsansatz eingeführt werden. Mit der partiell wertabhängigen Finanzierungspolitik und der segmentiert wertabhängigen Finanzierungspolitik wurden in den vorangehenden Abschnitten bereits zwei Ausprägungen einer Kombination von autonomer und wertabhängiger Finanzierungspolitik eingehender betrachtet. Ruft man sich die Eigenschaften dieser Finanzierungspolitiken an dieser Stelle nochmals kurz in Erinnerung, so hat die partiell wertabhängige Finanzierungspolitik einen jeweils zeitlich begrenzten Wechsel zwischen einer streng autonomen zu einer streng wertabhängigen Finanzierungspolitik – im Vorfeld wurde dies auch als horizontale Trennung der Finanzierungspolitiken bezeichnet – umfasst. Die Rahmenbedingungen, unter denen ein periodischer Wechsel zwischen den beiden Eckpunkten der „klassischen“ Finanzierungspolitiken plausibel erscheint, sind – dies haben die vorangehenden Überlegungen gezeigt – wohl als vergleichsweise eng zu bezeichnen. Wie eine in jedem Umweltzustand überzeugende Annahme für die Bewertungspraxis wirkt die von Clubb/Doran (1995) vorgeschlagene Finanzierungspolitik damit regelmäßig nicht. Auch die segmentiert wertabhängige Finanzierungspolitik lieferte mit der unter dem Oberbegriff der vertikalen Trennung der Finanzierungspolitiken zusammengefassten Aufspaltung der Finanzierungsprämissen nach Fremdkapitalinstrumenten einen nur bedingt überzeugenden Ansatz, um die in der Praxis zu beobachtende Verschuldungspolitik der Unternehmen abzubilden.

Verantwortlich für die an beiden Finanzierungspolitiken geäußerten Zweifel war insbesondere die zu grobkörnig wirkende Kombination zwischen autonomer und wertabhängiger Finanzierungspolitik. Während im Rahmen der partiell wertabhängigen Finanzierungspolitik die Wechsel zwischen den Finanzierungspolitiken zu hart erscheinen, scheitert die segmentiert wertabhängige Finanzierungspolitik an der impliziten Annahme eines stabilen Verhältnisses von autonomer und wertabhängiger Finanzierungspolitik. Beide Finanzierungsannahmen dürften, wie sich bereits anhand einer einfachen Überlegung zeigen lässt, bestenfalls pragmatische Ansätze darstellen, um die Unsicherheit über die genaue Gestalt der Finanzplanung der Unternehmen in die Bewertung einfließen zu lassen. Mit Blick auf das erste Planjahr eines Unternehmens kann so, stellt man auf die bereits mehrfach bemühte Argumentation bindender Finanzierungspläne ab, der überwiegende Teil des eingesetzten Fremdkapitals i. d. R. als mit Sicherheit bestimmbar gelten. Betrachtet man dagegen den Übergang in die Rentenphase und folgt dabei der Annahme, dass die Bestimmbarkeit des eingesetzten Fremdkapitalbestandes bzw. die Bindungswirkung bestehender Finanzierungspläne im Zeitverlauf abnimmt, so erscheint es nicht unplausibel, anzunehmen, dass zum Ende der

vornherein ausschließt, erscheint jedoch wenig praxistauglich zu sein. Eine eingehende Betrachtung dieses Aspektes der Finanzierungsannahme erscheint in der Folge daher notwendig.

Detailplanungsphase für einen Großteil des eingesetzten Fremdkapitalbestandes die absolute Höhe zum Planungszeitpunkt nur mit Unsicherheit bestimmbar ist. Die Annahme eines konstanten Verhältnisses zwischen sicherem und der Höhe nach unsicherem Fremdkapital bzw. ein Wechsel zwischen den Finanzierungspolitiken kann den in der Praxis regelmäßig wohl einschlägigen Fall einer zunehmenden Planungsunsicherheit der Gegebenheiten der Realität damit bestenfalls mittelbar abbilden. Betrachtet man vor dem Hintergrund dieser Überlegungen die Eigenschaften einer inkrementell wertabhängigen Finanzierungspolitik näher, so zeigt sich ggü. der in Abschnitt 4.4.1. und 4.4.2. betrachteten gemischten Finanzierung ein anderer – wohl praxisnäherer –[1921] Ansatz in der Kombination der „klassischen" Finanzierungspolitiken.

So wird, dies haben Lobe (2006) und Lobe/Essler (2008) konkretisierend festgehalten, bei der Annahme einer inkrementell wertabhängigen Finanzierungspolitik unterstellt, dass „[...] künftige Fremdkapitaländerungen unsicher sind, nicht jedoch der gesamte künftige Fremdkapitalbestand wie bei einer wertabhängigen Finanzierungspolitik".[1922] Hinter dieser Einschätzung steht die Überlegung, das zukünftiges Fremdkapital – wenigstens zum Zeitpunkt, in dem (weiteres) Fremdkapital aufgenommen wird – mit Unsicherheit behaftet ist. Dies steht im Kontrast zu der zeitlichen Aufspaltung im Rahmen der partiell wertabhängigen Finanzierungspolitik und der Aufspaltung der Fremdkapitalinstrumente im Rahmen der segmentiert wertabhängigen Finanzierungspolitik. Neben diesem mit Unsicherheit behafteten Fremdkapitalbestand stellen Unternehmen – in beiden der in der Folge beleuchteten Ausprägungen der inkrementell wertabhängigen Finanzierungspolitik – auch auf einen mit Sicherheit bestimmbaren Fremdkapitalbestand ab, ohne jedoch die Annahme der Sicherheit – wie im Fall der „klassischen" autonomen Finanzierungspolitik – wenig überzeugend auf den gesamten Fremdkapitalbestand dauerhaft auszudehnen.

Es wird, an dieser Stelle fühlt man sich an die segmentiert wertabhängige Finanzierungspolitik erinnert, eine Zweiteilung der „klassischen" Finanzierungspolitiken unterstellt, die dazu führt, dass Unternehmen zeitgleich einer autonomen wie auch einer wertabhängigen Finanzierungspolitik folgen. Im Kontrast zur segmentiert wertabhängigen Finanzierungspolitik wird, wenigstens zum Refinanzierungszeitpunkt, unterstellt, dass die Höhe des eingesetzten Fremdkapitals – unabhängig

1921 Wie sich im folgenden Abschnitt zeigen wird, hängt diese Einschätzung maßgeblich davon ab, auf welche der noch darzustellenden Interpretationen des Begriffs abgestellt werden wird.

1922 Lobe (2006) S. 179; Lobe/Essler (2008) S. 57. Wie sich im weiteren Verlauf des Abschnitts zur inkrementell wertabhängigen Finanzierungspolitik zeigen wird, ist die Einschätzung, die Lobe (2006) bzw. Lobe/Essler (2008) mit Blick auf diese Form der Finanzierungspolitik getroffen haben, nicht vollkommen eindeutig.

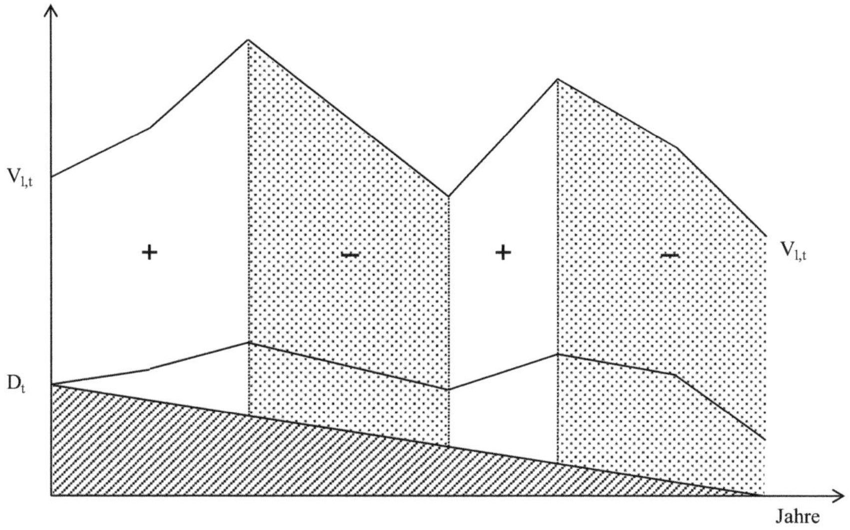

Abbildung 8: *Inkrementell wertabhängige Finanzierungspolitik mit stetiger Konvergenz zu einer wertabhängigen Finanzierungspolitik*

von dem zunächst unterstellten Typ des Fremdkapitals –[1923] durch den Unternehmenswert und damit das unternehmerische Risiko determiniert wird.[1924] Dies erscheint – an dieser Stelle kann auf die Überlegungen zur segmentiert wertabhängigen Finanzierungspolitik verwiesen werden – nicht nur eine rein pragmatische, sondern auch bei Annahme rationaler Fremdkapitalgeber i. d. R. realitätsnähere Annahme zu sein, als die alternative Annahme, von einer von der Unternehmensentwicklung losgelösten Fortschreibung bzw. Überwälzung der im Unternehmen eingesetzten Fremdkapitalinstrumente auszugehen.[1925]

1923 Eine Unterscheidung des Fremdkapitals beispielsweise nach Fristigkeit der eingesetzten Fremdkapitalinstrumente spielt für das Risiko des Fremdkapitals damit nur sekundär eine Rolle.

1924 Lobe (2006) und Lobe/Essler (2008) sprechen daher davon, dass die Unsicherheit im Rahmen der inkrementell wertabhängigen Finanzierungspolitik der Einschätzung der Unsicherheit im Rahmen einer wertabhängigen Finanzierungspolitik durch Miles/Ezzell folgt. Vgl. Lobe (2006) S. 179; Lobe/Essler (2008) S. 57. Ein weiterer Unterschied zur segmentiert wertabhängigen Finanzierungspolitik ergibt sich in dem Risiko, das Fremdkapital infolge der Finanzierung trägt.

1925 Der vorangehende Abschnitt hat gezeigt, dass mit einer solchen Annahme einerseits die Flexibilität des Unternehmens, zusätzliches Fremdkapital aufzunehmen

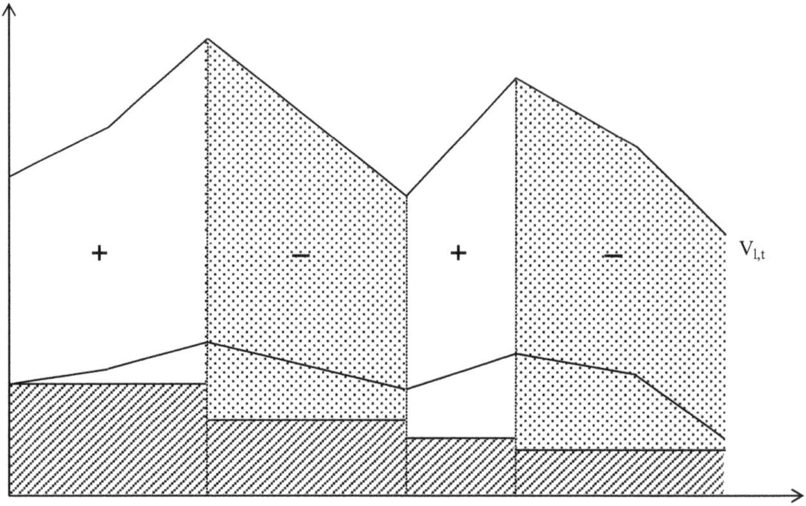

Abbildung 9: *Inkrementell wertabhängige Finanzierungspolitik mit diskreter Konvergenz zu einer wertabhängige Finanzierungspolitik*

Inwieweit sich die zum Refinanzierungszeitpunkt bestehende Unsicherheit im Zeitverlauf auf das Risiko des eingesetzten Fremdkapitalbestands bei Annahme einer inkrementell wertabhängigen Finanzierungspolitik niederschlägt, sei aufgrund der unterschiedlichen Darstellung in der Literatur zu einem späteren Zeitpunkt nochmals eingehender betrachtet.[1926] Festgehalten werden kann an dieser Stelle jedoch bereits, dass mit der Annahme einer zeitlichen Begrenzung des Finanzierungsrisikos bzw. der Annahme eines dauerhaft durchschlagenden operativen Risikos zwei abweichende Annahmen mit Blick auf das zukünftige Risiko der zukünftig eingeworbenen Fremdkapitalschichten getroffen werden können. Bedeutsam ist die Antwort auf die Frage nach dem zukünftigen Risiko des eingesetzten Fremdkapitals unzweifelhaft, hängt doch auch hier die Höhe des

bzw. zurückzuführen, außer Acht gelassen sowie andererseits – wohlwollend – mögliche Refinanzierungsrisiken ausblendet werden.

1926 Lobe/Essler (2008) sprechen mit Blick auf die inkrementell wertabhängige Finanzierungspolitik so davon, dass „[...] die Antizipierbarkeit der Fremdkapitalbestände im Zeitablauf sukzessive ab[nimmt]". Vgl. Lobe/Essler (2008) S. 68. Oberflächlich betrachtet, könnte man diese Aussage zunächst so deuten, dass eine zunächst rein autonome Finanzierungspolitik aufgrund der wachsenden Unsicherheit im Zeitverlauf in eine wertabhängige Finanzierungspolitik übergeht. Inwieweit diese Vermutung gerechtfertigt ist, wird im Rahmen der Plausibilitätsbeurteilung näher betrachtet werden.

Wertbeitrages der Fremdfinanzierung und damit der Unternehmensgesamtwert von der gegebenen Antwort ab. Die Beantwortung dieser Frage wirkt sich daneben – darauf wurde bereits hingewiesen – auf die Gestalt des Bewertungsansatzes für eine inkrementell wertabhängige Finanzierungspolitik aus bzw. hat Auswirkungen darauf, inwieweit die in der Literatur zu findenden Bewertungsansätze eine sachgerechte Abbildung dieser Vermutung darstellen. Festzuhalten ist infolge der Vorüberlegungen zunächst nur, dass Veränderungen des Fremdkapitalbestandes – dies trifft letztlich auch auf reine Refinanzierungsmaßnahmen zu –[1927] nun regelmäßig mit dem operativen Risiko des Unternehmens behaftet sind[1928] und ein sicherer Anteil des eingesetzten Fremdkapitals besteht. In der Folge seien die in der Literatur diskutierten Bewertungsansätze für eine inkrementell wertabhängige Finanzierungspolitik näher betrachtet.

Zur Bewertung der inkrementell wertabhängigen Finanzierungspolitik

Lobe (2006) schlägt für die Annahme einer inkrementell wertabhängigen Finanzierungspolitik sowohl einen Bewertungsansatz auf Basis des aus der Bewertung der autonomen Finanzierungspolitik bekannten APV-Ansatzes als auch auf Basis des aus der Bewertung der wertabhängigen Finanzierungspolitik bekannten WACC-Ansatzes vor. Das von Lobe (2006) verwendete Beispiel, um die Ableitung eines auf den APV aufbauenden Bewertungsansatzes zu illustrieren, wird in den folgenden Überlegungen nochmals kurz aufgegriffen und bildet zu einem späteren Zeitpunkt auch den Ausgangspunkt für die in einem nachfolgenden Abschnitt erfolgenden Plausibilitätsüberlegungen.[1929] Lobe (2006) betrachtet zunächst vereinfachend einen Fall, in dem ein Unternehmen, beginnend in Planjahr 1, ergänzend zu einer bereits bestehenden Fremdkapitalausstattung eine zusätzliche Fremdkapitalschicht einwirbt. Das Beispiel geht – für eine inkrementell wertabhängige Finanzierungspolitik typisch – zum Bewertungszeitpunkt davon aus, dass die zum Bewertungszeitpunkt bestehende Fremdkapitalausstattung in Zukunft unverändert erhalten bleibt. Man kann in diesem Zusammenhang auch von einem unendlich laufenden sicheren Fremdkapitalgrundstock oder Fremdkapitalausstattung des Unternehmens sprechen.[1930] Diese Annahme zum Finanzierungsverhalten des

---

1927 Diese Forderung wird mit Blick auf den von Lobe (2006) abgeleiteten Bewertungsvorschlag jedoch nur in einem sehr begrenzten Umfang umgesetzt.

1928 Im Fall der segmentiert wertanhängigen Finanzierungspolitik hat dies jeweils nur einen – im Grundfall zeitkonstanten – Anteil des eingesetzten Fremdkapitals betroffen.

1929 Beinhaltet der von Lobe (2006) vorgeschlagene Bewertungsansatz doch eine explizite Annahme zur zukünftigen Unsicherheit der von einer Veränderung betroffenen Fremdkapitalbestände.

1930 Denkbar wäre beispielsweise eine Art Console Bond oder aber, dass für diesen Teil des eingesetzten Fremdkapitals das Refinanzierungsrisiko vereinfachend ausgeblendet werden kann. Lobe (2006) nimmt einen Fremdkapitalgrundstock in Höhe von 1000 GE an. Vgl. Lobe (2006) S. 180.

Unternehmens ähnelt damit letztlich dem im vorangehenden Abschnitt näher betrachteten Vorschlag eines „Mindest"-Fremdkapitalvolumens nach Richter (1998).[1931] Ergänzend zu diesem sicheren Fremdkapitalbestand wird für Planjahr 1 eine Veränderung des eingesetzten Fremdkapitals in Form einer Kapitalaufnahme erwartet, die, den einleitenden Überlegungen folgend, zunächst mit einem operativen Risiko behaftet ist.[1932] Lobe (2006) schlägt für diese Form der Finanzierungspolitik für eine Bewertung über den APV-Ansatz eine „zeilenweise", d. h. nach Fremdfinanzierungsschichten bzw. Fremdkapitalinstrumenten getrennte, Bewertung des periodischen Wertbeitrages der Fremdfinanzierung vor.[1933] Für die Berechnung des Wertbeitrages der Fremdfinanzierung im Fall einer inkrementell wertabhängigen Finanzierungspolitik kann, der Arbeit von Lobe (2006) folgend, auf die nachfolgende, auf den APV-Ansatz aufbauende, Bewertungsformel verwiesen werden: [1934]

$$V_{TS} = \tau_C \cdot D_0 + \sum_{t=1}^{n} \frac{\tau_c \cdot \Delta D_t}{(1+k)^t} \tag{4.7}$$

Mit dem Abstellen auf die vorgeschlagene „zeilenweise" Bewertung des eingesetzten Fremdkapitalbestandes kann der Wertbeitrag der Fremdfinanzierung in den aus Sicht des Bewertungszeitpunktes sicheren Fremdkapitalbestand und den Wertbeitrag der zukünftigen, zunächst unsicheren, Veränderung des Fremdkapitalbestandes zerlegt werden.[1935] Mit Blick auf die bisher ausgeblendete Frage des zukünftigen Risikos der Fremdkapitalbestände gibt die Bewertungsformel bereits eine eindeutige Antwort. Es wird angenommen, dass in den Folgeperioden dauerhafte, also letztlich zeitbeständige, Veränderungen an dem eingesetzten Fremdkapitalbestand vorgenommen werden.[1936] Inwieweit diese Annahme für

1931 Dieser Vorschlag beinhaltet, wie bereits gezeigt wurde, durchaus einen gewissen Reiz. Man kann jedoch an dieser Stelle kritisch einwerfen, dass durch diese Annahme die zuvor geäußerte Vermutung einer zunehmenden Planungsunsicherheit wenigstens zum Teil durchbrochen wird.

1932 Vgl. dazu Lobe (2006) S. 179–180.

1933 Wie Lobe (2006) in diesem Zusammenhang zeigt, ist eine aggregierte – Lobe (2006) bezeichnet dies als „spaltenweise" – Bewertung der Fremdkapitalinstrumente unter der Annahme einer inkrementell wertabhängigen Finanzierungspolitik nicht ohne Weiteres möglich. Vgl. dazu Lobe (2006) S. 182.

1934 Vgl. Lobe (2006) S. 182. Vereinfachend wurde an dieser Stelle von der Darstellung bedingter Erwartungswerte abstrahiert. Ein ähnlicher Vorschlag zur Aufteilung in einen sicheren und unsicheren Wertbeitrag der Fremdfinanzierung findet sich bereits bei Lewellen et al. (1977). Vgl. dazu Lewellen et al. (1977) S. 121.

1935 Auf die Eigenheiten dieser Bewertungsformel sei in der nachfolgenden Betrachtung der Plausibilität der Annahme einer inkrementell wertabhängigen Finanzierungspolitik näher eingegangen.

1936 Dies zeigt sich, da die Veränderungen des Fremdkapitalbestandes ΔD in Form einer ewigen Rente in die Bewertungsformel einfließen.

die Bewertungspraxis tragfähig ist und mit der Vermutung einer im Zeitverlauf zunehmenden Unsicherheit über die zukünftige Unternehmensentwicklung vereinbar ist, wird im nachfolgenden Abschnitt näher beleuchtet. Wie Lobe (2006) im weiteren Verlauf seiner Arbeit gezeigt hat, ist eine Bewertung des Unternehmens auch auf Basis des verbreiteten WACC-Ansatzes bei Annahme einer inkrementell wertabhängigen Finanzierungspolitik denkbar.[1937] So deutlich wie im Fall des APV-Ansatzes wird das divergierende Risiko der eingesetzten Fremdkapitalschichten im Rahmen des WACC-Ansatzes – an dieser Stelle wenig überraschend – jedoch nicht. In der Folge sei daher auf eine detaillierte Darstellung des Vorgehens bei Annahme des WACC-Ansatzes verzichtet.[1938]

Es lässt sich für die von Lobe (2006) vorgeschlagene Annahme einer inkrementell wertabhängigen Finanzierungspolitik zunächst zusammenfassen, dass zur Bewertung dieser Annahme zur Finanzierungspolitik – zukünftige Fremdkapitalschichten werden nach einer einmaligen Phase der Unsicherheit als unveränderlich angenommen – ein zunächst als geeignet zu bezeichnendes Instrumentarium zur Verfügung steht. Auf den ersten Blick lassen sich die bekannten Bewertungsansätze mit wenigen Anpassungen so auch auf diese Variante der gemischten Finanzierungspolitik anwenden. Dies gilt auch für die zweite denkbare Ausprägung der inkrementell wertabhängigen Finanzierungspolitik. Hier beschränkt sich die dem operativen Unternehmensrisiko gleichende Unsicherheit jedoch nicht mehr bloß auf den Zeitpunkt, in dem eine ergänzende Fremdkapitalschicht eingeworben wird, sondern man geht davon aus, dass zukünftiges Fremdkapital abseits des sicheren Fremdkapitalgrundstocks mit operativem Risiko behaftet ist. Anders ausgedrückt, wird mit der zweiten Interpretation der inkrementell wertabhängigen Finanzierungspolitik unterstellt, dass für die ergänzenden Fremdkapitalschichten dauerhaft eine wertabhängige Finanzierungspolitik einschlägig ist. Dies hat Auswirkungen auf die Form des zu betrachtenden Bewertungsansatzes. Insbesondere muss man sich von der Annahme einer ewigen Rente, durch die sich die Bewertungsgleichung Lobes auszeichnet, in der Folge trennen. Geht man diesen Schritt, so erhält man folgende Bewertungsgleichung, die für die zukünftigen Fremdkapitalschichten eine durchgehende wertabhängige Finanzierungspolitik unterstellt.

$$V_{TS} = \tau_C \cdot D_0 + \sum_{t=1}^{n} \frac{\tau_c \cdot r_f \cdot \Delta D_t}{(1+k)^t} \tag{4.8}$$

Ob die alternativen Annahmen zur inkrementell wertabhängigen Finanzierungspolitik in sich geschlossene Finanzierungspolitiken darstellen und inwieweit diese

1937 Vgl. Lobe (2006) S. 183–184.

1938 Ob ein Abstellen auf den WACC- oder aber den APV-Ansatz vorteilhafter erscheint, dürfte erneut auch von der verwendeten Planungsdoktorin abhängen. Auch dieser Aspekt sei in der Folge mit dem Verweis auf die Arbeit von Lobe (2006) vereinfachend ausgeblendet. Vgl. auch dazu kurz Lobe (2006) S. 184.

Politiken in der Praxis tatsächlich umsetzbar erscheinen, soll in den nachfolgenden Abschnitten kurz näher betrachtet werden. Der Fokus liegt dabei zunächst auf der Frage, wie sich die zum Finanzierungszeitpunkt bestehende Unsicherheit mit Blick auf die Höhe des eingesetzten Fremdkapitals im Zeitverlauf verändert und welche der in diesem Abschnitt vorgestellten Bewertungsgleichungen der Vorstellung einer inkrementell wertabhängigen Finanzierungspolitik näherkommt.

4.4.3.1. Zur Plausibilität der inkrementell wertabhängigen Finanzierungspolitik

Im vorangehenden Abschnitt wurde neben der Frage, wie die Finanzierungsannahme einer inkrementell wertabhängigen Finanzierungspolitik mit einer Bewertungsgleichung abgebildet werden kann, auch ein kurzer Ausblick auf die Eigenschaften der unter diesem Oberbegriff denkbaren Finanzierungsannahmen gegeben. Der Abschnitt hat dabei mit Blick auf die in der Literatur zu findenden unterschiedlichen Beschreibungen zunächst salomonisch festgehalten, dass neben der Annahme eines zeitlich unveränderbaren Fremdkapitalgrundstocks die Annahme, dass zukünftige Veränderungen des im Unternehmen eingesetzten Fremdkapitalbestandes mit Unsicherheit behaftet sind, ein bestimmendes Merkmal der inkrementell wertabhängigen Finanzierungspolitik darstellt. Die Unsicherheit über die Entwicklung des Fremdkapitalbestandes entspricht im Umfang dabei der Unsicherheit, wie sie mit Blick auf die operative Entwicklung des Unternehmens besteht.[1939] Wie bereits im Abschnitt zur segmentiert wertabhängigen Finanzierungspolitik angemerkt wurde, scheint dieses Merkmal einer inkrementell wertabhängigen Finanzierungspolitik durchaus eine pragmatische Näherung an die durch die Realität vorgegebenen Rahmenbedingungen zu sein, in der sich Unternehmen der kritischen Überprüfung der Fremdkapitalgeber am Zeitpunkt der Finanzierungsentscheidung stellen müssen. An dieser Annahme sei in den folgenden Überlegungen, ohne sie erneut eingehender zu hinterfragen, daher unverändert festgehalten.[1940]

Unklar ist an dieser Stelle, diese Frage wurde bereits im vorangehenden Abschnitt nur kurz aufgeworfen, wie dauerhaft sich diese auf den ersten Blick zum Zeitpunkt der (Re-) Finanzierungsentscheidung bestehende Unsicherheit auf die zukünftige Entwicklung der Fremdkapitalbestände legt. An dieser Stelle sind zwei alternative Herangehensweisen denkbar, diese zentrale Frage zu beantworten und Rückschlüsse auf das zukünftige Risiko des eingesetzten Fremdkapitals

1939 Lobe (2006) spricht in diesem Zusammenhang davon, dass zukünftige Änderungen des Fremdkapitals „[...] synchron mit dem operativen Cashflow zustandsabhängig sein werden". Lobe (2006) S. 186.

1940 Diese Annahme bietet so die Möglichkeit, ohne einen großen Umweg über einen gesonderten Beweis gehen zu müssen, auf die Ansätze zur Bewertung einer wertabhängigen Finanzierungspolitik abzustellen. Darauf wurde bereits verwiesen.

abzuleiten. Einerseits kann man sich auf konzeptioneller Basis Gedanken darüber machen, wie sich die Unklarheit über die zukünftige Unternehmensentwicklung im Zeitverlauf auf die bestehende Planungssicherheit der Fremdkapitalbestände niederschlägt. Dieser Ansatz wird mit der Motivation einer gemischten Finanzierungspolitik, die eine diagonale Trennung der Finanzierungspolitiken umfasst, im weiteren Verlauf dieses Abschnitts nochmals aufgegriffen werden. Andererseits, dies sei die an dieser Stelle zunächst bevorzugte Variante, kann, ausgehend von der in der Literatur vorgeschlagenen Bewertungsgleichung, die dort implizite Annahme zur Entwicklung der Unsicherheit näher betrachtet werden.[1941] Folgt man dem zweiten Ansatz, so lassen sich aus den Überlegungen der Literatur – wie bereits angedeutet – zwei grundsätzliche Einschätzungen zu der Frage, welches Risiko das in den zukünftigen Perioden aufgenommenen Fremdkapital trägt, ableiten: Einerseits ist es denkbar, dass lediglich zum Finanzierungszeitpunkt selbst bzw. im Vorfeld dazu Unsicherheit über die Höhe bzw. Konditionen der zukünftigen Fremdfinanzierung besteht. Lässt man den Zeitpunkt, zu dem eine ergänzende Fremdkapitalschicht aufgenommen wurde, dagegen hinter sich, so ist diese neue Fremdkapitalschicht als ebenso verlässlich wie der zum Bewertungszeitpunkt als sicher angenommene Fremdkapitalgrundstock anzusehen. Interessant erscheint an dieser Stelle, die mögliche Begründung für eine solche Finanzierungsannahme näher hervorzukehren. Das Risiko zum Zeitpunkt der Finanzierung ist, diese Annahme ist, wie eingangs festgehalten, für beide Interpretationen der inkrementell wertabhängigen Finanzierungspolitik als zutreffend zu erachten, auf die Abhängigkeit der Finanzierungskonditionen von der tatsächlichen Unternehmensentwicklung zurückzuführen.

Der Vorschlag von Lobe (2006) zur inkrementell wertabhängigen Finanzierungspolitik stellt in einem zweiten Schritt wohl auf das an dieser Stelle bereits geläufige Argument ab, dass der mit den Fremdkapitalgebern vereinbarte Finanzplan auch für die ergänzende Fremdkapitalschicht in den zukünftigen Perioden als stabil anzusehen ist. Für den Fall, dass Unternehmen auf mehrperiodige Fremdkapitalinstrumente abstellen, folgt auf Basis dieses Betrachtungswinkels damit erneut eine Phase einer weitgehend passiven Steuerung der eingesetzten Fremdkapitalinstrumente. Man könnte in diesem Zusammenhang auch davon sprechen, dass Unternehmen außer im Fall eines Einwerbens zusätzlichen Fremdkapitals durchgehend einer autonomen Finanzierungspolitik folgen. Andererseits erscheint es ex ante ebenso denkbar, stützt man sich erneut auf das Argument der im Zeitablauf zunehmenden Planungsunsicherheit, dass Unternehmen die zunehmende Unklarheit zum Planungszeitpunkt bereits antizipiert haben und im Sinne

1941 Eine vorgelagerte konzeptionelle Überlegung scheint der in der Regel zu präferierende Weg zu sein, obgleich auch dieser Ansatz nicht losgelöst von der zunächst präferierten Herangehensweise zu sein scheint.

der in der Literatur zu findenden Diskussion[1942] auf die vordergründig flexiblere wertabhängige Finanzierungspolitik als zukünftige Planungsprämisse abstellen. Die zukünftige Veränderung des Fremdkapitalbestandes hängt damit von der Entwicklung des Unternehmenswertes ab. Mit dieser Vermutung wohnt dem Wertbeitrag der Fremdfinanzierung damit dauerhaft das operative Unternehmensrisiko inne und ein Übergang bzw. eine Rückkehr zur autonomen Finanzierungspolitik findet für die in den zukünftigen Perioden eingeworbenen Fremdkapitalschichten damit nicht statt.

Beiden alternativen Ausprägungen der inkrementell wertabhängigen Finanzierungspolitik liegen somit Überlegungen zugrunde, die aus den vorangehenden Abschnitten bereits wohlbekannt sind und in ihrer Begründung auf ihre Weise ähnlich eingängig erscheinen. Blickt man an dieser Stelle suchend in die Literatur, so finden sich für beide Sichtweisen auf die Entwicklung der Fremdkapitalbestände im Rahmen der inkrementell wertabhängigen Finanzierungspolitik eine Reihe von Anhaltspunkten. Für die erste Interpretation der inkrementell wertabhängigen Finanzierungspolitik spricht sich Lobe (2006) sowohl indirekt mit der grafischen Illustration der inkrementell wertabhängigen Finanzierungspolitik als auch direkt mit der für den allgemeinen Fall wie auch Rentenfall vorgeschlagenen Bewertungsformel aus. Der Fremdkapitalbestand ist dabei nur zum Zeitpunkt der Aufnahme bzw. Refinanzierung mit Unsicherheit behaftet.[1943] Dies zeigt sich deutlicher, löst man exemplarisch die Entwicklung für die Planjahre 1 und 2 aus der im vorangehenden Abschnitt eingeführten aggregierten Bewertungsformel heraus:

$$V_{TS} = \tau_C \cdot D_0 + \frac{\tau_c \cdot \Delta D_1}{(1+k)^1} + \frac{\tau_c \cdot \Delta D_2}{(1+k)^2} + \sum_{t=3}^{n} \frac{\tau_c \cdot \Delta D_t}{(1+k)^t} \tag{4.9}$$

Sowohl der erste als auch der zweite Summand zeigen, dass die Veränderungen des Ausgangsbestandes des eingesetzten Fremdkapitals für die folgenden Perioden als unveränderlich angenommen werden. So fließt an dieser Stelle in die Bewertungsformel nicht nur die periodische Erhöhung des Cashflows aufgrund der steuerlichen Abzugsfähigkeit der Zahlungen an die Fremdkapitalgeber ein, sondern es wird auf einen dauerhaften Wertbeitrag der neuen autonomen Fremdkapitalschicht in Form einer ewigen Rente abgestellt. Wie im Vorfeld bereits ausgeführt, ist diese ergänzende Fremdkapitalschicht lediglich zum Finanzierungszeitpunkt mit Unsicherheit behaftet. Dies zeigt die Diskontierung des Wertbeitrags der Fremdfinanzierung mit den Kapitalkosten des unverschuldeten Unternehmens.[1944] Mit anderen

1942 Im Fazit zu den „klassischen" Finanzierungspolitiken wurde bereits auf die Stichhaltigkeit dieses Arguments eingegangen. Man sollte diesen Vorschlag daher nicht allzu unkritisch akzeptieren.

1943 Vgl. dazu Abbildung 3–18 bzw. Formel (3–33) in Lobe (2006). Vgl. Lobe (2006) S. 182–183.

1944 Wie die Bewertungsformel zeigt, schlägt sich diese einmalige Unsicherheit zum Finanzierungszeitpunkt dabei auf die Vorperioden durch.

Worten berücksichtigt diese Finanzierungspolitik lediglich das bestehende (Re-) Finanzierungsrisiko, nicht aber eine mögliche dauerhafte Abhängigkeit des eingesetzten Fremdkapitals von der Entwicklung des Unternehmenswertes. Ähnliches gilt, betrachtet man die von Lobe (2006) für den Rentenfall der inkrementell wertabhängigen Finanzierungspolitik vorgeschlagene Bewertungsformel näher.[1945] Mit Blick auf diese erste Interpretation der inkrementell wertabhängigen Finanzierungspolitik kann man davon sprechen, dass der Einfluss einer wertorientierten Finanzierungspolitik von vergleichsweise kurzfristiger Natur sein kann.[1946] Man kann, dies hat der vorangehende Abschnitt bereits gezeigt, die von Lobe (2006) vorgeschlagene Bewertungsformel mit wenigen Handgriffen verändern, um eine andere Auffassung mit Blick auf das Risiko der ergänzenden Fremdkapitalschichten zu vertreten. Hauptmerkmal dieser Form der Finanzierungspolitik ist, dass man sich von der im Rahmen der ersten Interpretation mit dem Abstellen auf die Rentenformel implizit getroffenen Annahme trennt, dass neues Fremdkapital in Form unveränderlicher Fremdkapitalschichten dem Unternehmen in den kommenden Perioden dauerhaft zur Verfügung steht.[1947]

$$V_{TS} = \tau_C \cdot D_0 + \frac{\tau_c \cdot r_f \cdot \Delta D_1}{(1+k)^1} + \frac{\tau_c \cdot r_f \cdot \Delta D_2}{(1+k)^2} + \sum_{t=3}^{n} \frac{\tau_c \cdot r_f \cdot \Delta D_t}{(1+k)^t} \tag{4.10}$$

Wie sich in der folgenden Diskussion zeigen wird, kommt die sich in der vorangehenden Bewertungsformel widerspiegelnde zweite Interpretation der inkrementell wertabhängigen Finanzierungspolitik der Einschätzung einer im Zeitverlauf abnehmenden Antizipierbarkeit der Fremdkapitalbestände um einiges näher, als dies die erste Interpretation einer inkrementell wertabhängigen Finanzierungspolitik allein rein mechanisch kann.[1948] Die Stabilität dieser beiden vorgeschlagenen Bewertungsgleichungen sei in der Folge anhand der Bedeutung der einzelnen Terme näher betrachtet.[1949]

1945 Für den hier zunächst nicht näher betrachteten Rentenfall vgl. Lobe (2006) S. 185.

1946 An einer späteren Stelle wird für diese Form der Finanzierungspolitik der Begriff der schichtweisen autonomen Finanzierungspolitik mit Refinanzierungsrisiko eingeführt werden.

1947 An dieser Stelle ist ΔD als Differenz des risikolosen Fremdkapitalgrundstocks und des Fremdkapitaleinsatzes bei einer wertabhängigen Finanzierungspolitik zu definieren.

1948 Wie sich zeigen wird, ist dies letztlich auch nicht das vordergründige Ziel dieses Vorschlages zur inkrementell wertabhängigen Finanzierungspolitik.

1949 Vereinfachend wird an dieser Stelle nur eine Zweiteilung zwischen dem Fremdkapitalgrundstock und den ergänzenden Fremdkapitalschichten betrachtet.

Zur Plausibilität des Fremdkapitalgrundstocks

Wie das Beispiel von Lobe (2006) bereits verdeutlich hat, geht man in beiden Bewertungsgleichungen mit dem ersten Summanden von einem im Zeitverlauf unveränderlichen Fremdkapitalgrundstock des Unternehmens aus. Unproblematisch ist die Annahme eines sicheren und im Zeitverlauf unveränderlichen Fremdkapitalgrundstocks aus mehreren Gründen nicht, dies soll mit den folgenden Überlegungen kurz skizziert werden. Zunächst, diese Fragestellung ist bereits aus dem Abschnitt zur segmentiert wertabhängigen Finanzierungspolitik bekannt, kann auch an dieser Stelle hinterfragt werden, inwieweit die Annahme eines – auch an dieser Stelle unter dem Oberbegriff zusammengefassten – „Mindest"-Fremdkapitalbestandes eine gerechtfertigte Finanzierungsannahme darstellt. Sowohl die zukünftigen risikobehafteten Finanzierungsschritte – die Jahre 1 bis n können bzw. sind explizit durch risikobehaftete Veränderung der Kapitalstruktur geprägt –[1950] als auch die in der Praxis übliche Begrenzung der Laufzeiten der eingesetzten Fremdkapitalinstrumente können einen ersten Hinweis auf die Künstlichkeit der Annahme eines sicheren Fremdkapitalgrundstockes geben. Für eine etwas detailliertere Überlegung zu dieser grundlegenden Fragestellung sei hier jedoch auf den entsprechenden Abschnitt zur segmentiert wertabhängigen Finanzierungspolitik verwiesen. Über die eher konzeptionellen Schwierigkeiten des annahmegemäß risikolosen Fremdkapitalbestandes hinaus kann die Frage nach einem unveränderlichen „Mindest"-Fremdkapitalbestand primär auch als ein Problem der Praxis angesehen werden, das an dieser Stelle jedoch zunächst ausgeblendet werden soll. Aus dem Festhalten an einem Fremdkapitalgrundstock ergibt sich für die Annahme einer inkrementell wertabhängigen Finanzierungspolitik jedoch ein weiteres Problem,[1951] das insbesondere für die zweite Bewertungsformel bzw. die zweite Interpretation der inkrementell wertabhängigen Finanzierungspolitik von Bedeutung ist. Bevor dieses Problem verdeutlicht werden kann, bedarf es an dieser Stelle zunächst eines kurzen Exkurses, um der bisher auf Basis denkbarer Bewertungsgleichungen beantworteten Frage der Gestalt einer inkrementell wertabhängigen Finanzierungspolitik auch eine konzeptionelle Antwort gegenüberstellen zu können.

Exkurs: Zu den Beweggründen hinter der Annahme einer inkrementell wertabhängigen Finanzierungspolitik

In dem kurzen Exkurs wird erneut ein kurzer Rückblick zu den bereits betrachteten gemischten Finanzierungspolitiken vorangestellt. Sowohl partiell wertabhängige

1950 Dies gilt zunächst unabhängig davon, welcher Interpretation der inkrementell wertabhängigen Finanzierungspolitik man sich anschließt. Es kann natürlich jedoch festgehalten werden, dass die zweite Interpretation gegenüber der ersten für die ergänzenden Fremdkapitalschichten ein dauerhaftes Risiko berücksichtigt.

1951 Ein tatsächliches Problem ergibt sich an dieser Stelle nur, wenn man – dies wird der nachfolgende kurze Exkurs zeigen – diese Ausprägung der inkrementell wertabhängigen Finanzierungspolitik eine Eigenschaft zuschreiben will, die diese Finanzierungspolitik regelmäßig nicht aufweisen kann.

als auch segmentiert wertabhängige Finanzierungspolitik haben eine Trennung der beiden „klassischen" Finanzierungsprämissen vorgenommen, die sich bei näherer Betrachtung nicht dem Vorwurf einer gewissen Künstlichkeit erwehren konnten. Die partiell wertabhängige Finanzierungspolitik hat, wie bereits dargestellt, eine horizontale, also im Zeitverlauf erfolgende Trennung zwischen den alternativen Finanzierungspolitiken vorgenommen, während die segmentiert wertabhängige Finanzierungspolitik eine vertikale Trennung zwischen verschiedenen Fremdkapitalschichten vorschlägt. Zu der gemischten Überzeugungskraft beider Annahmen wurden bereits in den vorangehenden Abschnitten Überlegungen vorgenommen, die hier nicht wiederholt werden sollen. Interessanter erscheint es, sich an dieser Stelle daher nicht weiter der Frage zu widmen, welche Schwächen bestehende Vorschläge beinhalten, sondern die Frage in den Mittelpunkt zu stellen, welche Kombinationen aus autonomer und wertabhängiger Finanzierungspolitik im Zeitverlauf als praxisnäher bezeichnet werden können. Um diese Frage zu beantworten, kann man sich auf die in der Literatur mit der Einschätzung der Güte alternativer Finanzierungsannahmen implizit vertretene Auffassung zur Entwicklung der Planungssicherheit stützen. Stellvertretend für die in der Literatur regelmäßig vertretene Auffassung auf die Bindungswirkung alternativer Finanzierungspolitiken bzw. der dahinterliegenden Faktoren erscheint dabei insbesondere eine Aussage, die Lobe/Essler (2008) mit Blick auf die noch kurz zu betrachtende bilanzabhängige Finanzierungspolitik treffen: „Die bilanzabhängige Politik nähert sich mit fortschreitender Zeit i. d. R. einer wertabhängigen Finanzierungspolitik an. Das kann, muss jedoch noch nicht heißen, dass im Endwertzeitraum sämtliche deterministischen Aktiva-Schichten schon abgeschrieben sind."[1952] Diese Aussage beinhaltet letztlich erneut die im Vorfeld bereits für die segmentiert wertabhängige Finanzierungspolitik hervorgehobene Annahme, dass die Planbarkeit des eingesetzten Fremdkapitals im Zeitverlauf abnimmt und das Unternehmen aufgrund der gewachsenen Unsicherheit zu einer rein wertabhängigen Steuerung der Fremdkapitalbestände in den zukünftigen Perioden übergeht.[1953] Blendet man die Schwierigkeiten, die eine solche Vermutung unzweifelhaft beinhaltet, zunächst vereinfachend aus, so erscheint für die Praxis ein sanfter Übergang von einer autonomen in Richtung einer wertabhängigen Finanzierungspolitik im Zeitverlauf,

1952 Lobe/Essler (2008) S. 68. Eine ähnliche Aussage, wenn auch weniger eindeutig, treffen Lobe/Essler (2008) mit Blick auf die inkrementell wertabhängige Finanzierungspolitik. Vgl. ebda.

1953 Im Fall einer bilanzabhängigen Finanzierungspolitik, ist das eingesetzte Fremdkapital – den Grund für diese Vermutung haben wir in einem vorangehenden Abschnitt bereits beleuchtet – an die Fristigkeit des Anlagevermögens gebunden. Auch wenn der Spezialfall einer bilanzabhängigen Finanzierungspolitik nicht einschlägig ist, kann man, dies wurde im Vorfeld bereits mehrfacht gemacht, i. d. R. vereinfachend darauf abstellen, dass die Laufzeit und damit die Bindungswirkung des eingesetzten Fremdkapitals bzw. der begleitenden Vertragsbedingungen begrenzt ist.

den Verlautbarungen der Literatur folgend, für die Unternehmensbewertung eine sachgerechte Annahme zu sein. In Anlehnung an die vertikale und horizontale Trennung der im Vorfeld betrachteten Finanzierungspolitiken kann man an dieser Stelle daher die Notwendigkeit erkennen, eine dritte – vordergründig praxisnähere –Variante einer Kombination der „klassischen" Finanzierungspolitiken, diese Variante sei, wie bereits angedeutet, unter dem Oberbegriff der diagonalen Trennung zusammengefasst,[1954] abzuleiten. Akzeptiert man diese aus der Literatur ableitbare Forderung nach einer im Zeitablauf wachsenden Trennung der Steuerung der eingesetzten Fremdkapitalinstrumente, so kann man sich in der Folge der Frage widmen, inwieweit die vorangehenden Vorschläge einer inkrementell wertabhängigen Finanzierungspolitik dieser Forderung gerecht werden können.[1955]

Wie im Vorfeld dieses kurzen Exkurses bereits angedeutet, kann die Annahme eines festen, d. h. im Zeitverlauf unveränderlichen, da autonom gesteuerten, Fremdkapitalgrundstocks mit Blick auf die Forderung eines schrittweisen Übergangs zu einer wertabhängigen Finanzierungspolitik durchaus eine schwere Hypothek für diese Finanzierungsannahme darstellen. Inwieweit die vorgeschlagenen Bewertungsformeln der in der Bewertungspraxis durchaus geläufigen Einschätzung einer im Zeitablauf zunehmenden Unschärfe der Planungen gerecht werden können, dürfte jedoch auch davon abhängen, wie diese Bewertungsformeln in der Praxis mit Leben gefüllt werden (können). Blendet man die Notwendigkeit, den Bewertungsansatz in geeigneter Form konkretisieren zu können, in den folgenden Überlegungen zunächst weiterhin aus, kann eine erste abstrakte, wenn auch nur vorläufige, Einschätzung auf Basis des Aufbaus der Bewertungsformel vorgenommen werden. Geht man, wie das von der zweiten Ausprägung der Bewertungsformel gemacht wird, von einem unveränderlichen Fremdkapitalbestand der Periode 0 aus und betrachtet in den Folgeperioden lediglich die (unsicheren) Veränderungen des eingesetzten Fremdkapitalbestandes, so erscheint es, wenigstens für ein reifes und damit weitgehend stabiles Unternehmen, wenig wahrscheinlich, dass die wertabhängige Finanzierungspolitik bis zum Ende der Detailplanungsphase einen dominanten Einfluss auf die Finanzierungspolitik des Unternehmens gewinnt.[1956] An dieser Stelle erscheint es ergänzend notwendig – aufgrund der unterschiedlichen Interpretationen der inkrementell wertabhängigen Finanzierungspolitik –, eine Fallunterscheidung mit Blick auf das Risiko der einzuwerbenden Fremdkapitalschichten vorzunehmen.

1954 Unter diagonaler Trennung wird die schrittweise Zunahme des Anteils des wertabhängig gesteuerten Fremdkapitalbestandes des Unternehmens verstanden.

1955 An dieser Stelle wird unter dem Begriff einer inkrementell wertabhängigen Finanzierungspolitik ein Finanzierungsverhalten verstanden, das im Sinne einer diagonalen Trennung der wertabhängigen Finanzierungspolitik im Zeitablauf zunehmende Bedeutung einräumt.

1956 Ein Spezialfall ist hierbei sicherlich die Situation, wenn das Unternehmen gefordert ist, den eingesetzten Fremdkapitalbestand in der Zukunft zu verringern.

Betrachtet man zunächst die von Lobe (2006) vorgeschlagene Interpretation einer inkrementell wertabhängigen Finanzierungspolitik, so kann mit Blick auf die dort erfolgende, nur in den Vorperioden unsichere, Schichtung autonom gesteuerter Fremdkapitalbestände festgehalten werden, dass – bis auf wenige Sonderfälle – für eine solche Finanzierungsannahme wohl auch beim Übergang in die Rentenphase eine autonome Finanzierungspolitik als dominierende Finanzierungspolitik angesehen werden kann, die wertabhängige Finanzierungspolitik ist dagegen nur bis zum Realisationszeitpunkt der Fremdkapitalerhöhung von Bedeutung und damit vergleichsweise von kurzfristiger Natur. Der Forderung nach einer diagonalen Trennung der Finanzierungspolitiken dürfte eine solche Finanzierungspolitik damit regelmäßig nur bedingt entsprechen.[1957] Dies liegt im Fall der ersten Interpretation der wertabhängigen Finanzierungspolitik jedoch nicht ausschließlich an der Hürde, die der quasi sichere Fremdkapitalgrundstock für die diagonale Trennung der Finanzierungspolitiken darstellt. Hierfür ist auch die weiterhin nicht zu vernachlässigende Dominanz der autonomen Finanzierungspolitik für die zukünftigen Fremdkapitalschichten verantwortlich.

Ein etwas anderes Bild zeigt sich, blickt man auf die zweite Interpretation der inkrementell wertabhängigen Finanzierungspolitik. Wie die folgenden Überlegungen kurz zeigen sollen, hängt hier die Nähe zur Forderung eines schrittweisen Übergangs zu einer wertabhängigen Finanzierungspolitik maßgeblich von der Annahme des unveränderlichen Fremdkapitalgrundstocks ab. Sollte man in der Zukunft nicht von einer Vervielfachung des zum Bewertungszeitpunkt eingesetzten Fremdkapitalbestandes ausgehen, so dürfte – auch auf Basis der zweiten Interpretation der inkrementell wertabhängigen Finanzierungspolitik – der Großteil dieser Ausprägung der Finanzierungspolitik wohl weiterhin durch eine autonome Finanzierungspolitik bestimmt werden. Diese Einschätzung bestätigt sich, blickt man zunächst auf die für die zweite Interpretation der inkrementell wertabhängigen Finanzierungspolitik einschlägige Bewertungsformel für den Fall der ewigen Rente.[1958] In Abhängigkeit zu den konkreten Kapitalkosten des unverschuldeten Unternehmens und dem zu erwartenden Wachstum dürfte auch im Fall eines Abstellens auf die Rentenformel mit Wachstum weiterhin die autonome Finanzierungspolitik eine charakteristische Finanzierungspolitik für die mit dieser Bewertungsformel betrachteten Unternehmen darstellen. Grund hierfür ist, dass nur die zukünftigen Veränderungen des eingesetzten Fremdkapitals durchgängig einer

1957 Der Vorschlag von Lobe (2006) erscheint mit Blick auf die von Lobe/Essler (2008) geäußerte Vermutung, dass „[...] die Antizipierbarkeit der Fremdkapitalbestände im Zeitablauf sukzessive ab[nimmt]“, daher eine wenig plausible Operationalisierung einer inkrementell wertabhängigen Finanzierungspolitik zu sein. Vgl. Lobe/Essler (2008) S. 68.

1958 $V_{TS} = \tau_c \cdot D_0 + \frac{g \cdot \tau_c \cdot r_f \cdot D_0}{k-g}$ Vgl. dazu Lobe (2006) S. 185.

wertabhängigen Finanzierungspolitik folgen, an dem zum Bewertungszeitpunkt als unveränderlich angenommenen Fremdkapitalgrundstock wird demgegenüber auch in zukünftigen Perioden festgehalten. Zugute zu halten ist dieser Form der Finanzierungspolitik, dass ergänzende Fremdkapitalschichten als wertabhängig gesteuert angenommen werden. Will man die geforderte diagonale Trennung der Finanzierungspolitiken im Zeitablauf erreichen, so muss man sich letztlich von der Annahme eines im Zeitverlauf unveränderlichen „Mindest"-Fremdkapitalbestandes trennen.[1959] Für ein solches Vorgehen spricht das Argument einer im Zeitablauf abnehmenden Bindungswirkung bestehender vertraglicher Vereinbarungen. In der zweiten, für die inkrementell wertabhängige Finanzierungspolitik vorgeschlagenen Bewertungsgleichung müsste der erste Summand, der bisher die Annahme einer ewigen Rente für den Fremdkapitalgrundstock widerspiegelt, durch eine Reihe zusätzlicher Summanden, die den Abbau des autonom geplanten Fremdkapitalbestandes abbilden, ersetzt werden. An dieser Stelle wird man sich – spätestens jedoch, wenn man gefordert ist, die Bewertungsannahme mit Leben zu füllen – der Frage stellen müssen, wie der Übergang von autonomer zu wertabhängiger Finanzierungspolitik konkret auszugestalten ist und welche Zeitspanne dieser Übergang in Anspruch nimmt.[1960] Denkbar wäre an dieser Stelle, erneut auf das aus dem vorangehenden Abschnitt bekannte Kriterium der Fristigkeit der eingesetzten Fremdkapitalinstrumente abzustellen. Ob der im Vorfeld als wünschenswert zu bezeichnende diagonale Übergang von autonomer zu wertabhängiger Finanzierungspolitik durch ein solches Vorgehen problemlos abgebildet wird, kann jedoch durchaus bezweifelt werden.[1961]

Mit Blick auf die Annahme eines „Mindest"-Fremdkapitalbestandes kann zunächst festgehalten werden, dass diese Annahme neben einer gewissen Künstlichkeit i. d. R. auch dazu führen wird, dass der in der Literatur mitunter befürwortete Übergang von einer autonomen zu einer wertabhängigen Finanzierungspolitik wohl nur unvollständig erreicht wird. Ausgehend von der Diskussion zur Annahme eines „Mindest"-Fremdkapitalbestandes, die bereits einen Vorgriff auf die zukünftigen Veränderungen der Fremdkapitalbestände beinhaltet, kann in einem zweiten Schritt die unterschiedliche Behandlung der zukünftigen Veränderung der

1959 Sinn macht ein solcher Schritt mit Blick auf die Vorüberlegungen jedoch lediglich für die zweite Interpretation der inkrementell wertabhängigen Finanzierungspolitik.

1960 Damit wird an dieser Stelle bereits die noch zu betrachtende Frage der Länge der Detailplanungsphase gestellt.

1961 Dies dürfte einerseits von den eingesetzten Fremdkapitalinstrumenten, der Granularität der Kapitalstruktur als auch der Länge der unterstellten Detailplanungsphase abhängen.

Fremdkapitalbestände im Licht zur Forderung nach einer diagonalen Trennung der Finanzierungspolitiken näher betrachtet werden.[1962]

Zu den Eigenschaften der ersten Interpretation der inkrementell wertabhängigen Finanzierungspolitik

Zunächst sei auf die von Lobe (2006) vorgeschlagene erste Interpretation der inkrementell wertabhängigen Finanzierungspolitik geblickt, also der Fall näher betrachtet, bei dem die ergänzende Fremdkapitalschicht ausschließlich zum Zeitpunkt der Kapitalaufnahme mit der Unsicherheit behaftet ist. Wie die nachfolgenden Überlegungen nochmals hervorheben werden, ist diese Annahme zur Finanzierungspolitik mit der Annahme einer diagonalen Trennung der „klassischen" Finanzierungspolitiken nur im Falle einer eher oberflächlichen Betrachtung kompatibel. Mit den zweiten Summanden der Gleichung (4.9)wird zwar so die zum Bewertungszeitpunkt bestehende Unsicherheit über die Veränderung des Fremdkapitalbestandes des Jahres 1 berücksichtigt, durch das Abstellen auf den Fall der ewigen Rente im weiteren Verlauf[1963] wird jedoch für die Jahre 2 bis n in der Folge eine rein autonome Finanzierungspolitik mit Blick auf die Fremdkapitalaufnahme des Planjahres 1 unterstellt. In Rückgriff auf die Illustration des vorangehenden Abschnittes kann man hier von einer, den Fremdkapitalgrundstock dauerhaft ergänzenden, Fremdkapitalschicht sprechen, deren Höhe zwar aus Sicht des Jahres 0 mit Unsicherheit behaftet ist, die aber in den folgenden Perioden mit der Realisation der Finanzierungsentscheidung schwindet. Man kann mit Blick auf die in der Bewertungsgleichung gewählte Operationalisierung erneut das Argument der Bindungswirkung vertraglicher Vereinbarungen bemühen, um ein solches Finanzierungsverhalten zu untermauern. Überzeugend scheint eine solche Annahme für den Fall, dass man der Enge der autonomen Finanzierungspolitik durch eine Kombination mit der wertabhängigen Finanzierungspolitik entfliehen wollte, letztlich jedoch nicht zu sein. Erinnert man sich der Überlegungen zur „klassischen" autonomen Finanzierungspolitik, so kann auch an dieser Stelle festgehalten werden, dass vertragliche Vereinbarungen zwar auf die Zukunft ausgerichtete bindende Absichtserklärungen der Vertragsparteien darstellen, ohne jedoch die Zukunft selbst mit absoluter Sicherheit festschreiben zu können. Etwas flapsig könnte man an dieser Stelle so einwerfen, dass sich weder Weltkonjunktur noch der weltweite

1962 Letztlich kann auch erst an dieser Stelle eine Unterscheidung der alternativen Vorschläge zur inkrementell wertabhängigen Finanzierungspolitik vorgenommen werden.

1963 Anstelle der verkürzten Darstellung in der Gleichung (4.9) könnte man den ersten Summanden auch durch folgenden Ausdruck ersetzen: $\frac{\tau_c \cdot \frac{r_f \cdot \Delta D_1}{r_f}}{(1+k)^1}$.

Erfolg eines neuen Produktes durch die Vereinbarungen des Unternehmens mit den Fremdkapitalgebern festschreiben lassen. Dieser Einwurf gilt auch dann, wenn man – wie im Rahmen der ersten Interpretation der inkrementell wertabhängigen Finanzierungspolitik – in einem ersten Schritt berücksichtigt, dass die Fremdkapitalbestände einem Risiko vergleichbar zum Unternehmensrisiko ausgesetzt sind. Hält man dennoch an der künstlichen Annahme einer weitgehend autonomen Steuerung des ergänzenden Fremdkapitals fest, so kann einfach gezeigt werden, dass der Anteil der Fremdkapitalinstrumente, die einer passiven Steuerung des Fremdkapitals unterliegen – wenig praxisrelevant erscheinende Sonderfälle seien hier ausgeblendet –, einen dauerhaft dominierenden Anteil für die erste Interpretation der inkrementell wertabhängigen Finanzierungspolitik einnehmen. Zwar nimmt die Bedeutung der wertabhängigen Finanzierungspolitik mit zunehmender Entfernung vom Bewertungszeitpunkt zu,[1964] das Ziel eines schrittweisen Übergangs zu einer wertabhängigen Finanzierungspolitik dürfte mit einer solchen Annahme zur Finanzierungspolitik jedoch regelmäßig verfehlt werden.

Auch an dieser Stelle – losgelöst von dem steigenden Einfluss des Kapitalkostensatzes des unverschuldeten Unternehmens in der Bewertungsgleichung – ist festzuhalten, dass eine genuin wertabhängige Finanzierungspolitik, also eine wertabhängige Steuerung des Fremdkapitalbestandes, bei dieser Form der Finanzierungspolitik letztlich immer nur einmalig für einen begrenzten Fremdkapitalbestand erfolgt. Dies ist letztlich auch dann der Fall, wenn man sich von der künstlich wirkenden Annahme trennt, dass ergänzende Fremdkapitalschichten dauerhaft im Unternehmen gebunden sind. Auch in diesem Fall würde der als risikolos angenommene Fremdkapitalgrundstock, um weitere – wenn auch an dieser Stelle nur zeitlich begrenzte –, während der Laufzeit jedoch überwiegend autonom gesteuerte Fremdkapitalanteile ergänzt werden. Man erweitert an dieser Stelle, ausgehend von der „naiven" Interpretation der autonomen Finanzierungspolitik, letztlich die Annahme der in Abschnitt 4.3.1.1. diskutierten allgemeinen Form der autonomen Finanzierungspolitik[1965] lediglich um den in i. d. R. vereinfachend ausgeblendeten Aspekt des (Re-) Finanzierungsrisikos. Eine solche Finanzierungspolitik kann auch unter dem Oberbegriff einer schichtweisen oder gestaffelten autonomen Finanzierungspolitik unter Berücksichtigung des Refinanzierungsrisikos zusammengefasst werden. Aufgrund der zeitlich limitierten Bedeutung der wertabhängigen Finanzierungspolitik im Rahmen dieser Finanzierungsannahme scheint diese Bezeichnung ggü. dem Begriff der inkrementell wertabhängigen Finanzierungspolitik treffgenauer zu sein. Unter entsprechenden Rahmenbedingungen kann diese Form der Finanzierungspolitik eine durchaus gerechtfertigte

1964 So werden bei dieser Form der Finanzierungspolitik – wie bereits hervorgehoben – die Perioden vor einer Realisierung eines ergänzenden Fremdkapitalbestandes als unsicher angenommen.

1965 Der zunächst diskutierte Vorschlag Lobes (2006) beinhaltet damit letztlich nur eine Erweiterung der „naiven" Interpretation der autonomen Finanzierungspolitik.

bzw. begründbare Bewertungsannahme für Unternehmen darstellen. Festzuhalten ist jedoch, dass eine solche Finanzierungspolitik regelmäßig nicht deckungsgleich mit der Annahme ist, die an dieser Stelle hinter dem Oberbegriff der inkrementell wertabhängigen Finanzierungspolitik bzw. der Interpretation der zunehmende Dominanz einer wertabhängigen Finanzierungspolitik im Zeitverlauf auf Basis des kurzen Exkurses vermutet wurde.[1966] Ein Befreiungsschlag gegen die Enge der autonomen Finanzierungspolitik stellt diese Form der inkrementell wertabhängigen Finanzierungspolitik mit den getroffenen Annahmen in der Gesamtbetrachtung nicht dar, kann man dieser Finanzierungspolitik über weite Strecken doch vergleichbare Vorwürfe machen wie der „klassischen" autonomen Finanzierungspolitik. Hinter dem Vorschlag von Lobe (2006) steht letztlich eine andere Interpretation des Begriffs inkrementell, als in diesem Abschnitt in einem kurzen Exkurs abgeleitet wurde. Zu kritisieren ist diese Form der inkrementell wertabhängigen Finanzierungspolitik deshalb nicht, es erscheint jedoch fraglich, wie die mit dieser Finanzierungspolitik geäußerte Einschätzung eines Übergangs zu einer wertabhängigen Finanzierungspolitik erreicht werden kann,[1967] wurde doch gezeigt, dass der Bedeutungsgewinn der wertabhängigen Finanzierungspolitik im Rahmen der von Lobe (2006) vorgeschlagenen Finanzierungspolitik lediglich von kurzfristiger Natur ist.[1968]

Die zweite Interpretation der inkrementell wertabhängigen Finanzierungspolitik rückt, hält man an der im Vorfeld geäußerten Vermutung fest, dass die in der Zukunft aufgenommenen Fremdkapitalschichten vor allem von einer wertabhängigen Finanzierungspolitik determiniert werden, damit in den Vordergrund. Blickt man auf die zweite Bewertungsformel, so spiegelt sich darin die Vermutung, dass zukünftige Veränderungen des Fremdkapitals dauerhaft mit Unsicherheit behaftet sind, wider. Neben einem Rückgriff auf einen verlässlichen Fremdkapitalgrundstock wird für das zukünftige Finanzierungsverhalten des Unternehmens

1966 Der Oberbegriff der inkrementell wertabhängigen Finanzierungspolitik ist – auch wenn in diesem Abschnitt eine andere Auffassung vertreten wird – auch für den Vorschlag von Lobe (2006) keine falsche Bezeichnung. Man könnte diese Form der Finanzierungspolitik – um Verwechslungen zu vermeiden – jedoch auch als erweiterte autonome Finanzierungspolitik bezeichnen.

1967 Die Einschätzung von Lobe (2006), dass der Einfluss der autonomen Finanzierungsschichten „[...] sukzessive durch den Einfluss wertabhängiger Fremdfinanzierungsschichten – soweit diese nicht null betragen – überlagert wird", erscheint vor dem Hintergrund des vorangehenden Abschnittes daher nur bedingt nachvollziehbar. Lobe (2006) S. 186. Trifft die von Lobe (2006) geäußerte Einschätzung doch bestenfalls auf die zweite Interpretation der inkrementell wertabhängigen Finanzierungspolitik zu, da der Vorschlag von Lobe (2006) bestenfalls punktuell tatsächlich einer wertabhängigen Finanzierungspolitik folgt.

1968 Ähnlich unklar erscheint, welche Form der inkrementell wertabhängigen Finanzierungspolitik Lobe/Essler (2008) vor Augen hatten, als sie diese Finanzierungspolitik als phasenunabhängig bezeichnet haben. Vgl. Lobe/Essler (2008) S. 67.

eine Abhängigkeit von der Entwicklung des Unternehmenswertes unterstellt. Mit anderen Worten wird für diese Form der Finanzierungspolitik auf eine „naive" Interpretation der autonomen Finanzierungspolitik sowie auf eine Ausprägung der „klassischen" wertabhängigen Finanzierungspolitik abgestellt. Eine Trennung der Steuerung der eingesetzten Fremdkapitalbestände erfolgt hierbei letztlich zwischen dem zum Bewertungszeitpunkt bereits im Unternehmen eingesetzten Fremdkapitalbestand und den, diesen Fremdkapitalgrundstock in der Zukunft, ergänzenden Fremdkapitalinstrumenten. Die zweite Interpretation der inkrementell wertabhängigen Finanzierungspolitik weist so eine unverkennbare Ähnlichkeit zur segmentiert wertabhängigen Finanzierungspolitik des Abschnitts 4.4.2. auf. Völlig deckungsgleich sind beide Finanzierungspolitiken dennoch nicht. Ein Unterschied zwischen segmentiert wertabhängiger und inkrementell wertabhängiger Finanzierungspolitik besteht – neben den unterschiedlichen Kriterien für eine Aufspaltung der „klassischen" Finanzierungspolitiken – letztlich darin, dass die Annahme einer inkrementell wertabhängigen Finanzierungspolitik ohne die Annahme eines im Zeitverlauf festen Verhältnisses der „klassischen" Finanzierungspolitiken zueinander auskommt. Erinnert man sich an die im Abschnitt zur segmentiert wertabhängigen Finanzierungspolitik geäußerte Kritik zurück, so kann festgehalten werden, dass die regelmäßig als zu eng empfundene Annahme eines festen Verhältnisses von autonomer und wertabhängiger Finanzierungspolitik der segmentiert wertabhängigen Finanzierungspolitik mit der Annahme einer inkrementell wertabhängigen Finanzierungspolitik durchbrochen werden kann.[1969] Es erscheint jedoch im Rahmen der inkrementell wertabhängigen Finanzierungspolitik möglich, den zuvor betrachteten Fall einer segmentiert wertabhängigen Finanzierungspolitik abzubilden.

Es kann so festgehalten werden, dass die zweite Interpretation der inkrementell wertabhängigen Finanzierungspolitik die Annahme einer segmentiert wertabhängigen Finanzierungspolitik enthalten kann. Damit besteht jedoch ein Großteil der im vorangehenden Abschnitt für die Annahme einer segmentiert wertabhängigen Finanzierungspolitik identifizierten Probleme auch für die zweite Form der inkrementell wertabhängigen Finanzierungspolitik unverändert fort. Man kann daher auch an dieser Stelle hinterfragen, inwieweit der Vorschlag einer Aufspaltung der Finanzierungspolitiken auf Basis des Fremdkapitalbestandes und der zukünftigen Planung ein stabiles Gerüst für eine Aufspaltung in einen autonom und einen wertabhängig gesteuerten Fremdkapitalbestand erlaubt. Nimmt man von der in der Praxis wohl relativ selten zutreffenden Annahme, dass Unternehmen über einen homogenen Fremdkapitalbestand verfügen, Abstand, so zeigt sich vergleichsweise einfach die Künstlichkeit des für die inkrementell wertabhängige

1969 Es ist an dieser Stelle jedoch darauf hinzuweisen, dass hier erneut der an anderer Stelle getätigte Einwurf gilt, dass mit der Verallgemeinerung der Annahme zur Finanzierungspolitik i. d. R. ein Teil der Probleme auf die Frage, wie eine solche Finanzierungspolitik mit Leben zu füllen verlagert wird.

Finanzierungspolitik vorgeschlagenen Kriteriums zur Trennung der „klassischen“ Finanzierungspolitiken. Man kann auch an dieser Stelle auf die aus dem Abschnitt zur segmentiert wertabhängigen Finanzierungspolitik bekannte Argumentation abstellen, dass kurzfristiges Fremdkapital – unabhängig davon, ob der Fremdkapitalbestand oder die zukünftige Planung betroffen ist – einer wertabhängigen Finanzierungspolitik zugeordnet werden kann. Auf eine detaillierte Betrachtung der Legitimität dieser Annahme einer inkrementell wertabhängigen Finanzierungspolitik sei mit dem Verweis auf die Ausführungen des vorangehenden Abschnittes jedoch verzichtet.

Abschließend ist damit zunächst festzuhalten, dass man unter dem Oberbegriff der inkrementell wertabhängigen Finanzierungspolitik neben einer Unterform der autonomen Finanzierungspolitik auch eine allgemeinere Form der von Richter (1998) vorgeschlagenen segmentiert wertabhängigen Finanzierungspolitik verstehen kann. Gänzlich überzeugen dürfte jedoch auch diese Finanzierungsannahme nicht, bestehen doch in weiten Teilen die für die segmentiert wertabhängige Finanzierungspolitik aufgeführten Kritikpunkte auch für diese erweiterte Annahme unverändert weiter. Daneben kommt die mit der zweiten Bewertungsformel implizit vorgeschlagene Ausprägung der inkrementell wertabhängigen Finanzierungspolitik der Vorstellung eines, unter dem Oberbegriff der diagonalen Trennung zusammengefassten, schrittweisen Übergangs von einer autonomen zu einer wertabhängigen Finanzierungspolitik nur oberflächlich nahe. In einem Großteil der Bewertungsfälle wird auch bei dieser Interpretation der inkrementell wertabhängigen Finanzierungspolitik in der Rentenphase wohl ein dominanter Einfluss der autonomen Finanzierungspolitik gegenüber der wertabhängigen Finanzierungspolitik erhalten bleiben. Wie bereits festgehalten wurde, ist es durchaus denkbar, die Bewertungsformel so zu erweitern, dass die nachlassende Bindungswirkung des vertraglichen Gerüsts und damit die Abkehr von einer autonomen Finanzierungspolitik mit der Bewertungsformel abgebildet werden kann. Ein Problem einer solchen erweiterten Bewertungsformel dürfte jedoch weniger in der Formulierung des formalen Gerüsts für eine diagonale Trennung der Finanzierungspolitiken darstellen als die Schwierigkeit, diese Bewertungsformel in geeigneter Form mit Leben zu füllen. Dieser durchaus grundlegenden Frage sei sich im nachfolgenden Abschnitt näher gewidmet.

4.4.3.2. Exkurs: Zum Fall eines zukünftigen Rückgangs des eingesetzten Fremdkapitalbestandes

Abschließend soll, bevor sich der Frage nach der Praktikabilität der inkrementell wertabhängigen Finanzierungspolitik gewidmet wird, eine in der bisherigen Betrachtung vereinfachend ausgeblendete Fragestellung näher beleuchtet werden. Betrachtet man – anders, als dies für die im Vorfeld getätigten Überlegungen der Fall war – die Situation, in der sich das Unternehmen in der Zukunft einem Rückgang des eingesetzten Unternehmenswertes ausgesetzt sieht, so zeigt sich eine Schwäche sowohl bei der ersten als auch der zweiten Interpretation der inkrementell wertabhängigen Finanzierungspolitik. Das Unternehmen muss, folgt es, wie im Rahmen der zweiten Interpretation der inkrementell wertabhängigen Finanzierungspolitik unterstellt, in der Zukunft einer genuin wertabhängigen Finanzierungspolitik, in diesem Fall den in der Zukunft bestehenden Fremdkapitalüberhang zurückführen.[1970] In Abhängigkeit zum verwendeten Planungsansatz bzw. zur verwendeten Planungsdoktrin können an dieser Stelle zwei Fälle der Rückführung des eingesetzten Fremdkapitals unterschieden werden. Die Fallunterscheidung ist insbesondere für die zweite Interpretation der inkrementell wertabhängigen Finanzierungspolitik von Bedeutung, da die vorgeschlagene Bewertungsformel in Abhängigkeit zum konkret betrachteten Fall an ihre Grenzen stößt und in der Folge zu einem wenig vertrauenswürdigen Bewertungsergebnis führen kann.[1971] Zunächst sei der aus Sicht der Bewertungsformel bzw. des Bewertungsergebnisses weniger problematische Fall der Rückführung des eingesetzten Fremdkapitals betrachtet. Denkbar erscheint eine solche Konstellation in der Bewertungspraxis u. a. dann zu sein, wenn Unternehmen nach einem Zeitraum stabilen operativen Wachstums eine kurze Schwächephase durchlaufen. Aufgrund der zukünftigen operativen Schwächephase überschreitet der im Unternehmen eingesetzte Fremdkapitalbestand das optimale bzw. mit den Fremdkapitalgebern vereinbarte Verschuldungsniveau. Vergleichbar zur „klassischen" wertabhängigen Finanzierungspolitik wird es auch hier in der Folge daher notwendig, einen Teil des eingesetzten Fremdkapitalbestandes abzubauen. Aufgrund des Wachstums der Vorperioden kann jedoch vermutet werden, dass das Unternehmen, unter der Annahme einer inkrementell wertabhängigen Finanzierungspolitik, neben dem autonom gesteuerten Fremdkapitalgrundstock zusätzliche Fremdkapitalmittel eingeworben hat. Im Kontrast zum bestehenden Fremdkapitalgrundstock unterliegen diese ergänzenden Fremdkapitalbestände jedoch einer wertabhängigen Steuerung.

An dieser Stelle kann man zunächst die Frage stellen, welche der im Unternehmen eingesetzten Fremdkapitalschichten infolge der operativen Schwächephase abgebaut werden müssen. Blickt man auf die Definition der alternativen Finanzierungspolitiken bzw. auf die in den vorangehenden Abschnitten vorgenommenen Überlegungen zu den verschiedenen Finanzierungsstrategien, so erscheint es

1970 Auch für die erste Interpretation der inkrementell wertabhängigen Finanzierungspolitik sind Rahmenbedingungen denkbar bei der ein Abbau einer autonomen Fremdkapitalschicht notwendig sind. So eingängig wie im Fall der zweiten Interpretation stellt sich die Situation jedoch nicht dar, darum sei zunächst vereinfachend die zweite Interpretation der inkrementell wertabhängigen Finanzierungspolitik betrachtet.

1971 Für die erste Interpretation der inkrementell wertabhängigen Finanzierungspolitik ist dagegen keine Fallunterscheidung notwendig, da ein Rückgang des eingesetzten Fremdkapitals unweigerlich zu einem – wenn auch kleinen – Bewertungsfehler führt.

durchaus gerechtfertigt, anzunehmen, dass in einem ersten Schritt zunächst die wertabhängig gesteuerten Fremdkapitalschichten abgebaut werden.[1972] Geht man davon aus, dass die Schwächephase des Unternehmens nicht von existenzbedrohender Natur ist – dies wurde im angeführten Beispiel implizit vermutet –, dürfte regelmäßig lediglich der wertabhängig gesteuerte Teil des Fremdkapitalbestandes zur Disposition stehen.[1973] Ein im Vergleich zur Vorperiode sinkendes ΔD ist insoweit unproblematisch in der skizzierten Bewertungsgleichung abzubilden, da durch die Reduzierung des Einsatzes des Fremdkapitals lediglich Mittel betroffen sind, die einer wertabhängigen Finanzierungspolitik unterliegen. Mit Blick auf die eingesetzte Bewertungsformel bedeutet dies, dass der Wertbeitrag des wertabhängig gesteuerten Fremdkapitals im schlimmsten Fall null beträgt oder aber unterhalb des Wertbeitrages des Vorjahres liegt.[1974] Einen Schritt weiter muss man gehen, wendet man sich dem zweiten, in der Praxis denkbaren, Fall einer Reduzierung des eingesetzten Fremdkapitalbestandes zu. Für diesen Fall reicht es, beispielsweise aufgrund des Umfangs der operativen Schwäche des Unternehmens,[1975] nicht mehr aus, nur die wertabhängig gesteuerten Fremdkapitalschichten zu reduzieren. Vielmehr muss an dieser Stelle nun auch die autonom gesteuerte Fremdkapitalschicht, die als sicher angenommen wurde, reduziert werden. Für diesen Fall zeigt die vorgeschlagene Bewertungsformel eine nicht zu vernachlässigende Schwäche, die deutlich wird, wenn man nochmals auf die Bewertungsformel bzw. die hinter dieser Bewertungsformel stehenden Annahmen blickt. Der erste Summand, darauf wurde bereits verwiesen, stellt einen zum Bewertungszeitpunkt für

1972 Die Gründe für eine solche Argumentation können vielfältig sein. Man kann an dieser Stelle beispielsweise darauf abstellen, dass eine Reduktion des eingesetzten Fremdkapitals im Interesse der Kapitalgeber der wertabhängig gesteuerten Fremdkapitalinstrumente ist. Unzweifelhaft ist diese Zuordnung jedoch nicht, könnte man doch auch darauf abstellen, dass Unternehmen an dieser Stelle versucht sind, die Finanzierung des Unternehmens im Sinne des Market-Timings zu optimieren, und – unabhängig von der Steuerung der Fremdkapitalinstrumente – zunächst versuchen, Fremdkapital mit unvorteilhaften Konditionen abzulösen.

1973 Diese hier vereinfachend getroffene Annahme bedeutet jedoch im Umkehrschluss nicht, dass tiefgehende Einschnitte, wie beispielsweise im Fall einer zugleich erfolgenden Reduzierung der autonom gesteuerten Finanzierungsschicht, zu einer Existenzbedrohung des Unternehmens führen müssen.

1974 Blickt man auf die an Lobe (2006) angelehnte Nomenklatur, so erscheint in diesem Zusammenhang die Bezeichnung ΔD etwas verwirrend. Plausibler erscheint mit Blick auf die vorangehenden Überlegungen an dieser Stelle die Bezeichnung $D_{wertabh}$ für den periodenspezifischen Anteil des wertabhängig gesteuerten Fremdkapitals.

1975 Denkbar an dieser Stelle ist grundsätzlich auch der Fall, in dem das Unternehmen bereits im Planjahr 1 – also zu einem Zeitpunkt, an dem noch keine wertabhängige Fremdkapitalschicht aufgebaut wurde – einen Rückgang des operativen Ergebnisses des Unternehmens erwartet.

die zukünftige Entwicklung des Unternehmens als unveränderbar angenommenen Fremdkapitalgrundstock dar, während die folgenden Summanden die zukünftigen (risikobehafteten) Veränderungen des Fremdkapitalbestandes darstellen.

In dem an dieser Stelle betrachteten zweiten Fall der Adjustierung der Kapitalstruktur wird die Annahme eines unveränderlichen Fremdkapitalgrundstocks jedoch durch einen auf diese Fremdkapitalschicht durchschlagenden Abbau des Fremdkapitals angegriffen. Dies führt in der Folge zu der m. E. nach etwas merkwürdigen Konstellation, dass zum Zeitpunkt des Abbaus eines Teils des Fremdkapitalbestandes mit dem ersten Summanden zunächst weiterhin von einem unveränderten Fremdkapitalgrundstock ausgegangen wird und dies erst in einem zweiten Schritt durch die folgenden Terme der Bewertungsgleichung korrigiert wird. Würde sowohl im ersten wie auch im zweiten Summanden eine autonome Finanzierungspolitik unterstellt werden, so wäre ein solcher Ansatz wohl als etwas umständlich bzw. wenig eingängig zu bezeichnen, das Bewertungsergebnis würde jedoch letztlich durch einen solchen Umweg nicht verfälscht werden. Diese Neutralität ist jedoch nicht zu erwarten, geht man davon aus, dass der Fremdkapitalgrundstock und die zukünftige Veränderung der Kapitalstruktur, wie im Fall der inkrementell wertabhängigen Finanzierungspolitik, auf unterschiedlichen Finanzierungsprämissen beruhen. An dieser Stelle gelangt man durch eine „nachträgliche" Korrektur der Annahme zur Finanzierungspolitik nicht zu dem Ergebnis, das man erreicht hätte, wäre man den geradlinigen Weg gegangen.[1976] Weniger stark ausgeprägt zeigt sich dieses Problem bei der von Lobe (2006) vorgeschlagenen ersten Interpretation der inkrementell wertabhängigen Finanzierungspolitik.

In der Gesamtschau werden bei dieser Ausprägung der inkrementell wertabhängigen Finanzierungspolitik zwar nicht zwei gänzlich unterschiedliche Finanzierungspolitiken betrachtet, jedoch gilt auch hier, dass der Wertbeitrag der unterschiedlichen Fremdkapitalschichten nicht deckungsgleich ist. So unterscheidet sich der Wertbeitrag des Fremdkapitalgrundstocks von den späteren „negativen" Fremdkapitalschichten, die zunächst das operative Risiko des Unternehmens tragen. Deutlich wird dies letztlich anhand des Beispiels von Lobe (2006), bei dem die deutliche Reduzierung des eingesetzten Fremdkapitals ausschließlich auf den zunächst als sicher angenommenen Fremdkapitalgrundstock durchschlägt. Ausgehend von einem Basisfall, in dem ein Unternehmen über einen Fremdkapitalgrundstock in Höhe von 1.000 GE verfügt, zeigt Lobe (2006), dass im Fall einer Reduzierung des ausstehenden Fremdkapitalbestandes um 900 GE in Planjahr 1 die Annahme einer inkrementell wertabhängigen Finanzierungspolitik gegenüber

1976 Man kann an dieser Stelle einwerfen, dass das skizzierte Problem in erster Linie die Operationalisierung der inkrementell wertabhängigen Finanzierungspolitik betrifft und keine konzeptionelle Stolperfalle. Dem kann entgegnet werden, dass jede Kombination aus autonomer und wertabhängiger Finanzierungspolitik sich der grundsätzlichen Frage nach den Folgen möglicher entgegengesetzter Interessen aus beiden Finanzierungspolitiken stellen muss.

einer klassischen autonomen bzw. wertabhängigen Finanzierungspolitik mit dem höchsten Wertbeitrag der Fremdfinanzierung verbunden ist.[1977] Auf den ersten Blick erscheint ein solches Ergebnis überraschend, wurde doch im Vorfeld mehrfach darauf verwiesen, dass die autonome und die wertabhängige Finanzierungspolitik mögliche Eckpunkte hinsichtlich der zu erwartenden Höhe des Wertbeitrages der Fremdfinanzierung darstellen. Wie ist an dieser Stelle also die Beobachtung zu erklären, dass in dem von Lobe (2006) betrachteten Fall der Wertbeitrag der Fremdfinanzierung bei Annahme einer inkrementell wertabhängigen Finanzierungspolitik – die sich als gemischte Finanzierungspolitik aus beiden Finanzierungsprämissen zusammensetzt –[1978] über dem Wertbeitrag der Fremdfinanzierung im Fall einer autonomen Finanzierungspolitik liegt, der i. d. R. die Wertobergrenze des Wertbeitrages der Fremdfinanzierung beschreibt?[1979] Richtet man den Blick auf die hier getroffenen Vorüberlegungen, so erscheint die Beobachtung, dass der Wertbeitrag der inkrementell wertabhängigen Finanzierungspolitik den Wertbeitrag einer autonomen Finanzierungspolitik übersteigt, wenig verwunderlich. Dieser Effekt dürfte dem Umstand geschuldet sein, dass die Anpassung des Fremdkapitalbestandes im Rahmen der inkrementell wertabhängigen Finanzierungspolitik im Fall eines Rückgangs des eingesetzten Fremdkapitals auf Basis der eingesetzten Bewertungsformel nur unvollständig erfolgt. Da der Wertbeitrag der Fremdfinanzierung bei Annahme einer rein autonomen Finanzierungspolitik den Wertbeitrag bei Annahme einer – wenn auch nur kurzfristigen – wertabhängigen Finanzierungspolitik übersteigt, bleibt nach Adjustierung der Kapitalstruktur, wendet man die vorgeschlagene Bewertungsformel an, ein Rest des Wertbeitrags des unter einer autonomen Finanzierungspolitik vereinnahmten Tax-Shields zurück. Es tritt also die wenig einleuchtende Situation ein, dass im Rahmen der Bewertung ein – wenn auch nur geringfügiger – Teil des Wertbeitrages eines Fremdkapitalschicht erhalten bleibt, die aufgrund der tatsächlichen Unternehmensentwicklung wenigstens zeitweise nicht gehoben werden kann. Implizit wird für den zweiten Fall der Rückführung des Fremdkapitalüberhangs im Rahmen der Bewertung der inkrementell wertabhängigen Finanzierungspolitik damit auf einen Wertbeitrag der Fremdfinanzierung abgestellt, der im Lichte der tatsächlichen Entwicklungen als Phantom-Wertbeitrag bezeichnet werden kann.

1977 Vgl. Lobe (2006) S. 182.

1978 Man würde also an dieser Stelle vermuten, dass der Wertbeitrag der Fremdfinanzierung bei einer inkrementell wertabhängigen Finanzierungspolitik zwischen den Eckpunkten dieser Finanzierungspolitiken liegt.

1979 Vgl. dazu auch Lewellen/Emery (1986) S. 418. Auch an dieser Stelle wird vereinfachend eine vergleichbare Planungspolitik unterstellt, d. h., der im Unternehmen eingesetzte Fremdkapitalbestand ist unabhängig von der Annahme zur Finanzierungspolitik. Wie mit den vorangehenden Abschnitten deutlich geworden ist, dürfte diese Annahme in der Regel künstlich sein, da am Unternehmenswert andockende Planungen anders aussehen dürften als deterministische Planungen des Fremdkapitalbestandes.

Überzeugend scheint eine solche Annahme bzw. ein solches Bewertungsergebnis für die Praxis regelmäßig nicht zu sein, unterstellt man doch zeitgleich ein Festhalten an einem autonom geplanten Fremdkapitalbestand sowie eine wertabhängig getriebene Korrektur. Dass aus diesem Widerstreit unterschiedlicher Finanzierungsstrategien schließlich ein Mehrwert mündet, der dem Unternehmen in Form einer Erhöhung des Marktwertes zufließt, illustriert diesen inhaltlichen Bruch der Bewertungsannahmen eingängig. Lewellen/Emery (1986) ziehen deshalb den hier naheliegenden Schluss, dass eine inkrementell wertabhängige Finanzierungspolitik nur für wachsende Unternehmen eine akzeptable Finanzierungsannahme darstellen kann.[1980] Man kann aus dieser Beobachtung zwei mögliche Schlussfolgerungen ableiten. Einerseits kann man über den skizzierten inneren Widerspruch der inkrementell wertabhängigen Finanzierungspolitik die Notwendigkeit ableiten, das Finanzierungsverhalten im Fall eines Rückgangs des Unternehmenswertes und damit die Gestalt der Bewertungsformel zu überdenken. Andererseits, kann – möchte man an der vorgestellten Form der inkrementell wertabhängigen Finanzierungspolitik festhalten – an dieser Stelle eingeworfen werden, dass der beschriebene zweite Fall der Reduktion des eingesetzten Fremdkapitals für die inkrementell wertabhängige Finanzierungspolitik letztlich lediglich ein theoretisches Problem darstellt, das für diese Finanzierungspolitik erst gar nicht eintreten darf. Dieser Einwurf ist nicht von der Hand zu weisen, hat man doch bereits mit der Betrachtung des Falls, dass man einen Teil des als unveränderlich angenommenen Fremdkapitalgrundstocks zurückführen muss, bereits eine grundlegende Prämisse der inkrementell wertabhängigen Finanzierungspolitik verletzt. Das Eintreten des für die innere Konsistenz schädlichen Falles einer Rückführung der eingesetzten Fremdkapitalbestände ist daher eher als ein Indiz für eine unvollständige Planung zu interpretieren denn als ein Zeichen für eine Unstimmigkeit in der zugrunde gelegten Finanzierungsannahme. An dieser Stelle besteht letztlich ein Widerstreit zwischen einer möglichen Plausibilitätsschwäche bzw. einem Mangel an Praktikabilität der inkrementell wertabhängigen Finanzierungspolitik.

Die vorangehenden Abschnitte haben gezeigt, dass beide Aspekte letztlich zwei Seiten einer Medaille abbilden, die beide eine zentrale Rolle für die Gesamtbeurteilung der Praxistauglichkeit der Finanzierungsannahme spielen. Aus konzeptioneller Sicht erscheint es damit zwar verständlich, in der Gesamtschau jedoch wenig überzeugend, ein mögliches Plausibilitätsproblem der inkrementell wertabhängigen Finanzierungspolitik primär als ein Problem der Frage zu sehen, wie diese Form der Finanzierungspolitik in geeigneter Form mit Leben gefüllt werden kann. Dies zeigt sich im nachfolgenden Abschnitt, in dem diese nicht weniger bedeutsame Frage der Praktikabilität der inkrementell wertabhängigen Finanzierungspolitik nochmals näher beleuchtet werden soll.

1980 Vgl. Lewellen/Emery (1986) S. 423.

4.4.3.3. *Zur Praktikabilität der Annahme einer inkrementell wertabhängigen Finanzierungspolitik*

Hat man sich in einem ersten Schritt näher mit der inneren Plausibilität der inkrementell wertabhängigen Finanzierungspolitik beschäftigt, so muss auch für die möglichen Ausprägungen der Finanzierungspolitik in einem zweiten Schritt die Frage geklärt werden, wie die Finanzierungsannahme für den konkreten Bewertungsfall mit Leben gefüllt werden kann. Mit Blick auf die vorangehenden Abschnitte zu den gemischten Finanzierungspolitiken sollen auch für den Fall einer inkrementell wertabhängigen Finanzierungspolitik die folgenden Ausführungen vergleichsweise knapp gehalten werden. In Teilen kann so auch für diese Finanzierungsstrategie auf die Vorüberlegungen zu den „klassischen" Finanzierungspolitiken verwiesen werden. Eine Besonderheit stellt hierbei jedoch erneut die Notwendigkeit dar, für die inkrementell wertabhängige Finanzierungspolitik eine Fallunterscheidung für die beiden denkbaren Interpretationen vorzunehmen. Die Gestalt des folgenden Abschnittes ist, wenigstens mittelbar von dem Blickwinkel abhängig, der auf die inkrementell wertabhängige Finanzierungspolitik in den vorangehenden Unterabschnitten gewählt wurde. So ist für die von Lobe (2006) vorgeschlagene Form der inkrementell wertabhängigen Finanzierungspolitik sicherlich ein stärkeres Augenmerk auf die Überlegungen zur „klassischen" autonomen Finanzierungspolitik zu richten, wohingegen für die zweite Interpretation der inkrementell wertabhängigen Finanzierungspolitik auf die „klassische" wertabhängige Finanzierungspolitik abstellende Überlegungen von gewichtigerer Bedeutung sind, dies wird mit den folgenden Überlegungen deutlich werden. Neben diesen auf den „klassischen" Finanzierungspolitiken fußenden Überlegungen spielen für beide Interpretationen der inkrementell wertabhängigen Finanzierungspolitik auch die Ausführungen, die mit Blick auf die alternativen gemischten Finanzierungspolitiken, also partiell und segmentiert wertabhängige Finanzierungspolitik, vorgenommen wurden, eine Rolle. Auch hierbei sei die zu führende Diskussion mit Verweis auf diese Abschnitte entsprechend abgekürzt.

Zur Konkretisierung der inkrementell wertabhängigen Finanzierungspolitik

Für die Konkretisierung der inkrementell wertabhängigen Finanzierungspolitik gilt es, insbesondere zwei Aspekte näher zu betrachten, einerseits die Bestimmung des als sicher angenommenen Fremdkapitalgrundstocks, andererseits die Konkretisierung der in der Detailplanungsphase den Fremdkapitalgrundstock ergänzenden Fremdkapitalinstrumente. In einem ersten Schritt sei – wie zum Ende des vorangehenden Abschnittes geschehen – das Augenmerk zunächst auf die beide Interpretationen der inkrementell wertabhängigen Finanzierungspolitik verbindende Aufgabe, den als sicher angenommenen Fremdkapitalgrundstock zu bestimmen, gerichtet. Zunächst muss man – vergleichbar zur segmentiert wertabhängigen Finanzierungspolitik – damit die Frage beantworten, wie eine Einteilung der im Unternehmen eingesetzten Fremdkapitalinstrumente in einen autonom bzw. wertabhängig gesteuerten Fremdkapitalanteil vorgenommen werden kann.

Wie in den vorangehenden Abschnitten bereits ausgeführt, besteht für die inkrementell wertabhängige Finanzierungspolitik mit der Aufspaltung in einen unveränderlichen Fremdkapitalgrundstock, der bereits zum Bewertungszeitpunkt mit Sicherheit festgelegt ist, und den zukünftig wertabhängigen und damit unsicheren Veränderungen des Fremdkapitalumfangs ein erster Ansatzpunkt, um das im Unternehmen eingesetzte Fremdkapital auf die alternativen Finanzierungspolitiken aufzuteilen.[1981]

Wie im vorangehenden Abschnitt gezeigt wurde, lässt sich ein solches Vorgehen zur Aufspaltung der eingesetzten Fremdkapitalinstrumente mit Verweis auf die regelmäßig bestehende Heterogenität des eingesetzten Fremdkapitals vergleichsweise einfach in Zweifel ziehen. Ein solcher Ansatz kann damit für die Praxis bestenfalls als eine pragmatische Näherung an die tatsächliche Finanzierungsstrategie des Unternehmens angesehen werden. Die Annahme, dass die zum Bewertungszeitpunkt gebundenen Fremdkapitalinstrumente unbegrenzt im Unternehmen verbleiben, dürfte so in einem Großteil der Bewertungsfälle als eine wenig überzeugende Annahme wirken.[1982] Wahrscheinlicher erscheint es an dieser Stelle vielmehr, in dem sicheren Fremdkapitalgrundstock eine wenigstens zum Teil theoretische Größe zu sehen, die nur approximativ in die Bewertungspraxis übersetzt werden kann. So ist m. E. nach auch die Aussage von Lewellen/Emery (1986) zu verstehen, die – ähnlich zur Argumentation im Rahmen der segmentiert wertabhängigen Finanzierungspolitik – zunächst von langfristigen Fremdkapitalinstrumenten als Approximation des sicheren Fremdkapitalgrundstocks ausgehen. Die möglicherweise nur oberflächlich bestehende Verbindung zwischen langfristigem Fremdkapital und autonomer Finanzierungspolitik – dies wurde im Abschnitt zur segmentiert wertabhängigen Finanzierungspolitik näher beleuchtet – berücksichtigend, fordern Lewellen/Emery (1986) jedoch ergänzend, dass das langfristig im Unternehmen gebundene Fremdkapital mit der Untergrenze des zukünftigen Unternehmenswertes korrespondiert.[1983] Mit anderen Worten muss auch an dieser Stelle die Ausfallsicherheit dieses Fremdkapitalbestandes sichergestellt werden. Folgt man dieser Einschätzung, so kann die zum Bewertungszeitpunkt bestehende Fremdkapitalbasis nicht ohne Weiteres als Ausgangspunkt für eine Aufteilung der Fremdkapitalbestände in einen autonom bzw. wertabhängig gesteuerten Anteil

1981 Vgl. dazu u. a. Lewellen et al. (1977) S. 121.

1982 So kann man auch für den Fall, dass Unternehmen das Ziel verfolgen, auslaufende Fremdkapitalinstrumente in gleicher Form zu refinanzieren, eingeworfen werden, dass sich Unternehmen regelmäßig den wohl wechselnden Marktkonditionen unterwerfen müssen. Die Annahme eines gänzlich unveränderlichen Fremdkapitalgrundstocks erscheint damit in einem Großteil der Fälle als eine künstliche Annahme.

1983 „The levels of long-term borrowings chosen will depend in estimates of the expected lower bound on firm value that could occur prior to their maturities." Lewellen/Emery (1986) S. 423.

genommen und unverändert in die Zukunft fortgeschrieben werden. Vielmehr dürfte man an dieser Stelle gefordert sein, sich dem aus dem Abschnitt zur segmentiert wertabhängigen Finanzierungspolitik bekannten Vorschlag von Richter (1998) zu stellen und den „Mindest"-Fremdkapitalbestand im Rahmen einer Finanzsimulation zu bestimmen. An dieser Stelle soll die Frage, wie eine solche Finanzsimulation auszugestalten ist, erneut nicht näher beleuchtet werden.

Ähnlich zu dem bereits bei der Betrachtung der segmentiert wertabhängigen Finanzierungspolitik gezogenen Fazit, kann auch mit Blick auf die inkrementell wertabhängige Finanzierungspolitik festgehalten werden, dass die Bestimmung des autonom gesteuerten Anteils des eingesetzten Fremdkapitals für die inkrementell wertabhängige Finanzierungspolitik zwar von zentraler Bedeutung ist,[1984] in der Praxis aber wohl nicht ohne größere Schwierigkeiten bzw. Kompromissbereitschaft zu bestimmen ist. Man muss an dieser Stelle festhalten, dass beide Ausprägungen der inkrementell wertabhängigen Finanzierungspolitik auch aus Praktikabilitätsüberlegungen mit einer nicht zu vernachlässigenden Hypothek in die Zukunft starten. Blickt man in einem zweiten Schritt auf die zukünftige Entwicklung des im Unternehmen eingesetzten Fremdkapitalbestandes, so muss an dieser Stelle eine Unterscheidung zwischen den beiden zulässigen Interpretationen der inkrementell wertabhängigen Finanzierungspolitik vorgenommen werden. Blickt man zunächst auf die zweite Interpretation der inkrementell wertabhängigen Finanzierungspolitik, so scheint auch hier die Bestimmung des sicheren Fremdkapitalgrundstocks in einem ersten Schritt eine dominierende Rolle einzunehmen. Auch wenn diese Einschätzung nicht gänzlich von der Hand zu weisen ist, so zeigt sich bei einer eingehenden Betrachtung, dass die Bestimmung des Fremdkapitalgrundstocks letztlich nur in Abhängigkeit zu einer wertabhängigen Finanzierungsstrategie bestimmt werden kann. Deutlich wird dies, stellt man sich zunächst der Frage, welche Steuerungspolitik im Fall einer inkrementell wertabhängigen Finanzierungspolitik – wenigstens im Zeitablauf – dominiert.

Für die zweite Interpretation der inkrementell wertabhängigen Finanzierungspolitik erscheint es eingängig, anzunehmen, dass der Umfang des zukünftig eingesetzten Fremdkapitals, also der Anteil des Fremdkapitals, der einer aktiven Steuerung unterliegt, eine Residualgröße ist. Wechselt man von dieser nicht sehr weitreichenden Annahme auf die Ebene der Steuerung des Fremdkapitalbestandes des Gesamtunternehmens, so liegt die Vermutung nahe, dass der gesamte Fremdkapitalbestand des Unternehmens im Sinne einer „klassischen" wertabhängigen Finanzierungspolitik einem Verschuldungsoptimum in Form eines Zielverschuldungsgrades folgt.[1985] Anders als im Fall der „klassischen" wertabhängigen

1984 Ob das im vorangehenden Exkurs beschriebene Problem im Fall eines Rückgangs des eingesetzten Fremdkapitals letztlich eintritt, hängt so davon ab, inwieweit eine verlässliche Schätzung des sicheren Fremdkapitalgrundstocks gelingt.

1985 Würde man an dieser Stelle dagegen darauf abstellen, dass das Unternehmen in der Gesamtschau eine autonome Finanzierungspolitik eingeschlagen hat, so folgt aus der Annahme eines unveränderlichen Fremdkapitalgrundstocks und der

Finanzierungspolitik setzt das Unternehmen dabei einen unveränderlichen, d. h. sicheren Fremdkapitalgrundstock ein, der durch wertabhängig gesteuerte Fremdkapitalinstrumente ergänzt wird, um einen konstanten Zielverschuldungsgrad einhalten zu können.[1986] Man kann diese Form der inkrementell wertabhängigen Finanzierungspolitik daher letztlich auch als eine Sonderform der „klassischen" wertabhängigen Finanzierungspolitik interpretieren, die letztlich lediglich berücksichtigt, dass ein Teil des eingesetzten Fremdkapitalbestandes im Form eines Fremdkapitalgrundstocks zustandsunabhängig im Unternehmen verbleibt. Für die zweite Interpretation der inkrementell wertabhängigen Finanzierungspolitik ist es damit zunächst notwendig, ein, im Sinne der „klassischen" wertabhängigen Finanzierungspolitik, Verschuldungsoptimum des Unternehmens zu bestimmen. Die zunächst betrachtete Aufgabe der Bestimmung eines sicheren Fremdkapitalgrundstocks stellt damit eine ergänzende Aufgabe dar.[1987] Die Aufgabe selbst, einen wertoptimalen Zielverschuldungsgrad zu bestimmen, sei, mit Verweis auf den Abschnitt zur wertabhängigen Finanzierungspolitik, an dieser Stelle nicht erneut beleuchtet.

Ein etwas anderes Bild zeigt sich, wendet man sich der ersten Interpretation der inkrementell wertabhängigen Finanzierungspolitik zu. Wie im vorangehenden Abschnitt bereits festgehalten, unterliegen die ergänzenden Fremdkapitalschichten – entgegen dem ersten Anschein – bei dieser Interpretation der inkrementell wertabhängigen Finanzierungspolitik einer weitgehend autonomen Finanzierungsstrategie. Dies wird deutlich anhand der vermuteten Sicherheit des Fremdkapitalbestandes, sobald die ergänzende Fremdkapitalschicht im Unternehmen eingesetzt wird. Wie bereits im Vorfeld festgehalten, kann eine solche Finanzierungspolitik keinen überzeugenden Befreiungsschlag gegenüber einer klassischen autonomen Finanzierungspolitik darstellen. Diese Einschätzung gilt auch für den Fall, in dem man sich mit der Aufgabe konfrontiert sieht, diese Form der Finanzierungspolitik mit Leben zu füllen. Letztlich muss jede im Unternehmen in Zukunft

---

Annahme, dass das zukünftige Fremdkapital eine Residualgröße darstellt, dass auch die ergänzende Fremdkapitalschicht einer autonomen Finanzierungspolitik folgen muss. Diese Annahme hat letztlich im Fall der ersten Interpretation der inkrementell wertabhängigen Finanzierungspolitik zugetroffen.

1986 Lewellen/Emery (1986) sprechen in diesem Zusammenhang davon, dass: „The remaining borrowing necessary to maintain debt at the fraction L of total firm value – i.e., to allow debt to be 'rebalanced' periodically – would be accomplished with short-term loans." Lewellen/Emery (1986) S. 423. Eine ähnliche Vorstellung findet sich auch in Lewellen et al. (1977). Vgl. dazu Lewellen et al. (1977) S. 119.

1987 Denkbar ist an dieser Stelle auch, dass – anders als in der Grundform der wertabhängigen Finanzierungspolitik angenommen – das Unternehmen über einen zeitvariablen Zielverschuldungsgrad verfügt. In diesem Zusammenhang könnte auch ein zeitvariabler Fremdkapitalgrundstock, wie er im Fall der erweiterten autonomen Finanzierungspolitik kurz betrachtet wurde, einschlägig sein.

ergänzend eingesetzte Fremdkapitalschicht ähnlich verlässlich schätzbar sein, wie dies im Fall einer autonomen Finanzierungspolitik beschrieben wurde.[1988]

Einen möglichen Interpretationsansatz für die im Rahmen der inkrementell wertabhängigen Finanzierungspolitik eingeschlagene schichtweise Finanzierung des Unternehmens haben Lewellen/Emery (1986) vorgeschlagen. Der Vorschlag von Lewellen/Emery (1986) beinhaltet dabei zugleich eine mögliche Antwort auf die Frage, wie diese Form der inkrementell wertabhängigen Finanzierungspolitik mit Leben gefüllt werden kann. Lewellen/Emery (1986) sehen in dem Abstellen auf verschiedene Fremdkapitalschichten einen Bewertungsansatz, der das Unternehmen zunächst auf operativer Ebene in verschiedene Teilsegmente zerlegt. Mit anderen Worten wird an dieser Stelle nicht länger in der Bewertung ein Gesamtunternehmen betrachtet, sondern eine Bewertung auf Basis von Teilprojekten vorgenommen, deren Finanzierung jeweils mit einer spezifischen autonomen Fremdkapitalschicht verbunden sind.[1989] Ein solcher Bewertungsvorschlag ist unzweifelhaft mit einer Reihe von Schwierigkeiten verbunden, die in der Folge kurz skizziert werden sollen.[1990] Neben der an dieser Stelle weitgehend als unproblematisch anzusehenden Frage, ob das Unternehmen im Verbund einen Mehrwert durch die Kombination verschiedener Projekte generieren kann,[1991] dürfte ein auf einzelne Investitionsprojekte abstellender Bewertungsansatz eine deutliche Hürde für die Praktikabilität darstellen. Neben der Frage, wie das Unternehmen in einzelne Teilprojekte zerlegt werden kann, muss in einem zweiten Schritt – diesmal auf der Ebene der einzelnen Teilprojekte – die Frage nach den projektspezifischen tragfähigen Fremdkapitalbeständen beantwortet werden.[1992]

Betrachtet man zunächst den ersten Schritt, so ist für die Operationalisierung der inkrementell wertabhängigen Finanzierungspolitik zunächst eine Aufspaltung

---

1988 Es wurde dabei darauf hingewiesen, dass abseits einer naiven Fortschreibung des zum Bewertungszeitpunkt eingesetzten Fremdkapitalbestandes eine breite Methodenvielfalt zur Erreichung dieses Ziels besteht. Ob das Ziel einer unverrückbaren Finanzierungsprämisse mit zunehmendem Abstand zum Bewertungszeitpunkt erreicht werden kann, darf jedoch bezweifelt werden.

1989 Vgl. Lewellen/Emery (1986) S. 423.

1990 Lewellen/Emery (1986) merken so wenig überzeugt zu ihrem Vorschlag an: „[...] obviously, this is not a good operating approximation." Vgl. Lewellen/Emery (1986) S. 423.

1991 Mit Verweis auf einen vollkommenen Kapitalmarkt, an dem Investoren die Möglichkeit besitzen, sich ihrer Risikopräferenz entsprechend abzusichern, bzw. die Annahme der Gültigkeit des Wertadditivitätstheorems, sei von dieser möglichen Fragestellung an dieser Stelle abstrahiert. Vgl. dazu u. a. Dinstuhl (2003) S. 153–154; Lewellen et al. (1977) S. 111.

1992 Ein solches Vorgehen entspricht letztlich der Vorstellung, dass das Unternehmen neben einer zum Bewertungszeitpunkt sicheren Fremdkapitalschicht zukünftiges und zum Bewertungszeitpunkt unsicheres Fremdkapital einsetzt. Vgl. dazu Lewellen et al. (1977) S. 121.

zwischen zukünftigen Investitionsprojekten und der Gesamtheit bestehender Projekte vorzunehmen. Infolge dieser Aufspaltung ist die Frage nach der Höhe des unveränderlichen Fremdkapitalgrundstocks des Unternehmens zu beantworten. Die Schwierigkeiten, diese Frage zu beantworten, wurden bereits im Vorfeld näher betrachtet, es sei an dieser Stelle daher auf die Vorüberlegungen verwiesen.[1993] Wechselt man zur Betrachtung der ersten Interpretation der inkrementell wertabhängigen Finanzierungspolitik, so wird deutlich, dass die Frage nach einem tragfähigen Fremdkapitalgrundstock wiederholt, nun jedoch mit Blick auf die in Zukunft zu realisierenden Projekte, beantwortet werden muss.[1994] Dies scheint, mit Blick auf die Vorüberlegungen, eine herausfordernde Aufgabe zu sein, muss doch an dieser Stelle eine Finanzsimulation auf Basis einer regelmäßig dünneren Datendecke durchgeführt werden.[1995] Auch wenn die Frage nach dem mit Sicherheit tragfähigen Fremdkapitalbestand zukünftiger Teilprojekte weitgehend unproblematisch beantwortet werden sollte, erscheinen die mit dieser Form der inkrementell wertabhängigen Finanzierungspolitik getroffenen Annahmen durchaus als angreifbar. So kann man an dieser Stelle erneut u. a. die Frage einwerfen, warum ein Unternehmen zur Finanzierung des Geschäftsbetriebs lediglich auf den sicheren Fremdkapitalgrundstock abstellen sollte, der sich auf Basis einer Finanzsimulation zum Bewertungszeitpunkt ergibt. Einerseits wird hier – wie bereits in Abschnitt 4.3.2. gezeigt wurde, bildet die wertabhängige Finanzierungspolitik hierbei keine Ausnahme – unterstellt, dass Unternehmen in der Zukunft nicht mehr über die Flexibilität verfügen, auf zukünftige Entwicklungen adäquat zu reagieren, sondern auf zum Bewertungszeitpunkt festgeschriebene Konzepte zurückgreifen müssen.[1996]

1993 Interessant erscheint an dieser Stelle, dass – im Gegensatz zu den Vorüberlegungen – es in der Folge der Aufspaltung des Unternehmens in bestehende und zukünftige Projekte möglich erscheint, den Fremdkapitalgrundstock getrennt vom wertoptimalen Verschuldungsgrad eines Unternehmens zu ermitteln. Dies dürfte in erster Linie eine pragmatische Näherung sein – da abseits des damit betrachteten Basisfalls – die Leistungsfähigkeit eines Unternehmens und damit die Tragfähigkeit des eingesetzten Fremdkapitals in besonderem Maße auch von den zukünftigen Investitionsprojekten getragen wird.

1994 Das Abstellen auf einen Diskontierungssatz, der das operative Unternehmensrisiko widerspiegelt, erscheint unter diesen Prämissen einleuchtend, hängt die Höhe der zukünftigen autonomen Finanzierungsschicht doch davon ab, ob zukünftige Investitionsprojekte tatsächlich realisiert werden. Vgl. u. a. dazu Lewellen et al. (1977) S. 119; 121.

1995 Lewellen et al. (1977) sprechen sich aufgrund der regelmäßig auftretenden Hindernisse gegen eine solche Zuordnung der Fremdkapitalinstrumente auf Basis der Teilprojekte aus: „[...] a specific allocation of leverage to the individual investment will be unnecessary; because it would be tedious in execution, it will be undesirable as well." Lewellen et al. (1977) S. 126.

1996 Wie die vorangehenden Abschnitte bereits gezeigt haben, erscheint einer solche Annahme durchaus angreifbar.

Andererseits wird im Rahmen der Operationalisierung dieser Finanzierungsstrategie zunächst ein durchgehend konservatives Finanzierungsverhalten der Unternehmen unterstellt. Durch das Abstellen auf die zu jedem Zeitpunkt risikofreien Fremdkapitalschichten sind Unternehmen letztlich gezwungen, im Rahmen der Finanzplanung der ungünstigsten Ausprägung der operativen Entwicklung des Unternehmens zunächst allein Bedeutung zuzuordnen.[1997] Es erscheint letztlich wenig eingängig, warum sich Unternehmen mit der Festlegung absoluter Fremdkapitalbestände die Flexibilität nehmen sollten, auf positive zukünftige Unternehmensentwicklungen anders zu reagieren als auf die entsprechend negativen Entwicklungen.[1998] Diese Fragestellung sowie mögliche Antworten, die eine konservative Finanzierungspolitik des Unternehmens plausibilisieren können, sind letztlich bereits aus dem Abschnitt zur „klassischen" autonomen Finanzierungspolitik bekannt und sollen daher an dieser Stelle nicht erneut näher betrachtet werden. Es erscheint daher wenig verwunderlich, dass Lewellen/Emery (1986) diese Form der inkrementell wertabhängigen Finanzierungspolitik im Vergleich zur „klassischen" autonomen Finanzierungspolitik als „[...] almost equally troubling [...]"[1999] bezeichnet haben.

Fasst man an dieser Stelle zusammen, so zeigt sich auch für den Vorschlag der inkrementell wertabhängigen Finanzierungspolitik, dass die Aufgabe, diese Form der Finanzierungspolitik mit Leben zu füllen, in der Praxis nicht ohne Weiteres möglich sein dürfte. Zunächst sieht man sich mit der Aufgabe konfrontiert, einen sicheren Fremdkapitalgrundstock zu bestimmen, in einem weiteren Schritt ist man gefordert, in Abhängigkeit zur betrachteten Interpretation der inkrementell wertabhängigen Finanzierungspolitik, entweder einen weiteren sicheren Fremdkapitalgrundstock für zukünftige Investitionsprojekte bzw. aber den Zielverschuldungsgrad einer „klassischen" wertabhängigen Finanzierungspolitik zu bestimmen. Die im Vorfeld zu den alternativen gemischten Finanzierungspolitiken getroffene Feststellung, dass mit der zunehmenden Komplexität der Finanzierungsstrategie zwar die Praxisnähe der Finanzierungsannahme steigt, gilt auch an dieser Stelle. Es bewahrheitet sich mit Blick auf die inkrementell wertabhängige Finanzierungspolitik jedoch auch die Beobachtung, dass die gestiegene Praxisnähe i. d. R. auf Kosten der schnörkellosen Umsetzbarkeit einer Finanzierungsannahme gehen wird.

Mit einem abschließenden Blick auf die bisher ausgeblendete Frage, wie eine Finanzierungspolitik im Fall einer tatsächlichen diagonalen Trennung der „klassischen" Finanzierungsstrategien im Zeitverlauf mit Leben gefüllt werden kann, lässt sich dieses kurze Zwischenfazit mit Blick auf die inkrementell wertabhängige

1997 Die Eintrittswahrscheinlichkeit bleibt an dieser Stelle – anders als im Rahmen der Bildung eines Erwartungswertes – unberücksichtigt.

1998 Insbesondere unterscheidet sich die Bewertung von positiven und negativen Entwicklungen, wie bereits die vorangehende Fußnote deutlich gemacht hat.

1999 Lewellen/Emery (1986) S. 423.

Finanzierungspolitik kurz wie folgt illustrieren. Erinnert man sich an die grundlegenden Überlegungen zur Gestalt einer solchen Finanzierungspolitik zurück, so ist mit Blick auf das erste Planjahr der Detailplanungsphase zunächst festzuhalten, dass der Fremdkapitalbestand, im Sinne der autonomen Finanzierungspolitik, zunächst zum Bewertungszeitpunkt als mit Sicherheit festgelegt gelten kann. Für die Entwicklung des zukünftigen Fremdkapitalbestandes wurde angenommen, dass die zukünftigen Veränderungen des Fremdkapitalbestandes aufgrund der auch mit Blick auf die operative Entwicklung zunehmenden Unsicherheit nur noch in Abhängigkeit von der tatsächlichen Unternehmensentwicklung geplant werden können. Es wurde daher für die zukünftige Unternehmensentwicklung auf eine Dominanz der wertabhängigen Finanzierungspolitik abgestellt. Geht man zugleich davon aus, dass die zum Bewertungszeitpunkt bestehenden Finanzierungsvereinbarungen im Zeitverlauf an Bindungswirkung verlieren und stückweise auslaufen, so erscheint es nicht unplausibel, anzunehmen, dass ein Unternehmen von einer „klassischen" autonomen Finanzierungspolitik hin zu einer „klassischen" wertabhängigen Finanzierungspolitik wechselt. Fraglich ist an dieser Stelle jedoch, wie ein solcher Übergang in geeigneter Form abgebildet werden kann. Die Vorüberlegungen können dabei einen ersten Anhaltspunkt dafür bieten, wie dieser Übergang zwischen den „klassischen" Finanzierungspolitiken letztlich abgebildet werden kann. Es erscheint an dieser Stelle so pragmatisch, zunächst auf die Fristigkeit des eingesetzten Fremdkapitalbestandes zum Bewertungszeitpunkt abzustellen und davon ausgehend den schrittweisen Übergang zur wertabhängigen Finanzierungspolitik abzuleiten. Folgt man der mit Blick auf die zweite Interpretation der inkrementell wertabhängigen Finanzierungspolitik vorgetragenen Einschätzung, dass der wertabhängig gesteuerte Fremdkapitalanteil zunächst eine Residualgröße ergibt, muss beginnend mit Planjahr 1 ein wertoptimaler Zielverschuldungsgrad bestimmt werden. Mit der zunehmenden Abnahme der Bedeutung der autonom gesteuerten Fremdkapitalbestände wächst folglich die Bedeutung des Anteils der wertabhängigen Finanzierungspolitik automatisch. Ein solch pragmatisches Vorgehen zur Ableitung eines diagonalen Übergangs der alternativen Finanzierungspolitiken dürfte regelmäßig jedoch auch mit einer Reihe von praktischen Schwierigkeiten verbunden sein.[2000] Zunächst kann auch an dieser Stelle eingeworfen werden, dass die Fristigkeit des eingesetzten Fremdkapitals allein noch nicht ausreichen dürfte, um eine verlässliche Aussage über die Form der Finanzierungspolitik treffen zu können. In der Praxis dürfte sich daneben auf Basis veröffentlichter Daten i. d. R. wohl auch nur eine approximative Fristigkeitsstruktur des eingesetzten Fremdkapitals bestimmen lassen, sodass die für die Abbildung eines schrittweisen Übergangs erforderliche Datengrundlage nicht durchgehend gewährleistet ist. Sieht man eine wertabhängige Finanzierungspolitik als ein bestimmendes Merkmal der Rentenphase an, so kann mit Blick auf den

---

2000 Das geringste Problem dürfte dabei die zunehmend komplexer werdende Bewertungsgleichung darstellen.

hier betrachteten Vorschlag nicht zwingend gewährleistet werden, dass der operative Übergang in die Rentenphase mit dem Übergang aus Sicht der Finanzierungspolitik übereinstimmt.

4.4.3.4. Fazit zur inkrementell wertabhängigen Finanzierungspolitik

Mit der inkrementell wertabhängigen Finanzierungspolitik wurde eine weitere Ausprägung einer gemischten Finanzierungspolitik betrachtet. Im Verlauf der vorangehenden Abschnitte hat sich gezeigt, dass zwei Interpretationen unter dem Begriff der inkrementell wertabhängigen Finanzierungspolitik denkbar scheinen. Einerseits, dies entspricht der von Lobe (2006) beschriebenen Sichtweise, kann man unter diesem Oberbegriff eine Finanzierungspolitik verstehen, die letztlich eine Finanzierungsstrategie umfasst, die auch mit dem Begriff einer schichtweisen autonomen Finanzierungspolitik zusammengefasst werden könnte. Der Fremdkapitalbestand lässt sich, grob gesprochen, in eine bestehende, daher in ihrer Höhe sichere Fremdkapitalschicht und eine zukünftige auf den ersten Blick unsichere Fremdkapitalschicht aufspalten. Die mit Blick auf die zukünftige Fremdkapitalschicht herrschende Unsicherheit besteht bei dieser Form der Finanzierungspolitik jedoch nur so lange, bis das mit dieser zukünftigen Fremdkapitalschicht verbundene Investitionsprojekt realisiert bzw. die Finanzierungsentscheidung getroffen wurde. Eine durchgehend aktive Steuerung der Fremdkapitalbestände – abseits der Finanzierungsentscheidung –[2001] erfordert diese Form der Finanzierungspolitik also nicht. Zunächst vermittelt diese Ausprägung der inkrementell wertabhängigen Finanzierungspolitik gegenüber der „klassischen" autonomen Finanzierungspolitik den Eindruck, eine deutlich flexiblere Finanzierungsstrategie zu beschreiben. Diese erste Einschätzung bewahrheitet sich bei eingehenderer Betrachtung dieser Finanzierungspolitik m. E. nach jedoch nicht. Vielmehr werden bei dieser Form der Finanzierungspolitik im Zeitverlauf letztlich mehrere Schichten autonom gesteuerten Fremdkapitals zu dem im Zeitverlauf unveränderlichen Fremdkapitalgrundstock hinzugefügt.[2002] Wie im vorangehenden Abschnitt festgehalten, dürfte eine solche Finanzierungspolitik konzeptionell gegenüber einer klassischen autonomen Finanzierungspolitik keinen Befreiungsschlag darstellen. Über weite Strecken sieht man sich bei Annahme dieser Form der inkrementell wertabhängigen Finanzierungspolitik so weiterhin der Kritik ausgesetzt, die auch im Fall einer „klassischen" autonomen Finanzierungspolitik einschlägig ist. Ein ähnliches Bild

---

2001 Auch an den Finanzierungspunkten ist fraglich, ob eine genuin wertabhängige Finanzierungspolitik implementiert wird.

2002 Wie der vorangehende Abschnitt bereits verdeutlicht hat, verbleiben diese ergänzenden Fremdkapitalschichten dauerhaft im Unternehmen, folgen daher also einer „naiven" autonomen Finanzierungspolitik. Vgl. dazu Lewellen/Emery (1986) S. 422; 423.

kann auch mit Blick auf die Praktikabilität dieser Form der Finanzierungspolitik gezeichnet werden.[2003]

Wendet man sich der zweiten Finanzierungspolitik zu, die unter dem Oberbegriff der inkrementell wertabhängigen Finanzierungspolitik denkbar ist, so wird an dieser Stelle eine Finanzierungspolitik näher betrachtet, die eine zeitgleiche aktive wie auch passive Steuerung der eingesetzten Fremdkapitalbestände in sich vereint. Diese Ausprägung der inkrementell wertabhängigen Finanzierungspolitik weist ähnliche Merkmale auf wie die Annahme einer segmentiert wertabhängigen Finanzierungspolitik. Beide Finanzierungspolitiken stellen zunächst auf einen zeitkonstanten Fremdkapitalgrundstock und eine wertabhängige Steuerung des ergänzenden Fremdkapitalbestandes ab, dies haben die vorangehenden Abschnitte deutlich gemacht.[2004] Auf den ersten Blick wohnt dieser Form der inkrementell wertabhängigen Finanzierungspolitik damit der Makel inne, dass infolge der gleichzeitig unterstellten aktiven und passiven Steuerung des eingesetzten Fremdkapitals eine solche gemischte Finanzierungspolitik gewissermaßen zwei Herren dienen muss. Auf dieses Problem gemischter Finanzierungspolitiken wurde bereits im Rahmen der Betrachtung der segmentiert wertabhängigen Finanzierungspolitik hingewiesen. Für die zweite Interpretation der inkrementell wertabhängigen Finanzierungspolitik erscheint jedoch auch eine zweite, mit Blick auf die gleichzeitig aktive wie auch passive Steuerung des eingesetzten Fremdkapitals weniger kontroverse, Interpretation dieser Form der Finanzierungspolitik denkbar. Man kann so an dieser Stelle zunächst darauf abstellen, dass Unternehmen im Rahmen einer inkrementell wertabhängigen Finanzierungspolitik primär einer „klassischen“ wertabhängigen Finanzierungspolitik mit einem wertoptimalen Zielverschuldungsgrad folgen. Das Abstellen auf einen Wertbeitrag, der einer eigentlich genuin autonomen Finanzierungspolitik zuzurechnen ist, ergibt sich bei dieser Sicht auf die inkrementell wertabhängige Finanzierungspolitik lediglich als Nebeneffekt. Es wird dabei angenommen, dass trotz der wertabhängigen Finanzierungspolitik ein zustandsunabhängiger Fremdkapitalgrundstock im Unternehmen verbleibt. Mit dem Abstellen auf einen sicheren Wertbeitrag eines unveränderlichen Fremdkapitalgrundstocks wird damit weniger eine teilweise passive Steuerung des Fremdkapitals gewürdigt als vielmehr die Tatsache berücksichtigt, dass auch bei der Annahme einer wertabhängigen Finanzierungspolitik – natürlich in Abhängigkeit zur Schwankungsbreite der zukünftigen Unternehmensentwicklung – ein Teil des eingesetzten Fremdkapitals als sicher angesehen werden kann. Angreifbar ist jedoch auch diese Interpretation der inkrementell wertabhängigen Finanzierungspolitik. Folgt man beispielsweise der in der Literatur stellenweise vertretenen Ansicht, dass Unternehmen mit zunehmendem Abstand vom

2003 Die vordergründig größere Praxisnähe einer solchen Finanzierungspolitik schlägt sich auch hier in höheren Anforderungen an den Bewerter nieder.

2004 Inwieweit die diskutierten Grundformen dieser Finanzierungsannahmen über die Grundform hinaus erweiterbar sind, wurde dagegen vereinfachend ausgeblendet.

Bewertungszeitpunkt verstärkt einer wertabhängigen Finanzierungspolitik folgen, so stößt – dies hat der entsprechende Abschnitt gezeigt – die Annahme eines im Zeitablauf unveränderlichen Fremdkapitalgrundstocks regelmäßig an seine Grenzen. Auch die Frage, wie sich der eingesetzte Fremdkapitalbestand zwischen dem unveränderlichen Fremdkapitalbestand und dem Veränderungen unterworfenen Anteil aufteilt, ist nicht ohne Weiteres zu beantworten.

Insgesamt trägt die zweite Interpretation der inkrementell wertabhängigen Finanzierungspolitik im Kontrast zur ersten Interpretation der inkrementell wertabhängigen Finanzierungspolitik damit die Merkmale einer wertabhängigen Finanzierungspolitik. Dies hat auch an dieser Stelle zur Folge, dass man sich mit dieser Annahme der inkrementell wertabhängigen Finanzierungspolitik nicht von den grundlegenden Problemen der „klassischen" Finanzierungspolitiken, in diesem Fall der wertabhängigen Finanzierungspolitik, emanzipieren kann.[2005] Beiden unter dem Oberbegriff der inkrementell wertabhängigen Finanzierungspolitik zusammengefassten alternativen Finanzierungsstrategien kann in der Gesamtbetrachtung also ein gewisser Reiz nicht abgesprochen werden. Da für beide Formen der inkrementell wertabhängigen Finanzierungspolitik eine Umsetzung in der Praxis vergleichsweise schwerfällig erscheint und beide Finanzierungsstrategien sich grundsätzlicher Kritik nur unwesentlich besser als die „klassischen" Finanzierungspolitiken erwehren können, seien beide Interpretationen in den folgenden Überlegungen des Kapitels III nicht eingehender betrachtet.

4.4.4. Zur gemischten Finanzierungspolitik nach Dierkes/Schäfer (2017)

Eine weitere Form der Kombination aus „klassischer" autonomer und wertabhängiger Finanzierungspolitik wurde in der jüngeren Vergangenheit von Dierkes/Schäfer (2017) in die Diskussion der möglichen Annahmen zu den Finanzierungsstrategien eingebracht.[2006] Ausgangspunkt für die Erweiterung der „klassischen" Finanzierungspolitiken bildet auch an dieser Stelle die Einschätzung, dass die in der Praxis geläufigen Annahmen zur Finanzierungsstrategie – aufgrund der Strenge des damit verbundenen Rahmengerüsts – die Finanzierungspraxis regelmäßig

2005 Anmerken kann man an dieser Stelle, dass sowohl mit der ersten wie auch der zweiten Interpretation der inkrementell wertabhängigen Finanzierungspolitik vordergründig Finanzierungsstrategien vorgeschlagen wurden, die eine Mischung der beiden „klassischen" Finanzierungspolitiken verlangen, sich jedoch tatsächlich auf eine Form der „klassischen" Finanzierungspolitik zurückführen lassen.

2006 Dierkes/Schäfer (2017) sprechen mit Blick auf die von ihnen vorgestellte Finanzierungspolitik von einer partiell wertabhängigen Finanzierungspolitik. Vgl. u. a. Dierkes/Schäfer (2017) S. 364. Da dieser Begriff bereits durch die gemischte Finanzierungspolitik nach Clubb/Doran (1995) besetzt ist, wird in der Folge der neutrale Oberbegriff der gemischten Finanzierungspolitik nach Dierkes/Schäfer (2017) verwendet.

nur unvollständig abbilden können. Mit ihren einleitenden Überlegungen heben Dierkes/Schäfer (2017) insbesondere hervor, dass die in der Unternehmensbewertungspraxis verbreiteten „klassischen" Finanzierungsannahmen einer empirischen Überprüfung – die Kritik zielt dabei insbesondere auf die „klassischen" Annahmen zur Steuerung der Fremdkapitalbestände ab – regelmäßig nicht standhalten können.[2007] In empirischen Untersuchungen wird so i. d. R. weder der im Fall einer „klassischen" wertabhängigen Finanzierungspolitik einschlägige, zeitkonstante Zielverschuldungsgrad noch der bei Annahme einer „klassischen" autonomen Finanzierungspolitik regelmäßig einschlägige, stark schwankende Zielverschuldungsgrad[2008] beobachtet. Unter Beibehaltung eines Teils der für die „klassischen" Finanzierungspolitiken angeführten Argumente, gelangen Dierkes/Schäfer (2017) zu dem – aus den vorangehenden Abschnitten bereits bekannten – Schluss, dass: „Financial decision making in corporate practice is generally depicted more accurately by both categories of debt: debt issued to meet certain capital structure targets as well as additional predetermined debt components raised according to predictable financial needs, especially in the near future (Hillier et al. 2012)."[2009] Dass diesem Plädoyer für eine gemischte Finanzierungspolitik durchaus ein gewisser Reiz innewohnt, haben die Überlegungen der vorangehenden Abschnitte bereits gezeigt.[2010]

Bedeutsamer als die mit Blick auf die Schwächen der „klassischen" Finanzierungspolitiken weitgehend deckungsgleiche Motivation gemischter Finanzierungspolitiken erscheint an dieser Stelle vielmehr die Frage nach der Gestalt der gemischten Finanzierungspolitik nach Dierkes/Schäfer (2017) sowie deren Leistungsfähigkeit zu sein. Widmet man sich zunächst der ersten Frage, so erscheint es in einem ersten Schritt sinnvoll, die einleitenden Ausführungen von Dierkes/Schäfer (2017) zur Praxistauglichkeit der in der Literatur bereits diskutierten Finanzierungsannahmen näher zu betrachten. Im Rahmen dieser Betrachtung wird deutlich, dass der Fokus der Arbeit von Dierkes/Schäfer (2017) zunächst auf einer Emanzipation von den im Vorfeld diskutierten gemischten Finanzierungspolitiken liegt. Hervorzuheben ist an dieser Stelle jedoch, dass Dierkes/Schäfer (2017) hierbei lediglich den im Vorfeld unter dem Oberbegriff der partiell wertabhängigen Finanzierungspolitik diskutierten Vorschlag zur gemischten Finanzierungspolitik nach Clubb/Doran (1995) als Referenzpunkt im Blick haben. Ähnlich zu

2007 Vgl. dazu Dierkes/Schäfer (2017) S. 365.

2008 Wie der Abschnitt zur autonomen Finanzierungspolitik eingehend beschrieben hat, gilt dies für den wohl praxisrelevanteren Fall eines Unternehmens außerhalb des Rentenfalls.

2009 Dierkes/Schäfer (2017) S. 366.

2010 An dieser Stelle kann man jedoch unzweifelhaft kritisch einwerfen, dass die Probleme zweier realitätsferner Finanzierungspolitiken nicht zwangsläufig dadurch gelöst werden können, wenn man an ihrer Stelle eine – möglicherweise ebenso wenig realitätsnahe – Kombination beider Finanzierungspolitiken betrachtet.

dem im Abschnitt zur partiell wertabhängigen Finanzierungsstrategie gezogenen Fazit sehen auch Dierkes/Schäfer (2017) die gemischte Finanzierungspolitik nach Clubb/Doran (1995) insbesondere unter dem Einfluss bedeutender Transaktionskosten als eine realitätsnahe Beschreibung der Finanzierungspraxis an. Dierkes/Schäfer (2017) kritisieren – wohl nicht ganz zu Unrecht –,[2011] dass die partiell wertabhängige Finanzierungspolitik den Stellenwert von Transaktionskosten als Hinderungsgrund einer laufenden Anpassung an eine Zielkapitalstruktur wenigstens für große, kapitalmarktorientierte Unternehmen überschätzt. Der Vorschlag einer partiell wertabhängigen Finanzierungspolitik scheint, folgt man der Argumentation von Dierkes/Schäfer (2017), damit nur in seltenen Fällen eine praxisrelevante Finanzierungsannahme darzustellen.[2012]

Mit der Kritik an der Praxistauglichkeit der Annahme einer partiell wertabhängigen Finanzierungspolitik muss man in der Folge jedoch erneut die Frage beantworten, welche Gestalt eine gemischte Finanzierungspolitik annehmen muss, um der eindringlichen Forderung nach einer praxisnahen Finanzierungsstrategie, d. h. einer Finanzierungspolitik, die insbesondere auch einer empirischen Überprüfung standhält, gerecht zu werden.[2013] Für ihren Vorschlag einer gemischten Finanzierungspolitik stellen Dierkes/Schäfer (2017) wie im Fall der im Vorfeld betrachteten gemischten Finanzierungspolitiken auf eine Finanzierungsstrategie ab, die eine zeitgleiche aktive wie auch passive Steuerung der im Unternehmen eingesetzten Fremdkapitalbestände in sich vereinigt.[2014] Ziel ist es damit auch an dieser Stelle, eine Finanzierungsstrategie zu formulieren, die die Grenzen zwischen den „klassischen“ Finanzierungspolitiken überwinden kann und, dies heben Dierkes/Schäfer (2017) besonders hervor, das regelmäßig in empirischen Untersuchungen identifizierte Teilziel der Finanzierungsflexibilität mit der Finanzierungsannahme abbilden können.[2015] Auf den ersten Blick scheint diese Forderung nach einer tatsächlich

---

2011 So haben empirische Studien u. a. gezeigt, dass die Höhe der Transaktionskosten in einem inversen Verhältnis zur Größe bzw. Marktkapitalisierung der Unternehmen steht. Vgl. dazu Stoll/Whaley (1983) S. 71.

2012 Vgl. Dierkes/Schäfer (2017) S. 366.

2013 Folgt man der Einschätzung von Dierkes/Schäfer (2017), darf für diese „neue“ Form der gemischten Finanzierungspolitik zudem die Determinante der Transaktionskosten keine zentrale Rolle spielen.

2014 Wie sich im nachfolgenden Abschnitt zeigen wird, ist die Beschreibung der gemischten Finanzierungspolitik nach Dierkes/Schäfer (2017) vergleichsweise vage, sodass die aus den vorangehenden Abschnitten bekannte Einteilung in eine vertikale beziehungsweise horizontale Trennung der Finanzierungspolitiken letztlich nicht möglich ist.

2015 Vgl. Dierkes/Schäfer (2017) S. 367. Wie die folgende Einschätzung zeigt, sehen Dierkes/Schäfer (2017) dabei insbesondere eine durch die wertabhängige Finanzierungspolitik dominierte Form der gemischten Finanzierungspolitik als plausibel an: „[...] financial managers generally pursue capital structure targets but might also complement this active debt management with deterministic debt components, at least in some periods.“ Dierkes/Schäfer (2017) S. 364.

gemischten Finanzierungspolitik – in Kenntnis der vorangehenden Abschnitte – keinen völlig neuen Aspekt in die Diskussion zu den alternativen Finanzierungsannahmen einzuführen.[2016] Ob diese erste Einschätzung einer eingehenderen Betrachtung der Eigenschaften der gemischten Finanzierungspolitik nach Dierkes/Schäfer (2017) standhält, wird insbesondere im nachfolgenden Abschnitt näher betrachtet werden. Ein erster und – wie sich zeigen wird – letztlich auch bedeutsamer Unterschied zu den im Vorfeld diskutierten Finanzierungspolitiken zeigt sich bei der Betrachtung des für die Bewertung der gemischten Finanzierungspolitik nach Dierkes/Schäfer (2017) einschlägigen Bewertungsansatzes. Dierkes/Schäfer (2017) leiten, auf Basis einer Rückwärtsinduktion,[2017] für die von ihnen vorgeschlagene Variante der gemischten Finanzierungspolitik folgende allgemeine Bewertungsformel ab: [2018]

$$V_L = \sum_{t=1}^{T} \frac{FCF_t}{\prod_{s=1}^{T}(1+\mathrm{k}_{s,ME})} + \sum_{t=1}^{T} \frac{\tau_C \cdot r_f \cdot D_{\mathrm{p},t-1}}{\prod_{s=1}^{T}(1+r_{s,\mathrm{p}})} \tag{4.11}$$

Betrachtet man die Gestalt der Bewertungsformel eingehender, so wird schnell deutlich, dass – anders als im Fall der im Vorfeld betrachteten gemischten Finanzierungspolitiken – für die gemischte Finanzierungspolitik nach Dierkes/Schäfer (2017) eine Bewertungsformel einschlägig ist, die sich aus den Komponenten der im Vorfeld alternativ zueinander betrachteten Bewertungsansätze zusammensetzt. Der erste Summand bildet so, auf Grundlage des Ansatzes nach Miles/Ezzell (1980), den Wert eines Unternehmens ab, das sich ausschließlich auf eine „klassische" wertabhängige Finanzierungspolitik zur Steuerung der Fremdkapitalbestände stützt.[2019] In einem zweiten Schritt wird das, auf der „klassischen" wertorientieren Bewertungsgleichung fußende, Bewertungsergebnis um einen zweiten Summanden erweitert, der in der Tradition des von Myers (1974) vorgeschlagenen APV-Ansatzes steht und den Wertbeitrag einer ergänzenden,

2016 Dies widerspricht, wenigstens oberflächlich, der Einschätzung, die Dierkes/Schäfer (2017) mit Blick auf ihre Finanzierungspolitik vornehmen. Vgl. dazu Dierkes/Schäfer (2017) S. 379.

2017 Der Beweis der Bewertungsformel orientiert sich damit an dem von Miles/Ezzell (1980) bekannten Vorgehen. Vgl. dazu. Dierkes/Schäfer (2017) S. 370.

2018 Mit $\mathrm{k}_{s,M/E} = k_t - \tau_C \cdot r_f \cdot l_{a,t-1} \cdot \frac{1+k_t}{(1+r)}$ und $r_{s,\mathrm{p}} = r_f - \tau_C \cdot r_f \cdot l_{a,t-1}$ Vgl. Dierkes/Schäfer (2017) S. 372. Auf die Darstellung bedingter Erwartungswerte sei auch an dieser Stelle vereinfachend verzichtet.

2019 Wie einer der vorangehenden Abschnitte gezeigt hat, ist an dieser Stelle sowohl eine wertabhängige Finanzierungspolitik mit zeitkonstanten, aber auch zeitvariablen Zielverschuldungsgraden denkbar.

autonom gesteuerten Fremdkapitalschicht abbildet. Das Unternehmen scheint, so legt es einerseits die Bewertungsgleichung als auch andererseits die Forderung von Dierkes/Schäfer (2017) an dieser Stelle nahe, primär auf eine wertabhängige Finanzierungspolitik abzustellen, die stellenweise durch autonom gesteuerte Finanzierungsschichten ergänzt wird.[2020] Wie Dierkes/Schäfer (2017) festhalten, ist es im Fall einer zeitgleich passiven wie auch aktiven Steuerung des eingesetzten Fremdkapitals notwendig, dass der zu verwendende Bewertungsansatz sowohl über Komponenten des WACC-Ansatzes als auch des APV-Ansatzes verfügt, da die verbreiteten „unadjustierten" Bewertungsansätze an der Aufgabe, die gemischte Form der Finanzierungspolitik zu bewerten, scheitern. Die Dualität des vorgestellten Bewertungsansatzes ist dabei letztlich dem Umstand geschuldet, dass der Zielverschuldungsgrad für das Gesamtunternehmen unter der von Dierkes/Schäfer (2017) vorgeschlagenen Finanzierungspolitik in seiner Gesamtheit unsicher ist. Im Sinne der „klassischen" autonomen Finanzierungspolitik sind so nur Teile des Fremdkapitalbestandes mit Sicherheit bestimmbar bzw. im Sinne der „klassischen" wertabhängigen Finanzierungspolitik ist der durch die Unternehmen angestrebte Zielverschuldungsgrades nur für einen abgegrenzten Teil mit Sicherheit bestimmbar.[2021]

Mit Verweis auf die in den vorangehenden Abschnitten betrachteten Finanzierungspolitiken kann man an dieser Stelle einwerfen, dass ein solcher „gemischter" Bewertungsansatz in Abhängigkeit zur Gestalt der betrachteten gemischten Finanzierungspolitik bisher nicht zwangsläufig erforderlich erschien. Wie sich zeigen wird, spiegelt der von Dierkes/Schäfer (2017) vorgeschlagene Bewertungsansatz aus einer Kombination von WACC- und APV-Ansatz eine spezielle Eigenschaft der gemischten Finanzierungspolitik nach Dierkes/Schäfer (2017) wider, über die die im Vorfeld diskutierten gemischten Fremdkapitalpolitiken nicht explizit verfügen. In den folgenden Abschnitten sei, ausgehend von einer näheren Betrachtung der Motivation der gemischten Finanzierungspolitik nach Dierkes/Schäfer (2017), dieses besondere Merkmal näher betrachtet. Den Ausgangspunkt bilden hierbei zunächst die Überlegungen, die in den vorangehenden Abschnitten als Motivation der alternativen gemischten Finanzierungspolitiken angeführt wurden. Abschließend wird, in Übereinstimmung mit den vorangehenden Abschnitten, ein kurzer Exkurs zur Frage, wie diese Ausprägung der gemischten Finanzierungspolitik mit Leben zu füllen ist, unternommen.

2020 Vgl. Dierkes/Schäfer (2017) S. 372. Im nachfolgenden Abschnitt wird die Mechanik der von Dierkes/Schäfer (2017) betrachteten gemischten Finanzierungspolitik näher betrachtet. Die Gestalt der Finanzierungspolitik erscheint weniger eindeutig zu sein.

2021 Vgl. Dierkes/Schäfer (2017) S. 373–374; 369. Die an dieser Stelle naheliegende Frage, wie eine solche Finanzierungspolitik zu konkretisieren ist, wird in einem späteren Abschnitt aufgegriffen.

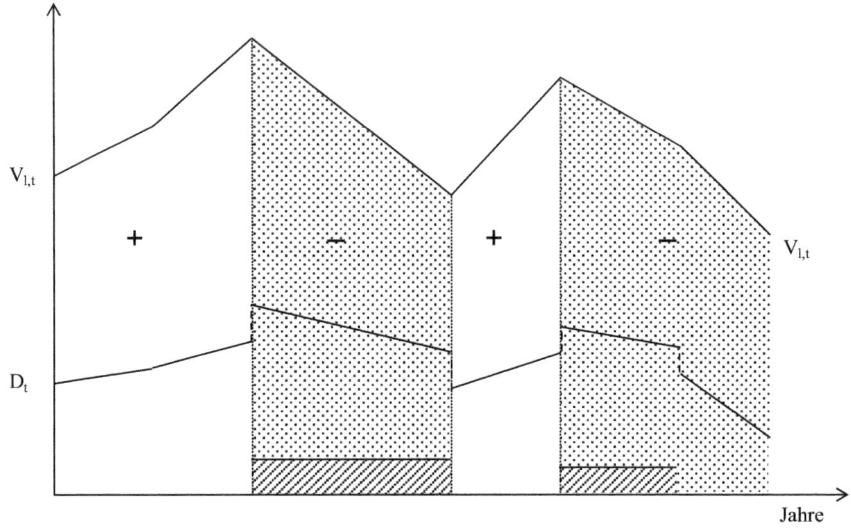

Abbildung 10: *Gemischte Finanzierungspolitik nach Dierkes/Schäfer (2017) mit autonom gesteuerten Fremdkapitalschichten*

4.4.4.1. Zur Plausibilität der gemischten Finanzierungspolitik nach Dierkes/Schäfer (2017)

Blickt man in einem zweiten Schritt auf die Plausibilität der gemischten Finanzierungspolitik nach Dierkes/Schäfer (2017), so kann, in Übereinstimmung mit den Ausführungen zur segmentiert bzw. inkrementell wertabhängigen Finanzierungspolitik, zunächst auch für diese Finanzierungsstrategie festgehalten werden, dass die angenommene Dualität von aktiver und passiver Steuerung der Fremdkapitalbestände erklärungsbedürftig erscheint. Wie die vorangehenden Abschnitte bereits gezeigt haben, reicht es im Fall der gemischten Finanzierungspolitiken i. d. R. nicht aus, allein auf einen „inneren" Antrieb des Unternehmens bzw. aber auf mögliche „äußere" Faktoren abzustellen, um die Bindungswirkung einer solchen gemischten Form der Finanzierungspolitik motivieren zu können, folgt das Unternehmen doch zeitgleich – abseits des Falls der Sicherheit – zwei regelmäßig entgegengesetzten Finanzierungsstrategien.[2022] Die vorangehenden Abschnitte haben gezeigt, dass gemischte Finanzierungspolitiken insbesondere infolge einer Erweiterung des

2022 Dieser Aspekt wird mit Verweis auf die Vorüberlegungen der Abschnitte 4.4.1. bis 4.4.3. in der Folge nicht nochmals eingehender für die gemischte Finanzierungspolitik nach Dierkes/Schäfer (2017) betrachtet.

ursprünglichen Annahmegerüsts nach Modigliani/Miller als praxisnahe Finanzierungsannahmen motiviert wurden. Interessant erscheinen an dieser Stelle insbesondere ein Rückblick auf die Überlegungen zur segmentiert wertabhängigen Finanzierungspolitik wie auch auf die Überlegungen zur inkrementell wertabhängigen Finanzierungspolitik zu sein, die, vergleichbar zur gemischten Finanzierungspolitik nach Dierkes/Schäfer (2017), auf die Dualität von aktiver und passiver Steuerung der Fremdkapitalbestände abstellen.[2023] Erinnert man sich an dieser Stelle an die Merkmale und die Motivation der in den vorangehenden Abschnitten diskutierten gemischten Finanzierungspolitiken zurück, so hat die segmentiert wertabhängige Finanzierungspolitik auf eine Zweiteilung der Finanzierungspolitik auf Basis der Fristigkeit des eingesetzten Fremdkapitals abgestellt,[2024] wohingegen die inkrementell wertabhängige Finanzierungspolitik auf eine Zweiteilung der Finanzierungspolitik auf Grundlage des im Unternehmen bereits eingesetzten Fremdkapitalbestandes und zukünftiger Finanzierungsschichten abgestellt hat.[2025] Die segmentiert wertabhängige Finanzierungspolitik wurde insbesondere durch die Annahme eines verlässlich bestimmbaren „Mindest"-Fremdkapitalbestandes motiviert, wohingegen die inkrementell wertabhängige Finanzierungspolitik auf die abnehmende vertragliche Bindungswirkung im Zeitverlauf abgestellt hat.

Fasst man die in den vorangehenden Abschnitten vorgenommenen Überlegungen zur Plausibilität dieser Finanzierungsstrategien in zwei kurzen Anmerkungen zusammen, so lässt sich Folgendes festhalten: Einerseits wirken bei beiden Finanzierungsannahmen die vorgeschlagenen Kriterien für eine Aufspaltung in zwei alternative Finanzierungspolitiken sowohl auf Basis der Ergebnisse empirischer Untersuchungen als auch mit Blick auf die Überzeugungskraft des vorgetragenen Arguments angreifbar und stellen damit bestenfalls pragmatische Ansätze für die Praxis der Unternehmensbewertung dar. Andererseits, dies wurde bis dato nicht eingehender betrachtet, wurde mit der segmentiert bzw. inkrementell wertabhängigen Finanzierungspolitik auf den ersten Blick eine Form der Trennung der „klassischen" Finanzierungspolitiken betrachtet, die die Wechselwirkung, in Form einer

2023 Die partiell wertabhängige Finanzierungspolitik nach Clubb/Doran (1995) sei an dieser Stelle nicht näher betrachtet, da der Haupttreiber einer solchen Finanzierungspolitik – die mit einer Veränderung der Kapitalstruktur verbundenen Transaktionskosten – von Dierkes/Schäfer (2017) als wenig überzeugend abgelehnt wird.

2024 Hauptargument für eine solche Finanzierungspolitik ist insbesondere die unterschiedliche vertragliche Bindungswirkung, die letztlich eine unterschiedliche Steuerung induziert.

2025 Auch hier stellt die Argumentation also letztlich auf den Aspekt der Planbarkeit ab. Verbindendes Element beider Finanzierungspolitiken ist dabei die Bestimmung eines „Mindest"-Fremdkapitalbestandes bzw. eines risikolosen Fremdkapitalgrundstocks.

gegenseitigen Verstärkung, zwischen den aktiv und passiv gesteuerten Fremdkapitalschichten i. d. R. ausgeblendet hat.[2026]

Blickt man auf die gemischte Finanzierungspolitik nach Dierkes/Schäfer (2017), so zeigt sich sowohl in Hinblick auf die Motivation für die Aufspaltung der Steuerung des Fremdkapitalbestandes in zwei, den „klassischen" Finanzierungspolitiken folgende, Klassen als auch mit Blick auf die Berücksichtigung möglicher Wechselwirkungen zwischen den alternativen Fremdkapitalschichten ein etwas anderes Bild als in den bisher betrachteten gemischten Finanzierungspolitiken. Wie der vorangehende Abschnitt bereits hervorgehoben hat, sprechen sich Dierkes/Schäfer (2017) zu Beginn ihrer Arbeit insbesondere für eine Finanzierungsstrategie aus, die weitgehend einer wertabhängigen Finanzierungspolitik folgt und stellenweise durch autonom gesteuerte Fremdkapitalbestände ergänzt wird.[2027] Als Konkretisierung dieser zunächst noch etwas oberflächlichen Einschätzung schlagen Dierkes/Schäfer (2017) u. a. vor, dass sowohl langfristig im Unternehmen gebundene Verbindlichkeiten, aber auch außergewöhnlicher Liquiditätsbedarf den Eigenschaften einer autonomen Finanzierungspolitik nahekommen.[2028] An dieser Stelle darf vermutet werden,[2029] dass die Zuordnung langfristig im Unternehmen gebundener Fremdkapitalinstrumente unter eine autonome Finanzierungspolitik erneut auf der aus den vorangehenden Abschnitten bekannten Einschätzung beruht, dass die Fristigkeit der Fremdkapitalinstrumente aufgrund der i. d. R. bestehenden vertraglichen Bindungswirkung einen Anhaltspunkt für die Gestalt der dominanten Finanzierungsstrategien bietet. Gänzlich unangreifbar, dies hat der kurze Exkurs im Rahmen der näheren Betrachtung der segmentiert wertabhängigen Finanzierungspolitik insbesondere gezeigt, ist dieses Argument jedoch nicht. Gleichwohl – dies sei in Vorgriff auf den nachfolgenden Abschnitt angefügt – bietet dieses Kriterium einen praktikablen Ausgangspunkt, um diese Ausprägung der Finanzierungspolitik mit Leben zu füllen. Der Argumentationsansatz zur Verbindung zwischen Fristigkeit der Fremdkapitalbestände und Finanzierungspolitik ist aus den vorangehenden Abschnitten bekannt und wird daher an dieser Stelle nicht nochmals detailliert aufgegriffen.

Interessanter erscheint an dieser Stelle vielmehr die von Dierkes/Schäfer (2017) ergänzend vorgenommene Zuordnung von Fremdkapitalinstrumenten, die zur

2026 Es ist jedoch grundsätzlich denkbar, dass beide Ausprägungen der gemischten Finanzierungspolitik mögliche Wechselwirkungen implizit in Form eines beispielsweise adjustierten Zielverschuldungsgrades berücksichtigen. Ein Teil der Komplexität würde an dieser Stelle jedoch von der Bewertungsgleichung in Richtung der Prognose der zukünftigen Finanzierungspolitik verschoben.

2027 Aus Sicht der Arbeit von Dierkes/Schäfer (2017) bildet eine solche Kombination die in der Empirie zu beobachtende Instabilität wertoptimaler Verschuldungsgrade am besten ab. Vgl. Dierkes/Schäfer (2017) S. 365–366.

2028 Vgl. dazu Dierkes/Schäfer (2017) S. 364.

2029 Dierkes/Schäfer (2017) selbst begründen ihre Vorschläge für eine Aufspaltung der Finanzierungspolitik nicht näher.

Finanzierung eines außergewöhnlichen Liquiditätsbedarfs[2030] eingeworben wurden, unter eine passive bzw. autonome Finanzierungspolitik. Auf den ersten Blick erscheint eine solche Zuordnung auf Basis der bisherigen Überlegungen zur autonomen Finanzierungspolitik nicht eingängig zu sein, besteht doch für gewöhnlich zwischen einem zukünftigen sicheren Ereignis, dies ist die zukünftige Entwicklung eines Fremdkapitalbestandes unter Annahme einer autonomen Finanzierungspolitik unzweifelhaft, und einem außergewöhnlichen Ereignis i. d. R. ein gewisses Spannungsfeld. So kann man, dies wurde in den vorangehenden Abschnitten getan, die Annahme einer autonomen Finanzierungspolitik regelmäßig dafür kritisieren, dass unerwartete – dies dürfte an dieser Stelle letztlich bedeutungsgleich zur Zuschreibung außergewöhnlich sein –[2031] zukünftige Unternehmensentwicklungen von einer autonomen Finanzierungspolitik nicht abgebildet werden.[2032] Entspringt ein außergewöhnlicher Fremdkapitalbedarf einem solchen zum Bewertungszeitpunkt unerwarteten Ereignis, scheint es intuitiv nahezuliegen, zu unterstellen, dass ein durch diesen außergewöhnlichen Fremdfinanzierungsbedarf induziertes Tax-Shield mit dem operativen Unternehmensrisiko behaftet ist und damit regelmäßig nicht von der Risikolosigkeit einer autonomen Fremdfinanzierungsschicht auszugehen ist.[2033] Der Gedankengang, der hinter der Zuordnung des

2030 Dierkes/Schäfer (2017) sprechen wörtlich von einem „extraordinary need for liquidity". Dierkes/Schäfer (2017) S. 364.

2031 Wie sich im nachfolgenden Abschnitt zeigen wird, ist die ausschließliche Fokussierung auf die Wahrscheinlichkeit des Eintritts eines solchen Ereignisses vergleichsweise eng. Eine etwas allgemeinere und damit auch plausiblere Interpretation betrachtet dagegen der Abschnitt zur Praktikabilität der Finanzierungspolitik nach Dierkes/Schäfer (2017).

2032 An einer späteren Stelle nehmen Dierkes/Schäfer (2017) wenigstens eine teilweise Einschränkung dieser Aussage vor. Sie sprechen im Einklang mit einer autonomen Finanzierungspolitik so davon, dass der außergewöhnliche Finanzierungsbedarf bereits zum Bewertungszeitpunkt bekannt ist. Vgl. Dierkes/Schäfer (2017) S. 366. In einem Umfeld, das sich durch eine dominante wertabhängige Finanzierungspolitik auszeichnet, erscheint diese Konstellation letztlich etwas künstlich zu sein, da plausibilisiert werden muss, warum eine Finanzierungsschicht aus dem „normalen" Finanzierungsverhalten des Unternehmens herausgelöst ist. So ist zwar denkbar, dass eine Erweiterungsinvestition in Form eines kreditfinanzierten Kaufs einer Maschine frühzeitig durch entsprechende Finanzierungsverträge im Sinne der autonomen Finanzierungspolitik abgesichert wird. Unterstellt man zugleich jedoch eine wertabhängige Finanzierungspolitik und den Fall, dass die Marktteilnehmer den Wertbeitrag der Erweiterungsinvestition antizipieren, so besteht die grundsätzliche Gefahr, dass das Unternehmen den Kauf gleich mehrfach fremdfinanziert. Einwenden kann man an dieser Stelle natürlich, dass eine solche Finanzierungspolitik unschädlich ist, da Unternehmen diese mehrfache Finanzierung beispielsweise bereits im Vorfeld im Rahmen der Finanzplanung antizipieren.

2033 Dies erscheint insbesondere für den Fall einschlägig zu sein, den Dierkes/Schäfer (2017) u. a. als Auslöser für die Notwendigkeit einer ergänzenden

außergewöhnlichen Finanzierungsbedarfs unter die Annahme einer autonomen Finanzierungspolitik steht, ist, wie sich zeigen wird, letztlich ein anderer, als im Fall eines Rückgriffs auf die traditionelle Argumentationsweise naheliegt. Dies wird jedoch erst sichtbar, wenn man den Hinweis von Dierkes/Schäfer (2017), dass die von ihnen betrachtete Form der gemischten Finanzierungspolitik vor allem den in der empirischen Literatur beschriebenen Wunsch einer gewissen Flexibilität bei Finanzierungsentscheidungen abbilden soll,[2034] in mögliche Implikationen der empirischen Kapitalstrukturforschung zerlegt und zusammenfassend neu interpretiert. Im nachfolgenden kurzen Exkurs soll verdeutlicht werden, wie die Einschätzungen von Dierkes/Schäfer (2017), dass ergänzende Fremdkapitalschichten in ihrer Form einer autonomen Finanzierungspolitik folgen, mit den empirischen Beobachtungen zur gemischten Stabilität von Zielverschuldungsgraden in Einklang gebracht werden können.

Zur Bedeutung einer autonomen Finanzierungspolitik für die Flexibilität in Finanzierungsentscheidungen

In einem ersten Schritt haben Dierkes/Schäfer (2017) das in Befragungen von Managern deutlich hervortretende Teilziel der Finanzierungsflexibilität mit der in der Empirie regelmäßig beobachteten Schwankungsbreite des Zielverschuldungsgrades verknüpft. Ein erklärtes Ziel des Vorschlags der gemischten Finanzierungspolitik nach Dierkes/Schäfer (2017) ist es, die in der Empirie an verschiedenen Stellen zu beobachtende Flexibilität auch in den Annahmen der Unternehmensbewertung nachzeichnen zu können.[2035] Will man die Ergebnisse der empirischen Forschung in eine Mischung der „klassischen" Finanzierungspolitik übersetzen, bedarf es eines geeigneten Interpretationsansatzes. Bedeutsam hierfür ist zunächst der in der Arbeit von Dierkes/Schäfer (2017) zu findende Hinweis, dass der Gesamtverschuldungsgrad bzw. der Fremdkapitalbestand eines Unternehmens dem in der empirischen Forschung beobachtbaren instabilen Zielverschuldungsgrad nahekommt, wenn sich die Finanzierungspolitik aus einem deterministischen Fremdkapitalbestand und einem deterministischen Zielverschuldungsgrad zusammensetzt.[2036] Dieser zunächst rein mechanische Zusammenhang lässt sich letztlich in der Folge in die von Dierkes/Schäfer (2017) vorgenommene Einschätzung,[2037] dass Unternehmen in

Fremdkapitalschicht sehen: „[...] to balance notably high risks anticipated in some of the future periods." Dierkes/Schäfer (2017) S. 366. Im Vorfeld wurde ein kurzfristiger Finanzierungsbedarf daher eher als einer wertabhängigen Finanzierungspolitik zugehörig angesehen.

2034 „This behavior reflects financial managers' preferences for financial flexibility, as is emphasized by surveys and interviews." Dierkes/Schäfer (2017) S. 366.

2035 Vgl. dazu Dierkes/Schäfer (2017) S. 367.

2036 Vgl. Dierkes/Schäfer (2017) S. 369.

2037 Zwangsläufig scheint – dies haben u. a. die Überlegungen zur inkrementell wertabhängigen Finanzierungspolitik gezeigt – die Annahme einer dominierenden

erster Linie einer „klassischen“ wertabhängigen Finanzierungspolitik mit einem zeitkonstanten Zielverschuldungsgrad folgen, ergänzt um autonome Fremdkapitalschichten,[2038] zurückübersetzen. Folgt man der Einschätzung, dass die wertabhängige Finanzierungspolitik für die Praxis dominant ist, so muss man in einem zweiten Schritt anerkennen, dass die Orientierung an einem Zielverschuldungsgrad in der Empirie nur mit Durchbrechungen zu beobachten ist.[2039] Zwangsläufig muss man – dies haben u. a. die vorangehenden Abschnitte gezeigt – an dieser Stelle jedoch nicht zu der Einschätzung von Dierkes/Schäfer (2017) gelangen. Im Rahmen der Formulierung einer eigenständigen Finanzierungsstrategie ist man daher gefordert, neben der Gestalt des Finanzierungsverhaltens auch die Treiber hinter der Finanzierungsstrategie – im Falle gemischter Finanzierungspolitiken insbesondere den Wechsel bzw. die Grenze zwischen den alternativen Finanzierungsstrategien – beschreiben zu können. Dierkes/Schäfer (2017) scheinen mit ihrer Finanzierungsannahme implizit davon auszugehen, dass die unter idealen Bedingungen anzustrebende wertabhängige Finanzierungspolitik – aufgrund der empirischen Evidenz – in ihrer Bindungswirkung durch außergewöhnliche Ereignisse durchbrochen wird. Um der empirischen Beobachtung schwankender Zielverschuldungsgrade gerecht zu werden, ist es an dieser Stelle – dies ist, wie bereits hervorgehoben wurde, eine zunächst aus rein mechanischen Gründen notwendige Annahme – erforderlich, dass außergewöhnliche Ereignisse durch autonome Fremdkapitalschichten abgedeckt werden. Der Auslöser für eine Zuordnung des in den zukünftigen Perioden auftretenden Fremdkapitalbedarfs unter ein autonomes Finanzierungsregime erscheint im Lichte des kurzen Exkurses auf Basis der Annahme einer grundsätzlich dominierenden wertabhängigen Finanzierungspolitik, aber empirisch nur partiell beobachtbarer stabiler Verschuldungsgrade damit auf den ersten Blick durchaus nachvollziehbar. Einschränkend muss an dieser Stelle jedoch angefügt werden, dass die Nachvollziehbarkeit der Motivation einer Finanzierungsstrategie an dieser Stelle allein noch keinen Maßstab für die Praxisnähe dieser Annahme in der Bewertungspraxis darstellt.[2040]

---

wertabhängigen Finanzierungspolitik in diesem Zusammenhang jedoch nicht zu sein.

2038 Dierkes/Schäfer (2017) gehen in ihrer Arbeit von einer wertabhängigen Finanzierungspolitik mit zeitvariablem Zielverschuldungsgrad aus. Der Exkurs zum Sonderfall zeitkonstanter Zielverschuldungsgrad erscheint für die nachfolgenden Überlegungen eingängiger zu sein, ohne dabei jedoch die grundsätzliche Aussagekraft der Überlegungen infrage zu stellen.

2039 Dies wird mit den Überlegungen des Kapitels III nochmals deutlich werden.

2040 Wie später nochmals hervorgehoben wird, lässt man sich mit dieser Argumentation nur davon leiten, dass ein solches Finanzierungsverhalten die empirischen Beobachtungen wohl nachzeichnen kann. Dies erscheint jedoch ohne eine genauere Beleuchtung der Motivation einer solchen Finanzierungsstrategie regelmäßig nicht ausreichend. Die Ausführungen des Kapitels III zur Instabilität empirischer

Zur Praxisrelevanz der gemischten Finanzierungspolitik nach Dierkes/Schäfer (2017)
Die gemischte Finanzierungspolitik nach Dierkes/Schäfer (2017) scheint – richtet man den Blick auf die Praxisrelevanz dieser Finanzierungsannahme – mit einigen inhaltlichen Schwächen behaftet zu sein. Wie bereits zu Beginn dieses Abschnitts hervorgehoben, dürfte im Fall einer Abweichung von der zum Bewertungszeitpunkt geplanten Finanzierungspolitik die Annahme, dass zukünftige, außerordentliche Fremdkapitalschichten eher dem Risiko einer wertabhängigen Finanzierungspolitik unterliegen, intuitiv regelmäßig deutlich eingängiger sein als die Annahme einer ergänzenden Fremdkapitalschicht, die zum Bewertungszeitpunkt bereits mit Sicherheit bestimmt werden kann.[2041] Die von Dierkes/Schäfer (2017) getroffene Annahme wirkt damit künstlich, kann doch zu Recht hinterfragt werden, wie sich diese außergewöhnliche Fremdkapitalschicht von den anderen im Unternehmen eingesetzten Fremdkapitalschichten – die einer alternativen Finanzierungsstrategie unterworfen sind – unterscheiden. Dabei allein auf die in der empirischen Forschung beobachtete Schwankung in den Zielverschuldungsgraden abzustellen, ist für die Plausibilisierung dieser Finanzierungspolitik m. E. nach nicht ausreichend. Kann man an dieser Stelle – will man weiterhin eine Finanzierungspolitik mit einem unsicheren Gesamtverschuldungsgrad abbilden – anders als im Vorschlag von Dierkes/Schäfer (2017) zunächst von einer dominanten autonomen Finanzierungspolitik ausgehen, die durch wertabhängig gesteuerte Finanzierungsschichten ergänzt wird. Im Abschnitt zur inkrementell wertabhängigen Finanzierungspolitik wurde diese Form der Finanzierungspolitik bereits näher beleuchtet. Dort hat sich gezeigt, dass eine Finanzierungsstrategie, die von einem risikolosen Fremdkapitalgrundstock und einer ergänzenden wertabhängig gesteuerten Fremdkapitalschicht ausgeht, mit vergleichsweise intuitiven Erklärungsansätzen begründet werden kann. Als Argument für diese Ausprägung der Finanzierungsstrategie wurde u. a. angeführt, dass ein „Mindest"-Fremdkapitalbestand, der mit einer konservativen Schätzung der operativen Unternehmensentwicklung – man könnte in diesem Zusammenhang auch von der Fremdkapitalausstattung in einem Worst-Case-Szenario sprechen – korrespondiert, nicht unplausibel erscheint. Blickt man auf den Vorschlag von Dierkes/Schäfer (2017), so wird in der vorgeschlagenen gemischten Finanzierungspolitik letztlich ein zur inkrementell wertabhängigen Finanzierungspolitik entgegengesetzter Standpunkt unter Beibehaltung der Annahme eines schwankenden Gesamtverschuldungsgrades vertreten. Will man die Motivation für diese Durchmischung der „klassischen" Finanzierungspolitiken bewerten, so ist man auch an dieser Stelle gezwungen, etwas weiter auszuholen.

Ergebnisse werden die an dieser Stelle formulierten Zweifel an der Motivation der gemischten Finanzierungspolitik nach Dierkes/Schäfer (2017) stützen.

2041 Man kann an dieser Stelle hinterfragen – dies wird insbesondere bei der späteren Betrachtung der vermuteten Wechselwirkungen deutlich werden –, warum Unternehmen diese bekannten Abweichungen nicht von vornherein in die wertabhängige Finanzierungspolitik einbeziehen.

Wie die vorangehenden Abschnitte gezeigt haben, wohnt beiden „klassischen“ Eckpunkten der Finanzierungspolitik sowohl eine gewisse Künstlichkeit wie auch ein Reiz inne, der allen voran wohl dem Umstand geschuldet ist, dass beide „klassischen“ Annahmen zur Finanzierungspolitik in erster Linie eine pragmatische Bewertung des Wertbeitrages der Fremdfinanzierung ermöglichen. Die quotale Planung, die regelmäßig im Fall der Annahme einer wertabhängigen Finanzierungspolitik für die Bewertungspraxis einschlägig ist, stellt m. E. nach so insbesondere ein pragmatisches Zugeständnis abseits des wohl selten einschlägigen Falls einer vollkommenen Antizipation der zukünftigen Unternehmensentwicklung dar[2042] und kann, unter den entsprechenden Rahmenbedingungen, durchaus eine tragfähige Bewertungsannahme darstellen. Antizipiert man im Rahmen der Bewertung die Unvollkommenheit der bestehenden Unternehmensplanung und stellt daher pragmatisch auf eine wertabhängige Finanzierungspolitik ab, so ist man gefordert, für die gemischte Finanzierungspolitik nach Dierkes/Schäfer (2017) zu erklären, warum ausgewählte Fremdkapitalbestände vor dem Hintergrund einer primär wertabhängigen Finanzierungspolitik mit Sicherheit bestimmt werden können.[2043] Ein bloßer Verweis auf die in der Empirie zu beobachtende Schwankung um einen durch das Unternehmen möglicherweise angestrebten Zielverschuldungsgrad reicht für sich allein gestellt nicht aus, um das Herauslösen einzelner Fremdkapitalschichten aus der wertabhängigen Steuerung plausibilisieren zu können.[2044] Kann doch auch eine inkrementell wertabhängige Finanzierungspolitik – die sich in der Kombination aus autonomer und wertabhängiger Finanzierungspolitik deutlich unterscheidet – die Eigenschaft, sich an den Ergebnissen der empirischen Forschung zu orientieren, auf den ersten Blick ohne Weiteres in Anspruch nehmen. Der aus den vorangehenden Abschnitten bekannte Verweis auf die besondere vertragliche Ausgestaltung der autonom gesteuerten Fremdkapitalschichten greift an dieser Stelle aus mehreren Gründen zu kurz. Einerseits bietet das Argument der Fristigkeit des eingesetzten Fremdkapitals an dieser Stelle kein ausreichendes Kriterium, um zwischen unterschiedlich gesteuerten Fremdkapitalschichten zu unterscheiden. So kann man mit Blick auf die wertabhängig gesteuerten Fremdkapitalschichten – dies ist im Rahmen der Finanzierungspolitik nach Dierkes/Schäfer (2017) auch in der Detailplanungsphase die dominante

2042 Diese Einschätzung vertreten u. a. auch Kruschwitz et al. (2007). Vgl. dazu Kruschwitz et al. (2007) S. 427.

2043 Diese Einschätzung gilt in ähnlicher Form auch für die im Vorfeld betrachtete inkrementell wertabhängige Finanzierungspolitik. Wie die nachfolgenden Überlegungen zeigen sollen, erscheint die zu überschreitende Hürde für die von Dierkes/Schäfer (2017) vorgeschlagene Finanzierungspolitik jedoch höher.

2044 Verlässt sich die Argumentation an dieser Stelle zu einseitig auf die augenscheinliche empirische Evidenz, ohne jedoch mögliche Sachgründe für einen Wechsel hervorzuheben. Dies mag im Rahmen der Beschreibung der Finanzierungspolitik zunächst ein nachrangiges Problem darstellen, das jedoch spätestens im Rahmen der Abbildung dieser Finanzierungspolitik in der Praxis ein Problem darstellt.

Finanzierungspolitik – regelmäßig einwerfen, dass auch für diese Fremdkapitalinstrumente eine, wenn auch möglicherweise limitierte, vertragliche Bindungswirkung besteht. Es ist in der Detailplanungsphase daher davon auszugehen, dass – die wertabhängige Finanzierungspolitik wird als dominant angenommen – auch langfristig gebundenes Fremdkapital wenigstens in Teilen einer wertabhängigen Steuerung unterliegt. Eine Differenzierung allein auf Basis der Fristigkeit der Fremdkapitalbestände erscheint damit also nicht möglich, da wohl zu jeder zukünftigen autonomen Fremdkapitalschicht auch eine wertabhängig gesteuerte Fremdkapitalschicht besteht, die wenigstens vordergründig über eine ähnliche Fristigkeitsstruktur verfügt.[2045] Es dürfte damit an dieser Stelle regelmäßig erforderlich sein, im Rahmen der Analyse der Fremdkapitalbestände tiefer zu gehen und beispielsweise die Stabilität bzw. die Besicherung des eingesetzten Fremdkapitals näher zu betrachten. Da dieser Aspekt bereits im Vorfeld beleuchtet wurde, unterbleibt eine eingehende Analyse dieser weiteren Faktoren an dieser Stelle.

Zudem sieht die gemischte Finanzierungspolitik nach Dierkes/Schäfer (2017) – wenigstens in der Grundform – keinen stückweisen Übergang zu einer „klassischen" wertabhängigen Finanzierungspolitik vor, wie in den vorangehenden Abschnitten motiviert wurde. Dies erscheint aus mehreren Gesichtspunkten nicht unproblematisch. Zunächst zeigt sich damit erneut, dass das Kriterium der Fristigkeit der eingesetzten Fremdkapitalbestände durch die Annahme einer unveränderten Weitsicht des Bewerters erneut lediglich als ein nachrangiges Argument angesehen werden kann.[2046] Damit verbunden besteht unverändert die Frage – man kann in diesem Zusammenhang sogar argumentieren, dass sich diese Frage weiter verschärft –, warum einzelne Fremdkapitalschichten aus der wertabhängigen Steuerung der Fremdkapitalbestände herausgetrennt werden können. Trennt man sich von dem in der bisherigen Betrachtung dominanten Kriterium der Fristigkeit bzw. der vertraglichen Festschreibung der Kreditkonditionen, muss man eine tragfähige Argumentation einschlagen, die genau diese Herauslösung einzelner Ereignisse aus der Gesamtplanung des Unternehmens erlaubt. Grundsätzlich sind an dieser Stelle zwei Herangehensweisen für diese Fragestellung denkbar, die jeweils auf das Risiko der operativen Entwicklung aufsetzt.[2047] Einerseits kann man darauf abstellen, dass Unternehmen ausgehend von einem verlässlichen Grundfall verschiedene

2045 Für die Rentenphase kann man dagegen die Frage einwerfen, warum die autonome Fremdkapitalschicht im Gleichgewichtszustand der Rentenphase nicht Eingang in den, für diesen Gleichgewichtszustand einschlägigen, Zielverschuldungsgrad findet.

2046 Ein vereinfachtes Abstellen auf einen unveränderlichen autonom gesteuerten Fremdkapitalbestand auf Basis langfristiger Fremdkapitalinstrumente rückt den Finanzierungsvorschlag nach Dierkes/Schäfer (2017) dagegen wieder in die Nähe der inkrementell wertabhängigen Finanzierungspolitik.

2047 Die Argumentation ähnelt somit der Argumentation, die im Fall der „klassischen" Finanzierungspolitiken eingeschlagen wurde.

Szenarien entwickeln, die mit Unsicherheit behaftet sind. Hierbei steht man jedoch regelmäßig vor dem Problem, dass es unwahrscheinlich erscheint, dass ein Ereignis, dessen Eintritt mit Unsicherheit behaftet ist, mit einer Fremdkapitalschicht verbunden ist, die das Risiko der zugrunde liegenden operativen Entwicklung unberücksichtigt lässt.[2048] Ist der Eintritt dieses Ereignisses unsicher, kann i. d. R. schwerlich von einer autonomen Finanzierungspolitik ausgegangen werden. Tritt die zukünftige Unternehmensentwicklung für ein Szenario bzw. einen Geschäftsvorfall dagegen mit Sicherheit ein, so muss man sich wohl fragen lassen, warum man im Rahmen der Planung der Finanzierungsstrategie zunächst eine wertabhängige Finanzierungspolitik als dominant angesehen hat. An dieser Stelle kann man sich natürlich auf den argumentativ zulässigen Standpunkt stellen, dass die sicheren Ereignisse im Verhältnis zu den unsicheren Ereignissen in der Minderzahl sind. Für eine gemischte Finanzierungspolitik nach Dierkes/Schäfer (2017) muss diese Argumentation dennoch nicht sprechen, da auch an dieser Stelle erneut eine auf diesen sicheren Fremdkapitalschichten aufbauende Finanzierungspolitik plausibel erscheint.

Inwieweit und insbesondere, warum einzelne Fremdkapitalschichten im Fall der gemischten Finanzierungspolitik nach Dierkes/Schäfer (2017) herausgelöst werden können, ist damit weiterhin weitgehend ungeklärt. Gänzlich von der Hand zu weisen, ist eine spätere Loslösung autonomer Fremdkapitalschichten von einer wertabhängigen Finanzierungspolitik nicht, dennoch erscheint es an dieser Stelle schwierig, einen Standardfall zu identifizieren, der einen solchen Wechsel unausweichlich induziert. Insgesamt erscheinen die zur Plausibilisierung der gemischten Finanzierungspolitik nach Dierkes/Schäfer (2017) vorgetragenen Argumente daher vergleichsweise wenig belastbar bzw. artifiziell zu sein. Insbesondere liefert die – dies wird der nachfolgende Abschnitt zeigen – vorgetragene Argumentation nur bruchstückhafte Anhaltspunkte, um in der Praxis eine Aufspaltung zwischen den alternativen Finanzierungspolitiken vornehmen zu können. Will man eine solche gemischte Finanzierungspolitik in der Praxis einsetzten, so muss sich ein Bewerter seiner Sache ziemlich sicher sein. Ein Abstellen auf die regelmäßig getroffenen Standardannahmen der „klassischen“ Finanzierungspolitiken dürfte hingegen zu kurz greifen, um diese Form der Finanzierungspolitik zu rechtfertigen.[2049] Die für die gemischte Finanzierungspolitik nach Dierkes/Schäfer (2017) m. E. nach noch ausstehende Aufgabe einer eingehenden Begründung, sei in der Folge jedoch nicht eingehender betrachtet. Vielmehr sei sich im Anschluss kurz der Frage gewidmet, ob sich die von Dierkes/Schäfer (2017) beschriebene Ergänzung einer dominanten

---

2048 Ein Ergebnis dieser Form der Finanzierungspolitik wäre wohl unzweifelhaft, dass Unternehmen zu keinem Zeitpunkt mit einem optimalen Fremdkapitalbestand ausgestattet wären.

2049 Diese zunächst zurückhaltende Einschätzung zur Plausibilität der gemischten Finanzierungspolitik nach Dierkes/Schäfer (2017) bedeutet jedoch nicht, dass der Stab über diese Finanzierungspolitik abschließend gebrochen wurde.

wertabhängigen Finanzierungspolitik durch autonome Fremdkapitalschichten tatsächlich in der für diese Finanzierungspolitik vorgeschlagenen Bewertungsformel niederschlägt.

Exkurs: Zu den Wechselwirkungen zwischen den alternativen Fremdkapitalschichten der gemischten Finanzierungspolitik nach Dierkes/Schäfer (2017)

In dem folgenden kurzen Exkurs sei sich etwas eingehender mit der Gestalt von Wechselwirkungen innerhalb des von Dierkes/Schäfer (2017) vorgeschlagenen Bewertungsansatzes beschäftigt. Wie Dierkes/Schäfer (2017) in ihrer Arbeit hervorgehoben haben, folgt aus einer Erhöhung der unter einer autonomen Finanzierungspolitik gesteuerten Fremdkapitalschicht mit der vorgeschlagenen Bewertungsformel zugleich auch eine anteilige Erhöhung des aktiv gesteuerten Fremdkapitalbestandes. Dies wird deutlich, betrachtet man die hinter dieser Einschätzung stehenden Prozesse etwas genauer. Eine Erhöhung der autonom gesteuerten Fremdkapitalschichten führt in einem ersten Schritt zu einem Anstieg des Wertbeitrages der Fremdfinanzierung,[2050] der einen Anstieg des Unternehmensgesamtwertes nach sich zieht. Dieser Anstieg des Unternehmensgesamtwertes schlägt sich schließlich – eine quotale Bindung der wertabhängigen Finanzierungsschichten an den Gesamtunternehmenswert wird hierbei indirekt vorausgesetzt – auch in einer Erhöhung des Umfangs des, einer wertabhängigen Steuerung unterliegenden, Fremdkapitalbestandes nieder.[2051] Die Erhöhung der autonom gesteuerten Fremdkapitalschicht hat im Fall der von Dierkes/Schäfer (2017) vorgeschlagenen Bewertungsformel somit direkte Auswirkungen auf den Umfang der wertabhängig gesteuerten Fremdkapitalschichten.[2052] Dieser sich selbst verstärkende Effekt gemischter Finanzierungspolitiken wurde für die vorangehenden Finanzierungsannahmen nicht gesondert betrachtet. Grundsätzlich erscheint es nicht unplausibel, dass der für die Kapitalgeber gestiegene Unternehmensgesamtwert einen Ausgangspunkt für eine weitere Erhöhung des im Unternehmen eingesetzten Fremdkapitalbestandes darstellt.[2053] Für die Praxis dürften die an dieser Stelle vermuteten Wechselwirkungen dennoch regelmäßig nur in einem

---

2050 Der Wertbeitrag der Fremdfinanzierung wird mit durch den zweiten Teil der in einem vorangehenden Abschnitt beschriebenen Gleichung abgebildet.

2051 Wie Dierkes/Schäfer (2017) festhalten, hat die Erhöhung des Fremdkapitalbestandes des wertabhängig gesteuerten Fremdkapitals in Form eines Zirkularität-Effektes erneut Auswirkungen auf die Höhe des eingesetzten Fremdkapitalbestandes. Vgl. dazu Dierkes/Schäfer (2017) S. 372 Fn. 4.

2052 Vgl. dazu Dierkes/Schäfer (2017) S. 372–373. Definitionsgemäß ist die hier zu beobachtende Bindungswirkung einseitig, d. h., eine Erhöhung des optimalen Zielverschuldungsgrades führt an dieser Stelle zu keinen Wechselwirkungen mit der autonomen Finanzierungspolitik.

2053 Steht mit einem höheren Anteil der Fremdfinanzierung doch letztlich eine höhere Quote des operativen Cashflows zur Ausschüttung an die Kapitalgeber auf Kosten des Fiskus zur Verfügung.

begrenzten Umfang bedeutsam werden. Ohne an dieser Stelle explizit auf den in dieser Arbeit weitgehend vernachlässigten Fall einer steuerrechtlichen Beschränkung der Abziehbarkeit der Zahlungen an die Fremdkapitalgeber, beispielsweise in Form der im deutschen Steuersystem gültigen Zinsschranke, abzustellen, kann man beispielsweise mit Blick auf die wirtschaftliche Leistungsfähigkeit des Unternehmens an der mit der Bewertungsformel als unzweifelhaft gegebenen Wechselwirkung zwischen den Finanzierungsschichten zweifeln.[2054] Zunächst ist eine auf Wechselwirkungen abstellende Finanzierungspolitik im Vergleich zu den bisher betrachteten Finanzierungsstrategien in der Planung für die Unternehmen selbst als vergleichsweise komplex anzusehen. Bereits für die „einfachen“ Finanzierungspolitiken wurde zudem gezeigt, dass eine Reihe von Hemmnissen – dies haben die vorangehenden Abschnitt u. a. mit einem Verweis auf regelmäßig anfallende Transaktionskosten gezeigt – es fraglich erscheinen lassen, ob Unternehmen für einen regelmäßig wohl eher sekundären Effekt die Last einer Adjustierung der Kapitalstruktur auf sich nehmen.[2055] Die Fragestellung, ob ein Abstellen auf Wechselwirkungen zwischen verschiedenen Fremdkapitalschichten in jedem Fall zulässig bzw. sinnvoll ist, soll aufgrund der hier vorgetragenen vergleichsweise oberflächlichen Zweifel und der wohl eher geringen Wertrelevanz nicht weiter vertieft werden.[2056]

Bedeutsam scheint es mit Blick auf die gemischte Finanzierungspolitik nach Dierkes/Schäfer (2017) vielmehr, die mit dem Abstellen auf Wechselwirkungen verbundene Gestalt der inkrementell wertabhängigen Finanzierungspolitik bzw. der Finanzierungsstrategie des Unternehmens näher zu beleuchten. Die von Dierkes/Schäfer (2017) vorgeschlagene Bewertungsformel legt mit der Berücksichtigung der Wechselwirkungen zwischen autonomer und wertabhängiger Fremdkapitalschicht auf den ersten Blick eine Finanzierungsstrategie nahe, die, ausgehend von einem risikolosen Fremdkapitalgrundstock, eine ergänzende wertabhängige Fremdkapitalschicht optimiert. Mit anderen Worten erscheint die implizit mit der Bewertungsgleichung betrachtete Finanzierungspolitik eher im Einklang mit einer segmentiert wertabhängigen Finanzierungspolitik zu stehen als mit der gemischten Finanzierungspolitik nach Dierkes/Schäfer (2017), die von ergänzenden autonomen Fremdkapitalschichten ausgeht. Zwar ist auch für die zweite, von Dierkes/Schäfer (2017) vordergründig betrachtete, primär wertabhängige gemischte Finanzierungspolitik eine verstärkende Wirkung autonomer Finanzierungsschichten für den wertabhängig gesteuerten Fremdkapitalbestand denkbar, so eindeutig wie im

2054 Dies ist an dieser Stelle jedoch mehr eine Frage der Praxisnähe des begleitenden Annahmegerüsts als eine Frage nach der Korrektheit der Bewertungsformel.

2055 War doch letztlich der Ausgangspunkt der Motivation dieser Ausprägung einer wertabhängigen Finanzierungspolitik das unvollständige Festhalten der Praxis an dem Ziel eines wertoptimalen Verschuldungsgrades.

2056 Wie zu Beginn dieses Abschnitts festgehalten, spielen die hier angeführten Transaktionskosten für Dierkes/Schäfer (2017) nur eine untergeordnete Rolle.

Fall einer segmentiert wertabhängigen Finanzierungspolitik scheint der Einfluss der autonomen Fremdkapitalschichten auf die wertabhängig gesteuerten Fremdkapitalschichten jedoch nicht zu sein. Stellt die von Dierkes/Schäfer (2017) vorgetragene Argumentation zur gemischten Finanzierungspolitik doch gerade darauf ab, dass außergewöhnlicher Finanzierungsbedarf durch autonome Fremdkapitalschichten gedeckt wird und eine wertabhängige Finanzierungspolitik nur unvollständig erfolgt. Führen Unternehmen infolge einer zusätzlich eingeworbenen autonom gesteuerten Fremdkapitalschicht weiteres – nun jedoch wertabhängig gesteuertes – Fremdkapital nach, so erscheint die Frage zulässig zu sein, warum das Unternehmen nicht durchgängig einer wertabhängigen Finanzierungspolitik folgt,[2057] stellt diese Form der Finanzierungspolitik doch nach Aussage von Dierkes/Schäfer (2017) das eigentliche Ziel des Unternehmens dar. „Äußere" Gründe, die eine solche durchgehende wertabhängig gesteuerte Finanzierungspolitik verhindern, scheint es aufgrund der unterstellten Wechselwirkungen augenscheinlich gerade nicht zu geben.[2058] Auch an dieser Stelle ist damit festzuhalten, dass die vorgetragene Argumentation von Dierkes/Schäfer (2017) nicht vollkommen widerspruchsfrei erscheint. Die vorangehenden Ausführungen haben insbesondere gezeigt, dass sowohl segmentiert als auch inkrementell wertabhängige Finanzierungspolitik in ihrer Prognose des Finanzierungsverhaltens eingängiger erscheinen. Dies zeigt sich m. E. nach auch in der Argumentation von Dierkes/Schäfer (2017), die in Teilen Argumente dieser Formen der gemischten Finanzierungspolitik aufgreift. Auch der Blick auf die vorgeschlagene Bewertungsformel hat gezeigt, dass die mit der Bewertungsformel abgebildeten Wechselwirkungen durchaus den vorgenannten Finanzierungsstrategien näherstehen als dem unter dem Oberbegriff der gemischten Finanzierungspolitik nach Dierkes/Schäfer (2017) zunächst diskutierten Finanzierungsverhalten.

Man kann m. E. nach daher zwei Standpunkte mit Blick auf den Vorschlag von Dierkes/Schäfer (2017) einnehmen. Einerseits kann man in ihrem Vorschlag der gemischten Finanzierungspolitik eine allgemeine Form der inkrementell bzw. segmentiert wertabhängigen Finanzierungspolitik sehen, die mögliche Wechselwirkungen zwischen den „klassischen" Finanzierungspolitiken berücksichtigt.[2059] Hierfür spricht m. E. nach u. a. das Abstellen auf das Argument der Fristigkeit. Die gemischte Finanzierungspolitik nach Dierkes/Schäfer (2017) enthält damit – abseits des Aspekts der Wechselwirkung – wenig Neues. Andererseits, hier stellt

2057 Der ergänzende Wertbeitrag, der aus der Annahme einer autonomen Fremdkapitalschicht erwächst, dürfte – unterstellt man eine dominierende wertabhängige Finanzierungspolitik – nur von inkrementeller Natur sein.

2058 Auch im Fall der an dieser Stelle nicht näher betrachteten „inneren" Gründe lassen sich mit Verweis auf die im Vorfeld eingeschlagene Argumentation an dieser Stelle Zweifel an der Stringenz der Argumentation zugunsten einer solchen Variante der gemischten Finanzierungspolitik anbringen.

2059 Darin kann man an dieser Stelle eine gute Nachricht erkennen.

man vorwiegend auf die Beschreibung der gemischten Finanzierungspolitik als Kombination aus dominanter wertabhängiger und ergänzender autonomer Finanzierungspolitik ab, stellt die gemischte Finanzierungspolitik nach Dierkes/Schäfer (2017) eine eigenständige Finanzierungsstrategie dar, die die segmentiert und inkrementell wertabhängige Finanzierungspolitik ergänzt. Die zugunsten einer solchen Finanzierungspolitik vorgetragenen Argumente scheinen jedoch vergleichsweise vage zu sein. Folgt man dieser zweiten Einschätzung und will man die gemischte Finanzierungspolitik nach Dierkes/Schäfer (2017) in der Praxis anwenden, ist man gefordert, das Herauslösen einzelner Fremdkapitalschichten aus der aktiven Steuerung des Fremdkapitals wohl zu begründen. Unproblematisch ist diese Aufgabe, wie die Vorüberlegungen zeigen, wohl in aller Regel nicht. Fraglich erscheint auch, ob – dies wurde bis dato vereinfachend ausgeblendet – diese Form der Finanzierungspolitik sich in der Praxis von einer „klassischen" wertabhängigen Finanzierungspolitik klar emanzipieren kann, unterstellt man einen moderaten Umfang autonomer Fremdkapitalschichten. Geht man die Fragestellung pragmatisch an, so hängt die Form der gemischten Finanzierungspolitik letztlich auch von der Eigenschaft des in die Bewertungsgleichung einfließenden Zielverschuldungsgrades bzw. der Annahme zur autonomen Finanzierungsschicht ab. An dieser Stelle kann man versucht sein, die in diesem Abschnitt aufgezeigten Lücken in der Plausibilität der gemischten Finanzierungspolitik nach Dierkes/Schäfer (2017) primär als ein Problem der Praxis zu sehen. Dass eine solche Einschätzung die Probleme letztlich nur auf eine andere Ebene verschiebt, soll kurz im nachfolgenden Abschnitt, der sich der Frage der Anwendbarkeit der zweiten Interpretation der gemischten Finanzierungspolitik nach Dierkes/Schäfer (2017) in der Praxis widmet, gezeigt werden.

Zur Praktikabilität der gemischten Finanzierungspolitik nach Dierkes/Schäfer (2017)

Wie der vorangehende Abschnitt zur Plausibilität der gemischten Finanzierungspolitik nach Dierkes/Schäfer (2017) hervorgehoben hat, hält sich die Arbeit von Dierkes/Schäfer (2017) bei der Beschreibung der Einsatzkriterien – abseits des Verweises auf die gemischte empirische Evidenz für einen zeitkonstanten Zielverschuldungsgrad – für die vorgeschlagene gemischte Finanzierungspolitik weitgehend bedeckt. Der vorangehende Abschnitt hat auf Basis der Argumentation von Dierkes/Schäfer (2017) exemplarisch zwei mögliche Erklärungsansätze bzw. Hinweise für eine Aufspaltung in einen autonom und einen wertabhängig gesteuerten Fremdkapitalanteil diskutiert. Wie dieser Abschnitt zeigt, wird die unspezifische Motivation der von Dierkes/Schäfer (2017) vorgeschlagenen Finanzierungsstrategie spätestens zum Zeitpunkt, in dem man gefordert ist, die Finanzierungsannahme zu konkretisieren, zu einer nur schwer zu überwindenden Hürde. Geht man, dies macht die gemischte Finanzierungspolitik nach Dierkes/Schäfer (2017) unzweifelhaft, von einer Dominanz der wertabhängigen Finanzierungspolitik aus, so ist man vergleichbar zum Fall einer „klassischen" wertabhängigen Finanzierungspolitik zunächst gefordert, in einem ersten Schritt einen optimalen Zielverschuldungsgrad zu bestimmen. Unproblematisch – dies hat bereits der Abschnitt zur „klassischen" wertabhängigen Finanzierungspolitik gezeigt – ist dieser Schritt in aller Regel nicht. Ohne an dieser Stelle auf die durchaus interessante Frage der Gestalt der zu verwendenden Planungsansätze näher einzugehen, besteht damit auch für diese Form der Finanzierungspolitik das Problem der „klassischen" wertabhängigen Finanzierungspolitik grundsätzlich fort. Daneben müssen, wie für eine Vielzahl der gemischten Finanzierungspolitiken üblich, in einem zweiten Schritt die autonomen Fremdkapitalschichten konkretisiert werden, die im Fall der gemischten Finanzierungspolitik nach Dierkes/Schäfer (2017) ergänzend zum wertabhängig gesteuerten Fremdkapitalbestand eingeworben werden.[2060] Auf den ersten Blick erscheint das Anforderungsgerüst damit dem Grunde nach nicht höher zu sein als für die in den vorangehenden Abschnitten näher betrachteten gemischten Finanzierungspolitiken. Diese erste Einschätzung zur Praktikabilität der gemischten Finanzierungspolitik nach Dierkes/Schäfer (2017) ist damit nicht gänzlich von der Hand zu weisen, muss jedoch an dieser Stelle um weitere, im Vorfeld nicht explizit betrachtete, Aspekte erweitert werden.[2061] Dies hängt letztlich mit der Differenzierung des Zielverschuldungsgrades in einen empirisch erreichbaren und einen durch das Unternehmen angestrebten Zielverschuldungsgrad zusammen.

Legt man den Fokus der Betrachtung auf die gemischte Finanzierungspolitik nach Dierkes/Schäfer (2017), so muss man in einem ersten Schritt zunächst einmal klarstellen, auf welchen Zielverschuldungsgrad man sich im Rahmen der Bewertung bezieht. Neben dem unternehmensinternen wertoptimalen Zielverschuldungsgrad, der wohl einer wertabhängigen Finanzierungspolitik unter vollkommenen Bedingungen zuzuordnen ist, existiert ein zweiter empirisch beobachtbarer Gesamtverschuldungsgrad des Unternehmens, der letztlich auf die Unvollkommenheit der Unternehmenspolitik zurückzuführen ist. Beide Größen sind also unter den unvollkommenen Bedingungen der Praxis regelmäßig nicht deckungsgleich.[2062] Für die Bewertung der gemischten Finanzierungspolitik nach Dierkes/Schäfer (2017) einschlägig dürfte in erster Linie der wertoptimale Zielverschuldungsgrad sein, wohingegen der empirisch messbare Gesamtverschuldungsgrad lediglich einen Rückschluss auf die Unvollkommenheit der Umsetzung der wertabhängigen Finanzierungspolitik zulässt. Aus der Bestimmung dieses optimalen Zielverschuldungsgrades dürften für einen externen Bewerter, der nicht auf

2060 Dierkes/Schäfer (2017) sprechen in diesem Zusammenhang auch von: „deterministic debt components that are consciously raised beyond the capital structure target in some or all of the future periods." Vgl. Dierkes/Schäfer (2017) S. 367.

2061 Dass die Frage bis zu dieser Stelle ausgeblendet wurde, bedeutet leider nicht, dass diese Frage nicht auch für die weiteren gemischten Finanzierungspolitiken von Bedeutung sein könnte.

2062 Erinnert man sich an den vorangehenden Abschnitt zurück, war dies gerade der Auslöser, um eine eigenständige Form der gemischten Finanzierungspolitik abzuleiten.

unternehmensinterne Daten zurückgreifen kann, einige Schwierigkeiten erwachsen. So muss behelfsweise wohl in der Regel in der einen oder anderen Form auf den empirisch beobachtbaren Zielverschuldungsgrad zurückgegriffen werden,[2063] der die eigentliche Finanzierungsstrategie bestenfalls approximativ abbildet.

Ein ähnliches Bild zeigt sich, ist man in einem zweiten Schritt gefordert, ausgehend von dem wertoptimalen Zielverschuldungsgrad, Fremdkapitalschichten zu identifizieren, die – wenigstens zeitweise – einer autonomen Finanzierungspolitik unterworfen sind. Zunächst könnte man, die Argumentation von Dierkes/Schäfer (2017) aufgreifend, dass der empirische Gesamtverschuldungsgrad sich aus einer wertabhängig gesteuerten Fremdkapitalschicht und einer autonom gesteuerten Fremdkapitalschicht zusammensetzt, versucht sein, die autonome Fremdkapitalschicht als Residualgröße aus idealem und empirisch beobachtbarem Zielverschuldungsgrad abzuleiten. Zielführend dürfte ein solches Vorgehen – nicht nur aufgrund der möglichen Deckungsgleichheit der in der Praxis zur Verfügung stehenden Größen – in der Bewertungspraxis regelmäßig nicht sein. An dieser Stelle sind also letztlich Kriterien erforderlich, um autonome Fremdkapitalschichten in der Finanzierungsstrategie des Unternehmens zu identifizieren. Der Abschnitt zur Plausibilität der gemischten Finanzierungspolitik nach Dierkes/Schäfer (2017) hat, mit der Fristigkeit der Fremdkapitalinstrumente und dem Argument, dass außergewöhnlicher Fremdkapitalbedarf als Signal für eine autonome Finanzierungspolitik gewertet werden kann, bereits zwei Kriterien für eine Aufteilung der Finanzierungspolitiken betrachtet.

In Wiederholung des vorangehenden Abschnitts erscheint das Kriterium der Fristigkeit in einem Umfeld, in dem nur ergänzende Fremdkapitalschichten einer autonomen Finanzierungspolitik unterliegen, kein ausreichend scharfes Kriterium zu sein, um einzelne Fremdkapitalschichten aus einer grundsätzlich wertabhängigen Finanzierungspolitik herauslösen zu können. Wendet man sich dem Kriterium des außergewöhnlichen Fremdkapitalbedarfs zu, so lässt sich ein ähnlicher Einwand anführen. Wie im vorangehenden Abschnitt festgehalten, ist der hinter dem Begriff des außergewöhnlichen Fremdkapitalbedarfs stehende Inhalt nicht eineindeutig festgelegt, d. h., der Begriff lässt einen gewissen Interpretationsspielraum zu. Einerseits – dies war die Interpretation im vorangehenden Abschnitt – kann man den Begriff „außergewöhnlich" im Sinne eines von der Norm abweichenden unerwarteten Ereignisses interpretieren. Man kann an dieser Stelle den etwas einseitigen Standpunkt vertreten, dass ein solches Ereignis regelmäßig zum Bewertungszeitpunkt nicht antizipiert werden kann.[2064] Damit ist letztlich auch die

---

2063 Dies dürfte davon unabhängig sein, ob man vereinfachend auf eine naive Vergangenheitsfortschreibung oder aber eine etwas komplexere Form der Bestimmung des Zielverschuldungsgrades zurückgreift, wie sie etwa im Abschnitt zur wertabhängigen Finanzierungspolitik kurz beschrieben wurde.

2064 Als Kritiker dieser Argumentation könnte man so darauf hinweisen, dass ein solches Ereignis zwar nicht primär dem Plan des Unternehmens entspricht, ein

Aufgabe, die zugrunde liegende Finanzierungsschicht zu quantifizieren, nicht möglich. Stellt man bei der Interpretation weniger auf die geringe Wahrscheinlichkeit ab, die einem bestimmten Ereignis inne- wohnt, sondern fokussiert man sich darauf, dass ein Ereignis außerhalb der Norm, also im Fall des zu betrachtenden Unternehmens außerhalb der gewöhnlichen Geschäftstätigkeit liegt, erscheint sowohl die im Vorfeld als wenig überzeugend bezeichnete Argumentation von Dierkes/Schäfer (2017) als auch das Kriterium für eine Unterscheidung alternativer Finanzierungspolitiken einleuchtender. Man kann im Rahmen dieser Argumentation beispielsweise darauf abstellen, dass Unternehmen kein Interesse daran haben, die Finanzierungspolitik außerhalb des eigentlichen Unternehmensziels liegender Geschäftsvorfälle einer aktiven Form der Steuerung der Fremdkapitalbestände zu unterziehen.[2065] Will man auf Basis dieser ersten Einschätzung konkrete Kriterien für den Bewertungsfall ableiten, so ist darauf hinzuweisen, dass die Abgrenzung zwischen gewöhnlichen und außergewöhnlichen Geschäftsvorfällen, also die Definition der Norm der Unternehmenstätigkeit i. d. R. selbst, nicht trennscharf sein dürfte, sodass man die Frage nach der Gestalt zukünftiger außergewöhnlicher Geschäftsvorfälle letztlich mit Blick auf den konkreten Bewertungsfall identifizieren muss. Inwieweit diese Aufspaltung zwischen gewöhnlichen und außergewöhnlichen Geschäftsvorfällen einen Mehrwert gegenüber einer „klassischen" wertabhängigen Finanzierungspolitik darstellt, bleibt dabei jedoch fraglich, dürften außergewöhnliche Geschäftsvorfälle im Vergleich zum normalen Geschäftsbetrieb doch regelmäßig in der Minderzahl sein.

Blickt man auf die in diesem Abschnitt vorgenommenen Überlegungen zur Praktikabilität der Finanzierungspolitik, so bestätigt sich letztlich auch hier der bereits im Abschnitt zur Plausibilität der gemischten Finanzierungspolitik nach Dierkes/Schäfer (2017) deutlich gewordene Mangel, eindeutige Kriterien für eine Trennung wertabhängiger und autonomer Finanzierungsschichten abzuleiten. Spätestens, wenn man gefordert ist, die gemischte Finanzierungspolitik nach Dierkes/Schäfer (2017) mit Leben zu füllen, wird dieser Mangel an klaren Kriterien für eine Aufspaltung der alternativen Fremdkapitalschichten zu einem Problem, dies hat dieser Abschnitt nochmals verdeutlicht. Sofern man sich nicht mit dem reinen theoretischen Reiz einer Finanzierungsstrategie begnügt, wird man daher gefordert sein, die Kriterien der gemischten Finanzierungspolitik nach Dierkes/Schäfer (2017) eingehender zu beantworten, als dies im Vorfeld getan wurde.

---

ausreichend kundiger Investor dieses außergewöhnliche Ereignis ungeachtet der Eintrittswahrscheinlichkeit jedoch antizipiert.

2065 Implizit geht man dabei wohl davon aus, dass der Anteil, den diese Geschäftsvorfälle mit Blick auf das Gesamtunternehmen einnehmen, entweder wertmäßig weitgehend zu vernachlässigen ist oder aber nur kurzfristigen Einfluss auf das Unternehmen ausübt. Man könnte an dieser Stelle daher kritisch einwerfen, warum man sich überhaupt näher mit diesen Fällen beschäftigt und nicht vereinfachend auf eine „klassische" wertabhängige Finanzierungspolitik abstellt.

4.4.4.2. Fazit zur gemischten Finanzierungspolitik nach Dierkes/Schäfer (2017)

Die beiden vorangehenden Abschnitte haben gezeigt, dass für die gemischte Finanzierungspolitik nach Dierkes/Schäfer (2017) zwei mögliche Betrachtungswinkel denkbar sind. Einerseits kann man in der gemischten Finanzierungspolitik nach Dierkes/Schäfer (2017) eine eigenständige Form einer gemischten Finanzierungspolitik erkennen – dies ist der Blickwinkel, den Dierkes/Schäfer (2017) selbst für ihren Vorschlag der Finanzierungspolitik wählen –, andererseits kann man in der gemischten Finanzierungspolitik nach Dierkes/Schäfer (2017) eine besondere Form der im Vorfeld bereits diskutierten gemischten Finanzierungspolitiken sehen. Für den ersten Betrachtungswinkel spricht die von Dierkes/Schäfer (2017) vorgenommene Beschreibung der gemischten Finanzierungspolitik als eine zunächst dominante wertabhängige Finanzierungspolitik, die nur zeitweise durch autonome Fremdkapitalschichten durchbrochen wird. Die Argumente für eine solche Finanzierungsstrategie scheinen abseits der theoretischen Möglichkeit eines solchen Finanzierungsverhaltens vergleichsweise dünn zu sein. Dies wird sich insbesondere dann als Problem erweisen, sobald man gefordert ist, einen konkreten Bewertungsfall mit Leben zu füllen. Neben den für gemischte Finanzierungspolitiken einschlägigen Problemen tritt für diese Finanzierungsannahme also regelmäßig die Frage, wie die Herauslösung einzelner Fremdkapitalschichten aus einer grundsätzlich wertabhängigen Finanzierungspolitik begründet werden kann. Wie sich gezeigt hat, rächt sich spätestens an dieser Stelle die vergleichsweise oberflächliche Motivation dieser Form der Finanzierungspolitik. Es erscheint daher nicht verwunderlich, dass Dierkes/Schäfer (2017) im Rahmen der Motivation ihres Vorschlags einer gemischten Finanzierungspolitik auch auf Argumente abgestellt haben,[2066] die insbesondere kompatibel mit den im Vorfeld betrachteten gemischten Finanzierungspolitiken erscheinen. Dies zeigt sich letztlich in dem Vorschlag einer Bewertungsgleichung, die argumentativ näher an der inkrementell wertabhängigen bzw. segmentiert wertabhängigen Finanzierungspolitik zu sein scheint als an der von Dierkes/Schäfer (2017) vermuteten, durch autonome Fremdkapitalschichten durchbrochenen wertabhängigen Finanzierungspolitik. Eine eigenständige Form der gemischten Finanzierungspolitik dürfte mit der Arbeit von Dierkes/Schäfer (2017) damit nicht formuliert worden sein. Lediglich mit der expliziten Berücksichtigung möglicher Wechselwirkungen zwischen autonomer und wertabhängiger Finanzierungsschicht wird damit ein neuer Aspekt in die Diskussion alternativer Finanzierungspolitiken eingebracht.[2067] Diese Sonderform der

---

2066 An dieser Stelle könnte man etwas spitz anmerken, dass Dierkes/Schäfer (2017) ihrem eigenen Finanzierungsvorschlag wohl nicht vollkommen zu vertrauen scheinen.

2067 Auch hier zeigt sich der innere Widerspruch der Motivation dieser Form der Finanzierungspolitik, die gerade darauf abgestellt hat, dass eine wertabhängige Finanzierungspolitik in der Praxis unvollständig umgesetzt wird.

segmentiert bzw. inkrementell wertabhängigen Finanzierungspolitik kann sich folglich auch nicht von den in den vorangehenden Abschnitten beleuchteten Kritikpunkten erfolgreich absetzen. Die gemischte Finanzierungspolitik nach Dierkes/Schäfer (2017) wird daher, wie bereits auch in den vorangehenden Abschnitten zu den gemischten Finanzierungspolitiken festgehalten, aufgrund der praktischen Probleme bei der Operationalisierung dieser Finanzierungsstrategien im Folgenden nicht eingehender betrachtet.

4.4.5. Zur Annahme hybrider Finanzierungspolitiken

Eine weitere, auf eine Kombination aus „klassischer" wertabhängiger und „klassischer" autonomer Finanzierungspolitik abstellende Sonderform gemischter Finanzierungspolitiken wird in der Literatur u. a. unter dem Oberbegriff der hybriden Finanzierungspolitik diskutiert.[2068] Unter einer hybriden Finanzierungspolitik wird, entgegen dem überwiegenden Teil der im Vorfeld näher betrachteten gemischten Finanzierungspolitiken, zunächst eine Finanzierungsstrategie betrachtet, die auf eine phasenweise Trennung alternativer Finanzierungspolitiken abstellt. Man könnte daher an dieser Stelle, wie bereits bei der partiell wertabhängigen Finanzierungspolitik, von einer unechten gemischten Finanzierungspolitik sprechen. Die alternativen Finanzierungsannahmen treffen – entgegen den echten gemischten Finanzierungspolitiken – lediglich in einer zeitlichen Folge aufeinander, eine tatsächliche Durchmischung der alternativen Finanzierungsstrategien findet dagegen nicht statt. Die unter dem Überbegriff der hybriden Finanzierungspolitik zusammengefassten Finanzierungsstrategien unterscheiden sich gegenüber der bereits betrachteten partiell wertabhängigen Finanzierungspolitik durch eine breitere Vielfalt der unter diesem Oberbegriff denkbaren Kombinationen alternativer Finanzierungspolitiken.

Wie sich im weiteren Verlauf dieses Abschnitts zeigen wird, beschränkt sich der Oberbegriff der hybriden Finanzierungspolitik so nicht allein auf die auch an dieser Stelle zunächst näher betrachtete Kombination aus autonomer und wertabhängiger Finanzierungspolitik, sondern umfasst auch weitere im Nachgang kurz näher betrachtete Finanzierungsstrategien, die sich von den „klassischen" Finanzierungsannahmen zum Teil deutlich absetzen.[2069] Anders als im Rahmen der im Vorfeld betrachteten partiell wertabhängigen Finanzierungspolitik erfolgt im Rahmen der hybriden Finanzierungspolitik eine nachhaltige Trennung zwischen autonomer

2068 Der in der Literatur geläufige Begriff der hybriden Finanzierungspolitik findet sich u. a. in der Arbeit von Kruschwitz et al. (2007). Vgl. dazu Kruschwitz et al. (2007) S. 427; Lütkeschümer (2012) S. 86; Dierkes/Gröger (2012) S. 332.

2069 Einen Überblick über mögliche unter den Oberbegriff der hybriden Finanzierungspolitik fallende Kombinationen geben Lobe/Essler (2008). Vgl. Lobe/Essler (2008) S. 69.

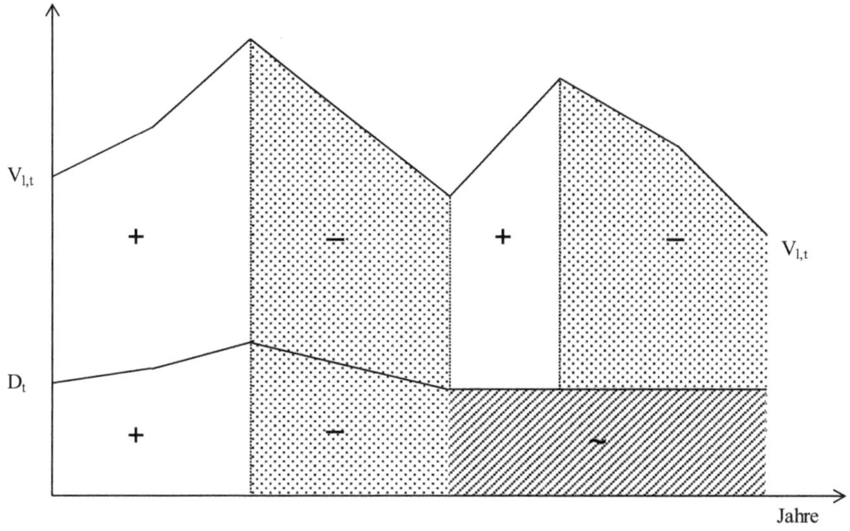

Abbildung 11: *Hybride Finanzierungspolitik mit Ausgangspunkt in einer wertabhängig gesteuerten Finanzierungspolitik*

und wertabhängiger Finanzierungspolitik.[2070] Konkret bedeutet dies, dass in der Literatur der Wechsel der Finanzierungsstrategien damit regelmäßig am Übergang von der Detailplanungs- in die Rentenphase festgemacht wird. Für das Beispiel der Kombination von autonomer und wertabhängiger Finanzierungspolitik kann so festgehalten werden, dass in der Detailplanungsphase eine autonome Finanzierungspolitik unterstellt wird, wohingegen für die Rentenphase eine wertabhängige Finanzierungspolitik einschlägig ist.[2071]

Die hinter dem Wechsel von einer „klassischen" autonomen Finanzierungspolitik hin zu einer „klassischen" wertabhängigen Finanzierungspolitik stehenden Überlegungen sind dabei aus den vorangehenden Abschnitten bereits wohlbekannt. So begründen etwa Kurschwitz et al. (2007) – darauf wurde bereits hingewiesen – den Wechsel zwischen den alternativen Finanzierungsstrategien mit der Einschätzung „[...] verblassende[r] oder gar nur bruchstückhafte[r] Vorstellungen

2070 Kruschwitz et al. (2007) halten daher fest, dass Clubb/Doran (1995) diese Form der Finanzierungspolitik nicht näher betrachten. Vgl. dazu Kruschwitz et al. (2007) S. 429.

2071 Eine solche Finanzierungspolitik wurde u. a. in Inselbag/Kaufold (1989) näher betrachtet. Vgl. dazu Inselbag/Kaufold (1989) S. 92.

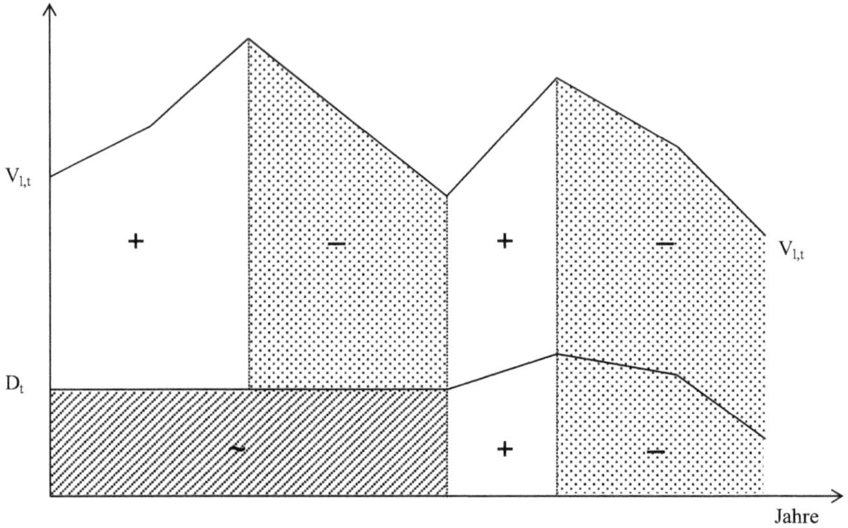

Abbildung 12: *Hybride Finanzierungspolitik mit Ausgangspunkt in einer autonom gesteuerten Finanzierungspolitik*

von der weiter entfernten Zukunft"[2072]. Übersetzt man dieses durchaus eingängige Bild der abnehmenden Planungsgüte in die bereits im Vorfeld bemühte Argumentation zurück, so wird deutlich, dass hinter diesem von Kruschwitz et al. (2007) gezeichneten Bild vor allem die Beobachtung steht, dass Unternehmen in der Praxis nur für begrenzte Zeiträume über detaillierte Planungen verfügen und diese Planungen regelmäßig im Zeitablauf die ursprüngliche Detailschärfe und Treffgenauigkeit verlieren.

Wie Dierkes/Gröger (2012) festhalten, liefern Kruschwitz et al. (2007) mit dieser Überlegung eine eingängige Begründung für die Annahme einer hybriden Finanzierungspolitik.[2073] Pragmatisch kann diese Feststellung als ein Hinweis für eine dominante autonome Finanzierungspolitik in der Detailplanungsphase – die, wie bereits gezeigt wurde, eine detaillierte Planung des Unternehmens voraussetzt – sowie eine dominante wertabhängige Finanzierungspolitik in der Rentenphase – die sich vordergründig mit einer quotalen Planung in Abhängigkeit zur Entwicklung des Unternehmenswertes zufriedengibt – gedeutet werden.[2074]

2072 Kruschwitz et al. (2007) S. 427. In einem etwas anderen Kontext bereits ähnlich: Essler et al. (2005) S. 595.

2073 Vgl. Dierkes/Gröger (2012) S. 333.

2074 Vgl. dazu Kruschwitz et al. (2007) S. 427. Ähnlich: Lobe/Essler (2008) S. 67; Dierkes/Gröger (2012) S. 333; Essler et al. (2005) S. 596.

Mit anderen Worten wird auch an dieser Stelle – wenigstens implizit – auf das Argument einer abnehmenden vertraglichen Bindungswirkung der eingesetzten Fremdkapitalinstrumente bzw. der zunehmenden Unschärfe der Unternehmensplanung im Zeitablauf abgestellt.[2075] Dies zeigt sich u. a. exemplarisch in der Arbeit von Inselbag/Kaufold (1997), die für den Fall einer überwiegend fremdfinanzierten Unternehmensübernahme zunächst zugunsten der Annahme einer autonomen Finanzierungspolitik argumentieren,[2076] um auf lange Frist schließlich auf einen Wechsel hin zu einer wertabhängigen Finanzierungspolitik mit optimalem Zielverschuldungsgrad abzustellen.[2077]

Bevor zwei kurze Anmerkungen zur Stabilität dieser Finanzierungsannahme gemacht werden, sei sich auch in diesem Abschnitt zunächst der Frage nach der Gestalt eines möglichen Bewertungsansatzes für diese Form der Finanzierungspolitik gewidmet. Lobe/Essler (2008) haben in ihrer Arbeit darauf hingewiesen, dass eine phasenabhängige Bewertung des Wertbeitrages der Fremdfinanzierung mit zwei zentralen Fragestellungen verbunden ist. Die erste Frage betrifft dabei den Diskontierungssatz, der zu verwenden ist, um den Wertbeitrag der Fremdfinanzierung der zweiten Phase – also der Rentenphase – auf den Bewertungszeitpunkt zu diskontieren.[2078] Die Beantwortung dieser Frage ist dabei für die Gestalt der mit einer hybriden Finanzierungspolitik verbundenen Bewertungsgleichung prägend. Die zweite, hier zunächst zurückgestellte Frage beschäftigt sich dagegen mit einem Aspekt, der auch hier unter dem Schlagwort der Praktikabilität zusammengefasst wird. Wie Kruschwitz et al. (2007) mit Blick auf die erste Frage zunächst hervorgehoben haben, ist es zumindest intuitiv nicht ganz eindeutig, wie der in der Rentenphase mit Unsicherheit behaftete Wertbeitrag der Fremdfinanzierung über die Detailplanungsphasen, also den Zeitraum, in dem eine autonome Finanzierungspolitik dominiert, diskontiert werden muss.[2079] Auf den ersten Blick erscheint sowohl eine Diskontierung mit dem für die autonome Finanzierungspolitik einschlägigen

2075 In diesem Zusammenhang halten Lobe/Essler (2008) fest, dass „[e]ine Anbindung der Finanzierungspolitik an die unsicheren zukünftigen Unternehmenswerte [...] insofern vertretbar [erscheint], da künftige Fremdkapitalbestände mit fortschreitendem Horizont auch zustandsabhängig werden dürften". Lobe/Essler (2008) S. 68.

2076 Hierbei greift das aus den Vorüberlegungen bekannte Argument der vertraglich fixierten Zins- und Tilgungszahlungen.

2077 Vgl. dazu Inselbag/Kaufold (1997) S. 116; Diedrich/Dierkes (2015) S. 335. Eine ähnliche Argumentation findet sich bereits in Inselbag/Kaufold (1989). Vgl. dazu Inselbag/Kaufold (1989) S. 91; 92.

2078 Vgl. dazu Lobe/Essler (2008) S. 70. Ähnlich dazu Kruschwitz et al. (2007) S. 429.

2079 Kruschwitz et al. (2007) sprechen so davon, dass es nicht ganz eindeutig ist „[i]n welche Richtung der ‚gesunde Menschenverstand' den Praktiker bei der Lösung dieser und weiterer Probleme lenken mag [...]". Kruschwitz et al. (2007) S. 429. Ähnlich dazu auch Lobe/Essler (2008) S. 71–73.

risikolosen Zinssatz[2080] als auch eine Diskontierung mit dem für die wertabhängige Finanzierungspolitik einschlägigen Eigenkapitalkostensatz des unverschuldeten Unternehmens denkbar. Kruschwitz et al. (2007) haben schließlich den Nachweis erbracht, dass der Wertbeitrag der Fremdfinanzierung der Rentenphase mit den Eigenkapitalkosten des unverschuldeten Unternehmens diskontiert werden muss, stellt man in der Bewertung auf eine L-hybride Finanzierungspolitik ab.[2081] Dierkes/Gröger (2012), die diesen Begriff in die Literatur einführten, verstehen unter einer L-hybriden Finanzierungspolitik dabei eine Finanzierungsstrategie, die zunächst in der Detailplanungsphase auf deterministisch geplante Fremdkapitalbestände abstellt, um in der Rentenphase auf einen Zielverschuldungsgrad abzustellen. Hat man diese für die Bewertung grundlegende Frage geklärt, so ist die Gestalt der Bewertungsgleichung – in Kenntnis der vorangehenden Abschnitte – ohne Weiteres eingängig. So wird für die in der Detailplanungsphase einschlägige autonome Finanzierungspolitik auf den APV-Ansatz und für die in der Rentenphase maßgebliche wertabhängige Finanzierungspolitik auf den WACC-Ansatz abgestellt.[2082] Wie die vorangehenden Abschnitte verdeutlicht haben, ist der APV-Ansatz bei Vorgabe absoluter Fremdkapitalbestände und der WACC-Ansatz bei Vorgabe eines Zielverschuldungsgrades besonders effizient. Für eine hybride Finanzierungspolitik ergibt sich damit folgender Bewertungsansatz für eine autonome Finanzierungspolitik in der Detailplanungsphase und eine wertabhängige Finanzierungspolitik in der Rentenphase: [2083]

$$\tilde{V}_{l,t} = \sum_{t=1}^{T} \frac{FCF_{U,t}}{(1+k)^t} + \sum_{t=1}^{T} \frac{\tau_c \cdot r_d \cdot D_{s-1}}{(1+r_d)^t} + \frac{FCF_{U,T+1}}{(WACC-g)(1+k)^n} \qquad (4.12)$$

Auch für die in diesem Abschnitt zunächst betrachtete Form der hybriden Finanzierungspolitik ist der aus den vorangehenden Abschnitten bekannte Methodenbaukasten damit dankbarerweise weiterhin vergleichsweise unproblematisch anwendbar.

2080 Lobe/Essler (2008) weisen so darauf hin, dass u. a. Inselbag/Kaufold (1989) und Ross et al. (1999) sich für diesen Weg entschieden haben. Vgl. dazu Inselbag/Kaufold (1989) S. 70.

2081 Vgl. Kruschwitz et al. (2007) S. 429; Dierkes/Gröger (2012) S. 336. Arzac (1996) kommt ohne formalen Beweis auf ein vergleichbares Ergebnis. Vgl. dazu Arzac (1996) Fn. 4 S. 49.

2082 Kruschwitz et al. (2007) sprechen analog von einer „intuitiv gut nachvollziehbar[en]“ Gleichung, Dierkes/Gröger (2012) davon, dass der Bewertungsansatz „im Prinzip nichts Neues beinhaltet“. Vgl. Kruschwitz et al. (2007) S. 429; Dierkes/Gröger (2012) S. 335–336.

2083 Vgl. dazu Kruschwitz et al. (2007) S. 429; Dierkes/Gröger (2012) S. 335.

Zur Plausibilität der Annahme einer hybriden Finanzierungspolitik

Widmet man sich in einem zweiten Schritt der Frage der Plausibilität der Finanzierungsannahme, so kann man zunächst für die Detailplanungsphase auf die Überlegungen des Abschnitts zur autonomen und für die Rentenphase auf die Überlegungen des Abschnitts zur wertabhängigen Finanzierungspolitik verweisen. Die grundsätzlichen Probleme der „klassischen" Finanzierungsannahmen bestehen damit zunächst auch für die in diesem Abschnitt betrachtete hybride Finanzierungspolitik fort. Ohne wiederholt auf die Schwächen der Komponenten der hybriden Finanzierungspolitik im Detail eingehen zu wollen,[2084] kann festgehalten werden, dass die Annahme einer hybriden Finanzierungspolitik gegenüber den „klassischen" Finanzierungsannahmen schon rein mechanisch keinen tiefgreifenden Befreiungsschlag darstellen kann. Einziges deutliches Zugeständnis an die Kritik der vorangehenden Abschnitte stellt damit letztlich der Wechsel von einer autonomen zu einer wertabhängigen Finanzierungspolitik dar. Dadurch kann man dem eingangs angeführten Argument einer abnehmenden Bindungswirkung bzw. Planbarkeit der Fremdkapitalbestände entgegnen, ohne zugleich das für die Gesamtbetrachtung regelmäßig als zu eng empfundene Gerüst einer wertabhängigen Finanzierungspolitik auf den gesamten Planungszeitraum zu überdehnen. Interessant scheint dabei aus Plausibilitätsgründen insbesondere der Übergang von der autonomen Finanzierungspolitik zur wertabhängigen Finanzierungspolitik zu sein. Die Annahme, dass Unternehmen nach einem begrenzten Zeitraum – sowohl Lobe/Essler (2008) als auch Kruschwitz et al. (2007) gehen von einem Zeitraum von 5 bis 10 Jahren aus –[2085] wie auf Knopfdruck zu einer anderen Form der Finanzierungsstrategie wechseln, erscheint dabei vor allem von einem pragmatischen Standpunkt aus, denn aus theoretischer Sicht, wohl begründbar zu sein. So wirkt die Annahme doch vergleichsweise unrealistisch, dass Fremdkapitalgeber – erinnert man sich an die in Abschnitt 4.3.2. beleuchteten „äußeren" Gründe zurück – nach dem Ablauf eines Zeitraums von fünf Jahren plötzlich darauf beharren, dass kreditvertragliche Vereinbarungen eines zu Beginn vereinbarten Zielverschuldungsgrades nach einem Zeitraum von etwa fünf Jahren eingehalten werden. Für die Praxis scheint vielmehr das schrittweise Auslaufen autonomer Finanzierungsschichten begründbar zu sein, wie es beispielsweise im Fall der Annahme einer inkrementell wertabhängigen Finanzierungspolitik einschlägig ist. Ein solch schrittweiser Übergang zu einer anderen Form der Steuerung der Fremdkapitalbestände scheint auch besser im Einklang mit dem bereits bemühten Eingangsargument einer sich in der Planung widerspiegelnden zunehmenden Unklarheit über die zukünftige Entwicklung der Unternehmen zu stehen. So kann man u. a. darauf abstellen, dass im Zeitablauf der Anteil bestehender und damit weitgehend planbarer Investitionsprojekte gegenüber den

2084 Es sei hierzu auf die Abschnitte 4.3.1. und 4.3.2. verwiesen.

2085 Vgl. dazu Lobe/Essler (2008) S. 67; Kruschwitz et al. (2007) S. 427. Ähnlich auch Essler et al. (2005) S. 595.

in ihrer Gestalt zunächst noch vagen Investitionsgelegenheiten im Zeitverlauf sukzessive abnimmt. Der etwas sprunghafte Übergang von einer autonomen zu einer wertabhängigen Finanzierungspolitik ist nicht nur aufgrund der unvollkommenen Motivation eines solchen Übergangs, sondern auch mit Blick auf die Umsetzbarkeit der hybriden Finanzierungspolitik nicht ohne Probleme. Auf die in der Praxis auftretenden Probleme an der „Nahtstelle"[2086] zwischen zwei Finanzierungspolitiken haben u. a. Lobe/Essler (2008)[2087] als zweite zentrale Fragestellung einer phasenabhängigen Finanzierungspolitik hingewiesen. Die Gefahr eines Bruchs an der „Nahtstelle" besteht unzweifelhaft, geht man beim Wechsel der Finanzierungsstrategie – dies liegt für den vorgeschlagenen Bewertungsansatz nahe – zugleich auch von einem Wechsel der zu unterstellenden Planungsdoktrin aus. Anders ausgedrückt, wird mit dem Wechsel von autonomer zu wertabhängiger Finanzierungspolitik auch ein Übergang von einer an absoluten Fremdkapitalgrößen orientierten Planung der Detailplanungsphase – dies wurde im Vorfeld als F-Planungsdoktrin bezeichnet – zu einer quotalen Planung des zukünftigen Fremdkapitalbestandes, die im Vorfeld als L-Planungsdoktrin bezeichnet wurde, der Rentenphase unterstellt.

Exkurs: Zur Überwindung der Konsistenzprobleme an der „Nahtstelle" der hybriden Finanzierungspolitik

Wie Lobe/Essler (2008) festgehalten haben, besteht durch den Wechsel der Planungsdoktrin die Gefahr eines „schwarzen Lochs", d. h. eines aus Plausibilitätsgesichtspunkten nicht erklärbaren Sprungs in der Höhe des durch das Unternehmen eingesetzten Fremdkapitalbestandes bei Wechsel der Finanzierungspolitiken. Wie Dierkes/Gröger (2012) festgehalten haben, erscheint es regelmäßig fraglich, ob Unternehmen die mit dem Wechsel der Finanzierungsstrategie einhergehende Umschichtung des eingesetzten Fremdkapitals in jedem Fall leisten können.[2088] Um einen inhaltlichen Widerspruch zu vermeiden, schlagen Lobe/Essler (2008) daher entweder eine Konsistenzprüfung der mit der Planung unterstellten Fremdkapitalbestände oder aber einen einheitlichen Planungsansatz vor.[2089] An dem zweiten Vorschlag orientiert sich die Arbeit von Dierkes/Gröger (2012), die in Erweiterung des Bewertungsansatzes von Kruschwitz et al. (2007) eine von ihnen als F-hybride Finanzierungspolitik bezeichnete Form[2090] der hybriden Finanzierungspolitik betrachten. Die F-hybride Finanzierungspolitik unterscheidet sich von der in Kruschwitz et al. (2007) umgesetzten Finanzierungsstrategie dadurch, dass der

2086 Diesen nicht unpassenden Begriff verwenden Lobe/Essler (2008) für den Übergang zwischen zwei Finanzierungspolitiken. Vgl. Lobe/Essler (2008) S. 70.

2087 Eine ähnliche Anmerkung nehmen u. a. auch Dierkes/Gröger (2012) vor.

2088 Dierkes/Gröger (2012) S. 334; 336.

2089 Vgl. Lobe/Essler (2008) S. 70.

2090 Den von Kruschwitz et al. (2007) betrachteten Bewertungsansatz mit einem zum Bewertungszeitpunkt fixierten Zielverschuldungsgrad der Rentenphase bezeichnen Dierkes/Gröger (2012) dagegen als eine L-hybride Finanzierungspolitik. Vgl. dazu Dierkes/Gröger (2012) S. 334.

für die Rentenphase unterstellte Zielverschuldungsgrad nicht bereits zum Bewertungszeitpunkt sicher vorgegeben ist, sondern auf den beim Übergang in die Rentenphase periodenspezifischen Zielverschuldungsgrad abgestellt wird. Dieser zum Bewertungszeitpunkt noch unsichere spätere Zielverschuldungsgrad wird mit der F-hybriden Finanzierungspolitik in der Folge in die Zukunft fortgeschrieben, also für die Rentenphase pragmatisch unterstellt. Der geänderte Planungsansatz soll letztlich sicherstellen, dass der mit der Finanzierungspolitik nach Kruschwitz et al. (2007) regelmäßig zu erwartende Sprung in den Fremdkapitalbeständen durch ein verändertes Vorgehen vermieden wird.[2091] Dierkes/Gröger (2012) greifen auch zur Ableitung eines Bewertungsansatzes für die F-hybride Finanzierungspolitik auf das bereits im Vorfeld verwendete rekursive Vorgehen zurück und zeigen, dass für eine F-hybride Finanzierungspolitik ein Bewertungsansatz allein auf Basis des APV-Verfahrens einschlägig ist.[2092] Die Besonderheit dieses Bewertungsansatzes gegenüber der von Kruschwitz et al. (2007) vorgeschlagenen Variante ist, dass der Wertbeitrag der Fremdfinanzierung im Fall der ewigen Rente mit dem risikolosen Zinssatz auf den Bewertungszeitpunkt zu diskontieren ist. Dierkes/Gröger (2012) erklären dieses veränderte Vorgehen damit, dass der Zielverschuldungsgrad der F-hybriden Finanzierungspolitik auf Basis der autonomen Fremdkapitalschichten bei Übergang in die Rentenphase bestimmt wird und damit von dem Risiko dieser Fremdkapitalschicht abhängt. Da die einer autonomen Finanzierungspolitik unterliegenden Fremdkapitalbestände der Detailplanungsphase zum Bewertungszeitpunkt als sicher angenommen werden, ist der Wertbeitrag der Fremdfinanzierung mit dem risikolosen Zinssatz zu diskontieren.[2093]

Dierkes/Gröger (2012) zeigen anhand eines einfachen Beispiels, dass im Kontrast zu der von Kruschwitz/Löffler (2007) eingeschlagenen L-hybriden Finanzierungspolitik die F-hybride Finanzierungspolitik damit so ausgestaltet ist, dass mit dem Übergang in die Rentenphase ein deutlicher Sprung des eingesetzten Fremdkapitalbestandes vermieden werden kann. Verwunderlich ist dieser Effekt nicht, ist der unspektakuläre Übergang zwischen Detailplanungs- und Rentenphase doch darauf zurückzuführen, dass bei Übergang in die Rentenphase eine zustandsabhängige, also den tatsächlichen Unternehmenswert und die autonome Fremdkapitalschicht berücksichtigende Fremdkapitalquote bestimmt wird. Das Beispiel von Dierkes/Gröger (2012) verdeutlicht dabei jedoch zugleich auch die Schwäche der F-hybriden Finanzierungspolitik. Ist die Entwicklung des Unternehmens nur grob zu prognostizieren, deckt also die Entwicklung der zukünftigen operativen Cashflows eine große Bandbreite ab, so ist bei Übergang in die Rentenphase folglich auch mit einer großen Schwankungsbreite des einschlägigen Zielverschuldungsgrades zu

---

2091 Vgl. dazu Dierkes/Gröger (2012) S. 334; 339.

2092 Vgl. Dierkes/Gröger (2012) S. 339; 340. Wie Dierkes/Gröger (2012) festhalten, ist der WACC-Ansatz aufgrund des unsicheren Zielverschuldungsgrades zur Bewertung der F-hybriden Finanzierungspolitik nicht geeignet. Vgl. ebda.

2093 Vgl. dazu Dierkes/Gröger (2012) S. 340.

rechnen. Dierkes/Gröger (2012) halten dieses mit einer F-hybriden Finanzierungspolitik wohl i. d. R. einhergehende Problem gegenüber dem im Fall einer L-hybriden Finanzierungspolitik regelmäßig zu beobachtenden Sprung im eingesetzten Fremdkapitalbestand jedoch für weitgehend vernachlässigbar.[2094]

Diese Einschätzung mag zwar aus pragmatischer Sicht durchaus gerechtfertigt sein, theoretisch beinhaltet sie m. E. nach jedoch eine Reihe von Schwächen, die ein Ausblenden der Schwachpunkte eines solchen Übergangs wenig überzeugend erscheinen lässt. Gegen eine F-hybride Finanzierungspolitik kann man so zunächst anführen, dass es nicht plausibel erscheint – einleitend wurde insbesondere auf die abnehmende Weitsicht im Rahmen der Unternehmensbewertung abgestellt –, dass für die Bestimmung des Zielverschuldungsgrades der Rentenphase auf die auslaufenden Planungen der autonomen Finanzierungspolitik zurückzugreifen wird, die mit dem Übergang zu einer wertabhängigen Finanzierungspolitik in der Phase der ewigen Rente eigentlich abgelöst werden sollten.[2095] Man unterstellt durch den Rückgriff auf die Planungen der Detailplanungsphase und deren naive Fortschreibung letztlich, dass das Unternehmen zu Ende der Detailplanungsphase einen für die zukünftige Entwicklung repräsentativen Gleichgewichtszustand erreicht hat. Blickt man auf das Beispiel von Dierkes/Gröger (2012), zeigt sich jedoch, dass dieser Gleichgewichtszustand i. d. R. bei Rückgriff auf die Planung der Detailplanungsphase aufgrund der breiten Streuung i. d. R. wohl nicht erreicht sein dürfte, dies soll mit der nachfolgenden Überlegung verdeutlicht werden. So erhält man, für den Fall, in dem sich ein Unternehmen nachteilig operativ entwickelt hat, bei Übergang in die Rentenphase – in der Detailplanungsphase wurde mit der autonomen Finanzierungspolitik explizit eine zustandsunabhängige Finanzierungsstrategie gefahren – rein mechanisch einen vergleichsweise hohen Verschuldungsgrad, während man im Fall einer optimalen Unternehmensentwicklung bei einem vergleichsweise niedrigen Zielverschuldungsgrad landet. Diese Beobachtung erscheint zunächst wenig überraschend, hat das betrachtete Unternehmen doch den aus Unternehmenssicht ungünstigsten Pfad bzw. günstigsten im Rahmen der Detailplanungsphase denkbaren Unternehmensentwicklung genommen, ohne die Finanzierungsentscheidungen zu verändern. Da die Planungen der Detailplanungsphase bis an den Übergang zur Rentenphase heranreichen, kann ein solch hoher bzw. niedriger Zielverschuldungsgrad – bei Stimmigkeit der Planung – zunächst ohne weitere Schwierigkeiten plausibilisiert werden. Der Schritt, der im Anschluss im Fall einer F-hybriden Finanzierungspolitik gegangen wird, erscheint dagegen weitreichend, da der tatsächliche Verschuldungsgrad des ungünstigsten bzw. günstigsten Falls ungesehen für die zukünftige Entwicklung des Unternehmens fortgeschrieben wird.

2094 Vgl. dazu Dierkes/Gröger (2012) S. 341–342.

2095 Dies steht im Widerspruch zu der Vermutung einer zunehmenden Schwäche der autonomen Finanzierungspolitik, das Finanzierungsverhalten des Unternehmens sachgerecht abzubilden.

Mit dieser Annahme nimmt man nicht nur dem Unternehmen selbst, sondern auch den Fremdkapitalgebern wenigstens implizit die Möglichkeit, auf die unvorteilhafte Entwicklung des Unternehmens zu reagieren, etwa die vorteilhafte Entwicklung des Unternehmens zu antizipieren. Hält man an den beiden Extremfällen einer positiven wie auch einer negativen Entwicklung des Unternehmens fest, so erscheint es im Fall einer unvorteilhaften Entwicklung des Unternehmens plausibel, dass Unternehmen und Fremdkapitalgeber bestrebt sind, den Verschuldungsgrad zu reduzieren, während im Fall der vorteilhaften Entwicklung es als vorteilhaft erscheint, die gestiegene operative Entwicklung in der Fremdkapitalausstattung des Unternehmens zu berücksichtigen. Stabil erscheint der zum Ende der Detailplanungsphase zu beobachtende Zielverschuldungsgrad damit i. d. R. nicht zu sein. Mit anderen Worten erscheint es also aus Sicht des Unternehmens in der Rentenphase erstrebenswert, dass sich das Unternehmen an einem optimalen Zielverschuldungsgrad orientiert und nicht wie im Fall einer F-hybriden Finanzierungspolitik an dem empirisch tatsächlich erreichten Zielverschuldungsgrad ausrichtet,[2096] stellt die Rentenphase doch in der Regel den Stellvertreter der nicht mehr im Detail planbaren bzw. zu planenden zukünftigen Entwicklung dar. Ein unbedachter Übertrag der Zustände der Detailplanungsphase schreibt die möglicherweise suboptimale Entwicklung zum Ende der Detailplanungsphase jedoch unbedingt in die Zukunft fort. Ob die Probleme der L-hybriden Finanzierungspolitik durch den Übergang zu einer F-hybriden Finanzierungspolitik geheilt werden können, darf daher – hält man an der Vorstellung eines wertoptimalen Verschuldungsgrades fest – bezweifelt werden, liegt doch die Vermutung nahe, dass man an dieser Stelle auf eine Finanzierungspolitik abstellt, die die Probleme der autonomen und der wertabhängigen Finanzierungspolitik in sich vereinigt.[2097] Der Vorteil gegenüber der alternativen Planungsdoktrin scheint damit in erster Linie in einem Verschleiern der bestehenden Hürden einer hybriden Finanzierungspolitik zu liegen.

Aus pragmatischer Sicht fällt das Urteil mit Blick auf die F-hybride Finanzierungspolitik sicherlich weniger hart aus, fraglich erscheint jedoch, ob nicht auch durch das Abstellen beispielsweise auf eine Konvergenzphase zwischen Detailplanungs- und Rentenphase das Ziel der Vermeidung einer sprunghaften Veränderung des Fremdkapitalbestandes besser erreicht werden kann.[2098] Die

---

2096 Wird mit der Rentenphase durch die Annahme eines Gleichgewichtszustandes doch auf eine weitere detaillierte Betrachtung der Unternehmensentwicklung verzichtet. Dieser vermutete Gleichgewichtszustand erscheint an dieser Stelle nicht erreicht zu sein.

2097 Wie bereits festgehalten, fließt die autonome Finanzierungspolitik in die Planung der wertabhängigen Finanzierungspolitik mit ein, sodass der Eindruck der Kombination der Nachteile aus beiden Welten entsteht.

2098 Für die Konvergenzphase wäre es so beispielsweise denkbar, auf eine inkrementell wertabhängige Finanzierungspolitik abzustellen.

Annahme einer phasenabhängigen Kombination von autonomer und wertabhängiger Finanzierungspolitik erscheint in erster Linie eine praktikable Antwort auf die phasenunabhängige Annahme einer wertabhängigen oder aber autonomen Finanzierungspolitik zu sein.[2099] Durch die Gestalt der hybriden Finanzierungsannahme ist es jedoch nicht weiter verwunderlich, dass man sich von den Problemen der „klassischen" Finanzierungsannahmen nur bedingt entfernen kann, kombiniert man doch die „klassischen" Finanzierungspolitiken hier phasenweise, ohne eine Veränderung an der grundsätzlichen Finanzierungsstrategie vorzunehmen. Auch an dieser Stelle gilt jedoch erneut die Beobachtung, dass der Gewinn an Flexibilität im Rahmen der Finanzierungsannahme an anderer Stelle auf Kosten der Praxistauglichkeit der Finanzierungsannahme geht.

Für die hier betrachtete hybride Finanzierungspolitik ist so der Übergang von autonomer zu wertabhängiger Finanzierungspolitik näher zu beleuchten. Eine L-hybride Finanzierungspolitik weist in aller Regel Sprünge beim Übergang in die Rentenphase auf, diese können, wie kurz ausgeführt, mit einer F-hybriden Finanzierungspolitik verhindert werden. Aber auch eine solche Finanzierungspolitik ist nicht ohne Schwächen, schreibt man doch so möglicherweise wenig stabil wirkende Zielverschuldungsgrade in die Rentenphase fort. Ungeklärt bleiben insbesondere die Treiber hinter dem unter dieser Finanzierungspolitik vermuteten scharfen Übergang von autonomer und wertabhängiger Finanzierungspolitik. Die Annahme einer hybriden Finanzierungspolitik dürfte damit vorwiegend eine pragmatische Abbildung des Übergangs von einer autonomen zu einer wertabhängigen Finanzierungspolitik darstellen. Wie die einleitenden Ausführungen bereits deutlich gemacht haben, sind die unter dem Oberbegriff der hybriden Finanzierungspolitik diskutierten Kombinationen nicht auf den in diesem Abschnitt ausschließlich betrachteten Übergang von autonomer zu wertabhängiger Finanzierungspolitik beschränkt. So findet sich in der Arbeit von Lobe/Essler (2008) ein kurzer Überblick über eine Reihe weiterer denkbarer Kombinationen alternativer Finanzierungsstrategien, die auch unter dem Oberbegriff einer hybriden Finanzierungspolitik zusammengefasst werden können.[2100] Die Kombinationen enthalten somit auch Finanzierungsstrategien, die in den bisherigen Überlegungen noch nicht eingehender betrachtet wurden. Diese weiteren, zu den „klassischen" Finanzierungsannahmen alternativen, Finanzierungsstrategien seien in der Folge kurz konkretisiert, ohne jedoch die im vorangehenden Abschnitt diskutierten gemischten Finanzierungspolitiken dominant in den Mittelpunkt zu rücken.

2099 Essler et al. (2005) sprechen sich so explizit für eine hybride Finanzierungspolitik aus, kombinieren jedoch eine autonome Finanzierungsstrategie in der Detailplanungsphase mit einer bilanzabhängigen Finanzierungspolitik in der Rentenphase. Vgl. dazu Essler et al. (2005) S. 596.

2100 Vgl. Lobe/Essler (2008) S. 69–70.

4.5. Zu den weiteren in der Literatur diskutierten Annahmen zur Finanzierungspolitik

In den vorangehenden Abschnitten wurden, ausgehend von der autonomen und der wertabhängigen Finanzierungspolitik, eine Reihe denkbarer Erweiterungen und Kombinationen der „klassischen" Finanzierungsannahmen eingehender betrachtet, um eine praxisnahe Abbildung der Finanzierungsstrategien zu erreichen. Die vorangehenden Abschnitte haben dabei gezeigt, dass insbesondere die unter der Überschrift der gemischten Finanzierungspolitiken diskutierten Finanzierungsstrategien das Potenzial einer tauglichen Abbildung des Finanzierungsverhaltens des Unternehmens besitzen. Wie in den vorangehenden Abschnitten bereits hervorgekehrt, ist diese Verallgemeinerung i. d. R. jedoch zugleich auch mit höheren Ansprüchen an das der Bewertung zugrunde liegende Informationsniveau verknüpft. Blendet man an dieser Stelle die Frage der Praktikabilität einer Finanzierungsannahme – d. h. die Umsetzbarkeit in der Praxis – aus, so kann die Wandlungsfähigkeit der betrachteten Finanzierungspolitiken letztlich nicht darüber hinwegtäuschen, dass lediglich Variationen des Ausgangsthemas, also verschiedener Varianten einer an absoluten bzw. relativen Fremdkapitalbeständen orientierten Finanzierungsstrategien betrachtet werden. Die grundsätzlich einschränkenden Eigenschaften der Finanzierungspolitiken – insbesondere die Kenntnis des Zielverschuldungsgrades bzw. der eingesetzten Fremdkapitalschichten – bleiben auch im Fall der betrachteten Erweiterung bzw. Kombinationen erhalten. In Kenntnis der Ergebnisbreite der Kapitalstrukturforschung kann die Begrenztheit bestehender Finanzierungspolitiken nur eingeschränkt überzeugen. Würde man an dieser Stelle die Diskussion zu den in der Literatur näher betrachteten Finanzierungspolitiken abbrechen, so bliebe ein Teil der in der Literatur geführten Diskussion und somit auch ein Teil der für die Praxis denkbaren Vielfalt alternativer Finanzierungsstrategien ausgeblendet. Ergänzend zu den auf den „klassischen" Finanzierungsannahmen aufbauenden Finanzierungsstrategien wurden in der Literatur eine Reihe weiterer, in der Gestalt sowie im Grad der Abhängigkeit der Finanzierungspolitik von Investitions- und Ausschüttungsentscheidungen durchaus von den „klassischen" Finanzierungsannahmen abweichender Finanzierungsprämissen, diskutiert. Ausgehend von einer Finanzierungsstrategie, die mit dem Buchwert einen anderen Bezugspunkt wählt als die an den Marktwert des Unternehmens andockenden „klassischen" Finanzierungspolitiken, werden mit der dividendenabhängigen Finanzierungspolitik und der Cashflowabhängigen Finanzierungspolitik zwei weitere Finanzierungsannahmen betrachtet, die in der Finanzierungspolitik des Unternehmens – im Kontrast zu der „klassischen" autonomen und wertabhängigen Finanzierungspolitik – eine residuale Größe sehen.[2101] Die in der Folge kurz betrachteten Finanzierungsannahmen sind für den weiteren

2101 Vgl. Lobe/Essler (2008) S. 61. Die von Kruschwitz/Löffler (2006) betrachtete Finanzierungspolitik auf Basis eines dynamischen, d. h. auf den Cashflow des

Verlauf der Arbeit jedoch nur von untergeordneter Bedeutung. Sie werden in der Folge daher nur vergleichsweise kurz skizziert werden.

4.5.1. Zur bilanzabhängigen Finanzierungspolitik

Eine Sonderform der im Vorfeld diskutierten Finanzierungspolitiken stellt die in der Literatur unter dem Oberbegriff der bilanzabhängigen Finanzierungspolitik zusammengefasste Finanzierungsstrategie dar.[2102] Essler et al. (2004) und Essler et al. (2005) bringen unter dem Oberbegriff einer bilanzabhängigen Finanzierungspolitik eine phasenabhängige, d. h. hybride Finanzierungsstrategie, die sich in der Detailplanungsphase durch eine autonome Finanzierungsstrategie auszeichnet und in der Rentenphase durch eine bisher noch nicht beleuchtete Sonderform der wertabhängigen Finanzierungspolitik gekennzeichnet ist, in die Diskussion alternativer Finanzierungsstrategien ein.[2103] Allein die spezielle Ausprägung der wertabhängigen Finanzierungspolitik der Rentenphase bietet gegenüber den in vorangehenden Abschnitten diskutierten Finanzierungsstrategien einen Neuigkeitswert und wird als das Herzstück der bilanzabhängigen Finanzierungspolitik in der Folge eingehender betrachtet werden. Die durch eine autonome Finanzierungspolitik gekennzeichnete Detailplanungsphase wird mit dem Verweis auf den Abschnitt zur autonomen Finanzierungspolitik dagegen im weiteren Verlauf dieses Abschnitts nicht eingehender betrachtet.

Legt man den Fokus der Betrachtung daher näher auf die dominante Finanzierungsstrategie der Rentenphase, so sind in einem ersten Schritt zunächst die Unterschiede der bilanzabhängigen Finanzierungspolitik gegenüber einer in einem vorangehenden Abschnitt diskutierten „klassischen" wertabhängigen Finanzierungspolitik herauszuarbeiten. Blickt man zunächst auf den in beiden Finanzierungspolitiken verwendeten Planungsansatz, so zeigt sich, dass beide Finanzierungspolitiken wenigstens oberflächlich einen vergleichbaren Planungsansatz verfolgen. Unter der Annahme einer bilanzabhängigen Finanzierungspolitik orientiert sich das Unternehmen in der Rentenphase, zunächst vergleichbar zur

---

Unternehmens aufbauenden Zielverschuldungsgrades wird in der Folge dagegen nicht näher betrachtet. Vgl. dazu Kruschwitz/Löffler (2006) S. 95–97.

2102 In der Literatur findet sich daneben auch der Begriff der buchwertorientierten bzw. der buchwertabhängigen Finanzierungspolitik. Vgl. dazu u. a. Essler et al. (2004) S. 139.

2103 Lobe (2006) sowie Lobe/Essler (2008) schwebt mit Blick auf die bilanzabhängige Finanzierungspolitik eher eine Sonderform der inkrementell wertabhängigen Finanzierungspolitik vor, also ein schleichender Übergang von einer autonomen zu einer wertabhängigen Finanzierungspolitik, die auf die Entwicklung des Buchwertes abstellt. Vgl. Lobe (2006) S. 191; Lobe/Essler (2008) S. 68. Die u. a. von Essler et al. (2004) betrachtete bilanzabhängige Finanzierungspolitik sieht demgegenüber einen vergleichsweise abrupten Übergang mit dem Übergang in die Rentenphase vor. Diese Ausprägung der Finanzierungspolitik sei in der Folge näher betrachtet.

„klassischen" wertabhängigen Finanzierungspolitik, an einem zum Bewertungszeitpunkt vorbestimmten Zielverschuldungsgrad, der in den zukünftigen Perioden das zentrale Kriterium für die Finanzierungsentscheidungen des Unternehmens vorgeben soll. Im Kontrast zur „klassischen" wertabhängigen Finanzierungspolitik stellen Unternehmen im Rahmen der bilanzabhängigen Finanzierungspolitik – dies impliziert der Name bereits – bei der Definition des Zielverschuldungsgrades auf Buchwerte und nicht auf die im Fall der „klassischen" wertabhängigen Finanzierungspolitik einschlägigen Marktwerte ab.[2104] Wie der nachfolgende Abschnitt kurz zeigen wird, findet sich in Teilen der Literatur das eingängige Argument, dass Zielverschuldungsgrade, die auf Basis von Buchwerten berechnet werden, der Unternehmenspraxis eher gerecht werden als der für die „klassische" wertabhängige Finanzierungspolitik einschlägige markwertbasierte Zielverschuldungsgrad.

Wie die folgenden Überlegungen zeigen, hat die geänderte Definition der in der Bewertung verwendeten Zielgröße nachhaltige Auswirkungen sowohl auf die Form der Bewertungsgleichung als auch auf das Bewertungsergebnis selbst. Wie in der Literatur in diesem Zusammenhang insbesondere hervorgehoben wird, ist der für die „klassische" wertabhängige Finanzierungspolitik einschlägige WACC-Ansatz mit dem Wechsel zu einem buchwertbasierten Zielverschuldungsgrad nicht mehr fehlerfrei anwendbar.[2105] Dies wird anhand eines Vergleichs der unterschiedlichen Größen, die in die Definition der markt- bzw. buchwertorientierten Zielverschuldungsgrade einfließen, deutlich. Betrachtet man die Auswirkungen eines Wechsels von einer marktwertbasierten Definition des Zielverschuldungsgrades hin zu einer buchwertbasierten Definition, so ist wenigstens mit Blick auf den Buchwert des Eigenkapitals festzuhalten, dass die Annahme der Synchronität von Markt- und Buchwert – wie sie regelmäßig vereinfachend für die im Unternehmen eingesetzten Fremdkapitalbestände angenommen wird –[2106] i. d. R. nicht aufrechtzuerhalten ist. Verdeutlicht wird die Divergenz zwischen den beiden Größen, blickt man exemplarisch auf die Veränderung des Wertes des Markt- bzw. Buchwertes des Eigenkapitals infolge der Realisation eines vorteilhaften Investitionsprojektes. Die Marktbewertung des Unternehmens verändert sich im Zeitverlauf im Idealfall dadurch, dass die Marktteilnehmer die Veränderung der zukünftigen operativen Leistungsfähigkeit des Unternehmens in der Folge der Umsetzung des

---

2104 Vgl. Lobe/Essler (2008) S. 60; Essler et al. (2005) S. 595. Unter vereinfachenden Bedingungen – also für den Fall, dass Fremdkapital nicht ausfallbedroht ist und keine Pensionsrückstellungen gebildet werden – ist der Markt- und Buchwert des eingesetzten Fremdkapitals deckungsgleich. Sowohl für die autonome Finanzierungspolitik als auch für die wertabhängige Finanzierungspolitik ist aus dieser Sicht daher keine Differenzierung notwendig. Vgl. dazu u. a. Essler et al. (2005) S. 596; Essler et al. (2004) S. 138; 140; Scholze (2006) S. 2; Kruschwitz/Löffler (2006) S. 79–80.

2105 Vgl. dazu u. a. Essler et al. (2005) S. 600.

2106 Hierbei wird regelmäßig die bereits im Vorfeld getroffene Annahme aufrechterhalten, dass die eingesetzten Fremdkapitalinstrumente nicht ausfallbedroht sind.

Investitionsprojektes antizipieren. In welchem Umfang und zu welchem Zeitpunkt die Information über die Vorteilhaftigkeit des Investitionsprojektes dabei in den Marktpreis des Eigenkapitals einfließt, hängt dabei maßgeblich vom Grad der Kapitalmarkteffizienz ab, der im konkreten Bewertungsfall vorausgesetzt werden kann. Wie u. a. Essler et al. (2005) festgehalten haben, erfährt der Buchwert des Eigenkapitals demgegenüber im Wesentlichen durch drei zentrale Stellschrauben in der Zukunft Veränderungen,[2107] blendet man den Verzehr des bilanziellen Eigenkapitals durch periodische Verluste an dieser Stelle vereinfachend aus. Der Buchwert des Eigenkapitals unterliegt damit einerseits bei Kapitalmaßnahmen, d. h. durch die gezielte Erhöhung oder aber Herabsetzung des begebenen Eigenkapitals, einer Veränderung oder aber auch durch die vom Unternehmen getroffenen Ausschüttungs- bzw. Thesaurierungsentscheidungen,[2108] also der Frage, ob der zukünftige Gewinn des Unternehmens einbehalten oder aber an die Anteilseigner ausgekehrt wird.[2109]

Fasst man zusammen, so spiegelt sich auf einem vollkommenen Kapitalmarkt der Mehrwert vorteilhafter zukünftiger Projekte i. d. R. ohne große Verzögerung im Marktpreis wider, während der Buchwert des Eigenkapitals, beispielsweise aufgrund der Thesaurierung der notwendigen Auszahlungen, zunächst lediglich einen Teil des Wertes des Investitionsprojektes berücksichtigt,[2110] nicht jedoch den gesamten Mehrwert, den das Investitionsvorhaben im Zeitverlauf generiert. Die Anmerkung von Essler et al. (2005), dass der Buchwert des Eigenkapitals für profitable Unternehmen regelmäßig unterhalb der Bewertung liegt, die Eigenkapitalanteile am Kapitalmarkt erfahren, scheint aus dieser Perspektive damit nicht weiter verwunderlich, spiegelt sich hier doch eine zentrale Eigenschaft der Rechnungslegung wider.[2111] Damit unterscheidet sich eine auf den Marktwert abstellende

2107 Eine etwas allgemeinere Darstellung der Verbindung zwischen Zahlungs-, Erfolgs- und Bestandsebene findet sich in Scholze (2006). Vgl. dazu Scholze (2006) S. 15–18.

2108 Wie Essler et al. (2004) festhalten, fährt das Unternehmen mit einer bilanzabhängigen Finanzierungspolitik damit – wie bereits die „klassischen" Finanzierungspolitiken – eine residuale Ausschüttungspolitik. Vgl. dazu Essler et al. (2004) S. 140. Kruschwitz/Löffler (2006) bilden dagegen ein etwas breiteres Spektrum des Verhältnisses von Investitions- und Ausschüttungspolitik ab. Als realistisch sehen Kruschwitz/Löffler (2006) diese, in der Folge nur am Rande betrachteten, Finanzierungspolitiken jedoch nicht an. Vgl. dazu Kruschwitz/Löffler (2006) S. 81, 85. In den folgenden beiden Abschnitten werden schließlich Finanzierungspolitiken betrachtet, die von der Annahme einer residualen Finanzierungspolitik abstrahieren.

2109 Vgl. dazu u. a. Kruschwitz/Löffler (2006) S. 80.

2110 Die Erhöhung des Buchwertes spiegelt i. d. R. zu Beginn der Laufzeit den Wiederherstellungswert des Investitionsprojektes dar.

2111 Der Unterschied zwischen Buch- und Marktwert ist letztlich ein Ausdruck für die unterschiedliche Zielsetzung der Rechnungslegung. Wie u. a. Kuhner/Maltry (2017) festhalten, könnte man vermuten, dass unter einer kapitalmarktorientierten

wertabhängige Finanzierungspolitik bereits rein mechanisch von einer auf dem Buchwert des Eigenkapitals aufsetzenden wertabhängigen Finanzierungspolitik, da die Entwicklung von Markt- und Buchwerten bestenfalls in Ausnahmefällen in der Zukunft gleich verläuft und somit die Finanzierungsentscheidungen, die Unternehmen mit Blick auf beide Referenzgrößen treffen, in der Zukunft i. d. R. unterschiedlich ausfallen werden.[2112] Diese Vermutung soll in der Folge anhand eines einfachen Beispiels kurz illustriert werden.

Exkurs: Zur Divergenz einer buch- und marktwertorientierten Steuerung des Fremdkapitals

Man könnte an dieser Stelle exemplarisch an ein rein eigenfinanziertes Unternehmen denken, das die steuerliche Vorteilhaftigkeit einer wenigstens teilweisen Fremdfinanzierung erkannt hat und daher in der Zukunft eine Finanzierung unter dem Einsatz von Fremdkapital umsetzen will. Vereinfachend sei davon ausgegangen, dass das Investitionsportfolio des Unternehmens begrenzt ist und in der Vergangenheit voll ausgeschöpft wurde. Mit anderen Worten befindet sich das Unternehmen aus operativer Sicht in bzw. an der Schwelle zur Rentenphase. Unter diesen Prämissen ist davon auszugehen, dass das Unternehmen sich dazu entschließt, einen Teil des eingesetzten Eigenkapitals zurückzuführen und an die Eigenkapitalgeber auszukehren. Die ausgekehrten Mittel der Eigenkapitalgeber werden im Gegenzug durch Fremdkapital in gleicher Höhe ersetzt. Im Fall einer auf den Marktwert abstellenden Finanzierungspolitik dürften die Marktteilnehmer auf einem vollkommenen Kapitalmarkt den Wertbeitrag der Fremdfinanzierung voll antizipieren und der Wert der verbleibenden Eigenkapitalanteile entsprechend im Wert ansteigen. Hält das Unternehmen unter diesen Bedingungen an einem festen Zielverschuldungsgrad fest, so induziert der Wertbeitrag der Fremdfinanzierung letztlich in der Folge eine weitere Erhöhung des eingesetzten Fremdkapitalbestandes. Das im Unternehmen eingesetzte Fremdkapital pendelt sich m. a. W. auf einem höheren Niveau ein, als dies allein durch die Herabsetzung des Eigenkapitals und den Ersatz der ausgekehrten Mittel durch Fremdkapital allein zu erwarten wäre. Ein solcher Effekt ist für den Fall, dass man auf eine bilanzabhängige Finanzierungspolitik abstellt, dagegen nicht zu erwarten. Der durch die steuerliche Abzugsfähigkeit der Zahlungen an die Fremdkapitalgeber gestiegene und zur Ausschüttung zur Verfügung stehende Cashflow findet im Fall einer bilanzabhängigen

---

Rechnungslegung die Unterschiede zwischen den beiden Größen geringer ausfallen. Vgl. dazu Kuhner/Maltry (2017) S. 38–39.

2112 Vgl. Essler et al. (2005) S. 596–597; Essler et al. (2004) S. 138; 140–141; Kruschwitz/Löffler (2006) S. 79. Essler et al. (2004) zeigen mit einem einfachen Beispiel, dass ein Wertunterschied zwischen der Annahme einer marktwert- und einer buchwertabhängigen Finanzierungspolitik besteht, der bei rund 15 % liegt. Vgl. dazu Essler et al. (2004) S. 145. Lobe (2006) spricht davon, dass „zur Bewertung der Steuervorteile in diesem Fall dann weder eine autonome noch eine wertabhängige Finanzierungspolitik dienlich“ sind. Vgl. dazu Lobe (2006) S. 191.

Finanzierungspolitik nur im Fall einer Thesaurierung einen schrittweisen Niederschlag in dem Buchwert des Eigenkapitals und erhöht damit den durch das Unternehmen eingesetzten Fremdkapitalbestand in einer vergleichbaren Form. Anders ausgedrückt, dürfte – wie bereits etwas allgemeiner festgehalten wurde – das Niveau des eingesetzten Fremdkapitals zwischen einer „klassischen" wertabhängigen und einer bilanzabhängigen Finanzierungspolitik sich regelmäßig im zukünftigen Umfang unterscheiden.[2113]

Für die Annahme einer bilanzabhängigen Finanzierungspolitik muss, bevor eine Bewertung durchgeführt werden kann, die Frage beantwortet werden, welches Risiko der Buchwert des Eigenkapitals und damit das eingesetzte Fremdkapital trägt. Wie der Abschnitt zur „klassischen" wertabhängigen Finanzierungspolitik gezeigt hat, hängt das Risiko des Wertvorteils der Fremdfinanzierung maßgeblich von der Entwicklung des Werts des eingesetzten Eigenkapitals ab, an den die zukünftigen Fremdkapitalbestände bei einer wertabhängigen Finanzierungspolitik quotal gekoppelt sind. Wie mit den Vorüberlegungen deutlich geworden ist, unterscheidet sich die Entwicklung des Marktwertes des Eigenkapitals von der Entwicklung des entsprechenden Buchwertes. Dies bedeutet jedoch auch, dass an dieser Stelle eine Asynchronität mit Blick auf das durch die Fremdkapitalschichten getragene Risiko besteht. Essler et al. (2004) haben daher eine eigenständige Bewertungsgleichung für den Fall einer bilanzabhängigen Finanzierungspolitik abgeleitet, die mit dem Einfluss der Ausschüttungs- und Investitionspolitik auf die Entwicklung des Buchwertes des Eigenkapitals ein vorgegebenes Risikoniveau des Eigenkapitals explizit berücksichtigt.[2114] Diese Annahme stellt dabei jedoch nur einen einzelnen Ausschnitt zur Entwicklung des Buchwertes des im Unternehmen eingesetzten Fremdkapitalbestandes dar. Wie die Arbeit von Kruschwitz/Löffler (2006) verdeutlicht hat, muss, um eine Bewertungsgleichung allgemein spezifizieren zu können, zunächst die Investitions- bzw. Ausschüttungspolitik sowie deren Auswirkung auf den zukünftigen Wert des Eigenkapitals und damit des

2113 Eine vergleichbare Argumentation kann man auch mit Blick auf einen von den Marktteilnehmern bereits über den Marktwert antizipierten Rückgang des Unternehmenswertes einschlagen, der sich noch nicht auf die Buchwerte niedergeschlagen hat.

2114 Sie zeigen, dass die Entwicklung des Unternehmensgesamtwertes sich aus dem Unternehmensgesamtwert des Vorjahres sowie den Entscheidungen zur Investitions- und Abschreibungspolitik abhängt. Für eine genauere Darstellung dieses Zusammenhangs sei an dieser Stelle auf Essler et al. (2004) und Essler et al (2005) verwiesen. Vgl. Essler et al. (2005) S. 597; Essler et al. (2004) S. 141–142. Ähnlich bereits Richter/Drukarczyk (2001) S. 635. Wie Essler et al. (2004) festgehalten haben, ist der zukünftige Buchwert des Eigenkapitals aufgrund der Abhängigkeit von den in der Zukunft generierten Cashflows jedoch in jedem Fall mit Unsicherheit behaftet. Vgl. dazu Essler et al. (2004) S. 140.

Unternehmenswertes konkretisiert werden. Kruschwitz/Löffler (2006) schlagen dazu drei Fälle denkbarer Investition- bzw. Ausschüttungspolitiken vor.[2115]

Fall 1: Das Unternehmen verfolgt eine Vollausschüttungspolitik, d. h., der Jahresüberschuss wird voll an die Eigenkapitalgeber ausgekehrt. Wie u. a. Schüler (2016) hervorgehoben hat, verändert sich unter dieser spezifischen Ausschüttungspolitik – Verluste seien an dieser Stelle weiterhin vereinfachend ausgeblendet – der Bestand des Eigenkapitals nur für den Fall, in dem eine Kapitalmaßnahme in der Zukunft geplant ist.[2116] Kruschwitz/Löffler (2006) zeigen, dass unter diesen Bedingungen der Fremdkapitalbestand quotal letztlich an eine deterministische Größe gebunden ist[2117] und somit auch der zukünftige Fremdkapitalbestand eine deterministische Größe sein muss. Mit anderen Worten hängt der zukünftige Fremdkapitalbestand von einer Größe ab, der aufgrund der speziellen Ausschüttungspolitik keine Unsicherheit anhaften kann. Diese Eigenschaft weisen – dies haben die vorangehenden Abschnitte gezeigt – die Fremdkapitalbestände im Rahmen einer „klassischen" autonomen Finanzierungspolitik auf. Entsprechend ist der Wertbeitrag der Fremdfinanzierung im Rahmen dieser Form der bilanzabhängigen Finanzierungspolitik mit dem risikolosen Verschuldungszinssatz zu diskontieren.[2118] Als besonders praxisrelevant erachten Kruschwitz/Löffler (2006) diese Ausprägung der bilanzabhängigen Finanzierungspolitik jedoch nicht.[2119] Diesem Urteil soll sich auch hier angeschlossen und diese Sonderform einer bilanzabhängigen Finanzierungspolitik in der Folge nicht eingehender betrachtet werden.[2120]

2115 Vgl. dazu Kruschwitz/Löffler (2006) S. 81. Deutlich kritischer hält dagegen Lobe (2006) fest, dass trotz einer Fokussierung auf die Investitions- und Abschreibungspolitik ein allgemeingültiges Modell zur Beschreibung der Veränderung des Wertes des Eigenkapitals i. d. R. nicht möglich ist. Vgl. dazu Lobe (2006) S. 191. Ähnlich Scholze (2006) S. 2.

2116 Vgl. dazu u. a. Schüler (2016) S. 95; Kruschwitz/Löffler (2006) S. 83.

2117 Kapitalerhöhungen, die notwendig werden, da Eigenkapitalgeber aufgrund vorangehender Verluste gefordert sind, Eigenkapitalmittel nachzuschießen, wurden vereinfacht ausgeblendet. Die Erhöhung des Eigenkapitalbestandes erscheint damit zum Bewertungszeitpunkt planbar zu sein.

2118 Vgl. Kruschwitz/Löffler (2006) S. 83.

2119 Vgl. Kruschwitz/Löffler (2006) S. 82.

2120 Wie in dem in der Folge betrachteten Fall 2 kann man an dieser Stelle kritisch hinterfragen, warum ein Unternehmen diesen vergleichsweise komplizierten Umweg nehmen sollte, um schließlich zu einer autonomen Finanzierungspolitik zu gelangen, die durch das Unternehmen auch weit weniger aufwendig geplant werden könnte. Kann man hier doch darauf abstellen, dass im Fall der Sicherheit – diesen Zustand verlässt man im betrachteten Fall gerade nicht – allein die autonome Finanzierungspolitik plausibel erscheint. Zum Übergang der bilanzabhängigen Finanzierungspolitik zu einer autonomen Finanzierungspolitik vgl. auch Lobe (2006) S. 192.

Fall 2: Das Unternehmen beschränkt sich darauf, Erhaltungsinvestitionen durchzuführen, um die wirtschaftliche Leistungsfähigkeit des Unternehmens aufrechterhalten zu können. Die über die Erhaltungsinvestitionen hinausgehenden Zahlungsströme, d. h. der Gewinn nach Steuern, wird an die Anteilseigner ausgekehrt. Ähnlich zum Fall einer Vollausschüttungspolitik verändert sich im Fall einer rein auf Erhaltungsinvestitionen abstellenden Unternehmenspolitik der Wert des Eigenkapitals nur, wenn der Eigenkapitalbestand durch die Eigenkapitalgeber explizit durch Kapitalmaßnahmen verändert wird, dies halten etwa Kruschwitz/Löffler (2006) fest. Auch an dieser Stelle gilt damit die für den Fall 1 gemachte Beobachtung, dass Unternehmen aufgrund der gewählten Ausschüttungspolitik, lediglich Erhaltungsinvestitionen werden getätigt, durch die deterministische Veränderung des Eigenkapitalbestandes implizit einer autonomen Finanzierungspolitik folgen. Für die Bewertung des Wertbeitrages der Fremdfinanzierung hat das Abstellen auf eine mit Sicherheit prognostizierbare Fremdkapitalgröße die bereits bekannte Folge, dass der Wertbeitrag mit dem risikolosen Verschuldungszinssatz zu diskontieren ist.[2121] Auch wenn eine solche Finanzierungspolitik unter bestimmten Rahmenbedingungen plausibel erscheint – man kann wohl unter gewissen Prämissen im Fall der ewigen Rente von einem solchen Gleichgewichtszustand ausgehen –, dürfte eine solche Finanzierungspolitik für den Fall, in dem zukünftiges Unternehmenswachstum unterstellt wird, regelmäßig zu kurz greifen. Eine solche Finanzierungspolitik scheint damit zwar grundsätzlich von Interesse für die Unternehmensbewertung zu sein, wie die vorangehenden Überlegungen jedoch gezeigt haben, handelt es sich auch im Fall 2 um ein Derivat der autonomen Finanzierungspolitik. In Kenntnis der Veränderung des Buchwertes des Eigenkapitals erscheint so auch eine bestandsorientierte Planung der Fremdkapitalbestände denkbar, wie sie i. d. R. im Rahmen der Annahme einer autonomen Finanzierungspolitik unterstellt wird. Der Mehrwert einer an sicheren Veränderungen des Eigenkapitals orientierten quotalen Abhängigkeit der Fremdkapitalbestände erscheint damit letztlich begrenzt zu sein.[2122] Es überwiegt damit der Eindruck, dass die „klassische“ autonome Finanzierungspolitik lediglich in ein neues Gewand gekleidet werden soll, ohne dass dadurch ein deutlicher Mehrwert erkennbar wird. Das Augenmerk liegt in der Folge daher auf dem dritten, von Kruschwitz/Löffler (2006) näher betrachteten Fall einer bilanzabhängigen Finanzierungspolitik.

Fall 3: Die Investitionspolitik des Unternehmens hängt in der von Essler et al. (2004) und Essler et al. (2005) eingehender betrachteten Finanzierungsannahme vereinfachend von der Entwicklung des zukünftigen freien Cashflows des unverschuldeten Unternehmens ab, d. h., mechanisch sind die Investitionsauszahlungen

2121 Vgl. dazu Kruschwitz/Löffler (2006) S. 84–85.

2122 Wie bereits an anderer Stelle hervorgehoben, beschäftigt sich insbesondere Lobe (2006) eingehender mit der Frage der Kompatibilität alternativer Planungsdoktrinen mit den konkurrierenden Finanzierungsannahmen. Für tiefergehende Überlegungen sei an dieser Stelle daher auf diese Arbeit verwiesen,

quotal an die zukünftigen Zahlungsströme des Unternehmens gebunden. Die Annahme einer vorgegebenen Investitionsquote ist, wie sich mit Blick auf die Bewertungsgleichung zeigen wird, allen voran der pragmatischen Ableitung der Bewertungsgleichung für diese Form der bilanziellen Finanzierungspolitik geschuldet,[2123] kann jedoch – dies heben Essler et al. (2005) besonders hervor – auch durch empirische Studien untermauert werden.[2124] Für die Abschreibungspolitik wird vereinfachend eine über das Anlagevermögen homogene Abschreibungspolitik über n Jahre unterstellt.[2125] Für diese nun von der autonomen Finanzierungspolitik losgelöste Form der bilanzabhängigen Finanzierungspolitik schlagen Essler et al. (2005) einen segmentierten Bewertungsansatz vor, der sich in drei Komponenten zerlegen lässt.[2126]

$$V_{\mathrm{L},0} = V_{\mathrm{U},0} + \underbrace{\sum_{t=0}^{T} \frac{\tau_C \cdot r_f \cdot D_t}{(1+r_f)^{t+1}}}_{\text{Term 1}}$$
$$+ \underbrace{\tau_c \cdot L_T \left(\frac{V_{o,*}}{(1+r_f)^{T+1}} + \frac{(1+r_f)^{-n} - 1 + nr_f}{nr_f} \sum_{t=T+2}^{\infty} \frac{a \cdot FCF_u}{(1+k_E)^t} \right)}_{\text{Term 2}} \tag{4.13}$$

Wie[2127] Essler et al. (2004) festgehalten haben, ist diese Bewertungsgleichung auf den ersten Blick nur schwer verdaulich.[2128] Um die ökonomische Bedeutung der einzelnen Komponenten der Bewertungsgleichung klarer herauszuarbeiten, sei in der Folge ein kurzer Exkurs zu den u. a. von Essler et al. (2004) und Essler et al. (2005) vorgenommenen Erläuterungen der einzelnen Komponenten

---

2123 Vgl. dazu Essler et al. (2004) S. 143. Eine ähnliche Entscheidung haben bereits Richter/Drukarczyk (2001) getroffen. Vgl. dazu Richter/Drukarczyk (2001) S. 635.

2124 Essler et al. (2005) halten mit Verweis auf die Arbeit von Fazzari et al. (1987) fest, dass im Sinne der Pecking-Order-Theorie ein Teil der zu leistenden Investitionsauszahlungen durch Innenfinanzierung, also durch den Cashflow des Unternehmens zu decken ist. Vgl. dazu Essler et al. (2005) S. 597; Essler et al. (2004) S. 142; Kruschwitz/Löffler (2006) S. 81.

2125 Die betrachteten Unternehmen stellen dabei vereinfachend auf eine lineare Abschreibungspolitik ab.

2126 Auch an dieser Stelle gilt das von Drukarczyk/Schüler (2016) treffend als „Zerlege und bewerte!“ zusammengefasste Prinzip des APV-Ansatzes, dies zeigen die nachfolgenden Überlegungen. Vgl. Drukarczyk/Schüler (2016) S. 171. Der von Essler et al. (2005) vorgeschlagene Bewertungsansatz entspricht damit einer Variante des APV-Ansatzes, der sowohl die „klassische“ autonome der Detailplanungs- als auch eine bilanzabhängige Finanzierungsstrategie der Rentenphase berücksichtigt.

2127 Vgl. dazu Essler et al. (2005) S. 597.

2128 Vgl. dazu Essler et al. (2004) S. 143; ähnlich dazu auch Essler et al. (2005) S. 597.

unternommen. Die erste Komponente bildet, wie für einen APV-Ansatz üblich,[2129] den Wert des unverschuldeten Unternehmens ab, der in einem zweiten Schritt um den Wertbeitrag der Fremdfinanzierung adjustiert wird. Anders als im Fall einer „naiven“ autonomen Finanzierungspolitik hat man es im Fall einer bilanzabhängigen Finanzierungspolitik jedoch nicht mit einem homogenen Wertbeitrag der Fremdfinanzierung zu tun. Der Wertbeitrag der Fremdfinanzierung ist vielmehr phasenabhängig und lässt sich in den Wertbeitrag der Fremdfinanzierung der Detailplanungsphase, d. h. den Wertbeitrag einer „klassischen“ autonomen Finanzierungspolitik, und den Wertbeitrag der Rentenphase, d. h. den Wertbeitrag der an einem bilanziellen Zielverschuldungsgrad orientierten Form der wertabhängigen Finanzierungspolitik, zerlegen.[2130] In Kenntnis des Abschnitts zur autonomen Finanzierungspolitik und des APV-Ansatzes beinhaltet sowohl die Bewertung des unverschuldeten Unternehmens als auch die Berechnung des Wertbeitrages der Detailplanungsphase – hier wird eine autonome Finanzierungspolitik unterstellt – inhaltlich wenig Neues. Interessant ist an dieser Stelle daher vor allem der von Essler et al. (2005) als Term 2 bezeichnete Wertbetrag der Fremdfinanzierung in der Rentenphase. Die Arbeit von Essler et al. (2005) zeigt, dass die Höhe des Wertbeitrages der Fremdfinanzierung für eine bilanzabhängige Finanzierungspolitik neben dem von Unternehmen angestrebten Zielverschuldungsgrad und dem effektiven Steuersatz des Unternehmens maßgeblich von der realisierten und zukünftigen Investitions- und Abschreibungspolitik des Unternehmens abhängt. Die Folgen der bereits umgesetzten Investitions- und Abschreibungspolitik werden dabei mit $V_{0;*}$ berücksichtigt und sind daher – die Größen sind zum Bewertungszeitpunkt wohlbekannt – mit dem risikolosen Zinssatz zu diskontieren.[2131] Der zweite Teil von Term 2 bildet dagegen die zukünftige Investitions- und Abschreibungspolitik ab, die maßgeblich von der Entwicklung des freien Cashflows des Unternehmens abhängen.[2132] Hier zeigt sich der Reiz der Annahme einer von der Entwicklung des Cashflows des Unternehmens abhängigen Investitionspolitik. Der Wertbeitrag der Fremdfinanzierung ist aufgrund der quotalen Bindung abhängig von der Entwicklung des Eigenkapitalwertes des Unternehmens und damit mit dem

2129 Zur Ähnlichkeit des Bewertungsansatzes mit dem „klassischen“ APV-Ansatz haben sich bereits Essler et al. (2004) geäußert. Vgl. dazu Essler et al. (2004) S. 144.

2130 Wie bereits eingangs festgehalten, wird mit der bilanzabhängigen Finanzierungspolitik nach Essler et al. (2004) und Essler et al. (2005) eine hybride Finanzierungspolitik betrachtet.

2131 Essler et al. (2004) weisen an dieser Stelle darauf hin, dass die Abschreibungspolitik damit eine Trennung zwischen einer buchwert- und einer marktwertorientierten Finanzierungspolitik auslöst. Vgl. dazu Essler et al. (2004) S. 144.

2132 Lobe (2006) spricht in diesem Zusammenhang daher auch von zwei Schichten der Bilanzsumme, einer deterministischen Schicht, deren Anteil langsam schwindet, und einer stochastischen Schicht, der im Zeitverlauf mehr Gewicht zukommt. Vgl. dazu Lobe (2006) S. 191.

Eigenkapitalkostensatz des unverschuldeten Unternehmens zu diskontieren.[2133] Wie Essler et al. (2005) festhalten, lässt insbesondere der zweite Teil von Term 2 eine ökonomische Interpretation nur auf einem oberflächlichen Niveau zu.[2134] An dieser Stelle soll es daher ausreichen, zusammenfassend darauf hinzuweisen, dass sich der Wertbeitrag der Fremdfinanzierung im Fall 3 aus einem sicheren und einem unsicheren, durch die zukünftige Investitions- und Abschreibungspolitik des Unternehmens determinierten, Anteil zerlegen lässt.

Bedeutsamer als eine feingliedrige Analyse der Bewertungsgleichung erscheint es in der Folge, die Gründe, die für ein Abstellen auf eine bilanzabhängige Finanzierungspolitik gegenüber der Annahme einer „klassischen“ wertabhängigen Finanzierungspolitik in der Literatur angeführt werden, kurz näher zu beleuchten.[2135] Der Abschnitt zur „klassischen“ wertabhängigen Finanzierungspolitik hat bereits gezeigt, dass die strenge Orientierung der Finanzierungspolitik an der Entwicklung des Unternehmenswertes in der Literatur durchaus kritisch gesehen wird. Verantwortlich hierfür ist, dass die Schwankung des Marktwertes des Eigenkapitals des Unternehmens – dies scheint für börsennotierte Unternehmen keine einfach von der Hand zu weisende Befürchtung zu sein – eine beständige Anpassung der im Unternehmen eingesetzten Fremdkapitalbestände nach sich ziehen muss. In diesem Zusammenhang wurde bereits darauf hingewiesen, dass die Anpassung der im Unternehmen eingesetzten Fremdkapitalinstrumente insbesondere im Fall einer deutlichen Annahme der Marktbewertung wohl keine uneingeschränkt überzeugende Strategie für ein Unternehmen in der Praxis darstellt.[2136] Wenig verwunderlich erscheint daher, dass ein solches Verhalten auch empirisch nur unzureichend bestätigt werden kann. Eine auf Buchwerten aufsetzende Zielkapitalstruktur ist gegenüber der marktwertorientierten Alternative i. d. R. keinen oder aber weitaus geringeren Schwankungen ausgesetzt.[2137] Mit anderen Worten erscheint mit einer an den Buchwerten andockenden wertabhängigen Finanzierungspolitik ein stabiles Rahmenumfeld gewährleistet zu sein, das für eine Plausibilisierung der wertabhängigen Finanzierungspolitik grundsätzlich wohl vorauszusetzen ist[2138] und bei einem marktwertorientierten Ansatz nicht gewährleistet werden kann. Es scheint daher wenig verwunderlich, dass in der Literatur die bilanzabhängige Finanzierungspolitik – bereits rein mechanisch – als eine gegenüber der „klassischen“ wertabhängigen Finanzierungspolitik wirklichkeitsnähere Finanzierungspolitik

2133 Vgl. dazu Richter/Drukarczyk (2001) S. 635.

2134 Vgl. dazu Essler et al. (2005) S. 598.

2135 In der Folge seien die Fälle 1 und 2, d. h. die Fälle, in denen die bilanzabhängige Finanzierungspolitik zu einer autonomen Finanzierungspolitik konvergiert, vereinfachend ausgeblendet.

2136 Vgl. dazu u. a. Drobetz et al. (2006) S. 262; Welch (2004) S. 106.

2137 Vgl. dazu u. a. Welch (2004) S. 125.

2138 Erinnert man sich an dieser Stelle an die Überlegungen des Kapitels I zur Stabilität eines Verschuldungsoptimums zurück.

bevorzugt wird,[2139] können doch Teile der im Abschnitt zur „klassischen“ wertabhängigen Finanzierungspolitik beschriebenen Probleme entkräftet werden. Die Argumentation zugunsten einer buchwertorientierten Finanzierungspolitik beschränkt sich in der Literatur dabei jedoch nicht allein auf eine auf die höhere Stabilität des vorgegebenen Verschuldungsgrades abzielende Argumentation.[2140]

Wie u. a. Lobe/Essler (2008) festgehalten haben, lässt sich die in der Literatur stellenweise vertretene Einschätzung einer höheren Praxisrelevanz der bilanzabhängigen Finanzierungspolitik insbesondere auf zwei, in der Folge kurz näher beleuchtete, Argumente zurückführen. Einerseits wird in der Literatur argumentiert, dass Unternehmen i. d. R. Planungen auf Basis von Bilanzkennzahlen durchführen und nicht, wie im Rahmen einer „klassischen“ wertabhängigen Finanzierungspolitik unterstellt, auf der Basis von Marktdaten. Andererseits sehen Lobe/Essler (2008) in der Ausgestaltung kreditvertraglicher Vereinbarungen ein zentrales Argument für die Orientierung des Unternehmens an buchwertbasierten Zielverschuldungsgraden.[2141] Beide Argumente werden in der Folge nochmals kurz aufgegriffen. Zur Unterstützung der Annahme einer bilanzabhängigen Finanzierungspolitik wird in der Literatur zumeist auf das Ergebnis von Befragungsstudien verwiesen, die das Management explizit nach den Zielen der Finanzierungspolitik befragt. Auf diesen Strang der Literatur wurde bereits im ersten Kapitel dieser Arbeit verwiesen.[2142] Aus Sicht der Frage der Plausibilität der Annahme einer wertabhängigen Finanzierungspolitik ist dabei bemerkenswert, dass die mit der wertabhängigen Finanzierungspolitik implizit vertretene Vermutung einer unternehmensspezifischen quotalen Zielkapitalstruktur regelmäßig bestätigt wird.[2143] Ein zweiter Blick auf die Ergebnisse dieser Befragungsstudien zeigt, dass die mit der Annahme einer bilanzabhängigen Finanzierungspolitik getroffene Vermutung einer Orientierung der Finanzierungspolitik an einem buchwertorientierten Zielverschuldungsgrad durch die Ergebnisse der Befragungsstudien gestützt wird. So halten u. a. Beattie et al. (2006) fest, dass ein Großteil der befragten Unternehmen den Zielverschuldungsgrad durch Buch- und nicht, wie durch die Annahme der „klassischen“ wertabhängigen Finanzierungspolitik gefordert, durch Marktwerte abbildet.[2144] Ein ähnliches Bild zeigt sich, betrachtet man die von Lobe/Essler (2008) als zweites Argument für eine bilanzabhängige Finanzierungspolitik aufgeführte

2139 Vgl. Essler et al. (2004) S. 139; Essler et al. (2005) S. 595; Scholze (2006) S. 1; Lobe/Essler (2008) S. 64; Richter/Drukarczyk (2001) S. 637.

2140 In Erweiterung dieses Arguments findet sich in der Literatur der etwas vage Hinweis, dass eine solche Finanzierungspolitik sich auf bestehende Sachanlagen stützt und nicht auf den noch wenig greifbaren Wertbeitrag zukünftiger Investitionen. Vgl. dazu Beattie et al. (2006) S. 1415.

2141 Vgl. dazu Lobe/Essler (2008) S. 68.

2142 Ausgewählte Arbeiten werden in Kapitel III dieser Arbeit kurz dargestellt.

2143 Vgl. dazu u. a. Allen (2000) S. 318; Graham/Harvey (2001) S. 211; Beattie et al. (2006) S. 1414; Drobetz et al. (2006) S. 262.

2144 Vgl. dazu Beattie et al. (2006) S. 1415.

Ausgestaltung kreditvertraglicher Vereinbarungen. Ohne an dieser Stelle erneut auf die mögliche Bedeutung kreditvertraglicher Vereinbarungen für die Einhaltung einer Zielkapitalvorgabe näher einzugehen – hierzu sei auf den Abschnitt zur „klassischen" wertabhängigen Finanzierungspolitik verwiesen –, ist an dieser Stelle festzuhalten, dass die Vorgabe eines spezifischen Verschuldungsgrades zu Buchwerten neben der Vorgabe eines Verschuldungsgrades zu Marktwerten ein zentrales Kriterium für kreditvertragliche Vereinbarungen darstellt.[2145]

Es lassen sich also eine Reihe empirisch untermauerbarer Argumente finden, die dafürsprechen, dass sich Unternehmen, aber auch Fremdkapitalgeber nicht an dem im Zeitverlauf womöglich stark schwankenden marktwertbasierten Zielverschuldungsgrad orientieren, der für gewöhnlich in den für die wertabhängige Finanzierungspolitik üblichen WACC-Ansatz einfließt, sondern alternativ auf einen stabileren buchwertorientierten Zielverschuldungsgrad abstellen. Die „äußeren" Gründe, warum ein Unternehmen an einen buchwertorientierten Zielverschuldungsgrad gebunden ist, erscheinen vergleichbar mit den Argumenten im Fall einer marktwertbasierten Definition des Zielverschuldungsgrades. Eine nochmalige Betrachtung der „äußeren" Gründe erscheint, wie bereits angedeutet, daher nicht nochmals erforderlich. Interessant erscheint es an dieser Stelle, abseits der empirischen Evidenz für ein solches Vorgehen, zu hinterfragen, ob die „inneren" Gründe, also die Wertoptimalität der Finanzierungspolitik, im Fall eines am Buchwert orientierten Zielverschuldungsgrades im gleichen Maße plausibel erscheint wie im Fall eines Abstellens auf das marktwertbasierte Pendant. Wie der kurze Exkurs zum einfachen Beispiel eines Unternehmens, das von einer Finanzierungspolitik der reinen Eigen- zu einer Mischfinanzierung wechselt, gezeigt hat, erscheint es fraglich, dass Unternehmen im Fall eines Abstellens der Planungen auf einen buchwertbasiertem Zielverschuldungsgrad tatsächlich eine wertmaximierende Finanzierungspolitik umsetzen. Berücksichtigt man, dass bei der Veränderung der Kapitalstruktur in der Praxis regelmäßig Transaktionskosten anfallen, so kann man durch den erneuten Verweis auf die höhere Stabilität des buchwertorientierten Zielverschuldungsgrades darauf hinweisen, dass eine bilanzabhängige Finanzierungspolitik nach Berücksichtigung der anfallenden Transaktionskosten wertoptimal sein kann. Eine eingehendere Analyse dieser Frage, die über diese skizzenhaften Überlegungen hinausgeht, sei an dieser Stelle jedoch vereinfachend ausgeblendet.

Abschließend ist damit festzuhalten, dass mit der buchwertabhängigen Finanzierungspolitik regelmäßig eine weitere Ausprägung einer wertabhängigen Finanzierungspolitik in der Literatur diskutiert wird. Die Argumentation, die man zugunsten der bilanzabhängigen Finanzierungspolitik anführen kann, dürfte im Grundsatz der Argumentation zugunsten einer „klassischen" wertabhängigen Finanzierungspolitik ähneln. Mit Blick auf die „inneren" Gründe ist, dies wurde nur oberflächlich betrachtet, wohl einschränkend anzumerken, dass eine

2145 Vgl. dazu Bradley/Roberts (2015) S. 18; 28.

bilanzabhängige Finanzierungspolitik gegenüber einer marktwertorientierten Finanzierungspolitik wohl i. d. R. deutlich träger erscheint und somit nicht das gesamte Potenzial einer am Unternehmenswert orientierten Finanzierungspolitik heben wird. Die Überzeugungskraft der „inneren" Argumente für eine bilanzabhängige Finanzierungspolitik dürfte davon jedoch nicht erschüttert werden. Die höhere Trägheit der bilanzorientierten Finanzierungspolitik erweist sich jedoch mit Blick auf den wohl i. d. R. stark schwankenden Zielverschuldungsgrad im Fall einer marktwertorientierten Definition als eine reizvolle Annahme für die Bewertungspraxis. Befragungsstudien geben zudem Hinweise darauf, dass Unternehmen ihre Planungen auf solche bilanzabhängigen Zielverschuldungsgrade abstellen. Blickt man auf die „äußeren" Gründe für eine bilanzabhängige Finanzierungspolitik, so erscheint die auch im Fall einer „klassischen" wertabhängigen Finanzierungspolitik vorgebrachte Argumentation gestärkt, bestehen in der Literatur doch eine Reihe empirischer Indizien, die die Annahme einer bilanzabhängigen Finanzierungspolitik beispielsweise durch bilanzielle Zielkapitalstrukturvorgaben durch die Fremdkapitalgeber untermauern. Essler et. al (2004) sowie Essler et. al (2005) haben für die bilanzabhängige Finanzierungspolitik einen geeigneten Bewertungsansatz abgeleitet. In seiner Form besonders eingängig ist dieser Bewertungsansatz jedoch nicht. Für den folgenden empirischen Untersuchungsansatz sei die bilanzabhängige Finanzierungspolitik zugunsten der „klassischen" Finanzierungspolitiken vereinfachend ausgeblendet.

4.5.2. Zur dividendenabhängigen Finanzierungspolitik

Unter dem Oberbegriff der dividendenabhängigen Finanzierungspolitik wird in der Literatur eine weitere – von den „klassischen" Finanzierungspolitiken losgelöste – Finanzierungsstrategie diskutiert. Wie die Bezeichnung als dividendenabhängige Finanzierungspolitik bereits andeutet, unterscheidet sich die unter diesem Oberbegriff diskutierte Finanzierungspolitik in einem zentralen Merkmal von den in den vorangehenden Abschnitten betrachteten Finanzierungsstrategien. Wie u. a. Kruschwitz/Löffler und Lobe (2006) festgehalten haben, geht man im Fall eines Abstellens auf die dividendenabhängige Finanzierungspolitik – betrachtet man vereinfachend einen Dreiklang aus Investitions-, Dividenden- und Finanzierungsentscheidung –[2146] nicht länger davon aus, dass die Investitions- und Finanzierungspolitik des Unternehmens eine vorrangige Stellung für die zukünftigen Unternehmensentscheidungen einnimmt[2147] und Unternehmen letztlich einer

2146 Vgl. dazu Miller (1988) S. 114–115.

2147 Vgl. dazu u. a. Kruschwitz/Löffler (2006) S. 92. Scholze (2006) spricht in diesem Zusammenhang von der Unabhängigkeit des Leistungsbereichs, der im Rahmen der Unternehmensbewertung zumeist angenommen wird. Vgl. dazu Scholze (2006) S. 9–10.

residualen Dividendenpolitik folgen.[2148] Vielmehr beschreibt man im Rahmen der dividendenabhängigen Finanzierungspolitik eine Finanzierungsannahme, die sowohl der Entscheidung zum optimalen Investitionsprogramm als auch der Entscheidung zur optimalen Dividendenpolitik nachgeordnet ist. Mit anderen Worten impliziert die dividendenabhängige Finanzierungspolitik damit letztlich eine residuale Finanzierungspolitik, deren Gestalt von der Investitionsentscheidung als auch der gewählten Dividendenpolitik des Unternehmens abhängig ist.[2149] Die mit dem Abstellen auf eine dividendenabhängige Finanzierungspolitik implizierte Nachrangigkeit der Finanzierungsentscheidung erscheint erklärungsbedürftig zu sein, wurden doch mit der autonomen wie auch wertabhängigen Finanzierungspolitik[2150] im Vorfeld zwei alternative Finanzierungsstrategien betrachtet, die darauf abgestellt haben, dass die Finanzierungsentscheidung – ergänzend zur Investitionsentscheidung – in der Unternehmenspraxis eine dominante Rolle spielt. Die autonome Finanzierungspolitik, das haben u. a. Lobe/Essler (2008) festgehalten, geht per Definition davon aus, dass die Finanzierungsentscheidung des Unternehmens weitgehend unabhängig ist, d. h. ein eigenständiges Ziel darstellt, wohingegen die wertabhängige Finanzierungspolitik – wie es der Name bereits nahelegt – auch von dem durch das Unternehmen realisierten Investitionsprogramm abhängt.[2151] Dass sowohl die „klassischen“ Finanzierungspolitiken als auch die dividendenabhängige Finanzierungspolitik in Abhängigkeit zur Investitionsentscheidung stehen – der Investitionsentscheidung in der Zielhierarchie der Unternehmen letztlich ein Vorrang eingeräumt wird –, erscheint mit Blick auf das Separationstheorem nach Fisher nicht weiter verwunderlich. Auf einem vollkommenen Kapitalmarkt lassen sich, wie u. a. Schmidt/Terberger (1997) zum Separationstheorem nach Fisher festgehalten haben, Investitions-, Finanzierungs- und Konsumentscheidungen[2152] problemlos voneinander trennen.[2153] Auf einem vollkommenen Kapitalmarkt erscheint es damit nicht nur unproblematisch, sondern letztlich auch zielführend, in einem ersten Schritt die Frage nach der Gestalt einer wertmaximierenden Investitionspolitik zu beantworten – dies kann mit allen bisher betrachteten Finanzierungsannahmen unterstellt werden –, um sich in einem zweiten Schritt mit der Frage der Finanzierung des Investitionsvorhabens bzw. der unternehmensspezifischen Ausschüttungspolitik näher zu beschäftigen.[2154] Abseits

2148 Vergleiche zur Definition einer residualen Dividendenpolitik u. a. Smith (2009) S. 115.

2149 Vgl. dazu Lobe (2006) S. 198; Kruschwitz/Löffler (2003) S. 62.

2150 Folglich gilt diese Aussage auch mit Blick auf die in der Folge betrachteten gemischten Finanzierungspolitiken.

2151 Vgl. dazu Lobe/Essler (2008) S. 61; ähnlich dazu bereits Lobe (2006) S. 198.

2152 An dieser Stelle seien Konsumentscheidung und die Entscheidung zur Dividendenpolitik als Synonyme verwendet.

2153 Vgl. dazu Schmidt/Terberger (1997) S. 124–126.

2154 Vgl. Schmidt/Terberger (1997) S. 113–114.

der Annahme eines vollkommenen Kapitalmarktes – diesen Fall betrachtet man regelmäßig, verallgemeinert man die Annahmen des Kapitalstrukturirrelevanz-Theorems nach Modigliani/Miller (1958) –[2155] ist die Trennung dieser drei Kernentscheidungen nicht mehr ohne Weiteres möglich.[2156] Dennoch erscheint es auch im Umfeld eines teilweise unvollkommenen Kapitalmarkts pragmatisch, zunächst an der Vorrangigkeit einer optimalen Investitionsentscheidung festzuhalten und die Investitionsentscheidung für die folgende Finanzierungs- als auch Ausschüttungsentscheidung als gesetzt anzunehmen. Dahinter steht die pragmatische Überlegung, dass auch abseits eines vollkommenen Kapitalmarktes die Investitionsentscheidung der Unternehmen maßgeblich für die Gestalt der zukünftigen Zahlungsströme und damit den zukünftigen Unternehmensgesamtwert und die darauf aufbauende Finanzierungs- und Ausschüttungsentscheidung sein dürfte.[2157] Smith (2009) sieht die an dieser Stelle getroffene Annahme der Dominanz der Investitionsentscheidung gegenüber der Entscheidung zur Dividendenpolitik in der Praxis als i. d. R. erfüllt an.[2158]

Interessanter als die Frage der Bedeutung der Investitionspolitik erscheint an dieser Stelle, hierin liegt der Unterschied zwischen dividendenabhängiger und den im Vorfeld betrachteten „klassischen" Finanzierungspolitiken, die Frage für die möglichen Treiber eines Wechsels von einer residualen Ausschüttungspolitik hin zu einer residualen Finanzierungspolitik. Wie Lobe (2006) festgehalten hat, wird die Formulierung einer eigenständigen dividendenabhängigen Finanzierungspolitik in erster Linie mit den Ergebnissen der empirischen Untersuchung von Lintner (1956) zur Dividendenpolitik begründet.[2159] Ausgehend von der Beobachtung, dass Unternehmen i. d. R. stabile oder mit den Unternehmensgewinnen leicht wachsende

---

2155 Dies haben insbesondere die Überlegungen des Abschnitts 2 verdeutlicht, auf die an dieser Stelle verwiesen werden soll.

2156 Schmidt/Terberger (1997) sprechen davon, dass die im Vorfeld betrachteten Unternehmensentscheidungen simultan vorgenommen werden müssen. Vgl. Schmidt/Terberger (1997) S. 126.

2157 Zwar sind, wie wenigstens mit Blick auf die Finanzierungsentscheidung gezeigt wurde, auch die weiteren Entscheidungen des Unternehmens wertrelevant, man kann sich jedoch, ausgehend von einem vollkommenen Kapitalmarkt, auf den Standpunkt stellen, dass beide Entscheidungen letztlich erst relevant sind, wenn die getroffene Investitionsentscheidung umgesetzt wurde und Zahlungsströme zur Verteilung an die Eigen- und Fremdkapitalgeber zur Verfügung stehen. Vgl. dazu ähnlich Miller/Modigliani (1961) S. 414. DeAngelo/DeAngelo (2006) zweifeln demgegenüber die Irrelevanz der Ausschüttungspolitik bereits unter den idealisierten Bedingungen eines vollkommenen Kapitalmarktes an. Vgl. dazu DeAngelo/DeAngelo (2006) S. 294; 301.

2158 Vgl. dazu Smith (2009) S. 119.

2159 Vgl. dazu Lobe (2006) S. 195; Lobe/Essler (2008) S. 60–61.

Dividendenzahlungen anstreben,[2160] hat Lintner (1956) „reasonably consistent patterns of behavior in dividend decisions“[2161] abgeleitet und diese zunächst auf einer Befragungsstudie basierenden Beobachtungen in ein formales Modell zur Bestimmung der Dividendenzahlungen eingebettet. Das Modell von Lintner (1956) legt, wenigstens indirekt, die Vorrangigkeit der Dividenden- gegenüber der Finanzierungspolitik nahe und dient damit als ein empirisch überprüfbares Argument für die Ableitung einer dividendenabhängigen Finanzierungspolitik.[2162] Akzeptiert man die mit dem Modell von Lintner (1956) einhergehende Dominanz der Dividendenpolitik, so legt man sich i. d. R. auf eine residuale Finanzierungspolitik fest, die als abhängige Variable von Investitions- und Dividendenpolitik bestimmt wird.[2163] Mit Blick auf die nur noch bedingt freie Gestaltbarkeit der durch die Unternehmen umsetzbaren Finanzierungsstrategie stellt das Abstellen auf eine dividendenabhängige Finanzierungsstrategie eine durchaus weitreichende Annahme dar. Ungeprüft kann und soll diese weitreichende Annahme in der Folge nicht übernommen werden, die Annahme einer dominanten Dividendenpolitik wird daher in der Folge eingehender betrachtet. Es wird ein kurzer Exkurs unternommen, der die Diskussion zur Bedeutung der Ausschüttungspolitik in der Literatur kurz skizzieren soll.[2164]

Exkurs: Zur Plausibilität der Annahme der Dominanz der Ausschüttungspolitik

Analog zu den Überlegungen zur Relevanz der Finanzierungspolitik erscheint es auch an dieser Stelle notwendig, die Bedeutung der Ausschüttungspolitik eines Unternehmens, zunächst ausgehend von den Prämissen eines vollkommenen Kapitalmarktes, eingehender zu betrachten. Damit rückt – wie es Miller (1988) formuliert hat, der siamesische Zwilling des Kapitalstrukturirrelevanz-Theorems –[2165] der Nachweis der Irrelevanz der Dividendenpolitik von Miller/Modigliani (1961) als Ausgangspunkt der folgenden Überlegungen in den Vordergrund. Die Arbeit von Miller/Modigliani (1961) ist insbesondere der für die Bedeutung der

2160 Wie Lintner (1956) festgehalten hat, scheuen sich Unternehmen i. d. R. davor, von der bestehenden Ausschüttungspolitik abzuweichen. Vgl. dazu Lintner (1956) S. 101–102.

2161 Vgl. dazu Lintner (1956) S. 100.

2162 Miller/Modigliani (1961) billigen der Beobachtung von Lintner (1956) zwar Informationscharakter zu, nicht jedoch, dass die Form der Ausschüttungspolitik den Unternehmenswert maßgeblich beeinflusst. Vgl. dazu Miller/Modigliani (1961) S. 430. Auch Smith (2009) merkt kritisch an, dass unter einer residualen Ausschüttungspolitik durchaus der Eindruck einer geglätteten Dividendenpolitik entstehen kann. Vgl. dazu Smith (2009) S. 115.

2163 Lobe/Essler (2008) S. 61.

2164 Aufgrund der Vielzahl an Arbeiten, die sich mit der Ausschüttungs- bzw. Dividendenpolitik beschäftigt haben, bleibt der nachfolgende Exkurs zwangsläufig oberflächlicher Natur.

2165 Miller (1988) S. 115.

Ausschüttungspolitik zentralen Frage nachgegangen, ob die Gestalt der Ausschüttungspolitik einen Einfluss auf den Marktwert des Eigenkapitals ausübt oder anders ausgedrückt, ob in der Praxis eine wertoptimale Dividendenpolitik existiert.[2166] Auf einem vollkommenen Kapitalmarkt hat die Arbeit von Miller/Modigliani (1961) unter Annahme einer gegebenen Investitionspolitik gezeigt, dass die Dividendenpolitik für die Höhe des Unternehmensgesamtwertes irrelevant ist.[2167] Investoren können unter den idealen Bedingungen eines vollkommenen Kapitalmarktes – analog zu den in Abschnitt 2.1. skizzierten Überlegungen des Kapitalstrukturirrelevanz-Theorems – die Ausschüttungspolitik der Unternehmen durch sog. „homemade dividends“ ohne Weiteres an ihre Präferenzen anpassen.[2168] Unter der Prämisse eines vollkommenen Kapitalmarktes besteht – in Kenntnis der Vorüberlegungen wenig überraschend – kein Grund zur Annahme einer – gegenüber der Finanzierungspolitik – dominanten Ausschüttungspolitik.[2169] Vielmehr, dies wird in Teilen der Literatur als Kern der Arbeit von Modigliani/Miller (1961) beschrieben, ist es in dem von Modigliani/Miller (1961) beschriebenen Umfeld weiterhin sinnvoll, freie Mittel nach einer optimalen Investitionspolitik an die Investoren auszuschütten, also letztlich einer residualen Dividendenpolitik zu folgen.[2170] Unterstützer einer dividendenabhängigen Finanzierungspolitik werden und können an dieser Stelle mit Recht anmerken, dass unter den Rahmenbedingungen eines vollkommenen Kapitalmarktes auch die Annahme einer gegenüber der Dividendenpolitik dominanten Finanzierungspolitik über die Veränderung des Unternehmenswertes nicht begründet werden kann.

Wechselt man – wie dies für die Betrachtung der Bedeutung der Finanzierungspolitik bereits im Vorfeld getan wurde – in eine Welt mit einem asymmetrischen Steuersystem, also einem Steuersystem, das die alternativen Kapitalquellen der Unternehmen einer unterschiedlichen Besteuerung unterwirft, lässt sich mit Blick auf die Finanzierungspolitik – wie in Abschnitt 2.1.3. gezeigt wurde – ein Einfluss der Finanzierungspolitik auf den Unternehmenswert beobachten. Richtet man den Blick auf die Bedeutung der Dividendenpolitik, gilt es, der Frage nachzugehen, welche Auswirkungen ein Wechsel hin zu einem diskriminierenden Steuersystem, in diesem Fall ist eine unterschiedliche Besteuerung der Ausschüttungskanäle eines Unternehmens zu berücksichtigen, auf die Relevanz der Dividendenpolitik hat. Werden Dividendenzahlungen höher besteuert als Kapitalgewinne,[2171] so

2166 Vgl. Miller/Modigliani (1961) S. 411.
2167 Vgl. Miller/Modigliani (1961) S. 430.
2168 Vgl. dazu Al-Malkawi et al. (2010) S. 174; Schüler (2016) S. 504.
2169 Beide Entscheidungen können letztlich auf der Ebene der Investoren rückgängig gemacht werden und sind daher nicht wertrelevant.
2170 Vgl. dazu u. a. Smith (2009) S. 115.
2171 Wie u. a. Schüler (2016) festhält, besteht auch nach der Steuerreform des Jahres 2001 weiterhin eine gewisse Bevorzugung von Kapitalgewinnen gegenüber Dividendenzahlungen. Vgl. dazu Schüler (2016) S. 508.

wird auch für die Dividendenpolitik das Theorem der Irrelevanz durchbrochen und die Art und Weise, wie die Cashflows der Unternehmen an die Anteilseigner ausgeschüttet werden, ist für den Wert des Unternehmens von Bedeutung.[2172] In der Literatur existieren, ergänzend zur steuerlichen Ungleichbehandlung der Ausschüttungskanäle, verschiedene Hypothesen, die in der Folge mit Blick auf die Frage der Dominanz der Ausschüttungs- gegenüber der Finanzierungspolitik kurz skizziert werden sollen. Die alternativen Hypothesen betrachten dabei wechselnde Motive für die Dominanz der Dividendenpolitik in einem zu der Annahme eines vollkommenen Kapitalmarktes praxisnäheren Umfeld.

Aufgrund der in der Praxis zu beobachtenden unterschiedlichen Besteuerung der Ausschüttungskanäle – Dividendenzahlungen werden wie bereits angedeutet in einer Vielzahl von Steuersystemen gegenüber Kapitalgewinnen steuerlich diskriminiert – findet sich in der Literatur – unter dem Schlagwort des Steuereffekts der Dividendenpolitik – die Einschätzung, dass Unternehmen auf Dividendenzahlungen zugunsten von Reinvestitionen in vorteilhafte Projekte auf Unternehmensebene oder aber zugunsten alternativer Formen der Auskehrung des Gewinns an die Kapitalgeber, hier werden i. d. R. Aktienrückkäufe genannt, verzichten sollten.[2173] Folgt man der mit der Hypothese zum Steuereffekt der Ausschüttungspolitik vertretenen Einschätzung, erscheint die Vorrangigkeit der Dividendenpolitik, die implizit mit der Annahme einer dividendenabhängigen Finanzierungspolitik unterstellt wird, nur eingeschränkt überzeugend zu sein, ist es doch in einem unvorteilhaften steuerlichen Umfeld für Unternehmen vorteilhaft, Ausschüttungskanäle abseits einer Ausschüttung von Dividenden zu wählen, um somit die von den Anteilseignern zu tragende Steuerlast zu verringern. Unterstützer einer vorrangigen Dividendenpolitik könnten mit Blick auf die Hypothese zum Steuereffekt der Ausschüttungspolitik einwenden, dass bei Berücksichtigung der unvorteilhaften Besteuerung der Dividendenzahlungen gegenüber alternativen Ausschüttungskanälen zwar Dividendenzahlungen vermieden werden sollten, sich in der expliziten Vermeidung von Dividendenzahlungen dennoch eine Dominanz der Ausschüttungs- gegenüber der Finanzierungspolitik zeigt.[2174] Unter dem Überbegriff des Klienteleffekts wird in der Literatur eine weitere Hypothese zur Bedeutung der Dividendenpolitik diskutiert, die die Vermutung in sich vereinigt, dass die von Unternehmen eingeschlagene Ausschüttungspolitik abhängig von der Zusammensetzung der Anteilseigner ist bzw. selbst einen Einfluss auf die Eigenschaften

---

2172 Vgl. dazu u. a. Mukherjee (2009) S. 145.

2173 Vgl. dazu Miller (1988) S. 115–116; Miller (1998) S. 114; ähnlich: Al-Malkawi et al. (2010) S. 179; Saadi/Dutta (2009) S. 127. Miller (1988) weist zudem darauf hin, dass Aktienrückkäufe nicht die gleiche Bindungswirkung entfalten wie „klassische" Dividendenzahlungen. Vgl. ebda.

2174 Man könnte so an dieser Stelle darauf abstellen, dass Unternehmen bewusst eine Dividende nahe null wählen und die Finanzierungspolitik an dieser die Dividendenzahlung minimierenden Politik ausrichten.

der Anteilseigner ausübt.[2175] Trifft diese These zu, so ist es in einem ersten Schritt nicht unplausibel, von der Dominanz einer an den Investoren ausgerichteten Ausschüttungspolitik auszugehen. Da in dieser Welt Investoren gänzlich unterschiedliche Interessen besitzen, an der sich die Unternehmen ausrichten können,[2176] ist es, losgelöst vom konkreten Bewertungsfall,[2177] nicht ganz eindeutig, welche Dividendenpolitik ein Unternehmen einschlagen sollte. Man kann jedoch auch – hält man am Irrelevanz-Theorem nach Modigliani/Miller (1961) fest – darauf abstellen, dass eine Veränderung der Dividendenpolitik zwar die Zusammensetzung der Anteilseigner, nicht jedoch den Unternehmenswert selbst verändert.[2178] Mit anderen Worten scheint eine mit den „klassischen" Finanzierungspolitiken regelmäßig angenommene residuale Ausschüttungspolitik nicht zwingend im Widerspruch zum Klienteleffekt zu stehen.[2179] Eine klare Aussage, wie die Ausschüttungspolitik auszugestalten ist und ob sie die Finanzierungsentscheidung des Unternehmens dominiert, kann m. M. n. wenigstens nicht geradlinig aus dem Klienteleffekt abgeleitet werden.

Unbestreitbar scheint – dies haben bereits Modigliani/Miller (1961) vor dem Hintergrund der Arbeit von Lintner (1956) zugebilligt –[2180] die Gestalt der Dividendenzahlung einen gewissen Informationscharakter für die Aktionäre zu besitzen. Diese Einschätzung wurde in der Literatur später zu der mit dem Klienteleffekt verwandten[2181] Signalling-Theorie erweitert. Ausgehend von der Signalling-Überlegung von Ross (1977) zur Bedeutung des mit einer Veränderung der Kapitalstruktur verbundenen Signaleffekts, wurde auf einem Markt, der sich durch Informationsasymmetrien zwischen Unternehmen und Investoren auszeichnet, die Dividendenpolitik als ein Mittel interpretiert, um Informationen über den tatsächlichen Wert des Unternehmens an den Markt zu kommunizieren. Sowohl die Stabilität der Dividendenzahlungen als auch die Entwicklung der Dividendenauszahlungen enthalten dabei Signale an die Investoren über die wirtschaftliche Leistungsfähigkeit des Unternehmens.[2182] Die Signalling-Hypothese bietet damit einen eingängigen Erklärungsansatz für das von Lintner (1956) beobachtete Interesse der Unternehmen, eine stabile Dividendenpolitik sicherzustellen. Wie Smith (2009) mit Blick auf die in den „klassischen" Finanzierungspolitiken unterstellte residuale Ausschüttungspolitik festgehalten hat, folgt ein residuales Ausschüttungsverhalten

2175 Vgl. dazu u. a. Schüler (2016) S. 508; Al-Malkawi et al. (2010) S. 182; Saadi/Dutta (2009) S. 131.
2176 Ang/Ciccone (2009) S. 108.
2177 Hier dürfte man darauf abstellen können, dass das Unternehmen an der in der Vergangenheit eingeschlagenen Dividendenpolitik festhält.
2178 Vgl. dazu u. a. Ang/Ciccone (2009) S. 109; Miller/Modigliani (1961) S. 431.
2179 Vgl. dazu u. a. Smith (2009) S. 117.
2180 Vgl. dazu Miller/Modigliani (1961) S. 430; Filbeck (2006) S. 163.
2181 Vgl. dazu u. a. Ang/Ciccone (2009) S. 108.
2182 Filbeck (2006) S. 164–166; Al-Malkawi et al. (2010) S. 186; Mukherjee (2009) S. 145.

i. d. R. nicht der Logik, die den Überlegungen zur Signalling-Theorie innewohnt, da die Dividendenzahlungen bei einer „reinen“ Form einer residualen Dividendenpolitik i. d. R. im Zeitverlauf mit wechselnden Investitionsgelegenheiten stark schwanken werden.[2183]

In Abhängigkeit davon, inwieweit Investoren eine residuale Dividendenpolitik korrekt interpretieren können bzw. Manager negative Signale durch eine residuale Dividendenpolitik vermeiden wollen,[2184] ist an dieser Stelle festzuhalten, dass eine residuale Dividendenpolitik regelmäßig nicht deckungsgleich mit den hinter der Signalling-Theorie stehenden Zielen ist. Das wohl stärkste Argument zugunsten einer residualen Ausschüttungspolitik enthält wohl die unter dem Überbegriff der Free-Cashflow-Hypothese diskutierte Vermutung. Wendet man sich von der Annahme eines Interessengleichklangs zwischen Management und Anteilseignern ab – dies ist die Grundlage der Überlegung zur Free-Cashflow-Hypothese –[2185], kann eine andere Dividendenpolitik als die mit den „klassischen“ Finanzierungspolitiken unterstellte residuale Dividendenpolitik dazu führen, dass dem Management die Möglichkeit einer vorwiegend an den eigenen Interessen ausgerichteten Unternehmenspolitik eröffnet wird, die letztlich zu einer Vernichtung eines Teils des Unternehmenswertes aus Sicht der Anteilseigner führen kann.[2186] Wie u. a. Jensen (1986) festgehalten hat, haben Manager ein Interesse daran, einen Zahlungsmittelüberhang aufzubauen, der über den tatsächlichen Bedarf des Unternehmens für wertoptimale Investitionsprojekte weit hinausgeht und etwa zur Investition in wertvernichtende Projekte verwendet wird, die dem Prestige oder aber der Macht des Managements förderlich sind.[2187] In der Literatur wird dieses wertvernichtende Verhalten der Unternehmensleitung etwas allgemeiner unter dem Schlagwort des Überinvestitionsproblems diskutiert. Um ein solch wertvernichtendes Verhalten der Unternehmensleitung zu verhindern, stehen mit einer veränderten Ausschüttungspolitik, in praxi bedeutet dies regelmäßig eine höhere Ausschüttungsquote, als auch mit dem verstärkten Einsatz von Fremdkapital zwei Strategien zur Verfügung, um den Unternehmen bestehende Zahlungsmittelüberhänge zu entziehen

---

2183 Vgl. dazu Smith (2009) S. 117–118; Mukherjee (2009) S. 146. Die Schwankung nimmt jedoch i. d. R. mit dem zusätzlichen Einsatz von Fremdkapital zur Finanzierung des Unternehmens ab. Vgl. dazu Smith (2009) S. 119.

2184 Anders, als eine residuale Finanzierungspolitik nahelegen würde, wird einer Verringerung des Ausschüttungsvolumens in der Praxis regelmäßig als ein negatives Signal interpretiert und nicht als ein Signal für optimale Investitionsgelegenheiten. Vgl. dazu Mukherjee (2009) S. 146.

2185 In der Praxis wird, wie u. a. Jensen/Meckling (1976) festgehalten haben, dieser Konflikt regelmäßig auftreten. Vgl. dazu insbesondere Jensen/Meckling (1976) S. 308 sowie Abschnitt 2.4.1.

2186 Mukherjee (2009) hält daher fest, dass die mit den „klassischen“ Finanzierungspolitiken unterstellte residuale Ausschüttungspolitik ein Vorgänger der modernen Free-Cashflow-Hypothese ist. Vgl. dazu Mukherjee (2009) S. 146.

2187 Mukherjee (2009) S. 145; Jensen (1986) S. 323.

und die Interessen des Managements an die Interessen der Anteilseigner zu binden. Die regelmäßig positive Reaktion des Marktes auf eine Erhöhung der Dividendenzahlungen kann auf Basis der Free-Cashflow-Hypothese als ein Zeichen dafür gewertet werden, dass der Markt den Abbau bestehender Agency-Probleme, also den geringeren Druck des Überinvestitionsproblems, in der Marktbewertung positiv berücksichtigen wird. Gegenüber einer Veränderung der Ausschüttungspolitik erscheint Jensen (1986) der Einsatz von Fremdkapital jedoch als das verlässlichere Instrument, um den Aufbau eines Zahlungsmittelüberhangs und damit einem wertvernichtenden Verhalten des Managements vorzubeugen, da die Entscheidungsmacht des Managements nachhaltiger begrenzt wird.[2188]

Fasst man an dieser Stelle zusammen, so ist festzuhalten, dass in der Literatur verschiedene Erklärungsansätze bestehen, die Gestalt der Ausschüttungspolitik in der Praxis zu erklären. Kompatibel mit den „klassischen" Finanzierungspolitiken erscheinen dabei insbesondere die Free-Cashflow-Hypothese und zu einem gewissen Grad auch die Überlegungen zum Steuereffekt des Unternehmens. Eine dominante Dividendenpolitik dürfte vor allem mit der Signalling-Hypothese, aber auch in einer Sonderform mit den Überlegungen zum Steuereffekt kompatibel sein.[2189] Damit ist an dieser Stelle sowohl die Dominanz der Dividendenpolitik und somit eine nachgeordnete Finanzierungspolitik wie auch eine residuale Dividendenpolitik plausibilisierbar. Zu diesem kurzen Fazit ist an dieser Stelle jedoch anzumerken, dass, abgesehen von den Überlegungen zum Steuereffekt, ein Großteil der zur Dividendenpolitik betrachteten Hypothesen im Vergleich zu den vorangehenden Überlegungen zur Finanzierungspolitik einen erweiterten Annahmerahmen unterstellt. Smith (2009) weist mit Blick auf die Dividendenpolitik neben den zuvor betrachteten Hypothesen zur Ausschüttungspolitik auf das bereits in den vorangehenden Abschnitten hervorgehobene Interesse der Fremdkapitalgeber hin, sich durch den Einsatz von Covenants ein bestimmtes Verhalten des Unternehmens zusichern zu lassen. Wie die Literatur zeigt, gilt dies insbesondere auch in Hinblick auf die zulässige Ausschüttungspolitik, für die in der Praxis regelmäßig durch kreditvertragliche Vereinbarungen Grenzen gesetzt werden.[2190] Aufgrund der z. T. widerstrebenden theoretischen Argumentation, die kein klares Bild zugunsten der Annahme einer vorrangigen Dividendenpolitik zeichnet, erscheint es an dieser Stelle notwendig – wenigstens in groben Zügen –, auf die empirische

2188 Vgl. Jensen (1986) S. 324; Mukherjee (2009) S. 146.

2189 Unter der Sonderform wird an dieser Stelle, wie bereits im Vorfeld angedeutet, der Fall verstanden, dass das Unternehmen die Dividendenzahlung aufgrund der ungleichen Steuerbelastung bewusst zu minimieren versucht.

2190 Ziel des Einsatzes von Covenants ist es insbesondere, das Underinvestment-Problem zu verringern. Vgl. dazu Smith (2009) S. 116; Bradley/Roberts (2015) S. 15.

Evidenz für die Dominanz der Ausschüttungs- gegenüber der Finanzierungspolitik einzugehen.[2191]

Zur empirischen Evidenz zugunsten einer dominanten Ausschüttungspolitik

Smith (2009) findet in der empirischen Literatur lediglich eine gemischte Evidenz zugunsten einer residualen Dividendenpolitik, wie im Fall der „klassischen" Finanzierungspolitiken unterstellt, bzw. einen schwachen Trend zugunsten einer die Finanzierungspolitik dominierenden Dividendenpolitik. In einem ersten Schritt betrachtet die Arbeit von Smith (2009) zunächst Untersuchungen zur Ausschüttungspolitik, die die Marktreaktionen auf eine veränderte Dividendenpolitik näher beleuchten. Smith (2009) hebt dabei insbesondere die Arbeit von Fama/French (2002) hervor, die darauf hingewiesen hat, dass Unternehmen regelmäßig versucht sind, ein gleichbleibendes Niveau der Dividendenzahlungen aufrechtzuerhalten, und Veränderungen in der Investitionspolitik daher regelmäßig mit einer Veränderung des Fremdkapitalbestandes kompensieren.[2192] Es finden sich in diesem Strang der Literatur jedoch auch Hinweise darauf, dass Unternehmen unter gewissen Bedingungen eine residuale Dividendenpolitik einschlagen, die im Einklang mit der in den „klassischen" Finanzierungsannahmen implizit getroffenen Annahme einer residualen Dividendenpolitik steht.[2193] Ein eindeutiges Bild zugunsten einer dominanten Dividendenpolitik, wie es die dividendenabhängige Finanzierungspolitik erfordert, scheint sich auf Basis der empirisch zu beobachtenden Marktreaktionen auf eine Veränderung der Finanzierungspolitik nicht zeichnen zu lassen. Ein ähnlich uneinheitliches Bild, das jedoch erneut eine leichte Tendenz zugunsten einer dominanten Ausschüttungspolitik aufweist, zeigt sich, richtet man den Blick auf das Ergebnis von Befragungsstudien. Erstaunlich erscheint so mit Blick auf die Ergebnisse von Befragungsstudien, dass nur wenige Unternehmen der Frage, ob das Unternehmen einer residualen Dividendenpolitik folgen, klar zustimmen. Wie die Arbeit von Smith (2009) zeigt, finden sich jedoch auch in Befragungsstudien Hinweise, die für die Annahme einer residualen Dividendenpolitik in der Praxis sprechen.[2194]

Zusammenfassend kann wohl auch für die spezielle Frage, ob in der Unternehmenspraxis eine residuale oder aber dominante Dividendenpolitik umgesetzt wird auf das – von AlMalkawi et al. (2010) mit Blick auf die Ambivalenz der Ergebnisse der jüngeren empirischen Forschung zur Dividendenpolitik wiederholte – Zitat von Black (1986) abgestellt werden, dass „the harder we look at the dividends picture, the more it seems like a puzzle, with pieces that just do not fit together".[2195]

2191 Der folgende Abschnitt orientiert sich dabei insbesondere an der Arbeit von Smith (2009), der die empirische Evidenz für die Annahme einer residualen Dividendenpolitik eingehender betrachtet hat.

2192 Vgl. dazu Fama/French (2002) S. 30; Smith (2009) S. 121.

2193 Vgl. dazu Smith (2009) S. 121.

2194 Vgl. dazu Smith (2009) S. 122–124.

2195 Black (1986) S. 5 nach Al-Malkawi et al. (2010) S. 194.

Der siamesische Zwilling der Kapitalstrukturtheorie steht somit vor vergleichbaren Problemen wie die im Abschnitt 2 und 3 skizzierten Kapitalstrukturtheorien. Dies ist letztlich nicht verwunderlich, sind Investitions-, Finanzierungs- und Ausschüttungsentscheidung auf einem unvollkommenen Kapitalmarkt doch nicht mehr ohne Weiteres zu trennen. Für die Bewertungspraxis stellt diese Unklarheit jedoch ein Problem dar, findet man doch sowohl im Sinne der „klassischen“ Finanzierungspolitiken Argumente für eine Dominanz der Ausschüttungspolitik als auch Argumente für die mit der dividendenabhängigen Finanzierungspolitik verbundene Dominanz der Ausschüttungspolitik. Wie u. a. mit der Arbeit von Smith (2009) gezeigt wurde, wohnt dem mit der dividendenabhängigen Finanzierungspolitik verbundenen Wechsel von einer residualen Dividendenpolitik hin zu einer dominanten Ausschüttungspolitik durchaus ein gewisser, durch die Ergebnisse der empirischen Forschung plausibilisierbarer, Reiz inne.[2196] Kruschwitz/Löffler (2006) betonen, dass es augenscheinlich ist, dass Manager die Ausschüttungspolitik in der Praxis konstant zu halten versuchen.[2197] Auf Basis des formalen Modells von Lintner (1956) leitet Lobe (2006) unter der Annahme eines optimalen Investitionsprogramms daher, empirisch durchaus wohlbegründet, die Entwicklung des eingesetzten Fremdkapitals als residuale Größe ab. Wie in der Arbeit von Lobe (2006) festgehalten, ist die Entwicklung des zukünftigen Fremdkapitalbestandes als Residuum im Rahmen der dividendenabhängigen Finanzierungspolitik weder mit dem Risiko einer autonomen noch einer wertabhängigen Finanzierungspolitik behaftet.[2198] Wie Lobe (2006) zeigt, lässt sich auch für eine dividendenabhängige Finanzierungspolitik ein geeignetes Bewertungsgerüst ableiten.[2199] Auf dieses Bewertungsgerüst[2200] soll in der Folge jedoch nicht mehr näher eingegangen werden. Der Hauptgrund liegt dabei in der auf den ersten Blick zwar vielversprechenden, aber letztlich nicht abschließend geklärten Einschätzung, dass in der Praxis regelmäßig von der Dominanz der Dividenden- gegenüber der Finanzierungspolitik auszugehen ist. Daneben trägt sicherlich die vergleichsweise komplexe Struktur des einschlägigen Bewertungsansatzes dazu bei, dass die Hürden für

---

2196 Diese Ansicht vertritt auch Miller (1998) entgegen den etwas kritischeren Ausführungen von (1988) zur Bedeutung der Dividendenpolitik. Vgl. dazu Miller (1988) S. 115–116; Miller (1998) S. 115; Lobe (2006) S. 197 Fn. 696.

2197 Vgl. Kruschwitz/Löffler (2006) S. 92.

2198 Vgl. dazu Lobe (2006) S. 198.

2199 Wie Lobe (2006) festhält, ähnelt der für die dividendenabhängige Finanzierungspolitik abgeleitete Bewertungsansatz dem für eine Cashflow-abhängige Finanzierungspolitik ableitbaren Bewertungsansatz. Vgl. Lobe (2006) S. 199.

2200 Wie auch die in der Folge kurz betrachtete Cashflow-abhängige Finanzierungspolitik ist die Annahme einer dividendenabhängigen Finanzierungspolitik nur in der Detailplanungsphase eine zu plausibilisierende Annahme. Vgl. dazu Lobe (2006) S. 200–201. Die dividendenabhängige Finanzierungspolitik ist somit im Rahmen einer hybriden Finanzierungsstrategie näher zu betrachten, wie sie im Vorfeld kurz beleuchtet wurde.

die Abbildung dieser Ausprägung der Finanzierungspolitik vergleichsweise hoch liegen.[2201] Im folgenden Abschnitt wird mit der Cashflow-abhängigen Finanzierungspolitik eine zu der dividendenabhängigen Finanzierungspolitik verwandte Finanzierungsstrategie näher betrachtet.

4.5.3. Zur Cashflow-abhängigen Finanzierungspolitik

Auch in der von Arzac (1996) vorgeschlagenen Finanzierungspolitik, die in der Folge als Cashflow-abhängige Finanzierungspolitik bezeichnet werden soll,[2202] löst man sich – wie zuvor im Rahmen der dividendenabhängigen Finanzierungspolitik – von der in den „klassischen" Finanzierungspolitiken dominanten Vorstellung einer eigenständigen, von den weiteren Unternehmensentscheidungen entkoppelbaren Finanzierungspolitik. Anders ausgedrückt, hängen – wie im Fall der dividendenabhängigen Finanzierungspolitik – sowohl der Umfang als auch die Veränderung der in den Unternehmen eingesetzten Fremdkapitalbestände in der Cashflow-abhängigen Finanzierungspolitik von der Gestalt der bestehenden Investitionspolitik des Unternehmens und der – im Fall der Cashflow-abhängigen Finanzierungspolitik möglicherweise wenig dominanten – Ausschüttungspolitik des Unternehmens ab.[2203] Die Begründung für diese spezielle Form einer letztlich residualen Finanzierungspolitik des Unternehmens liefert die Arbeit von Arzac (1996) durch die Eingrenzung der Anwendbarkeit dieser Finanzierungsannahme auf ausgewählte Spezialfälle. Arzac (1996) beansprucht damit, anders als Teile der im Vorfeld diskutierten Finanzierungspolitiken, mit der unter dem Oberbegriff der Cashflow-abhängigen Finanzierungspolitik zusammengefassten Finanzierungsstrategie nicht, eine allgemein gültige Finanzierungsstrategie vorgeschlagen zu haben, die unabhängig von den Eigenschaften der Unternehmen anwendbar ist. Hinter der Formulierung dieser Form der Finanzierungspolitik steht vielmehr die Bestrebung, eine durch die im Vorfeld diskutierten Finanzierungspolitiken nur unzureichend berücksichtigte Nische zu besetzen. Arzac (1996) zielt mit der Cashflow-abhängigen Finanzierungspolitik insbesondere darauf ab, die Finanzierungspolitik hochverschuldeter Unternehmen, wie etwa im Rahmen

2201 Die Praktikabilität – wechselt man zu der Frage, wie eine solche Finanzierungspolitik mit Leben zu füllen ist – einer solchen Finanzierungspolitik dürfte damit beschränkt sein.

2202 Dieser Überbegriff für den Finanzierungsvorschlag von Arzac (1996) orientiert sich an der in der Literatur üblichen Bezeichnung. Vgl. dazu u. a. Lobe/Essler (2008) S. 60; Kruschwitz/Löffler (2003) S. 61.

2203 Wie sich im Verlauf dieses Abschnitts zeigen wird, können sowohl die Ausschüttungs- als auch die Investitionspolitik durch den Druck der Fremdkapitalgeber des Unternehmens limitiert sein. Dennoch ergibt sich die Finanzierungspolitik letztlich als Residuum dieser, im Fall hochverschuldeter Unternehmen, wohl maßgeblich durch die Fremdkapitalgeber bestimmten Unternehmensentscheidungen.

einer kreditfinanzierten Unternehmensübernahme (LBO) einschlägig,[2204] abzubilden. Die Cashflow-abhängige Finanzierungspolitik zielt damit insbesondere auf Unternehmen ab, deren tatsächlicher Verschuldungsgrad deutlich über dem – wohl wertoptimalen – unternehmensspezifischen Zielverschuldungsgrad liegt.[2205] Mit Blick auf die zukünftige Veränderung des im Unternehmen eingesetzten Fremdkapitalbestandes unterstellt Arzac (1996) daher, dass hochverschuldete Unternehmen versucht sind, sich dem eigentlich optimalen Zielverschuldungsgrad im Zeitverlauf zu nähern.[2206] Mit der Cashflow-abhängigen Finanzierungspolitik wird – im Kontrast insbesondere zur autonomen Finanzierungspolitik – eine vergleichsweise radikale Veränderung des im Unternehmen eingesetzten Fremdkapitalbestandes unterstellt. In Abhängigkeit von der Höhe des erwirtschafteten Cashflows führen Unternehmen Fremdkapital zu, im Fall eines negativen Cashflows wird Fremdkapital aufgenommen.[2207]

Wie Lobe (2006) mit Blick auf diese Finanzierungsstrategie festgehalten hat, ist die Cashflow-abhängige Finanzierungspolitik aufgrund der regelmäßig aggressiven Rückführung des eingesetzten Fremdkapitals i. d. R. nur in Kombination mit einer anderen Finanzierungspolitik plausibel, da die Cashflow-abhängige Finanzierungspolitik nach Abbau des im Unternehmen eingesetzten Fremdkapitals letztlich den Aufbau von Finanzanlagen (negatives Fremdkapital) impliziert.[2208] Wie bereits angedeutet, stellt Arzac (1996) für die Rentenphase – im Sinne einer hybriden Finanzierungsstrategie – auf eine wertabhängige Finanzierungspolitik ab. Die Unternehmen stellen in der von Arzac (1996) vorgeschlagenen Finanzierungspolitik – mögliche Gründe für diese Finanzierungsstrategie sollen in der Folge kurz betrachtet werden – daher nur in der Detailplanungsphase auf eine

---

2204 Inselbag/Kaufold (1989) argumentieren für diese Form der Unternehmensübernahme dagegen eher zugunsten einer autonomen Finanzierungspolitik, da für solche Transaktionen i. d. R. ein detaillierter Zins- und Tilgungsplan besteht, der eine genaue Prognose des zukünftigen Fremdkapitalbestandes zulässt. Vgl. dazu Inselbag/Kaufold (1989) S. 91.

2205 Vgl. dazu u. a. Lobe/Essler (2008) S. 60; Lobe (2006) S. 194; Arzac (1996) S. 42; Kruschwitz/Löffler (2003) S. 61; Kruschwitz/Löffler (2006) S. 90. Arzac (1996) nennt daneben auch noch die Projektfinanzierung als ein Anwendungsgebiet der von ihm vorgeschlagenen Finanzierungspolitik. Vgl. ebda.

2206 Vgl. Arzac (1996) S. 43. Wie sich im Abschnitt zur hybriden Finanzierungspolitik gezeigt hat, vertreten auch Inselbag/Kaufold (1997) den stückweisen Übergang zu einer wertabhängigen Finanzierungspolitik, auch wenn der Ausgangspunkt dabei eine „klassische" autonome Finanzierungspolitik ist. Vgl. dazu Inselbag/Kaufold (1997) S. 116. Wie u. a. Lobe/Essler (2008) festgehalten haben, betrachtet Arzac (1996) damit letztlich eine Finanzierungsstrategie, die die Eigenschaften einer hybriden Finanzierungsstrategie erfüllt. Vgl. dazu Lobe/Essler (2008) S. 69; Kruschwitz/Löffler (2003) S. 61.

2207 Vgl. dazu Kruschwitz/Löffler (2006) S. 90.

2208 Vgl. dazu Lobe (2006) S. 195.

Cashflow-abhängige Finanzierungspolitik ab. In der Folge soll zunächst eine reine Form der Cashflow-abhängigen Finanzierungspolitik betrachtet werden, bei der das Unternehmen den operativ erwirtschafteten Cashflow zunächst ausschließlich zur Rückführung des zum Bewertungszeitpunkt bestehenden Fremdkapitalüberhangs einsetzt.[2209] Betrachtet man die für die Bewertung des Wertbeitrages der Fremdfinanzierung maßgebliche Veränderung des eingesetzten Fremdkapitalbestandes, so ist für diese Form der Finanzierungspolitik festzuhalten, dass die Veränderung der zukünftigen Fremdkapitalbestände in Abhängigkeit zum unsicheren operativen Cashflow des Unternehmens steht und daher selbst mit Unsicherheit behaftet ist.[2210] Wie die Arbeit von Arzac (1996) mit Blick auf die Veränderung des eingesetzten Fremdkapitals hervorgehoben hat, weist ein solches Cashflow-abhängiges Finanzierungsverhalten weder die Eigenschaften einer autonomen Finanzierungspolitik – das Unternehmen hält an vorbestimmten Veränderungen des Fremdkapitalbestandes fest und der Wertbeitrag der Fremdfinanzierung kann damit als sicher angenommen werden – noch die Eigenschaften einer wertabhängigen Finanzierungspolitik – das Unternehmen orientiert sich an einem zum Bewertungszeitpunkt vorgegebenen zeitkonstanten oder zeitvariablen Zielverschuldungsgrad und der Wertbeitrag der Fremdfinanzierung trägt somit das Unternehmensrisiko – auf.[2211] Anders ausgedrückt, verlässt man mit der Cashflow-abhängigen Finanzierungspolitik die Prämissen der „klassischen“ Finanzierungsannahmen, sowohl WACC- als auch APV-Ansatz liefern damit in ihrer Standardform für hochverschuldete Unternehmen mit Cashflow-abhängiger Finanzierungspolitik nur noch unvollkommene Ausgangspunkte für eine Bewertung.

Die Arbeit von Arzac (1996) leitet aufgrund der mit Blick auf die Cashflow-abhängige Finanzierungspolitik nur unvollkommenen Standardformen des WACC- und des APV-Ansatzes daher einen eigenständigen, von Arzac (1996) auch als rekursives APV-Modell bezeichneten Bewertungsansatz ab.[2212] Arzac (1996) greift, wie auch der „klassische“ APV-Ansatz, zunächst auf das Konzept der Wertadditivität zurück und zerlegt die Zahlungsströme des Unternehmens in den Zahlungsstrom aus operativer Tätigkeit sowie in einen Zahlungsstrom, der aus der steuerlichen Abzugsfähigkeit der Zahlungen an die Fremdkapitalgeber

---

2209 Lobe (2006) betrachtet demgegenüber den in Arzac (1996) zunächst betrachteten Standardfall einer etwas flexibleren Finanzierungspolitik, bei der die Quote des für die Rückführung des Fremdkapitalüberhangs eingesetzten Cashflows zwischen den denkbaren Eckpunkten 0 und 1 variiert werden kann. Vgl. dazu Lobe (2006) S. 194; Arzac (1996) nimmt diese Erweiterung im Anhang vor. Vgl. dazu Arzac (1996) S. 48.

2210 Vgl. dazu u. a. Kruschwitz/Löffler (2006) S. 90.

2211 Vgl. dazu Arzac (1996) S. 42; 43; Lobe (2006) S. 194.

2212 Daneben schlägt Arzac (1996) einen auf dem Konzept der Realoptionen basierenden Bewertungsansatz vor, der in der Folge nicht näher beleuchtet wird. Vgl. dazu Arzac (1996) S. 46–47; Lobe (2006) S. 195. ähnlich dazu auch Kruschwitz/Löffler (2006) S. 91.

resultiert. Eine weitere Trennung wird, wie für eine hybride Finanzierungspolitik üblich, mit dem Übergang zur Rentenphase vorgenommen. Wie sich mit der langfristigen Orientierung des Unternehmens an einem Zielverschuldungsgrad angedeutet hat, verfolgt das Unternehmen in der Rentenphase damit annahmegemäß eine wertabhängige Finanzierungspolitik. Für die Rentenphase ist zur Abbildung der dort einschlägigen wertabhängigen Finanzierungspolitik damit der Rückgriff auf den WACC-Ansatz einschlägig, der – dies haben die Überlegungen zur hybriden Finanzierungspolitik gezeigt – mit dem Eigenkapitalkostensatz des unverschuldeten Unternehmens auf den Bewertungszeitpunkt zu diskontieren ist.[2213] Interessant erscheint für diesen Abschnitt jedoch insbesondere der für die Detailplanungsphase vorgeschlagene Bewertungsansatz, also dem Zeitpunkt, in dem eine Cashflow-abhängige Finanzierungspolitik einschlägig ist. Der operative Unternehmenscashflow ist, wie im „klassischen" APV-Ansatz üblich, auch hier mit den Kapitalkosten des unverschuldeten Unternehmens zu diskontieren. Eine Besonderheit ergibt sich damit letztlich – dies erscheint auch nicht weiter verwunderlich – nur mit Blick auf den Wertbeitrag der Fremdfinanzierung. Wie die Bewertungsformel nach Arzac (1996) zeigt, ist der Wertbeitrag der Fremdfinanzierung selbst mit dem risikolosen bzw. dem Verschuldungszinssatz des Unternehmens zu diskontieren, da die Entwicklung des im Unternehmen eingesetzten Fremdkapitalbestandes selbst jeweils von den in den Vorperioden erwirtschafteten (unsicheren) operativen Cashflows – Kruschwitz/Löffler (2003) sprechen in diesem Zu-sammenhang von einem zufälligen Tilgungsbetrag –[2214] abhängt,[2215] fließen in die Bewertung des Tax-Shields wenigstens indirekt doch auch die Kapitalkosten des unverschuldeten Unternehmens mit ein.[2216] Auch für die Cashflow-abhängige Finanzierungspolitik ist damit zunächst festzuhalten, dass eine Bewertung mit einem erweiterten APV-Ansatz in Kombination mit dem WACC-Ansatz in der Rentenphase eine sachgerechte Ermittlung des Unternehmenswertes ermöglicht.

Zur Motivation einer Cashflow-abhängigen Finanzierungspolitik

Blickt man, nachdem die Frage des grundsätzlichen Bewertungsvorgehens geklärt wurde, kurz auf die Motivation der von Arzac (1996) vorgeschlagenen Finanzierungspolitik, so liegt auch für die Cashflow-abhängige Finanzierungspolitik zunächst eine Aufteilung in „innere" bzw. „äußere" Treiber dieser Finanzierungspolitik nahe.

2213 Arzac (1996) hat dies unter der Annahme einer konstanten Wachstumsrate g in Gleichung (3) festgehalten. Vgl. dazu Arzac (1996) S. 43 Gleichung (3).

2214 Vgl. dazu Kruschwitz/Löffler (2003) S. 61.

2215 Man könnte die Cashflow-abhängige Finanzierungspolitik damit auch als eine Politik bezeichnen, in der ein sicherer Fremdkapitalgrundstock durch den Gegenwert unsicherer operativer Cashflows sukzessive abgebaut wird.

2216 Dies zeigt sowohl die Bewertungsformel, die Arzac (1996) für eine Cashflow-abhängige Finanzierungspolitik vorschlägt, als auch die Bewertungsformel, die sich in der Arbeit von Lobe (2006) findet. Vgl. dazu Arzac (1996) S. 48; Lobe (2006) S. 194.

Zunächst kann man – wie dies u. a. im Abschnitt zur „klassischen" wertabhängigen Finanzierungspolitik getan wurde – darauf abstellen, dass das Unternehmen über einen „inneren" Anreiz verfügt, sich in der Zukunft einer optimalen Zielkapitalstruktur möglichst rasch zu nähern. Die grundsätzlichen Argumente, die man zugunsten oder aber gegen ein Streben nach einer wertabhängigen Finanzierungspolitik in der Detailplanungsphase vorzubringen sind, wurden in den vorangehenden Abschnitten bereits näher betrachtet und sollen an dieser Stelle daher nicht nochmals vertieft werden. Festzuhalten ist mit Blick auf die Cashflow-abhängige Finanzierungspolitik jedoch, dass der „innere" Antrieb des Unternehmens i. d. R. wohl allein nicht ausreichen dürfte, um das Unternehmen zu der zunächst von Arzac (1996) betrachteten radikalen Rückführung – die Eigenkapitalgeber verzichten bis zum Übergang in die Rentenphase auf sämtliche Ausschüttungen zugunsten der Befriedigung der Ansprüche der Fremdkapitalgeber – des Fremdkapitalüberhangs zu bewegen.[2217] Die Literatur hat – dies hat bereits Abschnitt 2.4. gezeigt – eine Reihe möglicher Reichtumsverschiebungsstrategien der Eigenkapitalgeber diskutiert, die auf den Agency-Problemen zwischen Eigen- und Fremdkapitalgeber fußen und im Fall einer Überschuldung des Unternehmens wohl deutlich hervortreten dürften.[2218] Etwas spitz könnte man an dieser Stelle daher einwerfen, dass die Ausschüttung aller durch das Unternehmen erwirtschafteten Cashflows an die Fremdkapitalgeber aus Sicht der – u. U. kurzfristig orientierten – Eigenkapitalgeber nicht zwingend die Interessen der Eigenkapitalgeber widerspiegelt, die diese freiwillig umsetzen werden.

Blendet man das lohnende Ziel am Ende der finanziellen Durststrecke zunächst aus,[2219] so erscheint es plausibel, anzunehmen, dass die Fremdkapitalgeber begleitend entsprechende Maßnahmen treffen, um sich vor einer Übervorteilung durch die Eigenkapitalgeber in der Detailplanungsphase zu schützen und letztlich eine Ausschüttung aller freien Mittel, d. h. eine Cashflow-abhängige Finanzierungspolitik, sicherzustellen. Diese Einschätzung erscheint implizit durch Arzac (1996) vertreten, der zur Plausibilisierung einer Cashflow-abhängigen Finanzierungspolitik

---

2217 Hierbei ist weniger der Verzicht auf die Ausschüttung selbst – dieser erscheint mit Verweis auf die Irrelevanz der Ausschüttungspolitik im betrachteten Umfeld als nachrangig – als vielmehr der fehlende Mehrwert einer solchen Finanzierungspolitik aus Sicht der Eigenkapitalgeber – es werden wertschaffende Tax-Shields abgebaut – ausschlaggebend.

2218 Vgl. für eine kurze Übersicht möglicher Reichtumsverschiebungsstrategien u. a. Drukarczyk (1993). Vgl. Drukarczyk (1993) S. 305–311. So weist u. a. Miller (1988) darauf hin, dass sogar unter den Rahmenbedingungen des Kapitalstrukturirrelevanz-Theorems der Einsatz zusätzlichen Fremdkapitals einen Wertbeitrag durch die Übervorteilung der bestehenden Fremdkapitalgeber erzielen könnte. Vgl. Miller (1988) S. 114.

2219 Man könnte zudem an dieser Stelle anmerken, dass dieses Ziel erst mit dem Übergang in die Rentenphase – also dem Zeitpunkt, in dem eine wertabhängige Finanzierungspolitik einschlägig ist – erreicht wird.

auf die Bindungswirkung von Covenants als ein zentrales Argument abstellt. Arzac (1996) verweist u. a. darauf, dass die Covenants hochverschuldeter Unternehmen i. d. R. eine Ausschüttung an die Eigenkapitalgeber oder aber die Investition in Sachanlagen, beides Möglichkeiten, die Fremdkapitalgeber zu entreichern, untersagen.[2220] Eine Cashflow-abhängige Finanzierungspolitik erscheint daher nur im Verbund aus dem „inneren“ Interesse der Unternehmen, in der Zukunft einen optimalen Zielverschuldungsgrad zu erreichen, und den gezielten Maßnahmen der Fremdkapitalgeber zur Rückführung des eingesetzten Fremdkapitals – d. h. „äußeren“ Gründen – eine plausibilisierbare Finanzierungsannahme zu sein. Aufgrund der Fokussierung der Cashflow-abhängigen Finanzierungspolitik auf den Spezialfall hochverschuldeter Unternehmen sei diese Finanzierungsannahme in den folgenden Überlegungen nicht näher beleuchtet.

4.6. Abschließende Bemerkungen zu den Finanzierungsannahmen in der Unternehmensbewertung

Der Fokus der folgenden Überlegungen liegt pragmatisch auf einer eingehenderen Betrachtung der autonomen und wertabhängigen Finanzierungspolitik. Diese ggü. der Literatur vorgenommene Vereinfachung ist auf eine Reihe von Gründen zurückzuführen. In erster Linie bilden, wie die vorangehenden Abschnitte des Kapitels II gezeigt haben, die wertabhängige und die autonome Finanzierungspolitik, bei ansonsten vergleichbaren Planungsannahmen, regelmäßig die Extrema des Wertbeitrages der Fremdfinanzierung ab. Das Abstellen auf klar unterscheidbare Finanzierungspolitiken erscheint insbesondere mit Blick auf das derzeit noch etwas ungeschlachte Methodengerüst der empirischen Forschung – dies wird mit den Überlegungen des Kapitels III deutlich werden – notwendig, um einen ersten Einblick zur Relevanz alternativer Finanzierungspolitiken erhalten zu können. Die mit der Fokussierung auf die wertabhängige und die autonome Finanzierungspolitik einhergehende Beschränkung erscheint dagegen hinnehmbar, sind doch zwei weitere Gesichtspunkte, die sich letztlich gegenseitig bedingen, zu berücksichtigen. Ein Abstellen auf die beiden Eckpunkte denkbarer Finanzierungspolitiken erscheint so auch unter dem Gesichtspunkt der weiten Verbreitung dieser beiden Varianten der Finanzierungspolitik in der Praxis und damit zusammenhängend auch des jeweils etablierten und eingängigen Bewertungsbaukastens beider Finanzierungspolitiken als sachgerecht.[2221] Dürfte doch neben der zentralen Frage, wie

2220 Vgl. dazu Arzac (1996) S. 49 Fn. 1.

2221 Vgl. u. a. Lewellen/Emery (1986) S. 418–419. Dies zeigt exemplarisch das nachfolgende Zitat von Kruschwitz/Löffler (1999b) „Es gibt bei der Finanzierungspolitik die Wahl zwischen autonomer (deterministische Fremdkapitalmengen) oder wertorientierter (deterministische Verschuldungsgrade) Vorgehensweise. […] Sowohl im ersten als auch im zweiten Fall lässt sich der Unternehmenswert

die Relevanz alternativer Finanzierungspolitiken in der Praxis zu beurteilen ist, auch die Operationalisierung alternativer Finanzierungspolitiken eine Herausforderung für die Untersuchung alternativer Finanzierungspolitiken darstellen. Insbesondere gemischte und hybride Finanzierungspolitiken dürften in der Praxis vor der Herausforderung einer sachgerechten und in sich widerspruchsfreien Operationalisierung stehen. Zudem erscheint es für die Suche nach den möglichen Treibern alternativer Finanzierungsstrategien in einem ersten Schritt einfacher, die beiden Gegenpole alternativer Finanzierungsstrategien eingehender zu betrachten. Dass die Suche mit einigen Hürden verbunden ist, wird im nachfolgenden Abschnitt, aber insbesondere in Kapitel III, deutlich werden.

4.7. Zur Suche nach den Determinanten der Finanzierungspolitik

Die vorangehenden Abschnitte haben die Eigenschaften der in der Literatur diskutieren Annahmen zur Finanzierungspolitik kurz skizziert. Die Frage der Gestalt zukünftiger Finanzierungsentscheidungen ist – wie von Modigliani/Miller (1958) gezeigt wurde –[2222] bedeutsam, determiniert im Fall eines zwischen Eigen- und Fremdkapital differenzierenden Steuersystems die Finanzierungsentscheidung nicht nur die Aufteilung des Cashflows zwischen Eigen- und Fremdkapitalgeber, sondern auch die Höhe des Unternehmenswertes aus Sicht der Eigenkapitalgeber. Dieses grundlegende Ergebnis der Arbeiten von Modigliani/Miller hat – dies hat Kapitel I gezeigt – die Grundlage der modernen Kapitalstrukturforschung gebildet, aus der sich im Laufe der Zeit eine Reihe in Konkurrenz stehender Kapitalstrukturtheorien entwickelt haben. Die Überlegungen des Kapitels II haben mit Blick auf die Unternehmensbewertungspraxis gezeigt, dass zur Gestalt des Finanzierungsverhaltens der Unternehmen und damit einhergehend mit Blick auf das Risiko und die Höhe des Wertbeitrages der Fremdfinanzierung[2223] unterschiedliche Einschätzungen in der Literatur vorgebracht wurden. Mit der Existenz alternativer Annahmen zu Höhe und Risiko des Wertbeitrages der Fremdfinanzierung stellt sich für die Praxis die Frage, welche Finanzierungspolitik als geeignete Abbildung der

---

eindeutig bestimmen." Vgl. Kruschwitz/Löffler (1999b) S. 83; ähnlich auch Kruschwitz/Löffler (2003) S. 731. Alternative Finanzierungspolitiken sind mit diesem Zitat nicht ausgeschlossen, das haben aber auch die vorangehenden Abschnitte zu den gemischten und hybriden Finanzierungspolitiken gezeigt.

2222 Dies haben die Überlegungen des Kapitels I verdeutlicht.

2223 Die Frage der Höhe des Wertbeitrages der Finanzierungspolitik ist zugleich die Frage nach der Relevanz der Finanzierungspolitik. Die Forschung zur Kapitalstrukturtheorie hat, wie bereits aufgezeigt, nur verhaltene Hinweise auf die Dominanz des Wertbeitrages der Fremdfinanzierung gegeben. Dieser Frage wird daher nochmals etwas detaillierter in Abschnitt 5.6.1.6. des Kapitels III nachgegangen.

Realität angesehen werden kann.[2224] Erste – eher allgemein gehaltene – Antworten auf diese Frage finden sich in der Literatur etwa mit den, in den vorangehenden Abschnitten kurz zusammengefassten und erweiterten, Plausibilitätsüberlegungen zu den alternativen Finanzierungspolitiken.

Zieht man an dieser Stelle ein kurzes Zwischenfazit zu den Überlegungen der vorangehenden Abschnitte, so wird in der Literatur, auf Basis der Plausibilitätsüberlegungen, i. d. R. nicht von einer uneingeschränkten Dominanz einer einzelnen Finanzierungspolitik ausgegangen.[2225] Vielmehr scheint in der Literatur die Vermutung, dass die Finanzierungspolitik abhängig von ausgewählten Unternehmenseigenschaften ist, dominant zu sein. Ergänzt wird diese auf die alternativen Finanzierungspolitiken abzielende Einschätzung durch die in Kapitel I dargestellte Vielfalt alternativer Finanzierungspolitiken. Wie die bisherigen Überlegungen bereits verdeutlicht haben, kann man also i. d. R. nicht davon ausgehen, dass eine Finanzierungspolitik – eine vergleichbare Aussage kann man auch mit Blick auf die in Kapitel I betrachteten Kapitalstrukturtheorien treffen – jedem Unternehmen und damit jeder Bewertungssituation gerecht werden wird.[2226] Mit der Vermutung fallabhängiger Finanzierungspolitiken eng verbunden dürfte daher der Wunsch der Bewertungspraxis und Forschung nach der Identifikation von Determinanten als Identifikationspunkte alternativer Finanzierungspolitiken sein. Überraschenderweise finden sich in der Literatur jedoch nur wenige Anhaltspunkte, die über erste Plausibilitätsüberlegungen – im Fokus steht zumeist die innere Konsistenz der Ansätze – hinausgehen.

In Kapitel III wird daher versucht werden, ausgehend von der empirischen Evidenz der Kapitalstrukturforschung, eine erste Einschätzung zu möglichen Determinanten der Finanzierungspolitik zu gewinnen. Wie sich zeigen wird, dürfte ein ausschließlich an der „klassischen" Determinanten-Forschung der Kapitalstrukturtheorie orientierter Untersuchungsansatz regelmäßig zu kurz greifen. Verwundern kann dies in Kenntnis der Überlegungen des Kapitels I und II allerdings nicht, besteht doch zwischen alternativen Finanzierungsannahmen und alternativen Kapitalstrukturtheorien nur eine bedingte Synchronität. Die Ergebnisse lassen sich – abseits der in Kapitel III zu diskutierenden Schwächen der empirischen Forschung – in der Folge daher nicht eins zu eins von diesen verwandten Strängen der Literatur übertragen.[2227] An dieser Stelle gilt es damit, auch die Frage nach der

2224 Wie Dierkes/Schäfer (2015) festgehalten haben, muss eine Annahme zur Finanzierungspolitik die Praxis hinreichend genau beschreiben können. Vgl. dazu Dierkes/Schäfer (2015) S. 363.

2225 Vgl. Lewellen/Emery (1986) S. 422. Dass dies eine plausible Einschätzung darstellt, haben bereits die Vorüberlegungen des Kapitels II gezeigt, die mit den nachfolgenden Überlegungen nochmals zusammengefasst werden sollen.

2226 Vgl. dazu auch Lewellen/Emery (1986) S. 420; Dierkes/Schäfer (2015) S. 364.

2227 So sprechen etwa Dierkes/Schäfer (2015) davon, dass „[...] recent empirical analysis indicate that current theories still have limited power to explain large variances in capital structure across time". Dierkes/Schäfer (2015) S. 363.

empirischen Überprüfbarkeit alternativer Finanzierungspolitiken zu beantworten. Anders als in der klassischen Determinanten-Forschung der Kapitalstrukturtheorie erscheint ein Abstellen auf die Fremdkapitalquote bzw. den Verschuldungsgrad als abhängige Variable im Rahmen von Regressionsgleichungen nur bedingt aussagekräftig, dürfte doch in aller Regel die für die Gestalt der Finanzierungspolitik bedeutsame Frage der Steuerung der Kapitalstruktur im Nebel empirischer Unschärfen untergehen. Wie in Kapitel III näher betrachtet, wäre ein auf den Bewertungsfehler und damit implizit auch auf den Wertbeitrag der Fremdfinanzierung aufbauender Ansatz denkbar, um zwischen den alternativen Finanzierungspolitiken zu unterscheiden. Wie u. a. von Matschke/Brösel (2013) in Anlehnung an Hering (2006) hervorgehoben, stellt der absolute Wertbeitrag der Fremdfinanzierung für sich selbst genommen jedoch keinen hinreichenden Anhaltspunkt dar, um die Angemessenheit alternativer Finanzierungspolitiken zu beurteilen.[2228] Dies wird deutlich, stellt und beantwortet man etwa die Frage, welche Finanzierungspolitik aus Interesse der Anteilseigner durch das Unternehmen verfolgt werden sollte. Die mit der Beantwortung dieser Frage gewonnene Einsicht dürfte weitgehend unbefriedigend sein,[2229] lässt sich die Frage, welche Finanzierungspolitik verfolgt werden sollte, doch mit Blick auf die Höhe des Fremdkapitalbestandes sowie das Risiko des mit der Fremdfinanzierung verknüpften Wertbeitrages zunächst relativ einfach beantworten. Aus Sicht der Anteilseigner sollte ein Unternehmen – unter Ausnutzung der verfügbaren Fremdkapitalkapazitäten – sicherlich eine autonome Finanzierungspolitik unter Ausreizung der Fremdkapitalkapazität einschlagen.[2230] Lässt man weitere Stellschrauben der Finanzierungspolitik außer Acht, so dürfte die Finanzierungspolitik der Unternehmen erneut in Richtung des Extrempunktes einer reinen Finanzierung der Unternehmen mit Fremdkapital konvergieren. Sowohl mit Blick auf die Plausibilität – insbesondere hinsichtlich der Höhe des einzusetzenden Fremdkapitalbestandes – einer solchen Finanzierungspolitik[2231]

2228 Vgl. Matschke/Brösel (2013) S. 722.

2229 Ein solche Überlegung findet sich u. a. in Schwetzler/Darijtschuk (2000). Vgl. Schwetzler/Darijtschuk (2000) S. 120.

2230 Die Beurteilung einer Finanzierungspolitik erfordert – wie diese kurze Einschätzung bereits zeigt – neben der Frage des Risikos des Wertbeitrages der Fremdfinanzierung auch das Vorliegen konkreter Planungsprämissen. Insbesondere dieser zweite Aspekt dürfte von einem abstrakten Standpunkt heraus nur schwierig zu beantworten sein und wird in der Folge daher vergleichsweise stiefmütterlich behandelt.

2231 Im Idealfall darf das Unternehmen somit lediglich mit Fremdkapital finanziert werden. Ein Ergebnis, das im Kontrast zu den gesetzten Annahmen steht. Fremdkapitalgeber übernehmen in diesem Extremfall das volle Unternehmensrisiko, das Finanzierungsrisiko entfällt, und damit auch Insolvenztatbestände. Die Eigenschaften und Verpflichtungen der Fremdkapitalgeber entsprechen somit letztlich der Definition der Eigenkapitalgeber bei reiner Eigenfinanzierung, mit dem Unterschied, dass die Zahlungen an die Kapitalgeber nun steuerbefreit sind. Dies steht jedoch im Kontrast zur zu vermutenden Zielsetzung des Steuersystems, am

wie auch mit Blick auf die aus Wertüberlegungen „verordnete" Risikolosigkeit des Fremdkapitalbestandes – denkt man an diese spezielle Eigenschaft einer autonomen Finanzierungspolitik zurück – dürften Zweifel an der Praxisnähe einer solchen Antwort angemeldet werden. Dürfte der Einsatz von Fremdkapital in der Praxis – wie Kapitel I gezeigt hat – durch limitierende Faktoren doch regelmäßig im Umfang begrenzt sein. Die Frage ist damit in etwa so aussagekräftig zu beantworten wie die Frage nach der optimalen Höhe der durch das Unternehmen zu erzielenden operativen Cashflows. Die Antwort, eine Art unternehmerisches perpetuum mobile mit maximalen Auszahlungen,[2232] liefert – wie die Antwort auf die Frage einer wertmaximierenden Finanzierungspolitik – nur einen unbefriedigenden Anhaltspunkt hinsichtlich der in der Realität umzusetzenden operativen Unternehmenspolitik und wird aufgrund der Realitätsferne wohl nicht ernsthaft eingehender diskutiert werden.

Das folgende Kapitel widmet sich damit nicht der Frage, wie eine wertmaximierende Finanzierungspolitik für die Praxis modelliert oder aber umgesetzt werden kann, sondern, unter welchen Bedingungen die in der Literatur diskutierten Finanzierungspolitiken wohl von den Unternehmen umgesetzt werden können. Unter einer solchen Einschätzung dürfte m. E. nach – kennt man den konkreten Finanzierungsplan des Unternehmens nicht aus erster Hand – wenigstens eine erste empirische Überprüfung alternativer Finanzierungsannahmen möglich sein. In Kapitel III sei dazu ein empirischer Untersuchungsansatz auf Basis eines Vergleichs zwischen dem tatsächlichen Unternehmenswert und alternativen Modellierungen der Finanzierungspolitik vorgeschlagen. Eine zentrale Frage, die neben der Frage der Operationalisierung der fundamentalen Bewertungsmodelle zu beantworten ist, ist die nach einer geeigneten Approximation des inneren Unternehmenswertes. Eine Möglichkeit ist – über die Betrachtung bekannter Bewertungsfälle hinaus –, auf den am Kapitalmarkt beobachtbaren Marktpreis als Referenzpunkt des inneren Unternehmenswertes als Approximation abzustellen.[2233]

Ein solcher Untersuchungsansatz ähnelt letztlich dem in der Horse-Race-Literatur eingeschlagenen Vorgehen zur Beurteilung alternativer Bewertungsansätze bzw. alternativer Bewertungsannahmen. In einem Abschnitt des Kapitels III wird sich daher näher mit den zentralen Arbeiten der Horse-Race-Literatur befasst werden. Der Schwerpunkt liegt neben einem Exkurs zu den in der Literatur beobachtbaren Operationalisierungen in einer eingehenderen Analyse der im Rahmen der Horse-Race-Literatur Anwendung findenden Untersuchungsansätze.

---

unternehmerischen Erfolg teilzuhaben. Es scheint ein ziemlich naives Steuersystem zu sein, das als Schlupfloch eine Steuerbefreiung nur durch Umbenennung des eingesetzten Kapitals zulässt.

2232 Der Begriff ist letztlich in diesem Zusammenhang sogar untertrieben.

2233 Voraussetzungen für ein solches Vorgehen sind eng an die Qualität des betrachteten Kapitalmarktes gekoppelt.

Zuvor sei jedoch ein Exkurs zu den Untersuchungsansätzen zu Praxisrelevanz sowie Eignung einzelner Kapitalstrukturpolitiken unternommen. Bei diesem einleitenden Abschnitt des Kapitels III steht neben einem kurzen Überblick über bestehende empirische Untersuchungsansätze die Frage im Vordergrund, was wir auf Basis der bestehenden Forschungsbemühungen über die Finanzierungsentscheidung der Unternehmen und deren Determinanten wissen. Insbesondere bedeutsam erscheint dabei, welche Einschätzungen zur Eignung der in den vorangehenden Abschnitten diskutierten alternativen Planungsannahmen sich aus dem Stand der Forschung ableiten lassen und welche Grenzen für die in der Literatur betrachteten Forschungsansätze bestehen. Ausgehend davon, soll für autonome und wertabhängige Finanzierungspolitik auf Basis der diskutierten Determinanten der Kapitalstruktur eine erste Einschätzung der Praxisnähe getroffen werden. Der Einschätzung liegen dabei die in diesem Kapitel gewonnenen vorläufigen Eigenschaften der alternativen Finanzierungspolitiken zugrunde. Als ein zentraler Aspekt, der für eine autonome Finanzierungspolitik spricht, wurde die relative Sicherheit des Planungsumfelds identifiziert.[2234] In diesem Umfeld erscheint die mit der autonomen Finanzierungspolitik implizit getroffene Annahme der Passivität plausibel, da zukünftige operative Entwicklungen weitgehend antizipiert werden können und damit ein späteres Eingreifen des Managements in die Planungen weitaus weniger häufig erforderlich ist als in einem Umfeld, das durch Planungsunsicherheit gekennzeichnet ist. Hier scheint eine wertabhängige Finanzierungspolitik ggü. einem Festhalten an einem Verschuldungsniveau auf den ersten Blick die praxisnähere Einschätzung zu sein.[2235] Dieses zunächst abstrakte Merkmal der Planbarkeit der zukünftigen Unternehmensentwicklung wird in der Literatur u. a. an der Branchenzugehörigkeit der Unternehmen festgemacht. Konkret bedeutet dies, dass für Unternehmen, die einer stabilen Branche zugerechnet werden können, die autonome Finanzierungspolitik wohl eine höhere Treffgenauigkeit aufweisen wird als eine wertabhängige Finanzierungspolitik. Wie Kapitel III zeigen wird, kann jedoch auch der Standpunkt vertreten werden, dass Unternehmen mit einem stabilen Unternehmensumfeld ein höheres Interesse besitzen, den Unternehmenswert durch eine wertabhängige Finanzierungspolitik zu optimieren.

Als ein weiteres Indiz für eine autonome Finanzierungspolitik haben die vorangehenden Abschnitte etwa den Umfang der Transaktionskosten als Hemmschwelle

2234 Lewellen/Emery (1986) sprechen in diesem Zusammenhang von dem Einfluss von Risikoklassen auf den Wertbeitrag der Fremdfinanzierung. Lewellen/Emery (1986) S. 420. In Lewellen et al. (1977) findet sich die weniger deutliche Einschätzung, dass der Diskontierungssatz des Wertbeitrages der Fremdfinanzierung von der Qualität des eingesetzten Fremdkapitals abhängt. Vgl. Lewellen et al. (1977) S. 113.

2235 Fraglich bleibt jedoch auch für eine wertabhängige Finanzierungspolitik – dies haben die vorangehenden Abschnitte deutlich gemacht –, wie die Kenntnis der zukünftigen Zielverschuldungsgrade mit einer zunehmenden Unsicherheit in Einklang gebracht werden kann.

einer regelmäßigen Anpassung der Fremdkapitalbestände identifiziert. Ein Indiz für die Höhe der mit einer Veränderung der Fremdkapitalbestände einhergehenden Transaktionskosten stellt etwa die Anzahl der Fremdkapitalgeber des Unternehmens dar. Wie u. a. die Arbeit von Miller (1988) hervorhebt, dürften die mit der Anpassung einhergehenden Transaktionskosten mit der Zahl der beteiligten Fremdkapitalklassen ansteigen.[2236] Des Weiteren kann man die Bedeutung des Wertbeitrages des Fremdkapitals und damit der Bindungswirkung eines optimalen Verschuldungsgrades auch an der Höhe der effektiven Steuerbelastung festmachen.[2237] Unternehmen mit höherer Steuerbelastung besitzen auf den ersten Blick so ein höheres Interesse an der Einhaltung eines wertoptimalen Verschuldungsgrades als Unternehmen, für die die Steuerbelastung von untergeordnetem Interesse ist. Eine stärkere Orientierung der Unternehmen an einem wertoptimalen Verschuldungsgrad mit dem Umfang der Steuerbelastung erscheint daher eine nicht unplausible Nullhypothese zu sein. Neben „inneren", d. h. primär durch die Interessen des Unternehmens bzw. der Eigenkapitalgeber ausgelösten Gründen, eine bestimmte Finanzierungspolitik einzuhalten, können auch „äußere" Gründe Einfluss auf das Einhalten einer bestimmten Finanzierungspolitik nehmen. Allen voran besitzen Fremdkapitalgeber ein Interesse daran, den Verschuldungsumfang der Unternehmen zu begrenzen bzw. Unternehmen zur Einhaltung einer wertoptimalen Fremdkapitalstruktur zu drängen. In der Praxis sind mehrere Wege denkbar, über die Fremdkapitalgeber nachhaltigen Einfluss auf das Finanzierungsverhalten der Unternehmen nehmen können. In der Literatur findet sich so die Einschätzung, dass Unternehmen durch die Vereinbarung entsprechender kreditvertraglicher Vereinbarungen (Covenants) zur Einhaltung einer wertabhängigen Finanzierungspolitik verpflichtet werden können.[2238] Allgemein erscheint es zunächst so, dass mit dem Einfluss der Fremdkapitalgeber auch die Bedeutung einer wertabhängigen Finanzierungspolitik zunimmt. Gegen eine solche Schlussfolgerung kann man jedoch einwenden, dass Fremdkapitalgeber nur einseitig an der Bindung des Fremdkapitaleinsatzes an den Unternehmenswert interessiert sein werden, der Limitierung des Fremdkapitaleinsatzes mit dem Unternehmenswert. Im Fall eines Anstiegs des Unternehmenswertes haben Fremdkapitalgeber dagegen kein Interesse daran, dass Unternehmen weiteres Fremdkapital einwerben, bedeutet doch das Festhalten an dem bestehenden Verschuldungsniveau – ceteris paribus – eine Vermögensverschiebung zugunsten der Fremdkapitalgeber.[2239] Diese vorläufigen Überlegungen zeigen bereits, dass die Identifikation möglicher Determinanten

2236 Vgl. Miller (1988) S. 113.

2237 Vgl. Fischer et al. (1989) S. 33.

2238 Vgl. zur allgemeinen Bindungswirkung von Covenants etwa Dichev/Skinner (2002) S. 1096.

2239 Hierbei wird unterstellt, dass der von den Fremdkapitalgeber geforderte Risikoaufschlag nach Erhöhung des Unternehmenswertes und Absinkens des Verschuldungsumfangs angepasst wird.

alternativer Finanzierungspolitiken mit einigen Stolperfallen verbunden ist, die eine Ergänzung konzeptioneller Überlegungen um eine empirische Verifizierung als sinnvoll erscheinen lassen. Diese ersten Einschätzungen auf Basis der Überlegungen des Kapitels II im Hinterkopf seien in Kapitel III entsprechende Überlegungen vor dem Hintergrund der Evidenz der empirischen Forschung vorgenommen.

Das nachfolgende Kapitel III wird sich damit zunächst mit der empirischen Evidenz der alternativen Forschungsansätze zur Relevanz alternativer Kapitalstrukturtheorien beschäftigen, um auf Basis dieses Überblicks konzeptionelle Überlegungen zu möglichen Determinanten der autonomen bzw. wertabhängigen Finanzierungspolitik vorzunehmen. Um der bisher fehlenden empirischen Überprüfung der Determinanten alternativer Finanzierungspolitiken zu begegnen, sei, ausgehend von einem Exkurs zu den Arbeiten der Horse-Race-Literatur, ein möglicher Methodenbaukasten für die empirische Untersuchung alternativer Finanzierungspolitiken kritisch diskutiert.

Kapitel III: Zur empirischen Evidenz alternativer Kapitalstrukturtheorien

5. Zur empirischen Überprüfung alternativer Kapitalstrukturtheorien

„So sehr viel leichter ist widerlegen, als beweisen, umwerfen, als aufstellen."[2240]

Obwohl das Hauptaugenmerk der Kapitel I und II auf der Darstellung der theoretischen Entwicklung der alternativen Kapitalstrukturtheorien bzw. Finanzierungspolitiken sowie deren Implikationen lag, wurde mit den vorangehenden Überlegungen die zentrale Bedeutung der empirischen Forschung für die Weiterentwicklung der Kapitalstrukturtheorie bzw. der alternativen Finanzierungspolitiken deutlich. Müssen theoretische Überlegungen zur Kapitalstruktur bzw. Finanzierungspolitiken doch nicht allein einen in sich geschlossenen Erklärungsansatzes liefern, sondern sind i. d. R. auch gefordert, einen Beitrag zur Erklärung des Finanzierungsverhaltens in der Unternehmenspraxis zu leisten. Dies bedeutet jedoch, dass sich die konkurrierenden Kapitalstrukturtheorien bzw. Finanzierungspolitiken regelmäßig einer empirischen Validierung unterziehen müssen. Betrachtet man vor diesem Hintergrund die in Kapitel I und II diskutierten alternativen Kapitalstrukturtheorien bzw. Finanzierungspolitiken, so zeigt sich ein für beide Forschungsgebiete unterschiedlich breites empirisches Fundament. Während sich die alternativen Kapitalstrukturtheorien schon vergleichsweise früh einer empirischen Überprüfung stellen mussten,[2241] findet sich mit Blick auf die Validierung alternativer Finanzierungspolitiken eine vergleichsweise karge Anzahl empirischer Untersuchungen.[2242] Betrachtet man in der Folge daher zunächst das breitere empirische Fundament zur Untersuchung alternativer Kapitalstrukturtheorien, so erscheint es, bohrt man tiefer, auf den ersten Blick überraschend, dass trotz der umfangreichen Forschungsbemühungen der vergangenen Jahre sich die alternativen Kapitalstrukturtheorien weiterhin weitgehend unversöhnlich gegenüberstehen, ohne dass sich in der Literatur eine stabile Tendenz zugunsten eines bestimmten theoretischen Kapitalstrukturmodells über die Jahre herausgebildet gebildet hätte.[2243] Exemplarisch für die Vielstimmigkeit der empirischen Forschung haben etwa Graham/Leary (2011) festgehalten, dass „[...] neither view has succeeded in explaining much of the observed heterogeneity in capital structure, leverage changes, or security issuance decisions".[2244] Wie die eingehenderen Überlegungen

2240 Schopenhauer, Die Welt als Wille und Vorstellung, 1819. Zweiter Band. Ergänzungen zum ersten Buch. Zweite Hälfte. Kapitel 9. Zur Logik überhaupt.

2241 Vgl. dazu bereits die Ausführungen des Kapitels I.

2242 Ein Überblick über die sog. „goodness of fit"-Literatur, die u. a. zur Untersuchung alternativer Finanzierungspolitiken Anwendung gefunden hat, findet sich in Abschnitt 5.8.2. dieser Arbeit.

2243 Vgl. dazu u. a. Leary/Roberts (2010) S. 332.

2244 Graham/Leary (2011) S. 310.

des ersten Kapitels mit der Evolution der alternativen Kapitalstrukturtheorien deutlich gemacht haben, kann dieses auf den ersten Blick erstaunliche Ergebnis auf den zweiten Blick letztlich wenig überraschen, steht den strikten Prämissen der alternativen Kapitalstrukturtheorien in der Unternehmenspraxis doch i. d. R. eine weniger eindeutige Unternehmensumgebung gegenüber.[2245] Die mit den festen Prämissen zunächst eindeutigen Beziehungen von Kapitalstrukturdeterminanten und Finanzierungsentscheidung werden in der Unternehmenspraxis so durch eine Vielzahl von zum Teil gegenläufigen Effekten überlagert.[2246] Die Finanzierungsentscheidungen in der Unternehmenspraxis zeigen sich somit zwangsläufig unschärfer, als es die klaren Prämissen der alternativen Kapitalstrukturtheorien nahelegen,[2247] mit dem bereits skizzierten Effekt auf die Bandbreite empirischer Ergebnisse. Vor diesem Hintergrund erscheint es nicht verwunderlich, dass die Literatur eine Reihe alternativer Wege auf der Suche nach einer dominanten Kapitalstrukturtheorie beschritten hat, um die in der Praxis auftretenden Probleme umgehen zu können. Diese alternativen empirischen Untersuchungsansätze sehen sich – für sich genommen – jedoch einer Reihe von ökonometrischen Problemen ausgesetzt,[2248] die zu den bestehenden Problemen auf der Suche nach einer die Praxis dominierenden Kapitalstrukturtheorie hinzutreten.[2249] In Summe sieht man sich damit einem Dickicht alternativer Kapitalstrukturtheorien und empirischer Ansätze ausgesetzt, das in über 60 Jahren intensiver Forschungsbemühungen zu einem regelrechten Urwald empirischer Forschungsergebnisse ausgewachsen ist. Will man sich nicht der Gefahr aussetzen, sich vollständig in diesem Urwald zu verirren, so ist man m. E. nach gezwungen, den Urwald zunächst grob zu kartographieren und zu entscheiden, welche Wege man beschreiten muss, um das gesteckte Ziel zu erreichen, und welche Wege für den zu beschreitenden Weg zunächst im Dunkeln bleiben können.[2250] Bedeutsam für diese Entscheidung ist – wie bereits

2245 Für die Praxis ist damit wohl in aller Regel nicht davon auszugehen, dass die alternativen in der Literatur diskutierten Erklärungsansätze für jeden Umweltzustand im gleichen Umfang von Bedeutung sein werden. Vgl. dazu Graham/Leary (2011) S. 311.

2246 Dies wird nochmals in den Überlegungen des Abschnitts 5.6. dieses Kapitels deutlich werden.

2247 Dies bedeutet jedoch nicht, dass man die in Kapitel I und II diskutierten Theorien a priori als praxisfern ablehnen kann.

2248 Ein mögliches Problem liegt etwa in der Endogenität der erklärenden Variablen. Vgl. dazu etwa Parsons/Titman (2008a) S. 207–208.

2249 So halten etwa Graham/Leary (2011) fest, dass „[i]n some, the problem lies not in the models themselves, but in our empirical measures of leverage and proxies for firm characteristics, or biased estimates of model parameters". Graham/Leary (2011) S. 310.

2250 Unzweifelhaft besteht hier die Gefahr, bedeutsame Abkürzungen außer Acht zu lassen und womöglich einen Weg zu beschreiten, der sich am Ziel als Holzweg erweist. Letztlich dürfte auch ein solcher Holzweg zu einem in Summe verlässlicheren Kartenmaterial führen.

hervorgehoben wurde – das Ziel, das man dabei zu Beginn des Weges vor Augen hat. Erinnert man sich an dieser Stelle an Abschnitt 1 zurück, so hat sich diese Arbeit u. a. zum Ziel gesetzt, eine Brücke zwischen den über den Zeitverlauf zunehmend voneinander abgekoppelten alternativen Kapitalstrukturtheorien und Finanzierungspolitiken zu schlagen,[2251] um sich in einem zweiten Schritt auf die Suche nach empirisch verifizierbaren Determinanten der Finanzierungspolitik zu machen. Dieses zweite Ziel vor Augen,[2252] erscheint es für die Grobkartografie des Dschungels zunächst hilfreich, bestehendes Kartenmaterial und bekannte Wege zu sichten.

Im Folgenden seien daher, in einer Grobskizze zusammengefasst, die bestehenden Wege der empirischen Kapitalstrukturtheorieforschung dargestellt.[2253] Ausgehend von dieser Grobskizze, seien in einem zweiten Schritt auf Basis bestehender Forschungsergebnisse zu bedeutsamen Kapitaldeterminanten mögliche bedeutsame Wegpunkte auf dem Weg der Identifizierung von Determinanten der Finanzierungspolitiken dargestellt. In diesem Abschnitt kreuzen sich die vorangehenden Überlegungen der Kapitel I und II somit nochmals. Ausgehend von dieser Grobskizze bestehender Ansätze, sei sich der zweiten Frage gewidmet, wie die Ansätze der Kapitalstrukturforschung auf das bis jetzt empirisch vergleichsweise wenig erforschte Gebiet der alternativen Finanzierungspolitiken übertragen werden können. Den Ausgangspunkt stellt hierfür die sog. „goodness of fit"-Literatur dar, die im Abschnitt 5.8.1. eingehender beleuchtet werden wird. Im Folgenden sei sich in einem ersten Schritt knapp den bestehenden empirischen Forschungsbemühungen zur Dominanz der alternativen Kapitalstrukturtheorien gewidmet. Zur Mitte dieses Kapitels wird ein möglicher Weg skizziert, die Überlegungen zu den Determinanten der Kapitalstrukturtheorie auf die alternativen Finanzierungspolitiken zu übertragen. In Anschluss sei sich kurz der Frage gewidmet, wie diese Überlegungen mit Blick auf die Gegebenheiten der Praxis überprüfbar gemacht werden können. Das Kapitel abschließend, erfolgt ein kurzer Ausblick auf die mögliche Ausrüstung, die auf diesem Weg durch den Dschungel hin zu einer Überprüfbarkeit alternativer Finanzierungspolitiken benötigt wird.

2251 Kapitel I und II haben – wie bereits hervorgehoben – die Anknüpfungspunkte deutlich werden lassen.

2252 Das erste Ziel wurde bereits durch die Ausführungen der Kapitel I und II abgedeckt.

2253 Diese Überlegungen beinhalten – ohne den Anspruch auf Vollständigkeit erheben zu können – auch kurze Überlegungen zu bestehenden Schlaglöchern bzw. Unwägbarkeiten auf den bekannten Straßen.

5.1. Zur empirischen Überprüfung alternativer Kapitalstrukturtheorien

„No single theory of capital structure is capable of explaining all of the time series and cross-sectional patterns that have been documented."[2254]

Wie der dieses Kapitel einleitende Abschnitt deutlich gemacht hat, muss man – will man den Versuch eines Brückenschlags zwischen den alternativen Kapitalstrukturtheorien und Finanzierungspolitiken wagen – sich in einem ersten Schritt durch den Dschungel der bestehenden alternativen empirischen Forschungsansätze und -ergebnisse kämpfen. Für die folgenden Abschnitte sei, mit Verweis auf bestehende Arbeiten, die einen Einblick in die Tiefe der umfangreichen Forschungsbemühungen vermitteln, ein vergleichsweise grobkörniger Überblick über die vergangenen Forschungsbemühungen gewährt.[2255] Im Folgenden seien zunächst – vergleichsweise knapp – mit den „klassischen" Determinantenstudien, den Partial-Adjustment-Modellen und den Ergebnissen von Befragungsstudien drei alternative Forschungsansätze zur Quantifizierung der Treiber der Finanzierungsentscheidung der Kapitalstrukturtheorie näher beleuchtet. Neben einer kurzen Skizze der grundsätzlichen Überlegungen, die hinter den alternativen Forschungsansätzen stehen, sei knapp auch auf mögliche Schwächen der alternativen Forschungsansätze eingegangen.[2256] Ein kurzes Zwischenfazit zu den alternativen Forschungsansätzen mit Ausblick auf das Ziel dieser Arbeit sei als Zwischenschritt auf dem Weg zu den Überlegungen zu den Determinanten der alternativen Finanzierungspolitiken in Abschnitt 5.4. gezogen.

5.1.1. Zur Suche nach den Determinanten der Kapitalstrukturentscheidung

„[...] how much closer have previously identified determinants and empirical models moved us toward solving the capital structure puzzle?"[2257]

Richtet man den Blick auf die empirischen Forschungsbemühungen, die die Entwicklung der alternativen Kapitalstrukturtheorien begleitet haben, so nimmt die

2254 Huang/Ritter (2009) S. 238.

2255 Wie einleitend bereits hervorgehoben, dürfte ein feingliedrigerer Ansatz rasch dazu führen, den eigentlichen Fokus der Arbeit aus den Augen zu verlieren.

2256 Graham/Leary (2011) haben die möglichen Treiber für die Unzulänglichkeiten der bisherigen Forschungsansätze in sieben Kategorien zusammengefasst. Vgl. dazu Graham/Leary (2011) S. 310. In den folgenden Abschnitten sei auf ausgewählte Treiber, wie etwa die heterogene Definition von abhängigen und unabhängigen Variablen, näher eingegangen. Eine vollständige Abdeckung wird insbesondere – mit Blick auf die ökonometrischen Treiber – nicht gewährleistet. Hierfür sei auf die entsprechenden Untersuchungen verwiesen.

2257 Lemmon et al. (2008) S. 1575.

sog. Determinantenforschung ohne Zweifel einen bedeutenden Anteil an den Bemühungen der Forschung in der Einordnung der alternativen Kapitalstrukturtheorien ein. Mit den Untersuchungen zu den Determinanten der Kapitalstruktur werden i. d. R. zwei übergeordnete Ziele verfolgt: Neben der Möglichkeit, die Praxisnähe alternativer Kapitalstrukturtheorien im Rahmen einer Gesamtbetrachtung über den Zeitverlauf untersuchen zu können, besteht – trennt man sich von der wohl praxisfernen Annahme einer allgemeingültigen Kapitalstrukturtheorie – die Möglichkeit, den Einfluss unterschiedlicher Stellschrauben auf die Finanzierungsentscheidung vor dem Hintergrund der alternativen Kapitalstrukturtheorien einordnen zu können. Insbesondere letzterer Punkt ist geeignet, um die in der Praxis i. d. R. heterogene Gestalt der Kapitalstrukturen vordergründig vergleichbarer Unternehmen erklären zu können.[2258] Die letztlich eng miteinander verbundenen Aspekte der Determinantenforschung sind für die Einordnung der alternativen Kapitalstrukturtheorien zentral, kann man vor dem Hintergrund der Überlegungen des Kapitels I wohl davon ausgehen, dass in der Praxis – mit ihren doch in aller Regel heterogenen Rahmenbedingungen der Finanzierungsentscheidung – unterschiedliche Kapitalstrukturpolitiken mit den wechselnden Rahmenbedingungen dominieren werden.[2259] Methodisch ähneln sich die Untersuchungen zu den Determinanten der Kapitalstruktur in ihrem grundsätzlichen Aufbau und den mit diesem Aufbau implizit verbundenen Annahmen.

In einem Großteil der empirischen Untersuchungen der Determinanten der Kapitalstruktur wird i. d. R. von einem linearen Zusammenhang zwischen Verschuldungsgrad, als abhängiger Variable, und den unabhängigen Variablen – den sog. Kapitalstrukturdeterminanten – ausgegangen.[2260] Unterschiede ergeben sich in aller Regel in der Definition der Variablen Kapitalstruktur, der Definition der erklärenden Kapitalstrukturdeterminanten als auch den der Untersuchung der Kapitalstruktur zugrunde gelegten ökonometrischen Ansätze. Ohne an dieser Stelle detailliert auf Eigenschaften und Eignung der alternativen ökonometrischen Ansätze einzugehen, finden sich in der Literatur neben der Untersuchung der Determinanten des Verschuldungsumfangs auf Basis linearer Querschnittsregressionen bzw. Paneldatenregressionen auch sog. Probit- bzw. Logit-Modelle. Probit- bzw. Logit-Modelle finden dabei insbesondere bei der Untersuchung inkrementeller Finanzierungsentscheidung Anwendung.[2261] Für einen eingehenderen Überblick der verschiedenen ökonometrischen Ansätze und der damit implizit verknüpften Annahmen sei an dieser Stelle u. a. auf die Arbeit von Schneider (2010)

2258 In der Literatur finden sich neben Querschnitts- auch Längsschnittsuntersuchungen. Vgl. dazu Parsons/Titman (2008b) S. 2; Graham/Leary (2011) S. 311; Welch (2011) S. 1.

2259 Vgl. dazu Graham/Leary (2011) S. 311.

2260 Vgl. dazu Schneider (2010) S. 63. In der jüngeren empirischen Forschung finden sich häufigere Durchbrechungen dieser zentralen Annahme.

2261 Vgl. dazu u. a. Schneider (2010) S. 66; Elsas/Florysiak (2015) S. 1105–1106.

verwiesen. Richtet man in einem zweiten Schritt den Blick auf die unterschiedliche Definition der abhängigen und unabhängigen Variablen, so zeigt sich in der Literatur eine überraschende Bandbreite der Definition betrachteter Variablen.[2262] Wie die Literatur gezeigt hat, kann auf Basis der unterschiedlichen Definition der Variablen ein Teil der Heterogenität der beobachtbaren Untersuchungsergebnisse erklärt werden.[2263] Die mit der Bandbreite unterschiedlicher Definitionen verbundenen Überlegungen und Interferenzen seien im Folgenden kurz anhand der Betrachtung der alternativen Definition der abhängigen Variable, d. h. des Verschuldungsgrades, skizziert.

Zu den unterschiedlichen Definitionen des Verschuldungsgrades

Eine zentrale Fragestellung der Untersuchungen zu den Determinanten der Kapitalstruktur stellt überraschenderweise die Definition der abhängigen Variablen dar. Blickt man in die Literatur der Determinantenforschung, so haben sich in der Vergangenheit verschiedene Herangehensweisen etabliert, um den Verschuldungsgrad der untersuchten Unternehmen zu operationalisieren. Grundsätzlich kann zwischen einer auf Marktwerten abstellenden Definition des Verschuldungsgrades und einer Definition des Verschuldungsgrades auf Basis von Buchwerten differenziert werden.[2264] Beiden Definitionen des Verschuldungsgrades wohnen dabei, für sich genommen, unzweifelhaft eine Reihe von Schwächen inne, die in der Folge kurz skizziert werden sollen. Blickt man zunächst auf eine auf den Buchwerten des Eigenkapitals aufbauende Definition des Verschuldungsgrades, so hat Welch (2004) mit Blick auf diese Operationalisierung des Verschuldungsgrades nicht zu Unrecht festgehalten, dass der Buchwert des Eigenkapitals als Residualgröße des wirtschaftlichen Erfolgs eines Unternehmens wohl in aller Regel mechanisch u. a. von Abschreibungsquote und vergangenen Unternehmenscashflows abhängt. Diese Abhängigkeit hat zur Folge, dass eine Reihe von in der Forschung betrachteten Determinanten – genannt sei hier etwa die historische Profitabilität –[2265] rein mechanisch eine Verbindung mit dem buchwertbasierten Verschuldungsgrad besitzen und die Ergebnisse der empirischen Forschung mit Blick auf diese Determinanten verzerrt sein müssen.[2266] Demgegenüber steht die Beobachtung der empirischen Literatur, dass Unternehmen trotz Schwankungen des Marktwertes des Eigenkapitals – diese Frage hat uns bereits mit Blick auf die atmende Finanzierungspolitik beschäftigt – keine Anpassungen an der Kapitalstruktur vornehmen.[2267] Vor dem Hintergrund der Trägheit, mit der Unternehmen auf die Veränderung marktwertbasierter Verschuldungsgrade in der Praxis reagieren, sowie

2262 So hält etwa Welch (2011) fest, dass „[t]here is no universally used measure of leverage". Welch (2011) S. 2.
2263 Vgl. dazu Graham/Leary (2011) S. 310.
2264 Vgl. dazu u. a. Welch (2011) S. 3.
2265 Diese Variable sei in Abschnitt 5.6.1.3. dieser Arbeit näher betrachtet.
2266 Vgl. dazu Lang et al. (1996) S. 9; Welch (2004) S. 125.
2267 Vgl. dazu Graham/Harvey (2001) S. 211; Welch (2002) S. 3; Welch (2004) S. 125.

der Rolle, die buchwertbasierte Verschuldungsgrade bei der Definition von Covenants einnehmen,[2268] kann die Bedeutung buchwertbasierter Verschuldungsgrade für die Finanzierungsentscheidung der Unternehmen wohl nicht ohne Weiteres von der Hand gewiesen werden. Bereits die Wahl einer geeigneten Operationalisierung des Verschuldungsgrades stellt die empirische Forschung somit vor eine nur unvollkommen zu beantwortende Herausforderung, kann der Einschätzung von Gilson (1997) wohl weiterhin ohne Weiteres gefolgt werden, dass den unterschiedlichen Operationalisierungen des Verschuldungsgrades wohl i. d. R. eine unvollständige Abbildung der tatsächlichen Vorgabe des Verschuldungsgrades durch das Management und damit der Ziele der Finanzierungspolitik gemein ist. Dies bedeutet jedoch, dass die empirische Forschung die zu untersuchende Kapitalstruktur- bzw. Finanzierungsentscheidung bereits aufgrund der approximativen Definition des Verschuldungsgrades regelmäßig nur mit einem Fehler abbilden kann.[2269]

Neben der Frage, ob die Definition des Verschuldungsgrades auf Basis von Markt- oder Buchwert erfolgen sollte, unterscheiden sich die Definitionen des Verschuldungsgrades auch im Umfang der in die Berechnung des Verschuldungsgrades einfließenden unterschiedlichen Finanzierungsquellen. Wie die Arbeit von Welch (2011) verdeutlicht hat, erscheint es bei anfänglicher Betrachtung zunächst unklar, ob die sonstigen nicht-finanziellen Verbindlichkeiten in die Definition des Verschuldungsgrades einfließen müssen oder ob – dies dürfte der in der Praxis geläufigere Ansatz sein – der Einfluss der sonstigen nicht-finanziellen Verbindlichkeiten auf den Verschuldungsgrad vereinfachend ausgeblendet werden kann.[2270] Vergleicht man – wie es Welch (2011) getan hat – Unternehmen mit einem unterschiedlichen Umfang an sonstigen nicht-finanziellen Verbindlichkeiten, so wird eingängig, dass ein Ausblenden der aus den sonstigen nicht-finanziellen Verbindlichkeiten erwachsenden Belastungen des Unternehmen wohl in aller Regel die Erfordernisse und Restriktionen, unter denen Finanzierungsentscheidungen getroffen werden, nur verzerrt abbildet. Welch (2011) weist in diesem Zusammenhang daher wenig überraschend eine Verzerrung der Ergebnisse der empirischen Forschung in Abhängigkeit zur Breite der in die Definition des Verschuldungsgrades einbezogenen Verbindlichkeiten nach.[2271]

Ohne an dieser Stelle ein vollständiges Bild der Diskussion der Literatur zeichnen zu wollen, so zeigt sich bereits bei dieser vergleichsweise oberflächlichen Betrachtung der abhängigen Variablen des Verschuldungsgrades ein Grund für die

---

2268 Vgl. dazu etwa Welch (2011) S. 3. Da eine Verletzung von Covenants den Zugriff der Gläubiger auf die Unternehmensressourcen verstärkt – im Kontrast zur Argumentation von Welch (2011) – dürfte der Einfluss auf die Finanzierungsentscheidung der Unternehmen durchaus nicht unbedeutend sein.

2269 Gilson (1997) geht gleichwohl davon aus, dass die Schätzungen zwar fehlerhaft, jedoch nicht systematisch verzerrt sind. Vgl. Gilson (1997) S. 165.

2270 Vgl. dazu Welch (2011) S. 4.

2271 Vgl. dazu Welch (2011) S. 8.

zu Beginn dieses Abschnitts skizzierte Vielstimmigkeit der empirischen Forschung. Problematisch erscheint dabei insbesondere, dass sich wohl auch in Zukunft eine gewisse Vielfalt der empirischen Forschung mit Blick auf die Definition des Verschuldungsgrades nicht gänzlich vermeiden lässt. Hebt doch etwa Welch (2011) hervor, dass „[a] universal best measure may not even exist, but might depend on the question being asked".[2272] Stellt man – dies dürfte die bisherigen empirischen Forschungsbemühungen dominieren – zunächst die allgemeine Frage nach der Gestalt und Form der durch die Unternehmen in der Praxis getroffenen Finanzierungsentscheidungen,[2273] so muss man sich wohl im Sinne der Einschätzung von Gilson (1997) auch mit Blick auf die Breite der in die Definition des Verschuldungsgrades mit einer bestenfalls zweitbesten Lösung zufriedengeben. Ein vergleichbares Bild dürfte sich zeigen, wendet man sich der Frage der Operationalisierung der in der empirischen Forschung betrachteten unabhängigen Variablen zu, findet sich in der Literatur doch auch hinsichtlich der unabhängigen Variablen ein breites Spektrum heterogener Variablendefinitionen. Auch für die unabhängigen Variablen kann man wohl knapp zusammenfassen, dass – obwohl vordergründig vergleichbare Variablen betrachtet werden – sich sowohl Operationalisierung als auch die an die empirische Auswertung anknüpfende Interpretation der Ergebnisse deutlich unterscheiden können. Auf eine eingehendere Beleuchtung dieses Aspekts sei mit Verweis auf die eingehendere Beschäftigung mit den alternativen Determinanten der Kapitalstruktur in Abschnitt 5.6.1. an dieser Stelle verzichtet.

Von den „klassischen" Determinantenstudien zu den Partial-Adjustment-Modellen

Die in dem vorangehenden Unterabschnitt kurz skizzierten Probleme der „klassischen" Determinantenstudien haben ohne Zweifel – blickt man auf die Ergebnisse der empirischen Literatur – zu der Bandbreite von z. T. sehr heterogenen Ergebnissen beigetragen.[2274] Diese Ergebnisvielfalt führt – wie Frank/Goyal (2009) hervorgehoben haben – zu dem wenig überzeugenden Ergebnis, dass „[...] advocates of particular theories are offered a choice of diametrically opposing well-known summaries of ‚what we all know' from previous literature".[2275] Beruhigen kann ein solches Zwischenfazit zu den Ergebnissen der empirischen Forschung für den anstehenden Weg durch den schwer durchdringbaren Dschungel der Kapitalstrukturforschung nicht, erhält man auf die Frage, welchen Weg Unternehmen in der Frage der Finanzierungsentscheidung einschlagen, eine Vielzahl unterschiedlicher Antworten, die in Summe ein babylonisches Sprachgewirr formen, aus dem man nach einiger Mühe wohl im schlimmsten Fall völlig konträre Richtungsangaben heraushören kann. Es erscheint auf Basis der den „klassischen" Determinantenstudien

2272 Welch (2011) S. 4.
2273 Man kann versuchen, dies zu umgehen, indem man – dies wird zum Ende dieser Arbeit betrachtet werden – eine eigenständige Fragestellung zu entwickeln sucht.
2274 Vgl. Leary/Roberts (2010) S. 332.
2275 Frank/Goyal (2009) S. 2.

inhärenten Probleme, der mit diesen Problemen einhergehenden Ergebnisvielfalt sowie der Fortentwicklungen der konkurrierenden Kapitalstrukturtheorien nicht verwunderlich, dass zur Mitte der 2000er-Jahre mit den sog. Partial-Adjustment-Modellen ein von den „klassischen" Determinantenstudien losgelöster Weg in der empirischen Forschung in den Fokus gerückt ist.[2276]

Dieser „neue" Weg der empirischen Forschung trägt dabei einem zentralen Unterscheidungsmerkmal zwischen Pecking-Order-Theorie, der Theorie des Market-Timings und der „klassischen" Trade-Off-Theorie Rechnung. Flannery/Rangan (2006) haben mit Blick auf die konkurrierenden Theorien hervorgehoben, dass „[t]he pecking order, market timing, and inertia theories of capital structure imply that managers perceive no great leverage effect on firm value and therefore make no effort to reverse changes in leverage. In contrast, the tradeoff theory maintains that market imperfections generate a link between leverage and firm value, and firms take positive steps to offset deviations from their optimal debt ratios".[2277] Wie die Überlegungen des Kapitels I gezeigt haben, kann auf Basis der „klassischen" Trade-Off-Theorie unter der Annahme eines vollkommenen Annahmegerüsts angenommen werden, dass im Falle eines Abweichens vom unternehmensspezifischen Zielverschuldungsgrad eine sofortige und vollständige Anpassung in Richtung des Zielverschuldungsgrades des Unternehmens vorgenommen wird.[2278] Eine vergleichbare Reaktion der Unternehmen auf eine Verschiebung des Verschuldungsgrades ist – wie etwa Flannery/Rangan (2006) verdeutlicht haben – vor dem Hintergrund der zur „klassischen" Trade-Off-Theorie alternativen Kapitalstrukturtheorien dagegen nicht zu erwarten. Ergibt sich die Kapitalstruktur aus Sicht dieser alternativen Theorien doch aus dem Ergebnis der vorausgehenden – voneinander weitgehend unabhängigen – Finanzierungsentscheidungen, ohne dass sich ein dauerhaftes wertoptimales Verschuldungsoptimum im Zeitverlauf einstellen würde. Die Kapitalstruktur der Unternehmen spiegelt vielmehr das Ergebnis einer Reihe von zeitpunktoptimalen – jedoch nicht zwingend verbundenen – Finanzierungsentscheidungen wider. Bewegungen in Richtung eines vordefinierten Verschuldungsoptimums sind unter der Prämisse der Gültigkeit der alternativen Kapitalstrukturtheorien somit in aller Regel nicht von systematischer Natur. Die Geschwindigkeit, mit der sich Unternehmen einem zuvor definierten optimalen Verschuldungsgrad nähern,[2279] bietet somit ein, auf den ersten Blick, geeignetes Kriterium, zwischen beiden grundsätzlichen Varianten der Steuerung

---

2276 Vgl. dazu u. a. Leary/Roberts (2005) S. 2575.

2277 Flannery/Rangan (2006) S. 470.

2278 Vgl. dazu neben den Überlegungen des Kapitels I u. a. Leary/Roberts (2005) S. 2575; Flannery/Rangan (2006) S. 472.

2279 Gründe für die Notwendigkeit einer Anpassung können neben Marktverwerfungen etwa auch die Begabe bzw. Rückführung von Kapitalinstrumenten sein.

der Kapitalstruktur unterscheiden zu können.[2280] Frei von konzeptionellen als auch praktischen Problemen ist jedoch auch dieser, durch die Forschung eingeschlagene, Weg nicht. Im folgenden Abschnitt sei sich daher kurz den Prämissen sowie grundsätzlichen Hürden der Partial-Adjustment-Modelle gewidmet.

5.2. Partial-Adjustment-Modelle bzw. Messung der Anpassungsgeschwindigkeit an einen Zielverschuldungsgrad (SOA)

"Clearly the concept of a target capital structure is less compelling if firms move very slowly towards their target [...]"[2281]

Erinnert man sich zu Beginn dieses Unterabschnitts nochmals an die Überlegungen der Kapitel I und II zurück, so wird deutlich, dass die Annäherungsgeschwindigkeit an einen wertoptimalen Verschuldungsgrad als zentrales Kriterium der Partial-Adjustment-Modelle zur Differenzierung alternativer Kapitalstrukturtheorien nicht frei von konzeptionellen und praktischen Problemen ist. Dies wird deutlich, führt man sich zunächst das grundlegend konzeptionelle Problem eines solchen Ansatzes vor Augen. In Kenntnis der Überlegungen des Kapitels I ist der grundsätzlichen Frage nachzugehen, ob die Anpassungsgeschwindigkeit in der Praxis ein hinreichend geeignetes Kriterium darstellt, um zwischen den alternativen Kapitalstrukturtheorien zu differenzieren. Wird man in der Praxis doch in aller Regel zunächst – dies haben u. a. bereits die Überlegungen des Kapitels II gezeigt – mit dem Problem konfrontiert, dass weder ein stoisches Festhalten an einem festen Verschuldungsgrad noch an einem festen Verschuldungsumfang die Gestalt der Finanzierungsentscheidungen der Unternehmen dominieren wird.[2282] Wohnen beiden theoretisch denkbaren Extrempunkten der Steuerung der Kapitalstruktur doch in der Praxis unzweifelhaft bereits bei oberflächlicher Betrachtung nicht unerhebliche Schwachstellen inne. Eine im Sinne der atmenden Finanzierungspolitik unablässige Orientierung des Unternehmens an einem vorgegebenen Verschuldungsoptimum lässt die im Angesicht in der Praxis bestehender Transaktionskosten unzweifelhaft bestehende Frage der Wirtschaftlichkeit einer solchen Politik außer Acht.[2283] Das stoische Festhalten an einem in der Vergangenheit gewählten Verschuldungsumfang, wie es etwa mit einer autonomen Finanzierungspolitik beschrieben wird, blendet dagegen die Frage der wirtschaftlichen

---

2280 Zur exemplarischen Gestalt dieser Modelle vgl. u. a. Graham/Leary (2011) S. 333; Iliev/Welch (2010) S. 2; Frank/Goyal (2008) S. 183.

2281 Titman/Tsyplakov (2007) S. 430.

2282 Selbst, wenn dieses Problem in der Praxis von nachrangiger Bedeutung wäre, so sähe man sich doch mit der Frage konfrontiert.

2283 Zudem kann an dieser Stelle die Frage aufgeworfen werden, ob nicht auch das wertoptimale Verschuldungsoptimum im Zeitverlauf schwanken kann.

Weiterentwicklung der Unternehmens vereinfachend aus. In der Praxis dürften – will man die Fortführungsfähigkeit der Unternehmen nicht gefährden – in aller Regel Anpassungen an der Kapitalstruktur in Abhängigkeit zur – unsicheren – wirtschaftlichen Entwicklung der Unternehmen erforderlich sein. Berücksichtigt man, dass diese Idealfälle in der Praxis wohl eher die Ausnahme denn die Regel darstellen, so muss man sich in einem zweiten Schritt Gedanken dazu machen, inwieweit Abweichungen mit den alternativen Finanzierungspolitiken vereinbar sind. Kann doch letztlich nur auf Basis der Entscheidung, ab wann Abweichungen von einem prognostizierten Finanzierungsverhalten dazu führen, dass eine Kapitalstrukturtheorie zugunsten einer anderen Kapitalstrukturtheorie abgelehnt werden muss, eine Differenzierung der alternativen Kapitalstrukturpolitiken in der Praxis erreicht werden.

Diese zweite Frage dürfte – dies haben bereits die einleitenden Überlegungen des Kapitels I gezeigt – jedoch nicht ohne Weiteres zu beantworten sein. Wurde doch etwa mit Blick auf die „klassischen" Kapitalstrukturtheorien in Kapitel I gezeigt, dass mit einem Lockern des strengen Prämissenrahmens auch vor dem Hintergrund der nun dynamischen Trade-Off-Theorie Phasen denkbar sind, in denen es wirtschaftlich geboten sein kann, Anpassungen in Richtung der Zielkapitalstruktur der Unternehmen zu unterlassen.[2284] Leary/Roberts (2005) haben diesen wirtschaftlichen Zielkonflikt illustrierend festgehalten, dass „[...] in the presence of [...] costs, it may be suboptimal to respond immediately to capital structure shocks. If the costs of such adjustments outweigh the benefits, firms will wait to recapitalize, resulting in ‚extended excursions away from their targets [...]".[2285] Die Überlegungen des Kapitels I haben gezeigt, dass die zur Trade-Off-Theorie alternativen Kapitalstrukturtheorien wohl in vergleichbarer Weise den Rahmenbedingungen der Praxis Rechnung tragen müssen und somit Abweichungen von den aus theoretischer Sicht notwendigen Finanzierungsentscheidungen in der Praxis durchaus denkbar sind.[2286] Berücksichtigt man, dass Unternehmen in einer nicht perfekten Welt weder eine streng an eine Zielverschuldungsgrad ausgerichtete Finanzierungspolitik noch eine streng an den Kriterien des Market-Timings oder der Pecking-Order-Theorie orientierte Finanzierungspolitik realisieren werden können, verliert das Kriterium der Anpassungsgeschwindigkeit einen Teil der in einem ersten Schritt vermuteten Trennschärfe.[2287] Trennt man sich von den

---

2284 Vgl. dazu u. a. Graham/Harvey (2001) S. 215; Öztekin/Flannery (2012) S. 88.

2285 Leary/Roberts (2005) S. 2576.

2286 So wurden etwa mit der erweiterten Pecking-Order-Theorie Abweichungen vom strengen Finanzierungsgerüst der „klassischen" Pecking-Order-Theorie betrachtet. Im Unterschied zur „klassischen" Trade-Off-Theorie ist den weiteren Kapitalstrukturtheorien das Konzept eines langfristigen Verschuldungsoptimums jedoch weitgehend fremd.

2287 So halten etwa Elsas/Florysiak (2011) fest, dass in Abhängigkeit zur Gestalt der Adjustierungskosten unterschiedliche Anpassungsgeschwindigkeiten zu erwarten sind. Vgl. dazu Elsas/Florysiak (2011) S. 181. Öztekin/Flannery (2012) betrachten

strikten Annahmen der „klassischen" Kapitalstrukturtheorien, ist nun sowohl vor dem Hintergrund der Trade-Off-Theorie ein Abweichen von einem Verschuldungsoptimum denkbar[2288] als auch, dass alternative, nicht auf einen Zielverschuldungsgrad ausgerichtete, Finanzierungspolitiken zufälligerweise den Anschein einer zielgerichteten Finanzierungspolitik erwecken können.[2289] Unklar bleibt somit, wie unter der zunehmenden Unschärfe eine Trennung der alternativen Kapitalstrukturpolitiken allein über die Anpassungsgeschwindigkeit an ein vorgegebenes Verschuldungsoptimum ausgestaltet werden kann.[2290] Blendet man die durchaus zentrale Frage, ab welchem Umfang der Adjustierung die Annahme einer aktiven Steuerung der Kapitalstruktur verworfen werden kann bzw. muss, vereinfachend aus, so dürfte sich das mit den Partial-Adjustment-Modellen eingeschlagene Vorgehen – für den Fall, dass die Trade-Off-Theorie verworfen werden kann – sich für die nun anschließende Fragen als zu kurzsichtig erweisen.[2291] Dürfte es doch, allein auf die Anpassungsgeschwindigkeit abstellend, nicht gelingen, zwischen den weiteren alternativen Kapitalstrukturtheorien zu unterscheiden. Im Fall einer passiven Steuerung der Kapitalstruktur ist etwa unklar, ob nun die mit der Pecking-Order-Theorie beschriebenen Überlegungen einer zeitstabilen Finanzierungsrangfolge oder die mit der Theorie des Market-Timings beschriebene marktabhängige Finanzierungsrangfolge die Finanzierungsentscheidungen des Unternehmensmanagements maßgeblich prägen.[2292]

Nimmt man Abstand von diesen grundsätzlichen konzeptionellen Vorüberlegungen und betrachtet die Hürden, die die empirische Forschung im Rahmen der

daher in ihrer Untersuchung u. a. auch die Determinanten der Anpassungsgeschwindigkeit. Vgl. dazu Öztekin/Flannery (2012) S. 89.

2288 So finden etwa Leary/Roberts (2005) empirische Anhaltspunkte für das durch die dynamische Trade-Off-Theorie beschriebene wertoptimale Verschuldungsspektrum. Vgl. dazu Leary/Roberts (2005) S. 2576.

2289 Vgl. dazu auch Graham/Leary (2011) S. 338. Eine solche Vermutung legt insbesondere die Arbeit von Chang/Dasgupta (2009) nahe. Vgl. dazu Chang/Dasgupta (2009) S. 1794.

2290 Leary/Roberts (2005) heben so hervor, dass ein Abstellen auf die Anpassungsgeschwindigkeit in Richtung eines Zielverschuldungsgrades allein wohl nur unvollständige Anhaltspunkte für die Unterscheidung zwischen Pecking-Order- und Trade-Off-Theorie liefert. Vgl. dazu Leary/Roberts (2005) S. 2614. Ist doch fraglich, ob man allein auf Basis der Beobachtung, dass Unternehmen Anpassungen in Richtung eines Zielverschuldungsgrades vornehmen, die eher passiven Kapitalstrukturtheorien ablehnen kann.

2291 Man kann an dieser Stelle richtigerweise einwenden, dass dieser erste Schritt – sofern er erfolgreich gemacht werden kann – bereits eine der zentralen Fragen der Kapitalstrukturforschung beantworten würde und damit, für sich genommen, als ausreichend anzusehen ist.

2292 Deutlich wird dies – wenn auch implizit – u. a. in Elsas/Florysiak (2015). Vgl. dazu Elsas/Florysiak (2015) S. 1106.

Schätzung der Anpassungsgeschwindigkeit an einen Zielverschuldungsgrad überwinden muss, so zeigen sich auch auf dem durch die Partial-Adjustment-Modelle eingeschlagenen Weg eine Reihe praktischer wie auch ökonometrischer Stolperfallen. Zunächst ist, um die Anpassungsgeschwindigkeit in einem ersten Schritt überhaupt schätzen zu können, ein – in der Praxis wohl regelmäßig nicht direkt beobachtbarer – Zielverschuldungsgrad der Unternehmen zu ermitteln.[2293] Dies bedeutet jedoch, dass in einem ersten Schritt auf Basis der aus den vorangehenden Abschnitten bekannten Determinanten der Kapitalstruktur eine Schätzung des Zielverschuldungsgrades geformt werden muss. Dies dürfte – neben damit verbundenen ökonometrischen Problemen –[2294] insbesondere mit Blick auf die im vorangehenden Abschnitt beschriebenen Probleme der Determinantenstudien nicht ganz unproblematisch sein.[2295] Die Partial-Adjustment-Modelle können – ungeachtet weiterer Fragestellungen – in diesem Sinne daher letztlich als eine sinnvolle Ergänzung der „klassischen" Determinantenstudien und nicht als vollständiger Ersatz dieses Forschungsstrangs angesehen werden. Blickt man auf die in der Forschung angewandten ökonometrischen Verfahren, so zeigt sich auch mit Blick auf die Partial-Adjustment-Modelle eine gewisse Methodenvielfalt. Neben „klassischen" OLS-Schätzungen finden u. a. Panelmodelle, GMM, ARMA und Instrumentalvariablen im Rahmen der Schätzung der Anpassungsgeschwindigkeit an einen Zielverschuldungsgrad Anwendung.[2296] Ohne auch an dieser Stelle und im Folgenden auf eine Darstellung der einzelnen Verfahren abzustellen, führen die praktischen Hürden als auch die Bandbreite ökonometrischer Schätzmethoden auch für die Partial-Adjustment-Modelle zu einer gewissen Ergebnisbreite. Exemplarisch dazu hält etwa die Arbeit von Frank/Goyal (2008) fest, dass „[d]ifferent papers employ different procedures and reach different conclusions"[2297]. Die in empirischen Studien gemessene Anpassungsgeschwindigkeit schwankt so in Abhängigkeit zu den verwendeten ökonometrischen Verfahren zwischen rund 39 % und 0 %.[2298] Es ist daher nicht überraschend, wenn Frank/Goyal (2008) und Graham/Leary (2011) den aktuellen Forschungsstand immer noch treffend zusammenfassend festhalten, dass über die Geschwindigkeit, in der Unternehmen Anpassungen an der Kapitalstruktur vornehmen, keine Einigkeit erzielt werden konnte.[2299]

2293 Vgl. dazu u. a. Graham/Leary (2011) S. 333. Dass dies ein durchaus zentrales Problem darstellt, wurde bereits mit der eingehenderen Betrachtung zur Abbildung der Zielkapitalstruktur in der Unternehmensbewertung des Kapitels II deutlich.

2294 Vgl. dazu Iliev/Welch (2010) S. 2–3.

2295 Es ist daher zu vermuten, dass die Zielverschuldungsgrade der Unternehmen auf diesem Wege bestenfalls näherungsweise geschätzt werden können.

2296 Vgl. dazu Graham/Leary (2011) S. 334; Elsas/Florysiak (2011) S. 182–183; Frank/Goyal (2008) S. 185.

2297 Frank/Goyal (2008) S. 184.

2298 Vgl. dazu Graham/Leary (2011) S. 334; Iliev/Welch (2010) S. 2; Frank/Goyal (2008) S. 184.

2299 Frank/Goyal (2008) S. 184; Graham/Leary (2011) S. 334.

Dies stellt, ähnlich zu der Ergebnisvielfalt der Determinantenstudien, aus Sicht der Kapitalstrukturforschung kein zufriedenstellendes Ergebnis dar. Wie die einleitenden Überlegungen bereits gezeigt haben, ist darüber hinaus – abseits der Frage der Ergebnisvielfalt –, unklar inwieweit die gemessene Anpassungsgeschwindigkeit eine eindeutige Differenzierung zwischen den einzelnen Kapitalstrukturtheorien zulässt, besteht doch abseits der Extrempunkte einer sofortigen Anpassung bzw. einer vollkommenen Unterlassung von Anpassungsschritten wenigstens ein Interpretationsspielraum. Vor dem Hintergrund der gemischten Ergebnisse der Determinantenstudien und der Partial-Adjustment-Modelle erscheint es nicht verwunderlich, dass sich in der Literatur mit den Befragungsstudien ein dritter, bisher noch nicht näher beleuchteter Untersuchungsansatz der Finanzierungsentscheidungen der Unternehmen findet. Im folgenden Abschnitt sei sich dieser dritten Säule der Kapitalstrukturforschung kurz eingehender gewidmet.

5.3. Zu den Ergebnissen von Befragungsstudien

Neben den in den vorangehenden Abschnitten kurz betrachteten Untersuchungsansätzen, die über empirisch-mathematische Methoden auf Grundlage von beobachtbaren Unternehmensdaten die Frage nach der Dominanz einzelner Kapitalstrukturtheorien zu beantworten suchen,[2300] besteht mit Befragungsstudien ein weiterer, wenn auch deutlich weniger stark ausgeprägter, Strang der Kapitalstrukturforschung.[2301] Im Kontrast zu den in den vorangehenden Abschnitten betrachteten Ansätzen, versuchen die Befragungsstudien, über einen direkteren Weg die Bedeutung der unterschiedlichen Kapitalstrukturtheorien für die Finanzierungsentscheidungen der Praxis zu quantifizieren. Befragungsstudien stellen darauf ab, die in praxi Verwendung findenden Finanzierungspolitiken als auch deren Determinanten durch eine direkte Befragung von Praktikern, d. h. dem Unternehmensmanagement, näher zu bestimmen. So halten etwa Beattie et al. (2006) mit Blick auf die „klassischen" empirischen Untersuchungen fest, dass „[...] only indirect inferences can be made about the financing decision-making process as only the outcome of the process is studied",[2302] während Befragungsstudien einen direkten Einblick in den, für Kapitalstrukturtheorie und Finanzierungspolitik interessanten, Entscheidungsprozess des Managements geben können.[2303] In der Praxis erfolgt die Befragung des Unternehmensmanagements i. d. R. indirekt durch den Versand entsprechender Fragebögen oder aber direkt durch eine entsprechende Befragung des Unternehmensmanagements durch die Forscher.[2304] Ein unzweifelhafter Vorteil

2300 Vgl. Baker et al. (2011) S. 4–5.
2301 Vgl. dazu etwa Graham/Harvey (2001) S. 189. Baker et al. (2011) sprechen so scherzhaft davon, dass die Zahl alternativer Kapitalstrukturtheorien der Anzahl an Befragungsstudien beinahe gleichkommt. Vgl. dazu Baker et al. (2011) S. 196.
2302 Beattie et al. (2006) S. 1403.
2303 Vgl. ebda.
2304 Vgl. dazu etwa Graham/Harvey (2001) S. 190.

dieser Untersuchungen liegt darin begründet, dass über die Befragung des Unternehmensmanagements – wenigstens Vordergründig – direkte Antworten zu den zentralen Fragen der Kapitalstrukturforschung gefunden werden können.[2305] Im Angesicht des unzweifelhaften Charmes, der dem direkten Ansatz der Befragungsstudien innewohnt, ist der Frage nachzugehen, warum dieser Strang der Forschung in der Vergangenheit eine vergleichsweise geringe Beachtung gefunden hat.[2306] Dies dürfte maßgeblich darin begründet sein, dass dieser auf den ersten Blick direkte Weg nicht frei von bedeutsamen Hürden und Unwägbarkeiten ist. Ohne an dieser Stelle die praktischen Hürden dieses Forschungsstranges im Detail zu ergründen, dürfte insbesondere der notwendige Aufwand für eine sachgerechte Gestaltung des Fragenkatalogs verbunden mit vergleichsweise geringen Rücklaufquoten ein zentrales Hemmnis für die Bedeutung der Befragungsstudien darstellen.[2307] Blendet man dieses praktische Problem zunächst aus, bleibt – anders, als auf den ersten Blick vermutet – zudem unklar, inwieweit mit der direkten Befragung des Unternehmensmanagements ein unverfälschtes Bild der Determinanten der Finanzierungsentscheidung gezeichnet werden kann. Ist es zumindest denkbar, dass die tatsächlichen Treiber der Finanzierungsentscheidung sei es bewusst – aus Interesse des Managements – bzw. unbewusst – aufgrund von Fehlinterpretationen des Managements – auch im Fall der Befragungsstudien weitgehend im Hintergrund bleiben. Provokativ formuliert erfährt man durch die Befragung des Managements, welche Treiber das Unternehmensmanagement hinter der Kapitalstrukturentscheidung vermutet bzw. die Treiber, die das Management als Antwort als adäquat erachtet.[2308] Losgelöst von diesen Fragestellungen, seien im Folgenden die Kernaussagen ausgewählter Befragungsstudien – in Ergänzung zum nachfolgenden Abschnitt zu den Determinanten der Kapitalstruktur – kurz eingehender betrachtet. Wie bereits in den vorangehenden Abschnitten sei auch an dieser Stelle ein weitgehend chronologisches Vorgehen zur Darstellung der Ergebnisse der Forschung eingeschlagen.

2305 Das Problem der Determinantenstudien, dass die Bedeutung der einzelnen Kapitalstrukturdeterminanten auf Basis der konkurrierenden Theorien nicht eindeutig unterschieden werden können, erscheint somit prima facie von nachrangiger Natur.

2306 Dominieren die Forschung doch unzweifelhaft die in den vorangehenden Abschnitten beschriebenen Untersuchungsmethoden. Vgl. dazu Beattie et al. (2006) S. 1410.

2307 Graham/Harvey (2001) sprechen etwa von einer Antwortrate von 8–10 %. Vgl. dazu Graham/Harvey (2001) S. 190. Dies dürfte dabei bereits eine vergleichsweise gute Rücklaufquote für Befragungsstudien darstellen.

2308 Insbesondere der zweite Aspekt dürfte dabei aus Sicht des Beitrages der Befragungsstudien als deutlich kritischer erachtet werden.

5.3.1. Stonehill et al. (1975)

Als eine der ersten Befragungsstudien hat sich die Arbeit von Stonehill et al. (1975) mit den Zielen des Managements im Rahmen der Steuerung der Kapitalstruktur befasst. Ein besonderes Augenmerk der Untersuchung liegt, neben den durch das Management identifizierten Einflussfaktoren der Finanzierungspolitik, auf der Hervorhebung länderspezifischer Treiber der Kapitalstrukturentscheidung. Die Bedeutung länderspezifischer Besonderheiten ist aus Sicht von Stonehill et al. (1975) insbesondere für die Bestimmung der Treiber des Unternehmenswertes über Landesgrenzen hinweg[2309] als auch für die Frage, wie die Finanzierungsentscheidungen von ausländischen Tochterunternehmen zu gestalten sind, bedeutsam. Insbesondere dürften bedeutsame Unterschiede über Ländergrenzen hinweg – folgt man der Einschätzung von Stonehill et al. (1975) – zu Besonderheiten in der Kapitalstruktur multinationaler Unternehmen bzw. ihre Tochterunternehmen im Landesvergleich führen.[2310] Die Untersuchung von Stonehill et al. (1975) deckt 5 Länder bzw. 87 Industrieunternehmen im Rahmen der Untersuchung ab. Begleitend zur Befragung des Managements, erheben Stonehill et al. (1975) auch die auf Buchwerten basierenden Verschuldungsgrade der betrachteten Unternehmen.[2311] Zum Zeitpunkt der Untersuchung im Jahr 1972 zeigt sich – zwischen den betrachteten Ländern – eine vergleichsweise breite Streuung der Buchwertverschuldungsgrade. So ergibt sich für norwegische Unternehmen mit einem Verschuldungsgrad von 78,6 % der höchste, während Unternehmen in den USA mit 42,4 % den niedrigsten Verschuldungsgrad besitzen.[2312] In Einklang mit der Annahme unterschiedlicher Treiber der Finanzierungsentscheidung zeigen sich auch in der Frage der wichtigsten Aufgaben des Finanzmanagements z. T. deutliche Unterschiede zwischen den betrachteten Ländern. Im Folgenden seien diese Unterschiede zwischen den Ländern kurz skizziert.

Frankreich

Blickt man zunächst auf das Ergebnis der Befragung französischer Unternehmen, so sehen französische Manager in der Maximierung des Gewinns nach Steuern die zentrale Aufgabe des Finanzmanagements, gefolgt von der Aufgabe, dem Unternehmen ausreichend finanzielle Mittel in jeder Situation zur Verfügung stellen zu

---

2309 Vgl. Stonehill et al. (1975) S. 27.

2310 Vgl. Stonehill et al. (1975) S. 27–28.

2311 Interessant mit Blick auf die in Abschnitt 5.1.1. erfolgte Diskussion erscheint an dieser Stelle, dass Stonehill et al. (1975) damit die Bedeutung des Buchwertverschuldungsgrades für die Entscheidungen des Managements berücksichtigt haben.

2312 Vgl. Stonehill et al. (1975) S. 28. Die Werte der anderen Länder liegen mit Japan (66,9 %), Frankreich (58,1 %), und den Niederlanden (57,1 %) zwischen den beiden Extrempunkten. Vgl. ebda.

können.[2313] Das Management sieht dagegen das Ziel, den Marktpreis des Eigenkapitals des Unternehmens zu maximieren – etwa durch eine wertabhängige Finanzierungspolitik – eher als unbedeutend an und konzentriert sich deshalb auf Ziele des Finanzmanagements, die nicht direkt auf die Maximierung des Marktwertes des Unternehmens abzielen.[2314] Die weniger starke Fokussierung auf den Shareholder-Value erklären Stonehill et al. (1975) mit der damaligen politischen Lage in Frankreich, die durch eine starke Linke geprägt wurde.[2315] Wichtige Einflussfaktoren für den Verschuldungsgrad stellen die Verfügbarkeit von Kapital sowie die Lage auf den Kapitalmärkten dar. Übereinstimmend mit der geringeren Bedeutung des Marktwertes, wird der Faktor Kapitalkostenminimierung – wie etwa für die „klassische" Trade-Off-Theorie bedeutsam – als eher nachrangig angesehen.[2316] Die Ergebnisse der Befragung französischer Manager erscheinen so eher als Vorbote der deutlich später formulierten Theorie des Market-Timings als eine Bestätigung der „klassischen" Trade-Off-Theorie.

Japan

Vergleichbar mit den Ergebnissen der Befragung französischer Unternehmen nennen auch japanische Manager die Maximierung des Gewinns nach Steuern als wichtigstes Kriterium des Finanzmanagements. Als zweites bedeutsames Kriterium werden von japanischen Managern dagegen die Faktoren Umsatzrentabilität und damit verbunden die Reduktion von Kapitalkosten genannt. Als dritter bedeutsamer Faktor finden Eigenkapitalrentabilität und die Verfügbarkeit ausreichender finanzieller Mittel Eingang in die Untersuchungsergebnisse.[2317] Stonehill et al. (1975) stellen fest, dass wie schon im Fall französischer Unternehmen das Finanzmanagement in erster Linie Sicherheit und Wachstum gewährleisten soll. Die Situation und Vorgehensweise japanischer Unternehmen wird von Stonehill et al. (1975) durch die besondere Situation nach dem Zweiten Weltkrieg erklärt, die zu Besonderheiten bei der Eigenfinanzierung und damit zur starken Finanzierung von Unternehmen durch Fremdkapital geführt hat. Neben einem vergleichsweise hohen Verschuldungsgrad zeichnet die Kapitalstruktur nach Stonehill et al. (1975) eine die Geschäftsbeziehungen der Unternehmen abbildende Eigentümerstruktur aus. Eine Besonderheit ist dabei, dass Eigenkapitalgeber im Sinne von Vorzugsaktionären nur einen geringen Teil des Risikos übernehmen und letztlich die Fremdkapitalgeber einen Großteil

2313 Unter Versorgung mit ausreichend finanziellen Mitteln wird dabei verstanden, dass das Unternehmen flexibel bleibt, um neue Investitionsmöglichkeiten jederzeit finanzieren zu können.

2314 Vgl. Stonehill et al. (1975) S. 28–29.

2315 Vgl. Stonehill et al. (1975) S. 29.

2316 Insbesondere der steuerliche Vorteil des Einsatzes von Fremdkapital spielt eine untergeordnete Bedeutung. Stonehill et al. (1975) interpretieren dies als Zeichen einer mangelnden Shareholder-Orientierung.

2317 Vgl. Stonehill et al. (1975) S. 29.

des Unternehmensrisikos tragen.[2318] Darin begründet sehen Stonehill et al. (1975) eine Erklärung für die fehlende Orientierung japanischer Unternehmen am Konzept der Shareholder-Value-Maximierung. Als wichtige Faktoren für die Bestimmung der Kapitalstruktur wird von japanischen wie zuvor von den französischen Unternehmen die Verfügbarkeit von Kapital genannt, nicht die Kostenoptimierung, wie sie etwa in der „klassischen" Trade-Off-Theorie oder aber in der Pecking-Order-Theorie im Fokus steht. Neben der historischen Marktsituation wird der Umfang und die Variabilität des Unternehmenswachstums als zweites die Kapitalstruktur bestimmendes Kriterium genannt. Diese Faktoren sprechen damit eher für die mit der „klassischen" Trade-Off-Theorie konkurrierenden Pecking-Order- oder Inertia-Theorien. Die Fokussierung auf das Wachstum der Unternehmensgewinne nach Steuern wird von Stonehill et al. (1975) so auch als Versuch interpretiert, genug Mittel für zukünftiges Wachstum thesaurieren zu können. Als dritter wichtiger Punkt wird der Zinsdeckungsgrad genannt, der nach Stonehill et al. (1975) auf den hohen Verschuldungsgrad japanischer Unternehmen zurückzuführen ist.[2319]

Niederlande

Für niederländische ist wie für japanische und französische Unternehmen das Wachstum des Gewinns nach Steuern das zentrale Kriterium bei der Finanzierungsentscheidung der verantwortlichen Manager. Weitere wichtige Ziele niederländischer Unternehmen sind die Eigenkapitalrentabilität und die Verfügbarkeit finanzieller Mittel. In Übereinstimmung mit den vorangehenden Ländergebnissen ist die Shareholder-Value-Maximierung nur von untergeordneter Relevanz.[2320] Als wichtigster Einflussfaktor auf die Kapitalstruktur wird von niederländischen Managern der Zinsdeckungsgrad genannt. Stonehill et al. (1975) sehen darin ein Zeichen, dass das Finanzrisiko eine wichtige Rolle in der Bestimmung der Finanzstruktur niederländischer Unternehmen spielt. Dies wird aus Sicht von Stonehill et al. (1975) durch den Wunsch des Managements nach Flexibilität in den zukünftigen Finanzierungsentscheidungen weiter untermauert. Als zweiter wichtiger Punkt wird von niederländischen Managern der Punkt Kapitalkostenoptimierung genannt, der aber von Stonehill et al. (1975) dahingehend interpretiert wird, dass zum Zeitpunkt der Untersuchung Eigenkapital in den Niederlanden gegenüber dem Einsatz von Fremdkapital vergleichsweise teuer war.[2321] Dieses Ergebnis steht letztlich im Widerspruch zu den in Kapitel I vorgenommenen Überlegungen zur „klassischen" Pecking-Order-Theorie. Laut Stonehill et al. (1975) sind ausländische Kapitalmärkte als dritter wichtiger Einflussfaktor von relativ hoher Bedeutung aufgrund der begrenzten Größe des

2318 Vgl. Stonehill et al. (1975) S. 29–30.
2319 Vgl. Stonehill et al. (1975) S. 30.
2320 Vgl. Stonehill et al. (1975) S. 30.
2321 Eine Optimierung der Kapitalstruktur durch den Einsatz von Fremdkapital stimmt letztlich sowohl mit der „klassischen" Trade-Off-Theorie als auch der Theorie des Market-Timings überein.

niederländischen Marktes. Multinationale niederländische Unternehmen haben ihre Tochterunternehmen zudem zumeist über ausländische Kapitalmärkte finanziert.[2322]

Norwegen

Die obersten Ziele des Finanzmanagements norwegischer Manager stellen die Eigenkapitalrentabilität, die Verfügbarkeit von ausreichend freiem Kapital und das EBIT als Steuerungsgröße dar. Anders als in den zuvor betrachteten Ländern steht die Maximierung des Gewinns nach Steuern nicht im Fokus des Interesses des Managements. Stonehill et al. (1975) erklären dies damit, dass aufgrund einer hohen Belastung durch das norwegische Steuersystem sowie eines bedeutenden Einflusses der Gewerkschaften hohe Gewinne gesellschaftlich verpönt sind. Diese gesellschaftlichen Verhältnisse führen laut Stonehill et al. (1975) letztlich zu einer die Steuerbelastung minimierenden Politik, die durch eine konservative Rechnungslegung versucht, Gewinne zu verschleiern. Die Eigenkapitalquote norwegischer Unternehmen ist infolge dieser Faktoren vergleichsweise gering. Aufgrund staatlicher Regulierung ist auch die Quote langfristigen Fremdkapitals gering, sodass sich norwegische Unternehmen überwiegend mit kurz- und mittelfristigem Fremdkapital finanzieren. In Summe führt dies nach Einschätzung von Stonehill et al. (1975) dazu, dass das Kriterium einer ausreichenden Verfügbarkeit freien Kapitals an Bedeutung gewinnt. Determinanten des Verschuldungsgrades sind unter dem Eindruck des hohen Verschuldungsgrades das Finanzrisiko der Unternehmen sowie der Zinsdeckungsgrad. Weitere Aspekte bilden die Branchenzugehörigkeit sowie die Liquidität der Vermögensgegenstände. Auch diese Kriterien können durch den Hinweis auf den vergleichsweise hohen Verschuldungsumfang, insbesondere die hohe kurzfristige Verschuldung, erklärt werden.[2323]

USA

Ein etwas anderes Bild lässt sich aus den Ergebnissen der Befragung US-amerikanischer Unternehmen ableiten. In Kontrast zu den zuvor betrachteten Ländern lassen die Ergebnisse für die USA eine stärkere Shareholder-Value-Orientierung erkennen, da das Management als Ziele des Finanzmanagements etwa das Wachstum des Gewinns pro Aktie, die Eigenkapitalrendite sowie die Maximierung des Aktienwertes nennt. Eine alternative Interpretationsmöglichkeit laut Stonehill et al. (1975) ist, dass die Antworten die Möglichkeit des Unternehmens, Gewinne zu thesaurieren, damit den Versuch des Managements beschreibt, genug Mittel für die Finanzierung neuer Projekte bereitzuhalten.[2324] Für die Kapitalstrukturentscheidung spielen neben dem finanziellem Risiko, ausgedrückt durch den Zinsdeckungsgrad, auch der Punkt internationale Faktoren durch die bereits damals stärker ausgeprägte Multinationalität US-amerikanischer Unternehmen eine

2322 Vgl. Stonehill et al. (1975) S. 30.
2323 Vgl. Stonehill et al. (1975) S. 31.
2324 Vgl. Stonehill et al. (1975) S. 31–32.

bedeutende Rolle. Die Faktoren Kapitalkosten und Industriezugehörigkeit sind – in Kontrast etwa zu der Befragung norwegischer Unternehmen – für die Praxis US-amerikanischer Unternehmen dagegen nur von untergeordneter Bedeutung.[2325] Eine klare Tendenz zugunsten der Treiber eines Verschuldungsoptimums, wie es etwa mit der „klassischen" Trade-Off-Theorie beschrieben wird, lässt sich auch bei der Betrachtung US-amerikanischer Unternehmen nicht erkennen.

Insgesamt identifiziert die Arbeit von Stonehill et al. (1975) als zentrales Ziel des Finanzmanagements über alle Ländergrenzen hinweg die Maximierung des zukünftigen Unternehmenswachstums. Abweichungen zwischen den Ländern ergeben sich durch länderspezifische Eigenheiten, wie etwa die Ausgestaltung des Steuer- und Rechnungslegungssystems wie auch der unterschiedlichen Verzahnung der Unternehmen miteinander. Als bedeutsamste Determinanten des Verschuldungsgrades werden das Finanzrisiko und die Verfügbarkeit von Kapital – insbesondere vor dem Hintergrund der unterschiedlichen Entwicklung der landesspezifischen Kapitalmärkte – genannt. Die Verfügbarkeit von Kapitals spielt – wie bereits hervorgehoben wurde – insbesondere mit Blick auf die Finanzierung von Unternehmenswachstum eine zentrale Rolle.[2326] Dieser Aspekt spricht eher für eine Kapitalstrukturtheorie, die die in praxi zu beobachtende Kapitalstrukturentwicklung mit vergangenen Kapitalstrukturentscheidungen erklärt als mit der Dominanz von Überlegungen zur Steuerlast der Unternehmen.[2327] Erinnert man sich an die Überlegungen des erstens Kapitels zurück, so erscheint die Inertia-Theorie vor dem Hintergrund der Arbeit von Stonehill et al. (1975) näher an den Überlegungen der Praxis ausgerichtet zu sein als eine auf einen wertoptimalen Verschuldungsgrad ausgerichtete, „klassische" Trade-Off-Theorie. Für manche Länder der Untersuchung von Stonehill et al. (1975) spielt aufgrund der Schwierigkeit, Eigenkapital einzuwerben, auch die mit der „klassischen" Pecking-Order-Theorie beschriebene Finanzierungsrangfolge eine gewisse Rolle.[2328] Internationale Einflussfaktoren spielen insbesondere für multinationale Unternehmen eine gewisse, wenn auch untergeordnete, Rolle. Dies kann jedoch auch darauf zurückzuführen sein, dass zum Zeitpunkt der Untersuchung multinationale Unternehmen noch weniger verbreitet waren. Die Minimierung der Kapitalkosten im Sinne der „klassischen" Trade-Off-Theorie ist für die meisten Unternehmen jedoch auch über die Ländergrenzen hinweg eher von untergeordnetem Interesse.[2329]

2325 Vgl. Stonehill et al. (1975) S. 32.

2326 Vgl. Stonehill et al. (1975) S. 33–34.

2327 Ein Zukunftsbezug besteht letztlich nur mit Blick auf die Ermöglichung zukünftigen Unternehmenswachstums.

2328 So versuchen diese Unternehmen, durch die Thesaurierung von Gewinnen notwendiges Kapital für die Finanzierung zukünftigen Wachstums vorzuhalten.

2329 Vgl. Stonehill et al. (1975) S. 33.

5.3.2. Scott/Johnson (1982)

Scott/Johnson (1982) befragen in ihrer Arbeit die Finanzvorstände der im Fortune 1000 gelisteten Unternehmen auf Basis einer aus 25 Einzelfragen bestehenden Umfrage.[2330] Ziel der von Scott/Johnson (1982) durchgeführten Umfrage ist es – wie bereits bei Stonehill et al. (1975) –, die Kapitalstrukturtheorie um Einblicke in die auf Unternehmensebene vorherrschenden Treiber der Finanzierungentscheidung zu ergänzen.[2331] Ein besonderes Augenmerk liegt dabei auf der Frage, ob Manager eine Zielkapitalstruktur im Sinne der „klassischen" Trade-Off-Theorie verfolgen bzw. welche Treiber der Finanzierungsentscheidung auf Unternehmensebene bedeutsamen Einfluss nehmen.[2332] Im Sinne der Überlegungen der „klassischen" Trade-Off-Theorie geben 89 % der antwortgebenden Unternehmen an, auf einen Zielverschuldungsgrad im Rahmen ihrer Finanzierungsentscheidungen abzustellen.[2333] Blickt man in einem zweiten Schritt auf die in der Literatur kontrovers diskutierte Frage, ob buch- oder aber marktwertbasierte Verschuldungsgrade die Finanzierungsentscheidung dominieren, so geben rund 92 % der Unternehmen an, zur Messung des Verschuldungsgrades auf Buchwerte abzustellen.[2334] Lediglich etwa 3 % der Unternehmen geben an, den Verschuldungsgrad auf Basis von Marktwerten zu messen.[2335] Interessant erscheint das Ergebnis der Befragung von Scott/Johnson (1982) auch mit Blick auf die Einflussfaktoren der Gestalt des Verschuldungsgrades. Rund 87 % der Unternehmen geben als Antwort, dass der Zielverschuldungsgrad durch das eigene Management vorgegeben wird, als weitere bedeutsame Einflussfaktoren werden Banken – insbesondere Investmentbanken – und der Branchenverschuldungsgrad genannt.[2336] Wie die Arbeit von Scott/Johnson (1982) zeigt, wird so etwa der Branchenverschuldungsgrad von ca. 53 % der Unternehmen als Referenzpunkt der eigenen Finanzierungsentscheidung herangezogen.[2337] Die Befragung von Scott/Johnson (1982) zeigt darüber hinaus, dass Unternehmen bei der Steuerung der Kapitalstruktur vor allem den Anteil des

2330 Die Antwortquote liegt bei rund 21,2 %. Vgl. dazu Scott/Johnson (1982) S. 51.

2331 Vgl. Scott/Johnson (1982) S. 51.

2332 Vgl. Scott/Johnson (1982) S. 52.

2333 Vgl. Scott/Johnson (1982) S. 52.

2334 Von 76 % der Unternehmen wird dabei angegeben, den Verschuldungsgrad über das langfristige Fremdkapital gegenüber Gesamtkapital zu berechnen. Rund 69 % der Unternehmen nennen als weitere wichtige Referenzgröße den Zinsdeckungsgrad. Der traditionelle Verschuldungsgrad (Fremdkapital/Bilanzsumme) wird dagegen nur von 37 % der Unternehmen als Maßzahl für den Verschuldungsgrad genannt. Vgl. dazu Scott/Johnson (1982) S. 53–54.

2335 Vgl. Scott/Johnson (1982) S. 53; 54. Eine geringe Anzahl an Unternehmen gibt an, sowohl auf markt- als auch buchwertbasierte Werte abzustellen. Vgl. ebda.

2336 Dies entspricht letztlich den in Kapitel II angeführten „inneren" und „äußeren" Gründen der alternativen Ausprägung der Finanzierungsannahmen.

2337 Vgl. Scott/Johnson (1982) S. 53.

langfristigen Fremdkapitals im Blick haben.[2338] Interessant erscheint dabei, dass Leasingverbindlichkeiten von rund 76 % der Unternehmen bei der Berechnung des Verschuldungsgrades miteinbezogen werden.[2339] Neben den direkten Fragen zur Kapitalstrukturentscheidung der Unternehmen selbst, untersucht die Arbeit von Scott/Johnson (1982) auch, ob in der Unternehmenspraxis der durch die Theorie beschriebene Einfluss der Kapitalstruktur auf die Kapitalkosten entsprechend durch das Management antizipiert wird. Dies scheint unzweifelhaft der Fall, geben doch über 90 % der befragten Unternehmen an, dass die Kapitalstruktur einen direkten Einfluss auf die Kapitalkosten der Unternehmen besitzt. Auch an dieser Stelle dominiert dabei die Vorstellung eines Kapitalstrukturoptimums. Scott/Johnson (1982) folgern aus den Antworten der befragten Unternehmen, dass der Zielverschuldungsgrad ein zentrales Element des Finanzmanagements in der Praxis darstellt. Die Ergebnisse der Arbeit von Scott/Johnson (1982) legen damit eine Finanzierungspolitik der Praxis nahe, die – im Kontrast zu den Ergebnissen der Arbeit von Stonehill et al. (1975) – weitgehend im Einklang mit den Überlegungen der „klassischen" Trade-Off-Theorie steht.[2340] Blickt man in einem abschließenden Schritt auf die Gestalt der durch die Unternehmen verfolgten Zielverschuldungsgrade, so zeigt sich, dass rund 64 % der Unternehmen angeben, einen Zielverschuldungsgrad innerhalb einer Bandbreite eines Anteils von 26–40 % langfristigen Fremdkapitals anzustreben, höhere Verschuldungsbandbreiten stellen dagegen die Ausnahme dar.[2341] Differenziert man nach Unternehmensgröße, so zeigt sich, dass die Antworten der Unternehmen in Abhängigkeit zur Unternehmensgröße unterschiedlich ausfallen. Für große Unternehmen spielen neben der Einhaltung des Zielverschuldungsgrades so auch das Unternehmensrating und die damit verbundenen Kapitalstrukturvorgaben eine bedeutende Rolle (21 %). Für kleine Unternehmen sind dagegen weitere bilanzbasierte Kennzahlen für die Steuerung der Kapitalstruktur bedeutsam.[2342]

5.3.3. Lamberson (1988)

Die 1988 veröffentlichte Arbeit von Lamberson umfasst eine Umfrage unter 1.013 produzierenden US-amerikanischen Unternehmen zur Anwendung theoretischer Finanzierungskonzepte in der Praxis. Die Stichprobe der befragten Unternehmen

2338 Dies zeigt sich auf Basis der oben dargestellten, in der Praxis dominierenden Definitionen des Zielverschuldungsgrades. Vgl. Scott/Johnson (1982) S. 53–54.

2339 Vgl. Scott/Johnson (1982) S. 54. Ein Aspekt, der auch vor dem Hintergrund der mit dem Geschäftsjahr 2019 verbindlichen Einführung des IFRS 16 von Interesse erscheint.

2340 Vgl. Scott/Johnson (1982) S. 55.

2341 Neben dem Ziel statischer Verschuldungsgrenzen sind vor dem Hintergrund der Antworten der befragten Unternehmen auch wertoptimale Verschuldungsbänder, wie von der dynamischen Trade-Off-Theorie beschrieben, denkbar.

2342 Vgl. Scott/Johnson (1982) S. 55.

enthält sowohl große (> 500 Mitarbeiter) wie auch kleinere Unternehmen (< 500 Mitarbeiter) und beschränkt sich auf acht Bundesstaaten der USA.[2343] Im Folgenden sei – da für diese Arbeit von besonderem Interesse – ausschließlich auf die Ergebnisse der Arbeiten zu den alternativen Kapitalstrukturtheorien eingegangen. Eine zentrale Frage der Untersuchung von Lamberson (1988) ist, ob Unternehmen Kennzahlen zur Messung und Steuerung des Verschuldungsgrades einsetzen. Die vergleichsweise geringe Bedeutung – lediglich 46 % der Unternehmen setzten Kennzahlen zur Steuerung der Unternehmensverschuldung ein – interpretierte Lamberson (1998) als ein Zeichen dafür, dass die theoretischen Konzepte der „klassischen" Kapitalstrukturtheorien in der Praxis nur unzureichend umgesetzt werden. Ein Großteil dieser Unternehmen gab an, sich am klassischen Verschuldungsgrad bzw. der Fremdkapitalquote zu orientieren.[2344] Lediglich 36 % der Unternehmen gaben – in Kontrast zu den Erwartungen auf Basis der „klassischen" Trade-Off-Theorie – an, einer festen Zielkapitalstruktur zu folgen. Ähnlich zur Arbeit von Scott/Johnson (1982) war auch in der Befragung von Lamberson (1988) zu beobachten, dass ein Großteil dieser Unternehmen – rund 53 % – eine Verschuldungsbandbreite zwischen 21–40 % anstrebt. Auf die Frage, ob die gewählte Kapitalstruktur Einfluss auf die Kapitalkosten der Unternehmen nimmt, haben rund 45 % der Unternehmen zustimmend geantwortet, wohingegen 15 % der Unternehmen den Einfluss der Kapitalstruktur auf die Kapitalkosten verneint haben.[2345] Die Arbeit von Lamberson (1988) zeichnet mit Blick auf die alternativen Kapitalstrukturtheorien erneut ein gemischtes Bild, kann sich auch in dieser Untersuchung die Annahme eines festen Zielverschuldungsgrades nur bedingt durchsetzen.

5.3.4. Pinegar/Wilbricht (1989)

Die 1989 veröffentlichte Arbeit von Pinegar/Wilbricht (1989) zielt auf die Beantwortung der Frage, ob Unternehmen respektive das Unternehmensmanagement in der Praxis Kapitalstrukturentscheidungen auf Grundlage der in der Literatur beschriebenen Kapitalstrukturtheorie trifft.[2346] Die Umfrage umfasst dabei die Antworten von 176 Unternehmen, die 1986 im Fortune-500-Index gelistet waren.[2347]

2343 Vgl. Lamberson (1988) S. 44–45. Von den ursprünglich befragten 1.013 Unternehmen verblieben rund 235 auswertbare Antworten zurück. Vgl. ebda.

2344 Der in der Arbeit von Scott/Johnson (1982) dominierende langfristige Verschuldungsgrad belegt in der Befragung von Lamberson (1988) dagegen nur den dritten Platz der bedeutenden Steuerungskennzahlen.

2345 Vgl. Lamberson (1988) S. 49.

2346 Vgl. Pinegar/Wilbricht (1989) S. 82. Letztlich wird auch in der Arbeit von Pinegar/Wilbricht (1989) zur Differenzierung der unterschiedlichen Kapitalstrukturtheorien auf die Bedeutung der alternativen Kapitalstrukturdeterminanten abgestellt.

2347 Vgl. Pinegar/Wilbricht (1989) S. 83. Da die Umfrage anonym durchgeführt wurde, ist die Identifikation einzelner Unternehmen und damit die Zuordnung beispielsweise zu Größenklassen nicht möglich.

Interessant erscheint zunächst, dass – den Blick auf die konkurrierenden Kapitalstrukturtheorien gerichtet – rund 99 % der befragten Unternehmen angegeben haben, eine hierarchische Abstufung zwischen den alternativen Finanzierungsquellen vorzunehmen. Aus dem Vorzug internen Eigenkapitals gegenüber dem eher unwilligen Einsatz externen Fremdkapitals haben Pinegar/Wilbricht (1989) u. a. geschlossen, dass für die Praxis die Überlegungen der Pecking-Order-Theorie einen dominanten Einfluss ausüben. Blick man auf die Bedeutung der unterschiedlichen Treiber der alternativen Kapitalstrukturtheorien, so verstärkt sich der erste Eindruck, dass die zur „klassischen“ Pecking-Order-Theorie alternativen Überlegungen lediglich von untergeordneter Bedeutung sind. Den Informationscharakter der Finanzierungsentscheidung, die im Rahmen der Signalling-Theorie im Vordergrund steht,[2348] verwerfen Pinegar/Wilbricht (1989) dagegen, da die Überlegung zu möglichen Fehlbepreisungen des Eigenkapitals sowie der damit verbunden Signalwirkung in den Finanzierungsentscheidungen der Praxis nur eine untergeordnete Rolle spielt.[2349] Auch die Trade-Off-Theorie nimmt, gemessen an der Bedeutung der die Theorie bestimmenden Variablen, nur eine untergeordnete Rolle ein. Die Arbeit von Pinegar/Wilbricht (1989) hebt so etwa hervor, dass die Einflussfaktoren Insolvenzkosten und persönliche Steuerlast in der durch das Management vorgenommenen Reihung alternativer Kapitalstrukturdeterminanten lediglich von nachrangiger Bedeutung sind und der Unternehmenssteuerlast als weiterer zentraler Determinante der „klassischen“ Trade-Off-Theorie lediglich eine mittlere Bedeutung bei der Kapitalstrukturwahl zukommt. Die geringe Bedeutung der Insolvenzkosten wird von Pinegar/Wilbricht (1989) letztlich mit der Zusammensetzung – letztlich sind nur wirtschaftlich erfolgreiche Unternehmen Teil der Befragung – der Stichprobe erklärt. Die nur untergeordnete Bedeutung von Steuern ist laut Pinegar/Wilbricht (1989) dagegen vor dem Hintergrund der im Jahr 1986 wirksam gewordenen Reform des Steuersystems bedeutsam. Direkt nach der Bedeutung der Steuerreform für die Kapitalstruktur befragt, antworteten 82,4 % der Unternehmen, dass die Veränderung des Steuersystems keinen Einfluss auf die Kapitalstruktur hat. Nur 5,5 % der Manager gaben an, dass die Änderung der Steuergesetzgebung zu einer Änderung der Kapitalstruktur geführt hat bzw. führen wird.[2350]

Neben der expliziten Befragung des Managements nach der Bedeutung einzelner Einflussvariablen auf die realisierte Kapitalstruktur enthält die Arbeit von Pinegar/Wilbricht (1989) auch eine Auswertung zu den wichtigsten Determinanten der auf die Zukunft ausgerichteten Finanzplanung. Als bedeutendste Faktoren wurden durch das Unternehmensmanagement neben Flexibilität und Überlebensfähigkeit des Unternehmens auch die Maximierung des Unternehmenswertes genannt. Interessant erscheint an dieser Stelle, die zuvor identifizierten Einflussfaktoren der

2348 Vgl. dazu auch die Überlegungen des Kapitels I.
2349 Vgl. Pinegar/Wilbricht (1989) S. 86–87.
2350 Vgl. Pinegar/Wilbricht (1989) S. 87.

Kapitalstruktur vor dem Hintergrund der zentralen Kriterien der Finanzplanung zu betrachten. Wie Pinegar/Wilbricht (1989) hervorgehoben haben, kann die Bevorzugung von internem Eigenkapital ggü. dem Einsatz von Fremdkapital durch das Kriterium der finanziellen Flexibilität der Finanzplanung erklärt werden. Ohne an dieser Stelle auf die Antworten des Managements im Detail einzugehen, schließen Pinegar/Wilbricht (1989) aus der Auswertung der Antworten des Managements, dass einfache Regeln der Finanzplanung die i. d. R. komplexeren Kapitalstrukturtheorien bei den Finanzierungsentscheidungen dominieren.[2351] Die Bedeutung der Kapitalstrukturentscheidung als solches versuchen Pinegar/Wilbricht (1989) durch die Frage zu erfassen, ob Unternehmen wertschaffende Projekte durchführen würden, auch wenn dies ein Abweichen von der vorgegebenen Kapitalstruktur bzw. den Finanzierungsregeln erfordern würde. Da etwas über 82 % der Manager angeben, bestehende Finanzierungsregeln durchbrechen zu wollen, folgern Pinegar/Wilbricht (1989), dass die Steuerung der Kapitalstruktur ein relativ weiches Ziel darstellt, das i. d. R. nachrangig durch die Unternehmen verfolgt wird.[2352] Vor dem Hintergrund dieser Überlegung erscheint die gemischte empirische Evidenz zur Relevanz alternativer Kapitalstrukturtheorien letztlich wenig verwunderlich,[2353] lässt sich doch auch in der Arbeit von Pinegar/Wilbricht (1989) die Vielstimmigkeit der empirischen Forschung beobachten. Im Kontrast etwa zu der Arbeit von Scott/Johnson (1982) beobachten Pinegar/Wilbricht (1989), dass die Überlegungen der „klassischen" Pecking-Order-Theorie für die Leitlinien der Finanzierungsentscheidung bestimmend erscheinen. Diese Dominanz der „klassischen" Pecking-Order-Theorie ist jedoch aufgrund der in der Praxis oftmals Anwendung findenden einfachen Finanzierungsentscheidungen von beschränkter Reichweite.

5.3.5. Allen (1991)

Der Fokus der 1991 von Allen veröffentlichten Untersuchung liegt auf einer Befragung börsengelisteter australischer Unternehmen zu den Determinanten der Kapitalstruktur.[2354] Die Befragung fand im Zeitraum von Juli 1987 bis Juli 1988 statt. Neben der Befragung der Unternehmen selbst wurde ergänzend eine Befragung

2351 Vgl. Pinegar/Wilbricht (1989) S. 88. Dies bedeutet nach Pinegar/Wilbricht (1989) jedoch nicht zwingend, dass die in Kapitel I dargestellten Theorien ungültig sind. Pinegar/Wilbricht (1989) geben jedoch zu bedenken, dass die Praxis regelmäßig durch komplexe Wechselwirkungen gekennzeichnet ist, die das Management letztlich einfache Entscheidungsregeln anwenden lässt. Vgl. ebda.

2352 Diese Beobachtung erscheint auch für die in Kapitel II aufgeworfene Frage, welche Unternehmensstrategie die Praxis dominieren wird, von Bedeutung.

2353 Vgl. Pinegar/Wilbricht (1989) S. 89.

2354 In Summe wurden die verantwortlichen Manager von 48 australischen Unternehmen zu den Determinanten der Kapitalstruktur befragt. Vgl. Allen (1991) S. 104.

von ausgewählten Bankmanagern durchgeführt.[2355] Zu der Bedeutung von Tax-Shields befragt, gaben 85 % der Manager an, dass der steuerliche Wertbeitrag der Fremdfinanzierung für die Kapitalstrukturentscheidung der Unternehmen eine zentrale Bedeutung besitzt. Ein Teil der Befragten gab dabei an, dass versucht würde, Projekte möglichst steuervorteilhaft zu gestalten, steuerliche Überlegungen jedoch die übergeordnete Strategie des Unternehmens nicht dominieren würden.[2356] Ähnlich dem Großteil der im Vorfeld betrachteten Untersuchungen, legt auch die Arbeit von Allen (1991) nahe, dass die steuerliche Optimierung der Kapitalstruktur bzw. des Unternehmens nur ein Ziel zweiter Ordnung ist. Im Sinne der „klassischen" Trade-Off-Theorie gaben 75 % der Manager an, eine Zielkapitalstruktur zu verfolgen, die den Fremdkapitaleinsatz des Unternehmens bestimmt.[2357] Auch an dieser Stelle zeigt sich jedoch – im Einklang mit den Ergebnissen vorangehender Untersuchungen –, dass über 90 % der befragten Unternehmen darüber hinaus versuchen, freie Fremdfinanzierungskapazitäten vorzuhalten, um die finanzielle Flexibilität der Unternehmen zu gewährleisten. Der Grund für dieses Verhalten findet sich in der Antwort der Bankmanager wieder, die angaben, bevorzugt Kredite an Unternehmen zu geben, die bereits bestehende Beziehungen zu der Bank haben und über freie Finanzierungskapazitäten verfügen.[2358] Allen (1991) sieht in Summe eine Übereinstimmung mit Ergebnissen der Untersuchung von Donaldson (1961; 1969), der die Möglichkeit der Fremdkapitalbegabe als Absicherung gegenüber unerwarteten Entwicklungen angesehen hat.[2359] Eine Anlehnung der Verschuldungspolitik an Branchendurchschnitte, wie es etwa durch die Arbeit von Scott/Johnson (1982) nahegelegt wurde, wurde von dem Großteil der befragten Manager dagegen verneint.[2360] Befragt nach der Verschuldungsobergrenze und deren Determinanten, gaben 22 % der Unternehmen an, eine durch Fremdkapitalgeberrechte bzw. Covenants bestimmte Verschuldungsobergrenze zu besitzen. Ein Ziel der Manager ist es, diese Einschränkungen mit Blick auf das Kriterium der Flexibilität möglichst wenig restriktiv für das Unternehmen zu gestalten. Dies erscheint ein mit Blick auf die vergleichsweise restriktive „klassische" Trade-Off-Theorie überraschendes Ergebnis. Die mittlere Verschuldungsobergrenze lag dabei bei rund 60 %.[2361]

2355 Vgl. Allen (1991) S. 105. Interessant dabei ist, dass der Befragungszeitraum den Börsencrash im Jahr 1987 umfasst. Vgl. ebda.

2356 Vgl. Allen (1991) S. 106.

2357 Vgl. Allen (1991) S. 106.

2358 Vgl. Allen (1991) S. 107. Zudem wurde ein positiver Einfluss des Ratings auf die Kreditwürdigkeit des Unternehmens angegeben. Vgl. ebda.

2359 Vgl. Allen (1991) S. 108.

2360 Allen (1991) hat dies u. a. darauf zurückgeführt, dass die befragten Unternehmen weitgehend aus gut diversifizierte Konzernen bestehen.

2361 Vgl. Allen (1991) S. 110.

Im Einklang mit dem Wunsch des Managements, die Unternehmensflexibilität zu erhalten, zeigt die Arbeit von Allen (1991), dass die vertragliche Schuldenobergrenze weit über der tatsächlichen Verschuldung der Unternehmen liegt. Der von den Unternehmen bewusst vorgehaltene Finanzierungspuffer liegt im Mittel dabei bei rund 17 %. Allen (1991) schließt daraus, dass das Ziel eines bestimmten Zielverschuldungsgrades gegenüber dem Ziel der Aufrechterhaltung des finanziellen Spielraums – siehe dazu auch die Argumentation des Kapitels I zum financial slack – nachrangig und daher der Zielverschuldungsgrad der Unternehmen eher flexibel definiert ist.[2362] Blickt man auf die konkurrierende Pecking-Order-Theorie, so haben – in Übereinstimmung mit den Überlegungen der „klassischen" Pecking-Order-Theorie – rund 52 % der Manager angegeben, interne ggü. externen Finanzierungsquellen zu bevorzugen. Eine verstärkte Präferenz der Innenfinanzierung ist dabei insbesondere bei Familienunternehmen festzustellen, dies stärkt letztlich die Vermutung, dass sich die Kriterien der Finanzierungsentscheidung zwischen unterschiedlichen Unternehmenstypen deutlich unterscheiden. Familienunternehmen besitzen insbesondere eine besondere Abneigung gegen die Emission von Eigenkapital, die Allen (1991) mit der Angst vor einer Verwässerung der Familienanteile und damit des Einflusses auf die Unternehmensentscheidungen erklärt.[2363] Als Vorteil der Begabe von Fremdkapital werden zudem die schnellere Verfügbarkeit und die damit verbundenen geringen Offenlegungspflichten genannt.[2364] Aspekte, die aus Sicht der Unternehmen gegen eine Finanzierung mit Fremdkapital sprechen, sind Einschränkungen durch Fremdkapitalgeberrechte sowie – dies steht im Einklang mit den Überlegungen der „klassischen" Pecking-Order-Theorie – der aktuelle Verschuldungsgrad, der keine weitere Aufnahme finanzieller Mittel zulässt.[2365] Nach der Präferenz zur Laufzeitstruktur des eingesetzten Fremdkapitals befragt, gaben die meisten Unternehmen eine kurze bis mittlere Laufzeit an. Allen (1991) hat diese Laufzeitpräferenz mit der hohen Volatilität des Zinssatzes zum Zeitpunkt der Befragung erklärt.[2366]

Wie die Arbeit von Allen (1991) deutlich macht, versuchen Unternehmen in Summe, die Laufzeit der Finanzierung an die Laufzeit der Anlagebestände anzupassen. Nach den Gründen für eine Begabe von Eigenkapital befragt, gaben rund 20 % der Unternehmen an, dass die Begabe von Eigenkapital im Fall einer Akquisition durchgeführt wird und rund 45 % der Unternehmen gaben – im Sinne der Theorie des Market-Timings – an, Eigenkapital begeben zu wollen, wenn die Marktbedingungen vorteilhaft sind. Der Marktpreis stellt dabei jedoch nur einen Aspekt der Begabe von Eigenkapital dar, der Hauptfaktor bleibt der Kapitalbedarf

2362 Vgl. Allen (1991) S. 112.
2363 Vgl. Allen (1991) S. 113, 117.
2364 Diese Aussage kann weitgehend im Einklang mit der Signalling-Theorie gesehen werden.
2365 Vgl. Allen (1991) S. 113.
2366 Vgl. Allen (1991) S. 114.

des Unternehmens.[2367] Ähnlich den vorangehenden Befragungsstudien, zeichnet sich auch die Arbeit von Allen (1991) durch eine weite Bandbreite der Antworten des Unternehmensmanagements aus. Neben Hinweisen auf die Gültigkeit der „klassischen" Trade-Off-Theorie finden sich neben Aspekten zugunsten der „klassischen" Pecking-Order-Theorie und der Theorie des Market-Timings auch – vergleichbar zur Arbeit von Pinegar/Wilbricht (1989) – einfache Finanzierungsregeln, die die Unternehmen der Finanzierungsentscheidung zugrunde legen. Das Bild der Finanzierungsentscheidung der Unternehmen bleibt damit auch vor dem Hintergrund der Arbeit von Pinegar/Wilbricht (1989) uneinheitlich.

5.3.6. Ramirez/Waldman/Lasser (1991)

Die Studie von Ramirez et al. (1991) geht in einer Befragung von rund 900 Finanzvorständen und Managern der mittleren Ebene der Unternehmen des Fortune 500 der Frage nach, welche Forschungsschwerpunkte Praktiker für die Zukunft als wichtig erachten. Die Untersuchung basiert dabei auf 154 Antworten des Managements großer – zumeist börsennotierter – Unternehmen, die mit im Schnitt 26 % einen relativ niedrigen Verschuldungsgrad aufweisen.[2368] Einen hohen Forschungsbedarf sehen alle Manager – unabhängig ihrer Zuordnung zu Hierarchiestufen – in der Bedeutung der Steuergesetzgebung für die Kapitalstrukturentscheidung,[2369] hingegen erscheint die andere zentrale Determinante der Trade-Off-Theorie, die Insolvenzkosten, für das Management nur von untergeordneter Bedeutung für die Forschung.[2370] Diese eher indirekte Beobachtung zu den Determinanten der Finanzierungsentscheidung kann letztlich als weiteres Indiz für die Schlussfolgerung von Pinegar/Wilbricht (1989) gesehen werden, dass Manager in ihren Entscheidungen nicht eins zu eins auf bestehenden Kapitalstrukturtheorien aufbauen bzw. in der Praxis oftmals vereinfachende Heuristiken verwendet werden.[2371]

5.3.7. Graham/Harvey (2001)

Die Arbeit von Graham/Harvey aus dem Jahr 2001 nimmt unter den Befragungsstudien unzweifelhaft eine zentrale Stellung ein.[2372] Dies mag u. a. auf die vergleichsweise hohe inhaltliche Bandbreite als auch die breite Basis der Untersuchung von Graham/Harvey (2001) zurückzuführen sein, umfasst die Untersuchung doch eine Befragung von rund 4.400 Unternehmen zu Fragen der Investitionsplanung, der

2367 Vgl. Allen (1991) S. 115, 117.
2368 Vgl. Ramirez et al. (1991) S. 17–18.
2369 Vgl. Ramirez et al. (1991) S. 19.
2370 Vgl. Ramirez et al. (1991) S. 19, 25.
2371 Vgl. Pinegar/Wilbricht (1989) S. 88.
2372 So fand und finden die Ergebnisse der Arbeit in der Literatur umfangreiche Resonanz.

Messung der Kapitalkosten sowie der Finanzierungsentscheidung.[2373] Die Untersuchung deckt dabei ein von kleinen bis großen Unternehmen sowie Industrie- und Dienstleistungsunternehmen reichendes Unternehmensspektrum ab.[2374] Ein weiteres Merkmal der Arbeit von Graham/Harvey (2001) stellt darüber hinaus – ähnlich wie bereits bei Stonehill et al. (1975) – die Auswertung der Antworten in Abhängigkeit zu den Charakteristika der befragten Unternehmens dar.[2375] Im Folgenden liegt aufgrund des Schwerpunktes dieser Arbeit der Fokus auf den Antworten der Unternehmen zur Gestalt der Steuerung der Kapitalstruktur. Ähnlich wie die im Vorfeld kurz skizzierten Arbeiten versucht auch die Arbeit von Graham/Harvey (2001), über die Relevanz der alternativen Treiber der Finanzierungsentscheidung in der Praxis zwischen den konkurrierenden Kapitalstrukturtheorien zu unterscheiden. Blickt man auf die Bandbreite bestehender Kapitalstrukturtheorien, so erscheint mit Blick auf die „klassische" Trade-Off-Theorie zunächst interessant, dass die zentralen Treiber des Verschuldungsoptimums der „klassischen" Trade-Off-Theorie, der Wertbeitrag der Fremdfinanzierung als auch die mit dem Fremdkapitaleinsatz verbundenen Insolvenzkosten, für die Entscheidungen der Unternehmen lediglich von zweitrangiger Bedeutung scheinen.[2376] Man kann der „klassischen" Trade-Off-Theorie vor dem Hintergrund der Ergebnisse der Befragung von Graham/Harvey (2001) dennoch eine gewisse Praxisrelevanz nicht absprechen, zeigt sich auf den zweiten Blick doch, dass für große, zumeist multinationale Unternehmen eine unterschiedliche steuerliche Behandlung zwischen den Ländern im Rahmen der Planung eine bedeutsame Rolle einnimmt.[2377] Auch spielen das Unternehmensrating – als indirekter Indikator einer Unternehmensinsolvenz – wie auch die Volatilität des Unternehmenscashflows für den Großteil der Unternehmen eine bedeutsame Rolle im Rahmen der Finanzierungsentscheidung. Im Einklang mit der „klassischen" Trade-Off-Theorie beobachten Graham/Harvey (2001) eine Zunahme der Bedeutung des Risikos einer Insolvenz für die Finanzierungsentscheidung insbesondere für finanzschwächere Unternehmen. Direkt nach der Bedeutung eines Verschuldungsoptimums für die Steuerung der Kapitalstruktur befragt, geben lediglich 19 % der Unternehmen an, keinen Verschuldungsgrad als Ziel der Finanzierungspolitik zu besitzen. Für einen Großteil der Unternehmen findet m. a. W. eine mehr oder weniger strenge Steuerung der Kapitalstruktur auf

2373 Die Befragung hat letztlich zu 392 verwertbaren Fragebögen geführt Dies entspricht einer Antwortquote von rund 9 %. Vgl. dazu Graham/Harvey (2001) S. 188; 191.

2374 Wie Graham/Harvey (2001) festhalten, sind rund 21 % der Unternehmen als sehr klein zu klassifizieren, während rund 42 % der Unternehmen den Großunternehmen zuzurechnen sind. Vgl. dazu Graham/Harvey (2001) S. 191.

2375 Vgl. dazu Graham/Harvey (2001) S. 189.

2376 Insbesondere spielt die Steuerlast auf Ebene der Anteilseigner, wie sie in der Literatur diskutiert wurde, für die Finanzierungsentscheidungen der Unternehmenspraxis nur eine nachrangige Rolle. Vgl. dazu Graham/Harvey (2001) S. 211.

2377 Vgl. dazu Graham/Harvey (2001) S. 210–211.

Basis eines Zielverschuldungsgrades im Rahmen der Finanzierungsentscheidung statt. Wie Graham/Harvey (2001) hervorheben, schwanken auch an dieser Stelle die Bedeutung und die Bindungskraft des wertoptimalen Zielverschuldungsgrades mit den Charakteristika der Unternehmen.[2378] Bedeutsam mit Blick auf die dynamische Trade-Off-Theorie erscheint dabei, dass die in der Literatur als Treiber eines wertoptimalen Verschuldungsspektrums identifizierten Transaktionskosten in den Überlegungen der Unternehmen nur eine nachrangige Rolle zu spielen scheinen. Fasst man die Ergebnisse der Arbeit von Graham/Harvey (2001) mit Blick auf die „klassische" Trade-Off-Theorie zusammen, so zeigt sich in Summe letztlich ein widersprüchliches Bild zugunsten der „klassischen" als auch der erweiterten Trade-Off-Theorie.

Wendet man sich in einem zweiten Schritt der Evidenz zugunsten der „klassischen" Pecking-Order-Theorie zu, so wird auch mit Blick auf die Pecking-Order-Theorie letztlich ein gemischtes Bild erkennbar. Zunächst scheint zugunsten der „klassischen" Pecking-Order-Theorie zu sprechen, dass Unternehmen als bedeutsamstes Ziel des Finanzierungsmanagements angeben, die finanzielle Flexibilität des Unternehmens langfristig sicherstellen zu wollen.[2379] Wie Graham/Harvey (2001) hervorgehoben haben, ist dieses mit der „klassischen" Pecking-Order-Theorie im Einklang stehende Ziel jedoch keineswegs ein exklusives Merkmal der Pecking-Order-Theorie und daher grundsätzlich auch mit dem Großteil der zur Pecking-Order-Theorie alternativen Kapitalstrukturtheorien vereinbar.[2380] Direkt nach den Gründen für das Ziel der finanziellen Flexibilität befragt, zeigt sich, dass die für die „klassische" Pecking-Order-Theorie bedeutsame Informationsasymmetrie bzw. Wachstumsoptionen nicht die Haupttreiber für den Wunsch der Unternehmen nach finanzieller Flexibilität darstellen.[2381] Auch die Limitierung interner Mittel als auch die Fehlbewertung des Eigenkapitals der Unternehmen spielen eine andere als die mit der „klassischen" Pecking-Order-Theorie vermutete Rolle. Vielmehr sind Überlegungen zur Sachgerechtigkeit der Marktbewertung der zu begebenden Kapitalinstrumente – wie etwa mit der Theorie des Market-Timings vermutet – für die Finanzierungsentscheidung der Unternehmen relevant.[2382] Letztlich kann – wie einleitend festgehalten wurde – auch die Pecking-Order-Theorie

---

2378 Vgl. Graham/Harvey (2001) S. 210. Die Bedeutung des Zielverschuldungsgrades schwankt auch an dieser Stelle mit dem realisierten Verschuldungsgrad bzw. dem Rating der Unternehmen. Vgl. ebda.

2379 Vgl. dazu Graham/Harvey (2001) S. 210; 215.

2380 So ist das Ziel der finanziellen Flexibilität grundsätzlich auch mit der dynamischen Trade-Off-Theorie vereinbar.

2381 Vgl. dazu Graham/Harvey (2001) S. 218–219.

2382 Vgl. dazu Graham/Harvey (2001) S. 219. Eine etwas deutlicher Evidenz lässt sich dabei für kleine Unternehmen, die stärker mir Kapitalrestriktionen zu kämpfen haben, beobachten. Vgl. ebda.

mit Blick auf die in der Praxis zu beobachtenden Überlegungen im Angesicht der z. T. gegenläufigen empirischen Evidenz nicht vollständig überzeugen.[2383]

Neben der Untersuchung der Bedeutung der Determinanten der „klassischen" Kapitalstrukturtheorien betrachtet die Arbeit von Graham/Harvey (2001) auch die Bedeutung der Determinanten der alternativen Kapitalstrukturtheorien für die Finanzierungsentscheidung. Ohne auf die alternativen Kapitalstrukturtheorien im Folgenden im Detail einzugehen, seien nachfolgend die bedeutenden Einflussfaktoren der Finanzierungsentscheidung kurz hervorgehoben. Interessant mit Blick auf die Theorie des Market-Timings erscheint, dass – wie bereits kurz hervorgehoben – die Bewertung des Marktes eine zentrale Rolle für die Entscheidung der Unternehmen, Kapital zu emittieren, ist.[2384] Eine bedeutsame Rolle spielen dabei Versuche der Unternehmen, Kapital in „günstigen" Marktlagen zu begeben, diese Versuche sind insbesondere für größere Unternehmen mit professionellen Treasury-Abteilungen zu beobachten.[2385] Dagegen versuchen insbesondere höher verschuldete Unternehmen, über geeignete Finanzierungsentscheidungen im Vorfeld eine Refinanzierung bzw. Kapitalbegabe in „ungünstigen" Marktlagen zu vermeiden.[2386] Überlegungen der Signalling-Theorie spielen dagegen weder für die Begabe von Eigen- noch Fremdkapitalanteilen eine wesentliche Rolle in der Praxis.[2387] Eine untergeordnete Rolle für die Finanzierungsentscheidung spielen in aller Regel auch Agency-Probleme in Form der in Kapitel I skizzierten Unter- bzw. Überinvestitionsprobleme. Eine Ausnahme davon bilden Unternehmen mit geringem Unternehmenswachstum, für diese Unternehmen erscheint das Unterinvestitionsproblem nicht gänzlich unbedeutend.[2388] Neben den Überlegungen der „klassischen" Kapitalstrukturtheorien werden auch Überlegungen des Risikomanagements in die Finanzierungsentscheidung der Unternehmen mit einbezogen. Wie die Arbeit von Graham/Harvey (2001) hervorhebt, spielt so etwa die Kongruenz der Fristigkeit von Finanzierung und Vermögensgegenständen als auch die Absicherung gegen Wechselkursschwankungen für die Finanzierungsentscheidung eine zentrale Rolle.[2389] Fasst man die empirische Evidenz zusammen, so zeigt sich auch in der Arbeit von Graham/Harvey (2001) ein gemischtes Bild zugunsten der alternativen Kapitalstrukturtheorien, kann doch keine der „klassischen" Theorien gänzlich überzeugen. Auch die Evidenz der neueren Kapitalstrukturtheorien

2383 So halten Graham/Harvey (2001) fest, dass „[...] asymmetric information does not appear to cause the importance of these factors, as it should if the pecking-order model is the true model of capital structure choice". Graham/Harvey (2001) S. 222.
2384 Vgl. dazu Graham/Harvey (2001) S. 222; 223.
2385 Vgl. dazu Graham/Harvey (2001) S. 223.
2386 Vgl. dazu Graham/Harvey (2001) S. 228–229.
2387 Vgl. dazu Graham/Harvey (2001) S. 222.
2388 Vgl. dazu Graham/Harvey (2001) S. 226–227.
2389 Vgl. dazu Graham/Harvey (2001) S. 228.

kann in Summe wohl bestenfalls als gemischt bezeichnet werden.[2390] Letztlich zeigt auch die Arbeit von Graham/Harvey (2001), dass die einzelnen Faktoren der alternativen Kapitalstrukturtheorien in der Unternehmenspraxis durch praktische Erwägungen der Unternehmen und einfache Finanzierungsregeln ergänzt bzw. überlagert werden.

5.3.8. Allen (2000)

Der Fokus der Arbeit von Allen (2000) liegt auf der Bedeutung, die ungenutzte Verschuldungskapazitäten („financial slack") im Sinne der „klassischen" Pecking-Order-Theorie für die Finanzierungsentscheidung australischer, britischer und japanischer Unternehmen einnehmen. Unter „financial slack" versteht die Arbeit von Allen (2000) dabei verfügbare Kapitalquellen – Kreditlinien, ausschöpfbare Kontokorrentrahmen, die Begabe von Fremdkapital –,[2391] auf die Unternehmen im Fall eines zukünftigen Finanzierungsbedarfes zurückgreifen können.[2392] Den Ausgangspunkt der Untersuchung bildet die Fragestellung, ob ungenutzte Verschuldungskapazitäten in Form von Bankkrediten dazu führen, dass Signale über die Vorteilhaftigkeit eines Projekts und die Qualität des Unternehmens an den Markt ausgesandt werden können. Auf Basis dieser Überlegung stellt die Arbeit von Allen (2000) darauf ab, dass größere und profitablere Unternehmen über höhere Kreditlinien verfügen werden.[2393] Alternativ kann „financial slack" auch als Absicherung gegenüber unerwarteten Schwankungen gesehen werden. Für den Fall, dass dieser zweite Aspekt überwiegt, spielt die Gestalt der ungenutzten Verschuldungskapazität im Sinne eines Signals an den Kapitalmarkt keine Rolle.[2394]

Im Rahmen einer Umfragestudie im Zeitraum von 1987–1990 untersucht die Arbeit von Allen (2000) daher in einem ersten Schritt, ob die befragten Unternehmen eine Politik zum Management und zur Bereitstellung ungenutzter Verschuldungskapazitäten implementiert haben. Zusätzlich wurden die Unternehmen nach der Zusammensetzung und den Treibern des Umfangs an freien finanziellen Kapazitäten befragt.[2395] Ähnlich der bereits betrachteten Arbeit von

---

2390 Graham/Harvey (2001) halten so fest, dass die Evidenz für die weiteren Kapitalstrukturtheorien sich letztlich als schwächer erweist als die zu beobachtenden Hinweise zugunsten der „klassischen" Kapitalstrukturtheorien. Vgl. dazu Graham/Harvey (2001) S. 233.

2391 Vgl. dazu Allen (2000) S. 303.

2392 Vgl. dazu Allen (2000) S. 300–301. Zur Bedeutung von „financial slack" im Rahmen der Pecking-Order-Theorie sei auf die Ausführungen des Kapitels I verwiesen.

2393 Die Bank übernimmt Prüfungs- und Überwachungstätigkeit und sorgt etwa mit der Überwachung des Unternehmens dafür, dass Interessenkonflikte zwischen Unternehmen und Kapitalgebern minimiert werden. Vgl. Allen (2000) S. 303.

2394 Vgl. Allen (2000) S. 303–304. Insbesondere betrachtet die Arbeit von Allen (2000) dabei, ob die Unternehmen einen obere bzw. untere Verschuldungsgrenze besitzen. Vgl. ebda.

2395 Vgl. Allen (2000) S. 304.

1991,[2396] nimmt Allen (2000) zunächst eine Auswertung der Befragung nach Ländern vor. Etwa 56,2 % der befragten australischen Unternehmen gaben an, eine Finanzierungspolitik der freien Finanzierungskapazitäten zu verfolgen. Die angegebenen freien Finanzierungskapazitäten der australischen Unternehmen lagen im Mittel bei 23,7 % der bestehenden Fremdkapitalbestände. Der Umfang britischer Unternehmen, die eine Politik freier Finanzierungskapazitäten als bedeutsam erachten, lag mit rund 88 % deutlich über dem Umfang australischer Unternehmen. Für britische Unternehmen lag auch der Mittelwert der vorgehaltenen freien Finanzierungskapazität – im Verhältnis zum realisierten Verschuldungsgrad – mit 45,3 % deutlich über den Finanzierungskapazitäten australischer Unternehmen. Von den befragten japanischen Unternehmen gaben dagegen lediglich 32 % der befragten Unternehmen an, eine Politik der freien Finanzierungskapazitäten zu folgen. Dieses Ergebnis führt Allen (2000) in erster Linie auf die enge Beziehung japanischer Unternehmen mit ihren Banken zurück. Der Großteil der befragten Unternehmen stellt dabei auf verfügbare Kreditlinien als freie Finanzierungsquelle ab. Als weitere freie Finanzierungsquelle wurden daneben durch die Unternehmen „retained shares" genannt, die Allen (2000) als kurzfristig veräußerbare Finanzanlagen interpretiert. Als Gründe für das Vorhalten freier Finanzierungskapazitäten nannten 40 % der australischen und 45 % der britischen Unternehmen die Möglichkeit, einen Puffer für unerwartete Entwicklungen bereithalten zu können. Betrachtet man die Gründe für das Vorhalten eines Puffers näher, so findet sich für 9,4 % der australischen und 5 % der britischen Unternehmen die Antwort, den Puffer als Reserve für eine Krisensituation, d. h. unerwartet negative Marktentwicklungen, bereitzuhalten. Demgegenüber dominieren für 48,5 % der australischen bzw. 40 % der britischen Unternehmen positive Marktentwicklungen als Gründe für das Vorhalten eines Kapitalpuffers. Diese Unternehmen gaben an, den finanziellen Puffer für positive ungeplante Entwicklungen zu verwenden, wie beispielsweise Käufe und Akquisitionen.[2397] Dies scheint insbesondere interessant auch mit Blick auf die mit der dynamischen Trade-Off-Theorie vermuteten oberen und unteren Verschuldungsgrenzen.[2398] Eine Abhängigkeit der Antworten von der Industriezugehörigkeit und den gewählten freien Finanzierungsquellen von den Gründen für Finanzierungspuffer konnte Allen (2000) auf Basis der gegebenen Antworten dagegen nicht feststellen.[2399] Allen (2000) folgert auf Basis dieser Zwischenergebnisse,

---

2396 Vgl. dazu Abschnitt 5.3.5.

2397 Vgl. Allen (2000) S. 308.

2398 Man könnte an dieser Stelle darauf abstellen, dass die untere Verschuldungsgrenze für die befragten Unternehmen von geringerer Bedeutung sei. Ein solcher Schluss erscheint jedoch mit Blick auf die regelmäßig als Kreditlinien vorgehaltenen Finanzierungspuffer als voreilig, werden Unternehmen in Krisensituationen, in denen sie Fremdkapital ggf. zurückführen müssen, i. d. R. bestehendes Fremdkapital nur in Ausnahmefällen durch neues Fremdkapital ergänzen bzw. ersetzen.

2399 Vgl. Allen (2000) S. 309–310.

dass die Antworten der Unternehmen als Grund für ein Vorhalten ungenutzter Verschuldungskapazitäten sowohl Signalling- als auch Absicherungsüberlegungen nahelegen.[2400]

In einem zweiten Schritt der Untersuchung betrachtet Allen (2000) die Abhängigkeit der Politik freier Finanzierungspuffer von Unternehmensvariablen auf Basis einer Logit-Regression. Dabei lässt sich insbesondere eine Abhängigkeit der Politik freier Finanzierungspuffer von der Unternehmensgröße feststellen.[2401] Dieses Ergebnis steht aus Sicht von Allen (2000) im Widerspruch zur Signalling-Theorie,[2402] da man unter sonst gleichen Bedingungen vermuten darf, dass Großunternehmen stärker durch Analysten überwacht werden und damit das Vorhalten freier Finanzierungskapazitäten als Signal an den Kapitalmarkt lediglich eine verstärkende Wirkung einnehmen kann.[2403] Die Ergebnisse der Untersuchung scheinen daher nahezulegen, dass hinter der Politik freier Finanzierungspuffer der Versuch der Unternehmen steht, in jeder Situation finanziell handlungsfähig zu bleiben. Allen (2000) untersucht darüber hinaus den Einfluss einer Politik fester Verschuldungsobergrenzen, der Vertragsgestaltung und des Einflusses des zu finanzierenden Anlagegutes auf die Politik freier Finanzierungskapazitäten. Hierbei waren über die Ländergrenzen hinweg gemischte Ergebnisse zu beobachten. Während für australische Unternehmen sowohl Verschuldungsgrenzen und bestehende Finanzierungskosten einen negativen signifikanten Einfluss auf die Politik freier Verschuldungskapazitäten besitzen, spielen für britische Unternehmen nur die Eigenschaften des zu finanzierenden Anlagebestandes für die Politik freier Verschuldungskapazitäten eine bedeutsame Rolle. In Japan ist dagegen nur die Verschuldungsobergrenze für die Bedeutung der Politik freier Verschuldungskapazitäten ausschlaggebend. Des Weiteren wurden Variablen, die den Umfang der immateriellen Vermögensgegenstände des Unternehmens und damit die Schwierigkeit der Investoren, sich Klarheit über den Unternehmenswert zu verschaffen, untersucht.[2404] Im Gegensatz zu der Erwartung eines positiven Einflusses dieser Determinanten auf die Politik freier Verschuldungskapazitäten, hat sowohl der Umfang der Entwicklungskosten an den Umsatzerlösen als auch der Umfang des Aufwands für Marketing ggü. den Umsatzerlösen keinen bzw. für australische Unternehmen einen negativen Einfluss auf die Wahrscheinlichkeit, eine Politik freier Verschuldungskapazitäten zu implementieren. Allen (2000) schließt aus diesen Ergebnissen, dass die Überlegungen der Signalling-Theorie und die Absicherung vor unerwarteten Cashflow-Schwankungen als mögliche Treiber hinter einer Politik freier Verschuldungskapazitäten bestenfalls einen gemischten Einfluss besitzen.[2405]

2400 Vgl. Allen (2000) S. 310.
2401 Vgl. Allen (2000) S. 310.
2402 Vgl. dazu die Überlegungen des Kapitels I zur Signalling-Theorie.
2403 Vgl. Allen (2000) S. 310.
2404 Vgl. Allen (2000) S. 312.
2405 Vgl. Allen (2000) S. 313.

Abschließend befragt die Arbeit von Allen (2000) die Unternehmen, inwieweit zusätzliches Fremdkapital eingeworben werden kann, ohne damit einen Anstieg der Fremdkapitalkosten in Kauf nehmen zu müssen. Etwa 63 % der australischen und rund 98 % der britischen Unternehmen geben an, ihren Fremdkapitalbestand um 20 % erhöhen zu können, ohne dabei die Finanzierungskosten zu erhöhen.[2406] Japanische Unternehmen gaben sogar an, im Mittel den bestehenden Fremdkapitalbestand um 99 % erhöhen zu können, ohne die Verschuldungskosten zu erhöhen.[2407] Dies erscheint hinsichtlich der damit zu vermutenden freien Verschuldungskapazitäten der Unternehmen ein bemerkenswertes Ergebnis zu sein. In der im Anschluss folgenden eingehenderen Untersuchung japanischer Unternehmen zeigt die Arbeit von Allen (2000), dass japanische Unternehmen, die nicht eng mit den Banken verknüpft sind, eher über einen Zielverschuldungsgrad und eine Finanzierungspolitik im Sinne westlicher Unternehmen verfügen. Auch ist eine, wenn auch nicht signifikante, Tendenz festzustellen, dass Unternehmen mit starker Bankenbindung in Summe geringere freie Finanzierungskapazitäten besitzen und auch einen geringeren Verschuldungsgrad realisieren. Dies steht in Übereinstimmung mit der Signalling-Theorie, dass die Bankenbindung durch ihre Überwachungsfunktion Agency-Probleme verringert und so zusätzliche freie Finanzierungskapazität überflüssig macht.[2408] Fasst man zusammen, so zeigt sich auch an dieser Stelle, den Blick auf die Treiber der für die Pecking-Order-Theorie bedeutsamen Politik freier Verschuldungskapazitäten gerichtet, kein eindeutiges Bild. Neben der Möglichkeit, über die freien Kreditlinien ein Signal an den Kapitalmarkt senden zu können, ist es vor dem Hintergrund der Arbeit von Allen (2000) auch denkbar, dass Überlegungen zur finanziellen Flexibilität – insbesondere die Möglichkeit, wertschaffende Projekte in jeder Situation realisieren zu können – die Politik freier Verschuldungskapazitäten bestimmen.

5.3.9. Beattie/Goodacre/Thomson (2006)

Der 2006 veröffentlichten Arbeit von Beattie et al. (2006) zu den Treibern der Finanzierungsentscheidung in der Praxis liegt eine Befragung von insgesamt 831 börsennotierten Unternehmen mit Sitz im Vereinigten Königreich (UK) zugrunde.[2409] Die anonyme Befragung umfasste neben Fragen zu den treibenden Faktoren der Gestalt der Kapitalstruktur auch darüber hinausgehende Fragen zu Unternehmensfinanzierung und Leasing. Im Folgenden sei der Fokus auf die Fragen zur Kapitalstruktur, die neben allgemeinen Fragen zu den Determinanten der Kapitalstruktur

2406 Vgl. dazu Allen (2000) S. 314–316.
2407 Vgl. dazu Allen (2000) S. 316. Dieses Ergebnis steht im Einklang mit der im weiteren Verlauf dieses Abschnitts untersuchten Arbeit von Graham (2000). Vgl. dazu Abschnitt 5.6.1.6.
2408 Vgl. Allen (2000) S. 316.
2409 Vgl. dazu Beattie et al. (2006) S. 1411.

auch eine Befragung zu den spezifischen Treibern der Gestalt der Kapitalstruktur der Unternehmen umfasst, gelegt.[2410] Neben der Auswertung der Befragungsergebnisse untersucht die Arbeit von Beattie et al. (2006) – vergleichbar etwa zur Arbeit von Graham/Harvey (2001) – die Abhängigkeit der Befragungsergebnisse u. a. von Unternehmensgröße und Verschuldungsgrad, trägt dies doch letztlich den Ergebnissen vorangehender empirischer Untersuchungen zur Schwankung der Bedeutung einzelner Einflussparameter mit den Unternehmenscharakteristika Rechnung.[2411] Auch dieser zweite Aspekt der Arbeit von Beattie et al. (2006) sei im folgenden Abschnitt knapp näher betrachtet.

Blickt man zunächst auf die Datenbasis der Befragungsstudie von Beattie et al. (2006), so basiert die Arbeit letztlich auf 198 verwertbaren Antworten.[2412] Um festzustellen, ob die erhaltenen Antworten als repräsentativ anzusehen sind, nehmen Beattie et al. (2006) noch vor Beginn der eigentlichen Auswertung drei Vorabanalysen vor. Neben einem Abgleich der Charakteristika des antwortenden Unternehmens mit den Charakteristika der Grundgesamtheit – etwa Unternehmensgröße und Industriezugehörigkeit – überprüfen Beattie et al. (2006) zunächst, ob bedeutsame Unterschiede zwischen früh und spät antwortenden Unternehmen bestehen.[2413] Ergänzend fragen Beattie et al. (2006) in ihrer Untersuchung ab, ob Manager bei ihrer Kapitalstrukturentscheidung von einem effizienten Kapitalmarkt ausgehen. Interessant erscheint hierbei, dass eine deutliche Mehrheit – rund 86 % – der Manager angeben, dass sie den Marktpreis des Eigenkapitals in rund 75 % der Fälle als nicht angemessen erachten.[2414] Unzweifelhaft rücken mit dieser Einschätzung des Managements Kapitalstrukturtheorien in den Vordergrund, deren Treiber eine – wenigstens zeitweise – Fehlbepreisung des begebenen Kapitals darstellen.

An dieser Stelle sei – ohne auf die genauen Implikationen dieses Zwischenergebnisses einzugehen –, zunächst der Blick auf die Ergebnisse zur Gestalt der Kapitalstruktur gerichtet. Befragt nach den Leitlinien der Finanzierungspolitik, haben rund 69 % der Manager angegeben, dass für die Unternehmen

2410 Vgl. Beattie et al. (2006) S. 1411. Ergänzend dazu wurden auch die Charakteristika der antwortenden Unternehmen abgefragt. Vgl. ebda.

2411 Vgl. Beattie et al. (2006) S. 1412–1413. So wird u. a. aufgrund unterschiedlicher Unternehmenssteuersätze für große und kleine Unternehmen von einer unterschiedlichen Bedeutung des Tax-Shields ausgegangen. Vgl. unter Nennung weiterer Auslöser ebda.

2412 Dies entspricht bei 831 versendeten Fragebögen einer Antwortrate von 23 %. Zusätzlich zu den ursprünglich befragten Unternehmen forderten 6 weitere Unternehmen einen Fragebogen an. Vgl. Beattie et al. (2006) S. 1413.

2413 Vgl. dazu Beattie et al. (2006) S. 1413.

2414 Beattie et al. (2006) gehen in der Folge von einer geringen Rolle der Kapitalmarkteffizienzhypothese für die Finanzierungsentscheidung der Unternehmen aus. Vgl. dazu Beattie et al. (2006) S. 1413.

eine Verschuldungsobergrenze besteht, die nicht überschritten werden sollte.[2415] Betrachtet man die Treiber hinter der Verschuldungsobergrenze näher, so erscheint überraschend, dass lediglich 4 % der Unternehmen das Unternehmensrating als Treiber der Verschuldungsobergrenze anführen. Von der Frage der Bindungswirkung der Verschuldungsobergrenze losgelöst, geben ca. 75 % der Unternehmen an, den Verschuldungsgrad im Rahmen der Unternehmenssteuerung laufend zu messen.[2416] Die restlichen Unternehmen gaben an, die Kapitalstruktur anlassbezogen zu kontrollieren, etwa vor größeren Investitionsprojekten.[2417] Wie bereits mit den vorangegangenen Untersuchungen deutlich geworden ist, stellen Unternehmen dabei in aller Regel – rund 83 % der befragten Unternehmen – auf Buchwerte und nur in geringem Umfang – lediglich 12 % der Fälle – auf Marktwerte ab.[2418] Die verbleibenden 5 % der Unternehmen verwenden zur Messung der Unternehmensverschuldung sowohl Verschuldungskennzahlen basierend auf Buch- wie Marktwerten. Überraschend erscheint dieses Ergebnis auf Basis der zu Beginn der Untersuchung deutlich gewordenen Zweifel des Managements an der Effizienz der Kapitalmärkte nicht zu sein.[2419]

Blickt man auf die alternativen Kapitalstrukturtheorien, so erscheint die mit der Trade-Off-Theorie verbundene Vorstellung von Verschuldungsgrenzen, an denen sich Unternehmen ausrichten, nicht gänzlich von der Hand zu weisen. Überraschend erscheint daher, dass, direkt nach der Bedeutung der für die „klassische" Trade-Off-Theorie bedeutsamen Zielkapitalstruktur befragt, nur 51 % der Unternehmen angeben, eine Zielkapitalstruktur als Basis der Steuerung der Kapitalstruktur zu verwenden. Zudem ist – in Übereinstimmung mit den Ergebnissen vorangehender Untersuchungen – diese Zielkapitalstrukturvorgabe für 73 % der Unternehmen flexibel, lediglich 27 % der Unternehmen geben an, dass der vorgegebene Verschuldungsgrad strikt eingehalten wird. Der mit der „klassischen" Trade-Off-Theorie verbundene strikte Verschuldungsgrad scheint damit nur für einen

2415 Die verbleibenden 31 % der Befragten lehnen das Konzept einer generellen Verschuldungsobergrenze dagegen ab. Vgl. dazu Beattie et al. (2006) S. 1413. Etwa 91 % dieser Unternehmen definieren die Verschuldungsgrenze über eine die Verschuldung messende Bilanz- bzw. GuV-Kennzahl. Vgl. Beattie et al. (2006) S. 1414.

2416 Vgl. Beattie et al. (2006) S. 1414. Die für eine empirische Untersuchung bedeutsame Frage zur Messung des Verschuldungsgrades – siehe dazu auch Abschnitt 5.1.1. – geben die Unternehmen an, zumeist auf den Nettoverschuldungs- und den Zinsdeckungsgrad zur Messung der Unternehmensverschuldung abzustellen. Wie Beattie et al. (2006) hervorheben, berücksichtigen Unternehmen mit Leasingverbindlichkeiten die entsprechenden Leasingzahlungen bzw. -verbindlichkeiten bei der Berechnung des Verschuldungsgrades bzw. des Zinsdeckungsgrades. Vgl. ebda.

2417 Vgl. Beattie et al. (2006) S. 1415.

2418 Dieses Ergebnis steht im Kontrast zu der theoretischen Überlegenheit einer marktwertbasierten Definition des Verschuldungsgrades, wie sie etwa durch Welch (2004) hervorgehoben wurde. Vgl. dazu Abschnitt 5.1.1.

2419 Vgl. Beattie et al. (2006) S. 1415.

geringen Teil der Unternehmen eine Bindungswirkung zu entfalten, wohingegen das weniger strenge Verschuldungsspektrum der dynamischen Trade-Off-Theorie in der Praxis der Steuerung der Kapitalstruktur nicht unüblich zu sein scheint.[2420] Befragt nach den konkreten Zielverschuldungsvorgaben, spreizt sich das von den Unternehmen angegebene Spektrum der Zielvorgaben deutlich und liegt zwischen 0 % und 300 %. Der Mittelwert des angestrebten Zielverschuldungsgrades lag bei rund 45 %.[2421] Interessant erscheint mit Blick auf die Bindungswirkung der Kapitalstruktur auch, dass rund 86 % der Unternehmen – in Übereinstimmung mit den Ergebnissen zur Flexibilität der Zielkapitalstruktur – angeben, im Fall unerwarteter Investitionsprojekte von einer Zielkapitalstrukturvorgabe abweichen zu wollen. Lediglich 15 % der Unternehmen gaben an, zunächst andere Vermögensgegenstände zu liquidieren, bzw. 5 % der Unternehmen, wertschaffende Projekte im Fall einer Durchbrechung der Zielkapitalstruktur nicht durchzuführen.[2422] Fasst man die Ergebnisse vor dem Hintergrund der „klassischen" Trade-Off-Theorie zusammen, so erweisen sich auch mit Blick auf die Untersuchung von Beattie et al. (2006) die Ergebnisse als bestenfalls gemischt. Zwar verfolgen etwas über 50 % der Unternehmen eine Zielkapitalstruktur im Sinne der „klassischen" Trade-Off-Theorie, jedoch bleibt die Bindungswirkung der Zielkapitalstruktur in der Praxis hinter den mit der Trade-Off-Theorie verknüpften Erwartungen zurück.

Blickt man in einem zweiten Schritt auf die Ergebnisse der Arbeit von Beattie et al. (2006) vor dem Hintergrund der „klassischen" Pecking-Order-Theorie, so haben rund 60 % der Unternehmen angegeben, eine Rangordnung zwischen alternativen Finanzierungsquellen vorzunehmen. In Übereinstimmung mit der Pecking-Order-Theorie findet sich so als Finanzierungsregel, dass interne Kapitalquellen einer externen Finanzierung durch Fremdkapital und schließlich der Begabe von Eigenkapital regelmäßig vorgezogen werden.[2423] Interessant erscheint dabei, dass – in Übereinstimmung mit Ergebnissen von Norton (1989) – die Arbeit von Beattie et al. (2006) zeigt, dass Manager die beiden zentralen Theorien der

---

2420 Dieses Ergebnis erscheint mit Blick auf die Vorüberlegungen der Kapitel I und II und der in den vorangehenden Abschnitten skizzierten Evidenz nicht überraschend.

2421 Für rund 80 % der Unternehmen liegt der Zielverschuldungsgrad im Bereich bis 50 %, sodass deutlich höhere Verschuldungsgrade wohl in aller Regel als exotisch gelten dürften.

2422 2 % gaben an, ihre Ausschüttungspolitik angesichts wertschaffender Investitionsprojekte verändern zu wollen und Dividendenzahlungen zu kürzen. Vgl. Beattie et al. (2006) S. 1417. Dieses Ergebnis erscheint für die in Kapitel II diskutierte dividendenabhängige Finanzierungspolitik nicht unbedeutend.

2423 Als weitere mögliche Finanzierungsquelle wurde noch vor Eigenfinanzierung auch die Möglichkeit genannt, die Finanzierung durch operatives und Finanzierungsleasing auszulagern Vgl. Beattie et al. (2006) S. 1417. Die Unterscheidung zwischen operativem und Finanzierungsleasing wird mit der verbindlichen Einführung des IFRS 16 im Rahmen der Rechnungslegung mittlerweile nicht mehr vorgenommen.

Kapitalstruktur als sich nicht gegenseitig ausschließende Theorien wahrnehmen, geben doch rund 32 % der befragten Manager an, sowohl eine Finanzierungshierarchie als auch eine Zielkapitalstruktur implementiert zu haben.[2424] Beattie et al. (2006) erklären das Überlappen beider Theorien damit, dass Manager, die sich an einer Zielkapitalstruktur orientieren, kurzfristig Entscheidungen treffen, die der Pecking-Order-Theorie entsprechen, bzw. Manager, die der Pecking-Order-Theorie folgen, auch Überlegungen der Trade-Off-Theorie im Rahmen der Finanzierungsentscheidung berücksichtigen. Wie Beattie et al. (2006) hervorheben, kann durch die Überlappung beider Theorien in der Praxis ein Teil der Vielstimmigkeit der empirischen Literatur erklärt werden.[2425] Nach der Bedeutung freier Verschuldungskapazität befragt – dies stand im Fokus der im vorangehenden Unterabschnitt betrachteten Arbeit von Allen (2000) –, haben rund 59 % der Unternehmen angegeben, freie Verschuldungskapazitäten vorzuhalten. Nach dem Volumen der freien Verschuldungskapazitäten befragt, gab ein Großteil der Unternehmen an, freie Verschuldungskapazitäten im Bereich von 1 % bis 25 % der aktuellen langfristigen Verschuldung vorzuhalten. Auch mit Blick auf die Bindungswirkung von Verschuldungsgrenzen interessant erscheint, dass als Gründe für das Vorhalten freier Verschuldungskapazitäten ungeplante Investitionsmöglichkeiten, mögliche Übernahmen, Krisenreserven und bestehende Projekte angegeben wurden.[2426] Im Sinne der Überlegungen der gemischten Finanzierungspolitiken des Kapitels II halten Unternehmen somit kurzfristige Kapitalreserven vor, um auf unvorhergesehene Ereignisse kurzfristig reagieren zu können. Fasst man die Ergebnisse zur „klassischen" Pecking-Order-Theorie zusammen, so zeigt sich die empirische Evidenz zugunsten der Pecking-Order-Theorie zunächst etwas stabiler als die zugunsten der „klassischen" Trade-Off-Theorie. Gänzlich überzeugen kann die Pecking-Order-Theorie für sich genommen jedoch auch nicht, kommt es in der Unternehmenspraxis doch wohl regelmäßig zu Überlappungen von Entscheidungen, die durch die Überlegungen der „klassischen" Trade-Off- und Pecking-Order-Theorie getrieben sind.

Interessant erscheint an dieser Stelle, in einem abschließenden Schritt nochmals einen Blick auf die Ergebnisse zu den Determinanten der Kapitalstruktur der Arbeit von Beattie et al. (2006) zu werfen. Die bedeutsamste Determinante der Kapitalstruktur ist, wie in den vorangehenden Studien, die langfristige Überlebensfähigkeit des Unternehmens. Beattie et al. (2006) sehen darin einen Hinweis auf

---

2424 22 % der Manager gaben an, weder der „klassischen" Trade-Off- noch der „klassischen" Pecking-Order-Theorie zu folgen.

2425 Vgl. Beattie et al. (2006) S. 1418–1419. Beattie et al. (2006) sehen darin letztlich einen Ausgangspunkt zukünftiger Forschungsbemühungen, beide Theorien miteinander zu vereinen. Vgl. ebda. Erste Versuche, diese Überlagerung auch in der Unternehmensbewertung abzubilden, wurden in Kapitel II in den Abschnitten zu den gemischten Finanzierungspolitiken betrachtet.

2426 Vgl. Beattie et al. (2006) S. 1419.

die Bedeutung, die die Gefahr einer drohenden Insolvenz im Rahmen der Finanzierungsentscheidung einnimmt.[2427] Wie bereits in den vorangehenden Arbeiten zeigt sich auch in der Arbeit von Beattie et al. (2006) die Kongruenz zwischen vorhergesagten Cashflows bzw. Gewinn und der zugrunde liegenden Investition als weitere bedeutsame Determinante der Finanzierungsentscheidung.[2428] Das Risiko der Investitionen bestimmt somit letztlich über die Gestalt der Finanzierungsentscheidung bzw. die Kapitalstruktur. Beide Faktoren können letztlich als im Einklang mit der „klassischen" Trade-Off-Theorie stehend gesehen werden, spielen diese Faktoren für die Pecking-Order-Theorie doch eine eher untergeordnete Rolle. Weitere bedeutsame Faktoren stellen – im Einklang mit den Überlegungen der Trade-Off-Theorie – die Volatilität der Cashflows, die Stabilität des Unternehmens aus Sicht der Stakeholder (Kunden/Lieferanten) als auch bestehende Covenants dar.[2429] Daneben finden das Zinsniveau, der Steuervorteil, der Versuch, kein Eigenkapital zu begeben, sowie Insolvenzkosten und die Höhe der NDTS im Rahmen der Finanzierungsentscheidung Berücksichtigung. Die Minimierung des Risikos einer Übernahme und persönliche Steuern werden dagegen von einem Großteil der Unternehmen als eher unwichtig angesehen.[2430]

Interessant erscheint – zieht man ein kurzes Zwischenfazit –, dass bei der Befragung nach den Determinanten der Finanzierungsentscheidung insbesondere die im Einklang mit der „klassischen" Trade-Off-Theorie stehenden Determinanten die Finanzierung zu dominieren scheinen. Letztlich spricht für die „klassische" Pecking-Order-Theorie nur der Versuch, die Begabe von Eigenkapital zu verhindern. Das Ergebnis der direkten Befragung nach den Treibern der Finanzierungsentscheidung findet sich somit nur in einem geringen Umfang bestätigt. Die Befragung abschließend, enthält die Arbeit von Beattie et al. (2006) allgemein gehaltene Aussagen zur Finanzierungsentscheidung, zu denen die Unternehmen einen unterschiedlichen Grad der Zustimmung äußern können. Auch mit Blick auf die allgemeinen Aussagen zur Finanzierungsentscheidung ergibt sich für die „klassischen" Kapitalstrukturtheorien in der Gesamtbetrachtung ein bestenfalls gemischtes Bild. Die höchste Zustimmung – mit rund 88 % – erhält die These, dass im Rahmen der Finanzierungsentscheidung die Marktbewertung berücksichtigt wird. In Übereinstimmung mit dieser Antwort erhält auch die These, dass Fremdkapital begeben wird, wenn Eigenkapital unterbewertet ist, breite – rund 60 % – Zustimmung. Beattie et al. (2006) sehen beide Aussagen im Einklang mit

---

2427 Dies bestätigt sich aber nicht, messen die Unternehmen, direkt nach der Bedeutung der Insolvenzkosten befragt, den Insolvenzkosten doch lediglich eine mittlere Bedeutung im Rahmen der Finanzierungsentscheidung bei.

2428 Vgl. Beattie et al. (2006) S. 1421.

2429 Vgl. Beattie et al. (2006) S. 1422. Letztlich können auch diese Faktoren eher im Einklang mit der „klassischen" Trade-Off- als der Pecking-Order-Theorie gesehen werden.

2430 Vgl. Beattie et al. (2006) S. 1421.

der „klassischen“ Pecking-Order-Theorie stehend.[2431] Denkbar wäre jedoch auch, dass Unternehmen sich an dieser Stelle an einer flexibleren dynamischen Form der Pecking-Order-Theorie orientieren. So orientieren sich Unternehmen etwa vor dem Hintergrund der Theorie des Market-Timings an einer schwankenden Bewertung des Kapitalmarktes. Eine mit dem Marktwert schwankende Finanzierungsentscheidung dürfte dabei näher an der genannten These sein als die feste Finanzierungsrangfolge der „klassischen“ Pecking-Order-Theorie. Die beiden weiteren Thesen, die hohe Zustimmung finden, sind thematisch eher der Trade-Off-Theorie zuzurechnen. So findet die These, dass eine Änderung der Steuergesetze, die zu einer Aussetzung der steuerreduzierenden Wirkung eines Einsatzes von Fremdkapital führt, eine Reduzierung des Verschuldungsumfangs zur Folge hat, die zweithöchste Zustimmung.[2432] Auch die Thesen, die durch die Manager mehrheitlich abgelehnt werden, sind relativ gleichmäßig der Trade-Off- als auch der Pecking-Order-Theorie zuzuordnen,[2433] sodass sich auch an dieser Stelle keine eindeutige Tendenz zugunsten einer der alternativen Kapitalstrukturtheorien ableiten lässt. Leichte Ablehnung erhält so die These, dass die Entscheidung, Fremd- oder Eigenkapital einzusetzen, maßgeblich durch das Vorhandensein von Verlustvorträgen beeinflusst wird. Im Gegensatz zu vorangehenden Untersuchungen findet die Arbeit von Beattie et al. (2006) auch keine Hinweise darauf, dass das Unternehmensrating für die Höhe des eingesetzten Fremdkapitals eine bedeutende Rolle spielt.[2434]

In einer die Untersuchung von Beattie et al. (2006) abschließenden Analyse wurde die Abhängigkeit der dargestellten Antworten von alternativen Unternehmensvariablen untersucht. In Übereinstimmung mit vorangegangenen Untersuchungen, wie etwa Graham/Harvey (2001), findet auch die Arbeit von Beattie et al. (2008) Hinweise darauf, dass für große Unternehmen eine an einer Zielkapitalstruktur ausgerichtete Finanzierungspolitik eher von Bedeutung ist als für kleine Unternehmen. Beattie et al. (2006) führen diesen Größeneffekt vor allem auf den mit der Unternehmensgröße steigenden Einfluss der Unternehmen auf die Kapitalstruktur zurück. Gründe hierfür können neben einem besseren Zugang zu Finanzmärkten auch in einem größeren Druck der Aktienmärkte zur Einhaltung

2431 Vgl. Beattie et al. (2006) S. 1421.

2432 Vgl. Beattie et al. (2006) S. 1428.

2433 U.a. Ablehnung der These, dass Eigenkapitalemissionen als negatives Signal gewertet werden. Ablehnung der zentralen Idee der Trade-Off-Theorie eines Trade-Offs zwischen Wertbeitrag der Fremdfinanzierung und Insolvenzkosten sowie Ablehnung der These, dass Fremdkapital emittiert wird, sobald interne Mittel aufgezehrt sind.

2434 Vgl. Beattie et al. (2006) S. 1425. Beattie et al. (2006) führen dies auf die untergeordnete Rolle des Kreditratings für britische Unternehmen zurück. Vgl. ebda.

eines wertoptimalen Verschuldungsgrades liegen.[2435] Ein vergleichbarer Größeneffekt zeigt sich auch mit Blick auf das Vorhalten von zusätzlichen finanziellen Kapazitäten. Die geringere Bedeutung freier finanzieller Kapazitäten für kleine Unternehmen spiegelt, folgt man der Einschätzung von Beattie et al. (2006), die unzureichende Möglichkeit kleinerer Unternehmen wider, finanzielle Puffer aufzubauen. Für große Unternehmen spielen zudem die Faktoren Steuervorteil, Verhinderung der Verwässerung der Eigenkapitalgeberanteile sowie Verminderung des Übernahmerisikos eine bedeutendere Rolle im Rahmen der Finanzierungsentscheidung als für kleine Unternehmen. Die höhere Bedeutung der steuerlichen Abziehbarkeit von Fremdkapital kann auf wohl i. d. R. höhere Steuerbelastung von Großunternehmen zurückzuführen sein.[2436] Im Vergleich zu vorangegangenen Studien finden Beattie et al. (2006) weniger Evidenz für die Größenabhängigkeit weiterer Variablen. Beattie et al. (2006) erklären dies damit, dass ihre Untersuchung nur auf der Befragung börsennotierter Unternehmen fußt und damit weitgehend homogen ist, wohingegen vorangehende Studien neben börsennotierten auch nicht-notierte Unternehmen betrachtet haben.[2437] Über den Größeneffekt hinaus berücksichtigt die Arbeit von Beattie et al. (2006) auch die Abhängigkeit der Antworten vom Umfang der Unternehmensverschuldung. Auf Basis dieser zweiten Auswertung wird deutlich, dass stark verschuldete Unternehmen eher eine Zielkapitalstruktur wählen, während eher gering verschuldete Unternehmen zu einer Finanzierungshierarchie im Sinne der „klassischen" Pecking-Order-Theorie tendieren. Diese Auswertung macht deutlich, dass für hochverschuldete Unternehmen die zukünftigen projizierten Cashflows sowie Covenants auf die Finanzierungsentscheidung einen größeren Einfluss nehmen.[2438] Eine Abhängigkeit der Finanzierungsentscheidung auf Basis der Branchenzugehörigkeit lässt sich in einer abschließenden Analyse nicht erkennen.[2439]

In Summe bestätigt die Arbeit von Beattie et al. (2006) damit das eher verschwommene Bild vorangehender Arbeiten zur Bedeutung alternativer Kapitalstrukturtheorien, spielt doch sowohl die „klassische" Trade-Off- als auch die Pecking-Order-Theorie in der Finanzierungsentscheidung der Unternehmen eine eher unterstützende denn dominante Rolle. Ein interessanter Aspekt der Arbeit von Beattie et al. (2006) scheint die explizite Überlappung von Elementen beider

---

2435 Ob Unternehmen einer Finanzierungshierarchie anstelle einer Zielkapitalstruktur folgen, ist dagegen weniger stark durch die Unternehmensgröße getrieben. Vgl. dazu Beattie et al. (2006) S. 1425.

2436 Vgl. Beattie et al. (2006) S. 1425.

2437 Vgl. Beattie et al. (2006) S. 1428.

2438 Vgl. Beattie et al. (2006) S. 1428. In der Bedeutung von NDTS für hochverschuldete Unternehmen zeigt sich, in Übereinstimmung mit der DeAngelo/Masulis (1980) postulierten Überlegung, dass Interest Tax Shield und NDTS Substitute darstellen.

2439 Unterschiede, die sich aus der Industriezugehörigkeit ergeben, lassen sich u. a. in der Bewertung der Finanzierungsstruktur als Determinante für das Übernahmerisiko erkennen. Vgl. dazu Beattie et al. (2006) S. 1428–1429.

Kapitalstrukturtheorien in der Praxis zu sein und bestätigt damit das bereits in Kapitel II gewonnene Bild, dass die Suche nach einer praxisnahen Finanzierungs- bzw. Kapitalstrukturpolitik wohl durch Kompromisse zwischen den bestehenden alternativen Kapitalstrukturtheorien gekennzeichnet werden wird. Dieser Gedanke wird sich daher auch in den nachfolgenden Überlegungen zur Suche nach einer empirischen Herangehensweise zur Suche einer dominanten Finanzierung wiederfinden.

5.3.10. Drobetz/Pensa/Wöhle (2006)

Ausgehend von der im Abschnitt 5.3.7. beleuchteten Herangehensweise der Arbeit von Graham/Harvey (2001),[2440] haben Drobetz et al. (2006) das Finanzierungsverhalten börsennotierter Unternehmen in Deutschland, Österreich und der Schweiz näher beleuchtet. Die Grundlage der Untersuchung von Drobetz et al. (2006) bildet die Befragung von 931 Unternehmen zu ihrem Finanzierungsverhalten, die zu 80 auswertbaren Fragebögen – davon 48 deutsche, 28 schweizerische und 4 österreichische Unternehmen – geführt hat.[2441] Vergleichbar mit der Arbeit von Beattie et al. (2006) stellen Drobetz et al. (2006) der Auswertung der Befragungsergebnisse zunächst eine Plausibilitätsüberlegung voran. Dazu erfolgt anhand alternativer Kriterien – etwa nach Unternehmensgröße, Marktkapitalisierung und Dividendenrendite – eine Einteilung der Unternehmen in Untergruppen, um eine Auswertung der Repräsentativität zwischen den Antworten der Untergruppen vornehmen zu können. Ein erstes Ergebnis dieser Auswertung ist, dass die verwertbaren Antworten – im Vergleich zum Durchschnitt der am DAX, MDAX, SDAY und SPI notierten Unternehmen – i. d. R. von signifikant größeren Unternehmen ggü. der ursprünglichen Grundgesamtheit stammen. Auswirkungen dieses Größeneffekts auf die Repräsentativität der Ergebnisse ihrer Untersuchung schließen Drobetz et al. (2006) in der Folge jedoch aus.[2442]

Blickt man zunächst auf die Ergebnisse der Befragung zu den bedeutsamsten Einflussfaktoren des realisierten Verschuldungsgrades, so zeigt sich – dies scheint insbesondere mit Blick auf die „klassische" Trade-Off-Theorie interessant –, dass der Wertbeitrag der Fremdfinanzierung aus Sicht des Unternehmensmanagements für die Verschuldungshöhe der Unternehmen nur eine untergeordnete Rolle spielt.[2443] Drobetz et al. (2006) führen die geringe Bedeutung des Steuervorteils für die Finanzierungsentscheidung – durchaus im Einklang mit den Überlegungen der „klassischen" Trade-Off-Theorie – auf die Existenz bedeutender Non-Debt-Tax-Shields zurück, die zu einer geringeren Bedeutung des Wertbeitrages der Fremdfinanzierung führen.[2444] Unterschiede lassen sich an dieser Stelle zwischen den Antworten

2440 Vgl. Drobetz et al. (2006) S. 255.
2441 Vgl. Drobetz et al. (2006) S. 256.
2442 Vgl. Drobetz et al. (2006) S. 257.
2443 Vgl. Drobetz et al. (2006) S. 259.
2444 Vgl. zu einer genaueren Definition der NDTS Abschnitt 5.6.1.7.

der betrachteten Untergruppen erkennen: Große und insbesondere Dividenden zahlende Unternehmen messen dem Steuervorteil eine deutlich höhere Bedeutung zu als der Rest der Stichprobenunternehmen. Drobetz et al. (2006) erklären die Zweiteilung der Unternehmen mit Unterschieden in der Profitabilität, die in der Folge zu einer unterschiedlichen Beurteilung bzw. Wertschätzung der mit dem Einsatz von Fremdkapital verbundenen Reduzierung der Steuerlast führt. Wie die Überlegungen der Kapitel I und II gezeigt haben, kann letztlich nur bei profitablen Unternehmen von einer „sicheren" Hebung des Wertbeitrages der Fremdfinanzierung ausgegangen werden. Blickt man auf den zweiten zentralen Treiber der Finanzierungsentscheidung im Rahmen der „klassischen" Trade-Off-Theorie, der Gefahr des Eintritts einer Zahlungsunfähigkeit bzw. des Konkurses, so spielt dieser Faktor für alle Unternehmen – im Gegensatz zu vorangehenden Studien – eine bedeutende Rolle im Rahmen der Finanzierungsentscheidung. Dies spiegelt sich u. a. auch in der Bedeutung des Faktors Bonitätsrating wider, der – im Kontrast etwa zu den Ergebnissen der Arbeit von Beattie et al. (2006) – eine zentrale Rolle für die Gestalt der Kapitalstruktur in der Untersuchung von Drobetz et al. (2006) spielt. Drobetz et al. (2006) sehen mit diesen Ergebnissen die Grundüberlegungen der „klassischen" Trade-Off-Theorie bestätigt, dass Insolvenz- bzw. Adjustierungskosten in der Finanzierungsentscheidung der Unternehmen eine zentrale Rolle einnehmen.[2445] Im Einklang mit diesen Überlegungen stellt auch die Volatilität des Unternehmenscashflows – dies wurde auch in vorhergehenden Untersuchungen deutlich – eine zentrale Determinante der Finanzierungsentscheidung dar.[2446] Einen eindeutigen Nachweis zur Dominanz der „klassischen" Trade-Off-Theorie kann jedoch auch die Arbeit von Drobetz et al. (2006) nicht endgültig erbringen. Befragt nach der Bedeutung bzw. Bindungswirkung eines Zielverschuldungsgrades, geben lediglich 10,1 % der befragten Unternehmen an, einen festen Verschuldungsgrad im Sinne der „klassischen" Trade-Off-Theorie bei der Steuerung des Verschuldungsgrades zu berücksichtigen. Dominant erscheint in der Praxis vielmehr die Steuerung auf Basis eines flexiblen Verschuldungsspektrums. Der überwiegende Teil der Unternehmen (61,6 %) gibt so an, einem flexiblen Verschuldungsziel bei der Steuerung der Kapitalstruktur folgen zu wollen. Dieses Ergebnis steht auf den ersten Blick im Einklang mit den Überlegungen der dynamischen Trade-Off-Theorie und deckt sich mit der in den vorangehenden Abschnitten beschriebenen Tendenz vorangehender Untersuchungen. Man darf wohl davon ausgehen, dass der fixe Verschuldungsgrad der „klassischen" Trade-Off-Theorie in praxi in der Regel durch ein dynamisches Verschuldungsoptimum dominiert wird. Hierbei ist

2445 Im Rahmen der Analyse der Untergruppen zeigt sich, dass Unternehmen mit Rating und Wachstumsunternehmen dem Unternehmensrating eine höhere Bedeutung zumessen. Drobetz et al. (2006) führen dies darauf zurück, dass Wachstumsunternehmen über größere Informationsasymmetrien verfügen und stärker auf externe Finanzierung angewiesen sind. Vgl. Drobetz et al. (2006) S. 261.

2446 Vgl. Drobetz et al. (2006) S. 261–262.

jedoch zu berücksichtigen, dass rund ein Drittel (28 %) der Unternehmen angeben, keinen Zielverschuldungsgrad bei der Steuerung der Unternehmensverschuldung zu berücksichtigen.

In Summe stellt die Einhaltung eines Zielverschuldungsgrades dennoch für rund zwei Drittel der Unternehmen das bedeutsamste Kriterium im Rahmen der Entscheidung über eine Kapitalerhöhung dar. Wie Drobetz et al. (2006) hervorheben, spielen bei der Orientierung an einem Zielverschuldungsgrad daneben wohl auch Überlegungen der Market-Timing-Theorie eine Rolle. Zwar tragen Verschiebungen des Marktwertes der Unternehmen zu einem Großteil der Schwankungen des Verschuldungsgrades bei, diese Schwankungen führen i. d. R. jedoch nicht zu Anpassungen in der Verschuldungsstruktur der Unternehmen.[2447] In Summe bleibt das Ergebnis zugunsten eines, die Finanzierungsentscheidung dominierenden, Zielverschuldungsgrades also gemischt. Richtet man den Blick auf den Einfluss der mit der Fremdfinanzierung regelmäßig verbundenen Agency-Probleme,[2448] so haben Drobetz et al. (2006) versucht, den Einfluss des mit der Finanzierungsentscheidung verbundenen Problems des Underinvestments durch eine indirekte Frage abzubilden. Die These, dass geringe Verschuldungsgrade aus Sicht der Eigenkapitalgeber vorteilhaft seien, da Unternehmenscashflows vollständig ausgeschüttet werden könnten, verzeichnet in Summe nur verhaltene Zustimmung der Unternehmen. Lediglich für gut 37 % der befragten Unternehmen scheint das Unterinvestitionsproblem von Bedeutung zu sein. Unterschiede in den Antworten zwischen den verschiedenen Unternehmenscharakteristika lassen sich dabei jedoch nicht identifizieren.[2449] Auch für die in der Theorie geäußerte Vermutung, dass kurzfristiges Fremdkapital zu einer Risikoverschiebung bei den realisierten Investitionsprojekten führt, findet sich in der Befragung von Drobetz et al. (2006) keine größere Zustimmung.[2450] Um die zwischen Eigenkapitalgebern und Management bestehenden Agency-Probleme weiter zu quantifizieren, prüfen Drobetz et al. (2006) im Rahmen ihrer Arbeit, inwieweit die befragten Unternehmen der These zustimmen, dass höhere Verschuldungsgrade zu einem effizienteren Umgang mit den Unternehmensressourcen führen. Mit etwa 38 % Zustimmung stimmt lediglich etwas über ein Drittel der befragten Unternehmen dieser These zu. Die Analyse der Antwort nach unterschiedlichen Unternehmenseigenschaften zeigt, dass Unternehmen mit geringen Wachstumschancen bzw. hoher Verschuldung eher von Agency-Probleme betroffen scheinen. In Summe schließen Drobetz et al. (2006) aus

2447 Vgl. Drobetz et al. (2006) S. 262.

2448 Zu einer allgemeinen Darstellung der Agency-Probleme sei auf die Ausführungen des Kapitels I verwiesen.

2449 Vgl. Drobetz et al. (2006) S. 265.

2450 Eine etwas höhere Zustimmung ist lediglich bei kleinen Unternehmen, Unternehmen ohne Rating und Unternehmen ohne Dividendenzahlungen zu beobachten. Drobetz et al. (2006) folgern daraus, dass Informationsasymmetrien bei diesen Unternehmen verstärkt ausgeprägt sind. Vgl. Drobetz et al. (2006) S. 265–267.

der verhaltenen Zustimmung der Unternehmen zu den alternativen Thesen, dass die in Kapitel I näher beleuchteten Agency-Probleme nur eine geringe Bedeutung für die Finanzierungsentscheidung der Unternehmen entfalten.[2451]

Wie die Überlegungen des Kapitels I gezeigt haben, wird in der Literatur neben den mit der Finanzierungsentscheidung verbundenen Agency-Problemen auch der Signalcharakter der Finanzierungsentscheidung in der Kapitalstrukturtheorie näher betrachtet. Drobetz et al. (2006) haben im Rahmen ihrer Arbeit daher in einem weiteren Schritt die Bedeutung des Signalisierungseffekts der Finanzierungsentscheidung im Sinne der Arbeit von Ross (1977) untersucht.[2452] Blickt man auf die Bedeutung der Signalling-Theorie, so stimmen lediglich 12 % der Unternehmen der These zu, dass dem Kapitalmarkt über die Begabe von Fremdkapital ein positives Signal über die zukünftige Profitabilität der Unternehmen gesendet werden kann. Auch die These, dass höhere Verschuldungsgrade ein belastbares Signal zukünftiger Wachstumschancen darstellen, erhält mit etwa 13 % Zustimmung eine vergleichsweise verhaltene Unterstützung.[2453] Die empirische Unterstützung der Thesen zur Signalling-Theorie kann damit in Summe als bestenfalls verhalten bezeichnet werden. Die Untersuchung der „klassischen“ Kapitalstrukturtheorien abschließend, untersucht die Arbeit von Drobetz et al. (2006) die Bedeutung, die die Überlegungen der Pecking-Order-Theorie in praxi für die Finanzierungsentscheidung einnimmt.[2454]

Auch an dieser Stelle zeigt sich ein zweigeteiltes Ergebnis mit Blick auf die Relevanz der „klassischen“ Pecking-Order-Theorie für die Finanzierungsentscheidung der Unternehmen. Im Einklang mit den Überlegungen der Pecking-Order-Theorie spielt der i. d. R. nachteilige Effekt einer Kapitalerhöhung auf den Aktienkurs bei den Überlegungen der Unternehmen, frisches Kapital zu begeben, eine zentrale Rolle. Dies schlägt sich, im Sinne der durch die „klassische“ Pecking-Order-Theorie beschriebenen Finanzierungsrangfolge, auf die Ablehnung der These, dass eine Finanzierung durch die Ausgabe von Aktien die günstigste Art der Unternehmensfinanzierung darstellt, bei einem Großteil der Unternehmen nieder. Wie mit der Arbeit von Drobetz et al. (2006) deutlich wird, lässt sich darüber hinaus auch der Wunsch der Unternehmen, finanziell flexibel zu bleiben, auf Basis der Befragung erkennen.[2455] Rund 43 % der Unternehmen stimmen in diesem Sinne der These zu, den Verschuldungsumfang des Unternehmens zu begrenzen, um jederzeit über ausreichend interne Mittel zur Finanzierung von Investitionen und Akquisitionen

2451 Vgl. Drobetz et al. (2006) S. 267.
2452 Auch hier haben Drobetz et al. (2006) alternative Hypothesen formuliert, denen die Unternehmen zustimmen konnten.
2453 Vgl. Drobetz et al. (2006) S. 268.
2454 Vgl. Drobetz et al. (2006) S. 269.
2455 Im Sinne des in Kapitel I näher beleuchteten Interesses der Unternehmen, „financial slack“ vorzuhalten. Vgl. zu den Gründen dieses Interesses die Ausführungen des Kapitels I.

zur verfügen.[2456] Bedeutsamer als die finanzielle Flexibilität erscheint für das Vorhalten freier Mittel jedoch die Abdeckung operativer Risiken. Drobetz et al (2006) schließen daraus auf eine Dominanz der Überlegungen des Risikomanagements ggü. dem Finanzierungsmanagement.[2457] Dies bestätigt erneut das in den vorangehenden Abschnitten – insbesondere im Kapitel I – gewonnene Bild, dass die Finanzierungsentscheidung in der Praxis durch eine Reihe weiterer Faktoren dominiert wird. Eine genauere Analyse der mit der Pecking-Order-Theorie beschriebenen Hackordnung zeigt, dass rund 70 % der befragten Unternehmen die Grundüberlegungen der Pecking-Order-Theorie zunächst stützen, dass Unternehmen in einem ersten Schritt zunächst interne Finanzierungsquellen ausschöpfen und im Falle des Ausschöpfens der internen Quellen in einem zweiten Schritt Fremdkapital begeben werden. Die Analyse der Antworten auf Basis der unterschiedlichen Unternehmenscharakteristika zeigt dabei keine signifikanten Unterschiede zwischen den Unternehmen. Die zweite These der Pecking-Order-Theorie, dass Unternehmen Eigenkapital emittieren, wenn alle anderen Finanzierungsquellen ausgeschöpft sind, erhält dagegen eine deutlich geringere Zustimmung.[2458] Etwa 37 % der Unternehmen geben so an, für den Fall, dass alle weiteren externen Finanzierungsquellen erschöpft sind, kein Eigenkapital emittieren zu wollen.[2459] Insgesamt kann die empirische Evidenz für die Gültigkeit der Pecking-Order-Theorie auf Grundlage der Untersuchung von Dobretz et al. (2006) daher als gemischt angesehen werden, findet sich für die durch die Pecking-Order-Theorie beschriebene Rangordnung der alternativen Finanzierungsquellen doch überraschenderweise keine uneingeschränkte Unterstützung.[2460] Zudem konkurrieren die Ergebnisse zugunsten der „klassischen“ Pecking-Order-Theorie mit den Ergebnissen zur „klassischen“ Trade-Off-Theorie, die eine vergleichbare Zustimmung aufweisen kann.

Betrachtet man abschließend die empirische Evidenz zugunsten der neueren Kapitalstrukturtheorien, wie etwa der Theorie des Market-Timings, so zeigt sich ein ähnlich gemischtes Bild. So spielen temporäre Fehlbewertungen am Aktienmarkt für die Entscheidung, eine Kapitalerhöhung durchzuführen bzw. Fremdkapital zu begeben, lediglich eine untergeordnete Rolle. Dieses Ergebnis steht im Kontrast zu der Evidenz empirischer Untersuchungen, die gezeigt haben, dass dem Markt-/Buchwert-Verhältnis eine zentrale Rolle bei der Bestimmung des

2456 Vgl. Drobetz et al. (2006) S. 271.

2457 Vgl. ebda.

2458 Rund 40 % der Unternehmen stimmen der These zu, Eigenkapital zu emittieren, wenn keine internen Mittel verfügbar sind. Vgl. Drobetz et al. (2006) S. 272. Interessant erscheint jedoch, dass Unternehmen, die keine Dividende zahlen und damit höhere Informationsasymmetrien aufweisen, dieser These überproportional zustimmen. Vgl. ebda.

2459 Wie Drobetz et al. (2006) hervorheben, kann dieses Ergebnis auf die schwierige Kapitalmarktsituation im Jahr 2000 zurückzuführen sein. Vgl. ebda.

2460 Vgl. Drobetz et al. (2006) S. 272.

Verschuldungsgrades zukommt.[2461] Die Arbeit von Drobetz et al. (2006) zeigt in einem abschließenden Schritt – wie die vorangehenden Befragungsstudien auch –, dass die Praxis auch durch einfache Finanzierungsregeln, wie die Fristenkongruenz von Anlagevermögen und Finanzierung, geprägt ist.[2462] Insbesondere letzterer Punkt erscheint für die Formulierung praxisnaher Kapitalstruktur- wie auch Finanzierungspolitiken zu berücksichtigen zu sein.

Fasst man die Ergebnisse der Arbeit von Drobetz et al. (2006) zusammen, so zeigen sich die Überlegungen der „klassischen" Trade-Off-Theorie im Kontrast zu den vorangehenden Arbeiten als weitgehend stabil. Die „klassische" Pecking-Order-Theorie erhält als Theorie der Praxis in der Arbeit von Drobetz et al. (2006) dagegen überraschenderweise eine weniger klare Unterstützung. In Summe bleibt auch in der Arbeit von Drobetz et al. (2006) das Bild der Finanzierungsentscheidung in der Praxis mit einer gewissen Unschärfe behaftet. Überraschend ist dies in Kenntnis der vorangehenden Arbeiten und der – auch dies erscheint mit Blick auf die Relevanz einzelner Kapitalstrukturtheorien bedeutsam – Überlagerung der Überlegungen der alternativen Kapitalstrukturtheorien nicht. Zudem bestätigt sich die – bereits von Miller (1977) vermutete –[2463] Relevanz von heuristischen Ansätzen, die in die Finanzierungsentscheidung der Praxis einfließen.

5.3.11. Abschließende Überlegungen unter Einbeziehung der Arbeit von Baker/Singleton/Veit (2011)

Blickt man zusammenfassend auf die Ergebnisse der Befragungsstudien, so zeigt sich – vergleichbar zu den alternativen empirischen Untersuchungsansätzen – erneut kein einheitliches Bild der in der Praxis dominierenden Treiber der Finanzierungsentscheidung. Analog dazu halten Baker et al. (2011) mit Blick auf die Ergebnisvielfalt der Befragungsstudien fest, dass in der Gesamtschau keine der empirischen Untersuchungen eindeutige Hinweise zur Gültigkeit ausgewählter Kapitalstrukturtheorien in der Praxis liefern kann. Sowohl für die „klassische" Trade-Off- wie auch die „klassische" Pecking-Order-Theorie findet sich in den betrachteten Untersuchungen eine gewisse empirische Evidenz, ohne dass jedoch eine der traditionellen Kapitalstrukturtheorien den Anspruch erheben könnte, die Finanzierungsentscheidungen der Praxis dominieren zu können. Hinweise für die Relevanz der alternativen, insbesondere jüngeren Kapitalstrukturtheorien, fehlen nach Ansicht von Baker et al. (2011) sogar vollständig.[2464]

Dieses Urteil fällt m. E. nach jedoch etwas zu harsch aus, muss man doch die gegenüber den alternativen Forschungsansätzen geringere Anzahl an

2461 Vgl. Drobetz et al. (2006) S. 272; 276.
2462 Vgl. Drobetz et al. (2006) S. 277.
2463 Vgl. dazu die Ausführungen des Kapitels I.
2464 Als weitere Theorien betrachten Baker et al. (2011) die Signalling- wie auch Agency-Theorien.

Untersuchungen berücksichtigen. Blick man auf die vorangegangenen Unterabschnitte, so zeigt sich neben der geringen Frequenz an Befragungsstudien auch die breitere zeitliche Streuung. Von den betrachteten zehn Arbeiten fällt ein Großteil in den Zeitraum vor 1990. Erst in den frühen 2000er-Jahren war mit der Arbeit von Graham/Harvey (2001) ein kurzzeitiges stärkeres Interesse der Forschung an diesem Untersuchungsansatz zu erkennen. Erinnert man sich an die in Kapitel I skizzierte Evolution der Kapitalstrukturtheorie zurück, so wird deutlich, dass – allein der zeitlichen Entwicklung der neueren Kapitalstrukturtheorien geschuldet – neuere Kapitalstrukturtheorien in den empirischen Untersuchungen unterrepräsentiert sein müssen.[2465] Das Fazit von Baker et al. (2011) ist an dieser Stelle daher unter diesem Aspekt zu betrachten. Berücksichtigt man also, dass der Fokus der Arbeiten i. d. R. nicht auf den „neueren" Kapitalstrukturtheorien lag, so finden sich m. E. nach durchaus Hinweise für die Bedeutung der Treiber alternativer Kapitalstrukturtheorien. Bedeutsam erscheint hierbei insbesondere die Marktbewertung im Sinne der Theorie des Market-Timings, die durchaus in die Überlegungen der Unternehmen im Rahmen der Finanzierungsentscheidung Eingang findet. Auch wenn die „neueren" Kapitalstrukturtheorien auf den ersten Blick unterrepräsentiert scheinen, so kann man auf Basis der in den vorangehenden Unterabschnitten skizzierten empirischen Evidenz diese Theorien m. E. nach nicht zwingend als praxisfern von der Hand weisen.

Man könnte an dieser Stelle versucht sein, zu schließen, dass die Untersuchung der Finanzierungsentscheidungen der Praxis auf Basis von Befragungsstudien das ursprünglich gesetzte Ziel, über einen alternativen Weg Licht in das Dunkel der Finanzierungsentscheidung zu bringen, weitgehend verfehlt hat. Eine solche – nur auf die Differenzierung alternativer Kapitalstrukturtheorien ausgerichtete – Einschätzung greift zu kurz, lässt der Untersuchungsansatz doch erstmals die Unternehmen „direkt" zu Wort kommen. Der Untersuchungsansatz birgt so unzweifelhaft den Charme, dass weitere Perspektiven auf die Treiber der Finanzierungsentscheidung eröffnet werden. Neben der Überlagerung unterschiedlicher Unternehmensziele im Rahmen der Finanzierungsentscheidung wird deutlich, dass Managements regelmäßig auf Heuristiken im Rahmen der Finanzierungsentscheidung abstellen.[2466] So zeigt der vorangehende Überblick, dass Unternehmen im Rahmen der Finanzierungsentscheidungen neben den in den Kapitalstrukturtheorien identifizierten Determinanten der Kapitalstruktur auch auf vereinfachende Finanzierungsregeln wie etwa die Fristenkongruenz zwischen Finanzierung und

2465 Man kann an dieser Stelle durchaus argumentieren, dass dessen ungeachtet sich Hinweise auf die alternativen Kapitalstrukturtheorien finden müssten. Die vorangehenden Überlegungen haben m. E. nach gezeigt, dass dies durchaus der Fall ist.

2466 Vgl. Baker et al. (2011) S. 218. Als Hinweis auf Heuristiken werden von Baker et al. (2011) u. a. die Nennung der Zielvorgabe der finanziellen Flexibilität sowie Stabilität sowie die Finanzierungskongruenz erachtet. Vgl. Baker et al. (2011) S. 201; 205; 208; 227.

Mittelverwendung abstellen. Dies liefert, neben den weiteren Herausforderungen der empirischen Forschung, eine Erklärung dafür, warum die empirische Forschung in Summe bis dato durch eine erstaunliche Ergebnisvielfalt gekennzeichnet ist. Man kann daraus – dies haben etwa Baker et al. (2011) gemacht – auch die Notwendigkeit ableiten, bestehende theoretische Modelle durch die in der Praxis beobachtbaren Finanzierungsregeln fortzuentwickeln.[2467] Dieser Forderung darf wohl ohne Weiteres zugestimmt werden, auch wenn man an dieser Stelle – in Kenntnis der vorangehenden Überlegungen – eingestehen muss, dass mit der Vielfalt der Unternehmen und der sich laufend fortentwickelnden Rahmenbedingungen es wohl in der näheren Zukunft kein Kapitalstrukturmodell geben wird, das den Wunsch nach einem in sich geschlossenen Kapitalstrukturmodell für alle Lebenslagen erfüllen wird.[2468] Bedeutsam für die aktuelle Forschung dürfte vielmehr sein, den Weg auf der Suche bedeutsamer Kapitalstrukturdeterminanten weiter zu beschreiten und – greift man das Bild zu Beginn des Kapitels erneut auf – den Dschungel unter Berücksichtigung unterschiedlicher Blickwinkel weiter zu kartographieren. Bedeutsam sind, auch nach über 60 Jahren an Forschungsbemühungen, dabei insbesondere die Hauptwege, die durch diesen Dschungel führen. Die Befragungsstudien können als Handwerkszeug der Kartografen – trotz eigener empirischer Probleme –[2469] weiter dazu beitragen, das Verständnis der Finanzierungsentscheidung der Praxis zu vertiefen.

> „The dearth of reliable empirical evidence on this topic has forced proponents of each theory to rely largely on anecdotes to buttress their arguments."[2470]

5.4. Zwischenfazit zum Stand der empirischen Kapitalstrukturforschung

Die vorangehenden Abschnitte haben in einem Parforceritt einen Überblick über die bestehenden empirischen Forschungsansätze zur Identifikation einer praxisnahen Kapitalstrukturtheorie gegeben. Die Darstellung ist dabei hinter der Breite der empirischen Forschungsbemühungen der vergangenen sechzig Jahre zurückgeblieben, birgt eine im ersten Schritt zu kleinteilige Darstellung – dies wurde zu Beginn des Kapitels III hervorgehoben – die Gefahr, im Dschungel der Ergebnisvielfalt die

---

2467 Vgl. Baker et al. (2011) S. 218.

2468 Man kann grundsätzlich Zweifel daran äußern, ob ein solches Bemühen nach einer allen Rahmenbedingungen gerecht werdenden Kapitalstrukturtheorie jemals von Erfolg gekrönt sein wird.

2469 In diesem Abschnitt wurden die empirischen Schwierigkeiten, die mit den Befragungsstudien verbunden sind, vereinfachend ausgeblendet. Neben der i. d. R. geringen Rücklaufquote und der damit verbundenen Selbstselektion dürfte auch die Möglichkeit, dass Unternehmen möglicherweise ihre wahren Ziele verschleiern, zu Verzerrungen führen.

2470 Barclay et al. (1997) S. 1.

Orientierung zu verlieren. Im Fokus der vorangehenden Abschnitte stand daher in erster Linie der Versuch einer Grobskizze der durch die empirische Forschung beschrittenen Wege durch das Dickicht der Finanzierungsentscheidungen der Praxis. Als Wegmarken dienten dabei die geläufigsten empirischen Forschungsansätze, die dabei zu meisternden Herausforderungen sowie ein erster grober Überblick über die in der Literatur bestehende Ergebnisvielfalt. Blickt man auf den nach diesen Kriterien erstellten Überblick, so sieht man auf den ersten Blick drei zentrale Hauptwege – „klassische" Determinantenstudien, Partial-Adjustment-Modelle sowie Befragungsstudien – der empirischen Forschung, um das Dickicht zwischen den theoretischen Überlegungen der Kapitalstrukturtheorien und der Finanzierungspraxis zu durchqueren.

Diese drei alternativen Hauptwege vor Augen, mag man sich gezwungen sehen, ein Urteil zur Verlässlichkeit der alternativen Routen abzugeben, um den vielversprechendsten Ansatz hervorheben zu können. Ein solches Urteil lässt sich m. E. trotz oder gerade wegen der Breite der vergangenen Forschungsbemühungen als auch der damit einhergehenden Ergebnisvielfalt nach heutiger Sicht jedoch noch nicht abschließend fällen. Zwar kann man – dies wurde bereits in Abschnitt 5.1.1. gemacht – bei der Beurteilung alternativer Ansätze auf die Häufigkeit abstellen, mit der diese alternativen Pfade beschritten wurden, eine solche Sichtweise würde die Forschung jedoch um alternativer Sichtweisen auf die Finanzierungentscheidung der Unternehmen berauben und man würde letztlich Gefahr laufen, die Forschung dauerhaft auf ausgetretenen Wegen wandeln zu lassen.[2471] Insbesondere Abschnitt 5.3. hat gezeigt, dass alternative Ansätze andere – für das Verständnis durchaus bedeutsame – Sichtweisen auf die Finanzierungsentscheidung der Praxis erlauben. Eine Empfehlung eines einzelnen Weges würde zudem auch der in der Forschung zu beobachtenden Vielfalt der Ergebnisse empirischer Arbeiten – auch innerhalb eines Forschungsansatzes – nicht gerecht werden. Blickt man näher auf die in den vorangehenden Abschnitten skizzierten Hauptwege der Forschung, so erkennt man rasch, dass von den drei Hauptwegen eine Reihe einzelner Fußpfade – die individuellen Forschungsansätze – abzweigen.[2472] Die Vielfalt innerhalb der einzelnen Forschungsansätze ist u. a. auf die in den vorangehenden Abschnitten kurz skizzierten empirischen und konzeptionellen Schwierigkeiten der Kapitalstrukturforschung zurückzuführen, denen mit den verschiedenen Ansätzen als auch den einzelnen Untersuchungen unterschiedlich begegnet wurde.

2471 Zweifelsohne würde man auf Basis der Beurteilung der Popularität der unterschiedlichen Forschungsansätze den Weg „klassischer" Determinantenstudien einschlagen.

2472 Man könnte an dieser Stelle mit Blick auf die durchaus zu beobachtende Breite der empirischen Studien innerhalb der Hauptwege auch versucht sein, zu schreiben, dass beim zweiten Blick sich die drei Hauptwege vielmehr als eine Reihe einzelner Fußpfade darstellen.

Man kann für die Beurteilung der alternativen Ansätze daher abschließend versucht sein, die alternativen Wege aus Blickrichtung des angestrebten Ziels, der Identifikation einer praxisnahen Kapitalstrukturtheorie, beurteilen zu wollen. Der Erfolg einer solchen Anstrengung dürfte jedoch verhalten ausfallen, verliert sich die Forschung doch bis dato in einem Dickicht der Ergebnisvielfalt, das die Identifikation bedeutsamer Kapitalstrukturtheorien erschwert. Dieses auf den ersten Blick ernüchternde Ergebnis zusammenfassend, haben etwa Frank/Goyal (2009) festgehalten: „The factors that drive this decision remain elusive despite a vast theoretical literature and decades of empirical tests."[2473] Die mit den Forschungsbemühungen einhergehende Ergebnisvielfalt gestaltet sich somit sowohl als Fluch und Segen für die Forschung. Zwar erlauben die verschiedenen Forschungsansätze – wie bereits hervorgehoben wurde – unterschiedliche Blickwinkel auf die Finanzierungsentscheidung der Unternehmen, die Ergebnisvielfalt verbaut zugleich jedoch auch die Möglichkeit, einen Konsens oder auch nur eine Tendenz zugunsten einer Kapitalstrukturtheorie zu identifizieren. Geht mit der Ergebnisvielfalt doch die Möglichkeit einher, dass sich die Verfechter einzelner Kapitalstrukturtheorien bei bewusster Auswahl der betrachteten Untersuchungen in ihrer Einschätzung bestätigt fühlen können. Diese Schwäche bestehender empirischer Untersuchungen kehren u. a. Leary/Roberts (2010) hervor, wenn sie festhalten: „[t]he extent to which this success is attributable to the pecking order, tradeoff, or any other theory is ultimately subjective, as the theories and empirical proxies do not allow for a sharp delineation."[2474]

Neben den in den vorangehenden Abschnitten skizzierten Herausforderungen empirischer Untersuchungen ist die bestehende Ergebnisvielfalt, wie die vorangehenden Abschnitte gezeigt haben, wohl unzweifelhaft auch auf die Überlagerung verschiedener Treiber der Finanzierungsentscheidung in der Praxis zurückzuführen. Hat doch u. a. der Überblick über die Ergebnisse der Befragungsstudien gezeigt, dass in der Unternehmenspraxis sich regelmäßig unterschiedliche Treiber der Finanzierungsentscheidung in unterschiedlicher Intensität überlagern, begleitet durch heuristische Entscheidungsregeln der Unternehmen. Berücksichtigt man, dass auch unterschiedliche ökonomische Rahmenbedingungen Einfluss auf die Bedeutung der alternativen Treiber nehmen können, so erscheint die zu beobachtende Ergebnisvielfalt der Forschung mit Blick auf die heterogenen Rahmenbedingungen über einen Zeitraum von über sechzig Jahren beinahe ein zwangsläufiges Ergebnis zu sein. Dies soll und kann jedoch nicht darüber hinwegtäuschen, dass, wie Bessler et al. (2011) festhalten, „[...] there exists no comprehensive model of capital structure that incorporates all empirical observations".[2475] Die Forschung hat also sowohl konzeptionelle als auch empirische Hürden zu überwinden, will man sich dem Ziel der Entwicklung einer praxisnahen Kapitalstrukturtheorie

2473 Frank/Goyal (2009) S. 1.
2474 Leary/Roberts (2010) S. 333.
2475 Vgl. Bessler et al. (2011) S. 18.

nähern. Inwieweit man sich dem Ziel eines, in sich geschlossenen, theoretischen Kapitalstrukturmodells nähern kann, dürfte dabei nicht unerheblich von den weiteren Entwicklungen in der empirischen Literatur abhängen. Das nächste Ziel für die Forschung sollte jedoch sein, ein besseres Verständnis über die Bedeutung der einzelnen Treiber der Finanzierungsentscheidung zu gewinnen. Insbesondere sollte der Einfluss von wechselnden Rahmenbedingungen und Unternehmenscharakteristika nochmals eingehender beleuchtet werden. Erst in einem zweiten Schritt sollte unter Aufrechterhaltung des theoretischen Unterbaus versucht werden, zu praxisnäheren Kapitalstrukturmodellen zu gelangen.[2476] Interessant erscheint in diesem Zusammenhang insbesondere auch die Bedeutung alternativer Finanzierungspolitiken, wie sie in Kapitel II dieser Arbeit betrachtet wurden. Für die Beurteilung der Bedeutung alternativer Kapitalstrukturpolitiken erscheint es so u. a. wesentlich, die Frage zu beantworten, in welcher Form sich alternative Finanzierungsannahmen auf den Unternehmenswert niederschlagen. In den nachfolgenden Abschnitten sei sich daher der Frage gewidmet, inwieweit dieser Weg durch die Forschung beschritten wurde und welche Ansätze es gibt, um die Bedeutung alternativer Finanzierungsannahmen zu quantifizieren.

5.5. Zur empirischen Überprüfung alternativer Annahmen der Finanzierungspolitik

Blickt man auf die empirischen Forschungsbemühungen zur Relevanz der in der Unternehmensbewertung diskutierten alternativen Finanzierungspolitiken, so ist – im Kontrast zu den in den vorangehenden Abschnitten diskutierten empirischen Arbeiten zur Relevanz alternativer Kapitalstrukturtheorien – ein Mangel an empirischen Untersuchungen zu beklagen. Neben den in Kapitel II diskutierten vorwiegend konzeptionellen Überlegungen zu den alternativen Finanzierungsmodellen finden sich in der Literatur in geringerer Zahl sog. „goodness of fit"-Modelle, die auf Basis der Treffgenauigkeit alternativer Bewertungsverfahren Hinweise für die Relevanz ausgewählter Bewertungsansätze abzuleiten versuchen. An dieser Stelle sei, mit Verweis auf die Ausführungen des Abschnitts 5.8.2., auf eine nähere Darstellung dieser sog. „goodness of fit"-Modelle selbst verzichtet. In diesem Abschnitt sei vielmehr kurz auf mögliche Gründe für unterentwickelte Forschungsbemühungen zu den alternativen Finanzierungspolitiken eingegangen, um, darauf aufbauend, eine eingehendere empirische Analyse der Bedeutung alternativer Finanzierungspolitiken zu motivieren.

Betrachtet man zunächst mögliche Gründe, die zu dem vergleichsweise geringen Umfang an empirischen Arbeiten zur Relevanz der alternativen

2476 Das Vorschlagen neuer Kapitalstrukturtheorien – mögen sie anhand einzelner empirischer Betrachtung noch so naheliegend sein – führt, wie Kapitel I gezeigt hat, zunächst nur zu einer weiten Bandbreite z. T. deutlich entgegengesetzter Kapitalstrukturtheorien.

Finanzierungspolitiken geführt haben, so dürfte ein Hauptgrund unter anderem in den Herausforderungen der Unternehmensbewertungspraxis liegen. Sieht sich die Unternehmenspraxis doch mit der zentralen Herausforderung konfrontiert, verlässliche Prognosen der zukünftigen Unternehmensentwicklung – nicht nur mit Blick auf die Finanzierungsentscheidung – entwickeln zu müssen und gleichzeitig die Komplexität des Bewertungsmodells überschaubar zu halten. Dem Problem kann letztlich durch geeignete, in sich geschlossene, Unternehmensbewertungsmodelle begegnet werden, wie sie in Kapitel II dieser Arbeit diskutiert wurden. Unzweifelhaft stellt die Annahme einer autonomen bzw. einer atmenden Verschuldungspolitik solche in der Praxis gangbaren und in sich geschlossenen Bewertungsmodelle dar.[2477] Neben den praktischen Erwägungen dürfte die stiefmütterliche Betrachtung alternativer Finanzierungspolitiken durch Literatur und Praxis auch in der in den vorangehenden Abschnitten skizzierten Schwäche empirischer Arbeiten zu den alternativen Kapitalstrukturtheorien begründet sein. Kann doch die Frage, welche Faktoren verlässlich die Finanzierungsentscheidung der Unternehmen beeinflussen, auf Basis der bestehenden empirischen Evidenz nicht oder aber nur eingeschränkt beantwortet werden, betreibt man keine bewusste Auswahl der zugrunde gelegten Untersuchungen. Ohne ein Verständnis der Treiber der Finanzierungsentscheidung entbehren die Formulierungen der alternativen Finanzierungspolitiken einem konzeptionellen Fundament. Es erscheint für die Untersuchung der Relevanz alternativer Finanzierungspolitiken daher in einem ersten Schritt notwendig, zunächst ein Verständnis und einen Konsens über die zentralen Treiber der Finanzierungsentscheidung zu gewinnen. Ausgehend von diesem Verständnis, können in einem zweiten Schritt Überlegungen angestellt werden, wie die konzeptionellen Überlegungen zu den Treibern der Finanzierungsentscheidung empirisch verifiziert werden können.

In den nachfolgenden Abschnitten seien daher, ausgehend von den Ergebnissen der in Abschnitt 5.1.1. beleuchteten Determinantenstudien, konzeptionelle Überlegungen zu den Treibern der Finanzierungsentscheidung auf Basis der bestehenden empirischen Untersuchungen vorgenommen. An diese konzeptionellen Überlegungen anschließend, seien, ausgehend von einer Darstellung der „goodness of fit“-Modelle, Überlegungen zu einer empirischen Überprüfbarkeit der Treiber der alternativen Finanzierungspolitiken angestellt. Das Kapitel abschließend seien noch kurz Überlegungen zu möglichen Hürden einer empirischen Überprüfung alternativer Finanzierungspolitiken skizziert.

2477 Diese Faktoren dürften maßgeblich zur Beliebtheit und Verbreitung dieser beiden Finanzierungspolitiken – trotz der unzweifelhaft vorgenommenen vereinfachten Abbildung der Unternehmenspraxis – beigetragen haben.

5.6. Konzeptionelle Überlegungen zu den Determinanten der Kapitalstruktur- und Finanzierungspolitik

„In our view, the real question is which economic forces are most important for capital structure choices."[2478]

Ziel dieses Abschnittes ist die Zusammenführung der bisher eher allgemein gehaltenen Überlegungen zu den alternativen Finanzierungspolitiken aus Kapitel II mit den Ergebnissen – diese wurden in den bisherigen Überlegungen vereinfachend ausgeblendet – der empirischen Determinantenforschung. Auf Basis der bestehenden empirischen Evidenz der Kapitalstrukturforschung sollen, aufbauend auf der ersten Einordnung alternativer Finanzierungspolitiken in Kapitel II, empirisch bedeutsame Kapitalstrukturdeterminanten den alternativen Finanzierungsannahmen der Unternehmensbewertung bzw. den in Kapitel II diskutierten „inneren" und „äußeren" Treibern der Finanzierungsentscheidung zugeordnet werden. Eine solche – auf den ersten Blick u. U. trivial anmutende – Zielsetzung ist in der praktischen Umsetzung mit einer Reihe von Fallstricken versehen, die in der Folge kurz skizziert werden sollen. Den Dreh- und Angelpunkt der im Folgenden skizzierten Probleme stellt insbesondere die Bandbreite der Ergebnisse als auch Untersuchungsansätze der empirischen Literatur – darauf wurde bereits hingewiesen – zur Untersuchung des Finanzierungsverhaltens dar. Eine der ersten Schwierigkeiten, die aus der gegebenen Literaturvielfalt erwächst, zeigt sich bereits in der Aufgabe, geeignete und insbesondere eineindeutige Determinanten der Kapitalstrukturpolitik auszuwählen, die in der Folge näher zu beleuchten sind. Frank/Goyal (2009) halten dieses Problem im Blick lakonisch fest: „[...] advocates of particular theories are offered a choice of diametrically opposing well-known summaries of ‚what we all know' from the previous literature."[2479] In der Literatur wird eine Vielfalt alternativer Kapitalstrukturdeterminanten betrachtet, die z. T. auch innerhalb einer Determinantenklasse über eine Reihe abweichender Definitionen und Interpretationen verfügen.[2480] Ein möglicher Lösungsansatz besteht – wie schon in den vorangehenden Kapiteln und Abschnitten eingeschlagen – in einer Fokussierung der nachfolgenden Überlegungen auf ausgewählte empirische Untersuchungen. Ein mögliches Auswahlkriterium könnte – wie bereits im Vorfeld – die Fokussierung

2478 Graham/Leary (2011) S. 311.

2479 Frank/Goyal (2009) S. 2.

2480 Begibt man sich auf den steinigen Weg, die Vielzahl bestehender Arbeiten zur Determinantenforschung disaggregiert zu betrachten, so muss man an dieser Stelle sich letztlich Gedanken dazu machen, wie man aus der Determinantenvielfalt gleichwertige bzw. abweichende Determinanten herausfiltern kann. Zu möglichen Problemen vgl. u. a. Schneider (2010) S. 123–124.

auf sog. Meilensteine der Literatur darstellen.[2481] Gegenüber den vorangehenden Überlegungen zu den Kapitalstruktur- als auch Finanzierungstheorien fällt ein solcher Überblick aufgrund des Umfangs empirischer Forschungsbemühungen jedoch zwangsläufig etwas unschärfer aus.

Einen gangbaren Kompromiss zwischen Vollständigkeit und Handhabbarkeit stellt m. E. nach an dieser Stelle ein Abstellen auf zusammenfassende Untersuchungen bzw. sog Meta-Studien dar, die bei gleichzeitiger Fokussierung auf wenige Arbeiten einen vergleichsweise breiten Ausschnitt über die in der Literatur erfolgten Forschungsbemühungen erlauben. Ein weiteres nicht zu vernachlässigendes Problem, das als Nebeneffekt aus der Vielzahl empirischer Arbeiten erwächst, besteht in der Vielzahl sich z. T. widersprechender empirischer Forschungsergebnisse. So monieren etwa Frank/Goyal (2009) diese Vielstimmigkeit der empirischen Forschung nicht zu Unrecht, wenn sie kritisch festhalten: „The amount of evidence is large, and so it is often all too easy to provide some empirical support for almost any idea. This is fine for a given paper but more problematic for the overall development of our understanding of capital structure decisions."[2482] Auch an dieser Stelle besteht somit erneut der Zwang, sich von der Betrachtung einzelner empirischer Arbeiten zu lösen, um ein – wenn auch nicht zwingend vollkommenes jedoch – weitgehend vollständiges und verständiges Bild der empirischen Forschung auf Basis von Überblicksarbeiten erhalten zu können.[2483] Man darf sich an dieser Stelle jedoch nicht dem Trugschluss hingeben, dass mit dem knapp skizzierten pragmatischen Vorgehen sämtliche Probleme des eingangs formulierten Ziels, eine Brücke zwischen Kapitalstruktur- und Finanzierungspolitik zu schlagen, gelöst werden können. Grundlegende Probleme wie die gewisse Unschärfe der Ergebnisse der Determinantenforschung – mögliche Gründe wurden in Abschnitt 5.1.1. kurz näher beleuchtet – bleiben auf Basis dieses pragmatischen Vorgehens weiterhin bestehen und treffen letztlich auf die Unbestimmtheit – die bereits in Kapitel II festgehalten wurde – alternativer Finanzierungspolitiken. Die Schwierigkeiten der zurückzulegenden Schritte im Blick, kann die Zielsetzung dieses Abschnitts somit nur ein erster Schritt auf dem Weg hin zu einem Brückenschlag zwischen den Determinanten der Kapitalstrukturtheorie und der miteinander konkurrierenden Finanzierungspolitiken darstellen. Dieser erste Schritt wird zwangsläufig

2481 Dieses Kriterium ist an dieser Stelle bewusst etwas unscharf gehalten, für eine Konkretisierung dieses Kriteriums könnte man beispielsweise auf die Resonanz, die diese Arbeiten in der nachfolgenden Literatur erhalten haben, abstellen.

2482 Vgl. Frank/Goyal (2009) S. 1. In die gleiche Richtung argumentieren Bessler et al. (2011), wenn sie, den Blick mehr auf die alternativen Kapitalstrukturtheorien, festhalten: „All available models can explain but also contradict some of the known stylized facts, with different models having problems with different facts." Vgl. dazu Bessler et al. (2011) S. 18.

2483 Wie in Abschnitt 5.4. festgehalten, würde ein Abstellen auf einzelne Arbeiten die Gefahr beinhalten, sich im Dickicht der Vielfalt der Forschungsergebnisse zu verlaufen.

unvollständig bleiben und in einem zweiten Schritt einer empirischen Verifizierung bedürfen. In Abschnitt 5.8.1. wird daher die Möglichkeit, die konzeptionellen Überlegungen empirisch zu überprüfen, kurz näher betrachtet werden.

5.6.1. Auswahl bedeutender Determinanten der Kapitalstrukturentscheidung

Der einleitende Abschnitt hat die grundsätzlichen Probleme, denen man gegenübersteht, will man einen Brückenschlag zwischen Kapitalstrukturtheorie und alternativen Finanzierungspolitiken erreichen, bereits kurz umrissen. Wie festgehalten wurde, stellt eine erste und zugleich zentrale Schwierigkeit auf dem vorgezeichneten Weg dabei die Wahl geeigneter und gleichzeitig repräsentativer Kapitalstrukturdeterminanten aus der Vielzahl in der empirischen Forschung untersuchter Determinanten dar. Wie im vorangehenden Abschnitt bereits vorgezeichnet, soll an dieser Stelle der Umfang der in der Folge zu betrachtenden Arbeit allein aus Praktikabilitätsgründen möglichst gering gehalten werden. Wie mit dem vorangehenden Abschnitt bereits festgehalten, bietet sich – um das Ziel eines beherrschbaren Umfangs unter der Gewährleistung der Vollständigkeit zu erreichen – ein Rückgriff auf Arbeiten an, die zu unterschiedlichen Zeitpunkten einen Überblick zum Stand der Kapitalstrukturforschung gegeben haben. Wird durch ein solches Vorgehen doch ein weitgehender Verbleib auf den Hauptpfaden der Kapitalstrukturforschung sichergestellt, ohne zugleich Gefahr zu laufen, ein einseitiges Bild der Überlegungen der Forschung zu zeichnen. Ähnlich zu den vorangehenden Abschnitten wird auch an dieser Stelle ein chronologisches, die einzelnen Entwicklungsphasen berücksichtigendes Vorgehen eingeschlagen. Insbesondere die frühen Ergebnisse der Determinantenforschung berücksichtigend, seien die Arbeiten von Titman/Wessels (1988), Harris/Raviv (1991) und Rajan/Zingales (1995) in der Folge näher betrachtet. Um die Entwicklungen der „jüngeren“ Kapitalstrukturtheorien mit einzubeziehen, bilden zudem die Arbeiten von Mackay/Phillips (2005), Parsons/Titman (2008), Frank/Goyal (2009) und Schneider (2010) die Grundlage der nachfolgenden Überlegungen. Abschließend erfolgt mit den Arbeiten von Bessler et al. (2011), Ötzekin (2015) die Berücksichtigung der jüngsten Entwicklungen der Determinantenforschung.[2484]

Hat man die erste Hürde einer repräsentativen Auswahl von geeigneten Arbeiten genommen, so muss man in einem zweiten Schritt die Frage beantworten, welche Determinanten der Kapitalstruktur nachhaltigen Einfluss auf Finanzierungsentscheidungen der Unternehmen ausüben und damit für die nachfolgende Betrachtung relevant erscheinen. An dieser Stelle sind zwei Vorgehensweisen denkbar, um die relevanten Determinanten der Kapitalstruktur zu identifizieren.

2484 Die Abgrenzung der einzelnen Arbeiten voneinander erfolgt an dieser Stelle pragmatisch. Dies scheint an dieser Stelle vertretbar, spielt diese Einordnung in den nachfolgenden Überlegungen doch eine eher sekundäre Rolle.

Einerseits kann man auf die direkt aus den alternativen Kapitalstrukturtheorien ableitbaren bzw. vorgegebenen Determinanten der Kapitalstruktur abstellen,[2485] andererseits direkt auf die in der empirischen Literatur betrachteten Parameter zurückgreifen. Blickt man zunächst auf die erste Alternative, so wurden mit den Überlegungen des Kapitels I für die „klassische" Trade-Off-Theorie die Faktoren Steuerlast und Insolvenzkosten als zentrale Determinanten der Finanzierungsentscheidung hervorgekehrt.[2486] Ein solches Vorgehen – auch wenn es geradlinig erscheint – ist in der Praxis regelmäßig mit einer Reihe von Hürden verbunden, versucht man etwa, den Umfang ausgewählter Parameter zu quantifizieren. Dies zeigt ein Rückblick auf die in Abschnitt 5.1.1. kurz skizzierten Hürden, die im Rahmen der empirischen Forschung überwunden werden müssen. So dürfte – bleibt man bei den bereits betrachteten Treibern der „klassischen" Trade-Off-Theorie – es in der Praxis regelmäßig schwerfallen, die Insolvenzkosten – abseits des Falls eines bereits erfolgten Insolvenzeintritts –[2487] sachgerecht zu quantifizieren.[2488] In der empirischen Literatur finden sich daher eine Reihe von Approximationen der in der Praxis regelmäßig wohl nur unvollständig zu beobachtenden Parameter. In einem zweiten Schritt erscheint es mit Blick auf die Bedürfnisse der Praxis daher notwendig – in Rückgriff u. a. auf die vorgenannten Arbeiten –, auch die zweite Herangehensweise zu berücksichtigen und die bedeutendsten Determinanten der empirischen Literatur zu identifizieren. Dieser zweite Schritt ist – abseits der Praktikabilitätsüberlegungen notwendig – zudem nötig, will man sich in der Folge auf das Fundament der empirischen Forschung stützen. Frei von Schwächen ist diese zweite Herangehensweise jedoch auch nicht, beinhaltet das Abstellen auf Approximationen der Treiber der Finanzierungsentscheidung doch unzweifelhaft die Gefahr einer unvollständigen Abbildung dieser Treiber. Mit Blick auf die nachfolgenden Überlegungen erscheint es daher nicht verwunderlich, dass eine Interpretation der in der Praxis verwendeten Approximationen in der Literatur nicht zwingend einheitlich erfolgt. Letztlich sind die beiden kurz skizzierten Herangehensweisen nicht voneinander zu trennen, die in den folgenden Überlegungen betrachteten Determinanten spiegeln damit die bedeutendsten, in der empirischen Forschung zu findenden Parametrisierungen der – durch die Überlegungen des Kapitels I vorgegebenen – Treiber der Finanzierungsentscheidung wider. Ein

2485 In diesem Sinne haben etwa Barclay et al. (1997) festgehalten, dass „[...] the M & M propositions in fact have had considerable practical value by directing our search for the factors likely to be important in setting corporate leverage and dividend policies". Barclay et al. (1997) S. 3.

2486 Vgl. dazu auch Barclay et al. (1997) S. 3–4.

2487 Auch im Fall des Insolvenzeintritts sind die Insolvenzkosten – dürfte doch an dieser Stelle der Fortführungswert bzw. Wert vor der Zerschlagung nur bedingt zu quantifizieren sein – wohl nur approximativ zu ermitteln.

2488 Wie die Literatur gezeigt hat, spielt neben direkten und indirekten Insolvenzkosten auch das in Kapitel I diskutierte Unterinvestitionsproblem im Fall einer Unternehmensinsolvenz eine zentrale Rolle. Vgl. dazu Barclay et al. (1997) S. 4.

Anspruch auf Vollständigkeit kann und soll aufgrund des eingeschlagenen pragmatischen Vorgehens damit nicht erhoben werden.

„We have to conclude that we do not really understand why firm size is correlated with leverage."[2489]

5.6.1.1. Unternehmensgröße/Unternehmensalter

Wie das einleitende Zitat von Rajan/Zingales (1995) bereits zu Beginn dieses Unterabschnitts verdeutlicht, ist die Aufgabe, eine eindeutige Beziehung zwischen Unternehmensgröße und Finanzierungsentscheidung des Unternehmens herzustellen, mit einigen Fallstricken behaftet. Die Schwierigkeiten beginnen dabei nicht erst bei der Interpretation der empirischen Evidenz,[2490] sondern vielmehr schon bei der Formulierung eines eindeutigen Zusammenhangs zwischen Unternehmensgröße und Verschuldungsgrad. Die Wirkrichtung der Kapitalstrukturdeterminante Unternehmensgröße auf die Finanzierungsentscheidung kann, wie u. a. Chen (2004), Bevan/Danbolt (2002) und Kester (1986) festgehalten haben, nicht direkt aus einer der in Kapitel I näher beleuchteten Kapitalstrukturtheorien abgeleitet werden.[2491] Es besteht, blickt man in die vorangehenden Abschnitte, i. d. R. nur ein indirekter Zusammengang zwischen Unternehmensgröße und den Finanzierungsentscheidungen der Unternehmen.[2492] Orientiert man sich für die folgenden Überlegungen grob an dem Aufbau des ersten Kapitels, so lassen sich – in Abhängigkeit zur betrachteten Kapitalstrukturtheorie – nachfolgend kurz skizzierte Argumentationsmuster in der Literatur erkennen, die eine – wenigstens lose – Zuordnung der Kapitalstrukturdeterminanten zu den alternativen Finanzierungspolitiken möglich machen. Die nachfolgenden Abschnitte widmen sich – auf Basis der Vorüberlegungen der vorangehenden Literatur – insbesondere den „klassischen" Kapitalstrukturtheorien, also der Trade-Off- und der Pecking-Order-Theorie. In einem zweiten Schritt wird – in

2489 Rajan/Zingales (1995) S. 1457.

2490 So halten Bevan/Danbolt (2002) fest, dass „[...] the prior empirical evidence with regard to the relationship between size and gearing is rather mixed [...]". Bevan/Danbolt (2002) S. 161. Parsons/Titman (2008b) stellen dagegen eine leichte Tendenz der empirischen Literatur zugunsten der Annahme eines positiven Zusammenhangs zwischen Unternehmensgröße und Verschuldungsgrad fest. Vgl. dazu Parsons/Titman (2008b) S. 15. Interessant erscheint in diesem Zusammenhang, dass in internationalen Studien insbesondere Deutschland oftmals eine Sonderrolle einzunehmen erscheint. Vgl. dazu Chen (2004) S. 1347; Rajan/Zingales (1995) S. 1422.

2491 Vgl. dazu Kester (1986) S. 12; Bevan/Danbolt (2002) S. 161; Chen (2004) S. 1347; Schneider (2010) S. 174.

2492 In der Literatur findet sich so die Argumentation, dass die Unternehmensgröße letztlich einen Platzhalter für andere, in empirischen Untersuchungen regelmäßig nicht abgebildete bzw. abbildbare Determinanten darstellt. Vgl. dazu Parsons/Titman (2008b) S. 15.

Anlehnung an die im zweiten Abschnitt von Kapitel I geführte Diskussion – die statische Sicht auf die Finanzierungsentscheidung verlassen und die Auswirkungen der Determinante Unternehmensgröße aus einem dynamischen Blickwinkel betrachtet. Schwerpunkte liegen hierbei auf den eigenständig arbeitenden Kapitalstrukturtheorien, d. h. der dynamischen Trade-Off-Theorie sowie der Theorie des Market-Timings sowie der erweiterten Pecking-Order-Theorie. Ausgehend von dem Einfluss der Determinante Unternehmensgröße auf die Finanzierungsentscheidung unter den einzelnen Kapitalstrukturtheorien, soll in einem abschließenden Schritt eine Einschätzung zu den in Kapitel II betrachteten Finanzierungspolitiken der Unternehmensbewertungspraxis getroffen werden.

Der Faktor Unternehmensgröße in der Trade-Off-Theorie

Wie Abschnitt 2.2. gezeigt hat, wird der optimale Verschuldungsgrad der „klassischen" Trade-Off-Theorie maßgeblich durch zwei Faktoren bestimmt: den Wertbeitrag der Fremdfinanzierung, der eine zunehmende Verschuldung von Unternehmen attraktiv werden lässt, und den mit einer Insolvenz verbundenen Kosten, die zu einer Eindämmung des optimalen Verschuldungsumfangs der Unternehmen führen.[2493] Will man den Einfluss der Determinante Unternehmensgröße auf das Finanzierungsverhalten vor dem Hintergrund der Trade-Off-Theorie bestimmen, muss man – dies wird auch die weiteren Überlegungen sowohl zum Faktor Unternehmensgröße als auch die weiteren im Nachgang betrachteten Faktoren dominieren – eine Verbindung zwischen den zentralen Faktoren der „klassischen" Trade-Off-Überlegung und der Determinante Unternehmensgröße herstellen. Die Literatur interpretiert den Faktor Unternehmensgröße – fasst man an dieser Stelle die Literaturquellen grob zusammen – regelmäßig als einen Indikator für die Schuldnerqualität der betrachteten Unternehmen. Es wird m. a. W. damit regelmäßig eine Verbindung zwischen Unternehmensgröße und dem Insolvenzumfang bzw. dem Insolvenzdruck, der auf den Unternehmen lastet, gezogen. So unterschiedlich der allgemein gehaltene Oberbegriff der Schuldnerqualität aufgefasst werden kann, so verschieden sind auch die Argumentationsmuster der Literatur mit Blick auf die Interpretation des Einflusses des Faktors Unternehmensgröße auf die Finanzierungsentscheidung. Dies soll mit der nachfolgenden Zusammenfassung der in der Literatur zu findenden Diskussion verdeutlicht werden. Die Literatur stellt – dies wurde bereits hervorgehoben – bei der Interpretation des Faktors Unternehmensgröße vorwiegend auf die Verbindung zwischen Unternehmensgröße und Insolvenzkosten als zentrale Determinante des Verschuldungsoptimums im Rahmen der Trade-Off-Theorie ab.[2494]

In der Literatur findet im Rahmen der Betrachtung des Einflusses der Unternehmensgröße dabei für gewöhnlich eine Aufspaltung des herrschenden Insolvenzdrucks in die im Insolvenzfall tatsächlich anfallenden Kosten und die

2493 Vgl. dazu u. a. auch Abel (2018) S. 95.
2494 Vgl. dazu Rajan/Zingales (1995) S. 1451.

Wahrscheinlichkeit für den Eintritt einer Insolvenz statt.[2495] Ein erster Strang der Literatur stellt direkt darauf ab, dass die Gefahr einer Unternehmensinsolvenz mit wachsender Unternehmensgröße stetig sinkt.[2496] Ein vergleichsweise aktuelles Beispiel, das für eine solche Vermutung spricht, lässt sich in der vergangenen akuten Kapitalmarktkrise finden. In der Literatur sowie in der öffentlichen Diskussion spielte in der Finanzmarktkrise der 2010er-Jahre so – mit Blick auf die in schweres Fahrwasser geratenen Banken – die Frage, ob Unternehmen bzw. Kreditinstitute zu groß geworden waren – man sprach bzw. spricht in diesem Zusammenhang so auch von systemischen Finanzinstituten –, als um sie scheitern zu lassen, eine bedeutende Rolle.[2497] Als systemisch eingestufte Finanzintermediäre konnten auf eine Unterstützung durch staatliche Institutionen rechnen, die in der Folge zu einer Stabilisierung der Unternehmenslage beigetragen hat.[2498] Diese zunächst rein anekdotische empirische Evidenz zugunsten eines Einflusses der Unternehmensgröße auf die Unternehmensstabilität wird u. a. durch die Beobachtungen der Arbeit von Shumway (2001) gestützt. Neben dem Nachweis, dass die Unternehmensgröße einen bedeutsamen Indikator eines zukünftigen Insolvenzeintritts darstellt,[2499] zeigt Shumway (2001) – in Übereinstimmung mit der kurz skizzierten anekdotischen Evidenz – die Abnahme der Wahrscheinlichkeit eines tatsächlichen Insolvenzeintritts mit der Zunahme der Unternehmensgröße.[2500] Diese Beobachtung muss dabei nicht allein auf ein gestiegenes Interesse der Öffentlichkeit zurückzuführen sein.

Geht man der Frage nach, welche Gründe, neben dem gestiegenen öffentlichen Interesse an der Fortführung großer Unternehmen, noch für diesen Zusammenhang

---

2495 Vgl. dazu schon Titman/Wessels (1988) S. 6.

2496 Vgl. dazu exemplarisch Titman/Wessels (1988) S. 6; Baker/Wurgler (2002) S. 8; Chen (2004) S. 1347.

2497 Vgl. dazu auch Moosa (2010) S. 319–320. Die englischsprachige Literatur spricht hier eingängig auch von einer „Too big to fail"-Doktrin. Vgl. ebda.

2498 Dies stellt einen zugegeben oberflächlicheren Abriss der Maßnahmen zur Behebung der Finanzmarktkrise der 2010er-Jahre dar. So kann man an dieser Stelle sicherlich über den Begriff systemisch und die Wirkungskraft der getroffenen Maßnahmen im Detail diskutieren. Auf eine solche – den Rahmen der Arbeit sprengende – Aufgabe wird an dieser Stelle bewusst verzichtet. Ebenso kann man an dieser Stelle diskutieren, inwieweit diese Beobachtung auf Industrieunternehmen übertragbar ist. Auch hier gibt es – wenn auch weniger prominent – anekdotische Beispiele, die für ein mit der Unternehmensgröße steigendes Interesse der Öffentlichkeit an der Stabilisierung von in Schieflage geratener Unternehmen sprechen.

2499 Vgl. dazu Shumway (2001) S. 115. Diese Beobachtung findet sich in anekdotischer Form bereits in Altman (1968). So hält Altman (1968) fest: „[...] the incidence of bankruptcy in the large asset-size firm is quite rare today [...]". Altman (1968) S. 593.

2500 Vgl. dazu Shumway (2001) S. 121.

sprechen, so finden sich in der Literatur eine Reihe weiterer Überlegungen. Als ein möglicher Treiber des mit der Unternehmensgröße abnehmenden Insolvenzdrucks wird in der Literatur u. a. die mit zunehmender Unternehmensgröße steigende Diversifikation der Unternehmen – und damit zunehmende Unabhängigkeit des Gesamtunternehmens von lediglich einzelne Segmente betreffenden Marktschwankungen – genannt.[2501] Die Diversifikation hat über die Schwankungsbreite der Gewinne, der ausschüttbaren Zahlungsüberschüsse und der Stabilität des Unternehmenswertes Auswirkungen auf das Unternehmensrisiko als Ganzes.[2502] M.a.W. bestimmt der von der Unternehmensgröße abhängige Grad der Unternehmensdiversifikation das operative Risiko des Unternehmens und damit letztlich auch die Fähigkeit der Unternehmen, Fremdkapital in der Zukunft zurückzahlen zu können. Die Arbeit von Berger/Ofek (1995) hat im Einklang mit diesen Überlegungen so u. a. festgehalten, dass die Fremdkapitalkapazität von Unternehmen mit zunehmender Diversifikation ansteigt.[2503] Die eingeschlagene Argumentation erscheint intuitiv einleuchtend, betrachtet man illustrierend die Abhängigkeit des Fortbestehens eines Ein-Produkt-Unternehmens vom Erfolg dieses Produkts gegenüber einem Unternehmen mit breitem Produktportfolio. Unumstritten ist eine solche Argumentation letztlich jedoch nicht, findet man gegen die zunehmende Diversifikation von Unternehmen in der Literatur doch den Einwand, dass ein solcher Effekt durch eine geeignete Investitionsstrategie ohne Weiteres auch auf der Ebene der Anteilseigner repliziert werden kann,[2504] es einer Diversifikation auf Unternehmensebene damit dem Grunde nach nicht bedarf.[2505] Blickt man auf die Wahrscheinlichkeit eines Insolvenzeintritts, so finden sich also eine Reihe – nicht unumstrittener – Argumente, die zunächst dafürsprechen, dass zwischen Unternehmensgröße und Insolvenzwahrscheinlichkeit ein negativer Zusammenhang besteht.

Will man ein vollständiges Bild der Wirkrichtung der Kapitalstrukturdeterminante Unternehmensgröße zeichnen, muss man in einem zweiten Schritt den Einfluss der Unternehmensgröße im Fall eines tatsächlichen Insolvenzeintritts näher betrachten. Für den Fall, dass Unternehmen die Kriterien des Eintritts in ein Insolvenzverfahren erfüllen, rückt ein weiterer Effekt der zunehmenden Unternehmensgröße in den Vordergrund der Argumentation. In der Literatur wird argumentiert,

2501 Vgl. dazu u. a. Homaifar et al. (1994) S. 3; Rajan/Zingales (1995) S. 1451; Frank/Goyal (2009) S. 7; Bessler et al. (2011) S. 24. Comment/Jarrell (1995) gelingt es dagegen nicht, einen systematischen Anstieg des Verschuldungsgrades mit einem Anstieg des Grades der Diversifikation nachzuweisen. Vgl. dazu Comment/Jarrell (1995) S. 68.

2502 Vgl. dazu Parsons/Titman (2008b) S. 16.

2503 Vgl. dazu Berger/Ofek (1995) S. 60.

2504 Vgl. dazu Drukarczyk (1993) S. 208.

2505 Man kann – erinnert man sich an Abschnitt 2.4.1. zurück – sogar argumentieren, dass eine zunehmende Diversifikation auf Unternehmensebene letztlich einen schädlichen Effekt besitzt.

dass mit der Unternehmensgröße sowohl das Haftungskapital des Unternehmens als auch die im Rahmen der Liquidierung des Unternehmens folgende Verteilung des Haftungskapitals auf Gläubiger und Anteilseigner effizienter erfolgt.[2506] Die Literatur stellt so darauf ab, dass große Unternehmen bei Eintritt des Insolvenzfalls den Gläubigern, aber auch bestehenden Eigenkapitalgebern regelmäßig im größeren Umfang Zugriff auf die Haftungsmasse zur Befriedigung der noch ausstehenden Forderungen gewähren.[2507] Für eine solche Interpretation spricht u. a. die Beobachtung von Weiss (1990), dass Eigenkapitalgeber großer Unternehmen infolge einer Insolvenz regelmäßig finanziell besser gestellt sind als Eigenkapitalgeber kleiner Unternehmen, die ein Insolvenzverfahren durchlaufen haben.[2508] Mit diesen Überlegungen im Einklang stehend, wird in der Literatur von einem mit der Unternehmensgröße zunehmenden Rückgang der im Fall einer Insolvenz zu tragenden Insolvenzkosten ausgegangen.[2509] Die Literatur führt eine Reihe weiterer Gründe für den Rückgang des Umfangs der Insolvenzkosten mit zunehmender Unternehmensgröße an. Parsons/Titman (2008) weisen so u. a. darauf hin, dass die Wahrscheinlichkeit einer kurzfristigen Übervorteilung der Gläubiger – wie sie u. a. in Abschnitt 2.4.2. beschrieben wurde – für Großunternehmen aufgrund der immer schwerfälliger werdenden Investitionspläne der Unternehmen in direktem Vergleich zu den Investitionsentscheidungen kleinerer, in ihren Entscheidungen letztlich deutlich flexiblerer, Unternehmen geringer sein dürfte.

Mit zunehmender Unternehmensgröße geht man m. a. W. also davon aus, dass Investitionspläne ungeachtet des späteren möglichen Insolvenzeintritts bereits im Vorfeld entsprechend festgezurrt wurden und sich in der Folge als stabil erweisen.[2510] Ein diese Einschätzung bestärkender Effekt dürfte zudem aus dem mit Unternehmensgröße anwachsenden öffentlichen Interesse – dieser Aspekt wird uns nochmals mit Blick auf die Pecking-Order-Theorie beschäftigen – erwachsen.

2506 Ein qualitativ durchaus vergleichbares Argumentationsmuster begegnet uns erneut bei der Betrachtung des Faktors Unternehmensgröße vor dem Hintergrund der dynamischen Trade-Off-Theorie.

2507 Vgl. dazu Öztekin (2015) S. 319; Parsons/Titman (2008b) S. 16. Wie u. a. Parsons/Titman (2008b) festhalten, muss der beschriebene Effekt nicht zwingend auf die Determinante der Unternehmensgröße selbst zurückzuführen sein. Vielmehr kann die Unternehmensgröße einen Platzhalter u. a. für das Gesamtrisiko des Unternehmens darstellen. Vgl. dazu Parsons/Titman (2008b) S. 16. Gegen eine solche Interpretation spricht allerdings, dass die Unternehmensgröße regelmäßig neben anderen das Risiko des Unternehmens abbildenden Faktoren in empirische Untersuchungen einfließt.

2508 Vgl. dazu Weiss (1990) S. 299.

2509 Vgl. dazu u. a. Castanias (1983) S. 1628.

2510 Es erscheint auf den ersten Blick nicht unplausibel, ausgehend von einer weitgehend festgezurrten Investitionspolitik, auf eine festgelegte Finanzierungspolitik zu schließen. Die Treffgenauigkeit dieser Annahme dürfte jedoch auch von der Stabilität der wirtschaftlichen Rahmenbedingungen abhängen.

Mögliche Gläubiger schädigende Strategien des Unternehmens werden unter dem mit der Unternehmensgröße zunehmenden Druck der Öffentlichkeit so entweder gar nicht realisiert oder aber durch eine interessierte Öffentlichkeit rasch aufgedeckt.[2511] Die Zunahme der Transparenz führt – folgt man dieser Einschätzung – letztlich zu einem Abbau der Informationsasymmetrie zwischen Unternehmen und externen Kapitalgebern, mit der Folge, dass die auf Informationsasymmetrien zurückzuführenden Insolvenzkosten deutlich absinken.[2512] Daneben findet man in der Literatur noch eine weitere – eher mechanisch dominierte – Beziehung zwischen der Gestalt der Insolvenzkosten und der Unternehmensgröße.[2513] So hat bereits die Arbeit von Warner (1977) darauf hingewiesen, dass Insolvenzkosten durch einen substanziellen fixen, d. h. größenunabhängigen, Anteil als auch variablen Anteil gekennzeichnet sind. Rein mechanisch führt die zunehmende Unternehmensgröße so zunächst zu einer abnehmenden Bedeutung des Fixkostenanteils. M.a.W. müssen also die Kapitalgeber kleiner Unternehmen überproportional höhere Insolvenzkosten im Fall einer Insolvenz tragen als die Anteilseigner großer Unternehmen.[2514] An dieser Stelle nicht eingehender beleuchtet, findet sich in der Literatur mit Blick auf den Fall eines drohenden Insolvenzeintritts, zudem die Einschätzung, dass es großen Unternehmen eher gelingt, kurzfristig Kapital aus Notverkäufen zu generieren als kleinen Unternehmen, um den Insolvenzeintritt und die wertverzehrende Zerschlagung des Unternehmens effektiv verhindern zu können.[2515] Die Höhe der effektiven Insolvenzkosten wird also letztlich auch durch eine, das den Kapitalgebern zufließende Residuum maximierende, Entscheidung zwischen indirekten bzw. direkten Insolvenzkosten sowie den Kosten von Notverkäufen begrenzt. Auch über den Weg, die tatsächlichen Insolvenzkosten näher zu betrachten, lässt sich somit ein positiver Zusammenhang zwischen Unternehmensgröße und Verschuldungsgrad ableiten. Etwas allgemeiner könnte man in diesem Zusammenhang daher davon sprechen, dass nicht nur die Wahrscheinlichkeit eines Insolvenzeintrittes für große Unternehmen geringer ist, sondern auch, dass das mit der Insolvenz verbundene Verlustrisiko der Kapitalgeber mit wachsender Unternehmensgröße abnimmt.[2516]

2511 Vgl. dazu Parsons/Titman (2008b) S. 16; Schneider (2010) S. 174.

2512 Erinnert man sich an Abschnitt 2.2. zurück, so wurden unter dem Oberbegriff der Insolvenzkosten die Reibungsverluste bei der Übertragung der Entscheidungsrechte der (Alt-)Eigentümer auf die Fremdkapitalgeber verstanden. Mit abnehmenden Reibungsverlusten sinken somit auch die Insolvenzkosten.

2513 Vgl. dazu bereits Titman/Wessels (1988) S. 6.

2514 Vgl. dazu u. a. Warner (1977) S. 338; 345; Bessler et al. (2011) S. 24; Parsons/Titman (2008b) S. 15.

2515 Vgl. zu dieser Argumentation u. a. Parsons/Titman (2008b) S. 16.

2516 Ein anderer Blickwinkel wird dagegen in der im folgenden Abschnitt betrachteten Pecking-Order-Theorie mit dem mit der Unternehmensgröße wachsenden Reputationseffekt eingenommen. Wie Diamond (1989) festhält, wächst der Reputationseffekt mit dem Unternehmensalter – einen Platzhalter stellt die Unternehmensgröße

Auf Basis der bisherigen Überlegungen finden sich also eine Reihe von Indizien für die Annahme, dass mit wachsender Unternehmensgröße neben der Wahrscheinlichkeit eines Insolvenzeintritts auch die negativen Auswirkungen für das Vermögen der Kapitalgeber zurückgehen. Blickt man an dieser Stelle auf die eingangs skizzierten Überlegungen der Trade-Off-Theorie, so folgt aus der Abschwächung des Einflussfaktors Insolvenzkosten mit zunehmender Unternehmensgröße, dass mit der Unternehmensgröße die Tragfähigkeit zusätzlichen Fremdkapitals anwächst und eine zunehmende Unternehmensverschuldung attraktiv werden lässt.[2517] Fasst man zusammen, so wird in der Literatur über die Unternehmensgröße indirekt eine Einschätzung über die bestehende Insolvenzgefahr als auch die letztlich drohenden Insolvenzkosten getroffen. Unabhängig von dem genauen Betrachtungswinkel bzw. Argumentationsmuster gelangt die Literatur damit weitgehend einhellig zu dem Schluss, dass die Unternehmensgröße und realisierter Verschuldungsumfang positiv miteinander verbunden sind.[2518] Chen (2004) hält so exemplarisch fest: „According to the trade-off model, large firms are expected to have a higher debt capacity and are able to be more highly geared."[2519]

Wenig Beachtung in der Literatur findet dagegen der Einfluss der Unternehmensgröße auf den Wertbeitrag der Fremdfinanzierung. Dies scheint im Angesicht der oftmals in der Literatur verbreiteten Annahme eines einfachen Steuersystems wenig verwunderlich. Ohne an dieser Stelle die Durchbrechung der in den bisherigen Überlegungen dominierenden Annahme eines einfachen Steuersystems im Detail diskutieren zu wollen, sind an dieser Stelle mehrere Folgen eines komplexeren Steuersystems denkbar. Steigt der Wertbeitrag der Fremdfinanzierung nicht linear mit dem Verschuldungsumfang an – denkbar ist u. a. eine Begrenzung der die Steuerlast mindernden Zahlungen an die Fremdkapitalgeber –,[2520] so bestünde ein natürliches Gegengewicht zu dem mit wachsender Unternehmensgröße absinkenden Einfluss der Insolvenzkosten. Zugleich könnte man jedoch auch argumentieren, dass die Gestaltbarkeit der durch die Unternehmen zu tragenden Steuerlast mit zunehmender Unternehmensgröße voranschreitet. Man kann einerseits mit der steigenden Professionalisierung als auch der personellen Ausstattung andererseits mit der zunehmenden Internationalisierung der Unternehmen argumentieren. Die zunehmende Internationalisierung der Unternehmen mit der Unternehmensgröße dürfte die Gestaltungsfreiheit der Unternehmen mit Blick auf steuerreduzierende Maßnahmen deutlich erhöhen. Ohne dieser Einschätzung im Folgenden näher

---

dar – an und macht eine Insolvenz zunehmend kostspielig. Vgl. dazu Diamond (1989) S. 831.

2517 Dies gilt unter der Ceteris-paribus-Annahme, dass der Wertbeitrag der Fremdfinanzierung unverändert bleibt.

2518 Vgl. dazu Bayless/Chaplinsky (1996) S. 269; Bessler et al. (2011) S. 24; Parsons/Titman (2008b) S. 15; Schneider (2010) S. 175.

2519 Chen (2004) S. 1347.

2520 Erreicht werden könnte dies beispielsweise u. a. durch absolute Zinsschranken.

nachzugehen, kann – außerhalb eines einfachen und homogenen Steuersystems – die Unternehmensgröße auch Einfluss auf den Umfang bzw. die Hebbarkeit des Wertbeitrags der Fremdfinanzierung nehmen. Neben dem Einfluss der Unternehmensgröße auf die „klassischen" Determinanten der Trade-Off-Theorie finden sich in der Literatur auch Überlegungen zum Einfluss, den die Unternehmensgröße auf die mit der erweiterten Trade-Off-Theorie berücksichtigten Agency-Probleme nimmt. In der Literatur wird so u. a. die Einschätzung vertreten, dass die mit der Unternehmensgröße wachsende Zersplitterung der Eigenkapitalanteile zu einem Rückgang der Kontrolle der Eigenkapitalgeber und damit zu einem Zuwachs der Macht des Managements führt. Manager werden infolge dieses Machtzuwachses versuchen, den durch den Fremdkapitaleinsatz ausgelösten Druck zu verringern und – im Kontrast zu den vorangehenden Überlegungen – den Fremdkapitaleinsatz mit zunehmender Unternehmensgröße verringern.[2521] Man könnte auf Basis dieser Argumentation darauf abstellen, dass ab einem bestimmten Punkt die Begabe weiteren Fremdkapitals durch die zunehmende Macht des Managements gehemmt ist.[2522]

Hat man sich näher mit der Frage des Einflusses der Unternehmensgröße auf die Determinanten des Verschuldungsumfangs im Rahmen der Trade-Off-Theorie beschäftigt, so kann man sich in einem zweiten Schritt der Frage widmen, welche Auswirkung die Unternehmensgröße auf die Steuerung des in der Praxis realisierten Verschuldungsgrades – dies ist im Sinne einer Reaktion des Unternehmens auf ein Abweichen vom Zielverschuldungsgrad zu verstehen – hat. Eine klare Aussage des Einflusses der Unternehmensgröße auf die Steuerung des Verschuldungsgrades lässt sich auf Basis der „klassischen" Trade-Off-Theorie letztlich nicht vornehmen. In Kenntnis unserer Überlegungen zur Trade-Off-Theorie erscheint dieses Urteil nicht weiter überraschend, wurde doch u. a. bei den Überlegungen zur dynamischen Trade-Off-Theorie in Abschnitt 3.4.1. festgehalten, dass im Rahmen der „klassischen" Trade-Off-Theorie Unternehmen stets den wertoptimalen Verschuldungsgrad realisieren bzw. Unternehmen die notwendigen Anpassungsschritte in Richtung des optimalen Verschuldungsgrades in Reaktion auf externe Schocks unverzüglich vornehmen werden. Die Unternehmensgröße kann im Rahmen des idealen Adjustierungsprozesses der Trade-Off-Theorie per definitionem somit keinen Einfluss auf die Adjustierungsgeschwindigkeit nehmen. Bedeutsam wird diese – für die Praxis unzweifelhaft bedeutsame – Frage erst mit dem Wechsel in ein dynamisches Umfeld, in der die Adjustierungspolitik durch äußere Faktoren wie laufende Transaktionskosten gehemmt wird. Die Frage des Einflusses der Unternehmensgröße auf die Adjustierungsgeschwindigkeit wird daher für die dynamische Trade-Off-Theorie nochmals eingehender beleuchtet.

2521 Vgl. dazu Chen (2004) S. 1347.

2522 Ein vergleichbarer Schluss lässt sich auf andere Weise im Rahmen der erweiterten Pecking-Order-Theorie ableiten.

Der Faktor Unternehmensgröße in der Pecking-Order-Theorie

Betrachtet man den Einfluss des Faktors Unternehmensgröße aus Sicht der Pecking-Order-Theorie, so erscheint es auch an dieser Stelle hilfreich, sich in einem ersten Schritt zunächst an die Überlegungen zur Pecking-Order-Theorie aus Abschnitt 2.9. zurückzuerinnern. Die Pecking-Order-Theorie hat – blickt man zurück – die Finanzierungsentscheidung letztlich als Ergebnis einer festen Hackordnung der konkurrierenden Finanzierungsquellen des Unternehmens verstanden. Die Grundlage der festen Rangfolge alternativer Finanzierungsquellen bildet im Rahmen der Pecking-Order-Theorie dabei die unterschiedliche Auswirkung der zwischen Unternehmensmanagement und Kapitalmarkt regelmäßig bestehenden ungleichen Informationsverteilung auf die alternativen Finanzierungsquellen des Unternehmens. Ausgehend vom Basisfall eines Informationsgleichlaufs zwischen Unternehmen und Investoren, spielt die Wahl der Finanzierungsquelle keine bedeutsame Rolle für die Aufteilung des Unternehmenswertes.[2523] Löst man sich allerdings von dieser idealisierten Annahme des Kapitalstrukturirrelevanz-Theorems, so kommt es auf Basis der am Kapitalmarkt bestehenden asymmetrischen Informationsverteilung regelmäßig zu einer Fehlbewertung – Investoren halten eine positive Entwicklung des Unternehmens in etwa für gleich wahrscheinlich wie eine negative Entwicklung – der durch das Unternehmen begebenen Kapitalanteile. Aufgrund der unterschiedlichen Ausgestaltung der Rechte und Pflichten schlägt sich die Fehlbewertung des Kapitalmarktes unterschiedlich stark auf die Vorteilhaftigkeit der alternativen Finanzierungsquellen nieder. Von den am Kapitalmarkt bestehenden Informationsasymmetrien regelmäßig am stärksten betroffen ist dabei die Begabe von Eigenkapitalanteilen, gefolgt von der Begabe von Fremdkapitalinstrumenten. Unabhängig von der Fehlbewertung des Kapitalmarktes und damit von bestehenden Informationsasymmetrien sind dagegen Maßnahmen der Innenfinanzierung. Unternehmen, die ein Finanzierungsverhalten im Einklang mit der Pecking-Order-Theorie einschlagen, werden – unter Berücksichtigung des Umfangs bestehender Informationsasymmetrien – aufgrund der unterschiedlichen Auswirkung bestehender Informationsasymmetrien auf die Marktbewertung zunächst Quellen der Innenfinanzierung ausschöpfen, um in einem zweiten Schritt Maßnahmen der Außenfinanzierung zu realisieren. Wagt ein Unternehmen den Gang an den Kapitalmarkt, wird die Begabe von Fremdkapital der Begabe von Eigenkapital streng vorgezogen.[2524]

2523 Wie mit dem „klassischen" Beweis der Kapitalstrukturirrelevanz festgehalten, hat die Finanzierungsentscheidung hier primär Auswirkungen auf die Verteilung der durch das Unternehmen erwirtschafteten Zahlungsströme auf die Kapitalgeber. Dies verwundert nicht, da unter idealen Marktbedingungen letztlich die Unterschiede zwischen der unterschiedlichen Ausgestaltung der Finanzierungsquellen nicht zum Tragen kommen.

2524 Eine vergleichbare Zusammenfassung findet sich in Bessler et al. (2011) S. 20.

Blickt man auf die Kapitalstrukturdeterminante Unternehmensgröße aus Sicht der Pecking-Order-Theorie, so stellen die – vergleichbar zu den Überlegungen zur Trade-Off-Theorie – in der Literatur zu findenden Interpretationen der Determinante Unternehmensgröße – grob – auf die Interpretation der Unternehmensgröße als einem Indikator für den Umfang der am Kapitalmarkt bestehenden Informationsasymmetrie zwischen Unternehmen und Kapitalgebern ab.[2525] Kester (1986) hält so fest: „[...] size may proxy for information asymmetries between inside and outside investors [...]".[2526] Das Verständnis der Literatur darüber, wie der Faktor Unternehmensgröße den Umfang der am Kapitalmarkt herrschenden Informationsasymmetrie beeinflusst, kann dabei auch unter dem Betrachtungswinkel der Pecking-Order-Theorie als vergleichsweise breit bezeichnet werden. Neben einer direkten, auf den Umfang der Informationsasymmetrie abstellenden Argumentation findet sich in der Literatur so auch ein eher indirekter, auf den Umfang der Fremdkapitalkosten abstellender Erklärungsansatz. Richtet man den Blick zunächst auf den ersten Erklärungsansatz, der eine direkte Verbindung zwischen Unternehmensgröße und Grad der Informationsasymmetrie zu ziehen sucht, so können drei grundsätzliche Erklärungsvarianten unterschieden werden. Im Rahmen der ersten Erklärungsvariante wird darauf abgestellt, dass die Unternehmensgröße letztlich als ein Stellvertreter des Unternehmensalters anzusehen ist, über den Marktteilnehmer – eher „passiv" getrieben – ein höheres Verständnis der Qualität des Unternehmens erlangen. Große und damit bekannte Unternehmen verfügen – folgt man diesem Argumentationsstrang – über eine längere Historie am Kapitalmarkt, die es Marktteilnehmern erlaubt, das zukünftige Unternehmensverhalten besser einschätzen zu können. Man kann in diesem Zusammenhang letztlich auch davon sprechen, dass das zukünftige Verhalten bekannter Unternehmen für rationale Marktbeobachter prognostizierbarer ist als das Verhalten von Unternehmen, die über keine vergleichbare Historie verfügen.[2527]

Infolge der Zunahme der Prognostizierbarkeit zukünftigen Unternehmensverhaltens nimmt der Umfang bestehender Informationsasymmetrien zwischen Unternehmen und Kapitalmarkt also mit der Unternehmensgröße bzw. dem Unternehmensalter ab.[2528] Die zweite Erklärungsvariante wählt einen leicht veränderten Ansatz, um einen Zusammenhang zwischen Unternehmensgröße und

---

2525 Vgl. dazu Bessler et al. (2011) S. 24; Kester (1986) S. 12; Chen (2004) S. 1347.

2526 Kester (1986) S. 12. Ein Ergebnis dieser Verbindung skizzieren u. a. Carpenter/Peters (2002), wenn sie festhalten, dass „[...] the wedge between the cost of internal and external finance may be large for small firms". Carpenter/Peters (2002) S. 298.

2527 Diese Überlegungen sind insbesondere auch aus der Literatur, die sich mit der Finanzierung von Start-ups beschäftigt, bekannt. Kapitalgeber versuchen, den Mangel an historischen Informationen über junge Unternehmen zumeist durch alternative Indikatoren auszugleichen. Vgl. dazu u. a. Cassar (2004) S. 264; Berger/Udell (1998) S. 660.

2528 Damit schmilzt zugleich die Bindungswirkung der durch die Pecking-Order-Theorie beschriebenen Hackordnung ab.

Pecking-Order-Theorie zu etablieren, der in der Folge vollständigkeitshalber kurz skizziert werden soll.[2529] Die Angleichung des Informationshorizontes geht bei dem zweiten Erklärungsansatz im Kontrast zu den Vorüberlegungen aktiv von den größeren und reiferen Unternehmen aus, dies soll mit dem nachfolgenden Exkurs kurz verdeutlicht werden. Ausgangspunkt dieses Argumentationsstrangs – dies greift die vorangehenden Überlegungen auf – ist, dass am Kapitalmarkt eingeführte Unternehmen – im Vorfeld wurde mit Bedacht von bekannten Unternehmen gesprochen – über die Kapitalmarkthistorie eine gewisse Reputation aufbauen können, die zu einem Abbau bestehender Informationsasymmetrien führen kann. Für den Markt für Fremdkapital hat so u. a. Diamond (1989) gezeigt, dass in einem Umfeld, in dem Investoren das wahre Handeln des Unternehmens nur grob antizipieren können, Reputationseffekte zu einer Angleichung der Interessen der Kapitalnehmer und -geber führen.[2530] Über die Reputation des Unternehmens – unter Reputation wird an dieser Stelle letztlich die Rückzahlungshistorie des Unternehmens verstanden – gelingt es den Kapitalgebern – dies war die Grundlage der vorangehenden Überlegungen zur Pecking-Order-Theorie –, „gute“ von „schlechten“ Unternehmen zu unterscheiden. Die Reputation des Unternehmens bei den Kapitalgebern bestimmt in der Folge die Konditionen – insbesondere den Zinssatz –, zu denen Unternehmen Kapital einwerben können.

Richtet man den Blick von dem Blickwinkel der Kapitalgeber – des mittlerweile bekannten ersten Erklärungsansatzes – auf den Betrachtungspunkt der Unternehmen, so kann man hinterfragen, welche Auswirkung das gestiegene Vertrauen der Marktteilnehmer auf das zukünftige Verhalten der Unternehmen – insbesondere sind dabei die zukünftigen Finanzierungsentscheidungen von Interesse – hat. Es sind auf diese Frage zwei grundsätzliche Antworten denkbar. Einerseits ist es so denkbar, dass aus dem Vertrauensvorschuss des Kapitalmarktes eine bindende Wirkung auf die Unternehmen erwächst, andererseits kann in Kenntnis des Abschnitts 2.4. auch unterstellt werden, dass Unternehmen den Vertrauensvorschuss des Kapitalmarktes ausnutzen werden. Diamond (1989) hat – die erste Einschätzung unterstützend – mit Blick auf den Effekt der Unternehmensreputation festgehalten, dass über den Umweg der Beeinflussung der Finanzierungskonditionen – Unternehmen mit höherer Reputation können sich zu deutlich vorteilhafteren Konditionen finanzieren – die Unternehmensreputation selbst zu einem Bestandteil des Gesamtunternehmenswertes wird.[2531] Mit steigendem Wert des Reputationseffektes nimmt – folgt man dieser Argumentation – somit der Anreiz, das in der Vergangenheit aufgebaute Vertrauen in die Zahlungsfähigkeit und -willigkeit des Unternehmens – etwa durch gläubigerschädigende Strategien wie etwa Overinvestment – aufs Spiel zu setzen, ab. Diamond (1989) spricht

2529 Das Ergebnis dieser zweiten Erklärungsvariante ist dabei vergleichbar zu den dargestellten Vorüberlegungen.

2530 Vgl. dazu Diamond (1989) S. 829.

2531 Vgl. dazu Diamond (1989) S. 831.

in diesem Zusammengang daher auch eingängig davon, dass „[...] reputation is important because it becomes a valuable asset worth protecting“.[2532] Erreicht wird dieser Schutz letztlich durch die zunehmende Vermeidung von Entscheidungen, die die Insolvenzgefahr des Unternehmens erhöhen und die Fremdkapitalgeber entreichern würden.[2533] Die zunehmende Bedeutung des Reputationseffekts sorgt somit indirekt zu einem stärkeren Interessengleichklang zwischen Unternehmen und bestehenden Kapitalgebern.

Im Sinne der Überlegungen von Diamond (1989) kann letztlich – in Übereinstimmung mit den Überlegungen zur Trade-Off-Theorie – davon ausgegangen werden, dass der Fremdkapitaleinsatz mit wachsender Reputation des Unternehmens – dies lässt sich in den Faktor Unternehmensgröße übersetzen – ansteigt.[2534] In Sinne dieser Argumentation finden sich in der Literatur so auch Hinweise dafür, dass Banken Unternehmen allein auf Basis des „guten Namens“, d. h. der Reputation des Unternehmens Geld zur Verfügung stellen.[2535] Voraussetzung dieser Überlegungen ist – wenigstens implizit –, dass Unternehmen zugleich auch über eine Fortführungsperspektive verfügen. Kann die Annahme einer bestehenden Fortführungsperspektive nicht aufrechterhalten werden, so muss die Frage nach der Bindungswirkung des Reputationseffekts u. U. anders beantwortet werden.[2536] Ohne an dieser Stelle diesem Fall im Detail nachzugehen, kann für den Regelfall der Praxis und der Unternehmensbewertung auf einen positiven Zusammenhang zwischen Unternehmensgröße und Umfang des Interessengleichklangs abgestellt werden. Würde man an dieser Stelle die Diskussion des Einflusses des Faktors Reputation auf die Finanzierungsentscheidung des Unternehmens beenden, würde aufgrund des beschriebenen Reputationseffekts möglicherweise der Eindruck einer sich gegenüber der Eigenkapitalfinanzierung verstärkenden Bindungswirkung der mit der Pecking-Order-Theorie beschriebenen Hackordnung entstehen. Eine solche durchaus auf Basis der Vorüberlegungen ableitbare Schlussfolgerung muss jedoch nicht stabil sein. Wie die Literatur gezeigt hat, beschränkt sich die Wirkung des Reputationseffekts nicht allein auf Fremdkapital. Die Arbeit von Srivastava

---

2532 Diamond (1989) S. 831.

2533 Wie Diamond (1989) festhält, werden Unternehmen in Abhängigkeit zu ihrer Reputation manche wertschaffenden, jedoch riskanten Projekte nicht realisieren. Vgl. dazu Diamond (1989) S. 859. Ähnlich: Harris/Raviv (1991) S. 305.

2534 Vgl. zu einem vergleichbaren Schluss Harris/Raviv (1991) S. 305; Frank/Goyal (2009) S. 7; Schneider (2010) S. 174.

2535 Vgl. dazu u. a. Srivastava et al. (1997) S. 62. Die empirische Untersuchung von Petersen/Rajan (1994) stützt diese anekdotische Evidenz mit Blick auf die Beziehung von Banken und Kreditinstituten. Vgl. dazu Petersen/Rajan (1994) S. 35.

2536 Zugunsten eines Festhaltens am Reputationseffekt könnte man an dieser Stelle einwerfen, dass es u. U. hier sinnvoll sein kann, wenigstens die Unternehmenshülle aufgrund des Reputationseffektes am Leben zu erhalten. Es ist natürlich auch denkbar, dass der bestehende Reputationseffekt dazu eingesetzt wird, zukünftige Kapitalgeber zu übervorteilen.

et al. (1997) hat so u. a. gezeigt, dass die Unternehmensreputation als Ausdruck der Risikoeinschätzung der Marktteilnehmer auch Einfluss auf die Bewertung des Eigenkapitals des Unternehmens durch den Kapitalmarkt nimmt.[2537]

Vergleichbar zu den auf die Ausgabe von Fremdkapitalinstrumenten fokussierten Vorüberlegungen, kann auch aus Sicht der Begabe von Eigenkapitalanteilen mit einer mit zunehmendem Unternehmensalter wachsenden Bindung des Unternehmens an die Interessen der Eigenkapitalgeber ausgegangen werden. Ohne an dieser Stelle die vorangehende Argumentation aus Sicht der Begabe von Eigenkapitalanteile zu wiederholen, kann letztlich auch für diesen Fall mit einem, mit der Unternehmensgröße verknüpften, Abbau bestehender Interessenkonflikte argumentiert werden, der in der Folge auch zu einem zwangloseren Rückgriff auf Eigenkapital zur Finanzierung der Unternehmen führt.[2538] Chen (2004) hält analog zu diesen Überlegungen fest, dass „[...] large firms should be more capable of issuing informationally sensitive securities like equity".[2539] Man kehrt im Ergebnis letztlich zu dem etwas allgemeiner gehaltenen ersten Erklärungsansatz zurück.[2540] Blickt man auf die durch die Pecking-Order-Theorie beschriebene Hackordnung, so kann man an dieser Stelle daher geneigt sein, zu argumentieren, dass der Reputationseffekt durch die implizite Verpflichtung des Unternehmens zu einem investorenschützenden Verhalten die Auswirkungen bestehender Informationsasymmetrien wenigstens teilweise abmildert und somit zu einer Durchbrechung der strikten Rangfolge alternativer Finanzierungsquellen führen dürfte. In Anlehnung an die im Rückblick auf die Formulierung der Pecking-Order-Theorie vorgenommene Einschätzung kann an dieser Stelle daher erneut davon gesprochen werden, dass die Wahl der Finanzierungsquelle mit steigender Unternehmensreputation im zunehmenden Maß lediglich die Verteilung der Zahlungsströme auf die Kapitalgeber determiniert, da ein Fehlverhalten der besser informierten Unternehmensleitung weitgehend ausgeschlossen werden kann.[2541]

Neben dieser zweiten Erklärungsvariante, die letztlich auf einem durch die Unternehmenspolitik getriebenen Abbau der Informationsasymmetrie zwischen Unternehmen und Investoren abstellt, findet sich in der Literatur ein dritter Erklärungsansatz, der den Abbau bestehender Informationsasymmetrien erneut auf die mit Unternehmensgröße zunehmende Fähigkeit des Kapitalmarkts zurückführt,

---

2537 Vgl. dazu Srivastava et al. (1997) S. 68.

2538 Vgl. zu einer vergleichbaren Einschätzung Rajan/Zingales (1995) S. 1451.

2539 Chen (2004) S. 1347.

2540 Man könnte an dieser Stelle daher zweifelnd einwerfen, ob der zweite Erklärungsansatz eigenständig arbeitet oder nur eine Langversion des ersten Ansatzes darstellt.

2541 Begründen kann man eine solche Einschätzung dadurch, dass die unterschiedliche rechtliche Ausgestaltung der konkurrierenden Finanzierungsquellen an Bedeutung verliert. Dieser Idealfall, wie er mit dem Kapitalstrukturirrelevanz-Theorem beschrieben wurde, dürfte in der Praxis dennoch eher selten eintreten. Zu ähnlichen Überlegungen vgl. auch Kadapakkam et al. (1998) S. 294.

zwischen „guten" und „schlechten" Unternehmen differenzieren zu können. Im Kontrast zu den ersten beiden Erklärungsansätzen ist diese Fähigkeit dabei auf das Verhalten der Öffentlichkeit bzw. der Marktteilnehmer zurückzuführen. Zur Unterscheidung von dem ersten in diesem Abschnitt betrachteten Erklärungsansatz kann man in diesem Zusammenhang auch von einem „aktiven" Abbau bestehender Informationsasymmetrien durch den Kapitalmarkt bzw. durch die Marktteilnehmer sprechen.[2542] In der Literatur finden sich eine Reihe von Hinweisen – dies haben bereits die vorangehenden Überlegungen zur Trade-Off-Theorie gezeigt –, dass das öffentliche Interesse und damit die Überwachung des Unternehmens durch die Öffentlichkeit bzw. den Kapitalmarkt mit wachsender Unternehmensgröße ansteigt.[2543] Auch an dieser Stelle können erneut verschiedene Wege der Literatur unterschieden werden, wie sich das öffentliche Interesse auf den Grad der Informationsasymmetrie bzw. den Unternehmenswert niederschlägt. Man kann so auch an dieser Stelle drei – ineinander verwobene – Erklärungsansätze für den Abbau bestehender Informationsasymmetrien durch das gestiegene Interesse des Kapitalmarktes unterscheiden. Ein erster Erklärungsansatz stellt so auf das mit der Unternehmensgröße wachsende Medieninteresse ab, das über eine größere Öffentlichkeit zu einem Abbau bestehender Informationsasymmetrien am Kapitalmarkt führt. Exemplarisch für diese in der Literatur geäußerte Vermutung zeigt u. a. die Arbeit von Fang/Peress (2009), dass das Medieninteresse und damit die Überwachung durch die Öffentlichkeit mit wachsender Unternehmensgröße deutlich ansteigt.[2544] Mit der Arbeit von Fang/Peress (2009) wird in einem zweiten Schritt zudem deutlich, dass sich die durch die Unternehmen realisierten Renditen in Abhängigkeit zum Umfang des bestehenden Medieninteresses z. T. deutlich voneinander unterscheiden.[2545] Ohne an dieser Stelle im Detail auf die Ergebnisse der Arbeit von Fang/Peress (2009) einzugehen, zeigen Fang/Peress (2009) – ausgehend von der zu beobachtenden Differenz realisierter Renditen – u. a., dass mit steigendem Medieninteresse eine schnellere Verbreitung und Einpreisung neuer Informationen in den Marktpreis einhergeht.[2546] Überträgt man diese Beobachtung auf die Überlegungen zur Bedeutung des Faktors Unternehmensgröße, bestätigt sich

2542 Es schließt sich damit letztlich auch die Verbindung zu der im vorangehenden Abschnitt vermuteten Abnahme der Insolvenzwahrscheinlichkeit. Petersen/Rajan (1994) halten so fest: "Firms are less likely to pay late when the lenders are more informed." Petersen/Rajan (1994) S. 28.

2543 Vgl. dazu u. a. Hong et al. (2000) S. 266.

2544 Vgl. dazu Fang/Peress (2009) S. 2030. Interessant an der Beobachtung von Fang/Peress (2009) ist dabei, dass das Interesse der Medien ein Substitut für das Interesse von Finanzanalysten zu sein scheint. Vgl. ebda.

2545 Vgl. dazu Fang/Peress (2009) S. 2033.

2546 Vgl. dazu Fang/Peress (2009) S. 2049. Wie Tetlock (2010) hervorhebt, führt die Berichterstattung in den Medien u. a. dazu, dass eine möglicherweise ungleiche Informationsverteilung zwischen informierten und uninformierten Marktteilnehmern abgebaut wird. Vgl. dazu Tetlock (2010) S. 3520.

die zunächst geäußerte Vermutung eines mit der Unternehmensgröße einhergehenden Abbaus am Kapitalmarkt bestehender Informationsasymmetrien.[2547] Blickt man an dieser Stelle erneut auf die durch die Pecking-Order-Theorie beschriebene Hackordnung, so dürfte auch an dieser Stelle die Bindungswirkung der Rangfolge der Finanzierungsquellen mit der zunehmenden Angleichung des Informationshorizonts zwischen Unternehmen und Kapitalmarkt abnehmen.

Als Treiber des Abbaus der Informationsasymmetrien wurde in der bisherigen Argumentation auf das mit der Unternehmensgröße anwachsende Medieninteresse abgestellt. Blickt man in die Literatur, so beschränkt sich der mit wachsender Unternehmensgröße zu erwartende Abbau bestehender Informationsasymmetrien nicht allein auf das Medieninteresse als einem Haupttreiber der Angleichung des Informationsniveaus. In der Literatur finden sich in einem weiteren Erklärungsansatz auch die – mit den vorangehenden Überlegungen verbundenen – Beobachtungen, dass mit zunehmender Unternehmensgröße auch das Interesse von Finanzanalysten wie auch der allgemeinen Öffentlichkeit an dem Unternehmen geweckt wird. Widmet man sich zunächst dem Effekt, der von einem gestiegenen Interesse der Finanzanalysten ausgeht, so erscheint an dieser Stelle zunächst ein kurzer Exkurs zu Funktion und Bedeutung von Finanzanalysten hilfreich. Geht man zunächst – dies ist u. a. in den in Abschnitt 2.1. unterstellten Prämissen der Fall – von informationseffizienten Kapitalmärkten aus, so scheint ein Beruf, der sich vorwiegend mit der Verdichtung und Aufbereitung verfügbarer Informationen befasst, die schließlich in Unternehmens- oder Markt-Prognosen einfließen,[2548] eine weitgehend brotlose Kunst zu sein, die vorhandenes Wissen des Kapitalmarktes lediglich anders verpackt an den Mann zu bringen sucht.[2549] Trennt man sich von der Annahme eines streng informationseffizienten Kapitalmarktes – wie Kapitel 2.9. gezeigt hat, geht man diesen Schritt mit der Pecking-Order-Theorie –, wächst Finanzanalysten die Rolle zu, zwischen Unternehmen und Kapitalgebern bestehende Informationsasymmetrien – Oberdörster (2009) spricht in diesem Zusammenhang treffend von „Informationslücken“[2550] – zu überwinden. Aufgabe der Finanzanalysen ist nun, aus der Informationsfülle bewertungsrelevante Informationen herauszufiltern, zu aggregieren und aufzubereiten sowie – gegen

2547 Vgl. dazu u. a. Tetlock (2010) S. 3554; Tetlock (2010) hält in diesem Zusammenhang fest, dass der Wert einzelner Nachrichten für den Abbau asymmetrischer Informationen für kleine Unternehmen bedeutsamer ist als für große Unternehmen. Vgl. dazu Tetlock (2010) S. 3522. Gründe für diese letztlich wenig überraschende Beobachtung dürften in der niedrigeren Frequenz veröffentlichter Informationen für kleine Unternehmen zu suchen sein.

2548 Dies entspricht in etwa der in der Literatur zu findenden Definition des Aufgabenfelds eines Finanzanalysten. Vgl. dazu Wilke (2015) S. 10.

2549 Inwieweit Marktteilnehmer unter dieser Prämisse bereit sind, für diese Informationen zu zahlen, darf daher bezweifelt werden.

2550 Oberdörster (2009) S. 61.

ein Entgelt – an die Kapitalgeber bzw. den Kapitalmarkt weiterzugeben.[2551] Wilke (2016) spricht in diesem Zusammenhang daher auch davon, dass Finanzanalysten die Rolle von Informationsintermediären erfüllen, die bestehende Informationsbarrieren einreißen.[2552] Barker (1998) hält mit Blick auf die Aufgabe von Finanzanalysten übereinstimmend fest: „[i]n short, the analysts are mechanism of stock market information efficiency [...]“.[2553] Übersetzt man diese Einschätzung der Literatur zurück in die Ausgangsfragestellung, so kann man festhalten, dass die Annahme, dass Finanzanalysten eine wichtige Rolle für die Kapitalmarkteffizienz spielen, eine durchaus breite Unterstützung in der Literatur erfährt.[2554] Dieses Bild ist – wie ein Blick in die jüngere empirische Forschung zeigt – jedoch nicht ungetrübt. So haben bereits empirische Untersuchungen der 1980er-Jahre eine systematische Überschätzung der eintretenden Ergebnisse durch Analystenprognosen nachgewiesen.[2555] Diese mit Blick auf die Treffsicherheit von Analystenprognosen beobachtete „Anomalie“ kann mittlerweile als in der Forschung akzeptierte Schwäche von Analystenschätzungen gelten.[2556] Ohne an dieser Stelle auf die in der Literatur zu findende Diskussion möglicher Gründe für diesen Überoptimismus näher einzugehen, wird für die weiteren Überlegungen zunächst an der Ausgangshypothese der mit den Bemühungen der Analysten einhergehenden höheren Kapitalmarkteffizienz festgehalten.

Mit Blick auf die für die Pecking-Order-Theorie maßgeblichen Informationsasymmetrien darf man wohl auch an dieser Stelle davon ausgehen, dass bestehende Informationsasymmetrien nun durch das gestiegene Interesse der Finanzanalysten abgebaut werden. Ein vergleichbarer Schluss lässt sich auch mit Blick auf die von Bevan/Danbolt (2002) festgehaltene Beobachtung ziehen, dass die Unternehmensgröße auch als ein Indikator einer externen Bonitätsbeurteilung angesehen werden kann, die neben der Erschließung neuer Finanzierungsquellen zu einer Angleichung des Informationsniveaus zwischen Unternehmensinsidern und -outsidern führt.[2557] An der zuvor geäußerten Einschätzung, dass die Unternehmensgröße ein Indikator bestehender Informationsasymmetrien und ein Anstieg der Unternehmensgröße mit einer Abschwächung der bestehenden Hackordnung verbunden

2551 Vgl. dazu u. a. Oberdörster (2009) S. 61; Wilke (2015) S. 19. Barker (1998) hält vergleichbar fest: „The hypothesis is that analysts are both a ‚news Agency‘ and a ‚source of valuation benchmarks‘“. Barker (1998) S. 16.

2552 Wilke (2015) S. 13–14; 19. Diese Einschätzung wird u. a. durch die empirische Untersuchung von Easley/O'Hara (2004) gedeckt. Vgl. dazu Easley/O'Hara (2004) S. 1578.

2553 Barker (1998) S. 16.

2554 Vgl. dazu Oberdörster (2009) S. 61; Wilke (2015) S. 21.

2555 So haben schon die Arbeiten von Brown et al. (1987), Fried/Givoly (1982) und Stickel (1992) einen Überoptimismus von Analystenprognosen beobachtet. Vgl. dazu Brown et al. (1987) S. 70; Fried/Givoly (1982) S. 92; Stickel (1992) S. 1820.

2556 Vgl. dazu u. a. Bradshaw et al. (2012) S. 953.

2557 Vgl. dazu Bevan/Danbolt (2002) S. 161.

ist,[2558] ändert das geänderte Argumentationsmuster jedoch nichts. Die Beobachtung der Arbeit von Binsbergen et al. (2011), dass große Unternehmen weniger stark auf Fremdkapital zurückgreifen, erscheint vor dem Hintergrund dieser Argumentation wenig verwunderlich.[2559] Ob dieser Effekt dabei zwingend auf den zuvor beschriebenen Abbau von Informationsasymmetrien und damit den Abbau von Hürden der Fremdfinanzierung zurückzuführen ist, kann u. a. vor dem Hintergrund der Beobachtung von Kadapakkam et al. (1998) angezweifelt werden. Kadapakkam et al. (1998) zeigen so u. a., dass insbesondere für große Unternehmen das vorhandene Innenfinanzierungsvolumen – im Sinne der Pecking-Order-Theorie – ein wichtiges Kriterium für die Realisation zukünftiger Investitionsprojekte darstellt.[2560] Diese Beobachtung widerspricht letztlich der zuvor postulierten Annahme, dass die Bedeutung der festen Finanzierungsrangfolge der Pecking-Order-Theorie mit wachsender Unternehmensgröße abnimmt.

Die getroffene Einschätzung über den Einfluss der Unternehmensgröße auf die Finanzierungsentscheidung bleibt damit auch vor dem Hintergrund der Pecking-Order-Theorie eine vorläufige. Man kann – vergleichbar zum vorangehenden Abschnitt – auch vor dem Hintergrund der Pecking-Order-Theorie erneut die Frage nach dem Einfluss des Faktors Unternehmensgröße auf die Anpassungsgeschwindigkeit an ein Zielverschuldungsoptimum stellen. Eine solche Fragestellung erfolgt mit Blick auf die Pecking-Order-Theorie letztlich pro forma, haben die Vorüberlegungen in Abschnitt 2.9. doch gezeigt, dass das Verschuldungsoptimum der Pecking-Order-Theorie von lediglich kurzfristiger Natur ist. Die Frage, wie schnell ein Unternehmen zu einem mittel- bzw. langfristigen Verschuldungsoptimum zurückkehrt, kann im Rahmen der Pecking-Order-Theorie daher nicht beantwortet werden, ist doch ungewiss, dass ein eigenständiges Verschuldungsoptimum überhaupt bei Gültigkeit der Überlegungen der Pecking-Order-Theorie bestehen kann.[2561] Eine Kombination von Pecking-Order-Theorie und einer Politik eines wertoptimalen Verschuldungsgrades dürfte letztlich daran scheitern,

---

2558 Eine solche Einschätzung findet sich u. a. auch in Chittenden et al. (1996). Vgl. dazu Chittenden et al. (1996) S. 61.

2559 Vgl. dazu Binsbergen et al. (2010) S. 2110.

2560 Vgl. dazu Kadapakkam et al. (1998) S. 296. Repräsentativ erscheint das Ergebnis der Arbeit jedoch nicht zu sein, finden sich doch eine Reihe von Arbeiten, die eine gegenteilige Einschätzung nahelegen. Vgl. dazu u. a. Carpenter/Petersen (2002) S. 299: Chittenden et al. (1996) S. 60.

2561 Kadapakkam et al. (1998) sprechen mit Blick auf die Pecking-Order-Theorie so davon, dass „[l]ower cost sources off und will be used first, with some regard maintaining a target capital structure“. Kadapakkam et al. (1998) S. 295. Wie dieser wertoptimale Verschuldungsgrad konkret aussieht, lassen Kadapakkam et al. (1998) jedoch offen. Denkbar wäre es u. a., bei gleichbleibender Innenfinanzierungsquote und einem festen Verhältnis des einwerbbaren Fremd- und Eigenkapitalfinanzierungsvolumens auch im Rahmen der Pecking-Order-Theorie einen wertoptimalen Verschuldungsgrad zu motivieren.

dass in der – wohl nahen – Zukunft ein Punkt erreicht würde, an dem entweder das strenge Gerüst der Pecking-Order-Theorie oder aber das angestrebte Verschuldungsoptimum des Unternehmens durchbrochen würde. Stellt man – etwas abseits der Fragestellung und der Pecking-Order-Theorie – allein auf die in diesem Abschnitt bemühte Argumentation zum Reputationseffekt ab, so darf man auch an dieser Stelle vermuten, dass die Unternehmensgröße einen positiven Effekt auf die Einhaltung eines wertoptimalen Zielverschuldungsgrades besitzt, da Finanzierungshürden abgebaut werden können.[2562]

Der Faktor Unternehmensgröße in der dynamischen Trade-Off-Theorie

Erinnert man sich an die Überlegungen zur dynamischen Trade-Off-Theorie in Abschnitt 3.3.1.2. zurück, so wurde der „klassische" Trade-Off-Prozess zwischen Wertbeitrag der Fremdfinanzierung und Insolvenzkosten mit der dynamischen Trade-Off-Theorie um den hemmenden Einfluss von Transaktionskosten erweitert.[2563] Das wertoptimale Verschuldungsoptimum der „klassischen" Trade-Off-Theorie konvergiert infolge dieser Erweiterung zu einem wertoptimalen Verschuldungsspektrum, innerhalb der Grenzen des Verschuldungsspektrums werden Unternehmen Veränderungen der Kapitalstruktur weitgehend passiv hinnehmen. Für die Praxis bedeutsam – dies wurde bereits hervorgehoben – führt diese Passivität der Unternehmen dazu, dass die in der Praxis realisierten Verschuldungsgrade von dem „wahren" Verschuldungsoptimum der „klassischen" Trade-Off-Theorie regelmäßig abweichen werden. In Kenntnis dieses mit der dynamischen Trade-Off-Theorie einhergehenden Prämissenwechsels soll in diesem Abschnitt der Frage nachgegangen werden, welche Auswirkung der Wechsel von einem statischen hin zu einem dynamischen Umfeld für die Interpretation der Determinante Unternehmensgröße hat.

Angelehnt an das Vorgehen des Abschnitts zur Bedeutung des Faktors Unternehmensgröße in der „klassischen" Trade-Off-Theorie, soll auch an dieser Stelle der Einfluss auf die einzelnen Treiber der Finanzierungsentscheidung eingehender betrachtet werden. Wie einleitend bereits hervorgehoben wurde, treten zu den Determinanten der Finanzierungsentscheidung im Rahmen des „klassischen" Trade-Off-Prozesses, den Insolvenzkosten und dem Wertbeitrag der Fremdfinanzierung, in der dynamischen Trade-Off-Theorie die Transaktionskosten als weitere Stellschraube der Finanzierungsentscheidung neu hinzu. Überlegungen zu den „klassischen" Treibern der Finanzierungsentscheidung der Trade-Off-Theorie

---

2562 Letztlich kann man – erinnert man sich an die in Kapitel II bemühten „äußeren" Gründe zurück – darauf abstellen, dass das steigende Interesse des Kapitalmarktes mit der Unternehmensgröße Unternehmen zunehmend zu der Einhaltung eines wertoptimalen Verschuldungsoptimums zwingt.

2563 Ein ähnlicher Effekt erwächst für die realisierten Verschuldungsgrade, berücksichtigt man, dass Unternehmen neben der Finanzierungsentscheidung mit der Investitions- und Ausschüttungsentscheidung zwei weitere – wenigstens gleichrangige – Entscheidungen zu beantworten haben.

finden sich bereits in dem vorangehenden Abschnitt und sollen mit Verweis auf diesen Abschnitt nicht nochmals aufgegriffen werden.[2564] Neu vor dem Hintergrund der dynamischen Trade-Off-Theorie ist der hemmende Einfluss, den Transaktionskosten auf die Finanzierungsentscheidung der Unternehmen nehmen. Wie mit Kapitel I deutlich wurde, bestimmt der Umfang der Transaktionskosten maßgeblich die Gestalt der zulässigen Schwankungen um den wertoptimalen Verschuldungsgrad und damit den Bereich, in dem Unternehmen extern induzierte Veränderungen der Kapitalstruktur passiv hinnehmen werden. Es stellt sich an dieser Stelle somit die Frage, inwieweit die Unternehmensgröße auf die Schwankungsbreite bzw. die Passivität der Unternehmen Einfluss nimmt. Indirekt beantwortet diese Fragestellung somit auch die Frage nach dem Umfang, zu dem ein Verschuldungsoptimum in der Praxis realisiert werden kann.[2565] Blickt man auf die Bedeutung der Transaktionskosten für das Entstehen eines dynamischen Verschuldungsoptimums, so erscheint es wenig verwunderlich, dass der Faktor Unternehmensgröße in einem dynamischen Umfeld regelmäßig als eine Determinante des Umfangs der durch das Unternehmen zu tragenden Transaktionskosten interpretiert wird.

Wie im Folgendem deutlich wird, können zwei in der Literatur zu findende Überlegungen zu der Bedeutung der Unternehmensgröße für das dynamische Verschuldungsoptimum unterschieden werden. In der Arbeit von Titman/Wessels (1988) findet sich so die Vermutung, dass die Unternehmensgröße insbesondere für den Umfang der Kosten einer Begabe von Eigenkapital von zentraler Bedeutung ist. Titman/Wessels (1988) stellen bei der Formulierung dieser Vermutung auf eine frühe empirische Untersuchung von Smith (1977) ab, die gezeigt hat, dass bedeutsame Größeneffekte in Abhängigkeit zum Emissionsvolumen zu beobachten sind.[2566] Aus der Beobachtung von Smith (1977) kann letztlich gefolgert werden, dass kleine Unternehmen mit nur geringem Emissionsvolumen überproportional durch die anfallenden Transaktionskosten belastet werden und in der Folge daher vermehrt auf Fremdkapitalquellen zurückgreifen werden.[2567] Blickt man auf Basis dieser Vorüberlegungen auf die Frage, wie Unternehmen auf Veränderungen der Kapitalstruktur reagieren werden, so schwindet mit zunehmender

---

2564 Die grundlegenden Überlegungen zum Einfluss der Unternehmensgröße auf den Wertbeitrag der Fremdfinanzierung und die Insolvenzkosten erscheinen von dem Wechsel in ein dynamisches Umfeld unberührt.

2565 Zieht man – dies war die „klassische" Sichtweise – Verschuldungsober- bzw. -untergrenzen nicht in Betracht, so führt auch an dieser Stelle ein Anstieg der Unternehmensgröße zu einem Anstieg des in der Praxis wohl realisierten Verschuldungsumfanges. Bei der Begründung dieser Annahme kann auch an dieser Stelle auf den Abbau der hemmenden Wirkung der Transaktionskosten hingewiesen werden. Vor diesem Hintergrund kann man argumentieren, dass Unternehmen bereit sind, ein höheres Risiko einzugehen.

2566 Vgl. dazu Smith (1977) S. 276.

2567 Vgl. dazu Titman/Wessels (1988) S. 6.

Unternehmensgröße das für kleine Unternehmen bestehende Ungleichgewicht (Schiefe) zugunsten von Fremdkapitalquellen. Während kleine Unternehmen die Begabe von Eigenkapitalanteilen gegenüber der Begabe von Fremdkapitalanteilen aufgrund der deutlich höheren Transaktionskosten scheuen, verliert sich dieses Ungleichgewicht mit zunehmender Unternehmensgröße. Dies entspricht letztlich der bereits im vorangehenden Abschnitt zur Pecking-Order-Theorie auf Basis der mit der Unternehmensgröße abnehmenden Informations-asymmetrie vorgenommenen Überlegung, dass die durch die Pecking-Order-Theorie beschriebene Finanzierungsrangfolge mit zunehmender Größe an Bindungswirkung verliert.

Für die zukünftigen Finanzierungsentscheidungen und damit Zielverschuldungsgrade kann damit auf folgende Einschätzung abgestellt werden: Während aktive Kapitalmaßnahmen zur Einhaltung eines Verschuldungsoptimums für kleine Unternehmen nur für einen Bereich unterhalb des Verschuldungsoptimums unproblematisch erscheinen, spielt es für die Kapitalmaßnahmen großer Unternehmen nur noch eine untergeordnete Rolle, ob der Zielverschuldungsgrad über- oder aber unterschritten wird. Die Finanzierungsentscheidungen kleiner Unternehmen werden in der Folge einen eher asymmetrischen Charakter aufweisen, während für große Unternehmen von symmetrischen Finanzierungsentscheidungen ausgegangen werden kann. In Übereinstimmung mit den Überlegungen zur „klassischen" Trade-Off-Theorie kann – eine solche Argumentation findet sich u. a. bei Parsons/Titman (2008) – auf Basis der ungleichen Gewichtung der oberen und unteren Verschuldungsgrenze[2568] argumentiert werden, dass kleine Unternehmen aufgrund der überproportionalen Belastung durch Transaktionskosten einen Verschuldungsgrad unterhalb des wertoptimalen Verschuldungsgrades der „klassischen" Trade-Off-Theorie präferieren werden.[2569] Die Kapitalmaßnahmen kleiner Unternehmen fallen aufgrund der hemmenden Wirkung der mit der Begabe von Eigenkapitalinstrumenten verbundenen Transaktionskosten etwas einseitig und in der Folge deutlich konservativer aus. Die Annahme, dass die Unternehmensgröße Einfluss auf die Symmetrie der Finanzierungsmaßnahmen nimmt, erscheint auf Basis dieser ausschließlich auf die Kosten einer Eigenkapitalbegabe fokussierten Überlegungen durchaus plausibel. Man kann an dieser Stelle die Frage stellen, inwieweit diese einseitige Fokussierung auf die Begabe von Eigenkapital gerechtfertigt erscheint und inwieweit nicht auch bei der Begabe von Fremdkapitalanteilen Größeneffekte zu beobachten sind. Diese Frage wird im zweiten Strang der Literatur aufgegriffen. Der zweite Strang der Literatur zielt in seiner Argumentation damit weniger stark auf die Symmetrie der Finanzierungsmaßnahmen selbst ab als vielmehr auf die Frage, welchen Einfluss die Unternehmensgröße auf die Nähe der oberen und

---

2568 Die Argumentation geht letztlich davon aus, dass ein Überschreiten des Zielverschuldungsgrades mit Blick auf mögliche Insolvenzkosten ungünstiger beurteilt wird als ein Verzicht auf einen Teil des Wertbeitrags der Fremdfinanzierung im Falle eines Unterschreitens des Zielverschuldungsgrades.

2569 Vgl. dazu Parsons/Titman (2008b) S. 15.

unteren Verschuldungsgrenze zum wertoptimalen Verschuldungsgrad nimmt. Der Einfluss der Unternehmensgröße auf Umfang und Bedeutung der Transaktionskosten für die Finanzierungsentscheidung beschränkt sich in der Folge nicht mehr allein auf die mit der Eigenkapitalbegabe verbundenen Transaktionskosten. Es erscheint – wie mit der vorangehenden Frage deutlich wurde –vielmehr plausibel, dass eine Abnahme der Bedeutung der Transaktionskosten mit dem Emissionsvolumen auch im Fall der Begabe von Fremdkapitalanteilen zu beobachten ist.[2570] Geht man davon aus, dass sich Transaktionskosten aus einem fixen und variablen Anteil zusammensetzten – dies scheint auf Basis des kurzen Exkurses in Abschnitt 3.4.1. durchaus plausibel –, so dürfte der hemmende Einfluss der Transaktionskosten auf die Finanzierungsentscheidung mit zunehmender Unternehmensgröße insgesamt abnehmen.[2571] Parsons/Titman (2008) halten im Einklang mit diesen Überlegungen so vergleichbar fest, dass „[...] the fixed costs of refinancing are proportionally more costly for smaller firms".[2572]

Aus dem Einfluss, den die Unternehmensgröße auf den Umfang und die Bedeutung der Transaktionskosten hat, kann somit auf Basis des zweiten Argumentationsstranges gefolgert werden, dass große Unternehmen in der Tendenz Verschuldungsgrade realisieren werden, die näher an den Kapitalstrukturoptima der „klassischen" Trade-Off-Theorie liegen werden als kleinere Unternehmen. Die überproportionale Belastung mit Transaktionskosten bedeutet für kleine Unternehmen letztlich eine stärkere Spreizung zwischen Kapitalstrukturoptimum und den Adjustierungsgrenzen, an denen Unternehmen aktiv in die Steuerung der Kapitalstruktur eingreifen werden.[2573] Kleine Unternehmen werden damit i. d. R. eine passivere Finanzierungspolitik – insbesondere mit Blick auf externe Schocks – verfolgen als große Unternehmen. Gegen die Interpretation zum Einfluss der Unternehmensgröße spricht letztlich die in der Literatur gegen die dynamische Trade-Off-Theorie vorgebrachte Kritik, dass der Umfang der Transaktionskosten in der Praxis regelmäßig nicht genügt, um die Rolle einer nachhaltigen Beeinflussung der Finanzierungsentscheidung einnehmen zu können.[2574] Letztlich stellt dies

2570 Eine solche Einschätzung findet sich u. a. in Chen (2004). Interessant erscheint dabei, dass der Fokus der Argumentation von Chen (2004) allein auf dem Rückgang der mit der Begabe von langfristigem Fremdkapital verknüpften Kosten liegt. Vgl. dazu Chen (2004) S. 1347.

2571 Vgl. dazu u. a. Kadapakkam et al. (1998) S. 300. Man kann in Kenntnis der vorangehenden Kapitel an dieser Stelle durchaus berechtigt einwerfen, dass der Effekt – in Einklang mit dem ersten Argumentationsstrang – im Fall der Begabe von Eigenkapitalanteilen besonders stark ausgeprägt sein dürfte.

2572 Parsons/Titman (2008b) S. 15.

2573 Vgl. dazu auch Parsons/Titman (2008b) S. 15. Dies dürfte dabei insbesondere – denkt man an den ersten Ansatz zurück – die Steuerung der Eigenkapitalanteile betreffen.

2574 Vgl. dazu u. a. Denis (2012) S. 638. Denis (2012) stellt in seiner Argumentation so darauf ab, dass bestehende Kreditlinien eine Fremdkapitalaufnahme bzw.

jedoch eine grundlegende Kritik an der Bedeutung der dynamischen Trade-Off-Theorie dar. Folgt man dieser Argumentation, so verlieren zwar die Überlegungen zum Einfluss der Unternehmensgröße auf die Transaktionskosten an Bedeutung, gleichzeitig nähert man sich – lässt man die Interaktion der z. T. widerstrebenden Unternehmensziele des Abschnitts 3.4.1.1. außer Acht – erneut dem Verschuldungsoptimum der „klassischen" Trade-Off-Theorie an. Wie die Überlegungen der vorangehenden Abschnitte gezeigt haben, besteht in diesem Fall – durch das Annahmengerüst induziert – wenigstens theoretisch kein Unterschied zwischen realisiertem Verschuldungsgrad und dem wertoptimalen Verschuldungsoptimum.

Der Faktor Unternehmensgröße in der Theorie des Market-Timings

Betrachtet man vor dem Hintergrund der Theorie des Market-Timings die Bedeutung, die der Faktor Unternehmensgröße auf die Finanzierungsentscheidung einnimmt, so zeigt sich erneut, dass – dies wurde zu Beginn dieses Abschnitts bereits festgehalten – die Beziehung zwischen der Unternehmensgröße und der Finanzierungsentscheidung auch an dieser Stelle lediglich nur indirekter Natur ist. Wie in den vorangehenden Abschnitten sollen auch an dieser Stelle in einem ersten Schritt kurz die Überlegungen des ersten Kapitels zusammengefasst werden. Wie Kapitel I hervorgehoben hat, wird mit der Theorie des Market-Timings eine Kapitalstrukturtheorie beschrieben, mit der das starre Finanzierungsgerüst der Pecking-Order-Theorie durchbrochen und durch eine flexible Finanzierungsrangfolge ersetzt wird. Unternehmen werden in einem Umfeld, in dem die Bewertung des Unternehmens durch den Kapitalmarkt um den wahren Wert des Unternehmens schwankt – diese Annahme ist gegenüber dem Rahmengerüst der vorangehenden Kapitalstrukturtheorien neu –, versuchen, bestehende Fehlbewertungen im Rahmen der Finanzierungsentscheidung auszunutzen. Diese Bemühungen lassen sich auf Basis eines kurzen Beispiels eingängig illustrieren: Für den Fall der Überbewertung der Eigenkapitalanteile des Unternehmens durch den Kapitalmarkt werden Unternehmen eine Finanzierung durch die Begabe von Eigenkapitalanteilen einer Finanzierung durch Fremdkapital vorziehen. Im Gleichklang mit dieser Überlegung werden Unternehmen, in dem durch die Theorie des Market-Timings gesetzten Rahmen, auf die Finanzierung durch Fremdkapital im Fall einer Unterbewertung des Unternehmens durch den Kapitalmarkt abstellen. Unternehmen folgen vor dem Hintergrund der Theorie des Market-Timings somit nicht länger einer festen Rangfolge alternativer Finanzierungsquellen, sondern vielmehr einer flexiblen, an der Marktbewertung ausgerichteten Finanzierungsrangfolge.

Blickt man auf die Überlegungen im Abschnitt zur Bedeutung des Faktors Unternehmensgröße im Rahmen der Pecking-Order-Theorie zurück, so wurde dort zusammenfassend argumentiert, dass die Unternehmensgröße maßgeblichen Einfluss auf die bestehenden Informationsasymmetrien zwischen Unternehmen

-rückführung mit vernachlässigbaren Transaktionskosten durchführen lassen. Vgl. ebda.

und Kapitalgeber hat. Wie die Vorüberlegungen gezeigt haben, führt die Unternehmensgröße u. a. über die vielfältigen Folgen eines gestiegenen Interesses der Öffentlichkeit zu einem Abbau bestehender Informationsasymmetrien. Die in den vorangehenden Abschnitten beschriebenen Effekte dürften dabei in aller Regel zeitstabil sein, d. h. das Interesse der Öffentlichkeit unabhängig von der aktuellen Fehlbewertung des Unternehmens mit zunehmender Unternehmensgröße anwachsen.[2575] Ein direkter Zusammenhang zwischen Unternehmensgröße und Irrationalität der Marktbewertung als einem der Haupttreiber der Finanzierungsentscheidung dürfte damit nicht abgeleitet werden können.[2576] Man muss – folgt man dem in den vorangehenden Abschnitten eingeschlagenen Ansatz – an dieser Stelle letztlich zunächst der Frage nach den möglichen Treibern der Fehlbewertung durch den Kapitalmarkt nachgehen, will man in einem zweiten Schritt zwischen Unternehmensgröße und Treffgenauigkeit der Marktbewertung und somit der Finanzierungsentscheidung eine belastbare Verbindung herstellen. Dieser Weg wird aus mehreren Gründen in der Folge nicht eingeschlagen. Zunächst kann man argumentieren, dass eine enge Beziehung zwischen der Fehlbewertung des Kapitalmarktes und der Unternehmensgröße letztlich dazu führen müsste – schließt man rationale Marktteilnehmer bzw. einen zeitweise rationalen Kapitalmarkt nicht völlig aus –, dass rationale Marktteilnehmer am Kapitalmarkt Arbitragestrategien auf Basis der Unternehmensgröße erfolgreich umsetzen könnten.[2577] Irrationale Marktteilnehmer würden infolge dieser Arbitragetheorien ihre Fehlbewertung korrigieren oder aber im Zeitverlauf vom Markt verschwinden. Eine solche Argumentation führt letztlich dazu, dass die Rationalität des Kapitalmarktes durch auftretende Arbitragemechanismen wenigstens mittelfristig wiederhergestellt werden würde. Fraglich ist nun jedoch, ob unter diesen Rahmenbedingungen die Unternehmensgröße einen dauerhaften Indikator der Fehlbewertung und damit der Finanzierungsentscheidung darstellen kann. Ein dauerhafter Einfluss dürfte über den Ansatz, die Unternehmensgröße in Beziehung zu der Fehlbewertung des Kapitalmarktes zu setzen, i. d. R. verneint werden, da für den Fall eines zu einer rationalen Bewertung zurückkehrenden Kapitalmarktes der Einfluss der Unternehmensgröße nur von zufälliger Natur sein kann. Geht man nun in Kontrast zu der bisherigen Annahme davon aus, dass Investoren und damit Kapitalmärkte

2575 Man kann an dieser Stelle nicht unberechtigt einwerfen, dass zwischen Fehlbewertungen durch den Kapitalmarkt und der Unternehmensgröße Wechselwirkungen bestehen. Die Marktschwankungen dürften – auch unter Annahme eines teilweise irrationalen Kapitalmarktes – sich dennoch in einem Bereich bewegen, der mit Blick auf das dem Unternehmen durch den Kapitalmarkt entgegengebrachte Interesse unmaßgeblich ist.

2576 Würde man an dieser Stelle doch einen dauerhaften Effekt der Unternehmensgröße feststellen, der, wie die nachfolgenden Überlegungen zeigen werden, mit den Annahmen der Theorie des Market-Timings kollidiert.

2577 Vgl. dazu u. a. Chittenden et al. (1996) S. 60.

sich in aller Regel irrational verhalten – eine Annahme, die regelmäßig der Verhaltensökonomie zu eigen ist –, kann man einen dauerhaften Einfluss der Unternehmensgröße auf die Marktbewertung und damit die Finanzierungsentscheidung motivieren.

Wie mit den nachfolgenden Überlegungen illustriert werden soll, stößt man auf Basis einer solchen Argumentation – neben den grundlegenden Problemen der Verhaltensökonomie mit Blick auf die Formulierung eines festen Gerüsts für Finanzierungsentscheidungen –[2578] rasch an die Grenzen der mit der Theorie des Market-Timings formulierten Erwartungen. Geht man – eine solche Hypothese erscheint vor dem Hintergrund der Überlegungen der Verhaltensökonomie als Arbeitshypothese durchaus plausibel – davon aus, dass die Unternehmensgröße Einfluss auf die Erwartungen der lediglich begrenzt rationalen Investoren nimmt, so folgt daraus – diesen Effekt als wirksam vorausgesetzt –, dass die Unternehmensgröße über den Umfang der Fehlbewertung des Unternehmens bestimmt und vor dem Hintergrund der Überlegungen der Market-Timing-Theorie auch die Finanzierungsentscheidung der Unternehmen nachhaltig prägt. Ohne an dieser Stelle der Richtigkeit einer solchen Hypothese nachzugehen, folgt aus dem systematischen Einfluss der Unternehmensgröße auf die Fehlbewertung und die Finanzierungsentscheidung letztlich, dass die Annahme einer flexiblen, an der Marktbewertung ausgerichteten Finanzierungsentscheidung, wie sie mit der Theorie des Market-Timings eingeführt wurde, nicht länger aufrechterhalten werden kann. Erfolgt doch über die Determinante Unternehmensgröße eine systematische Beeinflussung der Finanzierungsentscheidung, die letztlich der Annahme eines flexiblen Finanzierungsgerüsts widerspricht. Eingängiger als die flexible Finanzierungsrangfolge der Theorie des Market-Timings erscheint an dieser Stelle vielmehr eine Zweiteilung der Finanzierungsrangfolge, wie sie etwa mit der erweiterten Pecking-Order-Theorie vorgeschlagen wurde.

Dieser kurze Exkurs verdeutlicht – abseits der Frage, ob die kurz skizzierte Arbeitshypothese gerechtfertigt ist – das zentrale Problem, das der Theorie des Market-Timings aus einem systematischen Einfluss der Unternehmensgröße auf die Fehlbewertung des Marktes regelmäßig erwachsen dürfte.[2579] Die Annahme einer flexiblen, an der Marktschwankung ausgerichteten Finanzierungsrangfolge wird letztlich durch die Beobachtung systematischer Determinanten der Fehlbewertung durchbrochen. Rückblickend erscheint es vor dem Hintergrund der

2578 Ob der Wertbeitrag der Fremdfinanzierung sich unter den durch die Verhaltensökonomie gesetzten Bedingungen in gewohnter Weise auf den Marktwert niederschlägt bzw. ob eine Überschuldung in gleicher Weise eine Gefahr für das Unternehmen darstellt, kann durchaus bezweifelt werden. Etwas allgemeiner gesprochen, ist vor dem Hintergrund der Irrationalität der Marktteilnehmer die Bedeutung und Auswirkung der Finanzierungsentscheidung unklar.

2579 Diese Einschätzung gilt unabhängig von dem Faktor Unternehmensgröße auch für die weiteren in diesem Abschnitt betrachteten Determinanten der Kapitalstruktur.

vorangehenden Überlegungen daher plausibel, dass Baker/Wurgler (2002) bei der Formulierung der Theorie des Market-Timings lediglich eine zeitweise Durchbrechung der Rationalität des Kapitalmarktes und damit einen unsystematischen Einfluss der Determinanten der Kapitalstruktur im Blick gehabt haben. Setzt man diese Annahme als gegeben voraus, so muss man – will man eine Verbindung zwischen Unternehmensgröße und der Finanzierungsentscheidung im Rahmen der Theorie des Market-Timings herstellen – einen indirekten, d. h. nicht direkt auf den Grad der Fehlbewertung abstellenden Ansatz wählen. Setzt man wechselnde Fehlbewertungen durch den Kapitalmarkt als gegeben voraus, so muss die Unternehmensgröße – besteht ein systematischer Zusammenhang – letztlich den Umfang bestimmen, mit dem Unternehmen die Fehlbewertungen des Kapitalmarktes bei der Begabe von Kapitalanteilen ausnutzen können. Ein interessanter Ansatz lässt sich dabei u. a. aus der Anmerkung von Graham/Harvey (2001) ableiten, dass „[m]arket timing is especially important for large firms [...], which implies that companies are more likely to time interest rates when they have larger or sophisticates treasury departments".[2580] Diese Annahme erscheint einzuleuchten, dürften große Unternehmen doch i. d. R. in der Lage sein, sowohl größeren personellen als auch zeitlichen Aufwand zu betreiben, um Fehlbewertungen des Kapitalmarktes zu identifizieren und in der Folge auszunutzen. Die Annahme einer stärkeren Fokussierung von großen Unternehmen auf die Treffgenauigkeit der Marktbewertung und damit eine stärkere Orientierung an der Theorie des Market-Timings erscheint auf Basis dieser Argumentation damit als durchaus einleuchtend.

In Übereinstimmung mit den vorangehenden Überlegungen kann man – hat man eine Verbindung zwischen der Theorie des Market-Timings und dem Faktor Unternehmensgröße hergestellt – an dieser Stelle die Frage stellen, wie die Gestalt der Finanzierungsentscheidung durch den Faktor Unternehmensgröße beeinflusst wird bzw. welche Erwartungen man mit Blick auf die zukünftigen Finanzierungsentscheidungen haben kann. Die Antwort auf eine solche Frage bleibt vor dem Hintergrund der Theorie des Market-Timings regelmäßig fragmentarisch. Beschreibt die Theorie des Market-Timings – vergleichbar mit der „klassischen" Pecking-Order-Theorie – doch lediglich ein auf einzelne Finanzierungsentscheidungen beschränktes Verschuldungsoptimum, das, über einen längeren Zeitraum betrachtet, keine Bindungswirkung für das Unternehmen entfaltet. Im Rahmen der Theorie des Market-Timings tritt gegenüber der Pecking-Order-Theorie eine Prognose des zukünftigen Finanzierungsverhaltens erschwerend hinzu, dass die zukünftigen Finanzierungsentscheidungen maßgeblich von der zukünftigen Fehlbewertung des Kapitalmarktes abhängen.

Wie dieser Abschnitt gezeigt hat, kann hierbei – hält man an den Grundaussagen der Theorie des Market-Timings fest – kein systematischer Zusammenhang mit der Unternehmensgröße selbst bestehen. Eine allgemeine Aussage zum Einfluss der Unternehmensgröße auf das zukünftige Finanzierungsverhalten kann

2580 Graham/Harvey (2001) S. 223.

an dieser Stelle nicht gemacht werden, hängt die Entscheidung doch maßgeblich von einem erst zum Entscheidungszeitpunkt beobachtbaren Faktor ab. Es kann aus den vorangehenden Überlegungen für den Faktor Unternehmensgröße damit lediglich eine stärkere Bedeutung der (Fehl-)Bewertung des Kapitalmarktes für die Finanzierungsentscheidung mit der Unternehmensgröße abgeleitet werden. Damit bestätigt sich das bereits in Kapitel I gezogene Fazit, dass insbesondere „jüngere" Kapitalstrukturtheorien zwar in der Lage sind, historische Finanzierungsentscheidungen zu plausibilisieren, das Fundament für die Prognose zukünftiger Finanzierungsentscheidungen jedoch in aller Regel unzureichend erscheint.

Der Faktor Unternehmensgröße in der erweiterten Pecking-Order-Theorie

Blickt man in einem abschließenden Schritt auf den Einfluss des Faktors Unternehmensgröße auf die Finanzierungsentscheidung vor dem Hintergrund der Überlegungen der erweiterten Pecking-Order-Theorie, so kann der im vorangehenden Abschnitt gescheiterte Versuch, eine Verbindung zwischen Unternehmensgröße und dem Umfang der Fehlbewertung des Kapitalmarktes herzustellen – unter einem etwas veränderten Blickwinkel –[2581] erneut aufgegriffen werden. Wie mit der kurzen Zusammenfassung der Überlegungen des ersten Kapitels zur erweiterten Pecking-Order-Theorie deutlich werden soll, ist für diese Kapitalstrukturtheorie eine Zweiteilung der Finanzierungsentscheidung – wie sie im vorangehenden Abschnitt noch abgelehnt werden musste – notwendig. Die Überlegungen in Kapitel I haben gezeigt, dass zwei grundsätzliche Unternehmenstypen voneinander unterschieden werden können. Auf der einen Seite stehen die, in Abschnitt 3.4.3. als Unternehmenstyp I bezeichneten „konservativen" Unternehmen, d. h. Unternehmen, deren bestehendes Investitionsportfolio die zukünftigen Wachstumschancen bzw. Investitionsmaßnahmen dominiert. Auf der anderen Seite stehen die Unternehmen des Typs II, deren Wachstumschancen bzw. zukünftige Investitionsmaßnahmen deutlich stärker ausgeprägt sind als das bestehende Investitionsportfolio. Für Unternehmenstyp I und II wurden mit der erweiterten Pecking-Order-Theorie zwei alternative Finanzierungsrangfolgen vorgeschlagen. Für Unternehmen des Typs I besteht die durch die „klassische" Pecking-Order-Theorie beschriebene Aversion einer Finanzierung mit Eigenkapital, aufgrund der durch die Fehlbewertung des Kapitalmarktes folgenden Verwässerung der Anteile bestehender Eigenkapitalgeber, fort. Für Unternehmen des Typs II wird der negative Beigeschmack der Verwässerung der Anteile bestehender Eigenkapitalgeber durch die Möglichkeit, wertschaffende Investitionsprojekte zu realisieren, überdeckt. Die Rangfolge alternativer Finanzierungsquellen verschiebt sich mit der Dominanz

2581 Die aus der „klassischen" Pecking-Order-Theorie abgeleitete erweiterte Pecking-Order-Theorie stellt so nicht wie die Theorie des Market-Timings auf möglicherweise durch die Irrationalität der Marktteilnehmer getriebene Fehlbewertungen ab als vielmehr auf den Einfluss der asymmetrischen Informationsverteilung auf die Finanzierungsentscheidung der Unternehmen.

der Wachstumschancen gegenüber den bestehenden Investitionsprojekten somit zugunsten einer Finanzierung durch die Begabe von Eigenkapitalanteilen.

Man kann – im Sinne der Überlegungen der erweiterten Pecking-Order-Theorie –, ausgehend von diesen Vorüberlegungen, die Unternehmensgröße als einen Indikator für den Umfang der Informationsasymmetrie bzgl. bestehender bzw. zukünftiger Investitionsprojekte interpretieren.[2582] Eine solche Interpretation erscheint einleuchtend, dürfte mit wachsender Unternehmensgröße doch in aller Regel der Umfang, den zukünftige Investitionsprojekte gegenüber dem bestehenden Investitionsportfolio einnehmen – und damit auch die herrschende Unsicherheit der Marktteilnehmer mit Blick auf zukünftige Investitionsprojekte –, abnehmen.[2583] Stellt man auch an dieser Stelle die aus den vorangehenden Abschnitten bekannte Frage der konkreten Bedeutung des Faktors Unternehmensgröße für die Gestalt der Finanzierungsentscheidungen der Unternehmen, so muss – wie auch bei den in den vorangehenden Abschnitten betrachteten „jungen" Kapitalstrukturtheorien – auch für die erweiterte Pecking-Order-Theorie eine zweigeteilte Antwort gegeben werden. Für große Unternehmen dürfte – folgt man der eingeschlagenen Argumentation – die Finanzierungsentscheidung auf Basis der Überlegungen der „klassischen" Pecking-Order-Theorie basieren. Dies steht letztlich im direkten Kontrast zu den Überlegungen des vorangehenden Abschnitts zur „klassischen" Pecking-Order-Theorie, wurde doch dort argumentiert, dass der Umfang bestehender Informationsasymmetrien durch das mit der Unternehmensgröße zunehmende Interesse der Öffentlichkeit abnimmt. Der Widerspruch ist dennoch nur ein oberflächlicher, dürften an dieser Stelle doch beide Mechanismen wirksam sein. Fasst man zusammen, so nimmt mit wachsender Unternehmensgröße der Wertverlust, den bestehende Anteilseigner nach einer Realisierung wertschaffender Investitionsprojekte im Falle einer Außenfinanzierung zu tragen haben, zu, es wächst jedoch zugleich auch das Interesse der Öffentlichkeit an dem Unternehmen. Mit diesem gestiegenen Interesse ist zugleich ein Abbau bestehender Informationsasymmetrien und somit ein Abbau der Hürde, Eigenkapital einzusetzen, verbunden.[2584] Zu welchem Zeitpunkt diese beiden Effekte im Gleichgewicht sind, also die Rangfolge der „klassischen" Pecking-Order-Theorie noch uneingeschränkt gilt, ist jedoch unklar. Blickt man – ohne diese Frage beantworten zu können – auf die in diesem Abschnitt betrachtete erweiterte Pecking-Order-Theorie, so dominiert – folgt

2582 Alternativ kann man – wie dies in den vorangehenden Überlegungen gemacht wurde – auch vom Verhältnis von bestehenden zu zukünftigen Investitionsprojekten sprechen.

2583 Dieses Ergebnis deckt sich letztlich mit den Überlegungen zur „klassischen" Pecking-Order-Theorie.

2584 Dies erscheint plausibel, erwächst doch für besser informierte Anteilseigner mit dem Umfang der Fehlbewertung doch ein Anreiz, selbst Eigenkapital einzuschießen, um eine Verschiebung eines Teils des Unternehmenswertes zu den neuen Kapitalgebern zu verhindern.

man erneut der bereits eingeschlagenen Argumentation – für kleine Unternehmen wohl eine umgekehrte Pecking-Order-Theorie, in der eine Finanzierung mit Eigenkapital einer Finanzierung durch Fremdkapital vorgezogen wird.

Wie bereits in Kapitel I kritisiert wurde, ist auf Basis der bisherigen Überlegungen insbesondere unklar, wie die Gestalt der Finanzierungspolitik an den Schnittstellen zwischen den beiden eigenständigen Finanzierungsrangfolgen aussieht. Auch die in einem vorgelagerten Schritt zu beantwortende Frage, wann die Schnittstellen der alternativen Finanzierungsrangfolgen überhaupt erreicht werden, bleibt unbeantwortet. Als Antwort auf die Frage nach der Gestalt der Finanzierungspolitik kann an dieser Stelle somit nur die etwas holzschnittartige Vermutung geäußert werden, dass Unternehmen mit zunehmender Unternehmensgröße bzw. Unternehmensalter zunehmend auf Fremdkapital als Finanzierungsquelle zurückgreifen werden. Ab einer bestimmten Unternehmensgröße sinkt jedoch aufgrund der stärkeren Überwachung der Unternehmen durch die Öffentlichkeit die Hemmschwelle zur Begabe von Eigenkapitalinstrumenten wieder leicht.[2585] Auch an dieser Stelle kann die in den vorangehenden Abschnitten gestellte Frage nach der Steuerung der Kapitalstruktur des Unternehmens im Zeitverlauf nicht oder aber nur unvollständig beantwortet werden, existiert doch auch im Rahmen der erweiterten Pecking-Order-Theorie kein langfristiges Verschuldungsoptimum in Form eines wertoptimalen Verschuldungsgrades.

Zum Einfluss des Faktors Unternehmensgröße auf die alternativen Finanzierungspolitiken

Die vorangehenden Abschnitte haben die in der Literatur zu findenden Interpretationsmöglichkeiten der Determinante Unternehmensgröße mit Blick auf die in Kapitel I dargestellten Kapitalstrukturpolitiken zusammengefasst.[2586] In einem diesen Abschnitt abschließenden Schritt soll, ausgehend von diesen Vorüberlegungen, eine Brücke zu den im Kapitel II näher betrachteten in der Unternehmensbewertung Einsatz findenden alternativen Finanzierungspolitiken geschlagen werden. Wie bereits zu Beginn dieses Kapitels hervorgehoben wurde, ist dieser Brückenschlag durchaus mit Fallstricken behaftet, stellen die in Kapitel II betrachteten Finanzierungspolitiken doch pragmatische Ansätze dar, um bestehende Probleme im Rahmen der Bewertung und Prognose zukünftiger Finanzierungsentscheidungen überwinden zu können. Eine Überleitung der Determinanten der – darauf wurde bereits hingewiesen – i. d. R. unter anderen Prämissen hergeleiteten Kapitalstrukturtheorien

2585 Wie bei den vorangehenden Überlegungen wird auch an dieser Stelle der Einfluss von Investitions- und Ausschüttungspolitik vereinfachend ausgeblendet. Ohne eine solche Festlegung bleibt damit auch an dieser Stelle die Aussagekraft der Pecking-Order-Theorie begrenzt.

2586 Mit Blick auf die Breite der empirischen Forschung kann, wie eingangs festgehalten wurde, nur ein Überblick über die wichtigsten Eckpunkte der in der Literatur zu findenden Überlegungen gegeben werden.

auf die alternativen Finanzierungspolitiken kann damit nur ein erster Schritt auf dem Weg zur Bestimmung der Determinanten der Finanzierungspolitik sein.[2587] Interessant erscheint ein Rückblick auf die vorangehenden Überlegungen an dieser Stelle dennoch, um eine Vorstellung von dem möglichen Einfluss der Determinante Unternehmensgröße auf die Finanzierungsentscheidung erlangen zu können.[2588] In Anlehnung an das Vorgehen der vorangehenden Abschnitte können zwei Effekte der Determinante Unternehmensgröße auf die Finanzierungsentscheidung unterschieden werden. Auf der einen Seite steht der Einfluss, den die Determinante Unternehmensgröße auf die Höhe des realisierten Verschuldungsgrades nimmt, auf der anderen Seite steht der Einfluss, den die Determinante Unternehmensgröße auf die Aktivität bzw. Passivität des Unternehmens mit Blick auf die Finanzierungsentscheidung nimmt.[2589] Blickt man zunächst auf den Einfluss, den die Unternehmensgröße auf die Höhe des realisierten Verschuldungsgrades nimmt, so haben die vorangehenden Abschnitte ein leicht diffuses Bild gezeichnet, das an dieser Stelle nochmals geordnet werden soll. Auf Basis der „klassischen“ Trade-Off-Theorie überwog die Einschätzung, dass der absolute Fremdkapitaleinsatz mit zunehmender Unternehmensgröße ansteigt, da mit einem Absinken des Einflusses der Insolvenzkosten mit zunehmender Unternehmensgröße zu rechnen ist. Erweitert man die „klassische“ Trade-Off-Theorie um den Einfluss der Agency-Kosten, so ist auch ein gegenläufiger Effekt denkbar. Manager werden die mit der Unternehmensgröße steigende Zersplitterung der Anteile der Anteilseigner nutzen, um eine Reduzierung des eingesetzten Fremdkapitalvolumens durchzusetzen. Auch aus Sicht der „klassischen“ Pecking-Order-Theorie ist der Einfluss der Determinante Unternehmensgröße auf den realisierten Verschuldungsumfang nicht ganz eindeutig zu bestimmen. Die Überlegungen der vorangehenden Abschnitte haben gezeigt, dass infolge eines Abbaus bestehender Informationsasymmetrien und der zunehmenden Bedeutung der Unternehmensreputation sowohl das Verschuldungsvolumen erhöht als auch die Hemmschwelle für eine Eigenkapitalfinanzierung herabgesetzt wird. Das Fremdfinanzierungsvolumen, das Unternehmen zur Finanzierung einsetzen können, steigt unter den skizzierten Einflüssen, verliert jedoch gleichzeitig an Vorteilhaftigkeit gegenüber einer Finanzierung mit Eigenkapital.

Mit Blick auf die „klassischen“ Kapitalstrukturtheorien lässt sich an dieser Stelle also in der Tendenz ein leichter Überhang der Argumente zugunsten der Erhöhung des absoluten Verschuldungsumfanges mit zunehmender Unternehmensgröße

---

2587 Wie der diese Arbeit abschließende Abschnitt hervorheben wird, ist neben dieser zunächst konzeptionellen Überlegung zudem eine empirische Untersuchung dieser Fragestellung notwendig.

2588 Es wurde in den vorangehenden Abschnitten bereits festgehalten, dass die skizzierten Beziehungen zwischen den Finanzierungsentscheidungen und den Kapitalstrukturdeterminanten selbst z. T. mehrdeutig sind.

2589 Der zweite Aspekt stand mit den „inneren“ und „äußeren“ Gründen im Zentrum der Plausibilitätsüberlegungen des Kapitels II.

ausmachen. Wechselt man zu den dynamischen Finanzierungspolitiken, so bestätigt sich zunächst mit Blick auf die dynamische Trade-Off-Theorie diese erste Einschätzung. Man kann – lässt man zunächst die im zweiten Schritt diskutierte Frage der Aktivität der Unternehmen außer Acht – an dieser Stelle argumentieren, dass Unternehmen im Angesicht von mit der Unternehmensgröße absinkenden Transaktionskosten einen Anreiz besitzen, bestehende Verschuldungsgrenzen stärker ausnutzen, da die Hürden einer Rückkehr zu einem geringeren Verschuldungsgrad aufgrund gesunkener Transaktionskosten wohl niedriger liegen. Wie im Abschnitt zur Theorie des Market-Timings festgehalten, bleibt die Auswirkung der Unternehmensgröße vor dem Hintergrund dieser Kapitalstrukturtheorie weitgehend diffus. Zwar kann festgehalten werden, dass große Unternehmen i. d. R. mehr Kapazitäten besitzen, um Fehlbewertungen des Kapitalmarktes zu erkennen und auszunutzen, eine klare Erwartung mit Blick auf zukünftige Finanzierungentscheidungen lässt sich – schließt man einen signifikanten Einfluss der Unternehmensgröße auf den Umfang der Fehlbewertungen aus – daraus jedoch nicht ableiten.

Etwas eindeutiger erscheint zunächst das vor dem Hintergrund der erweiterten Pecking-Order-Theorie ableitbare Ergebnis. Die Unternehmensgröße kann in diesem Fall einen Indikator der mit der erweiterten Pecking-Order-Theorie beschriebenen zweigeteilten Finanzierungsrangfolge darstellen. Mit zunehmender Unternehmensgröße dürfte im Fall der erweiterten Pecking-Order-Theorie zunehmend die Hackordnung der „klassischen" Pecking-Order-Theorie dominieren, wohingegen für kleine Unternehmen eine fast umgekehrte Rangfolge, d. h. ein Vorzug der Eigenkapitalfinanzierung gegenüber der Fremdfinanzierung, entscheidungsrelevant zu scheint. Für große Unternehmen dürfte somit ein stärkerer Rückgriff auf Fremdkapitalinstrumente zur Finanzierung des Unternehmens zu vermuten sein.[2590] Der auf Basis der „klassischen" Kapitalstrukturtheorien prognostizierte Anstieg des absoluten Verschuldungsumfangs findet somit auch vor dem Hintergrund der Überlegungen „jüngerer" Kapitalstrukturtheorien Unterstützung. Interessanter als die ableitbare Tendenz zur Entwicklung des Verschuldungsgrades erscheint für die Beurteilung der in Kapitel II beleuchteten Finanzierungspolitiken jedoch die Frage, welchen Einfluss der Faktor Unternehmensgröße auf die Gestalt der Finanzierungsentscheidungen nimmt.

Mit der autonomen und der wertabhängigen Finanzierungspolitik wurden in Kapitel II zwei vergleichsweise „holzschnittartige" Gegenpole eines denkbaren Finanzierungsverhaltens der Unternehmen vorgestellt. Während mit der autonomen Politik eine weitgehend passive, an einem absoluten Verschuldungsumfang festhaltende, Finanzierungspolitik beschrieben wurde, stellt die wertabhängige Finanzierungspolitik auf eine aktive Steuerung des Verschuldungsumfangs durch die Unternehmen ab. Kapitel II hat unter dem Oberbegriff der „äußeren" und

---

2590 Wie in dem entsprechenden Abschnitt hervorgehoben wurde, stellt ein solches Ergebnis die vorangehenden Überlegungen zur „klassischen" Pecking-Order-Theorie infrage.

„inneren" Gründe mögliche Treiber für die entgegengesetzte Gestaltung des Finanzierungsverhaltens motiviert. Blickt man, ausgehend von diesen Gegenpolen, auf die Überlegungen der vorangehenden Abschnitte, so lassen sich folgende Zusammenhänge zwischen Unternehmensgröße und Steuerung des Verschuldungsgrades festhalten. Die mit der Unternehmensgröße abnehmende Asymmetrie des Informationsniveaus zwischen Unternehmensinsidern und Anteilseignern legt nahe, dass mit zunehmender Größe der äußere Druck, aber auch das innere Interesse der Unternehmen wächst, Finanzierungsentscheidungen im Einklang mit den Interessen der Anteilseigner zu treffen. Da die Kapitalanteile des Unternehmens mit unterschiedlichen Rechten und Pflichten ausgestattet sind, müssen Unternehmen – an dieser Stelle werden vereinfachend nur die Interessen der Eigen- und Fremdkapitalgeber betrachtet –[2591] die divergierenden Interessen der unterschiedlichen Kapitalklassen vereinen. Vereinfacht lassen sich die Interessen der Eigen- und Fremdkapitalgeber in zwei zentrale Anforderungen an die Finanzierungsentscheidung der Unternehmen zusammenfassen. Eigenkapitalgeber werden i. d. R. ein wertschaffendes Verhalten erwarten, wohingegen Fremdkapitalgeber aufgrund der deutlich konservativeren Ausrichtung regelmäßig ein werterhaltendes Verhalten der Unternehmen fordern werden.[2592]

Blickt man auf die beiden alternativen Finanzierungspolitiken so dürfte insbesondere eine wertabhängige Finanzierungspolitik – abseits des „günstigeren" Diskontierungssatzes der autonomen Finanzierungspolitik – eher in der Lage sein, die Forderungen von Eigen- als auch Fremdkapitalgebern zu erfüllen. Dies soll anhand eines kurzen Beispiels verdeutlicht werden. Stellen Unternehmen auf eine autonome, d. h. über weite Teile passive Finanzierungspolitik ab, so werden sich bei Schwankungen der operativen Leistungsfähigkeit des Unternehmens bzw. des Unternehmenswertes folgende Forderungen der Kapitalgeber ergeben: Sinkt der Unternehmenswert bzw. die operative Leistungsfähigkeit des Unternehmens im Zeitverlauf deutlich ab, so erscheint es nicht unwahrscheinlich, dass die Fremdkapitalgeber ein Interesse daran besitzen, Druck auf das Unternehmen auszuüben, um eine Anpassung des eingesetzten Fremdkapitalvolumens an die operative Leistungsfähigkeit zu erreichen, um die Gefahr von Ausfällen zu vermeiden.[2593]

2591 In der Praxis dürften neben Mezzanine-Kapital auch Interessenkonflikte innerhalb der an dieser Stelle vereinfachend als homogen angenommenen Eigen- und Fremdkapitalgebergruppen kommen.

2592 Die Erwartungshaltung der Kapitalgeber ist letztlich auf die unterschiedliche Verteilung der Unternehmenscashflows auf die Kapitalgeber begründbar. Während Eigenkapitalgeber Risiko und Chancen gleichmäßig tragen, ist der Anteil des Wertbeitrages der Chancen, der den Fremdkapitalgebern zufließt, begrenzt, wohingegen das Risiko im schlimmsten Falle ähnlich unbegrenzt ist wie das Risiko der Eigenkapitalgeber.

2593 Eigenkapitalgeber werden – sehen sie sich nicht einem Wertverlust im Insolvenzfall ausgesetzt – an dieser Stelle vergleichsweise geringen Druck auf das Unternehmen ausüben.

Betrachtet man den entgegengesetzten Fall, d. h. einen Anstieg der operativen Leistungsfähigkeit der Unternehmen, besitzen Eigenkapitalgeber einen Anreiz, Druck auf das Unternehmen auszuüben, das eingesetzte Fremdkapitalvolumen an die operative Leistungsfähigkeit der Unternehmen anzupassen, können die Eigenkapitalgeber doch unmittelbar von einem höheren Wertbeitrag der Fremdfinanzierung profitieren.[2594] Gibt ein Unternehmen dem Druck der Kapitalgeber nach, so bildet eine wertabhängige Finanzierungspolitik die z. T. divergierenden Wünsche der Kapitalgeber besser ab als eine starre autonome Finanzierungspolitik.[2595] Diese zugegebenermaßen etwas holzschnittartigen Überlegungen zu den Wünschen der Kapitalgeber zeigen sich letztlich nur als wirksam, können sich die Kapitalgeber ein adäquates Bild von der Leistungsfähigkeit der Unternehmen machen. Hier greift die zu Beginn der Überlegungen skizzierte Verbindung zwischen Unternehmensgröße und dem Umfang bestehender Informationsasymmetrien.

Die vorangehenden Abschnitte haben – auf eine nochmalige Darstellung soll an dieser Stelle verzichtet werden – gezeigt, dass die Unternehmensgröße über verschiedene Kanäle zu einem Abbau bestehender Informationsasymmetrien führt. Die Annahme, dass Unternehmen unter dem zunehmenden Druck der Öffentlichkeit von einer eher passiven Steuerung des Verschuldungsgrades zu einer aktiven Steuerung des Verschuldungsgrades übergehen, erscheint damit nicht unplausibel. Als Treiber einer mit der Unternehmensgröße zunehmenden Dominanz einer wertabhängigen Finanzierungspolitik fungieren dabei sowohl „äußere" Gründe – der zunehmende Druck der Kapitalgeber – als auch „innere" –, man kann an dieser Stelle an den in einem vorangehenden Abschnitt aufgeführten Reputationseffekt denken.[2596]

Neben dieser Mischung aus „äußeren" und „inneren" Gründen kann mit den insbesondere im Rahmen der dynamischen Trade-Off-Theorie näher betrachteten Transaktionskosten ein weiterer „äußerer" Grund betrachtet werden, der für eine zunehmende Dominanz der wertabhängigen Finanzierungspolitik mit

2594 Fremdkapitalgeber werden an dieser Stelle dagegen i. d. R. über keinen Anreiz verfügen, Druck auf die Unternehmen auszuüben.

2595 Diese Einschätzung hängt – dies wurde bereits hervorgehoben – auch von der Qualität der Planungspolitik ab, lassen sich sowohl für die autonome wie auch wertabhängige Finanzierungspolitik realistischere bzw. unrealistische Fälle konstruieren.

2596 Es scheint durchaus plausibel, dass der negative Effekt, der mit einem Festhalten an einer autonomen Finanzierungspolitik gegen den Wunsch der Fremdkapitalgeber einhergeht, weniger drastische Auswirkungen hat als für große Unternehmen. Neben einer größeren Öffentlichkeit, die das Fehlverhalten des Unternehmens wahrnimmt, kann man an dieser Stelle auch argumentieren, dass die mit einer Verletzung von kreditvertraglichen Vereinbarungen einhergehende Verhandlung des Unternehmens mit den Fremdkapitalgebern sich aufgrund der Höheren Zahl und Zersplitterung der Fremdkapitalgeber für große Unternehmen deutlich schwieriger gestalten dürfte als für kleine Unternehmen.

zunehmender Unternehmensgröße spricht. Wie die vorangehende Argumentation gezeigt hat, erscheint es nicht unwahrscheinlich, dass der Umfang und damit die Bedeutung der Transaktionskosten für die Finanzierungsentscheidung mit zunehmender Unternehmensgröße abnehmen. Denkt man an die Argumentation zur dynamischen Trade-Off-Theorie in Kapitel I zurück, so verliert sich mit der Abnahme der hemmenden Wirkung der Transaktionskosten der Anreiz, Anpassungen an der Kapitalstruktur hinauszuzögern, d. h. eine eher autonome Finanzierungspolitik zu fahren. Unabhängig von den vorangehenden Überlegungen erscheint damit die zunehmende Dominanz einer wertabhängigen Finanzierungspolitik mit zunehmender Unternehmensgröße als plausibel.[2597] Die Überlegungen auf Basis der Pecking-Order-Theorie waren – dies wurde bereits in einem vorangehenden Abschnitt hervorgekehrt – etwas zweideutig. Interpretiert man den im Abschnitt zur Pecking-Order-Theorie gezogenen Schluss einer mit der Unternehmensgröße abnehmenden Bindungswirkung der Finanzierungsrangfolge im Einklang mit den vorangehenden Überlegungen, kann man an dieser Stelle festhalten, dass damit letztlich eine zentrale Voraussetzung für die Umsetzung einer unverzerrten wertabhängigen Finanzierungspolitik geschaffen wird. Fällt doch eine Finanzierungspolitik, in der einzelne Finanzierungsquellen eine dominante Wirkung entfalten, zwangsläufig einseitig aus, wie mit dem folgenden Beispiel kurz deutlich gemacht werden soll. Stellt man auf eine wertabhängige Finanzierungspolitik, die sich an einem Zielverschuldungsgrad orientiert, ab, so wird es im Fall eines Rückgangs des Unternehmenswertes notwendig, den Verschuldungsumfang des Unternehmens zurückzuführen.

Dem Unternehmen stehen dabei zunächst zwei denkbare Wege offen, um das Ziel der Reduzierung des Verschuldungsumfanges zu erreichen: eine Rückführung eines Teils des Fremdkapitals oder aber die Aufnahme zusätzlichen Haftungskapitals, um den Rückgang des Unternehmenswertes zu kompensieren. Aus Sicht der Pecking-Order-Theorie könnte man nun argumentieren, dass eine Rückführung eines Teils des eingesetzten Fremdkapitals einfacher zu realisieren ist, als zusätzliches Eigenkapital einzuwerben.[2598] Ein solcher Weg bedeutet jedoch, dass dem Unternehmen Kapital in einer Phase der Schwäche – dies stellt einen „klassischen“ Kritikpunkt der wertabhängigen Finanzierungspolitik dar – weiteres

2597 Umgekehrt gilt natürlich auch, dass es nicht unplausibel erscheint, dass Unternehmen unter der Zunahme der hemmenden Wirkung der Transaktionskosten – also einer Abnahme der Unternehmensgröße – zunehmend an einem realisierten Verschuldungsumfang festhalten, m. a. W. also eine autonome Finanzierungspolitik realisieren.

2598 Die Argumentation muss an dieser Stelle letztlich indirekt erfolgen, bietet die Pecking-Order-Theorie doch prima facie nur eine feste Rangordnung der Finanzierungsquellen für den Fall eines zusätzlichen Kapitalbedarfs. Geht man an dieser Stelle jedoch davon aus, dass die Rückkehr zum ursprünglichen Verschuldungsumfang einfacher über die Begabe zusätzlichen Fremdkapitals gelingt, erscheint die eingeschlagene Argumentation durchaus vertretbar.

Kapital entzogen werden müsste. Dieses Problem haftet dem zweiten – im Rahmen der „klassischen" Pecking-Order-Theorie verbauten – Weg der Begabe von weiteren Eigenkapitalanteilen dagegen nicht an. Gegen die Begabe von Eigenkapitalanteilen kann man – die Überlegungen der Pecking-Order-Theorie im Kopf – jedoch einwenden, dass sich Unternehmen im Fall einer Schwächephase wohl scheuen werden, zusätzliche Eigenkapitalanteile zu begeben.[2599] Die Hürde, die einer Finanzierung des Unternehmens mit Eigenkapital entgegensteht, dürfte dennoch mit zunehmender Unternehmensgröße abnehmen und damit auch die Hinderungsgründe für eine wertabhängige Finanzierungspolitik. Wie bereits vor dem Hintergrund der Überlegungen der dynamischen Trade-Off-Theorie festgehalten, dürfte auch an dieser Stelle mit ansteigender Unternehmensgröße eine stärkere Orientierung an einer wertabhängigen Finanzierungspolitik zu erwarten sein, deren Bindungswirkung sowohl bei Unter- als auch Überschreiten des Zielverschuldungsgrades besteht. Die Überlegungen, die zur Theorie des Market-Timings vorgenommen wurden, erscheinen nur eine begrenzte Aussagekraft hinsichtlich der Frage, ob eine autonome oder aber atmende Finanzierungspolitik in der Praxis umgesetzt wird, zu haben. Man kann an dieser Stelle lediglich darauf abstellen, dass – vergleichbar mit der zur Pecking-Order-Theorie eingeschlagenen Argumentation – die Möglichkeiten der Unternehmen, eine wertabhängige Finanzierungspolitik zu realisieren, mit der Unternehmensgröße ansteigen. Dies erscheint durchaus einleuchtend, bedarf eine wertabhängige Finanzierungspolitik i. d. R. doch sowohl personell als auch organisatorisch mehr Kapazitäten als eine autonome Finanzierungspolitik.[2600]

Fasst man zusammen, so zeigt sich – mit Blick auf die durchaus diffuse Ausgangslage durchaus überraschend – ein relativ klares Bild zugunsten der Annahme, dass Unternehmen mit zunehmender Unternehmensgröße sowohl vermehrte Anreize als auch zunehmend die Möglichkeiten haben, eine wertabhängige

2599 Man kann an dieser Stelle so darauf abstellen, dass der Kapitalmarkt den Rückgang des Unternehmenswertes als ein negatives Signal auffasst und frisches Eigenkapital nur im Fall eines deutlichen Abschlags bereit ist zu akzeptieren. Auch abseits solcher Fehlbewertungen kann es in einer solchen Situation durchaus schwierig sein, Eigenkapital zu platzieren.

2600 In diesem Zusammenhang kann man – die Überlegungen der vorangehenden Unterabschnitte aufgreifend – vor dem Hintergrund der wohl mit der Unternehmensgröße wachsenden Komplexität auch darauf abstellen, dass die Gestalt einer autonomen Finanzierungspolitik zunehmend schwierig zu bestimmen sein wird, muss doch für zunehmend komplexe Unternehmen ein zutreffender Finanzierungsplan aufgestellt werden. Auf den ersten Blick wirkt daher die Annahme einer wertabhängigen Finanzierungspolitik eingängiger. Diese Argumentation scheint m. E. nach jedoch etwas voreilig, dürfte doch auch die Komplexität der Ermittlung eines wertoptimalen Verschuldungsgrades – verlagert man das Problem nicht in eine abstrakte Bestimmungsgleichung – mit der zunehmenden Komplexität der Unternehmen schwierig werden.

Finanzierungspolitik zu realisieren. Auch der Gegenschluss, dass kleine Unternehmen eher bei einem festen Verschuldungsumfang, d. h. einer autonomen Finanzierungspolitik verharren, erscheint auf Basis der oftmals fehlenden Möglichkeit dieser Unternehmen, eine wertabhängige Finanzierungspolitik in der Praxis zu realisieren, nicht unplausibel. An dieser Stelle ist jedoch einschränkend anzumerken, dass diese – auf Basis konzeptioneller Überlegungen aufgestellte – Hypothese letztlich einer weiteren empirischen Überprüfung bedarf.

5.6.1.2. Wachstumschancen

Vergleichbar zu den Überlegungen zum Einfluss der Unternehmensgröße auf die Gestalt der Finanzierungsentscheidung soll – angelehnt an das Vorgehen des vorangehenden Abschnitts – der Einfluss der Determinante Wachstumschancen auf die Gestalt der Finanzierungsentscheidung näher betrachtet werden. Wie schon vor dem Hintergrund der Überlegungen zum Faktor Unternehmensgröße deutlich wurde, finden sich in der Literatur auch für den Faktor Wachstumschance unterschiedliche z. T. entgegenlaufende Interpretationen in der Literatur. Weit verbreitet sind in der Literatur dabei insbesondere Ansätze, die auf den Einfluss der mit den Wachstumschancen zunehmenden asymmetrischen Informationsverteilung abstellt.[2601] Auch an dieser sei zunächst der Einfluss dieser Kapitalstrukturdeterminante vor dem Hintergrund der alternativen Kapitalstrukturtheorien betrachtet, um vor dem Hintergrund dieser Überlegungen mit einem Ausblick auf die alternativen Finanzierungspolitiken zu schließen.

Der Faktor Wachstum in der Trade-Off-Theorie

Auch für die Betrachtung der Bedeutung des Umfangs der Wachstumschancen für die Finanzierungsentscheidung vor dem Hintergrund der Überlegungen der „klassischen“ Trade-Off-Theorie erscheint es – wie in dem vorangehenden Abschnitt – zunächst hilfreich, eine nach den einzelnen Haupttreibern der Finanzierungsentscheidung getrennte Betrachtung vorzunehmen. Damit stellt sich auch in diesem Abschnitt die Frage, inwieweit die Wachstumschancen Einfluss auf den Umfang und die Bedeutung der Insolvenzkosten sowie den Wertbeitrag der Fremdfinanzierung, als die Haupttreiber des mit der Trade-Off-Theorie beschriebenen Abwägungsprozesses, nehmen. Blickt man in einem ersten Schritt zunächst auf die Frage, welchen Einfluss bestehende Wachstumschancen auf die Insolvenzwahrscheinlichkeit bzw. die Insolvenzkosten der Unternehmen nehmen, so findet sich in der Literatur regelmäßig die Einschätzung, dass mit der Zunahme des Unternehmenswachstums ein Anstieg der Insolvenzkosten verbunden ist.[2602] Begibt man sich auf die Suche nach den Treibern hinter dieser Einschätzung, so finden sich in der Literatur eine Reihe

2601 Vgl. dazu u. a. Titman/Wessel (1988) S. 4.
2602 Vgl. dazu u. a. Frank/Goyal (2009) S. 8; Myers (1984) S. 581; Ranjan/Zingales (1995) S. 1455.

miteinander verwobener Argumente, die für eine solche Annahme sprechen.[2603] Bedeutsam für diese Einschätzung erscheint dabei zunächst die Annahme, dass bestehende Wachstumschancen im Fall eines Insolvenzeintritts entweder gänzlich ungenutzt verfallen, da sie untrennbar mit der Frage der Weiterführung des Unternehmens verbunden sind,[2604] bzw. diese Annahme etwas einschränkend, dass die Wachstumsoptionen losgelöst vom Unternehmen für Dritte deutlich an Wert verlieren.[2605] Alderson/Bekter (1996) sprechen stellvertretend für diese Annahme so u. a. davon, dass „[g]rowth options are also likely to have low liquidation values since these assets are usually most valuable to their current owner".[2606] In Anlehnung an die Begrifflichkeiten der Literatur zum Umfang der Liquidationskosten, kann man an dieser Stelle also davon sprechen, dass Wachstumschancen entweder firmenspezifische Vermögensgegenstände sind, die im Liquidationsfall nur schwer zu verwerten sind, bzw. nur vergleichsweise illiquide Märkte für Wachstumschancen existieren.[2607] Unabhängig vom gewählten Betrachtungswinkel ist der Wertverlust, der im Falle einer Insolvenz von den Kapitalgebern als Empfänger des Verwertungsresiduums zu tragen ist, damit für nicht realisierte Wachstumschancen im Vergleich zu greifbaren, d. h. realisierten Investitionsprojekten vergleichsweise hoch.

Zusammenfassend kann man mit Myers (1984) also festhalten, dass „[...] growth opportunities are more likely to lose value in financial distress".[2608] Vor dem Hintergrund dieser Überlegungen erscheint es wenig überraschend, dass aus der in der Literatur verbreiteten Annahme einer negativen Verbindung von Insolvenzkosten und Verschuldungsgrad[2609] auch ein negativer Zusammenhang zwischen Wachstumschancen, die den Umfang der Liquidierungs- bzw. Insolvenzkosten

2603 Vgl. dazu auch Brown et al. (2009) S. 157.

2604 Dies erscheint nicht unplausibel, sehen sich Unternehmen im Rahmen eines Insolvenzverfahrens doch regelmäßig sowohl organisatorischen Verwerfungen als auch einem Verlust wichtiger Mitarbeiter ausgesetzt. Wie Alderson/Betker (1996) hervorheben, ist ein Wertverlust an dieser Stelle auch denkbar, da Unternehmen in finanziellen Notlagen wertschaffende Investitionsprojekte zunächst auf unbestimmte Zeit verschieben. Vgl. dazu Alderson/Betker (1996) S. 25.

2605 Vgl. dazu Myers (1977) S. 163. Ähnlich dazu auch Shleifer/Vishny (1992) S. 1344; Parsons/Titman (2008b) S. 18. Myers (1977) hält in diesem Zusammenhang fest, dass diese Annahme eine zentrale Voraussetzung für die Gültigkeit des in der Folge noch mal aufzugreifenden Unterinvestitionsproblems ist. Vgl. ebda. Homaifar (1994) halten mit Blick auf die Überlegungen von Myers (1977) daher fest, „[...] the amount supported by the present value of future growth opportunities will be less than is supported by tangible assets already in place". Homaifar et al. (1994) S. 3.

2606 Alderson/Betker (1996) S. 25.

2607 Ähnlich dazu Alderson/Betker (1996) S. 28. Zur Verwendung beider Begriffe in der Literatur vgl. u. a. Alderson/Betker (1995) S. 48.

2608 Myers (1984) S. 581. ähnlich dazu auch Myers (1993) S. 82; Shleifer/Vishny (1992) S. 1359.

2609 Vgl. dazu Alderson/Betker (1995) S. 48.

determinieren, und Verschuldungsniveau abgeleitet werden kann. Ötzekin (2015) hält so fest, dass „[...] lower debt ratios should be associated with firms [...] with greater growth opportunities [...]".[2610] In Einklang mit dieser Vermutung erscheint an dieser Stelle auch die Annahme, dass die Insolvenzwahrscheinlichkeit mit Umfang der Wachstumschancen am Investitionsportfolio zunimmt, herrscht doch mit einer Zunahme der Wachstumschancen über den zukünftigen Unternehmenserfolg weitgehende Unsicherheit, die sich u. a. in einer Ausweitung der Schwankungsbreite des Unternehmenscashflows niederschlägt. Ein solcher Anstieg der Unsicherheit steht damit regelmäßig im Kontrast zu den Anforderungen, die mit dem Einsatz von Fremdkapital, Grundlage des Fremdkapitaleinsatzes ist eine „[...] stable source of cash flow [...]",[2611] in der Literatur verbunden wird. Im Einklang mit den vorangehenden Überlegungen dürfte es sich für Wachstumsunternehmen zudem im Fall eines Insolvenzeintritts zunehmend schwierig gestalten, den Insolvenzeintritt durch Notverkäufe abzuwenden, können doch Wachstumschancen schon ohne den Zeitdruck eines drohenden Insolvenzeintritts kaum oder nur mit deutlichen Preisabschlägen veräußert werden.[2612]

Ohne dieser Annahme im Detail nachzugehen, peripher wird eine solche Überlegung im Rahmen der Überlegungen zu den mit den Wachstumschancen zunehmenden Agency-Problemen betrachtet, ergibt sich mit Zunahme der Wachstumschancen somit auch ein Anstieg der Insolvenzwahrscheinlichkeit, der sich Unternehmen ausgesetzt sehen. Blickt man, die Überlegungen zur „klassischen" Trade-Off-Theorie abschließend, auf den Einfluss bestehender Wachstumschancen auf den Wertbeitrag der Fremdfinanzierung, so zeigt sich – an dieser Stelle zunächst durchaus überraschend –, dass i. d. R. wohl zunächst keine Verbindung zwischen dem Umfang der Wachstumschancen und dem Wertbeitrag der Fremdfinanzierung besteht. Geht man – dies unterstellt man im Rahmen der „klassischen" Trade-Off-Theorie – von einem effizienten Kapitalmarkt aus, so schlagen sich realisierbare Wachstumschancen der Unternehmen zeitnah auf den Marktwert des Unternehmens nieder. Unter der Annahme, dass Unternehmen – wie u. a. im Fall der in Kapitel II näher beleuchteten wertabhängigen Finanzierungspolitik – einem wertoptimalen Zielverschuldungsgrad folgen, kann man an dieser Stelle zunächst mit einer Erhöhung des eingesetzten Fremdkapitalumfangs im Nachgang der Erhöhung des Unternehmenswertes argumentieren. Eine solche Vermutung setzt jedoch implizit voraus, dass dem Unternehmen mit der Anschubfinanzierung sofort Zahlungen aus dem Investitionsprojekt zufließen. In der Praxis wird jedoch der mit der Realisierung eines Investitionsprojektes zu beobachtende Anstieg des

2610 Öztekin (2015) S. 303.

2611 Hall/Lerner (2010) S. 617.

2612 Chen (2004) S. 1347. Ähnlich dazu auch: Barclay et al. (2006) S. 38. Dies bedeutet letztlich, dass Unternehmen bei gleichem Verschuldungsumfang mit Zunahme des Wertbeitrages noch nicht realisierter Investitionsprojekte den Investoren ein höheres Risiko auferlegen.

Unternehmenswertes in aller Regel auf die diskontierten zukünftigen Einzahlungen und nicht einen sofortigen Anstieg des Zahlungsstroms des Unternehmens zurückzuführen sein. M.a.W. erfolgt eine Erhöhung des zu versteuernden Einkommens infolge der Realisation eines Investitionsprojektes erst verspätet.[2613] Parsons/Titman (2008) halten in Einklang mit diesen Überlegungen fest, dass „[...] growth opportunities add to firm values but do not generate current taxable income [...]".[2614] Ein Anstieg des Unternehmenscashflows, der erst deutlich später erfolgt, lässt das Argument eines verstärkten Einsatzes von Fremdkapital infolge eines gestiegenen Wertbeitrages der Fremdfinanzierung zunächst ins Leere laufen.[2615]

Reduziert man die Frage des Einsatzes von Fremdkapital an dieser Stelle auf die Frage, ob ein Wertbeitrag der Fremdfinanzierung generiert werden kann, so erscheint es infolge der vorangehenden Überlegungen wenig verwunderlich, dass Unternehmen infolge eines durch Wachstumsprojekte induzierten Anstiegs des Unternehmenswertes zunächst keine Anpassungen an der Kapitalstruktur vornehmen. Gegen die vorangehenden Überlegungen kann eingewendet werden, dass Unternehmen in Antizipation der zukünftig eintretenden steuermindernden Wirkung des Fremdkapitaleinsatzes bereits zum Zeitpunkt der Anschubfinanzierung auf Fremdkapital zur Finanzierung des Unternehmens abstellen werden. Gegen eine solche Annahme spricht – wenigstens im Rahmen der statischen Trade-Off-Theorie – jedoch, dass man die Nachteile einer Fremdfinanzierung – den gestiegenen Insolvenzdruck – ohne die Vorteile einer Fremdfinanzierung in Kauf nehmen muss.[2616] Gänzlich überzeugend erscheint der Einwand eines in Erwartung des Wertbeitrages der Wachstumsprojekte aufzubauenden Fremdkapitalpolsters vor dem Hintergrund der Überlegungen des Kapitels I damit nicht zu sein.

Zieht man mit Blick auf die Treiber der „klassischen" Trade-Off-Theorie ein kurzes Fazit, kann an dieser Stelle ein negativer Zusammenhang zwischen Wachstumschancen und Verschuldungsniveau abgeleitet werden, steht dem steigenden Druck der mit dem Umfang der Wachstumschancen anwachsenden Insolvenzkosten doch kein adäquater Anstieg des Wertbeitrages der Fremdfinanzierung entgegen.[2617] Die bisherigen Überlegungen haben die mit der Zunahme des Umfangs

---

2613 Der zu diskontierende Wertbeitrag der Fremdfinanzierung dürfte damit lediglich einen kleinen Wertbeitrag leisten.

2614 Parsons/Titman (2008b) S. 20. Ähnlich dazu schon Titman/Wessel (1988) S. 4.

2615 Parsons/Titman (2008b) halten somit wenig verwunderlich fest, dass „[...] a firm with substantial growth opportunities can eliminate their taxable income with only modest amounts of debt" Parsons/Titman (2008b) S. 20. Auch der Einwurf, dass u. U. bestehende Fremdkapitalkapazitäten im Rahmen der bisherigen Finanzierungspolitik ungenutzt geblieben sind, greift bei der Annahme einer wertabhängigen Finanzierungspolitik i. d. R. zu kurz.

2616 Man akzeptiert an dieser Stelle m. a. W. eine Abweichung vom eigentlichen Zielverschuldungsgrad des Unternehmens.

2617 Eine ähnliche Schlussfolgerung findet sich in Barclay et al. (2006), die festhalten: „Other things equal, if the value of the firm increases with additional growth

der Wachstumschancen ansteigenden Agency-Probleme lediglich indirekt berücksichtigt. Wechselt man zu den Überlegungen der „erweiterten" Trade-Off-Theorie, werden in der Literatur insbesondere drei Agency-Konflikte im Zusammenhang mit einer Zunahme des Umfangs der Wachstumschancen näher diskutiert.

In der Literatur findet sich zunächst das Argument, dass mit Zunahme des Umfangs der Wachstumschancen bestehende Anreize, die Fremdkapitalgeber durch eine Risikoverlagerung zu entreichern, verstärkt werden. Ruft man sich die Überlegungen aus Abschnitt 2.4.2. in Erinnerung, so erscheint es plausibel, dass Unternehmen, die über ein breites Projektportfolio verfügen, einen Anreiz besitzen, den Kapitalgebern zunächst die Realisierung eines Projektes mit geringem Risiko zu signalisieren, um in der Folge ein risikoreicheres Investitionsprojekt umzusetzen. Die Eigenkapitalgeber können infolge des nicht mehr risikoadäquaten Verschuldungszinssatzes eine Vermögensverschiebung zwischen Eigen- und Fremdkapitalgebern realisieren. Vor dem Hintergrund der zunehmenden Breite des Investitionsportfolios erscheint es wahrscheinlich, dass sowohl die Möglichkeit als auch das Interesse des Unternehmens, eine solche Strategie umzusetzen, ansteigt.[2618] Neben der Verschärfung des Anreizes, durch eine Risikoverlagerung bestehende bzw. zukünftige Fremdkapitalgeber zu entreichern, ist mit der Zunahme der Wachstumschancen auch eine Verstärkung des in Kapitel I näher beschriebenen Unterinvestitionsproblems denkbar. Für den Fall, dass eine Unternehmensinsolvenz nicht abwendbar ist,[2619] verfügen die Eigenkapitalgeber – dies haben die Überlegungen von Miller (1977) gezeigt – i. d. R. über keinen Anreiz, wertschaffende Investitionsprojekte umzusetzen, wenn der Wertbeitrag dieser Projekte – aufgrund des Eintritts des Insolvenzfalls – ausschließlich den Fremdkapitalgebern zugutekommt. Eine solche Gefahr dürfte insbesondere für den Fall, in dem der zukünftige Unternehmenserfolg besonders unsicher ist – wie im Vorfeld bereits skizziert, dürfte dies dann der Fall sein, wenn der Anteil der Wachstumsprojekte überproportional hoch ist –, bedeutsam sein.[2620] Die bisher diskutierten Agency-Probleme erfordern somit letztlich eine besondere Aufmerksamkeit der Fremdkapitalgeber, um sich vor einem Gläubiger schädigenden Verhalten schützen zu können.

---

options (with no change to the assets in place), the underinvestment costs of debt increase and the free cash flow benefits of debt decline. These higher costs and lower benefits of debt generated by the addition of growth options cause a reduction in the optimal amount of total debt even so the firm value is rising." Barclay et al. (2006) S. 38.

2618 Vgl. dazu u. a. Schneider (2010) S. 191; Bessler et al. (2011) S. 25; Parsons/Titman (2008b) S. 20; Chen (2004) S. 1347; Harris/Raviv (1991) S. 301.

2619 Gründe, die für einen Anstieg der Insolvenzwahrscheinlichkeit mit dem Umfang der Wachstumschancen sprechen, wurden bereits kurz skizziert.

2620 Vgl. dazu Schneider (2010) S. 191; Rajan/Zingales (1995) S. 1456.

In den vorangehenden Abschnitten wurden kreditvertragliche Vereinbarungen, die Beschränkung des einsetzbaren Fremdkapitals sowie weitere Überwachungsmaßnahmen skizziert, die Unternehmen realisieren können, um sich dem schädigenden Verhalten der Eigenkapitalgeber wenigstens z. T. entziehen zu können.[2621] Es kann auf der anderen Seite jedoch auch ein Interesse der Eigenkapitalgeber bestehen, im Angesicht ausgeprägter Wachstumschancen auf den Einsatz von Fremdkapital zu verzichten. Dies ist die Kehrseite der im Abschnitt 2.4. diskutierten disziplinierenden Wirkung des Einsatzes von Fremdkapital auf das Überinvestitionsproblem. In der Literatur findet sich so die Argumentation, dass Unternehmen mit hoher Fremdkapitalquote aufgrund der Auskehrung eines großen Teils des Cashflows an die Fremdkapitalgeber sowie des Erreichens der Verschuldungsgrenze wertschaffende Investitionsprojekte nicht oder aber nur unvollständig umsetzen können. Jensen (1986) hat in diesem Zusammenhang daher wenig verwunderlich hervorgehoben, dass die disziplinierende Wirkung des Fremdkapitaleinsatzes mit dem Umfang der Wachstumschancen der Unternehmen abnimmt, der Einsatz von Fremdkapital und die Wachstumschancen mit Blick auf das Überinvestitionsproblem also Substitute darstellen.[2622] Die natürlich Scheu von Wachstumsunternehmen, einen hohen Verschuldungsgrad zu realisieren, erscheint daher auch vor dem Hintergrund dieses zweiten Argumentationsstrangs einleuchtend.[2623] Auch vor dem Hintergrund der „erweiterten" Trade-Off-Theorie erscheint daher eine negative Verbindung zwischen realisiertem Verschuldungsgrad und bestehenden Wachstumschancen des Unternehmens plausibel. Fasst man zusammen, so kann auf Basis der Überlegungen der statischen Trade-Off-Theorie ein negativer Zusammenhang zwischen Wachstumschancen und dem zu realisierenden Verschuldungsgrad abgeleitet werden. Zusammenfassend halten Hovakimian et al. (2001) deshalb fest, dass „[...] firms should use relatively more debt to finance assets in place and relatively more equity to finance growth opportunities".[2624] Diese Schlussfolgerung aus den vorangehenden Überlegungen entspricht letztlich der in der Literatur zu findenden Einschätzung.[2625] Wie bereits im Abschnitt zum Einfluss der Unternehmensgröße auf die Finanzierungsentscheidung im Rahmen

2621 Ähnlich dazu bereits Harris/Raviv (1991) S. 301.

2622 Vgl. dazu Jensen (1986) S. 324. So ist das durch Jensen (1986) beschriebene Überinvestitionsproblem insbesondere für Unternehmen mit hohem Unternehmenscashflow, jedoch geringen Wachstumschancen von Bedeutung. Vgl. dazu u. a. auch Öztekin (2015) S. 303.

2623 Vgl. dazu u. a. Lang et al. (1996) S. 27; Chen (2004) S. 1347; Bessler et al. (2011) S. 25; Graham/Leary (2011) S. 320; Leary/Roberts (2005) S. 2599.

2624 Hovakimian et al. (2001) S. 2. Hall/Lerner (2010) sprechen analog davon, dass „[...] ‚redeployable' assets (i.e., assets whose value in an alternative use is as high as in their current uses) are more suited to the governance structures associated with debt". Hall/Lerner (2010) S. 617.

2625 Vgl. dazu u. a. Bessler et al. (2011) S. 25; Frank/Goyal (2009) S. 8; Chen (2004) S. 1347; Harris/Raviv (1991) S. 305; Titman (1988) S. 4.

der Trade-Off-Theorie ausgeführt, soll auch an dieser Stelle aufgrund des Theoriegerüsts der Trade-Off-Theorie keine Einschätzung zum Einfluss der Determinante Unternehmenswachstum auf die Einhaltung eines wertoptimalen Verschuldungsgrades vorgenommen werden, wird die Frage der Einhaltung eines wertoptimalen Verschuldungsgrades doch erst mit dem Wechsel in das Umfeld der dynamischen Trade-Off-Theorie relevant.

Der Faktor Wachstum in der Pecking-Order-Theorie

Blickt man auf den Faktor Wachstum vor dem Hintergrund der Überlegungen der Pecking-Order-Theorie, so kann auch an dieser Stelle zunächst an die Überlegungen des vorangehenden Abschnittes angeknüpft und der Versuch unternommen werden, eine direkte Verbindung zu den Determinanten der Finanzierungsentscheidung im Rahmen der Pecking-Order-Theorie und dem Unternehmenswachstum herzustellen. Folgt man diesem Ansatz, so muss die Frage des Einflusses des Umfangs der Wachstumschancen auf die Finanzierungsentscheidung indirekt, über die Frage, inwieweit der Umfang der Wachstumschancen am Gesamtunternehmenswert die zwischen Unternehmen und Kapitalgeber bestehenden Informationsasymmetrien beeinflusst, beantwortet werden. Der vorangehende Unterabschnitt sowie die Überlegungen des vorangehenden Abschnitts zur Bedeutung der Unternehmensgröße für die Pecking-Order-Theorie bieten dabei eine geeignete Grundlage für die nachfolgenden Überlegungen. Neben dieser, auf das theoretische Grundgerüst der Pecking-Order-Theorie aufsetzenden, Argumentation soll in einem ersten Schritt zunächst eine rein mechanische Verbindung zwischen Umfang der Wachstumschancen und der Finanzierungsentscheidung im Rahmen der Pecking-Order-Theorie hergestellt werden. Unter der Annahme eines konstanten Unternehmenscashflows – etwas direkter kann man auch auf die Annahme eines konstanten Innenfinanzierungsvolumens abstellen – kann ein positiver Zusammenhang zwischen Verschuldungsgrad und dem Unternehmenswachstum abgeleitet werden. Vor dem Hintergrund des mit dem Umfang der Wachstumschancen steigenden Investitionsbedarfes – das Innenfinanzierungsvolumen bleibt annahmegemäß konstant – kann der wachsende Kapitalbedarf der Unternehmen nur durch externes Kapital befriedigt werden. Unterstellt man die Gültigkeit der Pecking-Order-Theorie, so ziehen Unternehmen – dies haben die Vorüberlegungen aus Abschnitt 2.9. gezeigt – eine Finanzierung mit Fremdkapital einer Finanzierung mit Eigenkapital regelmäßig vor. Damit dürfte – klammert man den Fall, in dem die Fremdkapitalkapazität der Unternehmen ausgeschöpft ist, aus – ein i. d. R. positiver Zusammenhang zwischen Wachstumschancen und Verschuldungsumfang bestehen.[2626] Dies entspricht der in der Literatur regelmäßig

2626 Diese Einschätzung zeigt sich jedoch nur so lange als stabil, bis die Fremdkapitalkapazität des Unternehmens ausgereizt ist. Entschließt sich das Unternehmen nach Ausreizen der vorrangigen Finanzierungsquellen, Eigenkapital zu begeben, kann sich dieses Verhältnis umkehren.

zu findenden Einschätzung zum Einfluss der Wachstumschancen auf die Finanzierungsentscheidung der Pecking-Order-Theorie. Barclay et al (1995) halten etwa so u. a. fest, dass „[...] high-growth firms with lower operating cash flows will have high debt ratios".[2627]

Abseits dieser zunächst rein mechanisch motivierten Verbindung zwischen Wachstumschancen und Verschuldungsumfang soll der Einfluss des Umfangs der Wachstumschancen auf den zentralen Treiber der Pecking-Order-Theorie – der Grad und die Auswirkung bestehender Informationsasymmetrien – näher betrachtet werden. Auch an dieser Stelle lässt sich – wie die nachfolgenden Überlegungen zeigen werden – der, auf Basis der vorangehenden mechanischen Überlegungen abgeleitete, positive Zusammenhang zwischen Verschuldungsumfang und Umfang der Wachstumschancen bestätigen. Ein Kondensat der alternativen Argumentationsstränge der Literatur stellt – verzichtet man an dieser Stelle auf eine kleinteilige Darstellung der in der Literatur zu findenden Argumentation – letztlich die Überlegung dar, dass mit der Zunahme der Wachstumschancen am Unternehmensgesamtwert der Blick der Investoren auf die zukünftige Entwicklung des Unternehmens zunehmend verschwommener wird, d. h., eine Unterscheidung zwischen „guten" und „schlechten" Unternehmen für externe Kapitalgeber zunehmend erschwert wird. Unterstellt man in einem ersten Schritt zugleich, dass der Blick der Unternehmensinsider auf den zukünftigen Erfolg der Unternehmen ungetrübt bleibt, so erscheint eine Zunahme der Bedeutung der Pecking-Order-Theorie mit dem Umfang der Wachstumschancen der Unternehmen durchaus eingängig.[2628] Diese hier nur knapp skizzierten Überlegungen finden sich daher auch als Ausgangshypothese in einer Reihe empirischer Untersuchung wieder, können jedoch – aus Sicht der Pecking-Order-Theorie überraschend – regelmäßig nicht oder nur unvollständig durch die Literatur bestätigt werden.[2629] Man kann – im Angesicht der empirischen Schwäche – gegen diese Argumentation einwenden, dass – im Kontrast zu der zunächst gesetzten Prämisse – auch eine zunehmende Unschärfe des Blicks der Unternehmensinsider in die Zukunft mit der Zunahme der Wachstumschancen nicht unwahrscheinlich erscheint. Es kommt m. a. W. damit nicht zu der mit dem Anstieg der Wachstumschancen zunächst angenommenen

---

2627 Barclay et al. (1995) S. 222. Ähnlich dazu auch Barclay et al. (2006) S. 38; Bessler et al. (2011) S. 25.

2628 Eine vergleichbare Einschätzung liegt u. a. der Arbeit von Easley/O'Hara (2004) zugrunde. Vgl. dazu Easley/O'Hara (2004) S. 1554–1555; 1578. Die wachsende Spreizung zwischen den Erwartungen könnte sich u. a. in einer anderen Bewertung der „guten" und „schlechten" Umweltzustände niederschlagen, in der sich die Kapitalgeber deutlich pessimistischer zeigen.

2629 Vgl. dazu u. a. Frank/Goyal (2003) S. 219; Barclay et al (2006) S. 39; Barclay et al. (1995) S. 222; Parsons/Titman (2008b) S. 51. Vielmehr ergibt sich in empirischen Untersuchungen der mit der Trade-Off-Theorie prognostizierte negative Zusammenhang zwischen Unternehmenswachstum und realisiertem Verschuldungsumfang. Vgl. ebda.

zunehmenden Spreizung des Informationsniveaus zwischen Unternehmensinsidern und externen Kapitalgebern. Ein Bedeutungszuwachs der Pecking-Order-Theorie kann vor dem Hintergrund dieser Überlegung damit jedoch nicht mehr zwingend abgeleitet werden.

Geht man diesem Argument weiter nach, so kann man vielmehr zu dem Schluss kommen, dass sich das Informationsniveau von Unternehmensinsidern und Kapitalgebern annähert und damit das im Rahmen der Pecking-Order-Theorie bemühte Argument der Antizipation der Fehlbewertung durch die Unternehmensinsider an Wirkungskraft verliert. Unter diesen Bedingungen kann der Finanzierungsentscheidung damit jedoch nicht länger ein Signalcharakter zugemessen werden, wie es im Rahmen der „klassischen" Pecking-Order-Theorie der Fall ist. Man ist an dieser Stelle damit – wenigstens auf den ersten Blick – an einem Punkt angelangt, in dem die Finanzierungsentscheidung – wenigstens auf Basis der primären Argumentation der Pecking-Order-Theorie – irrelevant erscheint. Blickt man an dieser Stelle auf den vorangehenden Abschnitt, so wurden dort eine Reihe weiterer Agency-Probleme betrachtet, die unter den gesetzten Rahmenbedingungen dazu führen konnten bzw. können, dass der Umfang der Wachstumschancen nun mehr einen negativen Einfluss auf die Wahrscheinlichkeit eines Fremdkapitaleinsatzes ausübt und zu der empirisch zu beobachtenden Präferenz der Eigenkapitalfinanzierung durch Wachstumsunternehmen führt.[2630] Auf eine genauere Beleuchtung dieser Argumente sei in Kenntnis der Überlegungen des vorangehenden Unterabschnitts verzichtet, ergibt sich doch auch an dieser Stelle erneut das Problem eines systematischen Einflusses des Umfangs der Wachstumschancen auf die Finanzierungsentscheidung des Unternehmens. Ein systematischer Einfluss der Wachstumschancen bedeutet jedoch, dass die Annahme einer allgemeingültigen Finanzierungsrangfolge nicht länger aufrechterhalten werden kann, existiert mit dem Umfang der Wachstumschancen doch augenscheinlich eine Teilung der Finanzierungsentscheidung für Unternehmen mit geringen Wachstumschancen und Wachstumsunternehmen. Eine solche Annahme stellt – dies wurde bereits an anderer Stelle hervorgekehrt – jedoch eine Verletzung der zentralen Annahme der „klassischen" Pecking-Order-Theorie dar. Aus der Unvereinbarkeit einer solchen Annahme mit der „klassischen" Pecking-Order-Theorie folgt, wie die gesonderten Überlegungen zur erweiterten Pecking-Order-Theorie in Abschnitt 3.4.3. gezeigt haben, jedoch nicht, dass eine solche Annahme gänzlich unplausibel wäre. Für die „klassische" Pecking-Order-Theorie gilt jedoch, dass eine Durchbrechung der festen Finanzierungsrangfolge weder dauerhaft noch lokal auf bestimmte Unternehmen begrenzt erfolgen kann, will man sich nicht von der dominierenden Grundannahme der starren Finanzierungsrangfolge der Pecking-Order-Theorie trennen.[2631]

2630 Ähnliche Überlegungen finden sich in Barclay et al. (2006) S. 38.

2631 Auch im zweiten Fall ist die Durchbrechung damit letztlich dauerhaft, wenn auch auf bestimmte Unternehmen begrenzt. Wie bereits festgehalten, stellt die

Man kann an dieser Stelle – auf den ersten Blick scheinbar weniger kritisch – den Fall einer lediglich „zeitlichen" Durchbrechung der Finanzierungsrangfolge der Pecking-Order-Theorie betrachten.[2632] Ein naheliegendes Ziel eines solchen Argumentationsansatzes ist es, sich im Lichte der verhaltenen empirischen Evidenz nicht zu weit von der Grundvorstellung zu den Finanzierungsentscheidungen unter der „klassischen" Pecking-Order-Theorie entfernen zu müssen. In der Literatur findet sich so der Ansatz – letztlich wird sich einer auf Jensen (1986) aufbauenden Argumentation bedient –, dass Unternehmen wenigstens temporär einen Teil der Fremdkapitalkapazität des Unternehmens erhalten wollen und deshalb die strikte Finanzierungsrangfolge der „klassischen" Pecking-Order-Theorie kurzfristig durchbrechen.[2633] Bessler et al. (2011) halten so exemplarisch für diese Überlegungen fest: „Balancing current and future costs, firms with large expected growth opportunities can possibly maintain a low-risk debt capacity in order to avoid financing future investment with new equity offerings (or even forgoing profitable investments)."[2634] Auf einen ersten Blick wirkt ein solcher Einwurf mit Blick auf die in der Empirie zu beobachtende Finanzierungspraxis durchaus einleuchtend. Ob mit dieser Überlegung jedoch die Glaubwürdigkeit der festen Finanzierungsrangfolge der „klassischen" Pecking-Order-Theorie gerettet werden kann, erscheint, wie die nachfolgenden Überlegungen verdeutlichen sollen, mehr als zweifelhaft. Es stellt sich mit Blick auf diese Argumentation so die Frage, warum Unternehmen die durch die Pecking-Order-Theorie vorgegebene klare Finanzierungsrangfolge durchbrechen sollten und eine Finanzierung durch Eigenkapital einer Finanzierung durch Fremdkapital vorziehen sollten. Blickt man auf das Zitat von Bessler et al. (2011) wird deutlich, dass unter diesem Argumentationsansatz die Finanzierungsentscheidung nicht länger eine reine Gegenwartsentscheidung ist, sondern auch der zukünftige Finanzierungsbedarf des Unternehmens bzw. die

---

erweiterte Pecking-Order-Theorie eine solche auf Wachstumsunternehmen beschränkte und damit lokale Durchbrechung der Pecking-Order-Theorie dar.

2632 Zugegebenermaßen erscheint die Trennung zwischen „lokaler" und „zeitlicher" Durchbrechung der Pecking-Order-Theorie zunächst etwas künstlich. Diese Trennung wird an dieser Stelle deshalb vorgenommen, da das Argument einer „zeitlichen" Durchbrechung auch abseits der Betrachtung von Wachstumsunternehmen als ein eingängiger Erklärungsansatz für eine temporäre Abweichung von der festen Hackordnung der Pecking-Order-Theorie erscheint. Bessler et al. (2011) sprechen in diesem Zusammenhang etwas nebulös von „more complex versions of the pecking order theory". Bessler et al. (2011) S. 25. Was von einer solchen Formulierung zu halten ist zeigt sich in den nachfolgenden Überlegungen.

2633 Vgl. dazu u. a. Hall/Lerner (2010) S. 615.

2634 Bessler et al. (2011) S. 25. Eine vergleichbare Einschätzung findet sich in Lang et al. (1996) und Parsons/Titman (2008b). Vgl. dazu Lang et al. (1996) S. 27; Parsons/Titman (2008b) S. 20.

zukünftigen Investitionsentscheidungen in die Finanzierungsentscheidung der Unternehmen mit einfließen.[2635]

Eine solche Argumentation ist trotz der oberflächlichen Eingängigkeit m. E. nach mit den folgenden zwei zentralen Problemen behaftet: Einerseits bietet das Rahmengerüst der Pecking-Order-Theorie nicht die Grundlage, die Finanzierungsentscheidung als einen über mehrere Perioden andauernden Optimierungsprozess zu betrachten, andererseits erschließt sich die wirtschaftliche Grundlage der skizzierten Erweiterung der Finanzierungsentscheidung nur unvollständig. Blickt man zunächst auf den ersten Problempunkt, einer auf mehrere Perioden abzielenden Pecking-Order-Theorie, so wurde als ein Ergebnis der Überlegungen aus Kapitel I festgehalten, dass im Rahmen der Pecking-Order-Theorie regelmäßig aktuelle, nicht jedoch zukünftige Finanzierungsentscheidungen beantwortet werden können.[2636] Die Zeitpunktorientierung der Pecking-Order-Theorie erscheint vor dem Hintergrund einer in Abhängigkeit zum bestehenden Investitionsbedarf bzw. zum bestehenden Innenfinanzierungsvolumen zu beantwortenden Fragestellung durchaus einleuchtend, erscheint eine Ausdehnung im Angesicht des steigenden Informationsbedarfs doch letztlich auch kaum praktikabel. Es wirkt in diesem Zusammenhang daher nicht verwunderlich, dass – denkt man an die Argumentation hinter der Pecking-Order-Theorie – zunächst unklar ist, welche Auswirkung eine nunmehr mehrperiodige Finanzierungsentscheidung auf den Signalcharakter der Finanzierungsentscheidung hat. Ein Teil dieser Kritik kann u. U. entkräftet werden, stellt man an dieser Stelle darauf ab, dass Unternehmensinsider über weitreichende Informationen zu zukünftigem Kapitalbedarf bzw. Investitionsentscheidungen verfügen.[2637]

Mit dieser Argumentation rückt jedoch nun das zweite Problem der nunmehr auf mehreren Perioden fußenden Finanzierungsentscheidung in den Vordergrund, die Frage nach der Gestalt der angeführten wirtschaftlichen Gründe für die Durchbrechung der Finanzierungsrangfolge der „klassischen" Pecking-Order-Theorie. Die Zweifel lassen sich dabei konkret am Vorzug der Eigenkapital- gegenüber einer Fremdkapitalfinanzierung festmachen. In Anerkenntnis der durch die Pecking-Order-Theorie beschriebenen höheren Kosten der Eigenkapitalbegabe erscheint es verwunderlich, dass Unternehmen, die zukünftige Begrenzung der Verschuldungskapazität berücksichtigend, eine Finanzierung durch Eigenkapital vorziehen, kommen Unternehmen durch eine solche Finanzierungspolitik doch keine direkt ersichtlichen Wertvorteile zu.

2635 Bessler et al. (2011) sprechen so konkret davon, dass „[...] managers are concerned with future as well as current financing costs". Bessler et al. (2011) S. 25.

2636 Tatsächlich kann man – ein solcher Einwand findet sich in Kapitel I – die Kurzsichtigkeit der Pecking-Order-Theorie kritisieren.

2637 Die Frage nach dem Signalcharakter der Finanzierungsentscheidung bleibt zunächst unbeantwortet, muss man an dieser Stelle doch zunächst mit einer Reihe weiterer Einwände kämpfen.

Bedeutet ein Vorzug der Eigenfinanzierung doch zunächst, dass man die höheren Kosten einer erst zu einem späteren Zeitpunkt unausweichlich werdenden Eigenfinanzierung vorzieht. Denkt man an dieser Stelle an den in der Investitionsrechnung regelmäßig betrachteten Zeitwert von Geld, so erscheint ein solches Verhalten überraschend, ließen sich doch die negativen Auswirkungen auf den Unternehmenswert durch eine Verschiebung des Zeitpunkts, zu dem Eigenkapital eingeworben wird, senken.[2638] Ob an dieser Stelle auch auf einen Wertbeitrag der Fremdfinanzierung verzichtet wird, erscheint im Angesicht der Argumentation des vorangehenden Unterabschnittes fraglich,[2639] ist aber an dieser Stelle im Angesicht des letztlich wenig plausiblen Vorzugs der Transaktionskostenlast eher nachrangig. Wirtschaftlich plausibel erscheint dieser von Teilen der Literatur beschriebene Anreiz, sich einen Verschuldungspuffer zu erhalten – losgelöst von weiteren Annahmen[2640] –, damit in aller Regel nicht zu sein. Parsons/Titman (2008) sprechen losgelöst von diesem auf den Wertbeitrag der Fremdfinanzierung bzw. auf die Kosten der Eigenkapitalfinanzierung abzielenden Argumentationsansatz davon, dass der Anreiz „[...] to maintain financial slack [...]“[2641] auf „[...] debt overhang and asset substitution problems [...]“[2642] oder aber „[...] information asymmetric problems described in Myers and Majluf (1984) und Myers (1984)“[2643] zurückzuführen ist. Während eine Erklärung auf Basis des Anwachsens der Agency-Probleme – trotz der zuvor gemachten Einschränkungen – durchaus über einen gewissen Reiz verfügt, erscheint der zweite Teil des Arguments von Parsons/Titman (2008) eher unklar. Wirkt es an dieser Stelle doch so, als wolle man die Durchbrechung der Pecking-Order-Theorie mit dem Argument der Pecking-Order-Theorie für eine feste Finanzierungsrangfolge erklären wollen. Ohne Weiteres einleuchtend erscheint ein solcher Ansatz – wenigstens auf den ersten Blick – damit nicht zu sein.

Die Pecking-Order-Theorie legt letztlich damit einen – durch die Evidenz der empirischen Forschung regelmäßig nicht gedeckten – positiven Zusammenhang zwischen

2638 Diese Argumentation scheint zunächst auf die höheren Transaktionskosten einer Eigenkapitalbegabe abzuzielen. Man kann in Übereinstimmung mit den Überlegungen der Pecking-Order-Theorie jedoch gleichwohl argumentieren, dass man durch eine spätere Eigenkapitalbegabe auch den Zeitpunkt der Vermögensverschiebung zugunsten der neuen Eigenkapitalgeber hinauszögert.

2639 Wie bereits festgehalten wurde, erscheint es fraglich, dass die Realisation von Wachstumsprojekten unverzüglich das Heben eines Wertbeitrages der Fremdfinanzierung ermöglicht.

2640 Schlägt man den Blickwinkel der Theorie des Market-Timings ein – also einer temporären Fehlbewertung der Eigenkapitalanteile – so scheint eine solche Überlegung durchaus über wirtschaftliche Substanz zu verfügen.

2641 Parsons/Titman (2008b) S. 20.

2642 Parsons/Titman (2008b) S. 20.

2643 Parsons/Titman (2008b) S. 20.

dem Umfang der Wachstumschancen und dem Verschuldungsumfang nahe.[2644] Blickt man auf die längerfristige Steuerung der Kapitalstruktur, so muss auch mit Blick auf die Überlegungen zur Bedeutung der Wachstumschancen festgehalten werden, dass die Pecking-Order-Theorie zwar über ein Gedächtnis, nicht aber über eine durch einen Zielverschuldungsgrad abbildbare Erwartung verfügt. Die Frage der langfristigen Steuerung der Kapitalstruktur vor dem Hintergrund der Pecking-Order-Theorie muss daher auch an dieser Stelle erneut ausgeblendet werden.

Der Faktor Wachstum in der dynamischen Trade-Off-Theorie

Wie die Überlegungen in Kapitel I gezeigt haben, konvergiert das statische Verschuldungsoptimum der „klassischen" Trade-Off-Theorie – u. a. anderem aufgrund des hemmenden Einflusses der im Fall einer Anpassung der Kapitalstruktur anfallenden Transaktionskosten – in das wertoptimale Verschuldungsspektrum der dynamischen Trade-Off-Theorie. Für die Finanzierungsentscheidungen des Unternehmens bedeutet die Abkehr von einem festen Verschuldungsoptimum, dass Unternehmen von „außen" induzierte Veränderungen der Kapitalstruktur hinnehmen werden, solange dabei feste Verschuldungsgrenzen nicht überschritten werden und sich die Finanzierungsentscheidungen der Unternehmen damit innerhalb des vorgegebenen Verschuldungsrahmens bewegen. Interessant erscheint aufgrund dieses Prämissenwechsels an dieser Stelle zunächst weniger die bereits im vorangehenden Unterabschnitt zur „klassischen" Trade-Off-Theorie betrachtete Verschiebung des Verschuldungsoptimums mit dem Umfang der Wachstumschancen als vielmehr die Frage nach dem Einfluss der Wachstumschancen auf die Bindungswirkung eines wertoptimalen Verschuldungsoptimums.[2645] Die Überlegungen des vorangehenden Abschnitts zum Einfluss der Unternehmensgröße haben deutlich werden lassen, dass die Frage nach dem Einfluss eines spezifischen Faktors auf die Gestalt der Finanzierungspolitik letztlich über die Verbindung der Wachstumschancen mit der – ggü. der „klassischen" Trade-Off-Theorie – neu hinzugekommenen Determinante der Transaktionskosten als Treiber der Passivität des Unternehmens beantwortet werden kann.[2646] Man muss an dieser Stelle somit der Frage nachgehen, inwieweit die hemmende Wirkung von Transaktionskosten auf die Finanzierungsentscheidung durch den Umfang der Wachstumschancen der Unternehmen verstärkt oder aber vermindert wird. Blickt man auf die Argumentation der vorangehenden Abschnitte, so wird deutlich, dass ein Großteil der Argumente darauf abgestellt hat, dass mit der Zunahme der Wachstumschancen

2644 Vgl. dazu u. a. Frank/Goyal (2009) S. 8.

2645 Den Blick auf das wertoptimale Verschuldungsspektrum der dynamischen Trade-Off-Theorie gerichtet also der Frage, inwieweit sich die von Unternehmen akzeptierten Abweichungen von einem wertoptimalen Verschuldungsspektrum mit dem Faktor Profitabilität verschieben.

2646 Dieser Aspekt wird auch für die in den nachfolgenden Abschnitten vor dem Hintergrund der dynamischen Trade-Off-Theorie diskutierten Faktoren von zentraler Bedeutung sein.

des Unternehmens bestehende Agency-Konflikte verstärkt werden und das Bild, das externe Kapitalgeber vom Unternehmen gewinnen können, in der Folge durch eine zunehmende Unschärfe gekennzeichnet ist.[2647] In Kenntnis der vorangehenden Abschnitte kann man ob dieser zunehmenden Unsicherheit auf eine sich verstärkende Zurückhaltung der Kapitalmarktteilnehmer schließen. Hall/Lerner (2010) halten, den Blick auf die Finanzierung von Wachstumsoptionen gerichtet, so exemplarisch fest, dass „[...] the marketplace for financing the development of innovative ideas looks like the ‚lemons' market modeled by Akerlof (1970)".[2648] Die Auswirkungen einer zunehmenden Unschärfe der Erwartungen zur zukünftigen Unternehmensentwicklung schlagen sich – wie die vorangehenden Überlegungen bereits gezeigt haben – regelmäßig unterschiedlich stark auf die alternativen Finanzierungsquellen der Unternehmen nieder.[2649]

In den folgenden Überlegungen wird daher eine – in Abhängigkeit zu den alternativen Finanzierungsquellen der Unternehmen, d. h. nach Eigen- und Fremdkapitalanteilen – getrennte Betrachtung des Einflusses der Wachstumschancen auf den Umfang der mit Blick auf die zukünftigen Entwicklungen herrschenden Unsicherheit bzw. Transaktionskosten vorgenommen. Blickt man zunächst auf den Fall einer Begabe von Fremdkapitalanteilen, so findet sich in der Literatur als möglicher Auslöser der in der Praxis zu beobachtenden Verschiebung der Finanzierungspräferenzen zugunsten einer zunehmenden Eigenfinanzierung das mit den Wachstumschancen ansteigende Unternehmensrisiko als Treiber der abnehmenden Vorteilhaftigkeit eines Einsatzes von Fremdkapital. Neben dem mit einem Anstieg des Umfangs der Wachstumschancen regelmäßig zu erwartenden Anstieg der Schwankungsbreite der Unternehmenscashflows bzw. der zunehmend ungewissen Unternehmensentwicklung, wird in der Literatur insbesondere auch darauf hingewiesen, dass Wachstumschancen regelmäßig nur eine unzureichende Sicherheit für bestehende bzw. zukünftige Fremdkapitalgeber darstellen.[2650] Begeben Wachstumsunternehmen Fremdkapitalanteile, so erscheint es sowohl aufgrund des in den vorangehenden Abschnitten beschriebenen Anstiegs der Agency-Probleme als auch aufgrund der nur unzureichenden Besicherbarkeit der Fremdkapitalanteile aus Sicht zukünftiger Fremdkapitalgeber erstrebenswert, im Vorfeld

---

2647 Gleichzeitig wächst mit der denkbaren Schwankungsbreite zukünftiger Unternehmenscashflows zugleich auch die Wahrscheinlichkeit, dass Unternehmen die Verschuldungsgrenzen des wertoptimalen – möglicherweise statischen – Verschuldungsspektrums durchbrechen werden.

2648 Hall/Lerner (2010) S. 614.

2649 Dies stellt, wie der vorangehende Abschnitt gezeigt hat, u. a. eine der Kernprämissen der mit der Pecking-Order-Theorie beschriebenen Finanzierungsrangfolge dar.

2650 Wie bei den Überlegungen zur „klassischen" Trade-Off-Theorie festgehalten, weisen Wachstumschancen i. d. R. einen unternehmensspezifischen als auch immateriellen Charakter auf, der eine Verwertung außerhalb des Unternehmens erschwert. Vgl. dazu u. a. Brown et al. (2009) S. 156; Barclay et al. (2006) S. 38; Myers (1977) S. 150.

der Bereitstellung frischen Fremdkapitals strenge kreditvertragliche Nebenbedingungen mit den Kapitalnehmern zu vereinbaren und in der Folge eine strikte Überwachung der Unternehmen zu implementieren.[2651] Geht man davon aus, dass die Kosten solcher kreditvertraglicher Vereinbarungen durch die fremdkapitalbegebenden Unternehmen zu tragen sind,[2652] so dürften sich – folgt man den Überlegungen des vorangehenden Unterabschnittes – die Kosten, die mit einer Begabe von Fremdkapital verbunden sind, mit der Bedeutung der Wachstumschancen deutlich erhöhen bzw. im Gegenzug eine Begabe von Fremdkapitalinstrumenten zunehmend an Attraktivität verlieren.

Beschäftigt man sich mit der Frage – dies ist das erklärte Ziel dieses Abschnitts – , welche Auswirkungen dieser Effekt auf die Finanzierungsentscheidung hat, so dürften die höheren Kosten, die mit der Begabe von Fremdkapital verbunden sind, zunächst zu einer Verschiebung der „unteren“ Verschuldungsuntergrenze des wertoptimalen Verschuldungsspektrums der dynamischen Trade-Off-Theorie führen. Dies wird deutlich, betrachtet man das nachfolgend skizzierte Beispiel eines Wachstumsunternehmens mit einem annahmegemäß zeitkonstanten Zielverschuldungsgrad.[2653] Im Fall eines positiven Eigenkapitalschocks – denkbar wäre z. B., dass der Kapitalmarkt die zukünftigen Wachstumschancen des Unternehmens antizipiert – wird das Unternehmen auf Basis der Überlegungen der „klassischen“ Trade-Off-Theorie zunächst einen Anreiz besitzen, den Zielverschuldungsumfang auf das Ausgangsniveau durch die Begabe zusätzlichen Fremdkapitals zurückführen. Der mit der Verschiebung des Verschuldungsgrades einhergehende Wertverlust – das theoretische Verschuldungsoptimum des Unternehmens wird verfehlt –[2654] muss im Rahmen der dynamischen Trade-Off-Theorie jedoch zunächst die Auswirkungen der wohl gestiegenen Transaktionskosten einer Fremdkapitalbegabe übersteigen, bevor Unternehmen aktiv in die Kapitalstruktur eingreifen werden, um zum angestrebten Zielverschuldungsgrad zurückzukehren. Unternehmen werden m. a. W. damit Abweichungen vom Verschuldungsoptimum

2651 Vgl. dazu Brown et al. (2009) S. 157. Eine vergleichbare Einschätzung findet sich u. a. auch in Chittenden et al. (1996) mit Blick auf den Faktor der Unternehmensgröße. Chittenden et al. (1996) S. 61.

2652 Darunter dürften auch die indirekten Kosten der zunehmend vorgegebenen Unternehmensentscheidungen bzw. der abnehmenden Flexibilität der Unternehmen fallen.

2653 Über die Praxisnähe dieser Annahme kann man in Kenntnis der vorangehenden Abschnitte diskutieren. Als Ausgangspunkt der nachfolgenden Diskussion erscheint diese Annahme – insbesondere in Kenntnis der Gängigkeit dieser Annahme im Rahmen der Unternehmensbewertung – jedoch geeignet.

2654 Man kann an dieser Stelle kritisch einwerfen, dass sich der Wertbeitrag der Fremdfinanzierung auf Basis von in ferner Zukunft zu realisierenden Cashflows zum Betrachtungszeitpunkt nur theoretisch, nicht jedoch praktisch verschiebt. Um dies zu vermeiden, sei für das gewählte Beispiel darauf abgestellt, dass mit einer Erhöhung der Cashflows bereits in der Folgeperiode gerechnet werden kann.

der „klassischen“ Trade-Off-Theorie hinnehmen müssen, die mit dem Umfang der Transaktionskosten bzw. dem Umfang der Wachstumschancen ansteigen werden. Unterstellt man, dass der Anstieg des Unternehmenswertes auf einen schon vorweggenommenen, jedoch noch nicht realisierten Anstieg des Unternehmenscashflows zurückzuführen ist, dürften Unternehmen zunächst keinen Anreiz besitzen, sich dem wertoptimalen Verschuldungsgrad zu nähern.[2655] Wie mit dem kurzen Beispiel deutlich werden sollte, dürfte mit dem Anstieg der Wachstumschancen in der Praxis regelmäßig der Abstand zwischen Verschuldungsuntergrenze und dem wertoptimalen Zielverschuldungsgrad der „klassischen“ Trade-Off-Theorie anwachsen, da eine Adjustierung nicht oder aber erst mit deutlicher Zeitverzögerung wirtschaftlich geboten ist. Die bisherigen Überlegungen haben sich auf die Auswirkungen eines Anstiegs der Wachstumschancen auf die Begabe von Fremdkapitalinstrumenten vor dem Hintergrund des damit verknüpften Anstiegs des Unternehmenswertes fokussiert. Der Schwerpunkt der vorangehenden Überlegungen lag damit zwangsläufig zunächst auf der Verschuldungsuntergrenze des wertoptimalen Verschuldungsspektrums der dynamischen Trade-Off-Theorie. Die Frage, ob es im gleichen Maß auch zu einer Verschiebung der Verschuldungsobergrenze mit der Zunahme der Wachstumschancen kommt, letztlich eine symmetrische Spreizung des wertoptimalen Verschuldungsspektrums der dynamischen Trade-Off-Theorie um den wertoptimalen Verschuldungsgrad zu erwarten ist, bleibt auf Basis der bisherigen Überlegungen dagegen weitgehend unbeleuchtet. Für eine symmetrische Verschiebung der Verschuldungsgrenzen dürfte – wenigstens aus Sicht der Fremdkapitalgeber – die bereits hervorgehobene Nicht-Greifbarkeit bestehender Wachstumschancen sprechen. Im Fall einer unerwarteten Abnahme des zukünftigen Unternehmenscashflows[2656] dürfte es für Wachstumsunternehmen i. d. R. schwierig sein, Fremdkapital zurückzuführen, um das nunmehr niedrigere Verschuldungsoptimum zu erreichen. Dies spricht – wenigstens auf den ersten Blick –für einen Rückgang der Verschuldungsobergrenze, ist der den Wachstumschancen zuzurechnende Anstieg des Unternehmenswertes im Fall einer Insolvenz – wie bereits festgehalten wurde – wohl nur eingeschränkt

2655 Die Überlegung verdeutlicht, dass das Interesse der Unternehmen an dem Festhalten an einem Verschuldungsoptimum auch von dem Auslöser der Verschiebung des realisierten Verschuldungsgrades abhängt. Liegt der Anstieg des Unternehmenscashflows – wie im herangezogenen Beispiel – in weiter Ferne, so kann der Vermögensverlust zum Betrachtungszeitpunkt, der aus einem suboptimalen Verschuldungsgrad erwächst, marginal ausfallen. Vereinfachend ausgeblendet wurde an dieser Stelle der Auslöser des zukünftigen Anstiegs des Unternehmenscashflows.

2656 Man könnte an dieser Stelle alternativ auch davon sprechen, dass sich die Erwartungen hinsichtlich der zukünftigen Leistungsfähigkeit des Unternehmens nicht erfüllen. Mit den Erwartungen ist nunmehr jedoch auch die Einschätzung zum wertoptimalen Verschuldungsoptimum zu revidieren.

verwertbar.[2657] Gesetzt den wohl unwahrscheinlichen Fall, dass rationale Kapitalgeber die nicht-greifbare Sicherheit von Wachstumschancen im gleichen Maße wie greifbare Sicherheiten akzeptieren würden, so dürften bestehende Kapitalgeber eines werthaltigen Unternehmens auch an dieser Stelle kein Interesse besitzen, bestehende Fremdkapitalkapazitäten voll auszureizen.[2658] Eine symmetrische Verschiebung des wertoptimalen Verschuldungsspektrums mit dem wertoptimalen Verschuldungsgrad erscheint daher an dieser Stelle nicht unplausibel.[2659]

Will man diese Frage auf eine breitere Basis stellen, so muss in der Folge auch der Einfluss der Wachstumschancen auf die Begabe von Eigenkapitalanteilen betrachtet werden. Blickt man auf die Hürden, die sich aus einem Anstieg der Wachstumschancen für die Eigenkapitalfinanzierung ergeben, so kann auf Basis der in der Literatur zu findenden Überlegungen argumentiert werden, dass die beschriebene hemmende Wirkung eines Anstiegs der Wachstumschancen auf die Fremdfinanzierung sich wohl nicht im gleichen Umfang auf die Begabe von Eigenkapital niederschlägt. Brown et al. (2009) halten im Einklang mit den bereits für die „ klassische" Trade-Off-Theorie vorgenommenen Überlegungen fest, dass „[f]or both internal and external equity finance, shareholders share upside returns, there are no collateral requirements, and additional equity does not magnify problems associated with financial distress".[2660] Die Auswirkungen der mit den Wachstumschancen zunehmenden Agency-Probleme dürften im Fall der Eigenfinanzierung deutlich weniger ausgeprägt sein als für den Fall, in dem auf eine Finanzierung durch Fremdkapital abgestellt wird.[2661] Eine solche Einschätzung steht auf den ersten Blick der Einschätzung, dass die Verschuldungsgrenzen der dynamischen Trade-Off-Theorie mit einer zunehmenden Bedeutung von Wachstumschancen – an den vorangehenden Überlegungen zur Verschuldungsuntergrenze sei festgehalten – einer symmetrischen Verschiebung unterliegen, entgegen. Könnte man doch darauf abstellen, dass die Fähigkeit der Unternehmen, Eigenkapital zu begeben, durch die Wachstumschancen weniger stark gehemmt ist und somit im Fall eines Überschreitens der Verschuldungsgrenze ein einfaches Gegenmittel zur Verfügung steht. Eine solche Argumentation unterschlägt nicht nur die Interessen der Fremdkapitalgeber, sondern unterliegt zugleich dem Trugschluss – dies werden

2657 Die Finanzierung des nicht greifbaren Teils des Unternehmenswertes mit Fremdkapital dürfte somit nur eingeschränkt möglich sein.

2658 Dieses Argument ist letztlich nicht zwingend, lässt sich auf Basis der Überlegungen des Kapitels I ein Interesse bestehender Kapitalgeber, „junges" Kapital zu übervorteilen, nicht völlig von der Hand weisen.

2659 Für den nunmehr unrealistischen Fall eines konstanten Verschuldungsoptimums würde dies jedoch eine nunmehr asymmetrische Spreizung um den wertoptimalen Verschuldungsgrad bedeuten.

2660 Brown et al. (2009) S. 157.

2661 Die vorangehenden Abschnitte haben bereits die zunehmende Vorteilhaftigkeit der Eigenfinanzierung ggü. einer Fremdfinanzierung im Fall bedeutsamer Wachstumschancen motiviert.

die nachfolgenden Überlegungen zeigen –, dass die ggü. einer Fremdfinanzierung zunehmende Vorteilhaftigkeit einer Finanzierung durch Eigenkapital sich positiv auf die absoluten Kosten einer Eigenkapitalbegabe niederschlägt. Die Kosten einer Eigenkapitalbegabe dürften – ungeachtet der mit den Wachstumschancen steigenden Kosten einer Fremdkapitalbegabe – unverändert hoch sein.[2662] Allein auf den Einfluss der Wachstumschancen auf die Transaktionskosten wird man an dieser Stelle wohl nicht abstellen können, will man die Annahme einer symmetrischen Verschiebung der Verschuldungsgrenzen erschüttern. Dürften doch mit den Wachstumschancen auch die den Transaktionskosten im Abwägungsprozess gegenüberzustellenden Kosten einer suboptimalen Finanzierungspolitik nicht unabhängig von den Wachstumschancen der Unternehmen einzuschätzen sein.

Blickt man an dieser Stelle auf die Verschuldungsobergrenze – für die Verschuldungsuntergrenze wurde bereits die zunehmende Nicht-Hebbarkeit des Wertbeitrages der Fremdfinanzierung betrachtet –, so dürfte mit den Wachstumschancen – wie bereits hervorgehoben wurde – der im Fall einer Insolvenz zu tragende Wertverlust der Eigenkapitalgeber ansteigen. Als Arbeitshypothese erscheint daher die Annahme einer symmetrischen Verschiebung der Verschuldungsgrenzen – die Verschuldungsobergrenze rückt deutlich näher an das ursprüngliche Verschuldungsoptimum heran – zunächst nicht unplausibel. Diese Einschätzung bedeutet jedoch nicht, dass die Gestalt der Finanzierungspolitik eine symmetrische Verschiebung der Verschuldungsgrenzen in der Praxis zwingend einstellen muss, kann man an dieser Stelle erneut argumentieren, dass der Anstieg der Wachstumschancen zu einer asymmetrischen Spreizung des wertoptimalen Verschuldungsspektrums der dynamischen Trade-Off-Theorie um ein anzustrebendes Verschuldungsoptimum führt. So erscheint ein Anstieg der mit der Begabe von Eigenkapitalanteilen verbundenen Transaktionskosten nicht unplausibel, denkt man an dieser Stelle an die Überlegungen des vorangehenden Unterabschnitts zur Pecking-Order-Theorie zurück.[2663] Greift man diese Überlegungen auf, so kann man u. a. argumentieren, dass sich eigenkapitalbegebende Unternehmen im Angesicht des wachsenden Informationsungleichgewichts zwischen Unternehmensinsidern und externen Kapitalgebern dem verstärkten Druck potenzieller Investoren ausgesetzt sehen, detailliertere Informationen über die zukünftigen Investitionsprojekte bereits im Vorfeld einer Kapitalbegabe preiszugeben.[2664] Eine

---

2662 Insbesondere dürften – wenigstens für börsennotierte Unternehmen – die zu überwindenden Hürden deutlich höher liegen als bei der Begabe von zusätzlichem Fremdkapital. Kurzfristig Eigenkapital einzuwerben, um etwa bestehendes Fremdkapital abzulösen, dürfte damit nur eingeschränkt möglich sein.

2663 Brown et al. (2009) halten mit Blick auf die mit einer Eigenkapitalbegabe verknüpften Kosten so fest, dass „[f]inancial theories predict that the marginal cost of external equity will increase because of adverse selection [...]“ Brown et al. (2009) S. 158.

2664 Vgl. dazu u. a. Hall/Lerner (2010) S. 614.

Preisgabe projektspezifischer Informationen bedeutet an dieser Stelle jedoch, dass eine breite Öffentlichkeit – und damit auch Wettbewerber – Zugang zu proprietären Informationen des Unternehmens erlangen würden. Wie u. a. Brown et al. (2009) und Hall/Lerner (2010) festgehalten haben, kann es daher im Interesse der Unternehmen sein, Informationen gegenüber der Öffentlichkeit und damit auch potenziellen Investoren weitgehend geheim zu halten, um ein Aufgreifen bzw. eine Vorwegnahme der Innovationen durch die Konkurrenz zu vermeiden.[2665] Ohne an dieser Stelle im Detail auf das Problem eines Abbaus bestehender Informationsasymmetrien näher einzugehen, kann hier u. a. auf das Urteil von Chittenden et al. (1996) verwiesen werden, dass Unternehmen „[...] will incur significant costs in providing such information to outsiders for the first time".[2666]

Ausgehend von diesem kurzen Exkurs zu den Kosten einer Begabe von Eigen- und Fremdkapitalanteilen, erscheint die Folgerung, dass der Umfang der Wachstumschancen durch die im Fall einer Kapitalbegabe notwendige teilweise Preisgabe von Unternehmensinformationen die Begabe von externem Kapital deutlich verteuert, durchaus eingängig. Blickt man auf die Verschuldungsobergrenze, so spricht einiges dafür, dass die Begabe externen Eigenkapitals zunehmend gehemmt ist und in der Folge – entgegen den vorangehenden Überlegungen – die Fähigkeit, Eigenkapital zu emittieren, stärker gehemmt ist, ist im Fall der Begabe von Fremdkapital – wenigstens auf den ersten Blick – weniger stark gezwungen, proprietäre Informationen zu veröffentlichen.[2667] Hall/Lerner (2010) halten analog zu diesem Zwischenfazit fest, dass „[...] the implication of asymmetric information coupled with the costliness of mitigating the problem is that firms and investors will face higher cost of external than internal capital for R&D due to the ‚lemons' premium".[2668] Eine zunehmende Spreizung des wertoptimalen Verschuldungskorridors um ein – wohl sinkendes –[2669] wertoptimales Verschuldungsoptimum erscheint als Alternativhypothese nicht gänzlich von der Hand zu weisen.

Fasst man die Überlegungen zum Einfluss der Wachstumschancen auf die Steuerung der Kapitalstruktur kurz zusammen, so kann zunächst festgehalten werden, dass eine zunehmende Passivität des Unternehmens mit Blick auf die Einhaltung eines wertoptimalen statischen Verschuldungsoptimums zu erwarten ist. Unternehmen werden angesichts gestiegener Kosten einer Fremdkapitalbegabe

2665 Vgl. dazu Brown et al. (2009) S. 156–157; Hall/Lerner (2010) S. 614; Anton/Yao (2002) S. 513–514.

2666 Chittenden et al. (1996) S. 61. Ähnlich dazu auch: Anton/Yao (2002) S. 513–514; Hall/Lerner (2010) S. 614.

2667 Die vorangehenden Überlegungen aufgreifend, könnte man an dieser Stelle einwerfen, dass Unternehmen in Ermangelung von Haftungsmasse Fremdkapitalgebern – sofern sich Fremdkapitalgeber finden – entsprechende Informationen zur Verfügung stellen müssten.

2668 Hall/Lerner (2010) S. 614–615.

2669 Dies haben die Überlegungen zur „klassischen" Trade-Off-Theorie deutlich gemacht.

ein Unterschreiten des Verschuldungsoptimums nicht mehr unverzüglich korrigieren.[2670] Nicht ganz so eindeutig fällt die Einschätzung bei einem Überschreiten der Verschuldungsobergrenze aus. Hier steht der mit den Wachstumschancen zunehmende Druck, Unternehmen nicht einer wertverzehrenden Restrukturierung unterwerfen zu müssen, einem wohl nicht minder bedeutsamen Anstieg der Transaktionskosten gegenüber. Inwieweit die Verschiebung von oberer und unterer Verschuldungsgrenze synchron verläuft, bleibt damit an dieser Stelle zunächst etwas im Dunklen. Man kann jedoch im Angesicht der mit den Wachstumschancen wohl deutlich wachsenden Insolvenzkosten von einer deutlicheren Verschiebung der Verschuldungsobergrenze ausgesehen. Diese Schlussfolgerung erscheint auch mit Blick auf den in den bisherigen Überlegungen vernachlässigten zweiten Erklärungsansatz eines wertoptimalen Verschuldungsspektrums kompatibel. Geht man davon aus, dass die Finanzierung von wertschaffenden Investitionsprojekten die Pflicht des Unternehmens und die Einhaltung eines wertoptimalen Zielverschuldungsgrades letzten Endes nur die Kür darstellt, so erscheint auch an dieser Stelle ein Verblassen der Bindungswirkung des Zielverschuldungsgrades mit dem Umfang der Wachstumschancen des Unternehmens eine einleuchtende Ausgangsannahme. Neben der Verbreiterung der Schwankungsbreite um den Zielverschuldungsgrad ist zudem eine zunehmende Schiefe des wertoptimalen Verschuldungsspektrums um das Optimum der statischen Trade-Off-Theorie herum denkbar. Kann man doch darauf abstellen, dass Unternehmen – spätestens zum Zeitpunkt, in dem die Wachstumschancen realisiert werden – wohl die greifbaren Finanzierungsquellen voll ausreizen werden, während insbesondere die Verschuldungsuntergrenze an dieser Stelle in den Hintergrund rückt. Mit Blick auf die Verschuldungsobergrenze kann man unter der Annahme rationaler Fremdkapitalgeber wohl davon ausgehen, dass Fremdkapitalgeber die Ungewissheit über die zukünftige Unternehmensentwicklung antizipieren und versuchen werden, den Anteil des Fremdkapitals entsprechend zu begrenzen.[2671] Wollen Unternehmen – dies entspricht letztlich der Überlegung der Pecking-Order-Theorie – diesen Finanzierungsengpass umgehen, so müssen sie auf Eigenkapital zurückgreifen. Beide Effekte führen unzweifelhaft jedoch zu einer Reduzierung der Verschuldungsobergrenze.

Blickt man an dieser Stelle abschließend auf die bisher weitgehend vernachlässigte Frage, ob sich der wertoptimale Verschuldungsgrad – der nun dynamischen Trade-Off-Theorie – mit Blick auf den Anstieg des Umfangs der Wachstumschancen verschiebt, so kann ähnlich zu den Überlegungen zum Einfluss der Unternehmensgröße auf das Optimum der dynamischen Trade-Off-Theorie – letztlich verkehrt man damit die Argumentation aus dem vorangehenden Abschnitt zum

2670 Dies deckt sich letztlich auch mit der Einschätzung zur „klassischen" Trade-Off-Theorie, dass der direkt hebbare Wertbeitrag von Wachstumschancen im Umfang begrenzt ist.

2671 Die Frage der Finanzierung zukünftiger Wachstumsprojekte ist in den vorangehenden Überlegungen weitgehend ausgeblendet geblieben.

Einfluss der Unternehmensgröße – argumentiert werden, dass mit der Zunahme des Umfanges der Transaktionskosten mit den Wachstumschancen die Unternehmen ein niedrigeres Verschuldungsniveau präferieren werden. Eine solche Überlegung stellt implizit darauf ab, dass Unternehmen die zunehmende Last einer Adjustierung des Verschuldungsgrades im Angesicht bedeutsamer Wachstumschancen vermeiden wollen und daher ein konservativeres Finanzierungsverhalten einschlagen werden, um gegenüber den Verschuldungsgrenzen der dynamischen Trade-Off-Theorie über einen genügend großen Puffer zu verfügen, um die Wachstumschancen des Unternehmens ohne das Risiko einer wertverzehrenden Insolvenz realisieren zu können.[2672]

Der Faktor Wachstum in der Theorie des Market-Timings

Der Blick auf die Bedeutung des Faktors Wachstum für die Theorie des Market-Timings zeigt – dies wurde bereits mit den Überlegungen des vorangehenden Abschnitts deutlich –, dass der Einfluss, den die Wachstumschancen auf die Finanzierungsentscheidung nehmen können, vor dem Hintergrund des theoretischen Gerüsts der Theorie des Market-Timings bestenfalls indirekter Natur sein kann. Hält man an der Annahme eines wenigstens zeitweise rationalen Kapitalmarktes fest – dies stellte die Grundlage eines Großteils der Überlegungen aus Kapitel I und II dar –, kann zwischen der die Finanzierungsentscheidung des Unternehmens beeinflussenden Fehlbewertung des Kapitalmarktes und dem Umfang der Wachstumschancen kein systematischer Zusammenhang bestehen, der nicht durch eine Arbitragestrategie rationaler Marktteilnehmer abgebaut werden könnte. Der Weg, eine direkte Verbindung zwischen dem Umfang der Wachstumschancen und dem Umfang bzw. der Gestalt der Fehlbewertung durch den Kapitalmarkt herzustellen, soll daher an dieser Stelle nicht eingeschlagen werden. Sieht man sich mit der Frage konfrontiert, welchen Einfluss der Umfang der Wachstumschancen auf das Finanzierungsverhalten des Unternehmens nimmt, so muss man auch an dieser Stelle einen indirekten Ansatz zur Beantwortung dieser Frage einschlagen.

Wie die nachfolgenden konzeptionellen Überlegungen zeigen sollen, scheint ein solcher Weg für den Faktor Wachstum vor dem Hintergrund der Theorie des Market-Timings nur beschränkt fruchttragend zu sein. Man kann in einem ersten Versuch zunächst – in Einklang mit den vorangehenden Überlegungen – den Umfang der Wachstumschancen als einen Indikator für den Umfang der zwischen Unternehmensinsidern und externen Kapitalgebern bestehenden Informationsasymmetrien interpretieren. Vor dem Hintergrund dieser Annahme dürfte – dies scheint auf Basis der Vorüberlegungen einleuchtend – die Treffgenauigkeit des Kapitalmarktes mit Blick auf die Einschätzung der zukünftigen Leistungsfähigkeit der Unternehmen abnehmen. Dies bedeutet m. a. W. jedoch einen Anstieg

2672 Steigt doch – darauf wurde hingewiesen – die Schwankungsbreite des Unternehmenscashflows mit dem Umfang der Wachstumschancen und damit das Risiko einer Durchbrechung des wertoptimalen Verschuldungsspektrums.

der Zustände, in denen Unternehmen Fehlbewertungen des Kapitalmarktes bei der Begabe von Kapitalanteilen ausnutzen können. Die bisherigen Überlegen legen zunächst nur die Vermutung nahe, dass Unternehmen, die im großen Umfang über Wachstumschancen verfügen, am Kapitalmarkt eine unschärfere Marktbewertung aufweisen.[2673] Beschäftigt man sich eingehender mit der Frage der Gestalt der Finanzierungsentscheidungen, so ist die vage Einschätzung, dass Unternehmen zunehmend über Gelegenheiten verfügen, Fehlbewertungen auszunutzen, wenig befriedigend, ist der Erkenntnisgewinn mit Blick auf die zukünftige Gestalt der Finanzierungsentscheidung doch zunächst gering, fällt die Reaktion der Unternehmen in Abhängigkeit zur Gestalt der Fehlbewertung doch unterschiedlich aus. Will man die Frage des Einflusses von Wachstumschancen auf die Finanzierungsentscheidungen konkreter beantworten, so muss man eine konkrete Einschätzung zum Umfang und zur Gestalt der Fehlbewertung formen. Wechselt man aus der Ausgangslage – die Wahrscheinlichkeit einer Über- bzw. Unterbewertung ist auf einem rationalen Kapitalmarkt als gleich wahrscheinlich anzunehmen – zu einer asymmetrischen Fehlbewertung, können genauere Aussagen zur genaueren Gestalt der zukünftigen Finanzierungsentscheidungen getroffen werden.[2674] Geht man zunächst davon aus, dass der Umfang der Wachstumschancen durch externe Kapitalgeber unterbewertet wird – die Risiken zukünftiger Projekte werden beispielsweise durch risikoaverse Investoren übergewichtet –, wird die Begabe von Eigenkapital durch die mit Blick auf das tatsächliche Unternehmensrisiko überproportionalen Renditeforderungen der Kapitalgeber zunehmend unattraktiv. Es kommt letztlich – in Kenntnis des skizzierten Argumentationsgerüsts ist dies wenig verwunderlich – zu der mit der „klassischen" Pecking-Order-Theorie beschriebenen Hackordnung. Überbewertet der Kapitalmarkt hingegen bestehende Wachstumschancen – denkbar sind in diesem Fall risikofreudige Kapitalgeber –, kommt es wohl zu einer Umkehrung der Finanzierungsrangfolge.[2675] Auch dieses Ergebnis ist in Kenntnis des Abschnitts 3.4.3. nicht neu, wurde doch gerade mit der erweiterten Pecking-Order-Theorie eine Zweiteilung der Finanzierungsrangfolge mit den Wachstumschancen betrachtet.

Man erhält an dieser Stelle somit ein Ergebnis, das man zunächst versucht hat zu vermeiden, ist man mit der eingeschlagenen Argumentation doch in die Falle getappt, einen systematischen Einfluss der Wachstumschancen auf die Fehlbewertung des Kapitalmarktes herzustellen. Man kann, um dieses Problem zu

2673 Man kann – letztlich etwas inkonsequent – vermuten, dass auch die zu Beginn dieses Abschnitts bemühten Arbitragemechanismen durch die zunehmende Unklarheit über die tatsächliche Leistungsfähigkeit der Unternehmen gehemmt ist.

2674 Auf Basis der Ausgangslage lassen sich – dies wurde bereits hervorgehoben – dagegen keine konkreten Aussagen zum zukünftigen Finanzierungsverhalten treffen.

2675 Die Gründe dafür werden nochmals kurz im nachfolgenden Unterabschnitt verdeutlicht und sollen daher nicht näher betrachtet werden.

umgehen, einen zweiten Aspekt heranziehen, der in aller Regel mit dem Anstieg der Wachstumschancen der Unternehmen eng verbunden ist. Geht man davon aus, dass Unternehmen versuchen werden, alle wertschaffenden Investitionsprojekte umzusetzen, und nur ein beschränkter Teil der Projekte mit dem bestehenden Innenfinanzierungsvolumen umgesetzt werden kann, so erscheint die Vermutung naheliegend, dass der gestiegene Kapitalbedarf, der nur durch externes Kapital zu decken ist, dazu führt, dass Unternehmen häufiger an den Kapitalmarkt herantreten müssen, um den Kapitalbedarf des Investitionsportfolios zu decken. Zwei Effekte sind mit Blick auf die gestiegene Häufigkeit, mit der Unternehmen an den Kapitalmarkt herantreten, denkbar: Einerseits kann argumentiert werden, dass mit der Häufigkeit, mit der ein Unternehmen an den Kapitalmarkt herantritt, auch die Erfahrung und damit die Fähigkeit des Unternehmens wächst, Fehlbewertungen des Kapitalmarktes auszunutzen. Diese Argumentation ähnelt den Überlegungen zum Einfluss der Unternehmensgröße vor dem Hintergrund der Theorie des Market-Timings. Dies bedeutet jedoch, dass das Argument des Market-Timings letztlich nur greift, wenn Unternehmen bereits über eine gewisse Finanzierungshistorie verfügen. Mit Blick auf den Faktor Wachstumschancen kann eine solche Annahme nicht immer als erfüllt vorausgesetzt werden, sodass ein solches Argument wohl oftmals zu kurz greift. Etwas allgemeiner scheint dagegen die aus den Überlegungen zur dynamischen Trade-Off-Theorie entlehnbare Überlegung, dass mit Zunahme der Wachstumschancen das Interesse der Unternehmen primär auf der Realisation zukünftiger Wachstumsprojekte liegt und damit die genaue Gestalt der Finanzierungsentscheidung zunehmend in den Hintergrund rückt. Folgt man dieser Überlegung, so erscheint es plausibel, dass die Theorie des Market-Timings mit der Zunahme des Umfangs der Wachstumschancen an Attraktivität und somit Bindungswirkung – gegenüber der Realisation wertschaffender Projekte – verliert. Was der Verlust der Bindungswirkung für die Gestalt der Finanzierungsentscheidung und damit der Kapitalstruktur bedeutet, ist auf den ersten Blick unklar. In Abhängigkeit vom Umfang der Wachstumschancen und dem Innenfinanzierungsvolumen des Unternehmens erscheint es jedoch plausibel, dass Unternehmen die bestehenden internen und externen Finanzierungsquellen zunehmend voll auszunutzen versuchen.[2676] Eine Optimierung dieser Finanzierungsentscheidung auf Basis der Fehlbewertung des Kapitalmarktes dürfte – setzt man moderate Unschärfen des Kapitalmarktes voraus – angesichts des Wertbeitrages bestehender Investitionsprojekte letztlich wohl von nachrangiger Natur sein.

Vor dem Hintergrund der Theorie des Market-Timings hängt die Rangfolge der externen Finanzierungsquellen letztlich von dem Umfang und der Gestalt der Fehlbewertung des Kapitalmarktes ab. Systematisch – dies haben die Vorüberlegungen gezeigt – darf der Einfluss, will man an der flexiblen Finanzierungsrangfolge der

---

2676 Man könnte in diesem Zusammenhang auch davon sprechen, dass die Unternehmen zunehmend alle zur Verfügung stehenden Finanzierungsquellen abzuschöpfen versuchen.

Theorie des Market-Timings festhalten, der Wachstumschancen auf den Bewertungsfehler nicht sein. Folgt man der Annahme eines effizienten Kapitalmarktes – an dieser Annahme wurde ja in den Vorüberlegungen weitgehend festgehalten –, so hängt die Gestalt der Finanzierungspolitik von der Gestalt des zufälligen Bewertungsfehlers ab. Die Gestalt der Finanzierungsentscheidungen im Rahmen der Theorie des Market-Timings bleibt daher auch an dieser Stelle vage. Stellt man nicht auf einen systematischen Einfluss des Umfangs der Wachstumschancen auf die Fehlbewertung des Kapitalmarktes ab – eine solche Annahme wird im Rahmen der folgenden Überlegungen zur erweiterten Pecking-Order-Theorie getroffen –, so kann an dieser Stelle lediglich gemutmaßt werden, dass die Bindungswirkung der Theorie des Market-Timings mit der Zunahme der Wachstumschancen und damit der Bedeutung der Investitionspolitik wohl abnimmt. Konkrete Aussagen zur Gestalt der Finanzierungspolitik lassen sich – über eine holzschnittartige Fallunterscheidung –[2677] dagegen nicht treffen.

Der Faktor Wachstum in der erweiterten Pecking-Order-Theorie

In einem die Überlegungen zum Einfluss des Faktors Wachstum auf die Finanzierungsentscheidung abschließenden Schritt sei die Bedeutung der Wachstumschancen vor dem Hintergrund der erweiterten Pecking-Order-Theorie kurz näher betrachtet. Blickt man auf die Überlegungen aus Kapitel I zurück, so zeigt sich, dass zwischen erweiterter Pecking-Order-Theorie und dem Umfang der Wachstumschancen eine weitgehend direkte Verbindung besteht, die eine Interpretation des Faktors Wachstum erleichtert. Wie Abschnitt 3.4.3. gezeigt hat, bestimmt der Umfang der Wachstumschancen maßgeblich darüber, ob die Begabe von Eigenkapitalanteilen als ein Signal der Überbewertung im Sinne der „klassischen" Pecking-Order-Theorie interpretiert werden kann, die eine Finanzierung mit Eigenkapital zunehmend unvorteilhaft werden lässt. Nimmt der Umfang der Wachstumschancen zu, so wird die Begabe von Eigenkapitalanteilen – der von den (Alt-)Eigenkapitalgebern zu tragende Wertverlust wird zunehmend durch den Wertbeitrag der Wachstumsprojekte dominiert – zunehmend attraktiv. Welchen genauen Einfluss hat der Umfang der Wachstumschancen nun auf die Gestalt der Finanzierungsentscheidung? Will man die Frage nach dem Einfluss des Faktors Wachstum auf die Gestalt der Finanzierungsentscheidungen beantworten, wird man schnell des Problems gewahr, dass man an dieser Stelle letztlich weniger mit dem Problem zu kämpfen hat, eine theoretische Verbindung zwischen dem Umfang der Wachstumschancen und der Kapitalstrukturtheorie zu schlagen, als vielmehr die Auswirkungen auf die Finanzierungsentscheidung – insbesondere den Zeitpunkt des Wechsels der einschlägigen Finanzierungsrangfolge – konkretisieren zu müssen.

2677 Da letztlich kein systematischer Zusammenhang zwischen Fehlbewertung und Umfang der Wachstumschancen hergestellt werden kann – hält man an der Annahme einer dynamischen Finanzierungspolitik fest –, wurde auf eine Darstellung dieser Fallunterscheidung verzichtet.

Blickt man zunächst auf die zu erwartende Entwicklung des Verschuldungsgrades, so erscheint es – in Kenntnis der vorangehenden Argumentation – einleuchtend, dass Unternehmen, die nur über einen geringen Anteil an Wachstumschancen verfügen, eine Finanzierung durch Fremdkapital einer Eigenkapitalfinanzierung i. d. R. vorziehen werden. Ohne an dieser Stelle die Argumentation der vorangehenden Abschnitte im Detail zu wiederholen, kann man – betrachtet man zunächst die erweiterte Pecking-Order-Theorie – darauf abstellen, dass der Vermögensverlust der Altkapitalgeber bei der Begabe von Fremdkapitalanteilen weniger stark ausgeprägt sein wird als für den Fall der Begabe von Eigenkapitalanteilen. Der zunehmende Einsatz von Fremdkapital wird für diese Unternehmen zudem durch die Überlegung gestützt, dass neben dem geringeren Risiko auch die größere Substanz[2678] dieser Unternehmen besser geeignet erscheint, um den Einsatz von Fremdkapital zu stützen.[2679] Verkehrt man diese Argumente mit Blick auf einen Anstieg der Wachstumschancen, so kann man aus diesen Überlegungen eine Abnahme des zu realisierenden Verschuldungsumfanges mit dem Anstieg der Wachstumschancen schlussfolgern.[2680]

Ungeklärt bleibt an dieser Stelle – dies wurde bereits im Fazit zur erweiterten Pecking-Order-Theorie kritisiert – jedoch die Gestalt der Finanzierungsentscheidungen abseits der zunächst betrachteten Extrempunkte. Es erscheint auf Basis der Argumentation der erweiterten Pecking-Order-Theorie zunächst nicht unwahrscheinlich, dass Unternehmen existieren, die indifferent zwischen einer Finanzierung mit Eigen- bzw. Fremdkapital – wenigstens auf Basis der Überlegungen der erweiterten Pecking-Order-Theorie –[2681] zu sein scheinen. Die Frage nach der Gestalt der Finanzierungsentscheidung liegt damit in einem Graubereich und ist somit zunächst nicht eindeutig zu beantworten. Das Verständnis zur Entwicklung des Verschuldungsgrades im Rahmen der erweiterten Pecking-Order-Theorie weist – darauf wurde bereits hingewiesen – einen blinden Fleck an der Schnittstelle auf. Man kann an dieser Stelle mutmaßen, dass Unternehmen hier weitere Faktoren in die Finanzierungsentscheidung einfließen lassen. Da man sich mit einer solchen Überlegung ein Stückweit von dem Grundgerüst der erweiterten Pecking-Order-Theorie trennt, sei dieser Frage an dieser Stelle nicht weiter gefolgt.

2678 An dieser Stelle wird unter dem Schlagwort „Substanz" die höhere Greifbarkeit des Unternehmensvermögens – dieser Aspekt wird nochmal sin Abschnitt 5.6.1.4. beleuchtet – verstanden.

2679 Man kann an dieser Stelle – im Rückgriff auf die Überlegungen der vorangehenden Abschnitte – auch einwerfen, dass diese Unternehmen den Wertbeitrag der Fremdfinanzierung sofort heben können.

2680 Williamson (1988) hält mit Blick auf die Finanzierungsentscheidung vor dem Hintergrund bedeutsamer Wachstumschancen fest, dass „[...] equity is more forgiving than debt". Williamson (1988) S. 580.

2681 Wie in diesem Abschnitt bereits deutlich geworden ist, kann man an dieser Stelle geneigt sein, auf Argumente abzustellen, die nicht primär der erweiterten Pecking-Order-Theorie zuzurechnen sind.

Ähnlich vage bleibt die Einschätzung zur Bindungskraft eines möglicherweise vorgegebenen Verschuldungsoptimums vor dem Hintergrund der erweiterten Pecking-Order-Theorie. Wie mit Blick auf die „klassische" Pecking-Order-Theorie bereits festgehalten wurde, verfügt das Verschuldungsoptimum im Rahmen der Pecking-Order-Theorie – abgestellt wird in den theoretischen Grundüberlegungen auf den Signalcharakter der Finanzierungsentscheidung – nur über eine kurzfristige Bedeutung. Die durch die Unternehmen zu realisierenden Verschuldungsgrade stellen somit letztlich ein Ergebnis dieser wiederholten, nicht auf ein langfristiges Finanzierungsoptimum ausgerichteten, Finanzierungsentscheidungen dar, das wohl nur zufällig die Gestalt eines langfristigen Verschuldungsoptimums annehmen wird. Diese für die „klassische" Pecking-Order-Theorie zu konstatierende Einschätzung gilt – auch vor dem Hintergrund einer Zweiteilung der Finanzierungsrangfolge – für die erweiterte Pecking-Order-Theorie unverändert fort. Auch für die erweiterte Pecking-Order-Theorie kann somit letztlich keine konkrete Einschätzung zum langfristigen Einfluss des Faktors Wachstumschancen auf die Finanzierungsentscheidung vorgenommen werden.

Zum Einfluss des Faktors Wachstum auf die alternativen Finanzierungspolitiken

Auf Basis der Überlegungen der vorangehenden Unterabschnitte soll auch an dieser Stelle die Bindungswirkung alternativer, in der Unternehmensbewertungspraxis diskutierter, Finanzierungspolitiken sowie die zu erwartende Entwicklung des realisierten Verschuldungsumfanges in Abhängigkeit zum Unternehmenswachstum kurz näher betrachtet werden. Blickt man zunächst auf die Veränderung des wertoptimalen Verschuldungsumfanges mit der Veränderung der Wachstumschancen, so haben die vorangehenden Abschnitte – eine Ausnahme bildete die mechanische Interpretation der Agency-Theorie – eine Reihe von in der Folge kurz aufzugreifenden Argumenten diskutiert, die für einen Rückgang des zu realisierenden Verschuldungsumfanges mit einer Zunahme der Wachstumschancen des Unternehmens sprechen. Blendet man in einem ersten Schritt die zwischen Eigen- und Fremdkapitalgebern regelmäßig bestehenden Interessenkonflikte aus, so kann zunächst argumentiert werden, dass gesunde Unternehmen im Angesicht eines mit den Wachstumschancen steigenden Insolvenzdrucks, der nicht oder aber nur unvollständig durch einen Anstieg des Wertbeitrages der Fremdfinanzierung aufgewogen wird, über keinen bzw. nur geringfügig ausgeprägten „inneren" Anreiz verfügen, durch eine Begabe von Fremdkapital den Insolvenzdruck zu verschärfen. Wie eine genauere Beleuchtung des mit den Wachstumschancen ansteigenden Insolvenzdrucks verdeutlicht hat, sind mehrere sich verstärkende Effekte mit dem Anstieg der Wachstumschancen in der Praxis zu berücksichtigen. Die mit den Wachstumschancen zunehmende Schwankungsbreite des Unternehmenscashflows mindert so etwa die Attraktivität einer zunehmenden Fremdfinanzierung, da die Bedeutung von Unternehmenszuständen zunimmt, in denen Unternehmen den aus dem Einsatz von Fremdkapital erwachsenden Verpflichtungen nicht oder nur unzureichend nachkommen können. Die mit dem Anstieg der Wachstumschancen somit anwachsende Insolvenzwahrscheinlichkeit trifft dabei auf die schwierigere

Verwertbarkeit von Wachstumschancen im Insolvenzfall, die mit einem deutlichen Anstieg der Insolvenzkosten verbunden sein dürfte. An dieser Stelle besteht sowohl ein „innerer" als auch „äußerer" Anreiz für eine Begrenzung des Verschuldungsvolumens. Lässt man die Auswirkungen der Finanzierungsentscheidung auf die Agency-Beziehung zwischen Eigen- und Fremdkapitalgebern zunächst unberücksichtigt, ergibt sich somit ein negativer Zusammenhang zwischen dem zu realisierenden Verschuldungsgrad und dem Umfang der Wachstumschancen.

Löst man sich in einem zweiten Schritt von der Annahme, dass die Finanzierungsentscheidung losgelöst von bestehenden Agency-Problemen betrachtet werden kann, so bestätigt sich der aus den bisherigen Überlegungen abgeleitete Einfluss von Wachstumschancen auf die Finanzierungsentscheidung. Geht man davon aus, dass die Unsicherheit der externen Kapitalgeber über die zukünftige Unternehmensentwicklung mit dem Umfang der Wachstumschancen wächst – das Argument einer wachsenden Schwankungsbreite des Unternehmenscashflows und damit der bestehenden Unsicherheit war schon den vorangehenden Überlegungen zu eigen –, so verstärken sich bestehende Fehlanreize der Eigenkapitalgeber, die weniger gut informierten Fremdkapitalgeber zu entreichern. Blickt man auf Unternehmen mit überproportionalen Wachstumschancen, so haben die vorangehenden Überlegungen gezeigt, dass sowohl der Anreiz einer Risikoverschiebung zuungunsten der Fremdkapitalgeber als auch das Unterinvestitionsproblem mit dem Umfang der Wachstumschancen wohl zunimmt. Demgegenüber greift die mit einem Einsatz von Fremdkapital einhergehende Verminderung des in Kapitel I beschriebenen Überinvestitionsproblems nicht bzw. nur unvollständig, da wertschaffende Investitionsprojekte – die disziplinierende Wirkung der Fremdfinanzierung ersetzend – regelmäßig eine wertoptimale Investition der freien Mittel der Unternehmen sicherstellen.

Fasst man die Überlegungen zu den zwischen Eigen- und Fremdkapitalgebern bestehenden Agency-Problemen zusammen, so führt ein Anstieg der Wachstumschancen c. p. wohl in aller Regel zu einer Verschärfung bestehender Agency-Probleme und damit zu einer abnehmenden Attraktivität des Einsatzes von Fremdkapital. Im Einklang mit den empirischen Beobachtungen erscheint es vor dem Hintergrund dieser Argumentation daher einleuchtend, dass Wachstumsunternehmen zunächst primär auf Eigenkapital abstellen, während reifere Unternehmen in einem größeren Umfang Fremdkapital zur Unternehmensfinanzierung einsetzen werden.[2682] Die wachsende Gefahr, die sich aus einer Zunahme des Fremdkapitalumfangs für wachstumsstarke Unternehmen ableiten lässt, dürfte sich i. d. R. auch auf die Bedeutung des wertoptimalen Verschuldungsgrades des Unternehmens für die zukünftigen Finanzierungsentscheidungen niederschlagen. Blickt man auf diese zweite für die Frage der Gestalt der Finanzierungspolitik

---

2682 Die an dieser Stelle vereinfachend vorgenommene Zweiteilung der Finanzierungsentscheidung spiegelt letztlich die mit der erweiterten Pecking-Order-Theorie formulierte Vorstellung wider.

zentrale Fragestellung, so haben insbesondere die Überlegungen zur dynamischen Trade-Off-Theorie gezeigt, dass der Umfang der Wachstumschancen unterschiedliche Auswirkungen auf die Eigen- und Fremdfinanzierung ausüben kann. Die Überlegungen zum Einfluss der Wachstumschancen auf bestehende Agency-Konflikte hat gezeigt, dass ein Anstieg der Wachstumschancen des Unternehmens zu einem Anwachsen des Konfliktes zwischen Eigen- und Fremdkapitalgebern führt, in dessen Folge Fremdkapitalgeber wohl auch aktive Maßnahmen zum Schutz ihrer Ansprüche umsetzen werden. Begibt ein Unternehmen Fremdkapitalanteile, so werden solche Schutzmaßnahmen i. d. R. die Fremdkapitalbegabe verteuern, eine Verschiebung der Verschuldungsuntergrenze – d. h. ein Unterschreiten des wertoptimalen Verschuldungsgrades – erscheint in der Folge als akzeptabel. Dieser „äußere" Druck fällt dabei mit dem vermindernden „inneren" Anreiz des Unternehmens zusammen, die Verschuldungskapazitäten voll auszunutzen. Einerseits dürften sich (Neu-) Verhandlungen mit den Fremdkapitalgebern als zunehmend schwierig und kostenintensiv gestalten, um die Verschuldungskapazität der Unternehmen voll ausnutzen zu können, andererseits ist – darauf wurde hingewiesen – fraglich, ob die bestehenden Eigenkapitalgeber den Wertbeitrag der Fremdfinanzierung mit der Umsetzung der Wachstumschancen bereits voll heben können. Ein Verschieben der Verschuldungsuntergrenze erscheint vor dem Hintergrund dieser Überlegungen daher durchaus einleuchtend.

Wiederholt man an dieser Stelle die in einem vorangehenden Unterabschnitt aufgeworfene Frage nach der Auswirkung eines Anstiegs der Wachstumschancen auf die Begabe von Eigenkapitalanteilen bzw. die Verschuldungsobergrenze, so zeigt sich auf den ersten Blick ein vergleichbares Bild. Unternehmen werden im Angesicht steigender Transaktionskosten – man kann, wie bereits festgehalten wurde, an dieser Stelle darauf abstellen, dass Wachstumsunternehmen sich scheuen werden, Informationen über zukünftige Projekte zu veröffentlichen – eine sofortige Anpassung an ein Verschuldungsoptimum scheuen. Diesem ersten „inneren" Anreiz des Unternehmens stehen an dieser Stelle jedoch sowohl ein „innerer" als auch ein „äußerer" Grund hemmend entgegen. Blickt man zunächst auf den „äußeren" Grund, so darf vermutet werden, dass – im Einklang zur Argumentation zur Verschuldungsuntergrenze – die Fremdkapitalgeber mit Zunahme der Wachstumschancen zunehmenden Druck auf das Unternehmen ausüben werden, bestehende kreditvertragliche Vereinbarungen etwa in Form von Zielverschuldungsgraden einzuhalten. Daneben dürften die Eigenkapitalgeber selbst – setzt man voraus, dass die Wachstumschancen des Unternehmens tatsächlich wertschaffend sind – die Verschuldungsgrenzen des Unternehmens einhalten, besteht doch im Falle einer Insolvenz die Gefahr, dass wertschaffende Investitionsprojekte an die bisherigen Fremdkapitalgeber weitgehend „kostenlos" übergehen und die Eigenkapitalgeber einen überproportionalen Wertverlust zu tragen haben.

Fasst man zusammen, erscheint es also plausibel, dass Unternehmen mit Zunahme der Wachstumschancen eine zunehmend einseitige Politik zur Einhaltung eines wertoptimalen Zielverschuldungsgrades umsetzen werden. Verschuldungsuntergrenzen scheinen eine geringere Bindungswirkung zu entfalten als bestehende Verschuldungsobergrenzen. Wie in den Überlegungen zur Bedeutung der Wachstumschancen vor dem Hintergrund der dynamischen Trade-Off-Theorie festgehalten, deckt sich diese Vermutung letztlich mit der Einschätzung, dass die Wertoptimalität der Finanzierungspolitik im Angesicht einer zunehmenden Bedeutung von Investitionsvorhaben an Bedeutung verlieren wird. Die Annahme einer Politik mit einem festen – ggf. konservativ zu bezeichnenden – Fremdkapitalgrundstock erscheint damit zunächst plausibler als eine schwankende zweiseitige Anpassung des Verschuldungsumfangs an ein wertoptimales Verschuldungsoptimum. In der Folge sei daher als Arbeitshypothese darauf abgestellt, dass mit der Zunahme der Wachstumschancen die Bedeutung einer wertabhängigen Finanzierungspolitik – wenigstens einseitig – abnehmen wird.

5.6.1.3. Profitabilität

Der Faktor Profitabilität in der Trade-Off-Theorie

Wie in den vorangehenden Abschnitten sei auch bei der Betrachtung des Einflusses des Faktors Profitabilität auf die Finanzierungsentscheidung der „klassischen" Trade-Off-Theorie ein Ansatz eingeschlagen, der den Einfluss des Faktors Profitabilität auf ausgewählte Stellschrauben der Finanzierungsentscheidung getrennt betrachtet. Die Überlegungen zum Einfluss des Faktors Profitabilität beschränken sich auch an dieser Stelle zunächst auf die Frage, ob eine Veränderung der Unternehmensprofitabilität Einfluss auf die Insolvenzwahrscheinlichkeit bzw. den Umfang der Insolvenzkosten der Unternehmen als Treiber der Finanzierungsentscheidung in der Trade-Off-Theorie ausübt. Die mit Blick auf die Unternehmensprofitabilität auftretenden Fragen erscheinen auf den ersten Blick einfach zu beantworten, dürfte ein Anstieg der Profitabilität – unter sonst gleichbleibenden Rahmenbedingungen[2683] – doch in aller Regel zu einem Absinken des Insolvenzrisikos führen, dem sich ein Unternehmen im Rahmen der Geschäftstätigkeit ausgesetzt sieht.[2684] Hinter einer solchen Überlegung steht die eingängige Vermutung, dass die wachsende Profitabilität eines Unternehmens i. d. R. eng mit einem Anstieg des Unternehmenswertes verknüpft ist.[2685] Hält man an der Annahme eines rationalen Kapitalmarkts fest – dies zeichnet die „klassische" Trade-Off-Theorie gerade aus –, so dürfte sich in einem Anstieg des Marktwertes des Unternehmens letztlich der Anstieg des durch die Unternehmen in Zukunft generierten Zahlungsstroms widerspiegeln. Ausgehend von dieser grundlegenden Beziehung, kann aus dem Anstieg der Profitabilität also implizit ein Anstieg der durch die Unternehmen generierten Zahlungsströme

---

2683 Denkbar wäre an dieser Stelle auch eine Anhebung des Ausschüttungsvolumens, die – wenn es auch die Fremdkapitalgeber nicht schädigt – nicht zu einer Stärkung der Position der Fremdkapitalgeber führen würde.

2684 Rajan/Zingales (1995) halten so u. a. fest, „[...] it might be easier to keep profitable enterprises as going concerns [...]" Rajan/Zingales (1995) S. 1444.

2685 Vgl. dazu Öztekin (2015) S. 303; Strebulaev (2007) S. 1772.

abgeleitet werden. Ein Anstieg des operativen Cashflows[2686] der Unternehmen bedeutet für die Fremdkapitalgeber jedoch, dass die Fähigkeit des Unternehmens, bestehende und zukünftige Verpflichtungen gegenüber den Fremdkapitalgebern zu bedienen, wohl gestärkt wird.[2687] Das Insolvenzrisiko dürfte m. a. W. also mit dem Anstieg der Unternehmensprofitabilität sinken, sofern der Anstieg der Profitabilität tatsächlich auf einen Anstieg der zukünftigen operativen Leistungsfähigkeit der Unternehmen zurückzuführen ist.[2688] Dichev (1998) hat im Einklang mit dieser Annahme etwa festgehalten, dass Unternehmen mit geringen Insolvenzrisiken i. d. R. höhere Renditen generieren als vergleichbare Unternehmen mit hohem Insolvenzrisiko.[2689] Weniger eindeutig erscheint auf einen ersten Blick dagegen der Zusammenhang, der zwischen dem Umfang der Insolvenzkosten und der Profitabilität des Unternehmens besteht. In der Literatur findet auf den ersten Blick die Einschätzung, dass der Umfang der Insolvenzkosten mit der Profitabilität des Unternehmens abnimmt, durchaus breite Unterstützung.[2690] Die Treiber, die hinter diesem von der Literatur vermuteten Effekt stehen, bleiben bei dieser ersten Betrachtung zunächst jedoch noch im Unklaren. Denkbar wäre an dieser Stelle – ohne eine detaillierte Analyse durchzuführen –,[2691] dass die Nachfrage des Marktes nach dem

2686 Dieses Argument führt im Rahmen der nachfolgenden Überlegungen zur Pecking-Order-Theorie interessanterweise zu einer Umkehrung des an dieser Stelle vermuteten Zusammenhangs.

2687 In der Literatur findet sich zudem die Einschätzung, dass die Rentabilität eines Unternehmens letztlich Auskunft über die historische Fähigkeit des Unternehmens, Fremdkapital zu bedienen, gibt, die in die Zukunft fortgeschrieben werden kann. Vgl. dazu Campbell et al. (2008) S. 2911. Parsons/Titman (2008b) sprechen in diesem Zusammenhang daher auch von der „[...] persistence of profitability [...]“ Parsons/Titman (2008b) S. 10.

2688 In Anlehnung an eine Überlegung aus Kapitel I kann man an dieser Stelle auch davon sprechen, dass das eingesetzte Fremdkapital nunmehr auf breiteren Schultern lastet. Bevan/Danbolt (2002) halten im Einklang mit dieser Überlegung so fest, dass „[...] one would expect that more profitable firms would have better access to debt [...]“ Bevan/Danbolt (2002) S. 161.

2689 Vgl. dazu Dichev (1998) S. 1144; ähnlich dazu auch: Campbell et al. (2008) S. 2912. Diese empirische Beobachtung erscheint überraschend, geht man doch im Rahmen der Ermittlung risikoäquivalenter Kapitalkosten i. d. R. von einem Anstieg der Rendite mit dem Risiko aus. Vgl. dazu Dichev (1998) S. 1146–1147; Vassalou/Xing (2004) S. 831; Campbell et al. (2008) S. 2899. Vassalou/Xing (2004) zeigen, dass sich dieser Zusammenhang nur für kleine Unternehmen als stabil erweist. Vgl. dazu Vassalou/Xing (2004) S. 851.

2690 Bessler et al. (2011) halten so exemplarisch fest, dass „[...] expected bankruptcy costs decline when profitability increases“. Bessler et al. (2011) S. 25. Ähnlich dazu auch: Frank/Goyal (2009) S. 7; Strebulaev (2007) S. 1749.

2691 Wie Parsons/Titman (2008b) festhalten, ist eine Schätzung der zukünftigen Insolvenzkosten durch eine Reihe von Problemen gekennzeichnet. Vgl. dazu Parsons/Titman (2008b) S. 26. Dieser beschwerliche Weg sei daher an dieser Stelle nicht weiterverfolgt.

Unternehmen als Ganzes oder aber in Teilen auch im Falle eines Insolvenzeintrittes für Unternehmen mit profitabler Vergangenheit höher ist als für Unternehmen mit unvorteilhafter Historie und unvorteilhaftem Ausblick.[2692] Im Falle eines hohen Interesses des Marktes an den Unternehmen dürfte der Wertunterschied zwischen Fortführungs- und Liquidationswert des Unternehmens letztlich deutlich geringer ausfallen als in dem Fall, in dem die Werthaltigkeit des Unternehmensvermögens erst noch aufwendig durch die Käufer verifiziert werden muss.[2693] Ein Anstieg der Profitabilität führt – folgt man der Einschätzung der Literatur – somit zu einem Rückgang sowohl des Insolvenzdrucks, dem sich Unternehmen ausgesetzt sehen, als auch des Wertverlustes, dem sich die Kapitalgeber im Insolvenzfall, d. h. der Verwertung des Unternehmens, ausgesetzt sehen.

Blickt man an dieser Stelle auf die zweite Determinante der „klassischen“ Trade-Off-Theorie, den Wertbeitrag der Fremdfinanzierung, so erscheint i. d. R. ein positiver Zusammenhang zwischen Profitabilität und dem Umfang des hebbaren Wertbeitrages der Fremdfinanzierung zu bestehen. Die Überlegung, die hinter dieser Vermutung steht, baut letztlich auf dem bereits im Rahmen der Betrachtung der Verbindung zwischen Insolvenzkosten und Profitabilität bemühten Argument eines mit der Profitabilität wachsenden Unternehmenscashflows auf. Geht man auch an dieser Stelle davon aus, dass ein Anstieg der Profitabilität als ein Zeichen für einen Anstieg des Unternehmenscashflows interpretiert werden kann, so übersetzt sich dies c. p. regelmäßig auch in einen Anstieg der durch die Unternehmen zu tragenden Steuerlast. Ausgehend von der steigenden Verschuldungskapazität – der Insolvenzdruck geht wie bereits kurz ausgeführt zurück –, steigt somit zugleich auch der Anreiz, weiteres Fremdkapital zur Unternehmensfinanzierung einzusetzen, um die steuermindernde Wirkung einer teilweisen Fremdfinanzierung voll heben zu können.[2694] Auch aus Sicht eines mit der Profitabilität steigenden Wertbeitrages der Fremdfinanzierung erscheint ein Anstieg des Verschuldungsumfangs

---

2692 Dies erscheint etwa mit Blick auf den wohl höheren Wert der immateriellen Vermögensgegenstände, wie etwa Markenrechte, von in der Vergangenheit erfolgreichen Unternehmen nicht unplausibel.

2693 Im gleichen Maße plausibel erscheint ein Erklärungsansatz, der darauf abstellt, dass sich die Insolvenzgründe in Abhängigkeit zur Profitabilität des Unternehmens unterscheiden. Es erscheint so nicht unplausibel, dass profitable Unternehmen aufgrund wertsteigender Investitionsprojekte kurzfristig ins Straucheln geraten können (Liquiditätskrise), während Unternehmen mit niedriger Profitabilität mit substanzielleren Problemen zu kämpfen haben.

2694 Vgl. dazu u. a. Öztekin (2015) S. 303; Bessler et al. (2011) S. 25; Schneider (2010) S. 207; Parsons/Titman (2008b) S. 26; Frank/Goyal (2003) S. 224; Strebulaev (2007) S. 1749: Bevan/Danbolt (2002) S. 161. Dieser Anreiz besteht dabei unabhängig von der Frage, ob Unternehmen frisches Kapital benötigen, d. h., Unternehmen haben in diesem Fall einen Anreiz – Transaktionskosten seien hierbei weiterhin ausgeblendet –, Eigenkapital zugunsten einer Erhöhung des Fremdkapitalumfanges zurückzuführen.

mit der Profitabilität daher ökonomisch durchaus plausibilisierbar.[2695] Frank/Goyal (2009) halten mit Blick auf die Determinanten der Finanzierungsentscheidung im Rahmen der „klassischen" Trade-Off-Theorie daher fest, dass „[...] the tax and the bankruptcy costs perspective predicts that profitable firms use more debt".[2696] Trennt man sich – den Überlegungen der erweiterten Trade-Off-Theorie folgend – in einem zweiten Schritt von der für die vorangehenden Überlegungen geltenden Annahme eines Interessengleichklangs zwischen Unternehmen und Eigenkapitalgebern, so kommt der Finanzierungsentscheidung – dies hat Kapitel I gezeigt – eine zentrale Bedeutung in der Bestimmung des Umfangs bzw. der Auswirkung bestehender Interessenkonflikte zu. Hält man auch an dieser Stelle an der die vorangehenden Annahmen dominierenden Annahme eines mit dem Umfang der Profitabilität ansteigenden Unternehmenscashflows fest, so kommt es – dies haben u. a. die Überlegungen in Kapitel I deutlich gemacht – zur Verschärfung bestehender Agency-Konflikte zwischen Unternehmensleitung und Kapitalgebern. Konkret dürfte sich das in Kapitel I beschriebene Überinvestitionsproblem – Manager zweckentfremden freie Mittel des Unternehmens zum eigenen Konsum – wohl mit einem Anstieg der Unternehmensprofitabilität verschärfen.

Es erscheint an dieser Stelle daher wenig verwunderlich, dass die Literatur auf eine zunehmende Attraktivität des Einsatzes von Fremdkapital abstellt, erfährt das Unternehmen und somit das Unternehmensmanagement durch den Entzug freier Mittel eine disziplinierende Wirkung.[2697] Anders ausgedrückt, muss die mit der Profitabilität ansteigende Verfügbarkeit freier Mittel durch den Einsatz von Fremdkapital abgeschöpft werden, will man wertvernichtendes Verhalten des Managements unterbinden. Man kann im Einklang mit den vorangehenden Überlegungen daher darauf abstellen, dass der Einsatz von Fremdkapital mit einem Anstieg der Profitabilität auch aufgrund der zunehmenden Bedeutung des Überinvestitionsproblems an Bedeutung gewinnt und damit ein positiver Zusammenhang zwischen Verschuldungsumfang und Profitabilität besteht. Rajan/Zingales (1995) weisen in diesem Zusammenhang jedoch warnend darauf hin, dass aufgrund der disziplinierenden Wirkung, das Fremdkapital auf das Verhalten des Managements ausübt, insbesondere Manager profitabler Unternehmen einen Anreiz besitzen, das Fremdkapitalvolumen – sofern die Kapitalgeber dies nicht zu verhindern wissen – zu begrenzen.[2698] An dieser Stelle würde sich somit – entgegen den vorangehenden Überlegungen – ein negativer Zusammenhang zwischen

---

2695 Der Zusammenhang wird unklar, stellt man – dieser Weg wird in den nachfolgenden Unterabschnitten eingeschlagen – darauf ab, dass die Unternehmensprofitabilität auch ein Ausdruck der durch die Unternehmen realisierbaren Wachstumschancen ist.

2696 Frank/Goyal (2009) S. 7. Ähnlich zur theoretischen Verbindung von Profitabilität und Verschuldungsumfang auch Abel (2018) S. 95.

2697 Vgl. dazu u. a. Frank/Goyal (2009) S. 7; Bessler et al. (2011) S. 25; Öztekin (2015) S. 303; Rajan/Zingales (1995) S. 1451.

2698 Vgl. dazu Rajan/Zingales (1995) S. 1451–1452.

Unternehmensprofitabilität und Verschuldungsgrad des Unternehmens einstellen.[2699] Auch wenn die Anmerkung von Rajan/Zingales (1995) durchaus berechtigt erscheint, so dürfte – setzt man durchsetzungsstarke Eigenkapitalgeber voraus – in der Praxis wohl regelmäßig, d. h. auch vor dem Hintergrund der erweiterten Trade-Off-Theorie, ein positiver Zusammenhang zwischen Verschuldungsvolumen und Profitabilität der Unternehmen dominieren.[2700] Wie bereits in den vorangehenden Abschnitten festgehalten, ist – unabhängig vom Einfluss des Faktors Profitabilität – im Rahmen der „klassischen" Trade-Off-Theorie die Bindungswirkung eines wertoptimalen Verschuldungsgrades ungetrübt.[2701] Wie Kapitel I deutlich gemacht hat, verliert der wertoptimale Verschuldungsgrad an Bedeutung, wechselt man zu dem Annahmegerüst der Pecking-Order-Theorie.

Der Faktor Profitabilität in der Pecking-Order-Theorie

Blickt man auf den Einfluss des Faktors Profitabilität vor dem Hintergrund der Pecking-Order-Theorie, so zeigt sich auch an dieser Stelle ein Unterschied zwischen den Einschätzungen die auf Basis der Pecking-Order-Theorie abgeleitet werden können, und den Schlussfolgerungen, die vor dem Hintergrund der Trade-Off-Theorie gezogen wurden. Will man an dieser Stelle eine Verbindung der Finanzierungsentscheidung vor dem Hintergrund der Pecking-Order-Theorie und dem Umfang der Profitabilität herstellen, so kann man zunächst eine von rein mechanischen Überlegungen geprägte Argumentation zum Einfluss der Profitabilität auf die Finanzierungsentscheidungen der Unternehmen im Rahmen der Pecking-Order-Theorie einschlagen.[2702] In einem ersten Schritt ist dabei auf das, die vorangehenden Überlegungen zur Trade-Off-Theorie prägende, Argument zurückzugreifen,

---

2699 Die Bedeutung dieses Effekts hängt maßgeblich von der Durchsetzungskraft des Unternehmensmanagements ggü. den Kapitalgebern ab.

2700 Um der Warnung von Rajan/Zingales (1995) gerecht zu werden, erscheint eine ergänzende Betrachtung der Anteilseignerstruktur des Unternehmens als notwendig. Im Abschnitt zu den weiteren Faktoren wird daher der Einfluss der Anteilseignerstruktur auf die Finanzierungsentscheidung näher betrachtet. An dieser Stelle wird dieser Aspekt daher nicht näher betrachtet. Wie der nachfolgende Abschnitt zur Bedeutung des Faktors Profitabilität in der Trade-Off-Theorie zeigen wird, sind über die bisher betrachteten Treiber der Finanzierungsentscheidung auch Effekte aus den zwischen Kapitalgebern bestehenden Informationsasymmetrien einzubeziehen.

2701 Eine nähere Beleuchtung der Frage, ob der Faktor Profitabilität Einfluss auf die Bindungswirkung der Finanzierungsentscheidung ausübt, erscheint damit an dieser Stelle nicht erhellend und wird daher erst im Abschnitt zur dynamischen Trade-Off-Theorie näher beleuchtet.

2702 Ein weiterer, an dieser Stelle nur peripher beleuchteter mechanischer Zusammenhang ergibt sich für den Fall, dass Unternehmen infolge eines Anstiegs der Profitabilität keine aktive Finanzierungsentscheidung vornehmen – also auf ein Einwerben von externem Kapital verzichten – und die Ausschüttungsentscheidung unangetastet lassen. Aufgrund des unter diesen Rahmenbedingungen erfolgenden

dass ein Anstieg der Unternehmensprofitabilität unmittelbar auch einen Anstieg des Unternehmenscashflows bedeutet. Die Argumentation im Rahmen der Trade-Off-Theorie hatte sich in diesem Zusammenhang darauf beschränkt, ausgehend von dem Anstieg der Unternehmensprofitabilität bzw. des Unternehmenscashflows, die Erhöhung der Agency-Probleme zwischen Unternehmensmanagement und Kapitalgebern als insbesondere auch die höhere Verlässlichkeit der Unternehmen gegenüber den bestehenden Kapitalgebern zu betrachten. Der Anstieg des Unternehmenscashflows hat – betrachtet man die Finanzierungsentscheidung aus dem Blickwinkel der Pecking-Order-Theorie – jedoch einen weiteren, in den vorangehenden Überlegungen weitgehend vernachlässigten Effekt: die Erhöhung des Innenfinanzierungsvolumens des Unternehmens.

Vor dem Hintergrund der in Kapitel I beschriebenen zentralen Eigenschaft der Pecking-Order-Theorie, der Beschreibung einer festen Finanzierungsrangfolge, kann – wie die nachfolgenden Überlegungen kurz verdeutlichen sollen – relativ einfach ein i. d. R. negativer Zusammenhang zwischen Unternehmensprofitabilität und Verschuldungsumfang abgeleitet werden. Unternehmen werden, folgt man der festen Finanzierungsrangfolge der Pecking-Order-Theorie, eine Finanzierung wertschaffender Investitionsprojekte durch interne Finanzierungsquellen einer Begabe von Fremd- bzw. Eigenkapitalanteilen vorziehen. Rein mechanisch müssen Unternehmen – unter sonst gleichbleibenden Bedingungen – aufgrund des mit der Unternehmensprofitabilität ansteigenden Innenfinanzierungsvolumens also im geringeren Umfang auf externes Fremdkapital zur Finanzierung des Unternehmens zurückgreifen als im Fall einer geringeren Unternehmensprofitabilität.[2703] Bevan/Danbolt (2002) halten, diese Überlegungen illustrierend fest, dass „[...] companies with high levels of profits will prefer to finance investments with retained earnings then by raising of debt finance".[2704] Die bisherigen Überlegungen vor dem Hintergrund der Pecking-Order-Theorie haben auf den rein mechanischen Zusammenhang zwischen Unternehmensprofitabilität und der Finanzierungsentscheidung abgestellt. Blickt man auf die hinter der Pecking-Order-Theorie stehenden Überlegungen zum Einfluss einer asymmetrischen Informationsverteilung

---

Anstiegs der Kapitalrücklage ergibt sich rein mechanisch ein negativer Einfluss der Profitabilität auf den Verschuldungsumfang des Unternehmens. Vgl. dazu Öztekin (2015) S. 303.

2703 Vgl. dazu u. a. Bessler et al. (2011) S. 26; Schneider (2010) S. 208; Frank/Goyal (2009) S. 7; Strebulaev (2007) S. 1749; Bevan/Danbolt (2002) S. 161; Titman/Wessels (1988) S. 6. Implizit wird mit dieser Beobachtung unterstellt, dass das Investitionsvolumen des Unternehmens das Innenfinanzierungsvolumen – dies dürfte im Fall eines gesunden Unternehmenswachstums die Regel sein – übersteigt.

2704 Bevan/Danbolt (2002) S. 161. Ähnlich dazu auch Frank/Goyal (2009) und Strebulaev (2007). Frank/Goyal (2009) halten so fest, dass „[i]f investments and dividends are fixed, then more profitable firms will become less levered over time". Frank/Goyal (2009) S. 7. Ähnlich Strebulaev (2007) S. 1770; Ozkan (2001) S. 181.

auf die alternativen Finanzierungsquellen,[2705] so erweist sich eine Interpretation abseits einer rein mechanischen Sichtweise als vergleichsweise komplex. Ein zentrales Problem einer über einen rein mechanischen Zusammenhang hinausgehenden Betrachtung dieser Fragestellung dürfte an dieser Stelle u. a. auch in der i. d. R. engen Verbindung zwischen Marktbewertung und einer marktbasierten Messung der Profitabilität liegen, die eine Interpretation des Einflusses der Profitabilität auf das Finanzierungsverhalten erschwert. Die Bewertung des Kapitalmarktes und somit die Gestalt der marktwertbasierten Profitabilitätskennzahl kann entweder aus einer rationalen Einschätzung des Kapitalmarktes hervorgehen oder aber Ausdruck der (temporären) Irrationalität der Investoren sein.[2706]

Für den Fall, dass der Kapitalmarkt durch rationale Marktteilnehmer bestimmt wird, dürfte sich an der im Abschnitt I beschriebenen Signalwirkung einer Begabe von Eigenkapitalanteilen zunächst nichts ändern, können Marktteilnehmer mit der Zunahme der Unternehmensprofitabilität nicht zugleich auch dauerhaft besser zwischen „guten" und „schlechten" Unternehmen differenzieren. Man kann – dies soll an dieser Stelle letztlich nur oberflächlich betrachtet werden – u. U. argumentieren, dass Marktteilnehmer mit Blick auf profitable Unternehmen mehr Rechercheaufwand betreiben und damit zu einer besseren Einschätzung der tatsächlichen Leistungsfähigkeit gelangen.[2707] Gegen eine solche Argumentation kann angeführt werden, dass im gleichen Umfang auch die Auswirkungen einer Fehlbewertung mit der Profitabilität der Unternehmen ansteigen. Unter der Annahme rationaler Marktteilnehmer erscheint es auf Basis der – zugegebenermaßen oberflächlichen Betrachtung – daher unwahrscheinlich, dass die Finanzierungsrangfolge der Pecking-Order-Theorie mit der Profitabilität der Unternehmen verschoben wird.[2708]

Einen Einfluss auf den mit der Eigenkapitalbegabe verbundenen Signaleffekt hat der Umfang der Profitabilität damit zunächst nicht, geht man nicht von einem systematischen Einfluss der Unternehmensprofitabilität auf die Erwartungen des Kapitalmarktes bzw. die Fehlbewertung der Eigenkapitalanteile aus. Ein systematischer Einfluss der Profitabilität könnte – wie bereits festgehalten wurde – u. a. durch die Annahme irrationaler Investoren plausibilisiert werden. Mit einer solchen Annahme entfernt man sich jedoch von der Grundannahme der „klassischen" Pecking-Order-Theorie. Ein solcher Argumentationsansatz soll daher an dieser Stelle nicht weiterverfolgt werden. Man kann – ohne an dieser Stelle erneut auf Details einzugehen – an dieser Stelle vielmehr die vorsichtige Vermutung äußern, dass die Bedeutung von Konflikten zwischen Eigen- und Fremdkapitalgebern – im Kontrast zu den Konflikten zwischen Eigenkapitalgebern und dem Unternehmensmanagement – mit der Zunahme der Unternehmensprofitabilität i. d. R. abnimmt.

2705 Vgl. dazu u. a. Hovakimian et al. (2012) S. 330.

2706 Vgl. dazu Pástor/Veronesi (2003) S. 1751.

2707 Gänzlich unplausibel erscheint diese in der Literatur durchaus verbreitete Einschätzung nicht zu sein.

2708 Erst mit dem Übergang zur erweiterten Pecking-Order-Theorie wird sich letztlich von dieser Annahme getrennt.

Dürften Eigenkapitalgeber im Angesicht einer positiven zukünftigen Unternehmensentwicklung doch über einen geringeren Anreiz verfügen, Strategien zur Entreicherung der Fremdkapitalgeber umzusetzen. Für das Signal, das mit der Begabe von Eigenkapitalanteilen einhergeht, hat aber auch diese vorläufige Einschätzung zunächst keinen direkten Einfluss. Ob die Unternehmensprofitabilität damit einen Einfluss auf die Finanzierungsrangfolge der Pecking-Order-Theorie nimmt, erscheint im Rahmen dieser ersten Überlegungen daher fraglich. Die Frage, inwieweit die Unternehmensprofitabilität Einfluss auf das theoretische Gerüst der Pecking-Order-Theorie nimmt, soll daher an dieser Stelle nicht weiterverfolgt werden.

Fasst man zusammen, so ergibt sich aus dem mechanischen Zusammenhang zwischen Profitabilität und Kapitalbedarf aus der festen Finanzierungsrangfolge der Pecking-Order-Theorie somit ein negativer Zusammenhang zwischen Profitabilität und Verschuldungsumfang.[2709] Aufgrund der – dies haben die vorangehenden Abschnitte bereits hervorgehoben – i. d. R. nur auf eine Momentaufnahme der Finanzierungsentscheidung ausgerichteten Pecking-Order-Theorie erscheint es auch an dieser Stelle nicht zielführend, den Einfluss der Profitabilität auf ein langfristiges Verschuldungsoptimum näher zu betrachten.

Der Faktor Profitabilität in der dynamischen Trade-Off-Theorie

Wechselt man zu der Betrachtung des Einflusses des Faktors Profitabilität vor dem Hintergrund der dynamischen Kapitalstrukturtheorie, so rückt auch an dieser Stelle die in den vorangehenden Unterabschnitten dominante Frage, wie sich der realisierbare bzw. zu realisierende Verschuldungsgrad der Unternehmen unter dem Einfluss der Unternehmensprofitabilität verschiebt, gegenüber der Frage, inwieweit Unternehmen unter dem Einfluss der Unternehmensprofitabilität das angestrebte Finanzierungsziel verändern, in den Hintergrund.[2710] An dieser Stelle muss man, folgt man dem in den vorangehenden Abschnitten eingeschlagenen Vorgehen, also erneut der Frage nachgehen, inwieweit die mit einer Veränderung der Kapitalstruktur einhergehenden Transaktionskosten durch den Umfang der Unternehmensprofitabilität beeinflusst werden. Anders als im Fall der Faktoren Unternehmensgröße und Unternehmenswachstum ist der Zusammenhang zwischen der Unternehmensprofitabilität und dem Umfang der anfallenden Transaktionskosten auf den ersten Blick von eher indirekter Natur. Im Folgenden kann zunächst auf die Annahmen abgestellt werden, dass ein Anstieg der Unternehmensprofitabilität den Umfang und damit die Bedeutung der Transaktionskosten,

2709 Mit dieser Überlegung unterstellt man letztlich, dass die Finanzierungsrangfolge von dem Umfang der Unternehmensprofitabilität selbst unbeeinflusst bleibt. Diesen Schluss bestätigt das Ergebnis des oberflächlichen Blicks auf den Einfluss der Unternehmensprofitabilität auf das Theoriegerüst der Pecking-Order-Theorie.

2710 Diese Fragestellung wurde bereits für die „klassische" Trade-Off-Theorie näher betrachtet.

die mit einer aktiven Veränderung der Kapitalstruktur verbunden sind – unter gewissen Rahmenbedingungen – leicht verringern wird. Die Basis dieser Vermutung bilden in Grundzügen die Überlegungen des vorangehenden Abschnitts zum Einfluss der Wachstumschancen auf den Umfang und die Bedeutung der Transaktionskosten. Trifft man die Annahme – eine vergleichbare Argumentation findet sich u. a. bereits im Abschnitt zur „klassischen" Trade-Off-Theorie –, dass die Unternehmensprofitabilität ein Indikator für die zukünftige Leistungsfähigkeit des Unternehmens – insbesondere hinsichtlich der gegenüber den Fremdkapitalgebern bestehenden Verpflichtungen – darstellt, so kann an dieser Stelle darauf abgestellt werden, dass Fremdkapitalgeber profitableren Unternehmen i. d. R. wohl mit weniger Argwohn gegenübertreten werden. Kann doch – vergleichbar zum vorangehenden Unterabschnitt – letztlich argumentiert werden, dass mit einem Anstieg der Unternehmensprofitabilität sich der Anreiz der Umsetzung vermögensschädigender Strategien auf Kosten bestehender Fremdkapitalgeber verringert. Insbesondere mit Blick auf die Rahmenbedingungen der Fremdfinanzierung dürfte sich dies in weniger scharfen kreditvertraglichen Vereinbarungen bzw. einer weniger strengen Überwachung der Unternehmen durch die Fremdkapitalgeber niederschlagen.

Man kann – folgt man der in den vorangehenden Abschnitten eingeschlagenen Argumentation zur Bedeutung des Faktors Wachstums – daher vermuten, dass die Transaktionskosten, die mit einer Begabe von Fremdkapitalanteilen verbunden sind, mit einer Zunahme der Unternehmensprofitabilität leicht zurückgehen. Da Fremdkapitalgeber – unabhängig von der gegenwärtigen Profitabilitätslage – sich langfristig vor der Umsetzung von Strategien der Vermögensverschiebung schützen müssen,[2711] dürfte der Einfluss, den die Unternehmensprofitabilität auf den Umfang der Transaktionskosten ausübt, i. d. R. jedoch von zweitrangiger Natur sein. Man kann – auch hier ähneln die Überlegungen erneut dem vorangehenden Abschnitt – die Frage aufwerfen, inwieweit die Profitabilität die mit einer Begabe von Eigenkapital verbundenen Transaktionskosten beeinflusst. Denkbar sind – auch hier soll die Betrachtung auf einem vergleichsweise oberflächlichen Niveau verharren – zwei grundsätzliche Effekte, die für die Verbindung von Transaktionskosten in Zusammenhang mit einer Kapitalbegabe bzw. -rückführung und der Unternehmensprofitabilität relevant erscheinen. Blickt man zunächst auf den Einfluss, den die Unternehmensprofitabilität auf den Umfang der Transaktionskosten ausübt, so dürfte – geht man nicht davon aus, dass sich die Qualität der Erwartungen potenzieller Kapitalgeber bzw. deren Rationalität wesentlich verschiebt –[2712] der Einfluss der gegenwärtigen Unternehmensprofitabilität für den

2711 Kritische Fremdkapitalgeber werden sich in der Praxis nicht von einer schönen Fassade im Sinne der gegenwärtigen Unternehmensprofitabilität blenden lassen.

2712 Dieses Problem wurde im vorangehenden Unterabschnitt zur Pecking-Order-Theorie bereits kurz angerissen. Es sei an dieser Stelle daher auf den vorangehenden Unterabschnitt verwiesen.

Umfang der Transaktionskosten bestenfalls von nachrangiger Bedeutung sein. So kann man etwa argumentieren, dass der Fixkostenanteil, der etwa auf die Kosten externer Berater fällt, weitgehend unbeeinflusst von der Profitabilität der Unternehmen sein dürfte. Mit Blick auf die Höhe der anfallenden Transaktionskosten sei daher zunächst von einem bestenfalls nachrangigen Effekt ausgegangen.

Abschließend beantwortet ist die Frage nach der Bedeutung des Faktors Profitabilität damit nicht, wurde in den vorangehenden Anmerkungen zur Bedeutung des Faktors Profitabilität doch bereits ein möglicher zweiter Aspekt einer zunehmenden Profitabilität kurz deutlich, eine Zunahme der „Großzügigkeit" der Fremdkapitalgeber. Im Folgenden sei daher der Einfluss der Unternehmensprofitabilität auf die Gestalt der vorgenommenen Adjustierungsschritte kurz betrachtet. Letztlich – dies wird in der Folge nochmals näher betrachtet – sind die notwendig werdenden Adjustierungsschritte in Richtung eines wertoptimalen Verschuldungsgrades – in Abhängigkeit zur Entwicklung der Unternehmensprofitabilität – i. d. R. nur einseitig für die Unternehmen bindend. Diese Annahme kann durch eine eher technische Überlegung illustriert werden. Geht man davon aus, dass die Transaktionskosten, die Unternehmen bei einer Adjustierung der Kapitalstruktur zu tragen haben, sowohl aus einem fixen als auch variablen Bestandteil zusammengesetzt sind,[2713] so wird mit den nachfolgenden Überlegungen deutlich, dass der Faktor Unternehmensprofitabilität wohl in erster Linie die Häufigkeit, mit der ein Unternehmen an den Kapitalmarkt herantreten muss, um einen festen Zielverschuldungsgrad bzw. ein vorgegebenes Zielverschuldungsspektrum einhalten zu können, nicht aber zwingend den Umfang der vorgenommenen Anpassungen determiniert.[2714] Anders als im Fall der Unternehmensgröße dürften sich an dieser Stelle – allein auf Basis der Unternehmensprofitabilität – keine Skaleneffekte – die zu realisierenden Anpassungen der Kapitalstruktur können durchaus kleinteilig ausfallen – einstellen.[2715]

Es erscheint daher wenig verwunderlich, dass in der Literatur der Einfluss, den die Unternehmensprofitabilität auf den Verschuldungsumfang bzw. den Anpassungsumfang ausübt, i. d. R. vernachlässigt wird. In der Literatur findet sich vielmehr – vergleichbar mit der Argumentation vor dem Hintergrund der Überlegungen der Pecking-Order-Theorie – die Einschätzung, dass die Unternehmensprofitabilität und der Zielverschuldungsgrad über einen mechanischen

---

2713 Eine solche Vermutung kann sich u. a. auf die Arbeit von Altinkiliç/Hansen (2000) stützen. Vgl. dazu Altinkiliç/Hansen (2000) S. 213.

2714 Um einen Indikator des Anpassungsumfangs zu erhalten, müsste neben der Profitabilität selbst auch die Profitabilitätssteigerung betrachtet werden.

2715 Interessant für diese Frage ist eher der Umfang, mit dem sich die Profitabilität eines Unternehmens verändert, lassen sich hierauf gestützt doch eher Einschätzungen vornehmen, inwieweit das Unternehmen von dem optimalen Zielverschuldungsrahmen abweicht und wie groß Adjustierungen der Kapitalstruktur ausfallen müssen.

Zusammenhang eng miteinander verknüpft sind. Nimmt man auf Basis der sich im Rahmen der dynamischen Trade-Off-Theorie einstellenden Verschuldungsober- bzw. -untergrenze eine Fallunterscheidung vor, so zeigt sich der i. d. R. sich einseitig einstellende Adjustierungsbedarf. Blickt man zunächst auf den Einfluss des Faktors Unternehmensprofitabilität, so kann – wie bereits für die Überlegungen zum Einfluss der Unternehmensprofitabilität vor dem Hintergrund der statischen Trade-Off-Theorie festgehalten – ein Anstieg der Unternehmensprofitabilität i. d. R. auf einen Anstieg des Unternehmenswertes zurückgeführt werden. Stellt man auf eine marktwertbasierte Definition des Verschuldungsgrades ab, dem Unternehmen bei der Finanzierungsentscheidung folgen, so führt ein Anstieg des Unternehmenswertes zunächst rein mechanisch zu einer Verringerung des realisierten Verschuldungsgrades, ergreifen Unternehmen in der Folge des Anstiegs ihres Marktwertes keine Schritte, um den Verschuldungsumfang zu stabilisieren.[2716]

Unter dem hemmenden Einfluss von – mit einer Adjustierung der Kapitalstruktur verbundenen – Transaktionskosten ist, wie Kapitel I für die dynamische Trade-Off-Theorie gezeigt hat, eine in unregelmäßigen Abständen erfolgende Anpassung der Kapitalstruktur eine wenigstens ökonomisch einleuchtende Unternehmensstrategie. Unternehmen werden unter den skizzierten Rahmenbedingungen nur dann eingreifen, wenn eine obere bzw. untere Verschuldungsgrenze erreicht bzw. überschritten wurde. Befindet sich ein Unternehmen zwischen den durch die dynamische Trade-Off-Theorie vorgegebenen Refinanzierungspunkten, so führt ein Anstieg der Unternehmensprofitabilität zunächst regelmäßig zu einem Abschmelzen des realisierten marktwertbasierten Verschuldungsgrades.[2717] Mit Blick auf das Erreichen der Verschuldungsuntergrenze darf man vermuten, dass Unternehmen vom dem zunächst gesteckten Ziel eines Mindestverschuldungsgrades – wenigstens temporär – angesichts der operativen Profitabilität der Unternehmen abweichen werden. Strebulaev (2007) hält, diese Überlegungen stützend, fest, dass „[...] higher profitability lowers the current leverage of an individual firm, unless it refinances in that period“.[2718] Man kann an dieser Stelle daher die vorsichtige Vermutung äußern, dass eine hohe Unternehmensprofitabilität, den mechanischen Effekt auf den Verschuldungsumfang berücksichtigend, zunächst

---

2716 Eckbo/Kisser (2020) sprechen so davon, dass „[...] fixed rebalancing costs may cause firms with long-term leverage targets to exhibit capital structure inertia-periods without active leverage rebalancing in which the observed leverage may deviate substantially from the target [...]“ Eckbo/Kisser (2020) S. 2. Ähnlich dazu auch Danis et al. (2014) S. 425; Rajan/Zingales (1995) S. 1457.

2717 Die Verschuldungsgrenzen des wertoptimalen Verschuldungsspektrums verändern sich – folgt man der Vorüberlegung – dagegen nicht.

2718 Vgl. Strebulaev (2007) S. 1772; ähnlich dazu auch: Gilson (1997) S. 178; Eckbo/Kisser (2020) S. 2.

zu einer Unterschreitung des wertoptimalen Verschuldungsumfanges führt.[2719] In Abhängigkeit zur genauen Gestalt der Transaktionskosten werden hochprofitable Unternehmen – betrachtet man zunächst den Fall eines hohen Anteils variabler Transaktionskosten – einen an der unteren Verschuldungsgrenze orientierten Verschuldungsumfang realisieren und lediglich marginale Anpassungen am Fremdkapitalumfang als Antwort auf einen Anstieg der Unternehmensprofitabilität umsetzen.[2720] Für den Fall eines hohen Fixkostenanteils werden Unternehmen eher grobkörnige Anpassungen an der Kapitalstruktur vornehmen, unter dem Einfluss der Unternehmensprofitabilität kommt es – wie bereits in Kapitel I beschrieben – unter diesen Bedingungen zu einer schrittweisen Konvergenz des Verschuldungsumfangs in Richtung der unteren Verschuldungsgrenze, die durch sprunghafte Anpassungen in Richtung der Verschuldungsobergrenze durchbrochen wird.[2721] Ist das Unternehmen zunehmend unprofitabel, rückt die durch die Fremdkapitalgeber vorgegebene bzw. das Insolvenzrecht determinierte Verschuldungsgrenze in den Vordergrund. Hierbei kann eine vergleichbare Überlegung wie im Fall der Verschuldungsuntergrenze eingeschlagen werden. Mit der Abnahme des Unternehmenswertes dürfte der Verschuldungsumfang letztlich auf Druck der Fremdkapitalgeber reduziert werden müssen.[2722]

Ein Nachteil einer vorwiegend mechanisch getriebenen Interpretation des Einflusses des Faktors Profitabilität ist, dass weitere bedeutsame Faktoren für die Gestalt der Finanzierungsentscheidung bei den vorangehenden Überlegungen als gesetzt angenommen werden müssen. So wurden etwa die, die Verschuldungsgrenzen bestimmenden, Transaktionskosten als weitgehend unabhängig von dem Umfang der Profitabilität des Unternehmens – dies deckt sich weitestgehend mit den Vorüberlegungen – angenommen. Unberücksichtigt blieb an dieser Stelle zudem die für die Gestalt der Finanzierungsentscheidung durchaus zentrale Frage, inwieweit die Profitabilität in der Zukunft Schwankungen bzw. Brüchen

2719 Ein solches Finanzierungsverhalten deckt sich also mit der in der Literatur gemachten Beobachtung, dass die in der Praxis realisierten Verschuldungsgrade zu gering erscheinen. Vgl. dazu Danis et al. (2014) S. 424.

2720 Auch an dieser Stelle muss – will man sich ein genaues Bild der Veränderung der Kapitalstruktur bzw. der Unternehmensmaßnahmen machen – die Schwankung der Unternehmensprofitabilität bekannt sein. Dieser Aspekt sei an dieser Stelle zugunsten einer späteren Betrachtung im Rahmen des Abschnitts zum Risiko vernachlässigt.

2721 Vergleichbar dazu Danis et al. (2014) S. 440. Wie die nachfolgenden Überlegungen zu den Finanzierungspolitiken nochmals hervorheben werden, kann an dieser Stelle für beide Fälle eine autonome Finanzierungspolitik als eine hinreichend genaue Approximation einer solchen Politik angesehen werden.

2722 Blickt man auf die Verschuldungsuntergrenze dürfte mit einer Abnahme der Unternehmensprofitabilität die Optimierung der Kapitalstruktur stärker an Bedeutung gewinnen, sodass an dieser Stelle von einer symmetrischen Verschiebung ausgegangen werden kann.

unterworfen ist. Beide Aspekte dürften maßgeblich die Geschwindigkeit, mit der die Verschuldungsgrenzen des wertoptimalen Verschuldungsspektrums der dynamischen Trade-Off-Theorie erreicht werden, determinieren. Das Verständnis, das für die Finanzierungsentscheidungen der dynamischen Trade-Off-Theorie aus dem Faktor Profitabilität erwächst, erscheint damit – in Unkenntnis weiterer Faktoren – zunächst auf eine mechanisch getriebene Interpretation begrenzt. Trennt man sich von diesen implizit bestehenden Annahmen, so erscheinen auch alternative Einschätzungen denkbar. Dies deckt sich letztlich mit der in der empirischen Literatur zu beobachtenden kontroversen Diskussion des Faktors Profitabilität sowie den Überlegungen der vorangehenden Unterabschnitte.

Blickt man, ausgehend von den vorangehenden Überlegungen, auf die gemischten Ergebnisse der empirischen Literatur, so können diese durchaus damit erklärt werden, dass die Gestalt des in diesem Abschnitt beschriebenen mechanischen Effekts letztlich durch weitere Faktoren maßgeblich beeinflusst bzw. überlagert wird.[2723] Die Gestalt dieser Faktoren – im Vorfeld wurde insbesondere der Umfang der Transaktionskosten als auch die Schwankungsbreite bzw. das Risiko des Unternehmens hervorgehoben –[2724] soll an dieser Stelle nicht eingehender betrachtet werden.[2725] Eingängig erscheint, dass Unternehmen im Angesicht einer zunehmenden Profitabilität zeitweise Abweichungen von einem Zielverschuldungsgrad – die Reaktionen der Fremdkapitalgeber dürften bei Überschreiten des Zielverschuldungsgrades weniger hart ausfallen – zulassen. Im Einklang mit diesen Überlegungen hat etwa die Arbeit von Welch (2004) gezeigt, dass profitablere Unternehmen weniger starke Anpassungen an der Kapitalstruktur vornehmen.[2726] Dies erscheint

2723 In der empirischen Literatur zeigt sich insbesondere der durch die Pecking-Order-Theorie beschriebene negative Zusammenhang von Verschuldungsgrad und Profitabilität als stabil. In der jüngeren Literatur wird dieses Ergebnis durchaus kontrovers vor dem Hintergrund der dynamischen Trade-Off-Theorie diskutiert. Vgl. dazu u. a. Eckbo/Kisser (2020) S. 20; dazu Danis et al. (2014) S. 440.

2724 Man kann an dieser Stelle auch darauf abstellen, dass sich die Schwankungsbreite mit der Unternehmensprofitabilität verengen müsste, steigt doch mit der Unternehmensprofitabilität der hebbare Wertbeitrag der Fremdfinanzierung. Unklar ist aber auch an dieser Stelle, ob – diese Überlegungen haben sich schon im Abschnitt zum Unternehmenswachstum gefunden – der hinter dem Anstieg stehende Anstieg des Unternehmenswertes auf greifbare Investitionsprojekte und damit die tatsächliche Hebbarkeit eines Wertbeitrages der Fremdfinanzierung zurückzuführen ist.

2725 Auf der Ebene konzeptioneller Überlegungen erscheint für die Beantwortung der Frage des Einflusses dieser Faktoren zunächst auch der Weg über eine Fallunterscheidung denkbar. Dieser Weg dürfte – möchte man Wechselwirkungen berücksichtigen – mit der Zahl der zu betrachtenden Parameter zunehmend komplex werden. Für diesen ersten Überblick über die Treiber der Finanzierungsentscheidung sei dieser Weg daher nicht eingeschlagen.

2726 Vgl. dazu Welch (2004) S. 120.

eine bedeutsame Beobachtung, entgeht profitablen Unternehmen doch damit auch ein Teil der Wertbeiträge der Fremdfinanzierung. Erklären kann man die mit der Profitabilität zunehmend verhaltene Reaktion einerseits mit den Kosten einer Adjustierung, die den Wertbeitrag der Fremdfinanzierung übersteigt,[2727] bzw. der vergleichsweisen Nachrangigkeit des Wertbeitrages der Fremdfinanzierung für profitable Unternehmen. Mit dem Rückgang der Profitabilität erscheint dagegen eine strenge Orientierung an einem wertoptimalen Verschuldungsgrad notwendig, will man nicht eine Zahlungsunfähigkeit des Unternehmens riskieren bzw. rückt für weniger profitable Unternehmen der Wertbeitrag der Fremdfinanzierung in den Vordergrund.

Blickt man in einem zweiten Schritt auf die Wechselwirkungen zwischen Ausschüttungs-, Finanzierungs- und Investitionspolitik, so hängt der Einfluss des Faktors Profitabilität maßgeblich von der Rangfolge der einzelnen Politiken zueinander ab. Geht man – dies ist, wie bereits hervorgehoben, bei den „klassischen" Finanzierungspolitiken der Unternehmensbewertung regelmäßig der Fall – von der Dominanz der Finanzierungspolitik aus, so dürfte ein Anstieg der Profitabilität in aller Regel zu der in den vorangehenden Abschnitten beschriebenen Ausweitung des Schwankungsbereichs um den wertoptimalen Verschuldungsgrad führen. Ein vergleichbares Ergebnis dürfte sich im Fall der Dominanz der Ausschüttungs- ggü. Finanzierungs- und Investitionspolitik einstellen. Hält ein Unternehmen bei gegebener Investitionspolitik an einem festen Ausschüttungsvolumen fest, so dürfte – auch dieser Überlegung liegt die Vorstellung zugrunde, dass die Zunahme der Profitabilität mit einem Anstieg des Unternehmenswertes, d. h. der zukünftigen Cashflows des Unternehmens, verbunden ist – das Ziel eines wertoptimalen Verschuldungsgrades zunehmend aus dem Fokus des Unternehmens rücken. So dürften bei Unternehmen mit Zunahme der Profitabilität die nicht ausgekehrten Mittel zu einer Verwässerung des Zielverschuldungsgrades führen, während im Fall der Abnahme der Profitabilität die Aufnahme von externem Fremdkapital – die Investitionspolitik wird annahmegemäß nicht verändert – zwangsweise zu einer höheren Verschuldung führt.[2728] Eine ähnliche Einschätzung lässt sich – unterstellt man an dieser Stelle auch eine stabile Ausschüttungspolitik – auch mit Blick auf eine dominante Investitionspolitik festhalten. Auch unter diesen Bedingungen ergibt sich die Finanzierungspolitik als Residuum der

---

2727 Welch (2004) hält in diesem Zusammenhang analog fest: „They may find that increasing the debt ratio would provide few additional tax benefits in exchange for risking a short-term liquidity crunch or outright bankruptcy." Welch (2004) S. 123. Diese Erklärung hat – wie Welch (2004) zugesteht – einige Schwächen. So findet sich in der Literatur u. a. die Kritik, dass Unternehmen bereits zu wenig Fremdkapital einsetzen, um den Wertbeitrag der Fremdfinanzierung voll heben zu können. Vgl. ebda.

2728 Das Ziel eines wertoptimalen Verschuldungsgrades verkommt auch an dieser Stelle zu einem Ziel zweiter Ordnung.

Vorentscheidungen und die mit einer zunehmenden Profitabilität eingetragenen Zahlungsströme führen zu Verschiebungen im realisierten Verschuldungsgrad ggü. einem Verschuldungsoptimum.

Im Fall einer Abkehr von der wohl realitätsfernen Annahme der strikten Dominanz einer der Unternehmenspolitiken, dürfte – dies haben die Überlegungen des Kapitels I gezeigt – die Bedeutung eines wertoptimalen Verschuldungsoptimums mit der Zunahme der Unternehmensprofitabilität abnehmen.[2729] Auch unter einem geänderten Blickwinkel auf die Bedeutung des Faktors Unternehmensprofitabilität erscheint damit das Ergebnis der Vorüberlegungen damit als durchaus belastbar. Aus Sicht der dynamischen Trade-Off-Theorie erscheint damit die Zunahme der Schwankungsbreite um einen wertoptimalen Zielverschuldungsgrad mit dem Umfang der Unternehmensprofitabilität als plausible Ausgangshypothese.

Der Faktor Profitabilität in der Theorie des Market-Timings

Die vorangehenden Abschnitte haben sowohl mit Blick auf den Einfluss der Unternehmensgröße als auch der Wachstumschancen auf die Finanzierungsentscheidung festgehalten, dass ein systematischer Einfluss dieser Faktoren regelmäßig kompatibel mit einer Zweiteilung der „klassischen" Pecking-Order-Theorie erscheint, wie sie etwa mit der erweiterten Pecking-Order-Theorie beschrieben wird. Eine solche Vorstellung widerspricht jedoch der mit der Theorie des Market-Timings verbundenen Vorstellung, dass die die Finanzierungsentscheidungen treibende Fehlbewertung des Kapitalmarktes einen grundsätzlich zufälligen Charakter besitzt.[2730] Ein systematischer Einfluss des Faktors Profitabilität kann an dieser Stelle daher nicht bestehen, will man nicht zugleich die Kernannahme der Theorie des Market-Timings – wenigstens teilweise – aushebeln. Ist der Zusammenhang zwischen Finanzierungsentscheidung und Profitabilität dagegen unsystematisch, so muss man sich nicht näher mit dem Einfluss des Faktors Profitabilität auf die Finanzierungsentscheidung befassen, dürfte man doch nicht zu einer konkreteren Einschätzung als in Kapitel I, einer fallabhängigen Finanzierungsentscheidung, kommen. Einen Erkenntnisgewinn versprechen diese Überlegungen damit nur eingeschränkt. Dieses Problem ist von struktureller Natur und betrifft damit auch die im Nachgang noch zu beleuchtenden Determinanten der Finanzierungsentscheidung.[2731] In den

2729 Diese Folgerung erscheint letztlich nicht unwahrscheinlich, dürfte die Annahme eines wertoptimalen Verschuldungsoptimums doch insbesondere in einem eingeschwungenen Zustand sich als reizvoll erweisen.

2730 Es wurde an dieser Stelle in den vorangehenden Abschnitten u. a. auf die sich aus einem systematischen Einfluss einer bestimmten Determinante ergebende Arbitragemöglichkeit hingewiesen. Diese Möglichkeit – darauf wird an dieser Stelle nicht nochmals näher eingegangen – besteht auch für den Fall der Unternehmensprofitabilität grundsätzlich fort.

2731 Zu einem vergleichbaren Ergebnis kommt die Arbeit von Frank/Goyal (2009). Frank/Goyal (2009) halten so fest, dass „[w]hile this idea [– the idea of market

folgenden Abschnitten sei daher auf eine eingehendere Beleuchtung des Einflusses ausgewählter Faktoren auf die Finanzierungsentscheidung vor dem Hintergrund der Theorie des Market-Timings verzichtet.

Der Faktor Profitabilität in der erweiterten Pecking-Order-Theorie

Auch an dieser Stelle sei, die Überlegungen zur Bedeutung des Faktors Profitabilität vor dem Hintergrund alternativer Finanzierungspolitiken abschließend, auf die Bedeutung des Faktors Profitabilität für die Finanzierungsentscheidung vor dem Hintergrund der erweiterten Pecking-Order-Theorie eingegangen. Der Zusammenhang, der zwischen Unternehmensprofitabilität und der Finanzierungsentscheidung in der erweiterten Pecking-Order-Theorie besteht, erscheint zunächst unklar, können doch zwei, in ihrem Ergebnis, abweichende Standpunkte mit Blick auf die Finanzierungsentscheidung vertreten werden. Einerseits kann, in Rückgriff auf die Überlegungen zur klassischen Pecking-Order-Theorie, argumentiert werden, dass ein Anstieg der Unternehmensprofitabilität zu einer Stärkung der Finanzierungsrangfolge der „klassischen" Pecking-Order-Theorie gegenüber der zweigeteilten Finanzierungsrangfolge der erweiterten Pecking-Order-Theorie führt. Eine solche Einschätzung bedeutet, dass die gesonderte Betrachtung von Wachstumsunternehmen – wie sie mit der erweiterten Pecking-Order-Theorie vorgeschlagen wurde – an Bedeutungskraft verliert. Ein möglicher Auslöser dieser Einschätzung findet sich wohl auch an dieser Stelle in dem mit der Unternehmensprofitabilität ansteigenden Innenfinanzierungsvolumen. Unabhängig von der Gestalt bzw. dem Umfang der Wachstumschancen führt ein Anstieg der Unternehmensprofitabilität über den Anstieg der Unternehmenscashflows[2732] i. d. R. zu einem Anstieg des Innenfinanzierungsvolumens der Unternehmen. Im Sinne der „klassischen" Pecking-Order-Theorie müssen Unternehmen in der Folge des Anstiegs der Unternehmensprofitabilität c. p. also im geringeren Umfang auf externes Kapital als Finanzierungsquelle des Unternehmens abstellen.[2733] Für die Unterscheidung zwischen dem Finanzierungsverhalten von Wachstumsunternehmen und Unternehmen mit normalen oder geringen Wachstumschancen ist dieser Effekt zunächst von geringer Bedeutung, unterscheiden sich die „klassische" und die erweiterte Pecking-Order-Theorie doch nicht in dem Vorzug der Innenfinanzierungsquellen gegenüber der Begabe

---

timing –] seems plausible, it has nothing to say about most of the factors traditionally considered in studies of corporate leverage". Frank/Goyal (2009) S. 7.

2732 In einem vorangehenden Abschnitt wurde so argumentiert, dass der die Profitabilitätskennzahlen beeinflussende Anstieg des Unternehmenswertes maßgeblich auf einen Anstieg der zukünftigen Unternehmenscashflows zurückzuführen ist.

2733 Man kann an dieser Stelle durchaus kritisch einwerfen, dass der Einfluss, den eine gestiegene Unternehmensprofitabilität auf das Finanzierungsverhalten von Wachstumsunternehmen ausübt, wohl i. d. R. vernachlässigbar sein dürfte, da das Investitionsvolumen die vorhandene Innenfinanzierungskraft der Unternehmen regelmäßig übersteigen dürfte.

von externem Kapital, sondern in einem Vorzug einer Finanzierung mit externem Eigenkapital ggü. einer Finanzierung mit Fremdkapital. Man muss an dieser Stelle daher in einem zweiten Schritt die Frage beantworten, ob bzw. inwieweit die Profitabilität die Präferenz der Unternehmen zwischen externer Fremd- bzw. Eigenfinanzierung verschiebt. Den Ausgangspunkt einer diese Frage klärenden Überlegung bildet erneut der mit einem Anstieg der Profitabilität verbundene Anstieg des Innenfinanzierungsvolumens. Es kann – eine solche Argumentation findet sich u. a. bereits bei den Überlegungen zur „klassischen" Trade-Off-Theorie – argumentiert werden, dass mit der operativen Leistungsfähigkeit des Unternehmens zugleich auch das einsetzbare Fremdfinanzierungsvolumen des Unternehmens im Sinne der Finanzierungsrangfolge der „klassischen" Pecking-Order-Theorie ansteigt. Interessant erscheint vor diesem Hintergrund ein erneuter Blick auf die Argumentation zur erweiterten Pecking-Order-Theorie.

Fasst man die Überlegungen der erweiterten Pecking-Order-Theorie plakativ zusammen, so wurde zugunsten eines verstärkten Eigenkapitaleinsatzes argumentiert, dass bestehende Eigenkapitalgeber bereit sind, in den sauren Apfel einer teilweisen Eigenfinanzierung von Wachstumsprojekten zu beißen, sofern der mit der Realisation der Investitionsprojekte einhergehende Vermögensanstieg die mit der Begabe jungen Eigenkapitals einhergehende Vermögensverschiebung aufwiegt. Diese pragmatische Herangehensweise der Praxis an die Finanzierungsentscheidung bedeutet jedoch auch, dass die Eigenfinanzierung nichts von dem ursprünglich mit der „klassischen" Pecking-Order-Theorie beschriebenen negativen Werteffekt verliert.[2734] Sofern Unternehmen über freie Fremdkapitalkapazitäten verfügen, werden sie wohl auch im Fall, in dem die Argumentation der erweiterten Pecking-Order-Theorie greift, eine mögliche Fremdfinanzierung einer Finanzierung durch die Begabe von Eigenkapitalanteilen vorziehen. Vor dem Hintergrund dieser Überlegungen kann also argumentiert werden, dass die Zweiteilung der Finanzierungsentscheidung, wie sie mit der erweiterten Pecking-Order-Theorie beschrieben wird, mit dem Umfang der Unternehmensprofitabilität an Relevanz verliert. Unplausibel erscheint eine solche Argumentation nicht, gewinnen Unternehmen doch mit der Unternehmensprofitabilität regelmäßig auch an Substanz, die auf die Kapitalgeber im Insolvenzfall verteilt werden kann.[2735]

Einer solchen Einschätzung ist entgegenzuhalten, dass insbesondere für junge Wachstumsunternehmen, die im Fokus der Entwicklung der erweiterten Pecking-Order-Theorie stehen, die Erweiterung der Fremdkapitalkapazität mit der Unternehmensprofitabilität wohl von sekundärer Bedeutung ist und letztlich den regelmäßig bestehenden Unwillen der Fremdkapitalgeber, dem Unternehmen Kapital zur Verfügung zu stellen, nicht heilen kann. Ein Großteil des mit der

2734 Die Nachteile einer Begabe von Eigenkapital werden lediglich durch den Wertvorsprung der Wachstumsprojekte aufgewogen.

2735 Diese Frage, wie die Unternehmenssubstanz die Finanzierungsentscheidung beeinflusst, wird im nachfolgenden Abschnitt nochmals aufgegriffen.

Profitabilität wachsenden Unternehmenscashflows wird wohl durch eine direkte Investition in risikobehaftete Investitionsprojekte aufgezehrt und bietet Fremdkapitalgebern somit im Insolvenzfall keine ausreichende Sicherheit. Unter Verweis auf die Überlegungen des Abschnitts zur „klassischen" Trade-Off-Theorie, dass Wachstumsprojekte i. d. R. eine unzureichende Sicherheit für die Fremdkapitalgeber darstellen, kann an dem skizzierten Anstieg der Fremdkapitalkapazität – insbesondere für Wachstumsunternehmen – gezweifelt werden.[2736] Man kann daher an dieser Stelle durchaus die Gegenposition zu den vorangehenden Überlegungen einnehmen und die Einschätzung vertreten, dass die Unternehmensprofitabilität einen Indikator für die Zweiteilung der Finanzierungsentscheidung im Rahmen der erweiterten Pecking-Order-Theorie darstellt.[2737] Dies bedeutet letztlich, dass Unternehmensprofitabilität und Wachstumschancen – der Umfang der Wachstumschancen war die Determinante der Finanzierungsentscheidung im Rahmen der erweiterten Pecking-Order-Theorie – eng miteinander verknüpft sind. Wenig verwunderlich findet sich in der Literatur die Einschätzung, dass die Unternehmensprofitabilität einen Indikator der Wachstumschancen des Unternehmens darstellt.[2738] Der Anstieg der Unternehmensprofitabilität ist im Rahmen dieses zweiten Interpretationsansatzes letztlich ein Ausdruck der Antizipation zukünftiger Wachstumschancen durch den Kapitalmarkt. Die Argumentation der erweiterten Pecking-Order-Theorie, dass der negative Werteffekt einer Finanzierung durch die Begabe von Eigenkapitalanteilen im Angesicht wertschaffender Wachstumschancen seinen Schrecken verliert, greift an dieser Stelle somit uneingeschränkt. Ohne die aus dem vorangehenden Abschnitt bekannte Argumentation zu wiederholen, kann an dieser Stelle also darauf abgestellt werden, dass mit der Unternehmensprofitabilität die Wahrscheinlichkeit einer Eigenkapitalbegabe wächst. Es besteht an dieser Stelle somit ein enger Zusammenhang zwischen dem Umfang der Wachstumschancen, der Unternehmensprofitabilität und der Finanzierungsentscheidung.

Eine eigenständige Erklärung liefert die Determinante Unternehmensprofitabilität daher nur für den ersten Argumentationsansatz.[2739] Diese Argumentation

2736 Denkt man an die Überlegungen zum Unterinvestitionsproblem in Kapitel I zurück, so kann man an dieser Stelle auch einwerfen, dass sich Eigenkapitalgeber wohl ungern der Gefahr aussetzen wollen, die wertschaffenden Investitionsprojekte durch eine Erhöhung der Insolvenzwahrscheinlichkeit eines Unternehmens zu verlieren.

2737 Vgl. zu einer vergleichbaren Einschätzung u. a. bereits Rajan/Zingales (1995) S. 1457.

2738 Vgl. dazu Schneider (2010) S. 208.

2739 Interessant erscheint an dieser Stelle das zu den vorangehenden Abschnitten vergleichbare gemischte Ergebnis mit Blick auf die Determinante Unternehmensprofitabilität, das sich auch mit der gemischten empirischen Evidenz der Literatur deckt. Wie die nachfolgende Zusammenfassung zeigt, dürfte dieses Ergebnis u. a. dadurch beeinflusst sein, dass die Auswirkungen einer steigenden

legt auf den ersten Blick die Dominanz der Finanzierungsrangfolge der klassischen Pecking-Order-Theorie nahe, nicht jedoch für eine Zweiteilung im Einklang mit der erweiterten Pecking-Order-Theorie. Für den zweiten Argumentationsansatz, der an einer Zweiteilung der Finanzierungsentscheidung im Einklang mit der erweiterten Pecking-Order-Theorie festhält, besteht dagegen ein enger Zusammenhang zwischen Unternehmenswachstum und Unternehmensprofitabilität. Rajan/Zingales (1995) halten die Überlegungen dieses Abschnitts zusammenfassend fest: „So firms that are profitable and have few investment opportunities (i.e. large firms) will reduce equity issues drastically. These firms will have a more positive correlation between leverage and profitability. By contrast, if profitability is also correlated with the investment opportunities small firms have, then an increase in the profitability may lead to greater equity issuances, reducing the correlation between profitability and leverage."[2740]

Fasst man an dieser Stelle die Überlegungen dieses Abschnitts zusammen, so determiniert die Unternehmensprofitabilität unter Beachtung der bestehenden Wachstumschancen die präferierte Finanzierungsrangfolge und damit die zukünftigen Finanzierungsentscheidungen. Unternehmen mit hohen Wachstumschancen und einer hohen Unternehmensprofitabilität werden gegenüber gesättigten Unternehmen eine Begabe von Eigenkapitalinstrumenten zur Finanzierung des Unternehmens der Begabe von Fremdkapitalinstrumenten vorziehen. Blickt man auf die Überlegungen zur dynamischen Trade-Off-Theorie zurück, so werden die Wachstumsunternehmen in der Tendenz unterverschuldet sein und einen aus der Sicht des Wertbeitrages der Fremdfinanzierung suboptimalen Wertbeitrag der Fremdfinanzierung realisieren.

Zum Einfluss des Faktors Profitabilität auf die alternativen Finanzierungspolitiken

Wie mit den vorangehenden Unterabschnitten deutlich wurde, ist der Einfluss, den der Faktor Profitabilität auf die Finanzierungsentscheidung der Unternehmen nimmt – im Unterschied zu den in den vorangehenden Abschnitten näher betrachteten Determinanten der Finanzierungsentscheidung –, i. d. R. nicht eigenständig bestimmbar, sondern i. d. R. von einer Reihe weiterer Unternehmensfaktoren abhängig. Die Aufgabe, aus den Überlegungen der vorangehenden Unterabschnitte eine Verbindung zwischen Unternehmensprofitabilität und den in Kapitel II näher betrachteten Finanzierungspolitiken abzuleiten, wird letztlich durch die Unbestimmtheit der Folgen des Faktors Unternehmensprofitabilität erschwert. Wie im Fall der Überlegungen zum Einfluss der Unternehmensgröße und des Unternehmenswachstums sollen auch an dieser Stelle zunächst die Argumente der vorangehenden Unterabschnitte zusammengefasst werden, um darauf aufbauend eine erste Verbindung zu den alternativen Finanzierungspolitiken abzuleiten. Im Rahmen der

---

Unternehmensprofitabilität u. a. auch von der Ausprägung weiterer Unternehmenscharakteristika abhängen.

2740 Rajan/Zingales (1995) S. 1457–1458.

Überlegungen zur „klassischen“ Trade-Off-Theorie wurde zunächst argumentiert, dass mit zunehmender Unternehmensprofitabilität sowohl die Insolvenzkosten als auch die Insolvenzwahrscheinlichkeit der Unternehmen zurückgeht. Grundlage dieser Argumentation war, dass mit der Unternehmensprofitabilität auch die Tragfähigkeit für den Einsatz weiterer Fremdkapitalschichten steigt bzw. der Wertverzehr, dem sich ein Unternehmen im Insolvenzfall aussetzt, mit zunehmender Unternehmensprofitabilität an Bedeutung verliert.[2741] Vor dem Hintergrund der „klassischen“ Trade-Off-Theorie führen diese Überlegungen dazu, dass der Wertbeitrag der Fremdfinanzierung gegenüber den die Verschuldung begrenzenden Faktoren gestärkt wird und damit der realisierbare Verschuldungsumfang des Unternehmens zunimmt. Dies steht im Kontrast zu der rein mechanisch getriebenen Verringerung des Zielverschuldungsgrades, die Unternehmen mit einem Anstieg der Unternehmensprofitabilität erfahren. Folgt man der „klassischen“ Trade-Off-Theorie, so führt ein Anstieg der Unternehmensprofitabilität also nicht nur zu einer Korrektur der mechanischen Veränderung des Verschuldungsgrades, sondern zu einem generellen Anstieg des Verschuldungsumfanges. Eine solche Einschätzung spricht zunächst für eine wertabhängige Finanzierungspolitik, die durch einen zustandsabhängigen, d. h. nicht zeitstabilen, Zielverschuldungsgrad geprägt ist.

Ein konträres Bild zeigt sich, blickt man auf die Überlegungen zur Pecking-Order-Theorie zurück. Der mit dem Anstieg der Unternehmensprofitabilität verbundene mechanische Rückgang des Verschuldungsgrades löst – im Rahmen der Pecking-Order-Theorie existiert, wie bereits festgehalten wurde, kein dauerhaftes wertoptimales Verschuldungsoptimum – zunächst keine Kapitalstrukturmaßnahmen der Unternehmen aus. Blickt man auf die zukünftigen Finanzierungsentscheidungen, so führt der mit dem Anstieg der Unternehmensprofitabilität verbundene Anstieg des Innenfinanzierungsvolumens wohl zunächst dazu, dass der Verschuldungsgrad nicht auf das Niveau vor dem Profitabilitätsschock zurückkehrt bzw. dass sich Unternehmen infolge des Anstiegs des Innenfinanzierungsvolumens möglicherweise sogar weiter vom ursprünglichen (Ziel-) Verschuldungsgrad entfernen. Der Fremdkapitalbestand bleibt unter der Pecking-Order-Theorie unter den skizzierten Bedingungen dagegen unangetastet. Die Überlegungen zur Pecking-Order-Theorie sprechen auf den ersten Blick damit eher für die Annahme einer autonomen Finanzierungspolitik, in der der Fremdkapitaleinsatz mit Zunahme der Unternehmensprofitabilität[2742] keine Veränderung erfährt. Jedoch gewinnt der

2741 Hintergrund dieser Argumentation war, dass sowohl bestehende Eigenkapitalgeber bzw. die Fremdkapitalgeber ein Interesse daran haben, die Insolvenztatbestände möglichst schnell auszuräumen, um den Erfolg profitabler Unternehmen nicht zu gefährden. Dies deckt sich mit den Überlegungen zur Pecking-Order-Theorie, dass die Konflikte zwischen Eigen- und Fremdkapitalgeber mit zunehmender Unternehmensprofitabilität abnehmen.

2742 Man unterstellt damit implizit, dass das Investitionsvolumen im Zeitverlauf keine Veränderung erfährt.

Einsatz von externem Fremdkapital gegenüber einer Finanzierung mit externem Eigenkapital – die Agency-Konflikte zwischen den Kapitalgebern verlieren an Bedeutung – dagegen an Vorteilhaftigkeit. Wann sich der Effekt eines Profitabilitätsanstiegs umkehrt, hängt letztlich auch von dem Umfang bzw. der Bedeutung zukünftiger Investitionsprojekte ab. Auf Basis der „klassischen" Trade-Off- und Pecking-Order-Theorie lassen sich somit zunächst beide, in Kapitel II als Eckpunkte beschriebene, alternative Finanzierungspolitiken motivieren. Für die Frage der Stabilität des Verschuldungsumfangs, d. h. der autonomen Finanzierungspolitik, bzw. des Zielverschuldungsgrades, d. h. der wertabhängigen Finanzierungspolitik, bedeutsam erweisen sich die für die dynamischen Kapitalstrukturtheorien zu beantwortenden Fragestellungen. Die Überlegungen zur dynamischen Trade-Off-Theorie haben zunächst darauf abgestellt, dass die mit der Begabe von Fremdkapitalinstrumenten verbundenen Transaktionskosten im Angesicht des mit der Unternehmensprofitabilität zu erwartenden Rückgangs der Agency-Konflikte leicht zurückgehen. Im Angesicht der Argumentation der „klassischen" Trade-Off-Theorie, dass die Bedeutung des Wertbeitrages der Fremdfinanzierung mit der Unternehmensprofitabilität steigt, kann man zunächst darauf abstellen, dass Unternehmen stärker steuernd in die Kapitalstruktur eingreifen werden. M.a.W. verengt sich mit einem Anstieg der Unternehmensprofitabilität also das wertoptimale Verschuldungsspektrum der dynamischen Trade-Off-Theorie und Unternehmen rücken näher an den wertoptimalen Verschuldungsgrad der „klassischen" Trade-Off-Theorie.

Dieser auf den ersten Blick stabil wirkenden Argumentation, können – dies haben die Vorüberlegungen gezeigt – mehrere Aspekte entgegengehalten werden. Zunächst ist unklar, ob mit der Unternehmensprofitabilität zugleich auch der hebbare Wertbeitrag der Fremdfinanzierung ansteigt, kann der Anstieg der Profitabilität doch auf zukünftige noch nicht umgesetzte Investitionsprojekte zurückgeführt werden. Stellt man in diesem Zusammenhang darauf ab, dass die Transaktionskosten von dem Umfang der Unternehmensprofitabilität unbeeinflusst sind, dafür lassen sich, wie gezeigt wurde, Argumente finden, so verschieben sich die Verschuldungsgrenzen des wertoptimalen Verschuldungsspektrums nicht. Vielmehr kommt es rein mechanisch zu einer Verwässerung des Zielverschuldungsgrades durch einen Anstieg des Unternehmenswertes. In Abhängigkeit zur Gestalt der Transaktionskosten werden Unternehmen damit eher einen Verschuldungsgrad realisieren, der der Verschuldungsuntergrenze des Unternehmens entspricht[2743] und die die Kapitalstruktur eher sprunghaft adjustieren. Während der erste Fall mit einer wertabhängigen Finanzierungspolitik durchaus plausibel abgebildet werden kann, erscheint für den zweiten Fall die Annahme einer gemischten Finanzierungspolitik eine eingängigere Alternative zu sein. Ein eindeutiges Ergebnis liefert die Determinante Unternehmensprofitabilität an dieser Stelle letztlich nicht. Ein

2743 Bei einem Rückgang der Unternehmensprofitabilität wird vice versa die Verschuldungsobergrenze realisiert werden.

vergleichbares Bild zeigt sich mit Blick auf die erweiterte Pecking-Order-Theorie. Abhängig von den Wachstumschancen und der Unternehmensprofitabilität kommt es zu einer Zweiteilung der Finanzierungsentscheidung. Profitable Unternehmen mit geringen Wachstumschancen werden verstärkt auf eine Finanzierung durch Fremdkapital abstellen, profitable Unternehmen mit hohen Wachstumschancen hingegen verstärkt auf die Finanzierung durch Eigenkapital. Die Zweiteilung der Finanzierungsentscheidung mit der Unternehmensprofitabilität und den Wachstumschancen lässt die Frage nach der Gestalt der Finanzierungsentscheidung zunächst unbeantwortet. Ähnlich zur traditionellen Pecking-Order-Theorie kann jedoch argumentiert werden, dass eine autonome Finanzierungspolitik wohl näher an den Überlegungen auch der erweiterten Pecking-Order-Theorie liegt als die wertabhängige Finanzierungspolitik.[2744]

Im Angesicht der Überlegungen der vorangehenden Unterschnitte wenig verwunderlich erweist sich der Faktor Profitabilität damit auch mit Blick auf die alternativen Finanzierungspolitiken auf sich allein gestellt in der Aussage nicht ganz eindeutig. In Abhängigkeit der Gestalt der weiteren Unternehmensfaktoren können so durchaus diametral entgegengesetzte Finanzierungsentscheidungen motiviert werden. Für die Unternehmensprofitabilität gilt damit, stärker als für die anderen Determinanten der Finanzierungsentscheidung, dass der Einfluss dieser Determinante wohl im Verbund betrachtet werden muss. Will man am Ende dieses Abschnitts zumindest eine vorläufige Arbeitshypothese aufstellen, so wird man – unterstellt man eine Dominanz der „äußeren" Gründe – wohl darauf abstellen, dass Unternehmen mit zunehmender Profitabilität – wenigstens den Blick auf eine Verschuldungsobergrenze gerichtet – sich zunehmend treiben lassen und Abweichungen von einem Zielverschuldungsgrad mit zunehmender Profitabilität verstärkt zulassen. Das Abstellen auf einen sicheren Mindestverschuldungsgrad sowie ergänzende unsichere Kapitalschichten kann vor dem Hintergrund dieser Annahme daher durchaus eingängig erscheinen.

5.6.1.4. Sachanlagevermögen bzw. Greifbarkeit des Unternehmensvermögens

Der Faktor Sachanlagevermögen in der Trade-Off-Theorie

Eine weitere in der Literatur diskutierte Determinante der Finanzierungsentscheidung stellt der Umfang des Sachanlagevermögens – d. h. der Anteil, den das Sachanlagevermögen am Gesamtvermögen der Unternehmen einnimmt – dar.[2745] Widmet man sich der Frage, welchen Einfluss der Umfang des Sachanlagevermögens auf

2744 Auch für die erweiterte Pecking-Order-Theorie liegt der Fokus auf gegenwärtigen Finanzierungsentscheidungen und die Orientierung an einem globalen Zielverschuldungsgrad ist von lediglich untergeordneter Bedeutung.

2745 Titman/Wessels (1988) sprechen in diesem Zusammenhang etwas allgemeiner vom „collateral value of assets", während sich in Shleifer/Vishny (1992) der in seiner Wirkung ähnliche Begriff der „asset illiquidity" findet. Vgl. dazu Titman/Wessels

die Finanzierungsentscheidung nimmt, wird schnell deutlich, dass das Sachanlagevermögen in gewisser Weise ein Komplement zu den in einem vorangehenden Abschnitt betrachteten i. d. R. nicht greifbaren Wachstumschancen der Unternehmen darstellt.[2746] Die in diesem Abschnitt eingeschlagene Argumentation ähnelt damit – wenn auch die Argumente oftmals mit einem umgekehrten Vorzeichen versehen sind – der in Abschnitt 5.6.1.2. mit Blick auf die Bedeutung der Wachstumschancen eingeschlagenen Argumentation. Die Vergleichbarkeit der vorgetragenen Argumente wird deutlich, blickt man, dem Vorgehen der vorangehenden Abschnitte folgend, zunächst auf die Frage, welchen Einfluss der Umfang des Sachanlagevermögens auf die Haupttreiber der Finanzierungsentscheidung im Rahmen der statischen Trade-Off-Theorie, den Wertbeitrag der Fremdfinanzierung sowie den Einfluss der Insolvenzgefahr, ausübt. Beleuchtet man in einem ersten Schritt den Einfluss des Umfangs des Sachanlagevermögens auf die Bedeutung des Insolvenzdrucks, so ist es daher auch an dieser Stelle hilfreich, zwischen dem Einfluss des Umfangs des Sachanlagevermögens auf die Wahrscheinlichkeit für einen Insolvenzeintritt und dem Einfluss des Sachanlagevermögens auf die im Insolvenzfall durch die Kapitalgeber zu tragenden Insolvenzkosten zu unterscheiden.

Greift man zunächst den Aspekt des Einflusses des Umfangs des Sachanlagevermögens auf den Umfang bzw. die Bedeutung der Insolvenzkosten auf, so zeigt sich in diesem Punkt eine über lange Zeit vergleichsweise klare Positionierung der Literatur.[2747] Wurde im Abschnitt zur Bedeutung des Umfangs der Wachstumschancen das Argument bemüht, dass ein Anstieg des Umfangs immaterieller Vermögenswerte am Gesamtunternehmenswert zu einem Anstieg der mit einem Insolvenzeintritt verbundenen Kosten führt, so kann mit Blick auf den Umfang des Sachanlagevermögens – die Überlegungen des vorangehenden Abschnitts aufgreifend – mit einem Rückgang der Bedeutung der Insolvenzkosten argumentiert werden. Hinter einer solchen Argumentation steckt letztlich die Vermutung, dass mit der wachsenden Bedeutung des Sachanlagevermögens als Teil des Gesamtvermögens des Unternehmens der greifbare, d. h. auf die Kapitalgeber im Insolvenzfall tatsächlich aufteilbare, Anteil des Unternehmenswertes ansteigt. Die Vermutung einer höheren Haftungsmasse im Insolvenzfall wird dadurch gestützt, dass Sachanlagevermögen – im Kontrast zu den in Abschnitt 5.6.1.2. betrachteten Wachstumschancen – auch außerhalb bestehender Unternehmensstrukturen verwertbar, also im Sinne der Argumentation von Williamson (1988) auch außerhalb

(1988) S. 3; Shleifer/Vishny (1992) S. 1344. Dieser etwas allgemeinere Oberbegriff deckt einen Großteil der nachfolgenden Überlegungen ab.

2746 Vgl. dazu auch Titman/Wessels (1988) S. 3.

2747 In der jüngeren Literatur finden sich durchaus Beobachtungen, die an diesem in der „klassischen" Trade-Off-Theorie bedeutenden Zusammenhang Zweifel erwecken. So zeigt etwa die Arbeit von Hovakimian et al. (2012), dass Unternehmen mit geringerem Insolvenzrisiko den Einsatz von Fremdkapital zu scheuen scheinen. Vgl. dazu Hovakimian et al. (2012) S. 316–317; 332.

des Unternehmens bzw. der Branche „redeployable" ist.[2748] Shleifer/Vishny (1992) halten, aufbauend auf den Überlegungen von Williamson (1988), daher fest, dass die Frage der Liquidität des Vermögens des Unternehmens bzw. einzelner Vermögensgegenstände – hierunter wird die Verwertbarkeit der Vermögensgegenstände außerhalb des Unternehmens verstanden – letztlich über den Umfang des einsetzbaren bzw. tragfähigen Fremdkapitals entscheidet.[2749] Führt – dies hat der vorangehende Abschnitt gezeigt – der Anstieg des nicht direkt durch die Kapitalgeber fassbaren Unternehmensvermögens im Fall eines Insolvenzeintritts doch dazu, dass ein Teil des Unternehmensvermögens nicht verwertet werden kann bzw. der mit der Verwertung dieses nicht greifbaren Unternehmensvermögens verbundene Aufwand einen Großteil des Unternehmenswertes aufzehrt. Will man die skizzierten Unterschiede in den Vermögensklassen eingängig illustrieren, so kann man darauf verweisen, dass, während für greifbares Unternehmensvermögen wie etwa Maschinen der Schrottwert i. d. R. die Wertuntergrenze darstellen wird, ungenutzte Wachstumschancen infolge einer Unternehmensinsolvenz wohl in aller Regel wertlos verfallen dürften.[2750]

Ausgehend von dieser Argumentation, kann man daher durchaus berechtigt auf die Annahme abstellen, dass Sachanlagevermögen im Fall einer Insolvenz weniger flüchtig sein wird als immaterielle Vermögenswerte.[2751] Rationale Fremdkapitalgeber werden den unvermeidlichen Vermögensschwund bzw. Schwund der Haftungsmasse im Insolvenzfall in ihrer Bereitschaft, dem Unternehmen Fremdkapital zur Verfügung zu stellen, bzw. in den geforderten Risikoaufschlägen entsprechend antizipieren. Blickt man auf die Überlegungen zur Bedeutung des Umfangs der Wachstumschancen zurück, so deckt sich die an dieser Stelle eingeschlagene Argumentation mit der dort geäußerten Vermutung, dass sich die Verwertbarkeit von Wachstumsprojekten deutlich von der Verwertbarkeit des physisch greifbaren Unternehmensvermögens unterscheidet. Insbesondere bei noch nicht realisierten Wachstumschancen dürfte eine Verwertung außerhalb des Unternehmens i. d. R. wohl nicht oder nur sehr eingeschränkt möglich sein.[2752] Dies beeinflusst,

---

2748 Williamson (1988) hält so fest, „[...] whereas highly redeployable assets will be financed with debt, equity is favored as assets become highly nonredeployable". Williamson (1988) S. 581; vgl. dazu auch Shleifer/Vishny (1992) S. 1343; Parsons/Titman (2008b) S. 18; Myers/Rajan (1998) S. 733.

2749 Vgl. dazu Shleifer/Vishny (1992) S. 1345.

2750 Parsons/Titman (2008b) halten im Einklang mit diesen Überlegungen fest, dass „[...] tangible assets better preserve their value during default, and as such, increase the recovery rate of creditors". Parsons/Titman (2008b) S. 18.

2751 Wie bereits im Abschnitt zu den Wachstumschancen argumentiert wurde, dürften insbesondere die Fähigkeiten der Organisation, also das Wissen und die Kenntnis der Mitarbeiter, nicht ohne Weiteres übertragbar sein.

2752 Vgl. dazu Parsons/Titman (2008b) S. 18–19. Wie Frank/Goyal (2009) hervorkehren, ist dies u. a. darauf zurückzuführen, dass greifbare Vermögenswerte durch Dritte einfacher zu bewerten sind. Vgl. dazu Frank/Goyal (2009) S. 9. Dies hat letztlich

wie bereits hervorgehoben wurde, über eine zunehmende Spreizung zwischen Liquidations- und Fortführungswert den Umfang und die Bedeutung der Insolvenzkosten. Unternehmen mit marktgängigem – dies ist ein weiterer, an dieser Stelle zunächst vereinfachend ausgeblendeter Aspekt –[2753], leicht verwertbaren Unternehmensvermögen dürften in der Praxis über eine höhere Fremdkapitalkapazität verfügen als Unternehmen mit firmenspezifischem Anlagevermögen, das außerhalb der gegebenen Unternehmensstrukturen deutlich an Wert verliert.[2754] Dies wird nochmals deutlich, blickt man auf das eingängige Beispiel, das Parsons/Titman (2008) in diesem Zusammenhang gegeben haben: „Consider the problem faced by a bank that has extended a loan to an audit/consulting firm whose principal assets are its long-term relationships with its clients. Now suppose that the firm falls upon hard times, and wishes to renegotiate more favorable terms on its existing debt. In a situation like this, the bank has virtually no bargaining power with the consulting firm. If the bank refuses to renegotiate, it will end up with a business that (without the support of management) is virtually worthless. Anticipating this hold-up problem, the bank will be reluctant to offer attractive financing ex ante, and the firm will likely choose less leverage."[2755]

Es besteht vor dem Hintergrund dieser Überlegungen also ein enger Zusammenhang zwischen dem Umfang der Insolvenzkosten, dem Umfang des im Insolvenzfall verwertbaren Anlagevermögens sowie der Vorteilhaftigkeit der Fremdfinanzierungskonditionen.[2756] Cassar/Holmes (2003) halten, diese Überlegungen zusammenfassend, fest, dass „[t]he degree to which the firms' assets are tangible and generic should result in the firms having a greater liquidation value [...]. This will reduce the magnitude of financial loss incurred by financiers should the company default".[2757] Stellt man zunächst allein auf die mit einem

---

Auswirkungen auf die in einem nachfolgenden Schritt noch zu beleuchtenden Informationsasymmetrien. Vgl. dazu Harris/Raviv (1991) S. 308.

2753 Der Frage der Marktgängigkeit wird nochmals kurz im Abschnitt zum Grad der Spezialisierung aufgegriffen und soll daher an dieser Stelle nicht eingehender beleuchtet werden.

2754 Vgl. dazu u. a. Frank/Goyal (2009) S. 2. Wie Frank/Goyal (2009) an einem späteren Punkt näher ausführen, ist dies u. a. darauf zurückzuführen, dass Dritte den Wertgehalt des greifbaren Vermögens besser einschätzen können. Vgl. dazu Frank/Goyal (2009) S. 9.

2755 Parsons/Titman (2008b) S. 18.

2756 Vgl. dazu auch Harris/Raviv (1991) S. 303; Rajan/Zingales (1995) S. 1451; Parsons/Titman (2008b) S. 6.

2757 Cassar/Holmes (2003) S. 128. Das Zitat von Cassar/Holmes (2003) zeigt, dass neben Umfang des Sachanlagevermögens für die Frage des Umfangs der Insolvenzkosten auch der Grad der Spezialisierung bedeutsam ist. Dieser Aspekt wird später nochmals aufgegriffen. An dieser Stelle wird zunächst darauf abgestellt, dass mit steigendem Umfang des Sachanlagevermögens – ungeachtet des Grades der Spezialisierung – das im Insolvenzfall greifbare Vermögen des Unternehmens steigt und damit die Verluste der Kapitalgeber prima facie sinken.

Fremdkapitaleinsatz möglicherweise verbundenen Insolvenzkosten ab, so führt der zunehmende Umfang des Anteils greifbaren Vermögens – das Sachanlagevermögen dürfte eine geeignete Approximation des greifbaren Unternehmensvermögens darstellen –[2758] zu einer Verringerung der Bedeutung der Insolvenzkosten und damit in einem ersten Schritt zu einer Ausweitung der Fremdkapitalkapazität des Unternehmens.[2759] Blickt man auf den zweiten Aspekt der Bedeutung des Insolvenzdrucks, der Insolvenzwahrscheinlichkeit, so können mit Blick auf den Einfluss des Umfangs des Sachanlagevermögens zwei unterschiedliche Standpunkte vertreten werden. Einerseits kann – diese Argumentation findet sich u. a. in Harris/Raviv (1991) – argumentiert werden, dass die Ausweitung der Fremdkapitalkapazität mit dem Umfang des Sachanlagevermögens – dies entspricht letztlich dem aus den vorangehenden Überlegungen zu ziehenden Fazit eines Anstiegs des realisierbaren Verschuldungsgrades – zu einem Anstieg der Insolvenzwahrscheinlichkeit führt.[2760] Gegen eine solche Einschätzung spricht jedoch, dass mit der Zunahme des Anlagevermögens den Unternehmen im Fall eines drohenden Eintritts von Zahlungsschwierigkeiten die Möglichkeit eröffnet wird – kleinere und damit zugleich liquidere –, Teile des Anlagevermögens zu veräußern, ohne damit den Fortbestand des Unternehmens als Ganzes gefährden zu müssen. Der Anstieg des greifbaren Unternehmensvermögens führt also dazu, dass sich Unternehmen vergleichsweise einfach einer unmittelbar drohenden Unternehmensinsolvenz und damit einer wertverzehrenden Aufspaltung des Unternehmens bzw. der Verhandlung mit den Fremdkapitalgebern entziehen können.[2761] Blendet man zunächst die Wechselwirkungen, die zwischen Umfang des Sachanlagevermögens und dem realisierbaren Verschuldungsumfang bestehen, aus, so führt ein Anstieg des Anlagevermögens zunächst also dazu, dass mit dem Umfang des Sachanlagevermögens die Wahrscheinlichkeit für eine Abwendung einer drohenden Insolvenz durch Notverkäufe steigt. Die Wahrscheinlichkeit eines Insolvenzeintritts des Unternehmens dürfte sich mit dem Umfang des Sachanlagevermögens also i. d. R. nicht erhöhen, sondern im Idealfall sogar leicht verringern, da die Wahrscheinlichkeit, dass eine

2758 Man kann an dieser Stelle kritisch einwerfen, dass die Existenz von Sachanlagevermögen per se nur ein unscharfer Indikator der tatsächlichen Verwertbarkeit darstellt. Ein solcher Einwurf ist gerechtfertigt, denkt man – dies ist sicher ein Extrembeispiel – beispielsweise an Gebäude, die infolge der Nutzung kostenpflichtig zurückgebaut werden müssen. Dennoch erscheint der Umfang des Anlagevermögens im Sinne von Williamson (1988) ein erster Indikator der Verwertbarkeit des Unternehmensvermögens zu sein. Schneider (2010) spricht daher davon, dass die Determinante Sachanlagevermögen „[...] den nicht beobachtbaren Sicherungswert der Bilanzaktiva [...]“ abbildet. Schneider (2010) S. 219. ähnlich auch: Bessler et al. (2011) S. 24.

2759 Vgl. dazu Barclay et al. (1995) S. 219; Bessler et al. (2011) S. 24.

2760 Vgl. dazu Harris/Raviv (1991) S. 303; Frank/Goyal (2009) S. 2.

2761 Vgl. dazu u. a. Shleifer/Vishny (1992) S. 1359–1360; Parsons/Titman (2008b) S. 6; Bessler et al. (2011) S. 24.

Unternehmensinsolvenz verhindert werden kann, ansteigt.[2762] Dieser Argumentationsansatz scheint in aller Regel die Vermutung zu dominieren, dass die aus dem Anstieg des Sachanlagevermögens folgende Ausweitung des Verschuldungsumfangs die Wahrscheinlichkeit eines Insolvenzeintritts nachhaltig erhöht. Blickt man auf den Einfluss, den das Sachanlagevermögen auf die Insolvenzwahrscheinlichkeit als auch die Folgen eines Insolvenzeintritts ausübt, so dürfte ein Anstieg des Sachanlagevermögens dazu führen, dass der Insolvenzdruck, der auf einem verschuldeten Unternehmen lastet, in aller Regel abnimmt. Für die Kapitalstruktur eines Unternehmens bedeutet dies jedoch, dass mit dem Umfang des Sachanlagevermögens auch die Fremdkapitalkapazität – unabhängig vom zu erwartenden mechanischen Effekt – anwächst, d. h. Unternehmen mit einem höheren Anteil des Sachanlagevermögens in aller Regel auch höhere Fremdkapitalquoten realisieren können. Die an dieser Stelle offene, aber zwangsläufig zu beantwortende Frage, ob Unternehmen diesen neu gewonnenen Entscheidungsspielraum auch nutzen werden, sei in den nachfolgenden Überlegungen zur Bedeutung des Wertbeitrages der Fremdfinanzierung nachgegangen.

Widmet man sich dem zweiten Treiber der „klassischen" Trade-Off-Theorie – dem Wertbeitrag der Fremdfinanzierung –, so kann, auf Basis der vorangehenden Überlegungen, zunächst argumentiert werden, dass der Wertbeitrag der Fremdfinanzierung mit dem Umfang des Sachanlagevermögens zunächst abnimmt. Der Auslöser dieser Entwicklung dürften die mit dem Umfang des Anlagevermögens abnehmenden – dies wird im Rahmen der Betrachtung des Einflusses des Anteils des Sachanlagevermögens vor dem Hintergrund der Pecking-Order-Theorie nochmals aufgegriffen werden – Kosten der Fremdfinanzierung darstellen.[2763] Ohne an dieser Stelle die vorangehenden Argumente im Detail nochmals zu wiederholen, dürfte sich auf Basis der vorangehenden Überlegungen – darauf wurde bereits hingewiesen – der Rückgang des Insolvenzrisikos positiv auf den durch die Fremdkapitalgeber geforderten Risikoaufschlag auf den risikolosen Zinssatz niederschlagen. Der Rückgang des Verschuldungszinssatzes mindert jedoch, hält man die weiteren Faktoren konstant, die reduzierende Wirkung des Fremdkapitaleinsatzes auf die durch die Unternehmen zu tragende Steuerlast. Kompensiert werden dürfte dieses, auf einen Rückgang der Finanzierungskosten zurückzuführende, Abschmelzen des Wertbeitrages der Fremdfinanzierung jedoch über die mit dem Umfang des Sachanlagevermögens regelmäßig ansteigende Fremdkapitalkapazität. Unternehmen dürften – kehrt man zu der Frage zurück, welche Bedeutung ein Anstieg der Fremdkapitalkapazität für die Finanzierungsentscheidung des Unternehmens besitzt – diesen mit einem Anstieg des Umfangs des Sachanlagevermögens gewonnenen Spielraum vor dem Hintergrund – des ebenso mit einem

2762 Hält man das eingesetzte Fremdkapitalvolumen konstant, so führt ein Anstieg des Anlagevermögens c. p. wohl in aller Regel dazu, dass die Wahrscheinlichkeit eines Insolvenzeintritts deutlich abnehmen dürfte.

2763 Vgl. dazu u. a. Titman/Wessels (1988) S. 3; Schneider (2010) S. 220.

Anstieg des Umfangs des Sachanlagevermögens einhergehenden – des Rückgangs des Wertbeitrages der Fremdfinanzierung dazu ausnutzen, um den Wert des Unternehmens stabil zu halten. Eine solche Einschätzung steht auch im Einklang – hält man an der eingangs formulierten Vermutung, dass der Umfang der Wachstumschancen und der Umfang des Sachanlagevermögens Komplemente darstellen – mit der Vermutung eines gestiegenen Interesses der Unternehmen, mit einem wachsenden Anteil des Sachanlagevermögens den Wertbeitrag der Fremdfinanzierung voll zu heben. Kehrt man damit doch letztlich die Annahme des Abschnitts 5.6.1.3. um, dass Wachstumsunternehmen ein nachrangiges – von der Investitionspolitik überlagertes – Interesse an der Orientierung an einem wertoptimalen Verschuldungsgrad besitzen. Man kann an dieser Stelle jedoch einwerfen, dass – entgegen den bisherigen Überlegungen – der Anreiz von Unternehmen mit der Zunahme des Umfangs des Sachanlagevermögens abnimmt, steigen doch durch das an das Sachanlagevermögen gekoppelte Abschreibungsvolumen auch die sogenannten non-debt tax shields, die unabhängig von der Finanzierungsentscheidung des Unternehmens zu einer Reduzierung der Steuerlast des Unternehmens führen.[2764] Welchen Einfluss non-debt tax shields auf die Finanzierungsentscheidung des Unternehmens nehmen, sei in Abschnitt 5.6.1.6. näher beleuchtet.[2765]

Blickt man auf den Einfluss des Umfangs des Sachanlagevermögens auf die Finanzierungsentscheidung vor dem Hintergrund der „klassischen" Trade-Off-Theorie, so erscheint ein Anstieg des realisierten Verschuldungsumfangs mit dem Anteil des Sachanlagevermögens ökonomisch einleuchtend. Gehen doch sowohl die hemmende Wirkung der Insolvenzkosten als auch der Wertbeitrag des Fremdkapitaleinsatzes mit dem Umfang des Sachanlagevermögens zurück. Löst man sich – diesen Abschnitt abschließend – erneut von der Annahme eines Interessengleichklangs zwischen Eigen- und Fremdkapitalgebern bzw. Unternehmensführung und Eigenkapitalgebern und wechselt damit zu den Prämissen der erweiterten Trade-Off-Theorie, so rückt auch an dieser Stelle der Einfluss der Finanzierungsentscheidung auf bestehende Interessenkonflikte innerhalb und außerhalb des Unternehmens erneut in den Vordergrund. Will man in einem solchen Umfeld die Frage nach dem Einfluss des Umfangs des Sachanlagevermögens auf die Finanzierungsentscheidung beantworten, so muss letztlich die Frage beantwortet werden, wie der Umfang des Sachanlagevermögens bestehende Agency-Konflikte zwischen den Kapitalgebern und dem Management bzw. zwischen den Kapitalgebern beeinflusst. Den Blick auf die zwischen Eigen- und Fremdkapitalgeber bestehenden Konflikte gerichtet, kann man zunächst argumentieren – auch an dieser Stelle verkehrt man letztlich die aus dem Abschnitt zur Bedeutung der Wachstumschancen bekannte Argumentation –, dass mit dem Anstieg des Anteils des Sachanlagevermögens am Unternehmenswert die zwischen den Kapitalgebern bestehenden

2764 Vgl. dazu u. a. auch Huizinga et al. (2008) S. 100.

2765 Die folgenden Überlegungen klammern vor diesem Hintergrund die Bedeutung von non-debt tax shields etwas weitgehend aus.

Konflikte entschärft werden, dürfte doch mit der Zunahme des Anteils des Sachanlagevermögens die Fähigkeit des Unternehmens bzw. der Eigenkapitalgeber, eine gläubigerschädigende Strategie umzusetzen, wie etwa eine Verschiebung des Unternehmensrisikos, deutlich sinken. Während Wachstumsunternehmen – dies entspricht der Argumentation in Abschnitt 5.6.1.2. – regelmäßig über ein breites Portfolio alternativer Investitionsprojekte verfügen, dürften Unternehmen mit hohem Anlagevermögen i. d. R. nur im begrenzten Umfang von der bereits eingeschlagenen Strategie abweichen können. An dieser Stelle kann man daher wohl nicht zu Unrecht vermuten, dass die Freiheit des Unternehmens, neue Wege einzuschlagen, durch das bestehende Anlagevermögen eingeschränkt wird.[2766] Sieht man von Situationen, in denen der Unternehmensfortbestand gefährdet ist, ab, sinkt vor dem Hintergrund dieser Überlegung mit dem Umfang des Sachanlagevermögens das Interesse der Eigenkapitalgeber, eine solche, die Fremdkapitalgeber schädigende, Strategie umzusetzen.

Das mit dem Umfang des Sachanlagevermögens nachlassende Interesse der Eigenkapitalgeber, gläubigerschädigende Strategien umzusetzen, dürfte – man kann an dieser Stelle auf die vorangehenden Überlegungen verweisen – letztlich darauf zurückzuführen sein, dass man im Fall der Unternehmensinsolvenz den bestehenden Fremdkapitalgebern einen höheren Anteil am Unternehmen – die Haftungsmasse steigt mit dem Umfang des Sachanlagevermögens – überlassen muss, eine Entreicherung der Fremdkapitalgeber also nicht ohne Weiteres möglich ist. Dies dürfte – auch an dieser Stelle kehrt man die Argumentation des Abschnitts 5.6.1.2. um – auch dazu führen, dass das in Abschnitt 2.4.2.1. beschriebene Risiko einer Verschiebung des Unternehmensrisikos für Unternehmen mit hohem Sachanlagevermögen an Bedeutung verliert. Frank/Goyal (2009) halten, diese Überlegungen zusammenfassend, daher wenig überraschend fest, dass „[...] tangibility makes it difficult for shareholders to substitute high-risk assets for low-risk ones."[2767] Man kann vor diesem Hintergrund – eine solche Einschätzung findet sich u. a. bereits in Parsons/Titman (2008) – erneut das Argument bemühen, dass vor dem Hintergrund des abnehmenden Konflikts zwischen den Kapitalgebern die Fremdkapitalgeber zu einer verlässlicheren Einschätzung des „wahren" Unternehmenswertes

2766 Durch den Verkauf eines Teils des Sachanlagevermögens kann ein Unternehmen zwar die ursprüngliche Flexibilität zurückgewinnen, die damit verbundenen Transaktionskosten dürften doch regelmäßig ein natürliches Hemmnis für eine solche Strategie darstellen. Zudem kann man an dieser Stelle argumentieren, dass ein solcher Strategiewechsel i. d. R. nicht von den Fremdkapitalgebern unbemerkt bleiben dürfte, verlangt ein radikaler Unternehmensumbau doch ein gewisses Maß an Unternehmensöffentlichkeit. Parsons/Titman (2008b) halten diese Überlegungen illustrierend fest, dass „[...] in industries with fixed capital, such as power plants or oil refineries, it is difficult for management to substantially change the firm's strategy to harm creditors (i.e., asset substitution)". Parsons/Titman (2008b) S. 19.

2767 Frank/Goyal (2009) S. 9.

gelangen.[2768] Dies hat – wie bereits an anderer Stelle angemerkt – Auswirkungen sowohl auf die Bereitschaft als auch die Konditionen der Gläubiger, Fremdkapital zur Verfügung zu stellen. Da dieser Aspekt im nachfolgenden Abschnitt näher betrachtet wird, soll an dieser Stelle auf eine eingehendere Betrachtung verzichtet werden. Bessler et al. (2011) halten – auf die Überlegungen von Jensen/Meckling (1976) und Galai/Masulis (1976) abstellend – die vorangehenden Überlegungen zur Bedeutung des Sachanlagevermögens für die Finanzierungsentscheidung einschränkend fest, dass der mit dem Umfang des Sachanlagevermögens ansteigende Verschuldungsumfang – dies war das Ergebnis der Analyse der „klassischen" Treiber der Trade-Off-Theorie – letztlich zu einer Ausweitung des Überinvestitionsproblems führt.[2769] Ein solcher Einwand ist – vergleichbar zu den im Vorfeld angestellten Überlegungen zur Bedeutung des Tax-Shields – nicht ohne Weiteres von der Hand zu weisen. Bessler et al (2011) weisen jedoch selbst darauf hin, dass dem Anstieg des Überinvestitionsproblems durch die Besicherung des eingeworbenen Fremdkapitals geeignet entgegnet werden kann.[2770] Durchschlagskräftig erscheint der Einwand von Bessler et al. (2011) gegenüber der Annahme einer Abnahme des Agency-Konflikts damit nicht zu sein.[2771]

Der Umfang des Sachanlagevermögens kann – dieser Aspekt wurde in der bisherigen Argumentation vernachlässigt – jedoch auch ein Indikator des operativen Verschuldungsgrades, also der Kapitalintensität des Unternehmens, darstellen. Die Kapitalintensität eines Unternehmens beeinflusst über die Gestalt der Produktionskosten – man kann i. d. R. wohl davon ausgehen, dass ein hoher Umfang des Sachanlagevermögens zu bedeutsamen Fixkosten führt[2772] – die Gestalt und damit das Risiko der durch die Unternehmen erwirtschafteten Cashflows nachhaltig. Bei Zunahme der Kapitalintensität eines Unternehmens ist dabei eine vergleichbare Zunahme der Schwankungsbreite zu beobachten, wie es auch im Fall einer zunehmenden Finanzierung des Unternehmens mit Fremdkapital der Fall ist. Drukarczyk (1993) spricht in diesem Zusammenhang daher auch davon, dass „[...] die Struktur der zu Auszahlungen führenden Produktionskosten erhebliche Bedeutung für das Risiko der Erfolge [...]"[2773] hat. Der Einsatz von Fremdkapital stellt mit Blick auf das Risiko der Unternehmenscashflows damit ein Komplement zu einer hohen Kapitalintensität – und damit einem hohen Umfang an Sachanlagevermögen – des

2768 Vgl. dazu Parsons/Titman (2008b) S. 19.

2769 Vgl. dazu Bessler et al. (2011) S. 24. Ähnlich dazu auch: Barclay et al. (1995) S. 219; 228.

2770 Vgl. dazu ebda. Ähnlich dazu auch Chen (2004) S. 1347; Titman/Wessels (1988) S. 3.

2771 Interessant erscheint an dieser Stelle, dass – dieses Ergebnis spiegelt sich m. E. nach auch in der Vielfalt der Ergebnisse empirischer Untersuchungen nieder – den Determinanten der Finanzierungsentscheidung eine Vieldeutigkeit innewohnt, die eine Einschätzung des Einflusses der Determinante auf die Finanzierungsentscheidung erschwert.

2772 Vgl. dazu auch Schneider (2010) S. 220.

2773 Drukarczyk (1993) S. 123.

Unternehmens dar. Ferri/Jones (1979) halten, diese Überlegung aufgreifend, daher fest: „The use of fixed assets can magnify the variability in the firm's future income. Thus, this type of leverage should be negatively related to the percentage of debt in the firm's financial structure […].“[2774] Folgt man dieser Argumentation, so besteht – entgegen den vorangehenden Überlegungen – ein negativer Zusammenhang zwischen Umfang des Sachanlagevermögens und dem Umfang des realisierten Verschuldungsumfangs. Ein solcher Schluss muss – wie u. a. Schneider (2010) festhält – jedoch nicht zwingend bindend sein, kann doch auch an dieser Stelle argumentiert werden, dass der Umfang des Sachanlagevermögens ein Indikator der Qualität und – blickt man auf die Überlegungen zum Einfluss der Wachstumschancen zurück – der Reife des Unternehmens ist.[2775]

Man kann, fasst man die Überlegungen zum Einfluss des Faktors Sachanlagevermögen vor dem Hintergrund der „klassischen“ statischen bzw. erweiterten Trade-Off-Theorie zusammen, wohl davon ausgehen, dass der positive Zusammenhang zwischen dem Umfang des Sachanlagevermögens und den durch die Unternehmen realisierbaren bzw. angestrebten Verschuldungsumfängen dominiert. Der „äußere“ Druck, einen wertoptimalen Verschuldungsgrad zu realisieren, dürfte absinken, während das „innere“ Interesse, den Wertbeitrag der Fremdfinanzierung voll zu heben, wohl ansteigen dürfte.

Der Faktor Sachanlagevermögen in der Pecking-Order-Theorie

Beurteilt man den Einfluss des Faktors Sachanlagevermögen vor dem Hintergrund der „klassischen“ Pecking-Order-Theorie, so muss man sich – wie in den vorangehenden Abschnitten auch – mit der Frage näher beschäftigen, welchen Einfluss das Sachanlagevermögen auf die Treiber der Finanzierungsentscheidung im Rahmen der „klassischen“ Pecking-Order-Theorie ausübt. Wie die Überlegungen in Abschnitt 2.9. verdeutlicht haben, wird die mit der „klassischen“ Pecking-Order-Theorie beschriebene strikte Finanzierungsrangfolge maßgeblich durch die unterschiedliche Auswirkung der zwischen Unternehmensinsidern und externen Kapitalgebern i. d. R. bestehenden Informationsasymmetrien auf die Bepreisung alternativer Finanzierungsquellen getrieben. Man muss – will man die Frage des Einflusses des Umfangs des Sachanlagevermögens auf die Finanzierungsentscheidung sachgerecht beantworten – sich in diesem Abschnitt also der Frage widmen, inwieweit das Sachanlagevermögen bzw. der Umfang des Sachanlagevermögens am Gesamtunternehmenswert Einfluss auf die zwischen Unternehmen und externen Kapitalgebern bestehenden Informationsasymmetrien nimmt, bzw. sich mit der Frage beschäftigen, inwieweit bestehende Informationsasymmetrien einen Gleichklang in der Bewertung der alternativen Finanzierungsquellen hemmen. Man kann auf Basis der letztlich vergleichbaren Fragestellung somit auch an dieser Stelle – analog zu den vorangehenden Überlegungen zur „klassischen“

2774 Ferri/Jones (1979) S. 632.
2775 Vgl. dazu Schneider (2010) S. 220.

Trade-Off-Theorie – auf die Überlegungen der vorangehenden Abschnitte – insbesondere die Überlegungen zur Bedeutung der Wachstumschancen –[2776] als Ausgangspunkt zur Beantwortung der eingangs skizzierten Frage zurückgreifen.

Blickt man auf die Überlegungen des vorangehenden Abschnitts bzw. die Überlegungen des Abschnitts zur Bedeutung der Wachstumschancen zurück, so wurde im Umfang des Sachanlagevermögens ein erster Indikator für die zwischen Kapitalgebern und Unternehmen bestehenden Informationsasymmetrien bzw. – blickt man auf die zweite Fragestellung – der Auswirkung bestehender Informationsasymmetrien auf den Unternehmenswert gesehen. Im vorangehenden Unterabschnitt wurde argumentiert, dass über die mit dem Umfang des Sachanlagevermögens abnehmende Bedeutung bestehender Informationsasymmetrien auch die Kosten der Kapitalgeber im Fall eines tatsächlichen Insolvenzeintritts sinken.[2777] Das Abstellen auf einen inhaltlich vergleichbaren Argumentationsansatz erscheint auch vor dem Hintergrund des Theoriegerüsts der Pecking-Order-Theorie überzeugend, vergegenwärtigt man sich kurz das bereits in Abschnitt 2.9.1. näher beschriebene, der Formulierung der Pecking-Order-Theorie zugrunde liegende, 3-Phasen-Modell von Myers/Majluf (1984). Geht man zunächst von einer Entscheidung vor einer möglichen Investitionsentscheidung, dieser Zeitpunkt wurde in Abschnitt 2.9.1. mit t = −1 bezeichnet, besteht im Modell von Mayers/Majluf (1984) annahmegemäß eine symmetrische Informationsverteilung zwischen Unternehmensmanagement und den externen Kapitalgebern über die zukünftige Unternehmensentwicklung. Mit der Möglichkeit des Unternehmens, in t = 0 in zusätzliche Wachstumsprojekte zu investieren, wird die zunächst homogene Informationsverteilung zwischen externen Kapitalgebern und Unternehmensinsidern des Zeitpunktes t = −1 durchbrochen. Wie die Überlegungen zur Pecking-Order-Theorie in Abschnitt 2.9.1. gezeigt haben, führt diese Durchbrechung in letzter Konsequenz – auf eine eingehendere Darstellung wird mit Verweis auf die Ausführungen in Kapitel I verzichtet – zu einer festen Finanzierungsrangfolge der Finanzierungsquellen des Unternehmens, da die alternativen Finanzierungsquellen aufgrund der unterschiedlichen rechtlichen Ausgestaltung unterschiedlich stark von der im Zeitpunkt t = 0 unklaren Unternehmensentwicklung profitieren werden.

2776 Dies bedeutet jedoch nicht, dass die Argumente des vorangehenden Abschnitts unbesehen übertragen werden können. Im Kontrast zu den Überlegungen des Abschnitts 5.6.1.2. kann so u. a. das Argument einer mechanischen Verbindung zwischen Wachstumschancen und dem Verschuldungsgrad des Unternehmens nicht ohne Weiteres übertragen werden.

2777 Vgl. dazu u. a. auch Parsons/Titman (2008b) S. 18. So halten Bessler et al. (2009) so fest, dass „[a] high ratio of fixed assets provides debtors with a high level of security since they can liquidate assets in case of bankruptcy“. Bessler et al. (2009) S. 24.

Kehrt man nach diesem kurzen Rückblick auf die Überlegungen des Abschnitts 2.9.1. zur Frage der Bedeutung des Umfangs des Sachanlagevermögens zurück, so kann man – dies wird u. a. anhand des englischen Bezeichnung „assets-in-place" deutlich – in Rückgriff auf die Überlegungen von Myers/Majluf (1984) wohl vereinfacht davon sprechen, dass für bestehende Vermögensgegenstände die Überlegungen des 3-Phasen-Modell für den Zeitpunkt t = −1 einschlägig sind, d. h. zwischen Unternehmensinsidern und externen Kapitalgebern Informationsasymmetrien nicht existieren bzw. – entfernt man sich von der idealisierenden Annahme der Arbeit von Myers/Majluf (1984) – im Kontrast zum Zeitpunkt t = 0 – bzw. mit Blick auf die in Abschnitt 5.6.1.2. diskutierten Wachstumschancen – vergleichsweise gering ausgeprägt sein dürften.[2778] Ausgehend von diesen vorgelagerten Gedanken, kann, letztlich konsistent mit den der Pecking-Order-Theorie zugrunde liegenden Überlegungen, argumentiert werden, dass der Umfang des Sachanlagevermögens einen Indikator dafür darstellt, inwieweit der Idealzustand der Periode t = −1 – also der Zustand der symmetrischen Informationsverteilung zwischen Unternehmen und Kapitalmarkt – in der Praxis erreicht wird. Eine solche Argumentation bedeutet auf den ersten Blick jedoch, dass – ist der Umfang des Sachanlagevermögens hoch genug – die Finanzierungsentscheidung aus Sicht der Unternehmen bzw. bestehender Kapitalgeber zunächst irrelevant ist, sind zukünftige als auch bestehende Kapitalanteile der Unternehmen am Kapitalmarkt – Informationsasymmetrien sind annahmegemäß schwach ausgeprägt und unangenehme Überraschungen unwahrscheinlich – doch weitgehend fair bepreist.[2779] Die Wahl des Finanzierungsinstruments – hier kehrt man letztlich erneut zu den Überlegungen von Modigliani/Miller (1958) zurück – determiniert unter diesen Bedingungen an dieser Stelle letztlich nur die weitgehend symmetrisch erfolgende Aufteilung des Unternehmenswertes auf die Kapitalgeber der Unternehmen.[2780] Die Frage der

2778 Ergänzend dürften – geht man davon aus, dass das Sachanlagevermögen den Umfang bestehender Informationsasymmetrien unverändert lässt – sich die Auswirkungen eines inhomogenen Informationshorizonts abschwächen. Steigt mit dem Sachanlagevermögen – dies wurde bereits hervorgehoben – doch auch der durch die Kapitalgeber im Insolvenzfall letztlich verwertbare Vermögensanteil. Dies verringert – abgesehen vom Fall eines unbemerkten und von den Fremdkapitalgebern ungewollten Anlagentauschs („Asset Substitution") – die Chance eines Vermögenstransfers auf Basis eines bestehenden Informationsungleichgewichts.

2779 Man kann an dieser Stelle erneut auf den zweiten – hier nur peripher betrachteten - Argumentationsstrang abstellen und darauf verwiesen, dass der Ausfall, den die Kapitalgeber im Rahmen einer Unternehmensinsolvenz zu tragen haben, ggü. dem Fall hoher Wachstumschancen gering sein dürfte. Wie die nachfolgenden Überlegungen zeigen werden, kann einer solchen Argumentation eine gewisse Kurzsichtigkeit vorgeworfen werden.

2780 Auf den ersten Blick ist dies eine für die Pecking-Order-Theorie wohlbekannte Beobachtung, ist doch die Finanzierungsentscheidung im Rahmen der Pecking-Order-Theorie i. d. R. mit keinem Wertzuwachs verbunden. Besonders an dieser Stelle ist jedoch, dass unter den skizzierten Bedingungen die Aufteilung des

Finanzierungsentscheidung tritt unter den skizzierten Bedingungen somit weitgehend in den Hintergrund und dürfte wohl durch andere Unternehmensentscheidungen dominiert werden.[2781] Praxisnah dürfte ein solcher Fall i. d. R. nicht sein, besteht für ein solches Gleichgewichtsunternehmen[2782] – abseits der reinen Umschichtung des Unternehmenskapitals – in der Praxis doch i. d. R. kein Grund, aktive Finanzierungsentscheidungen zu treffen, die lediglich eine veränderte Aufteilung der Unternehmenscashflows zur Folge haben. Andererseits dürften die Kosten einer Begabe von Kapital – in Bestätigung der Überlegungen zur „klassischen" Trade-Off-Theorie – damit gering sein, besteht doch keine ausgeprägte Unsicherheit über die Leistungsfähigkeit der Unternehmen.

Eine zu den vorangehenden Überlegungen vergleichbare Einschätzung findet sich – letztlich wenig überraschend – u. a. in Bessler et al. (2009), die festhalten, dass die Kosten der Begabe von Eigenkapitalanteilen mit dem Umfang des Sachanlagevermögens am Gesamtunternehmenswert abnehmen.[2783] Unternehmen mit langfristiger Fortführungsperspektive – geht man nicht von einem langsamen Schrumpfen des Unternehmens aus – dürften in der Praxis wenigstens im geringen Umfang Wachstumsprojekte realisieren müssen und infolge der regelmäßig zu treffenden Investitionsentscheidung – hält man an der Annahme eines weitgehend stabilen Ausschüttungsvolumens fest –[2784] auch die Frage der Finanzierung dieser

---

Unternehmenswertes zwischen bestehenden und zukünftigen Kapitalgebern symmetrisch erfolgen wird. Dies dürfte in der Praxis, aus den aus Kapitel I bekannten Gründen, regelmäßig ein nur selten eintretender Sonderfall sein.

2781 Wählt man eine etwas andere Perspektive, so kann man an dieser Stelle wohl auch darauf abstellen, dass der Effekt einer Vermögensverschiebung bei der Realisierung eines Wachstumsprojektes – bei im Vergleich zum Anlagevermögen marginalen Wachstumschancen – einen vergleichsweise geringen Effekt auf das Vermögen bestehender Kapitalgeber ausüben dürfte.

2782 An dieser Stelle wurde vereinfachend auf ein Gleichgewichtsunternehmen, d. h. auf ein Unternehmen mit gleichbleibenden Unternehmenscashflows – bewertungsseitig wird dies durch die Formel für eine ewige Rente abgebildet – abgestellt. Sinkt der Unternehmenscashflow im Zeitverlauf, so müssten an dieser Stelle Überlegungen zu einer schrittweisen Desinvestition vorgenommen werden.

2783 Vgl. dazu u. a. Bessler et al. (2009) S. 24. Bessler et al. (2009) verweisen in diesem Zusammenhang auf Harris/Raviv (1991), die jedoch auch auf eine positive Wechselwirkung mit dem Umfang des Fremdkapitals hinweisen. Vgl. Harris/Raviv (1991) S. 303. Die nachfolgenden Überlegungen werden diesen bipolaren Charakter eines Anstiegs des Umfangs des Sachanlagevermögens auf die zukünftigen Finanzierungsentscheidungen weiter verdeutlichen.

2784 Für eine solche Einschätzung lassen sich in der Praxis eine Reihe von Indizien finden, die durch die Literatur zur Ausschüttungspolitik aufgegriffen wurden. Vgl. dazu u. a. Andres et al (2009) S. 48. Wie in Kapitel II ausgeführt wurde, wird im Rahmen der Formulierung alternativer Finanzierungspolitiken zumeist an dieser Annahme festgehalten. Dies bedeutet jedoch nicht, dass eine gleichbleibende Ausschüttungspolitik theoretisch als auch empirisch gesetzt sein muss.

Wachstumschancen beantworten müssen. Es ist m. a. W. im weiteren Verlauf dieses Abschnitts somit weiterhin die Frage zu beantworten, welchen Einfluss der Umfang des Sachanlagevermögens auf die Vorteilhaftigkeit alternativer Finanzierungsinstrumente ausübt, löst man sich von der Annahme des zunächst skizzierten Idealfalls, dass zum Zeitpunkt t = −1 – d. h. mit Blick auf bestehende Investitionsprojekte – keine Informationsasymmetrien zwischen den Kapitalgebern vorliegen und bei unveränderter Fortführung des Unternehmens keine bedeutsamen Informationsasymmetrien hinzutreten. Geht man, ausgehend von diesem Idealzustand, einen Schritt in Richtung eines praxisnäheren Prämissenrahmens und betrachtet Unternehmen, deren Unternehmenswert eine anteilige Realisierung von Wachstumschancen widerspiegelt, so kann durchaus eingängig argumentieren werden, dass der Anteil des Sachanlagevermögens den Umfang beschreibt, mit dem Überlegungen zu einer möglichen Fehlbewertung und damit einhergehenden Vermögensverschiebung zwischen den (Alt-)Kapitalgebern und den zukünftigen Kapitalgebern in die Finanzierungsentscheidung des Unternehmens – dieses Argument dürfte dem aufmerksamen Leser der vorangehenden Abschnitten bekannt vorkommen – einfließen. Denkt man an die in Abschnitt 3.4.3. diskutierte erweiterte Pecking-Order-Theorie nach Wu/Wang (2005) zurück, so wurde dort argumentiert, dass der Anteil des Anlagevermögens einen Indikator für die Gestalt der zukünftigen Finanzierungsentscheidung der Unternehmen – und damit letztlich auch für die Treffgenauigkeit der mit der „klassischen" Pecking-Order-Theorie beschriebenen Finanzierungsrangfolge – darstellt.

Die erweiterte Pecking-Order-Theorie hat – blickt man auf Abschnitt 3.4.3. zurück – in Abhängigkeit vom Unternehmenstyp – es wurden vereinfachend Unternehmen von Typ I und II unterschieden – zwei unterschiedliche Ausprägungen der Finanzierungsentscheidung abgeleitet. Für Unternehmen des Typs I – die Unternehmen dieses Typs verfügen annahmegemäß über einen hohen Anteil des Sachanlagevermögens am Gesamtunternehmenswert – haben Wu/Yeung (2012) argumentiert, dass sich die mit der „klassischen" Pecking-Order-Theorie beschriebene Finanzierungsrangfolge als stabil erweist. Für den Fall einer Unterbewertung durch den Kapitalmarkt werden Unternehmen des Typs I eine Begabe von Fremdkapitalanteilen, aufgrund der vergleichsweise marginalen Wertbeiträge zukünftiger Wachstumsprojekte gegenüber den mit der Begabe von Eigenkapitalanteilen verbundenen bedeutsamen Vermögensverlusten der (Alt-)Eigenkapitalgeber, der Begabe von Eigenkapitalanteilen stets vorziehen.[2785] Für Unternehmen des Typs II – Unternehmen dieses Typs verfügen über einen überproportionalen Anteil an Wachstumschancen – überwiegen – folgt man der Argumentation der erweiterten Pecking-Order-Theorie – dagegen die Wertvorteile der realisierbaren Wachstumschancen gegenüber dem mit einer Fehlbewertung der Unternehmensanteile

2785 Diese Annahme erscheint auf den ersten Blick überraschend, steht sie doch in Kontrast zu den unmittelbar vorangehenden Überlegungen. Darauf soll am Ende des Exkurses zur erweiterten Pecking-Order-Theorie kurz eingegangen werden.

verbundenen Wertverlust bestehender Kapitalgeber. Die mit der „klassischen“ Pecking-Order-Theorie verbundene strikte Finanzierungsrangfolge entfaltet – folgt man der Argumentation von Wu/Yeung (2012) – damit für die Unternehmen des Typs II nur eine bedingte Bindungswirkung, da der Wertbeitrag der zukünftigen Wachstumsprojekte die Vermögensverschiebungen zwischen bestehenden und zukünftigen Eigenkapitalgebern ausgleicht.[2786]

Entgegen dem zunächst betrachteten Argumentationsstrang kann also im Rückgriff auf die Überlegungen der erweiterten Pecking-Order-Theorie argumentiert werden, dass aufgrund des durch Fehlbewertung von den (Alt-) Eigenkapitalgebern zu tragenden Wertverlustes die Wahrscheinlichkeit der Finanzierung zukünftiger Wachstumsprojekte durch die Begabe von frischen Eigenkapitalanteilen trotz des hohen Anteils des Sachanlagevermögens zunächst dramatisch abnimmt. Wie bereits hervorgehoben wurde, steht diese Schlussfolgerung im Kontrast zu den Vorüberlegungen, wurde doch dort argumentiert, dass der Umfang des Anlagevermögens einen Indikator für Informationsasymmetrie des Kapitalmarktes und damit der Gleichwertigkeit der alternativen Finanzierungsquellen darstellt. Wie sind diese beiden – auf den ersten Blick unvereinbaren – Argumentationsstränge in Einklang zu bringen? Inkompatibel sind die beiden Argumentationsansätze – trotz dieses vordergründigen Konflikts – nicht, kann doch durchaus – zunächst unabhängig vom Werteffekt der Finanzierungsentscheidung – argumentiert werden, dass die Unsicherheit des Kapitalmarktes mit Blick auf den „wahren“ Wert des Unternehmens mit dem Umfang des Sachanlagevermögens abnimmt, liegt doch Haftungskapital in Form von physisch greifbarem und regelmäßig klar bewertbarem Anlagevermögen vor.[2787] Warum also bedeutet eine Abkehr vom Idealzustand eines Unternehmens im Gleichgewichtszustand, dass die Frage der Finanzierung sofort an Bedeutung gewinnt und mit der Pecking-Order-Theorie eine feste Finanzierungsrangfolge alternativer Finanzierungsquellen existiert? Man kann hierzu exemplarisch zwei unterschiedlich starke Argumentationsansätze betrachten. Einerseits – dies dürfte der stabilere Argumentationsansatz sein – kann man den Argumentationsansatz von Wu/Yeung (2012) umkehren. Für Unternehmen mit bedeutsamem Anteil des Sachanlagevermögens bzw. einem bedeutenden Anteil bereits realisierter Investitionsprojekte sind zukünftige Wachstumsprojekte – annahmegemäß tragen diese Projekte nur marginal zum Unternehmensgesamtwert bei – angesichts der durch (Alt-)Eigenkapitalgeber zu tragenden Verschiebung eines Teils des Unternehmensvermögens zunehmend unattraktiv, fordern die Kapitalgeber des „jungen“ Eigenkapitals doch einen überproportionalen Anteil am

---

2786 Zu einer detaillierteren Darstellung der vorangehenden Überlegungen vgl. auch Abschnitt 3.4.3.

2787 Bessler et al. (2009) halten mit Blick auf die Trade-Off-Theorie so fest, dass „[...] creditors have an improved guarantee of repayment, and the recovery rate will be higher“. Bessler et al. (2009) S. 24. Dieses Argument gilt auch vor den in diesem Abschnitt näher beleuchteten Überlegungen zur Pecking-Order-Theorie.

Unternehmensgesamtwert mit Blick auf das tatsächlich zu tragende Risiko.[2788] Man kann an dieser Stelle etwas flapsig festhalten, dass die Vorteilhaftigkeit der realisierbaren Wachstumsprojekte weitgehend durch die „Gier" der Kapitalgeber des jungen Eigenkapitals aufgezehrt wird.

Mit der Abkehr von der idealisierten Vorstellung eines Gleichgewichtsunternehmens wechselt man – dies ist im Angesicht der Vorüberlegungen des Kapitels I nichts Neues – in eine Welt, in der die Finanzierungsentscheidung, über die Aufteilung des Unternehmens auf die Kapitalgeber hinaus, auch eine Wertkomponente besitzt. Dies führt jedoch dazu, dass die Vorstellungen, die zunächst unter der Prämisse einer idealisierten Welt formuliert wurden, nicht länger haltbar sind und sich statt der Irrelevanz der Finanzierungsentscheidung eine feste Finanzierungsrangfolge etabliert.[2789] Man kann – dieses Argument erweist sich als weniger stabil – auch darauf abstellen, dass die prozentual zunächst geringen Abweichungen zwischen tatsächlichem und durch den Kapitalmarkt antizipiertem Unternehmenswert in absoluten Größen mit dem Gesamtunternehmenswert – und indirekt auch mit dem Umfang des Sachanlagevermögens – ansteigen und eine Finanzierung mit jungem Eigenkapital zunehmend unattraktiv werden lässt.[2790] Eine Bevorzugung von Finanzierungsquellen, die die Folgen einer Fehlbewertung durch den Kapitalmarkt verringern, erscheint – im Sinne der „klassischen" Pecking-Order-Theorie – somit an dieser Stelle nicht unplausibel. Die zu Beginn dieses Abschnitts eingeschlagene Argumentation hat diese Sichtweise auf die Finanzierungsentscheidung somit letztlich durch einen weiteren Aspekt – den Idealfall eines Gleichgewichtsunternehmens – ergänzt. Sind Wachstumschancen und damit das vom Unternehmen benötigte Finanzierungsvolumen im Vergleich zum Unternehmenswert im Gleichgewichtszustand gering, so dürften die Fehlbewertungen – die Gefahr einer Vermögensverschiebung erscheint im Angesicht der sichtbaren Haftungsmasse der Unternehmen als gering – des Kapitalmarktes gering ausfallen. Der Wertverlust durch eine Vermögensverschiebung fällt – insbesondere in

2788 Letztlich kommt es hier zu einer Umkehrung des in Kapitel I beschriebenen Effekts der „asset substitution". Die Kapitalgeber unterstellen bei der Berechnung ihrer Kapitalforderungen letztlich ein höheres Risiko, als sie tatsächlich zu tragen haben, und entreichern somit die bestehenden Eigenkapitalgeber.

2789 Verwunderlich ist dieser Sprung nicht, denkt man an die Einführung einer Unternehmenssteuer in das idealisierte Modell von Modigliani/Miller (1958) zurück, das von der Irrelevanz der Finanzierungsentscheidung zu einer – wenigstens theoretisch idealen – Finanzierung des Unternehmens mit Fremdkapital geführt hat.

2790 Losgelöst arbeitet dieses Argument von den vorangehenden Überlegungen letztlich nicht, stellt man doch auch hier darauf ab, dass die mit der Begabe jungen Eigenkapitals verbundenen Kosten einen bedeutsamen Anteil des Wertbeitrags der Wachstumsprojekte aufzehren. Neu ist lediglich die Vermutung, dass die absolute Unternehmensgröße für die Frage der Treffgenauigkeit der Pecking-Order-Theorie von Bedeutung ist. Dies erscheint jedoch angesichts unserer Überlegungen zur Unternehmensgröße in Abschnitt 5.6.1.1. durchaus fragwürdig.

relativen Größen – für die bestehenden Kapitalgeber gering aus, sodass damit die klare Reihung alternativer Finanzierungsinstrumente der Pecking-Order-Theorie ihre Trennschärfe verliert.[2791] Wirft man – dies hat die „erweiterte" Trade-Off-Theorie getan – ein, dass Wachstumsunternehmen oftmals nicht über den „Luxus" verfügen, zwischen verschiedenen Finanzierungsquellen wählen zu können, so erscheint eine gewisse Kompromissbereitschaft bestehender Kapitalgeber im Angesicht profitabler Wachstumschancen – für Unternehmen mit einem geringen Anteil des Anlagevermögens – eine durchaus eingängige Beschreibung der Unternehmenspraxis darzustellen.[2792]

Letztlich erscheint es auch an dieser Stelle schwierig, einen eindeutigen linearen Zusammenhang zwischen dem Umfang des Sachanlagevermögens und der Finanzierungsentscheidung der Unternehmen herzustellen.[2793] Es existieren, wie die vorangehenden Überlegungen gezeigt haben, auch an dieser Stelle gegenläufige Effekte, die mit einer Zunahme des Umfangs des Sachanlagevermögens verknüpft werden können.[2794] Hilfreich für das Verständnis zukünftiger Finanzierungsentscheidung ist eine – vorwiegend mechanisch motivierte – Einschätzung zu den Wechselwirkungen zwischen den im Vorfeld skizzierten Effekten nur bedingt, resultiert doch auch an dieser Stelle zwangsläufig eine gewisse Grauzone, die der Formulierung klarer Finanzierungsentscheidungen entgegensteht.[2795] An dieser Stelle zeigt sich letztlich erneut das bereits in Kapitel II deutlich gewordene Problem, das mit der Formulierung trennscharfer Finanzierungspolitiken verbunden ist. Das Verständnis zum Einfluss des Umfangs des Sachanlagevermögens

---

2791 Im Einklang mit dieser Argumentation steht auch die Überlegung von Parsons/Titman (2008b), dass mit Umfang des Sachanlagevermögens auch der Anreiz der Unternehmen sinkt, finanzielle Flexibilität („financial slack") zu bewahren.

2792 Eine andere Einschätzung dazu vertreten u. a. Titman/Wessels (1988) und Frank/Goyal (2003), die festhalten, dass Unternehmen im Angesicht bedeutender Agency-Probleme auch im Fall eines geringen Anteils des Sachanlagevermögens versuchen werden, zukünftige Investitionsprojekte mit Fremdkapital zu finanzieren, bzw. die darauf abstellen, dass Unternehmen mit geringem Umfang des Sachanlagevermögens verstärkt Fremdkapital begeben werden. Vgl. dazu Titman/Wessels (1988) S. 3; Frank/Goyal (2003) S. 224.

2793 Wenig verwunderlich gelangt die Literatur im Angesicht dieser z. T. gegenläufigen Effekte zu unterschiedlicher Einschätzung zur Wirkrichtung des Anteils des Sachanlagevermögens am Unternehmenswert. Vgl. dazu Schneider (2010) S. 219–220.

2794 Man kann – stellt man allein auf die Argumentation der „traditionellen" Pecking-Order-Theorie ab – u. U. ableiten, dass die Bindungswirkung der Finanzierungsrangfolge der Pecking-Order-Theorie mit dem Umfang des Sachanlagevermögens abnimmt.

2795 Man kann an dieser Stelle durchaus zu Recht darauf verweisen, dass es wohl auch in der Praxis schwierig werden dürfte – verlässt man die Welt planbarer/bekannter Rahmenbedingungen –, eineindeutige Finanzierungsentscheidungen zu formulieren.

auf die Finanzierungsentscheidung bleibt damit auch vor dem Hintergrund der Pecking-Order-Theorie – aufgrund der wohl regelmäßig auftretenden Wechselwirkungen – zunächst begrenzt, stehen sich doch auch an dieser Stelle verschiedene und z. T. entgegengerichtete Effekte gegenüber, die in Abhängigkeit vom Unternehmenstyp unterschiedliche Auswirkungen auf die Finanzierungsentscheidung nehmen können.[2796]

Der Faktor Sachanlagevermögen in der dynamischen Trade-Off-Theorie

Blickt man auf den Einfluss, den der Faktor Sachanlagevermögen auf die Finanzierungsentscheidung vor dem Hintergrund der Prämissen der dynamischen Trade-Off-Theorie ausübt, so muss man – löst man sich von der Vorstellung eines zeitkonstanten statischen Verschuldungsoptimums der „klassischen" Trade-Off-Theorie – auch an dieser Stelle der Frage nachgehen, inwieweit der Umfang des Sachanlagevermögens das optimale Verschuldungsspektrum der dynamischen Trade-Off-Theorie prägt. Analog zu den vorangehenden Abschnitten soll auch an dieser Stelle in einem ersten Schritt auf die Vorüberlegungen des Abschnitts 5.6.1.2. zur Bedeutung der Wachstumschancen für die Finanzierungsentscheidung abgestellt werden, hat sich doch gezeigt, dass der Anteil des Sachanlagevermögens und der Anteil der Wachstumschancen bedeutsame Treiber des Unternehmensgesamtwertes darstellen und in der Praxis letztlich wohl ein natürliches Komplement bilden. Will man an dieser Stelle also der Frage des Einflusses des Umfangs des Sachanlagevermögens auf die Gestalt zukünftiger Finanzierungsentscheidung nachgehen, so muss – wie in den vorangehenden Abschnitten – in einem ersten Schritt die Frage beantwortet werden, inwieweit die für die Konvergenz des statischen hin zu einem dynamischen Verschuldungsoptimum verantwortlichen Transaktionskosten durch den Umfang des Sachanlagevermögens am Gesamtunternehmenswert verstärkt oder aber gemindert werden. Mit einer vergleichbaren Frage haben wir uns – wie eingangs hervorgehoben – bereits in Abschnitt 5.6.1.2. beschäftigt.

Diese Überlegungen sollen an dieser Stelle daher nochmals aufgegriffen werden. Abschnitt 5.6.1.2. hat so zunächst für den Fall einer Zunahme der Wachstumschancen des Unternehmens – bestehende Projekte treten zunehmend in den Hintergrund – verdeutlicht, dass vorhandene Agency-Konflikte durch eine zunehmende Unsicherheit über den zukünftigen Unternehmenserfolg verstärkt werden. Dies bedeutet jedoch, dass das Bild, das externe Kapitalgeber über die zukünftige Entwicklung des Unternehmens gewinnen können, mit der Zunahme der Wachstumsprojekte durch eine zunehmende Unschärfe gekennzeichnet sein wird. Mit der zunehmenden Unsicherheit der Marktteilnehmer über die Unternehmensentwicklung steigt – folgt man der in Abschnitt 5.6.1.2. eingeschlagenen Argumentation und lässt durch den gesetzten Prämissenrahmen eine zunehmende Verzerrung

2796 Diese – im Einklang mit der differenzierten Betrachtung der „erweiterten" Pecking-Order-Theorie stehende – Einschätzung findet sich u. a. in Frank/Goyal (2009) S. 4.

des Informationshorizonts zwischen Unternehmensinsidern und externen Kapitalgebern zu – die Wahrscheinlichkeit einer Fehlbewertung der zu begebenden Kapitalanteile durch den Kapitalmarkt. Wie in Abschnitt 5.6.1.2. festgehalten wurde, erscheint es durchaus plausibel, dass eine Zunahme der Wachstumschancen eines Unternehmens letztlich zu einer zunehmenden Spreizung der oberen und unteren Verschuldungsgrenze um den wertoptimalen Verschuldungsgrad der „klassischen" Trade-Off-Theorie führt.[2797] Kehrt man die Überlegung des vorangehenden Abschnitts um – ein solches Vorgehen wurde bereits im vorangehenden Unterabschnitt eingeschlagen –,[2798] so kann in Umkehrung der Vorüberlegungen argumentiert werden, dass mit dem Umfang des Sachanlagevermögens die Unsicherheit über die zukünftige Unternehmensentwicklung und damit der Umfang der mit einer Kapitalbegabe verbundenen Transaktionskosten – die Bewertung des Kapitalmarktes liegt näher am tatsächlichen Unternehmenswert – abnimmt. In Anlehnung an die Überlegungen zur Bedeutung der Wachstumschancen soll auch an dieser Stelle eine für die einzelnen Finanzierungsquellen differenzierte Betrachtung eingeschlagen werden.

Blickt man zunächst auf die Bedeutung eines steigenden Anteil des Sachanlagevermögens aus Sicht der Fremdkapitalgeber – denkt man an die unterschiedliche Ausprägung von Chancen und Risiken –, die im Insolvenzfall möglicherweise ein Teil des Risikos, aber in den „guten" Umweltzuständen nur in einem eingeschränkten Umfang von den Chancen zukünftigen Wachstums profitieren,[2799] so dürften die Fremdkapitalgeber überproportional durch die Abnahme des Risikos, die mit einer Zunahme des Anteils des Sachanlagevermögens verbunden ist, profitieren.[2800] Vor dem Hintergrund dieser Argumentation erscheint es somit durchaus plausibel, dass die Verschuldungsuntergrenze der Unternehmen mit Zunahme des

2797 Der vorangehende Abschnitt hat zudem argumentiert, dass die Spreizung um den wertoptimalen Verschuldungsgrad der „klassischen" Trade-Off-Theorie nicht symmetrisch erfolgen muss, da Eigen- und Fremdkapitalgeber im unterschiedlichen Ausmaß von den Chancen und Risiken der Wachstumschancen profitieren können.

2798 Dies ist wenig verwunderlich, spielt doch auch für die Pecking-Order-Theorie die unterschiedliche Ausprägung der mit der Finanzierungsentscheidung verbundenen Transaktionskosten eine zentrale Rolle in der Reihung alternativer Finanzierungsquellen.

2799 Man kann an dieser Stelle argumentieren, dass Fremdkapitalgeber – wie in Kapitel II hervorgehoben – i. d. R. eine Reihe kreditvertraglicher Vorkehrungen treffen können, um eine Übervorteilung durch die Eigenkapitalgeber zu unterbinden. Eine Überwindung der rechtlich unterschiedlichen Ausgestaltung von Eigen- und Fremdkapitalinstrumenten stellen diese kreditvertraglichen Vereinbarungen dennoch nicht dar.

2800 Wie in den vorangehenden Abschnitten argumentiert, steigt neben der Prognostizierbarkeit der zukünftigen Unternehmenscashflows im Insolvenzfall auch die greifbare, d. h. auf die Kapitalgeber aufteilbare Insolvenzmasse.

Umfangs des Sachanlagevermögens näher an das wertoptimale Verschuldungsoptimum der „klassischen" Trade-Off-Theorie heranrückt.[2801] Im Kontrast zu jungen Wachstumsunternehmen erscheint eine stärker an einem Finanzierungsoptimum orientierte Finanzierungspolitik für gesetzte, d. h. bereits am Markt erfolgreiche Unternehmen durchaus plausibel, können diese Unternehmen doch den Unternehmenswert durch den Wertbeitrag der Fremdfinanzierung steigern, ohne damit bestehende Wachstumschancen aufgeben zu müssen.[2802] Blickt man an dieser Stelle mit der Eigenkapitalfinanzierung auf die zweite „klassische" Finanzierungsquelle, so dürfte sich auch hier der Rückgang der Unsicherheit über die zukünftige Unternehmensentwicklung positiv auf die mit einer Begabe von Eigenkapitalanteilen verbundenen Transaktionskosten auswirken.[2803] Man kann an dieser Stelle jedoch die Einschätzung vertreten, dass der Rückgang der Transaktionskosten weniger deutlich ausfallen wird wie im Fall der Begabe von Fremdkapitalanteilen, führt die mit einer Zunahme der Wachstumschancen eines Unternehmens verbundene Spreizung des Unternehmenscashflows doch durchaus zu Umweltzuständen, in denen die Vorteile der Eigenkapitalgeber gegenüber den Fremdkapitalgebern überwiegen.[2804]

Fasst man zusammen, so kann auf Basis einer, die Vorüberlegungen des Abschnitts 5.6.1.2. umkehrenden Argumentation, durchaus eingängig argumentiert werden, dass mit der Zunahme des Umfangs des Sachanlagevermögens die Orientierung an einem wertoptimalen „statischen" Zielverschuldungsgrad als Unternehmensziel

---

2801 Eine vergleichbare Argumentation lässt sich grundsätzlich auch mit Blick auf die obere Verschuldungsgrenze einschlagen. Unternehmen könnte in diesem Fall jedoch aufgrund der mit dem Anteil des Sachanlagevermögens sinkenden Insolvenzkosten einen Anreiz haben, den bestehenden Verschuldungsspielraum stärker auszunutzen. Inwieweit dieser Effekt sich in einer Verschiebung des statischen Verschuldungsoptimums bzw. der oberen Verschuldungsgrenze des dynamischen Verschuldungsoptimums niederschlägt, sei an dieser Stelle vereinfachend ausgeblendet.

2802 Für wachstumsstarke Unternehmen dürfte hingegen der Trade-Off zwischen der Realisierung der Wachstumschancen und einer Optimierung der Kapitalstruktur regelmäßig zugunsten der Realisierung von Wachstumschancen ausfallen. Eine solche Überlegung dominiert so beispielsweise den nachfolgenden Abschnitt zur erweiterten Pecking-Order-Theorie.

2803 Man kann an dieser Stelle so argumentieren, dass Unternehmen nur im geringen Umfang Informationen über zukünftige Projekte preisgeben müssen.

2804 Suchen die Eigenkapitalgeber durch die Bereitstellung des Haftungskapitals doch regelmäßig ein höheres Risiko als die Fremdkapitalgeber. Man mag an dieser Stelle kritisch einwerfen, dass diese Vorteile wohl auf wenige – vom Unternehmen nicht zwingend anzustrebende – Umweltzustände begrenzt sind. Dennoch dürften Wachstumschancen insbesondere auf die Eigenkapitalgeber einen besonderen Reiz ausüben.

an Bedeutung gewinnt.[2805] Dies erscheint plausibel, fehlt mit einem Rückgang der Wachstumschancen des Unternehmens doch die Möglichkeit der Unternehmensleitung, den Unternehmenswert durch eine Wachstumsstrategie zu steigern. Vielmehr rückt das u. U. zunächst nachrangige Ziel einer Optimierung der Kapitalstruktur zur Steigerung des Unternehmenswertes in den Vordergrund. Symmetrisch müssen auch an dieser Stelle die obere und untere Verschuldungsgrenze der dynamischen Trade-Off-Theorie nicht mit dem Umfang des Sachanlagevermögens an den wertoptimalen Zielverschuldungsgrad der statischen Trade-Off-Theorie heranrücken.

Die in diesem Abschnitt eingeschlagene Argumentation steht – letztlich wenig verwunderlich – im Kontrast zu den Überlegungen der Pecking-Order-Theorie. Wie der vorangehende Abschnitt zur Pecking-Order-Theorie gezeigt hat, ist der Einfluss, der dem Umfang des Sachanlagevermögens in der Literatur zugesprochen wird, letztlich nicht ganz eindeutig. Diese Einschätzung bestätigt sich letztlich auch mit Blick auf die dynamische Trade-Off-Theorie. Es erscheint so wenig verwunderlich, dass auch der in diesem Abschnitt eingeschlagene Argumentationsansatz nicht frei von Einwänden bzw. anderen Einschätzungen bleibt. Man kann an dieser Stelle den Überlegungen dieses Abschnittes etwa entgegenhalten, dass die mit der Begabe von Kapitalanteilen des Unternehmens verbundenen Transaktionskosten vorwiegend aus Fixkosten bestehen, die von der Aufteilung des Unternehmensgesamtwertes auf bestehendes Sachanlagevermögen und zukünftigen Unternehmenserfolg wohl weitgehend unabhängig sein werden. Eine solche Einschätzung würde jedoch dafürsprechen, dass das Sachanlagevermögen auf die Verschuldungsgrenzen – abseits der mechanischen Veränderung des Verschuldungsgrades – keinen bzw. lediglich begrenzten Einfluss auf die zukünftigen Finanzierungsentscheidungen ausübt. Überzeugend erscheint ein solches Argument jedoch nicht zu sein, sehen sich doch Kapitalgeber eines Wachstumsunternehmens i. d. R. mit anderen Herausforderungen bzw. Agency-Konflikten konfrontiert als Kapitalgeber eines Unternehmens, das im Markt eingeführt ist und über greifbares Haftungskapital verfügt. Diesem möglichen Einwurf gegen die Argumentation dieses Abschnitts sei – ohne einer solchen Anmerkung grundsätzlich die Legitimität abzusprechen – an dieser Stelle nicht weiter nachgegangen. Vor dem Hintergrund der Überlegungen der dynamischen Trade-Off-Theorie sei in der Folge daher davon ausgegangen, dass der Umfang des Sachanlagevermögens Einfluss auf die mit der Begabe von Kapitalanteilen verbundenen Transaktionskosten nimmt und damit die Verschuldungsgrenzen – insbesondere die Verschuldungsuntergrenze – der dynamischen Trade-Off-Theorie näher an den optimalen Verschuldungsgrad der statischen Trade-Off-Theorie heranrücken lässt.

2805 Man könnte so etwa davon sprechen, dass für Unternehmen ohne Wachstumschancen allein in der Optimierung der Kapitalstruktur ein gangbarer Weg liegt, den Unternehmenswert zu steigern.

Der Faktor Sachanlagevermögen in der erweiterten Pecking-Order-Theorie

Blickt man auf den Einfluss des Sachanlagevermögens vor dem Hintergrund der Argumentation zur erweiterten Pecking-Order-Theorie, so hat Abschnitt 3.4.3. in Kapitel I deutlich gemacht, dass der Umfang der Wachstumschancen – als Komplement zum Umfang des Sachanlagevermögens – eines Unternehmens eine zentrale Determinante für die Gestalt der Finanzierungsentscheidung darstellt.[2806] Vor diesem Hintergrund kann die mit der „klassischen" Pecking-Order-Theorie postulierte Annahme einer von den Unternehmenscharakteristika unabhängigen statischen Finanzierungsrangfolge[2807] letztlich nicht länger aufrechterhalten werden. Deutlich wird dies, ruft man sich das anschauliche Beispiel von Wu/Yeung (2012) aus Abschnitt 3.4.3. in Erinnerung. Wie Wu/Yeung (2012) anschaulich gezeigt haben – für eine ausführliche Darstellung der Überlegungen zur erweiterten Pecking-Order-Theorie sei auf Kapitel I verwiesen –, spielt für Unternehmen mit geringen Wachstumschancen – das Unternehmensvermögen wird weitgehend durch das bestehende Sachanlagevermögen abgebildet – die Bewertung der Kapitalanteile durch den Kapitalmarkt im Rahmen der Finanzierungsentscheidung eine zentrale Rolle. Unterbewertete Unternehmen werden die Begabe von Eigenkapital gegenüber der Begabe von Fremdkapitalanteilen infolge einer Fehlbewertung durch den Kapitalmarkt scheuen.[2808] Für den zweiten Unternehmenstyp – Unternehmen mit bedeutsamen Wachstumschancen – kann diese strikte durch die „klassische" Pecking-Order-Theorie beschriebene Finanzierungsrangfolge dagegen nicht aufrechterhalten werden, tritt doch für diese Unternehmen die Frage der Optimalität der Finanzierungsentscheidung regelmäßig hinter die Frage, wie wertschaffende Wachstumschancen realisiert werden können, zurück, da – wenigstens implizit – angenommen wird, dass der Wertbeitrag der realisierbaren Wachstumsprojekte die Wertverluste, die mit einer unvorteilhaften Finanzierungsstrategie verbunden sind, übersteigt.[2809]

Überträgt man diese Überlegung auf die in diesem Abschnitt näher betrachtete Frage des Einflusses des Sachanlagevermögens auf die Finanzierungsentscheidung, so kann man – im Angesicht der Vorüberlegungen des Abschnitts 3.4.3. – nicht unbegründet festhalten, dass mit dem Umfang des Sachanlagevermögens die Bindungswirkung der Finanzierungsrangfolge der „klassischen"

2806 Die folgenden Überlegungen stellen eine kurze Zusammenfassung der Überlegungen des Abschnitts 3.4.3. dar.

2807 Diese statische Finanzierungsrangfolge impliziert, dass Unternehmen zunächst bestehende Fremdkapitalquellen voll ausschöpfen, um in einem finalen Schritt zur Finanzierung von Wachstumsprojekten neues Eigenkapital zu emittieren.

2808 Wie die vorangehenden Unterabschnitte gezeigt haben, kann hier argumentiert werden, dass mit dem Anteil bestehenden Sachanlagevermögens am Unternehmensgesamtwert die Fehlbewertung durch den Kapitalmarkt abnimmt.

2809 Diese Argumentation ähnelt der Sichtweise des vorangehenden Unterabschnitts, dass die Frage der Optimalität der Finanzierungspolitik für Unternehmen mit bedeutsamen Wachstumschancen in den Hintergrund tritt.

Pecking-Order-Theorie zunimmt. Nähert sich ein Unternehmen mit der Zunahme des Anteils des Sachanlagevermögens doch unzweifelhaft dem von Wu/Yeung (2012) beschriebenen Unternehmenstypus I an. Will man die Frage nach den Treibern dieser Entwicklung beantworten, so erscheint das Beispiel von Wu/Yeung (2012) zu holzschnittartig. Man muss an dieser Stelle also erneut die Frage beantworten, warum Unternehmen mit zunehmendem Anteil des Sachanlagevermögens eine Finanzierungspolitik, wie sie durch die Pecking-Order-Theorie beschrieben wird, bevorzugen. Diese Frage wurde bereits im Unterabschnitt zur „klassischen" Pecking-Order-Theorie näher beleuchtet, sodass an dieser Stelle mit Verweis auf diese Überlegungen den Treibern, die zu einer Zweiteilung der Finanzierungsentscheidung führen, nicht nochmals nachgegangen werden soll. Blickt man auf die Überlegungen vor dem Hintergrund der „klassischen" Pecking-Order-Theorie zurück, zeigt sich ein durchaus interessantes Ergebnis hinsichtlich der Rangfolge der alternativen Finanzierungsinstrumente. Ausgehend von einem Unternehmen mit dominierenden Wachstumschancen – hier kann auf Basis der Überlegungen der „erweiterten" Pecking-Order-Theorie von der Dominanz einer Finanzierung mit Eigenkapital ausgegangen werden –, hat die vorangehende Argumentation mit einer Zunahme des Anteils des Sachanlagevermögens zugunsten einer zunehmenden Dominanz der Finanzierungsrangfolge der „klassischen" Pecking-Order-Theorie abgestellt. Vor dem Hintergrund der „klassischen" Pecking-Order-Theorie wurde, angesichts der mit dem Umfang des Sachanlagevermögens wohl abnehmenden Bedeutung der Informationsasymmetrien, auf eine zunehmende Nachrangigkeit der Wahl der Finanzierungsquelle abgestellt. Argumentativ landet man auf den ersten Blick somit erneut in dem Fall, in dem eine Finanzierung mit Eigenkapital dominant ist. Dieser auf den ersten Blick überraschend wirkende Zirkelschluss erscheint auf einen zweiten Blick durchaus eingängig, determiniert die Wahl der Finanzierungsquelle – entfernt man sich von der Annahme einer asymmetrischen Informationsverteilung – lediglich die Aufteilung des Unternehmenswertes auf die Fremdkapitalgeber.[2810] Notwendig erscheint eine Umschichtung der Kapitalquellen – unterstellt man doch implizit keine neuen Investitionsprojekte – an diesem Punkt jedoch nicht. Lässt man andere – in der Pecking-Order-Theorie – nicht betrachtete Treiber der Finanzierungsentscheidung zu, so dürfte der hier zunächst zu erwartende Zirkelschluss für die Praxis von geringer Bedeutung sein.

Zum Einfluss des Faktors Sachanlagevermögen auf die alternativen Finanzierungspolitiken

Blickt man, diesen Abschnitt abschließend, auf den Einfluss, den der Umfang des Sachanlagevermögens vor dem Hintergrund der alternativen Finanzierungspolitiken auf die Finanzierungsentscheidung nimmt, so kann auch an dieser Stelle

2810 Der Wertbeitrag der Fremdfinanzierung spielt vor dem Hintergrund der Überlegungen der Pecking-Order-Theorie annahmegemäß keine bzw. lediglich eine untergeordnete Rolle.

zunächst nur eine vergleichsweise holzschnittartige Voreinschätzung der Bedeutung des Sachanlagevermögens abgegeben werden. Die Überlegungen der vorangehenden Unterabschnitte haben gezeigt, dass die Auswirkungen eines Anstiegs des Anteils des Sachanlagevermögens am Unternehmensgesamtwert in Abhängigkeit zum gewählten Prämissengerüst bzw. zur betrachteten Kapitalstrukturtheorie durchaus unterschiedlich ausfallen können. Vor dem Hintergrund der „klassischen" Trade-Off-Theorie wurde so festgehalten, dass die Zunahme des Sachanlagevermögens Einfluss sowohl auf die Insolvenzkosten wie auch die Insolvenzwahrscheinlichkeit als zentralen Treibern des statischen Verschuldungsoptimums nimmt. Sinken mit dem Umfang des Sachanlagevermögens am Gesamtunternehmenswert doch i. d. R. sowohl das Risiko des Eintritts einer Unternehmensinsolvenz als auch die im Insolvenzfall durch die Kapitalgeber des Unternehmens zu tragenden Ausfälle. Vor dem Hintergrund dieser Überlegungen erscheint es somit nicht unwahrscheinlich, dass die Verschuldungskapazität als auch das Verschuldungsoptimum mit dem Umfang des Sachanlagevermögens ansteigt. Die Vorüberlegungen haben gezeigt, dass diese Verschiebung des Verschuldungsoptimums durch die – mit dem Rückgang des Insolvenzrisikos zu erwartende – Verringerung des durch die Fremdkapitalgeber geforderten Risikoaufschlags verstärkt werden dürfte, führt ein Rückgang des Risikoaufschlags rein mechanisch zu einem Abschmelzen des Wertbeitrages der Fremdfinanzierung.[2811]

Ceteris paribus kann man mit Blick auf den Unternehmenswert daher durchaus nachvollziehbar argumentieren, dass Unternehmen mit dem Ziel einer wertoptimalen Finanzierungspolitik zusätzliches Fremdkapital mit Anstieg des Umfangs des Sachanlagevermögens einwerben werden, um den Wertbeitrag der Fremdfinanzierung voll heben zu können. Diese vor dem Hintergrund der „klassischen" Trade-Off-Theorie ableitbare Erhöhung des eingeworbenen Fremdkapitalvolumens hat auch vor dem Hintergrund der Erweiterung der „klassischen" Trade-Off-Theorie um die zwischen den Kapitalgebern regelmäßig bestehenden Agency-Probleme Bestand. Auf Basis der Überlegungen der erweiterten Trade-Off-Theorie kann so u. a. argumentiert werden, dass mit dem Umfang des Sachanlagevermögens auch die Hürden für eine Implementierung gläubigerschädigender Vermögensverschiebungsstrategien anwachsen, kann doch i. d. R. unterstellt werden, dass Unternehmen mit einem hohen Anteil des Sachanlagevermögens nur unter vergleichsweise hohem Aufwand die Gestalt und somit das Risiko bestehender Investitionsprojekte verändern können. Im Einklang mit den Überlegungen zur „klassischen" Trade-Off-Theorie dürfte sich also auch vor dem Hintergrund der Prämissen der erweiterten Trade-Off-Theorie der Informationshorizont der verschiedenen Kapitalgeber angleichen und Unternehmen über die Homogenisierung

---

2811 Gleichzeitig steigt – nimmt man den Cashflow des unverschuldeten Unternehmens als konstant an – die Fähigkeit des Unternehmens, frisches Fremdkapital einzuwerben.

des Informationshorizonts alternativer Kapitalgeber letztlich einen höheren Verschuldungsumfang realisieren können.

Blickt man abschließend auf die Bindungskraft des wertoptimalen Verschuldungsoptimums – diese ist, wie die vorangehenden Abschnitte hervorgehoben haben, im Rahmen der „klassischen" Trade-Off-Theorie durch die gewählten Annahmen unzweifelhaft gegeben –,[2812] so kann man hier durchaus den Standpunkt vertreten, dass die Bindungswirkung eines wertoptimalen Verschuldungsoptimums mit dem Umfang des Sachanlagevermögens zunimmt, gehen doch mit einem Anstieg des Umfangs des Sachanlagevermögens am Gesamtunternehmenswert sowohl die wirtschaftlichen Hemmnisse für eine wertoptimale Verschuldungspolitik als auch die am Kapitalmarkt herrschende Unklarheit über die zukünftige Entwicklung des Unternehmens zurück.[2813] Vor dem Hintergrund der „klassischen" wie auch der erweiterten Trade-Off-Theorie kann man, neben einem Anstieg des Verschuldungsoptimums mit dem Umfang des Sachanlagevermögens auch – entfernt man sich etwas von dem Idealzustand der „klassischen" Trade-Off-Theorie –[2814] von einer verstärkten Bindungswirkung eines wertoptimalen Verschuldungsoptimums ausgehen. Wechselt man von den Überlegungen der Trade-Off-Theorie zur Frage, welche Bedeutung der Umfang des Sachanlagevermögens vor dem Hintergrund der Überlegungen der Pecking-Order-Theorie einnimmt, so zeigt sich zunächst ein weniger homogenes Bild. Der Unterabschnitt zur Pecking-Order-Theorie hat zunächst darauf abgestellt, dass mit dem Umfang des Sachanlagevermögens – in Analogie zu den Überlegungen der „klassischen" Trade-Off-Theorie – der Umfang und somit die Bedeutung bestehender Informationsasymmetrien für die Finanzierungsentscheidung der Unternehmen abnimmt. Hatte dies für die „klassischen" Trade-Off-Theorie vordergründig Auswirkungen auf die durch die Unternehmen zu tragenden Insolvenzkosten bzw. die Wahrscheinlichkeit eines Insolvenzeintritts, so steht – mit diesen Überlegungen eng verbunden – für die „klassische" Pecking-Order-Theorie die mit einer Abnahme bestehender Informationsasymmetrien einhergehende Abnahme des Risikos einer Fehlbewertung der Kapitalanteile durch den Kapitalmarkt mit dem Umfang des Sachanlagevermögens im Vordergrund.

2812 In den vorangehenden Abschnitten wurde an dieser Stelle daher richtigerweise darauf verwiesen, dass die Aussagen, die man für die Bindungswirkung eines Verschuldungsoptimums machen kann, vor dem Hintergrund der „klassischen" Trade-Off-Theorie letztlich begrenzt sind.

2813 Man nähert sich letztlich dem theoretisch bedeutsamen Fall eines Unternehmens im Gleichgewichtszustand an.

2814 Wie bereits hervorgehoben, kann man an dieser Stelle gegen die eingeschlagene Argumentation einwenden, dass sich die Frage nach der Bindungswirkung des wertoptimalen Verschuldungsoptimums vor dem Hintergrund der „klassischen" Trade-Off-Theorie erst überhaupt nicht stellt.

Man kann an dieser Stelle – dies hat der vorangehende Unterabschnitt gemacht – zunächst die sicherlich eher theoretisch interessante Annahme eines Rückgangs der Bedeutung der Finanzierungsentscheidung mit dem Umfang des Sachanlagevermögens vertreten. Grundlage dieser Annahme ist das bereits aus den Vorüberlegungen bekannte Argument, dass über die Werthaltigkeit der „assets in place" eines Unternehmens am Kapitalmarkt wohl nur geringe Unsicherheit herrschen dürfte und die Frage der Finanzierungspolitik somit in den Hintergrund tritt. Eine solche Einschätzung dürfte in der Praxis für den wohl eher theoretisch eintretenden Fall eines Unternehmens im Gleichgewichtszustand einschlägig sein. Wechselt man in eine Welt, in der Unternehmen regelmäßig Wachstumschancen realisieren, die – wenigstens anteilig – durch externes Kapital finanziert werden, so gewinnt die Frage der Finanzierung dieser Wachstumsprojekte an Bedeutung. Wie Kapitel I deutlich gemacht hat, wird mit der Pecking-Order-Theorie eine feste Finanzierungsrangfolge beschrieben, die auf eine Fehlbewertung der Kapitalanteile durch den Kapitalmarkt zurückzuführen ist. Will man das enge Finanzierungskorsett der Pecking-Order-Theorie durchbrechen, so kann man – dieser Weg wurde in einem ersten Schritt bereits eingeschlagen – entweder die Existenz von Informationsasymmetrien ausschließen oder aber argumentieren, dass die Auswirkungen der Fehlbewertung des Kapitalmarktes auf die Unternehmensstrategie lediglich von nachrangiger Bedeutung sind.[2815] Wie Abschnitt 3.4.3. deutlich gemacht hat, wird mit der erweiterten Pecking-Order-Theorie dieser zweite Weg eingeschlagen. Wu/Wang (2005) bzw. Wu/Yeung (2012) haben gezeigt, dass insbesondere für junge Wachstumsunternehmen die Frage, ob wertschaffende Investitionsprojekte realisiert werden sollen, die Frage nach der Gestalt der Finanzierungspolitik des Unternehmens überlagert. Wu/Yeung (2012) stellen in ihrer Argumentation darauf ab, dass der mit den Wachstumschancen einhergehende Wertbeitrag insbesondere für junge Wachstumsunternehmen die Wertverluste aus einer möglicherweise suboptimalen Finanzierungsentscheidung überkompensiert.[2816]

Wie der Abschnitt zur Pecking-Order-Theorie festgehalten hat, ist es vor diesem Hintergrund nicht ganz einfach, einen linearen Einfluss des Umfangs des Sachanlagevermögens auf die Bindungswirkung der Pecking-Order-Theorie abzuleiten. Steht doch das bereits vor dem Hintergrund der Trade-Off-Theorie verwendete

2815 Einen in diesem Abschnitt ausgeblendeten Ansatz stellt die Theorie des Market-Timings dar, die letztlich die Stabilität der in der Praxis zu beobachtenden Fehlbewertungen infrage stellt.

2816 Den Hintergrund dieser Entwicklung stellt der in Abschnitt 3.4.3.1. beschriebene Abwägungsprozess zwischen den Kosten des Über- und Unterinvestitionsproblem dar. Man kann für Unternehmen mit bedeutsamen Wachstumschancen so durchaus einleuchtend den Standpunkt einnehmen, dass die mit einem Fremdkapitaleinsatz verbundene hemmende Wirkung auf die Investitionsentscheidung die mit der Begabe von Fremdkapital verbundenen Überinvestitionsprobleme zunächst dominiert und sich dieses Verhältnis erst mit Zunahme des Umfangs des Sachanlagevermögens, d. h. bestehender Investitionsprojekte, umkehrt.

Argument einer Zunahme des Gleichklangs in den Erwartungen der Kapitalgeber dem Argument einer Zunahme des Überinvestitionsproblems bzw. einer zunehmenden Bedeutung der Fehlbewertung der Kapitalanteile durch den Kapitalmarkt gegenüber. Im Angesicht dieser gegenläufigen Effekte kann man durchaus zu dem zunächst paradox wirkenden Schluss kommen, dass die Bindungswirkung der „klassischen" Pecking-Order-Theorie mit dem Umfang des Sachanlagevermögens steigt, um für den in der Praxis wohl wenig bedeutenden Fall eines Unternehmens ohne Wachstumsprojekte schließlich an Bedeutung zu verlieren. In Kenntnis der Ableitung der „klassischen" Trade-Off-Theorie aus dem Theorem der Kapitalstrukturirrelevanz erscheint dieser plötzliche Bruch der Pecking-Order-Theorie dagegen weniger überraschend. Widmet man sich an dieser Stelle erneut der Frage, welche Bedeutung diese Überlegungen vor dem Hintergrund der Pecking-Order-Theorie für die in der Unternehmensbewertung konkurrierenden Finanzierungspolitiken haben, so dürften Unternehmen mit einem hohen Anteil an Sachanlagevermögen sich in aller Regel keine Politik eines wertoptimalen Verschuldungsoptimums, wie etwa mit der wertabhängigen Finanzierungspolitik beschrieben, einschlagen. Vielmehr werden diese Unternehmen durch die bevorzugte Begabe von Fremdkapital sich im Zeitverlauf von einem wertoptimalen Verschuldungsoptimum entfernen. Blickt man auf die feste Finanzierungsrangfolge der „klassischen" Pecking-Order-Theorie, erscheint eine solche Schlussfolgerung wenig überraschend. Bedeutsamer wirkt an dieser Stelle vielmehr, dass sich junge Wachstumsunternehmen von der durch die Pecking-Order-Theorie beschriebenen Finanzierungsrangfolge abwenden werden. Dies bedeutet an dieser Stelle jedoch nicht zwingend, dass damit das mit einer wertorientierten Finanzierungspolitik beschriebene Verschuldungsoptimum an Bedeutung gewinnt. Vielmehr dürfte man an dieser Stelle davon ausgehen, dass Unternehmen Verschuldungsgrade realisieren werden, die mit einem leichten Überhang des Eigenkapitalanteils verbunden sind. Zur Bindungswirkung eines vorgegebenen Finanzierungsziels – dies verwundert vor dem Hintergrund der Überlegungen der Pecking-Order-Theorie nicht – lässt sich dagegen wenig Konkretes ableiten.[2817] Stellt man auf das Argument ab, dass mit dem Umfang des Sachanlagevermögens Informationsasymmetrien zwischen den Kapitalgebern abgebaut werden, so erscheint auch hier der vor dem Hintergrund der „klassischen" Trade-Off-Theorie abgeleitete Schluss, dass Finanzierungshürden abgebaut werden, durchaus plausibel. Im Zentrum der Pecking-Order-Theorie steht eine solche Überlegung jedoch nicht.

Dies ändert sich, richtet man den Blick auf die dynamische Trade-Off-Theorie, für die die Frage der Bindungswirkung des Verschuldungsoptimums der „klassischen" Trade-Off-Theorie bzw. die Frage der mit einer Finanzierungsentscheidung

2817 Wie in Kapitel I hervorgehoben wurde, ergibt sich die Kapitalstruktur im Rahmen der Pecking-Order-Theorie als Ergebnis einer wiederholten Anwendung der festen Entscheidungsregel der Pecking-Order-Theorie und nicht aus der Orientierung an einem wertoptimalen Verschuldungsoptimum.

verbundenen Hürden im Vordergrund steht. Man muss – dies hat der vorangehende Unterabschnitt gemacht – an dieser Stelle somit der Frage nachgehen, inwieweit die mit der Begabe von Kapitalanteilen verbundenen Transaktionskosten als Hemmnis der Finanzierungsentscheidung durch den Umfang des Sachanlagevermögens beeinflusst werden. Die Vorüberlegungen für die statische als auch die Pecking-Order-Theorie legen nahe, dass mit dem Umfang des Sachanlagevermögens die hemmende Wirkung von Transaktionskosten – Informationsunterschiede zwischen Unternehmensinsidern und externen Kapitalgebern werden abgebaut – abnimmt. Diese Entwicklung muss – diesen Blickwinkel hat der vorangehende Unterabschnitt eingenommen – dabei nicht symmetrisch erfolgen. So kann man u. a. argumentieren, dass insbesondere die Fremdkapitalgeber durch den Abbau der Unsicherheiten – dies deckt sich mit den Überlegungen zur „klassischen" Trade-Off-Theorie – über die zukünftige Unternehmensentwicklung profitieren werden und damit insbesondere die untere Verschuldungsgrenze näher an das statische Verschuldungsoptimum der Unternehmen heranrückt, während für die obere Verschuldungsgrenze eine wenig starke Verschiebung in Richtung des Verschuldungsoptimums der „klassischen" Trade-Off-Theorie zu erwarten ist. Vor dem Hintergrund der mit dem Umfang des Sachanlagevermögens zu erwartenden leichten Verschiebung des statischen Verschuldungsoptimums kann also auch vor den Prämissen der dynamischen Trade-Off-Theorie von einer stärkeren Bindungswirkung dieses Verschuldungsoptimums ausgegangen werden.

Den Blick auf die alternativen Finanzierungspolitiken gerichtet, bedeutet dies, dass sich Unternehmen auch vor dem Hintergrund auftretender Transaktionskosten mit einem Anstieg des Umfangs des Sachanlagevermögens stärker an einer wertorientierten Finanzierungspolitik als an dem autonomen Pendant orientieren werden.[2818] Kann man – vor dem Hintergrund der in Kapitel II betrachteten „inneren" und „äußeren" Treiber der Finanzierungsentscheidung – doch darauf abstellen, dass mit der Zunahme des Anteils des Sachanlagevermögens die „inneren" Anreize für die Umsetzung einer wertabhängigen Finanzierungspolitik ansteigen, während die „äußeren" Hemmnisse weniger stark ausgeprägt zu sein scheinen.[2819] Diese, die Überlegung zum Einfluss des Umfangs des Sachanlagevermögens abschließende Anmerkung, bildet in der Folge m. E. nach eine geeignete Ausgangshypothese für eine die empirische Bedeutung alternativer Finanzierungspolitiken verifizierende empirische Untersuchung.

2818 Wie bereits hervorgehoben, wird diese Annahme durch die Überlegungen zur statischen und dynamischen Trade-Off-Theorie dominiert. Gänzlich unvereinbar erscheint eine solche Annahme – dies hat der Exkurs zum Fall des Gleichgewichtsunternehmens gezeigt – jedoch auch vor dem Hintergrund der Pecking-Order-Theorie nicht.

2819 Die Frage, inwieweit eine solche Verschiebung – blickt man etwa auf das wertoptimale Verschuldungsspektrum der dynamischen Trade-Off-Theorie – ungleich gewichtet ist, wird hier vereinfachend ausgeblendet.

5.6.1.5. Risiko

„There are strong theoretical reasons to believe that volatility matters for capital structure.“[2820]

In den folgenden Abschnitten sei der Frage nachgegangen, welchen Einfluss der Faktor Risiko auf die Finanzierungsentscheidung der Unternehmen nimmt. Bevor man sich der Beantwortung dieser Frage näher widmen kann, muss man sich jedoch zunächst gewahr werden, was unter dem doch sehr allgemein gehaltenen Oberbegriff des Risikos in den folgenden Abschnitten zu verstehen ist, sehen sich Unternehmen im Rahmen der Geschäftstätigkeit doch i. d. R. einer Reihe von – sich teils überlagernden –[2821] Risiken ausgesetzt. So dürften etwa Risiken, die aus der Qualität des Managements und der Organisationsstruktur der Unternehmen, wie auch Marktrisiken und Risiken, die aus der Finanzierungsentscheidung erwachsen, den Umfang und die Gestalt des Gesamtrisikos der Unternehmen beeinflussen. In einer Analyse könnte man den Einfluss der alternativen Risikoquellen gesondert betrachten. Für die nachfolgenden Abschnitte muss man an dieser Stelle somit entscheiden, ob eine Gesamt- oder eine Detailbetrachtung der Einzelrisiken der Unternehmen für die nachfolgenden Überlegungen sachgerecht ist. Für eine Detailbetrachtung auf Basis der Einzelrisiken spricht, dies haben die vorangehenden Abschnitte gezeigt,[2822] dass auf Basis einer Einzelbetrachtung durchaus ein tieferes Verständnis der Finanzierungsentscheidung der Unternehmen gewonnen werden kann.[2823] Will man ein übergeordnetes Verständnis des Einflusses des Faktors Risikos auf die Finanzierungsentscheidung erlangen, so erscheint eine Analyse auf Basis von Einzelrisiken regelmäßig als zu kleinteilig, können in der Gesamtbetrachtung – beispielsweise aufgrund gegenläufiger Effekte – doch andere Wirkzusammenhänge als im Fall einer Einzelbetrachtung bestehen.[2824] Beschreitet man also den Weg, den Einfluss des Gesamtrisikos zu betrachten, so muss man in einem ersten Schritt eine Aggregation der Einzelrisiken zu einer Maßzahl des Gesamtunternehmensrisikos vornehmen.

2820 Dudley/James (2015) S. 5.

2821 Eine Überlagerung kann dabei sowohl mit einer wechselseitigen Verstärkung der jeweiligen Einzelrisiken wie auch mit einer Reduzierung des Gesamtrisikos verbunden sein.

2822 So wurde in den vorangehenden Betrachtungen etwa zwischen verschiedenen Managementqualitäten differenziert.

2823 Die Arbeit von Chen et al. (2014) stellt dagegen darauf ab, unerwartete Risikoschocks als Ausgangsgröße empirischer Untersuchungen zu betrachten. Vgl. dazu Chen et al. (2014) S. 24.

2824 In der Unternehmensbewertungspraxis dürfte es in aller Regel schwierig sein, von einer Betrachtung der Einzelrisiken zu einer Betrachtung des Gesamtrisikos zu gelangen. Stellt man darauf ab, dass in der Praxis zumeist nur eine vorläufige Risikoqualifikation möglich ist, so erscheint aus dieser Sicht eine Gesamtbetrachtung zielführender.

In der Literatur findet sich – dies ist insbesondere bei der Betrachtung des Einflusses der Finanzierungsentscheidung relevant – eine Zusammenfassung der Einzelrisiken unter die Begriffe des operativen respektive Investitionsrisikos sowie des Finanzierungsrisikos.[2825] Für eine Trennung von Investitions- und Finanzierungsrisiko spricht, dass der Einfluss des operativen Risikos auf die Finanzierungsentscheidung gesondert betrachtet werden kann. Gegen eine Trennung der Teil-Entscheidungen spricht hingegen, dass Finanzierungsentscheidungen in der Praxis neben den operativen Risiken der Unternehmen – stellt man nicht auf die Annahme eines rein eigenfinanzierten Unternehmens ab – regelmäßig auch von dem Risiko vorangegangener Finanzierungsentscheidungen beeinflusst werden. Dürfte es für die Entscheidung der Kapitalgeber regelmäßig eine Rolle spielen, ob weitere Anspruchssteller im Fall einer Unternehmensinsolvenz Ansprüche erheben. Es erscheint daher nicht verwunderlich, dass in der Literatur beide Herangehensweisen Berücksichtigung finden.[2826] Wie kann die kurz skizzierte Frage nach einer übergeordneten Risikogröße in der Praxis nun sachgerecht beantwortet werden? Auch an dieser Stelle findet sich eine mögliche Antwort auf die Frage nach einer geeigneten Approximation des Risikos, blickt man auf die empirische Literatur. In der Literatur wird u. a. auf die Schwankungsbreite der Unternehmenscashflows als Maßgröße des Risikos des Unternehmenserfolges abgestellt. Man darf i. d. R. davon ausgehen, dass u. a. die Entwicklung der Schwankungsbreite des Unternehmenscashflows die im Vorfeld kurz skizzierten Einzelrisiken umfasst.[2827] Die Schwankungsbreite der Unternehmenscashflows hat, als eine Maßgröße des Unternehmensrisikos, in der empirischen Literatur daher breite Anwendung gefunden hat.[2828] Das Abstellen auf die Schwankungsbreite der Unternehmenscashflows stellt dabei nicht allein einen pragmatisches Ansatz der empirischen Literatur dar, vielmehr dürfte eine vergleichbare Maßgröße des Unternehmensrisikos auch für die Finanzierungsentscheidung des Managements bedeutsam sein. Dies zeigt sich u. a. in den Beobachtungen der Arbeit von Graham/Harvey (2001) und Brounen et al. (2004). Unternehmensmanager geben etwa in der Befragung

---

2825 Vgl. dazu u. a. Drukarczyk (1993) S. 121.

2826 Vgl. dazu u. a. Dudley/James (2015) S. 7.

2827 Vgl. dazu u. a. Castanias (1983) S. 1620; Drukarczyk (1993) S. 121; Dudley/James (2015) S. 4. Dieser Abbildung des Unternehmensrisikos wohnt zugegebenermaßen der Makel einer vergangenheitsorientierten Abbildung des Unternehmensrisikos inne. Zukünftige Risiken des Unternehmens – die für die Finanzierungsentscheidung des Unternehmens durchaus von Interesse sind – werden durch die Schwankungsbreite des Unternehmenscashflows dagegen zumeist nur unzureichend abgebildet. Eine Ausnahme davon stellt u. a. die Arbeit von Dudley/James (2015) dar. Vgl. dazu Dudley/James (2015) S. 3; 7.

2828 Wie die Arbeit von Keefe/Yaghoubi (2016) deutlich macht, findet sich – trotz dieses auf den ersten Blick einheitlichen Vorgehens – in der Literatur eine Reihe alternativer Definitionen des Unternehmenscashflows und der Schwankungsbreite. Vgl. dazu Keefe/Yaghoubi (2016) S. 19. ähnlich dazu auch: Dudley/James (2015) S. 7.

von Graham/Harvey (2001) an, die Schwankungsbreite vorangehender Gewinne in die Finanzierungsentscheidungen einfließen zu lassen.[2829]

Hat man die grundsätzliche Frage nach einer geeigneten Approximation des Gesamtrisikos beantwortet, so kann man in einem zweiten Schritt der Frage nachgehen, welchen Einfluss der Faktor Risiko auf die Finanzierungsentscheidungen nimmt. Dies soll – wie in den vorangehenden Abschnitten – in gesonderten Unterabschnitten vor dem Hintergrund der unterschiedlichen Prämissen der Kapitalstrukturtheorien erfolgen. Dem vorgelagert soll jedoch kurz der – in der jüngeren Literatur diskutierten – Frage nachgegangen werden, ob der Einfluss des Unternehmensrisikos auf die Finanzierungsentscheidung von weiteren Faktoren abhängig ist. Diese Frage muss im Angesicht der jüngeren empirischen Evidenz wohl positiv beantwortet werden. So finden sich in der jüngeren Literatur u. a. Hinweise auf eine Abhängigkeit des Einflusses des Faktors Risiko mit Blick auf die am Kapitalmarkt zu beobachtenden Schwankungen bei der Bepreisung der Risikoaufschläge als auch – damit zusammenhängend – mit Blick auf die Eigenschaften der kapitalbegebenden Unternehmen. Die Arbeit von Greenwood/Hanson (2013) hat so deutlich gemacht, dass bei der Begabe von Fremdkapital – in Abhängigkeit zum Unternehmensgesamtrisiko – eine gewisse Zyklizität zu beobachten ist. Unternehmen mit geringer Kreditwürdigkeit werben in Phasen, in denen Kapitalgeber einen geringen Risikoaufschlag fordern, vorwiegend Fremdkapital ein, während in Phasen mit hohen Risikoaufschlägen auf eine Begabe von Fremdkapital verzichtet wird.[2830] Die Kapitalbegaben von Unternehmen mit hoher Kreditwürdigkeit, d. h. geringem Unternehmensrisiko, sind dagegen weniger abhängig von der Bepreisung des Risikoaufschlages.[2831] Dies hat Auswirkungen auf die Finanzierungsentscheidung der Unternehmen. Wie die Arbeit von Dudley/James (2015) zeigt, bauen Unternehmen mit geringer Kreditwürdigkeit in Phasen mit geringen Risikoaufschlägen „finacial slack" durch die Begabe von Fremdkapital auf.[2832] Ein unterschiedliches Vorgehen zeigt sich jedoch nicht nur bei der Einwerbung von Fremdkapital, vielmehr sind – dies kann letztlich nicht völlig unabhängig davon betrachtet werden – auch unterschiedliche Reaktionen eine Veränderung des Unternehmensrisikos in der Praxis zu beobachten. Die Arbeit von Dudley/James (2015) verdeutlicht so u. a., dass Unternehmen mit hoher Kreditwürdigkeit eingeworbene Fremdkapitalinstrumente neben den erwirtschafteten Cashflows auch durch die Begabe von Eigenkapital an die Fremdkapitalgeber zurückführen.

2829 Vgl. dazu Graham/Harvey (2001) S. 211; Leary/Roberts (2005) S. 2577. Ähnlich dazu auch Brounen et al. (2004) S. 94.

2830 Solche Überlegungen spiegeln sich – das hat Kapitel I deutlich gemacht – auch in der Theorie des Market- Timings wider.

2831 Vgl. dazu Greenwood/Hanson (2013) S. 1484. Ähnlich dazu auch Harford et al. (2014) S. 4–5; Dudley/James (2015) S. 21–22.

2832 Vgl. dazu Dudley/James (2015) S. 24. Kompatibel erscheint ein solches Vorgehen letztlich nur mit der Theorie des Market-Timings zu sein.

Unternehmen mit geringer Kreditwürdigkeit können Fremdkapital dagegen regelmäßig nur mit den erwirtschafteten Cashflows bedienen. Dies bedeutet jedoch, dass Unternehmen mit hohem Unternehmensrisiko im Fall eines Anstiegs der Volatilität der Cashflows bestehendes Fremdkapital nicht oder nur in ungenügendem Umfang zurückführen können.[2833] Auf Basis dieser empirischen Evidenz verstärkt sich der kurz skizzierte Eindruck, dass die Auswirkung einer Verschiebung des Unternehmensrisikos für unterschiedliche Unternehmenstypen regelmäßig unterschiedlich stark ausfällt.[2834] Im Folgenden seien diese Effekte unter dem Überbegriff „Marktlage" nochmals gesondert im Abschnitt 5.6.1.9. betrachtet. Für die nachfolgenden Überlegungen dominiert dagegen die übergeordnete Frage – losgelöst von den kurz beschriebenen Effekten – nach den Auswirkungen des Faktors Risiko auf die Finanzierungsentscheidung.

Der Faktor Risiko in der Trade-Off-Theorie

Betrachtet man den Einfluss, den der Faktor Risiko auf die Finanzierungsentscheidung der Unternehmen vor dem Hintergrund der „klassischen" Trade-Off-Theorie ausübt, so kann – analog zu dem in den vorangehenden Abschnitten eingeschlagenen Vorgehen – eine Zerlegung dieser Fragestellung in einzelne Teilfragen vorgenommen werden. Die übergeordnete Frage nach dem Einfluss des Faktors Risiko kann – ergibt sich das wertoptimale Verschuldungsoptimum der „klassischen" Trade-Off-Theorie doch aus einem Abwägen des Wertbeitrages der Fremdfinanzierung mit den Kosten einer Insolvenz –[2835] in einem ersten Schritt so in zwei Einzelfragen zerlegt werden: der Frage nach dem Einfluss des Faktors Risiko auf den Wertbeitrag der Fremdfinanzierung und der Frage nach dem Einfluss des Faktors Risiko auf die Insolvenzlast, der sich die Unternehmen ausgesetzt sehen.

Widmet man sich zunächst der Frage nach dem Einfluss des Faktors Risiko auf den Wertbeitrag der Fremdfinanzierung, so besteht zwischen Insolvenzrisiko und Wertbeitrag der Fremdfinanzierung auf Basis der Optionspreistheorie eine weitgehend geradlinige theoretische Verbindung. Wie die Arbeiten von Merton (1974) und Black/Scholes (1973) verdeutlicht haben, ist das Theoriegerüst zur Bewertung europäischer Optionen analog auch für die Bewertung von Eigen- und Fremdkapitalinstrumenten anwendbar.[2836] Eigenkapital kann – wählt man die Perspektive der Optionspreistheorie – als Call-Option auf das Unternehmensvermögen

2833 Vgl. dazu Dudley/James (2015) S. 4–5. Wie Dudley/James (2015) hervorheben, bestärkt dieser Zusammenhang das von Greenwood/Hanson (2013) beschriebene antizyklische Vorgehen beim Einwerben von Fremdkapital und verdeutlicht, warum Unternehmen mit geringer Kreditwürdigkeit in Phasen eines geringen Risikoaufschlages „financial slack" aufbauen. Vgl. ebda.

2834 Vgl. dazu Dudley/James (2015) S. 16; 18.

2835 Vgl. dazu u. a. Castanias (1983) S. 1621; Leland (1994) S. 1213.

2836 Vgl. dazu Black/Scholes (1973) S. 649–652; Merton (1974) S. 449; Galai/Masulis (1976) S. 57; Leland (1994) S. 1221; Keefe/Yaghoubi (2016) S. 25–26.

interpretiert werden.[2837] Dies soll mit der nachfolgenden Fallunterscheidung kurz illustriert werden. Wechselt man in den Zeitpunkt, an dem das eingeworbene Fremdkapital zurückgezahlt werden muss, stehen die Eigenkapitalgeber regelmäßig vor zwei Handlungsalternativen. Eigenkapitalgeber können zu diesem Zeitpunkt entweder den Unternehmensverbindlichkeiten nachkommen oder aber die Entscheidung treffen, die Forderungen nicht zu bedienen und das Unternehmen im Rahmen eines Insolvenzverfahrens den Fremdkapitalgebern zu überlassen. Rational handelnde Eigenkapitalgeber werden im Fall von den Unternehmenswert übersteigenden Verbindlichkeiten das Unternehmen den Fremdkapitalgebern überlassen, ohne weiteres Kapital zu investieren. Fremdkapitalgeber tragen in diesem Fall den Differenzbetrag zwischen Unternehmenswert und begebenem Fremdkapital als Verlust,[2838] während Eigenkapitalgeber einen Verlust regelmäßig in Höhe ihrer geleisteten Einlage hinnehmen müssen. Liegt der Unternehmenswert dagegen über den eingeworbenen Schulden, werden rationale Eigenkapitalgeber das ausstehende Fremdkapital – mit Blick auf die Optionspreistheorie kann man an dieser Stelle auch von Ausübungs- oder Basispreis sprechen – zurückzahlen, um das Unternehmen komplett zu übernehmen.[2839] Das Verlustrisiko der Eigenkapitalgeber ist damit in Höhe des Eigenkapitals – der Optionsprämie – begrenzt, das Gewinnpotenzial wird lediglich durch die in die Unternehmen eingebrachte Einlage, d. h. die Optionsprämie, herabgesetzt. Die charakteristischen Eigenschaften einer Call-Option wohnen damit dem durch die Unternehmen begebenen Eigenkapital unzweifelhaft inne.

Will man die Frage nach den Auswirkungen eines Anstiegs des Unternehmensrisikos – in Form der Schwankungsbreite des Unternehmenscashflows – für die Finanzierungsentscheidung beantworten, so kann somit ohne Weiteres auf die Zusammenhänge der Optionspreistheorie abgestellt werden. Formal ergibt sich aus der Optionspreistheorie – ein formaler Nachweis findet sich u. a. in Keefe/Yaghoubi (2016) –, dass ein Anstieg der Volatilität des Unternehmenscashflows in einem ersten Schritt mit einem Anstieg des Wertes des Eigenkapitals verbunden ist. Hat man das Pizza-Gleichnis von Miller aus Kapitel I vor Augen, so ist der Wertzuwachs an dieser Stelle wohl regelmäßig durch die Fremdkapitalgeber der Unternehmen zu tragen.[2840] Rein mechanisch ergibt sich in der Folge ein Rückgang des Verschuldungsgrades des Unternehmens, stellt man – dies ist bedeutsam – auf

2837 Ausübungspreis der Option ist dabei das ausstehende Fremdkapital des Unternehmens.

2838 Wie die vorangehenden Abschnitte gezeigt haben, ist diese Übertragung des Eigentums i. d. R. mit zusätzlichen Kosten verbunden. Vgl. dazu u. a. Leland (1994) S. 1219.

2839 Vgl. dazu u. a. Galai/Masulis (1976) S. 57; Dudley/James (2015) S. 6; Memon et al. (2018) S. 71–72.

2840 Vgl. dazu Keefe/Yaghoubi (2016) S. 20. Ähnlich dazu auch Campbell/Taksler (2003) S. 2322; Huang et al. (2016) S. 30.

Marktwerte als Ausgangspunkt der Betrachtung ab.[2841] Abseits des formalen Beweises dieses Zusammenhangs kann die Verbindung zwischen Unternehmensrisiko und dem Wert des Fremdkapitals auch intuitiv illustriert werden. Stellt man darauf ab, dass Optionen gegen eine anfängliche Zahlung ein einseitiges Recht einräumen, Unternehmensvermögen in der Zukunft zu erwerben, so gewinnt dieses Recht mit zunehmender Schwankungsbreite an Wert. Eigenkapitalgeber profitieren m. a. W. – dies haben die Vorüberlegungen deutlich gemacht – von der positiven Seite einer zunehmenden Schwankung des Unternehmenscashflows, während Fremdkapitalgeber die negativen Auswirkungen zunehmender Schwankungen zu tragen haben. Dieser Effekt spiegelt sich letztlich in den in Kapitel I beschriebenen Agency-Konflikten zwischen Eigenkapital- und Fremdkapitalgebern wider.[2842] Eigenkapitalgeber besitzen somit grundsätzlich einen Anreiz, den Fremdkapitalgebern ein höheres Risiko aufzubürden. Man kann an dieser Stelle daher darauf abstellen, dass im Sinne der Eigenkapitalgeber handelnde Unternehmen durchaus ein Interesse an einer Ausweitung der Schwankungsbreite bzw. an einem Einwerben zusätzlichen Fremdkapitals besitzen. Rationale Fremdkapitalgeber werden diese Entreicherungsstrategien der Unternehmen jedoch antizipieren. Keefe/Yaghoubi (2016) zeigen etwa, dass sich das mit der Schwankungsbreite des Unternehmenscashflows ansteigende Risiko der Fremdkapitalgeber in einem höheren Risikoaufschlag und damit höheren Fremdkapitalkosten niederschlägt.[2843]

Auf den ersten Blick ist zunächst unklar, welcher Effekt aus dieser Entwicklung für den Wertbeitrag der Fremdfinanzierung erwächst. Prima facie könnte man darauf abstellen, dass mit dem Unternehmensrisiko über die Fremdkapitalkosten auch der Wertbeitrag der Fremdfinanzierung – hält man den Unternehmenssteuersatz konstant – ansteigt. Gegen eine solche Einschätzung spricht jedoch u. a., dass mit der Schwankungsbreite des Unternehmenscashflows die Wahrscheinlichkeit für eine Hebbarkeit des Wertbeitrages der Fremdfinanzierung abnimmt und dass der von Keefe/Yaghoubi (2016) beschriebene Effekt vorwiegend von mechanischer Natur ist.[2844] Blickt man zunächst auf den zweiten Einwand, so kann infolge der Zunahme der Schwankungsbreite des Unternehmenscashflows zwar ein Anstieg

2841 So halten etwa bereits Galai/Masulis (1976) fest, dass „[...] firms with apparently similar characteristics with regard to face value of debt, total market value and profitability, but with a different variance of rate of return, will have a different capital structure in market value terms". Galai/Masulis (1976) S. 63.

2842 Vgl. dazu auch Campbell/Taksler (2003) S. 2322. An dieser Stelle sei auf die in Kapitel I skizzierten Vermögensverschiebungsstrategien der Eigenkapitalgeber verwiesen. Ähnlich dazu auch Wald (1999) S. 170.

2843 Vgl. Keefe/Yaghoubi (2016) S. 20. Dies wird jedoch zunächst von dem aus dem Rückgang des Marktwertes resultierenden rein mechanischen Effekt getrieben.

2844 Gegen eine solche Einschätzung sprechen letztlich die Ergebnisse der empirischen Forschung. So finden sich u. a. in Campbell/Taksler (2003) Hinweise auf einen Anstieg der Risikoaufschläge auf Fremdkapital mit zunehmendem Unternehmensrisiko. Vgl. dazu Campbell/Taksler (2003) S. 2331; Huang et al. (2016) S. 31.

des Marktwertes des Eigenkapitals auf Kosten des Fremdkapitals beobachtet werden, eine solche Verschiebung führt i. d. R. zunächst nur theoretisch zu einem Anstieg der durch die Unternehmen zu leistenden Zinszahlungen. Sehen die vertraglichen Grundlagen keine automatische Anpassung des Fremdkapitalzinssatzes mit dem Risiko des Unternehmens vor, so bleibt die tatsächliche Zahllast des Unternehmens an die Fremdkapitalgeber wohl unverändert.[2845] Fraglich ist in diesem Zusammenhang daher, ob der theoretische Anstieg des Risikoaufschlages steuerlich geltend zu machen ist und sich in einer Erhöhung des Wertbeitrages der Fremdfinanzierung niederschlägt.[2846] Ein solcher Effekt dürfte in der Praxis eher unwahrscheinlich erscheinen. Interessanter vor dem Hintergrund der Trade-Off-Theorie dürfte an dieser Stelle daher vielmehr der Einfluss eines Risikoanstiegs auf die Hebbarkeit des Wertbeitrages der Fremdfinanzierung sein. Wie die nachfolgenden Überlegungen zeigen werden, darf man mit einer Zunahme der Schwankungsbreite des Unternehmenscashflows wohl davon ausgehen, dass Umweltzustände zunehmen, in denen Unternehmen aufgrund eines Insolvenzeintritts der Wertbeitrag der Fremdfinanzierung nicht mehr voll zufließt. Dudley/James (2015) halten im Einklang mit dieser Überlegung fest: „Increasing volatility increases the likelihood of occurrence of states of the world in which the firm does not benefit from debt tax shields."[2847]

An dieser Stelle sei daher der Blick auf die zweite, zu Beginn dieses Abschnitts aufgeworfene Teilfrage zum Einfluss des Unternehmensrisikos auf den Unternehmen lastenden Insolvenzdruck gerichtet. Wie in den vorangehenden Abschnitten kann auch mit Blick auf die zweite Teilfrage eine weitere Aufgliederung vorgenommen werden. Neben der Frage, welchen Einfluss das Unternehmensrisiko auf die Wahrscheinlichkeit eines Insolvenzeintritts nimmt, ist die Frage zu beantworten, welchen Einfluss das Unternehmensrisiko auf die Insolvenzkosten nimmt. Die Frage des Einflusses des Unternehmensrisikos auf die Wahrscheinlichkeit eines Insolvenzeintritts kann – losgelöst von den vorangehenden Überlegungen – mit Blick auf die im einleitenden Abschnitt vorgenommene Risikodefinition weitgehend unproblematisch beantwortet werden. Geht man davon aus, dass die Schwankungsbreite des Unternehmenscashflows eine geeignete Approximation des Unternehmensgesamtrisikos darstellt, so steigt mit einem Anstieg des Faktors Risiko in aller Regel auch das Insolvenzrisiko der Unternehmen an.[2848] Deutlich wird dieser Effekt, führt man sich vor Augen, dass mit einem Anstieg der

2845 Wählt man dagegen den Marktwert als Referenzpunkt, so ist unzweifelhaft der von Keefe/Yaghoubi (2016) beschriebene Anstieg des Risikoaufschlages zu beobachten.

2846 Vgl. dazu auch Dudley/James (2015) S. 15.

2847 Dudley/James (2015) S. 6. Ähnlich dazu auch Frank/Goyal (2009) S. 9; Parsons/Titman (2008b) S. 13; Memon et al. (2018) S. 72.

2848 Analog dazu halten etwa Memon et al. (2018) fest, dass „[h]igh variability of cash flows and higher financial distress costs are the characteristics of riskier firms". Memon et al. (2018) S. 71.

Schwankungsbreite der Unternehmenscashflows – hält man den erwarteten Unternehmenscashflow konstant – die Eintrittswahrscheinlichkeit von Zuständen zunimmt, in denen die Unternehmen ihren Verpflichtungen ggü. den Fremdkapitalgebern nicht oder aber nur in einem unzureichenden Umfang nachkommen können bzw. werden. Die zunehmende Spreizung des Unternehmenscashflows ist somit gleichbedeutend mit einem Anstieg der Insolvenzwahrscheinlichkeit und impliziert vor dem Hintergrund der „klassischen" Trade-Off-Theorie somit c. p. einen Rückgang des eingesetzten Fremdkapitals.[2849]

Welcher Effekt ergibt sich nun mit Blick auf unsere Vorüberlegungen zum Wertbeitrag der Fremdfinanzierung? Die auf den ersten Blick gegenläufig erscheinenden Auswirkungen eines Anstiegs der Schwankungsbreite des Unternehmenscashflows auf den Wertbeitrag der Fremdfinanzierung und das Insolvenzrisiko zeigen sich auf einen zweiten Blick durchaus als kompatibel. Mit einem Anstieg des Unternehmensrisikos sinkt – hält man an den weiteren Parametern fest – zunächst das wertoptimale Verschuldungsoptimum und Unternehmen besitzen einen Anreiz, den Verschuldungsgrad zu reduzieren. Gleichzeitig werden rationale Fremdkapitalgeber den Anstieg des Unternehmensrisikos antizipieren und ggf. höhere Risikoaufschläge fordern.[2850] Dies hätte – wie bereits festgehalten wurde – einen positiven Effekt auf den Wertbeitrag der Fremdfinanzierung, ohne den Verschuldungsgrad des Unternehmens selbst anzuheben. Ein solcher Effekt hat jedoch zur Folge, dass ein Rückgang des Verschuldungsgrades in diesem Zusammenhang mit einem verhalteneren Rückgang des absoluten Wertbeitrages der Fremdfinanzierung verbunden ist.[2851] Demgegenüber steht jedoch ein Absinken der Wahrscheinlichkeit, dass Umweltzustände, in denen der Wertbeitrag der Fremdfinanzierung voll gehoben werden kann, erreicht werden. Somit wird auch aus Sicht des Wertbeitrages der Fremdfinanzierung letztlich ein Rückgang des Verschuldungsumfangs impliziert. Zu einem vergleichbaren Ergebnis kommen auch Dudley/James (2015), die festhalten, dass: „[o]verall, the effect of volatility on optimal leverage is predicted to be negative because higher volatility increases the likelihood of financial distress and reduces the present value of tax shields."[2852]

Blickt man abschließend auf den Einfluss des Unternehmensrisikos auf die Höhe der Insolvenzkosten, so kann man – in Kenntnis der Vorüberlegungen – darauf abstellen, dass mit einer höheren Schwankungsbreite des Unternehmenscashflows i. d. R. auch eine höhere Unsicherheit mit Blick auf den tatsächlichen Unternehmenswert und die zukünftige Unternehmensentwicklung einhergeht. Im Fall einer

---

2849 Ähnlich dazu auch Memon et al. (2018) S. 71.

2850 Wie bereits hervorgehoben wurde, kann der von Keefe/Yaghoubi (2016) beschriebene Effekt auch rein mechanisch erklärt werden.

2851 Dies setzt voraus, dass der durch Keefe/Yaghoubi (2016) beobachtete Effekt nicht rein mechanischer Natur ist.

2852 Vgl. dazu Dudley/James (2015) S. 6. Ähnlich dazu auch Leary/Roberts (2005) S. 2598.

Unternehmensinsolvenz dürfte sich der mit dem Unternehmensrisiko zunehmend eingeschränkte Weitblick des Kapitalmarkts entsprechend auf die Insolvenzkosten niederschlagen. Die Einschätzung von Frank/Goyal (2009), dass „[f]irms with more volatile cash flows face higher expected costs of financial distress [...]“[2853], überrascht vor dem Hintergrund dieser Überlegung daher nicht. Ein Anstieg der Insolvenzkosten mit dem Unternehmensrisiko führt – hält man an dem Wertbeitrag der Fremdfinanzierung konstant – auf Basis der „klassischen“ Trade-Off-Überlegungen auch an dieser Stelle zu einem Rückgang des wertoptimalen Verschuldungsgrades. Dies ist – kehrt man zur Eingangsfrage zurück – dabei sowohl auf einen Anstieg der Insolvenzkosten als auch einen Rückgang des Wertbeitrages der Fremdfinanzierung zurückzuführen. Castanias (1983) hält vor dem Hintergrund der Überlegungen der „klassischen“ Trade-Off-Theorie zusammenfassend fest: „[...] a shift in the earnings probability distribution that implies an increase in the probability of failure [...] simultaneously raises the expected marginal default costs and lowers the expected marginal tax savings.“[2854]

Blickt man abschließend auf die Ergebnisse der empirischen Forschung, so findet sich auch an dieser Stelle lediglich gemischte empirische Evidenz zugunsten eines negativen Einflusses des Faktors Risiko auf den wertoptimalen Verschuldungsgrad. Die Überlegungen dieses Abschnitts spiegeln sich etwa in den empirischen Beobachtungen der Arbeiten von Castanias (1983), Bradley et al. (1984), Fried/Lang (1988),[2855] Wald (1999) sowie der Arbeit von Keefe/Yaghoubi (2016) und Memon et al. (2018) wider.[2856] Die Arbeiten von Titman/Wessels (1988), Mehran (1992), Leary/Roberts (2005) sowie Frank/Goyal (2009) finden dagegen keinen robusten systematischen Zusammenhang zwischen Unternehmensrisiko und Finanzierungsentscheidung.[2857] Die Arbeiten von Kim/Sorenson (1986), Hovakimian et al. (2012), Harris/Roark (2019) finden dagegen, im Kontrast zu den Vorüberlegungen, dass der Fremdkapitaleinsatz mit dem Cashflow-Risiko ansteigt.[2858] Ein solcher

2853 Frank/Goyal (2009) S. 9.

2854 Castanias (1983) S. 1621–1622.

2855 Vgl. Fried/Lang (1988) S. 277. Fried/Lang (1988) erklären diesen Effekt – anders als die Vorüberlegungen – vorwiegend mit der Risikoaversion des Managements, die zu einem suboptimalen Verschuldungsgrad führt. Fried/Lang (1988) S. 272–273.

2856 Vgl. dazu Castanias (1983) S. 1629; Bradley et al. (1984) S. 873–874; 876; Wald (1999) S. 176; Keefe/Yaghoubi (2016) S. 33; Memon et al. (2018) S. 87.

2857 Vgl. dazu Titman/Wessels (1988) S. 11; Leary/Roberts (2005) S. 2607; Mehran (1992) S. 552. So stellt das Unternehmensrisiko in der Untersuchung von Frank/Goyal (2009) keinen systematischen Faktor dar. Vgl. dazu Frank/Goyal (2009) S. 18.

2858 Vgl. dazu Hovakimian et al. (2012) S. 329; Harris/Roark (2019) S. 395. Dieser Effekt ist – im Einklang mit den Überlegungen im einleitenden Abschnitt – jedoch vorwiegend für Unternehmen zu beobachten, die sich letztlich – aufgrund eines geringen operativen Cashflows – als wenig kreditwürdig erweisen. Für die anderen Unternehmenstypen finden Harris/Roark (2019) dagegen keinen stabilen Zusammenhang zwischen Unternehmensrisiko und Finanzierungsentscheidung. Vgl. dazu Harris/Roark (2019) S. 396.

Effekt widerspricht auf den ersten Blick den Überlegungen, wie sie vor dem Hintergrund der „klassischen" Trade-Off-Theorie vorgenommen werden können. Auch an dieser Stelle muss man jedoch Vorsicht in der Interpretation der Ergebnisse der empirischen Forschung walten lassen. So bedeutet die widersprüchliche empirische Evidenz nicht zwingend, dass die theoretischen Überlegungen nicht ausreichend durch die empirische Forschung gedeckt sind.[2859] Gründe für die Heterogenität der empirischen Forschung können – dies hat der einleitende Abschnitt deutlich gemacht – u. a. in der Abhängigkeit des Faktors Risiko von weiteren Faktoren wie der Markentwicklung und weiteren Unternehmenseigenschaften liegen. So verdeutlicht etwa die Arbeit von Keefe/Yaghoubi (2016), dass eine gewisse Abhängigkeit des Einflusses des Faktors Risiko etwa von Unternehmensgröße und Profitabilität besteht,[2860] während die Arbeit von Harris/Roark (2019) hervorhebt, dass eine systematische Verbindung von Risiko und Finanzierungsentscheidung nur für Unternehmen mit unzureichenden operativen Cashflows zu beobachten ist.[2861] Die Abhängigkeit des Faktors Risiko von weiteren Faktoren erschwert die Interpretation des Einflusses dieses Parameters deutlich. Vor diesem Hintergrund erscheint es nicht verwunderlich, dass der Faktor Risiko – im Kontrast zu dem im Vorfeld betrachteten Faktoren – überraschend geringe Resonanz in der Literatur erfahren hat.[2862] Für die folgenden Überlegungen sei vereinfachend auf einen negativen Einfluss des Faktors Risiko auf den wertoptimalen Verschuldungsgrad vor dem Hintergrund der „klassischen" Trade-Off-Theorie abgestellt, oder, um es mit Galai/Masulis (1976) zu sagen: „The market value of the debt-equity ratio [...] will be greater for the firm with low variance."[2863]

Der Faktor Risiko in der Pecking-Order-Theorie

Wendet man sich der Finanzierungsentscheidung vor dem Hintergrund der „klassischen" Pecking-Order-Theorie zu, so muss man die Frage, welchen Einfluss der Faktor Risiko auf die feste Finanzierungsrangfolge der Pecking-Order-Theorie nimmt, beantworten. Auch an dieser Stelle ist es in einem ersten Schritt zunächst sinnvoll, sich die Überlegungen des Kapitels I zur Pecking-Order-Theorie kurz in Erinnerung zu rufen. Kapitel I hat gezeigt, dass die feste Finanzierungsrangfolge der Pecking-Order-Theorie auf die, in Abhängigkeit zur Finanzierungsquelle unterschiedlich ausfallenden, Auswirkungen bestehender Informationsasymmetrien zurückzuführen ist. Löst man sich von der Annahme eines Kapitalmarktes

2859 Auch an dieser Stelle könnten u. a. unterschiedliche Forschungs- und Variablendesigns für die uneinheitlichen Ergebnisse der empirischen Forschung verantwortlich sein. Für diese Überlegungen sei auf die Kapitel III einleitenden Überlegungen verwiesen.

2860 Vgl. dazu Keefe/Yaghoubi (2016) S. 33.

2861 Vgl. dazu Harris/Roark (2019) S. 396.

2862 Vgl. dazu Keefe/Yaghoubi (2016) S. 18; Dudley/James (2015) S. 2.

2863 Galai/Masulis (1976) S. 63.

mit homogenen Informationsverteilung, so sehen sich externe Kapitalgeber regelmäßig mit der Frage nach der tatsächlichen Qualität der kapitalbegebenden Unternehmen konfrontiert. Können Kapitalgeber nur unzureichend zwischen „guten" und „schlechten" Unternehmen unterscheiden,[2864] so werden rationale Kapitalgeber im Rahmen der Bewertung der zu emittierenden Eigenkapitalanteile von einer durchschnittlichen Qualität der Unternehmen ausgehen. Aus dieser Annahme folgt jedoch zwangsläufig eine Fehlbewertung des durch die Unternehmen begebenen Eigenkapitals: Die emittierten Eigenkapitalanteile „guter" Unternehmen werden systematisch unterbewertet, die emittierten Eigenkapitalanteile „schlechter" Unternehmen hingegen systematisch überbewertet. Auf Basis der in Kapitel I skizzierten Überlegungen von Akerlof (1970) scheuen infolge dieser Fehlbewertung „gute" Unternehmen den Gang an den Kapitalmarkt, mit der Folge, dass vorwiegend überbewertete, d. h. „schlechte" Unternehmen Eigenkapital emittieren werden. Die Begabe von Eigenkapital kann somit als ein verlässliches Signal der Überbewertung der Unternehmen interpretiert werden. Vergleichbare Überlegungen können grundsätzlich auch mit Blick auf die Begabe von Fremdkapitalanteilen vorgenommen werden. Die Überlegungen von Myers/Majluf (1984) zeigen jedoch, dass die mit der Begabe von Fremdkapitalanteilen verbundene Fehlbewertung i. d. R. geringer ausfällt als im Fall der Begabe von Eigenkapital. Auf Basis des grob skizzierten Grundüberlegungen der Pecking-Order-Theorie kann letztlich ein festes Finanzierungsgerüst abgeleitet werden.

Will man die Frage des Einflusses des Faktors Risiko auf Finanzierungsentscheidungen vor dem Hintergrund der Pecking-Order-Theorie beantworten, so muss m. a. W. die Frage beantwortet werden, wie sich der Umfang der Fehlbewertung mit dem Faktor Risiko verschiebt. Eingängig darstellbar ist der Einfluss des Risikos auf die Finanzierungsentscheidung, wählt man als Ausgangspunkt der Überlegungen zunächst den – insbesondere theoretisch interessanten – Fall eines risikolosen Unternehmens.[2865] Auf Basis der Überlegungen des einleitenden Abschnitts seien in der Folge unter risikolosen Unternehmen insbesondere Unternehmen verstanden, bei denen keine Schwankungen des zukünftigen Unternehmenscashflows erwartet werden. Besteht mit Blick auf die zukünftige Entwicklung der Unternehmenscashflows keine Unsicherheit, so ist fraglich, ob die Annahme einer asymmetrischen Informationsverteilung zwischen Unternehmensinsidern und Kapitalmarkt – wie sie mit der Pecking-Order-Theorie unterstellt wird – letztlich Wirkungen entfaltet.[2866] Sind sich Unternehmen und Kapitalgeber der Risikolosigkeit bewusst, so

2864 Unter „guten" Unternehmen werden an dieser Stelle Unternehmen mit werthaltigen Wachstumschancen verstanden, wohingegen bei „schlechten" Unternehmen Eigenkapital nicht wertschaffend investiert wird.

2865 Diese Überlegung findet sich bereits in Teilen in Myers/Majluf (1984) wieder. Vgl. dazu von Myers/Majluf (1984) S. 207.

2866 Wie im weiteren Verlauf dieses Abschnittes deutlich werden wird, können auch im Fall eines risikolosen Unternehmens Informationsasymmetrien grundsätzlich eine feste Finanzierungsrangfolge bedingen.

bricht die Annahme einer asymmetrischen Informationsverteilung zusammen. Man bewegt sich – erinnert man sich an Abschnitt 2.9. zurück – in der Folge innerhalb der Prämissen des Theorems der Kapitalstrukturirrelevanz. Dies bedeutet m. a. W. jedoch, dass die Finanzierungsentscheidung des Unternehmens keinen Werteffekt besitzt und letztlich nur die Aufteilung des Unternehmenswertes zwischen den Kapitalgebern determiniert.[2867]

Wechselt man zurück in eine Welt, in der die Unternehmenstätigkeit mit Risiko behaftet ist, so spielen erneut die von Myers/Majluf (1984) eingeführten Informationsasymmetrien zwischen Unternehmensinsidern und Kapitalgebern eine zentrale Rolle für die Gestalt der Finanzierungsentscheidung. Fraglich an dieser Stelle ist, ob mit der Zunahme des Risikos bzw. der Schwankungsbreite die mit der Pecking-Order-Theorie beschriebene Finanzierungsrangfolge an Bindungswirkung gewinnt.[2868] Stellt man erneut auf die Optionspreistheorie als Ausgangspunkt ab, so wurde mit dem vorangehenden Abschnitt gezeigt, dass mit der Schwankungsbreite des Unternehmenscashflows i. d. R. auch der Wert des Eigenkapitals ansteigt. Vor diesem Hintergrund dürften sich die Auswirkungen aus der eingangs skizzierten Fehlbewertung durch den Kapitalmarkt mit der Zunahme der Schwankungsbreite des Unternehmenscashflows weiter verschärfen. Unternehmen – dies scheint eine praxisnahe Annahme zu sein – werden im Fall hoher Unsicherheit über die zukünftige Unternehmensentwicklung nur nach dem Überwinden hoher Hürden in der Lage sein, Eigenkapitalanteile zu begeben. Eine Begabe von Fremdkapital erscheint – sofern das Unternehmen über genügend Sicherheiten verfügt – demgegenüber mit weniger hohen Hürden verbunden.[2869] Die Finanzierungsrangfolge dürfte mit zunehmendem Risiko somit eine höhere Bindungswirkung entfalten als für risikoarme Unternehmen. Neben der grundsätzlichen Frage, ob für die feste Finanzierungsrangfolge der Pecking-Order-Theorie unterschiedliche Grade der Bindungswirkung unterschieden werden können, ohne die Pecking-Order-Theorie

---

2867 Dieses Bild zeigt sich letztlich auch bei einem Blick auf die unterschiedliche rechtliche Ausgestaltung der alternativen Finanzierungsquellen. Geht man vereinfachend von einem risikolosen Unternehmen aus, so entfaltet die unterschiedliche rechtliche Ausgestaltung von Eigen- und Fremdkapital – wie sie etwa in Kapitel I besprochen wurde – letztlich keine Auswirkungen. Sowohl Eigen- als auch Fremdkapitalgeber tragen letztlich kein Risiko.

2868 Man kann an dieser Stelle kritisch einwenden, dass – anders als im Fall der „klassischen" Trade-Off-Theorie – ein Abweichen von der Finanzierungsrangfolge der Pecking-Order-Theorie schwierig zu begründen ist. Nimmt man nicht – dies setzt man u. a. in der erweiterten Pecking-Order-Theorie um – bestimmte Sachverhalte wohlbegründet aus der Betrachtung aus, so entfaltet die Finanzierungsrangfolge Bindungswirkung oder aber nicht.

2869 Man kann an dieser Stelle m. a. W. darauf abstellen, dass die von Myers/Majluf (1984) formulierte Faustregel, „[...] better to issue safe securities than risky ones", an Bindungswirkung gewinnt. Myers/Majluf (1984) S. 207.

als solche infrage zu stellen, steht hinter dieser Einschätzung – etwas verdeckt – eine weitere Annahme.

Vergleichbar zur „klassischen" Trade-Off-Theorie ist der Einfluss des Faktors Risiko auf die Finanzierungsentscheidung auch vor dem Hintergrund der Pecking-Order-Theorie von weiteren Faktoren abhängig. Für den Einfluss des Faktors Risiko spielen insbesondere der Umfang und die Gestalt der zugleich bestehenden Informationsasymmetrien eine zentrale Rolle. Besteht ein Informationsgleichklang zwischen den Kapitalgebern und den Unternehmen, so verliert die Finanzierungsrangfolge – wie bereits kurz skizziert – an Bedeutung, während eine Zunahme der Fehleinschätzungen der Kapitalgeber die Finanzierungsrangfolge stabilisiert. Diesen Zusammenhang illustrierend, halten etwa Myers/Majluf (1984) fest, dass „[i]f investors underestimate the variance rate, the firm will be tempted to issue debt, but if they overestimate it, the firm will be tempted to issue equity, other things equal. Thus, a decision to issue equity may not signal a sure capital loss for new stock holders, but simply that the firm is safer than prospective bondholders think."[2870] Der Faktor Risiko übt letztlich nur im Fall eines Gleichklangs von Unternehmensrisiko und Fehleinschätzung des Kapitalmarktes den prognostizierten Zusammenhang zwischen Finanzierungsentscheidung und Risiko aus.[2871] Zu einem vergleichbaren Schluss kommen auch Frank/Goyal (2009), die festhalten: „We might expect firms with volatile stocks to be those which beliefs are quite volatile. It seems plausible that such firms suffer more from adverse selection. If so, then the pecking order theory would predict that riskier firms have higher leverage."[2872] Mit Blick auf den Verschuldungsgrad ist an dieser Stelle einschränkend anzufügen, dass die Finanzierungsentscheidung im Rahmen der Pecking-Order-Theorie i. d. R. eine zeitpunktbezogene Entscheidung ist. Die Annahme, dass risikoreiche Unternehmen einen hohen Verschuldungsgrad aufweisen, ist daher nur für den Fall gerechtfertigt, wenn Unternehmen auch in der Vergangenheit – zu den Zeitpunkten der Finanzierungsentscheidung – ein hohes Risiko innegewohnt hat.

Für die folgenden Überlegungen sei vereinfachend darauf abgestellt, dass mit der Zunahme des Schwankungsrisikos der Unternehmenscashflows die Wahrscheinlichkeit einer Fremdfinanzierung der Unternehmen zunimmt. Der vorangehende Unterabschnitt hat in einem kurzen Exkurs gezeigt, dass die empirische Forschung keine eindeutigen Hinweise mit Blick auf die Wirkrichtung des Faktors Risiko geliefert hat. Auf eine nochmalige Darstellung der gemischten empirischen Evidenz sei mit Verweis auf den vorangehenden Unterabschnitt verzichtet.

2870 Myers/Majluf (1984) S. 209.

2871 Weitere Faktoren, die hier nicht betrachtet wurden, stellen u. a. Größen für die operative Leistungsfähigkeit sowie die Investitionstätigkeit dar, gehen Unternehmen im Fall der Pecking-Order-Theorie doch nur an den Kapitalmarkt für den Fall, dass das Investitionsvolumen die operative Leistungsfähigkeit übersteigt.

2872 Frank/Goyal (2009) S. 10.

Bedeutsam ist an dieser Stelle, dass die Pecking-Order-Theorie auch an dieser Stelle einen ggü. der „klassischen“ Trade-Off-Theorie umgekehrten Zusammenhang impliziert.

Der Faktor Risiko in der dynamischen Trade-Off-Theorie

Richtet man den Blick auf den Einfluss, den der Faktor Risiko auf die Finanzierungsentscheidung vor dem Hintergrund der dynamischen Trade-Off-Theorie besitzt, so muss man neben der Frage, wie sich der wertoptimale Verschuldungsgrad mit dem Unternehmensrisiko entwickelt, auch die Frage nach dem Einfluss des Faktors Risiko auf die Verschuldungsgrenzen der dynamischen Trade-Off-Theorie beantworten. Die erste Frage wurde bereits im vorangehenden Unterabschnitt zur „klassischen“ Trade-Off-Theorie näher beleuchtet und soll an dieser Stelle daher nicht nochmals gesondert aufgegriffen werden. Somit ist an dieser Stelle die Frage zu beantworten, welchen Einfluss der Faktor Risiko auf die obere bzw. untere Verschuldungsgrenze der dynamischen Trade-Off-Theorie nimmt. Wie die vorangehenden Unterabschnitte verdeutlicht haben, kann ein dynamisches Verschuldungsoptimum auf zwei zentrale Treiber zurückgeführt werden. Sowohl der Einfluss von Transaktionskosten als auch die Wechselwirkungen zwischen Investitions-, Ausschüttungs- und Finanzierungspolitik können das wertoptimale Verschuldungsspektrum der dynamischen Trade-Off-Theorie bedingen. Will man die Frage nach dem Einfluss des Faktors Risiko auf die Finanzierungsentscheidung beantworten, so muss man also sowohl die Frage nach dem Einfluss des Faktors Risiko auf die Transaktionskosten als auch die Frage des Einflusses des Faktors Risiko auf die Wechselwirkungen zwischen Investitions-, Ausschüttungs- und Finanzierungspolitik beantworten.

In einem ersten Schritt sei zunächst die Frage des Einflusses des Faktors Risiko auf die bei Adjustierung der Kapitalstruktur anfallenden Transaktionskosten näher beleuchtet. Geht man davon aus, dass mit dem Unternehmensrisiko die Gewissheit über die zukünftige Unternehmensentwicklung vernebelt wird, so kann man i. d. R. von einem Anstieg des Informationsbedürfnisses der Kapitalgeber mit dem Unternehmensrisiko ausgehen.[2873] Das mit dem Unternehmensrisiko ansteigende Informationsbedürfnis der Kapitalgeber dürfte – vergleichbare Überlegungen werden im nachfolgenden Abschnitt aufgegriffen – i. d. R. jedoch nur verbunden mit Kosten – sei es durch die Preisgabe proprietärer Informationen des Unternehmens bzw. kostenpflichtige Signale – zu überwinden sein. Auch die Bereitstellung von Sicherheiten bzw. der Abschluss von kreditvertraglichen Vereinbarungen als gangbare Alternativen werden i. d. R. für die Unternehmen mit Kosten verbunden sein,

2873 Diese Annahme ist aus dem vorangehenden Abschnitt zum Einfluss des Faktors Risiko auf die Finanzierungsentscheidung vor dem Hintergrund der Überlegungen der Pecking-Order-Theorie bzw. aus Kapitel I bekannt. Im vorangehenden Unterabschnitt wurde darauf hingewiesen, dass ein solcher Zusammenhang nicht zwingend bestehen muss.

die unter den Begriff der Transaktionskosten subsumiert werden können. In Summe erscheint ein mit einem Anstieg des Unternehmensrisikos verknüpftes erhöhtes Informationsbedürfnis der Kapitalgeber sowie ein damit einhergehender Anstieg der Transaktionskosten eine plausible Arbeitshypothese zu sein. Im Ergebnis dürfte mit einem Anstieg der Transaktionskosten also eine symmetrische Verschiebung der oberen und unteren Verschuldungsgrenze der Unternehmen einhergehen.

Wechselt man zu dem zweiten Treiber eines dynamischen Verschuldungsoptimums, den Wechselwirkungen zwischen Investitions-, Ausschüttungs- und Finanzierungspolitik, so sei zunächst auf die einleitende Definition des Unternehmensrisikos zurückgeblickt. Im einleitenden Abschnitt wurde darauf abgestellt, dass sowohl die operativen als auch finanziellen Unternehmensrisiken durch die Schwankungsbreite des Unternehmenscashflows sachgerecht abgebildet werden. Blickt man auf die Entwicklung des Risikomaßes im Fall eines Risikoanstiegs, so wird deutlich, dass mit einem Anstieg des Unternehmensrisikos die Wahrscheinlichkeit von Umweltzuständen zunimmt, in denen Unternehmen unerwartet hohe positive bzw. niedrige Cashflows erwirtschaften. Die mit dem Unternehmensrisiko wachsenden Eintrittswahrscheinlichkeiten von Extrempunkten wirken sich zwangsläufig auf bestehende Investitions-, Ausschüttungs- und Finanzierungspolitiken aus. Dies soll an dieser Stelle anhand einer kurzen Fallunterscheidung deutlich gemacht werden. Betrachtet man zunächst den Fall, in dem Unternehmen einen unerwartet niedrigen bzw. ggf. sogar negativen Cashflow erwirtschaften, so müssen – geht man von der langfristigen Fortführungswürdigkeit des Unternehmens aus – Unternehmen zur Aufrechterhaltung der Zahlungsfähigkeit regelmäßig externes Kapital zur Aufrechterhaltung des Geschäftsbetriebs einwerben. Deutlich wird dies, betrachtet man Unternehmen, die z. T. fremdfinanziert sind. Wollen diese Unternehmen den Eintritt einer Unternehmensinsolvenz vermeiden, so müssen die periodischen Zahlungen an die Fremdkapitalgeber aufrechterhalten werden. Diese Notwendigkeit besteht dabei regelmäßig unabhängig davon, ob Unternehmen zum Zeitpunkt des Einbruchs des Unternehmenscashflows bereits einen wertoptimalen Verschuldungsgrad realisiert haben.[2874] Ein Abweichen von einer übergeordneten Finanzierungspolitik erscheint an dieser Stelle notwendig, will man den Unternehmensfortbestand nicht gefährden. Eine analoge – wenn auch in ihren Konsequenzen weniger deutliche – Überlegung kann man auch mit Blick auf den Eintritt eines unerwartet hohen Unternehmenscashflows vornehmen. Sind Investitions-, Ausschüttungs- und Finanzierungspolitik im Vorfeld festgelegt, so muss im Angesicht eines unerwartet hohen Unternehmenscashflows von mindestens einem der festgelegten Unternehmensziele abgewichen werden. In Kenntnis eines hohen zukünftigen Investitionsbedarfs könnten Unternehmen

---

2874 Man kann an dieser Stelle einwenden, dass mit dem Einbruch des Unternehmenscashflows regelmäßig auch eine Anpassung der zukünftigen Erwartungen und damit eine Anpassung des wertoptimalen Verschuldungsgrades einhergeht. Diese Wechselwirkungen werden an dieser Stelle vereinfachend unterschlagen.

etwa geneigt sein, Liquidität im Unternehmen zu behalten und somit einen wertoptimalen Verschuldungsgrad zu verwässern.[2875] Nimmt die Schwankungsbreite des Unternehmenscashflows zu, so müssen Unternehmen m. a. W. zunehmend auf Umweltzustände reagieren, die die bestehende Investitions-, Ausschüttungs- und Finanzierungspolitik infrage stellen werden. Es erscheint letztlich nicht unwahrscheinlich, dass infolge der zu erwartenden Schwankungen auch Abweichungen von einer wertoptimalen Finanzierungspolitik hingenommen werden und somit mit einer Verschiebung der Verschuldungsgrenzen des wertoptimalen Verschuldungsspektrums verbunden sind.[2876]

Fasst man zusammen, so erscheint sowohl aus Sicht der Transaktionskosten als auch der Wechselwirkungen zwischen den Unternehmenspolitiken eine zunehmende Spreizung des wertoptimalen Verschuldungsspektrums um den wertoptimalen Verschuldungsgrad mit dem Unternehmensrisiko als wahrscheinlich. Diese Spreizung entgegengerichtet ist dabei jedoch der auf Basis der „klassischen" Trade-Off-Theorie ableitbare Rückgang des wertoptimalen Verschuldungsgrades.[2877]

Der Faktor Risiko in der erweiterten Pecking-Order-Theorie

Die konzeptionellen Überlegungen zum Einfluss des Faktors Risiko auf die Finanzierungsentscheidung abschließend, sei die Bedeutung des Faktors Risiko vor dem Hintergrund der erweiterten Pecking-Order-Theorie näher betrachtet. Kapitel I hat gezeigt, dass mit den Arbeiten von Wu/Yeung (2012) und Wu/Wang (2005) eine Erweiterung der „klassischen" Pecking-Order-Theorie vorgenommen wurde, um die in der Praxis zu beobachtenden Durchbrechungen des Finanzierungsgerüsts der „klassischen" Pecking-Order-Theorie zu plausibilisieren. Wu/Yeung (2012) und Wu/Wang (2005) haben gezeigt, dass die durch die „klassische" Pecking-Order-Theorie beschriebene Fehlbewertung im Fall der Begabe von Eigenkapitalanteilen insbesondere im Rahmen der Finanzierungsentscheidungen von Wachstumsunternehmen, die nur im geringen Umfang über bereits realisierte Investitionsprojekte verfügen, eine untergeordnete Rolle spielt. In einem eingängigen – in Kapitel I skizzierten – Beispiel haben Wu/Yeung (2012) gezeigt, dass der mit der Eigenkapitalbegabe einhergehende Verwässerungseffekt des Vermögens der (Alt-)

2875 Dies gilt insbesondere, wenn das Unternehmen an einer vorbestimmten Ausschüttungspolitik festhalten will. Eine solche Vermutung spiegelt letztlich die Überlegungen der Pecking-Order-Theorie zur Bedeutung von „financial slack" wider.

2876 Ob eine Verschiebung der Verschuldungsgrenzen auf Basis der Wechselwirkungen zwischen Investitions-, Ausschüttungs- und Finanzierungspolitik symmetrisch erfolgt, bleibt auf Basis der vergleichsweise oberflächlichen Überlegungen – im Kontrast zu den Überlegungen zum Einfluss der Transaktionskosten – etwas unklar.

2877 An dieser Stelle sei erneut – mit Verweis auf den Unterabschnitt zur „klassischen" Trade-Off-Theorie – auf die Darstellung der Ergebnisse der empirischen Forschung verzichtet.

Eigenkapitalgeber bei diesen Unternehmen regelmäßig von dem Wertbeitrag der zu finanzierenden Wachstumsprojekte dominiert wird.[2878] Wachstumsunternehmen werden in der Folge die Begabe von Eigenkapital – im Kontrast zu Bestandsunternehmen – nicht scheuen, sodass die Begabe von Eigenkapital – wenigstens für Wachstumsunternehmen – den mit der „klassischen" Pecking-Order-Theorie zu vermutenden Signalcharakter verliert. Mit der erweiterten Pecking-Order-Theorie wird letztlich eine Zweiteilung der mit der Pecking-Order-Theorie beschriebenen Rangfolge alternativer Finanzierungsquellen nach Unternehmenstyp vorgeschlagen. Unternehmen, die im großen Umfang bereits Investitionsprojekte in der Vergangenheit realisiert haben, werden, da die (Alt-)Eigenkapitalgeber einen Verwässerungseffekt scheuen, weiterhin der „klassischen" Pecking-Order-Theorie folgen, während Wachstumsunternehmen durchaus eine zur Hackordnungstheorie inverse Finanzierungsrangfolge implementieren können.

Will man den Einfluss des Faktors Risiko vor dem Hintergrund der erweiterten Pecking-Order-Theorie beantworten, muss man der Frage nachgehen, inwieweit der Faktor Risiko die Zweiteilung der Finanzierungsentscheidung beeinflusst. Denkbar ist es für die folgenden Überlegungen, darauf abzustellen, dass das Unternehmensrisiko ein Indikator der mit der erweiterten Pecking-Order-Theorie beschriebenen alternativen Unternehmenstypen ist. So erscheint die Annahme, dass Unternehmen des Typs I, d. h. Bestandsunternehmen, i. d. R. über ein geringeres Risiko verfügen als Wachstumsunternehmen bzw. Unternehmen des Typs II für die Praxis als nicht unwahrscheinlich. Diese Annahme ist letztlich damit zu plausibilisieren, dass im Fall von Bestandsunternehmen ein Großteil des Investitionsportfolios durch Sachanlagevermögen gedeckt ist und Kapitalgeber als auch Unternehmen auf Vergangenheitserfahrungen als Grundlage der zukünftigen Erwartungen zurückgreifen können. Wachstumsunternehmen bestehen dagegen größtenteils aus noch nicht realisierten Ideen, deren zukünftiger Erfolg sowohl durch die Unternehmen sowie insbesondere durch den Kapitalmarkt nur schwer zu quantifizieren sein dürfte.

Welche Schlüsse kann man – stellt man darauf ab, dass der Faktor Risiko Unternehmenstyp I und II hinreichend differenziert –[2879] aus den vorangehenden Überlegungen für die Finanzierungsentscheidung ziehen? Stellt man darauf ab, dass das Unternehmensrisiko ein Indikator für die unterschiedlichen Unternehmenstypen darstellt, so werden Unternehmen mit hohem Unternehmensrisiko – im Sinne der Vorüberlegungen also Wachstumsunternehmen – von der Finanzierungsrangfolge der „klassischen" Pecking-Order-Theorie abweichen, während Unternehmen

2878 Vgl. dazu Kapitel I Abschnitt 3.4.3.

2879 Ein solches Vorgehen ist nicht frei von Einwänden, ist an dieser Stelle doch u. a. unklar, an welchem Punkt eine Grenze zwischen den alternativen Unternehmenstypen gezogen werden muss. Wie die nachfolgenden Überlegungen mit Blick auf die weiteren Eigenschaften des Faktors Risiko zeigen werden, dürfte an dieser Stelle die Entwicklung eines allgemeinen Kriteriums nicht möglich sein.

geringen Risikos dieser Finanzierungsrangfolge folgen werden. Wie sich mit den folgenden Überlegungen zeigen wird, ist ein solches Vorgehen mit einer Reihe von Schwächen behaftet. Zunächst muss man festhalten – dies ist eine aus den vorangehenden Abschnitten bekannte Schwäche der Pecking-Order-Theorie und des Faktors Risiko –, ist der mit einer solchen Überlegung einhergehende Erkenntnisgewinn begrenzt. Mit Blick auf aktuelle und ggf. zukünftige Finanzierungsentscheidungen kann man zwar eine gewisse Präferenz der Unternehmen für die alternative Finanzierungsquellen ableiten, die Gründe vergangener Finanzierungsentscheidungen bleiben – verfügt man nicht auch über historische Informationen – dagegen weitgehend verborgen.[2880] Zudem verfügt der Faktor Risiko auch an dieser Stelle für sich genommen nur über eine begrenzte Aussagekraft. So dürfte sich die Kapitalstruktur eines Unternehmens – wenigstens vorläufig – unter dem Eindruck externer Risikoschocks[2881] nicht verschieben, sofern das Unternehmen nicht aktiv an den Kapitalmarkt herantritt, um Kapital einzuwerben.

Über dieses grundsätzliche Problem des Faktors Risiko hinaus, zeigt sich für die eingeschlagene Argumentation ein mit Blick auf die Überlegungen zur Pecking-Order-Theorie überraschendes Ergebnis. Folgt man letztlich den in diesem Unterabschnitt vorgebrachten Argumenten, so werden Unternehmen hohen Risikos ggf. gewillt sein, Eigenkapital zu begeben, obwohl die Fremdkapitalkapazität des Unternehmens noch nicht voll ausgeschöpft ist. Dies erscheint mit Blick auf die im Abschnitt zur „klassischen" Pecking-Order-Theorie gemachten Überlegungen als überraschend, wurde doch im vorangehenden Unterabschnitt mit einer positiven Beziehung zwischen Unternehmensrisiko und der Wahrscheinlichkeit, Fremdkapital zu begeben, argumentiert. Wie lassen sich diese gegenläufigen Ergebnisse des Einflusses des Faktors Risiko in Einklang bringen? Ein Ausgleich zwischen den beiden Sichtweisen erscheint nur möglich, stellt man darauf ab, dass der Faktor Risiko für sich allein genommen nur einen groben Anhaltspunkt für eine Differenzierung der Unternehmen des Typs I und II darstellt.[2882] Auch an dieser Stelle muss der Faktor Risiko um weitere Faktoren ergänzt werden, will man den Einfluss des Faktors Risiko auf die Finanzierungsentscheidung ableiten.

2880 An dieser Stelle mag man gewillt sein, zu argumentieren, dass dieses Problem insbesondere die empirische Forschung betrifft und das Problem für zukunftsorientierte Betrachtungen, wie man sie etwa im Rahmen der Unternehmensbewertung vornimmt, weniger bedeutsam ist. Völlig von der Hand zu weisen, ist ein solcher Einwand nicht, dennoch erscheint das skizzierte Problem schwerwiegend.

2881 Denkbar sind hier etwa sich abzeichnende Technologiesprünge oder Eingriffe des Gesetzgebers, die es unsicher werden lassen, ob das Unternehmen unverändert fortgeführt werden kann.

2882 Man kann – diese Überlegung ist aus den vorangehenden Abschnitten bekannt – auch darauf abstellen, dass mit der erweiterten Pecking-Order-Theorie vordergründig ein Finanzierungskreis beschrieben wird. Gänzlich überzeugend ist eine solche Argumentation letztlich nicht und soll an dieser Stelle daher nicht nochmals im Detail aufgegriffen werden.

Zum Einfluss des Faktors Risiko auf die alternativen Finanzierungspolitiken

Die vorangehenden Abschnitte haben ein gemischtes Bild des Einflusses des Faktors Risiko auf die Finanzierungsentscheidung vor dem Hintergrund alternativer Kapitalstrukturpolitiken gezeichnet. Auf Basis der „klassischen" Trade-Off-Theorie kann sowohl aus Sicht des Wertbeitrages der Fremdfinanzierung als auch des auf den Unternehmen lastenden Insolvenzdrucks ein Rückgang des wertoptimalen Verschuldungsgrades mit dem Umfang des Unternehmensrisikos vermutet werden. Die Überlegungen zum Einfluss des Faktors Risiko vor dem Hintergrund der Pecking-Order-Theorie haben ein dazu entgegengesetztes Bild gezeigt. Stellt man darauf ab, dass das Bild, das der Kapitalmarkt über die zukünftige Unternehmensentwicklung gewinnen kann, mit der Zunahme des Unternehmensrisikos an Schärfe verliert, so wächst mit dem Unternehmensrisiko die Bindungswirkung der Finanzierungsrangfolge der Pecking-Order-Theorie.[2883] Aufgrund des Zeitpunktbezugs der Pecking-Order-Theorie ist die Aussagekraft mit Blick auf die zu realisierende Kapitalstruktur letztlich begrenzt, man kann jedoch darauf abstellen, dass Unternehmen mit hohem Risiko in der Tendenz einen höheren Verschuldungsgrad aufweisen werden als Unternehmen mit geringem Verschuldungsgrad. Der Blick auf die dynamische Trade-Off-Theorie hat deutlich werden lassen, dass mit dem Unternehmensrisiko in aller Regel wohl auch die Spreizung des wertoptimalen Verschuldungsspektrums um den wertoptimalen Verschuldungsgrad zunimmt. Unternehmen werden sowohl vor dem Hintergrund zunehmender Transaktionskosten als auch der zunehmenden Bedeutung von Wechselwirkungen zwischen Investitions-, Finanzierungs- und Ausschüttungspolitik die dadurch ausgelösten Schwankungen um den wertoptimalen Verschuldungsgrad wohl i. d. R. in einem größeren Umfang dulden. Dieser Effekt wirkt dem zuvor skizzierten Rückgang des wertoptimalen Verschuldungsgrades vor dem Hintergrund der „klassischen" Trade-Off-Theorie ein Stückweit entgegen. Ein ähnliches Bild zeigt sich mit Blick auf die erweiterte Pecking-Order-Theorie. Stellt man darauf ab, dass der Faktor Risiko ein Indikator für die mit der erweiterten Pecking-Order-Theorie beschriebenen Unternehmenstypen darstellt, so dürfte für Unternehmen mit hohem Risiko die durch die „klassische" Pecking-Order-Theorie beschriebene Finanzierungsrangfolge an Bedeutung verlieren. Dieses Ergebnis steht im Kontrast zu den Überlegungen des Faktors Risiko vor dem Hintergrund der „klassischen" Pecking-Order-Theorie. Die sich auch in der empirischen Forschung zeigende Vielschichtigkeit des Faktors Risiko dürfte wenigstens in Teilen darauf zurückzuführen sein, dass die Auswirkungen einer Veränderung des Unternehmensrisikos regelmäßig von weiteren Unternehmensfaktoren abhängen.[2884]

2883 Unklar bleibt an dieser Stelle jedoch, warum ein Fremdkapitalgeber das gestiegene Risikoniveau, das – dies hat Abschnitt 2.4.2. gezeigt – Anlass für Vermögensverschiebungsstrategien bietet, akzeptieren sollte.

2884 Letztlich muss man sich an dieser Stelle von der zu Beginn dieses Abschnitts vorgenommenen Risikoaggregation verabschieden, will man die Auswirkungen auf die Finanzierungsentscheidung konkretisieren.

Somit bleiben die Einschätzungen zum Einfluss des Faktors Risiko auf die alternativen Kapitalstrukturtheorien an dieser Stelle von vorläufiger Natur. Die Unschärfe des Einflusses des Faktors Risiko bleibt erhalten, wechselt man zu den in Kapitel II beleuchteten alternativen Finanzierungspolitiken. Vor dem Hintergrund der Überlegungen der „klassischen" Trade-Off-Theorie ist etwa ein auf die Kapitalstruktur gerichteter Eingriff der Unternehmen mit der Veränderung des Risikos durchaus denkbar, während die Überlegungen zur dynamischen Trade-Off-Theorie eine zunehmende Passivität des Unternehmens mit Blick auf die Einhaltung eines wertoptimalen Verschuldungsgrades plausibilisieren. Ähnlich nebulös zeigt sich das Bild mit Blick auf die „klassische" und erweiterte Pecking-Order-Theorie. Die bereits geäußerte Vermutung, dass der Einfluss des Faktors Risiko von weiteren Faktoren abhängt bzw. noch nicht der gesamte Einfluss des Faktors Risiko erfasst wurde, liegt daher auch an dieser Stelle nahe. Insbesondere in der jüngeren empirischen Literatur findet sich mit der Beleuchtung des Einflusses des Faktors Risiko auf die Altersstruktur des eingesetzten Fremdkapitals ein weiterer bedeutsamer Aspekt, der in aller Kürze skizziert werden soll. Die Arbeit von Keefe/Yaghoubi (2016) zeigt exemplarisch für diesen Strang der Literatur, dass der negative Effekt, den der Faktor Risiko vor dem Hintergrund der „klassischen" Trade-Off-Theorie besitzt, insbesondere für langfristig in Unternehmen gebundenes Fremdkapital ausgeprägt ist, während der Einfluss auf das im Unternehmen eingesetzte kurzfristige Fremdkapital von eher untergeordneter Bedeutung ist.[2885] Mit anderen Worten gewinnt mit zunehmendem Unternehmensrisiko – wenigstens mit Blick auf das eingesetzte Fremdkapital – zunehmend kurzfristiges Fremdkapital an Bedeutung. Unternehmen fahren im Angesicht des aufziehenden Nebels der Unsicherheit letztlich im Rahmen ihrer Finanzierungsentscheidungen zunehmend auf Sicht. Ein solches Finanzierungsverhalten spricht zunächst gegen die Annahme einer langfristig ausgerichteten, starren Finanzierungspolitik, wie sie etwa mit der autonomen Finanzierungspolitik unterstellt wird.[2886] Blickt man erneut auf die in Kapitel II betrachteten „äußeren" und „inneren" Gründe für eine Finanzierungsentscheidung, so dürfte mit dem Unternehmensrisiko wohl das Interesse rationaler Fremdkapitalgeber ansteigen, eine wertoptimale, das Risiko der Fremdkapitalgeber begrenzende, Finanzierungspolitik umzusetzen. Eigenkapitalgeber dürften dagegen nur an Extrempunkten ein Interesse zur Umsetzung von Vermögensverschiebungsstrategien besitzen, gegen die Interessen der Fremdkapitalgeber gerichtete Entscheidungen zu treffen.

Man darf als Arbeitshypothese daher wohl festhalten, dass die Wahrscheinlichkeit eines dominierenden Einflusses der autonomen Finanzierungspolitik mit

2885 Vgl. dazu Keefe/Yaghoubi (2016) S. 33.

2886 Zwar dürfte auch bei risikoreichen Unternehmen ein ggf. unveränderlicher Grundstock kurzfristigen Fremdkapitals eingesetzt werden, doch wird die autonome Finanzierungspolitik für hochriskante Unternehmen i. d. R. wohl nur eine untergeordnete Rolle spielen.

dem Anstieg des Unternehmensrisikos zugunsten einer wertabhängigen Finanzierungspolitik abnimmt.

5.6.1.6. *Steuern*

„In my view the big open challenge in corporate finance is to produce evidence on how taxes affect market values and thus optimal financing decisions."[2887]

Der Faktor Steuern in der Trade-Off-Theorie

Richtet man zu Beginn dieses Unterabschnitts den Blick erneut auf die zentralen Überlegungen der „klassischen" Trade-Off-Theorie, so wurde mit den Überlegungen des Kapitels I deutlich, dass in der Trade-Off-Theorie ein wertoptimales Verschuldungsoptimum aus dem Wertbeitrag der Fremdfinanzierung und den gegenläufigen, mit einer partiellen Fremdfinanzierung einhergehenden, Insolvenzkosten erwächst.[2888] Behält man auch in diesem Unterabschnitt das in den vorangehenden Abschnitten eingeschlagene Vorgehen zur Beantwortung der Frage nach dem Einfluss spezifischer Faktoren auf die Finanzierungsentscheidung bei, so muss man sich in diesem Unterabschnitt der Frage stellen, welchen Einfluss der Faktor Steuern – hierunter sei in der Folge vorwiegend die tatsächliche Steuerbelastung des Unternehmens in Form des Unternehmenssteuersatzes verstanden –[2889] auf die zentralen Stellschrauben des Verschuldungsoptimums der „klassischen" Trade-Off-Theorie nimmt. Vor dem Theoriegerüst der „klassischen" Trade-Off-Theorie sind damit in der Folge zwei zentrale Fragen zu beantworten: Zum einen ist der Frage nachzugehen, welchen Einfluss die Steuerbelastung eines Unternehmens auf den Wertbeitrag der Fremdfinanzierung und damit den Anreiz bzw. Wahrscheinlichkeit, Fremdkapital einzusetzen, nimmt. Zum anderen muss die Frage beantwortet werden, welcher Zusammenhang zwischen dem auf den Unternehmen lastenden Insolvenzdruck – der zu einer Begrenzung des Fremdkapitaleinsatzes in der „klassischen" Trade-Off-Theorie führt –, und der Steuerbelastung des Unternehmens besteht.

Widmet man sich zunächst der ersten Frage, so kann die Verbindung zwischen Unternehmenssteuerlast und Wertbeitrag der Fremdfinanzierung auf Basis des theoretischen Fundaments der Trade-Off-Theorie als weitgehend geradlinig erachtet werden. Die Frage des Einflusses der Steuerlast auf den Wertbeitrag der

---

2887 Fama (2011) S. 8.

2888 Eine eingängige Zusammenfassung der Überlegungen der Trade-Off-Theorie findet sich zudem auch in Graham (2001). Vgl. dazu Graham (2001) S. 42–43.

2889 Um die auf den Unternehmen lastende Steuerlast näher zu spezifizieren, wird in der Folge i. d. R. auf den Steuersatz abgestellt, der eine Maßzahl für die relative Steuerbelastung der Unternehmen darstellt. Eine solche Überlegung ist letztlich kompatibel mit Überlegungen der „klassischen" Trade-Off-Theorie. Vgl. dazu u. a. Graham (2000) S. 1904; Graham (2001) S. 43.

Fremdfinanzierung als zentralen Einflussfaktor der Trade-Off-Theorie kann – zumindest aus theoretischer Sicht – vergleichsweise einfach beantwortet werden. Wächst mit einem Anstieg der Steuerlast eines Unternehmens doch in aller Regel auch der Umfang, mit dem Zahlungen an die Fremdkapitalgeber steuerlich in Abzug gebracht werden können und somit auch der Wertbeitrag des zur Finanzierung eingesetzten bzw. einsetzbaren Fremdkapitals des Unternehmens.[2890] Parsons/Titman (2008) sprechen in diesem Zusammenhang daher wenig überraschend davon, dass „[t]heoretically, the most straightforward benefit of leverage is the tax deductibility of interest payments".[2891] Mit einem Anstieg der Steuerbelastung des Unternehmens dürfte – folgt man den Überlegungen der „klassischen" Trade-Off-Theorie – c. p. die Vorteilhaftigkeit des Einsatzes von Fremdkapital und damit verbunden der Anreiz, Fremdkapital zur Unternehmensfinanzierung einzusetzen, ggü. alternativen Finanzierungsvarianten anwachsen.[2892] Es ist m. a. W. also davon auszugehen, dass mit einer Ausweitung der Steuerlast auch der Anteil des Fremdkapitals an der Unternehmensfinanzierung ansteigt.[2893] Man kann an dieser Stelle die Frage aufwerfen, ob eine lineare Verbindung zwischen der Unternehmenssteuerlast und Fremdkapitaleinsatz besteht, die Reaktion der Unternehmen auf eine Veränderung der Steuerlast m. a. W. symmetrisch ausfällt.[2894] Richtet man den Blick zunächst auf die Folgen eines Absinkens der Steuerbelastung, so hat die Arbeit von Heider/Ljungqvist (2015) u. a. gezeigt, dass ein Rückgang der Steuerbelastung des Unternehmens im Rahmen der „klassischen" Trade-Off-Theorie in einem ersten Schritt zu einem Rückgang des Wertbeitrages der Fremdfinanzierung führt. Unternehmen können infolge des Rückgangs des Wertbeitrages der Fremdfinanzierung entweder den Umfang des eingesetzten Fremdkapitals erhöhen oder aber das eingesetzte Fremdkapital verringern. Geht man sowohl von einem im Umfang unveränderten Insolvenzdruck als auch unveränderten Insolvenzkosten

2890 Vgl. dazu u. a. auch An/Peterson (1986) S. 55. Greift man den Überlegungen des nachfolgenden Abschnitts zur tatsächlichen Hebbarkeit der steuerlich induzierten Wertbeiträge vor, so kann man hier auch darauf abstellen, dass die Wahrscheinlichkeit der Hebbarkeit des Wertbeitrages der Fremdfinanzierung mit dem Umfang der Steuerbelastung anwächst.

2891 Parsons/Titman (2008b) S. 8. Ähnlich dazu auch: MacKie-Mason (1990) S. 1471; Schneider (2010) S. 270; Hanlon/Heitzman (2010) S. 152.

2892 Vgl. dazu Graham (1996) S. 42; Graham (2006) S. 6–7; 19; Parsons/Titman (2008b) S. 8–9 Heider/Ljungqvist (2015) S. 685. Bessler et al. (2011) halten analog fest, dass, „[...] the trade-off theory predicts that firms tend to issue more debt when corporate tax rates are higher". Bessler et al. (2011) S. 27.

2893 Streng genommen bedeutet dies, dass Unternehmen auch abseits eines konkreten Finanzierungserfordernisses den Eigenkapitaleinsatz ggü. dem Einsatz von Fremdkapital zurückfahren werden.

2894 Somit rückt die Frage in den Vordergrund, ob ein Rückgang der Steuerbelastung im gleichen Maße zu einem verringerten Fremdkapitaleinsatz führt wie ein Anstieg der Steuerbelastung zu einer Ausweitung des Fremdkapitaleinsatzes.

aus – beide Annahmen erscheinen nicht unplausibel –, werden rational handelnde Unternehmen – hält man an dem Abwägungsprozess der Trade-Off-Theorie fest – die abnehmende Vorteilhaftigkeit des Einsatzes von Fremdkapital zur Unternehmensfinanzierung antizipieren und den Fremdkapitaleinsatz entsprechend dem Rückgang der Unternehmenssteuerlast reduzieren.[2895]

Vor dem Hintergrund der Überlegungen der „klassischen" Trade-Off-Theorie erscheint eine symmetrische Veränderung des wertoptimalen Verschuldungsgrades mit der Steuerlast des Unternehmens eine wohlbegründbare Ausgangshypothese.[2896] Blickt man auf die Ergebnisse der empirischen Forschung, so hat die, auf Basis des Theoriegerüsts der Trade-Off-Theorie, geradlinige Beziehung zwischen der Unternehmenssteuerlast und der Vorteilhaftigkeit eines Fremdkapitaleinsatzes eine lediglich gemischte Bestätigung gefunden.[2897] Insbesondere frühe empirische Untersuchungen sind daran gescheitert, diese – auf Basis der theoretischen Überlegungen – lineare Beziehung zwischen der Steuerlast der Unternehmen und dem Fremdkapitaleinsatz zu bestätigen.[2898] Myers (1984) hält mit Blick auf die frühen empirischen Forschungsbemühungen so konsterniert fest, dass „[i] know of no study clearly demonstrating that a firm's tax status has predictable, material effects on its debt policy. I think the wait for such a study will be protracted."[2899] Wie mit den Überlegungen des Kapitels I bereits deutlich wurde, hat die Literatur die gemischten empirischen Ergebnisse zu einer der zentralen Determinanten der Trade-Off-Theorie als ein Indiz für Unzulänglichkeit des bestehenden Erklärungsansatzes der „klassischen" Trade-Off-Theorie interpretiert.[2900] Wie im Verlauf dieser

---

2895 Verwunderlich ist eine solche Reaktion mit Blick auf das Annahmegerüst der „klassischen" Trade-Off-Theorie nicht, fallen doch annahmegemäß keine Transaktionskosten an, die einer Adjustierung der Kapitalstruktur entgegenstehen könnten. Empirisch findet diese Einschätzung u. a. in der im weiteren Verlauf dieses Abschnitts beleuchteten Arbeit von Givoly et al. (1992) Bestätigung. Vgl. dazu Givoly et al. (1992) S. 350.

2896 Vgl. dazu Heider/Ljungqvist (2015) S. 687.

2897 Dies ist erstaunlich, steht die Frage nach der Bedeutung des Faktors Steuern doch – wie Kapitel I gezeigt hat –, seit geraumer Zeit im Fokus der Forschung. Vgl. dazu auch Hanlon/Heitzman (2010) S. 152.

2898 Vgl. dazu u. a. Bradley et al. (1984) S. 874; An/Peterson (1986) S. 86.

2899 Myers (1984) S. 588. Eine vergleichbare Einschätzung findet sich auch über dreißig Jahre nach Veröffentlichung der Arbeit von Myers (1984) in der Literatur. So halten etwa Heider/Ljungqvist (2015) mit Blick auf die Bedeutung des Wertbeitrages des Fremdkapitals für die Finanzierungsentscheidung fest: „[...] its empirical relevance continues to be debated: opinions in the literature range from irrelevance to the believe that taxes are the key driver of debt policy." Heider/Ljungqvist (2015) S. 684; ähnlich dazu auch Givoly et al. (1992) S. 331; Huizinga et al. (2008) S. 80–81; Hanlon/Heitzman (2010) S. 155.

2900 Wie Kapitel I verdeutlicht hat, haben u. a. die Pecking-Order-Theorie als auch die dynamische Pecking-Order-Theorie ihren Ursprung in dieser gemischten empirischen Evidenz gefunden.

Arbeit deutlich wurde, ist die Suche der Literatur nach einer der Praxis gerecht werdenden Kapitalstrukturtheorie nicht abgeschlossen. Es überrascht aus dieser Perspektive daher nicht, dass sich in der jüngeren Literatur zahlreiche Indizien finden, die darauf hinweisen, dass eine Abkehr von den Überlegungen der Trade-Off-Theorie auf Basis der gemischten Evidenz früher empirischer Untersuchungen voreilig wäre. So kann die mit den ersten empirischen Untersuchungen deutlich gewordene Schwäche des Faktors Steuern als zentraler Determinante der Gestalt der Finanzierungsentscheidung auf eine Reihe – teilweise technischer – Ursachen zurückgeführt werden,[2901] wie der nachfolgende Exkurs kurz zeigen soll.

Exkurs: Zur Komplexität geltender Steuersysteme

Mit den vorangehenden Überlegungen zum Einfluss der Steuern auf die Finanzierungsentscheidung wurde ein linearer Zusammenhang zwischen der Steuerlast des Unternehmens und der Vorteilhaftigkeit eines Fremdkapitaleinsatzes unterstellt. Eine solche Annahme wird – in Abhängigkeit zur Komplexität des Steuerregimes, dem sich ein Unternehmen zu unterwerfen hat – in aller Regel eine in wohl mehreren Aspekten vereinfachende Abbildung der Rahmenbedingungen der Praxis darstellen.[2902] In der Literatur wurden etwa mit den sogenannten Non-Debt-Tax-Shields[2903] – dies wird der nachfolgende Abschnitt verdeutlichen – weitere, die Steuerbelastung der Unternehmen senkende Faktoren betrachtet. Wie die Literatur gezeigt hat, können Non-Debt-Tax-Shields eine durch die Fremdfinanzierung induzierte Absenkung der Steuerbelastung teilweise überlagern bzw. im Extremfall außer Kraft setzen. Die Existenz von sog. Non-Debt-Tax-Shields spricht gegen die zunächst indirekt postulierte Annahme eines einfachen linearen Zusammenhangs zwischen dem Umfang der Steuerbelastung und dem Fremdkapitaleinsatz eines Unternehmens.[2904] Etwas allgemeiner muss man an dieser Stelle wohl konstatieren, dass vor dem Hintergrund der in der Praxis regelmäßig implementierten Steuersysteme nicht gewährleistet ist, dass der theoretisch gegebene Wertbeitrag der Fremdfinanzierung in jedem Fall durch die Unternehmen voll gehoben werden

2901 Vgl. dazu u. a. auch Hanlon/Heitzman (2010) S. 152.

2902 Kann doch regelmäßig nicht darauf abgestellt werden, dass sich die in der Praxis implementierten Steuersysteme auf einen einfachen Unternehmenssteuersatz beschränken.

2903 An dieser Stelle soll, zugunsten einer eingehenderen Darstellung im nachfolgenden Abschnitt, auf eine Konkretisierung des Begriffs der Non-Debt-Tax-Shields verzichtet werden.

2904 Bessler et al. (2011) sprechen in Anlehnung an Ross (1985) so davon, dass Unternehmen mit wachsender Bedeutung der Non-Debt-Tax-Shields die Wertvorteile der Fremdfinanzierung nicht mehr voll heben können. Vgl. dazu Bessler et al. (2011) S. 27. Fraglich ist jedoch, inwieweit sich Non-Debt-Tax-Shields und die steuerreduzierende Wirkung des Fremdkapitals tatsächlich überlagern und vollständige Substitute darstellen. Vgl. dazu auch MacKie-Mason (1990) S. 1474. Dieser Frage wird im nachfolgenden Abschnitt zu den NDTS kurz nachgegangen werden.

kann bzw. – wählt man den Blickwinkel der ersten Überlegungen von Modigliani/Miller – die Zahlungen an die Fremdkapitalgeber in Höhe des geltenden Steuersatzes die Gesamtsteuerlast des Unternehmens ggü. einem rein eigenfinanzierten Unternehmen verringern werden.[2905] Ein Anstieg des Fremdkapitalvolumens und damit der steuerlich absetzbaren Zinszahlungen an die Fremdkapitalgeber schlägt sich unter Berücksichtigung von Non-Debt-Tax-Shields somit regelmäßig nicht mehr eins zu eins in einer Senkung der Steuerlast der Unternehmen nieder.[2906]

Daneben bestehen, blendet man die Existenz von Non-Debt-Tax-Shields, der „klassischen" Trade-Off-Theorie folgend, zunächst erneut aus, auch Wechselwirkungen zwischen dem Umfang des eingesetzten Fremdkapitals und der Wahrscheinlichkeit, dass die steuerreduzierende Wirkung des Fremdkapitaleinsatzes voll gehoben werden kann. Graham (2000) weist in diesem Zusammenhang etwa daraufhin, dass „[t]he tax function is generally flat for small interest deductions but, because tax rates fall as interest expenses increases, eventually becomes downward sloping as interest increases. This occurs because interest deductions reduce taxable income, which decreases the probability that a firm will be fully taxable in all current and future states, which in turn reduces the tax benefit from the incremental deductions"[2907] Mit dem Umfang des eingesetzten Fremdkapitals sinkt m. a. W. die Wahrscheinlichkeit, dass Unternehmen über eine positive Steuerbemessungsgrundlage verfügen.[2908] Die mit dem Umfang des Fremdkapitaleinsatzes sinkende Wahrscheinlichkeit einer tatsächlichen Reduktion der Unternehmenssteuerlast lässt den zu erwartenden Wertbeitrag der Fremdfinanzierung und in der Folge auch die Wahrscheinlichkeit eines Fremdkapitaleinsatzes sinken. Beide Effekte dürften letztlich dazu führen, dass dem Wertbeitrag der Fremdfinanzierung respektive der Steuerbelastung des Unternehmens im Rahmen der Finanzierungsentscheidung eine geringere Bedeutung zukommt, als zunächst unter den idealisierten Bedingungen der „klassischen" Trade-Off-Theorie angenommen wurde.[2909]

„Rather, the basic point is that leverage varies so widely at so many firms that it becomes hard to believe in large benefits from a particular level. It seems more

2905 Graham (2001) hält in diesem Zusammenhang so etwa fest: „[...] in fact, tax deductions are not valuable in every scenario, perhaps because the firm is not always profitable." Graham (2001) S. 43.

2906 So hält etwa MacKie-Mason (1990) fest, dass „[...] although deductions and credits always lower the average tax rate, they only lower the marginal rate if they cause the firm to have no taxable income and thus face a zero marginal rate on interest deductions (tax exhaustion)". MacKie-Mason (1990) S. 1471.

2907 Graham (2000) S. 1902.

2908 Der Möglichkeit von Verlustrückträgen sind i. d. R. durch die Steuergesetzgebung enge Grenzen gesetzt, sodass ein Übertrag der steuerreduzierenden Wirkung von Fremdkapital nur begrenzt möglich ist.

2909 Vgl. dazu auch Graham (2000) S. 1905. Graham (2000) schätzt den Wertbeitrag der Fremdfinanzierung – nach persönlichen Steuern – auf etwa 4–7 % des Unternehmenswertes. Vgl. dazu Graham (2000) S. 1902; 1934.

plausible that, over a fairly wide range, leverage per se is of second-order import for firm valuation [...].“[2910]

Das „low leverage puzzle“

Im Einklang mit den kurz skizzierten Überlegungen zu bestehenden Überlagerungseffekten in komplexen Steuersystemen hat die Arbeit von Graham (2000) eine, mit Blick auf die Überlegungen der „klassischen“ Trade-Off-Theorie, überraschende Beobachtung hinsichtlich des Finanzierungsverhaltens von Unternehmen in der Praxis gemacht. Wie die Arbeit von Graham (2000) hervorgehoben hat, implementieren Unternehmen im Schnitt eine, mit Blick auf das wertoptimale Verschuldungsoptimum der „klassischen“ Trade-Off-Theorie, zu konservative Verschuldungspolitik. Konkret bedeutet dies, dass mit dem realisierten Fremdkapitaleinsatz der theoretisch hebbare Wertbeitrag der Fremdfinanzierung regelmäßig nicht vollständig ausgeschöpft wird.[2911] Dieses Ergebnis erscheint mit Blick auf die mit der Trade-Off-Theorie formulierte Erwartung, dass die Steuerlast eine zentrale Stellschraube der Finanzierungspolitik darstellt, überraschend und hat unter dem Oberbegriff des „low leverage puzzle“ in die Literatur Eingang gefunden.[2912] Auch in jüngeren empirischen Untersuchungen zeigt sich das durch Graham (2000) beobachtete Phänomen der Realisation vergleichsweise konservativer Finanzierungspolitiken in der Praxis als weitgehend stabil. Die Untersuchung von Strebulaev/Yang (2013) hat etwa gezeigt, dass rund 10 % der in der Untersuchung betrachteten Unternehmen auf den Einsatz von Fremdkapital vollständig verzichten und weitere 22 % der Unternehmen Buchverschuldungsgrade von unter 5 % realisieren.[2913] Man sieht sich an dieser Stelle somit erneut mit der Frage konfrontiert, inwieweit die Überlegungen der „klassischen“ Trade-Off-Theorie – abseits der theoretisch unzweifelhaft gegebenen Stringenz – eine realitätsnahe Abbildung der Finanzierungsentscheidungen der Praxis darstellen.

2910 DeAngelo/Roll (2015) S. 410.

2911 Vgl. dazu u. a. Hanlon/Heitzman (2010) S. 153; Wie Graham (2000) festhält, könnten die Zahlungen an die Fremdkapitalgeber im Schnitt etwa verdoppelt werden, bis sich ein negativer Effekt einstellt. Graham (2000) beobachtet in seiner Untersuchung jedoch auch, dass über den Untersuchungszeitraum der konservative Einsatz von Fremdkapital zunehmend zurückgedrängt wurde. Vgl. dazu Graham (2000) S. 1916. Die Arbeit von Almeida/Philippon (2007) zeigt dagegen, dass die Kosten einer Insolvenz in Zusammenhang mit einer Erhöhung des Verschuldungsgrades in etwa den Wertbeitrag der Fremdfinanzierung aufzehren. Vgl. dazu Almeida/Philippon (2007) S. 2559. Unternehmen besitzen somit keinen wirtschaftlichen Anreiz, den Verschuldungsgrad infolge einer Verschiebung des Steuersatzes zu adjustieren.

2912 Vgl. dazu u. a. Strebulaev/Yang (2013) S. 2.

2913 Vgl. dazu Strebulaev/Yang (2013) S. 20. Vergleichbar zur Arbeit von Graham (2000) schätzen Strebulaev/Yang (2013), dass diese Unternehmen den Unternehmenswert durch den Einsatz von Fremdkapital um 7 % steigern könnten. Vgl. ebda.

Ohne an dieser Stelle dem Anspruch einer vollständigen Darstellung der empirischen Forschung gerecht werden zu können,[2914] soll im folgenden Exkurs ein kurzer Überblick über die alternativen Erklärungsansätze der empirischen Forschung für das „low leverage puzzle“ geschaffen werden. Mit Blick auf das Vorgehen der Literatur können zwei grundsätzliche Herangehensweisen zur Erklärung des „low leverage puzzle“ unterschieden werden. Der erste Teil der Untersuchungen stellt zur Erklärung des „low leverage puzzle“ auf die Unternehmenseigenschaften bzw. die Eigenschaften des Unternehmensmanagements ab. Die Arbeit von Strebulaev/Yang (2013) stellt in Ergänzung der Arbeit vom Graham (2000) zur Erklärung des „low leverage puzzle“ zunächst auf die Eigenschaften des Unternehmensmanagements ab. Wie mit den Überlegungen des Kapitels I bereits deutlich geworden ist, kommt es in der Unternehmenspraxis regelmäßig zu einer Trennung zwischen Eigentum und Unternehmensführung. Angestellte Unternehmensmanager verfolgen – in Kontrast zu den Annahmen der „klassischen“ Trade-Off-Theorie – i. d. R. eigene, von dem Ziel der Maximierung des Unternehmenswertes, abweichende Ziele. Tragen Unternehmensmanager doch etwa im Fall einer Unternehmensinsolvenz ein i. d. R. höheres Risiko als die Eigenkapitalgeber, die ihr Risiko durch Portfoliobildung i. d. R. entsprechend diversifizieren können. Aufgrund dieses Klumpenrisikos werden Unternehmensmanager ggü. rational handelnden Unternehmenseignern den Einsatz von, das Risiko einer Unternehmensinsolvenz erhöhendem, Fremdkapital stärker scheuen.[2915] Unternehmen werden in der Folge – im Einklang mit den Ergebnissen früher empirischen Untersuchungen – lediglich träge auf eine Veränderung des wirksamen Steuersatzes reagieren. Einen alternativen Erklärungsansatz für das „low leverage puzzle“ liefert die Arbeit von Shivdasani/Stefanescu (2009). Shivdasani/Stefanescu (2009) stellen in ihrer Arbeit darauf ab, dass periodische Zahlungen der Unternehmen aufgrund bestehender Pensionsverpflichtungen ggü. Arbeitnehmern[2916] in der Praxis einen vergleichbaren steuerreduzierenden

2914 Vor dem Hintergrund der Überlegungen der „klassischen“ Trade-Off-Theorie erscheint es nicht verwunderlich, dass dem „low leverage puzzle“ einige Aufmerksamkeit in der Literatur gewidmet wurde.

2915 Vgl. dazu Strebulaev/Yang (2013) S. 17; 21; ähnlich dazu auch Lewellen (2006) S. 554. Angestellte Unternehmensmanager tragen so etwa das Risiko eines mit der Insolvenz verbundenen Arbeitsplatzverlustes, ohne von dem Wertbeitrag der Fremdfinanzierung profitieren zu können. Aus Sicht der Unternehmensmanager ist der Verzicht auf den Einsatz von weiterem Fremdkapital daher durchaus ökonomisch plausibel. Strebulaev/Yang (2013) stellten daneben darauf ab, dass – betrachtet man neben Steuern auf Unternehmensebene auch persönliche Steuern – die Steuersituation des Managements zu einem Verzicht auf einen Einsatz von Fremdkapital führt. Vgl. ebda.

2916 Zur steuerlichen und bilanziellen Behandlung von Pensionsverpflichtungen sei auf die Ausführungen von Shivdasani/Stefanescu (2009) verwiesen. Bedeutsam erscheint, dass der Umfang bestehender Pensionsverpflichtungen regelmäßig nicht in der Bilanz der Unternehmen gezeigt wird. Vgl. dazu Shivdasani/Stefanescu (2009) S. 1291–1294.

Effekt besitzen wie Zahlungen an die Fremdkapitalgeber.[2917] Folgt man der Argumentation der Arbeit von Shivdasani/Stefanescu (2009), so stellen Pensionsverpflichtungen im gewissen Umfang Substitute zur Finanzierung des Unternehmens mit Fremdkapital dar.[2918] Im Einklang mit dieser Annahme zeigt die Arbeit von Shivdasani/Stefanescu (2009), dass das Phänomen einer – aus Sicht der „klassischen“ Trade-Off-Theorie – konservativen Verschuldungspolitik insbesondere bei Unternehmen mit umfangreichen Pensionsverpflichtungen auftritt.[2919] Berücksichtigt man neben dem Fremdkapitalvolumen auch die bestehenden Pensionsverpflichtungen der Unternehmen, so liefert die Arbeit von Shivdasani/Stefanescu (2009) einen eingängigen Erklärungsansatz für das durch Graham (2000) beschriebene „low leverage puzzle“.[2920]

Einen weiteren, in den bisherigen Überlegungen vernachlässigten, Aspekt stellt die Heterogenität der Steuersysteme dar, denen sich Unternehmen in der Praxis über Ländergrenzen hinweg ausgesetzt sehen. Die Arbeit von Huizinga et al. (2008) hebt in diesem Zusammenhang hervor, dass multinationale Unternehmen ihre Kapitalstruktur – unter der Ausnutzung bestehender Unterschiede in der Besteuerung – an die Gestalt der entsprechenden nationalen Steuerregime anpassen.[2921] Welche Auswirkungen hat nun die Erhöhung eines nationalen Steuersatzes vor dem Hintergrund multinationaler Unternehmen? Huizinga et al. (2008) beobachten zwei Folgen einer Veränderungen des nationalen Steuersatzes: Neben einer leichten Erhöhung des Gesamtverschuldungsgrades, der im Einklang mit den Überlegungen zu Beginn dieses Unterabschnittes steht, ist eine Verschiebung bzw. Umlagerung des Fremdkapitaleinsatzes innerhalb des Konzernverbundes zu beobachten.[2922] Graham/Leary (2011) weisen vor dem Hintergrund der Arbeit von Huizinga et al. (2008) auf die Möglichkeit hin, dass ein Vernachlässigen der Möglichkeit zur Verlagerung des Fremdkapitals innerhalb eines Konzernverbundes im

---

2917 Vgl. dazu Shivdasani/Stefanescu (2009) S. 1305. Gleichwohl werden Pensionsverpflichtungen regelmäßig nicht als ein Teil der Unternehmensverschuldung abgebildet.

2918 Shivdasani/Stefanescu (2009) zeigen so u. a., dass die steuerlichen Wertbeiträge aus Pensionsverpflichtungen etwa dem 1,3-fachen des Wertbeitrages der Fremdfinanzierung entsprechen und in etwa 1,5 % des Marktwertes der Unternehmen ausmachen. Vgl. dazu Shivdasani/Stefanescu (2009) S. 1309.

2919 Vgl. dazu Shivdasani/Stefanescu (2009) S. 1308. Die Erklärung des „low leverage puzzle“ durch Shivdasani/Stefanescu (2009) stellt letztlich eine Variante der auf Non-Debt-Tax-Shields aufbauenden Argumentation dar, die im nachfolgenden Abschnitt eingehender betrachtet wird.

2920 Vgl. dazu Shivdasani/Stefanescu (2009) S. 1320; Graham/Leary (2011) S. 323.

2921 Durch die disziplinierende Wirkung des Fremdkapitals auf die Manager eines Unternehmens – hier kann auch auf die Überlegungen in Kapitel I verwiesen werden – bestehen darüber hinaus weitere Gründe für einen Fremdkapitaleinsatz. Vgl. dazu Huizinga et al. (2008) S. 81; 114.

2922 Vgl. dazu Huizinga et al. (2008) S. 102.

Rahmen empirischer Untersuchungen zu einer Unterschätzung des Effekts, den eine Veränderung des Steuersatzes für die Kapitalstruktur hat, führen kann.[2923] Eine solche Unternehmensstrategie erscheint, auch mit Blick auf die mit einer Veränderung der Kapitalstruktur verbundenen Transaktionskosten, eine ökonomisch einleuchtende Alternative zu sein. Neben diesen, auf die Unternehmenseigenschaften abstellenden Erklärungsansätzen des „low leverage puzzle" finden sich mit der Arbeit von Faulkender/Petersen (2006) auch Untersuchungen, die der Frage nachgehen, ob Unternehmen in jeder Situation uneingeschränkt in der Lage sind, den Verschuldungsgrad des Unternehmens an die Veränderungen des Steuersystems anzupassen.[2924]

Die in den bisherigen Überlegungen vereinfachend ausgeblendete Frage der Versorgung des Unternehmens mit Fremdkapital rückt damit in den Vordergrund. Das durch Graham (2000) erstmals beschriebene „low leverage puzzle" kann – wie die Arbeit von Faulkender/Petersen (2006) zeigt – in Teilen mit einem eingeschränkten Zugang der Unternehmen zu Fremdkapital erklärt werden. Faulkender/Petersen (2006) zeigen, dass Unternehmen mit konservativer Finanzierungspolitik regelmäßig durch in der Praxis bestehende Informationsasymmetrien Schwierigkeiten haben, Fremdkapital zur Finanzierung des Unternehmens einzuwerben.[2925] Durch dieses äußere Hemmnis erwachsen den Unternehmen Schwierigkeiten, auf Veränderungen der Steuerbelastung der Unternehmen in dem mit der „klassischen" Trade-Off-Theorie vermuteten Umfang zu reagieren. Die mit den Informationsasymmetrien verbundenen Probleme spezifizierend, halten Faulkender/Petersen (2006) fest: „[t]he fact that firms that need to borrow from financial intermediaries (they are more informationally opaque) have lower leverage is not surprising. The cost of monitoring and imperfect financial contracting will raise the cost of debt capital and thereby lower their desired leverage. If monitoring and contracting solutions are not sufficient, these firms may face quantity constraints, not just more expensive capital."[2926]

Wie der kurze Exkurs verdeutlichen soll, kann das durch Graham (2000) erstmals beschriebene „low leverage puzzle" auf eine Reihe interner und äußerer Faktoren zurückgeführt werden, ohne von den Grundüberlegungen der „klassischen" Trade-Off-Theorie grundsätzlich abrücken zu müssen. Einschränkend ist jedoch festzuhalten, dass das Festhalten an den Überlegungen der „klassischen" Trade-Off-Theorie durchaus mit Kosten verbunden ist, muss man doch Zugeständnisse

2923 Vgl. dazu Graham/Leary (2011) S. 323.

2924 Faulkender/Petersen (2006) legen somit den Fokus ihrer Untersuchung auf die Angebotsseite. Vgl. dazu Faulkender/Petersen (2006) S. 46.

2925 Vgl. dazu Faulkender/Petersen (2006) S. 63; Parsons/Titman (2008b) S. 17. Wie bereits in Kapitel I hervorgekehrt wurde, kann die Annahme einer symmetrischen Informationsverteilung – entgegen der impliziten Annahme der „klassischen" Trade-Off-Theorie – wohl nur eingeschränkt aufrechterhalten werden.

2926 Faulkender/Petersen (2006) S. 74.

mit Blick auf die in der Unternehmenspraxis wirksamen Hemmnisse einer uneingeschränkten Adjustierungspolitik mit Blick auf die Kapitalstruktur machen. In der Praxis wird so die enge Verbindung zwischen Unternehmenssteuersatz und Verschuldungsgrad der „klassischen" Trade-Off-Theorie etwa von Non-Debt-Tax-Shields und Agency-Konflikten als auch Einschränkungen der Finanzierungsflexibilität überlagert.

Technische „Probleme" empirischer Untersuchungen

Kehrt man nach dem Exkurs zu dem durch die Literatur beobachteten „low leverage puzzle" zu der Frage nach dem Grund der Schwäche früher empirischer Arbeiten zurück, so steht die empirische Forschung bei der Untersuchung des Einflusses der Steuerbelastung eines Unternehmens – neben den Effekten die sich etwa aus einer Überlagerung der Effekte von Non-Debt-Tax-Shields und dem Wertbeitrag der Fremdfinanzierung ergeben – vor einer Reihe „technischer" Probleme. Eine bedeutsame Hürde stellt – mit Blick auf die in diesem Abschnitt beleuchtete Fragestellung – insbesondere die Ermittlung eines treffgenauen effektiven Steuersatzes – diese Frage wird auch bei einer empirischen Überprüfung alternativer Finanzierungspolitiken bedeutsam – dar, die den empirischen Untersuchungen zugrunde gelegt wird.[2927] Ohne an dieser Stelle die Probleme der Approximation des effektiven Steuersatzes im Detail darzustellen,[2928] haben frühe empirische Arbeiten den effektiven Steuersatz und damit den Einfluss des Faktors Steuern auf die Finanzierungsentscheidung mit dem nominalen Steuersatz wohl bestenfalls grob abgebildet. Die Arbeit von MacKie-Mason (1990) – die sich der Frage einer sachgerechten Approximation der Steuerbelastung als eine der ersten Arbeiten gewidmet hat – hat u. a. verdeutlicht, dass zur Beantwortung der Frage nach dem Einfluss des Steuersatzes auf die Finanzierungsentscheidung i. d. R. eine differenzierte Betrachtung des Wertbeitrages der Fremdfinanzierung vorgenommen werden muss. Im Einklang mit den Überlegungen der „klassischen" Trade-Off-Theorie führt die zunehmende Steuerbelastung in der Arbeit von MacKie-Mason (1990) zu einem Anstieg der Vorteilhaftigkeit des eingesetzten Fremdkapitals. Nur für den – eher seltenen – Fall, dass die tatsächliche effektive Steuerbelastung der Unternehmen

2927 Vgl. dazu u. a. MacKie-Mason (1990) S. 1473; Graham (1996) S. 42; Graham (2006) S. 21; Hanlon/Heitzman (2010) S. 153. Wie Graham (2006) hervorhebt, besteht in der Praxis durch die Abhängigkeit von effektivem Steuersatz und Finanzierungspolitik zudem i. d. R. ein Endogenitätsproblem. Vgl. dazu Graham (2006) S. 23; Heider/Ljungqvist (2015) S. 685.

2928 Für eine kurze Darstellung der in diesem Zusammenhang auftretenden Probleme sei der interessierte Leser u. a. auf die Arbeiten von Graham (1996) und MacKie-Mason (1990) verwiesen. Bedeutsam dürfte dabei insbesondere – wie etwa von Givoly et al (1992) hervorgehoben – sein, dass „[...] leverage decisions are not based on the statutory tax rate, but rather on the marginal effective tax rate". Givoly et al (1992) S. 336.

bereits nahe null liegt,[2929] sinkt mit einer zunehmenden Steuerbelastung die Wahrscheinlichkeit, Fremdkapital zur Finanzierung des Unternehmens einzusetzen.[2930]

Dieses Ergebnis steht letztlich im Einklang mit den vorangehenden kurz skizzierten Überlegungen zur Bedeutung der Non-Debt-Tax-Shields als Substitut für den Wertbeitrag der Fremdfinanzierung.[2931] Ein mit der Arbeit von MacKie-Mason (1990) kompatibles Ergebnis findet sich u. a. auch in den Arbeiten von Graham (1996) und Heider/Ljungqvist (2015). Die Arbeit von Graham (1996) zeigt, dass zwischen der Steuerbelastung eines Unternehmens und der Wahrscheinlichkeit, Fremdkapital zur Finanzierung des Unternehmens einzusetzen, i. d. R. – Ausnahmen bilden u. a. Unternehmen mit bedeutsamen Verlustvorträgen – ein positiver Zusammenhang besteht.[2932] Die Ergebnisse der Arbeiten von Graham (1996) und MacKie-Mason (1990) ergänzend, zeigen Heider/Ljungqvist (2015), dass Unternehmen den realisierten Verschuldungsumfang – im Einklang mit den Überlegungen zur Trade-Off-Theorie – mit einem Anstieg der Steuerbelastung i. d. R. entsprechend erhöhen. Ausnahmen von dieser Regel bilden auch in der Arbeit von Heider/Ljungqvist (2015) Unternehmen, die nicht profitabel genug sind, um den Wertbeitrag, den eine zusätzliche Fremdfinanzierung vor dem Hintergrund steigender Steuerbelastung bedeutet, heben zu können.[2933] Unter einer differenzierenden Betrachtung, die berücksichtigt, dass der Wertbeitrag der Fremdfinanzierung durch weitere Einflussfaktoren wie etwa Non-Debt-Tax-Shields überlagert werden kann, zeigen sich die Erwartungen der Trade-Off-Theorie – auf Basis simulierter Steuersätze – als weitgehend stabil.[2934] An dieser Stelle ist – wie bereits bei dem kurzen Zwischenfazit zur Darstellung der Überlegungen der Literatur zum „low leverage puzzle“ – gleichwohl kritisch einzuwenden, dass der Nimbus, den der Faktor Steuern im Rahmen der „klassischen“ Trade-Off-Theorie genießt, durch den Einfluss, den etwa Non-Debt-Tax-Shields in der Finanzierungsentscheidung einnehmen, durchaus in Zweifel gezogen werden kann.

Exkurs: Zum Einfluss des Faktors Steuern in Ereignisstudien

In der Literatur finden sich, neben dem bisher betrachteten empirischen Untersuchungstypus, auch Arbeiten, die die Auswirkungen einer Veränderung des geltenden Steuersystems etwa durch Steuerreformen auf die Finanzierungsentscheidung

2929 Gründe für einen effektiven Steuersatz nahe null können, wie spätere Untersuchungen zeigen werden, u. a. bestehende Verlustvorträge des Unternehmens sein.

2930 Vgl. dazu MacKie-Mason (1990) S. 1489.

2931 Wie der nachfolgende Abschnitt zeigen wird, finden sich in der Literatur jedoch auch Hinweise dafür, dass Non-Debt-Tax-Shields Komplemente zum Wertbeitrag der Fremdfinanzierung darstellen.

2932 Vgl. dazu Graham (1996) S. 71–72; Graham/Leary (2011) S. 320.

2933 Vgl. dazu Heider/Ljungqvist (2015) S. 686.

2934 Hanlon/Heitzman (2010) sprechen in diesem Zusammenhang etwa davon, dass „most studies […] find […] a positive association between a firms’ (pre-financing) marginal tax rate and the use of debt“. Hanlon/Heitzman (2010) S. 153.

der Unternehmen direkt beleuchtet haben. Die Arbeit von Givoly et al. (1992) zeigt etwa auf Basis der umfassenden US-amerikanischen Steuerreform von 1986,[2935] dass im Einklang mit den Überlegungen der „klassischen" Trade-Off-Theorie eine enge Verbindung zwischen dem wirksamen Unternehmenssteuersatz und der Kapitalstruktur der Unternehmen besteht.[2936] Die in der Untersuchung betrachteten Unternehmen fahren infolge der mit der Steuerreform einhergehenden Reduktion des Steuersatzes – den Überlegungen der „klassischen" Trade-Off-Theorie folgend – den Umfang des eingesetzten Fremdkapitals zurück. Die Veränderung der Kapitalstruktur der Unternehmen fällt, die Beobachtungen der Arbeiten von MacKie-Mason (1990) und Graham (1996) stützend, in Abhängigkeit zum effektiven Steuersatz, dem die Unternehmen zum Zeitpunkt der Steuerreform unterliegen, dabei unterschiedlich stark aus.[2937] Gleichzeitig bestätigt die Arbeit von Givoly et al. (1992) auch die bereits kurz skizzierte Annahme, dass sich Non-Debt-Tax-Shields und der Wertbeitrag der Fremdfinanzierung überlagern können und daraus Verstärkungs- bzw. Abschwächungseffekte für den Umfang der Adjustierung der Kapitalstruktur erwachsen. Givoly et al (1992) zeigen, dass Unternehmen, die sich durch die umfassende Steuerreform mit einem Wegfall von bestimmten Non-Debt-Tax-Shields konfrontiert sehen, versuchen, den daraus resultierenden Anstieg der effektiven Steuerbelastung durch einen verstärkten Fremdkapitaleinsatz zu kompensieren.[2938] Die Arbeit von Givoly et al. (1992) stützt mit ihren Beobachtungen damit durchaus die mit der „klassischen" Trade-Off-Theorie postulierte Annahme einer engen Verbindung zwischen geltendem Steuersatz und der Finanzierungsentscheidung der Unternehmen.[2939] Auch an dieser Stelle können damit die Ergebnisse der jüngeren empirischen Untersuchungen zur Bedeutung des Steuersatzes als Determinante der Kapitalstrukturentscheidung als bestätigt angesehen werden.[2940]

2935 Wie Givoly et al. (1992) festgehalten haben, wurde mit dem sog. „Tax Reform Act of 1986" neben einer Reduzierung des Unternehmenssteuersatzes auch die Abschaffung einiger Non-Debt-Tax-Shields beschlossen. Vgl. dazu Givoly et al. (1992) S. 334–335.

2936 Vgl. dazu Givoly et al. (1992) S. 333–334.

2937 Vgl. dazu Givoly et al (1992) S. 350; Parsons/Titman (2008b) S. 11.

2938 Vgl. dazu Givoly et al (1992) S. 350. Diese Beobachtung erscheint bedeutsam, wächst – ohne eine Verschiebung des nominalen Steuersatzes – der Fremdkapitalbedarf eines Unternehmens etwa durch eine Reduzierung der Non-Debt-Tax-Shields eines Unternehmens – wenigstens theoretisch – an.

2939 Ein vergleichbares Ergebnis findet sich auch in der jüngeren Studie von Lin/Flannery (2013), die vor dem Hintergrund der US-amerikanischen Steuerreform von 2003 eine Verschiebung der Unternehmensverschuldung mit geänderten Steuersätzen zeigt. Vgl. dazu Lin/Flannery (2013) S. 564.

2940 Wie zu Beginn dieses Kapitels kurz ausgeführt, ist das Bild, das die empirische Forschung in Summe zeichnet, letztlich wenig einheitlich. Da die Auswahl der in diesem Abschnitt beleuchteten Arbeiten nicht dem Anspruch einer vollständigen Darstellung genügen kann, bleibt diese Einschätzung letztlich ein vorläufiges Ergebnis.

Insbesondere die Arbeiten von Graham (1996) und MacKie-Mason (1990) im Blick, hält Myers (2001) – den pessimistischen Ausblick von 1984 im Hinterkopf – jedoch fest, dass „[...] the words ‚consistent with' are particular dangerous in this branch of empirical financial economics. A fact or statistical finding is often consistent with two or more competing capital structure models."[2941] Dieser – auch mit Blick auf Abschnitt 5.1. – durchaus berechtigte Einwand von Myers (2001) trifft im gleichen Maße jedoch auch auf die mit der „klassischen" Trade-Off-Theorie konkurrierenden Kapitalstrukturtheorien zu und soll an dieser Stelle vor allem als Warnung vor einer voreiligen Überhöhung einzelner empirischer Arbeiten verstanden werden. In der empirischen Forschung finden sich in der Gesamtbetrachtung eine Reihe durchaus stützender Hinweise für die Annahme, dass die Steuerbelastung der Unternehmen eine zentrale Determinante der Finanzierungsentscheidung darstellt. Mit Blick auf die Bedeutung von Steuern für die Finanzierungsentscheidung kann – in Rückgriff auf Rajan/Zingales (1995) – zusammenfassend festgehalten werden, dass „[...] one cannot easily dismiss the possibility that taxes influence aggregate corporate leverage [...]".[2942]

Dieses Fazit im Sinne der Überlegungen der „klassischen" Trade-Off-Theorie kann jedoch nicht über die Ernüchterung der Forschung hinwegtäuschen, dass der Wertbeitrag der Fremdfinanzierung möglicherweise „nur" ein Faktor von vielen ist, der Einfluss auf die Finanzierungsentscheidung der Unternehmen nimmt. Eine Abkehr von dem in sich geschlossenen Theoriegerüst der „klassischen" Trade-Off-Theorie und Hinwendung zu einem alternativen Erklärungsansatz erscheint aufgrund der lediglich gemischten empirischen Evidenz für die Determinante Steuerbelastung letztlich jedoch voreilig. Wie mit den späteren Abschnitten deutlich wird, wurden in diesem Abschnitt die Hemmnisse einer vollständigen Adjustierung der Kapitalstruktur nur mit Blick auf das Annahmegerüst der „klassischen" Trade-Off-Theorie diskutiert. Man kann etwa – dieses Argument wurde in den bisherigen Überlegungen nicht abschließend gewürdigt – in einem zweiten Schritt darauf abstellen, dass Anpassungen der Kapitalstruktur, entgegen den Annahmen der „klassischen" Trade-Off-Theorie, regelmäßig mit Transaktionskosten verbunden sind, die dazu führen, dass eine prima facie notwendige Adjustierung der Kapitalstruktur nur mit deutlicher Zeitverzögerung oder aber gar nicht realisiert wird. Unter Berücksichtigung anfallender Transaktionskosten erwächst aus der kontinuierlichen Anpassung der „klassischen" Trade-Off-Theorie eine unregelmäßige und letztlich grobkörnig erfolgende Anpassung der Kapitalstruktur. Dieses Argument liegt – dies hat Kapitel I verdeutlicht – der Formulierung der dynamischen Trade-Off-Theorie zugrunde und soll daher in einem der nachfolgenden Unterabschnitte nochmals eingehender gewürdigt werden.

Diesen Unterabschnitt abschließend, soll sich der zweiten – zu Beginn dieses Unterabschnitts – aufgeworfenen Frage nach dem Einfluss der Steuerbelastung

2941 Myers (2001) S. 91.
2942 Rajan/Zingales (1995) S. 1444.

auf den Insolvenzdruck bzw. die Insolvenzkosten gewidmet werden. Anders als im Fall des Wertbeitrages der Fremdfinanzierung ist die theoretische Verbindung zwischen dem auf den Unternehmen lastenden Insolvenzdruck und der Steuerbelastung des Unternehmens weniger klar durch das Gerüst der „klassischen" Trade-Off-Theorie vorgegeben. Können auf den ersten Blick doch grundsätzlich zwei gegenläufige Effekte aus einer Erhöhung der Steuerbelastung des Unternehmens für die Insolvenzwahrscheinlichkeit bzw. die Insolvenzkosten abgeleitet werden. Die Erhöhung des Unternehmenssteuersatzes bedeutet zunächst eine zusätzliche – dem Unternehmen Liquidität entziehende – Belastung, während die Verringerung des Unternehmenssteuersatzes dazu führt, dass zusätzliche Liquidität im Unternehmen verbleibt. Diesen Effekt im Blick, kann an dieser Stelle darauf abgestellt werden, dass das Risiko einer Unternehmensinsolvenz mit dem Anstieg des effektiven Unternehmenssteuersatzes zunächst ansteigt. Der Effekt, der aus einer Erhöhung des Steuersatzes erwächst, dürfte, wie die nachfolgenden Überlegungen kurz zeigen sollen, jedoch bestenfalls von sekundärer Natur zu sein. Zwar entzieht ein Anstieg der Steuerbelastung dem Unternehmen auf den ersten Blick unzweifelhaft Liquidität, die weder im Unternehmen gehalten noch an die Kapitalgeber ausgekehrt werden kann. Jedoch dürfte ein Anstieg der Steuerbelastung, aufgrund der Berechnung der Steuerbelastung nach Berücksichtigung der Zahlungen an die Fremdkapitalgeber und den Abschreibungen für Abnutzung, in den wenigsten Fällen unmittelbar zu einer Liquiditätskrise und damit zur Zahlungsunfähigkeit des Unternehmens führen.[2943] Es erscheint daher unwahrscheinlich, dass geringfügige Veränderungen des Steuersystems kurzfristig eine Unternehmensinsolvenz induzieren können.

Wechselt man in eine mittelfristige Betrachtung des Einflusses einer Veränderung des Unternehmenssteuersatzes, so erscheint es auf längere Sicht nicht gänzlich ausgeschlossen, dass eine steigende steuerliche Belastung zu einem Rückzug der Unternehmen aus dem entsprechenden Markt bzw. einer Einstellung des gesamten Geschäftsbetriebs führen kann. Dies wird deutlich, stellt man – wie etwa die Arbeit von Hanlon/Heitzman (2010) – auf die Überlegungen der neoklassischen Investitionstheorie ab. Rationale Unternehmen werden – folgt man den Überlegungen der neoklassischen Investitionstheorie – so lange Investitionen vornehmen, solange der Wertbeitrag der Investitionen die durch das Unternehmen zu tragenden Investitionskosten übersteigt. Ein Anstieg der durch das Unternehmen zu tragenden Steuerlast dürfte sich – in Abhängigkeit zur gewählten Perspektive – regelmäßig in einem Anstieg der Investitionskosten bzw. in einem Abschmelzen des Wertbeitrages der Investitionen niederschlagen.[2944] Unabhängig davon, welche Perspektive man auf die Investitionsentscheidung wählt, lässt ein Anstieg

2943 Insolvenzgefährdete Unternehmen dürften i. d. R. zudem auch auf Verlustvorträge zurückgreifen können, die die Steuerbelastung verringern, wenn nicht gar auf spätere Perioden verlagern dürften.

2944 Vgl. dazu Hanlon/Heitzman (2010) S. 147.

der Steuerbelastung m. a. W. die Investitionen eines Unternehmens zunehmend unvorteilhaft werden. Auch wenn ein Rückgang der Investitionsbereitschaft nicht unmittelbar mit der Insolvenz eines Unternehmens verbunden ist,[2945] so verringert sich mit einer abnehmenden Investitionsbereitschaft doch in aller Regel mittelfristig die Zukunftsfähigkeit eines Unternehmens. Es erscheint daher nicht verwunderlich, dass sich in der Literatur durchaus Hinweise dafür finden lassen, dass der Umfang der Steuerbelastung der Unternehmen die Wahrscheinlichkeit für den Eintritt einer Unternehmensinsolvenz beeinflusst.[2946]

Fraglich bleibt jedoch auch an dieser Stelle, ob der Effekt, der aus einer Steigerung des Umfangs der Steuerbelastung erwächst, bedeutsam genug ist, um die Finanzierungsentscheidung der Unternehmen nachhaltig zu beeinflussen. Können sich Unternehmen doch – dies war Gegenstand vorangehender Überlegungen – einem Anstieg der Steuerbelastung durch geeignete Maßnahmen wenigstens teilweise entziehen. Der Anstieg des nominalen Steuersatzes dürfte sich etwa aufgrund von Non-Debt-Tax-Shields bzw. der Zahlungen an die Fremdkapitalgeber nur in den wenigsten Fällen eins zu eins in einer Erhöhung des effektiven Steuersatzes der Unternehmen niederschlagen. Zudem löst eine Steigerung des Steuersatzes – dies haben die Vorüberlegungen auch gezeigt – doch in einem begrenzten Umfang einen gegenläufigen Effekt durch einen steigenden Wertbeitrag der Fremdfinanzierung aus. Es erscheint daher unwahrscheinlich, dass der mit einem Anstieg des Unternehmenssteuersatzes denkbare Anstieg der Insolvenzwahrscheinlichkeit eine hemmende Wirkung auf die Finanzierungsentscheidung des Unternehmens entwickelt. Ein vergleichbares Bild dürfte sich zeigen, wendet man sich der Frage zu, ob eine Veränderung der Steuerlast Auswirkungen auf die Kosten einer Unternehmensinsolvenz hat. Man könnte an dieser Stelle etwa darauf abstellen, dass eine Veränderung des Steuersystems über einen Anstieg bestehender Informationsasymmetrien die im Fall einer Insolvenz durch die Kapitalgeber zu tragenden Kosten beeinflusst.[2947] Da die Verbindung von Steuerbelastung und Insolvenzkosten ex ante zunächst unklar erscheint und auch an dieser Stelle von einem nachrangigen Effekt auszugehen ist, sei an dieser Stelle auf eine eingehendere Diskussion dieses zweiten Aspekts verzichtet.

Insgesamt soll für die weiteren Überlegungen darauf abgestellt werden, dass der aus einem Anstieg der Unternehmenssteuerlast aus der Veränderung der

2945 Mit Blick auf die bereits getätigten Investitionen des Unternehmens („sunk costs") erscheint es plausibel, dass die Unternehmen den Geschäftsbetrieb so lange aufrechterhalten werden, solange der Wertbeitrag der Unternehmensfortführung über den Liquidationskosten des Unternehmens liegt.

2946 Vgl. dazu etwa Efrat (2008) S. 201; 206.

2947 Wie sich im Rahmen der Überlegungen zur dynamischen Trade-Off-Theorie zeigen wird, kann – die vorangehenden Überlegungen zum Rückzug eines Teils der Unternehmen aufgreifend – auch mit einem Rückgang bestehender Informationsasymmetrien argumentiert werden.

Insolvenzwahrscheinlichkeit und der Insolvenzkosten für die Finanzierungsentscheidung erwachsende Effekt in Summe von nachrangiger Natur ist. Es dürfte somit der primäre, aus der „klassischen" Trade-Off-Theorie ableitbare Effekt eines Anwachsens der Vorteilhaftigkeit der Fremdfinanzierung mit dem Umfang der durch die Unternehmen zu tragenden Steuerlast dominieren.

Der Faktor Steuern in der Pecking-Order-Theorie

Weniger deutlich zeigt sich der Zusammenhang zwischen Unternehmensbesteuerung und Finanzierungsentscheidung, wechselt man vom Theoriegerüst der „klassischen" Trade-Off-Theorie zu den Überlegungen der Pecking-Order-Theorie. Dies erscheint jedoch wenig überraschend, ruft man sich die Überlegungen des Kapitels I nochmals kurz in Erinnerung.[2948] Mit der Pecking-Order-Theorie wurde – wie Kapitel I gezeigt hat – ein theoretisches Grundgerüst für die in der Praxis erstmals durch Donaldson (1963) beschriebene feste Finanzierungsrangfolge alternativer Finanzierungsquellen der Unternehmenspraxis entwickelt. Ausgangspunkt ist – im deutlichen Kontrast zum Theoriegerüst der „klassischen" Trade-Off-Theorie – die Abkehr von der Annahme einer homogenen Informationsverteilung zwischen Unternehmensinsidern und externen Kapitalgebern. Im Kontrast zu den besser informierten Unternehmensinsidern verfügen externe Kapitalgeber in praxi regelmäßig über einen lediglich eingeschränkten Informationshorizont, der insbesondere durch eine mit Blick auf die zukünftige Unternehmensentwicklung zunehmende Unschärfe gekennzeichnet ist. Rationale Kapitalgeber werden die in der Praxis bestehenden Unsicherheiten über die zukünftige Unternehmensentwicklung in die Bewertung der Unternehmensanteile einfließen lassen. Wie die Arbeit von Myers/Majluf (1984) gezeigt hat, schlägt sich die Unsicherheit externer Kapitalgeber in einer systematischen Unterbewertung der durch die Unternehmen zu begebenden Eigen- und Fremdkapitalanteile nieder. Aufgrund der unterschiedlichen Ausgestaltung der Rechte von Eigen- und Fremdkapitalgebern fällt der Umfang der Fehlbewertung im Fall der Begabe von Eigenkapitalanteilen besonders stark aus. Mit der Fehlbewertung geht zugleich eine Entreicherung bestehender Eigenkapitalgeber einher.[2949] Ein im Einklang mit den Interessen der bestehenden Unternehmenseigner handelndes Management wird die unterschiedlichen Kosten der Begabe externen Eigenkapitals antizipieren und nach Ausschöpfen der Innenfinanzierungsquellen des Unternehmens zunächst versuchen, Fremdkapital zur Finanzierung des Unternehmens zu begeben. Die Begabe von Eigenkapital stellt vor dem Hintergrund der Überlegungen der Pecking-Order-Theorie als „teuerste"

2948 Für eine eingehendere Darstellung der Pecking-Order-Theorie sei an dieser Stelle auf die Ausführungen des Abschnitts 2.9.1. verwiesen.

2949 In Leary/Roberts (2010) halten in diesem Zusammenhang gleichwertig fest: „[...] the adverse selection problem induces a premium in the cost of external capital and once that is increasing in the information sensitivity of the security." Leary/Roberts (2010) S. 335.

Finanzierungsquelle dagegen das letzte Mittel im Rahmen der Finanzierung des Unternehmens dar.[2950]

Wie mit diesem kurzen Rekurs zu den Überlegungen des Kapitels I deutlich wurde, stellt das theoretische Grundgerüst der Pecking-Order-Theorie vorwiegend auf die durch eine asymmetrische Informationsverteilung hervorgerufenen Kosten alternativer Finanzierungsquellen ab. Wie von Graham (2000) mit Blick auf die Pecking-Order-Theorie hervorgehoben, spielt die Abwägung des Wertbeitrages der Fremdfinanzierung mit den Kosten einer Fremdfinanzierung – im Kontrast zur Trade-Off-Theorie – bestenfalls eine zweitrangige Rolle bei der Finanzierungsentscheidung der Pecking Order Theorie.[2951] Versucht man, die Frage nach den Auswirkungen einer Veränderung des Steuersatzes auf die Finanzierungsentscheidung vor dem Hintergrund der Pecking-Order-Theorie zu beantworten, so kann man sich nur in einem begrenzten Umfang auf das theoretische Grundgerüst der Pecking-Order-Theorie stützen. Zwar erscheint auch im Fall der Pecking-Order-Theorie die Argumentation durchaus valide, dass die Erhöhung der Steuerlast den Rückgriff des Unternehmens auf Fremdkapital vorteilhafter werden lässt, die Auswirkungen für die mit der Pecking-Order-Theorie beschriebene Rangfolge alternativer Finanzierungsquellen dürfte jedoch in aller Regel begrenzt bleiben.

Dies wird deutlich, blickt man auf die nachfolgend kurz skizzierte Darstellung alternativer Konstellationen, in denen Unternehmen Kapital einwerben bzw. einbehalten müssen, um neue Investitionen finanzieren zu können.[2952] Fall I: Können Unternehmen anstehende Investitionsbedarfe vollständig durch den Einsatz freier Mittel, etwa durch eine Verkürzung der Ausschüttungsquote finanzieren, so werden Unternehmen vor dem Hintergrund der festen Finanzierungsrangfolge der Pecking-Order-Theorie auch unter dem Eindruck einer Erhöhung der Steuerlast nicht auf Fremd- oder gar Eigenkapital als Finanzierungsquelle zurückgreifen.[2953]

2950 Ähnlich dazu auch Shyam-Sunder/Myers (1999) S. 223; Leary/Roberts (2010) S. 332; Drobetz et al. (2010) S. 2168.

2951 „The Pecking order theory assumes that balancing off the costs and tax benefits of debt in the sense of the traditional trade-off theory is of second-order importance." Graham (2000) S. 1933. Ähnlich dazu auch Shyam-Sunder/Myers (1999) S. 220.

2952 Ein Abstellen auf eine Fallunterscheidung wird an dieser Stelle notwendig, liefert die Pecking-Order-Theorie – im Kontrast zur Trade-Off-Theorie – lediglich fallabhängig eine Aussage über die Finanzierungsentscheidung. Dies stellt letztlich auch eine zentrale Schwierigkeit dar, die Pecking-Order-Theorie mit Leben zu füllen, sind die im Rahmen der Fallunterscheidung skizzierten Schwellenwerte nicht durch die Pecking-Order-Theorie näher bestimmt. Vgl. dazu auch Leary/Roberts (2010) S. 334.

2953 Wie bereits hervorgehoben wurde, liegt der Pecking-Order-Theorie die Vermutung zugrunde, dass Unternehmen auf diejenige Finanzierungsquelle abstellen, die am wenigsten stark von den bestehenden Informationsasymmetrien betroffen ist. Vgl. dazu auch Shyam-Sunder/Myers (1999) S. 225; Gomes/Philips (2012) S. 622. Unter dieser Prämisse erscheint es – betrachtet man den umgekehrten Fall eines Unternehmens mit freien Cashflows, aber geringen Investitionschancen – denkbar, dass

Man kann an dieser Stelle – dies wurde bereits im vorangehenden Unterabschnitt gemacht – darauf hinweisen, dass eine Erhöhung der Unternehmenssteuerlast dem Unternehmen grundsätzlich zusätzliche Liquidität entzieht und somit die Finanzierung werthaltiger Investitionsprojekte erschwert. Unter der wohl praxisnahen Annahme, dass Unternehmen wohl regelmäßig über ein limitiertes Innenfinanzierungsvolumen verfügen, kann man in einem zweiten Schritt darauf abstellen, dass der Anstieg der Steuerlast eines Unternehmens c. p. den Zeitpunkt, in dem externes Kapital eingeworben werden muss, nach vorne verschieben wird. Treiber der Veränderung der Finanzierungsentscheidung ist an dieser Stelle jedoch, dass die Innenfinanzierungskraft der Unternehmen früher erschöpft ist und nicht der für die „klassische" Trade-Off-Theorie bedeutsame Wertbeitrag der Fremdfinanzierung.[2954]

Fall II: Sind zum Zeitpunkt der Erhöhung der Steuerlast des Unternehmens die freien Mittel bereits ausgeschöpft, so werden Unternehmen – unabhängig von dem Umfang des Anstiegs der Steuerlast – eine Finanzierung des Unternehmens mit Fremdkapital einer Finanzierung des Unternehmens mit Eigenkapital stets vorziehen.[2955] Man kann auch hier überlegen, ob eine Erhöhung der Steuerlast eine Verschiebung der mit der Pecking-Order-Theorie beschriebenen Finanzierungsschwellen nach sich zieht. Vergleichbar zu Fall I kann man auch für diese Überlegung darauf abstellen, dass der Anstieg der Unternehmenssteuerlast dazu führt, dass Unternehmen früher als geplant auf Fremd- bzw. Eigenkapital zur Finanzierung des Unternehmens zurückgreifen müssen. Auch an dieser Stelle darf man darauf hinweisen, dass – neben der Schwierigkeit, den Effekt genauer zu quantifizieren[2956] – die Auswirkungen der Veränderungen des Steuersatzes auf die Finanzierungsschwellen wohl in aller Regel von nachrangiger Bedeutung sind. Grundsätzliche Auswirkungen auf die Finanzierungsrangfolge selbst dürfte eine Veränderung der Steuerlast – abseits eines infolge der Verschiebung der

---

Unternehmen, statt den freien Cashflow an die Kapitalgeber direkt auszukehren, den Umfang des eingesetzten Fremdkapitals reduzieren werden. Vgl. dazu Shyam-Sunder/Myers (1999) S. 225.

2954 Greift man das Argument des vorangehenden Unterabschnitts auf, so kann gegen diese Überlegung gleichwohl eingewendet werden, dass der Effekt, den eine Erhöhung der Steuerlast auf die Innenfinanzierungskraft nimmt, im Umfang wohl begrenzt sein wird, schlägt eine Erhöhung der Steuerlast aufgrund des Wertbeitrages der Fremdfinanzierung bzw. der Non-Debt-Tax-Shields wohl regelmäßig nicht eins zu eins auf die Innenfinanzierungskraft der betroffenen Unternehmen durch.

2955 Eine vergleichbare Darstellung der mit der Pecking-Order-Theorie denkbaren Fälle findet sich in Leary/Roberts (2010). Vgl. dazu Leary/Roberts (2010) S. 334.

2956 Neben der Quantifizierung der Auswirkungen der Veränderung des Steuersatzes müsste man sowohl optimales Investitionsportfolio als auch die unternehmensspezifischen Finanzierungsschwellen kennen. Dies erscheint eine vor dem Hintergrund der Pecking-Order-Theorie wohl bestenfalls approximativ beantwortbare Frage zu sein.

Finanzierungsgrenzen früher erfolgenden Rückgriffs auf Eigenkapital – an dieser Stelle jedoch nicht haben.[2957] Den Weg, Eigenkapital zur Finanzierung der Unternehmen einzuwerben, werden unabhängig vom Umfang der tatsächlichen Steuerlast Unternehmen auch an dieser Stelle nur beschreiten, sofern die alternativen Finanzierungsquellen versiegt sind.

Hält man an den Überlegungen der Pecking-Order-Theorie fest, kann eine Veränderung der Steuerbelastung auch unter Berücksichtigung bestehender Wechselwirkungen zwischen Steuerbelastung und Umfang des verfügbaren Innenfinanzierungsvolumens sowie den Auswirkungen auf die Vorteilhaftigkeit bestehender Investitionsprojekte bestenfalls von sekundärer Bedeutung für die Finanzierungsentscheidungen der Unternehmen sein.[2958] Der nachrangige Effekt, den eine Verschiebung der Steuerbelastung auf die Finanzierungsentscheidung vor dem Hintergrund der Pecking-Order-Theorie nimmt, dürfte durch eine weitere zentrale Eigenschaft der Pecking-Order-Theorie verstärkt werden. Mit der Pecking-Order-Theorie wird so – im Kontrast zur „klassischen" Trade-Off-Theorie – kein wertoptimaler Verschuldungsgrad beschrieben.[2959] Unternehmen besitzen im Nachgang an eine Finanzierungsentscheidung somit keinen Anreiz zu einer Veränderung der bestehenden Kapitalstruktur. Betroffen von einer Veränderung der Unternehmenssteuerlast ist somit letztlich nur die Deckung des zukünftigen Kapitalbedarfs. Anders als im Fall der „klassischen" Trade-Off-Theorie bleibt die Aussagekraft mit Blick auf die durch die Verschiebung der Steuerbelastung induzierte Veränderung der Kapitalstruktur, ohne die konkrete Unternehmenssituation zu berücksichtigen, begrenzt. Dieses Zwischenfazit ist in Kenntnis der Überlegungen des Kapitels I nicht überraschend, ist die Kapitalstruktur im Rahmen der Pecking-Order-Theorie doch lediglich ein Abbild der Summe vergangener zeitpunktoptimaler Finanzierungsentscheidungen und nicht Ausdruck einer in die Zukunft gerichteten optimalen Finanzierungspolitik wie im Fall der „klassischen" Trade-Off-Theorie.[2960]

2957 Diesen Überlegungen liegt implizit die Annahme zugrunde, dass das Investitionsportfolio der betrachteten Unternehmen unverändert bleibt. Es ist jedoch nicht ausgeschlossen, dass sich das wertoptimale Investitionsportfolio mit der Zunahme der Steuerbelastung verändert. Eine Veränderung der Steuerbelastung dürfte an dieser Stelle zwar das insgesamt einzuwerbende Fremdkapital, nicht jedoch aber die Entscheidung, Fremdkapital einzuwerben, selbst beeinflussen.

2958 Überraschend ist dieses Urteil nicht, würde eine Abkehr von der festen Finanzierungsrangfolge der Pecking-Order-Theorie doch letztlich eine Abkehr von der Pecking-Order-Theorie selbst bedeuten.

2959 Vgl. dazu Shyam-Sunder/Myers (1999) S. 221.

2960 Shyam-Sunder/Myers (1999) sprechen in diesem Zusammenhang etwa davon, dass „[i]n the pecking order theory, there is no well-defined optimal debt ratio. Debt ratios change when there is an imbalance of internal cash flow, net dividends, and real investment opportunities." Shyam-Sunder/Myers (1999) S. 220–221. „[...] the debt ratio is just the cumulative result of hierarchical financing over time." Shyam-Sunder/Myers (1999) S. 223.

Will man die Frage des Einflusses des Umfangs der Steuerlast auf die Finanzierungsentscheidung beantworten, so muss man vor dem Hintergrund der Überlegungen der Pecking-Order-Theorie einen alternativen – weniger auf die „mechanischen" Zusammenhänge bauenden – Weg beschreiten. In einem zweiten Schritt sei daher der Frage nachgegangen, welchen Einfluss die Steuerbelastung auf die Treiber der mit der Pecking-Order-Theorie beschriebenen Finanzierungsrangfolge nimmt. Vor dem Hintergrund der Pecking-Order-Theorie ist m. a. W. der Frage nachzugehen, welchen Einfluss die Steuerbelastung auf die zwischen Unternehmensinsidern und externen Kapitalgebern bestehenden Informationsasymmetrien nimmt. Unproblematisch ist ein solcher Ansatz – dies sollte man sich im Vorfeld verdeutlichen – allerdings nicht, kommt im Falle des Nachweises eines systematischen Zusammenhangs zwischen bestehenden Informationsasymmetrien und spezifischen Determinanten doch das Grundgerüst der Pecking-Order-Theorie letztlich selbst ins Wanken. Müsste man sich in der Folge doch von der Annahme der festen Finanzierungsrangfolge der Pecking-Order-Theorie zugunsten der Annahme einer fallspezifisch zu beantwortenden Finanzierungsrangfolge verabschieden.[2961] Man könnte – beschreitet man den skizzierten Weg – in einem ersten Schritt argumentieren, dass die steuerliche Belastung durchaus einen werterhellenden Effekt für externe Kapitalgeber besitzt, spiegelt sich in der Steuerbelastung des Unternehmens doch der durch einen unabhängigen Dritten geprüfte wirtschaftliche Erfolg wider.[2962] Eine solche Argumentation hat jedoch eine Reihe von Schwachstellen, die letztlich gegen einen solchen Zusammenhang sprechen. Gegen den Effekt einer werterhellenden Wirkung des Umfangs der Steuerbelastung für externe Kapitalgeber spricht zunächst der Umstand, dass die Steuerbelastung eines Unternehmens in aller Regel den vergangenen wirtschaftlichen Erfolg eines Unternehmens abbildet. Für interessierte Kapitalgeber, die unsicher über den zukünftigen Erfolg des Unternehmens sind, erscheint der Informationsgewinn, der mit der Kenntnis der Steuerbelastung einhergeht, somit auf den ersten Blick begrenzt. Insbesondere, da ein Anstieg der Steuerbelastung auf ein Ursachenbündel zurückgeführt werden kann. Ein Anstieg der Steuerlast des Unternehmens – dieser Aspekt stand im Vorfeld im Zentrum der Betrachtung – kann so auf eine Anhebung der Steuerquote zurückgeführt werden, ohne dass sich die wirtschaftliche Leistungsfähigkeit des Unternehmens ggü. den Vorjahren verändert hat. Ein Anstieg der Steuerbelastung kann – wechselt man in die Gedankenwelt der Trade-Off-Theorie zurück – letztlich auch auf eine nicht wertoptimale Finanzierungspolitik der Unternehmen zurückzuführen sein.[2963] Der Signalcharakter an die externen Kapitalgeber, der dem Umfang der Steuerlast des

2961 Wie u. a. die Überlegungen zur erweiterten Pecking-Order-Theorie dargestellt haben, ist diese Abkehr von der klassischen Pecking-Order-Theorie insbesondere in der jüngeren Literatur zu beobachten.

2962 Diese Überlegung wird nochmals im nachfolgenden Unterabschnitt zur erweiterten Pecking-Order-Theorie aufgegriffen.

2963 Man kann gegen dieses Argument – in Verweis auf die obigen Ausführungen – letztlich einwenden, dass der Wertbeitrag der Fremdfinanzierung für die

Unternehmens innewohnt, scheint damit in aller Regel begrenzt zu sein. An dieser Stelle sei daher auf eine tiefergehende Analyse des Einflusses der Steuerbelastung auf die zwischen externen und internen Kapitalgebern bestehenden Informationsasymmetrien verzichtet.

Um die Frage des Zusammenhangs zwischen Steuerlast und Finanzierungsentscheidung auf Basis der Pecking-Order-Theorie zu beantworten, sei in der Folge vielmehr ein indirekter Weg beschritten. Man kann – dieser Frage sei im Rahmen der Betrachtungen zur erweiterten Pecking-Order-Theorie im Detail nachgegangen – in Bezug auf den Einfluss des Umfangs der Steuerlast etwa die Vermutung äußern, dass mit dem Umfang der Steuerlast bestehende Informationsasymmetrien zwischen Unternehmen und Kapitalmarkt abgebaut werden können. Wie die nachfolgenden Unterabschnitte zeigen werden, erscheint es nicht unwahrscheinlich, dass mit steigender Steuerlast sich insbesondere „schlechte" Unternehmen vom Kapitalmarkt zurückziehen werden. Damit steigt die Qualität der Unternehmen und die Bedeutung bestehender Informationsasymmetrien nimmt ab. Blickt man für die Frage, ob eine asymmetrische Informationsverteilung Einfluss auf die Kapitalstruktur nimmt, auf die Ergebnisse der empirischen Forschung, so zeigen sich auch an dieser Stelle lediglich gemischte Ergebnisse. Während die Arbeit von Gomes/Phillips (2012) beispielsweise zeigt, dass der Umfang asymmetrischer Informationen – im Sinne der Pecking-Order-Theorie – Einfluss auf die Wahl der Finanzierungsquellen bei öffentlichen Emissionen nimmt,[2964] ist der Umfang bestehender Informationsasymmetrien in den empirischen Untersuchungen von Drobetz et al. (2010) und Leary/Roberts (2010) für die Finanzierungsentscheidung der Unternehmen lediglich von nachrangiger Bedeutung.[2965]

Es erscheint letztlich wenig fruchttragend, der Frage nach dem Einfluss des Umfangs der Steuerbelastung auf den Umfang bestehender Informationsasymmetrien weiter nachzugehen, dürfte der Effekt, den die Steuerbelastung auf den Informationshorizont externer Kapitalgeber nimmt, doch i. d. R. von nachrangiger Bedeutung sein.[2966] Stellt man an dieser Stelle darauf ab, dass die mit der

---

Pecking-Order-Theorie letztlich von nachrangiger Bedeutung ist und man sich abseits des betrachteten Theoriegerüsts begibt. Gleichwohl macht diese Überlegung deutlich, dass die Prüfung der Finanzbehörden nur eine eingeschränkte Qualitätsbeurteilung zulässt, steht doch im Rahmen der durch die Finanzbehörden veranlassten Prüfungen wohl regelmäßig ein zu konservativer Ausweis des wirtschaftlichen Erfolgs im Vordergrund.

2964 Vgl. dazu Gomes/Phillips (2012) S. 656.

2965 Vgl. dazu Leary/Roberts (2010) S. 351; Drobetz et al. (2010) S. 2169.

2966 Denkbar wäre es in diesem Zusammenhang, etwa zu argumentieren, dass Unternehmen, die unter einer gestiegenen Steuerbelastung bereit sind, externes Kapital zu begeben, ein verlässliches Signal zur Unternehmensqualität an den Kapitalmarkt senden können. Die Gültigkeit eines solchen Arguments erscheint jedoch auf wenige Fälle – etwa einer Steuerreform – begrenzt. Aus dem Umfang der Steuerbelastung eines Unternehmens und dem Umfang bestehender

„klassischen“ Pecking-Order-Theorie beschriebenen Finanzierungsentscheidungen von einer Veränderung der auf den Unternehmen lastenden Steuerbelastung unberührt bleiben, so muss man sich doch der im vorangehenden Unterabschnitt skizzierten Beobachtung der Arbeit von Graham (2000) zum „low leverage puzzle“ stellen. Wie mit dem vorangehenden Unterabschnitt deutlich wurde, findet sich in der empirischen Literatur die Beobachtung, dass Unternehmen i. d. R. eine konservative Fremdkapitalpolitik verfolgen. Diese Beobachtung kann bei einem ersten Blick durchaus im Einklang mit den Prämissen der Pecking-Order-Theorie stehen,[2967] birgt bei einem zweiten – genaueren – Blick aber auch eine Schwäche der Pecking-Order-Theorie. Stellt man auf die Wirksamkeit der Pecking-Order-Theorie ab, so werden Unternehmen mit konservativem Fremdkapitaleinsatz i. d. R. keine oder nur im geringen Umfang Emissionen von Eigenkapital vornehmen. Diese Annahme der Pecking-Order-Theorie bestätigt sich in der empirischen Beobachtung der Arbeit von Graham (2000) jedoch nicht,[2968] sodass auch an dieser Stelle die „klassische“ Pecking-Order-Theorie nicht von den Schwächen der „klassischen“ Trade-Off-Theorie profitieren kann.[2969] Auch an dieser Stelle erscheint es daher notwendig, mit der dynamischen Trade-Off-Theorie und der erweiterten Pecking-Order-Theorie in der Folge zwei Kapitalstrukturtheorien zu betrachten, deren Entwicklung vorangetrieben wurde, um die empirische Schwäche bestehender Kapitalstrukturtheorien überwinden zu können.

Der Faktor Steuern in der dynamischen Trade-Off-Theorie

Wie die Überlegungen der vorangehenden Abschnitte bereits gezeigt haben, verschiebt sich mit dem Wechsel von „klassischer“ zu dynamischer Trade-Off-Theorie der Fokus von einem starren Verschuldungsoptimum hin zu einem wertoptimalen Verschuldungsspektrum. Wie Kapitel I gezeigt hat, werden in der Literatur insbesondere zwei Treiber der Konvergenz des statischen Verschuldungsoptimums hin zu dem wertoptimalen Verschuldungsspektrum beschrieben. Neben dem Einfluss der Transaktionskosten stehen Wechselwirkungen zwischen Investitions- und Ausschüttungspolitik und Finanzierungsentscheidung im Fokus der Literatur.[2970] Wechselt man in eine Welt, in der Unternehmen ein wertoptimales Verschuldungsspektrum anstreben, ist – neben der Frage, welche Treiber diese Entwicklung

---

Informationsasymmetrien allgemein einen Zusammenhang abzuleiten, erscheint dagegen schwierig.

2967 Man kann so argumentieren, dass die Innenfinanzierung als bedeutsamste Finanzierungsquelle die Praxis tatsächlich zu dominieren scheint.

2968 Vgl. dazu Graham (2000) S. 1933.

2969 Graham (2000) hält in diesem Zusammenhang daher fest: „In sum, although the trade-off theory does not explain why firms use debt conservatively, neither does the pecking order model provide a complete explanation.“ Graham (2000) S. 1933.

2970 Für eine eingehendere Darstellung der hinter diesem Effekt stehenden Treiber sei auf die entsprechenden Abschnitte in Kapitel I verwiesen.

letztlich maßgeblich prägen – die Frage nach der Gestalt der Grenzen des wertoptimalen Verschuldungsspektrums und dessen Determinanten zu beantworten.[2971]

Richtet man vor dem Hintergrund dieser Überlegungen den Blick auf die Bedeutung des Faktors Steuern für die Finanzierungsentscheidung der dynamischen Trade-Off-Theorie, so muss man an dieser Stelle nunmehr zwei zentrale Fragen beantworten. Zum einen ist weiterhin der Frage nachzugehen, wie sich das wertoptimale Verschuldungsoptimum mit dem Umfang der Steuerlast verschiebt, zum anderen ist im Rahmen der dynamischen Trade-Off-Theorie nun auch die Frage zu beantworten, wie sich die Steuerbelastung des Unternehmens auf die obere und untere Verschuldungsgrenze des wertoptimalen Verschuldungsspektrums auswirkt. Widmet man sich zunächst der ersten Frage der Veränderung des Verschuldungsoptimums mit der Steuerlast, so kann diese Frage weitgehend mit den vorangehenden Überlegungen zur „klassischen" Trade-Off-Theorie beantwortet werden. Ohne an dieser Stelle auf die Überlegungen des vorangehenden Unterabschnitts im Detail einzugehen, darf wohl vermutet werden, dass die Vorteilhaftigkeit der Fremdfinanzierung mit dem Umfang der Steuerlast, der Unternehmen ausgesetzt sind, in aller Regel anwachsen wird. In der Folge kann daher mit einem Anstieg des Verschuldungsumfangs der Unternehmen gerechnet werden.[2972]

Lässt man die dieser Annahme entgegenlaufende Evidenz der empirischen Forschung zunächst außer Acht,[2973] muss mit dem Wechsel in die Welt der dynamischen Trade-Off-Theorie – wie bereits skizziert – einer zweiten Frage nachgegangen werden. Muss doch die Frage beantwortet werden, wie sich das durch eine obere und untere Verschuldungsgrenze beschriebene Verschuldungsspektrum mit dem Verschuldungsoptimum verschiebt. Neben einer symmetrischen Verschiebung ist – dies haben die vorangehenden Abschnitte deutlich gemacht – auch eine asymmetrische Verschiebung der Verschuldungsgrenzen mit der Veränderung der Steuerbelastung denkbar.[2974] Widmet man sich dieser zweiten Frage, so ist eine Antwort nur getrennt für die Treiber des dynamischen Verschuldungsoptimums zu beantworten. Es ist m. a. W. also den Fragen nachzugehen, inwieweit sich eine

2971 Wie mit den Überlegungen des Kapitels I deutlich wurde, wächst ggü. der Punktprognose der „klassischen" Trade-Off-Theorie die Komplexität der Prognose regelmäßig an, können Faktoren doch unterschiedliche Auswirkungen auf die obere und untere Verschuldungsgrenze des wertoptimalen Verschuldungsspektrums nehmen.

2972 Dieser Effekt ist – wie der vorangehende Unterabschnitt gezeigt hat – aufgrund gegenläufiger Effekte, die sich aus einer Steuererhöhung ergeben, jedoch weniger deutlich, als man bei einem ersten Blick auf das theoretische Grundgerüst vermuten darf.

2973 Dieser Frage wurde bereits im Abschnitt zur „klassischen" Trade-Off-Theorie nachgegangen.

2974 Als Sonderform einer symmetrischen Verschiebung ist zudem denkbar, dass die obere und untere Verschuldungsgrenze unabhängig von der Steuerbelastung des Unternehmens sind.

Veränderung der Steuerlast auf den Umfang bestehender Transaktionskosten bzw. auf die Wechselwirkungen zwischen Investitions-, Ausschüttungspolitik und Finanzierungsentscheidung niederschlägt.

Legt man den Fokus zunächst auf den Effekt, den eine Veränderung der Steuerbelastung auf die Transaktionskosten und in einem zweiten Schritt auf das wertoptimale Verschuldungsspektrum nimmt, so muss man – um eine Verbindung zwischen diesen Faktoren herzustellen – an dieser Stelle einen kurzen Exkurs unternehmen. Wie die vorangehenden Unterabschnitte bereits deutlich haben werden lassen, dürfte der Umfang von Transaktionskosten über die zwischen Unternehmen und Kapitalgebern bestehenden Informationsungleichgewichte sowie daraus resultierender Agency-Probleme regelmäßig von den Eigenschaften der Unternehmen bzw. der zu finanzierenden Investitionsprojekte abhängig sein.[2975] Es sei in der Folge darauf abgestellt, dass bestehende Informationsasymmetrien, die einer reibungslosen Begabe von Kapital entgegenstehen, durch eine Reihe von – in aller Regel wertverzehrenden – Maßnahmen überwunden werden können.[2976] Möchte man die Frage nach dem Einfluss des Faktors Steuern auf den Umfang der Transaktionskosten beantworten, so ist an dieser Stelle zunächst unklar, welchen Einfluss das Steuersystem, als übergeordneter Größe, auf den Umfang bestehender Informationsasymmetrien nimmt. Ein Anstieg der Steuerlast des Unternehmens hat – folgt man den Überlegungen der Arbeit von deMeza/Webb (1988) – eine Reihe z. T. gegenläufiger Effekte auf die Finanzierungsentscheidung der Unternehmen. Unzweifelhaft dürfte in einem ersten Schritt zunächst sein, dass mit einem Anstieg der Steuerlast i. d. R. auch ein Anstieg der Renditeerwartung vor Steuern der neuen Eigen- bzw. Fremdkapitalgeber verbunden ist.[2977] Gleichzeitig steigt mit der Zunahme der Steuerlast – bei einer unveränderten wirtschaftlichen Leistungskraft der Unternehmen – jedoch die Wahrscheinlichkeit von Umweltzuständen, in denen die wirtschaftliche Leistungsfähigkeit des Unternehmens die Renditeerwartungen der Kapitalgeber nicht erfüllt. Die mit der Steuerlast aus Sicht der Unternehmen gestiegene Renditeerwartungen der Fremdkapitalgeber dürften – diese Prämisse erscheint praxisnah – lediglich von Unternehmen mit hoher Qualität der Kapitalgeber unzweifelhaft erfüllt werden. Mit einem Anstieg der Unternehmenssteuerlast steigt somit i. d. R. das Interesse der Kapitalgeber, Gewissheit über die tatsächlichen Unternehmenseigenschaften zu gewinnen.[2978] Unter dem gestiegenen

2975 Vgl. dazu exemplarisch u. a. Meza/Webb (1988) S. 3.

2976 Denkbar ist ein Abbau der Informationsasymmetrien etwa durch Überwachungsaktivitäten oder aber die Beschränkung der Handlungsfreiheit der Unternehmen. Vgl. dazu u. a. Chittenden et al. (1996) S. 61.

2977 Geht man implizit davon aus, dass die Renditeerwartung der Kapitalgeber nach Steuern unverändert bleiben soll.

2978 Steigt mit der skizzierten ungleichmäßigeren Verteilung der Cashflows doch auch das Risiko der Kapitalgeber. Denkbar wäre an dieser Stelle jedoch auch, lässt man etwa Verlustnach- bzw. -vorträge zu, dass das Steuersystem einen glättenden

Druck der Kapitalgeber erscheint auch ein Anstieg der mit einer Kapitalbegabe verbundenen Signalisierungs- bzw. Transaktionskosten als plausibel.[2979]

Wie die Arbeit von deMeza/Webb (1988) deutlich gemacht hat, ist in der Praxis jedoch auch ein dazu gegenläufiger Effekt denkbar. Unternehmen, die über wenig werthaltige Investitionsprojekte verfügen, werden sich unter dem Eindruck einer ansteigenden Steuerbelastung vom Kapitalmarkt zurückziehen. Nimmt man an, dass die Kapitalgeber die gestiegene Qualität der verbleibenden Unternehmen entsprechend bei ihrer Finanzierungsentscheidung antizipieren, führt die durch die Unternehmenssteuer ausgelöste Verschiebung der Qualität der an den Kapitalmarkt herantretenden Unternehmen wohl letztlich dazu, dass Kapitalgeber – wenigstens teilweise – auf Maßnahmen zur Überprüfung der Qualität der Unternehmen verzichten können. Man kann damit auch auf einen Rückgang der mit einer Kapitalbegabe verbundenen Transaktionskosten infolge einer Erhöhung der Unternehmenssteuerlast abstellen.[2980] In Abhängigkeit von der genauen Gestalt der Veränderung des Steuersystems – relevant ist dabei insbesondere, dass Unternehmen mit wenig vorteilhaften Investitionsprojekten von dem Gang an den Kapitalmarkt abgehalten werden – kann ein Anstieg der Steuerlast somit zu einem Rückgang der mit einer Kapitalbegabe verbundenen Transaktionskosten führen. Der Umfang der Steuerlast beeinflusst damit indirekt die Nähe der Ober- und Untergrenze des wertoptimalen Verschuldungsspektrums zum wertoptimalen Verschuldungsgrad.

In der Folge sei – unter der Prämisse der Dominanz des zweiten Effekts – angenommen, dass eine Erhöhung der Steuerbelastung des Unternehmens zu einer Verengung der Schwankungsbreite um den wertoptimalen Verschuldungsgrad führt.[2981] Hat man sich einer Antwort auf die Frage nach dem Einfluss der Steuerbelastung für den ersten, in der Literatur diskutierten Grund für eine Abkehr vom statischen Verschuldungsoptimum der „klassischen" Trade-Off-Theorie genähert, ist in einem zweiten Schritt der Frage nachzugehen, welche Bedeutung der Umfang der Steuerlast für die Finanzierungsentscheidung einnimmt, wenn man den Blick auf die Wechselwirkungen zwischen Investitions- und Ausschüttungspolitik und Finanzierungsentscheidung richtet. Grundsätzlich kann auch an dieser Stelle ein vergleichbarer Ansatz wie bei den Überlegungen zum Einfluss der Steuerlast auf die Transaktionskosten gewählt werden.[2982] Im Kontrast zu den vorangehenden

---

Einfluss auf die Cashflows ausübt. Dieser Fall sei an dieser Stelle vereinfachend nicht näher betrachtet.

2979 Ein solcher Anstieg der Transaktionskosten würde für eine zunehmende Spreizung des wertoptimalen Verschuldungsspektrums um den wertoptimalen Verschuldungsgrad sprechen.

2980 Analog dazu vgl. Meza/Webb (1988) S. 2; 22.

2981 Dominiert dagegen der erste Effekt, so ist mit einer Vergrößerung des Schwankungsbereichs um den wertoptimalen Verschuldungsgrad zu rechnen.

2982 Man mag an dieser Stelle womöglich einen direkteren Zusammenhang zwischen Steuerlast und Investitionsentscheidung erkennen.

Überlegungen, die eine genauere Spezifizierung der Gestalt der Veränderungen des Steuersystems gescheut haben, muss – will man die Frage nach den Auswirkungen einer Veränderung der Steuerlast auf die Wechselwirkungen zwischen den unterschiedlichen Unternehmenspolitiken beantworten – man in diesem zweiten Schritt – neben weiteren Punkten – die Änderungen in der Gestalt des Steuersystems zur Beantwortung dieser Frage etwas näher spezifizieren.

Für die nachfolgenden Überlegungen sei vereinfachend zwischen einer Änderung der Steuerbelastung auf Unternehmensebene, die den ausschüttungsfähigen Jahresüberschuss determiniert, und einer Veränderung der Steuerbelastung des tatsächlichen Ausschüttungsbetrages – d. h. auf Ebene der Kapitalgeber – unterschieden.[2983] Betrachtet man zunächst Fall I, den Anstieg der Unternehmenssteuerlast, so können in Abhängigkeit zur Dominanz der alternativen Unternehmenspolitiken unterschiedliche Schlussfolgerungen gezogen werden. Aus Sicht einer dominierenden Finanzierungspolitik – dies war das Ergebnis der vorangehenden Überlegung zum Einfluss des Faktors Steuern – steigt mit dem Umfang der Steuerlast der Anreiz, Fremdkapital zur Finanzierung des Unternehmens einzusetzen, um sich den gestiegenen Forderungen des Fiskus entziehen zu können. Lässt man den Einfluss von Transaktionskosten unbeachtet, bewegt man sich – in Kenntnis der vorangehenden Abschnitte wenig überraschend – letztlich in der Welt der „klassischen" Trade-Off-Theorie. Was passiert jedoch, wenn – anders als in der „klassischen" Trade-Off-Theorie – Investitions- bzw. Ausschüttungspolitik die Unternehmensstrategie dominieren?

Stellt man zunächst auf den Fall einer die Unternehmensentscheidungen dominierenden Investitionspolitik ab, so dürfte ein Anstieg der Steuerbelastung wenigstens auf mittlere Sicht Auswirkungen auf die Finanzierungs- und Ausschüttungspolitik der Unternehmen haben.[2984] Dies wird deutlich, stellt man auf den Fall eines Unternehmens ab, das zur Realisation eines vorgegebenen Investitionsplans auf die Einbehaltung eines gewissen Anteils des ausschüttungsfähigen Jahresüberschusses angewiesen ist. Reduziert sich aufgrund der Änderung des Steuersystems der ausschüttungsfähige Jahresüberschuss, so müssen Unternehmen, um den Investitionsplan realisieren zu können, mittelfristig an den Kapitalmarkt herantreten bzw. die Ausschüttungsquote verändern.[2985] Ein ähnliches Bild zeigt sich,

2983 Eine solche Fallunterscheidung bleibt zugegebenermaßen vergleichsweise grob. Ein solches Vorgehen erscheint dennoch für die nachfolgenden Überlegungen als sachgerecht, wird im Folgenden nicht der Anspruch erhoben, die Auswirkungen einer Veränderung eines in der Praxis implementierten Steuersystems nachzuzeichnen.

2984 Diese Überlegungen haben sich bereits im Unterabschnitt zur „klassischen" Pecking-Order-Theorie widergespiegelt.

2985 Unsere Analyse bleibt an dieser Stelle zugegebenermaßen holzschnittartig, ist in der Praxis u. a. zwischen Cashflow und der steuerlichen bzw. handelsrechtlichen Gewinnermittlung zu differenzieren. In diesem Zusammenhang kann man auch der Frage nachgehen, inwieweit Ersatz- bzw. Erweiterungsinvestitionen durch die Unternehmen vorgenommen werden. Die Antwort kann – konkretisiert man

wechselt man in eine Welt, in der die Unternehmensstrategie durch die Ausschüttungspolitik des Unternehmens determiniert ist. Vergleichbar zu den Überlegungen zur Investitionspolitik werden Unternehmen versuchen, den durch die gestiegene Steuerlast ausgelösten Entzug an Unternehmensliquidität durch Veränderungen bei Finanzierungs- bzw. Investitionspolitik zu kompensieren. Auch an dieser Stelle erscheint es daher denkbar, dass mit einem Anstieg der Unternehmenssteuerlast die Spreizung des wertoptimalen Verschuldungsspektrums um den wertoptimalen Verschuldungsgrad zunimmt. Blickt man auf den Einfluss des Faktors Steuern vor dem Hintergrund der dynamischen Trade-Off-Theorie, so ist zunächst von einem Anstieg des wertoptimalen Verschuldungsgrades mit dem Anstieg der Steuerbelastung der Unternehmen auszugehen. Dieser Effekt kann grundsätzlich mit den Überlegungen zur „klassischen" Trade-Off-Theorie erklärt werden.

Weniger eindeutig kann dagegen die Frage der Entwicklung des wertoptimalen Verschuldungsspektrums beantwortet werden. Stellt man auf die Transaktionskosten als Treiber der Konvergenz von einem Verschuldungsoptimum hin zu einem wertoptimalen Verschuldungsspektrum ab, so erscheint ein Rückgang der Transaktionskosten und damit ein symmetrischer Rückgang der Schwankungsbreite des wertoptimalen Verschuldungsspektrums denkbar. Blickt man auf die Wechselwirkungen zwischen Finanzierungs-, Investitions- und Ausschüttungspolitik, so kann – wenigstens bei einer ersten Analyse – eine gegenläufige Erwartung formuliert werden. Unternehmen werden im Angesicht der liquiditätsentziehenden Wirkung einer gestiegenen Steuerlast im Fall einer dominierenden Investitions- bzw. Ausschüttungspolitik wohl versuchen, über geeignete Finanzierungsmaßnahmen diesen Effekt zu kompensieren. Man darf in der Folge vermuten, dass es zu einer Zunahme des Abstands der mit der dynamischen Trade-Off-Theorie beschriebenen Verschuldungsgrenzen um den wertoptimalen Verschuldungsgrad kommt. Eindeutig ist der Effekt, der sich für die Breite des wertoptimalen Verschuldungsspektrums ergibt, damit an dieser Stelle nicht. Wie bereits hervorgehoben wurde, dürfte diese Frage regelmäßig unternehmensspezifisch zu beantworten sein.

Der Faktor Steuern in der erweiterten Pecking-Order-Theorie

In diesem Unterabschnitt sei sich abschließend der Frage gewidmet, welchen Einfluss der Umfang der Steuerbelastung auf die Finanzierungsentscheidung der Unternehmen vor dem Hintergrund der Überlegungen der erweiterten Pecking-Order-Theorie nimmt. Erinnert man sich an die Überlegungen des Kapitels I zurück, so wurde mit der erweiterten Pecking-Order-Theorie versucht, die bestehenden Schwächen der „klassischen" Pecking-Order-Theorie, insbesondere mit Blick auf die Erklärung des Finanzierungsverhaltens von Wachstumsunternehmen, zu

die Frage zudem etwas genauer, als wir es an dieser Stelle getan haben – unter Beachtung dieser Aspekte durchaus eine andere Konnotation bekommen. Aus Vereinfachungsgründen sei an dieser Stelle jedoch an dem gewählten Abstraktionsgrad festgehalten.

überwinden. Wu/Wang (2005) haben – dies hat Kapitel I gezeigt – zur Erreichung dieses Ziels eine Zweiteilung der festen Finanzierungsrangfolge der „klassischen" Pecking-Order-Theorie vorgeschlagen. Für Unternehmen des Typs I – darunter werden Unternehmen mit vergleichsweise geringen Wachstumschancen ggü. dem Bestand an realisierten Projekten verstanden – zeigt sich die feste Rangfolge alternativer Finanzierungsquellen der „klassischen" Trade-Off-Theorie in der Erklärung der Finanzierungsentscheidung als weitgehend stabil. Für die Unternehmen des Typs II – das bestehende Investitionsportfolio wird von ausgeprägten Wachstumschancen dominiert – zeigt sich die „klassische" Reihung alternativer Finanzierungsquellen jedoch als i. d. R. wenig praxisnah. Aufgrund der dominierenden Bedeutung der Wachstumsprojekte ggü. dem Gesamtunternehmenswert scheuen sich in diesem Fall Unternehmen mit wertschaffendem Investitionsportfolio regelmäßig nicht, auftretende Fehlbewertungen der begebenen Eigenkapitalanteile durch den Kapitalmarkt zu akzeptieren,[2986] ist der Wertverlust der (Alt-)Eigenkapitalgeber im Angesicht des Wertbeitrages der Wachstumschancen für diese Unternehmen doch von nachrangiger Bedeutung.[2987] Damit verliert sich jedoch der Signalcharakter, der mit einer Begabe von Eigenkapitalanteilen im Rahmen der „klassischen" Pecking-Order-Theorie verbunden ist. Mit Blick auf die Finanzierungsrangfolge ist festzuhalten, dass von einer durchgehenden Nachrangigkeit einer Finanzierung mit Eigenkapital nicht länger ausgegangen werden kann. Will man die Frage nach dem Einfluss des Umfangs der Steuerbelastung vor dem Hintergrund der erweiterten Trade-Off-Theorie beantworten, so muss man – dies hat der kurze Rekurs zu den Überlegungen des Kapitels I verdeutlicht – letztlich der Frage nachgehen, inwieweit der Umfang der Steuerlast die Grenzen zwischen den Unternehmen des Typs I und II verschiebt bzw. dazu führt, dass eine Abgrenzung der alternativen Unternehmenstypen unbedeutend wird.

Der direkte Weg, einen Zusammenhang zwischen Unternehmenssteuerlast und Umfang der Wachstumschancen von Unternehmen herstellen zu wollen, dürfte regelmäßig auf eine Reihe bedeutender Hindernisse stoßen. Zwar erscheint es in einem ersten Schritt grundsätzlich denkbar, dass in der Praxis ein Zusammenhang zwischen Steuerlast und Innovationskraft der Unternehmen besteht,[2988] doch reicht diese Verbindung mit Blick auf die erweiterte Pecking-Order-Theorie alleine wohl

2986 Zu einer Fehlbewertung kommt es, da externe Kapitalgeber nicht mit hinreichender Sicherheit zwischen „guten" und „schlechten" Unternehmen unterscheiden können. Rationale Kapitalgeber werden in ihrer Entscheidung sowohl den Wert „schlechter" als auch „guter" Unternehmen berücksichtigen, mit der Folge, dass gute Unternehmen unterbewertet, „schlechte" Unternehmen dagegen überbewertet werden.

2987 Definitionsgemäß unterschreitet für den Unternehmenstyp I der Wertbeitrag bestehender Investitionsprojekte den Beitrag, der aus dem Investitionsportfolio zu erwarten ist.

2988 So setzt etwa der Staat durchaus steuerliche Anreize, um Innovationen zu fördern.

für eine Veränderung der Rahmenbedingungen der Finanzierungsentscheidung nicht aus. Ist für die Typenklassifikation im Sinne der erweiterten Pecking-Order-Theorie letztlich eine Einordnung des Verhältnisses von Wachstumschancen und bestehenden Investitionsprojekten notwendig. Über die Beeinflussung der aktuellen Rahmenbedingungen des Unternehmens hinaus muss der Umfang der Unternehmenssteuerlast so notwendigerweise eine Veränderung der Vergangenheit, d. h. der bereits realisierten Investitionsprojekte induzieren, soll eine Verschiebung von Unternehmenstyp I zu Unternehmenstyp II erreicht werden. Eine solche Prämisse erscheint in aller Regel jedoch als realitätsfern,[2989] sodass der direkte Weg, eine Verbindung zwischen Steuerlast und erweiterter Pecking-Order-Theorie herzustellen, i. d. R. wohl verbaut ist. An dieser Stelle ist sich – will man die einleitende Frage beantworten – somit auf die Suche nach einer indirekten Verbindung zwischen Umfang der Unternehmenssteuerlast und der Finanzierungsentscheidung vor dem Hintergrund der erweiterten Pecking-Order-Theorie zu machen. Denkbare wäre – analog zu den Überlegungen der vorangehenden Abschnitte –, zu argumentieren, dass ein Anstieg der Unternehmenssteuerlast zu einem Rückzug der Unternehmen mit „schlechten" Investitionsprojekten führt. Interpretiert man den Verbleib von Unternehmen infolge eines Anstiegs der Unternehmenssteuerlast als ein verlässliches Signal für die Unternehmensqualität, so sinkt in der Folge die Unsicherheit der Kapitalgeber über die tatsächliche Qualität der Unternehmen.

In der Folge verliert vor dem Hintergrund dieser Überlegungen die Begabe von Eigenkapital den mit der „klassischen" Pecking-Order-Theorie vermuteten Signalcharakter und damit die strikte Rangfolge alternativer Finanzierungsquellen an Bedeutung für die Unternehmensfinanzierung. Ob sich in der Folge eine Irrelevanz der alternativen Finanzierungsquellen einstellt, kann jedoch bezweifelt werden. Insbesondere dürften in der Praxis die Veränderungen der Steuersysteme wohl regelmäßig nicht genügen, um „schlechte" Unternehmen im ausreichenden Umfang aus dem Markt zu drängen.[2990] Entgegengesetzt zu dieser Überlegung kann man auch darauf abstellen, dass mit dem Anstieg der Steuerlast ein Teil der zukünftigen Investitionsprojekte an Vorteilhaftigkeit verliert und somit die Bedeutung von Wachstumsprojekten für die Unternehmen sinkt. Ein solcher Effekt würde zu einer Stabilisierung der starren Finanzierungsrangfolge der „klassischen" Pecking-Order-Theorie führen. Der Effekt, der aus der Erhöhung der Steuerlast erwächst, dürfte in der Praxis – unterstellt man verhaltene Veränderungen des Steuersystems – bestenfalls verhalten ausfallen. Der Einfluss des Faktors Steuern auf die Finanzierungsentscheidung vor dem Hintergrund der erweiterten Pecking-Order-Theorie erscheint

---

2989 Man kann hier durchaus kritisch anmerken, dass ein Steuersystem durchaus eine für eine solches Ergebnis notwendige Gestalt annehmen kann. Praxisnah dürfte ein solches Steuersystem in aller Regel dennoch nicht sein.

2990 Das Steuersystem müsste letztlich so gestaltet sein, dass auftretende Spitzen, die den (Alt-)Kapitalgebern in guten Umweltzuständen zufließen, vollständig abgeschöpft werden.

damit regelmäßig von nachrangiger Natur zu sein. Verwunderlich ist dies – erinnert man sich an die Überlegungen des Kapitels I zurück – nicht, ist der Faktor Steuern in der „klassischen" Pecking-Order-Theorie doch bestenfalls von sekundärer Bedeutung. Dies setzt sich auch in der – aus theoretischer Sicht nur mit Blick auf Wachstumsunternehmen veränderten – erweiterten Pecking-Order-Theorie fort. Auf eine weitgehendere Analyse des Zusammenhangs zwischen Unternehmenssteuerlast und Finanzierungsentscheidung sei in der Folge daher verzichtet.

Zum Einfluss des Faktors Steuern auf die alternativen Finanzierungspolitiken

Fasst man die Überlegungen der vorangehenden Unterabschnitte zusammen, so führt eine Veränderung der Unternehmenssteuerlast vor dem Hintergrund der alternativen Kapitalstrukturtheorien zu verschiedenen Auswirkungen auf die Finanzierungsentscheidung der Unternehmen. Bilden die Prämissen der „klassischen" Trade-Off-Theorie den Ausgangspunkt der Überlegungen, so werden Unternehmen i. d. R. auf einen Anstieg der Unternehmenssteuerlast mit einem verstärkten Fremdkapitaleinsatz, d. h. mit einer Erhöhung des Verschuldungsgrades reagieren. Wie im Unterabschnitt zur „klassischen" Trade-Off-Theorie hervorgehoben wurde, dürfte diese durch das theoretische Grundgerüst induzierte Reaktion der Unternehmen in der Praxis regelmäßig durch weitere Faktoren gehemmt sein. Bestehende Non-Debt-Tax-Shields (NDTS) können einer Anpassung der Kapitalstruktur wirtschaftlich entgegenstehen und somit eine verhaltene Anpassung wirtschaftlich sinnvoll sein. Welche Effekte aus einer Veränderung der Steuerlast der Unternehmen vor dem Hintergrund der Überlegungen der Pecking-Order-Theorie ableitbar sind, bleibt bereits in einem ersten Schritt weitgehend unklar. Dies ist wenig verwunderlich, führt man sich vor Augen, dass das theoretische Gerüst der Pecking-Order-Theorie dem Faktor Steuerbelastung nur wenig Bedeutung für die Finanzierungsentscheidung beimisst. Rein mechanisch kann man argumentieren, dass ein Anstieg der Unternehmenssteuerlast über den damit einhergehenden Liquiditätsentzug die Finanzierungsschwellen – die Schwelle, in dem Unternehmen zwischen den alternativen Finanzierungsquellen wechseln – verschiebt. Inwieweit sich die Zusammensetzung der Unternehmensfinanzierung mit dem Steuersatz verschiebt, dürfte jedoch von einer Reihe weiterer, unternehmensspezifischer Faktoren, abhängen.[2991] Eine allgemeine Verbindung zwischen dem Umfang der Steuerbelastung und der Finanzierungsentscheidung aufzubauen, gelingt daher vor dem Hintergrund der Pecking-Order-Theorie auf direktem Wege nicht. Auch eine indirekt angelegte Argumentation über den Abbau von Informationsasymmetrien

2991 Eine Rolle dürften hierbei insbesondere die in weiten Teilen dieser Arbeit vereinfachend ausgeblendeten Wechselwirkungen zwischen Investitions- und Finanzierungspolitik spielen. So werden Unternehmen mit bedeutsamen Investitionsvorhaben auf eine Veränderung der Unternehmenssteuerlast wohl anders reagieren als Unternehmen, die an einem bestehenden Investitionsportfolio festhalten.

mit der Ausweitung der Steuerbelastung erscheint – für die in der Praxis regelmäßig zu erwartenden eher inkrementellen Veränderungen des Steuersystems – nicht zielführend.

Wechselt man zu den dynamischen Kapitalstrukturpolitiken, so kann für die dynamische Trade-Off-Theorie zunächst das Ergebnis der Überlegungen zur „klassischen" Trade-Off-Theorie fortgeschrieben werden. Der wertoptimale Verschuldungsgrad wird sich mit einer Veränderung des Steuerniveaus entsprechend verschieben. Unklarer ist dagegen, wie sich das, um den wertoptimalen Verschuldungsgrad aufspannende, wertoptimale Verschuldungsspektrum der dynamischen Trade-Off-Theorie mit der Verschiebung der Steuerlast entwickelt. Stellt man auf die Transaktionskosten als Treiber hinter der dynamischen Trade-Off-Theorie ab, so ist eine symmetrische Verengung des wertoptimalen Verschuldungsspektrums um den wertoptimalen Verschuldungsgrad aufgrund eines Rückgangs bestehender Informationsasymmetrien grundsätzlich denkbar.[2992] Stellt man dagegen auf die Wechselwirkungen zwischen Investitions-, Finanzierungs- und Ausschüttungspolitik ab, so dürfte aus der Erhöhung der Steuerbelastung der Unternehmen eher ein Anstieg der mit der dynamischen Trade-Off-Theorie beschriebenen Schwankungsbreite um den wertoptimalen Verschuldungsgrad folgen, sinkt mit der zusätzlichen Steuerlast – wie bereits für die Pecking-Order-Theorie skizziert – doch die Innenfinanzierungsfähigkeit der Unternehmen. Die Vielschichtigkeit der Ergebnisse der vorangehenden Überlegungen überrascht nicht, führt man sich die gemischten Ergebnisse der empirischen Forschung – insbesondere mit Blick auf den Faktor Steuern – vor Augen.

Dieses vielschichtige Bild des Einflusses des Faktors Steuern hat Auswirkungen, wechselt man von der Kapitalstrukturtheorie zu den im Rahmen der Unternehmensbewertung betrachteten alternativen Finanzierungspolitiken. Die Überlegungen zur „klassischen" Trade-Off-Theorie haben gezeigt, dass eine Veränderung der Steuerlast wohl in aller Regel zu einer Anpassung der Kapitalstruktur führt. Eine Veränderung der Steuerlast spricht vor dem Hintergrund dieser Überlegungen daher eher für eine wertabhängige denn eine autonome Finanzierungspolitik. Eine solche Einschätzung hält m. E. nach auch den in Kapitel II diskutierten „inneren" und „äußeren" Treibern eines bestimmten Finanzierungsverhaltens stand. Im Sinne der Vorüberlegungen kann man argumentieren, dass Unternehmen angesichts der gestiegenen Steuerlast durchaus einen Anreiz besitzen, den Wertbeitrag der Fremdfinanzierung voll zu heben. Fremdkapitalgeber dürften der Umverteilung von Unternehmensvermögen vom Fiskus zu den Eigenkapitalgebern vergleichsweise emotionslos gegenüberstehen. In der Praxis werden wohl in aller Regel jedoch nur bedeutsame Änderungen des effektiven Steuersatzes eine Veränderung

2992 Wie bereits vor dem Hintergrund der „klassischen" Pecking-Order-Theorie argumentiert, dürfte der aus einer Verschiebung der Steuerlast erwachsende Effekt regelmäßig von nachrangiger Natur zu sein.

der Finanzierungsentscheidung induzieren.[2993] Wie aktiv Unternehmen eine einmal eingeschlagene Finanzierungspolitik verfolgen, ist auf Basis der Überlegungen zur dynamischen Trade-Off-Theorie zunächst unklar. Es ist so denkbar, dass Unternehmen mit dem Anstieg der Steuerbelastung sowohl verstärkt an der eingeschlagenen Finanzierungsstrategie festhalten, aber auch eine zunehmende „Irrelevanz" der Finanzierungspolitik angesichts der weiteren Unternehmensziele.

Auch an dieser Stelle muss – vergleichbar zu den Überlegungen zu den Kapitalstrukturtheorien – die Frage nach der Auswirkung einer Veränderung der Steuerbelastung letztlich unternehmensspezifisch, d. h. unter Berücksichtigung der Investitions- und Ausschüttungspolitik beantwortet werden. Vergleichbar zur Argumentation der vorangehenden Unterabschnitte dürfte die Reaktion eines Unternehmens mit bedeutsamem Investitionsprogramm anders auf eine Veränderung des Steuersatzes ausfallen als die eines Unternehmens, das ausschließlich Erhaltungsinvestitionen ausführt. Damit bleibt der Einfluss, den der Faktor Steuern auf die Finanzierungsentscheidung der Unternehmen ausübt, auch an dieser Stelle vielschichtig und dürfte von einer Reihe weiterer Faktoren abhängen. Mit dem Einfluss der Non-Debt-Tax-Shields (NDTS) sei einer dieser Faktoren im nachfolgenden Abschnitt näher betrachtet. Als Arbeitshypothese sei zunächst auf die aus der „klassischen" Trade-Off-Theorie ableitbare zunehmende aktive Steuerung des Unternehmens abgestellt.

5.6.1.7. Non-Debt-Tax-Shields

Der Faktor Non-Debt-Tax-Shields in der Trade-Off-Theorie

In den bisherigen Abschnitten wurde versucht, die Frage der Abhängigkeit der Finanzierungsentscheidung von den in der Literatur betrachteten Kapitalstrukturdeterminanten auf Grundlage des der Finanzierungsentscheidung zugrunde liegenden Theoriegerüsts zu beantworten. Dieses grundsätzliche Vorgehen soll auch mit Blick auf die Frage der Bedeutung der sog. Non-Debt-Tax-Shields (NDTS) für die Gestalt der Finanzierungsentscheidung zunächst beibehalten werden.[2994] Blickt man zu Beginn dieses Unterabschnitts kurz auf die Literatur, so findet man in der Arbeit von DeAngelo/Masulis (1980) erste eingehendere Überlegungen zum Einfluss von NDTS auf die Gestalt der Finanzierungsentscheidung. DeAngelo/Masulis (1980) haben insbesondere deutlich gemacht, dass in der Praxis über den Einsatz

2993 Vor dem Hintergrund der Pecking-Order-Theorie erscheint eine Anpassung der Kapitalstruktur allein auf Basis der Veränderung der Steuerbelastung dagegen unwahrscheinlich. Eine stabile Finanzierungspolitik, wie sie etwa mit der autonomen Finanzierungspolitik beschrieben wird, erscheint daher vor dem Hintergrund der Überlegungen der Pecking-Order-Theorie daher nicht unwahrscheinlich.

2994 Wie mit diesem Abschnitt deutlich werden wird, ist dieser Weg weniger direkt als in den vorangehenden Abschnitten, muss man doch den bekannten Pfad doch bald verlassen.

von Fremdkapital hinaus eine Reihe weiterer Faktoren existieren, die zu einer Senkung der durch die Unternehmen zu tragenden Steuerlast führen können.[2995] Bevor der aus den vorangehenden Abschnitten bekannte Weg beschritten wird, soll sich daher zunächst der Frage gewidmet werden, welche Faktoren unter dem abstrakten und bis dato nicht näher definierten Begriff des NDTS i. d. R. verstanden werden. In Anlehnung an den u. a. in Dyreng et al. (2008) und Hanlon/Heitzman (2010) verwendeten Begriff der „tax avoidance" seien in der Folge mit dem Begriff der NDTS alle Aktivitäten abseits einer aktiven Veränderung der Kapitalstruktur verstanden, die zu einer Verringerung der Steuerlast der Unternehmen und damit einer Steigerung des Unternehmenswertes aus Sicht der Kapitalgeber führen.[2996] Ausgehend von dieser immer noch weitgehend abstrakten Konkretisierung des Begriffs der NDTS seien in der Folge eine Reihe von, in der Literatur betrachteten NDTS, exemplarisch beleuchtet. Prominente Beispiele für NDTS – alternativ findet sich in der Literatur auch der Begriff des „tax shelters" – der Literatur stellen insbesondere Abschreibungen, aber auch die Steuerlast von Unternehmen – z. B. durch eine steuerstundende Wirkung – verringernde Investitionskredite sowie bestehende Verlustvorträge dar.[2997] Einer abschließenden Konkretisierung entzieht sich der Begriff des NDTS jedoch, ist eine vollständige Aufzählung steuermindernder Tatbestände auf Basis der Literatur nur schwer möglich. Überraschen kann die vergleichsweise offene Definition des Begriffs des NDTS jedoch nicht, führt man sich die Bandbreite der Ausgestaltung steuerlicher Rahmenbedingungen der Praxis vor Augen. An dieser Stelle sei aus Vereinfachungsgründen darauf verzichtet, eingehender auf die – für die Unternehmensbewertung durchaus interessanten – steuerlichen Rahmenbedingungen einzugehen, wie sie etwa durch die deutsche Steuergesetzgebung vorgegeben werden, um den Begriff des NDTS zu konkretisieren.[2998] Für das US-amerikanische Steuersystem findet sich eine Konkretisierung der unter dem Begriff NDTS subsumierten Tatbestände etwa in Desai (2003).[2999]

Auf Basis der an dieser Stelle allgemein gehaltenen Definition der NDTS kann in einem zweiten Schritt schließlich der diesen Abschnitt dominierenden Frage nach dem Einfluss einer nicht durch die Finanzierungsentscheidungen des Unternehmens induzierten Verringerung der Steuerlast auf die Finanzierungsentscheidung

2995 Vgl. dazu DeAngelo/Masulis (1980) S. 4. Im Kontrast zu den „klassischen" Tax-Shields kommt es bei den NDTS in aller Regel zu keiner Veränderung der Kapitalstruktur, noch müssen die NDTS einen dauerhaften Charakter besitzen. Vgl. dazu Graham (2006) S. 95.

2996 Vgl. zum allgemeineren Begriff der „tax avoidance" u. a. Hanlon/Heitzman (2010) S. 137; Dyreng et al. (2008) S. 62.

2997 Vgl. dazu u. a. Homaifar et al. (1994) S. 1; MacKie-Mason (1990) S. 1472; Graham (2006) S. 95.

2998 Eine Konkretisierung scheint angesichts der regelmäßig durch den Gesetzgeber vorgenommenen Veränderungen an den steuerlichen Rahmenbedingungen von flüchtiger Natur zu sein.

2999 Vgl. dazu Desai (2003) S. 180.

der Unternehmen nachgegangen werden. Wie bereits mit den Überlegungen der vorangehenden Abschnitte deutlich wurde, steht in der „klassischen" Trade-Off-Theorie im Rahmen eines Optimierungsprozesses der Wertbeitrag der Fremdfinanzierung den mit der Fremdfinanzierung verbundenen Kosten gegenüber. Rational handelnde Unternehmen werden – folgt man den Überlegungen der „klassischen" Trade-Off-Theorie – auf Basis dieser Optimierungsentscheidung einen wertmaximierenden Verschuldungsgrad implementieren. Geht man der Frage nach, welchen Einfluss NDTS auf die Finanzierungsentscheidung vor dem Hintergrund der „klassischen" Trade-Off-Theorie nehmen, so muss man letztlich die Frage beantworten, wie sich das Ergebnis dieses Optimierungsprozesses unter dem Eindruck der in der Praxis bestehenden NDTS verschiebt. Diese zunächst unproblematisch wirkende Fragestellung ist – dies werden die nachfolgenden Überlegungen verdeutlichen – mit einer Reihe von Fallstricken verbunden. Wie der Abschnitt 2.8. des ersten Kapitels gezeigt hat, betrachtet das mit der „klassischen" Trade-Off-Theorie eingeführte Optimierungsproblem – lässt man die Agency-Probleme der Kapitalgeber, wie sie mit der erweiterten Trade-Off-Theorie betrachtet werden, zunächst außer Acht – auf Basis eines engen Annahmegerüsts eine einfache Optimierungsentscheidung zwischen dem Wertbeitrag der Fremdfinanzierung und den Kosten eines durch die Fremdfinanzierung ausgelösten Insolvenzeintritts.[3000]

Wird dieses einfache Optimierungsproblem im Angesicht bestehender NDTS durchbrochen,[3001] so muss man sich der Frage widmen, was passiert, wenn die Verengung der Finanzierungsentscheidung der „klassischen" Trade-Off-Theorie – Unternehmen besitzen ausschließlich in der Wahl der Finanzierungsentscheidung die Möglichkeit, sich der wertverzehrenden Wirkung einer durch den Fiskus erhobenen Unternehmenssteuer zu entziehen – nicht aufrechterhalten werden kann? Denkbar wäre an dieser Stelle, zum einen das Optimierungsproblem der „klassischen" Trade-Off-Theorie um den Faktor der NDTS zu erweitern, um in der Folge ein erweitertes Optimierungsproblem zu betrachten.[3002] Alternativ kann man – dies entspricht dem Ansatz der vorangehenden Abschnitte – versuchen, einen eher indirekten Weg einzuschlagen und eine Verbindung zwischen NDTS und den Treibern der Finanzierungsentscheidung im Rahmen der Trade-Off-Theorie

---

3000 Myers (1984) spricht mit Blick auf die statische Trade-Off-Theorie so davon, dass „[t]he firm is portrayed as balancing the value of interest tax shields against various costs of bankruptcy or financial embarrassment". Myers (1984) S. 577. Man kann an dieser Stelle daher die Frage aufwerfen, ob der mit der „klassischen" Trade-Off-Theorie beschriebene Optimierungsansatz im Angesicht einer Vielzahl weiterer Einflussfaktoren geeignet ist, die Finanzierungsentscheidung der Unternehmen sachgerecht zu beschreiben.

3001 Damit kann – wie bereits hervorgehoben wurde – das aus den vorangehenden Abschnitten bekannte Argumentationsgerüst nur indirekt beschritten werden.

3002 Dieser Weg wird im Folgenden nicht eingeschlagen, sondern es wird vereinfachend auf die zwischen den NDTS und den weiteren Faktoren bestehenden Wechselwirkungen abgestellt.

herzustellen. Beschreitet man diesen zweiten Weg – dieser Weg wird in der Folge verfolgt –, so sind zwei Teilfragen zu beantworten: Zum einen ist der Frage, welche Wechselwirkungen zwischen NDTS und dem Wertbeitrag der Fremdfinanzierung bestehen, nachzugehen und zum anderen muss man sich der Frage widmen, ob eine Verbindung zwischen NDTS und den mit einer Fremdfinanzierung verbundenen Insolvenzkosten bzw. -risiken besteht. Stellt man sich zunächst der Frage, welchen Einfluss die Existenz von NDTS auf den Wertbeitrag der Fremdfinanzierung nimmt, so erscheint eine Antwort – wenigstens auf den ersten Blick – unproblematisch, tritt mit den NDTS doch ein weiterer Faktor neben das steuerlich induzierte Tax-Shield, ohne mit der der Fremdfinanzierung inhärenten Gefahr eines Insolvenzeintritts verbunden zu sein. Hält man an den weiteren Prämissen der „klassischen“ Trade-Off-Theorie fest, so werden rational handelnde Unternehmen wohl in einem ersten Schritt zunächst versuchen, bestehende NDTS zu heben, um die Steuerlast der Unternehmen senken zu können, und erst im Nachgang auf den Einsatz von Fremdkapital – unter Inkaufnahme der damit verbundenen Nachteile – zur Reduzierung der Steuerlast des Unternehmens zurückgreifen.[3003]

NDTS stellen – folgt man dieser Argumentation – m. a. W. natürliche Substitute einer Finanzierung des Unternehmens mit Fremdkapital dar. DeAngelo/Masulis (1980) haben in ihrer Arbeit analog zu dieser Überlegung festgehalten, dass „[...] firms will select a level of debt which is negatively related to the (relatively easily measured) level of available tax shield substitutes for debt [...]„[3004] Dieser erste Eindruck verstärkt die ergänzende Anmerkung von Homaifar et al. (1994), dass „[...] non-debt tax shields serve as a substitute for tax deductible interest payments in reducing before-tax cash flows for taxation purposes“.[3005] Bedeutsame NDTS implizieren m. a. W. letztlich, dass sich die steuermindernde Wirkung des einsetzbaren Fremdkapitals nicht oder aber bestenfalls nur unvollständig entfalten kann.[3006] Ceteris paribus[3007] dürfte – auf Basis dieser Überlegungen – ein Anstieg

3003 Ein solches Vorgehen scheint aus ökonomischer Sicht einzuleuchten. Dammon/Senbet (1988) sprechen der hinter dieser Hypothese stehenden ökonomischen Intuition einen intuitiven Charakter zu. Vgl. dazu Dammon/Senbet (1988) S. 365. Lopez-Garcia/Sogorb-Mira (2008) halten in Einklang mit diesen Überlegungen fest, „[...] firms try to reduce their tax burden by using NDTS instead of debt, thus avoiding distress costs or any other adjustment cost“. Lopez-Garcia/Sogorb-Mira (2008) S. 119.

3004 DeAngelo/Masulis (1980) S. 4. Ähnlich dazu vor dem Hintergrund eines erweiterten Modells Dotan/Ravid (1985) S. 509.

3005 Homaifar et al. (1994) S. 3.

3006 Vgl. dazu u. a. Bessler et al. (2011) S. 27.

3007 Man hält m. a. W. die Kosten eines Einsatzes von Fremdkapital wie auch das bestehende Investitionsportfolio des Unternehmens konstant. Dass sowohl das mit einem Fremdkapitaleinsatz verbundenen Insolvenzrisiko als auch die mit einer Insolvenz verbundenen Kosten im Angesicht steigender NDTS weitgehend konstant bleiben, erscheint nicht unwahrscheinlich, sind wohl bestehende Informationsasymmetrien weitgehend unabhängig vom Umfang der NDTS.

der NDTS eines Unternehmens mit einer Verringerung des wertoptimalen Verschuldungsgrades einhergehen, steht dem Rückgang der steuermindernden Wirkung wohl i. d. R. kein Rückgang des Insolvenzdrucks, dem sich Unternehmen bei gegebener Fremdfinanzierung ausgesetzt sehen, gegenüber.[3008] Bessler et al. (2011) halten in diesem Zusammenhang daher fest, dass „[...] the incentive to use debt financing diminishes as nondebt tax shields increase".[3009] Diese Argumentation erscheint vergleichsweise stabil, kommt man über die Betrachtung der von der Wahl der Kapitalstruktur abhängigen Kapitalkosten eines Unternehmens doch zu einem vergleichbaren Ergebnis. So dürften durch einen teilweisen Wegfall der steuersenkenden Wirkung der Fremdfinanzierung[3010] – wenigstens implizit – die Kosten der Fremdfinanzierung gegenüber einer Finanzierung des Unternehmens mit Eigenkapital ansteigen und die mit einem Einsatz von Fremdkapital verbundene Hebelwirkung zurückgehen.[3011] Belässt man den Fokus auf den Überlegungen der „klassischen" Trade-Off-Theorie, so kann – wenigstens auf den ersten Blick – zunächst der Schluss gezogen werden, dass Unternehmen bei zukünftigen Finanzierungsentscheidungen keinen oder aber einen geringeren Anreiz besitzen, eine Finanzierung durch Fremdkapital einer Finanzierung durch Eigenkapital vorzuziehen.[3012]

Blendet man Transaktionskosten bei der Veränderung der Kapitalstruktur aus – dies kennzeichnet die „klassische" Trade-Off-Theorie –, so könnten Unternehmen unter gewissen Bedingungen in einem weiteren Schritt das eingesetzte Fremdkapitalvolumen zugunsten einer verstärkten Finanzierung des Unternehmens mit

---

Der Unternehmenscashflow dürfte sich unter den gesetzten Prämissen mit dem Umfang der NDTS zwar leicht erhöhen, aber wie im Fall des Wertbeitrages der Fremdfinanzierung nur von zweitrangiger Bedeutung sein. Die Frage, ob von einem von der Finanzierungsentscheidung unabhängigen Investitionsprogramm ausgegangen werden kann, soll in den nachfolgenden Überlegungen nochmals kurz gewürdigt werden.

3008 Finanzierungsengpässe, denen sich Unternehmen bei der Realisation bedeutsamer Investitionsprojekte ausgesetzt sehen könnten, spielen an dieser Stelle keine Rolle.

3009 Bessler et al. (2011) S. 27.

3010 Die steuersenkende Wirkung wird durch die NDTS ersetzt, so spricht etwa Graham (2006) davon, dass „[t]ax shelters offer a means of reducing taxes that may displace traditional sources of corporate tax deductions". Graham (2006) S. 95.

3011 Dies bedeutet jedoch nicht, dass der Einsatz von Fremdkapital – Fremdkapitalgeber übernehmen i. d. R. auch unter diesen geänderten Prämissen ein geringeres Risiko – zu einem Rückgang der Eigenkapitalrentabilität führen muss. Der Effekt dürfte damit eher ein Effekt zweiter Ordnung sein, welche Durchschlagskraft diesem Effekt innewohnt, bleibt damit zunächst unklar.

3012 Ob diese letztlich dazu führt, dass Unternehmen zu einer ausschließlichen Finanzierung des Unternehmens mit Eigenkapital zurückkehren werden, darf bezweifelt werden.

Eigenkapital verringern.[3013] Ausschlaggebend für die Auswirkungen dieses Effekts dürfte der im Angesicht bestehender NDTS letztlich durch einen Einsatz von Fremdkapital noch hebbare Anteil des Wertbeitrages einer Senkung der Steuerbelastung des Unternehmens sein. Die aus dem Modell von DeAngelo/Masulis (1980) ableitbare negative Verbindung zwischen NDTS und der Vorteilhaftigkeit eines Einsatzes von Fremdkapital beruht letztlich nicht unerheblich auf der im Vorfeld kurz skizzierten Ceteris-paribus-Annahme. Wie u. a. Dammon/Senbet (1988) hervorgehoben haben, greift das skizzierte Modell von DeAngelo/Masulis (1980) mit Blick auf die in der Praxis herrschenden Rahmenbedingungen jedoch regelmäßig zu kurz, können Investitionsentscheidungen – und die damit einhergehenden steuerlichen Erleichterungen – nicht ohne Weiteres von der begleitenden Finanzierungsentscheidung – wie es die vorangehenden Überlegungen gemacht haben – getrennt werden.[3014] Wie die Arbeit von Dammon/Senbet (1988) gezeigt hat, führt – trennt man sich von der in den bisherigen Überlegungen aufrechterhaltenen Annahme eines konstanten Investitionsvolumens –[3015] ein Anstieg des Umfangs der NDTS nicht zwingend zu dem prognostizierten Rückgang des eingesetzten Fremdkapitalvolumens. Neben dem durch die Arbeit von DeAngelo/Masulis (1980) beschriebenen Substitutionseffekt – der Anstieg der NDTS führt zu einem Rückgang des eingesetzten Fremdkapitals – besteht so auch ein entgegengerichteter Effekt, den Dammon/Senbet (1988) als sog. „income effect"[3016] bezeichnet haben. Dieser zweite Effekt wird durch den Anstieg der Vorteilhaftigkeit bestehender und zukünftiger Investitionsprojekte – z. B. durch das steigende Abschreibungsvolumen bzw. die ggf. mit der Realisation von Investitionsprojekten gegebene steuerliche Stundungswirkung – ausgelöst, der über ein höheres Investitionsvolumen zu einem Anstieg des zu versteuernden Einkommens und damit der Vorteilhaftigkeit eingesetzten Fremdkapitals führt. Dammon/Senbet (1988) halten mit Blick auf diesen Effekt fest, dass „[a]s the output of the firm increases, interest deductions become more valuable as an offset to taxable corporate income at the margin".[3017] Damit bleibt auch an dieser Stelle – aufgrund der zwischen Finanzierungs- und

---

3013 Vgl. dazu auch Dammon/Senbet (1988) S. 365. Denkbar ist dies u. a., wenn der Insolvenzdruck, der auf dem Unternehmen lastet, zu einem bedeutsamen Wertverlust führt.

3014 Vgl. dazu Dammon/Senbet (1988) S. 358.

3015 Dammon/Senbet (1988) halten so fest, dass „[t]he optimal investment and capital structure decision are clearly interrelated [...]" Dammon/Senbet (1988) S. 364.

3016 Dammon/Senbet (1988) S. 366.

3017 Dammon/Senbet (1988) S. 366. MacKie-Mason (1990) gibt analog zur Überlegung von Dammon/Senbet (1988) zu bedenken, dass Unternehmen mit bedeutsamen NDTS i. d. R. profitabel sind und über bedeutsame Wachstumschancen verfügen. Der Bedeutungsverlust einer durch die Fremdfinanzierung induzierten Steuerentlastung dürfte unter den von MacKie-Mason (1990) skizzierten Bedingungen nur marginal ausfallen. Vgl. dazu MacKie-Mason (1990) S. 1472.

Investitionsentscheidung bestehenden Wechselwirkungen – die genaue Gestalt der Auswirkung von NDTS auf die Finanzierungsentscheidung verborgen.[3018]

Richtet man den Blick daher auf den zweiten Faktor, der die Finanzierungsentscheidung im Rahmen der „klassischen" Trade-Off-Theorie beeinflusst – den Umfang des Insolvenzdrucks –, so kann man an dieser Stelle durchaus begründet darauf abstellen, dass mit einem Anstieg der NDTS der auf den Unternehmen lastende Insolvenzdruck sinkt.[3019] Der im Vorfeld diskutierte Rückgang des Wertbeitrages der Fremdfinanzierung kann so durchaus auch mit einem Rückgang des Insolvenzdrucks – die NDTS erhöhen den an die Kapitalgeber auskehrbaren Unternehmenscashflow und damit die Vorteilhaftigkeit bestehenden Fremdkapitals – verbunden sein. Folgt man den Überlegungen von Dammon/Senbet (1988), so besteht – im Kontrast zu den zuvor skizzierten Überlegungen von DeAngelo/Masulis (1980) – nicht in jedem Fall ein negativer Zusammenhang zwischen NDTS und dem eingesetzten Fremdkapital. Weiten Unternehmen infolge eines hohen Umfangs an NDTS das Investitionsvolumen aus, so kann hieraus vielmehr eine Verstärkung der Vorteilhaftigkeit des Einsatzes von Fremdkapital erwachsen.[3020] Die Antwort auf die zu Beginn dieses Unterabschnitts gestellte Frage fällt also letztlich – dies verwundert in Kenntnis der vorangehenden Abschnitte nicht – erneut gemischt aus. Die von DeAngelo/Masulis (1980) vertretene Einschätzung hat nahegelegt, dass bestehende NDTS ein Substitut für den Wertbeitrag der Fremdfinanzierung darstellen. Ob die Substitution des Wertbeitrages durch NDTS vollständig und dauerhaft ist, wurde in der Literatur sowohl auf theoretischer als auch empirischer Basis bezweifelt.[3021] Graham (2006) hat mit Blick auf den langfristigen Effekt von NDTS auf die Finanzierungsentscheidung einschränkend festgehalten, dass „[o]ne could imagine a long-run equilibrium in which the benefits of shelters [(NDTS)] are competed away or greatly reduced but, as a class, their secretive nature and the proliferation of new products appears to make ‚short-run' benefits continue largely unabated for those who participate".[3022] Wie bereits zu

3018 Eine in der Literatur diskutierte Lösung dieses Problem zu adressieren, stellt eine differenzierte Betrachtung des Einflusses von NDTS – MacKie-Mason (1990) nimmt etwa eine Differenzierung zwischen Verlustvorträgen und Investitionskrediten vor – dar. Vgl. dazu MacKie-Mason (1990) S. 1472–1473.

3019 In den bisherigen Überlegungen wurde implizit davon ausgegangen, dass die Existenz von NDTS für die Wahrscheinlichkeit eines Insolvenzeintritts unbedeutend ist.

3020 Vgl. dazu Dammon/Senbet (1988) S. 369.

3021 Im Angesicht dieser konkurrierenden Interpretationen des Einflusses von NDTS auf die Finanzierungsentscheidung erscheint es wenig verwunderlich, dass die Frage der Bedeutung der NDTS auch in der empirischen Forschung aufgegriffen wurde.

3022 Graham (2006) S. 95. Wie MacKie-Mason (1990) gezeigt haben, kann man bereits bei einer kurzfristig ausgerichteten Betrachtung die Frage aufwerfen, ob NDTS durch die Unternehmen vollständig gehoben werden können, setzten etwa NDTS

Beginn dieses Kapitel kurz skizziert, müssen auch an dieser Stelle die Ergebnisse der empirischen Literatur als gemischt bezeichnet werden, lassen sich auch auf Basis der empirischen Literatur keine klaren Indizien für einen der beiden im Vorfeld skizzierten Effekte beobachten. Homaifar et al. (1994) haben auf Basis ihrer empirischen Beobachtung – im Sinne der Überlegungen von Dammon/Senbet (1988) – festgehalten, dass „[...] the non-debt tax shelter appears to be a compliment rather than a substitute for debt tax shields"[3023]. Die Arbeit von Graham/Tucker (2006) legt dagegen nahe, dass NDTS im Sinne der Überlegungen von DeAngelo/Masulis (1980) die Steuerlast der Unternehmen bedeutsam senken können und bis zu einem gewissen Grad somit ein Substitut für die steuerlich induzierte Verringerung der Steuerlast darstellen.[3024] Wie die frühe Arbeit von Titman/Wessels (1988) deutlich gemacht hat, ist der empirische Einfluss der Determinanten von NDTS an dieser Stelle im besonderen Maße von der Definition, die der Variablen NDTS zugrunde gelegt wird, abhängig.[3025]

Vor dem Hintergrund der gemischten empirischen Evidenz[3026] sowie der eingängigen Herleitung zweier entgegenlaufender Effekte erscheint es auch an dieser Stelle schwierig, eine vorbehaltlose Aussage zum Einfluss der NDTS auf die Finanzierungsentscheidung und den optimalen Verschuldungsgrad der Unternehmen zu treffen.[3027] Ist man gezwungen, sich zu positionieren, so erscheint angesichts der kurz skizzierten Überlegungen der Arbeit von DeAngelo/Masulis (1980) es als nicht unplausibel, dass der Verschuldungsgrad der Unternehmen mit dem Umfang bestehender NDTS – wenigstens leicht –[3028] abnimmt.[3029] Dieser Effekt mag durch die Erhöhung des Unternehmenscashflows durchaus einen gegenläufigen Effekt erfahren, es erscheint jedoch fraglich, ob dieser entgegengesetzte Effekt

---

in Form von Investitionskrediten doch eine tatsächliche Investitionstätigkeit des Unternehmens voraus. Vgl. dazu MacKie-Mason (1990) S. 1474.

3023 Homaifar (1994) S. 7. Eine ähnliche Einschätzung findet sich bereits in frühen empirischen Studien. Vgl. dazu Parsons/Titman (2008b) S. 9.

3024 Vgl. dazu Graham/Leary (2011) S. 323; Desai/Dharmapala (2009) S. 538; Graham (2006) S. 96. Ähnlich dazu auch: Lopez-Garcia/Sogorb-Mira (2008) S. 126.

3025 Vgl. dazu Titman/Wessels (1988) S. 15–17.

3026 Auf eine eingehendere Darstellung sei aufgrund der zu Beginn dieses Abschnittes skizzierten Probleme verzichtet.

3027 Wie MacKie-Mason (1990) hervorgehoben hat, wäre für eine Einschätzung letztlich eine Quantifizierung des Einflusses, den NDTS auf den für die Tax-Shields relevanten Grenzsteuersatz nehmen, notwendig. Vgl. dazu MacKie-Mason (1990) S. 1473. Vgl. dazu auch Parsons/Titman (2008b) S. 9.

3028 Vgl. dazu Graham (1996) S. 43.

3029 Wie der nachfolgende Abschnitt zur Pecking-Order-Theorie zeigen wird, muss die hier implizit getroffene Annahme, dass NDTS uneingeschränkt zu einer Steigerung des Unternehmenswertes aus Sicht der Kapitalgeber führen, nicht erfüllt sein. Dies hat zur Folge, dass sich die hier eingeschlagene Argumentation in der Praxis als nicht stabil erweisen muss.

den Bedeutungsverlust der steuersenkenden Wirkung des Fremdkapitaleinsatzes überkompensieren kann, sodass sich in Summe die Vorteilhaftigkeit eines Fremdkapitaleinsatzes erhöht. Für den weiteren Verlauf dieser Arbeit sei zunächst darauf abgestellt, dass ein Anstieg der NDTS zu einem – wenn auch möglicherweise marginalen – Rückgang des Verschuldungsoptimums vor dem Hintergrund der Überlegungen der „klassischen" Trade-Off-Theorie führt.

Der Faktor Non-Debt-Tax-Shields in der Pecking-Order-Theorie

Blickt man auf die Bedeutung, die NDTS vor dem Hintergrund der Pecking-Order-Theorie für die Finanzierungsentscheidung einnehmen, so kann in Kenntnis der Überlegungen der vorangehenden Abschnitte zunächst vermutet werden, dass NDTS für die Frage der Gestalt der Kapitalstruktur lediglich von nachrangiger Bedeutung sind. Geht man – vergleichbar zu den vorangehenden Überlegungen zur Bedeutung des Umfangs der Unternehmenssteuer – prima facie davon aus, dass der Umfang bestehender NDTS keinen oder aber nur einen begrenzten Einfluss auf die durch die Pecking-Order-Theorie beschriebene feste Rangfolge alternativer Finanzierungsquellen nimmt, so unterstellt man damit implizit, dass der für eine feste Rangfolge alternativer Finanzierungsquellen verantwortliche Umfang bestehender Informationsasymmetrien bzw. bestehender Agency-Konflikte zwischen den Kapitalgebern durch den Umfang bestehender NDTS nicht oder aber nur unbedeutend beeinflusst wird. Wie von Desai/Dharmapala (2009) hervorgehoben wurde, herrscht in der Literatur letztlich die Vorstellung vor, dass eine bestehende Steuervermeidungsstrategie lediglich zu einer Verschiebung des Unternehmenswertes vom Fiskus zu den Eigenkapitalgebern führt und aus Sicht der Kapitalgeber damit uneingeschränkt vorteilhaft zu beurteilen ist. Kosten aus der Verschiebung des Unternehmenswertes erwachsen den Kapitalgebern mit den NDTS dagegen nicht.[3030] Wie die Überlegungen zur „klassischen" Trade-Off-Theorie gezeigt haben, verfällt – unter dieser Prämisse – durch die Existenz von NDTS lediglich ein Teil des Wertbeitrages der Fremdfinanzierung,[3031] der für die Finanzierungsentscheidung im Rahmen der Pecking-Order-Theorie jedoch bestenfalls eine nachrangige Bedeutung einnimmt. Eine eingehendere Betrachtung der Bedeutung von NDTS für die Gestalt der Finanzierungsentscheidung im Rahmen der Finanzierungsentscheidung erscheint vor dem Hintergrund der Treiber der Finanzierungsrangfolge der Pecking-Order-Theorie somit weitgehend verzichtbar.

Schlägt man eine solche Argumentation ein, so hat man die Frage, ob NDTS bestehende Agency-Probleme verändern können, letztlich vereinfachend ausgeklammert. Ein solcher auf den ersten Blick durchaus einleuchtender und im Einklang mit der Pecking-Order-Theorie stehender Ansatz könnte jedoch eine unzulässige Vereinfachung der Rahmenbedingungen der Unternehmenspraxis

3030 Vgl. dazu Desai/Dharmapala (2009) S. 537.
3031 Dies ignoriert vereinfachend die differenziertere Betrachtung des vorangehenden Abschnitts.

darstellen. Die Arbeit von Desai/Dharmapala (2009) hat mit Blick auf die von den Unternehmen implementierten Steuervermeidungsstrategien festgehalten, dass „[...] obfuscatory tax avoidance activities can create a shield for managerial opportunism and the diversion of rents".[3032] Strategien, die vordergründig auf eine Reduzierung der Steuerlast des Unternehmens abzielen, können dem Management m. a. W. die Möglichkeit eröffnen, die Gewinne des Unternehmens zu manipulieren, um dem Unternehmen bzw. den Kapitalgebern Vermögen zu entziehen.[3033] Eine vordergründig auf die Erzielung eines Mehrwertes für die Kapitalgeber abstellende Strategie stellt sich – abseits einer transparenten Unternehmensführung – somit letztlich als wertvernichtend dar.[3034] Desai/Dharmapala (2009) halten auf Basis ihrer empirischen Untersuchung fest, dass „[...] the result that the valuation of tax avoidance is a function of firm governance suggest that tax avoidance and managerial efforts to divert value from shareholders may be intertwined".[3035] Die zunächst unterstellte enge Verbindung zwischen NDTS und Steigerung des Unternehmenswertes erscheint auf Basis der Untersuchung von Desai/Dharmapala (2009) damit nicht gerechtfertigt. Man muss an dieser Stelle vielmehr der Frage nachgehen, ob aggressive Steuervermeidungsstrategien und damit verbundene NDTS nicht vielmehr Ausdruck bedeutsamer Agency-Konflikte sind, die zu einer Abschöpfung des Unternehmenswertes durch die Unternehmensmanager führen. Sowohl für die Pecking-Order- als auch die zunächst betrachtete „klassische" Trade-Off-Theorie wankt damit die in den bisherigen Überlegungen dominierende Annahme wertschaffender NDTS, verlieren NDTS mit der Arbeit von Desai/Dharmapala (2009) doch den Nimbus einer unternehmenswertsteigernden Strategie, die ein Substitut für eine durch die Finanzierungsentscheidung getriebene Unternehmenswertsteigerungsstrategie darstellt.[3036]

Man kann in Kenntnis der Überlegungen von Desai/Dharmapala (2009) durchaus die Auffassung vertreten, dass NDTS und die Finanzierungsentscheidung im Rahmen der „klassischen" Trade-Off-Theorie keine Substitute darstellen.[3037] Was

---

3032 Desai/Dharmapala (2009) S. 538.

3033 Ähnlich dazu auch Armstrong et al. (2015) S. 3.

3034 Desai/Dharmapala (2009) halten in diesem Zusammenhang daher fest, dass „[s]pecifcially, firm governance should be an important determinant of the valuation of purported corporate tax savings". Desai/Dharmapala (2009) S. 538.

3035 Desai/Dharmapala (2009) S. 546. Dieses Ergebnis können Armstrong et al. (2015) wenigstens für die extremen Ränder von Steuervermeidungsstrategien bestätigen. Vgl. dazu Armstrong et al. (2015) S. 15.

3036 Vor diesem Hintergrund kann man die Frage aufwerfen, ob die Existenz bedeutsamer NDTS tatsächlich den Fremdkapitaleinsatz verringert, grenzt doch der Einsatz von Fremdkapital i. d. R. die Entscheidungsfreiheit des Managements ein. Diese Frage ist nicht ohne Weiteres zu beantworten, dürften sich auch an dieser Stelle mehrere Effekte überlagern.

3037 Ein negativer Einfluss von NDTS auf den Umfang der Fremdfinanzierung kann hier vielmehr als ein Zeichen interpretiert werden, dass das Management eine Kontrolle durch die Fremdkapitalgeber zunehmend scheut. Das Urteil zum Einfluss

bedeutet das Ergebnis der Arbeit von Desai/Dharmapala (2009) jedoch für die mit der Pecking-Order-Theorie beschriebene feste Rangfolge alternativer Finanzierungsalternativen? Um diese Frage konzeptionell beantworten zu können, erscheint auch an dieser Stelle ein Rückblick auf die grundlegenden Ausführungen des Kapitels I hilfreich. Myers/Majluf (1984) haben, auf dem Weg, den empirisches Beobachtungen Donaldsons (1963) ein theoretisches Fundament zu geben, darauf abgestellt, dass die rechtlich unterschiedliche Ausgestaltung von Eigen- und Fremdkapital in einer Welt mit asymmetrischen Informationen dazu führt, dass die Begabe von Eigenkapital gegenüber der Begabe von Fremdkapital mit bedeutsamen Kosten verbunden ist. Den Treiber der festen Finanzierungsrangfolge der „klassischen" Pecking-Order-Theorie stellt m. a. W. der Grad der am Kapitalmarkt herrschenden Informationsasymmetrien dar. Unter dem Eindruck der Arbeit von Desai/Dharmapala (2009) kann man an dieser Stelle durchaus versucht sein, zu argumentieren, dass NDTS den Umfang bestehender Informationsasymmetrien verstärken. Besonders überzeugend erscheint eine solche Argumentation auf den zweiten Blick jedoch nicht zu sein, dürfte eine mit der Nutzung von NDTS einhergehende Vernebelungsstrategie des Managements i. d. R. nur von nachrangiger Bedeutung für die grundsätzlich zwischen den Kapitalgebern bestehenden Informationsasymmetrien – als Treiber der Finanzierungsrangfolge der Pecking-Order-Theorie – sein.[3038] Auch die Argumentation über den in der Praxis wohl regelmäßig schwelenden Konflikt zwischen Unternehmensmanagement und Kapitalgebern erscheint mit Blick auf die „klassische" Pecking-Order-Theorie nicht weiter erhellend, wurde diese Fragestellung doch von Myers/Majluf (1984) im Rahmen der Formulierung der Pecking-Order-Theorie vereinfachend ausgeblendet und spielt somit für die Finanzierungsentscheidung vor dem Hintergrund der Pecking-Order-Theorie keine Rolle.

Die zu Beginn dieses Abschnitts geäußerte Vermutung, dass der Umfang der NDTS für die Stabilität der durch die Pecking-Order-Theorie beschriebenen Finanzierungsrangfolge weitgehend unbedeutend ist, erscheint daher auch vor dem Hintergrund der empirischen Arbeit von Desai/Dharmapala (2009) somit weitgehend stabil. Eine Verschiebung der Finanzierungsentscheidung vor dem Hintergrund der Pecking-Order-Theorie ist auf einen ersten Blick damit nicht zu erwarten.

Der Faktor Non-Debt-Tax-Shields in der dynamischen Trade-Off-Theorie

Wie der Abschnitt zum Einfluss von NDTS vor dem Hintergrund der „klassischen" Trade-Off-Theorie gezeigt hat, erscheint, den Blick auf den Zielverschuldungsgrad gerichtet, eine Zunahme wie auch eine Abnahme des Zielverschuldungsgrades mit

---

der NDTS ändert dies jedoch nicht, ist – dies wurde im vorangehenden Abschnitt bereits betont – doch vor dem Hintergrund der Trade-Off-Theorie i. d. R. ein differenzierter Blickwinkel einzunehmen.

3038 Dürfte doch zwischen den Eigenkapital- und den Fremdkapitalgebern an dieser Stelle ein Interessengleichklang bestehen, die Handlungsfreiheit des Managements einzuschränken.

dem Umfang bestehender NDTS denkbar. Vor dem Hintergrund der Prämissen der „klassischen" Trade-Off-Theorie wurde in den bisherigen Überlegungen u. a. unterstellt, dass Transaktionskosten auf die Finanzierungsentscheidung der Unternehmen keinen Einfluss ausüben. Löst man sich von der Annahme unbedeutender Transaktionskosten – dies stellt ein zentrales Merkmal der dynamischen Trade-Off-Theorie dar –,[3039] so ist der Frage nachzugehen, ob der Umfang bestehender NDTS, neben einer Verschiebung des Zielverschuldungsgrades, auch zu einer Verschiebung der Verschuldungsgrenzen der dynamischen Trade-Off-Theorie führt. In den vorangehenden Abschnitten zur dynamischen Trade-Off-Theorie wurde in diesem Zusammenhang der Frage nachgegangen, ob vor dem Hintergrund der dynamischen Trade-Off-Theorie ein Zusammenhang zwischen dem betrachteten Faktor und dem Umfang der durch die Unternehmen zu tragenden Transaktionskosten besteht. Eine solche Überlegung erscheint auch an dieser Stelle grundsätzlich fruchttragend, kann doch auch an dieser Stelle argumentiert werden, dass vorhandene NDTS – dies haben bereits die Überlegungen zur „klassischen" Trade-Off-Theorie angedeutet – Einfluss auf den Investitions- und Finanzierungsbedarf der Unternehmen nehmen. Fraglich erscheint jedoch, ob – dies wurde bereits mit den Überlegungen zur „klassischen" Pecking-Order-Theorie deutlich – eine direkte Verbindung zwischen Transaktionskosten und NDTS gezogen werden kann.[3040] Ohne an dieser Stelle eine vertiefte Analyse des Einflusses der NDTS auf bestehende Transaktionskosten vorzunehmen, erscheint es – wenigstens auf Basis einer oberflächlichen Analyse – vor dem Hintergrund des mit den NDTS regelmäßig verbundenen Anstiegs des auskehrbaren Unternehmenscashflows nicht unwahrscheinlich, dass Unternehmen aufgrund des gewonnenen finanziellen Spielraums im geringeren Umfang von dem durch die „klassische" Trade-Off-Theorie vorgegebenen Verschuldungsoptimum abweichen müssen.[3041] Auf Basis dieser Überlegung könnte man daher versucht sein, zu argumentieren, dass ein bestehendes Verschuldungsoptimum mit dem Umfang bestehender NDTS an Bedeutung bzw.

3039 Vgl. dazu Abschnitt 3.4.1. des Kapitels I. Wie Abschnitt 3.4.1. gezeigt hat, kann sich ein wertoptimales Verschuldungsspektrum darüber hinaus im Fall einer Überschneidung der Unternehmensziele einstellen.

3040 Kann doch auch an dieser Stelle argumentiert werden, dass NDTS Informationsasymmetrien und damit Transaktionskosten nur mittelbar beeinflussen. In den nachfolgenden Überlegungen sei daher darauf abgestellt, dass der Umfang der Transaktionskosten vom Umfang der NDTS zunächst unberührt bleibt. Vielmehr wird in einem ersten Schritt auf eine Ausweitung des Finanzierungsspielraums mit dem Umfang der NDTS abgestellt.

3041 Investitions- oder aber Ausschüttungsentscheidung werden bei diesem Argument als weitgehend flexibel angenommen. Dominieren beide Unternehmensentscheidungen, bildet zwangsläufig die Finanzierungsentscheidung die abhängige Finanzierungsentscheidung. Dies steht jedoch weder im Einklang mit der wertabhängigen bzw. autonomen Finanzierungspolitik.

Bindungswirkung gewinnt. Damit wird letztlich ein Argument der Überlegungen zur „klassischen“ Trade-Off-Theorie aufgegriffen.

Wechselt man in die Welt der dynamischen Trade-Off-Theorie, so schlägt sich der mit den NDTS gewonnene Spielraum nicht nur auf das statische Verschuldungsoptimum, sondern auch auf das wertoptimale Verschuldungsspektrum nieder.[3042] Bedeutsam dürfte ein solcher Effekt in aller Regel jedoch nicht sein, kann doch auch an dieser Stelle darauf abgestellt werden, dass der finanzielle Spielraum der Unternehmen mit den NDTS zwar anwachsen wird, dieser gewonnene Spielraum jedoch i. d. R. den Finanzierungsbedarf des Unternehmens nicht vollständig abdecken wird. Auch vor dem Hintergrund der dynamischen Trade-Off-Theorie darf man daher in einem ersten Schritt davon ausgehen, dass die mit den NDTS verbundene Erhöhung des Finanzierungsspielraums lediglich von nachrangiger Bedeutung für die Finanzierungsentscheidung eines Unternehmens sein wird. Man kann an dieser Stelle kritisch einwerfen, dass man sich in den bisherigen Überlegungen mit einem Nebenaspekt aus Sicht der dynamischen Trade-Off-Theorie beschäftigt hat und sich letztlich nur eine Beschäftigung mit dem Einfluss der NDTS auf die Haupttreiber eines dynamischen Verschuldungsoptimums als fruchttragend erweisen wird. Wie in Kapitel I dieser Arbeit hervorgehoben wurde, ergibt sich ein dynamisches Verschuldungsoptimum abseits der Wechselwirkungen zwischen Investitions- und Finanzierungspolitik unter Wirkung von Transaktionskosten. Fasst man die Überlegungen des Kapitels I knapp zusammen, so werden Unternehmen eine Anpassung der Kapitalstruktur scheuen, sofern die mit der Anpassung verbundenen Transaktionskosten den durch die Anpassung gewonnenen Wertbeitrag der Fremdfinanzierung übersteigen.

Will man die Frage nach der Bedeutung der NDTS für die dynamische Trade-Off-Theorie abschließend beantworten, so muss man sich in einem zweiten Schritt daher der Frage widmen, inwieweit NDTS Einfluss auf die Höhe bestehender Transaktionskosten nehmen. In den vorangehenden Abschnitten wurde an dieser Stelle regelmäßig damit argumentiert, dass die betrachteten Faktoren direkten Einfluss auf die Höhe der mit einer Anpassung der Kapitalstruktur anfallenden Transaktionskosten nehmen. Dieser Weg erscheint an dieser Stelle – dies wurde zu Beginn dieses Abschnitts bereits hervorgehoben – beschwerlich, dürfte der Umfang der NDTS mit der Höhe bestehender Transaktionskosten doch bestenfalls lose miteinander verknüpft sein.[3043] Man kann an dieser Stelle vielmehr auf eine indirekte Verbindung zwischen Transaktionskosten und dem Umfang bestehender

3042 Man kann an dieser Stelle letztlich argumentieren, dass die wertoptimalen Verschuldungsgrenzen näher am wertoptimalen Verschuldungsgrad der „klassischen“ Trade-Off-Theorie liegen werden.

3043 Zwar ist grundsätzlich nicht auszuschließen, dass das herrschende Steuerregime Einfluss auf die Kapitalmarktkonditionen nimmt, der Einfluss auf die Markteffizienz und damit den Umfang der Transaktionskosten dürfte jedoch i. d. R. von nachrangiger Bedeutung sein.

NDTS abstellen. Wie in den vorangehenden Unterabschnitten bereits hervorgehoben wurde, können Unternehmen mit dem Einsatz von NDTS einen Teil des erwirtschafteten Cashflows dem Fiskus entziehen, ohne dabei Fremdkapital einsetzen zu müssen. Eine solche alternative Strategie führt letzten Endes dazu, dass die Bedeutung einer am Unternehmenswert ausgerichteten Finanzierungspolitik zurückgeht, existieren zur Steigerung des Unternehmenswertes doch alternative Strategien, die zudem nicht mit den Kosten eines Fremdkapitaleinsatzes verbunden sind.[3044] Befriedigend ist eine solche Argumentation mit Blick auf ein bestehendes Verschuldungsvolumen nicht, mag ein Unternehmen zwar aus Sicht des Wertbeitrages der Fremdfinanzierung zwar befreit sein, regelmäßige Anpassungen an der Kapitalstruktur vornehmen zu müssen, dies blendet jedoch den wohl unveränderten Insolvenzdruck, der auf Unternehmen lastet, vereinfachend aus.[3045] Man muss daher vergleichbar zu den vorangehenden Abschnitten eine zu den Verschuldungsgrenzen des wertoptimalen Verschuldungsspektrums differenzierte Betrachtung einschlagen und der Frage nachgehen, welchen Einfluss der Umfang der NDTS auf die obere und untere Verschuldungsgrenze der Unternehmen nimmt. Auf eine solche Überlegung sei an dieser Stelle verzichtet,[3046] kann man doch gegenüber der mit Blick auf die Bedeutung des NDTS für die Transaktionskosten eingeschlagenen Argumentation erneut einwerfen, dass die NDTS wohl insgesamt nur eine untergeordnete Rolle in der Frage der Finanzierung des Unternehmens einnehmen werden.

Damit bleibt auch mit Blick auf die dynamische Trade-Off-Theorie die Bedeutung, die NDTS im Rahmen der Finanzierungsentscheidung einnehmen, ähnlich unscharf wie in den vorangehenden Abschnitten. Auf Basis der ersten Überlegungen kann man ggf. auf eine leichte – asymmetrische – Verschiebung der Verschuldungsgrenzen mit dem Umfang der NDTS abstellen. Eindeutig – wie im Fall der im Vorfeld beleuchteten Faktoren – dürfte ein solcher Effekt jedoch auch an dieser Stelle nicht ausfallen. Blickt man auf den in Abschnitt 3.4.1.1. Alternativ zu dem Einfluss von Transaktionskosten diskutierten Einfluss einer Überschneidung alternativer Unternehmensziele, so kann man – dies entspricht letztlich der Argumentation zu Beginn dieses Abschnitts – darauf abstellen, dass die Finanzierungsentscheidung

3044 Vgl. zu dieser Argumentation u. a. Lopez-Garcia/Sogorb-Mira (2008) S. 119. Andererseits fehlt dem „Einsatz" von NDTS wohl auch der disziplinierende Charakter eines Einsatzes von Fremdkapital.

3045 Hier wurde im Abschnitt zur „klassischen" Trade-Off-Theorie argumentiert, dass ein Anstieg der NDTS durch den gewonnenen finanziellen Spielraum auch zu einem Rückgang des Insolvenzdrucks führen kann. Dieser Effekt dürfte, darauf wurde im Vorfeld hingewiesen, jedoch nur von untergeordneter Bedeutung sein. Es sei an dieser Stelle daher vereinfachend darauf abgestellt, dass NDTS keinen Einfluss auf den Umfang und die Bedeutung des bestehenden Insolvenzdrucks nehmen.

3046 Man darf hier die Vermutung äußern, dass die untere ggü. der oberen Verschuldungsgrenze an Bedeutung verliert.

angesichts des gewonnenen finanziellen Spielraums in den Hintergrund rückt.[3047] Bedeutsam dürfte dieser Einfluss aufgrund der i. d. R. wohl eingeschränkten Erweiterung des finanziellen Spielraums jedoch nicht sein.

Der Faktor Non-Debt-Tax-Shields in der erweiterten Pecking-Order-Theorie

Betrachtet man den Einfluss von NDTS vor dem Hintergrund der erweiterten Pecking-Order-Theorie, so kann – vergleichbar zu den Überlegungen zur „klassischen" Pecking-Order-Theorie – darauf abgestellt werden, dass die NDTS im Angesicht des Prämissengerüsts der erweiterten Pecking-Order-Theorie für die Finanzierungsentscheidung nur wohl von nachrangiger Bedeutung sind. Dies wird deutlich, ruft man sich auch an dieser Stelle die Argumentation des ersten Kapitels zur erweiterten Pecking-Order-Theorie nochmals kurz in Erinnerung. Abschnitt 3.4.3. des Kapitels I hat gezeigt, dass Wu/Yeung (2012) in der Herleitung der erweiterten Pecking-Order-Theorie zunächst vereinfachend zwischen zwei Unternehmenstypen unterschieden haben. Als Unternehmen des Typs I wurden Unternehmen mit umfangreichen – bereits realisierten – Investitionsprojekten bezeichnet, die im Vergleich zu den bereits realisierten Projekten nur noch im geringen Umfang über zukünftige Wachstumschancen verfügen. Diesen Unternehmen haben Wu/Yeung (2012) Unternehmen des Typs II gegenübergestellt, die über umfangreiche, bisher jedoch nur im geringen Umfang realisierte, Wachstumsprojekte verfügen.[3048] Auf Basis dieser beiden Unternehmenstypen hat die Arbeit von Wu/Yeung (2012) gezeigt, dass Unternehmen des Typs II bei der Finanzierung zukünftiger Wachstumsprojekte i. d. R. bereit sind, weitgehendere Kompromisse einzugehen, als Unternehmen des Typs I, mit der Folge, dass die – für die Unternehmen des Typs I bestehende – feste Finanzierungsrangfolge der „klassischen" Pecking-Order-Theorie für Unternehmen des Typs II letztlich an Bindungswirkung verliert. Es gelten im Rahmen der erweiterten Pecking-Order-Theorie m. a. W. in Abhängigkeit zum jeweils betrachteten Unternehmenstyp unterschiedliche Finanzierungsregeln.

Will man die Frage beantworten, welchen Einfluss NDTS auf die Finanzierungsentscheidung vor dem Hintergrund der erweiterten Pecking-Order-Theorie haben, so muss man sich letztlich der Frage widmen, welchen Einfluss NDTS auf die Bereitschaft der Unternehmen, Kompromisse im Rahmen der Finanzierungsentscheidung einzugehen, nehmen. Blickt man zunächst auf die Unternehmen des Typs I, so erscheint es fraglich, dass ein Vorliegen von NDTS zu einer Verschiebung der Finanzierungsentscheidung für diesen Unternehmenstypus führt,[3049]

3047 Diese Argumentation unterstellt implizit ein Festhalten an Investitions- und Ausschüttungspolitik des Unternehmens.

3048 In der Praxis dürfte es – im Kontrast zu den zunächst rein konzeptionellen Überlegungen der Arbeit von Wu/Yeung (2012) – regelmäßig schwierig sein, eine trennscharfe Grenze zwischen den Unternehmen des Typs I und II zu formulieren.

3049 Man muss hier der Frage nachgehen, wie sich die Gewichtung zwischen der festen Finanzierungsrangfolge der „klassischen" Pecking-Order-Theorie und der Nachrangigkeit der Finanzierungsentscheidung unter dem Einfluss bedeutender NDTS ändert sich doch mit dem Bestehen bedeutsamer NDTS das grundsätzliche Problem einer Übervorteilung der (Alt-)Eigenkapitalgeber der Unternehmen des Typs I im Fall einer Eigenkapitalbegabe nicht. Erscheint es doch unwahrscheinlich, dass Informationsasymmetrien mit oder aber in Bezug auf bestehende NDTS unterschiedlich ausgeprägt sind.[3050] Eine vergleichbare Einschätzung kann man wiederholen, blickt man auf die Kompromissbereitschaft der Unternehmen des Typs II, auch hier erscheint es durchaus plausibel, darauf abzustellen, dass NDTS für die Entscheidung der Unternehmen von lediglich nachrangiger Bedeutung sind. Darf man doch in aller Regel nicht davon ausgehen, dass die Existenz von NDTS allein dazu führt, dass Wachstumsunternehmen von der Notwendigkeit eines Gangs an den Kapitalmarkt befreit werden.[3051] Es wächst zwar der Anteil der Kapitalgeber an der Pizza, doch ist es unwahrscheinlich, dass der Fiskus in der Praxis Stücke einer weiteren Pizza den Kapitalgebern spendiert. Die grundsätzlichen Überlegungen zur erweiterten Pecking-Order-Theorie dürften somit unabhängig von dem Bestand an NDTS Bestand haben.[3052]

Angesichts des i. d. R. nur nachrangigen Einflusses von NDTS auf die Gestalt der Finanzierungsentscheidung auf Grundlage der erweiterten Pecking-Order-Theorie könnte man in einem zweiten Schritt in einer alternativen Herangehensweise u. U. versucht sein, zu argumentieren, dass der Umfang an NDTS einen Indikator für einen gewissen Unternehmenstyp darstellt. Zwingend fruchttragend scheint ein solcher Ansatz jedoch nicht zu sein,[3053] ist es doch durchaus denkbar, dass junge Wachstumsunternehmen über bedeutsame NDTS verfügen, die im Angesicht

---

verschiebt, nicht jedoch der Frage, ob die NDTS selbst Einfluss auf die Rangfolge alternativer Finanzierungsquellen nehmen. Verwunderlich ist dies letztlich nicht, bedeutet eine Verschiebung der Finanzierungsrangfolge innerhalb der „klassischen" Pecking-Order-Theorie mit den NDTS doch letztlich ein Zerbrechen dieses Erklärungsansatzes.

3050 Man kann – dieser Blickwinkel wurde etwa im Unterabschnitt zur „klassischen" Pecking-Order-Theorie eingeschlagen – argumentieren, dass NDTS zu einer zunehmenden Vernebelung der tatsächlichen Unternehmenseigenschaften führen und somit die zwischen Unternehmensinsidern und Kapitalmarkt bestehende Informationsschiefe verstärken. Überzeugen – dies haben die Vorüberlegungen gezeigt – kann eine solche Argumentation letztlich jedoch nicht und wird daher in der Folge nicht vertieft betrachtet.

3051 Man kann an dieser Stelle zwar durchaus darauf abstellen, dass Steuererleichterungen in Zusammenhang mit Investitionen den finanziellen Spielraum von Unternehmen erweitern. Die grundsätzliche Notwendigkeit der Begabe frischen Kapitals dürften diese Steuererleichterungen jedoch auch nicht lösen können.

3052 Man kann an dieser Stelle auf den mit einer Zunahme der NDTS ggf. wachsenden finanziellen Spielraum abstellen, der zu einer Verschiebung von Unternehmenstyp II in Richtung des Unternehmenstyps I führt. Dieser Effekt, dies zeigen die nachfolgenden Überlegungen, dürfte jedoch bestenfalls von marginaler Bedeutung sein.

3053 An dieser Stelle wird zudem ausgeklammert, dass – möchte man dieser Frage nachgehen – man sich zunächst näher mit dem jeweils gültigen Steuerregime

einer noch unzureichenden wirtschaftlichen Substanz des Unternehmens jedoch nicht gehoben werden können, während Bestandsunternehmen NDTS im geringen Umfang ohne Weiteres steuerlich geltend machen können; man mit Blick auf die Finanzierungsentscheidung letztlich auf die hebbaren NDTS abstellen müsste. Auch an dieser Stelle erscheint es somit nicht erhellender, weitgehend abstrakt gehaltene Überlegungen zur Bedeutung der NDTS vor dem Hintergrund der erweiterten Pecking-Order-Theorie vorzunehmen, dürfte die Bedeutung steuerlicher Rahmenbedingungen für die „klassische" als auch erweiterte Pecking-Order-Theorie doch theoriegetrieben bestenfalls von nachrangiger Bedeutung sein. Die grundsätzliche Nachrangigkeit der steuerlichen Rahmenbedingungen ändert sich nicht, betrachtet man die erweiterte Pecking-Order-Theorie. Die Formulierung einer klaren Erwartungshaltung zum Einfluss von NDTS auf die Finanzierungsentscheidung vor dem Hintergrund der erweiterten Pecking-Order-Theorie ist – über das Postulat der Nachrangigkeit dieses Faktors – somit nicht ohne Weiteres möglich.[3054]

Zum Einfluss des Faktors Non-Debt-Tax-Shields auf die alternativen Finanzierungspolitiken

Fasst man die Überlegungen der vorangehenden Unterabschnitte zur Bedeutung der NDTS für die Finanzierungsentscheidung zusammen und überträgt diese Überlegungen auf die in Kapitel II betrachteten Kapitalstrukturtheorien, so kann – dies haben die vorangehenden Überlegungen gezeigt – an dieser Stelle lediglich eine vorsichtige Einschätzung mit Blick auf die Bedeutung und den Einfluss der NDTS vorgenommen werden. Die Überlegungen zur „klassischen" Trade-Off-Theorie haben deutlich werden lassen, dass ein leichter Rückgang des wertoptimalen Verschuldungsoptimums mit Blick auf den Substitutionseffekt der NDTS gegenüber den steuerlich induzierten Wertbeiträgen der Fremdfinanzierung durchaus plausibel erscheint. Unternehmen haben m. a. W. vor dem Hintergrund bedeutsamer NDTS einen geringeren wirtschaftlichen Anreiz, das im Unternehmen einsetzbare Fremdkapitalvolumen voll auszureizen. Auf Grundlage dieser Überlegung kann man bei einem Wechsel zum Theoriegerüst der dynamischen Trade-Off-Theorie darauf abstellen, dass die Bindungswirkung des mit der Trade-Off-Theorie beschriebenen Verschuldungsoptimums abnimmt und Unternehmen – im Angesicht des Bedeutungsverlusts des Wertbeitrages der Fremdfinanzierung – der Finanzierungsentscheidung weniger Bedeutung zumessen. Symmetrisch muss ein solcher Bedeutungsverlust der Finanzierungsentscheidung sich dabei nicht auf die Verschuldungsgrenzen des Unternehmens jedoch nicht auswirken, erscheint es doch in der Gesamtbetrachtung der ökonomischen Anreize nicht unplausibel,

---

und den jeweiligen Auswirkungen auf die unterschiedlichen Unternehmenstypen beschäftigen muss.

3054 Die Frage kann – sofern sie sich als bedeutsam erweist – nur empirisch geklärt werden.

dass die obere Verschuldungsgrenze – im Angesicht einer weitgehend unveränderten Insolvenzgefahr – einen geringeren Verlust ihrer Bindungswirkung durch die Existenz von NDTS erfährt als die Verschuldungsuntergrenze.[3055] Für die Verschuldungsuntergrenze – die Unternehmen sind nicht oder nur noch im geringeren Umfang auf eine fremdkapitalinduzierte Verminderung der Steuerlast angewiesen – dürften sich bedeutsame NDTS deutlicher auswirken, sodass es in der Gesamtbetrachtung zu einer asymmetrischen Verschiebung der Verschuldungsober- bzw. -untergrenze um den wertoptimalen Verschuldungsgrad kommen dürfte.

Blickt man auf das mit der autonomen und wertabhängigen Finanzierungspolitik beschriebene Spannungsfeld alternativer Finanzierungspolitiken, so ist man auf Basis der Vorüberlegungen auch an dieser Stelle zu einer differenzierten Betrachtung gezwungen. Ist ein Unternehmen durch den bestehenden Insolvenzdruck zu einer Anpassung des realisierten Verschuldungsumfangs gezwungen – die Unternehmen haben aufgrund bereits bestehender NDTS eine konservative Verschuldungspolitik implementiert –, dürfte eine aktive Steuerung der bestehenden Kapitalstruktur für Unternehmen i. d. R. von nachrangiger wirtschaftlicher Bedeutung sein, verfällt angesichts bestehender NDTS ein Teil der durch Fremdfinanzierung möglichen Verringerung der Steuerlast doch ungenutzt. Ein stärkeres Mäandern des tatsächlichen Verschuldungsgrades um den wertoptimalen Verschuldungsgrad der statischen Trade-Off-Theorie mit ggf. deutlichen Unterschreitungen eines festen Zielverschuldungsgrades erscheint bei Vorliegen bedeutsamer NDTS nicht unplausibel. Ein weitgehendes Festhalten an einer absoluten Verschuldungsvorgabe – wie etwa durch die autonome Finanzierungspolitik beschrieben – ist unter diesen Rahmenbedingungen durchaus einleuchtend, besitzen Unternehmen doch nur im eingeschränkten Umfang Anreize, die Schwankungen des Unternehmenswertes durch eine Änderung des eingesetzten Fremdkapitalumfangs nachzuzeichnen.[3056] Wenig überraschend verliert die wertabhängige Finanzierungspolitik im Angesicht des im Abschnitt zur „klassischen" Trade-Off-Theorie beschriebenen Substitutionseffekts – wenigstens partiell – ihren wirtschaftlichen bzw. „inneren" Reiz, der in Kapitel II betrachtet wurde. Denkbar ist eine aktive Steuerung der Unternehmensverschuldung – unterstellt man bedeutsame NDTS – nur im Fall eines bedeutsamen Verschuldungsumfangs. Unternehmen, die einer greifbaren

3055 Man kann an dieser Stelle durchaus berechtigt einwerfen, dass die Verschiebung der „oberen" Verschuldungsgrenze – im Fall der „klassischen" Trade-Off-Theorie – der Verschiebung des statischen Verschuldungsoptimums entsprechen muss. Unbenommen dieser Frage dürften Unternehmen es weiterhin vermeiden wollen, durch eine Überschreitung der Verschuldungsgrenze eine wertverzehrende Restrukturierung des Unternehmens durchführen zu müssen.

3056 Dies gilt insbesondere für den Fall einer Zunahme des Unternehmenswertes. Angesichts des wohl unverändert bestehenden Insolvenzdrucks kann man dagegen von der Notwendigkeit ausgehen, Fremdkapital bei drohender Verschuldung zurückzuführen.

Insolvenzgefahr ausgesetzt sind, werden weiterhin versucht sein, die obere Verschuldungsgrenze nicht zu überschreiten. Eine wertabhängige Finanzierungspolitik im herkömmlichen Sinn etabliert sich unter dem Eindruck bedeutsamer NDTS jedoch nicht.[3057] Blickt man auf die Überlegungen des Kapitels II zurück, so dürften Fremdkapitalgeber in ihrem Wunsch, durch die Eigenkapitalgeber nicht übervorteilt zu werden, weitgehend unbeeindruckt vom Bestehen bedeutender NDTS sein.[3058]

Fasst man zusammen, so führen bedeutsame NDTS letztlich dazu, dass eine „klassische" wertabhängige Finanzierungspolitik vor dem Hintergrund des abnehmenden Wertbeitrages der Fremdfinanzierung zunehmend an Strahlkraft verliert. Eine autonome Finanzierungspolitik gewinnt vor dem Hintergrund bedeutsamer NDTS dagegen an Plausibilität, bedeuten stabile Verschuldungsvorgaben im Angesicht bedeutsamer NDTS nicht zwingend einen Wertverlust.[3059] Der Schluss, der mit Blick auf die „klassische" und erweiterte Pecking-Order-Theorie für das Finanzierungsverhalten der Unternehmen gezogen werden kann, bleibt dagegen vage. Verwunderlich ist dies – wie die vorangehenden Unterabschnitte gezeigt haben – jedoch nicht, spielt der Wertbeitrag der Fremdfinanzierung bei der Formulierung der Pecking-Order-Theorie doch eine lediglich untergeordnete Rolle. An dieser Stelle wird daher auf eine eingehendere Beleuchtung der vor dem Hintergrund dieser Theorien für die alternativen Finanzierungspolitiken zu ziehenden Schlüsse verzichtet.

5.6.1.8. Grad der Spezialisierung

Bevor sich der Frage des Einflusses des Faktors Grad der Spezialisierung auf die Finanzierungsentscheidung gewidmet werden kann, muss zu Beginn dieses Abschnitts zunächst der Frage nachgegangen werden, was unter dem Oberbegriff des Grades der Spezialisierung in den folgenden Unterabschnitten genau zu verstehen ist. Hinsichtlich der Begriffskonkretisierung sind zunächst zwei alternative Herangehensweisen für eine Annäherung an eine Definition des Begriffs denkbar. Einerseits kann man sich einer Konkretisierung des Begriffs über die Eigenschaften der in den Unternehmen eingesetzten Güter nähern, andererseits kann man versuchen, ausgehend von dem Grad der Spezialisierung der abzusetzenden Produkte oder Dienstleistungen, den Begriff der Spezialisierung zu definieren. Diese auf den ersten Blick konträr

---

3057 Dieser Bedeutungsverlust ist auch mit Blick auf die in den bisherigen Überlegungen vereinfachend ausgeblendeten Transaktionskosten nicht weiter verwunderlich.

3058 Der Beitrag der NDTS zur Haftungsmasse des Unternehmens dürfte – auch unter Berücksichtigung des konkurrierenden Wertbeitrages der Fremdfinanzierung – wohl in der Regel von nachrangiger Bedeutung sein.

3059 Dieses Argument wurde in Kapitel II u. a. gegen die Realisation einer autonomen Finanzierungspolitik in der Praxis angeführt.

wirkenden Ansätze dürften in der Praxis – dies soll mit den nachfolgenden Überlegungen verdeutlicht werden – regelmäßig zu vergleichbaren Ergebnissen mit Blick auf die Finanzierungsentscheidung führen.[3060] Blickt man zunächst auf den Aspekt der Spezialisierung der abzusetzenden Produkte oder Dienstleistungen, so findet sich in der Literatur mit Titman (1984) und Titman/Wessles (1984) bereits früh die Einschätzung, dass Unternehmen mit spezifischem Produktportfolio im Insolvenzfall i. d. R. höheren Kosten zu tragen haben als Unternehmen, die über ein marktgängiges Produktportfolio verfügen.[3061] Hinter der Überlegung eines mit dem Grad der Spezialisierung verbundenen Anstiegs der Insolvenzkosten steht – wie etwa Frank/Goyal (2009) hervorheben – neben der Vermutung einer höheren Sensitivität der Kunden mit Blick auf die Fortführungsfähigkeit der Unternehmen[3062] auch die Annahme hoher Kosten im Falle einer tatsächlichen Zerschlagung der Unternehmen.[3063] Als Maßgrößen für den Grad der Spezialisierung des Produktportfolios werden in der Literatur u. a. hohe Entwicklungskosten, Verwaltungs- sowie Werbekosten diskutiert.[3064] Stellt man auf die entgegengesetzte Herangehensweise zur Konkretisierung des Begriffs der Spezialisierung ab, d. h. die Spezialisierung der eingesetzten Güter, so gelangt man, etwa auf Basis der Arbeit von Campello/Giambona (2010), zu einem vergleichbaren Ergebnis, stellt die Spezialisierung der eingesetzten Güter doch ein bedeutendes Kriterium für die Verwertbarkeit des Unternehmensvermögens im Fall einer Insolvenz dar. Graham/Leary (2011) halten in diesem Zusammenhang zusammenfassend fest, dass „[o]ne key empirical finding is that debt capacity of assets increase when those assets are more redeployable".[3065] Die Spezialisierung der eingesetzten Güter dürfte m. a. W. somit eine vergleichbare Rolle für die Finanzierungsentscheidung des Unternehmens einnehmen wie die Spezialisierung des Produktportfolios.[3066] Sowohl vor dem Hintergrund einer ansteigenden Spezialisierung des Produktportfolios als auch vor dem Hintergrund der Spezialisierung des eingesetzten Kapitals ist damit davon auszugehen, dass mit dem Grad der Spezialisierung die Insolvenzkosten des Unternehmens

3060 Ausnahmen stellen u. U. Unternehmen dar, bei denen ein Großteil der Spezialisierung der produzierten Produkte auf immaterielle Vermögensgegenstände wie etwa Erfahrungswissen zurückzuführen ist, das keinen greifbaren Niederschlag im Unternehmensvermögen findet.

3061 Vgl. dazu Titman (1984) S. 148; Titman/Wessels (1988) S. 5; Harris/Raviv (1991) S. 319; Frank/Goyal (2009) S. 9.

3062 Kunden werden mit Blick auf die spezialisierten Produkte eine langfristige Versorgungssicherheit anstreben.

3063 Vgl. dazu Frank/Goyal (2009) S. 6; 9. Ähnlich dazu auch Harris/Raviv (1991) S. 318.

3064 Vgl. dazu Titman/Wessels (1988) S. 5; Frank/Goyal (2009) S. 9.

3065 Graham/Leary (2011) S. 328. Die Verwertbarkeit des Anlagevermögens dürfte i. d. R. mit dem Grad der Spezialisierung abnehmen.

3066 Vgl. dazu Graham/Leary (2011) S. 328; Campello/Giambona (2013) S. 1355. Der Grad der Spezialisierung bildet dabei einen zusätzlichen Aspekt der in einem vorangehenden Abschnitt betrachteten Greifbarkeit des Anlagevermögens.

ansteigen.[3067] In den folgenden Unterabschnitten sei aufgrund der vergleichbaren Wirkrichtung der i. d. R. wohl eng verbundenen Aspekte der Spezialisierung die Spezialisierung des Kapitals und des Produktportfolios weitgehend als Einheit betrachtet.

Der Faktor Grad der Spezialisierung in der Trade-Off-Theorie

Blickt man auf den Einfluss, den der Grad der Spezialisierung auf die Finanzierungsentscheidung vor dem Hintergrund der „klassischen" Trade-Off-Theorie nimmt, so soll und kann – wie in den vorangehenden Abschnitten – auch in diesem Abschnitt eine Aufteilung der übergeordneten Fragestellung in einzelne Teilfragen vorgenommen werden. Mit Blick auf den mit der „klassischen" Trade-Off-Theorie beschriebenen wertoptimalen Verschuldungsgrad ist somit in der Folge die Frage nach dem Einfluss des Grads der Spezialisierung auf den Wertbeitrag der Fremdfinanzierung als auch den, dem Wertbeitrag entgegenstehenden, Insolvenzdruck zu stellen und zu beantworten. Betrachtet man zunächst die erste Fragestellung, so erscheint die Verbindung zwischen Wertbeitrag der Fremdfinanzierung und dem Grad der Spezialisierung auf den ersten Blick in der Praxis regelmäßig von lediglich nachrangiger Bedeutung zu sein. Dies wird deutlich, betrachtet man den Zusammenhang zwischen dem Grad der Spezialisierung und dem Wertbeitrag der Fremdfinanzierung vor dem Hintergrund der im einleitenden Abschnitt motivierten alternativen Herangehensweisen zur Konkretisierung des Grades der Spezialisierung. Stellt man zunächst auf die Spezialisierung des angebotenen Produktportfolios ab, so dürfte die Gestalt des Produktportfolios für die durch die Unternehmen zu tragende Steuerlast auf den ersten Blick nur von sekundärer Bedeutung sein. Kann doch darauf abgestellt werden, dass sich die Steuerlast der Unternehmen in erster Linie an der wirtschaftlichen Leistungsfähigkeit und nicht an dem Umfang der Spezialisierung des Produktionsportfolios ausrichtet.[3068] Eine vergleichbare Überlegung kann auch mit Blick auf die Spezialisierung des eingesetzten Kapitals vorgenommen werden. Auch der Umfang der Spezialisierung des im Rahmen der Unternehmenstätigkeit eingesetzten Sachanlagevermögens dürfte für die Bemessung der Steuerlast nur in zweiter Linie, d. h. etwa über den Umweg der steuerlich zulässigen Abschreibungen, Einfluss nehmen.[3069]

3067 Überraschend ist dieser Gleichklang an dieser Stelle nicht, dürfte die Spezialisierung des eingesetzten Kapitals und der Grad der Spezialisierung des Produktportfolios doch eng miteinander verbunden sein.

3068 Es ist zwar denkbar, dass herrschende Steuersysteme Ausnahmen bzw. Erleichterungen aus ordnungspolitischen Gründen für spezielle Produkte gewähren, ein bedeutsamer Einfluss auf die Finanzierungsentscheidung dürfte wohl in der Praxis nur in Ausnahmefällen erwachsen. Fraglich ist auch, ob der Grad der Spezialisierung eine geeignete Größe darstellt, um diesen Effekt abzubilden.

3069 Anders als die Zusammensetzung des Unternehmensvermögens – im vorangehenden Abschnitt zu den NDTS wurde etwa die Rolle von Abschreibungen näher betrachtet – dürfte der Grad der Spezialisierung – etwa über zulässige Abschreibungsquoten – nur sekundäre Effekte auf die tatsächliche Steuerlast ausüben.

Die bisherigen Überlegungen haben sich – etwas einseitig – auf den Zusammenhang zwischen dem Faktor des Grades der Spezialisierung und der nominalen Steuerlast fokussiert.

Man kann an dieser Stelle – dies haben u. a. Majd/Myers (1987) bzw. Williamson (2002) gemacht – mit der Wahrscheinlichkeit der Hebbarkeit des Wertbeitrages der Fremdfinanzierung und den Wechselwirkungen zwischen dem Grad der Spezialisierung und den Finanzierungskonditionen weitere Aspekte einer zunehmenden Spezialisierung der Unternehmen mit Blick auf den Wertbeitrag der Fremdfinanzierung aufgreifen. In den bisherigen Überlegungen hat – wenigstens implizit – die Vermutung dominiert, dass Unternehmen in jedem Umweltzustand Zahlungen an den Fiskus zu leisten haben bzw. dazu wirtschaftlich in der Lage sind. Wechselt man in eine Welt, die durch zyklische Cashflows geprägt ist und in der Unternehmen nicht in jedem Umweltzustand über eine positive Steuerbemessungsgrundlage verfügen,[3070] so kann der Grad der Spezialisierung durchaus Einfluss auf die effektive Steuerlast der Unternehmen ausüben. Die Arbeit von Majd/Myers (1987) hat unter Annahme eines zeitlich begrenzten Übertrags von Verlusten in Vor- bzw. Folgeperioden gezeigt, dass die Steuerlast stark spezialisierter Unternehmen i. d. R. höher ist als die Steuerlast stärker diversifizierter Unternehmen. Grund für diesen Effekt ist, dass diversifizierte Unternehmen mögliche Verluste aus Teilsegmenten dem positiven Ertrag aus anderen Segmenten gegenrechnen können, während für spezialisierte Unternehmen regelmäßig die Gefahr besteht, dass steuerreduzierende Verlustvor- bzw. -rückträge aufgrund einer begrenzten Übertragbarkeit wertlos verfallen.[3071] Der Grad der Spezialisierung bildet – dieser Aspekt ist für die spätere Einordnung der empirischen Evidenz bedeutsam – an dieser Stelle letztlich einen weiteren Aspekt des in Abschnitt 5.6.1.5. betrachteten Faktors Risiko ab. Die bisherigen Überlegungen haben zudem implizit darauf abgestellt, dass der Grad der Spezialisierung für die Wahrscheinlichkeit eines Insolvenzeintritts weitgehend unbedeutend ist. Wie mit den Überlegungen der nachfolgenden Abschnitte deutlich werden wird, sind der Grad der Spezialisierung und der auf den Unternehmen lastende Insolvenzdruck regelmäßig nicht unabhängig voneinander.[3072]

Ohne den nachfolgenden Überlegungen zu weit vorzugreifen,[3073] soll an dieser Stelle darauf abgestellt werden, dass der Grad der Spezialisierung u. a. über einen steigenden Insolvenzdruck auch Einfluss auf den Wertbeitrag der Fremdfinanzierung als Ganzes nimmt. Unter dem Eindruck eines mit der Spezialisierung des Unternehmens ansteigenden Risikos des Unternehmens werden rationale

3070 Diese Umweltzustände dürften sich in der Praxis durchaus regelmäßig einstellen.

3071 Vgl. dazu Majd/Myers (1987) S. 343; Berger/Ofek (1995) S. 41.

3072 Dies ist letztlich auf die in der Literatur auch als „coinsurance effect" zurückzuführende Verringerung des Schwankungsrisikos der Unternehmenscashflows zurückzuführen. Vgl. dazu u. a. LaRocca (2009) S. 802.

3073 Der Einfluss des Grads der Spezialisierung auf das Unternehmensrisiko wird im weiteren Verlauf dieses Unterabschnittes mit Blick auf den, auf den Unternehmen lastenden, Insolvenzdruck aufgegriffen.

Fremdkapitalgeber u. a. eine höhere Risikoprämie fordern,[3074] die dem zuvor skizzierten Bedeutungsverlust des Wertbeitrages der Fremdfinanzierung wenigstens zum Teil entgegenwirkt. Im Folgenden sei auf Basis der Vorüberlegung daher darauf abgestellt, dass der Grad der Spezialisierung einen geringen negativen Einfluss auf den im Rahmen der „klassischen" Trade-Off-Theorie betrachteten Wertbeitrag der Fremdfinanzierung besitzt.[3075] Auf tiefer gehende Überlegungen zum Einfluss des Faktors Grad der Spezialisierung auf den Wertbeitrag der Fremdfinanzierung sei an dieser Stelle verzichtet.

Blickt man auf den Zusammenhang zwischen Grad der Spezialisierung und dem zweiten im Rahmen der „klassischen" Trade-Off-Theorie bedeutsamen Treiber eines wertoptimalen Verschuldungsoptimums – dem auf den Unternehmen lastenden Insolvenzdruck –, so kann an die diesen Abschnitt einleitenden Überlegungen angeknüpft werden. Wie in den vorangehenden Abschnitten soll der auf den Unternehmen lastende Insolvenzdruck in die Wahrscheinlichkeit eines Insolvenzeintritts und die im Fall einer Insolvenz von den Kapitalgebern zu tragenden Kosten zerlegt werden. Stellt man sich zunächst der Frage, welchen Einfluss der Umfang der Spezialisierung auf die Insolvenzwahrscheinlichkeit besitzt, so wird man in einem ersten Schritt wohl darauf abstellen können, dass mit dem Umfang der Spezialisierung des Unternehmens – sei es auf Produktions- oder auf Produktseite – in der Regel die Abhängigkeit von einzelnen Abnehmern bzw. Kundengruppen steigt. Einem einseitigen Kunden- bzw. Produktportfolio wohnt jedoch unzweifelhaft die Gefahr inne, dass sich die Probleme einzelner Kunden bzw. des Segments direkt auf die wirtschaftliche Leistungsfähigkeit der Unternehmen auswirken.[3076] Mit dem Grad der Spezialisierung des Produktportfolios steigt m. a. W. auch die Gefahr einer Unternehmensinsolvenz, da der Umfang der Spezialisierung des Unternehmens mit zunehmendem Umfang einen Ausgleich von Nachfrageschwankungen nicht mehr zulässt. Diese Überlegung kann letztlich auf den aus der Portfoliotheorie bekannten Diversifikationseffekt zurückgeführt werden.[3077]

3074 Williamson (2002) spricht in diesem Zusammenhang davon, dass „[...] a hazard premium must be charged". Williamson (2002) S. 186. ähnlich dazu schon Williamson (1988) S. 598.

3075 Eine Ausnahme von dieser Überlegung stellt die über die Ausweitung der Fremdkapitalkapazität bedingte Ausweitung des Wertbeitrages der Fremdfinanzierung dar. Vgl. dazu etwa Berger/Ofek (1995) S. 41. Dieser Effekt sei mit Blick auf den zweiten Treiber eines wertoptimalen Verschuldungsoptimums aufgegriffen.

3076 Eine vergleichbare Überlegung haben wir bereits mit Blick auf den Zusammenhang zwischen Grad der Spezialisierung und der Steuerlast der Unternehmen vorgenommen.

3077 Die Zusammenhänge werden eingängig deutlich, denkt man etwa an ein Einproduktunternehmen, das sich mit einem Nachfrageeinbruch konfrontiert sieht. Im Kontrast zu einem Mehrproduktunternehmen kann der Nachfrageeinbruch nicht kompensiert werden und das Unternehmen sieht sich mit einer Situation wegbrechender, womöglich negativ werdender Cashflows konfrontiert, die unzweifelhaft zu einer Bestandsgefährdung führen dürften.

Wie die folgenden Überlegungen kurz sichtbar machen sollen, kann der mit einer abnehmenden Spezialisierung einhergehende Diversifikationseffekt – nicht nur über den Wertbeitrag der Fremdfinanzierung – direkten Einfluss auf die Finanzierungsentscheidung der Unternehmen nehmen. Lewellen (1971) hat – den Fokus auf den Diversifikationseffekt von Unternehmenszusammenschlüssen – dazu exemplarisch festgehalten, dass „[...] the juxtaposition within a single firm of the probabilistic income streams from two previously separate companies will necessarily yield a resulting joint income stream whose diminished relative variability will be such as to induce lenders to establish a new aggregate limit on lending which can only exceed the sum of the original limits established for the two merger partners individually".[3078] Unabhängig davon, ob die Diversifikation im Rahmen eines Unternehmenszusammenschlusses oder aber einer Ausweitung des Produktionsportfolios geschieht, dürfte das Insolvenzrisiko der Unternehmen mit einer Unternehmensdiversifikation sinken und somit die Fremdkapitalkapazität der Unternehmen ansteigen.[3079] Eine solche Schlussfolgerung kann jedoch nicht die in der Literatur zu findende kritische Diskussion zur Angemessenheit von Diversifikationsstrategien auf Unternehmensebene verdecken, können doch Kapitalgeber – diese zentrale Annahme prägt u. a. die Überlegungen zum CAPM – in aller Regel selbst geeignete – und ggf. passgenauere – Strategien zur Minimierung von Unternehmensrisiken implementieren.[3080] So ist für die Praxis durchaus denkbar, dass eine zunehmende Diversifikation auf Unternehmenseben mit einer Reihe von Kosten für die Kapitalgeber verbunden ist. So birgt eine zunehmende Diversifikation der Unternehmen etwa die Gefahr steigender Reibungsverluste in einem größer und heterogener werdenden Unternehmensverbund, etwa durch einen Anstieg des Ermessensspielraums des Managements des zunehmend diversifizierten Unternehmens.[3081] Mit der zunehmenden Diversifikation nimmt m. a. W. letztlich die Transparenz innerhalb des Unternehmens aber auch ggü. den Kapitalgebern ab.[3082] Eine solche Entwicklung birgt u. a. die Gefahr von letztlich wertverzehrenden – den Interessen der Kapitalgeber entgegengerichteten – Investitionsentscheidungen

3078 Lewellen (1971) S. 525; ähnlich dazu auch Comment/Jarrell (1995) S. 84; Berger/Ofek (1995) S. 41.

3079 Comment/Jarrell (1995) halten so fest, dass „[...] firms will use more debt by virtue of the reduction in default rates that comes with diversification [...]" Comment/Jarrell (1995) S. 84.

3080 So halten etwa Comment/Jarrell (1995) fest, dass „[l]ower risk is probably not valuable per se to shareholders, who can diversify on personal account by holding portfolios of stocks". Comment/Jarrell (1995) S. 84. Ähnlich dazu auch Levy (1991) S. 110–111.

3081 Auch an dieser Stelle – dies haben die Überlegungen in Kapitel I gezeigt – kann der Einsatz von Fremdkapital eine disziplinierende Wirkung auf das Unternehmensmanagement ausüben.

3082 Diese Frage wird uns mit Blick auf die Pecking-Order-Theorie noch eingehender beschäftigen.

durch das Unternehmensmanagement.[3083] Ein Teil der mit der Diversifikation auftretenden Agency-Probleme wurde bereits in Kapitel I skizziert, mögliche Auswirkungen seien mit Verweis auf den Abschnitt 2.4. daher an dieser Stelle nicht nochmals im Detail aufgegriffen.

Daneben darf man jedoch – weniger formal begründbar – vermuten, dass eine zunehmende Spezialisierung für Unternehmen durchaus Nischen bieten kann, in denen mit einem geringeren Wettbewerbsdruck zu rechnen ist. Ein solcher Effekt dürfte m. a. W. mit einer Reduzierung des auf den Unternehmen lastenden Insolvenzdrucks verbunden sein. In Abhängigkeit zum gewählten Annahmerahmen können so unterschiedliche Effekte mit Blick auf eine zunehmende Diversifizierung bzw. Spezialisierung der Unternehmen dominieren. Stellt man darauf ab, dass Agency-Probleme von nachrangiger Bedeutung sind,[3084] so erscheint ein Absinken des Insolvenzdrucks mit zunehmender Diversifikation und vice versa denkbar. Spielen dagegen Agency-Probleme eine bedeutende Rolle für die Unternehmen, so kann durchaus auch ein Anstieg des Insolvenzdrucks mit einer zunehmenden Unternehmensdiversifikation vermutet werden. Im Folgenden sei – mit Blick auf die mit der Spezialisierung wohl in aller Regel zunehmende Schwankungsbreite des Cashflows – darauf abgestellt, dass die Insolvenzwahrscheinlichkeit mit zunehmender Spezialisierung zunimmt.[3085]

Richtet man den Blick auf die zweite Determinante des auf den Unternehmen lastenden Insolvenzdrucks, den Kosten eines Insolvenzeintritts, so zeigt sich ein zu den Vorüberlegungen kompatibler Zusammenhang zwischen dem Umfang der Insolvenzkosten und dem Grad der Spezialisierung. Wie mit dem einleitenden Abschnitt bereits grob skizziert wurde, findet sich in der Literatur die Einschätzung, dass die Insolvenzkosten mit dem Grad der Spezialisierung des Unternehmens zunehmen.[3086] Auch an dieser Stelle kann der Einfluss des Grades der Spezialisierung auf Basis der im einleitenden Abschnitt vorgenommenen Fallunterscheidung verdeutlicht werden. Vor dem Hintergrund eines spezialisierten Produktportfolios kann darauf abgestellt werden, dass Lieferanten, Kunden und Mitarbeiter spezifische Fähigkeiten entwickelt haben, die im Rahmen einer Unternehmensinsolvenz – insbesondere bei einer Zerschlagung des Unternehmens – nicht oder aber nur in Teilen durch die Gläubiger der Unternehmen gehoben werden können. Ein Teil des Unternehmenswertes – insbesondere der Wertbeitrag Dritter – geht

3083 Vgl. dazu Meyer et al. (1992) S. 12–13; Berger/Ofek (1995) S. 40; 41.

3084 Wie Kapitel I deutlich gemacht hat, wurde eine solche Annahme implizit für die Herleitung der „klassischen" Trade-Off-Theorie getroffen.

3085 Der aus den Agency-Problemen erwachsende Einfluss des Faktors Grad der Spezialisierung spielt für diese Einschätzung – dies hat bereits die vorangehende Fn. 3062 deutlich gemacht – lediglich eine nachrangige Rolle.

3086 Dies stellt einen Aspekt des von LaRocca et al. (2009) als „transaction cost approach" bezeichneten Erklärungsansatzes dar. Vgl. dazu LaRocca et al. (2009) S. 802. Ähnlich dazu bereits Cassar/Holmes (2003) S. 128.

damit im Fall einer Unternehmensinsolvenz unwiederbringlich verloren.[3087] Diesen Effekt illustrierend, haben Titman/Wessles (1988) festgehalten, dass „[...] workers and suppliers probably have job specific skills and capital, and their customers may find it difficult to find alternative servicing for their relatively unique products".[3088] Ein vergleichbares Bild zeigt sich, blickt man auf den zweiten Aspekt des Grades der Spezialisierung, der Spezialisierung des eingesetzten Kapitals. Wie die Vorüberlegungen verdeutlicht haben, wird mit dem Grad der Spezialisierung aus diesem Blickwinkel heraus auch die Verwertbarkeit des Unternehmensvermögens spezifiziert. Man darf mit Blick auf die im Fall einer Verwertung des Anlagevermögens anfallenden Kosten ohne Weiteres darauf abstellen, dass mit der Spezialisierung des Anlagevermögens auch die Kosten einer Verwertung steigen.[3089] Im Einklang mit dieser Annahme halten etwa Balakrishnan/Fox (1993) fest, dass „[b]y definition, firmspecific assets cannot be costlessly redeployed to other use and therefore cannot be used effectively as collateral for borrowing".[3090] Ein eingängiges Beispiel dafür findet sich – darauf wurde bereits in Abschnitt 5.6.1.4. hingewiesen – in der Arbeit von Parsons/Titman (2008). Parsons/Titman (2008) haben in ihrem Beispiel darauf abgestellt, dass Banken nach der Vergabe von Fremdkapital kaum Verhandlungsspielraum ggü. Unternehmen besitzen, die nur im begrenzten Umfang greifbares Sachanlagevermögen als Unternehmensvermögen besitzen. In der Folge dieser Unternehmenseigenschaft werden Banken sich daher scheuen, den Unternehmen Fremdkapital im eigentlich notwendigen Umfang zur Verfügung zu stellen.[3091] Ein vergleichbares Ergebnis darf für den Fall vermutet werden, wenn Unternehmen zwar über Anlagevermögen in bedeutsamem Umfang verfügen, dies jedoch aufgrund der Spezialisierung im Falle einer Insolvenz nur schwer zu verwerten ist. Rationale Fremdkapitalgeber werden auch an dieser Stelle die lediglich eingeschränkte Verwertbarkeit des Unternehmensvermögens antizipieren und nur im geringen Umfang Fremdkapital zur Verfügung stellen. Im Einklang mit dieser Überlegung hat Williamson (1988) festgehalten, dass „[s]ince the value

3087 Wie Titman (1984) hervorgehoben hat, werden Unternehmen letztlich auch in Umweltzuständen zerschlagen, in denen das Unternehmen in der Gesamtbetrachtung aller Stakeholder fortführungswürdig erscheint. Vgl. dazu Titman (1984) S. 149. Ähnlich dazu auch Frank/Goyal (2009) S. 9.

3088 Titman/Wessels (1988) S. 5.

3089 Dies dürfte insbesondere darauf zurückzuführen sein, dass nur eine geringe Zahl an Marktteilnehmern spezialisiertes Anlagevermögen einsetzen. Die Nachfrage nach spezialisiertem Anlagevermögen dürfte dementsprechend im Fall der Zerschlagung des Unternehmens begrenzt sein. Balakrishnan/Fox (1993) halten dazu ergänzend fest, dass „[t]ransactions in such assets will be affected by informational asymmetries between the firm's insiders and outsiders. Consequently, they will be thinly traded and if the firm faces liquidation, their market value can fall precipitously." Balakrishnan/Fox (1993) S. 3.

3090 Balakrishnan/Fox (1993) S. 3; ähnlich auch: Graham/Leary (2011) S. 328.

3091 Vgl. dazu Parsons/Titman (2008b) S. 18.

of a preemptive claim declines as the degree of asset specifity deepens, the terms of debt financing will be adjusted adversely".[3092]

Sowohl vom Blickwinkel der Spezialisierung des Produktportfolios als auch vom Blickwinkel der Spezialisierung des eingesetzten Kapitals erscheint der Umfang der Spezialisierung die im Fall einer Insolvenz durch die Kapitalgeber zu tragenden Kosten zu erhöhen, zeigen sich doch bedeutsame Unterschiede zwischen dem Unternehmenswert unter der Annahme der Fortführung und dem Wert der Unternehmen im Fall der Zerschlagung. An dieser Stelle ist es daher wenig verwunderlich, dass die Annahme einer mit dem Grad der Spezialisierung abnehmenden Fremdkapitalkapazität in der Literatur durchaus breite Unterstützung gefunden hat.[3093] Wie in diesem Unterabschnitt bereits festgehalten wurde, stellt der Grad der Spezialisierung an dieser Stelle eine Konkretisierung der in Abschnitt 5.6.1.4. diskutierten Greifbarkeit des Anlagevermögens dar.[3094] In den bisherigen Überlegungen hat über weite Teile – wenigstens implizit – die Annahme eines Gleichlaufs der Interessen von Unternehmensmanagement und Anteilseignern dominiert.[3095] Wie die Überlegungen zu den Agency-Problemen des Kapitels I deutlich gemacht haben, kann in praxi nicht in jedem Fall auf diese idealisierte Annahme abgestellt werden. Geht man davon aus, dass angestellte Unternehmensmanager eigene, von den Zielen der Anteilseigner, abweichende Pläne verfolgen, kann – dies hat Kapitel I gezeigt – Fremdkapital eine disziplinierende Wirkung ausüben. Unternehmen können, etwa um eine wertverzehrende Diversifizierungspolitik zu vermeiden, verstärkt Fremdkapital zur Finanzierung des Unternehmens einsetzen.[3096] Im Kontrast zu den vorangehenden Überlegungen ist die Finanzierungsentscheidung an dieser Stelle der Investitionsentscheidung vorgelagert.[3097] Dieser Aspekt

3092 Williamson (1999) S. 580; ähnlich dazu auch Williamson (2002) S. 186. Blickt man an dieser Stelle nochmals auf die Überlegungen zum Einfluss des Faktors Spezialisierung auf den Wertbeitrag der Fremdfinanzierung, so scheinen Wechselwirkungen zwischen Verschuldungszinssatz und dem Grad der Spezialisierung nicht gänzlich ausgeschlossen zu sein.

3093 Vgl. dazu u. a. Titman/Wessels (1988) S. 5; 17; Balakrishnan/Fox (1993) S. 3; Parsons/Titman (2008b) S. 18; Graham/Leary (2011) S. 328; Campello/Giambona (2013) S. 1366.

3094 So wurde mit Blick auf die Greifbarkeit des Anlagevermögens unterstellt, dass greifbares Unternehmensvermögen aufgrund einer breiten Verwendbarkeit in aller Regel besser zu verwerten ist als immaterielles Vermögen. Vgl. zu dieser Überlegung u. a. Parsons/Titman (2008b) S. 19.

3095 Wie hervorgehoben wurde, ist dies nicht verwunderlich, stellt dies doch die Grundannahme der „klassischen" Trade-Off-Theorie dar. Vgl. dazu Abschnitt 2.3.

3096 Vgl. dazu LaRocca et al. (2009) S. 803.

3097 In der Praxis dürfte wohl eine wechselseitige Beziehung zwischen Investitions-, Finanzierungs- und Ausschüttungsentscheidung bestehen, die in der Literatur zumeist jedoch vereinfachend ausgeblendet wird.

sei – aufgrund des zu Beginn dieses Abschnitts eingeschlagenen Blickwinkels – in der Folge nicht eingehender betrachtet.[3098]

Fasst man die Überlegungen dieses Unterabschnittes zusammen, so kann auf Basis der Überlegungen zum Wertbeitrag der Fremdfinanzierung sowie den Überlegungen zu dem auf den mit zunehmender Spezialisierung auf den Unternehmen lastenden Insolvenzdruck vermutet werden, dass eine negative Verbindung zwischen wertoptimalem Verschuldungsgrad und Grad der Spezialisierung in der Praxis besteht. Dieser Verbindung können in der Praxis fallabhängig gegenläufige Effekte entgegenstehen, die zu einer Abschwächung bzw. Umkehrung des Einflusses des Grades der Spezialisierung auf die Finanzierungsentscheidung führen können.[3099] Zum Abschluss dieses Abschnitts sei daher kurz auf die Evidenz der empirischen Forschung zur Verbindung zwischen Grad der Spezialisierung und der Finanzierungsentscheidung eingegangen. Auch mit Blick auf den Faktor Grad der Spezialisierung zeigen sich die Ergebnisse der empirischen Forschung als lediglich gemischt.[3100] Während ein Teil der empirischen Forschung die mit den Vorüberlegungen hergeleitete negative Verbindung zwischen Grad der Spezialisierung und der Finanzierungsentscheidung stützt,[3101] finden sich Untersuchungen, die keine systematische Verbindung zwischen dem Grad der Spezialisierung und der Finanzierungsentscheidung der Unternehmen herstellen können. Daneben stellt eine Reihe von Arbeiten auf eine positive Verbindung zwischen dem Grad der Spezialisierung und dem wertoptimalen Verschuldungsgrad ab.[3102] Überraschend ist diese Vielstimmigkeit der empirischen Forschung in Kenntnis der Vorüberlegungen nicht, deckt der Faktor des Grades der Spezialisierung doch eine Reihe von z. T. gegenläufigen Effekten ab,[3103] die im unterschiedlichen Maße Einfluss auf die Finanzierungsentscheidung nehmen.

Der Faktor Grad der Spezialisierung in der Pecking-Order-Theorie

Blickt man auf den Einfluss, den der Faktor Grad der Spezialisierung vor dem Hintergrund der Pecking-Order-Theorie ausübt, so muss man sich auch in diesem Abschnitt der für die Pecking-Order-Theorie bedeutsamen Frage des Einflusses

---

3098 In den bisherigen Überlegungen steht die Annahme einer dominierenden Finanzierungspolitik vereinfachend im Vordergrund.

3099 In dem nachfolgenden Abschnitt wird in diesem Zusammenhang daher auch von der Januskköpfigkeit des Faktors Spezialisierung gesprochen.

3100 Die gemischte empirische Evidenz erscheint an dieser Stelle wenig überraschend, haben die vorangehenden Überlegungen doch gezeigt, dass der Grad der Spezialisierung der Unternehmen – in Abhängigkeit zu den betrachteten Faktoren – durchaus eine Konkretisierung der in den vorangehenden Abschnitten betrachteten Faktoren darstellen kann und somit nicht zwingend über einen eigenständigen Charakter verfügt.

3101 Vgl. dazu Titman/Wessels (1988) S. 17; Graham/Leary (2011) S. 328.

3102 Vgl. dazu Frank/Goyal (2009) S. 7; Cassar/Holmes (2003) S. 128 mit weiteren Nennungen.

3103 Vgl. dazu Parsons/Titman (2008b) S. 17–19.

des Grads der Spezialisierung auf die zwischen Unternehmensinsidern und Kapitalmarkt herrschenden Informationsasymmetrien stellen.[3104] Eine Antwort auf diese Frage ist – wie bereits Frank/Goyal (2009) hervorgehoben haben – mit einer Reihe von Hürden behaftet, deckt der Faktor Spezialisierung – dies haben bereits die Überlegungen zur „klassischen" Trade-Off-Theorie gezeigt – doch eine Reihe unterschiedlicher Aspekte ab.[3105]

Es erscheint so nicht weiter überraschend, dass – fokussiert man sich auf den Aspekt der Informationsasymmetrie – sich in der Literatur zumindest zwei unterschiedliche Sichtweisen mit Blick auf den Einfluss des Grads der Spezialisierung auf die zwischen Kapitalmarkt und Unternehmen bestehenden Informationsasymmetrien etabliert haben. Wie etwa mit der Arbeit von Thomas (2002) festgehalten wurde, können für den Effekt, der aus einer Spezialisierung der Unternehmen erwächst, zwei entgegenstehende Hypothesen formuliert werden. Auf der einen Seite kann darauf abgestellt werden, dass – dies bezeichnet Thomas (2002) als Transparenzhypothese – bestehende Informationsasymmetrien mit dem Grad der Spezialisierung der Unternehmen abnehmen. Auf der anderen Seite kann vermutet werden, dass – dies sei in Anlehnung an Thomas (2002) als Informationsdiversifikationshypothese bezeichnet – mit dem Grad der Diversifizierung die Bedeutung von Informationsasymmetrien in der Gesamtbetrachtung abnimmt.[3106] Beleuchtet man die beiden gegenläufigen Hypothesen näher, so spricht für die Transparenzhypothese zunächst, dass in aller Regel mit einer Zerlegung des Unternehmens in einzelne Sparten bzw. Geschäftsbereiche der wirtschaftliche Erfolgsbeitrag der Teilbereiche für die Marktteilnehmer deutlicher erkennbar wird als im Fall einer Betrachtung des Unternehmens als Ganzes.[3107] Eine zunehmende Spezialisierung der Unternehmen eröffnet den Marktteilnehmern m. a. W. die Möglichkeit, sich ein genaueres Bild der wirtschaftlichen Leistungsfähigkeit der (Teil-)Unternehmen zu machen.[3108] Dies bildet einen geeigneten Ausgangspunkt für die Formulierung konkreter Zukunftserwartungen, wie sie etwa im Rahmen der Bewertung von zu

3104 Unzweifelhaft ist dagegen, dass rationale Kapitalgeber einen Anstieg der Unsicherheit antizipieren und in den geforderten Risikoaufschlag einpreisen werden. Vgl. dazu u. a. Bergh et al. (2019) S. 136.

3105 Vgl. ähnlich dazu Frank/Goyal (2009) S. 9.

3106 Vgl. Thomas (2002) S. 373–374; Ataullah et al. (2014) S. 230. LaRocca et al. (2009) beleuchten in diesem Zusammenhang einen weiteren Aspekt, der aus der Diversifizierung der Unternehmen erwächst. LaRocca et al. (2009) sprechen in diesem Zusammenhang daher von einem zu beobachtenden „coinsurance effect". Vgl. dazu LaRocca et al. (2009) S. 802.

3107 In der Praxis kann etwa mit der Lageberichtserstattung versucht werden, Informationsasymmetrien zu überwinden und auch für komplexe Unternehmen den für weniger komplexe Unternehmen natürlichen Grad der Transparenz zu erreichen. Vgl. dazu u. a. Duru/Reeb (2002) S. 415.

3108 Umgekehrt kann argumentiert werden, dass mit einer zunehmenden Unternehmensdiversifizierung – diese Annahme findet sich u. a. in der Literatur zu

begebenden Unternehmensanteilen einfließt. Die Arbeit von Thomas (2002) hält analog zu diesen Überlegungen fest, dass „[...] the mapping of divisional cashflows into consolidated earnings can be less than transparent to outsiders, and reported earnings will convey less value relevant information“.[3109] Für eine solche Vermutung spricht die Beobachtung der Literatur, dass interessierte Marktteilnehmer mit der Spezialisierung des Unternehmens auf einzelne Segmente i. d. R. treffgenauere Prognosen erstellen können.[3110] Eine Spezialisierung birgt jedoch auch an dieser Stelle die Gefahr, dass sich Fehler in der Formulierung konkreter Zukunftserwartungen durch die Marktteilnehmer bzw. Effekte einer mit Blick auf die zu formulierenden Erwartungen disruptiven Entwicklung unmittelbarer und letztlich drastischer in einer Fehlbewertung niederschlagen als im Fall diversifizierter Unternehmen, können für diese Unternehmen doch Ausreißer in der Entwicklung einzelner Sparten i. d. R. abgefedert werden.[3111] Für den Kapitalmarkt bedeutet dies, dass Prognosen im Detail u. U. zwar weniger treffgenau sind, sich der Blick auf das Unternehmen als Ganzes aufgrund des Diversifikationseffekts dennoch als vergleichsweise verlässlich erweist.[3112]

Welche der beiden entgegengesetzten Hypothesen letztlich in der Praxis dominiert, ist auch an dieser Stelle eine letztlich wohl nur empirisch zu beantwortende Frage. Blickt man in einem kurzen Exkurs auf die bestehende empirische Evidenz – ohne an dieser Stelle den Anspruch einer vollumfänglichen Abbildung der empirischen Literatur erheben zu können –, so zeigt sich auch an dieser Stelle die empirische Evidenz als gemischt.[3113] Dies bedeutet jedoch, dass keine der mit den gegenläufigen Hypothesen verbundenen Überlegungen ex ante für die Praxis als weniger bedeutend klassifiziert werden kann. Für die Überlegungen zur Bedeutung des Faktors Spezialisierung vor dem Hintergrund der Pecking-Order-Theorie bedeutet dies jedoch, dass beide Hypothesen Eingang in die Überlegungen zur Bedeutung des Faktors Spezialisierung finden müssen.

Um den gegenläufigen Hypothesen gerecht zu werden, sei in der Folge eine Fallunterscheidung vorgenommen. Stellt man zunächst auf die Gültigkeit der Transparenzhypothese ab, so kann vor dem Hintergrund der „klassischen“ Pecking-Order-Theorie auf eine mit zunehmender Spezialisierung der Unternehmen abnehmende Bindungswirkung der festen Finanzierungsrangfolge der Pecking-Order-Theorie abgestellt werden. Hinter dieser Annahme steht die

---

Analystenprognosen – die Komplexität einer Prognose auf Kosten der Prognosequalität zunimmt. Vgl. dazu u. a. Duru/Reeb (2002) S. 416.

3109 Thomas (2002) S. 375.

3110 Vgl. dazu etwa Gilson et al. (2001) S. 579 mit weiteren Nennungen.

3111 Vgl. zu diesen Überlegungen Thomas (2002) S. 377.

3112 Wie LaRocca et al. (2009) hervorgehoben haben, wächst mit zunehmender Diversifikation der Unternehmen auch der Umfang des einsetzbaren Fremdkapitals. Vgl. dazu LaRocca et al. (2009) S. 802.

3113 Vgl. dazu u. a. LaRocca et al. (2009) S. 802.

Überlegung, dass mit dem Grad der Spezialisierung die zwischen Unternehmen und Kapitalmarkt bestehenden Informationsasymmetrien abnehmen. Mit dieser Entwicklung schwindet die Bedeutung des, die Finanzierungsrangfolge letztlich bestimmenden, Umfangs der Fehlbewertung des Kapitalmarktes im Rahmen der Begabe von Eigenkapitalanteilen.[3114] Die Arbeit von LaRocca (2009) hat in diesem Zusammenhang, unter dem Oberbegriff des „transaction cost approach", einen weiteren bedeutsamen Aspekt des Faktors Spezialisierung hervorgehoben. Wie bereits mit dem vorangehenden Unterabschnitt zur „klassischen" Trade-Off-Theorie deutlich wurde, übt die Struktur des Unternehmensvermögens Einfluss auf die Höhe der im Fall einer Insolvenz anfallenden Kosten aus. Der Umfang der Spezialisierung des Unternehmensvermögens determiniert somit, inwieweit Eigen- bzw. Fremdkapital zur Finanzierung der Unternehmen eingesetzt werden kann. Vor dem Hintergrund der Überlegungen des vorangehenden Abschnitts kann man darauf abstellen, dass mit einer zunehmenden Spezialisierung der Unternehmen die Tragfähigkeit des eingesetzten Fremdkapitals abnimmt.[3115]

Stellt man dagegen auf die Informationsdiversifikationshypothese ab, so erscheint es, im Kontrast zu den Vorüberlegungen, als plausibel, dass mit dem Grad der Spezialisierung der Unternehmen die Bindungswirkung der Finanzierungsrangfolge der „klassischen" Pecking-Order-Theorie ansteigt. In Verkehrung der Vorüberlegungen kann man an dieser Stelle also darauf abstellen, dass mit der Spezialisierung des Unternehmens die Auswirkungen von Fehleinschätzungen des Kapitalmarktes auf den Unternehmenswert ansteigen. Erinnert man sich auch an dieser Stelle an die Überlegungen des Kapitels I zur „klassischen" Pecking-Order-Theorie zurück, so stärkt der Umfang der Fehlbewertung die Bedeutung der mit der Pecking-Order-Theorie beschriebenen Rangfolge alternativer Finanzierungsinstrumente.[3116] Aus Sicht der für die Pecking-Order-Theorie bedeutsamen Informationsverteilung zwischen Kapitalmarkt und Unternehmen stehen sich somit zunächst mindestens zwei alternative Hypothesen gegenüber. Stellt man auf die Transparenzhypothese ab, so erscheint eine Abnahme der Bedeutung der festen Finanzierungsrangfolge der Pecking-Order-Theorie als denkbar, während vor dem Hintergrund der Informationsdiversifikationshypothese von einer mit der

3114 Vgl. dazu die Überlegungen des Kapitels I. Man kann an dieser Stelle kritisch einwenden, dass der Umfang der Fehlbewertung zukünftiger Investitionsprojekte, die wohl i. d. R. mit der Begabe frischen Kapitals finanziert werden, weitgehend unabhängig von der Fehlbewertung des bestehenden Unternehmens sein kann.

3115 Vgl. dazu LaRocca et al. (2009) S. 802–803. Wie der vorangehende Unterabschnitt gezeigt hat, kann dies u. a. auf Probleme bei der Verwertung des Unternehmensvermögens zurückgeführt werden.

3116 Unangreifbar ist auch die Argumentation zur Informationsdiversifikationshypothese nicht, kann sich doch der Umfang der Fehlbewertung im gleichen Maße auch bei der Begabe von Fremdkapitalinstrumenten niederschlagen.

Spezialisierung zunehmenden Bedeutung der festen Finanzierungsrangfolge der Pecking-Order-Theorie auszugehen ist.

Abseits der direkten Frage nach der mit dem Grad der Spezialisierung verbundenen Entwicklung der Informationsverteilung zwischen Unternehmensinsidern und Kapitalmarkt kann man der Frage nachgehen – dieser Aspekt wurde bereits im Unterabschnitt zur „klassischen" Trade-Off-Theorie kurz hervorgehoben –, inwieweit mit dem Grad der Spezialisierung eine Verschiebung des Interessengleichklangs zwischen Unternehmensinsidern und Kapitalmarkt einhergeht.[3117] Letztlich hängt die Antwort auf diese nachgelagerte Frage von der Gestalt der zuvor gegebenen Antwort zu der Entwicklung der Informationsasymmetrien ab. Stellt man auf Basis der Transparenzhypothese darauf ab, dass mit dem Umfang der Spezialisierung bestehende Informationsasymmetrien zwischen Unternehmensinsidern und externen Kapitalgebern abnehmen, so erscheint eine Abnahme bestehender Agency-Konflikte auch in der nachgelagerten Betrachtung als wahrscheinlich. Wird rationalen Kapitalgebern durch einen Rückgang des Nebels der Ungewissheit doch die Chance eingeräumt, die Unternehmensinsider zunehmend besser zu überwachen. Stellt man dagegen – dies hat die Informationsdiversifikationshypothese gemacht – darauf ab, dass die Kapitalgeber mit dem Grad der Spezialisierung kein besseres Bild der Unternehmensentwicklung gewinnen, so kann aus dem Grad der Spezialisierung prima facie keine disziplinierende Wirkung abgeleitet werden.[3118]

Der Faktor Grad der Spezialisierung zeigt sich somit auch vor dem Hintergrund der „klassischen" Pecking-Order-Theorie als janusköpfig.[3119] Damit erscheint auch vor dem Hintergrund der Pecking-Order-Theorie das im vorangehenden Unterabschnitt gezogene Zwischenfazit zur empirischen Evidenz des Faktors Grad der Spezialisierung als wenig verwunderlich, können – in Abhängigkeit zur Interpretation des Faktors Spezialisierung – doch unterschiedliche Effekte aus einer zunehmenden Spezialisierung erwachsen. Auf eine gesonderte Darstellung der empirischen Evidenz sei an dieser Stelle mit Verweis auf den vorangehenden Unterabschnitt

---

3117 Vgl. dazu LaRocca et al. (2009) S. 803.

3118 In den bisherigen Überlegungen wurde weitgehend ausgeblendet, dass Wechselwirkungen zwischen der Finanzierungsentscheidung und dem Umfang bestehender Agency-Probleme bestehen. Für Unternehmen mit bedeutsamen Agency-Konflikten kann sich etwa die Vorteilhaftigkeit einer Fremdfinanzierung verstärken, um wertvernichtende Diversifikationsstrategien zu verhindern. Der Grad der Spezialisierung wird m. a. W. auch von der Gestalt der Kapitalstruktur der Unternehmen bestimmt. In der Praxis ist daher regelmäßig von wechselseitigen Beziehungen zwischen Finanzierungsentscheidung und dem Grad der Spezialisierung auszugehen. Vgl. dazu Kapitel I; LaRocca et al. (2009) S. 803; Cassar/Holmes (2003) S. 128.

3119 Wie u. a. die Arbeit von LaRocca et al. (2009) zeigt, lassen sich mit Blick auf den Einfluss des Faktors Spezialisierung mindestens drei unterschiedliche Treiber der Finanzierungsentscheidung identifizieren. Vgl. dazu LaRocca et al. (2009) S. 800.

verzichtet. Fasst man zusammen, so gelangt man vor dem Hintergrund der Pecking-Order-Theorie zu dem – letztlich wenig befriedigenden – Schluss, dass aus dem Umfang der Spezialisierung sowohl eine höhere Bindungswirkung der festen Finanzierungsrangfolge als auch eine nachrangige Bedeutung der festen Finanzierungsrangfolge erwachsen kann.

Der Faktor Grad der Spezialisierung in der dynamischen Trade-Off-Theorie

Blickt man auf den Einfluss, den der Grad der Spezialisierung auf die Finanzierungsentscheidung vor dem Hintergrund der dynamischen Trade-Off-Theorie nimmt, so ist auch an dieser Stelle erneut eine zweigliedrige Fragestellung zu beantworten. Einerseits ist die Frage nach der Veränderung des wertoptimalen Verschuldungsgrads mit dem Umfang der Spezialisierung zu beantworten, andererseits muss eine Antwort auf die Frage gefunden werden, wie sich die obere und untere Verschuldungsgrenze des wertoptimalen Verschuldungsspektrums mit dem Grad der zunehmenden Spezialisierung verschiebt. Die erste Frage war bereits Gegenstand der Überlegungen im Abschnitt zur „klassischen" Trade-Off-Theorie und soll daher an dieser Stelle nicht nochmals aufgegriffen werden.[3120] Richtet man den Blick daher auf die zweite für die dynamische Trade-Off-Theorie zu beantwortende Frage, so muss man die Frage nach dem Einfluss des Grads der Spezialisierung auf die Transaktionskosten als auch auf die Wechselwirkungen zwischen Investitions-, Ausschüttungs- und Finanzierungspolitik als Treiber eines dynamischen Verschuldungsoptimums beantworten.

Die mit den vorangehenden Unterabschnitten deutlich gewordene Janusköpfigkeit des Faktors Grad der Spezialisierung zeigt sich dabei auch bei der Betrachtung des Einflusses, den der Faktor Spezialisierung auf die Bedeutung der bei einer Adjustierung der Kapitalstruktur anfallenden Kosten nimmt. Denkt man an die im Unterabschnitt zur Pecking-Order-Theorie gemachten Überlegungen zurück, so hat sich dort gezeigt, dass eine zunehmende Spezialisierung neben einem Abbau bestehender Informationsasymmetrien auch mit der Zunahme der Ungewissheit über die zukünftige Unternehmensentwicklung in Zusammenhang gebracht werden kann. Wie mit den Überlegungen der vorangehenden Abschnitte deutlich geworden ist, werden rationale Kapitalgeber versuchen, bestehende Informationsasymmetrien im Rahmen der Begabe von externem Eigen- bzw. Fremdkapital durch geeignete Maßnahmen zu überwinden. Diese Maßnahmen sind – ohne an dieser Stelle einen detaillierten Überblick zu geben – in Abhängigkeit zum Umfang der bestehenden Informationsungleichgewichte mit, teils erheblichen, Kosten für die Unternehmen verbunden.[3121] In Abhängigkeit zur Verschiebung am Kapitalmarkt

3120 Wie der vorangehende Unterabschnitt gezeigt hat, können zwei gleichberechtigte Hypothesen zum Einfluss des Faktors Grad der Spezialisierung auf den wertoptimalen Verschuldungsgrad formuliert werden, die ex ante als gleich wahrscheinlich erscheinen.

3121 Vgl. dazu u. a. auch Bergh et al. (2019) S. 137.

bestehender Informationsasymmetrien mit dem Umfang der Spezialisierung des Unternehmens kann eine zunehmende Spezialisierung mit einem Anstieg als auch mit einem Rückgang der mit einer Anpassung der Kapitalstruktur einhergehenden Transaktionskosten verbunden sein. Somit wird auch mit Blick auf den Einfluss des Faktors Spezialisierung auf die Transaktionskosten und damit die Finanzierungsentscheidung eine Fallunterscheidung – wie bereits Abschnitt zur „klassischen" Trade-Off-Theorie – notwendig.

Stellt man darauf ab, dass mit der Transparenzhypothese bestehende Informationsasymmetrien, und damit der Umfang der Transaktionskosten, abnehmen, kann man in der Folge darauf abstellen, dass Unternehmen eine stärker am wertoptimalen Verschuldungsoptimum orientierte Finanzierungspolitik implementieren werden. Ausgehend von der Informationsdiversifikationshypothese, zeigt sich dagegen ein zu dieser Annahme entgegengesetztes Bild: Unternehmen werden mit einem Anstieg des Umfangs der Spezialisierung und der damit ansteigenden Unsicherheit über die zukünftige Unternehmensentwicklung zunehmend Schwierigkeiten haben, das Verschuldungsoptimum der „klassischen" Trade-Off-Theorie treffgenau zu realisieren. In der Folge ist von einer Verschiebung der oberen bzw. unteren Verschuldungsgrenze der dynamischen Trade-Off-Theorie auszugehen.[3122] Somit bleibt auch an dieser Stelle der Einfluss des Grads der Spezialisierung auf die Transaktionskosten und in der Folge auf das wertoptimale Verschuldungsspektrum abhängig von der Einschätzung der Entwicklung bestehender Informationsasymmetrien mit dem Umfang der Spezialisierung. Überraschend ist dieses Ergebnis im Lichte der Überlegungen der vorangehenden Unterabschnitte nicht, haben die Vorüberlegungen doch gezeigt, dass mit dem Faktor Grad der Spezialisierung eine Reihe z. T. gegenläufiger Effekte verbunden sein können.

Richtet man den Blick in einem zweiten Schritt auf den weiteren Treiber eines wertoptimalen Verschuldungsspektrums, die Wechselwirkungen zwischen Investitions-, Ausschüttungs- und Finanzierungspolitik, so zeigt sich ein mit Blick auf die Vorüberlegungen weniger diffuses Bild. Stellt man darauf ab, dass sich mit einem Wechsel der Rahmenbedingungen der Finanzierungsentscheidung auch die Grundlagen der Investitions- und Ausschüttungspolitik ändern,[3123] muss man der Frage nachgehen, wie sich Investitions- und Ausschüttungsentscheidung mit dem Grad der Spezialisierung der Unternehmen verändern. Blickt man zunächst auf

---

3122 An dieser Stelle wurde – im Kontrast zu den vorangehenden Abschnitten – darauf verzichtet, der Frage nachzugehen, ob die mit dem Grad der Spezialisierung einhergehende Verschiebung symmetrisch ist, d. h. für Verschuldungsober- bzw. -untergrenze gleichermaßen erfolgt. Es ist grundsätzlich berechtigt, diese Frage auch in diesem Abschnitt zu stellen. Man darf, ohne – aufgrund des janusköpfigen Charakters des Faktors – auf Details einzugehen, wohl von einer symmetrischen Verschiebung der Verschuldungsgrenzen ausgehen.

3123 Dies dürfte für die i. d. R. eng verbundenen Unternehmenspolitiken regelmäßig der Fall sein.

die Investitionsentscheidung, so impliziert eine Spezialisierung wohl in aller Regel ein Abschmelzen der durch die Unternehmen realisierbaren Investitionsgelegenheiten. Hinter dieser Annahme steht die Vermutung, dass Unternehmen – soll die Strategie der Spezialisierung nicht konterkariert werden – den Weg der Selbsteinschränkung wählen und nur der Unternehmensstrategie der Spezialisierung angepasste Investitionsprojekte realisieren werden.[3124] Mit Blick auf die Wechselwirkungen zwischen Investitions- und Finanzierungspolitik kann man auf Basis dieser Überlegung darauf abstellen, dass Unternehmen im Angesicht der Begrenzung bestehender Investitionsmöglichkeiten einen geringeren Bedarf an externem Kapital besitzen als Unternehmen mit breit gestreuten Investitionsmöglichkeiten.[3125]

Ein auf den ersten Blick weniger klares Bild zeigt sich, blickt man auf den Zusammenhang zwischen dem Umfang der Spezialisierung der Unternehmen und der Ausschüttungspolitik. Wie durch die Arbeit von Mackey/Barney (2005) festgehalten wurde, stehen den Unternehmen zwei grundsätzliche Möglichkeiten zur Verfügung: „On the one hand, managers can use the free cash flow (Jensen, 1986) generated from current businesses to diversify a firm's operations into new business activities. On the other hand, they can choose to return this free cash flow to equity holders – either directly through a dividend or indirectly through a stock buyback plan."[3126] Wie mit den Überlegungen zur Investitionspolitik deutlich geworden ist, wird die erste Möglichkeit in der Praxis wohl regelmäßig durch die Unternehmensstrategie, sich auf ausgewählte Teilbereiche zu fokussieren, begrenzt sein. Sofern keine der in Kapitel I beschriebenen Agency-Konflikte einer Anhebung der Ausschüttungsquote entgegensteht, werden rational handelnde Unternehmen verstärkt ungebundenes Unternehmenskapital an die Kapitalgeber auskehren. Unter der Annahme, dass mit dem Umfang der Spezialisierung der Unternehmen die unter dieser Strategie realisierbaren Investitionsmöglichkeiten abnehmen, kann man wohl von einer Verengung des wertoptimalen Verschuldungsspektrums um den wertoptimalen Verschuldungsgrad der „klassischen" Trade-Off-Theorie ausgehen.[3127] Ein solcher Effekt ist auch wirtschaftlich einleuchtend, besteht für Unternehmen, die aufgrund der Unternehmensstrategie einer zunehmenden Spezialisierung ein eingeschränktes Investitionsportfolio besitzen, doch auch wirtschaftlich ein zunehmender Anreiz einer Optimierung der Kapitalstruktur, kann

---

3124 Die Investitionsgelegenheiten des Marktes als solches bleiben von der Spezialisierung der Unternehmen als solches wohl weitgehend unberührt.

3125 Man kann an dieser Stelle wohl auch darauf abstellen, dass durch eine Spezialisierungsstrategie – wenigstens in einem ersten Schritt – der Umfang der verfügbaren freien Mittel ansteigt.

3126 Mackey/Barney (2005) S. 1.

3127 Auch an dieser Stelle kann man wohl davon ausgehen, dass die Verschiebung der Verschuldungsober- und -untergrenze symmetrisch erfolgt.

doch über die Stellschraube der Verschuldung der Wert der Unternehmen weiter optimiert werden.[3128]

Fasst man die Überlegungen dieses Abschnitts zusammen, so hängt die Veränderung des wertoptimalen Verschuldungsspektrums – stellt man auf die Transaktionskosten als Treiber des wertoptimalen Verschuldungsspektrums ab – maßgeblich von der Verschiebung bestehender Informationsasymmetrien mit dem Umfang der Spezialisierung ab. Stellt man dagegen auf die Wechselwirkungen zwischen Investitions-, Ausschüttungs- und Finanzierungspolitik ab, so kann man wohl darauf abstellen, dass Unternehmen mit zunehmendem Umfang der Spezialisierung über freie Mittel verfügen, die entweder zur Optimierung des Verschuldungsgrads im Unternehmen gehalten oder aber an die Kapitalgeber ausgeschüttet werden, da der Umfang wertschaffender Investitionsgelegenheiten – will man die Spezialisierungsstrategie nicht konterkarieren – mit dem Umfang der Spezialisierung der Unternehmen abnimmt. In der Folge kann man m. a. W. wohl von einer höheren Bindungswirkung des wertoptimalen Verschuldungsgrads ausgehen, besitzen Unternehmen neben den entsprechenden Mitteln auch die notwendigen Anreize, um eine wertoptimale Verschuldungspolitik zu realisieren.[3129]

Der Faktor Grad der Spezialisierung in der erweiterten Pecking-Order-Theorie

In einem die Überlegungen zum Einfluss des Faktors Spezialisierung auf die alternativen Kapitalstrukturtheorien abschließenden Schritt soll sich knapp der Frage gewidmet werden, welchen Einfluss der Faktor der Spezialisierung auf die erweiterte Pecking-Order-Theorie nimmt. Erinnert man sich an die Überlegungen des ersten Kapitels zurück, so wurde mit der erweiterten Pecking-Order-Theorie ein Erklärungsansatz für die durchwachsene empirische Evidenz der „klassischen" Pecking-Order-Theorie entwickelt. Um die Schwächen der „klassischen" Pecking-Order-Theorie zu überwinden, haben Wu/Yeung (2012) eine Zweiteilung der Finanzierungsentscheidung anhand unterschiedlicher Unternehmenseigenschaften bzw. -typen eingeführt: Unternehmen des Typs I, die lediglich über geringe Wachstumschancen verfügen, stehen Unternehmen des Typs II gegenüber, die bedeutsame Wachstumschancen besitzen. Wie mit der Arbeit von Wu/Yeung (2012) deutlich wurde, spielt der für die „klassische" Pecking-Order-Theorie bedeutsame Effekt einer Fehlbewertung des zu begebenden Eigen- bzw. Fremdkapitals nur für die Unternehmen des Typs I eine zentrale Rolle. Unternehmens des Typs II nehmen, im Kontrast zu Unternehmen des Typs I, Fehlbewertungen des zu begebenden Kapitals im Angesicht wertschaffender Investitionsvorhaben – der Wertbeitrag der Investitionsvorhaben übersteigt annahmegemäß den Wertverlust durch die

3128 Neue Investitionsprojekte sind dagegen – wie bereits dargestellt wurde – für diesen Unternehmenstyp wohl von nachrangiger Bedeutung.

3129 Man kann an dieser Stelle zudem darauf abstellen, dass Unternehmen mit einem begrenzten Umfang realisierbarer Investitionsprojekte darauf abstellen werden, den Unternehmenswert über die Optimierung der Kapitalstruktur zu steigern.

Fehlbewertung des Kapitalmarktes – in der Regel hin.[3130] Für die Rangfolge der „klassischen“ Pecking-Order-Theorie bedeutet dies, dass für Unternehmen des Typs II die feste Finanzierungsrangfolge der „klassischen“ Pecking-Order-Theorie zusammenbricht.[3131]

Wie der kurze Exkurs zu den Überlegungen des ersten Kapitels in Erinnerung rufen sollte, muss man, will man die Frage nach dem Einfluss des Faktors Spezialisierung auf die Finanzierungsentscheidung vor dem Hintergrund der erweiterten Pecking-Order-Theorie beantworten, der Frage nachgehen, inwieweit der Umfang der Spezialisierung die der erweiterten Pecking-Order-Theorie implizit innewohnende Grenze zwischen den Unternehmenstypen verschiebt. Auch vor dem Hintergrund der Überlegungen der erweiterten Pecking-Order-Theorie kann sich dieser Fragestellung über eine Reihe alternativer Wege genähert werden. Zunächst kann man versucht sein, die Überlegungen zur „klassischen“ Pecking-Order-Theorie für die erweiterte Pecking-Order-Theorie erneut aufzugreifen. Die Überlegungen im Unterabschnitt zur „klassischen“ Pecking-Order-Theorie haben verdeutlicht, dass eine Verschiebung der zwischen Kapitalmarkt und Unternehmen bestehenden Informationsasymmetrien durch eine Veränderung des Umfangs der Spezialisierung bedingt sein kann. Ohne an dieser Stelle nochmals auf den janusköpfigen Charakter des Einflusses des Faktors Spezialisierung im Detail einzugehen, haben die Überlegungen des vorangehenden Abschnitts entweder eine Verstärkung oder aber eine Abschwächung der mit der Pecking-Order-Theorie verbundenen Finanzierungsrangfolge als Ganzes nahegelegt. Wie der kurze Exkurs zu Beginn dieses Unterabschnitts gezeigt hat, haben Wu/Yeung (2012) mit der Zweiteilung der „klassischen“ Pecking-Order-Theorie einen anderen Ansatz verfolgt.

Für die erweiterte Pecking-Order-Theorie erscheint es daher – im Kontrast zur „klassischen“ Pecking-Order-Theorie – letztlich als nicht zielführend, sich eingehender mit der Frage nach einer Verschiebung bestehender Informationsasymmetrien zwischen Unternehmen und Kapitalmarkt auseinanderzusetzen. Muss man, den Blick auf die Prämissen der erweiterten Pecking-Order-Theorie gerichtet, doch vielmehr der Frage nachgehen, inwieweit der Umfang der Spezialisierung ein Indikator für die zwei mit der erweiterten Pecking-Order-Theorie beschriebenen Unternehmenstypen bzw. der Auswirkungen der Fehlbewertung des Kapitalmarktes darstellt. In einem ersten Schritt kann man, zur Beantwortung dieser Frage darauf abstellen, dass der Umfang der Spezialisierung einen Indikator für die verfügbaren Investitionsportfolios der Unternehmen darstellt. Im vorangehenden Unterabschnitt zur dynamischen Trade-Off-Theorie wurde bereits darauf abgestellt, dass mit dem Umfang der Spezialisierung auch der Umfang der durch die Unternehmen realisierbaren Investitionsgelegenheiten abnimmt. Aus einer solchen Entwicklung

3130 Vgl. für eine eingehendere Darstellung der erweiterten Pecking-Order-Theorie Abschnitt 3.4.3. des ersten Kapitels.

3131 Wie Kapitel I gezeigt hat, kann sich für Unternehmen des Typs II die Finanzierungsrangfolge des Unternehmens sogar vollständig umkehren.

kann ein Bedeutungsverlust zukünftiger Investitionsprojekte ggü. dem bestehenden Investitionsportfolio abgeleitet und in der Folge darauf abgestellt werden, dass Unternehmen des Typs I i. d. R. – im Sinne dieser Argumentation – einen höheren Umfang der Spezialisierung erreichen als Unternehmen des Typs II.[3132]

Einem solchen – letztlich rekursiven Erklärungsansatz – kann jedoch entgegengehalten werden, dass Unternehmen des Typs I nicht zwingend einen hohen Grad der Spezialisierung aufweisen müssen und vice versa.[3133] Insbesondere dürften Unternehmenskonglomerate – d. h. Unternehmen, die definitionsgemäß einen geringen Grad der Spezialisierung erreichen – im Sinne der Überlegungen von Wu/Yeung (2012) eher dem Unternehmenstypus I zuzurechnen sein.[3134] Richtet man den Blick auf den zweiten Extrempunkt – d. h. Unternehmen, die sich in der Gründung befinden –, so dürften diese Unternehmen – in Abhängigkeit zur gewählten Definition der Spezialisierung – i. d. R. zwangsläufig einen hohen Umfang an Spezialisierung aufweisen, stellt man auf den wohl praxisnahen Fall einer im Zeitablauf erst erfolgenden Diversifizierung der Unternehmen ab.[3135] Für diese Unternehmen haben Wu/Yeung (2012) jedoch die Vermutung ausgesprochen, dass die Finanzierungsrangfolge der „klassischen" Pecking-Order-Theorie im Rahmen der Unternehmensexpansion von nachrangiger Bedeutung ist. Die Determinante Grad der Spezialisierung behält damit auch vor dem Hintergrund der erweiterten Pecking-Order-Theorie die in den vorangehenden Abschnitten beschriebene Janusköpfigkeit bei. Auf sich allein gestellt, können aus dem Umfang der Spezialisierung somit auch an dieser Stelle inhaltlich entgegenlaufende Argumentationen zur Bedeutung des Faktors abgeleitet werden.[3136]

Der Grad der Spezialisierung erscheint, ohne die Berücksichtigung weiterer Unternehmensfaktoren, in Summe damit als ein unzureichender Indikator für die mit der erweiterten Pecking-Order-Theorie beschriebene Zweiteilung der

---

3132 Eine solche Entwicklung weist m. a. W. auf eine Stärkung der Finanzierungsrangfolge der „klassischen" Pecking-Order-Theorie hin.

3133 Eingängiger erscheint so vielmehr die Schlussfolgerung, dass reifere Unternehmen doch im Laufe der Unternehmensentwicklung in aller Regel über ein breiteres, d. h. diversifizierteres, Fundament verfügen.

3134 Diese breit diversifizierten Unternehmen dürften i. d. R. in hohem Maße über bereits realisierte Investitionsprojekte verfügen, die im Fall der Notwendigkeit eines Gangs an den Kapitelmarkt sich als hemmend für eine Eigenkapitalaufnahme erweisen dürften.

3135 Hinter dieser Überlegung steht die vereinfachende Annahme, dass Unternehmen zum Zeitpunkt ihrer Gründung zunächst nur ein Produkt bzw. eine Dienstleistung anbieten. Zudem dürften für diese Unternehmen auch die in den vorangehenden Unterabschnitten formulierten Annahmen zur Verwertbarkeit des Unternehmensvermögens im Insolvenzfall zutreffen.

3136 Ergänzend könnte man an dieser Stelle etwa das Unternehmensalter näher betrachten, will man an dieser Stelle eine treffgenauere Aussage zum Einfluss des Faktors Spezialisierung treffen.

Finanzierungsentscheidung.[3137] Damit scheinen auch mit Blick auf die erweiterte Pecking-Order-Theorie die Auswirkungen einer Verschiebung des Umfangs der Spezialisierung auf die Finanzierungsentscheidung der Unternehmen nur bedingt auf Basis konzeptioneller Überlegungen genauer zu spezifizieren. Es sei an dieser Stelle daher auf weitergehende Überlegungen zum Einfluss des Faktors Umfang der Spezialisierung vor dem Hintergrund der erweiterten Pecking-Order-Theorie verzichtet.

Zum Einfluss des Faktors Grad der Spezialisierung auf die alternativen Finanzierungspolitiken

Blickt man zum Abschluss dieses Abschnitts auf die Bedeutung, die der Faktor Spezialisierung auf die in Kapitel II diskutierten alternativen Finanzierungspolitiken nimmt, so zeigt sich auch an dieser Stelle ein mit den vorangehenden Unterabschnitten vergleichbares Bild. Mit der autonomen und der atmenden Finanzierungspolitik wurde – mit Blick auf die in Kapitel II diskutierten Finanzierungspolitiken – in den vorangehenden Abschnitten vereinfachend auf die Extremformen der Steuerung der Kapitalstruktur abgestellt: Unternehmen, die geradezu fatalistisch an einem vorgegebenen Verschuldungsumfang festhalten, stehen Unternehmen gegenüber, die die Einhaltung eines vorgegebenen Zielverschuldungsgrades geradezu fanatisch verfolgen.[3138] Diese denkbaren Ausprägungen der Steuerung der Kapitalstruktur bzw. der Finanzierungsentscheidungen wurden vereinfachend als aktive bzw. passive Finanzierungspolitiken bezeichnet. Will man zwischen den beiden Extrempunkten denkbarer Finanzierungspolitiken differenzieren, so kann man – dieses Vorgehen wurde in den vorangehenden Abschnitten eingeschlagen – Überlegungen dazu anstellen, inwieweit unternehmensspezifische Faktoren den Umfang der Steuerung der Kapitalstruktur beeinflussen.[3139] Die Überlegungen zur „klassischen" wie auch „dynamischen" Trade-Off-Theorie haben gezeigt, dass aus konzeptioneller Sicht sowohl eine Verengung des Verschuldungsspektrums um den wertoptimalen Verschuldungsgrad als auch eine symmetrische Verschiebung der oberen und unteren Verschuldungsgrenzen, d. h. eine breitere Streuung des realisierten Verschuldungsgrades um das theoretisches Verschuldungsoptimum, abgeleitet werden kann. Die vorangehenden Unterabschnitte haben darüber

3137 Dieses Urteil kann durchaus kritisch hinterfragt werden, wurde doch der Grad der Spezialisierung als Determinante vergleichsweise oberflächlich definiert. Es ist so durchaus denkbar, dass der Faktor Spezialisierung in Verbindung mit weiteren Faktoren einen treffgenaueren Indikator für die alternativen Unternehmenstypen der erweiterten Pecking-Order-Theorie darstellt.

3138 Wie Kapitel II deutlich hat werden lassen, werden Unternehmen in praxi wohl i. d. R. eine gemäßigte – zwischen den Politiken liegende – Finanzierungspolitik realisieren.

3139 Kapitel II hat hierzu vereinfachend zwischen „inneren" und „äußeren" Gründen für die Einhaltung einer ausgewählten Finanzierungspolitik unterschieden.

hinaus gezeigt, dass unter gewissen weiteren Rahmenbedingungen ein Absinken des wertoptimalen Verschuldungsgrades wie auch die Verengung des Schwankungsbereichs des wertoptimalen Verschuldungsspektrums plausibilisiert werden können.[3140] Insbesondere vor dem Hintergrund der dynamischen Trade-Off-Theorie wurde argumentiert, dass zunehmend spezialisierte Unternehmen wohl in einem abnehmenden Umfang den Unternehmenswert über wertschaffende Investitionsprojekte steigern können, ohne zugleich von der Strategie der Spezialisierung abzuweichen.

Damit kann die Steuerung der Kapitalstruktur, als eine verbleibende Maßnahme zur Steigerung des Unternehmenswertes, in den Vordergrund rücken. Eine solche Überlegung legt – blickt man auf die konkurrierenden Finanzierungspolitiken – nahe, dass für spezialisierte Unternehmen die Bedeutung einer wertabhängigen gegenüber einer autonomen Finanzierungspolitik wohl zunehmen wird. Einer solchen Schlussfolgerung kann, dies haben die Vorüberlegungen gezeigt, eine Reihe von Argumenten entgegengestellt werden. Neben grundlegenden Zweifeln an der wirtschaftlichen Bedeutung des Wertbeitrages der Fremdfinanzierung und damit des Einflusses dieses Faktors für die Entscheidungen der Unternehmen,[3141] kann man sich an die Überlegungen zur Pecking-Order-Theorie zurückerinnern und die Realisierbarkeit einer wertoptimalen Finanzierungspolitik im Angesicht der, mit einer zunehmenden Spezialisierung, wachsenden Hemmnisse für eine solche Finanzierungsstrategie anzweifeln. Haben die vorangehenden Unterabschnitte – wenn auch nicht widerspruchsfrei – gezeigt, dass ein Anstieg der Transaktionskosten einer Kapitalbegabe mit dem Umfang der Spezialisierung der Unternehmen durchaus im Einklang stehen kann. Ohne an dieser Stelle die Diskussion der vorangehenden Unterabschnitte nochmals im Detail aufzugreifen, kann in der Gesamtbetrachtung durchaus angezweifelt werden, dass eine wertabhängige Finanzierungspolitik für spezialisierte Unternehmen ohne bedeutsame Hemmnisse realisierbar ist.

Blickt man zum Abschluss dieses Abschnitts erneut auf die in Kapitel II betrachteten „inneren“ und „äußeren“ Gründe für die Einhaltung einer bestimmten Finanzierungspolitik, so zeigt sich ein vergleichbar durchwachsenes Bild. Vor dem Hintergrund des mit der Spezialisierung anwachsenden Insolvenzdrucks darf man wohl darauf abstellen, dass sowohl Eigen- als auch Fremdkapitalgeber ein zunehmendes Interesse an der Umsetzung einer wertabhängigen Finanzierungspolitik besitzen. Bedeutet der Insolvenzeintritt doch für beide Seiten einen Verlust eines Teil des Unternehmenswertes. Einer solchen Annahme entgegengerichtet ist, dass die Eigenkapitalgeber aufgrund einer geringeren Hebbarkeit des Wertbeitrages der Fremdfinanzierung im Fall der Spezialisierung den Anreiz an einer in jedem Punkt wertoptimalen Finanzierungspolitik verlieren und die

3140 Wie die Vorüberlegungen gezeigt haben, können gegen eine solche Schlussfolgerung eine Reihe gegenläufiger Argumente vorgebracht werden.

3141 An dieser Stelle sei etwa auf die Überlegungen des Abschnitts 5.6.1.6. verwiesen.

Fremdkapitalgeber – folgt man der Informationsdiversifikationshypothese – zunehmend Probleme haben, das Verhalten der Unternehmen zu kontrollieren. Der Faktor Spezialisierung entzieht sich damit auch mit Blick auf die konkurrierenden Finanzierungspolitiken einem eindeutigen Urteil. Überraschend – dies wurde bereits in den vorangehenden Abschnitten hervorgehoben – ist dies nicht, kann der Faktor Spezialisierung in Teilen durchaus als eine Konkretisierung der im Vorfeld betrachteten Faktoren erachtet werden bzw. ist nicht unabhängig von weiteren Unternehmenseigenschaften.

Die Janusköpfigkeit des Faktors Umfang der Spezialisierung dürfte neben weiterführenden konzeptionellen Überlegungen vor allem im Rahmen empirischer Untersuchungen adressierbar sein. Die Einschätzung des Einflusses des Faktors Grad der Spezialisierung bleibt bis dahin sowohl mit Blick auf die alternativen Kapitalstrukturpolitiken als auch mit Blick auf die alternativen Finanzierungspolitiken von vorläufiger Natur. Auf Basis dieser vorläufigen Einschätzung sei in Form einer Arbeitshypothese darauf abgestellt, dass die Bedeutung aktiver Finanzierungspolitiken mit dem Umfang der Spezialisierung der Unternehmen zunimmt.

5.6.1.9. Zu den weiteren Determinanten der Finanzierungsentscheidung

Mit dem Grad der Spezialisierung wurde die letzte der Kapitalstrukturdeterminanten betrachtet, die – stellt man auf die Verbreitung in der Literatur ab – auf einem breiten Fundament steht. Die Ausführungen haben sich – darauf wurde bereits hingewiesen – damit auf einen kleinen Ausschnitt der in der Literatur zu den Kapitalstrukturdeterminanten zu findenden Diskussion beschränkt. Um den weiteren in der Literatur zu findenden Überlegungen – wenigstens ansatzweise – gerecht zu werden, schließt sich mit Abschnitt 5.6.1.9. ein weiterer Abschnitt an, der in aller Kürze mögliche Überlegungen zu weiteren – wenn auch deutlich weniger häufig diskutierten – Kapitalstrukturdeterminanten skizzieren soll. Da dieser Abschnitt einen ergänzenden Überblick gewähren soll, bleibt die Darstellung in Tiefe und Ausführlichkeit hinter dem Niveau des vorangehenden Abschnitts zurück. Aus diesen Gründen wird von der aus den vorangehenden Abschnitten bekannten Unterteilung in Teilabschnitte zu den alternativen Kapitalstrukturtheorien bzw. Finanzierungspolitiken Abstand genommen.

Zum Einfluss des Faktors Marktlage

In der Literatur wird mit der Marktlage eine weitere Determinante für die Finanzierungsentscheidung von Unternehmen diskutiert. Wie die Überlegungen in Kapitel I zur Theorie des Market-Timings gezeigt haben, ist die Prämisse eines Einflusses der Marktlage, insbesondere der Lage auf den Kapitalmärkten, auf die Finanzierungsentscheidung in erster Linie ein Ergebnis der empirischen Forschung. Exemplarisch für den mit der empirischen Forschung regelmäßig beobachteten Einfluss der Marktlage hat etwa die Arbeit von Alti (2006) festgehalten, dass „[e]quity market timing is one of the primary factors that shape corporate financing decisions. A large body of work documents the tendency of firms to issue equity when the cost of equity capital appears to temporarily low."[3142] Trotz eines durchaus breiten empirischen Fundaments ist der konkrete Einfluss, den die Marktlage auf die einzelnen Treiber der Finanzierungsentscheidung der Unternehmen nimmt, in der Literatur überraschend verschwommen geblieben.[3143] Blickt man auf die Bedeutung des Faktors Marktlage vor dem Hintergrund der Überlegungen der konkurrierenden Kapitalstrukturtheorien, so ist dieser Befund wenig überraschend, ist – dies haben bereits die einleitenden Überlegungen des Abschnitts verdeutlicht – ein systematischer Einfluss des Faktors Marktlage auf die Finanzierungsentscheidung mit den „klassischen" Kapitalstrukturtheorien nur bedingt in Einklang zu bringen.[3144] Vor dem Hintergrund der mit der „klassischen" Trade-Off-Theorie beschriebenen Treiber – der wertoptimale Verschuldungsgrad wird durch den auf den Unternehmen lastenden Insolvenzdruck und den Wertbeitrag der Fremdfinanzierung determiniert – eines wertoptimalen Verschuldungsgrades, bestehen – wie die nachfolgenden Überlegungen zeigen sollen – bestenfalls indirekte Einflüsse der Marktlage auf die Finanzierungsentscheidung.

Stellt man darauf ab, dass die Lage auf dem Kapitalmarkt ein Indikator der gesamtwirtschaftlichen Lage ist, darf – den Blick auf die Treiber des wertoptimalen Verschuldungsoptimums der Trade-Off-Theorie gerichtet – i. d. R. von einer Abnahme des Insolvenzdrucks mit zunehmend positiver Marktlage ausgegangen werden.[3145] Eine vergleichbare Überlegung kann auch mit Blick auf den Wertbeitrag der Fremdfinanzierung angestellt werden. So kann wohl auch für den Wertbeitrag der Fremdfinanzierung – unter der vorgenannten Prämisse – vermutet werden, dass mit einer zunehmend positiven Marktlage die Wahrscheinlichkeit zunimmt, dass der Wertbeitrag der Fremdfinanzierung vollständig gehoben werden kann. Der aus dieser Argumentation ableitbare Anstieg des wertoptimalen Verschuldungsgrades steht jedoch einer empirisch oftmals zu beobachtenden Zunahme der Begabe von Eigenkapitalanteilen bei positiver Marktlage entgegen.[3146] So halten

---

3142 Alti (2006) S. 1681. Ähnlich dazu bereits Bayless/Chaplinsky (1996) S. 253.

3143 Analog dazu hat Alti (2006) festgehalten: „While the collective evidence makes a strong case for the presence of market timing attempts, quantifying their impact on financing activity is difficult." Alti (2006) S. 1681. Eine ähnliche Einschätzung findet sich in Frank/Goyal (2009), die festhalten dass „[t]he market timing theory needs considerable theoretical development to explain all of empirical regularities we observe in the data". Frank/Goyal (2009) S. 5.

3144 Nimmt man mit der Annahme einer schwankenden Marktbewertung – wenigstens zeitweise – doch implizit Abstand von der Annahme eines rationalen Kapitalmarktes bzw. einer homogenen Informationsverteilung.

3145 Dies dürfte entsprechende Auswirkungen auf die in Kapitel II diskutierten „inneren" und „äußeren" Treiber alternativer Finanzierungspolitiken haben.

3146 Vgl. dazu u. a. Frank/Goyal (2009) S. 6; Graham/Leary (2011) S. 326; Halling et al (2016) S. 22.

etwa Homaifar et al. (1994) fest, dass „[a] likely scenario is that firms favor equity financing over debt financing during a period of stock price run-up".[3147] Die konzeptionellen Überlegungen vor dem Hintergrund der „klassischen" Trade-Off-Theorie stehen somit auch an dieser Stelle einer widersprüchlichen Evidenz der empirischen Forschung gegenüber.

Vor dem Hintergrund der „klassischen" Pecking-Order-Theorie ergeben sich vergleichbare konzeptionelle Hürden, die dazu führen, dass der Faktor Marktlage bestenfalls eine untergeordnete Rolle für die Finanzierungsentscheidung einnehmen kann. Eine mit der Marktlage schwankende Finanzierungsentscheidung der Unternehmen widerspricht so grundsätzlich der aus der Pecking-Order-Theorie ableitbaren Vorstellung einer starren Rangfolge der den Unternehmen zur Verfügung stehenden Finanzierungsquellen. Verlässt man den theoretischen Hintergrund der statischen Finanzierungspolitiken und wendet man sich den Überlegungen der dynamischen Trade-Off-Theorie zu, so dürfte sich der Faktor Marktlage – auch hier wohl bestenfalls indirekt – auf die für das dynamische Verschuldungsoptimum bedeutsamen Transaktionskosten niederschlagen. In Abhängigkeit zur genauen Gestalt der Transaktionskosten – insbesondere vom Anteil der fixen und variablen Transaktionskosten – kann unter gewissen Rahmenbedingungen eine Schwankung der bei Begabe anfallenden Transaktionskosten mit der Marktlage vermutet werden.[3148] Für den Fall, dass die Markteintrittsschwellen im Fall einer guten Marktlage geringer und damit die Transaktionskosten insgesamt geringer sind als im Fall schlechter Marktlagen, können Unternehmen in Abhängigkeit zur Marktlage eine Finanzierungspolitik betreiben, die sich näher an einem wertoptimalen Verschuldungsoptimum bewegt.[3149] Fraglich bleibt vor dem Hintergrund dieser Argumentation, inwieweit der Faktor Marktlage den Umfang bestehender Transaktionskosten beeinflussen kann, darf doch vermutet werden, dass die in Summe nicht zu vernachlässigenden Kosten für Rechtsanwälte, Berater als auch den Börsengang selbst nur geringfügig mit der Marktlage schwanken werden.[3150]

3147 Homaifar et al. (1994) S. 3.

3148 Man kann etwa darauf abstellen, dass im Fall einer guten Marktlage der Kapitalmarkt auf der Suche nach wertschaffenden Informationsgelegenheiten ist und durch die Unternehmen zunächst eine niedrigere Schwelle überwunden werden muss. Insgesamt dürfte mit der Marktsituation die Zahl der interessierten Marktteilnehmer schwanken.

3149 In der Literatur haben neben fixen Transaktionskosten auch variable Kosten einen Anteil für die Finanzierungsentscheidung der Unternehmen. Der Umfang variabler Kosten ist letztlich dafür verantwortlich, ob Unternehmen einen wertoptimalen Verschuldungsgrad in der Praxis tatsächlich erreichen. Vgl. dazu Faulkender et al. (2012) S. 639.

3150 Kann man doch darauf abstellen, dass spezialisierte Beratungsleistungen im Fall einer hohen Nachfrage ggf. ansteigen werden.

Auch für die in den vorangehenden Unterabschnitten betrachtete erweiterte Pecking-Order-Theorie kann die Marktlage bestenfalls über indirekte Wege Einfluss auf die Finanzierungsentscheidung nehmen. Mit der Marktlage kann sich so u. U. die Vorteilhaftigkeit und damit die Gewichtung bestehender Investitionsprojekte verschieben. Zweifelhaft erscheint jedoch, ob die Marktlage das für die erweiterte Pecking-Order-Theorie bedeutsame Verhältnis von bestehenden und zukünftigen Investitionsprojekten in Summe verschieben kann.[3151] Der Einfluss der Marktlage auf die Finanzierungsentscheidung kann vor dem Hintergrund der erweiterten Pecking-Order-Theorie damit bestenfalls moderat sein. Überraschend ist die begrenzte Bedeutung des Faktors Marktlage für die im Abschnitt 5.6.1. vorwiegend betrachteten alternativen Kapitalstrukturtheorien nicht, haben die Überlegungen in Kapitel I doch gezeigt, dass die empirische Beobachtung eines bedeutsamen Einflusses der Marktlage auf die Finanzierungsentscheidung zu einer eigenständigen Erweiterung der Pecking-Order-Theorie hin zur Theorie des Market-Timings geführt hat.[3152]

Wie die einleitenden Unterabschnitte gezeigt haben, ist die Theorie des Market-Timings infolge der Fokussierung auf den Einfluss von Marktschwankungen auf die Finanzierungsentscheidung in Summe eindimensional. Diese Fokussierung impliziert jedoch, dass neben dem Faktor Marktlage alle weitere Faktoren bestenfalls eine nachrangige Rolle spielen können, dominiert die Finanzierungsentscheidung des Managements – wie u. a. Frank/Goyal (2009) festgehalten haben – der Versuch, die Fehlbewertungen des Kapitalmarktes im Sinne der Anteilseigner des Unternehmens zu heben.[3153] Dies hatte in den vorangehenden Abschnitten zur Folge, dass tiefer gehende Überlegungen zur Theorie des Market-Timings aus Mangel an Substanz weitgehend ausgeklammert wurden. Von diesem Vorgehen soll und muss jedoch mit Blick auf den Faktor Marktlage als zentraler Determinante der Finanzierungsentscheidung im Rahmen der Theorie des Market-Timings abgewichen werden, stellt der Faktor Marktlage doch den zentralen Treiber der Finanzierungsentscheidung der Theorie des Market-Timings dar.[3154] Im Fall einer positiven Lage auf dem Markt für Eigenkapital werden Unternehmen Eigenkapital einer Begabe von Fremdkapital vorziehen und vice versa. Eine Schwankung der Marktlage kann letztlich dazu führen, dass Unternehmen von dem Ziel einer wertoptimalen Kapitalstruktur – wie es noch mit der „klassischen" Trade-Off-Theorie beschrieben wurde – abweichen werden.[3155] Wie Bayless/Chaplinsky (1996) mit

---

3151 Dürften im Fall einer Abschwächung der Marktlage sowohl bestehende als auch zukünftige Projekte im gleichen Umfang betroffen sein.

3152 Vor dem Hintergrund dieser „neuen" Theorie wächst der Marktbewertung schließlich die Rolle des zentralen Treibers der Finanzierungsentscheidung zu. Vgl. dazu Frank/Goyal (2009) S. 7.

3153 Vgl. dazu Frank/Goyal (2009) S. 7; 10.

3154 Vgl. dazu Frank/Goyal (2009) S. 6–7; Parsons/Titman (2008b) S. 30; Graham/Leary (2011) S. 332.

3155 Vgl. dazu Parsons/Titman (2008b) S. 3; 28.

Blick auf den Einfluss der Marktlage festhalten: „[...] cold market issuers are further above their long-term leverage ratios when they issue (Target), use more leverage (Leverage) in the year of issue, and are riskier (Risk) than hot market issuers."[3156] Aussagen mit Blick auf die zukünftige Kapitalstrukturpolitik eines Unternehmens lassen sich – besitzt man nicht zugleich auch ein Modell zur Prognose der Marktlage – damit jedoch nur in beschränktem Umfang treffen.[3157] Ein in der Folge nicht eingehenderes empirisches Problem dürfte zudem sein, dass der Faktor Marktlage in der Praxis wohl nicht den, in den vorangehenden Überlegungen, vermuteten binären Charakter aufweist. In der Praxis dürften vielmehr eine Reihe von Abstufungen von positiven wie auch negativen Umweltzuständen zu beobachten sein.

Auch zu Ende dieses Abschnitts soll sich der Frage gewidmet werden, welchen Einfluss der Faktor Marktlage auf die Bedeutung der alternativen Finanzierungspolitiken nimmt. Stellt man wie in den vorangehenden Abschnitten darauf ab, dass die Aktivität eines Unternehmens einen Indikator für die durch autonome und wertabhängige Finanzierungspolitik beschriebenen Grenzen alternativer Finanzierungspolitiken darstellen kann, so kann man in einem ersten Schritt darauf abstellen, dass mit einer zunehmend positiven Marktlage die Wahrscheinlichkeit einer wertabhängigen Finanzierungspolitik zunehmen wird. Eine solche Annahme unterstellt implizit, dass Unternehmen im Fall einer positiven Marktlage der Einhaltung eines wertoptimalen Verschuldungsgrades eine höhere Bedeutung zumessen (können) als im Fall einer negativen Marktlage.[3158] Eine solche Überlegung unterschlägt neben den Auswirkungen einer Zweiteilung des Marktes für Eigen- und Fremdkapital jedoch, dass eine positive Marktlage auch dazu führen kann, dass Unternehmen einen Kapitalpuffer aufbauen, damit deutlich von dem Ziel einer wertabhängigen Finanzierungspolitik abweichen können und der Druck einer Restrukturierung im Fall einer negativen Marktentwicklung anwächst.[3159] Der Einfluss des Faktors Marktlage auf die alternativen Finanzierungspolitiken bleibt vor dem Hintergrund der durchaus unterschiedlichen Auswirkungen einer Veränderung der Marktlage daher weitgehend diffus. Verwunderlich erscheint die nur begrenzte Aussagekraft des Faktors Marktlage – ohne weitere Unternehmenscharakteristika zu berücksichtigen – im Lichte der Vorüberlegungen jedoch nicht.

3156 Bayless/Chaplinsky (1996) S. 269.

3157 Dieses Problem wurde bereits in Kapitel I kurz hervorgehoben, liefert die Theorie des Market-Timings doch in der Praxis lediglich eine vergangenheitsorientierte Erklärung der historischen Finanzierungsentscheidung der Unternehmen.

3158 Diesem Argument steht entgegen, dass im Fall einer negativen Entwicklung der Marktlage der im Kapitel II diskutierte „äußere" Druck auf die Unternehmen zur Restrukturierung der Kapitalstruktur ansteigen dürfte. Ob „innere" oder aber „äußere" Aspekte dominieren, dürfte letztlich von weiteren Unternehmenseigenschaften abhängen.

3159 Verantwortlich hierfür dürfte neben den strategischen Einschätzungen des Managements auch die in diesem Abschnitt vereinfachend ausgeblendete Ausschüttungs- und Investitionspolitik sein.

Zum Einfluss des Faktors Unternehmensrating/Unternehmensqualität

Neben dem Einfluss der Marktlage auf die Finanzierungsentscheidung wurde in der jüngeren Literatur – u. a. getrieben durch die Ergebnisse von Befragungsstudien –[3160] der Einfluss des Unternehmensratings auf die Finanzierungsentscheidung als einer zentralen Determinante der Finanzierungsentscheidung untersucht.[3161] Die Arbeit von Kisgen (2006) hat als eine der ersten empirischen Arbeiten die Frage aufgegriffen, inwieweit die mit unterschiedliche Ratingstufen verbundenen Kosten der Kapitalbegabe Einfluss auf die Finanzierungsentscheidung der Unternehmen nehmen.[3162] Wie Kisgen (2006) festgehalten hat, stellt das Unternehmensrating bzw. die Veränderung des Unternehmensratings in erster Linie einen Indikator der Qualität der kapitalbegebenden Unternehmen für den Kapitalmarkt dar. Hinter dieser Prämisse steht die Vermutung der Literatur, dass Ratingagenturen – im Kontrast zum Kapitalmarkt – u. a. auch nicht-öffentliche Informationen in ihrer Einschätzung der Kreditwürdigkeit einbeziehen können bzw. die Verarbeitung qualitätserhellender Informationen durch den Kapitalmarkt beschleunigen, m. a. W. als ein Katalysator der Markteinschätzung wirken.[3163] Das Unternehmensrating determiniert – über regulatorische Vorgaben – darüber hinaus über den Investorenkreis, der an einer Begabe von Eigen- bzw. Fremdkapital durch die Unternehmen teilnehmen kann, auch den Umfang und die Gestalt der Kapitalmarkttransaktionen, die ein Unternehmen abwickeln darf und kann.[3164] Unternehmen einer höheren Ratingstufe verfügen – unter der Prämisse der Verlässlichkeit des Unternehmensratings – neben einer höheren Unternehmensqualität damit i. d. R. über einen breiteren Investorenkreis, der an einer Begabe von Kapital durch die Unternehmen partizipieren kann. Beide Effekte dürften sich in Praxis positiv auf die Begabe von Eigen- bzw. Fremdkapital auswirken bzw. maßgeblichen Einfluss auf die Höhe der Kapitalkosten der Unternehmen nehmen.[3165] Folgt man der Einschätzung von Kisgen (2006), besitzen vorausschauende Unternehmen – u. a. über die Ausgestaltung der Finanzierungsentscheidungen – ein Interesse, das bestehende Unternehmensrating zu erhalten bzw. zu verbessern.[3166]

Im Kontrast zu der sich im Rahmen der „klassischen" Trade-Off-Theorie aus dem Wertbeitrag der Fremdfinanzierung und dem Insolvenzdruck formenden

3160 Vgl. dazu Kisgen (2006) S. 1035; Kisgen (2009) S. 1324; Kemper/Pao (2013) S. 574.

3161 Kisgen (2009) hat mit Blick auf das Unternehmensrating so festgehalten, dass „[...] a complete model of capital structure must include credit ratings along with standard tax, information, agency, and financial distress factors". Kisgen (2009) S. 1324.

3162 Vgl. dazu Kisgen (2009) S. 1323; Kemper/Pao (2013) S. 573–574.

3163 Vgl. Kisgen (2006) S. 1038–1039. Ähnlich dazu auch Kisgen (2009) S. 1329.

3164 Vgl. dazu Kisgen (2006) S. 1037–1038; 1040; Kisgen (2009) S. 1343.

3165 Vgl. dazu Kisgen (2006) S. 1038.

3166 Kisgen (2006) stellt dabei die Hypothese auf, dass insbesondere Unternehmen, die von einer Herabstufung betroffen sind, den Einsatz von Fremdkapital gegenüber dem Einsatz von Eigenkapital reduzieren werden. Vgl. dazu Kisgen (2006) S. 1037.

Finanzierungsentscheidung, führen der Einfluss und die Auswirkungen unterschiedlicher Ratingstufen zu einer Durchbrechung des linearen Zusammenhangs zwischen Unternehmenswert und Unternehmensverschuldung. Unternehmen werden unter der Annahme eines zentralen Einflusses des Unternehmensratings, etwa im Fall eines Rückgangs des Insolvenzdrucks – aufgrund der auf das Unternehmensrating gerichteten Finanzierungsentscheidungen – kein weiteres Fremdkapital begeben, kann durch die Zurückhaltung eine bessere Ratingstufe erreicht bzw. eine Herabstufung des Unternehmens verhindert werden.[3167] Kisgen (2006) fasst den Effekt des Unternehmensratings auf die Finanzierungsentscheidung daher wie folgt zusammen: „[f]irms near a downgrade in rating will [...] have an incentive to maintain the higher rating. [...] firms near an upgrade will have an incentive to obtain that upgrade to be pooled with firms in the higher ratings category."[3168] Ähnlich zur dynamischen Trade-Off-Theorie werden durch die unterschiedlichen Ratingstufen somit letztlich zulässige Schwankungsbreiten des einsetzbaren Fremdkapitals definiert. Im Kontrast zur dynamischen Trade-Off-Theorie dürften mit den unterschiedlichen Ratingstufen nun jedoch eine Reihe möglicher Fremdkapitalstufen bestehen und nicht ein festes übergeordnetes, wertoptimales Verschuldungsspektrum, in dem sich das Unternehmen bewegen wird. Die mit den Ratingstufen einhergehenden unterschiedlichen Verschuldungsstufen stehen einer kontinuierlichen Anpassung der Kapitalstruktur – wie durch die „klassische" Trade-Off-Theorie beschrieben – wohl entgegen. Vielmehr sind eher kleinteilige Finanzierungsentscheidungen zu erwarten, die insbesondere Sprünge von den Enden der durch die Ratingstufen beschriebenen Verschuldungsstufen – klammert man ungewöhnliche Entwicklungen aus – unwahrscheinlich erscheinen lassen.[3169] Die Anmerkung von Kisgen (2006), dass „[...] the costs associated with a change in credit rating may then result in a capital structure behavior that is different from that implied by traditional tradeoff theory factors [...]",[3170] erscheint in diesem Lichte letztlich wenig überraschend. Unternehmen werden unter dem Eindruck eines dominierenden Einflusses des Ratings an ausgewählten – durch das Unternehmensrating vorgegebenen – Verschuldungspunkten Anpassungen an der Kapitalstruktur vornehmen. Die kontinuierlichen Anpassungen, die die Vorstellungswelt der „klassischen" Trade-Off-Theorie dominiert haben, weichen im Fall der Dominanz des Unternehmensratings somit einer Reihe von diskreten

3167 Vgl. dazu Kisgen (2006) S. 1037. In der „klassischen" Trade-Off-Theorie würde sich dagegen der wertoptimale Verschuldungsgrad mit dem auf den Unternehmen lastenden Insolvenzdruck unmittelbar verschieben.

3168 Kisgen (2006) S. 1039. Ähnlich dazu auch Kisgen (2009) S. 1323 und Kemper/Pao (2013) S. 575.

3169 In der dynamischen Trade-Off-Theorie sind dagegen Sprünge vom unteren zum oberen Ende und vice versa denkbar.

3170 Kisgen (2006) S. 1041.

Anpassungspunkten der Kapitalstruktur.[3171] Eine Politik der Einhaltung der Ratingstufen dominiert m. a. W. die Finanzierungsentscheidungen der „klassischen" und dynamischen Trade-Off-Theorie.

Ein vergleichbares Bild kann – folgt man Kisgen (2006) – mit Blick auf die durch die Pecking-Order-Theorie beschriebene feste Finanzierungsrangfolge gezeichnet werden. Unternehmen werden angesichts einer am Unternehmensrating orientierten Finanzierungspolitik – vergleichbar zu den vorangehenden Überlegungen zur „klassischen" Trade-Off-Theorie – von der festen Finanzierungsrangfolge der Pecking-Order-Theorie abweichen. Ähnlich zu den Vorüberlegungen werden insbesondere Unternehmen, die an der Grenze zwischen zwei Ratingstufen stehen, einen Anreiz besitzen, die durch die Pecking-Order-Theorie beschriebene Finanzierungsrangfolge zu durchbrechen.[3172] Ähnlich zur erweiterten Pecking-Order-Theorie wird – getrieben durch das Unternehmensrating – eine, wenn auch mit Blick auf die „erweiterte" Pecking-Order-Theorie kleinteiligere, Teilung der Finanzierungsrangfolge der „klassischen" Pecking-Order-Theorie nach Ratingstufen beschrieben.[3173] Unternehmen werden sowohl mit Blick auf eine mögliche Veränderung des Unternehmensratings wohl eine Finanzierung mit Eigenkapital einer Finanzierung mit Fremdkapital vorziehen. Auch an dieser Stelle werden – mit Blick auf die durch das Unternehmensrating determinierten Fremdkapitalschwellen – kleinteiligere Finanzierungsentscheidung ggü. der erweiterten Pecking-Order-Theorie dominieren.

Die bisherigen Überlegungen haben auf das Verhalten von Unternehmen vor dem Hintergrund einer Veränderung des Unternehmensratings abgestellt und die Frage außer Acht gelassen, welche Bedeutung eine Verschiebung des Unternehmensratings auf die Finanzierungsentscheidung hat.[3174] Kisgen (2009) hat diesen zweiten Aspekt – in Ergänzung von Kisgen (2006) – aufgegriffen.[3175] Interessant erscheint an der Untersuchung von Kisgen (2009) insbesondere, dass die Verschiebung des Unternehmensratings keinen symmetrischen Einfluss auf die Finanzierungsentscheidung der Unternehmen nimmt. Während eine Herabsetzung des

---

3171 Vgl. für eine Illustration der Sprünge Kisgen (2006) S. 1041–1043. Anpassungen werden mit Blick auf die dynamische Trade-Off-Theorie durch die Ratingstufen i. d. R. kleinteiliger ausfallen. Denkbar sind auch an dieser Stelle zulässige Schwankungsbreiten um die Schwankungspunkte.

3172 Vgl. dazu Kisgen (2006) S. 1043.

3173 Kemper/Pao (2013) stellen in diesem Zusammenhang darauf ab, dass Unternehmen mit bedeutsamen Wachstumschancen ein gesteigertes Interesse besitzen, ein bestehendes Unternehmensrating einzuhalten. Vgl. dazu Kemper/Pao (2013) S. 574. Es scheint daher wenig verwunderlich, blickt man auf die erweiterte Pecking-Order-Theorie – d. h. die Zweiteilung der Finanzierungsentscheidung auf Basis des Verhältnisses aus bestehenden und zukünftigen Investitionsprojekten –, dass sich an dieser Stelle ein vergleichbares Bild ergeben dürfte.

3174 Vgl. dazu Kemper/Pao (2013) S. 575–576.

3175 Vgl. dazu Kisgen (2009) S. 1325.

Unternehmensratings i. d. R. mit einem Abbau des eingesetzten Fremdkapitals oder aber der Begabe zusätzlichen Eigenkapital verbunden ist,[3176] lässt sich infolge eines Anstiegs des Unternehmensratings nur im bedingten Umfang ein Anstieg des eingesetzten Fremdkapitals bzw. ein entsprechender Abbau des eingesetztem Eigenkapitals der Unternehmen beobachten.[3177] Überraschend erscheint dieser Effekt nicht zu sein, steht – ceteris paribus – den Kosten eines schlechteren Unternehmensratings im Falle einer Herabstufung doch nicht im gleichen Umfang ein ungleich höherer Wertbeitrag der Fremdfinanzierung im Fall des Erreichens einer höheren Ratingstufe gegenüber.[3178]

In einer Untersuchung der Arbeit von Kisgen (2006; 2009) finden Kemper/Pao (2013) lediglich gemischte Evidenz für die Hypothese eines bedeutenden Einflusses des Unternehmensratings auf die Finanzierungsentscheidung der Unternehmen.[3179] Auf Basis einer nach unterschiedlichen Unternehmenstypen[3180] getrennten Betrachtung des Einflusses des Unternehmensratings auf die Finanzierungsentscheidung zeigt die Arbeit von Kemper/Pao (2014), dass die Ergebnisse von Kisgen (2006; 2009) im Wesentlichen durch Unternehmen getrieben scheinen, die sich dem Risiko ausgesetzt sehen, das „Investment Grade"-Rating zu verlieren. Weitere Faktoren – wie etwa der Umfang des Kapitalbedarfs – spielen dagegen für die Relevanz des Unternehmensratings in der Finanzierungsentscheidung überraschenderweise nur eine untergeordnete Rolle.[3181] Die Bedeutung des Unternehmensratings kann vor dem Hintergrund der Arbeit von Kemper/Pao (2013) m. a. W. auf ausgewählte Unternehmenstypen beschränkt sein. Auch die Auswirkungen des Faktors Unternehmensrating/Unternehmensqualität erscheinen mit Blick auf die in der Unternehmensbewertung diskutierten Finanzierungspolitiken durchwachsen. Auf den ersten Blick kann man darauf abstellen, dass Unternehmen mit Blick auf die durch den Kapitalmarkt bzw. Ratingagenturen vorgegebenen Kriterien eine strengere und damit aktivere Finanzierungspolitik implementieren werden. Diese erste Einschätzung hat

---

3176 Wie die Arbeit von Kisgen (2009) zeigt, ist der Effekt der Verschiebung des Unternehmensratings zunächst unabhängig davon, wie weit sich die Unternehmen von dem Zielverschuldungsgrad der „klassischen" Trade-Off-Theorie entfernt finden. Vgl. dazu Kisgen (2009) S. 1332.

3177 Vgl. dazu Kisgen (2009) S. 1330; 1332; 1334.

3178 Grundsätzlich dürfte sich im Fall eines Anstiegs des Unternehmensratings ein Anstieg des eingesetzten Fremdkapitals zwar positiv auf den Unternehmenswert auswirken, steht im Fall eines bedeutenden Einflusses des Unternehmensratings jedoch unter dem Vorbehalt der Gefährdung dieser Verbesserung des Unternehmensratings.

3179 Auch Hovakimian et al. (2012) finden keinen direkten Hinweis auf das Rating als Treiber der Finanzierungsentscheidung. Vgl. dazu Hovakimian et al. (2012) S. 334.

3180 Kemper/Pao (2013) stellen die Annahme auf, dass Unternehmenstypen mit unterschiedlichem Interesse an der Erhaltung bzw. Verbesserung des aktuellen Kreditratings unterschieden werden können. Vgl. dazu Kemper/Pao (2013) S. 576.

3181 Vgl. dazu Kemper/Pao (2013) S. 594–595.

jedoch zwei Schwachpunkte: Einerseits haben die Vorüberlegungen gezeigt, dass eine durch das Unternehmensrating geprägte Finanzierungspolitik i. d. R. kleinteilig ausfallen wird und die Grundmechanismen der „klassischen" Trade-Off-Theorie wenigstens teilweise aushebelt.[3182] Andererseits weisen Unternehmen infolge des Einflusses des Unternehmensratings keine symmetrische Reaktion auf Verschiebungen der Ratingklassifikation auf, sodass mit Blick auf die denkbaren Finanzierungsstrategien letztlich eine Zweiteilung vorgenommen werden muss. Unternehmen, die in ihrem Rating nicht gefährdet sind bzw. eine Hochstufung des Unternehmensratings erfahren haben, werden sich in aller Regel weitgehend passiv verhalten, während Unternehmen, die sich der Gefahr einer Herabsetzung des Unternehmensratings ausgesetzt sehen, wohl eher aktiv in die Kapitalstruktur eingreifen und damit eine aktive Finanzierungspolitik implementieren werden.

Zum Einfluss der Faktoren institutionelle Anleger und Corporate-Governance-Struktur

Wie mit den Ausführungen des Kapitels I deutlich wurde, haben Überlegungen zu Agency-Problemen vergleichsweise früh Eingang in die Literatur der Kapitalstrukturtheorie gefunden. Vor diesem Hintergrund erscheint es überraschend, dass Fragen zum Einfluss der Ausprägung der Unternehmensführungsgrundsätze auf die zentralen Treiber der Finanzierungsentscheidung – insbesondere den Wertbeitrag der Fremdfinanzierung – vergleichsweise spät in der empirischen Literatur Berücksichtigung gefunden haben.[3183] Bedeutsam erscheint in diesem Zusammenhang insbesondere die implizit getroffene Annahme der „klassischen" Trade-Off-Theorie, dass der Wertbeitrag der Fremdfinanzierung bzw. – im Fall einer Erweiterung der „klassischen" Trade-Off-Theorie – der NDTS für das Unternehmen bzw. die Kapitalgeber ohne zusätzliche Kosten gehoben werden kann.[3184] Die „klassische" Trade-Off-Theorie stellt m. a. W. vereinfachend darauf ab, dass durch den Einsatz von Fremdkapital – stellt man auf die Pizza-Analogie Millers ab – das Pizzastück der Kapitalgeber größer wird, ohne jedoch den Einfluss von Staat und angestelltem Management in der Gesamtbetrachtung weiter zu berücksichtigen.[3185] Die Praxis dürfte sich auch in Hinblick auf die Beziehung von Unternehmensmanagement, Kapitalgeber und Staat regelmäßig als komplexer darstellen, als bei der

---

3182 Dies stellt letztlich eine stärke Orientierung an einem wertoptimalen Verschuldungsgrad infrage.

3183 Die frühe Literatur fokussiert sich dabei auf die Fragestellung, welche Auswirkung bestehende Agency-Probleme auf die Finanzierungsentscheidung nehmen. Vgl. dazu Graham (2000) S. 1910. Wechselwirkungen zwischen Finanzierungsentscheidung und Agency-Problemen werden dagegen weitgehend ausgeblendet. Vgl. dazu auch Novaes/Zingales (1995) S. 1; Berger et al. (1997) S. 1413–1414.

3184 Vgl. dazu Desai/Dharmapala (2006) S. 166; Desai/Dharmapala (2009) S. 538.

3185 In aller Regel vermindern zusätzliche Pizzastücke der Kapitalgeber den Anteil des Staates am Unternehmenserfolg, während angestellte Manager versuchen werden, sich ein eigenes Stück der Pizza zu sichern.

Postulierung der „klassischen" Trade-Off-Theorie zunächst vereinfachend angenommen wurde.

Der Umfang, in dem eine optimale Kapitalstrukturpolitik implementiert werden kann, dürfte – geht man nicht länger von dem Idealfall eines eigentümergeführten Unternehmens aus – damit von der Corporate-Governance-Struktur[3186] sowie der Beziehung des Unternehmens zum Staat abhängen. Wie etwa die Arbeit von Desai et al. (2007) hervorkehrt, wird jedoch der Umfang der Steuerlast, die Unternehmen zu tragen haben „[...] in a game that involves three parties – the state, insiders, and outside shareholders [...]"[3187] festgelegt. Im Rahmen der Überlegungen der Kapitalstrukturtheorie muss somit das Verhältnis der drei „Spieler" zueinander berücksichtigt werden, will man ein vollständiges Bild der Finanzierungsentscheidung zeichnen.[3188] Das Verhältnis der drei „Spieler" zueinander kann – dies ist der Weg, den die Literatur eingeschlagen hat – als ein Wettbewerb um Anteile am Unternehmenscashflow betrachtet werden, der bestimmten Spielregeln folgt. Die Literatur beschränkt sich in ihrer Betrachtung dabei in aller Regel auf zwei Spieler unter Annahme eines bestimmten Verhaltens des dritten Spielers.[3189] In diesem Sinne kann man den Einfluss staatlicher Regulierung auf das Verhältnis von Unternehmensinsidern und externen Kapitalgebern als auch die Auswirkungen des Verhältnisses von Unternehmensinsidern und externen Kapitalgebern auf das Verhältnis zwischen Unternehmen und Staat betrachten. Die Arbeit von Desai et al. (2007) hat – dieser Zweiteilung der Literatur folgend – den Einfluss des Staates über Gestalt und Ausprägung des Steuersystems auf das Verhältnis von Unternehmensinsidern und externen Kapitalgebern näher betrachtet. Wie Desai et al. (2007) festgehalten haben, führt ein Anstieg des Steuersatzes in einem ersten Schritt in aller Regel zu einem Anstieg bestehender Konflikte zwischen Unternehmensinsidern und externen Kapitalgebern, während eine stärkere Durchsetzung des geltenden Steuerrechts – der Staat übernimmt in diesem Fall eine Überwachungsfunktion

3186 Bedeutsam hierbei ist, dass eine stabile Corporate-Governance-Struktur – als externer Anreiz für das Unternehmensmanagement – implementiert ist, kann doch nur unter dieser Prämisse davon ausgegangen werden, dass Unternehmen eine aus Sicht der Kapitalgeber optimale Strategie implementieren. Vgl. dazu Novaes/Zingales (1995) S. 27. Analog dazu haben Pinkowitz et al. (2006) festgehalten: „When corporate governance works well, those in control of a corporation, [...] find it more beneficial to increase shareholder wealth than to expropriate minority shareholders." Pinkowitz et al. (2006) S. 2725.

3187 Desai et al. (2007) S. 592.

3188 In Erweiterung der Einschätzung von Desai et al. (2007) kann man – nimmt man noch eine Trennung zwischen Eigen- und Fremdkapitalgeber vor – an dieser Stelle auch von vier Spielern sprechen.

3189 Die „klassische" Trade-Off-Theorie folgt dieser Aufgliederung der Literatur auch, unterstellt sie doch letztlich einen Wettbewerb zwischen Eigen- und Fremdkapitalgeber, bei der sich der Staat, nach Festlegen eines bestimmten Steuersystems, weitgehend passiv verhält.

über die wirtschaftliche Leistungsfähigkeit der Unternehmen – zu einem Rückgang bestehender Agency-Probleme führen kann.[3190] Die Gestalt des Steuersystems kann m. a. W. also maßgeblich die Gestalt der Governance-Struktur eines Unternehmens bzw. das Ausmaß bestehender Konflikte zwischen Unternehmensinsidern und externen Kapitalgebern beeinflussen.

Interessanter erscheint mit Blick auf die Schwerpunktsetzung der alternativen Kapitalstrukturtheorien die Betrachtung des Einflusses der Corporate-Governance-Struktur auf das Verhältnis von Unternehmen zum Staat, d. h. die Frage, inwieweit die Governance-Struktur eines Unternehmens die Fähigkeit beeinflusst, sich der Zahlung von Steuern durch geeignete Maßnahmen entziehen zu können. Wie zu Beginn dieses Abschnitts hervorgehoben wurde, unterstellt insbesondere die „klassische" Trade-Off-Theorie, dass sich Unternehmen ohne weitere Kosten einem Teil der Steuerzahlungen an den Staat entziehen können.[3191] Diese Annahme beinhaltet dabei die Vermutung, dass Steuervermeidungsstrategien des Unternehmens insbesondere keinen Einfluss auf das Verhältnis der internen und externen Kapitalgeber zueinander nehmen. Wie die Arbeiten von Desai/Dharmapala (2006), Desai et al. (2007) und Desai/Dharmapala (2009) gezeigt haben, stellt eine solche Annahme i. d. R. jedoch eine weitgehende Vereinfachung der tatsächlichen Auswirkung einer Verschiebung der Steuerlast dar. Kann doch gezeigt werden, dass die Implementierung von Strategien zur Steuervermeidung regelmäßig mit einem Anwachsen bestehender Agency-Probleme zwischen Kapitalgebern und angestelltem Management verbunden ist.[3192] Wie in der Arbeit von Desai/Dharmapala (2009) betont wird, dominiert diese empirischen Untersuchungen die Vermutung, dass „[...] corporate tax avoidance not only entails distinct costs, but these costs may outweigh the benefits to shareholders, given the opportunities for diversion that these vehicles provide".[3193] Der Wertbeitrag der Fremdfinanzierung kann m. a. W. durch das mit der Implementierung einer Steuervermeidungsstrategie ermöglichte wertvernichtende Verhalten des Managements gänzlich aufgezehrt bzw. sogar überkompensiert werden.[3194] Rationale externe Kapitalgeber werden

3190 Vgl. dazu Desai et al. (2007) S. 618.

3191 Vgl. dazu Desai et al. (2007) S. 592.

3192 Desai et al. (2007) S. 592–593. Mit den Worten von Desai/Dharmapala (2006), „[...] managers can also enjoy private benefits of control, for instance through the diversion of rents. Decisions about tax sheltering and rent diversion are made simultaneous and are potentially interdependent." Desai/Dharmapala (2006) S. 147. In der jüngeren Literatur finden sich jedoch auch eine Reihe von empirischen Arbeiten, die einen weniger klaren Zusammenhang zwischen Corporate-Governance-Struktur und dem Umfang von Steuervermeidungsstrategien aufzeigen. Vgl. dazu etwa Armstrong et al. (2015) S. 2.

3193 Desai/Dharmapala (2009) S. 538; ähnlich: Armstrong et al. (2015) S. 1–2.

3194 Dürfte doch – dies verdeutlichen die nachfolgenden Überlegungen – die Position des Staates als überwachende Instanz der Leistungsfähigkeit des Unternehmens geschwächt werden.

mögliche negative Effekte, die aus den Steuervermeidungsstrategien erwachsen, antizipieren und im Fall schwacher Governance-Struktur versuchen, Strategien zur Senkung der Steuerlast des Unternehmens zu unterbinden.

Damit erwächst aus der Gestalt der Governance-Struktur eine bedeutsame Determinante für die Finanzierungsentscheidung der Unternehmen, bestimmt die Ausgestaltung der Governance-Struktur doch – wenigstens mittelbar – über den Umfang, mit dem der Wertbeitrag der Fremdfinanzierung den externen Kapitalgebern und nicht dem Unternehmensmanagement zufließt. Eine Steigerung des Unternehmenswertes für die Kapitalgeber durch eine Reduzierung der Unternehmenssteuerlast – wie mit der „klassischen" Trade-Off-Theorie vermutet – gelingt somit letztlich nur für den Fall, in dem stabile Governance- Strukturen verankert sind.[3195] Diese Hypothese der Literatur hat mit den empirischen Arbeiten von Desai/Dharmapala (2006), Desai et al. (2007) und Desai/Dharmapala (2009) durchaus Bestätigung gefunden.[3196] Wie Desai/Dharmapala (2009) hervorgehoben haben, führen die Ergebnisse der empirischen Literatur zu „[...] theoretical and empirical conclusions that are substantially different from those that would be predicted by a model where managers are perfect agents".[3197] Anders, als im Fall der uneingeschränkten Gültigkeit der mit der „klassischen" Trade-Off-Theorie verbundenen Annahmen zu erwarten wäre, muss ein Anstieg der Unternehmenslast bzw. ein Anstieg der wirtschaftlichen Leistungsfähigkeit nicht in eine Ausweitung des eingesetzten Fremdkapitalvolumens münden. Die Arbeit von Desai/Dharmapala (2009) trägt damit u. a. auch zur Erklärung der – dies wurde im Abschnitt 5.6.1.6. bereits kurz aufgegriffen – aus Sicht der „klassischen" Trade-Off-Theorie erstaunlichen Zurückhaltung der Unternehmen mit Blick auf den Einsatz von Fremdkapital bei. Übersetzt sich ein extensiver Fremdkapitaleinsatz im Angesicht schwacher Governance-Strukturen und damit relevanter Agency-Probleme zwischen Unternehmensmanagement und externen Kapitalgebern nicht zwingend in einen Anstieg des Unternehmenswertes aus Sicht des Kapitalmarktes, sondern kann auf Verwerfungen zwischen Kapitalgebern und Unternehmensmanagement hinweisen.[3198] Dieser Effekt ist insbesondere bedeutsam für den Erklärungsansatz der „klassischen" als auch „dynamischen" Trade-Off-Theorie.

Blickt man auf das alternative Annahmegerüst der Pecking-Order-Theorie, so erscheint die Bedeutung, die der Gestalt der Governance-Struktur in diesem Zusammenhang erwächst, bestenfalls mittelbar, wurde mit Kapitel I dieser Arbeit doch deutlich, dass der Wertbeitrag der Fremdfinanzierung für die Finanzierungsentscheidung der Pecking-Order-Theorie von untergeordneter Bedeutung ist. Insbesondere erscheint fraglich, ob der Einfluss der Governance-Struktur, die insbesondere prägend für das Innenverhältnis zwischen Unternehmensmanagement

3195 Vgl. dazu Desai/Dharmapala (2006) S. 148; Desai/Dharmapala (2009) S. 539.
3196 Vgl. dazu Desai/Dharmapala (2009) S. 542; 544; Hanlon/Heitzman (2010) S. 138.
3197 Desai/Dharmapala (2009) S. 546.
3198 Vgl. dazu Desai/Dharmapala (2009) S. 546; Desai/Dharmapala (2006) S. 176.

und externen Kapitalgebern sein dürfte, über einen prägenden Einfluss für das Verhältnis zwischen bestehenden und zukünftigen Kapitalgebern – dieses Verhältnis steht im Vordergrund der Pecking-Order-Theorie – einnimmt.[3199] Notwendig erscheint es an dieser Stelle daher, zu diskutieren, inwieweit das Innenverhältnis zwischen bestehenden Kapitalgebern und Management Einfluss auf bestehende Informationsasymmetrien bei Begabe frischen Kapitals nimmt. Man kann zwar grundsätzlich darauf abstellen, dass sich mit einer schwachen Governance-Struktur die Ungewissheit über die tatsächliche Leistungsfähigkeit des Unternehmens der bestehenden Kapitalgeber auch auf zukünftige Kapitalgeber überträgt, unklar ist jedoch, ob man in einem solchen Umfeld weiterhin ohne Weiteres davon ausgehen kann, dass bestehende Kapitalgeber unter der gewachsenen Unsicherheit über die zukünftige Unternehmensentwicklung versuchen werden, eine Fehlbewertung des Kapitalmarktes abzuschöpfen. Ein solches Vorhaben dürfte in einem durch eine schwache Corporate-Governance-Struktur geprägten Umfeld vielmehr durch das weitsichtigere Unternehmensmanagement vorangetrieben werden können. Fraglich erscheint jedoch, ob ein sich fehlverhaltendes Unternehmensmanagement die mit einer Kapitalbegabe i. d. R. verbundenen Publizitätspflichten erfüllen möchte.[3200] Das sich in einem solchen Umfeld aufspannende Beziehungsgeflecht ist in aller Regel komplex und wenig transparent, an dieser Stelle sei daher auf den Einfluss der Governance-Struktur auf die Finanzierungsrangfolge der Pecking-Order-Theorie nicht näher eingegangen.

Interessant erscheint an dieser Stelle vielmehr der Einfluss, den die Eigentümerstruktur auf bestehende Agency-Probleme und damit den Umfang der Hebbarkeit des Wertbeitrages der Fremdfinanzierung nimmt.[3201] Wie Hanlon/Heitzman (2010) festgehalten haben, können „[...] ownership patterns [...] have an important effect on tax avoidance [...]. Firms with concentrated ownership [...] may avoid more taxes because controlling owners benefit more from the savings."[3202] Einen Indikator der Gestalt und Güte der Governance-Struktur stellt in der Literatur dabei der Umfang dar, den institutionelle Investoren am Unternehmen halten. Hinter dieser

3199 Man kann an dieser Stelle zwar darauf abstellen, dass auch für neue Kapitalgeber eine starke Governance- Struktur von Interesse ist und darüber hinaus auch zu einem Abbau bestehender Informationsasymmetrien führt. Dieser Effekt dürfte sich jedoch symmetrisch auf die alternativen Finanzierungsquellen des Unternehmens niederschlagen und somit die Gestalt der Finanzierungsrangfolge nicht grundsätzlich verändern.

3200 Zu beantworten ist an dieser Stelle auch, wie das Unternehmensmanagement die Fehlbewertung des Kapitalmarktes abschöpfen kann, ohne dass dieser „Wertbeitrag" den (Alt-)Kapitalgebern vollumfänglich zufließt.

3201 Stellt dies doch letztlich auch eine Determinante dar, an der die Implementierung einer wertoptimalen Finanzierungspolitik festgemacht werden kann.

3202 Hanlon/Heitzman (2010) S. 144. Wie Hanlon/Heitzman (2010) anmerken, ist jedoch auf Basis des eher langfristigen Horizonts bedeutsamer Investoren auch ein gegenläufiger Effekt denkbar. Vgl. ebda.

Annahme steht implizit die Vermutung, dass institutionelle Anleger sowohl über höhere Anreize als auch letztlich die Mittel verfügen, die Tätigkeiten des Unternehmensmanagements zu überwachen.[3203] Der Umfang des Investments institutioneller Investoren stellt somit einen ersten Indikator dafür dar, inwieweit sich das Unternehmensmanagement der Überwachung der Kapitalgeber entziehen kann und möglicherweise wertvernichtende Strategien implementiert.[3204] Einen Aspekt dieses schon früh in der Literatur beschriebenen Effekts stellt dabei ohne Zweifel die bereits beleuchtete Implementierung wertoptimaler Kapitalstrukturpolitiken dar, kann vor dem Hintergrund bedeutsamer institutioneller Investoren doch davon ausgegangen werden, dass Konflikte zwischen Unternehmensmanagement und Kapitalgebern von nachrangiger Bedeutung sind. Auch kann vor dem Hintergrund der in Kapitel II diskutierten „inneren“ und „äußeren“ Faktoren darauf abgestellt werden, dass ein bedeutender Einfluss institutioneller Faktoren zu einer Durchsetzung einer wertabhängigen Finanzierungspolitk ggü. – möglicherweise kleinteilig strukturierten – Fremdkapitalgebern führt.

Blickt man zum Abschluss dieses Abschnitts auf die alternativen, in der Unternehmensbewertungsliteratur diskutierten Finanzierungspolitiken, so kann aus dem Faktor Governance-Struktur wohl nicht unmittelbar eine Aussage für eine der in Kapitel II diskutierten alternativen Finanzierungspolitiken abgeleitet werden. Müsste man hier doch in einem ersten Schritt eine letztlich nur unvollständig – dies hat Kapitel II gezeigt – zu leistende Wertung der alternativen Finanzierungspolitiken aus Sicht der Kapitalgeber vornehmen.[3205] So kann sich im Fall eines Anstiegs der Leistungsfähigkeit des Unternehmens aus Sicht der Eigenkapitalgeber durchaus die wirtschaftliche Notwendigkeit ergeben, den Verschuldungsumfang auszuweiten, während es im Fall eines Rückgangs des Unternehmenswertes – wenigstens in einem ersten Schritt – sinnvoll sein kann, auf laufende Anpassungen – zuungunsten der Fremdkapitalgeber – zu verzichten. Diese durchaus gegenläufigen Interessen der Kapitalgeber sind zu berücksichtigen, wendet man den Blick hin zu den Auswirkungen der Corporate-Governance-Struktur auf die Finanzierungsentscheidung. Wie die Vorüberlegungen gezeigt haben, kann die Corporate-Governance-Struktur – in Abhängigkeit zum Umfang bestehender Agency-Probleme – Einfluss auf die Hebung des Wertbeitrages der Fremdfinanzierung nehmen, insbesondere bestimmt sich aus der Corporate-Governance-Struktur, inwieweit ein Anstieg des Verschuldungsumfangs durch bestehende Agency-Probleme vollständig aufgezehrt

3203 Vgl. dazu Desai/Dharmapala (2006) S. 163; Desai/Dharmapala (2009) S. 539.

3204 Vgl. dazu u. a. Shleifer/Vishny (1989) S. 125; Pinkowitz et al. (2006) S. 2728; Dittmar/Smith (2007) S. 601. Institutionelle Anleger stellen – analog zu den vorangehenden Überlegungen – damit ein Substitut für die Überwachungstätigkeit des Staates in Form der Finanzbehörden dar.

3205 Ex ante kann so nicht zwingend darauf abgestellt werden, dass die Implementierung einer streng wertabhängigen Finanzierungspolitik aus Sicht der Kapitalgeber höher zu bewerten ist.

wird. Der Faktor Ausprägung der Strukturen zur Unternehmensführung bleibt damit zunächst ein sekundärer Faktor, der letztlich erst nach der Entscheidung der Unternehmen, ob eine Anpassung der Kapitalstruktur wirtschaftlich sinnvoll ist, determiniert, in welcher Gestalt eine wertschaffende Finanzierungsentscheidung in der Praxis implementiert werden kann. Unbedeutend ist der Faktor Strukturen zur Unternehmensführung damit nicht, die Forschung – insbesondere die empirische – steht jedoch vor der Herausforderung, die Frage zu beantworten, welchen Beitrag Agency-Probleme neben Transaktionskosten und einer bewussten Entscheidung der Unternehmen zur Passivität eines Unternehmens leisten.

Als erste Arbeitshypothese sei im Folgenden darauf abgestellt, dass mit zunehmenden Agency-Problemen – wenigstens aus Sicht der Kapitalgeber – die Bedeutung einer wertoptimalen Finanzierungspolitik wohl in den Hintergrund rückt.

Zum Einfluss der Eigenschaften des Managements

Wie mit dem vorangehenden Unterabschnitt hervorgehoben wurde, findet in der Unternehmenspraxis wohl regelmäßig eine Trennung zwischen Unternehmenseigentum und Unternehmensführung statt. In den vorangehenden Abschnitten als auch in Teilen der empirischen Literatur wurde dieses Merkmal der Unternehmenspraxis – mit Ausnahme des vorangehenden Unterabschnitts – zumeist vereinfachend ausgeblendet.[3206] Eine solche Vereinfachung muss sich durchaus der berechtigten Kritik einer ungerechtfertigten Vereinfachung der Rahmenbedingungen einer Finanzierungsentscheidung gefallen lassen, können doch Agency-Probleme – dies hat u. a. Kapitel I gezeigt – einen zentralen Einfluss auf die Gestalt der Kapitalstruktur bzw. der Finanzierungsentscheidungen der Unternehmen ausüben.[3207] Ein Aspekt der in der Praxis bestehenden Agency-Probleme wurde bereits im vorangehenden Abschnitt zum Einfluss der Corporate-Governance-Struktur auf die Finanzierungsentscheidung der Unternehmen näher betrachtet. Die Quantifizierung der Güte der Unternehmensführung bzw. bestehender Agency-Probleme dürfte sich in der Praxis – der vorangehende Unterabschnitt hat vereinfachend auf den Anteil institutioneller Investoren als Indikator für den Umfang von Agency-Problemen abgestellt – jedoch regelmäßig als vergleichsweise schwierig erweisen. Alternativ dazu kann man – folgt man dem in der Literatur zu findenden Vorgehen – den Umfang bestehender Agency-Problem auch an den Eigenschaften des Unternehmensmanagements festzumachen versuchen.[3208] Es soll, in Ergänzung der

---

3206 Dieser Einschätzung kann – nicht nur mit Blick auf die in Kapitel I skizzierten Überlegungen – mit Verweis auf eine Reihe bedeutsamer Arbeiten sicherlich widersprochen werden. Diese Einschätzung wird an dieser Stelle daher lediglich als eine grobe – relative – Einordnung der Literatur, die explizit die Bedeutung der Eigenschaften des Unternehmensmanagements untersucht, verstanden.

3207 Vgl. dazu allgemein Amihud/Lev (1999) S. 1063.

3208 Rücken die Eigenschaften des Unternehmensmanagements als zentrale Entscheidungsinstanz doch – verabschiedet man sich von der Annahme eines

Überlegungen des vorangehenden Unterabschnitts zur Güte der Unternehmensführung, in diesem Unterabschnitt daher kurz der Frage des Einflusses der Eigenschaften des Unternehmensmanagements auf die Finanzierungsentscheidungen bzw. Gestalt der Kapitalstruktur nachgegangen werden. Dieser Unterabschnitt ist damit letztlich als Ergänzung der Vorüberlegungen anzusehen. Insbesondere wird mit diesem Unterabschnitt nicht der Anspruch erhoben, den zugehörigen Strang der Literatur vollständig abzubilden.[3209]

In dem folgenden Unterabschnitt sei daher insbesondere der Frage nachgegangen, inwieweit sich das Unternehmensmanagement dem Druck der im vorangehenden Abschnitt beleuchteten Grundsätze guter Unternehmensführung – die Literatur spricht in diesem Zusammenhang auch vom „managerial entrenchment" –[3210] entziehen kann. Der Umfang des „managerial entrenchment" ist bedeutsam, werden Unternehmensmanager, die sich wenigstens teilweise dem Einfluss der Kapitalgeber auf die Unternehmensführung entziehen können, verstärkt eigene Interessen verfolgen. Blickt man auf die Finanzierungsentscheidung der Unternehmen, so werden Unternehmensmanager aufgrund einer abweichenden Risikostruktur eine andere Kapitalstrukturpolitik implementieren als die i. d. R. besser diversifizierten Kapitalgeber. Das wohl regelmäßig bestehende Klumpenrisiko des Unternehmensmanagements ggü. den Kapitalgebern illustrierend, hat etwa Fama (1980) hervorgehoben, dass „[...] the manager of a firm rent a substantial lump of wealth – their human capital – to the firm, and the rental rates for their human capital signaled by the managerial labor market are likely to depend on the success or failure of the firm".[3211] Dies bedeutet m. a. W., dass mit der Trennung von Unternehmensleitung und -eigentum wohl regelmäßig auf Betreiben des Unternehmensmanagements eine konservativere Kapitalstrukturpolitik einhergeht als in dem – vereinfachend regelmäßig angenommenen – Fall eines Interessengleichklangs zwischen Unternehmensmanagement und Kapitalgebern.[3212] Wie bereits

Interessengleichklangs zwischen Kapitalgeber und Management – in den Vordergrund.

3209 Wie mit diesem Abschnitt deutlich werden wird, ist die stiefmütterliche Behandlung dieses Aspekts insbesondere auf die in der Praxis wohl eingeschränkte Messbarkeit der Eigenschaften des Managements zurückzuführen.

3210 „We define entrenchment as the extent to which managers fail to experience discipline from the full range of corporate governance and control mechanisms, including monitoring by the board, the threat of dismissal or takeover, and stock- or compensation-based performance incentives." Berger et al. (1997) S. 1411.

3211 Fama (1980) S. 291–292; ähnlich dazu auch Amihud/Lev (1981) S. 606; Novaes (2002) S. 2622.

3212 Vgl. dazu auch Novaes/Zingales (1995) S. 2; Berger et al. (1997) S. 1420. Die Literatur liefert damit einen weiteren Erklärungsansatz für den in der empirischen Literatur zu beobachtenden – bereits in einem vorangehenden Unterabschnitt betrachtenden – überraschend konservativen Einsatz von Fremdkapital. Vgl. dazu etwa Novaes/Zingales (1995) S. 31.

hervorgehoben wurde, dürfte der Umfang, in dem sich der Zielkonflikt zwischen Unternehmensmanagement und Kapitalgeber auf die tatsächliche Kapitalstruktur der Unternehmen niederschlägt, regelmäßig von dem Umfang des „managerial entrenchment", d. h. der Autonomie des Managements ggü. den Kapitalgebern, abhängen. In der Literatur wurden eine Reihe von Faktoren identifiziert, die den Umfang des „managerial entrenchment" näherungsweise quantifizieren können: Neben der Abhängigkeit der Entlohnung des Unternehmensmanagements von der wirtschaftlichen Leistung des Unternehmens[3213] finden sich die Laufzeit der Arbeitsverträge des Managements[3214] und der Überwachungsdruck als Maßzahl für den Umfang, in dem sich das Management von den Interessen der Kapitalgeber unabhängig machen kann. Neben den kurz skizzierten inneren Eigenschaften des Unternehmensmanagements werden in der Literatur etwa mit dem Übernahmedruck, dem sich ein Unternehmen ausgesetzt sieht, auch externe Faktoren beschrieben, die als Gradmaß für das „managerial entrenchment" des Unternehmensmanagements dienen können.[3215]

Welche Auswirkungen auf die Finanzierungsentscheidung dürfte das „managerial entrenchment" nun nehmen? Wie zu Beginn dieses Abschnitts kurz skizziert, werden weniger diversifizierte Unternehmensmanager in aller Regel den mit einer Fremdfinanzierung einhergehenden Anstieg des Unternehmensrisikos scheuen und sowohl aus Sicht der Trade-Off-Theorie als auch der Pecking-Order-Theorie eine zu konservative Finanzierungspolitik, d. h. einen zu geringen Einsatz von Fremdkapital zur Finanzierung der Unternehmen, implementieren.[3216] Wechselt man zu den in Kapitel II skizzierten alternativen Finanzierungspolitiken, so ist – auf Basis der vorläufigen Überlegungen – mit der Zunahme des „managerial entrenchment" wohl eine Zunahme der Einseitigkeit der Adjustierungspolitik der Unternehmen zu erwarten. Dies wird deutlich, stellt man wie etwa in der dynamischen Trade-Off-Theorie auf feste Verschuldungsober- und Untergrenzen ab.[3217]

3213 Vgl. dazu etwa Berger et al. (1997) S. 1417.

3214 Vgl. dazu etwa Berger et al. (1997) S. 1418.

3215 Vgl. dazu etwa Novaes (2002) S. 2621. Diese externen Faktoren führen letztlich dazu, dass die Interessen eines dem Grunde nach unabhängigen Managements sich an die Interessen der Kapitalgeber angleichen.

3216 Wie bereits mit den vorangehenden Abschnitten deutlich geworden ist, entzieht sich die Pecking-Order-Theorie ex-post weitgehend einer Einschätzung des Finanzierungsverhaltens, wird doch nur zum Zeitpunkt $t = 0$ eine Finanzierungsregel vorgegeben. Im Angesicht der höheren Risikoaversion des Unternehmensmanagements darf jedoch auch mit Blick auf die Pecking-Order-Theorie eine Durchbrechung der festen Finanzierungsrangfolge erwartet werden, die im Zeitverlauf schließlich zu einem geringeren Verschuldungsgrad führen dürfte als unter den Idealbedingungen eines Interessengleichklangs zwischen Management und Kapitalgebern.

3217 Grundsätzlich – wenn auch weniger plastisch – kann man an dieser Stelle auch auf den wertoptimalen Verschuldungsgrad der „klassischen" Trade-Off-Theorie abstellen.

Blickt man zunächst auf die Verschuldungsuntergrenzen, so werden angestellte Manager – blendet man eine unmittelbare Übernahmegefahr aus – im Angesicht des mit dem Verschuldungsumfang steigenden Unternehmensrisikos in aller Regel keinen Anreiz besitzen, den Wertbeitrag der Fremdfinanzierung voll zu heben. Die Unternehmensmanager werden in der Folge kein weiteres Fremdkapital einwerben und so das Verschuldungsoptimum unterschreiten.[3218] Dem gegenüber steht das Interesse des Unternehmensmanagements, äußeren Druck – etwa in Form eines Anstiegs des Insolvenzdrucks – unverzüglich durch Anpassungen der Kapitalstruktur zu verringern. In der jüngeren Literatur findet sich neben den kurz skizzierten Überlegungen zum „managerial entrenchment", in denen dem Management eine grundsätzlich höhere Risikoaversion zugeschrieben wird, zunehmend auch Arbeiten, die sich näher mit der Wahrnehmung von Risiko und Wachstum durch das Unternehmensmanagement beschäftigen. Arbeiten wie etwa Hackbarth (2008) haben gezeigt, dass eine verzerrte Risikowahrnehmung durch das Management eine zentrale Rolle für die Finanzierungsrangfolge spielen kann.[3219] Da ex ante eine Quantifizierung der Risikoperzeption des Managements schwierig erscheint, dürften diese Aspekte sowohl für die empirische Forschung als auch die Unternehmensbewertungspraxis in aller Regel unerreichbar sein. An dieser Stelle sei daher auf eine eingehendere Darstellung dieses Strangs der Literatur verzichtet.

Zum Einfluss des Faktors Liquidität

Mit den Abschnitten 5.6.1.3. und 5.6.1.4. wurden mit den Faktoren Greifbarkeit des Unternehmensvermögens bzw. Profitabilität bereits besondere Aspekte der Unternehmensliquidität näher beleuchtet. Wie diese vorangehenden Abschnitte verdeutlicht haben, dürfte mit einer Zunahme der Liquidität des Unternehmensvermögens – aufgrund der einfacheren Verwertbarkeit des Unternehmensvermögens im Fall der Insolvenz bzw. im Fall von Zahlungsschwierigkeiten – regelmäßig auch das Volumen des eingesetzten Fremdkapitals bzw. die Fähigkeit, Fremdkapital zur Finanzierung des Unternehmens einzusetzen, ansteigen.[3220] Überträgt man die

3218 Sollten sich Unternehmen der Gefahr einer Übernahme ausgesetzt sehen, dürften Unternehmensmanager aufgrund des äußeren Drucks von der implementierten konservativen Verschuldungspolitik abweichen.

3219 Vgl. dazu Hackbarth (2008) S. 845.

3220 Vgl. dazu etwa Myers/Rajan (1998) S. 733. Auch mit Blick auf den Einfluss des Faktors Liquidität positioniert sich die „klassische" Trade-Off-Theorie an dieser Stelle etwas deutlicher als die Pecking-Order-Theorie. Während für die „klassische" Trade-Off-Theorie insbesondere der Rückgang des Insolvenzdrucks verantwortlich für einen Anstieg des eingesetzten Fremdkapitals sein dürfte, kann im Fall der Gültigkeit der Pecking-Order-Theorie keine klare Aussage zum Umfang des eingesetzten Fremdkapitals getroffen werden. Im Angesicht bedeutsamer Liquiditätsreserven kann lediglich die Vermutung ausgesprochen werden, dass Unternehmen bei der Finanzierung zukünftiger Investitionsprojekte zunächst auf die ungenutzte Innenfinanzierungskraft der Unternehmen zurückgreifen werden.

Überlegungen der vorangehenden Abschnitte auf den in diesem Abschnitt näher zu betrachtenden Faktor der Liquidität, so wird man, wie etwa Achraya et al. (2015) festgehalten haben, wohl in aller Regel prima facie zu dem Schluss kommen, dass „[...] firms that have larger cash holdings in their asset and investment portfolio should be ‚safer' ".[3221] Es erscheint vor dem Hintergrund dieses intuitiv eingängigen Zusammenhangs überraschend, dass in der jüngeren Literatur Zweifel an dieser positiven Verbindung zwischen Unternehmensliquidität und Unternehmensrisiko geäußert wurden.

Wie die jüngere Literatur gezeigt hat, müssen – entgegen der ersten Einschätzung – eine Reihe weiterer – z. T. gegenläufiger – Effekte berücksichtigt werden, will man Wirkrichtung und Einfluss des Faktors Liquidität auf die Finanzierungsentscheidung korrekt quantifizieren. In der Literatur können dabei mindestens zwei grundsätzliche Ansätze, um Einfluss und Wirkrichtung des Faktors Liquidität zu quantifizieren, unterschieden werden: Neben einem mechanischen Erklärungsansatz, der auf die Zusammenhänge zwischen Investitions- und Finanzierungspolitik abstellt, finden sich in der Literatur auch Ansätze auf Basis der in Kapitel I skizzierten Agency-Probleme zwischen angestelltem Unternehmensmanagement und externen Kapitalgebern. Blickt man zunächst auf den mechanischen Erklärungsansatz, so hat etwa die Arbeit von Achraya et al. (2012) verdeutlicht, dass vor dem Hintergrund der zwischen Investitions- und Finanzierungspolitik bestehenden Wirkmechanismen eine Trennung von kurz- und langfristigen Effekten der Unternehmensliquidität vorzunehmen ist.[3222] Die Überlegung von Achraya et al. (2012) stellt letztlich darauf ab, dass Unternehmen bei der Entscheidung über den Umfang der Liquidität, die im Unternehmen vorgehalten wird, eine Abwägung – die Unternehmensressourcen werden in praxi wohl regelmäßig begrenzt sein –[3223] zwischen Investitionsvolumen und Unternehmensliquidität treffen müssen.[3224]

Wie die nachfolgenden Überlegungen zeigen sollen, dürfte das kurzfristige Vorhalten von Unternehmensliquidität Einfluss auf die langfristige Ertragslage der Unternehmen nehmen.[3225] Unter der Prämisse einer rationalen

3221 Achraya et al. (2012) S. 3573.

3222 Vgl. dazu Acharya et al. (2012) S. 3574.

3223 Das verfügbare Unternehmenskapital wird sowohl aufgrund der Knappheit von Kapital als auch aufgrund auftretender Agency-Probleme begrenzt sein. Vgl. dazu auch Almeida et al. (2014) S. 136.

3224 Die Entscheidung zur Unternehmensliquidität wird in der Literatur daher auch als eine der zentralsten Unternehmensentscheidungen bezeichnet. Vgl. dazu Almeida et al. (2014) S. 136.

3225 Wenn auch im Folgenden nicht im Zentrum der Betrachtung, so dürfte das skizzierte Verhältnis zwischen Unternehmensliquidität und zukünftiger Ertragslage in aller Regel symmetrisch sein.

Unternehmensleitung,[3226] die in naher Zukunft mit einem Rückgang der Unternehmensrentabilität rechnet, kann im Angesicht des Risikos einer nahen Liquiditätskrise wohl mit einem Anstieg des Umfangs der im Unternehmen gehaltenen Liquidität – sofern zusätzliche Liquidität nicht auf dem Kapitalmarkt eingeworben werden kann – ausgegangen werden.[3227] Kurzfristig bedeutet ein Anstieg der Unternehmensliquidität – wie mit dem intuitiven Erklärungsansatz vermutet – einen Rückgang des unmittelbaren Risikos einer Unternehmensinsolvenz, wird mit dem Anstieg der Unternehmensliquidität doch die Zahlungsfähigkeit der Unternehmen sichergestellt. Diesem kurzfristigen Effekt steht – wie etwa die Arbeit von Achraya et al. (2012) gezeigt hat – jedoch mittel- bis langfristig mechanisch ein gegenläufiger Effekt entgegen, führt ein Vorhalten kurzfristiger Unternehmensliquidität doch c. p. zu einem Rückgang des ungebundenen Kapitals, das für mittel- bis langfristige Investitionsvorhaben zur Verfügung steht. Es kann in der Folge daher vermutet werden, dass sich das Vorhalten von Unternehmensliquidität über den Rückgang des Investitionsvolumens auf die zukünftige Leistungsfähigkeit des Unternehmens in Form eines Rückgangs zukünftiger Unternehmenscashflows niederschlägt.[3228] Die Entscheidung über die kurzfristig vorgehaltene Unternehmensliquidität determiniert m. a. W. über die Investitionspolitik die langfristige Unternehmensprofitabilität. Über die zukünftigen Unternehmenscashflows wird letztlich auch die Wahrscheinlichkeit festgelegt, inwieweit Unternehmen in Zukunft ihren bestehenden Zahlungsverpflichtungen nachkommen können. Vor dem Hintergrund der Überlegungen von Achraya et al. (2012) erscheint eine Zweiteilung des Effekts der Unternehmensliquidität in einen kurzfristigen Rückgang des Insolvenzdrucks, dem auf mittlere bzw. lange Frist ein Anstieg des Insolvenzdrucks gegenübersteht, ein durchaus plausibler Schluss.[3229] Die Zweiteilung des aus der Unternehmensliquidität erwachsenden Effekts dürfte insbesondere – blickt man auf die alternativen Kapitalstrukturpolitiken des Kapitels I – für die „klassische“ und „dynamische“ Trade-Off-Theorie bedeutsam sein, kann an dieser Stelle doch vermutet werden, dass eine ausreichende Unternehmensliquidität es den Unternehmen wenigstens kurzfristig erlaubt, träge auf die durch die Trade-Off-Theorie beschriebenen Anreize zur Anpassung der Kapitalstruktur zu reagieren. Mittel- bzw. langfristig dürfte die anfängliche Trägheit jedoch den Anpassungsdruck der Folgeperioden – die wirtschaftliche Leistungsfähigkeit geht wie beschrieben

3226 An dieser Stelle wird – im Kontrast zu den nachfolgenden Überlegungen – davon ausgegangen, dass ein Interessengleichklang zwischen Unternehmensmanagement und Kapitalgebern besteht.

3227 Der an dieser Stelle skizzierte Zusammenhang zwischen Unternehmensliquidität und dem Risiko der Unternehmenscashflows wird durchaus von den Ergebnissen der empirischen Literatur gestützt. Vgl. dazu Almeida et al. (2014) S. 140.

3228 Vgl. zu den Ergebnissen der empirischen Forschung auch Almeida et al. (2014) S. 142–143.

3229 Vgl. dazu Acharya et al. (2012) S. 3580–3581.

zurück – erhöhen, sodass in den Folgeperioden wohl mit einer deutlich aktiveren Finanzierungspolitik zu rechnen ist.[3230]

Blickt man demgegenüber auf die „klassische“ als auch erweiterte Pecking-Order-Theorie, so dürfte der Umfang der Unternehmensliquidität – erinnert man sich an das in Kapitel I skizzierte Theoriegerüst zurück – in erster Linie darüber entscheiden, ob Unternehmen externes Kapital einwerben werden oder eine Finanzierung zukünftiger Investitionsprojekte aus eigenen Mitteln leisten können. Über die Finanzierungsrangfolge hinausgehende Wechselwirkungen erscheinen dagegen für die Pecking-Order-Theorie von eher untergeordneter Bedeutung.[3231] Mit Blick auf die alternativen Finanzierungspolitiken der Unternehmensbewertungsliteratur kann auf Basis der vorangehenden Überlegungen zur „klassischen“ Trade-Off-Theorie mit der Zunahme der Unternehmensliquidität wohl von einem Anstieg der kurzfristigen Passivität der Unternehmen mit Blick auf eine wertoptimale Verschuldungsstruktur ausgegangen werden. Mittel- und langfristig dürfte diese anfängliche Passivität jedoch zu einer stärkeren Orientierung an einem wertoptimalen Verschuldungsgrad und damit einer höheren Aktivität der Unternehmen mit Blick auf die Einhaltung eines wertoptimalen Verschuldungsgrades führen.

Die bisherigen Überlegungen zum Einfluss und Wirkrichtung der Liquidität haben implizit auf die Annahme eines Interessengleichklangs zwischen Unternehmensmanagement und externen Kapitalgeber abgestellt. Die Literatur hat vor dem Hintergrund der in Kapitel I diskutierten Agency-Konflikte – man erinnere sich etwa an Abschnitt 2.4. – die Bedeutung des Faktors Liquidität für den Umfang bestehender Agency-Probleme betrachtet. Wie bereits die Überlegungen des Kapitels I gezeigt haben, verfügen Unternehmensmanager in praxi wohl über eine Reihe von Möglichkeiten, die Eigenschaften bzw. Zusammensetzung des Unternehmensvermögens zu verändern[3232] und in der Folge dem Unternehmen bzw. den Kapitalgebern zu entziehen.[3233] Wie die Arbeit von Myers/Rajan (1998) mit Blick auf den Faktor Liquidität hervorgehoben hat, dürfte die Transformation bzw. Entziehbarkeit des Unternehmensvermögens in aller Regel mit dem Umfang der Liquidität des

3230 Diskutieren könnte man an dieser Stelle, inwieweit ein Rückgang der zukünftigen wirtschaftlichen Leistungsfähigkeit des Unternehmens dazu führt, dass Eigenkapitalgeber bereit sind, ihren Anteil im Rahmen eines Insolvenzverfahrens an die Fremdkapitalgeber zu übertragen.

3231 Überraschend ist dies, erinnert man sich an das in Kapitel I skizzierte Theoriegerüst, jedoch nicht.

3232 Vgl. zu der Darstellung möglicher Strategien der Vermögensverschiebung Myers/Rajan (1998) S. 736–737; Pinkowitz et al. (2006) S. 2729.

3233 In der Literatur finden sich nähere Betrachtungen dieser Strategien des Entzugs von Unternehmensvermögen. So haben u. a. Johnson et al. (2000) den Entzug von Unternehmensvermögen durch das Unternehmensmanagement – sog. „tunneling“ – betrachtet. Vgl. dazu Johnson et al. (2000) S. 22–23.

Unternehmensvermögens ansteigen.[3234] Anders, als in den vorangehenden Überlegungen zur Unternehmensliquidität unterstellt,[3235] führt ein Anstieg der Liquidität – unterstellt man rationale Kapitalgeber – in der Folge nicht zwingend zu einer Ausweitung der Fremdkapitalkapazität, sondern kann sogar mit einem Rückgang des einsetzbaren Fremdkapitals verbunden sein. Hintergrund dieser Überlegung ist, dass mit dem Umfang der Unternehmensliquidität das Risiko eines Fehlverhaltens – die Manager können ohne große Hürden Teile des Unternehmensvermögens entziehen – des Unternehmensmanagements ansteigt. Die Kapitalgeber werden m. a. W. antizipieren, dass ein Teil der Liquiditätsreserven aufgrund der damit verbundenen Agency-Probleme nicht ausschließlich als Sicherheitspuffer im Fall von Zahlungsschwierigkeiten angesehen werden kann, und mögliche Agency-Probleme bei der Bereitstellung von Kapital entsprechend berücksichtigen.[3236] Wie mit den Überlegungen des Kapitels I bereits deutlich geworden ist, müssten Unternehmen – soll ein wertvernichtendes Verhalten des Unternehmensmanagements verhindert werden – letztlich überschüssige Liquidität an die Kapitalgeber auskehren,[3237] da, wie Pinkowitz et al. (2006) festgehalten haben: „[n]o private benefits can be consumed from dollars paid out, while dollars kept in the firm enable those who control the corporation to consume more private benefits."[3238] Diese Vermutung sieht sich durch empirische Untersuchungen durchaus gestützt. So haben etwa die Arbeiten von Pinkowitz et al. (2006) und Dittmar/Smith (2007) gezeigt, dass der Kapitalmarkt in Märkten mit schlechtem Investorenschutz deutliche Abschläge in der Bewertung liquider Mittel vornimmt.[3239]

Wie bereits mit dem vorangehenden Unterabschnitt hervorgehoben wurde, kann sich unter dem Eindruck von Agency-Problemen eine Verschiebung der Wirkrichtung bedeutsamer Kapitalstrukturdeterminanten ergeben, kommt man doch an dieser Stelle – ähnlich zu den Überlegungen der Arbeit von Almeida et al. (2014) – zu dem Ergebnis, dass nicht zwingend ein linearer Zusammenhang zwischen Unternehmensliquidität und eingesetztem Fremdkapital gegeben sein muss. Der Einfluss des Faktors Unternehmensliquidität muss daher in aller Regel in Verbindung mit dem im Vorfeld diskutierten Faktor der Corporate-Governance-Struktur oder dazu vergleichbaren Faktoren betrachtet werden.

3234 Vgl. Myers/Rajan (1998) S. 739; Pinkowitz et al. (2006) S. 2729. Liquide Mittel können etwa zu einer Erhöhung des privaten Konsums des angestellten Managements in Form von sog. „perks" führen.

3235 Wie Myers/Rajan (1998) festgehalten haben, wurde in den bisherigen Überlegungen zum Einfluss der Unternehmensliquidität implizit darauf abgestellt, dass Manager im Interesse der Kapitalgeber handeln und dem Unternehmen kein Vermögen entziehen. Vgl. dazu Myers/Rajan (1998) S. 744.

3236 Vgl. dazu Myers/Rajan (1998) S. 745–746; Pinkowitz et al. (2006) S. 2729.

3237 Vgl. dazu u. a. Pinkowitz et al. (2006) S. 2728.

3238 Pinkowitz et al. (2006) S. 2726.

3239 Vgl. dazu Pinkowitz et al. (2006) S. 2742; 2748; Dittmar/Smith (2007) S. 601.

Struktur des eingesetzten Eigen- und Fremdkapitals

Im letzten Schritt dieses Abschnitts sei ein – bisher nur implizit beleuchteter Aspekt – des Interessenkonflikts zwischen Eigen- und Fremdkapitalgeber näher betrachtet. Wie die Überlegungen des Kapitels II gezeigt haben, lassen sich zugunsten der alternativen Finanzierungspolitiken der Unternehmensbewertung eine Reihe z. T. entgegengesetzter Argumente vorbringen. Konflikte, die Auswirkungen auf die Gestalt der Finanzierungsentscheidung nehmen, zeigen sich dabei regelmäßig zwischen den Interessen der Eigen- und Fremdkapitalgeber. So wurde in Kapitel II – diese Zuschreibung steht in Abhängigkeit zur Unternehmensentwicklung – mit Blick auf die wertabhängige Finanzierungspolitik von einer an den Interessen der Fremdkapitalgeber orientierten Finanzierungspolitik gesprochen.[3240] Vor dem Hintergrund des in Kapitel II skizzierten Konflikts zwischen „inneren" und „äußeren" Treibern eines Finanzierungsverhaltens erscheint es, in Ergänzung zu den Überlegungen zum Einfluss institutioneller Investoren, bedeutsam, sich der Frage zu widmen, unter welchen Rahmenbedingungen die Kapitalgeber ihre Interessen in der Praxis durchsetzen können. Wie bereits mit Blick auf den Einfluss institutioneller Eigenkapitalgeber hervorgehoben wurde, dürfte die Durchsetzungskraft insbesondere davon abhängen, wie sich die Verhandlungsmacht auf die alternativen Kapitalarten konzentriert. Man darf wohl – wenigstens als Arbeitshypothese – davon ausgehen, dass mit einer Konzentration der Entscheidungsmacht Interessen besser durchsetzbar sind, während eine Streuung der Entscheidungsrechte durch eine Vielzahl heterogener Interessen zu einer schwächeren Verhandlungsposition führt. Wie eingangs bereits hervorgehoben, stehen hinter einer solchen Überlegung letztlich die bereits aus Kapitel I bekannten Argumente der Agency-Theorie zu den zwischen den Kapitalgebern bestehenden Interessenkonflikten. Blickt man zunächst auf den, die Unternehmensentscheidungen verzerrenden, Effekt einer Trennung von Unternehmenseigentum und Unternehmenssteuerung, so haben u. a. die Arbeiten von Shleifer/Vishny (1986) und Grossman/Hart (1980) gezeigt, dass eine Konzentration des Unternehmensvermögens zu einer wirksamen Überwachung des Unternehmensmanagements und damit einem Abbau von Interessenkonflikten innerhalb des Unternehmens führt.[3241] Die Arbeit von Sun et al. (2016) hebt die direkte Verbindung einer aktiven Überwachung für die Finanzierungsentscheidung der Unternehmen wie folgt hervor: „An active monitoring mechanism can limit the scale of managerial opportunism and resolve the issue of managers adjusting the capital structure of firms to serve their own interests.[3242]

3240 Die wertabhängige Finanzierungspolitik kann letztlich nur im Fall eines Rückgangs des Unternehmenswertes als eine an den Interessen der Fremdkapitalgeber ausgerichtete Finanzierungspolitik gelten. Im Fall eines Anstiegs des Unternehmenswertes spiegelt die Erhöhung des Fremdkapitalumfangs der wertabhängigen Finanzierungspolitik vielmehr die Interessen der Eigenkapitalgeber wider.

3241 Vgl. dazu Shleifer/Vishny (1986) S. 463; Grossman/Hart (1980) S. 48.

3242 Sun et al. (2016) S. 451.

Im Innenverhältnis zwischen Unternehmensmanagement und Eigenkapitalgeber dürfte die Konzentration des Eigenkapitals somit zu einer Durchsetzung einer optimalen Finanzierungspolitik aus Eigenkapitalgebersicht führen.

Welche Auswirkungen sind aus der Struktur des eingesetzten Kapitals nun aber für das Außenverhältnis von Eigen- und Fremdkapitalgebern zu erwarten? Ein Blick in die Literatur zeigt, dass dieser für die Gestalt der Finanzierungsentscheidung durchaus bedeutsame Zusammenhang in der Literatur vergleichsweise geringe Beachtung gefunden hat.[3243] Will man sich dennoch auf die Suche nach einer Antwort auf diese Frage machen, so ist ein – in weiten Teilen – indirekter Weg zu beschreiten. Interessant erscheint hierbei insbesondere die Untersuchung von Ellul et al. (2009) zum Einfluss der Zusammensetzung des Eigenkapitals auf die Agency-Konflikte zwischen Eigen- und Fremdkapitalgebern.[3244] Die Arbeit von Ellul et al. (2009) zeigt, dass abseits eines gesetzlichen Schutzes der Fremdkapitalgeber Unternehmen mit einer Konzentration der Entscheidungsmacht die Möglichkeit besitzen, Entscheidungen gegen die Interessen der Fremdkapitalgeber durchzusetzen.[3245] Richtet man den Blick auf die alternativen Finanzierungspolitiken des Kapitels II, so erscheint es – vor dem Hintergrund dieser Beobachtung – nicht unwahrscheinlich, dass mit der Durchsetzungskraft der Eigenkapitalgeber auch die Wahrscheinlichkeit einer an den Eigenkapitalgeberinteressen ausgerichteten Finanzierungspolitik wächst. Steht die mit auf das Außenverhältnis getroffene Einschätzung doch auch im Einklang mit den zuvor skizzierten Verschiebungen im Innenverhältnis der Unternehmen. Eine ähnliche Argumentation kann auch mit Blick auf die Struktur des Fremdkapitals eingeschlagen werden, finden sich in der Literatur doch durchaus Hinweise dafür, dass mit einer zunehmenden kleinteiligen Fremdkapitalstruktur sowohl die Koordination der Interessen der Fremdkapitalgeber zunehmend schwierig wird als auch das Interesse der zunehmend atomistischen Fremdkapitalgeber an einer Überwachung des Unternehmens abnimmt.[3246] Auf den ersten Blick scheint es daher so, dass man auch an dieser Stelle von der zunehmenden Dominanz der Interessen der Fremdkapitalgeber mit dem Umfang der Konzentration des Fremdkapitals ausgehen kann. Einer solchen Folgerung wohnen zwei zentrale Schwächen inne: Einerseits – blickt man auf die starren Finanzierungspolitiken des Kapitels II – dürften die Interessen der Kapitalgeber wohl mit der Unternehmenssituation schwanken und die Frage der optimalen Finanzierungspolitik aus Sicht der Fremdkapitalgeber somit fallabhängig

3243 Vgl. dazu auch Ellul et al. (2009) S. 1; S. 6; Colla et al. (2013) S. 2117.

3244 Ellul et al. (2009) beleuchten insbesondere den Einfluss, den die Konzentration von Entscheidungsmacht bei Familienunternehmen auf die Begabe von Fremdkapital nimmt.

3245 Vgl. Ellul et al. (2009) S. 6; 32–33. Fremdkapitalgeber werden auf die gestiegene Entscheidungsmacht der Eigenkapitalgeber durch entsprechende Risikoaufschläge reagieren. Vgl. ebda.

3246 Colla et al. (2013) S. 2133; Lou/Otto (2018) S. 1.

zu beantworten sein.[3247] Andererseits sind auch an dieser Stelle zum bisherigen Argumentationsansatz entgegengerichtete Reaktionen zu erwarten.[3248] Blickt man auf die zuletzt betrachtete Zersplitterung der Fremdkapitalgeberstruktur, so haben bereits die Arbeiten von Gertner/Scharfstein (1991) als auch Bolton/Scharfstein (1996) gezeigt, dass mit der Zersplitterung der Fremdkapitalgeber die Kosten einer Unternehmensinsolvenz ansteigen.[3249]

Wie die Vorüberlegungen bereits deutlich gemacht haben, wächst – entgegen der zuvor geäußerten Vermutung – über einen Anstieg der Insolvenzkosten in schlechten Umweltzuständen der Druck auf die Unternehmen, eine Finanzierungspolitik im Sinne der Fremdkapitalgeber umzusetzen. Zudem – dies wurde mit den Vorüberlegungen bereits implizit deutlich – werden Fremdkapitalgeber die mit Konzentration des Eigenkapitals steigende Gestaltungsmacht entsprechend antizipieren und entsprechende Gegenmaßnahmen treffen. Die Arbeit von Rauh/Sufi (2010) zeigt so, dass der Einsatz von Covenants als Mittel, die Interessen der Fremdkapitalgeber vertraglich zu verankern, mit der zunehmenden Unzuverlässigkeit der Unternehmen zunimmt.[3250] In der Literatur findet sich daher die Beobachtung, dass mit der Heterogenität des eingesetzten Fremdkapitals der Einsatz von Covenants anwächst.[3251] Inwieweit die Unternehmensqualität – und damit der Einsatz von Covenants – mit der Heterogenität des eingesetzten Fremdkapitals verbunden ist, kann auf Basis der empirischen Forschung derzeit noch nicht abschließend beantwortet werden.[3252]

In Summe kann wohl davon ausgegangen, dass Fremdkapitalgeber versuchen werden, entsprechende Gegenmaßnahmen gegen eine Dominanz der Eigenkapitalgeber zu implementieren. Dies steht den vorangehenden Überlegungen zu einer

---

3247 So wurde bereits zu Beginn dieses Abschnitts darauf hingewiesen, dass eine wertabhängige Finanzierungspolitik wohl nur im Fall eines Rückgangs des Unternehmenswertes als an den Interessen der Fremdkapitalgeber ausgerichtete Finanzierungspolitik gelten kann.

3248 Ausgeblendet wurde an dieser Stelle zudem die Frage, was passiert, wenn sowohl Eigen- als auch Fremdkapital auf wenige Köpfe konzentriert ist. Angesichts der skizzierten weiteren Hürden sei dieser Aspekt in der Folge vereinfachend ausgeblendet.

3249 Gertner/Scharfstein (1991) S. 1216; Bolton/Scharfstein (1996) S. 2–3. Im Einklang mit dieser Beobachtung zeigt die Arbeit von Ivashina et al. (2016), dass mit einer zunehmend heterogenen Fremdkapitalgeberstruktur die Restrukturierung von Unternehmen im Insolvenzfall längere Zeit beansprucht und geringere Chancen auf Erfolg hat. Vgl. dazu Ivashina et al. (2016) S. 317.

3250 Vgl. dazu Rauh/Sufi (2010) S. 4270–4271.

3251 Vgl. Lou/Otto (2018) S. 6.

3252 Vgl. dazu Colla et al. (2013) S. 2136. Eine andere Einschätzung vertreten dagegen Lou/Otto (2018), die auf Basis der empirischen Forschung einen Zusammenhang zwischen Unternehmensqualität, Einsatz von Covenants und Heterogenität des eingesetzten Fremdkapitals erkennen. Lou/Otto (2018) S. 3.

mit der Homogenität des Eigenkapitals zunehmenden Dominanz der Interessen der Eigenkapitalgeber entgegen. Somit bleibt auch die Implikation der Struktur des Eigen- bzw. Fremdkapitals für die Finanzierungsentscheidung an dieser Stelle etwas unscharf, ist doch auch diese Variable mit gegenläufigen, sich überlagernden Effekten verbunden. Die Dominanz der einzelnen Einflussfaktoren dürfte dabei auch von den bestehenden Rahmenbedingungen beeinflusst werden.

Als Arbeitshypothese sei zunächst festgehalten, dass die Durchsetzbarkeit einer optimalen Finanzierungspolitik mit der zunehmenden Konzentration der Entscheidungsmacht anwächst. Wie bereits hervorgehoben wurde, dürfte dies in Abhängigkeit zur Gestalt der Unternehmensentwicklung einmal eine wertabhängige ein anderes Mal eine autonome Finanzierungspolitik sein.

5.7. Abschließende Überlegungen zum Einfluss alternativer Determinanten der Kapitalstruktur

Fasst man die Überlegungen der vorangehenden Abschnitte zusammen, so kann auf Basis der empirischen Forschung – dies kann in Kenntnis der Kapitel I und II sowie der Abschnitte 5.1. bis 5.4. wenig überraschen – nur eine vorläufige Einschätzung zur Bedeutung einzelner Determinanten für die Finanzierungsentscheidung in der Praxis abgeleitet werden. Verlässt man die durch strenge Annahmegerüste geprägte Welt des Kapitels I – dies hat die eingehendere Betrachtung ausgewählter Determinanten der Finanzierungsentscheidung gezeigt –, so spreizt sich der klare Einfluss einzelner Determinanten der Finanzierungsentscheidung in eine Reihe – teilweise gegenläufiger – Effekte auf. Kann man sich vor dem Hintergrund der Trade-Off-Theorie noch weitgehend auf die Informationseffizienz des Kapitalmarktes verlassen,[3253] besteht vor dem Hintergrund der Pecking-Order-Theorie bereits ein Informationsungleichgewicht zwischen Unternehmensinsidern und dem Kapitalmarkt. Fragen, die für die Trade-Off-Theorie nicht zu beantworten waren, rücken aufgrund des geänderten Annahmegerüsts für die Pecking-Order-Theorie zentral in den Vordergrund.[3254] Wenig verwunderlich hat diese Verschiebung im Annahmegerüst bzw. Blickwinkel Auswirkungen darauf, wie die Determinanten der Finanzierungsentscheidung zu interpretieren sind. So profan dieses Zwischenergebnis ist, so bedeutsam ist es doch für das Verständnis der wechselhaften und letztlich wenig eindeutigen Ergebnisse der empirischen Forschung. Will man die Frage nach dem Einfluss ausgewählter Determinanten der Kapitalstruktur beantworten, könnte man versucht sein, zu den Überlegungen

3253 Eine Ausnahme stellt der Fall eines Insolvenzeintritts dar, in dem Unternehmensvermögen nur unter der Inkaufnahme von Vermögensverlusten verwertet werden kann.

3254 Man kann an dieser Stelle auch davon sprechen, dass durch die Änderung des Annahmerahmens die Fragestellungen der Trade-Off-Theorie in den Hintergrund gedrängt werden.

der Kapitel I und II zurückzukehren und erneut der Frage nachzugehen, wie praxisnah die Annahmen der einzelnen Kapitalstrukturpolitiken – und damit die daraus ableitbaren Schlüsse – sind. Wie die Überlegungen des Kapitels I gezeigt haben, dürfte wohl keine der konkurrierenden Kapitalstrukturtheorien für sich beanspruchen können, den Rahmenbedingungen der Praxis unzweifelhaft gerecht werden zu können. Unbedeutsam sind die Überlegungen der in Kapitel I skizzierten Kapitalstrukturtheorien damit jedoch nicht, ermöglichen sie es doch, einzelne Aspekte der Finanzierungsentscheidung besser zu verstehen. Wann nun die durch die alternativen Kapitalstrukturtheorien betrachteten Aspekte dominieren, dürfte wohl von den unternehmensspezifischen Rahmenbedingungen wie auch weiteren Rahmenfaktoren und bestehenden Wechselwirkungen zwischen den Determinanten der Finanzierungsentscheidung abhängen.

Der zwischen empirischen Untersuchungen schwankende Einfluss einzelner Determinanten erscheint damit eingängig, dürfte die Praxis in aller Regel nicht von einer binären Antwort als vielmehr von einem Abwägen der einzelnen Aspekte geprägt sein. Ähnliches dürfte somit auch für die in Kapitel II diskutierten alternativen Finanzierungspolitiken gelten, kann – dies hat Kapitel II gezeigt – wohl keine der in der Unternehmensbewertungspraxis Anwendung findenden alternativen Finanzierungspolitiken für sich in Anspruch nehmen, die Finanzierungsentscheidungen der Praxis in jedem Umweltzustand treffgenau abbilden zu können. Vielmehr stellen – wenigstens die Grundformen – wohl holzschnittartige Vereinfachungen der Praxis dar, werden Unternehmen zwar die Kapitalstruktur wohl laufend steuern, ohne dabei jedoch laufend jede Fremdkapitalschicht zu verändern.[3255] Auch vor diesem Hintergrund stehen sich somit alternative Einschätzungen zu den alternativen Determinanten der Finanzierungsentscheidung gegenüber.

Auch an dieser Stelle ist davon auszugehen, dass keine der Einschätzungen in der Praxis vollständig zutrifft bzw. vollständig abzulehnen ist. Man kann an dieser Stelle versuchen – etwas fein ziselierter als in dieser Arbeit –, durch Fallunterscheidungen und die Betrachtung von Wechselwirkungen die konzeptionelle Basis zu verbreitern und das Verständnis der Determinanten zu vertiefen. Fruchttragend dürfte ein solches Vorgehen – allein im Angesicht der weiteren, an dieser Stelle nicht betrachteten, in der Literatur diskutierten Determinanten der Finanzierungsentscheidung – durchaus noch sein. Verfolgt man diesen Weg weiter, so dürfte die Forschung irgendwann trotzdem an den Punkt gelangen, an dem diese konzeptionellen Überlegungen einer empirischen Verifikation unterzogen werden müssen.[3256] In der Forschung wurde dieser Weg bis dato nur in Ansätzen verfolgt. In der Folge sei sich daher in einem Exkurs zum Ende der

---

3255 Kapitel II hat sich daher vorsichtig – eine Einschränkung stellen die höheren Planungshürden dar – für gemischte bzw. hybride Ausprägungen der Finanzierungspolitiken ausgesprochen.

3256 Dies dürfte – angesichts der vorangehenden Ausführungen – auch vor dem geänderten Betrachtungswinkel eine herausfordernde Aufgabe darstellen.

Arbeit möglichen Ansätzen für eine Überprüfung der Determinanten alternativer Finanzierungspolitiken gewidmet.

5.8. Zur empirischen Überprüfung alternativer Finanzierungsannahmen in der Unternehmensbewertung

In den vorangehenden Abschnitten wurden auf Basis konzeptioneller Überlegungen eine Reihe von Hypothesen zum Einfluss ausgewählter Kapitalstrukturdeterminanten auf die Finanzierungsentscheidung der Unternehmen abgeleitet. Auf dem Weg, der Praxis verlässliche Determinanten für die in der Literatur diskutierten Finanzierungspolitiken an die Hand zu geben, hat man mit den Überlegungen der vorangehenden Abschnitte zwar eine bedeutsame Hürde genommen – wurden doch, ausgehend von den empirisch stärker beforschten Determinanten der Kapitalstrukturpolitik, mögliche Determinanten der Finanzierungsentscheidung abgeleitet –, doch wurde das in Abschnitt 5.5. gesetzte Ziel selbst nur teilweise erreicht, steht eine in den vorangehenden Abschnitten motivierte empirische Überprüfung der alternativen Hypothesen durch die Forschung noch aus. Will man den zu Beginn dieses Kapitels skizzierten Weg zu Ende gehen, so muss man sich – nachdem man die Frage nach den Determinanten alternativer Finanzierungspolitiken wenigstens vorläufig beantwortet hat – zwangsläufig der Frage nach einem geeigneten Ansatz zu einer empirischen Überprüfung der alternativen Treiber der Finanzierungsentscheidung stellen, haben doch die einleitenden Abschnitte dieses Kapitels gezeigt, dass die Gestalt der Finanzierungsentscheidung durchaus von unterschiedlichen Rahmenbedingungen abhängen kann.

In der Literatur finden sich, auch das haben die Abschnitte 5.1. bis 5.4. deutlich gemacht, eine Reihe alternativer Wege, die – wenigstens auf den ersten Blick – auch im Rahmen der Überprüfung alternativer Finanzierungspolitiken eingesetzt werden könnten. Ohne an dieser Stelle erneut auf mögliche technische Schwächen dieser Ansätze eingehen zu wollen,[3257] dürften sich diese Untersuchungen – nimmt man keine wesentlichen Anpassungen vor – für den gewählten Untersuchungsgegenstand i. d. R. als wenig praxistauglich erweisen, kann mit Blick auf die Treffgenauigkeit alternativer Finanzierungspolitiken – denkt man etwa an die Schwierigkeiten der „klassischen" Determinantenstudien – doch nicht ohne Weiteres auf den Verschuldungsgrad als abhängige Variable abgestellt werden. Ergänzend zu den grundsätzlichen Problemen dürfte – in Abhängigkeit zur Definition des Verschuldungsgrades – unklar sein, inwieweit Veränderungen des Verschuldungsgrades bewusster bzw. unbewusster Natur sind.[3258] Auch der Versuch,

3257 An dieser Stelle sei auf die entsprechenden Ausführungen in den Abschnitten 5.1. bis 5.3. verwiesen.

3258 Man kann an dieser Stelle durchaus diskutieren, ob die Tatsache einer bewussten oder unbewussten Verschiebung des Verschuldungsgrades für die Bewertung

ausgehend von der empirischen Betrachtung der Anpassungsgeschwindigkeit an ein wertoptimales Verschuldungsoptimum Aussagen zu den alternativen Finanzierungspolitiken zu treffen, erscheint im Angesicht der Schwächen dieser Ansätze für die Zielsetzung der Identifikation einer praxisnahen Finanzierungspolitik nur bedingt überzeugend. Neben empirischen Schwierigkeiten haben die Überlegungen in Kapitel II als auch die einleitenden Überlegungen des Kapitels III gezeigt, dass sich die realisierten Finanzierungspolitiken der Praxis wohl regelmäßig zwischen den beiden Extrempunkten der autonomen und wertabhängigen Finanzierungspolitik bewegen werden.[3259] Ein klares Ergebnis zugunsten der autonomen oder aber wertabhängigen Finanzierungspolitik darf an dieser Stelle daher nicht erwartet werden. Ein damit notwendig werdendes Abwägen der beiden Finanzierungspolitiken dürfte sich als schwierig erweisen und es darf vermutet werden, dass man in aller Regel wohl auch im Rahmen einer empirischen Untersuchung nicht über den Schluss des Kapitels II hinauskommen wird, dass beide Finanzierungspolitiken Extrempunkte denkbarer Finanzierungspolitiken der Praxis darstellen. Wenig praxistauglich dürfte sich auch der Versuch einer Befragung von Unternehmensbewertern erweisen, stellen sich Bewertungsanlässe und Bewertungsobjekte in praxi doch i. d. R. als weitgehend heterogen dar. Die Auswahl der in der Praxis eingesetzten Bewertungsansätze dürfte zudem – darauf wurde bereits kurz in Abschnitt 5.5. eingegangen – durch die Suche eines möglichst praktikablen Ansatzes dominiert werden. Die aus der Kapitalstrukturforschung bekannten Wege, den empirischen Einfluss ausgewählter Determinanten zu messen, erscheint damit mit Blick auf die geänderte Perspektive der Suche nach den Determinanten der Finanzierungsentscheidung nur eingeschränkt zielführend.

In den folgenden Abschnitten soll daher ein alternativer Weg zur Überprüfung der Relevanz einzelner Finanzierungspolitiken motiviert werden. Den Ausgangspunkt bildet dabei eine kurze Zusammenfassung des durch bestehende empirische Studien eingeschlagenen Weges zur Prüfung der Treffgenauigkeit alternativer Bewertungsverfahren.[3260] Anschließend an eine zunächst allgemein gehaltene Zusammenfassung bestehender Forschungsbemühungen, sollen in einem zweiten Schritt diese Ansätze mit Blick auf die in dieser Arbeit diskutierte Fragestellung

---

alternativer Finanzierungspolitiken von Bedeutung ist, kann man doch darauf abstellen, dass auch unbewusste Verschiebungen in der Praxis etwa die Annahme einer autonomen Finanzierungspolitik unplausibel erscheinen lassen. Dies erscheint m. E. nach jedoch etwas zu weit gegriffen, kann die Bewertung des Kapitalmarktes einer bewussten oder unbewussten Verschiebung doch unterschiedlich ausfallen.

3259 Das Ergebnis, dass realisierte Anpassungsschritte weder für eine rein autonome noch rein wertabhängige Finanzierungspolitik sprechen, dürfte diese Einschätzung bestätigen, tiefer gehende Aussagen zur Relevanz einzelner Finanzierungspolitiken dürften dagegen regelmäßig nicht möglich sein.

3260 Wie der folgende Abschnitt zeigen wird, stellen diese Arbeiten letztlich eine Überprüfung alternativer Bewertungsannahmen dar.

betrachtet werden. Auch an dieser Stelle kann – den Blick auf die vorangehenden Forschungsbemühungen gerichtet – kein Anspruch auf eine vollständige Abbildung der Diskussion der Literatur erhoben werden. Die folgenden Abschnitte sollen vielmehr mögliche Wege zur Beantwortung der zu Beginn dieses Abschnitts aufgezeigten Fragestellung aufzeichnen und somit einen Ausgangspunkt für weitere Forschungsbemühungen bilden.

5.8.1. Zu Untersuchungen der Genauigkeit alternativer Bewertungsverfahren in der Literatur

Ziel des folgenden Abschnitts ist es, einen kurzen Überblick über bestehende empirische Untersuchungen zu geben, die sich eingehender mit der Leistungsfähigkeit alternativer Bewertungsmodelle beschäftigt haben. In der Literatur wird dieser Strang empirischer Untersuchungen auch unter den Oberbegriffen „goodness of fit"-Modelle[3261] bzw. Horse-Race-Literatur subsumiert.[3262] Aufbauend auf diesem kurzen Überblick, wird zur Überprüfung der Relevanz alternativer Finanzierungspolitiken ein, zu den gängigen Untersuchungen der Kapitalstrukturdeterminanten, alternativer Untersuchungsansatz abgeleitet. Die Basis dieser Ableitung bildet dabei der grundlegende Methodenbaukasten der Überprüfung alternativer Bewertungsverfahren. Blickt man daher an dieser Stelle auf die Grundüberlegungen der „goodness of fit"-Modelle bzw. Horse-Race-Literatur, so steht hinter der Untersuchungen der Leistungsfähigkeit alternativer Unternehmensbewertungsverfahren die Grundidee, dass ein Vergleich und damit verbunden eine Rangordnung alternativer Bewertungsverfahren anhand der Treffgenauigkeit des durch das Bewertungsverfahren ermittelten fundamentalen Unternehmenswertes gegenüber einem vorgegebenen Referenzpunkt des „wahren" inneren respektive fundamentalen Unternehmenswertes möglich ist.[3263] Voraussetzung eines solchen Untersuchungsansatzes ist es damit – dies stellt zugleich eine zentrale Herausforderung dieses

---

3261 Vgl. u. a. Copeland (2009) S. 67.

3262 Vgl. u. a. Francis et al. (2000) S. 50.

3263 Vgl. Francis et al. (2000) S. 45–46. Der Rückgriff auf die Treffgenauigkeit alternativer Finanzierungspolitiken geht letztlich auf nachfolgende Erwiderung von Miller (1998) auf den Vorwurf zurück, dass, sollten sich die Annahmen des Modigliani-Miller-Theorems als falsch erweisen, auch die Aussagen des Modells als falsch erweisen würden. „On empirical matters, you cannot speak of anything as simple as right or wrong, but only of the degree of accuracy of the predictions of the model. And for judging the accuracy of the predictions, the literal accuracy of the assumptions is beside the point. For the M&M Propositions, then, as for any other scientific theory, it all comes down to the question of ‚goodnes of fit', and that alas cannot be given any simple, one word or even one line answer. How good a fit it depends on the specific context and on the specific purpose in asking questions. Worse yet, cases can arise where, in on and the same general context, the fit is very good for some purposes and very bad for others." Miller (1988) S. 114.

Ansatzes dar –, einen geeigneten Referenzpunkt des tatsächlichen Unternehmenswertes zu identifizieren.[3264] Die Überprüfung bzw. Reihung der alternativen Verfahren anhand der Genauigkeit stellt i. d. R. darauf ab, dass zwischen fundamentalem Bewertungsmodell und Referenzwert auf einem funktionierenden Kapitalmarkt[3265] eine enge Verbindung besteht und darauf aufbauend eine sachgerechte bzw. unverzerrte Rangfolge der Bewertungsmodelle auf Basis des sich zeigenden Bewertungsfehlers vorgenommen werden kann.[3266] Hinter diesem äußeren, d. h. zur konkreten Beurteilung alternativer Finanzierungspolitiken heranziehbaren Kriterium steht damit unmittelbar die Idee eines effizienten Kapitalmarktes.

Wie sich im folgenden Überblick zeigt, wird als Referenzpunkt des auf Basis alternativer fundamentaler Wertmodelle ermittelten theoretischen Unternehmenswertes folgerichtig i. d. R. auch der Marktwert des Eigenkapitals in Form des aktuellen Börsenkurses der Unternehmen herangezogen.[3267] Eine Ausnahme von dieser in der Literatur verbreiteten Vorgehensweise stellt der, vereinzelt in der Literatur zu beobachtende, Rückgriff auf Transaktionspreise aus „realen" Bewertungsanlässen als alternativer Vergleichsmaßstab des fundamentalen Unternehmenswertes dar.[3268] Die Anforderungen an den Referenzpunkt sind – zunächst unabhängig von der konkreten Wahl – unzweifelhaft hoch, muss doch der Marktpreis alle am Markt vorhandenen Informationen respektive von den Marktteilnehmern antizipierten Informationen korrekt widerspiegeln, der Kapitalmarkt muss m. a. W. mindestens in der Verarbeitung der verfügbaren Informationen effizient sein.[3269] Die Annahme beschränkt sich dabei nicht nur auf eine allgemeine Informationseffizienz, vielmehr unterstellt der Ansatz implizit, dass der Markt Informationen zur Kapitalstruktur bzw. Finanzierungspolitik explizit in einer Form verarbeitet, wie es ein verständiger Dritter anhand der vorliegenden Informationen machen würde. Diese Annahme findet sich daher, wenigstens implizit, regelmäßig in der Literatur zur Güte alternativer Finanzierungspolitiken wieder.[3270] Aus dieser für

3264 In der Praxis dürfte es regelmäßig nur durch mehr oder weniger geeignete Approximationen möglich sein, den tatsächlichen Unternehmenswert zu ermitteln.

3265 Im Folgenden wird näher erläutert werden, was unter dem hier relativ offen formulierten „Funktionieren" des Kapitalmarktes zu verstehen ist.

3266 Vgl. Francis et al. (2000) S. 51.

3267 Auf einem perfekten Kapitalmarkt besteht regelmäßig eine enge Bindung zwischen Marktpreis des Unternehmens und dem Unternehmenswert. Vgl. dazu u. a. Lewellen et al. (1977) S. 112.

3268 Vgl. Francis et al. (2000) S. 48; Penman/Sougiannis (1998) S. 347; Kaplan/Ruback (1995) S. 1061.

3269 Vgl. Francis et al. (2000) S. 51; Bernard (1995) S. 734–735. Der Grad der unterstellten Markteffizienz differiert in Abhängigkeit zum gewählten Untersuchungsansatz zwischen den einzelnen Studien. So unterstellen Penman/Sougiannis (1998), dass Markteffizienz nur auf Portfolioebene gegeben ist. Vgl. Penman/Sougiannis (1998) S. 347–348.

3270 Neben der zentralen Bedeutung für den von Modigliani/Miller verwendeten Arbitragebeweis findet die Annahme eines mit Blick auf die Finanzierungspolitik

die Untersuchung zentralen Annahme erwachsen zunächst zwei grundsätzliche Fragestellungen. Die fundamentalere der beiden Fragen ist die Frage der Güte bzw. Realitätsnähe der Annahme effizienter Kapitalmärkte bzw. der Grad der in der Praxis zu beobachtenden Kapitalmarkteffizienz.[3271]

In Abhängigkeit von der Beantwortung dieser Fragestellung ist die Eignung bzw. Auswahl des zur Untersuchung alternativer Finanzierungspolitiken zu verwendenden Methodenbaukastens zu beurteilen. Des Weiteren lassen sich in Abhängigkeit zum Grad der für die Untersuchung zu unterstellenden Markteffizienz zwei, im weiteren Verlauf der Arbeit näher zu betrachtende, Untersuchungsansätze unterscheiden. Der an dieser Stelle notwendige kurze Exkurs zur Güte der Annahme der Markteffizienz ist aufgrund der damit verbundenen Fragestellung des von den Marktteilnehmern berücksichtigten bzw. eingepreisten Informationshorizonts – dies ist die zweite Frage, der man sich zu widmen hat – insbesondere für die Bestimmung der Parameter des Bewertungsmodells bedeutsam. Nimmt man das Ergebnis der Überlegungen zur Gestalt des zu unterstellenden Informationshorizonts vorweg, ist für die Untersuchung der Relevanz alternativer Finanzierungspolitiken zunächst an die Annahme vorangehender Untersuchungen anzuknüpfen und die Annahme der Kapitalmarkteffizienz grundsätzlich aufrechtzuerhalten. In Abhängigkeit zur Beantwortung der Frage des Grades der Markteffizienz ist die Frage nach den mit dem Grad der Markteffizienz im Marktpreis reflektierten Informationen in einem zweiten Schritt zu beantworten. Die Frage, in welchem Umfang die Finanzierungspolitik durch den Kapitalmarkt antizipiert wird, kann – etwa mit den in Kapitel II skizzierten alternativen Finanzierungspolitiken – pragmatisch beantwortet werden. In welchem Umfang die weiteren in die Bewertung einfließenden Parameter durch die Marktteilnehmer antizipiert werden können, dürfte in der Praxis wohl nur von pragmatischen Überlegungen getrieben zu beantworten sein.[3272] Zweifelsfrei stellen diese beiden Aspekte die zentralen Hürden eines Vergleichs alternativer Bewertungsansätze dar, die maßgeblich über die Güte der zu erzielenden Ergebnisse entscheiden.

Der nachfolgende Abschnitt soll einen Überblick über die in der Horse-Race-Literatur verwendeten Untersuchungsmethoden und Annahmen als Ausgangspunkt für die empirische Untersuchung der Treiber alternativer Finanzierungspolitiken

---

effizienten Kapitalmarktes u. a. auch in Lewellen et al. (1977) bei der Beurteilung der wertabhängigen Finanzierungspolitik Eingang. „If that seems a reasonable interpretation of the market sentiment as the nature of the investor expectation, the current analysis is to be preferred to its predecessors [...]" Vgl. Lewellen et al. (1977) S. 125.

3271 Besteht doch durchaus die Gefahr, dass sich der im Marktpreis widerspiegelnde Informationshorizont von dem Informationshorizont des Bewertungsmodells unterscheidet.

3272 Die Dominanz der pragmatischen Herangehensweise ist dabei auch durch die Ermangelung an belastbaren, empirisch fundierten Alternativen bedingt.

geben.[3273] Bestandteil des nachfolgenden Überblicks ist neben den Arbeiten, die auf die Effizienz des Kapitalmarkts abstellen, auch der kleinere Teil der Literatur, der mit einem anders ausgestatteten Methodenbaukasten eine zeitweise Ineffizienz des Kapitalmarkts zulässt. Der Vergleich der Leistungsfähigkeit alternativer Bewertungsverfahren hat seit Mitte der 1990er-Jahre, insbesondere mit der Arbeit von Kaplan/Ruback (1995), Verbreitung in der empirischen Forschung gefunden.[3274] Ausgehend von einem Überblick über den Schwerpunkt, Umfang und die Modellierung der Bewertungsansätze ausgewählter empirischer Untersuchungen, orientiert sich der Abschnitt – im Einklang mit der vorangehenden Literatur –[3275] im Aufbau grob an der chronologischen Abfolge der Arbeiten. Im folgenden Exkurs zu den Arbeiten der „goodness of fit"-Literatur steht die Betrachtung der zur Beurteilung alternativer Bewertungsverfahren herangezogenen Untersuchungsmethoden im Mittelpunkt. Auf die zu Untersuchungen der Leistungsfähigkeit alternativer Bewertungsverfahren verwandte Forschungsgebiete, wie die Bestimmung der im Marktpreis enthaltenen impliziten Kapitalkosten, die auf einem vergleichbaren Annahmegerüst basieren,[3276] sowie stärker theoretisch gefärbte Untersuchungen, die näher auf die Voraussetzungen eingehen, die dazu führen, dass ein Gleichklang zwischen alternativen Bewertungsverfahren besteht,[3277] wird im Folgenden dagegen mit Verweis auf die entsprechenden Arbeiten nicht eingegangen.[3278] Auch

---

3273 Wie in der Folge beschrieben, liegt der Schwerpunkt des Überblicks auf Untersuchungen, die verschiedene Bewertungsverfahren miteinander vergleichen. Das Hauptaugenmerk liegt dabei auf den „klassischen" Untersuchungen. Fasst man den Fokus weiter, könnte man u. a. Untersuchungen, die den Wertbeitrag von M&A-Transaktionen auf Basis eines fundamentalen Wertmodells (Vgl. u. a. Devos et al. (2009)) berücksichtigen, sowie Untersuchungen zur Markteffizienz in die Betrachtung mit einbeziehen.

3274 In der Literatur wird die Arbeit von Kaplan/Ruback (1995) daher oftmals auch als Pionierarbeit der Untersuchung der Leistungsfähigkeit alternativer Bewertungsverfahren bezeichnet. Vgl. Carlsen (2008) S. 214. Streng genommen findet sich der Ansatz eines Vergleichs alternativer Bewertungsverfahren auf Basis der Marktbewertung bereits in vorangehenden Arbeiten wie u. a. der Arbeit von Bailey (1991).

3275 Vgl. dazu etwa Carlsen (2008).

3276 Ersichtlich wird diese enge Verbindung dieser Arbeiten u. a. erneut an der Arbeit von Kaplan/Ruback (1995), die neben dem Vergleich der Güte unterschiedlicher Bewertungsverfahren auch eine Schätzung impliziter Kapitalkosten vornehmen. Vgl. Kaplan/Ruback (1995) S. 1082.

3277 Zu nennen sind u. a. Feltham/Ohlson (1995) sowie Penman (1998). Für weitere Nennungen vgl. Heinrichs et al. (2013) S. 44. Kruschwitz/Löffler (2001) geben zu bedenken, dass ein Gleichklang verschiedener Ansätze nur unter „realitätsfremden Voraussetzungen" zustande kommt. Vgl. Kruschwitz/Löffler (2001) S. 102–103.

3278 Einen kurzen Überblick über diesen Strang der Literatur geben Courteau et al. (2001). Die Erkenntnis dieser Arbeiten ist dennoch zentral für die Untersuchung, da gezeigt wird, dass bei adäquaten Annahmen die alternativen Bewertungsmodelle

Arbeiten, die den Fokus der Untersuchung ausschließlich auf einen Vergleich alternativer Bewertungsansätze auf Basis von Multiplikatoren legen, werden aus der nachfolgenden Betrachtung ausgeschlossen,[3279] erscheint die Bewertung auf Basis von Multiplikatoren doch i. d. R. zu holzschnittartig, als auf alternative Finanzierungspolitiken sachgerecht eingehen zu können.[3280] Mit den vorgenommenen Einschränkungen zeigt sich das Feld der im Folgenden zu betrachtenden Arbeiten im Vergleich zu anderen Forschungsschwerpunkten im Umfang als relativ beschränkt.[3281]

5.8.2. Exkurs: Zu den Approximationen der Bewertungsparameter durch die zentral Arbeiten der „goodness of fit"- Literatur

Der nachfolgende Abschnitt gibt – wie im vorangehenden Unterabschnitt kurz motiviert – einen kurzen Überblick über den in der Literatur unter dem Oberbegriff „goodness of fit"-Literatur zusammengefassten Forschungsansatz, der einen Vergleich der Treffgenauigkeit alternativer Bewertungsverfahren zum Inhalt hat. Der Schwerpunkt des Überblicks liegt dabei primär auf der Darstellung des Untersuchungsumfangs, der Art der Approximation des Marktpreises sowie der Darstellung, die zur Operationalisierung der alternativen Bewertungsmodelle in der Literatur eingeschlagen wurde.[3282] Von besonderer Bedeutung ist dabei das von der Literatur eingeschlagene Vorgehen zur Abbildung der bewertungsrelevanten

---

zu einer identischen Schätzung des inneren Wertes führen. Anders ausgedrückt, sind Abweichungen in der Regel auf eine unterschiedliche, nicht konsistente Planung der bewertungsrelevanten Parameter zurückzuführen, die dann im Rahmen der „goodness of fit"-Literatur untersucht werden. Insofern stellt der gewählte Untersuchungsansatz nur einen weiteren Aspekt der „goodness of fit"-Literatur dar. Vgl. Francis et al. (2000) S. 46; Sougiannis/Yaekura (2001) S. 338; Courteau et al. (2001) S. 636; Plenborg (2002) S. 303–304. Kritisch gegenüber dem mit unterschiedlichen Bewertungsansätzen erzeugbaren Gleichklang zeigt sich demgegenüber Taggart (1991). Vgl. Taggart (1991) S. 8.

3279 Prominente Vertreter dieses Strangs der Literatur stellen u. a. Alford (1992), Kim/Ritter (1999), Liu et al. (2002) dar. Obgleich im Rahmen der Beurteilung der Güte alternativer Bewertungsansätze kurz auf diesen Strang der Literatur zurückgegriffen werden soll.

3280 Vgl. zur regelmäßig stattfindenden Aggregation der Komplexität in der Bewertung mit Multiplikatoren Drukarczyk/Schüler (2016) S. 426–428.

3281 Vgl. auch Copeland (2009) S. 68.

3282 Sofern im Rahmen der Studie ein DCF-Ansatz gewählt wird, liegt das Augenmerk, aufgrund der Kenntlichmachung der Annahmen, auf diesem Ansatz. Wird der verwendete DCF-Ansatz nicht explizit betrachtet, so wird in den folgenden Abschnitten versucht, Bewertungsannahmen, die auch für den DCF-Ansatz von Interesse sind, hervorzuheben.

Parameter. Die ebenso bedeutsame Methodik zur Bewertung der Güte alternativer Bewertungsansätze wird dagegen in Abschnitt 5.9. zentral zusammengefasst und gewürdigt. Der nachfolgende Überblick beginnt mit der Arbeit von Kaplan/Ruback (1995), die gewissermaßen als Katalysator für die Entwicklung der „goodness of fit"-Literatur gewirkt hat. Wie sich zeigen wird, liegt der Fokus des Großteils der im Folgenden betrachteten Studien auf US-amerikanische Unternehmen, Untersuchungen mit Fokus auf den deutschen Kapitalmarkt bzw. eine internationale Ausrichtung sind dagegen in der Minderzahl.[3283]

5.8.2.1. Kaplan/Ruback (1995)

Kaplan/Ruback (1995) betrachten in ihrer Untersuchung zur Güte alternativer Bewertungsverfahren[3284] eine Stichprobe von Unternehmen, die im Zeitraum von 1980–1989 entweder einen Management Buyout oder aber eine Rekapitalisierung erfahren haben. Ausgehend von einem Umfang von 136 Unternehmen, verbleiben nach verschiedenen Ausschlusskriterien[3285] 51 Unternehmen in der Stichprobe, der mit der Untersuchung abgedeckte Zeitraum verengt sich in der Folge auf die Jahre 1983–1989.[3286] Als Vergleichspunkt wird, im Kontrast zu der Mehrzahl der späteren Untersuchungen zur Güte alternativer Bewertungsmodelle, auf „reale" Transaktionspreise als Approximation des inneren Wertes des Unternehmens zurückgegriffen.[3287] Neben einem zu späteren Arbeiten abweichenden Vergleichsmaßstab setzt sich die Arbeit von Kaplan/Ruback (1995) auch durch eine detaillierte Beschreibung des Vorgehens zur Schätzung der Parameter des DCF-Modells von den weiteren Untersuchungen der „goodness of fit"-Literatur ab.[3288] Wie die nachfolgende kurze Skizze der Ermittlung der Bewertungsparameter zeigt, stellen Kaplan/Ruback (1995) im Rahmen der Ermittlung der Bewertungsparameter auf die in der Unternehmensbewertungspraxis gängigen Modelle ab. Wie sich im Folgenden zeigen wird, stellen Kaplan/Ruback (1995) – etwa bei der Annahme des

---

3283 In der Folge wird daher z. B. bei Verweis auf die Stichprobe nicht nochmals gesondert hervorgehoben, wenn US-amerikanische Unternehmen betrachtet werden, dies geschieht nur, wenn ein internationaler oder anders orientierter nationaler Kontext betrachtet wird.

3284 Im Fokus der Arbeit von Kaplan/Ruback (1995) steht der Vergleich von DCF-Verfahren mit einer Bewertung anhand von Multiplikatoren. Vgl. Kaplan/Ruback (1995) S. 1067.

3285 Insbesondere eine unvollständige Veröffentlichung der für eine Schätzung des fundamentalen Unternehmenswertes notwendigen Daten, insbesondere Cashflow-Prognosen, führt zu einem Ausschluss des Unternehmens aus der Stichprobe.

3286 Vgl. Kaplan/Ruback (1995) S. 1059; 1068–1069; Carlsen (2008) S. 214.

3287 Konkret bedeutet dies, dass neben dem beobachtbaren Marktpreis u. a. auch die anfallenden Transaktionskosten mit in die Berechnung einfließen. Vgl. Kaplan/Ruback (1995) S. 1061–1062.

3288 Vgl. Carlsen (2008) S. 214.

Unternehmenswachstums in der Phase der ewigen Rente – stellenweise auch auf pauschalisierende Vereinfachungen im Rahmen ihres Bewertungsansatzes ab.

Die Schätzung des fundamentalen Unternehmenswertes basiert, im Falle des DCF-Ansatzes, auf einem von Kaplan/Ruback (1995) als komprimierten APV-Ansatz bezeichneten Bewertungsansatz. Unter der Bezeichnung komprimierter APV-Ansatz wird dabei die Bewertung des Unternehmens – im Kontrast zum zweistufigen Vorgehen des „klassischen" APV-Ansatzes – in einem Schritt verstanden. Der Beitrag der durch die Fremdfinanzierung induzierten Senkung der Steuerlast wird im Rahmen des komprimierten APV-Ansatz letztlich mit den Kapitalkosten des unverschuldeten Unternehmens bewertet.[3289] In den komprimierten APV-Ansatz fließen eine Reihe von Schätzungen der bewertungsrelevanten Parameter ein, so werden die zukünftigen Zahlungszuflüsse etwa auf Basis zweier alternativer Cashflow-Definitionen ermittelt: Einerseits findet eine indirekte, an den Jahresüberschuss anknüpfende, Definition des bewertungsrelevanten Cashflows im Bewertungsansatz des Unternehmens Berücksichtigung.[3290] Alternativ dazu stellen Kaplan/Ruback (1995) auf eine als „verkürzte" Cashflow-Definition bezeichnete, vom EBIT ausgehende Berechnung des bewertungsrelevanten Cashflows ab.[3291] Die Darstellung unterscheidet sich, abgesehen von einer unterschiedlichen Wahl des Ausgangspunktes, in einer unterschiedlichen Berücksichtigung der Steuerlast. Der indirekte Ansatz bildet aufgrund des Anknüpfens an den Jahresüberschuss die tatsächliche Steuerbelastung der Unternehmen ab, während im Rahmen der „verkürzten" Cashflow-Definition auf die theoretische Steuerbelastung abgestellt wird.[3292] Eine Anpassung erfahren beide Cashflow-Definitionen im Rahmen der Modellierung der ewigen Rente. Ausgehend vom letzten Cashflow der Detailplanungsphase,[3293] wird, um einen eingeschwungenen Zustand zu

3289 Vgl. Kaplan/Ruback (1995) S. 1062.

3290 Das Augenmerk der Adjustierung liegt auf den Abschreibungen und der Amortisation sowie der Veränderung des erforderlichen Betriebskapitals.

3291 Beiden Ansätzen gemeinsam ist dabei das Anknüpfen an die von den betrachteten Unternehmen veröffentlichten Prognosen.

3292 Kaplan/Ruback (1995) bevorzugen daher den Cashflow auf Basis der indirekten Cashflow-Definition. Aufgrund der Besonderheit des komprimierten APV-Ansatzes beinhaltet jedoch sowohl der Cashflow auf Basis der „verkürzten" als auch auf Basis der „indirekten" Definition des Cashflows den steuerlichen Vorteil der Fremdfinanzierung, d. h., Ziel der Berechnung ist im Kontrast zum üblichen APV-Ansatz nicht der Cashflow eines fiktiv unverschuldeten Unternehmens. Vgl. Kaplan/Ruback (1995) S. 1062–1063.

3293 Die Länge der im Rahmen der Untersuchung betrachteten Detailplanungsphase geht aus den Ausführungen von Kaplan/Ruback (1995) nicht klar hervor. Es entsteht jedoch der Eindruck, dass Kaplan/Ruback (1995) keine feste Vorgabe für die Länge der Detailplanungsphase treffen, sondern die Entscheidung an dem verfügbaren Prognosehorizont festmachen, d. h., dass die Detailplanungsphase einen Zeithorizont von 4 bis 10 Jahren umfassen kann. Zusätzlich untersuchen Kaplan/Ruback (1995) den Einfluss der Länge der Detailplanungsphase, Ausführungen zu

modellieren, die Höhe der Abschreibungen in Höhe der Investitionsauszahlungen festgesetzt. Die Modellierung des Wertbeitrages der Rentenphase unterstellt zudem für alle Unternehmen ein konstantes Unternehmenswachstum in Höhe von 4 %.[3294] Wie für die Schätzung des Cashflows werden auch zur Approximation der relevanten Kapitalkosten eine Reihe alternativer Schätzer des unverschuldeten Unternehmens betrachtet. Alle Schätzungen der Kapitalkosten basieren dabei auf dem CAPM. Unterschiede zwischen den Schätzungen ergeben sich letztlich mit Blick auf das unterschiedliche Aggregationsniveau. Neben der Ermittlung unternehmensspezifischer Kapitalkosten stellen Kaplan/Ruback (1995) auch auf gröbere industrie- bzw. marktspezifische Kapitalkosten im Rahmen der Untersuchung ab. Die Berechnung der in den unterschiedlichen Definitionen der Kapitalkosten einfließenden Marktrisikoprämie basiert auf dem langfristigen arithmetischen Mittel aus der Differenz der Rendite des Marktportfolios und des risikolosen Zinssatzes. Die Rendite des Marktportfolios bzw. das Marktportfolio selbst wird durch den S&P 500 approximiert. Die Approximation des risikolosen Zinssatzes stellt auf die Verzinsung US-amerikanischer Staatsanleihen mit langer Fristigkeit ab.[3295] Der auf dem komprimierten APV-Ansatz basierenden Bewertung wird eine Bewertung auf Basis verschiedener Ausprägungen des EBITDA-Multiplikators gegenübergestellt.[3296] Kaplan/Ruback (1995) stellen sowohl mit Blick auf die später in Abschnitt 5.9.1.1. näher zu erläuternden Kriterien der Treffgenauigkeit und der Erklärungskraft eine Überlegenheit des komprimierten APV-Ansatzes gegenüber einer Bewertung anhand von Multiplikatoren fest.[3297]

5.8.2.2. Penman/Sougiannis (1998)

Die Arbeit von Penman/Sougiannis (1998) untersucht die Güte alternativer Bewertungsverfahren[3298] für börsennotierte Unternehmen über den Zeitraum von 1973

den Ergebnissen dieser Untersuchung unterbleiben jedoch. Vgl. Kaplan/Ruback (1995) S. 1069.

3294 Diese Wachstumsannahme ist letztlich ad hoc, erfährt jedoch eine Plausibilisierung anhand der tatsächlichen Entwicklung der Inflationsrate. Vgl. Kaplan/Ruback (1995) S. 1064.

3295 Alternativ dazu betrachten Kaplan/Ruback (1995) eine Approximation des risikolosen Zinssatzes auf Basis von Staatsanleihen kurzer Fristigkeit. Dies verändert die qualitativen Aussagen der Untersuchung nicht. Vgl. Kaplan/Ruback (1995) S. 1064–1066.

3296 Vgl. Kaplan/Ruback (1995) S. 1067.

3297 Vgl. Kaplan/Ruback (1995) S. 1073; 1077; 1080.

3298 Die Studie umfasst neben einem DCF-Ansatz u. a. das Dividendendiskontierungsmodell sowie ein Residualgewinnmodell. Vgl. Penman/Sougiannis (1998) S. 348–352; Carlsen (2008) S. 215.

bis 1990.[3299] Der Schwerpunkt der Arbeit liegt auf der Untersuchung der Bedeutung der Länge der Detailplanungsphase für die Güte der Schätzung alternativer Bewertungsmodelle.[3300] Den Referenzpunkt für den durch alternative Bewertungsmodelle bzw. Bewertungsannahmen ermittelten fundamentalen Unternehmenswert bildet in der Arbeit von Penman/Sougiannis (1998) erstmals der – spätere empirische Untersuchungen dominierende – am Kapitalmarkt zu beobachtende Preis.[3301] Eine weitere Neuerung ist mit Blick auf die Schätzung der Parameter der Bewertungsmodelle zu beobachten. Penman/Sougiannis (1998) stellen zur Schätzung der Parameter der Bewertungsmodelle auf Realisationen als Approximation der von den Marktteilnehmern eingepreisten Markterwartungen ab.[3302] Penman/Sougiannis (1998) begründen dieses Vorgehen damit, dass die in der „goodness of fit"-Literatur alternative Verwendung findenden Analystenprognosen sowohl aus Gründen der Verfügbarkeit als auch der Datenqualität für die Untersuchung für den Zweck der „goodness of fit"-Literatur ungeeignet erscheinen.[3303] Der Vorteil eines Rückgriffs auf Realisationen ist u. a., dass Unterschiede in der Genauigkeit alternativer Bewertungsverfahren, die auf eine unterschiedliche Bedeutung bzw. Operationalisierung des Fortführungswertes in den alternativen Bewertungsansätzen zurückzuführen sind, nicht durch Fragen zur Prognostizierbarkeit der bewertungsrelevanten Parameter verdeckt werden.[3304] Neben der grundsätzlichen Frage, wie diese Markterwartungen in der Praxis konkret abzuleiten sind, ergibt sich hierbei jedoch die Gefahr, dass unsystematische Abweichungen zwischen den Approximationen der Markterwartung und der tatsächlichen Markterwartungen einen verzerrenden Einfluss auf die Untersuchungsergebnisse nehmen. Um den Einfluss unsystematischer Abweichungen zwischen Realisationen und Markterwartungen, die etwa auf kurzfristige Marktineffizienzen zurückzuführen sind, auszuschließen, fassen Penman/Sougiannis (1998) daher die unternehmensindividuellen Bewertungsergebnisse in einem Portfolio zusammen.[3305] Die Untersuchung von Penman/Sougiannis (1998) stellt für die Ermittlung der bewertungsrelevanten

---

3299 In der Grundgesamtheit der Arbeit von Penman/Sougiannis sind im Schnitt 4.500 US-amerikanische Unternehmen pro Jahr enthalten. Vgl. Carlsen (2008) S. 215; Penman/Sougiannis (1998) S. 354–355.

3300 Vgl. Carlsen (2008) S. 215; Penman/Sougiannis (1998) S. 346.

3301 Vgl. Penman/Sougiannis (1998) S. 347; 354.

3302 Vgl. Carlsen (2008) S. 215; Penman/Sougiannis (1998) S. 347.

3303 Vgl. Penman/Sougiannis (1998) S. 354.

3304 Vgl. Carlsen (2008) S. 216.

3305 Vgl. Penman/Sougiannis (1998) S. 348, 354. Gleichwohl räumen Penman/Sougiannis (1998) ein, dass auch durch Portfoliobildung eine Diversifikation des Fehlers durch einen Rückgriff auf Realisationen nicht ausgeglichen werden kann. Da aber annahmegemäß alle Bewertungsverfahren gleich betroffen sind und lediglich ein relativer Vergleich der Bewertungsverfahren vorgenommen wird, ist dieses Problem aus Sicht von Penman/Sougiannis (1998) letztlich von untergeordneter Bedeutung. Vgl. Penman/Sougiannis (1998) S. 357.

Parameter auf eine Reihe alternativer Verfahren ab und spiegelt somit ein Stückweit die Methodenvielfalt der Praxis wider. So wird neben einem einfachen Ad-hoc-Ansatz zur Bestimmung der Kapitalkosten auf den risikolosen Zinssatz einer Staatsanleihe mit dreijähriger Laufzeit unternehmensunabhängig eine feste Risikoprämie in Höhe von 6 % aufgeschlagen, sowohl auf das CAPM als auch das Fama-French-Dreifaktorenmodell, unter Verwendung des risikolosen Zinssatzes und der Marktrisikoprämie des Ad-hoc-Ansatzes, zur Berechnung der unternehmensspezifischen Kapitalkosten abgestellt.[3306]

Einen weiteren Schwerpunkt in der Bestimmung der Bewertungsparameter bildet, aufgrund der Fokussierung der Untersuchung auf den Einfluss des Endwertes, die Schätzung der bewertungsrelevanten Parameter für den Spezialfall der ewigen Rente. Sowohl mit Blick auf die im Rahmen der ewigen Rente unterstellten Wachstumsraten als auch für die Länge der Detailplanungsphase werden alternative Annahmen in den Bewertungsmodellen berücksichtigt. Die Länge der betrachteten Detailplanungsphasen sowie die verwendeten Wachstumsraten scheinen dabei weitgehend willkürlich gewählt zu sein.[3307] Zur Operationalisierung des DCF-Ansatzes stellt die Untersuchung von Penman/Sougiannis (1998) auf den „klassischen" WACC-Ansatz ab.[3308] In den WACC-Ansatz fließen dabei zwei alternative Schätzungen des Free Cashflow ein, die in Summe zu einem vergleichbaren Ergebnis führen. Die erste Schätzung des Free Cashflows stellt auf den in der Kapitalflussrechnung der Unternehmen veröffentlichten Zahlungsfluss ab – direkte Definition des Unternehmenscashflows –, wohingegen die zweite Approximation den Free Cashflow des Unternehmens, ausgehend von der veröffentlichten Bilanz und Gewinn- und Verlustrechnung –, indirekt ableitet.[3309] Die Untersuchung von Penman/Sougiannis (1998) stellt – wenig überraschend – eine, auch im Kontrast zu alternativen Bewertungsverfahren, hohe Abhängigkeit der DCF-Ansätze vom Fortführungs- bzw. Endwert sowie der Länge der Detailplanungsphase fest.[3310]

3306 Vgl. Penman/Sougiannis (1998) S. 355. Interessanterweise haben die alternativen Verfahren zur Bestimmung der Kapitalkosten nur einen untergeordneten Einfluss auf die Ergebnisse der Untersuchung. Vgl. Penman/Sougiannis (1998) S. 355; S. 358.

3307 Der Umfang des im Rahmen der Detailplanungsphase betrachteten Zeitraums reicht so von 0 bis 10 Jahren, die unterstellten Wachstumsraten bewegen sich zwischen 0 % und 4 %. Eine nähere Begründung für die Wahl dieser Werte unterbleibt. Vgl. Penman/Sougiannis (1998) S. 354; 358.

3308 Penman/Sougiannis (1998) spezifizieren das genaue Vorgehen nicht näher und sprechen lediglich von der Anwendung des standardisierten Vorgehens. Vgl. Penman/Sougiannis (1998) S. 355.

3309 Vgl. Penman/Sougiannis (1998) S. 378–380.

3310 Vgl. Penman/Sougiannis (1998) S. 362–363; 367; Francis et al. (2000) S. 51.

5.8.2.3. Frankel/Lee (1998) und Frankel/Lee (1999)

Der Fokus der Arbeiten von Frankel/Lee (1998) und Frankel/Lee (1999) liegt – im Kontrast zu den im Vorfeld betrachteten Studien – eher sekundär auf einem Vergleich alternativer Bewertungsansätze bzw. des Einflusses alternativer Ausprägungen des verwendeten Annahmegerüsts auf die Treffgenauigkeit des Bewertungsergebnisses. Gleichwohl ergibt sich durch den Rückgriff beider Arbeiten auf ein fundamentales Bewertungsmodell – in beiden Studien findet ein Residualgewinnmodell Anwendung – und der Gegenüberstellung zu kennzahlenbasierten Investitionsstrategien als Grundlage der Untersuchung eine inhaltliche Verbindung zum eingeschlagenen Vorgehen der „goodness of fit"-Literatur. Der Einschätzung von Carlsen (2008) folgend, sollen die Arbeiten von Frankel/Lee (1998; 1999) damit in die Betrachtung der Arbeiten der „goodness of fit"-Literatur miteinbezogen werden.[3311] Die Untersuchung von Frankel/Lee (1998) umfasst, neben einer Überprüfung der Eignung von Analystenprognosen als Approximation der Erwartungen des Kapitalmarktes und der Ableitung eines Verfahrens zur Adjustierung bestehender systematischer Fehler in den Schätzungen von Analysten, die Überprüfung der Gültigkeit des Theorems der Kapitalmarkteffizienz.[3312] Blickt man zunächst auf die Untersuchung von Frankel/Lee (1998), so liegt der Arbeit eine Stichprobe börsennotierter, US-amerikanischer Unternehmen über einen Zeitraum 1975–1993 zugrunde.[3313] Wie bereits die vorangehende Studie von Penman/Sougiannis (1998) berücksichtigen auch Frankel/Lee (1998) im Rahmen des Residualgewinnmodells alternative Verfahren zur Schätzung der risikoäquivalenter Kapitalkosten. Neben einem festen Diskontierungssatz werden zwei Modelle zur Schätzung der industriespezifischen Kapitalkosten betrachtet, neben einem Einfaktorenmodell wird auch das Fama-French-Dreifaktorenmodell betrachtet.[3314] Die in die Darstellung des Residualgewinnmodells einfließende Schätzung der Ausschüttungsquote ermitteln Frank/Lee (1998) auf Basis der Dividendenzahlung und des Ergebnisses aus gewöhnlicher Geschäftstätigkeit des Vorjahres.[3315] Zur

3311 Der von Carlsen (2008) beschriebene Vergleich des Residualgewinnmodells im Sinne der Studien zur Güte alternativer Bewertungsverfahren bildet jedoch nur einen Teilaspekt der Untersuchungen von Frankel/Lee ab.

3312 Vgl. Frankel/Lee (1998) S. 284–285. Wie in einem späteren Abschnitt nochmals hervorgehoben wird, ist die Überprüfung von Bewertungsmodellen anhand des Marktpreises zugleich immer auch eine Überprüfung der Markteffizienz.

3313 Vgl. Frankel/Lee (1998) S. 290. Insgesamt umfasst die Studie rund 18.162 Unternehmensjahre. Vgl. Frankel/Lee (1998) S. 291.

3314 Eine nähere Spezifikation der in die Bestimmung der Kapitalkosten einfließenden Parameter findet sich nicht. Die Art der Schätzung der Kapitalkosten hat auf die Untersuchungsergebnisse lediglich einen untergeordneten Einfluss. Vgl. Frankel/Lee (1998) S. 294.

3315 Im Falle eines negativen Gewinns stellen Frankel/Lee (1998) alternativ auf 6 % der Bilanzsumme als Referenzpunkt ab. Ein ähnliches Vorgehen findet sich in

Schätzung der Eigenkapitalrendite stellt die Arbeit von Frankel/Lee (1998) auf zwei alternative Ansätze zur Schätzung der Markterwartung ab: Neben einer vereinfachenden Fortschreibung des Wertes der Vorperiode finden Schätzungen aus Analystenprognosen Eingang in die Bewertungsmodelle.[3316] Das in der Arbeit von Frankel/Lee (1998) Verwendung findende Bewertungsmodell setzt sich aus einem Detailplanungszeitraum von zwei bzw. drei Perioden und einer vereinfachenden Modellierung des Wertbeitrages der Rentenphase – eine Wachstumsrate von 0 % wird unterstellt – zusammen.[3317]

Die Untersuchung legt auf einen ersten Blick die Überlegenheit der auf Analystenschätzungen basierenden Approximation der Markterwartungen gegenüber der vereinfachenden Fortschreibung historischer Entwicklung nahe.[3318] Frankel/Lee (1998) beobachten in diesem Zusammenhang jedoch eine systematische Verzerrung der Prognosen durch den in der Literatur beobachteten Optimismus der Analysten.[3319] Frankel/Lee (1998) zeigen im Rahmen ihrer Untersuchung, dass das fundamentale Residualgewinnmodell eine höhere Erklärungskraft des beobachtbaren Marktpreises hat als Größen, die allein auf den Buchwert abstellen.[3320] Die Überprüfung der Markteffizienz zeigt dagegen ein lediglich durchwachsenes Ergebnis. Zwar ist in Summe zu beobachten, dass fundamentale Informationen in den Marktwert eingepreist werden, der Prozess verläuft jedoch überraschend langsam.[3321] Wie Carlsen (2008) kritisch hervorhebt, vermischt die Arbeit von Frankel/Lee (1998) damit letztlich wenig kohärent die Annahme der Kapitalmarkteffizienz für das Bewertungsmodell mit dem Schluss einer wenigstens zeitweisen Ineffizienz des Kapitalmarktes.[3322]

Die Untersuchung von Frankel/Lee (1999) unterscheidet sich von Frankel/Lee (1998) in erster Linie in Umfang und Ausrichtung der Stichprobe, als auch in Abweichungen – die im Folgenden kurz skizziert werden sollen – im Vorgehen zur Schätzung der Parameter des Residualgewinnmodells. Im Kontrast zu Frankel/Lee (1998) ist die Arbeit von Frankel/Lee (1999) nicht mehr allein auf US-amerikanische Unternehmen beschränkt[3323] und umfasst mit den Jahren 1987 bis 1994 etwas andere Zeitscheiben.[3324] Die Abbildung der bewertungsrelevanten Parameter erfolgt in Frankel/Lee (1999) aufgrund der umfangreicheren Grundgesamtheit deutlich holzschnittartiger als noch Frankel/Lee (1998). Im Rahmen der

Frankel/Lee (1999), hier werden jedoch 3 % der Bilanzsumme als Referenzpunkt herangezogen. In beiden Fällen wirkt dieses Vorgehen willkürlich.

3316 Vgl. Frankel/Lee (1998) S. 288–289.
3317 Vgl. Frankel/Lee (1998) S. 289–290.
3318 Vgl. Frankel/Lee (1998) S. 294; 304.
3319 Vgl. Frankel/Lee (1998) S. 306.
3320 Vgl. Frankel/Lee (1998) S. 294; S. 314–315.
3321 Vgl. Frankel/Lee (1998) S. 315–316.
3322 Vgl. Carlsen (2008) S. 223.
3323 Vgl. Frankel/Lee (1999) S. 2
3324 Vgl. Frankel/Lee (1999) S. 19.

Untersuchung wird zur Schätzung der Kapitalkosten so lediglich auf einen vereinfachten, landesspezifisch einheitlichen Diskontierungssatz abgestellt, der sich aus dem Zinssatz langfristiger lokaler Staatsanleihen zuzüglich einer konstanten länderunabhängigen Risikoprämie zusammensetzt.[3325] Zur Abbildung der Erwartungen des Kapitalmarktes stellt die Arbeit von Frankel/Lee (1999) – im Kontrast zu Frankel/Lee (1998) – allein auf die in Analystenprognosen publizierten Erwartungen ab.[3326] Die bereits in Frankel/Lee (1998) deutlich gewordene Verzerrung der Analystenprognosen bestätigt sich in Frankel/Lee (1999) auch vor der stärker international ausgerichteten Untersuchung.[3327] Die Detailplanungsphase verkürzt sich in Frankel/Lee (1999) ggü. Frankel/Lee (1998) auf zwei Perioden.[3328] Interessant erscheint, dass ungeachtet der Veränderung des Umfangs der Untersuchung und der damit einhergehenden holzschnittartigeren Bestimmung der Parameter des Bewertungsmodells die Ergebnisse der Arbeit von Frankel/Lee (1999) qualitativ den Ergebnissen der Untersuchung von 1998 ähneln.[3329] Auf den ersten Blick legt dieses Ergebnis nahe, dass – wenigstens für grundsätzliche Fragestellungen – der Detaillierungsgrad, mit dem die Bewertungsparameter bestimmt werden, lediglich von zweitrangiger Bedeutung ist.

5.8.2.4. Lee/Myers/Swaminathan (1999)

In Analogie zu den Arbeiten von Frankel/Lee (1998) und Frankel/Lee (1999) untersucht die Arbeit von Lee et al. (1999) die Erklärungskraft, die ein fundamentales Unternehmensbewertungsmodell mit Blick auf beobachtbare Marktpreisschwankungen aufweist, sowie in einem zweiten Schritt die Möglichkeit, auf Basis des fundamentalen Wertmodells Aussagen über zukünftige Renditen treffen zu können.[3330] Daneben untersuchen Lee et al. (1999), stärker an der Zielsetzung der „goodness of fit“-Literatur orientiert, den Einfluss, den alternative Schätzungen der Bewertungsparameter auf die Erklärungskraft bzw. die Treffgenauigkeit des fundamentalen Wertmodells haben.[3331] Die Grundlage der Untersuchung bilden die Unternehmen des Dow-Jones-Industrial-Average-Index der Jahre 1963 bis 1996.[3332] Die Untersuchung von Lee et al. (1999) stellt für die Operationalisierung des Unternehmenswertes auf ein Residualgewinnmodell in Form eines Zwei- bzw. Drei-Phasenmodells ab. An die Detailplanungsphase schließt sich eine Übergangsphase von alternativ 0, 8 respektive 14 Jahren an, in der die Eigenkapitalrendite mit einer vorgegebenen „fading rate“ auf die industriespezifische Eigenkapitalrendite absinkt.

3325 Vgl. Frankel/Lee (1999) S. 14–15.
3326 Vgl. Frankel/Lee (1999) S. 17.
3327 Frankel/Lee (1999) S. 22.
3328 Vgl. Frankel/Lee (1999) S. 19.
3329 Vgl. Carlsen (2008) S. 222.
3330 Vgl. Lee et al. (1999) S. 1694; Carlsen (2008) S. 223.
3331 Vgl. Lee et al. (1999) S. 1695–1696.
3332 Vgl. Lee et al. (1999) S. 1705–1706.

An die Konvergenzphase schließt der Endwert bzw. Fortführungswert in Form einer ewigen Rente unter Annahme eines Nullwachstums an.[3333] In Kontrast zu der Mehrzahl der vorangehenden Arbeiten stellt die Arbeit von Lee et al. (1999) für eine laufzeitspezifische Schätzung der bewertungsrelevanten Kapitalkosten auf ein Einfaktorenmodell bzw. ein Fama-French Dreifaktorenmodell ab. Der risikolose Zinssatz wird dabei alternativ durch die Verzinsung kurz- bzw. langfristig laufender Staatsanleihen approximiert. Beide Zinssätze fließen auch in die Schätzung der laufzeitspezifischen Marktrisikoprämie ein. Die Rendite des Kapitalmarktes wird dabei durch die Rendite eines NYSE/AMEX-Portfolios approximiert.[3334] Die in die Berechnung des zukünftigen Eigenkapitalrendite einfließenden Gewinnprognosen werden einerseits auf Basis von Analystenprogosen,[3335] andererseits auf Grundlage eines linearen Regressionsmodells bestimmt.[3336] Die Basis der in die Schätzung des fundamentalen Unternehmenswertes einfließenden Ausschüttungsquote bilden – ähnlich wie bereits in Frankel/Lee (1998) – die beobachtbaren Vorjahreswerte.[3337]

Die Arbeit von Lee et al. (1999) zeichnet ein gemischtes Bild der Bedeutung der in der Untersuchung betrachteten Stellschrauben des fundamentalen Bewertungsmodells. Von zentraler Bedeutung für die Güte der Approximation des fundamentalen Unternehmensbewertungsmodells ist so insbesondere die Verwendung von zeitvariablen Diskontierungsfaktoren.[3338] Bedeutsam hierbei ist u. a. die Ausprägung der Fristigkeit der in der Schätzung des risikolosen Zinssatzes berücksichtigten Staatsanleihen. Insbesondere die auf Basis kurzlaufender Zinssätze ermittelten Schätzungen der fundamentalen Unternehmenswerte erweisen sich in der Arbeit von Lee et al. (1999) als der geeignetere Schätzer des „tatsächlichen" Unternehmenswertes.[3339] In Übereinstimmung mit vorangehenden Arbeiten zeigt sich, dass Schätzungen des inneren Wertes der Unternehmen auf Basis einer einfachen Fortschreibung historischer Daten gegenüber zukunftsbezogenen Schätzungen auf Basis von Analystenschätzungen eine geringere Erklärungskraft aufweisen.[3340] Die Überlegenheit der auf Analystenschätzungen fußenden Approximationen des Unternehmenswertes ist jedoch abhängig von der Verwendung zeitvariabler Diskontierungssätze. Die Länge der Detailplanungsphase sowie das Vorgehen zur Bestimmung der Risikoprämie hat demgegenüber, folgt man den Ergebnissen von

---

3333 Vgl. Lee et al. (1999) S. 1699; 1701–1702.

3334 Vgl. Lee et al. (1999) S. 1701–1703.

3335 Ab 1979 liegen Gewinnprognosen für Jahr 1 und 2 der Detailplanungsphase vor. Das dritte, explizit geplante, Jahr basiert auf einer Fortschreibung der Prognose des Jahres zwei mit einer langfristigen Wachstumsrate.

3336 Vgl. Lee et al. (1999) S. 1703–1704.

3337 Vgl. Lee et al. (1999) S. 1705.

3338 Vgl. Lee et al. (1999) S. 1727.

3339 Vgl. Lee et al. (1999) S. 1719. Das Ergebnis steht damit in Kontrast zu Kaplan/Ruback (1995), die keinen Einfluss der Fristigkeit der Anleihen beobachten. Vgl. Kaplan/Ruback (1995) S. 1066.

3340 Vgl. Lee et al. (1999) S. 1726.

Lee et al. (1999), nur eine untergeordnete Bedeutung für die Güte der Approximation des Unternehmenswertes.[3341]

5.8.2.5. Francis/Olsson/Oswald (2000)

Schwerpunkt der Untersuchung von Francis et al. (2000) ist ein, in der Tradition der Horse-Race-Literatur stehender, Vergleich der Zuverlässigkeit und Genauigkeit alternativer Bewertungsmodelle.[3342] Der Untersuchung liegt eine Betrachtung börsennotierter Unternehmen über einen Zeitraum von 1989 bis 1993 zugrunde.[3343] Dem fundamentalen Bewertungsmodell stellen Francis et al. (2000) als Referenzpunkt – wie die Mehrzahl der empirischen Untersuchungen – den am Kapitalmarkt beobachtbaren Börsenkurs gegenüber.[3344] Im Unterschied zu vorangehenden Untersuchungen betrachtet die Arbeit von Francis et al. (2000) nicht nur unterschiedliche Ansätze, um die Parameter des fundamentalen Wertmodells zu ermitteln, sondern betrachtet den Einfluss unterschiedlicher Ausprägungen des Informationshorizonts auf das Bewertungsmodell. Die Schätzung der Bewertungsparameter basiert in der Arbeit von Francis et al. (2000) so neben der Annahme eines Ex-ante-Informationsniveaus auch auf einem Abstellen auf ein Ex-post-Informationsniveau. Konkret bedeutet dies, dass die Schätzung der Parameter des Bewertungsmodells auf Basis von Analystenschätzungen als Approximation der Ex-ante-Erwartung[3345] bzw. – in Analogie zu Penman/Sougiannis (1998) – aus Realisationen als Ex-post-Größe abgeleitet wird. Analystenschätzungen liegen dabei für das aktuelle, das 1. Jahr der Planungsphase sowie die Jahre 3 bis 5 vor. Die Analystenschätzungen umfassen u. a. Prognosen der zukünftigen Dividenden, Gewinne, Investitionen, des Working Capital sowie der Steuerquote. Fehlende Schätzungen der bewertungsrelevanten Größen werden durch eine pauschalisierte Fortschreibung bzw. Durchschnittsbildung der verfügbaren Planjahre vereinfacht ermittelt.[3346] Die in den Bewertungsverfahren Anwendung findenden industriespezifischen, vereinfachend als laufzeitunabhängig angenommenen, Kapitalkosten werden auf Basis des „klassischen" CAPM ermittelt. Der risikolose Zinssatz

3341 Vgl. Lee et al. (1999) S. 1734.

3342 Gegenstand der Untersuchung ist das DDM-, ein DCF-Verfahren sowie Residualgewinn-Ansatz. Vgl. Francis et al. (2000) S. 46.

3343 Vgl. Francis et al. (2000) S. 45. Die Stichprobe umfasst dabei knapp 600 Unternehmen pro Jahr. Vgl. Francis et al. (2000) S. 52.

3344 Vgl. Francis et al. (2000) S. 48; 51.

3345 Ob Analystenprognosen tatsächlich ein geeigneter Maßstab der Markterwartung darstellen, kann auf Basis der Literatur angezweifelt werden.

3346 Vgl. Francis et al. (2000) S. 51. Dieses Vorgehen bestätigt zunächst die Aussage von Penman/Sougiannis (1998), dass Analystenprognosen nur eine unvollständige Datengrundlage für eine Bewertung enthalten. Ob ein vereinfachtes Vorgehen, wie es Francis et al. (2000) zur Lösung dieser Schwierigkeit vornehmen, geeignet ist, bleibt unklar.

wird dabei durch den adjustierten Zinssatz einer Staatsanleihe mittlerer Laufzeit approximiert sowie pauschal eine laufzeitunabhängige Risikoprämie in Höhe von 6 % verwendet.[3347] Das verwendete Bewertungsmodell stellt der WACC-Ansatz unter der Annahme einer konstanten Zielkapitalstruktur dar.[3348] Die untersuchten Bewertungsmodelle umfassen einen Detailplanungsraum von fünf Perioden, an den sich ein Fortführungs- bzw. Endwert anschließt. Im Rahmen der Operationalisierung des Fortführungs- bzw. Endwertes werden zwei alternative Wachstumsannahmen berücksichtigt: Nullwachstum sowie ein Wachstum in Höhe von 4 %. Die pauschaliert angenommenen Wachstumsannahmen orientieren sich dabei in der Höhe an den Annahmen vorangehender Studien.[3349]

Interessant erscheint, dass die Untersuchung von Francis et al. (2000) zeigt, dass den in der Untersuchung betrachteten Bewertungsmodellen eine Unterschätzung des Referenzpunktes, d. h. des tatsächlichen Marktpreises, gemein ist. Residualgewinnmodelle scheinen hinsichtlich Erklärungskraft und Treffgenauigkeit sowohl Dividendendiskontierungsmodellen als auch DCF-Modellen überlegen zu sein. Francis et al. (2000) erklären die Überlegenheit rechnungslegungsbasierter Bewertungsverfahren mit der Bedeutung der Fehler bei Schätzung der Wachstumsrate und des Diskontierungssatzes bei Dividendendiskontierungs- bzw. DCF-Modellen.[3350] Beide Aspekte gewinnen insbesondere bei der Bestimmung des Wertbeitrages der Rentenphase an Bedeutung.[3351] Ein weiteres interessantes Ergebnis scheint, dass die Untersuchungsergebnisse qualitativ von dem unterstellten Informationshorizont unbeeinflusst scheinen. Für die Rangfolge der unterschiedlichen Bewertungsansätze erscheint es so als unerheblich, ob zur Approximation der bewertungsrelevanten Parameter eine Ex-ante- bzw. Ex-post-Sichtweise eingeschlagen wurde.[3352]

5.8.2.6. Sougiannis/Yaekura (2001)

Schwerpunkt der Arbeit von Sougiannis/Yaekura (2001) ist ein Vergleich der Genauigkeit rechnungslegungsbasierter Bewertungsmethoden auf Basis einer

---

3347 Vgl. Francis et al. (2000) S. 52.

3348 Die Zielkapitalquote wird dabei auf Basis des für die Jahre 3–5 prognostizierten Fremdkapitalbestandes berechnet. Vgl. Francis et al. (2000) S. 53.

3349 Vgl. Francis et al. (2000) S. 53. Damit ist auch die Annahme der Arbeit von Francis et al. (2000) letztlich arbiträr gewählt.

3350 Vgl. Francis et al. (2000) S. 56–57, 68–69; Henschke (2009) S. 41; Carlsen (2008) S. 217.

3351 Vgl. Francis et al. (2000) S. 59.

3352 Vgl. Francis et al. (2000) S. 68. Der Grund für die von Francis et al. (2000) beobachtete, näher am Marktpreis liegende Schätzung auf Basis der Analystenprognosen könnte dabei in der, von der Literatur beschriebenen, systematischen Überschätzung der Realisationen durch Analysten liegen. Vgl. dazu auch Sougiannis/Yaekura (2001) S. 351.

Betrachtung börsennotierter Unternehmen über den Zeitraum von 1981 bis 1998.[3353] Sougiannis/Yaekura (2001) stellen als Ausgangspunkt der Approximation der Markterwartungen – ähnlich etwa zu der im vorangehenden Abschnitt betrachteten Arbeit von Francis et al. (2000) – auf durchschnittliche Analystenschätzungen ab.[3354] Den Referenzpunkt der alternativen Bewertungsmodelle stellt auch an dieser Stelle der am Kapitalmarkt beobachtbare Unternehmenswert dar.[3355] Sougiannis/Yaekura (2001) weisen dabei bereits zu Beginn ihrer Arbeit auf mehrere Probleme der Verwendung von Analystenschätzungen als Grundlage der Approximation der Markterwartung, wie etwa eine systematische Verzerrung der Prognosen – dieses Problem wurde bereits von Frankel/Lee (1998) hervorgehoben – und bestehende Agency-Probleme, hin.[3356] Die mögliche systematische Verzerrung von Analystenprognosen stellt letztlich – blickt man etwa auf die empirische Überprüfung alternativer Finanzierungspolitiken – eine zentrale Herausforderung für die empirische Forschung dar. Schwerpunkte der Arbeit von Sougiannis/Yaekura (2001 bilden – vergleichbar mit der Arbeit von Penman/Sougiannis (1998) – insbesondere der Einfluss der Länge der Detailplanungsphase als auch die Berechnung des End- bzw. Fortführungswertes des Unternehmens für die Treffgenauigkeit fundamentaler Bewertungsmodelle. Insbesondere die Auswirkungen der Annahme unternehmensspezifischer Wachstumsannahmen gegenüber konstanten Ad-hoc-Annahmen steht im Mittelpunkt der Untersuchung.[3357] Aufbauend auf den verfügbaren Prognosezeiträumen der Analystenschätzungen, fließt in die Bewertung ein Detailplanungszeitraum von insgesamt vier Jahren ein. Fehlende Analystenschätzungen ergänzen Sougiannis/Yaekura (2001) durch eine Fortschreibung auf Basis der in den in Analystenprognosen enthaltenen Wachstumsraten.[3358] In die Untersuchung der Güte alternativer Bewertungsverfahren fließen vier alternative Approximationen der Kapitalkosten ein. Neben einem pauschalierten Kapitalkostensatz, der auf Basis des laufzeitabhängigen risikolosen Zinssatzes zuzüglich einer festen Risikoprämie von 6 % berechnet wird, werden industrie- wie auch unternehmensspezifische Kapitalkosten auf Basis des CAPM ermittelt. Ergänzend

3353 Vgl. Sougiannis/Yaekura (2001) S. 339. Grundlage des Vergleichs ist ein Residualgewinnmodell mit und ohne Endwert sowie als Kontrollgröße die Betrachtung des Buchwertes. Vgl. Sougiannis/Yaekura (2001) S. 333; 334.

3354 Vgl. Sougiannis/Yaekura (2001) S. 339. Die Frage, wie Analystenprognosen zu aggregieren sind, um ein repräsentatives Bild zu zeichnen, wird in Abschnitt II kurz kritisch hinterfragt.

3355 Vgl. Sougiannis/Yaekura (2001) S. 332; 339.

3356 Vgl. Sougiannis/Yaekura (2001) S. 333; 348. Dies führt Sougiannis/Yaekura (2001) zu dem Schluss, dass Analystenprognosen nicht als Grundlage der Bewertungsmodelle verwendet werden können. Vgl. Sougiannis/Yaekura (2001) S. 358.

3357 Vgl. Sougiannis/Yaekura (2001) S. 334; 341; Carlsen (2008) S. 219.

3358 Vgl. Sougiannis/Yaekura (2001) S. 339; 340–341.

dazu betrachten Sougiannis/Yaekura (2001) einen periodenkonstanten Zinssatz in Höhe von 12 %.[3359]

Die Untersuchung von Sougiannis/Yaekura (2001) zeigt, dass der Umfang zu beobachtender Bewertungsfehler mit Zunahme des Zeithorizonts der Detailplanungsphase abnimmt.[3360] Zudem zeigt sich – die Beobachtung von Francis et al. (2000) stützend –, dass über die Bewertungsverfahren hinweg eine Unterschätzung des Marktwertes zu beobachten ist.[3361] Die Berücksichtigung unternehmensspezifischer Wachstumsraten führt dabei zu keinen besseren Ergebnissen als die an den Studien von Penman/Sougiannis (1998) bzw. Francis et al. (2000) orientierte Annahme eines konstanten Unternehmenswachstums von 4 %. Die Arbeit abschließend, untersuchen Sougiannis/Yaekura (2001), welche Wachstumsraten zu einer Minimierung des zu beobachtenden Bewertungsfehler führen würden. Es zeigt sich, dass Wachstumsraten in einer Bandbreite zwischen 5 % und 10 % liegen müssten[3362] und somit z. T. deutlich über den pauschalierten Wachstumsannahmen von 4 %. Wie Sougiannis/Yaekura (2001) hervorheben, übersteigen diese Wachstumsraten auch z. T. deutlich die für die Praxis üblichen Wachstumsraten in der Rentenphase.[3363] Insgesamt hebt die Arbeit von Sougiannis/Yaekura (2001) die Abhängigkeit der Güte der Bewertungsmodelle bzw. der Bewertungsannahmen von den die Bewertung begleitenden Umständen hervor, d. h., es besteht letztlich keine Bewertungsmethode, die unter wechselnden Rahmenbedingungen vollständig überzeugen kann.[3364]

5.8.2.7. Courteau/Kao/Richardson (2001)

Schwerpunkt der Untersuchung von Courteau et al. (2001) ist die Überprüfung der Evidenz der vorangehenden Studien von Penman/Sougiannis (1998) und Francis et al. (2000). Ein besonderes Augenmerk der Arbeit ruht dabei auf der Überprüfung der in den vorangehenden Studien beobachteten Überlegenheit von Residualgewinnmodellen gegenüber „klassischen" DCF-Ansätzen sowie die eingehendere Betrachtung des Einflusses alternativer Abbildungen des Endwertes auf die Rangordnung der konkurrierenden Bewertungsverfahren.[3365] Der Untersuchung liegt

3359 Vgl. Sougiannis/Yaekura (2001) S. 339–340.
3360 Vgl. Sougiannis/Yaekura (2001) S. 341–343.
3361 Vgl. Sougiannis/Yaekura (2001) S. 344; 351.
3362 Vgl. Sougiannis/Yaekura (2001) S. 344.
3363 Die Ausführungen eines späteren Abschnitts vorwegnehmend, unterstellt der Übergang in die Rentenphase den Übergang in einen Gleichgewichtszustand, der i. d. R. nur durch moderates Wachstum gekennzeichnet ist. Die Schätzung hoher Wachstumsraten lässt daher vermuten, dass der Übergang in die Rentenphase vorzeitig erfolgt ist, implizit unterstützt dies damit die vorangehenden Ergebnisse der Studie von Sougiannis/Yaekura (2001).
3364 Vgl. Sougiannis/Yaekura (2001) S. 345; 348; 358.
3365 Vgl. Courteau et al. (2001) S. 631. Die Überlegenheit der Residualgewinnmodelle wird von Courteau et al. (2001) aufgrund der theoretisch bestehenden Äquivalenz

dabei eine Stichprobe von 500 börsennotierten Unternehmen über den Zeitraum von 1992 bis 1996 zugrunde.[3366] Zur Schätzung der Parameter der Bewertungsmodelle stellt auch die Arbeit von Courteau et al. (2001) auf Analystenschätzungen zur Approximation der Erwartungen des Kapitalmarktes ab.[3367] Analystenschätzungen liegen dabei für den Bewertungszeitpunkt, das darauf folgende Geschäftsjahr sowie für das Ende der Detailplanungsphase vor. Die nicht durch Analystenschätzungen abgedeckten Geschäftsjahre werden durch Interpolation – lineares Wachstum unterstellend – auf Grundlage der vorliegenden Datenpunkte geschätzt.[3368] Auch die Arbeit von Courteau et al. (2001) weist auf mögliche Verzerrungen der Prognose durch die Verwendung von Analystenschätzungen hin.[3369] Die Grundlage für die Ermittlung unternehmensspezifischer Kapitalkosten bildet das „klassische" CAPM. Der in das CAPM einfließende risikolose Zinssatz wird mittels einer über fünf Jahre laufenden Staatsanleihe approximiert und eine laufzeitkonstante Risikoprämie in Höhe von 6 % angesetzt.[3370] Der Referenzpunkt der alternativen Schätzungen des Unternehmenswertes bildet, analog zu der Mehrzahl der bisher betrachteten Untersuchungen, der am Kapitalmarkt beobachtbare Marktpreis.[3371] Blickt man auf den Wertbeitrag der Rentenphase, so stellt die Arbeit von Courteau et al. (2001) – im Kontrast zu den vorangehenden Arbeiten – auf eine alternative Approximation des Endwertes am Ende der fünfperiodigen Detailplanungsphase ab.[3372] Courteau et al. (2001) verwenden so den durch Analysten prognostizierten zukünftigen Marktwert zum Zeitpunkt des Übergangs von Detailplanungs- zu Rentenphase als Approximation des Fortführungs- bzw. Endwertes.[3373]

Courteau et al. (2001) bezeichnen diese, an die Arbeit von Penman (1997) angelehnte, Approximation des Fortführungswertes als den „idealen" Endwert.[3374] Die

---

von DCF-Verfahren und Residualgewinnmodellen angezweifelt. Vgl. ebda. Das von Courteau et al. (2001) betrachtete DCF-Modell orientiert sich an Penman (1998). Vgl. Courteau et al. (2001) S. 634.

3366 Vgl. Courteau et al. (2001) S. 637.

3367 Vgl. Carlsen (2008) S. 219.

3368 Vgl. Courteau et al. (2001) S. 638. Ob dieses Vorgehen letztlich geeignet ist, um Markterwartungen abzubilden, bleibt letztlich fraglich.

3369 Vgl. Courteau et al. (2001) S. 632.

3370 Vgl. Courteau et al. (2001) S. 638. Daneben werden im Rahmen einer Sensitivitätsanalyse industriespezifische Kapitalkosten nach Fama/French (1997) ermittelt. Die Untersuchungsergebnisse sind von der Wahl des Modells zur Approximation der risikoäquivalenten Kapitalkosten weitgehend unabhängig. Vgl. Courteau et al. (2001) S. 655.

3371 Vgl. Courteau et al. (2001) S. 639.

3372 Vgl. Courteau et al. (2001) S. 631.

3373 Die in die Bewertungsansätze einfließende Schätzung des Marktwertes beruht dabei auf dem Mittelpunkt der von den Analysten vorgegebenen Bewertungsbandbreite. Vgl. Courteau et al. (2001) S. 638.

3374 Vgl. Courteau et al. (2001) S. 629–630; 631. Diese Einschätzung erscheint angesichts der angedeuteten Schwächen von Analystenprognosen durchaus als gewagt.

Zuschreibung der Eigenschaft „ideal“ bezieht sich dabei auf zwei mit diesem Vorgehen verknüpfte Eigenschaften: Zunächst zeigt die Arbeit von Courteau et al. (2001), dass der prognostizierte Marktwert als Approximation des Fortführungswertes gegenüber den – als „ad hoc“-Schätzungen bezeichneten – vereinfachten Approximationen des Endwertes vorangehender Studien mit einem geringeren Bewertungsfehler verbunden ist.[3375] Die „ideale“ Approximation des Endwertes führt m. a. W. damit zu einer höheren Treffgenauigkeit der fundamentalen Bewertungsansätze ggü. alternativen Ansätzen. Des Weiteren ist ein solches Vorgehen mit einer deutlichen Vereinfachung verknüpft, bietet dieser Ansatz doch den Vorteil, dass aufwendige Schätzungen des Endwertes, die u. a. mit auf die Schätzung geeigneter Wachstumsannahmen angewiesen sind, verzichtbar sind.[3376] Mit dem Vergleich der Genauigkeit der alternativen Bewertungsmodelle und alternativer Herangehensweisen zur Approximation des Endwertes zeigen Courteau et al. (2001), dass die von Penman/Sougiannis (1998) und Francis et al. (2000) beobachtete Überlegenheit der Residualgewinnmodelle insbesondere auf eine verzerrte Modellierung des End- bzw. Fortführungswertes zurückzuführen ist. Wie die Arbeit von Courteau et al. (2001) verdeutlicht, ist das Ergebnis der vorangehenden Arbeiten insbesondere auf die willkürlichen Festsetzungen der Wachstumsannahmen der Rentenphase zurückzuführen.[3377] Überraschen kann dieses Ergebnis letztlich nicht, trägt die Rentenphase – in Abhängigkeit von der Länge der Detailplanungsphase – doch maßgeblich zur Schätzung des Unternehmenswertes bei. Die Untersuchung bestätigt dabei bereits die in den vorangehenden Studien deutlich gewordene hohe Bedeutung des Wertbeitrages des End- bzw. Fortführungswertes für DCF-Modelle.[3378] Courteau et al. (2001) stellen – im Kontrast zu den vorangehenden Untersuchungen – auch eine tendenzielle Überschätzung des Marktpreises durch die konkurrierenden Bewertungsansätze fest. Dies dürfte neben der sachgerechteren Approximation des Endwertes insbesondere auf den in der Literatur beobachteten Optimismus von Analystenschätzungen zurückzuführen sein.[3379]

Insgesamt stellen Courteau et al. (2001), im Kontrast zu den vorangehenden Studien von Penman/Sougiannis (1998) und Francis et al. (2000), eine Gleichwertigkeit der Residualgewinnmodelle und der DCF-Verfahren für den Fall eines Abstellens

3375 Vgl. Courteau et al. (2001) S. 630; 645; 650. Courteau et al. (2001) gehen für die vereinfachten Modelle dabei von einer konstanten Wachstumsrate von 2 % bzw. 0 % aus. Vgl. Courteau et al. (2001) S. 635; 636.

3376 Die Komplexität der Planung der zukünftigen Entwicklungen wird damit letztlich auf die Planung geeigneter Wachstumsraten komprimiert. Courteau et al. (2001) kritisieren in diesem Zusammenhang insbesondere die i. d. R. pauschalen Wachstumsannahmen vorangehender Studien. Vgl. Courteau et al. (2001) S. 632.

3377 Vgl. Courteau et al. (2001) S. 648–649; 650; Carlsen (2008) S. 219.

3378 Vgl. Courteau et al. (2001) S. 639. Für die Residualgewinnmodelle ist, in Übereinstimmung mit den vorangehenden Arbeiten, die Bedeutung des Fortführungswertes geringer. Vgl. ebda.

3379 Vgl. Courteau et al. (2001) S. 641; 643.

auf eine „ideale" Approximation des Endwertes fest.[3380] Auch dieses Ergebnis der Arbeit von Courteau et al. (2001) erscheint – legt man ein konsistentes Annahmegerüst für die alternativen Bewertungsverfahren zugrunde – als eingängig.

5.8.2.8. Copeland (2009)

Die Untersuchung von Copeland (2009) hat – im Sinne der klassischen „goodness of fit"-Literatur – einen Vergleich alternativer Bewertungsverfahren zum Gegenstand. Copeland (2009) betrachtet neben einer Bewertung auf Basis von Multiplikatoren die Güte eines zweiphasigen DCF-Ansatzes[3381] sowie den Fall eines sofortigen Abstellens auf den Fall der ewigen Rente ohne die Annahme weiteren Unternehmenswachstums.[3382] Die Untersuchung umfasst dabei zwei, sich in Umfang und Zeithorizont unterscheidende, Betrachtungen. In einer ersten Datenscheibe werden die Unternehmen des S&P 500 über einen Zeitraum von 1993 bis 2000 betrachtet,[3383] während die zweite Datenscheibe Unternehmen des S&P 900 über einen Zeitraum von 2000 bis 2008 umfasst.[3384] Die im Vergleich zu vorangehenden Untersuchungen sehr breite Stichprobe,[3385] wird mithilfe weitgehender Standardisierung der alternativen Bewertungsansätze bewältigt.[3386] Das vereinfachende Vorgehen spiegelt sich dabei insbesondere in der Schätzung der bewertungsrelevanten Parameter wider. Zur Berechnung des bewertungsrelevanten Cashflows wird vereinfachend auf eine „verkürzte", auf dem EBIT aufbauende Definition des Free Cashflows zurückgegriffen.[3387] Die Schätzungen des bewertungsrelevanten Cashflows basieren wie bei der Mehrzahl der im Vorfeld betrachteten Untersuchungen auf Analystenschätzungen.[3388] Die im Rahmen der Bewertung einfließenden Kapitalkosten werden auf Grundlage des „klassischen" CAPM ermittelt. Die

3380 Vgl. Courteau et al. (2001) S. 655.

3381 Der in der Untersuchung betrachtete DCF-Ansatz entspricht dabei dem „klassischen" WACC-Ansatz. Vgl. Copeland (2009) S. 72.

3382 Vgl. Copeland (2009) S. 86.

3383 Vgl. Copeland (2009) S. 77. Die erste Stichprobe dient dabei u. a. dazu, das Bewertungsmodell, im Sinne der Minimierung der Fehlbewertung, zu kalibrieren. Es wird damit ein standardisiertes Vorgehen für die zweite Stichprobe abgeleitet.

3384 Vgl. Copeland (2009) S. 80.

3385 Vgl. Copeland (2009) S. 77.

3386 Vgl. Copeland (2009) S. 71.

3387 Im Falle der Detailplanungsphase wird auf ein, um Abschreibungen und Investitionen sowie Veränderungen des notwendigen Betriebsvermögens, adjustiertes EBIT, abzüglich der Steuerbelastung bei reiner Eigenfinanzierung, abgestellt. Im Fall der ewigen Rente bildet das EBIT abzüglich einer fiktiven Steuerbelastung den Ausgangspunkt der Bewertung. Vgl. Copeland (2009) S. 72; 86.

3388 Wie in vorangehenden Arbeiten liegen Analystenschätzungen nur für bestimmte Zeitfenster vor, das genaue Vorgehen zur Schätzung fehlender Datenpunkte beschreibt Copeland dagegen nicht. Vgl. Copeland (2009) S. 72.

Risikoprämie wird durch einen laufzeitkonstanten Aufschlag in Höhe von 5,5 % abgebildet, der risikolose Zinssatz wird anhand der Verzinsung einer 10-jährigen US-amerikanischen Staatsanleihe approximiert.[3389] Die im Rahmen des zweiphasigen DCF-Ansatzes betrachtete Detailplanungsphase umfasst in der Regel einen Zeitraum von 10 Jahren. In Abhängigkeit zur Entwicklung der Rendite auf das eingesetzte Kapital und des durchschnittlichen gewichteten Kapitalkostensatzes schließen drei alternative Operationalisierungen des Wertbeitrages der Rentenphase an die Detailplanungsphase an. Neben Nullwachstum wird sowohl ein dauerhaftes Unternehmenswachstum in der Rentenphase sowie als Zwischenform eine Konvergenzphase mit abnehmendem Unternehmenswachstum betrachtet.[3390] In einem ersten Schritt zeigt die Arbeit von Copeland (2009), dass sich auf Basis der Treffgenauigkeit und Erklärungskraft ggü. dem Marktpreises eine leichte Tendenz zugunsten der DCF-Verfahren erkennen lässt.[3391] Ein vereinfachtes Abstellen auf den Fall der ewigen Rente unter der Annahme von Nullwachstum, scheint – im Kontrast zu dem Ergebnis der Arbeit von Courteau et al. (2001) – dabei den Marktwert am besten erklären zu können.[3392] In einem zweiten Schritt der Untersuchung überprüft Copeland (2009), ob der geschätzte „innere" Wert der Unternehmen wertrelevante Informationen, im Sinne einer beobachtbaren Konvergenz des Marktwertes hin zum geschätzten fundamentalen Wert des Unternehmens, enthält.[3393]

Die Arbeit von Copeland (2009) zeigt, dass für alle Bewertungsmodelle eine Anpassung des Marktpreises an die Schätzungen des fundamentalen Unternehmenswertes im Zeitverlauf zu beobachten ist, der fundamentale Unternehmenswert letztlich einen Informationswert besitzt.

5.8.2.9. Heinrichs/Hess/Homburg/Lorenz/Sievers (2013)

Die Arbeit von Heinrichs et al. (2013) ergänzt die bisher dargestellten Arbeiten zur Güte alternativer Bewertungsverfahren um den, bis dahin vorwiegend in theoretisch orientierten Arbeiten diskutierten, Aspekt der grundsätzlichen Äquivalenz alternativer Bewertungsverfahren. Neben der Betonung der Notwendigkeit eines konsistenten Vorgehens anhand eines Vergleichs der Treffgenauigkeit

3389 Die in die Schätzung der risikoäquivalenten Kapitalkosten einfließenden Beta-Faktoren basieren auf Schätzungen der Datenbanken Compustat und Value Line. Vgl. Copeland (2009) S. 72.

3390 Vgl. Copeland (2009) S. 87–89; 91.

3391 Vgl. Copeland (2009) S. 82–83.

3392 Copeland (2009) S. 89. Die empirische Evidenz zugunsten des DCF-Ansatzes ist demgegenüber etwas schlechter.

3393 Hier kann wie bei bereits bei Frankel/Lee (1998) kritisiert werden, dass Schritt I und II der Untersuchung von unterschiedlichen Annahmegerüsten ausgehen. In Schritt I wird so von einem effizienten Kapitalmarkt ausgegangen, im Schritt II hingegen von einem zumindest zeitweise ineffizienten Kapitalmarkt.

alternativer Verfahren wird eine Adjustierung der diskutierten Bewertungsansätze abgeleitet, die einen Gleichklang zwischen den alternativen Bewertungsansätzen ermöglichen soll. Die Untersuchung von Heinrichs et al. (2013) greift als Grundlage der Untersuchung auf die Ergebnisse vorangehender Arbeiten zurück, die die Voraussetzungen einer Äquivalenz bzw. die notwendigen Adjustierungsschritte im Falle eines, in der Realität nicht unwahrscheinlichen, Abweichens der Rahmenbedingungen vom Idealzustand betrachten haben.[3394] Unter „idealen“ Bedingungen bzw. dem Idealzustand ist hierbei der Zustand zu verstehen, in dem die alternative Bewertungsansätze zu einem übereinstimmenden Bewertungsergebnis führen. In der Literatur wird hierbei insbesondere von der Einhaltung des Kongruenzprinzips bzw. der „clean surplus relation“ ausgegangen.[3395] Heinrichs et al. (2013) implementieren zur Überprüfung der Güte der durch die Literatur vorgeschlagenen Adjustierungen neben den in den vorangehenden Arbeiten betrachteten nicht adjustierten RIM-, DCF- und DDM-Ansätzen[3396] auch jeweils adjustierte Bewertungsansätze, die eine Verletzung der Idealbedingung in der Praxis implizit unterstellen.[3397] Zur Überprüfung der Güte der erweiterten Ansätze sowie der Hervorhebung der Notwendigkeit einer Anpassung wird auf den in Abschnitt 5.9. noch näher zu beleuchtenden Methodenbaukasten zu Untersuchungen der Güte alternativer Bewertungsverfahren zurückgegriffen.[3398]

Die Arbeit von Heinrichs et al. (2013) stellt auf eine Stichprobe nordamerikanischer Unternehmen der Jahre 1988–2006 ab.[3399] Die Schätzung der bewertungsrelevanten Parameter beruht auf zwei alternativen Vorgehensweisen. Einerseits wird zur Schätzung der bewertungsrelevanten Parameter auf ein mechanisches Prognosemodell abgestellt. Mit diesem Ansatz setzt sich die Arbeit von Heinrichs et al. (2013) von dem Großteil der in den vorangehenden Unterabschnitten diskutierten

3394 Diese Arbeiten zeigen, dass vordergründig gleiche Annahmen bei regelmäßiger Verletzung des Idealzustandes, insbesondere für den Wertbeitrag der ewigen Rente, eine verzerrende Wirkung aufweisen können. Im Fokus stehen dabei u. a. die Ergebnisse der Arbeit von Lundholm/O'Keefe (2001), Plenborg (2002), Levin/Olsson (2000). Vgl. Heinrichs et al. (2013) S. 44; 45; Plenborg (2002) S. 307–308.

3395 Vgl. Heinrichs et al. (2013) S. 46.

3396 Man kann die Anwendung der nicht adjustierten Ansätze auch so interpretiert, dass implizit von idealen Bedingungen ausgegangen wird. Die Abweichung zwischen den Standard- und adjustierten Ansätzen ist damit auch ein Maß für den Grad der in der Realität bestehenden Abweichungen vom Idealzustand. Vgl. Heinrichs et al. (2013) S. 51.

3397 Vgl. Heinrichs et al. (2013) S. 45–46. Die adjustierten Ansätze werden in der Folge vereinfachend auch als erweiterte Ansätze bezeichnet.

3398 Vgl. Heinrichs et al. (2013) S. 44. Verwendung finden u. a. der absolute und der durchschnittliche Bewertungsfehler als Kriterium der Güte der näher betrachteten Bewertungsansätze.

3399 Dies entspricht einer Stichprobe von ca. 15.700 Unternehmensbewertungen. Vgl. Heinrichs et al. (2013) S. 61.

Studien ab. Andererseits wird, analog zu den im Vorfeld beleuchteten Untersuchungen, auf Analystenprognosen zur Schätzung der in die Bewertungsansätze einfließenden Parameter zurückgegriffen.[3400] Mit dem mechanischen Prognosemodell werden auf Basis zweier alternativer Spezifikationen einer Querschnittsregression, rollierend auf Basis historischer Daten der vorangehenden zehn Jahre,[3401] die bewertungsrelevanten Parameter der Detailplanungsphase ermittelt.[3402] Analystenschätzungen liegen in Analogie zu den vorangehenden Studien nur für das Jahr 1 und 2 der Detailplanungsphase sowie das Zeitfenster der Jahre 3–5 vor. An das Vorgehen der Arbeit von Courteau et al. (2001) anknüpfend, werden fehlende Datenpunkte in Analystenschätzungen durch Interpolation ermittelt.[3403] Die Untersuchung stellt – orientiert am Vorgehen der Praxis – auf ein Zweiphasen-Modell mit einer Detailplanungsphase von fünf Jahren und einem Fortführungswert in Form einer ewigen Rente zur Bestimmung des Unternehmenswertes ab.[3404] Die Schätzung der laufzeitunabhängigen Diskontierungssatzes basiert auf dem „klassischen" CAPM mit einer konstanten Risikoprämie in Höhe von 5 % und der Verzinsung fünfjähriger Staatsanleihen als Approximation des risikolosen Zinssatzes.[3405]

Neben der höheren Treffgenauigkeit der erweiterten Bewertungsansätze zeigt die Arbeit von Heinrichs et al. (2013) im Rahmen der Untersuchung, dass die unter idealen Bedingungen bestehende Äquivalenz der Bewertungsansätze mit den vorgenommenen Anpassungen auch bei einer Durchbrechung des Idealzustandes erreicht werden kann. Die Schätzung des fundamentalen Unternehmenswertes unterschreitet sowohl im Falle eines Abstellens auf das mechanische Prognosemodell als auch für den Fall einer Verwendung von Analystenschätzungen jeweils den beobachtbaren Marktwert, der als Referenzpunkt dem fundamentalen Unternehmenswert gegenübergestellt wird.[3406]

3400 Vgl. Heinrichs et al. (2013) S. 52. Die Arbeit von Heinrichs et al. (2013) folgt damit dem verhaltenen Trend jüngerer Untersuchungen, zu mechanischen Prognosemodellen zurückzukehren.

3401 Vgl. Heinrichs et al. (2013) S. 55.

3402 Welche Variante der Regressionsgleichung Verwendung findet, ist abhängig von den zu bestimmenden Parametern. Vgl. Heinrichs et al. (2013) S. 52–54.

3403 Vgl. Heinrichs et al. (2013) S. 54.

3404 Vgl. Heinrichs et al. (2013) S. 46; 54.

3405 Vgl. Heinrichs et al. (2013) S. 61; 73. Die verwendete Cashflow-Definition entspricht einem „Flow to Equity"- Ansatz, der am Gewinn andockt und somit mit dem Residualgewinnkonzept verknüpft ist. Die Cashflow-Definition sei in der Folge nicht näher beleuchtet. Vgl. Heinrichs et al. (2013) S. 50.

3406 Die Unterschätzung fällt bei der Verwendung von Analystenschätzungen geringer aus. Heinrichs et al. (2013) führen dies u. a. auf den in der empirischen Literatur beobachteten Optimismus der Analystenschätzungen zurück. Vgl. Heinrichs et al. (2013) S. 61–64.

5.8.2.10. McLemore/Woodward/Zwirlein (2015)

Für die Arbeit von McLemore et al. (2015) liegt, in Kontrast zu den bisher betrachteten Arbeiten, der Schwerpunkt der Untersuchung auf der Betrachtung der Güte alternativer Operationalisierungen des Dividendendiskontierungsmodells. Legt man die Kriterien der „goodness of fit"-Literatur zugrunde, so scheint aufgrund der alleinigen Fokussierung auf die Operationalisierungen des Dividendendiskontierungsmodells diese Arbeit damit nicht der Literatur zur Überprüfung der Güte alternativer Bewertungsansätze zurechenbar. Da, wie zu Beginn des Abschnitts bereits angedeutet wurde, Studien zur Güte alternativer Bewertungsverfahren immer auch Untersuchungen der Güte alternativer Operationalisierungen darstellen,[3407] sind die anzulegenden Kriterien weiter zu fassen und die Arbeit von McLemore et al. (2015) grundsätzlich in die Betrachtung der Arbeiten der „goodness of fit"-Literatur miteinzubeziehen.

Die Untersuchung von McLemore et al. (2015) basiert auf einer Stichprobe von rund 400 börsennotierten Unternehmen über einen Zeitraum von 1998 bis 2008.[3408] Im Zentrum der Betrachtung steht neben dem Einfluss von periodenspezifischen bzw. -konstanten Diskontierungssätzen auf das Bewertungsergebnis erneut der Einfluss, den die Länge der Detailplanungsphase auf die Güte des Dividendendiskontierungsmodells ausübt.[3409] Zur Abbildung der bewertungsrelevanten Dividenden greift die Arbeit von McLemore et al. (2015) – vergleichbar zur Arbeit von Penman/Sougiannis (1998) – auf zukünftige Realisationen als Approximation der Markterwartung zum Bewertungszeitpunkt zurück.[3410] Die in das Dividendendiskontierungsmodell einfließenden Eigenkapitalkosten werden auf Basis des „klassischen" CAPMs geschätzt. Dem Untersuchungsgegenstand folgend, werden neben einem periodenkonstanten Diskontierungssatz zwei weitere, alternative Ausprägungen eines periodenspezifischen Kapitalkostensatzes ermittelt. In den ersten periodenspezifischen Kapitalkostensatz fließt neben realisierten, zeitvariablen Beta-Faktoren auch eine zeitvariable Marktrisikoprämie ein. Der risikolose Zinssatz wird durch die Verzinsung einjähriger Staatsanleihen approximiert. Der zweite laufzeitspezifische Diskontierungssatz ist gegenüber der ersten Ausprägung in zwei

3407 So überprüfen auch klassische Arbeiten der Horse-Race-Literatur letztlich nur die Güte verschiedener Operationalisierungen der Bewertungsmodelle. Die Zurechenbarkeit der Arbeit von McLemore et al. (2015) zeigt sich zudem auch an der Verwendung eines vergleichbaren Methodenbaukastens.

3408 Eine genauere Spezifizierung der im Rahmen der Untersuchung betrachteten Unternehmen über die Tatsache hinaus, dass es Unternehmen aus der Compustat-Datenbank sind, geben McLemore et al. (2015) nicht. Vgl. McLemore et al. (2015) S. 78–79.

3409 Vgl. McLemore et al. (2015) S. 75–76.

3410 McLemore et al. (2015) betonen in diesem Zusammenhang, dass dieses Vorgehen mit einer Reihe an Vorteilen, im Kontrast zur alternativen Approximation der Markterwartungen, verbunden ist. Vgl. McLemore et al. (2015) S. 77.

Punkten vereinfacht. Die Schätzung dieses Kapitalkostensatzes beruht sowohl auf einer zeitkonstanten risikolosen Rendite als auch zeitinvariablen Marktrisikoprämie. Lediglich zeitveränderliche Beta-Faktoren fließen in die Schätzung des vereinfachten laufzeitspezifischen Diskontierungssatzes ein.[3411] In Analogie zu den vorangehenden Untersuchungen wird das Dividendendiskontierungsmodell in Form eines Zweiphasenmodells operationalisiert. Die Untersuchung stellt dabei auf Detailplanungsphasen mit variablen Zeithorizonten von 0 bis 20 Jahren ab. Der Wert der sich an die Detailplanungsphase anschließenden Rentenphase wird durch den zu diesem Zeitpunkt realisierten Marktpreis des Eigenkapitals abgebildet.[3412]

Die Arbeit von McLemore et al. (2015) zeigt, dass alle Varianten des Dividendendiskontierungsmodells den beobachtbaren Marktpreis tendenziell unterschätzen.[3413] Des Weiteren wird mit der Arbeit deutlich, dass die Verwendung zeitvariabler Diskontierungssätze ggü. vereinfacht angenommenen zeitkonstanten Diskontierungssätzen in der Regel mit einer höheren Güte der Schätzungen des fundamentalen Unternehmenswertes verbunden sind.[3414] Demgegenüber führt die Erweiterung des Zeitraums der Detailplanungsphase nur bedingt zu einer höheren Treffgenauigkeit des fundamentalen Bewertungsansatzes. Erstaunlich erscheint, dass die Treffgenauigkeit mit der Ausdehnung der Detailplanungsphase über den in der Praxis üblichen Detailplanungszeitraum von fünf Jahren deutlich abnimmt.[3415]

5.8.2.11. *Zusammenfassende Anmerkungen zur Operationalisierung der Bewertungsmodelle in der „goodness of fit"-Literatur*

Blickt man zusammenfassend auf die vorangehenden Unterabschnitte, so lässt sich trotz der vergleichsweise geringen Anzahl empirischer Untersuchungen eine erstaunliche Bandbreite der Operationalisierung alternativer Bewertungsmodelle beobachten. Im Folgenden sei der Bandbreite durch eine kurze Zusammenfassung nochmals kurz Rechnung getragen, spielt die Operationalisierung – dies haben u. a. die Arbeiten von Courteau et al. (2001) und Heinrichs et al. (2013) gezeigt – für die Ergebnisse des Vergleichs alternativer Bewertungsmodelle doch eine bedeutsame Rolle.[3416] Der Blick sei vor diesem Hintergrund daher zunächst auf die in die Bewertungsmodelle einfließenden Parameter gerichtet. Die empirisch nachgewiesene Bedeutung des Wertbeitrages der Rentenphase ist letztlich wenig

3411 Vgl. McLemore et al. (2015) S. 75–76; 77–78.

3412 Vgl. McLemore et al. (2015) S. 75; 84.

3413 Vgl. McLemore et al. (2015) S. 84.

3414 Vgl. McLemore et al. (2015) S. 89.

3415 Aus den Ergebnissen von McLemore et al. (2015) lässt sich daher eine Empfehlung für eine Detailplanungsphase über Zeitspanne von 5 Jahren ableiten. Vgl. McLemore et al. (2015) S. 87–88; 92.

3416 So nimmt – dies haben die Vorüberlegungen gezeigt – etwa die Modellierung des Unternehmenswertes in der Rentenphase für die Güte der DCF-Ansätze eine zentrale Rolle ein.

überraschend, entfällt – in Abhängigkeit zur Länge der Detailplanungsphase – ein Großteil des Unternehmenswertes doch auf den Wertbeitrag der Rentenphase.[3417] In der empirischen Literatur reicht die Bandbreite der beobachtbaren Modellierung der Rentenphase von einer einfachen Fortschreibung unter der Annahme eines Nullwachstums über pauschalierte Wachstumsannahmen hin zu komplexeren Konvergenzmodellen. Die Arbeit von Copeland (2009) hat gezeigt, dass komplexere Konvergenzmodelle nicht zwingend zu einer treffgenaueren Bewertung ggü. der Annahme einer Rentenphase mit Nullwachstum führen müssen. Demgegenüber steht die Beobachtung von Penman/Sougiannis (1998), die auf Basis ihrer Untersuchung Wachstumsraten zwischen 5 bis 10 % als sachgerecht ansehen. Als praktikable Alternative – die Detailfragen zur Modellierung der Rentenphase geschickt umschiffend – hat sich in der Forschung ein Abstellen auf realisierte zukünftige Unternehmenswerte als Approximation des Wertbeitrages der Rentenphase etabliert. Inwieweit ein solches Vorgehen sachgerecht ist, dürfte neben dem Fokus der empirischen Untersuchung insbesondere auch von der Beantwortung der mit der Frage der Modellierung des Wertbeitrages der Rentenphase eng verbundenen Frage der „richtigen" Länge der Detailplanungsphase abhängen. Auch an dieser Stelle ist jedoch kein Konsens, den Blick auf die in den vorangehenden Abschnitten beleuchtete empirische Literatur gerichtet, zur Länge der Detailplanungsphase auszumachen. Die Arbeit von Penman/Sougiannis (1998) zeigt so etwa, dass die Länge der Detailplanungsphase maßgeblich für die Güte des Bewertungsansatzes verantwortlich ist, während in der Arbeit von Lee et al. (1999) die Länge der Detailplanungsphase letztlich eine eher unbedeutende Rolle einnimmt. Wie auch die Abbildung der Rentenphase, dürfte auch die Länge der Detailplanungsphase maßgeblich von der Güte und dem Horizont der zum Bewertungsstichtag verfügbaren Prognosen abhängen.[3418] Eine Ausdehnung der Detailplanungsphase bei gleichzeitig nur holzschnittartigen Erwartungen der zukünftigen Unternehmensentwicklung dürfte sich wie auch ein vorzeitiger Übergang in die Rentenphase als wenig sachgerecht erweisen und zu Verzerrungen zwischen tatsächlichem und geschätztem Unternehmenswert führen.

Bereits an dieser Stelle wird deutlich, dass ein von den Rahmenbedingungen des konkreten Bewertungsfalls losgelöstes Vorgehen zur Operationalisierung der alternativen Bewertungsmodelle mit einigen Fallstricken und Fehlerquellen verbunden sein dürfte. Dies zeigt sich auch, wechselt man von der Frage der grundsätzlichen Gestalt des Bewertungsmodells zur Frage, wie die konkreten Bewertungsparameter bestimmt werden können. Blickt man hierbei in einem ersten Schritt auf die Ermittlung des bewertungsrelevanten Unternehmenscashflows, so zeigt sich auch an dieser für den Unternehmenswert zentralen Stellschraube ein uneinheitliches Bild in der Literatur. Während in der Arbeit von Penman/Souginannis

3417 Vgl. dazu u. a. Drukarczyk/Schüler (2016) S. 127–128.

3418 Die Frage, welche Basis den Prognosen zugrunde gelegt werden kann, sei zum Ende dieses Unterabschnitts betrachtet.

(1998) durchaus ein relevanter Einfluss der Definition des Cashflows festgehalten wird, erscheint der Einfluss der Definition des Cashflows für die weiteren Arbeiten weniger prononciert. Die Frage, ob der Unternehmenscashflow indirekt oder aber indirekt ermittelt werden soll, kann auf Basis der theoretischen Literatur als grundsätzlich beantwortet angesehen werden, führen beide Ansätze – bei konsistenter Anwendung – doch zum gleichen Ziel. Bedeutsamer erscheint daher für die empirische Forschung und die Unternehmensbewertungspraxis, inwieweit vereinfachende Ableitungen des Unternehmenscashflows zu vergleichbarer Bewertungsgüte führen. Die Beantwortung dieser Frage dürfte – dies gilt letztlich auch für die weiteren Parameter der Bewertungsmodelle – davon abhängen, welches Ziel man mit der Bewertung letztlich verfolgt und mit welchen Unsicherheiten man an anderer Stelle zu kämpfen hat.[3419] Stellt man auf eine kurze Detailplanungsphase ab, so dürfte der Einfluss des Abstellens auf eine verkürzte Cashflow-Definition in der Detailplanungsphase eher von nachrangiger Natur ggü. einer sachgerechten Schätzung des Wertes der Rentenphase sein.[3420] Mit Blick auf die Ermittlung des Diskontierungssatzes lässt sich ein gewisser Konsens der Literatur zugunsten der Annahme eines laufzeitspezifischen Diskontierungssatzes erkennen. Ob „klassisches" CAPM oder aber Mehrfaktorenmodelle bei der Ermittlung des Diskontierungssatzes Verwendung finden sollten und welche Vereinfachungen bei der Ermittlung noch zu sachgerechten Bewertungsergebnissen führen, dürfte jedoch auch an dieser Stelle bewertungsfallabhängig mit Blick auf Datengrundlage und Bewertungsziel zu entscheiden sein.

Grundsätzlich dürfte – dies hat die Arbeit von McLemore et al. (2015) gezeigt – für die Untersuchung der Treffgenauigkeit alternativer Finanzierungspolitiken eine feinere Ermittlung der bewertungsrelevanten Parameter notwendig sein als im Fall eines reinen Vergleichs alternativer Bewertungsansätze. Bedeutsam erscheint zum Ende des Abschnitts die Frage zu sein, auf welche Quellen sich die empirische Forschung bei der Ermittlung der bewertungsrelevanten Parameter stützen kann. Der vorangehende Literaturüberblick hat gezeigt, dass grundsätzlich drei Wege beschreitbar erscheinen: die Fortschreibung historischer Kapitalmarktentwicklungen, das Abstellen auf Analystenprognosen, das Abstellen auf tatsächliche Realisationen der Unternehmen. Mit Blick auf die Literatur kann eine vereinfachende Fortschreibung historischer Kapitalmarktentwicklungen als eine, den alternativen Ansätzen, unterlegene Approximation der zukünftigen Unternehmensentwicklung wohl regelmäßig ausgeblendet werden. Damit verbleibt die Möglichkeit, auf Analystenprognosen bzw. Realisationen als Approximation der Markterwartungen abzustellen. Die auf den ersten Blick geeigneteren Analystenprognosen

3419 Da sich in der Praxis bestehende Unschärfen durchaus überlagern dürften, besteht die Gefahr – bei unterschiedlichen Genauigkeitsgraden in der Ermittlung der Parameter –, sich dem Vorwurf der Scheingenauigkeit auszusetzen.

3420 An dieser Stelle kann – durchaus zu Recht – eingewendet werden, dass beide Aspekte in praxi nur schwer voneinander trennbar erscheinen.

weisen das Problem systematischer Verzerrungen auf und büßen damit einen Großteil des ursprünglichen Charmes ein.[3421] Im Fall eines Abstellens auf Realisationen ist dagegen nicht immer klar, inwieweit die Erwartungen des Kapitalmarktes von den späteren tatsächlichen Realisationen abweichen, der bestehende Fehler – dies unterscheidet diesen Weg von dem zuvor beschriebenen – dürfte jedoch in aller Regel von nicht systematischer Natur sein. Der Forschung stehen damit zwei Alternativen gegenüber, die, für sich genommen, nicht frei von Problemen sind, sodass auch an dieser Stelle letztlich mit Blick auf den konkreten Untersuchungsgegenstand eine Entscheidung getroffen werden muss. Da für die Untersuchung alternativer Finanzierungspolitiken – dies wurde bereits hervorgehoben – in aller Regel ein fein ziseliertes Vorgehen notwendig ist, bietet sich m. E. nach ein Abstellen auf zukünftige Realisationen als Ausgangspunkt einer empirischen Untersuchung an.

5.9. Zur empirischen Güte alternativer Finanzierungspolitiken

Im nachfolgenden Abschnitt sei zum Abschluss dieser Arbeit ein empirischer Untersuchungsansatz zur Ergänzung bestehender Arbeiten zur Güte alternativer Bewertungsansätze sowie der vorangehenden konzeptionellen Überlegungen motiviert.[3422] Ein solcher Ansatz kann u. a. die stellenweise in der Literatur zu findenden „Rechenbeispiele" zur Bedeutung der alternativen Annahmen zur Finanzierungspolitik, wie etwa in der Arbeit von Taggart (1991), ergänzen.[3423] Methodisch kann sich ein solcher Ansatz weitgehend am Vorgehen der bestehenden Literatur zur Überprüfung alternativer Bewertungsansätze – auf die fließenden Übergänge zwischen Bewertungsannahmen und alternativen Bewertungsansätzen wurde bereits hingewiesen – orientieren. Ein solcher Ansatz steht damit in der Tradition der „goodness of fit"-Untersuchungen bzw. der Horse-Race-Literatur. Der Schwerpunkt dieser Untersuchungen liegt – erinnert man sich an die Ausführungen der vorangehenden Abschnitte zurück – auf der Güte alternativer Bewertungsansätze unter einem vorgegebenen festen Annahmegerüst und einem vereinfachenden Vorgehen zur Schätzung der bewertungsrelevanten Parameter.[3424]

Der Schwerpunkt des zu motivierenden Ansatzes liegt dagegen auf der „goodness of fit"-Untersuchung alternativer Finanzierungspolitiken. Aufgrund des leicht

3421 Ohne an dieser Stelle einen Exkurs zu einem umfassenden Literaturüberblick zu unternehmen, finden sich in der Literatur einige Hinweise für diese systematischen Verzerrungen.

3422 Ein solcher Ansatz ergänzt darüber hinaus die an Fallbeispielen ausgerichtete Literatur zum Einfluss alternativer Finanzierungspolitiken. Vgl. zu diesen Ansätzen u. a. Plenborg (2002) S. 312–315.

3423 Vgl. Taggart (1991) S. 16.

3424 Vgl. Plenborg (2002) S. 308.

geänderten Fokus zugunsten der Überprüfung von in der Unternehmensbewertung gängigen Operationalisierungen bzw. Annahmen in Bezug auf die eingeschlagenen Finanzierungspolitiken ergeben sich eine Reihe von Unterschieden zu den im Vorfeld betrachteten Arbeiten. Ein zentraler Unterschied zu vorangehenden Untersuchungen liegt sicherlich darin, dass der Vergleich alternativer Finanzierungspolitiken primär auf verschiedene Operationalisierungen der Finanzierungspolitik innerhalb eines Bewertungsansatzes vorgenommen wird – dem DCF-Ansatz – und nicht der Vergleich unterschiedlicher Bewertungsansätze an sich im Fokus der Betrachtung steht.[3425] Die Abbildung alternativer Finanzierungspolitiken bedeutet dabei zugleich, dass mit der F-Politik für die autonome Finanzierungspolitik und für die wertabhängige Finanzierungspolitik mit der L-Politik verschiedene Planungsdoktrinen verfolgt werden.[3426] Ein solches Vorgehen erscheint sachgerecht, muss das Ziel der Forschung zur Relevanz und zum Einfluss der Kapitalstruktur doch sein, stärker als die bisherige Forschung auf den Wertvorteil der Fremdfinanzierung als Nukleus der modernen Kapitalstrukturtheorie[3427] abzustellen und damit direkt an die Überlegungen zur Relevanz der Kapitalstruktur durch Modigliani/Miller (1958) anzuknüpfen.[3428]

3425 Aufgrund dieser abweichenden Schwerpunktsetzung wurden im vorangehenden Abschnitt auch theoretische Arbeiten, die den Fokus auf die Voraussetzungen eines Gleichklangs alternativer Bewertungsansätze legen, ausgeklammert.

3426 Dies ist ein kritisch zu hinterfragender Ansatz, da die Unterschiede der Finanzierungspolitiken aufgrund der unterschiedlichen Planungspolitiken erheblich vergrößert werden. Kruschwitz/Löffler (2001) lehnen daher einen Vergleich unterschiedlicher Finanzierungspolitiken, ohne eine gemeinsame Planungsbasis geschaffen zu haben, ab. Vgl. Kruschwitz/Löffler (2001) S. 114. Dem Grunde nach ist dieser Einschätzung zuzustimmen, es ist jedoch anzumerken, dass die alternativen Finanzierungspolitiken i. d. R. mit spezifischen Erwartungen mit Blick auf die zukünftigen Entwicklungen verbunden sind, d. h., dass sich die unter alternativen Finanzierungspolitiken geplanten Fremdkapitalbestände unter alternativen Finanzierungspolitiken wohl regelmäßig unterscheiden werden. Dies zeigt m. E. nach der Blick auf die autonome Finanzierungspolitik, die, wie ausgeführt wurde, aus sich selbst heraus keine Aussagen zu zukünftigen Fremdkapitalbeständen trifft. Denkbar wäre es in diesem Zusammenhang, die Fremdkapitalbestände einer wertabhängigen Finanzierungspolitik mit einer autonomen Finanzierungspolitik nachzuvollziehen, man würde dabei annehmen, dass eine wertabhängige Planungspolitik unter einem anderen Risikoverständnis dominiert. Dies erscheint jedoch ähnlich willkürlich wie die Annahme einer Planungspolitik, die als Kompromiss verschiedener Planungsansätze angesehen werden kann. Die Verknüpfung einer Planungs- und Finanzierungspolitik scheint daher als eine erste Näherung durchaus gerechtfertigt zu sein.

3427 Vgl. dazu Kapitel I.

3428 Die Argumentation ähnelt damit der von Bernard (1995) getroffenen Einschätzung mit Blick auf das Modell von Feltham/Ohlson (1995). Vgl. dazu Bernard (1995) S. 733–734

In dem folgenden Abschnitt wird vor dem Hintergrund der in Kapitel II diskutierten bzw. in der Bewertungspraxis geläufigen alternativen Finanzierungspolitiken ein Methodenbaukasten zur Untersuchung alternativer Finanzierungspolitiken motiviert. Die in Kapitel II diskutierten Fremdkapitalpolitiken unterscheiden sich dabei regelmäßig in Höhe und Risiko des zukünftigen Fremdkapitalbestandes.[3429] Sowohl die unterschiedliche Höhe als auch Risiko des Wertbeitrages der Fremdfinanzierung unter alternativen Finanzierungsannahmen schlagen sich auf den fundamentalen Wert der Unternehmen nieder. Dieser Unterschied kann – analog zur „klassischen" „goodness of fit"-Literatur – damit den Anknüpfungspunkt zur Untersuchung alternativer Finanzierungspolitiken bilden. In einem ersten Schritt auf dem Weg zu einem eigenständigen Untersuchungsansatz seien, in Ergänzung zum vorangehenden Abschnitt, zunächst die in den vorangehenden Studien herangezogenen Untersuchungsmethoden bzw. Gütekriterien näher beleuchtet, auf die bei einer Untersuchung der Relevanz alternativer Finanzierungspolitiken zurückgegriffen werden kann.

5.9.1. Zur Gestalt eines empirischen Untersuchungsansatzes zur Güte alternativer Finanzierungspolitiken

Den im vorangehenden Abschnitt beschriebenen Untersuchungen zur Güte alternativer Bewertungsverfahren liegen unterschiedliche Ansätze zur Beurteilung und Reihung der in den Untersuchungen betrachteten Bewertungsverfahren zugrunde. In dem Überblick des Abschnitts 5.8.2. wurde auf eine Darstellung der an die alternativen Bewertungsverfahren angelegten Kriterien verzichtet, um Redundanzen zu vermeiden. In diesem Abschnitt wird dieser, für eine Untersuchung alternativer Finanzierungspolitiken, zentrale Punkt nachgeholt. Das Vorgehen orientiert sich in Aufbau als auch in der Gruppierung der alternativen Untersuchungskriterien u. a. an der Darstellung in Carlsen (2008). Es wird in den folgenden Abschnitten daher eine Zweiteilung der in der Literatur Anwendung findenden Methoden vorgenommen. In Abschnitt 5.9.1.1. stehen zunächst eine Reihe alternativer Ansätze im Vordergrund, die bei der Reihung alternativer Bewertungsansätze die uneingeschränkte Gültigkeit der Annahme effizienter Märkte voraussetzen. Diese Ansätze seien in der Folge unter dem Oberbegriff „Methodenbaukasten I" zusammengefasst. In einem zweiten Schritt stehen Untersuchungsansätze im Vordergrund, die eine zeitlich begrenzte Kapitalmarktineffizienz zulassen. Mit diesen Ansätzen ist auch im Fall beschränkt effizienter Kapitalmärkte somit die Bildung einer belastbaren Rangfolge unterschiedlicher Bewertungsverfahren möglich. Diese Ansätze seien in der Folge unter dem Sammelbegriff „Methodenbaukasten II" zusammengefasst. Die in den folgenden Abschnitten beschriebenen Ansätze bilden einen ersten Überblick über alternative Gütekriterien für eine Untersuchung alternativer Finanzierungspolitiken, aus der sich die Forschung bedienen kann. Mit den

3429 Vgl. Appleyard/Dobbs (1997) S. 482.

Abschnitten 5.9.1.1. und 5.9.1.2. werden aber auch die Schwächen bzw. zentralen Fragestellungen bestehender Ansätze deutlich. Eine Hürde dürfte dabei insbesondere die sachgerechte Operationalisierung der Bewertungsmodelle/Finanzierungspolitiken darstellen. Den grundsätzlichen Fragen der Operationalisierung der in den folgenden Unterabschnitten vorgestellten Ansätze wurde sich bereits in Abschnitt 5.9.2. gewidmet. Diese Frage sei in der Folge daher nicht nochmals gesondert aufgegriffen.

5.9.1.1. Statische Untersuchungsmethoden (Methodenbaukasten I)

Der folgende Abschnitt gibt einen Überblick über die in der Literatur zur Beurteilung alternativer Bewertungsansätze zu findenden Methoden. Wie im einleitenden Abschnitt skizziert, wird in diesem Abschnitt zunächst auf Beurteilungskriterien abgestellt, die – wenigstens implizit – von der Gültigkeit der Prämisse der Kapitalmarkteffizienz ausgehen. Stellt doch der am Markt beobachtbare Wert des Eigenkapitals – dies hat bereits Abschnitt 5.8.1. beleuchtet – im Rahmen der „goodness of fit"-Modelle die erste Approximation des i. d. R. wohl nicht direkt beobachtbaren inneren Wertes des Unternehmens dar.[3430] In der empirischen Literatur haben sich auf Basis dieser, auf einem funktionierenden Kapitalmarkt, regelmäßig engen Verbindung von Wert und Preis verschiedene Kriterien zur Beurteilung der Güte alternativer Schätzungen des inneren Unternehmenswertes entwickelt. Insbesondere zwei Aspekte der Beziehung von Marktpreis zur Schätzung des Fundamentalwertes stehen als Maßstab der Güte alternativer Bewertungsmodelle im Fokus der folgenden Betrachtung.

In Anlehnung an Carlsen (2008) werden die an die Güte der alternativen Bewertungsverfahren respektive Bewertungsannahmen angelegten Kriterien in der Folge unter dem Begriff Erklärungskraft und Treffgenauigkeit zusammengefasst.[3431] Richtet man den Blick zunächst auf den Aspekt der Treffgenauigkeit, so muss sich der auf Grundlage alternativer Bewertungsmodelle bzw. im Fall der Untersuchung von alternativen Finanzierungspolitiken alternativer Bewertungsannahmen ermittelte Unternehmenswert an dem – unter der Annahme der Kapitalmarkteffizienz – idealen Schätzer des inneren Wertes eines Unternehmens, d. h. dem Marktwert, messen lassen. Für die Maßgröße Erklärungskraft wird demgegenüber ein entgegengesetzter Blickwinkel gewählt: Auf einem funktionierenden Kapitalmarkt muss ein marktkonformes[3432] fundamentales Bewertungsmodell den

---

3430 Die Kapitalmarkteffizienz sowie die Annahme, dass der Marktpreis ein geeigneter Schätzer des Unternehmenswertes ist, bilden eine verbreitete Annahme in der empirischen Literatur. Vgl. dazu den vorangehenden Abschnitt 5.8.1. sowie u. a. Isidro et al. (2006) S. 306.

3431 Vgl. Carlsen (2008) S. 142–143.

3432 In diesem Zusammenhang könnte man auch vereinfachend von einem auf dem Kapitalmarkt funktionierenden Bewertungsmodell sprechen.

beobachtbaren Preis bzw. dessen Veränderung nicht nur nachzeichnen, sondern auch über einen prognostischen bzw. erklärenden Charakter verfügen.[3433] Beide Aspekte der Beziehung von Marktwert und Schätzungen des fundamentalen Unternehmenswertes finden sich in den Untersuchungsmethoden zur Güte alternativer Bewertungsverfahren des Methodenbaukastens I wieder. Ein Abweichen der Schätzung des inneren Unternehmenswertes von den beobachtbaren Marktpreisen sowie eine unvollständig ausgeprägte Verknüpfung zwischen Markt- und Unternehmenswert deuten – unter der Prämisse eines funktionierenden Kapitalmarktes – auf eine Schwäche des Bewertungsmodells bzw. dessen Operationalisierung – etwa mit Blick auf die Modellierung der Finanzierungspolitik – hin.

Kriterium der Treffgenauigkeit

In einem ersten Schritt der Darstellung der statischen Untersuchungsmethoden sei sich dem Aspekt der Treffgenauigkeit näher gewidmet. Wie bereits einleitend deutlich wurde, wird unter dem Begriff Treffgenauigkeit in der „goodness of fit"-Literatur die Nähe der alternativen Schätzungen des fundamentalen Unternehmenswertes zur Approximation des „inneren" Wertes des Unternehmens verstanden.[3434] In der Literatur zur Überprüfung der Güte alternativer Bewertungsmethoden haben in der Vergangenheit dabei verschiedene Maßzahlen der Treffgenauigkeit – als ein erstes Gütekriterium fundamentaler Bewertungsansätze – Verwendung gefunden.[3435] Eine in der Literatur verbreitete Maßgröße[3436] der Treffgenauigkeit stellt die Größe des vorzeichenbehafteten – in der englischsprachigen Literatur auch als „signed prediction error" bezeichneten – Bewertungsfehlers dar. In der Folge wird der vorzeichenbehaftete Bewertungsfehler, in Vorwegnahme der i. d. R. vorgenommenen Aggregation des Bewertungsfehlers über die Untersuchung

3433 Vgl. Carlsen (2008) S. 137; Kothari (2001) S. 178.

3434 Vergleichbare Maße finden sich auch bei Untersuchungen der Güte von Analystenschätzungen Anwendung. Vgl. u. a. Lehmann (2014) S. 194; Sougiannis/Yaekura (2001) S. 351.

3435 In der Folge werden lediglich mit dem Marktpreis skalierte Bewertungsfehler betrachtet. Es wird damit der in der Literatur verbreiteten Ansicht gefolgt, dass unskalierte Bewertungsfehler weniger verlässliche Einblicke liefern. Vgl. dazu u. a. Courteau et al. (2006) S. 565 Fn. 14.

3436 Der absolute Bewertungsfehler findet sich, wie nachfolgend gezeigt wird, in leicht variierender Ausprägung in einer Reihe empirischer Arbeiten.

hinweg, auch als durchschnittlicher Bewertungsfehler bezeichnet.[3437] Dem Begriff des durchschnittlichen Bewertungsfehlers steht in der englischsprachigen Literatur der Begriff „Bias" gegenüber.[3438] Der Begriff „Bias" gibt sprachlich einen guten Hinweis darauf, dass der vorzeichenbehaftete Bewertungsfehler bei Aggregation zu einem durchschnittlichen Bewertungsfehler zu einem Maß der systematischen Über- bzw. Unterschätzung des fundamentalen Unternehmenswertes durch ein Bewertungsverfahren bzw. eine Bewertungsannahme wird.[3439] Zwei alternative, aber letztlich gleichwertige,[3440] Darstellungen des vorzeichenbehafteten Bewertungsfehlers (VBF) finden sich in der Literatur und seinen im Folgenden kurz näher betrachtet[3441]:[3442]

$$VBF = \frac{(V_{i,t}^{Fund} - P_{i,t})}{P_{i,t}} \text{ bzw. } VBF = \frac{(P_{i,t} - V_{i,t}^{Fund})}{P_{i,t}} \qquad (5.1)$$

Mit dem durchschnittlichen Bewertungsfehler wird m. a. W. also deutlich, ob ein Bewertungsverfahren – dies ist analog auch auf alternative Bewertungsannahmen zu übertragen – zu einem systematisch verzerrten Bewertungsergebnis führt.

3437 In Analogie zu Carlsen (2008) ergibt sich für den durchschnittlichen Bewertungsfehler (DBF) folgende Definition $DBF = \frac{1}{n_u}\sum_{i=1}^{n_u}\frac{(V_{i,t}^{Fund} - P_{i,t})}{P_{i,t}}$ bzw. $DBF = \frac{1}{n_u}\sum_{i=1}^{n_u}\frac{(P_{i,t} - V_{i,t}^{Fund})}{P_{i,t}}$. Vgl. Carlsen (2008) S. 145.

3438 Der Begriff „signed prediction error" als englischsprachiges Pendant des vorzeichenbehafteten Bewertungsfehlers findet u. a. Verwendung in Henschke (2009) und Heinrichs et al. (2013), die Bezeichnung durchschnittlicher Bewertungsfehler orientiert sich an der Darstellung in Carlsen (2008). Vgl. Henschke (2009) S. 30; Heinrichs et al. (2013) S. 61.

3439 Bei Aggregation des vorzeichenbehafteten Bewertungsfehlers gleichen sich bei unverzerrten Schätzungen Über- und Unterschätzung aus, der durchschnittliche Bewertungsfehler liegt im Idealfall bei null. Vgl. Carlsen (2008) S. 145; Dechow et al. (1999) S. 21.

3440 Sieht man von der Umkehrung des Vorzeichens für eine Überschätzung bzw. Unterschätzung ab.

3441 Die Darstellung des durchschnittlichen Bewertungsfehlers lehnt sich an folgende Arbeiten an: Francis et al. (2000) und Courteau et al. (2001), Heinrichs et al. (2013) sowie Isidro et al. (2006). Vgl. Francis et al. (2000) S. 55; Courteau et al. (2001) S. 640–641; Isidro et al. (2006) S. 306; Heinrichs et al. (2013) S. 61

3442 Diese Darstellung findet sich u. a. in Penman/Sougiannis (1998) und Carlsen (2008). Vgl. Carlsen (2008) S. 145; Penman/Sougiannis (1998) S. 357.

Ergänzend zum durchschnittlichen Bewertungsfehler[3443] wird in der Literatur zur Beurteilung alternativer Bewertungsansätze auch auf den absoluten Bewertungsfehler, definiert als der mit dem Marktwert skalierte Betrag der absoluten Abweichung zwischen Marktwert und Schätzung des Fundamentalwertes, als Maßgröße der Treffgenauigkeit des Unternehmensbewertungsmodells abgestellt. Aufgrund der Betragsfunktion ist der absolute Bewertungsfehler, auch im Fall der Aggregation, kein Maß für die Verzerrung der Schätzung des fundamentalen Unternehmenswertes, das Rückschlüsse – vergleichbar dem durchschnittlichen Bewertungsfehler – über eine systematische Über- bzw. Unterschätzung durch ein Bewertungsmodell bzw. eine Bewertungsannahme erlaubt. Der absolute Bewertungsfehler gibt, insbesondere, wenn über die Untersuchung aggregiert, lediglich an, wie nahe das fundamentale Wertmodell dem beobachtbaren Marktwert tatsächlich kommt.[3444] In der englischsprachigen Literatur wird der aggregierte absolute Bewertungsfehler[3445] daher auch unter dem Begriff „Accuracy" subsumiert. Konsistent mit den zwei Darstellungsformen des durchschnittlichen Bewertungsfehlers finden sich in der Literatur zwei, im Ergebnis vollkommen gleichwertige, Darstellungen des absoluten Bewertungsfehlers (ABF): [3446]

$$ABF = \frac{\left|V_{i,t}^{Fund} - P_{i,t}\right|}{P_{i,t}} \text{ bzw. } ABF = \frac{\left|P_{i,t} - V_{i,t}^{Fund}\right|}{P_{i,t}} \tag{5.2}$$

Der durchschnittliche und der absolute Bewertungsfehler stellen somit zwei sich ergänzende Aspekte zur Beurteilung der Treffgenauigkeit alternativer Bewertungsverfahren dar, die, jeweils für sich genommen, für die Beurteilung alternativer Bewertungsannahmen von Interesse sind. Sowohl absolutem als auch durchschnittlichem Bewertungsfehler unterliegen dabei folgende Annahmen: Über- bzw.

3443 Der bei Aggregation des durchschnittlichen Bewertungsfehlers mögliche Ausgleich von Über- und Unterschätzung ist, für sich genommen, noch kein endgültiges Zeichen der Eignung eines Bewertungsansatzes.

3444 Vgl. Carlsen (2008) S. 145; Dechow et al. (1999) S. 21.

3445 In Analogie zum durchschnittlichen Bewertungsfehler kann für eine Stichprobe auch ein aggregierter absoluter Bewertungsfehler (AABF) beschrieben werden: $AABF = \frac{1}{n_u}\sum_{i=1}^{n_u}\frac{\left|V_{i,t}^{Fund} - P_{i,t}\right|}{P_{i,t}}$ bzw. $AABF = \frac{1}{n_u}\sum_{i=1}^{n_u}\frac{\left|P_{i,t} - V_{i,t}^{Fund}\right|}{P_{i,t}}$

3446 Der absolute Bewertungsfehler findet Anwendung u. a. in Courteau et al. (2001); Francis et al. (2000); Isidro et al. (2006); Heinrichs et al. (2013). Vgl. Francis et al. (2000) S. 55, Courteau et al. (2001) S. 640–645; Heinrichs et al. (2013) S. 611; Isidro et al. (2006) S. 306. Henschke (2009) zieht in seiner Darstellung des absoluten Bewertungsfehlers die Skalierung durch den Marktpreis in die Betragsfunktion mit ein, da die Marktpreise annahmegemäß positiv sind, ändert dies letztlich nichts an der Definition in der Praxis. Vgl. dazu Henschke (2009) S. 30.

Unterbewertung werden durch den Markt bzw. die Nutzer des Bewertungsansatzes als grundsätzlich gleich nachteilig angesehen.[3447] Implizit bedeutet dies, dass die mit einer Fehlbewertung verbundenen Kosten mit zunehmendem Abstand zum tatsächlichen Unternehmenswert linear ansteigen.[3448] Diese mit beiden Fehlermaßen implizit vertretene Einschätzung findet, wohl auch aus Ermangelung einer eindeutigen, d. h. auch empirisch klar belegten, alternativen Annahme,[3449] in der Literatur weite Verbreitung. Auch mit Blick auf die alternativen Annahmen zur Finanzierungspolitik kann man zunächst von einem linearen Anstieg der Kosten bzw. der „Unerwünschtheit" eines Bewertungsfehlers ausgehen. Trotz der weitgehenden Dominanz des durchschnittlichen und absoluten Bewertungsfehlers und der damit implizit verbundenen Annahmen, finden sich in der Literatur auch Arbeiten, die zur Beurteilung der Bewertungsverfahren auf alternative Maßgrößen der Treffgenauigkeit abstellen. Im Rahmen dieser Arbeiten wird damit – wenigstens implizit – eine andere Einschätzung hinsichtlich der Gewichtung der auftretenden Bewertungsfehler vertreten. Bedeutsam hierbei ist insbesondere der logarithmierte Bewertungsfehler (LBF), der sich als natürlicher Logarithmus des Quotienten aus geschätztem Unternehmenswert zu theoretischem Unternehmenswert berechnet.[3450]

$$LBF = \ln \frac{V_{i,t}^{Fund}}{P_{i,t}} \tag{5.3}$$

Im Kontrast zum durchschnittlichen und absoluten Bewertungsfehler führen betragsmäßig übereinstimmende Über- bzw. Unterbewertungen im Fall des logarithmierten Bewertungsfehlers nicht zu einem letztlich vergleichbaren Fehler. Der logarithmierte Bewertungsfehler stellt vielmehr auf den Faktor der Abweichung zur Quantifizierung des Bewertungsfehlers ab.[3451] Wie Dittman/Maug (2008)

3447 Diese Annahme scheint plausibel, geht man davon aus, dass Verkäufer eine systematische Unterschätzung und Käufer eine systematische Überschätzung des Unternehmenswertes ablehnen. Eine in der Folge kurz zu beleuchtende Schwierigkeit ergibt sich dabei durch die i. d. R. bestehende Begrenzung des Fehlers der Unterbewertung. Auf dieses Problem wird in Anschluss an die Darstellung alternativer Maße der Treffgenauigkeit kurz eingegangen.

3448 Vgl. u. a. Henschke (2009) S. 31; Carlsen (2008) S. 146; Kaplan/Ruback (1995) S. 1076–1077; Alford (1992) S. 100.

3449 Eine Einordnung der alternativen Annahmen setzt letztlich die Kenntnis der Risikopräferenz des Investors als auch die Kenntnis des Bewertungsanlasses voraus. Vgl. Dittmann/Maug (2008) S. 23.

3450 So stellt etwa ein Drittel der von Dittmann/Maug (2008) betrachteten Untersuchung zur Güte alternativer Bewertungsverfahren auf den logarithmierten Bewertungsfehler ab, u. a. Kaplan/Ruback (1995). Vgl. Dittmann/Maug (2008) S. 1; Kaplan/Ruback (1995) S. 1070.

3451 Vgl. Dittmann/Maug (2008) S. 6–7. Daraus folgert Henschke (2009), dass starke Überbewertungen eine geringe Gewichtung erfahren, und widerspricht damit

festhalten, dürfte der Einsatz von logarithmierten Bewertungsfehlern insbesondere für Bewertungsmethoden – etwa bei der Bewertung auf Basis von Multiplikatoren –, die sich durch eine deutliche Ergebnisbandbreite auszeichnen, sinnvoll sein.[3452] Für die Untersuchung alternativer Finanzierungsannahmen, die ggü. einer naiven Bewertung auf Basis von Multiplikatoren wohl eine deutlich geringere Spreizung der Ergebnisse aufweisen dürften, erscheint ein Abstellen auf den logarithmierten Bewertungsfehler daher zunächst nicht zwingend geboten.[3453] Alternativ zum vorzeichenbehafteten, absoluten und logarithmierten Bewertungsfehler findet in Teilen der Literatur auch der quadrierte Bewertungsfehler (QBF) als Maßgröße der Treffgenauigkeit alternativer Bewertungsverfahren Verwendung.[3454] Die Abweichung zwischen geschätztem und tatsächlichem Unternehmenswert fließt, im Kontrast zu den zuvor beschriebenen Bewertungsfehlern, nunmehr quadriert in die Berechnung des Fehlermaßes ein.

$$QBF = \frac{(P_{i,t} - V_{i,t}^{Fund})^2}{P_{i,t}} \text{ bzw. } QBF = \frac{(V_{i,t}^{Fund} - P_{i,t})^2}{P_{i,t}} \tag{5.4}$$

Durch das Quadrieren der auftretenden Differenz zwischen Schätz- und Marktwert erfolgt auch im Fall des quadrierten Bewertungsfehlers eine Abkehr von der Annahme, dass die Bedeutung einer Fehlbewertung bzw. der damit einhergehende Schaden linear mit zunehmendem Abstand zum tatsächlichen Unternehmenswert ansteigt. Es werden vielmehr die auftretenden Fehlergrößen unterschiedlich stark in Abhängigkeit zum Abstand von tatsächlichem und geschätztem Unternehmenswert gewichtet: Extreme Fehlbewertungen, sowohl in Form von Über- als auch Unterbewertungen, fließen ggü. geringen Abweichungen besonders stark in den quadrierten Bewertungsfehler ein. Das Auftreten starker Fehlbewertungen bei Verwendung des quadrierten Bewertungsfehlers wird somit als besonders schädlich bewertet.[3455] Wie der Fehler in der Praxis zu bewerten ist, dürfte regelmäßig vom konkreten Bewertungsanlass abhängen, ein Konsens der empirischen Forschung

---

letztlich der Einschätzung von Kaplan/Ruback (1995). Folgt man den Überlegungen von Dittmann/Maug (2008), kann man die sich zunächst widersprechenden Aussagen vereinen. Im Rahmen des logarithmierten Bewertungsfehlers finden starke Unterbewertungen stärkere Beachtung und gleichen damit die für prozentuale Fehlermaße bestehenden Verzerrungen aus. Vgl. Henschke (2009) S. 31.

3452 Vgl. Dittmann/Maug (2008) S. 6.

3453 Die Frage, ob auch im Fall einer Betrachtung alternativer Finanzierungspolitiken auf den logarithmierten Bewertungsfehler abgestellt werden kann bzw. muss, wird nochmals in den folgenden Ausführungen aufgegriffen werden.

3454 Untersuchungen, die den quadrierten Fehler als Vergleichsmaßstab enthalten, sind u. a. Kaplan/Ruback (1995). Vgl. Kaplan/Ruback (1995) S. 1071; Dechow et al. (1999) S. 21.

3455 Vgl. Henschke (2009) S. 31; Carlsen (2008) S. 146, Kaplan/Ruback (1995) S. 1077.

bzw. eine empirische Fundierung – dies wurde bereits hervorgehoben – besteht an dieser Stelle nicht.

Zusammenfassende Überlegungen zur Treffgenauigkeit

Im Folgenden sei für eine Untersuchung der Relevanz alternativer Finanzierungspolitiken, auf Basis der Vorüberlegungen, ein Vorschlag der zu betrachtenden Maße der Treffgenauigkeit entwickelt. Eine Hilfestellung gibt hierbei die Arbeit von Dittmann/Maug (2008), die den Einfluss der in der empirischen Forschung verwendeten Maßzahlen der Treffgenauigkeit auf die Untersuchungsergebnisse untersucht haben. Die Arbeit von Dittmann/Maug (2008) zeigt, dass die Reihung der zu vergleichenden Bewertungsverfahren in empirischen Untersuchungen maßgeblich von den verwendeten Fehlermaßen abhängig ist, und liefert damit ein Argument, sich näher mit den Fehlermaßen zu beschäftigen. Für die Auswahl der für eine empirische Untersuchung damit durchaus zentralen Entscheidungsgröße[3456] sollen in der Folge daher einige der Überlegungen von Dittman/Maug (2008) aufgegriffen werden.

Wie bereits im Rahmen des Überblicks über die unterschiedlichen Fehlermaße kurz angedeutet, besteht der zentrale Unterschied zwischen den logarithmierten und prozentualen Maßen der Treffgenauigkeit in der Gewichtung der auftretenden Abweichung zwischen Schätz- und Vergleichswert.[3457] Von Bedeutung ist der Unterschied zwischen logarithmiertem und prozentualem Bewertungsfehler insbesondere für die regelmäßig von empirischen Untersuchungen näher beleuchteten Kapitalgesellschaften, die i. d. R. eine Begrenzung der Haftung in Höhe der Einlagen aufweisen. Mit der Begrenzung der Haftung in Höhe der Kapitaleinlage ist eine Deckelung der in praxi auftretenden Unterschätzung in Höhe des Eigenkapitalwertes verbunden.[3458] Dem steht i. d. R. keine natürliche Begrenzung aufseiten einer Überbewertung des Unternehmenswertes gegenüber. Dittman/Maug (2008) weisen aufgrund dieses Ungleichgewichts zwischen Über- und Unterschätzungen des Marktwertes darauf hin, dass eine Reihung alternativer Bewertungsverfahren auf Basis des absoluten bzw. durchschnittlichen Bewertungsfehlers regelmäßig zu einer Verschiebung der Präferenzen zugunsten von Bewertungsverfahren, die mit einer systematischen Unterschätzung des beobachtbaren Marktpreises verknüpft sind, führt.

3456 Vgl. Dittmann/Maug (2008) S. 3; 19.

3457 Prozentuale Fehlermaße bewerten eine Über- bzw. Unterschätzung gleich, sofern der Betrag der Abweichungen gleich ist, wohingegen bei logarithmierten Fehlermaßen eine Übereinstimmung des Faktors der Abweichung vorliegen muss. Vgl. Dittmann/Maug (2008) S. 6–7.

3458 Die in der Realität faktisch gegebene Begrenzung der Unterschätzungen schlägt sich letztlich auch in der empirischen Untersuchung nieder, Schätzungen, die zu einem negativen fundamentalen Unternehmenswert führen, wird regelmäßig ein Wert von null beigeordnet bzw. werden von der Untersuchung ausgeschlossen.

Die Verschiebung der Rangfolge alternativer Bewertungsverfahren zugunsten von Ansätzen, die eine deutliche Unterschätzung des Marktwerts zur Folge haben, kann – folgt man Dittmann/Maug (2008) – durch die Verwendung einer logarithmierten Fehlergröße geheilt werden.[3459] Diese Eigenschaft logarithmierter Bewertungsfehler veranlasst Dittmann/Maug (2008) daher, eine vorsichtige Empfehlung zugunsten der logarithmierten Fehlergröße als Maßstab der Treffgenauigkeit und als Ausgangspunkt der Reihung alternativer Bewertungsmethoden auszusprechen.[3460] Einschränkend räumen Dittmann/Maug (2008) gleichwohl ein, dass diese Empfehlung letztlich eine vorläufige Einschätzung darstellen kann, die der Beantwortung der Frage harrt, welche mit dem Maß der Treffgenauigkeit implizit unterstellte Verlustfunktion der Praxis am nächsten kommt. Dieser Einschätzung kann man sich – vor dem Hintergrund der i. d. R. limitierten Haftung der Eigenkapitalgeber – zunächst grundsätzlich anschließen. Ein Fehlen einer allgemeingültigen, empirisch fundierten Antwort auf die Frage, welches Fehlermaß in einer empirischen Untersuchung zur Güte alternativer Bewertungsverfahren zu verwenden ist,[3461] kann jedoch auch dazu führen, die Auswahl der Maßgrößen an alternativen Kriterien auszurichten. Ein relevantes Kriterium stellt hierbei sicher auch die Vergleichbarkeit mit vorangehenden empirischen Untersuchungen dar. In Übereinstimmung mit dem Großteil der vorangehenden Untersuchungen sollten somit, über den logarithmierten Bewertungsfehler hinaus, auch absolute und durchschnittliche Bewertungsfehler betrachtet werden. Dies dürfte neben der Vergleichbarkeit zu vorangehenden empirischen Arbeiten auch sicherstellen, dass die verschiedenen Aspekte der Maßgröße der Treffgenauigkeit erfasst werden, ohne dabei zu einem nicht tragbaren Mehraufwand zu führen. Die in den bisherigen Überlegungen eher stiefmütterlich beleuchtete Frage, wie auftretende Bewertungsfehler über den Stichprobenumfang zu einem mittleren Bewertungsfehler zu aggregieren sind, scheint demgegenüber wenig strittig. Dittmann/Maug (2008) schlagen vor, zur Aggregation des auftretenden Bewertungsfehlers auf den Median als Maßgröße des mittleren Bewertungsfehlers abzustellen.[3462] Daneben findet sich in der Literatur – wie die vorangehenden Überlegungen gezeigt haben – auch die Zusammenfassung der Bewertungsfehler unter Verwendung des Mittelwertes. Der Empfehlung von Dittmann/Maug (2008) sollte sich grundsätzlich im Rahmen einer empirischen Untersuchung alternativer Finanzierungspolitiken angeschlossen werden.

Zur Zerlegung des auftretenden Bewertungsfehlers

Ergänzend zur Betrachtung des mit der Finanzierungspolitik verbundenen aggregierten Bewertungsfehlers, erscheint eine eingehendere Betrachtung des

3459 Vgl. Dittmann/Maug (2008) S. 1; 3, 19–20.
3460 Vgl. Dittmann/Maug (2008) S. 21–22.
3461 Vgl. Dittmann/Maug (2008) S. 4; 23.
3462 Vgl. Dittmann/Maug (2008) S. 21. Unter diesem Betrachtungsansatz ist zudem das gewählte Fehlermaß weniger von Bedeutung. Vgl. ebda.

Bewertungsfehlers – etwa in Analogie zu Heinrichs et al. (2013) – geeignet, den Treibern hinter der Treffgenauigkeit alternativer Bewertungsverfahren bzw. alternativer Finanzierungspolitiken nachzugehen. Mit der eingehenderen Betrachtung des auftretenden Bewertungsfehlers kann etwa der Frage nachgegangen werden, welchen Beitrag einzelne Komponenten des Wertbeitrages der Finanzierungspolitik für die Treffgenauigkeit eines Bewertungsmodells haben.[3463] In einer schrittweisen Betrachtung kann so gegenübergestellt werden – Heinrichs et al. (2013) sprechen von Zerlegen des Bewertungsfehlers –, wie sich der Bewertungsfehler mit den alternativen Bewertungsannahmen verändert. Bedeutsam für die Zerlegung des Bewertungsfehlers ist dabei erneut die Wahl eines geeigneten Ausgangspunkts für den Vergleich alternativer Abbildungen der Finanzierungspolitik.[3464] Als Ausgangspunkt für den Vergleich des Fehlerbeitrags des Wertbeitrages alternativer Finanzierungspolitiken kann etwa auf den Wert eines fiktiv unverschuldeten Unternehmens abgestellt werden.[3465] Auf einem Kapitalmarkt, auf dem die Marktteilnehmer die Finanzierungspolitik eines Unternehmens antizipieren, ist davon auszugehen, dass eine Annäherung an die „korrekte" Finanzierungspolitik gegenüber der vereinfachenden Annahme reiner Eigenfinanzierung in aller Regel zu einer höheren Treffgenauigkeit führt als ein „naiver" Bewertungsansatz. Anders ausgedrückt, liegt auf einem vollkommenen Kapitalmarkt die Vermutung nahe, dass die – im Idealfall korrekte –[3466] Abbildung der Finanzierungspolitik den auftretenden Bewertungsfehler verschwinden lässt bzw. minimiert.[3467] Ergänzend zu einem reinen Vergleich des aggregierten Bewertungsfehlers, ist damit auch ein etwas feinerer Vergleich des Beitrags alternativer Modellierungen der Finanzierungspolitik auf die Fehlergröße – ggf. unter Berücksichtigung weiterer Stellschrauben – denkbar. Ein solcher Ansatz besitzt zudem den Reiz, dass das Verhältnis des Bewertungsfehlers bei reiner Eigenfinanzierung zum Bewertungsfehler bei gegebener Finanzierungspolitik Ausgangspunkt weiterer Untersuchungen mit den in der Folge zu beleuchtenden Instrumenten des Methodenbaukastens I sein kann.

3463 Denkbar ist hierbei u. a. die nähere Beleuchtung des Wertbeitrages der Finanzierungspolitik in der Rentenphase, die in der bisherigen Betrachtung weitgehend vernachlässigt wurde. Die hinter der Zerlegung des Bewertungsfehlers stehende Fragestellung erscheint insbesondere auch für die Bewertungspraxis von Interesse.

3464 Vgl. Heinrichs et al. (2013) S. 66–70.

3465 In der Praxis dürfte die Ermittlung dieses Wertes allerdings mit einigen Unschärfen verbunden sein.

3466 Korrekt bedeutet an dieser Stelle, die Erwartungen des Kapitalmarktes mit Blick auf die Entwicklungen der Unternehmen abzubilden.

3467 Wie später nochmals beleuchtet, ist davon auszugehen, dass die Annahme eines rein eigenfinanzierten Unternehmens neben einem Bewertungsfehler aufgrund fehlerhafter Parameter insbesondere mit einem Bewertungsfehler aufgrund der Vernachlässigung der Finanzierungspolitik verbunden ist.

Kriterium der Erklärungskraft

Neben dem Vergleich der mit den alternativen Finanzierungspolitiken bzw. Bewertungsansätzen einhergehenden Fehlermaße findet sich im Methodenbaukasten I ein weiteres bedeutsames Instrument zur Beurteilung der Güte betrachteter Bewertungsansätze bzw. getroffener Bewertungsannahmen. Wie bereits zu Beginn des Abschnitts kurz skizziert wurde, beleuchtet das zweite Instrument die Güte eines Bewertungsansatzes auf Basis eines leicht veränderten Betrachtungspunktes. Ähnlich zum Kriterium der Treffgenauigkeit wird für das Kriterium Erklärungskraft erneut der Zusammenhang zwischen der Schätzung des fundamentalen Wertmodells und dem am Markt tatsächlich beobachtbaren Preis des Eigenkapitals als Approximation des tatsächlichen Wertes herangezogen. Dahinter steht die Überlegung, dass im Falle eines funktionierenden fundamentalen Bewertungsmodells eine enge Verbindung zwischen der Schätzung des „inneren" Unternehmenswertes und dem beobachtbaren Marktpreis im Zeitverlauf besteht.[3468] Um die zwischen der Schätzung des Unternehmenswertes und beobachtbarem Marktwert bestehende Verbindung näher zu beleuchten, greift die empirische Forschung in einem ersten Schritt zumeist auf eine einfache lineare Regressionsgleichung zurück. In der zunächst regelmäßig bivariaten Regressionsgleichung wird der Markpreis als abhängige Variable und die Schätzung des Unternehmenswertes als unabhängige bzw. erklärende Variable betrachtet.[3469] Die Regressionsgleichung nimmt i. d. R. zunächst folgende Grundform an: [3470]

$$P_{i,t} = a_t + b_t \cdot V_{i,t}^{Fund} + \varepsilon_t \tag{5.5}$$

Für den Fall, dass das fundamentale Unternehmensbewertungsmodell zu einem idealen Schätzer des Marktwertes führt, sollte die Regressionsgleichung einen Achsenabschnitt von null und eine Steigung von eins aufweisen[3471] sowie über ein hohes Bestimmtheitsmaß verfügen.[3472] Die in der Grundform bivariate Regression wird i. d. R. in einem zweiten Schritt im Rahmen der Untersuchung der Güte alternativer Bewertungsverfahren nochmals in einer auf mehrere unabhängige Variablen

3468 Neben der Nähe von Fundamentalwert und Marktpreis wird an dieser Stelle auch untersucht, ob es dem Modell gelingt, Preisänderungen im Zeitverlauf abzubilden. Vgl. Carlsen (2008) S. 143.

3469 Alternativ dazu wird u. a. in Carlsen (2008) ein Rückgriff auf Renditen als Grundlage der Regressionsanalyse diskutiert. Vgl. hierzu Carlsen (2008) S. 144.

3470 Vgl. Carlsen (2008) S. 144; Kaplan/Ruback (1995) S. 1078; Francis et al. (2000) S. 57. Um den Einfluss der Größe zu eliminieren, werden der Marktpreis sowie die Schätzung des Unternehmenswertes oftmals logarithmiert, so u. a. in den Arbeiten von Sougiannis/Yaekura (2001) und Kaplan/Ruback (1995).

3471 Da dies in der Praxis i. d. R. nicht gelingen wird, kann als ein Kriterium der Güte die Nähe beider Parameter zur Idealform herangezogen werden.

3472 Vgl. u. a. Carlsen (2008) S. 144; Courteau et al. (2001) S. 650; Sougiannis/Yaekura (2001) S. 348; Kaplan/Ruback (1995) S. 1078.

erweiterten multivariaten Form betrachtet. In Abhängigkeit zum genauen Untersuchungsschwerpunkt der empirischen Arbeiten finden zwei alternative Ausprägungen der multivariaten Regressionsgleichung in der Literatur Anwendung. Einerseits wird, um mögliche Unterschiede in der Erklärungskraft alternativer Bewertungsverfahren näher zu untersuchen, die Regressionsgleichung um die Schätzungen des Fundamentalwertes aller im Rahmen der Untersuchung betrachteten Bewertungsverfahren erweitert.[3473] Hinter diesem Untersuchungsansatz steht u. a. die Überlegung, dass alternative Bewertungsansätze die vorliegenden Informationen[3474] in unterschiedlicher Art und Weise verarbeiten und damit auch in unterschiedlichem Ausmaß Informationen über den fundamentalen Unternehmenswert bzw. den Marktpreis beinhalten. Die Untersuchung liefert neben dem reinen Vergleich alternativer Bewertungsverfahren auch einen Hinweis darauf, ob durch eine Kombination alternativer Bewertungsverfahren eine höhere Erklärungskraft mit Blick auf den beobachtbaren Marktwert erreicht werden kann.[3475]

$$P_{i,t} = a_t + b_t \cdot V_{i,t}^{Fund,A} + c_t \cdot V_{i,t}^{Fund,B} + d_t \cdot V_{i,t}^{Fund,C} + \varepsilon_t \qquad (5.6)$$

Die[3476] zusätzliche Erklärungskraft, die ein solcher Bewertungsansatz bietet, zeigt sich dabei anhand eines Vergleichs des Bestimmtheitsmaßes der vollständigen Regressionsgleichung mit dem Bestimmtheitsmaß einer Regressionsgleichung, die bis auf die Schätzung des Fundamentalwertes des betrachteten Bewertungsansatzes alle weiteren erklärenden Variablen enthält.[3477] Alternativ zu der multivariaten Regressionsgleichung, in der alle in der Untersuchung betrachteten Schätzungen des Unternehmenswertes berücksichtigt werden, findet sich in der Literatur zum anderen eine Erweiterung der einfachen Regressionsgleichung um die Betrachtung der in einzelne Wertbestandteile zerlegten Schätzung des fundamentalen Unternehmenswertes.[3478] Dieser Untersuchungsansatz zielt auf die nähere Beleuchtung der Erklärungskraft einzelner Wertbestandteile des fundamentalen Wertmodells ab. In der Vergangenheit beschränkte sich die Betrachtung des Einflusses einzelner Wertbestandteile dabei i. d. R. auf eine nähere Beleuchtung der Erklärungskraft alternativer Approximationen des Wertbeitrages der Rentenphase: [3479]

3473 Dieses Vorgehen findet so u. a. in Kaplan/Ruback (1995), Francis et al. (2000) Anwendung.

3474 Hierbei wird von einem homogenen Informationsniveau am Kapitalmarkt ausgegangen.

3475 Vgl. u. a. Kaplan/Ruback (1995) S. 1081; Sougiannis/Yaekura (2001) S. 349. Ein analoges Vorgehen erscheint auch mit Blick auf die in der Unternehmensbewertungspraxis diskutierten Finanzierungspolitiken denkbar.

3476 In Analogie zu Francis et al. (2000) S. 57; Sougiannis/Yaekura (2001) S. 349.

3477 Vgl. Francis et al. (2000) S. 56–57.

3478 Dieses Vorgehen findet so u. a. in Francis et al. (2000); Courteau et al. (2001) sowie Heinrichs et al. (2013) und McLemore et al. (2015) Anwendung.

3479 In Anlehnung an Francis et al. (2000) S. 59; Courteau et al. (2001) S. 653.

$$P_{i,t} = a_t + b_t \cdot NW_{i,t} + c_t \cdot V_{i,t}^{Fund,Detail} + d_t \cdot V_{i,t}^{Fund,\mathrm{Rente}} + \varepsilon_t \tag{5.7}$$

Der Ansatz der zweiten, in der Literatur verbreiteten, Ausprägung der multivariaten Regressionsgleichung erscheint insbesondere für eine Untersuchung der Relevanz alternativer Finanzierungspolitiken von höherem Interesse, ist – folgt man etwa dem APV-Ansatz – eine Trennung zwischen dem Wertbeitrag der Fremdfinanzierung und dem Wert des unverschuldeten Unternehmens an dieser Stelle denkbar. In Analogie zum bereits beschriebenen Vorgehen zur Berechnung der zusätzlichen Erklärungskraft einer sachgerechten Abbildung der zukünftigen Finanzierungsstrategie im Rahmen des Vergleichs alternativer Ansätze kann über diesen Ansatz die Erklärungskraft der einzelnen Bestandteile des in Wertbeiträge aufgegliederten fundamentalen Bewertungsmodells näher betrachtet werden.[3480] Ergänzend zur Veränderung des Bestimmtheitsmaßes mit der Hinzunahme einzelner Komponenten des fundamentalen Bewertungsmodells können so auch die Koeffizienten der einzelnen Wertbestandteile näher betrachtet werden.[3481] Die nähere Untersuchung der Erklärungskraft unterschiedlicher Modellierungen der Finanzierungspolitik und damit insbesondere des Wertbeitrages des durch die Fremdfinanzierung induzierten steuerlichen Vorteils kann damit an das Vorgehen, das zur Untersuchung der Erklärungskraft des Wertbeitrages der Detail- und Rentenphase gewählt wurde, angelehnt bzw. ergänzt werden.[3482] Die Schätzung des fundamentalen Unternehmenswertes kann dazu in den Wert eines rein eigenfinanzierten Unternehmens und den Wertbeitrag der Fremdfinanzierung zerlegt werden:[3483]

$$P_{i,t} = a_t + b_t \cdot V_{i,t}^{EK} + c_t \cdot V_{i.t}^{TS} + \varepsilon_t \tag{5.8}$$

Neben dem grundsätzlich erwarteten Nachweis der Relevanz und Unterscheidbarkeit alternativer Modellierungen der Finanzierungspolitik[3484] darf in Analogie zu

3480 Vgl. Francis et al. (2000) S. 58; Courteau et al. (2001) S. 653.

3481 Auch bei Disaggregation der Schätzung des fundamentalen Unternehmenswertes in einzelne Bestandteile sollten die Koeffizienten im Idealfall den Wert 1 aufweisen und in Summe dem beobachtbaren Marktpreis entsprechen. Vgl. Heinrichs et al. (2013) S. 70; McLemore et al. (2015) S. 87.

3482 Es scheint so für die Praxis nicht uninteressant, eine Schätzung zur Bedeutung der Modellierung der Finanzierungspolitik ggü. der Abbildung der Rentenphase zu gewinnen. Denkbar erscheint auch, den Wertbeitrag der Modellierung der Finanzierungspolitik in der Rentenphase gesondert zu betrachten.

3483 An dieser Stelle ist auch eine feinere Zerlegung des Wertbeitrages der Fremdfinanzierung auf Basis der in der Unternehmensbewertung üblichen Zerlegung in Detail- und Rentenphase denkbar. Man erhält demnach folgende multivariate Regressionsgleichung:
$P_{i,t} = a_t + b_t \cdot V_{i,t}^{EK,I} + c_t \cdot V_{i,t}^{TS,I} + d_t \cdot V_{i,t}^{EK,II} + e_t \cdot V_{i,t}^{TS,II} + \varepsilon_t$.

3484 Darunter wird an dieser Stelle die Unterscheidbarkeit alternativer Modellierungen der Finanzierungspolitik im Sinne einer signifikanten Unterscheidbarkeit verstanden.

den vorangehenden Untersuchungen erwartet werden, dass im Idealfall, d. h., die durch die Marktteilnehmer erwartete Finanzierungspolitik wird im Rahmen des fundamentalen Wertmodells abgebildet, der mit der Finanzierungspolitik verbundene Wertbeitrag der Fremdfinanzierung einen Koeffizienten nahe eins aufweist sowie gegenüber alternativen Annahmen der Finanzierungspolitik über ein höheres Bestimmtheitsmaß verfügt.

Vor dem Hintergrund der bisher betrachteten Untersuchungsansätze wird implizit vorausgesetzt, dass aus der Vielfalt beschriebener Finanzierungspolitiken im Rahmen der empirischen Überprüfung eine Finanzierungspolitik herausgegriffen werden kann, die die alternativen Annahmen zur Finanzierungspolitik dominiert. Ohne eine Einschränkung der Bedeutung einer solchen Annahme vornehmen zu wollen,[3485] greift ein solches „one financial structure fits all"-Ergebnis wohl in aller Regel – dies haben die Überlegungen der Kapitel I und II gezeigt – zu kurz. Theorie und Praxis gehen zumeist nicht von zustandsunabhängig dominierenden Finanzierungspolitiken aus. Vielmehr basiert die beobachtbare Vielfalt an Annahmen – dies hat Kapitel II gezeigt – gerade darauf, dass Finanzierungspolitiken für bestimmte Umweltzustände bzw. Unternehmensphasen als plausibel oder aber unplausibel erachtet werden.[3486] Es erscheint daher von Interesse, die Treffgenauigkeit bzw. die beobachtbaren Fehlbewertungen alternativer Finanzierungspolitiken in Abhängigkeit zu herrschenden Umweltzuständen näher zu beleuchten, um die in Theorie und Praxis herrschende Einschätzung zustands- bzw. phasenabhängiger Finanzierungspolitiken überprüfen zu können. Einen ersten Eindruck über die Zustandsabhängigkeit der Güte alternativer Finanzierungspolitiken dürfte dabei eine – in Analogie zu Francis et al. (2000) und McLemore (2015) vorgenommene – Aufspaltung der Stichprobe in Abhängigkeit zur Ausprägung ausgewählter Unternehmensvariablen bzw. Determinanten der Umweltzustände – etwa Eigenschaften des Marktumfelds bzw. Konjunkturlage – vermitteln. Die bisher betrachteten Instrumente des Methodenbaukastens I können nach Aufspaltung der Grundgesamtheit erneut Anwendung finden.[3487] In Anlehnung an die Arbeiten von Francis et al. (2000) und McLemore (2015) kann man zur Analyse des Einflusses der ausgewählten Parameter auf die Unternehmen des obersten und untersten Quantils abstellen.

3485 So ist es durchaus von Interesse, eine Aussage zur Güte alternativer Finanzierungspolitiken ungeachtet der speziellen Parameterausprägungen des betrachteten Unternehmens treffen zu können.

3486 Ähnlich argumentieren Lobe/Essler (2008). Vgl. Lobe/Essler (2008) S. 66. Ein Beispiel hierfür ist u. a. der an der Plausibilität einer atmenden Finanzierungspolitik geäußerte Zweifel für den Fall des Rückgangs des Unternehmenswertes. Vgl. u. a. Drukarczyk/Schüler (2016) S. 162.

3487 Die empirischen Arbeiten unterscheiden sich i. d. R. darin, wie breit die betrachteten Quantile gewählt sind. So nehmen McLemore et al. (2015) beispielsweise eine Einteilung der Stichprobe in zwei gleich große Hälften vor, demgegenüber betrachten Francis et al. (2013) u. a. Quartile. Vgl. Francis et al. (2000) S. 60–61; McLemore et al. (2015) S. 88.

Für den Fall, dass die ausgewählten Parameter keinen Einfluss auf die Güte des fundamentalen Wertmodells ausüben, sollten sich die Ergebnisse der nun getrennt erfolgenden Untersuchung des obersten und untersten Quantils der Stichprobe nicht signifikant voneinander unterscheiden.[3488]

Dieses Vorgehen stellt einen ersten Schritt dar, um sich einem Teilziel der Untersuchung des Einflusses der Finanzierungsannahmen zu nähern, der Überprüfung des Einflusses ausgewählter Parameter auf die Treffgenauigkeit alternativer Finanzierungspolitiken. Das Ergebnis dieses Teilschritts kann erste Hinweise darauf liefern, ob die Vermutung einer zustandsabhängigen Finanzierungspolitik durch die Empirie untermauert werden kann, und darüber hinaus Hinweise darauf geben, welche der Parameter einen bedeutenden Einfluss auf die Treffgenauigkeit der Annahmen zur Finanzierungspolitik ausüben. Gleichwohl erscheinen die Zerlegung in Teilstichproben und der darauf aufbauende Vergleich der beobachtbaren Bewertungsfehler für sich allein genommen als ein zu grobkörniges Vorgehen, um die Zustandsabhängigkeit der Güte alternativer Annahmen zur Finanzierungspolitik beurteilen zu können.

Zur Analyse der Abhängigkeit des Prognosefehlers

Die Ableitung eines – im Vergleich zu den vorangehenden Ansätzen – etwas feingliedrigeren Untersuchungsansatzes, in dem etwa Zeiteffekte oder aber mögliche Wechselwirkungen zwischen den betrachteten Parametern einfließen, erscheint für eine Untersuchung der Sachgerechtigkeit alternativer Finanzierungsannahmen von Bedeutung. Blickt man in die Literatur, so findet sich eine engmaschigere Untersuchung des Prognosefehlers u. a. in Arbeiten, die den Einfluss ausgewählter Variablen auf die durch Analysten regelmäßig begangenen Prognosefehler untersuchen. Im Rahmen dieses Strangs der Literatur wird die Abhängigkeit des auftretenden Prognosefehlers von Variablen, die beispielsweise die Qualität der Analysten beschreiben, i. d. R. im Rahmen von Regressionsmodellen untersucht.[3489] Ein vergleichbares Vorgehen findet sich zum Teil auch in Arbeiten, die den Fokus auf die Güte alternativer Bewertungsverfahren gelegt haben.

Im Folgenden sei daher ein kurzer Exkurs in Richtung des durch die Literatur beschrittenen Weges unternommen. Blickt man auf den zweiten Strang der Literatur, so findet sich etwa mit der Arbeit von Isidro et al. (2006) eine Arbeit, die

---

3488 Umgekehrtes gilt für den Fall, dass die betrachteten Variablen nachhaltigen Einfluss auf die Güte des Bewertungsmodells nehmen. Francis et al. (2000) betrachten so im Rahmen ihrer Untersuchung u. a., welchen Einfluss die Prognostizierbarkeit auf die Treffgenauigkeit alternativer Bewertungsverfahren besitzt. McLemore et al. (2015) beleuchten den Einfluss, des Dividendenwachstum und Konjunkturzyklus auf die Güte der Bewertungsverfahren ausüben, näher. Heinrichs et al. (2013) nehmen schließlich eine Aufteilung der Stichprobe u. a. in Abhängigkeit zur Industrieklassifikation vor. Vgl. u. a. Francis et al. (2000) S. 65; Heinrichs et al. (2013) S. 64; McLemore et al. (2015) S. 88–89.

3489 Vgl. dazu u. a. Clement (1999) S. 297; Cowen et al. (2006) S. 133.

den Einfluss der Verletzung des Kongruenzprinzips (clean surplus relation) unter unterschiedlichen Rechnungslegungssystemen auf den Bewertungsfehler eines Residualgewinnmodells untersucht hat. Um den Einfluss einer Durchbrechung des Kongruenzprinzips auf die Treffgenauigkeit eines Residualgewinnmodells zu analysieren, stellen Isidro et al. (2006) in einem ersten Schritt auf ein einfaches Regressionsmodell mit dem durchschnittlichen bzw. über die Stichprobe aggregierten absoluten Bewertungsfehler als abhängiger Variablen ab.[3490] Die Betrachtung der Abhängigkeit des über die gesamte Stichprobe aggregierten Bewertungsfehlers erscheint, wie bereits die eingangs beschriebene Zerlegung in eine Teilstichprobe, als ein vergleichsweise grobkörniger Ansatz. Insbesondere, da in einem solchen Regressionsmodell auftretende Zeiteffekte vereinfachend unbeachtet bleiben.[3491] Die Überlegungen der Kapitel I und II haben gezeigt, dass die Relevanz alternativer Finanzierungspolitiken durchaus mit den Rahmenbedingungen schwanken kann, d. h. i. d. R. einem Zeiteffekt – denkbar wären etwa konjunkturelle Einflüsse – unterliegen. Geeigneter für die Untersuchung der Relevanz alternativer Finanzierungspolitiken erscheint daher der zweite, etwas feinere Untersuchungsansatz, den Isidro et al. (2006) im Rahmen ihrer Arbeit beschreiten. In Analogie zu den Arbeiten, die den Prognosefehler von Analysten näher untersucht haben, betrachtet die Arbeit von Isidro et al. (2006) ein Regressionsmodell, in dem der perioden- und unternehmensspezifische Bewertungsfehler – dies entspricht letztlich der als Treffgenauigkeit bezeichneten Maßgröße – als abhängige Variable und die Variablen der Verletzung des Kongruenzprinzips als unabhängige Variablen einfließen.[3492] Dieser Untersuchungsansatz, der neben unternehmensspezifischen Effekten auch Zeiteffekte aufgreift,[3493] erscheint auch für die Untersuchung des Einflusses ausgewählter erklärender Variablen – wie etwa im Abschnitt 5.6. diskutiert – auf die Treffgenauigkeit alternativer Annahmen zur Finanzierungspolitik geeignet.

Folgt man dieser ersten Einschätzung, so ist in einem nächsten Schritt näher auf die Definition der abhängigen Variablen, des beobachtbaren Bewertungsfehlers, einzugehen. Dieser Zwischenschritt erscheint zunächst, z. B. im Kontrast zur Bestimmung und Motivation der erklärenden Variablen, etwas profan. Der folgende Exkurs zeigt jedoch kurz auf, weshalb die Definition der abhängigen Variablen für die Untersuchung durchaus von zentraler Bedeutung ist. In der Literatur

3490 Vgl. Isidro et al. (2006) S. 311.

3491 So ist der Aspekt der Zeitstabilität der Annahme zur Finanzierungspolitik für die Praxis der Unternehmensbewertung durchaus von Interesse.

3492 Vgl. Isidro et al. (2006) S. 312–313. Die im ersten Schritt zunächst aggregierte Variable der Verletzung des Kongruenzprinzips wird u. a. in erfolgsneutrale Adjustierungen sowie die Abschreibung von Goodwill aufgegliedert. Vgl. ebda.

3493 Da die durch das Unternehmen eingeschlagene Finanzierungspolitik im Zeitverlauf nicht konstant sein muss und die Existenz unternehmensspezifische Effekte wahrscheinlich erscheinen, sollte der Untersuchungsansatz beide Effekte berücksichtigen.

lässt sich an dieser Stelle daher auch eine gewisse Vielfalt in der Darstellung des betrachteten Bewertungs- bzw. Prognosefehlers beobachten.[3494] In Analogie zu dem von Isidro et al. (2006) eingeschlagenen Vorgehen kann zunächst der absolute bzw. der vorzeichenbehaftete unternehmensspezifische Bewertungsfehler als abhängige Variable im Rahmen einer Regressionsgleichung näher betrachtet werden.[3495] Blendet man zunächst die im Anschluss noch zu beleuchtende Frage aus, welche bestimmenden Variablen in der Regressionsgleichung betrachtet werden sollen, ergibt sich in Anlehnung an Isidro et al. (2006) folgendes Grundgerüst für die Regressionsgleichung: [3496]

$$VBF = a_t + b_t \cdot A_1 + c_t \cdot A_2 + \varepsilon_t \text{ bzw. } ABF = a_t + b_t \cdot |A_1| + c_t \cdot |A_2| + \varepsilon_t \quad (5.9)$$

Während der vorzeichenbehaftete Bewertungsfehler als abhängige Variable eine Differenzierung des Einflusses der bestimmenden Variablen auf den Bewertungsfehler, i.S. einer Unterscheidung zwischen positivem oder negativem Einfluss, zulässt, wird im Rahmen der Regression auf Basis des absoluten Bewertungsfehlers die Richtung des Bewertungsfehlers vernachlässigt. Die zweite Variante der voranstehenden Regressionsgleichung beleuchtet somit lediglich die Stärke des Einflusses der ausgewählten Variablen auf den Umfang des Bewertungsfehlers, unter Vernachlässigung der Richtung des bestehenden Einflusses.[3497] Die Verwendung des vorzeichenbehafteten Bewertungsfehlers scheint damit als abhängige Variable gegenüber dem absoluten Bewertungsfehler einen tieferen Einblick auf die in der Praxis bestehenden Abhängigkeiten zu erlauben.[3498]

An dieser Stelle könnte man, zugunsten des durchschnittlichen Bewertungsfehlers, erneut versucht sein, die Betrachtung des Bewertungsfehlers als abhängiger Variablen, für die Diskussion zumindest vordergründig bedeutenderer Fragestellungen, abzubrechen. Ein Blick in die Literatur, die einen Schwerpunkt auf die Analyse des Einflusses auf den Prognosefehler von Analysten legt, zeigt jedoch, dass ein solcher Schritt voreilig wäre. Der absolute bzw. der vorzeichenbehaftete Bewertungsfehler weisen so u. a. den zentralen Nachteil auf, dass der auftretende Bewertungsfehler durch zahlreiche, im Rahmen der empirischen Untersuchung

---

3494 Letztlich ist denkbar, auf die unterschiedlichen Definitionen der Maßgröße der Treffgenauigkeit abzustellen, wie sie mit den vorangehenden Überlegungen beschrieben wurden.

3495 Vgl. Isidro et al. (2006) S. 312. Der absolute Bewertungsfehler stellte über lange Zeit auch den traditionellen Ausgangspunkt für Untersuchungen des von Analysten begangenen Prognosefehlers dar. Vgl. Jacob et al. (1999) S. 62.

3496 In Anlehnung an Gleichung (10) und (12) in Isidro et al. (2006)). Vgl. Isidro et al. (2006) S. 312.

3497 Vgl. Isidro et al. (2006) S. 311.

3498 Angesichts der Überlegungen des Abschnitts 5.6., der Mehrdeutigkeit der Einflussfaktoren auf die Finanzierungsentscheidung, erscheint eine differenziertere Vorgehensweise als sachgerecht.

möglicherweise nicht näher betrachtete Faktoren, beeinflusst werden kann.[3499] Dies ist für die Untersuchung der Relevanz alternativer Finanzierungspolitiken ein durchaus realistisches Szenario, wie u. a. das bereits zu Ende von Kapitel II beleuchtete Problem der Bestimmung geeigneter bewertungsrelevanter Parameter gezeigt hat. Wie mit Abschnitt 5.6. zudem deutlich wurde, kann auf konzeptioneller Ebene allein nicht sichergestellt werden,[3500] dass die im Bewertungsmodell verwendeten Approximationen der einfließenden Parameter lediglich verschiedene Aspekte der Finanzierungsentscheidung abbilden können. Neben der grundsätzlichen Schwäche der verwendeten Approximationen der Determinanten der Finanzierungsentscheidung ist es im Rahmen eines solchen Untersuchungsansatzes auch denkbar, dass die Güte bzw. Bedeutung der in der Untersuchung verwendeten Approximation der bewertungsrelevanten Parameter im Zeitverlauf z. B. mit der Marktlage schwankt,[3501] neben dem Aspekt, dass die betrachteten Bewertungsmodelle möglicherweise nur unzureichend spezifiziert sind, d. h. wertrelevante Parameter im Bewertungsmodell nicht oder nur unzureichend berücksichtigt werden.[3502]

Der beobachtbare Bewertungsfehler ist damit zumindest zum Teil auf die im Modell verwendeten, nur unzureichend approximierten Parameter des Bewertungsmodells zurückzuführen und kann damit nicht allein einer fehlerhaften Abbildung der Finanzierungspolitik im verwendeten Bewertungsmodell zugerechnet werden. Dass in der Praxis durchaus Herausforderungen bei der Operationalisierung alternativer Bewertungsansätze existieren, hat bereits Abschnitt 5.8.2. deutlich werden lassen. Die exemplarisch hervorgehobenen Gründe für ein Abweichen des fundamentalen Wertmodells vom beobachtbaren Marktpreis stehen prima facie so nur zum Teil mit dem untersuchten Einfluss der Finanzierungspolitik in Verbindung. Die Regression auf Basis des absoluten Bewertungsfehlers trägt der möglichen Bedeutung dieser zweiten Fehlergrößen – Fehler bei der Operationalisierung der Bewertungsmodelle bzw. Abbildung der Bewertungsannahmen – jedoch keine Rechnung. Die Möglichkeit, dass die empirisch zu beobachtende Verbindung zwischen Fehlergröße und den erklärenden Variablen möglicherweise hauptsächlich auf dem Teil des Bewertungsfehlers beruht, der auf eine unzureichende Spezifikation des Bewertungsmodells bzw. der verwendeten Parameter zurückzuführen ist, ist damit nicht völlig auszuschließen. Um eine Dominanz des für die Untersuchung

3499 Der Einfluss kann dabei sowohl auf den Zähler als auf den Nenner des mit dem Marktpreis skalierten Bewertungsfehlers wirken. Vgl. dazu auch Jacob et al. (1999) S. 60.

3500 Eine eingehende Beleuchtung dieses Problempunktes ist davon unberührt für eine Untersuchung erforderlich.

3501 Denkbar wäre beispielsweise, dass die Erwartungen der Marktteilnehmer in Abhängigkeit zur Konjunkturlage stärker schwanken, als mit der im Rahmen der Untersuchung vertretenen Annahme rationaler Investoren vereinbar ist.

3502 Ein Beispiel hierfür ist u. a. ein vorschneller Übergang von der Detailplanungsphase in die Phase der ewigen Rente unter Verletzung der Annahme des Vorliegens eines Gleichgewichtszustandes.

letztlich sekundären Fehleranteils ausschließen zu können, wird in aller Regel ein zweiter Schritt notwendig werden, um den im Rahmen des Regressionsmodells betrachteten Bewertungsfehler zu adjustieren bzw. um dem Fokus einer Untersuchung zur Güte alternativer Finanzierungspolitiken gerecht zu werden. Der einer fehlerhaften Spezifikation des Bewertungsmodells zurechenbare Fehlerterm hat damit für die Untersuchung in den Hintergrund zu treten.

Einen möglichen Lösungsansatz für diese Frage stellt der in der Literatur zu beobachtende Rückgriff auf ein relatives Maß der Treffgenauigkeit dar. Auch an dieser Stelle ist eine gewisse Bandbreite an Definitionen in der Literatur zu beobachten.[3503] Zur Konkretisierung des relativen Maßes der Treffgenauigkeit des Bewertungsmodells kann auf das Vorgehen von Clement (1999) bzw. das letztlich gleichwertige Vorgehen von Jacob et al. (1999) als Referenzpunkt abgestellt werden.[3504] Der relative Bewertungsfehlers (RABF) ergibt sich dabei aus dem Fehler der betrachteten Finanzierungspolitik ggü. dem Fehler bei der Annahme reiner Eigenfinanzierung im Verhältnis zu dem Bewertungsfehler bei reiner Eigenfinanzierung. [3505]

$$RABF = \frac{ABF_{EK} - ABF_{FK*}}{ABF_{EK}} \tag{5.10}$$

Ein zu Clement (1999) bzw. Jacob et al. (1999) völlig synchron laufendes Vorgehen der Untersuchungen zur Qualität von Analystenprognosen erfordert ein Abstellen auf einen durchschnittlichen, alle im Rahmen der Untersuchung betrachteten Annahmen zur Finanzierungspolitik berücksichtigenden, Bewertungsfehler. Das Abstellen auf einen durchschnittlichen Bewertungsfehler dient an dieser Stelle als Approximation für eine naive Bewertung. Dieses Vorgehen erscheint mit Blick auf die Untersuchung alternativer Finanzierungspolitiken jedoch verzichtbar.[3506] Vielmehr kann auf den, im Rahmen der Zerlegung des Bewertungsfehlers gewählten Referenzpunkt, Bewertungsfehler bei reiner Eigenfinanzierung, erneut zurückgegriffen werden. Folgt man der vorgenannten Definition der relativen

---

3503 Denkbar wäre auch eine Standardisierung des auftretenden Bewertungsfehlers auf einen Wertebereich von 0 bis 1, wie beispielsweise von Clement/Tse (2005) vorgenommen. Vgl. Clement/Tse (2005) S. 315.

3504 Wie sich in der Folge zeigt, unterscheidet sich das im Rahmen für eine empirische Untersuchung vorgeschlagene relative Maß der Treffgenauigkeit u. a. durch die Wahl des Referenzpunktes von dem Vorgehen in Clement (1999) und Jacob et al. (1999).

3505 Definition des relativen Maßes des Bewertungsfehlers in Anlehnung an Clement (1999) und Jacob et al. (1999). Vgl. Clement (1999) S. 291; Jacob et al. (1999) S. 62.

3506 Im Kontrast zu Studien, die den Einfluss auf den Prognosefehler von Analysten betrachten, existiert mit dem Bewertungsfehler bei Eigenfinanzierung bereits ein geeigneter Referenzpunkt. Das Abstellen auf einen mittleren Bewertungsfehler als künstliches Maß der Güte erscheint damit nicht notwendig zu sein.

Treffgenauigkeit des Bewertungsmodells, so können drei grundsätzliche Fälle voneinander unterscheiden werden. Für den Fall, dass der mit der betrachteten Finanzierungspolitik verknüpfte Bewertungsfehler dem Bewertungsfehler bei der Annahme reiner Eigenfinanzierung entspricht, nimmt der relative Bewertungsfehler den Wert null an. Ein relativer Bewertungsfehler mit einem Wert von null weist darauf hin, dass die Berücksichtigung der zukünftigen Finanzierungsstrategie der Unternehmen gegenüber der naiven Annahme reiner Eigenfinanzierung zu keiner höheren Treffgenauigkeit des Bewertungsansatzes führt.[3507] Mit steigender Treffgenauigkeit des Bewertungsmodells bzw. der abgebildeten Finanzierungspolitik ist davon auszugehen, dass der mit dem Bewertungsansatz verknüpfte Fehler abnimmt. Der relative Bewertungsfehler nähert sich im Idealfall dem Wert eins an. Grundsätzlich denkbar ist es auch, dass die Abbildung einer konkreten Finanzierungspolitik zu einer stärkeren Verwässerung der Treffgenauigkeit im Vergleich zu der naiven Annahme einer reinen Eigenfinanzierung führen kann. Für diesen Fall bewegt sich der relative Bewertungsfehler in einem Bereich unterhalb von null. Eine zusätzliche Verwässerung der Treffgenauigkeit des Bewertungsmodells mit der konkreten Abbildung einer Finanzierungspolitik ist dabei für die Interpretation der Ergebnisse der Regression nicht unproblematisch. Sollte im Extremfall die betrachtete Abbildung der Finanzierungspolitik tatsächlich durchgängig mit einer Verschlechterung der Treffgenauigkeit einhergehen, könnte ein positiver Regressionskoeffizient nicht wie im Fall eines positiven relativen Bewertungsfehlers interpretiert werden.

Die Annahme der Finanzierungspolitik ist bei Wachstum dieser Variablen gegenüber einer naiven Annahme der reinen Eigenfinanzierung des Unternehmens letztlich nicht besser geeignet, führt die Finanzierungsannahme doch zu einem systematisch schlechteren Ergebnis.[3508] Ein positiver Koeffizient dürfte so u. U. nur darauf hinweisen, dass das Bewertungsmodell bestenfalls sich dem Fehler, der mit einer naiven Annahme der Eigenfinanzierung verknüpft ist, nähert. Fraglich ist zunächst, inwieweit dieser Aspekt zu einem Problem für eine Untersuchung des Einflusses alternativer Finanzierungspolitiken werden könnte. Geht man davon aus, dass der

---

3507 Ein Ergebnis, das sich bei Irrelevanz der Finanzierungspolitik erwarten ließe. Dass der relative Bewertungsfehler tatsächlich einen Wert von null annimmt, erscheint jedoch mit Blick auf die alternativen Operationalisierungen der Finanzierungspolitik als unwahrscheinlich.

3508 Die Einschätzung, dass die Güte der Annahme mit Wachstum der Variablen zunimmt, kann demgegenüber unverändert vertreten werden. Problematisch ist aber, dass man sich dem Wert null, d. h. der Irrelevanz der Finanzierungspolitik von unten annähert. So ist es denkbar, dass unter realistischen Ausprägungen der bestimmenden Variablen kein Zustand existiert, in dem die betrachtete Finanzierungsannahme bessere Ergebnisse liefert als die naive Annahme der Eigenfinanzierung.

Wertbeitrag der Fremdfinanzierung regelmäßig positiv ist,[3509] ergibt sich nur im Fall einer bereits bei naiver Annahme reiner Eigenfinanzierung bestehenden Überbewertung das Problem, dass eine ergänzende Berücksichtigung der Finanzierungspolitik zu einer weiteren Verwässerung der Treffgenauigkeit führt. Der vorangehende Überblick über bestehenden Studien zur Treffgenauigkeit alternativer Bewertungsverfahren des Abschnitts 5.8.2. hat jedoch gezeigt, dass die fundamentalen Bewertungsmodelle zumeist durch eine Unterschätzung des tatsächlichen Marktpreises gekennzeichnet sind.[3510] Vor diesem Hintergrund können das Problem eines negativen relativen Bewertungsfehlers sowie die damit verknüpften Interpretationsschwierigkeiten für die Untersuchung als von untergeordneter Bedeutung angesehen werden. Damit erscheint der relative Bewertungsfehler als Ausgangspunkt einer Analyse der Güte alternativer Finanzierungspolitiken durchaus ein geeigneter Ansatzpunkt zu sein. Probleme, die mit Schwierigkeiten auf der Suche nach geeigneten Approximationen der bewertungsrelevanten Parameter verbunden sind, dürften aufgrund des relativen Vergleichs in den Hintergrund treten.[3511]

In einem zweiten Schritt sind die in den bisherigen Überlegungen des Abschnitts 5.9. lediglich abstrakt behandelten erklärenden Variablen der Regressionsgleichung zu konkretisieren. Ein denkbarer Ansatz ist, auf die in Abschnitt 5.6. beleuchteten Determinanten der Kapitalstruktur und Finanzierungspolitik abzustellen. Ohne an dieser Stelle nochmals auf die konzeptionellen Überlegungen des Abschnitts 5.6. einzugehen, bestehen auch an dieser Stelle in der Praxis regelmäßig mehrere Ausprägungen zur Abbildung dieser Variablen, zudem muss man sich gewahr sein, dass die Determinanten in der Literatur durchaus unterschiedliche Interpretationen besitzen. Somit bestehen auch an dieser Stelle Hürden, die im Rahmen einer empirischen Untersuchung überwunden werden müssen.

Zur Verletzung der Annahme effizienter Kapitalmärkte

Den bisher betrachteten Untersuchungsansätzen des Methodenbaukastens I gemein ist die zu Beginn des Abschnitts kurz beschriebene implizite Annahme, dass der Marktpreis ein geeigneter Referenzpunkt der Schätzung des fundamentalen Unternehmenswertes darstellt. Die Frage, wie plausibel eine solche Annahme ist, hängt u. a. vom Funktionieren des Kapitalmarktes, auf dem die Eigenkapitalanteile der betrachteten Unternehmen gehandelt werden, ab. In Vorgriff auf die im Vorfeld einer empirischen Untersuchung näher zu betrachtenden Frage der Belastbarkeit der Annahme funktionierender Kapitalmärkte und des Marktpreises

3509 Diese Annahme ist i. d. R. auch ungeachtet der im Bewertungsansatz unterstellten Finanzierungspolitik gerechtfertigt, insbesondere für den Fall, wenn ein möglicher Anstieg der Insolvenzkosten ausgeblendet wird.

3510 Dies scheint – wie die vorangehenden Überlegungen gezeigt haben – besonders für Bewertungsmodelle zu gelten, die auf Ex-post-Größen, d. h. Realisationen aufbauen.

3511 Ähnlich äußern sich Jacob et al. (1999) in Bezug auf ihr relatives Kriterium der Treffgenauigkeit. Vgl. Jacob et al. (1999) S. 62.

als geeigneten Referenzpunkt, erscheint es mit Blick auf die Ergebnisse der empirischen Forschung plausibel, dass diese Annahme, z. B. aufgrund einer zeitweiligen Verletzung der Annahme der Kapitalmarkteffizienz, nicht oder aber nur unvollständig erfüllt ist.[3512]

Damit greifen die Untersuchungsansätze des Methodenbaukastens I, die auf einen engen Zusammenhang zwischen Fundamentalwert und Marktwert abstellen, zu kurz. Im Abschnitt 5.9.1.2. wird daher kurz auf Ansätze eingegangen, auf deren Basis auch bei einer zeitweisen Verletzung der Annahme der Kapitalmarkteffizienz belastbare Aussagen getroffen werden können. Einen Zwischenschritt in Richtung der Ansätze des Methodenbaukastens II stellt eine eingehendere Betrachtung der Verteilung des beobachtbaren Bewertungsfehlers dar. Carlsen (2008) sieht im Heranziehen der Verteilung des Bewertungsfehlers als sekundäres Beurteilungskriterium ein „Zugeständnis" an den Umstand, dass die Annahme vollkommener Kapitalmärkte in der Praxis verletzt sein könnte. Die zur Treffgenauigkeit und Erklärungskraft ergänzende Betrachtung der Verteilung des Bewertungsfehlers fasst Carlsen (2008) unter dem eingängigen Überbegriff der „Trefferquote" zusammen.[3513]

Der folgende kurze Exkurs zur Definition des Begriffs „Trefferquote" sei weitgehend an die Begriffsabgrenzung von Carlsen (2008) angelehnt. Der von Carlsen (2008) eingeführte Begriff Trefferquote beinhaltet i. d. R. mehrere Aspekte der Verteilung des beobachtbaren Bewertungsfehlers um die Approximation des tatsächlichen Unternehmenswertes, die für die Beurteilung der Güte alternativer Bewertungsansätze bzw. Finanzierungsannahmen von Interesse sind. Nähert man sich dem Untersuchungsziel der „goodness of fit"-Literatur schrittweise an, so ist es in einem ersten Schritt unzweifelhaft von Interesse, zu untersuchen, ob die verwendeten Bewertungsmodelle bzw. die alternativen Bewertungsannahmen zu einer unverzerrten Schätzung des Unternehmenswertes führen.[3514] Hinter diesem

3512 In der Literatur spiegelt sich die Bedeutung der Annahme effizienter Kapitalmärkte z. T. in dem Hinweis auf das Joint-Hypothesis-Problem, das Untersuchungen zur Güte alternativer Bewertungsmodelle regelmäßig zugrunde liegt, wider. Unter dem Joint-Hypothesis-Problem versteht man dabei die mit der Überprüfung der Güte des Bewertungsmodells verbundene Überprüfung der Annahme der Kapitalmarkteffizienz. Vgl. u. a. Jensen (1978) S. 96, Fama (1991) S. 1575–1576; Kothari (2001) S. 109. So beschreibt die Nähe des Fundamentalwertes zum Marktwert nicht nur die Güte des angewandten Bewertungsmodells, sondern auch den Grad der Kapitalmarkteffizienz. Das Auseinanderfallen von Marktpreis und Fundamentalwert stellt so eine der ersten Definitionen der Marktineffizienz dar. Vgl. Beaver (1981) S. 25.

3513 Carlsen (2008) S. 146–147.

3514 Die Ausführungen orientieren sich dabei erneut an dem zur Untersuchung des Verhaltens von Analysten verwendeten Methodenbaukasten. Beispiele und zugleich Orientierungspunkte für das in der Folge beschriebene Vorgehen finden sich u. a. in Naujoks et al. (2009).

ersten Schritt steht die Überlegung, dass bei einer geeigneten Operationalisierung der fundamentalen Bewertungsmodelle, d. h. bei Verwendung einer „idealen" Approximation der bewertungsrelevanten Parameter[3515] sowie der Annahme einer geeigneten Finanzierungspolitik, lediglich zufällige Abweichungen des ermittelten fundamentalen Unternehmenswertes gegenüber dem tatsächlichen „inneren" Unternehmenswert auftreten sollten.[3516] Mit anderen Worten sollte das eine unverzerrte Bewertungsmodell mit gleicher Wahrscheinlichkeit den Unternehmenswert über- wie auch unterschätzen.[3517] In Anlehnung an die Darstellung in Naujoks et al. (2009) kann man die an ein unverzerrtes Bewertungsmodell gestellten Bedingungen wie folgt formal darstellen: [3518]

$$\begin{aligned} \Pr(V_{i,t}^{Fund} > P_{i,t} \mid V_{i,t}^{Fund} \neq P_{i,t}) = 0,5 \\ \Pr(V_{i,t}^{Fund} < P_{i,t} \mid V_{i,t}^{Fund} \neq P_{i,t}) = 0,5 \end{aligned} \tag{5.11}$$

Die Wahrscheinlichkeit der Überschätzung des inneren Wertes des Unternehmens ergibt sich dabei aus der Anzahl der mit einer Überschätzung verbundenen Bewertungen, geteilt durch die Gesamtzahl der durchgeführten Bewertungen.[3519] Dieses Vorgehen bietet den Vorteil, dass die Güte eines Bewertungsmodells bzw. einer Bewertungsannahme lediglich daran festgemacht wird, ob sich Über- und Unterbewertungen die Waage halten, die Bewertungsannahme also letztlich zu einer unverzerrten Schätzung des Unternehmenswertes führt. Die für die Operationalisierung des Untersuchungsansatzes näher beleuchtete Frage, wie die bewertungsrelevanten Parameter in der Praxis abzubilden sind, sowie die Frage

3515 Unter einer „idealen" Approximation der bewertungsrelevanten Parameter wird an dieser Stelle nicht verstanden, dass die verwendeten Parameter den tatsächlichen Parametern entsprechen müssen. Wie bereits angedeutet, ist dies eine i. d. R. nicht zu erfüllende Forderung. Für den vorgeschlagenen Untersuchungsansatz dürfte jedoch ausreichend sein, dass die Approximation der bewertungsrelevanten Parameter hinreichend gut, auch im Sinne einer letztlich unsystematischen Abweichung von den tatsächlichen Parametern, ist.

3516 Denkbar ist etwa, dass die im vorangehenden Unterabschnitt näher betrachtete zweite Fehlerquelle – die Approximation der bewertungsrelevanten Parameter – zu zufälligen Schwankungen der Schätzungen des Unternehmenswertes führt.

3517 In Analogie zu Naujoks et al. (2009) S. 8.

3518 Die Darstellung von Naujoks et al. (2009) unterscheidet sich aufgrund des geänderten Untersuchungsgegenstands von der in der Folge betrachteten Darstellungsform. Insbesondere entfällt die von Naujoks et al. (2009) gesetzte zweite Bedingung. Eine analoge Anwendung des Vorgehens von Naujoks et al. (2009) erscheint zwar auch denkbar, liefert m. E. aber in dem geänderten Untersuchungskontext keinen deutlichen Mehrwert.

3519 In Abwandlung von Naujoks et al. (2009). Vgl. Naujoks et al. (2009) S. 9.

des tatsächlichen Unternehmenswertes treten im Rahmen dieses Untersuchungsansatzes somit etwas in den Hintergrund.[3520]

Diesem positiven Aspekt der Fokussierung auf die Frage der systematischen Verzerrung des Bewertungsansatzes steht zugleich der Nachteil gegenüber, dass dieses Beurteilungskriterium lediglich einen groben Anhaltspunkt für die Güte einer Bewertungsmethodik liefern und wohl nicht allein zur Beurteilung eines Bewertungsmodells oder einer Bewertungsannahme herangezogen werden kann. Dies zeigt sich insbesondere darin, dass der Aspekt der Verteilung der Bewertungsfehler um die Schätzung des inneren Wertes lediglich mit Blick auf die Wahrscheinlichkeit einer Über- bzw. Unterschätzung betrachtet wird. Die Breite der Streuung um den Bewertungsfehler wird demgegenüber vernachlässigt, d. h., das Kriterium der Unverzerrtheit berücksichtigt nicht, ob die Bewertungsmethodik durch extreme oder geringe Bewertungsfehler gekennzeichnet ist. Neben der Vernachlässigung dieses Teilaspekts erscheint eine Differenzierung alternativer Annahmen zur Finanzierungspolitik auch mit Blick auf die zuvor beschriebene Tendenz der i. d. R. auftretenden Unterschätzung des Marktpreises durch fundamentale Wertmodelle schwierig in der Praxis anzuwenden.[3521] Die Vernachlässigung des Aspekts der Breite der Verteilung des Bewertungsfehlers um die Approximation des inneren Wertes kann u. a. durch den in vorangehenden empirischen Untersuchungen eingeschlagenen Weg geheilt werden. So betrachten etwa Kaplan/Ruback (1995) und Francis et al. (2000) ergänzend zum Maß der Treffgenauigkeit die mit einem Bewertungsansatz verbundene Trefferquote.[3522] Als Beurteilungskriterium ziehen Kaplan/Ruback (1995) sowie Francis et al. (2000) dabei nicht die gesamte Streuung um den inneren Wert des Unternehmens in Betracht,[3523] sondern nur den Anteil des Bewertungen, der in einem Fenster von 15 % um die Approximation des inneren Wertes des Unternehmens verteilt ist.[3524] Hinter dem Vergleich der

3520 Beide Größen sind in der Praxis nicht beobachtbar. In der Folge kann daher jeweils nur auf die beobachtbaren, unvollständigen Approximationen beider Größen zurückgegriffen werden. Die Definition der Über- bzw. Unterbewertung erfolgt dabei in Abhängigkeit voneinander, d. h., ob die Parameter bzw. der Marktpreis über- oder unterschätzt werden, hängt vom gewählten Betrachtungswinkel ab.

3521 Fraglich hierbei ist, ob die Finanzierungspolitik als ein Teilaspekt des Bewertungsansatzes die Kraft besitzt, zu einem Ausgleich einer systematischen Unterschätzung zu führen.

3522 Copeland (2009) wählt ein ähnliches Vorgehen. Im Kontrast zu Kaplan/Ruback (1995) sowie Francis et al. (2000) wird jedoch das Fenster um die Approximation des Unternehmenswertes mit 50 % deutlich breiter gewählt. Vgl. Copeland (2009) S. 80–82.

3523 Ein alternatives Abstellen auf die Varianz als Gütekriterium, als Maß für die mit dem Bewertungsansatz verbundene Streuung, wäre an dieser Stelle auch denkbar. Vgl. dazu Carlsen (2008) S. 147 Fn. 1; Courteau et al. (2006) S. 567.

3524 Die Festlegung auf ein Fenster von 15% erfolgt dabei ad hoc. Vgl. Dazu Kaplan/Ruback (1995) S. 1076.

Trefferquote alternativer Bewertungsansätze steht dabei die Überlegung, dass sich die Eignung alternativer Bewertungsansätze in einer höheren Trefferquote bzw. einer geringeren Streuung der Schätzungen des Unternehmenswertes um den Marktpreis zeigt.[3525]

Das Maß der Trefferquote ergänzt damit den zuvor beleuchteten Aspekt der Treffgenauigkeit. Mit der Betrachtung der Trefferquote rückt die Frage der Güte der Approximation des tatsächlichen „inneren" Unternehmenswertes zwar zunächst in den Hintergrund, eine abschließende Antwort auf das Problem, i.S. einer Immunisierung, möglicher Marktineffizienzen liefert jedoch auch das Maß der Trefferquote nicht. Stärkere Berücksichtigung findet das Problem zeitweiser Marktineffizienzen in den in der Folge kurz beschriebenen dynamischen Untersuchungsansätzen des Methodenbaukastens II.

5.9.1.2. Dynamische Untersuchungsmethoden (Methodenbaukasten II)

Wie gegen Ende des vorhergehenden Abschnitts nochmals hervorgehoben, stellen die bisher betrachteten Untersuchungsansätze auf einen engen Zusammenhang zwischen der Approximation des Marktwertes und der Schätzung des Fundamentalwertes ab. Aus einer Reihe von Gründen[3526] kann die Kapitalmarkteffizienz und damit die Verbindung zwischen Marktpreis und tatsächlichem Wert des Unternehmens in der Praxis jedoch regelmäßig durchbrochen sein. Der in den vorangehend skizzierten Untersuchungsansätzen als Referenzpunkt gewählte Marktpreis stellt bei einer Durchbrechung der Kapitalmarkteffizienz damit lediglich eine unvollständige Approximation des tatsächlichen fundamentalen Unternehmenswertes dar. Somit ist – neben der im Rahmen der Untersuchung alternativer Finanzierungspolitiken zu ermittelnden Schätzung des fundamentalen Unternehmenswertes – auch der Marktpreis als Vergleichspunkt mit einer eingeschränkten Treffgenauigkeit behaftet. Der Marktpreis weist m. a. W. also einem Fehlerterm gegenüber den tatsächlichen „inneren" Wert des Unternehmens auf.[3527] In Abhängigkeit zu dem zwischen tatsächlichem Unternehmenswert und dem am Kapitalmarkt beobachtbaren Preis bestehenden Abstand, kann eine Analyse auf Basis von Treffgenauigkeit, Trefferquote und Erklärungskraft letztlich zu einer fehlerhaften Reihung

---

3525 Vgl. Kaplan/Ruback (1995) S. 1076; Francis et. al (2000) S. 56.

3526 Ineffizienzen können so beispielsweise auf die im Behavioral-Finance-Ansatz näher beleuchtete begrenzte Rationalität eines Teils der Marktteilnehmer, sog. Noise-Trader, zurückzuführen sein. Es ist jedoch auch denkbar, dass kurzfristig der Gleichlauf von Wert und Preis durch Arbitragekosten durchbrochen wird. Vgl. dazu Carlsen (2008) S. 147; Shleifer/Summers (1990) S. 19–20; Lee et al. (1999) S. 1697.

3527 Der Abstand bzw. Fehler zwischen Unternehmenswert und Marktpreis wird dabei in der Regel auch nicht zeitstabil sein, d. h. Über- und Unterschätzungen sind als gleich wahrscheinlich anzusehen.

konkurrierender Bewertungsannahmen führen.[3528] In der Literatur wird der in der Praxis zu beobachtenden Durchbrechung der Kapitalmarkteffizienz und der damit einhergehenden Verzerrung des Marktpreises als Approximation des inneren Wertes auf unterschiedliche Art und Weise begegnet. In Anlehnung an die im vorangehenden Abschnitt vorgenommene Einteilung werden in der Folge die in der Literatur gebräuchlichen Untersuchungsansätze, die eine zeitweise Verletzung der Annahme der Markteffizienz erlauben, unter dem Begriff des Methodenbaukastens II zusammengefasst. Hierbei herauszuheben ist, dass Abweichungen zwischen Markt- und Fundamentalwert für die im Folgenden betrachteten Ansätze lediglich von kurzfristiger Natur sind und der Markt – zumindest partiell –[3529] bestehende Fehlbewertungen im Zeitverlauf antizipiert bzw. korrigiert.[3530]

Zur Betrachtung des Bewertungsfehlers auf Portfolioebene

Blickt man auf die in der Literatur diskutierten Ansätze, so ist eine erste Maßnahme, auf dem Weg Verzerrungen aufgrund kurzzeitiger Abweichungen zwischen Markt- und Fundamentalwert zu begegnen, eine Abkehr von einem unternehmensindividuellen Vergleich der, das fundamentale Wertmodell wohl i. d. R. begleitenden, Fehlerterme. An die Stelle eines unternehmensindividuellen Vergleichs tritt vielmehr ein Vergleich der auf Portfolioebene auftretenden Bewertungsfehler. Hinter der Betrachtung der Bewertungsfehler auf Portfolioebene steht die Überlegung, dass die zwischen Markt- und tatsächlichem Fundamentalwert auftretenden Abweichungen, die auf kurzfristige Durchbrechungen der Markteffizienz zurückzuführen sind, durch eine Portfoliobildung ausgeglichen werden können. Alternativ könnte man auch formulieren, dass die auftretenden Abweichungen von Marktwert und tatsächlichem Unternehmenswert annahmegemäß von unsystematischer Natur sind und sich durch eine Zusammenfassung des Bewertungsfehlers über mehrere Unternehmen hinweg ausgleichen lassen.[3531]

3528 Eine eingängige Illustration dieses Zusammenhanges bieten die Ausführungen von Carlsen (2008). Vgl. hierzu Carlsen (2008) S. 147–148.

3529 Gründe für einen unvollständigen Abbau bestehender Fehlbewertungen können etwa darauf zurückzuführen sein, dass ein vollständiger Abbau wirtschaftlich nicht möglich ist.

3530 Vgl. u. a. Courteau et al. (2006) S. 568. Diese lediglich zeitweisen Durchbrechungen der Markteffizienz sind auch für die Untersuchung alternativer Finanzierungspolitiken von zentraler Bedeutung. Dies zeigt u. a. bereits die Einschätzung von Modigliani/Miller (1958), dass der Markt durchaus von kurzfristigen Effizienzdurchbrechungen gekennzeichnet ist. Systematische und zeitstabile Durchbrechungen der Markteffizienz sind letztlich nicht mit den Überlegungen zur Bedeutung der Finanzierungspolitik vereinbar. Vgl. Modigliani/Miller (1958) S. 280–281.

3531 Diese Argumentation findet sich, wie im Überblick über die vergangenen Arbeiten zur Güte alternativer Bewertungsverfahren angedeutet, u. a. in Penman/Sougiannis (1998). Vgl. dazu auch Carlsen S. 148; Penman/Sougiannis (1998) S. 354.

Damit lässt sich das grundsätzliche Vorgehen zur Unterscheidung der Treffgenauigkeit alternativer Verfahren, wie für den Methodenbaukasten I beschrieben, auf Portfolioebene weitgehend unverändert anwenden.[3532] Frei von Nachteilen bleibt dieses aggregierte Vorgehen jedoch nicht. Gegenüber dem unternehmensindividuellen Vergleich verliert ein Vergleich auf Portfolioebene durch die Zusammenfassung regelmäßig an Aussagekraft. Wie die Kritik von Carlsen (2008) und Francis et al. (2000) deutlich macht, kann ein auf eine Portfoliobildung zurückgreifender Untersuchungsansatz zwar zu einer Immunisierung gegenüber etwaigen Marktineffizienzen führen, zugleich dürfte als unerwünschter Nebeneffekt neben einer Immunisierung der Untersuchung gegen Marktineffizienzen zugleich auch ein Ausgleich des mit einem Bewertungsmodell bzw. alternativen Bewertungsannahmen verbundenen Fehlers nicht ausgeschlossen sein.[3533]

Aufgrund der mit der Portfoliobildung einhergehenden Beschränkung der Aussagekraft – sowie der grundsätzlichen Anwendbarkeit der Ansätze des Methodenbaukastens I – soll ein solches Vorgehen in der Folge nicht vertieft betrachtet werden. Über die Aggregation des Bewertungsfehlers hinaus finden sich in der Literatur zwei weitere Aspekte, die sich von dem Betrachtungsansatz des Methodenbaukastens I deutlich stärker als die Zusammenfassung der Bewertungsergebnisse zu Portfolios unterscheiden.

Zum Prognosegehalt der Schätzung des fundamentalen Unternehmenswertes I

In der Literatur findet sich etwa der Ansatz, die Güte eines Bewertungsansatzes an der Prognosefähigkeit, die ein Unternehmensbewertungsmodell bzw. eine Bewertungsannahme aufweist, festzumachen.[3534] Unter dem Begriff der Prognosefähigkeit versteht man hierbei die Möglichkeit, in Abhängigkeit zum Grad der Markteffizienz, auf Basis eines fundamentalen Bewertungsansatzes zukünftige Marktentwicklungen zu prognostizieren und damit verbunden die Möglichkeit, im Falle einer am Kapitalmarkt bestehenden Fehlbewertung eine Überrendite erzielen zu können. Getragen wird dieser Untersuchungsansatz von der Überlegung, dass – in einem wenigstens partiell effizienten Kapitalmarkt – Abweichungen zwischen innerem Unternehmenswert und beobachtbarem Marktpreis zeitlich instabil sind und sich der beobachtbare Marktpreis infolge einer Abweichung mit Zeitversatz dem inneren Wert des Unternehmens und damit der Schätzung des fundamentalen Bewertungsmodells annähert.[3535] Der innere Unternehmenswert wird dabei anhand

3532 Es sei an dieser Stelle daher auf die Ausführungen des Abschnitts 5.9.1.1. verwiesen.

3533 Ähnliches gilt auch für das Beurteilungskriterium Erklärungskraft. Vgl. dazu Carlsen (2008) S. 148.

3534 Wie schon für die Begrifflichkeiten Treffgenauigkeit und Erklärungskraft orientiert sich die Verwendung des Begriffs Prognosefähigkeit u. a. an Carlsen (2008). Lee et al. (1999) sprechen in diesem Zusammenhang analog von „predictive power“ eines Bewertungsansatzes. Vgl. Carlsen (2008) S. 151; Lee et al. (1999) S. 1698.

3535 Der u. a. bereits von Modigliani/Miller (1958) beschriebene Arbitrageprozess setzt also mit zeitlicher Verzögerung ein. Vgl. Modigliani/Miller (1958) S. 269.

der zu vergleichenden Bewertungsansätze bzw. – für den Fall des Vergleichs alternativer Finanzierungspolitiken – Bewertungsannahmen approximiert.[3536] Stellt der verwendete Bewertungsansatz bzw. die Bewertungsannahme eine geeignete Approximation des „wahren" Unternehmenswertes dar, lassen sich auf Basis des Verhältnisses von fundamentalem Unternehmenswert zu Marktpreis des Unternehmens – in der Folge auch als V/P-Verhältnis bezeichnet – in Abhängigkeit zur Kapitalmarkteffizienz vorteilhafte Investitionsentscheidungen ableiten.[3537]

Die Arbeit von Carlsen (2008) betrachtet vier verschiedene – im Folgenden kurz betrachtete – Konstellationen, die den Begriff der Prognosefähigkeit in Abhängigkeit von Markteffizienz und Gültigkeit des Bewertungsmodells illustrieren. Nimmt man zunächst – wie implizit bei Anwendung der Ansätze des Methodenbaukastens I vorausgesetzt – an, dass die Annahme der Kapitalmarkteffizienz uneingeschränkt erfüllt ist – der Marktpreis des Unternehmens stellt damit ein geeignetes Maß des inneren Wertes des Unternehmens dar –, so sind in Abhängigkeit zur Güte des Bewertungsmodells zwei mögliche Fälle zu unterscheiden. Für den Fall, dass das fundamentale Unternehmensbewertungsmodell eine treffgenaue Schätzung des inneren Wertes des Unternehmens liefert, nimmt das Verhältnis aus fundamentalem Unternehmenswert und Marktpreis den Wert eins an. Das fundamentale Wertmodell beinhaltet damit – dies haben bereits die Überlegungen des Abschnitts 5.9.1.1. gezeigt – das gleiche Informationsniveau wie der effiziente Marktpreis, eine Prognose der zukünftige Wertentwicklung ist damit nicht möglich.[3538] Im Falle eines unvollständigen fundamentalen Bewertungsmodells weicht die Schätzung des fundamentalen Bewertungsmodells vom Marktpreis ab, es ergibt sich somit ein V/P-Verhältnis ungleich eins. Ein V/P-Verhältnis ungleich eins enthält in diesem Fall – der Kapitalmarkt ist effizient und der Marktpreis korrekt – keine werthaltigen Informationen, d. h. eine Einschätzung der zukünftigen Marktentwicklung, die zum Erzielen einer Überrendite geeignet ist.[3539]

Wechselt man in den Fall eines nicht durchgängig effizienten Kapitalmarktes, so muss man zunächst erneut zwischen einem vollkommenen und einem unvollkommenen Bewertungsmodell differenzieren. Im Fall eines, zu einem korrekten Unternehmenswert führenden, vollkommenen Bewertungsmodells, aber eines unvollkommenen Kapitalmarktes weicht das V/P-Verhältnis erneut vom Wert des Idealzustandes eines vollständigen Gleichlaufs ab. Das Bewertungsmodell

3536 Vgl. dazu Dechow et al. (1999) S. 27; Courteau et al. (2006) S. 556.

3537 Ein V/P-Verhältnis kleiner 1 ist so ein Hinweis darauf, dass der Marktpreis über dem inneren Wert des Unternehmens liegt. Ein V/P-Verhältnis größer 1 kann dagegen als Hinweis auf eine Unterbewertung interpretiert werden. Vgl. u. a. Dechow et al. (1999) S. 27; Frankel/Lee (1998) S. 298, Carlsen (2008) S. 151.

3538 In Analogie zu der eingangs angestellten Überlegung gibt es keinen Zeitversatz zwischen Unternehmenswert und Marktpreis.

3539 Vgl. u. a. Lee et al. (1999) S. 1698. Vielmehr würde man auf Basis des fehlerhaften Bewertungsmodells Fehlentscheidungen treffen.

beinhaltet nun gegenüber dem Marktpreis ergänzende bzw. im Falle einer kurzfristigen Irrationalität eines Teils der Marktteilnehmer unverzerrte Informationen. Dies bedeutet jedoch, dass auf Basis der mit dem fundamentalen Bewertungsmodell verknüpften Informationen, durch eine entsprechende Handelsstrategie, eine Überrendite erzielt werden kann, da die Fehlbewertung im Zeitverlauf nicht stabil ist und sich der Marktpreis – wenigstens mittelfristig – an den Wert des Fundamentalwertes annähern wird. Der Fall eines unvollständigen Bewertungsmodells auf einem unvollkommenen Kapitalmarkt[3540] führt demgegenüber dazu, dass die im Idealfall in der vorangehenden Fallkonstellation erzielbaren Überrenditen nicht oder nur unvollständig gehoben werden können.[3541] Als Kriterium für die Güte eines Bewertungsansatzes wird in diesem Fall der Umfang herangezogen, in dem es einem Bewertungsansatz gelingt, zukünftige Entwicklungen zu prognostizieren bzw., auf Basis einer entsprechenden Handelsstrategie, eine Überrendite zu erzielen.[3542]

In der Literatur finden sich dabei zwei Ansätze, den beschriebenen Zusammenhang zu überprüfen. Auf der einen Seite wird die Rendite einer auf dem V/P-Verhältnis aufbauenden Anlagestrategie betrachtet. Vertreter dieses Ansatzes stellen u. a. die Arbeiten von Frankel/Lee (1998) und Frankel/Lee (1999) dar.[3543] Frankel/Lee (1998) schlagen dabei das nachfolgend kurz skizzierte Vorgehen zur Überprüfung der Werthaltigkeit der durch das Verhältnis von Fundamental- zu Marktwert ausgesandten Signale ein. In einem ersten Schritt wird die Stichprobe in Quintile u. a. auf Basis des V/P-Verhältnisses eingeteilt.[3544] Im Sinne der zuvor betrachteten Fallunterscheidung ist für den Fall eines nur eingeschränkt funktionierenden Kapitalmarktes davon auszugehen, dass auf Basis der im V/P-Verhältnis enthaltenen Information eine Überrendite generiert werden kann. Geht man, wie bereits skizziert, davon aus, dass der Marktpreis sich im Zeitverlauf dem Fundamentalwert wieder annähert, bedeutet dies, dass eine Investition in Unternehmen mit niedrigem V/P-Verhältnis mit einer niedrigeren zukünftigen Rendite gegenüber

---

3540 Carlsen (2008) hält diese Fallkonstellation für die Realität bzw. für das Annahmegerüst des Methodenbaukastens II für ausschlaggebend. Dieser Einschätzung ist sich in der Folge anzuschließen. Eine ähnliche Einschätzung findet sich in Courteau et al. (2006). Vgl. Courteau et al. (2006) S. 651.

3541 Die Schätzung des Fundamentalwertes ist z. T. fehlerhaft und der Marktpreis bewegt sich weniger stark in die Richtung der Schätzung des inneren Unternehmenswertes.

3542 Die obigen Ausführungen orientieren sich an Carlsen (2008) und Lee et al. (1999). Vgl. Carlsen (2008) S. 151–152; Lee et al. (1999) S. 1698–1699.

3543 Weitere Arbeiten, die die Güte alternativer Bewertungsansätze mit den erzielten Renditen einer Anlagestrategie auf Basis des V/P-Verhältnisses beurteilen, stellen die Arbeiten von Dechow et al. (1999) und Courteau et al. (2006) dar.

3544 Courteau et al. (2006) teilen demgegenüber ihre Stichprobe in 10 Portfolios auf Basis des Verhältnisses von innerem Wert und Marktpreis ein. Vgl. Courteau et al. (2006) S. 568.

einer Investition in Unternehmen mit hohem V/P-Verhältnis verbunden ist.[3545] Ob diese Vermutung gerechtfertigt ist, ist in einem zweiten Schritt mit einem Vergleich der durchschnittlichen Rendite einer einfachen „buy and hold“-Strategie zu überprüfen.[3546] Fraglich dabei ist, über welchen Zeitraum der Marktpreis sich an den inneren Unternehmenswert annähert, d. h. die bestehende Fehlbewertung korrigiert. Frankel/Lee (1998) betrachten die Renditen einer Investition in Unternehmen mit niedrigem und hohem V/P-Verhältnis, vereinfachend über einen Zeitraum von 12, 24 und 36 Monaten.[3547] Für die untersuchte Stichprobe zeigen Frankel/Lee (1998), dass insbesondere für die längerfristigen Investitionsstrategien von 24 und 36 Monaten die Investition in die unterbewerteten Unternehmen mit einer signifikant höheren Rendite gegenüber einer Investition in die überbewerteten Unternehmen verbunden ist.[3548] In einem dritten Schritt ist schließlich zu überprüfen, ob die gewählte Anlagestrategie einer naiven bzw. zufälligen Anlagestrategie überlegen ist,[3549] d. h., es ist zu klären, ob eine Investitionsstrategie auf Basis des V/P-Verhältnisses wirklich werthaltig ist. Der Investitionsstrategie auf Basis des V/P-Verhältnisses ist damit eine alternative Anlagestrategie gegenüberzustellen. Frankel/Lee (1998) wählen so u. a. eine auf Basis des Verhältnisses von Buch- zu Marktwert aufbauende Investitionsstrategie als Referenzpunkt einer alternativen Anlagestrategie.[3550]

Ein vergleichbares Vorgehen erscheint zunächst auch für Untersuchungen der Relevanz alternativer Finanzierungspolitiken gangbar. Bei näherer Betrachtung ergeben sich jedoch bei mindestens zwei – für diesen Untersuchungsansatz zentralen – Punkten Schwierigkeiten in der Umsetzbarkeit bzw. der Eignung dieses Ansatzes. Wie bereits für das Maß der Treffgenauigkeit des Methodenbaukastens I kritisch angemerkt, unterliegt auch dieser Untersuchungsansatz zunächst der impliziten Annahme, dass eine Finanzierungspolitik von zustandsunabhängiger Dominanz existiert. Diese Annahme erscheint, wie bereits in Kapitel II bzw. Abschnitt 5.6. kurz mit Blick auf die Praxis ausgeführt, wenig plausibel. Der Ansatz des Renditevergleichs bietet jedoch eine praktikable Ergänzung des Maßstabes der

3545 Vgl. Dechow et al. (1999) S. 27.

3546 Dabei wird die Rendite einer Investition in die überbewerteten Unternehmen einer Investition in die unterbewerteten Unternehmen gegenübergestellt.

3547 Vgl. Frankel/Lee (1998) S. 295. Courteau et al. (2006) schließen sich diesem Vorgehen von Frankel/Lee (1998) an. Vgl. Courteau et al. (2006) S. 561 Die Länge der betrachteten Zeitintervalle erscheint jedoch ad hoc gewählt zu sein.

3548 Vgl. Frankel/Lee (1998) S. 298.

3549 Alternativ kann die Überprüfung an der erwarteten Rendite, die beispielsweise auf Basis des CAPM ermittelt wurde, festgemacht werden. Dieser Ansatz hat den Vorteil, dass gleichzeitig Unterschiede im übernommenen Risiko berücksichtigt werden. Courteau et al. (2006) schlagen diesen Weg ein. Vgl. Courteau et al. (2006) S. 571.

3550 Sie sehen ihre Einschätzung der Werthaltigkeit des V/P-Verhältnisses dabei bestätigt. Vgl. Frankel/Lee (1998) S. 298–300.

Treffgenauigkeit auf einem unvollkommenen Kapitalmarkt. Darüber hinaus kann der Kritik an der Annahme der uneingeschränkten Dominanz einer Finanzierungspolitik, wenigstens zum Teil, durch einen ergänzenden Schritt, vergleichbar zu dem in der Arbeit von Frankel/Lee (1998) eingeschlagenen Vorgehen, begegnet werden.[3551] So kann eine ergänzende Kontrolle der Abhängigkeit der erzielten Rendite von unternehmensspezifischen bzw. Marktparametern, wie gängige Approximationen des übernommenen Risikos, zeigen, dass die Erzielung einer Überrendite etwa mit einem höheren Risikoniveau verbunden ist.[3552] Ungeachtet dieser möglichen Zwischenschritte bleibt als bedeutsameres der beiden Probleme die Frage, wie stark eine alternative Abbildung der Finanzierungspolitik über das V/P-Verhältnis die Einteilung z. B. in Quintile beeinflusst, dass sich die Investitionsstrategie und damit die erzielbaren Renditen im Rahmen der Auswertung auch voneinander unterscheiden, unbeantwortet. Geht man ex ante davon aus, dass der Einfluss der betrachteten Finanzierungspolitik gegenüber anderen Parametern des Bewertungsmodells relativ gering ist,[3553] besitzt eine Veränderung der Finanzierungspolitik möglicherweise nicht die Kraft, die Zusammensetzung des obersten und untersten Quintils und damit die mit der Investitionsstrategie verknüpften Renditen zu verändern.[3554]

Der mögliche Mehrwert dieses Untersuchungsansatzes erscheint insbesondere in Kontrast zum verbundenen Aufwand damit als limitiert. Damit soll dieser Ansatz in der Folge nicht eingehender betrachtet werden. Neben dem Vergleich der Rendite einer auf dem V/P-Verhältnis aufbauenden Anlagestrategie zu einer naiven Anlagestrategie als Beurteilungskriterium findet sich in der Literatur ein weiteres Vorgehen zur Überprüfung der Prognosefähigkeit des betrachteten fundamentalen Bewertungsmodells.

Zum Prognosegehalt der Schätzung des fundamentalen Unternehmenswertes II

Die Arbeit von Lee et al. (1999) überprüft, in Anlehnung etwa an die Arbeiten von Fama/French (1989), die Prognosefähigkeit des V/P-Verhältnisses mittels bivariater und multivariater Regressionsgleichungen.[3555] Als abhängige Variable betrachten Lee et al. (1999) die durchschnittliche monatliche Überrendite einer Investition in

---

3551 Frankel/Lee (1998) berücksichtigen so zur Konstruktion der Portfolios neben dem V/P-Verhältnis eine weitere Dimension wie beispielsweise die Unternehmensgröße. Vgl. Frankel/Lee (1998) S. 299–302.

3552 Vgl. Henschke (2009) S. 62. Schlägt man das Vorgehen von Courteau et al. (2006) durch die Berücksichtigung der risikoäquivalenten Kapitalkosten ein, ist an dieser Stelle eine Kontrolle des Einflusses einzelner Risikofaktoren verzichtbar.

3553 Diese Frage wurde u. a. in Abschnitt 5.6.1.6. mit Blick auf die Diskussion der Literatur näher beleuchtet.

3554 Damit unterscheidet sich dieser Ansatz auch von dem Maß der Treffgenauigkeit des Methodenbaukastens I, der, auch bei geringen Unterschieden einsetzbar, unterscheidbare Ergebnisse liefert.

3555 Vgl. Lee et al. (1999) S. 1717.

den Dow-Jones-Index über einen Zeithorizont von 1 bis 18 Monaten.[3556] Als erklärende Variable werden neben alternativen Operationalisierungen des V/P-Verhältnisses,[3557] ähnlich zum Vorgehen im Rahmen der stationären Analyse von Frankel/Lee (1999), auch weitere Indikatoren für den inneren Unternehmenswert wie etwa die Dividendenrendite[3558] sowie das inverse Kurs-Gewinn- und Kurs-Buchwert-Verhältnis in einer multivariaten Regressionsgleichung betrachtet.[3559] Die einfache Regressionsgleichung nimmt für die Betrachtung des Einflusses des V/P-Verhältnisses auf die Überrendite in Analogie zu Lee et al. (1999) letztlich folgende Form an:

$$r_{t+n} = a_t + b_t \cdot \frac{V_t}{P_t} + \varepsilon_t \tag{5.12}$$

Es kann – verfügt eine Bewertungsannahme bzw. ein Bewertungsansatz über prognostische Eigenschaften – ein positiver Zusammenhang zwischen der zukünftigen Rendite und dem V/P-Verhältnis vermutet werden. Dahinter stehen letztlich die in der Folge kurz zu skizzierenden Überlegungen: Mit steigender Unterbewertung des Unternehmens durch die Marktteilnehmer ist, ein Funktionieren des fundamentalen Bewertungsansatzes vorausgesetzt, ein Anstieg des V/P-Verhältnisses zu erwarten. Zugleich ist mit einem Anstieg der Überrendite in der Folge der bestehenden Fehlbewertung zu rechnen.[3560] Dieser Zusammenhang ist als stabil zu erachten, wenn die zu Beginn dieses Abschnitts getroffenen Annahmen erfüllt sind, dass Fehlbewertungen nicht dauerhafter Natur sind und der Marktpreis sich in der Folge einer Fehlbewertung wieder an den inneren Unternehmenswert annähert. Für den Fall einer Unterbewertung, gekennzeichnet durch ein hohes V/P-Verhältnis, ist in der Folge so von einem Anstieg des Marktpreises und damit verbunden mit dem Anstieg der mit einer Investition in das unterbewertete Unternehmen verbundenen Rendite auszugehen.[3561] Für den Fall einer Überbewertung lässt sich

3556 Vgl. Lee et al. (1999) S. 1716; 1718. Copeland (2009), der einen vergleichbaren Ansatz verfolgt, betrachtet lediglich einen Zeitraum bis zu 6 Monaten. Vgl. Copeland (2009) S. 85.

3557 Unter alternativen Operationalisierungen des V/P-Verhältnisses werden hier unterschiedliche Schätzungen des inneren Wertes „V" verstanden. Die Schätzungen des inneren Wertes unterscheiden sich dabei u. a. im verwendeten Diskontierungssatz und der Länge der Detailplanungsphase. Vgl. u. a. Lee et al. (1999) S. 1718.

3558 Die Dividendenrendite stellt einen traditionellen Indikator zukünftiger Renditen dar. Einen kurzen Überblick über die dahinterliegenden Annahmen gibt u. a. Fama/French (1989). Vgl. Fama/French (1989) S. 26.

3559 Vgl. Lee et al. (1999) S. 1706, 1719.

3560 Dieser Zusammenhang zwischen V/P-Verhältnis und Rendite ähnelt letztlich den Überlegungen des vorangehenden Unterabschnitts.

3561 Diese Überlegungen nehmen u. a. Lee et al. (1999) vor und sehen diese Vermutung im Rahmen der bivariaten Analyse bestätigt. Vgl. Lee et al. (1999) S. 1718.

eine analoge Beziehung herstellen. Das Ergebnis der bivariaten Regression liefert einen ersten Anhaltspunkt, ob die vermutete Beziehung zwischen V/P-Verhältnis und zukünftiger Rendite in der Praxis tatsächlich dem skizzierten Zusammenhang entspricht. In einem zweiten Schritt kann durch die zusätzliche Betrachtung der alternativen Indikatoren einer Über- bzw. Unterbewertung in einer multivariaten Regressionsgleichung die Stabilität der Prognosefähigkeit des V/P-Verhältnisses überprüft werden, da – wie bereits hervorgehoben wurde – ex ante nicht ausgeschlossen werden kann, dass das V/P-Verhältnis lediglich einen Platzhalter für die alternativen Indikatoren einer Fehlbewertung darstellt.[3562] In einem weiteren Schritt können in einen Teil der multivariaten Analyse, alternativ zu den Approximationen des Verhältnisses von innerem Unternehmenswert zu Marktwert, weitere erklärende Variablen, etwa auch Approximationen des vorliegenden Konjunkturzyklus, in die Regressionsgleichung einfließen. Verwendung finden in der Arbeit von Lee et al. (1999) etwa der am Anleihenmarkt beobachtbare Aufschlag für das Ausfallrisiko als auch die beobachtbare Laufzeitprämie, die in der Vergangenheit von der Literatur als Indikator der zukünftigen Aktienrenditen identifiziert wurden.[3563] Die Berücksichtigung der beiden Approximationen des Konjunkturzyklus soll als weiterer Robustheitstest sicherstellen, dass das V/P-Verhältnis nicht indirekt eine Approximation des Konjunkturzyklus ist und die Annahme, dass der Einfluss des V/P-Verhältnisses ein Ausdruck der Güte des fundamentalen Bewertungsansatzes ist, sich als nicht gerechtfertigt erweist.[3564]

Einen zur Arbeit von Arbeit von Lee et al. (1999) vergleichbaren Ansatz zur Überprüfung der Prognosefähigkeit des fundamentalen Bewertungsmodells verfolgt die Arbeit von Copeland (2009). Vordergründig wählt Copeland (2009) jedoch einen unterschiedlichen Blickwinkel für seinen Untersuchungsansatz, dies zeigt sich insbesondere in der von Copeland (2009) verwendeten Terminologie. So spricht Copeland (2009) nicht von der Prognosefähigkeit eines fundamentalen Bewertungsmodells, sondern von einem Test, der untersucht, inwieweit der Marktwert in Richtung der Schätzung des fundamentalen Unternehmenswertes konvergiert. Die Unterscheidung zwischen beobachtbarer Konvergenz und zukünftiger Rendite ist für Copeland (2009) dabei durchaus zentral und soll daher kurz hervorgehoben werden. Für Copeland (2009) liegt der Unterschied zwischen den beiden Blickwinkeln darin, dass die vorangehend beleuchteten Betrachtungsansätze der Konvergenz als Möglichkeit, eine Überrendite zu erzielen, einen Teilaspekt, die

---

3562 Es ergibt sich in Analogie zu Lee et al. (1999) folgende Regressionsgleichung: $r_{t+n} = a_t + b_t \cdot \frac{V_t}{P_t} + c_t \cdot \frac{E_t}{P_t} + d_t \cdot \frac{BV_t}{P_t} + \varepsilon_t$ Auch im Rahmen der multivariaten Regression sehen Lee et al. (1999) die Dominanz des V/P-Verhältnisses als bestätigt an. Vgl. Lee et al. (1999) S. 1723.

3563 Vgl. Lee et al. (1999) S. 1713, 1723; Fama/French (1989) S. 26–27.

3564 Lee et al. (1999) S. 1726.

Konvergenz im Falle einer vorangehenden Überbewertung des Unternehmens, unterschlagen.[3565] Diese Anmerkung von Copeland (2009) erscheint berechtigt und sollte in Untersuchungen zur Güte alternativer Finanzierungspolitiken Berücksichtigung finden.[3566]

Ungeachtet der Frage der Interpretation der abhängigen Variablen bzw. des Untersuchungsansatzes stellt sich, unverändert zum Fall der statischen Analyse, die Frage, ob ein solcher Untersuchungsansatz dazu geeignet ist, zwischen verschiedenen Ausgestaltungen der Finanzierungspolitik zu unterscheiden. Gegenüber dem statischen Vergleich weisen dynamische Untersuchungsmethoden zunächst den Vorteil auf, dass i. d. R. sichergestellt ist, dass sich die in das V/P -Verhältnis einfließende Schätzung des Fundamentalwertes von den alternativen Operationalisierungen der Finanzierungspolitik unterscheidet. Fraglich bleibt unbenommen, ob die Unterscheidbarkeit der alternativen Operationalisierung der Finanzierungspolitiken deutlich genug ist, um sich in einem signifikant unterschiedlichen Bestimmtheitsmaß sowie unterschiedlichen Koeffizienten niederzuschlagen. Dies kann auf Basis der bereits im Rahmen des statischen Betrachtungsansatzes vorgenommenen Überlegungen weiterhin bezweifelt werden.[3567] Auch die Frage der Zustandsabhängigkeit der Güte der Annahmen der Finanzierungspolitik scheint mit den in diesem Abschnitt beleuchteten Untersuchungsansätzen erneut nur unbefriedigend zu beantworten sein.

Eine sich an dem Methodengerüst der „goodness of fit“-Literatur orientierende Untersuchung alternativer Finanzierungspolitiken hat somit – dies haben die Abschnitte 5.8.2. bis 5.9.1.2. gezeigt – mit zwei zentralen Problemen zu kämpfen. Einerseits besteht im Rahmen der Operationalisierung alternativer Finanzierungspolitik das Problem einer sachgerechten, in sich geschlossenen Definition der bewertungsrelevanten Parameter. Andererseits sind die in der Literatur bis dato diskutierten Untersuchungsansätze von vergleichsweise grobschlächtiger Natur, die – in Abhängigkeit zur Modellierung der Bewertungsmodelle – möglicherweise zu nur geringfügigen Unterschieden in der Schätzung des fundamentalen Unternehmenswertes führen. Dennoch scheinen diese Ansätze als Ausgangspunkt für von der Literatur noch zu entwickelnde feingliedrigere Untersuchungsansätze durchaus geeignet.

3565 Copeland (2009) spricht hierbei davon, dass der Blickwinkel der Rendite immer von einer Long-Position ausgeht und nicht berücksichtigt, dass durch das Eingehen einer Short-Position eine Überrendite erzielt werden kann. Vgl. Copeland (2009) S. 83.

3566 Als erklärende Variable verwendet Copeland (2009) daher den vorzeichenbehafteten Bewertungsfehler. Vgl. Copeland (2009) S. 83.

3567 Eine Klärung, ob diese Einschätzung gerechtfertigt ist, bringt letztlich jedoch nur die konkrete Anwendung dieses Ansatzes.

5.9.2. Zur Ausgestaltung eines empirischen Bewertungsmodells

Wie in den vorangehenden Abschnitten näher beleuchtet, steht hinter den möglichen Ansätzen zur Untersuchung der Praxisrelevanz und der Treiber alternativer Finanzierungspolitiken implizit die Annahme der Kapitalmarkteffizienz sowie damit verbunden die Annahme rationaler Investoren. Vor dem Hintergrund dieser Annahmen wird auf die enge Verbindung zwischen Marktpreis und fundamentalem Unternehmenswert abgestellt, die die Grundlage alternativer Bewertungsverfahren bzw. alternativer Bewertungsannahmen bildet. In der Literatur finden sich durchaus Einwände gegen ein solches Vorgehen, ist doch in Anbetracht des theoretisch, d. h. bei konsistenten Annahmen, bestehenden einheitlichen Bewertungsergebnisses alternativer Bewertungsverfahren das Ergebnis der Untersuchung bestenfalls eine Hervorhebung möglicher Inkonsistenzen in der Modellierung der Annahmen unterschiedlicher Bewertungsmodelle.[3568] Für die Untersuchung der Bedeutung alternativer Finanzierungspolitiken ist diese Kritik dagegen von untergeordneter Bedeutung, stellt die Untersuchung nicht auf einen Vergleich alternativer, d. h. wenigstens theoretisch gleichwertiger, Bewertungsansätze ab, sondern legt den Fokus gerade auf einen Vergleich divergierender Annahmen mit Blick auf das zukünftige Finanzierungsverhalten von Unternehmen. Dieser Kritikpunkt soll daher im Folgenden nicht näher beleuchtet werden.

Von größerem Interesse ist für eine Operationalisierung des Untersuchungsansatzes vielmehr eine nähere Beleuchtung, insbesondere die Bestimmung, der Parameter des fundamentalen Wertmodells. Abschnitt 5.8.2. hat gezeigt, dass in vorangehenden Studien oftmals ein vereinfachtes Vorgehen zur Bestimmung der wertrelevanten Parameter eingeschlagen wurde.[3569] Mit Blick auf die mit der Operationalisierung der fundamentalen Bewertungsmodelle einhergehenden Auswirkungen auf die Ergebnisse von Untersuchungen der Eignung alternativer Bewertungsmodelle erscheint eine eingehendere Analyse dieser Fragestellung für die Untersuchung der Relevanz alternativer Finanzierungspolitiken angezeigt.[3570] Wie Abschnitt 5.8.2 gezeigt hat, stellt den Ausgangspunkt einer solchen Diskussion sicherlich der in der Literatur zu beobachtende Rückgriff auf Analystenschätzungen bzw. Realisationen als Approximationen der Markterwartungen dar. Beide Ansätze kämpfen unzweifelhaft mit einer Reihe von Schwächen und stellen, für

---

3568 Vgl. Francis et al. (2000) S. 48; Penman/Sougiannis (1998) S. 346, 352; Henschke (2009) S. 39.

3569 So zeigt sich u. a. mit Blick auf den in empirischen Arbeiten verwendeten Diskontierungssatz, dass i. d. R. vergröberte Vorgehensweisen wie zeitkonstante industriespezifische Diskontierungssätze sowie grobe Schätzungen der Marktrisikoprämie als auch standardisierte Wachstumsannahmen Verwendung finden. Vgl. Francis et al. (2000) S. 52–53.

3570 So stellen Francis et al. (2000) u. a. die Abhängigkeit der Güte von FCF-Modellen und Residualgewinnmodellen von Wachstums- und Diskontierungssatz fest. Vgl. Francis et al. (2000) S. 57–59.

sich genommen, nur unvollkommene Approximationen der Markterwartungen dar. Aufgrund der in der Literatur beobachteten systematischen Verzerrung von Analystenprognosen dürfte das Abstellen auf Realisationen als Approximation der Markterwartung den unverzerrten Ausgangspunkt darstellen. Die Wahl dürfte jedoch maßgeblich auch von der Verfügbarkeit bzw. der Qualität der konkret vorliegenden Datengrundlage abhängen, sodass an dieser Stelle diese bei Realisation der vorgeschlagenen Untersuchungsansätze zu klärende Frage ausgeblendet sei. Bedeutsam erscheint es an dieser Stelle vielmehr, darauf hinzuweisen, dass bei der Ableitung der Parameter des Bewertungsmodells ein Gleichklang des Annahmegerüsts der zu verwendenden Modelle, etwa bei der Ableitung des Kapitalkostensatzes der Unternehmen, mit dem Annahmegerüst des Untersuchungsansatzes, der weitgehenden Kapitalmarkteffizienz bestehen muss. Der konkret von einer empirischen Untersuchung einzuschlagende Weg zur Abbildung der bewertungsrelevanten Parameter sollte sich – diesen Grundsatz berücksichtigend – zunächst wohl an dem in der Bewertungspraxis eingeschlagenen Vorgehen orientieren. Damit dürfte auch für die Untersuchung alternativer Finanzierungspolitiken etwa das CAPM bedeutsam sein.

Abschließend muss jedoch festgehalten werden, dass eine empirische Untersuchung der Relevanz alternativer Finanzierungspolitiken – trotz des in den vorangehenden Abschnitten vorgestellten Grundgerüsts – in der Umsetzung wohl noch mit einigen Hürden verknüpft sein dürfte. Es ist etwa mit Blick auf die Bestimmung der bewertungsrelevanten Parameter derzeit davon auszugehen, dass eine Reihe der in der Praxis bestehenden Hürden wohl nur pragmatisch genommen werden können. Dennoch erscheint ein veränderter Blickwinkel, angesichts der zu Beginn von Kapitel III skizzierten Schwäche bestehender empirischer Untersuchungsansätze, lohnenswert, um zu einem klareren Bild der Treiber der in der Praxis relevanten Finanzierungsstrategien zu gelangen. Ein solcher alternativer Weg erscheint dabei nicht nur für die Unternehmensbewertungspraxis von Interesse, sondern auch für die Entwicklung einer praxisnahen Kapitalstrukturtheorie von Bedeutung.

6. Abschließende Betrachtung

„[...] [W]e know very little about capital structure. We do not know how firms choose the debt, equity or hybrid securities they issue."[3571]

6.1. Zusammenfassung und Gang der Arbeit

In Abschnitt 1 dieser Arbeit wurde das durchaus ambitionierte Ziel formuliert, für einen Teilaspekt der Unternehmensbewertung, der Abbildung des zukünftigen Finanzierungsverhaltens, der durch vereinfachende Annahmen geprägten Bewertungspraxis konzeptionell begründete Handreichungen auf den Weg geben zu können.

Um dieses Ziel zu erreichen, wurde ein dreiteiliger, sich in den drei Kapiteln dieser Arbeit widerspiegelnder Weg eingeschlagen. In Kapitel I wurde ein theoretisches Fundament, auf Grundlage der vergangenen und aktuellen Bemühungen der Forschung zur Bedeutung der Finanzierungsentscheidung, für die nachfolgenden Überlegungen gelegt. Mit Kapitel I u. a. wurde deutlich, dass sich seit dem Postulat der Kapitalstrukturirrelevanz durch Modigliani/Miller (1958) eine Reihe alternativer Erklärungen des Finanzierungsverhaltens unversöhnlich gegenüberstehen.

Gemeinsam ist den alternativen Kapitalstrukturtheorien dabei, dass sie fast ausnahmslos auf einem – mit Blick auf die Praxis – als eng zu bezeichnenden Annahmegerüst gründen. Wie Kapitel I deutlich gemacht hat, ist dies u. a. auf eine unterschiedlich starke Auflösung der Prämissen des Theorems der Kapitalstrukturirrelevanz zurückzuführen. Blickt man zusammenfassend zunächst auf die in den vorangehenden Abschnitten als „klassische" Kapitalstrukturtheorien bezeichnete Trade-Off- und Pecking-Order-Theorie, so wurde für die Entwicklung der „klassischen" Trade-Off-Theorie neben der Bedeutung des i. d. R. steuermindernden Einsatzes von Fremdkapital insbesondere der Wertverzehr durch eine ineffiziente Verteilung des Unternehmensvermögens im Fall der Unternehmensinsolvenz betrachtet. Die „klassische" Pecking-Order-Theorie stellt dagegen auf eine, bereits vor der Zerschlagung des Unternehmens bestehende, ungleiche Informationsverteilung zwischen internen und externen Kapitalgebern ab, die für die Gestalt der Finanzierungsentscheidung prägend ist. Ohne die eingehende Diskussion der vorangehenden Abschnitte an dieser Stelle im Detail nachzuzeichnen, kann aus Sicht der Praxis wohl keine der kurz skizzierten Grundüberlegen ohne Weiteres als unbegründet abgelehnt werden. Diese zunächst gute Nachricht geht jedoch zugleich mit einer Bürde für beide „klassischen" Finanzierungspolitiken einher, kann doch zugleich keine der vorgenannten Finanzierungspolitiken für sich beanspruchen, für die Unternehmenspraxis uneingeschränkt von Bedeutung zu sein. Es

3571 Myers (1984) S. 575.

verwundert daher nicht, dass sich die Forschung in den Folgejahren auf die Suche nach einer praxisnäheren Abbildung der Finanzierungsentscheidung der Praxis gemacht hat. Fruchtlos sind diese Bemühungen – dies hat Kapitel I gezeigt – dabei nicht geblieben.

Zunehmend durch die lediglich gemischte Evidenz der empirischen Forschung getrieben, hat die Forschung, etwa mit der Formulierung der dynamischen Kapitalstrukturtheorien, weniger strikte Kapitalstrukturtheorien formuliert. Es lassen sich – ohne auf eine konkrete Erweiterung der Kapitalstrukturtheorie einzugehen – hier m. E. nach drei zentrale Aspekte der Modellerweiterungen identifizieren. Zunächst wurde – dies war, wie bereits hervorgehoben, ein Haupttreiber der Weiterentwicklung – mit der Erweiterung der Kapitalstrukturtheorien die Kompatibilität mit den in der Praxis beobachtbaren Finanzierungsentscheidungen erhöht. Wie deutlich wurde, ist die Weiterentwicklung zu empirisch eingängigeren Kapitalstrukturtheorien jedoch mit Kosten verbunden, die Auswirkungen auf die in Kapitel II und III betrachtete Fragestellung besitzen, werden mit den Modellerweiterungen doch die zukünftigen Finanzierungsentscheidungen durch den zunehmenden Nebel von sich verstärkenden und abschwächenden Wechselwirkungen einer immer größeren Zahl möglicher Einflussfaktoren verdeckt. Die zunehmende Komplexität bzw. die zunehmend unklare Sicht auf zukünftige Finanzierungsentscheidungen liegt in der Natur der Sache begründet und ist den Modellerweiterungen damit nicht vorzuwerfen. Gleichwohl wird deutlich, mit welchen Problemen sich die Unternehmensbewertungspraxis konfrontiert sieht bzw. liefert eine Begründung für die – in Kapitel II skizzierten – durch die Bewertungspraxis eingeschlagenen Wege. Verharrt man an dieser Stelle zunächst noch bei der Gestalt der Modellerweiterungen, so hat Kapitel I gezeigt, dass die grundsätzlich andere Gewichtung der Treiber der Finanzierung in Trade-Off- und Pecking-Order-Überlegungen auch nach den Modellerweiterungen weiterhin Bestand hat. Dies hat Auswirkungen – dies hat Kapitel III gezeigt – auf die Vielschichtigkeit der Ergebnisse empirischer Untersuchungen und die Interpretation ausgewählter Determinanten der Finanzierungsentscheidung.

Die in Kapitel I skizzierte Entwicklung der Kapitalstrukturtheorie war und ist maßgeblich für die Frage, wie die Finanzierungsentscheidung in der Unternehmensbewertung abzubilden ist. Spätestens mit der Erweiterung der Arbitrageüberlegungen von Modigliani/Miller (1958) ist der wertgestaltende Charakter der Finanzierungsentscheidung für den Unternehmenswert deutlich geworden. Es verwundert daher nicht, dass die „klassischen" Kapitalstrukturtheorien eng mit Überlegungen zur Unternehmensbewertung verbunden sind. Wie bereits mit Kapitel I deutlich wurde, besteht die Verknüpfung zwischen Unternehmensbewertungspraxis insbesondere zwischen dem Strang der Trade-Off-Theorie und der Unternehmensbewertung. Die Überlegungen der Pecking-Order-Theorie, der Wertbeitrag der Fremdfinanzierung spielt zweifelsfrei eine nachrangige Rolle, sind dagegen weniger von Bedeutung. Nähert man sich der Frage, wie Finanzierungsentscheidungen in der Praxis abzubilden sind, vor dem Hintergrund der Überlegungen des Kapitels I, so erscheint es wenig verwunderlich, dass die Annahme eines wertoptimalen Verschuldungsgrades in der Bewertungspraxis große Verbreitung gefunden hat. Kann diese in der Bewertungspraxis auch als atmende bzw. wertabhängige Finanzierungspolitik in einem ersten Blick doch auf die Überlegungen der Trade-Off-Theorie zurückgeführt werden. Klammert man die für die Praxis bedeutsame Frage der Bestimmbarkeit des wertoptimalen Verschuldungsgrades aus,[3572] so kann – allerspätestens mit Blick auf die dynamischen Kapitalstrukturtheorien – diese enge Verbindung angezweifelt werden. Lassen sich in der Praxis doch eine Reihe von Gründen anführen, warum sich Unternehmen in der Praxis mit Blick auf die Steuerung der Kapitalstruktur – wenigstens zeitweise – passiv verhalten sollten.

Bleibt man zunächst den Überlegungen der Trade-Off-Theorie treu, dürften in der Praxis anfallende Transaktionskosten eine laufende Anpassung der Kapitalstruktur als wirtschaftlich nicht sinnvoll erscheinen lassen. Vor dem Hintergrund der – in Abhängigkeit zur Gestalt der Transaktionskosten – zunehmend unregelmäßigeren Anpassung der Kapitalstruktur erscheint auch eine zunehmend passive Steuerung der Kapitalstruktur für die Praxis als denkbar. In der Literatur wird ein passives Finanzierungsverhalten i. d. R. mit einer autonomen Finanzierungspolitik in Verbindung gebracht.[3573] Eine solche Passivität kann durch eine Reihe weiterer Gründe getrieben sein, wie sie etwa durch die alternativen Kapitalstrukturtheorien beschrieben werden. Die Literatur wendet gegen eine aktive Steuerung der Kapitalstruktur so u. a. ein, dass Eigenkapitalgeber vor dem Hintergrund eines abnehmenden Unternehmenswertes kein Interesse besitzen, Eigenkapital nachzuschießen bzw. Fremdkapital zurückzuführen. Auch vor dem Hintergrund der Pecking-Order-Theorie lässt sich eine zeitweise Passivität in der Steuerung der Kapitalstruktur plausibilisieren.[3574] Wie Kapitel II deutlich gemacht hat, finden sich zwischen den Polen der weitgehenden „Passivität“ bzw. „Aktivität“ der Steuerung der Kapitalstruktur eine Reihe weiterer Finanzierungsannahmen, die mehr oder weniger stark in Richtung eines Pols ausschlagen. Auf den ersten Blick bieten diese Kombinationen einer teils aktiven, teils passiven Steuerung der Kapitalstruktur einen geeigneten Kompromiss zwischen den beiden Extrempunkten einer autonomen und wertabhängigen Finanzierungspolitik.

3572 Man landet an dieser Stelle erneut bei der zum Ende der Zusammenfassung des Kapitels I aufgeworfenen Frage, inwieweit das Theoriegerüst belastbar ist, um eine verlässliche Prognose zu erhalten.

3573 Passivität bedeutet vor dem Hintergrund der autonomen Finanzierungspolitik jedoch nicht zwingend eine Unveränderlichkeit. Die Schwächen dieser Zuschreibungen werden zu Ende dieses Unterabschnitts nochmals kurz aufgegriffen.

3574 Ein Abstellen auf die zur Trade-Off-Theorie alternativen Kapitalstrukturtheorien für die Unternehmensbewertungspraxis erscheint jedoch vor dem Hintergrund der nachrangigen Bedeutung des Wertbeitrages der Fremdfinanzierung durchaus mit Fallstricken versehen zu sein.

Auch an dieser Stelle bedeutet ein Kompromiss jedoch eine zusätzliche Herausforderung für die Bewertungspraxis, muss nun doch eine mehrschichtige Finanzierungspolitik konkretisiert werden. Über die Bestimmung des Finanzierungsverhaltens für eine homogene Fremdkapitalschicht hinaus ist nun für einzelne Finanzierungsschichten die zukünftige Entwicklung zu konkretisieren. Insbesondere muss die Frage beantwortet werden, wie sich das Verhältnis von aktiv gesteuerten und passiv gesteuerten Finanzierungsschichten im Zeitverlauf verändert. Neben einem konstanten Verhältnis aus aktiver und passiver Finanzierungspolitik kann etwa auch von einem schrittweisen Übergang zu einer aktiv gesteuerten Finanzierungspolitik ausgegangen werden. Letzteres erscheint insbesondere einleuchtend, trennt man sich von der nicht unproblematischen Zuschreibung der passiven und aktiven Steuerung der Kapitalstruktur – im Sinne der Veränderlichkeit der eingesetzten Kapitalschichten – mit Blick auf autonome und wertabhängige Finanzierungspolitik. Kann doch etwa eine autonome Finanzierungspolitik durchaus mit einer aktiven Veränderung der Finanzierungsschichten eines Unternehmens im Zeitablauf verbunden sein.[3575] Unterschiede ergeben sich vielmehr in der Annahme der Antizipierbarkeit respektive in der Berücksichtigung zukünftiger Entwicklung bzw. dem unterstellten Risiko zwischen den alternativen Finanzierungspolitiken. Während mit der autonomen Finanzierungspolitik das Festhalten an einem vordefinierten Finanzierungsplan unterstellt wird, der mit Sicherheit realisiert werden kann, unterstellt die wertabhängige Finanzierungspolitik, dass die Finanzierungsentscheidung dem Unternehmensrisiko unterworfen ist.[3576] Mit zunehmendem Abstand zum Bewertungszeitpunkt dürfte eine zunehmende Sachgerechtigkeit einer wertabhängigen Finanzierungspolitik nicht unwahrscheinlich sein.

Dies soll jedoch nicht darüber hinwegtäuschen, dass die in der Bewertungspraxis diskutierten Finanzierungsannahmen i. d. R. mehr oder minder taugliche Vereinfachungen des Finanzierungsverhaltens für die Unternehmensbewertungspraxis darstellen. Insbesondere unterstellt ein Großteil der in der Praxis diskutierten Finanzierungsannahmen, dass die Finanzierungsentscheidung die weiteren Entscheidungen der Unternehmen dominiert. Vor dem Hintergrund der Überlegungen der Kapitel I und II erscheint eine für alle Bewertungssituationen sachgerechte Finanzierungsannahme als weitgehend unwahrscheinlich.[3577] Dies kann u. a. mit Blick auf die in Kapitel I diskutierte dynamische Erweiterung

3575 Dass eine autonome Finanzierungspolitik nicht statisch sein muss, wird deutlich, blickt man auf die alternativen Planungsdoktrinen, wie in Kapitel II kurz angerissen.

3576 Inwieweit die Annahme eines zeitstabilen wertoptimalen Verschuldungsoptimums, wie es bei einer wertabhängigen Finanzierungspolitik i. d. R. unterstellt wird, sachgerecht ist, soll an dieser Stelle nicht eingehender beleuchtet werden.

3577 Die in der Praxis zu findende Verbreitung dieses Ansatzes dürfte im Wesentlichen daher auch von pragmatischen Gründen getrieben sein.

der Trade-Off-Theorie begründet in Zweifel gezogen werden. Man kann an dieser Stelle die Frage aufwerfen, welchen Fehler man begeht, unterstellt man eine untaugliche Finanzierungspolitik, bzw. der Frage nachgehen, welche Faktoren die Finanzierungsentscheidung und damit die Gestalt der Finanzierungspolitik beeinflussen. Diese nicht ganz einfach zu beantwortenden Fragestellungen wurden in Kapitel III aufgegriffen und näher beleuchtet.[3578]

Am Beginn des Kapitels III steht ein Kurzüberblick über den aktuellen Stand der empirischen Kapitalstrukturforschung. Mit dem Kurzüberblick wurde deutlich, dass die empirische Kapitalstrukturforschung durch eine Reihe alternativer Untersuchungsansätze und eine Vielzahl z. T. gegenläufiger Untersuchungsergebnisse gekennzeichnet ist. In Kapitel III wurde daher plastisch von einem Dschungel aus unterschiedlichen Untersuchungsergebnissen gesprochen, der auf der Suche nach den Determinanten der Finanzierungsentscheidung durchschritten werden muss. Zu Beginn dieses Weges erscheint es zunächst hilfreich, eine Grobskizze bereits beschrittener Wege zu besitzen. Diese Grobskizze wurde für die bekannten Untersuchungsansätze wie Determinantenstudien, Partial-Adjustment-Modelle sowie Befragungsstudien bereitgestellt. Mit dem Kurzüberblick wurde deutlich, dass bestehende Modelle mit einer Reihe von Problemen zu kämpfen haben. Neben der durch die Forschungspraxis unterschiedlich beantworteten Frage, wie die alternativen Ansätze in der Praxis mit Leben zu füllen sind, d. h., welche ökonometrischen Untersuchungsansätze zu verwenden sind bzw. wie einzelne Variablen zu approximieren sind, zeigt sich eine, mit den in Kapitel I und II zusammengefassten theoretischen Überlegungen nicht in Einklang zu bringende Ergebnisvielfalt. Dies wurde für eine Reihe, auf Basis der Bedeutung für die empirische Forschung, ausgewählter Kapitalstrukturdeterminanten gezeigt. Der derzeitige Stand der Forschung krankt daran, dass – bei geeigneter Auswahl empirischer Untersuchungen – für eine Vielzahl der theoretischen Überlegungen zur Kapitalstruktur bzw. zur Finanzierungspolitik vordergründig ein belastbares empirisches Fundament besteht. Befriedigen kann ein solches Ergebnis auf den ersten Blick nicht, sind vor diesem Hintergrund doch eine Reihe völlig gegenläufiger Finanzierungsstrategien denkbar. Die Basis, auf die man sich im Rahmen der Unternehmensbewertung stützen kann, bleibt damit schwammig und das zukünftige Finanzierungsverhalten im Nebel der Unsicherheit verborgen. Verwundern kann dies in Kenntnis der Überlegungen der Kapitel I und II jedoch nicht, werden die Implikationen der einzelnen Parameter doch vor dem Hintergrund eines i. d. R. weitgehend starren Annahmerahmens abgeleitet, der durch die Praxis wohl im unterschiedlichen Umfang verletzt wird. Daneben bestehen eine Reihe von Wechselwirkungen zwischen den Parametern, die eine klare Interpretation – wie von den einzelnen Kapitalstrukturtheorien nahegelegt – erschweren. Für die Aufgabe der Bewertungspraxis, sich

3578 Ob ein solches Unterfangen erfolgreich ist, kann – etwa vor dem Hintergrund der Ausführungen von Miller (1998) – durchaus bezweifelt werden. Vgl. dazu Miller (1998) S. 113–114.

ein sachgerechtes Bild des zukünftigen Finanzierungsverhaltens zu verschaffen, erschwert diese Vielschichtigkeit unzweifelhaft die zu bewältigende Aufgabe.

Da sich mit Blick auf die Vorteilhaftigkeit des zukünftigen Finanzierungsverhaltens – in Abhängigkeit zu den in Kapitel II diskutierten Finanzierungspolitiken – unterschiedliche Standpunkte aus Sicht der Eigen- und Fremdkapitalgeber einnehmen lassen, wurde bereits in Kapitel II eine Unterscheidung zwischen „inneren" und „äußeren" Treibern einer Finanzierungspolitik eingeführt. Im Fall einer wertabhängigen Finanzierungspolitik dürften sich die Dominanz „innerer" und „äußerer" Gründe in Abhängigkeit zur Unternehmensentwicklung unterscheiden. Im Fall einer positiven Unternehmensentwicklung dürften Fremdkapitalgeber eines Unternehmens sich wohl einer Erhöhung des absoluten Verschuldungsumfangs nicht vollständig verwehren können, während Eigenkapitalgeber im Fall eines Rückgangs des Unternehmenswertes – schließt man den nahen Fall einer Insolvenz aus –[3579] dem Wunsch der Fremdkapitalgeber nach einer Begrenzung des übernommenen Risikos wohl regelmäßig entgegenkommen werden.

In Kapitel III wurde diese Differenzierung des Kapitels II in „innere" und „äußere" Gründe auf die in der Literatur diskutierten alternativen Determinanten der Finanzierungsentscheidung übertragen. Vor diesem Hintergrund wurde eine vorsichtige vorläufige Einschätzung der Bedeutung der alternativen Determinanten der Kapitalstruktur für die Plausibilität der „klassischen" Finanzierungsannahmen abgeleitet. Aufgrund der bereits kurz hervorgehobenen Wechselwirkungen zwischen den Determinanten und vor dem Hintergrund der stark schwankenden Ergebnisse der empirischen Forschung bleibt die Aussagekraft einer auf konzeptionellen Überlegungen beruhenden Einordnung der alternativen Determinanten der Finanzierungsentscheidung natürlicherweise begrenzt.[3580] Bleibt doch die Frage unbeantwortet, ob die Abbildung der Finanzierungspolitik in der Unternehmensbewertung nicht im allgemeinen Rauschen der Unsicherheit untergeht. Letztlich bedarf es somit auch im Fall der Betrachtung der Relevanz der alternativen Finanzierungsannahmen in der Unternehmensbewertung im letzten Schritt einer empirischen Überprüfung der konkurrierenden Hypothesen.

Die Überlegungen zu Beginn des Kapitels III haben gezeigt, dass bestehende Untersuchungsmodelle mit einer Reihe von Problemen zu kämpfen haben. In Summe dürften sich die zu Beginn des Kapitels III skizzierten Ansätze daher für die Überprüfung alternativer Finanzierungsannahmen in der Unternehmensbewertung als wenig tauglich erweisen. Vor diesem Hintergrund erscheint es daher zielführend, sich – zunächst in themennahen Forschungsschwerpunkten – auf die

3579 An dieser Stelle dürfte die regelmäßig in Höhe der Eigenkapitaleinlage begrenzte Haftung der Eigenkapitalgeber Einfluss auf die Dominanz der unterschiedlichen Interessen nehmen.

3580 Wie in Kapitel III hervorgehoben wurde, dürften auch feingliedrigere konzeptionelle Überlegungen an den Punkt gelangen, an dem sich die aufgestellten Hypothesen einer empirischen Überprüfung stellen müssen.

Suche nach alternativen Untersuchungsansätzen zu machen. Mit der „goodness of fit“-Literatur wurde in Kapitel III ein für diesen Zweck interessanter Forschungsansatz identifiziert. Auf Basis eines kurzen Literaturüberblicks wurde der in der „goodness of fit“-Literatur verwendete Methodenbaukasten skizziert. In Abhängigkeit zum Grad der Markteffizienz wurden zwei Ausprägungen des verwendeten Methodenbaukastens skizziert und deren Eignung für die geänderte Fragestellung einer empirischen Überprüfung alternativer Finanzierungsannahmen beurteilt. Mit den Arbeiten der „goodness of fit“-Literatur besteht letztlich ein erster Anknüpfungspunkt für die empirische Untersuchung der Relevanz alternativer Finanzierungsannahmen. Mit dem Überblick über die „goodness of fit“-Literatur ist jedoch eine zentrale Hürde für einen solchen Ansatz deutlich geworden, die Konkretisierung der im Rahmen der empirischen Untersuchung zu betrachtenden Bewertungsannahmen. In der Praxis dürften so eine Vielzahl der in die Bewertung einfließenden Parameter lediglich approximativ zu konkretisieren sein. Stellt man im Rahmen der empirischen Untersuchung auf eine breite Grundgesamtheit ab, bedarf es wohl eines weitgehend pragmatischen Vorgehens. Sollen die Untersuchungen uneingeschränkt den Anspruch auf Praxisrelevanz erheben können, so sollte sich das in der Untersuchung eingeschlagene Vorgehen an den in der Unternehmensbewertungspraxis geläufigen Ansätzen orientieren. Diese Frage dürfte jedoch situationsabhängig von der späteren Forschung zu beantworten sein.

6.2. Ausblick auf zukünftige Forschungsbemühungen

Die Überlegungen der Kapitel I–III haben eine Reihe offener Fragestellungen deutlich werden lassen, die wert erscheinen, in der Forschung aufgegriffen zu werden. Im folgenden Abschnitt seien daher ausgewählte Aspekte der vorangehenden Abschnitte aufgegriffen und deren Bedeutung für das Verständnis der Finanzierungsentscheidung der Unternehmen hervorgehoben.

Vor dem Hintergrund der Überlegungen des Kapitels I zu den in der Literatur diskutierten alternativen Kapitalstrukturtheorien erscheint nach über 60 Jahren der Forschung die Entwicklung einer integrierten Kapitalstrukturtheorie notwendig, um die Gräben zwischen den konkurrierenden Kapitalstrukturtheorien überwinden zu können. Dies stellt zweifelsfrei eine durchaus ambitionierte Anforderung an die Forschung dar, müssen dafür doch die starren Annahmen bestehender Modelle überwunden werden. Damit ist die Frage zu beantworten, unter welchen Bedingungen die Einflussfaktoren bestehender Modelle überwiegen. Einfach dürfte dieser Weg nicht zu beschreiten sein, in Summe erscheint eine solche Bestrebung jedoch m. E. nach zielführender, als dem bestehenden Portfolio alternativer Kapitalstrukturtheorien weitere – zu den Vorüberlegungen – unverknüpfte Theorien hinzuzufügen. In die Überlegungen hin zu einer integrierten Kapitalstrukturtheorie dürfte auch die Möglichkeit, dass die Finanzierungsentscheidung in der Praxis lediglich ein Ziel zweiter Ordnung ist, stärker einzubeziehen sein.

Ein solches Unterfangen wäre auch aus Sicht der in der Unternehmensbewertungspraxis diskutierten alternativen Annahmen zur Gestalt der zukünftigen

Steuerung der Gestalt der Kapitalstruktur bedeutsam. Mit Blick auf die in Kapitel II diskutierten alternativen Finanzierungsannahmen erscheint insbesondere die Fortentwicklung praxistauglicher Annahmen gemischter Finanzierungspolitiken bedeutsam, haben die Überlegungen des Kapitels II doch verdeutlicht, dass in der Praxis wohl weder autonome noch atmende Finanzierungspolitik den Anspruch erheben können, die Finanzierungsentscheidung der Praxis dauerhaft abbilden zu können.

Letztlich wird der Erfolg dieser Aufgabe auch davon abhängen, inwiefern es gelingt, den zum Ende des Kapitels III skizzierten Methodenbaukasten für die empirische Untersuchung alternativer Finanzierungsannahmen in der Unternehmensentwicklung fortzuentwickeln und darauf aufbauend belastbare Treiber der Finanzierungsentscheidung zu identifizieren. Der Erfolg dieser Forschungsbemühungen dürfte dabei auch der Entwicklung einer integrierten Kapitalstrukturtheorie zupasskommen. Wie mit dem vorangehenden Unterabschnitt deutlich geworden ist, dürfte der Erfolg eines solchen Forschungsansatzes maßgeblich von der sachgerechten Abbildung der bewertungsrelevanten Parameter abhängen. Besteht doch unzweifelhaft die Gefahr, dass die Finanzierungsentscheidung im Rauschen der Unsicherheit weitgehend untergeht.

Auch nach einer Vielzahl vorangehender Forschungsbemühungen sind im Rahmen der Kapitalstrukturforschung noch eine Reihe zentraler Aspekte zu beantworten, sodass dieses Forschungsfeld auch in den kommenden Jahren wohl nicht seinen Reiz verlieren wird.

Literaturverzeichnis

Abel, Andrew B. (2018): Optimal Debt and Profitability in the Trade-Off Theory. In: The Journal of Finance 73 (1), S. 95–143.

Acharya, Viral/*Davydenko*, Sergei A./*Strebulaev*, Ilya A. (2012): Cash Holdings and Credit Risk. In: Review of Financial Studies 25 (12), S. 3572–3609.

Affleck-Graves, John/*Hegde*, Shantaram/*Miller*, Robert E. (1996): Conditional Price Trends in the Aftermarket for Initial Public Offerings. In: Financial Management 25 (4), S. 25–40.

Akerlof, George A. (1970): The Market for" Lemons": Quality Uncertainty and the Market Mechanism. In: The Quarterly Journal of Economics 84 (3), S. 489–500.

Alderson, Michael J./*Betker*, Brian L. (1995): Liquidation costs and capital structure. In: Journal of Financial Economics 39 (1), S. 45–69.

Alderson, Michael J./*Betker*, Brian L. (1996): Liquidation Costs and Accounting Data. In: Financial Management 25 (2), S. 25–36.

Alford, Andrew W. (1992): The Effect of the Set of Comparable Firms on the Accuracy of the Price-Earnings Valuation Method. In: Journal of Accounting Research 30 (1), S. 94–108.

Allen, D. E. (1991): The Determinants of the Capital Structure of Listed Australian Companies: The Financial Manager's Perspective. In: Australian Journal of Management 16 (2), S. 103–128.

Allen, D. E. (2000): Spare Debt Capacity: Company Practices in Australia, Britain and Japan. In: Australian Journal of Management 25 (3), S. 299–326.

Al-Malkawi, Husam-Aldin/*Rafferty*, Michael/*Pillai*, Rekha (2010): Dividend Policy: A Review of Theories and Empirical Evidence. In: International Bulletin of Business Administration 9, S. 171–200.

Almeida, Heitor/*Campello*, Murillo/*Cunha*, Igor/*Weisbach*, Michael S. (2014): Corporate Liquidity Management: A Conceptual Framework and Survey. In: Annual Review of Financial Economics 6 (1), S. 135–162.

Almeida, Heitor/*Campello*, Murillo/*Laranjeira*, Bruno/*Weisbenner*, Scott (2011): Corporate Debt Maturity and the Real Effects of the 2007 Credit Crisis. In: Critical Finance Review 1 (1), S. 3–58.

Almeida, Heitor/*Philippon*, Thomas (2007): The Risk-Adjusted Cost of Financial Distress. In: The Journal of Finance 62 (6), S. 2557–2586.

Alti, Aydoğan (2006): How Persistent Is the Impact of Market Timing on Capital Structure? In: The Journal of Finance 61 (4), S. 1681–1710.

Altınkılıç, Oya/*Hansen*, Robert S. (2000): Are There Economies of Scale in Underwriting Fees? Evidence of Rising External Financing Costs. In: Review of Financial Studies 13 (1), S. 191–218.

Altman, Edward I. (1968): Financial Ratios, Discriminant Analysis and the Prediction of Corporate Bankruptcy. In: The Journal of Finance 23 (4), S. 589–609.

Amihud, Yakov/*Lev*, Baruch (1981): Risk Reduction as a Managerial Motive for Conglomerate Mergers. In: The Bell Journal of Economics 12 (2), S. 605–617.

Amihud, Yakov/*Lev*, Baruch (1999): Does corporate ownership structure affect its strategy towards diversification? In: Strategic Management Journal 20 (11), S. 1063–1069.

Andres, Christian/*Betzer*, Andre/*Silva*, Luis Correia Da/*Goergen*, Marc (2009): Trends in Dividends: Payers and Payouts. In: Baker, H. Kent (Hg.): Dividends and Dividend Policy, Bd. 35. Hoboken, NJ, USA: John Wiley & Sons, Inc, S. 35–54.

Ang, James S. (1976): The Intertemporal Behavior of Corporate Debt Policy. In: Journal of Financial and Quantitative Analysis 11 (4), S. 555–566.

Ang, James S./*Ciccone*, Stephen J. (2009): Dividend Irrelevance Theory. In: Baker, H. Kent (Hg.): Dividends and Dividend Policy, Bd. 55. Hoboken, NJ, USA: John Wiley & Sons, Inc, S. 95–113.

Ang, James S./*Peterson*, David (1986): Optimal Debt versus Debt Capacity: A Disequilibrium Model of Corporate Debt Behavior. In: Research in Finance 6, S. 51–72.

Anton, James J./*Yao*, Dennis A. (2002): The Sale of Ideas: Strategic Disclosure, Property Rights, and Contracting. In: Review of Economic Studies 69 (3), S. 513–531.

Appleyard, Tony R./*Dobbs*, Ian M. (1997): Value Under Active and Passive Debt Management Policy. In: Journal of Business Finance & Accounting 24 (3), S. 481–496.

Armstrong, Christopher S./*Blouin*, Jennifer L./*Jagolinzer*, Alan D./*Larcker*, David F. (2015): Corporate governance, incentives, and tax avoidance. In: Journal of Accounting and Economics 60 (1), S. 1–17.

Arzac, Enrique R. (1996): Valuation of Highly Leveraged Firms. In: Financial Analysts Journal 52 (4), S. 42–50.

Ashton, D. J./*Atkins*, D. R. (1978): Interactions in Corporate Financing and Investment Decisions--Implications for Capital Budgeting: A Further Comment. In: The Journal of Finance 33 (5), S. 1447–1453.

Asquith, Paul/*Mullins*, David W. (1986): Signalling with Dividends, Stock Repurchases, and Equity Issues. In: Financial Management 15 (3), S. 27–44.

Ataullah, Ali/*Davidson*, Ian/*Le*, Hang/*Wood*, Geoffrey (2014): Corporate Diversification, Information Asymmetry and Insider Trading. In: British Journal of Management 25 (2), S. 228–251.

Baker, H. Kent/*Singleton*, J. C./*Veit*, E. Theodore (2011): Survey research in corporate finance. Bridging the gap between theory and practice. Oxford/ New York, NY: Oxford Univ. Press (Financial Management Association survey and synthesis series).

Baker, Malcolm/*Wurgler*, Jeffrey (2002): Market Timing and Capital Structure. In: The Journal of Finance 57 (1), S. 1–32.

Baker, Malcolm/*Wurgler*, Jeffrey (2006): Investor Sentiment and the Cross-Section of Stock Returns. In: The Journal of Finance 61 (4), S. 1645–1680.

Balakrishnan, Srinivasan/*Fox*, Isaac (1993): Asset specificity, firm heterogeneity and capital structure. In: Strategic Management Journal 14 (1), S. 3–16.

Ballwieser, Wolfgang (1983): Unternehmensbewertung und Komplexitätsreduktion. Wiesbaden: Gabler Verlag.

Ballwieser, Wolfgang (1987): Unternehmensbewertung und Komplexitätsreduktion. Wiesbaden: Gabler Verlag.

Ballwieser, Wolfgang; *Hachmeister*, Dirk (2013): Unternehmensbewertung. Prozess, Methoden und Probleme. 4., überarb. Aufl. Stuttgart: Schäffer-Poeschel.

Barclay, Michael J./*Smith*, Clifford W. (1995): The Maturity Structure of Corporate Debt. In: The Journal of Finance 50 (2), S. 609–631.

Barclay, Michael J./*Smith*, Clifford W. (1999): The Capital Structure Puzzle: Another Look at the Evidence. In: Journal of Applied Corporate Finance 12 (1), S. 8–20.

Barclay, Michael J./*Smith*, Clifford W. (2005): The Capital Structure Puzzle: The Evidence Revisited. In: Journal of Applied Corporate Finance 17 (1), S. 8–17.

Barclay, Michael J./*Smith*, Clifford W./*Watts*, Ross L. (1995): The Determinants of Corporate Leverage and Dividend Policie. In: Journal of Applied Corporate Finance 7 (4), S. 4–19.

Barclay, Michael J./*Smith*, Clifford W./*Watts*, Ross L. (1997): The Determinants of Corporate Leverage and Dividend Policies. In: Journal of Financial Education 23, S. 1–15.

Barclay, Michael J./*Smith*, Jr. Clifford W./*Morellec*, Erwan (2006): On the Debt Capacity of Growth Options. In: The Journal of Business 79 (1), S. 37–60.

Barker, Richard G. (1998): The market for information—evidence from finance directors, analysts and fund managers. In: Accounting and Business Research 29 (1), S. 3–20.

Barnea, Amir/*Haugen*, Robert A./*Senbet*, Lemma W. (1980): A Rationale for Debt Maturity Structure and Call Provisions in the Agency Theoretic Framework. In: The Journal of Finance 35 (5), S. 1223–1234.

Barnea, Amir/*Haugen*, Robert A./*Senbet*, Lemma W. (1981): Market Imperfections, Agency Problems, and Capital Structure: A Review. In: Financial Management 10 (3), S. 7–22.

Baron, David P. (1974): Default Risk, Homemade Leverage, and the Modigliani-Miller Theorem. In: The American Economic Review 64 (1), S. 176–182.

Baron, David P. (1975): Firm Valuation, Corporate Taxes, and Default Risk. In: The Journal of Finance 30 (5), S. 1251–1264.

Baron, David P. (1976): Default Risk and the Modigliani-Miller Theorem: A Synthesis. In: The American Economic Review 66 (1), S. 204–212.

Barton, Sidney L./*Gordon*, Paul J. (1987): Corporate Strategy: Useful Perspective for the Study of Capital Structure? In: The Academy of Management Review 12 (1), S. 67–75.

Barton, Sidney L./*Gordon*, Paul J. (1988): Corporate strategy and capital structure. In: Strategic Management Journal 9 (6), S. 623–632.

Bar-Yosef, Sasson (1977): Interactions of Corporate Financing and Investment Decisions--Implications for Capital Budgeting: Comment. In: The Journal of Finance 32 (1), S. 211–217.

Baumol, William J./*Malkiel*, Burton G. (1967): The Firm's Optimal Debt-Equity Combination and the Cost of Capital. In: The Quarterly Journal of Economics 81 (4), S. 547–578.

Baxter, Nevins D. (1967): Leverage, Risk of Ruin and the Cost of Capital. In: The Journal of Finance 22 (3), S. 395–403.

Bayless, Mark/*Chaplinsky*, Susan (1996): Is There a Window of Opportunity for Seasoned Equity Issuance? In: The Journal of Finance 51 (1), S. 253–278.

Beattie, Vivien/*Goodacre*, Alan/*Thomson*, Sarah Jane (2006): Corporate Financing Decisions: UK Survey Evidence. In: Journal of Business Finance & Accounting 33 (9–10), S. 1402–1434.

Beaver, William H. (1981): Market Efficiency. In: The Accounting Review 56 (1), S. 23–37.

Berens, James L./*Cuny*, Charles J. (1995): The Capital Structure Puzzle Revisited. In: Review of Financial Studies 8 (4), S. 1185–1208.

Berger, Allen N./*Udell*, Gregory F. (1998): The economics of small business finance: The roles of private equity and debt markets in the financial growth cycle. In: Journal of Banking & Finance 22 (6–8), S. 613–673.

Berger, Philip G./*Ofek*, Eli (1995): Diversification's effect on firm value. In: Journal of Financial Economics 37 (1), S. 39–65.

Berger, Philip G./*Ofek*, Eli/*Yermack*, David L. (1997): Managerial Entrenchment and Capital Structure Decisions. In: The Journal of Finance 52 (4), S. 1411–1438.

Bergh, Donald D./*Ketchen*, David J./*Orlandi*, Ilaria/*Heugens*, Pursey P. M. A. R./*Boyd*, Brian K. (2019): Information Asymmetry in Management Research: Past Accomplishments and Future Opportunities. In: Journal of Management 45 (1), S. 122–158.

Bernard, Victor L. (1995): The Feltham-Ohlson Framework: Implications for Empiricists. In: Contemporary Accounting Research 11 (2), S. 733–747.

Bessler, Wolfgang/*Drobetz*, Wolfgang/*Kazemieh*, Robin (2011): Factors Affecting Capital Structure Decisions. In: Baker, H. Kent/Martin, Gerald S. (Hg.): Capital Structure and Corporate Financing Decisions, Bd. 61. Hoboken, NJ, USA: John Wiley & Sons, Inc, S. 15–40.

Bevan, Alan A./*Danbolt*, Jo (2002): Capital structure and its determinants in the UK - a decompositional analysis. In: Applied Financial Economics 12 (3), S. 159–170.

Bierman, Harold/*Thomas*, L. Joseph (1972): Ruin Considerations and Debt Issuance. In: Journal of Financial and Quantitative Analysis 7 (1), S. 1361–1378.

Billett, Matthew T./*King*, Tao-Hsien Dolly/*Mauer*, David C. (2007): Growth Opportunities and the Choice of Leverage, Debt Maturity, and Covenants. In: The Journal of Finance 62 (2), S. 697–730.

Black, Fischer (1986): Noise. In: The Journal of Finance 41 (3), S. 528–543.

Black, Fischer/*Scholes*, Myron (1973): The Pricing of Options and Corporate Liabilities. In: Journal of Political Economy 81 (3), S. 637–654.

Bodenhorn, Diran (1959): On the Problem of Capital Budgeting. In: The Journal of Finance 14 (4), S. 473–492.

Bolton, Patrick/*Scharfstein*, David S. (1996): Optimal Debt Structure and the Number of Creditors. In: Journal of Political Economy 104 (1), S. 1–25.

Boquist, John A./*Moore*, William T. (1984): Inter-Industry Leverage Differences and the DeAngelo-Masulis Tax Shield Hypothesis. In: Financial Management 13 (1), S. 5–9.

Bowen, Robert M./*Daley*, Lane A./*Huber*, Charles C. (1982): Evidence on the Existence and Determinants of Inter-Industry Differences in Leverage. In: Financial Management 11 (4), S. 10–20.

Bradley, Michael/*Jarrell*, Gregg A./*Kim*, E. Han (1984): On the Existence of an Optimal Capital Structure: Theory and Evidence. In: The Journal of Finance 39 (3), S. 857–878.

Bradley, Michael/*Roberts*, Michael R. (2015): The Structure and Pricing of Corporate Debt Covenants. In: Quarterly Journal of Finance 5 (2), S. 1–37.

Bradshaw, Mark T./*Drake*, Michael S./*Myers*, James N./*Myers*, Linda A. (2012): A re-examination of analysts' superiority over time-series forecasts of annual earnings. In: Review of Accounting Studies 17 (4), S. 944–968.

Brander, James A./*Lewis*, Tracy R. (1986): Oligopoly and Financial Structure: The Limited Liability Effect. In: The American Economic Review 76 (5), S. 956–970.

Brennan, Michael J. (1995): Corporate Finance over the Past 25 Years. In: Financial Management 24 (2), S. 9–22.

Brennan, Michael J./*Kraus*, Alan (1987): Efficient Financing under Asymmetric Information. In: The Journal of Finance 42 (5), S. 1225–1243.

Brennan, Michael J./*Schwartz*, E. S. (1978): Corporate Income Taxes, Valuation, and the Problem of Optimal Capital Structure. In: The Journal of Business 51 (1), S. 103–114.

Brennan, Michael J./*Schwartz*, Eduardo S. (1984): Optimal Financial Policy and Firm Valuation. In: The Journal of Finance 39 (3), S. 593–607.

Brick, Ivan E./*Ravid*, S. Abraham (1985): On the Relevance of Debt Maturity Structure. In: The Journal of Finance 40 (5), S. 1423–1437.

Brounen, Dirk/*Jong*, Abe de; Koedijk, Kees (2004): Corporate Finance in Europe: Confronting Theory with Practice. In: Financial Management 33 (4), S. 71–101.

Brown, James R./*Fazzari*, Steven M./*Petersen*, Bruce C. (2009): Financing Innovation and Growth: Cash Flow, External Equity, and the 1990s R&D Boom. In: The Journal of Finance 64 (1), S. 151–185.

Brown, Lawrence D./*Hagerman*, Robert L./*Griffin*, Paul A./*Zmijewski*, Mark E. (1987): Security analyst superiority relative to univariate time-series models in forecasting quarterly earnings. In: Journal of Accounting and Economics 9 (1), S. 61–87.

Cai, Jie/*Zhang*, Zhe (2011): Leverage change, debt overhang, and stock prices. In: Journal of Corporate Finance 17 (3), S. 391–402.

Campbell, John Y./*Hilscher*, Jens/*Szilagyi*, Jan (2008): In Search of Distress Risk. In: The Journal of Finance 63 (6), S. 2899–2939.

Campbell, John Y./*Taksler*, Glen B. (2003): Equity Volatility and Corporate Bond Yields. In: The Journal of Finance 58 (6), S. 2321–2350.

Campello, Murillo/*Giambona*, Erasmo (2013): Real Assets and Capital Structure. In: Journal of Financial and Quantitative Analysis 48 (5), S. 1333–1370.

Carey, Mark S./*Prowse*, Stephen D/*Rea*, John D. (1993): Recent developments in the market for privately placed debt. In: Federal Reserve Bulletin 79 (2), S. 77–92.

Carleton, Willard T. (1978): An Agenda for More Effective Research in Corporate Finance. In: Financial Management 7 (4), S. 7–9.

Carlsen, Christina (2008): Leistungsfähigkeit von Unternehmensbewertungsmodellen. Eine theoretische und empirische Analyse. 1. Aufl. Wiesbaden: Gabler (Schriftenreihe des Instituts für Geld- und Kapitalverkehr der Universität Hamburg, 26).

Carpenter, Robert E./*Petersen*, Bruce C. (2002): Is the Growth of Small Firms Constrained by Internal Finance? In: The Review of Economics and Statistics 84 (2), S. 298–309.

Cassar, Gavin (2004): The financing of business start-ups. In: Journal of Business Venturing 19 (2), S. 261–283.

Cassar, Gavin/*Holmes*, Scott (2003): Capital structure and financing of SMEs: Australian evidence. In: Accounting & Finance 43 (2), S. 123–147.

Castanias, Richard (1983): Bankruptcy Risk and Optimal Capital Structure. In: The Journal of Finance 38 (5), S. 1617–1635.

Castedello, Marc/*Davidson*, Ron/*Schlumberger*, Eric (2004): Unternehmensbewertung bei Halbeinkuenfteverfahren und unsicheren Steuervorteilen: ein praktikabler Ansatz. In: Finanz-Betrieb 6 (5), S. 369–376.

Chang, Xin/*Dasgupta*, Sudipto (2009): Target Behavior and Financing: How Conclusive Is the Evidence? In: The Journal of Finance 64 (4), S. 1767–1796.

Chava, Sudheer/*Roberts*, Michael R. (2008): How Does Financing Impact Investment? The Role of Debt Covenants. In: The Journal of Finance 63 (5), S. 2085–2121.

Chen, Andrew H. (1978): Recent developments in the cost of debt capital. In: The Journal of Finance 33 (3), S. 863–877.

Chen, Andrew H./*Kim*, E. Han (1979): Theories of Corporate Debt Policy: A Synthesis. In: The Journal of Finance 34 (2), S. 371–384.

Chen, Hui/*Wang*, Hao/*Zhou*, Hao (2014): Stock Return Volatility and Capital Structure Decisions. In: SSRN Journal, S. 1–42. Online verfügbar unter https://ssrn.com/abstract=2346642.

Chen, Jean J. (2004): Determinants of capital structure of Chinese-listed companies. In: Journal of Business Research 57 (12), S. 1341–1351.

Chirinko, Robert S./*Singha*, Anuja R. (2000): Testing static tradeoff against pecking order models of capital structure: a critical comment. In: Journal of Financial Economics 58 (3), S. 417–425.

Chittenden, Francis/*Hall*, Graham/*Hutchinson*, Patrick (1996): Small Firm Growth, Access to Capital Markets and Financial Structure: Review of Issues and an Empirical Investigation. In: Small Business Economics 8 (1), S. 59–67.

Choe, Hyuk/*Masulis*, Ronald W./*Nanda*, Vikram (1993): Common stock offerings across the business cycle. In: Journal of Empirical Finance 1 (1), S. 3–31.

Choi, Jaewon/*Hackbarth*, Dirk/*Zechner*, Josef (2016): Granularity of Corporate Debt: Theory and Tests. In: SSRN Journal, S. 1–50. Online verfügbar unter https://ssrn.com/abstract=3055884.

Christensen, Hans B./*Nikolaev*, Valeri V./*Wittenberg-Moerman*, Regina (2016): Accounting Information in Financial Contracting: The Incomplete Contract Theory Perspective. In: Journal of Accounting Research 54 (2), S. 397–435.

Clement, Michael B. (1999): Analyst forecast accuracy: Do ability, resources, and portfolio complexity matter? In: Journal of Accounting and Economics 27 (3), S. 285–303.

Clement, Michael B./*Tse*, Senyo Y. (2005): Financial Analyst Characteristics and Herding Behavior in Forecasting. In: The Journal of Finance 60 (1), S. 307–341.

Clubb, Colin D.B./*Doran*, Paul (1995): Capital budgeting, debt management and the APV criterion. In: Journal of Business Finance & Accounting 22 (5), S. 681–694.

Colla, Paolo/*Ippolito*, Filippo/*Li*, Kai (2013): Debt Specialization. In: The Journal of Finance 68 (5), S. 2117–2141.

Comment, Robert/*Jarrell*, Gregg A. (1995): Corporate focus and stock returns. In: Journal of Financial Economics 37 (1), S. 67–87.

Copeland, Thomas E. (2009): Comparing Valuation Models. In: Thomas, Rawley/Gup, Benton E. (Hg.): The Valuation Handbook, Bd. 15. Hoboken, NJ, USA: John Wiley & Sons, Inc, S. 67–107.

Courteau, Lucie/*Kao*, Jennifer L./*O'Keefe*, Terry/*Richardson*, Gordon D. (2006): Relative accuracy and predictive ability of direct valuation methods, price to aggregate earnings method and a hybrid approach. In: Accounting & Finance 46 (4), S. 553–575.

Courteau, Lucie/*Kao*, Jennifer L./*Richardson*, Gordon D. (2001): Equity Valuation Employing the Ideal versus Ad Hoc Terminal Value Expressions. In: Contemporary Accounting Research 18 (4), S. 625–661.

Cowen, Amanda/*Groysberg*, Boris/*Healy*, Paul (2006): Which types of analyst firms are more optimistic? In: Journal of Accounting and Economics 41 (1–2), S. 119–146.

D'Mello, Ranjan/*Miranda*, Mercedes (2010): Long-term debt and overinvestment agency problem. In: Journal of Banking & Finance 34 (2), S. 324–335.

Dammon, Robert M./*Senbet*, Lemma W. (1988): The Effect of Taxes and Depreciation on Corporate Investment and Financial Leverage. In: The Journal of Finance 43 (2), S. 357–373.

Danis, András/*Rettl*, Daniel A./*Whited*, Toni M. (2014): Refinancing, profitability, and capital structure. In: Journal of Financial Economics 114 (3), S. 424–443.

DeAngelo, Harry/*DeAngelo*, Linda (2006): The irrelevance of the MM dividend irrelevance theorem. In: Journal of Financial Economics 79 (2), S. 293–315.

DeAngelo, Harry/*DeAngelo*, Linda/*Whited*, Toni M. (2011): Capital structure dynamics and transitory debt. In: Journal of Financial Economics 99 (2), S. 235–261.

DeAngelo, Harry/*Masulis*, Ronald W. (1980): Optimal capital structure under corporate and personal taxation. In: Journal of Financial Economics 8 (1), S. 3–29.

DeAngelo, Harry/*Roll*, Richard (2015): How Stable Are Corporate Capital Structures? In: The Journal of Finance 70 (1), S. 373–418.

Décamps, Jean-Paul/*Mariotti*, Thomas/*Rochet*, Jean-Charles/*Villeneuve*, Stéphanie (2011): Free Cash Flow, Issuance Costs, and Stock Prices. In: The Journal of Finance 66 (5), S. 1501–1544.

Dechow, Patricia M./*Hutton*, Amy P./*Sloan*, Richard G. (1999): An empirical assessment of the residual income valuation model. In: Journal of Accounting and Economics 26 (1–3), S. 1–34.

Denis, David J. (2012): The Persistent Puzzle of Corporate Capital Structure: Current Challenges and New Directions. In: Financial Review 47 (4), S. 631–643.

Denis, David J./*McKeon*, Stephen B. (2012): Debt Financing and Financial Flexibility Evidence from Proactive Leverage Increases. In: The Review of Financial Studies 25 (6), S. 1897–1929.

Denis, David J./*Wang*, Jing (2014): Debt covenant renegotiations and creditor control rights. In: Journal of Financial Economics 113 (3), S. 348–367.

Desai, Mihir A. (2003): The Divergence between Book Income and Tax Income. In: Tax Policy and the Economy 17, S. 169–206.

Desai, Mihir A./*Dharmapala*, Dhammika (2006): Corporate tax avoidance and high-powered incentives. In: Journal of Financial Economics 79 (1), S. 145–179.

Desai, Mihir A./*Dharmapala*, Dhammika (2009): Corporate Tax Avoidance and Firm Value. In: The Review of Economics and Statistics 91 (3), S. 537–546.

Desai, Mihir A./*Dyck*, A./*Zingales*, Luigi (2007): Theft and taxes. In: Journal of Financial Economics 84 (3), S. 591–623.

Devos, Erik/*Kadapakkam*, Palani-Rajan/*Krishnamurthy*, Srinivasan (2009): How Do Mergers Create Value? A Comparison of Taxes, Market Power, and Efficiency Improvements as Explanations for Synergies. In: Review of Financial Studies 22 (3), S. 1179–1211.

Diamond, Douglas W. (1989): Reputation Acquisition in Debt Markets. In: *Journal* of Political Economy 97 (4), S. 828–862.

Diamond, D. W. (1991): Debt Maturity Structure and Liquidity Risk. In: The Quarterly Journal of Economics 106 (3), S. 709–737.

Diamond, Douglas W./*He*, Zhiguo (2014): A Theory of Debt Maturity: The Long and Short of Debt Overhang. In: The Journal of Finance 69 (2), S. 719–762.

Dichev, Ilia D. (1998): Is the Risk of Bankruptcy a Systematic Risk? In: The Journal of Finance 53 (3), S. 1131–1147.

Dichev, Ilia D./*Skinner*, Douglas J. (2002): Large-Sample Evidence on the Debt Covenant Hypothesis. In: Journal of Accounting Research 40 (4), S. 1091–1123.

Dierkes, Stefan/*Diedrich*, Ralf/*Gröger*, Hans-Christian (2009): Unternehmensbewertung bei wertabhängiger und autonomer Finanzierungspolitik unter Berücksichtigung einer Kursgewinnbesteuerung. In: Journal of Business Economics 79 (3), S. 275–301.

Diedrich, Ralf/*Dierkes*, Stefan (2015): Kapitalmarktorientierte Unternehmensbewertung. 1. Aufl. Stuttgart: Kohlhammer.

Dierkes, Stefan/*Schäfer*, Ulrich (2017): Corporate taxes, capital structure, and valuation: Combining Modigliani/Miller and Miles/Ezzell. In: Review of Quantitative Finance and Accounting 48 (2), S. 363–383.

Dinstuhl, Volkmar (2003): Konzernbezogene Unternehmensbewertung. DCF-orientierte Konzern- und Segmentbewertung unter Berücksichtigung der Besteuerung. Wiesbaden: Deutscher Universitätsverlag (Schriften zum Steuer-, Rechnungs- und Prüfungswesen).

Dittmann, Ingolf/*Maug*, Ernst G. (2008): Biases and Error Measures: How to Compare Valuation Methods. In: *SSRN Journal*, S. 1–39. Online verfügbar unter https://ssrn.com/abstract=947436.

Dittmar, Amy/*Mahrt-Smith*, Jan (2007): Corporate governance and the value of cash holdings. In: Journal of Financial Economics 83 (3), S. 599–634.

Donaldson, Gordon (1961): Corporate debt capacity. A study of corporate debt policy and the determination of corporate debt capacity. Boston: Harvard University, Graduate School of Business Administration, Division of Research.

Donaldson, Gordon (1963): Financial goals: Management vs. stockholders. In: Harvard Business Review 41 (3), S. 116–129.

Dotan, Amihud/*Ravid*, S. Abraham (1985): On the Interaction of Real and Financial Decisions of the Firm Under Uncertainty. In: The Journal of Finance 40 (2), S. 501–517.

Drobetz, Wolfgang/*Grüninger*, Matthias C./*Hirschvogl*, Simone (2010): Information asymmetry and the value of cash. In: Journal of Banking & Finance 34 (9), S. 2168–2184.

Drobetz, Wolfgang/*Pensa*, Pascal/*Wöhle*, Claudia B. (2006): Kapitalstrukturpolitik in Theorie und Praxis: Ergebnisse einer Fragebogenuntersuchung. In: Journal of Business Economics 76 (3), S. 253–285.

Drukarczyk, Jochen (1993): Theorie und Politik der Finanzierung. 2., völlig neugestaltete Aufl. München: Verlag Franz Vahlen (Vahlens Handbücher der Wirtschafts- und Sozialwissenschaften).

Drukarczyk, Jochen/*Honold*, Dirk (1999): Unternehmensbewertung, DCF-Methoden und der Wert steuerlicher Finanzierungsvorteile: Zur Leistungsfähigkeit von APV-, WACC- und Equity-Ansatz. In: Zeitschrift für Bankrecht und Bankwirtschaft (ZBB)/Journal of Banking Law and Banking (JBB) 11 (6), S. 333–349.

Drukarczyk, Jochen/*Schüler*, Andreas (2016): Unternehmensbewertung. 7., vollständig überarbeitete und erweiterte Auflage. München: Verlag Franz Vahlen GmbH.

Dudley, Evan (2007): Testing Models of Dynamic Trade Off Theory. In: *SSRN Journal*. Online verfügbar unter https://ssrn.com/abstract=1030119.

Dudley, Evan/*James*, Christopher M. (2015): Cash Flow Volatility and Capital Structure Choice. In: *SSRN Journal*. Online verfügbar unter https://ssrn.com/abstract=2492152.

Durand, David (1952): Costs of Debt and Equity Funds for Business: Trends and Problems of Measurement. In: Universities-National Bureau (Hg.): Conference on Research in Business Finance: NBER, S. 215–262.

Durand, David (1959): The Cost of Capital, Corporation Finance, and the Theory of Investment: Comment. In: The American Economic Review 49 (4), S. 639–655.

Duru, Augustine/*Reeb*, David M. (2002): International Diversification and Analysts' Forecast Accuracy and Bias. In: The Accounting Review 77 (2), S. 415–433.

Dyreng, Scott D./*Hanlon*, Michelle/*Maydew*, Edward L. (2008): Long-Run Corporate Tax Avoidance. In: The Accounting Review 83 (1), S. 61–82.

Easley, David/*O'hara*, Maureen (2004): Information and the Cost of Capital. In: The Journal of Finance 59 (4), S. 1553–1583.

Eckbo, B. Espen (Hg.) (2007): Handbook of Empirical Corporate Finance. Empirical Corporate Finance. 1. Aufl. s.l., Amsterdam [u.a.]: Elsevier.

Eckbo, B. Espen/*Kisser*, Michael (2020): The Leverage-Profitability Puzzle Revisited with Costly Rebalancing. In: SSRN Journal. Online verfügbar unter https://ssrn.com/abstract=3166707.

Eckbo, B. Espen/*Masulis*, Ronald W./*Norli*, Øyvind (2008): Security Offerings. In: Eckbo, Espen B. (Hg.), Handbook of Empirical Corporate Finance. Amsterdam [u.a.]: Elsevier, S. 233–373.

Efrat, Rafael (2008): The Tax Burden and the Propensity of Small-Business Entrepreneurs to File for Bankruptcy. In: Hastings Business Law Journal 4 (2), S. 175–207.

Eisenhardt, Kathleen M. (1989): Agency Theory: An Assessment and Review. In: Academy of Management Review 14 (1), S. 57–74.

Elliott, William B./*Koëter-Kant*, Johanna/*Warr*, Richard S. (2007): A valuation-based test of market timing. In: Journal of Corporate Finance 13 (1), S. 112–128.

Ellul, Andrew/*Guntay*, Levent/*Lel*, Ugur (2009): Blockholders, Debt Agency Costs and Legal Protection. In: *SSRN Journal*. Online verfügbar unter https://ssrn.com/abstract=687371.

Elsas, Ralf/*Florysiak*, David (2011): Heterogeneity in the Speed of Adjustment toward Target Leverage. In: International Review of Finance 11 (2), S. 181–211.

Elsas, Ralf/*Florysiak*, David (2015): Dynamic Capital Structure Adjustment and the Impact of Fractional Dependent Variables. In: Journal of Financial and Quantitative Analysis 50 (5), S. 1105–1133.

Emery, Douglas R./*Lewellen*, Wilbur G./*Mauer*, David C. (1988): Tax-Timing Options, Leverage, And The Choice Of Corporate Form. In: Journal of Financial Research 11 (2), S. 99–110.

Essler, Wolfgang/*Kruschwitz*, Lutz/*Löffler*, Andreas (2004): Zur Anwendung des WACC-Verfahrens bei vorgegebener bilanzieller Verschuldung. In: BFuP - Betriebswirtschaftliche Forschung und Praxis 56 (2), S. 134–147.

Essler, Wolfgang/*Kruschwitz*, Lutz/*Löffler*, Andreas (2005): Wie sind Unternehmen zu bewerten, wenn ihr Verschuldungsgrad nicht in Markt-, sondern in Buchwerten gemessen wird? In: Der Betriebsberater 60 (11), S. 595–600.

Ezzell, John R./*Miles*, James A. (1983): Capital Project Analysis And The Debt Transaction Plan. In: Journal of Financial Research 6 (1), S. 25–31.

Fama, Eugene F. (1980): Agency Problems and the Theory of the Firm. In: Journal of Political Economy 88 (2), S. 288–307.

Fama, Eugene F. (1991): Efficient Capital Markets: II. In: The Journal of Finance 46 (5), S. 1575–1617.

Fama, Eugene F. (2011): My Life in Finance. In: Annual Review of Financial Economics 3 (1), S. 1–15.

Fama, Eugene F./*French*, Kenneth R. (1989): Business conditions and expected returns on stocks and bonds. In: Journal of Financial Economics 25 (1), S. 23–49.

Fama, Eugene F./*French*, Kenneth R. (2002): Testing Trade-Off and Pecking Order Predictions About Dividends and Debt. In: Review of Financial Studies 15 (1), S. 1–33.

Fama, Eugene F./*French*, Kenneth R. (2011): Capital Structure Choices. In: Critical Finance Review 1 (1), S. 59–101.

Fan, Joseph P. H./*Titman*, Sheridan/*Twite*, Garry (2012): An International Comparison of Capital Structure and Debt Maturity Choices. In: Journal of Financial and Quantitative Analysis 47 (1), S. 23–56.

Fang, Lily/*Peress*, Joel (2009): Media Coverage and the Cross-section of Stock Returns. In: The Journal of Finance 64 (5), S. 2023–2052.

Faulkender, Michael/*Flannery*, Mark J./*Hankins*, Kristine Watson/*Smith*, Jason M. (2012): Cash flows and leverage adjustments. In: Journal of Financial Economics 103 (3), S. 632–646.

Faulkender, Michael/*Petersen*, Mitchell A. (2006): Does the Source of Capital Affect Capital Structure? In: Review of Financial Studies 19 (1), S. 45–79.

Fazzari, Steven M./*Hubbard*, R. Glenn/*Petersen*, Bruce C. (1987): Financing Constraints and Corporate Investment. In: National Bureau of Economic Research Working Paper Series No. 2387.

Feld, Lars P./*Heckemeyer*, Jost H./*Overesch*, Michael (2013): Capital structure choice and company taxation: A meta-study. In: Journal of Banking & Finance 37 (8), S. 2850–2866.

Feldstein, Martin S. (Hg.) (1987): The Effects of Taxation on Capital Accumulation (A National Bureau of Economic Research Project Report). Chicago/ London: University of Chicago Press.

Feldstein, Martin S./*Seligman*, Stephanie (1981): Pension Funding, Share Prices, and National Savings. In: The Journal of Finance 36 (4), S. 801–824.

Feltham, Gerald A./*Ohlson*, James A. (1995): Valuation and Clean Surplus Accounting for Operating and Financial Activities. In: Contemporary Accounting Research 11 (2), S. 689–731.

Ferri, Michael G./*Jones*, Wesley H. (1979): Determinants of Financial Structure: A New Methodological Approach. In: The Journal of Finance 34 (3), S. 631–644.

Filbeck, Greg (2009): Asymmetric Information and Signaling Theory. In: Baker, H. Kent (Hg.): Dividends and Dividend Policy, Bd. 35. Hoboken, NJ, USA: John Wiley & Sons, Inc, S. 163–177.

Fischer, Edwin O./*Heinkel*, Robert/*Zechner*, Josef (1989): Dynamic Capital Structure Choice: Theory and Tests. In: The Journal of Finance 44 (1), S. 19–40.

Flannery, Mark J. (1986): Asymmetric Information and Risky Debt Maturity Choice. In: The Journal of Finance 41 (1), S. 19–37.

Flannery, Mark J./*Hankins*, Kristine Watson (2013): Estimating dynamic panel models in corporate finance. In: Journal of Corporate Finance 19, S. 1–19.

Flannery, Mark J./*Rangan*, Kasturi P. (2006): Partial adjustment toward target capital structures. In: Journal of Financial Economics 79 (3), S. 469–506.

Francis, Jennifer/*Olsson*, Per/*Oswald*, Dennis R. (2000): Comparing the Accuracy and Explainability of Dividend, Free Cash Flow, and Abnormal Earnings Equity Value Estimates. In: Journal of Accounting Research 38 (1), S. 45–70.

Frank, Murray Z./*Goyal*, Vidhan K. (2003): Testing the pecking order theory of capital structure. In: Journal of Financial Economics 67 (2), S. 217–248.

Frank, Murray Z./*Goyal*, Vidhan K. (2008): Trade-Off and Pecking Order Theories of Debt. In: Eckbo, Espen. B, Handbook of Empirical Corporate Finance: Elsevier, S. 135–202.

Frank, Murray Z./*Goyal*, Vidhan K. (2009): Capital Structure Decisions: Which Factors Are Reliably Important? In: Financial Management 38 (1), S. 1–37.

Frankel, Richard/*Lee*, Charles: Accounting Diversity and International Valuation (Working Paper). Online verfügbar unter https://www.researchgate.net/publication/228170590_Accounting_Diversity_and_International_Valuation.

Frankel, Richard/*Lee*, Charles M. C. (1998): Accounting valuation, market expectation, and cross-sectional stock returns. In: Journal of Accounting and Economics 25 (3), S. 283–319.

Fried, Dov/*Givoly*, Dan (1982): Financial analysts' forecasts of earnings. In: Journal of Accounting and Economics 4 (2), S. 85–107.

Friend, Irwin/*Lang*, Larry H. P. (1988): An Empirical Test of the Impact of Managerial Self-Interest on Corporate Capital Structure. In: The Journal of Finance 43 (2), S. 271–281.

Galai, Dan/*Masulis*, Ronald W. (1976): The option pricing model and the risk factor of stock. In: Journal of Financial Economics 3 (1–2), S. 53–81.

Gârleanu, Nicolae/*Zwiebel*, Jeffrey (2009): Design and Renegotiation of Debt Covenants. In: The Review of Financial Studies 22 (2), S. 749–781.

Garvey, Gerald T./*Hanka*, Gordon (1999): Capital Structure and Corporate Control: The Effect of Antitakeover Statutes on Firm Leverage. In: The Journal of Finance 54 (2), S. 519–546.

Gentry, James A./*Newbold*, Paul/*Whitford*, David T. (1985): Predicting Bankruptcy: If Cash Flow's Not the Bottom Line, What Is? In: Financial Analysts Journal 41 (5), S. 47–56.

Gertner, Robert/*Scharfstein*, David S. (1991): A Theory of Workouts and the Effects of Reorganization Law. In: The Journal of Finance 46 (4), S. 1189–1222.

Gilson, Stuart C. (1997): Transactions Costs and Capital Structure Choice: Evidence from Financially Distressed Firms. In: The Journal of Finance 52 (1), S. 161–196.

Gilson, Stuart C./*Healy*, Paul M./*Noe*, Christopher F./*Palepu*, Krishna G. (2001): Analyst Specialization and Conglomerate Stock Breakups. In: Journal of Accounting Research 39 (3), S. 565–582.

Givoly, Dan/*Hayn*, Carla/*Ofer*, Aharon R./*Sarig*, Oded (1992): Taxes and Capital Structure: Evidence from Firms' Response to the Tax Reform Act of 1986. In: Review of Financial Studies 5 (2), S. 331–355.

Goldstein, Robert/*Ju*, Nengjiu/*Leland*, Hayne E. (2001): An EBIT-Based Model of Dynamic Capital Structure. In: The Journal of Business 74 (4), S. 483–512.

Gomes, Armando/*Phillips*, Gordon (2012): Why do public firms issue private and public securities? In: Journal of Financial Intermediation 21 (4), S. 619–658.

Gopalakrishnan, V./*Parkash*, Mohinder (1995): Borrower and lender perceptions of accounting information in Corporate Lending Agreements. In: Accounting Horizons 9 (1), S. 13–26.

Gopalan, Radhakrishnan/*Song*, Fenghua/*Yerramilli*, Vijay (2014): Debt Maturity Structure and Credit Quality. In: Journal of Financial and Quantitative Analysis 49 (4), S. 817–842.

Goyal, Vidhan K./*Wang*, Wei (2013): Debt Maturity and Asymmetric Information: Evidence from Default Risk Changes. In: Journal of Financial and Quantitative Analysis 48 (3), S. 789–817.

Grabowski, Roger (2009): Cost of Capital Estimation in the Current Distressed Environment. In: Journal of Applied Research in Accounting and Finance (JARAF) 4 (1), S. 31–40.

Graham, John R. (1996): Debt and the marginal tax rate. In: Journal of Financial Economics 41 (1), S. 41–73.

Graham, John R. (2000): How Big Are the Tax Benefits of Debt? In: The Journal of Finance 55 (5), S. 1901–1941.

Graham, John R. (2001): Estimating The Tax Benefits Of Debt. In: Journal of Applied Corporate Finance 14 (1), S. 42–54.

Graham, John R. (2005): A Review of Taxes and Corporate Finance. In: Foundations and Trends in Finance 1 (7), S. 573–691.

Graham, John R./*Harvey*, Campbell R. (2001): The theory and practice of corporate finance: evidence from the field. In: Journal of Financial Economics 60 (2–3), S. 187–243.

Graham, John R./*Leary*, Mark T. (2011): A Review of Empirical Capital Structure Research and Directions for the Future. In: Annual Review of Financial Economics 3 (1), S. 309–345.

Green, Richard C./*Talmor*, Eli (1986): Asset substitution and the agencycosts of debt financing. In: Journal of Banking & Finance 10 (3), S. 391–399.

Greenwood, Robin/*Hanson*, Samuel G. (2013): Issuer Quality and Corporate Bond Returns. In: Review of Financial Studies 26 (6), S. 1483–1525.

Grinblatt, Mark/*Titman*, Sheridan (2002): Financial markets and corporate strategy. 2. ed., internat. ed.,. Boston, Mass.: McGraw-Hill.

Gröger, Hans-Christian/*Dierkes*, Stefan (2012): Hybride Finanzierungspolitiken in der Unternehmensbewertung. In: Schwetzler, Bernhard/Aders, Christian (Hg.): Jahrbuch der Unternehmensbewertung 2012. Düsseldorf: Fachverlag Handelsblatt, S. 332–344.

Grossman, Sanford J./*Hart*, Oliver D. (1980): Takeover Bids, The Free-Rider Problem, and the Theory of the Corporation. In: The Bell Journal of Economics 11 (1), S. 42–64.

Gruber, Martin J./*Warner*, Jerold B. (1977): Bankruptcy Costs: Some Evidence. In: The Journal of Finance 32 (2), S. 337–347.

Guedes, Jose/*Opler*, Tim (1996): The Determinants of the Maturity of Corporate Debt Issues. In: The Journal of Finance 51 (5), S. 1809–1833.

Haas, Ralph de/*van Horen*, Neeltje (2010): The Crisis as a Wake-Up Call- Do Banks Tighten Screening and Monitoring During a Financial Crisis? In: DNB Working Paper No. 255/2010.

Hackbarth, Dirk (2008): Managerial Traits and Capital Structure Decisions. In: Journal of Financial and Quantitative Analysis 43 (4), S. 843–881.

Hall, Bronwyn H./*Lerner*, Josh (2010): The Financing of R&D and Innovation. In: Hall, Bronwyn H./Rosenberg, Nathan (Hg.), Handbook of The Economics of Innovation, Vol. 1, Bd. 1, Amsterdam: Elsevier, S. 609–639.

Halling, Michael/*Yu*, Jin/*Zechner*, Josef (2016): Leverage dynamics over the business cycle. In: Journal of Financial Economics 122 (1), S. 21–41.

Hanlon, Michelle/*Heitzman*, Shane (2010): A review of tax research. In: Journal of Accounting and Economics 50 (2–3), S. 127–178.

Hanousek, Jan/*Shamshur*, Anastasiya (2011): A stubborn persistence: Is the stability of leverage ratios determined by the stability of the economy? In: Journal of Corporate Finance 17 (5), S. 1360–1376.

Harford, Jarrad/*Martos-Vila*, Marc/*Rhodes-Kropf*, Matthew (2014): Corporate financial policies in misvalued credit markets. Harvard Business School (14-097).

Harris, Christopher/*Roark*, Scott (2019): Cash flow risk and capital structure decisions. In: Finance Research Letters 29, S. 393–397.

Harris, Milton/*Raviv*, Artur (1990): Capital Structure and the Informational Role of Debt. In: The Journal of Finance 45 (2), S. 321–349.

Harris, Milton/*Raviv*, Artur (1991): The Theory of Capital Structure. In: The Journal of Finance 46 (1), S. 297–355.

Harris, Robert S./*Pringle*, John J. (1985): Risk-Adjusted Discount Rates-Extensions From The Average-Risk Case. In: Journal of Financial Research 8 (3), S. 237–244.

Hart, Oliver/*Moore*, John (1995): Debt and Seniority: An Analysis of the Role of Hard Claims in Constraining Management. In: The American Economic Review 85 (3), S. 567–585.

Haugen, Robert A./*Senbet*, Lemma W. (1978): The Insignificance of Bankruptcy Costs to the Theory of Optimal Capital Structure. In: The Journal of Finance 33 (2), S. 383–393.

Haugen, Robert A./*Senbet*, Lemma W. (1986): Corporate Finance and Taxes: A Review. In: Financial Management 15 (3), S. 5–21.

Heider, Florian/*Ljungqvist*, Alexander (2015): As certain as debt and taxes: Estimating the tax sensitivity of leverage from state tax changes. In: Journal of Financial Economics 118 (3), S. 684–712.

Heinrichs, Nicolas/*Hess*, Dieter/*Homburg*, Carsten/*Lorenz*, Michael/*Sievers*, Soenke (2013): Extended Dividend, Cash Flow, and Residual Income Valuation Models: Accounting for Deviations from Ideal Conditions*. In: Contemporary Accounting Research 30 (1), S. 42–79.

Hellwig, Martin F. (1981): Bankruptcy, Limited Liability, and the Modigliani-Miller Theorem. In: The American Economic Review 71 (1), S. 155–170.

Hennessy, Christopher A./*Whited*, Toni M. (2005): Debt Dynamics. In: The Journal of Finance 60 (3), S. 1129–1165.

Hennessy, Christopher A./*Whited*, Toni M. (2007): How Costly Is External Financing? Evidence from a Structural Estimation. In: The Journal of Finance 62 (4), S. 1705–1745.

Henschke, Stefan (2009): Towards a more accurate equity valuation. An empirical analysis., 1. ed., Wiesbaden: Gabler (Gabler Research: Quantitatives Controlling).

Hermanns, Julia (2007): Optimale Kapitalstruktur und Market Timing. 1. Aufl., Wiesbaden: DUV Deutscher Universitäts-Verlag.

Hirshleifer, David/*Thakor*, Anjan V. (1992): Managerial Conservatism, Project Choice, and Debt. In: Review of Financial Studies 5 (3), S. 437–470.

Hite, Gailen L. (1977): Leverage, output effects, and the M-M theorems. In: Journal of Financial Economics 4 (2), S. 177–202.

Holthausen, Robert W./*Zmijewski*, Mark E. (2012): Pitfalls in Levering and Unlevering Beta and Cost of Capital Estimates in DCF Valuations. In: Journal of Applied Corporate Finance 24 (3), S. 60–74.

Homaifar, GhasseM/*Zietz*, Joachim/*Benkato*, Omar (1994): An Empirical Model of Capital Structure: Some New Evidence. In: Journal of Business Finance & Accounting 21 (1), S. 1–14.

Hong, Harrison/*Lim*, Terence/*Stein*, Jeremy C. (2000): Bad News Travels Slowly: Size, Analyst Coverage, and the Profitability of Momentum Strategies. In: The Journal of Finance 55 (1), S. 265–295.

Hou, Kewei/*van Dijk*, Mathijs A./*Zhang*, Yinglei (2012): The implied cost of capital: A new approach. In: Journal of Accounting and Economics 53 (3), S. 504–526.

Hovakimian, Armen (2004): The Role of Target Leverage in Security Issues and Repurchases. In: The Journal of Business 77 (4), S. 1041–1072.

Hovakimian, Armen (2006): Are Observed Capital Structures Determined by Equity Market Timing? In: Journal of Financial and Quantitative Analysis 41 (1), S. 221–243.

Hovakimian, Armen/*Kayhan*, Ayla/*Titman*, Sheridan (2012): Are Corporate Default Probabilities Consistent with the Static Trade-off Theory? In: Review of Financial Studies 25 (2), S. 315–340.

Hovakimian, Armen/*Opler*, Tim/*Titman*, Sheridan (2001): The Debt-Equity Choice. In: Journal of Financial and Quantitative Analysis 36 (1), S. 1–24.

Huang, Rongbing/*Ritter*, Jay R. (2009): Testing Theories of Capital Structure and Estimating the Speed of Adjustment. In: Journal of Financial and Quantitative Analysis 44 (2), S. 237–271.

Huang, Rongbing/*Ritter*, Jay R./*Zhang*, Donghang (2016): Private Equity Firms' Reputational Concerns and the Costs of Debt Financing. In: Journal of Financial and Quantitative Analysis 51 (1), S. 29–54.

Huizinga, Harry/*Laeven*, Luc/*Nicodeme*, Gaetan (2008): Capital structure and international debt shifting. In: Journal of Financial Economics 88 (1), S. 80–118.

Ibbotson, Roger G./*Ritter*, Jay R. (1995): Chapter 30 Initial public offerings. In: Jarrow, Robert/ Maksimovic, Vojislav/Ziemba, William T. (Hg.), Finance, Bd. 9: Amsterdam [u.a.]: Elsevier (Handbooks in Operations Research and Management Science), S. 993–1016.

Iliev, Peter/*Welch*, Ivo (2010): Reconciling Estimates of the Speed of Adjustment of Leverage Ratios. In: SSRN Journal. Online verfügbar unter https://ssrn.com/abstract=1542691.

Inselbag, Isik/*Kaufold*, Howard (1989): How To Value Recapitalizations And Leveraged Buyouts. In: Journal of Applied Corporate Finance 2 (2), S. 87–96.

Inselbag, Isik/*Kaufold*, Howard (1997): Two DCF Approaches For Valuing Companies Under Alternative Financing Strategies (And How To Choose Between Them). In: Journal of Applied Corporate Finance 10 (1), S. 114–122.

Institut der Wirtschaftsprüfer (Hg.) (2014): WP Handbuch 2014. Wirtschaftsprüfung, Rechnungslegung, Beratung, Band II. 14., vollst. überarb. u. aktualis. Aufl., Düsseldorf: IDW.

Isidro, Helena/*O'Hanlon*, John/*Young*, Steven (2006): Dirty surplus accounting flows and valuation errors. In: Abacus 42 (3–4), S. 302–344.

Ivashina, Victoria/*Iverson*, Benjamin/*Smith*, David C. (2016): The ownership and trading of debt claims in Chapter 11 restructurings. In: Journal of Financial Economics 119 (2), S. 316–335.

Jacob, John/*Lys*, Thomas Z./*Neale*, Margaret A. (1999): Expertise in forecasting performance of security analysts. In: Journal of Accounting and Economics 28 (1), S. 51–82.

Jalilvand, Abolhassan/*Harris*, Robert S. (1984): Corporate Behavior in Adjusting to Capital Structure and Dividend Targets: An Econometric Study. In: The Journal of Finance 39 (1), S. 127–145.

Jensen, Michael C. (1978): Some anomalous evidence regarding market efficiency. In: Journal of Financial Economics 6 (2–3), S. 95–101.

Jensen, Michael C. (1986): Agency Costs of Free Cash Flow, Corporate Finance, and Takeovers. In: The American Economic Review 76 (2), S. 323–329.

Jensen, Michael C./*Meckling*, William H. (1976): Theory of the firm: Managerial behavior, agency costs and ownership structure. In: Journal of Financial Economics 3 (4), S. 305–360.

Jensen, Michael C./*Murphy*, Kevin J. (1990): Performance Pay and Top-Management Incentives. In: Journal of Political Economy 98 (2), S. 225–264.

Johnson, Simon/*La Porta*, Rafael/*Lopez-de-Silanes*, Florencio /*Shleifer*, Andrei (2000): Tunneling. In: The American Economic Review 90 (2), S. 22–27.

Jonas, Martin (2009): Unternehmensbewertung in der Krise. In: Finanz-Betrieb 11 (10), S. 541–546.

Ju, Nengjiu/*Parrino*, Robert/*Poteshman*, Allen M./ *Weisbach*, Michael S. (2005): Horses and Rabbits? Trade-Off Theory and Optimal Capital Structure. In: Journal of Financial and Quantitative Analysis 40 (2), S. 259–281.

Kadapakkam, Palani-Rajan/*Kumar*, P.C/*Riddick*, Leigh A. (1998): The impact of cash flows and firm size on investment: The international evidence. In: Journal of Banking & Finance 22 (3), S. 293–320.

Kalay, Avner (1982): Stockholder-bondholder conflict and dividend constraints. In: Journal of Financial Economics 10 (2), S. 211–233.

Kane, Alex/*Marcus*, Alan J./*McDonald*, Robert L. (1985): Debt Policy and the Rate of Return Premium to Leverage. In: Journal of Financial and Quantitative Analysis 20 (4), S. 479–499.

Kaplan, Steven N./*Ruback*, Richard S. (1995): The Valuation of Cash Flow Forecasts: An Empirical Analysis. In: The Journal of Finance 50 (4), S. 1059–1093.

Keefe, Michael O'Connor/*Yaghoubi*, Mona (2016): The influence of cash flow volatility on capital structure and the use of debt of different maturities. In: Journal of Corporate Finance 38, S. 18–36.

Kemper, Kristopher J./*Rao*, Ramesh P. (2013): Do Credit Ratings Really Affect Capital Structure? In: Financial Review 48 (4), S. 573–595.

Kester, W. Carl (1986): Capital and Ownership Structure: A Comparison of United States and Japanese Manufacturing Corporations. In: Financial Management 15 (1), S. 5–16.

Kim, E. Han (1978): A Mean-Variance Theory of Optimal Capital Structure and Corporate Debt Capacity. In: The Journal of Finance 33 (1), S. 45–63.

Kim, E. Han/*McConnell*, John J.; Greenwood, Paul R. (1977): Capital Structure Rearrangements and Me-First Rules in an Efficient Capital Market. In: The Journal of Finance 32 (3), S. 789–810.

Kim, Moonchul/*Ritter*, Jay R. (1999): Valuing IPOs. In: Journal of Financial Economics 53 (3), S. 409–437.

Kisgen, Darren J. (2006): Credit Ratings and Capital Structure. In: The Journal of Finance 61 (3), S. 1035–1072.

Kisgen, Darren J. (2009): Do Firms Target Credit Ratings or Leverage Levels? In: Journal of Financial and Quantitative Analysis 44 (6), S. 1323–1344.

Korajczyk, Robert A./*Lucas*, Deborah J./*McDonald*, Robert L. (1990): Understanding stock price behavior around the time of an equity issue. In: Hubbard, R. Glenn (Hg.): Asymmetric Information, Corporate Finance, and Investment. Chicago: University of Chicago Press, S. 257–277.

Korteweg, Arthur (2010): The Net Benefits to Leverage. In: The Journal of Finance 65 (6), S. 2137–2170.

Kothari, S.P (2001): Capital markets research in accounting. In: Journal of Accounting and Economics 31 (1–3), S. 105–231.

Krasker, William S. (1986): Stock Price Movements in Response to Stock Issues under Asymmetric Information. In: The Journal of Finance 41 (1), S. 93–105.

Kraus, Alan/*Litzenberger*, Robert H. (1973): A State-Preference Model of Optimal Financial Leverage. In: The Journal of Finance 28 (4), S. 911–922.

Kruschwitz, Lutz/*Löffler*, Andreas (1998): WACC, APV, and the FTE revisited. Arbeitspapier, Institut für Bank- und Finanzwirtschaft der Freien Universität Berlin.

Kruschwitz, Lutz/*Löffler*, Andreas (1999a): Erwiderung auf: Frank Richter, Unternehmensbewertung bei variablem Verschuldungsgrad, ZBB 1998,379. In: Zeitschrift für Bankrecht und Bankwirtschaft (ZBB)/Journal of Banking Law and Banking (JBB) 11 (2), S. 83–84.

Kruschwitz, Lutz/*Löffler*, Andreas (1999b): Sichere und unsichere Steuervorteile bei der Unternehmensbewertung I. Kritische Anmerkungen (nicht nur) zum WP-Handbuch 1998. Arbeitspapier, Institut für Bank- und Finanzwirtschaft der Freien Universität Berlin.

Kruschwitz, Lutz/*Löffler*, Andreas (2001): DCF-Verfahren, Finanzierungspolitik und Steuern. In: Seicht, Gerhard (Hg.): Unternehmensbewertung, Kostenrechnung, internationale Rechnungslegung, Controlling, Steuern. Wien: Orac (Jahrbuch für Controlling und Rechnungswesen, 2001), S. 101–116.

Kruschwitz, Lutz/*Löffler*, Andreas (2003): Fünf typische Missverständnisse im Zusammenhang mit DCF-Verfahren. In: Finanz-Betrieb (11), S. 731–733.

Kruschwitz, Lutz/*Löffler*, Andreas (2006): Discounted Cash Flow. A Theory of Firm Valuations of Firms. Oxford, UK: John Wiley & Sons Ltd.

Kruschwitz, Lutz/*Löffler*, Andreas/*Canefield*, Dominica (2007): Hybride Finanzierungspolitik und Unternehmensbewertung. In: Finanz-Betrieb (7–8), S. 427–431.

Kruschwitz, Lutz/*Löffler*, Andreas/*Lorenz*, Daniela (2011): Unlevering und Relevering: Modigliani/Miller versus Miles/Ezzell. In: Die Wirtschaftsprüfung (WPg) 64 (14), S. 672–678.

Kuhner, Christoph/*Maltry*, Helmut (2006): Unternehmensbewertung. Berlin/ Heidelberg: Springer-Verlag (Springer-Lehrbuch).

Kuhner, Christoph/*Maltry*, Helmut (2017): Unternehmensbewertung. Berlin/ Heidelberg: Springer-Verlag.

La Rocca, Maurizio (2011): Capital Structure and Corporate Strategy. In: Baker, H. Kent/Martin, Gerald S. (Hg.): Capital Structure and Corporate Financing Decisions, Bd. 13. Hoboken, NJ, USA: John Wiley & Sons, Inc, S. 41–58.

La Rocca, Maurizio/*La Rocca*, Tiziana/*Gerace*, Dionigi/*Smark*, Ciorstan (2009): Effect of diversification on capital structure. In: Accounting & Finance 49 (4), S. 799–826.

Lamberson, Morris (1988): Financial Management Techniques Used By Manufacturers: Survey And Analysis. In: Journal of Applied Business Research (JABR) 4 (4), S. 44–50.

Lang, Larry/*Ofek*, Eli/*Stulz*, René M. (1996): Leverage, investment, and firm growth. In: Journal of Financial Economics 40 (1), S. 3–29.

Lazar, Christian (2007): Managementvergütung, Corporate Governance und Unternehmensperformance. 1. Aufl. s.l.: DUV Deutscher Universitäts-Verlag (Schriftenreihe der HHL Leipzig Graduate School of Management): Wiesbaden.

Leary, Mark T./*Roberts*, Michael R. (2005): Do Firms Rebalance Their Capital Structures? In: The Journal of Finance 60 (6), S. 2575–2619.

Leary, Mark T./*Roberts*, Michael R. (2010): The pecking order, debt capacity, and information asymmetry. In: Journal of Financial Economics 95 (3), S. 332–355.

Lee, Charles M. C./*Myers*, James/*Swaminathan*, Bhaskaran (1999): What is the Intrinsic Value of the Dow? In: The Journal of Finance 54 (5), S. 1693–1741.

Lee, Charles M. C./*So*, Eric C./*Wang*, Charles C. Y.: Evaluating Implied Cost of Capital Estimates. Working Paper, Stanford University.

Lee, Inmoo/*Lochhead*, Scott/*Ritter*, Jay R./*Zhao*, Quanshui (1996): The costs of raising capital. In: Journal of Financial Research 19 (1), S. 59–74.

Lee, Wayne Y./*Barker*, Henry H. (1977): Bankruptcy Costs and the Firm's Optimal Debt Capacity: A Positive Theory of Capital Structure. In: Southern Economic Journal 43 (4), S. 1453.

Lehmann, Kai (2014): Managementprognosen und Analystenschätzungen. Empirische Untersuchung zum Prognoseverhalten von Unternehmen und Finanzanalysten. Frankfurt am Main [u.a.]: Peter Lang Verlag (Betriebswirtschaftliche Forschung im Rechnungswesen, 14).

Leland, Hayne E. (1994): Corporate Debt Value, Bond Covenants, and Optimal Capital Structure. In: The Journal of Finance 49 (4), S. 1213–1252.

Leland, Hayne E./*Pyle*, David H. (1977): Informational Asymmetries, Financial Structure, and Financial Intermediation. In: The Journal of Finance 32 (2), S. 371–387.

Lemmon, Michael L./*Roberts*, Michael R./*Zender*, Jaime F. (2008): Back to the Beginning: Persistence and the Cross-Section of Corporate Capital Structure. In: The Journal of Finance 63 (4), S. 1575–1608.

Lev, Baruch (1969): Industry Averages as Targets for Financial Ratios. In: Journal of Accounting Research 7 (2), S. 290–299.

Lev, Baruch/*Pekelman*, Dov (1975): A Multiperiod Adjustment Model for the Firm's Capital Structure. In: The Journal of Finance 30 (1), S. 75–91.

Levin, Joakim/*Olsson*, Per M. (2000): Terminal Value Techniques in Equity Valuation - Implications of the Steady State Assumption. Stockholm School of Economics (SSE/EFI Working Paper Series in Business Administration, 2000:7).

Levy, Haim (1991): Possible explanations of no-synergy mergers and small firm effect by the Generalized Capital Asset Pricing Model. In: Review of Quantitative Finance and Accounting 1 (1), S. 101–127.

Lewellen, Katharina (2006): Financing decisions when managers are risk averse. In: Journal of Financial Economics 82 (3), S. 551–589.

Lewellen, Wilbur G. (1971): A Pure Financial Rationale for the Conglomerate Merger. In: The Journal of Finance 26 (2), S. 521–537.

Lewellen, Wilbur G.; Emery, Douglas R. (1986): Corporate Debt Management and the Value of the Firm. In: Journal of Financial and Quantitative Analysis 21 (4), S. 415–426.

Lewellen, Wilbur G./*Long*, Michael S./*McConnell*, John J. (1977): Capital cost and adjusted present value: Reconciliation and amplification. In: Journal of Business Research 5 (2), S. 109–127.

Lewis, Craig M./*Tan*, Yongxian (2016): Debt-equity choices, R&D investment and market timing. In: Journal of Financial Economics 119 (3), S. 599–610.

Lin, Leming/*Flannery*, Mark J. (2013): Do personal taxes affect capital structure? Evidence from the 2003 tax cut. In: Journal of Financial Economics 109 (2), S. 549–565.

Lintner, John (1956): Distribution of Incomes of Corporations Among Dividends, Retained Earnings, and Taxes. In: The American Economic Review 46 (2), S. 97–113.

Lintner, John (1962): Dividends, Earnings, Leverage, Stock Prices and the Supply of Capital to Corporations. In: The Review of Economics and Statistics 44 (3), S. 243–269.

Lintner, John (1967): Corporation finance: Risk and investment. In: Determinants of investment behavior: NBER, S. 215–267.

Liu, Jing/*Nissim*, Doron/*Thomas*, Jacob (2002): Equity Valuation Using Multiples. In: Journal of Accounting Research 40 (1), S. 135–172.

Liu, Laura Xiaolei (2009): Historical market-to-book in a partial adjustment model of leverage. In: Journal of Corporate Finance 15 (5), S. 602–612.

Lobe, Sebastian (2006): Unternehmensbewertung und Terminal Value. Operative Planung, Steuern und Kapitalstruktur. Frankfurt am Main: Lang (Regensburger Beiträge zur betriebswirtschaftlichen Forschung, 45).

Lobe, Sebastian/*Essler*, Wolfgang (2008): Zur Theorie des Discounted Cashflow: Was haben wir seit Modigliani und Miller gelernt? In: Laitenberger, Jörg/Kruschwitz, Lutz (Hg.): Finanzierungstheorie auf vollkommenen und unvollkommenen Kapitalmärkten. Festschrift für Lutz Kruschwitz zum 65. Geburtstag. München: Vahlen (Festschriften, Festgaben, Gedächtnisschriften), S. 55–77.

Löffler, Andreas (1998): WACC Approach and Nonconstant Leverage Ratio. In: SSRN Journal. Online verfügbar unter https://ssrn.com/abstract=60937.

Löffler, Andreas (2002): Gewichtete Kapitalkosten (WACC) in der Unternehmensbewertung. In: Finanz-Betrieb 5, S. 296–300.

Long, Michael S./*Malitz*, Ileen B. (1985): Investment Patterns and Financial Leverage. In: Friedman, Benjamin M. (Hg.): Corporate Capital Structures in the United States. Chicago/London: University of Chicago Press, S. 325–352.

López-Gracia, José/*Sogorb-Mira*, Francisco (2008): Testing trade-off and pecking order theories financing SMEs. In: Small Business Economics 31 (2), S. 117–136.

Lou, Yun/*Otto*, Clemens A. (2018): Creditor Dispersion and Debt Covenants. In: SSRN Journal. Online verfügbar unter https://ssrn.com/abstract=2297804.

Loughran, T. I. M./*Ritter*, Jay R. (1995): The New Issues Puzzle. In: The Journal of Finance 50 (1), S. 23–51.

Lucas, Deborah J./*McDonald*, Robert L. (1990): Equity Issues and Stock Price Dynamics. In: The Journal of Finance 45 (4), S. 1019–1043.

Lundholm, Russell/*O'Keefe*, Terry (2001): Reconciling Value Estimates from the Discounted Cash Flow Model and the Residual Income Model. In: Contemporary Accounting Research 18 (2), S. 311–335.

Lütkeschümer, Gerrit (2012): Die Berücksichtigung von Finanzierungsrisiken bei der Ermittlung von Eigenkapitalkosten in der Unternehmensbewertung. 1. Aufl. Lohmar: Eul (Rechnungslegung und Wirtschaftsprüfung, 39).

Mackey, Tyson B./*Barney*, Jay B. (2005): Is There a Diversification Discount? Diversification, Payout Policy, and the Value of a Firm. In: *SSRN Journal.*

MacKie-Mason, Jeffrey K. (1990): Do Taxes Affect Corporate Financing Decisions? In: The Journal of Finance 45 (5), S. 1471–1493.

Majd, Saman/*Myers*, Stewart C. (1986): Tax Asymmetries and Corporate Tax Reform, National Bureau of Economic Research (NBER Working Paper Series No. 1924) S. 343–376.

Maksimovic, Vojislav/*Titman*, Sheridan (1991): Financial Policy and Reputation for Product Quality. In: Review of Financial Studies 4 (1), S. 175–200.

Masulis, Ronald W. (1980): The effects of capital structure change on security prices. In: Journal of Financial Economics 8 (2), S. 139–178.

Masulis, Ronald W. (1983): The Impact of Capital Structure Change on Firm Value: Some Estimates. In: The Journal of Finance 38 (1), S. 107–126.

Matschke, Manfred Jürgen/*Brösel*, Gerrit (2013): Unternehmensbewertung. Wiesbaden: Springer Fachmedien.

Mauer, David C./*Lewellen*, Wilbur G. (1987): Debt Management under Corporate and Personal Taxation. In: The Journal of Finance 42 (5), S. 1275–1291.

Mauer, David C./*Triantis*, Alexander J. (1994): Interactions of Corporate Financing and Investment Decisions: A Dynamic Framework. In: The Journal of Finance 49 (4), S. 1253–1277.

McLemore, Ping/*Woodward*, George/*Zwirlein*, Thomas (2015): Back-Tests of the Dividend Discount Model Using Time-Varying Cost of Equity. In: Journal of Applied Finance 25 (2), S. 75–94.

Mehran, Hamid (1992): Executive Incentive Plans, Corporate Control, and Capital Structure. In: Journal of Financial and Quantitative Analysis 27 (4), S. 539–560.

Meitner, Matthias/*Streitferdt*, Felix (2012): Über das Unlevern und Relevern von Betafaktoren. Stellungnahme zu Kruschwitz/Löffler/Lorenz, WPg 2011, S.672. In: Die Wirtschaftsprüfung (WPg) 65 (19), S. 1037–1047.

Mello, Antonio S./*Parsons*, John E. (1992): Measuring the Agency Cost of Debt. In: The Journal of Finance 47 (5), S. 1887–1904.

Memon, Zulfiqar Ali/*Chen*, Yan/*Tauni*, Muhammad Zubair/*Ali*, Hashmat (2018): The impact of cash flow volatility on firm leverage and debt maturity structure: evidence from China. In: China Finance Review International 8 (1), S. 69–91.

Merton, Robert C. (1974): On the Pricing of Corporate Debt: The Risk Structure of Interest Rates. In: The Journal of Finance 29 (2), S. 449–470.

Meyer, Margaret/*Milgrom*, Paul/*Roberts*, John (1992): Organizational Prospects, Influence Costs, and Ownership Changes. In: Journal of Economics Management Strategy 1 (1), S. 9–35.

Meza, David de/*Webb*, David C. (1988): Credit market efficiency and tax policy in the presence of screening costs. In: Journal of Public Economics 36 (1), S. 1–22.

Miglo, Anton (2011): Trade-Off, Pecking Order, Signaling, and Market Timing Models. In: Baker, Harold Kent/Martin, Gerald S. (Hg.): Capital structure and corporate financing decisions. Theory, evidence, and practice, Bd. 62. Hoboken, N.J: John Wiley & Sons (Robert W. Kolb series in finance, 62), S. 171–189.

Miglo, Anton (2016): Capital structure in the modern world. Cham: Palgrave Macmillan.

Miles, James A./*Ezzell*, John R. (1980): The Weighted Average Cost of Capital, Perfect Capital Markets, and Project Life: A Clarification. In: Journal of Financial and Quantitative Analysis 15 (3), S. 719–730.

Miles, James A./*Ezzell*, John R. (1985): Reformulating Tax Shield Valuation: A Note. In: The Journal of Finance 40 (5), S. 1485–1492.

Miller, Merton H. (1977): Debt and Taxes. In: The Journal of Finance 32 (2), S. 261–275.

Miller, Merton H. (1988): The Modigliani-Miller Propositions after Thirty Years. In: Journal of Economic Perspectives 2 (4), S. 99–120.

Miller, Merton H. (1998): The M&M propositions 40 years later. In: European financial management 4 (2), S. 113–120.

Miller, Merton H./*Modigliani*, Franco (1961): Dividend Policy, Growth, and the Valuation of Shares. In: The Journal of Business 34 (4), S. 411–433.

Modigliani, Franco (1982): Debt, Dividend Policy, Taxes, Inflation and Market Valuation. In: The Journal of Finance 37 (2), S. 255–273.

Modigliani, Franco (1988): MM—Past, Present, Future. In: Journal of Economic Perspectives 2 (4), S. 149–158.

Modigliani, Franco/*Miller*, Merton H. (1958): The Cost of Capital, Corporation Finance and the Theory of Investment. In: The American Economic Review 48 (3), S. 261–297.

Modigliani, Franco/*Miller*, Merton H. (1963): Corporate Income Taxes and the Cost of Capital: A Correction. In: The American Economic Review 53 (3), S. 433–443.

Modigliani, Franco/*Zeman*, Morton (1952): The Effect of the Availability of Funds, and the Terms Thereof, on Business Investment. In: Universities-National Bureau (Hg.): Conference on Research in Business Finance: NBER, S. 263–316.

Moosa, Imad (2010): The myth of too big to fail. In: Journal of Banking Regulation 11 (4), S. 319–333.

Morris, James R. (1976): On Corporate Debt Maturity Strategies. In: The Journal of Finance 31 (1), S. 29–37.

Moyen, Nathalie (2007): How big is the debt overhang problem? In: Journal of Economic Dynamics and Control 31 (2), S. 433–472.

Mühlhäuser, Katja Mara Vanessa (2013): Measuring expected stock returns - The implied cost of capital and its applications. Dissertation. Technische Universität München, München.

Mukherjee, Tarun (2009): Agency Costs and the Free Cash Flow Hypothesis. In: Baker, H. Kent (Hg.): Dividends and Dividend Policy, Bd. 15. Hoboken, NJ, USA: John Wiley & Sons, Inc, S. 145–161.

Murfin, Justin (2012): The Supply-Side Determinants of Loan Contract Strictness. In: The Journal of Finance 67 (5), S. 1565–1601.

Murphy, Kevin J. (1985): Corporate performance and managerial remuneration. In: Journal of Accounting and Economics 7 (1–3), S. 11–42.

Myers, Stewart C. (1974): Interactions of Corporate Financing and Investment Decisions-Implications for Capital Budgeting. In: The Journal of Finance 29 (1), S. 1–25.

Myers, Stewart C. (1977): Determinants of corporate borrowing. In: Journal of Financial Economics 5 (2), S. 147–175.

Myers, Stewart C. (1984): The Capital Structure Puzzle. In: The Journal of Finance 39 (3), S. 574–592.

Myers, Stewart C. (1990): Still searching for optimal capital structure. In: Kopcke, Richard/Rosengren, Eric (Hg.): Are the distinctions between debt and equity disappearing? proceedings of a conference held October 1989, Conference Series, Federal Reserve Bank of Boston, Vol. 33, S. 80–95.

Myers, Stewart C. (1993): Still Searching For Optimal Capital Structure. In: Journal of Applied Corporate Finance 6 (1), S. 4–14.

Myers, Stewart C. (2001): Capital Structure. In: Journal of Economic Perspectives 15 (2), S. 81–102.

Myers, Stewart C./*Majluf*, Nicholas S. (1984): Corporate financing and investment decisions when firms have information that investors do not have. In: Journal of Financial Economics 13 (2), S. 187–221.

Myers, Stewart C./*Pogue*, Gerald A. (1974): A Programming Approach to Corporate Financial Management. In: The Journal of Finance 29 (2), S. 579.

Myers, Stewart C./*Rajan*, Raghuram G. (1998): The Paradox of Liquidity. In: The Quarterly Journal of Economics 113 (3), S. 733–771.

Nantell, Timothy J./*Carlson*, C. Robert (1975): The Cost of Capital as a Weighted Average. In: The Journal of Finance 30 (5), S. 1343–1355.

Naujoks, Marcel/*Aretz*, Kevin/*Kerl*, Alexander G./*Walter*, Andreas (2009): Do German security analysts herd? In: Financial Markets and Portfolio Management 23 (1), S. 3–29.

Norden, Lars/*Roosenboom*, Peter/*Wang*, Teng (2016): The effects of corporate bond granularity. In: Journal of Banking & Finance 63, S. 25–34.

Novaes, Walter (2002): Managerial Turnover and Leverage under a Takeover Threat. In: The Journal of Finance 57 (6), S. 2619–2650.

Novaes, Walter/*Zingales*, Luigi (1995): Capital Structure Choice when Managers are in Control: Entrenchment versus Efficiency. In: National Bureau of Economic Research (Working Paper Series No. 5384).

Oberdörster, Tatjana (2009): Finanzberichterstattung und Prognosefehler von Finanzanalysten. Zugl.: Münster, Univ., Diss., 2008. 1. Aufl. Wiesbaden: Gabler Verlag / GWV Fachverlage GmbH (Gabler Edition Wissenschaft Empirische Finanzmarktforschung).

Ozkan, Aydin (2001): Determinants of Capital Structure and Adjustment to Long Run Target: Evidence From UK Company Panel Data. In: Journal of Business Finance & Accounting 28 (1–2), S. 175–198.

Öztekin, Özde (2015): Capital Structure Decisions around the World: Which Factors Are Reliably Important? In: Journal of Financial and Quantitative Analysis 50 (3), S. 301–323.

Öztekin, Özde/*Flannery*, Mark J. (2012): Institutional determinants of capital structure adjustment speeds. In: Journal of Financial Economics 103 (1), S. 88–112.

Parsons, Chris/*Titman*, Sheridan (2008): Capital Structure and Corporate Strategy. In: Eckbo, Espen. B (Hg.), Handbook of Empirical Corporate Finance, Amsterdam [u.a.]: Elsevier, S. 203–234.

Parsons, Christopher/*Titman*, Sheridan (2008b): Empirical Capital Structure: A Review. In: Foundations and Trends in Finance 3 (1), S. 1–93.

Pástor, Ľuboš/*Veronesi*, Pietro (2003): Stock Valuation and Learning about Profitability. In: The Journal of Finance 58 (5), S. 1749–1789.

Patterson, Cleveland S. (1985): Debt and taxes: Empirical evidence. In: Journal of Business Finance & Accounting 12 (2), S. 187–206.

Penman, Stephen H. (1998): A Synthesis of Equity Valuation Techniques and the Terminal Value Calculation for the Dividend Discount Model. In: Review of Accounting Studies 2 (4), S. 303–323.

Penman, Stephen H./*Sougiannis*, Theodore (1998): A Comparison of Dividend, Cash Flow, and Earnings Approaches to Equity Valuation. In: Contemporary Accounting Research 15 (3), S. 343–383.

Petersen, Mitchell A./*Rajan*, Raghuram G. (1994): The Benefits of Lending Relationships: Evidence from Small Business Data. In: The Journal of Finance 49 (1), S. 3–37.

Pinegar, J. Michael/*Wilbricht*, Lisa (1989): What Managers Think of Capital Structure Theory: A Survey. In: Financial Management 18 (4), S. 82–91.

Pinkowitz, Lee/*Stulz*, René M./*Williamson*, Rohan (2006): Does the Contribution of Corporate Cash Holdings and Dividends to Firm Value Depend on Governance? A Cross-country Analysis. In: The Journal of Finance 61 (6), S. 2725–2751.

Plenborg, Thomas (2002): Firm valuation: comparing the residual income and discounted cash flow approaches. In: Scandinavian Journal of Management 18 (3), S. 303–318.

Popp, Matthias (2012): Teil B: Vergangenheits- und Lageanalyse. In: Peemöller, Volker H. (Hg.): Praxishandbuch der Unternehmensbewertung. Grundlagen und Methoden, Bewertungsverfahren, Besonderheiten bei der Bewertung; 5., aktualisierte und erw. Aufl., Herne: NWB-Verl., S. 173–217.

Powell, Gary E. (2009): Cash Dividends and Stock Repurchases. In: Baker, H. Kent (Hg.): Dividends and Dividend Policy, Bd. 40. Hoboken, NJ, USA: John Wiley & Sons, Inc, S. 363–383.

Pulvino, Todd C. (1998): Do Asset Fire Sales Exist? An Empirical Investigation of Commercial Aircraft Transactions. In: The Journal of Finance 53 (3), S. 939–978.

Rajan, Raghuram G./*Zingales*, Luigi (1995): What Do We Know about Capital Structure? Some Evidence from International Data. In: The Journal of Finance 50 (5), S. 1421–1460.

Ramirez, Gabriel G./*Waldman*, David A./*Lasser*, Dennis J. (1991): Research Needs in Corporate Finance: Perspectives from Financial Managers. In: Financial Management 20 (2), S. 17–29.

Rauh, Joshua D./*Sufi*, Amir (2010): Capital Structure and Debt Structure. In: The Review of Financial Studies 23 (12), S. 4242–4280.

Richter, Frank (1998): Unternehmensbewertung bei variablem Verschuldungsgrad. In: Zeitschrift für Bankrecht und Bankwirtschaft (ZBB) / Journal of Banking Law and Banking (JBB) 10 (6), S. 379–389.

Richter, Frank (1999): Zu den Anmerkungen von Lutz Kruschwitz und Andreas Löffler. In: *Zeitschrift für Bankrecht und Bankwirtschaft (ZBB) / Journal of Banking Law and Banking (JBB)* 11, S. 84–85.

Richter, Frank/*Drukarczyk*, Jochen (2001): Wachstum, Kapitalkosten und Finanzierungseffekte. In: Die Betriebswirtschaft DBW 61 (6), S. 627–639.

Ritter, Jay R. (1991): The Long-Run Performance of initial Public Offerings. In: The Journal of Finance 46 (1), S. 3–27.

Roberts, Michael R./*Sufi*, Amir (2009): Control Rights and Capital Structure: An Empirical Investigation. In: The Journal of Finance 64 (4), S. 1657–1695.

Robichek, Alexander A./*Myers*, Stewart C. (1966): Problems in the Theory of Optimal Capital Structure. In: Journal of Financial and Quantitative Analysis 1 (2), S. 1–35.

Ross, Stephen A. (1977): The Determination of Financial Structure: The Incentive-Signalling Approach. In: The Bell Journal of Economics 8 (1), S. 23–40.

Ross, Stephen A. (1985): Debt and Taxes and Uncertainty. In: The Journal of Finance 40 (3), S. 637–657.

Ross, Stephen A./*Westerfield*, Randolph W./*Jaffe*, Jeffrey F. (1999): Corporate finance. 5. ed. Boston: Irwin/McGraw-Hill (The Irwin/McGraw-Hill series in finance, insurance and real estate).

Ruback, Richard S. (1986): Calculating the market value of riskless cash flows. In: Journal of Financial Economics 15 (3), S. 323–339.

Saadi, Samir/*Dutta*, Shantanu (2009): Taxes and Clientele Effects. In: Baker, H. Kent (Hg.): Dividends and Dividend Policy, Bd. 43. Hoboken, NJ, USA: John Wiley & Sons, Inc, S. 127–144.

Schall, Lawrence D. (1972): Asset Valuation, Firm Investment, and Firm Diversification. In: The Journal of Business 45 (1), S. 11–28.

Schmidt, Reinhard H./*Terberger*, Eva (1997): Grundzüge der Investitions- und Finanzierungstheorie. 4., aktualisierte Auflage. Wiesbaden: Gabler Verlag.

Schneider, Dieter (1992): Investition, Finanzierung und Besteuerung. 7., vollständig überarbeitete und erweiterte Auflage. Wiesbaden: Gabler Verlag.

Schneider, Hilmar (2010): Determinanten der Kapitalstruktur. Eine meta-analytische Studie der empirischen Literatur. Zugl.: Oestrich-Winkel, EBS Univ. für Wirtschaft und Recht - Business School, Diss., 2009. 1. Aufl. Wiesbaden: Gabler Verlag / GWV Fachverlage GmbH Wiesbaden (Gabler research Strategic finance).

Scholze, Andreas (2006): Buchwertorientierte Finanzierungspolitik in der Unternehmensbewertung. Universität Bielefeld (Diskussionspapiere der Fakultät für Wirtschaftswissenschaften 552). Online verfügbar unter https://pub.uni-bielefeld.de/record/2315641.

Schopenhauer, Arthur (1819): Die Welt als Wille und Vorstellung. Leipzig: Bibliographischen Institut & F. A. Brockhaus (Zweiter Band).

Schüler, Andreas: Zur Unternehmensbewertung mit Multiplikatoren. In: Die Wirtschaftsprüfung (WPg) 2014 (22), S. 1146–1158.

Schüler, Andreas (2015): Ein DCF-Baukasten: zur Bewertung zusammengesetzter Zahlungsströme (2015). In: Corporate Finance 6 (12), S. 474–481.

Schüler, Andreas (2016): Finanzmanagement mit Excel. Grundlagen und Anwendungen. 2., komplett überarbeitete und erweiterte Auflage. München: Verlag Franz Vahlen (Finance Competence).

Schwartz, Eli (1959): Theory of the Capital Structure of the Firm. In: The Journal of Finance 14 (1), S. 18–39.

Schwartz, Eli/*Aronson*, J. Richard (1967): Some Surrogate Evidence in Support of the Concept of Optimal Financial Structure. In: The Journal of Finance 22 (1), S. 10–18.

Schwetzler, Bernhard/*Darijtschuk*, Niklas: Unternehmensbewertung, Finanzierungspolitiken und optimale Kapitalstruktur. Lehrstuhl für Finanzmanagement und Banken (HHL-Arbeitspapier).

Schwetzler, Bernhard/*Darijtschuk*, Niklas (2000): Unternehmensbewertung und Finanzierungspolitiken: Replik zu Stellungnahmen zum Beitrag: Unternehmensbewertung mit Hilfe der DCF-Methode - eine Anmerkung zum "Zirkularitätsproblem", in: Zeitschrift für Betriebswirtschaft, 69. Jg., H.3, S. 295–318. In: Zeitschrift für Betriebswirtschaft (Journal of Business Economics) 70 (1), S. 117–134.

Scott, David F./*Johnson*, Dana J. (1982): Financing Policies and Practices in Large Corporations. In: Financial Management 11 (2), S. 51–59.

Scott, David F./*Martin*, John D. (1975): Industry Influence on Financial Structure. In: Financial Management 4 (1), S. 67–73.

Scott, James H. (1976): A Theory of Optimal Capital Structure. In: The Bell Journal of Economics 7 (1), S. 33–54.

Scott, James H. (1977): Bankruptcy, Secured Debt, and Optimal Capital Structure. In: The Journal of Finance 32 (1), S. 1–19.

Seehausen, Sven (2014): Kapitalstrukturentscheidungen in kleinen und mittleren Unternehmen. Zugl.: Berlin, ESCP Europe Wirtschaftshochsch., Diss., 2013. 1. Aufl. Lohmar: Eul.

Servaes, Henri/*Tufano*, Peter (2006): The Theory and Practice of Corporate Debt Structure. Deutsche Bank (Corporate Financial Policies and Practices Series), www.dbbonds.com/lsg/reports.jsp.

Shivdasani, Anil/*Stefanescu*, Irina (2010): How Do Pensions Affect Corporate Capital Structure Decisions? In: Review of Financial Studies 23 (3), S. 1287–1323.

Shleifer, Andrei/*Summers*, Lawrence H. (1990): The Noise Trader Approach to Finance. In: Journal of Economic Perspectives 4 (2), S. 19–33.

Shleifer, Andrei/*Vishny*, Robert W. (1986): Large Shareholders and Corporate Control. In: Journal of Political Economy 94 (3, Part 1), S. 461–488.

Shleifer, Andrei/*Vishny*, Robert W. (1989): Management entrenchment. In: Journal of Financial Economics 25 (1), S. 123–139.

Shleifer, Andrei/*Vishny*, Robert W. (1992): Liquidation Values and Debt Capacity: A Market Equilibrium Approach. In: The Journal of Finance 47 (4), S. 1343–1366.

Shleifer, Andrei/*Vishny*, Robert W. (1997): A Survey of Corporate Governance. In: The Journal of Finance 52 (2), S. 737–783.

Shumway, Tyler (2001): Forecasting Bankruptcy More Accurately: A Simple Hazard Model. In: The Journal of Business 74 (1), S. 101–124.

Shyam-Sunder, Lakshmi/*Myers*, Stewart C. (1999): Testing static tradeoff against pecking order models of capital structure. In: Journal of Financial Economics 51 (2), S. 219–244.

Smith, Clifford W. (1977): Alternative methods for raising capital. In: Journal of Financial Economics 5 (3), S. 273–307.

Smith, Clifford W. (1986): Investment banking and the capital acquisition process. In: Journal of Financial Economics 15 (1–2), S. 3–29.

Smith, Clifford W. (1993): A Perspective on Accounting-Based Debt Covenant Violations. In: The Accounting Review 68 (2), S. 289–303.

Smith, Clifford W./*Warner*, Jerold B. (1979): On financial contracting. In: Journal of Financial Economics 7 (2), S. 117–161.

Smith, David M. (2009): Residual Dividend Policy. In: Baker, H. Kent (Hg.): Dividends and Dividend Policy, Bd. 41. Hoboken, NJ, USA: John Wiley & Sons, Inc, S. 115–126.

Smith, Vernon L. (1970): Corporate Financial Theory Under Uncertainty. In: The Quarterly Journal of Economics 84 (3), S. 451–471.

Smith, Vernon L. (1972): Default Risk, Scale, and The Homemade Leverage Theorem. In: The American Economic Review 62 (1/2), S. 66–76.

Solomon, Ezra (1955): Measuring a Company's Cost of Capital. In: The Journal of Business 28 (4), S. 240–252.

Solomon, Ezra (1963): Leverage and the Cost of Capital. In: The Journal of Finance 18 (2), S. 273–279.

Sougiannis, Theodore/*Yaekura*, Takashi (2001): The Accuracy and Bias of Equity Values Inferred from Analysts' Earnings Forecasts. In: Journal of Accounting, Auditing & Finance 16 (4), S. 331–362.

Srivastava, Rajendra K./*McInish*, Thomas H./*Wood*, Robert A./*Capraro*, Anthony J. (1997): Part IV: How Do Reputations Affect Corporate Performance?: The

Value of Corporate Reputation: Evidence from the Equity Markets. In: Corporate Reputation Review 1 (1), S. 61–68.

Stapleton, R. C. (1975): A note on default risk, leverage and the MM theorem. In: Journal of Financial Economics 2 (4), S. 377–381.

Stein, Jeremy C. (2003): Agency, information and corporate investment. In: *Constantinides*, George M./*Harris*, Milton/*Stulz*, René, Handbook of the Economics of Finance, Bd. 1., Amsterdam: Elsevier, S. 111–165.

Stickel, Scott E. (1992): Reputation and Performance Among Security Analysts. In: The Journal of Finance 47 (5), S. 1811–1836.

Stiglitz, Joseph E. (1969): A Re-Examination of the Modigliani-Miller Theorem. In: The American Economic Review 59 (5), S. 784–793.

Stiglitz, Joseph E. (1972): Some Aspects of the Pure Theory of Corporate Finance: Bankruptcies and Take-overs. In: The Bell Journal of Economics and Management Science 3 (2), S. 458–482.

Stiglitz, Joseph E. (1973): Taxation, corporate financial policy, and the cost of capital. In: Journal of Public Economics 2 (1), S. 1–34.

Stiglitz, Joseph E. (1974): On the Irrelevance of Corporate Financial Policy. In: The American Economic Review 64 (6), S. 851–866.

Stohs, Mark Hoven/*Mauer*, David C. (1996): The Determinants of Corporate Debt Maturity Structure. In: The Journal of Business 69 (3), S. 279–312.

Stoll, Hans R./*Whaley*, Robert E. (1983): Transaction costs and the small firm effect. In: Journal of Financial Economics 12 (1), S. 57–79.

Stonehill, Arthur/*Beekhuisen*, Theo/*Wright*, Richard/*Remmers*, Lee/*Toy*, Norman/*Pares*, Antonio/ *Shapiro*, Alan/*Egan*, Douglas/*Bates*, Thomas (1975): Financial Goals and Debt Ratio Determinants: A Survey of Practice in Five Countries. In: Financial Management 4 (3), S. 27–41.

Strebulaev, Ilya A. (2007): Do Tests of Capital Structure Theory Mean What They Say? In: The Journal of Finance 62 (4), S. 1747–1787.

Strebulaev, Ilya A./*Yang*, Baozhong (2013): The mystery of zero-leverage firms. In: Journal of Financial Economics 109 (1), S. 1–23.

Strong, Norman C./*Appleyard*, Tony R. (1992): Investment appraisal, taxes and the security market line. In: Journal of Business Finance & Accounting 19 (1), S. 1–24.

Stulz, René M. (1990): Managerial discretion and optimal financing policies. In: Journal of Financial Economics 26 (1), S. 3–27.

Sun, Ji/*Ding*, Li/*Guo*, Jie Michael/*Li*, Yichen (2016): Ownership, capital structure and financing decision: Evidence from the UK. In: The British Accounting Review 48 (4), S. 448–463.

Swoboda, Peter (1973): Finanzierungstheorie. Heidelberg: Physica-Verlag HD.

Swoboda, Peter (1994): Betriebliche Finanzierung. 3., überarbeitete Auflage. Heidelberg: Physica-Verlag HD (Physica-Lehrbuch).

Taggart, Robert A. (1977): A Model of Corporate Financing Decisions. In: The Journal of Finance 32 (5), S. 1467–1484.

Taggart, Robert A. (1991): Consistent Valuation and Cost of Capital Expressions with Corporate and Personal Taxes. In: Financial Management 20 (3), S. 8–20.

Talmor, Eli/*Haugen*, Robert/*Barnea*, Amir (1985): The Value of the Tax Subsidy on Risky Debt. In: The Journal of Business 58 (2), S. 191–202.

Tetlock, Paul C. (2010): Does Public Financial News Resolve Asymmetric Information? In: The Review of Financial Studies 23 (9), S. 3520–3557.

Theis, Markus (2010): Reaktion von Fremdkapitalwerten bei Unternehmenszusammenschlüssen. Zugl.: Vallendar, WHU - Otto Beisheim School of Management, Diss., 2010. 1. Aufl. Lohmar: Eul.

Thomas, S. (2002): Firm diversification and asymmetric information: evidence from analysts' forecasts and earnings announcements. In: Journal of Financial Economics 64 (3), S. 373–396.

Tinsley, P. A. (1970): Capital Structure, Precautionary Balances, and Valuation of the Firm: The Problem of Financial Risk. In: Journal of Financial and Quantitative Analysis 5 (1), S. 33–62.

Titman, Sheridan (1984): The effect of capital structure on a firm's liquidation decision. In: Journal of Financial Economics 13 (1), S. 137–151.

Titman, Sheridan/*Tsyplakov*, S. (2007): A Dynamic Model of Optimal Capital Structure. In: Review of Finance 11 (3), S. 401–451.

Titman, Sheridan/*Wessels*, Roberto (1988): The Determinants of Capital Structure Choice. In: The Journal of Finance 43 (1), S. 1–19.

Turnbull, Stuart M. (1979): Debt Capacity. In: The Journal of Finance 34 (4), S. 931–940.

van Binsbergen, Jules H./*Graham*, John R./*Yang*, Jie (2010): The Cost of Debt. In: The Journal of Finance 65 (6), S. 2089–2136.

Vassalou, Maria/*Xing*, Yuhang (2004): Default Risk in Equity Returns. In: The Journal of Finance 59 (2), S. 831–868.

Wald, John K. (1999): How Firm Characteristics Affect Capital Structure: An International Comparison. In: Journal of Financial Research 22 (2), S. 161–187.

Wallmeier, Martin (1999): Kapitalkosten und Finanzierungsprämissen. In: Zeitschrift für Betriebswirtschaft 69 (12), S. 1473–1490.

Watrin, Christoph/*Stöver*, Rüdiger (2011): Einfluss des Tax Shield auf die Renditeforderung der Eigenkapitalgeber und die Gearing Formel. In: Steuer und Wirtschaft (StuW) 88 (1), S. 60–74.

Weiss, Lawrence A. (1990): Bankruptcy resolution. In: Journal of Financial Economics 27 (2), S. 285–314.

Welch, Ivo (2002): Columbus' egg: the real determinant of capital structure. National Bureau of Economic Research (NBER Working Paper Series No. 8782).

Welch, Ivo (2004): Capital Structure and Stock Returns. In: Journal of Political Economy 112 (1), S. 106–132.

Welch, Ivo (2011): Two Common Problems in Capital Structure Research: The Financial-Debt-To-Asset Ratio and Issuing Activity Versus Leverage Changes. In: International Review of Finance 11 (1), S. 1–17.

Wiggins, James B. (1990): The Relation Between Risk and Optimal Debt Maturity and the Value of Leverage. In: Journal of Financial and Quantitative Analysis 25 (3), S. 377–386.

Wilke, Hannes (2015): Zur Bedeutung von Finanzanalysten auf entwickelten Kapitalmärkten. Dissertation. Berlin: BWV Berliner Wissenschafts-Verlag GmbH.

Williamson, Oliver E. (1988): Corporate Finance and Corporate Governance. In: The Journal of Finance 43 (3), S. 567–591.

Williamson, Oliver E. (1999): Strategy research: governance and competence perspectives. In: Strategic Management Journal 20 (12), S. 1087–1108.

Williamson, Oliver E. (2002): The Theory of the Firm as Governance Structure: From Choice to Contract. In: Journal of Economic Perspectives 16 (3), S. 171–195.

Wöhe, Günter/*Bilstein*, Jürgen/*Ernst*, Dietmar/*Häcker*, Joachim (2013): Grundzüge der Unternehmensfinanzierung. 11., überarb. Aufl. München: Vahlen (Vahlens Lernbücher).

Wu, Xueping/*Au Yeung*, Chau Kin (2012): Firm growth type and capital structure persistence. In: Journal of Banking & Finance 36 (12), S. 3427–3443.

Wu, Xueping/*Wang*, Zheng (2005): Equity financing in a Myers–Majluf framework with private benefits of control. In: Journal of Corporate Finance 11 (5), S. 915–945.

Yoon, Pyung Sig/*Starks*, Laura T. (1995): Signaling, Investment Opportunities, and Dividend Announcements. In: The Review of Financial Studies 8 (4), S. 995–1018.

Zhang, Zhipeng (2009): Recovery Rates and Macroeconomic Conditions: The Role of Loan Covenants. In: SSRN Journal, S. 1–58. Online verfügbar unter https://ssrn.com/abstract=1346163.

Zwiebel, Jeffrey (1996): Dynamic Capital Structure under Managerial Entrenchment. In: The American Economic Review 86 (5), S. 1197–1215.

Schriften zum Controlling, Finanz- und Risikomanagement

Herausgegeben von Prof. Dr. Andreas Brieden, Prof. Dr. Thomas Hartung, Prof. Dr. Bernhard Hirsch und Prof. Dr. Andreas Schüler

Band 1 Patrick Siklóssy: Vergleich der Durchführungswege der betrieblichen Altersversorgung aus Eigentümer- und Arbeitnehmersicht. 2009.

Band 2 Simon Krotter: Performance-Messung, Erwartungsänderungen und Analystenschätzungen. Theoretische Konzeption und empirische Umsetzung. 2009.

Band 3 Hans-Jürgen Straßer: DCF-Bewertung von Versicherungsunternehmen. 2009.

Band 4 Bernhard Christian Kübler: Risk Classification by Means of Clustering. 2010.

Band 5 Benjamin Asche: Jahresabschlussanalyse und Bilanzpolitik von Schaden-/Unfallversicherern. Änderungen aufgrund von IFRS 4 Phase II Insurance Contracts: ED/2010/8. 2012.

Band 6 Matthias Schoen: Vertrauen und Kreditentscheidungen. Eine empirische Analyse zum Einfluss von Vertrauen in Kreditbeziehungen zwischen öffentlichen Banken und kleinen und mittelständischen Unternehmen. 2013.

Band 7 Thomas Bornemann: Verschmelzungsverhältnisse. Eine ökonomische Analyse unter besonderer Berücksichtigung der deutschen Rechtsprechung. 2013.

Band 8 Frank Angermann: Die Bilanzierung von Alternativen Risikotransferinstrumenten nach HGB und IFRS. 2015.

Band 9 David Müller: Die Ausschüttungspolitik europäischer Unternehmen. Eine empirische Untersuchung. 2015.

Band 10 Carlo Dirschedl: Maßnahmen finanzieller Restrukturierung. Rahmenbedingungen, Bewertung und Ausgestaltung am Beispiel von Debt Equity Swaps. 2015.

Band 11 Ephraim Robbe: Geschäftsprozessorientiertes Risikomanagement in komplexen Systemen der maritimen Containerlogistik. 2015.

Band 12 Lothar Weiß: Zur Legitimation alternativer Annahmen der Finanzierungspolitik in der Unternehmensbewertung. 2022.

www.peterlang.com

www.ingramcontent.com/pod-product-compliance
Ingram Content Group UK Ltd.
Pitfield, Milton Keynes, MK11 3LW, UK
UKHW021823290926
8980IPUK00004B/241

9 783631 875230